Gerhard Friedrich Müller
Ethnographische Schriften I

Quellen zur Geschichte Sibiriens und Alaskas aus russischen Archiven

Herausgegeben von

Wieland Hintzsche (Halle)

in Zusammenarbeit mit

Dittmar Dahlmann (Bonn) · Aleksandr Ch. Èlert (Novosibirsk)

Peter U. Møller (Kopenhagen) · Thomas Müller-Bahlke (Halle)

Thomas Nickol (Göttingen) · Ol'ga V. Novochatko (Moskau)

Nikolaj N. Pokrovskij (Novosibirsk) · Paul Raabe (Wolfenbüttel)

Ortrun Riha (Leipzig) · Vladimir S. Sobolev (St. Petersburg)

Irina V. Tunkina (St. Petersburg)

Band VIII

Franckesche Stiftungen zu Halle ·
Archiv der Russischen Akademie der Wissenschaften
Zweigstelle Sankt Petersburg

Gerhard Friedrich Müller

Ethnographische Schriften I

Bearbeitet von
Wieland Hintzsche und Aleksandr Christianovič Ėlert
unter Mitarbeit von
Heike Heklau

Verlag der Franckeschen Stiftungen zu Halle
Harrassowitz Verlag in Kommission
2010

Die Reihe „Quellen zur Geschichte Sibiriens und Alaskas aus russischen Archiven" wird im Auftrag der Franckeschen Stiftungen zu Halle und des Archivs der Russischen Akademie der Wissenschaften, Zweigstelle Sankt Petersburg, herausgegeben von Wieland Hintzsche.

© 2010 by Franckesche Stiftungen zu Halle
© 2010 by Archiv der Russischen Akademie der Wissenschaften,
    Zweigstelle Sankt Petersburg
© 2010 by Wieland Hintzsche

Satz: Bernhard Sames (Halle)
Gestaltung: Lutz Grumbach (Halle)
Druck: Druckwerk Halle

Bibliografische Information der Deutschen Bibliothek:
Die Deutsche Bibliothek verzeichnet diese Publikation in der Deutschen Nationalbibliografie; detaillierte bibliografische Daten sind im Internet über http://dnb.d-nb.de abrufbar.

Bibliographic information published by the Deutsche Nationalbibliothek:
The Deutsche Nationalbibliothek lists this publication in the Deutsche Nationalbibliografie; detailed bibliographic data are available in the Internet at http://dnb.d-nb.de.

Gerhard Friedrich Müller – Ethnographische Schriften I
bearbeitet von Wieland Hintzsche und Aleksandr Christianovič Élert
unter Mitarbeit von Heike Heklau
Halle: Verlag der Franckeschen Stiftungen zu Halle
(Quellen zur Geschichte Sibiriens und Alaskas aus russischen Archiven; VIII)
ISSN 2191-3374
ISBN 978-3-447-06402-6

VORWORT DER HERAUSGEBER

Der hier vorgelegte Band VIII der Reihe „Quellen zur Geschichte Sibiriens und Alaskas aus russischen Archiven" enthält die Arbeit von Gerhard Friedrich Müller „Beschreibung der sibirischen Völker" sowie Varianten eines Vorworts zu dieser Arbeit. Sie stellt eine Zusammenfassung der Beobachtungen und Feldforschungen zu den sibirischen Völkern dar, die G. F. Müller während der zehnjährigen 2. Kamčatkaexpedition anstellte. G. F. Müller unternahm mit dieser Arbeit den Versuch, eine zusammenfassende vergleichende Völkerbeschreibung für die sibirischen Völker zu geben, die bereits nahezu alle Elemente moderner ethnologischer Forschungsarbeiten enthält. Er selbst sah diese Arbeit auch als Anregung und mögliches Vorbild für allgemeine Völkerbeschreibungen aller Kontinente an und ebnete damit den Weg zur Herausbildung der Ethnologie als eigenständiger Wissenschaftsdisziplin.

Die Bearbeitung dieses Bandes durch Wieland Hintzsche (Halle) und *Aleksandr Christianovič Èlert* (*Novosibirsk*) stellt ein gutes Beispiel für eine erfolgreiche deutsch-russische wissenschaftliche Zusammenarbeit dar; nach der 2009 erschienenen russischen Ausgabe (*Èlert*/Hintzsche 2009) folgt hier die deutsche Ausgabe. Ein weiterer Band mit ethnologischen Arbeiten von G. F. Müller, der u. a. seine umfangreiche vollständige Instruktion für Johann Eberhard Fischer aus dem Jahr 1740 enthalten wird, ist in Bearbeitung.

Es bleibt zu hoffen, daß in Zukunft die Editionsarbeit in gleichbleibender Qualität beibehalten werden kann und insbesondere Wege gefunden werden, daß, wie geplant, die bereits erschienenen Bände der deutschen und russischen Ausgabe auch in der jeweils anderen Sprache erscheinen können.

Besonderen Dank möchten die Herausgeber der **Gerda Henkel Stiftung** (Düsseldorf) aussprechen, durch deren Unterstützung die Bearbeitung des vorliegenden Bandes ermöglicht wurde.

Halle, Sankt Petersburg
April 2010

Vorwort der Herausgeber		V
Inhalt		VII
Einleitung		IX
Abkürzungen, Siglen und Zeichen		XXXIV
Literatur		XL
Ethnographische Schriften I		
1	Gerhard Friedrich Müller – Vorwort zur Beschreibung der sibirischen Völker	1
2	Gerhard Friedrich Müller – Vorwort/Einleitung zur Beschreibung der sibirischen Völker	11
3	Gerhard Friedrich Müller - Beschreibung der sibirischen Völker	29
	Kapitel 1. Vom Ursprunge der Völker	44
	Kapitel 2. Von der Sprache der Völker	53
	Kapitel 3. Politische Einrichtung der Völker	58
	Kapitel 4. Von denen wißenschafften der Völker	67
	Kapitel 5. Von der Meilen Rechnung der Völker	133
	Kapitel 6. Von der LeibesGestalt der Völker	140
	Kapitel 7. Von der Kleidung der Völker	145
	Kapitel 8. Von der Gemüths beschaffenheit der Völker	195
	Kapitel 9. Von der RechtsPflegung der Völker	215
	Kapitel 10. Von denen Eydschwüren der Völker	222
	Kapitel 11. Von denen Wohnungen der Völker	235
	Kapitel 12. Hausgeräthe der Völker	257
	Kapitel 13. Freundschaffts und Ehren-Bezeugungen der Völker	271
	Kapitel 14. Von Scheltworten der Völker	276
	Kapitel 15. Handel und wandel der Völker	278
	Kapitel 16. Vom akerbau der Völker	282
	Kapitel 17. Von der ViehZucht der Völker	285
	Kapitel 18. Von Rennthieren	303
	Kapitel 19. Von Hunden	317
	Kapitel 20. Von Cameelen	320
	Kapitel 21. Von denen Reisen der Völker	322
	Kapitel 22. Von der Nahrung der Völker	350
	Kapitel 23. Von Zubereitung der Speisen	377
	Kapitel 24. Von Handwerkern, Künsten, und anderer Arbeit der Völker	402
	Kapitel 25. Von der Jagd	421
	Kapitel 26. Vom Fischen	476
	Kapitel 27. Von SPielen und Exercitien	488
	Kapitel 28. Von der Krieges-Zucht der Völker	500

Kapitel 29. Vom Ehestande	506
Kapitel 30. Von der Geburth und Erziehung der Kinder	561
Textanhang 1	585
Textanhang 2	593
Glossar	610
Personenregister	659
Register geographischer Namen	691
Sachregister	711
Ethnographische Karte	

Einleitung

Der vorliegende Band ist Arbeiten gewidmet, die **Gerhard Friedrich Müller** (1705–1783) über die bis dahin wenig bekannten Völker Sibiriens verfaßt hat. G. F. Müller war einer der Hauptvertreter der Gruppe von Gelehrten, die von der Russischen Akademie der Wissenschaften zu Sankt Petersburg zur Teilnahme an der unter der Gesamtleitung des dänischen Seeoffiziers in russischen Diensten **Vitus Bering** (1681–1741) stehenden 2. *Kamčatka*expedition (1733–1743) entsandt wurde.

Die Bedeutung dieser bisher noch nicht publizierten Arbeiten geht weit darüber hinaus, eine lokale, wenn auch ein riesiges Gebiet wie Sibirien umfassende Beschreibung der dort lebenden Völker zu liefern. Diese Arbeiten können als einer der frühesten Versuche angesehen werden, die Ethnographie (Völkerbeschreibung) als eigenständigen Wissenschaftszweig zu etablieren.

Nachrichten über fremde Völker finden sich bereits in vielen Schriften des klassischen Altertums wie z. B. bei **Herodot** (ca. 484 – ca. 425 v. u. Z.), **Gaius Julius Caesar** (100–44 v. u. Z.) oder **Publius Cornelius Tacitus** (nach 50 – nach 116). Sie fanden Eingang in historische und geographische Werke und spielten eine bedeutende Rolle bei Missions-, Gesandtschafts- und Handlungsreisen, die eine Fülle von Nachrichten aus bis dahin unbekannten Ländern und von den dort lebenden Völkern lieferten. Als Beispiele seien hier nur genannt die Berichte über die Reisen von **Jean de Plan Carpin** (ca. 1182 – 1252), **William of Rubruquis** (ca. 1215 – ca. 1270) und **Marco Polo** (1253 o. 1254 – 1324) nach Asien. Ab etwa dem 14. Jahrhundert erleben mit den großen Entdeckungsreisen nach Amerika, Afrika und Ozeanien auch die entsprechenden Reiseberichte einen bedeutenden Aufschwung. Geprägt vom Kenntnisstand der Zeit sind diese Berichte oft ungenau und fehlerhaft, eigene Beobachtungen werden vermischt mit fabelhaften Erzählungen und Gerüchten. Ansätze zu einer wissenschaftlichen Behandlung der Völker zeigen sich im 17. Jahrhundert, auch dadurch gefördert, daß vermehrt Wissenschaftler oder wissenschaftlich vorgebildete Personen in entsprechende Entdeckungsreisen einbezogen wurden.

Die Begriffe Völkerkunde und Ethnographie mit den dahinter stehenden Konzepten wurden in der zweiten Hälfte des 18. Jahrhunderts zusammen mit der Herausbildung der Ethnologie/Ethnographie als eigenständige Wissenschaftsdisziplin geprägt. Eine Reihe von Wissenschaftlern, meist Historiker und Geographen, waren an diesem Prozeß beteiligt, der sich bis Ende des 19. Jahrhundert hinzog, als die Ethnologie/Ethnographie auch Eingang als eigenständiges Fach an den Universitäten fand. Wesentlichen Anteil an der Prägung der Konzepte zur Völkerkunde und Ethnographie hatten Anfang der siebziger Jahre des 18. Jahrhunderts die in Göttingen wirkenden Historiker **August Ludwig Schlözer**

(1735–1809) und **Johann Christoph Gatterer** (1727–1799), von den Arbeiten weiterer Wissenschaftler sollen hier nur die von **Carsten Niebuhr** (1733–1815) im Ergebnis der deutsch-dänischen Arabienexpedition 1761–1767 genannt werden.

Die Entwicklung bis Mitte des 19. Jahrhunderts läßt sich am Beispiel eines Zitats von 1858 aus „Pierer's Universal-Lexikon" ersehen: „Ethnographie (v. gr., Völkerbeschreibung, Völkerkunde), diejenige Wissenschaft, welche die Menschen in ihrer Verbreitung über die Erde nach Völkern, im allgemeinen ethischen Sinne des Worts, als Gesellschaften, welche durch gemeinschaftliche sittliche Bande bewirkt u. zusammengehalten werden, betrachtet. Da nun Sprache, Glaube u. Recht die allgemeinsten u. zugleich stärksten sittlichen Bande sind, durch welche die Menschen sich zu Völkern vereinigen, so müssen dieselben auch die Hauptquellen u. Ausgangspunkte der ethnographischen Forschung bilden. ... Der Mensch läßt sich jedoch nicht blos als Mitglied der zur sittlichen Entwicklung bestimmten Menschheit auffassen, sondern auch als zur organisierten Schöpfung gehöriges Naturwesen. Letzteres geschieht in einer andern, rein naturhistorischen Disciplin, welche von Neueren durch den Namen Ethnologie von der E. unterschieden wird u. die Verbreitung des Menschengeschlechts nach seinen physischen Abstufungen über die Erdoberfläche zum Gegenstande hat ... Die Quellen, aus welchen der Ethnograph schöpft, sind Sprache u. Literatur, die Mythologie, das Recht, das Staatswesen, überhaupt die ganze Geschichte eines Volks, sei es eines ausgestorbenen od. verschollenen, sei es eines noch lebenden u. schaffenden; der Ethnolog hingegen arbeitet wie der Naturforscher, messend, beobachtend u. beschreibend, indem er sich nur auf die lebenden Völker beschränkt, da die todten für ihn nur dieselbe Bedeutung haben können, wie die untergegangenen Thier= u. Pflanzenarten für den Zoologen u. Botaniker. ... Auch sind bereits eigene Gesellschaften für ethnographische Forschungen zusammengetreten, wie die Societé ethnographique in Paris, die Ethnological Society in London u. die Ethnological Soc. in New York, ..." (Pierer 1857–65, Bd. 5, S. 927f.)

Für eine ausführliche Darlegung der Geschichte der Ethnologie/Ethnographie und der mit ihr verbundenen Konzepte und Begriffsbildungen sei auf die 2008 erschienen Monographie von **Han F. Vermeulen** (geb. 1952) verwiesen (Vermeulen 2008), in der auch ausführlich auf das Wirken von G. F. Müller eingegangen wird, durch das vermutlich in manchen Punkten die bisherige Geschichtsschreibung zur Herausbildung der Ethnologie revidiert werden muß.

Für Rußland hat **Friedrich von Adelung** (1768–1843) einen breiten Überblick über ausländische Reisende seit den frühesten Zeiten bis zum Jahr 1700 mit den entsprechenden Quellenangaben vorgelegt (Adelung 1846). Die entsprechenden Reiseberichte, oft handelte es sich um Gesandtschafts- oder Handelsreisen, enthalten meist auch Angaben über die Völker, denen man begegnete, aber auch von entfernter lebenden Völkern, über die man Berichte erhielt. Manche Nachrichten (insbesondere die Benennungen) zu den nordasiatischen Völker finden sich ausschließlich auf Landkarten der entsprechenden Gebiete. Hervorgehoben werden sollen hier nur die Reisen des **Adam Olearius** (1603?–1671) nach Rußland und Persien in den Jahren 1633 und 1636–38 (Olearius 1656) sowie die gemeinsame Reise von **Eberhard Isbrand Ides** (1657 – 1708 o. 1709) und **Adam Brand** (vor 1692 – 1746) durch Rußland nach China in den Jahren 1692–95 (Isbrand Ides 1706; Isbrand Ides 1707; Hundt 1999).

Eine besondere Bedeutung für die Kenntnis der Völker Rußlands und Nordasiens (einschließlich von Sibirien) hatte das Wirken von **Nicolaas Witsen** (1641–1717), des Bürgermeisters von Amsterdam und Beraters von Zar **Peter I.** (1672–1725). Er reiste 1664/65 mit einem Gesandten nach Rußland und sammelte in Moskau von vielen Gewährsleuten umfangreiches Material über die genannten Gebiete, das er in seinem Werk „Noord en Oost Tartarye ..." zusammenfaßte. Eine stark überarbeitete Auflage erschien 1705 in Amsterdam (Witsen 1705) und enthielt 20 Vokabulare asiatischer und sibirischer Sprachen (Adelung 1846, Bd. 1, S. 32–35, Bd. 2, S. 338–340; Adelung 1815, S. 3–6; Adelung 1806, S. 660–662; russ. Ausgabe: Witsen 2010).

Vereinzelt erschienen bis Anfang des 18. Jahrhundert auch monographieartige Darstellungen über Völker Rußlands und Sibiriens wie z. B. von **Johannes Gerhard Scheffer** (1621–1679) über Lappland und das Volk der Lappen (Scheffer 1673; Scheffer 1675) sowie von **Johann Bernhard Müller** über die Ostjaken (Müller 1720).

Anfang des 18. Jahrhunderts begann der russische Zar Peter I., angeregt durch mehrere Studienreisen nach Westeuropa, sein großes Reformwerk zur Modernisierung des Russischen Reichs. Von großer Bedeutung waren dabei seine Begegnungen mit **Gottfried Wilhelm Leibniz** (1646–1716), den er als Berater für die Förderung und den Aufbau eigenständiger Wissenschaften in Rußland gewinnen konnte. In zahlreichen Briefen und Denkschriften unterbreitete G. W. Leibnitz dem Zaren u. a. Vorschläge für den Aufbau moderner Verwaltungsstrukturen (z. B. für die Errichtung eines Kollegialsystems im Sinne einzelner Ministerien) in Rußland, für die Gestaltung einer zu errichtenden Akademie der Wissenschaften und für wichtige durchzuführende wissenschaftliche Arbeiten, die auch Sibirien einschlossen. Von großer Bedeutung war dabei der Vorschlag zur Lösung der Frage, ob Sibirien im Osten durch eine Landverbindung mit Amerika verbunden sei, der später direkt zur Ausrüstung der 1. *Kamčatka*expedition (1725–1730) und indirekt auch zur darauf folgenden 2. *Kamčatka*expedition führte.

Die Beschäftigung mit den Sprachen der einzelnen Völker war für G. W. Leibniz ein wichtiges Thema, mit dem er sich nahezu während seines gesamten Lebens beschäftigte. Vergleichende Sprachstudien, etymologische Forschungen und die Suche nach einer ‚Ursprache' waren nach seiner Auffassung Wege zur Rekonstruktion der Vorgeschichte des Menschen, zur Klassifikation und zur Untersuchung des Ursprungs der Völker sowie ihrer Wanderungen (siehe Vermeulen 2008, S. 27–61). Ein wichtiges Hilfsmittel dazu war das Sammeln von Vokabularien der Völker sowie das Bereitstellen von Sprachproben wie z. B. das Übersetzen des Vaterunser-Gebets usw. Vorläufer dazu gab es schon seit langer Zeit, wie u. a. die Sprachproben von **Antonio Pigafetta** (ca. 1480 – ca. 1534) aus den von diesem bereisten Ländern zeigen (Adelung 1806, S. V). Für den asiatisch-sibirischen Raum waren die von N. Witsen publizierten Vokabularien von großer Bedeutung; sie wurden von vielen späteren Forschern, u. a. von G. F. Müller und **Peter Simon Pallas** (1741–1811), für ihre Arbeiten herangezogen. Bis heute ist die vergleichende Linguistik als wichtiger Bestandteil eng in die ethnologischen Forschungen eingebunden.

Eine direkte Anregung für Rußland gab G. W. Leibniz in einem Brief an Zar Peter I. vom 26. Oktober 1713: „... Ich habe wohlmeinentlich vorgeschlagen, die in Sr. Majestät Landen und an Dero Gränzen übliche viele, grossentheils bisher unbekannte und unausgeübte Sprachen, schriftbar zu machen, mit Dictionariis und wenigst anfangs mit kleinen Vocabulariis zu versehen und die Zehen Gebothe Gottes, das Gebeth des Herrn, oder Vater Unser, und das Apostolische Symbolum des Christlichen Glaubens, sammt andern Catechetischen Stücken, in solche Sprachen nach und nach versetzen zu lassen, ut omnis lingua laudet Dominum. ..." (zitiert nach: Adelung 1815, S. Vf.). Ähnlich schreibt er am 22. Juni 1716 an den russischen Vizekanzler *Petr Pavlovič Šafirov* (1669–1739): „.... wenn man (meinem Vorschlage nach) von denen in dem grossen Russischen Reiche, und an dessen weit ausgestreckten Grenzen üblichen Sprachen, Specimina oder Proben schaffen wollte, welches vermittelst des Symboli Apostilici und Vater Unsers (so in solche Sprachen zu bringen auch zu Ausbreitung der Christlichen Religion dienlich) am füglichsten geschehen kann, würde man noch besser vom Ursprunge der Völker urtheilen können, welche aus den Scythischen Landen in Europam und Asiam gezogen. ..." (zitiert nach: Adelung 1815, S. VI). Auch wenn diese speziellen Vorschläge von G. W. Leibniz am Hof des Zaren „keinen Anklang" (Vermeulen 2008, S. 41) fanden, ist es doch offensichtlich, daß sie in der Folge Eingang fanden in den Themenkatalog der Wissenschaftler und der Forschungsreisenden nach Sibirien.

Mit der ersten wissenschaftlich Forschungsreise nach Sibirien wurde der aus Danzig stammende Arzt **Daniel Gottlieb Messerschmidt** (1685–1735) beauftragt. Sie führte diesen mit nur wenigen Begleitern von 1719 bis 1727 über *Tobol'sk*, *Krasnojarsk* und *Irkutsk* bis in die Gebiete jenseits des Sees *Bajkal* an die chinesische Grenze. Die Rückreise führte ihn über *Enisejsk*, die Flüsse *Ket'* und

Ob' nach *Samarovskoj jam* in der Nähe der Mündung des Flusses *Irtyš* in den Fluß *Ob'*, und weiter über *Tobol'sk* und *Solikamsk* westlich des Uralgebirges wieder nach Sankt Petersburg.

Die Ergebnisse seiner Reise waren umfangreiche Untersuchungen zur Geologie, Geographie, Botanik, Zoologie, zur Volksmedizin und zur Ethnologie. Dazu gehörten auch meteorologische Beobachtungen, die Bestimmung der geographischen Breiten und das Sammeln von archäologischen, aber auch von ethnologischen Objekten.

D. G. Messerschmidt beschrieb u. a. die Jakuten, Kalmyken, Ostjaken, Samojeden, Tungusen, Burjaten sowie die Mongolen und sammelte Vokabularien ihrer Sprachen. Als herausragend sind dabei seine Studien zu den mongolischen Sprachen zu bewerten. Ein Teil seiner Arbeiten ist in seinem umfangreichen Reisejournal enthalten, das zwischen 1962 und 1977 (wenn auch in gekürzter Form) in einer fünfbändigen Ausgabe publiziert wurde (Messerschmidt 1962–1977). Die Arbeiten von D. G. Messerschmidt dienten vielen Teilnehmern späterer Expeditionen, insbesondere der 2. *Kamčatka*expedition, als Grundlage für ihre Forschungen.

In den ersten Jahren seiner Reise wurde D. G. Messerschmidt von dem schwedischen Kriegsgefangenen **Johann Philipp Tabbert von Strahlenberg** (1676–1747) begleitet. Auch dieser sammelte Vokabularien verschiedener sibirischer Völker, die er selbst 1730 in seinem Werk „Das Nord= und Ostliche Theil von Europa und Asia ..." publizierte (Strahlenberg 1730; s. dazu Adelung 1815, S. 6–8).

In diese Zeit fällt auch die noch von Peter I. initiierte, unter der Leitung von V. Bering stehende 1. *Kamčatka*expedition (1725–1730), die die Aufgabe hatte, die Frage zu klären, ob zwischen Sibirien und Amerika eine Landverbindung besteht. Von *Kamčatka* aus segelte V. Bering nach Durchquerung der heutigen Beringstraße bis zu einer nördliche Breite von 67°18'48" und kehrte dann um. Unter den Teilnehmern dieser Expedition befanden sich zwar keine Wissenschaftler, doch enthalten die Berichte von V. Bering und weiteren Teilnehmern einige Nachrichten über die an der Nordostgrenze des Russischen Reichs lebenden Tschuktschen, über die Völker auf *Kamčatka* (Kamtschadalen bzw. Itelmenen und Korjaken), über Jakuten sowie weitere an der Reiseroute in Sibirien lebende Völker (Kushnarev 1990).

Im Jahr 1724/25 wurde auf Initiative Peter I. in Sankt Petersburg die Kaiserliche Akademie der Wissenschaften gegründet. Dazu wurden zahlreiche Gelehrte und Wissenschaftler vor allem aus Westeuropa angeworben. Zu diesen zählte der in Herford (Westfalen) geborene G. F. Müller, der in Rinteln und Leipzig Geschichte studiert hatte und Ende 1725 eine Anstellung als Adjunkt bei der Akademie der Wissenschaften fand. Im Jahr 1730 erfolgte seine Ernennung zum

Professor an der Akademie. Das Wirken von G. F. Müller bei der Akademie während der ersten Jahres seines Aufenthalts in Sankt Petersburg war gekennzeichnet durch administrative Aufgaben, seine Tätigkeit bei der Bibliothek, herausgeberische Arbeiten (u. a. ‚Sankt-Petersburgische Zeitungen') und die Einarbeitung in Probleme der Geographie und der Geschichte Rußlands.
Zwei kleinere Artikel über *Kamčatka* von G. F. Müller aus den Jahren 1729 und 1731 (siehe *Materialy* 1885–1900, Bd. 6, S. 168 u. Hoffmann 2005, S. 349) zeugen bereits von dem Interesse, das er diesen östlichsten Gegenden des Reichs und seinen Bewohnern entgegenbrachte.
Dieses Interesse vertiefte sich offensichtlich durch die Arbeit an der von ihm herausgegebenen Reihe „Sammlung Russischer Geschichte", in derem 1. Band (SLRG 1732–1735) er u. a. über das Werk von N. Witsen „Noord en Oost Tartarye ..." berichtete, Arbeiten über die Kalmyken und ihre Geschichte aufnahm (z. B. Unkowsky 1733) und einen eigenen Enwurf für eine ‚Kalmykische Geschichte' vorstellte.
Da die Ergebnisse der 1. *Kamčatka*expedition in Sankt Petersburg angezweifelt wurden und um offen gebliebenen Fragen zu klären, schlug V. Bering selbst vor, eine zweite Expedition nach *Kamčatka* zu organisieren, die größer als die erste angelegt werden sollte. Die Zarin **Anna Ioannovna** (1693–1740) war gewillt, ein solches Projekt zu finanzieren. Im Vordergrund standen für sie die Aussicht auf territoriale und ökonomische Expansion sowie die Hoffnung auf neu zu erschließende Lagerstätten von Bodenschätzen. Der wissenschaftlichen Erschließung des Gebietes wurde als Beitrag zu diesen Zwecken keine geringe Bedeutung beigemessen. Deshalb wurde vorgesehen, von der Akademie der Wissenschaften eine Gruppe von Gelehrten zu dieser Expedition zu entsenden. Am 17. April 1732 wurde durch *ukaz* der Zarin *Anna Ioannovna* die Durchführung der neuen Expedition angeordnet (Dokument 20 in: *Ochotina-Lind*/Møller 2001, S. 78–79), die unter der Gesamtleitung von V. Bering stand und später als 2. *Kamčatka*expedition, während der Sowjetzeit aber vorwiegend als Große Nordische Expedition bezeichnet wurde. Die der Marine zugehörige Abteilung der Expedition bestand im wesentlichen aus drei Hauptgruppen. Eine Gruppe von Seeoffizieren unter Leitung von **Martin Spangberg** (um 1695–1761) hatte die Aufgabe, einen Seeweg nach Japan und die Möglichkeit der Anknüpfung von Handelsverbindungen zu erkunden, eine zweite Gruppe mit V. Bering und ***Aleksej Il'ič Čirikov*** (1703–1748) sollte von *Kamčatka* aus nach Osten segeln, nach Inseln zwischen Asien und Amerika suchen und das amerikanische Festland ansteuern. Eine weitere, aus mehreren Unterabteilungen bestehende Gruppe war für die Erkundung und kartographische Aufnahme der Nord- und Ostküsten Sibiriens von *Archangel'sk* bis zur Tschuktschenhalbinsel bzw. *Kamčatka* sowie weiter bis zur Grenze nach China vorgesehen. Ein erster Teil der Marineabteilung reiste

im Februar 1733 aus Sankt Petersburg ab. Insgesamt waren an der Expedition etwa 3000 Menschen beteiligt, Soldaten, Matrosen, Offiziere, Dolmetscher, Maler, Kopisten, Schiffsbaumeister, sonstige Handwerker und Hilfskräfte. Als Teilnehmer der akademischen Gruppe wurden die Professoren **Louis De l'Isle de la Croyère** (vor 1688 – 1741) für die astronomischen und physikalischen Untersuchungen, **Johann Georg Gmelin** (1709–1755) für die Naturgeschichte und G. F. Müller für die ethnologischen und historischen Untersuchungen nominiert. Ihre Aufgabe war die umfassende Beschreibung der Naturgeschichte, der Geschichte und der Völker von Sibirien und *Kamčatka*. G. F. Müller war zwar ursprünglich nicht für die Teilnahme vorgesehen, erklärte sich aber wegen einer Erkrankung von J. G. Gmelin dazu bereit, auch wenn dieser dann doch an der Expedition teilnahm.

Für die wissenschaftlichen Arbeiten während der Expedition wurden umfangreiche Instruktionen verfaßt, in die die Erfahrungen verschiedener Akademiemitglieder eingingen. So wurden bereits 1732 die Instruktionen für die Untersuchungen zur Astronomie und Geographie, für die Physik, für die Naturgeschichte und für die Völkerbeschreibung von **Joseph Nicolas Delisle** (1688–1768), **Daniel Bernoulli** (1700–1782), J. G. Gmelin und G. F. Müller erstellt (Dokumente 18 bis 22 in: Hintzsche 2004, S. 73–149). Diese wurden unter Hinzufügung von 10 Punkten mit allgemeinen Pflichten durch **Georg Wolffgang Krafft** (1701–1754) zusammengefaßt und am 5. April 1733 vorgelegt (Dokument 105 in: Hintzsche 2004, S. 295–314). Der Anatom der Akademie **Johann Georg Duvernoi** (1691–1759) legte kurz darauf noch Zusätze vor, die zum Teil sehr spezielle Aufgaben zur Naturgeschichte und der Anatomie der sibirischen Völker enthielten (Dokument 106 in: Hintzsche 2004, S. 314–328). Vor der Abreise der Professoren wurden die Instruktionen in endgültiger Form im Juli 1733 noch einmal neu formuliert. In zwei Teilen (Dokumente 183 und 184 in: Hintzsche 2004, S. 485–512) enthielten sie die allgemeinen Pflichten sowie die speziellen Aufgaben. Beigefügt wurde noch eine Instruktion für die Maler der Expedition (Dokument 192 in: Hintzsche 2004, S. 523–530).

Für die Aufgaben zur Beschreibung der Völkergeschichte zeichnete G. F. Müller selbst verantwortlich, sie sind in 10 knappen Punkten unter Hinzufügung eines 11. Punktes in der endgültigen Fassung angegeben und stellen den Ausgangspunkt für ein umfangreiches Forschungsprogramm dar, das dieser in der Folge daraus entwickelte.

In Vorbereitung ihrer Reise studierten J. G. Gmelin und G. F. Müller die im Archiv der Akademie vorhandenen Manuskripte von D. G. Messerschmidt und trafen eine Auswahl der mitzunehmenden Bücher. Aus dem Verzeichnis dieser Bücher (Dokument 181 in: Hintzsche 2004, S. 440–483) geht hervor, daß von

etwa 250 Titeln etwa 10 Prozent der Gattung der Reiseliteratur bzw. Beschreibungen fremder Länder zuzuordnen sind.
Anfang August 1733 reiste die Gruppe der Akademiker aus Sankt Petersburg ab. Die Reiseroute führte sie über *Novgorod, Kazan', Ekaterinburg* und *Tjumen'* nach *Tobol'sk*, wo sich L. De l'Isle de la Croyère von den übrigen Reisenden trennte. J. G. Gmelin und G. F. Müller reisten ab Mai 1734 den Fluß *Irtyš* aufwärts über *Tomsk, Enisejsk* und *Krasnojarsk* nach *Irkuck*, führten 1736 Forschungen im Gebiet jenseits des Sees *Bajkal* bis zur chinesischen Grenze durch und unternahmen Exkursionen zu den Bergbaugebieten und Hüttenwerken bei *Nerčinsk* und *Argunskoj ostrog*. Nach Erkundungen am Oberlauf des Flusses *Lena* trafen sie Ende 1736 in *Jakuck* ein, wo sie sich bis Mitte 1737 aufhielten. Eine Weiterreise nach *Kamčatka* kam wegen unzureichender Versorgung mit Proviant, des Fehlens von Transportmitteln und Erkrankung von G. F. Müller nicht zustande. Als Vorauskommando wurde der sie begleitende Student **Stepan Petrovič Krašeninnikov** (1713?–1755) im Juli 1737 von den Professoren nach *Kamčatka* entsandt. Sie selbst kehrten über *Kirenskoj ostrog* und *Irkuck* wieder nach *Enisejsk* zurück, um hier ab Sommer 1738 einen Rückrufbefehl abzuwarten, um den beide (G. F. Müller im Dezember 1737 und J. G. Gmelin im April 1738 – s. Dokument 6 in: Hintzsche et al. 2001, S. 23–35) ersucht hatten. Hier trafen sie Ende des Jahres mit dem Adjunkten für Naturgeschichte **Georg Wilhelm Steller** (1709–1746) zusammen, der Ende des Jahres 1737 zu ihrer Verstärkung und Entlastung zur Expedition gesandt worden war. Mit einer kleinen Gruppe von Begleitern wurde G. W. Steller Anfang März 1738 ebenfalls nach *Kamčatka* abgefertigt.
Von *Enisejsk* aus unternahmen G. F. Müller und J. G. Gmelin Ende Mai bis Ende Juli 1739 auf dem Fluß *Enisej* eine Reise nach *Mangazeja*. Bei ihrer Rückkehr nach *Enisejsk* erwartete sie bereits eine Nachricht aus Sankt Petersburg, nach der G. F. Müller die Rückkehr erlaubt wurde, J. G. Gmelin jedoch nicht; der letztere erhielt diese Erlaubnis erst im Juli 1742 (*Pekarskij* 1870–73, Bd. 1, S. 439f.). Gemeinsam reisten beide Anfang August über *Krasnojarsk* in die Gegenden um *Abakanskoj ostrog*, wo bereits D. G. Messerschmidt auf seiner Forschungsreise zahlreiche alte Gräber untersucht hatte. Sie kehrten Anfang Oktober 1739 nach *Krasnojarsk* zurück. Anfang Februar verließ G. F. Müller *Krasnojarsk* und reiste über *Tomsk* vorwiegend auf dem Fluß *Ob'* bis *Berezov* und zurück bis *Tobolsk*, wo er Anfang September 1740 eintraf. Die Zeit bis Ende 1742 verbrachte er mit Reisen und Aufenthalten in und um *Tobol'sk, Tjumen', Ekaterinburg, Turinsk* und *Verchotur'e* sowie am Rande des Uralgebirges. Ab Dezember 1742 reiste er dann, wieder gemeinsam mit J. G. Gmelin, zurück nach Sankt Petersburg, wo beide Mitte Februar 1743 eintrafen.

Zusammenfassende Darstellungen über verschiedene Abschnitte der Reisen der akademischen Gruppe der Expediton findet man u. a. in: Gmelin 1751–1752, *Materialy* 1885–1900, Band 6, *Vaksel'* 1940 und Hintzsche/Nickol 1996; alle bisher bekanntgewordenen Dokumente zur Vorbereitung der Expedition bis zum Juni 1734 wurden in den Bänden 4,2 und 5 der vorliegenden Reihe publiziert (Hintzsche 2004; Hintzsche 2006), die Hauptdokumente zur Marineabteilung der 2. *Kamčatka*expedition sind für den Zeitraum von der Vorbereitung bis 1736 enthalten in den Bänden 4,1 und 6 der vorliegenden Reihe (*Ochotina-Lind/ Møller* 2001 u. *Ochotina-Lind*/Møller 2009).

Nachrichten über die Ethnologie der verschiedenen Völker Sibiriens hat G. F. Müller während der gesamten Reise zusammengetragen. Sie finden sich in seinem Reisejournal, den zahlreichen Aufzeichnungen zur Geographie und Geschichte, den Wegebeschreibungen und in speziellen Aufzeichnungen über einzelne Völker. Vokabularien der Sprachen verschiedener Völker und Berichte über diese Völker sind auch in einer Reihe von Rapporten enthalten, die er unter der Bezeichnung ‚Observationes historicae' verfaßte, z. B. vom 10. Dezember 1733 (AAW F. 21, Op. 5, D. 164, Bl. 19r–59r), vom 15. Mai 1734 (AAW F. 21, Op. 5, D. 164, Bl. 76r–97r), vom 2. Januar 1735 (AAW F. 21, Op. 5, D. 143, Bl. 2r–51r) und vom 9. Dezember 1735 (AAW F. 21, Op. 5, D. 143, Bl. 52r–100v). Nahezu an jedem Aufenthaltsort verlangte er von den lokalen Kanzleien Berichte über die Geschichte, Naturgeschichte, die Erwerbszweige und den Handel, aber auch über die dort lebenden Völker einschließlich von Vokabularien ihrer Sprachen. Weiterhin forderte er die Kanzleien auf, Vertreter der dort lebenden Völker einschließlich von Dolmetschern mit ihren Alltags- und Festkleidungen zu ihm zu schicken, um sie zu befragen und gegebenenfalls zeichnen zu lassen. Dabei versuchte er auch, durch Tausch oder Kauf Haushaltsgeräte, Waffen und typische Kleidungsstücke zu erwerben, um diese an die Kunstkammer nach Sankt Petersburg zu schicken. Bei allen sich ergebenden Möglichkeiten besuchte er selbst die Völker und ihre Würdenträger an deren Wohnplätzen sowie bei typischen Festen wie Hochzeiten, Beerdigungen sowie Totengedenkfeiern und nahm an Jagden oder am Fischfang teil. Die von ihm angewandte Methodik entspricht dabei schon in hohem Maß der der modernen ethnologischen Feldforschung. Nachrichten versuchte er auch durch russische Händler und *Jasak*einnehmer zu gewinnen, die regelmäßig entlegene Gegenden aufsuchten, die ihm selbst nicht zugänglich waren wie z. B. alle Gebiete nördlich und östlich von *Jakuck*. Entsprechende Aufgaben wurden auf sein Ersuchen in die entsprechenden Instruktionen und Befehle für die *Jasak*einnehmer aufgenommen. Dies galt auch für die Bediensteten und Untergebenen der Professoren, wenn diese aus irgendeinem Grunde zur Erledigung bestimmter Aufgaben an Orte geschickt wurden, die nicht an der geplanten Reiseroute lagen, sowie für die Verschickung von Geodäten, die meist getrennt von der normalen Reisegruppe völlig unbekannte Landstriche erkunden mußten. Die intensive Sichtung der Archive in vielen sibirischen Orten förderte nicht nur Nachrichten zur Geschichte Sibiriens zutage, sondern auch über die sibirischen Völker, ihre Wanderungen, ihren Handel und die kriegerischen Auseinandersetzungen untereinander und mit den Russen. Die unzähligen Dokumente, die G. F. Müller in den lokalen Archiven Sibiriens kopieren ließ und nach Sankt Petersburg verschickte, sind bis heute erhalten, während fast alle Originale meist durch spätere Feuersbrünste verlorengingen.

Obwohl G. F. Müller meist zusammen mit J. G. Gmelin reiste, gab es verschiedene Perioden, in denen beide getrennt waren. Die Ergebnisse der Arbeiten von J. G. Gmelin wurden von diesem für diese Zeiträume durch Briefe und Berichte auch G. F. Müller zugänglich gemacht. Ebenso erhielt er Briefe und Berichte von *S. P. Krašeninnikov* aus *Kamčatka*, von G. W. Steller, von dem Übersetzer **Jacob Johann Lindenau** (1710?–1795), der zusammen mit **Johann Eberhard Fischer** (1697–1771) Ende 1739 zur Expedition entsandt wurde, und von verschiedenen Mitgliedern der Marineabteilung der Expedition. Nach Rückkehr von der Expedition standen G. F. Müller nahezu alle Manuskripte, Briefe und Rapporte der übrigen Teilnehmer der Expedition, die im Archiv der Akademie verwahrt wurden und auch zahlreiche Nachrichten zur Ethnologie enthielten, zur Verfügung.

Von Bedeutung für die ethnologischen Kenntnisse der sibirischen Völker sind auch die Kontakte von G. F. Müller zu dem Historiker und Geographen *Vasilij Nikitič Tatiščev* (1686–1750), der u. a. von 1737 bis 1740 die ursprünglich von *Ivan Kirillovič Kirilov* (1689–1737) begründete „Orenburgische Expedition" (benannt nach der im Verlauf der Expedition gegründeten Stadt *Orenburg*) unter dem Namen „Orenburgische Kommission" leitete. Die Aufgabe dieser Expedition war es, die Gegenden südlich und südwestlich des Uralgebirges bis zum Kaspischen Meer zu erschließen und Handelsverbindungen nach Mittelasien anzuknüpfen (Materialy 1885–1900, Bd. 6, S. 325f.).

V. N. Tatiščev hatte ab 1734 einen Katalog von 92 Fragen zur Geographie, Geschichte und Ethnologie (auch als ‚Enquête' bezeichnet) an die Befehlshaber vieler sibirischer Städte versandt, den er ab 1737 auf 198 Fragen erweiterte. Die umfangreichen Antworten gingen von 1735 bis Anfang der vierziger Jahre ein (u. a. AAW F. 21, Op. 5, D. 149, D. 152, D. 153 u. D. 184) und enthielten auch Vokabulare verschiedener Sprachen wie z. B. verschiedener tatarischer Dialekte. G. F. Müller hatte bereits während seiner Reise (z. B. bei seinem Aufenthalt 1739/40 in *Krasnojarsk*) einen Teil dieser Antworten kennengelernt (*Andreev* 1965, S. 311–328; Grau 1963, S. 119 u. S. 167f.).

Hinweise auf die (ausländische) Literatur mit Beschreibungen von fremden Völkern, die G. F. Müller vorwiegend nach der Rückkehr von der Reise studierte, finden sich in den Textanhängen zu Dokument 3 dieses Bandes sowie in: RGADA F. 199, Op. 2, Portf. 509, D. 5.

Aus dem oben Dargelegten läßt sich ableiten, wie sich die Kenntnisse von G. F. Müller über die sibirischen Völker entwickelten und aus welchen Quellen sie gespeist wurden. Teilweise läßt sich dies auch an den Instruktionen für andere Teilnehmer der Expedition erkennen, die von ihm mitverfaßt wurden. So erhielt z. B. *S. P. Kraseninnikov* vor seiner Abreise aus *Jakuck* nach *Kamčatka* am 5. Juli 1737 eine von G. F. Müller und J. G. Gmelin verfaßte Instruktion in 89 Punkten (AAW F. 3, Op. 1, D. 800, Bl. 88r–106v), in der u. a. verlangt wird, über die Geschichte, die Sprachen, die Religion, Wohnstätten, die Ernährung, die Krankheiten, die Volksmedizin der am *Ochock*ischen Meer (Tungusen/Lamuten und Giljaken) sowie auf *Kamčatka* lebenden Völker (Kamtschadalen, Korjaken und Kurilen) zu berichten sowie Kleidungsstücke der einzelnen Völker zu beschaffen. Zu dieser Instruktion erhielt *S. P. Kraseninnikov* einen Fragenkatalog zur Völkerbeschreibung (AAW R. I, Op. 13, D. 11, Bl. 128r–133r), der bereits sehr speziell und detailliert war und weit über die relativ allgemeinen Anforderungen in der Instruktion hinausging. In der ebenfalls von den beiden Professoren verfaßten Instruktion in 50 Punkten für G. W. Steller bei dessen Abfertigung aus *Enisejsk* nach *Kamčatka* vom 28. Februar 1739 (Dokument 25 in: Hintzsche et al. 2001, S. 71–93) sind die Aufgaben zur Beschreibung der Völker auf dem Reiseweg und auf *Kamčatka* in recht allgemeiner Form dargestellt, den Schwerpunkt bilden die Aufgaben zur Naturgeschichte, administrativen und logistischen Problemen (Transport, Sold, Verpflegung und Materialien). Zur Ergänzung wurden G. W. Steller aber Kopien der Instruktion und von Fragenkatalogen für *S. P. Kraseninnikov* mitgegeben (Dokument 26 in: Hintzsche et al. 2001, S. 94–96). Bemerkenswert ist, daß in den von G. F. Müller mitverfaßten Instruktionen für die Geodäten **Moisej Ušakov** (gest. 1742), **Nikifor Mikitič Čekin, Petr Nikiforovič Skobel'cyn** und **Vasilej Ageevič Šetilov** vom 12. Februar 1734 (Dokumente 28–30 in: Hintzsche 2006, S. 54–66), aus einer Zeit, während der er an seiner Arbeit über die Tscheremissen, Tschuwaschen und Wotjaken (s. unten) arbeitete, praktisch keine Informationen über die Völker angefordert wurden, während er im Februar 1734 von dem mit der Marineabteilung zum Fluß *Ob'* abzufertigenden Unterchirurgen **Hennrich Otto Schäffer** Angaben über die Samojeden, Ostjaken und andere Völker verlangte (s. die Dokumente 22 und 113 in: Hintzsche 2006, S. 39–43 u. S. 209–235).

Anders verhält es sich mit der Instruktion von G. F. Müller für den Historiker und vormaligen Rektor des Akademischen Gymnasiums in Sankt Petersburg J. E. Fischer. Dieser war als Adjunkt der Akademie Anfang Oktober 1739 zur Expedition geschickt worden, um die Arbeit von G. F. Müller, der bereits seine Rückreiseerlaubnis erhalten hatte, fortzusetzen. Beide trafen sich im Juni 1740 in

Surgut am Fluß *Ob'*, die Instruktion (AAW F. 21, Op. 5, D. 36, Bl. 4r–111v) wurde Ende des Jahres 1740 fertiggestellt (*Andreev* 1965, S. 88f. u. S. 286f.). Sie umfaßt mit weit über 1000 Punkten in sechs Abteilungen alle Aufgaben, die der Historiker der Expedition ausführen soll. Dazu gehören das Führen eines Reisejournals, die geographischen Beschreibungen Sibiriens und der dortigen Städte, Archivarbeiten zur Geschichte Sibiriens, die Beschreibung der Altertümer und die Beschreibung der sibirischen Völker. Der Anhang enthält Aufgaben zur Anfertigung von Landkarten und Zeichnungen, zum Erwerb von Objekten für die Kunstkammer in Sankt Petersburg und ein Mustervokabular für das Sammeln von Sprachproben. Die 923 Punkte der Instruktion, die direkt die Völkerbeschreibung betreffen, stellen gewissermaßen einen Kanon von Handlungsvorschriften für die ethnographische Feldforschung dar. Wie G. F. Müller im (später entstandenen) Dokument 1 dieses Bandes angibt, ist diese Instruktion so abgefaßt, daß sie als Vorbild für eine eine allgemeine Instruktion zur Beschreibung aller Völker dienen könnte.

Bibliographische Angaben zu Manuskripten und publizierten Arbeiten von G. F. Müller finden sich u. a. in: *Andreev* 1965, *Baklanova/Andreev* 1999, *Baklanova/Andreev* 2005, Black 1986, *Èlert* 1999, *Gnučeva* 1949, Hoffmann 2005 und *Pekarskij* 1870–73.

Als zusammenfassende, ausschließlich die Ethnographie der Völker Sibiriens betreffende Arbeiten von G. F. Müller, die auf seinen Forschungsarbeiten während der 2. *Kamčatka*expedition beruhen, müssen zwei Manuskripte besonders hervorgehoben werden. Dies ist zum einen die Arbeit „Umständliche Beschreibung von denen Wohn=Sitzen, Politischer Einrichtung, Leibes- und Gemüths=Beschaffenheit, Kleidung, Leibes=Nahrung, Handel und Gewerbe, SPrachen, Künsten, und Wißenschafften, natürlicher und erdichteter Heidnischer Religion, Ceremonien, Sitten und Gebräuchen derer im Casanischen Gouvernement des Rußischen Kayserthumbs wohnenden Heidnischen Nationen als Tscheremissen, Tschuwaschen und Wotiaken." (zu dieser Arbeit s. *Zagrebin* 2005 u. *Zagrebin* 2005a), von der bisher nur ein handschriftliches Exemplar in deutscher Sprache nachgewiesen werden konnte (AAW F. 21, Op. 5, D. 18, Bl. 20r–72v) und die im folgenden als Text A bezeichnet wird. Mit der Abfassung dieser Arbeit begann G. F. Müller während seines Aufenthalts in *Kazan'* vom 18. Oktober bis 12. Dezember 1733 und ergänzte sie durch Beobachtungen auf der Weiterreise von *Kazan'* nach *Tobol'sk*, wo er am 19. Januar 1734 eintraf (s. den Brief von G. F. Müller an Graf **Heinrich Johann Friedrich Ostermann** (1686–1747) vom Dezember 1733, Dokument 302, in: Hintzsche 2004, S. 804–806 u. den 3. Rapport von L. De l'Isle de la Croyère, J. G. Gmelin und G. F. Müller an den Senat in Sankt Petersburg vom 1. Mai 1734, Dokument 113, in: Hintzsche 2006, S. 209–235). Während seines Aufenthalts in *Tobol'sk* (bis

Ende Mai 1734) wurde die Arbeit fertiggestellt und am 15. Mai mit einem *donošenie* (d. h. einen an eine Institution bzw. Person höheren Ranges gerichteten schriftlichen Bericht; Dokument 133 in: Hintzsche 2006, S. 263–269) an den Senat in Sankt Petersburg gesandt (s. auch das Verzeichnis der übersandten Schriften, Zeichnungen und Naturalien vom 15. Mai 1734 in: Hintzsche 2006, S. 279–288), von wo es an die Akademie der Wissenschaften weitergeleitet wurde. In einem Verzeichnis der Akten der 2. *Kamčatka*expedition der Akademie von vermutlich 1744 (AAW F. 3, Op. 1, D. 814, Bl. 99r–118v, 122r–127v) wird das Manuskript angegeben bei „Vol. IV. et V." unter Nr. 14. Der Text A wurde in deutscher Sprache ohne eines der hier angegebenen Vorworte (Dokumente 1 u. 2) von G. F. Müller 1759 im 3. Band seiner „Sammlung Russischer Geschichte" publiziert (Müller 1759b), in russischer Sprache wurde Text A, ebenfalls ohne das hier angegebene Vorwort (Dokument 1) im Jahr 1791 (Müller 1791), im Jahr 2005 von **Eugen Helimski** (1950–2007) als Reprint der Ausgabe 1791 (*Chelimskij* 2005, S. 111–169) und im Jahr 1756 in der Zeitschrift „*Ežemesjačnye sočinenija k pol'ze i uveseleniju služaščie*" (Juni, S. 33–64, u. August, S. 119–145) veröffentlicht (letztere Angabe nach *Andreev* 1965, S. 98). Als zweite große Arbeit von G. F. Müller zur Ethnologie der Völker Sibiriens ist ein Manuskript anzusehen, das im vorliegenden Band als Dokument 3 mit dem Titel „Beschreibung der sibirischen Völker" (ohne eine Titelbezeichnung bzw. ein Titelblatt von G. F. Müller) publiziert wird. Dieses Manuskript (RGADA F. 181, Op. 16, D. 1386, Č. 1 u. Č. 2; in der Folge hier als Text B1 bezeichnet) stellt ein Konzept dar, dessen Ausarbeitung aber bereits weit fortgeschritten ist. Daß es noch unvollständig ist, läßt sich aus der dem Kapitel 1 vorangestellten Übersicht über die geplanten Kapitel ersehen, insbesondere fehlen einige der vorgesehenen Kapitel. Ein weiteres Manuskript von G. F. Müller (RGADA F. 199, Op. 2, Portf. 509, D. 3, Bl. 1–178, in der Folge hier als Text B2 bezeichnet) ohne eigenen Titel von G. F. Müller ist unter der russischen Bezeichnung „Nachrichten über die Jakuten und ihre Schamanen, über die Jukagiren, Ostjaken, Tungusen, Samojeden, Kamassen [Kamaschinzen bzw. Kamasinzen], Taiginzen, Katschinzen und die Tataren sowie über die Sitten dieser verschiedenen Völker" (nach dem Archivtitelblatt Bl. 1r in unbekannter Handschrift) bekannt. Es wurde 2003 erstmals unter dem Titel „Nachrichten über die Völker Sibiriens (1736–1742)" (mit zahlreichen kleineren Transkriptionsfehlern und ausschließlich linguistischer Kommentierung) publiziert (Helimski 2003). Von beiden Manuskripten (Texte B1 und B2) ist bisher nur ein Exemplar gefunden worden. Text B2 steht in einem engen Zusammenhang mit Text B1, er kann als direktes Vorgängermanuskript angesehen werden. Dies ergibt sich zum einen daraus, daß viele Passagen in Text B1 nahezu wörtlich aus Text B2 übernommen worden sind. In Text B2 sind diese Abschnitte durchgestrichen (d. h. im Sinne von Abstreichen). Die entsprechenden Kongruenzen in beiden Texten werden in der Ausgabe von Text B2 angegeben werden, die für die vorliegende Reihe in Vorbereitung ist. Inhaltlich sind die beiden Texten unterschiedlich strukturiert. Text B1 lehnt sich an die von G. F. Müller vorgegebene Kapitelübersicht (vor Kapitel 1 in Dokument 3) an, die von den Bearbeitern dieses Bandes gewählte Kapiteleinteilung entsprechend den Überschriften der einzelnen Abschnitte entspricht nicht völlig der genannten Kapitelübersicht von G. F. Müller. Text B2 ist nicht nach Kapiteln gegliedert, sondern es folgen weitgehend nacheinander die Beschreibungen einzelner Völker. Die Textabschnitte zu den vorgesehenen Kapiteln über Tod und Religion, die nicht in Text B1 enthalten sind, bilden einen inhaltlichen Schwerpunkt des Textes B2.

Die mit Text B2 gemeinsam in einer Archivakteneinheit aufbewahrten Dokumente mit vorwiegend von G. F. Müller verfaßten relativ kurzen Texten ethnographischen Inhalts (RGADA F. 199, Op. 2, Portf. 509, D. 1–2 u. D. 4–10; D. 3 ist Text B2; s. dazu auch *Andreev* 1965, S. 99) stellen vielleicht Materialien dar, die G. F. Müller selbst unmittelbar für die Abfassung von Text B1 herangezogen hat, auch wenn seine anderen Manuskripte (Reisejournale, Vokabularien, die „Observationes historicae" usw. wie auch die Manuskripte weiterer Teilnehmer der Expedition) dabei ein wichtige Rolle gespielt haben dürften.

Die Enstehungszeit von Text B2 muß, da bisher keine anderen Quellen dazu bekannt sind, aus zwei Zitaten im Manuskript und dem Inhalt erschlossen werden. An einer Stelle (RGADA F. 199, Op. 2, Portf. 509, D. 3, Bl. 78v; Helimski 2003, S. 89) spricht G. F. Müller vom „... Verwichenen 1737 Sommer" (d. h. diese Textstelle wurde im Sommer 1738 verfaßt), an einer zweiten Stelle berichtet er über ein Ereignis vom 26. November 1741 (RGADA F. 199, Op. 2, Portf. 509, D. 3, Bl. 160r; Helimski 2003, S. 173). Inhaltlich schließt Text B2 Nachrichten über die Jakuten ein, die G. F. Müller zeitigstens bei seinem Aufenthalt in *Jakuck* (September 1736 bis Anfang Juli 1737) erhalten haben kann. Weitere Angaben u. a. über Ostjaken, Samojeden und verschiedene Tatarengruppen stammen aus Beobachtungen während seiner Reise nach *Mangazeja*, nach *Berezov* und seinen weiteren Reisen sowie Aufenthalten bis Ende 1742 (s. oben). Es scheint deshalb gerechtfertigt zu sein, die Abfassung von Text B2 auf den Zeitraum Ende 1736 bis Ende 1742 einzugrenzen (s. dazu auch *Èlert* 1999, S. 55–57).

Für den Zeitraum der Abfassung von Text B1 können die folgenden Aussagen getroffen werden. Da sich die Einfügungen von Passagen aus Text B2 in den Text B1 (s. oben) über den gesamten Bereich des Textes B1 erstrecken, kann man davon ausgehen, daß die Abfassung von Text B1 zeitlich nach der von Text B2 erfolgte. Nach den obigen Angaben heißt das nach 1742, d. h. nach der Rückkehr von G. F. Müller nach Sankt Petersburg (Februar 1743). Wie auch bei anderen handschriftlichen Konzepten von G. F. Müller sind auch bei Text B1 die rechten Seitenhälften ursprünglich freigelassen worden (s. Anm. 2 im Titel von Dokument 3). Auf den rechten Seitenhälften fügte G. F. Müller zu einem späteren Zeitpunkt (zahlreiche) Ergänzungen ein. Zu diesen Ergänzungen gehören auch einige Angaben über Publikationen, die erst nach 1742 entstanden sind. Die spätesten Angaben stammen von Literatur, die im Jahr 1754 erschien (s. Kapitel 5, Bl. 39v – „Journal des Sçavans" und Kapitel 10, Bl. 89v – Dreyer 1754). In einer handschriftlichen Fassung der Kapitel 1–4 der Sibirischen Geschichte von G. F. Müller in deutscher Sprache mit dem Archiveingangsdatum 25. Juni 1744 (AAW F. 21, Op. 5, D. 4, Bl. 1r–222v) finden sich an mehreren Stellen (z. B. auf den Bll. 4r, 16v, 19r, 19v, 20r, 20v, 23r, 29r, 47v, 87r, 125v u. 144r) Verweise auf seine Völkerbeschreibung mit Angabe der entsprechenden Kapitel. Diese entsprechen den Kapiteln in Text B1 (ausgeführte Kapitel entsprechend Dokument 3 und vorgesehene Kapitel entsprechend der Kapitelübersicht vor Kapitel 1 von Dokument 3 des vorliegenden Bandes). Diese Verweise sind auch enthalten in den 1750 und 1787 publizierten russischen Fassungen der ‚Sibirischen Geschichte' (Müller 1750; Müller 1998), jedoch nicht in der deutschen Ausgabe von 1761/62 (Müller 1761–1762). Aus dem Vorhergehenden ergibt sich, daß für die Abfassung von Text B1 der Zeitraum ab 1743 angenommen werden kann. Im Juni 1744 war vermutlich der Haupttext fertig, die Randbemerkungen auf den rechten Seitenhälften wurden noch bis in die fünfziger Jahre des 18. Jahrhunderts ergänzt. Hinweise auf eine spätere Bearbeitung sind nicht erkennbar.

Der Zusammenhang der Texte A und B ergibt sich daraus, daß G. F. Müller beabsichtigte, seine Ausarbeitungen zur Ethnographie der sibirischen Völker als ‚Allgemeine Beschreibung der sibirischen Völker' unter Einschluß der Texte A und B zu publizieren (siehe Dokument 2). Ihm war bewußt, daß der bereits 1734 entstandene Text A seinem Kenntnisstand am Anfang der zehnjährigen Reise durch Sibirien entsprach, der am Ende der Reise wesentlich breiter und tiefer war. Er entschloss sich offensichtlich deshalb, Text A als Teil 1 seiner ‚Völkerbeschreibung' getrennt von Text B zur Veröffentlichung zu bringen, zumal der erstere Text am Ende seiner Reise bereits nahezu druckfertig vorhanden war, während der letztere noch ein Konzept war.

Bereits wenige Wochen nach der Rückkehr von G. F. Müller nach Sankt Petersburg (Mitte Februar 1743) sandte dieser im März ein *donošenie* an den Senat (AAW F. 21, Op. 2, D. 26, Bl. 295v–296r), in dem er mitteilte, daß seine Beobachtungen zur Geschichte und Geographie gedruckt werden könnten, wenn man einen entsprechenden *ukaz* erlassen würde. Gemäß einem Dokument der Akademie (publiziert in: *Materialy* 1885–1900, Bd. 5, S. 622) wurde am 1. April 1743 das Manuskript (Buch) ‚Beschreibung der sibirischen Völker' vom Kabinett (Das 1704 gegründete „Kabinett Ihrer Kaiserlichen Majestät" nahm die Aufgaben einer persönlichen Kanzlei des Herrscher wahr.) mit einem *ukaz* an die Akademie der Wissenschaften gesandt, nach dem dieses aus der deutschen in die russische Sprache übersetzt werden sollte. In einigen Dokumenten der Akademie, u. a. einer Kopie des letztgenannten Dokuments vom 1. April 1743 (AAW F. 3, Op. 1, D. 76, Bl. 2r), wird das Manuskript jedoch als ‚Beschreibung der sibirischen Städte' (mit russ. ‚*gorodov*' – Städte statt ‚*narodov*' – Völker) angegeben.

Nach einem kurzen Verzeichnis von Akten der 2. *Kamčatka*expedition (AAW R. V, Op. M, D. 32, Nr. 17, Bl. 2r–2v) befanden sich 1811 unter der russischen Bezeichnung ‚Beschreibung der sibirischen Städte und Kreise' zwei *portfeli* (russ. *portfel'* – Aktenmappe; Teil der Archivsignatur) mit der Signatur N. 51/526 im Archiv des Ministeriums (früher Kollegium) für Auswärtige Angelegenheiten in Moskau, dem heutigen Archiv RGADA (a. a. O., Bl. 2v).

Am 9. April 1743 teilte die Akademie der Wissenschaften mit, daß ***Ivan Ivanovič Golubcov*** (1715–1759) mit der Übersetzung beauftragt wurde (*Materialy* 1885–1900, Bd. 5, S. 622–623). In einem Rapport an die Akademie der Wissenschaften vom 3. November 1743 berichtete *I. I. Golubcov* über die Fertigstellung der Übersetzung und die Übergabe an die Kanzlei der Akademie (*Materialy* 1885–1900, Bd. 5, S. 936). Auch wenn hierzu noch Klärungsbedarf besteht, handelt es sich bei dem genannten Manuskript vermutlich nicht um die ‚Beschreibung der sibirischen Völker' (Text A), sondern, wie auch ***Aleksandr Ignat'evič Andreev*** (1887–1959) vermutete (*Andreev* 1965, S. 91f.), um die ersten vier Bücher (Kapitel) der ‚Geschichte Sibiriens' von G. F. Müller, wobei das 4. Buch (Kapitel) analog wie in den den russischen Ausgaben (Müller 1750; Müller 1999) den Titel „Von Erbauung der Städte Tümen, Tobolsk, Loswa, Pelim, Beresow, Surgut, Tara, ..." (Müller 1761–1762, S. 409) trägt. Mit der Übersetzung des entsprechenden Manuskripts war *I. I. Golubcov* beauftragt worden (*Andreev* 1965, S. 92).

Die obige Vermutung wird gestützt durch Aktenvermerke in den Protokollen der Kanzlei bzw. der Konferenz der Akademie der Wissenschaften:
- vom 25. Februar 1745 „... Cl-mus Müllerus praelegit Praefationem ad tractatum, quem de moribus gentium in Imperio Russico habitantium prelo praeparat, cumque illa inter cetera contineat consilium de conscribenda historia gentium in toto orbe degentium, ad quam exteri eruditi invitantur ut operam suam conferant, ideo Academici judicarunt, ut quam primum fieri possit hoc opus prelo subjiciatur." (lat. – ... Der hochedle Müller hat die Vorrede zu der Abhandlung verlesen, die er über die Sitten der im Russischen Reich lebenden Völker für den Druck vorbereitet; und weil diese [Vorrede] unter anderem einen Plan von der Beschreibung der Völker in aller Welt enthält, zu der auswär-

tige Gelehrte beizutragen eingeladen werden, waren die Akademiker der Ansicht, daß dieses Werk so schnell wie möglich in den Druck gehen soll.) (*Protokoly* 1897–1900, Bd. 2, S. 51);
- vom 22. April 1745 „... Cl. Müllerus Consessui exhibuit primam partem Descriptionis generalis populorum Sibiriae eamque in Archivo asservari voluit, donec lubuerit Academiae, ut typis inprimatur." (lat. – ... Der hochedle Müller überreicht der Versammlung den ersten Teil der ‚Allgemeinen Beschreibung der Völker Sibiriens' und wünscht, daß sie im Archiv verwahrt wird, bis es der Akademie beliebt, sie zu drucken.) (*Protokoly* 1897–1900, Bd. 2, S. 55f.);
- vom 16. September 1745 „... Ex Archivo hodie duo tractatus Cl. Mülleri de commercio populorum Sibiriae, item de moribus populorum ibi degentium scribae Stavenhagen tradebantur, ut illos ad bibliopegum perferret eum in finem, ut compingantur et charta sic dicta Turcica vestiantur." (lat. – ... Heute wurden aus dem Archiv die zwei Abhandlungen des hochedlen Müller über den Handel in Sibirien [später unter dem Titel „Nachrichten von der Handlung in Sibirien." veröffentlicht – Müller 1760] sowie über die Sitten der dort lebenden Völker dem Schreiber Stavenhagen [**Johann Lorenz Stavenhagen** (1728–1784)] übergeben, um sie zum Buchbinder zu bringen, damit sie geheftet und in sogenanntes Türkisch Papier [d. h. Marmorpapier] eingebunden werden.) (*Protokoly* 1897–1900, Bd. 2, S. 82) und
- vom 27. November 1745 „... Cl. Müllerus tractatum suum de moribus populorum Sibiriae ex Archivo sumtum interpreti Golubcewo, consentientibus Academicis, vertendum dedit." (lat. – ... Der hochedle Müller übergibt seine, dem Archiv entnommene ‚Abhandlung über die Sitten der Völker Sibiriens' mit Zustimmung der Akademiker dem Übersetzer *Golubcov* zum Übertragen.) (a. a. O., S. 97).

In einem Aktenvermerk der Kanzlei der Akademie der Wissenschaften vom 22. April 1745 ist angegeben „H(P. Mullers Allgemeine Völkerbeschreibung von Sibirien. P. I. – liegt im Archiv." (AAW F. 1, Op. 2–1745, D. 13, Bl. 3v). Das Dokument 1 des vorliegenden Bandes ist das Vorwort der von *I. I. Golubcov* angefertigten Übersetzung (Bl. 1r–12r von AAW F. 21, Op. 5, D. 6, Bl. 1r–129r), in Dokument 2 werden zwei Varianten von vermutlichen Entwürfen für das Vorwort der deutschen Vorlage für dieses Manuskript vorgelegt.

In einem Rapport des Kopisten und früheren Informators am akademischen Gymnasium **Christian Hermann** an die Akademie der Wissenschaften vom 3. Oktober 1745 (AAW F. 3, Op. 1, D. 96, Bl. 414r) teilt dieser mit, daß er seit seinem am 8. Dezember 1744 übergebenen Rapport (AAW F. 3, Op. 1, D. 92, Bl. 217r; der Rapport ist datiert vom 11. Dezember 1744) 236 Bogen Kopien an G. F. Müller übergeben hat, darunter 75 Bogen „Allgemeine Völker-Beschreibung von Sibirien, nebst einem achtfachen Vocabulario". Dabei handelt es sich

offensichtlich um die bisher nicht nachgewiesene deutsche Vorlage (Text A) für die Übersetzung von *I. I. Golubcov*.
Am 7. August 1746 unterbreitete G. F. Müller dem Präsidenten der Akademie der Wissenschaften Vorschläge darüber, in welcher Weise Arbeiten zur Geschichte und Geographie des Russischen Reichs abgefaßt werden sollten (*Materialy* 1885–1900, Bd. 8, S. 183–194). In Punkt 17 dieses Dokuments (a. a. O., S. 194) weist er darauf hin, daß die Beschreibung von Sitten und Gebräuchen der zahlreichen in Rußland lebenden Völker von großer Bedeutung für die Geschichtsschreibung sei und dieser hinzugefügt werden sollte. Er habe dies während seiner Reise in Sibirien für alle dortigen Völker bereits ausgeführt. Der Anfang einer derartigen Beschreibung sei seine Arbeit über die Tscheremissen, Tschuwaschen und Wogulen (Text A), und er könne, falls dies gewünscht werde, eine vollständige Anleitung dazu geben.
J. G. Gmelin und G. F. Müller gaben in einem Verzeichnis vom 7. August 1746 (*Materialy* 1885–1900, Bd. 8, S. 194–212) an, welche Manuskripte und Sammlungsobjekte sie von der Expedition nach Sankt Petersburg geschickt haben, welche sie bei ihrer Rückkehr mitgebracht haben und welche Manuskripte noch zur weiteren Bearbeitung bei ihnen verblieben sind. Unter den letzteren wird angeführt ‚Beschreibung aller Gebräuche und des Glaubens aller in Sibirien lebenden fremden Völker, von der der erste Teil [bereits] zur Approbation an die Akademie übergeben worden ist' (Angabe des Titel in russischer Sprache) von G. F. Müller (a. a. O., S. 212). Bereits in einem ähnlichen Verzeichnis vom 7. April 1744 (AAW R. I, Op. 96, D. 94, Bl. 13r–32r) war angegeben worden, daß das gleichnamige Manuskript ‚Beschreibung aller Gebräuche und des Glaubens aller in Sibirien lebenden fremden Völker' nach Fertigstellung abgegeben werden wird (a. a. O., Bl. 31r).
In einem Aktenvermerk der Akademie der Wissenschaften vom 27. März 1747 (*Materialy* 1885–1900, Bd. 8, S. 418–419) wird mitgeteilt, daß G. F. Müller der Akademie am 17. März (Rapport vom 17. März 1747 – AAW F. 3, Op. 1, D. 103, Bl. 353r–354r) übermittelt hat, daß er sechs Bücher zu Sibirien, darunter eine Völkerbeschreibung, für eine Publikation vorbereitet hat. Falls eines dieser Bücher oder alle gedruckt werden sollen, würde er für die Fortführung dieser Arbeiten bereit sein.
In einem Verzeichnis der Schriften, Zeichnungen und Landkarten, die G. F. Müller zwischen dem 5. und 12. Mai 1748 in der Historischen Konferenz abgegeben hat, sind u. a. „59. Allgemeine Völker=Beschreibung Tom. I. 75 Bog)" und „65. Eine Rußische Übersetzung von des HEn. Prof: Müllers allgemeiner Völker=Beschreibung von Sibirien. 34. Hefte. 135 Bog)." angegeben (AAW F. 21. Op. 5, D. 148, Bl. 7r bzw. Bl. 7v). Die Historische Konferenz der Akademie der Wissenschaften (russ. *Istoričeskoe sobranie Akademii Nauk*) war eine im März

1748 gegründete Abteilung der Akademie u. a. zur Begutachtung der in der Historischen Abteilung der Akademie verfaßten Arbeiten (Karpeev 1999, S. 68). Am 20. November 1747 wurde zwischen G. F. Müller und dem Präsidenten der Akademie der Wissenschaften **Kiril Grigor'evič Razumovskij** (1728–1803) ein neuer (Arbeits-)Vertrag geschlossen (*Materialy* 1885–1900, Bd. 8, S. 607–609). Im Punkt 2 dieses Vertrags wird G. F. Müller die (weitere) Arbeit an der ‚Sibirischen Geschichte' auferlegt. Diese sollte die geographische Beschreibung von ganz Sibirien, die Glaubensrichtungen sowie die Sprachen aller dort lebenden Völker und die sibirischen Altertümer einschließen. Dazu sollte ihm J. E. Fischer Unterstützung leisten und jährlich ein Buch herausgegeben werden. Explizit wird jedoch nicht angegeben, ob die Beschreibung der sibirischen Völker nur in die ‚Sibirische Geschichte' aufgenommen bzw. eingearbeitet oder getrennt veröffentlicht werden sollte.

In einem Schreiben an den Assessor **Grigorij Nikolaevič Teplov** (1725–1779) von der Kanzlei der Akademie vom 16. Juni 1750 (AAW R. V, Op. M, D. 32, Nr. 10, Bl. 1r–10r) zieht G. F. Müller Bilanz über die von ihm seit Ende 1747 geleistete Arbeit und wehrt sich gegen verschiedene Vorwürfe, die gegen ihn erhoben wurden. Er beklagt u. a., daß die Akademie ihm nicht in ausreichendem Maße Kopisten und Übersetzer zur Verfügung gestellt habe und er von J. E. Fischer keine Unterstützung erhalten habe. Bezüglich der Beschreibung der sibirischen Völker verweist er nur auf den von ihm zum Druck vorbereiteten und in das Archiv der Akademie eingelieferten Teil I.

In einem Schreiben vom 31. Dezember 1752 an die Kanzlei der Akademie teilte G. F. Müller mit, daß er die Unterstützung von J. E. Fischer für seine Arbeiten zur russischen und sibirischen Geschichte benötige, und er sich (weiterhin) u. a. mit der Beschreibung der Völker beschäftigen werde (*Osipov* 2000, S. 402f.).

Bei seinem Umzug nach Moskau im Jahr 1765 nahm G. F. Müller viele Materialien (Briefe, Manuskripte, Landkarten usw.) der 2. *Kamčatka*expedition mit. In Moskau wirkte er anfänglich als Direktor des dortigen Waisenhauses und leitete später bis zu seinem Tod im Jahr 1783 das Archiv des Kollegiums für Auswärtige Angelegenheiten. Nach seinem Tod wurde ein großer Teil seines schriftlichen Nachlasses in das genannte Archiv übernommen. Ein Teil der Manuskripte wurde im Jahr 1831 wieder von der Akademie der Wissenschaften in Sankt Petersburg übernommen (*Osipov* 2002, S. 223). In einer Arbeit von **Nikolaj Vladimirovič Golicyn** (1874–1942) aus dem Jahr 1899 (*Golicyn* 1899) wird das Schicksal des Müller-Nachlasses beschrieben. In einem Verzeichnis der im genannten Archiv verbliebenen Materialien von G. F. Müller (Verzeichnis 4 in: *Golicyn* 1899, S. 18–52) sind u. a. mit Nr. 75 unter der russischen Bezeichnung eine ‚Beschreibung der andersgläubigen Völker des Gouvernements von *Kazan'*, d. h. der Tscheremissen, Tschuwaschen und Wotjaken, verfaßt von Gerhard [Friedrich] Müller in *Tobol'sk* aus dem Jahr 1734, in deutscher Sprache' (a. a. O., S. 22; d. h. Text A) sowie eine ‚Beschreibung der sibirischen Völker' (a. a. O., S. 37) mit Nr. 389 verzeichnet. In dem bereits oben genannten Verzeichnis von 1811 (AAW R. V, Op. M, D. 32, Nr. 17, Bl. 2r–2v) ist unter der russischen Bezeichnung ‚Beschreibung der sibirischen Völker' ein *portfel'* mit der Signatur N. 31/509 im Archiv des Ministeriums für Auswärtige Angelegenheiten in Moskau verzeichnet (a. a. O., Bl. 2r). Um welche Manuskripte es sich bei den beiden letzteren Angaben handelt, kann mit diesen Angaben nicht entschieden werden, die Signatur N. 31/509 deutet jedoch darauf hin, daß es sich bei diesem *portfel'* um die sich unter der heutigen Signatur F. 199, Op. 2, Portf. 509, D. 1–10 im Archiv RGADA Moskau verwahrten Manuskripte von G. F. Müller zur Ethnographie sibirischer Völker, darunter der obengenannten Text B2 (RGADA F. 199, Op. 2, Portf. 509, D. 3), handeln könnte.

Aus den vorhergehenden Darlegungen ist ersichtlich, daß sich die Handschriften mit Text A (einschließlich der russischen Übersetzung) vorwiegend bei der Akademie der Wissenschaften in Sankt Petersburg befanden, während G. F. Müller die Texte B1 und B2 bis zu seinem Tod bei sich behielt, wonach sie im Archiv des Kollegiums (Ministeriums) für Auswärtige Angelegenheiten in Moskau (heute RGADA) verwahrt wurden.

Offenbar fanden die nicht publizierten Manuskripte von G. F. Müller zur Ethnographie nach dessen Tod nur geringes Interesse. **Karl Ernst von Baer** (1792–1876) schrieb im Jahr 1845 „Die grössten Ansprüche auf die Dankbarkeit der Nachwelt würde sich offenbar eine Unternehmung erwerben, die es sich zur Aufgabe machte, alle Völkerstämme des Russischen Reiches nach ihrem jetzigen Zustande in Bezug auf ihren physischen und gesellschaftlichen Zustand, so wie in Bezug auf ihre Sprache, Abstammung und die nachweisbaren Bruchstücke ihrer Geschichte vollständig zu untersuchen, ... Dagegen würde aber auch der Werth des auf diese Weise gesammelten wissenschaftlichen Materials mit jedem Jahrhundert, ja mit jedem Jahrzehnd wachsen, weil eine spätere Zeit nicht mehr herbeischaffen kann, was jetzt jährlich unbemerkt verloren geht, und auf solche Weise gerettet würde. ..." und „Man kann ohne Uebertreibung sagen, dass bis in den Anfang des laufenden Jahrhunderts Georgi's Beschreibungen aller Nationen des Russischen Reiches [Georgi 1776–1780, vorwiegend mit der Beschreibung der bis dahin publizierten Resultate ethnographischer Forschungen] der Inbegriff dessen war, was man von den Völkern Russlands wusste, und unbekümmert um die eingetretenen Veränderungen wiederholte. Jetzt aber zeigen sich vielfach neue Untersuchungen, aber dass man im Allgemeinen besonders die Kenntniss der verschiedenen geistigen und socialen Zustände noch zu gering achtet, geht wohl daraus hervor, dass man Berichte, die über solche Verhältnisse schon da sind, nicht der Bekanntmachung werth achtet." (Baer 1845, S. 171f.)

Das Manuskript der „Beschreibung der sibirischen Völker" (Text B1) wurde erst 1939 in Moskau (im heutigen Archiv RGADA) wiederentdeckt. Die Ursache liegt vermutlich darin, daß die Handschrift nicht zusammen mit dem Hauptteil der Schriften von G. F. Müller (in Fond 199), sondern unter den Handschriften der früheren Bibliothek des Hauptarchivs des Ministeriums für für Auswärtige Angelegenheiten verwahrt wurde (*Andreev* 1965, S. 98f.).
Bereits Mitte der fünfziger Jahre des 20. Jahrhunderts wurde von *A. I. Andreev* und weiteren Kollegen eine Publikation der „Beschreibung der sibirischen Völker" (Text B1) vorbereitet, die jedoch nicht realisiert wurde. Dazu wurde die handschriftliche Rohfassung einer Übersetzung ins Russische angefertigt. Diese wurde von **Aleksandr Christianovič Èlert** (geb. 1954) herangezogen, als er eine Neuübersetzung für die gemeinsame Herausgabe der russischen Ausgabe des vorliegenden Bandes (*Èlert*/Hintzsche 2009) erarbeitete.
Ein weiterer Band der vorliegenden Reihe mit einer kommentierten Neuausgabe der „Nachrichten über die Jakuten und ihre Schamanen, ..." (Text B2) befindet sich zur Zeit in Bearbeitung. In diesem Band wird auch erstmals die Instruktion von G. F. Müller für J. E. Fischer aus dem Jahr 1740 (s. oben) vollständig publiziert werden.

EDITIONSPRINZIPIEN

Die **äußere Beschreibung** des zur Textgrundlage gewählten Dokuments schließt ein:
- Beschreibung des Inhalts und des Einbands der entsprechenden Archiveinheit, in der sich das Dokument befindet
- Größenangabe des Dokuments
- Bearbeitungsvermerke auf dem Dokument
- Angaben zum Schreibmaterial, zum Papier, zu den Wasserzeichen und gegebenenfalls zum Zustand des Dokuments

Diese Beschreibung ist zusammen mit dem Nachweis von Varianten des Dokuments in einer Anmerkung enthalten, auf die im Dokumentenkopf verwiesen wird.
Das in russischer Sprache verfaßte Dokument 1 wird in deutscher **Übersetzung** wiedergegeben.
Die in deutscher Sprache verfaßten Dokumente 2 und 3 sind textkritisch ediert.

Jedes Dokument besteht aus einem **Kopf**, dem eigentlichen **Text** und **Anmerkungen**.

Der **Kopf** ist zusammengesetzt aus
- der laufenden *Nummer* des Dokuments,
- einem *Titel*, der den Charakter des Dokuments, den Urheber und das Entstehungsdatum bezeichnet; Angaben zur Entstehungsgeschichte des Dokuments finden sich in der Einleitung,
- *Angaben zum formalen Charakter* (Kopie, Konzept), falls dem Text keine endgültige Fassung von der Hand des Autors zu Grunde liegt, zum Schreiber und zur Unterfertigung,
- Bezeichnung der *Textgrundlage* durch die Angabe der verwahrenden Institution (Sigle) und Signatur sowie
- einem *Hinweis auf die Übersetzung* (in runden Klammern), falls der Text nicht in der Originalsprache wiedergegeben wird.

Der **Text** ist, je nachdem ob es sich um kritische Wiedergaben deutscher oder um Übersetzungen russischer Dokumente handelt, unterschiedlich gestaltet.

Textgestaltung der textkritisch bearbeiteten deutschen Dokumente:
- Der *Druck* folgt diplomatisch genau der jeweiligen handschriftlichen Vorlage. Da sich oft große und kleine Buchstaben hinsichtlich der Form und Schrifthöhe gleichen, sind besonders bei Wortanfängen häufig andere Lesungen als die hier im Druck wiedergegebenen berechtigt. Im textkritischen Apparat wurde auf entsprechende Hinweise grundsätzlich verzichtet.
- Sämtliche *Abkürzungen* im Text wurden aufgelöst und die Auflösungen in halbe Klammern gefaßt (z. B. „d⌈en⌉" für „d("}.
- Änderungen der *Schriftart* der Vorlage, d. h. lateinische Wörter in einer der Renaissancekursiven nachgebildeten Schriftart innerhalb eines deutschen Textes in Fraktur sowie der Wechsel der Schriftart innerhalb einzelner Wörter werden im Druck berücksichtigt. ‚Deutsche' Handschrift ist in Antiqua, ‚lateinische' kursiv gesetzt (z. B. „... je weniger unter so viele⌈n⌉ / *russi*sche⌈n⌉ *Experimente*⌈n⌉ u⌈nd⌉ *Heroi*sch⌈en⌉ / *venus Mitt*eln noch eines bekand ...").
- Die *Zeilenenden* der handschriftlichen Vorlagen werden durch einen Schrägstrich „/" angedeutet, der bei Absätzen entfällt. Auf einen *Blattwechsel* der Vorlage verweist die von Schrägstrichen eingefaßte Bezeichnung des beginnenden Blattes (z. B. „... 1000 Nerpen oder See /156v/ hundfelle ...")
- Durch mechanische Beschädigung oder sonst schwer lesbare Textstellen sowie von den Urhebern der Vorlagen vergessene Buchstaben sind durch verschiedene Zeichen markiert (s. das Verzeichnis „**Abkürzungen, Siglen und Zeichen**").

- Der *textkritische Apparat* wird in Fußnoten gegeben, auf die innerhalb des Textes hochgestellte kleine Buchstaben, auf jeder Seite mit „a" beginnend, verweisen. In den Fußnoten sind die Texte des Bearbeiters kursiv gesetzt. Abkürzungen des Originals wurden im Apparat nicht aufgelöst, sondern mit typographischen Mitteln nachgestaltet (z. B. „d$_($" für „den", oder „gereu$_3$" für „gereuen"). Eindeutig falsche Wörter im Originaltext, die zu Sinnentstellungen führen, wurden im Text korrigiert, das ‚falsche' Wort wurde in der Fußnote angegeben. Die Bedeutung der im Apparat verwendeten Zeichen wird im Verzeichnis **„Abkürzungen, Siglen und Zeichen"** erklärt. Unterschiedliche Schriftarten der Vorlage werden bei den im Apparat wiederholten Textstellen nicht berücksichtigt.
- Hochgestellte Zahlen im Text verweisen auf Anmerkungen.

Textgestaltung der Übersetzungen:
- In den Übersetzungen (und Anmerkungen) werden transliterierte russische Wörter kursiv gesetzt. Die *Transliteration* folgt den Vorgaben des von der Dudenredaktion vorgeschlagenen „Russischen Transkriptions- und Transliterationssystems" (s. das Verzeichnis **„Abkürzungen, Siglen und Zeichen"**).
- Russische *Personennamen, Ortsnamen und sonstige Eigennamen* werden im Übersetzungstext (aus dem Russischen) weitgehend in der Schreibweise der Vorlage wiedergegeben, wodurch sich gelegentlich Abweichungen von der heutigen Schreibweisen ergeben (z. B. *Irkuck* statt der heutigen Schreibweise *Irkutsk*).
- Auf Anmerkungen wird im Text mit hochgestellten Zahlen verwiesen.
- Der Blattwechsel der Vorlage ist in der obengenannten Weise vermerkt.

Die **Anmerkungen** folgen im Petitdruck immer nach dem Textende eines Dokuments. Sie sind für jeweils ein Dokument durchgehend numeriert; im Kopf des Dokuments und im Text wird auf die Nummer der Anmerkung in der obengenannten Weise verwiesen. Für Zitate innerhalb der Anmerkungen gilt:
- Die literarische Quelle wird durch eine *Einordnungsformel* angegeben, über die im Literaturverzeichnis das jeweilige Werk identifiziert werden kann. Die Einordnungsformel besteht aus dem Namen des Verfassers bzw. dem Kurztitel des Werks und dem Erscheinungsjahr.
- Verschiedene *Schriftarten* der Quelle des Zitats werden im Druck nicht berücksichtigt und *Abkürzungen* nicht aufgelöst, sondern typographisch nachgestaltet. In den Zitaten werden die Vorlagen diplomatisch genau wiedergegeben. Abkürzungen in Zitaten der Anmerkungen wurden nur in für das Verständnis wichtigen Fällen in das Verzeichnis **„Abkürzungen, Siglen und Zeichen"** aufgenommen.

Für in den Texten erwähnte Naturalien (Minerale, Pflanzen, Tiere) wurde versucht, die von den Expeditionsteilnehmern bei ihren Beschreibungen herangezogenen literarischen Quellen (oder andere zeitgenössische Quellen) nachzuweisen und zu zitieren. Eine Zuordnung zur modernen Nomenklatur, die oft von der aus dem Anfang des 18. Jahrhunderts (vorlinnéische Nomenklatur) abweicht, muß dem Leser überlassen bleiben. Falls diese Zitate nicht schon einen deutschen Trivialnamen für das Naturobjekt enthalten, wurde ein solcher nach Möglichkeit ergänzt.

Die in den Anmerkungen zitierten Nachweise von Wörter der Sprachen sibirischen Völker werden in der Form der angegebenen Quellen (mit lateinischen oder kyrillischen Buchstaben und entsprechenden Sonderzeichen) wiedergegeben. Die Kategorisierung der Völkergruppen und ihrer Sprachen richtete sich ebenfalls nach den verwendeten Quellen, auch wenn bis heute für einzelne Völkergruppen Kontroversen unter den Ethnologen und Linguisten bestehen.

In den Anmerkungen zu einzelnen Dokumenten erfolgen nur in wenigen Fällen (bei umfangreichen Anmerkungen) Verweise auf Anmerkungen anderer Dokumente bzw. anderer Kapitel.

Häufig wiederkehrende Begriffe werden in Abhängigkeit von der Häufigkeit des Auftretens in den Texten im **Glossar** erklärt.

In die **Register** wurden die im Text und den Anmerkungen vorkommenden Begriffe mit unterschiedlicher Schreibweise aufgenommen. Am Ende des Sachregisters sind die im Text und den Anmerkungen vorkommenden Wörter der Sprachen der sibirischen Völker verzeichnet.

Dank der Bearbeiter

Gedankt sei dem Archiv RGADA (Moskau) und dem Archiv der Akademie der Wissenschaften, Zweigstelle Sankt Petersburg, sowie den Mitarbeitern dieser Archive *Evgenij Evgen'evič Ryčalovskij* (Moskau) und *Antonina Nikolaevna Anfert'eva* (Sankt Petersburg) für die physische Beschreibung der Dokumente des vorliegenden Bandes und besonders Dr. Thomas Nickol (Göttingen) für die Unterstützung bei der Klärung zahlreicher Fragen.

Weiterhin soll für Hilfe und zahlreiche wertvolle Hinweise bei der Bearbeitung des Bandes an dieser Stelle stellvertretend auch für weitere Kollegen sehr herzlich gedankt werden: Prof. Dr. *Dmitrij Anatol'evič Funk* (Moskau), Prof. Dr. Hermann Goltz (Halle), Prof. Dr. Eugen Helimski† (Hamburg), Dr. André Höhn (Halle), Dr. Kristina Küntzel-Witt (Lübeck), Dr. Bert Meister (Naundorf), Dr. Sayana Namsaraeva (Halle) und Dr. Han F. Vermeulen (Halle).

Besonderer Dank gilt auch Bernhard Sames für die Umsetzung der Textdateien in eine druckfertige Form und die Erstellung der Karte sowie dem Gestalter Lutz Grumbach.

Wieland Hintzsche   April 2010

ABKÜRZUNGEN, SIGLEN UND ZEICHEN

A	Anmerkungen
a.	am
a. a. O.	am angegebenen Ort
AAW	Archiv der Russischen Akademie der Wissenschaften, Zweigstelle Sankt Petersburg
Abb.	Abbildung(en)
Abt.	Abteilung
Adj.	Adjektiv (Eigenschaftswort)
adj.	adjektivisch
an.	lat. anno – Jahr
Anm.	Anmerkung
arab.	arabisch
arinz.	arinzisch (s. Glossar: Arinzen)
B.	Baicha-Dialekt, sowohl im Jenissei- als Ostjak-Samojedischen (Schiefner 1855)
barabinz.	barabinzisch (s. Glossar: Tataren)
baschkir.	baschkirisch
Bd. / Bde.	Band / Bände
Bearb.	Bearbeiter
bearb.	bearbeitet
beltir.	beltirisch (s. Glossar: Tataren)
Bl.	Blatt
Bll.	Blätter
buchar.	bucharisch
burjat.	burjatisch
bzw.	beziehungsweise
Č.	Čast' (russ. – Teil, Stück)
ca.	circa
cap.	lat. capitulum – Kapitel
Ch.	Chorinscher Dialekt des Burjatischen (Schiefner 1857)
Ch.	Chantaische Mundart des Jenissei-Samojedischen (Schiefner 1855)
chakass.	chakassisch (s. Glossar: Chakassen)
chant.	chantisch (s. Glossar: Ostjaken)
Cl.	lat. clarissimus – hochedler
cm	Zentimeter
Co.	Compagnie
Comp.	Compagnie
D.	*Delo* (russ. – Akte, Aktenstück)
Dec.	lat. december – Dezember
d. h.	das heißt
Dr.	Doktor
dt.	deutsch(e)
engl.	englisch
enz.	enzisch (s. Glossar: Samojeden)
estn.	estnisch
et al.	lat. et alii – und andere
ewenk.	ewenkisch
Ez.	Einzahl (Singular)
F.	*Fond* (Archiveinheit höherer Ordnung)
f.	(und die) folgende (Seite)
farb.	farbige
ff.	(und die) folgenden (Seiten)
fig.	lat. figura – Abbildung
Fl.	Fluß

frz.	französisch	Kap.	Kapitel
g	Gramm	Kar.	Karassinische Mundart des Ostjak-Samojedischen (Schiefner 1855)
geb.	geboren		
gest.	gestorben		
gestr.	gestrichen	karagass.	karagassisch (s. Glossar: Samojeden)
GmbH	Gesellschaft mit beschränkter Haftung		
		katschinz.	katschinzisch (s. Glossar: Tataren)
griech. / gr.	griechisch		
hebr.	hebräisch	ket.	ketisch (s. Glossar: Ostjaken)
Hrsg.	Herausgeber		
ISBN	International Standard Book Number	kg	Kilogramm
		km	Kilometer
ital.	italienisch	Kn.	*kniga* (russ. – Buch)
itelmen.	itelmenisch	koibal.	koibalisch (s. Glossar: Samojeden)
jakut.	jakutisch		
Jel.	Jelogui-Mundart des Ostjak-Samojedischen (Schiefner 1855)	korjak.	korjakisch
		kotowz.	kotowzisch (s. Glossar: Kotowzen)
Jen.	*Enisej*-samojedisch (Schiefner 1855)	L	Linné
		l	Liter
Jh.	Jahrhundert	lamut.	lamutisch
JO	*Enisej*-Ostjakisch (Schiefner 1858)	lapp.	lappisch (lappländisch)
		lat.	lateinisch
jukagir.	jukagirisch	Mass.	Massachusetts
Jur.	jurakisch (Schiefner 1855)	m	Meter
		mans.	mansisch (s. Glossar: Ostjaken)
jurak.	jurakisch		
K.	Ketsche Mundart des Ostjak-Samojedischen. (Schiefner 1855)	mator.	matorisch (modorisch) (s. Glossar: Samojeden)
		MO.	Ostjak-Samojedische Mundart am mittleren Ob (Schiefner 1855)
K.	Kamassinisch (Schiefner 1855) (s. Glossar: Samojeden)		
		mongol.	mongolisch
kaidin.	kaidinisch (s. Glossar: Tataren)	Mz.	Mehrzahl (Plural)
		N.	Narymsche Mundart des Ostjak-Samojedischen (Schiefner 1855)
kalmyk.	kalmykisch		
kamass.	kamassisch, kamassinisch (s. Glossar: Samojeden)		
		nd.	niederdeutsch
		nenz.	nenzisch (s. Glossar: Samojeden)
kamtschadal.	kamtschadalisch		

nganasan.	nganasanisch (s. Glossar: Samojeden)	R.	*razrjad* (russ. – Abteilung, Klasse; Teil der Archivsignatur)
nl.	niederländisch		
nlat.	neulateinisch	RAN	Russische Akademie der Wissenschaften (*Rossijskaja Akademija Nauk*)
NO	Nordost(en)		
No.	Nummero (unter der, mit der Nummer)		
NP.	Natspumpokolsksche Mundart des Ostjak-Samojedischen (Schiefner 1855)	RGADA	Russisches Staatliches Archiv für Alte Akten Moskau (*Rossijskij gosudarstvennyj archiv drevnych aktov*)
Nr.	Nummer		
NU.	Nishneudinscher Dialekt des Burjatischen (Schiefner 1857)	ROY.	(Adriaan van) Royen
		russ.	russisch
		s.	siehe
O	Ost(en)	S.	Seite
o.	oder	S.	Saale
OO.	Ostjak-Samojedische Mundart am obern Ob (Schiefner 1855)	S.	Selenginscher Dialekt des Burjatischen (Schiefner 1857)
Op.	*Opis'* (russ. – Verzeichnis, Bestandsverzeichnis)	samojed.	samojedisch
		schor.	schorisch (s. Glossar: Tataren)
ostjak.	ostjakisch		
ostjak-samojed.	ostjak-samojedisch (s. Glossar: Ostjaken und Samojeden)	selkup.	selkupisch (s. Glossar: Ostjaken u. Samojeden)
		sib.	sibirisch
p.	lat. pagina – Seite	SO	Südost(en)
permjak.	permjakisch	SO RAN	Sibirische Abteilung der Russischen Akademie der Wissenschaften (*Sibirskoe otdelenie Rossijskoj Akademii Nauk*)
pers.	persisch		
Portf.	*portfel'* (russ. – Aktenmappe; Teil der Archivsignatur)		
Präp.	Präposition	Sp.	Spalte
Prof.	Professor	SSSR	*Sojus Sovetskich Socialističeskich Respublik* (Union der Sozialistischen Sowjetrepubliken)
pumpokol.	pumpokolisch (s. Glossar: Ostjaken)		
r	lat. recto folio – auf der ‚Rechtsseite', d. h. auf der Vorderseite)	St.	Sankt; Saint
		syrjän.	syrjänisch

T.	Tunkinscher Dialekt des Burjatischen (Schiefner 1857)	tungus.	tungusisch
		turk.	turksprachig (nach Radloff 1963)
T. / Tom.	tomus, *tom* (russ. – Band)	u.	und
tab.	lat. tabula – Tafel	u. a.	unter anderem
taiginz.	taiginzisch (s. Glossar: Samojeden)	u. ä. m.	und ähnliches mehr
		übers.	übersetzt
tangut.	tangutisch	usw.	und so weiter
Tas.	Tasowsche Mundart des Ostjak-Samojedischen (Schiefner 1855)	u. z.	unserer Zeit
		v	lat. verso folio – auf der Rück- oder Kehrseite
tatar.	tatarisch	VEB	Volkseigener Betrieb
telengit.	telengitisch (s. Glossar: Tataren)	vgl.	vergleiche
		Vol.	volumen (Band)
teleut.	teleutisch (s. Glossar: Tataren)	v. u. Z.	vor unserer Zeit
Tsch.	Ostjak-Samojedische Mundart am Flusse Tschaja (Schiefner 1855)	Vyp.	russ. *vypusk* – Band, Ausgabe, Teil eines Gesamtwerks
		wogul./wog.	wogulisch
tschatzk.	tschatzkisch (s. Glossar: Tataren)	wotjak.	wotjakisch
		Wz.	Wasserzeichen
Tschl.	Ostjak-Samojedische Mundart am Fluß Tschulym (Schiefner 1855)	z. B.	zum Beispiel
		z. T.	zum Teil
		°	Grad
tschulym.	tschulymisch (s. Glossar: Tataren)	'	Minute
		"	Sekunde; Zoll
türk.	türkisch	&	et (und)
		℔	libra (Pfund)

ZEICHEN BEI ANMERKUNGEN ZU
FREMDSPRACHIGEN BEGRIFFEN
(BEISPIEL: LATEIN)

<lat.> – (ohne Wiederholung des Wortes; nach dem Trennstrich nur deutsche Übersetzung) bedeutet: aus dem Lateinischen abgeleitet

lat. – (ohne Wiederholung des Wortes; nach dem Trennstrich nur deutsche Übersetzung) bedeutet: sprachlich richtiges Latein

lat. aaa – (das vermeintlich richtige lateinische Wort; nach dem Trennstrich deutsche Übersetzung) bedeutet: verderbtes lateinisches Wort

ZEICHEN IN KRITISCH EDIERTEN TEXTEN

< > konjekturale Zusätze (wobei schon die Lücke eine Konjektur des Bearbeiters ist)

[[ ]] konjekturale Streichungen

[...] mechanisch bedingter Textverlust

[aaa] Ergänzung bei mechanisch bedingtem Textverlust

aaa unsichere Lesung

|: aaa :| Fußnote innerhalb einer Fußnote / Einordnung von marginalen Bemerkungen ohne eindeutige Zuordnungszuweisung des Autors

/ Zeilenende

ZEICHEN IN ÜBERSETZUNGEN UND ANMERKUNGEN

[aaa] Ergänzung des Bearbeiters

[...] Textverlust oder unleserliche Textstelle

Transkriptionstabelle für kyrillische Zeichen

kyrill.	Transkr.	kyrill.	Transkr.	kyrill.	Transkr.	kyrill.	Transkr.
А	*A*	а	*a*	Р	*R*	р	*r*
Б	*B*	б	*b*	С	*S*	с	*s*
В	*V*	в	*v*	Т	*T*	т	*t*
Г	*G*	г	*g*	У	*U*	у	*u*
Д	*D*	д	*d*	Ф	*F*	ф	*f*
Е	*E*	е	*e*	Х	*Ch*	х	*ch*
Ж	*Ž*	ж	*ž*	Ц	*C*	ц	*c*
З	*Z*	з	*z*	Ч	*Č*	ч	*č*
И	*I*	и	*i*	Ш	*Š*	ш	*š*
Й	*J*	й	*j*	Щ	*Šč*	щ	*šč*
К	*K*	к	*k*	Ъ	ʺ	ъ	ʺ
Л	*L*	л	*l*	Ы	*Y*	ы	*y*
М	*M*	м	*m*	Ь	ʹ	ь	ʹ
Н	*N*	н	*n*	Э	*Ė*	э	*ė*
О	*O*	о	*o*	Ю	*Ju*	ю	*ju*
П	*P*	п	*p*	Я	*Ja*	я	*ja*

LITERATUR

Abaeva 2004
Abaeva, Ljubov' Lubsanovna (Hrsg.) et al.: *Burjaty.* Moskau : Nauka, 2004

Abulgasi 1726
Abulgasi: Histoire Généalogique des Tatars ... Leyde : Abraham Kallewier, 1726

Achmerov 1964
Achmerov, K. Z. (Hrsg.) et al.: *Russko-Baškirskij slovar'.* Moskau : Sovetskaja Ėnciklopedija, 1964

Adelung 1793–1801
Adelung, Johann Christoph: Grammatisch-kritisches Wörterbuch der Hochdeutschen Mundart, ... 4 Bände; Leipzig : Breitkopf und [Gottfried Christoph] Härtel, 1793–1801

Adelung 1806
Adelung, Johann Christoph: Mithridates oder allgemeine Sprachenkunde mit dem Vater Unser als Sprachprobe in bey nahe fünfhundert Sprachen, ... 1. Theil; Berlin : Vossische Buchhandlung, 1806

Adelung 1815
Adelung, Friedrich von: Catherinens der Grossen Verdienste um die vergleichende Sprachkunde. Sankt Petersburg : Friedrich Drechsler, 1815

Adelung 1846
Adelung, Friedrich von: Kritisch-literärische Übersicht der Reisenden in Russland bis 1700, deren Berichte bekannt sind, ... 2 Bände; Sankt Petersburg ; Leipzig : Eggers & Comp. ; Theodor Oswald Weigel, 1846

Afanas'ev 1968
Afanas'ev, Petr Savvič (Bearb.), Charitonov, Luka Nikoforovič (Bearb.): *Russko-Jakutskij slovar'.* Moskau : Izdatel'stvo „Sovetskaja Ėnciklopedija", 1968

Aldrovandi 1637
Aldrovandi, Ulisse: Vlyssis Aldrovandi ... De qvadrvpedib. digitatis viviparis libri tres, et De qvadrvpedib. digitatis oviparis libri dvo. Bartholomaevs Ambrosinvs ... collegit ... Cum indice memorabilium et variarum linguarum copiosissimo. Bononiae : Marco Antonio Bernia ; Nicolo Tebaldini, 1637

Alksnis 1894
Alksnis, Jakob: Materialien zur lettischen Volksmedizin. S. 166–283 in: Kobert, Rudolf (Hrsg.): Historische Studien aus dem Pharmakologischen Institute der Kaiserlichen Universität Dorpat. Bd. IV; Halle S. : Tausch & Grosse, 1894

Amburger 1966
Amburger, Erik: Geschichte der Behördenorganisation Russlands von Peter dem Grossen bis 1917. Leiden : Evert Jan Brill, 1966 (Studien zur Geschichte Osteuropas 10)

Andreev 1965
Andreev, Aleksandr Ignat'evič:
Očerki po istočnikovedeniju Sibiri.
Vypusk vtoroj – XVIII vek (pervaja
polovina); Moskau : Nauka, 1965
Anikin 2000
Anikin, Aleksandr Evgen'evič:
Ètimologičeskij slovar' Russkich
dialektov Sibiri. Moskau ; Novosibirsk : Nauka, 2000
Anikin 2003
Anikin, Aleksandr Evgen'evič:
Ètimologičeskij slovar' Russkich
zaimstvovanij v jazykach Sibiri.
Novosibirsk : Nauka, 2003
Archiv 1843
Sensinow, Michail: Ueber die Burjaten des Nertschinsker Kreises.
S. 50–63 in: Archiv für wissenschaftliche Kunde von Russland.
Bd. 3; Berlin : Georg Reimer, 1843
Archiv 1843a
Lowe, F. ; Lütke, Friedrich Benjamin (*Litke, Fedor Petrovič*): Die
Tschuktschen. S. 446–464 in: Archiv für wissenschaftliche Kunde
von Russland. Bd. 3; Berlin :
Georg Reimer, 1843
Archiv 1847–1848
Völker türkischer Sprache im südlichen Sibirien. S. 724–732 in: Archiv für wissenschaftliche Kunde
von Russland. Bd. 6; Berlin :
Georg Reimer, 1847–1848
Archiv 1855
Der Handel der Tschuktschen mit
den Russen und den Inselbewohnern des nördlichen Oceans.
S. 202–211 in: Archiv für wissenschaftliche Kunde von Russland.
Bd. 14; Berlin : Georg Reimer, 1855
Archiv 1860
Der Lamaismus im östlichen Sibirien. S. 51–72 in: Archiv für wissenschaftliche Kunde von Russland.
Bd. 20; Berlin : Georg Reimer,
1860–1861
Archiv 1860a
Romberg, Heinrich: Ein Tschuktschisches Wörterverzeichniss.
S. 340–345 in: Archiv für wissenschaftliche Kunde von Russland.
Bd. 19; Berlin : Georg Reimer, 1860
Ausonius 1730
Ausonius, Decimus Magnus: Opera.
... Paris : Guerin, 1730
Awdejewa 1841
Awdejewa, K. (*Avdeeva, Ekaterina
A.*): Ueber den Aberglauben des russischen Volkes. S. 588–591 u.
S. 623–639 in: Archiv für wissenschaftliche Kunde von Russland.
Bd. 1; Berlin : Georg Reimer, 1841
Baer 1845
Baer, Karl Ernst von: Kurzer
Bericht über wissenschaftliche
Arbeiten und Reisen, welche zur
nähern Kenntniss des Russischen
Reichs in Bezug auf seine Topographie, physische Beschaffenheit,
seine Naturproducte, den Zustand
seiner Bewohner u. s. w. in der
letzten Zeit ausgeführt, fortgesetzt
oder eingeleitet sind. Sankt Petersburg : Verlag der Kaiserlichen
Akademie der Wissenschaften, 1845
(Baer, Karl Ernst von [Hrsg.] ;
Helmersen, Gregor von [Hrsg.]:
Beiträge zur Kenntniss des Russi-

schen Reiches und der angrenzenden Länder Asiens. Band 9)
Baer 1872
Baer, Karl Ernst von: Peter's des Grossen Verdienste um die Erweiterung der geographischen Kenntnisse. Sankt Petersburg : Eggers und Co. et al., 1872 (Baer, Karl Ernst von [Hrsg.] ; Helmersen, Gregor von [Hrsg.]: Beiträge zur Kenntniss des Russischen Reiches und der angrenzenden Länder Asiens. Band 16)
Baklanova/Andreev 1999
Baklanova, Natalija Apollinar'evna ; Andreev, Aleksandr Ignat'evič: Obzor rukopisej G. F. Millera po istorii, geografii, ėtnografii i jazykam narodov Sibiri, chranjaščichsja v Moskovskich i Leningradskich archivach i bibliotekach. S. 540–567 in: Müller 1999
Baklanova/Andreev 2005
Baklanova, Natalija Apollinar'evna ; Andreev, Aleksandr Ignat'evič: Obzor rukopisej G. F. Milleri i drugich učastnikov vtoroj Kamčatskoj ėkspedicijj po istorii, geografii, ėtnografii i jazykam narodov Sibiri, chranjaščichsja v Moskovskich i Leningradskich archivach i bibliotekach. Teil 2, S. 508–539 in: Müller 2005
Barbier 1823
Barbier, Antoine-Alexandre: Dictionnaire des ouvrages anonymes et pseudonymes: composés, traduits ou publiés en français et en latin, avec les noms des auteurs, traducteurs et éditeurs; ... Tome II; Paris : Barrois l'aîné, 1823
Batalova 1985
Batalova, Raisa Michajlovna (Hrsg.) ; Krivoščekova-Gantman, Antonina Semenovna (Hrsg.): Komi-Permjacko-Russkoj slovar'. Moskau : Russkij jazyk, 1985
Bayer 1732
Bayer, Theophilus Siegfried: Elementa litteratvrae Brahmanicae Tangvtanae Mvngalicae. S. 399–422 in: Commentarii Academiae Scientiarum Imperialis Petropolitanae. T. III (für das Jahr 1728); Sankt Petersburg : Typis Academiae, 1732
Bayer 1735
Bayer, Gottlieb Siegfried: De Horis Sinicis ... Sankt Petersburg : Typis Academiae Scientiarum, 1735
Bayer 1735a
Bayer, Theophilus Siegfried: Elementa Brahmanica, Tangvtana, Mvngalica. S. 289–296 u. (folgend) S. 241–245 in Commentarii Academiae Scientiarum Imperialis Petropolitanae. T. IV (für das Jahr 1729); Sankt Petersburg : Typis Academiae, 1735
Bergeron 1735
Bergeron, Pierre (Hrsg.): Voyages faits principalement en Asie dans les XII, XIII, XIV, et XV siecles, par Benjamin de Tudele, Jean du Plan-Carpin, N. Ascelin, Guillaume de Rubruquis, Marc Paul Venitien, Haiton, Jean de Mandeville, et Ambroise Contarini: Accompagnés de l'histoire des Sarasins et des Tartares, et précédez d'une introduction

concernant les voyages et les nouvelles découvertes des principaux voyageurs, par Pierre Bergeron. Tome Premier; La Haye : Jean Neaulme, 1735

Bertrand 1848
Bertrand, François Marie: Dictionnaire universel, historique et comparatif, de toutes les religions du monde, ... Tome I; Paris : Ateliers Catholiques du Petit-Montrouge, 1848

Bibel 1916
Die Bibel oder die ganze Heilige Schrift des Alten und Neuen Testaments nach der deutschen Übersetzung D. Martin Luthers. Berlin : Preußische Haupt=Bibelgesellschaft, 1916

Bischoff 1822
Bischoff, Gottlieb Wilhelm: Die botanische Kunstsprache in Umrissen, nebst erläuterndem Texte. Zum Gebrauch bei Vorlesungen und zum Selbstunterricht. Nürnberg : Johann Leonhard Schrag, 1822

Black 1986
Black, Joseph Lawrence: G.-F. Müller and the Imperial Russian Academy. Kingston ; Montreal : McGill-Queens University Press, 1986

Boldyrev 1994
Boldyrev, Boris Vasil'evič (Hrsg.): *Russko-Ėvenkijskij slovar'. Novosibirsk* : VO „*Nauka*", 1994

Boldyrev 2000
Boldyrev, Boris Vasil'evič (Hrsg.): *Ėvenkijsko-Russkij slovar'*. 2 Teile; *Novosibirsk* : *Izdatel'stvo SO RAN filial „GEO"*, 2000

Bourguignon d'Anville 1753
Bourguignon d'Anville, Jean Baptiste: Éclaircissemens Géographiques sur la Carte de l'Inde. Paris : Imprimerie Royale, 1753

Brandt 1855
Brandt, Johann Friedrich: Beiträge zur nähern Kenntniss der Säugethiere Russland's. S. 1–361 in: Mémoires de l'Académie Impériale des Sciences de Saint-Pétersbourg, VI. Serie, Sciences Mathématiques, Physiques et Naturelles;Tome IX, Seconde Partie – Sciences Naturelles, Tome VII; Sankt Petersburg : Imprimerie de l'Académie Impériale des Sciences, 1855

Brockhaus 1928–1935
Der große Brockhaus. 21 Bände. 15. Auflage; Leipzig : Friedrich Arnold Brockhaus, 1928–1935

Brokgauz/Efron 1991
Brockhaus, Friedrich Arnold (*Brokgauz, F. A.*) (Hrsg.); *Efron, Il'ja Abramovič* (Hrsg.): *Ėnciklopedičeskij slovar'*. 82 Bände (Nachdruck der Ausgabe Sankt Petersburg 1890–1904); *Jaroslav'* : Terra, 1990–1994

Calmet 1740
Calmet, Augustin: Biblische Untersuchungen ... III. Theil; Bremen : Nathanael Saurmann, 1740

Canz 1740
Canz, Israel Gottlieb: Exercitationes ... de immortalitate animae ... Tübingen : Anton Heinrich Röbel, 1740

Catafago 1858
Catafago, Joseph: An English and Arabic dictionary in two parts ... London : Bernard Quaritch, 1858

Čeremisov 1973
Čeremisov, Konstantin Michajlovič: *Burjatsko-Russkij slovar'*. Moskau : *Sovetskaja Ėnciklopedija*, 1973

Chelimskij 1986
Chelimskij, Evgenij Arnol'dovič: *Archivnye materialy XVIII. veka po Enisejskim jazykam*. S. 179–212 in: *Paleoaziatskij sbornik*, Leningrad, 1986

Chelimskij 2005
Chelimskij, Evgenij Arnol'dovič (Helimski, Eugen): *G. F. Miller i izučenie ural'skich narodov / G. F. Miller – Opisanie živuščich v Kazanskoj gubernii jazyčeskich narodov, jako to čeremis, čuvaš i votjakov* ... Hamburg, 2005 (Hamburger Sibirische und Finnougrische Materialien ; 3)

Chelimskij 2006
Chelimskij, Evgenij Arnol'dovič (Helimski, Eugen): *Kratkij obzor dannych po ėtnonimii Sibirskich i Ural'skich narodov v rukopisnom nasledii Vtoroj Kamčatskoj ėkspedicii*. S. 197–209 in: *Baranov, Nikolaj Nikolaevič et al. (Hrsg.): Tri stoletija akademičeskich issledovanij Jugry – Ot Millera do Štejnica. Čast'* 1, Ekaterinburg, 2006

Cicero 1596
Cicero, Marcus Tullius: Opera Omnia. Genf : Vignon, 1596.

Cicero 1742
Cicero, Marcus Tullius: Drey Bücher von der Menschlichen Pflicht aus dem Lateinischen übersetzt und mit Anmerkungen wie auch mit des Cicero Leben erläutert von Johann Adolph Hofmann. ... sorgfältig übersehen und mit einer Vorrede begleitet von Johann Christoph Gottscheden ... Hamburg : Felginers Witwe ; Johann Carl Bohn, 1742

Cydendambaev/Imechenov 1962
Cydendambaev, Cybikžan Boboevič ; Imechenov, Matvej Nikolaevič: *Kratkij Russko-Burjatskij slovar'*. Moskau : *Gosudarstvennoe izdatel'stvo inostrannych i nacional'nych slovarej*, 1962

Dal' 1880-1882
Dal', Vladimir: *Tolkovyj slovar' živago velikoruskago jazyka*. 4 Bände; Moskva : *Gosudarstvennoe izdatel'stvo inostrannych i nacional'nych slovarej*, 1955 (Nachdruck der Ausgabe Sankt Petersburg/ Moskau 1880–1882).

Dale 1693
Dale, Samuel: Pharmacologia seu manuductio ad materiam medicam, in qua medicamenta officinalia simplicia, hoc est mineralia, vegetabilia, animalia earumque partes in medicina officinis usitata, in methodum naturalem digesta succincte & accurate describuntur, cum notis generum characteristicis, specierum, differentiis & viribus. London : Samuel Smith & Benjamin Walford, 1693

Delany 1741
Delany, Patrik: Aufrichtige Untersuchung Der Offenbarung ... Zweiter Theil; Lemgo : Johann Heinrich Meyer, 1741

Demitsch 1889
Demitsch, Wassily: Russische Volksheilmittel aus dem Pflanzenreiche. In: Kobert, Rudolf (Hrsg.): Historische Studien aus dem Pharmakologischen Institute der Kaiserlichen Universität Dorpat. Bd. 1; Halle a. S. : Tausch & Grosse, 1889, S. 134-241

Dionysius 1556
Dionysius Alexandrinus: De Situ Orbis Liber ... Unà cum Evistathii Thessalonicensis ... Commentariis ... Basel : Johann Oporin, 1556

Doerfer 1980
Doerfer, Gerhard ; Hesche, Wolfram ; Scheinhardt, Hartwig: Lamutisches Wörterbuch. Wiesbaden : Otto Harrassowitz, 1980

Donner 1932
Donner, Kai (Hrsg.): Samojedische Wörterverzeichnisse. Suomalai-Ugrilaisen Seuran Toimituksia (Mémoires de la Société Finno-Ougrienne, Nr. 64); Helsinki : Suomaliais-Ugrilainen Seura, 1932

Donner 1955
Donner, Kai ; Joki, Aulis Johannes (Bearb.): Ketica - Materialien aus dem Ketischen oder Jenisseiostjakischen. Suomalai-Ugrilaisen Seuran Toimituksia (Mémoires de la Société Finno-Ougrienne, Nr. 108); Helsinki : Suomaliais-Ugrilainen Seura, 1955

Dreyer 1754
Dreyer, Johann Carl Heinrich: Sammlung vermischter Abhandlungen zur Erläuterung der teutschen Rechte und Alterthümer, wie auch der Critic und Historie. Erster Theil; Rostock ; Wismar : Johann Andreas Berger ; Jakob Boedner, 1754

Einhard 1711
Einhard: Eginhartus de vita et gestis Caroli Magni ... Utrecht : Wilhelm van de Water, 1711

Einhard 1850
Einhard: Kaiser Karls Leben. Berlin : Wilhelm Besser, 1850

Èlert 1996
Èlert, Aleksandr Christianovič: *Sibir' XVIII veka v putevych opisanijach G. F. Millera. Novosibirsk : Sibirskij chronograf*, 1996 (*Pokrovskij, Nikolaj Nikolaevič* [Hrsg.]: *Istorija Sibiri. Pervoistočniki* ; VI)

Èlert 1999
Èlert, Aleksandr Christianovič: *Narody Sibiri v trudach G. F. Millera. Novosibirsk : Izdatel'stvo Instituta archeologii i ètnografii SO RAN*, 1999

Èlert/Hintzsche 2009
Èlert, Aleksandr Christianovič (Bearb.) : Hintzsche, Wieland (*Chintcše, Viland*) (Bearb.): *Gerard Fridrich Miller – Opisanie sibirskich narodov*. (Quellen zur Geschichte Sibiriens und Alaskas aus russischen Archiven, herausgegeben von Wieland Hintzsche et al., Bd. VIII der russischen Ausgabe); Moskau : *Pamjatniki istoričeskoj mysli*, 2009

Erman 1833
Erman, Georg Adolph: Reise um die Erde durch Nord-Asien und die beiden Oceane in den Jahren 1828, 1829 und 1830 ... Erste Abtheilung: Historischer Bericht. Erster Band. Reise von Berlin bis zum Eismeere im Jahre 1828. Berlin : Georg Reimer, 1833

Erman 1838
Erman, Georg Adolph: Reise um die Erde durch Nord-Asien und die beiden Oceane in den Jahren 1828, 1829 und 1830 ... Erste Abtheilung: Historischer Bericht. Zweiter Band. Reise von Tobolsk bis zum Ochozker Meere im Jahre 1829. Berlin : Georg Reimer, 1838

Erman 1860
Erman, Georg Adolph: Bemerkungen über ein bei den Jakuten und in Andalusien gebräuchliches Feuerzeug: S. 298–326 in: Archiv für wissenschaftliche Kunde von Russland. Bd. 19, 2. Heft; Berlin : Georg Reimer, 1860

Eustathius 1861
Eustathius Thessalonicensis: Eustathii Commentarii. In: Geographi Graeci Minores (Hrsg. Carl Müller), Bd. 2, S. 201–407; Paris : Didot, 1861

Falk 1785
Falk, Johann Peter: Beyträge zur topographischen Kenntniß des Rußischen Reichs. 1. Band; Sankt Petersburg : Kayserliche Akademie der Wissenschaften, 1785

Falk 1786
Falk, Johann Peter: Beyträge zur topographischen Kenntniß des Rußischen Reichs. 3. Band; Sankt Petersburg : Kayserliche Akademie der Wissenschaften, 1786

Fedotov 1996
Fedotov, Michail Romanovič: Ètimologičeskij slovar' čuvašskogo jazyka. 2 Bände; *Čeboksary : Čuvašskoj gosudarstvennyj institut gumanitarnych nauk*, 1996

Festus/Flaccus 1699
Festus, Sextus Pompeius ; Flaccus, Marcus Verrius: De Verborum Significatione. Libri XX. ... Amsterdam : Huguetan, 1699.

Fischer 1768
Fischer, Johann Eberhard: Sibirische Geschichte ... Sankt Petersburg : Kaiserliche Akademie der Wißenschaften, 1768

Forsyth 1992
Forsyth, James: A history of the peoples of Sibiria – Russia's North Asian Colony 1581–1990. Cambridge : Cambridge University Press, 1992

Funk/Tomilov 2006
Funk, Dmitrij Anatol'evič (Bearb.) ; *Tomilov, Nikolaj Arkad'evič* (Bearb.): *Tjurkskie narody Sibiri.* Moskau : *Nauka*, 2006

Ganiev 1984
Ganiev, Fuat Ašrafovič (Hrsg.) et al.: *Russko-Tatarskij slovar'*. Moskau : *Russkij jazyk*, 1984

Gaubil 1734
Gaubil, Antoine: Auszug einer Chinesischen Reise=Beschreibung von

Peking durch Sibirien nach der Astrachanischen=Calmückey. In: Sammlung Rußischer Geschichte. Bd. 1, 4. Stück, S. 327–348; Sankt Petersburg : Kayserliche Academie der Wißenschafften, 1734

Gellius 1706
Gellius, Aulus: Auli Gellii Noctium Atticarum Libri 20 ... Leiden : Cornelius Boutesteyn ; Joannis de Vivié, 1706

Gemuev 2005
Gemuev, Izmail Nuchovič (Bearb.) ; *Molodin, Vjačeslav Ivanovič* (Bearb.) ; *Sokolova, Zoja Petrovna* (Bearb.): *Narody zapadnoj Sibiri – Chanty. Mansi. Sel'kupy. Nency. Ėncy. Nganasany. Kety.* Moskau : *Nauka*, 2005

Genaust 2005
Genaust, Helmut: Etymologisches Wörterbuch der botanischen Pflanzennamen. 3. Auflage; Hamburg : Nikol Verlagsgesellschaft, 2005

Georges 1913–1918
Georges, Karl Ernst : Ausführliches lateinisch-deutsches Handwörterbuch. ... 2 Bände; Hannover : Hahn, 1913–1918

Georgi 1775
Georgi, Johann Gottlieb: Bemerkungen einer Reise im Rußischen Reich. 2 Bände; Sankt Petersburg : Kayserliche Academie der Wissenschaften, 1775

Georgi 1776–1780
Georgi, Johann Gottlieb: Beschreibung aller Nationen des Rußischen Reichs, ihrer Lebensart, Religion, Gebräuche, Wohnungen, Kleidungen und übrigen Merkwürdigkeiten. Sankt Petersburg : Carl Wilhelm Müller, 1776–1780

Georgi 1797–1802
Georgi, Johann Gottlieb: Geographisch=physikalische und Naturhistorische Beschreibung des Rußischen Reichs zur Uebersicht bisheriger Kenntnisse von demselben. 3 Theile u. Nachträge; Königsberg : Friedrich Nicolovius, 1797–1802

Gesner 1669a
Gesner, Conrad ; Horstius, Georg (Hrsg.): Gesnerus redivivus auctus & emendatus Oder Allgemeines Thier=Buch. Hannover : Schlütersche Verlagsanstalt, 1995 (Nachdruck der Ausgabe Frankfurt am Main 1669)

Gesner 1669b
Gesner, Conrad ; Horstius, Georg (Hrsg.): Gesneri redivivi, aucti & emendati TOMUS II, Oder Vollkommenes Vogel=Buch. Hannover : Schlütersche Verlagsanstalt, 1995 (Nachdruck der Ausgabe Frankfurt am Main, 1669)

Gesner 1669c
Gesner, Conrad ; Horstius, Georg (Hrsg.): Gesneri redivivi, aucti & emendati TOMUS III, Oder Vollkommenes Vogel=Buch / Zweyter Theil; Hannover : Schlütersche Verlagsanstalt, 1995 (Nachdruck der Ausgabe Frankfurt am Main, 1669).

Gesner 1670
Gesner, Conrad ; Horstius, Georg (Hrsg.): Gesneri redivivi, aucti & emendati TOMUS IV, Oder Vollkommenes Fisch=Buch ... Hanno-

ver : Schlütersche Verlagsanstalt, 1995 (Nachdruck der Ausgabe Frankfurt am Main, 1670)
Gessmann 1899
Gessmann, Gustav Wilhelm: Die Geheimsymbole der Chemie und Medicin des Mittelalters. Graz : Verlag des Verfassers, 1899
Gmelin 1747–1769
Gmelin, Johann Georg: Flora Sibirica sive Historia plantarum Sibiriae. 4 Bde; Sankt Petersburg : Typographia Academiae Scientiarum, 1747–1769
Gmelin 1751–1752
Gmelin, Johann Georg: Reise durch Sibirien von dem Jahr 1733. bis 1743. 4 Theile; Göttingen : Vandenhoeck, 1751, (Haller, Albrecht von [Hrsg.]: Sammlung neuer und merkwürdiger Reisen zu Wasser und zu Lande ; Theile 4–7)
Gmelin 1760
Gmelin, Johann Georg: Animalium quorundam quadrupedum descriptio. In: Novi Commentarii Academiae Scientiarum Imperialis Petropolitanae. Tom. V (für die Jahre 1754 und 1755), S. 338–372; Petropoli : Typis Academiae Scientiarum, 1760
Gmelin 1774
Gmelin, Samuel Gottlieb: Samuel Gottlieb Gmelins, ... Reise durch Rußland zur Untersuchung der drey Natur=Reiche. Zweyter Theil. Reise von Tscherkask nach Astrachan und dem Aufenthalt in dieser Stadt. Von dem Anfang des Augusts 1769. bis zum fünften Junius 1770. Sankt Petersburg : Kayserliche Academie der Wissenschaften, 1774

Gmelin 1774a
Gmelin, Samuel Gottlieb: Samuel Gottlieb Gmelins, ... Reise durch Rußland zur Untersuchung der drey Natur=Reiche. Dritter Theil. Reise durch das nordliche Persien, in den Jahren 1770. 1771. bis im April 1772. Sankt Petersburg : Kayserliche Academie der Wissenschaften, 1774

Gnučeva 1949
Gnučeva, Vera Fedorovna: Materialy dlja istorii ėkspedicij Akademii Nauk v XVIII i XIX vekach. Moskau; Leningrad : *Izdatel'stvo Akademii Nauk SSSR*, 1949

Golder 1960
Golder, Frank Alfred: Russian expansion on the Pacific 1641–1850. Gloucester, Mass. : Peter Smith, 1960

Golicyn 1899
Golicyn, Nikolaj Vladimirovič: Portfeli G. F. Millera. Moskau : *Tipografija G. Lissnera i A. Gešelja*, 1899

Gorbačeva 2004
Gorbačeva, Valentina Vladimirovna: Obrjady i prazdniki korjakov. Sankt Petersburg : *Nauka*, 2004

GOSU 1996
Banasjukevič, V. D. et al. (Hrsg.): *Gosudarstvennost' Rossii. Gosudarstvennye i cerkovnye učreždenija, soslovnye organy i organy mestnogo samoupravlenija, edinicy administrativno-territorial'nogo,*

cerkovnogo i vedomstvennogo delenija (konec XV veka – fevral' 1917 goda). Slovar'-spravočnik. Kniga 1 (A–Г); Moskau : Nauka, 1996

GOSU 2001
Vladykina, Valentina Arkad'evna et al. (Hrsg.): *Gosudarstvennost' Rossii. Gosudarstvennye i cerkovnye učreždenija, soslovnye organy i organy mestnogo samoupravlenija, edinicy administrativno-territorial'nogo, cerkovnogo i vedomstvennogo delenija (konec XV veka – fevral' 1917 goda). Slovar'-spravočnik. Kniga 3 (L–P)*; Moskau : Nauka, 2001

GOSU 2001a
Vladykina, Valentina Arkad'evna et al. (Hrsg.): *Gosudarstvennost' Rossii. Gosudarstvennye i cerkovnye učreždenija, soslovnye organy i organy mestnogo samoupravlenija, edinicy administrativno-territorial'nogo, cerkovnogo i vedomstvennogo delenija (konec XV veka – fevral' 1917 goda). Slovar'-spravočnik. Kniga 4 (P–Ja)*; Moskau : Nauka, 2001

GOSU 2005
Archipova, Tat'jana Grigor'evna et al. (Hrsg.): *Gosudarstvennost' Rossii. Slovar'-spravočnik. Kniga 5 Dolžnosti, činy, zvanija, tituly i cerkovnye sani Rossii. (konec XV veka – fevral' 1917 goda). 2 Teile*; Moskau : Nauka, 2005

Grau 1963
Grau, Conrad: Der Wirtschaftsorganisator, Staatsmann und Wissenschaftler Vasilij N. Tatiščev (1686–1750). Berlin : Akademie-Verlag, 1963

Grimm 1991
Grimm, Jacob; Grimm, Wilhelm: Deutsches Wörterbuch. 33 Bände; Gütersloh : Bertelsmann Club GmbH, 1991

Grimm 2007
Grimm Jacob: Deutsche Mythologie. Wiesbaden : marixverlag, 2007

Gubler 1931–1932
Gubler, Arnold: Die Kurilen. S. 3–104 in : Mitteilungen der Geographisch-Ethnographischen Gesellschaft Zürich, Band 32; Zürich : Beer, 1931–1932

Gundling 1715
Gundling, Nicolaus Hieronymus: Gundlingiana, Darinnen allerhand Zur Jurisprudentz, Philosophie, Historie, Critic, Litteratur Und übrigen Gelehrsamkeit gehörige Sachen abgehandelt werden. Erstes Stück; Halle : Renger, 1715

Guter 2004
Guter, Josef: Lexikon zur Geschichte Chinas. Wiesbaden : marixverlag, 2004

Gyarmathi 1799
Gyarmathi, Samuel: Affinitas Hvngaricae cvm lingvis Fennicae originis grammatice demonstrata. ... Göttingen : Johann Christian Dieterich, 1799

Haase 1939
Haase, Felix: Volksglaube und Brauchtum der Ostslaven. Breslau : Gerhard Märtin, 1939

Hackmann 1783
Hackmann, Johann Friedrich: Nachrichten, betreffend die Erdbeschreibung, Geschichte und natürliche Beschaffenheit von Tybet. S. 271–308 in: Neue Nordische Beyträge zur physikalischen und geographischen Erd= und Völkerbeschreibung, Naturgeschichte und Oekonomie (Hrsg. Peter Simon Pallas), 4. Band; Sankt Petersburg ; Leipzig : Johann Zacharias Logan, 1783

Hajdú/Domokos 1987
Hajdú, Péter ; Domokos, Péter: Die uralischen Sprachen und Literaturen. Hamburg : Helmut Buske Verlag, 1987

Hamel 1668
Hamel van Gorcum, Hendrick: Journael, Van de Ongeluckige Voyagie van 't Jacht de Sperwer van Batavia gegedestineert na Tayowan in't Jaer 1653 en van daar op Japan. ... Rotterdam : Johannes Stichter, 1668

Hanway 1754
Hanway, Jonas: Herrn Jonas Hanway zuverläßige Beschreibung seiner Reisen, von London durch Rußland und Persien; und wieder zurück durch Rußland, Deutschland und Holland, in den Jahren von 1742 bis 1750. worinnen die Großbritannische Handlung über die Caspische See, und überhaupt das Handlungswesen von Rußland, Persien, von der Tartarey, Türkey, von Armenien, China etc. mit den benachbarten und entfernten Nationen umständlich beschrieben, Wie auch das Merkwürdigste von den Reichen, Provinzen und Städten, durch welche der Verfasser gereiset ist, und von der Lebensart, Landesbeschaffenheit, den Sitten, der Religion und den Gemüthsneigungen der Perser, Kosacken, Kalmucken, und anderer tartarischer Völker, aus langer Erfahrung ausführlich erzählet wird. Nebst einer unparteyischen Historie des großen Eroberers Nadir Kuli oder Kuli Chans, und aller Staatsveränderungen und Rebellionen, welche in diesem Jahrhundert in Persien vorgefallen sind. ... (1. Teil); Hamburg ; Leipzig, Georg Christian Grund ; Adam Heinrich Holle, 1754

Heinsius 1822
Heinsius, Theodor: Kleine theoretisch=praktische deutsche Sprachlehre für Schulen und Gymnasien. Berlin : Duncker und Humblot, 1822

Helimski 1987
Helimski, Eugene: Two Mator-Taigi-Karagas vocabularies from the 18th century. S. 49–84 in: Aikakauskirja Journal de la Société Finno-Ugrienne, Bd. 81; Helsinki : Suomalais-Ugrilainen Seura, 1987

Helimski 1997
Helimski, Eugen: Die matorische Sprache ... Szeged, 1997 (Studia uralo-altaica ; 41)

Helimski 2001
Helimski, Eugen (Hrsg.) ; Kahrs, Ulrike (Hrsg.): Nordselkupisches Wörterbuch von F. G. Mal'cev

(1903). Hamburg, 2001 (Hamburger Sibirische und Finnougrische Materialien ; 1)
Helimski 2003
Helimski, Eugen (Hrsg.) ; Katz, Hartmut (Hrsg.): Gerhard Friedrich Müller – Nachrichten über Völker Sibiriens (1736–1742). Hamburg, 2003 (Hamburger Sibirische und Finnougrische Materialien ; 2)
Henrici 1894
Henrici, Anton Alfred von: Weitere Studien über Volksheilmittel verschiedener in Russland lebender Völkerschaften. S. 1–165 in: Kobert, Rudolf (Hrsg.): Historische Studien aus dem Pharmakologischen Institute der Kaiserlichen Universität Dorpat. Bd. IV; Halle S. : Tausch & Grosse, 1894
Hernandez 1651
Hernandez, Francisco: Rerum Medicarum Novae Hispaniae Thesaurus ... Rom : Vitalis Mascardi, 1651.
Herodotus 1679
Herodotus: Herodoti Halicarnassei Historiarum Libri IX ... Graecè et Latiné. ... London : E. Horton ; James Grover, 1679
Herodotus 1756
Herodotus: Des Herodotus neun Bücher der Geschichte, aus dem Griechischen übersetzt ... von Johann Eustachius Goldhagen ... Lemgo : Meyer, 1756
Hiekisch 1879
Hiekisch, Carl: Die Tungusen. Eine ethnologische Monographie. ... Sankt Petersburg : Kaiserliche Akademie der Wissenschaften, 1879
Hintzsche 2000
Hintzsche, Wieland (Bearb.) et al.: Georg Wilhelm Steller / *Stepan Krašeninnikov* / Johann Eberhard Fischer – Reisetagebücher 1735 bis 1743. Halle: Verlag der Franckeschen Stiftungen, 2000 (Quellen zur Geschichte Sibiriens und Alaskas aus russischen Archiven ; 2)
Hintzsche et al. 2001
Hintzsche, Wieland (Bearb.) et al.: Georg Wilhelm Steller – Briefe und Dokumente 1739. Halle: Verlag der Franckeschen Stiftungen, 2001 (Quellen zur Geschichte Sibiriens und Alaskas aus russischen Archiven ; 3)
Hintzsche 2004
Hintzsche, Wieland (Bearb.) et al.: Dokumente zur 2. *Kamčatka*expedition 1730 – 1733 – Akademiegruppe. Halle: Verlag der Franckeschen Stiftungen, 2004 (Quellen zur Geschichte Sibiriens und Alaskas aus russischen Archiven ; 4,2)
Hintzsche 2006
Hintzsche, Wieland (Bearb.) et al.: Dokumente zur 2. *Kamčatka*expedition Januar – Juni 1734 – Akademiegruppe. Halle : Verlag der Franckeschen Stiftungen, 2006 (Quellen zur Geschichte Sibiriens und Alaskas aus russischen Archiven ; 5)
Hintzsche 2009
Hintzsche, Wieland (Bearb.) ; Heklau, Heike (Mitarb.): Georg Wilhelm Steller / Johann Eberhard Fischer – Reisetagebücher 1738 bis

1745. Halle : Verlag der Franckeschen Stiftungen, 2009 (Quellen zur Geschichte Sibiriens und Alaskas aus russischen Archiven ; 7)
Hintzsche/Nickol 1996
Hintzsche, Wieland (Hrsg.) ; Nickol, Thomas (Hrsg.): Die Große Nordische Expedition : Georg Wilhelm Steller (1709–1746) – ein Lutheraner erforscht Sibirien und Alaska. Gotha : Perthes, 1996
Hintzsche/Nickol 1997
Hintzsche, Wieland ; Nickol, Thomas: Eine Topographie der Stadt *Tobol'sk* von Gerhard Friedrich Müller. S. 79–93 in: Donnert, Erich (Hrsg.); Europa in der Frühen Neuzeit : Festschrift für Günter Mühlpfordt. Band 3; Weimar ; Köln ; Wien : Böhlau Verlag, 1997
Historie 1771
Allgemeine Historie der Reisen zu Wasser und zu Lande; oder Sammlung aller Reisebeschreibungen, welche bis itzo in verschiedenen Sprachen von allen Völkern herausgegeben worden, ... 20. Band; Leipzig : Arkstee und Merkus, 1771
Hoffmann 2005
Hoffmann, Peter: Gerhard Friedrich Müller (1705–1783) – Historiker, Geograph, Archivar im Dienste Russlands. Frankfurt am Main : Peter Lang, 2005
Hundt 1999
Hundt, Michael (Hrsg.): Beschreibung der dreijährigen Chinesischen Reise – Die russische Gesandtschaft von Moskau nach Peking 1692 bis 1695 in den Darstellungen von Eberhard Isbrand Ides und Adam Brand. Stuttgart : Franz Steiner Verlag, 1999 (Quellen und Studien zur Geschichte des östlichen Europa ; 53)
Iliškin 1964
Iliškin, Ivan Kuznecovič (Hrsg.): *Russko-Kalmyckij slovar'*. Moskau : Sovetskaja Ėnciklopedija, 1964
Iochel'son 1997
Iochel'son, Vladimir Il'ič (Jochelson, Waldemar): *Korjaki – Material'naja kul'tura i social'naja organizacija*. Sankt Petersburg : Nauka, 1997
Isbrand Ides 1706
Isbrand Ides, Eberhard: Three years travels from Moscow over-land to China: Thro' Great Ustiga, Siriania, Permia, Sibiria, Daour, Great Tartary, &c. to Peking. ... London : William Freeman et al., 1706
Isbrand Ides 1707
Isbrand Ides, Eberhard: Dreyjährige Reise Nach China ... Frankfurt am Main : Thomas Fritsch, 1707
Isbrand Ides 1727
Isbrand Ides, Eberhard (Isbrants Ides, Everard): Voyage de Moscou al la Chine. In: Recueil de Voiages au Nord. Contenant divers Mémoires très utiles au Commerce & à la Navigation. Bd. 8; Amsterdam : Jean Frederic Bernard, 1727
Journal des Sçavans 1754
Journal des Sçavans, Combine' Avec Les Memoires de Trévoux. Suite des CLXX Volumes Du Journal Des Sçavans. Tome II, Mars

1754; Amsterdam : Marc Michel Rey, 1754
*Karpeev*1999
Karpeev, Engel Petrovič: Lomonosov – Kratkij ėniciklopedičeskij slovar'. Sankt Petersburg : Nauka, 1999
Keyssler 1740
Keyssler, Johann Georg: Neueste Reise durch Teutschland, Böhmen, Ungarn, die Schweitz, Italien, und Lothringen ... Hannover : Nicolai Förster und Sohns Erben, 1740
Klaproth 1812
Klaproth, Julius von: Reise in den Kaukasus und nach Georgien unternommen in den Jahren 1807 und 1808, ... enthaltend eine vollständige Beschreibung der Kaukasischen Länder und ihrer Bewohner, ... 1. Band; Halle ; Berlin : Buchhandlungen des Hallischen Waisenhauses, 1812
Klaproth 1831
Klaproth, Heinrich Julius: Asia Polyglotta. Paris : Heideloff & Campe, 1831
Klemm 1973
Klemm, Michael: Zoologisches Wörterbuch Paläarktischer Tiere. Berlin : Paul Parey, 1973
Klepikov 1959
Klepikov, Sokrat Aleksandrovič: Filigrani i štempeli na bumage russkogo i innostrannogo proizvodstva XVII–XX veka. Moskva : Izdatel'stvo Vsesojuznoj knižnoj palaty, 1959

Köppen 1859
Köppen, Karl Friedrich: Die Religion des Buddha. 2. Band; Berlin : Ferdinand Schneider, 1859
Krašeninnikov 1949
Krašeninnikov, Stepan Petrovič: *Opisanie zemli Kamčatki s priloženiem raportov, donesenij i drugich neopublikovannych materialov.* Moskau : *Izdatel'stvo Glavsevmorputi*, 1949
Krebel 1858
Krebel, Rudolph: Volksmedicin und Volksmittel verschiedener Völkerstämme Russlands. Leipzig ; Heidelberg : C. F. Wintersche Verlagshandlung, 1858
Kurilov 2001
Kurilov, Gavril Nikolaevič (Hrsg.): *Jukagirsko-Russkij slovar'*. Novosibirsk : *Nauka*, 2001
Kushnarev 1990
Kushnarev, Evgenii Grigor'evich ; Crownhart-Vaughan, Elizabeth A. P. (Hrsg.): Bering's search for the strait – The First Kamchatka Expedition 1725–1730. Portland : Oregon Historical Society, 1990
Laet 1631
Laet, Johannes de: De Imperio Magni Mogolis sive India vera. Commentarius ex variis auctoribus congestus. Leiden : Abraham Elzevier (I.), 1631
Lange 1985
Lange, Lorenz: Reise nach China. Berlin : Akademie–Verlag, 1985
Laxmann 1769
Laxmann, Erich: M. Erich Laxmann's, Predigers bey der deutschen

Gemeine zu Barnaul, auf den Kolywanischen Bergwerken in Sibirien Sibirische Briefe. herausgegeben von August Ludwig Schlözer ... Göttingen ; Gotha : Johann Christian Dieterich, 1769
Lehrberg 1816
Lehrberg, Aron Christian: Untersuchungen zur Erläuterung der älteren Geschichte Russland ... Sankt Petersburg : Kaiserliche Akademie der Wissenschaften, 1816
Lelong 1723
Lelong, Jacques: Bibliotheca sacra in binos syllabos distincta, ... T. II; Paris : François Montalant, 1723
Lentz 1746
Lentz, Samuel: Historische Nachricht von den Vorzügen der weissen Pferde. 4 Seiten (nicht paginiert); Halle, 1746
Lepechin 1774
Lepechin, Iwan (*Lepechin, Ivan Ivanovič*): Tagebuch der Reise durch verschiedene Provinzen des Russischen Reiches in den Jahren 1768 und 1769. Erster Theil; Altenburg : Richterische Buchhandlung, 1774
Lepechin 1783
Lepechin, Iwan (*Lepechin, Ivan Ivanovič*): Tagebuch der Reise durch verschiedene Provinzen des Russischen Reiches im Jahr 1771. Dritter Theil; Altenburg : Richterische Buchhandlung, 1783
Leser 1997
Leser, Hartmut (Hrsg.): Diercke-Wörterbuch Allgemeine Geographie. München ; Braunschweig :
Deutscher Taschenbuch Verlag ; Westermann Schulbuchverlag, 1997
Lewis 2004
Lewis, Bernard: Die Juden in der islamischen Welt. Vom frühen Mittelalter bis ins 20. Jahrhundert. München : C. H. Beck, 2004
Lukina 1982
Lukina, Tat'jana Arkad'evna: G.-V. Steller o narodnom medicine Sibiri. In: *Strany i narody vostoka, Vyp. XXIV, kniga* 5, S. 127–148; Moskau : *Nauka,* 1982
Luvsandėndėv 2001–2002
Luvsandėndėv, Amgaagijn (Hrsg.) et al.: Bol'šoj Akademičeskij Mongol'sko-Russkij slovar. 4 Bände; Moskau : Academia, 2001–2002
Macrobius 1694
Macrobius, Ambrosius Theodosius: Opera ... London : Thomas Dring ; Charles Harper, 1694
Maffei 1749
Maffei, Scipio: Museum Veronense hoc est Antiquarum Inscriptionum atque Anaglyphorum Collectio cui Taurinensis adiungitur et Vindobonensis. Verona : Typis Seminarii, 1749
Mannert 1799
Mannert, Konrad: Geographie der Griechen und Römer aus ihren Schriften dargestellt ... 1. Teil; Nürnberg : Ernst Christoph Grattenauer, 1799
Marzell 1943–1977
Marzell, Heinrich: Wörterbuch der deutschen Pflanzennamen. 5 Bände; Leipzig : Salomon Hirzel ; Franz Steiner, 1943–1979

Materialy 1885–1900
Materialy dlja istorii Imperatorskoj Akademii Nauk. 10 Bände; Sankt Petersburg : *Tipografija Imperatorskoj Akademii Nauk*, 1885–1900
Maydell 1893
Maydell, Gerhard: Reisen und Forschungen im Jakutskischen Gebiet Ostsibiriens in den Jahren 1861–1871. 1. Teil; Sankt Petersburg : Kaiserliche Akademie der Wissenschaften, 1893 (Beiträge zur Kenntniss des Russischen Reiches und der angrenzenden Länder Asiens, 4. Folge, Band I)
Maydell 1896
Maydell, Gerhard: Reisen und Forschungen im Jakutskischen Gebiet Ostsibiriens in den Jahren 1861–1871. 2. Teil; Sankt Petersburg : Kaiserliche Akademie der Wissenschaften, 1896 (Beiträge zur Kenntniss des Russischen Reiches und der angrenzenden Länder Asiens, 4. Folge, Band II)
Mela 1722
Mela, Pomponius: De Situ Orbis Libri III. Leiden : Samuel Luchtmans, 1722
Mela 1994
Mela, Pomponius ; Kai Brodersen (Hrsg.): Kreuzfahrt durch die alte Welt. Darmstadt : Wissenschaftliche Buchgesellschaft, 1994
Messerschmidt 1962–1977
Messerschmidt, Daniel Gottlieb: Forschungsreise durch Sibirien 1720–1727. 5 Teile; Berlin : Akademie-Verlag, 1962–1977 (Quellen und Studien zur Geschichte Osteuropas ; 8)
Middendorff 1851
Middendorff, Alexander Theodor von (Hrsg.): Reise in den äussersten Norden und Osten Sibiriens während der Jahre 1843 und 1844. Bd. III. Über die Sprache der Jakuten. von Otto Böthlingk. 2 Theile; Sankt Petersburg : Kaiserliche Akademie der Wissenschaften, 1851
Middendorff 1874–1875
Middendorff, Alexander Theodor von (Hrsg.): Reise in den äussersten Norden und Osten Sibiriens während der Jahre 1843 und 1844. Bd. IV. Übersicht der Natur Nord- und Ost-Sibiriens. Theil 2. Die Thierwelt Sibiriens. Die Eingeborenen Sibiriens. Sankt Petersburg : Kaiserliche Akademie der Wissenschaften, 1874–1875
Mieth 2008
Mieth, Heike: Die arabische Wissenschaft und ihre Spuren in der spanischen Sprache. München ; Ravensburg : GRIN Verlag, 2008
Mjasnikov 2004
Mjasnikov, Vladimir Stepanovič et al. (Hrsg.): *Russko-Kitajskie dogovorno-pravovye akty* (1689–1916). Moskau : *Pamjatniki Istoričeskoj mysli*, 2004
Mjasnikov 2006
Mjasnikov, Vladimir Stepanovič et al. (Hrsg.): *Russko-Kitajskie otnošenija v XVIII veke*. T. III, 1727 * 1729. Moskau : *Pamjatniki Istoričeskoj mysli*, 2006

Müller 1720
Müller, Johann Bernhard: Leben und Gewohnheiten der Ostjaken ... Berlin : Christoph Gottlieb Nicolai, 1720

Müller 1721
Müller, Johann Bernhard: Leben und Gewohnheiten der Ostjaken ... In: Weber 1721, S. 171–215

Müller 1737
Müller, Gerhard Friedrich: Geographie und Verfassung von Kamtschatka aus verschiedenen schriftlichen= und mündlichen Nachrichten, gesammlet zu Jakuzk, 1737. Anhang in: Steller 1774

Müller 1747
Müller, Gerhard Friedrich: De scriptis Tangvticis in Sibiria repertis commentatio. S. 420–468 in: Commentarii Academiae Scientiarum Imperialis Petropolitanae. T. X (für das Jahr 1738); Sankt Petersburg : Typis Academiae, 1747

Müller 1750
Müller, Gerhard Friedrich (*Miller, Gerard Fridrich*): *Opisanie Sibirskago carstva i vsech proizšedšich v nem del, ot načala a osoblivo ot pokorenija ego Rossijskoj deržav po sii vremena*; ... *Kniga pervaja*. Sankt Petersburg : Imperatorskaja Akademija Nauk, 1750

Müller 1758
Müller, Gerhard Friedrich: Nachricht von Seereisen, und zur See gemachten Entdeckungen, die von Rußland aus längst den Küsten des Eißmeeres und auf dem Ostlichen Weltmeere gegen Japon und Amerika geschehen sind. ... In: Sammlung Rußischer Geschichte. Bd. 3, 1.–3. Stück, S. 1–304; Sankt Petersburg : Kayserliche Academie der Wissenschaften, 1758

Müller 1759
Müller, Gerhard Friedrich: Von dem Wallfischfange um Kamtschatka. In: Hannoverische Beyträge zum Nutzen und Vergnügen. 1759, 71. Stück, Spalte 1121–1130

Müller 1759a
Müller, Gerhard Friedrich: Von dem Gebrauche einiger Speisen bey fremden Völkern, für welche wir einen Abscheu haben. In: Hannoverische Beyträge zum Nutzen und Vergnügen. 1759, 97. Stück, Spalte 1538–1548

Müller 1759b
Müller, Gerhard Friedrich: Nachricht von dreyen im Gebiete der Stadt Casan, Heidnischen Völkern, den Tscheremissen, Tschuwaschen, und Wotiaken. In: Sammlung Rußischer Geschichte. Bd. 3, 4. Stück, S. 305–412; Sankt Petersburg : Kayserliche Academie der Wissenschaften, 1759

Müller 1760
Müller, Gerhard Friedrich: Nachrichten von der Handlung in Sibirien. In: Sammlung Rußischer Geschichte. Bd. 3, 5.–6. Stück, S. 413–612; Sankt Petersburg : Kayserliche Academie der Wissenschaften, 1760

Müller 1760a
Müller, Gerhard Friedrich: Von den ersten Reisen, die von Russen nach China geschehen sind. In: Samm-

lung Rußischer Geschichte. Bd. 4, 5. Stück, S. 473–534; Sankt Petersburg : Kayserliche Academie der Wissenschaften, 1760
Müller 1761
Müller, Gerhard Friedrich: Nachrichten von Land= und See=Carten, die das Rußische Reich und die zunächst angränzende Länder betreffen. In: Sammlung Rußischer Geschichte. Bd. 6, 1. Stück, S. 1–108; Sankt Petersburg : Kayserliche Academie der Wissenschaften, 1761
Müller 1761–1762
Müller, Gerhard Friedrich: Sibirische Geschichte. 1.–5. Buch, in: Sammlung Rußischer Geschichte, Bd. 6, 2.–6. Stück; Sankt Petersburg : Kayserliche Academie der Wissenschaften, 1761–1762
Müller 1763
Müller, Gerhard Friedrich: Sibirische Geschichte. 6.–10. Buch, In: Sammlung Rußischer Geschichte, Bd. 8, 1.–5. Stück; Sankt Petersburg : Kayserliche Academie der Wissenschaften, 1763
Müller 1791
Müller, Gerhard Friedrich (*Miller, Gerard Fridrich*): *Opisanie živuščich v Kazanskoj gubernii jazyčeskich narodov, jako to čeremis, čuvaš i votjakov* ... Sankt Petersburg : *Imperatorskaja Akademija Nauk*, 1791
Müller 1996
Müller, Gerhard Friedrich (*Miller, Gerard Fridrich*) ; *Kamenskij, Aleksandr Borisovič* (Hrsg.): *Sočinenija po istorii Rossii*. Moskau : *Nauka,* 1996
Müller 1998
Müller, Gerhard Friedrich (*Miller, Gerard Fridrich*): *Opisanie Sibirskago carstva ... Kniga pervaja*; Moskau : *Libereja*, 1998 (Nachdruck der Ausgabe Sankt Petersburg 1787)
Müller 1999
Müller, Gerhard Friedrich (*Miller, Gerard Fridrich*): *Istorija Sibiri.* Bd. I; Moskau : „*Vostočnaja Literatura*" *RAN*, 1999
Müller 2000
Müller, Gerhard Friedrich (*Miller, Gerard Fridrich*): *Istorija Sibiri.* Bd. II; Moskau : „*Vostočnaja Literatura*" *RAN*, 2000
Müller 2005
Müller, Gerhard Friedrich (*Miller, Gerard Fridrich*): *Istorija Sibiri.* Bd. III; Moskau : „*Vostočnaja Literatura*" *RAN*, 2005
Muniev 1977
Muniev, Bembe Džalykovič (Hrsg.) et al.: *Kalmycko-Russkij slovar'.* Moskau : *Russkij jazyk*, 1977
Murzaev 1984
Murzaev, Ėduard Makarovič: *Slovar' narodnych geografičeskich terminov.* Moskau : *Mysl'*, 1984
Myreeva 2004
Myreeva, Anna Nikolaevna (Hrsg.): *Ėvenkijsko-Russkij slovar'*. Novosibirsk : *Nauka*, 2004
Nachrichten 1746
Freye Urtheile u. Nachrichten zum Aufnehmen der Wissenschaften und der Historie überhaupt. LXXIX.

Stück. Hamburg, Dienstags, den 11. October 1746
Nachrichten 1752
Zuverläßige Nachrichten von dem gegenwärtigen Zustande Veränderung und Wachsthum der Wissenschaften. 148. Theil; Leipzig : Johann Friedrich Gleditsch, 1752
Nasibullin/Maksimov 1995
Nasibullin, Rif Šakrislamovič ; Maksimov, Sergej Anatol'evič: *Kratkij Udmurtsko-Russkij, Russko-Udmurtskij slovar'*. Iževsk : Izdatel'stvo Udmurtskogo universiteta, 1995
NBG 1746
Nouvelle Bibliotheque Germanique ... Janvier, Fevrier, Mars, 1746. Tome Premier. Premiére Partie; Amsterdam : Pierre Mortier, 1746.
Nencke 1808
Nencke, Karl Christoph: Breslau. Ein Wegweiser für Fremde und Einheimische. ... Breslau : Johann Friedrich Korn der Ältere, 1808
Nieuhof 1665
Nieuhof, Joan: Het Gezantschap der Neêrlandtsche Oost-Indische Compagnie, aan den grooten Tatarischen Cham, den tegenwoordigen Keizer van China: ... Amsterdam : Jacob van Meurs, 1665
Nieuhof 1669
Nieuhof, Joan (Neuhof, Johan): Die Gesantschaft der Ost-Indischen Geselschaft in den Vereinigten Niederländern / an den Tatarischen Cham / und nunmehr auch Sinischen Keyser ... Amsterdam : Jacob Mörs, 1669

NNB 1781
Pallas, Peter Simon (Hrsg.): Neue Nordische Beyträge zur physikalischen und geographischen Erd= und Völkerbeschreibung, Naturgeschichte und Oekonomie. 1. Band; Sankt Petersburg ; Leipzig : Johann Zacharias Logan, 1781
Ochotina-Lind/Møller 2001
Ochotina-Lind, Natal'ja (Bearb.) ; Møller, Peter Ulf (Bearb.)): *Vtoraja Kamčatskaja Ėkspedicija – Dokumenty* 1730–1733. Čast' 1 – *Morskie otrjady.* (Quellen zur Geschichte Sibiriens und Alaskas aus russischen Archiven, herausgegeben von Wieland Hintzsche et al., Bd. IV, 1 der russischen Ausgabe). Moskau : *Pamjatniki istoričeskoj mysli*, 2001
Ochotina-Lind/Møller 2009
Ochotina-Lind, Natal'ja (Bearb.) ; Møller, Peter Ulf (Bearb.): *Vtoraja Kamčatskaja Ėkspedicija – Dokumenty* 1734–1736 – *Morskie otrjady.* (Quellen zur Geschichte Sibiriens und Alaskas aus russischen Archiven, herausgegeben von Wieland Hintzsche et al., Bd. VI der russischen Ausgabe). Sankt Petersburg : *Nestor-Istorija*, 2009
Okladnikov 1968–1969
Okladnikov, Aleksej Pavlovič et al. (Hrsg.): *Istorija Sibiri s drevnejšich vremen do našich dnej.* 5 Bände; Leningrad : *Nauka*, 1968–1969
Olearius 1656
Olearius, Adam: Vermehrte Newe Beschreibung Der Muscowitischen vnd Persischen Reyse So durch gelegenheit einer Holsteinischen Ge-

sandtschafft an den Russischen Zaar und König in Persien geschehen. Worinnen die gelegenheit derer Orter und Länder/ durch welche die Reyse gangen/ als Liffland/ Rußland/ Tartarien/ Meden vnd Persien/ sampt dero Einwohner Natur/ Leben/ Sitten/ Hauß= Welt= und Geistlichen Stand mit fleiß auffgezeichnet/ und mit vielen meist nach dem Leben gestelleten Figuren gezieret/ zu befinden. Welche zum andern mahl heraus gibt Adam Olearius ... Schleswig : Johann Holwein, 1656
Orlova 1999
Orlova, Elizaveta Porfil'evna: Itel'meny – Istoriko-ėtnografičeskij očerk. Sankt Petersburg : *Nauka*, 1999
Osipov 2000
Osipov, Jurij Sergeevič (Hrsg.) et al.: *Letopis' Rossijskoj Akademii Nauk. Tom* I. 1724–1802. Sankt Petersburg : *Nauka*, 2000
Osipov 2002
Osipov, Jurij Sergeevič (Hrsg.) et al.: *Letopis' Rossijskoj Akademii Nauk. Tom* II. 1803–1860. Sankt Petersburg : *Nauka*, 2002
Pallas 1771
Pallas, Peter Simon: Reise durch verschiedene Provinzen des Rußischen Reichs. 1. Theil; Sankt Petersburg : Kayserliche Akademie der Wissenschaften, 1771
Pallas 1773
Pallas, Peter Simon: Reise durch verschiedene Provinzen des Rußischen Reichs. 2. Theil; Sankt Petersburg : Kayserliche Akademie der Wissenschaften, 1773
Pallas 1776
Pallas, Peter Simon: Sammlungen historischer Nachrichten über die Mongolischen Völkerschaften ... Erster Theil; Sankt Petersburg : Kayserliche Akademie der Wissenschaften, 1776
Pallas 1776a
Pallas, Peter Simon: Reise durch verschiedene Provinzen des Rußischen Reichs. 3. Theil; Sankt Petersburg : Kayserliche Akademie der Wissenschaften, 1776
Pallas 1778
Pallas, Peter Simon: Reise durch verschiedene Provinzen des Russischen Reichs in einem ausführlichen Auszuge. Dritter Theil in denen Jahren 1772–1773; Frankfurt ; Leipzig : Johann Georg Fleischer, 1778
Pallas 1779
Pallas, Peter Simon: Sammlungen historischer Nachrichten über die Mongolischen Völkerschaften in einem ausführlichen Auszuge. Erster Theil; Frankfurt ; Leipzig : Johann Georg Fleischer, 1779
Pallas 1781
(Pallas, Peter Simon): Nachrichten von Tybet, aus Erzählungen tangutischer Lamen unter den Selenginskischen Mongolen, S. 201–222 in: NNB 1781
Pallas 1784
Pallas, Peter Simon: Flora Rossica seu stirpium Imperii Rossici per Europam et Asiam indigenarum descriptiones et icones iussu et

auspiciis Catharinae II. Augustae.
Tomi I. Pars I; Sankt Petersburg :
Typographia Imperialis J. J.
Weitbrecht, 1784
Pallas 1786/87
Pallas, Peter Simon (Hrsg.): Linguarum totius orbis vocabularia comparativa; augustissimae cura collecta. Sectionis primae, linguas Europae et Asiae complexae. Pars prior. (*Sravnitel'nye slovari vsech jazykov i narečij ...*); Sankt Petersburg : Johann Carl Schnoor, 1786/1787
Pallas 1788
Pallas, Peter Simon: Flora Rossica seu stirpium Imperii Rossici per Europam et Asiam indigenarum descriptiones et icones jussu et auspiciis Catharinae II. Augustae. Tomi I. Pars II; Sankt Petersburg : Typographia Imperialis, 1788
Pallas 1789
Pallas, Peter Simon (Hrsg.): Linguarum totius orbis vocabularia comparativa; augustissimae cura collecta. Sectionis primae, linguas Europae et Asiae complexae. Pars secunda. (*Sravnitel'nye slovari vsech jazykov i narečij ...*); Sankt Petersburg : Johann Carl Schnoor, 1789
Pallas 1801
Pallas, Peter Simon: Sammlungen historischer Nachrichten über die Mongolischen Völkerschaften ... Zweyter Theil; Sankt Petersburg : Kayserliche Akademie der Wissenschaften, 1801
Pallas 1811–1831

Pallas, Peter Simon: Zoographia Rosso-Asiatica, sistens omnium animalium in extenso Imperio Rossico et adjacentibus maribus observatorum recensionem, domicilia, mores et descriptiones, anatomen atque icones plurimorum. Vol. I–III; Sankt Petersburg : Officina Caesarea Academiae scientiarum, 1811–1831
Pawlowski 1952
Pawlowski, Iwan Jakowlewitsch (*Pavlovskij, Ivan Jakovlevič*): Russisch-Deutsches Wörterbuch. 2 Teile, Nachdruck der 3. Auflage; Leipzig : VEB Bibliographisches Institut, 1952
Pekarskij 1870–73
Pekarskij, Petr Petrovič: Istorija Imperatorskoj Akademii Nauk v Peterburge. 2 Bände; Sankt Petersburg : *Tipografija Imperatorskoj Akademii Nauk*, 1870–1873
Pekarskij 1958–1959
Pekarskij, Ėduard Karlovič: Slovar' jakutskogo jazyka. 3 Bände. 2. Aufl.; Leningrad : *Akademija Nauk SSSR*, 1958–1959
Pétis de la Croix 1710
Pétis de la Croix, François (der Vater): Histoire du grand Genghizcan premier empereur des anciens Mogols et Tartares. Divisée en quatre livres. Contenant la vie de ce grand can. Son elevation. Ses conquêtes, avec l'histoire abregée de ses successeurs qui regnent encore à present. Les moeurs, les coûtumes, les loix des anciens Mogols & Tartares, & la geographie des

vastes païs de Mogolistan, Turquestan, Capschac, Yugurestan, & de la Tartarie Orientale & Occidentale. Tradvite et compilée de plusieurs auteurs Orientaux & de voyageurs Européens, dont on voit les noms à la fin, avec un abregé de leurs vies. ... Paris : Witwe Jombert, 1710

Pfeifer 1995
Pfeifer, Wolfgang (Hrsg.): Etymologisches Wörterbuch des Deutschen. München : Deutscher Taschenbuch Verlag, 1995

Philostorgius 1643
Philostorgius: Philostorgii ... Ecclesiasticae Historiae ... Libri 12. à Photio Patriarcha ... in Epitomen contracti. ... editi à Iacobo Gothofredo: Vnà cum Versione, Supplementis ... Indiceque ... et ... Dissertationibus. Genf : Jacob Chouët, 1643.

Pierer 1857–65
Pierer's Universal-Lexikon der Vergangenheit und Gegenwart oder Neuestes encyclopädisches Wörterbuch der Wissenschaften, Künste und Gewerbe. 19 Bände, 4. Aufl.; Altenburg : Pierer, 1857–1865

Plan Carpin 1735
Bergeron, Pierre (Hrsg.): Voyages tres curieux, faits et ecrits, par les RR. pp. Jean du Plan Carpin, Cordelier, et N. Ascelin, Jacobin: envoiez en qualité de légats apostoliques et d'ambassadeurs de la part du pape Innocent IV. vers les Tartares, et autres peuples Orientaux: avec ordre exprès de décrire de bonne foi ce qui regarde les Tartares, comme la situation, tant de leur païs que de leurs afaires; leur vêtement, boire, et manger; leur gouvernement politique et civil, culte de religion, discipline militaire; enterremens, et autres points les plus remarquables dont l'observation étoit le sujet de leur ambassade. Le tout raporté fidélement par ces religieux. Avec des notes, tables, observations, une carte très-exacte de ces voyages et de très-belles figures pour l'explication des choses. In: Bergeron 1735

Plato 1556
Plato: Ἅπαντα Πλάτωνος ... Basel : Heinrich Petrus, 1556

Plato 1922
Plato: Platons Dialog Kratylos, übersetzt und erläutert von Otto Apelt; Leipzig : Felix Meiner, 1922.

Plinius 1723
Plinius Secundus, Gaius: Caii Plinii Secundi Historia naturalis libri XXXVII. ... 2 Bände; Paris : Antoine-Urbain Coustelier, 1723

Plinius 2007
Möller, Lenelotte (Hrsg.) ; Vogel, Manuel (Hrsg.): Die Naturgeschichte des Caius Plinius Secundus. 2 Bände ; Wiesbaden : marixverlag, 2007

Pokrovskij 1995
Pokrovskoj, Nikolaj Nikolaevič (Hrsg.): Aktovye istočniki po istorii Rossii i Sibiri XVI–XVIII vekov v fondax G. F. Millera – Opisi kopijnych knig. T. 2; Novosibirsk : Si-

birskij chronograf, 1995 (*Pokrovskij, Nikolaj Nikolaevič* [Hrsg.]: *Istorija Sibiri. Pervoistočniki* ; V)
Pokrovskij 2006
Pokrovskoj, Nikolaj Nikolaevič (Hrsg.) et al.: *Severo-zapadnaja Sibir' v ėkspedicionnych trudach i materialach G. F. Millera*. Ekaterinburg : Volot, 2006
Polo 1993
Polo, Marco: The travels of Marco Polo – The complete Yule-Cordier edition. 2 Bände; New York : Dover Publications, Inc., 1993
Printz 1681
Printz, Daniel: Moscoviae ortus, et progressus ... Guben : Christoph Gruber, 1681
Radloff 1861
Radloff, Leopold: Über die Sprache der Tschuktschen und ihr Verhältniss zum Korjakischen. In: Mémoires de l'Académie Impériale des Sciences de Saint-Pétersbourg, VII. Serie; Tome III, Nr. 10. S. 1–59; Sankt Petersburg ; Riga ; Leipzig : Eggers et Comp. ; Samuel Schmidt ; Leopold Voss, 1861
Radloff 1963
Radloff, Wilhelm (*Radlov, Vasilij Vasil'evič*): *Opyt slovarja tjurkskich narečij* – Versuch eines Wörterbuches der Türk-Dialecte. 4 Bände; Moskau : *Izdatel'stvo vostočnoj literatury*, 1963 (Nachdruck der Ausgabe Sankt Petersburg 1893–1911)
Radloff 1968
Radloff, Wilhelm: Aus Sibirien – Lose Blätter aus meinem Tagebuche. 2 Bände, (Nachdruck der Ausgabe Leipzig 1893); Oosterhout : Anthropological Publications, 1968
Ramstedt 1935
Ramstedt, Gustav John: Kalmückisches Wörterbuch. Helsinki : Suomalais-Ugrilainen Seura, 1935
Raumer 1832
Raumer, Karl von: Lehrbuch der allgemeinen Geographie. Leipzig : Friedrich Arnold Brockhaus, 1832
Renneville 1702
Renneville, René Augustin Constantin de: Recueil des voyages qui ont servi a l'établissement et aux progrès de la Compagnie des Indes Orientales, Formée dans les Provinces Unies des Païs-bas. Band 1; Amsterdam : Estienne Roger, 1702
Richardson 1810
Charles Wilkins (Hrsg.) ; David Hopkins (Hrsg.): A vocabulary Persian, Arabic, and English; abridged from the quarto edition of Richardson's dictionary. London : Francis Rivington ; Charles Rivington ; et al., 1810
Rubruk 1934
Rubruk, Wilhelm von: Reise zu den Mongolen 1253–1255, übersetzt und erläutert von Friedrich Risch. Leipzig : Deichert, 1934 (Veröffentlichungen des Forschungsinstituts für Vergleichende Religionsgeschichte an der Universität Leipzig; Reihe 2; 13)
Rubruquis 1735
Bergeron, Pierre (Hrsg.): Voyage remarquable, de Guillaume de Ru-

bruquis, envoié en ambassade par le roi Louis IX. en diférentes parties de l'Orient: principalement, en Tartarie et a la Chine, l'an de nôtre Seigneur, M.CC.LIII. contenant des recits très singuliers et surprenans. Ecrit par l'ambassadeur même. Le tout orné d'une carte du voyage, de tailles douces; et acompagné de tables. Traduit de l'Anglois par le S^r. de Bergeron; et nouvellement revû et corrigé. In: Bergeron 1735

Rupp 1726
Rupp, Heinrich Bernhard: Henr. Bernh. Rvppii Flora Ienensis sive enumeratio plantarum, tam sponte circa Ienam, et in locis vicinis nascentium, qvam in hortis obviarvm, methodo conveniente in classes distribvta, figvrisqve rariorvm aeneis ornata: in vsvm botaniphilorvm Ienensium edita mvltisqve in locis correcta et avcta. Frankfurt ; Leipzig : Ernestus Claudius Bailliar, 1726

Sadi 1654
Sadi: Persianischer Rosenthal ... von ... Saadi ... beschrieben. ... von Adamo Oleario, Mit zuziehung eines alten Persianers Namens Hakwirdi übersetzet ... Hamburg : Johann Naumann, 1654

Sallust 1688
Sallustius Philosophus: Σαλλουστίου Φιλοσόφου περὶ Θεῶν καὶ Κόσμου. In: Opuscula Mythologica Physica et Ethica ..., S. 237–280; Amsterdam : Johann Heinrich Wettstein, 1688

Salvianus 1935
Salvianus (Massiliensis): Erhaltene Schriften. München : Kösel, 1935

Salvianus/Vincentius 1684
Salvianus (Massiliensis) ; Vincentius (Lerinensis): Salviani Massiliensis et Vincentii Lirinensis Opera. Paris : François Muguet, 1684

Samsonov 1989
Samsonov, Nikolaj Georgievič: *Naši imena*. Jakutsk : *Jakutskoe knižnoe izdatel'stvo*, 1989

Šangin 1793
Šangin, Petr Ivanovič (Schangin, Peter Iwanowitsch): Beschreibung einer merkwürdigen mineralogisch botanischen Reise im höchsten Altaischen Gebürge. S. 27–118 in: Neue Nordische Beyträge zur physikalischen und geographischen Erd= und Völkerbeschreibung, Naturgeschichte und Oekonomie (Hrsg. Peter Simon Pallas), 6. Band; Sankt Petersburg ; Leipzig : Johann Zacharias Logan, 1793

Šastina 1958
Šastina, Nina Pavlovna: *Russko-Mongol'skie posol'skie otnošenija XVII veka*. Moskau : *Izdatel'stvo Vostočnoj literatury*, 1958

Scheffer 1673
Scheffer, Johannes: Lapponia id est, regionis Lapponum et gentis nova et verissima descriptio. ... Frankfurt am Main : Christian Wolff, 1673

Scheffer 1675
Scheffer, Johannes: Lappland Das ist: Neue und wahrhafftige Beschreibung von Lappland und dessen Einwohnern ... Frankfurt am

Main ; Leipzig : Martin Hallervorden, 1675

Schiefner 1854
Schiefner, Anton (Hrsg.): M. Alexander Castrén's Grammatik der Samojedischen Sprachen. Leipzig : Zentralantiquariat der Deutschen Demokratischen Republik, 1969 (Schiefner, Anton [Hrsg.]: Nordische Reisen und Forschungen von Dr. M. Alexander Castrén ; 7) (Nachdruck der Ausgabe Sankt Petersburg 1855)

Schiefner 1855
Schiefner, Anton (Hrsg.): M. Alexander Castrén's Wörterverzeichnisse aus den samojedischen Sprachen. Leipzig : Zentralantiquariat der Deutschen Demokratischen Republik, 1969 (Schiefner, Anton [Hrsg.]: Nordische Reisen und Forschungen von Dr. M. Alexander Castrén ; 8) (Nachdruck der Ausgabe Sankt Petersburg 1855)

Schiefner 1856
Schiefner, Anton (Hrsg.): M. Alexander Castrén's Grundzüge einer tungusischen Sprachlehre nebst kurzem Wörterverzeichniss. Sankt Petersburg : Kaiserliche Akademie der Wissenschaften, 1856 (Schiefner, Anton [Hrsg.]: Nordische Reisen und Forschungen von Dr. M. Alexander Castrén ; 9)

Schiefner 1857
Schiefner, Anton (Hrsg.): M. Alexander Castrén's Versuch einer burjätischen Sprachlehre nebst kurzem Wörterverzeichniss. Leipzig : Zentralantiquariat der Deutschen Demokratischen Republik, 1969 (Schiefner, Anton [Hrsg.]: Nordische Reisen und Forschungen von Dr. M. Alexander Castrén ; 10) (Nachdruck der Ausgabe Sankt Petersburg 1857)

Schiefner 1857a
Schiefner, Anton (Hrsg.): M. Alexander Castrén's Ethnologische Vorlesungen über die Altaischen Völker nebst samojedischen Märchen und tatarischen Heldensagen ... Sankt Petersburg ; Leipzig : Kaiserliche Akademie der Wissenschaften ; Eggers et Comp., 1857 (Schiefner, Anton [Hrsg.]: Nordische Reisen und Forschungen von Dr. M. Alexander Castrén ; 4)

Schiefner 1858
Schiefner, Anton (Hrsg.): M. Alexander Castrén's Versuch einer Jenissei-ostjakischen und kottischen Sprachlehre nebst Wörterverzeichnissen aus den genannten Sprachen. Leipzig : Zentralantiquariat der Deutschen Demokratischen Republik, 1969 (Schiefner, Anton [Hrsg.]: Nordische Reisen und Forschungen von Dr. M. Alexander Castrén ; 12) (Nachdruck der Ausgabe Sankt Petersburg 1858)

Schiefner 1862
Schiefner, Anton (Hrsg.): M. Alexander Castrén's Kleinere Schriften ... Sankt Petersburg : Kaiserliche Akademie der Wissenschaften, 1862 (Schiefner, Anton [Hrsg.]: Nordische Reisen und Forschungen von Dr. M. Alexander Castrén ; 5)

Schmidt 1824
Schmidt, Isaak Jakob: Forschungen im Gebiete der älteren religiösen, politischen und literärischen Bildungsgeschichte der Völker Mittel-Asiens, vorzüglich der Mongolen und Tibeter ... Sankt Petersburg ; Leipzig : Karl Kray ; Carl Cnobloch, 1824

Schmidt 1872
Schmidt, Friedrich: Wissenschaftliche Resultate der zur Aufsuchung eines angekündigten Mammuthcadavers von der Kaiserlichen Akademie der Wissenschaften an den unteren Jenissei ausgesandten Expedition. In: Mémoires de l'Académie Impériale des Sciences de Saint-Pétersbourg, VII. Serie; Tome XVIII, Nr. 1, S. 1–168; Sankt Petersburg : Imprimerie de l'Académie Impériale des Sciences, 1872

Schnitscher 1760
Schnitscher, Johann Christian: Nachricht von den Ajuckischen Calmücken. S. 275–364 in: Sammlung Rußischer Geschichte. Band 4; Sankt Petersburg : Kayserliche Academie der Wissenschaften, 1760

Schorkowitz 1992
Schorkowitz, Dittmar: Die soziale und politische Organisation bei den Kalmücken (Oiraten) und Prozesse der Akkulturation vom 17. Jahrhundert bis zur Mitte des 19. Jahrhunderts. Ethnohistorische Untersuchungen über die mongolischen Völkerschaften. Frankfurt am Main : Peter Lang, 1992 (Europäische Hochschulschriften Reihe XIX Volkskunde/Ethnologie Abt. B Ethnologie ; 28)

Schwabe 1871
Schwabe, Hermann (Hrsg.): J. C. Nelkenbrecher's allgemeines Taschenbuch der Münz-, Maaß- und Gewichtskunde ... Berlin : Georg Reimer, 1871

Serebrennikov 1956
Serebrennikov, Boris Aleksandrovič: *Marijsko-Russkij slovar'*. Moskau : *Gosudarstvennoe izdatel'stvo inostrannych i nacional'nych slovarej*, 1956

Šeškin/Šabalina 1998
Šeškin, Petr Efimovič ; Šabalina, Irina Danilovna: *Mansijsko-Russkij slovar'*. Moskau : IKAR, 1998

Sharaf al-Dīn 1722
Sharaf al-Dīn 'Alī Yazdī: Histoire de Timur-Bec, connu sous le nom du Grand Tamerlan, empereur des Mogols & Tartares. En forme de journal historique de ses victoires & conquêtes dans l'Asie & dans l'Europe. Ecrite en Persan par Cherefeddin Ali, natif d'Yezd, Auteur contemporain. Traduite en François par feu Monsieur Petis de la Croix ... Tome Second; Paris : Antonin Deshayes, 1722

Shaw 1743
Shaw, Thomas: Voyages de Monsr. Shaw, M. D. dans plusieurs provinces de la Barbarie et du Levant : contenant des observations geographiques, physiques, philologiques et melées sur les royaumes d'Alger et

de Tunis, sur la Syrie, l'Egyptes et l'Arabie petrée. Avec des cartes et des figures. Traduits de l'Anglois. Tome Premiere; La Haye : Jean Neaulme, 1743
Shaw 1765
Shaw, Thomas: Reisen oder Anmerkungen verschiedene Theile der Barbarey und der Levante betreffend. ... Bd. 1; Leipzig : Bernhard Christoph Breitkopf und Sohn [Johann Gottlob Immanuel B.], 1765
Šišigina 2005
Šišigina, Anna Nikolaevna: Naučnoe izučenie Jakutii v XVII veke (po materialam Vtoroj Kamčatskoj ėkspedicii). Jakutsk : Akademija nauk respubliki Sacha (Jakutija) – Institut gumanitarnych issledovanija, 2005
Slepcov 1972
Slepcov, Petr Alekseevič: Jakutsko-Russkij slovar'. Moskau : Izdatel'stvo „Sovetskaja Ėnciklopedija", 1972
Slesarčuk 2000
Slesarčuk, Galina Ivanovna (Bearb.): Russko-Mongol'skie otnošenija 1685–1691 – Sbornik dokumentov. Moskau : Izdatel'skaja firma „Vostočnaja Literatura" RAN, 2000
Slovar' 1966
Tatarsko-Russkij slovar'. Moskau : Sovetskaja Ėnciklopedija, 1966
Slovar' 1969
Drevnetjurkskij slovar'. Leningrad : Nauka, 1969

Slovar' 1975
Slovar' Russkogo jazyka XI–XVII vv. Vypusk 1 (A–B); Moskau : Nauka, 1975
Slovar' 1980
Slovar' Russkogo jazyka XI–XVII vv. Vypusk 7 (K–Kragujar'); Moskau : Nauka, 1980
Slovar' 1981
Slovar' Russkogo jazyka XI–XVII vv. Vypusk 8 (Krada–Ljaščina); Moskau : Nauka, 1981
Slovar' 1982
Slovar' Russkogo jazyka XI–XVII vv. Vypusk 9 (M); Moskau : Nauka, 1982
Slovar' 1984
Slovar' Russkogo jazyka XVIII veka. Vypusk 1, (A–Bezpristrastie); Leningrad : Nauka, 1984
Slovar' 1985
Slovar' Russkogo jazyka XVIII veka. Vypusk 2, (Bezpristrastnyj–Vejėr); Leningrad : Nauka, 1985
Slovar' 1991
Panin, Leonid Grigor'evič et al. (Hrsg.): Slovar' russkoj narodno-dialektnoj reči v Sibiri XVII – pervoj poloviny XVIII v.; Novosibirsk : Nauka, 1991
Slovar' 1991a
Slovar' Russkogo jazyka XVIII veka. Vypusk 6, (Gryzt'sja–Drevnyj); Leningrad : Nauka, 1991
Slovar' 1991b
Slovar' Russkogo jazyka XI–XVII vv. Vypusk 17 (Pomaranec''–Potišati); Moskau : Nauka, 1991

Slovar' 1996
Slovar' Russkogo jazyka XI–XVII *vv. Vypusk* 23 (*C''–sdymka*); Moskau : Nauka, 1996
Slovar' 1997
Slovar' Russkogo jazyka XI–XVII *vv. Vypusk* 22 (*Raskidatisja–Rjašenko*); Moskau : Nauka, 1997
Slovar' 1997a
Slovar' Russkogo jazyka XVIII *veka. Vypusk* 9, (*Iz–Kasta*); Sankt Petersburg : Nauka, 1997
Slovar' 1999
Slovar' Russkogo jazyka XI–XVII *vv. Vypusk* 24 (*Se–Skoryj*); Moskau : Nauka, 1999
Slovar' 1999a
Slovar' Russkich govorov Sibiri. Tom 1, *A–G*; Novosibirsk : Nauka, 1999
Slovar' 2000
Slovar' Russkogo jazyka XVIII *veka. Vypusk* 11, *Krepost'–L'njanoj*; Sankt Petersburg : Nauka, 2000
Slovar' 2001
Slovar' Russkogo jazyka XVIII *veka. Vypusk* 12, *L'stec–Molvotvorstvo*; Sankt Petersburg : Nauka, 2001
Slovar' 2001a
Slovar' Russkich govorov Sibiri. Tom 2, *K–N*; Novosibirsk : Nauka, 2001
Slovar' 2002
Slovar' Russkich govorov Sibiri. Tom 3, *O-P*; Novosibirsk : Nauka, 2002
Slovar' 2002a
Slovar' Russkogo jazyka XI–XVII *vv. Vypusk* 26 (*Snur''-Sparyvati*); Moskau : Nauka, 2002
Slovar' 2003
Slovar' Russkogo jazyka XVIII *veka. Vypusk* 13, *Moldavskij-Naprokudit'*; Sankt Petersburg : Nauka, 2003
Slovar' 2004
Slovar' Russkogo jazyka XVIII *veka. Vypusk* 14, *Naprolet-Nepocelovanie*; Sankt Petersburg : Nauka, 2004
Slovar' 2006
Slovar' Russkogo jazyka XI–XVII *vv. Vypusk* 27 (*Spas''–Staricyn''*); Moskau : Nauka, 2006
SLRG 1732–1735
Sammlung Rußischer Geschichte. Band 1; Sankt Petersburg : Kayserliche Academie der Wissenschaften, 1733–1735
Sokolova 2009
Sokolova, Zoja Petrovna: *Chanty i mansi – Vzgljad iz* XXI *veka*. Moskau : Nauka, 2009
Staat 1720
Der allerneuste Staat von Siberien ... Nürnberg : Wolfgang Moritz Endter, 1720
Ståhlberg 2006
Ståhlberg, Sabira ; Svanberg, Ingvar: Sarana in Eurasian folk botany. In: Suomalais-Ugrilaisen Seuran Aikakauskirja (Journal de la Société Finno-Ugrienne), Bd. 91, 2006, S. 133–157
Statius 1671
Statius, Publius Papinius: Publii Papinii Statii Sylvarum libri V. Thebaidos libri XII. Achilleidos

libri II. ... Accuratißime illustrati a Johanne Veenhusen. Leiden : Hack, 1671.
Steingass 1892
Steingass, Francis Joseph (Hrsg.): A Comprehensive Persian-English dictionary, including the Arabic words and phrases to be met with in Persian literature. London : Routledge, 1892
Steinitz 1966–1993
Steinitz Wolfgang: Dialektologisches und etymologisches Wörterbuch der ostjakischen Sprache. Lieferung 1–15; Berlin : Akademie-Verlag, 1966–1993
Steinschneider 1859
Steinschneider, Moritz: Bibliographisches Handbuch über die theoretische und praktische Literatur für hebräische Sprachkunde. (Manuale Bibliographicum ...) Leipzig : Friedrich Christian Wilhelm Vogel, 1859
Steller 1769
Steller, Georg Wilhelm: Nachricht von dem ökonomischen Gebrauch des wilden Bärenklaues (Spondylium) und einiger andern Kräuter und Gewächse bey den Kamtschadalen. In: Stralsundisches Magazin ... Bd. 1, S. 411–434; Berlin : Gottlieb August Lange, 1767–1770
Steller 1774
Steller, Georg Wilhelm: Beschreibung von dem Lande Kamtschatka ... Frankfurt am Main : Johann Georg Fleischer, 1774

Strahlenberg 1730
Strahlenberg, Philipp Johann von: Das Nord= und Ostliche Theil von Europa und Asia ... Stockholm : Selbstverlag, 1730
Subrakova 2006
Subrakova, O. V. (Hrsg.): Chakassko-Russkij slovar'. Novosibirsk : Nauka, 2006
Tatiščev 1996
Tatiščev, Vasilij Nikitič: Sobranie sočinenij. Toma VII i VIII; Moskau : Naučno-izdatel'skij centr „Ladomir", 1996
Tournefort 1700
Tournefort, Joseph Pitton: Institutiones Rei Herbariae. Bd. 1; Paris : Typographia Regia, 1700
Turaev 1997
Turaev, Vadim Anatol'evič (Hrsg.) et al.: Istorija i kul'tura évenov. Sankt Petersburg : Nauka, 1997
Unkowsky 1733
Unkowsky, Johann (Unkovskij, Ivan): Neueste Historie der Oestlichen Calmückey Besonders von der Regierung der zwey letztern Contaischen, des Baschtuchans und des Erdeni Zuructu. In: Sammlung Rußischer Geschichte. Bd. 1, 2. Stück, S. 123–140; Sankt Petersburg : Kayserliche Academie der Wißenschafften, 1733
Unkowsky 1733a
Unkowsky, Johann (Unkovskij, Ivan): Auszug aus dem Reise=Journal des Herrn Ober=Kriegs=Comißarii Johann Unkowski von der Calmückey. Betreffend einige besondere Traditiones, Ceremonien

und Gewohnheiten. In: Sammlung Rußischer Geschichte. Bd. 1, 2. Stück, S. 141–153; Sankt Petersburg : Kayserliche Academie der Wißenschafften, 1733
Urlsperger 1739
Urlsperger, Samuel (Hrsg.): Zweyte Continuation der ausführlichen Nachricht von denen Saltzburgischen Emigranten, die sich in America niedergelassen haben. Halle: Verlag des Waysen=Hauses, 1739
Vaksel' 1940
Vaksel', *Sven* (Waxell, Sven): *Vtoraja Kamčatskaja Ėkspedicija Vitusa Beringa*. Leningrad ; Moskau : *Izdatel'stvo glavsevmorputi*, 1940
Varro 1623
Varro, Marcus Terentius: Opera Omnia ... Amsterdam : Jean Jansson, 1623.
Vasilevič 1958
Vasilevič, Glafira Makar'evna: *Ėvenkijsko-Russkij slovar'*. Moskau : *Gosudarstvennoe izdatel'stvo inostrannych i nacional'nych slovarej*, 1962
Vergilius 1694
Vergilius Maro, Publius: Opera Omnia, Cum Annotationibus Johannis Min-Ellii. Kopenhagen : Johann Just Erythropel, 1694.
Vergilius 1995
Vergilius Maro, Publius ; Götte, Johannes (Hrsg.) ; Götte, Maria (Hrsg.): Landleben. Darmstadt, Wissenschaftliche Buchgesellschaft, 1995.

Vermeulen 2008
Vermeulen, Han F.: Early history of ethnography and ethnology in the German Enlightenment: Anthropological discourse in Europe and Asia, 1710–1808. Leiden, 2008
Vollmer 1874
Binder, Wilhelm Christian (Bearb.): Dr. Vollmer's Wörterbuch der Mythologie aller Völker. Stuttgart: Hoffmann'sche Verlagsbuchhandlung, 1874.
Wachter 1740
Wachter, Johann Georg: Ioh. Georgii Wachteri Archaeologia nummaria, continens praecognita nobilissimae artis, qvae nummos antiqvos interpretatur. Leipzig : [Bernhard Christoph] Breitkopf, 1740
Wander 1867–1880
Wander, Karl Friedrich Wilhelm (Hrsg.): Deutsches Sprichwörter-Lexikon. Ein Hausschatz für das deutsche Volk. 5 Bände; Leipzig : Friedrich Arnold Brockhaus, 1867–1880
Weber 1721
[Weber, Friedrich Christian]: Das Veränderte Rußland ... Hannover, 1721
Weidler 1741
Weidler, Johann Friedrich: Historia astronomiae ... Wittenberg : Gottlieb Heinrich Schwartz, 1741.
Weiß 1988
Weiß, Wisso: Historische Wasserzeichen. Leipzig : VEB Bibliographisches Institut, 1988

Wheler 1689
Wheler, George: Voyage de Dalmatie de Grece, et du Levant. Bd. 1; Amsterdam : Jean Wolters, 1689
Willughby 1676
Willughby, Francis ; Ray, John (Hrsg.): Francisci Willughbeii ... Ornithologiae libri tres : in quibus aves omnes hactenus cognitae in methodum naturis suis convenientem redactae, accurate describuntur : descriptiones iconibus elegantissimis et vivarum avium simillimis aeri incisi illustrantur. London : Joannis Martyn, 1676
Witsen 1705
Witsen, Nicolaas: Noord en Oost Tartarye, ofte bondig ontwerp van eenige dier landen en volken, welke voormaels bekent zijn geweest. Beneffens verscheide tot noch toe onbekende, en meest nooit voorhen beschreve Tartersche en nabuurige gewesten, landstreeken, steden, rivieren, en plaetzen, in de Noorder en Osterlykste gedeelten van Asia en Europa, zoo buiten en binnen de rivieren Tanais en Oby, als omtrent de Kaspische, Indische-[Ooster] en Zwarte Zee gelegen; i gelijk de landschappen Niuche, Dauria, Jesso, Moegalia, Kalmakkia, Tangut, Usbek, en Noorder Persie, Turkestan, Georgia, Mengrelia, Cirkassia, Crim, Astakkia, Altin, Tingoesia, Siberia, Samojedia, en andere aen hunne Tzaersche Majesteiten kroon gehoorende heerschappyen ... Amsterdam : François Halma, 1705

Witsen 2010
Witsen, Nicolaas (*Vitsen, Nikolaas*) ; *Kopaneva, Natal'ja Pavlovna* (Bearb.) ; *Naarden, Bruno* (Bearb.): *Severnaja i vostočnaja Tartarija, vključajuščaja oblasti, raspoložennye v severnoj i vostočnoj častjach Evropy u Azii.* 3 Bände; Amsterdam : Pegasus, 2010

Yule 1996
Yule, Henry (Hrsg.) ; Burnell, Arthur Coke (Hrsg.): Hobson-Jobson: The Anglo-Indian dictionary. (Nachdruck der Ausgabe 1903); Ware : Wordsworth Editions Ltd., 1996

Zagrebin 2005
Zagrebin, Aleksej E.: G. F. Miller i ego „Opisanie trech jazyčeskich narodovv Kazanskoj gubernii", S. 92–104 in: *Chelimskij* 2005

Zagrebin 2005a
Zagrebin, Alexey (*Zagrebin, Aleksej E.*): Die Position des Autors in der „Nachricht von den Tscheremissen, Tschuwaschen, und Wotiacken", S. 105–110 in: *Chelimskij* 2005

Zedler 1732–50
Zedler, Johann Heinrich (Hrsg.): Grosses vollständiges Universal-Lexicon Aller Wissenschaften und Künste ... 64 Bände; Halle : Johann Heinrich Zedler, 1732–1750

Ziemann 1838
Ziemann, Adolf: Mittelhochdeutsches Wörterbuch zum Handgebrauch. Quedlinburg ; Leipzig : Gottfried Basse, 1838 (Bibliothek

der gesammten deutschen Nationalliteratur von der ältesten bis auf die neuere Zeit, III,1)

Zlatkin 1964
Zlatkin, Il'ja Jakovlevič: *Istorija Džungarskogo chanstva* (1635–1758). Moskau : *Nauka*, 1964

Zorn 1746
Zorn, Peter: Dissertatio de Christo servatore, quatenus apud Muhammedanos verbum Dei et filius Dei appellatur. S. 609–619 in: Miscellanea Lipsiensia nova, ad incrementum scientiarum ... Voluminis quarti pars quarta ... Leipzig : Friedrich Lanckisch (der Ältere) Erben, 1746

Zschackwitz 1735
Zschackwitz, Johann Ehrenfried: Vom Ursprung des Götzendiensts. In: Zschackwitz, J. E.: Allerneuester Zustand Von Europa ... 19. Teil, S. 1037–1051, 20. Teil, S. 1107–1117; Leipzig : Teubners Buchladen, 1735

Gerhard Friedrich Müller

Vorwort zur Beschreibung der sibirischen Völker

1 Gerhard Friedrich Müller
Vorwort zur Beschreibung der sibirischen Völker

Übersetzungskonzept in der Handschrift von *Ivan Ivanovič Golubcov*; Quelle[1]: AAW F. 21, Op. 5, D. 6, Bl. 1r–12r; (Übersetzung aus dem Russischen)

Allgemeine Beschreibung der sibirischen Völker
unter Hinzufügung von besonderen Nachrichten über die in der Umgebung von
Kazan' lebenden heidnischen Völker
und mit Hinweisen dazu, was bei der Völkerbeschreibung beachtet werden muß,
verfaßt von
Gerhard Friedrich Müller,
Professor der Kaiserlichen Akademie der Wissenschaften

Teil 1.

/2r/

Vorwort

Eine allgemeinste Völkerbeschreibung des Erdkreises, die bisher größtenteils in schlechten Händen lag und noch von niemandem den wahrhaften Wissenschaften zugerechnet wurde, stellt einen nicht unbedeutenden Teil der Geschichtsschreibung und ein Beispiel für die Anfangsgründe einer zudem unterhaltenden Sittenlehre dar. /2v/ Das, was für eine derartige Beschreibung benötigt wird, ist denen, die durch fremde Länder gereist sind und diese beschrieben haben, nicht unbekannt. Aus jenen Beschreibungen ist ersichtlich, daß die Reisenden nach ihrer Ankunft in fremden Ländern für die Beschreibung [der Völker] nur untersucht haben, welche Sitten und Gebräuche bei ihnen herrschen, welche körperlichen und geistigen Fähigkeiten sie besitzen, welches ihre Landesverwaltung ist, welches Recht sie haben, welche Sprache sie sprechen, welches ihre Künste und Wissenschaften sind und weiteres. /3r/ Derjenige jedoch, der durch langzeitige Beschäftigung mit solchen Dingen eine sehr hohe Befähigung darin erlangt hat, kann überall nicht geringe Ungenauigkeiten und Fehler entdecken. Ein Reisender beschreibt üblicherweise das, was er mit dem Gesichtssinn und dem Gehör sieht und hört. Er wird oft betrogen, da ihm vorsätzlich auch viel Fabelhaftes erzählt wird. Ein anderer kennt die Sprache nicht, und wiederum ein anderer besitzt nur unzureichende Kenntnisse der Geschichte und hat keinen erfahrenen und zuverlässigen Dolmetscher. Oft vergißt er, das aufzuschreiben, was er gesehen oder gehört hat. Manchmal möchte er im Vertrauen /3v/ auf sein Erinnerungsvermögen irgendetwas hinterher aufschreiben, jedoch sind ihm einige Umstände aus der Erinnerung verschwunden, die er nach seinen Vorstellungen ergänzt. Darüber hinaus ist alles, was er nicht sieht oder hört, zufällig. Folglich ist es nicht möglich, eine vollständige Beschreibung irgendeines Volkes auf die obenbezeichnete Weise herauszugeben. Falls er die Mängel seiner Befragung mit Hilfe anderer [Informanten] auszugleichen wünscht, hat er keinen derartigen Leitfaden, in dem angegeben wäre, was bei der Beschreibung /4r/ welches Volkes anzumerken ist. Solche Hilfsmittel finden sich in den Büchern, in denen insbesondere die Fähigkeiten zu reisen dargestellt werden, nicht. Sich solche Hilfsmittel eiligst auszudenken und zusammenzutragen, wird auch nicht möglich sein. Wenn man dabei noch berücksichtigt, daß ein großer Teil der Reisenden solche Leute sind, die keinerlei Ausbildung in den Wissenschaften erhalten haben, insbesondere Kaufleute, Künstler, Handwerksleute und Seefahrer, die im Aberglauben aufgewachsen sind und stark zur Leichtgläubigkeit neigen, die nicht unterscheiden können, was falsch und was wahr ist und mit Vorliebe die Beschreibung von irgendwelchen wundersamen Dingen anstreben sowie die Umstände /4v/ fremden Verhaltens mit Absicht als klug darstellen, kann man noch klarer die Vielzahl der unnützen Dinge über die Völker in den Reisebeschreibungen erkennen. Auch wenn behutsame und geschickte Personen von den Gelehrten sich mit dergleichen Zielen auf ihre Reise begeben, scheint es so zu sein, daß auch ihre Beschreibungen ihnen und denjenigen, die diese lesen werden, größtenteils zur Ergötzung dienen und nicht zur Erzielung eines Nutzens, den man von solchen Beschreibungen für die verschiedenen Gebiete der Wissenschaften /5r/ erwarten sollte. Es ist wahr, daß die Nachrichten über die Völker überhaupt, ihre Herkunft und ihre Wanderungen sowie ihre Verwandtschaft durch nichts anderes als durch die Verwandtschaft ihrer Sprachen, ihrer Gebräuche und ihrer Gesetze mit hoher Glaubwürdigkeit bestätigt werden können. Es kommt oft vor, daß wir selbst von dem unverständigsten Volk in einigen Wissenschaften wie zum Beispiel in der Heilkunst, in dem, was wir nach unseren Verpflichtungen hinsichtlich eines Naturgesetzes auszuführen haben und bezüglich der natürlichen Erkenntnis Gottes[2] mehr lernen können, als wir erwartet haben. Selbst die lehrreichste /5v/ Wissenschaft wird durch die Beschreibung so verschiedener Sitten und Gebräuche einen bedeutenden Zuwachs erhalten. Der obengenannte Nutzen wird im allgemeinen nur durch Anfertigung einer Beschreibung jetzt lebender Völker nicht zu erzielen sein. Man muß unumgänglich einen Vergleich anstellen nicht nur zwischen den jetzt lebenden Völkern, sondern auch zwischen denen, die in ältesten Zeiten lebten oder aus denen bereits andere Völker hervorgegangen sind. Nachdem dies ausgeführt wurde, müssen die Schlußfolgerungen gezogen werden, /6r/ die zur Erläuterung der Wissenschaft dienen können. Mein mehrfacher Wunsch war es, daß eine erfahrene Person aus allen bis zur heutigen Zeit vorliegenden Reisebeschreibungen wie auch aus den Beschreibungen einzelner Völker nach den hier übermittelten Angaben den Versuch übernehmen möge, eine ganz allgemeine Völkerbeschreibung zu verfassen und daß durch diese Materialien eine gewisse neue Wissenschaft begründet werden möge, von der die Nachwelt einen ewigen Nutzen erwarten könnte. Wie soll dies aber erfolgen, da die Beschreibungen der Völker noch nicht zur Vollkommenheit gelangt sind /6v/ und darüber hinaus für viele Völker noch keinerlei Beschreibungen vorliegen? Zur Vermeidung dieser Schwierigkeit wird sich keine bessere Verfahrensweise finden lassen als die, daß die gelehrten Leute aller Reiche ihre Auffassungen von den Völkern, über die sie Nachrichten zusammenzutragen in der Lage sind, beifügen könnten und den Reisenden, die in fremde und weit entfernte Länder fahren, ausführliche Instruktionen zu geben. Nach Erhalt der Nachrichten mögen diese gedruckt herausgeben werden. Sehr vorteilhaft wäre es, wenn sie ihre /7r/ Werke mit einer zukünftigen allgemeinsten Völkerbeschreibung vereinigen würden und jeder an seinem Platz so weit als möglich einen Vergleich zwischen den verschiedenen Völkern zu jetziger Zeit und zu vergangenenen Zeiten anstellen würde, so wie dies der Jesuit Lafitau[3] mit seiner Beschreibung der Völker Nordamerikas getan hat, in der er ihre Sitten mit denen der ältesten bemerkenswerten Völker vergleicht[4]. Dies mag den Nachfahren als vortreffliches Beispiel dienen. Bezüglich von Rußland und der verschiedenen dort lebenden Völker gibt es Ansatzpunkte, /7v/ und es kann von uns eine nicht geringe Hilfe erwartet werden. Jene Nachrichten, die bereits erschienen sind, und zwar von Brand über die Liefländer und die Estländer[5], von Scheffer über die Lappen[6], von Olearius über verschiedene Völker am [Fluß] *Volga*[7], von Bruijn[8] über die Samojeden[9], von Müller über die Ostjaken[10], von Isbrand[11] und dem unbenannten Verfasser der Anmerkungen zum Geschlechtsregister des Abulgasi[12] über zahlreiche sibirische Völker und des Strahlenberg[13] über weitere in Rußland und Sibirien lebende Völker können alle als unvollständig angesehen werden. Es wird schwierig sein, /8r/ ein solches Reich zu finden, das eine so große Anzahl von überdies noch verschiedenen Völkern, die in den anderen europäischen Reichen nicht einmal dem Namen nach bekannt sind, in seinem Herrschaftsbereich besitzt wie das Russische Reich. Mit seinen Grenzen stößt es an viele benachbarte Staaten, die noch nicht durch europäische Reisende beschrieben wurden. Die häufigen Verschickungen in entfernteste Provinzen und benachbarte /8v/ Staaten bieten eine vortreffliche Möglichkeit zum Zusammentragen der erforderlichen Nachrichten. Aus dem, was tatsächlich schon ausgeführt wurde, ist ersichtlich, daß diese Sache nicht vernachlässigt wurde. Als im Jahr 1733 meine Abfertigung nach Sibirien, und zwar in einen solchen Teil des Russischen Reichs, in dem die Unterschiede zwischen den Völkern sehr groß sind, erfolgt war, ist mir durch allerhöchsten Kaiserlichen *ukaz* befohlen worden, die Sitten und Gebräuche aller Völker, die mir auf der Reise begegnen, zu beschreiben[14]. /9r/ Obwohl mir diese Aufgabe zusätzlich auferlegt wurde[15], kann ich dennoch sagen, daß ich mich während der gesamten zehnjährigen Reise[16] mit solch großem Vergnügen um diese Sache bemühte, daß mir diese, während ich mich mit anderen sehr wichtigen Dingen beschäftigte, zur Erholung diente. Die mir übergebenen bevollmächtigenden *ukazy*[17] haben mich für die auszuführenden Aufgaben mit einer solchen Befähigung versehen, daß es schwierig war, irgendetwas vor mir zu verbergen. Kraft jener *ukazy* waren alle dortigen befehlshabenden Personen auf Grund meiner Anforderungen dazu verpflichtet, Hilfe bei der Ausführung der erforderlichen Arbeiten zu gewähren und insbesondere nach einer Auswahl gute /9v/ Dolmetscher zu schicken, an denen ich niemals einen Mangel hatte. Durch freundlichen Umgang mit vielen Völkern erlangte ich dort, wo ich mich einige Zeit aufhalten konnte, große Hilfe, da ich mit ihnen nahezu freundschaftliche Beziehungen entwickelte. Sie waren darüber sehr erfreut, ließen mich alles sehen und erzählten mir vieles. Ohne diese Verfahrensweise wäre es mir nicht möglich gewesen, alle Zeremonien und weiteren Umstände ihres heidnischen Aberglaubens zu sehen und auch nichts darüber in Erfahrung zu bringen. Auf diese Weise bereiste ich kreuz und quer ganz Sibirien bis nach *Nerčinsk*[18] und *Jakuck*[19]. Dort jedoch, wohin ich selbst /10r/ nicht reisen oder ich nicht lange verweilen konnte, bemühten sich mein verehrter Herr Kollege, der Doktor und Professor Johann Georg Gmelin, ein erfahrener und fleißiger Mensch, der Adjunkt der Naturgeschichte Georg Wilhelm Steller[20] wie auch der Student *Stepan Kraseninnikov* um das Sammeln der erforderlichen Nachrichten. Wieviel von jenen auf dieser Reise zusammengetragen worden ist, wird hier übermittelt werden. Es muß hierbei daran erinnert werden, daß während der ersten Jahre unserer Reise mir meine Arbeiten nicht so /10v/ vollständig und umfassend gelangen wie ich gewünscht habe. Ich vertraue jedoch darauf, daß meine Beschreibungen wie auch gleichermaßen die anderen Arbeiten von der Reise in geneigter Weise aufgenommen werden. In Anbetracht dessen, daß mir solche Arbeiten völlig ungewohnt waren, da ich keinerlei Anleitungen zu den Anmerkungen über die verschiedenen Umstände gehabt habe und auch wegen des Fehlens der Verfahrensweisen, alles erforderliche zu erkennen und über alle Dinge Nachrichten einzuholen, war ich gezwungen, diese Fertigkeiten erst zu erlernen. Eine solche erste Beschreibung der um *Kazan'* lebenden Völker, /11r/ die im Jahr 1733 von mir verfaßt und an die Akademie gesandt wurde[21], bezeugt dies hinreichend. Auch wenn die erwähnte Beschreibung weiterer Verbesserungen und Ergänzungen bedarf, möchte ich nicht die Ergänzungen weiterer Personen abwarten, sondern gebe sie in dem Zustand heraus, in dem ich sie verfaßte habe, ohne mich ihrer Schwächen zu schämen. Mein Nachfolger in den historischen Untersuchungen, der in Sibirien verbliebene Herr Adjunkt Johann Eberhard Fischer, hat darin Glück gehabt, daß ich ihm bei seiner Abfertigung im Jahre 1740 durch umfangreiche /11v/ Anleitungen zu allen die Geschichte betreffende Dinge, insoweit diese sich auf Sibirien beziehen, Hilfe gewährt habe[22]. Was dort zur Völkerbeschreibung gesagt wurde, könnte auch unter anderen Umständen und für die gleichen Dinge bei fremden Völkern nicht ohne Nutzen sein. Deshalb wollte ich es nicht unterlassen, die dem obenbezeichneten Adjunkten Fischer[23] übergebene Instruktion hier beizufügen[24]. Wer dies möchte, dem kann nach dem Beispiel jener /12r/ eine allgemeine Instruktion zur Beschreibung aller Völker verfaßt werden. Hier kann diese an Stelle eines Abrisses der künftig von mir zu erwartenden sibirischen Völkerbeschreibung als Beispiel dienen. Ich vertraue ohne Zweifel darauf, daß meine Abhandlungen durch die Bemühungen und die Arbeiten des obenerwähnten Adjunkten Fischer[25] bestätigt, erläutert, korrigiert und vermehrt werden. Da er bald hierher zurückkehrt[26], wird der geneigte Leser eine Fortführung dieser Abhandlung wie auch entsprechende Zusätze durch ihn erwarten können.

---

[1] Maße: 33,5 x 21,5 cm; Anfang des Manuskripts AAW F. 21, Op. 5, D. 6, Bl. 1r–129r; auf Bl. 1r oben rechts „N° 65"; vor Bl. 1r auf Bl. 16 r „No. 40", auf Bl. 1в r mit Bleistift „Описание Сибирских народов" (russ. – Beschreibung der sibirischen Völker), „N°. 40" u. „N°. 389", auf Bl. 1a r mit Bleistift „Samml. Russ. Gesch. Bd. III St. – 4"; zur Entstehungsgeschichte des Manuskripts s. Einleitung Beschreibung der Handschrift F. 21, Op. 5, D. 6:
„Allgemeine Beschreibung der sibirischen Völker ..." von G. F. Müller in russischer Sprache (s. Einleitung), 132 Bll. Einband: vermutlich 19. Jh., mit Buntpapier bezogene Pappdeckel, auf dem Vorderdeckel links oben und rechts unten Etiketten mit moderner Archivsignatur; auf dem Einbandrücken oben ein moderner Aufkleber mit der Archivsignatur, darunter in Goldprägung in drei Zeilen „ОПИСАНИЕ / СИБИРСКИХЪ / НАРОДОВЪ" (russ. – Beschreibung der sibirischen Völker) und darunter in Goldprägung „10"

Zu: „Vorwort zur Beschreibung der sibirischen Völker", Bl. 1r–12r
Text: braune Tinte
Papier: grau, dick; Wz. – „КОМЕРЦЪ / КОЛЕГИИ" (russ. *Komerc Kolegii* – Kommerzkollegium), Zeichen der 1716 gegründeten Papiermühle *Krasnosel'- skaja Verchnaja* (ursprünglich *Dudergofskaja) fabrika* nahe des Orts *Krasnoe selo*, verwendet ab 1738 (s. Nr. 309 in *Klepikov* 1959); Die Papiermühle stand von 1716 bis 1730 und ab 1737 (oder 1734) unter der Leitung des Kommerzkollegiums.

[2] „Natürliche Erkänntniß GOttes, Cognitio Dei naturalis, ist eine wahrhafftige, aus dem Licht der Natur herrührende Wissenschafft, die uns versichert, daß gewiß ein GOtt sey, welcher die gantze Welt, sammt allem, was darinnen ist, gemacht und noch erhält, auch durch seine Weißheit und Allmacht dergestalt regieret, daß man ihn daher als den Allerhöchsten fürchten, ehren und preisen muß. Diese ist bey allen Menschen zu finden, und alle Menschen erkennen von Natur GOtt

einiger massen, dergestalt, daß, so bald sie ihre Vernunfft nur ein wenig zu gebrauchen anfangen, sie nicht umhin können, öffters an GOtt zu gedencken. Ja, es ist ihnen unmöglich, diese Gedancken gantz zu vertreiben, ..." (Zedler 1732–50, Bd. 23, Sp. 987ff.)

[3] Joseph-François Lafitau

[4] Lafitau, Joseph-François: Moeurs des sauvages Americains, comparées aux moeurs des premiers temps. Par le P. Lafitau, ... Paris : Charles Estienne Hochereau, 1724

[5] Brand, Johann Arnold von: Johan-Arnholds von Brand ... Reisen durch die Marck Brandenburg, Preussen, Churland, Liefland, Pleßcovien, Groß-Naugardien, Tweerien und Moscovien, in welchen vieles nachdencklich wegen gemeldter Länder, wie auch der Litthauwer Lebensart, Gottesdienst, allerhand Ceremonien, Kleydung, Regierung, Rechtspflegung, und dergleichen, angemercket: anbey eine seltsame und sehr anmerckliche Beschreibung von Siberien. Alles nachgesehen; und mit nöthigen Übersetzungen, Anmerckungen und Kupfferstücken gezieret und vermehret; ... Wesel ; Duisburg : Jacob von Wesel ; Johann Saß, 1702

[6] Scheffer, Johannes: Joannis Schefferi Argentoratensis Lapponia id est, regionis Lapponum et gentis nova et verissima descriptio. In qua multa de origine, superstitione, sacris magicis victu, cultu, negotiis Lapponum, item animalium, metallorumque indole, quae in terris eorum proveniunt, hactenus incognita produntur, & eiconibus adjectis cum cura illustrantur. Frankfurt am Main : Christian Wolff, 1673

[7] z. B. über Tscheremissen und Tataren; s. Olearius 1656

[8] Cornelis de Bruijn

[9] C. de Bruijn reiste von 1701 bis 1708 nach Rußland, Persien und Indien. Auf seiner ersten Station in *Archangel'sk* studierte er die Sitten und Gebräuche der Samojeden. Seinen Reisebericht veröffentlichte er erstmals selbst im Jahr 1711 – Bruijn, Cornelis de: Cornelis de Bruins Reizen over Moskovie, door Persie en Indie: verrykt met driehondert konstplaten, ... Amsterdam, 1711.

[10] Müller, Johann Bernhard: Johann Bernhard Müllers, Königl. Schwedischen Drag. Capitain, Leben und Gewohnheiten der Ostiacken, eines Volcks, das biß unter dem Polo Arctico wohnt, wie selbiges aus dem Heydenthum in diesen Zeiten zur christl. griechischen Religion gebracht, mit etlichen curieusen Anmerckungen vom Königreich Siberien und seinem Freto Nassovio oder Weigats, in der Gefangenschafft daselbst beschrieben und anjetzo mit einer Vorrede versehen.... Berlin : Christoph Gottlieb Nicolai, 1720

[11] Isbrand Ides, Eberhard: Driejaarige Reize naar China, te lande gedaan door den Moskovischen Afgezant, E. Ysbrants Ides, van Moskou af, over Groot Ustiga, Siriania, Permia, Sibirien, Daour, Groot Tartaryen tot in China. waar in, behalven de gemelde Landstreeken, de Zeden dier woeste Volken, ten aanzien van hunnen Godtsdienst, Regeeringen, Huwelyken, dagelykschen Handel, Kleedinge, Woningen, Onderhoud, Dood en Begraafnissen naaukeuriglyk beschreven worden. Met eene Landkaart, door den Gezant op zyne Reize, naar de waare gelegenheit der plaatzen getekent, en met veele schoone Printverbeeldingen versiert. Hier is bygevoegt, eene beknopte Beschryvinge van China, door eenen Chineeschen Schryver t'zamengestelt, nu eerst in 't Neêrduitsch vertaalt, en met verschiede Aantekeningen verrykt. Amsterdam : François Halma, 1704; Neben weiteren Ausgaben erschien im Jahr 1707 die deutsche Ausgabe: Dreyjährige Reise Nach China, Von Moscau ab zu lande durch groß Ustiga/ Siriania/ Permia/ Sibirien/ Daour/ und die grosse Tartarey ; gethan durch den Moscovitischen Abgesandten Hrn. E. Ißbrants

Ides : Nebst einr landcharte und vielen kupffer=stichen/ so von dem abgesandten selbst auff der reise auffgezeichnet worden ; Wie auch Einer beschreibung von China durch einen Chineser in seiner Sprache geschrieben. Alles aus dem Holländischen übersetzet. Frankfurt am Main : Thomas Fritsch, 1707.

[12] Abulgasi: Histoire Généalogique des Tatars traduite du manuscript Tartare d'Abulgasi-Bayadur-Chan & enrichie d'un grand nombre de remarques authentiques & tres-curieuses sur le veritable estat present d l'Asie Septentrionale avec les cartes geographiques necessaires. Par D***. Leyde : Abraham Kallewier, 1726; Nach A.-A. Barbier wird unter dem Verfasser der Anmerkungen ein holländischer oder schwedischer Offizier Bentinck vermutet, der unter der Anleitung von P. J. (Tabbert) von Strahlenberg die französische Übersetzung angefertigt haben soll (Barbier 1823, S. 132f.).

[13] Strahlenberg, Philipp Johann von: Das Nord= und Ostliche Theil von Europa und Asia, in so weit solches das gantze Rußische Reich mit Siberien und der grossen Tatarey in sich begreiffet, in einer Historisch=Geographischen Beschreibung der alten und neuern Zeiten, und vielen andern unbekannten Nachrichten vorgestellet, nebst einer noch niemahls ans Licht gegebenen Tabula Polyglotta von zwey und dreyßigerley Arten tatarischer Völcker Sprachen und einem kalmuckischen Vocabulario, sonderlich aber einer grossen richtigen Land=Charte von den benannten Ländern und andern verschiedenen Kupfferstichen, so die Asiatisch=Scythische Antiqvität betreffen; bey Gelegenheit der Schwedischen Kriegs=Gefangenschafft in Rußland, aus eigener sorgfältigen Erkundigung, auf denen verstatteten weiten Reisen zusammen gebracht und ausgefertiget von Philipp Johann von Strahlenberg. Stockholm : Selbstverlag, 1730; Titel der Karte: Nova descriptio geographica Tatariae Magnae tam orientalis quam occidentalis in particularibus et generalibus territoriis una cum delineatione totius Imperii Russici imprimis Siberiae accurate ostensa.

[14] in dem Abschnitt „De Historia Gentium" der Speziellen Instruktion der Akademie der Wissenschaften für die an der 2. Kamčatkaexpedition teilnehmenden Professoren vom 5. Juli 1733 (publiziert als Dokument 184 in: Hintzsche 2004, S. 491–512)

[15] Ursprünglich waren für die Teilnahme an der 2. Kamčatkaexpedition nur zwei Professoren, Louis De l'Isle de la Croyère und J. G. Gmelin, vorgesehen, von denen der letztere die Arbeiten zur Naturgeschichte und zur Völkerbeschreibung übernehmen sollte. Nachdem J. G. Gmelin Ende 1733 krankheitsbedingt seine Teilnahme absagte, wurde G. F. Müller als zweiter Professor für die Teilnahme an der Expedition bestimmt. Er sollte vor allem Aufgaben zur Geographie und zur Geschichte der ‚Altertümer' Sibiriens übernehmen sowie als Chronist der Expedition dienen, wobei er sich auch bereit erklärte, die Beschreibung der Völker Sibiriens zu übernehmen. J. G. Gmelin erklärte sich Ende April 1733 doch zu einer Teilnahme an der Expedition bereit, worauf vom Senat bestimmt wurde, die drei genannten Professoren zu entsenden. Spätestens bei der Abreise im August 1733 war klar, daß die Beschreibung der sibirischen Völker vorwiegend in der Hand von G. F. Müller lag (s. dazu die Dokumente zur Vorbereitung der Expedition in: Hintzsche 2004).

[16] G. F. Müller und J. G. Gmelin kehrten Mitte Februar 1743 nach Sankt Petersburg zurück (Gmelin 1751–1752, Theil 2, S. 690ff.).

[17] z. B. der *ukaz* des Senats vom 22. Juni 1733 (publiziert in: Hintzsche 2004, Dokument 174, S. 429–432)

[18] G. F. Müller und J. G. Gmelin hielten sich im Juni und im Juli 1735 in *Nerčinsk* auf.
[19] Am 31. August 1736 traf G. F. Müller in *Jakuck*, dem östlichsten Ort seiner Reise, ein (Gmelin 1751–1752, 2. Theil, S. 394). Zusammen mit J. G. Gmelin verließ er am 9. Juli 1737 *Jakuck* wieder (a. a. O., S. 555).
[20] im Manuskript ‚Johann Georg Steller' (russ. *Ioann Georg Šteller*)
[21] G. F. Müller schickte Mitte Mai 1734 sein Manuskript „Umständliche Beschreibung von denen Wohn= Sitzen, Politischer Einrichtung, Leibes- und Gemüths=Beschaffenheit, Kleidung, Leibes-Nahrung, Handel und Gewerbe, SPrachen, Kün=sten, und Wißenschafften, natürlicher und erdichteter Heidnischer Religion, Ceremonien, Sitten und Gebräuchen derer im Casanischen Gouvernement des Rußischen Kayserthumbs wohnenden Heidnischen Nationen als Tscheremissen, Tschuwaschen und Wotiaken." (AAW F. 21, Op. 5, D. 18, Bl. 20r–72v; publiziert in: Müller 1759b) aus *Tobol'sk* an den Dirigierenden Senat in Sankt Petersburg (s. Dokument 135 in: Hintzsche 2006, S. 279–288). Das ostfinnisches Volk der Tscheremissen (Eigenname: Mari) mit Siedlungsraum im mittleren Gebiet des Flusses *Volga* ist nahe mit den Wotjaken (Eigenname: Udmurt) verwandt, die etwa im gleichen geographischen Raum siedeln. Die ursprünglich nomadisierende Lebensweise haben beide Völker unter russischem Einfluß aufgegeben. Ihr Haupterwerbszweig ist der Ackerbau. Seit dem 18. Jahrhundert ist ihre Religion vorwiegend griechischorthodox mit Resten schamanistischer Religion bzw. von Naturreligionen. Die tscheremissische und die wotjakische Sprache gehören zur finno-ugrischen Sprachgruppe. Aus vorwiegend finno-ugrischen Ursprüngen und Gruppen von *Volga*-Bulgaren ging das seßhaftes Mischvolk der Tschuwaschen (russ. *čuvaši*) mit Siedlungsgebiet im Gebiet der Flüsse *Volga*, *Sura* und *Svijaga* hervor. Die Wirtschaft der Tschuwaschen beruht vorwiegend auf Ackerbau, Fischfang und Jagd. Sie sind zum Teil Anhänger des Islam, zum Teil Anhänger der griechischorthodoxen christlichen Religion; Reste schamanistischer Religion haben sich erhalten. Die tschuwaschische Sprache gehört zur Gruppe der Turksprachen.
[22] J. E. Fischer wurde, nachdem G. F. Müller aus Krankheitsgründen um eine Abberufung von der Expedition ersucht hatte, zur Fortführung von dessen Arbeiten nach Sibirien geschickt. Er reiste am 4. Oktober 1739 aus Sankt Petersburg ab und traf vom 21. Juni bis 4. Juli 1740 mit G. F. Müller in der Stadt *Surgut* am Fluß *Ob'* zusammen. G. F. Müller verfaßte eine umfangreiche Instruktion für J. E. Fischer, die er im Herbst 1740 fertigstellte und am 13. Dezember 1740 an diesen schickte (*Andreev* 1965, S. 88). Diese Instruktion (u. a. in deutscher Sprache: AAW F. 21, Op. 5, D. 36, Bl. 1r–111v – Publikation in Vorbereitung) enthielt in sechs Hauptgruppen 1228 Punkte (darunter 923 direkt auf die Völkerbeschreibung bezogene) sowie drei Anhänge mit 109 Punkten und ein Verzeichnis der Wörter, die in den Sprachen der sibirischen Völker erfaßt werden sollten (s. auch *Andreev* 1965, S. 89).
[23] Johann Eberhard Fischer
[24] Die Instruktion (s. Anm. 22) ist nicht im vorliegenden Manuskript enthalten.
[25] Johann Eberhard Fischer
[26] J. E. Fischer kehrte am 28. Juni 1747 nach Sankt Petersburg zurück (AAW F. 3, Op. 1, D. 813, Bl. 263r).

Gerhard Friedrich Müller

Vorwort/Einleitung zur Beschreibung der sibirischen Völker

2 Gerhard Friedrich Müller
Vorwort/Einleitung zur Beschreibung der sibirischen Völker

Konzept in der Handschrift von Gerhard Friedrich Müller (zwei Varianten);
Quelle[1]: RGADA F. 199, Op. 2, Portf. 509, D. 6, Bl. 1r–4v

Variante a

Beschreibung
der in *Sibiri*en Lebenden
und Zunächst angräntzenden
MancherLey Völker
des Rußischen Reichs

Cap[itel] 1.
Von den Völkern überhaupt und Von
ihren Wohnsitzen.

Man wird nicht Leicht ein Reich in der Welt / antreffen, welches so[a] Mancherley[b] unterschiedene / Völker unter seinem Scepter[c] Vereiniget hat |: und folglich so Viele[d] Beyträge[e] Zu[f] / dem noch Von[g] Niemand[h] gründlich und umständlich genug / Zu[i] Verfaßen[j] angefangenen[k] theile der Geschichte[l] welcher / in einer allgemeinen Volkerbeschreibung[m] Be / stehet, an die Hand giebt, : |[n] / als Rus[s]land: Am meisten aber ist *Sibiri*en damit angefüllet; welche Letztere Zwar[o] nach allen / ihren merkwürdigKeiten Zu Beschreiben des / Gegenwärtigen Werkes fürnehmste[p] absicht ist: |: dießfals Zu preisen / und da auf meiner / 10 Jahrigen *Sibi-* / *ri*schen Reyse[q2] / eine mit Von / meinen fürnehmste[n] / Absichten gewese[n] / alle[r] daselbst / wohnhaffte Volker / auf das genaueste / kennen Zu lerne[n][s] / und Alles[t] was / ich Theils selbst gesehe[n] / Theils Von andern glaub / hafft erZehlen hören an / Zumerken / so ist daraus[u] / der Grund / Zu gegenwärtigem / werke erwachsen : |[v] Indem aber[w] die An- / gräntzende Provintzien, ich meine, die *Gou-* / *vernement*s Von *Casan*[3],

---

[a] *nach so gestr.* Vielerley   [b] Mancherley *über der Zeile*   [c] sce_pter_ *verbessert aus* [..]   [d] *nach* Viele *gestr.* materie   [e] Beyträge *über der Zeile*   [f] *nach* Zu *gestr.* derselben Beschreibung   [g] Von *über der Zeile*   [h] Ni_ema_nd *verbessert aus* J_ema_ls   [i] Zu *über der Zeile*   [j] V_erfaßen_ *verbessert aus* [.]_erfaße_[..]   [k] angefangenen *über der Zeile*   [l] _Geschi_ch_te_ *verbessert aus* k   [m] Vo_lkerbeschrebung_ *verbessert aus* [.]   [n] von und folglich so Viele *bis* Hand giebt, *oben rechts von unten nach oben marginal*   [o] Letztere Zwar *über der Zeile*   [p] fürnehmste *über der Zeile*   [q] *nach* Reyse *gestr.* der- / sel   [r] *vor* alle *gestr.* daß ich   [s] *nach* lerne₎ *gestr.* / [....] Zu beschreibe[.]   [t] Al_les_ *verbessert aus* [..]   [u] *nach* daraus *gestr.* gegen / wartig   [v] *von* dießfals Zu preisen *bis* erwachsen *rechts unten marginal*   [w] Indem aber *über der Zeile*

Astrachan[4] und / *Archangel*[5], einige Völker enthalten[a] / die mit[b] einigen[c] *Sibiri*schen Vieles gemein / haben,[d] so Kann ich nicht umhin, dererselben mit Zu erwehnen[e], Zumahl da[f] ich[g] die / meisten selbst Zu sehen, und mich nach ihren / Umständen umständlich Zu erKundigen Gelegen /[h] /1v/ heit gehabt. Demnach sind

I. Die *Tatar*en des *Casani*sche⌈n⌉ u⌈nd⌉ *Astra*- / *chani*schen *Gouvernement*s, welche / sich in drey Clas⌈s⌉en abTheilen Las⌈s⌉e⌈n⌉ / als:[i]

1.) Die in Städten und Dörffern wohnhaffte *Tatar*en, | Rußisch: Юръ / товскїе татаря[6], | deren[j] / Viele Zu *Casan*[7] und in der umliegen- / den Gegend gefunden werden. DaZu gehören auch die / *Kasimowi*sche und *Ro* / *manowi*sche *Tatar*en[8] / in Rußland, und / die *TulKini*schen / *Tatar*en[9] in Permien[10] / im Gebiethe der Stadt / *Kungur*. Es ist Kein / Zweiffel daß man / den Nahmen *Tatar* u⌈nd⌉ / nicht *Tartar* aussPreche⌈n⌉ / müs⌈s⌉e, weil sie sich selbst / also nenne⌈n⌉ und der / StammVater dieses Volks / solchen[k] Nahmen[l] gefuhret.[m]

2) Die Steppen=*Tatar*en des *Astra*- / *chani*schen *Gouvernement*s[11], oder / die Von ihrem Geschlechte[n] sogenannten *Nogaizi*, welche / in denen dortigen Steppen Zu Bey- / den Seiten der *Wolga*[o][12] umherZiehen

3.) Die *Baschkir*en[13] in dem Gebiethe / der Stadt *Uffa*[14], dieß- und jenseits / dem *Urali*schen Gebürge, welches[p] / Zwischen Rußland u⌈nd⌉ Sibirien Zur Grän- / tze angenommen ist. Diese nennen sich selbst / *BaschKur*[15] woraus[q] der Nahme / *BaschKir*en entstande⌈n⌉ / Beym *Rubruquis*[16] und *Carpin*[17] werden sie *Pascatir* / genennet[18]. Sie[r] sind aber eigentliche *Tatar*en wie sowohl / ihre SPrache als Lebensart beZeuget.

II[s]. Die *Calmük*en in der Gegend Von / *Zarizin*[19] und *Saratow*[20], welche[t] Vordem Von ihrem / *Chan* die *Aijuki*sche⌈n⌉ / *Calmük*en[21] genennet / wurden[u] jetzo aber / die *Wolgi*schen heis⌈s⌉en, / Diese nennen sich / selbst[v] *Tor*- / *göt*[w][22] und unterscheiden sich dadurch[x] / Von denen übrigen *Calmük*en / welche[y] auf der Südl⌈ichen⌉ gräntze Von *Sibirien* / unter einem *Souverain*en Oberhaupte[z] Leben / und sich selbst *Ölöt*[23] nennen[aa]. Der Nahme / *Calmük*en oder *Calmake*⌈n⌉[bb] ist Von denen *Tatar*en angenomme⌈n⌉[24]. /2r/

---

[a] *über enthalten einige Völker jeweils* 3, 1 *bzw.* 2   [b] *nach* mit *gestr.* denen   [c] einigen *über der Zeile*
[d] *nach* haben, *gestr.* welche ich also Zugleich mit Zu Be- / schreiben Vornehmen will   [e] so Kann ich nicht umhin, dererselben mit Zu erwehnen *über der Zeile*   [f] dₐ *verbessert aus* [.]   [g] ich *über der Zeile*
[h] *folgt* heit   [i] *nach* als: *gestr.* [..]   [j] derₑn *verbessert aus* gleichen; derₑn *über der Zeile*   [k] solchen *unter der Zeile*   [l] *vor* Nahmen *gestr.* ebenden   [m] *von* DaZu gehören auch die *bis* Nahmen gefuhret. *links marginal*   [n] Von ihrem Geschlechte *über der Zeile*   [o] Wₒₗgₐ *verbessert aus* [.]   [p] *nach* welches *gestr.* sonst   [q] wₒraᵤₛ *verbessert aus* [...]   [r] *von* woraus der Nahme BaschKiren *bis* genennet. Sie *links marginal*   [s] II *verbessert aus* [..]   [t] *nach* welche *gestr.* sich   [u] wᵤrden *verbessert aus* [.]   [v] *von* Vordem Von ihrem Chan *bis* sich selbst *links marginal*   [w] *nach* Torgöt *gestr.* nennen, und durch diesen Nahmen / sich   [x] und unterscheiden sich dadurch *über der Zeile*   [y] wₑₗcₕₑ *verbessert aus* [.]   [z] Oberhaupte *verbessert aus* [.]   [aa] nennₑn *verbessert aus* t   [bb] oder Calmakeⱼ *über der Zeile*

*IV*ᵃ. Die *Tscheremis*⌈s⌉en^(b25) Zu beyden Seiten / der *Wolga*²⁶ auf 200 werste^c ober- und unterhalb der Stadt / *Casan*²⁷, doch mehr auf der Ost⌈lichen⌉ Seite / da^d sie sich biß an das^e *Konguri*sche / Gebiethe erstreken. Der Nahme ist Von dene⌈n⌉ *Tatar*en u⌈nd⌉ / *Morduan*en²⁸ angenommen. denn sie selbst / nennen sich *Mári*²⁹, welches der h⌈err⌉ Von *Strahlen- / berg* unrecht^f *More*^g oder *Märe* aussPricht / und daraus den Schluß machet, daß des / *Jornandis*³⁰ Poltergeister *Märe* oder / *Mare*³¹ woVon die Hunn⌈en⌉ / enstande⌈n⌉^h dadurch Könnten erKläret werden³². / Vor alters hat man sie in *Nagornie* / und *Lugowie Tscheremissi*³³ abgetheilet / welchen unterschied auch *Olearius*³⁴ Bemerket³⁵ / Solches aber ist heutiges Tages abgeKomme⌈n⌉.

*III*ⁱ Die^j *Morduan*en³⁶ eines^k derer / Altesten Völker^l deren^m in Ru⌈ss⌉ische⌈n⌉ Geschichten / gedacht wird³⁷, wohnen^n auff der westliche⌈n⌉ / Seite^o der^p *Wolga*³⁸ in der Gegend des f⌈lusses⌉ *Sura* fürnemlich^q in denen Gebiethe⌈n⌉ / derer Städte *Pensa*³⁹,^r *Ar- / samas*⁴⁰ u⌈nd⌉ *Alater*⁴¹. Sie nennen sich selbst / *Mokscha*⁴² und einige Von ihnen *Erse*⁴³. Aus / *Mokscha* hat der h⌈err⌉ ⌈von⌉ *Strahlenberg* seine / *Mokschianos*⁴⁴ gemacht. welcher Nahme auf der *Hasi*sche⌈n⌉ *Carte Moschiani*⁴⁵ / geschrieben ist.^s Aus *Erse* aber^t scheint der / Nahme der Stadt *Arsamas*⁴⁶ entstanden Zu seyn. / Warum man sie im Ru⌈ss⌉ischen *Morduanen*^(u47) / oder eigentlich *Mordwa*⁴⁸ nennet ist wege⌈n⌉ des hohen / alterthums nicht^v Zu erklaren. Die meisten Nahme⌈n⌉ der folgenden Volker sind durch / sie auf die Ru⌈ss⌉en ge / bracht worden. /2v/

V. Die *Tschuwasch*en⁴⁹ eine Besondere *Nation* / die aber in ihrer SPrache Viele Worte / mit^w der^x *Tatari*sche⌈n⌉^y gemein haben^z, wohnen / fürnemlich auf der west⌈lichen⌉ Seite der / *Wolga*^(aa50) Von^(bb) *Kusma demiansk*⁵¹ / an Bi⌈ss⌉ in die Gegend Von *SinbirsK*^(cc52) / wie auch Zum Theil auf^(dd) der Ost⌈lichen⌉^(ee) / Seite^(ff) unterhalb der Mundung der / *Kama* f⌈lusses⌉ Sie nennen sich selbst *Tschu- / wasch*⁵³. Sie sind die alten *WiatKier*⁵⁴ / deren die Ru⌈ss⌉ische GeschichtBucher / offters erwehnen. denn man höret / Noch jetzo Von dene⌈n⌉ *Morduan*en⁵⁵, da⌈ss⌉ / diese sie *WiedKe*⁵⁶ nennen, welcher / Nahme aber nachmahls auf die *Woti- / ak*en⁵⁷ und den Von selbigen Bewohnt⌈en⌉ / *Wiatka*⁵⁸ fluß fortgepflantzet worde⌈n⌉.

ᵃ ₁V *verbessert aus* [.]   ᵇ *über* Tscheremissen *gestr.* eine   ᶜ werste *über der Zeile*   ᵈ *vor* da *gestr.* und
ᵉ ₁a₂ *verbessert aus* [.]   ᶠ unrecht *über der Zeile*   ᵍ *vor* More *gestr.* und   ʰ woVon die Hunn₍
/ enstande₎ *rechts marginal*   ⁱ ₁I *verbessert aus* [.]   ʲ *nach* Die *gestr.* Tschuwaschen   ᵏ e_ines *verbessert aus* [.]   ˡ *nach* Völker *gestr.* welches   ᵐ deren *über der Zeile*   ⁿ ₍wohne₎n *verbessert aus* [.]   ᵒ Seite *über der Zeile*   ᵖ *vor* der *gestr.* Gegend   ᵠ in der Gegend des fl. Sura fürnemlich *über der Zeile*   ʳ *nach* Pensa, *gestr.* Lomow, Tanbow   ˢ welcher Nahme auf der Hasische₍ Carte Moschiani / geschrieben ist. *über der Zeile*   ᵗ aber *unter der Zeile*   ᵘ ₍Mord₎ua_nen *verbessert aus* [..]   ᵛ n_icht *verbessert aus* [.]
ʷ mit *über der Zeile*   ˣ *vor* der *gestr.* aus   ʸ *nach* Tatarische₍ *gestr.* angenommen   ᶻ gemein haben *über der Zeile*   ᵃᵃ *nach* Wolga *gestr.* in dem   ᵇᵇ V_on *verbessert aus* [.]   ᶜᶜ ₍Sinbi₎r₍sK *verbessert aus* [.]   ᵈᵈ a_uf *verbessert aus* [.]   ᵉᵉ O_(stl) *verbessert aus* we   ᶠᶠ ₍Sei₎te *verbessert aus* t₎

VI. Die *Wotiaken*[59] wohnen auf der Ostlichen / Seite des *Wolga*[60] flusses, gegen den / *Kama* hin, und insBesondere um die / Gegend des Flusses *wiatKa*[61].[a] / *Strahlenberg*[62] mei- / net,[b] sie[c] seyen[d] des *Plinii*[e63] *Aramaei*, welche Nachmahls[f] / *Sarmatae* genannt worden, und gründet solche / Muthmassung darauf, daß sie selbst in ihrer / SPrache sich *Arr* und ihr Land *Arima* nenneten[64] /[g] /3r/ allein dieses Letztere ist falsch. denn sie / nennen sich selbst nicht anders als[h] <u>Ud-murt</u>[65], wovon <u>Ud</u>[66], welches / die *Tscheremiss*en[67] <u>oda</u>[68] aussPrechen, das *proprium*[69], / <u>murt</u>[70] aber das *adpellatiuum*[71] eines Volkes[i] ist. Wie sie denn / die Russen, ich Kann nicht rathen, aus was Ursache?[j] / <u>*Djutsch-murt*</u>[72] nennen. Auch heisset die Erde oder / das Land auf *Wotiak*isch[k] nicht, wie *Strahlenberg*[73] in seiner *Tabula* / *polyglotta* angiebt, *ma*[74], sondern <u>*musjem*</u>[75]. / Der *Irthum* rühret Von denen *Tatar*en her; / indem diese die *Wotiak*en[76] <u>*Ar*</u>[77] nennen[78], / so wie sie hinwiederum Von selbigen *Biger*[79] / genannt werden.

VII. Die *Permier* oder insgemein sogenannte / *Permjäk*en[80] sind die alten Einwohner / des Nordlichen Russlands oder des Landes[l] / *Biarmia*[81],[m] deßen[n] die[o] Schwedischen und / andere Nordische Geschichtbücher Offtmahls[p] / Erwehnung[q] Thun. Jetzo sind dieselbe / dem Nahmen nach Bloß in der Gegend des / flusses *Kama* in denen Gebiethen der Städte / *Solkamska*[82] und *Tscherdin*[83] anZutreffen / Es[r] müssen aber daZu auch die *Siriän*en[84] / in der Gegend des flusses *Wytschegda*[s85] in / denen Gebiethen derer Städte *Solwytsche-* / *godzKa*[86] und *JarensK* gerechnet werden. / Denn wie Beyde in der SPrache mehrenTheils überein / Kommen, so nennen sie sich auch untereinander / mit einem Gemeinschafftlichen[t] Nahmen *Komi-mart*[87] wobey *mart* soviel als[u] das *Wotia-* / *ki*sche *Murt* Bedeutet, so wie / denn auch sonst die *Permier* mit / denen *Wotiak*en[88] in der / SPrache noch Manches / gemein haben / den UrsPrung des Nahmens / *Sirian*en habe nicht erfahren[v89] /3v/

VIII. Die *Samoj*eden Bewohnen die Küsten / des Eyßmeeres Von der Stadt *Archangel*[90] / gegen Osten, und haben auch ihres gleichen / in[w] *Sibiri*en, daher[x]

---

[a] *nach* wiatKa. *gestr.* Sie / nennen sich selbst Ud-Murt.   [b] *nach* meinet, *gestr.* dieses   [c] sie *über der Zeile*   [d] *nach* seyen *gestr.* die   [e] *des Plinii über der Zeile*   [f] N_achmahls *verbessert aus* [.]   [g] *folgt* allein   [h] nicht anders als *über der Zeile*   [i] eines Volkes *über der Zeile*   [j] ? [Fragezeichen] *verbessert aus* , [Komma]   [k] auf Wotiakisch *über der Zeile*   [l] L_andes *verbessert aus* [.]   [m] *nach* Biarmia, *gestr.* woVon   [n] deßen *über der Zeile*   [o] d_ie *verbessert aus* [.]   [p] O_fftmahls *verbessert aus* [.]   [q] *vor* Erwehnung *gestr.* gedenken   [r] E_s *verbessert aus* [.]   [s] Wytsch_egda *verbessert aus* [.]   [t] Ge_meinschafftl. *verbessert aus* [.]   [u] a_ls *verbessert aus* [.]   [v] *von* wobey mart soviel als *bis* habe nicht erfahren *rechts marginal*   [w] ¸n *verbessert aus* [.]   [x] *nach* daher *gestr.* sie

unten etwas Um- / ständlicher Von ihnen Zu handeln seyn / wird.ᵃ Hier bemerke nur daß derᵇ / Nahme eigentlich *Samojäd* / geschrieben werden müs⸢s⸣e, / daß derselbe ihnen Von denen Rußen Beygelegetᶜ / und so Viel alsᵈ <u>ein sich selbst fres⸢s⸣endes</u> / *Volk* bedeute⁹¹, weil manᵉ vielleicht ehmals an / ihnen gesehen, daß sie für Hunger die Todt⸢en⸣ / Leichen ihrer Mitbrüderᶠ VerZehret haben, so / wie sieᵍ auch ohne Noht das Todte Aaß / Von allerley Vieh Zu es⸢s⸣en pflegen. Sie werden / Von denen *Sirian*en *Jarang*⁹² genennet. / Sie selbst aber nennen sich *Chasoa*⁹³.

IX. Die Lappenʰ als die Einwohner desjenigen Theiles Von Rußland Schweden u⸢nd⸣ Dennem⸢ark⸣ / welches unter dem Nahmen Von Lappland bekannt ist,ⁱ nennen / sich selbst *Sábmi* oder *Sáme*⁹⁴, und werden / Von denen Rus⸢s⸣en *Loppari*⁹⁵ genannt, / welcher Nahme so wie auch der Schwedische / *Lapper*⁹⁶ Von denen *Finn*en angenomm⸢en⸣ / seyn⁹⁷, und soViel als flüchtige oder *exilirt*e / Bedeuten soll. *Scheffer*i *Lap⸢ponia⸣ C⸢aput⸣* 1.⁹⁸

Variante b
/4r/
Cap⸢itel⸣ 1.
Von den⸢en⸣ Volker⸢n⸣ uberhaupt

Ein nicht geringschätziger Theil der Geschichts- / Kunde,ʲ deßen Vollstandige / Ausarbeitung aber / Mehr Zu wünsche⸢n⸣ / als zu hoffe⸢n⸣ ist,ᵏ / Bestehet in einer allgemein⸢en⸣ / Volker Beschreibungˡ oderᵐ *Syste-* / *mati*schen ErZehlung derⁿ Sitten und Gebräuche / aller Völker unseres ErdKrayses, sowohl älterer / als Neuerer Zeiten, da die LebensUmstände der Menschenᵒ in / gewiße Claßen Zu Theilen, und Bey einer jeden / alles was sich Von jedem Volke sagen Läs⸢s⸣et, anZu- / führen, eines mit dem ander⸢en⸣ Zu Vergleichen, undᵖ / Zu Verbeßerung der Sitten gewis⸢s⸣e nützliche / Folgerungen Zu Ziehen sind.ᵠ Die

---

ᵃ *nach* wird. *gestr.* Es ist uberflüssig die schon genug / bekannte Rußische Nahmens Deutung / derselben welche so Viel als Selbst freßer   ᵇ ₔₑᵣ *verbessert aus* [..]   ᶜ *nach* Beygeleget *gestr.* worden; *von* Hier bemerke nur daß der *bis* Rußen Beygeleget *über der Zeile; davon* eigentlich Samojäd / geschrieben werden müsse, / daß derselbe ihnen *links marginal*   ᵈ *nach* als *gestr.* Selbst   ᵉ maₙ *verbessert aus* s[.]   ᶠ Mitbrᵤ̈ₐₑᵣ *verbessert aus* [.....]   ᵍ *nach* sie *gestr.* allezeit   ʰ *nach* Lappen *gestr.* Russisch Lappari,   ⁱ *von* als die Einwohner *bis* Lappland bekannt ist, *über der Zeile*   ʲ *nach* GeschichtsKunde, *gestr.* der aber noch Von niemand Zu beschreib) / unternomm) worden,   ᵏ *von* deßen Vollstandige Ausarbeitung *bis* hoffe) ist, *rechts marginal*   ˡ allgemein) / Volker Beschreibung *gestr. und punktiert unterstrichen; nach* Beschreibung *gestr.* unsers ErdKrayses   ᵐ *oder über der Zeile*   ⁿ ₔₑᵣ *verbessert aus* ₔₑᵣer   ᵒ *der* Menschen *über der Zeile*   ᵖ *nach* und *gestr.* dar- / aus   ᵠ *nach* sind. *gestr.* Es ist aber solches eine / Arbeit, die wie Leicht Zu erachten, nicht eines jeden / Werk ist. noch Vielen SchwierichKeite) ausgesetzet ist.

Ethnographie

SchwierigKeit[en] / aber, welche einer[a] / solche Arbeit[b] / im Wege stehen, / sind mehr als Zu / Bekannt[c] / Denn da man noch Nicht[d] einmahl Von allen Völker[n] / eintzelne Beschreibungen hat, wie ist es denn[e] / möglich,[f] bey so gestalt[en] Sache[n][g] eine allgemeine Beschreibung / die nur einiger Maas[s][en] solchen Nahmen Ver- / diente, Zu[h] erwarte[n][i]. Der P[ère] *Lafitau* welcher / in Beschreibung der Völ- / ker des Nord[lichen] *America*[99] / eine Vergleichung der- / selben Sitten mit dene[n] / Sitten der alt[en] Grieche[n] / u[nd] Römer angestellet / hat, ist der eintzige / welcher obgleich nur in / einem geringe[n] Theile / dennoch aber[j] / die eigentliche[n] / Wahren Absichte[n], die / bey einem solche[n] Werke / seyn solle[n], Vor Auge[n] / gehabt. Wie nütz- / Lich würde es seyn / wenn auf gleiche weise[k] / die Gelehrten aller Reiche Von denenjenigen / Völkern, woVon sie Nachricht[en] einZuZiehe[n] im Stande / sind,[l] die *Materi*en / Zu einem so wichtig[en] werke[m] sammlen[n], und solche[o] jedes Orts / Stükweise,[p] mit einer Vergleichung und / praktische[n] Anwendungen dem Druk[q] überliefern möchte[n]?[r] / Daraus[s] Konnte allererst[t] etwas Vollständigeres[u] Zu Er- / füllung der erwünschten Absicht erwachsen[v]. / und dasjenige was bis[s]her nur Von dene[n] ReyseBeschrei- / bern Zur[w] Lust und Ergötzung der Leser Vorgetrag[en] / worden, würde in eine Gelehrte *disciplin* Verwandelt werden wovon die sPathe[100] Nachmahls[x] / sich einen immerwahrende[n] Nutzen Zu VersPreche[n] hätte. /4v/ Rus[s]land ist ohnstreitig unter alle[n] Reiche[n] der Welt / am meisten geschikt, Zum Theil wege[n] so mancherley / gantz unterschiedener Art Völker, die es unter / seinem Scepter Vereiniget hat, als auch / wegen seiner weitläuffige[n] Nachbahrschafft / mit gar Vielen Reiche[n] und Völker[n], die dem / übrig[en] *Europa* noch nicht alle einmahl dem Nahm[en] / nach BeKannt sind, Zu besagtem Theile der / Geschichte die erheblichste[n] beyträge Zu Thun. Es / war daher eine mit Von dene[n] nützlichste[n] / Verordnunge[n], da im Jahre 1733 Bey meiner / Abfertigung nach *Sibiri*en als dem HauptSitze aller der Volker[y] auf allerhöchst[en] / Kayserl[ichen] Befehl mir unter andern Gelehrt[en] / Untersuchunge[n] auch aufgetrage[n] worde[n], / die Sitten und Gebräuche aller Völker / die ich auf der Reyse anTreffe[n] würde / umständlich Zu

---

[a] einer *verbessert aus* eine   [b] *nach* Arbeit *gestr.* Verhin-   [c] *von* Die SchwierigKeit) aber, *bis* als Zu Bekannt *rechts marginal*   [d] N[icht] *verbessert aus* [.]   [e] *nach* denn *gestr.* bißhero   [f] *nach* möglich, *gestr.* grade sey, etwas   [g] bey so gestalt) Sache) *über der Zeile*   [h] *nach* Zu *gestr.* hoffe) Es wäre Zuvor nöthig, daß all[.]   [i] erwarte) *über der Zeile*   [j] *nach* aber. in guter Ordnung   [k] *von* Der P. Lafitau welcher in Beschreibung *bis* wenn auf gleiche weise *rechts marginal*   [l] *nach* sind, *gestr.* nach einer Gewissen Vorschrifft   [m] Zu einem so wichtig) werke *über der Zeile*   [n] sammle n *verbessert aus* [.]; *vor* sammlen *gestr.* Dazu   [o] *nach* solche *gestr.* Stükweise   [p] *nach* Stükweise *gestr.* jedoch schon   [q] *über* Druk *gestr.* Zu   [r] möchte)? *über der Zeile*   [s] Dara[us] *verbessert aus* [....]; *nach* Daraus *gestr.* denn endlich   [t] Konnte allererst *über der Zeile*   [u] *über* Vollständigeres *gestr.* Bedacht wären   [v] e[rwachsen] *verbessert aus* [.]; *nach* erwachsen *gestr.* Könnte   [w] *nach* Zur *gestr.* Gemuths   [x] wovon die sPathe Nachmahls *rechts marginal*   [y] als dem HauptSitze aller der Volker *über der Zeile*

Beschreibe[n]¹⁰¹.ᵃ / Ich Kann mich Zwar nicht rühmen, den EndZwek / aller Orte[n] nach wunsch verrichtet Zu haben / Auch war solches in einerᵇ Ungewohnheit / Arbeit, da mancheᶜ Umstände / worauf acht Zu geb[en], und die Vortheile um / alles VerlangTe Zu erfahrenᵈ, erst ausᵉ Langerᶠ / Erfahrung Zuᵍ Lernenʰ sindⁱ nicht sogleich Zu Ver- / muthen. Ich that aber was ich in meinem / Vermögen war: und daraus ist ge- / genwartiges Werk entstanden, welches denn / auchʲ solcherᵏ Ursache[n] halber in der That / sich Ziemlich Ungleich ist, indem man Von denen / jenigen Völker[n], die ich in dem weiteste[n] *Sibirie*[n] / und auf der Rükreyse angetroffe[n] weit / Vollständigere Nachrichte[n] darinn[en] anTreffe[n] wird als Von den[en], welche ich auf der Hinreyse / Zu sehen Gelegenheit gehabt.ˡ Unter diesen sind einige Volker des *Casani*sche[n] / *Gouvernement*s wovon ich deßhalb meine im Jahre 1733 Verfaßete und damahls an den hohen *regi*erende[n] / *Senat* eingeschikte Beschreibung¹⁰² nicht mit dene[n] übrig[en] Vermische[n] will. Es soll Vielmehr dieselbe einen beson / der[en] und so wie es die Zeit erfordertᵐ den erste[n] Platz einnehme[n]. Die Vergleichung mit Verschieden[en] ander[en] *Asiati*sche[n] undⁿ *Americani*sch[en]ᵒ / Volker[n]ᵖ giebet Bey denen *Sibiri*sche[n] mehr die Natur der Sache[n] selbst an die Hand, als daß ich dadurch / den erst Beschrieben[en] EndZwek erschöpffe[n] Könn[en].Vielmehr wirdᵠ beyʳ Verfaßung dererˢ allgemeine[n] Volkerbeschreibung noch gar Vieles nach / Zuhohlen s̲e̲i̲n̲,ᵗ welches ich die Weitlauffigkeiten Vermeide[n] VorbeyLaßen muss[en].ᵘ

ˡ Maße: Bl. 1–4 – 33 x 21 cm; auf Bl. I (Umschlag/Titelblatt) in unbekannter Handschrift „Описание Сибирских народов; отрывок на 6 листах" (russ. – Beschreibung der sibirischen Völker, Fragment auf 6 Blättern), darüber blauer Stempel „199", links mit Bleistift „ф", rechts mit Bleistift „509, N° 6", darunter mit Bleistift „ф 199 пор 509" sowie darunter mit Tinte „N° 6", unten rechts mit Bleistift „4 л"; zur Entstehungsgeschichte des Manuskripts siehe Einleitung Beschreibung der Handschrift F. 199, Op. 2, Portf. 509, D. 6:

ᵃ *nach* Beschreibe₍₎ *gestr.* welcher Arbeit / ich mich um so Viel Lieber unterZoge₍₎ als   ᵇ *über* in einer *gestr.* a̲n̲f̲a̲n̲g̲l̲i̲c̲h̲   ᶜ ₘₐₙche *verbessert aus* ₘₐn die; *nach* manche *gestr.* Vortheile   ᵈ ₑᵣfₐₕren *verbessert aus* [..]   ᵉ *nach aus gestr.* der   ᶠ Langer *über der Zeile*   ᵍ Zu *über der Zeile*   ʰ Lₑᵣₙen *verbessert aus* [.]   ⁱ sind *über der Zeile*   ʲ auch *über der Zeile*   ᵏ *vor* solcher *gestr.* dene₍₎   ˡ *nach* gehabt. *gestr.* Was die Sibirische₍₎ betrifft, so   ᵐ ₑᵣfₒᵣdₑᵣt *verbessert aus* [.]   ⁿ ander₍₎ Asiatische₍₎ *und* unter der Zeile   ᵒ ₐMericanisch₎ *verbessert aus* [.]   ᵖ *nach* Volker₍₎ *gestr.* welche m̲a̲n̲   ᵠ *nach* wird *gestr.* e̲i̲n̲m̲a̲h̲l̲ ̲d̲i̲e̲s̲e̲   ʳ bₑᵧ *verbessert aus* [.]   ˢ der*ₑᵣ verbessert aus* [...]   ᵗ sein *über der Zeile*   ᵘ *von* Vollständigere Nachrichte₎ darinn₎ anTreffe₎ wird *bis* Vermeide₎ VorbeyLaßen muss₎. *links marginal von oben nach unten*

nur Dokument 2
Einband: moderne hellbraune Klappmappe
Zu: „Vorwort/Einleitung zur Beschreibung der sibirischen Völker", Bl. 1r–4v: Text: braune Tinte
Papier: weiß; Wz. – auf Bl. 1 u. Bl. 3 (rechte Bogenhälften) Typ „Pro Patria" (auch „Hollandia", „Nederlandsche Maagd", „Garden of Holland" oder „Maid of Dort") (s. Weiß 1988, S. 74f.; vgl. Nr. 1044 in *Klepikov* 1959); auf Bl. 4 u. Bl. 2 (linke Bogenhälften) Gegenmarke „GR"

[2] G. F. Müller und J. G. Gmelin reisten Anfang August 1733 aus Sankt Petersburg nach Sibirien ab und kehrten Mitte Februar 1743 wieder zurück (s. Gmelin 1751–1752 u. Hintzsche/Nickol 1996).

[3] *Kazan'*

[4] *Astrachan'*

[5] *Archangel'sk*

[6] russ. *jur"tovskie tatarja*; „Sie [d. h. die astrachanischen Tataren] werden in Stadt= (R. Jurtowi) [russ. *jurtov(s)kie tatary* von russ. *jurta* – Siedlung] Dorf= (Aulni) [russ. *aul'nye tatary* von tat. „aul" – Dorf] und Zeltta[ta]ren (Koschewie Tatari) [russ. *kočevye tatary* von russ. *kočevat'* – nomadisieren) getheilet." (Georgi 1776–1780, S. 120)

[7] *Kazan'*

[8] die den *Kazan'*er Tataren zuzuordnenden Tataren in der Umgebung von *Kasimov* bei *Ufa* und die Tataren bei *Romanov* im Gouvernement *Voronež* (?)

[9] Nach Auskunft von Prof. Dr. *D. A. Funk* (Moskau) müßte es vermutlich „Tulwinische Tataren" (nach dem Fluß *Tulva*, einem Nebenfluß des Flusses *Kama*) heißen.

[10] „Permien nimt einen Theil der Westseite des Urals, dessen Mittel und Vorgebürge nehmlich ein und reicht in Osten bis an das Scheidegebürge, in S. bis an die Ufaische Provinz und an der Kama bis unter Oßa, in W. bis an und theils über die Kama und in N. so weit die öbersten Kamaflüße reichen. ..." (Falk 1785, S. 200)

[11] Gouvernement *Astrachan'*

[12] *Volga*

[13] Baschkiren – turksprachiges (mit finnougrischen Einflüssen), vorwiegend nomadisch von Viehzucht lebendes Volk mit islamischer (sunnitischer) Religion und Wohnsitzen im Gebiet des südlichen *Ural*-Gebirges

[14] *Ufa*

[15] „Die Baschkiren nennen sich selbst Baschkurt; diese Benennung erhalten sie auch von den Nogajern. Erstere erklären es durch Bienenmann (von Kurt Bienen) und letztere sagen, daß es Hauptwolf heiße. ..." (Georgi 1776–1780, S. 167); „Die Baschkiren nennen sich selbst Basch Kurt von Basch Kopf und Kurt Bienen, weil sie zu allen Zeiten Bienenwirthe gewesen sind. ..." (Falk 1786, S. 527); „Ihr [d. h. der Baschkiren] eigentlicher Name ist Баш-kurt, von баш Kopf, und kurt Biene, weil sie zu allen Zeiten Bienenwirthe gewesen sind." (Klaproth 1831, S. 220); baschkir. „башкортлар" – Baschkiren (Achmerov 1964, S. 42); baschkir. „баш" – Kopf (a. a. O., S. 145); baschkir. „эпсе корт" – Arbeitsbiene (a. a. O., S. 688); s. auch *Chelimskij* 2006, S. 200

[16] William of Rubruquis; „... nous trouvâmes une autre grande Riviére, nommée Jagag, qui vient du Septentrion, et du Pais de Pascatir ..." (Rubruquis 1735, Sp. 47); übers. (aus dem Lat.) in: Rubruk 1934, S. 130f. „... stießen wir auf einen großen Fluß, den sie Jajac nennen. Er kommt von Norden her aus dem Land der Baschkiren ..."

[17] Jean de Plan Carpin; „... Puis tournant au Septentrion, vinrent contre Baschart, ou Pascatir ..." (frz. – ... sich darauf nach Norden wendend, trafen sie auf die Baschart oder Pascatir ...) (Plan Carpin 1735, Sp. 48)

[18] „Am südlichen Ural hält sich gegenwärtig ein tatarisches oder vielmehr türkisches Volk, das den Namen Baschkiren trägt,

auf. Dieses Volk wurde von ältern Reisenden, z. B. Ruysbroeck und Plano Carpin, Baschart oder Pascatir benannt und es wird ausdrücklich gesagt, dass ihre Sprache mit der Sprache der Ungarn eins war. Deshalb wurde auch das Land der Baschkiren von den genannten Reisenden Gross-Ungarn genannt. ..." (Schiefner 1857a, S. 131)

[19] *Caricyn*

[20] *Saratov*

[21] „Dieser Name [d. h. ‚Ajukische Calmükken'] war nur zu der Zeit erträglich, als der Chan Ajuka lebte, von dessen Befehlen alle Wolgische Calmücken abhiengen. Man unterschied sie dadurch von den Contaischen Calmücken, die unter der Bothmäßigkeit des Contaischa stunden. Wie aber der Titul Contaischa von dessen Nachfolgern nicht beybehalten worden, und der Chan Ajuka mit Tode abgegangen: so hat man nothwendig auf andere Benennungen bedacht seyn müssen. Die Contaische Calmücken hat man auf Rußisch Sengorzi, oder Süngorzi [Soongoren; russ. *džungary, čžungary, zjungary* bzw. *zungary*], genannt. Sie nennen ihr vornehmstes Geschlecht, das die Regierung des Landes an sich gebracht hat, selbst Songar, oder Dsongar. Die Ajukischen aber werden insgemein die Wolgischen Calmücken genannt, weil sie in der Gegend dieses Flusses sich aufzuhalten pflegen. Man thut noch besser, wenn man die letzteren nach ihrem Geschlechtsnahmen Törgöt, oder Torgout, die Torgouten, oder die Törgötischen Calmücken nennet. ..." (Schnitscher 1760, S. 279); s. auch Glossar: Kalmyken

[22] kalmyk. „торһуд" – russ. *torgouty*, Name eines kalmykischen Geschlechts/Stamms (*Muniev* 1977, S. 507); s. Anm. 21 u. Glossar: Kalmyken

[23] kalmyk. „ойрат" – Kalmyken (*Muniev* 1977, S. 393); „Die Kalmüken nennen sich selbst Oelöt Ulöth und Uirut, von den Tataren werden sie Chalmak (welches von Chal Feuer und Aimak Geschlecht d. i. Leute die sich familienweise zusammen halten, oder auf einem Heerd kochen, kömt) genannt. Davon ist wohl die verdorbene europäische Benennung Kalmük entstanden." (Falk 1786, S. 563); „Die Kalmücken. Dieser mongolische Stamm nennet sich selber Dörbön Oröt, d. i. die vier Verbundenen und auch Kalmük, vielleicht von dem tatarischen Chalimäk, d. i. Leute, die sich frey gemacht oder abtrünnig geworden sind, oder von dem mongolischen Gol, Feuer und Aimak Geschlecht. Unrecht nennet man das ganze Volk nach einem ihrer Stämme Soongoren. Verstellt schreibt man ihre Namen Uiret, Elet, Eolut, Syngor. ..." (Georgi 1776–1780, S. 399); „Die dritte grosse Hauptabtheilung der Mongolen bilden die Ölöt oder Kalmüken, ... Der Name Ölöt bedeutet Abgesonderte, aber das Wort Kalmuk oder Kalmak ist noch nicht genügend erklärt worden." (Klaproth 1831, S. 270f.)

[24] s. Anm. 23

[25] Das ostfinnisches Volk der Tscheremissen (russ. *čeremisy*) mit Siedlungsraum im mittleren Gebiet des Flusses *Volga* ist nahe mit den Wotjaken (russ. *votjaki*) verwandt, die etwa im gleichen geographischen Raum siedeln. Die ursprünglich nomadisierende Lebensweise haben beide Völker unter russischem Einfluß aufgegeben. Ihr Haupterwerbszweig ist der Ackerbau. Seit dem 18. Jahrhundert ist ihre Religion vorwiegend griechisch-orthodox mit Resten schamanistischer Religion bzw. von Naturreligionen. Die tscheremissische und die wotjakische Sprache gehören zur finno-ugrischen Sprachgruppe. „Die Fremdbezeichnung Tscheremisse wurde durch die Vermittlung des Russischen weltweit üblich. Dieser Name erscheint schon in den mittelalterlichen russischen Annalen, er ist aber weder aus dem Russischen noch aus einer anderen slavischen Sprache zu erklären. ..." (Hajdú/Domokos 1987, S. 86)

[26] *Volga*

²⁷ *Kazan'*
²⁸ Das ostfinnisches Volk der Mordwinen (russ. *mordva*) mit Siedlungsraum im mittleren Gebiet des Flusses *Volga* steht mit den beiden Hauptgruppen (Stämmen) Mokscha und Ersa kulturell den Tscheremissen (Mari) und Wotjaken (Udmurten) nahe. Die Wirtschaft der Mordwinen beruht vorwiegend auf Ackerbau, sie betreiben jedoch auch Viehzucht, Jagd und Fischfang. Seit Mitte des 16. Jahrhunderts sind sie den Russen unterworfen. Ihre Religion ist etwa ab dem 18. Jahrhundert vorwiegend griechisch-orthodox mit Resten schamanistischer Religion. Die mordwinische Sprache gehört zur finno-ugrischen Sprachgruppe.
²⁹ tscheremiss. „марий" – russ. *mari*, Tscheremissen bzw. Mann (*Serebrennikov* 1956, S. 315f.); „Ihre gewöhnliche Benennung Tscheremissen soll ihnen von den Mordwinen beigelegt sein und bezeichnet ... in der Mordwa-Sprache ‚die Oestlichen'. Selbst nennen sie sich Mara, was Mensch heisst. Ich habe bereits früher bemerkt, dass mara das persische märd sei, woraus später mar und mara entstanden sind." (Schiefner 1857a, S. 133); „Die Tscheremissen nennen sich selbst Mari (Männer) ..." (Georgi 1776–1780, S. 28)
³⁰ Jordanes bzw. Jornandes
³¹ „... dem altn. mara wohnt ... der begriff des daemons bei, ..." (Grimm 2007, S. 909); „Mara (nord. Volksglaube), der Alp, als nächtliches weibliches Ungethüm gedacht." (Pierer 1857–65, Bd. 10, S. 849); „Alp (Incubus), Nachtmähre, Nachtgespenst, Nachtgeist, ..." (Vollmer 1874, S. 29)
³² „Czeremissi oder Scheremiessi. Ein Heydnisch Volck, im Casanischen Gouvernement. ... sie nennen sich selbst in ihrer Sprache More oder Märe; ich halte, daß Johannes Magnus diese meinet, wenn er aus dem Jornande berichtet, die Hunnen wären von einer Art Polter=Geister, Märe oder Mare genannt, entsprossen." (Strahlenberg 1730, S. 346f.); Die Angaben zur Vermutung von P. J. von Strahlenberg finden sich auch in: Müller 1759b, S. 334
³³ russ. *nagornye čeremisy* – Berg-Tscheremissen, russ. *lugovye čeremisy* – Wiesen-Tscheremissen; „Sie nennen alles Nagornie Tscheremißi, was zur rechten Seite der Wolga, Lugowie Tscheremißi aber was zur linken derselben wohnhaft ist: Und es ist nicht zu läugnen, daß vor Alters selbst in Rußland eine solche Eintheilung gebräuchlich gewesen, die sich auf die verschiedene Beschaffenheit der Ufer des Flusses Wolga gründet; indem das rechte, oder westliche, Ufer mehrentheils hoch und bergigt ist, und deswegen Nagornoi bereg [russ. *nagornoj bereg* – hohes Ufer] genennet wird, das linke aber, wegen seiner niedrigen Fläche, den Nahmen Lugowoi, oder Luschnoi [russ. *lugovoj* bzw. *lužnoj* – Wiesen-] führet. Es ist aber diese Eintheilung in der That nicht wohl gegründet." (Müller 1759b, S. 306f.)
³⁴ Adam Olearius
³⁵ „Allhier fangen an eine andere art Tartern/ nemblich die Ceremissen/ und erstrecken sich weit über Casan, wohnen auff beyden seiten der Wolga/ meist ohne Häuser/ in schlechten Hütten/ ernehren sich von Viehezucht/ Honig und Wild/ seynd trefflich gute Bogenschützen ... Die zur rechten der Wolga werden Nagorni genandt/ weil sie in der Höhe auff= und zwischen den Bergen wohnen. Dann Na heist auff Russische auff/ vnd Gor ein Berg. Die zur lincken aber Lugowi, von Lugowi Zenne grüne Uwen und Hewschlägen/ weil daselbst wegen des niedrigen und feuchten Grundes viel schöne Wiesen und Uwen/ da das Hew in grosser Menge gesamlet wird/ von welchen auch die Nagorni ihr Viehe erhalten." (Olearius 1656, S. 343)
³⁶ s. Anm. 28
³⁷ „Der gothische Schriftsteller Jornandes, der sie [d. h. die Mordwinen] zuerst unter dem Namen Mordens erwähnt, ... Im

10ten Jahrhundert wird das Land Mordia bei dem byzantinischen Kaiser Constantinus Porphyrogenitus erwähnt, ... Nestor erwähnt ebenfalls Mordwa, welches er zu den finnischen Völkern rechnet, ..." (Schiefner 1857a, S. 134)

[38] *Volga*
[39] *Penza*
[40] *Arzamas*
[41] *Alatyr'*
[42] russ. *mokšan*; „Die Mordwinen theilen sich in zwei Stämme: Mokschanen und Ersanen. Die Mokschanen wohnen östlich, hauptsächlich an der Sura und Mokscha, die Ersanen halten sich westlicher, an der Oka auf. ... Diese beiden Stämme werden bereits von Rubruquis unter dem Namen Moxel und Merdas oder Merduas erwähnt. ..." (Schiefner 1857a, S. 135); „... das Ethnonym mordva wird von den Mordwinen nicht gebraucht. Sie nennen sich ausschließlich erźa oder mokša. Die Erklärung dieser Namen ist völlig unsicher. ..." (Hajdú/Domokos 1987, S. 93)
[43] russ. *erzjan*; s. Anm. 42
[44] „Mochschiani. Ein Heydnisches Volck in Rußland; Sie wohnen zwischen den Städten Lommow, Tanbow und Pensche; Haben mit den Czuwaschen einerley Weise und Gewohnheit." (Strahlenberg 1730, S. 401)
[45] auf der in verschiedenen Varianten vorliegenden, 1739 bei Homanns Erben in Nürnberg erschienen Karte von Johann Matthias Ha(a)se „Imperii Russici et Tatariae Universae tam majoris et Asiaticae, quam minoris et Europaeae Tabula ..."; „Imperii Russici et Tatariae vniuersae, tam ... Norimbergae 1739. Dieses ist unstreitig eine der vollkommensten Carten in ihrer Art, ... Die Strahlenbergische und Kirilowische General=Charten sind dabey hauptsächlich zum Grunde geleget worden. ... Sie stehet auch mit dem Homannischen Gesellschafts=Atlasse. ..." (Müller 1761, S. 84)
[46] *Arzamas*
[47] russ. *mordviny*

[48] russ. *mordva*
[49] Aus vorwiegend finno-ugrischen Ursprüngen und Gruppen von *Volga*-Bulgaren ging das seßhaftes Mischvolk der Tschuwaschen (russ. *čuvaši*) mit Siedlungsgebiet im Gebiet der Flüsse *Volga*, *Sura* und *Svijaga* hervor. Die Wirtschaft der Tschuwaschen beruht vorwiegend auf Ackerbau, Fischfang und Jagd. Sie sind zum Teil Anhänger des Islam, zum Teil Anhänger der griechisch-orthodoxen christlichen Religion; Reste schamanistischer Religion haben sich erhalten. Die tschuwaschische Sprache gehört zur Gruppe der Turksprachen.
[50] *Volga*
[51] *Koz'modem'jansk*
[52] Benennung ab etwa Anfang des 19. Jahrhunderts *Simbirsk*
[53] „чӑваш" – Eigenname der Tschuwaschen (*Fedotov* 1996, S. 394–399); „Die Tschuwaschen, die sich selbst und den Russen so, von den Mordwinen Wiedke und von den Tscheremissen Kurk Mari (Bergmenschen) genennet werden, ..." (Georgi 1776–1780, S. 38)
[54] Gemeint ist hier vielleicht das Volk der (russ.) *vjatiči* (s. *Brokgauz/Efron* 1991, Bd. 14, S. 729).
[55] s. Anm. 28
[56] s. Anm. 49; „Die Tschuwaschen, welche ... von den Morduanen Wjedke genannt werden, ..." (Müller 1759b, S. 335); s. auch *Chelimskij* 2005, S. 36
[57] s. Anm. 25
[58] *Vjatka*
[59] s. Anm. 25
[60] *Volga*
[61] *Vjatka*
[62] Philipp Johann (Tabbert) von Strahlenberg
[63] „Aramaei, Fr. Arameens, ist ein Volk unter den Scythen, wie Plinius berichtet, welcher der einzige Scribent ist, der ihrer gedenket. ..." (Zedler 1732–50, Bd. 2, Sp. 126); „XIX. Ultra sunt Scytharum populi. Persae illos Sacas in universum appellavere a proxima gente, antiqui

Aramaeos..." (Plinius 1723, Bd. 1, S. 315); übers. in: Plinius 2007, 1. Bd., S. 358 „Weiter hinaus¹) wohnen scythische Völker. Die Perser nennen sie, von dem zunächst wohnenden Stamme, insgesammt Sacer; bei den Alten hiessen sie Aramäer. ... ¹) Jenseits des Jaxartes [1 – Anm. der Herausgeber von Plinius 2007]"

64 „Es ist aus dem Plinio bekannt, daß das Alterthum die Scythen oder ein Theil derselben Aramaeos genannt, welche aber zu erst und anfänglich Nomaei geheissen; Dieses sind die Noi oder Naimanni der Tatern und Mungalen, denn diese halten sie vor das allergröste, älteste und reichste Volck und Geschlechte unter ihnen. Conferire auch hierüber obgedachte l'Histoire Genealogique des Tatars pag. 116. welche Naimannen die alten Scribenten sonst auch die Issedonischen Scythen genannt haben, wie die Historie des Genghizcans durch M. Petis de la Croix heraus gegeben, pag. 82. bezeuget." (Strahlenberg 1730, nicht paginierte S. 9 der Vorrede); „... Daß aber auch diese Ostiacken mit zu denen allerersten Sarmatern und Cimbrern gehören, welche die ersten Einwohner Rußlands gewesen, und unter welchen sich ein Geschlecht findet, nemlich die Wotiaken, die sich selbst in ihrer Sprache Arr, und ihr Land Arima nennen, werde klärlich an seinem Orte zeigen. Denn wie Plinius l. 6 c. 18. bezeuget, so sind die Sarmaten zuerst Aramaei genennt worden, .." (a. a. O., S. 76); s. auch Anm. 77

65 „Die Wotjaken oder Ut=murt, wie sie sich selbst nennen(**), haben ... (**) Murt bedeutet in der Wotischen Sprache Männer ... also ist eigentlich Ut oder Wut das Appellatiuum woraus die Russen Woti und Wotjaki gemacht haben. Die Wotjaken nennen die Tataren in ihrer eigenen Sprache Biger, die Russen Dshüs oder Jüs; ..." (Pallas 1776a, S. 476); „In der Fachliteratur verbreitete sich durch Vermittlung der russischen Sprache der Name Wotjake, welcher eine Fremdbezeichnung ist. Sie nennen sich selbst Udmurten, und dies ist ein zusammengesetztes Wort. Seine zweite Silbe (murt ~ vgl. syrj. mort ... ,... Mann, Ehemann' bedeutet ,Mensch' ... Bedeutung und Herkunft der Vordersilbe ud- sind verschwommen: ... Gewiß scheint jedoch zu sein, daß die Vordersilbe mit tscher. odo (oder odomari) ,Udmurte' zusammenhängt. ..." (Hajdú/Domokos 1987, S. 80); „[Die Wotjaken] nennen sich selbst Uhd-murd. Uhd bedeutet in ihrer Sprache einen gastfreien Wirth, und murd ist Mensch. ..." (Klaproth 1831, S. 185); wotjak. „Vdmurt" – Eigenname der Wotjaken (J. E. Fischer in: AAW R. III, Op. 1, D. 135, Bl. 27v/28r); wotjak. „удмурт" – Udmurte, Udmurtin (Wotjake, Wotjakin) (Nasibullin/Maksimov 1995, S. 146)

66 s. Anm. 65
67 s. Anm. 25
68 s. Anm. 65; tscheremiss. „одо-марий" – Udmurte (Wotjake) (Serebrennikov 1956, S. 371)
69 „Proprium, heist nach der Grammatic dasjenige, so einer Sache, als etwas eignes zukommt. ..." (Zedler 1732–50, Bd. 29, Sp. 909)
70 s. Anm. 65; wotjak. „мурт" – Mensch (Nasibullin/Maksimov 1995, S. 97)
71 bzw. Appellativum; „Appellativum (Gattungsname), Substantivum, welches eine ganze Gattung bezeichnet, im Gegensatz zu einem Eigennamen, ..." (Pierer 1857–65, Bd. 1, S. 622)
72 s. Anm. 65; wotjak. „Djutsch-murt" – Russe (J. E. Fischer in: AAW R. III, Op. 1, D. 135, Bl. 28v/29r); „Russen – [wotjak.] D̦ӱуч-murd." (Klaproth 1831, S. 185); wotjak. „ӟуч" bzw. „зуч пиосмурт" – Russe (Nasibullin/Maksimov 1995, S. 304)
73 Philipp Johann (Tabbert) von Strahlenberg
74 wotjak. „Ma" – Erde, Land (Strahlenberg 1730, Anhang)

75 wotjak. „musjém" – Erde (J. E. Fischer in: AAW R. III, Op. 1, D. 135, Bl. 8v/9r); wotjak. „музъем" – Erde (*Nasibullin/Maksimov* 1995, S. 96)

76 s. Anm. 25

77 „Die südlich von ihnen [d. h. den Wotjaken] lebenden (Kazańer) Tataren nennen ihre wotjakischen Nachbarn ar, und dieser Name erscheint zur gleichen Zeit – im 15.–16. Jahrhundert – auch in russischen Quellen ..." (Hajdú/Domokos 1987, S. 80); „Die Wotjaken, die die Slawen Woten nannten, werden von den Tataren Ari, d. i. äusserst entlegene, genannt, woraus einige die Abkunft des noch am Jenesei vorhandenen Volkes der Arinzen herleiten, ..." (Georgi 1776–1780, S. 52); „Wotiaken, Slawisch Woti, werden von ihren Türkischen Nachbarn Ar (d. i. Entfernte) genannt, ..." (Klaproth 1831, S. 185); tatar. „ap" – Udmurte (Wotjake) (*Slovar'* 1966, S. 38); tatar. „apa" – Weg, Entfernung (a. a. O., S. 38)

78 Die Vermutung von P. J. von Strahlenberg und die etymologischen Deutungen von G. F. Müller sind sinngemäß auch angegeben in: Müller 1759b, S. 334

79 s. Anm. 65; wotjak. „Bigér" – Tatare (J. E. Fischer in: AAW R. III, Op. 1, D. 135, Bl. 28v/29r); „Türkische Völkerschaften – [wotjak.] Bygeer-murd." (Klaproth 1831, S. 185); wotjak. „бигер" –Tatare, Tatarin (*Nasibullin/Maksimov* 1995, S. 31)

80 Heute werden die Permjaken (Permier; russ. *permjaki*) zusammen mit den Syrjänen (Syrjanen) als Komi bezeichnet mit der Trennung in Komi-Permjaken (Südliche Komi, russ. *komi-permjaki*) für die Permjaken und Komi-Syrjänen (Nördliche Komi o. Komi) für die Syrjänen (russ. *syrjane*). „Die Biarmen, Besarmier oder alten Permiaken und Sirjänen sind den Finnen auf das nächste verwandt; sie hatten fast ihren ganzen Dialekt und ihren ganzen heidnischen Gottesdienst. ... Noch sind von dem Reste derer in ihrem alten Lande gebliebenen Biarmen einige Dörfer in der Permischen=Wiatkischen Provinz, ... und Sirjänische trift man zwischen der öbern Kama und der Suchona, um Ustjug &c. an. Sie haben sich so nach den Rußischen Landleuten in Wohnungen, Kleidern und der Haushaltung geformt, daß außer der finnischen Sprache wenig Unterschied übrig geblieben ist. ..." (Georgi 1776–1780, S. 72); „Ihr Land [d. h. das der Permier] war in den scandinavischen Sagen unter dem Namen Bjarmaland sehr gefeiert. Jedoch war ein Theil von Permien oder Bjarmaland, welches die scandinavischen Wikingsfahrer besuchten, nicht von dem permischen Stamme bewohnt, sondern seine Bewohner waren Finnen, ... Der eigentliche Stammsitz der Permier ist sowohl in ältern als neuen Zeiten das Flussgebiet der Kama gewesen und sie nennen sich deshalb auch gewöhnlich Komy-mort, Kama-Volk. Ihre nördlichen Nachbarn sind die sogenannten Syrjänen, ... Sie sind sowohl an Sprache als Aussehen von den Permiern nicht verschieden und bilden somit bloss einen Zweig desselben Volkes. Auch die Syrjänen nennen sich Komy-murt oder Komi-jas [nach Hajdú/Domokos 1987, S. 74: -jas – syrjänischer Pluralsuffix], ..." (Schiefner 1857a, S. 136); zu Permjaken und Syrjänen siehe auch Hajdú/Domokos 1987, S. 67–79 u. Lepechin 1783, S. 121ff.

81 russ. *Biarmija*; zur Landschaft und seiner Geschichte sowie den Bewohnern s. Brokgauz/Efron 1991, Bd. 7, S. 26–27; s. auch Anm. 80

82 *Solikamsk*

83 *Čerdyn'*

84 s. Anm. 80

85 *Vyčegda*

86 *Sol'vyčegodsk*

87 s. Anm. 80; „Aller Wahrscheinlichkeit ist es [d. h. das Wort Komi]" verwandt mit ung. hím, wog. χum ‚Mann, Mensch', ... wozu vielleicht auch das als selbständiges Wort schon ausgestorbene wotj. *kumi ‚Mensch' gehört, ..." (Hajdú/

Domokos 1987, S. 76); wotjak. „mort" – Mann, syrjän. „mort" – Mann (a. a. O., S. 67); permjak. (Komi-permjak.) „кóми" – Eigenname von Permjaken u. Syrjänen (*Batalova* 1985, S. 183)

[88] s. Anm. 25

[89] „Die Benennung Syrjäne ist in ihrem Ursprung nicht befriedigend geklärt. ..." (Hajdú/Domokos 1987, S. 75)

[90] *Archangel'sk*

[91] „Jene – in erster Linie früher – allgemein verbreitete Ansicht, wonach Samojede die Zusammensetzung aus сам + есть [russ. *sam* – selbst + russ. *est'* – essen] aus dem russischen Stamm ед- mit der Bedeutung ‚Selbstesser' wäre, ist eine rein naive Volksetymologie des Wortes: Diese Wortanalyse wurde mit der Verbreitung der Nachricht, daß die Samojeden angeblich Kannibalen seien, in den vergangenen Jahrhunderten aus den früheren Formen des Namens Samojede (Samojad', Samojedi, Samoyedi, samoedin) vorgenommen, und deshalb wurde es in der Sowjetunion notwendig, diese Bezeichnung mit unangenehmem Nebensinn in den letzten Jahrzehnten in der Fachliteratur auszutauschen gegen das Wort samodij, ..." (Hajdú/Domokos 1987, S. 160)

[92] syrjän. „Jaràng" – Samojede (G. F. Müller in: AAW F. 21, Op. 5, D. 143, Bl. 51r); „Sie [d. h. die Syrjänen] nennen ... die Samajeden: Jarang" (Müller 1759b, S. 339); „Permisch und Syränisch [heißen die Samojeden] – Jaran$_g$." (Klaproth 1831, S. 139); s. auch *Chelimskij* 2005, S. 28

[93] jurak.-samojed. „hâsawa, 1) Mann, 2) Jurak, Samojede." (Schiefner 1855, S. 8); „Die Samojeden, welche sich selbst nicht anders als Chasowa d. i. Männer (*) nennen, ..." (Pallas 1776a, S. 67); „Die Samojeden nennen sich selbst Ninetz oder Nenetsch Menschen, auch Chosowo Männer." (Georgi 1776–1780, S. 276); „Die am unteren Ob und diesseits des Uralischen Gebirges bis zum weissen Meere wohnenden Samojeden nennen sich selbst Chašowo, d. i. Menschen. ..." (Klaproth 1831, S. 164); s. auch *Chelimskij* 2005, S. 28

[94] „Die Lappen nennen sich selbst Same, auch Some, und ihr Land Sameandra, auch Sameladde. ..." (Georgi 1776–1780, S. 3); „Allgemein nennen sie [d. h. die Lappen] sich sabme (sāmi). Dieses Wort wiederum wurde früher und nicht überzeugend mit dem Volksnamen Samojede in Zusammenhang gebracht. ..." (Hajdú/Domokos 1987, S. 141)

[95] russ. *lopari* – Lappen, Lappländer

[96] schwedisch „lapp" – Lappe, Lappländer

[97] finnisch „lappalainen" – Lappe, Lappländer

[98] lat. – Scheffer, ‚Lapponia ... ' Kapitel 1; Scheffer 1673, S. 5 (Kapitel 1 „De Vocabulo Lapponiae", S. 1–8) „Nam sic & Finnonicum vocabulum, de quo in superioribus, accipiendum, quod nimirum eum innuat, qui venerit ad extrema, qui peregre in terras ultimas abierit, qui ad extrema sit ejectus. Quisquid enim ejicitur vel expellitur, extra id, unde ejicitur, collocatur. Atque quoniam Lapp idem, ac ejectus sive expul, ideo ex Lappis nemo est, qui se Lappum dici aequis auribus accipiat, si paulo fuerit praestantior."; übers. in: Scheffer 1675 (in Kapitel 1 „Von dem Worte und Nahmen Lappland"), S. 5f. „Dan also muß man das obgesagte Finnische Wort Lappu verstehen / daß es einen solchen bedeute / welcher an das äusserste Theil eines Ortes gekomen / welcher in die abgelegensten Oerter verreiset / welcher an einen abgelegenen Ort verjaget. Dan ein Ding so man außjaget oder außtreibet / wird ausserhalb deß Ortes / von deme es außgetrieben worden / versetzet. [Der Satz „Dan ein Ding ... worden versetzet." ist eine Einfügung des zeitgenössischen Übersetzers] Dieweil nun das Wort Lapp so viel ist / als ein Vertriebener / Außgejagter / wird man nicht leicht jemand unter denen Lappen / so er nur ein wenig für andern ist / finden/

so sich ohne Entrüstung mit diesem Nahmen wird belegen lasssen."; „Die Angabe Lappia (=Lappland) taucht um 1100 bei Saxo Grammaticus auf. Diesen Namen benutzten die Finnen, Schweden (lapp) und Russen (Lop', lopaŕi) seit altersher, ... Die Herkunft des Namens ist umstritten. Man vermutete finnischen Ursprung ... was aber völlig unwahrscheinlich ist. Besser konzipiert ... ist die Ableitung aus dem Schwedischen. ..." (Hajdú/Domokos 1987, S. 141); s. auch Castrén, Matthias Alexander: „Ueber die Bedeutung des Wortes Lappe.", S. 48–53 in: Schiefner 1862

[99] Lafitau, Joseph-François: Moeurs des sauvages Americains, comparées aux moeurs des premiers temps. Par le P. Lafitau, ... Paris : Charles Estienne Hochereau, 1724

[100] „SPÄTE, f., seltene abstractbildung zu spät, ... späte zeit ... als bestimmung eines dinges, spätes erscheinen, auftreten ..." (Grimm 1991, Bd. 16, Sp. 1987)

[101] in dem Abschnitt „De Historia Gentium" der Speziellen Instruktion der Akademie der Wissenschaften für die an der 2. *Kamčatka*expedition teilnehmenden Professoren vom 5. Juli 1733 (publiziert als Dokument 184 in: Hintzsche 2004, S. 491–512)

[102] das Mitte Mai 1734 (s. Dokument 135 in: Hintzsche 2006, S. 279–288) aus *Tobol'sk* an den Dirigierenden Senat in Sankt Petersburg geschickte Manuskript „Umständliche Beschreibung von denen Wohn= Sitzen, Politischer Einrichtung, Leibes- und Gemüths=Beschaffenheit, Kleidung, Leibes-Nahrung, Handel und Gewerbe, SPrachen, Kün=sten, und Wißenschafften, natürlicher und erdichteter Heidnischer Religion, Ceremonien, Sitten und Gebräuchen derer im Casanischen Gouvernement des Rußischen Kayserthumbs wohnenden Heidnischen Nationen als Tscheremissen, Tschuwaschen und Wotiaken." (AAW F. 21, Op. 5, D. 18, Bl. 20r–72v; publiziert in: Müller 1759b)

Gerhard Friedrich Müller

Beschreibung der sibirischen Völker

3 Gerhard Friedrich Müller
Beschreibung der sibirischen Völker[1]

Konzept in der Handschrift von Gerhard Friedrich Müller; Bl. 138v–141r von Teil 1 (Č. 1) (außer den rechtsmarginalen Bemerkungen) in unbekannter Handschrift; Bl. 31r–31v von Teil 2 (Č. 2) in der Handschrift von Johann Georg Gmelin; Quelle[2]: RGADA F. 181, Op. 16, D. 1386, Č. 1, Bl. 1r–170r (bis Kapitel 24) u. Č. 2, Bl. 1r–92v (ab Kapitel 25)

Entwurf einer Kapitelübersicht (von G. F. Müller)

/3r/[3]

Summa Capita[4].

|: Nachbarschafft und Verwand- / schafft mit anderᶦenᶦ Völkerᶦnᶦ / Sprache uᶦndᶦ derselbeᶦnᶦ Ver- / schiedene *dialecte*, Politische / Verfaßung[a], Wisᶦsᶦenschaffteᶦnᶦ, / wie die Völker sich selbst / nenneᶦnᶦ und ihre Nachbahrn. / Von der RechtsPflegung / und Schatzung[5]. *Traditione*ᶦnᶦ / Vom Ursprung und ehmaligᶦenᶦ / *Migratione*ᶦnᶦ der Völker. / Wenn die Volker das neue Jahr / anfangeᶦnᶦ. ihre Monathe. / Nahmen[b] der Tage in der / Woche. Großer bähr[6] / Hundsgestirne[7]. Was / sie Von Sonnen uᶦndᶦ Monds- / finsternüsᶦsᶦen haltᶦenᶦ. / Ursacheᶦnᶦ des donners und / anderer *Meteoren*[8]. UrsPrung der welt. / Sclaven. :|[c]

1.
Leibes Gestalt.

Statur grosᶦsᶦ oder Klein. / fett oder Mager / Stark oder schwach Von / Gliedmasᶦsᶦeᶦnᶦ. / Gesichte Lang uᶦndᶦ Schmahl / oder breit uᶦndᶦ rund. / Augen: rund, Lang, Klein, groß / was für Farbe. *Iris.* / Augenbrahneᶦnᶦ[9]. / Nase, hoch, platt, Lang, Kurtz. / Baken, dik, Platt. / Mund, groß, Klein, dike / oder dünne Lippeᶦnᶦ. / Zähne. weisᶦsᶦ, schwartz, groß, breit. / Kinn uᶦndᶦ baart. Stutzbaart[10]. / Haare auf dem Kopffe, Lang, Kurtz, / dik, dunne, Krauß, hart, wolligt, / Von was für farbe /3v/
Haar auf der Scham. / Ungestalt   Flekigt. / Puklicht / Misᶦsᶦgeburthᶦenᶦ

---

[a] Verfaßung *verbessert aus* [.]   [b] Nahmen *verbessert aus* [.]   [c] *von* Nachbarschafft und Verwandschafft *bis* der welt. Sclaven *auf Bl. 3r rechts marginal*

2.
Gemüthsbeschaffenheit.

EhrlichKeit, betrüglichKeit / Diebstahl, Mord, Selbst Mord[a] Geilheit / Hurerey, *Sodomiter*ey[11], Ehe- / bruch, TapferKeit, Furcht- / samKeit, Hochmuth, Prah- / Lerey, Zorn, Langmuth, hart- / näkigKeit. / SchamhafftigKeit[b] / GeschiklichKeit, ArbeitsamKeit, Faulheit. / Völlerey in Es⌈s⌉en u⌈nd⌉ Trinke⌈n⌉, / SParsamKeit, Gastfreyheit, / Geitz, Betragen der Kinder / gegen die Elter⌈n⌉. und / *vice versa*[12]. Schweren und / Fluche⌈n⌉, Scheltworte / und derselb⌈en⌉ bedeutung, /4r/ HöfflichKeits bezeigung⌈en⌉ in / worten und werke⌈n⌉.[c] / Beym nies⌈s⌉en. Neigung / des Haupts, Kniebeugung⌈en⌉ / Huth u⌈nd⌉ Mütze abnehme⌈n⌉.

3.
Kleidung.

Haar abschneiden[d] oder / Scheeren. Baart ausZiehe⌈n⌉ / Zöpfe und Flechte⌈n⌉ Bey Män- / ner⌈n⌉ und weibern. / Kämmen. Nägel abschneide⌈n⌉. |: Waschen. / Baden / Ausgenähete Gesichter[13] : |[e] / Ringe in Nasen und Ohre⌈n⌉. Winter- und Sommer- Klei- / dung. Hemde, Hosen, / Strümpfe, Stiefeln, Mützen |: Handschuh / Gürtel : |[f] / Von was für Thieren[g]. / Ob. auch Von Vögeln und / Fischen. Ob auch Von Rus⌈s⌉ische⌈n⌉ / Sinesisch⌈en⌉, Teutsche⌈n⌉, wollene⌈n⌉ / und Seidene⌈n⌉ Zeugen /4v/ Unterscheid der Kleider / Bey[h] weibern, witwen, / Magdgens, Kinder⌈n⌉. Zierrathen Von Verbrämunge⌈n⌉[i] / mit Rauchwerk[14], Coralle⌈n⌉, / stiken. Corallen- / stränge. Angehängte / stüken Von mes⌈s⌉ing / Zinn, p⌈erge⌉ Kleine Gloke⌈n⌉, / Schellen.

4.
Wohnunge⌈n⌉.

Jurten: Veränderlich oder Un- / Veranderlich[j]. An was für / Orten sie Zu seyn pflege⌈n⌉. / Aus was sie bestehe⌈n⌉. u⌈nd⌉ wie / sie gebauet sind. Auswen- / dige und inwendige beschaffen- / heit. Abtheilung. Betten[k] Feuer- / Heerd. Rauchloch, thüre⌈n⌉. / Von oben oder Von der Seite / und gege⌈n⌉ welche *Plagam*[15]. /5r/ VerZierungen. NebenVerschläge. / Keller. Ställe.

---

[a] Selbst Mord *rechts marginal* [b] Zorn, Langmuth, hart- / näkigKeit. / SchamhafftigKeit *rechts marginal* [c] *nach* werke)*, gestr.* Nei [d] abschneide_n *verbessert aus* [.] [e] Waschen. Baden Ausgenähete Gesichter *rechts marginal* [f] Handschuh Gürtel *rechts marginal* [g] Th^{i}eren *verbessert aus* [.] [h] B$_{ey}$ *verbessert aus* [.] [i] V$_{erbrämunge}$ *verbessert aus* [.] [j] UnVerande_{rlich} *verbessert aus* [.] [k] Betten *über der Zeile*

5.
HausGeräthe.

Inᵃ was sie Koche⌊n⌉. woraus / sie Es⌈s⌉en und Trinke⌊n⌉. / Beilen, Mes⌈s⌉er, FeuerZeuge / Rauchtöpffe wege⌊n⌉ der / Müken Tobaks Pfeife⌊n⌉.
|: Strike Von PferdeHare⌊n⌉ / und Riemen. :|ᵇ

6.
Nahrung.

Zahme und wilde Thiere / Von was für Gattung. / und welche sie nicht es⌈s⌉en / und warum sie selbige nicht / es⌈s⌉en. Vögelᶜ, Fische. / Kräuter, Wurtzeln, Baum- / rinden, Getränke, Kumyss / Brandtwein, Milch, Birken- / safft. Tobak, und Von / was fürᵈ gattung. Rauch / Verschluke⌊n⌉. Ihre *manier*ᵉ Beym Eßen, und bey Gastereye⌊n⌉
|: Trink*ceremonie* der *Calmük*⌊en⌉ / *witsen p*⌈*agina*⌉ 292.¹⁶
*Calmüki*sche Speisen *ib*⌈*idem*⌉¹⁷ *p*⌈*agina*⌉ᶠ 293. 309.¹⁸
waschen Keine / SPeise⌊n⌉.
Käse, Butter.
brodt es⌈s⌉e⌊n⌉ schwer anZugewohne⌊n⌉.
*Opium. Tatarice Ofi*¹⁹
Ob sie Saltz gebrauche⌊n⌉.
Ob die Speisen roh oder / geKocht gegeßen / werden. :|ᵍ /5v/

7.
ViehZucht.

Pferde, Ochsen; Schafe, / Rennthiere, Hunde. / Futter Vor das Vieh. / Nutzen in der Nahrung / auf Reisen und auf / der Jagd. Von Satteln, / Steigbügeln, Wagen, / Schlitten, Narten, Lottgensʰ / Schrittschuhen oder / *Lischi*.
|: Milchen. der Kuh in den Arschblase⌊n⌉²⁰. / Ob sie *castrire*⌊n⌉ / Ob die wilden Rennthiere / grös⌈s⌉er sind als die Zahme⌊n⌉ / Von dem Unterscheide der / *Tungus*en in *Olennie*²¹, *Konnie*²² / und *Sabatschie*²³. / *Koriaki Olennie*²⁴ u⌊nd⌉ *Sidja-* / *tschie*²⁵ / *Lamuti Olennie*²⁶ u⌊nd⌉ *Sidiatschie*²⁷ / Vieh Sommer und winter / in der weide. / Vom butter und Käse mache⌊n⌉. wie der *Kumyss* eingesauert, und daraus der brandtwein *destillir*et wird. / Ob die Rennthiere gemolke⌊n⌉ werde⌊n⌉ wie bey dene⌊n⌉ / *Lappen*? :|ⁱ

ᵃ In *verbessert aus* G̱e̱   ᵇ Strike Von PferdeHare₎ und Riemen. *rechts marginal*   ᶜ V_ögel *verbessert aus* [.]   ᵈ ₍ᵤᵣ *verbessert aus* [.]   ᵉ ₘₐⁿier *verbessert aus* [.]   ᶠ p. *verbessert aus* [.]   ᵍ *von* Trinkceremonie der *bis* gegeßen werden. *rechts marginal*   ʰ Lottgens *rechts von der Zeile*   ⁱ *von* Milchen. der Kuh in *bis* dene₎ Lappen? *rechts marginal*

8.
Jagd

Zu welcher JahresZeit, / was für Thiere[a], / Pfeil und Bogen, der- / selb[en] unterschiedene / Arte[n] PfeilKöcher, / Jagd[b] mit Hunden und /6r/ Netzen. Jagd Zu Pferde. / *Oblawa* im *Circul.* / Gruben. Fallen. Schlinge[n] / *Samostrelnie* Bogen[c]. / Abgerichtete Ochsen. / Abgerichtete RennThiere / oder *Manschiki.* Falke[n][28].
|: Holtzerne Pfeile der Chalmük[en] / *witsen p[agina]* 296.[29]
Ob die weiber bey der Jagd Von / Unglüklicher Vorbedeutung / sind wie bey den *Lappen.*
Von den Klage[n] der *Jakut[en] p[erge]* / über die *Kulomi*[30] der Rus[s]isch[en] / *Promyschleni. Otpiska*[31] Von dem / *Woewode[n] Wasile Puschkin* nach *Moscau*[32] / *Supplem[enta] Act[orum] Arch[ivi] Jak[utici]*[33] : |[d] |: Vom Kriegswese[n] / der Chalmüke[n]. / *Witsen. p[agina]* 294. 295. / 306.[34]
Standarte[n] Von Kuhschwäntze[n][e] / *witsen p[agina]* 342[f35].
Fischfang beym Feuer der *Sardellen*[g36] *Wheler voyages / p[agina]* 35.[37] : |[h]

9.
Ubrige arbeit

Eisen Schmeltzen und Schmiede / Arbeit. Silber einlege[n][38]. / Fischen, auf was für art, / und wie die Netze be- / schaffe[n]. Saltzen Und / Troknen der Fische. Wie / das Fett ausgeKochet werde. / Verwahrung der Fische in / Gruben. *Porscha*, oder ge- /6v/ gestoßeNe[i] Fische. / *Jakuti*sche Mörser aus / Pferde-Mist. Schneider / und Schuster-Arbeit. / Lederbereitung Zu Klei- / der[n] und stiefeln. Zu- / bereitung des Hausge- / rathes. Schlachten / Kochen, Wurtzeln Sammlen. / Jurten[j] aufschlagen, / Vieh weiden. *p[erge]*
|: Handlung unter / ein ander und mit / Rus[s]e[n]. / *Rogosch*en[39] flecht[en]. / Heuschlagen / *Woilok*en mache[n] / *Koschmy*[40] : |[k] |: Nehen mit Sehnen der / Thiere / LeimKoche[n] / Färben : |[l]

10.
SPiele[m] u[nd] LustbarKeit[en].

Music, Tantzen, *Exer- / citia*[41], als Wettlauffe[n] / Zu Pferde u[nd] Zu Fus[s]e, / Ringen, SPringen auf / einem oder beyde[n] Füs[s]e[n].
|: *Car*ten Spiele /
Kart[en] Von Knoche[n] auf *Kamts[c]hatka*[42]

---

[a] Thi[e]re *verbessert aus* [.]   [b] Ja g[d] *verbessert aus* [.]   [c] B[ogen] *verbessert aus* [.]   [d] *von* Holtzerne Pfeile der *bis* Act. Arch. Jak. *auf Bl.* 5v *rechts marginal*   [e] Ku[hschwäntze] *verbessert aus* [..]   [f] 242   [g] Sardelle[n] *verbessert aus* [.]   [h] *von* Vom Kriegswese[n] *bis* voyages p. 35. *rechts marginal*   [i] ge stoßeNe *verbessert aus* [.......]   [j] Jurt[e]n *verbessert aus* [.]   [k] *von* Handlung unter *bis* Koschmy *auf Bl.* 6r *rechts marginal*   [l] Nehen mit Sehnen der Thiere LeimKoche[ ) Färben *rechts marginal*   [m] SPiele *verbessert aus* SPieleN

-   Von Birken Rinde / bey den *Ostiake⌈n⌉* : | ᵃ /7r/

11
Heyrath⌈en⌉.

Vielweiberey[b], Stuffen / der Verwandtschaft, / Blutschande. Alter / Zu heyrathe⌈n⌉. *Kalym* / weiberRaub[c], NothZüchtigung / Ehebruch. *legitim*er Beyschlaf[d] Vor der Ehe. / Rükgängige Ehe. / Vor der Ehe erZeugte / legitime Kinder. *Con-* / *summation*[43] der Ehe / durch *Ceremon*ien oder / *Festins*[e44]. Ehescheidung. / Ehrfurcht der Weiber / für ihren[f] Schwieger / Vattern[g] und des Mannes / altern Bruder.
|: Zeichen der Jungerschafft / Jedes weib wohnet / besonders. / *Subordination*[45] der / weiber / *Concubine*⌈n⌉[46] wie Mann und Frau unter / den *Tungus*en Zusammen / schlafen, mit dene⌈n⌉ Füs⌈s⌉⌈e⌉⌈n⌉ / gegen einander[h] geKehret. :| ⁱ /7v/

12.
Geburth⌈en⌉.

Schwangerschafft und / Geburth ob sie schmertz- / hafft? Hebammen. / Sechs wochen halt⌈en⌉[47] Säugen. / Enthaltung des bey- / schlafs während den / Sechs[j] woch⌈en⌉ oder wie / Lange: ob auch bey der / Monaths Zeit. ErZiehung / der Kinder. Ob sie im Schies⌈s⌉⌈e⌉⌈n⌉ / und in der Hausarbeit unterricht empfange⌈n⌉.
|: Fruchtbahrkeit. / Nahmen. *Adoptio*[48]. / Nabelschnur abschneide⌈n⌉. / Wiegen und Windel / womit die Kinder anfang- / lich aus⌈s⌉er der Mutter / brust ernähret werde⌈n⌉. / NahmensVeränderung der Chalmüke⌈n⌉. / *witsen p⌈agina⌉* 294.[49] Ob die Kinder Vor der / Verheyrathung und Aus- / stattung bereits ein / Eigenthum[k] hab⌈en⌉ Z⌈um⌉ e⌈xempel⌉ / an Vieh; Rennthiere⌈n⌉ p⌈erge⌉ :|ˡ

13.
Todt

Krankheite⌈n⌉, artzneye⌈n⌉ / daVor. Poken[50], Frantzosen[51] Hitzige anstekende[m] Fieber[n] höchstes Lebens- / Alter. Todt. ob der Todte gewasche⌈n⌉ wird[o] begrab- / nüs⌈s⌉e oder Verbrenne⌈n⌉ / der Leiche⌈n⌉ oder was sonst. / in was der Todte geKleidet wird. /8r/ Begräbnüß *festins*[52] / Gedächtnüs⌈s⌉ Feste. was / nebst dene⌈n⌉ Leiche⌈n⌉ Zugleich / Begrabe⌈n⌉ oder Verbrennet / wird. Ob auch Lebendige / Mensche⌈n⌉, Pferde. Zustand / der Seelen nach dem Tode. Gespenste.

ᵃ *von* Carten *bis* Ostiake) *rechts marginal*   ᵇ V_{ielweiberey} *verbessert aus* [.]   ᶜ weiber_{Raub} *über der Zeile*
ᵈ _{Be}y_{schlaf} *verbessert aus* [.]   ᵉ Fes_{tins} *verbessert aus* [...]   ᶠ *nach* ihren *gestr.* Stief   ᵍ S_{chwiegerVattern} *verbessert aus* [.]   ʰ _{ei}n_{ander} *verbessert aus* [.]   ⁱ *von* Zeichen der *bis* geKehret *rechts marginal*   ʲ _{Sech}s *verbessert aus* [.]   ᵏ E_{igenthum} *verbessert aus* e   ˡ *von* Fruchtbahrkeit. Nahmen. *bis* Rennthiere) p. *rechts marginal*   ᵐ a_{nstekende} *verbessert aus* F   ⁿ Poken, Frantzosen Hitzige anstekende Fieber *über der Zeile*   ᵒ ob der Todte gewasche) wird *über der Zeile*

⌊: weiße Fleke⌈n⌉, *Pegaià orda*⁵³. / Graue Hahre / Von der *Moxa* / Ob die Wurtzeln eines / *Musci*⁵⁴ u⌈nd⌉ der Stengel / Von der *Angelica*⁵⁵ Zur / *Medicin* gebrauchet werde⌈n⌉ / wie bey den Lappe⌈n⌉. / Hartz-Pflaster *ibid⌈em⌉*⁵⁶ :⌋ ᵃ
⌊: Kase Von Rennthiere⌈n⌉ bey / dene⌈n⌉ Lappen eine *Medi-* / *cin* für Verfrohrne Glieder
Ob nach dem Tode eines / Menschen dieselbe Jurte / Verlas⌈s⌉en wird.
Von der Reinigung durchs / Feuer nach dem begrab- / nüs⌈s⌉e.
Orte des begräbnüs⌈s⌉es / betraurung der Todt⌈en⌉ :⌋ ᵇ

14.
Natürlicheᶜ Religion⁵⁷.

Natürliche ErKänntnüs / Gottes⁵⁸. Zweyfaches / *Principium* des Gut⌈en⌉ / und bösen. Vergeltung⌈en⌉ / des Gutenᵈ bestrafung desᵉ Bösen. / Von der Sundeᶠ. Vom gebeth Aufer- / stehung der Todt⌈en⌉. / Vom Donner und deßelbe⌈n⌉ / Furcht Vor demselb⌈en⌉ / *Lu*⁵⁹ der *Mongol*en/8v/

15
Heidnische Religion.

Höchste Gottheiten / Unter Gottheiten. / Lufft-Wald-Hauß-Götterᵍ. / Teuffel und derselb⌈en⌉ / *Subordinatione⌈n⌉*⁶⁰. *Schamans* und / Verstorbene *Schamans*.
Begräbnüs⌈s⌉e der / *Schamans*ʰ / Opferung des *Kumyss* / im Frühling. *Scha-* / *maner*ey Vor der Jagd. / *Schamaner*ey Bey Kranke⌈n⌉. / oder sonst Zu Abwen- / dung des Böse⌈n⌉. Allerley Aberglaubische *Ceremonie⌈n⌉*
⌊: Glükliche u⌈nd⌉ Unglükliche / Tage. Fest-Tage. / Götzen der *Ostiake⌈n⌉* *witsen* *p⌈agina⌉* 313.⁶¹ / Verehrung des Feuers / Von draume⌈n⌉ / *Chiromantie*⁶² und anderer *Genera divinationis*⁶³ :⌋ ⁱ
Aufstellung von Kleine⌈n⌉ Pferde- / Zöpffe⌈n⌉ an gewis⌈s⌉e⌈n⌉ Nahmhafft⌈en⌉ / Orte⌈n⌉.
Aufhängung allerley /9r/ Lappen an gewis⌈s⌉e⌈n⌉ Baume⌈n⌉ / AbKappung der Bäume / Zum Zeiche⌈n⌉ der Freundschafft. / Stein Bey den *Jakut*en / womit sie wind, Regen, *p⌈erge⌉* / *causire⌈n⌉*⁶⁴ soll⌈en⌉.
⌊: *witsen* *p⌈agina⌉* 257.⁶⁵ :⌋ ʲ
⌊: *witsen* *p⌈agina⌉* 323. / *s⌈e⌉q⌈u⌉ens*⁶⁶ / *p⌈agina⌉* 351. / *p⌈agina⌉* 457. *s⌈e⌉q⌈u⌉ens*⁶⁷ :⌋ ᵏ

ᵃ *von* weiße Fleke₎ *bis* Hartz-Pflaster ibid. *auf Bl.* 7v *rechts marginal*   ᵇ *von* Kase Von Rennthiere₎ *bis* der Todt₎ *rechts marginal*   ᶜ Natürliche *über der Zeile*   ᵈ *nach* Guten *gestr.* und   ᵉ bestrafung des *über der Zeile*   ᶠ sᵤₙde *verbessert aus* [.]   ᵍ Lᵤ₍ff₋Wald₋Hauß₋Götter₎ *verbessert aus* [..]   ʰ Begräbnüsse der Schamans *rechts von der Zeile*   ⁱ *von* Glükliche u. *bis* Genera divinationis *rechts marginal*   ʲ witsen p. 257. *auf Bl.* 8v *rechts marginal*   ᵏ witsen p. 323. sqq. p. 351. p. 457. sqq. *rechts marginal*

¹ zur Entstehungsgeschichte des Manuskripts siehe Einleitung
² Maße: Č. 1, Bl. 1–29, Bl. 31–102 u. Bl. 104–170 – 31 x 21 cm, Bl. 30 – 19 x 9 cm, Bl. 103 – 10,5 x 21 cm; Č. 2, Bl. 1–30 u. Bl. 32–92 – 31 x 21 cm, Bl. 31 – 17 x 21 cm; alte Archivsignatur: F. 181, Op. 763/1386; auf Bl. 1–170 (Č. 1) bzw. Bl. 1–92 (Č. 2) mit Tinte alte Seitennumerierung (jeweils recto) von 1 bis 187 (Č. 1) bzw. von 1a bis 89 (Č. 2) mit nicht paginierten, leeren Blättern; in Č. 1 auf der Innenseite des Einbandvorderdeckels oben mit Bleistift „763/1386" und jeweils darunter „N° 1386 ч. I", „N° 1386" und „N° 18 нем"; mit Tinte oben (durchgestrichen) „42" und „N° 38" („38" korrigiert aus „39") sowie darunter in unbekannter Handschrift „Описание Сибирских народов ч. 1" (russ. – Beschreibung der sibirischen Völker Teil 1) und unten links ein Etikett mit der Archivsignatur; auf Bl. 1r in Č. 2 (Innenseite des Einbandvorderdeckels) oben in der Mitte mit Bleistift „763/1386", links darunter „N 1386 II" und darunter „ч. II", mit Tinte oben rechts (durchgestrichen) „44" und „N° 38" sowie darunter in unbekannter Handschrift „Описание Сибирских народов ч. 2" (russ. – Beschreibung der sibirischen Völker Teil 2) und unten links ein Etikett mit der Archivsignatur; Die Textgestaltung im Manuskript erfolgte im allgemeinen so, daß sich der fortlaufende Text auf der linken Seitenhälfte befindet; auf der jeweiligen rechten Seitenhälfte sind die später eingefügten marginalen Anmerkungen und Zusätze vermerkt. Das Dokument wurde in russischer Übersetzung publiziert in Èlert/Hintzsche 2009 und auszugsweise in Pokrovskij 2006, S. 345–388. Beschreibung der Handschrift RGADA F. 181, Op. 16, D. 1386, Č. 1 u. Č. 2 nur Dokument 3 Einband: Č. 1 – 18. Jh., dunkelbraunes Leder, auf dem Einbandrücken unten Etikett mit der Aufschrift „763"; Č. 2 – 18. Jh., dunkelbraunes Leder, auf dem Einbandrücken unten Etikett mit der Aufschrift „763" Zu: „Beschreibung der sibirischen Völker", Č. 1, Bl. 1r–170r u. Č. 2, Bl. 1r–92v Text: braune und schwarze Tinte Papier: weiß; Wz. – Č. 1, Bl. 1–29, Bl. 31–102 u. Bl. 104–170, Č. 2, Bl. 1–30 u. Bl. 32–92 auf jeweils beiden Bogenhälften Ligatur „MK" (Мельница Красносельская, russ. – Papiermühle Krasnosel'skaja); vgl. Nr. 353 in Klepikov 1959 (von 1727–1728 oder 1732–1737) aus der Papiermühle Krasnosel'skaja Verchnaja (ursprünglich Dudergofskaja) fabrika nahe des Orts Krasnoe selo; Č. 1, Bl. 30 u. Bl. 103, Č. 2, Bl. 31 ohne Wz.
Zustand: die obere rechte Ecke des Einbandvorderdeckels von Č. 2 und die 15 folgenden Blätter mit deutlichen Verfallsspuren
³ Die Bl. 1r–2r wurden als Textanhang 1 nach Kapitel 30 eingefügt (s. Anm. 1 in Textanhang 1)
⁴ lat. – kurze Zusammenfassung
⁵ „SCHATZUNG, SCHÄTZUNG, ... 3) die auferlegung von abgaben und dieser tribut selbst, ... schatzung, ..." (Grimm 1991, Bd. 14, Sp. 2289f.)
⁶ „Bär (gr. Arktos, Astron.), zwei Sternbilder am nördlichen Himmel; a) der Große B. (Großer Wagen), hat nach Bode 244 Sterne (die Alten kannten nur 24), bes. durch 7 Sterne meist 2. Größe kenntlich, ... b) Der Kleine B. (Kleiner Wagen) ..." (Pierer 1857–65, Bd. 2, S. 305f.)
⁷ „Gestirn, 1) so v. w. Stern, ... 2) bes. ein Sternbild." (Pierer 1857–65, Bd. 7, S. 304); „Hund (Astron.), zwei Sternbilder: a) der Große H., am südlichen Himmel, ostwärts vom Orion; ... b) der Kleine H., am nördlichen Himmel, unter den Zwillingen u. dem Krebse, ..." (a. a. O., Bd. 8, S. 617); „Hundsstern, der Stern α im Sternbilde des Großen Hunds (od. der Sirius)." (a. a. O., Bd. 8, S. 621)

[8] „METEORA, ist ein Griechisches Wort, dessen sich die Naturkündiger bedienen. ... Man versteht dadurch die Lufft=Geschichte, Begebenheiten, Zeichen, ..." (Zedler 1732–50, Bd. 20, Sp. 1282); „Lufft=Zeichen, Lufft=Erscheinungen, Lufft=Geschichte, meteorum, ist eine Veränderung, welche die Natur in der Lufft wircket. Die Naturkündiger theilen sie ab in meteora vera, in die wahrhafftige, die wircklich dasjenige sind, wovor sie angesehen werden, und in apparentia, in die scheinbare, die nur in einem blossen Schein bestehen, und dasjenige nicht sind, wovor man sie ansiehet. Die wahrhafftigen theilet man wieder ab, so fern sie bald aus Wasser, bald aus Feuer, bald aus Lufft bestehen, in wässerige, welche Wolcken, Nebel, Regen, Thau, Hagel, Reiff, Schnee sind; in die feurige, wohin die Irrwische, das leckende Feuer, der fliegende Drache, Donner, Blitz, Strahl, fallende Sterne, Erdbeben gehören; und in die lufftige, welche geschicht die Winde machen. In einen blossen Schein bestehen der Regenbogen, Neben=Sonne, Neben=Mond, Ring um die Sonne oder Mond, Wind=Zeichen, Oeffnung des Himmels und so weiter; wobey aber noch zu gedencken, daß wenn man das Wort meteorum in seiner eigentlichen Bedeutung nimmt vor eine Begebenheit, die sich über der Erden in der Lufft ereignet, das Erdbeben, so unter der Erden entsteht, unter die Lufft=Zeichen nicht könne gerechnet werden. Sie entstehen aus den Aus= und Aufdämpffungen, welche durch die Hitze, vornehmlich der Sonnen von der Erden in die Höhe gezogen werden, ..." (a. a. O. Bd. 18, Sp. 1051)

[9] „AUGENBRAN, AUGENBRANE, ... neben augbraue, augenbraue auch augbraune, augenbraune ..." (Grimm 1991, Bd. 1, Sp. 804)

[10] „STUTZBART, m., kurz geschnittener schnurrbart, von stutzen beschneiden ..." (Grimm 1991, Bd. 20, Sp. 741f.)

[11] „Sodomie, Sodomiterey, Sodomia, Sodomiae oder Sodomiticum Crimen, bedeutet überhaupt einen jeden unnatürlichen Gebrauch der Zeugungs=Glieder, es sey mit Menschen, oder Vieh. Sie ist dem Gesetze der Natur entgegen. ... Die Sodomiterey ist demnach, nach der Beschreibung derer mehresten Rechtsgelehrten, eine wiedernatürliche fleischliche Vermischung mit einem andern Gegenstande, es sey gleich ein Mensch oder Vieh, in gleichem und besonderm Geschlecht. ... und wird auf dreyerley Art und Weise vollbracht, als 1) mit ihme selber, 2) mit Menschen, 3) mit Vieh. ..." (Zedler 1732–50, Bd. 38, Sp. 328ff.)

[12] lat. – umgekehrt

[13] s. dazu Kapitel 7, Bl. 46r–47r

[14] „RAUCHWERK, ... 1) pelzwerk ..." (Grimm 1991, Bd. 14, Sp. 254)

[15] „Plaga (lat.), Himmelsgegend, Richtung" (Pierer 1857–65, Bd. 13, S. 175)

[16] „Zy hebben in 't drinken een over geloovige gebaerte, welke is, de vingeren der slinkerhand op de schael of kroes te drukken, en de vinger, naest aen de pink van de zelve hand, in de vocht te dopen; doch in diervoegen, dat de nagel niet nat word: daer na knippen zy deze vocht over de slinker schouder, terwyl zy iets binnens monds spreken of prevelen: dit doen zy, alsze hun eerste en laetste dronk doen, ter maeltyd driemael." (nl. – Beim Trinken haben sie [d. h. die Kalmyken] eine abergläubische Sitte, und zwar drücken sie die Finger der linken Hand auf die Schale oder den Krug und tauchen die Finger einschließlich des kleinen Fingers der gleichen Hand derart in die Flüssigkeit, daß die Fingernägel nicht naß werden. Danach spritzen sie, während sie etwas zwischen den Zähnen murmeln, diese Flüssigkeit über die linke Schulter. Dies tun sie bei ihrem ersten und letzten Schluck, bei jeder Mahlzeit dreimal.) (Witsen 1705, S. 292)

[17] lat. – ebenda

[18] „De Kalmakken eeten, behalven Rys, Garst, gedroogde Visch, ook gebakken koeken van Geirst met Olie. Dit volk eet ook Slangen en alderhande ongedierte, en drinken het bloed van veelderlei gedierten: doch meest Melk van Paerden en ander Vee." (nl. – Die Kalmyken essen neben Reis, Gerste und getrockneten Fisch auch in Öl gebackene Hirsekuchen. Dieses Volk ißt auch Schlangen und allerlei Ungeziefer; und sie trinken das Blut von vielen Tieren, meist aber Milch von Pferden und anderem Vieh.) (Witsen 1705, S. 293); „De Kalmakken eeten alderleye spyze, die hen voor komt. Als zy de Beesten slachten, dan drinken zy het warme bloed voor een smakelijke drank en lekkernye, zeggende, dat het gezont is. Zy zijn zeer gruizig, en laten niets, dat eenigzins eetbaer is, van een Beest verlooren gaen; ja zelfs tot de omloop van de Beesten toe. Kreeften is by hen een grouwel: en zullen zy geen spyze eeten, daer een Kreeft by gekookt is: het welke de vreemden wetende, als zy in 't Kalmakken Land reizen, een Kreeft gemeenlijk, als by de Rivieren zijn, in hunne ketels doen, om van de Kalmakken, die anders, als gretige honden: het eeten gaer of raeuw, uit de ketel roven, bevryt te zijn. Of anders, om dat volk uit hunne Tenten te houden, hangen een broek boven d'ingang van hunne Tent; want zy zullen niet onder de broek bukken of door gaen, alzoo 't zelve by hen mede voor een grouwel gehouden word. Als de Kalmakken by malkanderen te gast komen, zoo worden de gasten met een dronk Merriemelk onthaelt: ook weten zy van de Melk zekere drank te maken, die zoo sterk, als Brandewyn is. In plaets van Zuiker-gebak of andere lekkernye, word den gasten een stuk Paerde, Osse, Kamele of ander vet voor geleit: het welk zy zonder brood, of andere toespyze, smakelijk op eeten." (nl. – Die Kalmyken essen alle vorkommenden Speisen. Wenn sie Tiere schlachten, trinken sie das warme Blut als ein schmackhaftes Getränk und eine Leckerei und sagen, daß dies gesund sei. Sie sind sehr darauf bedacht, daß nichts von einem Tier verloren geht, was einigermaßen eßbar ist bis hin zu den umlaufenden Substanzen [d. h. Blut u. Eingeweideinhalt] der Tiere. Krebse sind ihnen einen Greuel, und sie werden kein Gericht essen, in dem ein Krebs mitgekocht worden ist. Deshalb legen Fremde, die das wissen, wenn sie im Land der Kalmyken reisen, gewöhnlich einen Krebs, der in den Flüssen vorkommt, in ihre Kessel, um sich die Kalmyken fernzuhalten, die sonst wie gierige Hunde das Essen gar oder roh aus dem Kessel rauben. In ähnlicher Weise hängen sie eine Hose über den Eingang ihrer Zelte, um dieses Volk von ihren Zelten fernzuhalten; da sie [d. h. die Kalmyken] sich nicht unter einer Hose bücken oder darunter durchgehen werden, weil dieses bei ihnen auch für ein Greuel gehalten wird. Wenn sich die Kalmyken einander besuchen, werden die Gäste mit einem Trunk Stutenmilch bewirtet. Sie verstehen es auch, von dieser Milch ein Getränk zu machen, das so stark wie Branntwein ist. An Stelle von Zuckergebäck oder anderen Leckereien wird den Gästen etwas Fett vom Pferd, Ochsen, Kamel oder einem anderen [Tier] vorgesetzt, welches sie ohne Brot oder andere Beilagen mit Appetit verspeisen.) (Witsen 1705, S. 309)

[19] tatar. „афьюн" – Opium (*Ganiev* 1984, S. 31)
[20] siehe dazu Kapitel 17, Bl. 121r
[21] russ. *olennye* (*tungusy*) – Rentiertungusen; s. Glossar: Ren
[22] russ. *konnye* (*tungusy*) – Pferdetungusen, von russ. *kon'* – Pferd
[23] russ. *sobač'ie* (*tungusy*) – Hundetungusen, von russ. *sobaka* – Hund
[24] russ. *olennye korjaki* – Rentierkorjaken; s. Glossar: Ren
[25] russ. *sidjačie* (*korjaki*) – sitzende (d. h. nicht nomadisierende) Korjaken, von russ. *sidet'* – sitzen

[26] russ. *olennye lamuty* – Rentierlamuten; s. Glossar: Ren

[27] russ. *sidjačie* (*lamuty*) – sitzende (d. h. nicht nomadisierende) Lamuten, von russ. *sidet'* – sitzen

[28] *sokol* (Mz. *sokoly*) – Falke, Falco (Pawlowski 1952, S. 1520); „Falco L. Falken.* |* Man unterscheidet in den teutschen Benennungen a) Adler, langhalsige Falken mit kurzen, starken Füßen; b) Falken, mit kurzem Halse und langen Füßen, und c) Weihen, ... | ... 22. Falco barbarus L. ... Tatarischer Falk. Barbar=Falk. R. Sokol. ..." (Georgi 1797–1802, Theil 3, S. 1690ff.)

[29] „... zijn de Pyl-punten van hout; ..." (nl. – ... sind die Pfeilspitzen [der Kalmyken] aus Holz [angefertigt] ...) (Witsen 1705, S. 296)

[30] russ. *kulemy* (Ez. *kulema*) – Fallen für den Fang vonVögeln sowie von kleineren Tieren bis zu Bären; auch umzäumte Räume mit einer Falle am Eingang (*Slovar'* 2001a, S. 172; Pawlowski 1952, S. 605; *Anikin* 2000, S. 316f. und *Anikin* 2003, S. 316); s. auch Anm. 306 in Kapitel 25

[31] russ. *otpiska* – schriftliche Mitteilung eines Bediensteten der Krone zu offiziellen Angelegenheiten an den Zaren

[32] *Moskva*

[33] lat. – Ergänzungen der Akten des *Jakuck*er Archivs; Unter den von G. F. Müller kopierten Dokumenten des Archivs von *Jakuck* befindet sich unter Nr. 120 in Buch 1 ein Schreiben (eine *otpiska*) des Wojewoden von *Jakuck Vasilej Nikitič Puškin* an den Zaren *Aleksej Michajlovič* aus dem Jahr 7156 bzw. 1647/48 (AAW F. 21, Op. 4, D. 30, Bl. 307r–308v), in dem u. a. über die Rückstände bei den *Jasak*zahlungen der Jakuten auf Grund der Jagd russischer *promyšlenniki* auf Pelztiere berichtet wird. Explizit wird dabei die Jagd auf Zobel mit *kulemy* erwähnt (s. auch die Angabe im Verzeichnis der von G. F. Müller kopierten Dokumente in: *Pokrovskij* 1995, S. 198).

[34] „Dit volk verschynt wel gewapent ten kryg. Het draegt Stormhoeden en geschobde Harnassen: gebruikt Spiessen en Pylen; als ook korte Zwaerden, die niet krom, en Salemas by hen genoemt zijn. Voor hun ander geweer, gebruiken zy Pyl, Boog, lange Messen, Zabels, en eenen Speer, die met een spits yzer, van een elle lang, beslagen is: hebben daer en boven, om hun middel een dik touw, waer aen, op het einde, een strik is: dat zelve touw weten zy hunnen vyanden, in den ren, om den hals te werpen, en hen alzoo van de Paerden te rukken: ..." (nl. – Dieses Volk zieht gut bewaffnet in den Krieg. Man trägt Sturmhüte und Schuppenharnische, benutzt Spieße und Pfeile wie auch Kurzschwerter, die nicht gekrümmt sind und von ihnen Salemas genannt werden. Als weitere Waffen benutzen sie Pfeile, Bogen, lange Messer, Säbel und einen Speer, der mit einer Spitze von Eisen, etwa eine Elle lang, beschlagen ist. Darüber hinaus umschlingt ihr Körper ein dickes Tau mit einem Strick am Ende. Dieses Tau werfen sie während des Reitens ihren Feinden um den Hals und reißen sie auf diese Art von ihren Pferden. ...) (Witsen 1705, S. 294); „Zy gebruiken ten kryge gansch geen of zeer weinig Geschut; Roers, of Pistolen zeer zelden; maer Pyl en Boog, voeren ook geschubde Harnassen, Zeep-messen, Lancen en Storm-hoeden. ..." (nl. – Sie [d. h. die Kalmyken] benutzen im Krieg keine oder sehr wenige Geschütze, Flinten oder Pistolen nur sehr selten, jedoch Pfeil und Bogen. Sie tragen Schuppenharnische, Stockdegen [engl. swordstick, von den Holländern Seifenmesser genannt; „Stock=Degen ... ist ein Stoß=Degen, welchen man verborgen in einen Stock machen lässet, ..." – Zedler 1732–50, Bd. 40, Sp. 227], Speere und Sturmhüte. ...) (a. a. O., S. 306); Auf S. 295 (Witsen 1705) wird nicht über das Kriegswesen der Kalmyken berichtet.

[35] „In Tibet vallen Koeyen en Stieren, die geheel wit zijn; en hebben staerten van een uitmuntende schoonheid, die, tot Indostan en in 't Mogols Land, zeer duur verkoft worden, en waer mede zy de Oliphanten aen hunne ooren optooyen: gelijk men zulke staerten mede, in de Heirtochten, voor Standaerden, aen lange rieten gebonden, gebruikt: daer de zelve, als zy in de Aerde geplant staen, zoo als hunne wyze is, wanneer het Leger rust, als paruiken, by neer hangen." (nl. – In Tibet gibt es Kühe und Stiere, die völlig weiß sind und Schwänze besitzen, die von solch herausragender Schönheit sind, daß sie sehr teuer bis nach Indostan [Hindustan, Indien] und in die Mongolei verkauft werden. Mit diesen [Schwänzen] schmücken sie die Ohren ihrer Elefanten. Während der Kriegszüge werden diese Schwänze, an langes Schilfrohr gebunden, als Standarte benutzt. Ebenso werden diese, wenn das Heer ruht, in die Erde gesteckt und hängen dann wie Perücken herab.) (Witsen 1705, S. 342)

[36] „Sardelle (Engraulis), 1) nach Cuvier eigenes Geschlecht aus der Gattung Häring, mit schmalen Oberkieferknochen, mit stumpfer Spitze vortretender Schnauze, tief gespaltenem Maule u. Bauchflossen, welche etwas weiter vorn als die Rückenflossen stehen, sonst wie Häring; ... wird in ungeheuerer Anzahl Abends bei Licht in großen Netzen gefangen, eingesalzen, in Fäßchen gepackt u. versendet. ... 2) so v. w. Sardine" (Pierer 1857–65, Bd. 14, S. 892f.)

[37] „Leur grand traffic est la pesche des Sardines, qui sont comme des Anchois: on les pesche en May & en Juin dans les Côtes de Dalmatie, proche de l'Isa au Midi de l'Ile, en si grande quantité, qu'ils en fournissent toute l'Italie & la Grece. Les Turcs les prennent comme une Medecine quand ils sont malades. Elles suivent la lumiere, & s'assemblent autour du batteau ... & ainsi on les pesche avec beaucoup de facilité." (frz. – Ihr Hauptgewerbe ist das Fischen von Sardellen, die den Anschovis (Anchovis) ähnlich sind; man fischt sie im Mai und im Juni an den Küsten von Dalmatien nahe der Insel Lissa auf der südlichen Seite in so großer Menge, daß damit ganz Italien und Griechenland versorgt wird. Die Türken verwenden sie als Arzneimittel, wenn sie krank sind. Sie folgen [nachts] dem Licht und sammeln sich um das Schiff, ... und so fischt man sie mit großer Leichtigkeit.) (Wheler 1689, S. 35)

[38] s. dazu Kapitel 24, Bl. 164r
[39] russ. *rogoži* (Ez. *rogoža*) – Matten, Bastdecken
[40] russ. *košmy* (Ez. *košma*) – Filzstücke, Filz; s. Glossar: Woilok
[41] lat. – Übungen
[42] *Kamčatka*
[43] <lat.> – Vollzug
[44] frz. – Gastmahl, Fest
[45] <frz./lat.> – Unterordnung, Dienstgehorsam
[46] „Konkubine f. ‚ohne gesetzliche Eheschließung mit einem Manne zusammen lebende Frau, Geliebte, Mätresse' ... lat. concubīna. ..." (Pfeifer 1995, S. 707)
[47] „HALTEN, ... ein kind halten, es ernähren, aufziehen, ..." (Grimm 1991, Bd. 10, Sp. 275ff.)
[48] lat. – Adoption, Annahme als Kind
[49] „Zeker Kalmaks Prins, dien ik zelfs in Moskou gesproken heb, was genaemt Taysi Jalba Dois: het eerste woord is zoo veel als Prins of Vorst gezegt; het tweede was zijn naem, en het derde die van zijn Vader. Hy had in zijn jeugt van naem verwisselt, alzoo veeltyds zick was, en zich inbeelde, het zelve uit een verkeerden naem te spruiten. ..." (nl. – Ein gewisser Kalmykenprinz, mit dem ich selbst in *Moskva* gesprochen habe, wurde Taischa Jalba Dois genannt. Das erste Wort bedeutet in etwa Prinz oder Fürst [s. Glossar: Taischa], das zweite war sein Name, das dritte der seines Vaters. Er hatte in seiner Jugend mehrfach den Namen gewechselt, weil er oft krank war

und sich einbildete, daß diese [Krankheit] auf Grund eines falschen Namens entstand. ...) (Witsen 1705, S. 294)

50 „Blattern, Pocken, Kinder=Pocken, Lateinisch Variolae und Varioli, ..." (Zedler 1732–50, Bd. 4, Sp. 95ff.); „Pocken, 1) (Menschenpocken, Variolae), eine ... ansteckende Hautkrankheit, welche seit ihrer Entstehung mehr als kaum eine andere Verheerungen unter allen Völkern angerichtet hat. ... Die Menschenpocke od. Menschenblatter ist eine fieberhafte Hautausschlagskrankheit, welche mit mäßigem Fieber, mit gastrischen Zufällen, ziehenden Schmerzen im Körper, wohl auch mit Nervenzufällen ... u. mit einem dem modernen Brode ähnlichen Geruche des Athems u. der Hautausdünstung, allmälig sich steigernd, eintritt. Endlich bricht der Ausschlag unter Augenschmerzen, Thränen der Augen, Hautbeschwerden u. Hautbrennen durch ..." (Pierer 1857–65, Bd. 13, S. 225f.); „Ihre [d. h. der ‚heidnischen Nationen'] ohnehin nicht beträchtliche Vermehrung aber geht durch die Pocken, wenn sie unter sie gerathen, nicht nur verloren, sondern sie verringern auch die Nationen im Ganzen dermaßen, daß jetzo, obgleich ihre Lebensart nicht die geringste Hinderniß gelitten, ihre Mannzahl der zu den Zeiten der Eroberung bey weitem nicht gleich kömmt. Die Pocken pflegen ... ohngefehr jedes 10te, 20ste oder 30ste Jahr unter sie zu kommen, dann aber tödten sie auch fast alles was sie ergreiffen und nicht der Zehente behält von den Befallenen das Leben. Das die Krankheit unter ihnen würgender, als unter andern Nationen ist, wird auf das beständige Fleischessen und auf die Vernachläßigung der Kranken, die sie wie den Todt selbst fliehen und sich wegen derselben in die tieffsten Wälder verbergen, geschoben. ..." (Georgi 1775, S. 503f.)

51 Syphilis; „FRANZOSEN, pl. morbus gallicus, lues venerea, lustseuche. ..." (Grimm 1991, Bd. 4, Sp. 62f.)

52 frz. – Gastmahl, Fest

53 russ. *pegaja orda* – gescheckte Horde (Stamm); s. Glossar: Geschlecht; s. Anm. 18 in Kapitel 6

54 lat. – (eines) Mooses; „Moos, ... Lateinisch Muscus, ... Ein kleines Kraut, welches an den Stämmen derer Bäume, alten Blöcken, Steinen und auf der Erden wächset. ..." (Zedler 1732–50, Bd. 21, Sp. 1436ff.)

55 Angelica L., Angelik. ..." (Georgi 1797–1802, Theil 3, S. 850f.); „Angélica <Engelwurz>: wie das Artepitheton archangelica erst mlat. Pfl. Name als angelica (herba) <Engelwurz>, zu lat. angelicus <Engels-> ..." (Genaust 2005, S. 63); zur Verwendung in der russischen Volksmedizin (und bei den Lappen) siehe Demitsch 1889, S. 171–173

56 lat. – ebenda

57 „Natürliche Religion, Religio naturalis, heist eine solche Religion, die, so zu sagen, mit uns gebohren wird, und die nicht von dem Glauben oder von der Göttlichen Offenbarung herrühret. Diese Religion ist überall; ist der Mensch ist; doch aber kan man dieselbe nicht anders, als durch eine solche Absonderung, erkennen, wenn man sie auf einige Art aus der Natur des Menschen, wie er jetzt ist, abscheidet, um sich von derselben einen richtigen und deutlichen Begriff zu machen. ..." (Zedler 1732–50, Bd. 23, Sp. 1010ff.)

58 „Natürliche Erkänntniß GOttes, Cognitio Dei naturalis, ist eine wahrhafftige, aus dem Licht der Natur herrührende Wissenschafft, die uns versichert, daß gewiß ein GOtt sey, welcher die gantze Welt, sammt allem, was darinnen ist, gemacht und noch erhält, auch durch seine Weißheit und Allmacht dergestalt regieret, daß man ihn daher als den Allerhöchsten fürchten, ehren und preisen muß. Diese ist bey allen Menschen zu finden, und alle Menschen erkennen von Natur GOtt einiger massen, dergestalt, daß, so bald sie ihre Vernunfft nur ein wenig zu ge-

brauchen anfangen, sie nicht umhin können, öffters an GOtt zu gedencken. Ja, es ist ihnen unmöglich, diese Gedancken gantz zu vertreiben, ..." (Zedler 1732–50, Bd. 23, Sp. 987ff.)

[59] mongol. „луу(н)" – Drache, Name des 5. Jahres des Tierkreises (*Luvsandéndév* 2001–2002, Bd. 2, S. 305)

[60] <frz./lat.> Subordination – Unterordnung, Dienstgehorsam; „SUBORDINATION, ... in allgemeiner bedeutung ‚der stand, da einer unter dem andern steht, ...' " (Grimm 1991, Bd. 20, Sp. 817)

[61] „Zy hebben hunne bezondere Afgoden, van Hout of Steen gemaekt, die zy, op eenzame woeste plaetzen, in de Bosschen zetten, en Offerhanden toebrengen van Geld, Oor-ringen, Zabels, en andere dingen, welke zy omtrent den Afgod leggen. En durven de vreemden, die deze dingen zomtyds vinden, (zoo zy zeggen) de zelve niet naderen, alzoo dat zy van de plaets niet zoude konnen gaen, noch geen weg vinden, om daer van daen te komen." (nl. – Sie [d. h. die Ostjaken] haben ihre besonderen, aus Holz oder Stein angefertigten Götzen, die sie an abgelegenen wüsten Orten in den Wäldern aufstellen und denen sie Geld, Ohrringe, Zobel [oder Säbel?] sowie andere Sachen, die sie als Opfergaben um den Götzen herum legen. Fremde, die solche Dinge manchmal finden, wagen es nicht (wie sie sagen), sich denselben zu nähern, da sie dann nicht von diesem Ort wegkommen können, noch einen Weg finden werden, um von dort wegzukommen.) (Witsen 1705, S. 313)

[62] „Chiromantie (v. gr.), 1) Weissagung des Charakters, des Lebensganges u. der Schicksale aus der Hand, u. zwar aus den, bei verschiedenen Menschen verschiedene Hautfalten od. Hautvertiefungen der hohlen Hand. ..." (Pierer 1857–65, Bd. 4, S. 47f.)

[63] lat. – Formen der Weissagung

[64] <lat.> – verursachen, hervorrufen

[65] „Op zommige Oorden in Moegalen Land, ziet men dat de voorby gaende Heidenen, kleinigheden aen de Bomen hangen, ter eeren hunner Afgoden, die zy gevoelen door dit Offer te behagen, als wanneer zy hun gebeden storten, oordeelende daer 't meest verhoort te zullen werden, om de nabyheit der valsche Godheit, die zy waenen daer omtrent zich onzichtbaer op te houden." (nl. – An manchen Orten im Land der Mongolen sieht man, daß die durchreisenden Heiden Kleinigkeiten an die Bäume hängen, um ihre Götzen zu ehren. Sie glauben, ihnen [d. h. den Götzen] durch dieses Opfer Wohlgefallen zu bereiten und meinen, daß ihr Gebet dort in der Nähe dieser falschen Gottheit, von der sie annehmen, daß sie sich dort unsichtbar aufhält, am besten erhört werden wird.) (Witsen 1705, S. 257)

[66] lat. – Seite 323 (und) die folgende (Seite)

[67] Auf den angegebenen Seiten zitiert N. Witsen (Witsen 1705) aus den Reiseberichten von Johann Gruber, Marco Polo u. a., in denen verschiedene Gegenden Nordchinas, von Tatarien, des Kaukasus und Samarkand beschrieben und kurze Angaben zu den religiösen Gepflogenheiten der dort lebenden Völker gemacht werden. Es ist jedoch nicht ersichtlich, auf welche Dinge sich G. F. Müller mit seinen Literaturangaben konkret bezieht.

Kapitel 1

/10r/

Vom Ursprunge der Völker

Die *Burjat*en haben eine *Tradition* / daß sie vor alters[a] mit denen / *Chalmük*en *Ölöt*[1] ein Volk / ausgemachet haben. *Ölöt*, sagen / sie, und *Burjät* seyen Zwey brüder / gewesen, welche[b] über eine / Stutte, so ein jeder sich Zueignen / wollen, in Streit gerathen, da / denn *Buriat* mit seiner *Ulusse* / flüchtig worden, und sich in / der Gegend der *Angara* / nieder gelasssen habe[2].

Die *Jakut*en haben eine *Tradition* / daß sie Vor alters mit denen / *Burjaten* und *Mongol*en Zu- / sammen gewohnet, und Von / selbigen durch Krieg aus ihren / Vorigen Wohnsitzen Verjaget / worden. worauf sie sich in der / Obern Gegend des *Lena* flusses / mit ihrem Vieh auf Flössse / gesetzet, und sich in der /10v/ Gegend Von *Olecma*[3] und *Ja- / KuzK*[4] niedergelasssen hätten, / Von[c] wannen sie sich hiernachst / in die ubrige Gegenden ausge- / Breitet.
Die *Tungus*en sind die UrsPrüng- / Lichen Einwohner der gantzen / Gegend Von dem *Jenisei*[5] fluß / gegen Osten biß an die / *OchozKi*sche See[6]. Sie hatten / Vor AnKunfft der *Jakuten* / den gantzen *Lena* im Besitz / und einer *JaKuzKi*schen *Tra- / dition* Zufolge soll Zwischen / ihnen und denen *JaKuten* / in der Gegend der *Gussel- / nie gori*[7] ohnweit unterhalb / der Mündung des *Patoma* / eine blutige Schlacht / Vorgefallen seyn, wodurch erstere / die NeuanKommende Gäste / abzuhalten gesucht haben[8] / Die *Jakuten* nennen desswegen / angeregte berge <...> /11r/ welches MordBerge bedeuten soll[9].

Auch noch heutiges Tages giebt / es Zu weilen unter denen *Ja- / Kuten* und *Tungus*en händel / wenn sich selbige in der / obern Gegend derer in den / *Lena* fallenden flüsssе / als *Witim*[10], *Patoma, Olecma*[11] / auf der Jagd[d] antreffen.
Zur Verbeßerung deßen was / *Strahlenberg* von einer *Tradition* / der *Arinzi*schen Heyden im *Kras- / Nojarski*schen Gebiethe schreibet[12], / habe folgendes aus dem Munde / eines alten Mannes Von diesem / Volke Zu *Krasnojarsk* auf- / gezeichnet.
Die *Arinzi* haben den Nahmen / Von dem *Tatari*schen worte / *Arà*[13], welches eine Hornüße[14] / bedeutet. Die *Krasnojarski*sche / *Tatar*en am fluß *Katscha*[15] /

---

[a] alters *verbessert aus* [.] [b] *nach* welche *gestr.* sich [c] Von *verbessert aus* [.] [d] auf der Jagd *über der Zeile*

welche von dene⌈n⌉ *Rus⌈s⌉e⌈n⌉ Katschinzi* /11v/ genennet werden, haben die / *Arinzi* Zu erst mit dem / Nahmen *Arà* Beleget¹⁶, wo- / hernächst sie auch selber den- / selben angenommen haben. / Wie sieᵃ sich aber Vorher selbst / genannt, solches wis⌈s⌉en sie sich / nicht Zu erinnern. In der / *Arinzi*schen Sprache heis⌈s⌉et / eine Hornüs⌈s⌉e¹⁷ *Ssussaì*. / Die *Arinzi* sind Vor alters / ein großes und Zahlreiches / Volk gewesen, und haben / die gantze westliche Gegend / des *Jenisei*¹⁸ flusses⌉ Von / der Mündung des *Katscha*¹⁹ / an Biß an den waßerfall, / welcher das *Krasnojarski*sche / Gebiethe von dem *Jeniseiski*sch⌈en⌉²⁰ / Unterscheidet²¹, inne gehabt. / Die grös⌈s⌉este *Ulusse* ist ge- / wesen ohnweit unterhalb *Pod-* / *jemnoi Sielo*²² auf einer gros⌈s⌉en⌉ / Wiese. In diese *Ulusse* / Kam einsmahls eine Schlange, /12r/ Welche ein Mann Von dem Volke / der *Arinzi* verwundet, doch / so daß sie mit dem Leben / darVon geKommen. Bald / darauf hat man auf dem / Gegenseitige⌈n⌉ Ufer des *Jenisei*²³ / flusses⌉ ein Geschrey als eines Mensche⌈n⌉ / gehöret, der geschrien und / gebete⌈n⌉, man möge ihn über / den fluß setzen. Worauf / ein Mann der Besagten / *Ulusse* mit einem Bothe / übergefahre⌈n⌉, als er aber / an das gegenseitige Ufer / geKomme⌈n⌉, sey Kein Mensch / Zu sehe⌈n⌉ gewese⌈n⌉. Sondern es / habe sich eine große Menge / gros⌈s⌉er Schlang⌈en⌉ in das Both / geworffe⌈n⌉, unter welche⌈n⌉ / eine außerordentlichᵇ groß / gewese⌈n⌉, mit einem gros⌈s⌉en / Kopffe und über den gantzen / Leib mit einem gold Glantze / dieselbe habe den Mann in *A-* / *rinzi*scher Sprache angeredet, / und gesagt, er solle sichᶜ nicht /12v/ fürchten, sonder⌈n⌉ sie nur über- / bringen. Es solle ihm Kein / Leid wiederfahren. doch mit / dem Bedinge, daß er nie- / mand Von dene⌈n⌉ übrigen / Einwoher⌈n⌉ der *Ulusse* das / geringste davon sage: und / solle er Zum Zeichen rund um / seine Jurte asche streue⌈n⌉ / auch eine⌈n⌉ Bunten *Arcan*²⁴ / (Strik von PferdeHaare⌈n⌉) daherum / Ziehen. Welches dieser auch gethan. |: Die Schlange⌈n⌉ haben sich, sobald / sie auf das westliche⌉ Ufer des / *Jenisei*²⁵ flusses⌉ ubergeKommen, / Zerstreuet. :|ᵈ Die Nacht darauf / seyen alle Einwohner der- / selben *Ulusse*, obbemeldete⌈n⌉ / eintzigen Mann mit seiner / *Familie* ausgenomme⌈n⌉, Von / denen Schlangen umgebracht / worden. Der ubrig ge- / bliebene habe alle Jurten / *visitir*et und an dene⌈n⌉ todte⌈n⌉ / *Cörper⌈n⌉* bemerket, daß / aus allen Löchern des Leibes / als Mund, Nasen, Ohren, / Hintern, u⌈nd⌉ s⌈o⌉ w⌈eiter⌉ ein Schlangen- / Schwantz hervorgeZuket /13r/ Nachdem haben die *Arinzi* sich / eine geraumeᵉ Zeit Vor dene⌈n⌉ / Schlangen sehr gefürchtet / und sich nicht unterstande⌈n⌉ / denenselbe⌈n⌉ Leid Zu Thun. Jetzo / aber ist solches nicht mehr. / Sie schlagen sie todt, wo sie dieselbe / finden. Die übrige⌈n⌉ *Arinzi*sche / *Ulussen* sollen nach dieser Begebenheit auch Kein Glük /

ᵃ ₛᵢe *verbessert aus* [.]   ᵇ ₐᵤßerordentlich *verbessert aus* außerordentliche   ᶜ ₛich *verbessert aus* n   ᵈ *von* Die Schlangen *bis* Zerstreuet *rechts marginal*   ᵉ ₉ₑᵣₐᵤme *verbessert aus* [..]

mehr in der fortpflanZung / gehabt sonder⌈n⌉ Beständig ab- / genommen haben. So / daß jetzo Von dem gantzen / Volke nicht mehr als 9 / *Familien* übrig sind, unter / welchen nur ein alter Mann / ist, welcher die *Arinzi*sche / Sprache redet. Die übrige rede⌈n⌉ / *Tatari*sch, weil sie sich mit dene⌈n⌉ *Tatare*⌈n⌉ schon seith Vielen / Jahre⌈n⌉ her durch Heyrath / Verbinden[a]. Sie haben / Versuchet, nach der Ost⌈l⌉ichen⌉ Seite / des *Jenisei*²⁶ flußes hinüber /13v/ Zu Ziehen, ob sie daselbst mehr / Glük in der fortpflanZung / haben mögten: aber auch solches / hat nichts geholffe⌈n⌉²⁷.

|: *Messerschmidt in observat⌈ionibus⌉ / Manuscr⌈iptis⌉ ad Strahlenberg / ad h⌈unc⌉ l⌈ocum⌉ Serpens Gothis*²⁸ / *Sacer de quo Autor Chro- / nici Gothlandici, vnde su- / spicari liceat Gothos sub / serpentum imagine indi- / gitare*[b].²⁹ :|[c]

Die *Tschazi*sche⌈n⌉ *Tatar*en / im *Tomski*schen gebiethe sage⌈n⌉, / daß sie vormahls Unterthane⌈n⌉ / des *Kutschum Chans*³⁰ gewese⌈n⌉ / mit[d] welchem sie am *Irtische*³¹ / gewohnet hätte⌈n⌉. Als aber / *Kutschum Chan*³² Von dene⌈n⌉ / Rus⌈s⌉en Verjaget worden, / seyen sie nach dem *Tom*³³ f⌈l⌉uß / entflohen. Der Nahme / *Tschaz*³⁴ soll daher entstanden / seyn, weil sie mit ihrem *Chane* / auf der flucht sich eine[e] / Zeit lang auf einer Land SPitze / Zwischen Dem[f] Zusammenlauffe / Zweyer flüße aufgehalten / hätten. Was es aber für flüs⌈s⌉e / gewese⌈n⌉, wißen sie nicht: glaube⌈n⌉ / aber, das⌈s⌉ es irgendwo am / *Irtisch*³⁵ gewese⌈n⌉. /14r/ Die *Teluti*sche⌈n⌉ *Tatare*⌈n⌉ im *Kusnez- / Ki*sch⌈en⌉ Gebiethe³⁶ sage⌈n⌉, sie habe⌈n⌉ / vordem Zwische⌈n⌉[g] dem *Ob*³⁷ und / *Irtisch*³⁸ in der *Steppe* mit dene⌈n⌉ / Chalmüken Zusammengewohnet, / Bey denen großen Kriegen aber, / so dieses Volk in dene⌈n⌉ Vorig⌈en⌉ / Zeit⌈en⌉ untereinander geführet[h], / sich Von ihnen getrennet.

Von dem UrsPrunge der *Ostiak⌈en⌉* / S⌈iehe⌉ *witsen. p⌈agina⌉* 313.³⁹ *Strahlenb⌈erg⌉*⁴⁰ sagt in der Vorrede / Von dene⌈n⌉ *Aramaeis Plinii*⁴¹ / daß solches die *Naimans*⁴² der / *Mongol*en seye⌈n⌉: dabey hat / *Messerschmid*[i]⁴³ in margine⁴⁴ annotir*et*: *Aramaei Plinio / Scythae alias Syri* אֲדָם⁴⁵ / *Nomades Mongoli et Kalmacki / Aram-suri seu Aramaei, de / quo si ita Deo videbitur seorsim / agam.*⁴⁶

Im Staat Von Sibirien⁴⁷ werden / die *Samoj*eden an der *Dwina*⁴⁸ / im *Archang⌈elskischen⌉* Gebiethe⁴⁹ mit dene⌈n⌉ / Lappen für einerley Volk /

---

[a] ᵥₑᵣᵦᵢnₐₑₙ *verbessert aus* [.] [b] ᵢₙdigitari [c] *von* Messerschmidt *bis* indigitari. *auf Bl.* 12v *rechts marginal* [d] ₘᵢt *verbessert aus* [.] [e] ₑᵢₙe *verbessert aus* [.] [f] Dem *verbessert aus* z[...] [g] Zwische) *verbessert aus* [.] [h] gₑfⁱihret *verbessert aus* [.] [i] ₘₑSₛₑᵣₛcₕₘᵢd *verbessert aus* [.]

gehalten wie den jene unter / diesen offters Vermengt lebe⌈n⌉, / und^a Zuweilen auch der / Crone *Schwede⌈ns⌉* u⌈nd⌉ an *Dänemark* / *Contribution* bezahle⌈n⌉ solle⌈n⌉.
/14v/
Strahlenberg^b Einlei⌈tung⌉ p⌈agina⌉ 62.^{50} Von / dem Worte *Tamgatsch*. darüber / merket *Messerschmid*^{c} *in observat⌈ionibus⌉ M⌈anu⌉s⌈crip⌉tis*^{51} / an: *Tamagatschi contracte*^{52} *Tamgatsch* / möchte sich Vielleicht bes⌈s⌉er also^d erklären las⌈s⌉en⌉ /

[mongol.] 𐰍 *Tamachà*^{53} heißet ein Siegel, und derje- / nige so es in Verwahrung hat, wird / durch Anhängung der *Syllabae fina-* / *lis*^{54} [mongol.] 𐰍 (*tschi*)

Tamachatschi^{55} [mongol.] 𐰍 / d⌈as⌉ i⌈st⌉ Siegel Verwahrer ge= / nennet. Diese aber nennen / wir die *Cantzler*^{e}, und den Ort^f, wo / solches Siegel Verwahret, auch die Reichs / briefe versiegelt werde⌈n⌉, Cantzelley / oder *Tamachatsch*. Eben also wird / Von *Taemæ*^{56} Cameel, ein Cameel- / Hüter *Taemtschi*^{57}, von *Tara*^{58} Korn, / ein Feld.Hüter *Taratschi*^{59} p⌈erge⌉ genannt. / *Altatschi*^{60} ein GoldSchmidt / *Mungutschi*^{61} ein Silberschmidt. / *Adachotschi*^{62} ein Pferde Hüter / *Ukirtschi*^{63} ein Kuh-Hirte. / *adde*^{64} *Emtschi*^{65} ein Medicus p⌈erge⌉

Im Staat Von *Sibiri*en^{66} werden / unter *Pelim*^{67} *Samoj*eden angegebe⌈n⌉ / solches mü⌈s⌉⌈s⌉en wohl die *Wogul*en / seyn. Ob dieselbe mehr mit dene⌈n⌉ / *Samoj*eden oder *Ostiak*e⌈n⌉ überein / Komme⌈n⌉ solches ist aus ihrer Sprache / Zu entscheiden. /15r/ Von denen *Ostiak*en hei⌈s⌉⌈s⌉et es im Staat / von *Sibiri*en^{68}, daß viele glauben, sie / seyen die alten *Scyth*en, welche an / *Alexandrum M⌈agnum⌉*^{69} Gesandte⌈n⌉ geschikt.

---

[1] kalmyk. „ойрат" – Kalmyken (*Muniev* 1977, S. 393); „Die Kalmüken nennen sich selbst Oelöt Ulöth und Uirut, von den Tataren werden sie Chalmak (welches von Chal Feuer und Aimak Geschlecht d. i. Leute die sich familienweise zusammen halten, oder auf einem Heerd kochen, kömt) genannt. Davon ist wohl die verdorbene europäische Benennung Kalmük entstanden." (Falk 1786, S. 563);

„Die Kalmücken. Dieser mongolische Stamm nennet sich selber Dörbön Oröt, d. i. die vier Verbundenen und auch Kalmük, vielleicht von dem tatarischen Chalimäk, d. i. Leute, die sich frey gemacht oder abtrünnig geworden sind, oder von dem mongolischen Gol, Feuer und Aimak Geschlecht. Unrecht nennet man das ganze Volk nach einem ihrer Stämme Soongoren. Verstellt schreibt man ihre Namen

---

^{a} *vor* und *gestr.* sollen ^{b} St$_{\text{r}}$ahlenberg *verbessert aus* [.] ^{c} Me$_{\text{s}}$serschmid *verbessert aus* [.] ^{d} $_{\text{al}}$s$_{\text{o}}$ *verbessert aus* l ^{e} Cantz$_{\text{l}}$er *verbessert aus* [.] ^{f} O$_{\text{rt}}$ *verbessert aus* [.]

Uiret, Elet, Eolut, Syngor. ..." (Georgi 1776–1780, S. 399); „Die dritte grosse Hauptabtheilung der Mongolen bilden die Ölöt oder Kalmüken, ... Der Name Ölöt bedeutet Abgesonderte, aber das Wort Kalmuk oder Kalmak ist noch nicht genügend erklärt worden." (Klaproth 1831, S. 270f.); „... wie sie [d. h. die Burjaten] aber andere nenne) folget als den ... den Calmuken Oelöt" (J. J. Lindenau in: RGADA F. 199, Op. 2, Portf. 511, Č. 1, D. 6, Bl. 3r)

2   Eine analoge Darstellung findet sich in: Müller 1761–1762, S. 139.

3   d. h. des Flusses *Olekma* bzw. der Gegend beim (späteren) *Olekminskoj ostrog*

4   *Jakuck*

5   *Enisej*

6   *Ochock*isches Meer bzw. *Ochock*er Meer

7   *Gusel'nye gory*; russ. *gora* (Mz. *gory*) – Berg; *gusel'nyj* Adj. zu russ. *gusli* – ein Saiteninstrument; zur Herkunft des Namens siehe Gmelin 1751–1752, Theil 2, S. 43f.

8   „Diejenigen Tungusen, welche an der Lena wohnen, haben noch von ihren Vor=Eltern eine Ueberlieferung, daß als die Jakuten in selbigen Gegenden angekommen, besagte ihre Vor=Eltern sich diesen fremden Gästen mit aller Gewalt widersetzet hätten, um ihnen den Durchzug zu verwehren, sie seyen aber von den Jakuten übermannet worden. Sie zeigen noch den Ort, wo damals zwischen den Jakuten und Tungusen, zum Nachtheile dieser letztern, ein blutiges Gefechte vorgefallen seyn soll. Dieser ist nicht weit von der Mündung des in die Lena fallenden Flusses Patoma, wo gewisse mit Streifen bemerkte Felsen zu sehen sind, die von den Russen Gusselni gori genennet werden. ..." (Müller 1761–1762, S. 150f.)

9   „... erreichten wir die Guselnie gori, auf Jakutisch Ogljung=Kaja, ... Was Ogljungkaja bedeutet, habe ich nicht erfahren können, jedoch hörte ich, da ich deswegen nachfragte, daß eben diese Berge in der älteren Jakutischen Geschichte sehr berühmt sind. ..." (Gmelin 1751–1752, 2. Theil, S. 343ff.); vgl. jakut. „öl" – sterben (*Pekarskij* 1958–1959, Bd. II, Sp. 1927; Middendorff 1851, Theil 2, S. 27); jakut. „өлөрүү" – Mord (*Afanas'ev* 1968, S. 654); jakut. „xaja" – Felsen, Berge, Felsgebirge (*Pekarskij* 1958–1959, Bd. III, Sp. 3242, Middendorff 1851, Theil 2, S. 80)

10   *Vitim*

11   *Olekma*

12   „... Als ich sie gefragt: Warum ihre Horde oder Stamm so gering und wenig, da sie doch eine eigene Sprache hätten? So antworteten sie mir: Sie hätten von dem Worte Arr den Nahmen Arrintzi oder Arrinci: Arr oder Ara hiesse bey ihnen so viel, wie eine Hörniß, so in der Schwedisch= und Gothischen Sprache Gering genennet wird, welche Creatur die Art hätte, daß sie Menschen und Vieh mit ihrem Stachel plagte, und wenn ihrer viel beysammen, so gar Menschen und Vieh todt stächen. Weil sie nun in denen alten Zeiten ein groß und mächtiges Volck gewesen, welches viel Leute todt geschlagen oder todt gestochen, so hätte man sie dahero mit denen Horißen verglichen, und ihnen desfalls solchen Nahmen Arr (oder Arinci, wie die Rußen sie nenneten) beygeleget. Zu einer gewissen Zeit aber wären eine grausame Menge Schlangen in ihr Land kommen, welche Köpffe wie Menschen gehabt, und hätten geglänzet wie die Sonne, mit diesen hätten sie zwar Krieg geführet, aber sie wären von denen Schlangen überwunden, ruiniret, und ihrer sehr viele von ihnen todt gestochen worden. Worauf die übrigen von ihnen sich aus dem Lande, wo sie damahls gewohnt, wegbegeben müssen. Diese Erzehlung kam mir nun ziemlich lächerlich vor, doch notirte ich solche in mein Journal. Nachdem ich nun nach der Zeit hier in Europa den Herodotum gelesen, finde ich dieselbige Historie von denen Schlangen in seinem IVten Buch, Melpomene

genannt, bey einem Volcke, so er Neuri nennet, beschrieben. ..." (Strahlenberg 1730, S. 86)
[13] tschatzk. „Árre" – lat. apis (Biene), lat. vespa (Wespe) (J. G. Gmelin in: AAW F. 21, Op. 5, D. 73, Bl. 286v/287r); barabinz. „Áru" – lat. vespa (Wespe) (a. a. O., Bl. 277r); teleut. „ary" – Hornisse (J. E. Fischer in: AAW R. III, Op. 1, D. 135, Bl. 56v); tatar. (*Tomsk*) „ary" – Biene (a. a. O., Bl. 56v/57r); tatar. „Are" – Wespe, Biene (D. G. Messerschmidt in: AAW F. 98, Op. 1, D. 35, Bl. 12r); turk. „āp", „apa" bzw. „apы"– Biene (Radloff 1963, Bd. 1, Sp. 245, Sp. 248 bzw. Sp. 265)
[14] „1. Vespa Crabro L. ... Horniß=Wespe. Horniß. ..." (Georgi 1797–1802, Theil 3, S. 2134f.)
[15] *Kača*
[16] katschinz. „Arinar" – Arinzen (s. Glossar: Arinzen) (J. E. Fischer in: AAW R. III, Op. 1, D. 135, Bl. 87v/88r)
[17] s. Anm. 14
[18] *Enisej*
[19] *Kača*
[20] Gebiet von *Enisejsk*
[21] Wasserfall beim Dorf *Podporožnaja*, etwa 30 Werst oberhalb von *Kazačej lug pogost* (beschrieben von J. G. Gmelin in: Hintzsche 2009, S. 299)
[22] *Pod'ʼemnoe selo*; russ. *selo* (Mz. *sela*) – „Selo heist ein Ort, wo eine Kirche und die dahin gehörige Kirchenhäußer befindlich. ... Es giebt besondere Selo so privat besitzern imgleichen den Klöstern gehören ..." (AAW R. II, Op. 1, D. 206, Bl. 43v–44r; etwa 1727)
[23] *Enisej*
[24] russ. *arkan* – Fangstrick, Wurfschlinge; turk. „орҕан" bzw. „öркäн" – Strick, Seil (Radloff 1963, Bd. 1, Sp. 1061 bzw. Sp. 1227)
[25] *Enisej*
[26] *Enisej*
[27] Die vorhergehende Erzählung des Arinzen wurde von G. F. Müller auch wiedergegeben in: Müller 1761–1762, S. 155–158.
[28] „Gothen, ein germanisches Volk, welches nach Plinius schon im 4. Jahrh. v. Chr. von dem Reisenden Pytheas unter dem Namen Guttŏnes an der Ostsee östlich der Weichsel angetroffen wurde u. bei Tacitus u. Ptolemäus unter dem Namen Gothōnes (Gythōnes) in derselben Gegend wohnte. ..." (Pierer 1857–65, Bd. 7, S. 496ff.)
[29] lat. – Messerschmidt in den handschriftlichen Beobachtungen zu Strahlenberg zu dieser Stelle: Die Schlange ist den Goten heilig; darüber [schreibt] der Autor der Gotland-Chronik, so daß vermutet werden darf, daß die Goten unter einer Abbildung von Schlangen beten.
In der ‚Cronica Guthilandorum' (Strelow, Hans Nielssøn: Cronica Guthilandorum. ... Kopenhagen : Melchior Martzan, 1633) kommt eine Stelle vor, in der Schlangen erwähnt werden: Tielvar der Zweite, der Sohn von Guthi, segelte im Jahr 2264 nach der Erschaffung der Welt von einem Hafen in Dänemark aus in die Ostsee und entdeckte die Insel Guthiland (Gotland). In der ersten Nacht auf der Insel hatte seine Schwiegertochter Huittastienna einen prophetischen Traum (siehe a. a. O., S. 33ff.), nach dem drei ineinander verschlungene Schlangen aus ihrem Schoß hervortraten. Die Wahrsager (Zauberer) des Tielvar deuteten den Traum in dem Sinne, daß Huittastienna drei Söhne haben würde, die wie die Schlangen fest zueinander halten werden. So wie es Schlangen gewöhnlich, wenn sie verfolgt werden, in scharfsinniger Weise gelingt zu entkommen, würden die drei Söhne weitsichtig und klug werden, um Gefahren und Unglück abzuwenden. Die Deutung des Traums veranlaßte Tielvar zu der Entscheidung, sich auf der Insel, der Urheimat der Gothen, niederzulassen (Mitteilung von Prof. Dr. Peter Ulf Møller, Kopenhagen).

[30] Mitte des 16. Jahrhunderts unterwarf sich der Khan Kutschum (russ. *Kučum*) das Tatarenreich *Sibir'* mit der Hauptstadt *Isker* im Gebiet der Flüsse *Irtyš* und *Tobol*. Kutschum wurde 1582 durch den Kosakenataman *Ermak Timofeevič* aus *Isker* vertrieben, wodurch der Weg zur weiteren Eroberung Sibiriens geebnet wurde (s. dazu Müller 1761–1762 u. Fischer 1768).

[31] *Irtyš*

[32] s. Anm. 30

[33] *Tom'*

[34] „... der Nahme Tschat, welcher im Tatarischen eine Landspitze zwischen der Vereinigung zweyer Flüsse bedeute, ..." (Müller 1761–1762, S. 227); tatar. „чат" – scharf zulaufende Ecke, Kreuzung (einer Straße) (*Slovar'* 1966, S. 631); russ. *čat* bzw. *šat* – u. a. in der Bedeutung: Mündung, Vereinigung zweier Flüsse, Landstrich zwischen zwei Flüssen bzw. Verzweigung eines Flusses (*Murzaev* 1984, S. 606f.)

[35] *Irtyš*

[36] Gebiet von *Kuzneck*

[37] *Ob'*

[38] *Irtyš*

[39] „In 't voorby reizen na Sina Oostwaerts, worden de Ostakken aengedaen, een volk, dat onder het Russische gebied gehoort. Zy wonen langs de Rivier d'Oby, ... eigentlijk afkomstig van de Siraenen, een volk, dat zich noch by de Permaksche grenzen ophoud, en nu op Russisch gedoopt is, en ook de Russische Godsdienst, maer hun eigen spraek heeft. En zijn de Ostakken van hun gescheiden, ... Hun spraek, hoewel eenigzins verbastert, komt met de Siraensche spraek over een." (nl. – Wenn man ostwärts nach China reist, kommt man bei der Durchreise zu den Ostjaken, einem Volk, das zum russischen Gebiet gehört. Sie leben entlang des Flusses *Ob'*, ... stammen eigentlich von den Sirjänen ab, einem Volk, das noch an den Grenzen zu Permien lebt und jetzt russisch[-orthodox] getauft ist, auch den russischen Gottesdienst hat, jedoch seine eigene Sprache [beibehalten] hat. Obwohl die Ostjaken von ihnen [d. h. von den Sirjänen] getrennt sind, ... kommt ihre Sprache, gleichwohl einigermaßen vermischt, mit der sirjänischen Sprache überein.) (Witsen 1705, S. 313)

[40] „Es ist aus dem Plinio bekannt, daß das Alterthum die Scythen oder ein Theil derselben Aramaeos genannt, welche aber zu erst und anfänglich Nomaei geheissen; Dieses sind die Noi oder Naimanni der Tatern und Mungalen, denn diese halten sie vor das allergröste, älteste und reichste Volck und Geschlechte unter ihnen. Conferire auch hierüber obgedachte l'Histoire Genealogique des Tatars pag. 116. welche Naimannen die alten Scribenten sonst auch die Issedonischen Scythen genannt haben, wie die Historie des Genghizcans durch M. Petis de la Croix heraus gegeben, pag. 82. bezeuget." (Strahlenberg 1730, nicht paginierte S. 9 der Vorrede); „Chapitre XI. Des Tribus des Naimanns, des Caraïts, des Unguts & des Turkaks. La Tribu des Naimanns est tres ancienne & tres riche, ...", frz. – Kapitel XI. Die Stämme der Naimannen, der Karaiten, der Unguten und der Turkaken. Der Stamm der Naimannen ist sehr alt und sehr reich, ... (Abulgasi 1726; S. 116); „Ces Naïmans étoient les peuples que les anciens appelloient Scythes Issedons, & leur Ville Capitale étoit l'Issedon de Scythie, que les modernes ont nommé Succuir.", frz. – Diese Naimannen waren die Völker, die die Alten Issedonische Scythen genannt haben, und ihre Hauptstadt war Issedon von Scythien, die die Neueren Succuir genannt haben. (Pétis de la Croix 1710, S. 84, Anm. a)

[41] „Aramaei, Fr. Arameens, ist ein Volk unter den Scythen, wie Plinius berichtet, welcher der einzige Scribent ist, der ihrer gedenket. ..." (Zedler 1732–50, Bd. 2, Sp. 126); „XIX. Ultra sunt Scytharum populi. Persae illos Sacas in universum

appellavere a proxima gente, antiqui Aramaeos..." (Plinius 1723, Bd. 1, S. 315); übers. in: Plinius 2007, 1. Bd., S. 358 „Weiter hinaus[1]) wohnen scythische Völker. Die Perser nennen sie, von dem zunächst wohnenden Stamme, insgesammt Sacer; bei den Alten hiessen sie Aramäer. ... [1]) Jenseits des Jaxartes [1 – Anm. der Herausgeber]"

[42] „Naimanen, ein Stamm der Kalkasmongolen." (Pierer 1857–65, Bd. 11, S. 655); „Seit undenklichen Zeiten haben sich die Kirgisen, aus unbekannten Ursachen in drey Horden oder Haufen geheilt, welche die Grosse, Mittel und kleine Horde genennet werden. ... Die Mittelhorde besteht aus den Stämmen Naimani, Arginzi, Uwak Gereiz und Kiptschak, ..." (Georgi 1776–1780, S. 198ff.)

[43] Daniel Gottlieb Messerschmidt

[44] lat. – am Rand

[45] hebr. Aram – Syrer, Aramäer

[46] lat. – Die Aramäer hält Plinius für Skythen beziehungsweise Syrer ארם die Nomaden, Mongolen und Kalmyken, die Aram-suri oder Aramäer, möchte ich, so es Gott gefallen wird, gesondert behandeln.

[47] „Das 15. Capitel. Von den Samojeden/ und angränzenden Provinzen" (Staat 1720, S. 121–132); „2. Von den Samojeden/ findet man etliche Geschlechte von ganz unterschiedenen Sprachen/ deren einige unter Siberien und dem Waiwod von Pelun stehen. Es sind nemlich die Beresofskisch= und Pustosersischen/ die sich für einerlei Volk ausgeben. Darnach findet man andere an der See=Küsten/ bei der Ostseite von dem Oby/ bis Truchamskoy und Mangazeskoy. Weiter sind einige/ die sich um Archangel bei dem Dwina=Fluß meist das ganze Jahr aufhalten/ und des Sommers an dem Wasser/ des Winters in den Wäldern ihre Wohnung aufschlagen. Diese letzten sind ein zusammen gerottet Volk/ das längst dem Strand bei einander gewohnet/ und von dar nach dieser Gegend gewichen ist." (a. a. O. S. 122)

[48] *Dvina*

[49] Gebiet von *Archangel'sk*

[50] „X. Ferner: wenn man auch aus dem Kallmuckischen Vocabulario bemercket, daß Tamgatsch so viel, wie Schatzmeister, und Gatza, Schatz, heisse: (*) so ist leichte zu verstehen, wie es gemeynet sey, wenn der Brief von dem Chinesisch=Tatarischen Chan an den Römischen Kayser geschrieben, vid. Misc. Leibnitz pag. 56. in Tamgatsch datiret worden. (**) ... (*) Das Rußische Wort Gazack, und das Teutsche, Schatzgebung, wird mit diesem vielleicht einen Ursprung aus dem Persischen, in welcher Gaza daßelbe bemercket, haben, Ja, es scheinet hieraus, weil die Orientalischen Tatarn ihren Residenzen den Nahmen Tamgatsch beylegen, daß solches daher entstehe, weil die herumschweiffende Scythen zu denen ältesten Zeiten dennoch gewisse beständige Stellen gehabt, worinnen sie für ihre Regenten den Schatz zusammen gebracht. (**) Uber dieses Wort macht Andr. Müller Greiffenh. in seiner Disqv. Geog. et Hist. de Chat. pag. 3. und 56. unterschiedliche Auslegungen; Golius aber bey seinem Alfergano pag. 107. schreibet gar recht, daß wegen der Größe der Stadt Cambalick oder Pecking, die Stadt Tamgay angeleget worden, womit demnach die innerste Stadt des Kaysers bemercket wird; aber nicht, daß der Kayser selbst so genannt werde." (Strahlenberg 1730, Einleitung S. 62)

[51] lat. – Messerschmidt in den handschriftlichen Beobachtungen

[52] lat. – zusammengezogen

[53] mongol. „тамга" – Siegel, Stempel (*Luvsandėndėv* 2001–2002, Bd. 3, S. 184); kalmyk. „тамһ" – Stempel, Zeichen (*Muniev* 1977, S. 475); turk. „тамѣа" – Siegel (Radloff 1963, Bd. 3, Sp. 1003); (alt-)turk. „tamγa" – Siegel (*Slovar'* 1969, S. 530); s. auch Anikin 2000, S. 531 u. Anikin 2003, S. 598

[54] lat. – Endsilbe

[55] mongol. „тамгат" – ein Siegel habend, Siegelbewahrer (*Luvsandėndėv* 2001–2002, Bd. 3, S. 185); kalmyk. „тамhч" – Siegelbewahrer (*Muniev* 1977, S. 475); turk. „тамҕачы" bzw. „тамҕацы" – Siegelbewahrer (Radloff 1963, Bd. 3, Sp. 1005); (alt-)turk. „tamγačï" – Siegelbewahrer (*Slovar'* 1969, S. 530)

[56] mongol. „тэмээ(н)" – Kamel (*Luvsandėndėv* 2001–2002, Bd. 3, S. 287); kalmyk. „темән" – Kamel (*Muniev* 1977, S. 491)

[57] mongol. „тэмээч(ин)" – Kamelhirte (*Luvsandėndėv* 2001–2002, Bd. 3, S. 288); kalmyk. „темәч" – Kamelhirte (*Muniev* 1977, S. 492)

[58] mongol. „тариа(н)" – Getreide, Korn (*Luvsandėndėv* 2001–2002, Bd. 3, S. 193); kalmyk. „тәрән" – Getreide, Korn (*Muniev* 1977, S. 486); turk. „тарāн" bzw. „тары" – Hirse (Radloff 1963, Bd. 3, Sp. 841 bzw. Sp. 846)

[59] mongol. „тариаланч" – Ackerbauer (*Luvsandėndėv* 2001–2002, Bd. 3, S. 193); kalmyk. „тәрәч" – Ackerbauer (*Muniev* 1977, S. 486); turk. „тарыкчы" – Ackerbauer (Radloff 1963, Bd. 3, Sp. 847f.)

[60] mongol. „алт(ан)" – Gold (*Luvsandėndėv* 2001–2002, Bd. 1, S. 79); mongol. „алтач" – Goldschmied (a. a. O., S. 79); kalmyk. „алтн" – Gold (*Muniev* 1977, S. 37); kalmyk. „алтч" – Goldschmied (a. a. O., S. 37); turk. „алтын" – Gold (Radloff 1963, Bd. 1, Sp. 405); turk. „алтындачи", „алтынцы" bzw. „alтунчi" – Goldschmied (a. a. O., Sp. 408f., Sp. 410 bzw. Sp. 411)

[61] mongol. „мөнгө(н)" – Silber (*Luvsandėndėv* 2001–2002, Bd. 2, S. 345f.); mongol. „мөнгөч" – Silberschmied (a. a. O., S. 346); kalmyk. „мөнги" – Silber (*Muniev* 1977, S. 358); turk. „мöнÿн" – Silber (Radloff 1963, Bd. 4, Sp. 2130)

[62] mongol. „адуу(н)" – Pferdeherde (*Luvsandėndėv* 2001–2002, Bd. 1, S. 57); mongol. „адууч" – Pferdehirt (a. a. O., S. 58); kalmyk. „адун" – Pferdeherde (*Muniev* 1977, S. 28); kalmyk. „адуч" – Pferdehirt (a. a. O., S. 29); turk. „адунчi" – Aufseher eines Gestüts (Radloff 1963, Bd. 1, Sp. 495)

[63] mongol. „ухэр" – Hornvieh, Bulle, Kuh (*Luvsandėndėv* 2001–2002, Bd. 3, S. 434); mongol. „ухэрчин" – Hirte von Hornvieh, Kuhhirte (a. a. O., S. 435); mongol. „Ukkyr" – Ochse (Pallas 1801, S. 220); mongol. „uk̀ir" – Kuh (G. F. Müller in: AAW F. 21, Op. 5, D. 143, Bl. 93r); kalmyk. „укр" – Kuh (*Muniev* 1977, S. 548); kalmyk. „укч" – Kuhhirt (a. a. O., S. 548); turk. „сыҕырцы" bzw. „сiҥiрчi" – Kuhhirt (Radloff 1963, Bd. 4, Sp. 618 bzw. Sp. 680)

[64] lat. – füge hinzu

[65] mongol. „эм" – Arzneimittel (*Luvsandėndėv* 2001–2002, Bd. 4, S. 409); mongol. „эмч" – Arzt (a. a. O., S. 412); kalmyk. „эм" – Arzneimittel (*Muniev* 1977, S. 697); „эмч" – Arzt (a. a. O., S. 699); turk. „äм" – Arzneimittel (Radloff 1963, Bd. 1, Sp. 944); turk. „äмäчи" – Arzt, Heilkünstler (a. a. O., Sp. 951)

[66] s. Anm. 47

[67] *Pelym*

[68] „Man glaubet/ es seyen Nachkömmlinge von denen alten Scythen/ welche eine Gesandschafft an den grossen Alexander geschicket haben/ deren Anrede an den König noch bei dem Curtius zu lesen." (Staat 1720, S. 123)

[69] Alexander Magnus bzw. Alexander III., der Große

Kapitel 2

/16r/ᵃ

Von der Sprache der Völker
Die *Brazki*sche Sprache dießeits / des Sees *Baical*¹ ist ein *Dialect* / der *Mongoli*sche⁻ⁿ⁾. Sie unter- / scheidet sich hauptsachlich Von / der *Mongoli*sche⁻ⁿ⁾ in der AussPrache / derjenigenᵇ Wörter, in / welchen ein doppeltes *s* oder / *ss* VorKommt, anstatt deßen / sie ein *h* aussPrechen. Z⁻ um⁾ e⁻xempel⁾ / Saltz auf *Mongoli*sch *Dabus-* / *sun*², auf *Brazki*sch *Dabuhun*³.
Die *Brazki* jenseits dem See *Bai-* / *cal*⁴ Kommen wegen der Nach- / bahrschafft, und weil sie Vordem / viel unter dene⁻ⁿ⁾ *Mongol*en / Vermischt gelebet, mit denen- / selbe⁻ⁿ⁾ im *Dialect* mehrentheils / überein.
|: Die *Ostiak*en am *Ket*⁵ fl⁻uß⁾ / Sagen, daßᶜ nach Urtheil / und aussPruch aller benach- / bahrte⁻r⁾ Völker ihre *Ostia-* / *ki*sche SPrache die schwerste / unter allen sey. So wie man / dagegen die *Tungusi*sche / Vor sehr leicht halt. :|ᵈ
|: In Verschiedenen SPrachen Kommt / einᵉ *consonans* vor, den wir / mit *Lateini*sche⁻ⁿ⁾ buchstaben nicht anders / als durch *dsch* ausdrüken Können, da / aber das *sch* wie ein ж⁶ auszusPreche⁻ⁿ⁾. / Auf eine ähnliche weise mögen die / alten *Griech*en ihr ζ (*zeta*) ausgesproche⁻ⁿ⁾ habenᶠ / oder wie ein gelindes *ds*. wovonᵍ / aber das *s*. auch mannichmahl nicht / gehöret worden. Soʰ hatⁱ Z⁻ um⁾ e⁻xempel⁾ / *Philostorgius in Hist*⁻*istoria*⁾ *Eccles*⁻*iastica*⁾ Ναδιανδον / an statt Ναζιανζον geschrieben⁷, wie / *Photius* angemerket⁸. und *Plato in Cratylo* / hat unter den Veränderungen der buchstaben / auch diese angeführet, daß man anstat / des *z* das δ Zu gebrauchen angefange⁻ⁿ⁾⁹ / S⁻iehe⁾ *Scipione⁾ Maffei Museum Veronense* / p⁻agina⁾ 127.¹⁰ :|ʲ /16v/
In der *Jakuzki*sche⁻ⁿ⁾ Sprache / ist Zwar das Meiste *Tata-* / *ri*sch, Viele wörter aber / Kommen auch mit dem *Mon-* / *goli*sch⁻en⁾ und *Buraeti*sche⁻ⁿ⁾ / überein. Unterᵏ den *Jakut*en sind Viele, / welche nach Art der *Brazki* / das *ss* nicht aussPrechen / Können, sonder⁻ⁿ⁾ anstatt deße⁻ⁿ⁾ / gleichfalls ein *h*. aussPreche⁻ⁿ⁾. Das *sch* oder *Rußische* ж¹¹ ist / in der AussPrache bey denen / *Jakut*en, so wie auch bey dene⁻ⁿ⁾ / *Mongol*en und *Burjat*en. / Von dem *j*. schwer Zu unter- / scheiden.
|: Bey denen *Tatar*en *Dsch* für *j*. / Daher muthmas⁻s⁾et *Messerschmid*¹² / in einer

---

ᵃ *Bl.* 15v *leer* ᵇ *nach* derjenigen *gestr.* Völker ᶜ ₍da₎ß *verbessert aus* s ᵈ *von* Die Ostiaken *bis* leicht halt *rechts marginal* ᵉ *vor* ein *gestr.* Kommt ᶠ haben *über der Zeile* ᵍ w₍ovon₎ *verbessert aus* [.] ʰ *nach* So *gestr.* schreibt ⁱ hat *über der Zeile* ʲ *von* In verschiedenen Sprachen *bis* p. 127. *rechts marginal* ᵏ U₍nter₎ *verbessert aus* [.]

observ⌈atione⌉ anecd⌈otica⌉[13] Von / der[a] Nahmens *derivation*[14] der / *Scyth⌈en⌉* folgendes: *Jütlandia* / *dialecto Tatarica Dschütlandim* / *et Jütae similiter Dschütae* / *proferenda*: *ut tandem facilior* / *et evidentior ad Scythici no-* / *minis historiam deveniatur.*[15] / Diese *Observ⌈atio⌉* hat *Messerschmid* / dem *Strahlenb⌈ergischen⌉* Buche[16] am Ende / beygeschrieb⌈en⌉. :|[b] Die *Tungu*sen im *Nertschinski*sch⌈en⌉ / Gebiethe[17] reden mehr die / *Mongoli*sche als ihre eigene / *Tungusi*sche Sprache. /17r/
Die *Tomski*sche⌈n⌉ *Ostiak*en und / die *Krasnojarski*sch⌈en⌉ *Camaschinzi* / haben in der SPrache viel ahn- / Liches.
Die *Jeniseiski*sche⌈n⌉ *Assani* und / die *Krasnojarski*sch⌈en⌉ *Kotowzi* / und *Arinzi* Kommen gleich- / falls einigermas⌈s⌉⌈en⌉ mit ein- / ander überein.
Doch bestehet die ahnlichKeit / dieser SPrache⌈n⌉ nur in einig⌈en⌉ / wörter⌈n⌉. wenn ein jeder / seine SPrache redet, so Könne⌈n⌉ / sie sich nicht einer den ander⌈en⌉ / Verstehe⌈n⌉.
Die *Sojeti* im *Irkuzki*sch⌈en⌉ / Gebiethe[18] auf der *Mongoli*sch⌈en⌉ / Gräntze haben Vor alters / die *Tatari*sche SPrache geredet / aber dieselbe Verges⌈s⌉⌈en⌉, und / reden jetzo alle *Mongoli*sch. / Ein Mann von diesem Volke hat / mir noch die Zahlen auf *Tatari*sch / herzusage⌈n⌉ gewust, und gesagt daß / sie so vor alters Zu Zehlen pflege⌈n⌉. /17v/
Die *Koriäk*en und *Tschuktschi* / sollen in der SPrache nur im / *Dialect*e unterschieden seyn.
Ein *Tungu*se wenn er Rus⌈s⌉isch redet, / Ziehet die worte sehr Lang / in dem Munde.
Die *Jakut*e⌈n⌉ haben einige benennunge⌈n⌉ / Von Sache⌈n⌉, die sie doch Vor an- / Kunfft der Ruße⌈n⌉ nicht Können / gesehe⌈n⌉ hab⌈en⌉. Z⌈um⌉ e⌈xempel⌉ ein *Doschtschenik*[19] / nennen sie *al*[20].[c] einen / Mastbaum *Bagàch*[21]. wiewohl[d] / es mag seyn, daß die *Jakut*⌈en⌉ / auch vor der anKunfft der Rus⌈s⌉e⌈n⌉ / schon *Schitiki*[22] gehabt, und / mit diesen die *Dscheniks*[23] / Verglich⌈en⌉ hab⌈en⌉. denn die *Schi-* / *tiki*[24] nennen sie auch *Al*[25], und / dieselbe sind auch mit Mastbäume⌈n⌉.
Ein Kreutz nennen die *Jakut*e⌈n⌉ / *Surjàch*[26], und *Surjachtach*[27] / heißet bey ihnen einer der ein / Kreutz träget, nemlich also nenne⌈n⌉ / sie die *NowoKreschtschenni*[28] / oder diejenige *Jakut*⌈en⌉ so sich hab⌈en⌉ / tauffe⌈n⌉ Laße⌈n⌉. Die Ursache ist, weil / das Kreutz auf der brust über dem / Hertze⌈n⌉ getrage⌈n⌉ wird. denn *Surjach*[29] / bedeutet eigentlich das Hertz.
|: Sonst pflegen die Volker das / Kreutz mit ihren vorig⌈en⌉ Gotzen / bilder⌈n⌉ Zu vergleiche⌈n⌉, als / wie die *Brazki*.

---

[a] der *verbessert aus* m [b] *von* Bey denen Tataren *bis* beygeschriebe₍ *rechts marginal* [c] *nach* al. *gestr.* wiewohl [d] wiewohl *verbessert aus* o

Die *Pumpokolsche*⌐n⌐ *Ostiake*⌐n⌐ nenne⌐n⌐ / einen *NowoKreschtschennoi*³⁰ *Zidòp-Kitar* / *Zidòp* soll das Kreutz, *Kitar* den Halß / bedeute⌐n⌐. Den UrsPrung des wortes / *Zidop* wißen sie nicht. : | ᵃ /18r/
Die *Samojed*en nennen einen *Nowo* / *Kreschtschennoi*³¹ *Kého-táue*³² d⌐as⌐ i⌐st⌐ / dem ein Gott gegeben ᵇ ist ᶜ.
*InbazKi*sche *Ostiake*⌐n⌐ habe⌐n⌐ ihre / Vorige Heidnische Götzen *Úlbecka*³³ / genennet. Rußische bilder³⁴ wie / auch das Kreutz so sie am Halse / tragen nenne⌐n⌐ sie *Balbes*³⁵ / daher eine Kirche *Balbes-Ijus*³⁶.

¹ *Bajkal*
² mongol. „давс(ан)" – Salz (*Luvsandėndėv* 2001–2002, Bd. 2, S. 10); mongol. „dabussù" – Salz (G. F. Müller in: AAW F. 21, Op. 5, D. 143, Bl. 94r)
³ burjat. „Salz, dabahaŋ NU., dabahan(ŋ) T., Ch., dabaso S." (Schiefner 1857, S. 210); burjat. „даба(н)" – Salz (*Čeremisov* 1973, S. 180)
⁴ *Bajkal*
⁵ d. h. die pumpokolischen Ostjaken am Fluß *Ket'* (s. auch Kap. 25, Bl. 10v)
⁶ russ. ž
⁷ Ex Ecclesiasticis Philostorgii Historiis Epitome, Confecta à Photio Patriarcha, S. 115, In: Philostorgius 1643 „θαυμάζει, Ναδιανδὸν δὲ τὴν Ναζιανζὸν ἐξονομάζει"
⁸ Index in Philostorgium, S. 63, In: Philostorgius 1643 „Photius observat, Philostorgium vocare Ναδιανδὸν, pro Ναζιανζὸν."
⁹ Plato 1556, S. 60 „νῦν δὲ ... μεταστρέφουσιν. ἀντὶ δὲ τοῦ δέλτα ζῆτα" (dt. in Plato 1922, S. 94 „Heutzutage dagegen setzt man ... statt des δ aber ζ ...")
¹⁰ vgl. zu der Inschrift „Q. MAGVRIVS. Q. F. FAB FEROX LVS. EPIDIXIB. ET.

CETAES. I. II. III ..." in den Erläuterungen zu Maffei 1749, S. 127, „Magurius lusor in epidixibus, et lusor diaetae primae, et secundae, et tertiae ..." d. h. ‚LVS. ... CETAES' wird zu ‚lusor diaetae' (lat. – [Schau-]Spieler, der die Lebensweise darstellt) aufgelöst; siehe auch „Dem Ansehn nach hat sie [d. h. die Aufschrift] Herr Maffei glücklich, bis auf ein Wort erkläret. Sie lautet also: Q. MAGVRIVS. Q. F. FAB. FEROX. LVS. VETVRIAN. QVAE. ET. IVNI. ORVM. A. A. DICAVIT. EVRAS VIII. ET PERTIC. VNCIOR. XII. N. CCLIX. Hr. Maffei liest diese Aufschrift auf folgende Weise. Lusor epidixibus (das ist ἐν τας ἐπιδείξειν) et cetis (das ist diaetis) prima, secunda, tertia, in grege veturiana, quae et Juniorum, aquis Aponi dicavit euras octo et perticas uncinorum XII. numero 259. ... Seiner Auslegung nach will sie soviel sagen: Q. Magurius Ferox Vorfechter in den Schauspielen, und auf der 1sten, andern und dritten Fechtschule, aus der Bande, die Veturiana, oder auch Juniorum genannt wurde, hat dem Wasser des Flusses Aponus acht euras, und 259. Latten, oder Stangen, oder Pfähle, iede von 12 Haacken, gewidmet. ..."

ᵃ *von* Sonst pflegen die *bis* wißen sie nicht. *rechts marginal* ᵇ *nach* gegeben *gestr.* wird ᶜ ist über der Zeile

[11] russ. ž
[12] Daniel Gottlieb Messerschmidt
[13] lat. – anekdotischen Beobachtung
[14] <lat.> – Ableitung
[15] lat. – Es muß erwähnt werden, daß Jütland in der tatarischen Mundart Dschütlandim und Jüten entsprechend Dschütae heißt, so daß man nun auf leichte und einleuchtende Weise zu einem Verständnis der Bezeichnung Skythen gelangt.
[16] Strahlenberg, Philipp Johann von: Das Nord= und Ostliche Theil von Europa und Asia ... Stockholm : Selbstverlag, 1730
[17] Gebiet von *Nerčinsk*
[18] Gebiet von *Irkuck*
[19] russ. *doščanik* (Mz. *doščaniki*; *doščenik*, Mz. *doščeniki*) – großes flachbödiges Lastschiff der sibirischen Flüsse mit Rudern und einem Segel, das an Bug und Heck zugespitzt war; „Ein Doschtschennik ist ein Fahrzeug in der Figur eines Kahnes, und kan ein großer bedeckter Kahn genannt werden. Es ist ein Steuerruder daran, wie bey andern Schiffen zu seyn pfleget, aber nur bey denenjenigen, welche wider den Strom gehen sollen; denn die, die mit dem Strome gehen, haben statt des Steuerruders, so wie die Fahrzeuge auf der Wolga, hinten und vorne einen langen Balken." (Gmelin 1751–1752, 1. Theil, S. 169); „Dergleichen Fahrzeuge werden nicht mit einem Steuer regieret, sondern man macht zween behauene Balken, einen von vorne auf einer, und den andern von hinten, auf der andern Seite dergestalt feste, daß das eine Ende in das Wasser, und das andere bis gegen die Mitte des Fahrzeuges gehet. Der Balcken aber derjenigen Seite wird bewegt, wohin man das Fahrzeug lenken will." (a. a. O., S. 23)
[20] jakut. „āл" – Schiff, Barke, großes Boot (Pekarskij 1958–1959, Bd. I, Sp. 61; Middendorff 1851, Theil 2, S. 10)
[21] jakut. „баӈах" – Mast (Pekarskij 1958–1959, Bd. I, Sp. 329; Middendorff 1851, Theil 2, S. 126)
[22] russ. *šitiki* (Ez. *šitik*); „... einen Schitik, d. h. ein Boot, dessen Seitenwände nur aus Brettern bestehen, die vermittelst Riemen oder Baumwurzeln und Aesten zusammengehalten werden und deshalb leicht auseinander genommen und wieder zusammengefügt werden können, ..." (Baer 1872, S. 288); „... war eine Art von Böthen, daran die Bretter mit Riemen an einander befestiget, und gelichsam zusammen genähet, sind, aufgekommen, die wegen dieser Bauart den Nahmen Schitiki führen. Sie pflegen 5 Faden lang, 2 breit, mit einem Verdeck, platbodig und mit Mooß calfatert zu seyn, und werden eigentlich nur auf Flüssen, und zwischen denselben längst den Seeküsten gebraucht. Die Seegel bestehen aus weich gegerbten Rennthierfellen, an statt der Taue brauchet man Riemen von Elendshäuten, und die Anker sind von Holze, woran grosse Steine befestiget sind." (Müller 1758, S. 40)
[23] s. Anm. 19
[24] s. Anm. 22
[25] s. Anm. 20
[26] jakut. „cÿpäx" – Herz, Kreuz (Pekarskij 1958–1959, Bd. II, Sp. 2404; Middendorff 1851, Theil 2, S. 173)
[27] jakut. „cÿpäxтӓx" – mit einem Herzen, mit einem Kreuz; getauft (Pekarskij 1958–1959, Bd. II, Sp. 2406; Middendorff 1851, Theil 2, S. 173)
[28] russ. *novokreščen(n)yj* bzw. *novokreščen(n)oj* – Neugetaufter
[29] s. Anm. 27
[30] russ. *novokreščen(n)yj* bzw. *novokreščen(n)oj* – Neugetaufter
[31] russ. novokreščen(n)yj bzw. *novokreščen(n)oj* – Neugetaufter
[32] *Enisej*-samojed. „Kaha, Ch., kiho, B., Götze. ..." (Schiefner 1855, S. 79)
[33] vgl. ket. „ulbij" – Schatten, Seele des Menschen, Hilfsgeist des Schamanen (Donner 1955, S. 96)

[34] d. h. Heiligenbilder bzw. Ikonen
[35] Enisej-ostjak. „bałbäs" – Kreuz (Schiefner 1858, S. 189)
[36] ostjak. (Enisej) „ijús" – Hütte (G. F. Müller in: AAW F. 21, Op. 5, D. 143, Bl. 54r); ket. „īgus" – Haus (Donner 1955, S. 51); „Ijùss ... heist in der sPrache der ostiaken am Jenisei ... eine schwarzstube." (J. E. Fischer in: AAW R. III, Op. 1, D. 135, Bl. 1v)

Kapitel 3

/19r/[a]

Politische Einrichtung der Völker

Die Völker, so Von *Tatari*scher / und *Mongoli*scher abKunfft sind, / haben Von alters Her Kleine / Fürsten, die unsern Edelleute⌈n⌉ / Zu Vergleiche⌈n⌉ seyn möchten, / aus ihrem Mittel über sich Zu / herren gehabt Die *Tatar*en im *KusnezKi*schen / gebiethe[1] nennen diese würde / *Baschlik*[2] d⌈as⌉ i⌈st⌉ Hauptmann. / Bey dene⌈n⌉ übrige⌈n⌉ *Tatari*schen / Volkern, auch Bey denen *Ja-* / *kut*en ist der Rus⌈s⌉ische / Nahme *Kniäsez*[3] eingeführet.
|: Die *Krasnojarski*sche⌈n⌉ *Tatar*en / nennen die *woewoden* Be_g/[k4] / ihre *Tatari*sche Vorgesetzte aber / *Baschtìk*[5]. :|[b]
Das Tatarische *Bi*[6], welches / so viel als das Lateinische / *Dominus* oder Gebiethender / Herr Bedeutet, pfleget Von / denen Tataren diesen ihren / Edelleute⌈n⌉ als ein Ehren- / titul gegebe⌈n⌉ Zu werden.
Die *Mongol*en und Chalmücke⌈n⌉ / sagen anstatt deße⌈n⌉ *Nojòn*[7] /[c] /19v/ die *Jakut*e⌈n⌉ *Töjòn*[8].
|: Bey dene⌈n⌉ *Samoj*eden heis⌈s⌉et / ein *Kniasez: Bíamo* oder[d] *Bémo*[9] die *Ostiack*en[e] am *Jenisei*[10] sage⌈n⌉ / *Ki*[11] die *Tungus*en: *Nŭngga*[12]. :|[f]

Das Ehren wort Vornehmer / Frauen ist in der *Mongoli*sch⌈en⌉, / Chalmüki*sche⌈n⌉, *BrazKi*sche⌈n⌉ / *Tatari*sch⌈en⌉ und *Jakuti*sche⌈n⌉ / SPrache *Chatùn*[13].

Unter denen *Mongol*en und Chal- / müken, da die Politische Ein- / richtung und *Subordination*[14] in / beßerer Ordnung, als unter dene⌈n⌉ / *Sibiri*schen Völker⌈n⌉ ist, sind / Verschiedene ObrigKeitliche[g] Stuffen.[h] / nemlich *Chan*[15], *Chon-* / *taischa*[16], *Taischa*[17], *Saissan*[18], / *Schulenga*[19], *Sasul*[20] oder *Bosch-* / *Ka*[21]. *Chan* und *Chontaischa*[22] soll / eine Königliche würde bedeute⌈n⌉ / *Taischa* soll einem fürste⌈n⌉ / und *Saissan* einem EdelMann / gleichKommen. *Schulenga* /

---

[a] *Bl.* 18v *leer* [b] *von* Die Krasnojarskische₍ *bis* aber Baschtìk *rechts marginal* [c] *folgt die* [d] *oder über der Zeile* [e] Ostiacken *verbessert aus* [......] [f] *von* Bey dene₍ *bis* Nŭngga. *rechts marginal* [g] ObrigKeitliche *über der Zeile* [h] *nach* Stuffen *gestr. in der /* Obrigkeit

Sasul[a][23] und *Boschka*[24] sind / Amtsbedienunge[n], die man / Mit[b] dene[n][c] Teutschen[d] Voigten[25] und / Amtsdienern[26] Vergleichen mögte. /20r/ Von diesen Ehrentituln und Amts- / bedienunge[n] sind unter dene[n] / *Mongol*en und *BrazKi* in / Rußischem Gebiethe die Von / *Taischa, Saissan* und *Schu-* / *lenga* eingeführet. Bey einige[n] / *Mongol*ische[n][e] Geschlechtern in / der Nachbahrschafft Von *Se-* / *lenginsK* sind auch *Sasuls*[27] oder / *Boschkas*[28]. Das wort *Sasul*[29] ist das *Ta-* / *tari*sche *Jessaul*[30], welches gleich- / falls einen Amtsdiener[31] oder / Unterbeammten Bey denen / *Tatar*en im *Krasnojarski*sch[en], / *TomsKi*sche[n] und *KusnezKi*sch[en] / Gebiethe[32] bedeutet. Unter denen *Tungus*en im / *NertschinsKi*sch[en] Gebiethe[33] / sind Von der Rus[s]ische[n] Regie- / rung nach dem *Exempel* der / *Mongol*en auch in einem jeden / Geschlechte gewis[s]e *Saissane* / und *Schulengen* verordnet und[f] eingesetzet. /20v/ Bey denen übrigen *Tungus*en und / überhaupt bey allen übrigen / heidnische[n] Völker[n] in gantz *Sibirie*[n] / ist sonst Kein Unterscheid der / Personen oder obrigKeitlicher / Vorzug[34], weder Vormahls gewese[n], / noch gegenwärtig eingeführet.
|: *Kyschtymi*[35] auf *modori*sch / *Ennèn-chassà*[36], *Jasak* auf *Tatari*sch sowohl / als chalmüki*sch* / *Almàn*[g][37] / auf *BrazKi*sch *Albà*[38]. :|[h]
|: Die *Camaschinzi*[i] *Kotowzi* / u[nd] übrige Volker im *Krasnoj[arskischen*] / Gebiethe so in dene[n] walder[n] / wohnen haben Zwar Vorge- / setzte in einem jeden Geschlechte / so sie auf *Tatari*sch *Jessaul*[39] nenne[n] solche sind a[ber] bloß / wegen der *Jasaks*einnahme und / abgabe um dene[n] *Sborschiki*[40] / Zu assistiren. Sie haben Keine / Rechtspflegung, sondern solche / halt der *Sborschtschik*[41] / wenn er der *Jasaks*Einnahme / wegen Zu ihnen Kommt. :|[j] Die Völker von *Tatari*scher / und *Mongoli*scher Abkunfft, / wie imgleichen die *Tungus*en, / theilen. sich in gewiße Geschlechter / ein, die besondere Nahmen / führen. bey dene[n] ubrigen Heidnische[n] / Volker[n] ist solches vordem / nicht gewese[n], aber Bey einigen / auch nach dem *Exempel* der / Vorigen zur Zeit der Rus[s]ische[n] / *Occupirung* des Landes[k] wegen[l] / mehrerer BequemlichKeit in / der *Contributions* Hebung / eingeführet, da denn die Ge- / schlechter nach denen

---
[a] ₛₐₛᵤₗ *verbessert aus* [.]   [b] Mit *verbessert aus* [...]   [c] ₔₑₙₑ₎ *verbessert aus* [.]   [d] ₜₑᵤₜₛcₕₑn *verbessert aus* [.]   [e] ₘₒₙgₒₗᵢₛcₕₑ *verbessert aus* [.]   [f] verordnet und *über der Zeile*   [g] *vor* Almàn *gestr. u.* Brazki   [h] *von* Kyschtymi *bis* Albà *auf Bl.* 20r *rechts marginal*   [i] cₐₘₐₛcₕᵢₙzᵢ *verbessert aus* [.]   [j] *von* Die Camaschinzi *bis* Zu ihnen Kommt *auf Bl.* 21r *rechts oben marginal*   [k] *nach* Landes *gestr.* wur   [l] wegen *über der Zeile*

Nahmen / derer ansehnlichste⌐n¬ und reichste⌐n¬ / unter ihnen benennet worden.
/21r/
Es geschiehet noch heutigen Tages / besonders unter den *Jaku*ten / daß Zuweilen neue Geschlechter / entstehen. Denn wenn ein / Mann mehr als eine Frau / und mit allen Kinder hat, / so pflegen die Kinder so von / unterschiedene⌐n¬ Müttern sind, / ob sie gleich von einem Vater / herstamme⌐n¬, jede Parthey ihr / Geschlecht besonders Zu rechne⌐n¬ / und das⌐s¬elbe nach denen / Nahmen ihrer Mütter Zu benenne⌐n¬.
Vielleicht mögte auch Vor[a] alters / die Eintheilung in gewis⌐s¬e / Geschlechter aus eben derselbe⌐n¬ / Ursache aufgeKomme⌐n¬ seyn.
Ein Geschlecht[42] auf *Tatari*sch / *Aimàk*[43], auf[b] *Jakuti*sch[c] / *Omùk*[44], auf *Mongoli*sch[d] / *Otòk*[45], auf *Tungusi*sch: *gorbì*[46] / wenn man fragen will Von was for einem geschlechte / jemand sey, so sagt man auf *Tung⌐u¬sisch¬*: *ngi gorbì*[47e] |: [Geschlecht auf] *Juraki*sch: *tjäs*[48] / auf *Samojedi*sch *Jadiro*[49].
Die *Ostiak*en haben davor Keinen Nahmen / Z⌐um¬ e⌐xempel¬ wenn sie wollen sagen: das *Pumpo*- / *Kol*sche Geschlecht am *Ket*[50] fl⌐uß¬ so sagen / sie <u>Gebèngin</u>[51]. wovon das erste wort / das *nomen proprium*[52] ihrer Kleinen *Nation* ist / <u>Gin</u>[f53] aber ist der *plur⌐alis¬*[54] Von <u>Kit</u>[55] und / bedeutet Leute. Von dem UrsPrunge / des Nahmens *Pumpokolski*[56] wis⌐s¬en sie / nicht, und sagen er sey bey ihne⌐n¬ / nicht im gebrauch. :|[g]
bey dene⌐n¬ *Mongol*en Bedeutet / *Aimàk*[57] eine gantze *Nation* / die aus vielen *Otòk*[58] bestehet.[h] /21v/ sie sagen Z⌐um¬ e⌐xempel¬ *Mongol-aimaK*[59] / *Oross-aimaK*[60] | die Ruße⌐n¬ | *Ke*- / *töt-aimak*[61] | die Sineser | *Ölöth* / *aimaK*[62] | die Chalmüke⌐n¬ | *Bu*- / *rjath-aimaK*[63] | die *BrazKi* |
Das wort *Uluss*[64] bedeutet im *Mongo*- / *Lische*⌐n¬ soviel als Völker, oder / Viele Leute, ist eine Versammlung / oder Zusammenlauf von Leute⌐n¬ / ohne Unterscheid der *Natione*⌐n¬ / Und geschlechter.
Die *Kniäszi, BaschliKi*[65], *Taischi*, / *Saisani* und *Schulengi* sind / nur ein[i] jeder über dasjenige / Geschlechte, Zu welchem er gehöret. / Ihr amt ist Recht Zu sPrechen / und die StreitigKeiten Zu ent- / scheiden, außer in *criminal*- / Sachen, als welche denen / *Woewoden* in dene⌐n¬ Städten / vorbehalten sind. An einige⌐n¬ / Orten pflegen sie auch die / *Contributions*-hebung mit besorge⌐n¬ / Zu

---

[a] V$_{or}$ *verbessert aus* [.]   [b] $_a$u$_f$ *verbessert aus* [.]   [c] Ja$_{kutisch}$ *verbessert aus* [..]   [d] M$_{ongolisch}$ *verbessert aus* [.]   [e] *von* wenn man fragen will *bis* ngi gorbì *über der Zeile*   [f] G$_{in}$ *verbessert aus* [.]   [g] *von* Jurakisch *bis* nicht im gebrauch *rechts unten marginal*   [h] *folgt* sie sage$_)$ [i] ein *über der Zeile*

helffen, daß ein jeder /22r/ Von^a demselbe⌈n⌉^b Geschlechte sein *Con- / tingent* richtig abgiebt.
Einige Völker als Z⌈um⌉ e⌈xempel⌉ die / *Jakut*en haben auch leibeigene / Sclaven und Sclavinnen Von / ihrer eigenen *Nation*. denn es / ist Vordem unter ihnen nichts / Ungewöhnliches gewese⌈n⌉, daß / ein Armer Mann, wenn er / in Noth gewese⌈n⌉, um entweder / die *Contribution* Zu beZahlen, / oder sich Lebens Unterhalt Zu / Verschaffe⌈n⌉, weiber und Kinder / VerKauffet hat^c. Daher sind / auch die große Menge *Jakuz- / Ki*scher Sclaven und Sclavin- / nen unter die Rus⌈s⌉en / geKommen; wiewohl hierbey / auch Viele GewalttthätigKeit⌈en⌉ / mit untergelaufen^d.
Ich habe Zu *JaKuzK*[66] bey einem / oberhalb am *Aldan* fl⌈uß⌉ woh- / nenden *Tungus*en nicht we- / niger einen *JaKuzKi*sche⌈n⌉ / Sclaven gesehen: Und da / noch Vordem die *JaKute*⌈n⌉ und /22v/ *Tungus*en unter einander öffters / Kriege geführt, so sollen / auf Beyden Seiten viele im / Kriege gemachte gefangene / als *Sclaven* gehalt⌈en⌉ worden / seyn, welche aber nicht Lange sich / gehalt⌈en⌉, sonder⌈n⌉ bald wieder / Zu dene⌈n⌉ ihrige⌈n⌉ entlauffe⌈n⌉.
|: Die *Samoj*eden haben auch / Leibeigene Beyderley Geschlechts: / sonderlich die *Jurak*en. / Von weiblichem geschlechte werden^e / nur Mägdgens^f die noch nicht / Mannbahr sind, Zu Sclavinne⌈n⌉ / gehalt⌈en⌉. Sobald ein Mätge⌈n⌉ / Manbahr wird, so stattet man / sie aus für die gewöhnliche / *Kalum* und alsdenn ist sie / nicht mehr eine Sclavin son- / dern frau. es^g sey denn / daß man sie an einen Scla- / Ven verheyrathet. Wenn / auch Von *Jurak*en, *TschuK- / tschi* oder andere⌈n⌉ derg⌈leichen⌉ wilde⌈n⌉ / und streitbahre⌈n⌉ Völker⌈n⌉ / Zuweilen Rus⌈s⌉ische weibs- / Personen gefangen beKom- / men, so nehmen sie diesel- / be gleich Zu weibe⌈rn⌉, ohne / sie als ihre Sclavinnen / Zu *tractire*⌈n⌉[67].
Camaschinzi Kotowzi p⌈erge⌉ hab⌈en⌉ / Keine leibeigene. :|^h

---

[1] Gebiet von *Kuzneck*
[2] tatar. „башлык" – russ. *bašlyk* (Mz. *bašlyki*), Ataman, Haupt, Befehlshaber) (Ganiev 1984, S. 31); vgl. tatar. (*Kuzneck*) „basch", katschinz. „basch" – Haupt, Kopf (G. F. Müller in: AAW F. 21, Op. 5, D. 143, Bl. 40r bzw. Bl. 63v); turk. „баш" – Kopf, Haupt (Radloff 1963, Bd. 4, Sp. 1546) u. turk.

„башлык" – Befehlshaber (a. a. O., Sp. 1558f.); s. auch *Anikin* 2000, S. 124 u. *Anikin* 2003, S. 89; „Jeder Aimak [der Katschinzischen Tataren] erwählet seinen Aeltesten (K. Baschlyk) aus seinen Mitteln, meistens aus ihren ädelen Familien. ..." (Georgi 1776–1780, S. 234); „Sie [d. h. die Teleuten] theilen sich in Geschlechter (Aimak), deren jedes seinen

---

^a *nach* Von *gestr.* seinem ^b demselbe) *über der Zeile* ^c hat *über der Zeile* ^d unter_{gelaufen} *verbessert aus* [.] ^e wer_{den} *verbessert aus* zur ^f _{Mägdgen}s *verbessert aus* [.] ^g es *verbessert aus* [..] ^h *von* Die Samojeden haben auch *bis* Keine leibeigene. *auf Bl.* 22r *rechts marginal*

Aeltesten (Baschlik) hat." (a. a. O., S. 242); „Diese Tataren [d. h. die Wercho-Tomskischen] machen einen eigenen Stamm der Wolost aus, die einen besondern Vorsteher (Baschlik) hat ..." (a. a. O., S. 252)

3 jakut. „кінӓс" – Fürst (*Pekarskij* 1958–1959, Bd. I, Sp. 1092); jakut. „кінӓс" – Fürst (Middendorff 1851, Theil 2, S. 67)

4 tatar. „Bÿch" – „Ein Fürst" (D. G. Messerschmidt in: AAW F. 98, Op. 1, D. 35, Bl. 2r); chakass. „бег" – Titel der kirgisischen Fürsten; ab dem 19. Jh. gewählter Vorsteher eines Geschlechts (*Funk/Tomilov* 2006, S. 579 u. S. 586); turk. „бӓг" – Beamter (Radloff 1963, Bd. 4, Sp. 1580)

5 teleut. „паштык" – gewählter Beamter (Ältester) der teleutischen Selbstverwaltung, vergleichbar dem *bašlyk* (s. Anm. 2) (*Funk/Tomilov* 2006, S. 209)

6 tatar. „би" – Fürst, Herr, Beamter (*Slovar'* 1966, S. 70); katschinz. „Bi" – Herr (J. E. Fischer in: AAW R. III, Op. 1, D. 135, Bl. 52v); katschinz. „bi" – Herr (G. F. Müller in: AAW F. 21, Op. 5, D. 143, Bl. 63v); turk. „бī" – Fürst, König, Herr (Radloff 1963, Bd. 4, Sp. 1737)

7 mongol. „ноён" – Fürst, Herr (*Luvsandėndėv* 2001–2002, Bd. 2, S. 410); mongol. „nojon" bzw. „noïng" – Herr (G. F. Müller in: AAW F. 21, Op. 5, D. 143, Bl. 92v); kalmyk. „нойн" – Herr (*Iliškin* 1964, S. 121); „Die Kalmückischen Stämme sind von je her gewissen Oberhäuptern unterthan gewesen, deren Recht und Gewalt über die unterworfenen erblich fortgepflanzt wird, und noch izt ist die ganze Nation unter dergleichen kleinen Fürsten vertheilet, welche sich den Titel Nojonn beylegen lassen, und dem über sie ernennten Chan wenig gehorchen." (Pallas 1771, S. 328); s. auch unter ноён [russ. *noen*] in: *Anikin* 2000, S. 409; „Die Mongolen unter China sollen aus vierzig theils starken Ulussen bestehen. Die mehresten haben zwar ihre eigenen Erbfürsten (Taidshi) und die Ai-maken oder Geschlechter der Ulussen Saißane aus eigenem Adel oder abgefundenen Fürstensöhnen (Nojons), auch selbst erwählte Schulengos und Saßuls oder Aufseher; sie sind aber überhaupt weit mehr als die Kalmücken an der Wolga, mit welchen sie sonst eine ganz gleiche Einrichtung haben ... eingeschrenkt. ..." (Georgi 1776–1780, S. 434)

8 jakut. „тоjон" – Herr, Fürst (*Pekarskij* 1958–1959, Bd. III, Sp. 2706; Middendorff 1851, Theil 2, S. 97)

9 *Enisej*-samojed. „biómo, Fürst." (Schiefner 1855, S. 93); samojed. (enz.) „биомо" – Fürst, *knjaz'* (*Gemuev* 2005, S. 518)

10 *Enisej*

11 *Enisej*-ostjak. „kŷ" – Fürst (Schiefner 1858, S. 168); ostjak. (*Enisej*) „Kui" – Herr (G. F. Müller in: AAW F. 21, Op. 5, D. 143, Bl. 53v); ket. „kyj" – Fürst, Feldherr (Donner 1955, S. 59)

12 tungus. (ewenk.) „ноён" – Herr, Leiter (*Myreeva* 2004, S. 397); tungus. (lamut.?) „Niunga" – Herr (J. J. Lindenau in: AAW F. 934, Op. 1, D. 89, Bl. 430r; Kopie aus dem Archiv RGADA); tungus. „Noija" – Herr (Georgi 1775, S. 270); tungus. (e- wenk.) „нунгэмэ" bzw. „нюнгэмэ" – Anführer, Ataman (*Vasilevič* 1958, S. 300 bzw. S. 308)

13 mongol. „хатан" – Fürstin, Herrin (*Luvsandėndėv* 2001–2002, Bd. 4, S. 67); kalmyk. „хатн" – Frau (Anrede), Herrin (*Iliškin* 1964, S. 121); kalmyk. „Katun" – Frau (J. E. Fischer in: AAW R. III, Op. 1, D. 135, Bl. 66v); burjat. „хатан" – Zarin, Fürstin, Herrin (*Ceremisov* 1973, S. 560); tatar. „хатын" – Frau, Ehefrau, Dame (*Slovar'* 1966, S. 611); katschinz. „Kaddym", teleut. „Katy" u. tatar. (*Tomsk*) „Katun", tatar. (*Kazan'*) „Katin" – Frau (J. E. Fischer in: AAW R. III, Op. 1, D. 135, Bl. 52v/53r); tatar. (*Kuzneck*) „Katun", teleut. „Katý" – Ehefrau (G. F. Müller in: AAW F. 21, Op. 5, D. 143, Bl. 40r); turk. „катын", „хатын",

„хатун" bzw. „хотун"– Frau (Radloff 1963, Bd. 2, Sp. 284, Sp. 1680, Sp. 1683 bzw. Sp. 1707); jakut. „хатын" bzw. „хотун" – Herrin, Hausfrau (*Pekarskij* 1958–1959, Bd. III, Sp. 3408 u. Sp. 3535f.; Middendorff 1851, Theil 2, S. 76 u. S. 86); s. auch unter катун [russ. *katun*] in: *Anikin* 2000, S. 272f.

[14] <frz./lat.> Subordination – Unterordnung, Dienstgehorsam; „SUBORDINATION, ... in allgemeiner bedeutung ,der stand, da einer unter dem andern steht, ...' " (Grimm 1991, Bd. 20, Sp. 817)

[15] s. Glossar: Chan

[16] mongol. „хунтайж" – Prinz, Herrschertitel (*Luvsandėndėv* 2001–2002, Bd. 4, S. 167); mongol. „хун" – Schwan (a. a. O., S. 166); kalmyk. „хун" – Schwan (*Muniev* 1977, S. 609); kalmyk. „хун тээж" – Großfürst (a. a. O., S. 609); kalmyk. „хунтэж" – Prinz (a. a. O., S. 610); „Die mächtigsten unter den Kalmückischen und mongolischen Fürsten haben sich sonst theils von ihrem geistlichen Oberhaupt dem Dalai=Lama, theils von ihren mächtigern Nachbarn dem Rußischen und Chinesischen Beherrscher den Chanen=Titul beylegen lassen, und der Titel Chuntaidshi (Schwanenfürst) welcher vielen Soongarischen, Choschotischen und Mongolischen Fürsten eigen gewesen ist, wurde unter diesen Horden, da sie noch frey und von keiner auswärtigen weltlichen Macht abhängig waren, allein vom Dalai=Lama ertheilt, und gab den Rang über die gemeinen Fürsten und die Rechtmäßigkeit der Macht, welche sich solche über die minder mächtige anmasten." (Pallas 1779, S. 279); s. auch *Anikin* 2000, S. 301f.

[17] s. Anm. 7 u. Glossar: Taischa

[18] s. Glossar: Saissan

[19] s. Glossar: Schulenga

[20] russ. *zasul* – Befehlshaber bei verschiedenen sibirischen Völkern (*Anikin* 2000, S. 210); mongol. „засуул" – Befehlshaber, Sekundant (*Luvsandėndėv* 2001–2002, Bd. 2, S. 216); burjat. „захуул" –

russ. *esaul* (Kosakenhauptmann, Vertreter des Befehlshabers; s. Anm. 30) (*Čeremisov* 1973, S. 254); s. Anm. 7 u. Glossar: Schulenga

[21] russ. *boška* – Befehlshaber über zehn Personen (russ. *desjatnik*) (*Slovar'* 1975, S. 306); mongol. „бошго" – Unteroffizier, Beamter niedrigen Ranges (*Luvsandėndėv* 2001–2002, Bd. 1, S. 269); kalmyk. „boškᵒ" – „eine militärische würde, etwa: korporal." (Ramstedt 1935, S. 53); burjat. „бошхо" – Steuereinnehmer (*Čeremisov* 1973, S. 107); „... mit Zweyen Boschkas, welche Benennung im Mongolischen eine Art Civil-Bedienten bedeutet, so in denen GemeinstenVerschikungen pflegen gebrauchet Zu / werden, ..." (G. F. Müller in: AAW F. 21, Op. 5, D. 19, Bl. 145v)

[22] s. Anm. 16

[23] s. Anm. 20

[24] s. Anm. 21

[25] „Vogt, Vogd, Voigt, ... Lat. Praefectus, oder Praetor, ist eine obrigkeitliche Person, ... Insgemein aber bedeutet es einen Vorsteher, Verwalter, Verweser. Also ist ein Land=Voigt der Verweser über eine Landschafft; Stadt=Voigt ein Stadt Richter; Schirm=Voigt, der Schutz=Herr eines Klosters oder Stiffts, ..." (Zedler 1732–50, Bd. 50, Sp. 262f.)

[26] „Amts=Knecht Amts=Diener ist ein geschworner Bote, welcher das, was vor Gerichte geschehen soll, durch des Amtmanns Befehl denen Partheyen überbringen und ankündigen muß. ..." (Zedler 1732–50, Bd. 1, Sp. 1817f.)

[27] s. Anm. 20

[28] s. Anm. 21

[29] s. Anm. 20

[30] tatar. „есаул" – russ. *esaul* (Gehilfe, Adjutant, Kosakenhauptmann, Vertreter des Befehlshabers) (*Ganiev* 1984, S. 147); chakass. „чазоол" –russ. *esaul* (*Funk/Tomilov* 2006, S. 579 u. S. 587); turk. „jасаул" – Anordner, Unteroffizier, niedriger Offizier (Radloff 1963, Bd. 3, Sp. 215f.); „Jessaoul ist ein Tatarisches

wort und bedeutet eigentlich einen vicarium [lat. vicarius – Stellvertreter, Ersatzmann], lieutenant oder überhaupt einen subalterne" (J. E. Fischer in: AAW F. 21, Op. 5, D. 47, Bl. 3r, publiziert in: Hintzsche 2000, S. 460)

[31] s. Anm. 26

[32] Gebiet von *Kuzneck*

[33] Gebiet von *Nerčinsk*

[34] „VORZUG ... als juristischer terminus im sinne von ‚vorrecht, priorität, privileg' ... in freierer anwendung von jeder besserstellung und auszeichnung schlechthin, gleichbedeutend mit ‚vergünstigung' ..." (Grimm 1991, Bd. 26, Sp. 2010ff.)

[35] s. Glossar: Tataren; „Kyschtimi aber werden auf Tatarisch dergleichen Völker genannt, die einem andern Volke mit Gehorsam und Tributsbezahlung verbunden sind." (Müller 1763, S. 127); Neben der von G. F. Müller angegebenen Bedeutung stellt das Wort ‚Kÿschtÿm' auch die Bezeichnung turksprachiger (tatarischer) Völker für die Kotten (Kotowzen) und die Kamassen (Kamasinzi) dar (*Chelimskij* 2006, S. 202f.). „Die Koibalen wurden sonst auch bei den Russen Kyštim oder Кыштym genannt, aber dieses Wort ist kein Eigenname, sondern bedeutet in den Türkischen Dialecten des südlichen Sibiriens einen Knecht. Sie haben diesen Namen aus Verachtung von den Kirgisen erhalten, deren Unterthanen sie waren, und übersetzten ihn in ihre Sprache durch Numù. Übrigens sind die Koibalen nicht das einzige Volk, das Kyштym genannt ward, die Kotten und Камашen, die zu einem ganz anderen Völkerstamme, den ich den Jeniseïschen nenne, gehören, führten ihn, ja sogar die westlichen Büräten, gaben ihren Türkischen Unterthanen diesen Beinamen *). ..." (Klaproth 1831, S. 154)

[36] mator. „Enā ‚*echt, *richtig': Enä kasa ‚Herr (?)' ..." (Helimski 1997, S. 210); mator. „kasa (? kāsa) ‚Mensch' " (a. a. O., S. 269); taiginz. „chássa", karagass. „chássa" – Mensch (Helimski 1987,

S. 59, nach G. F. Müller); mator. „Каза" – Mensch (Pallas 1786/87, S. 44)

[37] „Die meisten Aimaken [der Teleuten] geben Tribut, den sie bald Jaßak (Gesetz), bald mit den Kalmüken Alman nennen." (Georgi 1776–1780, S. 242); tatar. (*Tara u. Tomsk*) „алман" – Abgabe (nach *V. N. Tatiščev* in: AAW F. 21, Op. 5, D. 152, Bl. 95r bzw. Bl. 182r); turk. „алман" – Tribut, Abgabe (Radloff 1963, Bd. 1, Sp. 437); kalmyk. „алвн" – Steuer, Abgabe (*Iliškin* 1964, S. 317); „Der Tribut (Alban), den die [kalmykischen] Unterthanen dem Fürsten erlegen müssen, ..." (Pallas 1779, S. 281); nach *Anikin* 2000, S. 83 u. S. 82 (unter russ. *alman* bzw. *alban*) kamass. „alman" – *jasak* u. kalmyk. „алвн" – Steuer, Abgabe

[38] „Alle Burätten geben einen sehr geringen Tribut (B. Albon) in barem Gelde." (Georgi 1776–1780, S. 424); burjat. „алба(н)" – Abgabe, Steuer (*Čeremisov* 1973, S. 40)

[39] s. Anm. 30

[40] russ. *sborščiki* (Ez. *sborščik*) – Steuereinnehmer, *Jasak*einnehmer

[41] russ. *sborščiki* (Mz. *sborščiki*) – Steuereinnehmer, *Jasak*einnehmer

[42] s. Glossar: Geschlecht

[43] tatar. „аймак" – russ. *ajmak* (*Ganiev* 1984, S. 18); teleut. „аймак" – Geschlecht (*Funk/Tomilov* 2006, S. 205); turk. „аімак" – Volk, Geschlecht, Familie, Dorf (Radloff 1963, Bd. 1, Sp. 63ff.); s. Glossar: Geschlecht u. Ulus

[44] jakut. „омук" – zu einem Volk, Geschlecht, Stamm gehörig (*Pekarskij* 1958–1959, Bd. II, Sp. 1834–1835, Middendorff 1851, Theil 2, S. 22)

[45] mongol. „отог" – Geschlecht, Stamm (als ethnische Einheit) (*Luvsandèndèv* 2001–2002, Bd. 2, S. 504)

[46] tungus. (ewenk.) „гэрбū" – Name, Benennung (*Myreeva* 2004, S. 154)

[47] tung. (ewenk.) „нгӣ гэрбӣс" – Wie ist dein Name? (*Vasilevič* 1958, S. 280); tung. (ewenk.) „нгӣ" – wer, wie (in Ver-

bindung mit dem Namen) (a. a. O., S. 280)
48 jurak.-samojed. „teans, teanz, Geschlecht; ..." (Schiefner 1855, S. 25); samojed. (nenz.) „тэнз" – Stamm, Volk (*Gemuev* 2005, S. 451)
49 vgl. *Enisej*-samojed. „tído, Ch., tiso, B., Geschlecht." (Schiefner 1855, S. 89)
50 *Ket'*
51 vgl. pumpokol. „Gebèng-ai" – ostjakische Sprache (*Chelimskij* 1986, S. 209, nach G. F. Müller)
52 lat. – Eigenname
53 *Enisej*-ostjak. „daŋ" – Menschen (Schiefner 1858, S. 167); ket. „djeŋ" – die Menschen (Donner 1955, S. 36); ket. „дэн" – Menschen (*Gemuev* 2005, S. 632)
54 lat. – Mehrzahl
55 vgl. ostjak. (*Enisej*) „Ket" – Mensch (G. F. Müller in: AAW F. 21, Op. 5, D. 143, Bl. 53r); *Enisej*-ostjak. „ket", „kiet" bzw. „kêt" – Mensch, Ostjake (Schiefner 1858, S. 167); pumpokol. „Китъ" – Mensch (Pallas 1786/87, S. 45); pumpokol. „Kit" – Mensch (Klaproth 1831, S. 176); pumpokol. „kit" – Mensch (*Chelimskij* 1986, S. 209, nach G. F. Müller); ket. „ket" – Mensch (Donner 1955, S. 57); ket. „кет" bzw. „кэт" – Mensch (*Gemuev* 2005, S. 632); „In der sPrache der Ostiaken am Jenisei und obern Ket heist Ket ein Mensch, ..." (J. E. Fischer in: AAW R. III, Op. 1, D. 135, Bl. 1v)
56 Die *volosti* (s. Glossar: Wolost) der ostjakischen *knjazcy Namak* und *Urnuk* am Oberlauf des Flusses *Ket'* waren seit dem 17. Jahrhundert als *Natskaja* (*Nackaja*) *volost'* bzw. *Pumpokol'skaja volost'* bekannt und wurden Anfang des 18. Jahrhundets zur *Natsko-Pumpokol'skaja volost'* zusammengefaßt. „Zuforderst wurden ... die zwey unter Kezkoi [*Keckoj ostrog* bzw. *Ketskoj ostrog*] gehörigen Ostiackischen Wolosten, wovon die Knjäszi Urnuk und Namak die Vorsteher waren, an Jeniseisk abgegeben. Jene wurde Pumpokolskaia, diese bald Kadischkaja [*Kadišskaja volost'*], bald Nazkaia genannt, welche Nahmen, so, wie selbst die Wolosten, in den folgenden Zeiten zusammen gezogen worden; indem heutiges Tages nicht mehr als eine Wolost daselbst ist, die Natkaia Pumpokolskaia genannt wird." (Müller 1763, S. 116). Über die bis heute nicht einheitlichen Auffassungen über den Namen und die Ethnogenese der pumpokolischen Ostjaken siehe *Èlert* 1999, S. 72ff. (und Glossar: Ostjaken).
57 mongol. „аймаг" – Stamm, Geschlecht (als ethnische Einheit) (*Luvsandèndèv* 2001–2002, Bd. 1, S. 67); vgl. aber „Unsere Mongolen [d. h. die unter russischer Herrschaft stehenden Mongolen des Trans*bajkal*gebiets] ... bestehen aus 7 Stämmen und diese aus 20 Geschlechtern oder Aimaken ..." (Georgi 1776–1780, S. 436); s. auch Anm. 7 sowie Glossar: Geschlecht, Ulus u. Saissan
58 s. Anm. 45
59 mongol. „монгол" – Mongole (*Luvsandèndèv* 2001–2002, Bd. 2, S. 337); zu aimak s. Anm. 57; „Das Volk nennt sich selbst: Mongol, ..." (Pallas 1779, S. 2); mongol. „Mongòl" – Eigenname der Mongolen (G. F. Müller in: AAW F. 21, Op. 5, D. 143, Bl. 95v)
60 mongol. „орос" – Russe (*Luvsandèndèv* 2001–2002, Bd. 2, S. 495); zu aimak s. Anm. 57; mongol. „Oross" – Russe (G. F. Müller in: AAW F. 21, Op. 5, D. 143, Bl. 95v)
61 mongol. „хятад" – Chinese (*Luvsandèndèv* 2001–2002, Bd. 4, S. 237); zu aimak s. Anm. 57; mongol. „Ketòt" – Chinese (G. F. Müller in: AAW F. 21, Op. 5, D. 143, Bl. 95v)
62 mongol. „ойрд" – Kalmyken (*Luvsandèndèv* 2001–2002, Bd. 2, S. 465); zu aimak s. Anm. 57; mongol. „Ölöt" – Kalmyke (G. F. Müller in: AAW F. 21, Op. 5, D. 143, Bl. 95v)
63 mongol. „буриад" – Burjate (*Luvsandèndèv* 2001–2002, Bd. 1, S. 289); zu aimak s. Anm. 57; mongol. „Burjät" – Burjate (G. F. Müller in: AAW F. 21, Op. 5, D. 143, Bl. 95v)

[64] mongol. „улс" – Menschen, Volk, Bevölkerung (*Luvsandėndėv* 2001–2002, Bd. 3, S. 326); „Ulus bezeichnet eigentlich, nach der mongolischen Sprache: Volk, wird aber gemeiniglich das ganze Eigenthum eines Fürsten an Unterthanen zu benennen gebraucht." (Pallas 1779, S. 285)

[65] s. Anm. 2

[66] *Jakuck*

[67] <lat.> – behandeln

Kapitel 4

/23r/

Von denen wißenschafften der Völker.

Unter allen *Sibiri*sche⌈n⌉ Völker⌈n⌉ / sind nur Zwey, nemlich die / Muhammedanische⌈n⌉ Tataren / und die[a] *Mongol*en, bey / welchen man einige Spuren / Von gelehrte⌈n⌉ wißenschaffte⌈n⌉ / findet. Diese Zwey Völ- / ker haben auch Schrifft.
Die Muhammedanische Tatare⌈n⌉ / haben die *Arabi*sche Schrifft. / Die *Mongol*en haben ihre eigene / Schrifft, die aus gantzen Syl- / ben bestehet, und wird von / oben nach Unten geschriebe⌈n⌉, / *incipiendo a sinistra*[1]. Es / scheinet wohl, daß ein jedes / Volk seine Schrifft[b] Zugleich mit der / Religion beKommen habe. / Von Rußland ist solches gewis⌈s⌉ / und von verschiedene⌈n⌉ ander⌈en⌉ / *Europai*sche⌈n⌉ *natione*⌈n⌉ ist / solches gleichfalls wahrschein- / Lich. Die Runen[2] ausgenomme⌈n⌉. /23v/
Die *Tatar*en sowohl als / die *Mongol*en haben Schulen[c], / worin ihre Geistliche die / Kinder nicht nur in den gründe⌈n⌉ / der *Religion*[d] / sondern auch in der ZeitRechnung, / in der[e] Lehre vom Zu- / stande des Weltgebaudes / und in der Historie unterrichten[f]. Die Un- / terrichtung aber geschiehet / nicht so sehr mündlich, als / daß denen Lehrlingen dergleich⌈en⌉ / Bücher gebe⌈n⌉ werden, / woraus sie obige wis⌈s⌉enschaffte⌈n⌉ / Von selbst fas⌈s⌉en Könn⌈en⌉.
|: *Mongoli*sche Schule im *Zongo-* / li*sche*n Geschlechte durch / den Graf *Sawa autorisi*ret[3]. :|[g]
Die Zeitrechnunge⌈n⌉ von Jahre⌈n⌉ / ist Bey dene⌈n⌉ gelehrte⌈n⌉ *Tatar*en und *Mongol*en, / so wie bey dene⌈n⌉ Sinese⌈rn⌉, / Nach einem[h] *Cyclo*[i] *duodena-* / *rio*[4]. Die Ordnung und Nahmen / der Jahre dieses *Circuli* / sind folgende[5]: /24r/

1	*Chulugunà*[6]	die Mauß
2	*Ukir*[7]	Ochse
3	*Bár*[8]	Tiger
4	*Tólai*[9]	Hase
5	*Lu*[10]	Drache
6	*Mochòi*[11]	Schlange

---

[a] die *verbessert aus* [...] [b] seine Schrifft *über der Zeile* [c] Schulen *verbessert aus* [.] [d] *nach* Religion *gestr.* unterrichten [e] *nach der gestr.* Natur [f] unterrichten *über der Zeile* [g] *von* Mongolische Schule *bis* Sawa autorisiret. *rechts marginal* [h] *nach einem gestr.* Circulo [i] Cyclo *über der Zeile*

7.	Morin[12]		Pferd
8.	Choni[13]		Schaaf
9	Bitschi[14] al[ias][15] metschin[a16].		SiebenGestirn[17]
10.	Takja[18]		Huhn
11.	Nochoi[19]		Hund
12.	gachai[20]		Schwein

Eben diese Nahmen auf *Tangut*isch:

1	Dscheoà[21]	7.	da[22]
2	Lang[23]	8.	luk[24]
3	dak[25]	9	bréu[26]
4	jébu[27]	10.	dschja[28]
5	bruk[29]	11.	tschi[30]
6	brül[31]	12	paK[32]

/24v/ Nahmen des *Cycli duodenarii*[33] / Bey denen *Tatar*en: nach aus[s]age eines *Tschazi*schen / Geistlichen Zu *Tomsk*

1.	Sizkan[34]	Mauß
2.	Sijir[35]	Kuh.
3.	Bars[36] oder Jolbàrs[37]	Tiger
4.	Tauuskàn[38] oder Koiàn[39]	Haase
5.	Lu[40]	Crocodil[41]
6.	Silân[42]	Schlange
7.	At[43]	Pferd
8.	Koi[44]	Schaaf
9.	Betsin[45]	Affe
10.	TauuK[46]	Huhn
11.	It[47]	Hund
12.	Tongus[48]	Schwein

In der *Buchar*ey soll man / noch andere Nahmen für den / *Cyclum Duodenarium*[49] haben, / und Zwar in einer SPrache, / die vorbemeldeter

---

[a] metsChin *verbessert aus* [..]

*Tschazi*scher / Geistlicher in *Tomsk Tadsík*⁵⁰ / genannt. (Solches soll nach^a /25r/ eben dieses Geistlichen Erklärung / Persisch seyn.)
Selbige Nahmen sind:

1. *Musck*⁵¹   7. *Asp*⁵²
2. *Bakar*⁵³   8. *Gospènd*⁶⁴
3. *Palang*⁵⁵   9 *Hemdunà*⁵⁶
4. *Chargosch*⁵⁷   10 *Murg*⁵⁸
5. *Nähäng*⁵⁹   11 *SjäK*⁶⁰
6. *Mar*⁶¹.   12 *ChûK*⁶²

Die Bedeutung dieser Nahmen soll / ebendieselbe seyn, wie bey obigen / *Tatari*schen Nahmen.
Die *Mongol*en haben nach dem / *Exempel* der Sineser auch einen / *Cyclum Sexagenarium*⁶³ / welcher aus 5 mahliger Wie- / derhohlung des *Cycli duode-* / *narii*⁶⁴ erwächset. Dabey be- / Zeichnen sie jede Zwölff / Jahre wiederum mit einem / besonderen worte in folgen- / der Ordnung:

1. *Ussun*⁶⁵   das ist waßer
2. *Modun*⁶⁶   Holtz /25v/
3. *Gal*⁶⁷   Feuer
4. *Schoro*⁶⁸   Erde^b
5. *Temür*⁶⁹   Eisen.

Ferner wird Bey denen *Mon-* / *gol*en der *Cyclus Sexage-* / *narius*⁷⁰ 6mahl wiederhohlet, / woraus ein *Cyclus* Von / 360 Jahren entstehet, und / wenn 6 *Cycli Sexagenarii*⁷¹ / Vorbey sind, so fangen sich wie- / derum 6 neue an. Dabey / Bezeichnen sie in^c einem / großen *Cyclo* von 360 Jahren / die 6^d *Cyclos Sexagenarios*^e⁷² / mit sechserley Farben in / folgender Ordnung:

1. *Zagàn*⁷³   das ist weiß
2. *Charà*⁷⁴   Schwartz
3. *Scharà*⁷⁵   gelb
4. *Ulàn*⁷⁶   roth
5. *Nogòn*⁷⁷   grün
6. *KöKö*⁷⁸   blau. /26r/

---

^a na_ch *verbessert aus* [..]   ^b *nach* Erde *gestr.* Koti jiri   ^c *in verbessert aus* die   ^d 6 *über der Zeile*
^e Se_Xagenarios *verbessert aus* g

Z⌈um⌉ e⌈xempel⌉ wenn man in der *Mongoli*sch⌈en⌉ / Zeitrechnung das hundertste / Jahr eines *Cycli*ᵃ von 360 / Jahren bemerken will, so saget / man: *Chara-Schoro-Tolai*⁷⁹. / Denn es ist im Zweyte⌈n⌉ *Cyclo*ᵇ / *Sexagenario*⁸⁰ und deßelbe⌈n⌉ / 4tᵉⁿ *Cyclo duodenario*⁸¹ das / 4ᵗᵉ Jahr.

Bey dene⌈n⌉ *Tat*aren sind die *Cycli*ᶜ / von 60 und 360 Jahren / nicht gebräuchlich.

Nahmen der Monathe auf *Tatar*isch: nach der aussPrache eines / *Tschazi*sche⌈n⌉ Geistliche⌈n⌉ Zu *Tomsk.*⁸²

1. *Muhärrèm*⁸³ hat 30 Tage
2. *Sephär*⁸⁴ 29
3. *Rabbiail-auuel*⁸⁵ 30
4. *Rabbiail-anchìr*ᵈ⁸⁶ 29
5. *Dzümmädiel-auuel*⁸⁷ 30. endigte sich im Jahr 1734 / den 16ᵗᵒ *Octobr*⌈is⌉
6. *Dzummadiel-aachìr*ᵉ⁸⁸ 29. Anfang d⌈en⌉ 17. *Octobr*⌈is⌉ e⌈iusdem⌉ a⌈nni⌉⁸⁹
7. *Rädzjäp*⁹⁰, 30.
8. *Schaabàn*⁹¹ oder *Baràt* 29. d⌈en⌉ 14 *Barat*⁹² gehen übers Feuer p⌈erge⌉
9. *Rämäsan*⁹³ 30. Fasten Monath / 1740 Anfang Ramasan d⌈en⌉ 7. *Nov*⌈em⌉*br*⌈is⌉ (Erschaffung der Welt<)> /26v/
10. *Schauuâl*⁹⁴ oder *Ait ai*ᶠ⁹⁵ hat 29 Tage d⌈en⌉ 1. dieses ein großer Fest- / tag nach der großen Faste⌈n⌉⁹⁶.
11. *Üsùl-Kaadäh*⁹⁷ oder *arà*⁹⁸ 30.
12. *Üsùl-haidzäh*⁹⁹ od⌈er⌉ *Kurban* 29. d⌈en⌉ 10. dieses großes Fest *Kurbàn-aït*¹⁰⁰. / welches der gedachtnüß.Tag ist, da *Abraham* /seinen Sohn *Ismael* schlachte⌈n⌉ wolle⌈n⌉.

*Summa*¹⁰¹ der Tage 354.

ᵃ C_{ycli} *verbessert aus* [.]   ᵇ c_{yclo} *verbessert aus* [.]   ᶜ C_{ycli} *verbessert aus* [.]   ᵈ Rabbiail-a_{n}ch_{ir} *verbessert aus* [...]   ᵉ Dzummadiel-aach_{ir} *verbessert aus* [..]   ᶠ *oder Ait ai über der Zeile*

Außer dieser Eintheilung des / Jahres nach dem Lauffe des Monde⌈s⌉ / haben die Tatare⌈n⌉ in ihren Büche⌈rn⌉ / noch eine andere Calender-Rechnung^a, da / die 12 Monathe ein Sonnen Jahr^{102} / ausmachen. Die Nahmen der Mo- / nathe mit der anZahl ihrer / Tage und ande⌈ren⌉ Neben-Anmer- / kunge⌈n⌉ hat mir mehrbesagter / *Muhamedani*sche Geistliche Zu / *Tomsk* folgender Gestalt an- / gegebe⌈n⌉.^{b} Die Nah- / men sollen nach der Sprache *Tad-* / *sik*^{103} und auf *Arabi*sch seyn.

|: *N*⌈*ota*⌉*B*⌈*ene*⌉^{104} die Nahmen Bedeuten Zugleich / die 12 *Signa Zodiacalia* / *ex mente Tatarorum,* / *vel potius Arabum.*^{105} und / haben Viele Gleichheit mit / Unsern Nahmen derer *Signo-* / *rum*^{106}. :|^c

1.) *Hammèl*^{107}, bedeutet ein Lamm, hat   31 Tage
    Der Anfang dieses Monaths und mit hin
    des *muhammedani*sche⌈n⌉ Sonnen Jahres
    soll mit dem *Aequinoctio verno* seyn. ^{108}
2.) *Saur*^{109}. Ochse oder Kuh, -   -   31 -
    Von diesem Monath ist das Sprichwort: Der
    Prophet Elias fänget an mit der
    Peitsche Zu Klatsche⌈n⌉. d⌈as⌉ i⌈st⌉ es fänget an
    Zu donne⌈rn⌉.^{110} /27r/
3. *Dsauusà*^{111}, d⌈as⌉ i⌈st⌉^{d} Käfer, hat   32. Tage.
    die bäume fangen an Zu grüne⌈n⌉ und
    die Elende werffen Jungen
4. *Saretân*^{112}. Korn-ähre   31. -
    Erster Sommer Monath. d⌈er⌉ 25. dieses
    ist *Solstitium aestiuum. Eod*⌈*em*⌉^{113} fänget
    Zilä^{114} an, und währet 40 Tage.
5. *Asäd*^{115}. Löwe   31. -
    d⌈er⌉ 15. Mitte des Sommers
6. *Sümbülä*^{116}. Zweyfalter^{117} 31 -
    Die Vögel entwehnen ihre Jungen, Ende
    des Sommers.
7. *Misãn*^{118}. Schnellwage^{119} 30. -
    Erster Herbst-Monath. Tag und Nacht
    gleich. Die Elende Lauffen in der
    brunst.

---

^{a} Calender.$_{Rechnung}$ *über der Zeile* ^{b} *nach* angegebe) *gestr. und sollen* ^{c} *von* NB. die Nahmen *bis* Signorum *rechts marginal* ^{d} d. i. *über der Zeile*

8. *Ak-reb*[120]. Scorpion 30. -
Die bedeutung des wortes *Akreb*
habe durch meinen Dollmetsch nicht
gnug fas⌈s⌉en Können. Nur daß ich
aus der Beschreibung so viel geschloße⌈n⌉
es müße ein *Scorpion* seyn. Auf
*Tatar*isch heißet es *Tzaiàn*[121].
9. *Káuus*[122]. Bogen 29. -
10. *Dsjáddi*[123]. Ziege 29. -
Erster winter Monath, d⌈er⌉ 19. *Sol-*
stitium brumale[124]. d⌈en⌉ 24. fänget
Zillä[125] an, und währet 40 Tage.
11. *Dállu*[126]. Eymer. 30. -
d⌈en⌉ 14t⌈en⌉ Mitte des winters. alsdenn
kehret sich der Bähr um[127]. d⌈en⌉ 20t⌈en⌉ *Zillä*[128].
12. *Hôut*[129]. Fische[a] 30. -
d⌈en⌉ 25 Ende des winters. Fische im Waßer
fangen sich an Zu bewege⌈n⌉, nachdem sie die 2
Vorige Monathe auf einer stelle still gestande⌈n⌉.

365 Tage

|: Nahmen der Monathe / bey dene⌈n⌉ *Krasnoj⌈a⌉rskischen⌉ / Tatar*en[130].
KitZik-sôg-ai[b131]. d⌈as⌉ i⌈st⌉ Kleine / Kälte (*Octob⌈e⌉r*)
Uluk-sôg-ai[132], d⌈as⌉ i⌈st⌉ große / Kälte. (*Nov⌈em⌉b⌈e⌉r*)
At-ai[133] oder *Al-ai*[134]. wenn / die allerstärkste / Kalte ist. (*Dec⌈em⌉b⌈e⌉r*)
Kürgèn oder *Kürgèn-ai*[135] / (*Januar⌈ius⌉*) ist noch sehr / kalt.
Büsùch[136]. *Febr⌈uarius⌉*
Kông, oder *Chông*[137]. *Mart⌈ius⌉*
Koschkàr[138]. Schaafe werde⌈n⌉ / geschoren. *April⌈is⌉*
Kitzìk-schìlker[139] *Mai⌈us⌉* / Graß wächset
Uluk-schilker[140] große / Hitze *Jun⌈ius⌉*
Charà-Kongoròi[141]. graben / die *Sarana* / nachdem sie verblühet[c] *Jul⌈ius⌉*
Kökö-Kôm-ai[142]. *Aug⌈ustus⌉* / blatter falle⌈n⌉ von den baum⌈en⌉

---

[a] F$_{ische}$ *verbessert aus* [.] [b] K$_{itZik-so-}$g$_{ai}$ *verbessert aus* [.] [c] nachdem sie verblühet *unter der Zeile*

*Dschärsch-ai*¹⁴³, ⌈das⌉ ⌈ist⌉ halb / Monath, weil die / Halffte deßelbe⌈n⌉ ihrer / Meinung nach Zum Som- / mer, die andere / Halffte aber Zum / winter gehöret.
Sept⌈ember⌉ : | ᵃ /27v/
Bey denen Mongolen und Chalmüke⌈n⌉ / sind weder *Signa Zodiaci*¹⁴⁴ be- / Kannt, noch Besondere Nahmen / für die Monathe Gebräuchlich. / Sie theilen aber dennoch das Jahr / auch ᵇ in 12 Monathe ein, / deren jeder von einem NeuMond¹⁴⁵ / Biß Zum ande⌈ren⌉ währet: und / wovon der erste Monath. sich mit / demjenigenᶜ NeuMond¹⁴⁶, der nach unserm / *Calend*er *Ult⌈imo⌉ Januar⌈ii⌉*¹⁴⁷ oder / *Initio Februarii*¹⁴⁸ einfällt, anhebet¹⁴⁹.
Selbigen ersten Monath pflegen / sie mit dem Beynahmen *Zagàn- / Sarà*¹⁵⁰, ⌈das⌉ ⌈ist⌉ weißer Monath Zu / belegen, welches eine Ehrenbenen- / nung ist, weil sie die Zeit dieses / Monaths vom NeuMond¹⁵¹ Biß Zum / Vollmond, wegen dem ᵈ Eintritt / des Neuen Jahres, sehr feyerlich / Begehen. Die Ubrigen Monathe / werden bloß unterschieden nach / dene⌈n⌉ 4 JahresZeiten, auf dere⌈n⌉ / jede 3 Monathe gerechnet werde⌈n⌉. / so daß man sagt:
Der erste frühlings Monath. der *Zagan Sara*¹⁵²
Der andere frühlings Monath.
Der dritte frühlings Monath.
Der erste Sommer Monath. *etc⌈etera⌉*
|: Nahmen der Monathe bey dene⌈n⌉ / *Modor*en
*Kisìr-Kistìtn*¹⁵³ ist der *Tat⌈arische⌉ Dsjärsch-ai*¹⁵⁴, der / erste Herbstᵉ Monath da sie anfange⌈n⌉ / auf den *Promysl* Zu gehe⌈n⌉ *Ki*¹⁵⁵ sind Zobel.
*Utschúngbu dŏukte*¹⁵⁶. ⌈das⌉ ⌈ist⌉ kleine Kälte
*Urgù-dŏukte*¹⁵⁷. ⌈das⌉ ⌈ist⌉ große Kälte
*Kŏn dsjirrä*¹⁵⁸ winter Mittel Monath
*Kürbùng Kistìtn*¹⁵⁹, der Nahme bedeutet / измросъ¹⁶⁰.
*Berèi-Kistìtn*¹⁶¹ der Nahme bedeutet den / kleinen Raben *Chargà*¹⁶², welcher alsdenn ange- / flogen kommt, *Kusgùn*¹⁶³ der / große Rabe¹⁶⁴ überwintert
*Orùm Kistìtn*¹⁶⁵ / бурундукъ¹⁶⁶ Kommt aus seine⌈n⌉ höhle⌈n⌉ hervor
*Chàrgodschin Kistìtn*¹⁶⁷ bedeutet daß sie als / denn die felder sengen daß die *Sarana* / desto kentbahrer¹⁶⁸ werde.
*Togulnarmu Kistìtn*¹⁶⁹ / *Sarana* blühet als denn grabe⌈n⌉ sie solche
*Tan dschirä Kistìtn*¹⁷⁰ Sommer Mittel / Monath
*Schirrù Kistìtn*¹⁷¹ Regen Monathᶠ
*Chal Kistìtn*¹⁷² heller monath <u>indem</u> esᵍ / sich wieder aufklaret

---

ᵃ *von* Nahmen der Monathe *bis* winter gehöret Sept *rechts marginal*   ᵇ *vor* auch *gestr.* dennoch
ᶜ ᵈₑₘjenigen *unter der Zeile*   ᵈ ₑₘ *verbessert aus* s   ᵉ Herᵦₛₜ *verbessert aus* [...]   ᶠ *vor der Zeile* 1; *im Manuskript folgt die Zeile nach den Zeilen* Chal Kistìtn *bis* aufklaret   ᵍ *vor der Zeile* 2

Nahmen der Monathe bey dene⌈n⌉ / Chalmüken *Witsen p⌈agina⌉* 301.[173]

*Narimi*sche *Ostiake*⌈n⌉ haben folgende / Monathe[174]
Utschagandaka irede[175]. *Octob*⌈e⌉*r* / малои зимнеи м⌈есяцъ⌉[176]
Wuargagandaka[177] - / болшои зимнеи м⌈есяцъ⌉[178]
Limpige[179] - adler Monath. bedeutet daß / der Tag um einen adlers Schritt Zunimmt
núon mokóte[180] - божия спина[181] d⌈as⌉ i⌈st⌉ mitte⌈n⌉ / im winter
Matschírsa - da man auf die frühlings[a] Jagd Zu / gehen anfängt.
Plel-dúde[182] - Die Rennthiere werde⌈n⌉ die / Halffte des Monaths mit *Lyschi* die / andere Halffte mit *Golizi*[183] gejaget / *Plel*[184] bedeutet halb, *dude*[185] die podwoloki[186]
tággi-irede[187] d⌈as⌉ i⌈st⌉[b] Sommer monath
Kuellen pürmä[188] - d⌈as⌉ i⌈st⌉ рыба нерчится[189] / oder икру пущает[190].
Ütu-írede[191] d⌈as⌉ i⌈st⌉ водянои м⌈есяцъ⌉[192]. bedeute / daß das waßer seine mäßige Höhe hat
Ütsche gotserme[c]/*gotscherme*[d][193] - d⌈as⌉ i⌈st⌉ малои запорнои / м⌈есяцъ⌉[194]
Wuargo gótscherme[195] - d⌈as⌉ i⌈st⌉ болшои запорнои / м⌈есяцъ⌉[196]
Masin-mándsche[e][197] - d⌈as⌉ i⌈st⌉ невожное время[198]
örra-irede[199] d⌈as⌉ i⌈st⌉ осенои м⌈есяцъ⌉[200]. : |[f] /28r/
Die *Mongol*en sowohl als die *Tata*ren, ja gar die *Jacut*en, wißen die Zeit des Neumonden[201] / genau ausZurechnen. Die *Jakute*⌈n⌉ / haben auch vor einige Sterne / *Jakuti*sche Nahmen Z⌈um⌉ e⌈xempel⌉

der große Bähr.[202]	*Jak⌈utisch⌉*	*Arangàs-Sulùs*[203]
das SiebenGestirn[204]	-	*Ürgèl*[205]
|: der große baär[206] auf *BrazKi*sch		*Dolòn-bogùt*[g][207]
Das Siebengestirn[208]	–	*Zug-metschìn*[209]
der abendStern[210]	–	*Odùn*[211].

Die Ostiake⌈n⌉ am *Ker*[212] fl⌈uß⌉ nenne⌈n⌉ den / Großen baären[213] *Kakenja*[h][214] / Das wort ist ein *derivatum*[215] Von / *Kaken*[216] welches eine⌈n⌉ Stern[i] über / haupt bedeutet.
das Sieben Gestirn[217] bey ihnen: / *Butìn-grindo*. *Butin* ist das / *derivatum*[218] Von *But*[219], welches / einen Haase⌈n⌉ bedeutet, *grindo* / heißet ein Hauffen. : |[j]

---

[a] frühlings *über der Zeile* [b] d. i. *über der Zeile* [c] ₉₀ₜSₑᵣₘₑ *verbessert aus* ₉ₒₜₑᵣₘₑ [d] gotscherme *über* gotserme [e] ₘₐsi n-mándsche *verbessert aus* [..] [f] *von* Nahmen der Monathe bey *bis* осенои мцъ. *rechts marginal* [g] ₐₒₗòₙ-bogùt *unter der Zeile* [h] ₖₐₖₑₙⱼa *verbessert aus* [..] [i] ₛₜₑᵣn *verbessert aus* [.] [j] *von* der große baär auf *bis* heißet ein Hauffen *rechts marginal*

Die *Jakut*en geben im winter Acht, / wenn der Mond dem HundesGestirn[220] /
Nahe Kommt, oder Zunächst ober oder / unter demselben stehet, und wißen /
daraus eine *Astrolog*ische *Prophe-* / *Zeiung* Zu mache⌈n⌉, ob das gute / Frühlings
wetter früh oder sPäth / einfallen werde.

Eintheilung des Jahrs bey denen / *Jakut*en in 13 Monathe nach / dem Lauffe des
Monden.
1. *Kulùn-tutàr-üïà*[221]. d⌈as⌉ i⌈st⌉ / Füllen-fangen-Monath. kommt / mit unserm
April überein. Der / Nahme bedeutet, weil sie in diesem Mo- / nath die
Neugeworffenen Füllen / Von denen Stutten nehmen, dieselbe / anbinden, und
nur Zur gewißen Zeit / saugen Laße⌈n⌉, übrigens aber die /28v/ Milch zum
Kumyss sammlen. Die / *Jakut*en sagen *ex traditione*[222], Vor / Alters sey *Kulun-
tutar*[223] früher / im Jahre gewesen, und falle / jetzo der Frühling sPäther ein / als
vordem. welche *Tradition* sie / Vielleicht noch seith ihren ehmahlige⌈n⌉ /
Wohnsitzen her haben, weil die- / selbe wärmer gewese⌈n⌉, als die / jetzige sind.
2. *Bus-ustar-uïa*[224]. d⌈as⌉ i⌈st⌉ / der Monath, in welchem das Eyß / auf dene⌈n⌉
flüßen Loßbricht. / *Bus* bedeutet Eyß, und *Ustar* / es fließet. Nemlich in der /
Gegend von *JaKuzK*[225] werden in / diesem Monath die flüße vom / Eyse rein.
3. *Ballỳk-öömà*[226]. d⌈as⌉ i⌈st⌉ der / fisch giebt Milch. Solches / ist die Zeit, da die
*Cara*ßen[227] / in denen Teichen die Eyer / ausLaßen, | *oua emittunt*[228] | /
welches die *JaKut*e⌈n⌉ mit Milch / geben Vergleichen. Sie pflege⌈n⌉ / diese Zeit in
Acht Zu nehmen / und alsdenn die *Cara*ßen / häuffig mit *Setti* und *Mordi* / Zu
fangen. /29r/
4. *Bes-uïa*[229]. d⌈as⌉ i⌈st⌉ der Fichten- / Monath, da sie die innere / Fichten-Rinde
abnehmen, und Zur / Speyse auf den winter in Vorrath / sammlen[230].
5. *Ot-uïa*[231]. d⌈as⌉ i⌈st⌉ der Graß-Monath / da man Heu schläget.
6. *Atirdschach-uïa*[232]. d⌈as⌉ i⌈st⌉ der / Gabel-Monath, da das Heu / mit Gabeln in
große Hauffe⌈n⌉ / Zusammen geworffen wird.
7. *Balagang-Kirer-uïa*[233]. d⌈as⌉ i⌈st⌉ / der Monath, da sie ihre winter= /
wohnunge⌈n⌉ beZiehen. Ihre winter- / wohnunge⌈n⌉ nennen sie *Balagang*[234], / und
Kirer[235] heißet beZiehen. / Solches pfleget *initio Octobr*⌈*is*⌉[236] / Zu geschehe⌈n⌉.
Dieser Monath / heißet auch *Tördünü-ui*[237]. d⌈as⌉ i⌈st⌉ / der vierte Monath. worauf
die / folgenden Monathe Bloß nach / Zahlen benennet und unterschieden /
werden, auf gleiche weise wie / die *Römer* die 6ᵃ letzten Monathe / im Jahre
bloß mit denen Zahlen / benennet haben[238]. Nur ist davon / bey denen *Jakut*e⌈n⌉
nicht wie bey / denen *Römern* die Ursache beKannt: /ᵇ /29v/ und da, Beym

---

ᵃ 6 *über der Zeile*   ᵇ *folgt* und

Rükwerts Zehlen / die erste Zahl den Fichten- / Monath[a] oder *Bes-uïa*[239] trifft, / so wißen sie nichts Zur Er- / Klärung deßen bey Zu bringe⌈n⌉.

8. *Bes inni-uï*[240]. der fünffte / Monath. Die Zeit dieses / Monaths wird auch genannt[b] *ÜnnaKà-* / *ot-perer*[241]. d⌈as⌉ i⌈st⌉ denen Kühen / wird Heu gegebe⌈n⌉. weil, wenn / auch in dem vorhergehende⌈n⌉ Mo- / nath schon alles mit Schnee / Bedeket ist, dennoch Kein / Heu ehender als in diesem / Monath angegriffe⌈n⌉ wird.

9. *Allinni-uï*[242]. der 6te Monath.
10. *Settinni-uï*[243]. der 7de Monath.
11. *Achsinni-uï*[244]. der 8te Monath.
12. *Tochsünnjü-uï*[245]. der 9te Monath.
13. *Olünnjü-uï*[246]. der 10te Monath.

Die 2 ersten Monath mache⌈n⌉ / bey dene⌈n⌉ *Jakut⌈en⌉* den Früh- / ling aus. *Jak⌈utisch⌉ Sâss*[247]. / Die drey folgende sind /31r/ der Sommer. *Jak⌈utisch⌉ Saiïn*[248].

Darauf sind 2 Monath für / den Herbst. *Jak⌈utisch⌉ Küsün*[249].

Und endlich die 6 Letzten Monathe / machen den winter aus. *Jak⌈utisch⌉ / Küssin*[250].

Vor das Jahr haben die *Jakute⌈n⌉* / eine⌈n⌉ Zweyfachen Nahmen. Die / 4 Jahrs Zeite⌈n⌉ oder die 13 Monathe / Zusammen gerechnet, wenn sie vom / wetter oder dergl⌈eichen⌉ reden, heißet / *Dschil*[251]. welches ihr *Annus / Astronomicus*[252] Könnte genennet / werden. wenn sie aber sonst / Von einer Verflos⌈s⌉enen Zeit, als / Z⌈um⌉ e⌈xempel⌉ Von dem Alter eines Mensche⌈n⌉ / oder Viehes reden, so gebrauchen / sie sich des wortes *Ssÿl*[253] und / solches möchte man ihren *annum / civilem*[254] nennen. Denn der / Unterscheid dieses worts ist / nicht sosehr, wie es sonst wohl / scheinen möchte, in einer gedop- / pelte⌈n⌉ AussPrache, als in der / eigentliche⌈n⌉ Bedeutung. Vor / alters haben die *Jakute⌈n⌉* Winter / und Sommer für 2 *Ssyl*[255] / oder Jahre geZehlet: welches /31v/ auch noch heutiges Tages einige / alte Leute also Thun. Die / Meisten aber rechnen jetzo winter / und Sommer für ein *Ssyl*[256] / oder Jahr, welches sie aus / dem Umgange mit denen Rus⌈s⌉e⌈n⌉ / angenommen Zu haben vor- / gebe⌈n⌉.

|: Die *Ostiak*en am *Ket*[257] fl⌈uß⌉ fange⌈n⌉ / das Jahr an mit dem Frühling / und haben folgende Monathe:

Kokuk-tui[258]. wenn der Kukuk[259] sich Zeiget / und die flüße aufgehe⌈n⌉

Chyttibals-tui[260] wenn die fische ihre / Eyer von sich geben. solches ist die be- / deutung des wortes *Chyttibals*.

---

[a] F⌈ichten⌉-Monath *verbessert aus* [.]   [b] *genannt über der Zeile*

*Imtunang-tui*²⁶¹ ⎫ haben die Nahmen Von / denen drey[en] *Insect[en]*
*Chatunang-tui*²⁶² ⎬ wovon sie am meist[en] / geplaget werd[en].
*Lopain-tui*²⁶³ ⎭
Imtun bedeutet ein *Moschka*²⁶⁴, *Chatun* / eine *Camara*²⁶⁵, *Lopa* eine Hummel²⁶⁶ / (*Rußisch] Paut*²⁶⁷). Selbige *Insect[en]* folgen / aufeinander in Voriger Ordnung / weil am *Ket*²⁶⁸ fl[uß] alles voll wal- / dung und Morast ist, anstatt des[s]e[n] / wo freye örter und felsigte Ge- / bürge sind, die *Moschki*²⁶⁹ den / gantzen Sommer sindᵃ, und biß / in den Spat[en] Herbst die Leute beunruhige[n].
*Din-tui*²⁷⁰ der Birkhuhns²⁷¹ Monath / im Herbst wenn sie an dene[n] Ufer[n] / der flus[s]e die Birkhuner²⁷² p[erge] in / Schlingen fang[en].
*Tom-óntoro-tui*²⁷³. da dieᵇ flus[s]e Zufriere[n] / welches auch der Nahme bedeutet.
*Tom-ulchádung-tui*²⁷⁴. Der Nahme be- / deutet: der fluß ruhet aus. davon / siehe die Erklarung im *Capitel* von / dem fisch fange²⁷⁵
*Chadu-tui*²⁷⁶. Jagd Monath. wenn sie / auf die Elends²⁷⁷ Jagd gehe[n].
*Logon-tui*²⁷⁸. Fuchs-Monath. Fuchs Jagd / Mitten im winter am stärkst[en]
*Lapin-tui*²⁷⁹. *Lapin* bedeutet einen / *Burunduk*²⁸⁰, welche alsdenn, nemlich / mit dem abgange des Schnees / aus ihren Hohlen hervorKomme[n] / Nachdem sie den gantzen winter uber / sich Verkroche[n] gehabt, und nicht / sehen las[s]e[n]. : | ᶜ

/30r/²⁸¹

*Kokùk-tui*²⁸².	*Kukuk*²⁸³.
Chyttibals-tui.	*iKru wypuschaiët*²⁸⁴
Ìmtunang-tui	*Moschki*ᵈ²⁸⁵
Chatunang-tui	*Kamari*²⁸⁶.
Lopain-tui	*Pauti*ᵉ²⁸⁷
*Din tui*²⁸⁸	*Teter*²⁸⁹ im Herbstᶠ / wenn sie die- / selbe fange[n]
*Tom-ontóro tui*²⁹⁰.	der fluß frieret Zuᵍ
*Tom-ulchádung tui*²⁹¹	

der fluß ruhet aus. Nachdem der / fluß Zugefrore[n], so wird das waßerʰ / unter dem Eyß an den meist[en] Orte[n] / faul und Stinkend, ausgenomme[n] / wo frische Quelle[n] sind, wohin / sich den Winter über die fische / *retirire[n]*²⁹², und

---

ᵃ *nach* sind *gestr.* ich   ᵇ ᵈie *verbessert aus* [..]   ᶜ *von* Die Ostiaken am Ket *bis* und nicht sehen lasse) *auf Bl.* 28v *rechts marginal; Fortsetzung von Bl.* 31v *weiter unten*   ᵈ Moschki *verbessert aus* [..]   ᵉ *vor* Pauti *gestr.* Spinnen   ᶠ Herbst *verbessert aus* [..]   ᵍ *nach* Zu *in der nächsten Zeile gestr.* Chádu tui.   ʰ waßer *verbessert aus* [..].

daselbst ist auch / der fisch-fang. Im frühlinge / ist das waßer wieder gut. / die fische sterbe⌈n⌉ davon. *Rschawa*²⁹³ / stinkend, saurlich ͣ.
*Chádu-tui*²⁹⁴ Jagd-Monath. / wenn sie auf die *Elends* Jagd / gehen.
*Lógon-tui*²⁹⁵ Fuchs Monath Mitten im / winter
*Lapin tui*²⁹⁶. *BurunduK*²⁹⁷ (Kommen aus der Erde <)>

|: Nahmen der Monathe Bey / dene⌈n⌉ *BrazKi*.²⁹⁸
*Gussa-Sarà*²⁹⁹ widder Monath ᵇ oder nach der *Braz- / Ki*schen AussPrache *harà* oder *Chara*³⁰⁰, der erste frühling. (*Mart⌈ius⌉*)
*Ulàn-sutùn-harà*³⁰¹
Bur_g⁄ᶜʰàn-harà ᶜ oder *Iki-Burgan- / hara*³⁰²
Bagà-Bur_g⁄ᶜʰàn-hara ᵈ³⁰³
*Chàni-harà*³⁰⁴ ⎫
           ⎬ *chani*³⁰⁵ bedeutet / wild, weil sie / alsdenn in
              Kumyss und brandt- / wein sich ᵉ täglich ᶠ
*Choir-chàni-harà*³⁰⁶ ⎭ vollsauffe⌈n⌉
*Öldschï-harà*³⁰⁷
*KûK-hara*³⁰⁸ (Kukuk³⁰⁹)
*Ularà-hara*³¹⁰
*Urï-harà*³¹¹ (Nest)
*Guràn-hara*³¹² (Reh)
*Bugu-hara*³¹³. (Hirsch)
Den Monath *KûK hara*³¹⁴ rechne⌈n⌉ / Sie vor den ersten Monath / im Jahre. *Guràn-harà*³¹⁵ ist jetzo da ich dieses / schreibe | *m⌈ensis⌉ Nov⌈em⌉br⌈is⌉* 1737.³¹⁶ | und / hat den Nahmen Von den Rehen / welche sie um diese Zeit am / Meisten *na oblawe*³¹⁷ zu jagen pflege⌈n⌉.

Die Nahmen der Monathe bey den *Chalmüke⌈n⌉* / welche *Witsen p⌈agina⌉* 301.³¹⁸ anfuhret haben / Viel gleiches mit dene⌈n⌉ *BrazKi*sche⌈n⌉ / Nahmen, nur daß sie nicht in der / Ordnung folge⌈n⌉³¹⁹.
BrazKi rechnen den anfang des / Jahres im Herbste *circa Kûk-harà*³²⁰.
Carl der große³²¹ gab den Monathe⌈n⌉ / Deutsche Nahmen, welche / Von *Eginharto*³²² erzehlet / werden³²³. : | ᵍ

|: Monathe bey dene⌈n⌉ / *Tungusen*³²⁴

ᵃ sa*u*rlich *verbessert aus* [.] ᵇ widder Monath *über der Zeile* ᶜ Burgch̀àn-harà *über der Zeile* ᵈ Bagà-Burgch̀àn-hara *über der Zeile* ᵉ nach sich *gestr.* beständig ᶠ täglich *über der Zeile* ᵍ von Nahmen der Monathe Bey dene) BrazKi. bis Eginharto erzehlet werden. *auf Bl.* 29r *rechts marginal*

1.) *Tor-an*³²⁵, wenn im erste[n] Frühlinge / die Krähen³²⁶ u[nd] dohlen angefloge[n] / Komm[en]. *M*[ense] *Mart*[ii]³²⁷
2.) *Schonkàn*³²⁸: wenn die Rennthiere / Jungen werffe[n]. Die Flüße / gehen auf.
3.) *DuKKun*³²⁹, wenn das graß wächset
4.) *Ilkun*³³⁰, die Beeren Blühe[n]
5.) *Irin*³³¹, die Beeren werde[n] reiff
6.) *Irkin*³³². die Rennthiere und / Elende belauffen sich.
7.) *Iggan*³³³, wenn die erste Nacht- / Fröste einfallen.
8.) *Uwun*³³⁴. kleine Bäche frieren Zu.
9.) *HoKdárpe*³³⁵. große flüße / gefrieren.
10.) *Ötki*³³⁶, von derselbe[n] Zeit an / bleibet der Schnee Liegen.
11.) *Mira*³³⁷. ⎫
             ⎬ größeste Kälte.
12) *Géraon*³³⁸. ⎭
13.) *HöKtenKera*³³⁹, wenn es / wieder anfängt etwas wärmer / Zu werde[n].

Frühling   *Tung*[usisch].   *Njőngnjäni*³⁴⁰.
Sommer   -   *Dsjóani*³⁴¹
Herbst   -   *Bóloni*³⁴²
Winter   -   *Tóoni*³⁴³.
Alle 4 Jahres Zeite[n] Zusamme[n] / mache[n] ein Jahr³⁴⁴. *Tung*[usisch].
*Ángani*³⁴⁵. :| ᵃ
|: Frühling   *Burjat*[isch]   *Chabùr*³⁴⁶
   Sommer   -   *Naschìr*³⁴⁷ oder / *Sun*³⁴⁸ oder / *Tarschig*
   Herbst   -   *Namùr*³⁴⁹
   Winter   -   *öwül*³⁵⁰.

Die *Samoj*eden im *Turuch*[anskischen] Gebiethe / fangen ihr Jahr mit dem Herbste / an, und nennen den ersten / Monath *otùr-iri*³⁵¹. d[as] i[st] den / Herbst Monath (*Septemb*[ris]) / weiter aber haben sie für die / Monathe Keine besondere / Nahmen³⁵²

Herbst   auf *Samoj*[edisch]   *otúra*³⁵³
Winter   -   -   *sirrà*³⁵⁴
Frühling   -   -   *nárre*³⁵⁵
Sommer   -   -   *to*³⁵⁶.

Sie nennen auch den ersten / Frühlings Monath (*Mart*[ium]) / *Nárre-iri*³⁵⁷. und rechnen / Von demselben gleichfalls / den Anfang des neuen Jahres / dergestallt

---

ᵃ *von* Monathe bey dene₍ Tungusen *bis* Tung. Ángani. *auf Bl.* 29v *rechts marginal*

daß sie aus Som- / mer und winter 2 Jahre / machen. Wenn man einen / *Samoj*eden fraget, wie viel / Jahre verfloßen, daß dieses oder / jenes geschehe⌈n⌉ sey, und er sich / nicht nach der *Ruß*ische⌈n⌉ Rechnung / *accommodiret*[358], so rechnet er / die Jahre gedoppelt. Die meist⌈en⌉ / aber, wenn sie mit Rußen / reden[a], gebrauchen auch die / Rußische Rechnung : |[b]

|: Nahmen der Monathe in der *Jeni-* / *seiski*sch⌈en⌉ *Ostiake*⌈n⌉ SPrache.
1.) *Bang-tyr*[359] ist der erste Herbst[c] Mo- / nath[d]. die bedeutung ist: Die Erde / gefrieret.
2.) *Tschábelgat*[360]. Das wort bedeutet / daß sich die Hunde Zu der Zeit / belauffen.
3.) *Úieng-Cháap*[361]. d⌈as⌉ i⌈st⌉[e] der Kleine Monath / weil gleich darauf der große fol- / get.
4.) *Cháap*[362]. d⌈as⌉ i⌈st⌉ der große[f] Monath Κατ'[g] εξοχην[363] / wenn die großeste Kalte ist / als im *Januar*.
5.) *Díap*[364] d⌈as⌉ i⌈st⌉ der Adler Monath / weil nemlich in demselbe⌈n⌉ sich / die Adler am ersten Zu zeigen / pflegen[365].
6.) *Kogn-ap*[366]. d⌈as⌉ i⌈st⌉ der *Burunduks-* / Monath[367]: weil diese Thiere um dieselbe / Zeit aus ihren löcher⌈n⌉ hervor Komme⌈n⌉.
7.) *Chúdi*_w_/[b]*el*[368]. d⌈as⌉ i⌈st⌉ die Hechte[369] Zanken / sich. wenn[h] die fische[i] sich gatten und / Eyer von sich gebe⌈n⌉.
8.) *Duwenhep*[370]. d⌈as⌉ i⌈st⌉ der Angel- / Monath, Vom fisch-angeln / welches um die Zeit am meiste⌈n⌉ ge- / schiehet.
9. *Bêl-eesi-wang-chaip*. d⌈as⌉ i⌈st⌉ der / Monath in welchem sich die Stöhre / gatten, *eess*[371] heißet ein Stöhr[372], und / *Bêl* das Gatten, welches wort / auch Vom Menschl⌈ichen⌉ Beyschlaf ge- / brauchet wird.
10. *Úieng-cháap*[373] d⌈as⌉ i⌈st⌉ der Kleine / Monath.
11. *Chaap*[374] d⌈as⌉ i⌈st⌉ der Monath Κατ εξοχην[375] / mitten im Sommer wenn die größeste / Hitze ist.
12. *Sulássan-chaip*[376] d⌈as⌉ i⌈st⌉ der *Nelma-* / Monath[377] weil sie diese fische als / denn fangen :|[j]
Wochen=Tage Bey denen Muhammedanische⌈n⌉[k] Tata- / ren.
Eine Woche auf *Buchari*sch *Ju-* / *ma* oder *Dschjuma*[378] auf Ta- / tarisch *Asdnja* oder *Adna*[379].

---

[a] r_{eden} *verbessert aus* [.]   [b] *von* Frühling Burjat. Chabùr *bis* Rußische Rechnung *auf Bl.* 31r *rechts marginal*   [c] Herbst *verbessert aus* [......]   [d] M_{onath} *verbessert aus* [.]   [e] d. i. *über der Zeile*   [f] große *über der Zeile*   [g] _{Kat}' *verbessert aus* [.]   [h] *nach* wenn *gestr.* sich   [i] die fische *über der Zeile*   [j] *von* Nahmen der Monathe in der *bis* fische als / denn fangen *auf Bl.* 31v *rechts marginal*
[k] Muhammedanische_) *über der Zeile*

Mit demselben Nahmen / wird auch in diesen SPrachen / der Freytag[380], als der
Muha- / medanische Sabbath[381], Benen- / net.
Sonnabend. *Buchar⌈isch⌉ Schambi*[382]. / *Tob⌈olskisch⌉ Tatar⌈isch⌉ Schenbè*[383].
Tom⌈skisch⌉ / Tatar⌈isch⌉ Schambè[384]. *Casan⌈isch⌉ / Tatar⌈isch⌉ Schänbà*[385].
Sontag. *Jakschambi*[386]. *Jekschen- / bè*[387]. *Jekschambè*[388]. *Akschä́nbè*[389].
Montag. *Djuschambi*[390]. *Tüschenbè*[391]. / *Djuschambè*[392]. *Duschä́nbe*[393]. *etc⌈etera⌉*
wie in denen / *Vocabulariis*[394]. /32r/
Bey denen *Mongol*en und Chal- / müken sind Keine wochen, / oder wochen-
Tage. Bey den⌈en⌉ / Heidnische⌈n⌉ Tatare⌈n⌉, *Jakut⌈en⌉* / und übrigen Heidnischen
Vol- / Kern eben so wenig.
Die *Mongol*en und Chalmük⌈en⌉ / halten viel auf[a] *Astrologi*sche / Prophezeyungen
Von Glüklichen⌈⌉ / oder Unglüklichen Tagen.
Tsuracháitschi[395]. heißet bey / dene⌈n⌉ *Mongol*en ein *Astrolo- / gus*
Émtschi[396] bey dene⌈n⌉ *Mongol*en / ein Artzt. Eine Artzney *Mong⌈olisch⌉ et*
Chalm⌈ückisch⌉ / Em[397].[b]
Beyde Ämter werden Von / Geistl⌈ichen⌉ und weltl⌈ichen⌉ Personen / Verwaltet.
Die *Mongoli*sche und Chal- / mükische Ärtzte sind geschikt / in außerliche⌈n⌉ und
innerliche⌈n⌉ / Krankheit⌈en⌉. Sie *prepare⌈n⌉* / selbst alle artzeneye⌈n⌉, sie fühle⌈n⌉ /
die Puls, Laßen Ader, / schröpffen geben Zu schwitzen, / und Zu *purgire⌈n⌉*[398].
etc⌈etera⌉ /32v/
Eintheilung des Tages in / Stunden geschiehet bey dene⌈n⌉ / *Mongol*en und
Chalmüken / nach art der *Sin*eser, daß / sie nemlich ein gantzes / νυχθημερον[399]
in 12 Stunden / eintheilen, welche mit denen- / selben Nahmen des *Cycli ani- /*
mantium duodenarii[400], so / als wie die Jahre, benennet / werden. Sie fangen die /
erste Stunde an um Mitter- / nacht. oder ob sie nicht |: Vielleicht so wie die
*Sin*eser / das *Punctum mediae noctis*[401] / in die Mitte der ersten Stunde / setzen.
vide⌈⌉ Bayer⌈um⌉ de Horis / Sin⌈icis⌉[402] :|[c]
|: an statt der Stunde⌈n⌉ hab⌈en⌉ die *Ja- / Kute⌈n⌉* die Redensart, 1 oder / 2 Mahl
fische gar Zu Koche⌈n⌉. :|[d]
Das wort *Lu*[403], welches im *Cyclo / Animantium*[404] den 5⌈ten⌉ Platz / hat, bedeutet
einen fabel- / hafften Drachen, wovon die / *Mongol*en und Chalmüken, / wie
imgleiche⌈n⌉ die *Sin*eser, / glauben, daß er sich in der / Lufft aufhalte, und daß /
Von ihm der Donner ent- / stehe.
|: Die *Samoj*eden sollen sich auch sehr / Vor den donner fürchten und / Zu sagen

---

[a] ₐᵤf *verbessert aus* s   [b] Mong. et Chalm. Em. *rechts von der Zeile*   [c] *von* Vielleicht *bis* de Horis
Sin *rechts marginal*   [d] *von* an statt der *bis* gar Zu Koche⌈⌉ *oben rechts marginal*

pflegenᵃ, es Könne nicht / anders seyn, als Gott müße / sich mit jemand Zanke⌈n⌉ oder / schlagen. Es soll auch der / donner in der gegend von *TuruchansK* / Zuweilenᵇ Leute erschlage⌈n⌉ habe⌈n⌉. :|ᶜ
Die Holländer, so um dieᵈ /33r/ Mitte des Verwichene⌈n⌉ Jahrhunderts / auf *Korea* inᵉ der Gefangenschafft / gelebet⁴⁰⁵, haben nach ihrer Zurük- / Kunfft erzehlet, daß in *Korea* / Von dene⌈n⌉ Sonnen- und Monds- / Finsternüs⌈s⌉en geglaubet werde, / daß alsdenn diese Himmels- / Lichter mit einem Drachen, welches / der *Lu*⁴⁰⁶ ist im Streit seyen. / v⌈ide⌉ Witsen. p⌈agina⌉ 57.⁴⁰⁷
Die *Koreaner* sollen auch die *Ec- / lipses*⁴⁰⁸ ausrechnen Können, / welches imgleiche⌈n⌉ bey dene⌈n⌉ / *Mongol*en und Chalmüken / geschiehet.
Ob die Tatare⌈n⌉ solches Könne⌈n⌉?
Die *Jakut*en bedienen sich bey Son- / nen und Monds-finsternüs⌈s⌉en der / *Expression Kün-ölbüt*⁴⁰⁹. d⌈as⌉ i⌈st⌉ / die Sonne stirbet. wißen / aber dabey nichts Zu sagen / woher solches entstehe, habe⌈n⌉ / auch dabey weiterᶠ Kein⌈en⌉ Aberglauben, als daß einige unter ihn⌈en⌉ dieselbe / Vonᵍ unglüklicher Vorbedeutung / halt⌈en⌉. Ein *Jakut*e wurde / Bey Gelegenheit der Zu unserer Zeit in / *Jakuzk* gesehne⌈n⌉ Mondsfinsternüß / gefraget, ob sie sich davor nicht fürch- / teten, u⌈nd⌉ gab Zur Antwort: Es / Könne nicht allzuviel Gutes Be- / deute⌈n⌉ denn sie hätten ein *Exempel* / daß auf eine derg⌈leichen⌉ finsternüß der / Tod eines ihrer Vornehmste⌈n⌉ *Kniäszi* / erfolget sey.ʰ
|: Die *Samoj*eden sagen eben so: / *Chaià-chábi*⁴¹⁰. d⌈as⌉ i⌈st⌉ die Sonne / stirbt oder ist gestorbe⌈n⌉. / Sie fürchten sich als denn sehr / und wenn sie auf der Reise sind / so halten sie plötzlich stille u⌈nd⌉ / gehen nicht aus der Stelle. :|ⁱ
Von der Ursache des donners / wißen die *Jakut*⌈en⌉ eben so / wenig zu sagen: habenʲ auch / nicht so viel Gelegenheitᵏ darü- / ber sich Gedanken Zu machen,ˡ /33v/ weil Bey ihnen der donner / wenig Schaden thut.
Unter dene⌈n⌉ *Jakut*⌈en⌉ giebt es / Leute, so in Verwundunge⌈n⌉ dienste Thun. Selbige heis⌈s⌉en in ihrer / SPrache: *Otossùt*⁴¹¹. d⌈as⌉ i⌈st⌉ Aertzte.
Wenn jemand am Haupte verwun- / det ist, dergestalt daß die Hirn- / Schaale Zerschmettertᵐ und / eingedrüket, so wis⌈s⌉en diese / Aertzte die obere Haut geschikt / abZulösen, alles was von der / Hirn Schaale Zerschmettert ist, / ohne Verletzung der *durae Ma- / tris*⁴¹² heraus zu nehmen, und / hiernächst die Wunde wieder / mit der obere⌈n⌉ Haut Zu Be- / deke⌈n⌉, worauf sie bloß Bir- / ken

---

ᵃ ₚflegen *verbessert aus* [.]   ᵇ ₂ᵤWₑᵢlen *verbessert aus* Zu[.]eile[.]   ᶜ *von* Die Samojeden *bis* erschlage) habe) *unten rechts marginal*   ᵈ ᵈie *verbessert aus* er   ᵉ ᵢn *verbessert aus* g   ᶠ *weiter über der Zeile*   ᵍ V₀ₙ *verbessert aus* f   ʰ *von* als daß einige unter *bis* Kniäszi erfolget sey *rechts marginal*   ⁱ *von* Die Samojeden sagen *bis* aus der Stelle *rechts marginal*   ʲ hₐbₑₙ *verbessert aus* [.]   ᵏ Geleg₍ₑₙₕₑᵢₜ *verbessert aus* [.....]   ˡ *folgt* weil   ᵐ Zerschmettert *verbessert aus* ₂ₑᵣₛcₕₘₑₜₜₑᵣₜs

Rinde^a darauf lege⌈n⌉, und / es wieder Zuheilen Laßen / Dergestalt, daß man nachmahls / *immediate* durch die Haut / das Gehirn fühlen kann^b. Die *Jakute*⌈n⌉ pflegen überhaupt / alle wunde⌈n⌉ mit^c nichts anders / als mit birken Rinde Zu Ver- / binden. Es wird aber daZu die /34r/ innerste^d Rinde genommen, und / Vorher durch Kochen geschmeidig / gemacht.
Ist jemand mit einem Pfeile ge- / schoßen, wenn auch der Schuß / durch und durch gehet, so pfleget / der *Otossùt*^{413} oder Artzt bey dene⌈n⌉ / *Jakute*⌈n⌉ Von einem Neugeschlachtet⌈en⌉ / Rindvieh | welches ausdrüklich deßwege⌈n⌉ / geschlachtet wird | die Gurgel Zu / nehmen, so Lange dieselbe noch warm / ist, und man an derselb⌈en⌉ noch einig⌈en⌉ / *motum vitalem*^{414} sPüren Kann, / *applicir*et^{415} das Ende der Gurgel / an die wunde, und Läßet es fest anhalt⌈en⌉, selbst aber sauget / er an dem andern Ende durch die / Gurgel das *extravasirte*^{416} Blut / aus dem Leibe, Verbindet hier- / nächst die Wunde mit blos⌈s⌉er / Birken=Rinde, worauf es Zuheilet / und der *Patient curir*et wird.
|: Unter dene⌈n⌉ *BrazKi* und *Mongale*⌈n⌉ / giebt es auch gantz gemeine Leute / die Arm- oder Beinbrüche auch / Wunden heilen. In wunden / sollen sie denen *Patient*en eine / Wurtzel (Vielleicht *Woltschei Koren*^{417}) / Zu eßen eingebe⌈n⌉ welche wurtzel / wieder aus der wunde her= / VorKommen soll, wohernächst / die Wunde sofort zuheilet.
Das bluten in wunden stille⌈n⌉ / die *BrazKi* durch auflegen / ihres Zunders und etwas *TabaK*^{418}
Die *Samoj*eden Brennen Von Renn- / Thiers fellen die Haare an, und / Legen das angebrandte auf / die Wunde, womit sie das / Blut stillen, als wie die / Rus⌈s⌉en in *Sibiri*schen mit / angebrandtem *woiloK* / Wunden Zu heilen brauchen / sie bären fett Von schwartze⌈n⌉ / Bäären. Das Fett Von / weis⌈s⌉en Bäären^{419} ist Zu dünne. / Sie Verbinden die Wunden mit / Dünnen^e Rennthiers Fellen / das inwendige auf die wunde / geleget. Es giebt Keine / Artzte Von *Profession* unter / ihnen. Ein jeder ist fast dazu / geschikt. Sie setzen auch ver- / renkte glieder ein.
Die *PumpoKol*sche⌈n⌉ *Ostiake*⌈n⌉ stillen das / Blut daß sie eine⌈n⌉ Lappen Zunder / auf die Wunde Lege⌈n⌉ und fest Verbinde⌈n⌉ / Sonst wis⌈s⌉en sie von Keine⌈n⌉ / Artzney Mitteln. :|^f
|: *Tunguse*⌈n⌉ gebrauche⌈n⌉ bey Verwun- / dungen den Safft von Fichten- / Bäume⌈n⌉|^g^{420}, welchen sie nach ab- / genommener äus⌈s⌉er⌈er⌉ Rinde, / Von dem

---

^{a} $_{Rin}$de *verbessert aus* [..] ^{b} k$_{ann}$ *verbessert aus* f ^{c} *mit über der Zeile* ^{d} inne$_{rste}$ *verbessert aus* [....]
^{e} D$_{ünnen}$ *verbessert aus* [.] ^{f} *von* Unter dene) BrazKi *bis* keine) Artzney Mitteln. *auf Bl.* 33v *rechts marginal* ^{g} Ficht$_{en-}$ / $_{Bäumen}$ *verbessert aus* [.....]

Baume abschaben / und in die wunde Las⌈s⌉e⌈n⌉. / Verbinden[a] darauf die wunde / entweder mit BirkenRinde / oder auch mit einem Lappen / Von Semisch- gegerbt⌈em⌉ Rennthiers / Leder. : |[b]
Die *Moxa* ist Bey allen heid- / nische⌈n⌉ Völker⌈n⌉ in *Sibiri*en / auf gleiche weise wie Bey dene⌈n⌉ / *Sines*er⌈n⌉ und *Japan*er⌈n⌉ in Ge- / brauch. Die *Mongol*en / und *Tunguse*⌈n⌉ auf der *Si*- / *nesi*schen Gräntze nehmen / die Blätter Von[c] einer *Specie*[d] *Artemisiae*[421], /34v/ Zerreiben solche Zu Fäsergen, / daß es als feine *Carpey*[422] / aussiehet, und Legen selbige / auf den Ort, an welchem sie / innerliche Schmertzen fühlen / Zünden darauf die *Materie* / an, und Las⌈s⌉en es Brennen / Biß es dem *Patient*en die / Haut weg nimmt, und etwas / Tief ins Fleisch Brennet. wor- / auf die Genesung erfolget.
Die *Jakute*⌈n⌉ gebrauchen Zur / *Moxa*[e] eben dieselbe[f] / *Artemisia*[g][423] welche[h] Von ihnen, / so wie auch die *Moxa* selber, / *Kö*[424] genannt wird. Davon / nehmen sie die Blätter im / Herbst, wenn sie schon schwärtz- / Lich sind und abfallen wolle⌈n⌉, / Zerreiben solche[i] gleichfalls Zu einer *Carpey*[j][425] / und Vermischen es mit einer / Asche, die aus dem Stengel ei- / nes *Scirpi*[426] gebrannt wird. / Diese[k] *Carpey*[l][427] wird hiernächst / Gebrauchet wie obe⌈n⌉.

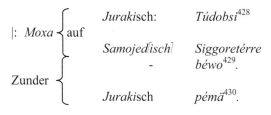

|: *Moxa* auf *Juraki*sch: *Túdobsi*[428]

Samojed⌈isch⌉ *Siggoretérre béwo*[429].

Zunder *Juraki*sch *pémä*[430].

Zunder ist wie der *Tungusi*sche / Von Schwämmen. Zu der *Moxa* / nehmen sie das härteste aus dene⌈n⌉ / Schwämmen was Zum Zunder nicht / tauglich ist, oder Von denen Große⌈n⌉[m] / harten Birken Schwämmen / die im Rußischen[n] *Tschagi*[431] genennet werden.

Moxa auf *Brazk*⌈isch⌉   *Tŏna*[432]
Zunder   -   *úla*[433]

---

[a] V_erbinden *verbessert aus* [.]   [b] *von* Tunguse₎ gebrauche₎ *bis* Rennthiers Leder *rechts marginal*   [c] *nach* Von *gestr. der*   [d] *einer Specie über der Zeile*   [e] *nach* Moxa *gestr.* ein anderes Kraut, / welches der [f] eben dieselbe *über der Zeile*   [g] *nach* Artemisia *gestr.* etwas / ähnlich ist, und   [h] welche *über der Zeile*   [i] *nach* solche *gestr.* Zu Pulver   [j] gleichfalls Zu einer Carpey *über der Zeile*   [k] Diese *verbessert aus* _Diese_s; *nach* Diese *gestr.* Pulver   [l] Carpey *über der Zeile*   [m] G_(roße) *verbessert aus* [.]   [n] im Rußischen *über der Zeile*

Moxa in der SPrache der *Ostiake⌈n⌉* / am *Ket*⁴³⁴ f⌈luß⌉ *Zíning*⁴³⁵
Sie gebrauchen Zum Zunder die gemeine⌈n⌉ / baumschwämme⁴³⁶, und daraus
mache⌈n⌉ / sie auch die *Moxa*
Moxa in der SPrache der *Ostiak*en / am *Jenisei*⁴³⁷ f⌈luß⌉ *Bolba*⁴³⁸, wird / gemacht
aus gros⌈s⌉en BirkenSchwäm- / men (*Tschagi*⁴³⁹) welche bey ihnen *Otpol*⁴⁴⁰ /
heis⌈s⌉en. *Bolba*⁴⁴¹ ist ein *gene-* / *ral* wort, und bedeutet eine⌈n⌉ / jeden
Schwamm. :|ᵃ
|: Die *JeniseisKische Ostiaken* / wenn sie sich mit der *Moxa* ge- / Brandt habe⌈n⌉
legen etwas Leber / Von einem Thiere oder Vieh in / die Wunde, daß es ehender
faule⌈n⌉ / solle, und erhalte⌈n⌉ auch damit / die Wunde lange offen, als / wie eine
*fontan*elle⁴⁴². Sie / sagen die *Virtus*⁴⁴³ der *Moxa* / bestehe darin, daß viel
unreine / FeuchtigKeit, welche in dene⌈n⌉ / Glieder⌈n⌉ den Schmertze⌈n⌉
Verursachet, / durch die gebrandte wunde / aus dem leibe abgeführet werde. / In
AugenKrankheiten *adpli-* / *cir*en⁴⁴⁴ sie die *Moxa* in dieᵇ / oberste gegend der
Schläfe / Die *Ostiaki*sche *Moxa* ist Klein / Die Rus⌈s⌉en dagege⌈n⌉ am *Jenisei*⁴⁴⁵ /
f⌈luß⌉ Machen dieselbe noch ein- / mahl so groß.
*Samoj*eden nehmen Hechts-Zähnen⁴⁴⁶ / brennen und Pulverisiren dieselbe / und
streuen das Pulver in wunde⌈n⌉ / oder sie nehmen blätter von брусница⁴⁴⁷ /
(*jésire*⁴⁴⁸) trokne⌈n⌉ und *pulverisir*en / dieselbe Zu gleichem Gebrauche. /
Verfrorne Glieder beschmieren sie / mit Fisch fett.
волчье коренье⁴⁴⁹, *Tataris B͡ur- / ot*⁴⁵⁰. im *Krasnoj⌈arskischen⌉* gebiethe, wird /
im frühling oder angehendem Sommerᶜ / gegraben. Die *Tatar*en sowohl als /
Rus⌈s⌉en gebrauchen es innerlich bey / Verwundungen. Man sagt / die *Tatar*en
sollen den Gebrauch / Zuerst denen Verwundete⌈n⌉ wolffe⌈n⌉ / abgelernet haben.⁴⁵¹
зверобои⁴⁵² brauchen nur die Rus⌈s⌉en / die *Tatar*en nicht. :|ᵈ /35r/
Die Ostiaken am *Ob*⁴⁵³ f⌈luß⌉ sollen / die *Medicin* hab⌈en⌉, daß sie / Verfrohrne
Glieder mit Fischleim⁴⁵⁴ / beschmieren, und sich dadurch er- / halte⌈n⌉.
|: Verfrohrne Glieder Bringen / die *Samoj*eden und Rußen am / *Jenisei*⁴⁵⁵ f⌈luß⌉
mit bäären Fett / wieder zurechte, auch mit / Fischleim⁴⁵⁶. :|ᵉ
Ein *Otoss̀ut*⁴⁵⁷ Bey dene⌈n⌉ *Jakut⌈en⌉* / Kann auch Verrenkte Glieder / wieder
einsetze⌈n⌉, undᶠ Knochen die / Zerschmettert und verbogen, / wieder in ihre
Ordnung lege⌈n⌉. / Wenn er solches gethan, / jedoch ohne eine *Incision*⁴⁵⁸ Zu
mache⌈n⌉, / so leget er Birken Rinde / auf den Schade⌈n⌉, undᵍ auf die- / selbe

---

ᵃ *von* Moxa *auf bis* jeden Schwamm *auf Bl.* 34r *rechts marginal*   ᵇ ₄ie *verbessert aus* [..]   ᶜ Sommer *über der Zeile*   ᵈ *von* Die JeniseisKische Ostiaken *bis* Tataren nicht. *rechts marginal*   ᵉ *von* Verfrohrne Glieder *bis* mit Fischleim *rechts marginal*   ᶠ *und über der Zeile*   ᵍ u_{nd} *verbessert aus* [.]

dünne Lange höltzer, / welche[a] er mit Riemen / fest Umwindet, um dem Gliede / seine SteiffigKeit Zu geben.
|: *Item* ebenso bey denen / *BrazKi*.
Bey den Ostiaken am *Jenisei*[459] / ist ein großes *vulnerarium*[460] / die Zunge Vom Bären, oder / Elende, hart getroknet *Pul-* / *verisiret* oder mit einem meßer / davon etwas abgeschabet, und / in die wunde gestreuet.
Sie troknen *BagulniK*[461], Zerrei- / ben solchen, Kochen es in einem Topffe oder Keßel und trin- / ken das waßer in Bauchgrimmen / *Kogda serza dawit*[462], *item* / in eben diesen Zufall nehmen / sie Klein geschabten Lerchen- / Schwam[463] ein, in einer fleisch- / oder fisch brüh. wenn sie davon / Zu Viel nehmen so soll es brechen / Verursachen, aber nicht *purgiren*[464] / das *decoct*[465] des *Bagulniks*[466] / soll auch den Kopff nicht / einnehmen[467], Sie eßen auch / den *Calmus*[468] in dergleichen Zufällen / *item* wenn sie sich im gehen ermüden / so soll es neue Kräffte geben. / Nennen diese wurtzel *Dáginjèng*.
Bagulnik[469] - *ohonúlli*.
Lerchen Schwam[470] - *Sêsdabólba*[471]. :|[b]
Unter denen *Tungus*en im *Ner-* / *tschinsKi*schen Gebiethe[472] am *Onon* / fluß Lebete damahls, als / wir diese Gegenden passirten, / ein *Indiani*scher Geistlicher / Von der *Dalailami*schen *Reli-* / *gion*[473], *vulgo*[474] *Azarùt-Lamà* ge- / nannt, welcher Viele Curen / That. Er hatte den Geistlichen Stand / Verlassen, und sich daselbst ver-[c] /35v/ heyrathet. Er machte seinem / Vorgeben nach alle seine *Medi-* / *cin* selber[d]. Das meiste / war Zwar Von *vegetabilibus*[475] / er hatte aber auch Artzeneyen / die durch *Chimi*sche *Proce*sse / aus Mineralien gemacht / waren.
Ein Russischer Einwohner / welchen wir am *Onon* an- / Traffen[476], hatte sich durch diesen / Geistlichen in großen Glieder / Schmertzen *curiren* Lassen / und wieß an seinem Leibe / auf 20 und mehr Narben / wo der *Lama*[477] ihn mit der / *Moxa* gebrannt hatte.
|: Die *BrazKi* dießeits der See / und *Krasnojarskische Tatar*en Gebrau / chen[e] eine *Speciem Cirsii*[478] Zum / Zunder Kraut. Die *Belti-* / *ri*sche *Tataren* im *Kusnezi*schen / Gebiethe[479] haben die *Tussilago*[480].
herr *Steller*[481] hat Von *Casan*[482] biss / *Jeniseisk*[f483] sowohl unter / denen Rußen als heidnischen / Völkern und *Muhammedanischen Tataren* dreyer- / ley *Moxam annotir*et[484] als / 1. Von der *Artemisia*[485], 2. *Jacaea* / *Austriaca*[486],

---

[a] welche *verbessert aus* welche[.] [b] *von* Item ebenso bey *bis* Lerchen Schwam - Sêsdabólba. *rechts marginal* [c] *folgt* heyrathet [d] selber *verbessert aus* [.] [e] Gebrauchen *verbessert aus* [.] [f] *vor* Jeniseisk *gestr.* Tobolsk

3. *Verbasco*[487]. nem- / Lich Von allen dreyen werde⌈n⌉ / die blätter genommen und / nach beKandter Art Zu Zunder / *praepariret*.
Lactes castoris[488] Von dene⌈n⌉ Ostiak⌈en⌉ / und Ruße⌈n⌉ am *Ob*[489] dene⌈n⌉ Kinder⌈n⌉ / an dene⌈n⌉ *Testiculis*[490] *adpliciret*[491] / wenn dieselbe geschwolle⌈n⌉ sind.
WundMittel der *Tatare*⌈n⌉ am / *Tschulim*[492] getroknete und / *pulverisirt*e frösche in die / wunde gestreuet, auch bey inner- / Lichen *laesion*⌈*en*⌉[493] als ein *decoctum*[494] / *interne*[495] gebrauchet[496].
Рогулки[497] *Tat*⌈*arisch*⌉ *Artschangae*[498] / sowohl Von Rus⌈s⌉e⌈n⌉ als *Tatar*en / im *TomsKi*sche⌈n⌉ Gebiethe in bauch / Grimmen als ein *decoct*[499] gebrauchet / in der *botanic* heißet das / Kraut *Tribuloides vulgare aquis* / *innascens*[500].
Artschèn[501] nenn⌈en⌉ die *Krasnoj*⌈*arskischen*⌉ *Tatar*en ein / Kraut das Kleine blatter hat u⌈nd⌉ in wälder⌈n⌉ wäch- / set. wenn ein Pferd Vom Reiten auf dem Rüken / verwundet ist, so streuen sie das pulverisirte Kraut / darauf. :|ᵃ Menschen gebrauche⌈n⌉ das *Artschèn*ᵇ[502] nicht / innerlichᶜ
Bey der *Moxa* wird die *Carpey*[503] / woraus dieselbe Bestehet, erst / Zwischen Birken Rinde zu einem / runden harten *Cylinder* geweltzet / hiernächst in der Mitten Querᵈ / durchgeschnitten, damit es eine / ebene Fläche *basin*[504] BeKomme / worauf es stehen Kann, und / so auf den Ort gesetzet, mit / SPeichel etwas befestiget, / und angeZündet. Der *Cylin-* / *der* ist etwan eines Feder- /36r/ Kiels dike und ½ fingerbreit[505] / hoch. Man Läßet es brenne⌈n⌉ / Bis⌈s⌉ es gantz zu asche ist / und Von selbst auslöschet. / Die *JaKute*⌈n⌉ habe⌈n⌉ den Aber- / glauben, daß sie von 7 Mensch⌈en⌉ / die *Moxa* Zusammen sam- / Len, damit sie desto bes⌈s⌉er / helffe⌈n⌉ möge.

	: *Moxa Tataris Krasnoj*⌈*arensibus*⌉		
Zunder	-	*Tün*	
Zunder Kraut	-	*Chabò*[506]	
		Chabò-ot[507] / *contr*⌈*acte*⌉[508]	*Chabôt*.

Die *Moxa* bey dene⌈n⌉ *Tatar*en wird / formiret, wie bey dene⌈n⌉ *Brazki* / und *Jakute*⌈n⌉. :|ᵉ
Die *Tungusen*ᶠ Gebrauchenᵍ / den gemeine⌈n⌉ Schwamm-Zunder / Zur *Moxa*, doch Bevor / sie denselbe⌈n⌉ gantz weich / Klopffen *Summa*[509] ein / jedes Volk

---

ᵃ *von* Die BrazKi dießeits *bis* Kraut darauf. *rechts marginal*   ᵇ A⌈r⌉tschèn *verbessert aus* [.]   ᶜ Menschen gebrauche₍ das Artschèn nicht innerlich *auf der linken Seitenhälfte unten*   ᵈ Qu₍ₑᵣ *verbessert aus* [..]
ᵉ *von* Moxa Tataris *bis* und Jakute₍ *rechts marginal*   ᶠ Tun₍gusen *verbessert aus* [...]   ᵍ G₍ebrauchen *verbessert aus* [.].

gebrauchet den / Zunder, des⌈s⌉en sie sich / Zum gemeine⌈n⌉ Gebrauch, um / Feuer Zu mache⌈n⌉, Bedien⌈en⌉.

|: Sie *adplicire*⌈n⌉[510] die *moxa* an alle⌈n⌉ / Gliedern, auch auf dem Kopffe / in den Schläfen, auf der brüst / auf dem bauche. Wenn der Schmertz / sehr hefftig ist, so nehmen sie von / denen großen Birken-Schwämm⌈en⌉ / die im Rußischen *Tschagi*[511] genennet werden, troknen dieselbe vorher / wohl, und schneiden einen Kleine⌈n⌉ / *Conum* oder *Cylinder* davon / aus, welche⌈n⌉ sie eben wie den / Zunder auf dem Schmertzhaffte⌈n⌉ / Orte Zu Asche brennen Laße⌈n⌉. / Dieses geschiehet, damit es desto / stärker Brennen möge. :|[a]
Die *Jakut*⌈en⌉ pflege⌈n⌉ auch / ohne Ursache sich mit der / *Moxa* im Gesichte auf / dene⌈n⌉ bake⌈n⌉ ja auf der Nase / Zu brenn⌈en⌉ nur damit sie Narben beKommen möge⌈n⌉[b] / Um, wie sie sage⌈n⌉, / die *Wospa*[512] (*Jak⌈utisch⌉ Edschi*[513]) / welche sie, so wie alle andere /36v/ Krankheite⌈n⌉ für eine art / Von Teuffeln halt⌈en⌉ Zu be- / Triegen, als wenn sie schon / die[c] Poken[514] gehabt hätte⌈n⌉. / Sie pflege⌈n⌉ solches zu thun, / wenn sie hören, daß die / Poken[515] in der Nähe *grassir*⌈en⌉ / und befürcht⌈en⌉, das⌈s⌉ sich / auch dieselbe bey ihne⌈n⌉ / einfinden möge. Wenn ein Glied verrenket und / nicht gut wieder eingerichtet / ist, so daß ein beständiger / Schmertzen Nachbleibet[d], oder / Bey Zerschmetterung der Knoche⌈n⌉ / die nicht habe⌈n⌉ herausgenomme⌈n⌉ / werden Könne⌈n⌉, und obgleich / die Wunde Zugeheilet ist, dennoch / eine⌈n⌉ beständigen Schmertz ver / ursache⌈n⌉, und Bey anderen / Zufällen innerlicher Glieder / Schmertzen wird die *Moxa* / für ein[e] *souveraines* / *remedium*[516] gehalt⌈en⌉.

|: *Tungus*en und Rus⌈s⌉en an / der *Lena* pflegen sich in / Glieder Schmertzen an dem / Schmertzhaffte⌈n⌉ Orte auf glei- / che Weise wie die *Tungus*en / ihren Kindern die Gesichter / ausZunehe⌈n⌉ pflegen, ausnehe⌈n⌉ / Zu las⌈s⌉e⌈n⌉[517].
Die *Samoj*eden am *Jenisei*[518] fl⌈uß⌉ / wie auch die Rus⌈s⌉en daselbst / haben auch die *medicin* mit / dem ausnehen an Schmertzhaffte⌈n⌉ / Orte⌈n⌉ von dene⌈n⌉ *Tungus*e⌈n⌉ an- / genomme⌈n⌉, und soll die *Cur* / Bey Vielen anschlagen. :|[f] /37r/
Von den warmen Bäder⌈n⌉ der / Mongolen.
Von dem *Compas*[g 519] der Sineser / und *Japon*eser.

Himmels-Gegenden auf[h] *JaKut*isch:
Osten   *DschéndeKi*[520]

---

[a] *von* Sie adplicire) die *bis* Brennen möge. *rechts marginal*   [b] nur damit sie Narben beKommen möge) *über der Zeile*   [c] d_{ie} *verbessert aus* [.]   [d] N_{achbleibet} *verbessert aus* b   [e] e_{in} *verbessert aus* s   [f] *von* Tungusen und *bis* vielen anschlagen. *rechts marginal*   [g] _{Compa}s *verbessert aus* [.]   [h] a_{uf} *verbessert aus* [.]

Mittag	*Kün-ortò*[521]
Westen	*Argà*[522]
Mitternacht	*Tün-ortò*[a][523]

|: Norden auf *Samojed*isch   *Immü*[524]
Osten - -   *pédu-Immü*
Süden[b] - -   *pédu*
Westen - -   *baddù-mèdsche*[525] / d⌈as⌉ i⌈st⌉[c] Land[d] wind.

BrazKi haben Vor die Himmels gegend⌈en⌉ / Keine eigene Nahmen. :|[e]

|: Norden auf *Ostiak*⌈isch⌉ (*PumpoK*⌈olisch⌉)[f]   *Chagàn*[g]
Osten   -   *Bádpalla.*
Süden   -   *Túgas.*
Westen   -   *KonZi.*

Norden auf *Tatar*isch: *Tan*[526].
Osten - -   *Kün-schíggebode*[527]
Süden - -   *Tüsch*[528]
Westen - -   *Kün-Kírpari*[529] :|[h]

Weil die meisten[i] heidnische Völker / in Sibirie⌈n⌉ außer dene⌈n⌉ Muham- / medanische⌈n⌉ Tatare⌈n⌉ und Mongole⌈n⌉ / Keine Schrifft habe⌈n⌉, so ist doch / durch die Rus⌈s⌉⌈e⌉⌈n⌉ Bey ihne⌈n⌉ alle⌈n⌉ / eingeführet, daß sie gewis⌈s⌉e / MerkZeichen angenomme⌈n⌉, wodurch / sie ihre Gerichtliche aus⌈s⌉age⌈n⌉, *obliga- / tione⌈n⌉*[530] p⌈erge⌉ bestärke⌈n⌉, und beZeichne⌈n⌉. / Mehrentheils ist solches Bey Manns[j] / Persone⌈n⌉ ein Bogen und Pfeil / bey weibsPerson⌈en⌉ eine Schere / bey *Schaman*s eine ZauberTrom- / mel, Zuweile⌈n⌉ auch Pferde / ochsen, Rennthiere, die sie sehr / *rude*[531] auf das Papier mahlen / wobey ihnen noch gemeiniglich / die Hand Von einem Rus⌈s⌉⌈e⌉⌈n⌉ / geführet wird:
|: *Witsen* p⌈agina⌉ 213.[532] sagt Von / den⌈en⌉ *BrazKi*, daß ihre / Handzeichnung Von Pfeil und / Boge⌈n⌉ so Unterschieden seye⌈n⌉ / daß man eines jeden seine / Von der ander⌈en⌉ Kenne⌈n⌉ Könne. / Solches ist falsch. denn wenn / ein *BrazKi*

---

[a] T$_{ün-ortò}$ *verbessert aus* [.]   [b] S$_{üden}$ *verbessert aus* [.]   [c] *nach i. gestr.* Berg   [d] Land *über der Zeile*
[e] *von* Norden auf Samojedisch *bis* Keine eigene Nahmen. *rechts oben marginal*   [f] (PumpoK) *über der Zeile*   [g] $_{Chagàn}$ *verbessert aus* $_{Chagàn-}$hórru   [h] *von* Norden auf Ostiak. *bis* Kün-Kírpari *rechts unten marginal*   [i] m$_{eisten}$ *verbessert aus* [.]   [j] $_{Mann}$n$_s$ *verbessert aus* [.]

Verschiedene / HandZeichnungen Zu einer / oder Verschieden⸢en⸥ Zeit⸢en⸥ macht / so ist Keine der ander⸢en⸥ / Gleich.ᵃ : | ᵇ /37v/
Alle Krankheiten und Schmertze⸢n⸥ᶜ *deriviren*⁵³³ / sie Von denen Teufeln her / welche dadurch die Mensche⸢n⸥ / Umbringe⸢n⸥ u⸢nd⸥ freßen solle⸢n⸥. / Ein *Camasinze* wieß mir seine / Hand darin inwendig ein großer / *callus*⁵³⁴ war u⸢nd⸥ sagte: Er habe / einsmahls ein geZogen Rohr⁵³⁵ ge- / Laden, und mit Eindrükung / und Einschlagung des Ladestoks / sich die Hand verwundet, da denn / [[denn]] die Wundeᵈ dik / aufgeschwollen, und er große / Schmertzen gehabtᵉ. Diese Schmer- / tzen sagte er habe ihm der / Teufel gemacht, welcher in- / wendig im Fleisch gefres⸢s⸥en / habe; nachgehends seye es / Zwar nach und nach Zugeheilet / weil er aber annoch bis⸢s⸥ dato / Bey gros⸢s⸥er Kälte eine⸢n⸥ Schmer- / tzen in der Hand VersPüre / so glaube er, daß noch derselbe / Teufel dabey seyn Spiel habe.

---

¹ lat. – links beginnend

² „Runen. ... die Schriftzeichen der alten germanischen Völker, welche ursprünglich mehr nur in irgend einer religiösen Beziehung verwendet wurden, namentlich bei Loosung u. Weissagung, sowie bei Segens= u. Verwünschungsformeln. ... Der wirkliche Schriftgebrauch der R. muß schon vor dem 4. Jahrh. n. Chr. in Aufnahme gewesen sein. Die älteste Runenreihe ... enthielt 15 Zeichen ..." (Pierer 1857–65, Bd. 14, S. 454ff.)

³ Um 1690 begab sich das zongolische Geschlecht (*congol*) der Mongolen aus der chinesischen Oberherrschaft unter die russische. Sie wurden verpflichtet, den *jasak* nach *Selenginsk* zu zahlen und am Unterlauf des Flusses *Čikoj* zu siedeln (G. F. Müller in: AAW F. 21, Op. 5, D. 19, Bl. 104r–104v). Um die Handels- und Grenzstreitigkeiten zwischen Rußland und China beizulegen, wurde durch den russischen Bevollmächtigten Graf *Savva Lukič Vladislavič-Raguzinskij* 1727 mit den chinesischen Vertretern am Grenzfluß *Bura* einen Grenzvertrag abgeschlossen, der 1728 in einen weiteren, am Fluß *Kjachta* abgeschlossenen Vertrag einging. In diesen Verträgen (russische Fassung in: *Mjasnikov* 2004, S. 30–32 u. S. 41–47 sowie *Mjasnikov* 2006, S. 84–85 u. S. 187–192) wurde der Grenzverlauf im strittigen Gebiet eindeutig festgelegt, die Handelsverbindungen und die Zugehörigkeit der im Grenzgebiet lebenden Völker zu dem jeweiligen Reich sowie weitere offene Fragen geregelt. In der Folge ernannte *S. L. Vladislavič-Raguzinskij* zwei Grenzkommissare zur Regelung auftretender Probleme, denen er 27. Juni 1728 eine Instruktion für ihre Arbeit erteilte. Dieser Instruktion waren einige Punkte beigefügt, die den „heidnischen Völkern" (u. a. den Zongolen) bekannt gemacht werden sollten (G. F. Müller in: AAW F. 21, Op. 5, D. 19, Bl. 197r–197v u. Bl. 201v). G. F. Müller erläutert dazu: „... so ist ihnen Zugleich

---

ᵃ *nach* Gleich *gestr.* oder   ᵇ *von* Witsen p. 213 *bis* der ander⸢⸥ Gleich. *rechts marginal*   ᶜ und Schmertze⸢⸥ *über der Zeile*   ᵈ *nach* Wunde *gestr.* alsobald   ᵉ g_{ehabt} *verbessert aus* [.]

befohlen, aus jedem Geschlechte Zwey knaben zu erwehlen, welche Zu denen Wißenschafften die nöthige Geschiklichkeit und Lust besäßen, und dieselbe an den Taischa Lopsan [aus dem zongolischen Geschlecht] abzugeben, damit die bey ihm befindliche Lamae selbige unterrichten, und hinkünfftig die Rußische Unterthanen in keinem Stüke fremder Hülffe benöthiget seyn möchten. Wobey die Commissarii ihnen noch diese Versicherung geben sollten, daß diejenige von erwehnten Knaben, welche die Mongolische Literatur vollkommen würden gefaßet haben, von Kayserl) Majest) mit besonderer Gnade würden distinguiret, und für andere Zu Befehlshabern in ihren Geschlechtern sollten befördert werden." (a. a. O., Bl. 204v)

4   lat. – zwölfteiligen [Tier-]Kreises
5   Die hier folgenden Jahresnamen entprechen auch den von J. Ch. Schnitscher angegebenen Monatnamen der ‚Ajukischen Kalmücken' (s. Anm. 149). „Ihre [d. h. der ‚Ajukischen Kalmücken'] Jahre nennen sie nach den Monathen, als das Jahr 1715 nennen sie Choni, oder Schaaf, wenn dieses Jahr vorbey, so nehmen sie den Nahmen des folgenden Monaths. Nach verfliessung einiger Jahre fangen sie allezeit wieder von Choluguna, oder Maus, an, und rechnen also die zwölf Monathe in 12 Jahren hindurch, worauf sie alsdenn wieder von neuem anfangen." (Schnitscher 1760, S. 355); „Dieser Name [d. h. ‚Ajukische Calmücken'] war nur zu der Zeit erträglich, als der Chan Ajuka lebte, von dessen Befehlen alle Wolgische Calmücken abhiengen. ... Die Ajukischen aber werden insgemein die Wolgischen Calmücken genannt, weil sie in der Gegend dieses Flusses sich aufzuhalten pflegen. ..." (a. a. O., S. 279); s. auch Glossar: Kalmyken
6   mongol. „хулгана" – Maus, Name des 1. Jahres des (zwölfjährigen) Tierkreises (*Luvsandėndėv* 2001–2002, Bd. 4, S. 163); mongol. „Chullugunah" – Maus (Pallas 1801, S. 220); mongol. „chuluganà" – Maus (G. F. Müller in: AAW F. 21, Op. 5, D. 143, Bl. 93v); chakass. „хулғуна" – Maus (*Subrakova* 2006, S. 862)
7   mongol. „үхэр" – Hornvieh, Bulle, Kuh, Name des 2. Jahres des Tierkreises (*Luvsandėndėv* 2001–2002, Bd. 3, S. 434); mongol. „Ukkyr" – Ochse (Pallas 1801, S. 220); mongol. „ukȉr" – Kuh (G. F. Müller in: AAW F. 21, Op. 5, D. 143, Bl. 93r); s. auch Anm. 35
8   mongol. „бар" – Tiger, Name des 3. Jahres des (zwölfjährigen) Tierkreises (*Luvsandėndėv* 2001–2002, Bd. 1, S. 227); mongol. „Bars" – Tiger (Pallas 1801, S. 220); „1. Felis Tygris. ... Tiger, ... Rossice Babr [russ. *babr*, auch *tigr*]. Tataris Julbars. Mongolis Barr. ..." (Pallas 1811–1831, Vol. I, S. 15–17); katschinsk. „Bar" – Tiger (J. G. Gmelin in: AAW F. 21, Op. 5, D. 73, Bl. 284v); „Tieger, Russisch Бабръ [russ. *babr*], Bucharisch Jölbars, ..." (Müller 1760, S. 608); tatar. „юлбарыс" – Tiger (*Ganiev* 1984, S. 628); s. auch Anm. 36
9   mongol. „туулай" – Hase, Name des 4. Jahres des Tierkreises (*Luvsandėndėv* 2001–2002, Bd. 3, S. 261); mongol. „Toolai" – Steppenhase (Pallas 1801, S. 220); teleut. „Toloi"– Lepus timidus (Gemeiner grauer Hase) (Falk 1786, S. 298)
10 mongol. „луу(н)" – Drache, Name des 5. Jahres des Tierkreises (*Luvsandėndėv* 2001–2002, Bd. 2, S. 305); mongol. „Lu" – Drache (Pallas 1801, S. 220); turk. „лу" – Drache (Radloff 1963, Bd. 3, Sp. 759)
11 mongol. „могой" – Schlange, Name des 6. Jahres des (zwölfjährigen) Tierkreises (*Luvsandėndėv* 2001–2002, Bd. 2, S. 334); mongol. „Mogoi" – Schlange (Pallas 1801, S. 220); chakass. „моғай" – Drachen (*Subrakova* 2006, S. 249)
12 mongol. „морь" bzw. „морин" – Pferd, Name des 7. Jahres des (zwölfjährigen) Tierkreises (*Luvsandėndėv* 2001–2002, Bd. 2, S. 340f.); mongol. „Morin" – Pferd

(Pallas 1801, S. 220); mongol. „mori" – Pferd (G. F. Müller in: AAW F. 21, Op. 5, D. 143, Bl. 93r)

[13] mongol. „хонь" bzw. „хонин" – Schaf, Name des 8. Jahres des (zwölfjährigen) Tierkreises (*Luvsandėndėv* 2001–2002, Bd. 4, S. 107f.); mongol. „Choin" – Schaf (Pallas 1801, S. 220); s. auch Anm. 44

[14] mongol. „бич(ин)" – Affe, Name des 9. Jahres des (zwölfjährigen) Tierkreises (*Luvsandėndėv* 2001–2002, Bd. 1, S. 247); s. auch Anm. 45

[15] „Alias (lat.), anders, außerdem, sonst" (Pierer 1857–65, Bd. 1, S. 320)

[16] mongol. „мич(ин)" – Affe, Name des 9. Jahres des (zwölfjährigen) Tierkreises (*Luvsandėndėv* 2001–2002, Bd. 2, S. 333); mongol. „Metschin" – Affe (Pallas 1801, S. 220); mongol. „мичид" – Plejaden, Siebengestirn (*Luvsandėndėv* 2001–2002, Bd. 2, S. 333)

[17] „Siebengestirn, 1) so v. w. Pleiades; ..." (Pierer 1857–65, Bd. 16, S. 36); „Pleiades, ... 2) Sternhaufen am Rücken des Stiers, mit sieben unterscheidbaren Sternen ..." (a. a. O., Bd. 13, S. 207)

[18] mongol. „тахиа(н)" – Huhn, Hühner, Name des 10. Jahres des (zwölfjährigen) Tierkreises (*Luvsandėndėv* 2001–2002, Bd. 3, S. 203); mongol. „Takia" – Hahn (Pallas 1801, S. 220); mongol. „takja" – Hahn (G. F. Müller in: AAW F. 21, Op. 5, D. 143, Bl. 93v); tatar. (bei *Kuzneck*) „Таká" – Huhn (Pallas 1789, S. 96); teleut. „Тагáк" – Huhn (a. a. O., S. 96); s. auch Anm. 46

[19] mongol. „нохой" – Hund, Name des 11. Jahres des Tierkreises (*Luvsandėndėv* 2001–2002, Bd. 2, S. 416); mongol. „Nochoi" – Hund (Pallas 1801, S. 220); mongol. „nochòi" – Hund (G. F. Müller in: AAW F. 21, Op. 5, D. 143, Bl. 93v)

[20] mongol. „гахай" – Schwein, Name des 12. Jahres des Tierkreises (*Luvsandėndėv* 2001–2002, Bd. 1, S. 394); mongol. „Gachai" – Schwein (Pallas 1801, S. 220)

[21] tangut. „dsheoà" bzw. „wscha" – Maus (J. E. Fischer in: AAW R. III, Op. 1, D. 135, Bl. 17v/18r); tangut. „dscheoà" bzw. „wscha" – Maus (G. F. Müller in: AAW F. 21, Op. 5, D. 143, Bl. 93v); tangut. „Schuwa" bzw. „Wschiwyloh" (unter Anhängung des Wortes ‚Jahr') – Maus (Pallas 1801, S. 220)

[22] tangut. „da" bzw. „tà" – Pferd (J. E. Fischer in: AAW R. III, Op. 1, D. 135, Bl. 15v/16r); tangut. „da" bzw. „tà" – Pferd (G. F. Müller in: AAW F. 21, Op. 5, D. 143, Bl. 93r); tangut. „Tha" – Pferd (D. G. Messerschmidt in: AAW F. 98, Op. 1, D. 36, Bl. 26v); tangut. „Da" bzw. „Rtah'loh" (unter Anhängung des Wortes ‚Jahr') – Pferd (Pallas 1801, S. 220)

[23] tangut. „lan" bzw. „lang-wu" – Stier, Ochse, Rind (J. E. Fischer in: AAW R. III, Op. 1, D. 135, Bl. 15v/16r); tangut. „lan" bzw. „lang-wu" – Stier, Ochse, Rind (G. F. Müller in: AAW F. 21, Op. 5, D. 143, Bl. 93r); tangut. „Lan" bzw. „Glanggiloh" (unter Anhängung des Wortes ‚Jahr') – Ochse (Pallas 1801, S. 220)

[24] tangut. „luk" bzw. „lu" – Schaf (J. E. Fischer in: AAW R. III, Op. 1, D. 135, Bl. 15v/16r); tangut. „luk" bzw. „lu" – Schaf (G. F. Müller in: AAW F. 21, Op. 5, D. 143, Bl. 93v); tangut. „Luuk" – Schaf (D. G. Messerschmidt in: AAW F. 98, Op. 1, D. 36, Bl. 26v); tangut. „Luk" bzw. „Luggiloh" (unter Anhängung des Wortes ‚Jahr') – Schaf (Pallas 1801, S. 220)

[25] tangut. „Dak" bzw. „Sdaggiloh" (unter Anhängung des Wortes ‚Jahr') – Tiger (Pallas 1801, S. 220)

[26] tangut. „Brü" bzw. „Sbrylgiloh" (unter Anhängung des Wortes ‚Jahr') – Affe (Pallas 1801, S. 220)

[27] tangut. „jébu" – Hase (J. E. Fischer in: AAW R. III, Op. 1, D. 135, Bl. 15v/17r); tangut. „jébu" – Hase (G. F. Müller in: AAW F. 21, Op. 5, D. 143, Bl. 93v); tangut. „Ui" bzw. „Jolwyloh" (unter Anhängung des Wortes ‚Jahr') – Steppenhase (Pallas 1801, S. 220)

²⁸ tangut. „dsha" bzw. „wsche" – Huhn (J. E. Fischer in: AAW R. III, Op. 1, D. 135, Bl. 17v/18r); tangut. „dscha" bzw. „wsche" – Huhn (G. F. Müller in: AAW F. 21, Op. 5, D. 143, Bl. 93v); tangut. „Shaa" bzw. „Wschyloh" (unter Anhängung des Wortes ‚Jahr') – Hahn (Pallas 1801, S. 220)

²⁹ tangut. „Buruk" bzw. „Swrul'loh" (unter Anhängung des Wortes ‚Jahr') – Drache (Pallas 1801, S. 220)

³⁰ tangut. „tschi" – Hund (J. E. Fischer in: AAW R. III, Op. 1, D. 135, Bl. 17v/18r); tangut. „tschi" – Hund (G. F. Müller in: AAW F. 21, Op. 5, D. 143, Bl. 93v); tangut. „Thzy" – Hund (D. G. Messerschmidt in: AAW F. 98, Op. 1, D. 36, Bl. 26v); tangut. „Tschi" bzw. „Kschyloh" (unter Anhängung des Wortes ‚Jahr') – Hund (Pallas 1801, S. 220)

³¹ tangut. „Burul" bzw. „Swrul'loh" (unter Anhängung des Wortes ‚Jahr') – Schlange (Pallas 1801, S. 220)

³² tangut. „Pak" bzw. „Paggiloh" (unter Anhängung des Wortes ‚Jahr') – Schwein (Pallas 1801, S. 220)

³³ lat. – zwölfteiligen [Tier-]Kreises

³⁴ tschatzk. „Tsitschàn" – Maus (J. G. Gmelin in: AAW F. 21, Op. 5, D. 73, Bl. 284v/285r); tatar. „тычкан" – Maus (Ganiev 1984, S. 280); teleut. „cziczkan' ", tatar. (Tomsk) „cžyczkan", tatar. (Tobol'sk) „cyckan" – Maus (J. E. Fischer in: AAW R. III, Op. 1, D. 135, Bl. 54v/55r); tatar. (Kuzneck) „Tschitschkàn" – Maus (G. F. Müller in: AAW F. 21, Op. 5, D. 143, Bl. 40v); tatar. (Kazan') „Tskan" – Maus (Müller 1759b, S. 396); tatar. (Tara) „цыцкан елы" – Jahr der Maus (Funk/Tomilov 2006, S. 105); tatar. „ел" – Jahr (Ganiev 1984, S. 111); buchar., teleut. u. tatar. (Tomsk u. Tobol'sk) „jił" – Jahr (J. E. Fischer in: AAW R. III, Op. 1, D. 135, Bl. 50v/51r)

³⁵ tschatzk. „Ssir" – Kuh (J. G. Gmelin in: AAW F. 21, Op. 5, D. 73, Bl. 283v/284r); tatar. „сыер" – Kuh (Ganiev 1984, S. 230); barabinz. „sür" – Kuh (J. E. Fischer in: AAW F. 21, Op. 5, D. 50, Bl. 41r); tatar. (Tobol'sk) „sygir" bzw. „syr", tatar. (Kazan') „sir" – Kuh (J. E. Fischer in: AAW R. III, Op. 1, D. 135, Bl. 54v/55r); tschulym. „ssúr" – Kuh (J. E. Fischer in: AAW F. 21, Op. 5, D. 49, Bl. 35v); tatar. „Syr" – Kuh (Falk 1785, S. 154); tatar. (Tara) „сыер елы" – Jahr der Kuh (Funk/Tomilov 2006, S. 105); turk. „сыңыр" – Kuh, Ochse (Radloff 1963, Bd. 4, Sp. 618); s. Anm. 34

³⁶ buchar. „bars" – Tiger (J. E. Fischer in: AAW R. III, Op. 1, D. 135, Bl. 54v); tatar. (Tara) „парс елы" – Jahr des Tigers (Funk/Tomilov 2006, S. 105); chakass. „парс" – Tiger (Subrakova 2006, S. 347); s. Anm. 34 u. Anm. 8

³⁷ s. Anm. 8

³⁸ buchar. „tooszkan" – Hase (J. E. Fischer in: AAW R. III, Op. 1, D. 135, Bl. 54v)

³⁹ tschatzk. „Kojòn" – Hase (J. G. Gmelin in: AAW F. 21, Op. 5, D. 73, Bl. 284v/285r); tatar. „куян" – Hase (Ganiev 1984, S. 182); buchar. u. tatar. (Tomsk, Tobol'sk u. Kazan') „Kojan" – Hase (J. E. Fischer in: AAW R. III, Op. 1, D. 135, Bl. 54v/55r); tschulym. „Kujan", tschatzk. „Kojan" – Hase (G. F. Müller in: AAW F. 21, Op. 5, D. 143, Bl. 48v); tatar. (Kazan') „Koiàn" – Hase (Müller 1759b, S. 394); tatar. (Tara) „куян елы" – Jahr des Hasen (Funk/Tomilov 2006, S. 105); chakass. „хозан чылы" – Jahr des Hasen (Subrakova 2006, S. 1111); s. Anm. 34

⁴⁰ s. Anm. 40

⁴¹ Das 5. Jahr des Zyklus wurde bei den Tataren als Jahr des Drachens, des Fisches oder des Krokodils bezeichnet (Funk/Tomilov 2006, S. 105).

⁴² katschinz. „Dschilàn", tschatzk. „Jelãn" – Schlange (J. G. Gmelin in: AAW F. 21, Op. 5, D. 73, Bl. 285v/286r); tatar. „елан" – Schlange (Ganiev 1984, S. 186); teleut. „cžilan", tatar. (Tomsk) „Gilan" u. tatar. (Tobol'sk) „jilan" – Schlange (J. E. Fischer in: AAW R. III, Op. 1, D. 135, Bl. 56v/57r); tatar. (Tara) „елан елы" –

43 Jahr der Schlange (*Funk/Tomilov* 2006, S. 105); chakass. „чылан чылы" – Jahr der Schlange (*Subrakova* 2006, S. 1111); s. Anm. 34
tschatzk. „At" – Pferd (J. G. Gmelin in: AAW F. 21, Op. 5, D. 73, Bl. 283v/284r); tatar. „ат" – Pferd (*Ganiev* 1984, S. 252); barabinz. „at" – Pferd (J. E. Fischer in: AAW F. 21, Op. 5, D. 50, Bl. 41r); katschinz., teleut. u. tatar. (*Tobol'sk* u. *Kazan'*) „at" – Pferd (J. E. Fischer in: AAW R. III, Op. 1, D. 135, Bl. 54v/55r); tschulym. „at" – Pferd (J. E. Fischer in: AAW F. 21, Op. 5, D. 49, Bl. 35v); tatar. (*Kuzneck*), „At", katschinsk. „att" – Pferd (G. F. Müller in: AAW F. 21, Op. 5, D. 143, Bl. 40v bzw. Bl. 65v); chakass. „ат" – Pferd (*Subrakova* 2006, S. 85); tatar. (*Tara*) „елкы (ат) елы" – Jahr des Pferdes (*Funk/Tomilov* 2006, S. 105); s. Anm. 34

44 katschinz. „Chói", kotowz. „Kói", tschatzk. „Chói" – Schaf (J. G. Gmelin in: AAW F. 21, Op. 5, D. 73, Bl. 283v/284r); tatar. „куй" – Fettschwanzschaf (*Ganiev* 1984, S. 341); barabinz. „Koi" – Schaf (J. E. Fischer in: AAW F. 21, Op. 5, D. 50, Bl. 41r); katschinz., teleut. u. tatar. (*Tomsk* u. *Tobol'sk*) „Koy" – Schaf (J. E. Fischer in: AAW R. III, Op. 1, D. 135, Bl. 54v/55r); tatar. (*Kuzneck*) „Koi" – Schaf (G. F. Müller in: AAW F. 21, Op. 5, D. 143, Bl. 40v); tatar. (*Tara*) „куй елы" – Jahr des Schafes (*Funk/Tomilov* 2006, S. 105); chakass. „хой" – Schaf (*Subrakova* 2006, S. 835); chakass. „хой чылы" – Jahr des Schafs (a. a. O., S. 1111); s. Anm. 34

45 tatar. „Bizÿn" – Affe (D. G. Messerschmidt in: AAW F. 98, Op. 1, D. 35, Bl. 9r); tatar. (*Tara*) „пицен (маймыл) елы" – Jahr des Affen (*Funk/Tomilov* 2006, S. 105); s. Anm. 34

46 tatar. „тавык" – Huhn (*Ganiev* 1984, S. 241); teleut. „tagak" u. tatar. (*Tomsk, Tobol'sk* u. *Kazan'*) „tauk" – Huhn (J. E. Fischer in: AAW R. III, Op. 1, D. 135, Bl. 55v/56r); tschatzk. „tauk" – Huhn (G. F. Müller in: AAW F. 21, Op. 5, D. 143, Bl. 49r); tatar. „Ta-aúck" – Huhn (D. G. Messerschmidt in: AAW F. 98, Op. 1, D. 35, Bl. 2v); tatar. (*Tara*) „тавык елы" – Jahr des Huhns (*Funk/Tomilov* 2006, S. 105); s. Anm. 34; chakass. „танах чылы" – Jahr des Huhns (*Subrakova* 2006, S. 1111); chakass. „танах" – Huhn (a. a. O., S. 589); „232. Phasianus Gallinaceus. ... Tataris Casaniensibus ... Taùk (Gallina); ..." (Pallas 1811–1831, Vol. II, S. 88ff.)

47 tschatzk. „Ìt" – Hund (J. G. Gmelin in: AAW F. 21, Op. 5, D. 73, Bl. 283v/284r); tatar. „эт" – Hund (*Ganiev* 1984, S. 586); teleut. u. tatar. (*Tomsk* u. *Kazan'*) „it", tatar. (*Tobol'sk*) „et" bzw. „it" – Hund (J. E. Fischer in: AAW R. III, Op. 1, D. 135, Bl. 54v/55r); tschulym. „it" – Hund (J. E. Fischer in: AAW F. 21, Op. 5, D. 49, Bl. 35v); tatar. „It" bzw. „Et" – Hund (Falk 1785, S. 155); tatar. (*Kuzneck*) „It" – Hund (G. F. Müller in: AAW F. 21, Op. 5, D. 143, Bl. 40v); tatar. (*Tara*) „эт елы" – Jahr des Hundes (*Funk/Tomilov* 2006, S. 105); s. Anm. 34

48 vgl. tschatzk. „Tsótscha" – Schwein (J. G. Gmelin in: AAW F. 21, Op. 5, D. 73, Bl. 283v/284r); tatar. „дунгыз" – Schwein (*Ganiev* 1984, S. 559); buchar. „tonguś", tatar. (*Tomsk*) „tonus" u. tatar. (*Kazan'*) „dongus" – Schwein (J. E. Fischer in: AAW R. III, Op. 1, D. 135, Bl. 54v/55r); tatar. (*Kazan'*) „Dóngus" – Schwein (Müller 1759b, S. 394); tatar. (*Tara*) „тунгын елы" – Jahr des Schweins (*Funk/Tomilov* 2006, S. 105); s. Anm. 34

49 lat. – zwölfteiligen [Tier-]Kreis

50 „Tādschīkī s, die im O und NO Persiens und über die pers. Grenzen hinaus gesprochene Form der pers. Umgangssprache, ..." (Brockhaus 1928–1935, Bd. 18, S. 421)

51 pers. „mūsh" – Maus (Steingass 1892, S. 1345); pers. „муш" – Maus (nach *V. N. Tatiščev* in: AAW F. 21, Op. 5, D. 149, Bl. 487v); pers. „mūsh" – Maus (Richardson 1810, S. 580)

⁵² pers. „asb" – Pferd (Steingass 1892, S. 47); pers. „асеб" – Hengst (nach *V. N. Tatiščev* in: AAW F. 21, Op. 5, D. 149, Bl. 474v); pers. „aṣb" bzw. „aṣp" – Pferd (Richardson 1810, S. 26)

⁵³ pers. „baqar" – Ochse, Bulle, Kuh (Steingass 1892, S. 194); pers. „bakṛaḥ" – Kuh (Richardson 1810, S. 105)

⁵⁴ pers. „qusband" – Schaf (Steingass 1892, S. 969); pers. „gōspand" bzw. „gōsfand" – Schaf (Richardson 1810, S. 475)

⁵⁵ pers. „palang" – Leopard, Panther, Giraffe, Dinge mit gescheckter Farbe (Steingass 1892, S. 255); pers. „babr" – Tiger (a. a. O., S. 154); „Der Tiger heißt in der Persischen Sprache Paleng, ..." (Gmelin 1774a, S. 485); „1. Felis Tigris ... Tigerkatze. Tiger. Tigerthier. R. Tigr [russ. *tigr*, auch *babr*]. Pers. Palen." (Georgi 1797–1802, Theil 3, S. 1518f.); pers. „palangīn" – tigerartig (Richardson 1810, S. 121)

⁵⁶ pers. „ḥamdūna" – Affe (Steingass 1892, S. 430)

⁵⁷ pers. „kḥar-gosh" – Hase (Steingass 1892, S. 456); pers. „харгушт" – Hase (nach *V. N. Tatiščev* in: AAW F. 21, Op. 5, D. 149, Bl. 474v); pers. „khargōsh" – Hase (Richardson 1810, S. 239)

⁵⁸ pers. „murgḥ"– Vogel, Geflügel (Steingass 1892, S. 1216); pers. „мургъ" – Huhn (nach *V. N. Tatiščev* in: AAW F. 21, Op. 5, D. 149, Bl. 475v); pers. „murgh" – Vogel (Richardson 1810, S. 530)

⁵⁹ pers. „nahang" bzw. „nihang" – Krokodil (Steingass 1892, S. 1439); pers. „naḥang" – Krokodil (Richardson 1810, S. 610)

⁶⁰ pers. „sag" – Hund (Steingass 1892, S. 690); pers. „ṣag" – Hund (Richardson 1810, S. 325)

⁶¹ pers. „mār" – Schlange (Steingass 1892, S. 1139); pers. „марь" – Natter (nach *V. N. Tatiščev* in: AAW F. 21, Op. 5, D. 149, Bl. 476v); pers. „mār" – Schlange (Richardson 1810, S. 430)

⁶² pers. „kḥūk" bzw. „kḥok" – Schwein (Steingass 1892, S. 487); pers. „хук" – Schwein (nach *V. N. Tatiščev* in: AAW F. 21, Op. 5, D. 149, Bl. 475v); pers. „khūk" – Schwein" (Richardson 1810, S. 250)

⁶³ lat. – sechzigjährigen Kreis

⁶⁴ lat. – zwölfteiligen [Tier-]Kreises

⁶⁵ mongol. „ус(ан)" – Wasser, Fluß (*Luvsandėndėv* 2001–2002, Bd. 3, S. 354); mongol. „Ussù" – Wasser (G. F. Müller in: AAW F. 21, Op. 5, D. 143, Bl. 92r)

⁶⁶ mongol. „мод(он)" – Holz (*Luvsandėndėv* 2001–2002, Bd. 2, S. 335); vgl. mongol. „modò" – Baum (G. F. Müller in: AAW F. 21, Op. 5, D. 143, Bl. 92r)

⁶⁷ mongol. „гал" – Feuer (*Luvsandėndėv* 2001–2002, Bd. 1, S. 362); mongol. „Gall" – Feuer (G. F. Müller in: AAW F. 21, Op. 5, D. 143, Bl. 92r)

⁶⁸ mongol. „шороо(н)" – Erde (*Luvsandėndėv* 2001–2002, Bd. 4, S. 370)

⁶⁹ mongol. „төмөр" – Eisen (*Luvsandėndėv* 2001–2002, Bd. 3, S. 243); mongol. „tumùr" – Eisen (G. F. Müller in: AAW F. 21, Op. 5, D. 143, Bl. 92r)

⁷⁰ lat. – sechzigjähriger Kreis

⁷¹ lat. – sechzigjährige Kreise

⁷² lat. – sechzigjährige Kreise

⁷³ mongol. „цагаан" – weiß (*Luvsandėndėv* 2001–2002, Bd. 4, S. 243); mongol. „Zagàn" – weiß (G. F. Müller in: AAW F. 21, Op. 5, D. 143, Bl. 94v)

⁷⁴ mongol. „хар" – schwarz (*Luvsandėndėv* 2001–2002, Bd. 4, S. 44); mongol. „charà" – schwarz (G. F. Müller in: AAW F. 21, Op. 5, D. 143, Bl. 94v)

⁷⁵ mongol. „шар" – gelb (*Luvsandėndėv* 2001–2002, Bd. 4, S. 341); mongol. „Scharà" – gelb (G. F. Müller in: AAW F. 21, Op. 5, D. 143, Bl. 94v)

⁷⁶ mongol. „улаан" – rot (*Luvsandėndėv* 2001–2002, Bd. 3, S. 315); mongol. „ulàn" – rot (G. F. Müller in: AAW F. 21, Op. 5, D. 143, Bl. 94v)

⁷⁷ mongol. „ногоон" – grün (*Luvsandėndėv* 2001–2002, Bd. 2, S. 409); mongol. „nogó" bzw. „nogòn" – grün (G. F. Müller in: AAW F. 21, Op. 5, D. 143, Bl. 94v)

[78] mongol. „хөх" – blau (*Luvsandėndėv* 2001–2002, Bd. 4, S. 149); mongol. „KuKù" – blau (G. F. Müller in: AAW F. 21, Op. 5, D. 143, Bl. 94v)
[79] s. Anm. 74, Anm. 68 u. Anm. 9
[80] lat. – sechzigjährigen Kreis
[81] lat. – zwölfteiligen [Tier-]Kreis
[82] Mit der Annahme des Islam (ca. 14. Jh.) verbreitete sich unter den sibirischen Tataren der islamische (Mond-)Kalender, bei dem das (Mond-)Jahr mit 12 Monaten im Mittel 11 Tage kürzer als das Sonnenjahr ist (*Funk/Tomilov* 2006, S. 105). „Jahr. ... Das Arabische u. Türkische J. ist ein Mondenjahr von 354 Tagen. Es hob in dem J. 622 n. Chr. den 15. Julius an, auf welchen Tag Muhammeds Flucht (Hedschra) gesetzt wurde. Der Überschuß des astronomischen Mondenjahres über 354 Tage wurde durch Einschaltung von Tagen bewirkt ..." (Pierer 1857–65, Bd. 8, S. 714ff.); „Sie [d. h. die sibirischen Tataren] haben ihren eigenen Kalender (Ghürra), nach welchem Neujahr (Jange) im März auf die Tagegleiche fällt. Die Kalender selbst sind geschriebene und immerwährende. Ihre Zeitrechnung ist überhaupt die muhamedanische. Die Jahre zehlen sie von Muhameds Flucht oder der Hegira, nach welcher unser 1772 ihr 1186 ist. Ihr Sonnenjahr hat 365 Tage ... Die Monden des Mondenjahres haben andere Namen; nach denselben richten sich ihre Feste, ..." (Falk 1786, S. 479f.); Die in der Folge angegebenen Monate des Mondjahrs beginnen nach Angaben von *V. N. Tatiščev* mit dem April (AAW F. 21, Op. 5, D. 152, Bl. 16v)
[83] „8. [tatar.] Muharrem oder Muharam [im Text: Mnharam]. Am 10ten Tage wird das Fest Aschura oder Haschura zum Andenken des Ausgangs Noa aus der Arche, nur 24 Stunden gefeyert." (Falk 1786, S. 481); tatar. „Мухаррам" (*Funk/Tomilov* 2006, S. 105); arab. „Muharrem" (Brockhaus 1928–1935, Bd. 9, S. 582); vgl. „Der erste Monath [des persischen Kalenders] hat den Namen Muharrem, dessen zehn erste Tage dem Gedächtniß des gewaltthätigen Todes eines ihrer grösten Imame, nemlich des jüngsten Sohnes von Ali, dem Tod des Husseins, gewidmet sind. Zehn Tage feyern sie das Angedencken dieses traurigen Schicksals, ... Sie nennen diese Feyer A-schuur, welches Wort in der Arabischen Sprache eine Zeit von zehn Tagen bedeutet, und in die Persische um diese zehn klägliche Tage auszudrücken, aufgenommen worden ist. ..." (Gmelin 1774a, S. 183)
[84] „9. [tatar.] Safar ist ohne Feste." (Falk 1786, S. 481); tatar. (*Tobol'sk*) „сафаръ" (nach *V. N. Tatiščev* in: AAW F. 21, Op. 5, D. 152, Bl. 16v); tatar. „Сафар" (*Funk/Tomilov* 2006, S. 105); arab. „Safar" (Brockhaus 1928–1935, Bd. 9, S. 582)
[85] „10. [tatar.] Rabiel Auwal. Mit dem 12ten Tage nach dem neuen Licht fängt die Feyer der Geburt des großen Propheten, Muhameds nemlich an und dauert bis zum Ende des Monats. Es heist Manlyr Bayran oder Byran." (Falk 1786, S. 481); tatar. (*Tobol'sk*) „ребиоль ауоль" – ‚Am 12. dieses Monats wird an die Geburt [25. April 571] und den Tod [8. Juni 632] Mohammeds erinnert.' (nach *V. N. Tatiščev* in: AAW F. 21, Op. 5, D. 152, Bl. 16v); tatar. „Раби-уль-авваль" (*Funk/Tomilov* 2006, S. 105); arab. „Rabī' el awwel" (Brockhaus 1928–1935, Bd. 9, S. 582)
[86] „11. [tatar.] Rabiat Achyr hat keine Feste ..." (Falk 1786, S. 481); tatar. (*Tobol'sk*) „ребиоль ахирь" (nach *V. N. Tatiščev* in: AAW F. 21, Op. 5, D. 152, Bl. 17r); tatar. „Раби-уль-ахыр" (*Funk/Tomilov* 2006, S. 105); arab. „Rabī' el a'cher" (Brockhaus 1928–1935, Bd. 9, S. 582)
[87] „... hat keine Feste und 12. [tatar.] Djumabiat Auwal ebenfalls nicht." (Falk 1786, S. 481); tatar. (*Tobol'sk*) „джемадиель ауоль" (nach *V. N. Tatiščev* in: AAW F. 21, Op. 5, D. 152, Bl. 17r); tatar. „Джумади-ль-авваль"

(*Funk*/*Tomilov* 2006, S. 105); arab. „Dschumādha el awwel" (Brockhaus 1928–1935, Bd. 9, S. 582)

[88] „1. [tatar.] Dschu madylt Achyv." (Falk 1786, S. 480); tatar. (*Tobol'sk*) „джемадиель ахирь" (nach *V. N. Tatiščev* in: AAW F. 21, Op. 5, D. 152, Bl. 17r); tatar. „Джумади-ль-ахыр" (*Funk*/*Tomilov* 2006, S. 105); arab. „Dschumādha el a'cher" (Brockhaus 1928–1935, Bd. 9, S. 582)

[89] lat. – desselben Jahres

[90] „2. [tatar.] Radschap oder Radjab. Am ersten Donnerstage des neuen Lichts, feyren sie des Nachts das Fest Rahaip in den Medscheden, zum Andenken des Eingangs Noä in die Arche, oder des Anfanges der Sündfluth." (Falk 1786, S. 480); tatar. (*Tobol'sk*) „редзепъ" (nach *V. N. Tatiščev* in: AAW F. 21, Op. 5, D. 152, Bl. 17r); tatar. „Раджаб" (*Funk*/*Tomilov* 2006, S. 105); arab. „Radschab" (Brockhaus 1928–1935, Bd. 9, S. 582)

[91] „3. [tatar.] Schabon oder Schabin. In der Vollmondnacht feyern sie das Fest Beraael in den Tempeln. Die Engel sollen an diesem Tage geschriebene Berichte von den Handlungen der Menschen an Gott geben und nun schriftliche Befehle, was im nächsten Monde geschehen soll, erhalten." (Falk 1786, S. 480); tatar. (*Tobol'sk*) „шабанъ" (nach *V. N. Tatiščev* in: AAW F. 21, Op. 5, D. 152, Bl. 17r); tatar. „Шабан" (*Funk*/*Tomilov* 2006, S. 105); arab. „Schaban" (Brockhaus 1928–1935, Bd. 9, S. 582); vgl. „Der achte [Monat des persischen Kalenders] heist Schaaboon. Die Perser glauben, daß an dem fünfzehnten Tag dieses Monaths einige Engel von Gott befehliget werden, das Buch zu eröffnen, in welchem die Nahmen der auf dem Erdboden lebenden Menschen und ihre entweder gute oder böse Thaten, aufgezeichnet stehen. ..." (Gmelin 1774a, S. 184)

[92] „BARAT, délivrance, ou Schab-i-Barat, nuit de la delivrance. C'est le nom que les musulmans de l'Inde et de la Perse donnent au 14e jour du mois de Schaban. Ce jour-là les fidèles se reunissent pour faire, en l'honneur des defunts, des oblations de fruits, de gâteaux et de confitures qu'on distribue ensuite aux pauvres. ... Cette fête, qui dure trois jours, n'est pas sans analogie avec notre Commémoration des morts.", frz. – Barat, Erlösung, oder Schab-i-Barat, Nacht der Erlösung. Dies ist der Name, mit dem die Muselmanen von Indien und Persien den 14. Tag des Monats Schaban bezeichnen. An diesem Tag kommen die Gläubigen zusammen, um zur Ehre der Verstorbenen Opfer an Früchten, Kuchen und Konfekt darzubringen, die danach an die Armen verteilt werden. ... Dieses Fest, das drei Tage dauert, ist nicht ohne Ähnlichkeit mit unserem Fest aller Seelen. (Bertrand 1848, Sp. 438)

[93] „4. [tatar.] Ramasan. Den ganzen Mondslauf fasten sie des Tages, so lange die Sonne am Himmel steht, nach deren Untergange aber essen sie. Die 27te Nacht bringen alle Mannsleute mit Anbetungen in den Medscheden zu. Dieses Fest heist Radyr oder Radri Ratscha. Endlich erfolgt in der ersten Nacht des nächsten Neumonds das Fest Haidifiter oder gewöhnlicher Ramasan Bayran, zu welchen die Fasten vorbereiteten. ..." (Falk 1786, S. 480–481); tatar. (*Tobol'sk*) „рамезанъ" – ‚gesetzliche Fastenzeit im gesamten Monat' (nach *V. N. Tatiščev* in: AAW F. 21, Op. 5, D. 152, Bl. 17r); tatar. „Рамазан" (*Funk*/*Tomilov* 2006, S. 105); arab. „Ramadān", türk. „Ramasan" (Brockhaus 1928–1935, Bd. 9, S. 582); vgl. „Der neunte Monath [des persischen Kalenders] führt den Nahmen Romasaan und ist so wie bei den Türcken und Tatarn, also auch bey den Persern seinen ganzen Verlauff über dem Beten und Fasten allein gewidmet. ..." (Gmelin 1774a, S. 184)

[94] „5. [tatar.] Schawat. Der erste Tag ist Ramasan Beyran und die beyden folgenden dienen zur Feyer des Festes Airkun

oder Urusa Aire" (Falk 1786, S. 481); tatar. (*Tobol'sk*) „шауалъ" (nach *V. N. Tatiščev* in: AAW F. 21, Op. 5, D. 152, Bl. 17r); arab. „Schawwal" (Brockhaus 1928–1935, Bd. 9, S. 582); vgl. „Der zehnte Monath [des persischen Kalenders] heist Schawal und der erste Tag desselben ist zum Almosengeben bestimmt. Ein jeder Hauß=Vater theilt unter seinem Gesinde an Lebensmitteln und Gelde so viel aus, als es sein Vermögen zuläßt. ..." (Gmelin 1774a, S. 184)

[95] turk. „аіт" – „Feiertag nach dem Ramasan", turk. „аіт аjы" – „der Monat Ramasan" (Radloff 1963, Bd. 1, Sp. 45); s. Anm. 131

[96] „Wann die Ramasan=Fasten vorbey sind: so begeben sie [d. h. die Tataren von *Astrachan'*] sich an den ersten Tag des zehenden Monaths Sjawwal, den Mahomed zum Allmosengeben bestimmt hat, auf das freye Feld und bethen mit nach Mittag gerichteten Angesichtern daselbst gemeinschaftlich. Nach den verschiedenen Gebeths=Formeln fallen sie entweder auf die Erde nieder, oder sie werfen sich auf die Knie, oder sie stehen auch gerade, ... Nach Endigung des Gebeths hält der Ober=Priester von einem besonders dazu aufgestellten Catheder eine Rede, darauf wenden sich die andächtigen Tataren zu ihm, grüßen ihn, küßen seine rechte Hand, und legen sie an ihre Stirne, ..." (Gmelin 1774, S. 129)

[97] „6. [tatar.] Silkahada auch Sulkanda hat kein Fest." (Falk 1786, S. 481); tatar. (*Tobol'sk*) „зилькада" (nach *V. N. Tatiščev* in: AAW F. 21, Op. 5, D. 152, Bl. 17r); tatar. „Зуль-када" (*Funk/Tomilov* 2006, S. 105); arab. „Dhilka'da" (Brockhaus 1928–1935, Bd. 9, S. 582)

[99] turk. „apa ai" – „der Monat Sil-Ka`dä" (Radloff 1963, Bd. 1, Sp. 45); s. Anm. 131

[99] „7. [tatar.] Silitidga oder Sulhydja. Am 10ten Tage fängt das Fest Kurban Bayran an, welches wegen der Opferung oder Schlachtung Isaaks oder des Gehorsams Abrahams gefeyert wird, und währet, nachdem sie sich durch tägliches Fasten, so lange nemlich die Sonne am Himmel steht, alle vorhergehenden 9 Tage dazu vorbereitet haben, 5 Tage. Es wird für das größeste Fest gehalten und vorzüglich gefeyert. ..." (Falk 1786, S. 481); tatar. (*Tobol'sk*) „зильгедза" (nach *V. N. Tatiščev* in: AAW F. 21, Op. 5, D. 152, Bl. 17r); tatar. „Зуль-хиджа" (*Funk/Tomilov* 2006, S. 105); arab. „Dhilhidscha" (Brockhaus 1928–1935, Bd. 9, S. 582); vgl. „... der zwölfte [Monat des persischen Kalenders] Sülhadscheh. An dem zehnten Tag des letztern begehen, wie die Türcken und Tartaren allzumahl, also auch die Perser ein Fest, welches bey allen diesen drey Nationen das fröhlichste ist. Es wird angestellt, um die dem Patriarchen Abraham zur lezten Prüffung des Glaubens anbefohlene gewesene Aufopferung seines Sohnes im Gedächtniß zu erhalten. Es ist zu wissen, daß die Mahumedaner nicht den Sohn der Sara, sondern der Hagar ihren für das bestimmte Schlachtschaaf ausgeben. ..." (Gmelin 1774a, S. 185f.)

[100] tatar. „Курбан" – ein Feiertag (*Funk/Tomilov* 2006, S. 105); „Das Fest Kurban Bairam feyern unsere Tataren [d. h. die Tataren von *Astrachan'*] gleichfals mit großer Ehrfurcht. Wann arme Leute nicht im Stande sind ein Schaaf zur Schlachtbank zu führen, so legen mehrere das erforderliche Geld zusammen, und thun also auf diese Weise ihrer Pflicht ein Genüge." (Gmelin 1774, S. 129f.); vgl. „Das Fest wird [bei den Persern] mit dem Nahmen Bairam Kurbaan belegt." (Gmelin 1774a, S. 186); turk. „курбан" – Opfer, Opfergeschenk; das Opferfest zu Ehren des Opfers des Abraham; turk. „курбан аіты" bzw. „курбан байрам" – „der Opferfeiertag (der zehnte Tag des Monats зіl-hiцä)" (Radloff 1963, Bd. 2, Sp. 962)

[101] lat. – Gesamtheit

[102] „Jahr, 1) im Allgemeinen Hauptabschnitt in der Zeiteintheilung, entweder nach der Rückkehr der Sonne auf ihrer Bahn zu einem gewissen Punkt (Sonnenjahr), od. nach der Zahl von völlig beendigten Umläufen des Mondes um die Erde binnen jener Zeit (Mondjahr). ... a) Sonnenjahr (Annus solaris), die nach astronomischen Beobachtungen wirklich beendigte Periode des (scheinbaren) Sonnenumlaufes in der Ekliptik, eigentlich aber eines wirklichen Umlaufes der Erde um die Sonne. ... b) Das astronomische Mondjahr ist die Periode von 12 mittleren synodischen Monaten, wovon jeder nahe an 29 Tage 12 Stunden 44 Minuten 3 Secunden beträgt, das J. aber 354 Tage 8 Stunden 48 Minuten 38 Secunden befaßt. ..." (Pierer 1857–65, Bd. 8, S. 714ff.); „Synodische Revolution, die Zeit zwischen zwei aufeinander folgenden gleichen Stellungen eines Planeten zur Sonne u. Erde; ... Die S. R. des Mondes ... ist die Zeit von einem Neumond (od. Vollmond) zu dem andern, ..." (a. a. O., Bd. 17, S. 150); „Der Begriff des Sonnenjahres und Mondjahres ... Jenes begreift die Zeit von 12 astronomischen Monaten, binnen welchen die Sonne durch die 12 Zeichen der Ekliptik geht, oder 365 Tage 5 Stunden 48 Minuten 48 Secunden. Das Mondjahr begreift ca. 354 Tage oder 12 synodische Monate." (Raumer 1832, S. 92)

[103] s. Anm. 50

[104] lat. – Merke wohl!

[105] lat. – Tierkreiszeichen nach der Vorstellung der Tataren oder vielmehr der Araber

[106] lat. – Zeichen

[107] „1. [tatar.] Hamel (Naurus) der erste Tag ist Neujahr. ... März" (Falk 1786, S. 480); tatar. (*Tobol'sk*) „Гамаль" – April (nach *V. N. Tatiščev* in: AAW F. 21, Op. 5, D. 152, Bl. 16v); tatar. „Хэмэл" – Lamm; März (*Funk/Tomilov* 2006, S. 105); arab. „burj al hamal" –Tierkreiszeichen Widder (lat. aries) (Catafago 1858, S. 341 bzw. S. 413); arab. „burj" – Sternbild, Tierkreiszeichen (a. a. O., S. 413); pers. „ḥamal" – Lamm, Tierkreiszeichen Widder (Steingass 1892, S. 431)

[108] Das [Sonnen-]Jahr mit 12 Monaten bzw. 365 Tagen sowie 6 Stunden beginnt im April (*V. N. Tatiščev* in: AAW F. 21, Op. 5, D. 152, Bl. 16v); s. auch Anm. 82; „Aequinoctium, die Nacht=Gleiche, heisset die Zeit, wenn die Sonne in den Widder und in die Waage tritt. Denn an demselben Tage ist auf dem gantzen Erdenboden Tag und Nacht einander gleich, das ist, der Tag ist 12 Stunden, und die Nacht gleichfalls 12 Stunden lang. ..." (Zedler 1732–50, Bd. 1, Sp. 670); „Aequinoctium vernale, die Frühlings= Nacht=Gleiche, ist die Zeit, da die Sonne in den Frühlings=Punct, das ist, bey uns in den Anfang des Widders tritt, und also den Anfang des Frühlings machet." (a. a. O., Sp. 670–671)

[109] „2. [tatar.] Sawy, April" (Falk 1786, S. 480); tatar. (*Tobol'sk*) „саурь" – Mai (nach *V. N. Tatiščev* in: AAW F. 21, Op. 5, D. 152, Bl. 16v); tatar. „Сэвер" – Stier, Bulle; April (*Funk/Tomilov* 2006, S. 105); arab. „sawr" bzw. „burj assawr"– Bulle, Ochse bzw. Tierkreiszeichen Stier (lat. taurus) (Catafago 1858, S. 374 bzw. S. 413); s. auch Anm. 107; arab. „sawr"– Bulle, Ochse (Richardson 1810, S. 197); pers. „sihr" – Kuh, Ochse (Steingass 1892, S. 711)

[110] vgl. „In dem Glauben an Elias als den Bekämpfer der unreinen Kraft, in der Vorstellung von den Pfeilen, den Donnerkeilen, der Peitsche ... des Elias haben wir sicher alte vorchristliche Vorstellungen, die ehemals einem Gewitter- und Getreidegott zugeschrieben wurden. Der Glaube an Elias als Regenspender, als Beherrscher von Donner und Blitz kann aber in erster Linie aus den biblischen Vorstellungen entstanden sein." (Haase 1939, S. 68)

[111] „3. [tatar.] Djawsa, May" (Falk 1786, S. 480); tatar. (*Tobol'sk*) „дзауза" – Juni (nach *V. N. Tatiščev* in: AAW F. 21,

Op. 5, D. 152, Bl. 16v); tatar. „Жэуза" – Zwillinge; Mai (*Funk/Tomilov* 2006, S. 105); arab. „burj ajjawzā" – Tierkreiszeichen Zwillinge (lat. gemini) (Catafago 1858, S. 552 u. S. 413); s. auch Anm. 107; vgl. arab. „Juǧal" – ein Käfer (Richardson 1810, S. 205); pers. „jauzā' " – Tierkreiszeichen Zwillinge (Steingass 1892, S. 388)

[112] „4. [tatar.] Saratan, Jun." (Falk 1786, S. 480); tatar. (*Tobol'sk*) „саратонъ" – Juli (nach *V. N. Tatiščev* in: AAW F. 21, Op. 5, D. 152, Bl. 16v); tatar. „Сэрэтан" – Krebs; Juni (*Funk/Tomilov* 2006, S. 105); arab. „sartān" bzw. „burj assartān" – Krebs (Medizin), Tierkreiszeichen Krebs (lat. cancer) (Catafago 1858, S. 379 u. S. 413); arab. „salǧatān" – Krebs (Tier) (a. a. O., S. 379), s. auch Anm. 107; pers. „saraṭān" – Krebs, Tierkreiszeichen Krebs (Steingass 1892, S. 675)

[113] lat. – die Sommersonnenwende. An demselben [Tag]; „Sonnen=Wende, Lat. Solstitium, ... Man mercket diese Zeit zu zweyen mahlen des Jahres. Einmahl, wenn nehmlich die Sonne in den Sommer=Punct tritt, und den Anfang des Sommers machet, welches bey uns geschiehet, wenn die Sonne in den Anfang des Krebses kömmt, und Solstitium aestivum heisset, da alsdenn der Tag am längsten ist, und das anderemahl, da die Sonne in den Winter=Punct tritt, und den Anfang des Winters machet, welches bey uns geschiehet, wenn sie in den Anfang des Steinbockes kommt, und sodann der Tag am kürtzesten ist, welches Solstitium brumale oder hybernum genennet wird." (Zedler 1732–50, Bd. 38, Sp. 801–802)

[114] s. Anm. 125

[115] „5. [tatar.] Eßet, Julius" (Falk 1786, S. 480); tatar. (*Tobol'sk*) „асетъ" – August (nach *V. N. Tatiščev* in: AAW F. 21, Op. 5, D. 152, Bl. 16v); tatar. „Эсад" – Löwe; Juli (*Funk/Tomilov* 2006, S. 105); arab. „asd" bzw. „burj al assad" – Löwe bzw. Tierkreiszeichen Löwe (lat. leo) (Catafago 1858, S. 678 bzw. S. 413); s. auch Anm. 107; arab. „aṣad" – Löwe, Tierkreiszeichen Löwe (Richardson 1810, S. 34); pers. „asad" – Löwe, Tierkreiszeichen Löwe (Steingass 1892, S. 57)

[116] „6. [tatar.] Sümbele, August" (Falk 1786, S. 480); tatar. (*Tobol'sk*) „сунбула" – September (nach *V. N. Tatiščev* in: AAW F. 21, Op. 5, D. 152, Bl. 16v); tatar. „Сонбелэ" – Ähre, Hyazinthe; August (*Funk/Tomilov* 2006, S. 105); arab. „burj assumbulat" – Tierkreiszeichen Jungfrau (lat. virgo) (Catafago 1858, S. 413); s. auch Anm. 107; vgl. arab. „ẓumlaj"– Schmetterling (Richardson 1810, S. 304); pers. „suṃbul" bzw. „suṃbulat" u. „suṃbula" – Tierkreiszeichen Jungfrau (Steingass 1892, S. 699 bzw. S. 700); pers. „zumulj" – ein kleiner Schmetterling (a. a. O., S. 622)

[117] „ZWEIFALTER, m., schmetterling ..." (Grimm 1991, Bd. 32, Sp. 994)

[118] „7. [tatar.] Mysau, September" (Falk 1786, S. 480); tatar. (*Tobol'sk*) „мизанъ" – Oktober (nach *V. N. Tatiščev* in: AAW F. 21, Op. 5, D. 152, Bl. 16v); tatar. „Мизан" – Waage; September (*Funk/Tomilov* 2006, S. 105); arab. „burj al mīzān" – Waage bzw. Tierkreiszeichen Waage (lat. libra) (Catafago 1858, S. 673 bzw. S. 413); s. auch Anm. 107; pers. „mīzān" – Waage, Tierkreiszeichen Waage (Steingass 1892, S. 1361)

[119] „Schnellwaage, Statera, Libra Romana, ist eine solche Waage, deren Waagbalcken aus einem kurtzen und langen Arme bestehet; an jenen hänget man die Last, an diesen das Gewichte, welches so lange hin und her geschoben wird, bis es mit dem kurtzen Arm gleich inne stehet; da alsdenn die an dem langen Arm verzeichnete Zahl die Schwere des Cörpers anzeiget. ..." (Zedler 1732–50, Bd. 35, Sp. 566ff.)

[120] „8. [tatar.] Akrab, October" (Falk 1786, S. 480); tatar. (*Tobol'sk*) „акрялъ" – November (nach *V. N. Tatiščev* in: AAW F. 21, Op. 5, D. 152, Bl. 16v); tatar.

„Гакрэб" – Skorpion; Oktober
(*Funk/Tomilov* 2006, S. 105); arab.
„ˁakrab" bzw. „burj al ˁakrab"– Skorpion
bzw. Tierkreiszeichen Skorpion (lat.
Scorpio) (Catafago 1858, S. 881 bzw.
S. 413); s. auch Anm. 107; arab. „ˁakrab"
– Skorpion (Richardson 1810, S. 396);
pers. „ 'aqrab" – Skorpion, Tierkreiszeichen Skorpion (Steingass 1892, S. 858)
[121] tatar. „чаян" – Skorpion (*Ganiev* 1984, S. 574)
[122] „9. [tatar.] Kawus, November" (Falk 1786, S. 480); tatar. (*Tobol'sk*) „даусъ" – Dezember (nach *V. N. Tatiščev* in: AAW F. 21, Op. 5, D. 152, Bl. 16v); tatar. „Кавэс" – Bogen, Pfeil; November (*Funk/Tomilov* 2006, S. 105); arab. „kaws" bzw. „burj al kaws"– Bogen bzw. Tierkreiszeichen Schütze (lat. sagittarius) (Catafago 1858, S. 369 bzw. S. 413); s. auch Anm. 107; arab. „kaẓhalaṭ"– Bogen (Richardson 1810, S. 434); pers. „qaus" – Bogen, Tierkreiszeichen Schütze (Steingass 1892, S. 994)
[123] „10. [tatar.] Djaudu, December" (Falk 1786, S. 480); tatar. (*Tobol'sk*) „джади" – Januar (nach *V. N. Tatiščev* in: AAW F. 21, Op. 5, D. 152, Bl. 16v); tatar. „Жэди" – Geiß; Dezember (*Funk/Tomilov* 2006, S. 105); arab. „burj ajjidī" – Tierkreiszeichen Steinbock (lat. capricornus) (Catafago 1858, S. 380 bzw. S. 413); s. auch Anm. 107; pers. „jady" – Tierkreiszeichen Steinbock (Steingass 1892, S. 358)
[124] lat. – Wintersonnenwende; s. Anm. 113
[125] vgl. chakass. „чыл" – Jahr; verwendet zur Benennung der Jahre des zwölfjährigen Tierkreises (*Subrakova* 2006, S. 1017); chakass. „чыл сырты" – Dezember (a. a. O., S. 1017); chakass. „чил айы" – Januar, Windmonat u. chakass. „чил" – Wind (a. a. O., S. 966)
[126] „11. [tatar.] Dalu, Januar" (Falk 1786, S. 480); tatar. (*Tobol'sk*) „далю" – Februar (nach *V. N. Tatiščev* in: AAW F. 21, Op. 5, D. 152, Bl. 16v); tatar. „Дэлу" – Eimer, Wassermann; Januar (*Funk/Tomilov* 2006, S. 105); arab. „dalū" bzw. „burj addalū" – Eimer bzw. Tierkreiszeichen Wassermann (lat. aquarius) (Catafago 1858, S. 374 bzw. S. 413); s. auch Anm. 107; arab. „dalw"– Eimer (Richardson 1810, S. 265); pers. „dalw" bzw. „dol" – Eimer, Tierkreiszeichen Wassermann (Steingass 1892, S. 533 bzw. S. 546)
[127] d. h. bei der scheinbaren Drehung um den Polarstern im Jahreszyklus überschreitet das Sternbild Großer Bär seine tiefste Stellung (untere Kulmination) über dem Nordhorizont; „Bär (gr. Arktos, Astron.), zwei Sternbilder am nördlichen Himmel; a) der Große B. (Großer Wagen), hat nach Bode 244 Sterne (die Alten kannten nur 24), bes. durch 7 Sterne meist 2. Größe kenntlich, ... b) Der Kleine B. (Kleiner Wagen) ..." (Pierer 1857–65, Bd. 2, S. 305f.)
[128] s. Anm. 125
[129] „12. [tatar.] Chot, Februar" (Falk 1786, S. 480); tatar. (*Tobol'sk*) „уттъ" – März (nach *V. N. Tatiščev* in: AAW F. 21, Op. 5, D. 152, Bl. 16v); tatar. „Хут" – Fisch; Februar (*Funk/Tomilov* 2006, S. 105); arab. „burj al hūt" – Tierkreiszeichen Fische (lat. pisces) (Catafago 1858, S. 413); s. auch Anm. 107; arab. „ḥūṯ"– Fisch (Richardson 1810, S. 231); pers. „hūt" – ein großer Fisch, Tierkreiszeichen Fische (Steingass 1892, S. 433)
[130] s. Glossar: Tataren
[131] tatar. „кечкенэ" – klein (*Ganiev* 1984, S. 255); tatar. „суык" – Frost (a. a. O., S. 275); tatar. „ай" – Monat (a. a. O., S. 264); barabinz. „Kütschüg" – klein (J. E. Fischer in: AAW F. 21, Op. 5, D. 50, Bl. 41v); katschinz. „KicŽig", teleut. „KicŽu" – klein, KicŽkina", tatar. (*Tomsk*) „KicŽyk" u. tatar. (*Tobol'sk*) „Kyci" – klein (J. E. Fischer in: AAW R. III, Op. 1, D. 135, Bl. 57v/58r); katschinz. „sôk", teleut. „suuk", tatar. (*Tomsk*) „suak", tatar. (*Tobol'sk*) „sûk" u. tatar. (*Kazan'*) „suwok" – kalt (a. a. O., Bl. 57v/58r); barabinz. „Sũuk" bzw.

"souk" – kalt (J. E. Fischer in: F. 21, Op. 5, D. 50, Bl. 40v); tatar. (*Kuzneck*) "Suàk", teleut. "Suùk", katschinz. "Sok" – kalt (G. F. Müller in: AAW F. 21, Op. 5, D. 143, Bl. 41v bzw. Bl. 67v); tatar. (*Kuzneck*) "Kitschkynà", teleut. "Kitschù", katschinz. "Kitschìg" – klein (a. a. O., Bl. 41v bzw. Bl. 67v); barabinz. "Ai" – Mond (a. a. O., Bl. 41r); katschinz., teleut. u. tatar. (*Tomsk, Tobol'sk* u. *Kazan'*) "Ay" – Mond, Monat (J. E. Fischer in: AAW R. III, Op. 1, D. 135, Bl. 49v/50r u. Bl. 50v/51r); turk. "ai" – Mond Monat (Radloff 1963, Bd. 1, Sp. 3ff.); chakass. "кичкер" – Oktober, Monat der abnehmenden Tage u. chakass. "кічіг соох" – Oktober, Monat der geringen Fröste (*Subrakova* 2006, S. 1112); chakass. "кичкер" – (in den Steppengebieten) Oktober; Monat der geringen Fröste (*Funk/Tomilov* 2006, S. 619)

[132] barabinz. "Ulù" – groß (J. E. Fischer in: AAW F. 21, Op. 5, D. 50, Bl. 41v); katschinz. "ulug", teleut. u. tatar. (*Tomsk, Tobol'sk* u. *Kazan'*) "ulu" – groß (J. E. Fischer in: AAW R. III, Op. 1, D. 135, Bl. 57v/58r); tatar. (*Kuzneck*) "ulù", katschinz. "ulùg" – groß (G. F. Müller in: AAW F. 21, Op. 5, D. 143, Bl. 41v bzw. Bl. 67v); turk. "улу", "улук" bzw. "улуғ" – groß (Radloff 1963, Bd. 1, Sp. 1692, Sp. 1693 bzw. Sp. 1695), s. Anm. 131; chakass. "улуг соох" – November, Monat der starken Fröste (*Subrakova* 2006, S. 1112); chakass. "хырлас" – November; Monat der großen Kälte (*Funk/Tomilov* 2006, S. 620)

[133] s. Anm. 43 u. Anm. 131

[134] s. Anm. 131; chakass. "алай" – Dezember, Monat des Jammerns (wegen der großen Kälte) (*Subrakova* 2006, S. 1112 u. *Funk/Tomilov* 2006, S. 620)

[135] chakass. "küрген" – Januar, Monat der Plejaden (*Subrakova* 2006, S. 1111); chakass. "küрген" – Januar; Monat der Plejaden (Siebengestirn) (*Funk/Tomilov* 2006, S. 619); s. Anm. 131 u. Anm. 17

[136] chakass. "пöзiг" – Februar, Monat (hohen) Sonnenaufstiegs (*Subrakova* 2006, S. 1111); chakass. "пöз!r" – Februar; Monat hohen Sonnenaufstiegs (*Funk/Tomilov* 2006, S. 619)

[137] chakass. "хаан" – März, Monat des Schreiens der zurückkehrenden Zugvögel (*Subrakova* 2006, S. 1111); chakass. "хаанг" – März; Monat der Rückkehr der Zugvögel (*Funk/Tomilov* 2006, S. 619); chakass. "хаанг-хоонг" – Vogelzwitschern (a. a. O., S. 619)

[138] chakass. "хосхар" – April, Monat der Paarung der Schafe (*Subrakova* 2006, S. 1111); chakass. "хосхар" – April; Monat, in dem die Schafe geboren werden und die Schafschur beginnt (*Funk/Tomilov* 2006, S. 619); vermutlich von arinz. "Kútscha", katschinz. "Kúdscha", kaidin. "Kútscha", kamass. "Kódshja" – Schafbock (J. G. Gmelin in: AAW F. 21, Op. 5, D. 73, Bl. 283v/284r); turk. "кошкар" bzw. "кочкар" – Widder (Radloff 1963, Bd. 2, Sp. 643 bzw. Sp. 617); s. auch unter russ. *kočkor* in: *Anikin* 2000, S. 308

[139] s. Anm. 131; vgl. tatar. "жылы" – warm (*Slovar'* 1966, S. 772); katschinz. "ćilyg", teleut. "julu", tatar. (*Tomsk*) "jilu", tatar. (*Tobol'sk*) "jily" u. tatar. (*Kazan'*) "ćila" – warm (J. E. Fischer in: AAW R. III, Op. 1, D. 135, Bl. 57v/58r); katschinz. "dschilỳg" – warm (G. F. Müller in: AAW F. 21, Op. 5, D. 143, Bl. 67v); chakass. "силкер" – Mai, Monat des Erwachens der Natur (*Subrakova* 2006, S. 1111); chakass. "силкер" – (in den Steppengebieten) Mai; Monat, in dem die Bäume ihre Blätter bekommen (*Funk/Tomilov* 2006, S. 619)

[140] chakass. "улуг ай" – Juni, Monat der langen Tage u. chakass. "улуг iзir" – Juni, Monat der großen Hitze (*Subrakova* 2006, S. 1111); s. Anm. 139 u. Anm. 132

[141] tatar. "кара" – schwarz (*Ganiev* 1984, S. 698); barabinz. "Karà" – schwarz (J. E. Fischer in: AAW F. 21, Op. 5, D. 50, Bl. 41v); katschinz., teleut. u. tatar.

(*Tomsk, Tobol'sk* u. *Kazan'*) „Kara" – schwarz (J. E. Fischer in: AAW R. III, Op. 1, D. 135, Bl. 56v/57r); katschinz. „Karà" – schwarz (G. F. Müller in: AAW F. 21, Op. 5, D. 143, Bl. 67v); chakass. „хара" – schwarz (*Subrakova* 2006, S. 805)

[142] tatar. (*Kuzneck*) „Kak", teleut. „Kaàk" – Blatt (G. F. Müller in: AAW F. 21, Op. 5, D. 143, Bl. 41r); tschulym. „Kaák" – Blatt (a. a. O., Bl. 49r); turk. „как" – trocken (Radloff 1963, Bd. 2, Sp. 56); „кӓк"– Blatt (eines Baumes) (a. a. O., Sp. 57); s. Anm. 131

[143] chakass. „чарыс айы" – September, (auch) Oktober, Monat der Teilung von Sommer und Winter (*Subrakova* 2006, S. 1112); chakass. „чарыс айы" – Oktober; Monat der Teilung, Aufteilung [in eine warme und eine kalte Hälfte] (*Funk/Tomilov* 2006, S. 619); s. Anm. 131

[144] lat. – Tierkreiszeichen

[145] „Neumond, 1) diejenige Phase des Mondes, in welcher die der Erde zugekehrte Seite von der Sonne unbeleuchtet ist, ..." (Pierer 1857–65, Bd. 11, S. 830)

[146] s. Anm. 145

[147] lat. – am letzten (Tag des Monats) Januar

[148] lat. – Anfang (des Monats) Februar

[149] Monatsnamen der ,Ajukischen Kalmücken' werden angegeben in: Schnitscher 1760, S. 354–355 – „Ouker, oder Kuh, dieser ist der Januar / Bars, oder Parder, ist der Februar / Tolai, oder Haase, der Märtz / Lut, oder Eydexe, der April / Mogoi, oder Schlange, der May / Mori, oder Pferd, der Junius / Choni, oder Schaaf, der Julius / Metzin, oder Meerkatze, der August / Taka, oder Hahn, der September / Nochoi, oder Hund, der October / Gaghai, oder Schwein, der November / Choluguna, oder Maus, der December"; „Dieser Name [d. h. ,Ajukische Calmücken'] war nur zu der Zeit erträglich, als der Chan Ajuka lebte, von dessen Befehlen alle Wolgische Calmücken abhiengen. ... Die Ajukischen aber werden insgemein die Wolgischen Calmücken genannt, weil sie in der Gegend dieses Flusses sich aufzuhalten pflegen. ..." (Schnitscher 1760, S. 279); „Ihre [d. h. der Kalmyken] 12 Monathe (K. Sara) sind: 1. Ukir Sara d. i. Kuhmonath, November. 2. Bar Sara Pantermonath, December. 3. Toloi Sara Haasenmonath, Januar. 4. Luch Sara (Luch, ein fingirtes Thier, welches des Winters in der Erde und des Sommers in den Wolken wohnt), Februar. 5. Magoi Sara, Schlangenmonath, März. 6. Morin Sara, Pferdemonath, April. 7. Choga Sara, Schaafmonath, May. 8. Metschen Sara, Merkatzmonath, Jun. 9. Takai Sara, Hahnmonath, Jul. 10. Nochoi Sara, Hundemonath, August. 11. Gochoi Sara, Schweinmonath, Septemb. 12. Gulgana Sara, Ratzenmonath, October." (Falk 1786, S. 566); kalmyk. „үкр" – Kuh (*Muniev* 1977, S. 699); kalmyk. „үкр сар" – November (a. a. O., S. 442); kalmyk. „барс" – Panther (a. a. O., S. 83); kalmyk. „бар сар" – „туула" – Hase (a. a. O., S. 520); kalmyk. „туула сар" – Januar (a. a. O., S. 441); kalmyk. „лу" – Drache (a. a. O., S. 336); kalmyk. „лу сар" – Februar (a. a. O., S. 441); kalmyk. „моһа" – Schlange (a. a. O., S. 353); kalmyk. „моһа сар" – März (a. a. O., S. 441); kalmyk. „мөрн" – Pferd (a. a. O., S. 360); kalmyk. „мөрн сар" – April (a. a. O., S. 441); kalmyk. „хөн" – Schaf (a. a. O., S. 603); kalmyk. „хөн сар" – Mai (a. a. O., S. 441f.); kalmyk. „мөчн" – Affe (a. a. O., S. 361); kalmyk. „мөчн сар" – Juni (a. a. O., S. 442); kalmyk. „така" – Huhn (a. a. O., S. 473); kalmyk. „така сар" – Juli (a. a. O., S. 442); kalmyk. „ноха" – Hund (a. a. O., S. 382; kalmyk. „ноха сар" – August (a. a. O., S. 442); kalmyk. „хулһн" – Maus (a. a. O., S. 608); kalmyk. „хулһн сар" – Oktober (a. a. O., S. 442); kalmyk. „һаха сар" – September (a. a. O., S. 442); kalmyk. „һаха" – Schwein (*Iliškin* 1964, S. 634); s. Anm. 5 u. Glossar: Kalmyken

[150] mongol. „Цаган cap" – erster Frühlingsmonat des Jahres (*Luvsandėndėv* 2001–2002, Bd. 4, S. 243); zu „цаган" (weiß) s. Anm. 73; mongol. „cap" – Monat (*Luvsandėndėv* 2001–2002, Bd. 3, S. 92); mongol. „ssarà" – Monat (G. F. Müller in: AAW F. 21, Op. 5, D. 143, Bl. 92r); s. die kalmykische und die mongolische Bezeichnung unter russ. *belyj mesjac* bzw. russ. *cagalgan* in: *Anikin* 2000, S. 127 u. S. 630; kalmyk. „цаhан" – weiß (*Iliškin* 1964, S. 36); kalmyk. „cap" – Monat (a. a. O., S. 290); kalmyk. „cagàn" – weiß, kalmyk. „Sarà" – Mond (J. E. Fischer in: AAW R. III, Op. 1, D. 135, Bl. 70v u. Bl. 63v); kalmyk. „цаhан cap" – erster Frühlingsmonat (*Muniev* 1977, S. 442); „... feyern die Kalmücken noch drey grosse Feste, die mit allen Lustbarkeiten ... begangen werden. Der erste und vornehmste, mit welchem sie ihr neues Jahr anfangen, wird Zachan=Sara (der weisse Tag) oder auch Chabürün=Turn=Sara (der erste Frühlingstag) genannt und fällt auf den Neumond des Aprils ein." (Pallas 1771, S. 356)

[151] s. Anm. 145

[152] s. Anm. 152

[153] taiginz. „kischtin", karagass. „kistit", mator. „kistitn" – Mond, Monat (Helimski 1987, S. 55, nach G. F. Müller; s. auch Nr. 507 in: Helimski 1997, S. 281); karagass. „kistitt" – Monat (Helimski 1987, S. 84, nach P. S. Pallas); mator. „Kíschtin" – Mond, Monat (J. G. Gmelin in: AAW F. 21, Op. 5, D. 73, Bl. 292v/293r); mator. „Киштять" – Monat (Pallas 1786/87, S. 239)

[154] s. Anm. 143

[155] taiginz. „ki", karagass. „ki", mator. „ki" – Zobel (Helimski 1987, S. 67, nach G. F. Müller; s. auch Nr. 478 in: Helimski 1997, S. 276); taiginz. „Kî" – Zobel (J. G. Gmelin in: AAW F. 21, Op. 5, D. 73, Bl. 284v/285r)

[156] „[lat.] parvus [taiginz.] udschůmbui |: M. [M. – matorisch/modorisch] idem [lat. – ebenfalls, zugleich] :| [karagass.] údschüm- / bui" – klein (G. F. Müller in: Helimski 1987, S. 117; s. auch Nr. 1134 in: Helimski 1997, S. 376); karagass. „ùdjumbuĭ" – klein (Helimski 1987, S. 95, nach P. S. Pallas); taiginz. „dêkte", karagass. „dîkte", mator. „tůuchtä" – kalt (Helimski 1987, S. 74, nach G. F. Müller; s. auch Nr. 1089 in: Helimski 1997, S. 369f.); karagass. „tiíkte" – kalt (Helimski 1987, S. 95, nach P. S. Pallas)

[157] taiginz. „orgò", karagass. „orgò", mator. „úrga" – groß (Helimski 1987, S. 74, nach G. F. Müller; s. auch Nr. 816 in: Helimski 1997, S. 329f.); karagass. „órgo" – groß, gewaltig (Helimski 1987, S. 95, nach P. S. Pallas); mator. „орга" – groß (a. a. O., S. 74); s. Anm. 156

[158] taiginz. „kúgu", karagass. „gögumúa", „The element –múa occurs in all Karagas names of the seasons.", mator. „kúo" – Winter (Helimski 1987, S. 57, nach G. F. Müller; s. auch Nr. 522 in: Helimski 1997, S. 283); karagass. „gòhu" – Winter (Helimski 1987, S. 85, nach P. S. Pallas); mator. „Kúo" – Winter (J. G. Gmelin in: AAW F. 21, Op. 5, D. 73, Bl. 293v/294r); taiginz. „dschire", karagass. „dschéren" bzw. „dschére" – Mitte (Helimski 1987, S. 56 u. S. 57, nach G. F. Müller); mator. „čarịm" – Mitte bzw. mator. „čer" – Mitte (Nr. 189 u. Nr. 201 in: Helimski 1997, S. 229 bzw. S. 231)

[159] vgl. mator. „ka?bər" – fallen, sich senken (Nr. 369 in: Helimski 1997, S. 257); s. Anm. 153

[160] russ. *izmoros'* – sehr feiner Regen (*Slovar'* 1997, S. 45)

[161] taiginz. „Börre", mator. „Bérroe" – lat. cornix, russ. *vorona* (s. Anm. 162) (J. G. Gmelin in: AAW F. 21, Op. 5, D. 73, Bl. 278v/279r); mator. „bErE" – Krähe (Nr. 111 in: Helimski 1997, S. 216); s. Anm. 153

[162] russ. *vorona* (Mz. *vorony*); „9) Cornix vulgaris, et communissima; Cornix cinerea frugilega Willoughbeji, Anglis the Royston-Crow. Russis ворóна [russ. *vo-*

rona]. lege Worona. Tattaris H'Kargàh. ..." (D. G. Messerschmidt in: AAW F. 98, Op. 1, D. 8, Bl. 7r–8v); katschinz. u. tschatzk. „Kárga", kotowz. „Karága" – lat. cornix, russ. *vorona* (J. G. Gmelin in: AAW F. 21, Op. 5, D. 73, Bl. 278v/279r); buchar., teleut. u. tatar. (*Tomsk* u. *Tobol'sk*) „Karga" – Krähe (J. E. Fischer in: AAW R. III, Op. 1, D. 135, Bl. 55v/56r); „§. IV. Cornix cinerea frugilega. The Royston Crow. ..." (Willughby 1676, S. 84f.); „44. Corvus Cornix. ... Cornix cinerea, ... Rayston-Crow, ... Rossice Voróna; ... Tataris et passim Cosaccis Kargàh. ..." (Pallas 1811–1831, Vol. I, S. 382–383); „4. Corvus Cornix L. ... Gemeine Krähe. Nebelkrähe. Graue Krähe. R. Worona. Tat. Targa.[sic!] ..." (Georgi 1797–1802, Theil 3, S. 1711f.)
[163] katschinz. u. tschatzk. „Kusgùn" – lat. corvus, russ. *voron* (J. G. Gmelin in: AAW F. 21, Op. 5, D. 73, Bl. 278v/279r) sowie tatar. „Kusgùn" – lat. corvus (a. a. O., Bl. 298r); s. Glossar: Rabe; buchar. „Kuzgun", teleut. u. tatar. (*Tomsk* u. *Tobol'sk*) „Kuskun" – Rabe (J. E. Fischer in: AAW R. III, Op. 1, D. 135, Bl. 55v/56r)
[164] s. Anm. 163 u. Glossar: Rabe
[165] taiginz. „Órom", mator. „Órum" – russ. *burunduk* (s. Anm. 166) (J. G. Gmelin in: AAW F. 21, Op. 5, D. 73, Bl. 284v/285r); karagass. „órob" – russ. *burunduk* (Helimski 1987, S. 92, nach P. S. Pallas); mator. „oro?b" bzw. „oro?m" – russ. *burunduk* (Nr. 820 in: Helimski 1997, S. 330); s. Anm. 153
[166] russ. *burunduk*; „112. Sciurus striatus ... Rossice Burundùk ..." (Pallas 1811–1831, Vol. I, S. 187–189); „4. Sciurus striatus ... Gestreiftes Eichhorn. Sibirisches, gestreiftes Eichhorn ..." (Georgi 1797–1802, Theil 3, S. 1588–1590)
[167] karagass. „gaaradaschìn" – ich zünde an, setze in Brand (Helimski 1987, S. 102, nach P. S. Pallas); mator. „harədə-" – anzünden (Nr. 260 in: Helimski 1997,

S. 240; s. auch Nr. 1079 in: Helimski 1997, S. 368); s. Anm. 153
[168] „KENNBAR, KENNTBAR, KANTBAR, adj. was (leicht) zu kennen ist. ... die (männlichen) fuszstapfen ... , so wegen der damals üblichen spitzigen schuh sehr kentbar waren. ..." (Grimm 1991, Bd. 11, Sp. 531)
[169] „Sarana [kamass.] Tugùl die gelbe [taiginz.] Túgul |: M. [M. – matorisch/modorisch] idem [lat. – ebenfalls, zugleich] :| [karagass.] dugùl" (G. F. Müller in: Helimski 1987, S. 119); s. Anm. 153
[170] taiginz. „tánga", karagass. „dángamúa", „The element –múa occurs in all Karagas names of the seasons.", mator. „tánga" – Sommer (Helimski 1987, S. 57, nach G. F. Müller; s. auch Nr. 960 in: Helimski 1997, S. 352); karagass. „danah" – Sommer (Helimski 1987, S. 85, nach P. S. Pallas); mator. „Tánga" – Sommer (J. G. Gmelin in: AAW F. 21, Op. 5, D. 73, Bl. 293v/294r); s. Anm. 158 u. Anm. 153
[171] taiginz. „schírru", karagass. „schírru" – Regen (Helimski 1987, S. 55, nach G. F. Müller); karagass. „sjurù" – Regen (a. a. O., S. 84, nach P. S. Pallas); mator. „Schíru" – Regen (J. G. Gmelin in: AAW F. 21, Op. 5, D. 73, Bl. 292v/293r); mator. „sörüh", „sirüh" bzw. „sührüh" – Regen (Nr. 908 in: Helimski 1997, S. 344); mator. „Сирру" – Regen (Pallas 1786/87, S. 258); s. Anm. 153
[172] vgl. mator. „käl(ə)-" – trocknen, trocken werden (Nr. 460 in: Helimski 1997, S. 273); s. Anm. 153
[173] „Namen der Maenden. Maert, Kuran Sara. April, Buhu Sara of Boegoe Sara. Mai, Dulan Sara. Junius, Jihy of jeki burchan Sara. Julius, Baha of Baga burchan Sara. Augustus, Hucza Sara of Goera Sara. September, Kuubi of Koejoeby Sara. October, Kodztier Sara. November, Edztzin Sara. December, Kocuc of Kokoek Sara. Januarius, Utar of Oelan Sara. Februarius, Ushier of Ousken Sara." (nl. – Namen der Monate: März – Kuran

Sara; April – Buhu Sara oder Boegoe Sara; Mai – Dulan Sara; Juni – Jihy oder Jeki burchan Sara; Juli – Baha oder Baga burchan Sara; August – Hucza Sara oder Goera Sara; September – Kuubi oder Koejoeby Sara; Oktober – Kodztier Sara; November – Edztzin Sara; Dezember – Kocuc oder Kokoek Sara; Januar – Utar oder Oelan Sara; Februar – Ushier oder Ousken Sara.) (Witsen 1705, S. 301)

[174] Die im 18. Jahrhundert als „Ostjaken im Gebiet der Stadt *Narym*" bezeichneten Völkergruppen wurden später als Ostjak-Samojeden (s. Glossar: Ostjaken u. Samojeden) bezeichnet. Monatsnamen dieser Gruppen wurden u. a. angeben von M. A. Castrén (für Ostjak-Samojeden in: Schiefner 1855) und J. E. Fischer (für „Narymische Ostiaken" in: AAW, F. 21, Op. 5, D. 41, Bl. 87r).

[175] ostjak-samojed. „ire, B., Jel., Kar., Tschl., Mond, Monat; ... ireä, Tas. irri, NP. erá, Kar." (Schiefner 1855, S. 107); ostjak-samojed. (*Narym*) „иреды" – Mond, Monat (nach *V. N. Tatiščev* in: AAW F. 21, Op. 5, D. 152, Bl. 66v); selkup. „иря" – Monat, Mond (Helimski 2001, S. 36); ostjak-samojed. „úće" bzw. „úćeȝe" – klein, Kind (a. a. O., S. 110); ostjak-samojed. „kä, Tsch., OO., Winter. kè', NP., Jel., Tas., Kar. ke, B." (Schiefner 1855, S. 117); ostjak-samojed. „(2) V̌dsh-Kar-ired klein Kälte monat" (J. E. Fischer in: AAW, F. 21, Op. 5, D. 41, Bl. 87r)

[176] *maloi zimnei mesjac* (russ. *maloj zimnej mesjac* – kleiner Wintermonat)

[177] ostjak-samojed. „warg, N., Kar., gross. warga, K., Tsch., OO., NP. wuerg, Tas. muerge, B." (Schiefner 1855, S. 170); s. Anm. 175; ostjak-samojed. „(3) Kalan-myptel-ired | : jassak geben monat; dieses geschiehet vor weihnacht. :| heißt auch Worg-Kar-ired, groß Kälte m." (J. E. Fischer in: AAW, F. 21, Op. 5, D. 41, Bl. 87r); ostjak-samojed. „geben, ... meap, N.; ... gegeben, ... mipel, Tas." (Schiefner 1855, S. 226); ostjak-samojed. „4. kalan-ireäd, B. Schatzmonat, d. h. wenn der Schatz (das Wild) gefangen wird (November); ..." (a. a. O., S. 252)

[178] *bolšoi zimnei mesjac* (russ. *bol'šoj zimnej mesjac* – großer Wintermonat)

[179] ostjak-samojed. „7. limbi-ireäd, limbil-ireäd, Kar., Adlermonat (Februar)." (Schiefner 1855, S. 252); ostjak-samojed. „Adler, ... lemb; lèmbä, OO., Tsch.; lèmba, K.; limba, NP.; limb, B., Kar., Tas.; lymb, Jel." (a. a. O., S. 196); ostjak-samojed. „(5) Lümbü-ired adler monat" (J. E. Fischer in: AAW F. 21, Op. 5, D. 41, Bl. 87r); selkup. „линби-иря" – „Adlermonat (ca. März – Anfang April)" (Helimski 2001, S. 60)

[180] ostjak-samojed. „Gott, ... Nop, N., B., Tas.; Nom, MO., K.; Lom, Tsch., OO.; Nome, NP.; Nup, Kar.; ..." (Schiefner 1855, S. 229); ostjak-samojed. „Rücken, ... mog, N.; mok, MO.; mokka, mokkol, K., NP.; mogo, mogol, Tsch.; mokar, Jel.; mogor, N.; mogèr, K.; mokar, NP.; mokal, B., Tas., Kar." (a. a. O., S. 265); selkup. „мокаль" – Rücken (Helimski 2001, S. 71)

[181] russ. *božija spina* – Rücken Gottes

[182] ostjak-samojed. „Hälfte, ... pälek, N.; peleŋ, Tsch., Jel.; pilaŋ, NP.; päläŋ, B.; Kar.; pelaŋ, Tas." (Schiefner 1855, S. 231); vgl. ostjak-samojed. „Schneeschuh, ... told, MO., B.; tolde, K.; toldö, Tschl.; ..." (a. a. O., S. 274)

[183] russ. *golicy* – kurze und breite, bei der Jagd verwendete Schneeschuhe, die nicht mit Fell überzogen sind

[184] s. Anm. 182

[185] s. Anm. 182

[186] russ. *podvoloki* (Ez. *podvolok*, auch *podvoloka*) – Fellüberzug der Schneeschuhe (s. *Anikin* 2003, S. 460)

[187] vgl. ostjak-samojed. „taŋet-suri-ireäd, Tas., taŋes-sûril-ireäd, Kar., der März, wenn die Sommerthiere ankommen." (Schiefner 1855, S. 144); ostjak-samojed. „Thier, wildes, ... sûrum, sûrèm, sûrm, MO., K., Tsch.; sûram, NP.; sûrèm, Tas.; hûrup, N.; sûrup, Jel., B.; sûrem, Tas.; sûrm, Kar." (a. a. O., S. 289); ostjak-

samojed. „tagi, taî, Sommer. tagge, NP. tag, Jel. tâŋ, B.; Kar., Tas." (a. a. O., S. 144); selkup. „тагыдь-чонды-иря" – „Sommermitte-Monat (ca. Juli)" (Helimski 2001, S. 56); s. Anm. 175

[188] ostjak-samojed. „9. kuelet-tiril-ireäd, der Monat, wenn die Fische Rogen legen (April)." (Schiefner 1855, S. 252); ostjaksamojed. „kuel, N., B., Kar., Fisch. kuele, NP., Jel. Tas." (a. a. O., S. 123); ostjaksamojed. „terap, Fischrogen. term, MO., K. tärém, Tsch., terám, NP. tirep, tirem, B. tyrem, Tas. tyrep, Kar." (a. a. O., S. 146); s. Anm. 175

[189] russ. *ryba nerčitsja* – der Fisch laicht (*Slovar'* 2001a, S. 380)

[190] russ. *ikru puščaet* – gibt den Rogen ab (ausstoßen), d. h. laichen

[191] ostjak-samojed. „ütelgueʒel–ireäd, der Monat, wo es in den kleinen Bächen Wasser giebt (Mai)." (Schiefner 1855, S. 110); ostjak-samojed. „üt (öt), N., B., Tas., Wasser" (a. a. O., S. 110); ostjaksamojed. „kueʒ́" – Bach, Fluß, Flußarm (a. a. O., S. 202 bzw. S. 222); s. Anm. 175

[192] *vodjanoi mesjac* (russ. *vodjanoj mesjac* – Wassermonat)

[193] s. Anm. 175; vgl. ostjak-samojed. „Sack, ... koʒ́a, N.; koća, MO., OO., Tschl., Jel., B.; kotca, K.; kotća, NP.; kota, Kar." (Schiefner 1855, S. 266f.); ostjaksamojed. „(9) V́dsh-Kotschibyl-ired klein od⁾ wenig запорь monat" (J. E. Fischer in: AAW, F. 21, Op. 5, D. 41, Bl. 87r)

[194] *maloi zapornoi mesjac* (russ. *maloj zapornoj mesjac* – kleiner Fischwehr-Monat); russ. *zapor* (Mz. *zapory*) – Fischwehr

[195] s. Anm. 177 u. Anm. 193; ostjaksamojed. „(10) Worg Kotschibyl-ired groß od⁾ viel запорь monat" (J. E. Fischer in: AAW, F. 21, Op. 5, D. 41, Bl. 87r)

[196] *bolšoi zapornoi mesjac* (russ. *bol'šoj zapornoj mesjac* – großer Fischwehr-Monat); russ. *zapor* (Mz. *zapory*) – Fischwehr

[197] ostjak-samojed. „maśek, Netz, Reuse. mâzeŋ, K., MO." (Schiefner 1855, S. 172)

[198] russ. *nevožnoe vremja* – *Nevod*zeit; *nevožnyj* (adj.) zu *nevod* (s. Glossar: Newodi)

[199] ostjak-samojed. „Herbst, ... ärä, K., OO.; èrra, NP.; ara, B., Jel., Kar., Tas." (Schiefner 1855, S. 234); s. Anm. 175

[200] *osenoi mesjac* (russ. *osennoj mesjac* – Herbstmonat)

[201] s. Anm. 145

[202] s. Anm. 127

[203] jakut. „араҥ(ҕ)ас сулус" – Großer Bär (*Pekarskij* 1958–1959, Bd. I, Sp. 134); jakut. „араҥас сулус" – „der grosse Bär (Gestirn)" (Middendorff 1851, Theil 2, S. 8); jakut. „сулус" – Stern (*Pekarskij* 1958–1959, Bd. II, Sp. 2334; Middendorff 1851, Theil 2, S. 171)

[204] s. Anm. 17

[205] jakut. „ӱргӓл" – Plejaden, Siebengestirn; Großer Bär; Kleiner Bär (*Pekarskij* 1958–1959, Bd. III, Sp. 3170); jakut. „ӱргӓл" – „die Plejaden" (Middendorff 1851, Theil 2, S. 50)

[206] s. Anm. 127

[207] burjat. „doloŋ-öbụgöt, dolon-öbögöt T., doloŋ-öbögöt S., Ch., sieben Greise = der grosse Bär; ..." (Schiefner 1857, S. 154); burjat. „dolôn(ŋ), sieben; ..." (a. a. O., S. 154); burjat. „öbụgöŋ NU., öbogöŋ(n) T., S. Ch., Greis; ..." (a. a. O., S. 100); burjat. „Долоон Уб̆гэд" – Großer Bär (sieben Greise) (*Čeremisov* 1973, S. 194); burjat. „долоон" – sieben (a. a. O., S. 194); burjat. „убгэн" – Greis (a. a. O., S. 487)

[208] s. Anm. 17

[209] burjat. „Plejaden, miśit NU., T., miśiŋ Ch., miće, mići S." (Schiefner 1857, S. 207); burjat. „суг мүшэн" – Siebengestirn, Plejaden (*Čeremisov* 1973, S. 395); burjat. „сүг" – zusammen mit (a. a. O., S. 395); „мүшэ(н)" – Stern, Sterne (a. a. O., S. 309)

[210] „ABENDSTERN, ... die bei sonnenuntergang sichtbare Venus, ..." (Grimm 1991, Bd. 1, Sp. 26)

[211] burjat. „Stern, odoŋ NU., T., odon T., Ch., odo S." (Schiefner 1857, S. 215); burjat. „одо(н)" – Stern (*Čeremisov* 1973, S. 350)
[212] d. h. die pumpokolischen Ostjaken am Fluß *Ket'* (s. auch Kap. 25, Bl. 10v)
[213] s. Anm. 127
[214] ket. „xōxna" – Großer Bär (Donner 1955, S. 50)
[215] lat. – Ableitung
[216] pumpokol. „Кáкень" – Stern (Pallas 1786/87, S. 243); pumpokol. „Kaken" – Stern (Klaproth 1831, S. 179); pumpokol. „káken" – Stern (*Chelimskij* 1986, S. 208, nach G. F. Müller); ket. „xōx" – Stern (Donner 1955, S. 50)
[217] s. Anm. 17
[218] lat. – Ableitung
[219] pumpokol. „butt" – Hase (*Chelimskij* 1986, S. 210, nach G. F. Müller)
[220] „Gestirn, 1) so v. w. Stern, ... 2) bes. ein Sternbild." (Pierer 1857–65, Bd. 7, S. 304); „Hund (Astron.), zwei Sternbilder: a) der Große H., am südlichen Himmel, ostwärts vom Orion; ... b) der Kleine H., am nördlichen Himmel, unter den Zwillingen u. dem Krebse, ..." (a. a. O., Bd. 8, S. 617); „Hundsstern, der Stern α im Sternbilde des Großen Hunds (od. der Sirius)." (a. a. O., Bd. 8, S. 621)
[221] jakut. „кулун тутар" bzw. „кулун тутар ыі" – März-April; Monat, in dem die Fohlen angebunden werden, damit die Stuten gemolken werden können (*Pekarskij* 1958–1959, Bd. I, Sp. 1210); jakut. „Кулун тутар" – „März (der Monat, da man die Füllen am Tage einfängt und nicht zu den Stuten lässt, damit diese gemelkt werden können)" (Middendorff 1851, Theil 2, S. 72); jakut. „кулун" – Fohlen im ersten Jahr (Frühling, Sommer) (*Pekarskij* 1958–1959, Bd. I, Sp. 1210; Middendorff 1851, Theil 2, S. 71); jakut. „тут" – halten, festhalten (*Pekarskij* 1958–1959, Bd. III, Sp. 2864–2865; Middendorff 1851, Theil 2, S. 106–107); jakut. „ыі" – Mond, Monat (*Pekarskij* 1958–1959, Bd. III, Sp. 3760–3762; Middendorff 1851, Theil 2, S. 29)
[222] lat. – nach ihrer Überlieferung
[223] s. Anm. 221
[224] jakut. „бӯс устар ыі" – Eisgangsmonat; April-Mai (*Pekarskij* 1958–1959, Bd. I, Sp. 573); jakut. „бӯс устар ыі" – „der Monat, da das Eis fortschwimmt ... April" (Middendorff 1851, Theil 2, S. 144); jakut. „бӯс" – Eis; jakut. „усун" – schwimmen (*Pekarskij* 1958–1959, Bd. I, Sp. 573; Middendorff 1851, Theil 2, S. 144), „устар" – schwimmen (*Pekarskij* 1958–1959, Bd. III, Sp. 3090); jakut. „усун" bzw. „устабын" – schwimmen (Middendorff 1851, Theil 2, S. 46); s. Anm. 221
[225] *Jakuck*
[226] jakut. „балык ӣр" bzw. „балык ыі" – Mai-Juni (*Pekarskij* 1958–1959, Bd. I, Sp. 358); jakut. „балык" – Fisch (*Pekarskij* 1958–1959, Bd. I, Sp. 357–359; Middendorff 1851, Theil 2, S. 131); jakut. „ыам ыja" – Monat des Milchens; Rogenmonat; Mai (*Pekarskij* 1958–1959, Bd. IIII, Sp. 3742); jakut. „ыам ыja" – „Mai, Uw. – Das erste Wort ist wohl auf ыа, laichen, zurückzuführen, also: Laich-Monat." (Middendorff 1851, Theil 2, S. 28)
[227] russ. *karasi* (Ez. *karas*'); „Cyprinus Carassius ... Karauschen=Karpfe. Karausche. ... R. Karas. ..." (Georgi 1797–1802, Theil 3, S. 1954–1955); „Cyprinus Carassius ... Rossice Karass. ..." (Pallas 1811–1831, Vol. III, S. 297–298)
[228] lat. – sie laichen
[229] jakut. „бäс ыja" – Kiefernmonat; Mai-Juni (*Pekarskij* 1958–1959, Bd. I, Sp. 444); jakut. „Бäс ыja" – „Fichtenmonat, Juni ... Mai ... In diesem Monat wird die Fichtenrinde eingesammelt, welche später gedörrt und zu Mehl zerstampft oder zerrieben wird." (Middendorff 1851, Theil 2, S. 134); bei *Pekarskij* 1958–1959, Bd. I, Sp. 444: „Pinus silvestris", jakut. „бäс" – russ. *sosna*, Kiefer; bei O. Böthlingk (Middendorff 1851, Theil 2,

S. 134) jakut. „бäс" – „Fichte"; s. Glossar: Fichte; s. Anm. 221

[230] „Die Kiefernrinde wird in zweierlei Form angewendet, nämlich theils zu grützartigen Krümchen gestampft (Jörä), theils in Mehl verwandelt (Adýl), und soll eine arme Jakutenfamilie an 10 Pud von erstgenannter Grütze und an 6 Pud dieses Kiefernrinden-Mehles im Jahre verbrauchen, wozu noch zwei Halbfässer Sauermilch unumgänglich nöthig sind. ..." (Middendorff 1874–1875, S. 1565); s. Glossar: Fichte

[231] jakut. „от ыja" – Heuerntemonat; Juni-Juli; Juli-August (*Pekarskij* 1958–1959, Bd. II, Sp. 1894); jakut. „от ыja" – „(Gras-Monat ...) Juli, ... Juni" (Middendorff 1851, Theil 2, S. 21); jakut. „от" – Gras (*Pekarskij* 1958–1959, Bd. II, Sp. 1891; Middendorff 1851, Theil 2, S. 21); s. Anm. 221

[232] jakut. „атырцах ыja" – Heugabelmonat; Juli-August (*Pekarskij* 1958–1959, Bd. I, Sp. 203; Middendorff 1851, Theil 2, S. 4); jakut. „атырцах" – Heugabel (*Pekarskij* 1958–1959, Bd. I, Sp. 203; Middendorff 1851, Theil 2, S. 4); s. Anm. 221

[233] jakut. „балаҕанна кïрäр ыі" – Monat, in dem aus den Sommer*jurty* in die Winter*jurty* umgezogen wird; September (*Pekarskij* 1958–1959, Bd. I, Sp. 347); jakut. „Балаҕанна кïрäр ыі" – „der Monat, da man in die Jurte tritt; September" (Middendorff 1851, Theil 2, S. 131); s. Anm. 221

[234] jakut. „балаҕан" – Wohnstätte, Winter- oder Sommer*jurta*, Hütte, Haus (*Pekarskij* 1958–1959, Bd. I, Sp. 347); jakut. „балаҕан" – „Jurte ... Hütte ... Sommerjurte" (*Pekarskij* 1958–1959, Bd. I, Sp. 347, Middendorff 1851, Theil 2, S. 131)

[235] vgl. jakut. „кïр" – hineingehen, hineintreten (*Pekarskij* 1958–1959, Bd. I, Sp. 1098, Middendorff 1851, Theil 2, S. 67)

[236] lat. – Anfang (des Monats) Oktober

[237] jakut. „тöрдÿнjÿ" – 4. Monat, 4. Mond (seit April), August–September (*Pekarskij* 1958–1959, Bd. III, Sp. 2778); jakut. „тöрдÿннÿ" – „der vierte Monat, August ... Zus. aus тöрдÿс, der vierte und ыі (?), Monat" (Middendorff 1851, Theil 2, S. 100); jakut. „тöрдÿс" – der vierte (*Pekarskij* 1958–1959, Bd. III, Sp. 2778, Middendorff 1851, Theil 2, S. 100); s. Anm. 221

[238] Nach dem altrömischen Kalender des Romulus hatte das Jahr 10 Monate (Martius, Aprilis, Majus, Junius, Quinctilis bzw. Quintilis – lat. der fünfte, Sextilis – lat. der sechste, September – lat. der siebente, October – lat. der achte, Nouember – lat. der neunte, December – lat. der zehnte) und begann am 1. März. Numa Pompilius führte ca. 713 v. u. Z. das Mondjahr mit zwölf Monaten ein (Januarius, Februarius, Martius, ...). Der Jahresbeginn wurde in der Folge (153 v. u. Z.?) auf den 1. Januar gelegt. Quintilis und Sextilis wurden später in Julius und Augustus umbenannt. „Calender, ... Die Namen derer Monathe, Quinctilis, Sextilis, September, October, Nouember, December hatte Numa aus des Romuli Calender behalten, ob sie gleich hier nicht mehr dem Ursprunge ihrer Benennung, wie dort, ein Genüge leisteten, indem sie daselbst ihre Weite von dem ersten Monathe des Jahres anzeigten, da Quinctilis der fünffte, Sextilis der sechste, September der siebende Monath, und so ferner im Jahre war. ..." (Zedler 1732–50, 5. Bd., Sp. 223ff.)

[239] s. Anm. 229

[240] jakut. „бäсіңjі" – 5. Monat, 5. Mond, September–Oktober (*Pekarskij* 1958–1959, Bd. I, Sp. 446); jakut. „бäсін'і" – „der 5te Monat, September, Uw. – Zusammengesetzt aus бäсіс, der fünfte und ыі (?) Monat. ..." (Middendorff 1851, Theil 2, S. 134); jakut. „бäсіс" – fünfter (*Pekarskij* 1958–1959, Bd. I, Sp. 446); s. Anm. 221

[241] jakut. „ынах" – Kuh (*Pekarskij* 1958–1959, Bd. III, Sp. 3798; Middendorff 1851, Theil 2, S. 31); jakut. „от" – Gras (*Pekarskij* 1958–1959, Bd. II, Sp. 1891; Middendorff 1851, Theil 2, S. 21); jakut. „бiäр" – geben (*Pekarskij* 1958–1959, Bd. I, Sp. 454; Middendorff 1851, Theil 2, S. 138)

[242] jakut. „алтынjы" bzw. „алынjы" – 6. Monat, 6. Mond, Oktober–November (*Pekarskij* 1958–1959, Bd. I, Sp. 83); jakut. „алынңы" – „October, Uw. – Entstanden aus алтынңы, und dieses wiederum zusammengesetzt aus алтыс der sechste und ыі (?) Monat. ..." (Middendorff 1851, Theil 2, S. 10); s. Anm. 221

[243] jakut. „сätiнji" bzw. „сäттiнji" – 7. Monat, 7. Mond, November–Dezember, Januar (*Pekarskij* 1958–1959, Bd. II, Sp. 2181); jakut. „сäттiннгi" – „der 7te Monat, November ... Zusammenges. aus сäттiс, der siebente, und ыі (?), Monat" (Middendorff 1851, Theil 2, S. 158); jakut. „сäттiс" – der siebente (*Pekarskij* 1958–1959, Bd. II, Sp. 2183; Middendorff 1851, Theil 2, S. 158); s. Anm. 221

[244] jakut. „ахсынjы" – 8. Monat, 8. Mond, Dezember–Januar, Februar (*Pekarskij* 1958–1959, Bd. I, Sp. 207); jakut. „ахсынңы" – „Dezember, Uw. – Zusammengesetzt aus ахсыс der achte und ыі (?) Monat; ..." (Middendorff 1851, Theil 2, S. 1); jakut. „ахсыс" – achter (*Pekarskij* 1958–1959, Bd. I, Sp. 207; Middendorff 1851, Theil 2, S. 1); s. Anm. 221

[245] jakut. „тохсунjу" – 9. Monat, Dezember–Januar–Februar–März (*Pekarskij* 1958–1959, Bd. III, Sp. 2755); jakut. „тохсуннгу" – „(der 9te Monat) Januar" (Middendorff 1851, Theil 2, S. 95); jakut. „тохсус" – der neunte (*Pekarskij* 1958–1959, Bd. III, Sp. 2755; Middendorff 1851, Theil 2, S. 95); s. Anm. 221

[246] jakut. „олунjу" – 10. Monat, Februar–März; April (*Pekarskij* 1958–1959, Bd. II, Sp. 1830); jakut. „олуннгу" – „Februar, ... – Entstanden aus онунңу und dieses zusammengesetzt aus онус, der zehnte, und ыі (?), Monat" (Middendorff 1851, Theil 2, S. 26); jakut. „онус" – der zehnte (*Pekarskij* 1958–1959, Bd. II, Sp. 1845; Middendorff 1851, Theil 2, S. 22); s. Anm. 221

[247] jakut. „сāс" – Frühling (März–Mai) (*Pekarskij* 1958–1959, Bd. II, Sp. 2115f.); jakut. „сāс" – „Frühling" (Middendorff 1851, Theil 2, S. 157)

[248] jakut. „сајын" – Sommer (*Pekarskij* 1958–1959, Bd. II, Sp. 2032; Middendorff 1851, Theil 2, S. 155); vgl. jakut. „cai" – Sommer (*Pekarskij* 1958–1959, Bd. II, Sp. 2025; Middendorff 1851, Theil 2, S. 152)

[249] jakut. „кÿсÿн" – Herbst (*Pekarskij* 1958–1959, Bd. II, Sp. 1344; Middendorff 1851, Theil 2, S. 74)

[250] jakut. „кысын" – Winter (*Pekarskij* 1958–1959, Bd. II, Sp. 1438; Middendorff 1851, Theil 2, S. 66)

[251] jakut. „дјыл" – Jahr (*Pekarskij* 1958–1959, Bd. I, Sp. 724); jakut. „цыл" – Jahreszeit, Jahr, Zeit (*Pekarskij* 1958–1959, Bd. I, Sp. 879; Middendorff 1851, Theil 2, S. 124)

[252] lat. – astronomisches Jahr

[253] jakut. „сыл" – Jahr (*Pekarskij* 1958–1959, Bd. II, Sp. 2439; Middendorff 1851, Theil 2, S. 164)

[254] lat. – bürgerliches Jahr

[255] s. Anm. 253

[256] s. Anm. 253

[257] d. h. die pumpokolischen Ostjaken am Fluß *Ket'* (s. auch Kap. 25, Bl. 10v)

[258] kotowz. „kukûka" – Kuckuck (Schiefner 1858, S. 206); ket. „qokkun" – Kuckuck (Donner 1955, S. 68); pumpokol. „Түи" – Monat (Pallas 1786/87, S. 239); pumpokol. „tui" – Mond (Klaproth 1831, S. 176); pumpokol. „túï" – Mond (*Chelimskij* 1986, S. 208, nach G. F. Müller); vgl. kamass. „Tzui" – Mond (Strahlenberg 1730, Anhang); kamass. „Kii", koibal. „Kuïi" – Mond (Donner 1932, S. 44, nach J. Klaproth)

[259] russ. *kukuška* (Mz. *kukuški*); „Cuculus. The Cuckow." (Willughby 1676, S. 62); „Von dem Guckguck. Cuculus." (Gesner 1669b, S. 152f.); „Cuculus. Kukuk." (Georgi 1797–1802, Tl. 3, S. 1717)
[260] s. Anm. 258
[261] s. Anm. 258
[262] s. Anm. 258
[263] s. Anm. 258
[264] russ. *moška* (Mz. *moški*); „Culex reptans L. R. Moschka." (Georgi 1775, S. 191); „Culex L. Mücke. ... 5. Cul. reptans L. ... Kriechende Mücke. ..." (Georgi 1797–1802, Theil 3, S. 2159f.)
[265] russ. *komar* (Mz. *komary*); „Culex L. Mücke. 1. Cul. pipiens ... Gemeine Mücke. R. Kamar. ..." (Georgi 1797–1802, Theil 3, S. 2159f.)
[266] „HUMMEL, f. 1) apis bombinatrix, ... 2) der name wird auch übertragen auf verwandte insecten: ... oestrus ..." (Grimm 1991, Bd. 10, Sp. 1903f.)
[267] russ. *paut* (Mz. *pauty*) – Viehbremse (Pawlowski 1952, S. 994); russ. *paut* – russ. *ovod* (*Dal'* 1880–1882, T. III, S. 25); russ. *ovod* – Oestrus, Bremse (Pawlowski 1952, S. 876); „Oestrus L. Bremse. ..." (Georgi 1797–1802, Theil 3, S. 2145–2147); „BREMSE, f. in verschiedener bedeutung, 1) tabanus, oestrus, ... eine grosze, pferde und rinder plagende stechfliege ..." (Grimm 1991, Bd. 12, Sp. 363f.)
[268] *Ket'*
[269] s. Anm. 264
[270] ostjak. (*Kas*-Fluß) „Dîn" – Urogallus, Tetrao major (J. G. Gmelin in: AAW F. 21, Op. 5, D. 73, Bl. 299v/300r), s. Anm. 258; „Von dem Vrhan. Vrogallus. ..." (Gesner 1669b, S. 214–215); ket. „d'it" – Auerhahn (Donner 1955, S. 41); „Urogallus, Tetrao major Aldrov. Germanis Orhun ..." (Willughby 1676, S. 123f.); „218. Tetrao Urogallus. ... Rossis Gluchoi Téter [russ. – *gluchoj terew*] (: Surdus Tetrao :) vel Gluchar [russ. *gluchar'*] (: Surdaster :) ..." (Pallas 1811–1831, Vol. II, S. 56–59); „1. Tetrao Urogallus. ... Großes Waldhuhn. Auer=Waldhuhn. Auerhahn. R. Gluchar ..." (Georgi 1797–1802, Theil 3, S. 1808f.)
[271] russ. *teterev* bzw. *teterja*; „Tetrao seu Urogallus minor Aldrov. ..." (Willughby 1676, S. 124f.); „219. Tetrao Tetrix. ... Tetrao seu Urogallus et Grygallus minor ... Rossis Teterew ..." (Pallas 1811–1831, Vol. II, S. 59–63); „2. Tetrao Tetrix ... Birk=Waldhuhn, Birkhuhn und Birkhahn R. Tetereco ..." (Georgi 1797–1802, Theil 3, S. 1809)
[272] s. Anm. 271
[273] pumpokol. „Томь" – Fluß (Pallas 1786/87, S. 316); pumpokol. „Tom" – Fluß (Klaproth 1831, S. 173); pumpokol. „thom" – Fluß (*Chelimskij* 1986, S. 208, nach G. F. Müller); s. Anm. 258
[274] s. Anm. 273 u. Anm. 258
[275] s. Kapitel 26, Bl. 25v
[276] vgl. pumpokol. „cháju" – Elen (*Chelimskij* 1986, S. 210, nach G. F. Müller); s. Anm. 258
[277] s. Glossar: Elen
[278] ostjak. (*Narym* u. *Ket'*) „lóga" – Fuchs (G. F. Müller in: AAW F. 21, Op. 5, D. 73, Bl. 302v/303r), ostjak-samojed. (*Narym* u. *Ket'*) „lóga" – Fuchs (AAW F. 21, Op. 5, D. 134, Bl. 165r); ostjak-samojed. (*Narym*) „лога" – Fuchs (nach V. N. Tatiščev in: AAW F. 21, Op. 5, D. 152, Bl. 67r); ostjak-samojed. „logá" – Fuchs (Schiefner 1855, S. 131); samojed. (*Narym*, *Ket'* u. *Tym*) „Lóga" – Fuchs (Donner 1932, S. 40, nach J. Klaproth); s. Anm. 258
[279] vgl. „112. SCIURUS striatus. ... Rossice Burundùk. ... Arinzis Lapje; ..." (Pallas 1811–1831, Vol. I, S. 187); arinz. „Láppje" – Sciurus virgatus, russ. *burunduk* (J. G. Gmelin in: AAW F. 21, Op. 5, D. 73, Bl. 284v); s. Anm. 258
[280] s. Anm. 166
[281] Bl. 30 (kleiner Zettel ohne direkte Einordnung in den Manuskripttext) wurde auf Grund des inhaltlichen Zusammenhangs des Textes auf Bl. 30r („Kokùk-tui ..." bis „... Kommen aus der Erde" in der

Handschrift von G. F. Müller) mit dem Vorhergehenden hier eingeordnet. Auf Bl. 30v in russischer Sprache in der Handschrift von G. F. Müller: ‚Aus *Jakuck* ist durch von dort Anreisende zu erfahren, daß der Herr Spangberg im Sommer aus *Ochock* in See gestochen ist, während der Herr Bering in *Ochock* ist, und seine gesamte Familie für den Aufenthalt in *Ochock* ihren Weg von *Jakuck* aus über *Majskaja pristan'* nahm. In *Jakuck* gab es im jetzigen Sommer einen großen Verlust an Pferden durch eine Viehseuche, was für mich nicht ohne Not war, da ich bis zu 300 für den Proviant zur Seereise benötigte. Alles weitere ist hier wohlgeordnet. Euer Wohlgeboren ergebenster Diener D. L.'. Wie aus dem Antwortbrief von G. F. Müller vom 19. Dezember 1738 aus *Enisejsk* (AAW F. 21, Op. 2, D. 2, Bl. 55r–55v – Konzept) hervorgeht, ist Bl. 30v (s. o.) die Kopie eines Teils des Briefes von *Dmitrej Jakovlevič Laptev* an G. F. Müller vom 24. September 1738 aus *Irkuck*.

[282] s. Anm. 258
[283] s. Anm. 259
[284] russ. *ikru vypuskajut* – sie geben die Eier (den Rogen) ab, d. h. laichen
[285] s. Anm. 264
[286] s. Anm. 265
[287] s. Anm. 267
[288] s. Anm. 270
[289] s. Anm. 271
[290] s. Anm. 273
[291] s. Anm. 274
[292] <frz.> – zurückziehen
[293] russ. *ržavyj* – rostig, verrostet
[294] s. Anm. 276
[295] s. Anm. 278
[296] s. Anm. 279
[297] s. Anm. 166
[298] Die Burjaten besaßen zu verschiedenen Zeiten und in verschiedenen Regionen (verschiedenen Volksgruppierungen) auf den Mond, die Sonne, die Sterne bzw. die Venus bezogene Kalendersysteme mit 12 bzw. 13 Monaten (siehe die ausführliche Darstellung in *Abaeva* 2004, S. 208–226). Burjatische Monatsnamen sind u. a. angegeben in: Georgi 1775, S. 298–299; Schiefner 1857, S. 204 mit Angaben aus dem ‚nischneudinskischen Dialekt' (NU.) und dem ‚tunkinskischen Dialekt' (T.); *Abaeva* 2004, S. 216–217; Messerschmidt 1962–1977, Teil 2, S. 182; RGADA F. 199, Op. 2, Portf. 511, Č. 1, D. 6, Bl. 14r–14v (J. J. Lindenau) und AAW F. 21, Op. 5, D. 113, Bl. 112v (G. W. Steller in: Hintzsche 2009, S. 41). Entsprechend den obengenannten Unterschieden sind diese Benennungen und ihre Reihenfolge nicht immer gleich, auch die etymologische Deutung ist nicht immer einheitlich (s. dazu Schiefner 1857, S. XIV).
[299] burjat. „3. kusa-hara NU., Widdermonat (weil sich die Schaafe dann begatten); baga burgun T." (Schiefner 1857, S. 204); burjat. „Widder, xusa Ch., xuca S." (a. a. O., S. 222); burjat. „5.) Hussa hara, Schaafmond." (Georgi 1775, S. 299); burjat. „Küssäh charah" (G. W. Steller in: AAW F. 21, Op. 5, D. 113, Bl. 112v; publiziert in: Hintzsche 2009, S. 41); burjat. „chusa ... ein Schaaf" (3. Wintermonat) (J. J. Lindenau in: RGADA F. 199, Op. 2, Portf. 511, Č. 1, D. 6, Bl. 14r–14v); burjat. „ ‚Februarius' Kotza-hara' ‚Hornung' " (Messerschmidt 1962–1977, Teil 2, S. 182); burjat. „xyca" – Schaf-, Widdermonat (*Abaeva* 2004, S. 216); burjat. „xyca" – Widder (*Čeremisov* 1973, S. 604)
[300] burjat. „Monat, hara NU., Ch., sara S." (Schiefner 1857, S. 204); burjat. „Haràh" – Monat, Mond (Messerschmidt 1962–1977, Teil 2, S. 182); burjat. „Chora" – Mond (J. E. Fischer in: AAW F. III, Op. 1, D. 135, Bl. 63v); burjat. „chara" – Monat (a. a. O., Bl. 64v); burjat. „hapa" – Monat, Mond (*Čeremisov* 1973, S. 676)
[301] burjat. „4. ulan zuduŋ-hara NU., rother Bergmonat (weil der Schnee schmilzt und die Berge roth werden); jike burgun T." (Schiefner 1857, S. 204); burjat. „roth,

ulaŋ NU., ulaŋ(n) T., ulâŋ S., ulân Ch."
(Schiefner 1857, S. 209); burjat. „улаан"
– rot (Čeremisov 1973, S. 466); burjat.
„Bergrücken, niedriger, zudaŋ, zudeŋ
NU., T. ..." (Schiefner 1857, S. 186); burjat. „6.) Ulasodom hara, wenn das Eis
bricht." (Georgi 1775, S. 299); burjat.
„Ulánsutú" (G. W. Steller in: AAW F. 21,
Op. 5, D. 113, Bl. 112v; publiziert in:
Hintzsche 2009, S. 41); burjat. „Ulandsudu ... rothe Kreide" (1. Frühlingsmonat)
(J. J. Lindenau in: RGADA F. 199, Op. 2,
Portf. 511, Č. 1, D. 6, Bl. 14r–14v); burjat. „‚Martius' Ulandshadung-harà
‚März' " (Messerschmidt 1962–1977,
Teil 2, S. 182); burjat. „улаан зудан" (*Abaeva* 2004, S. 216); burjat. „зудан" –
von Wald bedeckter, niedriger Bergrücken (Čeremisov 1973, S. 261)

[302] burjat. „7.) Burgan hara, Frühlingsmond."
(Georgi 1775, S. 299); burjat. „Burghúnchara" (G. W. Steller in: AAW F. 21,
Op. 5, D. 113, Bl. 112v; publiziert in:
Hintzsche 2009, S. 41); burjat. „jixe
burgun, der vierte Monat" (Schiefner
1857, S. 171); burjat. „Jekske Burgan ...
Jekske Groß ... Burchan ein Großer
Herrscher, ..." (2. Frühlingsmonat) (J. J.
Lindenau in: RGADA F. 199, Op. 2,
Portf. 511, Č. 1, D. 6, Bl. 14v); burjat.
„Burgan-harà ‚April' " (Messerschmidt
1962–1977, Teil 2, S. 182); burjat. „ехэ
бурган" – Name des dritten Frühlingsmonats (Čeremisov 1973, S. 113); nach
Abaeva 2004, S. 216f. burjat. „ехэ
бурган" mit burjat. „ехэ" – groß
(Čeremisov 1973, S. 223) bzw. burjat.
„ike NU., jike T., jixe Ch., S., gross; ..."
(Schiefner 1857, S. 94) und verschiedener
etymologischer Deutung von „бурган"
(Zobel, Strauch bzw. Bärenmännchen)

[303] burjat. „8.) Basgin burgan hara, Grasmond." (Georgi 1775, S. 299); burjat.
„Bissichinyrúrchara" (G. W. Steller in:
AAW F. 21, Op. 5, D. 113, Bl. 112v;
publiziert in: Hintzsche 2009, S. 41); burjat. „baga burgun, der dritte Monat"
(Schiefner 1857, S. 171); burjat. „Besegin Burgan ... Besegin klein ... Burchan ein
Großer Herrscher, ..." (3. Frühlingsmonat) (J. J. Lindenau in: RGADA
F. 199, Op. 2, Portf. 511, Č. 1, D. 6,
Bl. 14v); burjat. „Bitzigán-Burgán-harà
‚Maimond' " (Messerschmidt 1962–
1977, Teil 2, S. 182); burjat. „бага
бурган" – Name des ersten Sommermonats (Čeremisov 1973, S. 113); nach *Abaeva* 2004, S. 216f. burjat. „бага
бурган" u. „базгин бурган" mit verschiedener etymologischer Deutung von
„бурган" (Zobel, Strauch bzw. Bärenmännchen); burjat. „бага" – klein
(Čeremisov 1973, S. 73) bzw. burjat.
„baga, wenig; ..." (Schiefner 1857,
S. 166) u. burjat. „klein, besegeŋ, biśèkaŋ
NU., biśíkaŋ(n) T., biśíxan, bâxan Ch.,
bićíxaŋ S." (a. a. O., S. 200)

[304] burjat. „гани-hara, der Julimonat"
(Schiefner 1857, S. 130); burjat. „Chobe
... Chobe ein Paart oder Theil Ruß. Пай
[russ. *paj* – Teil, Anteil] ..." (1. Sommermonat) (J. J. Lindenau in: RGADA
F. 199, Op. 2, Portf. 511, Č. 1, D. 6,
Bl. 14v); nach *Abaeva* 2004, S. 216f.
burjat. „гани" u. „хуби" für Juni–Juli von
burjat. „ган" – Dürre, Regenlosigkeit
(Čeremisov 1973, S. 144) bzw. burjat.
„хуби" – Teil, Anteil (Čeremisov 1973,
S. 596), dem Beginn der zweiten Jahresteils nach der Sommersonnenwende;
„xobi T., S., Ch., Theil; ..." (Schiefner
1857, S. 126)

[305] burjat. „wild, гане, гани NU." (Schiefner
1857, S. 222); burjat. „гани(г)" – toll,
rasend (Čeremisov 1973, S. 145)

[306] burjat. „zwei, xojer, xojir" (Schiefner
1857, S. 224); burjat. „хоёр" – zwei
(Čeremisov 1973, S. 576); s. auch
Anm. 304; vielleicht? burjat. „10.) Gossi
hara, Milchmond." (Georgi 1775, S. 299);
burjat. „Chodschor. ... chodscher Saltz
Blume Солонца [russ. *solonca*] ..."
(3. Sommermonat) (J. J. Lindenau in:
RGADA F. 199, Op. 2, Portf. 511, Č. 1,
D. 6, Bl. 14v); burjat. „госси hapa" –

Milchstraßenmonat (*Abaeva* 2004, S. 217)
[307] burjat. „11.) Ulsin hara, Melkmond." (Georgi 1775, S. 299); burjat. „oltschin" (G. W. Steller in: AAW F. 21, Op. 5, D. 113, Bl. 112v; publiziert in: Hintzsche 2009, S. 41); burjat. „Oltscha" (2. Sommermonat) (J. J. Lindenau in: RGADA F. 199, Op. 2, Portf. 511, Č. 1, D. 6, Bl. 14r); burjat. „уулзан", „убөөлжин", „убөльжин" bzw. „өөлжин" mit der möglichen Deutung ‚Melkzeit' oder Vogel Wiedehopf (russ. *udod*) (*Abaeva* 2004, S. 216f.)
[308] burjat. „12.) Kug hara, wenn Nachgras kömmt." (Georgi 1775, S. 299); burjat. „хуг" – trockenes Gras (*Abaeva* 2004, S. 217); vermutlich: „Kokaeíchara" (G. W. Steller in: AAW F. 21, Op. 5, D. 113, Bl. 112v; publiziert in: Hintzsche 2009, S. 41); burjat. „Ku ... Ku ist eine Excl(ach! Kung ein Mensch, Kuk der Kukuk, ..." (1. Monat des Jahres bzw. September o. 1. Herbstmonat) (J. J. Lindenau in: RGADA F. 199, Op. 2, Portf. 511, Č. 1, D. 6, Bl. 14r–14v); burjat. „ ‚September' Kugh-harà" (Messerschmidt 1962–1977, Teil 2, S. 182); „ ‚Cuculus' Kuhk ‚Kuckuck' " (a. a. O., S. 181); burjat. „хухын дууни hapa" – Monat, in dem der Kuckuck ruft (*Abaeva* 2004, S. 217); burjat. „хухы" – Kuckuck (*Čeremisov* 1973, S. 635); burjat. „хухын дуун" – Kuckucksruf (a. a. O., S. 206)
[309] s. Anm. 259
[310] nach Schiefner 1857, S. 204, vermutlich burjat. „kermiśe-hara NU., Eichhornmonat; uleri-hara T."; „1.) Ulura hara, wenn die Bäche frieren." (Georgi 1775, S. 298); burjat. „Ularúchara wolke¡" (G. W. Steller in: AAW F. 21, Op. 5, D. 113, Bl. 112v; publiziert in: Hintzsche 2009, S. 41); burjat. „Wolke, ŭleŋ NU., ŭleŋ(n) T., ûlen Ch., ûle S." (Schiefner 1857, S. 222); burjat. „үүлэ(н)" – Wolke (*Čeremisov* 1973, S. 516); burjat. „үүлэрхүү" – bewölkt (a. a. O., S. 516); burjat. „Ulara ... Ula ein Sohl"

(2. Herbstmonat nach J. J. Lindenau in: RGADA F. 199, Op. 2, Portf. 511, Č. 1, D. 6, Bl. 14r–14v); burjat. „ula, Sohle, Fuss-, Schuhsohle; ..." (Schiefner 1857, S. 101); burjat. „ ‚October' Ularò-harà ‚Oktober' " (Messerschmidt 1962–1977, Teil 2, S. 182); nach *Abaeva* 2004, S. 217, burjat. „улар" – *gornaja kuropatka* (Berghuhn?, Steinhuhn?)
[311] burjat. „ŭᵲe-hara NU., Nestmonat (weil die Thiere wegen der Kälte in ihre Nester kriechen); buga-hara T." (Schiefner 1857, S. 204); burjat. „Nest, ŭr NU., ûr S. ... ŭr T. (im Baume)." (a. a. O., S. 206); burjat. „2.) Ura hara, wenn man den Wintervorrath besorgt." (Georgi 1775, S. 298); „Úrichará" (G. W. Steller in: AAW F. 21, Op. 5, D. 113, Bl. 112v; publiziert in: Hintzsche 2009, S. 41); burjat. „Uri ... Schuld" (3. Herbstmonat) (J. J. Lindenau in: RGADA F. 199, Op. 2, Portf. 511, Č. 1, D. 6, Bl. 14r–14v); burjat. „Schuld, ... ụri S." (Schiefner 1857, S. 212); burjat. „ ‚November' Uríhara ‚November' " (Messerschmidt 1962–1977, Teil 2, S. 182); burjat. „yyp" (*Abaeva* 2004, S. 216)
[312] burjat. „1. guruŋ-hara NU., wilder Ziegenmonat (weil die Hörner im Januar wachsen); sagan-hara T., weisser Monat." (Schiefner 1857, S. 204); burjat. „guruŋ NU., guraŋ(n) T., gurâ S., wilder Geisbock; ... guruŋ-hara NU., Januar oder August." (a. a. O., S. 132); burjat. „xûrai Ch., wilde Ziege ..." (a. a. O., S. 127); burjat. „3.) Guhran hara, Rehmond." (Georgi 1775, S. 298); burjat. „guranchara" (G. W. Steller in: AAW F. 21, Op. 5, D. 113, Bl. 112v; publiziert in: Hintzsche 2009, S. 41); burjat. „gorang ... ein wilder Ziegen Bock" (1. Wintermonat nach J. J. Lindenau in: RGADA F. 199, Op. 2, Portf. 511, Č. 1, D. 6, Bl. 14r–14v); burjat. „ ‚December' Goráng-hara ‚Dezember' " (Messerschmidt 1962–1977, Teil 2, S. 182); burjat. „ ‚Capreolus' Guruhum ‚Rehe' " (a. a. O., S. 181); burjat. „гуран" – wilder

Ziegenbock/Rehbock (*Abaeva* 2004, S. 216); burjat. „гуран" – Rehbock (*Čeremisov* 1973, S. 160); burjat. „гуран hapa" – 2. Wintermonat (a. a. O., S. 160)

[313] burjat. „2. bugu-hara NU., Hirschmonat (weil der Hirsch im Febr. gefangen wird); ulan-zudun T." (Schiefner 1857, S. 204); burjat. „Hirsch, bugu NU., bugo T., bogo S., Ch." (a. a. O., S. 198); burjat. „,4.) Bago hara, Hirschmond." (Georgi 1775, S. 299); burjat. „Buchuh chara [-] Isubri" (G. W. Steller in: AAW F. 21, Op. 5, D. 113, Bl. 112v; publiziert in: Hintzsche 2009, S. 41); burjat. „Bogo ... ein Hirsch" (2. Wintermonat) (J. J. Lindenau in: RGADA F. 199, Op. 2, Portf. 511, Č. 1, D. 6, Bl. 14r–14v); burjat. „ ‚Ianuarius' Boguh-hara' ‚Jänner' " (Messerschmidt 1962–1977, Teil 2, S. 182); burjat. „ ‚Cervus' Buguh ‚Hirsch' " (a. a. O., S. 181); burjat. „бугa" – Hirschmonat (*Abaeva* 2004, S. 216); burjat. „бугa" – *izjubr'*, *maral*, Hirsch (*Čeremisov* 1973, S. 108); „бугa hapa" – 3. Wintermonat (a. a. O., S. 108)

[314] s. Anm. 314

[315] s. Anm. 312

[316] lat. – Monat November 1737

[317] russ. *na oblave* – auf der Treibjagd (russ. *oblava*); s. Glossar: Oblawa

[318] s. Anm. 173

[319] zu kalmykischen Monatsnamen siehe auch Anm. 5 u. Anm. 149

[320] s. Anm. 314

[321] Karl der Große

[322] Eginhartus bzw. Einhard

[323] „Mensibus etiam juxta patriam linguam nomina imposuit, cum ante id tempus apud Francos partim latinis, partim barbaris nominibus appellarentur. ... Et de mensibus quidem Januarium appellavit Wintarmanoth, Februarium, Hornung, Martium, Lenzinmanoth, Aprilem, Ostarmanoth, Majum, Wunnemanoth, Junium, Brachmanoth, Julium, Heuvemanoth, Augustum, Aranmanoth, Septembrem, Herbistmanoth, Octobrem, Weinmanoth, Novembrem, Windmanoth, Decembrem, Heilagmanoth." (Einhard 1711, S. 131–133), dt. in Einhard 1850, S. 48f. „Ferner gab er den Monaten, für welche bei den Franken bis dahin lateinische oder barbarische Namen im Gebrauch gewesen waren, Benennungen aus seiner eigenen Sprache. ... Und zwar nannte er den Januar Wintarmanoth, den Februar Hornung, den März Lentzinmanoth, den April Ostarmanoth, den Mai Winnemanoth, den Juni Brachmanoth, den Juli Heuvimanoth, den August Aranmanoth, den September Witumanoth, den Oktober Windumemanoth, den November Herbistmanoth, den December Heilagmanoth."

[324] „Ferner bietet Middendorff auch die Monatsnamen derselben Tungusen [am *Ochock*er Meer, d. h. Ewenen/Lamuten?]; die Aufzählung beginnt (ob zufällig?) mit dem Mai. Diese Namen sind: orokto, Mai, gorbiägan, Juni, oldromorin, Juli, irkin, August, bilän, September, ićân, October, mirö, November, sonnaja, December, me-mirö, Januar, me ićân, Februar, bilän, März, bukru, April. Eigenthümlich ist es, dass die Namen von dem September an einzelnen Gelenken des menschlichen Körpers entnommen sind; namentlich bezeichnet Middendorff bilän als Handgelenk, ićan als Ellnbug, mirö als Schultergelenk, sonnaja als Kopfgelenk; ..." (Schiefner 1856, S. XIII); „Nach L. v. Schrenk[4]) haben die Tungusen am untersten Amur [Ewenen/Lamuten?] andere Bezeichnungen für die Monate; nach seinem Verzeichnisse von Monatsnamen muss das Jahr mit dem December beginnen, da die Monate von Mai bis September als sechster, siebenter, achter, neunter und zehnter bezeichnet werden. Die Bennungen, von welchen blos die erste gedeutet ist, sind folgende: 1. ića, 2. gussi, 3. xunda, 4. xou, 5. xella, 6. njugun bä, sechster Monat, 7. nadan bä, siebenter Monat, 8. dschakfun bä achter Monat, 9. xujun bä neunter Monat, 10. dschuan bä zehnter Monat, 11. poikenko, 12. ngyra.

... 4) Mélanges russes. Tome III. 1859. S. 321." (Hiekisch 1879, S. 93f.); zum Kalender der Ewenen siehe auch *Turaev* 1997, S. 126f.

[325] tungus. (ewenk.) „туран" – Periode der Ankunft der Krähen (März–April) (*Boldyrev* 2000, Teil 2, S. 126); tungus. (ewenk.) „туран" – Periode der Ankunft der Krähen, April (*Myreeva* 2004, S. 624); „Ein Jahr hat Bey ihnen [d. h. den Tungusen (Ewenen/Lamuten?) bei *Udskoj ostrog*] 13 Monat, und werden / in Nachstehender Ordnung gezehlt, als: Tig= / lan, Bedeutet wenn die Ströme aufgehen, und kann solcher vor den Maij angenommen werden, / Illaga, der Blühende Monat oder die Bläter schlagen aus, Ilkun ist wenn nach der Blühte die Beeren hervor kommen, Irin / werden die Beeren Zeitig und alles reif, / Irkin daß die Rennthiere von ihrem / Geweihe die Haut streifen, Ugun die / Rennthiere Brunsten, U_g/^{k}darpu ist der / Zobel-Fang, Oetki der Schwieger Vater, / Mir die Achsel, Geraun fangen die Tage / länger zu werden, OKtenKirae hat / keine Bedeutung, Turan eine Rabe, / weil in / diesem Monat die Raben kommen angeflohe,) / Schonekan ist daß wenn die Rennthiere / die Kälber werfen." (J. J. Lindenau in: AAW F. 934, Op. 1, D. 89, Bl. 361r u. Bl. 362r, Kopie aus dem Archiv RGADA); „Tura, wenn die Seeraben kommen." (Georgi 1775, S. 272)

[326] s. Anm. 162

[327] lat. – im Monat März

[328] tungus. (ewenk.) „сōнкāн" – Periode des Kalbens der Rentiere (*Boldyrev* 2000, Teil 2, S. 57); s. Anm. 325; tungus. (ewenk.) „шуонкāн" – Periode des Kalbens der Rentiere (Mai) (*Myreeva* 2004, S. 749); „Schonka, wenn das Eis löcherigt wird, ..." (Georgi 1775, S. 272)

[329] tungus. (ewenk.) „дукун" – April (Hungerperiode) (*Boldyrev* 2000, Teil 1, S. 174); „Der Anfang des Tukuns, in welchem die Flüsse rein werden, und dessen lezter Theil zum Sommerjahr gehöret." (Georgi 1775, S. 272)

[330] tungus. (ewenk.) „илкун" – Juni (Periode, in der die Beeren noch nicht gereift sind) (*Boldyrev* 2000, Teil 1, S. 239); s. Anm. 325; „Ilkun, ist der rechte Bluhmenmond." (Georgi 1775, S. 271); nach Helimski 2003, S. 238, „Juli–August"

[331] tungus. (ewenk.) „ирӣн" – Periode des Reifens der Früchte (Juli–August) (*Boldyrev* 2000, Teil 1, S. 257); s. Anm. 325; „Irin, zeitigt die wilden Früchte." (Georgi 1775, S. 271); lamut. „iren" – Reifen, Ausreifen (Doerfer 1980, S. 1140)

[332] tungus. (ewenk.) „иркин" – früher Herbst, Periode des Abstreifens des Basts am Geweih der Rentiere (August–September), August (*Boldyrev* 2000, Teil 1, S. 257); s. Anm. 324 u. Anm. 325; nach Helimski 2003, S. 238, „September"

[333] vgl. „ićân" in Anm. 324

[334] tungus. (ewenk.) „угун" – Periode von nicht tiefliegendem Schnee (im Oktober) (*Boldyrev* 2000, Teil 2, S. 180); s. Anm. 325; tungus. (ewenk.) „угун" – Periode von nicht tiefliegendem Schnee u. an den Ufern gefrierenden Wassers (Oktober), August (bei *Barguzinsk*) (*Myreeva* 2004, S. 660); tung. (ewenk.) „увун" – Periode von nicht tiefliegendem Schnee im Oktober (a. a. O., S. 657)

[335] tungus. (ewenk.) „хōгдарпе" bzw. „хōгдарпӣ" – Oktober (Periode von nicht tiefliegendem Schnee) (*Boldyrev* 2000, Teil 2, S. 267); s. Anm. 325; „[tungus.] Hukterbi, bringt dem Rothwilde neues Haar." (Georgi 1775, S. 271)

[336] tungus. (ewenk.) „откӣ" – Dezember (Periode großer Kälte) (*Boldyrev* 2000, Teil 1, S. 477); s. Anm. 325 u. dazu tungus. (ewenk.) „эткӣ" – Schwiegervater (*Boldyrev* 2000, Teil 2, S. 410); „[tungus.] Okti, wenn der erste Schnee fällt. Gleich nachher ist das Grauwerk gut." (Georgi 1775, S. 271)

[337] tungus. (ewenk.) „мӣрэ" – Dezember–Februar; Schulter, Achsel (*Boldyrev* 2000, Teil 1, S. 352); s. Anm. 324 u.

Anm. 325; nach Helimski 2003, S. 239, „Dezember", „Februar" bzw. „Januar"; „Mira, hat die kürzesten Tage." (Georgi 1775, S. 272); tungus. (*Nerčinsk*) „mîrä" – Schulter (Schiefner 1856, S. 96); lamut. „mįr" – Schulter, Achsel (Doerfer 1980, S. 696)

338 tungus. (ewenk.) „гиравун" – Monat des Übergangs von einem Jahr ins andere (Januar–Februar) (*Boldyrev* 2000, Teil 1, S. 111); s. Anm. 325; nach Helimski 2003, S. 238, tungus. „гераун" – Januar; „[tungus.] Giraun, hat merklich zunehmende Tage." (Georgi 1775, S. 272)

339 tungus. (ewenk.) „эктэнкӣрэ̄" – Periode, in der der Schnee von den Zweigen fällt (Januar–März) (*Boldyrev* 2000, Teil 2, S. 366); s. Anm. 325; „[tungus.] Okton Kira, wenn sich die Zobel belauffen." (Georgi 1775, S. 272)

340 tungus. (ewenk.) „неннени" – Frühling (zweite Hälfte) (*Boldyrev* 2000, Teil 1, S. 389); tungus. (ewenk.) „нэлкинӣ" – Frühling (früher Frühling, im März) (a. a. O., S. 409); tungus. (lamut.?) „Nelkini" – Frühling (J. J. Lindenau in: AAW F. 934, Op. 1, D. 89, Bl. 428r, Kopie aus dem Archiv RGADA); tungus. „Nongi" – Frühling (Georgi 1775, S. 269); tungus. (*Nerčinsk*) „nälki" bzw. „nälkini" – Frühling (Schiefner 1856, S. 103); tungus. (*Udskoj ostrog*) „nölki" bzw. „nälki" – Frühling (a. a. O., S. 124, nach Middendorff); tungus. (*Amur*) „nilkeni" – Frühling (a. a. O., S. 124, nach Gerstfeldt)

341 tungus. (ewenk.) „дюганӣ" – Sommer (*Boldyrev* 2000, Teil 1, S. 196); tungus. (lamut.?) „Diugani" – Sommer (J. J. Lindenau in: AAW F. 934, Op. 1, D. 89, Bl. 429r, Kopie aus dem Archiv RGADA); tungus. „Jewa" – Sommer (Georgi 1775, S. 269); „Das Sommer= Neujahr ([tungus.] Juani angani) fängt wenn die Chariusen (Salmo Thymallus L.) leichen, an." (a. a. O., S. 271); tungus. (*Nerčinsk*) „ʒugaņi" – Sommer (Schiefner 1856, S. 111)

342 tungus. (ewenk.) „болонӣ" – Herbst (*Boldyrev* 2000, Teil 1, S. 75); tungus. (lamut.?) „Bolani" – Herbst (J. J. Lindenau in: AAW F. 934, Op. 1, D. 89, Bl. 429r, Kopie aus dem Archiv RGADA); tungus. „Bola" – Herbst (Georgi 1775, S. 269); tungus. (*Nerčinsk*) „boloni", „boloņi" bzw. „balaņi" – Herbst (Schiefner 1856, S. 104)

343 tungus. (ewenk.) „тугэнӣ" – Winter (*Boldyrev* 2000, Teil 2, S. 115); tungus. (lamut.?) „Tugumu" – Winter (J. J. Lindenau in: AAW F. 934, Op. 1, D. 89, Bl. 429r, Kopie aus dem Archiv RGADA); tungus. „Tua" – Winter (Georgi 1775, S. 269); tungus. (*Nerčinsk*) „tu̯gäni" bzw. „tu̯gäņi"– Winter (Schiefner 1856, S. 114)

344 „Ein Sonnenjahr macht bey ihnen [d. h. den Tungusen] zwey, ein Winter= und ein Sommerjahr, ..." (Georgi 1775, S. 271); „Das Sonnenjahr, welches sie [d. h. die Tungusen] auch in zwölf Monate eintheilen, zerfällt in ein Sommer- und ein Winterjahr[2]. Das Sommerjahr beginnt mit der Zeit, wenn die Lachse zu ziehen und zu laichen anfangen, also mit dem Mai, das Winterjahr, wenn die Eichhörnchen vollständig ihr Winterfell erhalten haben. ... 2) ... Georgi sagt wol, die Tungusen haben ein Jahr von dreizehn Monaten, allein er nennt uns nur zwölf. Die Eintheilung des Jahres in dreizehn Monate kommt übrigens bei mehreren Völkern vor, ..." (Hiekisch 1879, S. 93)

345 tungus. (ewenk.) „аннанӣ" – Jahr (*Boldyrev* 2000, Teil 1, S. 37); tungus. (lamut.?) „Angani" – Jahr (J. J. Lindenau in: AAW F. 934, Op. 1, D. 89, Bl. 428r, Kopie aus dem Archiv RGADA); tungus. „Angani" – Jahr (Georgi 1775, S. 269); tungus. (*Nerčinsk*) „aņani" – Jahr (Schiefner 1856, S. 105)

346 burjat. „kabar NU., xabar T., S., Ch., Frühling; ..." (Schiefner 1857, S. 111); burjat. „хабар" – Frühling (*Čeremisov* 1973, S. 525)

³⁴⁷ burjat. „nażer T., Sommer. ..." (Schiefner 1857, S. 143); burjat. „нажар" – Sommer (*Čeremisov* 1973, S. 317)

³⁴⁸ burjat. „зuŋ S., Sommer; ..." (Schiefner 1857, S. 166); burjat. „зун" – Sommer (*Čeremisov* 1973, S. 262)

³⁴⁹ burjat. „Herbst, namar NU., T., S., Ch., ..." (Schiefner 1857, S. 198); burjat. „намар" – Herbst (*Čeremisov* 1973, S. 320)

³⁵⁰ burjat. „Winter, ebel, öbel NU., ųbųl T., öbųl T., S., ögöl Ch., ..." (Schiefner 1857, S. 222); burjat. „γбэл" – Winter (*Čeremisov* 1973, S. 489)

³⁵¹ *Enisej*-samojed. „oturuo, Herbst, ..." (Schiefner 1855, S. 78); Tawgy-samojed. „ůtu'a, Herbst ..." (a. a. O., S. 46); samojed. „Mond, Monat, Jur. jirŷ, jiry, jirî. ... Jen. iʰio, Ch.; jirie, B. O. äre, N.; ire, K., Tschl., Jel., B.; ireä, Tas.; irri, NP.; era, Kar. ..." (a. a. O., S. 252); samojed. (nenz.) „иры" bzw. „ирий"– Monat, Mond (*Gemuev* 2005, S. 419 u. S. 470)

³⁵² siehe aber die Monatsnamen der Juraken (jurakische Samojeden) und der Ostjak-Samojeden in: Schiefner 1855, S. 252f.

³⁵³ s. Anm. 351

³⁵⁴ Tawgy-samojed. „sírų, Schnee,Winter." (Schiefner 1855, S. 66); vgl. samojed. „Schnee, Jur. sira, sire, sîra, sîre; ... Jen. siʰa, Ch.; sira, B. O. sèr, hèr, N.; syr, Jel., B., Tas., Kar.; syrre, NP. K. sirä." (a. a. O., S. 274); samojed. (nenz.) „сырэй" – Schnee (im Jahreszyklus Beginn der Winterperiode) (*Gemuev* 2005, S. 418)

³⁵⁵ samojed. „Frühling, Jur. nâraei (wenn noch Schnee ist); ... Jen. ... naʰeo, nareo (das spätere F[rühjahr]). ..." (Schiefner 1855, S. 224); samojed. (nenz.) „нара" – Schneekruste (im Jahreszyklus Ende der Winterperiode) (*Gemuev* 2005, S. 418); samojed. „*nårå" – Schneekruste, Frühling (Helimski 1987, S. 57)

³⁵⁶ samojed. „Sommer, Jur. ta'. ... Jen. tô. ..." (Schiefner 1855, S. 281)

³⁵⁷ s. Anm. 351 u. Anm. 355

³⁵⁸ <frz.> accommodieren – (sich) bedienen

³⁵⁹ ostjak. (*Inbak*-Fluß) „8. baŋ-teägal-ġîp, Erdgefriermonat." (Schiefner 1858, S. 247); ostjak. (*Sym*-Fluß) „1. baŋ-têger-xîp, Erdfrierungsmonat." (a. a. O., S. 247); *Enisej*-ostjak. „baŋ" – Erde (a. a. O., S. 188); *Enisej*-ostjak. „tai" – Frost, kalt (a. a. O., S. 175); ostjak. „Mond, Monat, JO. xip, xîp, ḱîp, ḱip" (a. a. O., S. 247); ket. „qīp" bzw. „qip" – Monat, Mond (Donner 1955, S. 66); ket. „bȧŋ‿təˀȧlɪ" – Erfrierungsmonat (Erdgefrierung) (a. a. O., S. 20)

³⁶⁰ ostjak. (*Inbak*-Fluß) „9. tâbalap-ḱîp, Rennthierbrunstmonat." (Schiefner 1858, S. 247); ostjak. (*Sym*-Fl.) „2. ṭalbelep xîp, Rennthierbrunstmonat." (a. a. O., S. 247); s. Anm. 359

³⁶¹ ostjak. (*Inbak*-Fluß) „10. iaŋeaġap, kleiner Monat." (Schiefner 1858, S. 247); *Enisej*-ostjak. „êjäŋaf" – kleiner Monat (a. a. O., S. 160); ostjak. (*Sym*-Fluß) „3. êjäŋġaf, kleiner Monat" (a. a. O., S. 247); s. Anm. 359

³⁶² ostjak. (*Inbak*-Fluß) „11. ḱeaġap, grosser Monat." (Schiefner 1858, S. 247); *Enisej*-ostjak. „ḱêäġap" – 11. Monat (a. a. O., S. 170); *Enisej*-ostjak. „ḱêä" – groß (a. a. O., S. 170); ostjak. (*Sym*-Fluß) „4. xȧġȧf, der grosse Monat" (a. a. O., S. 247); s. Anm. 359 u. Anm. 361

³⁶³ griech. κατ' εξοχην – schlechthin, im eigentlichen Sinne; „Kat' exochēn (gr., κατ' ἐξοχήν), vorzugsweise." (Pierer 1857–65, Bd. 9, S. 376)

³⁶⁴ ostjak. (*Inbak*-Fluß) „12. dî'e-ġîp, ... Adlermonat." (Schiefner 1858, S. 247); *Enisej*-ostjak. „di'e gip" – Adlermonat, März (a. a. O., S. 181); ostjak. (*Sym*-Fluß) „5. dî'e-ġîp, Adlermonat" (a. a. O., S. 247); *Enisej*-ostjak. „di'e" – Adler (a. a. O., S. 181); ket. „ɟìè-pìp" – Adlermonat (März) (Donner 1955, S. 31); s. Anm. 359

³⁶⁵ „Der März heisst ... bei den Ostjaken ...: Adlers-Ankunft." (Middendorff 1874–1875, S. 1202)

³⁶⁶ ostjak. (*Inbak*-Fluß) „13. koafenep-ḱîp, Eichhörnchenmonat." (Schiefner 1858,

S. 247); *Enisej*-ostjak. „kofenep-xîp" – ein Monatsname (a. a. O., S. 168); ostjak. (*Sym*-Fluß) „6. kôfenep xîp, Eichhörnchenmonat" (a. a. O., S. 247); *Enisej*-ostjak. „kop ... Pl. koafen, kôfen, fliegendes Eichhörnchen." (a. a. O., S. 168); „112. Sciurus striatus ... Rossice Burundùk ... Ostiacis ... ad Keta fl. [Fluß *Ket*'] Koop; ..." (Pallas 1811–1831, Vol. I, S. 187–189); s. Anm. 359
[367] s. Anm. 166
[368] *Enisej*-ostjak. „xûdebel" – ein Monatsname (Schiefner 1858, S. 173); ostjak. (*Sym*-Fluß) „7. xûdebel xîp, Hecht-Laichmonat." (a. a. O., S. 247); *Enisej*-ostjak. „xûd" – Hecht (a. a. O., S. 173); ostjak. (*Enisej*) „chúudsha" – Hecht (J. E. Fischer in: AAW R. III, Op. 1, D. 135, Bl. 83v); ket. „kodəbəl-gip" – Mai (Donner 1955, S. 59); s. Anm. 359
[369] russ. *ščuki* (Ez. *ščuka*); „Esox Lucius. ... Rossice Schtschûka. ... Pumpocolis Kodju; Inbazkiensibus Kchúnde. ..." (Pallas 1811–1831, Vol. III, S. 336–337); „Esox Lucius ... Gemeiner Hecht. R. Tschuk. ..." (Georgi 1797–1802, Theil 3, S. 1945–1946)
[370] *Enisej*-ostjak. „dup" bzw. „dûfen" (Mz.) – Angelhaken." (Schiefner 1858, S. 185); s. Anm. 361
[371] ostjak. (*Enisej*) „eéss" – Stör (J. E. Fischer in: AAW R. III, Op. 1, D. 135, Bl. 83v)
[372] russ. *osetry* (Ez. *osetr*); „83. Acipenser Sturio. ... Sturio ... Rossis Ossètr ... Ostiacis ad Beresovam Oes ... Inbazkiensibus Es; ..." (Pallas 1811–1831, Vol. III, S. 91–97); „Acipenser Sturio ... Gemeiner Stöhr. ... R. Ossetr ..." (Georgi 1797–1802, Theil 3, S. 1969–1971)
[373] s. Anm. 361
[374] s. Anm. 362
[375] s. Anm. 363
[376] ostjak. (*Inbak*-Fluß) „5. suleŋ tâŋ-ġîp, Nelma-Netzmonat." (Schiefner 1858, S. 247); *Enisej*-ostjak. „suleŋbaŋ-kîp, Njelma-Netzmonat" (a. a. O., S. 188); *E-nisej*-ostjak. „Njelma, JO. sul, suol."

(a. a. O., S. 249); *Enisej*-ostjak. „faŋ, Netz; ... tâŋ faŋ, Zugnetz." (a. a. O., S. 191); s. Anm. 361
[377] russ. *nel'ma* (Mz. *nel'my*); „Salmo Nelma ... Silber=Forelle. Nelm=Lachs. R. Nelmo. ... Tat. Ak Balik (Weißfisch). ..." (Georgi 1797–1802, Theil 3, S. 1937); „Salmo Leucichthys. ... Salmo Nelma ... Rossis ad Volgam Bjelaja Rybiza (i. e. piscis albus superlative); in Sibiria Nelma. Tataris casaniensibus Ak-balyk (albus piscis) ..." (Pallas 1811–1831, Vol. III, S. 392–395)
[378] buchar. „Dsjuma" – Woche (J. E. Fischer in: AAW R. III, Op. 1, D. 135, Bl. 49v); buchar. „Dsjuma" – Woche (G. F. Müller in: AAW F. 21, Op. 5, D. 134, Bl. 244r); buchar. „итъ юма" – Woche (nach *V. N. Tatiščev* in: AAW F. 21, Op. 5, D. 149, Bl. 189v); turk. „џума" – Woche (Radloff 1963, Bd. 4, Sp. 175)
[379] tatar. „атна" – Woche (*Ganiev* 1984, S. 309); tatar. (*Tobol'sk*) „atn'a" – Woche (J. E. Fischer in: AAW R. III, Op. 1, D. 135, Bl. 49v/50r); tatar. (*Kazan'*) „Adná" – Woche (a. a. O., Bl. 49v/50r); tatar. (*Kazan*) „Adnà" – Woche (Müller 1759b, S. 384); tatar. (*Tobol'sk*) „Jumà" bzw. „Atnià" – Woche (G. F. Müller in: AAW F. 21, Op. 5, D. 164, Bl. 91r); turk. „адна" – Woche (Radloff 1963, Bd. 1, Sp. 466)
[380] buchar. „Dsjúma" – Freitag (J. E. Fischer in: AAW R. III, Op. 1, D. 135, Bl. 49v); buchar. „Dsjúma" – Freitag (G. F. Müller in: AAW F. 21, Op. 5, D. 143, Bl. 23v); buchar. „Джумма" – Freitag (nach *V. N. Tatiščev* in: AAW F. 21, Op. 5, D. 149, Bl. 189v); tatar. (*Tomsk*) „Azna" – Freitag (J. E. Fischer in: AAW R. III, Op. 1, D. 135, Bl. 49v/50r); tatar. (*Kazan'*) „Ula-ádna" – Freitag (Müller 1759b, S. 384); tatar. (*Tobol'sk*) „Jumà" – Freitag (G. F. Müller in: AAW F. 21, Op. 5, D. 164, Bl. 91r); tatar. (*Tomsk*) „азна" – Freitag (nach *V. N. Tatiščev* in: AAW F. 21, Op. 5, D. 152, Bl. 178r); turk. „јума" – Freitag (Radloff 1963, Bd. 3,

Sp. 574); turk. „цума" – Freitag (Radloff 1963, Bd. 4, Sp. 175)

[381] „Sabbath, Sabbat, ... heisset also auf Deutsch eine Ruhe, hat aber unterschiedliche Bedeutungen. ..." (Zedler 1732–50, 33. Bd., Sp. 47ff.); „... der zum muslimischen Ruhetag bestimmte Freitag, unverkennbar ein Gegenstück zum jüdischen Samstag und zum christlichen Sonntag. Wie die Christen sich von ihren jüdischen Vorläufern durch Verschiebung des Sabbats vom Sonnabend auf den Sonntag distanzierten, so distanzierten sich die Muslime von beiden dadurch, daß sie den Freitag erkoren. ... Der muslimische ‚Sabbat' ist in erster Linie ein Tag des öffentlichen Gebets, ..." (Lewis 2004, S. 71)

[382] buchar. „szambi" – Sonnabend (J. E. Fischer in: AAW R. III, Op. 1, D. 135, Bl. 49v); buchar. „Schambì" – Sonnabend (G. F. Müller in: AAW F. 21, Op. 5, D. 143, Bl. 23v); buchar. „шамба" – Sonnabend (nach V. N. Tatiščev in: AAW F. 21, Op. 5, D. 149, Bl. 189v); turk. „шämбä" – Sonnabend (Radloff 1963, Bd. 4, Sp. 1022)

[383] tatar. „шимбэ" – Sonnabend (Ganiev 1984, S. 613); tatar. (Tobol'sk) „szembe" – Sonnabend (J. E. Fischer in: AAW R. III, Op. 1, D. 135, Bl. 49v/50r); tatar. (Tobol'sk) „шамбе" – Sonnabend (nach V. N. Tatiščev in: AAW F. 21, Op. 5, D. 184, Bl. 24r)

[384] tatar. (Tomsk) „Schem-bö" – Sonnabend (J. E. Fischer in: AAW F. 21, Op. 5, D. 50, Bl. 6r); tatar. (Tomsk) „szenbi" – Sonnabend (J. E. Fischer in: AAW R. III, Op. 1, D. 135, Bl. 49v/50r); tatar. (Tomsk) „шенба" – Sonnabend (nach V. N. Tatiščev in: AAW F. 21, Op. 5, D. 152, Bl. 178r)

[385] tatar. (Kazan') „szänbe" – Sonnabend (J. E. Fischer in: AAW R. III, Op. 1, D. 135, Bl. 49v/50r); tatar. (Kazan') „Schanba" – Sonnabend (Müller 1759b, S. 384)

[386] buchar. „Jak-szambi" – Sonntag (J. E. Fischer in: AAW R. III, Op. 1, D. 135, Bl. 49v); buchar. „Jakschambì" – Sonntag (G. F. Müller in: AAW F. 21, Op. 5, D. 143, Bl. 23v); buchar. „Екшенби" – Sonntag (nach V. N. Tatiščev in: AAW F. 21, Op. 5, D. 149, Bl. 189v); turk. „jäk шämбä" – Sonntag (Radloff 1963, Bd. 4, Sp. 1022)

[387] tatar. „якшэмбе" – Sonntag (Ganiev 1984, S. 77); tatar. (Tobol'sk) „Jekszembe" – Sonntag (J. E. Fischer in: AAW R. III, Op. 1, D. 135, Bl. 49v/50r); tatar. (Tobol'sk) „Jeckschenbè" – Sonntag (G. F. Müller in: AAW F. 21, Op. 5, D. 164, Bl. 91r)

[388] tatar. (Tomsk) „Jek-schem-bö" – Sonntag (J. E. Fischer in: AAW F. 21, Op. 5, D. 50, Bl. 6r); tatar. (Tomsk) „Jek-szenbi" – Sonntag (J. E. Fischer in: AAW R. III, Op. 1, D. 135, Bl. 49v/50r); tatar. (Tomsk) „Екшенби" – Sonntag (nach V. N. Tatiščev in: AAW F. 21, Op. 5, D. 152, Bl. 178r)

[389] tatar. (Kazan') „Ak-szänbe" – Sonntag (J. E. Fischer in: AAW R. III, Op. 1, D. 135, Bl. 49v/50r); tatar. (Kazan') „Akschänbe" – Sonntag (Müller 1759b, S. 382)

[390] buchar. „dju-szambi" – Montag (J. E. Fischer in: AAW R. III, Op. 1, D. 135, Bl. 49v); buchar. „Djuschambì" – Montag (G. F. Müller in: AAW F. 21, Op. 5, D. 143, Bl. 23v); buchar. „дюшенби" – Montag (nach V. N. Tatiščev in: AAW F. 21, Op. 5, D. 149, Bl. 189v); turk. „ду шämбä" – Montag (Radloff 1963, Bd. 4, Sp. 1022)

[391] tatar. „душэмбе" – Montag (Ganiev 1984, S. 444); tatar. (Tobol'sk) „ty-szembe" – Montag (J. E. Fischer in: AAW R. III, Op. 1, D. 135, Bl. 49v/50r); tatar. (Tobol'sk) „дюшембе" – Montag (nach V. N. Tatiščev in: AAW F. 21, Op. 5, D. 184, Bl. 24r)

[392] tatar. (Tomsk) „Tüsch-schem-bö" – Montag (J. E. Fischer in: AAW F. 21, Op. 5, D. 50, Bl. 6r); tatar. (Tomsk)

"diu-szenbi" – Montag (J. E. Fischer in: AAW R. III, Op. 1, D. 135, Bl. 49v/50r); tatar. (*Tomsk*) „дюшенби" – Montag (nach *V. N. Tatiščev* in: AAW F. 21, Op. 5, D. 152, Bl. 178r)

[393] tatar. (*Kazan'*) „Du-szänbe" – Montag (J. E. Fischer in: AAW R. III, Op. 1, D. 135, Bl. 49v/50r); tatar. (*Kazan'*) „Duschanbe" – Montag (Müller 1759b, S. 384)

[394] u. a. in den bucharischen Vokabularien von G. F. Müller (AAW F. 21, Op. 5, D. 143, Bl. 23v–27v) und nach *V. N. Tatiščev* (AAW F. 21, Op. 5, D. 149, Bl. 188v–201r) sowie den tatarischen Vokabularien von G. F. Müller (AAW F. 21, Op. 5, D. 164, Bl. 90v–95v, AAW F. 21, Op. 5, D. 143, Bl. 46v–50v u. AAW F. 21, Op. 5, D. 6, Bl. 114v–127r, letzteres publiziert in Müller 1759b, S. 382–409) und nach *V. N. Tatiščev* (AAW F. 21, Op. 5, D. 184, Bl. 24r–35v u. AAW F. 21, Op. 5, D. 152, Bl. 177v–186v)

[395] mongol. „зурхайч" – Astrologe (*Luvsandèndèv* 2001–2002, Bd. 2, S. 239)

[396] mongol. „эмч" – Arzt (*Luvsandèndèv* 2001–2002, Bd. 4, S. 412); „Eine Arzney heist im Tangutischen Em, und dieses Wort haben auch die Mongolischen Völker angenommen, und den Arzt Emtschi, genannt." (Pallas 1779, S. 249); kalmyk. „эмч" – Arzt (*Muniev* 1977, S. 699)

[397] mongol. „эм" – Arzneimittel (*Luvsandèndèv* 2001–2002, Bd. 4, S. 409); kalmyk. „эм" – Arzneimittel (*Iliškin* 1964, S. 268); s. Anm. 396

[398] „Purgiren (v. lat.), 1) reinigen; 2) abführende Mittel einnehmen; ..." (Pierer 1857–65, Bd. 13, S. 700); „PURGIEREN, ... 1) purgiren, reinigen, seubern ...2) abführen, laxieren, ..." (Grimm 1991, Bd. 13, Sp. 2253f.)

[399] griech. νυχθήμερον – Zeitraum mit der Länge von einem Tag und einer Nacht (d. h. 24 Stunden)

[400] lat. – zwölfteiligen Tierkreises

[401] lat. – (die) exakte Mitternacht

[402] lat. – siehe Bayer, Über die chinesischen Stunden; „Prima hora Sinica incipit ante mediam noctem, ita ut punctum mediae noctis et initium diei civilis Sinici mediam in horam primam, ...incidat." (lat. – Die chinesische erste Stunde beginnt vor Mitternacht, so daß die exakte Mitternacht und der Beginn des chinesischen bürgerlichen Tages in die Mitte der ersten Stunde ... fallen.) (Bayer 1735, S. 7)

[403] mongol. „луу(н)" – Drache, Name des 5. Jahres des Tierkreises (*Luvsandèndèv* 2001–2002, Bd. 2, S. 305); kalmyk. „лу" – Drache (*Iliškin* 1964, S. 150)

[404] lat. – Tierkreis

[405] Im Jahr 1653 erlitt das holländische Schiff „Sperwer" mit 64 Besatzungsmitgliedern auf dem Weg nach Japan bei der Insel Quelpaert (Quelpaerts, Quelpart, Cheju) vor der Küste Koreas Schiffbruch. Die überlebenden 36 Personen wurden 13 Jahre in Gefangenschaft gehalten. Dem Schiffsbuchhalter der Holländischen Ostindien-Gesellschaft Hendrick Hamel van Gorcum gelang mit sieben seiner Gefährten schließlich die Flucht, von der sie im Jahr 1668 in Amsterdam eintrafen (siehe das Journal von der Zeit der Gefangenschaft und eine Beschreibung von Korea von H. Hamel in: Hamel 1668)

[406] s. Anm. 403

[407] lat. – siehe Witsen, Seite 57; „Als het Eclipsis is, oordeelt het gemeene volk, dat de Maen met zeeker slang in stryt is, als wanneer zy een gemaekte slang by der hand hebben, en terwyl de verduisteringe duurt, met Trommen, Hoorens, en Bazuinen, allerhande geluit en getier maeken, tot dat de Eclipsis over gaet, wanneer zy zeggen, dat de slang overwonnen is; slaende zy haeren gemaekten slang van klei dan aen stukken, uit wraek en boosheit tegen den slang in den Hemel, die zoo stout was, om de Maen te durven bestryden; even wel, dat wonder schynt, dewyl zy de telkonst zoo volmaekt niet en hebben als de Europianen, zoo weten zy den tijd van den Eclipsis echter uit te ree-

kenen." (nl. – Wenn eine Finsternis auftritt, meint das gemeine Volk, daß der Mond mit einer gewissen Schlange [bzw. einem Drachen] streitet, weshalb sie eine künstlich verfertigte Schlange dabei haben. Während der Verdunklung machen sie mit Trommeln, Hörnern und Posaunen viel Lärm bis zu dem Zeitpunkt, an dem die Finsternis vorbei ist. Sie sagen dann, daß die Schlange überwunden sei. Sie zerschlagen ihre aus Ton [bzw. Lehm] gemachte Schlange aus Rache und Bosheit gegen die Schlange im Himmel, die so verwegen war, sich zu unterstehen, den Mond zu bekämpfen. Es ist aber verwunderlich, daß sie, obwohl sie die Rechenkunst nicht so vollkommen beherrschen wie die Europäer, den Zeitpunkt der Finsternis wohl zu berechnen wissen.) (Witsen 1705, S. 57)

[408] „Eclipsis (v. gr.), 1) so v. w. Eklipse; ..." (Pierer 1857–65, Bd. 5, S. 465); „Eklipse (v. gr.), 1) das Unsichtbar= od. Finsterwerden himmlischer Körper, indem ein sie deckender Körper vor sie tritt, od. ein nicht selbst leuchtender in den Schatten eines anderen Körpers tritt. ..." (a. a. O., S. 598)

[409] jakut. „кӱн" – Sonne (*Pekarskij* 1958–1959, Bd. II, Sp. 1295–1297, Middendorff 1851, Theil 2, S. 73); jakut. „ölбӱт" – gestorben, Tod (*Pekarskij* 1958–1959, Bd. II, Sp. 1930); jakut. „öl" – sterben (*Pekarskij* 1958–1959, Bd. II, Sp. 1927f.; Middendorff 1851, Theil 2, S. 27)

[410] samojed. „Sonne, Jur. hâjer, haijer, hajar. ... Jen. kaija. ..." (Schiefner 1855, S. 282); vgl. samojed. „sterblich, Jur. hâbaei." (a. a. O., S. 285); samojed. (nenz.) „хаер'" – Sonne (*Gemuev* 2005, S. 470); samojed. (Tundra-enz.) „кадя", samojed. (Wald-enz.) „кася" – Sonne (a. a. O., S. 534); samojed. „*kåjå" – Sonne (Helimski 1987, S. 55); vgl. taiginz. „chája", karagass. „chaï", mator. „cháia" – Sonne (a. a. O., S. 55, nach G. F. Müller); karagass. „chàje" – Sonne (a. a. O., S. 84, nach P. S. Pallas); karagass.

„chaàsigaani" – sterben (a. a. O., S. 101, nach P. S. Pallas)

[411] jakut. „отосут" – Arzt, jakutischer Arzt (Schamane) (*Pekarskij* 1958–1959, Bd. II, Sp. 1897)

[412] lat. – harten Hirnhaut; „Dura Mater, oder Meninx dura, das harte und dicke Hirn=Häutlein, ist ein dickes und hartes, zunächst unter der Hirnschale liegendes Häutlein, so das gantze Gehirn, das Rück=Marck und die grossen Nerven einwickelt. ..." (Zedler 1732–50, 7. Bd., Sp. 1631f.)

[413] s. Anm. 411

[414] „MOTUS VITALES, siehe Bewegung (sinnliche oder thierische) ..."(Zedler 1732–50, Bd. 21, Sp. 1962); „Bewegung, (sinnliche oder thierische) lateinisch Motus Animalis, ist eine besondere Art der Bewegung, nach welcher ein lebendiger, begliederter Cörper, nicht nur seine Theile und Glieder bewegen, sondern auch von einem Ort zum andern rücken kan. ..." (a. a. O., Bd. 3, Sp. 1606ff.)

[415] „Appliciren (v. lat.) 1) anfügen, anpassen, anwenden; ..." (Pierer 1857–65, Bd. 1, S. 625)

[416] „Extravasat (v. lat.), Erguß von Feuchtigkeiten, bes. Blut ..., Wasser, Eiter, Harn od. anderen abgesonderten, in eine innere Höhle od. das Zellgewebe, durch Zerreißung von Gefäßen od. Behältern; daher Extravasiren, von Stoffen, die auf solche Art austreten." (Pierer 1857–65, Bd. 6, S. 47)

[417] russ. *volčij koren'* bzw. *volčej koren*; Als *volčij koren'* wird im Russischen einerseits ‚Scorzonera caule simplici, unifloro, foliis ex lineari lanceolatis' (Gmelin 1747–1769, Bd. II, S. 2–4) bzw. ‚Scorzonera angustifolia ...' (Nr. 707 in der „Flora Irkutiensis" von G. W. Steller (AAW R. I, Op. 104, D. 4, Bl. 127v) bezeichnet. Nach Steller wird die Wurzel dieser Pflanze bei den Jakuten und Burjaten als Nahrungsmittel verwendet, in Westeuropa wurde Scorzonera (dt. Haferwurtz) als Nahrungsmittel und in der Medizin ver-

wendet (Zedler 1732–50, 36. Bd., Sp. 693ff.). Die zweite, bekanntere und offensichtlich hier gemeinte Pflanze, die in Rußland als *volčij koren'* bezeichnet wird, ist Aconitum lyctoconum: „Napellvs flore luteo Rivini. Aconitum lycoctonum, luteum C. B. P. 183. Aconitum folio platani, flore luteo pallescente I. B. 3. 652. Aconitum lycoctonum, luteum majus Dod. Pempt. 439. ... Germ. Wolffs=Wurtz." (Rupp 1726, S. 234); „1. Aconitum Lycoctonum ... Wolfs=Sturmhut. Wolfswurz. R. Lutik, auch Woltschoi Koren. ... Außer der gemeinen gelben kömmt in Sibirien auch eine röthlichblühende, von mehr als Mannes=Länge, vor. Die Wurzeln beyder sind Hausmittel wider mancherley Krankheiten, und die letztere auch wider die geile Seuche. ..." (Georgi 1797–1802, Theil 3, S. 1052); „2. Aconitum Lycoctonum L. ... Falk sagt, dass Russen und Tartaren Wunden und selbst Knochenbrüche mit den frischen gequetschten Wurzeln des ‚Woltschei Koren' ... verbinden. ... Das Volk gebraucht also das Aconitum Lycoct. seit langer Zeit bis auf heute. Aeusserlich will man dadurch entzündliche Schwellungen, Hautausschläge und Wunden zur Heilung bringen, was zugleich durch innere Dosen unterstützt wird. ... Es liegt auf der Hand, dass das Volk die giftigen Eigenschaften des Acon. Lycoct. kennt. ..." (Demitsch 1889, S. 144–147).

[418] „Nicotiana L., Tabak. ..." (Georgi 1797–1802, Theil 3, S. 784ff.); In der Volksmedizin fand Tabak u. a. Anwendung bei Spinnenbissen (Burjaten), bei Schlangenbissen (Tungusen), bei der Wundbehandlung u. bei der Behandlung der Schafsräude (Georgi 1775, S. 192 u. S. 176, Gmelin 1751–1752, 4. Theil, S. 145f. sowie Pallas 1771, S. 204)

[419] „2. Ursus maritimus ... Eisbär. ... Meerbär. Weißer Bär. ..." (Georgi 1797–1802, Theil 3, S. 1544–1546)

[420] „Der noch saftige Jahrwuchs, der Sosnowoi Sok [russ. *sosnovoj sok* – ‚Fichtensaft'; s. Glossar: Fichte] heißt, wird im Frühlinge als ein Leckerwerck gegessen (*). ... (*) Er ist einer mit von den allervortrefflichsten Blutreinigungen, und macht den mehresten Kräutersäften der Apotheken den Vorzug streitig." (Georgi 1775, S. 235)

[421] „Artemisia L., Artemisie. Beifuß. ... 12. Artemisia vulgaris ... Gemeine Artemisie. ... Russische und Kalmückische Quacksalber zerklopfen das trockne Kraut zu Wolle und verbrennen es wie Moxa auf gichterischen Gliedern. ..." (Georgi 1797–1802, Theil 3, S. 1231ff.); „Artemisia, Offic. Trag. Matth. vulgaris Clus. I. B. ... Deutsch Beyfuß, Beyfuet, rother und weisser Beyfuß, ..." (Zedler 1732–50, 2. Bd., Sp. 1687ff.)

[422] „Carpey ... geschabte Fasern, geschabte Leinwand. Lateinisch Carbasus, Carpia, ... Ist altes und verschlüßenes Tuch oder Leinwand, welche zu wolligen Fasern gemacht wird und linde anzufühlen ist. ... Es dienet zu Wiecken und Bauschen, welche die Wunden offen zu halten und zu reinigen, den Eyter und andere schädliche Feuchtigkeiten bey denen Wunden zu absorbiren und auszuwischen, gebrauchet werden. ..." (Zedler 1732–50, 5. Bd., Sp. 1129)

[423] s. Anm. 421

[424] jakut. „кыа" – Zunder, Zunder aus Artemisia (*Pekarskij* 1958–1959, Bd. II, Sp. 1351); vgl. aber jakut. „кыа" – „Feuerschwamm" (Middendorff 1851, Theil 2, S. 60); „Der in Rede stehende [jakutische] Zunder stammte hiernach von einem Grase oder vielleicht auch allgemeiner von einem Kraute ..., das nur auf trocknem Boden wachsen soll ... Der jakutische Name ... ist Ke oder Kö, und daher nur dialektisch verschieden von den Worten kaw und kou mit denen beziehungsweise die Tobolsker Tataren und die Baschkiren den bei ihnen gebräuchlichen Feuerschwamm bezeichnen. ..." (Erman 1860, S. 300)

[425] s. Anm. 422

[426] „Scirpus L., Binse. ..." (Georgi 1797–1802, Theil 3, S. 674–676)
[427] s. Anm. 422
[428] vgl. samojed. „тӳдоко" – Pilze (Donner 1932, S. 151, nach *A. A. Dunin-Gorkavič*)
[429] vgl. *Enisej*-samojed. „fe'e, Zunder." (Schiefner 1855, S. 94)
[430] jurak.-samojed. „peamea, Baumschwamm, Zunder." (Schiefner 1855, S. 35); samojed. „pème" – Zunder (Donner 1932, S. 88, nach A. G. Schrenk)
[431] russ. *čagi* (Ez. *čaga*) – *berezovaja gubka*, auch Polysporus igniarius (*Dal'* 1880–1882, T. IV, S. 580); *berezovaja gubka* – Agaricus betulinus, Birkenschwamm (Pawlowski 1952, S. 280); *čaga* – der (an Birkenbäumen wachsende) Schwamm, Baumschwamm (aus dem das Volk Zunder u. Feuerschwamm macht) (Pawlowski 1952, S. 1715); „Parasitische, stiellose, halbrunde Blätterschwämme. Parasitici., acaules, dimidiati. ... 31. Agaricus betulinus ... Birken=Blätterschwamm. ..." (Georgi 1797–1802, Theil 3, S. 1445); „Sie [d. h. die Ostjaken] wissen sich den Schnupftobak, nicht scharf und beissend genug zuzubereiten; und vermischen daher die zerriebnen Blätter am liebsten mit der höchst alcalischen Asche von den in Ritzen gewachsen Birken= und Aespenschwämmen (Tschaga ostjak Jachani)." (Pallas 1778, S. 42)
[432] burjat. „тоонэ" – das Ausbrennen, Kauterisation; burjat. „тоон табиха" – eine Moxa setzen (*Abaeva* 2004, S. 326); burjat. „табиха" – setzen, ansetzen (*Čeremisov* 1973, S. 409)
[433] burjat. „ûla, Zunder; ..." (Schiefner 1857, S. 101)
[434] d. h. die pumpokolischen Ostjaken am Fluß *Ket'* (s. auch Kap. 25, Bl. 10v)
[435] vgl. ostjak. „sänəɣ" – Baumschwamm an Birken und anderen Bäumen (zur Herstellung von Zunder) (Steinitz 1966–1993, Sp. 1345)
[436] „Baum=Schwamm ist ein dichtes und gelb oder braunes Gewächse, welches aus denen alten Stöcken und Stämmen derer Büchen, Eichen, Bircken, Fichten, Nuß=Bäumen u. d. g. hervor zu wachsen pflegt, kan, wenn man diesen Schwamm mit Salpeter=Lauge abkochet, und sodann trocknet, und wohl schlägt, zu Zunder gebraucht werden." (Zedler 1732–50, 3. Bd., Sp. 768); „Baumschwamm, ein Schwamm od. Pilz, der an einem Baumstamm wächst, bes. mehrere Arten von Boletus, Peziza u. a.; ..." (Pierer 1857–65, Bd. 2, S. 431f.)
[437] *Enisej*
[438] *Enisej*-ostjak. „bulba" bzw. „bołba" – Zunder (Schiefner 1858, S. 191); ket. „bolbə" – „Birkenlöcherschwamm od. Birkenknorz, woraus Zunder verfertigt wird." (Donner 1955, S. 25); ket. „baŋbyl" – Pilz (a. a. O., S. 21)
[439] s. Anm. 431
[440] ostjak. „ǫč" – Birkenschwamm (Steinitz 1966–1993, Sp. 6)
[441] s. Anm. 438
[442] „Fontanēll (Fonticulus), künstliches Geschwür in der Haut an einer schicklichen Stelle, ... durch Ätzmittel, ein kleines spanisches Fliegenpflaster od. auch einen kleinen Hautschnitt bewirkt, worein man ein Kügelchen von Epheuholz od. Violenwurz (Fontanellkügelchen), ... legt u. dann bei täglicher Erneuerung der Einlagen die Wunde eine Zeit in Eiterung erhält. Sie wurden vorzüglich in früherer Zeit von ganz vorzüglichem Nutzen geglaubt, ..." (Pierer 1857–65, Bd. 6, S. 409)
[443] lat. – Wirksamkeit
[444] <lat.> – legen an, wenden an
[445] *Enisej*
[446] s. Anm. 369 u. zur Verwendung von Hechtzähnen in der Volksmedizin Henrici 1894, S. 81, sowie Alksnis 1894, S. 186
[447] russ. *brusnica*, auch *brusnika*; „4. Vaccinium Vitis idaea L., ... Preußel=Heidelbeerstrauch. Preußelbeere. R. Brusniza. ..." (Georgi 1797–1802, Theil 3, S. 931–933); „... rothe Heydelbeeren, Brussniza, das Kraut aber, und die Blätter sind mehr

als die Helfte kleiner, als in Rußland, ob gleich die Beeren eben so gros sind: Die Cosaken kochen das Kraut und trinken das Wasser statt Thee boy. ..." (Steller 1774, S. 77)

[448] samojed. „jénзidėj" – Strickbeere (Vaccinium Vitis idaea) (Donner 1932, S. 80, nach A. G. Schrenk)

[449] *volč'e koren'e*; s. Anm. 417

[450] tatar. „бурe" – Wolfs- (russ. *vol'če*) (*Ganiev* 1984, S. 75); katschinz. „Bóre", tschatzk. „Börü" – Wolf (J. G. Gmelin in: AAW F. 21, Op. 5, D. 73, Bl. 283v/284r); katschinz. „Ôt" – Kraut (a. a. O., Bl. 294v); [tatar.] „Bíre-ode" – russ. *volčij koren* (a. a. O., Bl. 273r); katschinz. „ott" – Gras, Kraut (G. F. Müller in: AAW F. 21, Op. 5, D. 143, Bl. 66v); chakass. „от" – Gras, Kraut (*Subrakova* 2006, S. 317); turk. „ööpi" bzw. „ööpÿ" – Wolf (Radloff 1963, Bd. 4, Sp. 1698f.)

[451] J. E. Fischer berichtet dazu: „... Sie heisst wolfswurz von einer begebenheit: Ein Tatar schoß einen wolf und verwundete ihn hart, der wolf échapirte gleichwol, u. fand unterwegs diese wurzel, welche er fraß, u. dadurch gleichsam in einem augenblik frische kräfte bekam. der Tatar observirte dieses alles genau, gieng an die stelle, grube die wurzel aus, und wiese sie dem Krassnojarischen wojewod), welcher den verlauf der sachen nach Moscau berichtete, von wannen hernach ein befehl kam, daß alle jahre ein pud davon solte in die Sibirische prikas geschikket werden." (AAW F. 21, Op. 5, D. 52, Bl. 10v – publiziert in: Hintzsche 2009, S. 328)

[452] *zveroboi* (russ. *zveroboj*); Als *zveroboj* werden neben verschiedenen Gentiana-Species (Georgi 1797–1802, Theil 3, S. 835ff.: „Gentiana L., Enzian. ...) auch andere Pflanzenspecies wie z. B. Hypericum perfoliatum, Hypericum quadrangulum, Hyssopus officinalis, Caltha palustris und Menyanthes trifioliata bezeichnet. Den Namen *zveroboj* mit einem adjektivischen Zusatz (z. B. *drevesnyj z.*, *želtyj z.*, *kamennyj z.* usw.) tragen im Russischen weitere Species (*Dal'* 1880–1882, T. I, S. 674; Pawlowski 1952, S. 457f.). Die meisten dieser Pflanzen wie auch verschiedene Gentiana-Species fanden Anwendung in der russischen Volksmedizin (siehe z. B. Henrici 1894, S. 38–43 sowie Demitsch 1889, S. 187–189 u. S. 215–217).

[453] *Ob'*

[454] russ. *rybij klej* – Hausenblase, Fischleim; „Hausenblase (Ichthyocolla, Colla piscium, Fischleim), wird aus der Schwimmblase der Störe, bes. des Hausen ... gewonnen ..." (Pierer 1857–65, Bd. 8, S. 98f.); „Hausenblase (Kley), machen sie auf zweyerley Art. Die beste heist Karluktschetoi Kley. Die unversehrt aus dem Stör genommene Leimhaut (Pereponka) legen sie eine kurze Zeit in heiß Wasser, ritzen sie denn der Länge nach auf, und schneiden den Leim mit einem Messer behutsam von der äussern Haut, ... Die schlechtere Art heist Schanischnoi Kley. ... Beyde Arten werden hier zum Leimen, Lakieren hölzerner Gefässe und Klarmachen des Meeths gebraucht." (Georgi 1775, S. 177)

[455] *Enisej*

[456] s. Anm. 454

[457] s. Anm. 411

[458] <lat.> – Einschnitt

[459] *Enisej*

[460] lat. – Wundheilmittel

[461] russ. *bagul'nik*; „Ledum palustre. Ledum foliis oblongis subtus tomentoso-ferrugineies. ... Rossis vulgo Bagulnik (Багульникъ, [russ. *bagul'nik*]) in Sibiria Klopownik (Клоповникъ [russ. *klopovnik*]). ..." (Pallas 1788, S. 50); „1. Ledum palustre L. ... Sumpf=Post. Sumpf=Kühnrost. R. Klopownik (Wanzenkraut). ... Man benutzt seine narkotische Kraft hie und da auf Kosten der Gesundheit, das Bier rauschend zu machen, welches geschieht, wenn man ihn blos in das Gebraue legt. Einige ländliche Gärber nützen ihn als Lohe; zur Bereitung der Juchten aber, deren gefallender Geruch vom Oel

aus Post kommen soll, kommt er gar nicht. Den Menschen ist der Post zuwider, und die Zimmerluft wird durch denselben verdorben; gleichwohl legen ihn einige der Wanzen wegen in die Wiegen der Kinder. Der Absud vom Post ist ein sehr gebräuchliches und wirksames Mittel wider Hautausschläge und Läuse der Menschen und Thiere." (Georgi 1797–1802, Theil 3, S. 953f.); „66. Ledum palustre L. (Eric.). Seit alter Zeit wird ein Thee aus Porsch oder Porst bei verschiedenen Brustkrankheiten getrunken. ... Krebel führt den Porsch als ein Volksheilmittel an, welche äusserlich bei Hautausschlägen und innerlich bei Fieber gebraucht wird. ... ist das Kraut von Led. palustre ein sehr gebräuchliches Volksmittel gegen Keuchhusten, Scrophulose und andere Krankheiten. Den Blättern der Pflanze schreibt man narcotische, schweiss- und harntreibende Kraft zu. ..." (Demitsch 1889, S. 222f.); Nach P. S. Pallas (Pallas 1784, S. 47) wird jenseits des Flusses *Enisej* auch Rhododendron dauuricum, nach J. G. Gmelin (Gmelin 1747–1769, Theil 4, S. 124–125) Andromeda foliis ovatis utrinque punctatis u. nach G. W. Steller dem entsprechend („Flora Irkutiensis" – AAW R. I, Op. 104, D. 4, Bl. 180r): Chamaer[r]hododendros flore purpureo specioso als *bagul(')nik* bezeichnet.

[462] russ. *kogda serdce davit* – wenn das Herz drückt

[463] „Pinus Larix ... Lerchen=Fichte. Lerchenbaum. Lerche. ... Viele Bäume haben Lerchenschwämme (Agaricus officinalis), die als ein brechenwirkendes Hausmittel gebräuchlich sind ..." (Georgi 1797–1802, Theil 3, S. 1313–1316); „3. Boletus laricinis ... Pall. Fl. Ross. T. 1. P. 1. p. 3. Agaricus albus ... Lerchen=Löcherschwamm. Lerchenschwamm. ... Mit Wasser lodert er, und macht es seifenhaft, so daß ihn einige Sibiriaken als Seife benutzen. Er hat purgirende Kräfte, und ist deswegen Hausmittel und auch officinell.

..." (a. a. O., S. 1447–1448); „33. Boletus laricis L. s. Polyporus officinalis Fries (Fungi). Nach Lepechin gebrauchen die Baschkiren den auf dem Lärchenbaum wachsenden Lärchenschwamm ... als Abführmittel; ferner bestreuen sie die Wunden bei ihrem Vieh mit dem Pulver des Schwammes, ... Ferner hat Pallas gehört, ,dass man sich dieses heftigen Mittels als einer Brecharzney in kalten Fiebern und zum Eröffnen bey einem langwierigen weissen Fluss unter dem Landvolk bedienen soll' ..." (Henrici 1894, S. 47–49); s. auch Glossar: Lärche

[464] s. Anm. 398

[465] „47. Dekokt. Mit diesem Namen wurde ein durch Kochen erhaltener Absud animalischer oder pflanzlicher Stoffe genannt." (Gessmann 1899, S. 39)

[466] s. Anm. 461

[467] vgl. „EINNEHMEN, ... berauschende getränke steigen zu kopfe, nehmen den kopf ein, die sinne gefangen. ..." (Grimm 1991, Bd. 3, Sp. 237ff.)

[468] russ. *ir*; „Acorus L., Kalmus. 1. Acorus Calamus L. ... Gemeiner Kalmus. R. und Tat. Ir. ... Die Wurzeln sind zu Nothmehl anwendbar, müssen aber vor dem Trocknen und Mahlen durch siedend Wasser von ihrer würzhaften Herbigkeit befreyt werden." (Georgi 1797–1802, Theil 3, S. 912f.); „4. Acorus Calamus L. (Aroid.). Die Wurzel des Kalmus wird innerlich in Kleinrussland und in Sibirien (Nertschinsk) bei Fieber gebraucht. ... Die wichtigsten Indicationen zum inneren Gebrauche dieses so sehr vom Volke geschätzten Mittels sind: Fieber und Krankheiten des Verdauungstractus. Weniger wichtig scheint uns seine Anwendung bei Brustleiden und Syphilis zu sein. Aeusserlich behandelt man damit Wunden und in Form von Bädern schwächliche Kinder. ..." (Demitsch 1889, S. 148–151)

[469] s. Anm. 461

[470] s. Anm. 463

[471] *Enisej*-ostjak. „seäs" bzw. „säs" – „Lärchenbaum" (Schiefner 1858, S. 186); ko-

towz. „ŝêt" – „Lärchenbaum" (Schiefner 1858, S. 186); s. Anm. 438
[472] Gebiet von *Nerčinsk*
[473] s. Glossar: Lamaismus
[474] lat. – gemeinhin, gewöhnlich
[475] lat. – den Pflanzen
[476] G. F. Müller und J. G. Gmelin hielten sich vom 5.–7. August 1735 im Trans*bajkal*gebiet am Fluß *Onon* auf, wo sie u. a. einen russischen Bauern trafen, der sich zehn Jahre vorher wegen einer Krankheit von einem Lama hatte behandeln lassen (Gmelin 1751–1752, 2. Theil, S. 113ff.).
[477] „Bey denen Calmücken sind 6 Claßen von Geistlichen Personen: 1.) Lama, ein Bischoff. ..." (Gaubil 1734, S. 343); „Das höchste Oberhaupt der Geistlichkeit [der Kalmyken] ist der Dalai Lama ... Bey der Horde hat fast jeder Fürst einen vom Dalai Lama und der rußischen Regierung bestätigten Lama, der in seinen Ulussen [s. Glossar: Ulus] den Dalai Lama ins kleinen macht, Priester weyhet, Sünden vergiebt, segnet, Sterbenden Amulete ertheilt, u. d. gl. ..." (Georgi 1776–1780, S. 415)
[478] lat. – (eine) Cirsium-Species; „Schartendistel, Schardistel, Cirsium, ..." (Zedler 1732–50, 34. Bd., Sp. 952); s. Anm. 506
[479] Gebiet von *Kuzneck*
[480] „Tussilago L., Roßhuf. Huflattig. ..." (Georgi 1797–1802, Theil 3, S. 1240f.)
[481] Georg Wilhelm Steller
[482] *Kazan'*
[483] *Enisejsk*
[484] G. W. Steller faßte in einem Manuskript (AAW R. I, Op. 104, D. 18, Bl. 8r–18r; publiziert in russischer Übersetzung in: Lukina 1982) die von ihm auf seiner Hinreise nach Sibirien gewonnenen Nachrichten über die Volksmedizin der Völker, die er auf seinem Reiseweg antraf, zusammen: „Catalogus Medicamentorum tam simplicium quam compositorum a Russis, Tataris, Ostiakis, tataris tschulimensibus variis in morbis externis et internis usitatorum et celebratorum, variorumque circa curationes morborum Experimentorum collectorum ab A°. 1737 ad 1738." (lat. – Verzeichnis sowohl der einfachen als auch der zusammengesetzten, von den Russen, Tataren, Ostjaken und den *Čulym*skischen Tataren bei verschiedenen äußeren und inneren Krankheiten gebrauchten und gerühmten Arzneimittel, und von verschiedenen im Zusammenhang mit der Behandlung von Krankheiten vom Jahre 1737 bis 1738 gesammelten Erfahrungen). „Rutheni a Wiatka Jeniseam usq$_3$ habitantes a Ceremissis, Wotiakis / Tataris Casanensibus, Wogulzis ostiacis, et Tomiensibus Tataris, / Moxam adoptarunt, utpote remedium omnibus Tataricis gentibus / notissimum et antiquissimum. Moxam parant omnes ut plurimum / e foliis aridis artemisiae nonulli e foliis Jaceae austriacae, alii e / verbasci foliis, quae folia arida manibus ambabus terere solent, / donec separatis et oris flatu abactis carnosis herbaceis pulvis- / culis, sola lanugo superstes maneat; hunc lanuginem in candelae / fumalis formam concinnatam, in omni dolore, dolenti loco ope sa- / livae paululum leviter agglutinant, accensam ad cutis adustionem / tolerant; non sufficiente una, ad 30 saepe applicant; signum progno- / sticon esse ajunt certo futuri auxilii, quando ab elactico cutis / motu combusta moxa, cum sibilo in altum prosiliens sponte / avolans in terram cadat, ..." (lat. – Die von *Vjatka* bis zum [Fluß] *Enisej* wohnenden Russen haben von den Tscheremissen, den Wotjaken, den *Kazan'*er Tataren, den Wogulen, Ostjaken und den *Toms*ker Tataren die Moxa angenommen als ein allen tatarischen Völkerschaften wohlbekanntes und altehrwürdiges Heilmittel. Die Moxa bereiten alle meistens aus trockenen Blättern der Artemisia, einige aus den Blättern von Jacea Austriaca, andere aus den Blättern von Verbascum. Diese trockenen Blätter reiben sie gewöhnlich mit beiden Händen bis die Pflanzenfleischstäubchen abgetrennt sowie durch Blasen des Mun-

des weggetrieben worden sind und bloß die Wolle übrig bleibt. Diese in Räucherkerzenform zurechtgemachte Wolle kleben sie bei jedem Schmerz mittels Speichels ganz leicht auf die schmerzende Stelle, und ertragen (es, wenn) sie zur Verbrennung der Haut angezündet (wird). Sie wenden es, wenn es einmal nicht ausreicht, bis zu 30mal an. Sie sagen, daß es sicher ein vorbestimmendes Zeichen für zukünftige Hilfe ist, wenn von der elastischen Bewegung der Haut die verbrannte Moxa mit Zischen in die Höhe aufspringt, von selbst davonfliegt und auf die Erde fällt. ...) (a. a. O., Bl. 16r–16v); In seinem Reisejournal berichtet G. W. Steller am 20. September 1738 auf dem Weg von *Narym* nach *Tomsk*: „... die Moxa sind die filamenta von zerieben₎ / trokn₎ artemisia die d₎ Russe₎ ass-jache₎ [d. h. Ostjaken] u. Tungusen statt des Zunders / dienet u. durch bloses reiben in der flach‿ hand praepariret wird ..." (AAW R. I, Op. 81, D. 23, Bl. 107v). Das ostfinnisches Volk der Tscheremissen (Eigenname Mari) mit Siedlungsraum im mittleren Gebiet des Flusses *Volga* ist nahe mit den Wotjaken (Eigenname Udmurten) verwandt, die etwa im gleichen geographischen Raum siedeln. Die ursprünglich nomadisierende Lebensweise haben beide Völker unter russischem Einfluß aufgegeben. Ihr Haupterwerbszweig ist der Ackerbau. Seit dem 18. Jahrhundert ist ihre Religion vorwiegend griechisch-orthodox mit Resten schamanistischer Religion bzw. von Naturreligionen. Die tscheremissische und die wotjakische Sprache gehören zur finno-ugrischen Sprachgruppe.

[485] s. Anm. 421

[486] „Jacea austriaca tertia Clusii pan. pag. 545. ... Huic plantae quoad structuram perianthii multum similis est Jacea vulgaris, laciniata Tournefortii." (Rupp 1726, S. 148); „jacéa (Centaurea <Wiesen-Flockenblume>): Name vorlinn. als Jacaea (Jacea), ..." (Genaust 2005, S. 312); „Jacea, 1) Untergattung der Pflanzengattung Centaurea; ..." (Pierer 1857–65, Bd. 8, S. 695); vgl. „Centaurea L., Flockenblume. ... 19. Centaurea Jacea ... Gemeine Flocken=Blume. ... Am Tobol nützt man das Kraut beym Brauen als Hopfen. In Rußland wird es hie und da zum Gelbfärben mit Alaun, wie Scharte, angewendet." (Georgi 1797–1802, Theil 3, S. 1258ff.)

[487] „Verbascum L., Königskerze. 1. Verbascum Thapsus L., ... Gemeine Königskerze. R. Zarskoi Skipetr [russ. *carskoj skipetr*], (Zaren Zepter). ... Es ist wachsend und trocken den Mäusen äußerst zuwider und entfernt sie. In Sibirien, wo man es Stepnoi Sweroboi [russ. *stepnoj zveroboj*] (Steppen=Johanniskraut) nennet, ist es ein allgemein innerlich= und äußerliches Heilmittel. Die Wolle von zerstampften, trocknen Blättern wird als Zunder benutzt. ..." (Georgi 1797–1802, Theil 3, S. 781f.); zur Verwendung von Verbascum-Species in der Volksmedizin siehe Demitsch 1889, S. 238–239, Henrici 1894, S. 68–69 sowie Krebel 1858, S. 127, S. 143 u. S. 151

[488] „... kaufte der Herr Doktor allhier ... und 3 Paar Bibermilch [Milz] (Lactes castoris), ..." (Messerschmidt 1962–1977, Teil 1, S. 78, eckige Klammern in der genannten Ausgabe); gemeint sind die Bibergeilbeutel; „lactēs, ... die Milchen, a) die mit einer milchartigen Fettigkeit überzogenen kleineren Eingeweide im Körper vierfüßiger Tiere, die Dünndärme, das Inster, das Gekröse, ..." (Georges 1913–1918, 2. Band, Sp. 533); „Bibergeil. Sind nicht eigentlich die Geilen vom Biber, sondern gewisse Blasen mit einem Häutlein überzogen, in welchen eine gelbliche, weiche, wachsformige Materie, eines scharffen Geruchs, lieget; Dieser Blasen hat es zwey, die ihm abgeschintten, [sic!] wohl gewaschen, gereiniget und an einem schattigten Ort getrucknet werden. ..." (Strahlenberg 1730, S. 333); „Geilen, 1) so v. w. Hoden, ..." (Pierer

1857–65, Bd. 7, S. 75); „Bibergeil (Castoreum, Pharm.), die in 2, neben dem After des Bibers befindlichen Beuteln enthaltene Masse; die beiden Säcke, Bibergeilsäcke, liegen parallel neben einander unter der Haut, ... Das B. ist ein kräftiges, krampfstillendes, antihysterisches Mittel, ..." (a. a. O., Bd. 2, S. 732f.); s. auch Glossar: Biber sowie Abschnitt IV „Ueber die Castorsäcke und das Castoreum der alt- und neuweltlichen Biber." der 3. Abhandlung „Beiträge zur näheren Kenntniss der Gattung Castor." und Kapitel 2 „Einige Worte zur Geschichte des Bibergeils und des Bibergeilöls (Axungia castorei)." der 4. Abhandlung „Blicke auf die allmäligen Fortschritte in der Gruppirung der Nager mit specieller Beziehung auf die Geschichte der Gattung Castor, besonders des altweltlichen Bibers." in Brandt 1855, S. 61–62 bzw. S. 88–89; „Uebrigens war und ist auch die Axungia castorei bei verschiedenen Völkern als Heilmittel in Gebrauch, ... dass man sie namentlich in Schweden gegen Gichtschmerzen gebrauche ..." (a. a. O., S. 89); „Kaum möchte sich ein andres Heilmittel [als Bibergeil] sich dem Menschen, durch den Eindruck auf die äussern Sinne, so dringend empfehlen wie dieses. Den Ostjaken sind dessen Kräfte von Anbeginn bekannt, und man erzählte hier [d. h. am Fluß *Ob'*], dass sie davon in jeder Jurte einen Vorrath bewahren, um die Wöchnerinnen schneller zu stärken. ..." (Erman 1833, S. 609)

[489] *Ob'*
[490] lat. – Hoden
[491] <lat.> – angelegt, angewendet
[492] *Čulym*
[493] <lat.> – Verletzungen
[494] s. Anm. 465
[495] lat. – als ein Dekokt innerlich
[496] zur Verwendung von Fröschen (insbesondere) in der russischen Volksmedizin siehe Henrici 1894, S. 89, S. 91, S. 93, S. 98 u. S. 119–121 sowie Alksnis 1894, S. 200

[497] *rogulki*; russ. *rogul'ki* – gemeine Wassernuß, Trapa natans (Pawlowski 1952, S. 1415)
[498] [die Früchte] von Tribuloides – russ. „Rogulzi-Oréechi", tatar. (*Tomsk*) „Artschengǽh" (D. G. Messerschmidt in: AAW F. 98, Op. 1, D. 21, Bl. 148r); s. auch Anm. 497 u. Anm. 500
[499] s. Anm. 465
[500] lat. – Gewöhnliches, in Gewässern lebendes Tribuloides; „Tribuloides. ... Tribuloides vulgare, aquis innascens. Tribulus aquaticus C. B. Pin. 194. J. B. 3. 775. ..." (Tournefort 1700, S. 655); „Tribuloides Tournefort. Tribulus aquaticus C. B. ... Germ. Stachel=Nüsse, Wasser=Nüsse, ..." (Rupp 1726, S. 49f.); „87. TRAPA natans, LIN. Sp. pl. 1. p. 175. n. 1. ... Tribulus aquaticus BAVH. pin. 194. CAM. Ep. 715. Tribuloides vulgare aquis innascens, TOVR. I. R. H. STELL. Irc. 437. ..." (Gmelin 1747–1769, Bd. IV, S. 116–117); „1. Trapa natans L. ... Gemeine Wassernuß. Tat. Artschangul. ... Sie sei meistens häufig bey einander, an der untern Wolga z. B. werden die mit Netzen gezogenen Nüsse eymerweise, sehr wohlfeil verkauft. Man isset sie roh als Naschwerk. Kalmücken und andere kochen sie an Fleisch; in dieser Zubereitung schmecken sie den türkischen Bohnen ähnlich. Stark getrocknet geben sie Mehl zu Mehlspeisen und Nothbrod sehr nützlich. ..." (Georgi 1797–1802, Theil 3, S. 741); „81. Trapa natans L. ... wird sie von den Tartaren bei Durchfällen gekocht gegessen; auch giebt man sie bleichsüchtigen Kindern ein. ..." (Demitsch 1889, S. 235–236)
[501] chakass. „арчан от" – Heilkraut (*Subrakova* 2006, S. 80); s. Anm. 450; katschinz. „Ártschen" – lat. Sabina, russ. *ars, arc* u. *mozževel'nik* (J. G. Gmelin in: AAW F. 21, Op. 5, D. 73, Bl. 295v); tatar. „Arzén" – Juniperus vulgaris fruticosa (D. G. Messerschmidt in: AAW F. 98, Op. 1, D. 21, Bl. 148r); turk. „ардыц" bzw. „арчын" – russ. *mozževel'nik*, Wa-

cholder (Radloff 1963, Bd. 1, Sp. 323 bzw. Sp. 325); „Juniperus communis. ... Gmelin. Flor. sib. I. p. 182. Rossice Moshevelnik (Можжевельникъ [russ. *možževel'nik*]); in Sibiria Weresk (Верескъ [russ. *veresk*]). ... Tataris Artesch-agatsch; ... Juniperus lycia. ... Gmelin. Flor. sib. I. p. 182. n. 33. ... Tataris Artschyn. ... Juniperus Sabina. ... Rossis in Sibiria Artsh (Арчъ [russ. *arč*]), Cosaccis ad Tanaïn Casazkaja Moshucha (Казацкая можжуха [russ. *kazackaja možžucha*]). ... Kirgisis Artschae, ..." (Pallas 1788, S. 12ff.); „32. Iuniperus foliis sessilibus patentibus ... Iuniperus vulgaris fruticosa ... In Russia Можжевельникъ, in Sibiria Вересъ [russ. *veres*] audit. 33. Iuniperus foliis vndique imbricatis, ouatis, obtusis ROY. pr. p. 90. ... Sabina baccata altera LOB. ic. II. 220. ... Russice eodem nomine quo Iuniperus vulgaris vocitatur." (Gmelin 1747–1769, Bd. I, S. 182–183); „Juniperus L., Wachholder. R. Moschewelnik. 1. Juniperus Sabina ... Sadebaum=Wachholder. Sadebaum. R. Kasatschkaja Moschucha (Kosaken=Wachholder,) auch Weres, in Sib. Artsch. ... Die Blätter sind wegen ihrer Geburt= und Harntreibenden Kräfte allgemein bekannt. Die Kalmücken wenden sie auch zu abergläubischem Rauchwerk an. ... 2. Juniperus communis ... Gemeiner Wachholder. R. Moschewelnik. ... Das Oel ist ein sehr übliches Harntreibendes Hausmittel; ..." (Georgi 1797–1802, Theil 3, S. 1357ff.); „63. Juniperus Sabina L. (Conif.). Der Sadebaum oder Sadelbaum ist wie der ihm so nahe stehende Wachholder ein uraltes Volksmittel der verschiedensten Völker. Nach Falk räuchern die Tartaren mit den Zweigen des Sadelbaums aus medicinischen und abergläubischen Veranlassungen. ... Das russische Volk benutzt den Sadebaum, besonders die jungen Zweige, vornehmlich als Uterusmittel, und zwar innerlich. Aeusserlich dient der Rauch zum Desinficiren und Entsühnen. ..." (Demitsch 1889, S. 220f.); „62. Juniperus communis L. (Conif.). ... Junip. com. ist innerlich in erster Reihe ein beliebtes Volksdiureticum und wird ferner bei Fieber, Bauch- und Uterinleiden gebraucht. Ausserdem ist er seit Jahrhunderten ein Räucherungsmittel bei Epidemieen und wird äusserlich zu den verschiedensten Zwecken gebraucht. ..." (a. a. O., S. 218–220); s. auch *Anikin* 2000, S. 98f. unter russ. *arsa* u. russ. *arca*

[502] s. Anm. 501
[503] s. Anm. 422
[504] lat. – (als) Grundlage, Standfläche
[505] „FINGERBREIT, digitalis: fingerbreites band ... oft ohne zusammensetzung ... einen finger, keinen finger breit; ..." (Grimm 1991, Bd. 3, Sp. 1656f.); s. Glossar: Finger
[506] katschinz. „Kábo" – Zunder, Cirsium Rhaponticoides folio subtus argenteo (J. G. Gmelin in: AAW F. 21, Op. 5, D. 73, Bl. 295v); chakass. „хабо" – Zunder, Feuerschwamm (*Subrakova* 2006, S. 769); turk. „кабō" – Feuerschwamm, Zunder (Radloff 1963, Bd. 2, Sp. 448); „Schartendistel, Schardistel, Cirsium, ..." (Zedler 1732–50, 34. Bd., Sp. 952)
[507] s. Anm. 506; katschinz. „Ôt" – Kraut (J. G. Gmelin in: AAW F. 21, Op. 5, D. 73, Bl. 294v); katschinz. „ott" – Gras, Kraut (G. F. Müller in: AAW F. 21, Op. 5, D. 143, Bl. 66v); chakass. „от" – Gras, Kraut (*Subrakova* 2006, S. 317)
[508] lat. – zusammengezogen
[509] lat. – Gesamtheit, (hier:) zusammengefaßt
[510] <lat.> – legen an, wenden an
[511] s. Anm. 431
[512] russ. *vospa* bzw. *ospa* – Blattern, Pocken; „Blattern, Pocken, Kinder=Pocken, Lateinisch Variolae und Varioli, ..." (Zedler 1732–50, Bd. 4, Sp. 95ff.); „Pocken, 1) (Menschenpocken, Variolae), eine ... ansteckende Hautkrankheit, welche seit ihrer Entstehung mehr als kaum eine andere Verheerungen unter allen Völkern angerichtet hat. ... Die Menschenpocke od. Menschenblatter ist eine fieberhafte

Hautausschlagskrankheit, welche mit mäßigem Fieber, mit gastrischen Zufällen, ziehenden Schmerzen im Körper, wohl auch mit Nervenzufällen ... u. mit einem dem modernden Brode ähnlichen Geruche des Athems u. der Hautausdünstung, allmälig sich steigernd, eintritt. Endlich bricht der Ausschlag unter Augenschmerzen, Thränen der Augen, Hautbeschwerden u. Hautbrennen durch ..." (Pierer 1857–65, Bd. 13, S. 225f.); „Ihre [d. h. der ‚heidnischen Nationen‘] ohnehin nicht beträchtliche Vermehrung aber geht durch die Pocken, wenn sie unter sie gerathen, nicht nur verloren, sondern sie verringern auch die Nationen im Ganzen dermaßen, daß jetzo, obgleich ihre Lebensart nicht die geringste Hinderniß gelitten, ihre Mannzahl der zu den Zeiten der Eroberung bey weitem nicht gleich kömmt. Die Pocken pflegen ... ohngefehr jedes 10te, 20ste oder 30ste Jahr unter sie zu kommen, dann aber tödten sie auch fast alles was sie ergreiffen und nicht der Zehente behält von den Befallenen das Leben. Das die Krankheit unter ihnen würgender, als unter andern Nationen ist, wird auf das beständige Fleischessen und auf die Vernachläßigung der Kranken, die sie wie den Todt selbst fliehen und sich wegen derselben in die tieffsten Wälder verbergen, geschoben. ..." (Georgi 1775, S. 503f.)

[513] jakut. „äцii" – Pocken (*Pekarskij* 1958–1959, Bd. I, Sp. 231f.; Middendorff 1851, Theil 2, S. 15)
[514] s. Anm. 512
[515] s. Anm. 512
[516] lat. – Heilmittel
[517] s. dazu Kap. 7, Bl. 46r–47r
[518] *Enisej*
[519] „Compaß ... Instrument, um, mittelst einer beweglichen Magnetnadel, vermöge der Eigenschaft derselben sich gegen Norden zu wenden, zunächst die Richtung nach Norden u. darnach auch die übrigen Weltgegenden zu bestimmen. ..." (Pierer 1857–65, Bd. 4, S. 314ff.)
[520] vgl. jakut. „дьиэҥ диэки" – nach Hause (Helimski 2003, S. 223); jakut. „дьиэҕэ" – nach Hause (*Afanas'ev* 1968, S. 142); jakut. „диэки" – in Richtung (*Slepcov* 1972, S. 114); jakut. „діäкі" – in Richtung (*Pekarskij* 1958–1959, Bd. I, Sp. 695)
[521] jakut. „кӱн орто" – Tagesmitte, Mittag (*Pekarskij* 1958–1959, Bd. II, Sp. 1295; Middendorff 1851, Theil 2, S. 73); jakut. „кӱн" – Sonne, Tag (*Pekarskij* 1958–1959, Bd. II, Sp. 1295, Middendorff 1851, Theil 2, S. 73); jakut. „орто" – der mittlere (*Pekarskij* 1958–1959, Bd. II, Sp. 1874; Middendorff 1851, Theil 2, S. 23)
[522] jakut. „арҕā" – Westen (*Pekarskij* 1958–1959, Bd. I, Sp. 142); jakut. „арҕа" – Westen (Middendorff 1851, Theil 2, S. 9)
[523] jakut. „тӱн орто" – Mitternacht, um Mitternacht (*Pekarskij* 1958–1959, Bd. III, Sp. 2893; Middendorff 1851, Theil 2, S. 112); jakut. „тӱн" – Nacht, nachts (*Pekarskij* 1958–1959, Bd. III, Sp. 2893; Middendorff 1851, Theil 2, S. 112); zu „орто" s. Anm. 521
[524] samojed. „Nord, ... Jen. umu ..." (Schiefner 1855, S. 257)
[525] samojed. „Wind, Jur. ... mêrce, ... Jen. mede, Ch.; mese, B., ..." (Schiefner 1855, S. 303)
[526] tatar. „төн" – Nacht (*Ganiev* 1984, S. 324); tatar. „төньяк" – Norden (a. a. O., S. 562); teleut. „tjün" – Nacht (J. E. Fischer in: AAW R. III, Op. 1, D. 135, Bl. 50v/51r; tatar. (*Tomsk*) „tjun" – Nacht (a. a. O., Bl. 50v/51r); tatar. (*Tobol'sk*) „tyn" – Nacht (a. a. O., Bl. 50v/51r), tatar. (*Kazan'*) „t'yn" – Nacht (a. a. O., Bl. 50v/51r); tatar. (*Kuzneck*) „Tjün" – lat. nox (Nacht) (G. F. Müller in: AAW F. 21, Op. 5, D. 143, Bl. 39v); turk. „төн" – Nacht u. turk. „төн јаҕы" – nächtliche Seite, Norden (Radloff 1963, Bd. 3, Sp. 288)
[527] turk. „кӱн" – Tag, Sonne (Radloff 1963, Bd. 2, Sp. 1436); turk. „кӱн чыҕыс" – Sonnenaufgang, Osten (a. a. O.,

Sp. 1437); chakass. „кӱн" – Sonne (*Subrakova* 2006, S. 215); chakass. „кӱн сыхча" – die Sonne geht auf (a. a. O., S. 215)

[528] vgl. katschinz., teleut. u. tatar. (*Tomsk*) „tjusz" – Mittag (J. E. Fischer in: AAW R. III, Op. 1, D. 135, Bl. 49v/50r), tatar. (*Tobol'sk*) „t'ysz" – Mittag (a. a. O., Bl. 49v/50r); tatar. (*Kuzneck*) „Tjusch" – lat. meridies (Mittag, Süden) (G. F. Müller in: AAW F. 21, Op. 5, D. 143, Bl. 39v); turk. „кӱн тӱштӱк jан" – Süden (Radloff 1963, Bd. 2, Sp. 1437); turk. „тӱс" – Mittag (a. a. O., Bd. 3, Sp. 1576); turk. „тӱш" – Mittag, Süden (a. a. O., Sp. 1586)

[529] vgl. turk. „кӱн" – Tag, Sonne (Radloff 1963, Bd. 2, Sp. 1436); turk. „кӱн батыс" – Sonnenuntergang, Westen (a. a. O., Sp. 1437); chakass. „кӱн" – Sonne (*Subrakova* 2006, S. 215); chakass. „кӱн кирче" – die Sonne geht unter (a. a. O., S. 215)

[530] „Obligation, Handschrifft, Schuld=Brief, Schuld=Verschreibung, Schrifftliche Bekänntniß über ein empfangenes Darlehn, mit dem Versprechen, dasselbe wieder zu erstatten, ..." (Zedler 1732–50, Bd. 25, Sp. 223)

[531] frz. – roh, plump, schwerfällig

[532] „De Brati en konnen wel niet schryven, doch om eenige zaek met hand-tekening te bevestigen, malen of trekken zy een boog op Papier, in plaets van hun naem, of merk-teken, en is byzonder, dat de boogen die dus getekent werden, zijn te onderscheiden en te kennen, als of het elk zijn hand teikening of name was." (nl. – Die Burjaten können zwar nicht schreiben, aber um ein Geschäft mit einer Unterschrift zu bestätigen, malen oder stellen sie an Stelle ihres Namens oder Kennzeichens einen Bogen auf dem Papier dar; und es ist eigenartig, daß die Bogen, die sie gezeichnet haben, so zu unterscheiden und wiederzuerkennen sind, als ob es eine eigenhändige Unterschrift oder ein Name wäre.) (Witsen 1705, S. 213)

[533] <lat.> – herleiten, ableiten

[534] lat. – Verhärtung, Schwiele, Hornhaut

[535] „Rohr (gezogenes) gezogene Büchse, Fr. Arquebuse rajée, nennet man eine Büchse, deren Lauff inwendig mit Reiffen ausgezogen ist. ..." (Zedler 1732–50, Bd. 32, Sp. 570)

Kapitel 5

/38r/
Von der Meilen Rechnung
der Völker.

|: Die Ostiaken am *Ket*[1] haben / ein Meilen Maaß welches / sie *Ánnungto* nennen. Solches / ist, wenn jemand *Betschewoi*[2] gehet[a] oder / Narten Ziehet oder auf *Lischi* / Voraus gehet, biß er müde wird, / und ablösung brauchet. Sie / brauchen dieses wort auch für / Rußische werste. :|[b]
Die *Mongol*en, so unter *Sina* / stehen, pflegen Zwar mehren- / Theils[c] nach *Sines*isch⸢en⸣ *Lis* / Zu rechnen, so wie die Rus⸢s⸣isch⸢en⸣ / *Mongol*en nach Rus⸢s⸣isch⸢en⸣ / Wersten. Es haben aber / auch die *Mongol*en ihr eigenes / Meilen-Maaß, welches son- / derlich in ihren Bücher⸢n⸣ Vor- / Kommt.
24. *Mongoli*sche Zoll (auf[d] *Mongolisch* / *Nemocho*[3] d⸢as⸣ i⸢st⸣ Gelenke) mache⸢n⸣ / einen Fuß, *Mongolisch tochoi*[4], / d⸢as⸣ i⸢st⸣ Ellenbogen, *cubitus*[5].
4 *Mongoli*sche Fuß oder *cubiti*[6] / machen einen *Aldà*[7], d⸢as⸣ i⸢st⸣ Faden.
500 *Mongoli*sche fad⸢en⸣ machen / eine *Sinesi*sche *Li*.
2 *Sinesi*sche *Li* oder 1000 *Mon- / goli*sche *Aldà*[8] machen eine / *Berè*[9], oder *Mongoli*sche[e] werste
4 *Berè*[10] machen ein *Golochòn*[11] oder / *Mongoli*sche Meile. /38v/
Der gemeine Mann Bey dene⸢n⸣ / *Sineser*⸢n⸣ und[f] *Mongol*en / rechnet eine *Li* oder halbe / *Berè*[12] soweit einer, der / ein gutes Gesichte hat, in ebe- / nem Felde an einem Rind- / Vieh die Hörner unterschei- / den Kann.
|: *Neuhof* in der *Sin⸢esi⸣schen* Reisebeschr⸢eibung⸣[13] / sagt man *estimir*e[14] eine *Li* / in *Sina* so weit man in ebenem / Felde einen Menschen Laut / schreyen hören Kann. :|[g]
Die *Sin*eser rechnen 220 *Li* / auf einen *gradum coelestem*[h15] / folglich würden nach / der *Supposition*[16] daß / 2 *Li* ein *Berè*[17] ausmache⸢n⸣, / 110 *Berè*[i18] oder[j] 27½ *Golo- / chon*[19] gleichfalls auf / einen Grad Zu rechnen seyn. / folglich würde eine *Mongo- / Li*sche *Berè*[20] und eine Rus- / sische werste nicht Viel / unterschieden seyn. Und / ein *Golochon*[21] würde mit / einer *Holländi*sch⸢en⸣ Stunde[22] / Zu reisen fast über ein- / Komme⸢n⸣.
|: Die *BrazKi* dies⸢s⸣eits dem / *Baical*[23] nennen *Charani- / Gazàr*[24] eine *DistanZ*, so weit / man in ebenem Felde auf der / Erde sehe⸢n⸣ Kann und vergleiche⸢n⸣ /

---

[a] gehet *über der Zeile*   [b] *von* Die Ostiaken am *bis* Rußische werste. *oben rechts marginal*   [c] *nach* mehren- / Theils *gestr.* , [Komma]   [d] au_f *verbessert aus* [..]   [e] Mongolische *über der Zeile*   [f] un_d *verbessert aus* [..]   [g] *von* Neuhof in der *bis* hören Kann *rechts marginal*   [h] coe_lestem *verbessert aus* [..]   [i] *nach* Berè *gestr.* und   [j] oder *über der Zeile*

solches mit einer Rus[s]ische[n] / werste Sie sagen *Negèn-* / *Charani-Gazàr*[25] eine werste / *Choir-Charani-Gazàr*[26] Zwey werste / u[nd] s[o] w[eiter] : |[a] /39r/
Die *Tungus*en haben eine / *Distanz*, so sie *Nülge*[27] / nennen, und etwan 8 Rußische / werste oder eine starke / teutsche Meile[28] Beträget.
|: Im *WercholensKi*sch[en] Ge- / biethen nennen die *Tun-* / *gus*en eine *Nülge*[29], so / weit sie mit ihren *Kotsche-* / *wien*[30] in einem Tage zu / gehe[n] pflege[n]. : |[b]
|: Die *Tunguse*[n] am *Nischna Tung[uska]*[31] / nennen *Nülge*[32] eine TageReise / mit Jurten und gantzem Troß / Zu gehe[n]. daher Kommt / das *Tung[usische]* wort *nülgiren*[33] / *reisen* nemlich so wie sie auf / RennThiere[n] zu reiten und / ihre Sache[n] darauf Zu *trans-* / *portire*[n] pflegen.
Die *Samoj*eden im *TuruchansKi*sche[n] / Gebiethe haben ein Meilen Maaß, / welches sie *Múo* nennen. Ein / *Múo* ist etwan so groß, als / eine alte Rußische werste[34]. / Eine Tage Reise mit *Jurt*[en] / und aller *Bagage* Zu[c] / gehen, nennen sie *Segódde*. / *Mu* ist bey denen *Samoje-* / den eine Tage Reise, mit / ihrem gantzen Troß со всем / аргышом[d35] : |[e]
Die *JaKut*en rechnen nach / *Köss*[36]. Eine *Köss* ist / eben so groß, als eine *Nülge*[37], / doch daß Zuweilen auch / auf 10 bis[s][f] 12 werste / Zuweilen auch nur 5, oder / 6 werste Von denen *Ja-* / *Kute*[n] auf eine *Köss*[g] gerechnet werden. / Eine große *Köss* nennen / sie *At-Kössö*[38] d[as] i[st] eine / *Köss* zu Pferde. dagege[n] / eine Kleine *Köss Satty-Kössö*[39] / d[as] i[st] eine *Köss* zu Fuße.
Man möchte nach der Mit- / Lern Rechnung etwan 12 *JaKuzKi*sche / *Köss*, und eben so auch 12 Tungusische / *Nülge*[40], auf einen *gradum* / *coelestem*[41] rechnen.
|: *Kösch*[42] Bey denen Tataren / eine Tagereise[h], wenn sie / mit ihren Wohnunge[n] / u[nd] allem Vieh / Verhause[n]. : |[i] /39v/
Das *JaKuzKi*sche wort *Köss* / hat einige Gleichheit mit / dem im *Mongoli*sche[n] *Indi*en / gebräuchliche[n] worte *Kosa*[43] / welches daselbst gleichfalls / nach dortiger Rechnung ein / Meilen Maaß bedeutet. / Nur trifft die Größe nicht / überein, weil *Europaei*sche / Reisende eine *Indiani*sche / *Kosa*[44] mit 2 *Engli*sche[n] / Meilen[45] deren 60 einen Grad / ausmache[n], und 2 *Indiani*sche / *Kosae*[46] mit einer *Holländi*sche[n] / oder Teutsch[en] Meile[47], der[en] / 15 eine[n] grad ausmach[en] / Vergleiche[n]. dergestalt / daß eine *Indiani*sche *Kosa*[48] / der Grös[s]e nach mehr mit / einer *Mongoli*sche[n] *Golo-* / *chon*[49] übereinKommt.

---

[a] *von* Die BrazKi *bis* werste u. s. w. *auf. Bl.* 38r *unten rechts marginal*   [b] *von* Im WercholensKisch₍ bis zu gehe₎ pflege₎ *rechts marginal*   [c] *von* Die Samojeden im *bis* und aller Bagage Zu *im Manuskript durchgestrichen*   [d] ₐᵨыɯоM *verbessert aus* [].   [e] *von* Die Tunguse₍ am *bis* аргышом *rechts marginal*   [f] *nach* biss *gestr.* Biß   [g] *auf eine* Köss *über der Zeile*   [h] TagereiSe *verbessert aus* [].   [i] *von* Kösch Bey denen *bis* Vieh Verhause₎ *rechts marginal*

vid⌈e⌉ / Descript⌈ionem⌉ Elsevirian⌈am⌉ verae / Indiae s⌈eu⌉ Magni Mogolis / Imperii[a] p⌈agina⌉ 14.[50]
|: N⌈ota⌉B⌈ene⌉[51] die aussPrache beyder / Wörte Kommt einander / noch näher, als sie mit Buch- / staben Kann ausgedrüket / werde⌈n⌉. denn der *Ja- / KuzKi*sche *Diphthongus*[52] / *ö* im worte *Köss* ist / eigentlich[b] ein Mittellaut Zwische⌈n⌉ / *o* und *ö*.
Witsen p⌈agina⌉ 502[53] hat das / *Indiani*sche Meilen Maaß / *Coss*[54] nicht Zu erKläre⌈n⌉ / gewust und es mit / dem Persische⌈n⌉ Maaße / *Gaz*[55] *confundiret*[56]. Von dem *Indiani*schen Meilen / Maaße *Coss*[57] S⌈iehe⌉ *Anville* / in den *Eclaircissements sur la / Carte de l'Inde*. *Paris* 1753. 4$^{t⌈o⌉58}$ / u⌈nd⌉ daraus *Journal des Scavans* / Vom Marth⌈io⌉ Monath 1754[59] : |[c]

[1] d. h. die pumpokolischen Ostjaken am Fluß *Ket'* (s. auch Kap. 25, Bl. 10v)
[2] russ. *bičevoj* bzw. *bečevoj* – an einem Tau befindlich; russ. *bičevat'* – an einem Schiffsseil ziehen, d. h. treideln
[3] „In Schriften bedient sich die Geistlichkeit sowohl bey den Mongolen als Kalmücken, einer etwas bestimtern Messungsart [der Längen/Entfernungen]. Vier und zwanzig Nemocho oder Gelenke (welches soviel als unsre Zolle beträgt), machen einen Tochoi oder Ellenbogen; und vier Tochoi einen Alda oder Klafter, deren 500 eine halbe Beree oder chinesische Li, und tausend eine ganze Beree ausmachen. Vier dieser Beree aber nennt man ein Golochon." (Pallas 1776, S. 125)
[4] mongol. „тохой" – Ellenbogen, Längenmaß von ca. 0,32 m (*Luvsandèndèv* 2001–2002, Bd. 3, S. 235); s. Anm. 3 u. *Anikin* 2000, S. 558
[5] „Ellenbogen, lateinisch Cubitus, ... ist dasjenige Stück des Armes, welches sich von der Biegung des Arm=Beines bis zur äussersten Hand erstrecket, ..." (Zedler 1732–50, Bd. 8, Sp. 908); „Cubitus ... 5) (Ant.), Maß, von der Länge des Vorderarms, mit Zurechnung der Hand." (Pierer 1857–65, Bd. 4, S. 569); „3. Die Vorderarmslänge (Cubitus), von der Spitze des Ellbogens bis zur Spitze des mittlern Fingers, etwa 17 Zoll." (Bischoff 1822, S. 5)
[6] s. Anm. 5
[7] mongol. „алд" – Klafter (s. Glossar: Faden), Längenmaß (*Luvsandèndèv* 2001–2002, Bd. 1, S. 73); s. Anm. 3 u. *Anikin* 2000, S. 83 unter russ. *aldan*
[8] s. Anm. 7
[9] mongol. „бээр" – Wegemaß, Meile (mit einer Länge von ca. 2 km) (*Luvsandèndèv* 2001–2002, Bd. 1, S. 317); s. Anm. 3
[10] s. Anm. 9
[11] s. Anm. 3
[12] s. Anm. 9
[13] „Eer het werk meerder aanwast, zal ik in 't kort dit woord Ly, dat een gemeene Sineesche maat beteekent, en wy doorgaans in onze Reize in 't afmeeten der Plaatzen zullen gebruiken, uitleggen. Een Ly dan strekt zich, na 't zeggen der Sineezen, zoo verre als men de stem van een mensch kan hooren, wanneer hy op 't

---

[a] I*mperii* verbessert aus [.]   [b] eigentlich *über der Zeile*   [c] *von* NB. die aussPrache beyder Wörte *bis* Marth) Monath 1754 *rechts marginal*

vlakke veld, en by stil en klaar weder luits-keels roept. Andere rekenen Ly ruim zoo groot als een stadië, een stadië gerekent op hondert en vijftigh schreden; van welke stadiën tween-twintigh een gemeen Duitsche mijl uitmaken." (Nieuhof 1665, S. 56); „Ehe ich weiter gehe / wil ich hie das Wort Ly, welches hin und wieder in dieser ReyseBeschreibung / beym Abmessen der Oerter / sol gebraucht werden / kürzlich erklähren. Bedeutet demnach Ly eine gemeine Sinische Land masse / die sich / nach der Sineser eigenen Erklährung / so weit erstrecket / als man eines Menschen stimme / wenn er auff ebenem Felde / und bey stillem Wetter mit vollem Halse rufft / hören kan. Andere halten eine Ly ja so groß als ein stadium oder Feldweges / das stadium auff 150. Schrit gerechnet; dergleichen stadia 22. eine gemeine Teutsche Meyl machen." (Nieuhof 1669, S. 61); G. F. Müller hatte die holländische Ausgabe (Nieuhof 1665) mit auf die 2. *Kamčatka*expedition genommen (s. AAW F. 3, Op. 1, D. 814, Bl. 202r – in Dokument 181 von Hintzsche 2004, S. 441)

[14] <lat./frz.> – schätzen, taxieren
[15] lat. – Himmelgrad; s. dazu Mannert 1799, S. 107ff. u. S. 216ff.
[16] <lat.> – Annahme
[17] s. Anm. 9
[18] s. Anm. 9
[19] s. Anm. 3
[20] s. Anm. 9
[21] s. Anm. 3
[22] „Stunde, Frantz. Lieue, ... heisset auch ein Weg, den ein hurtiger Mann in einer Stunde Zeit gehen kan. Insgemein werden bey uns zwey Stunden auf eine Meile gerechnet. In Franckreich, Holland, Spanien, ... werden die Wege nach Stunden gemessen, ... Die Holländische [Stunde] 2400 [Schritt] ..." (Zedler 1732–50, Bd. 40, Sp. 1361f.); s. auch Glossar: Meile
[23] *Bajkal*
[24] burjat. „хараанай газар" – mit den Augen noch sichtbare Entfernung, Sehfeld (*Čeremisov* 1973, S. 141 u. S. 549); burjat. „хараа(н)" – Sehvermögen (a. a. O., S. 549); burjat. „газар" – Erde (a. a. O., S. 140); burjat. „gazer NU., T., gazar Ch., gaʒer S., 1) Erde, ..." (Schiefner 1857, S. 130)
[25] burjat. „ein, nigen, negen." (Schiefner 1857, S. 190); burjat. „нэгэ" – ein (*Čeremisov* 1973, S. 336); s. Anm. 24
[26] burjat. „zwei, xojer, xojir." (Schiefner 1857, S. 224); burjat. „хоёр" – zwei (*Čeremisov* 1973, S. 576); s. Anm. 24
[27] tungus. (ewenk.) „нулги" – Tagesreise (beim Nomadisieren), Entfernung von ca. 10 km (*Myreeva* 2004, S. 400); „Sie [d. h. die Tungusen] haben keine andere Meilen-Maaß den eine Tage-Reise welchen Sie Nulge nenne)., und Bedeutet eine solche Nulge, wenn Sie mit ihren Wohn-Hutten von einem Ort zum andern wandern, und ist von 10 bis 15 Werste." (J. J. Lindenau in: AAW F. 934, Op. 1, D. 89, Bl. 365r, Kopie aus dem Archiv RGADA)
[28] s. Glossar: Meile
[29] s. Anm. 27
[30] russ. *kočevat'* – nomadisieren
[31] *Nižnaja Tunguska*
[32] s. Anm. 27
[33] tungus. (ewenk.) „нулги-ми" – an einen anderen Ort ziehen (nomadisieren) (*Myreeva* 2004, S. 401)
[34] s. Glossar: Werst
[35] russ. *so vsem argyšom* – mit dem gesamten Troß; russ. *argiš* bzw. *argyš* – Rentierfuhrwerk, Karawane, Troß; s. auch *Anikin* 2000, S. 95
[36] s. Glossar: Köss
[37] s. Anm. 27
[38] jakut. „ат көс" – Meile zu Pferd, 10 Werst (*Pekarskij* 1958–1959, Bd. I, Sp. 1170); jakut. „ciäläp aт көсö" – „die Meile eines trabenden Pferdes, 13 bis 14 Werst" (Middendorff 1851, Theil 2, S. 60); jakut. „ат" – Pferd (*Pekarskij*

1958–1959, Bd. I, Sp. 182; Middendorff 1851, Theil 2, S. 3)

[39] jakut. „саты̄ кӧс" – Meile zu Fuß, 7–8 Werst (*Pekarskij* 1958–1959, Bd. I, Sp. 1170); jakut. „Саты̄ кӧс" – „eine Meile zu Fuss, sieben bis acht Werst" (Middendorff 1851, Theil 2, S. 60); jakut. „саты̄" – zu Fuß, Fußgänger (*Pekarskij* 1958–1959, Bd. II, Sp. 2131; Middendorff 1851, Theil 2, S. 154)

[40] s. Anm. 27

[41] lat. – Himmelgrad; s. dazu Mannert 1799, S. 107ff. u. S. 216ff.

[42] turk. „кӧш" – Übersiedlung (Radloff 1963, Bd. 2, Sp. 1304); chakass. „кӧс" – Umzug, Umsiedlung (*Subrakova* 2006, S. 207)

[43] „Cos, Cosse, heist ein Strich Weges bey denen Indianern, welcher ungefehr eine halbe Frantzösische Meile beträgt." (Zedler 1732–50, Bd. 6, Sp. 1402); „Cos, Längenmaß in Calcutta = 1000 Depoh od. 1,828767 Kilometer." (Pierer 1857–65, Bd. 4, S. 474); „Coss, s. The most usual popular measure of distance in India, but like the mile in Europe ... varying much in different localities. The Skt. word is krośa, which also is a measure of distance, but originally signified ‚a call,' hence the distance at which a man's call can be heard. In the Pali vocabulary called Abhidhānappadīpikā, which is of the 12th century, the word appears in the form koss; and nearly this, kos, is ordinary Hindi. ... The kos as laid down in the Āīn ... was of 5000 gaz [s. Anm. 55] ... In the greater part of the Bengal Presidency the estimated kos is about 2 miles, but it is much less as you approach the N.W. ..." (Yule 1996, S. 261f.)

[44] s. Anm. 43

[45] s. Glossar: Meile

[46] s. Anm. 43

[47] s. Glossar: Meile

[48] s. Anm. 43

[49] s. Anm. 3

[50] lat. – siehe Elzevierische Beschreibung des wahren Indiens oder des Reichs des Großmoguls; „... mille cosarum, quarum singulae duobus, aut duobus et semis milliaribus Anglicis comparantur; et à nostratibus binae pro uno milliari Belgico computantur." (lat. – ... eine Kosa-Meile, die mit zwei oder zweieinhalb englischen Meilen gleichgesetzt wird und von der meine Landsleute zwei auf eine belgische Meile rechnen.) (Laet 1631, S. 13f.)

[51] lat. – Merke wohl!

[52] „DOPPELLAUT, m. diphthongus, der durch die verschmelzung von zwei verschiedenen kurzen vocalen gebildete laut. dahin ai ... au .. äu ... ei ... eu ..." (Grimm 1991, Bd. 2, Sp. 1266)

[53] „Van Patanah quam hy in een klein Stedeken, een § Cos van daer, en ook aen de Ganges gelegen, alwaer zijn goed op Draeg-ossen ladede, met welke een weg van omtrent veertig dagen afleide, tot aen §§ Itonda, daer een Carewaanzeray of Rustplaets, onder aen de voet van een zeer zwaer gebergte stond. ... § Is een Persische maet, waer van de lengte my onbekent is, zijnde anderzins Gaz, dat de zommige ook wel Cos of Gos uitspreken, een kleine maet van vier Hollandsche Ellen, en Gez, de lengte van een Engelsche El, of vyf vierendeel Hollandsch; of op zommige plaetzen, een en een zeste El Amsterdamsche. ..." (nl. – Aus Patna kam er in ein kleines Städtchen, ein Cos[§] entfernt und auch am [Fluß] Ganges gelegen, wo er seine Waren auf Last-Ochsen lud, mit denen er eine Reise von etwa vierzig Tagen unternahm bis nach Itonda[§§], wo es eine Karawanserei oder einen Ruheplatz unter einem sehr hohen Gebirge gab. ... § Ist ein persisches Maß, dessen Länge mir unbekannt ist; dieses ist auch ein Gaz, von manchen auch als Cos oder Gos ausgesprochen, ein kleines Maß von vier holländischen Ellen, oder ein Gez von der Länge einer englischen Elle, oder fünf Viertel holländische [Ellen], oder, in manchen Gegenden, eineinsechstel Ams-

terdamische Ellen. ...) (Witsen 1705, S. 502)

[54] s. Anm. 43

[55] „Gaz (pers. u. hindust., auch Guz, Gaj u. Guj), in Ostindien die Elle. Zur Zeit Akbars wurden die sehr verschiedenen, zwischen 18–58 Zoll variierenden Längenmaße dieses Namens aufgehoben u. dafür ein Normal=Gaz von 41 Zoll ... eingeführt. ..." (Pierer 1857–65, Bd. 7, S. 22); „Gudge, s. P.-H. gaz, and corr. gaj; a Persian yard measure or thereabouts; but in India applied to measures of very varying lengths, from the hāth, or natural cubit, to the English yard. In the Āīn ... Abu'l Fazl details numerous gaz which had been in use under the Caliphs or in India, varying from 18 inches English ... to $52^{1}/_{8}$ ..." (Yule 1996, S. 400–401); „Das Maaß von Rescht. Die Breite von sieben Pferdehaaren ist ein Gerstenkorn. Sieben Gerstenkörner sind ein Finger. Vier und zwanzig Finger sind eine halbe Gäze, oder Gaz = ein Meßschuh. Vier tausend Meßschuh sind eine Meile. ... Die fremden und persischen Kaufleute rechnen beym Einkaufe der Wollenwaaren, die Gäze zu vierzig Zoll englisch, aber sie hält nur neun und dreyßig und zwey Drittel." (Hanway 1754, S. 311)

[56] <lat.> verwechselt, durcheinander gebracht

[57] s. Anm. 43

[58] lat. – in Quart, im Quartformat

[59] „Si le nom de Coss, dont se servent les Indiens pour désigner la mesure actuelle des distances dans l'Inde, ou une dénomination qui en est évidemment un dérivé, se retrouve dans l'antiquité, comme en effet je le découvre; cette circonstance favorise beaucoup la présomption que l'on a déjà formée de l'ancienneté de cette mesure.", frz. – Falls sich der Name Cos dessen sich die Inder bedienen, um das tatsächliche Entfernungsmaß in Indien zu bezeichnen, oder eine Benennung, die offensichtlich eine Ableitung davon darstellt, im Altertum finden, wie ich es in der Tat entdeckt habe, spricht dieser Umstand stark für die Annahme, daß man dieses Maß bereits in der Frühzeit gebildet hat. (Bourguignon d'Anville 1753, S. 4 in: „Section I. De la partie de l'Inde traversée par l'Indus, et par les rivières qui se rendent dans ce fleuve.", S. 3–15); „Pour résumer en peu de mots toute cette discussion sur la mesure itineraire de l'Inde, disons: que les Indiens, dès la plus haute antiquité, ont connu l'usage de ce qui parmi eux s'appelle coss: que cette mesure, selon qu'elle est determinée par des bornes sur la voie ou route principale de l'Inde, s'évalue 1330 et quelques toises, de manière qu'il en faut près de 43 pour remplir un degré: que néanmoins l'estime arbitraire des distances en différentes parties du même continent, fait varier l'etendue des coss au point, que de la mesure moyenne entre la plus forte et la plus foible, il résulte environ 37 coss par degré; ce qui est en effet l'échelle que j'en ai donnée dans ma carte de l'Asie, qui a précédé la carte que j'ai dressée de l'Inde en particulier.", frz. – Um in wenigen Worten diese Diskussion über das Wegemaß von Indien zusammenzufassen, sagen wir, daß die Inder seit dem frühesten Altertum den Gebrauch dieses [Maßes], das sie bei sich Cos nennen, gekannt haben, und daß dieses Maß, da es durch die Grenzen des Weges oder der Hauptstraße von Indien bestimmt wird, 1330 und einige Klafter in der Weise beträgt, daß etwa 43 [Cos] benötigt werden, um einen Grad auszufüllen. Ungeachtet dessen läßt die willkürliche Abschätzung der Entfernungen in den verschiedenen Teilen des gleichen Kontinents die Länge des Cos so schwanken, daß sich für das mittlere Maß zwischen dem größten und dem kleinsten [Wert] etwa 37 Cos je Grad ergeben. Dies ist tatsächlich der Maßstab, mit dem ich meine Karte von Asien versehen habe, die der Karte, die ich speziell für Indien entworfen habe, vorausgegangen ist. (a. a. O.,

S. 14); „La mesure itinéraire des Indiens est le Coss, qui, comme nos lieues de France, croît & décroît suivant les Pays. Sa moyenne grandeur, selon M. d'Anville, est de 37 au degré, ce qui fait environ trois quarts de lieue; & cette évaluation, dont on dit ici les raisons, est plus juste que toutes celles qui se trouvent dans les Relations des Voyageurs ... Si le nom de Coss (dit il) ou une dénomination qui en est évidemment un dérivé, se trouve dans l'Antiquité, comme en effet je le découvre, cette circonstance favorise beaucoup la présomption que l'on a déjà formée de l'ancienneté de cette Mesure.", frz. – Cos ist das Wegemaß der Inder, das wie unsere französische Meilen von Ort zu Ort größer oder kleiner wird. Die mittlere Größe beträgt nach Herrn d'Anville 37 [Cos] je Grad. Dies entspricht etwa dreiviertel einer Meile, und diese Bestimmung, von der er hier die Gründe angibt, sind mehr gerechtfertigt als diejenigen, die man in den ‚Relations des Voyageurs' findet. ... Wenn der Name Cos (sagt er) odere eine Benennung, die offensichtlich eine Ableitung davon ist, sich im Altertum findet, wie ich tatsächlich entdeckt habe, unterstützt dieser Umstand stark die Annahme, daß man dieses Maß bereits in der Frühzeit gebildet hat. (Journal des Sçavans 1754, S. 173f.); s. Anm. 43

Kapitel 6

/40r/

Von der LeibesGestalt der Völker.

Die *Ta*taren und *JaKut*e⌈n⌉ / sehen sich einander ähnlich. / Sie sind Beyde mehrentheils / groß und stark Von Leibe / Zwar etwas Platt im Ge- / sichte, doch mit etwas erhabene⌈n⌉ / Nasen.
Die *Mongol*en und Chal- / müken und *BrazKi*[a] sind Kleiner / Von *Stat*ur, und viel / platter im Gesichte. / Von Gliedmaaßen auch / sehr stark.
Zusammen mehr fett / als mager.
Das Gesichte der Völker / Von *Mongoli*scher abKunfft / ist mehr rund, das bey / dene⌈n⌉ Von Tatarischer Ab- / Kunfft mehr Länglicht.
Jene habe⌈n⌉ rundere Augen / Diese mehr Längliche[b]. /40v/
Die *Tungus*en sind mehrenTheils / Länglicht Von Gesichte und / groß Von *Statur*, dabey / Mager, jedoch stark Von / Glieder⌈n⌉.
Die *Tungus*en im *Nertschins*- / *Ki*sche⌈n⌉ Gebiethe[1], welche Vieh- / Zucht hab⌈en⌉, sind fett / und wenig Von denen / *Mongol*en Zu unterscheid⌈en⌉ / weil sie sich mit denen- / selb⌈en⌉ seith vielen *generation*⌈en⌉ / durch heyrath⌈en⌉ Vermischet / hab⌈en⌉.
|: Junge *Tungus*en sind fast / alle breit u⌈nd⌉ dik von gesichte / wenn sie alt werde⌈n⌉ so scheinet / sich das Gesichte Zu verläger⌈n⌉. / Einige Junge leute sind / auch fett. alle stark / Von glieder⌈n⌉ und sehr hurtig / auf den beinen. :|[c]
|: *Tungus*en setzen die beyne[d] / alleZeit auseinander, wenn / sie aufrecht stehen, :|[e]
Die Nordl⌈ichen⌉ völker von / *Sibiri*en sind mehr Klein / als groß, gleich[f] denen übrig⌈en⌉ / Platt Von gesichte und / Mager.
|: *Samoj*eden sind fast alle / Klein Von *Positur*, und / sonderlich die weiber / selten daß man große / Leute bey ihnen antrifft / ihre Gesichts Gestalt ist / nicht so sehr als der / ubrige⌈n⌉ völker Von der / *Europäi*sch⌈en⌉ Unterschieden / Bey Vielen sind die / Haare auf den Kopfe / flechten weise Zusamme⌈n⌉ / gewachsen.
Staat Von *Sibirien*[2] sagt Von den *Samoj*ede⌈n⌉ / es sey Kein heßlicher[g] Volk unter der / Sonnen. Ich meine die *Ostiak*en und / *Samoj*eden Kommen in der Gesichts bildung / unter allen *Sibiri*sche⌈n⌉ Völker⌈n⌉ dene⌈n⌉ / *Europäi*sch⌈en⌉ *Nation*e⌈n⌉ am nächsten.

---

[a] und BrazKi *über der Zeile*   [b] Längliche *verbessert aus* t   [c] *von* Junge Tungusen sind *bis* den beinen *rechts marginal*   [d] beYne *verbessert aus* [.]   [e] *von* Tungusen setzen *bis* aufrecht stehen *auf Bl.* 41r *rechts oben marginal*   [f] gleich *verbessert aus* [.....]   [g] heßlicher *verbessert aus* [.].

Staat Von *Sibiri*en³ sagt man treffe / selten einen *Samoj*ede⌈n⌉ an der auf 4 Fuß / hoch sey. solches ist wahr.
*ibidem*⁴ die *Samoj*eden hätte⌈n⌉ fast alle / rothliche Haare. ist falsch. :|ᵃ
|: Die *Samoj*eden im *Turuch*⌈*anskischen*⌉ / Gebiethe sind mehrentheils / Klein von *Statur*, mager / Von Leibe, schwach von Kräfft⌈en⌉ / Platt von gesichte, Kleine füßeᵇ schwartze / Lange haare, Schwartze Zu / weilen auch graue augen, / ohne bärte (unter den *Jurak*en / sindᶜ einige wenigeᵈ mit Schwartzen und / rothe⌈n⌉ diken bärten, unter / denen übrigen *Samoj*eden ist es / was sehr seltenes einen Bart Zu / sehen.) *Juraki*sche weiber / haben auchᵉ Zuweilenᶠ Haare / auf der Schaam, Beyᵍ denen / übrig⌈en⌉ sehrʰ selten, undⁱ sieʲ / Konnen es auch alleᵏ nicht Leidenˡ: / und wenn sie ein haarichtes / Weib beKommen, so pflegen / sie es aus dieser Ursach wieder / Zu verlas⌈s⌉e⌈n⌉, sie magᵐ auch / sonst soⁿ schön seyn als sie / will, oder noch so gut die / Haushaltung und daZugehörige / Arbeit Verstehen. :|ᵒ
Alle Völker in *Sibiri*e⌈n⌉ / haben Schwartze sPröde / Haare, nicht Krauß, / schwartze Augen Braue⌈n⌉ / aber sehr dünne, schwartze / mehrentheils runde Kleine und tieffeᵖ auge⌈n⌉, Schwartze auge⌈n⌉ aepffel / mit einer braunen *Iride*⁵, / wie die Hunde,ᵠ / dike Leffzen⌈r⌉⁶ Platte /41r/ Nasen, hohe Baken, dike / Leffzen⁷, dünnen Bart, / aus⌈s⌉er Bey dene⌈n⌉ eintzig⌈en⌉ / *Kuril*en in *KamtschatKa*⁸ / welche einen diken Bart / haben.
Unter allen Völker⌈n⌉ in / *Sibiri*en sollen die weiber / entweder wenig oder Gar / Keine Haare auf der Schaam / habe⌈n⌉.
|: Auch Bey den Männern / sind die Haare auf der / Scham nicht so lang und / dik als wie Bey *Europä*er⌈n⌉ / doch sind Keine gantz Kahl.
*Ostiaki*sche weiber am *Jenisei*⁹ / sind viele, die etwas / wenig Haare haben. :|ˢ
|: *Tungus*en hab⌈en⌉ insgemein / Lange Haare. doch ist / das *Exempel* beym *Isbrand*¹⁰ / wenn es damit seine Richtig- / Keit hat für etwas aus⌈s⌉er- / ordentliches Zu halt⌈en⌉.
Von *Absalons*¹¹ lang⌈en⌉ haar⌈en⌉ / 2 Samuel. XIV. 26¹² :|ᵗ
Im Gesichte und über den / Gantzen Leib sind alle / Völker Bräunlicht gelb. Sie halte⌈n⌉ auch die weiße / Farbe gar nicht für schön.

ᵃ *von* Samojeden sind fast alle *bis* ist falsch. *rechts marginal* ᵇ Kleine füße *über der Zeile* ᶜ *nach* sind *gestr.* Viele ᵈ einige wenige *über der Zeile* ᵉ *nach* auch *gestr.* Viele ᶠ Zuweilen *über der Zeile* ᵍ Bey *verbessert aus* [...] ʰ sehr *über der Zeile* ⁱ *nach* und *gestr.* Diese ʲ sie *über der Zeile* ᵏ alle *über der Zeile* ˡ Le_iden *verbessert aus* [..] ᵐ _ma_g *verbessert aus* [.] ⁿ s_o *verbessert aus* [.] ᵒ *von* Die Samojeden im *bis* Arbeit Verstehen *auf Bl.* 40r *rechts marginal* ᵖ Kleine und tieffe *über der Zeile* ᵠ Schwartze auge) aepffel mit einer braunen Iride, wie die Hunde, *rechts marginal* ʳ dike Leffzen *ursprünglich gestr.* ˢ *von* Auch Bey den Männern *bis* wenig Haare haben. *rechts marginal* ᵗ *von* Tungusen hab) *bis* 2 Samuel. XIV. 26 *auf Bl.* 41v *rechts marginal*

|: Die *Samoj*eden sind auf / dem Leibe weis[s]er als / die ubrigen, weil sie / ihrem kalten *Clima* Von / der Sonnen Hitze nicht / so stark verbrandt werd[en]. / Der *Autor* des Staats Von / *Sibiri*en sagt das gegentheil.[13] :|[a] Unter den *JaKute*[n] giebt / es Leute Männl[ichen][b] und / Weibl[ichen] Geschlechts, die[c] einestheils[d] / an den Haare[n] auf dem / Kopffe,[e] anderntheils[f] an der Haut / auf dem Leibe schekigt / sind. Zwischen denen sonst / schwartzen Haare[n] sind / große weiße Zöpffe Zu- / sehen: Und auf dem Leibe /41v/ *generir*en[14] sich Bey erwachsene[n] / Leute[n] zuweilen auf der / gelb-braunen Haut weis[s]e / Fleken, welche Anfangs / nur klein sind, aber mit / den Jahren immer größer / werden.

|: Im *Turuchanski*schen / Gebiethe ist ohnlängst / ein *PosadzKoi*[15] gewes[en] / aus *Tobolsk*[16] gebürtig / der auf dem Leibe / dergleiche[n] Fleken Von der / Geburth an gehabt hat. :|[g] Die Rus[s]en nenne[n] / dergleiche[n] Leute *Pjegie*[17] / weil nun ein Gerüchte in / Rus[s]land und in einigen Von / Sibirien handelnde[n] bücher[n] / ist, als wenn in Sibirie[n] / ein besonderes Volk sey / das über den gantzen Leib / Schekigt sey: weswegen[h] man / daßelbe auch *Pjegaia orda*[18] / nennet: so Könnte solches / wohl daher entstanden / seyn. wie wohl ich auch in / denen alteste[n] Cantzelley / *document*[en] Zu *JaKuzK*[19] / gefund[en] habe, daß man / Bey erster Entdekung / des *Amur* flußes die / dortigen *Daur*en vermuth- /42r/ Lich aus einer eben dergleich[en] / Ursache *Pegaia orda*[20] ge- / nennet. denn sonst ist / in gantz Sibirie[n] Keine Spur / Von einem dergleiche[n] besonder[en] / Volke anZutreffe[n].

|: Im *wercholensKi*sche[n] Gebiethe[21] / habe ich einen am Ursprunge / des *Kuda* fl[usses] wohnhaffte[n] / *Burja*ten gesehe[n], des[s]en / rechter Arm sehr stark mit / Haaren Bewachsen war, und / unter dene[n] Haare[n] eine dunkel / braune Haut hatte. :|[i]

Das flekigte Kind so man / Zu S[ank]t Petersburg in der Kayserl[ichen] / KunstKammer weiset, / möchte ehender für eine Miß- / geburth als für etwas / hieher gehöriges Zu halte[n] / seyn. Denn so viel ist gewiß / daß unter dene[n] *JaKute*[n] / niemand flekigt gebohre[n] / wird, sonder[n] daß die Fleke[n] / wie oben gesagt, erst Bey er- / wachsene[m] Alter entstehen. / Die Schekigt[en] HaarZöpffe / aber sind bey denen, welche / solche habe[n], Von Geburth.

Puklichte und Mis[s]geburthe[n] / sind was seltenes unter / dene[n] Völker[n] in Sibirien.

Exempel einer Mis[s]geburth / zu *JaKuzK*[22] bey unserer / Anwesenheit[23]. /42v/

---

[a] *von* Die Samojeden sind *bis* das gegentheil. *rechts marginal*   [b] Männl. *verbessert aus* [.....]   [c] *nach* die *gestr.* sowohl   [d] einestheils *über der Zeile*   [e] *nach* Kopffe, *gestr.* als   [f] anderntheils *über der Zeile*   [g] *von* Im Turuchanskischen *bis* gehabt hat. *rechts marginal*   [h] wesWegen *verbessert aus* [.]   [i] *von* Im wercholensKische₎ *bis* Haut hatte. *rechts marginal*

Ein *Engl[ischer]* Scribent²⁴ beym *Witsen / p[agina]* 306.²⁵ sagt von denen Chalmüke[n] / Es sey Kein heßlicher Volk in / gantz *Asien*. Das Gesicht sey / platt und breit, und Zwischen / denen Beyden Augen sey ein / Abstand von 5 fingern

¹ Gebiet von *Nerčinsk*
² „6. Ihre Gestalt ist sehr abscheulich und heßlich/ und man kann wol sagen/ daß kein abscheulicher Volk auf Erden seye. Sie sind kurz und untersetzt von Leib/ nicht über 4 Schue hoch/ breit von Schultern und Angesicht/ mit platten breiten Nasen/ grossen hangenden Lippen/ und kleinen tief in dem Kopf stehenden Augen wie bei Luchsen/ der Kopf ist recht groß und dick. Durchgehend sind sie hellbraun/ mit langem fliegendem Haar/ welches jezuweilen roht und blunt/ meistens aber Pech=schwarz; haben sehr wenig Bart/ ihre Haut ist braun und grob; sonst sind sie schnell im Laufen." (Staat 1720, S. 124)
³ s. Anm. 2
⁴ lat. – ebenda; s. Anm. 2
⁵ lat. iris – Regenbogenhaut
⁶ „LEFZE, f. lippe; ein vorwiegend oberdeutsches, bis in dieses jahrhundert auch in der schriftsprache verwendetes, jetzt fast abgestorbenes wort. ... lefze am menschen, gewöhnlich im plur. lefzen ..." (Grimm 1991, Bd. 12, Sp. 515f.)
⁷ s. Anm. 6
⁸ *Kamčatka*
⁹ *Enisej*
¹⁰ „Als ich in dieser stadt [*Telembinsk* bzw. *Telenbinsk*] übernachtete/ kam ein Knezets oder Tunguzischer Fürst/ mit nahmen Liliulka/ zu mir: er hatte ungemein lang haar/ welches er wegen seiner länge in ein ledern band eingenähet/ und 3 mahl umb seine schultern gewunden hatte. Ich war sehr neugierig/ solches loß gewickelt zu sehen/ ob es in der that so lang wäre; ließ ihn deßwegen mit brandtewein truncken machen/ und erlangte durch diese ehren=bezeugung so viel/ daß er sein haar aus dem bande ließ loßschneiden: da ich dann befand/ daß es warhafftig sein eigen natürlich haar war. Dann ich besahe es gar genau/ nahm auch aus neugierigkeit eine elle/ und maß es damit/ und befand zu meiner grossen verwunderung/ daß es 4 Holländische ellen lang war." (Isbrand Ides 1707, S. 91f.)
¹¹ Absalom bzw. Absalon
¹² 2. Buch Samuel, Kapitel 14 „26. Und wenn man sein Haupt schor, (das geschah gemeiniglich alle Jahre; denn es war ihm zu schwer, daß man's abscheren mußte,) so wog sein Haupthaar zweihundert Lot nach dem königlichen Gewicht." (Bibel 1916, S. 296)
¹³ s. Anm. 2
¹⁴ <frz.> – bilden (sich)
¹⁵ russ. *posadskoj* (*posadskij*, Mz. *posadskie*); Bewohner des *posad* (Vorstadt), der Handels- und Handwerkeransiedlung außerhalb des Zentrums von Städten und Festungen; gesellschaftliche Schicht von Handwerkern und Kaufleuten mit bestimmten staatlichen Abgaben und Verpflichtungen
¹⁶ *Tobol'sk*
¹⁷ russ. *pegie* – die Scheckigen, von russ. (adj.) *pegij*, *pegoj* – scheckig
¹⁸ russ. *pegaja orda* – gescheckte Horde (Stamm); s. Glossar: Geschlecht; „... eines Volcks, das unter dem Nahmen пегая орда [russ. *pegaja orda*] (als ob es auf dem Leibe scheckigt wäre) seit der Entdeckung Sibiriens beständig einen großen Ruf gehabt, ohne daß es jemahls wirklich gefunden worden. Es heisset, man könne von Tara zu Lande, oder durch die Steppe, zu diesem Volke kommen, und es zinsbar machen. Folglich müste der Sitz desselben jenseits der Barabinischen

Steppe am Ob gewesen seyn. Indem man nun hier den eigentlichen Anfang dieses Mährgens siehet, so wird sich auch dessen Fortsetzung in dem weiteren Verlaufe der Sibirischen Geschichte antreffen lassen, wo insbesondere vorkommen wird, daß die Ostiacken um Narim mit diesem Nahmen ehmals beleget worden." (Müller 1761–1762, S. 465–466); „Hierbei ist eines volks erwähnung zu tuhn, welches in Sibirien unter dem namen Pegaja Orda (die schekkigte Horde) bekadt gewesen, und davon der gemeine mann geglaubt, als wenn ihre haut, wie etwa bei hunden oder pferden, von natur flekkigt wäre. ... Nach der zeit hat man mehr licht von ihnen bekommen und aus urkunden gefunden, daß die Narimische Ostiaken darunter müßten verstanden werden. Woher aber dieser name, und die meinung von der schekkigten haut dieses volkes entstanden, ist nicht so leicht zu sagen: Unter den Jukagern, ... ist ein geschlecht, welches die Koraken Aetäl, d. i. die sprenklichte nennen, weil sie nemlich sprenklichte rennthiere haben, und derselben felle zu ihren kleidungen gebrauchen. ..." (Fischer 1768, S. 296f.); „... in Siberien noch eine andere Horda vor diesem bekannt gewesen, welche man Piegaga oder Pyestra Horda genannt, welches die bunt=sprenglichte, oder getiegerte Horde heisset, die aber meistens aus= und untergegangen, ... Gemeiniglich findet man solche bunte Leute an dem Czulim=Strohm, auch bey der Stadt Crasnojahr am Jenisei=Strohm, unter den so genannten Kistimischen Tatarn." (Strahlenberg 1730, S. 166, Anmerkung)

[19] *Jakuck*

[20] russ. *pegaja orda* – gescheckte Horde (Stamm); s. Anm. 18 u. Glossar: Geschlecht

[21] Gebiet von *Vercholensk*

[22] *Jakuck*

[23] G. F. Müller traf am 31. August 1736, aus *Olekminskoj ostrog* kommend, in *Jakuck* ein, J. G. Gmelin traf etwas später (am 11. September) ein (Gmelin 1751–1752, 2. Theil, S. 394). Beide verließen am 9. Juli 1737 *Jakuck* wieder (a. a. O., S. 555). J. G. Gmelin berichtet in seiner Reisebeschreibung, daß am 18. Februar 1737 eine Jakutin im Alter von 45 Jahren eine ‚Mißgeburt' zur Welt gebracht habe und erläutert die näheren Umstände dazu (a. a. O., S. 455–459).

[24] Samuel Collins; „SKRIBENT, ... scribent, author. ... schriftsteller, schreiber ..." (Grimm 1991, Bd. 16, Sp. 1331f.)

[25] „Zeker Engelsche Schryver, wiens schriften in 't Jaer 1679 tot Parys gedrukt zijn, zegt, dat ... Lelijker volk van gedaente, als de Kalmakken, word in geheel Asie niet gevonden. Het aengezicht is plat en breed, tusschen het eene oog en 't ander is een tusschen-stant van omtrent vyf vingeren. Dus ver uit gemelte Engelsche Schryver." (nl. – Ein gewisser englischer Autor, dessen Schriften im Jahr 1679 zu Paris gedruckt worden sind, sagt, daß .... was die Gestalt angeht, es in ganz Asien kein häßlicheres Volk als die Kalmyken gibt. Ihr Gesicht sei platt und breit und zwischen den beiden Augen sei ein Abstand von ungefähr fünf Fingern. So weit der oben angeführte englische Autor.) (Witsen 1705, S. 306); Das angegebene Werk ist: Collins, Samuel: Relation curieuse de l'estat present de la Russie. ... Paris : Louis Bilaine, 1679

Kapitel 7

/43r/
Von der Kleidung
der Völker.

*Tata*ren um *Tobolsk*¹, *Tumen*² / *Tara* scheren sich den Kopff / gantz Kahl, so wie auch die / *Casani*sche⌈n⌉ *Tatar*e⌈n⌉. Die / Keine ScheerMes⌈s⌉er³ haben, schnei- / den die Haare mit Scheere⌈n⌉ᵃ / sehr Kurtz an dem Kopffe ab.
Die *Tatar*en im *KusnezKi*sch⌈en⌉ / und *KrasnojarsKi*sche⌈n⌉ Gebiethe⁴ / haben von dene⌈n⌉ benachbahrt⌈en⌉ / Chalmüke⌈n⌉ und *Mongol*en / angenomm⌈en⌉, daß sie oben / auf der Scheitel ein⌈en⌉ Kleine⌈n⌉ / HaarZopff übrigᵇ Laßen, welcher / geflochten wird, und am Hin- / tertheil des sonst kahl / geschornen Kopffes herab hän- / get.
Die *Mongol*en und *BrazKi* / im Rußische⌈n⌉ Gebiethe haben / eben diese Gewohnheit mit der / Haarflechte auf der Scheitel des Kopffes.
|: wie wohl unter den⌈en⌉ / *BrazKi* dießeits dem / *Baical*⁵ die HaarZöpffe / nicht so üblich sind. :|ᶜ /43v/
Die *Tungu*sen im *NertschinsKi*sch⌈en⌉ / Gebiethe⁶ haben mehrentheilsᵈ eben diese / Gewohnheit: Ob sie solche Von / denen ihne⌈n⌉ Benachbahrt⌈en⌉ *Mon-* / *gol*en oder dene⌈n⌉ *Sinesi*sch⌈en⌉ / *Daur*en angenomm⌈en⌉ hab⌈en⌉, / ist ungewis⌈s⌉.
|: daß ihnen solches nicht ursPrüng- / Lich, sondern ein angenommener / Gebrauch ist, solches erhellet / daraus, daß einige unter / ihnen noch die Haare über / den gantzen Kopff wachs⌈en⌉ / Las⌈s⌉e⌈n⌉. :|ᵉ
Von dene⌈n⌉ *Daur*en oder *Man-* / *schju*ren ist beKannt, daß / Bey ihnen die Haarflechteᶠ / oben auf dem Kopffe ein / Alter Gebrauch ist, und / daß sie so gar Bey der / *Conqu*ete von *Sina*⁷ die / *Sines*er gezwungen hab⌈en⌉ / gleiche⌈n⌉ Gebrauch anZunehm⌈en⌉ / Anstatt daß dieses Volk / Vorher über den gantze⌈n⌉ Kopffᵍ Lange Haare getra- / gen.
|: *Ostiaki*sche weiber ehe sie / getauffet worden haben / auch Zwey HaarFlechte⌈n⌉ / Zu beyden Seiten des gesichts / getrage⌈n⌉: Die Magdgens / eben so. Die Manner / bey ihnen Keine Haar / Flechten, auch nicht im / Nake⌈n⌉ Zusammengebunde⌈n⌉ / Die Männer haben vor / der Taufe ihre Haare / Kurtz abgeschoren.

ᵃ ₛ꜀ₕₑₑᵣₑ) *verbessert aus* [..]   ᵇ übrig *über der Zeile*   ᶜ von wie wohl unter *bis* so üblich sind *rechts marginal; folgt am Ende des Blatts* Die   ᵈ mehrentheils *über der Zeile*   ᵉ von daß ihnen solches *bis* wachs) Lasse) *rechts marginal*   ᶠ H₍ₐₐᵣfₗₑ꜀ₕₜₑ₎ *verbessert aus* [.]   ᵍ über den gantze) Kopff *über der Zeile*

Unter^a dene[n] *Ostiak*en am *Jenisei*^8 / sind Viele, die den halben / Vor-Kopff abscheren. Uber die / Abgeschornen Haare aber / hängen^b die Langen Haare / Von der Scheitel biß auf die / Stirne herunter. Sie sagen / sie thun solches, wegen der / wärme im Sommer, daß sie / Von dene[n] Uberflüßige[n] Haar[en] / nicht mögte[n] *incommodir*et^9 / werden. :|^c
Die *JaKut*en Leiden nach / dem *Exempel* der *Tatare*[n]^d / auch Keine Lange Haare / doch sind sie damit nicht / so *religieux*^10, daß sie sie so / gar Kurtz am Kopffe abschneide[n] / sollt[en]. Ihre meiste Absicht dabey ist, wenn sie sich rauffe[n] / und schlage[n], daß man die Haare nicht moge fas[s]e[n] Könne[n]. /44r/
|: Die *Samoj*ede[n] im *Turu-* / *chansKi*sche[n] Gebiethe haben / eben auch Lange Haare / schneiden aber dieselbe mehren- / theils ab wenn sie biß auf die^e / Schulter[n] wachsen / Junge Leute flechten / auch die Haare Zu beyden Seiten des gesichtes^f / in Zopffe, habe[n] / auch Zuweile[n] Kleine / Zöpffe um die Stirne / hängen. :|^g
Die Wald-*Tungus*en Las[s]en / ihre Haare wachsen, ohne sie / jemahls abzuschneide[n], und Binde[n] / sie im Naken Zusammen / Zuweilen wachsen die Haare / Biß in die *Taille* aber / niemahls Länger.
Die ErZehlung des *Isbrandts*^11 / Von^h einem *Tunguse*[n] zu Te- / *lembinsK*^i des[s]e[n]^j / Haare Länger als er selber / gewese[n], ist sehr *suspect*^k. Man hat mehr *Exempel* / in seiner Reise beschreibung / daß man ihm^l / Mährgen aufgebund[en],^m wovon^n / er selber sagt, als wenn er / solche^o gesehe[n] habe. Sollte es aber ja wahr seyn, daß ihm ein der- / gleichen *Exempel* würklich vorgeKomme[n], so muß / man solches für etwas außerordentliches halte[n], / so wie man auch bey uns von aus[s]er- / ordentlich Lange[n] Haare[n], bärte[n], / Haaren auf der^p Schaam^q / und Pferde^r Schweiffen *Exem-* / *pel* angemerket findet.^s
Ich meine wenn ein *JaKut*e / oder *Mongol*e seine Haare / auch sollte wachse[n] Las[s]e[n] / sie würden nimmer so Lang / als wie bey den[en] *Tungus*[en] / werde[n]. denn die Leibes / *Constitution* der *Tungus*[en] / ist für den[en] übrige[n] Völker[n] / Besonders stark.

---

^a U_nter *verbessert aus* [.] ^b h_ängen *verbessert aus* L ^c *von* Ostiakische weiber ehe *bis* incommodiret werden *rechts marginal* ^d Tatare) *verbessert aus* [.....] ^e *über und unter der Zeile gestr.* welche sie auf dem Rüke) / zu einem Zopff flechte). ^f *nach* Gesichtes *gestr.* zumahls einen ^g *von* Die Samojede) *bis* Stirne hängen. *rechts marginal* ^h V_on *verbessert aus* [.] ^i *nach* TelembinsK *gestr.* der größere ^j d_esse) *verbessert aus* [.] ^k *nach* suspect. *gestr.* Vielleicht hat man ihm das ^l Man hat mehr Exempel in seiner Reise beschreibung daß man ihm *rechts marginal* ^m *nach* aufgebund) *gestr.* und ^n wovon *über der Zeile* ^o s_olche *verbessert aus* [.....] ^p d_er *verbessert aus* [.] ^q *nach* Schaam *gestr.* , [Komma] ^r Pf_erde *verbessert aus* [..] ^s *von* Sollte es aber ja wahr *bis* angemerket findet. *rechts marginal*

|: Unter denen *BrazKi* Las⸢s⸥en / Viele dies⸢s⸥eits der See¹² ihre / Haare bis⸢s⸥ auf die Schulter⸢n⸥ / wachsen; andere schneiden sie / glatt ab, weil ihnen solches / *commod*er ist, einige tragen / auch obe⸢n⸥ auf der Scheitel / Zopffe wie die *Mongol*e⸢n⸥ p⸢erge⸥ p⸢erge⸥ :|ᵃ
Von dene⸢n⸥ übrige⸢n⸥ wilden Völ- / ker⸢n⸥ als *Ostiak*e⸢n⸥, *Samoj*ed⸢en⸥, / *Koriak*⸢en⸥, *Jukagiri*, merket man an,ᵇ daßᶜ / Bey ihnen die Haare, auch /44v/ ohne abzuschneiden, nicht / Lang wachse⸢n⸥.
Die Weiber unter allen Völker⸢n⸥ / in Sibirien Laßen die / Haare wachsen.
|: *Samoj*edische weiber habe⸢n⸥ / 2 HaarZopffe Zu beyden Seite⸢n⸥ / des Gesichtes. Magdgens flechte⸢n⸥ / Zuweilenᵈ um die Stirne noch einige / Kleine Zopffe, außer / denen Zwey große⸢n⸥ Zöpffe⸢n⸥ / und *connectir*en¹³ die Klein⸢en⸥ / mit den größer⸢en⸥.ᵉ Die meistenᶠ / Magdgens haben nur 2 Zöpffe.
Eben so auch die *Tungusi*sch⸢en⸥ / Weiber im *NertschinsKi*sch⸢en⸥ / gebiethe¹⁴. Die meisten Verlängern / und verdiken ihre Haar / Zöpffe mit gros⸢s⸥⸢en⸥ dike⸢n⸥ / Flecht⸢en⸥ Von schwartze⸢n⸥ Pferde- / Haaren, welche bis⸢s⸥ in die / Taille herabhange⸢n⸥. oben / wo die Pferde Stränge an die / ächte⸢n⸥ Haare festgemachet / sind, da sind große breite / Ringe um die Haare von / Eisen mit Silber eingeleget / oder von Zinn oder Meßing, / unten hänge⸢n⸥ auch an den / Haar Strängen allerley / derg⸢l⸥⸢eichen⸥ Metallene oder / gläserne Zierrathe⸢n⸥ von Coral⸢l⸥⸢en⸥ / Oben um den Kopff und / unter dem Kinne trag⸢en⸥ die / *BrazKi*sche Weiber auch Zinnerne / Zierrath⸢en⸥ an Riemen. :|ᵍ
Die *Tatari*sche, *Mongoli*sche / und *BrazKi*sche weiber / Vertheilen die Haare in Zwey / Zöpffe oder Flechten,ʰ welche / Zu Beyden Seiten des Gesichtes / Biß vorn auf die brust / herab hängen. wogegen / unter diesen Völkern / die Mägdgens entweder / nur einen oder 3 Biß / 7 Zöpffe hinten im / Naken trage⸢n⸥.
Bey dene⸢n⸥ / *Tatar*en Zuweile⸢n⸥ bis⸢s⸥ auf 10 biß 15 / Zöpffe
Die *JaKuti*sche weiber habe⸢n⸥ / Vordem eben dieselbe Ge- / wohnheit mit Zwey Haar- / Zöpffen Zu Beyde⸢n⸥ Seit⸢en⸥ / des Gesichtes gehabt, / Allein seith ohngefehr 15ⁱ / Biß 20 Jahrenʲ ist dieses / unter ihnen abgeKomm⸢en⸥. /ᵏ /45r/ Jetzo trage⸢n⸥ sowohl weiber als / Mägdgens nur einen Haar- / Zopff im Nake⸢n⸥.
Beyˡ denenᵐ wald *Tungus*⸢en⸥ und übrig⸢en⸥ / wilden Völker⸢n⸥ tragen / die weiber gleichfallsⁿ nur einen / Zopff, so wieᵒ die Män- / ner. Eben so auch die / Mägdgens. In diesem / Stük ist bey ihne⸢n⸥ Kein / Unterscheid des Geschlechtes / oder Standes.

ᵃ *von* Unter denen BrazKi *bis* wie die Mongole₍ pp *rechts marginal*   ᵇ merket man an, *über der Zeile*   ᶜ ₍daß *verbessert aus* [.]   ᵈ Zuweilen *über der Zeile*   ᵉ *nach* größer₍ *gestr.* Einige   ᶠ Die meisten *über der Zeile*   ᵍ *von* Samojedische weiber *bis* Zierrath₍ an Riemen. *rechts marginal*   ʰ F₍lechten *verbessert aus* S   ⁱ ₍5 *verbessert aus* 6   ʲ ₍aʰren *verbessert aus* [.]   ᵏ *folgt* Jetzo   ˡ Bey *verbessert aus* [...]   ᵐ denen *über der Zeile*   ⁿ gleichfalls *über der Zeile*   ᵒ *über der Zeile gestr.* auch

⌊: Die *Ostiaki*sche / weiber, weil sie / alle getauffet sind / haben den Rus⌈s⌉ische⌈n⌉ / Haupt Putz ange- / nommen. *Krasnoj⌈arskische⌉ Tatar*en / die oberhalb am / *Jenisei*[15] in der *Steppe* des *Aba-* / *can*[16] fl⌈usses⌉ wohnen tragen gemeinig- / Lig HaarZöpffe auf der Scheitel / wie die *Calmük⌈en⌉* u⌈nd⌉ *Mongole⌈n⌉* / Vermuthlich wege⌈n⌉ der Nachbahr- / schafft, so wie auch die *Kusnez-* / *Kische⌈n⌉ Tatare⌈n⌉*: Die nahe / bey *KrasnojarsK* wohne⌈n⌉ schnei- / den meistentheils[a] alle Haare glatt am Kop- / ffe ab. Den HaarZopff / nennen sie auf *Tatari*sch / *Kedschegè*[17]. Auch die *Scha-* / *mans* schneiden die Haare / ab wie die übrigen[b]. Die / *BrazKi*sche *Schamans* sind / darin unterschieden, weil die / selbe gemeiniglich die Haare / bis⌈s⌉ in den[c] Naken wachse⌈n⌉ / Las⌈s⌉e⌈n⌉. Auch unterscheiden / sich die *Mongoli*sche Geistliche / Von der *Dalailamische⌈n⌉ Religion*[18] / daß sie den obere⌈n⌉ HaarZopff / nicht trage⌈n⌉, sonder⌈n⌉ den / Kopff glatt abscheren. :⌊[d] Bärte tragen die eintzige / *Kuril*en auf *KamtschatKa*[19] / in welchem Stük sie / mit dene⌈n⌉ Einwohner⌈n⌉ / derer Zwischen *Kamtschat-* / *Ka*[20] und *Japon* gelegene⌈n⌉ / *Jesoi*schen Insuln[21] über- / ein Komm⌈en⌉. Die übrige Völker, sowohl / die von *Tatari*scher als *Mon-* / *goli*scher abKunfft sind, wie / imgLeiche⌈n⌉ alle wald-Völker, / so wenig sie auch[e] die[f] Natur, / mit Bärten Versehen hat[g], /[h] /45v/ Leiden um den Kinn gar Keine / Haare: Nur das⌈s⌉ noch einige / *Individua* Kleine Stutz- / Bärte[22] Trage⌈n⌉. Die *Mongol*en gebrauchen / Zu solchem Ende nach[i] dem / *Exemp*el der Sineser, eiserne[j] / Breite Zangen, um die Haare / so bald sie hervorKommen / ausZureis⌈s⌉en und *continui-* / *r*en damit ihre gantze Lebens- / Zeit. Die übrigen / Völker Verrichten solches / mit einem Meßer, indem / sie Zwischen der Schärffe[23] / des⌈s⌉elb⌈en⌉ und dem Daumen / auch die Kleinste⌈n⌉ Haare / geschikt Zu fas⌈s⌉e⌈n⌉ wis⌈s⌉e⌈n⌉. / Scheermeßer[24] sind zu sol- / chem EndZwek Bey Keinem / Volke gebräuchlich. Viel- / Leicht Kommt es daher, / daß sie die Haare vom / ersten anfange an mit Stumpff / und Stiel ausreis⌈s⌉en, daß / der Baart im erwachsenen[k] Alter so dün- / ne wächst. Solte⌈n⌉ sie Scheer- / meßer[25] gebrauche⌈n⌉ so möchte man / den unterschied sehe⌈n⌉.

⌊: Viel *BrazKi* und *Tungu-* / *s*en reis⌈s⌉en die bärte / nicht aus, sondern Las⌈s⌉en / sie wachsen. Es wächst / aber bey ihnen sehr wenig. :⌊[l] /46r/ Man hat mich zu *Tobolsk*[26] Ver- / sicher⌈n⌉ wollen, daß die weiber / der dortige⌈n⌉ *Tatare⌈n⌉* auch auf / der Schaam Keine Haare / Leiden, sondern dieselbe so /

---

[a] meistentheils *über der Zeile* [b] übrigen *verbessert aus* [.] [c] $_d$en *verbessert aus* [..] [d] *von* Die Ostiakische weiber, *bis* glatt abscheren. *rechts marginal* [e] *nach* auch *gestr.* von [f] $_d$ie *verbessert aus* er [g] hat *verbessert aus* [...] [h] *folgt* Leiden [i] n$_{ach}$ *verbessert aus* [.] [j] $_{eis}$ern$_e$ *verbessert aus* [...] [k] erwachsenen *über der Zeile* [l] *von* Viel BrazKi *bis* sehr wenig *rechts marginal*

wie die *Türki*sch⸢en⸣ weiber, / mit einer gewis⸢s⸣en Salbe, / die Von *Auripigment*²⁷ und / Kalch^a²⁸ gemacht wird, vertreib⸢en⸣ / solle⸢n⸣
Die wald-*Tungus*en im / *Jeniseis*K*i*sch⸢en⸣, *Mangasei*sch⸢en⸣ / *Ilims*K*i*sch⸢en⸣, *JaKuz*K*i*sch⸢en⸣, / *IrKuz*K*i*sch⸢en⸣ Gebiethe²⁹, habe⸢n⸣ / eine Besondere Gewohnheit / denenjenige⸢n⸣ von ihren Kinder⸢n⸣ / so sie Besonders Lieb hab⸢en⸣ / die Gesichter aus nähen / zu Laßen, welches sie für / eine besondere Schönheit halt⸢en⸣.³⁰ / Solches geschiehet^b bey Knabe⸢n⸣ und Magd- / gens im alter von 8, 10, 12 / Jahren, mit einer gemeinen doch etwas feinen^c / NähNadel^d, und mit einer fein / gesPaltene⸢n⸣ ohngedreht⸢en⸣³¹ Rennthiers-Sehne, die An^e / einem Keßel mit Ruß an- / geschwärtzet, und mit feinen / Stichen unter der Haut durch- /^f /46v/ geZogen wird, wovon sich der Ruß / Zwischen^g der Haut und dem / Fleische festsetzet, und durch / die Haut Bläulich durchscheinet. / So offt der Faden durch die Haut / geZogen wird, wird er Von neu- / em angeschwärtzet. Es blu- / tet, schwillet auf und schmer- / tzet sehr. Sie beschmiere⸢n⸣ / es mit Fett Von Thieren oder / fische⸢n⸣. Davon^h heilet es. Die / *figur*en so dergestalt in die / Haut genähet werden sind / auff der Stirne einige / Horizontal Linien mit Zake⸢n⸣ / die nach unten Zu geKehret / sind. Auf den Baken Von / denen^i Augen an Biß an / den Mund Zwey oder drey- / gedoppelte Zirkul Boge⸢n⸣ / mit der äußern Rundung / gegen die Ohren gerichtet / und inwendig gleichfalls / mit Zaken Versehen. / Endlich, aber nicht bey allen, / auf dem Kinn mit Horizon- / tal-Linien^j und an denselbe⸢n⸣^k mit aufwerts /47r/ geKehrte⸢n⸣ Zaken. Die^l Linien / und Zaken sind viel oder / wenig, nachdem ein jeder der / sein Kind ausnähen Läs⸢s⸣et / es Verlanget. Sie bleibe⸢n⸣ / ohnverändert Biß in das SPä- / teste alter. Es sind Zu^m / diesem Handwerke Besondere / weiber unter denen *Tun*- / *gus*en. Die Männer Be- / mühen sich niemahls damit / und unter dem weiberVolk / ist^n nicht^o eine jede / dazu geschikt. Vor alters / bevor die *Tungus*en von / dene⸢n⸣ Rußen Näh-Nadeln / beKommen habe⸢n⸣, haben / sie eine Art Von Kleinen / Pfriemen³² gehabt, von ihrer eigene⸢n⸣ arbeit,^p die Vier- / ekigt gewese⸢n⸣, als Schuster- / Aale, und am^q obersten / Ende ein Kleines rundes / Loch gehabt. Damit habe⸢n⸣ / sie damahls^r diese arbeit / verrichtet: aber, wie Leicht / zu eracht⸢en⸣, mit noch weit / größeren Schmertzen für den / *Pati*ent⸢en⸣ als gegenwärtig
|: *Messerschmid in obser*v⸢*ationibus*⸣ *M*⸢*anu*⸣s⸢*cripti*⸣s ad / *Sthralenberg*: ad p⸢*agina*⸣ 135. *De notis seu* / *figuris Faciei acu pictis, quas* <u>Hundishal</u> / *sua*

---

^a K_alch *verbessert aus* [.]   ^b *geschiehet über der Zeile*   ^c *doch etwas feinen rechts marginal*   ^d Näh_Nadel *über der Zeile*   ^e A_n *verbessert aus* [.]   ^f *folgt gezoge*⸣   ^g *Zwischen verbessert aus* [.......]   ^h _DaVon *verbessert aus* [.]   ^i de_nen *verbessert aus* g[.]   ^j _Horizontal-Lini_en *verbessert aus* [....]   ^k *an denselbe*⸣ *über der Zeile*   ^l _Die *verbessert aus* [.]   ^m _Zu *verbessert aus* b   ^n *ist über der Zeile*   ^o *vor nicht gestr.* Verstehet es   ^p *von ihrer eigene*⸣ *arbeit, über der Zeile*   ^q a_m *verbessert aus* [.]   ^r d_amahls *verbessert aus* [.]

lingua Tungusi vocant, ita habet Eu- / *statius Thessalonicensis Episcopus in* / *Commentar⌈iis⌉ ad Dionysium Alexandrinum* / *de situ orbis Basileae* 1556ᵃ *in* 8. p⌈agina⌉ᵇ 109. / *Fertur, inquit, Europaeos Thraces* (*circa* / *Propontidem*) *notis pungi*; *Nobilitatis* / *argumentum existimantes notis esse* / *punctos, non autem punctos esse* / *ignobile.*³³
von dene⌈n⌉ *Stigmatibus veterum*³⁴ / u⌈nd⌉ der jetzigen Einwohner Von / *Tirol* Siehe *Keysslers* / *Reysen.* P⌈arte⌉ 1. p⌈agina⌉ 49. / *Nov⌈a⌉ edit⌈ione⌉ p⌈agina⌉* 40. s⌈e⌉q⌈u⌉ens⌉³⁵ : |ᶜ
|: Die Augenbraue⌈n⌉ Zu schwärtzen / welches sonst unter allen / *Orientali*sch⌈en⌉ Völker⌈n⌉ sehr / gemein ist, wird hier fast / nicht gesehe⌈n⌉, theils weil die / meiste Volker von Natur / schwartze Augenbrahe⌈n⌉ / hab⌈en⌉, theils weil das *Anti-* / *monium*³⁶, womit es geschehe⌈n⌉ / mus⌈s⌉, nicht alleZeitᵈ und / allenthalb⌈en⌉ Zu hab⌈en⌉ / ist. *Antimonium* Rußisch / *Surma*³⁷ welches wort Von den⌈en⌉ / *Tataren* angenomm⌈en⌉ ist³⁸ / indem die Türke⌈n⌉ es eben / so nenn⌈en⌉. Daher sagt man / бровы сурмить³⁹.ᵉ / Die / Araber nenne⌈n⌉ es *AlKahol*⁴⁰ / worüber eine *cri*tische An- / merkung enthalt⌈en⌉ in *Shaws* / *Voyages*ᶠ *de la Barbarie* / *et du Levant Tom⌈o⌉* 1. p⌈agina⌉ 381. / *Edit⌈ionis⌉ gall⌈icae⌉*⁴¹ : |ᵍ
|: Wie einige *TschuKtschi* sich die / Baken durchbohren und wallroß / Zähne⁴² einsetzen S⌈iehe⌉ meine Nachricht⌈en⌉ / Von der Norderfarht aus der / Mündung des *Lena* fl⌈usses⌉⁴³.
Ebendergl⌈eichen⌉ bezeugt *witsen p⌈agina⌉* 159ʰ⁴⁴ / auch Von einigen *Americani*sch⌈en⌉ⁱ / Völkern. : |ʲ /47v/
Nagel abschneiden ist bey / allen Völker⌈n⌉ im Gebrauch.
Unter dene⌈n⌉ *Tatar*en / siehet man Zuweilen, daß die / Weiber Ringe in den Nasen / Tragen. Wir haben im *Casa-* / *ni*sche⌈n⌉ Gebiethe⁴⁵ Bey einer Junge⌈n⌉ / *Tatari*sche⌈n⌉ᵏ Frau ein dergleichen / *Exempel* gesehe⌈n⌉, daß dieselbe / ein Nase-Loch mit einem / runden Ringe ihrer Meinung / nach geZieretˡ gehabt. Es / war aber nichts weiter / an dem Ringe angehenket.
|: Die *BrazKi* sollenᵐ Vor alters / auch Zuweilen Kleine Silberne / oder Meßingene Ringe / Zum Zierrath in denenⁿ / Nasen getragen habe⌈n⌉, sowohl / Mannes als weibsPerson⌈en⌉ / Dieser Gebrauch aber ist / jetzo nicht mehr. Es sind / nur noch einige die sich deßel / ben Zu besinnen wis⌈s⌉e⌈n⌉.

ᵃ 15₅₆ *verbessert aus* [..]   ᵇ *nach* p. *gestr.* [.]   ᶜ *von* Messerschmid in observ. *bis* Nov. edit. p. 40. sq. *auf Bl.* 46r *rechts marginal*   ᵈ ₐₗₗₑZ_{eit} *verbessert aus* [.]   ᵉ *nach* сурмить. *gestr.* Eine / Critische remarque   ᶠ *vor* Voyages *gestr.* Reysen nach der Barbarey / Tom. 1   ᵍ *von* Die Augenbraue₎ Zu schwärtzen *bis* Tom 1. p. 381. Edit. gall. *auf Bl.* 46v *rechts marginal*   ʰ 1₅₉ *verbessert aus* [.]
ⁱ Am_{ericanisch} *verbessert aus* [..]   ʲ *von* Wie einige TschuKtschi *bis* Americanisch₎ Völkern. *auf Bl.* 47r *rechts marginal*   ᵏ _{Tata}r_{ische}) *verbessert aus* [.]   ˡ _{ge}Zie^{r}_{et} *verbessert aus* h   ᵐ soll_{en} *verbessert aus* [..]
ⁿ _{de}n_{en} *verbessert aus* r

Unter denen *CamasinZe⌐n⌐* / sollen*ᵃ* auch einige Ringe / in den Nase⌐n⌐ trage⌐n⌐. :|*ᵇ*
Ohr-Ringe tragen die weiber / und Mägdgens überall / Zuweilen siehet man auch
der- / gleichen an Männer⌐n⌐, aber / selte⌐n⌐. Der Unterscheid Zwisch⌐en⌐ / dene⌐n⌐
Ohrringen der weiber / und Manner Bestehet darin, / daß jene weit grös⌐s⌐er und /
mit weit mehrer⌐en⌐ Zierrath⌐en⌐ / Beschwehret zu seyn pflege⌐n⌐.
|: Unter dene⌐n⌐ *BrazKi* / ist es was seltenes / daß Manns Person⌐en⌐ / Ohrringe
trage⌐n⌐.
Tatarische Manns Person⌐en⌐ / trage⌐n⌐ Zuweile⌐n⌐ OhrRinge / aber nur in einem
Ohr. / Sie geben dene⌐n⌐ Magdgens die / Ohrringe entweder gleich / nach der
geburth oder auch / ein halb Jahr oder Jahr / hernach. :|*ᶜ* /48r/
Man siehet Zuweilen Bey weiber⌐n⌐ / Ohrringe die über einen / Daumen⁴⁶ ein
Diameter habe⌐n⌐ / Und die daranfestgemachte / Zierrathe betragen nicht / selten
auf 2 biß 4*ᵈ* Loth⁴⁷ / am Gewichte. Sie halten / es Vor eine Schönheit der- /
gleiche⌐n⌐ große und mit Viele⌐n⌐ / Zierrathe⌐n⌐ Versehne Ohrringe / Zu Trage⌐n⌐.
Eine wittwe, / fürnemlich bey dene⌐n⌐ *Jacut⌐en⌐* / pfleget*ᵉ* noch weit mehrere*ᶠ* /
Zierrathe⌐n⌐, als sie Vorher, da / sie Frau gewese⌐n⌐, getragen, / an ihr OhrRinge
Zu hängen / damit sie dadurch desto ehen- / der eine⌐n⌐ Neuen Freyer / anloken
möge.
Die Zierrath⌐en⌐ an dene⌐n⌐ Ohr- / ringen bestehen aus gros⌐s⌐en / und Kleinen
*Corall*en, auch / Stükgens Von Mes⌐s⌐ing / und Zinn, die in gewiße /
durchgebrochene*ᵍ* platte*ʰ* *figure⌐n⌐* / gegoßen sind. Zuweilen*ⁱ* / hangen große*ʲ*
*Cor*allen- /*ᵏ* /48v/ Stränge Von einem Ohr Zum / Ander⌐en⌐ über die Brust her- /
unter. Zuweilen sind auch / Bey weiber⌐n⌐ die Beyden Haar- / Zöpffe durch
dergleichen / Corallen Stränge über der / brust vereiniget. Zuweile⌐n⌐ / sind auch
diese HaarZöpffe / mit *Cylin*der-förmige⌐n⌐ Plat⌐en⌐ / Von Zinn umgebe⌐n⌐.
OhrRinge der Männer bey / dene⌐n⌐ *JaKute⌐n⌐* |: Eben so bey dene⌐n⌐ / *Tatare⌐n⌐* :|*ˡ*
haben diesen / UrsPrung, daß die Elter⌐n⌐ / diejenige Kinder, so sie am / Liebste⌐n⌐
habe⌐n⌐, in der ersten / Jugend damit Zu *distinguir⌐en⌐*⁴⁸ / pflege⌐n⌐, welche hernach
selbige / Zum Andenken auch im Alter / behalt⌐en⌐*ᵐ*.
|: *BrazKi*sche weiber Tragen / gros⌐s⌐e OhrRinge Von Mes⌐s⌐ing / oder Silber auf
2 Zoll / im *Diametro*, mit Coralle- / nen Zierrathe⌐n⌐; unter dem / Halse mit einem
Strange / Von Kleine⌐n⌐ Coralle⌐n⌐ *connec-* / *tire*t⁴⁹.

ᵃ soll_en *verbessert aus* [.]   *ᵇ von* Die BrazKi sollen *bis* in den Nase) trage). *rechts marginal*   *ᶜ von* Unter
dene) BrazKi *bis* oder Jahr hernach. *rechts marginal*   *ᵈ* 4 *verbessert aus* 3   *ᵉ nach* pfleget *gestr.* ,
[Komma]   *ᶠ* m_ehrere *verbessert aus* [.]   *ᵍ* d_urchgebrochene *verbessert aus* [.]   *ʰ* platte *über der Zeile*   *ⁱ* zu_weilen
verbessert aus [.]   *ʲ* gr_oße *verbessert aus* [.]   *ᵏ folgt* Stränge   *ˡ* Eben so bey dene) Tatare) *rechts
marginal*   *ᵐ vor* behalt) *gestr.* Zu; *nach* behalt) *gestr.* pflege)

*Samoj*edische weiber hab⌈en⌉ / Ohrringe die aus^a Vielen / Glieder⌈n⌉ Besteh⌈en⌉ und Bis⌈s⌉ / auf die brust herabhang⌈en⌉ / dergl⌈eichen⌉ Sie selb⌈er⌉ machen^b / Einige haben auch Kurtze runde / Ohr Ringe. Stirnbinde derer *Samoj*edische⌈n⌉ / weiber, bey ihnen^c *Pjäda*[50] *Juraki*sch: *Póiad*^{d51} ge- / nannt^e, bestehet aus Meßing / das Zu blech geschlagen, und / gehet um den gantzen Kopff / darunter sind Zierrath⌈en⌉ / Von Corallen und Kleinen / Meßingenen Knöpffen / welche fast die Augenbrahn⌈en⌉[52] / bedek⌈en⌉. Zu beyd⌈en⌉ Seiten / an den baken sind Längliche / breite Blech Plat⌈en⌉ von Meßing^f an der / Stirnbinde befestiget. Obiges ist fürnemlich nur bey / denen *Chantaiski*sche⌈n⌉ und *Awa*- / *mi*schen *Samoj*eden. Bey *Turuchansk* / und unter den *Jurake*⌈n⌉ ist es nicht / Viel gebräuchlich^g
Die *BrazKi*sche⌈n⌉ weiber / tragen auch dergl⌈eichen⌉ Stirn- / binden Von ubersilberte⌈m⌉ / Eisen doch ohne die Seiten- / Plat⌈en⌉^h. :│^i
Sich waschen ist Bey Keinem / Volke gebrauchlich, außer / Bey denen, welche die Mu- / hamedanische Religion / daZu anhält. Im Sommer / pflegen sich einige noch wegen / heißen wetters Zu Baden, daß /49r/ davon einiger Unrath Vom / Leibe gehet. wiewohl auch / solches nicht Zu diesem Ende / geschiehet^k. Maas⌈s⌉⌈en⌉ / sie gleichsam die UnreinigKeit / für einen Religions-Punkt / anseh⌈en⌉.
Der gantze Leib ist übrigens / von der Sonne so stark / Verbrennet, daß die Haut / auch außer der UnreinigKeit / davon ziemlich Braun ist.
│: Die *Rom*er sagt⌈en⌉ / Von den *Goth*en[53] daß / sie stänken *corporum* / *atque induviarum* / *barbaricarum foetore* / *Salvianus L⌈ibri⌉ V. de Gu*- / *bernatione Dei p⌈agina⌉* 91[54] / nemlich weil die *Goth*en[55] / in Peltze geKleidet / waren. *Gundlingiana* / *P⌈arte⌉* 1. *p⌈agina⌉* 6.[56] :│^l
Männer und weiber, Jung / und Alt, gehen den gantzen / Sommer über fast gantz / naket, und sind bey er- / wachsenen Personen nur / die Geburths Glieder, und / über dem bey Mägdgens / noch die brüste bedeket. / Sobald ein Mägdgen Zur / Frau wird, so schämet sie sich / auch nicht, die brüste bloß / Zu Tragen; außer bey den⌈en⌉ *Tenguse*⌈n⌉, unter welchen die / Weiber in den⌈en⌉ erst⌈en⌉ Jahr⌈en⌉ des / Ehestandes gleichfalls die brüste / bedekt hab⌈en⌉.

---

^a a_{us} *verbessert aus* [.]   ^b ma_{chen} *verbessert aus* [..]   ^c *nach* ihnen *gestr.* Jahirri   ^d Pjäda Jurakisch: Póiad *über der Zeile*   ^e ge^n_{annt} *verbessert aus* p   ^f von Meßing *über der Zeile*   ^g Obiges ist fürnemlich nur bey denen Chantaiskische_) und Awamischen Samojeden. Bey Turuchansk und unter den Jurake_) ist es nicht Viel gebräuchlich *auf Bl.* 48r *unten rechts marginal*   ^h se_{itenPlaten} *verbessert aus* [.]   ^i *von* BrazKische weiber Tragen grosse OhrRinge *bis* ohne die SeitenPlaten. *auf Bl.* 48r *rechts marginal*   ^j *auf Bl.* 48v *rechts unten marginal gestr.* Die Samojede_), wenn sie / Zu Gaste gehe_), sollen / sich mehrentheils wasche_) / und reinlich halt_) / Sie baden sich / auch im Sommer.   ^k *vor* geschiehet *gestr.* Ubrigens we   ^l *von* Die Romer sagt_) *bis* Gundtlingiana P. 1. p. 6. *rechts marginal*

|: *Samoje*dische weiber / haben auch die brüste / alleZeit bedeket[a] / mit demjenigen[b] Leder / welches mit dene⌐n⌐ Hose⌐n⌐ / Zusammen hänget. Die *BrazKi*sche weiber Trag⌐en⌐ / auch die brüste nicht bloß. :|[c] /49v/ Ich will mit derjenige⌐n⌐ Kleidung, / womit Geburths-Glieder / und brüste Bedeket werde⌐n⌐ / den Anfang mache⌐n⌐. Solche sind erstlich die Hosen, / welche durch gantz *Sibirie*⌐n⌐ / Bey allen Völker⌐n⌐ sowohl / von dem weibliche⌐n⌐ als Männ- / Liche⌐n⌐ Geschlechte getragen / werde⌐n⌐. Es ist aber[d] / in dene⌐n⌐ Hose⌐n⌐ / der Weiber Bey einige⌐n⌐ / Völkern ein Unterscheid. Sie Kommen alle darin über- / ein, daß die Hosen sowohl / Bey Männer⌐n⌐ als[e] weiber⌐n⌐ nicht / über 2 HandBreit Lang / sind, und nur eben die / Schaam und die *Nates*[57] / Bedeken. Sie Bestehen[f] aus Semisch-gegerbt⌐em⌐ Elends- oder / Rennthiers-Leder, welches insgemein röthlich-gelb Ge- / färbet ist.[g]
|: Die *Ostia*ken am *Ket*[58] haben von / alters her lange Hosen von / *Rowdugi* getrage⌐n⌐, die bis⌐s⌐ über / die Knie gehen, und eben / so auch ihre weiber, Kein / Unterschied.[h]
Hosen der *Ostia*ken am *Jenisei*[i 59] Bey Manner⌐n⌐ / und weibern in der Machart / einerley, nur das⌐s⌐ die weiber / Hosen etwas Kürtzer sind / und am bauche die Hüffte / bedeken. bey Manner⌐n⌐ sind / die Hosen von alters her so lang / gewesen das⌐s⌐ sie uber die Knie / gegange⌐n⌐. Die Hosen lege⌐n⌐ / die weiber auch im Christenthum / nicht ab. ob sie gleich sonst / alle ihre Kleidung nach der / Rus⌐s⌐ische⌐n⌐ *aptir*et[60]. Sie sagen / sie Könne⌐n⌐ nicht ohne Hose⌐n⌐ seyn. Brustlappen ist bey dene⌐n⌐ / *Ostiakische*⌐n⌐ weiber⌐n⌐ nicht. so / wenig bey dene⌐n⌐ *Jenis⌐eiskischen⌐* als *Mangas⌐eiskischen⌐* / als *Surguti*sche⌐n⌐ im *Mangas⌐eiskischen⌐* Gebiethe[61]. :|[j]
|: *Tatari*sche Hosen sind Lang / bis⌐s⌐ über die Knie, Von *Polo-* / *winKi* oder abgetragen⌐en⌐ Reh- / felle⌐n⌐ oder auch Von Rehfell⌐en⌐ / die im Sommer erlegt sind / weiber Hose⌐n⌐ mit Zwey Schlitze⌐n⌐ / Zu beyden Seitte⌐n⌐, daß sie den hinter⌐en⌐ / Latz besonders herunter Laße⌐n⌐ / Könne⌐n⌐. :|[k]
Die *Tungus*en nennen Beydes / Männer- und weiber-Hose⌐n⌐ / mit gemeinschaftliche⌐m⌐ Nahme⌐n⌐ / *HörKi*[62]; weil sie Bey ihne⌐n⌐ / in Keinem Stüke unterschiede⌐n⌐ / sind. Sie werden an der rechte⌐n⌐ Seite der *pubis*[63] mit /50r/ Rieme⌐n⌐ Zugebunde⌐n⌐. Eben / so ist auch Bey dene⌐n⌐ übrige⌐n⌐ / Wald-

---

[a] bedeket *verbessert aus* [.]; *nach* bedeket *gestr.* ausgenommen die sehr / alte weiber, als welche sich nicht mehr schämen.   [b] demjenigen *verbessert aus* [.]   [c] *von* Samojedische weiber *bis* brüste nicht bloß *rechts marginal*   [d] *nach* aber *gestr.* dabey ein / Unterscheid   [e] als *verbessert aus* [...]   [f] Bestehen *verbessert aus* [........]   [g] *von* Sie Bestehen aus Semisch-gegerbt) *bis* röthlich-gelb Gefärbet ist. *rechts marginal*   [h] *folgt* v [?]   [i] am Jenisei *über der Zeile*   [j] *von* Die Ostiaken am Ket *bis* Mangas. Gebiethe. *rechts oben marginal*   [k] *von* Tatarische Hosen sind *bis* Laße) Könne) *rechts unten marginal*

Völker[n] zwische[n] Man- / ner- und Weiber-Hosen / Kein Unterscheid. wenn man / seine Nothdurfft Verricht[en] / will, muß man sie gantz / herunter Las[s]e[n]. Dagegen sind bey ander[en] / Völker[n] als bey den[en] *Jakut[en]* / die Weiber Hosen[a] derge- / stalt gemacht, daß sie / aus Zweyen unten zusammenge- / fügte[n] Leder[n] bestehen, welche[b] / Vorn und hinte[n] aufgeschlage[n] / und mit Riemen, die Von jedem Leder[c] um / den gantzen Leib gehen, / vorne[d] Zugebunde[n] werde[n], / dergestalt, daß wenn die / *JakuzKi*sche[n] weiber ihre / Nothdurfft Verrichte[n] wolle[n], / sie nur das hinter Leder / LoßZubinden und herunter / Zu schlage[n] nöthig haben.

Männer-Hosen sind wie / Bey dene[n] *Tungus*en[e]. /[f]

|: Hosen auf *Jakut[isch] Selià*[64] / Männer Hosen insbeson- / dere: *Erkissi- Seliatà*[65] / Weiber-Hosen: *Jechtarkis- / si-Seliatà*[66]. / Hosen auf *BrazK[isch]*: *Ümüdùn*[67] / oder *Tschurgunàk*. :|[g]

|: Hosen bey denen *BrazKi* hängen / fast bis[s] auf die Knie herunter / Es ist ein unterschied Zwische[n] / Manner und weiber Hose[n]. / Jene sind wie bey den *Tungus[en]* / diese wie bey den *JaKute*[n]. / Nemlich das[s] sie aus Zwey Lätzen / bestehen davon einer Vorn der / andere hinten ist. Der Vor- / dere wird hinten, der hintere / Vorn Zugebunden.

*Samoj*edische Hosen sind / auch Lang, wie die *BrazKi-* / sche. Sie[h] / nennen selbige *Tàrro*[68]. Bey / denen weibern ist Vorn an / den Hosen ein breiter[i] Latz / angenähet, welcher die gantze / brust bedeket und um die / achseln angesPannet wird / Dieser Latz wird *Piè*[69] genen- / net. Ubrigens sind die / Hosen der weiber Von den[en] / Männer Hos[en] nicht un- / Terschieden. :|[j] /50v/ Der BrustLappen derer weiber / und Mägdgens Bestehet, so / wie die[k] Hosen, aus Semisch-Ge- / gerbt[em] Rennthiers- oder Elends- / Leder, und wird Bey dene[n] / *Tungus*en *Njöl*[70] genannt; auf / *JaKut*isch heis[s]et er *TüsülüK*[71] / auf *BrazKi*sch und[l] *Mongoli*sch *Arschim*. / auf *Samoj*edisch *Piè*[72]. Er wird um den Hals und / Unter den Armen[m] mit Rieme[n][n] / die um den gantzen Leib gehen / festgebund[en][o] / Und hanget Biß über der / Hosen herunter. Bey dene[n] *BrazKi*sche[n] Magdgens ist / er unte[n] an dene[n] Hose[n] / Befestiget

|: *Ostiaki*sche weiber haben / nimmer brustlappen getrage[n].

*Tatar*en haben Keine / Brustlatze auch die / Magdgens nicht.

---

[a] Ho_{sen} *verbessert aus* [..]   [b] W_{elche} *verbessert aus* d   [c] Von jedem Leder *über der Zeile*   [d] *vor* vorne gestr. und   [e] Tun_{gusen} *verbessert aus* [...]   [f] *folgt* Die M_a   [g] *von* Hosen auf Jakut. *bis* oder Tschurgunàk. *rechts unten marginal*   [h] *vor* Sie *gestr.* Männer Hosen   [i] _br_{eiter} *verbessert aus* [.]   [j] *von* Hosen bey denen BrazKi *bis* un- / Terschieden *rechts oben marginal*   [k] d_{ie} *verbessert aus* [.]   [l] BrazKisch und *über der Zeile*   [m] *nach* Armen *gestr.* hinten   [n] mit Rieme₎ *über der Zeile*   [o] *vor* festgebund₎ *gestr.* auf dem Rüken

Bey denen *BrazKi* und *Mongole⌈n⌉* / tragen solches nur die Mägd- / gens, bis⌈s⌉
solange sie Verhey- / rathet\[a\] werden :| \[b\]
In diesem Lappen ist bey dene⌈n⌉ / *Tungusi*sche⌈n⌉ weibern unten / eine Kleine
Tasche, worin⌈n⌉ sie / Zunder und Feuerstein halt⌈en⌉, / auch hangen Bey ihne⌈n⌉
unte⌈n⌉\[c\] an die- / sem Lappen folgende Noth- / wendigKeite⌈n⌉ als ein Feuerstahl /
eine Nadelbüchse, ein oder mehr / Fingerhüte, eine Tobaks-Pfeife, /51r/ und ein
Kleiner beutel mit / Tobak, nebst einigen eiserne⌈n⌉ / und Mes⌈s⌉ingen⌈en⌉ Ringen /
Schellen, und ander⌈en⌉ Klap- / per Geräthe, welches sie Zu / mehrerm Zierrathe
Tragen, / und damit es Beym gehen fein / Klingen möge, anstatt / dieses\[d\] Bey
ander⌈en⌉ Völker⌈n⌉ / am\[e\] Gürtel\[f\] / oder an den⌈en⌉ Ober⌈en⌉ Kleider⌈n⌉ / getrage⌈n⌉
wird.
|: Die *Samoj*eden Tragen / blos⌈s⌉ allein ein Meßer / in einer Scheide an den /
Hosen. Alle übrige Noth- / wendigKeiten hefften / sie an ihren OberKleider⌈n⌉ /
auf dem Rüken und Zur / Seiten an denen Riemen / und übrige⌈n⌉ Zierrathe⌈n⌉ / an.
Die Tobaks / Pfeiffen Tragen sie / in den Stieffeln. :| \[g\]
Hemde werden jetzo fast / unter allen Völkern, jedoch / nicht Von einem jede⌈n⌉,
ge- / Trage⌈n⌉. Sie hab⌈en⌉ solches / Von dene⌈n⌉ Rus⌈s⌉en angenom- / men.
|: Alle *Ostiak*en tragen Hemde / weil sie getauffet sind, und / meinen es gehöre
mit Zur / *Christlichen* Religion, wie sie denn / auch meistens Rus⌈s⌉ische
Kleider / tragen. Die weiber tragen / ihre *KokoschniKi*[73]. p⌈erge⌉ :| \[h\]
Mützen tragen die Tatare⌈n⌉ / Von\[i\] *TobolsK*[74], *Tara*, *Tumen*[75], / nach Rußischer
Art, wie / denn auch\[j\] unter diesem Volke die Männer\[k\] / in der übrige⌈n⌉
Kleidung / Von\[l\] dene⌈n⌉ Rus⌈s⌉en sich / nicht unterscheiden
|: Bucharen und übrige / Tatare⌈n⌉ so in den Stadt⌈en⌉ / wohnen, trage⌈n⌉ unter / der
gemeinen Mütze noch / eine Kleine rundte ausge- / nähte Haube, so bis⌈s⌉ an / die
Ohre⌈n⌉ reichet, welche sie / nicht abnehme⌈n⌉. :| \[m\]
Die Mützen derer *Kusnez*- / *Ki*sche⌈n⌉ und *KrasnojarsKi*sche⌈n⌉ /51v/ Tataren sind
wegen der / Nachbahrschafft dene⌈n⌉ / Mütze⌈n⌉ / derer Chalmüken und / *Mongol*en
ähnlich. sie / sind nemlich gantz rund, / gehen Kaum Bis⌈s⌉ auf die / Ohren und
haben eine runde / weder\[n\] vorne noch hin- / ten eingeschnittene Staf-/ firung
Von Fuchsfellen / oder ander⌈em⌉ Rauchwerk[76] / Bey einigen Bemerket /

\[a\] Verheyr_athet *verbessert aus* [.]   \[b\] *von* Ostiakische weiber *bis* Verheyrathet werden *rechts marginal*
\[c\] unte) *über der Zeile*   \[d\] d_{ieses} *verbessert aus* [.]   \[e\] *vor am gestr.* so bey   \[f\] *nach* Gürtel *gestr.* getragen
\[g\] *von* Die Samojeden Tragen *bis* in den Stieffeln *rechts oben marginal*   \[h\] *von* Alle Ostiaken tragen
bis KokoschniKi. p *rechts in der Mitte marginal*   \[i\] Von *verbessert aus* [...]   \[j\] *nach* auch *gestr.* diese
Tatare)   \[k\] unter diesem Volke die Männer *über der Zeile*   \[l\] Von *verbessert aus* [.]   \[m\] *von* Bucharen
und übrige *bis* nicht abnehme) *rechts unten marginal*   \[n\] *vor* weder *gestr.* noch

manᵃ auch daselbst Quäste / obenᵇ auf denen Mütze⌈n⌉ / so wie die *Mongol*enᶜ / und Chalmüken Zu / Tragen pflege⌈n⌉.
Eben also sind auch die / Mützen derer *Selen-* / *gins*K*i*sch⌈en⌉ *Mongol*en / und sowohl dies⌈s⌉- als / jenseits dem See *Baical*⁷⁷ / wohnendenᵈ *BrazKi* / wie auch der *NertschinsKi*sch⌈en⌉ /52r/ *Tunguse*⌈n⌉ Beschaffe⌈n⌉.
Das / OberZeug⁷⁸ bey allen ist / entweder Von *KitaiKa* / oder Von *Damast* oder ander⌈en⌉ Seidene⌈n⌉ Zeugen / die wege⌈n⌉ der *Sinesi*sch⌈en⌉ / Nachbahrschafftᵉ daselbstᶠ nicht / Kostbahr sind. |: Und sind entweder mit Baumwolle / ausgestopffet oder mit Leichte⌈m⌉ Peltz- / werke als z⌈um⌉ e⌈xempel⌉ Eich- / hörner⌈n⌉ gefuttert. :|ᵍ
|: Alle mit Langen hinten herab / hangend⌈en⌉ Quäste⌈n⌉. Von der / Ursache die Quäste S⌈iehe⌉ʰ / *Witsen* p⌈agina⌉ 292.⁷⁹ :|ⁱ
Jedochʲ ist obiges nur Von / denen Mützen der Männer / Zu Verstehe⌈n⌉. Die Weiber un- / ter allen diesen Völkern / tragen große und oben ZugesPitzteᵏ tiefe / Mützen mit einer Staffirung / Von Peltzwerk die Vorn / und hinte⌈n⌉ aufgeschlitzet / ist.
|: Männer Mützen der *Turuch⌈anskischen⌉ Samo-* / jeden sind Klein und Rund / mit Zweye⌈n⌉ Klappen die über / die Baken herab hängen und / unter dem Kinn Zusammen ge- / bunden werden. Unten ist Kein / Peltzwerk sonder⌈n⌉ nur *Rowdugi*ˡ auf den Kannt⌈en⌉ / ist eine *Opusca*⁸⁰ Von biber⌈n⌉ / *Rossamak*en oder schwartzen Hunde⌈n⌉ / Oben auf der Scheitel ist ent- / weder Tuch welches aus viele⌈n⌉ / Fliken von Mancherley farben / Zusammengestüket ist, oder / sie haben einen Wolffs, oder / Luchs- oder *Rossamak*en Kopff / auf der Scheitel eingefliket / Zusammtᵐ mit den Ohren / einigeⁿ auch die Stirne / Von einem Jungen Rennthiers / Kalbe, mit denen Kleinen / hervorschies⌈senden⌉ Hörner⌈n⌉, die / aufwerts stehen. Sie tragen / des⌈s⌉wegen Kleine Mützen weil / sie über dieselbe den soge- / nannte⌈n⌉ *SoKui* anZiehen, wovon / Unten. Weiber Mützen / sind grös⌈s⌉er und mit Peltz- / werk gefuttert, weil sie / Keinen *SoKui* Tragen. Auf / den weiber Mützen sind Keine / Köpffe derer Thiereᵒ sonder⌈n⌉ / nur Lappgens Von Tuch auf / der Scheitel eingefliket. / Die Manner und weiber / Mützen habe⌈n⌉ den gemeinschafftl⌈ichen⌉ / Nahmen *Tai*⁸¹. confer⌉⁸² Staat / Von *Sibirien*⁸³ allwo die Mütze⌈n⌉ / unrecht beschriebe⌈n⌉ sind. :|ᵖ

ᵃ man *über der Zeile*   ᵇ obeₙ *verbessert aus* [...]   ᶜ ₘOₙgolen *verbessert aus* [.]   ᵈ wohnenden *verbessert aus* wohₙ)   ᵉ *nach* Nachbahrschafft *gestr.* allhier   ᶠ daselbst *über der Zeile*   ᵍ *von* Und sind entweder *bis* Eichhörner) gefuttert. *rechts marginal*   ʰ S. *verbessert aus* s.   ⁱ *von* Alle mit Langen *bis* Witsen p. 292 *rechts oben marginal*   ʲ ᴊₑdoch *verbessert aus* D   ᵏ oben ZugesPitzte *über der Zeile*   ˡ sonder) nur Rowdugi *über der Zeile*   ᵐ Zᵤₛₐₘₘₜ *verbessert aus* [.]   ⁿ *vor* einige *gestr.* man   ᵒ ₜₕieᵣₑ *verbessert aus* [.]   ᵖ *von* Männer Mützen der Turuch. *bis* unrecht beschriebe) sind. *auf Bl.* 51v *rechts marginal*

|: Die Mützen der *BrazKi*sch⌈en⌉ / weiber sind Von dene⌈n⌉ / Mützen der Manner nicht / unterschieden beyde sind / oben rund und platt[a], gehe⌈n⌉ nicht tieff / in das[b] Gesichte, und / Bedeken Kaum die Ohren / mit einer runden Einfas⌈s⌉un⌈g⌉ / oder[c] *OpusKa*[84] Von Fuchse⌈n⌉ / die auf eine Hands breit ist. / Hinten hängt ein Langer / Quast Von Seide⌈n⌉ oder Zwirn / Von der Mutze biß in den / Naken herunter, welcher / Quast in der Mitten auf dem / Scheitel angeheftet ist. Die *Tatar*ische⌈n⌉ Mützen im *Kras-* / *noj*⌈*ar*⌉*skische*⌈*n*⌉ Geb⌈i⌉eth⌈l⌉ eben so nur ist der Quast / diker und nicht so lang: alleZeit roth. / Weiber Mützen bey dene⌈n⌉ *Tatar*⌈*en*⌉ / u⌈nd⌉ *BrazKi* sind mehrentheils / mit grauen Fuchs *duschKi*[85] / Verbremet die Männer Mütze⌈n⌉ / mit FüchsRüken. Manner / Mützen Konnen abgeschlage⌈n⌉ werde⌈n⌉ / Zur wintersZeit bey starker / Kälte das gesichte Zu Verwahr⌈en⌉ / Einige haben auch Zobel Verbremunge⌈n⌉ / oberhalb am *Abacan*[86]. :|[d]

|: *Tungus*en siehet man / offters mitten im winter / im stärkst⌈en⌉ Froste ohne / Mütze einherZiehen, und / haben sie an statt derselb⌈en⌉ / bloß einen Krantz von / Eichhorns-Schwäntzen / auf dem Kopffe. *Cicero*[87] *de Senectute*[88] sagt / Vom *Másanissa, eum* / *nullo frigore adduci posse* / *vt capite operto sit.*[89] :|[e]

Die Mützen der *JaKut*⌈*en*⌉ haben etwas Besonders / so wie ihre gantze Kleidung, / welche ich nach der Reihe / erZehlen will. Ich Kann die / *JaKuzKi*sche⌈n⌉ Mütze⌈n⌉ nicht an- / ders vergleiche⌈n⌉, als mit dene⌈n⌉ / Schlaffmützen der Kleinen / Kinder[f] in Teutschland, welche / man unter dem Halse Zubindet, / damit sie im Schlafe nicht Vom /52v/ dem Kopfe fallen mögen[g]. denn / Sie bedeken eben so den / gantzen Kopff, und werde⌈n⌉ / auf gleiche Weise, sowohl / Bey Männer⌈n⌉ als weiber⌈n⌉, / unter dem Kinne[h] fest- / gebunde⌈n⌉. Es ist[i] ein[j] Unterscheid, welcher / machet, daß die *JakuzKi*sche⌈n⌉ / Mützen einen gedoppelt⌈en⌉ / Nahmen haben.

Dschebakà[90] ist eine leichte / dünne Mütze von Eich- / hörner⌈n⌉, mit[k] *Kitai-* / *Ka* oder Damast über- / Zogen, und mit einer / Staffirung von *Roßa-* / maken aufgeschlage⌈n⌉. / Dergleichen tragen / die *Jakut*⌈*en*⌉ sowohl / Männer als weiber, / wenn sie zu hause sind. Und die Nordlichen *Ja-* / *Kut*en Als nemlich zu / *Schigan*[91], an der Mündung / des *Lena*, und an dene⌈n⌉ /53r/ flüße⌈n⌉ *Jana*, *Indigirka*[l], / *Kolyma*, geBrauchen diese / Mützen im winter zu / Unter=Hauben.

---

[a] und platt *über der Zeile*   [b] ₐdas *verbessert aus* [..]; *nach* das *gestr.* Kopff   [c] o_der *verbessert aus* [.]
[d] *von* Die Mützen der BrazKisch) *bis* oberhalb am Abacan. *rechts marginal*   [e] *von* Tungusen siehet man *bis* capite operto sit. *auf Bl.* 53r *rechts marginal*   [f] Kinder *verbessert aus* [.]   [g] möge n *verbessert aus* [.]   [h] K_inne *verbessert aus* [.]   [i] *nach* ist *gestr.* der   [j] ein *verbessert aus* einigster   [k] *vor* mit *gestr.* und
[l] Indigirka *verbessert aus* k

|ᵃ: Bey denen Vornehmste⌈n⌉ und / reichste⌈n⌉ von beyderley Geschlechte / sind diese Mützen obe⌈n⌉ auf / dene⌈n⌉ Näthe⌈n⌉ mit Kleine⌈n⌉ / *Corallen* gestiket. :|ᵃ Dagegen ist die andere Gat- / Tung von Mützen, so die / *Jakut⌈en⌉ Bergessè*⁹² nenne⌈n⌉, / nicht nur unten sondern / auch oben Von Peltzwerk / die Mützen derer Vornehme⌈n⌉ / Bestehen oben aus einem / LuchsKopffe, an welchem / sie rund herum von *Roßa-* / maken und Zobelfüs⌈s⌉⌈e⌉⌈n⌉ / soviel ansetzen, Biß die / Mütze ihre gehörige Grös⌈s⌉e / und *figur* beKommt. Einige / Gebrauche⌈n⌉ auch Wolffs- / und *Roßa*maken Köpffe / Augen und Ohren werden / an diesen Köpffen auf dene⌈n⌉ / Mützen so gelas⌈s⌉⌈e⌉⌈n⌉, wie sie / sind. Sie halten solches / für eine Zierde, füllen / die Ohren mit Leder aus, / daß sie steiff in die Höhe / stehe⌈n⌉ mögen. Verbremen über- / dem dieselbe rund herum /53v/ mit einigen Reihen Kleiner *Coralle⌈n⌉*, / so wie auch die Augen, in welche / einige auch gros⌈s⌉e *Cor*allen anstatt / der Aug-Äpfel einsetzen. Einige / nehmen auch Zu der Mütze gantze / Fuchs-Bälge, setzen den Kopff / in die Mitte, und das übrige / rund herum. Einige tragen die / Augen und Ohren von einem junge⌈n⌉ / Füllen auf der Mütze. Man muß nicht glauben, als wenn / die Augen und Ohren auf denen / Mützen deßwege⌈n⌉ bey dene⌈n⌉ *Jakut⌈en⌉* / Beliebt sind, damit sie, wie / fälschlich vorgegebe⌈n⌉ wird, auf der / Jagd dene⌈n⌉ wilden Thieren desto / ähnlicher sehen mögen, und die- / selbe um so Viel Leichter erjage⌈n⌉ / Könne⌈n⌉. Denn sieᵇ tragenᶜ / diese Mützen nicht nur auf der / Jagd, sonder⌈n⌉ auch in denen Städt⌈en⌉ / wenn sie in ihrem Besten Putz / sind. Auch tragen nicht nur / die Männer sonder⌈n⌉ auch die / Weiber ebendergleiche⌈n⌉ Mütze⌈n⌉ / da doch diese sich nimmer mit / der Jagd beschäfftige⌈n⌉. Es ist / Vielmehr bey ihnen eine blos⌈s⌉e / Kleider Mode und eingebildeter /54r/ Zierrath, wovon man Keine Ursache / angeben Kann, aus⌈s⌉er daß man / sagen Möchte, es sey diese Mode / ursPrünglich daher entstande⌈n⌉, / damit sie von dem Balge eines / wilden Thieres als zum *exempel* eines / Luchsen, Wolffe⌈s⌉, u⌈nd⌉ s⌈o⌉ w⌈eiter⌉ alles / Zur Kleidung nutzen möchte⌈n⌉

Es giebt auch Mützen, die *Bergessè*⁹³ / genannt werden, bey dene⌈n⌉ *JaKut⌈en⌉* / ohne dergleiche⌈n⌉ Zierrathe⌈n⌉ von / Augen und Ohren der Thiere. / Einige reiche *JaKut⌈en⌉* habe⌈n⌉ Mütze⌈n⌉ / die gantz aus Zobeln bestehe⌈n⌉, / einige Von Hermeline⌈n⌉, einige / vonᵈ Rennthiers Füs⌈s⌉en, die / im Rus⌈s⌉ische⌈n⌉ *Camassi* genannt / werde⌈n⌉. Einige, die wege⌈n⌉ Ar- / muth dieses alles nichtᵉ / habe⌈n⌉ Könne⌈n⌉, nehme⌈n⌉ Eichhörner / oder Hasen, und machen davon / das OberZeug⁹⁴ Zu ihren Mütze⌈n⌉.

ᵃ *von* Bey denen *bis* gestiket *auf Bl.* 52v *rechts marginal*   ᵇ *nach* sie *gestr.* gebrauchen   ᶜ tragen *über der Zeile*   ᵈ v_{on} *verbessert aus* [.]   ᵉ *nach* nicht *gestr.* habe)

An allen diesen Mützen siehet / man Staffirungen, die auf / 2 Finger breit sind, und womit / der gantze Rand der Mütze / sowohl was vorne[a] am Gesichte / Zu beyden Seiten herunter gehet, / als hinten im Naken, eingefasset ist. /54v/ Die liebsten Staffirungen sind bey / denen *Jakuten* von *Rossa*maken, / auch vorn von *Roßa*maken / und hinten von bibern, Zuweilen / Von wolffs-bälgen, Fuchs- und / *Peszi*-Schwäntzen; bey armen / auch von der Haut eines Zwey- / jährigen Füllens.
Das Unterfutter unter denen Mützen / die oben aus Luchs- Wolffs- und / *Roßa*maken Köpffen bestehen, / ist in der Mitten Von Semischge- / gerbtem Rennthiers oder Elends- / Leder, rund herum aber und / fürnemlich um die Ohren Von / Hermelinen und Fuchs- Pfoten / Die übrigen sind mit Füchsen / oder Eichhörnern gefüttert.
Die *JaKuzKi*sche weiber und Mägd- / gens pflegen noch einen Zierrath / oben auf der Scheitel der Mütze / Zu tragen, nemlich einen auf- / werts stehenden Luchs-Schwantz / der mit Leder ausgestopffet / ist, um ihm die nöthige Stei- / figKeit Zu geben. Dieser / Zierrath heißet bey ihnen: *Togòch*[95] /55r/ Noch pflegen die *JaKuten* Bey star- / kem Froste im winter auf / der Stirne und über denen / Ohren rauhe Läppgens[b] Zu / tragen, die an einem Riemen / der um den gantzen Kopff / gehet, befestiget sind.
Sie tragen obbeschriebene Mützen / nicht nur im winter, sondern / auch im Sommer. Zu[c] dieser[d] / Jahres zeit aber werden[e] die Zippel[96], / welche die baken Bedeken[f], / aufgeschlagen, und oben auf / der[g] Scheitel Zusammen gebunden, / welches[h] man fürnemlich / an denen weibern bemerket / weil diese die Mützen bestän- / dig auf denen Köpffen tragen / an statt daß die Männer selbige / Bey grosser Hitze abzulegen / pflegen, und mit blossem / Kopffe einher gehen.
Die Rußen im *JaKuzKi*schen Gebiethe[97] / haben die *JaKuzKi*sche Art[i] / Von Mützen, wegen dortiger / großen Kälte, so bequem ge- / funden, daß man im winter / niemand siehet, weder Männlichen /[j] /55v/ noch[k] weiblichen Geschlechts, der / nicht eben dergleichen Mützen / tragen sollte.
Kleider überhaupt werden auf Ja- / *Kuti*sch *Tangàs*[98] genannt. Sie / werden aber unterschieden[l] / in *Erkisi Tangasà*[99], das ist Män- / nerkleidung und *Jechtar*- / *Kisi-Tangasà*[100], das ist weiber- / Kleidung: welcher unterscheid / aber ausser dem was bereits / von denen Mützen und hosen[m] gesagt ist, / bloß die Leib- Kleider Be- / trifft.

---

[a] V_{orne} *verbessert aus* f   [b] _{Läpp}g_{ens} *verbessert aus* [.]   [c] *nach* Zu *gestr.* welcher   [d] dieser *über der Zeile*
[e] werden *über der Zeile*   [f] _{Bede}k_{en} *verbessert aus* [.]   [g] _der *verbessert aus* [..]   [h] *vor* welches *gestr.*
werden   [i] Ar_t *verbessert aus* [..]   [j] *folgt noch*   [k] no_{ch} *verbessert aus* [..]   [l] _{unterschiede}n *verbessert aus* [.]
[m] und hosen *über der Zeile*

Son ist eine Kleidung der / *JaKut*en die sowohl von Man- / nern als weiber[n] zunächst / über dem[a] Hemde,[b] / oder wo Kein Hemde ist, auf / der blos[s]en Haut getrag[en] / wird. Ist aber[c] / nach dem unterscheide des / Geschlechts und der Jahres- / Zeite[n] sehr unterschieden. / Die Rus[s]en übersetzen das wort / *Son* durch *Schuba*[101] oder Peltz / aber *improprie*[102].[d] denn obgleich die Meiste[n] mit Peltz- / werk gefuttert sind, so giebt / es doch unter dem Nahmen *Son* / auch der-[e] /56r/ gleiche[n] Kleider bey dene[n] *JaKute[n]* / die mit[f] denen Peltzen gar nichts / gemein hab[en], als da sind / diejenige, so in[g] Heis[s]en-Sommer- / Tagen getragen werden.

Selbige[h] haben den besonder[en] / Nahmen *Tünjä-Son*[103], weil / sie gemeiniglich[i] aus Semische[m] Elends-Leder | *Polowinki* |[j] / Bestehen, welches auf *JaKuti*sch / *Tünjä*[104] heis[s]et. Sie werden / aber auch von Semische[n] Rennthiers / Leder | *Rowdugi* |[k] gemacht. Sind / auf allen Näthen und Kan- / ten[l] nach ihrer eigene[n] Ma- / nier *brodir*et[105]

Ein andere Art, die im Frühling / und Herbste wenn es nicht / sonderlich warm ist, und Kalte / Nächte einfalle[n], getragen / wird, heis[s]et mit besonder[em] / Nahmen *Samalÿktach-Son*[m106] / und bestehet aus Eichhörner[n] / das rauhe unten, aber ohne / UberZeug[107], sonder[n] nur auf / allen Näthe[n], wo die Eich- / hörner Zusammen gesetzet / sind, nach *JaKuzKi*scher *Mani*er / gestiket. Der Nahme *Sama*- /56v/ *lyktach*[108] hat diese ursache: / Das wort *Samalyk*[109] Bedeutet / einen Fliken, der auf ein / Loch gesetzet ist; weil ein / solcher gestikter[n] Eichhorns-Peltz Von[o] / aus[s]en das Ansehen hat, als / wenn er aus Lauter Fliken / und Lappen Zusammengesetzet / sey.

Noch eine andere Gattung / die auch im Frühling und Herbst / getrage[n] wird, Bestehet aus / rauhen Fellen von Neugebohrne[n] / füllen, das Haar unter- / werts u[nd] gleichfalls ohne / UberZeug[110]. Dergleichen werde[n] / *Kulùn-Son*[111] genannt, weil / *Kulùn*[112] die besondere benennung / eines neugebohrn[en] Füllens / ist. Erwehnte dreyerley Gattunge[n] / werden auch unter dem / Gemeinschaftliche[n] Nahmen / *Saiingi-Son*[113] begriffen, / welches soviel als Sommer- / Kleidung[p] oder / Sommer Peltze bedeutet, weil / sie leicht sind, und sobald /57r/ eine rechte Kälte einfällt / nicht mehr getragen / werde[n].

Dagegen ist *Kyssyngi-Son*[114] / d[as] i[st] winter Peltz Bes[s]er / gegen die Kälte eingerichtet. / Gemeiniglich Bestehen selbige / aus Semische[n] Elends oder /

---

[a] *über* über dem *gestr.* denen [b] *nach* Hemde, *gestr.* getragen [c] *nach* aber *gestr.* Bey Männer[)] [d] *nach* improprie. *gestr.* den es giebt / unter dem Nahmen Son der- [e] *von* denn obgleich die Meiste[)] mit *bis* Nahmen Son auch der- *rechts marginal* [f] *mit* über der Zeile [g] [)]n *verbessert aus* m [h] S[e]lb[ige] *verbessert aus* [..] [i] *gemeiniglich über der Zeile* [j] | Polowinki | *rechts von der Zeile* [k] | Rowdugi | *rechts von der Zeile* [l] Kant[e]n *verbessert aus* [.] [m] Sama[l]ÿKtach-Son *verbessert aus* [.] [n] *gestikter über der Zeile* [o] Von *verbessert aus* [...] [p] *nach* Sommer-Kleidung *gestr.* bedeutet

Rennthiers Leder, und sind / mit Haase⌐n⌐ gefüttert / auch nicht selte⌐n⌐ auf
dene⌐n⌐ / Nähten gestiket^a / oder sie nehmen dazu die Häute / Von Jungen füllen
die nicht / Volljährig sind, das rauhe / inwendig, da denn ein / dergleiche⌐r⌐ Peltz
den Besonder⌐en⌐^b / Nahmen *Ubassà-Son*^115 führet / weil *Ubassà*^116 ein nicht voll-
/ jahriges füllen bedeutet. / Einige reiche *JaKut⌐en⌐* hab⌐en⌐ / auch Peltze von
Tuch, Da- / mast oder *KitaiKa*, mit / Füchsen, oder Eichhörnern / gefuttert.
Diese sowohl winter als / Sommer Peltze oder Kleider / sind mit engen Ermeln /
werden Vorn über einander / geschlagen, und gehen nicht / weiter als bis⌐s⌐ auf
die Knie. /^c /57v/ alle sind vorne Zu beyd⌐en⌐ / Seit⌐en⌐ und unten rund herum / auf
2 biß 3 Fingerbreit^117 / mit neugebohrne⌐n⌐ Füllens / Fellen oder auch mit Bi- /
bern *Staffir*et.
Die Von Semische⌐n⌐ Rennthiers / oder ElendsLeder sind auf / der auswendige⌐n⌐
Seite alle / röthlich gefärbet.
Man möchte diese *Soni* mit / Unsern *Camisölern*^118 Vergleiche⌐n⌐ / Die *Soni* der
weiber und / Mägdgens sind in folgend⌐en⌐ / Stüken von der Kleidung / der
Männer unterschieden.
1. daß sie Länger sind, und / biß auf die Fersen gehe⌐n⌐.
2. daß sie von der *Taille* / an in Falt⌐en⌐ geleget seyn.
3. daß sie hinten nicht auf- / geschlitzet sind.
4. daß sie stärker pflegen / ausgenähet Zu seyn.
5. daß die *Staffirung* etwas / breiter ist.
6. daß bey Mägdgens allerley / Zierrathe⌐n⌐ von Gros⌐s⌐en u⌐nd⌐ Kleine⌐n⌐ /
   Coralle⌐n⌐, Meßingene⌐n⌐ *Figur*en / Gloken, Schellen^d, und anderm /58r/ Kling-
   und Klapperwerk / daran Zu hangen pflegen.
Sie Bestehen übrigens aus eben- / dergleichen Peltzwerken / und Leder als bey
dene⌐n⌐ / Männer⌐n⌐, sind auch vorn, wie / bey den Männer⌐n⌐ gantz offe⌐n⌐^e / Man
nennet sie Zum Unter- / scheide *Jechtar-Sonò*^119. d⌐as⌐ i⌐st⌐ / weiber Peltze.
Verheyrathete weiber und / witwen Ziehen darüber noch / eine andere Kleidung
an, / so sie *Tagalai* nenne⌐n⌐. Die- / selbe ist eben so lang als / die vorige, aber
fürnemlich / darin unterschiede⌐n⌐, daß sie / Keine Ermeln hat. Bestehet / sonst
gleichfalls aus Semische⌐n⌐ / Rennthiers oder Elends Leder^f, / rötlich gefärbet,
aber / nimmer gefuttert, und / Zu beyden Seite⌐n⌐^g in / den Falte⌐n⌐ Biß an die /
Taille aufgeschlitzet. An- / statt der Ermeln ist eine^h von^i / den Schultern auf die
arme / abhängende *Stafir*ung Von / Jungen Füllen, die auf 1 biß^j 2 /58v/ Hande
breit ist; und eine eben / dergleiche⌐n⌐ doppelt sobreite / Staffirung ist unten

---

^a auch nicht selte) auf dene) / Nähten gestiket *rechts marginal*   ^b Be_(sonder) *verbessert aus* [..]   ^c *folgt*
alle   ^d _Sch^(e)llen *verbessert aus* [.]   ^e *nach* offe) *gestr.* aber auf der brust auf   ^f L_(eder) *verbessert aus* [.]
^g *nach* Seite) *gestr.* Biß   ^h eine *über der Zeile*   ^i v_(on) *verbessert aus* [.]   ^j 1 biß *über der Zeile*

rund / herum und Vorne Von Unt⌈en⌉ / auff Biß[a] an den Gürtel. / In den[b] aufgeschlitzten Falte⌈n⌉[c] aber Zur[d] / Seiten ist[e] die Staffirung / Schmahler, und noch schmahler / Vorn auf der brust Vom / Halse Bis⌈s⌉ an den Gürtel. / Allwo der *Tagalai* nur / eben Zusammen stoßet / und mit Riemen Zugebund⌈en⌉ / nicht aber übereinander / geschlagen wird. Ubrigens / ist ein *Tagalai* nimmer / ausgenehet[120], sonder⌈n⌉ anstatt / des⌈s⌉en Viel mit Kleine⌈n⌉[f] / *Corall*en Verbremet, Vorn / und hinte⌈n⌉ und auf alle⌈n⌉ / Nähte⌈n⌉, nach Belieb⌈en⌉[g] und / so breit als es ein jeder / haben will. Sie pflege⌈n⌉ / auch mit vielen Zierrath⌈en⌉ / Kling- und Klapperwerk / Beschwehret Zu seyn. /59r/ Der *Tagalai* ist mehr eine / *Ceremoni*en als gemeine / Haus⌈s⌉Kleidung. denn / außer, daß dadurch der / Verheyrathete Zustand einer / Fraue⌈n⌉ angeZeiget wird, so / dienet er auch daZu, daß / eine Frau in demselb⌈en⌉ für / ihren SchwiegerVater und des / Mannes Alter⌈n⌉ bruder, für / welchen Beyden Person⌈en⌉ sie eine / besondere Ehrfurcht hab⌈en⌉, / erscheinen darff, ohne *Taga-* / *lai* aber sich nimmer für / ihnen[h] sehen Läßet: daher / tragen auch die *JaKuzKi*sche / weiber diese⌈n⌉ *Tagalai* nicht / Leicht anders als wo / einer oder der andere von[i] diesen ihren[j] nahe⌈n⌉ / AnVerwandt⌈en⌉ Zugege⌈n⌉ ist, / oder wenn sie wohin zu / gehe⌈n⌉ habe⌈n⌉, da sie Ver- / muthen Könne⌈n⌉, jemand Von / ihne⌈n⌉ anZutreffe⌈n⌉.

|: *SchigedèK*[121] nennen die *Tatar*en / zu *Krasnoj⌈arsk⌉* den Habit der Verhey- / rathete⌈n⌉ Fraue⌈n⌉ so sie über dene⌈n⌉ / gewöhnliche⌈n⌉ Peltzen tragen selbiger / ist entweder Von *Rowdugi* oder / *KitaiKa*, gantz leicht und / ohne alle Zierrathe⌈n⌉, auch ohne / *Erme*[122] wie das *Tagalai* der *JaKut⌈en⌉* :|[k]

|: Das *Schigedek*[123] der *Tatar⌈en⌉* / hat eben die absicht wie das / *Tagalai* der *JaKut⌈en⌉*. Sie / Las⌈s⌉e⌈n⌉ sich Vor dem свекръ[124] u⌈nd⌉ / болшои деверъ[125] ohne daßelbe / nicht sehen. Sind auch dieselbe / schon abwesend so tragen sie / selbige doch, wenn sie aus⌈s⌉er / Hause sind, aus furcht es / mocht⌈en⌉ ihnen solche ohngefehr / aufstos⌈s⌉e⌈n⌉. Ja wenn sie auch / schon todt sind, u⌈nd⌉ die Jurt⌈en⌉ / worin dieselbe gewohnt stehe⌈n⌉ / nur noch, so werden sie ohne / das *SchigideK*[126] nicht in dieselbe / Jurte⌈n⌉ gehe⌈n⌉, aus furcht für / dene⌈n⌉ *manibus*[127] der Verstorbene⌈n⌉ :|[l]

|: Die *Brazki*schen weiber habe⌈n⌉ / eben eine dergleichen Kleidung / die sie *Digili*[128] nennen. Sie / Ziehen solche über dem gewöhn- / Lichen PeltzRoke an, und / Könne⌈n⌉ ohne dieselbe für ihren / Schwiegervater, das Mannes / Oheim[129]

---

[a] B*iß* verbessert aus [.] [b] nach den gestr. Seiten [c] aufgeschlitzten Falte) über der Zeile [d] Zur verbessert aus [...] [e] ist verbessert aus wo [f] Kl*eine* verbessert aus [..] [g] Be*lieb*) verbessert aus [..] [h] *ihn*e*n* verbessert aus [..] [i] oder der andere von über der Zeile [j] *ihre*n verbessert aus [.] [k] von SchigedèK nennen die Tataren bis Tagalai der JaKut) auf Bl. 58r rechts marginal [l] von Das Schigedek der Tatar) bis manibus der Verstorbene) auf Bl. 58v rechts marginal

oder Vaters Bruder, und / desselben älteren bruder nicht / erscheinen. Bey
Armen bestehet / der *Digili*¹³⁰ aus *Rowdugi* mit / *Kitaika* überZogen, bey
Reichen / ist unten *KitaiKa* oben damast / Die Staffirungen welche man / an
dem *JaKuzKi*schen *Tagalai* / siehet, sind hier nicht.
Bey Vornehmen sind an dem *Digili*¹³¹ / Vorn Zu beyden Seiten Viel Verzie- /
rungen Von Zinnernen Kleinen / Plätgens, auch bey Jungen wei- / bern ist nicht
selten vorn und / hinten viel Klapperwerk / angehänget.
Der *Digili*¹³² ist unten von der *Taille* / an in Falten und hinten auf- /
geschlitzet : |ᵃ
Im winter wird überᵇ Beschrie- / benenᶜ Kleidungs-arten noch / Vonᵈ denen
*JaKut*en, sowohl / Von Männern als weibern /ᵉ /59v/ eine gewisse Gattung von /
Peltzen getragen, so sie *San-* / *giach* nennen. Die Rußen / sPrechen *SannajaK*¹³³.
Diese / *Sangiach*en sind auch nicht / Länger, als daß sie eben / die Knie
Berühren, und die / *Soni* Bedeken, haben gleich- / falls enge Ermeln, welche /
um die Hände fest anschliessen. / und werden forne auf / eine Hand Breit ein
über / ein ander geschlagen. / Sonst ist Bey denen *Sangiachi* / *essentiel*, daß das
rauhe / an denselben auswendig / geKehret ist, und sie nimmer / gefuttert sind.
Arme Leute haben *Sangiachi* / Von Kuh- oder Pferde Häuten / und nehmen
daZu Jährige / und ZweyJährige Füllen / und Kälber. Reichere / haben im Vor-
und Nachwinter / Von Rennthieren, mitten / im Winter von Wölffen /60r/ Die
Reichsten Von Luchs.
| : Die *Sangiachi* von wolffs und / Luchs-Peltzen werden vorn nicht /
übereinandergeschlagen, weil sie / Zu haaricht sind. : |ᶠ
Sie pflegen nicht *staffir*et / Zu seyn. Es ist auch weiter / Kein Zierrath an
denselben / angebracht, als daß auf / dem Rüken ein eingeflikter / Langer
Streiffen Von anderer / Farbe und Peltzwerk ist, / welcher sich Von Beyden
Schul- / tern anfänget, und in Ge- / stalt Von Zweyen oben runden / *Circul*
Bogen unten Zuge- / spitzt zusammenstosset / Diesen Zierrath nennen sie / auf
*JaKutisch Irbi*¹³⁴. Die Russen / aber, welche im winterᵍ ebenderglei- / chen
*Sangiachen*ʰ Tragen / heissen selbigen der Ähn- / Lichkeit wegen, so diese
Strei- / fen mit denen Augenbrahen / haben, *Browi*¹³⁵.
Auf denen *Tungusi*schen *Parki* ist etwas ahnliches / auf denen Schultern
eingefliket. So gar bey / denen Sommer *Parki* von / *Rowdugi* siehet man offters /
auf denen Schultern dergleichen / haarichte *Browi*¹³⁶.

ᵃ *von Die Brazkischen weiber bis hinten aufgeschlitzet auf Bl. 58r rechts marginal*   ᵇ ᵤ̈ᵦₑr *verbessert aus* [.]   ᶜ ᵦₑₛcₕᵣᵢₑᵦₑₙₑ) *verbessert aus* [.]   ᵈ Vₒₙ *verbessert aus* [.]   ᵉ *folgt* eine   ᶠ *von Die Sangiachi von wolffs bis Zu haaricht sind. rechts marginal*   ᵍ *im winter über der Zeile*   ʰ ₛₐₙᵧᵢₐchₑₙ *verbessert aus* [..]

Von Rennthieren sind die / weis⌈s⌉en und von wölff⌈en⌉ / die graue⌈n⌉ Bey ihne⌈n⌉ zu Peltzen[a] am / angenehmste⌈n⌉.[b]
/60v/ *Sangiachi* der weiber sind nur / bey dene⌈n⌉ vornehme⌈n⌉ besonders. / Die gemeinen Tragen *Sangiachi* / von ihren Männern. Das / besondere Bestehet darin, daß / sie gantz Lang, wie die übrige / weiber-Kleidung sind, und, / außer dem *Irbi*[137] auf dene⌈n⌉ / Schultern, noch in der *Taille* / und um den Leib[c] einen[d] / Streiffen Von unterschiedenem / Peltzwerk und Farbe habe⌈n⌉.
Kur[138], der Gürtel ist Bey dene⌈n⌉ / *JaKut*en Von Leder einer / guten Hands breit, und über / und über mit kleinen *Coralle*⌈n⌉ / Besetzet, nach der Länge mit / abgewechselte⌈n⌉ Farben.
|: auf *BrazKi*sch *Bügè*[139] / auf *Samoj*edisch *Nióje*[140] / Die *Samoj*eden trage⌈n⌉ Von / rothen Jufften[141], auch gemeine / Rußische Gürtel, auch[e] / Von *BrazKi*scher Arbeit :|[f]
Die *BrazKi*sch⌈en⌉ Gürtel, so mit / Silber eingeleget sind, werde⌈n⌉ / auch bey dene⌈n⌉ *JaKut*⌈en⌉ in gros⌈s⌉er / *Estime*[142] gehalt⌈en⌉. wie denn ein / jeder der nur im Stande ist / sich eine⌈n⌉ solche⌈n⌉ anZuschaffen, damit / versehe⌈n⌉ ist.
|: Gürtel Tragen bey dene⌈n⌉ / Tataren nur die Männer / und Mägdgens, die / weiber nicht. *Tat⌈a⌉risch⌉ Kur*[143] / Die Meisten Tragen Rußische / *KuschaKi*[144]. *BrazKi*sche / Gürtel sind bey ihnen nicht / üblich. Die *Kotowzi* und / *Camasinzi* Trage⌈n⌉ auch / *BrazKi*sche gürtel. :|[g]
Sie tragen die Gürtel über /61r/ dene⌈n⌉ *Sangiachi* sowohl als / *Soni*[145]. An dene⌈n⌉ Gürteln hängen / Allerley nothwendigKeit⌈en⌉ als / Mes⌈s⌉er, Tobaks Pfeiffe, ein / Kleiner beutel mit Tobak / Feuerstahl, welcher gemeinig- / Lich unten an einem Beutel / feste ist, in welchem Zunder / und Feuersteine aufbehalt⌈en⌉ / werde⌈n⌉ u⌈nd⌉ s⌈o⌉ w⌈eiter⌉.
Suturi ist der *JaK⌈utische⌉* Nahme / ihrer beinKleider, welcher / zu *JaKuzK*[146] auch bey den⌈en⌉ / Rus⌈s⌉en eingeführet ist. / Die Rußen Zu *AnadirsK*[147] / und in *Kamtschatka*[148] / nennen dergleich⌈en⌉ beinKleider / *Gátschi*[149]. welches wort im Rus- / sischen eigenTlich die Beine an / dene⌈n⌉ *Europäi*sche⌈n⌉[h] Hose⌈n⌉ bedeutet[i], / womit / diese *Gatschi*[150] oder *Suturi* / einige ähnlichKeit habe⌈n⌉.
|: Die *BrazKi* haben der- / gleiche⌈n⌉ nicht. wenn auch / einige Kurtze Hosen trage⌈n⌉ / die nicht bis⌈s⌉ in die / Stiefeln reichen, so sind / bey ihne⌈n⌉ die beine an / selbigem Orte naket. :|[j]

---

[a] zu Peltzen *über der Zeile* [b] *von* Auf denen Tungusische₍ Parki ist etwas *bis* am angenehmste₍ *rechts marginal* [c] *nach* Leib *gestr.* mit [d] ₍ein₎n *verbessert aus* [.] [e] ₍auch *verbessert aus* [.] [f] *von* auf BrazKisch *bis* BrazKischer Arbeit *rechts marginal* [g] *von* Gürtel Tragen *bis* BrazKische gürtel *rechts marginal* [h] Europäische₍ *über der Zeile* [i] ₍bedeu₎tet *verbessert aus* t₎ [j] *von* Die BrazKi haben *bis* an selbigem Ort naket. *rechts marginal*

Weil nemlich die Hosen der / *JaKute⌈n⌉* und aller übrigen / Heiden in *Sibirie⌈n⌉* Bloß die / Schaam und den Hinter⌈n⌉ Be- / deken, so sind die *Suturi* /61v/ für die Schenkel und Beine / und gehen von den Hosen / Biß etwas über die Wade⌈n⌉ / Sie sind im Sommer Zuweile⌈n⌉ / Von *Rowdugi*, Zuweilen im / Sommer wie im^a winter Von / *Olennie*[151] und *Lossinie*[152] *Ca-* / *massi*, auch bey Vornehm⌈en⌉ / von Wolffs und Luchs-Peltzen / Bey welch⌈en⌉ alle⌈n⌉ das Rauhe / auswendig geKehret ist. Sie / werd⌈en⌉ obe⌈n⌉ an dene⌈n⌉ Hosen / angeheftet, hiernächst^b um / die Knie, und um die Wade⌈n⌉ / und unter dene⌈n⌉ waden, wo / sie aufhören, dreymahl um / den fuß festgebunde⌈n⌉. Die / Von *Kamassi* sind offters / Von dene⌈n⌉ Knien Biß Zu Un- / terst auf dene⌈n⌉ Näthe⌈n⌉ nach / der Länge mit Kleinen *Co-* / *rallen* gestiket. *Katentschi*[153], *Jak⌈utische⌉* Strümpffe / sind Von *Rowdugi*, werden / über die füße angeZogen, / und gehe⌈n⌉ Biß über die *Suturi* / an die Waden. Die Vornehme⌈n⌉ /62r/ Tragen nur dieselbe. Gemeine / steken ihre Füße unmittel- / Bahr in folgende Zweyerley / Gattunge⌈n⌉ von Stieffeln. *Sari*[154]. *Jak⌈utische⌉* Sommer Stieffeln / Von schwartze⌈m⌉ gerauchertem / Pferde Leder werden über die / *Katentschi*[155] oder auf den blos⌈s⌉e⌈n⌉ / Fuß angeZoge⌈n⌉ und gehe⌈n⌉ Bis⌈s⌉ / an die Waden, Zuweile⌈n⌉ auch / bis⌈s⌉ an die Knie. werden oben / uber dene⌈n⌉ *Suturi* mit Rieme⌈n⌉ / um den Fus⌈s⌉ festgebunden / Das Sohlen Leder daran ist / Von geraucherte⌈n⌉ Ochsen-Häute⌈n⌉ / und die Arbeit so feste, daß / sie durchaus Kein was⌈s⌉er / Ziehe⌈n⌉, weßwege⌈n⌉ auch die / Rus⌈s⌉e⌈n⌉ Zu *JakuzK*[156] dieselbe / für Bes⌈s⌉er halt⌈en⌉, als die / Stiefeln^c so Von Jufft⌈en⌉[157] / Fellen gemacht sind, auch jene / mehr als diese Zu tragen / pfleg⌈en⌉. *Eterbèss*[158] *Jak⌈utische⌉* Winter Stieffeln. / die Rus⌈s⌉en sPrechen dieses / wort *Torbassi*[159] aus. sind / Von *Olennie*[160], *Lossinie*[161] und / *Loschadinnie*[162] *Camassi*, das /62v/ Rauhe auswendig. oder Von / *PolowinKi*^d | Semisch ElendsLeder | / welche Letztere den besondere⌈n⌉ / Nahme⌈n⌉ *Bürpjächi*[163] führen. / Die Sohlen sind Bey allen / Von *PolowinKi*, ohne Ab- / sätze, sowie auch die *Sari*[164]. / Gehe⌈n⌉ Bis⌈s⌉ an die Wade⌈n⌉ und biß / an^e die^f Knie, oben Zugebunde⌈n⌉. / Dene⌈n⌉ *Bürpjächi*[165] pfleget^g der / obere Rand und die Füs⌈s⌉e / mit blüm und Rankwerk / ausgenehet[166], oder auch Bloß / der Rand mit Kleine⌈n⌉ *Coralle⌈n⌉* / gestiket zu^h seyn. Von Corallen sind bey dene⌈n⌉ / *JaKute⌈n⌉* Keine andere Farbe⌈n⌉ / Beliebt, als weiß, schwartz / und hell blau. welche / *Mode* auch Von dene⌈n⌉ übrig⌈en⌉ / Nordl⌈ichen⌉ Nation⌈en⌉ des *JaKuzK*isch⌈en⌉ / Gebiethes[167], als *JuKagiri* /

---

^a ᵢm *verbessert aus* [.] ^b h_{iernächst} *verbessert aus* [.] ^c *vor* Stiefeln *gestr.* vertige ^d P_{olowinKi} *verbessert aus* [.] ^e *an* unter der Zeile ^f *vor die gestr.* [..] ^g _{pfl}eget *verbessert aus* [....] ^h z_u *verbessert aus* [.]

KorjäKi, Lamuti, TschuKschi / wie auch dene⌈n⌉ *Kamtschedale*⌈n⌉ / *Kuril*en, und *JaKuzKi*sch⌈en⌉ᵃ / *Tunguse*⌈n⌉ angenomme⌈n⌉ ist.
Die ubrige⌈n⌉ *Tunguse*⌈n⌉ mache⌈n⌉ unter / dene⌈n⌉ Farbe⌈n⌉ derer Coralle⌈n⌉ Keine⌈n⌉ / sonderlich⌈en⌉ Unterscheid.
|: *Tungus*en am *Nischna Tung*[*uska*]¹⁶⁸ / Lieben fürnemlich nur blaue / *Coralle*⌈n⌉. *Samoj*eden und *Tunguse*⌈n⌉ / Lieben allerley Farbe⌈n⌉ / Von Corallen. Die *JuKagiri* / und *Korjak*en richtenᵇ sich / mehrentheils nach dem *Gout*¹⁶⁹ / der *Jakute*⌈n⌉.
Die *BrazKi* Liebe⌈n⌉ am meiste⌈n⌉ / rothe große und Kleine / Corallen und gelbe weis- / se grüneᶜ und schwar- / tze Kleine Corallen. Die übrigen / farben sind bey ihne⌈n⌉ / nicht so angenehm.
Von Tüchern Lieben sie blau / roth und grün. :|ᵈ
|: Muhammedanische *Tatar*en / Lieben Knöpffe von ächten / See Corallen die in Silber / pflegen eingefas⌈s⌉et Zu / seyn. Sie bezahlen für / einen Knopff einer Erbse / groß 20 bis⌈s⌉ 30 *Cop*[*eken*] :|ᵉ
|: *Samoj*edische Strümpffe / und Stiefeln aus einem / Stüke sie reichen Von / den füßen bis⌈s⌉ an die / Hosen, welche damit Zu / unterst bedeket werden / im winter *Pe*¹⁷⁰ (die Rußen / nennen selbige *Pimi*¹⁷¹) sind / Von Rennthiers *Camassi* / offters sehr bunt, im / Sommer *Tórri*¹⁷² von / *Rowdugi*. Die Solen an / denen *Pimi*¹⁷³ sind Vonᶠ dem / unterste⌈n⌉ diken Leder der Renn- / Thieres füße, so die Rußen *Schetki*ᵍ¹⁷⁴ / nennen. :|ʰ
|: an denen *Samoj*edische⌈n⌉ / *Torri*¹⁷⁵ sind die Sohlen / Von der Stirne der / Rennthiere, weil daselbst / die Haut am diksten ist
*Tatar*en tragen Strümpffe / (*uk*¹⁷⁶) Von Rehfellen, über / denselb⌈en⌉ *pimi*¹⁷⁷ (*maimàk*¹⁷⁸), / Von *Sochatinnie*¹⁷⁹ oder *Koslinnie*ⁱ¹⁸⁰ *camassi*.
Im Sommer tragen sie bloß / Stiefeln (*üduk*¹⁸¹) von *Polo-* / *winKi* ohne Strümpffe / Die Hosen sind bey ihne⌈n⌉ / so lang daß sie biß in / die *Pimi*ʲ¹⁸² und Stiefeln / gehe⌈n⌉.
Die Sohlen sind an dene⌈n⌉ / *Pimi*¹⁸³ auch Von *Kamassi.* / an dene⌈n⌉ Sommerᵏ Stiefeln / Von Kuh oder Pferde-Leder / das gegerbet undˡ ge- / rauchert ist.
Im Sommer füllen sie die / Stiefeln unten mit graß / aus, um die Füße Zu *con-* / *servir*e⌈n⌉. :|ᵐ

ᵃ ɟaₖuzKisch) *verbessert aus* ɟ[.]ₖ[.]zkisch)   ᵇ rᵢchten *verbessert aus* [.]   ᶜ *vor* grüne *gestr. und*   ᵈ *von* Tungusen am Nischna *bis* roth und grün. *rechts marginal*   ᵉ *von* Muhammedanische *bis* 30 Cop. *auf Bl. 64r rechts marginal*   ᶠ Vₒₙ *verbessert aus* [.]   ᵍ Schₑtki *verbessert aus* [.]   ʰ *von* Samojedische Strümpffe *bis* Schetki nennen. *auf Bl.* 61r *rechts marginal*   ⁱ *oder* Koslinnie *über der Zeile*   ʲ Pᵢmi *verbessert aus* [..]   ᵏ Somₘₑᵣ *verbessert aus* [...]   ˡ *und verbessert aus* [...]   ᵐ *von* an denen Samojedische) Torri *bis* Füße Zu conservire). *auf Bl.* 61v *rechts margina*

|: Stiefeln[a] auf *Mong[olisch]* / *Otùl*[184], *Brazk[isch] Otussun* / oder *Otuhùn*[185], sind / entweder Von geraucherte[m] / Pferde leder oder von / *PolowinKi*, und an diese[n] / bloß die Sohlen Von gerau- / cherte[m] Pferde leder. Sie / haben Viel[b] Zierrath[en][c] daran / Von dünnen lederne[n] Riemen / um[d] welchen Meßingene / Platen krum gebogen sind / dergleiche[n] Riemen auf dene[n] / Stieffeln *figur*en weise / aufgenähet werde[n]. :|[e]

|: Die *Turuch[anskischen] Samoj*eden tragen / Unter Kleider die sie *Págge*[186] / nennen. Die Rußen sagen / *Parki*. Diese *Parki* sind / Von Rennthiers Fellen. Im / Winter tragen sie gedoppelte / *Parki* Die Unterste *Parki* sind / dik und Lang haarig[f], das rauhe / inwendig geKehret, und über / denselb[en] die obere *Parki* / welche dünn und kurtzhaarig / sind. (*odindrianie*[g][187] oder / *Pyschowie*[188]) das rauhe / auswendig geKehret. Im[h] / Sommer Tragen sie nur / einerley *Parki* entweder / Von *Rowdugi* oder Von / *odindri* oder *Pyschiki*[189] / daß selbige leicht sind. / Sie tragen auch im Sommer / an hellen Tagen das rauhe / inwendig. Ist es aber / regenwetter so haben / sie andere Leichte Sommer / *Parki* daran das rauhe / auswendig getragen wird. / Alle diese *Parki* sind / von einerley *façon*. sie / reichen[i] biß auf die Knie, / mit engen Ermeln, sind :|[j] |: forn nicht offen, son= / dern werden über den / Kopff angeZogen, daher / sie auch am leibe nicht / feste anschließen. Die / *ParKi*, wo das rauhe / auswendig getrage[n] wird, / sind mit Gelb[k] gefärbte[n] / Rennthiers Haaren, (aus / dem baart der Rennthiere) / und Kleinen Langen riemen / Von weis[s]en und schwartze[n] / *Odindri* ausgenehet[190] / Zwey Streyffen über / die brust nah der länge / herunter[l] bis[s] an den / untern Saum, Zwischen / diesen Streyfen ist der / Abstand etwan auf ¼ *Arsch[in]* / hiernächst eine derg[leichen] *Staf- / fir*ung unten um den / Saum der *ParKa* und / noch ein Streyffen auf / dem Rüken in die Quer / zwische[n] den[m] beyden / Schultern. Sie farben / die Rennthiers Haare mit / einer wurtzel welche die Ruße[n] / daselbst *Rewèn*[191] nennen / rauchern auch die Haare / im Rauche, wovon sie / gelb werde[n] :|[n] |: Uber denen *ParKi* tragen / die *Turuch[anskischen] Samoj*eden noch / eine andere winter[o] Kleidung / die sie *SoKui* nennen / dieselbe[p] bedeken / auch Zugleich den Kopff / so wie die *JuKagiri*sche[n] / *KuKlänKi*[192]. Sie haben / Zweyerley *SoKui*. eine / Art ist Von wolffs und / *Peszi* Peltzen, an selbige[n] / wird das rauhe auswendig / getragen, und dieselbe /

---

[a] S$_{\text{tiefeln}}$ *verbessert aus* [.] [b] V$_{\text{iel}}$ *verbessert aus* [.] [c] $_{\text{Zie}}$r$_{\text{rath)}}$ *verbessert aus* [.] [d] u$_{\text{m}}$ *verbessert aus* [.]
[e] *von Stiefeln auf Mong. bis aufgenähet werde*) *auf Bl. 62r rechts marginal* [f] dik und Lang$_{\text{haarig}}$ *über der Zeile; vor* $_{\text{Lang}}$haarig *gestr. Von stark* [g] od$_{\text{indrianie}}$ *verbessert aus* r [h] Im *verbessert aus* die [i] r$_{\text{ei}}$$_{\text{chen}}$ *verbessert aus* [..] [j] *von Die Turuch. Samojeden bis mit engen Ermeln, sind auf Bl. 54v rechts marginal* [k] $_{\text{G}}$elb *verbessert aus* [...] [l] h$_{\text{erunter}}$ *verbessert aus* [.] [m] d$_{\text{en}}$ *verbessert aus* [.] [n] *von* forn nicht offen, *bis* gelb werde) *auf Bl. 55r rechts marginal* [o] winter *über der Zeile* [p] d$_{\text{ie}}$$_{\text{selbe}}$ *verbessert aus* [..]; *vor* dieselbe *gestr.* An; *nach* dieselbe *gestr.* ist

sind Vorn nicht aufge- / schlitzet. eine andere / Art ist Von Rennthiers / Fellen, wo das Rauhe / inwendig getragen wird / und selbige sind Vom / Nabel an bis⌈s⌉ unten / aufgeschlitzet. Und diese / Letztere nennen die dortige Rußen *Ljäpassi*[193] / Die *Ljapassi*[194] sind Vorn / Zu beyden Seiten des Schlitzes / und unten herum mit / allerley Zierrathe⌈n⌉ aus- / genähet. : | [a] | : Die *Ljapassi*[195] Und[b] / *ParKi* der *Samoj*eden / an welchen das rauhe / inwendig getragen wird / sind auswendig auch / mit *Olcha*[196] gefarbet. / Sowohl die *SoKui* als *ParKi* sind unte⌈n⌉ / mit Frangen[197] Von Hundes Haaren ausge- / Zieret, die *ParKi* sonderlich / Bey weibern zuweile⌈n⌉[c] 2 biß 3 Reihen / Frangen[198] wie *falbelas*[199] Das Ausnahen der / *Samoj*eden auf ihren / Kleidern ist wie / bey dene⌈n⌉ *JaKut*⌈en⌉ / und ander⌈en⌉ Völker⌈n⌉ / Sie schneiden riemen / nach allerley *figur*en / aus von *rowdugi* / oder rohen Leder und / nehen[d] dieselbe Strei- / ffen weise auf die / Kleider.

Die *ParKi* der *Samoj*edische⌈n⌉ / weiber sind darin Von / denen Manner *ParKi* unter / schieden daß sie vorn offen / sind und mit Riemen auf / der brust Zugebunden werde⌈n⌉ / *SoKui* trage⌈n⌉ die Weiber nicht. / Die *Sokui*[e] reiche⌈n⌉ bis⌈s⌉ an die / waden, bey dene⌈n⌉ *Jurak*en[f] / biß auf die Füße, wie / denn diese die *ParKi* auch / etwas Länger als die übrige⌈n⌉ / *Samoj*ede⌈n⌉ trage⌈n⌉. : | [g] | : Im Staat von *Sibiri*en[200] heis⌈s⌉et es von / dene⌈n⌉ *Samoj*eden sie Trügen mehren- / theils auf der Linken Schulter / an statt der Manteln eine Schwar- / tze Haut mit Viele⌈n⌉[h] Schwäntzen / ausgeZieret. Solches ist falsch. : | [i]
| : Die *Juraki*sche⌈n⌉ *Samoj*ede⌈n⌉ / nenne⌈n⌉ ihre *ParKi Malti*[201] / nicht *Pagge*[202], Tragen aber / Von einerley *façon* mit dene⌈n⌉ / übrige⌈n⌉. :|[j]
| : *BrazKi* sowohl Männer als / weiber haben fast einerley / Kleidung. Im winter / tragen sie einen Lange⌈n⌉ Schaaf- / oder Reh-Peltz auf der blos⌈s⌉e⌈n⌉ / Haut; diese Peltze werden / weit ubereinandergeschlag⌈en⌉ / und der Uberschlag[k] gehet / bis⌈s⌉ unter den rechten arm / Es ist daran eine schmahle / *Opusca*[203] Von schwartze⌈n⌉ oder / weis⌈s⌉en *MerluschKi*[204] und nächst / derselb⌈en⌉ eine Einfas⌈s⌉ung / Von blaue⌈m⌉[l] oder rothe⌈m⌉ *KitaiKa* / auf eine gute Handsbreit. / Dieser Peltz ist Von der *Taille* / an bis⌈s⌉ unte⌈n⌉ auf die Ferse⌈n⌉ / in wenige Falte⌈n⌉ geleget. / und auf der Linken Seite / aufgeschlitzet. Bey Vornehm⌈en⌉ / weiber⌈n⌉ ist er mit *KitaiKa* / oder Damast überzoge⌈n⌉ / hiernächst noch hin und wieder / mit *colorirte*⌈n⌉

---

[a] *von* Über denen ParKi *bis* Zierrathe₍ ausgenähet. *auf Bl.* 55v *rechts marginal* [b] U_{nd} *verbessert aus* [.] [c] zuweile₍ *über der Zeile* [d] _{n}e_{hen} *verbessert aus* [.] [e] _{SoK}u_{i} *verbessert aus* [.] [f] _{Jur}a_{ken} *verbessert aus* [.] [g] *von* Die Ljapassi Und ParKi *bis* Samojede₍ trage₎. *auf Bl.* 56r *rechts marginal* [h] V_{ielen} *verbessert aus* [.] [i] *von* Im Staat von Sibirien *bis* Solches ist falsch *auf Bl.* 58r *rechts oben marginal* [j] *von* Die Jurakische₍ Samojede₍ *bis* dene₍ übrige₎. *auf Bl.* 58v *rechts marginal* [k] U_{ber}r_{schlag} *verbessert aus* U_{ber}r_{schlag} [l] bl_{aue)} *verbessert aus* [..]

Streiffen Ver- / Zieret. Sie sind bey männer[n] / und weiber gleich lang und / reichen bis[s] auf die Fers[en]. / Sie nenne[n] selbige Peltze *Digil*²⁰⁵. Die Männer / tragen wenn es sehr Kalt / ist noch einen auswerts rauhe[n] / SchaafPeltz darüber, / welche[n] / sie *Dachi*²⁰⁶ nenne[n]. Dieser / ist beynahem eben so lang als / der *Digil*²⁰⁷. : | ᵃ | : Im Sommer tragen die / *BrazKi*sche[n] Manner und wei- / ber eben dieselbe Peltze / welche im Winter abgetrag[en] / sind. Sieᵇ machen sich jährlich / im Herbste neue Peltze / und dienen Vor das gantze / Jahr, wobey ihnen Zustatten / Kommt, daß wenn es im / Sommer heiß ist alsdenn / ihre Peltze sonderlich die / Von Reh-Fellen wenig / Haare mehr übrig hab[en]. / Über dem Peltze hangen bey / denen *BrazKi* Zu beyden / Seiten große breite Lappen / Von gedoppelt[em]ᶜ durchgenähet[em] / *KitaiKa* Von der *Taille* / bis[s] Zu unterst herab, so sie / *ChormoKtschi*²⁰⁸ nenne[n]. Diese / sind oben durch eine[n] breit[en] / band Von *KitaiKa* oder / Leder der um den Leib ge- / sPannet wird, *connectiret*²⁰⁹ / und über demselb[en] breit[en] / bande wird der Gürtel / auf *BrazKi*sch: *Bügè*²¹⁰ / angethan welcher nicht / Leicht anders als mit Silber / eingeleget ist. wiewohl auch / einige eine[n] Rußische[n] / *Kusschak*²¹¹ tragen. / Das *Chormoktschi*²¹² dienet /ᵈ : | ᵉ | : daZu daß wenn sie Zu Pferde sind / mit Pfeil und bogen, der Peltz Von / denen Köcher[n] nicht abgerieben / werde. *item* daß die Sache[n] so sie / am Gürtel hang[en] habe[n], den Peltz / nicht beschädige[n].
Die *Jakut*e[n] haben eben dergleich[en] / aber Kleinere Lappe[n] oben Zu / beyden Seite[n] über ihre[n] *Sangiachi* / von Rennthiersᶠ oder Elends- / Leder (*Rowdugi* oder *PolowinKi*)
An dem Gürtel hänget bey dene[n] / *BrazKi*ᵍ ein Meßer, Feuerstahl, / Löffel, und ein Langer beutel / worin sie brod, Fleisch, oder / andere Es[s]waare[n] halt[en] / wenn sie auf der Reise sind. / Diese[n] beutel nenne[n] sie: / *Chaptuga*²¹³, welcher Nahme mit / dem *Tungusi*sche[n] *Chaptua*²¹⁴ überein / Kommt. auf *JaKuti*sch: *Chapchà*²¹⁵ / Einige haben alles an einer / einige an beiden Seite[n] Vertheilet. / Pfeiffe[n] und Tobak trag[en] sie in de[n] / Hosen Tasche[n].
Hosen von *BrazKi*sche[n] Manns / und WeibsPerson[en] sind sehr / breit, und reiche[n] vom Nabel / bis[s] auf die halben Schenkel. / Vonʰ *Rowdugi*. Bey weiber[n] / sind die Hosen so gemacht, das[s] / sie hinten herunter geschlag[en] / werde[n] Könne[n], wenn sie ihre / Nothdurfft verrichte[n] woll[en]. : | ⁱ

ᵃ *von* BrazKi sowohl Männer als *bis* eben so lang als der Digil. *auf Bl.* 56v *rechts marginal*   ᵇ S$_{ie}$ *verbessert aus* [.]   ᶜ ge$_{doppelt}$ *verbessert aus* [..]   ᵈ *folgt dazu*   ᵉ *von* Im Sommer tragen die *bis* Das Chormoktschi dienet *auf Bl.* 57r *rechts marginal*   ᶠ R$_{ennthiers}$ *verbessert aus* S   ᵍ B$_{razKi}$ *verbessert aus* [.]   ʰ V$_{on}$ *verbessert aus* g   ⁱ *von* daZu daß wenn sie Zu Pferde *bis* Nothdurfft verrichte) woll). *auf Bl.* 57v *rechts marginal*

|: Unter dene͡n͡ *BrazKi* haben die / Meisten so vermögend sind aus͡s͡er / ihren gewöhnliche͡n͡ Peltzen, auch / FeyerTags Kleider von Tuch / nach Rus͡s͡ischer Art. :|[a]

|: *Tatari*sche Peltze: *Ton*[216] / sind mehrentheils von Reh felle͡n͡ / das rauhe Inwendig, Lange / Enge Ermel, Von der Linken / Seite biß unter den rechte͡n͡ arm / ubergeschlagen. Verbremung von / bibern, otter͡n͡[217] oder schwartzen / *MerluschKi*[218], reichen biß auf die / waden Zuweile͡n͡ auch bis͡s͡ an die / Ferse͡n͡, von dene͡n͡ Knien an / einige wenige Falte͡n͡[b] rund / herum, Keine schlitze / Bey Männer͡n͡ und weiber͡n͡ / Einerley, nur daß die weiber / Peltze etwas langer Zu / seyn pflege͡n͡ und alleZeit bis͡s͡ / auf die Ferse͡n͡ reiche͡n͡: auch / sind an dene͡n͡ weiber Peltze͡n͡ / einige wenige Falte͡n͡ / um den Halß[c]. Im[d] Sommer / tragen sie alte͡n͡ abgetragene / Peltze Vom winter, und / mache͡n͡ sich im Herbst neue. / Einige uberZieh͡en͡ die Peltze / mit SeidenZeug auch mit / Tuch. *Chatandschä*[219] die OberPeltze / der Tataren (даха[220]) auch / Von Rehfelle͡n͡, das rauhe / außen.

Die *Opuschka*[221] von[e] dene͡n͡ *Tatar*en / ist oben auf eine Handbreit / Unte͡n͡ nur eine͡n͡ Finger breit / Unterscheid Von den͡en͡ *BrazKi*sch͡en͡ / Peltzen bestehet fürnemlich in den͡en͡ / Falten, daß selbige bey dene͡n͡ *Braz*- / *Ki* höher sind, und daß die / *BrazKi* ihre Peltze unt͡en͡ auf- / schlitzen. :|[f]

|: Die *Baschkir*en[222] Machen ihren / *Tulupi*[223] oder *dachi*[224] von / Pferde-Häuten. Ich habe / Bey denen *Tatar*en am *Irtisch*[225] / dergl͡eichen͡ gesehen, so sie von / ihnen bekommen hatten. :|[g]

|: Viel *Tatar*en, *BrazKi*, *Jakut*e͡n͡, u͡nd͡ *Samoj*eden / Tragen auch[h] Kleider[i] / Von Tuch. Und sind / die rothe, grüne, und[j] blaue, / *Coull*euren[226] Bey ihnen / am angenehmsten. / Die ersten 3 *Nation*en / *accommodier*en[227] sich in diese͡n͡ / Kleidern von Tuch der Rus͡s͡i / schen *Mode* und tragen зипу- / ни[228]. Die Letztern aber / machen dieselbe nach ihrer / eigenen *facon*, so wie ihre / übrige sogenannte *ParKi* / und fliken streiffen von / unterschiedenen *couleur*e͡n͡[229] / ein, damit es desto bunter / Las͡s͡e͡n͡ möge. Diese Streiffen / sind fürnemlich auf der brust Zu / beyden Seite͡n͡ nach der länge / herab, und Längst dem / Untern Saume des Rokes. / Ich habe dergl͡eichen͡ Zu *Mangasei*[230] an / *Tawgi*sch͡en͡ *Amanat*e͡n͡ gesehe͡n͡. :|[k] /63r/

---

[a] *von* Unter dene₍ BrazKi *bis* nach Russischer Art *rechts marginal* [b] F₍alt₎ *verbessert aus* [.] [c] ₍Hal₎ß *verbessert aus* [.] [d] I_m *verbessert aus* [.] [e] von *verbessert aus* [..] [f] *von* Tatarische Peltze: Ton *bis* unt₍ aufschlitzen. *auf Bl.* 59r *rechts marginal* [g] *von* Die Baschkiren Machen ihnen *bis* bekommen hatten. *auf Bl.* 61r *rechts marginal* [h] *nach* auch *gestr.* Sipuni [i] Kleider *über der Zeile* [j] und *über der Zeile* [k] *von* Viel Tataren, BrazKi, Jakute₍ *bis* Amanate₍ gesehe₍ *auf Bl.* 60r *rechts marginal*

Kleidung der Wald-*Tun-* / *gus*en: und Zwar Zufor- / derst der Männer im Sommer.
Sie tragen im Sommer Keine / Mützen, auch nicht im Frühlinge / noch Herbste, sondern nur / im Winter[a], und auch alsdenn / nicht so sehr wege⌈n⌉ der Kälte / welche[b] sie wenig achten, als / bloß wegen des Schnees.
|: Anstatt der Mütze haben[c] einige[d] einen / Riemen um den Kopff gesPannet / an welchen Zu beyden Seiten über / die Ohren Kleine[e] Lappen einer / Hand breit u⌈nd⌉ lang herunter / hängen um im winter die ohre⌈n⌉ / Vor der Kälte Zu bewahr⌈en⌉ / Diese Riemen sind sonderlich / An[f] der *Nischna Tungusca*[231] im / Gebrauch allwo dieselbe sowohl / bey Mannern als weiber⌈n⌉ mit allerley / Zierrathe⌈n⌉ Von Coralle⌈n⌉ besetzet werde⌈n⌉. / *Mangas⌈eische⌉ Tungus*en am / *Nischna Tungusca*[232] nennen / die Sommer Kleidung / <u>*Kumù*</u>[233]. Die winter / Kleidung <u>*Schun*</u>[234]. :|[g]
Einige Trage⌈n⌉ Hemde, die meisten nicht.
Odínjami[235] ist bey diesen *Tun-* / *gus*en die eintzige Leib-Klei- / dung im Sommer, welcher / im[h] winter auch nur eine / *respondir*et[236]. Bestehet aus / junge⌈n⌉ Rennthiers Felle⌈n⌉ (*odindri*)[i], das / rauhe auswendig, auf dene⌈n⌉ / Schuter⌈n⌉, um die Hüffte, / und rund umher mit schwartze⌈n⌉ / und weis⌈s⌉en eingeflikt⌈en⌉ / Streiffen Von ander⌈en⌉ Rennthiers / felle⌈n⌉ nach eines jede⌈n⌉ beliebe⌈n⌉ / geZieret. schlies⌈s⌉et sich / vorne nicht gantz Zusamm⌈en⌉, / sonder⌈n⌉ wenn man es allein / anZiehen sollte, so würde die /63v/ Haut auf 2 Hande breit Blos⌈s⌉ / Bleibe⌈n⌉. Ist hinte⌈n⌉ etwas / Länger als Vorn. gehet / in allem nicht gar Bis⌈s⌉ auf / die Knie. Enge Ermeln. / Unten rundherum sind *Frange⌈n⌉*[237] / Von weißen Pferde Mähne⌈n⌉ oder Ziegen Bärten welche sie / von dene⌈n⌉ Ruße⌈n⌉ einTausche⌈n⌉ / oder von denen langen Haare⌈n⌉ / so[j] denen Rennthieren unter / dem Halse wachse⌈n⌉[k] / auf[l] eine gute / Handbreit biß Zuweilen auf ½ *Arschin*[m] Lang, und dar- / Zwische⌈n⌉ Röthlich gefärbte / Haare, die dene⌈n⌉ Rennthiere⌈n⌉ / inwendig an dene⌈n⌉ Hufen / wachse⌈n⌉, welche aber nur / etwan halb so Lang sind.
|: Die Frangen[238] sind bey etliche⌈n⌉ / so lang das⌈s⌉ sie hinten[n] die wade⌈n⌉ / bedeke⌈n⌉. :|[o]
Urúptun[239], *Tung⌈usischer⌉* Brustlappe⌈n⌉ / hänget vom Halse über die / brust herab, reichet Bis⌈s⌉ über / die Hose⌈n⌉-, und ist auf 2 bis⌈s⌉ / 3 Hande breit. Er

---

[a] W_{inter} *verbessert aus* L   [b] we₍i₎che *verbessert aus* w[..]₍i₎[...]   [c] *nach haben gestr.* sie   [d] einige *über der Zeile*   [e] K_{leine} *verbessert aus* [.]   [f] A_n *verbessert aus* [.]   [g] von Anstatt der Mütze *bis* Kleidung <u>Schun</u>. *rechts marginal*   [h] i_m *verbessert aus* [.]   [i] (odindri) *über der Zeile*   [j] *vor* so *gestr.* we   [k] *von* oder Ziegen Bärten welche sie *bis* dem Halse wachse₍n₎ *rechts marginal*   [l] *vor* auf *gestr.* Die andern Langharigte₍n₎ / Peltzwerk,   [m] biß Zuweilen auf ½ Arschin *über der Zeile*   [n] hinten *über der Zeile*   [o] *von* Die Frangen *bis* bedeke₍n₎ *rechts marginal*

wird / unter dem vorige[n] *odiniami*²⁴⁰ / getrage[n], und das *Odiniami*²⁴¹ / wird über dem *Uruptun*²⁴² vorne / auf der brust und dem bauche / mit Riemen Zugebunde[n]. / Das *Uruptun*²⁴³ selbst ist /64r/ bloß um den Halß befestiget. / Es Bestehet aus schwartzen und / weiß abwechselnde[n] Streiffen / Von Rennthiers Fellen (das / Rauhe aus[s]wendig) welche / Streiffe[n] nach der Lange zusam- / men gesetzet sind, und sich / unte[n] und ob[en] durch Quer Strei- / fe[n] *coniungir[en]*²⁴⁴. Unten sind / an denselb[en] eben dergleiche[n] / *frangen*²⁴⁵ als an dem *Odiniami*²⁴⁶. / Auf den Seite[n] ein rauher Rand / oder Einfas[s]ung Von Lang- / harigt[em] Pferde-Fell.ᵃ was / Von Pferden ist, das bemühen / sich die *Tunguse[n]* auf das / aus[s]erste, von den[en] Rus[s]e[n], *Ja- / Kut[en]*, *BrazKi* p[erge] Zu beKom- / men, weil sie davon Beson- / dere Liebhaber sind.

|: *Mangas[eische] Tunguse[n]* am / *Nischna Tung[uska]*²⁴⁷ nennen / den brustlappen sowohl / bey winter als Sommer / Kleidunge[n] *Chólmi*²⁴⁸. :|ᵇ *Búgö*²⁴⁹, *Tung[usischer]* Gürtel wird / als ein schmahler gemeiner / Riemen Von *PolowinKi* / getrag[en]. Reiche tragen / auch Gürtel von *Braz- / Ki*scher Arbeit mit Silber / eingeleget²⁵⁰.

Von den Hose[n] ist schon obe[n] gesagt. /64v/
*Ármus*²⁵¹, *Tung[usische]* Bein Kleider / Von *PolowinKi*, wie bey / dene[n] *JaKut[en]*.
Keine Strümpffe.
*Lökomi*²⁵², *Tung[usische]* Sommer- / Stiefeln, Von *PolowinKi*, gehe[n] / etwas über die Enkel²⁵³, und / werden über den[en] *ármus*²⁵⁴ / mit Riemen festgebunde[n].

|: *Kochálla*²⁵⁵, *Tung[usische]* Handschuhe, / im Sommer von *Rowdugi* / oder *PolowinKi*, im winter / Von Köpffen der Rennthiere. :|ᶜ

Im winter
trag[en] die wald-Tunguse[n] fol- / gende Kleidung.
*Aun*²⁵⁶, Mütze, von Rennthiers / felle[n] das rauhe auswendig, / nicht gefüttert, Bedeketᵈ / Kaum die Ohren, wird unter / dem Kinn festgebunde[n].
*JaKuzKi*sche *Tunguse[n]* / Tragen *JaKuzKi*sche Mütze[n].
*Kúngu*²⁵⁷, ist wie das *Odin- / jami*²⁵⁸, nur etwas rauher / und wärmer von Haaren / aber nimmer unterfuttert / dabey wird ein *Uruptun*²⁵⁹ / getrag[en] wie im Sommer
Hosen, wovon obe[n], sind im / winter u[nd] Sommer einerley. /65r/
*Hówori*²⁶⁰, Bein Kleider, Von / *Camassi* nicht unterfuttert.

ᵃ ₚfₑᵣdₑ.Fₑₗₗ *verbessert aus* P   ᵇ *von* Mangas. Tungusen am *bis* Chólmi. *auf Bl.* 63v *rechts marginal*
ᶜ *von* Kochálla, Tung. *bis* der Rennthiere *rechts marginal*   ᵈ Bₑdₑkₑt *verbessert aus* [.]e[.]e[.]et

*Kulmi*²⁶¹, winter Stiefeln, auch / Von *Camassi* und nicht un- / terfuttert. Das Machwerk²⁶² / an allen beyde⸢n⸣ wie im Sommer / und wie bey dene⸢n⸣ *JaKut⸢en⸣*. / *Camassi* auf *Tung⸢usisch⸣ óha*²⁶³.
An denen Hosen | *N⸢ota⸣B⸢ene⸣*²⁶⁴ nicht wie / bey dene⸢n⸣ *JaKut⸢en⸣, BrazKi, p⸢erge⸣* am Gürtel | / hangen bey den⸢en⸣ *Tunguse⸢n⸣* folgende / NothwendigKeit⸢en⸣: Zur rech⸢ten⸣ / Seite ein Kleiner beutel mit / Tobak, ein anderer mit Zunder / und Feuerstein, ein Feuerstahl / besonders, und ein Kleines / Hölzernes Löffelge⸢n⸣ mit / Schwefel. Zur Linke⸢n⸣ ein Mes⸢s⸣er / in einer Scheide, und eine / Tobaks Pfeiffe.
|: Eben also auch bey dene⸢n⸣ *JuKa*- / *giri*, deren Kleidung auch mit / der *Tungusi*sche⸢n⸣ mehrentheils / übereinKommt, Nur daß sie / hinten Länger und mehr Zuge- / sPitzt ist. Die *JuKagiri* habe⸢n⸣ / auch in ihrer Kleidung vorn / Zu unterst in dene⸢n⸣ beyden / Zipffeln, und hinten in der / Mitten der unters⸢ten⸣ SPitze / des Kleides Kleine eintzelne / Steine eingenehet, um die Klei- / dung herunter Zu Zieh⸢en⸣, und / nicht ein einschrumpffen*ᵃ* einKrimpen²⁶⁵ zu Las⸢s⸣e⸢n⸣. / Sie tragen derg⸢l⸣eichen Zwey Klei- / dungen von einerley *facon* / übereinander, Beyde von Jun- / gen Rennthiers Fellen, nur mit dem Unterscheide, daß an den / unter⸢en⸣ das rauhe inwendig / und bey dem ober⸢en⸣ auswendig / geKehret ist. Die obere Klei- / (*verte*²⁶⁶ 3 blätter²⁶⁷) dung : |*ᵇ*

Weiber Kleidung
derer Wald-*Tungus*en.

*Njöl*²⁶⁸, Brust-Lappen, davon*ᶜ* ist / schon obe⸢n⸣ gesagt.
*Dscherga*²⁶⁹, Leib Kleidung im / Sommer. von *PolowinKi* oder / *Rowdugi*, röthlich-gelb*ᵈ* gefärbet, / ist nicht Länger als bis⸢s⸣ auf / die Knie, wird Vorn über- /65v/ einander geschlag⸢en⸣ von der / Linke⸢n⸣ Zur rechte⸢n⸣ Seite, ist / Von der *Taille* Biß unten / in Falten, zu beyden Seite⸢n⸣ / aufgeschlitzet, auf den⸢en⸣ / Näthe⸢n⸣ und Kannt⸢en⸣, nicht nur / Vorn sonder⸢n⸣ auch unten rund / herum, mit Streiffen Von / rothe⸢n⸣ und Blaue⸢n⸣ *KitaiKa*, / auch mit Laken-Eken²⁷⁰ / besetzet, und ausgeZieret. / *It⸢em⸣* sie pflege⸢n⸣ Zur Zierde / von einem Leder so sie Zur / Kleidung gebrauch⸢en⸣ wolle⸢n⸣ / nur einen Theil Zu färb⸢en⸣ / und den übrig⸢en⸣ Theil unge- / färbet Zu las⸢s⸣e⸢n⸣, damit / es desto bes⸢s⸣er absteche⸢n⸣ / möge.
|: Alle heidnische Völker / schlage⸢n⸣ ihre Kleider von / der Linke⸢n⸣ Zur recht⸢en⸣ / über einander. Der gemei- / ne Mann von Rus⸢s⸣en*ᵉ* da- / gege⸢n⸣ von der recht⸢en⸣ Zur / Linke⸢n⸣. Diese sind darin / abergläubisch und halt⸢en⸣ / es fast für ein

---

ᵃ einschrumpffen über der Zeile *ᵇ* *von* Eben also auch bey *bis* Klei- / (verte 3 blätter) dung *rechts marginal* *ᶜ* ₐₐᵥₒₙ *verbessert aus* [.] *ᵈ* ᵣöₜₕₗᵢcₕ₋gₑₗb *verbessert aus* [.] *ᵉ* Rᵤₛₛₑₙ *verbessert aus* [.]

*punctum / religionis*²⁷¹, um sich nicht / denen heidnisch⸢en⸥ Völker⸢n⸥ / gleichförmig zuᵃ / erweise⸢n⸥.

Die *Tungusi*sch⸢en⸥ Jungen weiber / und Mägdgens habe⸢n⸥ noch / einen besonder⸢en⸥ Sommer Rok / welche⸢n⸥ sie *Kumü*²⁷² nenne⸢n⸥, Selbi- / ger ist dem *Dscherga*²⁷³ sonst / in allem gleich, nur daß / er über und uber mit aller- / Ley Zierrathe⸢n⸥, Kling- und Klap- / perwerk ausgeZieret / und behange⸢n⸥ ist. : |ᵇ *Daóde*²⁷⁴, winter-Kleidung, / ebenso gemacht als die / Vorige, nur daß sie in- / wendig rauch ist, Bestehet / aus Rennthiers auch Elends- / felle⸢n⸥.

*Holtuláni*²⁷⁵, wird im winter / uber das *Daode*²⁷⁶ angeZoge⸢n⸥ /66r/ und ist in allem dem *Kungu*²⁷⁷ / der Männer ähnlich, nur / daß es mit mehreren Zierrath⸢en⸥ / Verseh⸢en⸥ ist, welche fürnehmlich / auf dem Rüken, in hauffig⸢en⸥ / eingeflikt⸢en⸥ Schwartzen Streiffe⸢n⸥, / und angeheffte⸢ten⸥ Vielen, / Zöpffen Vonᶜ rothgefärbt⸢en⸥ / Pferde Haaren und Riemen / angebracht sind. vorn gehet / es auch nicht Zu, so wie das / *Kungu*²⁷⁸ und *odiniami*²⁷⁹. Es / wird aber dabey dennoch / Kein *Uruptun*²⁸⁰ getrag⸢en⸥, weil / die brust bey den weiber⸢n⸥ / ohnedem schon doppelt / bedeket ist.

Hosen, bein-Kleider, Stiefeln / sind wie bey dene⸢n⸥ Männer⸢n⸥ / und werden mit gleiche⸢n⸥ Nahm⸢en⸥ / benennet.

|: Junge weiber und Mägdgens / Trage⸢n⸥ auch allerley Zierrath⸢en⸥ / Von Mes⸢s⸥ing, Eisen, Zinn, / Coralle⸢n⸥, Klein⸢en⸥ Gloke⸢n⸥, Schelle⸢n⸥ / sowohl im winter am / *Holtulani*²⁸¹ als im Som- / mer am *Dscherga*²⁸², auch / um den Halß. *Tungus*en am *Nischna Tung⸢l⸥uska*²⁸³ / im *Mangas⸢l⸥eischen⸥ Gebiethe²⁸⁴ haben / dieses besonders daß unter / ihnen auch Junge Manns Person⸢en⸥ / sich mit allerley weiber Zierra- / then schmüken, welches andere / nicht thun. : |ᵈ

Die *Tungusi*sch⸢en⸥ weiber tragen / Keine andere Mützen, als die / sie Zuweilen im winterᵉ wenn / es schneiet von ihre⸢n⸥ Männer⸢n⸥ / entlehnenᶠ. Sie trage⸢n⸥ statt / des⸢s⸥en eine⸢n⸥ Krantz Von Eich- / Horns Schwäntzen um den Kopff, / dergleichen der Gemeine / Mann sowohl Rus⸢s⸥en als Heid⸢en⸥ / um den Hals Zu trag⸢en⸥ pfleget /66v/ wovon sie die Ursache angeb⸢en⸥, / weil die weiber nicht so Viel / als die Männer aus⸢s⸥er Haus⸢s⸥e / und unter dem freyen Himmel / Zu Thun habe⸢n⸥.

Dennoch siehet man aus obig⸢em⸥ / daß die *Tungusi*sch⸢en⸥ weiber / Bes⸢s⸥er als die Manner gege⸢n⸥ / die Kälte Verwahret sind, / welches deßwege⸢n⸥ ist, weil / sie nicht so viel *Motion*²⁸⁵ hab⸢en⸥ / als die Männer. Ein / Mann gehet und arbeitet

---

ᵃ *nach zu gestr. halt*₁ ᵇ *von* Alle heidnische Völker *bis* und behange) *ist rechts marginal* ᶜ V_{on} *verbessert aus* [.] ᵈ *von* Junge weiber und *bis* andere nicht thun. *rechts marginal* ᵉ w_{inter} *verbessert aus* S ᶠ _{entlehne}n *verbessert aus* [.]

sich / warm auf der Jagd, Ziehet / Nart⸢en⸣ haket Holtz^a u⸢nd⸣ d⸢er⸣g⸢leichen⸣ Das weib / giebt auf Reis⸢en⸣ Bloß auf / die Rennthiere Achtung. Ich habe im Nachwinter^b da es noch Ziemlich / kalt war,^c *Tungu-* / *s*en in den wälder⸢n⸣ mit / Nart⸢en⸣ angetroff⸢en⸣, welche / sogar ohne Mützen war⸢en⸣, / und wo Zwischen dem *Kun-* / *gu*²⁸⁶ und *Uruptun*²⁸⁷ an / mehr als einem Orte die / Blos⸢s⸣e Haut Zu sehen / war. |: im *IlimsK*isch⸢en⸣ Gebiethe / 1736. Zwisch⸢en⸣ *IlimsK* / und *UstKut*²⁸⁸. :|^d Sie Versichert⸢en⸣ aber / das⸢s⸣ ihn⸢en⸣ die Kälte nichts / schade, und sie durchs geh⸢en⸣ / und Nart⸢en⸣ Zieh⸢en⸣ warm würd⸢en⸣, / war⸢en⸣ auch auf dem Leibe warm / anZufühl⸢en⸣. /67r/
Vögel- und Fisch-Häute / werden bey den⸢en⸣ *JaKut*⸢en⸣ / *Tungus*⸢en⸣^e, *BrazKi*, / *Mongol*⸢en⸣ nicht Zur Klei- / dung gebrauchet.
|: Von Schwanen²⁸⁹ und / *Gagari*^f machen sich die / *Samoj*eden Feyer Kleider / nemlich *ParKi*, die sehr bunt / und schön anZuseh⸢en⸣ / sind. Dieses hat man / Mir Zu *Mangase*²⁹⁰ nicht *con-* / *firmir*et²⁹¹. Schwanen Peltze soll⸢en⸣ / sich Zwar die *Samoj*eden mach⸢en⸣ / aber das rauhe inwendig / geKehret Zur wärme im Winter. / Von *Gagari* machen sie^g sich Keine / Peltze. sondern die Rus⸢s⸣en / sollen zuweilen dergleich⸢en⸣ bunte / Peltze Von *Gagari* Zur *curiosi-* / tät gemacht hab⸢en⸣. :|^h
Die *NertschinsK*isch⸢en⸣ *Tungus*⸢en⸣ / welche sonst in der gantzen / Kleidung von Haupte bis⸢s⸣ / Zu Fus⸢s⸣e der *Mongoli*sch⸢en⸣ / Mode folg⸢en⸣, haben auch / ein⸢en⸣ besonder⸢en⸣ wohlgefall⸢en⸣ / an der Teutschen Kleider- / Mode. Sie Kauffen alte / Kleider von Tuch, was / farbe es auch seyn mag, / wenn sie nur nach Teutscher / *Mani*er gemacht sind, von / den⸢en⸣ Rus⸢s⸣en sehr Theuer / und Ziehen dieselbe an / wenn sie am prächtigst⸢en⸣ / geKleidet seyn woll⸢en⸣. Als / wir in der *NertschinsK*isch⸢en⸣ / Steppe gereiset sind, war⸢en⸣ / fast alle unsere *Tungusi*sche / fuhrleute in Teutscher / Kleidung, und haben wir Zu- / weilen auf 50 Person⸢en⸣ / in diesen Kleider⸢n⸣ versammlet / geseh⸢en⸣. /67v/²⁹²
Die obere Kleidung der *Jukagiri* / welche von den⸢en⸣ Rus⸢s⸣en mit einem / *Jukagiri*sch⸢en⸣ worte und hinZugefügter / Rus⸢s⸣ischer *Termination*²⁹³ *MachalKa*²⁹⁴ / genennet wird, ist in allen / Zierrath⸢en⸣ der *Tungusi*sch⸢en⸣ ähnlich / in Riemen, Streiffen p⸢erge⸣l Weiber / u⸢nd⸣ Männer Trag⸢en⸣ einerley Kleidung / nur daß die weiber mehr Zierrath⸢en⸣ / hab⸢en⸣, und die Magdgens am meist⸢en⸣. / Im Sommer Trag⸢en⸣ sie eben dergl⸢eichen⸣ / Kleidung welche sie im

---

^a haket Holtz *über der Zeile*   ^b Nach_{winter} *über der Zeile*   ^c da es noch Ziemlich / kalt war, *über der Zeile*   ^d im IlimsKische) Gebiethe 1736. Zwische) IlimsK und UstKut. *rechts marginal*   ^e *vor* Tunguse) *gestr. und*   ^f G_{agari} *verbessert aus* [.]   ^g sie *über der Zeile*   ^h *von* Schwanen und Gagari *bis* curiosität gemacht hab)*. rechts marginal*

winter / schon abgetrag[en] hab[en]. Sie / tragen auch[a], so wie die *Tunguse*[n], / Stränge von rothgefärbt[en] / Pferde Haare[n] an ihre[n] Kleider[n] / welche sie von den Rus[s]en / erhandeln. *Item* Frangen[295] / Von dene[n] Lange[n][b] Haare[n] die[c] dene[n] Renn- / Thieren unter dem Halse wachs[en] / wie die *Tunguse*[n]. Brust- / Lappen wie bey dene[n] *Tun-* / *gusen*. denn die Kleider / gehen bey ihn[en] gleichfalls / forne nicht Zusamm[en]. / Weis[s]e Rennthiers Felle werde[n] / für die schönste gehalt[en]. / Sie Liebe[n] auch große *Corall*[en] / Kleine aber gar nicht. mit / denen große[n] VerZieren sie ihre / Mütze[n] anstatt der *Staffirung*. /68r/ *Kaschani*[296] der *Ostiak*en heis[s]en / in der *PumpoKol*schen SPrache *Pülèl* / Manner und weiber Tragen / Theils Zu Hemden Theils Zu Unter / auch Ober Kleider[n]. alle / Kleidung die glatt oder nicht / rauh ist heißet ein *Kaschan*[297] / als Z[um] e[xempel] Von *Rowdugi, Polowinki* / am meisten aber (sonderlich bey / den Rus[s]en) von fisch Hauten. / Sie Ziehen dene[n] *Sterlette*[n], Störe[n] / Quabben[298], *Taimenne*[n][299], die / Haute ab, troknen dieselbe[d] / und[e] reiben sie mit den Hände[n] / bis[s] sie weich wird, stüken Zu- / sammen und nehe[n] daraus, was / sie wollen. Die besten sind / Von Stöhr und[f] *Sterled*s häuten, die laße[n] / nicht das geringste was[s]er durch / wie wohl auch die von andere[n] Fischen / darin eine gros[s]e *prerogatiw*[300] / Von dem leder habe[n], daß sie / nicht so leicht waßer durchlaße[n]. / Die *Ostiake*[n] machen sogar[g] / Schuhe oder *ScherKi*[301] oder / Stiefeln[h] die bis[s] an die Knie / gehen, Von Stöhr, und *Sterled*s / Hauten, nur sind die Sohlen vom / Rus[s]ischen leder. Im[i] *Ket*[302] sind / Keine Stöhre, des[s]wege[n] brauche[n] / sie bloß die *Sterled*s häute.

|: Sommerkleidung / Rußisch] *Kaschani*[303] / in der SPrache[j] der / *JeniseisKi*sche[n] *Ostiake*[n] / *Fállatam*[304]. Diese / *Ostiak*en machen / Keine Von Fisch- / Haute[n]. doch machen / sie aus Fischhäuten / auch Schuhe, so wie / die am *Ket*[305] fl[uß] / die *Ostiake*[n] im *Mangas*[eischen] Geb[ieth][306] / welche aus dem *Surgutzki*schen[307] / dahin übergeZogen haben eben- / sowenig Kleider Von Fischhaute[n] :|[k]

Peltze die Ostiaken Von Rennthiers /68v/ oder Hasen Fellen, unter / Manner und weiber[n], Kein / Unterschied in der Tracht, reichen / Bis[s][l] an die Knie, Keine / Falten, forn etwas über / geschlagen, ohne *Opusca*[308] / derg[leichen] Peltze

---

[a] a_{uch} *verbessert aus* f   [b] Lange) *über der Zeile*   [c] _{di}e *verbessert aus* [.]   [d] *nach* dieselbe *gestr.* biss
[e] *vor* und *gestr.* s   [f] Stöhr und *über der Zeile*   [g] _{sog}ar *verbessert aus* [..]ß   [h] S_{tiefeln} *verbessert aus* [.]
[i] I_{m} *verbessert aus* a   [j] Sp_{r}ache *verbessert aus* [.]   [k] *von* Sommerkleidung Ruß. *bis* Von Fischhaut) *rechts marginal*   [l] B_{iss} *verbessert aus* [.]

heis⌈s⌉en die *Pum-* / *pokol*sche⌈n⌉ Ostiak⌈en⌉ *Laihem*ᵃ die Ostiake⌈n⌉ am *Jenisei*³⁰⁹ / *chat*³¹⁰·ᵇ.
Die Ostiakische weiber haben / Vordem allerley Zierrathe⌈n⌉ / von Coralle⌈n⌉ am Kopffe / u⌈nd⌉ an den Haaren getrag⌈en⌉ / seithdem sie aber getauffet / sind nicht mehr.
Camaschinzi Kotowzi p⌈erge⌉ tragen / die *Tatari*sche Kleidung / nur sind ihre Roke und Peltze / nicht so lang und gehen selt⌈en⌉ / bis⌈s⌉ über die Knie, weil / die Meisten unter den⌈en⌉ *Kotowzi* / und alle *Camasinzi* bestän- / dig Zu fuße sind. Stiefeln sind bey ihnen Von Reh- / fellen die imᶜ Sommer geschos⌈s⌉⌈e⌉⌈n⌉ / sind weil daran die Haareᵈ nicht / so dikᵉ und lang sind, und sich / daher wenn sie Naß geword⌈en⌉ / Leicht trokne⌈n⌉ Läs⌈s⌉⌈e⌉⌈n⌉. Die Füße / Umwikelnᶠ sie winter u⌈nd⌉ Sommer / mit Gras⌈s⌉e oder Heu. /69r/ ihre Hosen sind Von alten⁸ Reh fellen da / die Haare abgetrage⌈n⌉ sind / Sieʰ reichen Von / der Schaam bis⌈s⌉ an die Knie / sind oben nirgens aufgeschlitzet / und müßen um den Leib fast / wie ein beutel Zugeschnüret / und festgebunde⌈n⌉ werd⌈en⌉.
|: weiber Hose⌈n⌉ der *Camasinzi* / bestehen aus Zwey Lätzen davon / der hintere Vorn und der Vordere / hinte⌈n⌉ Zugebundenⁱ wird, solches / ist wegen der *commodit*ät / wenn die weiber ihre Noth- / durfft verricht⌈en⌉ woll⌈en⌉. :|ʲ
*Iltik*³¹¹ beutel den die Tatare⌈n⌉ / auf der Linken Seite am Gürtel / Zuᵏ oberst über den Kleider⌈n⌉ / tragen. Die *Camaschinzi* / haben eben dergl⌈eichen⌉ u⌈nd⌉ nenne⌈n⌉ / selbige *Ellik*¹³¹². Sie sind / dreyekigt oben in Falt⌈en⌉ / unten breit und platt / Oben ist in der Mitte ein / Schlitz, wodurch man mit / der Hand in den beutel langt / und über den Schlitz ist ein / Eiserner Ring welcher / abwerts gestreiffet wird / um den beutel festZuschlies⌈s⌉⌈e⌉⌈n⌉ / das⌈s⌉ nichts herausfall⌈en⌉ / Konneᵐ in diesem Beutel / halt⌈en⌉ sie allerley Nothwendig- / Keit⌈en⌉ auch Eß Vorrath. / Der beutel ist Von Leder oder / *KitaiKa* und unten aus Eben solch⌈em⌉ / Zeuge eine doppelte *falbela*³¹³

---

¹ *Tobol'sk*
² *Tjumen'*
³ „Schermesser, 1) Messer, womit das Barthaar abgeschnitten wird. ..." (Pierer 1857–65, Bd. 15, S. 141)
⁴ Gebiete von *Kuzneck* und *Krasnojarsk*
⁵ *Bajkal*
⁶ Gebiet von *Nerčinsk*
⁷ „Der Zweig der Tungusen, welche sich 1644 in den Besitz von China setzte, trägt

---

ᵃ Laihe_m *verbessert aus* [.]   ᵇ die Ostiake) am Jenisei chat *rechts marginal*   ᶜ ᵢm *verbessert aus* h
ᵈ H_aare *verbessert aus* [.]   ᵉ d_ik *verbessert aus* l   ᶠ U_mwikeln *verbessert aus* [.]   ᵍ alten *über der Zeile*
ʰ *vor* Sie *gestr.* Männer und weiber trag) / einerley Hose)   ⁱ Zu_gebunden *verbessert aus* [.]   ʲ *von* weiber Hose) der *bis* verricht) woll) *rechts marginal*   ᵏ Z_u *verbessert aus* [.]   ˡ E_llik *verbessert aus* [.]   ᵐ Konn_e *verbessert aus* [.]

jetzt den Namen Mandshu und ihre eigentliche Heimath ist der nordöstliche Theil Hochasiens, die sogenannte Mandshurei, ..." (Schiefner 1857a, S. 22); „Mandschuren ... Ursprünglich saßen die Mandschuren in den Wäldern an Amur und Ussuri, stießen dann im 16. Jahrhundert als Reitervolk bis an den Baikalsee vor, eroberten 1644 Peking, stürzten die Herrschaft der Ming und errichteten die Quing-Dynastie (1644–1911), ..." (Guter 2004, S. 314f.); „Die Quing-Dynastie war eine Fremddynastie, von Mandschuren geführt, die sich jedoch dem chinesischen Wesen weitgehend anpassten. Allerdings blieb ein nicht zu beseitigender Unterschied: die Chinesen mussten einen Zopf tragen, konnten lange Zeit keine führenden Stellen beim Militär bekleiden, es war ihnen lange der Zuzug in die Mandschurei selbst verboten ..." (a. a. O., S. 395); s. Glossar: Dauren

[8] *Enisej*
[9] <lat./frz.> – belästigt, beschwert
[10] frz. – gewissenhaft
[11] s. Kap. 6, Anm. 10
[12] d. h. des Sees
[13] <lat.> – verbinden
[14] Gebiet von *Nerčinsk*
[15] *Enisej*
[16] *Abakan*
[17] turk. „кäчä" – Kopfschmuck der Frauen (Radloff 1963, Bd. 2, Sp. 1144)
[18] s. Glossar: Lamaismus
[19] *Kamčatka*
[20] *Kamčatka*
[21] „Eine andere, von vielen stimmführenden Geographen angenommene irrige Meinung war die, dass Kamtschatka mit dem Lande Jesso oder Jedso, das ein Holländisches Schiff Castricom im Jahre 1643 besucht hatte, identisch sei. ... Wir können jetzt nicht bezweifeln, dass das vom Schiffe Castricom besuchte Jesso nichts anderes war, als die Insel Matsmai mit einigen benachbarten, welche die Reihe der Kurilen mit Japan verbinden. Auch scheint auf dieser Reise das benachbarte Südende von Sachalin besucht zu sein. Dadurch wurde das Land Jesso ziemlich gross. So ging es in die Karten und Globen über, mit denen Guill. Delisle, Géographe du Roi, damals die Welt versah. Die Folge davon war, dass, als die ersten Nachrichten über Kamtschatka, als einem Ostasiatischen Lande, ohne alle Breiten- und Längenbestimmungen bekannt wurden, man vermuthete, es werde mit Jesso, das ja Jedermann auf seinen Karten an der Ostküste Asiens liegen sah, identisch sein. Nun hatte aber Vries, der Führer des Schiffes Castricom, ziemlich genaue Angaben von der geographischen Breite und Länge einzelner Punkte von Jesso gegeben, aus denen bestimmt hervorging, dass Jesso ganz nahe an Japan liegen müsse, ... Daraus folgte nun weiter, dass Kamtschatka, das ja synonym mit Jesso sein sollte, auch ganz nahe von Japan sein müsse. So hatte man zwei Länder zu Einem gemacht. ..." (Baer 1872, S. 48ff.)
[22] „STUTZBART, m., kurz geschnittener schnurrbart, von stutzen beschneiden ..." (Grimm 1991, Bd. 20, Sp. 741f.)
[23] „SCHÄRFE, ... 2) der scharfe, schneidende theil an etwas. a) die schneide eines schwertes, messers, beiles u. dergl. ..." (Grimm 1991, Bd. 14, Sp. 2190f.)
[24] s. Anm. 3
[25] s. Anm. 3
[26] *Tobol'sk*
[27] „Operment, gelber Arsenik, Lat. Auripigmentum, Arsenicum flavum, Frantz. Arsenic jaune, Orpiment, Orpin. Ist nach der allgemeinen Beschreibung der meisten Schriftsteller eine Gattung des Arseniks, Hütten=Rauches oder Ratten=Pulvers, dessen es vornemlich 2 Sorten giebet, als ein natürlich gewachsenes, und eines, so durch die Kunst bereitet worden. ... In der Artzney brauchen sie Roß= und Vieh=Aerzte, und sind auch einige Medici, welche sie stossen, mit gleichen Theilen Kalck vermischen, hernach kochen und einen weichlichen Teig daraus ma-

chen lassen, den sie, als ein Haar=fressendes Mittel auf denjenigen Ort legen, da man die Haare wegnehmen will; doch ist solches sehr gefährlich ... Das Wort Auripigmentum ... kommt wohl nirgends anders her, als davon, daß erstlich solches die Mahler zum Mahlen gebrauchen, weil es eine Gold=Farbe vorstellet, ... In der Mechanick, als von Mahlern, Buchbindern Metallgiessern wird das Operment noch am meisten gebrauchet, als da macht es, wenn es mit dem Indig versetzet wird, eine grüne Farbe; mit Saffran und Eyer= Dotter, oder auch mit Fisch=Galle eine Gold=Farbe. ... Operment wird auch bey Verfertigung des Schroots unter das zerflossene Bley gemischet, welches es in Ansehung des Schwefels, etwas härtet. ..." (Zedler 1732–50, Bd. 25, Sp. 1510–1521); „3. Arsen. ... Nach Pallas gebrauchen die Tataren in der Kargalinskaja Sloboda im G. Orenburg, wie auch die derzeitigen Türken eine Masse aus Kalk und Arsen, um den Körper an den Genitalien vom Haarwuchs zu befreien ... was bekanntlich die Religion den Muhammedanern vorschreibt. ..." (Henrici 1894, S. 141–144)

[28] „Kalck / Kalch / Lateinisch Calx, ... ist eine weisse Materie, so aus gebrannten Steinen, wenn sie mit Wasser abgelöschet gezeuget, und zum mauren gebrauchet wird. Es ist zweyerley Kalck, gelöschter und lebendiger. Dieser ist ein Stein, der eine geraume Zeit mit starcken Feuer in denen ausdrücklich hierzu verfertigten Kalck=Oefen ist gebrennet worden. ... Der Kalck ist etwas corosivisch, ätzend, oder zerfressend, denn er verzehret das wilde Fleisch, ..." (Zedler 1732–50, Bd. 15, Sp. 104ff.)

[29] Gebiete von *Enisejsk*, *Mangazeja*, *Ilimsk*, *Jakuck* und *Irkuck*

[30] „Die Tungusischen Völcker, welche in Siberien unter der Rußischen Bothmäßigkeit stehen, sind unter allen dortigen Völckern die stärcksten, längsten und geschicktesten, ... Sie sind die eintzigen, welche noch diese Stunde ihre Gesichter bunt, und mit allerhand Figuren auszieren, und so zu sagen, bemahlen, (conf. Isbrand Ides) und welchen man dahero wohl auch den Nahmen picti geben könte ..." (Strahlenberg 1730, S. 135); „... Ich habe schon bey verschiedener Gelegenheit gemeldet, daß es diesem Volke [d. h. den Tungusen] eigen sey, sich allerhand blaue oder schwärzliche Figuren in das Gesicht machen zu lassen. ... Sie hatte schwarze Kreide, die hin und wieder an dem Nischnaja Tunguska in erhabenen Ufern bricht. Diese rieb sie auf einem Handschleifsteine, und bediente sich statt des Wassers ihres eigenen Speichels dazu. Als sie davon genug gerieben zu haben meinte, so nahm sie gemeinen Zwirn, fädmete ihn ein, zog ihn durch die zu einem Brey geriebene schwarze Kreide, und fieng damit an ein sechsjähriges Mägdelein, Stich an Stich zu nehen, und den gefärbten Faden immer durch die Haut zu ziehen, bis die Zeichnung, die sie sich vorgesetzet hatte, zum Ende gebracht war. ... Ich habe noch gehöret, daß die Materie, womit der Faden gefärbt wird, nicht allemahl schwarze Kreide seyn soll. ... daß die meisten sich, um den Zwirn zu färben, des Russes bedienten, der sich an ihren eisernen Kochkesseln von außen ansetzte. Solchen rieben sie gleichfalls mit Speichel, und richteten ihn ebenso zu, als wie die oben beschriebene schwarze Kreide. ..." (Gmelin 1751–1752, 2. Theil, S. 645ff.); siehe auch die Beschreibung des Ausnähens von Gesichtern bei den Tungusen von J. E. Fischer in: Hintzsche 2009, S. 403

[31] vgl. „DREHEN ... winden, zwei fäden zusammendrehen contorquere. ..." (Grimm 1991, Bd. 2, Sp. 1361f.)

[32] „PFRIEM, PFRIEMEN, m., PFRIEME, f. an hefte befestigte eisenspitze zum bohren, ..." (Grimm 1991, Bd. 13, Sp. 1793f.)

[33] lat. – Messerschmidt in den handschriftlichen Beobachtungen zu Strahlenberg, zu

Seite 135: Über die mit der Nadel tätowierten Zeichen und Figuren des Gesichtes, die die Tungusen in ihrer Sprache Hundishal nennen, schreibt Bischof Eustathius Thessalonicensis in den Kommentaren zu ‚De situ orbis' von Dionysius Alexandrinus, Basel 1556, Oktav, Seite 109, folgendes: ‚Man sagt, daß auch die europäischen Thraker (am Marmarameer) die Gewohnheit hatten, sich Male beizubringen. Man glaubt natürlich, es sei ein Zeichen vornehmer Abkunft, durch eingestochene Male ausgezeichnet worden zu sein. Wer aber keine Male eingeprägt bekommen hat, ist nicht vornehm.'; „... Die Tungusischen Völcker, welche in Sibirien unter der Rußischen Bothmäßigkeit stehen, sind unter allen dortigen Völckern die stärcksten, längsten und geschicktesten, und welche fast wie die Italiäner aussehen. Sie sind die eintzigen, welche noch diese Stunde ihre Gesichter bunt, und mit allerhand Figuren auszieren, und so zu sagen, bemahlen, (conf. Isbrand Ides) und welchen man dahero wohl auch den Nahmen picti geben könte ..." (Strahlenberg 1730, S. 135); „Fertur praeterea, Europaeos Thraces notis pungi, nobilitatis argumentum existimantes, notis esse punctos: non autem punctos esse, ignobile." (lat. – Man sagt außerdem, daß die europäischen Thraker sich Male beigebracht haben. Man glaubt, es sei ein Zeichen vornehmer Abkunft, Male eingestochen bekommen zu haben. Wer aber keine Male eingestochen bekommen hat, ist nicht vornehm.) (Dionysius 1556, S. 109); vgl. auch „Ferunt item Thraces Europaeos notas sibi imprimere consuevisse, quippe qui nobilitatis argumentum esse judicent, insignitos esse punctis, ignobile vero nullis esse notis obsignatos ..." (Eustatius 1861, S. 275, Übersetzung aus dem Griechischen)

[34] lat. – Tätowierungen der Alten

[35] lat. – Neue Ausgabe, Seite 40 (und) die folgende (Seite); „Die Eltern, welche ihre Kinder klein oder jung wegschicken, stechen ihnen mit einer Nadel oder mit einem spitzigen Messer viele Puncte, so eine Figur ausmachen, in den Arm, und reiben eine gewisse schwarze Dinte in die geritzte Wunde. Dieses schwarze Kennzeichen bleibt ihnen Lebenslang ..." (Keyssler 1740, S. 49); Das angegebenen Zitat befindet sich in der neuen Ausgabe (1751 im gleichen Verlag) auf S. 40f.

[36] „Antimon (Chem., Spießglanzmetall, Spießglanzkönig, ...), rhomboedrisches, zerbrechliches ... Metall, ... in den Hüttenwerken durch Rösten u. Schmelzen des rohen Spießglanzes mit einem Zusatz von Eisen, das sich mit dem Schwefel desselben verbindet, dargestellt, ... Das A. wird in der Pharmacie zur Darstellung vieler Präparate, von denen aber ein großer Theil absolet geworden ist u. die im Allgemeinen auf die Absondrung des Schweißes, der Darmausleerungen, der Expectoration, in größrer Gabe Brechen erregend, ... wirken. ... E) ... a) Antimonsulfür (SbS$_3$): aa) (Schwefel=A., A., Antimonium crudum) ... Das A. war schon im Altertum bekannt u. wurde unter andern von den morgenländischen Frauen zum Schwarzfärben der Augenbrauen benutzt. ..." (Pierer 1857–65, Bd. 1, S. 562ff.); zur Verwendung von Antimonium crudum in der Volksmedizin Rußlands siehe Krebel 1858, S. 168 u. Henrici 1894, S. 142

[37] russ. *sur'ma* – Schwärze (für die Augenbrauen), Antimon, Spießglanz (Pawlowski 1952, S. 1581); s. auch *Brokgauz/ Efron* 1991, Bd. 63, S. 109ff.; vgl. „Surmé oder Surma. Eine Haar=Schmincke vor das Frauenzimmer in Rußland, wird also gemacht: man nimmt eine Welsche= oder Haselnuß=Kern, stecket solche auf ein Eisen, und brennet sie unter einen silbernen oder zinnern Teller, wovon sich an denselben der Rauch setzet. Wenn man genug hat, nimmt man den Ruß vom Teller ab, legt etwas Zucker dazu, und mischet es unter einander, und leget es in eine Dose, so ist es fertig. Wenn es ohne

Zucker gemacht wird, ist es noch besser."
(Strahlenberg 1730, S. 421)

38 tatar. „сөрмэ" – russ. *sur'ma* (s. Anm. 37)
(Ganiev 1984, S. 615)

39 russ. *brovy surmit'* – die Augenbrauen
schwärzen; s. Anm. 36 u. Anm. 37

40 „Dieses Wort ‚alcohol' hat seinen Ursprung in dem klassisch-arabischen Begriff ‚al-kuhl ...', das eigentlich die Bedeutung ‚Augenschminke, Augentropfen' hat. Über das hispano-arabische ‚alkuhūl' wird daraus altspanisch ‚alcohol'. ... Ursprünglich ist Alkohol die Bezeichnung für das Antimonpulver, das Augenärzte verwenden. ..." (Mieth 2008, S. 13)

41 „Mais elles [des Dames Moresques] croiroient qu'il manqueroit encore quelque chose d'essentiel à leur parure, si elles n'avoient pas teint le poil des paupieres de ce qu'on nomme Al Ka-hol, qui est la poudre de mine de plomb." (Shaw 1743, S. 381f.); „Al Ka-hol. Golius et d'autres ont traduit ce mot par Stibium, qui est une espece d'Antimoine, et quelquefois par Collyrium." (a. a. O., S. 381, Anm. b), übers. in: Shaw 1765: „Doch keine von ihnen [den mohrischen Frauenzimmern] glaubet, daß sie vollkommen geputzt sey, wenn sie nicht ihre Augenlieder mit Al ka=hol, nämlich mit dem Staube von Bleyerze gefärbt haben." (a. a. O., S. 200), „Dieses Wort [Al ka=hol] wird bey dem Golius und anderen durch stibium, antimonii species; und auch zuweilen durch Collyrium übersetzt." (a. a. O., S. 200, Anm. h)

42 russ. *morž* (Mz. *morži*); „141. Rosmarus arcticus ... Walross, ... Trichechus Rosmarus ... Rossis Morsh ..." (Pallas 1811–1831, Vol. I, S. 269–271) „1. Trichechus Rosmarus ... Gemeiner Wallroß. Wallroß. ... Russ. Morsch ... Wallroßzähne oder Elfenbein (R. Kliuki). Außer einer kleinen Markhöhle bestehen die beyden Hundszähne aus derben Knochen oder Elfenbein. Man findet und sammelt sie in Sibirien, auch oft ziemlich weit von den Meerufern, ..." (Georgi 1797–1802, Theil 3, S. 1488–1490)

43 G. F. Müller berichtet in den „Nachrichten von der Norder Fahrt aus der Mündung des Lena Flußes zu Entdekung der Ostl. Gegenden" aus dem Jahr 1737 (in deutscher Sprache: AAW F. 21, Op. 5, D. 59, Bl. 43r–83r) u. a. über getötete Tschuktschen während des Feldzugs von Hauptmann *Dmitrej Ivanovič Pavluckoj*, der wegen des Anfang 1730 nahe des Flusses *Penžina* bei einem Feldzug gegen die rebellischen Tschuktschen getöteten *kazač'ja golova Afanasij Šestakov* Anfang 1731 (Die Angabe 1730 im obengenannten Manuskript von G. F. Müller ist vermutlich fehlerhaft.) von *Anadyrskoj ostrog* aus zu einem Straffeldzug gegen die Tschuktschen aufbrach, welcher im Laufe des Juni und Juli 1731 zu drei Schlachten führte, die mit großen Verlusten für die Tschuktschen endeten. In den folgenden Jahren führte *Pavluckoj* weitere Strafexpeditionen gegen Tschuktschen und Korjaken an. (s. dazu Maydell 1893, S. 642ff., Maydell 1896, S. 552ff., Müller 1758, S. 134–137, Müller 1996, S. 65–66, und Golder 1960, S. 163–164) „Man versichert, daß unter denen Todten, so man in dem letzten Scharmützel erleget, auch einer gefunden worden, der zwey große Löcher in denen Ober=Lefzen gehabt, in welche man Zähne, die von WallRoß Zähnen ausgeschnitzet, soll einzusetzen pflegen: und erzehlet, daß dieses für eine große Zierde bey einigen auf denen Insuln wohnenden Tschuktschischen Geschlechtern soll gehalten werden ..." (AAW F. 21, Op. 5, D. 59, Bl. 77v–78r).

44 „Het is gelooffelijk, dat de groote uitsteekende hoek, in het Noord-oosten van Asia gelegen, en by my Ys-kaep genaemt, dicht aen Amerika strekt. ... Men vind aen deze hoek, te weten aen zijn begin Zuidwaerts, Menschen, die steentjes en beenen in hunne wangen ingeboort dragen, en groote gemeenschap met de Noorder Amerikanen schynen te

hebben, van wien my alzulke steentjes in handen zijn; zy zijn glinsterent blaeuw, lang drie duim, en breet een duim: zoo dat, misschien, Amerika over dezen weg, of daer omtrent mede, bevolkt is geworden." (nl. – Es ist glaubwürdig, daß die große herausragende [Land-]Ecke im Nordosten von Asien, bei mir Eis-Kap genannt, nahe bei Amerika liegt. ... Man trifft an dieser [Land-]Ecke, und zwar ab ihrem Anfang nach Süden hin, Menschen, die kleine Steine und Knochen in ihre Wangen gebohrt haben und eng mit den Nordamerikanern verwandt zu sein scheinen. Von diesen besitze ich solche Steine; sie sind glänzend blau, drei Zoll lang und einen Zoll breit, so daß Amerika vielleicht auch über diese Route oder diesen Weg bevölkert worden ist.) (Witsen 1705, S. 158f.)

[45] Gebiet von *Kazan'*
[46] s. Glossar: Zoll
[47] Lot (Loth, russ. *lot*) – Handelsgewicht; 1 Lot = $^1/_{32}$ Pfund (s. Glossar: Pfund)
[48] <lat.> – unterscheiden, auszeichnen
[49] <lat.> – verbunden
[50] vgl. *Enisej*-samojed. „faede (paede), B., Wange" (Schiefner 1855, S. 93) u. *Enisej*-samojed. „fea, Ch., feija (peija), B., Stirn." (a. a. O., S. 94)
[51] vgl. jurak.-samojed. „puajea, peajea, Stirn." (Schiefner 1855, S. 36); samojed. (nenz.) „пэяд' " – Kopfschmuck (Stirnband) aus Brokat (*Gemuev* 2005, S. 463)
[52] „AUGENBRAN, AUGENBRANE, ... neben augbraue, augenbraue auch augbraune, augenbraune ..." (Grimm 1991, Bd. 1, Sp. 804)
[53] „Gothen, ein germanisches Volk, welches nach Plinius schon im 4. Jahrh. v. Chr. von dem Reisenden Pytheas unter dem Namen Guttönes an der Ostsee östlich der Weichsel angetroffen wurde u. bei Tacitus u. Ptolemäus unter dem Namen Gothönes (Gythönes) in derselben Gegend wohnte. ..." (Pierer 1857–65, Bd. 7, S. 496ff.)
[54] „... in tantum ut multi [sacerdotum domini] ... ad hostes fugiant ... Et quamvis ab his ad quos confugiunt discrepent ritu, discrepent lingua, ipso etiam, ut ita dicam, corporum atque induviarum barbaricarum foetore dissentiant, malunt tamen in barbaris pati cultum dissimilem quàm in Romanis injustitiam saevientem.", (Übersetzung in: Salvianus 1935, S. 159 „... ja, es ist soweit gekommen, daß viele [Priester des Herrn] ... zu den Feinden fliehen ... Und obwohl sie von denen, zu denen sie flüchten, in Gebräuchen und Sprache abweichen, ja sogar schon, wenn ich so sagen darf, durch den üblen Geruch der Leiber und der Barbarenkleider sich abgestoßen fühlen, wollen sie doch lieber bei den Barbaren unter der ungewohnten Lebenshaltung leiden als bei den Römern unter ungerechter Wut.") (Salvianus/Vincentius 1684, S. 104)
[55] s. Anm. 53
[56] „S. Severinus, welchen man Apostolum Noricorum nennet / hat den König Odoacer in einem sehr schlechten Habit gesehen / und zu ihm gesaget: Vade in Italiam vilissimis pellibus coopertus, sed multa cito pluribus largiturus. [lat. – Geh nach Italien, jetzt (noch) mit wertlosen Fellen bekleidet, wirst du auf bald viele mit vielem beschenken.] Die Römer nennten die Barbarische Könige pellitos; Sie sagten von den Gothen / daß sie stäncken / corporum atque induviarum barbaricarum foetore [lat. – durch den üblen Geruch der Leiber und der Barbarenkleider]." (Gundling 1715, S. 6)
[57] lat. – das Gesäß
[58] d. h. die pumpokolischen Ostjaken am Fluß *Ket'* (s. auch Kap. 25, Bl. 10v)
[59] *Enisej*
[60] <lat.> – angepaßt (haben)
[61] Gebiet von *Mangazeja*
[62] tungus. (ewenk.) „хэрки" – Hosen (kurze Hosen aus *rovduga*; s. Glossar: Rowdugi) (*Boldyrev* 2000, Teil 2, S. 310); „ ‚cingulum pubis' [tungus.] Hérrke ‚lederne Schürze über die Scham' " (Messerschmidt 1962–1977, Teil 2, S. 72); tungus. (lamut.?) „Erki" – Hosen (J. J. Lin-

denau in: AAW F. 934, Op. 1, D. 89, Bl. 431r, Kopie aus dem Archiv RGADA); „Die Kleidung der Mannskleider [der Tungusen] besteht in einem kurzen Rock (Dako), ganz kurzen Hosen (Horki), einem Brustlappen (Gruptu), ledernen Strümpfen (Aramusch), mit oder ohne Halbstiefeln (Unta), und bisweilen einer Mütze (Anu). ..." (Georgi 1775, S. 254)

[63] lat. – Schamgegend

[64] jakut. „сыалыја" – kurze Hosen aus Leder oder Stoff, die nur den Bauch und die Schamteile bedecken (Pekarskij 1958–1959, Bd. II, Sp. 2423); jakut. „сыалыја" – „kurze Hosen, die in der Art unserer Schwimmhosen nur den Unterleib und die Schamtheile bedecken" (Middendorff 1851, Theil 2, S. 161)

[65] jakut. „äp кісі" – Ehemann, Mann (Pekarskij 1958–1959, Bd. I, Sp. 274); jakut. „кісі äпä" – „was eben Mensch heißt, Jedermann" (Middendorff 1851, Theil 2, S. 17); jakut. „кісі" – Mensch, Mann (Pekarskij 1958–1959, Bd. I, Sp. 1109f.; Middendorff 1851, Theil 2, S. 69); s. Anm. 64

[66] jakut. „џахтар" – Frau (Pekarskij 1958–1959, Bd. I, Sp. 802f.; Middendorff 1851, Theil 2, S. 122); jakut. „џахтар кісі" – Frau (Pekarskij 1958–1959, Bd. I, Sp. 802f.); jakut. „јахтар" – Frau (Pekarskij 1958–1959, Bd. I, Sp. 712; Middendorff 1851, Theil 2, S. 151); jakut. „дјахтар" – Frau (Pekarskij 1958–1959, Bd. I, Sp. 712); s. Anm. 64

[67] burjat. „умдэ(н)" – Hosen (Čeremisov 1973, S. 503); „Sie [d. h. die Burjaten] tragen wie die Tungusen ... ganz kurze Unterhosen (Umundo), über denselben aber des Winters gewöhnlich sehr lange weite Oberhosen." (Georgi 1776–1780, S. 427)

[68] samojed. (Tundra-enz.) „таро" – Sommerleibkleidung der Frauen aus rovduga (Gemuev 2005, S. 511)

[69] vgl. samojed. (Wald-enz.) „пии" – Sommerleibkleidung der Frauen aus rovduga (Gemuev 2005, S. 511)

[70] tungus. (ewenk.) „нэл" – Brusttuch (Boldyrev 2000, Teil 1, S. 408); tungus. (lamut.?) „Noeleken" – „ein Brust-Tuch" (J. J. Lindenau in: AAW F. 934, Op. 1, D. 89, Bl. 370r, Kopie aus dem Archiv RGADA)

[71] jakut. „тӱсӱлӱк" – Brusttuch, Brustlappen (Pekarskij 1958–1959, Bd. III, Sp. 2925)

[72] s. Anm. 69

[73] russ. kokošniki (Ez. kokošnik) – schirm-, schildförmiger russischer Frauenkopfputz; „rußische Schirmmützen (R. Kokoschniki)" (Georgi 1776–1780, S. 338)

[74] Tobol'sk

[75] Tjumen'

[76] „RAUCHWERK, ... 1) pelzwerk ..." (Grimm 1991, Bd. 14, Sp. 254)

[77] Bajkal

[78] „OBERZEUG, n. was überzeug, das obere zeug eines kleides. ..." (Grimm 1991, Bd. 13, Sp. 1106); s. Glossar: Zeug

[79] „De Kalmakken ... Aen de toppen van de mutzen dragen veele onder hen een roode quast, gelijk als een Roos: en zulks uit overgeloovigen Godsdienst, en ter geheugenis van dat God eenmael uit den Hemel op de Aerde gekomen * was, daer hy den Mensch, wegens zijne zonden, bestrafte: zoo dat eenige onzinnige Menschen hem verwonden, dat hy bloede. Ter eeren dan van dat Goddelijk bloed, dragen zy, tot een teken, deze roode quast, 't zy van Laken of Zyde, op de muts. ... * Dit schynt zijn betrekkang op den Saligmaker te hebben." (nl. – Die Kalmyken ... An den Spitzen ihrer Mützen tragen viele von ihnen eine rote Quaste wie eine Rose; dies tun sie als abergläubischen Gottesdienst und als Erinnerung daran, daß Gott einstmals aus dem Himmel auf Erde gekommen ist,* den Menschen dort wegen seiner Sünden strafte, so daß einige nicht bei Sinnen seiende Menschen ihn verwundeten und er blutete. Zu Ehren dieses göttlichen Bluts

tragen sie die rote Quaste, entweder aus Laken oder Seide, als Zeichen auf ihren Mützen. ... * Dies scheint sich auf den Heiland zu beziehen.) (Witsen 1705, S. 292)

[80] russ. *opuška* – Verbrämung

[81] samojed. „Mütze, ... Jen. tâji, Ch.; ..." (Schiefner 1855, S. 254); vgl. samojed. (Tundra-enz.) „таи" – Kopfschmuck der Frauen (*Gemuev* 2005, S. 512); samojed. (*Turuchansk*) „Tai" – Mütze (Donner 1932, S. 42, nach J. Klaproth)

[82] lat. – vergleiche

[83] „Die Hemder die sie unter den Röcken am blossen Leibe doch über den Hosen anhaben sind von gleichem Zeuge aber nur von den jüngsten Rennthieren und zärtesten Fellen; wiewol etliche dieselben von den Därmen der Fische machen. Von gleicher Art sind auch ihre Hauben mit langen Oberlappen unter dem Kinn zusammen gebunden werden können. Etliche unter ihnen tragen Mützen von allerhand Stücklein gefärbten Tuches so sie von den Russen einhandeln." (Staat 1720, S. 125)

[84] russ. *opuška* – Verbrämung

[85] russ. *duški*; „Eben also werden auch die weissen und bläulichten Peszi=Kehlen (душки [russ. *duški*]) wechselsweise in Pelzen genähet. welche ein fürtrefliches Ansehen haben." (Müller 1760, S. 546); s. auch Glossar: Peszi

[86] *Abakan*

[87] Marcus Tullius Cicero

[88] lat. – über das Greisenalter

[89] „Masinissa ... nullo frigore adduci, ut capite operto sit" (lat. – Masinissa ... kann keine Kälte dazu bringen, seinen Kopf zu bedecken.) (Cicero 1596, Bd. 4, Sp. 547)

[90] jakut. „цабакка, цабакка = дjабака" – 1) altertümliche hohe Frauenmütze aus Pelz (innen und außen), vorn besetzt mit Schwänzen vom Vielfraß oder von Eichhörnchen, der obere Teil mit Biber, besetzt mit Luchsfell; 2) Oberteil (aus Stoff) der Wintermütze (*Pekarskij* 1958–1959, Bd. I, Sp. 763f.)

[91] *Žigany* bzw. *Žiganskoe zimov'e*

[92] jakut. „бäргäцä" – Mütze (*Pekarskij* 1958–1959, Bd. I, Sp. 434, Middendorff 1851, Theil 2, S. 133); „Zum Schutze gegen die Kälte gebrauchen dann die Jakuten noch ausserdem eine breite und schlangenförmige Halsbinde ... aus schwarzen Eichhornschwänzen, Handschuhe von Fuchspelz ... und eine Mütze (Jakutisch: bergésa) aus buntem Tuche, welche die Stirn und einen Theil des Gesichtes mit einem Besatz von Vielfrassfellen bedeckt." (Erman 1838, S. 277)

[93] s. Anm. 92

[94] „OBERZEUG, n. was überzeug, das obere zeug eines kleides. ..." (Grimm 1991, Bd. 13, Sp. 1106); s. Glossar: Zeug

[95] vgl. turk. „тоболок" – Mützenrand (Radloff 1963, Bd. 3, Sp. 1161)

[96] „ZIPFEL, m., spitzes ende, ... selten erscheint zippel ..." (Grimm 1991, Bd. 31, Sp. 1546ff.)

[97] Gebiet von *Jakuck*

[98] jakut. „таңас" – Kleid, Kleidung (*Pekarskij* 1958–1959, Bd. III, Sp. 2553f.); jakut. „таңас" – „Kleid" (Middendorff 1851, Theil 2, S. 91); jakut. „таңас саб" – „Kleidung" (Middendorff 1851, Theil 2, S. 91)

[99] s. Anm. 98 u. Anm. 65

[100] s. Anm. 98 u. Anm. 65

[101] russ. *šuba* – Pelz

[102] lat. – uneigentlich, unpassend

[103] jakut. „түнä" – sämischgegerbtes Elenfell, *rovduga, polovinka* (*Pekarskij* 1958–1959, Bd. III, Sp. 2894); jakut. „түнä" – „gegerbetes Elennfell" (Middendorff 1851, Theil 2, S. 112)

[104] s. Anm. 103

[105] „BRODIEREN, was bordieren, nach franz. broder ..." (Grimm 1991, Bd. 2, Sp. 396); „BORDIEREN , ... verbremen, ein bordiertes kleid. ..." (a. a. O., Sp. 240)

[106] jakut. „самалык" – Flicken (*Pekarskij* 1958–1959, Bd. II, Sp. 2060)

[107] „OBERZEUG, n. was überzeug, das obere zeug eines kleides. ..." (Grimm 1991, Bd. 13, Sp. 1106); s. Glossar: Zeug

[108] s. Anm. 106
[109] s. Anm. 106
[110] „OBERZEUG, n. was überzeug, das obere zeug eines kleides. ..." (Grimm 1991, Bd. 13, Sp. 1106); s. Glossar: Zeug
[111] jakut. „кулун" – Fohlen im ersten Jahr (Frühling, Sommer) (*Pekarskij* 1958–1959, Bd. I, Sp. 1210; Middendorff 1851, Theil 2, S. 71)
[112] s. Anm. 111
[113] jakut. „сајын" – Sommer (*Pekarskij* 1958–1959, Bd. II, Sp. 2032; Middendorff 1851, Theil 2, S. 155); vgl. jakut. „cai" – Sommer (*Pekarskij* 1958–1959, Bd. II, Sp. 2025; Middendorff 1851, Theil 2, S. 152)
[114] jakut. „кысын" – Winter (*Pekarskij* 1958–1959, Bd. II, Sp. 1438; Middendorff 1851, Theil 2, S. 66)
[115] jakut. „убаса" – Fohlen im ersten Winter (*Pekarskij* 1958–1959, Bd. III, Sp. 2968; Middendorff 1851, Theil 2, S. 43)
[116] s. Anm. 115
[117] „FINGERBREIT, digitalis: fingerbreites band ... oft ohne zusammensetzung ... einen finger, keinen finger breit; ..." (Grimm 1991, Bd. 3, Sp. 1656f.); s. Glossar: Finger
[118] „Kamisol, Jacke mit Ärmeln, reicht bis an die Hüften, wird bei Mannspersonen unter dem Oberrock getragen." (Pierer 1857–65, Bd. 9, S. 263)
[119] jakut. „цахтар соно" – Frauenpelz (*Pekarskij* 1958–1959, Bd. I, Sp. 2278); s. Anm. 66
[120] „Ausnähen, feine Gewebe nach vorgezeichneten Mustern mit Zwirn, Seide od. Metallfäden ausfüllen." (Pierer 1857–65, Bd. 2, S. 51)
[121] chakass. „сигедек", telengit. „чегедек" – ärmellose Kleidung der verheirateten Frauen (*Funk/Tomilov* 2006, S. 563 bzw. S. 519); „чäӊäдäк" bzw. „чägідäк" – Oberkleid der verheirateten Frauen (Radloff 1963, Bd. 3, Sp. 1958)
[122] s. Glossar: Ermel
[123] s. Anm. 121
[124] *svekrr*; russ. *svekor* – Schwiegervater (Vater des Manns)
[125] *bolšoi dever*; russ. *bol'šoj dever'* – älterer Bruder des Manns
[126] s. Anm. 121
[127] lat. – Seelen der Verstorbenen
[128] burjat. „дэглы" – (Pelz als) ärmelloser Überwurf (der Frauen) (*Čeremisov* 1973, S. 214); vgl. auch burjat. „degel Nu., T., Ch., dêl S., Pelz; ..." (Schiefner 1857, S. 153); burjat. „дэгэл" – Pelz (*Čeremisov* 1973, S. 215); „Die weibliche Kleidung ... Ueber den Männerrock tragen sie, wenn sie sich putzen, eine kurze Weste ohne Ermel von Tuch, Kitaik oder Seide, oft von vielen Farben, und so zierlich, wie es ihnen möglich, benähet. Sie heist Degele." (Georgi 1775, S. 302); „Der Männer Kleyder ist ein LangPeltz Digil mit KitaiKa But, auch Goli Torgon, überzoge), vorne ist er 2 Finger breit Roth Tuch und vor demselbe) ein Bräm von Biber auf der linke) Seit mit einem Schlitz und wird unter dem Arm zu geknöpfet ein solche) Digil Trage) Männer und Weiber" (J. J. Lindenau in: RGADA F. 199, Op. 2, Portf. 511, Č. 1, D. 6, Bl. 6r)
[129] „Oheim, 1) Bruder des Vaters od. der Mutter; ..." (Pierer 1857–65, Bd. 12, S. 234)
[130] s. Anm. 128
[131] s. Anm. 128
[132] s. Anm. 128
[133] russ. *sanajak* (*Anikin* 2000, S. 482)
[134] vgl. jakut. „īрbäӊjіk" – rankend, einflechtend (*Pekarskij* 1958–1959, Bd. I, Sp. 954); s. auch Helimski 2003, S. 223
[135] russ. *brovi* (Ez. *brov'*) – Augenbrauen
[136] russ. *brovi* (Ez. *brov'*) – Augenbrauen
[137] vgl. Anm. 134
[138] jakut. „кур" – Leibgürtel (*Pekarskij* 1958–1959, Bd. I, Sp. 1240; Middendorff 1851, Theil 2, S. 70)
[139] burjat. „Gürtel, bцhц NU., behe T., böhö Ch., bцse S." (Schiefner 1857, S. 196); burjat. „бγhэ" bzw. „бэhэ" – Gürtel (*Čeremisov* 1973, S. 128 u. S. 134); „Der Gurt (Buhe), an welchen sie Messer, Feu-

erzeug und Tobacksgeräthe tragen, ist mit bratskischer damascirter Arbeit bedeckt." (Georgi 1776–1780, S. 427)

[140] samojed. „Gürtel, Jur. ṅi. T. nieja. Jen. niojo, Ch.; ṅieijo, B. ..." (Schiefner 1855, S. 230); samojed. (nenz.) „ни" – Gürtel (*Gemuev* 2005, S. 439); samojed. (Tundra-enz.) „niojo", samojed. (Wald-enz.) „nieijo" – Gürtel aus Streifen von *rovduga* (*Gemuev* 2005, S. 511)

[141] Juften, Juchten (Ez. Juft, Jucht) – mit Eichen= oder Weidenrinde gegerbtes Rindsleder, das mit Birkenteeröl gefettet ist; „Unter allen, in Rußland fallenden Waaren wird keine so häufig nach Sibirien geführet, als die rothen und schwarzen Ochsen= und Küh=Häute, die man Juften nennt. ... Man muß aber hieraus nicht schliessen, als wenn in Sibirien nicht auch Juften gemachet würden. ..." (Müller 1760, S. 480)

[142] frz. – Achtung, Wertschätzung

[143] „[barabinz.] Kur eine Leibbinde." (J. E. Fischer in: AAW F. 21, Op. 5, D. 50, Bl. 25v); chakass. „хур", telengit. „куур", schor. „кур" – Gürtel, Leibbinde (*Funk/Tomilov* 2006, S. 562, S. 528 bzw. S. 283); tatar. (*Tomsk*) „Кур" – Gürtel, Leibbinde (nach *V. N. Tatiščev* in: AAW F. 21, Op. 5, D. 153, Bl. 168v); turk. „кур" – Leibgurt (Radloff 1963, Bd. 2, Sp. 916)

[144] russ. *kušaki* (Ez. *kušak*) – Gürtel, Leibbinde; „... Leibgürtel, oder Kuschaki, von mancherley Art, als seidene, wollene und die von Cameelhaaren gewürket sind, ..." (Müller 1760, S. 483)

[145] s. Glossar: Son

[146] *Jakuck*

[147] *Anadyrsk*

[148] *Kamčatka*

[149] russ. *gači* (Ez. *gača*); s. *Anikin* 2003, S. 151 u. S. 769

[150] s. Anm. 149

[151] s. Glossar: Ren

[152] s. Glossar: Elen

[153] jakut. „кäтiңчi" – Strumpf (*Pekarskij* 1958–1959, Bd. I, Sp. 1068; Middendorff 1851, Theil 2, S. 52); vgl. jakut. „кäт" – etwas anziehen, anlegen, tragen (*Pekarskij* 1958–1959, Bd. I, Sp. 1064; Middendorff 1851, Theil 2, S. 52); „Beide Geschlechter bedecken nur den Untertheil des Körpers noch ausserdem mit Hosen aus biegsamem Rennthierfelle, welche, so wie bei denen Ostjaken, von den Weichen nur bis zur Hälfte der Lenden hinabreichen, mit Pelzstrümpfen (Kétentschi) die sie am unteren Rande der Hosen befestigen und wasserdichten Stiefeln. Die Jakuten nennen diesen vortrefflichen Theil ihrer Kleidung eterbàs, woraus die hiesigen Russen, welche ihn ebenfalls und mit Recht der Europäischen Fussbekleidung vorziehen: torbasà gemacht haben. Sie schliessen überall eng an das Bein und bedecken es von unten bis weit über das Kniegelenk, sind aber dennoch durch vollständige Biegsamkeit für Fussgänger eben so bequem, wie für den Reiter. ..." (Erman 1838, S. 276)

[154] jakut. „сäры" – Leder aus dem Pferderücken, Stiefel aus Pferdeleder (*Pekarskij* 1958–1959, Bd. II, Sp. 2111; Middendorff 1851, Theil 2, S. 156)

[155] s. Anm. 153

[156] *Jakuck*

[157] s. Anm. 141

[158] jakut. „äтäрбäс" – äußeres Schuhwerk; Sommer- und Winterschuhwerk; *torbasy* verschiedener Art; ledernes Schuhwerk, das bis über die Knie geht (*Pekarskij* 1958–1959, Bd. I, Sp. 315); jakut. „äтäрбäс" – „hohe Stiefeln aus Leder" (Middendorff 1851, Theil 2, S. 14); russ. *torbasy* – weiche Winterstiefel in Ostsibirien (s. *Anikin* 2000, S. 555); s. auch Anm. 153

[159] s. Anm. 158

[160] s. Glossar: Ren

[161] s. Glossar: Elen

[162] russ. (adj.) *lošadinye* (Ez. *lošadinyj*) – Pferd-

[163] jakut. „бÿрпäх" – lederne Fußbekleidung mit kurzem Stiefelschaft, jedoch bis ober-

halb des Knies reichend (*Pekarskij* 1958–1959, Bd. I, Sp. 589)
[164] s. Anm. 154
[165] s. Anm. 163
[166] s. Anm. 120
[167] Gebiet von *Jakuck*
[168] *Nižnaja Tunguska*
[169] frz. goût – Geschmack
[170] samojed. „Beinling (Haut der Rennthierfüsse), Jur. peana. ..." (Schiefner 1855, S. 204); „BEINLING, m. 1) der obere theil des strumpfes. 2) bei den kürschnern, die haut, welche unmittelbar über den beinen der thiere sitzt, ..." (Grimm 1991, Bd. 1, Sp. 1387); samojed. „Stiefel, ... Jen. fẽ (Winterstiefel). ... O. ... pême, B., Tas. pêm, Jel.; pîme, Kar.; ..." (Schiefner 1855, S. 285); samojed. (Tundra-enz.) „фэ", samojed. (Wald-enz.) „пэ" – Winterschuhwerk der Männer (*Gemuev* 2005, S. 511)
[171] russ./sib *pimy*, um *Mangazeja* auch *pimi* – Stiefel aus Fußfellen der Rentiere, aber auch mit Leder benähte Filzschuhe (Pawlowski 1952, S. 1055; *Slovar'* 1991, S. 104; *Anikin* 2000, S. 447–448 u. *Anikin* 2003, S. 450–451)
[172] samojed. „Stiefel, ... Jen. tôri, Ch.; tôdi, B. (Sommerstiefel), ..." (Schiefner 1855, S. 285); samojed. (Tundra-enz.) „tori", samojed. (Wald-enz.) „todi" – Sommerschuhwerk der Männer (*Gemuev* 2005, S. 511)
[173] s. Anm. 171
[174] russ. *ščetki*; s. auch *Anikin* 2003, S. 720, unter russ. *ščetka*
[175] s. Anm. 172
[176] tatar. „оек" – Strümpfe (*Slovar'* 1966, S. 408); katschinz. „uk", tatar. (*Tomsk*) „ûk" u. tatar. (*Kazan'*) „ujuk" – Strümpfe (J. E. Fischer in: AAW R. III, Op. 1, D. 135, Bl. 53v/54r); katschinz. „ukk" – Strümpfe (G. F. Müller in: AAW F. 21, Op. 5, D. 143, Bl. 64v); turk. „ук" bzw. „уӊ" – Filzstrumpf (Radloff 1963, Bd. 1, Sp. 1606 bzw. Sp. 1617)
[177] s. Anm. 171

[178] beltir. „маймах" – Lederstiefel (*Anikin* 2000, S. 367); chakass. „маймах" – Stiefel (*Funk/Tomilov* 2006, S. 567); turk. „маімак" – Schuh, Schuhwerk (Radloff 1963, Bd. 4, Sp. 1991)
[179] russ. *sochatiny* (Ez. *sochatina*) – Elensfelle (-häute); s. Glossar: Elen
[180] russ. (adj.) *kozlinye* (Ez. *kozlinyj*) – (Ziegen-)Bock(s)-; vgl. nach J. G. Gmelin ‚Caprea Plinij – Козелъ. Foemina Коза [russ. *kozel*, das Weibchen russ. *koza*]' (AAW R. I, Op. 105, D. 7, Bl. 22v); „124. Aegoceros Hircus. ... Capra domestica ... Alpen-Ziegenbok ... Rossice Mas Kosell, femina Kosà ... Jam antiquis temporibus hanc Capram in Anatolia viguisse testes sunt Plinius et Aelianus. ..." (Pallas 1811–1831, Vol. I, S. 227–229); „2. Capra Hircus ... Gemeiner Hausbock. Gemeine Hausziege. R. der Bock Kosel. Die Ziege Kosa. ..." (Georgi 1797–1802, Theil 3, S. 1619–1621)
[181] tatar. „итек" – Stiefel (*Ganiev* 1984, S. 553); „[barabinz.] ütuk Tatarische stiefel" (J. E. Fischer in: AAW F. 21, Op. 5, D. 50, Bl. 25v); chakass. „öд!к", schor. „удук" – Stiefel (*Funk/Tomilov* 2006, S. 566 bzw. S. 283); teleut. „udjùk", tatar. (*Tomsk*) „ütjùk", tatar. (*Tobol'sk*) „itỹk" u. tatar. (*Kazan'*) „ituk" – Stiefel (J. E. Fischer in: AAW R. III, Op. 1, D. 135, Bl. 53v/54r); tatar. (*Kuzneck*) „utjuk", teleut. „udjùk" – Gamaschen, katschinsk. „üdjùk" – Stiefel, (auch) Gamaschen (G. F. Müller in: AAW F. 21, Op. 5, D. 143, Bl. 40v bzw. Bl. 64v); turk. „ӱдӱк" bzw. „ӱтӱк" – Stiefel (Radloff 1963, Bd. 1, Sp. 1870 bzw. Sp. 1865)
[182] s. Anm. 171
[183] s. Anm. 171
[184] mongol. „гутал" – Stiefel, Schuhwerk (*Luvsandėndėv* 2001–2002, Bd. 1, S. 464); mongol. „gutùl" – Gamaschen (G. F. Müller in: AAW F. 21, Op. 5, D. 143, Bl. 93r)
[185] burjat. „gotohoŋ NU., godohoŋ(n) T., gotol, gutul S., Stiefel, Fussbekleidung; ..." (Schiefner 1857, S. 132); „Um die Fü-

ße wickeln sie [d. h. die Burjaten] des Winters Filz= oder Pelzlappen und ziehen lange weite stiefelähnliche Pelz= oder Lederstrümpfe (Godohon), deren Sohlen von geräucherten Leder sind, darüber. Im Sommer tragen sie die Strumpfstiefeln auf den bloßen Beinen, ..." (Georgi 1776–1780, S. 427)

[186] *Enisej*-samojed. „fágge, Kleidung jeglicher Art (Russ. парка [russ. *parka*])." (Schiefner 1855, S. 94); samojed. (Tundra-enz.) „fagge" – Oberkleidung u. samojed. (Wald-enz.) „pagge" – Oberkleidung (*Gemuev* 2005, S. 510); samojed. (enz.) „паггэ" – Schamanenkleidung, *parka* (*Gemuev* 2005, S. 536); samojed. (*Mangazeja*) „Páge", samojed. (*Turuchansk*) „Págge" – Kleid (Donner 1932, S. 42, nach J. Klaproth)

[187] russ. (adj. Mz.) *odyndrjanye* bzw. *o-dindrjanye* – aus *odyndra* bzw. *odindra* bestehend; s. Glossar: Odindri

[188] russ. (adj. Mz.) *pyžovye* – aus *pyžik* bzw. *pyž* bestehend; russ. *pyžiki* bzw. *pyži* (Ez. *pyžik* bzw. *pyž*); пыжики [russ. *pyži*], oder пыжики [russ. *pyžiki*], heissen die Felle von Rennthierkälbern, und sind von zweyerley Gattung. Eine, da die Felle ganz klein und gelblichtbraun von Haaren, sind von denjenigen Rennthierkälbern, die in der Geburt, oder kurz darnach, sterben, zuweilen auch von ausgeschnittenen Geburten, ... Die Haare sind sehr kurz und zart, ja fast wollicht. ... Der Gebrauch ist gemeiniglich zu Unterfutter bey Pelzen, wenn das obere von Odindri ist. Sonst futtert man auch Handschuhe, ja zuweilen Stiefeln damit, weil sie sehr warm halten. Die andere Art ist grösser und dicker von Haaren, von Farbe dunkelbraun, wie die Odindri, doch zärter, als dieselben, und werden gleichfalls zu Unterfutter bey den vorigen Pelzen gebrauchet. Selbige sind von Rennthierkälbern, die ein halb Jahr alt werden, nemlich vom Frühling an, das ihre Werfzeit ist, bis in den Herbst, da man sie zu fällen pfleget. ..." (Müller 1760, S. 555–556); s. auch *Anikin* 2000, S. 461f. u. *Anikin* 2003, S. 498

[189] s. Anm. 188

[190] s. Anm. 120

[191] russ. *reven'* – Bezeichnung sowohl von Rumex alpina als auch von Rheum (Rhabarber; russ. *rapontik* bzw. russ. *reven'*), deren beider Wurzeln zum Färben verwendet wurden; „Daselbst findet man in Graben ohnfehlbar die versteckte Stammwurzel [von Rhapontik], mit ihren tief in die Erde gehenden, Zolldicken Aesten, welche eigentlich zum Arzneygebrauch der tüchtigste Theil wären. ... Oberhalb dieser Stadt [d. h. *Jaickoj gorodok*] fehlt selbige, und man bedient sich davor der gelben Wurzeln des Rumex alpinus, welchen man da ebenfalls, wie am Jaik das Rhapontik, Rewenn heisset, obwohl dieser Name beyden Wurzeln nicht zukömmt." (Pallas 1771, S. 381); „... Alsdenn werden sie [d. h. die Ziegenfelle] geräuchert, wieder durchgewürkt, und zum Beschluß mit einer gelbbraunen Farbe gefärbt. Solche verschaffen sich die Kirgisen, indem sie Wurzeln ... vom Rhapontik ... in Alaun=Wasser kochen." (a. a. O., S. 389); „In feuchteren Gründen aber findet man den Rumex alpinus, dessen Wurzel mit dem Rhapontik viel Aehnlichkeit hat und daher bey Kindern sowohl, als beym Vieh wieder die Würmer, als ein Hausmittel, ingleichen zum Färben gebraucht wird." (a. a. O., S. 195f.); „Rhaponticum scariosum ... Rübendistel ... Rhaponticum bedeutet zunächst eine Rhabarberwurzel ... Der N[ame] ist dann spätestens im 16. Jh. auf unsere Pfl., die eine ähnliche Rübe hat, übertragen worden ... Rhapontic ..." (Marzell 1943–1977, Bd. 3, Sp. 1315ff.), vgl. dazu „Rheum Linné 1735 Rhabarber ... Echter Rhabarber ... Rhapontik ..." (a. a. O., Sp. 1317ff.); „Rheum L., Rhabarber. R. Rewen. 1. Rheum Rhaponticum L., ... Stumpfblättrige Rhabarber. Rhapontik. R. Tscherenkowoi Rewen. [russ. *čerenkovyj reven'*] ..." (Georgi 1797–1802, Theil 3,

S. 946); „Rumex L., Ampfer. ...
13. Rumex alpinus L. ... Alpen=Ampfer. ..." (a. a. O., S. 918ff.)

[192] russ. *kukljanka* – lange Oberkleidung aus Rentierfell bei verschiedenen Völkern im Osten Sibiriens (*Anikin* 2000, S. 314 u. *Anikin* 2003, S. 315); jukagir. „кукльаанкэ" – russ. *kukljanka* (*Kurilov* 2001, S. 169); „Der Oberpelz (Kuklanka) [der Kamtschadalen/Itelmenen] ist auch einem Hemde gleich, nur oben und unten offen, von Rennthier= oder gewöhnlicher von Hundepelzen. Er ist vollkommener als die Parka und reicht auf die Knöchel. Am Halse ist er mit zottigen Hundshaaren, und so wie unten und an den Aermeln mit einem breiten bebrämten oder gestickten, immer befranseten Kragen oder Saum auch überall mit vielen Haarbüschen versehen, damit er ein recht wildes Ansehen verursacht. ..." (Georgi 1776–1780, S. 337)

[193] russ. *ljapasy*
[194] russ. *ljapasy*
[195] russ. *ljapasy*
[196] russ. *ol'cha* – Erle; „Alnus rotundifolia, glutinosa, viridis, C. B. P. 428. Alnus vulgaris I. B. 1.151. ... Erlen oder Elster=Baum. ..." (Rupp 1726, S. 265); „3. Betula Alnus ... Erlen=Birke. Erle. Schwarze Erle. ... Das Erlenholz ist Nutzholz für Schreiner und giebt unsern Pulverwerken die Kohlen zum Schießpulver. Mit der Rinde und den Blättern färben einige. Die Kalmücken kochen die zerkleinte Erlenrinde in eisernen Grapen mit Wasser; diese Brühe färbt dann das Leder braun. Getrocknete und zerpulverte Erlenrinde mit Zusatz von Alaun in Wasser gekocht, giebt eine Brühe, mit welcher die Landleute an der Wolga gelblichroth färben. ... Schwarz färbt die Brühe, wenn sie mit Hammerschlag einige Tage steht. ..." (Georgi 1797–1802, Theil 3, S. 1291–1292); vgl. auch „4. Betula incana ... Graue Erlenbirke. Graue Erle. Weiße= oder Spitzerle. Mit grauer Rinde und bestaubten Blättern; in Sibirien Kamenaja Olcha (Stein-Erle). ... Ihre Benutzung ist die der vorigen. [s. vorher: 3. Betula Alnus] ... Die Tungusen und Jakuten färben mit einer Brühe aus Erlenrinde und etwas Asche weiße Pferdehaare für ihre Stickerey roth; Leder aber wird vom Ueberstreichen mit dieser Brühe bräunlich, wie Semisch, und dunkler, wenn sie beym Sieden ein Messer oder anderes Eisen in den Kessel legen. ..." (a. a. O., S. 1292–1293)

[197] <frz.> – Fransen
[198] <frz.> – Fransen
[199] frz. falbala – Falbel, Randfalte, Faltenrand, Faltenbesatz an einem Frauenkleid; „Falbala, heisset alles dasjenige, was um etwas anders herum frisiret und gekräuselt wird, es bestehe gleich solches aus Spitzen, Bande oder andern Zeugen." (Zedler 1732–50, Bd. 9, Sp. 113)
[200] „Anstatt des Mantels haben sie eine schwarze Haut daran die 4 Füsse herab hangen; solche tragen sie mehr auf der linken als auf der rechten Schulter und über derselben ihre Köcher." (Staat 1720, S. 125)
[201] jurak.-samojed. „mâlite, mâłiłea, mâlicea, mâlice, Pelz." (Schiefner 1855, S. 40); samojed. (nenz.) „мальця" – (ursprünglich) auf dem bloßen Körper getragene Pelzkleidung (*Gemuev* 2005, S. 439); vgl. samojed. (selkup.) „mal'čä"– Reisekleidung im Winter (*Gemuev* 2005, S. 342); samojed. „máljzá"– „das samojedische Pelzhemd, mit dem Haarwuchs nach innen getragen" (Donner 1932, S. 88, nach A. G. Schrenk)
[202] s. Anm. 186
[203] russ. *opuška* – Verbrämung
[204] russ. *merluški* (Ez. *merluška*); „schwarze Merluschki (Felle von verstorbenen Lämmern.)" (Gmelin 1751–1752, 1. Theil, S. 329); „Das Pelzwerk von Lämmern (R. Merluschki) ist, da es mehr von den bessern Ständen, zu Pelzen, Kleiderfutter, Bebrämungen, Mützen, Müffen und mit großer Unterscheidung verwendet, ... von größerm Bezuge auf die

Schafzucht, ... Nach den Farben ist die Folge des Werthes der Lämmerfelle, bunte, fleckige, schweisfuchsfarben, weisse, graue, so genannte silbergraue, ... schwarze, und unter diesen die recht rabenschwarzen glänzenden unter den breitschwänzigen. ..." (Georgi 1797–1802, Theil 3, S. 1630f.); zum Handel mit *merluški* s. Müller 1760, S. 609f.

[205] s. Anm. 128

[206] burjat. „даха" – russ. *docha*, Winter-*tulup* (*Čeremisov* 1973, S. 189); russ./sib. *docha* bzw. *dacha* (Mz. *dochi* bzw. *dachi*) – Pelz mit nach außen gekehrtem Haar (Pawlowski 1952, S. 287 u. S. 332); „[russ./sib.] Dachà. ... Ein Pelz mit pelzenem Unterfutter." (Gmelin 1751–1752, 1. Theil, S. 293); russ. *tulup* (Mz. *tulupy*) – langer weiter, einem Schlafrock ähnlicher, nicht mit Tuch bezogener Schafpelz (Pawlowski 1952, S. 1630); „Dachu ein Langer bis über die Knie reichender [burjatischer] Peltz ist von Iman Fell gemacht Die Iman sind Ziegen ihre Fell gleiche, den WeißenWolfs Balge und ist kein großer unterscheid unter beyden Ein solcher Peltz hatt weite Ärmeln und wird über den ander getrage, gleich wie eine куклянка [russ. *kukljanka*] welche die Samojede, Koraeken Tschuktschi und Kamtschedalen auch haben." (J. J. Lindenau in: RGADA F. 199, Op. 2, Portf. 511, Č. 1, D. 6, Bl. 6v); s. auch unter *dacha* in: *Anikin* 2000, S. 179; burjat. „jamaŋ NU., Ziegenbock, Ziege; ..." (Schiefner 1857, S. 137)

[207] s. Anm. 128

[208] mongol. „хормогч" – Tuch, Schürze (*Luvsandėndėv* 2001–2002, Bd. 4, S. 113); mongol. „xormaγči" – Lappen (Teil der Kleidung) (Helimski 2003, S. 217); vgl. burjat. „xormoi T., Ch., S., Saum; ..." (Schiefner 1857, S. 125) u. burjat. „хормой" – Kleidersaum; unterer Teil (rechts u. links) einer langen Kleidung (*Čeremisov* 1973, S. 589)

[209] <lat.> – verbunden

[210] s. Anm. 139

[211] s. Anm. 144

[212] s. Anm. 208

[213] burjat. „каптага" – Beutel aus *kitajka* (s. Glossar: Kitaika) (*Abaeva* 2004, S. 155); burjat. „каптарга" – Tabaksbeutel (a. a. O., S. 160); „... ferner ein Gürtel ... an diesen hängt der Beutel Kaptagai und das Feuer-Zeug Kaetae welchen sie [d. h. die Burjaten] an der linken Seite trage,." (J. J. Lindenau in: RGADA F. 199, Op. 2, Portf. 511, Č. 1, D. 6, Bl. 6v)

[214] tungus. (ewenk.) „каптурга" – Beutel, Tabaksbeutel (*Boldyrev* 2000, Teil 1, S. 279); tungus. (ewenk.) „каптурга" – Futteral für Tabakspfeifen (a. a. O., Teil 2, S. 252); tungus. (ewenk.) „каптугай" – Beutel (*Myreeva* 2004, S. 275); tungus. (ewenk.) „каптук" – kleiner Beutel (a. a. O., S. 275)

[215] jakut. „каппар" – kleine Frauentasche (*Pekarskij* 1958–1959, Bd. III, Sp. 3318); jakut. „xappar" – kleine Frauentasche, Beutel (*Anikin* 2000, S. 259)

[216] tatar. „тун" – Pelz (*Ganiev* 1984, S. 710); chakass. „тон" – (Winter-)Pelz (*Funk/Tomilov* 2006, S. 565); „[barabinz.] Ton ein Tatarischer pelz" (J. E. Fischer in: AAW F. 21, Op. 5, D. 50, Bl. 25v); „[tatar.] Ton ein langer weiberrok, geht von den schulter, bis an die füße, knöpf, ihn vorn zu." (a. a. O., Bl. 47v); katschinz. „ton" bzw. „tonum", teleut. „ton", tatar. (*Tomsk*) „tôn" u. tatar. (*Tobol'sk*) „ton" – Kleidung (J. E. Fischer in: AAW R. III, Op. 1, D. 135, Bl. 53v/54r); katschinz. „ton" bzw. „tonum", teleut. „tere-ton", tatar. (*Tomsk*) „tere-tôn", tatar. (*Tobol'sk*) „tir-tôn" u. tatar. (*Kazan'*) „ton" – Pelz (a. a. O., Bl. 53v/54r); tatar. (*Kuzneck*) „Tôn" – Kleidung (G. F. Müller in: AAW F. 21, Op. 5, D. 143, Bl. 40v); tatar. (*Kuzneck*) „Terè-tôn" – Pelzkleidung (a. a. O., Bl. 40v); turk. „тон" bzw. „тун"– Pelz, Kleid (Radloff 1963, Bd. 3, Sp. 1176 bzw. Sp. 1438f.)

[217] russ. *vydra* (Mz. *vydry*); „22. Viverra Lutra. ... Mustela Lutra ... Otter ..." (Pallas 1811–1831, Vol. I, S. 76ff.);

„Mustela L., Otter. Marder. Wiesel. A. Otterarten. Lutra. ... 2. Mustela Lutra ... Fisch=Otter. Fluß=Otter. ..." (Georgi 1797–1802, Theil 3, S. 1526ff.); zum Handel mit Otterfellen s. Müller 1760, S. 531

[218] s. Anm. 204

[219] chakass. „хатанчы" – Umlegepelz, Schafpelz (*Subrakova* 2006, S. 822)

[220] russ. *dacha*; s. Anm. 206

[221] russ. *opuška* – Verbrämung

[222] Baschkiren – turksprachiges (mit finno-ugrischen Einflüssen), vorwiegend nomadisch von Viehzucht lebendes Volk mit islamischer (sunnitischer) Religion und Wohnsitzen im Gebiet des südlichen U-ral-Gebirges

[223] baschkir. „толоп" – russ. *tulup* (*Achmerov* 1964, S. 871); s. Anm. 206 sowie *Anikin* 2000, S. 563f. und *Anikin* 2003, S. 620f. u. S. 782

[224] s. Anm. 206

[225] *Irtyš*

[226] frz. couleur – Farbe

[227] <frz.> accommodieren – bedienen, anbequemen

[228] *zipuni*; russ. *zipun* (Mz. *zipuny*) – Bauernkittel, -rock

[229] frz. couleur – Farbe

[230] *Mangazeja*

[231] *Nižnaja Tunguska*

[232] *Nižnaja Tunguska*

[233] tungus. (ewenk.) „кумма" – Sommerkleidung (*Boldyrev* 2000, Teil 1, S. 306)

[234] tungus. (ewenk.) „сӯн", „hӯн" bzw. „шун" – Oberkleidung (*Myreeva* 2004, S. 523 bzw. S. 749); tungus. „ ‚tunica pellicea' Schuhn ‚tungusischer Pelzrock' " (Messerschmidt 1962–1977, Teil 2, S. 72)

[235] vgl. tungus. (ewenk.) „одынна" bzw. „одында"– Sommerfell des Rentiers (*Myreeva* 2004, S. 455); s. auch Helimski 2003, S. 239, dort tungus./ewenk. „одинна" u. *Anikin* 2000, S. 419

[236] <lat.> – entspricht

[237] <frz.> – Fransen

[238] <frz.> – Fransen

[239] tungus. (ewenk.) „уруптӯн" – Brusttuch (der Männer) (*Myreeva* 2004, S. 698); „Der Brust Tuch [tungus.] Noelekoen ist gleichfalls Lang und mit Riemen. er wird auch uruptu genent" (J. J. Lindenau in: AAW F. 934, Op. 1, D. 89, Bl. 423r, Kopie aus dem Archiv RGADA); s. Anm. 62

[240] s. Anm. 235

[241] s. Anm. 235

[242] s. Anm. 239

[243] s. Anm. 239

[244] <lat.> – verbinden, verknüpfen

[245] <frz.> – Fransen

[246] s. Anm. 235

[247] *Nižnaja Tunguska*

[248] tungus. (ewenk.) „сэлли", „сэлмӣ" bzw. „хэлмй" – Brusttuch (*Boldyrev* 1994, S. 207); tungus. (ewenk.) „hэлмӣ" – Brusttuch (*Myreeva* 2004, S. 587); tungus. „ ‚pectorale pelliceum' Halmy ‚tungusisches Bruststück' " (Messerschmidt 1962–1977, Teil 2, S. 72)

[249] tungus. (ewenk.) „бӯсэ", „бухэ" bzw. „бушэ" – Leibriemen, Gürtel (*Myreeva* 2004, S. 113); nach Helimski 2003, S. 237, tungus. (ewenk.) „бухэ"; tungus. (ewenk.) „бухэ" – Leibgürtel (*Vasilevič* 1958, S. 71)

[250] J. G. Gmelin und G. F. Müller ließen sich im März 1735 in *Balaganskoj ostrog* am Fluß *Angara* diese Technik von ortsansässigen burjatischen Schmieden demonstrieren (Gmelin 1751–1752, 1. Theil, S. 407–410). „Sie haben recht geschickte Schmiede (Darchon), aber keine andere Handwerker unter sich. ... Ihr mit Silber ausgelegtes Eisenwerk, ist unter dem Namen der bratskischen Arbeit (bratskaja Rabotta) durch ganz Rußland berühmt. Sie schlagen das feinste chinesische oder sogenannte chanische Silber (Bur. Mongut mungu) zu sehr feinen Blech und schneiden nach Mustern von Birkenbast Vögel, Thiere, Blumen, gedoppelte Adler und allerley Bilderchen daraus. Wenn sie die eisernen Beschläge der Zäume, Sättel, Köcher, Feuerzeuge etc. damit zieren wollen, machen sie das Eisenblech halb-

glühend, legen die Silberfigur darauf und klopfen mit Hämmern, deren Bart rauh einer feinen Feile gleich ist darauf, wodurch das Silber gleichsam mit dem Eisen zusammen geschmiedet wird und nie abfällt. Sie lassen dann die Arbeit im Feuer blau anlaufen und poliren sie mit todten Kolen. ..." (Georgi 1776–1780, S. 425). „Die Buräten bekamen ihr silber durch den handel mit den Mongalen, und diese hinwiederum von den schinesischen untertanen. Die Buräten zieren nach art einiger andern orientalischen völker ihre köcher, sättel und zäume mit silber aus. Es wird zu ganz dünnem blech geschlagen, auf kreuzweis eingekerbte eiserne platten gelegt, und alsdann in das rauhe eisen eingehämmert, wovon solches das ansehen des silbers bekomt." (Fischer 1768, S. 484–485). Weitere Beschreibungen dieser Handwerkstechnik finden sich u. a. im vorliegenden Dokument (Kapitel 24, Bl. 164r) bei J. E. Fischer (AAW F. 21, Op. 5, D. 52, Bl. 25r, publiziert als Dokument 10 in: Hintzsche 2009, S. 453–455), J. G. Gmelin „De ratione, qva gens Buraetica utitur, ad ferrum argento obducendem." (Punkt LXXV., Bl. 17r–18r, der „Observationes in historiam naturalem." – AAW R. I, Op. 105, D. 8, Bl. 1r–48v) und J. G. Georgi (Georgi 1775, S. 308).

[251] tungus. (ewenk.) „арамӯс", „аримӯс" bzw. „арумус" – lange Beinkleider aus *rovduga* (s. Glossar: Rowdugi) (*Myreeva* 2004, S. 52); tungus. (ewenk.) „арамус", „арамухи" bzw. „арамуши" – lange Beinkleider (*Vasilevič* 1958, S. 34); nach Helimski 2003, S. 237, auch tungus. (ewenk.) „армуш"; s. Anm. 62

[252] tungus. (ewenk.) „локомӣ" bzw. „лэкэмӣ" – kurze Sommerstiefel aus *rovduga* (s. Glossar: Rowdugi) (*Myreeva* 2004, S. 339); tungus. „ ‚tibialia pellicea vel coriacea' Lockámi ‚lederne Strümpfe, Stiefeln' " (Messerschmidt 1962–1977, Teil 2, S. 72)

[253] „ENKEL, m. talus, fuszknöchel, ..." (Grimm 1991, Bd. 3, Sp. 485)

[254] s. Anm. 251

[255] tungus. (ewenk.) „кокол̄ло", „коколдо" bzw. „коколро" – Fausthandschuh (*Myreeva* 2004, S. 295); tungus. (lamut.?) „Kokolo" – „Hand-Schue" (J. J. Lindenau in: AAW F. 934, Op. 1, D. 89, Bl. 431r, Kopie aus dem Archiv RGADA)

[256] tungus. (ewenk.) „а̄вун", „а̄бун" bzw. „а̄ун" – Mütze (*Myreeva* 2004, S. 24); tungus. (lamut.?) „Awun" – Mütze (J. J. Lindenau in: AAW F. 934, Op. 1, D. 89, Bl. 431r, Kopie aus dem Archiv RGADA); s. Anm. 62; tungus. „ ‚mitra tungusica' Aa-un ‚tungusisches Mitzchen' " (Messerschmidt 1962–1977, Teil 2, S. 97); „Den ganzen Sommer und geputzt gehen sie [d. h. die Tungusen] mit blossen Köpfen; des Winters und auf der Jagt aber tragen sie Mützen (Aun) welche aus der rauhen Haut von Rehköpfen, an denen die Ohren aufgerichtet, und wenn sie junge Hörner haben, auch diese stehen, und sehr heslich aussehen." (Georgi 1775, S. 255)

[257] tungus. (ewenk.) „кунгту" – Pelzkleidung, russ. *parka* (s. Glossar: Parki), Winterkleidung aus Stoff (*Myreeva* 2004, S. 316); nach Helimski 2003, S. 239, auch tungus. (ewenk.) „кунггу"

[258] s. Anm. 235

[259] s. Anm. 239

[260] tungus. (ewenk.) „хэвэрӣ" – hohe Pelzstiefel aus *kamasy* (s. Glossar: Camassi) (*Boldyrev* 2000, Teil 2, S. 298); tungus. (ewenk.) „нэвэрӣ", „нэбэрӣ" bzw. „эвэрӣ" – hohe Pelzstiefel (*Myreeva* 2004, S. 583 u. S. 755); nach Helimski 2003, S. 238, auch tungus. (ewenk.) „ховорӣ"

[261] tungus. (ewenk.) „кулми" – Arbeitsstiefel (*Myreeva* 2004, S. 312)

[262] „MACHWERK, n. werk mit betonung des handwerks- oder geschäftsmäszigen verfertigens ..." (Grimm 1991, Bd. 12, Sp. 1416)

[263] tungus. (ewenk.) „о̄ха", „о̄са" bzw. „о̄ша" – russ. *kamas* bzw. *kamus* (s. Glossar: Camassi) (*Myreeva* 2004, S. 475),

nach Helimski 2003, S. 239, auch tungus. (lamut.?) „ōxa"; „Kamaesü werde₎ auf Tung. Ohal genannt." (J. J. Lindenau in: AAW F. 934, Op. 1, D. 89, Bl. 385r, Kopie aus dem Archiv RGADA)
²⁶⁴ lat. – Merke wohl!
²⁶⁵ „KRIMPEN, ... krimpen zusammen schrumpeln, wie wollenzeug so nasz wird, ..." (Grimm 1991, Bd. 11, Sp. 2311f.)
²⁶⁶ lat. verte – schlage um (das Blatt)
²⁶⁷ s. die Beschreibung der jukagirischen Oberbekleidung auf Bl. 67v
²⁶⁸ s. Anm. 70
²⁶⁹ tungus. (ewenk.) „дярга" – weibliche Feiertagskleidung (*Myreeva* 2004, S. 222)
²⁷⁰ „LAKEN, ... tuch, decke, ... die weber bezeichnen namentlich damit auch ihr leinengewebe, ..." (Grimm 1991, Bd. 12, Sp. 80)
²⁷¹ lat. – Gegenstand der Religion [d. h. von religiöser Bedeutung]
²⁷² s. Anm. 233
²⁷³ s. Anm. 269
²⁷⁴ tungus. (ewenk.) „дуды" – weibliche Sommerkleidung aus (russ.) *rovduga* (s. Glossar: Rowdugi) (*Myreeva* 2004, S. 171)
²⁷⁵ vgl. tungus. (ewenk.) „хултукта" – (Rücken-)Verzierung an der Kleidung eines Jägers (*Boldyrev* 2000, Teil 2, S. 284); s. auch Helimski 2003, S. 238
²⁷⁶ s. Anm. 274
²⁷⁷ s. Anm. 257
²⁷⁸ s. Anm. 257
²⁷⁹ s. Anm. 235
²⁸⁰ s. Anm. 239
²⁸¹ s. Anm. 275
²⁸² s. Anm. 269
²⁸³ *Nižnaja Tunguska*
²⁸⁴ Gebiet von *Mangazeja*
²⁸⁵ „Motion, Motio, heisset auch insonderheit diejenige Ubung und Bewegung menschlichen Leibes, welche zur Erhaltung der Gesundheit vorgenommen wird. ..." (Zedler 1732–50, Bd. 21, Sp. 1938f.)
²⁸⁶ s. Anm. 257
²⁸⁷ s. Anm. 239

²⁸⁸ Auf ihrer Reise von *Irkuck* nach *Jakuck* im Jahr 1736 verließen G. F. Müller und J. G. Gmelin am 24. März 1736 die Stadt *Ilimsk* und erreichten am 26. März *Ust'kutsk* bzw. *Ust'kutskoj ostrog* (Gmelin 1751–1752, 2. Theil, S. 220–227).
²⁸⁹ russ. *lebed'*; „De Cygno. ..." (Willughby 1676, S. 271–273); „LII. Cygni. .." (Pallas 1811–1831, Vol. II, S. 210–217); „1. Anas Cygnus ... Schwanengans. Wilder Schwan. ..." (Georgi 1797–1802, Theil 3, S. 1723)
²⁹⁰ *Mangazeja*
²⁹¹ <lat.> – bestätigt
²⁹² Auf Bl. 67v wird die Beschreibung der jukagirischen Kleidung von Bl. 65r (rechtsmarginale Bemerkung) fortgesetzt.
²⁹³ <lat.> – Endung
²⁹⁴ jukagir. „маӊил" – allgemeine Bezeichnung für männliche und weibliche Oberkleidung (*Kurilov* 2001, S. 236); zur Etymologie von russ. *machalka* s. *Anikin* 2000, S. 381 u. *Anikin* 2003, S. 775
²⁹⁵ <frz.> – Fransen
²⁹⁶ russ./sib. *kažani*, *kožani* (Ez. *kažan*, *kožan*) – Art von Lederoberbekleidung; s. auch *Anikin* 2003, S. 275
²⁹⁷ s. Anm. 296
²⁹⁸ „QUAPPE, QUABBE, f., aus dem gleichbedeutenden niederd. quappe, quabbe. ..." (Grimm 1991, Bd. 13, Sp. 2315); „Gadus Lota ... Quappen=Drosch. Quappe. R. Nalim. ..." (Georgi 1797–1802, Theil 3, S. 1914–1915); „Gadus Lota. ... Rossice Nalym ..." (Pallas 1811–1831, Vol. III, S. 201–202)
²⁹⁹ russ. *tajmeni* (Ez. *tajmen'*); „Salmo Taimen ... Fett=Forelle. Taimen. ..." (Georgi 1797–1802, Theil 3, S. 1936–1937); „Salmo fluviatilis. ... Salmo Taimén ... Rossis in Sibiria Talmeen, vel Taimeen ..." (Pallas 1811–1831, Vol. III, S. 359–362)
³⁰⁰ <lat.> Prärogativ – Vorzug, Vorrecht
³⁰¹ russ./sib. *čarki* bzw. *čerki* – leichte Lederschuhe mit Stoffbrämung (*Slovar'* 1991, S. 167 u. S. 169); s. auch *Anikin* 2000, S. 645 u. *Anikin* 2003, S. 670

[302] *Ket'*

[303] s. Anm. 296

[304] *Enisej*-ostjak. „hâltam" bzw. „foltam" – Rock aus Rentierfell ohne Haar (Schiefner 1858, S. 173); *Enisej*-ostjak. „follat" – sämisches Leder (a. a. O., S. 173)

[305] d. h. die pumpokolischen Ostjaken am Fluß *Ket'* (s. auch Kap. 25, Bl. 10v)

[306] Gebiet von *Mangazeja*

[307] Gebiet von *Surgut*

[308] russ. *opuška* – Verbrämung

[309] *Enisej*

[310] *Enisej*-ostjak. „k̑âtti", „k̑ât" bzw. „xat" – Oberkleid (Schiefner 1858, S. 170 bzw. S. 171); ket. „xad" – Pelz (Donner 1955, S. 50); ket. „qat" – Fell, kurzer, auf der Vorderseite offener Pelz (a. a. O., S. 64); ket. „qād" – kurzer Pelz (a. a. O., S. 63); ket. „кат" – russ. *parka* (aus Rentierfell) (s. Glossar: Parki) (*Gemuev* 2005, S. 678)

[311] chakass. „!лт!к" – langer kleiner Beutel (*Funk/Tomilov* 2006, S. 568); tatar. „Iltick" – an der linken Seite getragener Sack (Beutel) (D. G. Messerschmidt in: AAW F. 98, Op. 1, D. 35, Bl. 11r)

[312] vgl. kamass. „âle', âle'g, Tasche." (Schiefner 1855, S. 179)

[313] s. Anm. 199

Kapitel 8

/70r/[a]

Von der Gemüths beschaffenheit
der Völker.

Uberhaupt[b] ist von allen Heidnische[n] / Völkern in *Sibi*rie[n] Zu sagen, daß / die *Cultur* ihres Verstandes größer / oder Kleiner ist, je nachdem sie / durch Umgang mit andern Völker[n] / einiger maaße[n] *civilisir*et word[en]. So siehet man Zum *ex[empel]* an dene[n] / Zu außerst in NordOst wohnende[n] / *Tschuktschi*, daß da dieselbe / noch nimmer in eine[c] *connexion*[1] / mit Rußische[n] unterthane[n] Tret[en] / wollen, Bey denenselb[en] gewis[s]e / Maniere[n] sind, welche von[d] einer / aus[s]erordentliche[n] Verfinsterung / ihres Verstandes ein mehr[e] als / Zu deutliches Zeugnüs[s] geb[en]. Leute die unter diesen *TschuKtschi* / gewesen, und mit ihne[n] umgegange[n], / habe[n] mir Von ihne[n] folgendes / *Portrait* gemacht. Die *Tschuk-* / *tschi* gehen in ihren Jurte[n] / so Männer als weiber, Jung / und alt, gantz Naket, ohne / alle SchamhafftigKeit so- / wohl unter sich selber als / für fremde[n]. Kommt ein /70v/ fremder Zu ihnen, er mag beKannt / oder unbeKannt seyn, ja wenn / es auch ein Ruße ist, so *presen-* / *tir*et ihm der Mann seine Frau / und nöthiget ihn Zum beyschlafe / Ist der Mann nicht Zu Hause / so sind die weiber selbst so / unverschämt[f], fremde Manns- / Persone[n] Zum Beyschlafe zu *in-* / *vitir*en[2]. Wenn Rußen diese / *Mani*ere[n] nicht annehme[n] wolle[n], / so rechnen sie solches für eine[n] / *affront*; oder für ein Merkmahl / daß man etwas Böses gege[n] / sie im Sinne habe[n] müße. / Sie *animir*en[3] auch wohl die an- / Kommende Rus[s]en damit, daß / sie in ein fremdes Land geKomme[n] / seye[n], und deßwege[n] ihre Lange / Weile mit dem weiber Volke / Vertreibe[n] möcht[en]. Vorher aber / nöthige[n] sie die Gäste erst Zu / es[s]en, da denn die Frau die / Speisen Vorschneidet und Vor- / leget. Und wenn es ein Gast / Von ihrer eigene[n] *Nation* ist / so haben sie noch diese gantz Be- / sondere und gres[s]liche Ge- / wohnheit, daß die Frau nach / dem Es[s]en ohne Scham- /71r/ hafftigkeit für allen Leute[n] in / eine Schüs[s]el pißet, und solches / dem Gaste *presentir*et, welcher / damit die Hände und inwendig / die Lippen wäschet. Darauf / gehet es alsdenn Zum Beyschlafe. / Stehet dem Gaste die[g] Frau / nicht an, so *divertir*et[4] er sich / mit dene[n] Magdgens. Sobald / ein Magdgen nur den beyschlaf / Vertrage[n] Kann, so bleibet sie / nicht mehr damit Verschonet / Die weiber enthalte[n] sich nicht /

---

[a] *Bl. 69v leer* [b] Uber_haupt *verbessert aus* [....] [c] e_ine *verbessert aus* [.] [d] von *über der Zeile* [e] m_ehr *verbessert aus* [.] [f] _unverschämt *verbessert aus* _unverschämt[..] [g] _die *verbessert aus* [.]

einmahl der wollust währender / Zeit der Monathl[ichen] Reinigung. / und nach der Geburth nicht Länger / als so lange die *Lochia*[5] flies[s]e[n]. / Zwey Männer mache[n] offters / einen *Contract* ihre weiber ge- / mein Zu hab[en], dadurch tret[en] sie / ihrer Meinung nach in die stärkste / Blutsfreundschafft.[a] / Insbesondere sehen[b] sie gern / daß die Rus[s]en sich mit ihren weiber[n] / fleischlich Vermische[n], damit sie / von ihnen Art BeKommen mögt[en]; / eben, wie man mich Versichert hat, / daß die *Chontaischi*sche[n] Chalmüke[n][6] / offters die Rußische Gefange- / ne aus gleicher Ursache Zum / Beyschlafe mit ihren weiber[n][c] sollen gedunge[n] habe[n].

|: *Witsen ed*[*itione*] 2. p[*agina*] 91[7] sagt von / denen Sinesisch[en] *Mandarins*[8] / oder befehlshabern[d] in *Daurie*[n] / als wenn dieselbe eine[n] Schrifftl[ichen] / befehl hatten, daß sie weiber / und Töchter derer Unterthan[en] / zur[e] unzucht gebrauche[n] Könne[n] / und viele der unterthan[en] / machte[n] sich eine Ehre daraus / solche Vornehme Schwäger Zu / hab[en]. Solches alles ist falsch. / und da dießfalls die Sine- / sische Beamte in *Daurie*[n] und in der *Mongol*ey Viel / dergleich[en] *excesse* begehe[n] / so geschiehet solches sowohl / ohne autorität des Hofes / als mit gros[s]em Verdruß / der Unterthane[n], die dar- / über bittere Klage[n] führ[en].

Von der Landschafft *Camul*[9] | *Cabul* |[f] / auf der *Indi*sche[n] Gräntze[n] sagt / *witsen p*[*agina*] 334.[10] aus Bericht[en] / des *Jesuit*[*en*] *Trigautii*[11] eben so / wie bey dene[n] *TschuKtschi* im Schwan- / ge Zu seyn, daß die weiber / mit dene[n] fremd[en] und gästen / Beyschlaff halt[en], welches sie sich / Vor eine große Ehre halte[n]. / In der Landschafft *Tibet*[12] habe[n] / Zu[f] *M*[*arci*] *Pauli Veneti*[13] Zeit[en] / die Mägdgens Bevor sie / hab[en] Konne[n] Verheyrathet werd[en] / von Fremdelinge[n] *deflorir*et werd[en] müs[s]en *witsen p*[*agina*] 335.[14] / Siehe ebendaßelbe von *Caschemir* / bey *witsen p*[*agina*] 341.[15] : |[g] /71v/

Wenn ein Ruße vordem, da von / *AnadirsKoi ostrog*[16] öfftere Par- / they[en] gege[n] die *Tschuktschi* aus- / geschiket worde[n], ein *TschuKtschi*- / sches Mägdgen oder weib Zur / Sclavin gemacht hat, so solle[n] / diese Sclavinne[n] Kein guts ge- / than habe[n], wenn ihnen nicht der / Herr den gewöhnliche[n] Beyschlaf / *accordi*ret[17]. Als der *Capitaine* / *PawluzKi* im Jahre 1730 gege[n] / die *Tschuktschi* Zu Felde war[18] / und gleichfalls Viele Gefange- / ne von beyderley Geschlechte / Gemacht, dabey aber seinem *Com*- / *mando* stark verboth[en] hatte, / sich mit dene[n] heidnische[n] Scla- / Vinne[n] nicht Zu

---

[a] *nach* Blutsfreundschafft. *gestr.* Die Ruße₁ [b] sehen *verbessert aus* [.....] [c] *mit ihren weiber*₁ *über der Zeile* [d] befehlshabe_rn *verbessert aus* [..] [e] z_ur *verbessert aus* [.] [f] Z_u *verbessert aus* [.] [g] *von* Witsen ed. 2. p. 91 sagt *bis* Caschemir bey witsen p. 341. *rechts marginal*

Vermischen, so / sollen diese durch Dollmetsche / die Russen höhnisch[a] gefraget haben / ob es ihnen[b] vielleicht[c] an demjenigen / Theile des Leibes fehle, welcher / einen Mann Zum Manne Mache / Die *KoreiKi*schen und *Kamtsche-* / *dali*schen Sclavinnen, deren Vor- / dem unter denen Russen in[d] dortigen / Gegenden eine grosse Menge / gewesen, sollen eben so gearthet / seyn. Wer einer Weibs Person / in *Kamtschatka*[19] diese ihrer / Meinung nach ihr gebührende / Pflicht versaget, der soll /72r/ Keine Arbeit Von ihr gemacht / BeKommen. Die Sclavinnen sind / vordem von ihren Herren entlauffen / so bald sie an demselben einigen / Wiederwillen oder Unvermögenheit / Vermerket. Es giebt auch auf / *Kamtschatka*[20] Manns[e] Personen / die sich gegen die Natur *per* / *posteriore*[21] Zur UnZucht ge- / brauchen Lassen. Man nennet / sie in dortiger Landes SPrache / *Tschupan*en. Sie sind aber / Bey dem übrigen MannsVolke / verhaßet, und gehet niemand / Leicht mit ihnen um. Sie / wohnen unter dem weiberVolke / verrichten mit ihnen alle weib- / Liche Arbeit, und gehen weib- / Lich geKleidet[22]. Man findet / ein gleiches von einigen *America*- / *ni*schen Völkern angemerket. / Sonst sind dergleichen Grobe / *Sodomiti*sche UnZuchts Sünden[23] / Bey denen übrigen *Sibiri*schen Völkern / nicht erhöret. Ein von dem / Zaaren *Alexei Michailowitsch*[24] / im *Polni*schen Kriege[25] gefangener / Polake Nahmens *Arsin Kru-* / *pezKoi*[26], der vor nicht gar Langen / Jahren als *Sinbojarskoi*[27] Zu *JaKuzK*[28] / in hohem Alter gestorben ist, soll / der Knabenschänderey ergeben / gewesen seyn, und Zu solchem Ende /72v/ wenn er wegen der *Tributs* Ein- / nahme in die *JaKuzKi*sche / *Ulussen* abgeschiket worden, alle- / Zeit einen Knaben mit sich gefüh- / ret haben; als ihn aber einsmahls / die *JaKuten* des Nachts Belauert / und Unrath Vermerket, sollen / sie solches als etwas höchst abscheu- / Liches überall Zum Nachtheil der / Rußen heimlich ausgebracht haben. / Daß auch das Geschrey davon / Biß an die Nordlichsten *JuKagiri* / und *Korjaken* geKommen. In- / deßen soll gleichwohl eine / fleischliche Vermischung / mit / dem Vieh Zuweilen sowohl un- / ter denen *JaKuten* als *Brazki* / und *Mongol*en Vorgehen, ja / es sollen[f] auch / die / Weiber untereinander mit *pessis*[29] / unerlaubte Wollust treiben / ohnerachtet sie[g] jenes[h] für eine[i] große / Sünde halten. Sonst ist die / Gemeine Hurerey unter unver- / heyrathen Personen Bey denen / *Sibiri*schen Völkern nicht sonder- / Lich stark im Schwange, wovon / die Ursache ist, erstlich, weil sie / ihre Kinder früh verheyrathen,[j] / und noch früher Verloben, / Zweytens weil die meisten Völker / denen Verlobten einen *legitim*en /73r/ beyschlaf erlauben, drittens

---

[a] höhnisch *über der Zeile*   [b] *nach* ihne₍ *gestr.* denn   [c] vielleicht *über der Zeile*   [d] in *verbessert aus* [..]
[e] Manns *verbessert aus* [....]   [f] *nach* auch *gestr.* Zuweilen   [g] *nach* sie *gestr.* Beydes   [h] jenes *über der Zeile*   [i] eine *über der Zeile*   [j] *nach* verheyrath₍ *gestr.* weil / die Mei

weil / sowohl die Manns- als weibs- / Person dabey Gefahr Lauff[en] / wie unten an seinem Orte / wird gesaget werd[en]. Der einseitige / und gedoppelte Ehebruch sind / weit Gemeiner. Selten pfleget / eine StieffMutter mit ihren / StieffSöhnen, und die Frau / des älter[en] bruders mit denen / Jünger[en] Brüder[n] ihres Mannes / außer Schuld zu seyn, wel- / ches beydes auch nicht sonderlich / geachtet wird, weil doch nach / dem Tode des Vaters und des / Alter[en] Bruders[a] die Stieff- / Mutter[b] und Bruders wittwe / denen StieffSöhne[n] und jun- / ger[en] Brüder[n] Zu Theil wird. / Bey unserer Anwesenheit Zu *IlimsK*[30] / kam ein alter *Tunguse* von 70 biß 80 Jahren[c] aus / der ober[en] Gegend des *Ilim* fl[usses] / bey[d] dem befehlshaber der Stadt / mit einer Klage ein, daß er / seinen Sohn Bey seinem jungen / weibe ertappet habe, und von / ihne[n] beyden abgeprügelt sey[31], / Bäte demnach sie hohlen zu Las[se]n / und abzustraff[en]. Sie wurden / gehohlet. Der Sohn war[e] Zwisch[en] / 30 und 40 Jahr[en], das weib / noch nicht 30 Jahr alt. Sie beKannt[en] / beyde ihr Verbrech[en] ohne Schwang, / und Zwar der Sohn mit Lachender /73v/ *Mine*, das weib aber mit einiger / SchamhafftigKeit. Wir fragt[en] / sie ob sie das Handwerk schon / Lange getrieb[en], da denn der / Sohn mit Ja antwortete, und / hinZufügte, sein Vater wiße / es auch schon Lange, jetzo aber / habe er sie auf der That ertap- / pet und prügeln wollen, da / sie sich denn ihrer Haut gewäh- / ret[f32] hätt[en]. Wir fragten das / weib, ob vielleicht die Unvermöge- / heit ihres alten Mannes sie Zu / dergleich[en] Ausschweiffung[en] ver- / Leitete: es war aber Kein wort / aus ihr Zu bring[en]. Und der Sohn / antwortete an ihrer Stelle mit / einem *tschemu byt*[33]. Die Straffe / fiel dahin aus, daß der Sohn / auf Verlangen des Vaters mit / *Badogge*[n][34] gepeitschet wurde / das weib aber beKam[g] Keine / Strafe, weil der alte Mann / dagegen *protestir*ete, und sagte / er habe sie Zu Lieb, als daß / er sie Könne peitsch[en] Las[se]n. / Das junge Paar versPrach dem / alt[en] sich zu beßer[n] und darauf / reiseten alle drey wieder ihres / weges. Zuweilen geschicht es / wenn die Väter allZu eiffersüchtig / sind, daß die Söhne ihre Stieff- / Mütter entführ[en]. Ein dergleich[en] /74r/ *Exempel* hat man Zu *JaKuzK*[35] / an einem *JaKuzK*isch[en] *Knjäsez* / der[h] *Baturussi*sch[en] *Ulusse*[36], welcher / mit seiner Stieffmutter nach / dem in den *Amur* fallend[en] Flus[se] / *Seja*[37] durchgegang[en], und nachdem / er daselbst 2 Jahr unter dene[n] / dortig[en] *Tunguse*[n] gelebet, wieder / ZurükgeKomm[en]. Er ist währen- / der seiner Flucht auf den Leibe / schekigt geword[en], wesweg[en][i] er / insgemein *Pjegoi Knjasez*[38] ge- / nannt wird. Ein anderes / gantz neues *Exempel* hat / mir ein am *Kirenga* wohnhaffter /

---

[a] *nach* Bruders *gestr.*, [Kommma] [b] Stieff-Mutter *verbessert aus* s [c] von 70 bis 80 Jahren *über der Zeile* [d] b_ey *verbessert aus* [.] [e] *nach* war *gestr. auf* [f] _g_ew_ähret_ *verbessert aus* [..] [g] _be_K_am_ *verbessert aus* [.] [h] d_er_ *verbessert aus* S [i] _we_s_wege_) *verbessert aus* [.]

Tunguse Bey unserm Auffenthalte / Zu *KirensKoi Ostrog*[39] erZehlet, / wie nemlich ein *Tunguse* der / an dem UrsPrunge des *Kirenga* / seine angebohrne Heymath / habe, und nach *wercholensK*[40] den / Tribut beZahle, mit seiner Stieff- / Mutter nach dem in den See / *Baical*[41] fallende[n] *Werchna Anga-* / *ra*[42] durchgegange[n] sey, allwo / er sich noch gegenwärtig aufhalte / Kein Volk ist in diesen Um- / stände[n] so Kitzlicht[43] und eiffer / süchtig, als ein *Tunguse*, der / Söhne pflege[n] sie noch Zu schone[n] / ertappen sie aber sonst eine[n] / fremden bey ihren weibern[a], so / stellen sie demselbe[n] so Lange nach, /74v/ Biß sie ihm das Leben nehme[n]: ja / wenn auch nur ein bloßer Ver- / dacht ist, so muß die beschuldigte / MannsPerson[b] sich entweder durch / einen Eyd *purgire*[n][44], oder er / Läufft LebensGefahr. Etwas / Besonders ist es bey dene[n] *JaKut*[en], / daß sie es für eine weit größere / Schande achte[n], wenn ein weib / mit einem Rußen huret, / als wenn[c] solches mit einem *Jakut*[en] / geschiehet. Der Mann pfleget / deßwege[n] sein weib wohl / gar Zu verstos[s]e[n]. Den Ort der SchamhafftigKeit / setzen alle Natione[n] Bloß an / denen Geburths Glieder[n]. / Einem Weibe ist es Keine Schande / die brüste für fremden Manns / Persone[n] bloß Zu trage[n][d]. Doch / pflege[n] unverheyrathete Magd- / gens die brüste nimmer Zu / entblös[s]e[n]. Dieses ist nem- / Lich Von dem meisten Theile Zu / Verstehen. Die weiber der / Muhammedanische[n] Tataren / und andere, welche viele[n] Um- / gang mit Rus[s]en habe[n], / schämen sich auch mit[e] ihren brüste[n] / und daß im gegentheil die / gantze Nation der *Tschuktschi* / ausZunehme[n] sey, solches erhellet aus obigem.

|: Man möchte aus dem Nahmen / derer *Samoj*eden, welcher so viel / als Leute bedeutet, die sich einer / den ander[en] auffreße[n], eine be- / sondere wildheit schließen[45]. Allein / man findet solches bey ihnen nicht. / Ich bin auf die Gedanken ge- / Kommen, ob der Nahme nicht / Vielleicht aus einer solchen Gele- / genheit entstanden sey, daß / wenn diese Völker in[f] wild- / nüs[s]en der Jagd nachgehen, und / bey unglück[l]iche[m] wildfange Hunger / Leiden, daß sie sage ich etwan / im aus[s]ersten Nothfalle ihre / Camerade[n] schlachten und / verZehren möchten. Es habe[n] / mir aber sowohl Rußen als / *Samoj*eden einhellig beKräffti- / get, niemahls ein dergleiche[n] / *Exempel* gehöret Zu habe[n]. / Und als ich Verschiedenen *Samo-* / *j*eden erZehlet, daß solches / auch Bey denen *civilisirt*este[n] / *Nation*en Zu geschehe[n] pflege / und daß die Noth die Schuld der / Sünde aufhebe, so antwortete[n] / sie mir darauf: es möge Viel- / leicht Bey ander[en] Volker[n] so seyn / Sie aber stürben Lieber alle / Vor

---

[a] weiber[n] *verbessert aus* [.]   [b] *nach* MannsPerson *gestr.* , [Komma]   [c] wenn *über der Zeile*   [d] tr[age] *verbessert aus* [..]   [e] mit *über der Zeile*   [f] in *verbessert aus* [..]

Hunger, als daß sie[a] so sehr die Reguln / der Menschheit[b] überschreit[en] sollt[en][c] / Menschen[d] Zu[e] schlacht[en] / und Zu[f] verzehren[g]. Ja / auch[h] verstorbene Menschen / es[s]en sie nicht einmahl im Noth- / falle. Der *Autor* des Staats / Von *Sibirie*[n] wiederleget auch die / aus die *Etymologie* des Nah- / mens herührende falsche Meinung.[46] : |[i] /75r/

|: Die *Juraki*sche *Samoj*eden / sind sehr wild und räu- / berisch: sie überfallen / nicht nur die Rus[s]en und / plünderen selbige aus / sondern BeKriegen auch / die übrige *Samoj*eden / als die *Tawgi* und *Chan-* / *Taiski*sch[en]. Ja sie führ[en] / auch offters unter ein- / ander Krieg. Eines / ist noch gut an ihnen / daß sie nicht Leicht einen / Rus[s]en erschlagen, son- / dern ihm nur Hände / und Füs[s]e Binden, und / ihm seine Haabschafft / abnehmen, hiernächst / aber ihn so Liegen Las[s][en] / Solchergestalt überfall[en] / sie Zuweilen die Rußische / *Simow*ien in der unter[en] / Gegend des *Jenisei*[47] f[l]usses].

Die *Samoj*eden sind unter / einander[j] sehr mildthätig / Leidet einer Mangel / so hilfft ihm sein[k] gantzes / Geschlechte, so gar in be- / Zahlung des *Kalum* wenn / er heyrathen will, und nicht / so viel im Vermögen hat, als / für die braut gefordert wird. : |[l]

Das innere *principium* der Ehrlich- / keit findet sich Bey keiner *Nation* / so stark, als Bey denen *Tungu-* / sen. Man hört unter ihnen / nichts von diebstahl, betrüge- / rey[en] oder ander[en] vorsetzlichen / Beleidigung[en]. Sie sind gast- / frey und freygebig. Ich habe / offters an denen *NertschinsKi*sch[en] / *Tungus*en Bemerket, daß wenn / ich[m] dem Vornehmst[en] unter / ihnen ein Present Von *Sinesi*schem / *Tobak*[48] oder *Corall*en oder andern ihnen belieb[ten] Sach[en][n] / gemacht, selbiger die / ihm geschenkte *Quantität* un- / ter alle Von seiner *Nation* / so Zugegen gewese[n], vertheilet, / und solches nicht aus Furcht oder / Zwang, sonder[n] aus einem blos[s][en] / Triebe der MittheiligKeit[49]. / Man weiß sonst Von dene[n] *Kyr-* / *gisi*sch[en] *Casak*[en] oder der / sogenannt[en] *Casatschi orda*, / daß wenn man Von Rus[s]ischer / Seite (wie solches Von *TobolsK*[50] / offters geschehe[n]) dem *Chan*[o] ein Geschenke / geschiket, welches[p] Z[um] e[xempel] aus / einem *Partisch*[51] Teutsch[en] oder / *Engl*[ischen] rothen Lak[en] bestand[en], / daß selbiges allezeit dem- / selb[en] in geheim habe müs[s]en / eingereichet werd[en], wiedrigenfalls / er geZwung[en] gewese[n], daßelbe / unter alle anwesende Zu Ver- / theilen. Allein solches hat die Ur- /75v/ sache gehabt, weil dieses Volk / ihrem *Chan*

---

[a] daß sie *über der Zeile* [b] *nach* Menschheit *gestr.* Zu [c] sollt[e] *über der Zeile* [d] *vor* Menschen *gestr.* daß sie [e] Zu *über der Zeile* [f] Zu *über der Zeile* [g] *nach* verzehren *gestr.* sollt[e] [h] auch *verbessert aus* [....] [i] *von* Man möchte aus dem Nahmen *bis* herührende falsche Meinung *rechts marginal* [j] einand[er] *verbessert aus* g [k] sei[n] *verbessert aus* [.] [l] *von* Die Jurakische Samojeden sind *bis* braut gefordert wird *rechts marginal* [m] *nach* ich *gestr.* ihm [n] oder Corallen oder andern ihnen beliebt[) Sache] *über der Zeile* [o] dem Chan *über der Zeile* [p] w[elches] *verbessert aus* [.]

schlechte⌈n⌉ *Respect* / beweiset, und denselb⌈en⌉ nicht / selte⌈n⌉ beraubet und geplündert / hat: wie denn einsmahls als / der Rußische Abgefertigte / mit seinem Presente aus Un- / wis⌈s⌉enheit gerade Zu dem / *Chan* gegange⌈n⌉, in Meinung ihm / daßelbe *en ceremonie*⁵² Zu über- / reiche⌈n⌉, alle Umstehende herZu / gesPrungen, und das Stük / Laken in soviel Kleine Läppge⌈n⌉ / sollen Zerschnitten habe⌈n⌉, als / ihrer zugegen gewese⌈n⌉, wobey / dem *Chan* nicht mehr als / die *quote* eines gemein⌈en⌉ gewese⌈n⌉, / gelas⌈s⌉e⌈n⌉ worde⌈n⌉.
| : Einige wollen die *Sibiri*sche⌈n⌉ Volker / für faul ausschreien | Z⌈um⌉ e⌈xempel⌉ der Staat / von *Sibiri*en⁵³) daß sie nicht mehr / Vorrath Verlangen als sie zu / ihrem Lebens Unterhalt Bedürffe⌈n⌉ / und wenn sie im Sommer sich auf / den Winter mit Nahrungᵃ Versorget habe⌈n⌉ / daß sie alsᵇ denn solchen Vor- / rath ohne alle Arbeit Verzehr⌈en⌉. / Ich meine aber es seye ehender / eine Lobenswürdige Vergnüg- / samKeit daraus Zu schlies⌈s⌉e⌈n⌉. / p⌈erge⌉ p⌈erge⌉ : | ᶜ In erwehnt⌈en⌉ gut⌈en⌉ Eigenschafft⌈en⌉ / der *Tunguse*⌈n⌉ Komme⌈n⌉ ihnen / die *Mongol*en und *Tatar*e⌈n⌉ / am Nächste⌈n⌉. Die *BrazKi* / sind schon Ziemlich diebisch - / ja man hat ihrer einigeᵈ / Zu unserer Zeit⁵⁴ auf dem / Wege Zwische⌈n⌉ *Selginsk* und *Kjachta* sogar auf / Straßen-Raube ertappet, daß / sie Rus⌈s⌉ische Kauffleute / geplündert habe⌈n⌉. /76r/
Unter allen sind die *JaKut*⌈en⌉ / am betrüglichste⌈n⌉ und diebisch- / sten. Sie mache⌈n⌉ sich Kein Ge- / wis⌈s⌉en einer dem ander⌈en⌉ Un- / recht Zu Thun, wo sie nur / Könne⌈n⌉. Die *Kniaszi* plünder⌈n⌉ / ihre Untergebene gantz unbarm- / hertzig. Auch geschahen Vordem / unter ihnen häuffige Mord- / That⌈en⌉, wovon man Zwar noch / gegenwärtig dann und wann / ein *Exempel* hat, doch muß / man sagen, daß sie sich unter / der Rus⌈s⌉ische⌈n⌉ Zucht einiger / Maas⌈s⌉e⌈n⌉ gebes⌈s⌉ert, wie sie / denn auch solches selbst Zu / gestehe⌈n⌉ pflege⌈n⌉. So heilsam / der hohe Kayserl⌈iche⌉ befehl an- / dern Volkern ist, unter sich / selber Gericht Zu pflege⌈n⌉, / so ist solches aus obigen Ursach⌈en⌉ / der *JaKuzKi*sch⌈en⌉ *Nation* / nicht Zuträglich. weil dadurch / die *Kniaszi* noch mehr Gelegen- / heit beKomme⌈n⌉ hab⌈en⌉, unterᵉ / dene⌈n⌉ Ihrig⌈en⌉ UngerechtigKeit⌈en⌉ / auszuübe⌈n⌉. Der Gemeine / Mann Klaget deßwegen auch / jämmerlich, und wenn ein *Woe- / wode* ist der an dem Raube / derer *Kniaszi* Theil nimmt, so / ist dem ubel Kein Ende, und /76v/ das Volk bleibet in der Unter- / drükung. Der Gemeine Mann / ist auch sehr darauf abgerichtet / einer dem andern sein Vieh Zu stehle⌈n⌉, / Zuᶠ schlacht⌈en⌉,

---

ᵃ mit Nahrung *über der Zeile*   ᵇ als *verbessert aus* [...]   ᶜ *von* Einige wollen die *bis* schliesse\) pp. *rechts marginal*   ᵈ ₑᵢₙᵢgₑ *verbessert aus* g   ᵉ ᵤₙₜₑᵣ *verbessert aus* d   ᶠ *vor* Zu *gestr.* und

und in der / Erde Zu Verscharre⌈n⌉. Sie solle⌈n⌉ / daZu in und bey^a ihren wohnung⌈en⌉ / heimliche Keller in der Erde / haben, die ein fremder nicht / entdeken Kann. Ein *JaKuz-* / *Ki*sches weibs-Bild,^b welches / Viel auf Vieh-Raub ausgegang⌈en⌉, / soll so schlau gewese⌈n⌉ seyn, daß sie / Zur winters-Zeit, wo sie Ver- / muthet, daß man denen Fuß- / stapffen folgen und auf sie / Verdacht hab⌈en⌉ würde, alleZeit / bey dergleichen Umständen ein / Langes ausgehöltes Rohr / mit sich geführet, durch welches / sie unterweges stehend^c ihr Was⌈s⌉er / gelas⌈s⌉en, damit man glau- / ben möge, es sey eine Manns / Person und Kein Weibsbild / auf derselb⌈en⌉ SPur gegang⌈en⌉. / Wenn man verschiedene⌈n⌉ *Jakute*⌈n⌉ / ein gemeinschafftl⌈iches⌉ *present* Z⌈um⌉ e⌈xempel⌉ / Von Tobak machet, oder ihnen / Geld Zu bezahlen hat, so darff / man nicht die gantze *Quantitiät* /77r/ Tobak oder die gantze *Summe* / Geld an eine⌈n⌉ abgeb⌈en⌉ um sich dar- / ein Zu theilen, sonder⌈n⌉ man muß / die *Distribution* selber vornehm⌈en⌉ / wiedrigenfalls entstehet gros⌈s⌉er / Zank und betrug. Uberdem / sind die *JaKut*⌈en⌉ hochmüthig und / Prahlerisch. wer das Beste / Mundleder^55 hat, pas⌈s⌉iret Vor / den gescheuteste⌈n⌉ Mann. deß- / wegen schreyen sie unter ein / ander sehr stark, und die / Rußen, so an sie abgeschiket / werde⌈n⌉, um die *Contribution* ein / Zunehme⌈n⌉, pflegen sich gleichfalls / Bey ihne⌈n⌉ durch hartes Schreye⌈n⌉ / und geschwindes^d Reden in An- / sehn Zu setze⌈n⌉. Bey alle⌈n⌉ / Völkern in *Sibirie*⌈n⌉ ist der / *Orientali*sche Gebrauch Geschenke / Zu empfang⌈en⌉ und Zu geb⌈en⌉. Da / nun solches bey dene⌈n⌉ *JaKut*⌈en⌉ / gleichfalls ist, so hat man in / denen Letzte⌈n⌉ Jahren, da offters / gegen die Rußische *Contributions* / Einnehmer *inquirir*et^56 worde⌈n⌉, ob / sie nicht dem Volke durch *pres-* / *su*ren^57 schwer gefalle⌈n⌉, auch darin / ihre UngerechtigKeit bemerket, / daß sie bey der geringsten Nach- / frage alle Geschenke, so sie frey- /^e /77v/ willig gegeb⌈en⌉, mit unter obig⌈em⌉ / Titul angerechnet.

WiedersPenstigKeit und hart- / näkigKeit sind im Anfange / der *Occupi*rung des Landes / Bey einig⌈en⌉ Völker⌈n⌉ mehr als / bey ander⌈en⌉ gemerket word⌈en⌉. / Die Muhamm⌈edanischen⌉^f Tataren so am *Irtisch*^58 u⌈nd⌉ der übrig⌈en⌉ Gegend angeses⌈s⌉e⌈n⌉^g / zuforderst als / eine bereits damahls nicht / gantz u*ncivilisirt*e *Nation*, / sind nicht anders als durch / Krieg zu Bändig⌈en⌉ gewesen. / Die heidnischen Tataren da- / hinge g⌈en⌉ hab⌈en⌉ sich mehrentheils / gutwillig ergeb⌈en⌉. Die *Braz-* / *Ki* haben sich auch alleZeit / sehr wiedersPenstig BeZeiget, / und noch zu unserer Zeit hat / man die^h um *IrkuzK*^59 und

---

^a *nach* bey *gestr.* [.]   ^b *nach* weibs-Bild, *gestr.* soll   ^c stehend *über der Zeile*   ^d g~eschwindes~ *verbessert aus* [.]   ^e *folgt* willig   ^f Muhamm. *über der Zeile*   ^g so am Irtisch u. der übrig) Gegend angesesse) *über der Zeile*   ^h d~ie~ *verbessert aus* s

wercholensK^(a60) / einer gros⸢s⸣⸢e⸣n *conspi-* / *ration* gegen die Ruße⸢n⸣ / Beschuldiget^(61). So wie imgleiche⸢n⸣ / anfänglich die *JaKut⸢en⸣* nicht^b / anders als mit der grös⸢s⸣esten / Schärffe Zu gewinne⸢n⸣ gewese⸢n⸣ / indem sie offters die wegen / der Tributs Einnahme an sie / geschikte oder auf der Jagd befindliche^c Rus⸢s⸣en ermordet / habe⸢n⸣^(62). Unter allen aber / ist Keine *Nation* hartnäkigter / als die *Korjäke⸢n⸣*. Man hat / offters *Exempel*, daß sie sich / in ihren Wohnungen mit weib /78r/ und Kind ermordet oder Verbrandt / hab⸢en⸣, um den⸢en⸣ Rußen nicht in / die Hände Zu falle⸢n⸣. auch sind sie biß auf den heutige⸢n⸣ / Tag noch nicht alle auf / *Tribut* gesetzet.^d / Und die / *Tschuktschi*, welche ein Geschlecht / *Koria*ken sind, haben wegen / dieser ihne⸢n⸣ angebohrne⸢n⸣ Hart- / näkigKeit noch niemahls unter / Rußische⸢n⸣ Gehorsam gebracht werd⸢en⸣ / Könne⸢n⸣. Ein gleiches ist Von / dene⸢n⸣ wiedersPenstige⸢n⸣ *JuraKi*sch⸢en⸣ / *Samojed*en im *MangaseisKi*sch⸢en⸣ / Gebiethe^(63) Zu sage⸢n⸣, welche noch / biß auf den heutige⸢n⸣ Tag *in-* / *dependent*^(64) sind. Mit dene⸢n⸣ / *Kuri*len auf *KamtschatKa*^(65) / hat man auch anfänglich / viel Zu schaffen gehabt. wogege⸢n⸣ / sich die *Kamtschedal*en weit / williger ergebe⸢n⸣ habe⸢n⸣ ohn- / erachtet auch diese vor einige⸢n⸣ / Jahren einen starken Auf- / ruhr verübet^(66), woran aber / nicht so sehr ihre natürliche^e Gemüths / Neigung, als die^f unbarmhertzige⸢n⸣ / *Pressur*en^(67) der dortige⸢n⸣ Be- / fehlshaber Schuld gewese⸢n⸣. / Die *JuKagiri* sind Zwar / nicht gantz freywillig, aber / dennoch auch mit nicht Vieler / Mühe und ohne vieles blut- / vergies⸢s⸣en gewonnen worde⸢n⸣. / Ein gros⸢s⸣er Aufruhr, welche⸢n⸣ /78v/ die unter *AnadirsK*^(68) gehörige *Ju-* / *Kagiri* im Jahre 1714 verübet, / ist auch mehr dem damahlige⸢n⸣ / Rußische⸢m⸣ Befehlshaber als ihn⸢en⸣ / selbst ZuZuschreibe⸢n⸣^(69).
|: Sonst will man von dene⸢n⸣ *JuKagiri* / sagen daß sie Betrüglich, diebisch / hartnäkig, störrisch seyn, und / wenig reden sollen. :|^g
|: Soviel man auch Von denen / *Tschuktschi Amanat⸢en⸣* / Gefangen; so hat man / doch wenig *Exempel*, daß / die^h übrigen sich darüber / BeKümmert oder^i hatte⸢n⸣ / bewegen Las⸢s⸣en, vor / denselb⸢en⸣ *Amanat⸢en⸣ Jasak* / Zu beZahlen. Sie schätzen / einen dergl⸢eichen⸣ *Amanat⸢en⸣* / schon Vor Verlohren, und / obgleich die *Jakuzki*sche / Cosaken Zu *Anadirsk*^(70) / Zuweilen Versucht habe⸢n⸣ / dergleiche⸢n⸣ *Amanat*en / fur welche Kein *Jasak* / einKommt, im Gesichte / einiger *Tschuktschi*, / aufzuhange⸢n⸣, so hat doch / solches eben so wenig / gefruchtet.

---

^a um IrkuzK und wercholensK *über der Zeile* ^b ₙᵢcₕₜ *verbessert aus* ₙᵢcₕₜs ^c oder auf der Jagd befindliche *über der Zeile* ^d auch sind sie biß auf den heutige) / Tag noch nicht alle auf / Tribut gesetzet. *rechts marginal* ^e natürliche *über der Zeile* ^f dᵢe *verbessert aus* [.]; die *über der Zeile* ^g *von* Sonst will man von *bis* wenig reden sollen. *rechts marginal* ^h dᵢe *verbessert aus* s ^i oder *verbessert aus* [.].

Die *Juraki*sche *Samoj*ede⌈n⌉ / fragen auch nichts / nach ihren *Amanat*en / die man Zuweile⌈n⌉ Von ihne⌈n⌉ / Zu fangen pfleget / und Bezahlen für dieselbe[a] / Keinen *JasaK* :|[b]
Die / *Ostiak*en, deren Verschiedene / *Nation*en sind, und die Besonders / heidnische Völker im *Krasno*- / *jarski*sch⌈en⌉ Gebiethe, und die / gros⌈s⌉e *Nation*[c] der *Tunguse*⌈n⌉ / sind am Leichteste⌈n⌉ BeZwunge⌈n⌉ / worde⌈n⌉. Doch haben unter / Letztere⌈n⌉ auch die Von *OchozK*[71] / und am *Werchna Angara*[72] / Verschiedentlich[d] *rebellir*et[73], und / offtere⌈n⌉ Mord an dene⌈n⌉ Ruße⌈n⌉ / ausgeübet. woran wiederum / das harte Verfahren der / Rus⌈s⌉ische⌈n⌉ Befehlshaber Zum Theil / Schuld gewese⌈n⌉, Zum[e] theil[f] / ist solches daher entstanden weil / sie auch Von dene⌈n⌉ *Sluschiwi*[74] / und *Promyschleni* offters Ge- / plündert[g] worde⌈n⌉, Zum Theil / weil sie denen Rus⌈s⌉en nicht / Verstatte⌈n⌉ wolle⌈n⌉, in ihrer / Heymath der Jagd nachZugeh⌈en⌉.

|: Unter den *ostiaken* soll / doch Zuweilen auch schlägerey / seyn: als Zwischen dene⌈n⌉ *Jeni*- / *seiski*schen und *Surguti*sch⌈en⌉ / wenn sie ein ander in die / JagdgerechtigKeit⌈en⌉[75] Komm⌈en⌉ / auch Zwischen dene⌈n⌉ *Surgu*- / *ti*sche⌈n⌉ *Ostiake*⌈n⌉ und *Jurake*⌈n⌉. / Es Kommt fürnemlich auf / den biberfang an, weil / die biber beständige Nester / haben. Vor etwan 10 Jahre⌈n⌉ / giengen die *JeniseisKi*sch⌈en⌉ / *Ostiak*en bestandig wege⌈n⌉ / des biber fanges nach dene⌈n⌉ / flüs⌈s⌉en derer *Surguti*sche⌈n⌉ / *Ostiake*⌈n⌉, wurden aber / Von ihnen ertappet. es gieng / anfanglich an ein schlage⌈n⌉ / bald aber Vertrugen sie / sich, u⌈nd⌉ weil die *Jeniseiski*- / schen nicht so Zahlreich als / die *Surguti*sche waren, so / musten sie diesen aus⌈s⌉er dem / Halb⌈en⌉ Theile der gefangene⌈n⌉[h] biber auch / Noch Viel von ihrer Habseelich- / Keit zur befriedigung gebe⌈n⌉. :|[i]

|: Der Gemüths *Character* / derer *Ostiak*en ist an / sich gut. Sie thun einer / dem andern Kein Leid, / nur daß sie nicht so mild- / thätig wie die *Tunguse*⌈n⌉ / sind. Der *Autor* des / <u>Staats von Sibiri</u>en thut / ihnen Unrecht, wenn er schreibt / sie hätten nur das außer- / liche ansehen dene⌈n⌉ Mensche⌈n⌉ / ähnlich, übrigens aber sey / ihre Lebens art und gantze / Aufführung denen Bären / und wolffen ähnlich.[76] :|[j]

Von dene⌈n⌉ *Tungus*en im *Nertschins*- / *Ki*sche⌈m⌉ Gebiethe[77] sind auch einige / Geschlechter durch die Waffen / Zur UnterthänigKeit geZwung⌈en⌉ word⌈en⌉. /79r/ Man muß daraus, wenn ein / Volk sich gutlich ergebe⌈n⌉ hat, / Keine

---

[a] ₍dieselbe₎ *verbessert aus* [.]   [b] *von* Soviel man auch Von *bis* Keinen JasaK *auf Bl.* 78r *rechts marginal*
[c] Nation *verbessert aus* [......]   [d] ₍Verschied₎en₍tlich₎ *verbessert aus* [.]   [e] Z₍um₎ *verbessert aus* [.]   [f] *nach* theil gestr. Sowol   [g] G₍eplündert₎ *verbessert aus* [.]   [h] gefangene₍₎ *über der Zeile*   [i] *von* Unter den ostiaken *bis* befriedigung gebe₍₎ *rechts marginal*   [j] *von* Der Gemüths Character *bis* und wolffen ähnlich. *auf Bl.* 79r *rechts marginal*

VerZagtheit schliesſsleinl. Die / *Tungus*en sind vielmehr[a] ins- / gesammt so tapffer und Mann- / hafft als eine *Nation* seyn Kann. / Die Ursache ist Vielmehr diese: / Die so in denenl Wälderlnl herum*va-* / *gir*en[78] gehelnl mehrentheils Zu ein- / tzeln *familie*lnl. Bey denenselbelnl / ist es folglich Leicht gewesenl / einen oder mehr Personen auf- / Zufangen, welches die *ama-* / *naten* oder Geisſslel gewesen / so man vormahls in allen / Stadtlenl und *Ostroge*lnl gehaltlenl / hat, da denn die Natürliche / Gutheit und AufrichtigKeit eines / Volkes, wenn sie solche *ama-* / *nat[en]* nicht im Stiche Lasſslenl wollenl / die eigentliche Ursache ihrer / UnterwürffigKeit geweselnl. / Bey denelnl übrigelnl Völkerlnl / hingegeln, die Viehzucht hablenl, / und[b] in *Stepp*en oder dorff- / schaffts weise Beyeinander / wohnelnl, ist es Nicht so leicht / geweselnl, *amanate*lnl Zu beKommlenl, / Sie[c] habelnl sich Zur wehre ge- / setzet, um die ihrigen Zu *defendire*lnl[d] und da ist es öffters nicht / ohne blutvergiesſslenl abgegangenl, /[e] /79v/ daß also die wiedersPenstigKeit[f] / der *NertschinsKi*schelnl *Tunguse*lnl / und die GutwilligKeit der / Wald-*Tunguse*lnl einerley Ur- / sPrung hat. Dagegelnl ist die / *Nation* der *Tschuktschi* so / unbarmhertzig gegeln die Ihriglenl / daß wenn man auch dann und / wann einige aufgefanglenl / und Zu *amanat[en]* gemacht / hat, sie dennoch nimmer dadurch / bewogelnl wordelnl, sich Zu ergeblenl / sonderlnl hablenl alleZeit die ihrige / wenn es auch Elterlnl oder Kin- / der oder brüder geweslenl, / Zur *Discretion*[79] der Rußen im / Stiche gelaßenl. Man hat sie / offters gedrohet, man wolle / die *Amanat[en]* umbringlenl, wenn sie / sich nicht Zur Tributs bezahlung / Verstehelnl wollenl, aber alles Verge- / bens. Was dergleichelnl Völker / sich für einelnl Begriff von *Ama-* / *nat[en]* machelnl ist aus folgendelml / *Exempel* Zu sehen: als im[g] Jahre 1714 / die *JuKagiri* in dem[h] Vorbesagtlenl / Aufruhr[i] viele Russlenl / erschlagen hattenl[80], und einige / ubrig gebliebene Zu *AklansKoi ostrog*[81] /80r/ eingesPerret hieltlenl, so wolltelnl / die eingeschlosſslenenl[j] Russlenl mit / denen Rebellelnl sich *accommodire*lnl[82] / und Verlangtelnl von ihnen *Ama-* / *nate*lnl. allein die *JuKagiri* / antwortetelnl: Ihr seyd ja[k] / jetzo selber[l] *Amanat[en]*, wie / Könnet ihr denn *Amanat[en]* Von / uns forderlnl. Zuweilen ist / es auch geschehelnl, daß die *Ama-* / *nat*en in denelnl *Ostrog[en]* und / *Simowie*lnl die Rußischlenl Cosaklenl / erschlagelnl hablenl. Dergleichelnl / *Exempel* geschahe für 30 / Bisſsl 40 Jahrelnl von denen *Tungusi*schlenl *Amanat[en]*[m] / Zu *Maiskoe* / *Simowie*[83]. Allein auch daraus / ist noch nichts wieder das / gute Naturel der *Tungu-* / *sen* Zu schliesſselnl. Denn es / ist bekannt, wie hart mehren- / theils dergleichelnl *amanate*lnl / in denelnl

---

[a] vielm*e*hr *verbessert aus* [.]   [b] und *über der Zeile*   [c] Sie *verbessert aus* [...]   [d] um die ihrigen Zu defendire) *über der Zeile*   [e] *folgt* daß   [f] wiederSpenstigkeit *verbessert aus* z   [g] im *gestr. und punktiert unterstrichen*   [h] *nach dem gestr.* 1714   [i] *vor* aufruhr *gestr.* erregt)   [j] eingeschlossene) *verbessert aus* [.]   [k] *nach* ja *gestr.* selber / Bey uns   [l] selber *über der Zeile*   [m] von denen Tungusisch) Amanat) *über der Zeile*

*Simowie⌈n⌉ tractir*et⁸⁴ / word⌈en⌉. wes⌈s⌉weg⌈en⌉ sie Leicht / in *desperation*⁸⁵ gerathe⌈n⌉ Könne⌈n⌉. / Ein *OchozK*ischer *Tungus*e, / welche⌈n⌉ ich zu *JaKuzK*⁸⁶ gesProch⌈en⌉, / wuste sich recht groß mit dene⌈n⌉ / gut⌈en⌉ *Qualität⌈en⌉* seiner / *Nation*, und daß sie nicht / solche Diebe u⌈nd⌉ Betrieger / als die *JaKut⌈en⌉* seyen. /80v/
Die UngerechtigKeit⌈en⌉, so denen / heidnisch⌈en⌉ Völker⌈n⌉ in *Sibirie⌈n⌉* / pflegen angethan Zu werde⌈n⌉, / machen, daß sie sehr schüchtern⁸⁷ / sind. Wir trafen auf unserer Reise / nach *JaKuzK*⁸⁸ im *witimsK*ischen / Gebiethe⁸⁹ einige *Tungus*en an. / dieᵃ unter *TuruchansK* gehören / und aus der Gegend des *witim*⁹⁰ / flußes, allwo sie gejaget hatte⌈n⌉ / wieder nach ihrer Heymath dem / *Nischna Tungusca*⁹¹ oder *Chatanga* / fl⌈uß⌉ auf dem Rükwege Begriffen war⌈en⌉. / wir hielten Bey einem dorffe / stille | zu *Kureiska der⌈evnja⌉*⁹² | und sahe⌈n⌉ / die *Tungus*en an der andern / Seite der *Lena* mit Sak und / Pak Längst dem Ufer einher / gehen⁹³. Als ich aber eine⌈n⌉ Both⌈en⌉ / an sie abschikteᵇ, daß sie / stille halte⌈n⌉ mögt⌈en⌉, Biß ich hin- / über Kommen würde, um sie Zu sehe⌈n⌉ / und mich nach ihren umständen / Zu erkundige⌈n⌉, so *retirirte⌈n⌉*⁹⁴ / sich alles MannsVolk, welches / vorangeKomme⌈n⌉ war, sofort / ins gebürge. Und wurde nur / noch der hinten nachfolgendeᶜ Troß von weibern / Kinder⌈n⌉ und Rennthiere⌈n⌉ *arre- / Tir*et⁹⁵. Nachdem ich angeKom- / men war, und nichts als /81r/ weiber und unmündige Kinder / Vor mir fand, erKundigte ich mich / nach denen Männer⌈n⌉, Vonᵈ welche⌈n⌉ / sich aber Keiner einfinde⌈n⌉ wollte / nur Ließ sich einer auf der / Höhe des Berges Von weitem / sehen, um acht Zu habe⌈n⌉, was / wirᵉ mit ihren weiber⌈n⌉ und / Kinder⌈n⌉ und *Bagage* anfange⌈n⌉ᶠ / würde⌈n⌉. Ich / schikte eine⌈n⌉ doll- / metsch an ihn ab, Versuchte auch / selber mich Zu ihm Zu näher⌈n⌉, / um ihn aller Sicherheit Zu ver- / sicher⌈n⌉, und mit Versprechung⌈en⌉ / ihn Zu einer Unterredung⌈en⌉ / einZuladen. Allein er Ließ / niemand näher als auf 15ᵍ / Biß 20 Schritt an sich Komme⌈n⌉ / indem er alleZeit *reculir*te⁹⁶ / auch wenn man nicht Zurük / gehe⌈n⌉ würde, mit Pfeil und / bogen drohete, welche er / Zu solchem Ende alleZeit / gesPannet in den Händ⌈en⌉ / Trug. Seine meiste Entschul- / digung Zwar war, daß / er nichts habe, womit er / mir ein *Present* mache⌈n⌉ Könne. / Allein solches war nicht die / Ursache, denn ich Versicherte ihn / daß ich solches nicht verlange / sondern Vielmehr ihm noch *Pre- /81v/ sente* machen wolle; welches aber / nichts halff. Zuletzt Ließ er sich / Verlaute⌈n⌉, daß ein Gerüchte Bey ihne⌈n⌉ / erschollen, als wenn in der ober⌈en⌉ / gegend des *Lena* fl⌈usses⌉ ein *Tungus*e / umgebracht word⌈en⌉. Und es schien / als wenn er uns *soupconnir*te⁹⁷, /

ᵃ d_{ie} *verbessert aus* [.]   ᵇ _{abschikt}e *verbessert aus* [.]   ᶜ hinten nachfolgende *über der Zeile*   ᵈ Von *verbessert aus* [...]   ᵉ w_{ir} *verbessert aus* [.]   ᶠ _{an}fang_{e)} *verbessert aus* [....]   ᵍ ₁5 *verbessert aus* 0

als möchten wir ihm auch groß / Leid anthun, unter Verhafft / halt[en] oder schlage[n]; Biß er seine / habseelichkeit mit uns / würde getheilet hab[en]: welches / Zuweilen also Zu geschehe[n] pfleget. / Die weiber *familiarisirt[en]* / sich indeß noch Ziemlich mit / uns, Kamen auf unser / fahrZeuge, und nahmen von / uns die Geschenke an, so wir / ihren Männer[n] Bestimmet / hatte[n]. Es gehöret auch Zu / der Schüchternheit⁹⁸ der Völker, / daß sie nicht gern an den[en] / Landstras[s]e[n] oder an den[en] / Ufern großer Schiffbahrer / Flus[s]e wohnen, damit sie / Von denen Gewöhnliche[n] belei- / digunge[n] derer Vorbey Rei- / send[en] befreyet seyn möge[n]. /82r/
Unter dene[n] *Tunguse[n]* sowohl als *JaKut[en]* / giebt es Leute Von beyderley Geschlecht / doch mehr weiber und Magdgens als MannsPerson[en]ᵃ, / welche wenn man sie ohnVermuthet / von hinten mit einem Finger in / die hohle Seiten sticht, davon / aufsPringen, als wenn sie gantz / von Sinnen geKommen, tantzen / und SPringen, auch Zuweilen / Leute schlagen und alle *Gestus*⁹⁹ / so man ihnen Vormacht in / der Raserey Nachmache[n]. / Sogar daß sie sich ohne / Schande entblös[s]en sollen / Ich habeᵇ ein dergl[e]iche[n] *Exempel* / an einem *Tungusische[n]* weibe / gesehe[n], aber die Letzte *Extremität* / nicht probier[en] mögen. Und als / ich solches anfänglich nicht geglau- / Bet, sonder[n] Vor eine *affectation*¹⁰⁰ / gehalt[en], so hat man mir Viele / *Exempel* erZehlet, die durch glaub- / würdige Leute bestärket worde[n]. / Es sollen auch nicht nur Vollbür- / tige¹⁰¹ *JaKutinn*en oder *Tungu-* / *sinne[n]* diese Eigenschafft habe[n] / sonder[n] man hat mir solches / auch von Leuten Versichert, da / der Vater Rus[s]isch und nur / die Mutter eine *JaKutin* gewese[n]. / Man setzt hinZu daß solches Von / der Mutter auf die Tochter / erblich sey.

---

¹ <lat.> – Verbindung
² <lat.> – einladen
³ <lat> – ermuntern, regen an
⁴ <frz.> – ergötzt
⁵ „Geburts=Reinigung, Sauberung nach der Geburt, Reinigung nach der Geburt, Lochia, ist nichts anders als der Ausfluß des Bluts der Kindbetterin, welches sich Zeit währender Schwängerung in der Gebär=Mutter gesammlet und verhalten hat. Diese Reinigung ist von der monathlichen wenig unterschieden, angesehen sie beyde natürlich, und einerley Gebrechen und Zufällen unterworffen sind, doch findet man jene nur bey Kindbetterinnen, und das abflüssende Blut quillet auch aus einer andern Quelle als die Monath=Zeit. ..." (Zedler 1732–50, Bd. 10, Sp. 539ff.)
⁶ „Dieser Name [d. h. ‚Ajukische Calmücken'] war nur zu der Zeit erträglich, als der Chan Ajuka lebte, von dessen Befehlen alle Wolgische Calmücken abhiengen.

ᵃ als mannsPersohn, *rechts von der Zeile*   ᵇ *nach* habe *gestr.* dieses

Man unterschied sie dadurch von den Contaischen Calmücken, die unter der Bothmäßigkeit des Contaischa stunden. Wie aber der Titul Contaischa von dessen Nachfolgern nicht beybehalten worden, und der Chan Ajuka mit Tode abgegangen: so hat man nothwendig auf andere Benennungen bedacht seyn müssen. Die Contaische Calmücken hat man auf Rußisch Sengorzi, oder Süngorzi [Soongoren; russ. *džungary*, *čžungary*, *zjungary* bzw. *zungary*], genannt. Sie nennen ihr vornehmstes Geschlecht, das die Regierung des Landes an sich gebracht hat, selbst Songar, oder Dsongar. Die Ajukischen aber werden insgemein die Wolgischen Calmücken genannt, weil sie in der Gegend dieses Flusses sich aufzuhalten pflegen. Man thut noch besser, wenn man die letzteren nach ihrem Geschlechtsnahmen Törgöt, oder Torgout, die Torgouten, oder die Törgötischen Calmücken nennet. ..." (Schnitscher 1760, S. 279); „Der Titul Contaischa [Kontaischa; russ. *kontajša*, auch *chuntajdži*] ist der Herrschaffts=Nahme unter denen Calmücken, und bedeutet so viel als Fürst oder König." (Unkowsky 1733, S. 123); „Die mächtigsten unter den Kalmückischen und mongolischen Fürsten haben sich sonst theils von ihrem geistlichen Oberhaupt dem Dalai=Lama, theils von ihren mächtigern Nachbarn dem Rußischen und Chinesischen Beherrscher den Chanen= Titul beylegen lassen, und der Titel Chuntaidshi (Schwanenfürst) welcher vielen Soongarischen, Choschotischen und Mongolischen Fürsten eigen gewesen ist, wurde unter diesen Horden, da sie noch frey und von keiner auswärtigen weltlichen Macht abhängig waren, allein vom Dalai=Lama ertheilt, und gab der Rang über die gemeinen Fürsten und die Rechtmäßigkeit der Macht, welche sich solche über die minder mächtige anmasten." (Pallas 1779, S. 279); s. auch Glossar: Kalmyken

[7] „Het is byzonder, dat de Manderyns en andere beamptelingen, die uit Sina van den Keizer ter heersching hier gezonden zijn; want dit gewest onder Sina staet, de schriftelijke vryheit gezegt werden te hebben, van na haer welgevallen, zoo wel Vrouwen als Dochters tot zich te doen komen ter byslaep, 't geen de Mannen of Ouders dulden, of uit vrees, of om eer, die zy zich toeschryven, zulke aenzienlijke persoonen tot Swagers te hebben: ..." (nl. – Es ist merkwürdig, daß, wie man sagt, den Mandarinen und anderen Beamten, die vom Kaiser von China hierher [d. h. nach Daurien] geschickt wurden, um zu herrschen, weil dieses Gebiet zu China gehört, schriftlich die Freiheit zugestanden wurde, Frauen und Töchter zum Beischlaf zu sich kommen zu lassen, wenn sie Lust dazu hatten, was von den Männer oder Eltern geduldet wurde, entweder aus Angst oder wegen der Ehre, die sie sich selber zuschrieben, weil sie solche vornehme Personen als Schwäger bekommen haben.) (Witsen 1705, S. 91)

[8] „Mandarin, Lat. Nobilis Chinensis, heißt so viel als ein Ritter des Herrn, und also nennen die Portugiesen und nach ihnen andere Europäische Völcker die Edelleute und andere hohe Bedienten des Chinesischen Hofes und Staats, welche gemeiniglich Ober=Statthalter in den Provintzien, oder auch geheime und andere Räthe, in denen obern Collegiis, Land=Richter, Verweser u. d. g. m. sind. ..." (Zedler 1732–50, Bd. 19, Sp. 885)

[9] s. auch Buch 1, Kapitel 41 „Of the province of Camul" in: Polo 1993, Bd. 1, S. 209–212

[10] „Omtrent het Ryk Tangut is noch een Landschap, dat, ter tyd van Markus Paulus bekent, en Kamul geheten was. Het had veele Steden en Dorpen, daer dicht aen twee Woestynen leggen, alwaer in zijnen tyd overvloed van leeftocht was. Het Volk voerde een byzondere Tale. Daer was een wys, [rechts marginal: ‚Ziet

Trigautius'] dat de Vrouwen den vreemdelingen ten besten wierden gegeven, en voor groote eer geacht, zoo een vreemdeling de Vrouw van een anderen Man bekende. De luiden waren Duivels-dienaers, en zeer genegen tot alderhande spel." (nl.
– Nahe dem Reich Tangut gibt es noch eine Landschaft, die zur Zeit von Marco Polo schon bekannt war und Kamul genannt wurde. Diese hatte viele Städte und Dörfer, die nahe an zwei Wüsten lagen; und es gab zu jener Zeit dort viele Lebensmittel. Das Volk hatte eine eigene Sprache. Es gab dort den Brauch, [rechts marginal: ‚siehe Trigautius'] daß die Frauen an Fremde verschenkt wurden, und es wurde als eine große Ehre angesehen, wenn ein Fremder die Frau eines anderen Mannes liebte. Die Leute waren Teufelsdiener und hatten eine große Neigung zur allerlei Spielen.) (Witsen 1705, S. 334)

11 Nikolas Trigaut (Trigautius, Trigaultius)
12 s. auch Buch 2, Kapitel 45 „Concerning the province of Tebet." u. Kapitel 46 „Further discourse concerning Tebet." in: Polo 1993, Bd. 2, S. 42–49 bzw. S. 49–53
13 Marcus Paulus Venetius bzw. Marcus Polo
14 „In 't Landschap Tebet, niet wyt van Tangut, (dat, ter tyd van gemelten Markus Paulus, door den grooten Tartarschen Cham ingenomen en verwoest wierd, die alle de Inwoonders deed ter neer slaen ofte vervoeren,) was de wys, dat de Maegden van vreemdelingen eerst geschonden of ontmaegt wierden, eer menze ten huwelyk uitgaf.", nl. – In der Landschaft Tibet, unweit von Tangut (, das zur Zeit des erwähnten Marco Polo vom tatarischen Großkhan, der alle Einwohner niedermachte oder verschleppte, eingenommen und verwüstet wurde), gab es den Brauch, daß Jungfrauen erst von Fremden geschändet oder defloriert wurden, bevor man sie verheiratete. (Witsen 1705, S. 335)

15 „In het Landschap Kachemire, is op veel plaetzen te Landewaerts in, de wys, dat de Dochters aen de vreemdelingen worden opgedragen, om teeling van hen te gewinnen: gelijk op andere plaetzen, in dat gewest, de eigene Vrouwen worden aengeboden, op dat de overwinst in 's eigen Mans huis zoude blijven." (nl. – In der Landschaft Kaschmir gibt es im Inneren des Landes an vielen Orten den Brauch, die Töchter Fremden anzubieten, um Nachwuchs zu erhalten. Ebenfalls werden an anderen Orten des Gebiets die eigene Frauen angeboten, damit der Nachwuchs im eigenen Haus des Mannes bleibt.) (Witsen 1705, S. 341)
16 *Anadyrskoj ostrog*
17 <lat.> accordieren – bewilligen, übereinkommen
18 Nachdem der *kazač'ja golova Afanasij Šestakov* Anfang 1730 nahe des Flusses *Penžina* bei einem Feldzug gegen die rebellischen Tschuktschen getötet wurde, brach der Hauptmann *Dmitrej Ivanovič Pavluckoj* Anfang 1731 (Die Angabe 1730 von G. F. Müller ist vermutlich fehlerhaft.) von *Anadyrskoj ostrog* aus zu einem weiteren Feldzug gegen die Tschuktschen auf. Im Laufe des Juni und Juli 1731 kam es zu drei Schlachten, die mit großen Verlusten für die Tschuktschen endeten. In den folgenden Jahren führte *D. I. Pavluckoj* weitere Strafexpeditionen gegen Tschuktschen und Korjaken an (s. Maydell 1893, S. 642ff., Maydell 1896, S. 552ff., Müller 1758, S. 134–137, Müller 1996, S. 65–66, und Golder 1960, S. 163–164).
19 *Kamčatka*
20 *Kamčatka*
21 lat. – von der Rückseite (Kehrseite)
22 russ. – Früher gab es in jedem kleinen *ostrog župany*, das heißt Männer, die die weiblichen Pflichten erfüllten. Von diesen hatten einige feste Ehemänner, andere aber wechselnde. Sie trugen Frauenkleidung, saßen zusammen mit den Frauen und verrichteten die Frauenarbeiten. Die-

se *župany* gibt es, wenn auch selten, auch heute noch unter ihnen, sie tragen aber alle Männerkleidung. Jene *župany* wurden von den Kamtschadalen als große Zauberer angesehen, so daß ihre Gebote sogar von den *tojony* [Fürsten] nicht übertreten wurden und man ihnen von der Jagd die besten Tiere als Geschenk mitbrachte. (*S. Kraseninnikov* auf Bl. 256r–256v im russischen Manuskript ‚Beschreibung des Volkes von *Kamčatka*' – AAW F. 21, Op. 5, D. 34, Bl. 250r–258v; publiziert in: *Kraseninnikov* 1949, S. 691-697); „So haben sie [d. h. die Kamtschadalen] auch Schupannen, deren sich per posteriora die Männer neben ihren Weibern ohne alle Eifersucht bedienen ..." (Steller 1774, S. 289); „Wo aber Knaben per anam [sic!] einander schändeten, so verwiesen sie [d. h. die Kamtschadalen] ihnen solches, ... sie mußten sich in Frauenkleider einkleiden, unter den Weibern leben, ihre Verrichtung auf sich nehmen, und sich in allem als Weiber stellen, und war dieses in alten Zeiten so allgemein, daß fast ein jeder Mann neben seiner Frau eine Mannsperson hielte, ... Die Russen nennen solches tschupannen, ... Diese Knabenschänderey hat bis auf die Taufung dieser Nation gedauret, die Schupannen occupirten sich besonders bey der Cosaken Ankunft, derselben Kleider auszubessern, sie zu entkleiden, und ihnen allerhand Dienste zu thun, ... Zeit meines Aufenthalts auf Kamtschatka fand ich noch hin und wieder viele von diesen unkeuschen und widernatürlichen Personen." (a. a. O., S. 350f.)

[23] „Sodomie, Sodomiterey, Sodomia, Sodomiae oder Sodomiticum Crimen, bedeutet überhaupt einen jeden unnatürlichen Gebrauch der Zeugungs=Glieder, es sey mit Menschen, oder Vieh. Sie ist dem Gesetze der Natur entgegen. ... Die Sodomiterey ist demnach, nach der Beschreibung derer mehresten Rechtsgelehrten, eine wiedernatürliche fleischliche Vermischung mit einem andern Gegenstande, es sey gleich ein Mensch oder Vieh, in gleichem und besonderm Geschlecht. ... und wird auf dreyerley Art und Weise vollbracht, als 1) mit ihme selber, 2) mit Menschen, 3) mit Vieh. ..." (Zedler 1732–50, Bd. 38, Sp. 328ff.)

[24] *Aleksej Michajlovič*

[25] vermutlich der mit dem Waffenstillstand beim Dorf *Andrusov* beendete Krieg mit Polen von 1659 bis 1667 (Pierer 1857–65, Bd. 14, S. 525; *Brokgauz/Efron* 1991, Bd. 1, S. 418f.)

[26] *Sarzin Krupeckoj*

[27] russ. *syn bojarskoj* (Mz. *deti bojarskie*); Adeliger untersten Ranges, der Rang war ursprünglich erblich, wurde in Sibirien aber auch nach Verdienst verliehen; „Dworjanin [russ. *dvorjanin*] ... ist eine Art von Adel, die den Patricie<r>n in Teutschland beykommt. ... Dieti bojarskie heißen eigentlich der Bojaren Kinder. ... Diese sind etwas geringer, aber ebenfalls als Bediente der Krone anzusehen, die dieselbe nicht weniger zu Verschickungen und zu geringen Bedienungen in den Städten und auf dem Lande gebrauchet." (Gmelin 1751–1752, 2. Theil, S. 140–141)

[28] *Jakuck*

[29] „Mutter=Zäpfflein, Pessarium, Pessulus, Pessus. Ist eine Forme eines äusserlichen Medicaments, 3 oder 4 qver Finger lang in die Mutter=Scheide zu stecken, und wider mancherley Zufälle zu gebrauchen: ... Es können aber auch die Mutter=Zäpfflein entweder aus Seide, oder gedreheter Leinewand, oder aus Gurck, oder einem andern leichten und weichen Holtze, oder aus Gold und Silber bereitet werden, ..." (Zedler 1732–50, Bd. 22, Sp. 1661f.)

[30] G. F. Müller und J. G. Gmelin hielten sich auf ihrer Reise von *Irkuck* nach *Jakuck* vom 27. Februar bis zum 24. März 1736 in *Ilimsk* auf (Gmelin 1751–1752, 2. Theil, S. 205–220).

[31] J. G. Gmelin berichtet darüber 1736 aus *Ilimsk*: „Einem alten sechzigjährigen

Tungusen starb etwa vor zween Jahren sein Weib. Er heirathete wieder, begieng aber die Thorheit eine zu nehmen, die nicht den dritten Theil so alt war, als er. Die junge Tungusische Frau fand bey dem guten Alten wenig Vergnügen. Sein in der vorigen Ehe gezeugter Sohn merkte das Misvergnügen seiner Stiefmutter, und gerieth mit ihr in eine unerlaubte Vertraulichkeit. Die Sache gieng lange in der Stille zu, bis der Vater endlich den Sohn darüber ertappte. Die Frau und der Sohn fanden sich hiedurch so beleidiget, daß sie den alten Mann wacker abprügelten. ..." (Gmelin 1751–1752, 2. Theil, S. 213)

[32] „währen, so viel als dauern; ... und: sich wehren, vertheidigen." (Heinsius 1822, S. 274)

[33] russ. *čemu byt'* – Was soll nun werden?

[34] russ. *batogi* (Ez. *batog*) – Ruten, Stöcke

[35] *Jakuck*

[36] „Die baturuskische Uluß besteht aus 25 Wolosten ..." (Georgi 1776–1780, S. 262); „In die Jasak Bücher waren ehedeßen nur / diese Haupt-Stämme in Sechs Classen ein= / getheilt als die Woloste₁ Namskoi, Kanga= / laskoi, Borogonskoi, Meginskoi, Baja= / gantaiskoi und Baturuskoi" (J. J. Lindenau in: AAW F. 934, Op. 1, D. 89, Bl. 155r, Kopie aus dem Archiv RGADA)

[37] *Zeja*

[38] russ. *pegoj knjazec* – gescheckter (kleiner) Fürst (s. Glossar: Knjasez)

[39] Auf ihrer Reise von *Irkuck* nach *Jakuck* im Jahr 1736 trafen G. F. Müller und J. G. Gmelin am 23. Juni in *Kirenskoj ostrog* ein und verließen den Ort am 11. Juli (Gmelin 1751–1752, 2. Theil, S. 274–284), bei der Rückreise von *Jakuck* im Jahr 1737 trafen beide am 3. September in *Kirenskoj ostrog* ein (a. a. O., S. 591). G. F. Müller verließ den Ort am 6. September 1737 (a. a. O., S. 638), während J. G. Gmelin bis zum 1. März 1738 blieb (a. a. O., 3. Theil, S. 3).

[40] *Vercholensk*

[41] *Bajkal*

[42] *Verchnaja Angara*

[43] „KITZLICH ... überhaupt für reizbar, empfindlich, ... besonders reizbar zum zorn" (Grimm 1991, Bd. 11, Sp. 884ff.)

[44] „PURGIEREN, ... 1) purgiren, reinigen, seubern ... von einer beschuldigung sich rein machen, seine unschuld an den tag legen, ..." (Grimm 1991, Bd. 13, Sp. 2253f.)

[45] „Jene – in erster Linie früher – allgemein verbreitete Ansicht, wonach Samojede die Zusammensetzung aus сам + есть [russ. *sam* – selbst + russ. *est'* - essen] aus dem russischen Stamm ед- mit der Bedeutung ‚Selbstesser' wäre, ist eine rein naive Volksetymologie des Wortes: Diese Wortanalyse wurde mit der Verbreitung der Nachricht, daß die Samojeden angeblich Kannibalen seien, in den vergangenen Jahrhunderten aus den früheren Formen des Namens Samojede (Samojad', Samojedi, Samoyedi, samoedin) vorgenommen, und deshalb wurde es in der Sowjetunion notwendig, diese Bezeichnung mit unangenehmem Nebensinn in den letzten Jahrzehnten in der Fachliteratur auszutauschen gegen das Wort samodij, ..." (Hajdú/Domokos 1987, S. 160)

[46] „3. Das Wort Tsamojeda heisset in Tatarischer Sprache einen Menschenfresser weil man wiewohl fälschlich von ihnen geglaubet daß sie alle Gefangene so sie in dem Krieg bekommen verzehren und auffressen da man doch gefunden daß sie gastfrei seyen die Fremden willig aufzunehmen ihnen kein Leid zufügen und bei aller ihrer barbarischen Wildheit gleichwol redlich und aufrichtig seyen." (Staat 1720, S. 122f.)

[47] *Enisej*

[48] russ./sib. *šar* – Tabak; „Der Tscherkaßische Tabak gehöret mit unter diejenigen Waaren, welche in Sibirien grossen Abgang finden; obgleich dabey auch nicht zu leugnen, daß die in der Jakuzkischen Provinz wohnhafte Völker den Chinesischen Toback, welcher Schar genennet

wird, dem Tscherkaßischen vorziehen. ..." (Müller 1760, S. 488); „Ich habe zwoer Chinesischen Waaren, des Tobaks, welcher unter dem Nahmen Schar in Sibirien grossen Abgang hat, und der Rhabarber ... keine Erwehnung gethan; weil Privatkaufleuten damit zu handeln untersaget ist. ..." (a. a. O., S. 597); „Nicotiana L. Tabak. ... Verschiedene alte Nationalen rauchen auch, aber nur selten Tabak, meistens anderes, eigenes oder fremdes Krautwerk; in Daurien z. B. Chinesischen Schaar, theils mit ollmigem Holz vermischt ..." (Georgi 1797–1802, Theil 3, S. 784ff.); „Wie alle Tataren sind sie [d. h. die Kirgisen] unmäßige Liebhaber des Tobacks; ... und geben dem starken gemeinen oder tscherkeßischen vor gelinden Toback und besonders vor dem chinesischen Schar den Vorzug." (Georgi 1776–1780, S. 214f.)

49 von „MITTHEILIG, ... in den formeln mittheilig sein, werden (antheil haben, bekommen oder nehmen) ... mittheilig machen (antheil geben) ..." (Grimm 1991, Bd. 12, Sp. 2423)

50 *Tobol'sk*

51 russ. *portišče* – Textilmaß, Menge an Stoff oder Pelz zur Anfertigung eines (Ober-)Kleidungsstücks (*Slovar'* 1991b; S. 130f.); „... zu vier arschin (55) englisch laken. ... (55) So viel nemlich zu einem mongalischen oberrok nötig war. Wird sonst von den rußischen krämern partißtsche genannt." (Fischer 1768, S. 674)

52 frz. en cérémonie – mit feierlichem Gepränge

53 „Sie essen allerlei todtes Aas von gefallenen Pferden Eseln Hunden Katzen u. d. auch von todten Wallfischen Seekühen Wallrossen u. d. g. die vom Eiß an den Strand getrieben werden; auch gilt es ihnen gleich ob sie es auf Kohlen gebraten oder roh verzehren. Wenn sie nur Flügel hätten sie flögen gewiß nach Grönland und luden sich bei denen weissen Bären und Malmuken (so eine Art von Raub=Vögeln auf der See ist) zu einem halb verfaulten und stinkenden Wallfische zu Gaste; denn da sie in einem Land sind wo ein Überfluß von Wildpret Fischen und zahmer Thiere Fleisch ist; so sind sie doch mehrentheils zu faul sich damit zu versorgen oder es sich zuzurichten. Den ganzen Winter faullenzen sie und verzehren was sie im Sommer gefangen." (Staat 1720, S. 123)

54 G. F. Müller und J. G. Gmelin hielten sich von Ende März bis Ende April 1735 in *Selenginsk* auf, von wo aus sie nach *Kjachta* reisten und danach vom 8. Mai bis zum 23. Mai 1735 einen weiteren Aufenthalt in *Selenginsk* einlegten.

55 „Mundleder. ... in dem Sinne von Mundwerk" (Wander 1867–1880, 3. Bd., Sp. 779)

56 <lat.> – untersucht, nachgeforscht

57 <lat./frz.> – Druck, Bedrängungen

58 *Irtyš*

59 *Irkuck*

60 *Vercholensk*

61 „Es wurden hier [d. h. im August 1738 in *Brackoj ostrog*] auf funfzig Bratski und Tungusen, wegen eines Aufruhrs, den sie wider den hiesigen Ostrog und die Dörfer an der Angara geschmiedet hatten, in Verwahrung gehalten. ... Man sagte, daß sie ihren Anschlag in drey verschiedenen Zeiten ... hätten ausführen wollen. ... Die zu dem Bratskische Ostroge gehörigen Bratski und Tungusen sollen die Rädelsführer seyn, und sich mit andern Udinskischen Bratski und Ilimskischen Tungusen vereiniget haben. ... Vor drey Jahren sollen eben solche Unruhen unter den Bratski gewesen seyn, da man nämlich viele als schuldig angegebene Bratski gefangen nach Irkutzk geführet hatte, die jedoch, nachdem sie eine zeitlang im Gefängniß gesessen, wieder in Freyheit gesetzt worden, und dadurch desto mehr Herz bekommen haben sollen, diesen Aufruhr anzuspinnen, ..." (Gmelin 1751–1752, 3. Theil, S. 79f.)

62 s. dazu u. a. Maydell 1896, S. 460

63 Gebiet von *Mangazeja*

⁶⁴ <lat.> – unabhängig
⁶⁵ *Kamčatka*
⁶⁶ In den Jahren 1731 und 1732 kam es auf *Kamčatka*, ausgehend von *Nižnej Kamčatskoj ostrog*, zu einem Aufstand der Kamtschadalen (Itelmenen), der von den Russen mit großer Härte niedergeschlagen wurde (*Okladnikov* 1968–1969, Bd. 2, S. 217; *Krašeninnikov* 1949, S. 495–497; Maydell 1893, S. 653–655).
⁶⁷ <lat./frz.> – Druck, Bedrängung
⁶⁸ *Anadyrsk*
⁶⁹ Im Jahr 1714 wurde der *Jakuc*ker *syn bojarskoj Afonasej Petrov* mit Kosaken und u. a. jukagirischen Hilfstruppen zur Erzwingung von *Jasak*zahlungen zu den Olutoren (olutorischen Korjaken) am Fluß *Oljutora* im Nordosten von *Kamčatka* gesandt. Nach längerer Belagerung wurde die befestigte Ansiedlung *Bol'šoj posad* erobert und die Bewohner getötet. *A. Petrov* legte in der Nähe die russische Befestigung *Oljutorskoj ostrog* an und begab sich darauf auf den Rückweg nach *Anadyrskoj* ostrog. Bedrückungen der Jukagiren und die Ablehnung des Teilens der gewonnenen Beute durch *A. Petrov* führten dazu, daß die Jukagiren sich auf dem Rückweg gegen *A. Petrov* erhoben und diesen sowie viele der Kosaken töteten (J. E. Fischer in: AAW F. 21, Op. 5, D. 60, Bl. 101r–104r; *Krašeninnikov* 1949, S. 138 u. S. 488f.; Maydell 1893, S. 636ff.).
⁷⁰ *Anadyrsk*
⁷¹ *Ochock*
⁷² *Verchnaja Angara*
⁷³ In den Jahren 1677 und 1678 kam es zu einem größeren Aufstand der um *Ochock* lebenden Tungusen, der zu großen Verlusten der Russen in *Ochock* führte. Im Jahr 1674 kam es zu einem Aufstand verschiedener Tungusengruppen aus der Umgebung des Flusses *Verchnaja Angara*, die den Versuch unternahmen, *Bauntovskoj ostrog* einzunehmen (*Okladnikov* 1968–1969, Bd. 2, S. 147).

⁷⁴ *služivye* (Ez. *služivoj*; offiziell: *služilye*, Ez. *služilyj*, *služiloj*); vorwiegend Militärdienst (u. a. als Strelitzen und Kosaken) leistende Bauern und *posadskie* (gesellschaftliche Schicht von Handwerkern und Kaufleuten) mit dem Recht auf Soldgeld und/oder Verpflegungsdeputat sowie der Befreiung von staatlichen Steuern; eine von zwei Hauptgruppen der sich im Staatsdienst befindlichen freien Personen (*služilye ljudi*), die nicht wie die zweite Gruppe (Adlige mit höheren Funktionen in der Armee, der Administration und am Hof) über die Abstammung definiert wurde; umgangssprachliche Bezeichnung für Soldaten
⁷⁵ „JAGDGERECHTIGKEIT, f. jus venandi. ..." (Grimm 1991, Bd. 10, Sp. 2208); „JAGDBARKEIT, f. jus venandi, das recht zu jagen. ..." (a. a. O., Sp. 2206)
⁷⁶ Im angegebenen Werk findet sich ein vergleichbares Zitat nur in Bezug auf die Samojeden: „4. Deme seye / wie ihm wolle / dieses ist gewiß / daß diejenige Samojeden / so längst dem Eiß=Meer in Sibirien wohnen / blos allein die Gestalt der Menschen / und kaum ein Quintlein Verstand haben / übrigens sind sie Hunden und Wölfen gleich. ..." (Staat 1720, S. 123)
⁷⁷ Gebiet von *Nerčinsk*
⁷⁸ <lat.> vagieren – umherschweifen, nomadisieren
⁷⁹ frz. discrétion – Willkür, Belieben, Gnade (und Ungnade)
⁸⁰ s. Anm. 69
⁸¹ *Aklanskoj ostrog*
⁸² <frz.> accommodieren – (sich) fügen, vergleichen
⁸³ Im Jahr 7183 (1674/1675) erschlugen tungusische Geiseln (*amanaty*) in *Majskoe zimov'e* die dort anwesenden russischen *služivye* und flüchteten mit den vorhandenen *Jasak*einnahmen (siehe die Dokumente 132 und 140 aus Buch 2 der von G. F. Müller kopierten Dokumente aus dem Archiv von *Jakuck*: AAW F. 21,

Op. 4, D. 31, Bl. 265r–265v bzw. Bl. 278r–285r).
[84] <lat.> – behandelt
[85] <lat.> – Verzweiflung
[86] *Jakuck*
[87] „SCHÜCHTERN, adj. timidus, ... die bedeutungsentfaltung ähnelt der von scheu adj. und subst. 1) furchtsam,. zaghaft. α) in älterer sprache durchweg auf starke furcht vor gefahr bezogen, ..." (Grimm 1991, Bd. 15, Sp. 1824ff.)
[88] *Jakuck*
[89] Gebiet von *Vitimsk*
[90] *Vitim*
[91] *Nižnaja Tunguska*
[92] *Kurejskaja* bzw. *Šelagina derevnja* (Hintzsche 2000, S. 341); russ. *derevnja* – Dorf
[93] Die im folgenden dargestellte Begegnung von G. F. Müller und J. G. Gmelin mit Tungusen beim Dorf *Kurejskaja* (s. dazu auch Kap. 12, Bl. 107v–108r) fand am 26. Juli 1736 statt und wurde auch von J. G. Gmelin in seinem Reisejournal beschrieben (Gmelin 1751–1752, 2. Theil, S. 299–302).
[94] <frz.> – zogen sich zurück
[95] <frz.> – aufgehalten, angehalten
[96] <frz> reculieren – zurückziehen, rückwärts laufen
[97] <frz.> soupçonnieren – argwöhnen, Verdacht haben
[98] Substantiv zu „SCHÜCHTERN, adj. timidus, ... die bedeutungsentfaltung ähnelt der von scheu adj. und subst. 1) furchtsam,. zaghaft. α) in älterer sprache durchweg auf starke furcht vor gefahr bezogen, ..." (Grimm 1991, Bd. 15, Sp. 1824ff.)
[99] „Gestus (lat.), körperliche Stellung od. Bewegung mit den Händen, ..." (Pierer 1857–65, Bd. 7, S. 304)
[100] <lat.> – gezwungenes, geziertes Betragen, gemachtes Wesen, Verstellung
[101] „VOLLBÜRTIG, ... echte, eheliche abstammung bezeichnend, oder es soll besagt werden, dasz die eltern, auch vorfahren, einander ebenbürtig waren ..." (Grimm 1991, Bd. 26, Sp. 616f.)

Kapitel 9

/83r/ᵃ
Von der RechtsPflegung der Völker

Oben ist gesagt, daß nach Kayserlichen / Befehlen einem jeden Volke ver- / stattet sey, unter sich in Sachen / die nicht *crimin*el Gericht ᵇ / Zu pflegen, Zu welchem Ende / die *Kniaszi* und andere VorGesetzte ᶜ / Verordnet sind. weil sie aber / Keine geschriebene gesetze haben / so ist nur auf eines jeden Volkes / hergebrachte Gewohnheit Zu sehen / nach welchem sie die Rechts-aus- / sprüche abZufassen pflegen.
Dahin gehöret, was der Ge- / sannte *Fedor Alexiewiz Golo- / win* im Jahre 1689 mit denen / *Mongolischen* Sieben *Taischen* in einer / Schrifftlichen *capitulation*¹ von / Bestrafung des diebstahls / und Ehren Ersetzung (*Bestschestie*²) / abgeredet: denen *Taischen* / wurde erlaubet nach ihren Ge- / setzen und gewohnheiten selbst / Unter sich das Recht zu pflegen / Auf den diebstahl sowohl eines / *Mongol*en Von einem Russen, / als eines Russen von einem *Mon- / gol*en ist eine vierfache Ersetzung / des Gestohlenen Zur Strafe / angesetzet. Auf Mord ist Lebens / Straffe. SaumseeligKeit in beZahlung / des Tributs verschuldet im folgenden /83v/ Jahr das dreyfache. wenn von Rus- / sischer Seite ein abgefertigter / nach der *Mongol*ey durch die Woh- / nungen derer Sieben *Taisch*en / paßirenᵈ sollte, und Von jemand / aus ihrem Mittel mit worten / wurde beleidiget oder Verun- / ehret werden, so solle der / Beleidiger dem beleidigten Be- / zahlen 5 Cameele, 10 Pferde / 10 Ochsen, 20 Hammelᵉ. Beträfe / die beleidigung einen dollmetsch / so solle derselbe Von seinem Ge- / genpart empfangen, 2 Cameele, / 5 Pferde, 5 Ochsen, 10ᶠ Hammel. / Ein *Cosake* in gleichem Falle / 3 Pferde, 3 Ochsen und 5 Hammel. / für eine beleidigung mit Schlä- / gen solle das gedoppelte / BeZahlet und genommen / werden.
|: Strafe des Diebstahls bey / denen *BrazKi* Dasᵍ gestohlene / fünffach wieder Zu geben / und noch darüber *batogg*en³ oder Stok-Schläge: nemlich / so richten die *Schulengi* und / *Saissani*. Und also ist auch / die *Capitulation*ʰ des *Fedor / Alexiewitsch Golowin*⁴ Zu Verstehen / nemlich das gestohlene Pferd / Zum *exempel* Zurükzugeben und / noch 4 Pferde Zur Strafe. / Diese Strafe des

---

ᵃ *Bl. 82v leer* ᵇ G_ericht *verbessert aus* [.]; *nach* Gericht *gestr.* und / Recht ᶜ _{Vor}G_{esetzte} *verbessert aus* [.]
ᵈ _{paßire}n *verbessert aus* t ᵉ _{Ha}mmel *verbessert aus* ä ᶠ 1₀ *verbessert aus* [.] ᵍ D_{as} *verbessert aus* [.]
ʰ _{Capitulatio}n *verbessert aus* [.]

Diebstahls[a] / wird Auf[b] *Mong⌈olisch⌉* und *BrazK⌈isch⌉* / *Jälà*[c]5 oder[d] *Ansu*6 genant.
Mord und Todtschlag[e] ist Vordem[f] / denen Verwandt⌈en⌉ des Erschlagene⌈n⌉ / mit Bezahlung einer großen / *Quantität* Vieh, nemlich 300 / Stük Pferde, Kuh, und Schaafe / Von dem Todtschläger Ver- / golten worden: Darüber / wurde Zuweilen noch ein / Mägdgen ein Cameel und / ein Pantzer *accordir*et7 / Erstere Vergeltung an Vieh / heis⌈s⌉et auf *BrazK⌈isch⌉* und / *Mongoli*sch *Ansu*[g]8, so wie / die bezahlung des Diebstahls / Letztere mit dem Mägdgen *p⌈erge⌉ p⌈erge⌉* / wird *Wirki*[9]9 genant. / Beydes haben die Rus⌈s⌉en / *Golowschina* genannt / Man hat aber schon seith Viele⌈n⌉ / Jahren die Rus⌈s⌉ische Strafe / des Todtschlages einZuführe⌈n⌉ / gesucht, weil *Criminal* Sachen / Zu entscheiden dene⌈n⌉ *BrazKi*sche⌈n⌉ u⌈nd⌉ übrigen Völkern durch / Kayserl⌈ichen⌉ befehle Verbothe⌈n⌉ ist. :|[h]
|: *Witsen p⌈agina⌉* 252.10 sagt Von[i] / Todtschlag unter den *Mun-* / *galen* daß selbige mit einer / buße Von Vieh nach der anZahl / die der oberste Richter bestimmt / Zum Nutzen[j] / der Verwandt⌈en⌉ des erschlagene⌈n⌉ / bestraffet werde, oder habe / er solche anZahl Viehes nicht / Zu beZahlen, so werde er an[k] die[l] / Anverwandt⌈en⌉[m] / Zur ewige⌈n⌉ Knechtschafft ab- / gegebe⌈n⌉, welche ihn verKauffe⌈n⌉ / Könne⌈n⌉ an wen[n] sie wolle⌈n⌉.
Alle RechtsSachen[o] werde⌈n⌉ / Bey alle⌈n⌉ Völker⌈n⌉ unter sich / selbst[p] ohne anstand11 / abgethan. Sie hab⌈en⌉ / Keine Gefängnüs⌈s⌉e.
*Samoj*edische *Kniäzi*[q] wolle⌈n⌉ / die Rechtspflegung über / ihre Geschlechter nicht über- / Nehmen, sonder⌈n⌉ sagen sie / Verstehen solches nicht, und / das Rus⌈s⌉ische Recht sey das / Beste. Die *Cosaken* sollt⌈en⌉ / fortfahren so wie vor ihne⌈n⌉ / Recht zu sPreche⌈n⌉. Es sind / des⌈s⌉wege⌈n⌉ im *Mangas⌈eischen⌉* Gebiethe12 / Keine *Knjaszi* zu Richter⌈n⌉ / Verordnet. :|[r]
Bey dene⌈n⌉ *Jakute⌈n⌉* sind folgende / Gebräuche[s]:
Wenn jemand gestohlen hat, und / wird des⌈s⌉e⌈n⌉ überführet, so giebet / er das gestohlene Zweyfach / (Bey einige⌈n⌉ fünffach) wieder Zu- / rük.
hat jemand eine⌈n⌉ andere⌈n⌉ hefftig ge- / scholt⌈en⌉, oder ihn Z⌈um⌉ *exempel* eines / diebstahls beschuldiget, ohne es / Zu erweise⌈n⌉, so Bezahlet er *Bes-* /

---

[a] D$_{\text{iebstahls}}$ *verbessert aus* [.]   [b] A$_{\text{uf}}$ *verbessert aus* [.]   [c] *nach* Jälà *gestr.* und   [d] oder *über der Zeile*
[e] *nach* Todtschlag *gestr.* wird   [f] ist Vordem *über der Zeile*   [g] $_{\text{A}}$n$_{\text{su}}$ *verbessert aus* [.]   [h] *von* Strafe des Diebstahls bey denen BrazKi *bis* gesucht, weil Criminal Sachen *auf Bl.* 83r *rechts marginal*; Zu entscheiden dene$_{)}$ BrazKische$_{)}$ u. übrigen Völkern durch / Kayserl. befehle Verbothe$_{)}$ ist. *auf Bl.* 83r *unten links marginal*   [i] *nach* Von *gestr.* Ehebruch / und   [j] *nach* Nutzen *gestr.* des Beleidigte$_{)}$ oder [k] an *über der Zeile*   [l] $_{\text{d}}$ie *verbessert aus* en   [m] *vor* Anverwandt$_{)}$ *gestr.* beleidigt$_{)}$ oder dene$_{)}$ [n] $_{\text{we}}$n *verbessert aus* [.]   [o] $_{\text{Rechts}}$Sachen *verbessert aus* [.]   [p] $_{\text{s}}$e$_{\text{lbst}}$ *verbessert aus* [.]   [q] $_{\text{Kniäz}}$i *verbessert aus* k
[r] *von* Witsen p. 252. sagt *bis* Verordnet. *rechts marginal*   [s] G$_{\text{ebräuche}}$ *verbessert aus* [.]

*tschestie*¹³, soviel als der beleidigte /84r/ *Jasak* beZahlet, entweder in *natura* / oder ein *Equivalent* an Gelde / oder Vieh.
hat jemand einen ansehnlich[en] Mann / unschuldig geschlagen, so bezahlet / er Zweyfach oder dreyfach den / *Jasak*, darnach als die *Kniaszi* / solches erKenne[n].
Für Wunden am Kopffe pflege[n] / sie sich auf 10 Stük Vieh zu Be- / Zahlen. darunter sind Pferde / und Rind-Vieh, alt und jung / Hengste oder Stutte[n], Ochsen / oder Kühe, darnach als die / Zwey Partheye[n] sich Vereinigen / Könne[n]. Nur daß die gesammte / Anzahl 10 Betrage.
Wird jemand bey einem Verheyra- / thete[n] weibe ertappet, so beZah- / Let er dem Manne 5 Stük / Vieh.
hat jemand ein Mägdgen beschlafe[n], / so BeZahlet er dem Vater, oder / Nachmahls dem Manne der das- / selbe Magdgen heyrathet, und / sie beym erste[n] beyschlafe nicht / ehrlich befindet, 10 Stük Vieh.
Vorᵃ einen Todtschlagᵇ pflegetᶜ der Todt- / schläger dene[n]ᵈ Verwandt[en] / des Erschlage[nen], damit sie ihn / nicht für dem StadtGerichtᵉ¹⁴ Verfolge[n] / möcht[en], Zuweilen 100 Zuweile[n] / 200 Stük Zu bezahlenᶠ: welche / *Summa*¹⁵ sie unter sich ausmache[n], / nachdem der Erschlagene Vornehm / gewese[n], oder die Verwandte mit / sich wollen *accordir*en¹⁶ Laße[n]. Über /84v/ dem wird gemeiniglich noch ein Knecht / und ein oder Zwey Mägdgens / in den Kauff gegeb[en]. Die / Menge Von Vieh pfleget der Schul- / dige wenn er nicht so viel aus eige- / nem Vermöge[n] aufbringe[n] Kann, / Von denen übrige[n] *Jakut*[en] seines / Geschlechts oder auch Von fremde[n] / Zusammen Zu betteln. Und sind / die *JaKut*[en], ob sie gleich sonst / wenig gute Eigenschaffte[n] haben, / darinᵍ sehr mitleidig, daß sie / einen der in dergleich[en] Noth ist, / gern eine beysteuer gebe[n]. Es / pfleget eine gantze *Wolost* oder / gantze *Ulusse* sich Zusammen / Zu thun, und für den Todtschlä- / ger die erforderte anZahl Vie- / hes aufzubringe[n].
|: Wenn bey denen *BrazKi* einer / den ander[en] geschlagen hat / so wird er vor denen *Schuleng*enʰ / wieder gepeitschet, und Lieget / der geschlagene davon Krank / so mus[s] der Schläger ihn währen- / der Krankheit mit lebens Mit- / teln Versorgen, auch Zur Arbeits / Zeit als ein Knecht für ihn / Arbeit[en].
Strafe des Ehebruchs bey einem / Verheyrathet[en] weibe erKennen / sie so: Der Ehebrecher muß / dem beleidigt[en] Manne ein ge- / satteltes Pferd zurⁱ

ᵃ über Vor *gestr.* for   ᵇ *nach* Todtschlag *gestr.* hat   ᶜ pfleget *über der Zeile*   ᵈ ₍de₎n₍e₎ *verbessert aus* [.]; *nach* dene₎ *gestr.* Erschlag   ᵉ Stadt₍Gericht₎ *über der Zeile*   ᶠ ₍bezahle₎n *verbessert aus* t   ᵍ darin *verbessert aus* E   ʰ ₍Schuleng₎en *verbessert aus* [..]   ⁱ *nach* zur *gestr.* Vergeltung befriedigung^a / geb[en]: ein 3 oder 4 Jähriges / Rind-Vieh schlacht[en], welches / unter die gantze *Uluss* roh / ausgetheilet wird, und darauf / bestrafen sie ihn mit Stok / Schlägen. Die *Golowschina* ist unter / denen *BrazKi* noch in diesem / Fall üblich, daß der Todtschlä- / ger oder des[s]elben Verwandt[en] / denen Verwandt[en] des erschlagene[n] / solche Zu bezahlen pflegen / um Sie^b Zu befriedigen^c, damit / sie den Todtschläger nicht / vor^d das Stadtgerichte¹⁷ Ziehen. / *Wirki*¹⁸ wird nur vor Ermor- / dung^e eines Vornehmen *Saissans* / oder *Schulenga* genommen. / Man bezahlet auch weniger / als 300 Stük Vieh, so viel / man *accordir*et¹⁹. Und wenn / des Todtschlägers Haab und / Guth nicht Zureichet, die *Golow-* / *schina* Zu beZahlen, so wird dazu / im gantzen Geschlechte eine *Collect*e gesammlet. : | ^f | : Die *Ostiak*en haben weder / *Golowschina* noch *Bestschestie*²⁰ Gerichtspflegung ist auch / Nicht unter ihnen. Einer / ist so gut als der andere / und obgleich *Kniaszi* über / sie gesetzet sind, so ist doch / solches nur hauptsachlich weg[en] / der *JasaKs* bezahlung Sie wollen Kein *Exempel* / wis[s]en daß einer den ander[en] / erschlagen hätte. Sie / gehen auch nimmer mit / scharffen gewehr aufein- / ander, schlagen sie sich / ja so geschiehet es mit / Fausten oder Stek[en] / *Jeniseiski*sche und *Keti*sche / *Ostiak*en auf einerley weise *Tatar*en im *Krasnoj[arskischen]* Gebiete^g wis[s]en Von Keiner / eigen[en] Rechtspflegung / weil sie Von alters her / unter Rus[s]ischem Gericht / gestande[n]. Auch darff ihr / *PriKaschiK*²¹ am *Ijus* nicht / einmahl diebeshändel schlicht[en] / wo er nicht bey dene[n] *Woewod*e[n] in ungelegenheit Komm[en] / will. : | ^h Die wald *Tungus*en haben unter / sich Kein Gericht oder Recht als / was sie durch Pfeil und bog[en] / *determinir*e[n]²². Ist dieⁱ Be- / Leidigung klar am Tage / so kommt die Sache gleich Zur / Schlägerey, und wer dabey ge- / winnet, hat Recht. Sie for- / dern sich einer den Ander[en] heraus / wie zum *Duel*. Ist die Sache / aber nicht so klar, Z[um] e[xempel] in / puncto der Hurerey oder Ehe- / bruchs, wo nur eine blos[s]e / *Presumtion*²³ ist, so Kann sich / der beschuldigte auch mit ei- / nem Eyde *purgir*e[n]²⁴. Die / Ursache scheinet wohl diese Zu seyn / weil sie Keine *Knjaszi* hab[en], und / alle gleich sind, dageg[en] hab[en]

---

^a befriedigung *über der Zeile*   ^b Sie *verbessert aus* [...]   ^c bef_riedigen *verbessert aus* [.]   ^d v_or *verbessert aus* [.]r   ^e Er_{mordung} *verbessert aus* [..]   ^f *von* Wenn bey denen BrazKi *bis* eine Collecte gesammlet. *auf Bl. 84r rechts marginal*   ^g im Krasnoj. Geb. *über der Zeile*   ^h *von* Die Ostiaken haben weder *bis* Komm) will. *rechts marginal*   ⁱ d_{ie} *verbessert aus* [.]

/85r/ die *NertschinsKi*sch⌈en⌉ *Tunguse*⌈n⌉ᵃ auch in / der Rechts-Pflegung die Gebräuche / der *Mongol*en angenomm⌈en⌉.
Die *Samoj*eden imᵇ *Turuch⌈anskischen⌉* / Gebiethe BeZahlen einander / Vor Todtschlag die *Golowschina* / wie die ubrige Volker. Es / ist aber nichts dabey fixiret / sondern der Todtschlager / handelt u⌈nd⌉ *accordir*et²⁵ mit / den anverwandte⌈n⌉ des Erschlagen⌈en⌉ᶜ so gut er / Kann. Für einen Vornehmen / *Kniasez* oder einenᵈ von / des⌈s⌉en nächste⌈n⌉ Anverwandt⌈en⌉ / der ermordet ist, wird die / *Golowschina* etwan folgender / Gestalt beZahlet: auf / 20 Bis⌈s⌉ 30 RennThiere, ein / Mägdgen, die entweder des / Todtschlägers Tochter oder / nachste anVerwandtin ist, Sclavin ist, hiernachst an / an allerley Kleide⌈rn⌉ *ParKi* / *SoKui*, Bogen, pfeilenᵉ, / *NjuKi*²⁶ | sind die RennthiersHauteᶠ / womit sie ihre Jurte⌈n⌉ Bedeke⌈n⌉ <|> / *Otkassi*²⁷ | Jagdmes⌈s⌉er | *Wetki* / (Kleine Kahneᵍ) Beilen, Mes⌈s⌉er / und anderm Haußrath, daß / sich alles nach dortige⌈n⌉ Preyse⌈n⌉ / etwa auf 100 Rub⌈el⌉ belaufft.
Vor einem gemeinen Mann 8 biß 10 Rennthiere / und ein Magdgen.
| : Das gestohlene wird / Bey denen *Samoj*eden / nur einfach wieder gege⌈ben⌉. / Für die Hurerey wird / an den Vater oder / den Mann *bestschestie*²⁸ / bezahlet nehmlich ein / gutes Rennthier, und / noch überdem für das / Mägdgen ein Meßingenesʰ Haupt / Zierrath, welchen sie *Pjáda*²⁹ / nennen, und etlicheⁱ Ringe. / Sie nennen die *Golow-* / *schina Awajodschi*. / Die *Bestschestie*³⁰ für ein Verheyrathetes weib *Ne-* / *miroro*³¹ | d⌈as i⌈st⌉ weiber Guth | / für ein Mägdgen *Chati-* / *miroro*³² | d⌈as i⌈st⌉ Magdgens Guth | / Für Schlägerey bezahlet / der Schuldige auf 10 / *Peszi* oder *Odindri* dem / beleidigt⌈en⌉.
Die *Golowschina* wird / Vom gantzen Geschlechte / aufgebracht *Golowschina* aufʲ / *Juraki*sch: *Äwŭmaridi*. :|ᵏ /85v/
*Tatar*en wis⌈s⌉en nichts Von / *Bestschestie*³³ BeZahle⌈n⌉ für / die Hurerey. Sie straffen / nur die Weiber. es sey denn / Bey Gewaltsamer NothZüchtigung / da der MannsPerson aufge- / leget wird eins oder 2 Pferde / dem beleydigte⌈n⌉ Mann Zu be- / Zahlen. Hurerey mit Madgens / wird beygeleget, daß man / das Paar mit einander / Verheyrathet. Magdgens Raub / welches offtersˡ geschiehet / wird mit derselb⌈en⌉ *condition* / beygeleget. Es mus⌈s⌉ dabey / alleZeit die gewohnliche / *Kulum* nachbeZahlet / werd⌈en⌉.

ᵃ ₜᵤⁿguse) *verbessert aus* [.]   ᵇ im *verbessert aus* [..]   ᶜ des Erschlagen) *über der Zeile*   ᵈ ei_{nen} *verbessert aus* [..]   ᵉ pfleilen   ᶠ R_{en}n_{thiersHaute} *verbessert aus* [.]en_{thiershaute}   ᵍ ₖₐhn_{e} *verbessert aus* [..]
ʰ Meßingenes *über der Zeile*   ⁱ et_{liche} *verbessert aus* [..]   ʲ *nach* auf *gestr.* Ostiakisch   ᵏ *von* Das gestohlene wird *bis* Jurakisch: Äwŭmaridi. *rechts marginal*   ˡ _{offter}s *verbessert aus* [.]

[1] „Capitulatio, nennet man gemeiniglich die Verfassung einiger Artickel, über welche man sich in einer freyen Handlung vergleichet; ..." (Zedler 1732–50, Bd. 5, Sp. 670ff.); über die Verhandlungen des Gesandten *Fedor Alekseevič Golovin* mit den mongolischen Fürsten und den Vertragsabschluß s. *Šastina* 1958, S. 154ff.; „Weil dieser damahls von dem GroßGesandten / Golowin in Rußischen Gehorsam aufgenommenen / Mongolischen Fürsten Sieben waren, so wurden / sie Zu derselben Zeit nur insgemein die Sieben / Taischen genannt. Sie wohneten an dem Fluße / Selenga ohnweit oberhalb das Orchon Flußes Mün= / dung. Ihre Nahmen aber sind in verschiedenen / Nachrichten verschiedentlich aufgezeichnet. In / einer Nachricht heißen sie: Irki Kontaria, / | *Chontaischa* | Irdini Batur, Sserelsjab Bintu= / chai, Elden Achai, Dsjab Erdeni Zoktum, Gont= / schi Tschinsab, Mergen Achai. In einer andern / Nachricht: Irki Kontaria, Erdeni Batur, Sseren / Sabbai Tuchai, Tschin Irden, Dorschi Irki / Achai, Jelden Achai. Und an einem andern Orte derselben Nachricht: Irdeni Kontaria, Ir= / kikontaria, Erdeni Batur, Serensab Bantu= / chai, Tschin Irdeni, Dorschi Irki Achai, Elden / Achai. Wobei anzunehmen ist, daß da die= / se Nahmen nicht mit einander überein / kommen, und sonderlich an dem ersten Orte / der letzten Nachricht ein Nahme ausgelaßen / worden, solches daher komme weil ich keine / Original Documente von dieser merkwürdi= / gen Begebenheit Zu finden das Glük ge= / habt, sondern nur in dem Archive zu Irkuzk / einige alte Abschrifften angetroffen habe, ... Darauf erfolgte d(15. Januar. 1689. / eine von dem GroßGesandten mit denen Sieben / Taischen errichtete Capitulation, worinn ihnen / erlaubt wurde, in der Nachbahrschafft / derer Rußischen Gräntz-Örter Zu beyden Sei= / ten des Selenga Flußes in Ruhe und Sicher= / heit Zu wohnen. Dagegen verpflichteten / sie sich, für sich und ihre Nachkommen, mit / allen ihren Unterthanen, ewige Vasallen / von Rußland Zu seyn, ..." (G. F. Müller in: AAW F. 21, Op. 5, D. 19, Bl. 102r–102v); Eine Kopie des Vertragstextes (Dokument Nr. 33 in: AAW F. 21, Op. 4, D. 28, Bl. 88v–90v) wurde von G. F. Müller im Archiv von *Irkuck* angefertigt, publiziert wurde der Vertragstext als Dokument Nr. 60 (nach einer Kopie aus dem Archiv RGADA) in: *Slesarčuk* 2000, S. 186–190.

[2] russ. *bezčestie, besčestie* bzw. *beščestie* – zur Wiederherstellung der Ehre bei persönlicher Beleidigung (auch Diebstahl u. s. w.) zu zahlende Strafe in Geld oder Naturalien; s. auch *Tatiščev* 1996, T. VIII, S. 182

[3] russ. *batogi* (Ez. *batog*) – Ruten, Stöcke

[4] *Fedor Alekseevič Golovin*

[5] mongol. „ял" – Strafe (*Luvsandèndèv* 2001–2002, Bd. 4, S. 459); burjat. „яла" – Strafe (*Čeremisov* 1973, S. 797)

[6] mongol. „анз" – Strafe, Geldstrafe (*Luvsandèndèv* 2001–2002, Bd. 1, S. 113)

[7] <lat.> accordieren – bewilligen

[8] s. Anm. 6

[9] vgl. mongol. „баа" – Strafe, Geldstrafe (*Luvsandèndèv* 2001–2002, Bd. 1, S. 320)

[10] „Wanneer iemand onder hun een doodslag begaet, werd zulks met Vee geboet, ten behoeve van de verwanten der verslagene, volgens uitspraek van hun Opperhooft of Vorst, en zoo de misdadiger niet en heeft om de misdaed af te koopen, werd hy aen de beledigde Vrienden overgegeven, of om hem te verkoopen, of wel te dooden, en om te springen naer welgevallen." (nl. – Wenn jemand von ihnen einen Totschlag begeht, wird das zum Nutzen der Verwandten des Erschlagenen nach dem Urteil des Oberhaupts oder des Fürsten mit einer Buße an Vieh bestraft. Wenn der Missetäter nichts hat, um sich von dem Verbrechen freizukaufen, wird er an die Freunde des Geschädigten über-

geben, entweder um ihn zu verkaufen oder zu töten oder mit ihm zu tun, was ihnen gefällt.) (Witsen 1705, S. 252)

[11] „ANSTAND, ... der Begriff des zauderns, wartens, aufenthalts, der frist oder schwierigkeit, des bedenkens: die sache hat anstand, steht an, d. h. es ist noch nicht der augenblick zum schusz oder angrif; ..." (Grimm 1991, Bd. 1, Sp. 473–475)

[12] Gebiet von *Mangazeja*

[13] s. Anm. 2

[14] In zahlreichen Städten Rußlands existierte von 1719 bis 1722 als untergeordnete Gerichtsinstanz für die Städte und die umliegenden Kreise ein Stadtgericht (russ. *gorodskoj sud* bzw. *gorodovoj sud*), das wie das oft synonym bezeichnete Untergericht (russ. *nižnij sud*) bzw. Provinzialgericht (russ. *provinzial'nyj sud*) dem Justizkollegium als oberster juristischer Instanz unterstellt war. Ab 1722 gingen die Vollmachten dieser Gerichte an die Gouverneure und Wojewoden über (GOSU 1996, S. 261 u. GOSU 2001, S. 185–187).

[15] lat. – Gesamtheit

[16] <lat.> accordieren – sich vergleichen (d. h. nach Unterhandlung einig werden)

[17] s. Anm. 14

[18] s. Anm. 9

[19] <lat.> accordieren – übereinkommen

[20] s. Anm. 2

[21] russ. *prikaščik* (Mz. *prikaščiki*) – vom Wojewoden bestimmter Leiter der Verwaltung einer *sloboda* oder eines Amtsbezirkes mit meist mehreren vom Zentrum des Kreises (s. Glossar: Kreis) weiter entfernten *ostrogi* (s. Glossar: *ostrog*) und/oder *slobody*; *sloboda* (Mz. *slobody*) – Ansiedlung mit einer großen Anzahl von Bauernhöfen, die weitgehend von Steuern und Arbeitsverpflichtungen befreit war; auch Vorstadt bzw. nahe bei einer Stadt gelegenes Dorf (s. auch GOSU 2005, Teil 2, S. 248f.); hier ‚*prikaščik*' im Sinne von Dorfältester (Stammesältester)

[22] <lat.> determinieren – bestimmen, entscheiden

[23] <frz.> Präsumtion (frz. présomption) – Vermutung, Einbildung

[24] „PURGIEREN, ... 1) purgiren, reinigen, seubern ... von einer beschuldigung sich rein machen, seine unschuld an den tag legen, ..." (Grimm 1991, Bd. 13, Sp. 2253f.)

[25] <lat.> accordieren – unterhandeln, übereinkommen

[26] russ. *njuki* (Ez. *njuk*) – zusammengenähte sämisch gegerbte Rentierfelle zur Bedeckung der Jurten (s. *Anikin* 2000, S. 412f.)

[27] russ. *otkas, otkaz* (Mz. *otkasy, otkazy*) – großes Jagdmesser

[28] s. Anm. 2

[29] vgl. *Enisej*-samojed. „faede (paede), B., Wange" (Schiefner 1855, S. 93) u. *Enisej*-samojed. „fea, Ch., feija (peija), B., Stirn." (a. a. O., S. 94)

[30] s. Anm. 2

[31] vgl. samojed. „Frau, ... O. neä, OO. Tsch.; ..." (Schiefner 1855, S. 223); samojed. „Preis, Jur. mir. O. mer, N.; mir, K., Jel., B., Tas., Kar.; mire, NP.; mär, Tschl., ..." (a. a. O., S. 260); samojed. (nenz.) „не'-мир" – Bezahlung für eine Frau (hier *kalym*; s. Glossar: Kalüm) (*Gemuev* 2005, S. 453)

[32] samojed. „Mädchen, ... Jen. kati. ..." (Schiefner 1855, S. 250); s. auch Anm. 31

[33] s. Anm. 2

Kapitel 10

/86r/

Von dene⌈n⌉ Eydschwüren
der Völker

*Isbrand*¹ meldet in seiner Reisebe- / schreibung von dem Eydschwur der / *Tungus*en im *NertschinsKi*sche⌈n⌉ Gebiethe², / daß dieselbe Von^a einem neu- / geschlachtete⌈n⌉ Hunde das warme / Blut sauffe⌈n⌉. Allein / er begehet darin eine⌈n⌉ Fehler, / daß er bey der Sache nicht / alle Umstände erZehlet, und / einen Umstand dagege⌈n⌉ fälschlich^b / angiebt, nemlich, als wenn / der Schwerende den geschlach- / tete⌈n⌉ Hund auf die Schulter⌈n⌉ / nehmen und also das blut / unmittelbahr aus der wunde / saugen müs⌈s⌉e, wie solches / in dem Zu diesem Orte der / beschreibung gehörige⌈n⌉ Kupffer- / Stich also Vorgestellet ist.³ Alle *Tungus*en, nicht nur die / *NertschinsKi*sche⌈n⌉, sondern auch / die wald-*Tunguse*⌈n⌉, haben / den^c Gebrauch dergestalt Zu / schwere⌈n⌉. Eine Manns Per- / son nimmt die^d Männge⌈n⌉ / Von Hunde⌈n⌉, eine Weibs- / Person eine Tiffe^e⁴. Solche / schlachten sie dergestalt, wie sie /^f /86v/ sonst Rind-Vieh,^g Pferde^h / Schaafe,ⁱ Rennthiere, Zu schlachte⌈n⌉ / pflegen, nemlich daß sie ein / Loch durch das *Sternum*⁵ in die / brust stechen, mit der Hand / hineinfahre⌈n⌉, und die *Aortam* / abreißen, daß sich das Blut / in der obern *Cavität* des / Leibes sammlet. *Isbrand* / sagt sie machen dem Hunde eine / wunde in den Leib gerade / unter dem Linken fus⌈s⌉e⁶ (nem- / lich so heis⌈s⌉et es in der *Engl*⌈*isch*⌉*en* Ubersetzung⁷) / woraus Kein erheblicher Irthum / erhellet, maßen nicht *deter*- / *minir*et⁸ ist, ob es unter dem for- / der oder Hinterfus⌈s⌉e sey, so / daß man den Linken^j Vorderfuß Ver- / stehe⌈n⌉ Kann, da denn das Schlachte⌈n⌉ / der *NertschinsKi*sche⌈n⌉ *Tunguse*⌈n⌉ / damit überein Kommt, in dem / dieselbe die^k brust^l / nicht gerade in der Mitte / sondern etwas Zur Linken / Zu durchstechen pflege⌈n⌉. Allein / die *franZösi*sche Ubersetzung ist / diesem Zuwieder und sehr irrig / wenn es heis⌈s⌉et *il enfonce / un couteau dans le flanc* /87r/ *au dessous de la cuisse gauche.*⁹ / welcher *Expression* auch der / Ku<p>fferStich übereinKommt^m, und / daher glauben Läs⌈s⌉et, daß eben / der Fehler auch im *Original* be- / findlich seyn müs⌈s⌉e. Hiernächst / *adplicir*et¹⁰ der Schwerende seinen / Mund nicht wie *Isbrand*

---

^a Von *verbessert aus* [.]   ^b fäl*S*chlich *verbessert aus* g   ^c _den *verbessert aus* [..]   ^d di_e *verbessert aus* [..]
^e _{Tif}fe *verbessert aus* [..]   ^f *folgt* sonst   ^g *nach* Rind-Vieh *gestr.* oder   ^h *nach* Pferde *gestr.* oder
ⁱ *nach* Schaafe, *gestr.* oder   ^j Linken *über der Zeile*   ^k *nach* die *gestr.* wurde im Sterno   ^l brust *über der Zeile*   ^m üb_{ereinKommt} *verbessert aus* [..]

sagt^a an die Wunde^b, Viel- / weniger hebet er^c den ge- / schlachtete[n] Hund auf die Schul- / ter[n], um das blut rein aus / Zusauge[n], sondern er Läßet / von dem blute etwas in ein / Gefäß Von^d Birken-Rinde Lauffe[n], / und trinket davon^e / nur einige Mund voll. Dieses / geschiehet^f unmittelbahr / nach dem Stich, und das / blut wird getrunken, so heiß / als es aus der wunde Kommt. / Damit aber ist die *Ceremonie* / noch nicht Zu Ende. Sonder[n] / der Hund wird gleich darauf / Von dem Schwerende[n] in ein / ausdrüklich daZu außerhalb / denen Jurte[n] angelegtes / Gros[s]es Feuer geworffen / und sagt dabey: wie der / Hund jetzo im Feuer Zusam- / men^g schrumpffet^h / *Skortschit*^11 | / so mag ich auch Zusammenschrumpffe[n]^i / in Jahres Frist^j, wenn ich /^k /87v/ dasjenige, des[s]en man mich be- / schuldiget gethan habe^12. Der / gantze *Actus* geschiehet in Ge- / genwart vieler Zeugen, welche / Von demjenige[n] der den Eyd ab- / nimmt, Zusammenberufen werd[en]. / Damit wenn der schwerende falsch / schweren, und ihm über Jahr und / Tag ein Unglük oder Plötzlicher / Todt Zustos[s]en sollte, man / solches nicht dem Eyd-Abnehmer / weil derselbe mit seinem Gegen- / Part in Händeln stehe, sondern / der auf einem falsche[n] Eyde / hafftenden nothwendige[n] Strafe / Zuschreibe[n] möge. Es scheinet / wohl, daß die *Tungus*en glaube[n], / der Geist des Hundes^l / fahre mit dem heis[s]en blute / in den Schwerenden, und Ver- / ursache die Strafe.

|: Die *Samoj*eden im / *Turuch[anskischen]* Gebiethe haben / unter einander Keinen / stärkere[n] Eidschwur, als / das[s] sie ein Mes[s]er, oder / *Palma* | *otkass*^13 | nehme[n] / und mit den Zähnen darauf beys[s]en.

Die *Ostiak*en am *Ket*^m14 haben vor alters / ein Stüklein von einer bähre[n] / Haut gefres[s]en zum Zeich[en] / der Unschuld, und sagt man / der Meineydige Bleibe / Kein Jahr beym lebe[n], son- / dern der bähre fres[s]e / ihn innerhalb solcher / Zeit. Sie sollen noch / heimlich also schweren, ob / sie gleich getauffet sind. / Und wenn man sie Huldige[n] / oder für Rus[s]ischem Gerichte / schweren läs[s]et so machet / man sich dieses Aberglaubens / Zu Nutze, und^n hanget^o eine / Bahrenhaut^p über einen / Degen, mit dem Rauhen / auswendig geKehret, und / Läs[s]et dem Schwehrenden die / Haut mit dem Munde be- / rühren oder *quasi* Küs[s]en[] / da sie denn gleichfalls glaube[n] / die bahren im walde werden den /

---

^a wie Isbrand sagt *über der Zeile*   ^b W~unde~ *verbessert aus* [.]   ^c er *verbessert aus* [..]   ^d Von *verbessert aus* [...]   ^e da~von~ *über der Zeile*; *nach* davon *gestr.* dem blute   ^f *vor* geschiehet *gestr.* uber   ^g *nach* Zusammen *gestr.* Krimpet   ^h schrumpffet *über der Zeile*   ^i ~Zusammen~schrumpffe) *über der Zeile; nach* Zusammenschrumpffe) *gestr.* krim- / pen   ^j F~rist~ *verbessert aus* [.]   ^k *folgt* dasjenige   ^l *nach* Hundes *gestr.* welcher   ^m am Ket *über der Zeile*   ^n *nach* und *gestr.* Leget   ^o hanget *über der Zeile*
^p Bahrenhaupt

Meyneydᵃ nicht ungerächet las⸢s⸣e⸢n⸣. :|ᵇ
|: Von denen *Tungus*en am *Chatanga* / oder *Nischna Tungusca*¹⁵ welche h⸢err⸣ /
D⸢octor⸣ *Gmelin*¹⁶ Zu *Kirenga*¹⁷ Zu sPreche⸢n⸣ / Gelegenheit gehabt, schreibt
derselbe / in einem briefe vom 16 Dec⸢emb⸣⸢r⸣⸢is⸣ 1737 / folgendes¹⁸: Ein
gebräuchlicher / Schwur unter ihne⸢n⸣ ist *Olimni*¹⁹ / und wird so gebrauchet wie /
der Rußen *Jei bog*²⁰. wo aber / die Sache Von mehrerer wichtig- / Keit ist, und
dem Schwure / schlechterdings nicht geglaubt / wird, so wird ein Feuer ange- /
Leget und bey selbigem / ein Hund Vor den Kopff / geschlage⸢n⸣. Eben⸢ᶜ⸣ dieser
Hund, / wenn er todt geschlage⸢n⸣, wird / auf das Holtz feuer gele- / get, an einem
Orte, wo es / noch nicht brennt, und ihm / in die Gurgel geschnitten, und / ein
Gefäß untergesetzt / daß das blut dahinein / auslauffe. Währendem diesem / thut
der beschuldigte eine⸢n⸣ / Schritt über das Feuer, und / saufft darauf einen Theil /
des blutes aus, was aber / übrig bleibt wird ins feuer / gego⸢ss⸣e⸢n⸣. Der Hund aber
/ auf ein Gerüste geleget. Was / dabey gesagt wird habe nicht / Verstehe⸢n⸣
Könne⸢n⸣, weil der Doll- / metsch allZu schlecht war²¹. Die :|ᵈ|: *Tungus*⸢en⸣ aber
sind in den feste⸢n⸣ / Gedanke⸢n⸣, daß wer diese / *Ceremonie* Verrichtet, und doch /
schuldig ist, nicht Viel über ein / Jahr Lebe⸢n⸣ Könne.
*Ostiak*en am *Jenisei*²², wie sie / noch Heyden gewesen, haben / dünne runde
Platen Von / Kupffer gehabt, auf welchen / *figur*en Von Menschenge- / sichter⸢n⸣
oder gantze Men- / schen eingeritzet gewesen / diese⸢ᵉ⸣ *figur*en haben / sie *Eês*²³
d⸢as⸣ i⸢st⸣ Gott genen- / net, und Bey denenselb⸢en⸣ / sind auch die Eydschwüre /
geschehen. Man hat eine / dergl⸢eichen⸣ Platte demjenigen / der sich durch eine⸢n⸣
Eyd *purgir*⸢en⸣²⁴ / solle⸢n⸣ Vorgehalt⸢en⸣, und wenn / er sich in seinem Gewi⸢ss⸣e⸢n⸣ /
rein gehalt⸢en⸣, so ist er hin / getrete⸢n⸣ und hat die Platte / geKü⸢ss⸣et, hat er sich
aber / schuldig gewust, so hat er / sich nicht getrauet⸢ᶠ⸣ / hinZuZutrete⸢n⸣ ge- /
schweige denn Zu Kü⸢ss⸣e⸢n⸣. / Diese runde platte⸢n⸣ habe⸢n⸣ / *Guan* geheis⸢s⸣en. Die /
Schamans habe⸢n⸣ der- / gl⸢eichen⸣ gemacht.
Sie meinen es sey wenig unterscheid / da sie jetzo die bilder²⁵ Kü⸢ss⸣e⸢n⸣ /
mü⸢ss⸣e⸢n⸣. :|ᵍ
|: Die *Ostiak*en hab⸢en⸣ auch eine / betheurung gehabt da⸢ss⸣ sie / in eine bähren
Haut ge- / bi⸢ss⸣en. da denn wenn / einer mit schuldigem / Gewi⸢ss⸣en solches
gethan / bald darauf von den⸢en⸣ / bähren soll erwürget / word⸢en⸣ seyn.
*Tungus*en Vom *Nischna Tungluska*²⁶ Zu / *Mangasea*²⁷ sagen sie schweren / auf
folgende weise. 1.) schlagen / einen Hund Vor den Kopff, da⸢ss⸣ / er davon

---

ᵃ ₘₑyₙₑyd *verbessert aus* r   ᵇ *von* Die Samojeden im *bis* ungerächet lasse⟩ *auf Bl.* 86r *rechts marginal*
ᶜ ₑbₑₙ *verbessert aus* [.]   ᵈ *von* Von denen Tungusen am *bis* allZu schlecht war. Die *auf Bl.* 86v *rechts marginal*   ᵉ *vor* diese *gestr.* Bey   ᶠ *nach* getrauet *gestr.* nicht / einmahl   ᵍ *von* Tungus⟩ aber sind *bis* Küsse⟩ müsse⟩ *auf Bl.* 87r *rechts marginal*

stirbt. 2.) schneiden dem / todte⌈n⌉ Hunde die Gurgel in die Länge / auf. 3.) laßen einen *Tschuman*²⁸ voll blut herauslauffen. 4) / werffen den Hund in ein ausdrük- / Lich dazu angelegtes Feuer. 5.) beyde / sowohl der den Eyd abnimmt als / der den Eyd *leistet*, trinken Von / dem blute, das⌈s⌉ nichts übrig / bleibet. 6.) werffen das Gefaß / ins Feuer. 7.) gehen beyde / über das Feuer. Die *Ostiake*⌈n⌉ am *Ob*²⁹ im *Tomski*sch⌈en⌉ / Gebiethe nennen den bären aus / *veneration*³⁰ *Ilja*³¹ d⌈as⌉ i⌈st⌉ groß-Vater / die eigentliche benennung aber ist / *Korga*³². Ob sie gleich getauffet / sind so ist noch der aberglaube / bey ihn⌈en⌉ daß sie Zur betheurung / einer Sache in eine bähren Haut / beißen. :|ᵃ
Bey denen *Jakute*⌈n⌉ geschiehet das / Schweren, daß sie Vor der Sonne / mit aufgesPerrte⌈m⌉ Munde Kni- / end sitzen, in Letzten Falle / noch Asche auf ihr Haupt streue⌈n⌉, / oder geschmoltzene butter / Trinken, und dabey sagen: / Gott ist mein Zeuge, die Son- / ne und das Feuer unserer / Vorfahren wißen es, daß ich / dasjenige, des⌈s⌉en man mich /88r/ Beschuldiget nicht gethan habe. / Oder: Die Sonne erschies⌈s⌉e mich / mit ihren Pfeilen, dasᵇ Feuer / Las⌈s⌉e mich Keine wärme genieße⌈n⌉ / und die butter, die sonst Zur beste⌈n⌉ / Nahrung dienet, bringe mir den / Todt, wenn ich solches gethan habe. / |: Muhammedaner Küs⌈s⌉en / den *Alcoran*³³.
Die Heydnische⌈n⌉ Römer rieffen bey ihre⌈n⌉ Eydschwür⌈en⌉ / den *Jupiter* für allen / Zum Zeuge⌈n⌉ an. Der Schwörende nahm eine⌈n⌉ Kieselstein in die Hand / und rieff: So ich wis⌈s⌉entlich / betriege oder falsch schwöre / so Verbanne mich *Jupiter* / aus allem Gute⌈n⌉, wie ich itzt diesen Stein aus / meiner Hand werffe / Vid⌈e⌉ *Festum*³⁴ *et Gellium L⌈ibro⌉* 1. C⌈apite⌉ 21.³⁵ / *Hoffmann*ᶜ ³⁶ *in*ᵈ dene⌈n⌉ Anmerkung⌈en⌉ Zu des / *Cicero*³⁷ Menschl⌈iche⌉ Pflichten *ad L⌈ibrum⌉ III. C⌈apitem⌉ XXIX.*³⁸ :|ᵉ
Die *BrazKi* dies⌈s⌉eits dem / *Baical*³⁹ haben gewiße Felsen / so sie *Aiechu-Tscholòn*⁴⁰ d⌈as⌉ i⌈st⌉ / fürchterliche Felsen nenne⌈n⌉. (Die / Rußen nennen selbige *SchamansKoi / Kamen*⁴¹) Dergleichen einer / ist auf dem Ufer des Sees *Bai- / cal*⁴², wo der *Angara* aus dem- / selb⌈en⌉ seinen Ausfluß hat⁴³, Zur / Linken Seite, ein anderer ist / an dem *Irkut*-Flus⌈s⌉e, amᶠ wege / Zwischen *IrKuzK*⁴⁴ und *TunKinsK*⁴⁵, / noch einer auf dem Ostl⌈ichen⌉ Ufer / des *Lena* flusses⌈⌉ Zwischen wer- / *cholensKoi ostrog*⁴⁶ und *Tuturska / Sloboda*⁴⁷. |: Auch sollen dergl⌈eichen⌉ in der obern / Gegend des *Kitoi*⁴⁸ flusses⌈⌉ undᵍ am / *Biela*⁴⁹ fluß weit oberhalb *Bielskoi / Ostrog*⁵⁰, und am fluß *Ubussa*⁵¹ welcher in den *Ossa*⁵² fället

---

ᵃ *von* Die Ostiaken hab) auch *bis* bähren Haut beißen. *rechts marginal* ᵇ ₍ₐ₎S *verbessert aus* ß
ᶜ ₍ₕₒ₎ff₍ₘₐₙ₎n *verbessert aus* [.] ᵈ in *verbessert aus* [..] ᵉ *von* Muhammedaner Küssen *bis* ad L. III. C. XXIX. *rechts marginal* ᶠ am *verbessert aus* gen ᵍ und *über der Zeile*

seyn. :| ᵃ Diese Felsen diene⸢n⸣ / denen *BrazKi* Zum *object* / ihrer Eidschwüre. Wer einer / Ubelthat beschuldiget ist, und / sich *exculpire*⸢n⸣⁵³ will, gehet Zum / zeichen der Unschuld hin, Zu / einem dergleiche⸢n⸣ᵇ felse⸢n⸣, rühret / ihn an, und Bringet zum /ᶜ /88v/ wahr-Zeichen einen abgebrochen oder / abgefallene⸢n⸣ Stein von demselbe⸢n⸣ Zu- / rük. Derjenige, welcher den Eyd *in-* / *jungir*et⁵⁴, stehet mit dene⸢n⸣ Zeugen und / übrige⸢n⸣ Zuschauer⸢n⸣ in einiger Ent- / fernung, maas⸢s⸣en sich ein jeder sehr / fürchtet, nahe hinZuZutrete⸢n⸣. Auch / pfleget sich der Schwerende nicht / anders als mit großen Schreken / und Entsetzen dem Felsen Zu näher⸢n⸣ / Ein würklicher Ubelthäter aber, / der sich in seinem Gewißen schuldig, / weiß, unterstehet sich gar nicht / dem Felsen Nahe Zu Komme⸢n⸣, weil / er sich von demselb⸢en⸣ einer ohnfehlbah- / ren Strafe befürchtet.

|: Die *BrazKi* schweren sonst im / gemeinen Reden: daß ich blind / werde, daß mir die Hände / abfallen, daß ich in die Erden / Versinke u⸢nd⸣ s⸢o⸣ w⸢eiter⸣ :|ᵈ Alle Völker wollen gewiße *Exem-* / *pel* haben, daß die Meineydige, / in großes Unglük gerathe⸢n⸣.

Bey Huldigunge⸢n⸣ und ander⸢en⸣ Eydschwü= / ren so die Rußische befehlshaber / in dene⸢n⸣ Städt⸢en⸣ und *Ostroge*⸢n⸣ in der *IrKuzKi*sche⸢n⸣ *Provinz*,ᵉ⁵⁵ dene⸢n⸣ / heidnische⸢n⸣ Völker⸢n⸣ abnehmen, pfleget / man ihnen den Mund von einer / *Canon*e, Flinteᶠ, gezogenemᵍ Rohre⁵⁶ / oder was sonst für ein Schieß / gewehr Vorhande⸢n⸣ ist, auch wohl einen Säbelʰ Küs⸢s⸣en Zu Las- / sen. Bey dene⸢n⸣ *JaKut*en geschiehet / solches auf den Knien sitzend Vor / einem besonders daZu angelegt⸢en⸣ / Feuer, weil sie Vor dem feuer / eine große Ehrfurcht habe⸢n⸣. Im / *KrasnojarsKi*sche⸢n⸣ Gebiethe pfleget / man dene⸢n⸣ dortigen Heyden wenn / man ihnen einen Eyd abnimmt, /89r/ den Kopff Zwische⸢n⸣ Zweye⸢n⸣ Säbeln / einen nemlich über dem Genik / und einen unter dem Kinn Zu halt⸢en⸣, / und ihnen auf der SPitze eines De- / gens oder Messers ein Stükgen / brod in den Mund Zu es⸢s⸣e⸢n⸣ Zu gebe⸢n⸣.

|: Die *Samoj*eden Beis⸢s⸣en / auf einen Degenⁱ, den / man ihnen vorhält: *item* / wenn man ihnen ein Rußisches / Heiligen bild Vorhält, und / sie in den Rand des⸢s⸣elbe⸢n⸣ / beis⸢s⸣en Läßet, so gilt solches / auch für einen Eydschwur / Unter sich selber aber hake⸢n⸣ / sie mit ihrem *OtKass*⁵⁷ in ihrʲ / Gebräuchliches Götzenbild / welches die Rus⸢s⸣en Zu *Man-* / *gase*⁵⁸ *Palkàn* nenne⸢n⸣, und / in dem *Capitel* Von der *Religion* / beschrieb⸢en⸣ worde⸢n⸣⁵⁹. :|ᵏ

ᵃ *von* Auch sollen dergl. *bis* Ossa fället seyn. *rechts marginal*   ᵇ d₍ergleiche₎ *verbessert aus* [.]   ᶜ *folgt* wahr-   ᵈ *von* Die BrazKi schweren *bis* Versinke u. s. w. *rechts marginal*   ᵉ in der IrKuzKische₎ Provinz *über der Zeile*   ᶠ F₍linte₎ *verbessert aus* [.]   ᵍ gezogenem *verbessert aus* n   ʰ auch wohl einen Säbel *über der Zeile*   ⁱ D₍egen₎ *verbessert aus* f   ʲ i₍hr₎ *verbessert aus* [.]   ᵏ *von* Die Samojeden Beissen *bis* Religion beschrieb₎ worde₎ *auf Bl.* 88v *rechts marginal*

|: Der Eidschwur der *Samoj*eden, / wenn sie in ihren Götzen / *Junetta* oder *Palkan* mit einem / beil oder Meßer oder *OtKas*⁶⁰ / haken, soll Bedeuten, das⌈s⌉ der- / jenige, der sich solches unterstehet / ein[a] gutes gewis⌈s⌉en hab⌈en⌉ / müs⌈s⌉e wiedrigenfalls er es / sich aus Furcht der Götze werde[b] / es an[c] ihm rächen, nicht getrauen / würde. Der Schwerende redet / deßwegen bey dem Haken und / Hauen den Götzen also an: Du / weist, daß ich unschuldig bin, Du / wirst deßwegen diese hiebe[d], so / ich in dich thue, mir nicht Vergelt⌈en⌉. / Das beißen in die Rus⌈s⌉ischen / Heiligen bilder so man ihnen / fürhält soll eben diese beschaffen- / heit haben. Sie thun aber solches nicht / freywillig, sonder⌈n⌉ die Rus⌈s⌉en / Zwingen sie daZu, wenn sie von / ihnen einen Eyd forder⌈n⌉ z⌈um⌉ *e*⌈*xempel*⌉ im / gemeinen Handel u⌈nd⌉ wandel⁶¹, in / Schuldforderunge⌈n⌉, in *contracte*⌈*n*⌉ *p*⌈*erge*⌉ *Paltisch Sib*⌈*irische*⌉ Historie *Tom*⌈*o*⌉ 1. *p*⌈*agina*⌉ 395.⁶² ist / Vielleicht der *Palkan*. *Kamasinzi* wollen von fres⌈s⌉en / eines Läppgens Von einer bähre⌈n⌉ / Haut nichts wis⌈s⌉e⌈n⌉, sagen / auch daß sonst Keine andere / Eidschwüre bey ihnen gebräuchlich / sind. :|[e]
Unter dene⌈n⌉ *Kotowzi*sche⌈n⌉ Heiden am / *Kan* Flus⌈s⌉e im *KrasnojarsKi*sche⌈n⌉ / Gebiethe habe ich gehöret, daß sie / am Kräfftigste⌈n⌉ unter sich schwere⌈n⌉ / sollen, wenn sie Von einer[f] rohen[g] bären / Haut ein Läppgen VerZehren, / welches daher zu Kommen scheinet, / weil alle dergleiche⌈n⌉ in dene⌈n⌉ Wäl- / dern herum*vagir*ende[h 63] Völker Von / denen bären gros⌈s⌉e Gefahr aus- / Zustehe⌈n⌉ habe⌈n⌉, und sich folglich / sehr für ihnen fürchte⌈n⌉. Die / *JaKute*⌈*n*⌉ getraue⌈n⌉ sich daher den / bähren nicht Bey[i] seinem eigent- / Liche⌈n⌉ Nahmen Zu nennen, sonder⌈n⌉ / nennen ihn gemeiniglich aus Ehr- / furcht *Charà-Kül*⁶⁴ d⌈as⌉ i⌈st⌉ das / schwartze Thier.
Die *Brazki* um *UdinsKoi Ostrog*⁶⁵ / im *KrasnojarsKi*sche⌈n⌉ Gebiethe / welche gleichfalls mehrentheils / in wälder⌈n⌉ und wildnüs⌈s⌉e⌈n⌉ Lebe⌈n⌉, / haben mir eben denselbe⌈n⌉ Gebrauch / durch VerZehrung eines Lappens von / einer bähren Haut Zu schweren / als bey sich im Schwange gehend, an- / gegeb⌈en⌉, wiewohl sie auch Zu Bezeu- / gung[j] der Wahrheit die Nägel an / dene⌈n⌉ finger⌈n⌉ Leke⌈n⌉. /89v/
In einer *Nakasnaja Pamjat*⁶⁶ Vom / Jahr 7150. (oder 1642) die der *woewode* / *Peter Petrowitsch Golowin* Zu *JaKuzK*⁶⁷ / einem Nach[k] dem fluße *Jana*

---

[a] *vor ein gestr.* Zu thun,   [b] ᵂeʳᵈᵉ *verbessert aus* [.]   [c] an *verbessert aus* [..]   [d] ʰⁱᵉᵇᵉ *verbessert aus* [.]
[e] *von Der Eidschwur der Samojeden, bis ihnen gebräuchlich sind. rechts marginal*   [f] ₑᵢₙₑr *verbessert aus* [.]   [g] rohen *über der Zeile*   [h] ₕₑᵣᵤₘᵥₐ𝓰ᵢᵣₑnde *verbessert aus* dⱼ   [i] Bₑᵧ *verbessert aus* g   [j] Bₑzₑᵤ𝓰ᵤₙ𝓰 *verbessert aus* [.]   [k] Nₐcₕ *verbessert aus* [.]

geschickt[en] / *Sin BojarsKoi*⁶⁸ *Wasilei Wlassiew* / gegebe[n]⁶⁹, ist der Eydschwur der *JaKut[en]* / folgender Maas[sen] beschriebe[n]: Sie / hangen an einen birken baum 3 Zobelᵃ / und einen Säbel, Legen unter den- / selb[en] birkenbaum etwas Erde, / Knien niederᵇ und sPrechen die worte Ausᶜ / so man ihnen zu Schwerenᵈ aufgiebt / darauf Beiße[n] sie in den birken- / Baum, wie nicht weniger in die / füs[s]e und Schwäntze derer 3 / Zobel, und in den Säbel, Legen / Erde auf ihr Haupt, und beuge[n] / sich mit dem Kopffe bis[s] Zum / Boden, und sPrechen: wenn sie / falsch schweren, so solle sie die / Erde Zerdrüken Verschlingenᵉ | im Rußisch[en]ᶠ *Sada-* / *wit*⁷⁰ | wenden sich hiernächst mit / dem Gesichte gege[n] die Sonne, wie- / derhohlen noch einmahl alle Worte / des Eydes, oder die man ihnen Zu / beschweren befielet, und füge[n]ᵍ / hinZuʰ: Sie wollen die Sonne / Künfftig nicht mehr sehe[n], wenn / sie des Eydschwures nicht einge- / denk seyn werde[n], oder in / etwas gege[n] die wahrheit reden.

| : *D[octoris] Jo[annis] Car[ol]l[us] H[enrici] Dreyers* / gewesenen *Professoris* Zu Kiel / jetzt *Syndici*⁷¹ Zu *Lübek*ⁱ / Anmerkung Von der in / *Hollstein* ehedeßen üblich[en] / Gewohnheit, die Eyde an der / Klinge des Degens abzulege[n] / stehet in dem ersten theile / seiner Sammlung Vermischter / Abhandlungen. Der Zu / *Rostock* 1754 8° gedrukt / worden.⁷² : | ʲ /90r/ Eydschwur und Huldigung der Chal- / müken bey *witsen p[agina]* 292.⁷³ *KrasnojarsKi*sche *Tatar*en nennen den / Eydschwur *Abatúga*⁷⁴ Rußisch шерть⁷⁵ / und geschiehet derselbe also, daßᵏ / der Beschuldigte, welcher sich Von / einer übelthat *purgir*en⁷⁶ will, / ein Lapplein Von einer rohen / Bärenhaut mit Haut und Haar / VerZehren muß: und wird ihm / solches von denenjenigen die den / Eyd abnehme[n] in Gegenwart / Von Zeugen *presentir*et. wer / Kein gut gewis[s]en hat wird / sich nicht Leicht unterstehen / die bärenHaut zu verZehre[n] / denn sie glauben fest, daß die / Strafe auf dem fus[s]e nach- / folge. Sonst schweren sie auch / mit worte[n] und Verfluch[en] / sich und ihre Kinder, aber / solches wird nicht von der / Krafft als das Vorige ge- / halt[en]. Wenn es nachmahlsˡ Bey dene[n] / *Tatar*en BeKanndt wird, daß / einer das Bären-Läpplein / mit bösem Gewißen VerZehrt / hat und doch schuldig ist, so wird /90v/ derselbe Mensch fürᵐ einen / Gros[s]en Sünder gehalte[n],ⁿ / Erᵒ darff / nicht mitᵖ demjenige[n] der ihm den Eyd abgenomme[n]ᵠ in / einer Nachbahrschafft

---

ᵃ ₂ₒᵦₑl *verbessert aus* [.]   ᵇ Knien nieder *über der Zeile*   ᶜ A_{us} *verbessert aus* [.]   ᵈ S_{chweren} *verbessert aus* [.]   ᵉ Verschlingen *über der Zeile*   ᶠ R_{ußisch)} *verbessert aus* [.]   ᵍ füg_{e}n *verbessert aus* [.]   ʰ h_{inZu} *verbessert aus* [.]   ⁱ L_{ü}b_{ek} *verbessert aus* [.]   ʲ *von D. Jo. Carl. Henr. bis gedrukt worden. rechts marginal*   ᵏ d_{aß} *verbessert aus* [.]   ˡ nachmahls *über der Zeile*   ᵐ *nach* für *gestr. so*   ⁿ *nach* gehalte₎ *gestr. daß / niemand mit ihm Umgang / haben will t*[..]   ᵒ E_{r} *verbessert aus* [.]   ᵖ *nach mit gestr.* andern Leuten   ᵠ demjenige₎ der ihm den Eyd abgenomme₎ *über der Zeile*

wohne[n] / noch^a das^b waßer aus dem- / selb[en] flus[s]e oder bache^c geniess[s]e[n], woran / derselbe^d wohnet^e, sondern / Muß mit Sak und Pak / nach einem^f andern^g Orte / uberZiehen^h / findet es sich aber nachgehends / daß er unschuldig ist, so / fället die Sünde auf denjenig[en] / der den Eyd abgenommen / und das bären Lapplein Zu / verZehren geg[eben], und mus[s] / derselbe gleichfalls abZiehe[n] / und Kann nicht^i mit^j / demje- / nigen, den er durch^k aufdringung^l des^m bären- / Lappleins so hart beleidiget / Zusammen wohne[n].

---

1 „Sie gebrauchen eine sehr seltzame weise einen eyd zu schweren. ... Der beschuldigte ward darüber bey dem Woywoden angeklagt. Der Woywode fragte den ankläger: ob er/ nach Tungusischer weise/ den beklagten zu einem eyde wolte kommen lassen? der dann alsofort mit ja antwortete. Und da nahm nun der beklagte einen lebendigen hund/ legte denselben auf die erde nieder/ und stach ihn mit einem messer unter dem lincken fuß in den leib/ legte ferner seinen mund auff des hundes wunde/ tranck und saugete dem hund das blut aus: hub hernach den hund in die höhe/ so daß er ihm also auch das noch übrige blut aussaugen konte/ nach anweisung des obigen kupffers. Fürwahr ein schöner trunck! und doch ist diß gleichwohl ihr höchster eyd und befestigung der warheit: so daß auch der ankläger/ auff glauben solches eyds/ umb seiner falschen beschuldigung willen gestrafft/ und der andere frey gelassen wird." (Isbrand Ides 1707, S. 100f.)

2 Gebiet von *Nerčinsk*

3 unpaginierter Kupferstich gegenüber S. 100 „Tungúscher eidschwúr." in: Isbrand Ides 1707

4 nd. – Hündin

5 „Brustbein (Brustknochen, Brustblatt, Sternum), ..." (Pierer 1857–65, Bd. 3, S. 380)

6 s. Anm. 1

7 „... after which the Accused took a live Dog, laid him on the Ground, and with a Knife stuck him into the Body, just under his left Foot, and immediately clapped his Mouth to the Wound, and sucked out the Dog's Blood as long as he could come at it; after which he lift him up, laid him on his Shoulders and clapped his Mouth again to the Wound in order to suck out the remaining Blood, ..." (engl. – ... danach nahm der Beschuldigte einen lebenden Hund, legte ihn auf den Boden, stach ihm mit einem Messer direkt unterhalb seines linken Fußes in den Körper und drückte seinen Mund sofort an die Wunde und saugte, so lange dies ging, das Blut des Hundes aus, wonach er ihn hochhob, ihn auf seine Schultern legte und seinen Mund erneut an die Wunde drückte, um das restliche Blut auszusaugen, ...) (Isbrand Ides 1706, S. 45)

8 <lat.> determinieren – bestimmen, entscheiden

9 „..., auquel il enfonce un couteau dans le flanc, au dessous de la cuisse gauche, &

---

^a noch *verbessert aus* [....]   ^b _das_ *verbessert aus* ß   ^c oder bache *über der Zeile*   ^d derselbe *über der Zeile*   ^e _wohne_t *verbessert aus* [.]; *vor* wohnet *gestr.* jeder   ^f *nach* einem *gestr.* abgelegene)   ^g andern *über der Zeile*   ^h *nach* uberZiehen *gestr.* an einen Bach, an / welchem sonst niemand wohnet.   ^i nicht *über der Zeile*   ^j *nach* mit *gestr.* ander) Leut) / Keinen umgang hab)   ^k d_urch_ *verbessert aus* [.]   ^l aufdringung *über der Zeile*   ^m _d_es *verbessert aus* [..]

portant ensuite sa bouche à la playe, il suce le sang de l'animal, jusqu'à la derniére goute." (frz. – ... dem er ein Messer unterhalb des linken Schenkels in den Leib [bzw. die Seite] stößt; und indem er seinen Mund an die Wunde führt, saugt er das Blut des Tiers bis zum letzten Tropfen aus.) (Isbrand Ides 1727, S. 85)

[10] <lat.> – bringt an, bringt in Kontakt

[11] russ. *skorčit* – sich zusammenzieht, einschrumpft

[12] J. G. Gmelin beschreibt die Prozedur in seinem Reisejournal so: „... hat man mir von andern Tungusen erzählt, daß man ohne einen Scheiterhauffen zu machen, einen Hund, ohne ihn vorher vor den Kopf zu schlagen, auf die Art und Weise, wie die heydnischen Völker ihr Vieh schlachten, behend umbringe, indem man ein Loch zwischen den Brustknorpeln in die Brust steche, mit der Hand hineinfahre, und die große Schlagader abreiße. Sodann schneide man den Hund auf, gieße das Blut, welches sich in der Höhle der Brust gesammlet, in ein Gefäß, und lasse den Beschuldigten einen Theil desselben trinken; darauf lege man den Hund auf ein besonders außerhalb der Jurten dazu angezündetes Feuer, und verbrenne ihn, wobey der schwörende spreche: Wie der Hund jetzo zusammen schrumpfet, so mag ich auch in Jahresfrist zusammen schrumpfen, wann das wahr ist, dessen man mich beschuldiget." (Gmelin 1751–1752, 2. Theil, S. 305).

[13] russ. *otkas* bzw. *otkaz* (Mz. *otkasy* bzw. *otkazy*) – großes Jagdmesser; s. auch Glossar: Palma

[14] d. h. die pumpokolischen Ostjaken am Fluß *Ket'* (s. auch Kap. 25, Bl. 10v)

[15] *Nižnaja Tunguska*

[16] Johann Georg Gmelin

[17] *Kirensk*

[18] „... Ein gebräuchlicher Schwur unter ihnen / ist Olímni, und wird so gebraucht, wie der Rußen Jei bog. Wo / aber / die Sache von Wichtigkeit ist, und dem Schwure schlechter= / dings nicht geglaubt wird, so wird ein Feuer angeleget; und bey / selbigem ein Hund vor den Kopff geschlagen. Eben dieser Hund, / wenn er tod geschlagen, wird auf das Holtz=Feuer gelegt an / einem Orte, da es noch nicht brent, und ihm in die Gurgel geschnit= / ten, und ein Gefäß untergesetzt, daß das Blut darein auslauf= / fe. Währendem diesem Thut der beschuldigte einen Schritt über / das Feuer, und saufft darauff einen Theil des blutes aus, / was aber übrig bleibt wird ins Feuer gegoßen; der Hund aber / auff ein Gerüst gelegt. Was darbey gesagt wird, habe nicht ver= / stehen können, weil der Dollmatsch allZu schlecht ware. ..." (J. G. Gmelin in einem Brief an G. F. Müller aus *Kirenskoj ostrog* vom 16. Dezember 1737: AAW F. 21, Op. 3, D. 115, Bl. 14r–17v; G. F. Müller hielt sich zu dieser Zeit in *Irkuck* auf.)

[19] vgl. tungus. (ewenk.) „эјэмэ" – völlig richtig (sicher) (*Myreeva* 2004, S. 768)

[20] russ. *ej bog* (*ej bogu*) – bei Gott!

[21] Die Angaben von J. G. Gmelin finden sich auch fast wörtlich so in dessen Reisejournal. Der letzte Teil lautet: „... und zu gleicher Zeit der Hund auf ein Gerüst bey der Jurte in die freye Luft gelegt, und der Schwörende spricht: so wie dieses in das Feuer gegossene Blut brennt, so wünsche ich, daß dasjenige, was ich hinunter getrunken habe, in mir brenne, und wie dieser auf dem Gerüste liegende Hund mit der Zeit zusammen schmoren wird, so will auch ich zusammen schmoren, wann ich an diesem oder jenem Schuld habe. Allein die Nachrichten, die ich hievon habe, sind nicht einstimmig. ..." (Gmelin 1751–1752, 2. Theil, S. 304–305).

[22] *Enisej*

[23] *Enisej*-ostjak. „ês" – Himmel, Gott (Schiefner 1858, S. 160); ket. „es" bzw. „ēs" – Himmel, Gott (Donner 1955, S. 42); „... und verehren [die *Enisej*-Ostjaken] drei mächtige Götter: 1) den Gott des Himmels, den sie Es benennen; ..." (Middendorff 1874–1875, S. 1434)

²⁴ „PURGIEREN, ... 1) purgiren, reinigen, seubern ... von einer beschuldigung sich rein machen, seine unschuld an den tag legen, ..." (Grimm 1991, Bd. 13, Sp. 2253f.)
²⁵ d. h. Heiligenbilder bzw. Ikonen
²⁶ *Nižnaja Tunguska*
²⁷ *Mangazeja*
²⁸ russ. *čuman* (Mz. *čumany*) – Trog, Mulde, Korb aus Birkenrinde; s. *Anikin* 2000, S. 674 u. *Anikin* 2003, S. 693
²⁹ *Ob'*
³⁰ <lat> – Verehrung, Ehrerbietung
³¹ ostjak-samojed. „ilʒ́á, N., B., älterer Oheim, älterer Anverwandter aus demselben Geschlecht, auch Gott. ildá, K., Tsch., OO., NP., Jel., Tas., Kar. ildakka, Bär." (Schiefner 1855, S. 107); selkup. „ilča" – Großvater, Alter, Bär (*Gemuev* 2005, S. 324)
³² ostjak-samojed. „Bär, ... korg, Jel., B., Tas., Kar.; kuerg, MO.; kuerge, NP.; kuerga, Tsch., OO. ..." (Schiefner 1855, S. 202f.); ostjak-samojed. (*Narym*) „Kórgo" bzw. „Kuorgo" u. (*Ket'*) „Kórgo" – Bär (AAW F. 21, Op. 5, D. 134, Bl. 165r); ostjak-samojed. (*Narym*) „корга" – Bär (nach *V. N. Tatiščev* in: AAW F. 21, Op. 5, D. 152, Bl. 66v)
³³ „Koran m. das heilige Buch des Islam. ... Der Ausdruck gelangt zunächst mit dem arab. Artikel in der Form Alkoran im 16. Jh. ins Dt. ..." (Pfeifer 1995, S. 718)
³⁴ „Lapidem silicem tenebant juraturi per Jovem, haec verba dicentes: Si sciens fallo, tum me Diespiter salva urbe, arceque bonis ejiciat, uti ego hunc lapidem." (Festus/Flaccus 1699, S. 199), übers. in Cicero 1742, S. 511f. „Der Schwörende nahm einen Kieselstein in die Hand, und rief: So ich wissentlich betrüge, oder falsch schwöre; so verbanne mich Jupiter aus allem Guten, wie ich jetzt diesen Stein aus meiner Hand werfe!"
³⁵ „Jovem lapidem ..., quod sanctissimum jusjurandum est habitum, paratus sum ego jurare ...", lat. – Damit es die Form eines heiligsten Eides hat, bin ich bereit, beim Stein Jupiters zu schwören ... (Gellius 1706, S. 107)
³⁶ Johann Adolph Hof(f)mann
³⁷ Marcus Tullius Cicero
³⁸ „Die Heiden riefen bey ihren Eidschwüren den Jupiter vor allen zum Zeugen an. Der Schwörende nahm einen Kieselstein in die Hand, und rief: So ich wissentlich betrüge, oder falsch schwöre; so verbanne mich Jupiter aus allem Guten, wie ich jetzt diesen Stein aus meiner Hand werfe! Siehe den Festus, und den Gellius im 21 Kapitel des 1 Buches." (Cicero 1742, S. 511f.)
³⁹ *Bajkal*
⁴⁰ „Von den Schaman Steinen ... sind ihrer 4 Ein unterhalb Katschega wird Ajechu-Tscholon ... genennet ... Die B. der Wörter ... Ajechu butu fürchterlich Ajechu Tscholon ein Schreck Stein ..." (J. J. Lindenau in: RGADA F. 199, Op. 2, Portf. 511, Č. 1, D. 6, Bl. 4r–4v); „Bey denen zur Lamaischen Religion noch nicht bekehrten Buräten ist die Besteigung eines, diesem abergläubischem Volk höchst fürchterlichen Felsen, am westlichen Busen des Baikals, den sie Ajechu=tscholon (schrecklichen Felsen) und die Russen Schamanskoi Kamen (Zauberfelsen) nennen, die allerstärkste Eidesversicherung." (Pallas 1779, S. 332f.); burjat. „śuluŋ NU., śuluŋ(n) T., Ch., čolû S., Stein, ..." (Schiefner 1857, S. 141); burjat. „шулу(н)" – Stein, Felsen (*Čeremisov* 1973, S. 733); vgl. burjat. „айдуу" – Furcht, Entsetzen u. burjat. „айха" – sich fürchten, sich erschrecken, sich entsetzen (a. a. O., S. 36 u. S. 38)
⁴¹ russ. *Šamanskoj kamen'* – Schamanenstein, -felsen
⁴² *Bajkal*
⁴³ „... bey den ausfahl der angara zusammen in der mitte vor der Mundung stehet ein hervorragender felsen 1½ faden hoch. und 3. breit Schamansky Kamen genennet den die Buraeten und Tungusen vor was götliches halten und Veneriren bey

dem selben zu schwöhren ja als vor Gott selbsten zu förchten pflegen, maßen sie lieber alle schuld bekennen, als dahin fahren selben zu Kußen, ob er gleich bey denen Mewen in geringer aestim die selben mit ihren excrementen völlig ubertunget." (G. W. Steller „Beschreibung der Stadt *Irkuck* und der umliegenden Gegenden" in: Hintzsche 2000, S. 7)

[44] *Irkuck*

[45] „Zwischen Tunkinsk und Irkutzk ist ein großer Fels, der aus einem weißlichen Sandsteine bestehet, und von den Russen Schamanskoi Kamen, (Schamanen= Felsen) genannt wird. Die Buräten haben vor demselben, gleichwie vor vielen anderen hohen Bergen eine besondere Furcht, und kein Burät nähert sich demselben auf 50. Schritte, es sey dann, daß er wegen eines großen Verbrechens angeklaget wird, wovon er sich auf keine gewissere Art befreyen kann, als wann er auf diesen Felsen gehet, wiewohl ein solcher Burät unter seinen Mitbrüdern schon verachtet ist." (Gmelin 1751–1752, 2. Theil, S. 168f.)

[46] *Vercholenskoj ostrog*

[47] *Tuturskaja sloboda; sloboda* (Mz. *slobody*) – von einem *prikaščik* geleitete Ansiedlung mit einer großen Anzahl von Bauernhöfen, die weitgehend von Steuern und Arbeitsverpflichtungen befreit war; auch Vorstadt bzw. nahe bei einer Stadt gelegenes Dorf; „... der Zweyte [Schamanenstein] ist oberhalb Tutura gleichfalls zur rechten an der Lena und wird Adsjarai oder Adscharai genennet ..." (J. J. Lindenau in: RGADA F. 199, Op. 2, Portf. 511, Č. 1, D. 6, Bl. 4r); Der genannte Schamanenstein lag zwischen den in den Fluß *Lena* mündenden Flüßchen Zapleskina und Jakorok – „*Šamanskoj kamen'* hinter dem Ende einer steilen Klippe am rechten Ufer ..." (*Aleksandr Ivanov* et al. „Beschreibung des Flusses *Lena* von *Vercholenskoj ostrog* jenen Fluß abwärts bis zur Stadt *Jakuck* aus

dem Jahr 1736" in: Hintzsche 2000, S. 276)

[48] *Kitoj*

[49] *Belaja*

[50] *Bel'skoj ostrog*

[51] *Ubusa*

[52] *Osa*

[53] <lat.> – rechtfertigen, entschuldigen

[54] „Iniungiren heisset anbefehlen, heissen, auflegen." (Zedler 1732–50, 14. Bd., Sp. 707)

[55] Provinz *Irkuck*

[56] „Rohr (gezogenes) gezogene Büchse, Fr. Arquebuse rajée, nennet man eine Büchse, deren Lauff inwendig mit Reiffen ausgezogen ist. ..." (Zedler 1732–50, Bd. 32, Sp. 570)

[57] s. Anm. 13

[58] *Mangazeja*

[59] Nach dem Entwurf einer Kapitelübersicht für das vorliegende Manskript (s. Bl. 3r–9r vor Kapitel 1) hatte G. F. Müller zwei (nicht realisierte) Kapitel über Religion vorgesehen. Materialien zur Religion finden sich wie für die anderen Kapitel in einem als Vorarbeit für die vorliegende Arbeit zu betrachtenden Manuskript (RGADA F. 199, Op. 2, Portf. 509, D. 3, Bl. 1r–178v – Publikation in Vorbereitung; s. die Einleitung zu diesem Band und Helimski 2003). Im angegebenen Manuskript finden sich folgende Angaben auf Bl. 107r „Für das Gotzen bild Palkan haben die Mangaseische₍ und übrige Samojeden am Jenisei fl. Keinen besonder₍ Nahmen, sondern nennen es bloß Von der runden Gestalt DéredecKe d. i. runde Platte, mit welchem worte sie auch eine jede andere unfigurirte runde Platte benenne₎." und auf Bl. 155v „Die Obdorische Samojede₍ haben auch das Gotzen Bild Júnetta па³ка" [russ. *palkan*] in Rußische₍ Bedeutet eine₍ Centaurum Es soll eine antiquität seyn. Man hat welche gefunden die aus Kupffer halb mit Silber Vermischt bestanden, welches Goldschmiede Zu Beresow im Schmeltze₎ herausgebracht." (s. auch Helimski 2003,

S. 119 u. S. 167f.); *Enisej*-samojed. (Tundra-enz.) „d́eroδogo" – runder (solarer) Brustschmuck (Helimski 2003, S. 220); samojed. (nenz.) „юнéта" – zu Pferd (a. a. O., S. 230); vgl. jurak.– samojed. „junna, juna, Pferd (v. Russ. конь). [russ. *kon'* – Pferd]" (Schiefner 1855, S. 16) u. Tawgy-samojed. „Junta" – Pferd (Strahlenberg 1730, Anhang); russ. *polkan* – Centaurus, vermutlich von russ. *pol(u)kon'* – Halbpferd (*Dal'* 1880–1882, Bd. III, S. 262); „Centaurus, ... dem Mythus nach zweigestaltete (oben Mensch, unten Roß) Ungeheuer, ..." (Georges 1913–1918, 1. Band, Sp. 1075)

[60] s. Anm. 13

[61] „HANDEL, ... namentlich ist die reimende verbindung handel und wandel beliebt (letzteres in der bedeutung tauschverkehr) ..." (Grimm 1991, Bd. 10, Sp. 368ff.)

[62] In einem im 1. Buch der ‚Sibirischen Geschichte' von Gerhard Friedrich Müller (*Gerard Frederik Miller: Opisanie Sibirskago carstva i vsech proizšedšich v nem del ot načala, a osoblivo ot pokorenija ego Rossijskoj deržave po sii vremena*; ... Sankt Petersburg: Kaiserliche Akademie der Wissenschaften, 1750, S. 395; auch enthalten als Dokument 59 in Müller 1999, S. 407) publizierten Schreiben des Zaren *Vasilij Ivanovič Šujskij* an den Wojewoden von *Berezov Petr Achamašukovič Čerkasskij* vom 12. Juli 1606 (7114) wird mehrfach ein ostjakisches ‚Götzenbild' *paltyš* erwähnt.

[63] <lat.> vagieren – umherschweifen, nomadisieren

[64] jakut. „хара" – schwarz, dunkel (*Pekarskij* 1958–1959, Bd. III, Sp. 3329; Middendorff 1851, Theil 2, S. 80); jakut. „кы̄л" – Tier, wildes Tier (bei *Pekarskij* 1958–1959, Bd. II, Sp. 1375); jakut. „хара кы̄л" – scharzes Tier, Bär (a. a. O., Sp. 1376); jakut. „кы̄л" – „ein in der Wildniss lebendes Thier" (Middendorff 1851, Theil 2, S. 65)

[65] *Udinskoj ostrog*

[66] russ. *nakaznaja pamjat'* o. *pamjat'* – Verhaltungsbefehl, Instruktion (Pawlowski 1952, S. 737)

[67] *Jakuck*

[68] russ. *syn bojarskoj* (Mz. *deti bojarskie*); Adeliger untersten Ranges, der Rang war ursprünglich erblich, wurde in Sibirien aber auch nach Verdienst verliehen; „Dworjanin [russ. *dvorjanin*] ... ist eine Art von Adel, die den Patricie<r>n in Teutschland beykommt. ... Dieti bojarskie heißen eigentlich der Bojaren Kinder. ... Diese sind etwas geringer, aber ebenfalls als Bediente der Krone anzusehen, die dieselbe nicht weniger zu Verschickungen und zu geringen Bedienungen in den Städten und auf dem Lande gebrauchet." (Gmelin 1751–1752, 2. Theil, S. 140–141)

[69] *pamjat'* des Wojewoden von *Jakuck Petr Petrovič Golovin* an *Vasilej Vlas'ev* aus dem Jahr 7150 (1641/1642; Bis zur Abschaffung durch Peter I. am 1. Januar 1700 zählte man in Rußland die Jahre nach der Byzantinischen Weltära mit dem 1. September 5509 v. u. Z. als Anfangspunkt. Die Berechnung der Jahreszahlen nach der neuen Zeitrechnung erfolgt folgendermaßen: alte Jahreszahl minus 5509 für 1.9. – 31.12.; alte Jahreszahl minus 5508 für 1.1. – 31.8.) – Dokument 113 in Buch 1 der durch G. F. Müller angefertigten Kopien von Dokumenten des Archivs von *Jakuck*: AAW F. 21, Op. 4, D. 30, Bl. 301r–302v; s. auch S. 198 in: *Pokrovskij* 1995 (Verzeichnis dieser Dokumente)

[70] russ. *zadavit'* – zerdrücken, zertreten

[71] „Syndicus, ... ist eigentlich so viel, als ein Sachwalter, Consulent, Advocat, Rathgeber, oder Gevollmächtigter einer gemeinen Stadt, Republick, Collegii, Gemeine, Zunfft, oder Handwerckes; oder ein Syndicus ist ein Bedienter, dem die Beobachtung der Geschäffte und Angelegenheiten einer gantzen Gesellschafft oder Gemeine oblieget, ..." (Zedler 1732–50, Bd. 41, Sp. 983ff.)

⁷² Dreyer 1754; S. 174 (Kapitel „Anmerckung von der in Holstein ehedessen üblichen Gewohnheit, die Eyde an der Klinge des Degens abzulegen von D. J. C. H. Dreyer", S. 173–204) „§ 1 Zu dieser Anmerckung, welche ich von denen in Holstein ehedessen auf das Schwerdt, oder an der Klinge des Degens geleisteten Eyden kürtzlich entwerfen will, veranlassen mich drey Documenta, so mir von einem geehrten Freunde ohnlängst gütigst mitgetheilet worden. ..."

⁷³ „Als de Kalmakken een Eed zweeren, hakken zy zomtyds een Zwyn in twee stukken, en lekken 't bloed van 't Mes: of houwen ook wel met een Zwaerd een zwarte Hond door, en lekken zijn bloed van 't Zwaerd, daer dan eenige woorden by zeggende." (nl. – Wenn die Kalmyken einen Eid schwören, hauen sie manchmal ein Schwein in zwei Stücke und lecken das Blut vom Messer ab, oder sie zerhacken einen schwarzen Hund mit dem Schwert und lecken sein Blut vom Schwert ab, wobei sie einige Worte dabei sagen.) (Witsen 1705, S. 292)

⁷⁴ vgl. turk. „äбäд" – „ewig, für immer" (Radloff 1963, Bd. 1, Sp. 929)

⁷⁵ russ. *šert'* – Eid, Untertaneneid

⁷⁶ s. Anm. 24

Kapitel 11

/91r/
Von denen Wohnungen
der Völker

Die *Muhammedani*sche⌈n⌉ Tatare⌈n⌉ / in dene⌈n⌉ Städte⌈n⌉ *Tobolsk*[1], *Tara*, / *Tumèn*[2], wohnen in Häusern, welche / Von außen dene⌈n⌉ Rußischen gantz / ähnlich sind. Einige haben ordent- / Liche Stuben mit Öfens,[a] die meisten[b] / aber ohne selbige. An statt / der Öfen gebrauchen sie *Camine* / die Zur Rechten Hand der Stuben- / thür im[c] winkel[d 3] oder an der / wand angebauet sind,[e] und haben[f] / davon[g] im winter Wärme.[h] / Ihr Eßen aber Kochen sie nicht / an denen *Camine*⌈n⌉, sondern es / ist daZu in allen Stuben Zunächst / an dem *Camin*e ein Keßel / eingemauert[i]. In denen Stuben / sind an dene⌈n⌉ Wände⌈n⌉ rund herum / breite Bänke angemacht, die / an einigen Orte⌈n⌉[j] so breit sind, als ein Mensch Lang / ist, an einigen halb so breit / auf denselb⌈en⌉ sitzen und Schla- / fen sie. Der Ort, wo der / Mann mit[k] seiner frau Zu schlafe⌈n⌉ / pfleget, ist gemeiniglich mit / einem Vorhange umhange⌈n⌉.[4] / Zuweilen ist ein VorHauß mit / NebenKammer⌈n⌉ und Verschläge⌈n⌉ / Zuweilen nichts von allen diese⌈n⌉. / Es richtet sich solches nach dem / der wirth des Hauses begütert / ist. Und auf dene⌈n⌉ Dörffer⌈n⌉ /91v/ findet man nicht Leicht was / mehreres, als einZelne Stube⌈n⌉ / aus vier wänden Bestehend
|: *Ostiak*en haben Sommer / Jurten Von zusammen- / gestellte⌈n⌉ Steken mit / birken Rinde Bedeket / wie die *Tungus*en.
Winter Jurten Bestehen / aus brettern, und werde⌈n⌉ / mit Erde überschüttet / Zuforderst graben sie / auf halben Mannes Tieffe / in die Erde, und uber / dieser Hohlung richten / sie die bretter in ei- / ner Rundung auf. / bey denen Thüren sind / sie nicht gantz *regu- / lair*, doch richten / sie dieselbe mehren- / theils gegen *O* oder *SO*. :|[l]

Die Heidnische⌈n⌉ Tataren dahingege⌈n⌉ / in der *Barabinzi*sche⌈n⌉ *Steppe*[5] / im *KusnezKi*sch⌈en⌉[6], *Tomski*sche⌈n⌉ und / *KrasnojarsKi*sche⌈n⌉ Gebiethe, / haben mehrentheils Kleine / Hütten die[m] ins / VierEk aus aufrecht gestellt⌈en⌉ / bretter⌈n⌉ bestehe⌈n⌉, und oben mit / Schindeln oder Baum Rinde⌈n⌉ / bedeket. hiernächst

---

[a] *nach* Öfens, *gestr.* mehren / theils   [b] die meisten *über der Zeile*   [c] i$_m$ *verbessert aus* u   [d] w$_{inkel}$ *verbessert aus* [.]   [e] *nach* sind, *gestr.* Von welchem / sie   [f] und haben *über der Zeile*   [g] davon *über der Zeile*   [h] *nach* Wärme. *gestr.* haben   [i] $_{einge ma}$u$_{ert}$ *verbessert aus* [.]   [j] an einigen Orte) *über der Zeile*   [k] m$_{it}$ *verbessert aus* [.]   [l] *von* Ostiaken haben Sommer Jurten *bis* gegen O oder SO *auf Bl.* 91r *rechts marginal*   [m] *nach* die *gestr.* aus brettern

noch, sowohl / an dene[n] Seit[en], als oben, mit / Erde Angefüllet[a] und über- / worffe[n] sind. Sie sind fast / alle so niedrig, daß ein[b] / Mensch Von gros[s]er *Statur* / nicht aufrecht darinne[n] stehe[n] / Kann. Die Wände sind / etwas nach inwendig *incli- / nir*et[7]. In der Mitten ist / der Feuerherd[c] ohne *Camin* / und oben in der Mitten / der Hütte ein Rauch- / Loch[d].
|: *Camasinzi* haben Sommer und / Winter ihre Jurte[n] mit birken- / Rinde bedeket. Die Rinde wird / auf ½ *Arschin* breit Von dene[n] / baumen genomme[n], 3 biß 4. / dergl[eichen] Stüke Zusammengewikelt / und in einem Keßel in waßer / geKocht auf einen halbe[n] Tag / die Rinde stehet aufwerts / im Keßel und wird wahrend[em] / Koche[n] das oberste Ende nach / Unten Umgekehret, weil die Keßel :|[e] |: Nicht so groß sind das[s] die gantze / Rinde auf einmahl mit was[s]er / Konnte bedeket werd[en]. hiernächst / werden Von diesen Rinden / [[werden]] je Zwey nach der / breite Zusammen genähet / und nach der länge so / viel daß es[f] auf 1½ fade[n] / beträget. Das Nähen geschie- / het mit Sehnen Von Rehe[n] / (die besten Sehne[n] sind aus / den Füßen doch gebrauche[n] / sie auch aus den Rücke[n]) / Und mit diesen Zusamme[n] / genehete[n] birken Rinden / bedeken sie ihre Jurt[en] / binden dieselbe an dene[n] / Stangen feste, und las[s]e[n] / eine birken Rinde über die / andere etwas herab, damit / der Regen ablauffe[n], und / es nicht durchregne[n] könne. / Die Thüren nicht gegen Auf- / gang <der Sonne>. es ist gleich Viel nach der / bequemlichkeit der Gegend / wenn es windig ist so nehme[n] / sie nur die Gegend aus, wo / der wind herKommt daß / Von derselb[en] Seite die Thür nicht / angebracht werde.
Die Thüren bestehe[n] aus doppelt[er] / birken Rinde wegen der Steiffig- / Keit, und werden vorgehang[en] :|[g]
Die *Teleuti*sche[n] *Tatar*en / Bey[h] *KusnezK*[i8] wohnen Zur[j] / winters Zeit in Häusern /92r/ Die sie[k] sich nach dem *Exempel* und *Model*[l] / der Rus[s]e[n] erbauet habe[n], / Zur Sommers zeit aber / schlagen sie Bey diesen Häuser[n] / ihre eigene Hütten auf, in welche[n] / sie Vor der Zeit der Rus[s]ische[n] / OberHerrschafft sowohl winters / als Sommers gelebet, und von / Zeit Zu Zeit den Ort ihrer / Wohnung verwechselt hab[en]
Die äußerliche Gestalt und / Bau Art dieser Hütten habe[m] / sie Mit[n] dene[n] Chalmüken / gemein, unter welchen sie Vordem gewohnet Zu haben /

---

[a] An_{gefüllet} *verbessert aus* [..] [b] e_{in} *verbessert aus* [.] [c] F_{euerherd} *verbessert aus* P [d] R_{auch- / Loch} *verbessert aus* [.] [e] *von* Camasinzi haben *bis* weil die Keßel *auf Bl.* 91r *rechts marginal* [f] _{e}s *verbessert aus* [.] [g] *von* Nicht so groß sind *bis* und werden vorgehang) *rechts marginal* [h] B_{ey} *verbessert aus* [.] [i] _{K}u_{snezK} *verbessert aus* [.] [j] Zur *verbessert aus* [...] [k] sie *über der Zeile* [l] und Model *über der Zeile* [m] _{ha}b_{en} *verbessert aus* [.] [n] Mi_{t} *verbessert aus* [..]

Gerhard Friedrich Müller 237

versicher[n]. Die *Mongole*[n] und *BrazKi* welche^a jenseits / dem See *Baical*^{9} wohnen / wie auch die *Nertschins-* / *Ki*sche[n] *Tungus*en und die / an der *Mongoli*sche[n] Gräntze / wohnende *Beltir*ische und *Sagaii*sche *Tatare*[n] des *Kus-* / *nezki*sche[n] Gebiethes^{10},^{b} / nebst dene[n] *KrasnoiarsKi*sch[en] *Tatar*[en] u[nd] / *Kaibal*en haben ebender- / gleiche[n] Hütte[n];^{c} / Sie sind *Circul*-Rund, und / mit einer Wand umgeben /^{d} /92v/ die auf etwas mehr als^e halben Mannes-Höhe / *perpendicular* aufrecht stehet / von dannen aber oben sich in / eine Runde Spitze endiget, / allwo eine oefnung ist welcher / unten in der Mitten der / Hütten der Feuerherd / *respondi*ret^{11}. Das *Soutien*^{f12} der^g *Perpendi-* / *cular*-wände Bestehet aus / rauten förmig Zusammengefügten Schindeln^h nach bey- / gefügte[m] *Schemate*:

Sie Können Beym *Transport* / der Hütten Zusammen geschlag[en]^{13} / werden. Und das obere Ver- / dek wird von Langen und dün- / nen Steke[n] unterhalten, die / in der Mitte um die Obere / Oeffnung in einem Krantze / Zusammen gebunden sind, und / unten ausgebreitet auf dene[n] / *Perpendicular* stehenden^i / geraute[en] Schindeln befesti- / get werde[n], folgender Ge- / stalt:

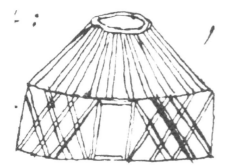

N[ota]*B*[ene]^{14} / Die / Rauten et- / was enger / und mehr / geschoben.

---

^{a} welche *über der Zeile* ^{b} *nach* Gebiethes, *gestr.* und ^{c} *nach* Hütte) *gestr. Nur mit / dem Unterscheide, daß* ^{d} *folgt* die ^{e} etwas mehr als *über der Zeile* ^{f} das Soutien *über der Zeile* ^{g} $_d$er *verbessert aus* [..] ^{h} *vor* Schindeln *gestr.* geraute) ^{i} $_{st}e_h e_{nden}$ *verbessert aus* $_{st}[.]h[.]_{nden}$

Sie werden gleich- / falls beym *Trans- / port* der Hütte Zu- / sammen geleget, / und so mit ge- / führet.
Dieses gantze Gestell ist Bey / denen *Mongol*en, *Chalmüke*[n] / *Brazki* und *Nertschinski*sch[en] / *Tunguse*[n] welche alle /93r/ große Viehzucht und insonderheit / Viel Schaafe haben, mit Schaaf- / filtzen | *woilok* | Auswendig[a] / bekleidet und bedeket. Anstatt / welcher die *Teleute*[n] Zusammen / genähete Birken Rinden gebrau- / chen. Bey denen *Beltiri*sche[n] / und *Sagaii*sche[n] *Tatare*[n] aber, wie auch / bey dene[n] *Kaibalen*[b], siehet man / dergleich[en] Hütten sowohl Von / Filtzen als von Birken Rinde / weil unter ihnen auch viele sind, / die nicht weniger starke Vieh- / zucht habe[n].
Die Thür ist bey allen nicht höher / als die *Perpendicular* wand / ist. folglich muß man sich / sehr tief büken, wenn man / hinein oder heraus will. Auch / sind die Thüren bey denen / Hütten derer heidnische[n] *Ta- / tar*en sehr niedrig.
|: *Tatari*sche Jurten in ihrer / SPrache *Ep*[15]. Sie unterscheiden / aber durch beynahmen die runden / Jurten von dene SPitzigen. erste- / re nennen sie *Termè- Ep*[16], weil / *Termè*[17] bey ihnen das Gegitter (решетка[18]) / genennet wird[c], so der Jurte zur *Basi* / dienen. Letztere *AlátschiK-ep*[19] od[er] / auch nur schlecht hin *Alátschik*[20], / welches wort SPitzig bedeutet. / Die *Tatar*en so Viehzucht haben, / habe[n] nicht Leicht andere Jurten als / runde. Es sey denn, daß sie in Eyle / Von einem Orte Zum ander[en] über- / ziehen, und nicht Zeit haben / die runde mitZunehm[en]. in welchem / Falle sie auch der Spitzigige[n] sich bedie- / nen weil die Steken dazu an / allen Orte[n] wo Holzung ist[d] Konnen gehaket werden / an statt daß das[e] Gestell Zu einer / runden Jurte mit fleiß und kunst / gemachet werden muß. Das[f] / unter Gegitter wird so gemacht / daß man es bequem[g] zusamme[n] / Legen kann. Es bestehet aus 4 / Biß 5 Theilen, damit es desto / Leichter *transportir*et und auf- / gesetzet werden möge. Die / Stäbe welche Platt u[nd] etwas krum sind / werden[h] auf einen Klei- / nen SPann[21] weit, nemlich so / weit man mit dem daumen / und Zeiger[22] sPannen Kann, / Von einander gelaßen] / und schräge ein auf ein- / ander geleget, das oben und / unten je Zweene[23] nahe[i] zusammen[j] / stoßen. Solche[k] oben[l] / gedoppelte Ende der Stabe nenne[n] / sie *Basch*[24] oder *Baschtar* (головки[25]) / und pflegen derselben in einem / jeden Theile des Gegitters eine / gleiche anZahl Zu seyn. Das wenig- / ste ist Zu 10 головки[26], das :|[m]|: meiste Zu 20 головки[27]. Jungen angehen- / den Eheleuten

---

[a] Aus_{wendig} *verbessert aus* [...]   [b] к_{Aibalen} *verbessert aus* [.]   [c] *wird über der Zeile*   [d] *wo Holzung ist über der Zeile*   [e] _da_s *verbessert aus* [.]   [f] _{Da}s *verbessert aus* [.]   [g] b_{equem} *verbessert aus* [.]   [h] *vor* werden *gestr.* Löcher   [i] *nahe über der Zeile*   [j] _{zu}s_{ammen} *verbessert aus* k   [k] _{Solche} *verbessert aus* _{Solche}s   [l] _{obe}n *verbessert aus* [.]; *nach* oben *gestr.* zusammen   [m] *von* Tatarische Jurten in ihrer SPrache *bis* Zu 10 головки, das *auf Bl.* 92r *rechts marginal*

werden kleine[a] Jurten gemacht / Von 4 Gegittern, deren jeder 10 головки[28] / hat.
Vermehret sich die *fami*l*i*e so machet / man die Gitter gros[s]er und mithin / wird
auch die gurte raumlicher. / Das höchste ist wenn 5 Gitter / deren jedes 20
головки[29] hat Zusamme[n] / gesetzet werden. alsdenn hat die / Jurte auf 8 Faden
und darü- / ber im UmKreyse[b] und fast / 3 Faden im durchschnitt.[c] Zwischen[d] die
/ головки[30] werden die obere Stäbe / Geleget, so das Tach[31] der Jurte /
ausmachet[e] und mit Kleinen / an denen Stäben befestigte[n] Rieme[n] / an denen
unter[en] Enden an Be- / sagte головки[32] angehänget, damit / sie über dieselbe
nicht ausweiche[n] / Könne[n]. Diese Stäbe nenne[n] / sie *Chutschè* (Ruß[isch]
бадашки[33]) / Es sind derselbe[n][f] mehr oder wenig / nachdem die Jurte groß oder
/ Klein ist, denn Zwischen jede / головка[34] soll Billig ein бадашокъ[35] / Zu
liege[n] Komme[n], wiewohl Zuweile[n] / auch weniger бадашки[36] als / головки[37]
sind. Alle бадашки[38] / Kommen oben in einem runden / *Circul* Zusammen, in[g]
welchem / sie Befestiget sind. Derselbe / *Circul* heißet *Charatsch*[39]. / (Ruß[isch]
кругъ[40]) und bestehet / aus 2 Theilen oder halb[en] / *Circul*n die Zusammen
gesetzet / und mit einander Verbund[en] / werd[en], damit Beym abnehmen / und
*transporti*r[en] der Jurte / selbige *Circul* mit dene[n] / daran befestigte[n] Stangen
desto / bequemer gepaket werde[n] Könne[n]. :|[h]

|: Dieselbe *Circul* Rundungen / haben bey großen Jurte[n] auf / 2 biß 2½ *Arschin*
im durchschnitt. / Wer dieselbe nicht selber machen / Kann, der Kauffet sie von
andern / und pfleget der Preyß Zu seyn / Zu 5 *cop*[eken] vor einen SPann[41] im /
durchschnitt, nemlich so viel der / *Circul* SPann[42] im durchschnitt / hat soviel
mahl 5 *cop*[eken] Vor / die untere Gitter beZahlen / Sie Zu 5 *cop*[eken] Vor ein
jedes / Theil derselbe[n]. denn es ist nicht / ein jeder Zu dieser Arbeit
ge- / schikt. Thüren gegen SO. an den / selb[en] Zu beyden Seiten Pfähle / und
darüber ein[i] quer balke[n] / welche an die Gitter befestiget / werde[n]. Sie bedeke[n]
die Jurt[en] / mit *woiloke*[n] oder birken[j] rinde. / *BrazK*ische und *Mongoli*sche /

Jurt[en] von *woiloken* heis[s]en / auf *Mongoli*sch ♄ *Gir*[43] / Die *BrazK*ische
Holtzerne winter- / Jurten: *Bulgahn*[44] :|[k]
Die *BrazK*i dießeits dem See / *Baical*[45] haben Hütten, die sie / ins fünff-[l] oder[m]
Sechs-Ek rund / Umher[n] mit einer *perpendicular* / Wand Von

---

[a] kleine *über der Zeile*   [b] $_{Um}$Kr$_{eyse}$ *verbessert aus* [..]   [c] *nach* durchschnitt. *gestr. auf*   [d] Zwischen *über der Zeile*   [e] $_{ausmache}$t *verbessert aus* [.]   [f] d$_{erselbe}$ *verbessert aus* [.]   [g] i$_n$ *verbessert aus* [.]   [h] *von* meiste Zu 20 головки. *bis* gepaket werde$_)$ Könne$_)$. *auf Bl.* 92v *rechts marginal*   [i] $_{ei}$n *verbessert aus* [.]   [j] birken *verbessert aus* [......]   [k] *von* Dieselbe Circul Rundungen *bis* winter-Jurten: Bulgahn *rechts marginal*   [l] $_{fün}$ff- *verbessert aus* [.]   [m] o$_{der}$ *verbessert aus* [.]   [n] U$_{mher}$ *verbessert aus* [.]

Ubereinandergelegten[a] / Balken umgeb[en], und selbige[b] / in[c] einer ebensolche[n] / gesPitzte[n] Rundung als bey / denen Vorige[n] Hütten, mit Bal- / ken und[d] bretter[n] bedeken, auch / mit Erde überschütten, übrigens /93v/ sind[e] die[f] Seiten- Wände[g] und Thüren nicht[h] hoher / als Bey dene[n] vorige[n].[i]

|: Eben diese *BrazKi* um *IrKuzk*[46] / und sonderlich die *WercholensKi*sche[n] / haben auch Zuweilen[j] / Jurten Von *Woiloken* so wie die *Mongole*[n]. dergl[eichen] sie ihre[n] / Töchtern bey der Hochzeit Zur / brautgabe mitgeben: Sie wohne[n] / aber nicht darin Zum gemeine[n] / Gebrauch sondern haben sie nur / Zum Staat[47].

Die *BrazKi* / auf der Insul *Olchon*[48] wohne[n][k] / Theils in Holtzernen theils in Jurte[n] / Von *Woiloken* und jenseits / dem See *Baical*[49] sind Keine / Holtzerne Jurte[n] mehr gebräuchlich. :|[l]

|: Die *BrazKi* dies[s]eits dem See / *Baical*[50] haben auch Sommer / Jurten die eben so wie die / WinterJurten von Balken / und brettern gebauet sind / Nur daß sie nicht Zwische[n][m] / den balken[n] mit Moß / *calfatirt* und nicht mit / Erde überschüttet werden / und daher gantz durchlauchtig[51] sind. / Diese werden eben so wenig / wie die winterJurte[n] transpor- / tiret, sondern[o] stehen be- / ständig an einerley Orten / da nehmlich wo ein jeder / im Sommer Zu wohnen / pfleget und werden im / Winter Leer gelas[s]en, so / wie im Gegentheil zur / SommersZeit die winter / Jurte[n] leer stehen :|[p]

Die wald *Tungus*en und übrige / Völker, welche in denen wäl- / der[n] und Gebürge[n] beständig / umherZiehen, als[q] Z[um] e[xempel][r] *Ostiake*[n] / *Kotowzi*, *Camaschinzi*, *p*[*erge*] / habe[n][s] Hütte[n] / die aus Langen Steken unte[n] / in die Runde ausgebreitet / und oben Zusammen gesetzet, / formiret werde[n]. Selbige / Steken Bedeken sie / im Sommer mit birken / Rinde, im winter, wer so / Viel im[t] vermögen hat, mit / Semisch gegerbt[en] ElendsHäut[en][u]. Ich sage, wer so viel im Ver- / möge[n] hat. denn es giebt / auch viele arme, die so win- / ter als Sommer unter blos[s]e[n] / Birken[v] Rinden Lebe[n].

|: Sie brauchen Zu einer Jurte / 6 biß 7 gantze Elends- / Häute oder 12 biß 14 / *Polowinki*.

Die Steken[w] Zur Jurte / werden an einem jeden Orte / neu gehauen, und nicht beym / Verhause[n] mit geführet.

---

[a] Ubereinander_gelegten_ *über der Zeile* [b] sel_bige_ *verbessert aus* [...] [c] *vor* in *gestr.* dekel [d] und *über der Zeile* [e] sind *über der Zeile* [f] *vor* die *gestr.* da [g] *nach* Seiten-Wände *gestr.* eteas [h] und Thüren nicht *über der Zeile* [i] *nach* vorige) *gestr.* sind, / so sind auch die Thüren etwas / höher [j] *nach* Zuweilen *gestr.* Sommer [k] w_ohn_) *verbessert aus* [.] [l] *von* Eben diese BrazKi *bis* mehr gebräuchlich *rechts marginal* [m] Z_wische_ *verbessert aus* [.] [n] b_alken_ *verbessert aus* [.] [o] sonder*n verbessert aus* [.] [p] *von* Die BrazKi diesseits dem *bis* leer stehen *auf Bl.* 94r *rechts marginal* [q] _a_ls *verbessert aus* [..] [r] Z. e. *verbessert aus* die [s] *vor* haben *gestr.* haben Jukagir [t] i_m_ *verbessert aus* [.] [u] E_lendsHäut_) *verbessert aus* [.] [v] B_irken_ *verbessert aus* [.] [w] St_e_ken *verbessert aus* [.]

Im winter wird die Jurte / unten umher mit Schnee / aufgefüllet[a], um dadurch / Kalte und wind abZuhalten. : |[b]
Die *JuKagiri, Korjäki, TschuK-* / *tschi*, nemlich diejenige von / diesen Letzteren beyden *nation*en, / welche mit Rennthieren um- / her ziehen, haben[c] / Hütten von derselben /[d] /94r/ *façon*, nur daß sie dieselbe / fast alle das gantze Jahr hin- / durch mit Elends- oder Renn- / Thiers-Leder bedekt haben, / woran bey diesen Völkern ein / überfluss[e] ist. Der Som- / mer ist auch bey diesen Nordlichen Völkern so Kurtz, daß sie[f] / für denselben Keine beson- / deren Hütten nöthig haben. / Dergleichen mit Leder Bedekte / Hütten[g] werden Von denen Russen / im *Beresowi*schen, *Mangasei*schen und[h] *Jakuzki*schen Gebiethe[52] *Tschu-* / *mi*[53] genannt.

Die Thüren sind an allen, / sowohl denen, die mit Leder / als birken Rinde bedekt / sind, hoch genug, daß auch / Leute von erwachsener *Statur*, / ohne sich zu büken, dieselbe / passiren Konnen. Der Feuer- / herd ist gleichfalls in der / Mitten, und der Rauch findet / oben Zwischen denen Zusam- / mengesetzten Steken seinen / Ausgang, ohne[i] das ein beson- / deres RauchLoch offen behalten / wird.

Die *JaKut*en haben Zweyerley / Hütten, eine für den Sommer / die andere für den winter /94v/ Die winter-Hütten[j], welche Bestän- / dig an einem Orte stehen, werden / bey ihnen *Balagàn*[54] genannt. / Zu denselben erwehlen sie der- / gleichen Gegenden, allwo im win- / ter vor das Vieh das beste Futter / ist, und wo sie im[k] Sommer ihre / Heuschläge haben, nemlich auf / wiesichten Gründen, an denen / Ufern der Flüsse und Seen, / auf Insuln[l] in denen Flüssen / und so weiter, wogegen sie im Som- / mer mehrentheils in denen / wäldern und Gebürgen wohnen. / Erwehnte Winterwohnungen oder / *Balagane*[55] der *JaKut*en sind / denen Hütten der Heidnischen / Tataren im *KusnezKi*schen[56], *Toms-* / *ki*schen und *KrasnojarsKi*schen Gebiethe / ähnlich. Sie sind wie jene ins quadrat[m] Vier- / ekigt, die wände bestehen aus / aufwerts gerichteten diken / brettern, die nach der inwen- / digen Seite etwas *incliniret*[57] / sind, oben gleichfalls mit / brettern bedeket, und / um die große Kälte abZu- / halten, um und um dik[n] mit Leimen / Verschmieret, der Zu besserer / Haltung mit Kuh-Mist Vermischet /95r/ ist. Sie sind nur um ein gutes / Höher, als die Hütten der Tata- / ren, so daß man in[o] allen auf- / recht stehen Kann, sind auch / viel

---

[a] aufgefüllet *verbessert aus* [..] [b] *von* Sie brauchen Zu einer *bis* wind abZuhalt) *rechts marginal* [c] *nach* haben *gestr.* ebender / gleichen [d] *folgt* façon [e] überfluss *verbessert aus* [.] [f] sie *verbessert aus* [.] [g] Hütten *verbessert aus* [....] [h] Beresowische), Mangaseisch) und *über der Zeile* [i] ohne *verbessert aus* [.] [j] winter-Hütten *verbessert aus* [.] [k] im *verbessert aus* [.] [l] Insuln *verbessert aus* [....] [m] ins quadrat *über der Zeile* [n] dik *über der Zeile* [o] in *verbessert aus* [.]

geräumlicher, und die / Thüren[a] so hoch, daß man die- / selbe, ohne sich zu büken, paßi- / ren Kann. In der Mitten der / Hütte ist ein freystehender[b] *Camin*, mit dem / Rüken gegen die Thür ge- / Kehret. Solche *Camine* werden / Von grünen dünnen Steken / gemacht, und mit Leimen und / Kuh-Mist Beschmieret, damit / das Holtz Kein Feuer fas[s]en / möge.
Die Thüren An[c] / denen Vorbeschriebene[n] *Ta*- / *tari*sche[n] Hütten sind wie / Bey uns[d] auf Angeln[e] / und werden gege[n] die / auswendige Seite geöffnet / An[f] denen *Mongoli*sch[en] / und *Tungusi*sche[n] Hütten / aber, die mit *woilok[en]* / oder birken-Rinde / bedeket[g] sind, siehet man / Keine dergleiche[n] Thüren. Sie / haben an derselb[en] Statt /95v/ Aufschläge oder Vorhänge / Von *Woiloke*[n] oder birken- / Rinde, die auswendig[h] über[i] dem Eingange / befestiget sind, und herunter / gelas[s]en oder Vorgeschoben / werden.
Inquirendum[58], ob das[j] Wort[k] / *Balagàn*[59] auch in der *Tobols*- / *Ki*sch- und *Casani*sch-Tatarisch[en] / Sprache Vorkomme? In solchem / Falle[l] wäre erstlich das Rußische / wort *Balagan*[60] aus dem / *Tatari*sch[en] zu *derivire*[n][61]. hernach / könnte man auch den UrsPrung / der falsche[n] *Strahlenbergi*sche[n] / *Conjectur*[62] erklären, als wenn / anstatt *Bulgar, Bulgàn* Zu / schreibe[n] sey[63].
Die Sommer Hütte[n][m] der *Ja*- / *Kut*[en] sind wie bey dene[n] / *Tungus*en von birken Rinde
|: Die *Jakut*[en] nennen dieselbe / *Urassà-dsche*[64] d[as] i[st] Stange[n] / wohnunge[n] oder auch *Tos*- / *dsche*[65] d[as] i[st] wohnunge[n] von / Birken Rinde. Ersterer Nahme / aber ist der gebräuchLichste / weil die Birken Rinde auf / Stangen oder Steken be- / festiget wird. :|[n]
wo die winter-Hütten an / einem solchem orte stehen, / daß daselbst futter vor / das Vieh im Uberflus[s]e ist, / so pflegen sie die Sommer- / Hütten neben denen win- / ter Wohnunge[n] aufZustellen. / Ist aber an futter daselbst / ein Mangel, so daß sie selbiges / auf den winter zu sParen /96r/ Ursache habe[n], So begeben sie sich / mit ihre[n] SommerHütte[n] an / Ab-Örter in die wälder und / Gebürge, weil sie im Sommer / vor das Vieh allenthalben[o] / Nahrung finden[p].
Die Thüren an allen sowohl / beweglich[en] als unbeweglich[en] / Sommer- und winter Hütte[n] / aller obbesagt[en] Völker / sind gegen Aufgang der / Sonnen gerichtet. Ich sage / mit fleis[s][66] gege[n] Aufgang der / Sonnen, um die Himmels / Gegend zwische[n] dem Aufgange / der Sonne im winter und / im Sommer

---

[a] *nach* Thüren *gestr.* , [*Komma*]   [b] freystehender *über der Zeile*   [c] An *verbessert aus* [..]; *nach* An *gestr.* diesen JaKuz- / Kisch) sowohl als auch an   [d] uns *verbessert aus* unser); *nach* uns *gestr.* europäische) wohnung)   [e] Angeln *verbessert aus* [.]; auf Angeln *über der Zeile*   [f] An *verbessert aus* [..]   [g] bedeket *verbessert aus* [.]   [h] auswendig *über der Zeile*   [i] über *verbessert aus* [.]   [j] das *verbessert aus* [..]   [k] Wort *verbessert aus* [....]   [l] Falle *verbessert aus* [.]   [m] H(ütte) *verbessert aus* [.]   [n] *von* Die Jakut) nennen *bis* befestiget wird. *rechts marginal*   [o] allenthalben *verbessert aus* [.]   [p] finden *verbessert aus* t

undetermini- / *ret*⁶⁷ Zu las⌊s⌉e⌊n⌉, maas⌊s⌉en man / nicht *observir*et, das⌊s⌉ die / Thüren alleZeit das Mittel / Zwische⌊n⌉ beyden, nemlich gege⌊n⌉ Oste⌊n⌉, / halt⌊en⌉, sonder⌊n⌉ Zuweilen / auch gege⌊n⌉ *SO* Zuweilen / gege⌊n⌉ *NO* sehe⌊n⌉.
Von dene⌊n⌉ Unterirdische⌊n⌉ woh- / nungen derer *Sidiatschie* / *KoriäKi*, *Sidiätschie-TschuK-* / *tschi*, *Kamtschedalen* / und *Kurilen*: und von ihre⌊n⌉ / Sommer wohnunge⌊n⌉ die auf / Pfählen in der Lufft gebauet sind. /96v/ *Jakut*⌊en⌉ die viel Vieh habe⌊n⌉, habe⌊n⌉ / auch verschiedene winter Jurte⌊n⌉ / an Unterschiedene⌊n⌉ᵃ Ort⌊en⌉, nach wel- / chen sie überZiehe⌊n⌉, wenn an / einemᵇ Orte das Heu *consumir*et / ist. Sie pflegen solcher Gestalt / auf 2 Biß 3 Mahl im win- / ter Zu Verhausen. Zu solchem / Ende aber stehe⌊n⌉ die Jurten / Jahr aus Jahr ein fertig / Müs⌊s⌉en jedoch alle Herbst / wenn es anfängt zu friere⌊n⌉ / Von neuem auswendigᶜ beschmieret werd⌊en⌉ / denn der Mitᵈ Kühmist ver- / mischte Leimen gewinnet im / Sommer Ritzen und fällt / hin u⌊nd⌉ wieder ab. Und diese / *reparation* geschiehet des⌊s⌉wege⌊n⌉ / Zu der Zeit wenn es schon Kalt / ist, weil der Kühmist Von / dem Froste eine gros⌊s⌉e festig- / Keit und Haltung gewinnet. Wenn ein Mann 2 oder 3 Weiber / hat, so pfleget er Vor eine / jede sowohl im Winter als / Sommer eine besondere Jurte / Zuᵉ habe⌊n⌉. Eben dieses ist auch / Bey dene⌊n⌉ *Mongole⌊n⌉ BrazKi* / und *Mongal*en im Gebrauch; /97r/ Ursache, weil die weiber sich selt⌊en⌉ / gut untereinander vertrage⌊n⌉ / Zuweilen wohnen dennoch auch / Zwey weiber mit dem Manne / in einer Jurte. Und bey den⌊en⌉ / *Tatar*e⌊n⌉ pflege⌊n⌉ sie alleZeit bey- / samme⌊n⌉ Zu wohne⌊n⌉ weil bey / ihnen eine starke *Subordina-* / *tion*⁶⁸ der Weiber ist.
Alle Völker die Von *Tatari*scher / und *Mongoli*scher abkunfft / sind habe⌊n⌉ den gebrauch, daß / der HausVaterᶠ wie auchᵍ die Hauß / mutter, wenn sie besonders wohnet, / ihre Schlaffstelle in dene⌊n⌉ / Jurten der Thür gerade / gegen über habe⌊n⌉.
|: Der *Brazki* bette ist Zur / Linken des Eingangs der / Thür schräge gegen über :|ʰ
Bey dene⌊n⌉ *JaKut*⌊en⌉ hat der Hauß / wirth in dene⌊n⌉ winterJurte⌊n⌉ / gerade Vor dem *Camin*e in / der Mitte der westliche⌊n⌉ wand / einen Verschlag, wo er schläfft / und ist der Eingang entweder / mit einer Kleine⌊n⌉ Thür, oder, / welches gemeiner, mit einem / darVor gehangene⌊n⌉ Peltze Ver- / macht. Sie schlafen mit dem Kopffe / gegen Süden.

ᵃ U_{nterschiedene)} *verbessert aus* [.]   ᵇ e_{inem} *verbessert aus* [.]   ᶜ auswendig *über der Zeile*   ᵈ Mit *verbessert aus* [.]   ᵉ Z_u *verbessert aus* [.]   ᶠ *nach* HausVater *gestr.* und   ᵍ wie auch *über der Zeile*
ʰ *von* Der Brazki bette *bis* schräge gegen über *rechts marginal*

Für die Kinder ist bey den *Jakut*e⌈n⌉ / zum Kopffe des Haus-Vaters /97v/ ein
Besonderer Verschlag mit einer / breite⌈n⌉ Bettstelle oder Bank, wo / Magdgens
und Knaben, solange / bis⌈s⌉ Sie^a Zu Mannbahre⌈n⌉ Jahre⌈n⌉ / Komme⌈n⌉,
untereinander schlafe⌈n⌉. / Sie werden aber sobald nicht / mannbahr, als dieselbe,
für- / nemlich die Söhne verheyrathet / werden
hat der Hausvater einen Ver- / heyrathete⌈n⌉ Sohn Bey sich in seiner / Jurte
wohne⌈n⌉, welches Zuweile⌈n⌉ / geschieht, so lange nemlich der / Sohn noch^b sehr
jung ist, so^c / schläfet das junge Paar in / einen dritte⌈n⌉ Besondere⌈n⌉ Ver- /
schlage, welcher Zu den füs⌈s⌉e⌈n⌉ / des Haus⌈s⌉vaters an derselb⌈en⌉ / wand ist.
Diese drey Verschläge sind *essen- / tiel* in alle⌈n⌉ winterHütte⌈n⌉ der / *JaKut*en. Ist
auch Kein verhey- / ratheter Sohn da, so wird der / dritte *Schulan*^69 Von den⌈en⌉
Kin- / der⌈n⌉ oder von sonst jemand / derer Anverwandt⌈en⌉ *occu- / pir*et.
Das Gesinde schläfft hin und / wieder auf bänk⌈en⌉ oder / auf der Erde
|: Kinder bey dene⌈n⌉ *Tatar*en / schlafen auf der weiber / Seite in der Jurte
Verheyrathete Sohne halt⌈en⌉ sie nicht / bey sich in einer Jurte, wegen der /
Ehrfurcht so die SchwiegerTöchter für dem SchwiegerVater habe⌈n⌉
Camasinzi u⌈nd⌉ *Kotowzi* wis⌈s⌉e⌈n⌉ Von / dieser Ehrfurcht nichts, und wohne⌈n⌉ /
Zusammen in einer Jurte.
Die *BrazKi* halten Keine / Verheyrathete Söhne Bey sich / in einer Jurte.
Betten der *BrazKi* sind / Von *Korowie*^70 *Kamassi* einfach / Zusammengestükt
und / nicht ausgestopffet.
Das Gesinde schläfft hin und / wieder in der Jurte: auch / hat der Haus⌈s⌉wirth
Verhey- / rathete mit sich in derselb⌈en⌉ / Jurte, oder wenn es ihm / Zu enge ist, so
bauet er / Vor Verheyrathete besondere / Jurte⌈n⌉.
Betten der *Tatar*en von / *Woiloke*⌈n⌉ :|^d /98r/
In der Südlichen wand der winter Jurte bey dene⌈n⌉ *JaKut*⌈en⌉ sind / ein oder
Zwey vierekigte Kleine / Fenster, welche im Winter mit / EyßScholle⌈n⌉ für der
Kälte Ver- / wahret^e werde⌈n⌉.
|: Die Thür Zu der WohnJurte / ist bey reiche⌈n⌉ *JaKut*⌈en⌉ eine aus- / gesPannte
Rauhe bähren- / Haut, bey armen eine OchsenHaut / das Rauhe nach^f inwendig
ge- / Kehret. Dieselbe wird auswen- / dig oben an Höltzerne⌈n⌉ Stiffte⌈n⌉ / mit
Verschiedene⌈n⌉ Riemen Auf / gehangen^g, auch noch daselbst / und an^h der
rechten^i Seite mit Küh- / mist beschmieret und angelei- / met, so daß man beym
Ein- / und ausgehe⌈n⌉ nur den Linke⌈n⌉ / Zipffel aufschläget. :|^j

---

^a S_ie *verbessert aus* [.]   ^b n_och *verbessert aus* [.]   ^c *nach so gestr. ist*   ^d *von* Kinder bey dene_) Tataren *bis* Tataren von Woiloke_) *rechts marginal*   ^e V_erwahret *verbessert aus* [.]   ^f n_ach *verbessert aus* [.]
^g Au_ffgehangen *verbessert aus* [..]   ^h *nach an gestr.* einer   ^i *der rechten über der Zeile*   ^j *von* Die Thür Zu der WohnJurte *bis* Zipffel aufschläget *rechts marginal*

Von der Nordlichen Seite ist an eine / jede *Jakuzki*sche winterJurte, / wo der Hausherr ViehZucht / hat, noch eine Jurte Vor das / Vieh angebauet, Von eben derselben / *Structur* als die WohnJurte, nur / daß sie nicht ein genaues Qua- / drat ausmachen, sondern Gegen / Norden etwas Länger aus / Gebauet sind, damit für desto / mehr Vieh darinnen Raum / seyn Möge. Sie halten Zuweilen / auf 40 Biß 50 Küh und Ochsen / in einer solchen Jurte. Pferde / aber werden nicht darin gehalten / sondern sind winter und / Sommer unter freyem Himmel. / Diese Vieh-Jurten haben durch[a] / eine Thür mit der wohn / Jurte *Communication*. Sonst / aber ist Keine Thür mehr, und / muß das Vieh beym Ein und / Austreiben die Wohn Jurte / *passir*en.
Zwey Löcher oder Fenster in /[b] /98v/ der Ostlichen und westlichen wand der vieh / Jurte dienen, um dieselbe aus- / Zumisten. Es ist sonst Kein *Camin* / darin: auch Keiner nöthig, weil / das Vieh ohnedem genug wärme / ausdufftet. wovon gleichfalls die / Menschen in der WohnJurte *profi-* / *tir*en. denn die Thür Zwischen / der Wohn- und Vieh-Jurte ist / nimmer gantz vermacht, sondern / nur unten ein wenig mit brettern / Verriegelt, damit die wärme von / dem Vieh desto ungehinderter ein- / Treten möge. welches ihnen für- / nemlich des Nachts Zustatten / Kommt, weil alsdenn Kein / Feuer in dem *Camin*e der Jurte / gehalten, auch der *Camin* oben / nimmer Zugedeket wird. Je / mehr sie folglich Vieh haben, je / wärmer ist es bey ihnen. Und ohne / daßelbe ist es des Nachts sehr / Kalt in den Jurten. Den Tag aber / brennet das Feuer im *Camin*e / ohne Unterlaß.
|: Bey denen *Tatar*en und[c] *BrazKi* wird / das Rauchloch in den Jurten / auch nimmer Zugedeket. / Daher ist es[d] bey ihnen / des Nachts wenn das / Feuer ausgegangen sehr / Kalt. :|[e]
Kleine Kälber werden in der / Wohn Jurte im winkel[71] Zur linken / Seite des Einganges in einem / besonderen[f] Stalle gehalten.
|: Die *BrazKi* diesseits dem *Baical*[g][72] haben besondere / Jurten Vor das Vieh im / winter die eben so wie ihre / Wohn Jurten gebauet sind, / bey einigen winter Jurten / sind auch Verschläge Vor / die Schaafe angebauet / Kälber und Lämmer / halten sie im winter in / ihren wohn Jurten.
Tatarische Vieh Jurten / bey *Krasnojarsk* Von / Reisern geflochten / Die *Tatar*en in der / oberen Steppe des *Jenisei*[73] / flusses haben Keine weil / alles Vieh so winters als / Sommers in der weide / gehet. Auch jene halten /

---

[a] durch *verbessert aus* [.....]   [b] *folgt der*   [c] Tatar, und *über der Zeile*   [d] e, *verbessert aus* [.]   [e] *von* Bey dene, Tatare, *bis* sehr Kalt *rechts marginal*   [f] besOnder) *verbessert aus* [.]   [g] diesseits dem Baical *über der Zeile*

[[halt̂en]] nur die Kalber und / jungên Füllens in denselbên / Jurt̂en. :|ᵃ /99r/
Vor denên *Jakuzki*schên winter Jurt̂en / ist noch ein kleines Vierekigtesᵇ
Vorhauß, welches / nur von brettern Zusammengeschlagên, / und nicht
überTünchet ist. In / diesem Vorhause ist nach der Länge / deßelbên Zur
Recht̂en des Einganges / ein *Schulan*⁷⁴, und in demselbên / eineᶜ Grubeᵈ in der
Erde, als ein Keller / worin sie Eßwaarên aufbehalt̂en. / Ein anderer dergleichên
Keller / pfleget in dem winkel⁷⁵ der wohn- / jurte Zwischên Nordên und west̂en
/ Zu seyn. Auch haben diebische / *JaKut̂en* Zuweilen in denᵉ Wohn- / Jurt̂en
Zuweilen auch in den Vieh- / Jurt̂en oderᶠ in dem Vorhause / noch Verborgene
Keller oder Grubên / inᵍ der Erde, die fest be- / deket und mit Erde überschüttet /
sind, so daß man sie Von dem / übrigên Boden nicht unterscheiden / Kann.
Daselbst Verwahren sie das / gestohlene.
Bey denen Sommer-Jurt̂en machên / die *JaKut̂en* auchʰ Grubenⁱ oder / Keller in
die Erde, allwo sie die / Saure Milch und Butter, so / sie auf den winter
auffbehalt̂enʲ / Wollên, Verwahrên, und dieselbe Grubên / hiernächst mit
BirkenRinde und /99v/ Erde bedekên, auch nicht ehender wieder / daZugehen,
biß sie im winter / des daselbst Verwahrt̂en Vorraths be- / dörffên.
|: Eben als Bey denên *BrazKi*. / Sie laŝsen den *TaraK*⁷⁶ aber / nicht länger in
den Gruben / biŝ sie im *Octo*ber die / WinterJurt̂en beZiehen, alsdenn / halten
sie ihn in Verschlägên / die beyᵏ denên Jurt̂en angebauet / sind. :|ˡ
Es giebet auch *Jakuzki*sche Sommer Jurt̂en / da die in die Runde Zusammen /
gesetzte Steken mit Leimen über- / Tünchet sind. Dergleichen haben / einige
arme *Jakut*en um *JaKuzK*⁷⁷, / und an denen flüßên *Jana, In- / digirka, Kolyma*
sind fast alle / *Jakuzki*sche Sommer Jurt̂en allso / gemacht, weil in denselbên
Gegen- / den wenig birken wachsen. Es / ist daselbst ein KennZeichên eines /
Reichên und Vornehmên, wer seine / Jurten mit birken Rinde bedekt / hat. Die
*JaKut*en an der / Küste des Eyßmeeres wo der / *Lena* und *Jana* einfallen / haben
gleichfalls dergl̂eichen Jurten / weil daselbst gar Keine Wal- / dung ist. Sie
nennen selbige / *Bor-urassà*ᵐ⁷⁸ wovon das erste / wort Leimen das andere
Stangên / oder Steken bedeutet, als die / Beyde *Materiali*en, woraus die Jurte /
Bestehet. doch sollen auch einige / *Jakut̂en* in dortigên Gegendên auch / ihre
Sommer Jurt̂en nach dem Exempel / der *Jukagiri* und *Tungusên* mit / *Rowdugi*
bedekên. /100r/

ᵃ *von* Die BrazKi diesseits dem *bis* in denselb₎ Jurt₎ *auf Bl.* 98r *rechts marginal* ᵇ Vierektiges *über der Zeile* ᶜ *nach* eine *gestr.* Loch ᵈ Grube *über der Zeile* ᵉ ₑₙ *verbessert aus* r ᶠ ₒ₍ₑᵣ *verbessert aus* [.] ᵍ *vor* in *gestr.* bey[..]r ʰ *nach* auch *gestr.* Löcher ⁱ Gruben *über der Zeile* ʲ auffbeh₍ₐₗₜ₎ *verbessert aus* [.......] ᵏ ᵦₑᵧ *verbessert aus* [.] ˡ *von* Eben als Bey *bis* angebauet sind. *auf Bl.* 99r *rechts marginal* ᵐ ᵦₒᵣ₋ᵤᵣₐₛₛà *verbessert aus* [.]

Die Jurten der *JuKagiri* sind / der^a äußerliche[n] *figur* nach dene[n] / *Mongoli*sche[n] und *Calmüki*sche[n] ähnlich, und so winter als Som- / mer einerley. Die unterste *per-* / *pendicular*-wand ist von halbe[r] / Mannes-Höhe und bestehet aus / einer in die Runde Zusammen / gesetzten Reihe Von Steken / in folgender *figur*

p[erge]

Von diese[n] Steken sind je drey / und drey oben mit Riemen Zusamme[n]^b / festgebunden^c, nemlich Zwey / die aufrecht auf die Erde ge- / stellet^d werde[n], und einer der oben / *horizontal* Zu Liegen Kommt, / und mit seinem untere[n] Ende an / dem Obern Ende der drey fol- / genden Steken befestiget wird. Auf^e dieser *Perpendicular* wand / ruhet^f das^g Tach⁷⁹, welches gleich- / falls aus stangen bestehet, und / eine oben ZugesPitzte Rundung / ausmachet: Eben wie bey den[en] / *Mongole*[n]: Nur ist es etwas^h / niedriger und Zu mehrerer Festig- / Keit Ruhet die SPitze auf / drey *fundamental* Stangen / die auf der Erden stehenⁱ oben zusammen gebund[en]^j, und unte[n] / so weit Von einander ausgebreitet / sind als die Jurte groß ist. Diese /100v/ *fundamental* Stange[n] werden / Beym aufschlagen der Jurte / Zu aller erst gesetzet. Bey den[en] / *Tungusi*sche[n] und *Jakuti*sche[n] Som- / merJurte[n] wird auch im aufschlage[n] / in acht genomm[en], daß Zu- / forderst 3 Stangen fest- / stehen^k, auf welche[n] hiernächst / die übrige[n] angeleget werde[n].
|: Beym *Transportire*[n] einer *JuKa-* / *giri*sche[n] Jurte wird bloß das / Gestell^l der untere[n] *perpendicular* / wand mit geführet, es sey denn / daß sie in gegenden ziehen wo / gar Keine waldung ist, in welchem / fall sie auch die 3 *fundamental* / Stangen und die Steken Zu den / Tach⁸⁰ mit sich führe[n]. :|^m
Die Grös[s]e der *JuKagiri*sche[n] / Jurten ist unte[n] im *Diamet*er / Von drey Faden auch Kleiner / Sie sindⁿ nicht^o höher als daß man Von / innen an die SPitze des Taches⁸¹ / mit den Händen reich[en]^p kann.
Sie sind alle mit Renthiers Leder / | *Rowdugi* | bedekt, anstatt des[s]en / die *Tungus*en mehrentheils Elends / Leder | *Polowinki* | gebrauche[n]. Die / Ursache ist, weil bey denen *JuKa-* / *giri* die Elende selten sind / wogegen sie wilde

---

^a _{de}r *verbessert aus* [.]   ^b Z_{usamme}) *verbessert aus* a   ^c *vor* festgebunden *gestr.* werden   ^d g_{estellet} *verbessert aus* [.]   ^e Au_f *verbessert aus* [..]   ^f _{ruh}et *verbessert aus* [...]   ^g da_s *verbessert aus* [..]   ^h _{et}was *verbessert aus* [..]   ⁱ stehen *verbessert aus* [......]   ^j oben zusammen gebunde) *über der Zeile*   ^k f_{eststehen} *verbessert aus* [.]   ^l G_{estell} *verbessert aus* [.]   ^m *von* Beym Transportire) einer *bis* Tach mit sich führe) *rechts marginal*   ⁿ Sie sind *über der Zeile*   ^o *vor* nicht *gestr.* und   ^p rei_(che) *verbessert aus* [...]

Rennthiere / im uberfluß Zu erjage⌈n⌉ pflege⌈n⌉. / Die Felle aber, so Zu Bedekung / der Jurte⌈n⌉ gebrauchet werden, / sind nach der Gestalt und Grös⌈s⌉e / der Jurte in große Vierekigte / Deken oder Teppiche^a Zusammen genähet / und solche Zusammen genähete / Rennthiers oder Elendsfelle / werden *Tschumi*^{82} genennet, welches /101r/ wort aus der *Tungusi*sche⌈n⌉ SPrache / ist, aber auch im Rus⌈s⌉ische⌈n⌉ ange- / nommen worde⌈n⌉. Man nennet dergl⌈e⌉ichen⌉ / Hütten im Rus⌈s⌉ische⌈n⌉ *Tschumowie jurti*^{83}.

|: Die *JuKagiri* machen eine⌈n⌉ Zierrath / daß sie Zu ihren *Tschum*en^{84} die *Row-* / *dugi* roth und schwartz färb⌈en⌉ / und dieselbe hiernächst streiffen / weise zusammen nähe⌈n⌉. :|^b

Bey dene⌈n⌉ *JuKagiri* gehen 10 Rennthiers / Felle oder *Rowdugi* in eine *Tschum*^{85} / und 5 dergleiche⌈n⌉ *Tschume*^{86} werden / gebrauchet, um einer gros⌈s⌉e Jurte / die 3 Fade⌈n⌉ im *Diamet*er hat, / wohl Zu bedeke⌈n⌉. Im winter / aber bedeken sie ihre Jurte⌈n⌉ / mit doppelte⌈n⌉ Fellen^c um die Kälte / abzuhalt⌈en⌉, und gebrauche⌈n⌉ folg- / Lich die gedoppelte anZahl.

In diesen *JuKagiri*sche⌈n⌉ Jurten sind / Zwey Thüren, die einander ge- / rade gegen über sind. Das / Feuer mache⌈n⌉ sie in der Mitte / der Jurte auf, mehrentheils / Von Langen Balken oder bäume⌈n⌉ / welche sie Zu der eine⌈n⌉ Thür hinein / schleppen, und durch die andere / Thür so weit hindurch Ziehe⌈n⌉, Biß / das Mittel des balkens oder / baumes in die Mitte der Jurte / Zu Liegen Kommt; worauf sie / die balken anZünden, und wenn / sie durchgebrandt sind, Von / Beyden Seite⌈n⌉ Zuschürren^{87}.

Die Thüren sind nicht gegen eine / besondere *fixe plagam*^{88} gerichtet, / sondern sie richten sich darin nach /101v/ dem winde. Die Sturm winde sind / in denen Nordl⌈i⌉chen gegende⌈n⌉ sehr / Häuffig und hefftig. in dene⌈n⌉ / Jurte⌈n⌉ aber pfleget es sehr / stark Zu rauche⌈n⌉. deßwege⌈n⌉ / setzen sie^d die Jurte⌈n⌉ gerade gege⌈n⌉ / den wind, vermache⌈n⌉ die Thür / sehr fest von derjenigen Seite, / da der wind herKommt, und / Laßen die andere offen, / daß der Rauch desto bes⌈s⌉er / mit dem winde abziehen Könne.

Der starke Rauch aber in dene⌈n⌉ / *JuKagiri*sche⌈n⌉ Jurte⌈n⌉ hat verschiedene / Ursachen. 1. Legen sie das Feuer / sehr groß an, damit sie in ihre⌈n⌉ / kalt⌈en⌉ Gegende⌈n⌉ desto mehr wärme / daVon geniess⌈s⌉e⌈n⌉ möge⌈n⌉, 2. wohnen / sie in gegende⌈n⌉, wo mehrenTheils Torff- / Land ist, da die Erde folglich mit / brennet und rauchet. 3. ist / oben das Rauchloch *a proportion* / der Jurte und des Feuerherdes / sehr Klein. 4. ist die Jurte / *a proportion* der Untern^e Räum- / LichKeit Zu niedrig, und das / Tach^{89} nicht sPitzig genug. 5. / Las⌈s⌉en auch

---

^{a} oder Teppiche *über der Zeile* ^{b} *von* Die JuKagiri machen *bis* streiffenweise zusammen nähe) *rechts marginal* ^{c} F$_{ellen}$ *verbessert aus* [.] ^{d} sie *über der Zeile* ^{e} Unt$_{ern}$ *verbessert aus* [...]

die hefftige⌐n⌐ Sturm- / winde den Rauch nicht Zu dem / RauchLoche heraussteige⌐n⌐, sonder⌐n⌐ /102r/ wehe⌐n⌐ ihn mehrentheils Zurük in / die Jurte. 6. möchte auch / Vielleicht die dortige gros⌐s⌐e / Kalte daran mit Schuld seyn, / welche die Lufft sehr dik und / schwer machet, und dadurch Ver- / hindert das⌐s⌐ der Rauch[a] nicht / aufsteige⌐n⌐ Kann.
Die *JuKagiri* sind so an den Rauch / gewohnet, daß er ihnen in den / Auge⌐n⌐ Keine *Incommoditat*[90] Ver- / ursachet, Kommt aber ein Rus⌐s⌐e / in eine *JuKagiri*sche Jurte, so Kann / er es Kaum ausstehe⌐n⌐.
|: Die *Tschuktschi* haben Sommer- / Jurten, die mit WallRoß[91] / Fellen bedeket sind. weil / aber diese Felle wegen ihrer / dike | indem sie auf 2 Fin- / ger breit dike sind | Zu schwer / und beschwerlich seyn würden / so pflegen sie eine jede Haut / in 3 Theile Zu SPalten. :|[b]
Die *Lamuti* in dem Gebürge / am UrsPrunge des *Kolyma*, / *IndigirKa*, *Jana*, haben / theils *JuKagiri*sche theils *Tun- / gusi*sche Jurt⌐en⌐.
Von dene⌐n⌐ unterirdische⌐n⌐ wohnung⌐en⌐ / der *Kamtschedal*en dergl⌐eichen⌐ auch / In *America*[c] einige / Völker[d] habe⌐n⌐ sollen an welche⌐n⌐ / eine offnung ist[e], / durch welche man / Von oben hineinKommt, und auch den / Rauch abziehen Läßet,[f] / außer dem RauchLoche aber[g] noch mit / einem besonder⌐en⌐ Eingange Zur / Seite Versehe⌐n⌐ sind. *Witsen p⌐agina⌐* 160.[92] /102v/
*Samoj*edische Jurten oder *Tschumi*[93] / bestehen aus Zusammengesetzte⌐n⌐ / Steken wie die *Tungusi*schen. / Die Steken sind auf 1½ bis⌐s⌐ 2 Zoll / dik, auf 4 Faden Lang, von / Tannen, damit sie gantz gerade / seyn mögen. |: *Tschum*[94] oder Jurte / auf *Samoj*edisch / *Mä*[95]. / *Njuk*[96] - [samojedisch] *je*[97]. oder *dje*. / die Stangen - [samojedisch] *ngúdo*[98]. :|[h] Der innere / untere Raum in der Jurte / ist von 2,[i] 3 bis⌐s⌐ 4 Faden im *Dia- / meter*. Sie setzen Zu erst / 4 Steken Zum *fundament* / die oben Zusammen gebunden / sind, auf dieselbe Legen sie / die übrigen Steken, an der / Zahl auf 30[j] bis⌐s⌐ 40. Die / *Jurak*en und übrige *Samoj*ed⌐en⌐ / die auf der *Tundra* wohnen / Führen diese Steken alleZeit / mit sich. Die übrigen, an / waldigte⌐n⌐ Orten, haken dieselbe / jedes mahl Von neuem. Die / innere 4 *fundamental* / Steken stehen[k] mitten in der / Jurte und Zwischen denselb⌐en⌐ / ist der Feuer Heerd. An / diesen Steken befestigen sie / ihre Keßel-Haken, und /

---

[a] R$_{auch}$ *verbessert aus* [.]   [b] *von* Die Tschuktschi haben *bis* 3 Theile Zu SPalten. *rechts marginal*
[c] *nach* America *gestr.* sollen auch   [d] *nach* Völker *gestr.* in dergleiche$_)$ Unterirdische) / Höhlen wohnen, die aber darin / Von dene$^)$ Kamtschedalischen unter- / schiede$_)$ sind, daß da diese nur eine / Offnung haben   [e] habe$_)$ sollen an welche$_)$ / eine offnung ist *über der Zeile*   [f] *nach* Läßet, *gestr.* jene dagege$_)$ [g] aber *über der Zeile*   [h] *von* Tschum oder Jurte *bis* ngúdo *rechts marginal*   [i] 2, *über der Zeile*   [j] 3$_0$ *verbessert aus* 2   [k] stehen *verbessert aus* [.]

hängen daran auf was sie / Troknen[a] wollen. Sie bedeken / die Jurten im Sommer mit / *Rowdugi*, im winter mit

---

/103r/[99]
Schaman Ostiakisch Ton[100]
Wogulisch - Liling pupin Kum[101]
Samojedisch Tadibe[102].

12
14
<u>5</u>
31

/103v/
Nikita [...]   [...]*schora*
Iwan MischtschäriKow[103] ⎤
                 ⎬ *Turuchansk auch Samojedischer Dollmetsch*
Jakow KanKarow[104] ⎦
Andre Frolow[105]   *Pusto Osero*[106]

/104r/ gedoppelten ein übereinander / gelegten *Odindri*. Die *Rowdugi* und[b] / *Odindri* werden auf 8 biß / 9 Stük Zusammengenähet / solches heisset auf Rußisch[c] ein *NjuKi*[107] und / dergleiche *Njuki* brauchet / man 4. bis 6 um eine / gantze Jurte Zu bedeken / Die *Nukki*[108] sind so genähet / daß sie unten breit oben / schmahl sind, so wie es die / Beschaffenheit und die grösse / der Jurte erfordert.[d] Die *Nuki*[109] Vom *Odindri*[e] wer- / den mit der glatten Seite / nach inwendig aufgeleget / und die obere *Nuk*[110] gleichfals / mit der rauhen Seite nach / aussen[f]. Die *NuKKi*[111] werden / sehr fest mit Riemen an die / Steken festgebunden daß sie / der Wind nicht abwerfen Kann. / Sie pflegen auch die Jurten / wegen der dortigen hefftigen / Sturmwinde noch an besondern / eingeschlagenen Pfälen oder / an baumen Von der Seite / da der wind herKommt / Zu befestigen solches geschiehet / durch 2 Riemen die auswendig / am Gipfel der Jurte angebunden / werden.
|: Der Haußherr hat sein / Bette der Thür[g] gegen / Über etwas Zur rechten / hat er Zwey Frauen, so / ist der Zweyten Frauen / bette auch[h] der Thür gegen / uber etwas Zur Lincken.

---

[a] Trok_nen *verbessert aus* e   [b] Rowdugi und *über der Zeile*   [c] auf Rußisch *über der Zeile*   [d] nach erfordert. *gestr.* Die   [e] Die Nuki Vom Odindri *über der Zeile*   [f] a_{ussen} *verbessert aus* [.]   [g] T_{hür} *verbessert aus* d   [h] au_{ch} *verbessert aus* [...]

Die Thüren machen / sie Von der Seite, die / von der ander⌈en⌉ Seite[a] / dem winde
gegen über / ist, damit sie Von demselbe⌈n⌉ / verschonet bleibe⌈n⌉ möge⌈n⌉ / Ist[b]
Kein wind so ist es / gleich viel. Die Thür / ist auch mit *odindri* oder / *Rowdugi*
Zugehänget. : | [c]
| : Sommer Jurte⌈n⌉ der / *Samoj*eden und *Ostiak⌈en⌉* / die mit birken Rinde /
bedeket sind. An denselb⌈en⌉ / sind auswendig auf der / birkenRinde noch
Steken / und Stangen rund herum / angelehnet, damit die / birken Rinde nicht
abfalle⌈n⌉ / oder nicht abgewehet werd⌈en⌉ / möge. weil sie dieselbe / nicht
anbinden, welches / die *Tung⌈usen⌉* u⌈nd⌉ *Jakut⌈en⌉* Thun. / bey Kaltem wetter / ist
es sehr rauchigt / in den Jurten. Sie sind daher Viel / an den augen Krank.
Die *Samoj*eden bey *Turuchansk* / haben im Sommer[d] birke⌈n⌉- / Rinde im winter
doppelte / *Odindri*. Zu unterst schlechte / oder alte *Odindri*, oben neue / arme[e]
Leute haben auch nur / einfache *odindri*. Die Unter⌈en⌉ / sind fürnemlich
deßwege⌈n⌉ damit die / ober⌈en⌉ vom Rauche und Feuer keine⌈n⌉ / Schaden nehme⌈n⌉
möge⌈n⌉. : | [f] /104v/
Die Einwohner der Insul *S⌈ankt⌉ Laurent* oder *Madagascar* / haben Hütten,
welche denen *Kamtschedali*sch⌈en⌉ SommerHütten / ähnlich sind.[g] / *Recueil* / *des*
voyages de la Compagnie aux Indes Orient⌈ales⌉ Tom⌈o⌉ 1. *p⌈agina⌉* 245.[112]

---

[1] *Tobol'sk*
[2] *Tjumen'*
[3] „WINKEL, ... bei körperlichen gebilden bezeichnet winkel die stelle, wo zwei flächen kantenmäszig aufeinanderstoszen; ... heute allgemein durch ecke verdrängt ..."
(Grimm 1991, Bd. 30, Sp. 342ff.)
[4] J. E. Fischer gibt die folgende Beschreibung der tatarischen Jurten/Wohnungen: „Sie sind viereckigt, gegen der Tür über ist der vornehmste platz. Daselbst ist eine sehr breite bank mit Teppichen ausstafiret, auf welcher sie zu gott ihr gebet verrichten, auch sPeisen und schlafen. Dieselbe heißt tör-orondòk ... Zur rechten beim eingehen sihet man einen чуàлъ [russ. *čual*] (Kamin) [im Manuskript in eckigen Klammern] und Kömmega, d. i. einen ofen nach Tatarischer manier. Der чуалъ [russ. *čual*] ist näher an der Türe, der Kömmega aber ist näher an tör-orondòk. Die чуàлы [russ. *čualy*] haben eine weite u. hohe öffnung, und werden große stüker holz darinn aufgestellt in menge u. angebrannt, daß man meinen solte, das haus solte im augenblik aufbreñen; und doch hört man wenig von Feuerschaden, auch kom̃t nicht der geringste rauch in die stube. Der Kömmega ist ein ofen von cubischer Figur, d. i. gleich, etwa einer arschin lang, breit

---

[a] *von der ander*) Seite *über der Zeile*   [b] I_{st} *verbessert aus* d   [c] *von Der Haußherr hat sein bis Rowdugi*
Zugehänget rechts marginal   [d] Somm_{er} *verbessert aus* [....]   [e] _{a}r_{me} *verbessert aus* [.]   [f] *von Sommer*
Jurte) *der Samojeden bis Schaden nehme*) *möge*) *auf Bl.* 102v *rechts marginal*   [g] *nach* sind *gestr.*
(Vermuthlich sind solches auch nur ihre SommerHütte) / daß man die winterwohnunge) nicht gesehen hat)

und hoch. vornen her ist ein loch, worein das feuer eingelegt wird. Oben her ist eine Tiefe grube, worein ein großer Kessel eingemauert ist, darinn Kochen sie ihren Tee und ihr übriges essen. Der Kömmega ist fast niemals ohne feuer, und der Kessel niemals ohne wasser. Jedoch dienet der Kömmega nicht so wol Zur erhaltung der wärme in der stube, als Zum Koch(. de☐ weil sie keine andere casseroles haben, als diesen Kessel allein, und sie gleichwol viel Tee Trink(und auch oft essen, so ist leicht Zu erachten, daß das feuer selt) ausgeht in ihrem Kömmega." (AAW F. 21, Op. 56, D. 50, Bl. 6r–7v).

5 *Barabinskaja step'*
6 Gebiet von *Kuzneck*
7 <lat> – geneigt
8 *Kuzneck*
9 *Bajkal*
10 Gebiet von *Kuzneck*
11 <lat.> – entspricht
12 frz. – Stütze, Stützpfeiler
13 „ZUSAMMENSCHLAG, ... -schlagen, ... zusammenlegen, -falten ..." (Grimm 1991, Bd. 32, Sp. 763f.)
14 lat. – Merke wohl!
15 chakass. „иб" – Jurte (*Funk/Tomilov* 2006, S. 558); tatar. „Üb" – Zelt (D. G. Messerschmidt in: AAW F. 98, Op. 1, D. 35, Bl. 12r); turk. „еб" bzw. „äп" – Haus, Jurte (Radloff 1963, Bd. 1, Sp. 925 bzw. Sp. 918)
16 tatar. „тирмэ" – Jurte (*Ganiev* 1984, S. 719); s. Anm. 15
17 tatar. „текмэ" – Gitter (*Ganiev* 1984, S. 542); chakass. „тирме" – Gitter (*Funk/Tomilov* 2006, S. 558)
18 russ. *rešetka* – Gitter
19 tatar. „алачык" – Hütte (*Slovar'* 1966, S. 31); telengit. „ аланчик", teleut. „аланчык" – konusförmige Jurte (*Funk/Tomilov* 2006, S. 516 bzw. S. 194); turk. „алачык" bzw. „аланчык" – Rindenjurte, Hütte, Filzzelt (Radloff 1963, Bd. 1, Sp. 362); s. Anm. 15
20 s. Anm. 15 u. Anm. 19

21 „5. Die große Spanne (Dodrans), der Raum zwischen der Spitze des ausgestreckten Daumens und kleinen Fingers; 9 Zoll. 6. Die kleine Spanne (Spithama), der Raum zwischen der Spitze des ausgestreckten Daumens und Zeigefingers; 7 Zoll." (Bischoff 1822, S. 5)
22 „Zeiger, Zeige=Finger, ..." (Zedler 1732–50, 61. Bd., Sp. 697)
23 „ZWEI, ... mhd. zwêne, ... zwêne hält sich vom 16.–18. jh. hauptsächlich in Sachsen, Schlesien und bei dichtern aus dem nd. sprachgebiet. ..." (Grimm 1991, Bd. 32, Sp. 972ff.)
24 tatar. „баш" – Kopf, Köpfchen (*Ganiev* 1984, S. 112); turk. „баш" – Kopf, oberer Teil (einer Sache) (Radloff 1963, Bd. 4, Sp. 1546ff.)
25 russ. *golovki* (Ez. *golovka*) – Köpfchen, Knöpfe
26 russ. *golovki* (Ez. *golovka*) – Köpfchen, Knöpfe
27 russ. *golovki* (Ez. *golovka*) – Köpfchen, Knöpfe
28 russ. *golovki* (Ez. *golovka*) – Köpfchen, Knöpfe
29 russ. *golovki* (Ez. *golovka*) – Köpfchen, Knöpfe
30 russ. *golovki* (Ez. *golovka*) – Köpfchen, Knöpfe
31 „TACH, n. und zusammensetzungen, s. dach, dach- ..." (Grimm 1991, Bd. 21, Sp. 8)
32 russ. *golovki* (Ez. *golovka*) – Köpfchen, Knöpfe
33 russ. *badaški* (Ez. *badašok*); vgl. russ. *badažok* (Mz. *badažki*) – Stab, (kleine) Stange (Dal' 1880–1882, Bd. I, S. 36)
34 russ. *golovka* (Mz. *golovki*) – Köpfchen, Knopf
35 russ. *badašok*; s. Anm. 33
36 russ. *badaški*; s. Anm. 33
37 russ. *golovki* (Ez. *golovka*) – Köpfchen, Knöpfe
38 russ. *badaški*; s. Anm. 33
39 chakass. „хараачы", telengit. „каракчы" – Kreis (von Stangen) (*Funk/Tomilov* 2006, S. 558 bzw. S. 516)

40 russ. *krug* – Kreis
41 s. Anm. 21
42 s. Anm. 21
43 burjat. „ger NU., Ch., S., gir T., Haus; ..." (Schiefner 1857, S. 130); burjat. „гэр" – Haus, Jurte (*Čeremisov* 1973, S. 171; *Cydendambaev/Imechenov* 1962, S. 580); mongol. „гэр" – Jurte, Haus (*Luvsandėndėv* 2001–2002, Bd. 1, S. 481); mongol. „gyr" – Haus (G. F. Müller in: AAW F. 21, Op. 5, D. 143, Bl. 93r); „Gärr bedeutet im kalmückischen und mongolischen ein Haus; ..." (Pallas 1779, S. 171); kalmyk. „гер" – Haus, Jurte (*Iliškin* 1964, S. 145 u. S. 794)
44 burjat. „balgaso S., balgâhan Ch., 1) kleines Vorrathshaus, 2) Holzjurte; ..." (Schiefner 1857, S. 167); burjat. „булгааhа(н)" – Zelt, Jurte (*Čeremisov* 1973, S. 111); „Sie [d. h. die Burjaten] wohnen ... des Winters in hölzernen Jurten (B. Bolgahan). ... Die Hütten stehen mehrentheils als Winterdörfer zu 5, 10 bis 20 bey einander, im Schutz der Berge oder Wälder. Sie sind 4, 6 auch achteckig-von leichten Blockwerk und schlechter Verbindung aufgesetzt. Die achteckigen gleichen den Filzzelten an Größe und Form sehr. Sie haben ein Loch zur Thüre in der 4 bis 5 Fuß hohen Seitenwand und im Dache von Rinde, mit Erde bedeckt eine Oefnung für Licht und Rauch. ..." (Georgi 1776–1780, S. 426)
45 *Bajkal*
46 *Irkuck*
47 „STAAT ... glänzende und kostbare hülfsmittel im gesellschaftlichen leben, kostbare kleider, prächtiges hausgerät ... aufwand in gepränge, prunksache, ..." (Grimm 1991, Bd. 17, Sp. 270ff.)
48 *Ol'chon*
49 *Bajkal*
50 *Bajkal*
51 „DURCHLAUCHTIG, ... 3. durchlöchert, zerrissen, so dasz das licht durchscheint. ..." (Grimm 1991, Bd. 2, Sp. 1639f.)
52 Gebiete von *Berezov*, *Mangazeja* und *Jakuck*
53 russ. *čumy* (Ez. *čum*) – mit Rentier- oder Elenfellen (Leder) bzw. Birkenrinde (im Sommer) bedeckte Jurten (Zelte) ost- und nordsibirischer Nomadenvölker; auch Benennung der zur Bedeckung dieser Jurten zusammengenähten Felle (s. *Anikin* 2000, S. 673 u. *Anikin* 2003, S. 785)
54 jakut. „балаӷан" – Wohnstätte, Winter- oder Sommer*jurta*, Hütte, Haus (*Pekarskij* 1958–1959, Bd. I, Sp. 347); jakut. „балаӷан" – „Jurte ... Hütte ... Sommerjurte" (*Pekarskij* 1958–1959, Bd. I, Sp. 347, Middendorff 1851, Theil 2, S. 131)
55 s. Anm. 54
56 Gebiet von *Kuzneck*
57 <lat> – geneigt
58 lat. – muß (erst noch) untersucht werden
59 s. Anm. 54
60 russ. *balagan* (Mz. *balagany*) – Bretterhütte, Schuppen, aber auch Jagdhütte und Sommerwohnung verschiedener Völker in Sibirien (*Brokgauz/Efron* 1991, Bd. 4, S. 781); zur Etymologie des Worts siehe *Anikin* 2000, S. 113f.
61 <lat.> – abzuleiten
62 <lat.> – Vermutung
63 „XII. Wenn verschiedene Autores in den Gedancken stehen, der Wolga-Strohm (weil die Griechen das W in B verändert,) hätte denen Bol= oder Bulgaren den Nahmen gegeben;(*) weßfalls die alten Geographi auch an der Oestlichen Seite der Wolga eine Stadt, Nahmens Bulgar, stellen, und derselben ihre longitud. und latitud. geben: So habe ich gezeiget, daß diese Stadt nicht Bulgar, sondern nur Bulgahn geheissen, welches die Tatarn ein Lager des Chans nennen, so mit einem aufgeworffenen Erd=Wall versehen ist, und von denen Griechen Byliros oder Boleros genennet wird; weshalben ich anfänglich auch nicht begreiffen können, warum Vincent. Belluacensis die Oestlichen Bulgarer, Biliros benahmet hat.

*Siehe Herbelot in Bibliotheque Orientale, pag. 214." (Strahlenberg 1730, S. 28)

[64] jakut. „ypaca ṉiä" – Sommerwohnung der Jakuten in Form eines kegelförmigen Zeltes aus geneigt aufgestellten dünnen Stangen, außen bedeckt mit Birken-, Lärchen- oder Fichtenrinde, Strauchwerk oder Rentierfellen (*Pekarskij* 1958–1959, Bd. III, Sp. 3062f.); jakut. „ypaca" – kegelförmig aufgestellte Stangen der Sommer*jurta* (*Pekarskij* 1958–1959, Bd. III, Sp. 3062f.); jakut. „ypaca" – „die kegelförmig aufgestellten Stangen einer Sommerjurte; eine kegelförmige Sommerjurte (auch ypaca ṉiä)" (Middendorff 1851, Theil 2, S. 43); jakut. „ṉiä" – Haus (*Pekarskij* 1958–1959, Bd. I, Sp. 817f.; Middendorff 1851, Theil 2, S. 124)

[65] jakut. „ṭyoc ṉiä" – *jurta* aus Birkenrinde (*Pekarskij* 1958–1959, Bd. I, Sp. 817f.); jakut. „ṭyoc" – Birkenrinde (*Pekarskij* 1958–1959, Bd. III, Sp. 2829f.; Middendorff 1851, Theil 2, S. 106)

[66] „FLEISZ, ... dieses ‚mit fleisz' nimmt häufig die bedeutungvon consulto, mit absicht und vorsatz an ..." (Grimm 1991, Bd. 3, Sp. 1763ff.)

[67] <lat.> – unbestimmt

[68] <frz./lat.> – Unterordnung, Dienstgehorsam

[69] russ. *šulan* (G. F. Müller in: RGADA F. 199, Op. 2, Portf. 509, D. 3, Bl. 125r); russ. *čulan* – Kammer, Verschlag, Vorhaus (s. auch *Anikin* 2000, S. 672 u. *Anikin* 2003, S. 691)

[70] russ. (adj., Mz.) *korovye*; *korovyj* (adj., Ez.) – Kuh-, von der Kuh

[71] s. Anm. 3

[72] *Bajkal*

[73] *Enisej*

[74] s. Anm. 69

[75] s. Anm. 3

[76] burjat. „ṭapar" – saure Milch (*Čeremisov* 1973, S. 414); „Tarak eine Milch Speise wird folgender Gestallt gemacht Sie nehmen Suß Milch hunk und koche₁ ihn hernach laßen sie etwas abkühlen und legen hierzu Saur Schmand ... wird nur im Sommer gegeßen." (J. J. Lindenau in: RGADA F. 199, Op. 2, Portf. 511, Č. 1, D. 6, Bl. 7v–8r); burjat. „hү(н)" – Milch (*Čeremisov* 1973, S. 696)

[77] *Jakuck*

[78] jakut. „бyop ypaca" – Erd*jurta* der Fischer; Winterhütte für Durchreisende (*Pekarskij* 1958–1959, Bd. III, Sp. 3062); jakut. „бyop" – Erde, Erdboden, Lehm (*Pekarskij* 1958–1959, Bd. I, Sp. 560f.); jakut. „бyop" – „Erde" (Middendorff 1851, Theil 2, S. 141); zu jakut. „ypaca" s. Anm. 64

[79] s. Anm. 31

[80] s. Anm. 31

[81] s. Anm. 31

[82] tungus. (ewenk.) „чӯм" – russ. *čum* (Mz. *čumy*) (*Myreeva* 2004, S. 733); s. Anm. 53

[83] russ. *čumovye jurty* – Jurten aus *čumy*; s. Anm. 53

[84] s. Anm. 53

[85] s. Anm. 53

[86] s. Anm. 53

[87] „ZUSCHÜREN, v. ein feuer durch schüren anfachen. ... zuschürer, m., eigentlich: die z. und zuleger des holtz ..." (Grimm 1991, Bd. 32, Sp. 814f.)

[88] lat. – feststehende Himmelsrichtung; „Plaga (lat.), Himmelsgegend, Richtung" (Pierer 1857–65, Bd. 13, S. 175)

[89] s. Anm. 31

[90] <lat./frz.> – Unbequemlichkeit, Beschwerde

[91] russ. *morž* (Mz. *moržI*); „141. Rosmarus arcticus ... Walross, ... Trichechus Rosmarus ... Rossis Morsh ..." (Pallas 1811–1831, Vol. I, S. 269–271); „1. Trichechus Rosmarus ... Gemeiner Wallroß. Wallroß ... Russ. Morsch ... Man nutzt ... 1) Die Haut, die dick, stark und hoch geschmeidig ist, zu einigen Kleidungsstücken, Socken, Strumpfstiefeln, Riemwerk, Geschirr für Zugvieh, zum Beschlagen der Kasten, auch werden sie, wie Semisch Leder gegerbt, und dieses widersteht bey hinlänglicher Geschmeidigkeit und Stärke aller Nässe. Die Hautabgänge dienen zum Leimkochen. ... 3) Wallroßzähne oder El-

fenbein (R. Kliuki). Außer einer kleinen Markhöhle bestehen die beyden Hundszähne aus derben Knochen oder Elfenbein. Man findet und sammelt sie in Sibirien, auch oft ziemlich weit von den Meerufern, ..." (Georgi 1797–1802, Theil 3, S. 1488–1490)

[92] „Eenige der Amerikanen woonen onder de Aerde, in hutten, als kelders gegraven, ... Want zy maken een houte stoof, en graven die in de aerde, waer in een gat word gelaten, daer zy in gaen, en een ander, dat hun voor een schoorsteen dient. Des Winters, als dit alles met Sneeuw bedekt is, woonen zy daer in, bevryt voor alle wind en koude." (nl. – Einige Amerikaner wohnen unterirdisch in Hütten, die wie Keller gegraben sind, ... Sie bauen einen Feuerraum (Kiek) aus Holz, graben diesen in die Erde ein und lassen ein Loch offen, durch das sie hineingehen sowie ein weiteres, das ihnen als Schornstein dient. Im Winter, wenn alles mit Schnee bedeckt ist, wohnen sie, geschützt vor Wind und Kälte, darin.) (Witsen 1705, S. 160)

[93] russ. *čum* (Mz. *umy*); s. Anm. 53
[94] s. Anm. 53
[95] samojed. „Zelt, Jur. mea', ... T. ma'. ..." (Schiefner 1855, S. 306); samojed. (nenz.) „мя", samojed. (enz.) „мэ", samojed. (nganasan.) „ма" – Zelt, Jurte aus *umy* (*Gemuev* 2005, S. 505)
[96] russ. *njuki* (Ez. *njuk*) – zusammengenähte sämisch gegerbte Rentierfelle zur Bedeckung der Jurten (s. *Anikin* 2000, S. 412f.)
[97] vgl. samojed. „Zelt, ... êde, K.; ête, Jel., B.; Tas., Kar.; îte, Kar.; jede, OO., Tschl.; aete, NP. ..." (Schiefner 1855, S. 306)
[98] samojed. „Stange, Jur. ... ˜u (Leiste im Zelt). ... Jen. ˜û, Ch.; ˜udo, B. ..." (Schiefner 1855, S. 284); samojed. (enz.) „нгучи"– Zeltstange (*Gemuev* 2005, S. 527)
[99] Bl. 103 ist ein kleiner Zettel ohne direkte Einordnung in den Manuskripttext. Außer dem angegebenen Text befinden sich auf Bl. 103r drei kleine Skizzen von (vermutlich) Flußläufen.
[100] vgl. ostjak. mit unbekannter Bedeutung „tɔn-" u. die Notiz zu ‚Schamanin mit Zaubertrommel' (Steinitz 1966–1993, Sp. 1444)
[101] mans. „лилинг" – lebend (*Šeškin/Šabalina* 1998, S. 24); wogul. „Lilling" – lebend (Gyarmathi 1799, S. 210); mans. „пупыг" – mythisches Wesen bzw. mans. „пупыг" – Familienschutzgeist (*Gemuev* 2005, S. 278); wogul. „χum" – Mann, Mensch (Hajdú/Domokos 1987, S. 76); wogul. „kum" – Leute, Volk (Klaproth 1831, S. 192)
[102] samojed. „Schaman, Jur. tâdibea; ... Jen. târebe, Ch.; tâdebe, B. ..." (Schiefner 1855, S. 269); samojed. (nenz.) „тадебя" – Schaman (*Gemuev* 2005, S. 474); samojed. (enz.) „тадабе" – Schaman (a. a. O., S. 474); „Indessen wird auch nach einem Zauberer (Tadyb) geschickt, den man oft sehr weit herholt, ... Diese Samojedischen Zauberer bedienen sich bey solchen und andern Gelegenheiten auch der Handtrommel, und haben eine besondere, mit Eisenwerk behängte Kleidung. ..." (Pallas 1778, S. 83)
[103] *Ivan Meš erjakov*
[104] *Jakov Kankarov*
[105] *Andrej Frolov*
[106] *Pusto ozero*, d. h. *Pustozersk*
[107] s. Anm. 96
[108] s. Anm. 96
[109] s. Anm. 96
[110] s. Anm. 96
[111] s. Anm. 96
[112] Renneville 1702, S. 244ff. (Kapitel „Relation du premier voiage des Hollandois aux Indes Orientales", S. 199–509) „L'isle que ses habitans apellent Madagascar, et qui est nommée de St. Laurens par les Portugais, parce – qu'ils la découvrirent le jour de la St. Laurens de l'An 1506. est estimée une de plus grandes isles du monde. Quelques-uns assurent qu'elle a dans son contour trois mille

lieuës d'Italie, qui sont quatre cents lieuës d'Allemagne, à quinze lieuës par degré, ... Les habitans, au-moins ceux qui demeurent sur les côtes, sont la plupart Mahométans. On a déjà vu ci-dessus, en partie quelles sont leurs moeurs, leurs vêtemens, leur Réligion, leurs autres maniéres de vivre; et on en aprendra encore davantage dans la suite de ce Voiage. ... Leurs maisons sont de bois & fort-basses, couvertes de feüilles de bananes & de paille des ris. ..." (frz. – Die Insel, die ihre Bewohner Madagaskar nennen und die von den Portugiesen Sankt Laurentius [Ilha de San Lourenço] genannt wird, weil sie diese am Sankt-Laurentius-Tag des Jahres 1506 entdeckt hatten, wird für eine der größten Inseln der Welt gehalten. Einige versichern, daß sie einen Umfang von dreitausend italienischen Meilen, entsprechend vierhundert deutschen Meilen zu fünfzehn Meilen je Grad besitzt. ... Die Bewohner, wenigstens die, die an den Küsten leben, sind größtenteils Mohammedaner. Man hat bereits weiter oben etwas darüber erfahren, welches ihre Sitten sind, welche Kleidung sie haben, welches ihre Religion ist und welches ihre weiteren Lebensgewohnheiten sind, und man wird im Verlauf dieser Reise noch mehr erfahren. ... Ihre Häuser sind aus Holz und sehr niedrig, (sie sind) mit Bananenblättern und Reisstroh bedeckt.)

Kapitel 12

/105r/
Hausgeräthe
der Völker

Alle Völker Koche⌈n⌉ ihr Es⌈s⌉e⌈n⌉ / entweder in Kes⌈s⌉eln oder / in irdene⌈n⌉ Töpffe⌈n⌉ oder in / Höltzernen gefäs⌈s⌉e⌈n⌉. Die / ¹Kes⌈s⌉el, bey dene⌈n⌉ *Tatar*en und *Mongol*en^a pflegen niedrig und breit / Zu seyn,^b andere *Nation*en aber^c sind auch mit / andern Art⌈en⌉, so man ihne⌈n⌉ Zum / Verkauf bringt, Zufriede⌈n⌉.^d Ir- / dene Töpffe sind nebst dene⌈n⌉ / Kes⌈s⌉eln Bey dene⌈n⌉ *JaKut*⌈en⌉ / stark im Schwange, weil Bey / ihnen ein^e schöner Leimen ge- / funden wird. Dieselbe Töpffe / sind *a proportion* etwas höher / und enger, als wie bey den / Rus⌈s⌉e⌈n⌉. An dene⌈n⌉ flüs⌈s⌉en / *Jana, Indigirka, Kolyma,* / ist Kein dergl⌈eichen⌉ Töpffer Leimen / wes⌈s⌉wege⌈n⌉ dortige Völker nichts / als Kes⌈s⌉el habe⌈n⌉. wie wohl auch / Zuweilen nach *WerchojansK*¹ der / Leimen Vom *Aldan* gebracht wird. / Die Töpffe werden Vor das Feuer / gesetzet, die^f Kes⌈s⌉el aber aufgehang⌈en⌉ / Im winter setzen die *Jakut*en / einen junge⌈n⌉ oder^g dünne⌈n⌉ birken-baum /105v/ schieff gegen das inwendige vom / *Camin*, und hängen an einem / Knote⌈n⌉ oder aste des⌈s⌉elb⌈en⌉ / den Kes⌈s⌉el über dem Feuer / auf. Die *Tatar*⌈n⌉, *Mongol*⌈en⌉ / p⌈ferge⌉ habe⌈n⌉ Eiserne^h dreyfüs⌈s⌉e auf / welchen sie kochen. Bey / dene⌈n⌉ *Jakut*en ist etwas ähnliches / indemⁱ sie drey-Füße von Leime⌈n⌉^j / machen, die aber nicht an ein- / ander befestiget sind, sondern / da^k ein jeder fuß^l für sich besonders stehet^m.

|: Die *Samoj*eden brauche⌈n⌉ / Eiserne und Kupfferne / Kes⌈s⌉el von Rus⌈s⌉ischer / *façon.* Irdene Ge- / schirre hat man im / *Mangas⌈e⌉ischen⌉* Gebiethe² nicht / weil daselbst Kein / tüchtiger Leime ge- / funden wird, so gar / daß auch die Rus⌈s⌉en / daselbst ihre irdene / Geschirre Von *Jeniseisk*³ / beKommen. *Tschugun-* / *nene*⁴ Schüs⌈s⌉eln sind / gleichfalls bey den⌈en⌉ / *Samoj*ed⌈en⌉ nicht im / Gebrauch. :|ⁿ

|: Die *Jurak*en sollen / Zuweilen auch Silber / Geschirr haben, welches sie / vermuthlich Vor alters von / denen Rus⌈s⌉en geraubet habe⌈n⌉ / weil^o offters Rus⌈s⌉ische^p Kotsch⌈en⌉⁵ / im *Tassi*schen Meerbusen⁶ / entweder eingefroren

---

^a bey dene₎ Tataren und Mongolen *über der Zeile*   ^b *nach* seyn, *gestr.* wiewohl   ^c andere Nationen aber *über der Zeile*   ^d *nach* Zufriede₎ *gestr.* sind   ^e _{ei}n *verbessert aus* [.]   ^f _die *verbessert aus* [..]
^g oder *über der Zeile*   ^h Eiserne *über der Zeile*   ⁱ i_{ndem} *verbessert aus* [.]   ^j Le_{imen} *verbessert aus* [..]
^k da *über der Zeile*   ^l fuß *über der Zeile*   ^m _{ste}het *verbessert aus* h₎   ⁿ von Die Samojeden brauche₎ *bis* nicht im Gebrauch *auf Bl.* 105r *rechts marginal*   ^o _{we}il *verbessert aus* [.]   ^p R_{ussische} *verbessert aus* [.]

oder / Zerscheitert sind, welche^a / Von ihnen ausgeplündert und / die leute ermordet word⌈en⌉. : | ^b
Bagarach[7] sind bey dene⌈n⌉ *JaKut*⌈*en*⌉ / gros⌈s⌉e Platte Schüs⌈s⌉eln die / Von Thone gemacht sind, und / auf die 3 irdene Füs⌈s⌉e gesetzet / werden, darin Kochen sie im / Sommer die Milch.
| : Die *Tatar*e⌈n⌉, *Mongol*e⌈n⌉, *Brazki* / *Nertschinski*sche *Tunguse*⌈n⌉ habe⌈n⌉ / dergl⌈eichen⌉ platte Schüs⌈s⌉eln von / *Tschugun*[8] oder gegoßene⌈m⌉ / Eisen. Sie werden dene⌈n⌉ *Selen-* / *gins*Kische⌈n⌉ *NertschinsKi*schen / u⌈nd⌉ *Irkuz*kische⌈n⌉ Völker⌈n⌉ aus der / *Mongoley* nach der gräntze / Zum Verkauffe gebracht. / Sie nennen selbige *Schirim* / *Togò*[9]. *Schirim*[10] heißet *Tschu-* / *gun*[11] und *Togò* oder *Togòn*[12] / ein Keßel nemlich auf / *Brazk*⌈*isch*⌉ u⌈nd⌉ *Mongol*⌈*isch*⌉. Es ist / merkwürdig daß die *Begouins*[13] / in *Africa* ihre Platte Schüßeln / welche sowie im gantz⌈en⌉ *Orient* / denen obbeschriebe⌈nen⌉ sehr ähnlich / sind *Ta-jen* nennen^c, welches mit / *Togon*[14] überein kommt. so wie / auch das *Griechi*sche τηγανου^{d15} / eine gleiche Bedeutung hat / Siehe *Shaws*^e *Voyages* / *de la Barbarie et du* / *Levant Tom*⌈*o*⌉ 1. *p*⌈*agina*⌉ 384 / *edit*⌈*ionis*⌉ *gall*⌈*icae*⌉[16] : | ^f
Kögör[17] und *Simir*[18] sind die / Gefäs⌈s⌉e, in welch⌈en⌉ die *JaKut*⌈*en*⌉ / den Kümyss mache⌈n⌉ und aufbehalten^g. Sie / differire⌈n⌉ bloß in der Größe. / und ist *Kögör*[19] das grös⌈s⌉este / unter denselb⌈en⌉. Die *Materie* / ist Von besonders Zubereiteten / geräucherte⌈m⌉ Kuh-Leder. Die / *figur* ist platt, mit breite⌈n⌉ bäuch⌈en⌉ / und engen Hälsen, die Platt / umgeschlag⌈en⌉ werd⌈en⌉. Zu beyden Seiten / sind *Stolbi*[20] eingenehet / wie An^h dene⌈n⌉ *peremet-* / *nie Summi*[21].

---

^a we_{lche} *verbessert aus* [..]   ^b *von* Die Juraken sollen *bis* ermordet word₎ *rechts marginal*   ^c _{nenn}en *verbessert aus* [..]   ^d τ_{ηγανου} *verbessert aus* [.]   ^e S_{haws} *verbessert aus* [.]   ^f *von* Die Tatare₎, Mongol₎, Brazki *bis* p. 384 ed. gall. *rechts marginal*   ^g und aufbehalten *über der Zeile*   ^h A_n *verbessert aus* [.].

/106r/ Löffel bey dene[n] *Jaku*ten und / *Tungu*sen haben folgende Gestalt / sind aus birken holtze geschnitzet.

|: *Samoj*edische Loffel Von / Holtz oder Mammonts / Knochen[22] nach ordentlicher / Langlichter *façon* / Eben auch also bey den *Ostiake*[n]. :|[a]
In denen *Tungusi*sche[n] Jurte[n] ist folgen- / der *apparatus* um den Kes[s]el / über dem Feuer aufzuhänge[n]. Zu / nächst[b] an dem Feuer Heerde stehet / eine Stange beynahem *perpendi-* / *cular*, und[c] ist[d] mit der obere[n] Spitze / an die im Gipffel der Jurte Zu- / sammen gesetzte übrige Stange[n] / oder Steke[n] angelehnet. An diese / Stange Binden sie eine Queer- / Stange, die[e] gerade über das Feuer hingehet und[f] mit dem andere[n] / Ende[g] an einer Von dene[n] äus[s]ere[n] / Stangen der Jurte befestiget ist / Und an diese QuerStange hangen / Sie[h] einen hölzerne[n] KeßelHaken / und an denselb[en] den Kes[s]el: da / denn in Acht genomme[n] wird, daß / die Queer-Stange so hoch angebunde[n] / wird, daß der Keßel nahe über / dem Feuer Zu hange[n] Kömmt.

---

[a] *von* Samojedische Loffel Von *bis* den Ostiake₍ *rechts marginal*   [b] Zu$_{nächst}$ *verbessert aus* [..]   [c] und *verbessert aus* [...]   [d] ist *über der Zeile*   [e] *nach* die *gestr.* mit   [f] gerade über das Feuer hingehet und *über der Zeile*   [g] E$_{nde}$ *verbessert aus* S   [h] Sie *über der Zeile*

|: In den *Samoj*edischen / Jurte⌈n⌉ sind an dene⌈n⌉ / 4 *fundamental* Stang⌈en⌉ / oben[a] Kleine QuerStangen / Angebunden[b], woran / sie[c] ihre Kes⌈s⌉el hak⌈en⌉ / die von holtz sind auf- / hängen. :|[d]
Wenn *JaKute*⌈n⌉ in ihre⌈n⌉ Sommer-Jurte⌈n⌉ / eine⌈n⌉ Kes⌈s⌉el über dem Feuer aufhänge⌈n⌉ / wolle⌈n⌉, so steken sie einen[e] Steken / schräg in die Erde, dergestalt daß deßen⌈n⌉ / oberes Ende gerade über dem Feuer Zu / stehen kommt, an welchem sie den Keßel auf / hänge⌈n⌉.

|: *Samoj*edische Handtücher / sind im Staat von *Sibirie*⌈n⌉[23] / beschriebe⌈n⌉, daß sie anstatt / derselb⌈en⌉ abgeschabte baum / Rinden gebrauche⌈n⌉. Solches / Thun alle Völker, daß sie / davon einen Vorrath mach⌈en⌉ / furnemlich für die weiber / wenn selbige ihre Monathl⌈iche⌉ / Zeit haben, da sie denn / mit diesen Baum rinden / die Hosen ausstopffen / um dieselbe nicht allZu / stark Zu besudeln. Der / andere Nutzen oder Gebrauch / dieser Späne ist nur / eine Neben Sache. :|[f]
/106v/
Ein gewis⌈s⌉er *Arabischer Scribent*[24] bey / *Witsen p⌈agina⌉* 296[25] sagt von den Chal- / müken das⌈s⌉ sie es⌈s⌉en Kochen ohne / Kes⌈s⌉el in Höltzern⌈en⌉ Gefäs⌈s⌉e⌈n⌉ mit / glüende⌈n⌉ Steinen. Solches[g] ist / bey den *TschuKtschi* und in *Kam-* / *tschatka*[26] noch heutiges Tages / gebräuchlich.
|: item *p⌈agina⌉* 314.[27] Diese aber / ist Von dene⌈n⌉ Chalmük⌈en⌉ / falsch.
Der Mangel des Eisens und Kupffers[h] bey / diese⌈n⌉[i] Völker⌈n⌉ ist daran / Schuld welches sie Vor an- / Kunfft der Rus⌈s⌉e⌈n⌉ nicht / geKannt habe⌈n⌉: und man / will vor gewiß versicher⌈n⌉ / daß anfänglich ein eiserner / oder Kupfferner Kes⌈s⌉el den / die[j] Rußische⌈n⌉ Cosake⌈n⌉ ihne⌈n⌉ / Zum VerKauff gebracht / mit soviel Zobeln oder / dene⌈n⌉ beste⌈n⌉ Füchse⌈n⌉,[k] also[l] sich hin- / einpaken Las⌈s⌉en, bezahlet / worde⌈n⌉. :|[m]
Dortige Völker haben auch Vor- / dem Keine andere Meßer oder / Beile oder Pfeile gehabt, als / von Morsch[n][28] oder WallRoß / Zähnen. Es giebt noch bey

---

[a] oben *über der Zeile* [b] A_{ngebunden} *verbessert aus* [.] [c] S_{ie} *verbessert aus* [.] [d] *von* In den Samojedischen *bis* sind aufhängen. *rechts marginal* [e] ein_{en} *verbessert aus* [...] [f] *von* Samojedische Handtücher *bis* nur eine Neben Sache *rechts marginal* [g] S_{olches} *verbessert aus* [.] [h] und Kupffers *über der Zeile* [i] d_{iese} *verbessert aus* [.] [j] d_{ie} *verbessert aus* [.] [k] *nach* Füchsen, *gestr.* so [l] also *über der Zeile* [m] *von* item p. 314 *bis* bezahlet worde). *rechts marginal* [n] M_{Orsch} *verbessert aus* ö

denen⌐ / *Tschuktschi* und bey einigen⌐ armen⌐ / *Korjak*en und *Kamtschedale*n⌐ / dergleichen⌐ beile^a. Die *figur* / aber ist nicht wie bey unsern / *Europaischen*^b beilen, sondern wie^c /an denen⌐^d Eisernen⌐ Instrumenten⌐ / so man im Rusʃʃischen⌐ *KirKi*²⁹ / nennet. Sie Können⌐ auch damit / Kein anderes⌐ Holtz haken⌐ als / was schon halb verfaulet ist / da sie denn^e einen Spaan nach / dem anderen⌐ mit Vielen^f Hieben^g / davon abhaken⌐.

Das Feuerschlagen⌐ dieser Völker / ist in Ermangelung des Eisens / auch vordem nicht anders geschehen⌐ / und^h geschiehet noch heute Zu / Tage bey einigenⁱ nicht anders / als durch Reibung Zweyer Trokener⌐ / Höltzer eines an dem anderen⌐.

|: *Kogur* oder *Kogor*^{j30} bey denen⌐ *Tatare*n⌐ das Ge- / faß worin sie *Kumyss* machen⌐ / ist ein Lederner Schlauch Von / OchsenLeder auf 6 biß 10 Eymer³¹ / enthaltend. *Torsùk*³² sind kleinere Schläuche / worin der fertige Kumyss / aufbehalten⌐ wird. In denen *Kogur*³³ machen⌐ sie auch / Butter, nur haben sie daZu / eigene, außer denen⌐ so Zum / *Kumyss* gebrauchet werden⌐. / Sie haben auch^k gefäʃʃe von birken Rinde / und andere nach Rusʃische *façon* : |¹ /107r/ Lederne Schläuche bey denen⌐ *BrazKi* / darin sie den *Kumyss* machen / heisʃen *Habà*³⁴ und sind Von / geräucherten OchsenHäuten ge- / macht. *Kukùr*³⁵ sind Kleinere Schläuche / darin sie *Kumyss* Milch Schmandt / butter brandtwein entweder / aufbehalten⌐, oder auf der Reise / Transportiren⌐, so wie Bey^m denen⌐ / *JaKute*n⌐ der *Simir*³⁶. *Tar*³⁷ beyⁿ denen⌐ *BrazKi* ein Sak / darin sie den *Arza*³⁸ oder Käse / machen. er ist Vor denen Jurten / an^o einem Gestell Von^p 2. / Pfählen, darüber ein Quer- / Stok lieget, aufgehangen / und ist von *Koschma*³⁹ gemacht / *Koschma* ist ein Rusʃʃisches wort / der Zeug woraus, dieser Sak / gemacht wird, wird auch auf *Brazkisch*^q / *Tar*⁴⁰ genannt, und wird von Kuh- / Haaren gewebet. In einer jeden Jurte ist ein Eiser- / ner dreyfuß dergleichen⌐ die *BrazKi* / selber machen⌐. Eiserne Keʃʃel / machen sie nicht sondern Kauffen⌐ / selbige Von den Rusʃʃen⌐. Die *JaKute*n⌐ / machen selbst Eiserne Keʃʃel.

|: *Samoj*eden machen / Von Birken Rinde Ge- / fasʃe darin sie ihren / Vorrath aufbehalten⌐ / sie nennen dergleichen⌐ *Te- / héri*⁴¹. Die Rusʃen⌐ / nennen dergleichen⌐ *Tschumani*⁴² / Auch haben sie holtzerne / ausgehöhlte Tröge / so sie

---

^a ₅ei₎ₑ *verbessert aus* [..]   ^b Europaischen *über der Zeile*   ^c *nach* wie *gestr. folgende*   ^d ₔe₍ₙₑ₎ *verbessert aus* [.]   ^e *nach* denn *gestr.* sie   ^f *nach* Vielen *gestr.* Schlage₎   ^g Hieben *über der Zeile*   ^h un₍ₔ *verbessert aus* [..]   ⁱ *nach* einigen *gestr.* Durch   ^j oder Kogor *über der Zeile*   ^k haben auch *über der Zeile*   ^l von Kogur oder Kogor bey *bis* Russische façon *rechts marginal*   ^m B₍ₑy₎ *verbessert aus* [.]   ⁿ be₍y₎ *verbessert aus* [..]   ^o *vor an gestr.* auff   ^p Von *verbessert aus* [...]   ^q B₍ᵣₐzₖ₎ *verbessert aus* [.]

*SuriKi*⁴³ nennen / daraus sie es⸢s⸥en, auch / ihren Vorrath darin / Verwahren. dergl⸢eichen⸥ *Tschumani*⁴⁴ habe⸢n⸥ / auch die *Ostiak*en / und die am *Ket*⁴⁵ nenne⸢n⸥ / selbige *Kam*⁴⁶ auch / Tröge die sie *Chatu* / nennen. :|ᵃ
Die Wald *Tungus*en habe⸢n⸥ fast / Keine andere Gefäßeᵇ, als die / Von Birken Rinde gemacht sind, / Es sey denn das⸢s⸥ sie Lederne / oder Holtzerne Von andern Völkern /107v/ sich anschaffen. Sie überziehen / selbige aber, mehrerer / Stärke halber, mit Leder / oder Fischhaut oder mit *Ca* / *massi*, undᶜ wis⸢s⸥enᵈ sie derge- / stalt Zuᵉ *aptir*en⁴⁷, daß sie / eben so Bequem als Lederne / Schläuche auf denen Rennthiere⸢n⸥ / Können *transportir*et werde⸢n⸥. / Allerᶠ Vorrath Von / fleisch, fischen, Mehl und an- / dern *victuali*en⁴⁸ wirdᵍ darin gehal- / ten. Imʰ *Tungusi*schen / nennet man sie *Ínmok*⁴⁹.
Wieⁱ alles bey allen heid- / nischen Völkern sehr un- / sauber ist, also muß man / auch an ihren Haußgeräthen / Keine Reinlichkeit sich vorstellen. / Kes⸢s⸥el, Schalen, Lederne / und andere gefäs⸢s⸥e werde⸢n⸥ / nimmer gewaschen oder / ausgesPühletʲ.
An dem *Lena* fl⸢uß⸥ hatte ich / das Glük, eine Gesellschafft / *Tungusi*scher weiber aufᵏ Meinemˡ / *DoschtscheniK*⁵⁰ Zu bewirthe⸢n⸥⁵¹; als / ich nun denselben nebst ander⸢en⸥ / ihnen angenehmen Kleinigkeite⸢n⸥ / auch etwas Mehl und fleisch /108r/ geben ließ, so waren sie gleich / fertig ihre Strümpfe ausZuZiehen / und so unsauber auch dieselbe / waren, so machten sie sich doch / nicht den geringsten Scrupel die- / selbe mit obige⸢n⸥ Sachen anZu- / füllen
Betten der *Ostiak*en sind / das⸢s⸥ sieᵐ eine Birken-Rinde unter / legen, um nur nicht / im Sande Zu liegen.
Fast in gantz *Sibiri*en ist für / die Tobaks Pfeifen dieⁿ Munga- / Lische Benennung *Chansa*⁵² im gebrauch / welches wortᵒ geschrieben wird
Die *Ostiak*en am *Jenisei*⁵³ sagen / *Kandsà*⁵⁴ und nenne⸢n⸥ den Tobak / *Sar*⁵⁵, Von dem *Buchari*schen / Nahmen *Schar*⁵⁶, unter welchem / der *Sinesi*sche Tobak Zu erstᵖ / in *Sibiri*en beKannt word⸢en⸥.
Die *Ostiak*⸢en⸥ am *Ket*⁵⁷ nenne⸢n⸥ den / Tobak *Dugàr*⁵⁸ und eine Tobaks / Pfeiffe *Dugàr-daps*⁵⁹
*Samoj*eden nenne⸢n⸥ den *Chinesi*sche⸢n⸥ Tobak / *Saru* oder *Schar*⁶⁰. Den Blätter / Tobak *dewe*⁶¹, welches wort ein / blatt bedeutet.
|: *Tatar*en nenne⸢n⸥ den Tobak: *Tamki*⁶² / den *Czerkaßi*sche⸢n⸥ blätter / Tobak⁶³

ᵃ *von* Samojeden machen Von *bis* Chatu nennen. *rechts marginal* ᵇ G_{efäße} *verbessert aus* [.] ᶜ *nach und gestr.* apdiren ᵈ *wissen über der Zeile* ᵉ Z_u *verbessert aus* [.] ᶠ A_{ller} *verbessert aus* [.]; *vor* Aller *gestr.* wie denn ᵍ *wird über der Zeile* ʰ *vor* Im *gestr.* wird ⁱ *vor* Wie *gestr.* Sonst machet sich auch ein Tun- / gu ʲ _{ausges}P_ühlet *verbessert aus* [.] ᵏ *auf verbessert aus* [...] ˡ M_{einem} *verbessert aus* [.]_{eine}[.] ᵐ sie *über der Zeile* ⁿ _{d}ie *verbessert aus* [..] ᵒ *wort verbessert aus* [.] ᵖ _{er}st *verbessert aus* [.]

Zum unterscheide / *Bür-támka*[64], (*Bür*[a65] bedeutet / ein blatt) eine Tobaks Pfeiffe / *Changsà*[66].
Hernandez Hist⌈oria⌉ Mexic⌈anorum⌉[67] *L⌈ibro⌉ V. / Cap⌈ite⌉* 51. *Planta quam Mexicenses /* <u>Pycielt</u> *seu* <u>Yelt</u> *vocant, ab Hai- / tinis (Hispaniolae insulae incolis) / appellatur* <u>Tobacus</u>*, a quibus non / ad Indos solum, sed ad Hispanos / id defluxit nomen, eo quod suffu- / migiis admisceretur, quae* <u>Toba-</u> / <u>cos</u> *etiam nuncupare consueuerunt / a Brasilianis* <u>Petum</u>*, ab aliis /* <u>Herba sacra</u>*, a nonnullis* <u>Nico-</u> / <u>tiana</u>[b] *dicitur*[68] : |[c] /108v/
Mit einem Worte: der Hauß- / rath bey allen Völkern ist sehr / geringe. Sie haben nichts mehr / als was sie zur höchste⌈n⌉ Nothwen- / digKeit gebrauchen: und wenn / man ihren Reichthum darnach / *estimir*en[69] wollte, so müste / man sie Vor sehr arm halten. / Allein sie sind dabey[d] vergnügt und ver- / Langen selber Keinen Überfluß, / weil er ihnen nur Zur Last / seyn würde.[e] ein Mora- / list wird[f] dieses[g] vor mehr / als alle Schätze *civilisirt*er *Na- / tion*en halten.
Tümbürdschak ist auf *Tatar*isch[h] ein lederner / Sak der aus[i] / Rehe / Häuten Zusammen genehet / ist, darin halte⌈n⌉ sie ihre⌈n⌉ / Vorrath Von Mehl, grütze / wilden buchweitzen[70], *Sarana*, / *UliKta p⌈erge⌉* Verwahre⌈n⌉. Die Rauhe / Seite ist auswendig an / diesem Sake
Man hat auch dergl⌈eichen⌉ Sake / die aus einer gantzen Reh / haut bestehe⌈n⌉, da bloß der / Kopff[j] und die Füs⌈s⌉e / abgenomm⌈en⌉ und die Orter / Zugenehet[k] oder Zugebunde⌈n⌉ / sind. /109r/
Rauchtopffge⌈n⌉ der *Tunguse*⌈n⌉[71].
Die *Camasinzi* haben eben dergl⌈eichen⌉ / Rauchtöpffge⌈n⌉. Die weiber / Tragen selbige wenn sie *Sarana* / graben auf dem rüken ange- / bunden wie die *Tunguse*⌈n⌉, die / Männer aber binden selbige / an dene⌈n⌉ Arme⌈n⌉ an. Diese / Topfgens mache⌈n⌉ die weiber. Sie / brenne⌈n⌉ auch selbige in etwas / daß sie einen Scheiter Haufen / über einem solchen Topffgen / anlege⌈n⌉ und ausbrenne⌈n⌉ Las⌈s⌉⌈en⌉ / Nachgehends wird der Topff / mit weiden Reisern[l72] Umflochte⌈n⌉ / und Bey dene⌈n⌉ *Tunguse*⌈n⌉ und / *Camasinzi*sch⌈en⌉ weiber⌈n⌉ weil selbige / solche auf den Rüken Trage⌈n⌉ / Mit[m] einem gehäuse von[n] dünn⌈en⌉ / Bretter⌈n⌉ umgeb⌈en⌉, oder es ist / an diesen Topffge⌈ns⌉ ein brett / unte⌈n⌉,[o] worauf sie stehe⌈n⌉ und eines / Von der Seite des rükens, daran / sie festgebunde⌈n⌉ sind. /109v/
Zunder auf *Tattar*isch *Chabo*[73]   Das ZunderKraut *Chabo odö*[74].
- *Kamasinzi*sch: *Pelmä*[75]   -   *Pelmä-not*[76].

---

[a] B_{ür} *verbessert aus* d   [b] N_{icotiana} *verbessert aus* H   [c] *von* Tataren nenne₎ den *bis* Nicotiana dicitur *rechts marginal*   [d] dabey *über der Zeile*   [e] nach würde. *gestr.* Ich meine   [f] wird *über der Zeile*   [g] vor dieses *gestr.* muße   [h] auf Tatarisch *über der Zeile*   [i] nach aus *gestr.* einer gantzen Rehe / Haut bestehet da der Ko   [j] nach Kopff *gestr.* abgenom   [k] _{Zuge}n_{ehet} *verbessert aus* [.]   [l] _{Reise}r_n *verbessert aus* [.]   [m] *vor* Mit *gestr.* [..]t   [n] v_{on} *verbessert aus* [.]   [o] _{unt}e₎ *verbessert aus* [.]

Die *Camasinzi* gebrauchen eben das[s]elbe / Kraut was die *Tatar[en]* gebrauch[en]. / Sie Ziehen diesen Zunder dem / SchwammZunder weit Vor, weil / er Leichter Feuer fängt.

[1] *Verchojansk*
[2] Gebiet von *Mangazeja*
[3] *Enisejsk*
[4] russ. *čugunnyj* – gußeisern
[5] russ. *koči* (Ez. *koč*) – Wasserfahrzeuge der nordsibirischen Küsten (und Flüsse); „Sie [d. h. die *koči*] waren auf 12 faden lang, platbodigt und mit einem verdekk, und die stükke waren mit hölzernen pflökken befestiget: man konte sie zum rudern und zum segeln gebrauchen ..." (Fischer 1768, S. 303f.)
[6] *Tazovskaja guba* (*Tasovskaja guba*)
[7] jakut. „баӈарах" – niedriger breithalsiger Topf zum Milchkochen (*Pekarskij* 1958–1959, Bd. I, Sp. 327); jakut. „баӈалчах" – „ein flaches irdenes Geschirr zum Milchkochen" (Middendorff 1851, Theil 2, S. 127)
[8] russ. *čugun* – Gußeisen
[9] burjat. „шэрэм" – Gußeisen (*Čeremisov* 1973, S. 750); burjat. „тогоо(н)" – Kessel (a. a. O., S. 423); mongol. „ширэм" – Gußeisen (*Luvsandėndėv* 2001–2002, Bd. 4, S. 364); mongol. „тогоо(н)" – Kessel (a. a. O., Bd. 3, S. 213); „Eiserne Grapen (Tohon) sind [bei den Burjaten] gebräuchlicher als Kessel." (Georgi 1775, S. 300); „Grapen, m., ein metallener, meist eiserner, aber auch ein irdener topf, gewöhnlich mit dreifusz und henkel oder griffen; ..." (Grimm 1991, Bd. 8, Sp. 1887f.)
[10] s. Anm. 9
[11] russ. *čugun* – Gußeisen
[12] s. Anm. 9
[13] d. h. Beduinen
[14] s. Anm. 9
[15] griech. τηγανον (teganon) – Tiegel, Pfanne zum Schmelzen, Braten und Backen

[16] „Dans les villes et dans les villages, où il y a des fours publics, on fait communement lever le pain, mais il n'en est pas de même chez les Bedouins: dès que leur pâte est paîtrie, ils en font des gâteaux minces, qu'ils cuisent sur la braise ou dans un Ta-jen." (übers. in: Shaw 1765, S. 202 „In den Städten und Dörfern, wo man öffentliche Backöfen hat, ist das Brodt gemeiniglich gesäuert: allein, bey den Arabern und den Kabylen wird es, so bald es geknetet ist, in dünne Kuchen geformet, die entweder gleich auf den Kohlen, oder auch in einem Ta=jen gebacken werden müssen.") (Shaw 1743, S. 384); Anm. d „[Ta-jen] C'est un vaisseau de terre fort plat, qui ressemble à une poële à frire ..." (frz. – [Ta-jen] Dies ist ein sehr flaches Tongefäß, das einer Bratpfanne ähnelt ...) (a. a. O., S. 384)
[17] jakut. „köӈyöp" – großer lederner Sack zum Aufbewahren von Flüssigkeiten (*Pekarskij* 1958–1959, Bd. I, Sp. 1125; Middendorff 1851, Theil 2, S. 57); „[jakut.] Kögör ist unten breit und oben mit einem Hals / wird von Leder gemacht. Sie nehmen Ochsen / haut und schaben die Haare) ab alsden wird / sie ausgespannt stark mit Blut geschmiert und / in dem schmiere) über ein Feuer gehalten Bis / sie gantz schwartz wird nach diesem aber in / Rauch aufgehängt und stark geräuchert. Wenn / solches nun geschehen so erweichen / sie dernach die / Haut in Waßer und nehen davon den vor= / erwehnten Kögör. [jakut.] Simir ein kleines Geschirr wird gleichWoll wie / die vorigen von Haut gemacht. Diese werde) / nur auf Reisen gebraucht den Kumyss oder um dan darin zu halten." (J. J. Lindenau in:

[18] AAW F. 934, Op. 1, D. 89, Bl. 197r, Kopie aus dem Archiv RGADA) jakut. „сіміp" – Lederschlauch (zur Zubereitung von *kumys*) (*Pekarskij* 1958–1959, Bd. II, Sp. 2227; 168); „Der Butterschlauch (S'imirj) wird aus halbgegorbenen, geräucherten Fellen zusammengenäht und ist sakkartig geformt. Die weite Mundöffnung dieses Sakkes wird durch zwei Stökke geschlossen gleich einem Portemonnaie. Indem beide Stökke aneinandergeklappt über einen dritten Stokk gerollt, und nun zusammengebunden werden, erzielt der Jakute einen vollkommen dichten Verschluss. ..." (Middendorff 1874–1875, S. 1557); s. Anm. 17

[19] s. Anm. 17

[20] russ. *stolby* (Ez. *stolb*) – Säule, Pfeiler, Pfosten

[21] russ. *peremetnaja suma* (Mz. *peremetnye sumy*) – zwei zusammengebundene, über den Sattel gelegte Packtaschen; russ. *suma* (Mz. *sumy*) – Packtasche, Tasche, Quersack; von? *peremetat'* – überwerfen, hinüberwerfen; s. *Anikin* 2003, S. 442f.

[22] „Art. 1. Zoolithen. ... Gegrabene Elephantenknochen, R. Momotowa Kosti, Mammontsknochen, Schädel, Kinnbacken, Spitzzähne, Rückenglieder, Schien=, Lenden= und Hüftbeine, wurden in Rußland und besonders in Sibirien seit Alters gefunden, und für die Gebeine eines ungeheuren Thiers gehalten, welches unter der Erde lebe, von Berührung der Luft sterbe und wohl Hiobs Behemot seyn könne. Der St. Petersburgische Akademicus Du Vernoi erwies zuerst, daß diese Knochen Elephanten gehört hätten. Als nach einem Befehl Peters des Großen von 1722 alle gegrabenen und andere Merkwürdigkeiten an das kaiserliche Musäum in St. Petersburg geschickt werden mußten, und ein jeder diese Knochen für merkwürdig hielt, kamen sie mit andern gegrabenen Knochen aus vielen Gegenden Rußlands so häufig an, daß sie bald ein ansehnlich Gewölbe des Musäums füllten. ..." (Georgi 1797–1802, Theil 3, S. 587ff.); zu den frühen Funden von ‚Mammutknochen' in Sibirien siehe auch Strahlenberg 1730, S. 393–396 u. Gmelin 1751–1752, 3. Theil, S. 147–160

[23] „Ihre Schnupftücher machen sie aus grünem Holz, welches sie so dünne schaben daß es ganz lind anzurühren ist; davon nehmen sie hernach eine Hand voll und wischen die Nasen damit." (Staat 1720, S. 126); „Ihre Kinder legen sie in Kästen oder Wiegen von Birken=Bast zusammen gesetzt in etwas Hemds von den Bäumen oder in dünn abgeschabte Baum=Rinde welche eben so weich ist als Pflaum=Federn und decken sie mit einem Stück von der Haut eines Renn Thieres zu." (a. a. O., S. 129)

[24] vielleicht der in persischer Sprache schreibende Historiker Mirkhond (Auskunft von Prof. Dr. Bruno Naarden, Amsterdam); „SKRIBENT, ... scribent, author. ... schriftsteller, schreiber ..." (Grimm 1991, Bd. 16, Sp. 1331f.)

[25] „Zeeker Arabische Schryver, wiens Schriften noch nooit in 't licht gegeven zijn, en in de Boekery tot Leiden berusten, beschryft het Land Katay of Sina, ... en meld van Kalmakken Land dit volgende. ... zelfs de potten, daer in zy hun spys koken, zijn van hout, en gaet dit koken aldus toe. Zy doen het Vleesch, beneffens kout water, in een houte vat of pot, en maken als dan verscheide steenen gloeyent, die daer in geworpen, het water doen koken, en het Vleesch gaer maken." (nl. – Ein gewisser arabischer Autor, dessen Schriften in der Bibliothek in Leiden aufbewahrt werden und noch nie veröffentlicht worden sind, beschreibt das Land Katay oder Sina ... und berichtet vom Land der Kalmyken folgendes: ... selbst die Töpfe, in denen sie ihre Speisen kochen, sind aus Holz. Das Kochen erfolgt in folgender Weise. Sie legen das Fleisch nebst kaltem Wasser in ein hölzernes Gefäß oder einen Topf und machen dann mehrere Steine glühend, die darauf, ins

Wasser geworfen, das Wasser kochen lassen und das Fleisch garen.) (Witsen 1705, S. 296)

²⁶ *Kamčatka*

²⁷ „In de Boekery tot Leiden, word een Arabisch in Latyn vertaelt, Boeksken bewaert, 't geen aldaer door Livinus Warnerus, wel eer afgezondene van den Staet, aen het Konstantinopolitaensch Hof, is vereerd geworden, by uiterste wil, geschreven in 't Jaer 822*, [rechts marginal: ‚Christi 1122'] ... hare vaten die zy tot drank en spys gebruiken, zijn van hout, zelf die geene, waer in zy hun Vleesch kooken, want zy werpen in alzulke vaten, als 'er water op het Vleesch is gegooten, gloeyende steenen, die het zelve doen kooken: ..." (nl. – In der Bibliothek von Leiden wird ein aus dem Arabischen ins Lateinische übersetztes kleines Buch aufbewahrt, das Levinus Warner, damals Gesandter des [holländischen] Staates am Hof zu Konstantinopel, testamentarisch vermacht wurde und im [islamischen] Jahr 822*, | : [rechts marginal: anno] ‚Christi 1122' :| verfaßt wurde ... ihre Gefäße, die sie für Getränke und Speisen benutzen, sind aus Holz gemacht, auch diejenigen, in denen sie Fleisch kochen, denn sie werfen in solche Gefäße glühende Steine, die das [Fleisch] kochen lassen, wenn Wasser auf das Fleisch gegossen worden ist, ...) (Witsen 1705, S. 314)

²⁸ russ. *morž* (Mz. *morži*); „141. Rosmarus arcticus ... Walross, ... Trichechus Rosmarus ... Rossis Morsh ..." (Pallas 1811–1831, Vol. I, S. 269–271); „1. Trichechus Rosmarus ... Gemeiner Wallroß. Wallroß. ... Russ. Morsch ... Wallroßzähne oder Elfenbein (R. Kliuki). Außer einer kleinen Markhöhle bestehen die beyden Hundszähne aus derben Knochen oder Elfenbein. Man findet und sammelt sie in Sibirien, auch oft ziemlich weit von den Meerufern, ..." (Georgi 1797–1802, Theil 3, S. 1488–1490)

²⁹ russ. *kirki* (Ez. *kirka*) – Erdhaue, Keilhaue; „Ackergeräth. ... Die Biriussen ... essen kein Brod, wohl aber Grützbrey, für welchen sie Gerste, Roggen und Weizen auf kleinen Plätzen zwischen Felsen und Bäume, die blos mit einer Hacke (Kirka) etwas aufgewühlt sind, säen." (Georgi 1797–1802, Theil 3, S. 625)

³⁰ „[barabinz.] Kokoùr eine lederne Flasche mit einem langen gerad₍ hals u. weite₎ bauch, wori◻ sie ihre₎ brantewein verwahren. (J. E. Fischer in: AAW F. 21, Op. 5, D. 50, Bl. 41v); chakass. „когор" bzw. „кӧрӧп" – Beutel aus Kuhleder für Flüssigkeiten (*Funk/Tomilov* 2006, S. 574); turk. „кӧкӱр", „кӧккӧр" bzw. „кӱгӓр" – Lederflasche, Schlauch (Radloff 1963, Bd. 2, Sp. 1224 bzw. Sp. 1426)

³¹ Eimer (Eymer), russ. *vedro* – Hohlmaß, Flüssigkeitsmaß; 1 *vedro* = 12,2989 l

³² tatar. „турсык" – Lederschlauch für Flüssigkeiten (*Slovar'* 1966, S. 558); sagaisch (s. Glossar: Tataren) u. katschinz. „torsuq" bzw. „tursyq" – Lederschlauch für Milch, tatar. „tursyq" bzw. „torsuq" – Lederschlauch für Flüssigkeiten (*Anikin* 2000, S. 571); chakass. „торсых" – lederne Flasche (*Funk/Tomilov* 2006, S. 574); katschinz. „Torsuk" – kleines Gefäß aus Birkenrinde zur Zubereitung von *kumys* (J. E. Fischer in: AAW R. III, Op. 1, D. 135, Bl. 53v); turk. „торсук" – Lederflasche zum Aufbewahren der Milch (Radloff 1963, Bd. 3, Sp. 1189)

³³ s. Anm. 30

³⁴ burjat. „saba S., haba Ch., Gefäss; ..." (Schiefner 1857, S. 158); burjat. „haбa" – (Flüssigkeits-)Behälter, (Küchen-)Geschirr, hölzerne Kanne (*Čeremisov* 1973, S. 660)

³⁵ burjat. „хухуур" – Schlauch für Flüssigkeiten (*Čeremisov* 1973, S. 635)

³⁶ s. Anm. 18

³⁷ burjat. „таар" – grobes Gewebe aus Haaren bzw. ein Beutel aus diesem Material (*Čeremisov* 1973, S. 406); „Zum Winter versorgen sie [d. h. die Burjaten] sich mit ... Käse (Arsa), ... Von der ein-

gekochten Buttermilch, und dem Ueberbleibsel des Milchbranteweins erhalten sie Käse, den sie von den Molken durch einen Woiloksak (Tar) [s. Glossar: Woilok] scheiden. Den Käse troknen sie, theils schlagen sie ihm in Fässer, und vergraben dieselbe in der Erde nahe an Flußufern, in welchen er frisch bleibt. Das Gefäß steht zum Theil in Wasser." (Georgi 1775, S. 303)

38 s. Anm. 37; burjat. „aapca(н)" – russ. *arsa*, Quark, Käse, Rückstand der Milchbranntweinherstellung, aber auch Sauermilchgetränk (*Čeremisov* 1973, S. 18; *Slovar'* 1999a, S. 33; *Abaeva* 2004, S. 171)

39 russ. *košma* (Mz. *košmy*) – Filzstück, Filz; s. Glossar: Woilok

40 s. Anm. 37; vgl. aber nach *Cydendambaev/Imechenov* 1962, S. 208 burjat. „hэeы" – russ. кошма (*košma*)

41 samojed. „Birkenrinde, Jur. tae, ... T. tie. Jen. tê, Ch.; te, B. O. twe, N.; tüe, tüe, NP.; tö, B., Tas.; tô, Kar. ..." (Schiefner 1855, S. 207); samojed. „Gefäss, Jur. hôr, hor; ..." (a. a. O., S. 226)

42 russ. *čuman* (Mz. *čumany*) – Trog, Mulde, Korb aus Birkenrinde; s. *Anikin* 2000, S. 674 u. *Anikin* 2003, S. 693

43 samojed. „Gefäss, ... trogähnliches, ... Jen. sub oka, Ch. ..." (Schiefner 1855, S. 226); samojed. (enz.) „сурукo" – hölzernes Geschirr, kleiner Trog (*Gemuev* 2005, S. 516)

44 s. Anm. 42

45 d. h. die pumpokolischen Ostjaken am Fluß *Ket'* (s. auch Kap. 25, Bl. 10v)

46 vgl. kotowz. „ham" – Gefäß, Tasse, Schale (Schiefner 1858, S. 209) u. assanisch (s. Glossar: Assanen) „hama" – Gefäß aus Birkenrinde oder Leder (Klaproth 1831, S. 173)

47 <lat.> – anpassen

48 „Victualien, oder Lebens=Mittel, ... heisset alles, was zu dem Leibes=Unterhalte an Speise und Geträncke dienet, ..." (Zedler 1732–50, Bd. 48, Sp. 998)

49 tungus. (ewenk.) „инмэк" bzw. „иммэк" – Packtasche (mit Gerüst aus Birkenrinde) (*Myreeva* 2004, S. 248)

50 russ. *doščanik* (Mz. *doščaniki*; *doščenik*, Mz. *doščeniki*) – großes flachbödiges Lastschiff der sibirischen Flüsse mit Rudern und einem Segel, das an Bug und Heck zugespitzt war; „Ein Doschtschennik ist ein Fahrzeug in der Figur eines Kahnes, und kan ein großer bedeckter Kahn genannt werden. Es ist ein Steuerruder daran, wie bey andern Schiffen zu seyn pfleget, aber nur bey denenjenigen, welche wider den Strom gehen sollen; denn die, die mit dem Strome gehen, haben statt des Steuerruders, so wie die Fahrzeuge auf der Wolga, hinten und vorne einen langen Balken." (Gmelin 1751–1752, 1. Theil, S. 169); „Dergleichen Fahrzeuge werden nicht mit einem Steuer regieret, sondern man macht zween behauene Balken, einen von vorne auf einer, und den andern von hinten, auf der andern Seite dergestalt feste, daß das eine Ende in das Wasser, und das andere bis gegen die Mitte des Fahrzeuges gehet. Der Balcken aber derjenigen Seite wird bewegt, wohin man das Fahrzeug lenken will." (Gmelin, a. a. O., S. 23)

51 Dies war die in Kapitel 8 (Bl. 80v–81v) beschriebene Begegnung mit Tungusen vom 26. Juli 1736 beim Dorf *Kurejskaja* bzw. *Šelagina*.

52 mongol. „гаанс(ан)" – Tabakspfeife (*Luvsandėndėv* 2001–2002, Bd. 1, S. 324); burjat. „gansa S., Pfeife; ..." (Schiefner 1857, S. 130); burjat. „ганза" – Tabakspfeife (*Čeremisov* 1973, S. 145); „Die Pfeifen [der Lamuten] Gansa, sind von Holtz ..." (J. J. Lindenau in: AAW F. 934, Op. 1, D. 89, Bl. 280r, Kopie aus dem Archiv RGADA); kalmyk. „ханз" – Tabakspfeife (*Iliškin* 1964, S. 716); samojed. „Pfeife, ... O. kanja, N., Jel.; kanza, MO., NP.; kanza, B., Tas.; kaŋza, OO. Tsch.; kansa, B., Tas.; kanca, Kar." (Schiefner 1855, S. 259); „Tobaks Pfeiffe [samojed. (kamass.)] Chansa [taiginz.]"

chansa |: M. [M. – matorisch/modorisch] idem [lat. – ebenfalls, zugleich] :| [karagass.] dángsa" (G. F. Müller in: Helimski 1987, S. 119); kotowz. „kanśa", koibal. „kaŋza" – Pfeife (Schiefner 1858, S. 205); s. auch *Anikin* 2000, S. 162

[53] *Enisej*

[54] *Enisej*-ostjak. „kansa" – Pfeife (Schiefner 1858, S. 166); ket. „kanč(e)" – Pfeife, Tabakspfeife (Donner 1955, S. 56); ket. „каньча" – Tabakspfeife (*Gemuev* 2005, S. 685); s. Anm. 52

[55] *Enisej*-ostjak. „sar" – Tabak (Schiefner 1858, S. 186); ostjak. „šar" – Tabak (Steinitz 1966–1993, Sp. 300)

[56] russ./sib. *šar* – Tabak; zur Etymologie des Namens s. *Anikin* 2000, S. 690f. u. *Anikin* 2003, S. 701f.; „Der Tscherkaßische Tabak gehöret mit unter diejenigen Waaren, welche in Sibirien grossen Abgang finden; obgleich dabey auch nicht zu leugnen, daß die in der Jakuzkischen Provinz wohnhafte Völker den Chinesischen Toback, welcher Schar genennet wird, dem Tscherkaßischen vorziehen. ..." (Müller 1760, S. 488); „Ich habe zwoer Chinesischen Waaren, des Tobaks, welcher unter dem Nahmen Schar in Sibirien grossen Abgang hat, und der Rhabarber ... keine Erwehnung gethan; weil Privatkaufleuten damit zu handeln untersaget ist. ..." (a. a. O., S. 597); „Nicotiana L. Tabak. ... Verschiedene alte Nationalen rauchen auch, aber nur selten Tabak, meistens anderes, eigenes oder fremdes Krautwerk; in Daurien z. B. Chinesischen Schaar, theils mit ollmigem Holz vermischt ..." (Georgi 1797–1802, Theil 3, S. 784ff.); „Wie alle Tataren sind sie [d. h. die Kirgisen] unmäßige Liebhaber des Tobacks; ... und geben dem starken gemeinen oder tscherkeßischen vor gelinden Toback und besonders vor dem chinesischen Schar den Vorzug." (Georgi 1776–1780, S. 214f.)

[57] d. h. die pumpokolischen Ostjaken am Fluß *Ket'* (s. auch Kap. 25, Bl. 10v)

[58] pumpokol. „dugar" – Tabak (Helimski 2003, S. 233, nach G. F. Müller)

[59] pumpokol. „dugar-daps" – Tabakspfeife (Helimski 2003, S. 233, nach G. F. Müller)

[60] samojed. „Tabak, Jur. sear, sar, sâr. ... Jen. ... saru, B. ..." (Schiefner 1855, S. 288); s. Anm. 56

[61] vgl. samojed. „Blatt, ... O. ... tâba, K.; tâbe, NP., ... K. tawa." (Schiefner 1855, S. 207)

[62] katschinz. „Támke", tschatzk. „Tamáke" – chinesischer Tabak (J. G. Gmelin in: AAW F. 21, Op. 5, D. 73, Bl. 293v/294r); tatar. „тэмэке" – Tabak (*Ganiev* 1984, S. 620); vgl. taiginz. „támako", karagass. „tamaki", mator. „támacho" – Tabak (Helimski 1987, S. 80, nach G. F. Müller); barabinz. „tammegu" – Tabak (J. E. Fischer in: AAW F. 21, Op. 5, D. 50, Bl. 40r); tschulym. „dámmachu" bzw. „dámmagu" – Tabak (J. E. Fischer in: AAW F. 21, Op. 5, D. 49, Bl. 36r); turk. „тамаку", „тамкы" bzw. „тэмäкä"– Tabak (Radloff 1963, Bd. 3, Sp. 994, Sp. 1003 bzw. Sp. 1129f.)

[63] „Ihr [d. h. der Ostjaken am Fluß *Irtyš*] vornehmstes labsal ist der czerkassische Tabak, nicht der mit grossen gelblichten Blättern, (deñ dieser ist ihnen Zu schwach) sondern der braune kleinblättrichte, welchen man Bakun nennet. ..." (J. E. Fischer in: AAW F. 21, Op. 5, D. 41, Bl. 29v); s. auch Anm. 56

[64] s. Anm. 62

[65] katschinz. „bir" – Blatt (J. G. Gmelin in: AAW F. 21, Op. 5, D. 73, Bl. 294v); katschinz. „byr" – Blatt (J. E. Fischer in: AAW R. III, Op. 1, D. 135, Bl. 50v); katschinsk. „bürr" – Blatt (G. F. Müller in: AAW F. 21, Op. 5, D. 143, Bl. 66v); tatar. „Byr" – Blatt (Messerschmidt 1962–1977, Teil 1, S. 243); turk. „бÿр" – Blatt (Radloff 1963, Bd. 4, Sp. 1886)

[66] tatar. „kaŋza" – Tabakspfeife (*Anikin* 2000, S. 162); chakass. „ханза", schor. „канза" – Tabakspfeife (*Funk/Tomilov* 2006, S. 563 bzw. S. 279); „.... bekam sie

[d. h. eine tatarische Schamanin] sieben Chinesische Tobackspfeifen (Gansa) mit Chinesischem Toback angefüllt, zu rauchen." (Gmelin 1751–1752, 3. Theil, S. 335)

[67] Hernandez, Francisco: Rerum medicarum Novae Hispaniae thesaurus ... ex Francisci Hernandez ... relationibus ... conscriptis a Nardo Antonio Reccho ... Collecta ac in ordinem digesta à Ioanne Terrentio ... Ex typographeio Vitalis Mascardi 1651.

[68] „Plantam, quam Mexicenses Pycielt seu Yelt vocant, ab Haitinis appellatur Tabacus, à quibus non ad Indos solos, sed et ad Hispanos id defluxit nomen, eò quod suffumigijs admisceretur, quae Tabacos etiam nuncupare consueverunt. à Brasilianis Petum, ab alijs Herba sacra, à nonnullis Nicotiana dicitur.", (lat. – Die Pflanze, die die Mexikaner Pycielt oder Yelt nennen, wird von den Haitianern [d. h. den Einwohnern der Insel Hispaniola] Tabak genannt. Von diesen ist der Name nicht nur auf die Indios, sondern auch, da die Pflanze dem Räucherwerk beigemischt wird, auf die Spanier übergegangen, die auch dieses Räucherwerk Tabak zu nennen pflegen. Von den Brasilianern wird die Pflanze Petum, von anderen Heiliges Kraut, von einigen Nicotiana genannt.) (Hernandez 1651, S. 173)

[69] <lat./frz.> – schätzen, taxieren

[70] russ. *dikuša*; „13. Polygonum tataricum L. ... Tatarischer Knöterich. Sibirischer Buchweizen. Russ. und Sibir. Dikuscha. Tat. Kirlik. Gm Sib. 3. T. 13. f. 1. ... Die Tatarn und andere bey Krasnojarsk sammeln die Saamen zu Grütze, die von der von gebauetem Buchweizen schwer zu unterscheiden ist. ..." (Georgi 1797–1802, Theil 3, S. 941f.)

[71] „Wegen der überaus häufigen und unerträglichen kleinen Fliegen (Conops irritans L.) hangen sie [d. h. die Tungusen] öfters außer dem Wedel ... kleine Schmelztiegeln ähnliche Töpfe, in welchen olmiges Holz schwelet, so über die Achsel, das der Schmauchtopf bald vor ihnen bald auf dem Rücken hängt, nachdem es Geschäfte und Windstrich veranlassen, um in beständigen Rauch zu seyn und zu gehen, dadurch sie ganz gelb und der Nase auf eine ziemliche Strecke merklich werden." (Georgi 1776–1780, S. 322f.); „Sie sahen von weitem einer Menge wandelnder Schornsteine gleich: dann währendem Zuge trug eine jede Person ein irdenes Töpflein, so mit Birkenrinden umgeben war, auf dem Rücken, in welchem einige rauchende Sträuche lagen, um die Mücken abzuhalten. Ein Liebhaber der Alterthümer, welcher dergleichen Leute ohngefähr angetroffen und niemand gehabt hätte, der ihm hätte erklären können, was es wäre, würde diese Tungusen vielleicht für auferstandene alte Römer angesehen haben, welche zur Erinnerung ihrer Sterblichkeit den Todtenkrug mit sich schleppen wollten." (Gmelin 1751–1752, 2. Theil, S. 299f.)

[72] „Salix L., Weide. ..." (Georgi 1797–1802, Theil 3, S. 1326ff.)

[73] katschinz. „Kábo" – Zunder, Cirsium Rhaponticoides folio subtus argenteo (J. G. Gmelin in: AAW F. 21, Op. 5, D. 73, Bl. 295v); chakass. „хабо" – Zunder, Feuerschwamm (*Subrakova* 2006, S. 769); turk. „кабō" – Feuerschwamm, Zunder (Radloff 1963, Bd. 2, Sp. 448); „Schartendistel, Schardistel, Cirsium, ..." (Zedler 1732–50, 34. Bd., Sp. 952)

[74] s. Anm. 73; katschinz. „Ôt" – Kraut (J. G. Gmelin in: AAW F. 21, Op. 5, D. 73, Bl. 294v); katschinz. „ott" – Gras, Kraut (G. F. Müller in: AAW F. 21, Op. 5, D. 143, Bl. 66v); chakass. „от" – Gras, Kraut (*Subrakova* 2006, S. 317)

[75] kamass. „phê'mä, Zunder" (Schiefner 1855, S. 190; Helimski 1987, S. 80); kamass. „Pétmae" bzw. „Phétmae" – Zunder, Cirsium Rhaponticoides folio subtus argenteo (J. G. Gmelin in: AAW F. 21, Op. 5, D. 73, Bl. 295v/296r)

[76] s. Anm. 75; kamass. „no'd, no'n, Gras" (Schiefner 1855, S. 185); kamass. „Nòt"

– lat. herba (Kraut) (J. G. Gmelin in: AAW F. 21, Op. 5, D. 73, Bl. 294v/295r)

Kapitel 13

/110r/

Freundschaffts und Ehren-Bezeugungen[a]
der Völker

Kein Volk hat die gewohnheit, / wenn sie zusammenKommen / einer dem
ander[en] *complimente* / Zu mache[n], oder nach der Gesund- / heit zu frage[n].
Eines *Tunguse[n]* / erste anrede ist Z[um] e[xempel]: *Éhalwa* / *etschéldireb*[1]. d[as] i[st]
wir hab[en] / uns wieder mit auge[n] geseh[en] / oder man fraget: woher einer /
Kommt? *p[erge] p[erge]* Die *Ameri-* / *cani*sche Reisende habe[n] von / dortige[n]
Völker[n] ein gleiches / angemerket.
Beym Abschiede sind gleichfalls / Keine *complimen*te, Keine / Anwünschung
von wohlergeh[en] / oder Gesundheit. Nur daß / ein *Tungu*se Zuweilen sagt: /
Iláwol isKàl[2] d[as] i[st] daß / du mögest hinKommen, soweit / du gedenkest.
|: Die *Samojed*en Küs[s]en / sich einander auf Beyde / Baken, wenn sie Zusam- /
men Kommen, und sich / einander Lange nicht / geseh[en] hab[en]. Solches ist ihr /
Antritts *Compliment* / Sie reden dabey nichts / Nach dem Küs[s]en aber / fangen
sie den *discours*[3] / an ohne weitere be- / grüs[s]ung.
Beym Abschiede Küs[s]en / sie sich nicht. brauche[n] / auch dabey Keine *com-* /
*plimen*te. Sie sagen / nur Z[um] e[xempel] *modi*[4] *ma-* / *rutéo* d[as] i[st] Ich gehe /
fort: u[nd] weiter nichts
*Ostiak*en Küs[s]en einander / Zum Antritt auf den Mund / ohne *Complimente*. an-
/ Verwandte[b] die sich lange / nicht geseh[en] hab[en] umar- / men einander und
wei- / nen. eben also die *Ostiak[en]* / am *Jenisei*[5]. Dabey wird / nichts geredet, als
das[s][c] / gleich der *Discours*[6] Von / der Reise oder ander[en] Sach[en] / anfänget. :|[d]
Die meisten Völker aber, sonderlich / diejenige, welche viel mit Rus[s]e[n] /
umgeh[en], bedien[en] sich der Rus[s]ische[n] / wörter *Sdorowo*[7] und *prosti*[8], /
sowohl wenn sie unter Rus[s]en sind, /[e] /110v/ als auch[f] zuweile[n] unter sich
selber.
Büken und Mütze abnehmen / haben sie von denen Rus[s]en geler- / net.
Knie Beuge[n] und[g] auf die Erde / mit[h] einem oder Beyden beinen[i] / nieder Knien[j]
scheinet Bey[k] / denen *JaKut*en ein alter / eigenthümlicher Gebrauch Zu / seyn,
weil sie sich des[s]elb[en] / in ihren *Religieus*en *Cere-* / *moni*en bediene[n].

---

[a] und Ehren-Bezeugungen *über der Zeile*   [b] anVerwandte *verbessert aus* [.]   [c] dass *verbessert aus* [.]   [d] von Die Samojeden Küssen *bis* Sache) anfänget. *rechts marginal*   [e] *folgt als*   [f] auch *verbessert aus* [...]   [g] und *verbessert aus* [...]   [h] mit *verbessert aus* [.]   [i] beinen *verbessert aus* [.]   [j] Knien *verbessert aus* [..]   [k] Bey *verbessert aus* [.]

Ein *JaKut* pfleget auch für / seinem *Knjasez* in Gericht Zu / Knien, oder denselben Kniend / um Gnade oder Vergebung Zu / bitten.
Beym Niesen einander GlükZu- / wünschen, davon wißen / sie nichts. Ein *Jakut* hat / beym Niesen den aberglauben / daß man seiner alsdenn an / andern Orten erwehne, so wie / die Russen beym Schluken[9] / und die Teutschen Beym Ohren- / Klingen[10].
Die *Sibiri*schen Völker wissen nichts / von der Oberhand[11], oder dem Un- / terscheide Zur rechten oder Zur Linken[12]. /111r/ Darin beZeugen sie aber einige / Höfflichkeit, daß ein geringerer / einen Vornehmen auf [[dem]] / dem wege nicht vorgehen, noch Vor / ihm in die Jurte gehen wird.
|: Sie setzen die Gaste / Unter sich in die / Mitte. Beschenken / sich einander, mit / Tuch, Pfeilen, Jagd- / Messern, gemeinen / Messern, beilen oder / was sonst bey der Hand ist. :|[a]
Die Gäste werden in denen / Jurten gemeiniglich der Thür / gerade gegen[b] über *placir*et / oder weil der Haußwirth / Vor seinem Bette Zu[c] sitzen, / Die Linke Seite aber für / die Weiber Zu seyn pfleget, / so setzet er den Gast Bey / sich zur Rechten. Dieses / ist allen Völkern gemein.
Die *Tatar*en setzen ihre Gäste / auf Bett-Küßen[13]. nemlich / diejenige welche auf Feder betten / schlafen, als im *Casani*schen, *TobolsKi*schen / *Tumeni*schen, *Tari*schen Gebiethe[14] p*erge*
|: Die *Samoj*eden Ju- / *Kagiri* p*erge* auf RennThiers häute :|[d]
Die *Mongol*en und *BrazKi* / auf Polster von *Woilok*en, / welche Zuweilen mit *KitaiKen* / überzogen sind. Die Ja- / *Kut*en auf geflochtene *Rogosch*en[15] / die *Tungus*en p*erge* auf troken / Graß. *Summa*[16] ein jedes Volk / so wie sie selber Zu sitzen pflegen. /111v/
Die *Mongol*en und *Chalmük*en / haben den Gebrauch, je Vornehmer / der Gast ist, oder je mehr sie / demselben Ehre erweisen wollen, / je mehr Legen sie ihm Polster / unter.
Der *JaKut*en ihre geflochtene / *Rogosch*en[17] sind von Schilff / grase[18]. Sie brauchen auch die- / selben auf die Pferde unter / die Sattel Zu Legen. Die Russen nennen selbige *PodniKi*[19].[e] / Die *JuKagiri* küssen einander / Zum AntrittsGruß[f] auf die / Baken.
Alle Völker *tractir*en[20] ihre Gäste / mit denen Besten SPeisen, so sie / im Vorrath haben. wenn sie über- / fluß an Vieh haben, so schlachten / sie ihnen Zu Gefallen entweder / ein Schaf, oder jähriges Kalb p*erge* / Wenn Russen

---

[a] *von* Sie setzen die Gaste *bis* bey der Hand ist. *rechts marginal* [b] gegen *verbessert aus* [...] [c] Z$_u$ *verbessert aus* [.] [d] Die Samojeden Jukagiri p auf RennThiers häuten *rechts marginal* [e] nenne) selbige Podniki *rechts von der Zeile* [f] Antritts G$_{ruß}$ *verbessert aus* [.]

oder Reisende, die / in diensten sind, Zu ihnen Kommen, / wovon sie
vermuthen, daß sie / mit ihnen nicht eßen werden, / so *presentir*en sie ihnen
das / Vieh Lebendig, damit sie es / nach eigenem Gefallen schlachten / und
Zubereiten mögen
Vor anderen sind die *Mongol*en / und jenseits dem *Baical*²¹ wohnende / *Brazki*
wie auch die *NertschinsKi*sche /112r/ *Tungus*en hierinnen freygebig.
Wenn jemand mit ihnen Zu eslsen / gewohnet ist, und schlägt es ab, / so nehmen
sie solches als einen / groslsen *Affront* auf, und glauben / man müslse etwas
böses wie- / der sie im Sinne haben.
|: betten der *Camasinzi* Von / RehKopffen und Füslsen / Zusammen gestüket. /
Solches sind auch die / Polster worauf sie / die Gäste sitzen Laslsen. :|ª
Von denen Freundschaffts Bezeugungen / der *Tschuktschi* unter einander / und
gegen fremde ist oben im / *Cap*[*itel*] Von der Gemüths beschaffenheit / der
Völker gesagt²².
*Chalmüki*scher Gruslsl bey *witsen* / p[*agina*] 292.²³ Eben so bey den *Mungallen* /
und *Brazki*. Sie sagen einer / Zu dem andern *Mendù*²⁴. und / beym Abschiede
*Aiàr mendù*²⁵ / daß ist: Lebe Gesund.
Sie die *BrazKi* setzen ihre Gäste Zur Linken des Eingangs in den Jurtenᵇ, wo /
des Hauslswirthsᶜ bette ist, und / Legen ihnen Woiloke unter.
Die *Krasnojfarskischen*ᵈ *Tatar*en sagen auch *mindu*²⁶ wenn / sie einer den
anderen grüslsen, welches / sie Vermuthlich Von denen *Mongolen* / und
*Calmük*en angenommen / haben, und Von ihnen haben es / hinwiederum die
Camasinzi, / *Kotowzi* p[*erge*] angenommen.
|: *Tatar*en Küslsen einander / auf den Mund geben / einander die Hand / und
fragen nach der / Gesundheit mit dem / worte *Mendíbisen*. / beym abschiede
wünschen / sie sich auch einer dem / Anderen glük auf den / Weg. :|ᵉ

---

[1] nach Helimski 2003, S. 238, tungus. (ewenk.) „эхāлва ичэлдыֹ́рэп" – wir haben uns mit den (eigenen) Augen gesehen; tungus. (ewenk.) „э̄ha", „э̄ca" bzw. „э̄ша" – Auge (*Myreeva* 2004, S. 786); tungus. (ewenk.) „ичэлды-ми" – einander sehen (treffen) (a. a. O., S. 262)

[2] nach Helimski 2003, S. 238, tungus. (ewenk.) „ē̆лашавал искал" – Du mögest irgendwo ankommen!

[3] frz. – Gespräch

[4] *Enisej*-samojed. „modi, ich" (Schiefner 1854, S. 342)

[5] *Enisej*

ª *von* betten der Camasinzi *bis* sitzen Lass₁ *rechts marginal*   ᵇ *in der Jurten über der Zeile*   ᶜ H_ausswirths *verbessert aus* [.]   ᵈ Krasnoj. *über der Zeile*   ᵉ *von* Tataren Küssen *bis* auf den Weg. *rechts marginal*

⁶ frz. – Gespräch
⁷ russ. *zdorovo* – Sei gegrüßt!
⁸ russ. *prosti* – Lebe wohl! Adieu!
⁹ „Klingt es Jemandem im Ohre, so denkt er sich etwas, und lässt dann einen Anderen rathen, in welchem Ohre es ihm klingt. Erräth dies der Gefragte, so geht das Gedachte in Erfüllung, sonst aber nicht. Kriegt Einer das Schlucken, so nimmt er an, es denke Jemand an ihn, und bemüht sich, diesen Menschen zu errathen; denn er glaubt, das Schlucken werde aufhören, sobald er ihn errathen hat. Abergläubische alte Personen sagen auch wohl, in der Zeit des Schluckens stritten der Schutzengel des Menschen und der Teufel mit einander, und gäben darauf Acht, an wen der Schluckende denke; daher sagen sie immer, wenn sie das Schlucken haben: ‚Gedenke meiner, o Herr, wenn du in dein Reich kommst!' " (Awdejewa 1841, S. 630f.)
¹⁰ „Ohrklingen, Ohrschallen, ... Die Alten gaben fleißig Achtung auf das Ohren=Klingen, denn in dem rechten hielten sie es vor was gutes, in dem lincken aber vor böse. ... Wie denn auch heut zu Tage noch das gemeine und unter diesem vornemlich das Frauenvolck den Wahn heget, ob würde es von jemanden belogen, wenn ihm das Ohr klinget." (Zedler 1732–50, Bd. 25, Sp. 1063ff.)
¹¹ „OBERHAND, ... 2) die seite zur rechten hand, die vornehmere, bessere seite ..." (Grimm 1991, Bd. 13, Sp. 1088f.)
¹² „Hand, ... Diejenige welche auf der Seite ist, da das Hertze lieget und schläget, heisset die lincke, und die andere die rechte Hand. Diese letztere wird von den meisten Menschen zum meisten gebrauchet, und fast bey allen Völckern vor die geehrteste gehalten. Dahero, wenn man jemand ehren will, man ihn zur rechten Hand gehen und sitzen lässet. ... Besonders ist die rechte Hand, von Alters her ein Sinn=Bild und Zeichen der Treue und Freundschafft gewesen, ..." (Zedler 1732–50, Bd. 12, Sp. 420ff.)
¹³ „KISSEN, KÜSSEN, n. culcita, pulvinar, die zweite schreibung ist die geschichtlich richtige, bis ins 18. jh. in vorwiegender geltung ..." (Grimm 1991, Bd. 11, Sp. 852ff.)
¹⁴ Gebiete von *Kazan'*, *Tobol'sk*, *Tjumen'* und *Tara*
¹⁵ russ. *rogoži* (Ez. *rogoža*) – Matte, Bastdecke
¹⁶ lat. in summa – im ganzen, kurz, überhaupt
¹⁷ russ. *rogoži* (Ez. *rogoža*) – Matte, Bastdecke
¹⁸ russ. *kamyš* – Schilf; „Arundo L., Rohr. R. Kamysch. ... 2. Arundo Phragmites L. ... Gemeines Rohr. R. Kamysch. ... Man verwendet das Rohr zum Hausdecken, zu Matten aus parallelen Halmen und zu geflochtenen von jungen grünen Halmen. Einige färben oder die grünen Rispen, mit Alaun gebeitzt, Wolle grün." (Georgi 1797–1802, Theil 3, S. 705ff.)
¹⁹ russ. *podnik* (Mz. *podniki*) – Matratze, Teppich(vorleger), ‚(alter) deutscher Sattel'
²⁰ <lat.> – bewirten
²¹ *Bajkal*
²² s. Kapitel 8, Bl. 70r–71r
²³ „Een Kalmaksche nederige groet, geschied, met de rechterhand, half toegevouwen, aen 't voorhooft te slaen." (nl. – Ein kalmykischer ergebener Gruß erfolgt mit der rechten Hand, die halb geschlossen, an die Stirn gebracht wird.) (Witsen 1705, S. 292); „Der Gruß, womit ein gemeiner [Kalmyke] sich bey seinem Nojon einfindet, ist, daß er die geschlossene rechte Hand an seine Stirn hält, und darnach die Hüfte des Nojon damit berührt, welcher ihm etwann dagegen auf die Schulter klopft. Gemeine begrüssen sich unter einander ohne Ceremonien mit dem Worte Mendu welches mit dem lateinischen Gruß (Salue) einerley Bedeutung hat." (Pallas 1771, S. 329)

[24] mongol. „мэнд" – Gesundheit, Gruß (*Luvsandėndėv* 2001–2002, Bd. 2, S. 372); „Wenn sie [d. h. die Burjaten] sich begegnen, legen sie die ausgebreiteten Hände neben einander, und sagen dabey, Mendu! (Wohlauf!)" (Georgi 1776–1780, S. 430); „Wenn sie [d. h. die Burjaten] zusammen kommen, giebt der Gast die rechte Hand, die der Wirth und Wirthin zwischen ihre beyde Hände nehmen. Je länger sie sie halten, je freundschaftlicher. Beyde sagen dabey: Mendu! Sey gesund!" (Georgi 1775, S. 311); burjat. „mende NU., T., S., mendö Ch., gesund; ..." (Schiefner 1857, S. 173); burjat. „мэндэ" – Gesundheit, Gruß, Guten Tag! (*Čeremisov* 1973, S. 312)

[25] s. Anm. 24; vgl. auch burjat. „аяар" – nach dem Willen (von jemandem) (*Čeremisov* 1973, S. 69) u. mongol. „аяр" – nach dem Willen (von jemandem), ergebenst! (*Luvsandėndėv* 2001–2002, Bd. 1, S. 194);

[26] turk. „мӓндi" – Begrüßungswort (Radloff 1963, Bd. 4, Sp. 2087); chakass. „минді" – Begrüßungswort (*Subrakova* 2006, S. 245)

Kapitel 14

/113r/^a

Von Scheltworten der Völker.

Die *JaKuten* wißen[b] nicht ärger / Zu schelten, als du Hund, oder / Du schwartzer Hund, weil sie / Die Hunde, ohngeachtet sie die / selbe auch auf der Jagd gebrauchen / dennoch in grosser Verachtung / haben, und nicht aus einer Schüssel / essen, Die[c] ein Hund beleket / hat, welches dagegen die *Tungusen* / Täglich thun.
Die *JaKuten* schelten auch: du Teufel / dass der[d] Teufel dich oder dein / Vieh hohle. *item* du drekMaul. / Dieses Letztere hat die bedeutung: / weil die *JaKuten*, wenn sie was / gestohlen haben Zum exempel Fleisch oder andere / Eßwaaren, oder sie haben ein Vieh / gestohlen und geschlachtet, solches / in die Erde oder Sand Verscharren, / und es hernach wieder so ohngewaschen / essen, welches ihnen dadurch vor- / geworffen wird.
Die *Tungus*en schelten sich gleichfalls: / Du Hund. und ist selbiges auch / bey ihnen das ärgste Scheltwort. / Sie sagen auch *Chöwökde* das ist / Arsch oder beschissener Arsch.
*Tungusi*scher Fluch: *Schína búga* /[e] /113v/ *dschipígin*[1]. das ist daß dich Gott / fresse. Dieses ist noch höfflich / geredet. denn sonst sagen / sie auch:

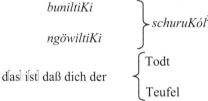

buniltiKi

ngöwiltiKi

⎬ *schuruKól*[2]

das ist daß dich der ⎨ Todt

Teufel

hohle.
Die *Ostiaken* am *Jenisei*[3] fluß haben / ein Scheltwort: *bongdabátat* / das du sterben mögest. *Jangasin- betè* fahre Zum Teufel.
|: *BrazKi*sche Scheltworte: / *Chudultschi*[4] bosshafft / *Chulutschi*[5] Dieb / *Meketè-ochotoï-Kung*[6] das ist / betrieger SPitzbube
Der *Samoj*eden vornehmstes / Scheltwort ist: *Awé- / tschega* das ist daß du / mögest vergehen oder / UmKommen. Sie schel- / ten auch: *Kámero-nio*[7] / das ist eines verstorbenen Sohn

---

[a] *Bl.* 112v *leer* [b] *nach* wißen *gestr.* sich [c] Di_e *verbessert aus* [..] [d] _der *verbessert aus* [..] [e] *folgt* dschi-

Die *Ostiak*en haben Schelt- / worte[a] die dene⌈n⌉ Rus⌈s⌉isch⌈en⌉ / an Unsauberkeit nichts / nachgeb⌈en⌉ Z⌈um⌉ e⌈xempel⌉ am *Ket*[8] fl⌈uß⌉ / *Kopdat*[b] d⌈as⌉ i⌈st⌉ des vaters / Schwantz, *Kondolat* / der Mutter Fotze. Ich / habe gefraget ob sie dergl⌈eichen⌉ / Scheltworte nicht vielleicht / aus dem Rus⌈s⌉ischen⌉ übersetzet / hätte⌈n⌉. allein nein. Sie habe⌈n⌉ / es Von Alters her. *Samoj*eden schelten auch mit *obscoe-* / *nen expressione*⌈n⌉[c] Z⌈um⌉ e⌈xempel⌉ *Esde-Sago*[9] / des Vaters Mannliches Glied. *Edde-* / *djowo*[10], der Mutter weibliches Glied. : | [d]
*Tatar*en haben Scheltworte / die mit[e] denen gemeine⌈n⌉ Rus⌈s⌉isch⌈en⌉ / Scheltwort⌈en⌉ fast eins sind.

---

[1] nach Helimski 2003, S. 240, tungus. (ewenk.) „шина буга депигин"; tungus. (ewenk.) „буга" – Gott (*Boldyrev* 1994, S. 26); tungus. (ewenk.) „депиглэ-ми" – essen wollen (*Myreeva* 2004, S. 197)

[2] nach Helimski 2003, S. 237 u. S. 239, tungus. (ewenk.) „бунилтуки шурокол" bzw. „нгēвилтикӣ шурокол" – Geh (Scher Dich) zu den Toten!; tungus. (ewenk.) „буни" – Tod, Toter (*Myreeva* 2004, S. 109); tungus. (ewenk.) „нгēви" – Toter, Geist eines verstorbenen Vorfahren (a. a. O., S. 444); tungus. (ewenk.) „шуру-ми" – weggehen, wegfahren (a. a. O., S. 749)

[3] *Enisej*

[4] burjat. „худалша(н)" – verlogen, falsch, betrügerisch (*Ceremisov* 1973, S. 598)

[5] burjat. „хулууша" – Dieb (*Ceremisov* 1973, S. 600)

[6] burjat. „meke NU., T., mexe S., Ch., Betrügerei; ..." (Schiefner 1857, S. 173); burjat. „мэхэтэ" – boshaft, hinterlistig (*Ceremisov* 1973, S. 313); burjat. „ku̯ŋ, NU., ku̯n(ŋ) T., xu̯ŋ S., Ch., Mensch; ..."

[7] (Schiefner 1857, S. 118); burjat. „хүн" – Mensch (*Ceremisov* 1973, S. 620) samojed. „sterben, ... Jen. kâro', Ch.; kâdo', B. ..." (Schiefner 1855, S. 285); samojed. „Sohn, ... Jen. nio, Ch.; nieda, B. ..." (a. a. O., S. 281)

[8] d. h. die pumpokolischen Ostjaken am Fluß *Ket*' (s. auch Kap. 25, Bl. 10v)

[9] samojed. „Vater, ... Jen. ese, Ch., B.; ... O. aʒa, N.; as, K.; ès, MO. B., Tas.; es, OO., Tschl., Kar.; ässe, NP.; ..." (Schiefner 1855, S. 295); samojed. „Glied ... männliches, ... Jen. sago, ..." (a. a. O., S. 229); samojed. (Wald-enz.) „ecce" – Vater (*Gemuev* 2005, S. 523); samojed. (*Mangazeja*) „Ésjä", samojed. (*Turuchansk*) „Éše" – Vater (Donner 1932, S. 45, nach J. Klaproth); samojed. (*Mangazeja*) „Ságu", samojed. (*Turuchansk*) „Ságo" – männliches Geschlechtsorgan (a. a. O., S. 42)

[10] samojed. (*Mangazeja*) „Ewjä" – Mutter (Donner 1932, S. 42, nach J. Klaproth); samojed. (*Mangazeja*) „Djówo" – weibliches Geschlechtsorgan (a. a. O., S. 36)

---

[a] S_{cheltw}o_{rte} *verbessert aus* [.]_{cheltw}[.]_{rte} [b] κopda_t *verbessert aus* [....] [c] e_{xpressione)} *verbessert aus* [.] [d] *von* BrazKische Scheltworte: bis weibliches Glied. auf Bl. 113r rechts marginal [e] *mit über der Zeile*

Kapitel 15

/114r/

Handel und wandel der Völker.

Ihr Handel untereinander / bestehet mehrenTheils in Vertau- / schung dererjenigen Sache⌈n⌉, so einer / von dem ander⌈en⌉ Zu hab⌈en⌉ verlangt. / Unter denen *Muhammedani*sch⌈en⌉ / *Tata*ren giebt es auch Viel reiche / Kaufleute, die nach der *Bucharey* / *Chalmükey*, nach der *Sinesisch*⌈en⌉ / Grän tze, nach *JaKuzK*¹ und^a / nach Rus⌈s⌉land handeln. Bey / diesen ist die Handlung nach / Kauffmans Gebrauch entweder / geg⌈en⌉ Geld oder waar⌈en⌉ eingerichtet / wogeg⌈en⌉ die^b Wald Völker / Kein geld acht⌈en⌉. Von *Ja-* / *Kut*⌈en⌉ habe ich gehöret, daß einige / Von ihnen sollen Geld in Vorrath / Liegen hab⌈en⌉. Man Kann / auch von den⌈en⌉ *JaKut*⌈en⌉ so- / wohl als *BrazKi*, *Mongol*⌈en⌉ / Vieh um^c Geld Kauff⌈en⌉: Die / *Mongol*en und *NertschinsKi*sche *Tungus*⌈en⌉^d handeln auch stark / mit Vieh über die *Sinesische* / Gräntze, geg⌈en⌉^e *Sinesisch* fein / Silber², allerley Damaste und / *KitaiKa*. Vordem sollen / die Heidnische Völker in *Sibirie*⌈n⌉ / den eigentliche⌈n⌉ Preyß ihrer Wahren /114v/ wenig gewust, und soll man Vor- / dem die besten Zobel und Füchse / so wohlfeil als die schlechten / Bey ihnen haben Kauffen Könn⌈en⌉ / Jetzo aber wis⌈s⌉en sie den unter- / scheid fast so gut als die Rus⌈s⌉⌈en⌉.
|: *Jakut*en und übrige / Volker im *JaKuzKi*sch⌈en⌉ / Gebiethe³ auch die / *Kamtschedal*⌈en⌉ Kauff⌈en⌉ / die *Roßamak*⌈en⌉ sehr / Theuer weil sie dieselbe / Zu Staffirung der Mütz⌈en⌉ / gebrauch⌈en⌉.
*Samoj*edische Waaren sind / *Peszi*, *Odindri*, *Rowdugi* / und Wölffe.
Polowinki Kommen von / den *Tungus*⌈en⌉, *BrazKi* / *Jakut*⌈en⌉, *Tata*ren.
Vor ein Pud Roken⁴ Mehl / BeZahlen die *Samoj*ed⌈en⌉ / u⌈nd⌉ dortige Rus⌈s⌉⌈en⌉ auf / 2 Biß 5 *Peszi* nach / dem Viel Zufuhr ist. / Die *Samoj*ed⌈en⌉ Tauschen Zobeln / u⌈nd⌉ Füchse geg⌈en⌉ *Peszi* ein Zum / *Jasak*. Sie beZahlen auf / 4, 5, 6 u⌈nd⌉ mehr *Peszi* für^f / einen Zobel, Füchse Zu / 3, 4, 5 *Peszi*. Zobel / u⌈nd⌉ Füchse werden im *JasaK* / für eines angenommen / Können sie Keine beKomme⌈n⌉ / so nimmt man Beym *Jasak* / Zu 10. *Peszi* für / ein⌈en⌉ Zobel oder Fuchs. :|^g

---

^a und *verbessert aus* [...]   ^b _die *verbessert aus* [.]   ^c _um *verbessert aus* [.]   ^d und NertschinsKische Tungusen *über der Zeile*   ^e ge_{gen} *verbessert aus* [..]   ^f _{fü}r *verbessert aus* [.]   ^g *von* Jakuten und übrige Volker *bis* Zobel oder Fuchs. *auf Bl.* 114r *rechts marginal*

Die Rus⌈s⌉sche⌈n⌉ Cosaken und *Con- / Tributions*ᵃ Einnehmer im *Mangaseiski*sche⌈n⌉, *Beresowi*sche⌈n⌉ u⌈nd⌉ᵇ *JaKuz- / Ki*sche⌈n⌉ Gebieth⁵ haben den Gebrauch / daß sie dene⌈n⌉ dortige⌈n⌉ Völker⌈n⌉ / etwas Von waare⌈n⌉, die bey ihne⌈n⌉ / angenehm sind, Zu schenken / pflegen, und dagegen wieder / Von ihnen Geschenke in Peltzwer- / ken annehmen, womit die Rußisch⌈en⌉ / Geschenke doppelt und drey- / fach beZahlet werden. Dieses ist / auch eine Art einer Handlung / denn es heis⌈s⌉let *do ut des*⁶. und / es ist alleZeit vortheil dabey / weil ein *Tungus*e oder *JaKut*e / sich wohl Zu bescheiden weiß, / daß er einem Rus⌈s⌉en mehr schen- / ken als von ihm annehmen müs⌈s⌉e.
Wenn jemand etwas auf Schuld / nimmt, so geschiehet solches ge- / meiniglich bloß auf Treue und / Glauben ohne alle Zeiche⌈n⌉ oder / etwas, das einer schrifftl⌈ichen⌉ *Obli- / gation* ähnlich Kommen mögte / doch werden auch Zuweilen /115r/ unter den *Jakut*⌈en⌉ von dem *Debi- / Tore*⁷ Bey Zeuge⌈n⌉ einige *RubeschKi*⁸ / im walde an einem baume aus- / gehaket.
|: Bey dene⌈n⌉ *Brazki* werden Zeuge⌈n⌉ / genommen wenn einer den / Andern etwas auf Schuld / giebt. :|ᶜ
*Müller*⁹ sagt / von den *Ostiake*⌈n⌉ daß sie sich Zum / Zeiche⌈n⌉ der Schuld merkmahle¹⁰ / in die Haut brennen. *vid⌈e⌉* Ver- / ändertes Rußland *p⌈agina⌉* 193¹¹.
Die *Samoj*eden machen Kerb- / Holtzer¹² und ᵈ schreiben die Schuld / darauf. Sie schneiden Zufor- / derst die Kerben auf gantze / runde steken in Gegenwart / Von Zeugen, sPalten hiernächst / den Steken Von einander, daß / Aufᵉ jeder Halffte die halbe⌈n⌉ / Kerben oder Einschnitte Zu sehe⌈n⌉ / sind, wohernächst ein jeder / derer beyden *ContrahenT*en / ein halbes Kerbholtz¹³ Zu sich / nimmt.
|: Die *Ostiak*en am *Ket*¹⁴ und / am *Jenisei*¹⁵ wis⌈s⌉en nichts / Von diesen Brandmahlen / Die KerbHoltzerᶠ¹⁶ sind / bey ihnen auch im gebrauch / wie bey den⌈en⌉ *Samoj*ede⌈n⌉.
Die *Tatar*enᵍ haben eben denselbe⌈n⌉ʰ / Gebrauch mit gesPalten⌈en⌉ / Kerbhölzer⌈n⌉¹⁷. Es müs⌈s⌉en / dabey Zeuge⌈n⌉ seyn, wie viel / eine jede Kerbe gelte⌈n⌉ soll
Wird die Halffte oder ein Theil der Schuld ab- / bezahlet, so werden / Von beyden KerbHöl- / tzernⁱ¹⁸ so Viel Kerben / abgeschnitte⌈n⌉, als / beZahlet ist. :|ʲ
*Peszi*ᵏ, RennThiere / und Rennthiers-Felle pas⌈s⌉ir⌈en⌉ / bey ihnen an Geldes

---

ᵃ Contributions *verbessert aus* [.]   ᵇ Mangaseiskische₎, Beresowische₎ u. *rechts marginal über der Zeile*   ᶜ *von* Bey dene₎ Brazki *bis* Schuld giebt. *rechts marginal*   ᵈ ᵤnd *verbessert aus* [.]   ᵉ A_uf *verbessert aus* s   ᶠ _KerbHo_ltzer *verbessert aus* [.]   ᵍ T_ataren_ *verbessert aus* [.]   ʰ _deⁿselbe_) *verbessert aus* [.]
ⁱ K_erbHöltzern_ *verbessert aus* [.]   ʲ *von* Die Ostiaken am Ket *bis* als beZahlet ist *rechts marginal*   ᵏ P_eszi_ *verbessert aus* [.]

Statt / Ein *Pesez* wird durch einen / einfachen Einschnitt ange- / deutet, 10 *Peszi* durch eine / Kreutz-Kerbe, ein Renn- / Thier gleichfals durch eine Kreutz / Kerbe. Ein Gutes Renthier / pas[s]iret auch wohl für 20 *Peszi* / 2 Rennthiers Felle, *odindri, Row-* / *dugi passire*[n] für einen *Pesez*

[1] *Jakuck*

[2] „Das feine Silber in China, welches man das Chanische nennet, ist gemeiniglich zwischen 15 und 16 löthig, oder, nach der Rußischen Münzsprache, von der 93 Probe. Zuweilen hat man es gar 16 löthig; öfters aber hat es auch so viel Zusatz, daß es bis auf 14, ja 13 löthig abfällt, doch darf es alsdenn nicht mehr den Nahmen des Chanischen führen. ... Man mag nun in China kaufen, oder verkaufen, was man will, so muß das feine Silber allezeit zu Bestimmung des Preises einer Waare dienen, ..." (Müller 1760, S. 572f.)

[3] Gebiet von *Jakuck*

[4] „ROGGEN, ... rocken ... roken ..." (Grimm 1991, Bd. 14, Sp. 1111)

[5] Gebiete von *Mangazeja, Berezov,* und *Jakuck*

[6] lat. – ich gebe, damit du gibst (römische Rechtsformel für Tauschgeschäfte); „Do vt des, ist ein Contractus verus, innominatus, bilateralis, und bonae fidei. ..." (Zedler 1732–50, Bd. 7, Sp. 1104)

[7] lat. debitor – Schuldner

[8] russ. *rubežki* (Ez. *rubežka*) – Kerben, Einschnitte (Helimski 2003, S. 204)

[9] Johann Bernhard Müller

[10] „Mêrkmahl ... ein Mahl, d. i. Zeichen, woran man eine Sache entdecket, ihre Gegenwart oder Annäherung erkennet, sich derselben erinnert, ..." (Adelung 1793–1801, 3. Bd., S. 183)

[11] „Weil sie aber auch kein Pfand aufzusetzen haben und weder schreiben noch lesen, wie bereits erwehnt, können, vermittelst welchen sie einen Contract ausrichten, oder mit einer Handschrift sich verbindlich machen könten, so brennen sie auff ihren Händen allerhand Merckmahle, Figuren der Vögel, aber auch besondere Puncte, welche sie denen Creditoren, als ein Zeichen, wobey er sie gewiß kennen und wieder finden soll, zeigen; haben sie sich entweder in die Hände geschnitten, gehauen, oder ein Mahl im Gesichte, so zeigen sie bey Schliessung des Contracts die Wundmahlen auff, und setzen gleichsam dieselbe zum Unterpfande; immittelst rühmt man sie, daß sie solche Verpflichtungen festhalten und auff bestimmten Termin entweder mit Fischen, Rauchwercken, aber auch mit Gelde die gemachte Schuld bezahlen, und alsdenn ihre Marquen wieder aufzeigen, als nähmen sie ihre zu Pfande gesetzte Versicherung wieder zurück und annullirten ihre Verbindung. Die Weiber brauchen die Figuren auff den Händen so sehr, daß sie es auch vor eine Schönheit und Zierlichkeit halten, wann selbige blau angelauffen und marquirt seyn." (Müller 1721, S. 193)

[12] „Kerb=Holtz, oder Kerb=Stock, bestehet aus zwey langen schmahlen und dünnen Höltzeren, welche gerad und just auf und in einander passen, also, daß, wenn sie gedoppelt zusammen geleget sind, auf den Seiten gewiesse Kerben mit dem Messer eingeschniten, oder aber mit einer subtilen Feile eingefeilet werden, welche bedeuten; was der eine von dem andern empfangen, oder was jener diesem schuldig ist. Jeder Theil behält sodann das seinige in Verwahrung. ..." (Zedler 1732–50, Bd. 15, Sp. 476)

[13] s. Anm. 12

[14] d. h. die pumpokolischen Ostjaken am Fluß *Ket'* (s. auch Kap. 25, Bl. 10v)
[15] *Enisej*
[16] s. Anm. 12
[17] s. Anm. 12
[18] s. Anm. 12

Kapitel 16

/116r/ᵃ

Vom akerbau der Völker

Die *Muhammedani*sche⌈n⌉ Tatar⌈en⌉ / haben alle akerbau, auch einige / heidnische Tataren im *Kusnez*- / *Ki*sch⌈en⌉ und *TomsKi*schen Gebiethe¹, Von / dene⌈n⌉ᵇ im *KusnezKi*sch⌈en⌉ gebiethe² aber / nur diejenigen, welche arm / an ViehZucht sind. diese pflüge⌈n⌉ / des⌈s⌉halb mehrenTheils ohne / Pferde, Ochse⌈n⌉ und Pflug. Sie / haben einᶜ Kleines eisernes / Instrument, | *KirKi*³ |ᵈ welches sie in den Händen führ⌈en⌉, / und damitᵉ / die Erde mühsam umwühlen, / und dieses geschiehet mehren- / Theils auf dene⌈n⌉ Gipffeln / der Berge, welche im *KusnezKi*sch⌈en⌉ / Gebiethe⁴ mehr als die Thäler / Zum Akerbau bequem sind, / weil das Korn daselbst ehender / Zu seiner Reife Kommt. Es / haben daher auch einige Rus⌈s⌉e⌈n⌉ / daselbst ihren Akerbau auf / den berge⌈n⌉. Zu verstehen Von / derjenige⌈n⌉ Gegend, die oberhalb / *KusnezK*⁵ am *Tom*⁶ und *Condoma*⁷ / ist. denn unterhalb der Stadt / ist das Land nicht mehr so bergicht. / sondern reich an den beste⌈n⌉ / flache⌈n⌉ /116v/ Aker-Feldern. Die übrige⌈n⌉ / heidnische⌈n⌉ Völker beKümmer⌈n⌉ / sich nicht um den Akerbau,ᶠ / Er ist ihne⌈n⌉ Zu mühsam, auch / wege⌈n⌉ offterer Veränderung ihrer / Wohnsitze nicht Vor sie be- / quem. Dennoch gebrauche⌈n⌉ die / Meisten Mehl, welches sie / bey dene⌈n⌉ Rus⌈s⌉en eintauschen.
Es sind Viele *BrazKi* im *IrKuz*- / *Ki*sche⌈n⌉ Gebiethe⁸ sonderlichᵍ um *Bala*- / *gansk* und am *Biela*⁹ fluß die / Akerbau haben nach Rus⌈s⌉ischer Manier. |: auch in der gegend von / *UdinsKoi Ostrog*¹⁰ im *Krasnoj⌈arskischen⌉* / Gebiethe. :|ʰ Ein *BrazKi*scher / *Schulenga* Nahmens *Bagai* im / *BalagansKi*sch⌈en⌉ⁱ districte auf der / westl⌈ichen⌉ Seite der *Angara circa* / 60 bis⌈s⌉ 70 werste unterhalb *Ba*- / *lagansK* soll auf 25 *desjatini*¹¹ / Akerland bauen.
Viel *Tschulimi*sche *Ta*taren / haben auch ohnlängst Aker- / bau angeleget, und Zu solchem / Ende, um nemlich desto bes⌈s⌉er⌈en⌉ / Unterricht darin Zu empfang⌈en⌉ / *supliciret*¹², daß in der / Ober⌈en⌉ Gegend des *Tschulim*¹³ / fl⌈usses⌉ Rus⌈s⌉ische dorffer hab⌈en⌉ / müs⌈s⌉en angeleget werd⌈en⌉

ᵃ *Bl.* 115v *leer*   ᵇ ⌈den₍ₑ₎ *verbessert aus* [..]   ᶜ ₍ₑᵢ₎n *verbessert aus* [.]   ᵈ *nach* | *KirKi* | *gestr. mit welchem / sie*   ᵉ *welches sie in den Händen führ*₎, / *und damit über der Zeile*   ᶠ *nach* Akerbau, *gestr. weil*   ᵍ ₍sonderₗlich *verbessert aus* [..]   ʰ *auch in der gegend von / UdinsKoi Ostrog im Krasnoj. / Gebiethe. rechts marginal*   ⁱ ₍BalagansKisch₎ *verbessert aus* [.]

⌊: *Katschinzi*sche *Tatar*en im / *Krasnoj⌈arskischen⌋* Gebiethe habe⌈n⌋ Viel / Akerbau. ausgenomme⌈n⌋ / die am *Ijus* fl⌈uß⌋ Sie bauen aus⌈s⌋er dem gewöhnl⌈ichen⌋ / Getreyde auch *KyrlyK*[14] oder / wilde⌈n⌋ buchweitzen[15], der wenn / er einmahl gesaet ist, sich / nachgehends auf[a] viele[b] / Jahre selber fortpflantzet / es sey denn daß frühe Kalte / einfällt daß der Same ver- / frieret, da muß er im Frühlinge / wieder gesäet werde⌈n⌋. Ver- / frieret der Same nicht / so wird nur das Feld im / Frühlinge Leicht umgeakert / und nicht geegget, das ist / alle arbeit. Der beste / *KyrlyK*[16] wächset um *Nowoselowa* / der⌈evnja⌋[17] : ⌊[c]

---

[1] Gebiete von *Kuzneck und Tomsk*
[2] Gebiet von *Kuzneck*
[3] russ. *kirki* (Ez. *kirka*) – Erdhaue, Keilhaue; tatar. „кирка" bzw. „кәйлә" – russ. *kirka* (Hacke) (*Ganiev* 1984, S. 216); turk. „kirŋi" – Kratzeisen (Radloff 1963, Bd. 2, Sp. 865); turk. „кыр" – kratzen (a. a. O., Sp. 734); „Ackergeräth. ... Die Biriussen ... essen kein Brod, wohl aber Grützbrey, für welchen sie Gerste, Roggen und Weizen auf kleinen Plätzen zwischen Felsen und Bäume, die blos mit einer Hacke (Kirka) etwas aufgewühlt sind, säen." (Georgi 1797–1802, Theil 3, S. 625)
[4] Gebiet von *Kuzneck*
[5] *Kuzneck*
[6] *Tom'*
[7] *Kondoma*
[8] Gebiet von *Irkuck*
[9] *Bela* bzw. *Belaja*
[10] *Udinskoj ostrog*
[11] russ. *desjatina* (Mz. *desjatiny*) – Feldmaß, Flächenmaß; 1 *desjatina* = 80 x 40 *sažen'*
[12] <lat> – darum ersucht, eine Bittschrift eingereicht
[13] *Čulym*
[14] tatar. „кырлык" – Unkrautsamen (*Slovar'* 1966, S. 311); katschinz. „Kirlik",

tschatzk. „Kyrlyk" – Fagopyrum (Buchweizen) (J. G. Gmelin in: AAW F. 21, Op. 5, D. 73, Bl. 295v/296r); tatar. „Kyrlik" – Buchweizen (Falk 1785, S. 153); turk. „кырлык" – ein hartes Ackergras, ähnlich der Hirse (Radloff 1963, Bd. 2, Sp. 755); „Fagopýrum <Buchweizen> ... Polygonum fagopyrum L., zuerst als Fagopyrum vulgo ..." (Genaust 2005, S. 243f.); s. auch *Anikin* 2000, S. 330 unter russ. *kurlak*
[15] russ. *dikuša*; „13. Polygonum tataricum L. ... Tatarischer Knöterich. Sibirischer Buchweizen. Russ. und Sibir. Dicuscha. Tat. Kirlik. Gm Sib. 3. T. 13. f. 1. ... Die Tatarn und andere bey Krasnojarsk sammeln die Saamen zu Grütze, die von der von gebauetem Buchweizen schwer zu unterscheiden ist. In Krasnojarsk und vielen andern Orten des gemäßigten Sibiriens säet man die Saamen in ackermäßiger Güte, und erntet ihn kurz vor eintretendem Winter, weil der Saame auf den Zweigen nicht eher reif wird. ... Als Unkraut hat man ihn nicht gern im Getreide, weil der Buchweizen den Brodteig in der Gährung und an dem Aufgehen hindert." (Georgi 1797–1802, Theil 3, S. 941f.); „Die Beltiren und Koibalen samlen den in

---

[a] *nach auf gestr.* etliche   [b] viele *über der Zeile* [c] *von* Katschinzische Tataren *bis* Nowoselowa der. rechts marginal

ihrer Gegend und besonders an der rechten Seite des Jenisei auf den Aeckern wild wachsenden sibirischen Buchwaizen, unter dem Namen Kyrlyk und die Katschinzen säen sogar denselben, oder erndten so viel davon, als sie nöthig haben, auf den Aeckern ihrer rußischen Bekanten, welche damit verwildert sind. Sie bereiten dieses schmackhafte Grützwerk, weil sie weder Oefen noch Mühlen haben, folgendergestalt. ..." (Pallas 1778, S. 265f.)

[16] s. Anm. 14

[17] *Novoselova derevnja*; russ. *derevnja* – Dorf

Kapitel 17

/117r/

Von der ViehZucht
der Völker

Alle Völker Von *Tat*arischer / und *Mongoli*scher abKunfft, wie auch noch einige andere / die es Von ihne[n] angenomm[en],[a] / haben Vieh-Zucht, aber[b] nicht / alle in gleichem Uberfluß. Die / *Tatar*en Um[c] *TobolsK*[1], *Tara*, / *Tumen*[2], *Casan*[3], *Tomsk*[d] halten Pferde / RindVieh und Schafe in gleichem / Maaße als die Rus[s]en / Die *Barabinzi*sche[n] und *Kusnez*- / *Ki*sche[n] *Tat*aren haben nur / Pferde und RindVieh und selt[en] / oder wenig Schafe, aus[s]er / dene[n] *Beltiri*sche[n] und *Sa-* / *gaii*sche[n] Tataren, am UrsPrunge des *Tom*[4] flusses[e] welche an / Schaafen und allem Vieh ein[en] / Uberflus[s] habe[n]. Die *Krasno-* / *jarsKi*sche[n] oder *Katschinzi*sch[en] / *Tatar*en nebst dene[n] *Koiba-* / *Len* in der *Sayani*sche[n] Steppe[5] / Kommen ihnen des[s]halb am / nächste[n]. Die[f] *Kotowzi* / und *KamaschinZi*[g] im *Krasno-* / *jarsKi*sche[n] Gebiethe, wie auch / die *Assani* im *JeniseisKi*sch[en] / Gebiethe[6] haben einige wenige / pferde. Die *Brazki* um *UdinsK* / im *Krasnojarski*sche[n] Gebiethe[h] habe[n] /117v/ Pferde und RindVieh: aber beydes / nicht überflüs[s]ig. Die *Braz-* / *Ki* im *Irkuzki*sche[n][i] Gebiethe[7] / sind reicher, haben auch Viel[j] Schaafe. / Noch reicher an allerley Vieh / sind die *Brazki* jenseits / dem See *Baical*[8] nebst den[en] / *SelengisKi*sche[n] *Mongol*en / Und am allerreichsten an Vieh- / Zucht sind die *NertschinsKi-* / sche[n] *Tungus*en, unter welchen / offt ein Mann auf 5, 600 Stück / Pferde 1000 biß 2000 Stück Rind- / Vieh, und Schaafe ohne Zahl / hat. Daß diese, so wie im- / gleichen die *Dauri*sche[n] Völker / und die *Manschjure*[n], welche / *Sina* Besitzen, nicht uhrsPrünglich / ViehZucht haben, solches erhellet / daraus, daß in ihrer SPrache / Keine worte Vor Pferde / Ochsen, Kühe, Schafe, gefun- / den werden, und da sie da- / für die *Mongoli*sche[n] Nahm[en] / angenomme[n] habe[n], so ist / daraus Muthmas[s]lich Zu / schliess[en], daß auch die Vieh- / Zucht von dene[n] ihne[n] benach- / bahrt[en] *Mongole*[n] auf sie ge- / Komme[n].
|: *Camasinzi* haben Vor 20[k] / 30 Jahren auch eines [sic!] / Pferde u[nd] wenig HornVieh / gehabt, jetzo aber habe[n] / sie fast gar nichts mehr / Die Wölffe hab[en] ihne[n] / großen Schaden gethan / auch ist Zuweile[n] der Tieffe / Schnee

---

[a] wie auch noch einige andere / die es Von ihne) angenomm) *rechts marginal*   [b] ₐbe_r *verbessert aus* [..]   [c] U_m *verbessert aus* [.]   [d] Tomsk *über der Zeile*   [e] am UrsPrunge des Tom fl. *über der Zeile*
[f] *nach* Die *gestr.* Arinzi,   [g] _{Kamaschin}Zi *verbessert aus* [..]   [h] _{Gebiethe} *verbessert aus* _{Gebiethe}s   [i] I_{rkuzkische} *verbessert aus* [.]   [j] Viel *über der Zeile*   [k] 2₀ *verbessert aus* [.]

oder daß der Schnee / hart gefrore⌐n⌐ daran Schuld ge- / wese⌐n⌐, daß das Vieh Vor Hunger / gestorb⌐en⌐, weil sie Kein / Heu geschlag⌐en⌐.
Die *Tatar*en in dene⌐n⌐ / *TomsKi*sche⌐n⌐ *Stepp*en wie / auch am *Tschulim*[9] habe⌐n⌐ / Keine Schaafe. Sie sag⌐en⌐ / man Konne sie[a] eines / Theils der wölffe[b] weg⌐en⌐ / nicht halt⌐en⌐ u⌐nd⌐ Vors andere / so seyen ihren *Steppe*⌐n⌐ und / Gegende⌐n⌐ für die Schaafe nicht / bequem weil sie nicht ber- / gicht seyen, und das Graß / bey ihnen Zu hoch wachse / weil die Schaafe am beste⌐n⌐ / Bey dem Kleinen Steppen / grase (щетка[10]) fortKom⌐m⌐⌐en⌐ : |[c]
|: Chalmükische Schaafe[11] / *witsen* p⌐agina⌐ 296.[12]
Vom *Boramez*[13] *witsen* / p⌐agina⌐ 288. : |[d14] /118r/
Um[e] *Bargusin*[f15] / *Jerawna*[16] und *Telembinsk* / wohne⌐n⌐ *Tungus*en, die erst seith / etwan 30 Jahren Vieh Zucht / hab⌐en⌐, anstatt daß sie vorher / nichts als RennThiere gehabt / die ihnen damahls durch eine / Seuche ausgestorbe⌐n⌐. Vermuthlich / daß den⌐en⌐ *Nertschinski*sch⌐en⌐ / *Tunguse*⌐n⌐ Und[g] *Dauren* Vor[h] / Alters ein gleiches Schiksahl / wiederfahren. oder es Kann / auch seyn, daß die bequem- / Lichkeit der Viehzucht sie vermocht / hat ihre vorige Lebensart / mit dene⌐n⌐ RennThiere⌐n⌐ aufzugeb⌐en⌐.
Die *JaKut*en haben Pferde und / Rind-Vieh aber Keine Schaafe. / Es scheinet indeß wohl daß / sie in ihren ehmahligen Süd⌐lichen⌐ / wohnsitzen gleich dene⌐n⌐ ander⌐en⌐ / Völker⌐n⌐ auch Schaafe gehabt / hab⌐en⌐, welche[i] ihnen aber bey Ver- / Las⌐s⌐ung derselb⌐en⌐ erst⌐en⌐ wohn- / sitze und da sie von ihren Fein- / den verjaget worde⌐n⌐ vielleicht / auf dem wege, weil sie sich nicht / so geschwind als Pferde oder Rind- / Vieh treiben Las⌐s⌐⌐en⌐, Verlohren / gegange⌐n⌐. denn sonst ist dene⌐n⌐ / Schaafe⌐n⌐ das *JaKuzKi*sche *Clima* /[j] /118v/ nicht Zuwieder, welches man Bey / denen Rus⌐s⌐⌐en⌐ siehet, die selbige / sehr gut bey sich fortpflanze⌐n⌐.
Es giebt im *JaKuzKi*sche⌐n⌐ Gebiethe[17] / am *Wilui*[18] bey *Werchowiluiskoe Simowie*[k19] und am *Aldan* zu *Bu- / talskoe Simowie*[20] auch einige / wenige *Tunguse*⌐n⌐ die Viehzucht / haben, aber solches erst seith / nicht gar Lang⌐en⌐ Jahre⌐n⌐.
|: Das *BrazKi*sche und *JaKuzKi*sche / RindVieh ist sehr groß, und / Von besonders gutem Geschmak. / Es giebt Ochse⌐n⌐ die auf 20 Pud / Fleisch haben. Im *Krasno- / jarski*sche⌐n⌐ Gebiethe ist auch das / RindVieh ziemlich groß. Die /

---

[a] s_ie *verbessert aus* [.] [b] _wö_lffe *verbessert aus* [.] [c] *von* Camasinzi haben Vor *bis* fortKomme) *auf Bl.* 117r *rechts marginal* [d] Chalmükische Schaafe / witsen p. 296. / Vom Boramez witsen / p. 288. *rechts marginal* [e] Um *über der Zeile* [f] *vor* Bargusin *gestr.* Im; _Bargusin_ *verbessert aus* Bargusinisch) Districte und / um [g] U_nd_ *verbessert aus* [.] [h] V_or_ *verbessert aus* [.] [i] _wel_ch_e_ *verbessert aus* [..] [j] *folgt* nicht [k] bey Werchowiluiskoe Simowie *über der Zeile*

Mittlere Gegend Von *Sibirie⌈n⌉* / als das *TobolsKi*sche, *Jeni- / seiski*sche, *Ilimski*sche Gebieth²¹ / haben diesen VorZug nicht. / Und es scheinet, als wenn / die allerNordlichste Gegen- / den dießfalls mit dene⌈n⌉ / Südlichste⌈n⌉ übereinKomme⌈n⌉ / wie man denn auch davon / an dem *UKraini*sche⌈n⌉, *Unga- / ri*sche⌈n⌉, und *Ißländi*sche⌈n⌉ / schöne⌈n⌉ und gros⌈s⌉⌈e⌉⌈n⌉ Rind- / Vieh *Exempel* hat. Item / im *Mangaseiski*sche⌈n⌉ Gebiethe²² / haben Vordem die Rus⌈s⌉e⌈n⌉ / ViehZucht gehabt Von *Turu- / chansk* Strohmabwerts / Bis⌈s⌉ *Tolstoi nos*²³, fast in / allen *Simowie⌈n⌉*, und ist Bey / ihnen das RindVieh gleichfalls / weit größer als Zu *Jeniseisk*²⁴ / gewese⌈n⌉, ob es gleich anfänglichᵃ von dort⌈en⌉ / dahin transportiret word⌈en⌉. / Seith 1730 aber ist im *Man- / gaseiski*sche⌈n⌉ Gebiethe²⁵ 4 Jahre / Lang nach einander eine Seuche / unter dem Vieh gewese⌈n⌉, daß / alles davon gefalle⌈n⌉, und gegen- / wärtig nirgends mehr als in der / eintzige⌈n⌉ Stadt *Turuchansk* noch / übrig ist. :|ᵇ
Bey allen Völker⌈n⌉ gehet das Vieh / so winter als Sommer in der / weide, und scharret seine Nahrung / mit den Füs⌈s⌉en unter dem / Schnee hervor. Soᶜ gar, daß / die *JaKut*en, ohnerachtet das / *Clima* bey ihne⌈n⌉ sehr Kalt ist, / nur die Stutten und Kuhe mit / ihren Füllens und Kälber⌈n⌉ᵈ / den winter über auf Futter / nehmen, und des⌈s⌉wege⌈n⌉ im Som- / mer sich mit Heu Versorgen / Es Kommt ihnen aber dabey / Zustatten, daß um *JaKuzK*²⁶ / *Olecma*²⁷, am *Wilui*²⁸, *etceteraˈ* der / Schnee nicht über ein Viertel / *Arschin* tief Zu fallen pfleget. / anstatt daß in der Mittlern / Gegend des *Lena* flusses⌈⌉ Zwische⌈n⌉ / *Witimsk*²⁹ und *Ust Ilga*³⁰ der / Schnee auf 1 bis⌈s⌉ 2 *Arschin* /119r/ tief fället.
Die reichste⌈n⌉ *JaKute⌈n⌉*, nemlich dieje- / nige, welche die stärkste Vieh- / Zucht habe⌈n⌉, wohne⌈n⌉ Zu *wercho- / wilui*³¹, und an dene⌈n⌉ in den / *Aldan* fallend⌈en⌉ flüs⌈s⌉en *Am- / ga* und *Tata*. Die oberhalb / *JaKuzK*³² am *Lena* wohnen, und / die Von *Olecma*³³ sind mittel- / mäs⌈s⌉ig reich. Die in der unter⌈en⌉ / Gegend des *Lena* aber Zu *Schi- / gan*³⁴, *Siktak*, und ᵉ an dene⌈n⌉ / *Mündunge⌈n⌉* des *Lena* und / *Jana* haben Gar Keine / ViehZucht. Zu *werchojansK*³⁵ / und oberhalb *Saschiwerskoi / Ostrog*³⁶ am *IndigirKa* ist / auch noch viehZucht, wiewohl / an Letzter⌈em⌉ Orte nicht bey / allen: und am *Kolyma* / sind nur die reichste⌈n⌉ *JaKut⌈en⌉* / mit wenige⌈n⌉ Pferden, mit / RindVieh aber gar nicht, Ver- / sehen.
Die *BrazKi* dies⌈s⌉eits dem / See *Baical*³⁷ nehmen das / junge Vieh als Fülle⌈n⌉, Kälber / und Lämmer auch, den winter / über auf futter, und schlage⌈n⌉ /

ᵃ anfänglich *über der Zeile*   ᵇ *von* Das BrazKische und JaKuzKische RindVieh *bis* Turuchansk noch übrig ist. *rechts marginal*   ᶜ S₀ *verbessert aus* [.]   ᵈ *nach* Kälber) *gestr.* auf   ᵉ u_nd *verbessert aus* [.]

davor Heu. Jenseits dem /119v/ See *Baical*³⁸ aber weiß man Von / Heuschlagen[a] wenig[b]
Das Vieh, was Sommer u[nd] winter / beständig in der weide gehet, ist / sehr wild, und die Kühe und / Stutten Las[s]en sich mit großer / Muhe Melken[c], auch nicht Leicht / anders, als Von Leuten, an welche / sie gewehnet sind. Die Pferde / aber, so man zum reiten und / fahren gebrauche[n] will, müs[s]e[n] / noch mit weit größerer Mühe / abgerichtet werde[n]. Die meiste[n] / Laßen sich nicht anders fange[n] / als daß man Zu Pferde[d] hinter[e] drein / jaget, und eine an einem Lange[n] / Stoke befestigte Schlinge / ihnen um den Halß wirfft.
Als wir in dene[n][f] *BrazKi*sch[en] / und *Tungusi*sch[en] Steppen / des *SelenginsKi*sch[en][g] und *Ner-* / *tschinsKi*sch[en] Gebiethes³⁹ reise[t]e[n] / hatten wir von dene[n] wilden / Pferden Vieles auszustehe[n]. Viele / wolte[n] sich durchaus Kein Joch / über den Halß werffe[n] Las[s]e[n] / Die *BrazKi* und *Tungus*en / aber waren[h] gleich fertig, und / sPannten dieselbe an den Schweiffe[n] / für unser[en] Schlaff- und *Bagage* / wagens an. Diese also an- /[i] /120r/ gesPannte Pferde aber, ja auch / die meiste[n] übrige[n], weil sie / ihre Kräffte Zu schone[n] nicht / gewohnet waren, sonder[n] fast / alleZeit *en galop* Lieffe[n], / Konnte[n] Kaum eine halbe Stunde / für dene[n] wagens aushalte[n], / da sie alsobald ermüdeten und / abgewechselt werden musten / Zu welchem Ende wir alleZeit / eine gros[s]e Trifft⁴⁰ Pferde / Bey uns anTreibe[n], und Anstatt[j] / der ermüdeten[k] frische Pferde / daraus fangen Lies[s]e[n]. Ein Exem- / *pel* einer geschwinden Sommer- / Reise in wagens und mit einer / starken *Suite*⁴¹ und *Bagage* / mit dergleich[en] wilden und un- / Bändige[n] Pferden ist, daß / wir auf der Rükreise Von / *NertschinsK*⁴² den weg[l] Zwische[n] *Jerawna*⁴³ / und *UdinsK*, welche Örter / ...⁴⁴ werste Von einander Liege[n], / in weniger als 3 mahl 24 / Stunde[n] Zurük geleget hab[en]⁴⁵.
Lor[enz] Lange in seiner Reise beschrei- / bung nach *Sina* | Verändert[es] Rußland / *p[agina]* 75⁴⁶ | sagt: Man[m] finde bey den[en] / *Muhamm*edanisch[en] *Tatar*e[n] Zwische[n] / *Tobolsk*⁴⁷ und *Tara* Keine Jurte /[n] /120v/ oder Stube, wo nicht drey oder mehr / Kälber hinter dem *Camin*e / angebunden seye[n], wovon sie aber / Keines VerKauffte[n], weil sie glaubte[n] / die Kühe würden sich Zu Tode / grämen. Die Ursache davon / ist, weil bey diese[n] Tataren und[o] / in gantz *Sibiri*en sowohl / unter Rußen als Heiden, die / Kühe gewöhnet sind, ohne Kälber / sich nicht melken Zu Laße[n]. Daher / wenn sie ein Kalb VerKauffe[n]

---

[a] *vor* Heuschlagen *gestr.* Keinem   [b] wen_{ig} *verbessert aus* [...]   [c] Melken *verbessert aus* [...]g[..]   [d] Zu Pferde *über der Zeile*   [e] *nach* hinter *gestr.* ihnen   [f] _{de}ne) *verbessert aus* r   [g] Se_{lenginsKische} *verbessert aus* [..]   [h] _{wa}re_{n} *verbessert aus* h[.]   [i] *folgt* ge-   [j] A_{nstatt} *verbessert aus* [.]   [k] _{er}m_{üdeten} *verbessert aus* [.]   [l] den weg *über der Zeile*   [m] M_{an} *verbessert aus* d   [n] *folgt* oder   [o] bey diese_{)} Tataren *und über der Zeile*

solt[en] / ihnen die Milch entgehet. Man Läs[s]et / Zu erst das Kalb ein wenig saugen, / Biß die Kuh die Milch schießen / Läßet, darauf^a stellet man das / Kalb der Kuh ins Gesichte und mel- / ket, Zuweilen Ziehet die Kuh die / Milch wieder Zurük, da muß man / das Kalb wieder ein wenig saug[en] / Las[s]e[n]. Ohne das Kalb aber / ist nicht ein Tropffen Milch aus / der Kuh Zu bringe[n]. Es hilfft auch / nichts, daß man ein fremdes Kalb / unter die Kuh setzet. Doch sollen / die *Barabinzi*sche[n] *Tatar*en, wenn / ihnen ein Kalb stirbet, die Kuh Zu- / weilen betriegen, und die mit / Heu ausgestopffte Haut des / Kalbes der Kuh Vorsetzen, da / denn auch einige Kühe sich solle[n] / melken Laße[n].
Arme *Jakut*[en], dere[n] Kühe nicht /|21r/ Viel Milch geben, Blasen ihnen / in den *Uter*um, um mehr Milch / heraus Zu Zwingen, und soll / Zuweilen, wenn sie Zu stark blase[n]^b, / Blut mit der Milch vermischet / herausLauffen^c48.
Die *Jakut*[en] haben auch den Gebrauch, / um Zu wis[s]en, ob die Kühe Trächtig / sind, ihne[n] mit der Hand bis[s] / in den *Uter*um Zu greiffen. / Der Arm wird Zu solchem Ende / warm gemacht, mit fett beschmieret, / und biß über den Ellenbogen / der Kuh in den Leib gesteket. / Es sind daZu eigene Männer / und^d weiber^e, die dieses Hand- / werk Verstehe[n]. Es geschiehet / alle Herbst bey alle[n] Kühe[n]. / Auch die Rus[s]e[n] Zu *Jakuzk*^49 / pflegen ihre Kühe also / befühlen Zu las[s]e[n].
|: Das beste Futter für das Vieh / ist das Kleine Steppen Graß / so Man^f auf Rußisch щетка^50 / die *Tatar*e[n] aber *ûngot* nen- / nen. Das^g Lange und beste / wiesen^h Graß ist ihnen bey weitem / nicht so nahrhafft und ange- / nehm. Schaafe Zu halte[n] muß die / Gegend *Steppicht* und ber- / gicht seyn, da pflantzen / sie sich bald sehr stark / fort.
*Sagai*sche Pferde die besten / in gantz *Sibiri*en.
*Tatar*en fühlen nur dene[n] / Kuhen und Stutte[n] auswendig / an den bauch, und urtheile[n] ob / sie Trächtig sind oder nicht
Es giebt auch unter denen / *Jakut*en Männer, die in der / Heb-Ammen Kunst bey Stutte[n] / und Kuhen^i / durch UmKehrung unrecht / *Situir*ter^51 Geburthe[n] Dienste / thun. :|^j
Damit die Kälber und / Füllens denen Kuhe[n] und / Stutte[n] die Milch nicht außau- / gen mögen, so werden Bey^k / allen Völker[n] erstere einge- / sPerret, oder an Beson- / dere abörter in die weide / getrieben, Letztere aber / an einem

---

^a d_{arauf} *verbessert aus* [.]   ^b _{bl}as_{e)} *verbessert aus* [..]   ^c _{heraus}Lau_{ffen} *verbessert aus* [...]   ^d *und über der Zeile*   ^e *vor* weiber *gestr.* oder   ^f M_{an} *verbessert aus* [.]   ^g Da_{s} *verbessert aus* [..]   ^h wi_{esen} *verbessert aus* [..]   ^i *nach* Kuhen *gestr.* Dienste thun, / und   ^j *von* Das beste Futter *bis* Dienste thun. *rechts marginal*   ^k B_{ey} *verbessert aus* [.]

Langen Bey dene⌈n⌉ / Jurte⌈n⌉ aufgesPanten diken /ᵃ /121v/ Strike in einer Reihe angebun- / den.
Die Füllen haben bey dene⌈n⌉ *Ja-* / *Kut*en gantz Verschiedene Nah- / men, nachdem Dieselbeᵇ alt sind. / Ein Füllen überhaupt Kann / auf *JaK⌈utisch⌉* nicht anders *Sidschàn* / *Sylgi*⁵² d⌈as⌉ i⌈st⌉ ein Kleines Pferd ge- / nennet werden. Die besondere / Nahmen sind folgende:
*Kulùn*⁵³, den ersten Sommer
*Ubassà*⁵⁴, den folgende⌈n⌉ Winter
*Ty*⁵⁵, den Zweyt⌈en⌉ Sommer
*Tyssengà*⁵⁶, den dritte⌈n⌉ Sommer
*Kÿtÿlÿr*⁵⁷, den vierten Sommer
Darauf Zehlen sie nach der Zahl / der Jahre so ein Pferd alt ist.
Bey diese⌈n⌉ besonder⌈en⌉ Nahmen / der Füllen und Jung⌈en⌉ Pferden / wird alleZeit zugleich gesagt, / ob es ein Hengst Mutter Pferd / oder Wallache sey.
|: auf *BrazKisch*:
*Unagàn*⁵⁸ [den ersten Sommer]
*dágan*⁵⁹ [den folgenden Winter]
*gunàn*⁶⁰ [den zweiten Sommer]
*Dschüdülukù*⁶¹ [den dritten Sommer]
*Kisjálan*⁶² [den vierten Sommer]
*Soiólon*⁶³ den fünft⌈en⌉ Sommer
*Tabutài morin*⁶⁴ wenn es fünf / Jahr alt ist.
*Dchörgotòi morin*⁶⁵ im sechste⌈n⌉ Jahr.

Auf *Tatari*sch
im ersten Sommer	*Chulùn*⁶⁶
den folgende⌈n⌉ winter	*Dschabagà*⁶⁷
den 2ᵗᵉⁿ Sommer	*Syp*⁶⁸.
den 3ᵗᵉⁿ -	*Üschélyg*⁶⁹
- 4ᵗᵉⁿ -	*Tört-schélyg*⁷⁰
- 5 -	*Bes-schélyg*⁷¹
- 6 -	*Altý-lyg*ᶜ⁷²

Die beyde Letzte Nahme⌈n⌉ / sind nur um das alter / anZuZeig⌈en⌉ den im 5ᵗᵉⁿ / Jahre wird es schon ein / Volkommenes Pferd, *Tat⌈arisch⌉* / *Dschilgà*⁷³·ᵈ :|ᵉ
Alle Völker *castrir*en so / wohl Pferde als Ochsen, als / Schafe.

ᵃ *folgt* Strike ᵇ D_{ieselbe} *verbessert aus* s ᶜ _{Altý-l}ỳg *verbessert aus* ý ᵈ *vor* Dschilgà *gestr.* [...] ᵉ *von* auf BrazKisch: *bis* Tat. Dschilgà *rechts marginal*

Unterschiedene Nahmen der Kalber / bey den *Jakute⌈n⌉*, nach ihrem unter- / schiedene⌈n⌉ Alter.
Ein Kalb überhaupt auf. *JaK⌈l⌉utisch⌉ / Torbòss*[74], oder *Torbujàch*[75] / ein neugebohren Kalb *JaK⌈l⌉utisch⌉ Nirè-* /122r/ *Torbos*[76]. Das wort *Nirè*[77] bedeutet / Frucht[a]. Den Sommer nach der / Geburth heis⌈s⌉et es schlechterdings / *Torbos*[78] oder *Torbujàch*[79]. / Den folgenden winter heißet / es *Togossò-Torbossò*[80]. Die / Ursache ist diese: *Togossò*[b81] bedeutet / einen Pfahl den man in die Erde / schläget, und in diesem winter / fänget man an die Kälber / an dergl⌈eichen⌉ Pfähle anZubinden, an / statt, daß sie Vorher frey gegang⌈en⌉. / So wie denn die *JaKute⌈n⌉* alles / alte Vieh in[c] dene⌈n⌉ Jurte⌈n⌉ jedes / besonders an Pfahle anbinden / damit sie sich untereinander Kein[d] / Leid thun moge⌈n⌉. Ferner den / [[den]] Zweyten Sommer wird / das⌈s⌉elbe Kalb *Tyssagàs*[82] / genannt. Den dritten Som- / mer *Tyssengà*[83], so wie die füllen, / den vierte⌈n⌉ Sommer *Öngörömör*[84]. Bis⌈s⌉ in den Zweyte⌈n⌉ Sommer da / das Kalb *Tyssagas*[85] heißet, fügen / die *JaKut⌈en⌉* Zum Unterscheide / des Mannl⌈ichen⌉ und weibl⌈ichen⌉ Geschlechtes / die Worte *Irgjach*[86] oder *Atyr*[e87] und *Tissi*[88] / hinZu. *Irgjàch*[89] wird Von *cast*rirte⌈n⌉ / gebraucht, *Atÿr*[90] von *uncastrirt⌈en⌉*[f]. / *Atyr* und *Tissi*[91] wird auch von / Thieren gebraucht. Von Vögeln[g] sagt / man *Atỳr*[92] und *Oiogò*[93] oder *Tissi*[94].
| : Die worte werden Vorgesetzt / man sagt Z⌈um⌉ e⌈xempel⌉ *Irgjach-Tys- / Sagas*[95].
Bey *Tyssengà*[96] und *Öngörömòr*[97] / werden Zum[h] Unterscheide[i] des / Geschlechtes die wörter *Kunàn*[98] / und *Burgunàs*[99] hinten ange- / fügt. wovon das erste einen jung⌈en⌉ / Ochsen, das andere eine junge Kuh / bedeutet. :|[j]
| : Kalb auf *BrazKi*sch *Tugùl*[100] gleich / nach der Geburth
Burù[101] den folgenden winter
KatdschiriK[102], den Zweyte⌈n⌉   Sommer
Unàn uKür[103], den dritten   -
Dönün uKür[104], den Vierte⌈n⌉   -
Tabutài -[105] den fünfte⌈n⌉   -
Kalb auf *Tatari*sch / Anfänglich – *Busù*[106] / nemlich das erste gantze / Jahr so lange es unter / der Mutter gehet.
Das folgende Jahr, wenn es / entwehnet und die Kuh wieder / ein Neu Kalb hat, wird / es *Chasirà*[107] genennet

---

[a] F$_{rucht}$ *verbessert aus* [.]   [b] T$_{ogossò}$ *verbessert aus* [.]   [c] i$_n$ *verbessert aus* [.]   [d] Keid   [e] oder Atyr *über der Zeile*   [f] $_{un}$C$_{astrirt}$) *verbessert aus* [.]   [g] V$_{ögel}$n *verbessert aus* [.]   [h] Zum *verbessert aus* [...]
[i] Un$_{terscheide}$ *verbessert aus* [..]   [j] *von* Die worte werden *bis* Kuh bedeutet. *rechts marginal*

Das dritte Jahr *Togunèk*[108]
Das 4te Jahr hat es Kein[en] / besonder[en] Nahmen mehr / es wird schon Zu einer Kuh / oder Ochse[n], doch um die / Anzahl Jahre anZuZeig[en] / sagt[a] man *dortschélych*[109] / *besschélych*[110] p[erge] p[erge] : |[b] /122v/ *Jakute*[n] *castrir*en ihr Vieh folgender / Gestalt: der Hengst oder Ochse[c] / wird an den Fus[s]en gebunden Zur / Erden geleget, und fest gehalt[en] / daß er sich nicht beweg[en] Kann. Darauf / schneidet der *Castrator* unten Von / dem *Scroto* einen Theil ohne die / *Testiculos*[111] Zu berühren, wirfft / das[s]elbe Zum *Augurio*[112] in die Höhe, / da denn Acht gegeben wird, ob es / beym[d] herunter fallen mit der in- / wendigen oder auswendige[n] Seite auf / dem boden Zu Liegen Kommt. Ist / das Letztere so bedeutet es Glük / das erstere aber Unglük, vermuthlich / weil es gege[n] den *Situm naturalem*[113] ist. / Unter Unglük verstehe[n] sie, daß das[e] / Zu *castrir*ende Vieh sterbe[n] werde, welches / Viel Zu geschehe[n] pfleget. Nachdem / nehmen sie die *Testiculos*[114] heraus, / Klemmen die[f] abgerißene Ader[n][g] Zwisch[en] / Zwey Hölzern, die mit darauf geschobene[n] eiserne[n][h] Ringe[n] / fest Zusammen getrieb[en] werde[n], und / Brennen unter der Klemme / die[i] Adern[j] mit einem / glüende[n] Eisen, worauf sie[k] die / Klemme Lösen, das *Scrotum* auswachs[en][l][115] das[m] Vieh auf- / stehe[n] Las[s]en, und wenn es ein / Pferd ist, das[s]elbe drey mahl / im *Circul*, nach dem Lauffe der / Sonnen, herum führen. Ist / es aber ein Ochse so wird diese / Letzte *Ceremonie* nicht da- / mit Vorgenomme[n]: maaßen ihn[en] / an demselb[en] nicht so viel als an den / Pferden gelege[n] ist.

|: Die *BrazKi* *castrir*en / daß sie das *Scrotum* auf / schneiden[n] durch die *Testiculos*[116] / einen holtzerne[n] Span durch / stechen, denselben vielmahl / umdrehe[n], und mit demselb[en] / die *Testiculos*[o][117] herausreis[s]e[n] / waschen[p] hernach das *Scrotum* / mit was[s]er, und weiter nichts. Zuweilen sterbe[n] / sie auch davon.

Die *Tatar*en *castrir*e[n] wie / die *JaKut*[en], geben auch / bey dem *Augurio*[118] acht, ob / das Stüklein Haut Von / dem *Scroto* weit weg flieget / solches bedeutet das es ein / Munter Pferd werd[en] / wird.

Das *castrir*en im ander[en] / oder 3te Jahre / Zuweile[n] auch sPäter / Ja sogar werden / Hengste aus der / *Tabun*e genomme[n] / und *castrir*et, wenn / Man[q] an

---

[a] ₛₐgₜ *verbessert aus* [.]   [b] *von Kalb auf BrazKisch Tugùl bis* besschélych pp. *rechts marginal*   [c] Oc_{hse} *verbessert aus* [..]   [d] bey_m *verbessert aus* [...]   [e] _das *verbessert aus* [..]; *nach das gestr.* erste   [f] _die *verbessert aus* as; *nach die gestr.* Scrotum   [g] abgerißene Ader) *über der Zeile*   [h] darauf geschobene) eiserne) *über der Zeile*   [i] _die *verbessert aus* as; *nach die gestr.* Scrotum   [j] Adern *über der Zeile*   [k] sie *über der Zeile*   [l] das Scrotum auswachs) *über der Zeile*   [m] _das *verbessert aus* [..]   [n] aufschneid_en *verbessert aus* [.]   [o] T_esticulos *verbessert aus* [.]   [p] w_aschen *verbessert aus* [.]   [q] M_an *verbessert aus* [.]

denselb⸢en⸣ / nicht alle Tugende⸢n⸣ / wahrnimmt, so Zum / Hengste erfordert werd⸢en⸣. :|ᵃ /123r/

Lamm auf *Tatari*sch	*Kuragàn*[119]
Im 2ᵗᵉⁿ Jahre	*Ikilych*[120]
im 3ᵗᵉⁿ -	Jahre wird es Zum / Vollkommene⸢n⸣ Schafeᵇ, (*Choi*[121])

Virgil Georg⸢ica⸣ L⸢ibro⸣ III. v⸢ersus⸣ 339 s⸢e⸣q⸢ens⸣[122] Beschreibet die Lebens- / Art derer Hirte⸢n⸣ in *Africa* fast eben so, wie / man es Bey denen *Sibiri*sche⸢n⸣ Volker⸢n⸣ siehet.

Quid tibi pastores Libyae quid pascua versu
Prosequar, et raris habitata mapalia tectis?
Saepe diem noctemque, et totum ex ordine mensem
Pascitur, itque pecus longa in deserta sine ullis
Hospitiis: tantum campi iacet: omnia secum
Armentarius Afer agit, tectumque, laremque,
Armaque, Amyclaeumque canem, Cressamque pharetram.
Conf⸢er⸣ Pomp⸢onius⸣ Mela in Afric⸢ae⸣ descript⸢ionis⸣ C⸢apite⸣ IX. [123]

Von denen VorZügen der weißen Pferde aus der *Antiquität*
1.) In der Offenb⸢arung⸣ *Joh⸢annis⸣* wird der Heyland auf einem weiße⸢n⸣ Pferde sitzend / fürgestellet.[124] 2.) Die Perser hab⸢en⸣ die weis⸢s⸣e⸢n⸣ Pferde der / Sonnen geopffert.[125] 3.) Von ihnen hatte⸢n⸣ die abgöttischen / Konige in Juda solche⸢n⸣ Greuel gelernet, daher *Josias* die / geschnitzte bilder Von weißen Pferden am Eingange des Tempels / herunter werffe⸢n⸣ muste.[126] 4.) *Xerxes* hat die Verehrung / der Weis⸢s⸣e⸢n⸣ Pferde nach Griechenland gebracht.[127] 5.) *Tarquinius / Priscus* hat sein⸢en⸣ Triumph auf einem Wag⸢en⸣ mit weis⸢s⸣e⸢n⸣ / Pferden gehalt⸢en⸣.[128] 6.) *Tacitus* schreibt Von den alt⸢en⸣ Teutsche⸢n⸣, daß / sie Wahrsagerey mit weis⸢s⸣en Pferden getrieb⸢en⸣.[129] 7.) das braun- / schweigischeᶜ Wapen ist ein weis⸢s⸣es Pferd.[130] 8.) der *Chur*-fürstᵈ von *Cöln* /123v/ hat angefang⸢en⸣ ein weis⸢s⸣ Pferd im Wapen Zu führ⸢en⸣, seithdem / er ein Stük von *Henrici Leonis* Länder⸢n⸣ beKomm⸢en⸣.[131] 9.) am / Päbstl⸢ichen⸣ Hofe ist der Gebrauch eines weis⸢s⸣en Pferdes einig⸢en⸣ bischöfl⸢en⸣ / als ein besonderes *Privilegium* ertheilet.[132] 10.) der *Neapolitani*scheᵉ / *Tribut* ist ein weis⸢s⸣er Zelter.[133] 11.) Die Freywerber[134] des *Ungari*sche⸢n⸣ / Königes *Vladislaus posthumus* sind auf weis⸢s⸣e⸢n⸣ Pferde⸢n⸣ geritten.[135] / 12.) *Philippus Valesius* König in frankreich hielt seine⸢n⸣ Einzug / in *Paris⸢s⸣* auf einem weis⸢s⸣e⸢n⸣ Pferde.[136]

ᵃ *von* Die BrazKi castriren *bis* erfordert werd, *rechts marginal*   ᵇ Schaf_e *verbessert aus* [.]
ᶜ braunschweigⁱsche *verbessert aus* e   ᵈ Ch_ur-fürst *verbessert aus* [.]   ᵉ Neapolitanⁱsche *verbessert aus* [...]

Diese VorZüge sind Von dem Hoff u[nd] Regierungs Rath / *Lenz*[137] Zu Halle auf einem Bog[en] in 4[to] beschrieb[en][138] / worden Bey Gelegenheit daß der König von Preus[s]en] / seinen ersten EinZug in bres[s]lau[139] auf einem weis[s]en] / Schimmel gehalt[en]. 1746.

[1] *Tobol'sk*
[2] *Tjumen'*
[3] *Kazan'*
[4] *Tom'*
[5] *Sajanskaja step'*
[6] Gebiet von *Enisejsk*
[7] Gebiet von *Irkuck*
[8] *Bajkal*
[9] *Čulym*
[10] russ. *ščetka* – Schaffschwingel, Festuca ovina (Pawlowski 1952, S. 1759); „Festuca L., Schwingel. W. 1. Festuca ovina L., ... Schaaf=Schwingel. ..." (Georgi 1797–1802, Theil 3, S. 695–697)
[11] „Ovis L., Schaf. ... Das breitschwänzige, auch fettschwänzige Schaf (Ovis laticauda L. Gmel. η. das Türkische, Kalmuckische, Kirgisische Schaf. Gmel. Nov. Comment. Petrop. V. p. 343. T. 8. ... Sie unterscheiden sich von den übrigen Schafarten: a) Durch ihr ... körperliches, munteres und wilderes Ansehen. b) Durch die Größe, ... c) Durch den kurzbehaarten schönen Ramskopf, ... d) Durch den Fettschwanz, R. Kurdek, oder den gerundeten, etwas platten, etwan eine Spanne langen nur eben mit Wolle bedeckten – Fettklumpen, mit dem spitz zugehenden Stumpf des Rückgrades. Er wiegt nach der Größe des Schafes 30 bis 40 Rußische Pfund, ..." (Georgi 1797–1802, Theil 3, S. 1623ff.)
[12] „Men vind Schapen in 't Kalmaks Tartarye met neerhangende ooren, als de ruige Water-honden, met staerten van tien, twintig, en dertig ponden zwaer, wezende al Vet wat 'er aen is, doch hebben daer tegens niet veel Vets op 't lijf, of op de ribbe, welke zware staerten veroorzaken, datze niet hard konnen loopen. De Schapen der Usbeksche en Buchaersche Tarters, geven lange graeuwe Wolle, welke op de einden in witte ringetjes te zamen loopen; zy is schoon in 't oog, en zoo zacht als Zyde." (nl. – Im kalmykischen Tatarien gibt es Schafe mit herabhängenden Ohren wie die rauhhaarigen Wasserhunde (Pudel) und mit Schwänzen, die zehn, zwanzig oder dreißig Pfund schwer sind; alles daran ist ausschließlich Fett. Sie haben jedoch nicht viel Fett am Körper oder auf den Rippen. Die schweren Schwänze sind die Ursache dafür, daß sie [d. h. die Schafe] nicht sonderlich gut laufen können. Die Schafe der Usbekischen und Bucharischen Tataren liefern lange graue Wolle, die am Ende weiße Ringe bilden. Diese ist schön anzusehen und weich wie Seide.) (Witsen 1705, S. 296)
[13] „Baromez, eine Polypodiumart (Polypodium s. Aspidium Baromez L.), in China, Cochinchina u. der Bucharei, von eigenthümlicher Bildung, indem der längliche, dicke, wagerecht über der Erde stehende Wurzelstock einige dicke Wurzelfasern abschickt, welche ihn wie Beine über der Erde erhalten, er auch ganz mit dichtem, gelbem, sehr weichem Filze bekleidet ist; Strunk 1–1½ Fuß hoch, glatt, undeutlich eckig, spreuigwollig, Laub doppelt gefiedert mit fiederspaltigen, lanzettlichen gesägten Blättchen. Die eigenthümliche Bildung des Wurzelstockes gab die Veranlassung zu der Fabel, daß in genannten Ländern ein Geschöpf lebe, halb Pflanze, halb Thier, aus einem kürbißkernartigen Samen wachse, die Gestalt eines Lammes (daher Agnus scythicus s. vegetabilis) bekomme, auf einem Stängel (gleichsam der Nabel-

schnur) stehe, rings um sich alle Kräuter abfresse u. alsdann verhungere. Ja man behauptete sogar, daß die Pflanze vollkommenes Blut enthalte, da der Wurzelstock in der That einen blutrothen Saft enthält. Seiner adstringirenden Eigenschaften wegen wird er häufig in China u. Cochinchina bei Ruhren u. dgl. angewendet." (Pierer 1857–65, Bd. 2, S. 343); nach Pawlowski 1952, S. 34 russ. *baromec* – „... (Aspidium barometz) eine Art Schildfarn im südlichen Sibirien."; unter russ. *baranec* (von russ. *baran* – Schafbock, Widder) werden nach Pawlowski 1952, S. 32 und *Dal'* 1880–1882, Bd. I, S. 48 auch Lycopodium (Bärlapp, Bärlappenmoos), Lycopodium selago (Purgierbärlapp, Tannen=, Tangelmoos), Lycopodium annotium, und Primula veris (Primel, Schlüsselblume) verstanden; „Cibotium, Schatullenfarn, Farnkrautgatt. der Fam. Zyatheazeen mit mehreren, sehr zerstreut in wärmeren Ländern vorkomenden Arten. Aus dem von Spreuschuppen bedeckten Wurzelstock des südostasiat. C. barometz, des skythischen Schatullenfarns, werden tierähnl. Gebilde hergestellt und als skythisches Lamm (Agnus scythicus, tatar. Baranetz, Barometz, Baromitz, Baromtz) zu abergläubischen Heilzwecken in den Handel gebracht. ..." (Brockhaus 1928–1935, Bd. 4, S. 125); „Merluschka-Ovtschinka, oder Astracanisches Lämmer=Fellgen. Es haben einige Scribenten, nach unrechten Bericht, solches vor das so beschreyene Boranetz oder Borametz genommen, und für ein Gewächs oder Staude ausgegeben, welches bey Astracan wachsen soll; Deßfalls hat man in Rußland bey unsrer Anwesenheit überall Nachfrage gethan, aber keinen gefunden, der von diesem Boranetz, welches auf Rußisch sonst ein Schaaf heisset, Nachricht geben können; Daher also hiermit nichts anders als die Felle müssen gemeynet seyn. ..." (Strahlenberg 1730, S. 400f.)

[14] „Wat van dit Scytische Lam, anders boronietz of boranits, by den Arts Engelbert Kempfer werd geoordeelt, mag uit het volgende bericht, in Latyn van hem aen my gedaen, werden gezien, 't geen hier in lassche. De Agno Scythicâ, seu fructu Borometz (Boranits). Sicut ex Dactyliferae Palmae historiâ Phoenicem formavit prisca credulitas, ita recentioris AEvi curiositas parili nomenclaturâ decepta, contrariâ metamorphosi ex Animali Vegetabilem foetum, Plantamve Borometz seu Barannetz, in Exoticorum historias introduxit: plausibilem sanè adeo, ut magnus in Plantarum Regno Princeps Joh. Bauhinus, magno Scaligero primae Relationis gloriam invidisse videatur, cum recitatis, qui Plantae ante ipsum meminerant: ..." (nl./lat. – Wie das Skythische Lamm, auch Boronietz oder Boranits, durch den Arzt Engelbert Kämpfer beurteilt wurde, kann aus dem nachfolgenden Bericht, den er mir auf Lateinisch mitteilte und den ich hier einfüge, ersehen werden: Vom Scythischen Lamm, oder der Frucht Borometz (Boranits) – So wie die alte Leichtgläubigkeit aus der Sage von der Dattelpalme den Phoenix gebildet hat, so hat die von der ähnlichen Namengebung getäuschte Wißbegierde der neueren Zeit in entgegengesetzter Umwandlung aus einem Tier eine pflanzliche Frucht oder eine Pflanze Boromet oder Barannetz, in die Naturgeschichte der Exoten (exotischen Pflanzen) eingeführt, die immerhin soviel Wahrscheinlichkeit an sich hat, daß der große Fürst im Pflanzenreich, Johann Bauhin, dem großen Scaliger zusammen mit den schon Gemeldeten, welche die Pflanze vor ihm erwähnt haben, den Ruhm des ersten Berichts zu neiden scheint. ...) (Witsen 1705, S. 288f.)

[15] *Barguzinskoj ostrog*
[16] *Eravninskoj ostrog*
[17] Gebiet von *Jakuck*
[18] *Viljuj*
[19] *Verchoviljujskoe zimov'e*

[20] *Butal'skoe zimov'e*
[21] Gebiete von *Tobol'sk*, *Enisejsk* und *Ilimsk*
[22] Gebiet von *Mangazeja*
[23] *Tolstoj nos*; russ. *nos* – Landspitze
[24] *Enisejsk*
[25] Gebiet von *Mangazeja*
[26] *Jakuck*
[27] der Fluß *Olekma* bzw. die Gegend bei *Olekminskoj ostrog*
[28] *Viljuj*
[29] *Vitimsk*
[30] *Ust'-Ilga*, *Ust'-Ilginskaja sloboda*, *Ust'-Ilginskaja derevnja* o. *Ust'-Ilginskoj ostrog*
[31] *Verchoviljujsk* bzw. *Verchoviljujskoe zimov'e*
[32] *Jakuck*
[33] der Fluß *Olekma* bzw. die Gegend bei *Olekminskoj ostrog*
[34] *Žigany* bzw. *Žiganskoe zimov'e*
[35] *Verchojansk*
[36] *Zašiverskoj ostrog*
[37] *Bajkal*
[38] *Bajkal*
[39] Gebiete von *Selenginsk* und *Nerčinsk*
[40] „TRIFT, ... erscheint trift als nomen acti, ‚herde‘, zugleich als ungefähre maszbezeichnung, ‚soviel man zusammen zu treiben pflegt‘, ..." (Grimm 1991, Bd. 22, Sp. 494ff.)
[41] frz. – Gefolge
[42] *Nerčinsk*
[43] *Eravninskoj ostrog*
[44] Nach zwei Angaben aus dem Jahr 1735 beträgt die Entfernung zwischen beiden Orten 309 Werst 300 *sažen'* (AAW F. 21, Op. 5, D. 143, Bl. 84r) bzw. 279 Werst 300 *sažen'* (a. a. O., Bl. 86r)
[45] G. F. Müller und J. G. Gmelin reisten am Nachmittag des 14. August 1735 aus *Eravninskoj ostrog* ab und erreichten am Nachmittag des 17. August 1735 *Udinsk* (Gmelin 1751–1752, 2. Theil, S. 131ff.).
[46] Weber 1721, S. 75 (Kapitel „Journal von Lorentz Langens Reise nach China", S. 72–89) „Zwischen diesen beyden Städten [d. h. *Tara* u. *Tobol'sk*] wohnen lauter Mahometanische Tartern. Sie sind nach ihrer Art wohlhabende Leute an Pferden, Ochsen, Kühen, Schaafen, aber nicht an Geld, welches sie wenig achten. Man findet selten eine Gurte oder Stube, wo nicht drey und mehr Kälber hinter dem Camin angebunden sind, wovon sie keines verkauffen, weil sie glauben, die Kühe würden sich zu Tode grämen."; vgl. auch aus der Beschreibung der Reise von Lorenz Lange nach China in den Jahren 1715–1717: „Zwischen diesen beiden Städten wohnen längs dem Irtysch hinauf lauter mohammedanische Tartaren, die auch nach ihrer Art wohlhabende Leute sind. Ihre Reichtümer aber bestehen nicht im Gelde, weilen sie danach wenig fragen, sondern mehrentheils in guten Pferden, Ochsen, Kühen und Schafen. Man kommt auch selten in eine tartarische Jurte oder Stube, wo nicht 3 à 4 Kälber hinter dem Kamin angebunden sind, davon sie aber gar keine verkaufen noch schlachten, weilen sie des Aberglaubens sind, als wenn die Kühe sich deswegen zu Tode grämen würden." (Lange 1985, S. 13)
[47] *Tobol'sk*
[48] Eine bildliche Darstellung dieser Stimulation findet sich unter den Dokumenten der 2. *Kamčatka*expedition auf einer Zeichnung „Jacutsche Wohnung und Lebens=Art" (AAW F. 21, Op. 5, D. 59, Bl. 161a r; alte Blattnumerierung: 11; schwarze Tusche; Blattgröße: 32 x 20,5 cm; Größe der Zeichnung: 20 x 16,5 cm; vielleicht von Johann Christian Berckhan). Unter den sieben dargestellten und numerierten Merkmalen des jakutischen Wohnhauses bzw. der Lebensgewohnheiten der Jakuten befindet sich mit der Legende „2. Um daß die Kuh mehr Milch giebt, wird ihr in die Vulva geblasen." (unter der Zeichnung) auf der Zeichnung rechts unten die Darstellung einer Kuh, die von jeweils einem Jakuten (einer Jakutin?) gemolken bzw. stimuliert wird. Ein Ausschnitt dieser Zeichnung wurde mit falscher Blattnumerierung publiziert als Abb. 2 in: *Šišigina* 2005, S. 199

[49] *Jakuck*
[50] russ. *ščetka*; s. Anm. 10
[51] „SITUIERT, ... im eigentlichen sinne von gelegen, ..." (Grimm 1991, Bd. 16, Sp. 1276)
[52] jakut. „сыдьаан" – vom Geschlecht, Nachkommenschaft (*Slepcov* 1972, S. 356); jakut. „сылгы" – Pferd (a. a. O., S. 357); jakut. „сылгы" – Pferde (allgemeine Bezeichnung von Stuten und Hengsten) (*Pekarskij* 1958–1959, Bd. II, Sp. 2446; Middendorff 1851, Theil 2, S. 164)
[53] jakut. „кулун" – Fohlen im ersten Jahr (Frühling, Sommer) (*Pekarskij* 1958–1959, Bd. I, Sp. 1210; Middendorff 1851, Theil 2, S. 71)
[54] jakut. „убаса" – Fohlen im ersten Winter (*Pekarskij* 1958–1959, Bd. III, Sp. 2968; Middendorff 1851, Theil 2, S. 43)
[55] jakut. „ты̄" – Fohlen im zweiten Jahr (*Pekarskij* 1958–1959, Bd. III, Sp. 2934; Middendorff 1851, Theil 2, S. 101)
[56] jakut. „тісӓӊӓ" bzw. „тісаӊӓ" – Kalb oder Fohlen im dritten Jahr (*Pekarskij* 1958–1959, Bd. III, Sp. 2686); jakut. „тісаӊӓ" – „ein Kalb oder ein Füllen im dritten Jahre" (Middendorff 1851, Theil 2, S. 105)
[57] jakut. „кытыы̄лыр" – Fohlen im vierten Jahr (*Pekarskij* 1958–1959, Bd. II, Sp. 1452); jakut. „кытылыр" – „ein Füllen im vierten Jahr" (Middendorff 1851, Theil 2, S. 62)
[58] burjat. „Füllen, uniguŋ, unogoŋ NU., unagaŋ(n) T., unagan Ch., unaga S." (Schiefner 1857, S. 194); burjat. „унага(н)" – Fohlen bis zum Alter von einem Jahr (*Čeremisov* 1973, S. 469); burjat. „Unagan" (J. J. Lindenau in: RGADA F. 199, Op. 2, Portf. 511, Č. 1, D. 6, Bl. 9v)
[59] burjat. „Dagan" – Fohlen im 2. Frühling nach der Geburt (J. J. Lindenau in: RGADA F. 199, Op. 2, Portf. 511, Č. 1, D. 6, Bl. 9v); burjat. „даага(н)" – zweijähriges Fohlen (*Čeremisov* 1973, S. 177)
[60] burjat. „Gunan" – Fohlen im 3. Frühling nach der Geburt (J. J. Lindenau in: RGADA F. 199, Op. 2, Portf. 511, Č. 1, D. 6, Bl. 9v); burjat. „гунан" – dreijähriges Tier (Männchen der größeren Haustiere) (*Čeremisov* 1973, S. 160)
[61] burjat. „Tschiduluk" – Fohlen im 4. Frühling nach der Geburt (J. J. Lindenau in: RGADA F. 199, Op. 2, Portf. 511, Č. 1, D. 6, Bl. 9v)
[62] burjat. „хизаалан(г)" – vierjährige Stute (*Čeremisov* 1973, S. 569)
[63] burjat. „хоёолон(г)" – fünfjährige Stute (*Čeremisov* 1973, S. 682)
[64] burjat. „Tabutai" – Fohlen im 5. Frühling nach der Geburt (J. J. Lindenau in: RGADA F. 199, Op. 2, Portf. 511, Č. 1, D. 6, Bl. 9v); burjat. „табатай" – fünfjährig (*Čeremisov* 1973, S. 408); burjat. „мори(н)" – Pferd (a. a. O., S. 300); burjat. „Pferd, môrɛŋ, NU., moŕe T., S., moriŋ Ch." (Schiefner 1857, S. 207)
[65] „nach diese Benennunge, [d. h. den burjatischen Namen für ein Fohlen nach den ersten fünf Lebensjahren] nach dem Jahr als Dschogotoi" (J. J. Lindenau in: RGADA F. 199, Op. 2, Portf. 511, Č. 1, D. 6, Bl. 9v); burjat. „зургаатай" – sechsjährig (*Čeremisov* 1973, S. 263); s. Anm. 64
[66] kaidin. „Kulùn" – Fohlen (J. G. Gmelin in: AAW F. 21, Op. 5, D. 73, Bl. 283v); katschinz. „Kulun' ", teleut. „kulunčzak", tatar. (*Tomsk*) „Kulun' " u. tatar. (*Tobol'sk*) „Kulun' " bzw. „Kulunčzak" – Fohlen (J. E. Fischer in: AAW R. III, Op. 1, D. 135, Bl. 54v/55r); tatar. (*Kuzneck*) „Kulù", katschinsk. „Kulùn" – Fohlen (G. F. Müller in: AAW F. 21, Op. 5, D. 143, Bl. 40v); turk. „кулун" – einjähriges Füllen (Radloff 1963, Bd. 2, Sp. 979)
[67] turk. „jабаӻа̄" – zweijähriges Füllen (Radloff 1963, Bd. 3, Sp. 275); „bey denen Tataren heisset ein jährig Füllen Gabagae, ..." (Strahlenberg 1730, S. 59); chakass. „чабаға" – zweijähriges Fohlen (*Subrakova* 2006, S. 912)

[68] turk. „сыпа" – Füllen (Radloff 1963, Bd. 4, Sp. 668); chakass. „сып" – einjähriges Fohlen (*Subrakova* 2006, S. 556)

[69] tatar. „еч" – drei (*Ganiev* 1984, S. 639); tatar. „еч еллык" – dreijährig (a. a. O., S. 638); barabinz. „ötz" bzw. „ötsch" – drei (J. E. Fischer in: AAW F. 21, Op. 5, D. 50, Bl. 40v); tschulym. „ütsch" bzw. „iütsch" – drei (J. E. Fischer in: AAW F. 21, Op. 5, D. 49, Bl. 35r); tatar. (*Kuzneck*) „usch", teleut. „ütsch", katschinz. „üsch" – drei (G. F. Müller in: AAW F. 21, Op. 5, D. 143, Bl. 41v bzw. Bl. 68v); turk. „ӱч" – drei (Radloff 1963, Bd. 1, Sp. 1871)

[70] tatar. „дурт" – vier (*Ganiev* 1984, S. 699); tatar. „дурт еллык" – vierjährig (a. a. O., S. 699); barabinz. „tört" – vier (J. E. Fischer in: AAW F. 21, Op. 5, D. 50, Bl. 40v); tschulym. „dört" – vier (J. E. Fischer in: AAW F. 21, Op. 5, D. 49, Bl. 35r); tatar. (*Kuzneck*) „djört", katschinz. „tört" – vier (G. F. Müller in: AAW F. 21, Op. 5, D. 143, Bl. 41v bzw. Bl. 68v); turk. „törт" bzw. „dört" – vier (Radloff 1963, Bd. 3, Sp. 1257 bzw. Sp. 1736)

[71] tatar. „биш" – fünf (*Ganiev* 1984, S. 507); tatar. „бишьеллык" – fünfjährig (a. a. O., S. 507); barabinz. „bisch" – fünf (J. E. Fischer in: AAW F. 21, Op. 5, D. 50, Bl. 40v); tschulym. „besch" bzw. „bösch" – fünf (J. E. Fischer in: AAW F. 21, Op. 5, D. 49, Bl. 35r); tatar. (*Kuzneck*) u. katschinz. „besch" – fünf (G. F. Müller in: AAW F. 21, Op. 5, D. 143, Bl. 41v bzw. Bl. 68v); turk. „бес" bzw. „бäш"– fünf (Radloff 1963, Bd. 4, Sp. 1627 bzw. Sp. 1635)

[72] tatar. „алты" – sechs (*Ganiev* 1984, S. 706); tatar. „алты еллык" – sechsjährig (a. a. O., S. 706); barabinz. „álta" – sechs (J. E. Fischer in: AAW F. 21, Op. 5, D. 50, Bl. 40v); tschulym. „áltö" – sechs (J. E. Fischer in: AAW F. 21, Op. 5, D. 49, Bl. 35r); tatar. (*Kuzneck*) „altỳ", katschinz. „altè" – sechs (G. F. Müller in: AAW F. 21, Op. 5, D. 143, Bl. 41v bzw. Bl. 68v); turk. „алтылы" – „sechs habend" (Radloff 1963, Bd. 1, Sp. 410)

[73] kaidin. „Dschélgo" – Pferd (J. G. Gmelin in: AAW F. 21, Op. 5, D. 73, Bl. 283v); tatar. (*Tomsk*) „jilka" – Pferd (J. E. Fischer in: AAW R. III, Op. 1, D. 135, Bl. 54v/55r); tschatzk. „Jilká" – Pferd (G. F. Müller in: AAW F. 21, Op. 5, D. 143, Bl. 48v); turk. „jылђы" – Pferd (Radloff 1963, Bd. 3, Sp. 486); chakass. „чылгы" – Pferd (*Subrakova* 2006, S. 1019)

[74] jakut. „торбос" – Kalb (*Pekarskij* 1958–1959, Bd. III, Sp. 2736; Middendorff 1851, Theil 2, S. 98)

[75] jakut. „торбујах" – Kalb, Kalb im ersten Jahr (*Pekarskij* 1958–1959, Bd. III, Sp. 2737; Middendorff 1851, Theil 2, S. 98)

[76] jakut. „нірäі торбос" – neugeborenes Kalb (*Pekarskij* 1958–1959, Bd. II, Sp. 1701)

[77] jakut. „нірäі" – neugeboren, Kleinkind, ganz jung, Kalb (*Pekarskij* 1958–1959, Bd. II, Sp. 1701); jakut. „нірäі" – „neugeboren, ganz jung" (Middendorff 1851, Theil 2, S. 119)

[78] s. Anm. 74

[79] s. Anm. 75

[80] jakut. „тођосо торбос" – Kalb, das etwas älter ist als ein „боруску" (*Pekarskij* 1958–1959, Bd. III, Sp. 2736); jakut. „боруску" – Kalb älter als vier oder fünf Monate, das mit Heu und nicht mehr mit Milch ernährt wird (*Pekarskij* 1958–1959, Bd. I, Sp. 506)

[81] jakut. „тођосо" – Pfahl, Nagel (*Pekarskij* 1958–1959, Bd. III, Sp. 2699; Middendorff 1851, Theil 2, S. 96)

[82] jakut. „тысађас" – Kalb vom Herbst des zweiten Jahres bis zur Schneeschmelze im Frühling; einjähriges Kalb (*Pekarskij* 1958–1959, Bd. III, Sp. 2961); jakut. „тысађас" – „ein einjähriges Kalb" (Middendorff 1851, Theil 2, S. 103)

[83] s. Anm. 56

[84] jakut. „öңÿpÿмäp" bzw. „öнöpöмöp" – im Alter von drei bis vier Jahren (vom Rindvieh) (*Pekarskij* 1958–1959, Bd. II, Sp. 1953); jakut. „öңÿpÿмäp" – „zwischen drei und vier Jahren alt (vom Rindvieh)" (Middendorff 1851, Theil 2, S. 26)

[85] s. Anm. 82

[86] jakut. „ipräx" – Männchen von vierfüßigen Tieren oder Vögeln (*Pekarskij* 1958–1959, Bd. I, Sp. 954; Middendorff 1851, Theil 2, S. 37)

[87] jakut. „атыр" – Ochse, Bulle, Stier, auch Hengst (*Pekarskij* 1958–1959, Bd. I, Sp. 201–202); jakut. „атыр" – „Hengst ... in Verbindung mit andern Thiernamen: uncastrirtes Männchen. ..." (Middendorff 1851, Theil 2, S. 4)

[88] jakut. „тысы" – weibliches Tier (*Pekarskij* 1958–1959, Bd. III, Sp. 2961; Middendorff 1851, Theil 2, S. 103)

[89] s. Anm. 86

[90] s. Anm. 87

[91] s. Anm. 88

[92] s. Anm. 87

[93] vgl. jakut. „ojox" – Ehefrau (*Pekarskij* 1958–1959, Bd. II, Sp. 1804)

[94] s. Anm. 88

[95] s. Anm. 86 u. Anm. 82

[96] s. Anm. 56

[97] s. Anm. 84

[98] jakut. „кунан" – junger Ochse (*Pekarskij* 1958–1959, Bd. I, Sp. 1216)

[99] jakut. „бургунас" – junge Kuh, die noch nicht gekalbt hat; dreijährige Kuh, die noch nicht gekalbt hat (*Pekarskij* 1958–1959, Bd. I, Sp. 567; Middendorff 1851, Theil 2, S. 143)

[100] burjat. „Kalb, tugul NU., Ch., togol S." (Schiefner 1857, S. 199); burjat. „тугал" – Kalb (*Čeremisov* 1973, S. 433); burjat. „Tugul" – Kalb (J. J. Lindenau in: RGADA F. 199, Op. 2, Portf. 511, Č. 1, D. 6, Bl. 9v)

[101] burjat. „Buroh" – Kalb im 2. Frühling (J. J. Lindenau in: RGADA F. 199, Op. 2, Portf. 511, Č. 1, D. 6, Bl. 9v); burjat. „буруу" – Kalb bis zum Alter von einem Jahr (*Čeremisov* 1973, S. 114)

[102] burjat. „Kattscherik" – Kalb im 3. Frühling (J. J. Lindenau in: RGADA F. 199, Op. 2, Portf. 511, Č. 1, D. 6, Bl. 9v); burjat. „хашарап" – zweijähriges Bullenkalb (Ochsenkalb) (*Čeremisov* 1973, S. 565)

[103] burjat. „Gunan" – Kalb im 4. Frühling (J. J. Lindenau in: RGADA F. 199, Op. 2, Portf. 511, Č. 1, D. 6, Bl. 9v); burjat. „Rindvieh, uker NU., T., uxur Ch., uxer S." (Schiefner 1857, S. 209); burjat. „ухер" – Hornvieh (*Čeremisov* 1973, S. 518) u. burjat. „гунан ухер" – dreijähriger Ochse; burjat. „гунан" – dreijähriges Tier (Männchen der größeren Haustiere) (a. a. O., S. 160)

[104] burjat. „Dünùn" – Kalb im 5. Frühling (J. J. Lindenau in: RGADA F. 199, Op. 2, Portf. 511, Č. 1, D. 6, Bl. 9v); burjat. „дүнэн" – vierjährig (*Čeremisov* 1973, S. 208); s. auch Anm. 103

[105] burjat. „Tabutai" – Kalb im 6. Frühling (J. J. Lindenau in: RGADA F. 199, Op. 2, Portf. 511, Č. 1, D. 6, Bl. 9v); burjat. „табатай" – fünfjährig (*Čeremisov* 1973, S. 408); s. auch Anm. 103

[106] tatar. „бозау" – Kalb (*Ganiev* 1984, S. 624); barabinz. „Busaù" – Kalb (J. G. Gmelin in: AAW F. 21, Op. 5, D. 73, Bl. 277r); kaidin. „Búsu" – Kalb (a. a. O., Bl. 283v); barabinz. „bússän" – Kalb (J. E. Fischer in: AAW F. 21, Op. 5, D. 50, Bl. 41r); katschinz. „buso", teleut. „bosou", tatar. (*Tomsk*) „busou" u. tatar. (*Tobol'sk* u. *Kazan'*) „busau" – Kalb (J. E. Fischer in: AAW R. III, Op. 1, D. 135, Bl. 54v/55r; tschulym. „busó" – Kalb (J. E. Fischer in: AAW F. 21, Op. 5, D. 49, Bl. 35v); teleut. „Busa" – Kalb (Falk 1785, S. 155); teleut. „Bosòn", katschinz. „busò" – Kalb (G. F. Müller in: AAW F. 21, Op. 5, D. 143, Bl. 40v bzw. Bl. 65v); turk. „бузау" – Kalb (Radloff 1963, Bd. 4, Sp. 1867)

[107] turk. „казыра" – Kalb im dritten Jahr (Radloff 1963, Bd. 2, Sp. 379); chakass. „хазыра" – Kalb von drei Jahren (*Subrakova* 2006, S. 779)

[108] vgl. kumandinzisch „толонек" – Färse (weibliches Rind bis zum ersten Kalben) (*Funk/Tomilov* 2006, S. 337); Das eigenständige Turkvolk der Kumandinzen (auch Qumandy; russ. *kumandincy*), das am Oberlauf des Flusses *Bija* im nördlichen Teil des *Altaj*-Gebirges siedelt(e) wird der Völkergruppe der Nord-Altaier zugerechnet (a. a. O., S. 324–374).
[109] s. Anm. 70
[110] s. Anm. 71
[111] lat. – Hoden
[112] lat. augurium – Wahrsagung, Weissagung
[113] lat. – natürliche Lage (Stellung)
[114] lat. – Hoden
[115] „AUSWACHSEN, ... 3) auswachsen, zuwachsen, verwachsen: die wunde, narbe wächst wieder aus; ..." (Grimm 1991, Bd. 1, Sp. 1007f.)
[116] lat. – Hoden
[117] lat. – Hoden
[118] lat. augurium – Wahrsagung, Weissagung
[119] katschinz. „Korrogàn", taiginz. „Kurágan", kamass. „Kuragàn" u. kotowz. „Kuregàn" – Lamm (J. G. Gmelin in: AAW F. 21, Op. 5, D. 73, Bl. 283v/284r); katschinz. „Kurogan' " – Lamm (J. E. Fischer in: AAW R. III, Op. 1, D. 135, Bl. 54v/55r); tatar. (*Kuzneck*) „Kitschkinà-Kuragàn", katschinz. „Kurogàn" – Lamm (G. F. Müller in: AAW F. 21, Op. 5, D. 143, Bl. 40v bzw. Bl. 65v); turk. „кураҥан" – junges Schaf, Lamm (Radloff 1963, Bd. 2, Sp. 922)
[120] turk. „iкi", „iккi" bzw. „iri" – zwei (Radloff 1963, Bd. 1, Sp. 1417, Sp. 1421 bzw. Sp. 1426); turk. „iкiлiк" bzw. „irilĭк" – Zweiheit (a. a. O., Bd. 1, Sp. 1419 bzw. Sp. 1428)
[121] katschinz. „Chói", kotowz. „Kói", tschatzk. „Chói" – Schaf (J. G. Gmelin in: AAW F. 21, Op. 5, D. 73, Bl. 283v/284r); tatar. „куй" – Fettschwanzschaf (*Ganiev* 1984, S. 341); barabinz. „Koi" – Schaf (J. E. Fischer in: AAW F. 21, Op. 5, D. 50, Bl. 41r); katschinz., teleut. u. tatar. (*Tomsk* u. *Tobol'sk*) „Koy" – Schaf (J. E. Fischer in: AAW R. III, Op. 1, D. 135, Bl. 49v/50r u. Bl. 54v/55r); tatar. (*Kuzneck*) „Koi", katschinz. „Kói" – Schaf (G. F. Müller in: AAW F. 21, Op. 5, D. 143, Bl. 40v bzw. Bl. 65v); turk. „кoi" – Schaf (Radloff 1963, Bd. 2, Sp. 499)
[122] lat. – Vergilius, Georgica [lat. – Über den Landbau], Buch III, Vers 339 und der folgende; „Quid tibi pastores Libyae, quid pascua versu / Prosequar, et raris habitata mapalia tectis? / Saepè diem, noctemque, et totum ex ordine mensem / Pascitur, itque pecus longa in deserta sine ullis / Hospitiis: tantum campi jacet: omnia secum / Armentarius Afer agit, tectumque, Laremque, / Armaque, Amyclaeumque canem, Cressamque pharetram.", (übers. in: Vergilius 1995, S. 165 „Was soll ich Libyens Hirten, was soll ich die Weiden im Vers dir / schildern und jene vereinzelt bewohnten Gezelte und Hütten? / Oft bei Tag und bei Nacht und den ganzen Monat in einem / fort zieht weidend das Vieh durch weite Wüsten und hat kein / Obdach: es liegt nur im Feld. Der Rinderhirt Afrikas führt ja / all sein Gut stets mit, sein Zeltdach und seinen Hausgott, / Waffen auch und den wachsamen Hund und den kretischen Köcher.") (Vergilius 1694, S. 123)
[123] lat. – siehe Pomponius Mela in Kapitel IX der Beschreibung Afrikas; Mela, Pomponius: Pomponii Melae De situ orbis libri III. Cum notis integris Hermolai Barbari, Petri Joannis Olivarii, Fredenandi Nonii Pintiani, Petri Ciacconii, Andreae Schotti, Isaci Vossii, et Jacobi Gronovii. Accedunt Julii Honorii Oratoris Excerpta Cosmographiae. Cosmographia falso Aethicum Auctorem praeferens cum Variis Lectionibus ex Ms. Ravennatis Anonymi Geographia ex Ms. Leidensi suppleta. Curante Abrahamo Gronovio. Lugduni Batavorum : Samuel Luchtmans, 1722; „Interiores ... sequuntur vagi pecora: utque à pabulo ducta sunt, ita se ac tuguria sua promovent: atque ubi dies deficit, ibi noctem agunt."; (übers. in Mela 1994, S. 53 „Die ... Bewohner des Binnenlandes

folgen ... unstet ihren Herden; wie diese durch die Futtersuche weitergeführt werden, so bewegen auch sie sich und ihre Hütten weiter, und wo der Tag endet, bringen sie die Nacht zu.") (Mela 1722, S. 45)

[124] „§. IV. ... Die Gottes=Gelehrten behaupten mit Recht, daß die in der Offenbarung Johannis vorkommende Bilder aus den Zeiten des alten Testaments, und von den Gewohnheiten des Volckes GOttes hergenommen seyn mögen, und daher dürfen wir uns nicht wundern, daß in dem VI. und XIX. Cap. dieses geheimniß vollen Buchs der Heiland in seiner triumphirenden Sieges=Pracht auf keinem andern, als auf einem weissen Pferde sitzend dem Johanni fürgestellet werde; ..." (Lentz 1746, §. IV.)

[125] „§. V. Gleich wie die Heyden dem Volcke GOttes alles nachgemacht: also findet man, daß sie im Orient den weissen Pferden ebenfalls einen besondern Vorzug gelassen; und weil sie wahrgenommen, daß die Welt von der Sonnen geschwinden Lauf, gleich wie von den Pferden und deren Lauf, einen besondern Nutzen hätte: also haben sie sonderlich in Persien, und Armenien der Sonnen weisse Pferde zu opfern pflegen, ..." (Lentz 1746, §. V.)

[126] „§. VI. Solchen heydnischen Götzen=Greuel mit den Sonnen=Pferden hatten die abgöttischen Könige in Juda den Persern abgelernet, daß Josias, der fromme König in Juda, bey seiner Kirchen=Reformation, die Rosse, welche seine Vorfahren im Eingange des Hauses des HErrn der Sonne gesetzet hatten, und sonder allen Zweifel geschnitzte Bilder von weissen Pferden waren, herunter schmeissen, und samt den Wagens im Feuer verbrennen muste. 2 Könige. XXIII. ..." (Lentz 1746, §. VI.)

[127] „§. VII. Von den Persern ist diese Verehrung der weissen Pferde auf die Griechen gekommen; und man findet, daß Xerxes bey seinem Einzug in Griechenland diese Gewohnheit mit hingebracht; massen man lieset, daß in seinem Train ein heiliger Wagen des Jupiters mit gewesen, welchen acht weisse Pferde gezogen haben sollen." (Lentz 1746, §. VII.)

[128] „§. VIII. Von den Griechen kam diese Verehrung der weissen Pferde auf die Römer, ... Schon unter dem Römische Könige, Tarquinio Prisco, findet man, daß er seinen Triumph, da er die Tuscier überwunden, auf einem vergoldeten Wagen mit vier weissen Pferden bespannet, gehalten habe, ..." (Lentz 1746, §. VIII.)

[129] „§. IX. Wir wollen unsere alten Teutschen von dieser Schwachheit und blinder Verehrung der weissen Pferde nicht frey sprechen. Lesen wir den TACITVM de moribus Germ. so finden wir cap. X. daß sie allerdings Wahrsagerey mit den weissen Pferden getrieben, selbige in den Wäldern und Haynen weiden lassen, und zu keiner weltlichen Verrichtung gebrauchet haben. ..." (Lentz 1746, §. IX.)

[130] „§. X. In den Zeiten des Christenthums haben die weissen Pferde ihre besondere Vorzüge behalten; und es schwebt mir sogleich das weisse Roß in dem Hochfürstl. Braunschweigischen Wapen für die Augen, ..." (Lentz 1746, §. X.)

[131] „§. XI. So viel finde, daß der Ertz=Bischoff von Cöln, seit dem er ein Stück von Henrici Leonis Ländern bekommen, das weisse Roß gleichfalls in seinem Wapen zu führen angefangen, und daß Papst Alexander III. ihm an. 1179. die Freyheit confirmiret, ein weisses Pferd in seinem Wapen zu führen. ..." (Lentz 1746, §. XI.)

[132] „§. XII. ... hat sonderlich der päpstliche Hof den weissen Pferden allemal einen besondern Vorzug gegönnet, die Reinigkeit dessen, der darauf reitet, in der weissen Farbe anzuzeigen. ... daher als Bischoff Burchard II. von Halberstadt ... dem Bischoff von Parma die päpstliche Crone aufsetzen muste, dieser sich nicht erkenntlicher erweisen zu können glaubte, als wenn er ihm das Privilegium gäbe ... auf einem weissen Pferde zu reiten, ...

Exempel findet man in Innocentii IIII. Briefen, da er der Stadt Pisa zu Ehren dem dortigen Ertz=Bischoffe in Processionen auf einem weissen Pferde zu reiten erlaubet hat. ... Papst Johannes VIII. gab dem Bischoff zu Pavia gleichfalls die Erlaubniß, auf den Palm=Sonntag und andern Oster=Tage ein weisses Roß zu reiten, ..." (Lentz 1746, §. XII.)

[133] „§. XIII. ... wie die Könige von Neapolis von langen Zeiten her, ihr Land von dem päpstlichen Hofe in Lehn genommen, und zur Erkenntlichkeit jährlich auf Johannis demselben einen weissen Zelter zu präsentiren verbunden gewesen." (Lentz 1746, §. XIII.)

[134] „Der Freywêrber, ... derjenige, welcher eine Person zu verheirathen sucht, ihr eine Braut, oder einen Bräutigam zu verschaffen bemühet ist; ein Brautwerber, ... Frey stammet in dieser Bedeutung unmittelbar von freyen, heirathen, ab, ..." (Adelung 1793–1801, 2. Bd., S. 302)

[135] „§. XV. Ich finde bey den Ungarn, daß sie ein weisses Pferd ebenfalls als ein Sinnbild der Reinigkeit bey ihren Hochzeits=Festivitäten angesehen haben. ... wie die Oesterreicher, Böhmen und Ungarn, ihrem jungen Könige Ladislao Posthumo nach seiner frühzeitigen Crönung eine Braut zu suchen ausgeritten, und deshalb in grosser Svite die Welt durchgestrichen wären, dabey sie allesamt auf weissen Pferden gesessen, ..." (Lentz 1746, §. XV.)

[136] „§. XVIII. Der König in Franckreich, Philipp von Valois, hat den Unterscheid zwischen einem weissen, und schwartzen Pferde auch verstanden. Als Carolus IV zu ihm nach Paris kam, schickte er ihm einen Rappen nach S. Denys entgegen, daß er auf selbigen seinen Einzug halten solte; damit er ja kein Zeichen der Herrschaft über den Ort seines Einzugs mit sich führte, ... Er, der König selber aber ritte ihm auf einem weissen Pferd entgegen, zu zeigen, daß er Herr von Paris wäre." (Lentz 1746, §. XVII.)

[137] Samuel Lentz (Lenz)

[138] s. Lentz 1746

[139] „Am 31ten Dec. 1740 stand der König von Preußen [Friedrich II.] mit seiner Armee eine Meile von Breslau, und am 3ten Januar 1741 ward der ... Neutralitäts=Vergleich der Stadt von Friedrich unterzeichnet; noch desselben Tages hält der König zu Pferde Einzug, den der Stadt=Major mit bloßem Degen anführte, durchs Schweidnitzer=Thor, und bekam den Ehrenwein und das Ehren=Essen." (Nencke 1808, S. 56, in: „Uebersicht der Landes=Geschichte.")

Kapitel 18

/124r/
Von Rennthieren[1]
Die meisten Völker, denen / die Umstände ihres Lebens und / der Gegende⸢n⸣, so sie bewohn⸢en⸣, / nicht erlaubet, Vieh Zucht Zu / halte⸢n⸣, haben anstatt derselb⸢en⸣ / eine Zucht Von Zahmen RennThier⸢en⸣ / hieher gehören die Lappen, und[a] *Samo* / *jed*en im *Archang*elisch⸢en⸣ Gebiethe[2] / die Verschiedenen unter dem Nahme⸢n⸣ / der *Samoj*eden *confundirte*[3] / Völker im *Beresowi*sche⸢n⸣ und *Man-* / *gasei*sche⸢n⸣ gebiethe[4], die *JuKa-* / *giri*, *Tschuktschi* und Viele[b] / *Koriäk*en im *Jakuzki*sch⸢en⸣ gebiethe[5] und die im *Jeniseiski*sch⸢en⸣ *Ilim-* / *ski*sch⸢en⸣, *IrKuzki*sch⸢en⸣, *JakuzKi-* / sche⸢n⸣ Gebiethe[6] weit und breit / Zerstreuete gros⸢s⸣e Nation / der Wald-*Tunguse*⸢n⸣.
|: *Taiginzi*, *Modori*, *Kara-* / *gassi*, halt⸢en⸣ Rennthiere / aber wenig Zu 2, 3 / biß 6. :|[c]
Es Kann wohl nicht anders seyn, / als daß die Zahmen Rennthiere / UrsPrunglich von dene⸢n⸣ wilden / herstammen. Gegenwärtig aber / ist es nicht erhöhret, daß diese / Völker wilde RennThiere Zähme⸢n⸣ / sollt⸢en⸣, sie sagen vielmehr / es sey solches nicht Thunlich, weil, / wenn man sie auch noch so jung /124v/ fangen und mit dene⸢n⸣ Zahmen / aufZiehen sollte, sie dennoch / wenn sie aufgewachse⸢n⸣ allezeit / wieder Zu dene⸢n⸣ wilden ent- / Lauffe⸢n⸣ würden.
|: Viele sollen es offters Ver- / suchet habe⸢n⸣, aber Ver- / geblich. :|[d]
Die Völker haben des⸢s⸣wegen / auch für Zahme und wilde / Rennthiere gantz unterschiedene / Nahmen, gleich als wenn es / Thiere von unterschiedenem Ge- / schlechte wären Z⸢u⸣m *e*⸢*x*⸣*empel*⸢*l*⸣
Ein wildes Rennthier.   ein Zahmes
auf *Tungus*isch: *Schókdscho*[7].   *Óron*[e8]
*Samoj*edisch: *Kedere*[9]   *Týa*[f10]
- *Jukagi*risch: *Légouf*[11]   *Áatsche* / oder *Ílwe*[12]
- *Korjäki*sch: *Óllewet*, oder   *Chojánga*[13]
Karngúgui[14].
Die reichsten unter allen *Sibiri*sche⸢n⸣ / Völker⸢n⸣ an RennThieren sind / die *JuraKKi*sch⸢en⸣ *Samoj*eden / im *Beresowi*sche⸢n⸣ und *Man-* / *gasei*sche⸢n⸣ Gebiethe[15], und die / *Tschuktschi* in dem aus⸢s⸣erste⸢n⸣ / NordOstl⸢ichen⸣ Ek[16]

---

[a] und *über der Zeile* [b] V⸢iele⸣ *verbessert aus* [.] [c] *von* Taiginzi, Modori *bis* 3 biß 6. *rechts marginal*
[d] Viele sollen es offters Ver- / suchet habe⸢)⸣, aber Ver- / geblich. *rechts marginal* [e] *nach* Óron *gestr.* / Jukagirisch Áatsche oder Ilwe Légouf [f] *nach* Týa *gestr.* / - KorjäKisch Chojanga Öllewet

Von *Sibiri*en, / welches deßwegen merkwür- / dig^a ist, weil diese Völker / nicht in Ru⸤s⸥sische⸤m⸥ Gehorsam /125r/ stehe⸤n⸥. Ein jeder von diesen / Völker⸤n⸥ soll Trifften^{17}: Von / 2, 3 hundert und mehr Renn- / thieren hab⸤en⸥. Die übrige / Völker sind nicht so reich, weil / die *Sibiri*sche⸤n⸥ Cosake⸤n⸥ und *Tri-* / *buts* Einnehmer sich in^b den⸤en⸥ Vorig⸤en⸥ / Zeite⸤n⸥, da *Sibirie*⸤n⸥ noch nicht / so mit Ru⸤s⸥sische⸤n⸥ *Coloni*e⸤n⸥ be- / bauet^c war, mehrentheils von / dene⸤n⸥ Rennthieren dieser Völ- / ker unterhalt⸤en⸥ hab⸤en⸥, auch in / denen Nordl⸤ichen⸥ Gegende⸤n⸥, da / Kein^d Korn wächset, als Z⸤um⸥ e⸤xempel⸥ / bey dene⸤n⸥ *Samoj*ede⸤n⸥^{e} *Jukagiri*, *Koriak*en, / dieselbe noch gegenwärtig / mehrentheils Zur Nahrung / gebrauche⸤n⸥. Inmittelst soll / es doch im *District* von / *AnadirsKoi Ostrog*^{18} noch / *JuKagiri* und *Koriak*e⸤n⸥ / geb⸤en⸥ deren Trifft⸤en⸥^{19} von / RennThiere⸤n⸥ auf 100 und / mehr stark sind. Auch / saget man, daß unter / den⸤en⸥ *OchozKi*sche⸤n⸥ und *Udski*sche⸤n⸥^{f} *Tunguse*⸤n⸥ gleich- / falls einige noch ziemlich / viel besitze⸤n⸥. Unter dene⸤n⸥ / *Tungus*en im *JeniseisKi*sch⸤en⸥ /125v/ Gebiethe^{20} haben die wenigsten / mehr Rennthiere. unter den⸤en⸥ / übrig⸤en⸥ *Tungus*en aber, wie auch / unter denen *Jukagiri* am *Jana*, / *Indigirka*, *Alasea*^{21}, *Kolyma*, / ist das gemeinste, daß ein / Mann auf 10 biß 20 Rennthiere / hat.

Diese Rennthiere gebrauchen / sie, um darauff Beym Ver- / hausen ihre Hütten und übrige / HaabseeligKeit Zu *transporti-* / *r*en.

|: Einige *Jurak*e⸤n⸥ solle⸤n⸥ / auf 2, 3000 Rennthiere / hab⸤en⸥.

Nachst diese⸤n⸥ sind die / *Tawgi*sche⸤n⸥ *Samoj*eden an / Rennthier⸤en⸥ am reichste⸤n⸥. Es / giebt auch unter ihne⸤n⸥ die / auf 1000 Rennthiere hab⸤en⸥ / das gemeinste ist Zu / 50 bi⸤ss⸥ 100 auch mehr

Sie hangen in^g einer *Tabune* / einem Männgen^h ein Klock- / lein an. Daran hören / sie wenn sich die *Tabune* / in der Ferne verlohren / hat, wo dieselbe ist. Die / Keine^i Klöcklein Von / Eisen oder Me⸤ss⸥ing / Von dene⸤n⸥ Ru⸤ss⸥en / Kauffen Könne⸤n⸥, hängen / an statt derselben ein / KlepperwerK Von / Holtz an. :|^j

Diejenige Völker, welche in Ge- / genden wohnen, wo große Berge / und dike wälder es Nicht / Verhindern, als Z⸤um⸥ e⸤xempel⸥ die / *Samojed*en und *JuKagiri*, deren wohnsitze Längst der / Küste des Eyß-meeres mehren- / theils aus einem flache⸤n⸥ Torff- / Lande bestehen, fahren mit / Schlittens, für welche sie / die RennThiere sPanne⸤n⸥. Die / *Tungus*en und *Korjak*e⸤n⸥ / aber, welche in diken / wälder⸤n⸥ und Gebürge⸤n⸥ wohn⸤en⸥, / gebrauche⸤n⸥ die RennThiere / bloß Zum Reite⸤n⸥, und ihre / Sachen denenselben Zu beyden Seite⸤n⸥ / auf dem Rücken anZubinden.

---

^{a} m$_{erkwürdig}$ *verbessert aus* [.] ^{b} $_i$n *verbessert aus* [.] ^{c} $_{beba}$u$_{et}$ *verbessert aus* [.] ^{d} K$_{ein}$ *verbessert aus* [.] ^{e} Samojeden *über der Zeile* ^{f} und Udskische) *über der Zeile* ^{g} i$_n$ *verbessert aus* [.] ^{h} Män$_{gen}$ *verbessert aus* g ^{i} Ke$_{ine}$ *verbessert aus* [..] ^{j} *von* Einige Jurake) solle) *bis* Von Holtz an. *auf Bl.* 125r *rechts marginal*

| : Die *Samoj*eden fahren / mit Rennthieren so / Sommer als winter mit / Schlittens. Sie reiten / nimmer darauf, gebrauche⌈n⌉ / sie auch nicht Zum Last- / dragen. Im Sommer / ist die Schlittenfahrt / Zwar[a] beschwerlich. Sie / wollen es aber nicht ander⌈s⌉ / weil sie es also gewohnet / sind. Sie nennen die / Schlittens *Choddò*[22], selbige / sind Kurtz und hoch, wie / bey denen *JuKagiri*. Auser / diesen aber haben sie noch eine andere art Von / Schlitten die auf 1½ Faden / Lang sind. Selbige nenne⌈n⌉ / sie *Irréga*[23]. Die Rus⌈s⌉ische / Narten nennen sie mit / demselbe⌈n⌉ Nahmen, weil / sie in der Länge eine / AhnlichKeit finden. Sonst / aber sind die *Samoj*edische⌈n⌉ / *Irrega*[24] etwas hoher als / die Narten. Sie gebrauche⌈n⌉ / die *Irréga*[25], um die / Stangen Zu ihren Jurte⌈n⌉ / darauf Zu *transportir*e⌈n⌉ / *Item* sie *transportir*en auch / darauf die *NjuKi*[26] Zu den / Jurte⌈n⌉. : |[b] /126r/
Sie Laßen alle die Rennthiere / so winter als Sommer ihre Nah- / rung selber suche⌈n⌉, ohne[c] ihnen / jemahls Futter in Vorrath Zu sam- / Len. Die Nahrung aber[d] der wilden / sowohl als Zahmen RennThiere / ist der weis⌈s⌉e Moß[e] oder / *Lichen*[27], der Theils an Baume⌈n⌉, Theils / auf felsigte⌈n⌉ Gebürgen[f], Theils / auch auf dem flache⌈n⌉ Torff- / Lande wächset. Im winter schar- / ren sie mit den Füs⌈s⌉e⌈n⌉ den / Schnee weg, biß der *Lichen*[28] / hervor Kommt, welches[g] ihnen / sonderlich auf den Gebürgen / Leichte ist, allwo sie sich alle- / Zeit mit dem Kopffe bergan / Zu stellen pflege⌈n⌉, und den / Schnee mit den füs⌈s⌉en hin- / ten aus oder berg-ab wegscharre⌈n⌉[h].
Am Leichtesten aber finden sie / ihre Nahrung, wo viel *Lichen*[29] / unten an dene⌈n⌉ Stämmen / der baume wächset.
Sie werden davon sehr fett, / und sollen, wenn[i] sie geschlachtet / werden, sowohl im Fleische stark / mit Fett durchgewachse⌈n⌉ seyn, / als auch inwendig viel Bauch / Fett haben.
| : Der *Lichen*[30] auf *Tungus*isch: / *Lelükta*[31]. Aus⌈s⌉er demselbe⌈n⌉ / aber es⌈s⌉en die RennThiere auch / noch ein Kleines Graß oder / Kraut, welches im winter grun / bleibet, und Von ihnen *La- / wiKtà*[32] genennet wird. / was dieses vor ein Kraut / sey, habe nicht erfahr⌈en⌉.
Die Rennthiere es⌈s⌉en auch / mit besondere⌈m⌉ *Appetit* eine⌈n⌉ / Kleinen Schwam der in Ge- / stalt eines bechers wächset / und hoch roth Von Farbe ist[33] / Dieser Schwam findet sich hauffig / in denen Gegende⌈n⌉ des *Lena* fl⌈u⌉sses⌉ *Lichen*[34] auf *Samojedisch*: *Jàrra*[35]

---

[a] Z$_{\text{war}}$ *verbessert aus* g   [b] *von* Die Samojeden fahren *bis* Zu den Jurte). *rechts marginal*   [c] O$_{\text{hne}}$ *verbessert aus* [.]   [d] aber *über der Zeile*   [e] $_{\text{Mo}}$ß *verbessert aus* [.]   [f] G$_{\text{ebürgen}}$ *verbessert aus* b   [g] $_{\text{w}}$e$_{\text{lches}}$ *verbessert aus* [.]   [h] weg$_{\text{scharre}}$) *über der Zeile*   [i] w$_{\text{enn}}$ *verbessert aus* [.]

an der *nischna Tungusca*[36]
Lalbuka[37] der schwartze ⎫
                          ⎬ *moß*
Lawikta[38] der weiße   ⎭
Letzterer wird bloß von dene⌈n⌉ / RennThiere⌈n⌉ geges⌈s⌉e⌈n⌉. : |[a] /126v/
Diejenige Völker, welche an Ren- / Thieren eine⌈n⌉ große⌈n⌉[b] Uberfluß haben, als *Jurak*en u⌈nd⌉ *TschuKtschi*[c] / gebrauche⌈n⌉ dieselbe auch Zur / Speisen, so daß sie dieselbe, wie / wir das RindVieh schlachten / Wer[d] aber nur auf 10 bis⌈s⌉ 20 / Rennthiere im Vermoge⌈n⌉ hat, der / schlachtet nimmer davon, als / nur in der höchste⌈n⌉ Hungers Noth / wenn sie sich mit nichts anders / Zu ernähren wis⌈s⌉en. Bey diesen Letztere⌈n⌉ sind all Renn- / Thiere entweder Zum fahren / oder Last Tragen abgerichtet. Je- / ne aber haben nicht mehr abge- / richtete RennThiere, als sie Zu / ihren Reisen nöthig habe⌈n⌉. Die / Unabgerichtete⌈n⌉ Rennthiere wer- / den im *AnadirsKi*sch⌈en⌉ *Districte*[39] / *Kargini*[40] genannt, und diese / sind es, welche daselbst auch / Zur SPeise diene⌈n⌉.
| : Sie schlachte⌈n⌉ diejenige womit / sie nicht fahren. *Neje- / Schalie olenni*[41] oder *Kar- / gini*[42].
Die übrig⌈en⌉ *Samojede*⌈n⌉ ob sie / gleich auch reich an Renn- / Thiere⌈n⌉ sind schlacht⌈en⌉ dieselbe / nicht als in der höchst⌈en⌉ / Hungers Noth.
Die *Samoj*ede⌈n⌉ im *Beresowi*sch⌈en⌉ / Gebiethe[43] schlachte⌈n⌉ Von ihr⌈en⌉ Zahm⌈en⌉ / Rennthiere⌈n⌉. : |[e]
Alle Völker, die Rennthiere / halt⌈en⌉, castrire⌈n⌉ auch dieselbe / und las⌈s⌉en nicht mehr Böke / übrig, als sie bey ihren Trifft⌈en⌉[44] / Zur Zucht nöthig eracht⌈en⌉. Bey[f] einer jeden Trifft[45], wenn sie auch / 100 Stark ist, ist nur ein / bok. Man darff nicht mehr / halt⌈en⌉, weil sie unter einander / aus *Jalousie*[g][46] sich hefftig stos⌈s⌉e⌈n⌉ / daß offters Beyde Partheye⌈n⌉ davon / bleibe⌈n⌉[47]. Man siehet solches wenn 2 / Trifften[48] Von unterschiedene⌈n⌉ *famili*e⌈n⌉ / Zusammen stos⌈s⌉e⌈n⌉.[h] / Die *Tungu*sen und *Samoj*eden[i] *castrir*e⌈n⌉ die Renn- / Thiere folgender gestalt: Sie /127r/ beißen mit ihren Zähne⌈n⌉ in das / *Scrotum*, da wo es mit dem Leibe / Zusammen hängt, ohne jedoch eine / Wunde Zumachen, biß sie die / Adern, an welche⌈n⌉ die *Testiculi*[49] / hänge⌈n⌉, abgebis⌈s⌉e⌈n⌉ hab⌈en⌉. Als- / denn Zerdrüken[j] und

---

[a] *von* Der Lichen auf Tungusisch: *bis* RennThiere) gegesse) *rechts marginal*   [b] große) *über der Zeile*
[c] als Juraken u. TschuKtschi *rechts marginal*   [d] W$_{er}$ *verbessert aus* [.]   [e] *von* Sie schlachte) diejenige *bis* Rennthiere) *rechts marginal*   [f] *nach* Bey *gestr.* / Kleinen Trifften Von 10 biß 20 / Rennthieren ist nur ein Bok   [g] $_{Ja}$lousie *verbessert aus* [.]   [h] *von* einer jeden Trifft, wenn sie auch *bis* Zusammenstoss) *rechts marginal*   [i] und Samojeden *über der Zeile*   [j] Z$_{erdrüken}$ *verbessert aus* [.]

Zerreiben / sie mit den Fingern die innere / *Substanz* der *Testium*, welche / davon gantz dünne und gleichsam / Zu was⌈s⌉er werden: worauf selbige / von selbst austroknen, und / das *Scrotum* gantz einschrum- / pfet. Sie sind nur einige / wenige Tage davon[a] Krank, / sterben aber nimmer davon.
Die *Jukagiri castri*ren durch / abbinden und ausschneiden.
|: Einige *Ostiaken* im *Surguti*sch⌈en⌉ / Gebiethe als die am *Torom-ju- / gan*[50], *Agan* und *Pim*[51] flus⌈s⌉e / und die meisten im *Beresowi*sch⌈en⌉ / Gebiethe[52] wie auch die *Wogul*en / am *Soswa*[53] und *Sigwa*[54], fürnem- / Lich die *Kasimi*sche *Ostiake*⌈n⌉ / und fast alle *Obdori*sche *Ostiake*⌈n⌉ / halten auch Rennthiere. *Tinsjä*[55] oder *Tinsjan*[56] nenne⌈n⌉ die *Ostiak*⌈en⌉ / u⌈nd⌉ *Samoj*eden im *Beresowi*sch⌈en⌉ Gebiethe[57] / den Strick womit sie ihre zahme Renn- / Thiere fangen. Es ist solcher Zu einer / Schlinge gemacht, die denen Rennthier⌈en⌉ / so man auffangen will über die / Horner geworffen wird, und bestehet / aus[b] Zusammengeflochtene⌈n⌉[c] / Riemen Von diken[d] Rennthiers / oder *Bjelugen*[58] Leder. Dieser Strik / wird bey dene⌈n⌉ *Samoj*eden besonders in / Ehren gehalt⌈en⌉. Eine[e] Frau oder / Magdgen, die schon ihre MonathsZeit / gehabt hat, darff nicht über eine⌈n⌉ solche⌈n⌉ / Strik hingehen. Thut sie es aber aus / Versehen so räuche⌈rn⌉ sie den[f] Strik[g] mit / bieberGeil[59], die über Kohlen geworffe⌈n⌉ / wird, und alsdenn wird derselbe wieder / für rein gehalt⌈en⌉. Die *Ostiak*⌈en⌉ / wis⌈s⌉en von diesem Gebrauche nichts. :|[h]
Weibgens werde⌈n⌉ Bey allen Völ- / ker⌈n⌉ am meisten gehalten[i], / weil sie ihnen jungen bringen. / Ein weibgen wirfft ordentlich / alle Jahr ein Junges. Doch[j] / habe ich auch gehöret, daß sie Zu / weilen Aus⌈s⌉erordentlicher[k] weise / auch Zwillinge werffen sollen, / welches wenn es Bey dene⌈n⌉ *Ochoz- / Ki*sche⌈n⌉ *Tunguse*⌈n⌉ geschiehet, / für ein Böses *omen* gehalten wird, / und sollen sie alsdenn sofort / nach der Geburth eines umbringe⌈n⌉.
|: Die *Samoj*eden sage⌈n⌉ auch es / bedeute etwas böses, sie / bringen aber Keines um. Auch bey dem gemein⌈en⌉ Man / unter den Rus⌈s⌉en in *Sibiri*e⌈n⌉ / ist es ein böses *Omen*, wenn / eine Kuh Z⌈um⌉ e⌈xempel⌉ Zwey Kälber / bringt. :|[l] /127v/
Die weibgens Von Rennthieren / werden auch gemolken. |: Die *Samoj*ede⌈n⌉ Melke⌈n⌉ / nicht. :|[m] Ein / gutes Rennthier giebt auf ¼ / *Bouteille*[60] Milch auf einmahl / Sie melken nur alle 24 Stund⌈en⌉ / einmahl. Die Milch ist dik / und setzet gleich eine dike / Schmante. Man machet aber / davon Keine butter noch

---

[a] d_{avon} *verbessert aus* [.]   [b] *nach* aus *gestr.* diken   [c] Z_{usammengefl}och_{tenen} *verbessert aus* [...]   [d] dik_{en} *verbessert aus* e   [e] *nach* Eine *gestr.* Verhe   [f] *nach* den *gestr.* Riemen   [g] Strik *über der Zeile*   [h] *von* Einige Ostiaken im Surgutisch) *bis* Gebrauche nichts. *rechts marginal*   [i] _{geha}lten *verbessert aus* f
[j] Do_{ch} *verbessert aus* S[..]   [k] A_ußerordentlicher *verbessert aus* d   [l] *von* Die Samojeden sage) *bis* Kälber bringt. *rechts marginal*   [m] Die Samojede) Melke) / nicht. *rechts marginal*

sauer / milch noch Käse, nicht deßwe- / gen, weil man es nicht machen / Könnte, sondern bloß, weil es / Bey diese⌈n⌉ Völker⌈n⌉ nicht gebräuch- / Lich ist. Die Milch wird frisch / denen Kinder⌈n⌉ Zu es⌈s⌉en gegeb⌈en⌉ / und soll sehr nahrhafft seyn. / Sie pflegen des⌈s⌉wege⌈n⌉ die Jung⌈en⌉ / Rennthiers-Kälber alleZeit / angebunde⌈n⌉ Zu hab⌈en⌉, damit / sie die Milch nicht aus⌈s⌉aug⌈en⌉ / mögen. Wer nur 2 / oder 3 Milche Rennthiere / hat, der Melket nicht, son- / dern überläs⌈s⌉et alle Milch / denen Kälber⌈n⌉. Wer auch / Viel hat, der melket nur, / soviel von einem jeden Renn- / Thiere, als das Kalb Von seiner / Nahrung entbehren Kann. Das / übrige Läßet man ihnen aus- / sauge⌈n⌉. /128r/
Die RennThiere belauffen sich / im Herbste und Gebähren im / Frühling.
Ein weibgen hat 4 Titten[61]. / Zwischen dene⌈n⌉ wilden und / Zahmen RennThiere⌈n⌉ ist Kein / Unterscheid in der Grös⌈s⌉e / *contra Schefferum* / *Lappon⌈es⌉*[62]
Schefferus[63] sagt: Zahme weibgens / belauffen sich Zuweilen mit / dene⌈n⌉ wilden, davon werde / die geburth halb wild.
Darüber[a] habe ich Keine Bestätigung / erhalt⌈en⌉. Die *Tungus*en sagen / Bey ihnen geschehe solches nicht, / weil sie alsdenn die weibgens / in Acht nehmen, und nicht so / weit aus den augen Las⌈s⌉e⌈n⌉.
Die Zahmen Männgens aber / Lauffen in der brunst offters / weg Zu den wilden, Kommen / aber hernach Von selbst wieder / Zu hause. Zuweile⌈n⌉ Verlauffen[64] sie sich / auch auf beständig. / Die Rennthiere werden frey / in die wälder gelas⌈s⌉e⌈n⌉, damit / sie ihre Nahrung suchen Könne⌈n⌉ / Um sie aber desto Leichter wie- / der Zu finde⌈n⌉, so ist einem / jeden weibgen ein Glöklein / angebunde⌈n⌉. Sie Komme⌈n⌉ auch / Von selbst wieder Zu dene⌈n⌉ Jurt⌈en⌉ /128v/
Mitten im Winter fallen denen / Rennthieren die Hörner ab, / und wachsen im Frühlinge wieder. / Anfangs sind die Hörner mit / einer dünnen rauhen[b] Haut / überZoge⌈n⌉, braun Von Farbe. / Um die Zeit der Korn Erndte / aber (Ausgangs *Julij* oder[c] *M⌈ense⌉ Augusto*[65]) BeKommen sie / ein starkes Juke⌈n⌉ in denen / Hörner⌈n⌉, und reiben dieselbe / an den bäumen, Biß die Haut / abgehet. Die *Tungus*en und übrige / Volker Kommen hier bey ihre⌈n⌉ / Zahmen Rennthiere⌈n⌉ der Natur / Zu Hülffe, und Ziehen ihnen[d] alsdenn[e] / die Haut von dene⌈n⌉ Hörnern / ab, da denn die Hörner über / und über blutig sind.
Unter dene⌈n⌉ *Tungus*en am *Lena* / fl⌈u⌉ß ist ein gutes Rennthier im / werth Von 3 Rub⌈el⌉ Bey dene⌈n⌉ / *JuKagiri* und *Koriake⌈n⌉* aber / im *Anadirski*sche⌈n⌉

---

[a] Darüber *verbessert aus* [.]   [b] rauhen *verbessert aus* [.]   [c] Ausgangs Julij oder *über der Zeile*   [d] *nach* ihnen *gestr.* ihne)   [e] alsdenn *über der Zeile*

district Kann / man eines vor weniger als / eine[n] Rub[el] ja Zuweile[n] vor ½ / Rub[el] Kauffe[n].
|: RennThiere werden nicht über / 10 bis[s] 12 Jahr alt. wenn / man sie alsdenn nicht schlachtet / so sterben sie Von sich selbst.
Zwischen dene[n] RennThieren und / Pferden bemerket man eine / große *Antipathie*, und ist alle- / Zeit eines Vor dem andere[n] sehr / schüchter[n]⁶⁶. Als ich im Herbste des / 1737. Jahres mich Zu *KirensKoi Ostrog*⁶⁷ / an der *Lena* aufhielte⁶⁸, so hatte / ich einsmahls Zwey *Tungusische* / *famili*en mit ihren Rennthiere[n]ᵃ / Jurten und gantzer *Bagage* / Zu mir bestellet. Indem mir / aber dieselbe auf die bestimmte / Zeit zu lange ausbliebe[n], so wolte / ich ihnen in einem Schlitten entgege[n] / fahren. Ich traff sie bald unter / weges an; als aber meine Pferde / der RennThiere ansichtig wurden, / so fiengen sie an Zu schäumen, / und wollte[n] mit aller gewalt / ausreis[s]en. Die Rennthiere / wollten gleichfalls dem Gebüsche / Zu. Man muste beyde Theile / einander aus den augen bringe[n] / so waren sie wieder geruhig⁶⁹.
Die Rennthiere so wilde als / Zahme die anᵇ waldigte[n]ᶜ / Orte[n] sind, sind größer / als die auf der *Tundra* / Jene sind auch Von Farbe / weit dunkeler, als diese. / Die Weis[s]en sind von der / *Tundra*. Im *MangaseisKische*[n] / Gebiethe⁷⁰ sollen die wilde / Rennthiere etwas größer / als die Zahme seyn. :|ᵈ
|: Vor ein Paar Jahren | *A*[*nno*] 1734 und 1735 |ᵉ sind im *Wercho-* / *lensKische*[n] Gebiethe⁷¹ dene[n] / dortige[n] *Tunguse*[n] fast alle / Rennthiere ausgestorb[en]ᶠ. Es / war eine anstekende Seuche, / und die RennThiere wurden / über den gantze[n] Leib grindigt / und mit vielen Kleine[n] Ge- / schwüre[n], ausᵍ welchen Kleine / weis[s]e würmer mit schwartze[n] / Kopffen herVorKame[n]. Dieses / Verursachte ein gros[s]es Juke[n] / und die RennThiere schabt[en] sich / beständig an den bäume[n] / daß sie gantzʰ Kahl wurde[n] / dan denn auchⁱ diejenige, so / an dieser Krankheit nicht / stürben, den folgende[n] winter, / weil sie ohne Haare ware[n], / Verfrohre[n]. Man sagt die / würmer seye[n] aus den / Knochen geKomme[n]. Es / ist jetzo daselbst ein reicher / Mann wer 1 oder 2 oder 3ʲ Renn- / Thiere hat. Die Krankheit / oder Seuche hat Zwey Jahre / nach einander gewähret / Vordem weiß man von derselb[en] / Keine *Exempel*. :|ᵏ

ᵃ R_{ennthiere}) *verbessert aus* [.]   ᵇ an *verbessert aus* [..]   ᶜ _{waldi}gte₎ *verbessert aus* [.]   ᵈ *von* RennThiere werden nicht über *bis* als die Zahme seyn. *auf Bl.* 128r *rechts marginal*   ᵉ Jahren | A. 1734 und 1735 | *über der Zeile*   ᶠ _aus_{gestorb}) *verbessert aus* [..]   ᵍ a_{us} *verbessert aus* E[.]   ʰ g_{antz} *verbessert aus* [.]   ⁱ au_{ch} *verbessert aus* d[.]   ʲ oder 3 *über der Zeile*   ᵏ *von* Vor ein Paar Jahren *bis* Keine Exempel. *rechts marginal*

/129r/

Ein[a] neugebohrenes RennThiers Kalb (пыжикъ[72]) auf Samo- / jedisch: *Nádoku*[73]	auf *Modori*sch.
den folgenden Herbst: *Tágu*[b74].	*chaimàK*
den darauffolgende[n] Sommer oder das / andere Jahr das Männge[n]: *KórraKu*[75] / das weibgen: *Sirriku*[76].	*Kyschchatòsch*
das dritte Jahr wird es Zu einem Voll- / Kommene[n] Rennthiere[c] *Tjä*[d77]	*méinde*[e78]
das Männge[n] von RennThieren heis[s]et bey / ihnen ins besondere *Káttè*[79], das weibge[n]: / *djóhadde*[80].	das vierte Jahr[f] *uire*[g]
	das 5 Jahr *Kálubúde*

Auf *Tungusi*sch: ein neugebohrnes RennThiers / Kalb: *ÖngnaKan*[81]
den folgende[n] Herbst *ÖwKan*[82].
den folgenden Sommer   das Mannge[n]: *Iktánna*[h83]
                             das Weibge[n]: *njämi*[84] d[as] i[st] Mutter
den[i] dritten Sommer   das Männgen: *NjogerKánna*[j85]
                             das Weibgen: *Njämi*[86].
den vierte[n] Sommer   das Männgen: *AmarKánna*[87]
                             das weibge[n] *ut supra*[88]
den fünffte[n] Sommer   das Manngen: *Öttöp*.
den sechsten Sommer wird es Zu einem Voll- / Kommenen RennThier oder *Oròn*[89].
Auf gleiche weise habe[n] die *Tunguse*[n] für / die unterschiedene *aetates*[90] der Elende / unterschiedene Nahmen[91].

---

[a] E$_{in}$ *verbessert aus* [.]   [b] $_{Tág}$u *verbessert aus* [.]   [c] *nach* Rennthiere *gestr.* nemlich das Män   [d] Tjä *über der Zeile*   [e] méinde *verbessert aus* [.....]   [f] *nach* Jahr *gestr.* Kálubúde   [g] uire *unter der Zeile*   [h] $_{Iktán}$na *verbessert aus* [..]   [i] d$_{en}$ *verbessert aus* [.]   [j] $_{NjogerKán}$n$_a$ *verbessert aus* [.]

Njänang[92] ein junges Elends Kalb	*Tatari*sch:	*dsjasch pálasse*[93]
ujengatschan das[a] folgende Jahr	-	*orgù*[94]
SchútiKan[95] das[b] dritte Jahr	-	*Charamỳk*
Gankitschan[96] das vierte Jahr		das vierte Jahr nenne[n] / sie es[c] schon *Bulan*[97]
das fünffte Jahr wird es Zu einem Voll- / Kommenem Elende oder *Tóki*[98].		

[1] siehe dazu auch die Abschnitte ‚Das Rennthier im Anspanne.' u. ‚Das Saum- und Reit-Rennthier.' im Kapitel ‚Die Reit- und Anspannthiere der Nomaden Sibiriens.' in: Middendorff 1874–1875, S. 1265–1293

[2] Gebiet von *Archangel'sk*

[3] <lat.> confundieren – vermengen, vermischen

[4] Gebiete von *Berezov* und *Mangazeja*

[5] Gebiet von *Jakuck*

[6] Gebiete von *Enisejsk*, *Ilimsk*, *Irkuck* und *Jakuck*

[7] tungus. (ewenk.) „согдё" – wildes Rentier (*Myreeva* 2004, S. 511); tungus. „Schókdscho" – wildes Rentier (G. F. Müller in: AAW F. 21, Op. 5, D. 143, Bl. 54v)

[8] tungus. (ewenk.) „орон" – zahmes Rentier, Hausrentier (*Boldyrev* 2000, Teil 1, S. 474); tungus. (lamut.?) „Oron" – zahmes Rentier (J. J. Lindenau in: AAW F. 934, Op. 1, D. 89, Bl. 432r, Kopie aus dem Archiv RGADA); tungus. (*Nerčinsk*) „oron" – Rentier (Schiefner 1856, S. 76)

[9] *Enisej*-samojed. „... kéde, B., wildes Rennthier." (Schiefner 1855, S. 80); samojed. (enz.) „kedeŋ" – wildes Rentier (*Gemuev* 2005, S. 494)

[10] samojed. „Rennthier, ... T. tâ. Jen. tia. ..." (Schiefner 1855, S. 262); samojed. (enz.) „tïa" – zahmes Rentier (*Gemuev* 2005, S. 494)

[11] jukagir. „Légouf" – wildes Rentier (nach G. F. Müller? in: RGADA F. 199, Op. 2, Portf. 513, D. 13, Bl. 21v)

[12] jukagir. „Áatsche" bzw. „Ílwe" – zahmes Rentier (nach G. F. Müller? in: RGADA F. 199, Op. 2, Portf. 513, D. 13, Bl. 21v); jukagir. „илэ(н)" – Rentier (*Kurilov* 2001, S. 93)

[13] korjak. „Kojánga" (‚sitzende' Korjaken, West*kamčatka*, nach *S. Krašeninnikov*), korjak. „Jawákul" (nomadisierende Korjaken, nach *S. Krašeninnikov*), korjak. „Chojánga" (nach G. F. Müller) bzw. korjak. „Chojánga" (am Fluß *Kolyma*, nach G. F. Müller) – zahmes Rentier (alle Angaben nach G. F. Müller in: AAW F. 21, Op. 5, D. 96, Bl. 38v/39r); korjak. (aus verschiedenen Quellen und Gegenden) „xojanja", „koianga", „jawakal" bzw. „xojanga" – zahmes Rentier (Radloff 1861, S. 46)

[14] korjak. „Lúgaki" (‚sitzende' Korjaken, West*kamčatka*, nach *S. Krašeninnikov*), korjak. „Alúgulu" (nomadisierende Korjaken, nach *S. Krašeninnikov*), korjak. „Karngúgui" (nach G. F. Müller) bzw.

---

[a] ₔa₅ *verbessert aus* [.]   [b] ₔa₅ *verbessert aus* [.]   [c] ₔs *verbessert aus* [.]

korjak. „Óllewet" (am Fluß *Kolyma*, nach G. F. Müller) – wildes Rentier (alle Angaben nach G. F. Müller in: AAW F. 21, Op. 5, D. 96, Bl. 38v/39r); korjak. (aus verschiedenen Quellen und Gegenden) „liigaki", „alúgulu", „kamgugui" bzw. „öllewet" – wildes Rentier (Radloff 1861, S. 46)

[15] Gebiete von *Berezov* und *Mangazeja*

[16] „ECK, n. statt des gewöhnlichen weiblichen ecke, ..." (Grimm 1991, Bd. 3, Sp. 21); „ECKE, ... drückt endlich auch das endstück, den rand einer sache oder einen kleinen raum aus ..." (a. a. O., Sp. 22f.)

[17] „TRIFT, ... erscheint trift als nomen acti, ,herde', zugleich als ungefähre maszbezeichnung, ,soviel man zusammen zu treiben pflegt', ..." (Grimm 1991, Bd. 22, Sp. 494ff.)

[18] *Anadyrskoj ostrog*

[19] s. Anm. 17

[20] Gebiet von *Enisejsk*

[21] *Alazeja*

[22] samojed. „Schlitten, ... Jen. koddo; iƀ oggo, Ch., iroggo, B. (kleiner Handschlitten). ..." (Schiefner 1855, S. 272)

[23] s. Anm. 22; samojed. (enz.) „ирор" – Lastschlitten (*Gemuev* 2005, S. 502)

[24] s. Anm. 22 u. Anm. 23

[25] s. Anm. 22 u. Anm. 23

[26] russ. *njuki* (Ez. *njuk*) – zusammengenähte sämisch gegerbte Rentierfelle zur Bedeckung der Jurten (s. *Anikin* 2000, S. 412f.)

[27] „Lichen L., Flechte. ..." (Georgi 1797–1802, Theil 3, S. 1403–1413); „Brunnen=Kraut. Mit diesem Namen werden zwey besondere Gewächse benennet. Das eine heisset sonst auch Brunnen=Leber=Kraut, (Hepatica saxatilis, weil es gerne an denen Felsen u. Steinen derer Brunnen wächst, dahero es auch den Namen Lichen, von λήχειν, welches lecken heist, bekommen haben soll, weil nemlich dieses Kraut die Felsen lecket, und der hitzigen Leber wohl bekommt. ... Mooß=Flechten, Stein=Flechten, Stein=Mooß, Leber=Mooß. Lateinisch Hepatica, ... Lichen, Matth. Dod. ..." (Zedler 1732–50, Bd. 4, Sp. 1608ff.)

[28] s. Anm. 27

[29] s. Anm. 27

[30] s. Anm. 27

[31] tungus. (ewenk.) „лэлуктэ" – Flechte, Moos (an Bäumen) (*Boldyrev* 2000, Teil 1, S. 336); tungus. (ewenk.) „лолукта", „лелукта" bzw. „лэлуктэ" – Moos an Bäumen (*Myreeva* 2004, S. 340 bzw. S. 348); tungus. (ewenk.) „лолукта", „лелукта", „ловукта", „лэвуктэ" bzw. „лэлуктэ" – Moos an Bäumen (*Vasilevič* 1958, S. 238, S. 235, S. 237, S. 242 bzw. S. 243); s. Anm. 27

[32] tungus. (ewenk.) „лавукта", „лабикта", „лавикта", „ловукта" bzw. „лэвуктэ" [s. Anm. 31] – russ. *jagel'* (‚Rentiermoos', Isländisches Moos, Rentierflechte) (*Myreeva* 2004, S. 332; Pawlowski 1952, S. 1768); tungus. (ewenk.) „лабикта", „лавикта" bzw. „лавукта" – russ. *jagel'* (*Vasilevič* 1958, S. 232); „Die Rennthiere ernehren sich im Sommer und Winter von Moß, der auf dem Geburgen wächst, nicht aber von dem der auf den Morasten ist. Der Moß auf den Geburgen ist suß und wird [bei den Tungusen bei *Udskoj ostrog* am *Ochock*ischen Meer] Laukta ... genennet, ..." (J. J. Lindenau in: AAW F. 934, Op. 1, D. 89, Bl. 378r, Kopie aus dem Archiv RGADA); „Lichen rangiferinus L. T. Lawikta." (Georgi 1775, S. 240); „Strauchförmige Flechten. Strauchflechten. ... 54. Lichen rangiferinus ... Rennthier=Strauchflechte. Rennthiermoos. ... Eines der wohltätigsten Gewächse des so ausgebreiteten Arctischen Landstrich des Reichs; vorzüglichste Nahrung der Renn= und andern Thiere, Material ihrer Läger im Klima auszudauren, ... In einigen Archangelischen Kreisen dient die Rennthierflechte auch zur Vermehrung des Nothbrodes; ..." (Georgi 1797–1802, Theil 3, S. 1415f.); „ ‚Lichen cinereus cornua Damae referens' (Tournefortii sp. 32),

quo vescuntur Rangiferi, Lauktà ‚weißer Moos' " (Messerschmidt 1962–1977, Teil 2, S. 90)
33 vermutlich die roten Apothesien (becherartige Fruchtkörper) von Flechten der Gattung Cladonia
34 s. Anm. 27
35 vgl. samojed. „Moos, ... Jen. nara, Ch.; ..." (Schiefner 1855, S. 253)
36 *Nižnaja Tunguska*
37 tungus. (ewenk.) „лӓлбукӓ", „лӓлбукта" bzw. „лӓлбэкӓ" – Moos, russ. *kukuškin lën* (‚Grünes Moos', Goldhaar, Haarmoos, Widerton) (*Myreeva* 2004, S. 332f.); tungus. (ewenk.) „лалбикта" – Moos (a. a. O., S. 332; *Vasilevič* 1958, S. 233); tungus. (ewenk.) „лӓлбукӓ", „лӓлбукта", „лалбуха" bzw. „лалбэкӓ" – russ. *kukuškin lën*, Moos, russ. *jagel'* (Isländisches Moos) (*Vasilevič* 1958, S. 233); „Polytrichum commune L. R. Kokuschkin [russ. *kokuškin*]. T. Lalbocha. ..." (Georgi 1775, S. 238); „1. Polytrichum commune ... Gemeines Haarmoos. Güldener Wiederthon. R. Kokuschkina Len. (Kukuksflachs) ..." (Georgi 1797–1802, Theil 3, S. 1387); „‚Muscus pennatus vulgaris, maior et minor' (Tournefortii sp. 93 et 94), quo Russi utuntur pro obturatione aedium etc. Lállbocha ‚grünes Federmoos' " (Messerschmidt 1962–1977, Teil 2, S. 90)
38 s. Anm. 32
39 Distrikt von *Anadyrsk*
40 russ. *karginy* (Ez. *kargin*) –zum Schlachten bestimmte Rentiere von der Tschuktschenhalbinsel (*Čukotka*), nicht eingefahrene Rentiere (s. *Anikin* 2000, S. 267f.)
41 russ. *neezžalye oleni* (Ez. *neezžalyj olen'*) – nicht eingefahrene Rentiere (Helimski 2003, S. 202; entsprechend den *karginy* – *Anikin* 2000, S. 268); auch *neežžalye oleni* (*Slovar'* 2004, S. 179) u. неежалые олени (russ. *neežalye oleni*; nach G. F. Müller in: RGADA F. 199, Op. 2, Portf. 509, D. 3, Bl. 138v); s. Glossar: Ren
42 s. Anm. 40

43 Gebiet von *Berezov*
44 s. Anm. 17
45 s. Anm. 17
46 frz. – Eifersucht, Mißgunst, Neid
47 „BLEIBEN, ... bleiben für sterben ... dies bleiben liesze sich auffassen als ein fallen in der schlacht, ..." (Grimm 1991, Bd. 2, Sp. 90ff.)
48 s. Anm. 17
49 lat. – Hoden
50 ostjak. (chant.) „юган" – Fluß (*Murzaev* 1984, S. 640)
51 *Pym*
52 Gebiet von *Berezov*
53 *Sos'va*
54 *Sigva*
55 ostjak. „tı́ńśaŋ" – Fangseil, Lasso (Steinitz 1966–1993, Sp. 1447)
56 jurak.-samojed. „tŷn̄de', tŷnse', tin̄de', Rennthierschlinge." (Schiefner 1855, S. 26); samojed. (*Pustozersk*) „Tynse" – Strick (Donner 1932, S. 45, nach J. Klaproth)
57 Gebiet von *Berezov*
58 russ. *beluga* (Mz. *belugi*); „Delphinus Leucas ... Weisser Delphin. Weißfisch. Meer=Belluge. R. Bieluga morskaja ..." (Georgi 1797–1802, Theil 3, S. 1674–1675); „Delphinus Leucas ... Rossice Morskaja Bjelugha ..." (Pallas 1811–1831, Vol. I, S. 273–283)
59 s. Glossar: Biber
60 frz. – Flasche; „Bouteille ... 2) Maß in Amsterdam, so v. w. Mengel." (Pierer 1857–65, Bd. 3, S. 153); „Mengel (Mingel), Flüssigkeitsmaß 1) in Bremen, 1 M. = 0,2 Litres ... 3) in Amsterdam, 1 M. = 1,25 Litre; ..." (a. a. O., Bd. 11, S. 128)
61 „TITTE, f. schles. die brustwarze, zitze... nd. form für hochd. zitze. ..." (Grimm 1991, Bd. 21, Sp. 527)
62 lat. – entgegen Scheffer ‚Die Lappen'; Scheffer 1673, S. 338 (Kapitel 29 „De Quadrupedibus Lapponiae Feris", S. 336–347) „Cervis jungi possent rangiferi sylvestres, quorum numerus est ingens per Lapponiam. Verum quia nihil differunt à Domesticis, nisi sola magnitudine, quae

in eis major, & colore, qui est nigrior, idcirco ne de iis quidem amplius quid addimus."; Scheffer 1675, S. 381f. (Kapitel 29 „Von den vierfüssigen wilden Thieren der Lappen", S. 379–392) „Zu den Hirschen kan man die wilden Reenthier fügen / so in grosser Menge durch Lappland sich sehen lassen. Weil selbe aber auch nicht viel von den zahmen als nur an der Grösse / so an ihnen etwas mercklicher und an der Farbe etwas schwärzer fält / unterschieden / wollen wir selbe auch mit Stillschweigen übergehen."

[63] Scheffer 1673, S. 328 (Kapitel 28 „De Quadrupedibus Lapponiae Domesticis", S. 321–336) „ferarum capiendarum causa domesticas feminas Lappones exponere eo tempore, quo veneri dant operam. Ira fit, ut quandoque feminae concipiant, tertiumque illud genus edant, quod Lappones peculiari voce kattaigiar vel Peurach appellant, majus caeteris, ac robustius, & ideo ducendis trahis maxime accomodatum."; Scheffer 1675, S. 371 (Kapitel 28 „Von den vierfüssigen zahmen Thieren der Lappen.", S. 363–379) „sie [die Lappen] pflegen die zahmen Reenthier Weiblein zu der Zeit da sie in der Brunft / die Wilden solchergestalt zu fangen / in die Wälder zu lassen. Also geschiehet es daß diese Weiblein bißweilen empfangen und die gedachte dritte Art werffen / so die Lappen mit einem besonderen Worte Kattaigiar oder Peurach nennen / so grösser und stärcker ist / wie andere und daher für die Schlitten sehr bequäm."

[64] „VERLAUFEN, ... 1) hinweglaufen, laufend verschwinden. ..." (Grimm 1991, Bd. 25, Sp. 739ff.)

[65] lat. – (im) Monat August

[66] „SCHÜCHTERN, adj. timidus, ... die bedeutungsentfaltung ähnelt der von scheu adj. und subst. 1) furchtsam,. zaghaft. α) in älterer sprache durchweg auf starke furcht vor gefahr bezogen, ..." (Grimm 1991, Bd. 15, Sp. 1824ff.)

[67] *Kirenskoj ostrog*

[68] Bei der Rückreise von *Jakuck* nach *Irkuck* im Jahr 1737 trafen G. F. Müller und J. G. Gmelin am 3. September in *Kirenskoj ostrog* ein (Gmelin 1751–1752, 2. Theil, S. 591). G. F. Müller verließ den Ort am 6. September 1737 (a. a. O., S. 638), während J. G. Gmelin bis zum 1. März 1738 blieb (a. a. O., 3. Theil, S. 3).

[69] „GERUHIG, adj. und adv., wie das einfache ruhig ..." (Grimm 1991, Bd. 5, Sp. 3764ff.)

[70] Gebiet von *Mangazeja*

[71] Gebiet von *Vercholensk*

[72] russ. *pyžik* – Rentierkalb; vgl. russ. *pyžik* bzw. *pyž* (Mz. *pyžiki* bzw. *pyži*); „пыжи [russ. *pyži*], oder пыжики [russ. *pyžiki*], heissen die Felle von Rennthierkälbern, und sind von zweyerley Gattung. Eine, da die Felle ganz klein und gelblichtbraun von Haaren, sind von denjenigen Rennthierkälbern, die in der Geburt, oder kurz darnach, sterben, zuweilen auch von ausgeschnittenen Geburten, ... Die Haare sind sehr kurz und zart, ja fast wollicht. ... Der Gebrauch ist gemeiniglich zu Unterfutter bey Pelzen, wenn das obere von Odindri ist. Sonst futtert man auch Handschuhe, ja zuweilen Stiefeln damit, weil sie sehr warm halten. Die andere Art ist grösser und dicker von Haaren, von Farbe dunkelbraun, wie die Odindri, doch zärter, als dieselben, und werden gleichfalls zu Unterfutter bey den vorigen Pelzen gebrauchet. Selbige sind von Rennthierkälbern, die ein halb Jahr alt worden, nemlich vom Frühling an, das ihre Werfzeit ist, bis in den Herbst, da man sie zu fällen pfleget. ..." (Müller 1760, S. 555–556); s. auch *Anikin* 2000, S. 461f. sowie *Anikin* 2003, S. 498 u. S. 779

[73] samojed. „Rennthierkalb, ... Jen. tagu´ (grosses); tadi, Dem. tadiku, Ch., nadi, Dem. nadiku, B. (kleines)." (Schiefner 1855, S. 263)

[74] s. Anm. 73

⁷⁵ vgl. samojed. „Rennthier, uncastrirtes, ... Jen. kuʰa, Ch.; kura, B. O. korai-âti, NP." (Schiefner 1855, S. 263)
⁷⁶ vgl. samojed. „Kuh, O. hyr, N.; syr, K., OO., Tsch.; sŷr, Jel., B., Tas., Kar.; ..." (Schiefner 1855, S. 244)
⁷⁷ s. Anm. 10
⁷⁸ taiginz. „méinde", karagass. „méinde", mator. „kírmnässe" – wildes Rentier (Helimski 1987, S. 67, nach G. F. Müller); karagass. „mÿinde" – Rentier (a. a. O., S. 91, nach P. S. Pallas); taiginz. „Meüinde" – wildes Rentier (J. G. Gmelin in: AAW F. 21, Op. 5, D. 73, Bl. 283v/284r); mator. „mEjəndE" bzw. „mEindE" – wildes Rentier (Nr. 647 in: Helimski 1997, S. 301)
⁷⁹ Enisej-samojed. „káte'o, Ch., káte'e, B., Rennthierochse. ..." (Schiefner 1855, S. 79)
⁸⁰ Enisej-samojed. „jóhori, Ch., johodi, B., Rennthierweibchen." (Schiefner 1855, S. 83)
⁸¹ tungus. (ewenk.) „эңнэкэ̄н" bzw. „эмиэкэ̄н" – Rentierkalb bis zu einem Jahr (Myreeva 2004, S. 777); tungus. (ewenk.) „эннэкэ̄н", „энгнэкэн", „эмнэкэ̄н" – Rentierkalb bis zu einem Jahr (Vasilevič 1958, S. 562, S. 559 bzw. S. 557); „Nun folgt die Zucht der Rennthiere [bei den Tungusen]. Ein Rennthier wird Oron davon das Männl(Giluka das Weibl(Niaemi und ein Kalb Oengnikan genennet." (J. J. Lindenau in: AAW F. 934, Op. 1, D. 89, Bl. 376r, Kopie aus dem Archiv RGADA); „Stufen und verschiedene Namen der [Rentier-]Kälber [bei den Tungusen] sind im 1ste) Jahre Ewkan oder Enekan im 2te) Itanae, im dritten Nioorkan, im 4te) Amarkan, im 5te) Muttun auch Multun, nach dieser Benennung erhalte) sie den Namen das Männl(giluka, und das Weibl(Niaemi. Diese Benennung führe) auch die Wilden Rennthiere Kälber." (a. a. O., Bl. 380r)
⁸² tungus. (ewenk.) „э̄вкā̄н" – Rentier von etwa zwei Jahren (Myreeva 2004, S. 752); s. Anm. 81

⁸³ tungus. (ewenk.) „иктэ̄нэ" – Rentiermännchen von zwei bis drei Jahren (Myreeva 2004, S. 234); s. Anm. 81
⁸⁴ tungus. (ewenk.) „нямӣ" – Rentierweibchen (Myreeva 2004, S. 438); s. Anm. 81
⁸⁵ tungus. (ewenk.) „нёгаркан", „ңаркан" bzw. „нёркана" – vierjähriges Rentiermännchen (Myreeva 2004, S. 421); s. Anm. 81
⁸⁶ s. Anm. 84 u. Anm. 81
⁸⁷ tungus. (ewenk.) „амаркāн" – Rentiermännchen von fünf oder mehr Jahren (Myreeva 2004, S. 40); s. Anm. 81
⁸⁸ lat. – wie oben
⁸⁹ s. Anm. 8 u. Anm. 81
⁹⁰ lat. – Lebensalter, Altersstufen
⁹¹ „Die Kälber von Elend-Thieren führe) [bei den Tungusen] den Name) im 1ste) Jahr Nergutschan, im 2te) Tschirap im 3te) Siudiaekan, im 4te) GanKatschan, im 5te) Mottu im 6te) Anam nach diesem aber Toki." (J. J. Lindenau in: AAW F. 934, Op. 1, D. 89, Bl. 380r, Kopie aus dem Archiv RGADA)
⁹² tungus. (ewenk.) „нынāн" – einjähriges Elen (Myreeva 2004, S. 405); tungus. (ewenk.) „нӣнан" – Elenskalb (Vasilevič 1958, S. 294)
⁹³ vgl. chakass. „сыын палазы" – Elenjunges (Subrakova 2006, S. 341); chakass. „пала" – Kind (a. a. O., S. 340)
⁹⁴ chakass. „орғы" – Elenjunges von sechs Monaten bis zu zwei Jahren (Subrakova 2006, S. 312)
⁹⁵ s. Anm. 91
⁹⁶ s. Anm. 91
⁹⁷ katschinz. „Bulàn", kamass. „Bulàn" – Elen (J. G. Gmelin in: AAW F. 21, Op. 5, D. 73, Bl. 283v/284r); katschinz., teleut. u. tatar. (Tomsk, Tobol'sk u. Kazan') „bulan' " – Elen (J. E. Fischer in: AAW R. III, Op. 1, D. 135, Bl. 55v/56r); tatar. (Kuzneck) u. katschinz. „Bulàn" – Elen (G. F. Müller in: AAW F. 21, Op. 5, D. 143, Bl. 40v bzw. Bl. 65v); tatar. (Kazan') „Bulàn" – Elen (Müller 1759b, S. 394); „118. Cervus Alce ... Tataris eti-

am Sibiriae Bulàn; ..." (Pallas 1811–
1831, Vol. I, S. 2011ff.)

[98] tungus. (ewenk.) „тōкӣ" – Elen (*Myreeva*
2004, S. 608); tungus. (*Nerčinsk*) „tôki" –
Elen (Schiefner 1856, S. 87); s. Anm. 91

Kapitel 19

/130r/[a]

Von Hunden[1]

Hunde halte[n] alle Völker / wegen des Nutzens, so sie ihnen / auf der Jagd Leisten, einige / auch, weil sie mit denen selbe[n] / in Schlittens fahren. Die Hunde in Sibirie[n] sind unser[en] / gemeinen Bauern- und Schaaf-Hunde[n] / gleich, nur daß sie selt[en] so groß / Zu seyn pflege[n].

Die *Ostiak*en am *Ob*[2] f[l]uß und / die *JaKut*e[n] in der unterste[n] / Gegend des *Lena* f[l]usses[,] wie / auch die *Kamtschedal*e[n] und / *Kuril*en auf *KamtschatKa*[3] / gebrauchen die Hunde Zum / Fahren, und Rus[s]en die in dies[en] / Gegende[n] reisen Bediene[n] sich / des[s]elben Fuhrwerks. Diese Völ- / ker halte[n] Zu dem Ende ein / jeder auf 10 biß 12 Hunde / Ihr ReichThum bestehet in der / Menge der Hunde: und würde[n] / sie wohl mehr halte[n], wenn nicht / das Futter für dieselbe anZu- / schaffe[n], so Mühsam wäre. Sie / haben darunter einige so abge- / richtet, daß sie sich im Fahren[b] durch bloße[c] Worte /130v/ regire[n] Las[s]e[n].

|: Die *Samoj*eden haben eine / art Von[d] nicht gar große[n] haarigt[en][e] / mehrentheils[f] weißen Hunden, die sie bloß des[s]- / wege[n] halten, daß sie selbige / schlachten, es[s]en und das / Fell Zur Verbremung | *opusca*[4] | / ihrer Kleider brauchen / Sie haben Keine JagdHunde / Vielweniger das[s] sie mit / Hunden fahren sollt[en].

Die Rus[s]en im *Mangasei*schkische[n] / Gebiethe[5] fahren alle mit / Hunden, so wie Zu *Schigan*[6] / 4 Starke Hunde Konne[n] / auf 15 Pud Last fort- / schleppen nebst dem Fuhrmann.

*Ostiak*en am *Ket*[7] / haben Zu 2, 3 bis[s] 4 / Hunde, brauche[n] sie / Zum Narten-Ziehen / auch und hauptsächlich / Zur Jagd.

Tataren, *Kamasinzi p*[*erge*] / haben gemeiniglich Zwey / Hunde einen Zur Jagd / und einen Zu bewachung / der Jurte. Die Junge / Hunde Zur Jagd abZurichte[n], Läßet man / dieselbe auf einer SPur eines Thieres / denen alte[n] Nachlauffen. Einige / Junge aber die Von guter Art sind, brau- / chen dieser Abrichtung nicht. Sobald sie / eine SPur finden Lauffen sie derselb[en] / auch ohne Vorlauffer Von selbste[n] nach. :|[g]

|: Man bemerket einen Unterschied der / Hunde in dem Nordl[ichen] *Sibirie*[n] / für dem mittler[en] u[nd] Südl[ichen] Theile / Z[um] e[xempel] bey dene[n] *Samoj*eden sind / die Hunde mehrentheils weis[s] / und weit stärker und diker / Von Haaren

---

[a] *Bl.* 129v *leer* [b] im Fahren *über der Zeile* [c] bloße *unter der Zeile* [d] *nach* Von *gestr.* Kleinen rauen [e] nicht gar große) haarigt) *über der Zeile* [f] me_{hrentheils} *verbessert aus* [..] [g] *von* Die Samojeden haben eine *bis* Von selbste) *nach. auf Bl.* 130r *rechts marginal*

als wie bey deneͨn⌉ / Südlicher wohnendeͨn⌉ Völkerͨn⌉, als / bey welchen die *couleur*eͨn⌉⁸ der / Hunde mehr *variir*eͨn⌉, und / die Hunde nicht so haarigt / sind. Die *Tungusi*sche Hunde / sind am besteͨn⌉ Zur Jagd abgerichtet / Bey deneͨn⌉ *Ostiak*eͨn⌉ Ziehen die Hunde / Narten. Die *Samoj*eden halteͨn⌉ / dieselbe bloß des Felles wegeͨn⌉ / womit sie ihre Kleider unten / auf dem Rande als mit Frangen⁹ / ausZieren.ᵃ : | ᵇ
Die übrigeͨn⌉ Völker, welche die / Hunde blosͨs⌉ Zur Jagd braucheͨn⌉ / halten nicht mehr als 2, 3 bisͨs⌉ / aufs höchste 4 Hunde, und / diese sind VolleKommeͨn⌉ Zu der / Jagd abgerichtet.
Die Historie des *Isbrand Ides*¹⁰ Von / *Surgut* Von dem schwartzeͨn⌉ Fuchse / und Listigeͨn⌉ Hunde ist sehr / *romani*sch¹¹, und unwarscheinlich.
Alle Völker *castrir*eͨn⌉ die Hunde / das *Scrotum* wird aufgeschnitten / und die *Testiculi*¹² herausgenommeͨn⌉.
Die *Tungus*en habeͨn⌉ die gewohnheit / einen von denen herausgenommenͨen⌉ / *testiculis*¹³ dem Hunde mit Ge- / walt einZugebeͨn⌉, davon sageͨn⌉ / sie wird der Hund bald gesund / und stark.
Die *Giljak*en in der gegend derᶜ Mündung / desᵈ *Amur* f⌈lusses⌉ u⌈nd⌉ etwas Nordlichᵉ von / dannen, fahren auch mit Hunden / Sie sollen aber auch junge Beerenᶠ / abzurichten und mit denenselbͨen⌉ in / Schlittens und mit Kleinen Karren / Zu fahren pflegeͨn⌉. *witsen ed⌈itione⌉* 2 *p⌈agina⌉* 106.¹⁴ / welches nicht unwahrscheinlich / ist, indem ich in *Sibiri*en auch / Von Rusͨs⌉en gehöret, daß sie / Bäären abgerichtet gehabt / die so wohl im Schlitten als / aufᵍ Kleinen Karren wasͨs⌉er aus / denen flüsͨs⌉eͨn⌉ nach der Stadt geführet.

---

¹ siehe dazu auch den Abschnitt 'Der Hund.' im Kapitel 'Die Reit- und Anspannthiere der Nomaden Sibiriens.' in: Middendorff 1874–1875, S. 1295–1303
² *Ob'*
³ *Kamčatka*
⁴ russ. *opuška* – Verbrämung
⁵ Gebiet von *Mangazeja*
⁶ *Žigany* bzw. *Žiganskoe zimov'e*
⁷ d. h. die pumpokolischen Ostjaken am Fluß *Ket'* (s. auch Kap. 25, Bl. 10v)

⁸ frz. couleur – Farbe
⁹ <frz.> – Fransen
¹⁰ „Im jüngst vergangenen jahr hat sich nahe bey einem dorff/ nicht weit von der stadt Surgut gelegen/ bey hellem tage ein vortrefflicher schwartzer fuchs sehen lassen/ auf welchen dann ein bauer mit seinen darauff abgerichteten hunden loßgegangen/ ihn zu fangen; er bekam auch nicht allein den fuchs zu sehen/ sondern die hunde hohleten ihn auch ein. Als nun dieses arglistige thier sahe/ daß es denen

---

ᵃ *vor* ausZieren *gestr.* Verbrem   ᵇ *von* Man bemerket einen Unterschied *bis* Frangen auszieren. *rechts marginal*   ᶜ deᵣ *verbessert aus* [..]   ᵈ deˢ *verbessert aus* [.]   ᵉ Nₒᵣdlich *verbessert aus* [.]   ᶠ Beeᵣₑₙ *verbessert aus* [.]   ᵍ auf *verbessert aus* [..]

hunden nicht entlauffen konte/ lieff er mit einer freundlichen gebehrde denen hunden entgegen/ legte sich vor ihnen auf seinen rücken nieder/ leckte ihnen das maul/ und lieff eine lange weile als spielende mit ihnen hin und her. Da nun die unbedachtsamen hunde solch eine freundschafftsbezeugung sahen/ thaten sie dem listigen fuchs kein leids/ und der lose schelm entwuschte also in den busch/ so daß der arme bauer/ welcher kein schieß=gewehr bey sich hatte/ zu seinem grossen verdruß diese köstliche beute aus seinen augen verlohr/ und dazumahl/ wie fleißig er auch nachspürte/ den listigen schwartzen fuchs nicht wieder ins gesicht bekommen konte. Aber 2 tage darnach stellte sich dieser arglistige gast wiederumb an dem vorigen ort ein; der bauer/ als er ihn gewahr wurde/ nahm einen andern hund mit sich/ welcher weiß von haaren und sein bester hund war/ gieng also auf dieses listige thier mit dem hunde loß/ voller hoffnung/ einen köstlichen fang zu thun/ welches ihm auch fast geglücket hätte; dann/ obschon die schwartzen hunde den fuchs einhohlten/ und der listige fuchs zum zweyten mahl wie vorhero sich freundlich anstellte/ so war nichts desto weniger dieser weisse hund/ welcher die fuchs=streiche besser kennte/ so vorsichtig/ daß er sich zwar anfangs auch freundiich [sic!] stellte/ da er aber nahe an ihm war/ that er einen wackern sprung nach dem schalck/ und würde ihn auch ohne zweiffel erhaschet haben/ wann er nicht geschwind auf einen schuß seitwarts aus entwichen/ und so entkommen wäre/ da er sich dann glücklich in einem dicken gesträuche verbarg/ so daß er zur selben zeit nicht mehr zu finden war. Dem ohngeachtet war endlich der bauer dem schlimmen fuchs zu schlau/ dann er färbte diesem seinen weissen hund die haut gantz schwartz/ auf daß dadurch der fuchs/ welcher einmahl scheu gemacht war/ ihn nicht kennen möchte; gehet derowegen zum dritten mahl auff diese jagt mit seinem gefärbten hund aus/ hat auch das glück/ daß der hund durch seinen geruch den fuchs aufsuchet und glücklich findet. Der fuchs/ als er den gefärbten hund sahe/ liesse sich gefallen/ wiederumb ohne furcht auff ihn loß zu gehen/ sich einbildende/ es sey der vorige schwartze hund/ mit welchem er itzo noch wie vor diesem meynte zu spielen: sie kamen hierauff immer näher an einander/ biß der hund seine gelegenheit so wohl in acht nahm/ daß er den sorglosen fuchs zwischen seine zähne bekam/ und also diß listig=kluge thier mit seiner schönen haut dem bauer zu theil wurde/ welcher sie vor 100 rubels verkauffte." (Isbrand Ides 1707, S. 34ff.)

[11] „ROMANISCH, ... 3) romanisch romanhaft, s. romantisch." (Grimm 1991, Bd. 14, Sp. 1154); „ROMANTISCH, ... in die deutsche sprache dringt das adjectivum romantisch gegen ende des 17. jahrh. ein, im sinne von romanhaft ... dasz es im gebrauche durchaus noch unbefestigt ist, zeigt das schwanken zwischen romantisch und romanisch, ..." (a. a. O., Sp. 1155 ff.)

[12] lat. – Hoden

[13] lat. – Hoden

[14] „De Volken Giliaki of Gilaitski, woonen ten Noorde omtrent den mond van de Rivier d'Amur: ... De Beeren weten zy te temmen, en verstrekken hun, in plaets van Paerden, om die voor sleden en wagentjes te spannen, en aldaer mede te ryden." (nl. – Die Völker Giliaki oder Gilaitski [d. h. Giljaken] leben nördlich der Mündung des Flusses *Amur* ... Sie verstehen es, Bären abzurichten und nehmen diese an Stelle von Pferden, um sie vor Schlitten und kleine Karren zu spannen und damit herumzufahren.) (Witsen 1705, S. 106)

Kapitel 20

/131r/

Von Cameelen[1]

Einige *Mongol*en und *BrazKi* / im *SelenginsKi*sch⌈en⌉ Gebiethe / an der *Si*nesisch⌈en⌉ Gräntze / wie auch einige Reiche *Tunguse*⌈n⌉ / im *NertschinsKi*sch⌈en⌉ Gebiethe[2] / an denen[a] flüs⌈s⌉e⌈n⌉ *Argun*[3] / und *Onon* halte⌈n⌉ auch Cameele.
|: *Tatar*en im *Krasn*⌈ojarskischen⌉ und die *Sagai* u⌈nd⌉ *Beltiri* im[b] / *Kusn*⌈ezkischen⌉ Geb⌈ieth⌉[c4] ob sie gleich sonst / an allerley ViehZucht sehr / reich sind haben doch Keine / Cameele :|[d]
Selbige sind allesamt Von / dem Geschlecht der *Dromedarie*⌈n⌉[5] / mit einen Pukel.
Sie gebrauche⌈n⌉ sie um Beym Verhause⌈n⌉ / ihre *Bagage* darauf Zu *transpor-* / *tire*⌈n⌉.
Es hat nicht Leicht ein reicher Mann / daselbst über 6 bis⌈s⌉ 10 Ca- / meele.
Sie sind sehr Vortheilhafft über / die Gräntze an die *Mongol*en / und Sineser Zu verKauffe⌈n⌉, / welche für ein⌈en⌉ Cameel auf / 60[e] bis⌈s⌉ 70 Rub⌈el⌉ bezahlen.
Die Cameelen sind sehr dienlich / in *Stepp*en, wo ein Mangel an / Was⌈s⌉er ist.
denn sie Können, Wie[f] / man sagt, auf 8 Tage ohne / Was⌈s⌉er ausdaure⌈n⌉, wenn man / ihnen nur Zuweile⌈n⌉ etwas[g] Saltz / in das Maul reibet, wornach sie / sehr Leker[6] sind. Die *Caravane*⌈n⌉ /131v/ so nach *Sina* gehen, brauche⌈n⌉ deß- / wege⌈n⌉ die Cameele in der Troke- / nen *Mongolische*⌈n⌉ *Steppe* unum- / gänglich.
Die Cameele Können auch 5 / oder 6 Mahl soViel Last als / ein Pferd aufnehme⌈n⌉. Sie / werden so abgerichtet, daß sie / niederKnien, wenn man[h] sie be- / Laden will.
Die Männgen werden gleichfalls / wie ander Zahmes Vieh oder / Thiere *castrir*et.
Isbrand[7] sagt von dene⌈n⌉ *BrazKi*[i] / an der *Angara*, daß sie Ca- / meele halte⌈n⌉. Jetzo[j] sind[k] / wenige[l] mehr[m] vielleicht haben / sie Vordem im Uberfluß[n] gehabt, weil Zu des / *Isbrandts* Zeit⌈en⌉, und Kurtz Vorher / viel *Mongoli*sche Uberläuffer / über *Tunkinskoi Ostrog*[8] Zu / *Balagansk* und an ander⌈en⌉ Ort⌈en⌉ / der *Angara* mit[o] ihren Vieh-Heerde⌈n⌉ / sich einfanden, die Cameele / Könne⌈n⌉ mitgebracht habe⌈n⌉.

---

[a] $_{de}$ne$_n$ *verbessert aus* [.]   [b] die Sagai u. Beltiri im *über der Zeile*   [c] Geb. *über der Zeile*   [d] *von* Tataren im Krasn. und *bis* auch Cameele *rechts marginal*   [e] 6$_0$ *verbessert aus* 7   [f] W$_{ie}$ *verbessert aus* [.]   [g] et$_{was}$ *verbessert aus* [..]   [h] m$_{an}$ *verbessert aus* s   [i] $_{Braz}$Ki *verbessert aus* [..]   [j] *nach* Jetzo *gestr.* haben   [k] $_{si}$nd *verbessert aus* e   [l] wenige *über der Zeile*   [m] *vor* mehr *gestr.* keine   [n] im Uberfluß *über der Zeile*   [o] m$_{it}$ *verbessert aus* [.]

1 siehe dazu auch den Abschnitt ‚Kameel, Esel und Rind.' im Kapitel ‚Die Reit- und Anspannthiere der Nomaden Sibiriens.' in: Middendorff 1874–1875, S. 1322–1326
2 Gebiet von *Nerčinsk*
3 *Argun'*
4 Gebiet von *Kuzneck*
5 s. Glossar: Kamel
6 „LECKER, m. ursprünglich einer, der leckt, ... 7) endlich auch die leckerhaftigkeit selbst: ... darauf bin ich verleckert, das hätte ich gern. ..." (Grimm 1991, Bd. 12, Sp. 482f.)
7 „Wann man ochsen/ die hierumb ungemein groß seyn/ und kamele zu der reise nach China von nöthen hat/ so muß man selbige von ihnen erkauffen: ... und man kan einen ochsen/ ... vor ... etwa 4 oder 5 rubels/ einkauffen/ und kamele vor 10 oder 12 rubels: ..." (Isbrand Ides 1707, S. 74)
8 *Tunkinskoj ostrog*

Kapitel 21

/132r/

Von denen Reisen der Völker

Alle Völker die ihre Woh- / nunge[n] Verändern, sind an- / Zusehe[n], als wenn sie auf / einer Beständig[en] Reise begriffe[n] / wäre[n]. wenn man die / Muhammedanische *Tatare*[n] / in der *TobolsKi*sche[n] *Provinz* / und einige heidnische *Tatare*[n] / in dene[n] Gebieth[en] Von *TomsK* / und *KusnezK*[1] aus nimmt, so / sind alle übrige Völker / in gantz *Sibirie*[n] dahin Zu rechn[en]. / Ja auch jene sind nicht gantz / davon ausZunehm[en], denn / sie haben in geringer[a] *Distanz* / Besondere Jurte[n], wo sie des / Sommers, und andere, wo sie / des winters wohne[n].

|: Alle Völker, die ihre wohnung[en] / Von einem Orte Zum ander[en] / Zu *Transportir*en pflegen, / setzen einen besondere[n] VorZug / und GlükseelichkKeit in dieser / Lebens-Art. Sie Vergleichen sich / mit denen Vögeln, die an / Keinen Ort und Stelle gebun- / den sind, und Können sich nicht / einbilden, daß man Vergnugt / Leben Könne, wenn man nicht / in einer[b] solchen Abwechselung / seine LebensZeit[c] Zubringe. / Die Mühe so sie dabey habe[n], / ist bey ihnen nicht Von der / wichtigKeit, daß sie selbige / gegen besagtes Vergnüge[n] / in *comparaison*[2] setzen / oder *balancire*[n] sollten. *Tat*arische runde Jurte[n] werden / auf Pferden *transportir*et, und / deßwege[n] auch die бадашки[d3] aus / einander genomme[n], damit sich / alles desto Leichter möge pake[n] / Laße[n] die Pferde worauf sie die / Jurte[n] *transportir*[en] müßen sehr daZu / gewohnt seyn den man Legt ihne[n] / das Gestell Von Gitter[n] und die / *BadaschKi*[4] oben auf den Rüken / Zu beyden Seite[n] des Leibes nach / der Länge, daß die Enden / Zu beyde[n] Seite[n][e] des Kopffes / hervorrage[n]. anfänglich wird / das Pferd zu beyden Seite[n] Belastiget / mit ander[en] Sache[n], und hernächst / obiges oben auf geleget. Sie habe[n] / auch Zuweile[n][f] Wagen worauff sie Kastens / und allerley Hausgerathe *transpor*- / *tir*e[n], auch Schlitte[n]. :|[g]

Die Ursachen des Verhausens / sind die Umstände ihrer Nahrung / wer ViehZucht hat der Verän- / dert seine wohnung, nach Be- / schaffenheit der weide und / des Futters vor sein Vieh. wer / Keine ViehZucht hat, und Von / der

---

[a] g eringer *verbessert aus* [..]   [b] e iner *verbessert aus* s   [c] L e b ensZeit *verbessert aus* g   [d] бадашки *verbessert aus* [.]   [e] S eite) *verbessert aus* [.]   [f] Zuweile) *über der Zeile*   [g] *von* Alle Völker, die ihre wohnung) *bis* auch Schlitte). *rechts marginal*

Jagd Leb⌈en⌉ mus⌈s⌉, der Thut /132v/ ein gleiches, um alleZeit in Gegend⌈en⌉ / Zu seyn,ᵃ / wo wild anZuTreffe⌈n⌉ ist.
|: Vom Verhausen der Chalmük⌈en⌉ / S⌈iehe⌉ *witsen p⌈agina⌉* 309⁵ *Krasnoj⌈arskische⌉ Tat*aren am *Ijus* / Verhause⌈n⌉ 3 biß 4 Mahl. :|ᵇ
Die jenseits dem See *Baical*ᶜ⁶ wohnende / *Brazki* und *Mongol*en, wie / auch die *NertschinsKi*sch⌈en⌉ / *Tungus*en Verhausenᵈ / gewöhnlicher Weise drey- / mahl im Jahre. Diese / und alle übrige Völker / die ViehZucht haben, schwerme⌈n⌉ / nicht ohne Unterscheid herum, / sondern es hat jede *Famil*ie / oder Geschlecht ihre gewis⌈s⌉e / eigenthümliche Gegenden, / außerhalb welche⌈n⌉ sie sich / selte⌈n⌉ ausZubreit⌈en⌉ pflegen.
|: Die *BrazKi* dies⌈s⌉eits dem / See *Baical*⁷ welche in höltzer⌈nen⌉ / Hütten wohnen, Veränder⌈n⌉ / die wohnung nur Zweymahl / im Jahr, nemlich im Herbst / und Frühling, Zu welchem Ende / sie an Zwey Orten beständige / Unbewegliche Hütte⌈n⌉ habe⌈n⌉ / und, dieses gleichfalls wegen / der ViehZucht. denn die unter / ihnen arm an Vieh sind, habe⌈n⌉ / nur eine Hütte und wohn⌈en⌉ / darin so winter als Sommer.
Der *Ostiak*en winter Jurt⌈en⌉ / sind beständig an einem Orte / mitᵉ den Sommer Jurt⌈en⌉ schweiffe⌈n⌉ / sie herum nach denen Umstände⌈n⌉ / ihres Fischfanges. Sie *trans-* / *portire*⌈n⌉ selbige in Lot- / gens. Wenn die *Ostiak*e⌈n⌉ im Winter auf die Jagd gehe⌈n⌉ / so nehmen sie Keine Jurt⌈en⌉ / mit sich. Sie übernachten mit / ihren gantzen *Famili*en unter / freyem Himmel, Verscharen, / sich tieff in den Schnee, Legen / ein groß Feuer an, und / genießen davon die wärme / Männer, weiber u⌈nd⌉ Kinder Ziehe⌈n⌉ / alle Narten. Denen weiber⌈n⌉ / und Magdgens werden Hunde / Zu Hulffe angesPannet. Die / Männer gehen alleyneᶠ voraus und / machen den weg. weßwege⌈n⌉ ihre / Narte⌈n⌉ nicht so stark beladen werde⌈n⌉. :|ᵍ
Die *Jakut*⌈en⌉ gerathe⌈n⌉ offters in / Zank und gerichtliche *Pro-* / *cesse*, wenn einer in des an- / dern GerechtigKeit⁸ Kommt, / oder sich fremde Gründe, / Wiesen und Heuschläge an / maas⌈s⌉e⌈n⌉ will.
Die Wald Völker dahingeg⌈en⌉ / welche bloß Vom Wild- und Fisch- / fange Leben, obwohlen sie / auch Zwar gewis⌈s⌉e Örter /133r/ haben, an welche⌈n⌉ sie sich Zu / gewis⌈s⌉er JahresZeit, wegen / Abgabe des *Tribut*s einfin- / den,ʰ haben übrigens / Keine bleibende Stätte, son- / der⌈n⌉ Ziehen beständig gleich- / sam als im *Circ*ul herum. / Sobald der *Tribut* abgegeb⌈en⌉ / ist, welches in gantz

---

ᵃ *nach* seyn, *gestr.* wo wild im Uberfluß   ᵇ *von* Vom Verhausen *bis* biß 4 Mahl. *rechts marginal*   ᶜ Baical *über der Zeile*   ᵈ *nach* Verhausen *gestr.* drey   ᵉ m_{it} *verbessert aus* [.]   ᶠ alleyne *über der Zeile*   ᵍ *von* Die BrazKi diesseits dem *bis* beladen werde). *rechts marginal*   ʰ einfinden *verbessert aus* einZu_{finden}; *nach* einfinden *gestr.* pflege)

Sibirie⌈n⌉ / im Monath *Januario* geschiehet / so entfernet sich ein jeder / wer die erforderte Kräffte / und Hülffsmittel Zum Jage⌈n⌉ / hat in die Tieffsten walder / und Gebürge, und Läßet sich / nicht ehender wieder anTreffe⌈n⌉ / biß[a] das Jahr Zu Ende[b] ist.

Unter allen ist Kein Volk, die / so weit in ihren Jagd Reise⌈n⌉ / ausschweiffen, als die *Tungu-* / *s*en im *JaKuzKi*sche⌈n⌉ Gebiethe[9] / Aus der obern Gegend des / *Wilui*[10] fl⌈usses⌉ gehen sie Biß[c] an / den UrsPrung des fl⌈usses⌉ *Seja*[11] / der in den *Amur* fället, und / Einige *Tungusi*sche Geschlechter, / die unmittelbahr den Tribut, / nach *JaKuzK*[12] Bezahlen, Thun / Jahr aus Jahr ein dieselbe Reise.

|: *Taiginzi, Modori, Karagassi* / Ziehen mit ihre⌈n⌉ Rennthiere⌈n⌉ / herum, wie die *Tunguse⌈n⌉* und gebrauchen dieselbe, ihre / Jurten und HaabseligKeit / darauf Zu transportir⌈en⌉, Las⌈s⌉e⌈n⌉ / auch Kleine Kinder darauf / reiten[d]. Was Gut[e] Zu fus⌈s⌉e ist / das reitet nicht.

Camasinzi gehen Zu Fuß und / Ziehen Kleine Schlitten (so wie / die *Tungusi*sche⌈n⌉ *Sanki*[13]) worauf / sie ihre Jurten u⌈nd⌉ Habseeligkeit / transportir⌈en⌉. Hunde sPannen sie / nicht mit Vor. :|[f] /133v/

Mit wagens Zu fahren ist Bey / denen *Sibiri*sche⌈n⌉ Völkern nicht[g] / Gebräuchlich[h], außer allein / bey denen Muhammedanische⌈n⌉ / Tataren, welche selbige, wie / es scheinet, Von denen Rus⌈s⌉en / angenomme⌈n⌉ habe⌈n⌉. und diese / haben Keine andere Wagens, als / ZweyRäderichte Karren, dergleich⌈en⌉ / auch in gantz Sibirien unter / Rus⌈s⌉en im Gebrauch sind / Man hat biß dato allein bey / denen Berg und Hütten-Werke⌈n⌉ / die[i] sowohl der Crone / als privat Leute⌈n⌉ Zugehören, / Wagens mit 4 Räder⌈n⌉, so wie / in Rus⌈s⌉land die *RospusKi*[14] sind, / eingeführet. Zu *Kiachta*[15] / siehet[k] man Sine- / sische Wagens, auf welchen / dieses Volk ihre waaren[l] / nach der Rus⌈s⌉ische⌈n⌉ Gräntze / Zum Verkauff[m] führen / pfleget, die auch nur mit / 2 Rädern sind, aber dieses / besonders habe⌈n⌉, daß an / denselb⌈en⌉ die Achsen sowohl / als die Räder beweglich sind. / und mit denselb⌈en⌉ sich[n] umdrehen[o]. / Sind aber bey weitem nicht so be- / quem, als wie unsere *Europäi*sche / wagens.

|: Die Mungale⌈n⌉, *Nertschinski*sche / *Tunguse⌈n⌉* u⌈nd⌉ *BrazKi* fahre⌈n⌉ / auch mit wagen oder / 2 Räderigt⌈en⌉ Karre⌈n⌉ wovor / sie Ochsen SPanne⌈n⌉, und / *Transportire⌈n⌉* damit ihre / Jurten und übrige Haabsee / Lichkeit. Auf dene⌈n⌉

---

[a] b$_{iß}$ *verbessert aus* [.]   [b] E$_{nde}$ *verbessert aus* [.]   [c] B$_{iß}$ *verbessert aus* [.]   [d] $_{reite}$n *verbessert aus* [.]
[e] G$_{ut}$ *verbessert aus* Z   [f] *von* Taiginzi, Modori, Karagassi *bis* nicht mit Vor. *rechts marginal*   [g] ni$_{cht}$ *verbessert aus* [..]   [h] G$_{ebrauchlich}$ *verbessert aus* [.]   [i] *vor* die *gestr.* welche   [j] K$_{iachta}$ *verbessert aus* [.]
[k] *vor* siehet *gestr.* Die Sineser   [l] wa$_{a}$$_{ren}$ *verbessert aus* f   [m] $_{Verkauff}$ *verbessert aus* [.]   [n] sich *über der Zeile*   [o] $_{um}$d$_{rehen}$ *verbessert aus* [.]

Ochse[n] / sitzt ein Kleiner Knabe / und *regir*et das Vieh mit / einem[a] Riemen, der demselb[en] / durch die Nase Löcher / GeZoge[n] ist.
Ein *Arabi*scher *Scribent*[16] / beym *witsen p[agina]* 265 s[e]q[uens][17] sagt / irrig Von dene[n] *Mungale*[n] / daß sie mit wagens fahr[en] / worauf sie Seegel sPanne[n] / und mit dem winde als / in einem FahrZeuge segeln. / Daß die Rus[s]en Vordem in *Sibirie*[n][b] / auf Schlittens Segel gesPannt / und damit gesegelt hab[en] / ist gewiß. Ich habe noch in / Alte[n] *Archiv document*[en] Zu / *Ilimsk* gefunde[n], daß ein *Woe-* / *wode* aus *Jeniseisk*[18] An[c] dem / *Ilimskische*[n] *Woewode*[n] Zur Nachricht / überschrieb[en], was er einem gewis[s]e[n] / Abgefertigte[n] für Geräthschafft / Zum Schlitten Segeln mit auf / dem weg gegeb[en].
Witsen p[agina] 292[19] sagt irrig Von de[n] / *Chalmüken* daß sie mit Segeln / auf Schlittens fahr[en]. / Im *MangaseisKische*[n] Gebiethe[20] / gebrauchen die Rus[s]en auch Segel / auf den Schlittens. :|[d]
|: Die Rus[s]en im *Manga-* / *seiski*sche[n] Gebiethe[21] gebrauche[n] / Seegel auf ihren Nart[en] / Es ist ein Mast gestellet / in der Mitte der Narte / doch dem Vorder[en] Ende / Naher als dem Hinter[en] / an dem Maste sind Zu beyden seite[n] 4 *Nogi*[22] / und 2 *Raini*[e][23] oder Seegel / Stangen, eine[f] oben, die / andere unten. Zwische[n] / denselb[en] ist das Segel[g] / welches auf 2 *Arschin* / hoch auch niedriger ist. / Hinter dem Seegel sitzet / der Fuhrman, und regie- / ret sowohl Seegel als / Hunde. :|[h] /134r/
|: Verhausen der Chalmüken mit / Wagens *Witsen p[agina]* 295.[24]
Tatar[en] im *Krasnoj[arskischen]* gebrauch[en] / Keine Ochsen Zur Arbeit :|[i]
Ich habe auch bey dene[n] *BrazKi* / jenseits dem *Baical*[25] eine / Art schlechter Zwey-Räderichter / Karren bemerket.
Isbrands relation[26] Von alte[n] / Überbleibseln Von Karren / die am *Argun*[27] gefunde[n] word[en].
Mit Schlitten Zu fahren, ist / bey dene[n] *Sibiri*sche[n] Völker[n] mehr / im Gebrauch, aber nicht auf / einerley weise.
Die *Mungalen*,[j] / *NertschinsKi*sche[k] *Tungus*en, / *Chalmüken*, Bedienen sich / gar Keiner Schlitten, theils / weil in denen Von ihn[en] Be- / wohnt[en][l] Steppen[m] der Schnee / nicht tieff Zu fallen pfleget / auch nicht Lange beliege[n] blei- / bet, theils weil ihre Pferde / nicht Zum Schlitten Zieh[en] / abgerichtet sind.

---

[a] e_{inem} *verbessert aus* [.]   [b] in Sibirie) *über der Zeile*   [c] A_n *verbessert aus* [.]   [d] *von* Die Mungale) Nertschinskische Tunguse) *bis auf den* Schlittens. *rechts marginal*   [e] Ra_{ini} *verbessert aus* [..]   [f] _eine_ *verbessert aus* _eine_S   [g] _Se_g_el_ *verbessert aus* [.]   [h] *von* Die Russen im Manga- / seiskische) *bis als* Hunde. *auf Bl.* 133r *rechts marginal*   [i] *von* Verhausen der Chalmüken *bis* Ochsen Zur Arbeit *rechts marginal*   [j] *nach* Mungalen, *gestr.* BrazKi,   [k] _Ne_r_tschinsKische_ *verbessert aus* [.]   [l] *nach* Bewohnt) *gestr.* Schlitte)   [m] Steppen *über der Zeile*

Die Muhammedanische sowohl / als die Heidnische Tataren / fahren alle mit Pferden / und Schlitten.
|: Die *BrazKi* fahren mit Kleinen / Schlittens wovor sie Ochsen / SPannen, und führen darauf / ihr Heu, auch was sie sonst nach / denen Städten Zum Verkauff bringen.
Bey denen *chontaischi*schen Chal- / müken²⁸ haben die Gefangene / Russen Vor nicht Langen Jahren / Schlitten gemacht, und ist man / damahls darin gefahren.
Die *Jakut*en um *Jakuzk*²⁹ / fahren mit Schlitten und span- / nen sowohl Pferde als Ochsen / vor. Sie führen solchergestalt Holtz / und Heu nach der Stadt zum / Verkauff. Wenn ihnen an / ihren Schlitten etwas zerbricht, / so ist in der Geschwindigkeit das / beste Mittel, daß sie den zer= / brochenen Ort[a] mit frischem Kuh / drek verschmieren. Sobald sol- / cher gefrohren ist, so fahren sie / wieder[b] damit wie vorher. :|[c]
Die *Ostiak*en am *Ob*³⁰ fahren / mit /134v/ Hunden und Schlitten: wovon / Siehe *Müller*³¹ Von den *Ostiaken*³².
|: Die *Ostiak*en am *Ket*³³ fahren / nicht mit Hunden, ausser / daß sie selbige Zu Hülffe / nehmen beym Narten Ziehen. :|[d]
Es wird Vermuthlich mit der Hun- / de Fahrth am *Ob*³⁴ eben die / Beschaffenheit haben, als / Bey denen *Jakut*en am *Lena* / fluß
Von der Mündung des / *Wilui*[e]³⁵ den *Lena* abwerts / Biß an seine Mündung Zum Eiß- / meere, wie auch in der Unteren / Gegend des *Jana*[f] flusses / fahren / alle *JaKut*en mit Hunden / und die Russische Reisende / Bedienen sich in diesen Gegenden / eben deßelben Fuhrwerks[g] / weil dieselbe *Jakut*en Keine / ViehZucht haben. Es ist aus / der Historie Von *JakuzK*³⁶ Be- / Kannt, daß alle *Schigani*sche³⁷ / *UstLeni*sche³⁸ und *UstJani*sche³⁹ / *Jakut*en allererst in Russischen / Zeiten sich daselbst wohn- / hafft niedergelassen haben. / folglich ist wahrscheinlich, daß / sie diese Manier mit Hunden / Zu fahren, Von denen Russischen / *Promyschleni* gelernet haben, /[h] /135r/ Zumahl dieselbe bey denen übrigen / *Jakut*en nicht so gebräuchlich ist, auch / die Schlitten mit denenjenigen / so die *Promyschleni* gebrauchen / völlig überein Kommen.
Die Schlitten, welche in *Sibiri*scher / SPrache Narten genennet werden, / sind auf 5 *Arschin* Biß[i] 2 Faden / Lang, und Zwischen denen Sohlen⁴⁰ / nur auf

---

[a] Ort *über der Zeile* [b] wieder *über der Zeile* [c] *von* Die BrazKi fahren mit *bis* damit wie vorher. *rechts marginal* [d] *von* Die Ostiaken am Ket *bis* Nart, Ziehe, *rechts marginal* [e] W_{ilui} *verbessert aus* [.] [f] J_{ana} *verbessert aus* [.] [g] F_{uhrwerks} *verbessert aus* S [h] *folgt* ZuMahl; ZuMahl *verbessert aus* [...]
[i] Biß *verbessert aus* a

½ *Arschin* breit, welche / breite aber nicht Vor den gantzen / Schlitten gleich angenommen wird, / sondern forne etwas breiter als / hinten ist. Die Sohlen[41] sind gantz / dunne Von birken Holtze auf / eine starke Hande breit, doch / auch Vorne etwas breiter als / hinte⸢n⸣. Man sagt, die Abnahme / der breite gegen hinten Zu Ver- / ursache, daß sie Leichter Zu Zieh⸢en⸣ / seyen. Und aus gleicher Ursache / müßen alle Verbindungen / an diesen Narten Zwar fest / aber nicht steiff, sondern wakelnd / seyn.
|: Ich habe eine Narte mit allem / Zubehor wiege⸢n⸣ Las⸢s⸣e⸢n⸣ und / befunde⸢n⸣ daß sie nicht über / ein Pud schwer ist. :|[a]
Die Narten, welche / *Müller*[42] bey dene⸢n⸣ *Ostiak*en be- / schreibet[43], sind diesen auch gantz / ähnlich. Sie werden nicht / hoch gemacht, und begreifft die / gantze Höhe mit einem Kleinen / dünnen Geländer Von Steken, / welches die Narte Zu beyden Seit⸢en⸣ /135v/ umgiebt, etwan ¼ *Arschin* oder / ein wenig mehr. Gemeiniglich / werden Zu 10 Hunde für eine / Narte gesPannet. Man Kann / auf 10 Biß 15 Pud Last auf / einer dergl⸢eichen⸣ Narte führen. Will / man aber Leicht fahren, und sich / selbst mit auf den Schlitten setze⸢n⸣, / so wird nicht mehr als[b] höchstens[c] / 5 Pud darauf geleget. Die / Last Güter werden auf dem / gantzen Schlitten der Länge / nach vertheilet, doch daß die[d] / grös⸢s⸣este Schwere in der Mit- / ten ist. Der Fuhrmann oder / Reisende setzet sich auch in die / Mitte des Schlittens oben auf / die *Bagage*, und sitzet alle- / Zeit aufrecht und beschritte⸢n⸣[44], / so daß die Füs⸢s⸣e Zu beyden / Seit⸢en⸣ auf denen Sohlen[45] des / Schlittens ruhen. Dieses / geschiehet deßwege⸢n⸣, damit wenn / der Schlitten etwan umfalle⸢n⸣ / wolte, er denselb⸢en⸣ auf der / Gefährliche⸢n⸣ Seite durch an- / stemmung des einen Fus⸢s⸣es / gegen den boden wieder Zu- / rechte bringe⸢n⸣ Könne. Denn es / giebt in diesen Gegende⸢n⸣ Keine / Gebahnte wege. man fährt /136r/ über berg und Thal, Zusammen / gewehete Schnee-Hauffe⸢n⸣, abge- / fallene baume, p⸢f⸣erge in einem fort, / und ein so schmahler[e] Schlitten / ist dem Umschlagen sehr offt un- / terworffe⸢n⸣. Die Hunde werd⸢en⸣ / folgender Gestalt angesPannet: / Es ist ein Langer Rieme Vorn / an der Narte befestiget, welcher / sowohl Von den Rus⸢s⸣e⸢n⸣ als / *Jakut⸢en⸣ Potjak*[46] genennet wird. / Deßen Länge ist gemeiniglich / Von ohngefehr 10 Faden[f]. An / diesem Strike werden die Hunde / mit andern Kleinern Riemen, / die an dem Geschirr, in welchem / der Hund gehet, befestiget sind, / angesPannet, dergestalt daß / hinten Zwey Paar neben einan- / der,[g] die übrigen aber / einZeln, und wechselsweise / zur einen und ander⸢en⸣ Seite / des Langen Riemens gehe⸢n⸣. Die / *Distanz* Zwische⸢n⸣ dene⸢n⸣ Hunde⸢n⸣ / ist auf einen Faden oder etwas / Mehr. Sonderlich Läßet man

---

[a] *von* Ich habe eine Narte *bis* Pud schwer ist. *rechts marginal* [b] *nach* als *gestr.* biß auf [c] höchstens *über der Zeile* [d] d$_{ie}$ *verbessert aus* s [e] sch$_{m}$ahler *verbessert aus* [.] [f] F$_{aden}$ *verbessert aus* [.] [g] *nach* einander *gestr.* geh[.]

Zwisch⌈en⌉ / dem Vordersten und folgende⌈n⌉ Hunde / etwas mehr Platz. damit der / erste, welcher auf den wink[a] und die /[b] /136v/ worte des Fuhrmanns abgerichtet / ist, seine Nachfolger desto bes⌈s⌉er / Leiten Könne. Das Geschirr, / worin die Hunde Ziehen, ist ein / breiter Riemen, der ihnen über / die Brust gehet, und sowohl / hinten Beym Schwantze an[c] sich / selber, als über die Schulter⌈n⌉ / und das Kreutz mit[d] Zwey ander⌈en⌉ / ebenso breite⌈n⌉ Riemen, unter / dem bauche aber mit einem schmah- / Lern Riemen befestiget ist. / Ein dergleiche⌈n⌉ Hunde-Geschirr / heis⌈s⌉et *AlaK*[47]. An[e] dem- / selben hänget hinten ein / Riemen der auf ½ Faden Lang / ist, auf Rus⌈s⌉isch *Swari*[f48] genannt, / mit welchem der Hund in seinem / Geschirre an dem *PotjaK*[49] oder / Langen Schlitten Riemen / angebunden wird. Die / Wörter *Potjak*[50], *Alak*[51] und / *Swari*[52] sind eigentlich aus / der SPrache der Rus⌈s⌉isch⌈en⌉ / *Promyschleni*, und[g] mit der / Sache[h] selber auch Von denen / *JaKute⌈n⌉* angenomme⌈n⌉ worde⌈n⌉.

---

[a] wink *verbessert aus* [.]   [b] *folgt* worte   [c] a_n *verbessert aus* i   [d] m_{it} *verbessert aus* [.]   [e] A_n *verbessert aus* [.]   [f] S_{wari} *verbessert aus* [.]   [g] u_{nd} *verbessert aus* [.]   [h] sa_{che} *verbessert aus* [.]

|: Die Rus⌈s⌉en im / *Turuch⌈anskischen⌉* Gebiethe nenne⌈n⌉ / das *PotjaK*⁵³ *Stannowoi* / *PowodoK*⁵⁴, die *Suturi*⁵⁵ / *Powodki*⁵⁶ überhaupt / und die *AlaKi*⁵⁷ ebenso. / Sie sPannen die Hunde / je Zwey und Zwey neben / einander doch das⌈s⌉ᵃ / der *PeredowschiK*ᵇ⁵⁸ / etwas weiter Vorge- / sPannet ist. :|ᶜ /137r/ Bey diesem Fuhrwerk sind Keine / Leit-Linie⌈n⌉⁵⁹ im Gebrauch. Der / zuvorderst angesPannteᵈ abgerichtete Hund / welcher *PeredowtschiK*⁶⁰ d⌈as⌉ i⌈st⌉ so / viel als Vorganger genen- / net wird, Las⌈s⌉et sich mit blos⌈s⌉en / worte⌈n⌉ regire⌈n⌉. Schreyet / der Fuhrmann *Na*⁶¹ so gehet / er Zur Rechte⌈n⌉, *sudà*⁶² so gehet / er Zur Linke⌈n⌉. wenn die Hunde / stille stehen sollen, so schreyet / der Fuhrmann, sowohl *Jakut* / als Rus⌈s⌉e *stoi, stoi*⁶³. wor- / aus wiederum erhellet, daß sie / das fahren mit Narte⌈n⌉ Von dene⌈n⌉ / Rus⌈s⌉en angenomme⌈n⌉ habe⌈n⌉. Sind / die Hunde Zu wild, und stehen / nicht stille, wennᵉ der Fuhrmann / schreyet, so hat er Zu solchem / Ende Zwey Steken bey sich, / wovon er einen oder auch wohl / alle beyde Zuᶠ beyden Seiten / des Schlittens Zwischen denen / Sohlen⁶⁴ auf die Erde fest anstem- / met, wovon der Schlitten schwererᵍ / Zu Ziehen wird, daß die Hunde / ermüden müs⌈s⌉en. /ʰ /137v/

Man hat offter *Exempel* / daß diese Hunde, welche Zugleich / JagdHunde sind, sobald sie / auf dem Wege oder Zur / Seiten ein Wild erbliken, oder / auch nur auf eine Wilde SPur / Kommen, ihrer Narte Verges⌈s⌉e⌈n⌉ / und dem wilde nachjagenⁱ. In / solchem Falle muß der Fuhr- / mann alle Kräffte anwende⌈n⌉ / um sie daVon abZuhalte⌈n⌉. Es / ist des⌈s⌉wege⌈n⌉ Vorn an der Narte / noch ein Riemen Befestiget, wel- / chen der darauf sitzende Fuhr- / man in der Hand hält. So- / bald die Hunde ausreis⌈s⌉en wolle⌈n⌉ / oderʲ auch wenn sieᵏ / nicht wohl abgerichtet sind, / und einen andere⌈n⌉ weg entweder / Zur Rechten oder Linken einZu- / schlagen habe⌈n⌉, und auf *Na*⁶⁵ / oder *Suda*⁶⁶ nicht genug / acht habe⌈n⌉, so sPringet der / Fuhrmann Vom Schlitten / herunter, und Ziehet denselb⌈en⌉ / an Letztbesagten Riemen / Zurük oder Zurˡ Seiten auf den / jenigenᵐ weg, welchen er Zu fahren /138r/ gesinnet ist, wenn auch die wegeⁿ / schlimm und bergicht sind, / so hilfft der Fuhrmann an eben / diesem Riemen mit die Narte / Ziehen, um denen Hunden die / Mühe Zu erleichter⌈n⌉.

|: *Samoj*eden Zu *Turuchansk* / fahren auf Schlittens bloß im / Winder⁶⁷ (die *Tawgi* u⌈nd⌉ *Jurake*⌈n⌉ / auch im Sommer) wenn sie Verhause⌈n⌉ / so gehen die Männer mit leichter / *Bagage* auf Schlittens voraus wege⌈n⌉ / des *Promysls*, die weiber mit dem / gantzen Troß Kommen langsam / nach. Sie sPannen nicht

---

ᵃ ₔₐss *verbessert aus* [.]   ᵇ ₚₑᵣₑd_owschik *verbessert aus* [.]   ᶜ *von* Die Russen im *bis* Vorge- / sPannet ist. *auf Bl.* 136r *rechts marginal*   ᵈ angesPannte *über der Zeile*   ᵉ ₔₑₙn *verbessert aus* [.]   ᶠ ₔᵤ *verbessert aus* [.]   ᵍ ₔchwerₑᵣ *verbessert aus* [.]   ʰ *folgt* Man   ⁱ ₙₐcₕjage⌈n⌉ *verbessert aus* [....]   ʲ *vor* oder *gestr.* so   ᵏ ₔᵢₑ *verbessert aus* d; *nach sie gestr.* Hunde   ˡ ₔᵤr *verbessert aus* aᵤf   ᵐ ₔₑnjenigen *verbessert aus* [..]   ⁿ ₔₑgₑ *verbessert aus* [.]

leicht / mehr als ein Rennthier Vor ein⸢en⸣ / Schlitten. Vor den ersten Schlitte⸢n⸣ / der den Weg machen muß, werde⸢n⸣ / zwey gesPannt. (*Jurak*en und / *Tawgi* sPannen auch für andere / Schlitten 2 biß 3 RennThiere Vor) / das RennThier wird an einer / *LjamKa*⁶⁸ (*Samoj⸢edisch⸣ Póde*⁶⁹) Von *Camas-* / *si olennie*⁷⁰ oder bährenhaut ange- / sPannt, daß der Strik dem / RennThier unter dem Leibe Zwische⸢n⸣ / den Beinen durchgehet. *Distantz* / Zwischen dem Rennthier und Schlitte⸢n⸣ / auf 1 biß 1½ faden, damit der / Schlitten, wenn es bergab gehet, dem / RennThiere nicht auf die Füs⸢s⸣e / rollen möge. *PowodoK*⁷¹ | *Samoj⸢edisch⸣ So*⁷² | / ist der Leit-rieme, Zur Linken / Seite des Kopffes, nicht Zu beyde⸢n⸣ / Seiten. *Sedo*ᵃ⁷³ die Stirn binde / woran derᵇ LeitRieme / festgebunden ist. obgleich der / LeitRieme nur an einer Seite / ist so Kann doch der Fuhrmann / damit das RennThier welches daZu / abgerichtet ist nach beyde⸢n⸣ Seit⸢en⸣ / lenke⸢n⸣. *Gorè*ᶜ⁷⁴ (*Samoj⸢edisch⸣* / *Kóreo*⁷⁵) eine Stange Von / 1½ bißᵈ 3 Faden lang um / das Rennthier damit anZu- / sPornen. Die Stange pfleget Von / birken Holtze Zu seyn. : | ᵉ

|: Man Kann bey gute⸢n⸣ weg⸢en⸣ / mit Hunden auf 80 bis⸢s⸣ / 100 werste in einem Tage / fahren.

In *Kamtschatka*⁷⁶ ist gleich- / falls die Fahrt mit Hun- / den gebräuchlich. :| ᶠ

Die *Jukagiri* fahren auch mit / Schlittens, Las⸢s⸣en aber dieselbe / anᵍ statt der Hunde Von ihren / RennThieren Ziehen. Ihre Schlit- / tens sind auf 2 *Arschin* Lang / und 1 *Arschin* breit. Sie fahren / aber dergestalt nur in ebenen / oder nicht gar Zu unwegsame⸢n⸣ / Gegenden, und am meisten / auf dem flachen Torfflande / Längst der Küste des Eys⸢s⸣ / meeres. wo es gar Zu wal- / digt und bergicht ist, da ge- / brauche⸢n⸣ sie ihre RennThiere / bloß Zum Last Trage⸢n⸣ und / reiten. Die *Jukagiri*sche⸢n⸣ / Schlitten werden im Rus⸢s⸣ische⸢n⸣ / nicht *Narti*ʰ sonder⸢n⸣ / *SanKi*⁷⁷ genennetⁱ, weil sie nicht so Lang / und schmahl als die Vorige / sind. Sonst aber sind sie jene⸢n⸣ / in der *Structur* Ziemlich ähn- / Lich, und dienen sowohl Zum *Trans-* / *port* der Mensche⸢n⸣ʲ als aller *Bagage*.

|: Dergl⸢eichen⸣ Schlittens nennen die / *Jukagiri Nalýma*⁷⁸.

Die *Samoj*eden fahren mitᵏ / Schlittens so Sommer als / winter woVor sie 2 bis⸢s⸣ / 3 Rennthiere Neben einanderˡ VorsPanne⸢n⸣ / Sie Legen denen Rennthier⸢en⸣ / eine StirnBinde Zunächst / unter dem Geweyhe um / den Kopff, welche aus / Plattenᵐ Knochen aufⁿ andert / halb Finger Breit Bestehet / davon sind Zu beyden / Seiten des Kopffes die / Leit Riemen Befestiget. Um / den Hals

---

ᵃ ₛₑdₒ *verbessert aus* [.] ᵇ ₔer *verbessert aus* as; *nach der gestr.* Rennthier ᶜ *vor* Gorè *gestr.* Ko ᵈ bᵢᵦ *verbessert aus* [.] ᵉ *von* Samojeden Zu Turuchansk *bis* Holtze Zu seyn. *auf Bl.* 137v *rechts marginal* ᶠ *von* Man Kann bey *bis* Hunden gebräuchlich. *rechts marginal* ᵍ aₙ *verbessert aus* [.] ʰ *nach* Narti *gestr.* genannt ⁱ genennet *über der Zeile* ʲ ₘₑₙSₑₕₑ *verbessert aus* [.] ᵏ mᵢₜ *verbessert aus* [.] ˡ Neben einander *über der Zeile* ᵐ Pl_atten *verbessert aus* [..] ⁿ aᵤf *verbessert aus* [.]

ist eine *Ljämka*[79] / Von Bären-Fellen[a] oder / *Camassi* Von Rennthieren / daran werden sie Vorge- / sPannt[b] :|[c] /138v/
|: weil Im *WercholensKi*sche⌐n⌐ *districte*[80] / Vor[d] ein Paar Jahren dene⌐n⌐ / dortigen *Tunguse*⌐n⌐ wie obbe- / meldet fast alle ausgestor- / ben sind, so müßen dieselbe / jetzo[e] allen ihre⌐n⌐ Haus⌐s⌐rath / und Jurten entweder / auf dem Rüke⌐n⌐ Trage⌐n⌐ oder / auf Kleine⌐n⌐ Schlitte⌐n⌐, die im / Rus⌐s⌐ische⌐n⌐ *Schalaschi*[81] genennet / werde⌐n⌐, mit sich schleppe⌐n⌐. :|[f]
Die Wald=Tungusen gebrauche⌐n⌐ / die Renn=Thiere bloß zum / Lasttrage⌐n⌐, und um ihre Wei- / ber und Kinder darauf zu *trans-* / *portire*⌐n⌐. Sie haben zu solchem / Ende auf denen Renn=Thie= / ren kleine höltzerne Sattel / die denen allerdings ähnlich / sind, so *Scheffer*[82] bey dene⌐n⌐ / Lappen beschreibet. Unter / dem Sattel ist eine kleine / deke von Renn=Thiers=fel= / len, und auf denen Renn= / Thiere⌐n⌐, die geritte⌐n⌐ werde⌐n⌐, / lieget über dem Sattel auch / noch eine rauhe Renn=Thiers= / Haut: Sie reiten[g] ohne Steig= / Biegel. Die *bagage* wird dene⌐n⌐ / Ren⌐n⌐=Thiere⌐n⌐ zu beyden Seite⌐n⌐ / auf dene⌐n⌐ Sätteln angebun= / de⌐n⌐, und bestehet[h] aus der Birke⌐n⌐= / Rinde, womit sie ihre Hütte⌐n⌐ / bedeke⌐n⌐, aus einigem weni- / ge⌐m⌐[i] Hauß=Geräth, als Beil / Kes⌐s⌐el, [[Kes⌐s⌐el,]] Hake⌐n⌐, Löffeln, / Ledernen Säke⌐n⌐, worinne⌐n⌐ / ihre übrige Kleidunge⌐n⌐ u⌐nd⌐ Lebens= / Vorrath aufbehalte⌐n⌐ werde⌐n⌐.[j]
Dieses alles ist unter der / Aufsicht der Weiber: dieselbe / beladen die Renn=Thiere / und laden sie wieder / ab. Reite⌐n⌐ und treibe⌐n⌐ sie /139r/ auf der Reise, ohne daß sich / der Mann imgeringste⌐n⌐ / darum bekummert.
Der Mann gehet voran mit / Pfeil und Bogen, und mit / einem langen Jagt=Mes⌐s⌐er, / dergleiche⌐n⌐ in der *Sibi*rische⌐n⌐ / Sprache *palmi* genennet / werde⌐n⌐,[k] womit er die / Wege bahnet und sich der wilden Thiere erwehret.[l] Er hat auch ein, / zwey biß drey Hunde bey sich, / die ihm unterwegs das kleine / Wild aufjage⌐n⌐ und fange⌐n⌐.
Er gehet solcher Gestalt vom Mor= / ge⌐n⌐ biß auf den Abend, oder / so lange es ihme gefällig ist, in / einem fort, und suchet den Ort / und die Stelle aus, wo er / seine Wohnung aufschlage⌐n⌐ will. / Der Troß von Weibern u⌐nd⌐ Renn- / Thieren folgt seinen Fuß=Stap= / fen[m] allgemählich[n] nach, und wenn sie an / dem

---

[a] B_{ären-Fellen} *verbessert aus* [.]   [b] _{VorgesPan}nt *verbessert aus* [..]   [c] *von* Dergl. Schlittens nennen *bis* VorgesPannt *rechts marginal*   [d] *vor* Vor *gestr.* sind   [e] *nach* jetzo *gestr.* fast   [f] *von* weil Im WercholensKische₎ *bis* mit sich schleppe₎ *rechts marginal*   [g] _{reiten} *verbessert aus* rei[.]en   [h] be_{stehet} *über der Zeile*   [i] _{we}n_{ige)} *verbessert aus* [.]   [j] *nach* werde₎. *gestr.* / d   [k] *nach* werd₎, *gestr.* und   [l] und sich der wilden Thiere erwehret. *über der Zeile*   [m] Fuß=_{Stapfen} *verbessert aus* [.]   [n] allgemählich *über der Zeile*

bestim⌈m⌉te⌈n⌉ Orte angekom= / men sind, so bauen sie sich da= / selbst wieder[a] ihre neue[b] Wohnung. Den[c] Ort pflege⌈n⌉ sie[d] in[e] waldichte⌈n⌉ / Gegende⌈n⌉ zu erwehle⌈n⌉[f], damit / sie sowohl die Stange⌈n⌉ zu ihrer / Jurte, weil sie dieselbe nimmer / mit sich führe⌈n⌉, in der Nähe / anschaffen, als auch das Bren⌈n⌉- / Holtz nicht weit trage⌈n⌉ möge⌈n⌉. /139v/ Sie bleibe⌈n⌉ selte⌈n⌉ länger als / drey, vier Tage an einem / Orte: Es sey denn das⌈s⌉ sie einen / glüklíche⌈n⌉ Wild=Fang gehabt, und / etwan 1 oder mehr Elende oder / wilde Renn=Thiere erleget, / da sie denn mehr Zeit gebrauche⌈n⌉ / die Menge des Fleisches theils / Zu verzehre⌈n⌉, theils zum künfti= / ge⌈n⌉ Genus⌈s⌉ aufzutrokne⌈n⌉,

Diese *Tungus*en[g] ziehen[h] offters nur[i] zu / eintzeln Familien umher, / zuweilen aber machen auch 2 od⌈er⌉ / drey Familien Gesellschafft. Eben allso ist es auch mit dem / Umherziehe⌈n⌉ derer *Lamut*e⌈n⌉, / und in[j] denen oberen Gegenden[k] / derer Flüs⌈s⌉en *Jana, Indigirka,* / *Alasea*[183], *Kolyma, Anadir*[84] / wohnenden *Jukagiri* beschaffen. / denn diese letzt besagte *Ju-* / *Kagiri*[m] können wegen ihrer / waldichte⌈n⌉ und bergichte⌈n⌉ Wohn= / Sitzen auch nicht anders, als / mit Lasttragende⌈n⌉ Renn=Thie= / re⌈n⌉ durchkommen. Es ist nur / bey ihnen besonders, daß sie / sehr[n] zahlreich[o] umher / ziehe⌈n⌉, indeme zu 5 biß 6 / Familien in einer Jurte / wohne⌈n⌉, und selten weniger als / 2 od⌈er⌉ 3 Jurten beyeinander /140r/ angetroffen werde⌈n⌉.

Denen *Jukagiri* kommen / die *Koraki*, welche Ren⌈n⌉=Thiere / halte⌈n⌉, deßfalls amnächste⌈n⌉.

Eine Ursache warum Völker / so zahlreich umherziehe⌈n⌉ und bey / einander wohnen, ist, weil sie / in den Umstände⌈n⌉ ihrer Nahrung, / da sie[p] entwe= / der von wilde⌈n⌉ Renn=Thiere⌈n⌉, / die sie in gros⌈s⌉er[q] Anzahl[r] fange⌈n⌉, / oder von ihren zahmen Heerde⌈n⌉ / leben, einander nicht verhin= / derlich fallen.

Weil man in[s] denenjenige⌈n⌉[t] Gegenden, wo / der Schnee sehr tieff fällt,[u] nicht / zu allen Zeiten mit Ren⌈n⌉=Thie= / ren fortkommen kan⌈n⌉, so geschiehet / es bey eben diesen Völkern, daß / sie auch zuweilen ihre Hütten / und *bagage* zu fuß auf kleinen / Schlitte⌈n⌉ *transportire*⌈n⌉, wobey sie / an den Füs⌈s⌉en platte Schnee= / Schuhe tragen, die[v] auf Rußisch / *Lischi* genan⌈n⌉t werden. Dieses /

---

[a] *vor* wieder *gestr.* ihre [b] neue *über der Zeile* [c] De_n *verbessert aus* Ei [d] *nach* sie *gestr.* [...] [e] in *über der Zeile* [f] ⌈erw⌉e⌈hle⌉) *verbessert aus* ä [g] *nach* Tungusen *gestr.* gehen [h] ziehen *über der Zeile* [i] nur *über der Zeile* [j] *nach* in *gestr.* waldichten und bergich= [k] denen oberen Gegenden *über der Zeile* [l] ⌈Alase⌉a *verbessert aus* [.] [m] ⌈Ju⌉K⌈agiri⌉ *verbessert aus* [.] [n] *vor* sehr *gestr.* Zu 5 biß; *nach* sehr *gestr.* volkreich [o] zahlreich *über der Zeile* [p] *nach* sie *gestr.* fast bloß allein et [q] *nach* grosser *gestr.* Zahl [r] Anzahl *über der Zeile* [s] Weil man in *über der Zeile* [t] *vor* denenjenige) *gestr.* In [u] *nach* fällt, *gestr.* da k [v] die *über der Zeile*

geschiehet zum Exempel[a] bey denen Wald=*Tun*= / *gus*en hauptsächlich im *Decem-* / *ber, Januario* und *Februario* / Monath. Und die Völker, welche / sich in dike Wälder und große / Gebürge auf nahe oder weite / Jagt=Reisen begeb[en], bedienen sich / gleichfalls dieser Schlitt[en] und / Schnee=Schuhe.

|: Man macht die *Lischi* nach / *proportion* der große / des Mannes. Gemeiniglich / nach[b] ausgestrekt[en][c] / Armen von *KulaK*[85] biß Zu *Ku-* / *laK*[86] oder auch Von Knöchel Zu / Knöchel: Ist jemand beson- / ders dik, so mußen die *Lischi* / etwas breiter als sonst gemacht / werd[en], man hat, die auf 6 / biß 7 werschok[87] breit sind / und solches geschiehet damit Man[d] / nicht so[e] tieff[f] in den Schnee / sinken möge

Lischi der *Camasinzi* wie bey den[en] / übrig[en] Volker[n].
Mit *Sochatini*[88] *Kamassi* gefüttert
Das maaß der *Lischi* bey er- / wachsene[n] ist Bey ausgestrekt[en] / Armen Von einem Knöchel Zum[g] / ander[en], bey Kinder[n] Von einem / Ellbogen Zum ander[en].

Beym Gehen auf *Lischi* hat man / einen Steken in der Hand womit / man sich auf dem Schnee anstützet / Solcher ist unten mit einem / runden Circul Scheibe[h] in *form* eines / Rades damit der Steken nicht / tief in den Schnee geh[en] möge

Dieser Stek[en] auf *Tatar*isch:		*Toiàk*[89]
-	auf *Kamasinzi*sch	*Schurù*[90]
Lischi	auf *Tatar*isch	*Schanà*[91]
Golizi[92]	-	*Chagiàch*[93]. :|[i] /140v/

Die Schlitt[en] sind gemeiniglich von / demselben Maaß[e] als oben bey / denen Schlitt[en]; womit die *Juka-* / *giri* fahr[en], angezeiget, und / von denen Nart[en] derer Russ[ischen][j] / *Promüschlenie* u[nd][k] *Schi-* / *ganis*ch[en] *Jakut*[en] in nichts als / in der Länge und der Breite un- / terschieden. Ein Rußischer *Pro-* / *müschlenei*[l] läst sich bey Narten= / Zieh[en] von seinem Jagt=Hunde / helffen; ein Tunguse aber thut / dieses nicht, sondern ziehet die / Narte gantz allein, damit seine / Hunde desto unermüdeter dem / Wilde nachsetzen können, die / *bagage* der Tungusen ist auch / nicht so groß und schwehr, daß / sie einer fremden Hülffe da= / bey sollt[en] nöthig hab[en].

Die *Lischi* sind bey den meist[en] / Völkern von einerley Beschaffen= / heit, und so wie sie *Scheffer*[94] / bey denen Lappen beschrieb[en] / hat. Nur irret er darinn, daß / er den einen[m] Schnee=Schuh[n] größer / als[o] den andern an= / giebt. denn

---

[a] zum Exempel *über der Zeile*   [b] nach *über der Zeile*   [c] *vor* ausgestrekt, *gestr. soweit einer mit*
[d] Man *verbessert aus* [...]   [e] *nach so gestr. leicht*   [f] tieff *über der Zeile*   [g] Z$_{um}$ *verbessert aus* [.]
[h] Scheibe *über der Zeile*   [i] *von* Man macht die Lischi *bis* Chagiàch. *rechts marginal*   [j] Russ$_{ische)}$ *verbessert aus* [...]   [k] *nach u. gestr. derer*   [l] Promüschlene$_i$ *verbessert aus* [.]   [m] *nach einen gestr. Schritt*
[n] Schnee$_{=Schuh}$ *über der Zeile*   [o] *vor* als *gestr.* angiebt

bey allen^a Völkern in gantz^b *Si-* / *biri*en sind sie an beyden Füs[s]en / von einerley Grös[s]e, und es / ist nicht glaublich, daß die Lappe[n], / welche sonst fast in allen / Stüke[n] mit denen Sibirische[n] / Völkern überein Kommen, / darin[n] was besonders habe[n] / sollte[n].

|: *Lischi* der *Ostiak*en / am *Ket*^95 fl[uß] die mit *Ca-* / *massi* gefüttert nennen / sie *Hálu*, die glatt[en] / *hírochon*. Einer so / gros[s] als der andere / an Gestalt so wie^c / ins gemein

Lischi die^d mit *camassi* beschlagen / sind heis[s]en bey dene[n] *Ostiak[en]* / am *Jenisei*^96, *áschil*^97, die / unbeschlagene *üenengóxe* / Diese letztere werden auch / bey dene[n] Rus[s]en *Golizi*^98 genannt : |^e /141r/

Die Länge eines Schnee=Schuhes / pfleget von^f halben^g / Mannes=Größe zu seyn. Sie / sind folglich nach *Proportion* / oder *Statur* derejenige[n], die sie / trage[n], in der Länge unterschie= / den. Die Breite ist ohngefehr von / zwey Hande breite^h. So sind un= / ten mit *Kamassi*, oder Häute[n] / von denen Füs[s]en der Ren[n]=Thiere / oder Elende^i bekleidet, derge= / stalt^j, daß die Haare gegen hinte[n] / Zu gekehret sind, damit sie beym / Bergansteige[n] nicht zurük gleite[n] / möge[n]. Der Ort, wo auf der oberen / Fläche der Fuß zu stehen kommt, / heißet im Rußische[n] *Juksa*^99. Sel- / biger ist bey denen *Jukagiri*, dem / hinteren Ende etwas näher als / dem vorderen, und ist mit *Ka-* / *massi* ausgefüttert. Die *Juka-* / *giri* haben an ihren *Lischi* auch / noch dieses besonders, daß das vor= / dere Ende schmahler und ein we= / nig zugespitzt, An dem hinter[en] / Ende aber, welches, wie bey an= / dern Völkern rund, noch eine / kleine höltzerne Spitze ausge= / schnitzet ist, wovon ich die Ursache^k / nicht erfahren habe.

Figur der *Jukagir*ische[n] *Lischi*

|: Die *JaKut[en]* haben Zweyerley / *Lischi*. Einige sind unte[n] / mit *Camassi* beschlagen und / werden nur auf weit ent- / fernte[n] Jagd Reise[n] gebrauchet. / Dieselbe heis[s]en sie *Tut*^100. / Andere so sie in der Nähe / Von ihre[n] Jurte[n] gebrauchen / sind ohne *Kamassi* und werde[n] / *Chaiisàr*^101 genannt.

---

^a allen *über der Zeile* ^b gantz *über der Zeile* ^c _wi_e *verbessert aus* [.] ^d die *verbessert aus* [...] ^e *von Lischi der Ostiaken bis Golizi genannt rechts marginal* ^f *nach* von *gestr.* einem ^g _halb_en *verbessert aus* [..] ^h _b_reite *verbessert aus* [.] ^i _Elend_e *verbessert aus* [.] ^j _dergest_alt *verbessert aus* [.] ^k _Ursa_che *verbessert aus* [.]

*Samoj*eden nennen die *Lischi* / *Túro*¹⁰² *Mangas⌈eisch⌉ Tudu*ᵃ¹⁰³. sie sind wie bey
ander⌈en⌉ / Volker⌈n⌉. auch einer so / groß wie derᵇ andere / *PodwoloKi*ᶜ¹⁰⁴ Von
*Olennie*¹⁰⁵ / *Kamassi*. Andere / die nicht mit *Camassi*ᵈ / beschlage⌈n⌉ sind,
nennen / sie *Lóbbe mangas⌈eisch⌉ Róbba*ᵉ Diese werden / Gebrauchet bey
nas⌈s⌉em Früh- / lings wetter, weil man / alsdenn die *Turo*¹⁰⁶ nicht brauche⌈n⌉ /
Kann, als anᶠ welchen die / *PodwolokKi*ᵍ¹⁰⁷, weil sie angelei- / met sind, Von der
FeuchtigKeit / abgehe⌈n⌉ʰ. Die *Túro*¹⁰⁸ sind / Vorn und hinten sPitzig / die *Lóbbe*
hinten breit / damit sie nicht Zurük / glitschen mögen. Die / Lange beyder auf 1½
Arsch⌈in⌉ / Die Rus⌈s⌉ischen *Lischi* womit / man auf den *Sobolinoi*¹⁰⁹ *Pro- / mysl*
gehet sind Längerⁱ. : |ʲ /141v/
Die *BrazKi, Mungale⌈n⌉*, Chalmüke⌈n⌉, / *NertschinsKi*sche *Tungus*en und /
Jakute⌈n⌉ sind fast alleZeit / Zu Pferde, und des reitens / dergestalt gewohnet, daß
/ sie Zu Fus⌈s⌉e sehr bald ermüde⌈n⌉ / Sie reiten alle mit sehr / Kurtzen
Steigbügeln, so daß / die Knie einem Reuter alle- / Zeit Krum sind. Ja es Kann /
Keiner Von diesen Völker⌈n⌉ mit / steiffen Knien gerade auf- / recht stehen,
welches aus⌈s⌉er dem / Krummen reute⌈n⌉ auch von ihrer / Gewohnheit mit
unterschla- / gen⌈en⌉ beine⌈n⌉ Zu sitzen her- / rühret.
Was⌈s⌉er Reisen sind Bey einigen / Volker gebräuchlich Bey ander⌈en⌉ / nicht.
Die Muhammedanische⌈n⌉ sowohl / als heidnische Tatare⌈n⌉ thun die- / selbe nach
Rus⌈s⌉ischer Art.
Die *Mungale⌈n⌉ BrazKi* und / *NertschinsKi*sche *Tungus*en / reisen nimmer Zu
was⌈s⌉er: son- / der⌈n⌉ alleZeit Zu Pferde, wo / sie aber über einen Flus⌈s⌉ / Zuᵏ
setzen habe⌈n⌉, der tief ist, so / führen sie Zu solchem Ende rohe / OchsenHäute
mit sich, welche sie /142r/ Zu einen Lotgen aufZusPanne⌈n⌉ / wis⌈s⌉en, und setzen
sich mit ihrer / *Bagage* dahinein, ruder⌈n⌉ ein / wenig, und führen die Pferde / an
Striken schwimmend nach.
Zuweile⌈n⌉ brauche⌈n⌉ sie auch Kleine / Flös⌈s⌉e.
|: Die *Samoj*eden haben Keine / andere FahrZeuge als / *WetKi*, die sie *oddù*¹¹⁰
nennen / oder mit dem Zusatzeˡ *onnè oddu* / (*onne*ᵐ¹¹¹ Bedeutet unser) damit sie /
selbige Von dene⌈n⌉ Rus⌈s⌉ische⌈n⌉ Lotgens / dergl⌈eichen⌉ sie auch *oddù* nenne⌈n⌉ /
*distinguire⌈n⌉*¹¹² mögen. Die / *Wetki* sind Vonⁿ / Cedernᵒ¹¹³ und *OssinniK*¹¹⁴ aus /
einem baume ausgehöhlet / sie sind Zuweile⌈n⌉ auf 2 / bis⌈s⌉ 2½ Faden Lang auch /
Kürtzer, nicht breiter als / das⌈s⌉ eben ein Mann darin / sitzen und rudern

---

ᵃ Mangas. Tudu *über der Zeile*   ᵇ d_{er} *verbessert aus* [.]   ᶜ _{Podw}o_{loKi} *verbessert aus* [.]   ᵈ C_{amassi}
verbessert aus [.]   ᵉ mangas. Róbba *über der Zeile*   ᶠ a_{n} *verbessert aus* [.]   ᵍ _{Po}d_{wolokKi} *verbessert aus*
[.]   ʰ a_{bgehe)} *verbessert aus* s   ⁱ Lä_{nger} *verbessert aus* [..]   ʲ *von* Die JaKut_{)} haben *bis* sind Länger.
rechts marginal   ᵏ Z_{u} *verbessert aus* [.]   ˡ Z_{usatze} *verbessert aus* S   ᵐ ₒnn_{e} *verbessert aus* [..]   ⁿ *nach*
Von *gestr.* Lerchen   ᵒ C_{edern} *verbessert aus* [.]

Kann. Ruder / wie bey den *Jakut⌈en⌉* und / *Tungus*en. bedekte *WetKi* / so wie Zu *Gronland*[115], hat / man nicht. Hochstens / Konnen bis⌈s⌉ 3 Mann in / einem sitzen. Dieses aber / wird erfordert, das⌈s⌉ ein Mann / mit einem Netze Von 100 Fade⌈n⌉ / darin Platz habe, weil sie / es Zum Fische⌈n⌉ gebrauche⌈n⌉. / auch Zur Rennthieres Jagd.

Except⌈is⌉[116] die *BrazKi* um / *BalagansK* haben Lotgens / die aus Fichten bäumen / ausgehöhlet sind und von ihne⌈n⌉ / *ongosso*[117] von den Rus⌈s⌉e⌈n⌉ aber / *Bati* genennet werden. Man / hat gros⌈s⌉e und Kleine, daß / sie bis⌈s⌉ auf 10 Persone⌈n⌉ einnehme⌈n⌉ / auch daß nur einer oder 2 darin / Platz habe⌈n⌉. Dabey sind Keine :|[a] |: ordentliche Ruder gebräuchlich / sondern es sitzet nur ein / Mensch hinten als am Steuer / und hat einen große⌈n⌉[b] Spatel in den / Händen mit welchem er / Bald Von der einen bald / andere⌈n⌉ Seite dem lotgen / forthilfft. Sitzen Viel Per- / sonen darin, so haben auch / andere dergl⌈eichen⌉ SPatel in Hände⌈n⌉ / und rudern damit.

Wenn diese *BrazKi* mit / Vieler *Bagage* eine⌈n⌉ / Flus⌈s⌉ Zu pas⌈s⌉ire⌈n⌉ habe⌈n⌉ / so Binden sie Zwey oder / drey *Bati* Zusammen / und machen daraus / ein Floß, auf welchem / sie ihre *Bagage* über- / führen. (порома[118])

In *KamtschatKa*[119] und / Bey[c] denen *Koriake⌈n⌉* / an der *PenschinsK*ische⌈n⌉ / See[120] sind auch dergl⌈eichen⌉ / Floße die aus *Bati* ge- / macht sind, sehr üblich.[d]

Die *Wetki* im *Turuch⌈anskischen⌉* Geb⌈iet⌉ sind / diker Von Holtze als die im / *Jak⌈uzkischen⌉* Geb⌈iet⌉[121] des⌈s⌉wegen wakeln / sie[e] auch[f] nicht so sehr[g] / auf dem was⌈s⌉er als diese[h] / auch sind[i] die *Turuch⌈anskischen⌉ WetKi* / unten Plat, und nicht / SPitzig wie im *JaK⌈uzkischen⌉* / Gebiethe[122]. :|[j]

Die Chalmüken und *ChasaTschi* / *Orda* pas⌈s⌉ire⌈n⌉ mehrenTheils / die gros⌈s⌉e flüs⌈s⌉e, daß sie die / Pferde Vor sich in das was⌈s⌉er / Treibe⌈n⌉[k], und sich an dem Schweife / der Pferde haltend, nachschwimme⌈n⌉.

Die *Jakut*en um *Ust Aldan*[123], *Ust-* / *Wilui*[124], *Schigan*[125], wie auch am *Jana* / *IndigirKa*, *Kolyma*, haben *SchitiKi*[126] / oder FahrZeuge die Von[l] brettern[m] / mit Riemen Zusammengebunde⌈n⌉ / und mit Mos⌈s⌉ *Calfa*tert[n] sind. / Damit gehe⌈n⌉ sie auf den Fischfang / nach dene⌈n⌉ untere⌈n⌉ Gegende⌈n⌉ der / flüs⌈s⌉e. Dergl⌈eichen⌉ FahrZeuge sind / auch Bey dene⌈n⌉ Rus⌈s⌉en in dortige⌈n⌉ / Gegend⌈en⌉ üblich, und die *Jakute⌈n⌉* / scheinen die Gewohnheit Von den⌈en⌉ / Rus⌈s⌉en angenomme⌈n⌉ Zu habe⌈n⌉ / wie denn auch der Nahme Rus⌈s⌉isch / ist. S⌈iehe⌉ meine Nachricht⌈en⌉

---

[a] *von* Die Samojeden haben Keine *bis* Dabey sind Keine *auf Bl.* 141v *rechts marginal* [b] große) *über der Zeile* [c] B_ey *verbessert aus* [.] [d] *nach* üblich. *gestr.* / und werden daselbst / Poromi genannt. [e] sie *über der Zeile* [f] *vor* auch *gestr.* jene [g] *nach* sehr *gestr.* auf [h] die_se *verbessert aus* [...] [i] s_ind *verbessert aus* d [j] *von* ordentliche Ruder gebräuchlich *bis* JaK. Gebiethe *rechts marginal* [k] T_reiben *verbessert aus* [.] [l] Von *verbessert aus* [...] [m] b_r(etter) *verbessert aus* [.] [n] _Calfa_tert *verbessert aus* [.]

Von / Der Schiffarth aus der Mündung / des *Lena* Flusses zu Entdekung der / Ostlichen Gegenden¹²⁷. /142v/
Sonst haben die *JaKuten* eine art / Von Kleinen Lotgens die aus Bir- / ken Rinde und Schindeln Bestehen / Sie sind auf 2 Faden Lang und nicht / breiter, als dass eine Person darin / sitzen Kann, Unten platt und Vorne / und hinten rund, mit Kleinen sPitzigen Schnautzen|ᵃ auch gegen oben / Zu ein wenig Krum eingebogen / Die Birken Rinde wird Zusammen / genehet, und auf den Näthen mit / Hartz verschmieret. Ein dergleichen / Lotgen nimmt höchstens nicht mehr / als drey Personen ein: Sie sind / sehr Leicht und gehen schnell, wakeln / aber sehr, wenn man sich darin nicht / in beständigem *Equilibrio* Zu halten / weiß. wo sie im Grunde an Steine / stossen, da werden sie sehr Leicht / beschädiget. Man gebrauchet darin / nur ein Ruder welches an beyden / Enden eine Schauffel hat, und / Von der Person die das FahrZeug / *regir*et in der Mitten gehalten, / und wechselsweiseᵇ, bald auf / der einen bald anderen Seite in / das Wasser getauchet wird. Da / denn Bey einer jeden Eintauchung / das FahrZeug sich ein wenig in / *contrariam plagam*¹²⁸ wendet. / Die Person so rudert setzet fast / inᶜ der Mitte des Kahns, doch / dem Hintertheile etwas Näher / als dem Vordertheile. Man beo- / bachtet auch den Kahn hinten /143r/ etwas stärker als Vorn Zu beladen / weil sie sagen dass all denn das Fahr- / Zeug Leichter gehen. Sie nennen der- / gleichen auf *Jakuti*sch: ...¹²⁹
Flösse sind gleichfalls Bey denen *JaKuten* / gebräuchlich, wenn sie bloß einen Fluß / abwerts zu befahren haben, und in der / Untern Gegend eine andere Gelegen- / heit ZurükZuKommen wissen.
Wenn sie schnelle Ströhme auf- / werts Zu gehen haben, so Ziehen / sie ihre Kleine Kahne an Striken / oder Riemen, gehen dabey mehren- / Theils im Sommer barFuss; weil / aber die Ufer der Flüsseᵈ mehren- / Theils steinigt sind, so ziehen sie, / um die Füsse nicht Zu beschädigen, / ein stük von einer rohen Ochsen / Haut unten um die FußSohlen / an, welches obenᵉ auf dem Fusse / ZusammenGebunden wird.
Die *JaKuten* scheinen wohl diese / Art Kleine Lotgens Zu machen / Von denen *Tungus*en angenommen / Zu haben.
|: *Oblaschki*¹³⁰ der *OstiaKen* / am *Ket*¹³¹ fluß werden Von / ihnen *Tŷg*¹³² genannt / sind so gross dass eine / *Familie* mit Jurten / und Hausgeräthe / darin Platz haben / Selbige lotgens sind lang / und Schmahl, nach der / Länge

---

ᵃ mit Kleinen sPitzigen Schnautze) *über der Zeile* ᵇ wechselSweise *verbessert aus* [.] ᶜ ₁n *verbessert aus* [.] ᵈ F₁üsse *verbessert aus* [.] ᵉ oben *über der Zeile*

haben auf 4 / bis⌈s⌉ 9 Mann darin / Platz. Aus einem baume / ausgehöhlet. Plat / bodigt, schlagen leicht / um wer nicht damit[a] / umZugehe⌈n⌉ weis⌈s⌉. Bey dene⌈n⌉ *Jeniseiski*sche⌈n⌉ / *Ostiak*⌈*en*⌉ sind ebendergl⌈eichen⌉ / Lotgens im Gebrauch, und / nennen[b] sie selbige gleich- / falls *Týg*[133]. Die Rus⌈s⌉e⌈n⌉ / am *Jenisei*[134] nennen selbige / nicht mehr *oblaschki*[135] son- / dern *WetKi*. : |[c] Die *Tungus*en aber an der *Lena* / und sonst überall | außer Zu *Nertschinsk*[136] | / haben in ihren Lotgens eine etwas / andere bauArt. Sie nennen ihre / Lotgens: *Dscháwe*[137]. Selbige beste⌈hen⌉[d] / gleichfalls aus birken Rinde und Schin- / deln, sind aber Vorn und hinten /143v/ gantz sPitz, auch unten ein wenig Zu- / gesPitzt, wes⌈s⌉wegen sie weniger / wakeln und schneller gehen als / die *JakuzKi*sche⌈n⌉ Lotgens. Sie / sind auch etwas Länger, aber eben / so schmahl, als bey dene⌈n⌉ *Jakut*⌈*en*⌉. / Nehmen auch nicht mehr Last ein. / das Rudern wie bey den *Jakut*⌈*en*⌉.

|: *Taigin*zi, *Modori*, *Karagassi* / *Koibali*, auch die / *Camasinzi* haben lotgens / wie die *Tungus*e⌈n⌉ Von bir- / ken Rinde. Selbige sind / auf 4[e] biß 5 Faden / Lang, und in der Mitte / etwan ein *Arschin* breit / unte⌈n⌉ platt. Die größeste / Länge ist 5½ Klaffter / eines erwachsene⌈n⌉ Mensche⌈n⌉ nem- / lich soweit er mit ausgestrekt⌈en⌉ / Arme⌈n⌉ reichen Kann. (ручные / сажены[138]) Die birken Rinde / wird Zusammen genehet, und / auf dene⌈n⌉ Nähten mit Tannen / Hartz[f] Verpichet. Diese birken / Rinden werde⌈n⌉ an Reiffen Von / *Tscherömcha*[139], die in form / des Lotgens Zusammengebun- / den sind, angenehet, und wo / sie angenehet sind, gleichfalls / Verpichet. Die Reiffen aber / sind erstlich nach der Länge / drey nach der breite 6[g] oder / 8[h] so daß diese Letztere[i] / etwas mehr als eine⌈n⌉ halb⌈en⌉ / Fade⌈n⌉ Von einander sind. hier- / nächst noch 2 Reiffen Zu oberst / an beyden Ränden. Ihre / Ruder haben nur eine Schau- / ffel. : |[j]

|: *Tatar*en im *Krasnoj*⌈*arskischen*⌉ Geb⌈iet⌉ / am *Jenisei*[140] und *Iius*[141] habe⌈n⌉ / Lotgens, die aus Baumen / (осина[142]) ausgehohlet sind / auf 3 bis⌈s⌉ 4 Fade⌈n⌉ Lang / haben aber wenige und / gebrauchen dieselbe blos⌈s⌉ / wenn sie über ein⌈en⌉ Flus⌈s⌉ / Zu setzen habe⌈n⌉. Sie mach⌈en⌉[k] / auch *Poromi*[143], wenn sie / ihre Jurte⌈n⌉ und Haab- / schafft über einen Flus⌈s⌉ / *Transportir*⌈*en*⌉ woll⌈en⌉. : |[l] *Momi*[144] ist eine art Von Höltzerne⌈n⌉ / Lotgens bey dene⌈n⌉ *Lamut*en / Zu *Ochozk*[145]. Dieselbe sind / Von EsPen[146] Holtz, aus einem baume / ausgehöhlet. Die Rus⌈s⌉en in den- / selb⌈en⌉ Gegenden nennen dieselbe / *Batý*.

---

[a] d_{amit} *verbessert aus* [.]   [b] n_{ennen} *verbessert aus* [.]   [c] *von* Oblaschki der OstiaKe₎ *bis* sondern WetKi *auf Bl.* 142v *rechts marginal*   [d] b_{esteh)} *verbessert aus* [.]   [e] 4 *verbessert aus* [.]   [f] H_{artz} *verbessert aus* [.]   [g] 6 *verbessert aus* [.]   [h] 8 *verbessert aus* 6   [i] *nach* Letztere *gestr. fast*   [j] *von* Taiginzi, Modori, Karagassi *bis* eine Schauffel. *auf Bl.* 143r *rechts marginal*   [k] m_{ach)} *verbessert aus* [.]   [l] *von* Tataren im Krasnoj. *bis* Transportir₎ wolle₎. *rechts marginal*

Die *Koriäck*en haben eben dergl⌈eichen⌉ / *Baty* und nennen selbige *At-* / *wat* oder *Atywat*¹⁴⁷.

Auf denen Flüs⌈s⌉en *OleneK, Kolyma,* / *Anadir*¹⁴⁸ haben die *Tungus*en und ubrige dortige Heyden, auch die / Rus⌈s⌉en, bey der Rennthiers Jagd, / wenn selbige durch die Flüs⌈s⌉e / setzen, eine Art Gantzᵃ Kleiner / Lotgens Von *Ossinik*¹⁴⁹ oder *Topol-* / *nik*¹⁵⁰ aus einem baume ausgehohlet unten gantz sPitzᵇ / Selbige Könne⌈n⌉ nicht mehr als / einen Mann Trage⌈n⌉, wakeln / sehr, und wer nicht damit Zu / fahren gewohnt ist, schlägt leicht / damit um. Die *Ostiake*⌈n⌉/144r/ am *Ob*¹⁵¹ sollen ebendergl⌈eichen⌉ haben. / Im *Jakuzki*sche⌈n⌉ Gebiethe¹⁵² heis⌈s⌉e⌈n⌉ / diese Lotgens auf Rus⌈s⌉isch *WetKi* / am *Ob*¹⁵³: *OblaschKi*¹⁵⁴. Die *JuKagiri* / am *Kolyma* und *Anadir*¹⁵⁵ nenne⌈n⌉ / selbige *Óldsche*¹⁵⁶.

*Tahàtim*¹⁵⁷ nennen die *Kamtsche-* / *dalen* und *Kurilen* ihre *Baty Baidar*en¹⁵⁸ heis⌈s⌉en in *KamtschatKa*¹⁵⁹ / große Lotgens die aus Fischbein¹⁶⁰ / und daran ausgesPannt⌈en⌉ See / HundsFelle⌈n⌉ bestehe⌈n⌉. Selbige / Könne⌈n⌉ auf 40 Mann einnehme⌈n⌉ / Müs⌈s⌉en aber offters aus dem / Was⌈s⌉er an das Ufer geZogen und / getroknet werde⌈n⌉. Man fähret / damitᶜ auch Langst dem Ufer des Meeres. Von dene⌈n⌉ *Baidar*en¹⁶¹ der *TschuKtschi* / welche auf 2 gros⌈s⌉en Blasen / Von See Hunds Fellen ruhen / aus des *Cap*⌈*i*⌉*t*⌈*ain*⌉ *Comm*⌈*andeur*⌉ *Berings* / *Journal* Von seiner ersten Reise / nach *Kamtschatka*¹⁶².
Sonst sind auf dene⌈n⌉ Flüs⌈s⌉e⌈n⌉ in *Sibirie*⌈n⌉ / Bey dene⌈n⌉ Rus⌈s⌉en folgender FahrZeuge / gebräuchlich als *DoschtscheniKi*¹⁶³, / *KolominKi*¹⁶⁴, *CajuKKi*¹⁶⁵, *SchitiKi*¹⁶⁶, / *LotKi*. Die *ColominKi*¹⁶⁷ sind blos⌈s⌉ / Bey dene⌈n⌉ *Sawodd*en¹⁶⁸ im Ge- / brauch.

---

¹ *Kuzneck*
² frz. – Vergleich
³ russ. *badaški* (Ez. *badašok*); vgl. russ. *badažok* (Mz. *badažki*) – Stab, (kleine) Stange (*Dal'* 1880–1882, Bd. I, S. 36)
⁴ s. Anm. 3
⁵ „Zy onthouden zich zoo lang op een plaets, tot dat hun Vee al 't Gras daer omtrent opgegeten heeft: en vertrekken als dan na andere plaetzen, daer beter Weide voor hun Beesten is. ... Als zy in de Winter of Zomer van plaets veranderen, zoo zetten zy hunne Kinders, die geen Paerden konnen bestieren, in leere zakken, en hangen de zelve op de Kamelen, aen ieder zyde van de Kameel een groote leere zak, met twee of drie Kinders in ieder zak, de welke met de hoofden daer uit kyken, ..." (nl. – Sie [d. h. die Kalmyken] verweilen so lange an einem Ort, bis ihr Vieh das Gras aufgefressen hat, und ziehen dann in andere Gegenden, wo es bessere Weidegründe für ihre Tiere gibt. ... Wenn sie im Winter oder im Sommer ihren Aufenthaltsort wechseln, setzen sie ihre Kinder, die keine Pferde reiten können, in Ledersäcke, und hängen diese an die Kamele, auf jeder Seite des Kamels einen großen Ledersack mit zwei

---

ᵃ G_{antz} *verbessert aus* [.]   ᵇ unten gantz sPitz *über der Zeile*   ᶜ _{da}m_{it} *verbessert aus* [.]

oder drei Kindern in jedem Sack, so daß diese mit den Köpfen daraus herausschauen ...) (Witsen 1705, S. 308)
[6] *Bajkal*
[7] *Bajkal*
[8] „GERECHTIGKEIT, ... rechtlich begründete oder verliehene befugnis, recht, das einem zusteht, vorrecht ..." (Grimm 1991, Bd. 5, Sp. 3606ff.)
[9] Gebiet von *Jakuck*
[10] *Viljuj*
[11] *Zeja*
[12] *Jakuck*
[13] russ. *sanki* (Ez. *sanka*) – Hundeschlitten, kleiner Schlitten (s. Anikin 2003, S. 526)
[14] russ./sib. *rospuski* – lange Lastwagen, auch Schlitten (s. Anikin 2003, S. 511); „Die Russen haben einspännige Schleppwagen (R. Rospuska) mit einem, auf den Achsen, oder des Winters auf einem Schlitten, horizontal=liegenden Rahm, ohne Kasten und Leitern, auf welchen Getreide, Heu – geführet wird; ..." (Georgi 1797–1802, Theil 3, S. 625)
[15] *Kjachta*
[16] vielleicht der in persischer Sprache schreibende Historiker Mirkhond (Auskunft von Prof. Dr. Bruno Naarden, Amsterdam); „SKRIBENT, ... scribent, author. ... schriftsteller, schreiber ..." (Grimm 1991, Bd. 16, Sp. 1331f.)
[17] lat. – Seite 265 (und) die folgende (Seite); „Zeeker Arabisch Schryver ... zegt, dat de Chataërs en Mugalen veel te Veldewaerts, op wagens leven, en aldaer, in vlakten en effen Landen, zeilen op hunne wagens zetten, en alzoo, als in schepen voort gedreven worden." (nl. – Ein gewisser arabischer Autor ... sagt, daß die Cataier [d. h. die Bewohner von Catay, des nördlichen Teils von China] und die Mongolen viel unterwegs sind, in Wagen leben, in den ebenen und flachen Gebieten dort Segel auf ihren Wagen setzen und auf diese Weise wie auf Schiffen fortgetrieben werden.) (Witsen 1705, S. 265f.)
[18] *Enisejsk*

[19] „By Winter tyd, als het Sneeuw leit, zeilt men, op veel plaetzen in de Kalmaksche Woestynen, met sleden te Lande daer over." (nl. – Im Winter, wenn Schnee liegt, segelt man an vielen Orten der kalmykischen Wüsten (Steppen) mit Schlitten über das Land.) (Witsen 1705, S. 292)
[20] Gebiet von *Mangazeja*
[21] Gebiet von *Mangazeja*
[22] russ./sib. *nogi* – Wanten (*Slovar'* 1991, S. 87); „WANT, n., auch f., tauwerk zur stütze der masten. ..." (Grimm 1991, Bd. 27, Sp. 1922ff.)
[23] russ. *rajny* (Ez. *rajna*) – Segelstange, Rahe
[24] „Zy hebben Steden, Dorpen, noch Huizen: maer woonen, behalven onder Tenten, op Wagens of Karren, daer twee groote rollen aen zijn. Op ieder dezer Karren is een kas, van licht hout gemaekt, zeven of acht voeten hoog, en zoo lang en breet, dat 'er vier Menschen in konnen liggen; welke kasten zy, na gelegentheit, op en af van de Karren nemen. Wanneer zy het op eene plaets moede zijn, dan spannen zy hunne Kamelen of Ossen voor de Karren, en trekken zoo voort, waer heen zy willen. Wanneer zy en hun Vee het op eene plaets afgegeten hebben, dan gaen zy al weder voort, na een ander gewest." (nl. – Sie haben weder Städte und Dörfer, noch Häuser, wohnen aber außer in Zelten auf Wagen oder Karren, an denen sich zwei große Rollen befinden [d. h. hölzerne Scheiben an Stelle der Räder bei einem Rollwagen]. Auf jedem dieser Karren ist ein aus leichtem Holz angefertigter Kasten, der sieben oder acht Fuß hoch und so lang und breit ist, daß vier Menschen darin liegen können. Diese Kästen können bei entsprechender Gelegenheit vom Karren heruntergenommen werden. Wenn ihnen ein Ort nicht mehr gefällt, spannen sie ihre Kamele oder Ochsen vor den Karren und ziehen dorthin, wohin sie mögen. Wenn sie mit ihrem Vieh eine Stelle abgegrast haben,

ziehen sie wieder in andere Gegenden weiter.) (Witsen 1705, S. 295)

²⁵ *Bajkal*

²⁶ „Deßgleichen seyn in diesem strich landes vor weniger zeit einige mit eisen beschlagene wagen=räder und grosse mühl=steine gefunden worden/ woraus ich muthmasse/ daß die Nieucher/ welche an obbenannte landschafft Leaoting gräntzen/ vor diesem in diesem Rußischen Daur ihre handthierung und handelschafft gehabt haben/ zumahln sie auch diese mit eisen beschlagene wagen gebrauchen/ dergleichen sonst nirgends bey den Mongalen &c. gefunden worden." (Isbrand Ides 1707, S. 105)

²⁷ *Argun'*

²⁸ „Dieser Name [d. h. ‚Ajukische Calmükken'] war nur zu der Zeit erträglich, als der Chan Ajuka lebte, von dessen Befehlen alle Wolgische Calmücken abhiengen. Man unterschied sie dadurch von den Contaischen Calmücken, die unter der Bothmäßigkeit des Contaischa stunden. Wie aber der Titul Contaischa von dessen Nachfolgern nicht beybehalten worden, und der Chan Ajuka mit Tode abgegangen: so hat man nothwendig auf andere Benennungen bedacht seyn müssen. Die Contaische Calmücken hat man auf Rußisch Sengorzi, oder Süngorzi [Soongoren; russ. *džungary*, *čžungary*, *zjungary* bzw. *zungary*], genannt. Sie nennen ihr vornehmstes Geschlecht, das die Regierung des Landes an sich gebracht hat, selbst Songar, oder Dsongar. Die Ajukischen aber werden insgemein die Wolgischen Calmücken genannt, weil sie in der Gegend dieses Flusses sich aufzuhalten pflegen. Man thut noch besser, wenn man die letzteren nach ihrem Geschlechtsnahmen Törgöt, oder Torgout, die Torgouten, oder die Törgötischen Calmücken nennet. ..." (Schnitscher 1760, S. 279); „Der Titul Contaischa [Kontaischa; russ. *kontajša*, auch *chuntajdži*] ist der Herrschaffts=Nahme unter denen Calmücken, und bedeutet so viel als Fürst oder König." (Unkowsky 1733, S. 123); „Die mächtigsten unter den Kalmückischen und mongolischen Fürsten haben sich sonst theils von ihrem geistlichen Oberhaupt dem Dalai=Lama, theils von ihren mächtigern Nachbarn dem Rußischen und Chinesischen Beherrscher den Chanen=Titul beylegen lassen, und der Titel Chuntaidshi (Schwanenfürst) welcher vielen Soongarischen, Choschotischen und Mongolischen Fürsten eigen gewesen ist, wurde unter diesen Horden, da sie noch frey und von keiner auswärtigen weltlichen Macht abhängig waren, allein vom Dalai=Lama ertheilt, und gab den Rang über die gemeinen Fürsten und die Rechtmäßigkeit der Macht, welche sich solche über die minder mächtige anmasten." (Pallas 1779, S. 279); s. auch Glossar: Kalmyken

²⁹ *Jakuck*

³⁰ *Ob'*

³¹ Johann Bernhard Müller

³² Müller 1720, S. 28f. (Kapitel „Von der Lebens=Art der Ostiaken", S. 24–43) „§. 6. Die Hund und Rennthiere dienen ihnen an statt der Pferde; sie spannen 6–8. a 12. Hunde vor einen Schlitten, und reisen damit in der größten Geschwindigkeit von einem Orte zum andern... Die Passagiers können aus Mangel der Pferde, die auch ohnedem bey grossen Schnee auff diesem Wege nicht geschickt seyn, keine andere Vorspann als Hunde oder Rennthiere haben; ..."

³³ d. h. die pumpokolischen Ostjaken am Fluß *Ket'* (s. auch Kap. 25, Bl. 10v)

³⁴ *Ob'*

³⁵ *Viljuj*

³⁶ *Jakuck*

³⁷ d. h. von *Žigany* bzw. *Žiganskoe zimov'e*

³⁸ d. h. an der Mündung (russ. *ust'e*) des Flusses *Lena*

³⁹ d. h. an der Mündung (russ. *ust'e*) des Flusses *Jana* bzw. *Ust'jansk* o. *Ust'janskoe zimov'e*

⁴⁰ „SOHLE, ... schlittensohle kufe ..." (Grimm 1991, Bd. 16, Sp. 1408ff.)

[41] s. Anm. 40
[42] Johann Bernhard Müller
[43] Müller 1720, S. 29 (Kapitel „Von der Lebens=Art der Ostiaken", S. 24–43) „Die Schlitten sind 4. a 5. Ellen lang, und ½ Elle breit; man kan sie mit einer Hand auffheben, denn die Sohlen darunter nicht ein Zoll dicke, und die Lehnungen noch dünner sind."
[44] „BESCHREITEN ... die füsze oder beine um, auf etwas setzen, ..." (Grimm 1991, Bd. 1, Sp. 1596)
[45] s. Anm. 40
[46] russ. *potjag* – (bei Hundegespannen) langer Zugriemen (s. *Anikin* 2003, S. 479 u. S. 778); jakut. „пуочаак", „пуошаак", „буошаак", „буочак", „буочах" bzw. „буотак" – russ. *potjag* (Helimski 2003, S. 225)
[47] russ. *alak* (Mz. *alaki*), auch russ. *alik*, *alok*, *alyk* bzw. *aljak* – Hundegurt, Hundegeschirr (s. *Anikin* 2000, S. 80 sowie *Anikin* 2003, S. 64 u. S. 767f.); jakut. „аалык" – Zugriemen (am Hundegeschirr) (*Slepcov* 1972, S. 24)
[48] russ. *svary* (Ez. *svara*) – Riemen (auch Holzstange) als Teil des Hundegeschirrs (s. *Anikin* 2003, S. 533 u. S. 780); russ./jakut. „свары" – Teil des Hundegeschirrs (*Anikin* 2003, S. 533)
[49] s. Anm. 46
[50] s. Anm. 46
[51] s. Anm. 47
[52] s. Anm. 48
[53] s. Anm. 46
[54] russ. *stanovoj povodok*; russ. *povodok* (Mz. *povodki*) – ein Riemen oder eine Leine als Teil des Hunde- bzw. Rentiergeschirrs (s. *Anikin* 2003, S. 457 u. S. 777); russ. (adj.) *stanovoj* von russ. *stan* – in verschiedenen Bedeutungen: u. a. Rumpf (des Körpers), (hölzerne) Stützvorrichtung, Gestell, Station, Poststation (s. *Slovar'* 2006, S. 193–196)
[55] vermutlich gemeint russ. *svary*; s. Anm. 48 u. Glossar: Suturi
[56] s. Anm. 54
[57] s. Anm. 47
[58] russ. *peredovščik* (Mz. *peredovščiki*) – Leittier im Hundegespann, aber auch Person, die im Rentierzug voranfährt (Helimski 2003, S. 203) u. Anführer einer Gruppe von *promyšlenniki*
[59] „LINIE, ... schiffer, fuhrleute u. a. nahmen das lat. wort in der bedeutung der langen schnur oder des dünnen seils herüber, ..." (Grimm 1991, Bd. 12, Sp. 1039ff.); „LEITSEIL, ... für ein gespann: leitseil, ein strick oder seil die vorgespannte zu leiten, ..." (a. a. O., Sp. 739f.)
[60] s. Anm. 58
[61] russ. (Interjektion) *na*! – nu! da! (Pawlowski 1952, S. 707; s. auch unter „*na*, *na*" bei *Anikin* 2000, S. 400
[62] russ. (Interjektion) *sjuda*! – hierher!; Kommando für Hundegespanne (*Anikin* 2003, S. 590)
[63] russ. *stoj*! *stoj*! (Kommandowort) – halt!
[64] „SOHLE, ... schlittensohle kufe ..." (Grimm 1991, Bd. 16, Sp. 1408ff.)
[65] s. Anm. 61
[66] s. Anm. 62
[67] vgl. „winter, winder (ahd. wintar) ..." (Ziemann 1838, S. 653)
[68] russ. *ljamka* – Ziehriemen, Halsriemen, Rentiergeschirr (s. *Anikin* 2003, S. 346)
[69] *Enisej*-samojed. „fóre', Ch., fóde', B., 1) Galle, 2) Zugriemen." (Schiefner 1855, S. 94); samojed. „подеръ" – Teil des Geschirrs, Riemen (russ. chomut-*ljamka*) (Donner 1932, S. 157, nach *A. A. Dunin-Gorkavič*)
[70] s. Glossar: Ren
[71] s. Anm. 54
[72] *Enisej*-samojed. „sâ, Ch., so, B., Halfter" (Schiefner 1855, S. 90); samojed. „ca" – Zugriemen (Donner 1932, S. 157, nach *A. A. Dunin-Gorkavič*)
[73] vgl. samojed. „Gesicht, ... Jen. ... sedo', B. ..." (Schiefner 1855, S. 228)
[74] russ. *chorej* – Stange zum Lenken (Leiten) des Rentiergespanns (*Anikin* 2000, S. 622)
[75] *Enisej*-samojed. „kol'i'o, Ch., kori'o, B., Treibstange" (Schiefner 1855, S. 80); sa-

mojed. (nenz.) „χareĭ", „xǎřěj" u. samojed. (enz.) „korio" – Stange zum Lenken
(Leiten) des Rentiergespanns (*Anikin*
2000, S. 622)
[76] *Kamčatka*
[77] russ. *sanki* (Ez. *sanka*) – Hundeschlitten,
kleiner Schlitten (s. *Anikin* 2003, S. 526)
[78] jukagir. „лалимэ(н)" – Schlitten (russ.
narta; s. Glossar: Narte) (*Kurilov* 2001,
S. 196)
[79] s. Anm. 68
[80] Distrikt von *Vercholensk*
[81] russ. *šalaši* (Ez. *šalaš*) – auch: Zelte,
Hütten
[82] Johannes Gerhard Scheffer; Scheffer
1673, S. 193f. (Kapitel 16 „De Lapponum
Domiciliis, S. 189–204) „Aestate vero res
easdem imponunt clitellis rangiferorum
tali modo; ligna habent duo, quae religant
circum rangiferum, repositis in tergo ejus
vestibus, id quod Tobbis vocant, ne lae-
datur aut rumpatur, superne definciunt,
quisquid imponere rangiferis volunt arcu-
lis inclusum. Ligna ista duo, quae hic
memorat, sunt nonnihil lata, sed tenuia, ut
possint flecti, ex abiete, ex qua vulgo
capsulae parantur. Ea ligna singula in ca-
pitibus junguntur, inserto unius quasi
modo, alterius ad id facto foramini, ut
quodlibet circularem habeat formam,
atque qua junguntur ita, ea parte suspen-
duntur in tergo rangiferi, unum à dextra,
alterum à sinistra parte, imo lignorum fu-
ne colliguntur, sub ipsius ventre, sic ut
haec ligna presse adhaereant rangifero.
Arculae oblonge rotundae sunt ex simili
ligno in orbem flexo, ad modum capsa-
rum aut tympanorum militarium, nisi
quod figura sint oblonga, sicut dixi. Has
arculas in imo claudunt virgis betulinis,
craticulatim adtexis, in summo loris aut
fasciis laneis, quas solvunt, quoties quid
est vel inserendum, vel eximendum, atque
ne quid vel excidat, corticibus betulinis,
vestibus, aut pellibus, omnia involvunt.
Has arculas loris aut funibus religant, ad
capita praedictorum lignorum, sic ut
utrinque dependeant à latere rangiferi,

summa parte exterius, ima interius ad
ventrem rangiferi obversa, species totius
rei est ejusmodi."; Scheffer 1675, S. 217f.
(Kapitel 16 „Von den Wohnungen der
Lappen", S. 212–230) „Im Sommer aber
legen sie selbe Sachen über die Sattel ihrer Reenthiere / solcher gestalt: sie haben
zwey Bretter / so sie an das Reenthier fest
schnüren / auff den Rücken legen sie etwas von Kleidern / so sie Tobbis nennen /
damit sie nicht geschabet oder gedrucket
werden / oben machen sie hernach / was
sie den Reenthieren auffladen / feste. Die
beyden Bretter / derer er [Samuel Rheen]
hie erwähnet sind etwas breit / aber dünne / damit sie können gebogen werden /
von Dannen=Holz / worauß man sonsten
die Schreine zu machen pfleget. Diese
Bretter werden oben zusammen gefüget /
und in einander gestecket / daß ein jedes
ganz rund wird / an dem Ende aber wo sie
so zusammen gefüget / werden sie über
den Rücken deß Reenthiers gehänget /
eines zwar von der rechten / das andere
von der lincken Seiten / und unter dessen
Bauch mit einem bastenen Seil zusammen gebunden / daß sie fest anligen. Hernach haben sie einige Pudeln so längliche
rund seyn / auß eben demselben Holz /
und krum gebogen / wie ein Schrein oder
fast wie eine Paucke / ohne daß sie / wie
gesagt / längliche rund sind. Diese Pudeln
flechten sie unten mit Bircken=Ruthen in
Form eines Rost zusammen / oben binden
sie dieselbe zu / aber mit Riemen oder
Leinen=Bändern / welche sie aufflösen /
so offe sie etwas hineinlegen oder he-
raußnehmen wollen; damit auch nichts
herausfalle / bewickeln sie alles mit Bir-
cken=Rinden / Kleidern oder Fellen. Diese Pudeln schnüren sie endlich mit Stricken an das oberste Theil gedachter
Bretter an / also daß sie von beyden Seiten deß Reenthiers herabhängen / das o-
berste Theil zwar nach aussen zu / das
unterste nach dem Bauche deß Reenthiers
zu."
[83] *Alazeja*

[84] *Anadyr'*

[85] russ. *kulak* – Faust

[86] s. Anm. 85

[87] s. Glossar: Arschin

[88] s. Glossar: Elen

[89] tatar. „таяк" – Stab (*Ganiev* 1984, S. 379); tatar. (*Tara*) „tajàk" – Stock (J. E. Fischer in: AAW F. 21, Op. 5, D. 50, Bl. 65v); tschulym. „таяк" – Skistock (*Funk/Tomilov* 2006, S. 156); turk. „тojaкa" bzw. „тajaк" – Hirtenstab, Stock, Stab (Radloff 1963, Bd. 3, Sp. 1175 bzw. Sp. 816)

[90] kamass. „śürü, Stab." (Schiefner 1855, S. 184); turk. „сӱрук" – Stange (Radloff 1963, Bd. 4, Sp. 769)

[91] tatar. „чаңгы" – Schneeschuhe (russ. *lyži*) (*Ganiev* 1984, S. 252); tatar. „Tschangga" – lange Schneeschuhe (D. G. Messerschmidt in: AAW F. 98, Op. 1, D. 35, Bl. 5v); teleut. „чана", tschulym. „шана" bzw. „сана" – russ. *lyži* (Schneeschuhe) (*Funk/Tomilov* 2006, S. 204 bzw. S. 156); turk. „шана" – Schneeschuhe (Radloff 1963, Bd. 4, Sp. 948); „Aus der Jagd machen sie [d. h. die Teleuten] viel und haben auch zu derselben im Gebürge gute Gelegenheit und bey der leichten Viehzucht Zeit. Sie bedienen sich auf derselben langer Schlitt= oder Schneeschuhe (T. Schana) ..." (Georgi 1776–1780, S. 243)

[92] russ. *golicy* – kurze und breite, bei der Jagd verwendete Schneeschuhe, die nicht mit Fell überzogen sind

[93] chakass. „халбырах" – Schneeschuhe (russ. *golicy*) (*Funk/Tomilov* 2006, S. 577)

[94] Johannes Gerhard Scheffer; Scheffer 1673, S. 247 (Kapitel 20 „De Armis atque instrumentis ad venationem fere pertinentibus", S. 244–252) „... hunc in eis servari modum, ut unum lignum altero sit longius, mensura unius pedis, juxta virorum vel mulierum proceritatem, utpote si vir vel mulier sit octo pedum longitudine, lignum unius pedis totidem habebit in longitudine justa, reliquum vero novem. Debet solea una longissima excedere viri, ea usuri, longitudinem pede uno, altera esse tanto brevior. Atque ita meae sese habent, una brevior est altera integro pede."; Scheffer 1675, S. 280 (Kapitel 20 „Von dem Gewehr und Werckzeugen so die Lappen auff ihrer Jagd gebrauchen", S. 276–285) „Daß diese Weise an ihm beobachtet werde / daß ein Holz länger sey als wie das andere / einen Schuh lang / nach dem die Männer oder Weiber lang sind / also daß / wann der Mann oder das Weib 8. Schuhe lang / muß daz Holze an dem einen Fusse in seiner rechten Länge eben so viel Schuhe halten / das andere aber 9. Der eine längste Holzschuh muß einen Schuh länger seyn / als der Mann so ihn brauchen wil / der andere aber einen Schuh kürzer als dieser."

[95] d. h. die pumpokolischen Ostjaken am Fluß *Ket'* (s. auch Kap. 25, Bl. 10v)

[96] *Enisej*

[97] *Enisej*-ostjak. „âsiɬ" bzw. „asɬ" – Schneeschuhe (Schiefner 1858, S. 159); ket. „asl" – Schneeschuh (Donner 1955, S. 19)

[98] s. Anm. 92

[99] russ. *juksa* – auch: Riemen, mit denen die Schneeschuhe am Fuß angebunden werden (s. *Anikin* 2000, S. 717 u. *Anikin* 2003, S. 724)

[100] jakut. „тӯт" bzw. „тӯк" – große Schneeschuhe, die mit Fell der Vorderfüße von Rentieren bezogen sind (*Pekarskij* 1958–1959, Bd. III, Sp. 2866); jakut. „тӯт" bzw. „тӯт хаĵысар" – „grosse Schneeschuhe, die unten mit Fell bezogen sind" (Middendorff 1851, Theil 2, S. 107)

[101] jakut. „хаĵысар" – Schneeschuhe (*Pekarskij* 1958–1959, Bd. III, Sp. 3253; Middendorff 1851, Theil 2, S. 80)

[102] *Enisej*-samojed. „turo, Ch., tudo, B., Schneeschuh." (Schiefner 1855, S. 89)

[103] s. Anm. 102

[104] russ. – *podvoloki* (Ez. *podvolok*, auch: *podvoloka*) – Fellüberzug der Schneeschuhe (s. *Anikin* 2003, S. 460)

[105] s. Glossar: Ren

[106] s. Anm. 102
[107] s. Anm. 104
[108] s. Anm. 102
[109] russ. (adj.) *sobolinoj, sobolinyj* – Zobel- (s. Glossar: Zobel)
[110] samojed. „Boot, ... Jen. oddu. ..." (Schiefner 1855, S. 209); samojed. (enz.) „оддо" – Boot (*Gemuev* 2005, S. 501); samojed. (*Mangazeja*) „Oddu", samojed. (*Turuchansk*) „Oddú" – Schiff (Donner 1932, S. 45, nach J. Klaproth)
[111] „In der Bedeutung eines Possessivs wird besonders im Ostjak-Samojedischen das Reflexivpronomen oneŋ gebraucht, ..." (Schiefner 1854, S. 357)
[112] <lat.> – unterscheiden
[113] russ. *kedr*; „Pinus Cembra ... Ceder= Fichte, Sibirische Ceder, Zurbel ..." (Georgi 1797–1802, Theil 3, S. 1312f.); „Pinus foliis quinis, cono erecto, nucleo eduli" (Gmelin 1747–1769, Theil 1, S. 179–181); „Pinus Cembra ... Germanis Zürbel, Zürlinbaum ... Rossis Кедръ (Kedr), sylva Cembris composita Кедровникъ (Kedrovnik) ..." (Pallas 1784, S. 3ff.)
[114] russ. *osinnik* – Espenholz; russ. *osina* – Espe; „Populus tremula C. B. P. 429. ... Germ. Aspen, Espe, Zitter=Pappeln, ..." (Rupp 1726, S. 268f.); „2. Populus tremula ... Zitter=Espe. Gemeine Espe. R. Osina. ... Das Holz ist weiß, weich, leicht und nutzt zu Hausrath, stockt und modert aber an ofner Witterung bald, und dient meistens nur zur Feurung. Die jungen Zweige und Blätter werden frisch und getrocknet von Hornvieh und Schafen gern gefressen und dazu angewendet. Mit der Rinde gerbt man Leder und einige färben mit derselben schlecht blau. ..." (Georgi 1797–1802, Theil 3, S. 1353–1354)
[115] „Wir wollen jetzt auf die Beschreibung der Fahrzeuge kommen, die ebenfalls zur Fischerey und Wasserjagd der Grönländer dienen. Sie haben deren vornehmlich zwey, ein großes und kleines, deren jenes für die Weiber, dieses für die Männer ist. ... Das kleine oder das Mannsboot heißt Kajak, ist nur drey Klaftern lang, vorn und hinten spitzig, wie ein Weiberschiff, in der Mitte nicht anderthalb Schuh breit und kaum einen Schuh hoch. Es ist von langen schmalen Latten und Queerreifen, die mit Fischbeine verbunden sind, gebauet und mit eben so gegerbtem Seehundeleder, wie das Weiberboot, aber auf allen Seiten, oben und unten, überzogen. ..." (Historie 1771, S. 76f.)
[116] lat. – mit Ausnahme von
[117] burjat. „оŋoso Ch., oŋoco S., Boot; ..." (Schiefner 1857, S. 96); burjat. „онгосо" – Boot (russ. *lodka*) (*Čeremisov* 1973, S. 356)
[118] russ. *poroma, paroma* bzw. *paromy* (Ez. *porom, parom*) – Flöße, Fähren, zusammengebundene baty; s. auch *Anikin* 2003, S. 88 (zu *bat*)
[119] *Kamčatka*
[120] *Penžinsk*er See
[121] Gebiet von *Jakuck*
[122] Gebiet von *Jakuck*
[123] d. h. an der Mündung (russ. *ust'e*) des Flusses *Aldan*
[124] *Ust'-Viljujsk* (*Ust'viljujsk*) bzw. *Ust'-Viljujskoe zimov'e* (*Ust'viljujskoe zimov'e*)
[125] *Žigany* bzw. *Žiganskoe zimov'e*
[126] russ. *šitiki* (Ez. *šitik*); „... einen Schitik, d. h. ein Boot, dessen Seitenwände nur aus Brettern bestehen, die vermittelst Riemen oder Baumwurzeln und Aesten zusammengehalten werden und deshalb leicht auseinander genommen und wieder zusammengefügt werden können, ..." (Baer 1872, S. 288); „... war eine Art von Böthen, daran die Bretter mit Riemen an einander befestiget, und gleichsam zusammen genähet, sind, aufgekommen, die wegen dieser Bauart den Nahmen Schitiki führen. Sie pflegen 5 Faden lang, 2 breit, mit einem Verdeck, platbodigt und mit Mooß calfatert zu seyn, und werden eigentlich nur auf Flüssen, und zwischen denselben längst den Seeküsten gebrauchet. Die Seegel bestehen aus weich gegerbten Rennthierfellen, an statt der

Taue brauchet man Riemen von Elendshäuten, und die Anker sind von Holze, woran grosse Steine befestiget sind." (Müller 1758, S. 40)

[127] G. F. Müller „Nachrichten von der Norder Fahrt aus der Mündung des Lena Flußes zu Entdekung der Ostl. Gegenden" aus dem Jahr 1737 (in deutscher Sprache: AAW F. 21, Op. 5, D. 59, Bl. 43r–83r); „... die sogenannte Schitiki... sind breite und platte aus dünnen Brettern mit Riemen Zusammen genehete und mit einem Dek versehene FahrZeuge, welche wegen ihrer BauArt auch den besagten Nahmen führen. Sich damit Zwischen das Eyß in die See zu wagen, ist soviel als sich einer unvermeidlichen Lebens=Gefahr zu unterwerffen. Gleichwie denn auch dieselbe bloßerdings längst denen ufern eines Flußes, oder auch an dortigen See=Küsten, so fast überall ablangen Grund haben, pflegen gebrauchet zu werden. Sonst aber haben sie diesen Vortheil, daß sie leicht sind und nicht tief gehen, der Seegel und Ruder sich bedienen können, und ob sie gleich nicht viel größer, als die auf dem Lena übliche gemeine Cajuken sind, dennoch außer dem Proviant und übrigen LebensMitteln für die darauf befindliche Mannschafft, auf 200 Pud Last tragen können." (a. a. O., Bl. 62v–63r)

[128] lat. – die entgegengesetzte Richtung; „Plaga (lat.), Himmelsgegend, Richtung" (Pierer 1857–65, Bd. 13, S. 175)

[129] vermutlich jakut. „ты̄" bzw. „toi" – kleines Boot, Boot aus Birkenrinde, russ. *vetka* (s. Glossar: Wetki) (*Pekarskij* 1958–1959, Bd. III, Sp. 2928f.) jakut. „ты̄" – „Kahn" (Middendorff 1851, Theil 2, S. 101); s. auch die Abbildung „russ.: Wetka; jakut.: Toi, an der Boganida." in: Middendorff 1874–1875, S. 1356

[130] russ. *oblaski* (Ez. *oblasok*) – Boote aus ausgehöhlten Baumstämmen

[131] d. h. die pumpokolischen Ostjaken am Fluß *Ket'* (s. auch Kap. 25, Bl. 10v)

[132] pumpokol. „tyg" – Boot, Schiff (*Chelimskij* 1986, S. 210, nach G. F. Müller);

pumpokol. „Тыгь" – Schiff (Pallas 1789, S. 213); ket. „tī̆" – Boot (Donner 1955, S. 90); *Enisej*-ostjak. „tî" – „Boot von mittlerer Grösse." (Schiefner 1858, S. 176); ket. „ти" – kleines Boot (*Gemuev* 2005, S. 664)

[133] s. Anm. 132

[134] *Enisej*

[135] russ. *oblaski* (Ez. *oblasok*) – Boote aus ausgehöhlten Baumstämmen

[136] *Nerčinsk*

[137] tungus. (ewenk.) „дяв" bzw. „дяб" – Boot aus Birkenrinde (*Myreeva* 2004, S. 214); „Die Kahnen welche Sie [d. h. die Tungusen bei Udskoj ostrog] haben sind gegenwärtig von Holtz ausgesoldert der Rußischen Lotgens gleich, und heißen Bey ihnen Mong-o, oder auch von Birken Rinden wie die Jakute) habe) werden Diaew gennenet. Mit jene gehen Sie im Herbst und fangen die See-Hunde, und werden solche gleich wie Bey den Lamute) und Koraeken gestochen, mit die Diaew aber gehen Sie auf den Flußen und in der nähe." (J. J. Lindenau in: AAW F. 934, Op. 1, D. 89, Bl. 385r/386r, Kopie aus dem Archiv RGADA); „Mit kleinen Nachen (Jau) von Birkenrinde sind alle Wald= und Fischtungusen versehen. Sie sind schmal, aber an die 3. Klafter lang. Das Geribbe ist von nicht starken Sprögeln, mit denen auch der Boden, damit man nicht durchtrete, belegt ist. Die Rinde ist stark, die Fügungen festgenähet, und die Näthe mit Harz von Nadelbäumen verstrichen. Das Ruder hat 1½ Klafter Länge, und 2. Schaufeln, ... Es trägt bis 4. Menschen, und noch ihr Geräthe. Sie gehen auf 3. bis 4. W. von den Ufern mit denselben, also quer über grosse Busen. Ein Mann kann es tragen." (Georgi 1775, S. 252)

[138] *ručnye sąženy*, russ. *ručnaja sažen'* (Mz. *ručnye sąženi*) – Maß der Länge zwischen den Enden der Mittelfinger der ausgestreckten Arme (russ. *ručnoj* bzw. *ručnyj* – Arm-), ca. 2½ *aršin* (*Slovar'* 1996, S. 20)

[139] russ. – *čeremcha* bzw. *čeremucha*; „Cerasus. Cerisier. ...[species 18] Cerasus racemosa, sylvestris, fructu non eduli C. B. Pin. 451. Cerasus racemosa quibusdam aliis Padus J. B. 1. 228. ..." (Tournefort 1700, S. 625ff.); „1. Prunus Padus ... Gemeine Traubenkirsche. Elzbeerbaum. R. Tscheremucha. ..." (Georgi 1797–1802, Theil 3, S. 1001); „pádus (Prunus) <Traubenkirsche>: Name von L. und so vorlinn. als Cerasus racemosa quibudam, aliis Padus, J. Bauhin I 2,228 = Cerasus racemosa sylvestris, fructu non eduli, C. Bauhin, Pinax 451 (bezogen auf die traubigen Blütenstände und die bittersüßen Früchte). ..." (Genaust 2005, S. 450)

[140] *Enisej*

[141] *Ijus*

[142] russ. *osina*; s. Anm. 114

[143] s. Anm. 118

[144] lamut. „Momi" – Kahn (J. J. Lindenau in: AAW F. 934, Op. 1, D. 89, Bl. 338r, Kopie aus dem Archiv RGADA); lamut. „momi" – Boot (J. E. Fischer in: AAW R. III, Op. 1, D. 135, Bl. 68v/69r); lamut. „Mómi" – Kahn (*S. Krašeninnikov* in: AAW R. I, Op. 13, D. 10, Bl. 196r); lamut. „mōmĭ" – Boot, Einbaum, russ. *lodka* (Doerfer 1980, S. 701)

[145] *Ochock*

[146] s. Anm. 114

[147] korjak. (bei den Rentierkorjaken) „Аттвут" – Boot (*Krašeninnikov* 1949, S. 463); korjak. (zwischen den Flüssen *Tumana* und *Aklan*) „Attewat" – Kahn (Steller 1774, Anhang, S. 67); korjak. (aus verschiedenen Quellen und Gegenden) „atoat", „attwut", „átwut" bzw. „agwuat" – Boot (Baidare) (Radloff 1861, S. 33); korjak. „Áttvut" – Kahn (*S. Krašeninnikov* in: AAW R. I, Op. 13, D. 10, Bl. 196r); korjak. (*Kolyma*) „Агвать", korjak. (*Tigil'*-Fluß) „Аттаать" bzw. „Аттуать" – Schiff (Pallas 1789, S. 213)

[148] *Anadyr'*

[149] s. Anm. 114

[150] russ. *topol'nik*; „Populus alba. P. foliis subrotundis, dentato angulatis, subtus tomentosis. ... Gmelin. Flor. sib. I. p. 151. ... Germanis Weiss-Pappel, Silberpappel, Weissalberbaum. Rossis Тополъ [russ. *topol'*] (Topol), Топольникъ [russ. *topol'nik*] (Topolnik). ..." (Pallas 1784, S. 66); „1. Populus alba ... Weiße Espe. Weiße Pappel. Silberpappel. R. Topol und Topolnik. ..." (Georgi 1797–1802, Theil 3, S. 1352–1353)

[151] *Ob'*

[152] Gebiet von *Jakuck*

[153] *Ob'*

[154] russ. *oblaski* (Ez. *oblasok*) – Boote aus ausgehöhlten Baumstämmen

[155] *Anadyr'*

[156] jukagir. „ѳлдьэ" – Boot (russ. *vetka*; s. Glossar: Wetki) (*Kurilov* 2001, S. 354)

[157] kamtschadal. (itelmen.) „Татхам" (im Norden von *Kamčatka*), „Тахтым" (im Süden von *Kamčatka*), „Тахтама" (zwischen den Flüssen *Vorovskaja* und *Tigil'*) – Boot (*Krašeninnikov* 1949, S. 446); kamtschadal. (itelmen.) „Тохьхатымь" bzw. „Тáгатымь" – Schiff (Pallas 1789, S. 213)

[158] russ. *bajdara* (Mz. *bajdary*), s. auch *Anikin* 2003, S. 78; „Im Sommer fähret man [bei den Tschuktschen] mit Baidaren (einer Art Fahrzeuge, die aus Reifen von Wallfischknochen bestehen, und mit Seehundsfellen überzogen sind) ..." (Müller 1758, S. 59); „... dahin die Koräken mit Baidaren gehen, von Holz mit Lavtagen oder sehr grosen Seehundt=Fellen überzogen." (Steller 1774, S. 16); „Die Baidara wird gesteift durch einen, immerhin auch elastisch schwappenden Kiel, und eine Reihe in Abständen von einander auf den Kiel genagelter querliegender Bodenbrettchen. Auf dieser Unterlage baut sich ein netzartiger Korb auf, welcher mit Fellen überspannt wird. ..." (Middendorff 1874–1875, S. 1354)

[159] *Kamčatka*

[160] „Fischbein, das aus den Barten des Wallfisches gewonnene Material, aus elasti-

schen Stäben bestehend, welche zu Stöcken, zu Schirmgestellen u. anderen elastischen Fabrikaten benutzt werden. ..." (Pierer 1857–65, Bd. 6, S. 300); „Die Barden ... werden ... als Fischbein für Schneider und für Handel genutzt ... Die Sibirischen Strand= und Inselbewohner gebrauchen sie zur Verbindung und Befestigung der Theile ihrer Fahrzeuge und Kanuten und anderm Flechtwerk, zu Seilen, Netzen, Schnuren ..." (Georgi 1797–1802, Theil 3, S. 1676)

[161] s. Anm. 158

[162] „d: 8$^{te)}$ Aug(avancirten wir biß zu der Nordliche) Breite unter dem 64 grad und 30 minute, da denn zu uns von dem Ufer 8 Persohnen in einem Ledernen Bothe angerudert kamen, und frugen uns woher und wesfalß wir kämen, von sich aber sagten uns, daß sie Tschuktschi wäre) ... da wir sie zu uns aufs fahrzeug rieffen, machten sie aus einer haut Nerp genandt, welche bey uns Seehunde Fell heißet, 2 große Blasen, setzten einen Mann darauf, und schikte) ihn zu uns ..." (bearbeiteter Auszug aus dem Journal von Vitus Bering von der 1. *Kamčatka*expedition, AAW F. 21, Op. 5, D. 177, Bl. 11v–12r); Während der 1. *Kamčatka*expedition (1725–1730) segelten Vitus Bering und seine Mannschaft auf der Suche nach einer Landverbindung zwischen Asien und Amerika im Sommer 1728 mit dem Schiff „St. Gabriel" (*Svjatoj Gavriil*) am Ostkap (‚Große Landecke', später auch Kap *Dežnev* genannt) auf der Tschuktschenhalbinsel vorbei durch die später nach ihm benannte Beringstraße nach Norden bis zu einer nördlichen Breite von 67°18'48". Man kehrte darauf wieder um, ohne die Küste Amerikas gesichtet zu haben (s. Hintzsche/Nickol 1996, S. 70f.).

[163] russ. *doščanik* (Mz. *doščaniki*; *doščenik*, Mz. *doščeniki*) – großes flachbödiges Lastschiff der sibirischen Flüsse mit Rudern und einem Segel, das an Bug und Heck zugespitzt war; „Ein Doschtschennik ist ein Fahrzeug in der Figur eines Kahnes, und kan ein großer bedeckter Kahn genannt werden. Es ist ein Steuerruder daran, wie bey andern Schiffen zu seyn pfleget, aber nur bey denenjenigen, welche wider den Strom gehen sollen; denn die, die mit dem Strome gehen, haben statt des Steuerruders, so wie die Fahrzeuge auf der Wolga, hinten und vorne einen langen Balken." (Gmelin 1751–1752, 1. Theil, S. 169); „Dergleichen Fahrzeuge werden nicht mit einem Steuer regieret, sondern man macht zween behauene Balken, einen von vorne auf einer, und den andern von hinten, auf der andern Seite dergestalt feste, daß das eine Ende in das Wasser, und das andere bis gegen die Mitte des Fahrzeuges gehet. Der Balcken aber derjenigen Seite wird bewegt, wohin man das Fahrzeug lenken will." (a. a. O., S. 23)

[164] russ. *kolomenki* (Ez. *kolomenka*) – Flußlastschiffe, „Die Flußschiffe werden Kolomenki genennet. Sie sind an beyden Enden spitz 15 Klafter lang, 3 Klafter breit, mit einem platten Boden, seigern, 1 Klafter hohen Wänden und dachförmigem Verdeck, von Fichtenplanken gezimmert, wozu kein eiserner Nagel gebraucht wird. Statt des Ruders ist an jeder Spitze wie auf Flössen eine auf der Kante stehende Bole. ... Es ladet bis 7000 Pud und wenn es ein Jahr austrocknen können, 8000 Pud. ... Halbe Kolomenka, die bis 4000 Pud frachten und 2 Fuß so wie die ganzen 3 Fuß tief gehen, sind wenig gebräuchlich." (Georgi 1775, S. 622f.)

[165] russ. *kajuki* (Ez. *kajuk*) – Lastschiffe der sibirischen Flüsse (mit Kiel?) und zugespitztem Bug; „.... auf einer Kajuke aber (ein kleines Doschtschennik) ..." (Gmelin 1751–1752, Bd. 2, S. 250); „Ein solches Schiff (Kajuke) ist ... nach Art eines Doschtschenniks gebauet, und hält in der grösten Breite einen Faden, viertehalb Werschock, und in der Länge 5. Faden und anderthalb Werschok." (a. a. O., S. 310); s. auch *Anikin* 2000, S. 278f. u. *Anikin* 2003, S. 256f.

[166] s. Anm. 126
[167] s. Anm. 164

[168] russ. *zavody* (Ez. *zavod*) – Hütten, Hüttenwerke

Kapitel 22

/145r/ᵃ
Von der Nahrung der Völker
Uberhaupt ist Von allen Völker⌈n⌉ in / *Sibir*ien Zu sagen, daß sie aus⌈s⌉er / denen SPeisen, die wir mit ihnen / Gemein haben, auch dergleichen genies⌈s⌉e⌈n⌉, / und noch daraus Lekerbis⌈s⌉en mache⌈n⌉, / welche uns ein Greuel sind. Dahin gehöret zuforderst Pferde- / Fleisch, welches Bey allen, sowohl / denen Muhammedanische⌈n⌉ als heid- / nische⌈n⌉ Tatare⌈n⌉, dene⌈n⌉ *Mongole*⌈n⌉, / *BrazKi*, *JaKut*en[b] *Tungus*en, und allen / Übrig⌈en⌉ Wald-Völker⌈n⌉ Vor eine / sonderbahre *Delicatess*e gehalt⌈en⌉ / wird. Die Wald *Tungus*en, welche / selber Keine ViehZucht hab⌈en⌉, tausche⌈n⌉ / bey[c] dene⌈n⌉ *JaKut*⌈en⌉ und *Brazki* / Pferde fleisch gegen Peltzereye⌈n⌉ / ein, oder Kauffen auch Von dene⌈n⌉ / *Rus*⌈s⌉en alte abgetriebene[1] Pferde / die Zur Arbeit nicht mehr nutze / sind, und welche sie darauf schlachte⌈n⌉ / und VerZehre⌈n⌉.
Eben[d] so wird auch die Pferde Milch / Bey jederman Vor schmakhaffter / Und[e] Nahrhaffter als / die Kuh-Milch gehalt⌈en⌉.
|: Die *Camasinzi* e⌈s⌉⌈s⌉en alle Thiere / im Nothfall[f] auch die / Hermeline. haben sie aber / sonst genug so eßen sie diese / Letztere nicht.
Von Vögeln e⌈s⌉⌈s⌉en sie nur nicht / die Rabe⌈n⌉, Krähen[2], Alster[3], und / *GalKi*, sonst alle, auch den / Großen adler[4], auch *Gagari*, / auch *TschaiKi*[5], auch Nacht Eule⌈n⌉[6], / Von Fischen nehmen sie Keine aus / die sie nicht e⌈s⌉⌈s⌉en solle⌈n⌉.
Sie eßen nichts rohe sonder⌈n⌉ Koche⌈n⌉ / und brat⌈en⌉ alles, ausgenomme⌈n⌉ / daß sie dene⌈n⌉ frische⌈n⌉ fische⌈n⌉ die / Kopffe abbeißen, und dieselbe / roh verZehre⌈n⌉. Kein Saltz. Brodt u⌈nd⌉ Mehl selt⌈en⌉. / Anstatt deßen weiße u⌈nd⌉ gelbe / *Sarana*, Keine andere wurtzeln / Von *Bes*[7] oder *KandiK*[8] und / *Tschina*[9] wis⌈s⌉en sie nichts. Keine / Fichten Rinde. Von Birken / eßen sie im frühling[g] die Untere / Haut so unter der Rinde ist. / *Meschkè*[10] ist auf *Tatari*sch ein Schwam⌈m⌉[11] / der an birken baumen wächset. / Die *CamasinZi* eßen selbige und / nennen sie mit demselb⌈en⌉ Nahm⌈en⌉. :|[h] /145v/
Ein anderer Greuel ist, daß sie / sich auch Bey reinem Viehe Kein[i] Ge- / wis⌈s⌉en Mache⌈n⌉, dasjenige Zur Nah- / rung Zu gebrauche⌈n⌉, was von sich selbst / oder an einer Krankheit gestorb⌈en⌉ / ist. Ja man Kann vor gewiß sage⌈n⌉, / daß mehr

---

[a] *Bl.* 144v *leer* [b] Jakuten *über der Zeile* [c] bey *verbessert aus* gege [d] E_{ben} *verbessert aus* [.] [e] *vor* Und *gestr.* gehalten; Und *verbessert aus* [...] [f] *nach* Nothfall *gestr.* gegeße) [g] _{f}rü_{hling} *verbessert aus* [..] [h] *von* Die Camasinzi essen *bis* demselb_) Nahm_) *rechts marginal* [i] _{Kei}n *verbessert aus* [.]

gefallen als geschlachtet / Vieh Von ihnen geges⌈s⌉en wird. denn / es muß schon ein sehr reicher Mann / unter ihnen seyn, und sein Vieh bey / Hunderte⌈n⌉ und Tausenden Zehlen / Könne⌈n⌉, wer Zuweilen Vor sich und / seine *Familie* einen Ochsen oder / Schaaff schlachtet. Eben so / ist es auch mit denen Zahmen / Rennthieren.

|: Die *Ostiak*en am *Ket*¹² fl⌈uß⌉ / sagen Vor der Tauffe / haben sie nur Keine / Hermelinen und Keine / *GolonKi*¹³ oder *GorKi*¹⁴ / geges⌈s⌉e⌈n⌉, auch Keine / Ratzen¹⁵ und Mause / Von Vögeln Keine Rabe⌈n⌉ / Krähe⌈n⌉¹⁶, Alster¹⁷, *GalKi*, *Tschai*- / *Ki*¹⁸, *Gagari*. Adler / haben einige geges⌈s⌉e⌈n⌉ / einige nicht. Jetzo, / sagen sie, richten sie / sich nach den Rus⌈s⌉e⌈n⌉ / wenn sie sich versündige⌈n⌉ / so las⌈s⌉en sie sich Von / den Pfaffen den Seege⌈n⌉ / gebe⌈n⌉. Sie werden des⌈s⌉- / wege⌈n⌉ Von den Pfaffe⌈n⌉ / Jahrlich genau befraget / und mus⌈s⌉e⌈n⌉ bey den / bilder⌈n⌉¹⁹ schwere⌈n⌉, weil / einige es nicht beKen- / nen wolle⌈n⌉. Die *Ostiak*en am *Jenisei*²⁰ / eben also. doch sollen Viele / unter ihnen auch Keine / Füchse geges⌈s⌉e⌈n⌉ habe⌈n⌉. :|ᵃ

Es mag geschlachtet oder gefalle⌈n⌉ / seyn, so findet man bey Keinem / Volke als allein bey dene⌈n⌉ / Muhammedanische⌈n⌉ Tataren, daß / sie das Fleisch waschen sollte⌈n⌉. / So blutigᵇ und unrein als es / ist, so wird es geKochetᶜ oder / Gebraten. Ja die Gedärme / werden nicht einmahl recht / Von dem Unflath gesaubert, / sondern nur in etwas ausge- / drüket und sofort Zu dem / Ubrigen in den Kes⌈s⌉el ge- / than. /146r/

Die *Jakut*en eßen sogarᵈ die Nachgeburthe⌈n⌉ / Von Stutten und Kühen, und / machen daraus ein solches Lekerbis⌈s⌉e⌈n⌉ / daß sie darauf ihre Nächste An- / Verwandt⌈en⌉ und Beste freunde Zu / Gaste Lade⌈n⌉. Sie wird ebenwenig / gewaschen, sondern so blutig / als sie ist, auf Kleinen SPlitter⌈n⌉ / Holtz am Feuer ein wenig ge- / brate⌈n⌉, und darauf VerZehret.

Aus dem blute machen auch alle / Völker eine gros⌈s⌉e *Delicatesse*. / Ihre Art das Vieh Zu schlachten / ist daZu auch *favorabel*, indem / dabey nicht das geringste Ver- / Lohren gehet, sonder⌈n⌉ sich inwen- / dig in dem Bauche des geschlach- / tete⌈n⌉ Viehes aus allen Ader⌈n⌉ / Sammlet, und hiernächst geKochet / und geges⌈s⌉e⌈n⌉ wird.

*Abortus*²¹ Von Vieh oder RennThiere⌈n⌉ / oder Neugeworffene Füllen, / Kälberᵉ oder Lämmer / die in der Geburth starben, / werden gleichfalls geges⌈s⌉e⌈n⌉. *Tatar*en eßen auch *Abortus*²² und Nachgeburth⌈en⌉.

ᵃ *von* Die Ostiaken am Ket *bis* Füchse gegesse₍ habe₎. *rechts marginal* ᵇ ₍blutig *verbessert aus* [.]
ᶜ ₍geK₎ochet *verbessert aus* [.] ᵈ sogar *über der Zeile* ᵉ *vor* Kälber *gestr.* oder

Hunde werden in *Sibiri*en nicht gegessen / daß aber die Sineser solche essen, / ist beKannt, und Von den Chalmüken / beZeuget *UnKowski*[23], daß sie grosse / JagdHunde Vor eine *Delicatesse* halten[24].

|: Die *Turuchanskischen Samoj*eden / essen alle Thiere auch[a] / Hermelinen und Ratzen[25] / | *gnus*[26] |. auch ihre Hunde, / auch See Hunde[27], aber die / *Bieluga*[28] (See Thier) essen sie / nicht. Unter den Vögeln / essen sie Keine Raben / *TschaiKi*[b29], *MorsKie* / *Tschaiki*[30], die[c] die Rußen[d] daselbst *TomKi* / heissen, und Keine Adler / Letzters aber bloß aus / *Respect*[e] und Religion.

Der weisse bäär[31] wird auch / gegessen und an Schmak- / hafftigKeit dem schwartzen / nach Vorgezogen. Zumahl / er alleZeit sehr fett ist / der Schwartze aber nur / im Sommer und Vorwinter. / Schlachten RennThiere. Essen / *Abortus*[32] aber Keine Nachgebuhrt / Essen Keine Kuhlbarsche[33] / und Keine *Pisda*[f34] sonst alle Fische. Sie fürchten / sich Vor denen Zakichten Floßfedern[35] / der Kaulbarsche[36] und denen / Hornern der *Pisda*[37]. / Sie eßen auch *Pieszi*, Füchse / wolffe Rossamaken. / Junge[g] adler sollen einige *Samoj*eden[h] essen / alte schießen sie nur wegen der / Federn und werffen ihn weg. / einige sollen auch *TschaiKi*[38] essen / nur ist die *Tomka* bey allen so / in *Miscredit*, daß sie niemand / ißet. Sie eßen auch ausgeschnitten- / ne *foetus* Von wilden die Trächtig / geschoßen werden oder von Zahmen die / trächtig fallen, und halten solches Vor / das[i] große Lekerbißen, und Verzehren / es rohe. :|[j] /146v/ Von wilden Thieren wird das bähren / Fleisch und fett[k] allem anderen VorgeZogen.

Eichhörner, Vielfrasse, Biber, Ottern[39] / Zobel, werden auch Von allen[l] gegessen.

Die *Tungus*en nehmen nur allein / folgende wilde Thiere aus, welche / sie nicht essen: als Wölffe, Füchse, / Hermelinen, *GorKi*[40], Ratzen[41] und / Mäusse.

|: Die *Tungus*en am *Jenisei*[42] / essen wölffe.

Die *Jakut*en am Eyßmeere und / die *Jukagiri* essen sowohl / Wölffe als Füchse. :|[m]

Die *BrazKi* dagegen / essen auch die Wölffe. *Pieszi* / werden Von denen am Eissmeere / wohnenden Völkern auch nicht / gegeßen.

---

[a] auch *verbessert aus* [....]   [b] *vor* TschaiKi *gestr.* Krah   [c] *nach die gestr.* sie   [d] die Rußen *über der Zeile*   [e] Respect *verbessert aus* [...]   [f] und Keine Pisda *über der Zeile*   [g] Junge *verbessert aus* [...]   [h] Samojede) *über der Zeile*   [i] das *verbessert aus* ie   [j] *von* Die Turuch. Samojeden eßen *bis* Verzehren es rohe. *rechts marginal*   [k] und fett *über der Zeile*   [l] Von allen *über der Zeile*   [m] *von* Die Tungusen *bis* als Füchse. *rechts marginal*

Bey dene⌈n⌉ *Mongol*en, *BrazKi* / und *NertschinsKi*schen *Tanguse*⌈n⌉ / werden die MurmelThiere / so bey ihnen *Tarbagàn*⁴³ genannt / werden^a, hauffig gege⌈ss⌉en / und sehr gelobet. Die dortig[en] / Steppen sind sehr Voll davon / und man Laufft Beym geschwinden / Reiten offters Gefahr, daß die / Pferde nicht in die Löcher Treten / und sich beschädige⌈n⌉. Dergleiche⌈n⌉ / Murmelthiere sind auch in der / Gegend Von *WerchojansK*⁴⁴ und / werde⌈n⌉ Von dene⌈n⌉ *JaKute*⌈n⌉ gleich / falls gege⌈ss⌉en. Die *Brazki* diesseits / dem *Baical*⁴⁵ haben anstatt des *Tarbagans*⁴⁶ / ein anderes demselbigen ahnliches aber Kleine- / res Thier bey ihnen *Dorgòn*⁴⁷ auf Rußisch⌉ / *BarsùK*⁴⁸ genannt.

|: Die *Mongole*⌈n⌉ und *BrazKi* / jenseits dem *Baical*⁴⁹ haben ein^b / besonderes Gerichte, welches sie *Tu-* / *lunuchù*⁵⁰ nennen. Sie nehmen / einen jungen Ziegenbok drehen / ihm den Halß um, und Ziehen ihm / die Haut ab, welche als ein Sak / (*Mongolisch* *Tulun*⁵¹) ganz bleibet / und nur am Hintern und am / Halse Öffnunge⌈n⌉ hat. An der / Haut, wenn sie solche abZiehen, Laße⌈n⌉ / sie^c auf finger dikes Fleisch, / das^d übrige Fleisch mit den / Knochen wird Zu Kleinen Stüke⌈n⌉ / Zerschnitten. Darauf glüen sie / eine Menge Von Steinen und^e / nachdem sie die^f Haut am Halse / fest Zugebunden, so werffen sie / die glüende^g Steine und das Klein geschnit= / tene Fleisch wechselsweise in den / Sak daß es wohl Vermischt un- / Tereinander Lieget Gie⌈ss⌉en ein / Paar becher Wa⌈ss⌉er darüber / und Binden darauf auch die / Haut am andere⌈n⌉ Ende gantz feste / Zu. Legen hiernachst den ge- :|^h /147r/ |: füllten Sak auf die Erdeⁱ und / weltzen ihn gantz Leise, mit / lerweile inwendig das Fleisch / Von denen glüenden^j Steinen^k Kochet / Die Haut schwillet sehr dik / davon auf, und Zuletzt Berstet / sie am Bauche, da denn das / Gerichte fertig ist. Man schnei- / det es auf rei⌈ss⌉et die Wolle^l / Von der Haut ab, welche sehr Leicht / sich alsdenn davon abZiehe⌈n⌉ lä⌈ss⌉et / und ißet^m die Haut mit / dem Fleische als ein gro⌈ss⌉es / Lekerbi⌈ss⌉e⌈n⌉ⁿ. Einige *preparir*⌈en⌉ / auch also Hammel und Schaafe / die Haut aber ist nicht so stark / als Bey Ziegenböken^o und pfle- / get Zu leicht und eher als / es seyn sollte Zu bersten. :|^p

*Jewraschka*⁵² ist eine Kleine Art / Von Murmelthieren in der Gegend / Von *JaKuzK*⁵³ die denen dortige⌈n⌉ / *JaKut*en Viel Zur Nahrung dienet. / Sie nennen^q selbiges *Ürgè*⁵⁴.

---

^a _werden *verbessert aus* [.]   ^b _{ein} *verbessert aus* _{ein}e   ^c *nach* sie *gestr.* auch   ^d *vor* das *gestr.* und   ^e *nach* und *gestr.* füllen   ^f _die *verbessert aus* [..]   ^g glüende *über der Zeile*   ^h *von* Die Mongole) und BrazKi jenseits *bis* hiernachst den ge- *rechts marginal*   ⁱ _{Er}d_e *verbessert aus* [.]   ^j *nach* glüenden *gestr.* SPeisen   ^k Steinen *über der Zeile*   ^l W_{olle} *verbessert aus* [.]   ^m iß_{et} *verbessert aus* [...]   ⁿ Le_kerbissen *verbessert aus* [.]   ^o _{Ziegenbö}k_{en} *verbessert aus* [.]   ^p *von* füllten Sak auf die Erde *bis* Zu bersten. *rechts marginal*   ^q _{nennen} *verbessert aus* t

Bey *Krasnoj[arsk]* ist es auch, die *Tatare[n]* nennen es eben so[55] / Das Grös[s]este Lekerbis[s]en der *JaKut[en]* / sind Ratzen[56], welche sie mit beson- / dern Fleis[s]e Zu fange[n] sich bemühe[n]. / Ein reicher *Jakut*e giebet das / beste und fetteste[a] Pferde- oder / RindFleisch weg, und Tauschet / dagege[n] Ratzen[57] ein.[58] Von Vögeln eßen die Völker / Keine Raben, Krähen[59], Alster[60] / und *GalKi*, sonst alles *Galki* und / alster[61] sind in dene[n] Nordl[ichen] Gegende[n] nicht. Sie Kommen am / *Jenisei*[62] nur biß *Worochowa*[63] am *Lena* biß *UstKut*[64] u[nd] *Kirenga*[65] / Die *JaKute[n]* es[s]en aus *Religions* / *Respect*, wie an seinem Orte Vor- / Kommt, auch Keine Adler und / Schwane[n][66].

|: Die *Tungus*en es[s]en auch Keine / *Gagari*, / weil sie eine[n] üblen / Geruch habe[n]. Bey dene[n] / übrigen[b] Vögeln und Thieren / so sie nicht es[s]en, soll gleich- / falls ein starker übler Ge- / ruch die Ursache seyn. :|[c]

|: *Tunguse[n]* am *Nischna Tungusca*[67] / und die *Samoj*eden in *Mangas[eischen]* / Gebiethe[68] eßen *Gagari*. :|[d]

|: *BrazKi* es[s]en Keine Füchse Her- / melinen, *GorKi*[69] sonst alle / wilde Thiere. Keine Adler, Raben, Krähen[70], Al- / ster[e71], Dahlen, Habichte[72], Falken[73], / sonst alle Vogel. :|[f]

SchweineFleisch ist dene[n] Muhamme- / danische[n] Tataren auch Vermöge ihrer / Religion Zu es[s]en Verboth[en]. / Allein auch die andere Völker / es[s]en es nicht gern, weil sie nicht / daran gewohnet sind. denn sonst / wis[s]en sie Keine Ursache davon / anZugeben. Die *JaKut[en]* fügen / noch hinZu, es sey ein Unrein Thier / welches sich Von Koth nähre. Eben dieses[g] / sagen die *BrazKi Mongole[n] p[erge]* und / sind des[s]wegen wenige, welche es es[s]en.

|: Wenn die Chalmüken *Kyrgys[en]* / und Casatschi *Orda* Vormahl[en] / *Sibirie[n]* beKrieget so habe[n] sie / die Schweine erstoche[n] und Liege[n] / Las[s]e[n]. :|[h]

/147v/

Etwas Besonders ist Bey dene[n] *Ja- / Kute[n]* daß es unter ihnen einige / Gewis[s]enhaffte Leute geben soll / die Zum Zeichen, daß sie ihrem Neben- / Menschen Kein Leid Thun wollen, / sich[i] Von allen RaubThieren als Von / Bahren, Wölffen, Füchsen, Vielfras[s]e[n], / enthalten. Es sind aber dergleich[en] / Leute etwan unter 1000 nur / einer. Sie haben das SPrichwort: / *Assilàch eti̇n Seebetàm*[74] / d[as] is[t] ich habe Kein sPitzig |: schädlich :| / Fleisch, nemlich von

---

[a] fetteste *verbessert aus* [.]   [b] *vor* übrigen *gestr.* die   [c] *von* Die Tungusen *bis* Ursache seyn. *rechts marginal*   [d] *von* Tunguse) am *bis* Gagari *rechts marginal*   [e] Alster *verbessert aus* [..]   [f] *von* BrazKi essen Keine Füchse *bis* sonst alle Vogel. *rechts marginal*   [g] dieses *verbessert aus* dieses[.]   [h] *von* Wenn die Chalmüken *bis* Lieg) Lasse). *rechts marginal*   [i] sich *verbessert aus* [.]

Keinen schädlich[en] / Thieren gege[ss]en. *subintelligitur:* / *tantum abest*[75], daß ich jemand Scha- / den oder Leid Thun solle.
Assilàch[76] bedeutet s*P*itzig oder / schädlich. *Et, etìn*[77], Fleisch. Es scheinet daß sie glauben / das fleisch Von dergleichen wilden / und grausamen Thieren mache / auch den Menschen wild und / grausam.
Die DürfftigKeit derer Meiste[n] / Völker hat sie gelehret auch / Verschiedene wurtzeln Von / Kräuter[n] Zur Nahrung an- / Zu wenden.
Die vornehmste hieher[a] gehörige / Wurtzel ist Von dene[n] gro[ss]e[n] / Feld-Lilien, welche in dem /148r/ gantzen Südliche[n] und Mittler[en] / *Sibiri*en überall wachsen.
Diese Lilien-wurtzel wird im / *Rus[s]ischen Saranà,* auf *Tata-* / *r*isch *Sargai*[78], auf *BrazK*isch / und *Mongol*isch *Saranà*[79] / auf *Jakut*isch *Korùn*[80], auf / *Tungus*isch *Tukalà*[81] genennet.
|: *Sarana* auf   *Samojed*isch: *Tufóre*[82]
    -              *Mangas[eisch]*   *Túhorę*[b]
    -              auf *Ostiak[isch]* am *Ket*[83] fl[u]ß   *Ka*[84]
    -              -   am *Jenisei*[85]   *Chog.*
Die Rus[ss]en Zu *Mangasei*[86] nennen diese Wurtzel: *Sanarà*<.> / *Baddui*[87] eine Wurtzel süß Von Geschmak wird / Von dene[n] *Samoj*eden auch Von dene[n] Rus[s]e[n] / im *Mangas[eischen]* Gebiethe[88] gege[ss]e[n], ist eine *Species*[c] / *hetysari*[d 89] :|[e]
|: Die *Samoj*eden eßen eine Wurtzel / bey ihnen *Badui*[90] genannt, / die dortige Rus[s]en nenne[n] / sie *Slatkoi Koren*[91], sie soll / so süs[s] als eine Rübe seyn / wächset in Vielen Asten in / der Erde, daVon jeder auf / daumens[92] dike oder dünner / u[nd] auf ½ *Arsch[in]* lang ist. / Das Kraut von dieser wurtzel / soll ½ *Arsch[in]* hoch wachsen aus / Vielen Stengeln bestehe[n] / die Kleine schmahle blatter / und Viel *Violet* farbigte / ansehnliche blumen[93] habe[n] / Wo *Sarana* wachset da / e[ss]en sie auch selbige. Sie / e[ss]en auch Saurampfer[94] / in Suppen. E[ss]en allerley beeren als / *MoroschKa*[95] *Golubiza*[96] *Brus-* / *niza*[97], *Kisliza*[98], *Ssicha*[99] / (eine schwartze Beere, wie / die schwartze Johannis beere / aber unterschieden) Mehr / beeren haben sie nicht im / *Turuch[anskischen]* Gebiethe. *Tscheremscha*[100], auf *Ostiak[isch]* / am *Ket*[101] fl[u]ß *Chárba*[102] / Sie e[ss]en selbige frisch. / Die Rus[s]en saltzen es / ein, und e[ss]en es frisch / in *Schti*[103] fast durch

---

[a] hie_her_ *verbessert aus* [...]   [b] Mangas. Túhore *über der Zeile;* Túhor e *verbessert aus* g   [c] Sp_ecies_ *verbessert aus* [..]   [d] _hetysa_ri *verbessert aus* [..]   [e] *von* Sarana auf *bis* Species hetysari *rechts marginal*

gantz / *Sibirie⌈n⌉*. Die[a] *Ostiak*en am / *Jenisei*[104] es⌈s⌉en außer dem *Tsche- / remscha*[105] auch *Borschtsch*[106]. : |[b]
Radix[c] *Poeoniae*[d], auf Rußisch *Mariana / Koren*, auf *Tatari*sch *Tschenjä* / wird nur in denen *KusnezKi*sch⌈en⌉ / und *KrasnojarsKi*sche⌈n⌉ Gegende⌈n⌉ / geges⌈s⌉en.[e107]
Wilder Knoblauch[108]: / Auf *Mongoli*sch: *Mangir*[109]. Die *BrazKi* dies⌈s⌉eits dem *Baikal*[110] nennen[f] / den wilden Knoblauch: *Mangussùn*[111].
|: *Chudùn*[112] ist der Nahme einer / Wurtzel welche[g] die *BrazK* so- / wohl dießals jenseits der See / Zur SPeise gebrauche⌈n⌉ auch im Noth- / fall Thee davon Kochen[h].
Die *Brazki* suchen Viel in den / Mause lochern nach allerley Wur- / tzeln, derg⌈l⌉eiche⌈n⌉ die Mäus⌈s⌉e Zum Vorrath / auf den winter sammle⌈n⌉. Es sind / solches *Saranà, Mukà*[113], *MeKer*[114] / und *Chudùn*[115].
Die Wurtzel *Ir Calamus aromaticus*[i116] auf *Ostiaki*sch am / *Jenisei*[117]: *Daginjeng* h⌈err⌉ *D*⌈*oktor*⌉ *Gmelin*[118] hat auch gefunde⌈n⌉ / daß die *Nertschinski*sche⌈n⌉ *Tun- / gus*en die wurtzel von der / *Bistorta* eßen. Sie nennen / selbige *MuKà*[119].
MeKèr[120] eine wurtzel, welche / die *BrazKi* jenseits dem *Baical*[121] / im Nothfall anstatt des Thees / gebrauche⌈n⌉. es sind Kleine, runde / rothe Wurtzeln, das Kraut ist / dem Zunder Kraute ähnlich. : |[j]
|: *Sarana* auf *Tung*⌈*usisch*⌉ *Pánno*[122] / *Schenĭkta*[123] eine lange weiße wurtzel / so die *Tunguse*⌈n⌉ so wie die *Sarana* / roh eßen, aber davon Keine⌈n⌉ Vorrath / auf dem Winter mache⌈n⌉. : |[k]
Die *Jakut*en[l] eßen[m] noch verschie- / dene andere wurtzeln, die dene⌈n⌉ / übrigen Völker⌈n⌉ nicht beKannt / sind, und bey denen *Jakut*en / folgende benennunge⌈n⌉ führen: /148v/
1. *Köjeng-ess*[124].
2. *Ümüjach*[125]
3. *MjäKà-arschin*[126].
4. *Ondschula* oder *Kjöl-àssa*[127].

---

[a] D$_{ie}$ *verbessert aus* [.] [b] *von* Die Samojeden eßen eine Wurtzel *bis* auch Borschtsch *auf Bl.* 147v *rechts marginal* [c] *nach* Radix *gestr.* Iri̯o̯s [d] Poeonia *über der Zeile*; $_{Poe}O_{niae}$ *verbessert aus* [.] [e] *nach* gegessen *gestr.* So wie auch / Wilder Knoblauch oder Kleine Zwie- / beln, die in dene̯) Steppe̯) wachse̯), / werden beydes Von dene̯) Tatare̯) / als auch Mongole̯), BrazKi / und NertschinsKische̯) Tungusen / gegesse̯). Zu KusnezK, Krasno- / jarsK und TomsK sind Zwey / benennungen Vor diese wurtzel / nemlich KandiK und Bess. [f] diesseits dem Baikal nennen *rechts von der Zeile* [g] wel$_{che}$ *verbessert aus* [...] [h] Ko$_{chen}$ *verbessert aus* [..] [i] Calamus aromaticus *über der Zeile* [j] *von* Chudùn ist der Nahme einer Wurtzel *bis* Zunder Kraute ähnlich *rechts marginal* [k] *von* Sarana auf Tung. *bis* Winter mache̯) *auf Bl.* 148v *rechts marginal* [l] *nach* Jakuten *gestr.* haben [m] eßen *über der Zeile*

Der h[err] D[oktor] Gmelin¹²⁸, welcher sich die Wurtzeln / mit dene[n] Kräuter[n]
Bringen / Las[s]en, hat das erste Vor / *Pentaphylloides alatum s[eu] Po-* / *tentilla
I[nstitutionum] R[ei] H[erbariae]*¹²⁹ das andere / Vor *Pimpinella Sanguisorba* /
*Major C[aspari] B[auhini] P[inacis]*¹³⁰ das dritte Vor / *Bistorta minor folio
utrinque* / *viridi*¹³¹, und das Vierte vor / eine neue *Speciem ornithogali*¹³² /
erKannt.
Die wurtzel *Ümüjach*¹³³ finden / die *Jakut*en hauffig in dene[n] / Mauseᵃ Löchern,
welche sie Zu / solchem Ende im Herbst aufgra- / ben, weil die Mause davon
eine[n] / Vorrath Zum winter mache[n].
Selbige sowohlᵇ als *Kojeng-* / *ess*¹³⁴ es[s]en sie rohᶜ. Die übrigen / Troknen sie,
stos[s]en selbige / Zu Mehl, und mischen es / unter ihre übrige Speise[n] / so wie
die *Sarana*.
|: Der Nahme *Kjöl-assa*¹³⁵ / Bedeutet so viel als *oser-* / *noje Kuschenie*¹³⁶, weil /
die wurtzel an sumpfigte[n] / Orte[n] und Bey Kleine[n] / Seen wächset.
пучки снитковые¹³⁷ und боршъ¹³⁸ / haben die *Samoj*eden von dene[n] / Rus[s]en
eßen gelernet und / nennen selbige Kräuter / beyderseits *Pálla*. Von /
черемша¹³⁹ wis[s]en sie nicht / weils es bey ihnen nicht / wächset.
*Bes*¹⁴⁰ auf *Tatar*isch, u[nd] *Kandik*¹⁴¹ auf / *Kotowzi*sch ist eine Wurzel die am /
UrsPrunge des *Tom*¹⁴² f[usses] und in der / oberste[n] Gegend des *Amyl-Upsa* in
dene[n] / wälder[n] wächset, und Von dene[n] *Tatare[n]* / gegeßen wird. sie samlen
solche im Frühlinge / weil im Sommer und herbst die wurtzel / sich Verliehret,
schälen sie ab und trokne[n] / sie an Faden, als *Corall*en angereyhet / Zum
Gebrauch auf den winter. wenn / Sie troken ist, scheinet sie helle und / als etwas
durchsichtig wie die *Ginseng*¹⁴³ / h[err] D[oktor] Gmelin¹⁴⁴ meintᵈ es sey vielleicht
/ die Wurtzel Von der P<f>lantze *Dens* / *canis latiore rotundioreque folio flore* /
*ex purpura rubente C[aspari] B[auhini] P[inacis]*¹⁴⁵ : | ᵉ /149r/
*Sardanà*¹⁴⁶ ist eine wurtzel eines / Krautes daßᶠ an bergichte[n] / Trokenen Orten
an dem / Flus[s]e *Jana* wächset. Sie / wird im Herbste gesammlet,
getrok- / net, gestos[s]en, und Verwahret, um / dieselbe im Winter unter die
übrige / SPeisen Zu misch[en]. Am *Lena* / wächset sie nicht, und die *JaKut[en]* /
Zuᵍ *werchojansK*¹⁴⁷ pflegen sie dene[n] / *Lenische[n] Jakute[n]* Zum *Present* / Zu
schiken, sie wird auch Von / dene[n] Rus[s]en so Zu *WerchojansK*¹⁴⁸ / gewese[n]
gerühmet, welche sie / des[s]wege[n] auch Zuweilen Zu ihrem / eigenen Gebrauch
Von dort[en] / mit sich zu bringe[n] pflege[n].

ᵃ M_{ause} *verbessert aus* [.] ᵇ s_{owohl} *verbessert aus* S ᶜ r_{oh} *verbessert aus* s ᵈ m_{ein}t *verbessert aus* [.]_{ein}[.]
ᵉ *von Der Nahme Kjöl-assa bis rubente C. B. P. rechts marginal* ᶠ _{daß} *verbessert aus* [.]
ᵍ Z_u *verbessert aus* [.]

|: Dieses ist eine *Species hetisari*[149] / die aber Von dem *hetisaro* welches / die *Samoj*eden es⌈s⌉e⌈n⌉, und Zu *Manga-* / *sei*[150] *Badui*[151] heißet, unterschieden ist.[152] :|[a]
In denen Nordlichste⌈n⌉ Gegend⌈en⌉ / des *JaKuzKi*sche⌈n⌉ Gebiethes[153] als / Zu *Ust Lena*[154], *Ust Jana*[155] u⌈nd⌉ s⌈o⌉ w⌈eiter⌉ / haben die dortige *Jakut*en / und *JuKagiri* Keine andere / eßbahre wurtzeln - als die / eintzige *Ümüjach*[b156], als welche / auch Längst dem Eyßmeer / auf dem Torfflande wächset. / Sie wird daselbst, weil die Mause / sie obbemeldeter Maas⌈s⌉e⌈n⌉ auf / den winter sammlen, Von den Rußen[c] *MyschjaK*[157] / genennet. Sonst aber heis⌈s⌉et /149v/ sie zu *Jakuzk*[158] auch *Mytowoje* / *Korenie*[159], weil sie im Durch- / fall stopffen soll.
|: *Krasnoj⌈arskische⌉ Tatar*en eßen alle Thiere / außer dene⌈n⌉ Hermelinen / Ihr meistes ist Reh-Fleisch. / Einige eßen Saltz einige nicht. / auch brodt wenn sie habe⌈n⌉, sonst / aber Lebe⌈n⌉ auch Viele ohne brodt / *Sarana* <u>Schip</u>[160] sie distinguiere⌈n⌉[161] / selbige durch die worter <u>Ak</u>[162] / und <u>Saryg</u>[163]. *Mariana Korenie* / <u>Schignä</u>[d164]. Die <u>Tschinà</u>[165] oder / Erdnüs⌈s⌉e wachsen um *AbacansK*[166] / und am *Kan* fl⌈uß⌉. <u>Bês</u>[167] / bey dene⌈n⌉ *Sagai*. *Ibidem*[168] / <u>Mükásen</u>[169] eine gantz Kleine / schwartze wurtzel sehr süß / und angenehm Zu es⌈s⌉en, wird / mit ander⌈en⌉ SPeise⌈n⌉ gekocht[e] / Machen Von allen Vorrath auf / den winter. Die waldVolker / stoßen die *Sarana* auf den / Winter Zum Vorrath, die *Tata-* / *r*en nicht, mache⌈n⌉ auch nicht / so starke⌈n⌉ Vorrath davon. Einige / eßen den große⌈n⌉ adler (<u>KyKscha</u>)[170] nicht aus *respect*. Den <u>Chara-</u> / <u>Kusch</u>[171] eßen alle. Nur dorffe⌈n⌉ / die weiber weder <u>charaKusch</u>[172] / noch <u>KycKscha</u>[173] eße⌈n⌉. Sie eße⌈n⌉ / Junge Rab⌈en⌉ u⌈nd⌉ Krahe⌈n⌉[174] u⌈nd⌉ Dahlen[f], Keine / alster[g175] und Kukuk[176]. :|[h]
In dem Mittlern und Nordl⌈ichen⌉ / *Sibiri*en gehören auch die / Baum Rinden von Fichten / oder in Ermangelung derselb⌈en⌉ / Von Lerchen-baumen mit / unter die Nahrungs Mittel / der Völker. Im Frühlinge / wenn die Bäume[i] Safft be- / Kommen, und sich die Rinde / absondert, so scheelen sie[j] die / Baume gantz Kahl, nehmen / die Rinde, und schaben Von / derselb⌈en⌉ das innere rothe, oder den inner⌈en⌉ / bast[k177] / ab, Troknen selbiges, und / stos⌈s⌉en es Zu Mehl, an / des⌈s⌉en[l] stelle[m] es auch mit / Unter die Speisen gemischet / wird.[178] Dieses ist der größeste / Vorrath welchen[n] die Nordl⌈ichen⌉[o] Völker / als *Ostiak*en,

---

[a] *von* Dieses ist eine Species hetisari *bis* unterschieden ist. *rechts marginal* [b] Ümüja$_{ch}$ *verbessert aus* ä [c] von den Rußen *über der Zeile* [d] S$_{chig}$nä *verbessert aus* [.]$_{chig}$[..] [e] geK_{ocht} *verbessert aus* [.] [f] u. Dahlen *über der Zeile* [g] *nach* alster *gestr.* , [Komma] [h] *von* Krasnoj. Tataren eßen alle *bis* und Kukuk. *auf Bl.* 149r *rechts marginal* [i] B$_{äume}$ *verbessert aus* [.] [j] sie *über der Zeile* [k] oder den inner$_j$ / bast *rechts von der Zeile* [l] desse$_n$ *verbessert aus* [.] [m] stel_{le} *verbessert aus* [.] [n] wel$_{chen}$ *verbessert aus* [...] [o] Nordl. *über der Zeile*

Tunguse⌈n⌉, / Samojede⌈n⌉, JaKut⌈en⌉, JuKa- / giri u⌈nd⌉ s⌈o⌉ w⌈eiter⌉ auf den / Winter machen.
Die *Tungus*en nennen die abge= / schabte Fichten-Rinde: *Tschöre*[179] die *Samoj⌈eden⌉ Núgunä,* auch[a] *Chami jöösse*[180] d⌈as⌉ i⌈st⌉ baum-fett[b] / Am *Jenisei*[181] wird die Rinde von denen *Picht*en gebrauchet.
| : Die *Ostiak*en am *Ket*[182] fl⌈uß⌉ / es⌈s⌉en Fichten- und *Pichta*- / rinde nur Zur Zeit / des[c] Hungers. Mache⌈n⌉ / Keinen gewohnliche⌈n⌉ Vor- / rath davon. Lerche⌈n⌉ / Rinde es⌈s⌉en sie nie- / mahls, sie sagen selbige / sey Zu hart, und unver / daulich. Diese *Ostiak⌈en⌉* / nennen selbige Rinde / *Pol*[183]. Die *Ostiak*en am / *Jenisei*[184] sagen *Fóïhi*. Sie / eßen am meisten die *Pichta* / und sagen es sey beßer als / die *Sosna*[185]. Die *Tungus⌈en⌉* / dagege⌈n⌉ es⌈s⌉en / bloß die *Sosna*[186]. / Es[d] ist blos⌈s⌉ in[e] HungersNoth / daß sie sich davon unterhalt⌈en⌉.
*Chyrindýse Tatari*sch die innere[f] baumrinde, / so gegeßen wird. Sie es⌈s⌉en / sowohl die Fichten- als birken- / Rinde. Sie eßen dieselbe nur / im Sommer wenn sie ohngefehr / dazu Kommen, mache⌈n⌉ sonst da- / Von Keinen Vorrath. :|[g]
/150r/
Die Rinde Von Lerchenbäumen / wird in denen Unter⌈en⌉ Gegende⌈n⌉ / derer Flüs⌈s⌉e *Lena, Jenisea*[187] / *Ob*[188], wie auch an denen Flüs⌈s⌉e⌈n⌉ / *Jana, Indigirka, Kolyma p⌈erge⌉* / und in der Gegend Von / *OchozK*[189], weil in allen diese⌈n⌉ / Gegende⌈n⌉ Keine Fichten wachsen, / nur im Nothfall gebrauchet. / Man sagt, sie soll scharffe / *Sedes*[190] machen. Des⌈s⌉wegen / und weil an dem bache *Tata* / welcher in den *Aldan* fallt und / stark Von *JaKut⌈en⌉* bewohnet ist / keine[h] Fichten, wohl aber Viele / Lerchen wachsen, so pflegen die / dortige *JaKute⌈n⌉* Biß an den / *Amga* und *Lena* Zu gehen, / um Fichten Rinde Zu sammlen.
Von Fischen ist mehr nichts nöthig / Zu sagen, als daß sie selbige / eßen. wie denn darin Kein Un- / Terscheid ist. Außer daß man / Von einem Kleinen Fische *Wachna*[191] / welcher in der[i] *KamtschazK*iche⌈n⌉ / See in der Gegend wo der fluß[j] *Olutora* / einfällt, gefunden wird, sagt, daß / selbiger sehr ungesund seyn soll, wes⌈s⌉weg⌈en⌉ / ihn die dortige *Koriake⌈n⌉* auch nur aus / Noth eße⌈n⌉, wenn sie Von beßer⌈n⌉ Fische⌈n⌉ / Keine⌈n⌉ gnugsame⌈n⌉ Vorrath haben. / S⌈iehe⌉ meine Beschreibung / Von *Kamtschatka*[192.k].

---

[a] Núgunä, auch *über der Zeile*   [b] die Samoj. Núgunä, auch Chami jöösse d. i. baum-fett *rechts von der Zeile*   [c] ₍ₑ₎S *verbessert aus* r   [d] Es *verbessert aus* [..]   [e] in *verbessert aus* Zu   [f] die innere *über der Zeile*   [g] *von* Die Ostiaken am Ket *bis* da- / Von Keinen Vorrath. *rechts marginal*   [h] k₍ₑᵢₙₑ *verbessert aus* [.]   [i] ₍d₎er *verbessert aus* [.]   [j] fluß *über der Zeile*   [k] S. meine Beschreibung / Von Kamtschatka. *rechts von der Zeile*

|: Die[a] *BrazKi, Mongole*⌈n⌉ und *Ner- / tschinsKische Tunguse*⌈n⌉ wiße⌈n⌉ / wenig
Von Fisch eßen, weil sie / sich nicht die Mühe gebe⌈n⌉ selbige / Zu fange⌈n⌉, auch
bey ihrer gros⌈s⌉en / Viehzucht solches nicht nöthig Zu / haben Vermeine⌈n⌉. Ja sie
beKüm- / mern sich aus dieser Ursache / wenig um Wild, und wenn sie / nicht
Vor die Lange weile oder / Zur Lust mannichmahl auf die / Hirsch- oder Reh-
Jagd ausgiengen / so würden sie[b] solches gar nicht / genießen : |[c] /150v/
See Hunde[193] e⌈s⌉⌈s⌉en die *BrazKi* am / See *Baical*[194], wie auch die *Kam- /
tschedali*sche⌈n⌉ Völker, die *Koriak*⌈en⌉ / und *Lamut*en.
Wallfische[195] werden sowohl[d] auf / *KamtschatKa*[196] als[e] die⌈s⌉⌈s⌉eits der /
*PenschinsKi*sch⌈en⌉ See[197] Von dene⌈n⌉ / *Lamute*⌈n⌉ und *Koriake*⌈n⌉ gleichfalls /
gege⌈s⌉⌈s⌉en.
Desgleiche⌈n⌉ das See Thier *Bieluga*[198] / welches zu *Udskoi Ostrog*[199] auch /
dene⌈n⌉[f] Ru⌈s⌉⌈s⌉ische⌈n⌉ Einwohnern[g] / Zur SPeise dienet, wie wohl diese / es fast
bloß aus Noth eßen, / weil in der Gegend wo der / *Ud*[200] fluß in den *Oceanum*
fällt / das See Thier *Bieluga*[201] so häuffig / seyn soll, daß Vor demselbe⌈n⌉ / wenig
Fische in den *Ud*[202] Komme⌈n⌉ / Können, so daß die dortige / Einwohner[h] an
Fischen eine⌈n⌉ / Mangel habe⌈n⌉.

---

[1] „ABTREIBEN, ... die Pferde abtreiben, zu sehr anstrengen, ermüden, abgetriebene, erschöpfte rosse. ..." (Grimm 1991, Bd. 1, Sp. 141f.)

[2] russ. *vorona* (Mz. *vorony*); „9) Cornix vulgaris, et communissima; Cornix cinerea frugilega Willoughbeji, Anglis the Royston-Crow. Russis ворóна [russ. *vorona*]. lege Worona. Tattaris H'Kargàh. ..." (D. G. Messerschmidt in: AAW F. 98, Op. 1, D. 8, Bl. 7r–8v); „§. IV. Cornix cinerea frugilega. The Royston Crow. ..." (Willughby 1676, S. 84f.); „44. Corvus Cornix. ... Cornix cinerea, ... Rayston-Crow, ... Rossice Voróna; ... Tataris et passim Cosaccis Kargàh. ..." (Pallas 1811–1831, Vol. I, S. 382–383); „4. Corvus Cornix L. ... Gemeine Krähe. Nebelkrähe. Graue Krähe. R. Worona. Tat. Targa. ..." (Georgi 1797–1802, Theil 3, S. 1711f.)

[3] „ELSTER, f. pica, ... alster ..." (Grimm 1991, Bd. 3, Sp. 417f.); russ. *soroka* (Mz. *soroki*); „Pica varia caudata. ..." (Willughby 1676, S. 87); „48. Corvus Pica. ... Pica varia s. caudata ... Rossice Soróka. ..." (Pallas 1811–1831, Vol. I, S. 389–391); „12. Corvus Pica ... Elster=Krähe. Elster. Heister. ..." (Georgi 1797–1802, Theil 3, S. 1714)

---

[a] *vor* Die *gestr.* Die Samojeden eßen Keine₍ Jersch |: *über der Zeile ist falsch* :| / auch wird die Pisda nicht gegeß₎ [b] *nach* sie *gestr.* sich [c] *von* Die BrazKi, Mongole₎ *bis* nicht genießen *rechts marginal* [d] S₍owohl *verbessert aus* [.] [e] als *über der Zeile* [f] ₍den₎₎ *verbessert aus* [..] [g] *nach* Einwohnern *gestr.* eßen. [h] Einwohn₍er *verbessert aus* [..]

4 katschinz. „Kíchtsche" bzw. „Kiktsche", kamass. „NíK̆" – lat. Aquila maxima ..., russ. *bol'šoj orel* (J. G. Gmelin in: AAW F. 21, Op. 5, D. 73, Bl. 278v/279r); „20. Aquila Chrysaëtos. ... Falco Chrysaëtos Lin. ... Tataris sibiricis Tschin-Karagusch, et major varietas Kychtschi. ..." (Pallas 1811–1831, Vol. I, S. 341–343); vgl. turk. „кӱчӱгän" – weißgeschwänzter Adler u. turk. „кӱчӱгӱт" – ein Raubvogel (Radloff 1963, Bd. 2, Sp. 1495)

5 russ. *čajki* (Ez. *čajka*); „5. Larus canus L. ... Graue Möwe. Gemeine Möwe. R. Tschaika. ..." (Georgi 1797–1802, Theil 3, S. 1765)

6 „Eule, Eul, Nacht=Eule, Nachtrapp, ein Raub=Vogel, so sich bey Tage verstecket, in der Demmerung aber ausfleugt, seine Nahrung zu suchen. Es werden unter diesem Namen verschiedene Arten begriffen, Ohr=Eule, Huhu, Nacht=Eule, Stein=Eule, Schleyer=Eule, Kirch=Eule, Niederländischer und Welscher Kautz, ..." (Zedler 1732–50, 8. Bd., Sp. 2134f.); vgl. auch „10. Strix Aluco ... Nacht=Eule. Kirchen=Eule. Grab=Eule. Gemeine Eule. ..." (Georgi 1797–1802, Theil 3, S. 1704)

7 russ. *bess* – Erythronium dens canis (Pawlowski 1952, S. 54); „Den ersten Platz verdient die Hundszahnwurzel (Erythronium), welche hier am Abakan, wo sie aber nur klein und sparsamer wächst, mehrentheils Beß, im Kusnezkischen Gebürge aber und von den Tomskischen Tataren Kandyk [russ. *kandyk*] genannt zu werden pflegt. ... Die Weiber deren Geschäft dieses vorzüglich ist, graben die Hundszahnwurzeln im Maymonath, welcher daher unter den Beltiren und Sageiern den Namen Bess=ai bekommen hat. Weil jede Wurzel auf eine Spanne tief in der Erde und gemeiniglich unter sehr zähen Rasen liegt, so bedienen sie sich einer besondern Schaufel dazu, ... Die gegrabnen Kandyk=Wurzeln werden gereinigt, in Wasser leicht aufgewellt, darauf an dünne Baststreifchen gereihet und also zum Vorrath getrocknet. Wenn die Tataren selbige essen wollen, so lassen sie eine Parthey davon in Wasser langsam sieden, bis sie weich sind, und essen sie dann mit Milch oder Schmant. Sie schmecken fast wie ein roher Teich von Waizenmeel, Wasser und Eiern und sind ziemlich unverdaulich." (Pallas 1778, S. 262f.); „1. Erythronium Dens canis L., ... Gemeiner Hundszahn. R. und Tat. Kandik. ... Gm. Sib. I. T. 7. ... Die Wurzeln sind weiß, hundszahnförmig und werden von Russen und Tatarn gern gegessen, auch qualifiziren sie sich zu bessern Tischen. Man trocknet sie zum Aufbewahren auf Faden gereihet und kocht oder zerkocht sie in Milch oder Fleischbrühe. ..." (Georgi 1797–1802, Theil 3, S. 901); „Sonst kochen sie [d. h. die Katschinzen] unter ihre Speisen ... allerley wildes Wurzelwerk, als ... Hundszahnkraut (Erythronium) welche sie Bess nennen." (Pallas 1773, S. 680); „Da der Kumisschlauch zwar den Durst löscht, aber nicht wie der Baschkirische den Hunger stillet, so helfen sie [d. h. die Barabinzen] sich des Sommers mit ... Kantik (Erythronium Dens Canis L.), ..." (Georgi 1776–1780, S. 194); mator. „bes" – [Wurzel] Bes (Helimski 1987, S. 81, nach G. F. Müller); katschinz. „Bess", tschatzk. „Kandik" – Dens canis (J. G. Gmelin in: AAW F. 21, Op. 5, D. 73, Bl. 296v/297r); chakass. „пис" – russ. *kandyk* (*Funk/Tomilov* 2006, S. 573)

8 s. Anm. 7; turk. „кандык" – Erythronium, dens canis (Radloff 1963, Bd. 2, Sp. 124); chakass. „хандых" – russ. *kandyk* (*Subrakova* 2006, S. 799)

9 russ. *čina* – Lathyrus tuberosus, Ackernuß, Erdeichel (*Dal'* 1880–1882, T. IV, S. 604; Pawlowski 1952, S. 1730); katschinz. „Tschinà" – Lathyrus luteus repens, terrae glandes (J. G. Gmelin in: AAW F. 21, Op. 5, D. 73, Bl. 296v); „2. Lathyrvs pedunculis multifloris,

cirrhis diphyllis simplicissimis, foliolis oualibus, internodiis nudis ... Lathyrus aruensis repens tuberosus, BAVH. pin. 364. Lathyrus foliis binatis ovatis, radice glandulosa HALL. Helv. 9. 569. ... Tatari radices Tschina appellant, et in penum annuum effodiunt." (Gmelin 1747–1769, Bd. IV, S. 6); „Lathyrus L., Lathyrus, Kicher. ... Lathyrus tuberosus ... Knollwurzlicher Lathyrus. Erdnuß. Erdmaus. ... Die Wurzelknollen, die die Größe der Haselnüsse erlangen, sind eine wohlschmeckende, sehr mehlige, gesunde Speise; da sie aber nicht verschlagsam sind, so werden sie hier nicht gesammelt. Dieses thun aber die Steppenmäuse, die sie für den Winter mit anderm Wurzelwerk in ihre Erdgruben tragen. Die Nomaden suchen diese auf und verspeisen, mit den übrigen Vorräthen der Mäuse, auch diese Lathyrusknollen." (Georgi 1797–1802, Theil 3, S. 1165ff.); „Láthyrus <Platterbse> gr. láthyros <Saat-Platterbse, L. sativus> (Theophr.), bescheidene Nahrung armer Leute ..." (Genaust 2005, S. 329)

[10] tatar. „мэшкэ" – Pilz (Ganiev 1984, S. 117); katschinz. „Móschkoe", kaidin. „Méschkö. eßen im falle der noth.", mator. „Méschkö. eßen eben diese speciem", kamass. „Méschkö" – lat. fungus (Pilz) (J. G. Gmelin in: AAW F. 21, Op. 5, D. 73, Bl. 296v/297r); turk. „мäшкä" – Pilz (Radloff 1963, Bd. 4, Sp. 2115)

[11] „Biltz, Schwamm, Erdschwamm, ... Pültz, Lateinisch Fungus, ..." (Zedler 1732–50, 3. Bd., Sp. 1852ff.)

[12] d. h. die pumpokolischen Ostjaken am Fluß Ket' (s. auch Kap. 25, Bl. 10v)

[13] russ. kolonki (Ez. kolonòk); „30. Mustela sibirica ... Rossis in Sibiria Kulonnòk, ..." (Pallas 1811–1831, Vol. I, S. 90); „9. Mustela sibirica L. ... Sibirischer Marder. Sibirische Wiesel. Russ. Kalonok. Tat. Kulon. ..." (Georgi 1797–1802, Theil 3, S. 1538f.); s. auch unter russ. kulon in: Anikin 2000, S. 298; vgl. „Mustela rupestris Vulpini coloris Mas Russis Choriók хоріókъ. [russ. choriok] ... Ani-

malculum hic Choriók Russis dictu) aliis ad Lenam & Jacutiae Kolonók. Колонókъ [russ. kolonok] forte Aldrov. Chiurka Russorum a corrupta maleq pronunciata voce Igorka e Mustelarum prosapia. ..." (lat. – das fuchsfarbene Männchen von Mustela rupestris, bei den Russen Choriók хоріókъ. [russ. choriok] ... Das Tierchen wird von den Russen hier Choriók genannt, von anderen am [Fluß] Lena und in Jakuck Kolonók. Колонókъ [russ. kolonok] ist vielleicht die Chiurka der Russen nach Aldrovandi, (was) von dem verderbten und schlecht ausgesprochenen Wort Igorka aus dem Mustela-Geschlecht [abgeleitet ist]. ...) (G. W. Steller?, 1740, in: AAW R. I, Op. 105, D. 18, Bl. 2v) u. lat. Mustela vulgaris – xop bzw. хорка [russ. chor bzw. chorka], lat. Putorius – хоръ чорнои [russ. chor čornoi bzw. chor čornoj], lat. Mustela sylvestris, Viverra dicta – колонокъ [russ. kolonok] (J. G. Gmelin in: AAW F. 21, Op. 5, D. 73, Bl. 284v); s. auch ‚Chiurca' auf S. 307 in Kapitel 15 „De Mvstelis, et primvm de Mustela vulgari.", S. 307–325 von liber 2 „De qvadrvpedibvs digitatis viviparis" (Aldrovandi 1637)

[14] russ. chor'ki (Ez. chorek); „28. Mustela Putorius. ... Rossice Chor, Chorjok ..." (Pallas 1811–1831, Vol. I, S. 87–89); „7. Mustela Putorius L. ... Iltis=Marder. Iltis. Stinkender Marder. R. Choriok. ..." (Georgi 1797–1802, Theil 3, S. 1536f.); s. Anm. 13

[15] „RATZE, f., 1) die spätere ... form von ratte, ..." (Grimm 1991, Bd. 14, Sp. 209f.); „Mus L., Maus. Ratte. Ratze. ... 3. Mus Rattus Linn. ... Hausratte. Hausratze. ... 11. Mus amphibius L. ... Wasser=Ratze. Wasser=Maus. ... Die Jakuten an der Lena – fangen sie in Schlingen und Schlagefallen, essen ihr Fleisch und benutzen ihr Pelzwerk. ..." (Georgi 1797–1802, Theil 3, S. 1557ff.)

[16] s. Anm. 2

[17] s. Anm. 3

[18] s. Anm. 5
[19] d. h. Heiligenbilder bzw. Ikonen
[20] *Enisej*
[21] „Abortus ... Mißgebärung, frühzeitige Gebärung, unzeitige unrichtige Geburt, sie mag tod oder lebendig seyn, ..." (Zedler 1732–50, Bd. 1, Sp. 155)
[22] s. Anm. 21
[23] *Ivan Stepanovič Unkovskij* (Johann Unkowski)
[24] „Die besten Lecker=Bißen an vormehmen [sic!] Tafeln [der Kalmyken] sind Adler, Falcken und Jagt=Hunde." (Unkowsky 1733, S. 140); „Die Chineser essen Hunde. Dieses thun auch die Calmucken, die Samojeden und die Negres an der Goldküste von Africa. Die Hunde werden zu Angola ausdrücklich dazu gemästet, und das Fleisch auf den Märkten nach dem Gewichte verkauft. ..." (Müller 1759a, Sp. 1542)
[25] s. Anm. 15
[26] russ. *gnus* – „unreines, kleines Gethier", „kleine kriechende Thiere, z. B. Ratten, Mäuse" (Pawlowski 1952, S. 249)
[27] russ. *nerpy* (Ez. *nerpa*); „Phoca vitulina ... Gemeine Robbe. Gemeiner Seehund. Seekalb. R. Tiulen, in Sibir. Nerpa. ..." (Georgi 1797–1802, Theil 3, S. 1494–1498); „Phoca canina. ... Rossice Tjulén, in Sibiria Nerpa. ..." (Pallas 1811–1831, Vol. I, S. 114–117)
[28] russ. *beluga* (Mz. *belugi*); „Delphinus Leucas ... Weisser Delphin. Weißfisch. Meer=Belluge. R. Bieluga morskaja ..." (Georgi 1797–1802, Theil 3, S. 1674–1675); „Delphinus Leucas ... Rossice Morskaja Bjelugha ..." (Pallas 1811–1831, Vol. I, S. 273–283)
[29] s. Anm. 5
[30] russ. *morskaja čajka* (Mz. *morskie čajki*) – Larus marinus, Seemöwe (Pawlowski 1952, S. 1716); „8. Larus marinus ... Meer=Möwe. Schwarze Möwe. ..." (Georgi 1797–1802, Theil 3, S. 1766)
[31] „2. Ursus maritimus ... Eisbär. ... Meerbär. Weißer Bär. ... Das Fett, dessen einer an 100 Pfund hat, ist zum Speisen und Geleuchte besser als Wallfischthtran, und das Fleisch wird gegessen." (Georgi 1797–1802, Theil 3, S. 1544–1546)
[32] s. Anm. 21
[33] russ. *erši* (Ez. *erš*); „Perca cernua ... Kulbarsch. Kaulbarsch. R. Jersch. ..." (Georgi 1797–1802, Theil 3, S. 1925–1926); „Perca Cernua. ... Rossis Jersch vel Jörsch. ..." (Pallas 1811–1831, Vol. III, S. 245)
[34] russ. *pizda*; „Cottus Gobio ... Kaulkopf=Groppe. Kaulkopf. R. Pisda Riba. ..." (Georgi 1797–1802, Theil 3, S. 1919); „Gobius fluviatilis ... Rossis communi cum Cotto Gobione nomine obscoeno pudendi muliebris (Pisda ryba) appellatur. ..." (Pallas 1811–1831, Vol. III, S. 162–163)
[35] „FLOSZFEDER, f. pinna, flosse, fischflosse ..." (Grimm 1991, Bd. 3, Sp. 1822)
[36] s. Anm. 33
[37] s. Anm. 34
[38] s. Anm. 5
[39] russ. *vydra* (Mz. *vydry*); „22. Viverra Lutra. ... Mustela Lutra ... Otter ..." (Pallas 1811–1831, Vol. I, S. 76ff.); „Mustela L., Otter. Marder. Wiesel. A. Otterarten. Lutra. ... 2. Mustela Lutra ... Fisch=Otter. Fluß=Otter. ..." (Georgi 1797–1802, Theil 3, S. 1526ff.); zum Handel mit Otterfellen s. Müller 1760, S. 531
[40] s. Anm. 14
[41] s. Anm. 15
[42] *Enisej*
[43] russ. *surok* bzw. *tarbagan* (Mz. *surki* bzw. *tarbagany*); „Arctomys L., Marmotte. Murmelthier. ... 1. Arctomys Bobac ... Russische Marmotte. Russisches Murmelthier. Russ. Surok. ... Mong. und Kalm. Tarbogan. ... da aber ihr Fleisch gegessen und ihr Balg getragen wird, so fängt man sie in Schleifen und Netzen, vor die Oeffnungen ihrer Keller gestellt. ..." (Georgi 1797–1802, Theil 3, S. 1579ff.); „72. Arctomys Baibàk. ... Arctomys Bobac, ... Rossice Ssuròk; ... in Sibiria Mongolicam appellationem etiam Rossi adoptant. ... Mongolis Tarbaghàn. ..."

(Pallas 1811–1831, Vol. I, S. 155–156); mongol. „тарвага(н)" – russ. *tarbagan* (*Luvsandėndėv* 2001–2002, Bd. 3, S. 192); burjat. „тарбага(н)" – russ. *tarbagan* (*Čeremisov* 1973, S. 415)

[44] *Verchojansk*

[45] *Bajkal*

[46] s. Anm. 43

[47] burjat. „dorogoŋ NU., dorgon(ŋ) T., Ch., dorgo S., Dachs; ..." (Schiefner 1857, S. 154); burjat. „доргон" – Dachs (*Čeremisov* 1973, S. 196)

[48] russ. *barsuk* (Mz. *barsuki*); „DACHS ... mlat. taxus ..." (Grimm 1991, Bd. 2, Sp. 666); „19. Meles Taxus. ... Ursus Meles, ... Rossice Barsuk. ... Buraetis Dorgong; ..." (Pallas 1811–1831, Vol. I, S. 70–73); „3. Ursus meles ... Dachs=Bär. Dachs. R. Barsuk. ..." (Georgi 1797–1802, Theil 3, S. 1546–1547)

[49] *Bajkal*

[50] vgl. burjat. „тулум" – Lederbeutel, russ. *tulun* – unzerschnittenes Tierfell (*Anikin* 2000, S. 562f.), russ. *tulunit'* – ein Tierfell als Ganzes abziehen (*Anikin* 2000, S. 563) u. mongol. „туламнах" – etwas in einen Lederbeutel packen (*Luvsandėndėv* 2001–2002, Bd. 3, S. 251)

[51] mongol. „тулам" bzw. „tulum" – Lederbeutel (*Anikin* 2000, S. 563); mongol. „тулам" – Lederbeutel, als Ganzes abgezogenes Tierfell (*Luvsandėndėv* 2001–2002, Bd. 3, S. 251)

[52] russ. *evraška* (Mz. *evraški*); „Arctomys L., Marmotte. Murmelthier. ... 2. Arctomys Citillus ... Ziesel=Marmotte. Zieselmaus. Zieselratze. Ziesel. ... R. Suslik, in Sibirien Jewraschka und Awraschka. ... Jakut. Uruga. ... Die Ziesel=Marmotte ... B. Die geperlte, fleckige oder getüpfelte, (R. Jewraschka) ..." (Georgi 1797–1802, Theil 3, S. 1579ff.); „73. Arctomys Citillus. ... Rossis vulgo Suslik, ... in Sibiria ulteriore Jewraschka. ... Coibalis Yrka. ..." (Pallas 1811–1831, Vol. I, S. 156–158); vgl. auch die Beschreibung von J. G. Gmelin in: Gmelin 1751–1752, 2. Theil, S. 443–445; arinz. „Örge", katschinz. „Örge", kamass. „Örge" bzw. „Ürge" – Marmotta minor campestris (J. G. Gmelin in: AAW F. 21, Op. 5, D. 73, Bl. 284v/285r)

[53] *Jakuck*

[54] jakut. „öprö" – Murmeltier, russ. *evraška* (*Pekarskij* 1958–1959, Bd. II, Sp. 1955); jakut. „өргө" – Murmeltier (*Slepcov* 1972, S. 288); „... die kleine Murmel Thiere Ruß Эврашка [russ. *évraška*] [jakutisch] Ur$_{e}$/^{K}ae" (J. J. Lindenau in: AAW F. 934, Op. 1, D. 89, Bl. 486r, Kopie aus dem Archiv RGADA); s. Anm. 52

[55] turk. „öprä", „öpкö" bzw. „ўрkä" – kleines Steppentier, Murmeltier (Radloff 1963, Bd. 1, Sp. 1228, Sp. 1227 bzw. Sp. 1836); chakass. „ўрке" bzw. „öрке" – Murmeltier, russ. *suslik* (*Subrakova* 2006, S. 756 bzw. S. 328); s. Anm. 52

[56] s. Anm. 15

[57] s. Anm. 15

[58] „Ein wohlhabender Jakute giebt das beste Pferdefleisch, oder Rindfleisch für eine grosse und fette Ratze, weil er diese für weit schmackhafter, als jenes, hält." (Müller 1759a, Sp. 1543)

[59] s. Anm. 2

[60] s. Anm. 3

[61] s. Anm. 3

[62] *Enisej*

[63] *Vorochova sloboda* o. *Dubčeskaja sloboda*

[64] *Ust'kutsk* bzw. *Ust'kutskoj ostrog*

[65] *Kirensk*

[66] russ. *lebed'*; „De Cygno. ..." (Willughby 1676, S. 271–273); „LII. Cygni. .." (Pallas 1811–1831, Vol. II, S. 210–217); „1. Anas Cygnus ... Schwanengans. Wilder Schwan. ..." (Georgi 1797–1802, Theil 3, S. 1723)

[67] *Nižnaja Tunguska*

[68] Gebiet von *Mangazeja*

[69] s. Anm. 14

[70] s. Anm. 2

[71] s. Anm. 3

[72] russ. *jastreb*; „36. Accipiter Astur. ... Accipiter palumbarius ... Falco palumbarius Lin. ... Rossice Jastreb; ..." (Pallas

1811–1831, Vol. I, S. 367–370);
„19. Falco palumbarius L. ... Taubenfalk.
Taubenhabicht. Sperber. R. Jastrep. ..."
(Georgi 1797–1802, Theil 3, S. 1696–1697)

[73] russ. *sokol* (Mz. *sokoly*) – Falke, Falco (Pawlowski 1952, S. 1520); „Falco L. Falken.* |* Man unterscheidet in den teutschen Benennungen a) Adler, langhalsige Falken mit kurzen, starken Füßen; b) Falken, mit kurzem Halse und langen Füßen, und c) Weihen, ... | ... 22. Falco barbarus L. ... Tatarischer Falk. Barbar=Falk. R. Sokol. ..." (Georgi 1797–1802, Theil 3, S. 1690ff.)

[74] jakut. „аһыылаах этин сиэбетим" (Helimski 2003, S. 222); jakut. „аһыылаах" – mit Zähnen (*Slepcov* 1972, S. 50), jakut. „эт" – Fleisch (a. a. O., S. 548); jakut. „сиэ-" – essen (a. a. O., S. 328); jakut. „аһыы" – sauer, bitter, spitz, scharf (a. a. O., S. 50); jakut. „äт" – Fleisch (*Pekarskij* 1958–1959, Bd. I, Sp. 311f.; Middendorff 1851, Theil 2, S. 14); jakut. „äттäн" – Fleisch haben (*Pekarskij* 1958–1959, Bd. I, Sp. 319)

[75] lat. – es wird hinzugedacht, (d. h. nebenbei bemerkt), weit entfernt

[76] s. Anm. 74

[77] s. Anm. 74

[78] tschatzk. „Sargài" – Lilium bulbo albo (s. Glossar: Sarana) (J. G. Gmelin in: AAW F. 21, Op. 5, D. 73, Bl. 296v/297r); altaisch (s. Glossar: Tataren) „sargaj" – russ. *sarana* (Ståhlberg 2006, S. 138); chakass. „сарғай" – russ. *sarana* (*Subrakova* 2006, S. 448)

[79] burjat. „harâna NU., Lilienzwiebel; ..." (Schiefner 1857, S. 134); burjat. „нараана" – russ. *sarana* (s. Glossar: Sarana) (*Čeremisov* 1973, S. 676); burjat, „haraana" – russ. *sarana* (Ståhlberg 2006, S. 139); mongol. „сарана" – russ. *sarana* (*Luvsandėndėv* 2001–2002, Bd. 3, S. 93); mongol. „сараана" – russ. *sarana* (Ståhlberg 2006, S. 139)

[80] jakut. „Korun" – russ. *sarana* (s. Glossar: Sarana) (Gmelin 1747–1769, Theil 1, S. 42); jakut. „khorun" – russ. *sarana* (Ståhlberg 2006, S. 138)

[81] tungus. (ewenk.) „тукала" – russ. *sarana* (s. Glossar: Sarana) (*Boldyrev* 2000, Teil 2, S. 117); tungus. (lamut.?) „Tukkur" – „Lilien" (J. J. Lindenau in: AAW F. 934, Op. 1, D. 89, Bl. 434r, Kopie aus dem Archiv RGADA); vgl. kamass. „t'ukul" – russ. *sarana* (Ståhlberg 2006, S. 152)

[82] vgl. samojed. „Wurzel, Jur. ... tawor, Tas. (gelbe, blaue, weisse). ..." (Schiefner 1855, S. 305)

[83] d. h. die pumpokolischen Ostjaken am Fluß Ket' (s. auch Kap. 25, Bl. 10v)

[84] ket. „qo" bzw. „qō" – Lilienzwiebel, Zwiebel von Lilium martagon (Donner 1955, S. 67); ket. „ко" – russ. *sarana* (*Gemuev* 2005, S. 685)

[85] *Enisej*

[86] *Mangazeja*

[87] russ. *baduj*

[88] Gebiet von *Mangazeja*

[89] „Sie [d. h. die Jakuten] essen die Wurzeln von ... einem andern Hedysaro mit purpurfarbener Blüthe, das in Sibirien und auch um Jakutzk wächst, und ... in der Gegend der Stadt Mangasea von den Samojeden Badük und Badü, von den Russen Badui, von den Tungusen Schenika* genannt wird. ... * Hedysarum saxatile, siliqua laevi, floribus purpureis, inodorum Amm. Ruth. 116 n°. 152. 153." (Gmelin 1751–1752, 2. Theil, S. 469f.); „35. Hedysarvm, foliis pinnatis, leguminibus articulatis, glabris, pendulis, caule erecto, ... Hedysarum saxatile, siliqua laeui, floribus purpureis, inodorum, MESSERSCHM. AMM. Ruth. n. 152. ... Samoedis mangaseensibus radix huius plantae sub nomine Badüka et Badu nota est, quae vox ea lingua quamlibet radicem denotat, vnde Russi sub nomine Badui, mutuo acceperunt, Tungusis ad inferiorem Tunguscam Schenicta dicitur, ...", lat. – 35. Hedysarum, mit gefiederten Blättern, (mit gegliederten, kahlen, hängenden Hülsen, mit aufrechtem Sproß, ... Hedysarum saxatile (Stein-Hedysarum)

mit glatter Hülse, mit purpurroten Blüten, geruchlos, Messerschmidt, Amman ‚[Stirpium rariorum in Imperio] Rutheno ...' Nummer 152 ... Bei den Samojeden von *Mangazeja* ist die Wurzel dieser Pflanze unter dem Namen Badüka und Badu bekannt, welches Wort in dieser Sprache jede beliebige Wurzel bezeichnet; woher [sie] die Russen wiederum unter dem Namen Badui angenommen haben; bei den Tungusen an der *Nižnaja Tunguska* heißt [sie] Schenicta. (Gmelin 1747–1769, Bd. 4, S. 26–28); s. auch Anm. 146

[90] russ. *baduj*; samojed. (*Mangazeja, Turuchansk*) „Бáдду" – Wurzel (Pallas 1789, S. 18); samojed. „Wurzel, ... Jen. baddu. ..." (Schiefner 1855, S. 305); s. Anm. 89

[91] vgl. aber russ. *solodkij koren'* – Glycyrrhiza glabra (*Slovar'* 2002a, S. 133) bzw. *sladkij koren'* – Glycyrrhiza, Süßholz, Lakritzenholz (Pawlowski 1952, S. 1491); G. W. Steller in der „Flora Irkutiensis" (AAW R. I, Op. 104, D. 4, Bl. 132v) „1143. Glyzyrrhyza qualis species nescio; ... Radices a Buraetis effodiuntur ac Irkutiae in foro venales prostant." (lat. – 1143. Glycyrrhyza, von der ich nicht weiß, welche Species es ist. ... Die Wurzeln werden von den Burjaten ausgegraben und in *Irkuck* auf dem Markt zum Kauf angeboten.); „Glycirrhiza leguminibus glabris, stipulis nullis ... 42. Glycirrhiza, leguminibus echinatis, foliis stipulatis, ..." (Gmelin 1747–1769, Bd. IV, S. 32f.); „Glycyrrhíza <Süßholz, Lakritze> ..." (Genaust 2005, S. 269); „Glycyrrhiza L., Süßwurz. Süßholz. 1. Glicirrhiza echinata ... 2. Glycirrhiza glabra ..." (Georgi 1797–1802, Theil 3, S. 1176f.)

[92] s. Glossar: Zoll

[93] „Blume, 1) überhaupt die farbige Blüthe einer Pflanze, bes. aber die Blumenkrone, ..." (Pierer 1857–65, Bd. 2, S. 904)

[94] „Rumex acetosa Linné 1753 Sauerampfer ... acetosa, ..." (Marzell 1943–1977, Bd. 3, Sp. 1488ff.); „Rumex L., Ampfer.

... 14. Rumex Acetosa ... Gemeiner Ampfer. ... Das Kraut ist vielleicht bey allen Nationen Rußlands Kohlkraut, ..." (Georgi 1797–1802, Theil 3, S. 918ff.); „... so helfen sie [d. h. die Barabinzen bzw. barabinzischen Tataren] sich des Sommers mit wilden Geflügel, Fischen, Lilien, Zwiebeln ... Sauerampfer (Kuschkulak. Rumex acetosa L.) ..." (Georgi 1776–1780, S. 194)

[95] russ. *moroška*; „Rubus Chamaemorus L., ... Gelber Brombeerstrauch. Gelbe Maulbeere. R. Maroschka. ..." (Georgi 1797–1802, Theil 3, S. 1031f.); „Die berühmtesten häufigsten und nützlichsten Beeren sind die gelben Schaarbocks=Beeren, Moroschka, ... von welchen man ganze Fäser voll aufsammlet, Getränk daraus machet, bey allen Mahlzeiten aufsetzet, und zu allerley Gebäckels brauchet. ..." (Steller 1774, S. 77)

[96] russ. *golubica* o. *golubika*; „Vaccinium uliginosum L. ... Sumpf=Heidelbeerstrauch. Blaubeere. R. Golubiza. ..." (Georgi 1797–1802, Theil 3, S. 931); „... grose schwarze Heydel oder Trunkelbeeren, Golubitza, ..." (Steller 1774, S. 77)

[97] russ. *brusnica* bzw. *brusnika*; „4. Vaccinium Vitis idaea L., ... Preußel=Heidelbeerstrauch. Preußelbeere. R. Brusniza. ..." (Georgi 1797–1802, Theil 3, S. 931–933); „... rothe Heydelbeeren, Brussniza, das Kraut aber, und die Blätter sind mehr als die Helfte kleiner, als in Rußland, ob gleich die Beeren eben so gros sind: Die Cosaken kochen das Kraut und trinken das Wasser statt Thee boy. ..." (Steller 1774, S. 77)

[98] russ. *kislica*; „Berberis L., Berberize. Sauerdorn. 1. Berberis vulgaris L., ... Gemeine Berberize. Gemeiner Sauerdorn. R. Kisliza und Barbaris. ..." (Georgi 1797–1802, Theil 3, S. 915f.)

[99] „Empetrum nigrum. Empetrum procumbens (ramulis foliisque glabris). ... Gmelin Fl. sib. III. p. 16. n. 7. Rossis vulgo Wodaeniza (Водяница [russ. *vodjanica*]) i. e. bacca aquosa; Archangelopolitanis

Ssicha (Ссиха [russ. *ssicha*]) ab effectu diuretico; in Sibiria orientali Schikscha (Шикша [russ. *šikša*]. ..." (Pallas 1788, S. 49); „Empetrum nigrum ... Schwarze Rauschbeere. R. Weres, Wodianiza, auch Schikscha. ... Die schwarzen, den Heidelbeeren (Vacc. Myrt.) ähnlichen Beeren werden ihres schlechten Geschmacks ohngeachtet von Sibiriaken und auch von Russen roh und gekocht, von Kamtschadalen mit Fischen häufig gegessen." (Georgi 1797–1802, Theil 3, S. 1340f.); „Die andere Art Beeren wird auf Rußisch Schikscha ... genannt, auf Lateinisch Empetrum. ... Diese werden ebenfalls auf dem Torfland in größester Menge gesammlet, und den ganzen Winter über aufbehalten, auch zu allerhand Speisen und Gebäckel genommen; haben eine große Kraft wider den Schaarbock. Ausser diesem so färbet man allerhand Seidenzeug, wo es verbleichet, damit Kirschfarb. Die Betrüger kochen dasselbe mit Alaun und Fischfett, geben damit denen Seebiebern und Zobeln eine schöne Schwärze, die nicht abfärbet, ..." (Steller 1774, S. 77f.)

[100] russ. *čeremša*; „Der Scorbut plaget ... die Cosakenkinder aber und Itälmenen gar nicht, welches ihre vermischte Diät aus vielen Wurzeln, Kräutern und Baumrinden verursachet. Die gefrornen und also rohe genossenen Fische, der Gebrauch des wilden Knoblauchs Tscheremscha genannt, ..." (Steller 1774, S. 67); G. W. Steller in der „Flora Irkutiensis" (AAW R. I, Op. 104, D. 4, Bl. 93v) „508. Allium sylvestre latifolium C. B. P. 74 Allium ursinum bifolium vernum sylvaticum J. B. 2. 265. Allium ursinum latifolium lobel. Icon. 159. Copiose in sylvis circa Irkutiam in vicinia lacus Baikal. floret circa medium Junij. Russis audit Черемшà. ..." (lat. – 508. Wildwachsendes, breitblättriges Allium des Caspar Bauhin, ‚Pinax', [Seite] 74; Zweiblättriges, im Frühjahr blühendes, im Wald wachsendes Allium Ursinum des Johann Bauhin, [Band] 2, [Seite] 265; Breitblättriges Allium Ursinum des Lobelius, ‚Plantarum seu stirpium icones', [Seite] 159; zahlreich in den Wäldern bei *Irkuck* [und] in der Nähe des Sees *Bajkal*; Die Pflanze blüht etwa Mitte Juni. Bei den Russen nennt man sie *čeremša*. ...); „13. ALLIUM foliis radicalibus petiolatis, floribus vmbellatis ROY. pr. 39. Allium syluestre latifolium B. Pin. 74. ..." (Gmelin 1747–1769, Bd. I, S. 49); „Allium ursinum ... Der Bärenlauch wird in Sibirien und Kamtschatka allgemein gegen Scorbut gebraucht. Die Wirkung der Pflanze soll eine schweisstreibende sein. ..." (Demitsch 1889, S. 164)

[101] d. h. die pumpokolischen Ostjaken am Fluß *Ket'* (s. auch Kap. 25, Bl. 10v)
[102] vgl. katschinz. „Kálba", kaidin. „Kálba"; tschatzk. „Kálba" – Allium ursinum (russ. *čeremša*) (J. G. Gmelin in: AAW F. 21, Op. 5, D. 73, Bl. 296v–297r); s. auch *Anikin* 2000, S. 238f.
[103] russ. *šči*; „Die Weißkohlkultur ist seit Alters üblich, und der gesäuerte, geschnittene und zerhackte Kohl (R. Kapusta kislaja) und die säuerlichen Kohlsuppen (R. Schtschi) uralte Nationalspeisen, die bey den niederen Klassen der Einwohner täglich, im Mittelstande und bey Ausländern oft zu Tische kommen, und auch auf den vornehmsten Tafeln nicht selten erscheinen." (Georgi 1797–1802, Theil 3, S. 1141)
[104] *Enisej*
[105] s. Anm. 100
[106] russ. *boršč* – Heracleum Sphondylium (*Slovar'* 1985, S. 114); „1. Heracleum Sphondylium ... Gemeines Heilkraut. W. Bärenklau. ... Die jungen Stängel sind beliebtes Naschwerk des Russischen und übrigen gemeinen Volks, und das junge Kraut wird von vielen wie Kohl gegessen." (Georgi 1797–1802, Theil 3, S. 847f.)
[107] russ. *mar'in koren'* – Paeonia, Päonie, Pfingstrose (Pawlowski 1952, S. 659); karagass. „schignà" – russ. *mar'in koren'*

(Helimski 1987, S. 81, nach G. F. Müller); arinz. „Schéngnae", katschinsk. „Schéngnae", kaidin. „Schengnae", taiginz. „Schéngnae", mator. „Schéngnae" – Poeonia (J. G. Gmelin in: AAW F. 21, Op. 5, D. 73, Bl. 296v/297r); turk. „чäинä" – Paeonia anomale (Radloff 1963, Bd. 3, Sp. 1942); „Päonien, Peonien, Pöonien, Batenien, Gichtrosen, Pfingstrosen, Pionen, Pöonienrosen, Peonienrosen, Mastblumen, Königsrosen, ... Lateinisch, Paeonia, Poeonia, Pionia, Paeonium, ..." (Zedler 1732–50, 26. Bd., Sp. 197ff.); „Paeonia. Pivoine. ..." (Tournefort 1700, S. 273f.); „Paoniae. [Species 1] Paeonia albiflora ... Poeonia lactea flore, foliis utrinque viridantibus et splendentibus. ... Dauuris et Mongolis notissima propter radicem edulem, in jusculis coquendam, et semina in pulverem contusa Theae coctae accessoria. ... [Species 3] Paeonia laciniata. ... Poeonia anomala ... A Mongolis et tataris Krasnojarensibus etiam hujus radix colligitur et siccata contusaque pro condimento carnibus incoquitur, quam pulticulam Tatari Urè vocant ..." (Pallas 1788, S. 92ff.); „Eine andere sehr gebräuchliche Wurzel, die auch unter den Katschinzischen Tataren viel gegessen wird, ist die von den gemeinen sibirischen Pöonien. Die Tataren nennen selbige Tschegna, trocknen sie auf den Winter und essen sie mehrentheils zerstossen in Suppe mit Fleisch und Grütze, welches Gericht sie Urè nennen." (Pallas 1778, S. 263); „Von Pflanzen fand ich ... Poeonia anomalo (russ. Marjin Koren, od. Marienwurzel) die man wider die fallende Sucht und Wechsel Fieber empfielt, ..." (*Šangin* 1793, S. 30f.)

[108] russ. *dikoj česnok*; G. W. Steller in der „Flora Irkutiensis" (AAW R. I, Op. 104, D. 4, Bl. 93v–94v) „509. Allium saxatile Acori radice flore purpureo Bocc. Mus. Part. 2. 84 quod T. I. R. H. p. 384 unum idemq esse videtur cum allio montano, Radice oblonga C. B. P. et Gesneri ... Vocatur Russice дикой Чеснокъ. ..." (lat. – 509. Felsen-Allium mit der Wurzel von Acorum, mit purpurroter Blüte des Boccone, ‚Museo di Fisica', Teil 2, [d. h. ‚Museo di piante', Seite] 84; ein und dieselbe Pflanze wie bei Tournefort, ‚Institutiones rei herbariae', Seite 384; tritt zusammen mit Berg-Allium mit länglicher Wurzel des Caspar Bauhin, ‚Pinax' [Seite 75], und des Gesner auf ... Im Russischen nennt man sie *dikoj česnok* ...); Auch Allium ursinum (s. Anm. 100) wird als *dikoj česnok* (wilder Knoblauch) bezeichnet (s. Pawlowski 1952, S. 1726).

[109] mongol. „мангир" – wilder Knoblauch (*Luvsandėndėv* 2001–2002, Bd. 2, S. 319); s. Anm. 108; mongol. „mangìr" – lat. cepa (Zwiebel) (G. F. Müller in: AAW F. 21, Op. 5, D. 143, Bl. 94r)

[110] *Bajkal*

[111] burjat. „maŋehaŋ NU., maŋehuŋ(n) T., Lauch; ..." (Schiefner 1857, S. 172); burjat. „мандиха(н)" bzw. „мангир" – russ. *dikij luk* (*Čeremisov* 1973, S. 292); russ. *dikoj luk* – lat. Allium sylvestre (J. G. Gmelin in: AAW F. 21, Op. 5, D. 73, Bl. 295v); s. Anm. 100; burjat. „mangihòn" – lat. cepa (Zwiebel), katschinz. „mangarsỳn" – lat. allium (Knoblauch) (G. F. Müller in: AAW F. 21, Op. 5, D. 143, Bl. 66v/67r); tungus. (*Nerčinsk*) u. burjat. „maŋehun" – „Steppenlauch" (Schiefner 1856, S. 96); tungus. „Mangìhun" – lat. cepa (Zwiebel) (RGADA F. 199, Op. 2, Kn. 513, D. 27, Bl. 8r); „cépa (Allium): lat. cēpe <Zwiebel> ..." (Genaust 2005, S. 139); „Allium <Lauch, Knoblauch>: lat. allium ..." (a. a. O., S. 51); „Im Sommer sammlen sie [d. h. die Burjaten] Lauch Mang$_g$/^{k}ehun und Koche$_)$ ihn mit Rogken welche fleisch haben legen auch fleisch ein und wird diese Speise Mangehun Tschenachun genennt ist ein tagl. gerücht im Sommer ..." (J. J. Lindenau in: RGADA F. 199, Op. 2, Portf. 511, Č. 1, D. 6, Bl. 7v)

[112] burjat. „нудэн" – Sanguisorba (*Abaeva* 2004, S. 174); „Thee kochen sie [d. h. die Burjaten] ... auch wohl von den Wurzeln der Bistorta und Sanguisorba (B. Schüddu). ..." (Georgi 1776–1780, S. 429); „In allen ihre₎ Speiße₎ legen Sie [d. h. die Burjaten] ... die Wurtzeln Maekaerhun und den Chudun Diese Wurtzeln werden aus den Mäuße Löcher gehoben." (J. J. Lindenau in: RGADA F. 199, Op. 2, Portf. 511, Č. 1, D. 6, Bl. 8r); „Wer unter ihnen [d. h. den mongolischen Völkern] nicht das Vermögen hat den Chinesischen Ziegelthee zu kaufen, ... weiß sich mit dortigen, wilden Gebürgskräutern zu helfen, deren viele im Gebrauch sind. Am gewöhnlichsten ist ..., die Sanguisorbenwurzel (mong<o>l. Schüddu), ..." (Pallas 1776, S. 181); s. auch Anm. 125

[113] „... Die Hauptabsicht meines Besuches war, zu erfahren, was es für eine Wurzel wäre, welche die Gasimurische Tungusen essen, und Muka heißt. Ich bekam gleich einen Sack voll davon, sie hohlten mir auch das Kraut, und ich erkannte bald, daß es eine Art von der Bistorta*) war. Sie sagten dabey, daß sie die Wurzel nicht ausgrüben, sondern um die Herbstzeit nur auf die Steppe ausgiengen, um Murmelthier=Löcher zu suchen, in welchen sie diese Wurzel und die Sarana in großem Ueberfluß anträfen, womit sich die Murmelthiere auf den Winter versorgten. * Bistorta foliis ad oram nervosis, imis ovalibus, superioribus linearibus, semine gigartino Hall. Helv. 179. Bistorta montana minor &c. Mess. Xen. Isid. Sib. 243. p. 169." (Gmelin 1751–1752, 2. Theil, S. 50); „34. Polygonvm caule simplici, spica terminato, foliis ad oram neruosis, seminibus ouatis. Tab. VII. fig. 2. ... Bistorta alpina minor, C. B. GMEL. AMM. Ruth. p. 169. ... Bistorta foliis ad oram neruosis, imis oualibus, superioribus linearibus, semine gigantino, HALL. Helv. 179. ... I. Eadem spica bulbifera. Bistorta montana, minor, ... MESS. Xen. Is. Sib. AMM. Ruth. n. 243.

... Iacutis Mjaeka-arschin dicitur, iisdemque siccata contusa, et cum lacte cocta cibum eximium praestat. ..." (Gmelin 1747–1769, Bd. III, S. 44–46);
„3. Polygonum viviparum L., ... Sprossender Knöterich. Zwiebeltragender Knöterich. ... Gm. Sib. 3. T. 7. f. 2. Es hat mit dem vorigen [d. h. Polygonum Bistorta; s. Anm. 114] im Ansehen Aehnlichkeit, nur ist es kleiner, auch sind die Wurzeln weniger herbe und weißer; sind aber für Menschen und Mäuse von eben dem Gebrauch der vorigen. Die Jakuten, die die Wurzel Mjaka Arschen nennen, kochen die getrockneten und zerstoßenen Wurzeln mit Milch,und finden sie so sehr wohlschmeckend." (Georgi 1797–1802, Theil 3, S. 939); „Polýgonum <Knöterich>: Name von L. und so vorlinn. eingeschränkt auf 3 Arten ... wobei auch andere Sippen ... unter diesem Namen subsumiert werden, während wichtige europ. Arten der Gatt. Polygonum teils unter den Benennungen Bistorta ... und Persicaria ... erscheinen. ..." (Genaust 2005, S. 498)

[114] burjat. „мэхээр" – Polygonum (russ. *grečicha-gorlec*) und Polygonum viviparum (russ. *grečicha živorodjaščaja*) (*Čeremisov* 1973, S. 313); Nach *Abaeva* 2004, S 177, wird zwischen burjat. „хуса мэхээр" (burjat. „хуса" – Schaf) und burjat. „улаан мэхээр" (burjat. „улаан" – rot) unterschieden. Die erste Pflanze, die im Frühling gesammelt wird, besitzt eine Wurzel von bläulicher Farbe und schneeweißem, süßem Fruchtfleisch, während die zweite im Herbst in Mäuselöchern gesucht wird. „Polygonum bistorta L. R. Makarschino Koren. B. Mikir. ... Die hiesigen Heiden speisen die Wurzel und trinken auch Thee von derselben. Im ersten Fall sezzen sie gewöhnlich das erste Wasser ab, zu Thee aber deucht ihnen dasselbe am besten. Sie graben sie selbst, oder nehmen sie den Mäusen. Polygonum viviparum L. [s. Anm. 113] B. Mikir. In Gründen noch häufiger wie das

Vorige, mit welchem es so wie einerley Nahmen, auch einerley Gebrauch hat." (Georgi 1775, S. 208f.); „Die Wurzeln des Polygoni bistortae und Vivipari, die sie beide Mikir nennen, kochen sie mit Milch, und nennen das Gericht Mikirhun." (a. a. O., S. 303); „2. Polygonum Bistorta L., ... Wiesen=Knöterich. Natterwurz. R. Gordez Makarschinokoren, ... Burät. Mikir. ... Gm. Sib. 3. T. 7. f. 1. ... Die Wurzeln sind herbe und ein Hausmittel des Landvolks wider Durchfälle und andere Krankheiten. Die Tungusen, Ostiaken, Burätten, Kamtschadalen und übrigen Sibirischen Völker, auch einige östliche Insulaner nutzen die knolligen, mehlreichen, nahrhaften Wurzeln als ein gemeines Nahrungsmittel, von welchen sie auch für den Winter Vorräthe sammeln. Dieses geschieht durch eigenes Ausgraben, oder auch durch Aufsuchen der Mäusemagazine, in welchen man sie mit andern eßbaren Wurzeln häufig antrifft. Vor dem Genuß werfen die Sibiriaken die geschnittenen Wurzeln in siedend Wasser, welches die widrige Herbigkeit auszieht und weggegossen wird, und dann kochen sie sie für sich, oder mit Fischen oder Fleisch, auch wohl mit Milch. ..." (Georgi 1797–1802, Theil 3, S. 938f.); „33. Polygonvm simplici spica terminatum, foliis imis appendiculatis, seminibus triquetris. ... III. Foliis vtrimque viridibus, minus acuminatis, spica habitiore, Tab. VII. fig. 1. ... Russi Ochotensium et Kamtschaticarum terrarum radices Makárschino Korenie (Макаршино Коренье [russ. *makaršino koren'e*]) ... vocant. Vti radix vulgaris bistortae, per omnem Sibiriam obuiae, Russis ad gonorrhoeas et alui fluxus sistendos adhibetur, ita in hisce regionibus huius radix ad ventris tormina mitiganda comeditur. ..." (lat. – 33. Das mit einer einfachen Ähre abschließende Polygonum, mit untersten Blättern, die mit kleinen Anhängseln [d. h. Nebenblättern] versehen sind, mit dreieckigen Samen ...

III. mit auf beiden Seiten grünen Blättern, die weniger zugespitzt sind, mit sehr gut gehaltener Ähre, Tafel VII, Abbildung 1 ... Die Russen der Gegenden von *Ochock* und *Kamčatka* nennen die Wurzeln *makaršino koren'e* ... Wie die Wurzel der in ganz Sibirien vorkommenden Bistorta vulgaris von den Russen bei Gonorrhoe und zum Stillen des des Leibflusses gebraucht wird, so wird dessen [d. h. des Polygonum] Wurzel in diesen Regionen zur Besänftigung des Bauchgrimmens verzehrt.) (Gmelin 1747–1769, Bd. III, S. 40–44)

[115] s. Anm. 112

[116] russ. *ir*; „Acorus L., Kalmus. 1. Acorus Calamus L. ... Gemeiner Kalmus. R. und Tat. Ir. ... Die Wurzeln sind zu Nothmehl anwendbar, müssen aber vor dem Trocknen und Mahlen durch siedend Wasser von ihrer würzhaften Herbigkeit befreyt werden." (Georgi 1797–1802, Theil 3, S. 912f.); „cálamus (Acorus) <Kalmus> ... auch calamus arōmaticus ... oder einfach calamus ..." (Genaust 2005, S. 115); „Kalmuswurzeln (Acorus Calamus L.) kauen sie [d. h. die *Čulym*skischen Tataren] wie die Indianer Betel." (Georgi 1776–1780, S. 230)

[117] *Enisej*

[118] Johann Georg Gmelin

[119] s. Anm. 113

[120] s. Anm. 114

[121] *Bajkal*

[122] tungus. (ewenk.) „пāнə̄" – russ. *sarana* (s. Glossar: Sarana) (*Myreeva* 2004, S. 479); „ ,Lilium reflexum' [tungus.] Tuchala, aliis Pannòh ,rote Waldlilien' " (Messerschmidt 1962–1977, Teil 2, S. 90); s. Anm. 81

[123] tungus. (ewenk.) „чэнэктэ" – Name einer Blume (*Boldyrev* 2000, Teil 2, S. 344); tungus. (ewenk.) „чэнэктэ" – Blume, Blüte (*Myreeva* 2004, S. 479); s. Anm. 89

[124] jakut. „кӓjirӓc" bzw. „кӓirӓc" – Potentilla anserina (*Pekarskij* 1958–1959, Bd. I, Sp. 1014); „Die Lebensart der Jakuten ist von der Lebensart anderer Sibirischen

heydnischen Nationen nicht sehr unterschieden. Sie bekümmern sich um kein Brodt. Sie essen die Wurzeln von dem Gänserich (*) |: * Anserina off. :|, (Jak. Köjeng=eß) von Pimpernell ** |: ** Pimpinella sylvestris, sive sanguisorba major Dod. pempl. 105. :| (Jak. Emüjach) von der kleinen Natterwurz *** |: *** Bistorta alpina minor B. pin. 192. :| (Jak. Mjäka=Arschin) von Ondschula oder Kjölassa **** |: **** Dieses scheint Butomus zu seyn. :|, ..." (Gmelin 1751–1752, 2. Theil, S. 469); „Die Wurtzeln welche sie [d. h. die Jakuten] aus der Erden graben und aus den Mäuse Löcher nehmen sind Umujaech oder Pimpinelle), Koieg-ess, Maekersin Lamut: Tschakitsch oder Bistrotae [sic!], ... Koel-assa oder Undschula wächst in den See) wird getroknet gestoße) mit Schmand oder Milch) gekocht und heist das gerücht bey ihne) Bulumak gleicher weiße thun sie auch den Maekersin praeparire), worzu sie auch die getroknete und klein gestoßene Rinde von den Tanne) darzu lege)." (J. J. Lindenau in: AAW F. 934, Op. 1, D. 89, Bl. 191r, Kopie aus dem Archiv RGADA)

[125] jakut. „ымыjах" – a) russ. *černogolovnik*; Sanguisorba officinalis L.; Sanguisorba alpina – die Wurzel wird bei *Viljujsk* in Milch gekocht und gefroren unter der Bezeichnung быта (russ. *byta*) gegessen; b) bei *Turuchansk* die Wurzel *baduj* o. *badun* (Lilium martagon L.) als Nahrungsmittel; c) allgemein: eßbare Wurzel (*Pekarskij* 1958–1959, Bd. III, Sp. 3794f.); jakut. „ïmïjach" – russ. *sarana* (s. Glossar: Sarana) (Ståhlberg 2006, S. 138); „1. Sanguisorba officinalis L., ... Gemeiner Wiesenknopf. W. R. Tscherno Golowka [russ. *černogolovka*]. ... Die Wurzeln sind bey Russen Hausmittel wider Durchfälle; die Jakuten und andere Sibiriaken essen sie, und suchen zu diesem Zweck die Magazine der Erdmäuse auf, welche für den Winter mit guten Vorräthen von diesem und andern eßbaren Wurzelwerk gefüllet sind." (Georgi 1797–1802, Theil 3, S. 739); s. auch Anm. 124

[126] jakut. „макӑршын" bzw. „мӑкӑрсін" – eßbare Wurzel, vermutl. russ. *makarša* (Polygonum Bistorta L.), verwendet als Arzneimittel gegen Durchfall (*Pekarskij* 1958–1959, Bd. II, Sp. 1508); vgl. aber Anm. 113 u. Anm. 124

[127] „478. Üntschülu Jacutorum obtinui quidem sed emarcida et absq flore planta erat caule et foliis triangularibus ut huc dum nesciam quo nomine appellari debeat." (lat. – 478. Ich habe [die Wurzel] Üntschülu der Jakuten zwar erhalten, allerdings verwelkt und ohne Blüte. Die Pflanze war hinsichtlich des Stiels und der dreieckigen Blätter [derart], daß ich bislang nicht weiß, mit welchem Namen sie bezeichnet werden müßte.) (G. W. Steller in: „Catalogus plantarum anni 1740", noch als ‚Flora Ochotensis' bezeichnet – AAW R. I, Op. 104, D. 25, Bl. 34r); „in den anga Strohm in dene) Seen wächset Üntschülü, von diese) gewächse) nehmen die Jakuten die wurzel trokne) selbe stosen sie zu Meel u. legen in ein) Topf mit milch soviel bey den feuer als man mit dem daume) zeiger u. mittel finger halte) kan so laufft der gantze dopf mit milch daran wie ein brey zusa●e) u. sehr wohl zu ese) seyn." (G. W. Steller in: AAW F. 21, Op. 5, D. 114, Bl. 47r); „.... Undshulá-Mehl ... Die Pflanze heisst auch Kjöl as'á (See-Speise) und dürfte, nach der Beschreibung, wohl der Wurzelstokk der Seerose sein." (Middendorff 1874–1875, S. 1565); jakut. „kўöl, See, Kўöl аса ,(Seespeise,) eine Wurzel, die an Seen wächst, und die getrocknet und gestampft als Mehl gebraucht wird' " (Middendorff 1851, Theil 2, S. 72); jakut. „аса, ... essen, speisen, ..." (a. a. O., S. 12); jakut. „унjӱла" bzw. „kўöl аса" – Butomus umbellatus (*Pekarskij* 1958–1959, Bd. I, Sp. 103); s. auch Anm. 124

[128] Johann Georg Gmelin

[129] lat. – Geflügeltes Pentaphylloides oder Potentilla [des Tournefort], ‚Institutiones rei herbariae'; „Pentaphylloides argenteum, alatum, seu Potentilla. ..." (Tournefort 1700, S. 298); „Pentaphylloides argenteum, alatum, seu Potentilla Tournef. Instit. p. 298. ... Germ. Gänserich." (Rupp 1726, S. 85); s. auch Anm. 124

[130] lat. – Größere, der Sanguisorba ähnliche Pimpinella des Caspar Bauhin, ‚Pinax'; „Pimpinella sanguisorba, major C. B. Pin. 160. ..." (Tournefort 1700, S. 156); „Sanguisorba major, pratensis. Pimpinella sanguisorba major C. B. Pin. 160. ... Germ. Blut=Kraut, Biebernell, Wiesen=Knöpffe." (Rupp 1726, S. 50); „13. SANGVISORBA spicis ouatis, ... Pimpinella sanguisorba maior, B. pin. 160. ... Russico nomine черноголовка [russ. černogolovka] (tschernogolovka), capitulum nigrum a spicae adultioris colore, vt et шнурок [russ. šnurok] (Schnurok) nescio ex qua causa dicitur. Iacutiae incolis Russicis мышьякъ [russ. myš'jak] (Myschjak) dicitur, quia radix muribus in penum hiemalem seruit. Iacuti sua lingua Emüjack vocant, et penum radicum a muribus collectarum studiose venantur, vt et ipsi cupediarum murinarum sine labore fodiendi compotes fiant. ... Russici autem incolae decocto radicis in diarrhoea et dysenteria vtuntur." (lat. – 13. Sanguisorba mit eiförmigen Ähren, ... Größere, der Sanguisorba ähnliche Pimpinella des [Caspar] Bauhin, ‚Pinax', [Seite] 160 ... Sie wird mit dem russischen Namen černogolovka (tschernogolovka), schwarzes Köpfchen, [und zwar] von der Farbe der reiferen Ähre, sowie auch aus einem mir nicht bekannten Grund [mit dem russischen Namen] šnurok (Schnurok) bezeichnet. In Jakuck wird die Wurzel von den russischen Einwohnern myš'jak (Myschjak) genannt, weil sie den Mäusen als Wintervorrat dient. Die Jakuten nennen sie [d. h. die Wurzel] in ihrer Sprache Emüjack und suchen eifrig nach diesem von den Mäusen gesammelten Wurzelvorrat, um selbst der Mäuse-Leckerbissen ohne die Mühe des Grabens teilhaftig zu werden. ... Die russischen Einwohner hingegen nutzen das Dekokt der Wurzeln bei Diarrhoe und Dysenterie.) (Gmelin 1747–1769, Bd. III, S. 141–143); s. Anm. 124 u. Anm. 125

[131] lat. – Kleinere Bistorta mit auf beiden Seiten grünem Blatt; „111. Bistorta minor, folio utrinque viridi. ... Jacutis dicitur Mjaeká arschin, quibus radix collecta, siccata & contusa, farinaeq) instar cum lacte cocta in nutrimentum cedit." (lat. – 111. Kleinere Bistorta mit auf beiden Seiten grünem Blatt ... Mjaeká arschin wird sie von den Jakuten genannt, denen die gesammelte, getrocknete und zerstoßene Wurzel, auch an Stelle von Mehl mit Milch gekocht, als Nahrungsmittel bekommt.) (J. G. Gmelin „Index plantarum ad Lenam fluvium nascentium ...": AAW R. I, Op. 105, D. 10, Bl. 9r); s. Anm. 124, Anm. 126 u. Anm. 113

[132] „Ornithogalum L., Vogelmilch. Milchstern. ..." (Georgi 1797–1802, Theil 3, S. 903ff.); vgl. aber entsprechend Anm. 124; „1. Butomus umbellatus L., ... Doldenförmiger Wasserlisch. ... Die Jakuten und Ostiaken essen die Wurzeln. Von den Halmen werden artige Matten geflochten." (Georgi 1797–1802, Theil 3, S. 949)

[133] s. Anm. 124, Anm. 125 u. Anm. 130
[134] s. Anm. 124
[135] s. Anm. 127
[136] russ. ozernoe kušan'e – Seespeise
[137] russ. pučki snitkovye; russ. pučki (Ez. puček, pučok) – Bündel, Büschel; nach Anikin 2000, S. 460f. werden unter pučka, pučki die Stengel von Heracleum sphondylium oder auch die Pflanze selbst verstanden; russ. snitkovye Adj. (Mz.) zu? snit' – Heracleum sphondylium (Pawlowski 1952, S. 1509); s. auch Anm. 106; vermutlich ist hier aber Heracleum Sibiricum gemeint; „4. Heracleum sibiricum ... Sibirisches Heilkraut. W. R. Sladkaja Trawa [russ. sladkaja trava]. Kamtsch.

Utschkar. ... Das Kraut wird als Kohl gegessen. Die geschälten oder enthäuteten Stängel sind frisch Naschwerk. Dieselben in kleinen Bündeln getrocknet, beschlagen mit einem süßen Zuckermehl, ... einigermaßen den Zucker vertreten kann; ... Die Stängel aber an Speisen gekocht, machen dieselben süßlich, und in bloßes Wasser gelegt, dienen sie es zum allgemeinen Getränk zu verbessern. Die vorzüglichste Benutzung dieser Stängel ist zum Branntweindestillieren. ..." (Georgi 1797–1802, Theil 3, S. 848f.); „Auf ganz Kamtschatka wächset ein Kraut in gröster Menge, welches die Russen das süße Kraut (Slatka trawa), die Einwohner am großen Fluß (Bolschajareka) Katsch nennen, und eine Beyart von Heracleum oder Sphondylium ist. ... Außer dem bereiteten Kraut genießt man auch die rohen Blumenstengel (Putschki), welche sehr süß schmecken. ... Ich glaube allerdings, daß der gemeine Bärenklau (Heracleum Sphondylium) zu allem, wie dieses Kraut, könne gebraucht werden, obgleich er würklich eine andre Pflanze ist, und auf russisch Borsch, am Kamtschatka Flusse aber Kungtsch gennenet wird. ..." (Steller 1769, S. 411ff.)

[138] russ. *boršč*; s. Anm. 106
[139] russ. *čeremša*; s. Anm. 100
[140] s. Anm. 7
[141] s. Anm. 7
[142] *Tom'*
[143] „XI. De Radice Ninzin dicta. ... Ninzin & Ginszeng Offic. P. P. Tab. 101, № 7. Ginseng & Gensing quibusdam R. H. p. 1338, ... In regno Japanico crescit. Usu. Radix oblonga, digiti minimi crassitie, & plurimum ramosa, intus exalbida, foris fusca, saporis subacris & subamaricantis, odoris aromatici: raro in Officinis nostris invenitur. Vires. Temperatissima est, & propterea cum Sanguine nostro analogiam quandam habere videtur; laudatur ad memoriam confortandam, & in Convulsione, Lipothymia, Vertigine, Colica convulsiva, &c. Venerem quoque excitare dicitur." (Dale 1693, S. 340); „Die Wurzel Ginseng, Rußisch Коренъ хина [russ. *koren' china*], wovon die Chineser eine besondere Würkung zu spüren vorgeben, daher man sie auch vordem nach dem Gewichte mit reinem Golde in einerley Werthe gehalten, hat zu meiner Zeit das Pfund 60 Rubel gekostet. Es ist aber ein grosser Betrug dabey, indem die Chineser oft eine andere Wurzel, die mit dem Ginseng von einerley äusserlichem Ansehen ist, dafür ausbiethen, welche sie jedoch denenjenigen, die den Unterschied kennen, gern für 60 Copeken ablassen." (Müller 1760, S. 589)
[144] Johann Georg Gmelin
[145] lat. – Dens canis (Hundszahn) mit breiterem und rundlicherem Blatt, mit einer Blüte von purpurroter bis rötlicher Farbe des Caspar Bauhin, ‚Pinax'; „7. Erythronium ... I. Foliis latioribus. α. Flore purpureo Tab. VII. Dens canis latiore rotundioreque folio, flore ex purpura rubente C. B. P. 87. et TOURN. I. R. H. ... Tatari Krasnoiarenses Bess, Tomenses Kandyk vocant. ..." (Gmelin 1747–1769, Bd. 1, S. 39–41); s. Anm. 7
[146] jakut. „сардана" – russ. *sardana* (in *Verchojansk*) (Pekarskij 1958–1959, Bd. II, Sp. 2105); „... ich erfuhr das die werchojanskisch) Sardana wie ich anfangs vermuthet nichts anderst sey als radices Hedisari fabri flore ochroleuco [lat. – die Wurzeln des meisterlichen Hedysarum mit gelblich weißer Blüte]; so ich unter Theodosii Saymka [*Fedoseeva derevnja* (*zaimka*); *zaimka* (Mz. *zaimki*) – in Sibirien kleine Ansiedlung ohne Besitzer mit nur wenigen Häusern, oft synonym zu russ. *derevnja* (Dorf) gebraucht] an der Lena ausgegrab) u. gut zu ese) befund) auch vor die Sardana Vermuthet." (Reisejournal von G. W. Steller 1740 – AAW F. 21, Op. 5, D. 113, Bl. 60r, publiziert in: Hintzsche 2000, S. 111); „41. Hedysarum siliqua laevi compressa flore ochroleuco, radice eduli, dulci sardana Russis dicta." (G. W. Steller „Speci-

fication Der zeich[n]ungen so 1740 Von h₍ Berckhan Verfertiget Worden", AAW F. 1, Op. 3, D. 31, Bl. 154r);

„36. Hedysarum foliis pinnatis, pinnis linearibus, leguminibus articulatis, glabris, pendulis; floribus racemosus, ochroleucis, congestis. ... Radix huius plantae сардана Iacutico nomine dicitur, ... Iacuti prope habitantes vescuntur ea vel cruda, vel siccata, contusa et lacti bullienti inspersa, ..." (Gmelin 1747–1769, Bd. 4, S. 28); „Sie [d. h. die Jakuten] essen die Wurzeln von ... einem Hedysaro mit blaßgelber Blüte (Jak. Sardana,) das zwar nicht in der Gegend um Jakutzk, aber desto häufiger an dem in das Eismeer fallenden Jana-Flusse wächst, ..." (Gmelin 1751–1752, 2. Theil, S. 469); „Hedysarum L., Hahnenkopf. Süßklee. ..." (Georgi 1797–1802, Theil 3, S. 1178–1181); vgl. „Mitui Koren, nach der Kurillen Aussprache, wächset auf der ersten Insul, und ist Radix Hedysari flore albo, so auf Jakutisch Sardana heisset, und um Wercho Jansk gegessen und in Milch gekocht wird: Hier kochen sie dieselbe in Fischfett oder Seehunde=Fett und halten es vor eine sehr delicate Speise, ..." (Steller 1774, S. 94)

[147] *Verchojansk*
[148] *Verchojansk*
[149] s. Anm. 146
[150] *Mangazeja*
[151] russ. *baduj*, s. Anm. 89 u. Anm. 91
[152] s. Anm. 89
[153] Gebiet von *Jakuck*
[154] d. h. die Mündung (russ. *ust'e*) des Flusses *Lena*
[155] d. h. an der Mündung (russ. *ust'e*) des Flusses *Jana* bzw. *Ust'jansk* o. *Ust'janskoe zimov'e*
[156] s. Anm. 124, Anm. 125 u. Anm. 130
[157] von russ. *myš'* – Maus; russ. *myš'jak* – auch Bezeichnung für Arsenik; s. Anm. 124, Anm. 125 u. Anm. 130
[158] *Jakuck*
[159] russ. *mytovoe koren'*; russ. *mytovoe, myto* – Durchfall, Diarrhoe (*Slovar'* 1982,

S. 337); russ. *koren'* bzw. *koren'e* – Wurzel, Wurzelwerk
[160] chakass. „сип" – russ. *sarana* (*Subrakova* 2006, S. 470; *Funk/Tomilov* 2006, S. 573); katschinz. „Ak-Schìp" – Lilium bulbo albo (s. Glossar: Sarana) (J. G. Gmelin in: AAW F. 21, Op. 5, D. 73, Bl. 296v); katschinsk. „Sara-Schìp", kaidin. „Schip" – Lilium bulbo flavo (s. Glossar: Sarana) (a. a. O., Bl. 296v); tatar. „ак" – weiß (*Ganiev* 1984, S. 35); tatar. „сары" – gelb (a. a. O., S. 150); barabinz. „Ak" – weiß (J. E. Fischer in: AAW F. 21, Op. 5, D. 50, Bl. 41v); barabinz. „sára" – gelb (a. a. O., Bl. 41v); katschinz., teleut. u. tatar. (*Tomsk, Tobol'sk* u. *Kazan'*) „ak" – weiß (J. E. Fischer in: AAW R. III, Op. 1, D. 135, Bl. 56v/57r); turk. „ак" bzw. „аҥ" – weiß (Radloff 1963, Bd. 1, Sp. 88 bzw. Sp. 142); chakass. „сарығ" – gelb (*Subrakova* 2006, S. 450); katschinz. „saryg", teleut. „saru", tatar. (*Tomsk* u. *Tobol'sk*) „sary" u. tatar. (*Kazan'*) „sara" – gelb (J. E. Fischer in: AAW R. III, Op. 1, D. 135, Bl. 56v/57r); tatar. (*Kuzneck*), katschinz. „Ak" – weiß (G. F. Müller in: AAW F. 21, Op. 5, D. 143, Bl. 41v bzw. Bl. 67v); tatar. (*Kuzneck*) „Sarù", katschinz. „Sarẏg" – gelb (a. a. O., Bl. 41v bzw. Bl. 67v); „Die Wurzeln der gemeinen und hochrothen Türkischen Bundlilien, wovon erstere (Lil Martagon) in waldigten; letztere (Lil Pomponium) in allen offenen Gebürgen am Jenisei häufig sind, werden ebenfalls fleißig gesammelt. Jene Zwiebel heisset bey den Tataren Sary (gelbe) Schep, der letztern aber Akschep (die weisse) und die Beltiren nennen den Junius, da man selbige am meisten gräbt Aktschep-ai. Was nicht roh gegessen wird, das hebt man auf und isset es gemeiniglich in der Asche gebraten, wie Castanien, oder in Wasser gekocht mit Milch und Butter. Die Sageier nehmen viel von den Wurzeln der rothen Lilie aus den Vorrathshölen der grauen Steppenmäuse (Mus socialis). ..." (Pallas 1778, S. 263f.)

[161] <lat.> – unterscheiden, auszeichnen
[162] s. Anm. 160
[163] s. Anm. 160
[164] s. Anm. 107
[165] s. Anm. 9
[166] *Abakansk*
[167] s. Anm. 7
[168] lat. – ebenda
[169] „Arme [bei den *Čulym*skischen Tataren], die der Milch und des Mehles entbehren, halten sich sehr an wilde Gewächse, mit welchen sie sich wohl auch zum Winter versehen. ... Natterwurzeln (Mukasen. Polygon. Bistorta L.) ..." (Georgi 1776–1780, S. 230); s. Anm. 114
[170] s. Anm. 4
[171] tatar. „каракош" – Adler (russ. *orel*) (*Ganiev* 1984, S. 354); tatar. „кара" – schwarz (a. a. O., S. 698); barabinz. „Karä" – schwarz (J. E. Fischer in: AAW F. 21, Op. 5, D. 50, Bl. 41v); katschinz., teleut. u. tatar. (*Tomsk, Tobol'sk* u. *Kazan'*) „Kara" – schwarz (J. E. Fischer in: AAW R. III, Op. 1, D. 135, Bl. 56v/57r); katschinz. „Karà" – schwarz (G. F. Müller in: AAW F. 21, Op. 5, D. 143, Bl. Bl. 67v); chakass. „хара" – schwarz (*Subrakova* 2006, S. 805); katschinsk. „Karagusch" – lat. Aquila nigra (Schwarzer Adler) (J. G. Gmelin in: AAW F. 21, Op. 5, D. 73, Bl. 278v); turk. „кара куш" – Adler (Radloff 1963, Bd. 2, Sp. 134); „Aquila Clanga. ... Morphnos s. Clanga ... Aquila naevia ... Rossice recepto a Tataris nomine Karagusch (i. e. nigra vel ignava Aquila). ..." (Pallas 1811–1831, Vol. I, S. 351–352); „Falco Chrysaëtos ... Schwarzer Adler, Gold=, auch Sonnenadler. R. Karagusch [russ. *karaguš*]. ..." (Georgi 1797–1802, Theil 3, S. 1692)
[172] s. Anm. 171
[173] s. Anm. 4
[174] s. Anm. 2
[175] s. Anm. 3
[176] russ. *kukuška* (Mz. *kukuški*); „Cuculus. The Cuckow." (Willughby 1676, S. 62); „Von dem Guckguck. Cuculus." (Gesner 1669b, S. 152f.); „Cuculus. Kukuk." (Georgi 1797–1802, Theil 3, S. 1717)
[177] „Der Bast, ... 1. Die innere zarte Rinde an den Bäumen, zwischen dem Holze und der äußern groben Rinde. ..." (Adelung 1793–1801, 1. Bd., S. 744f.)
[178] „Die Kiefernrinde wird in zweierlei Form angewendet, nämlich theils zu grützartigen Krümchen gestampft (Jörä), theils in Mehl verwandelt (Adýl), und soll eine arme Jakutenfamilie an 10 Pud von erstgenannter Grütze und an 6 Pud dieses Kiefernrinden-Mehles im Jahre verbrauchen, wozu noch zwei Halbfässer Sauermilch unumgänglich nöthig sind. Das Rindengericht das gar nicht unschmakhaft ist wird in folgender Weise bereitet. In einen irdenen Topf von etwa einem Wedro Inhalt werden 1½ Pfund Jörä, ½ Pfund Adýl, 3 Pfund Sauermilch, wo möglich auch ½ Pfund Süssmilch, und behufs tummiger Konsistenz und besseren Wohlgeschmaks 3 Prisen Undshulá-Mehl [s. Anm. 127] gelegt, gut gerührt und mit Wasser gekocht. Glükklich wer dazu Mehl setzen kann, wodurch das Gericht zum schmakkhaften Butugas' wird. ..." (Middendorff 1874–1875, S. 1565); s. auch Glossar: Fichte u. Lärche
[179] tungus. (ewenk.) „ч͞рэ" – Splintholz der Kiefer (s. Glossar: Fichte), Rinde (des Baums) (*Myreeva* 2004, S. 742)
[180] Enisej-samojed. „jô, G. jôso', Ch., Fett." (Schiefner 1855, S. 83)
[181] *Enisej*
[182] d. h. die pumpokolischen Ostjaken am Fluß *Ket'* (s. auch Kap. 25, Bl. 10v)
[183] vgl. ostjak-samojed. „pol" – auf den Baum bezüglich (Schiefner 1855, S. 166)
[184] *Enisej*
[185] s. Glossar: Fichte
[186] s. Glossar: Fichte
[187] *Enisej*
[188] *Ob'*
[189] *Ochock*
[190] lat. – Stuhl(gänge)
[191] russ. *vachnja*; „Gadus Wachna. ... Rossis ad Oceanum Orientalem Wachnja. Cam-

tschadalis Uàckal. Coraecis Ujacàn. ..."
(Pallas 1811–1831, Vol. III, S. 182–196);
„Wachna ist eine Art Stockfische oder
Scheiben=Dorsch, am Kamtschatka üäkãl
genannt. Er wird auch im Fall der Noth
vor der Mündung des Kykschik- und Worouskaia-Flusses, in der See gefangen;
kommt aber mit keiner bey den Autoren
beschriebenen Sorte völlig überein; Dieses ist die erste Sorte von Fischen, die in
allen großen Strömen und Einbuchtungen
von Kamtschatka gefangen wird. Sobald
die Mündung der Flüsse vom Eis gereiniget, stellen sie sich gleich ein, und könnten auch, wenn es nöthig wäre, den ganzen Winter über, bey stillem Wetter in
der See gefangen werden, so wie solches
um Chariusovka Awatscha, und der elutorischen Einbucht und See=Busen geschiehet, wo sie auch am größten auf
ganz Kamtschatka vorkommen. Er wird
nur als ein Freund in der Noth erkannt. ...
Unterdessen ist es sehr falsch, was die
gemeinen Brod=Anatomici wollen observiret haben, daß dieser Fisch ohne Blut
seye; und möchte man eher glauben, daß
diejenige, welche dies vorgeben, ohne
Augen und Hirn seyn könnten. Eben so
wenig als einige behaupten wollen, daß er
zu Wasser, durch langes kochen könne
aufgelöset und in sein erstes Wesen reducirt werden." (Steller 1774, S. 151–152)

[192] *Kamčatka*; „Ein kleiner Fisch dessen sich auch die Heidnischen Völker und zwar nur zur Noth bedienen, heiset Wachna. Er fällt zwischen dem Pankora und Anadir, und ist am häuffigsten am Olutora. Die Russen essen ihn deßwegen nicht, weil er sehr ungesund und ungeschmackt seyn soll. Man sagt unter andern von diesem Fische, daß er kein Blut habe." (Müller 1737, S. 31)

[193] s. Anm. 27
[194] *Bajkal*
[195] „Balaena L., Wallfisch. 1. Balaena Mysticetus L. ... Gemeiner Wallfisch. Grönlands Wallfisch. ... 2. Balaena Physalus L. ... Finnen=Wallfisch. Finnfisch. ..." (Georgi 1797–1802, Theil 3, S. 1667ff.); s. auch die Arbeit von G. F. Müller „Von dem Wallfischfange um Kamtschatka." (publiziert in: Hintzsche/Nickol 1996, S. 246–249, nach Müller 1759)
[196] *Kamčatka*
[197] *Penžins*ker See
[198] s. Anm. 28
[199] *Udskoj ostrog*
[200] *Ud'*
[201] s. Anm. 28
[202] *Ud'*

Kapitel 23

/151r/

Von Zubereitung der Speisen.

Die Zubereitung der SPeisen / ist nur bey denen Muhamme- / danischen Tataren in etwas *regul* / mässig und Kommt unserer / *Europäi*schen Art Zu Kochen und / Zu braten in etwas bey.
Bey allen übrigen Völkern ist solche / erstlich sehr unsauber, und hiernächst / geben sie der SPeise nicht die / Zeit, daß sie gar Kochet oder / bratet, wesswegen ein *Europa*er / nicht mit ihnen essen Kann.
Ich habe oben gesagt, daß sie / sowenig sich selber als ihre / SPeisen waschen. Ja sie waschen / auch Keine Gefässe oder Kessel / daher ist alles sehr unrein.
Die *Tungus*en Lassen noch ihre Schüsseln / und Kessel jedes mahl wenn sie gegessen[a] Von ihren Hunden / ausleken.
|: *Tatar*en eßen und Trinken die Milch / roh und geKocht *promiscue*[1] / auch sauer milch. butter Zu machen / nehmen sie den Schmand nicht ab / sondern gießen alle Milch in ein / *Kogur*[b][2], biß sie genug haben, rühren / es so lange um mit einem Stabe / an welchem unten ein Radlein ist / biß sich die butter oben ansetzet / Nehmen solche ab, waschen sie und Verwahren / solche ohngesalzen und ohngeschmolzen / Zum Gebrauch. Butter auf *Tatarisch Chaiàk*[3]. / Käse *Büzülör*[4] wird nach dem brandtwein / brennen von der übergebliebenen geronnenen / Milch gemacht, wie bey denen *Brazki / Barda*[5] *Bodschè*[6] ist das Zurükbleibende / Milchwasser, wird Zum Trinken gebrauchet. / Vom *Kumyss* wird Keine butter abgenommen / Sie machen auch brandtwein Von der Kuh- / Milch wenn die butter abgenommen, solcher / aber ist nicht so gut, und der Kopff / thut davon weh. Machen auch Käse aus / der überbleibenden Kuhmilch wenn die butter / abgenommen.
*Ostiak*en am *Jenisei*[7] beissen / denen Kleinen Fischen *Siggi*[8], *Jasi*[9], / barschen[10] und so weiter wenn sie dieselbe / fangen, so Lebendig und frisch solche / sind, die Köpffe ab, und VerZehren / dieselbe roh als ein lekerbißen / auf unserer *Mangasei*schen Reisen[11] / wurden uns dergleichen fische ohne / Köpffe Von denen *Ostiak*en / offters auf die FahrZeuge gebracht.
Die *Samoj*eden, wenn sie Von / ihren Jurten und *famili*en entfer- / net sind, eßen alles roh. / Sie nehmen auf die Jagd Keine / Keßel mit sich. Zu Hause / Kochen

---

[a] gegeße) *verbessert aus* [.]; jedes mahl wenn sie gegeße) *über der Zeile* [b] Kogur *verbessert aus* [.]

sie meistens die SPeisen / so wie die übrigen / Völker halb gar, Zu- / weilen aber eßen sie auch / Zu Hause rohe speisen. :|ᵃ

Beym Kochen und braten sind sie / Zu frieden, wenn das Fleisch nur / eben auf Kochet, oder am Feuer / durchhin heis⌈s⌉ wird. Ja ich habe offters / gesehen, daß sie ein Stüklein / roh Fleisch an einem Steken Zum / Feuer gehalt⌈en⌉, und so wie es aus⌈s⌉en /151v/ nur Von der Hitze ein wenig / eingeschrumpfet, das⌈s⌉elbe / rund herum abgeschnitte⌈n⌉, und / geges⌈s⌉en, und das ᵇ übrige / wieder Zum Feuer gehalten, und / eben so damit fortgefahren.

|: Die *Samoj*eden nehmen den Magen / Von Rennthieren, die sie schlacht⌈en⌉ / oder fangen, Zusammt mit / dem Drek ᶜ, welchen sie nicht / weg werffen, sonder⌈n⌉ noch das / blut Von dem Rennthiere darun- / ter mischen, hernach den Magen / mit einem SPlitter Holtz / Zumachen, und oben in der / Jurte räucher⌈n⌉. Sie sage⌈n⌉ / Es werde im Rauche gar / und süß. Kochen es / auch nicht weiter sonder⌈n⌉ / es⌈s⌉en es rohe. doch wenn / sie das innere gefüllete,ᵈ aus dem / Magen VerZehret habe⌈n⌉ / so wird der Mage⌈n⌉ geKochet / und darauf geges⌈s⌉e⌈n⌉. / Sie nenne⌈n⌉ dieses gerichte *Kedero* / *tè*¹². das⌈ ⌉i⌈st⌉ Rennthiersmagen
Ein ᵉ anderes Gerichte nenne⌈n⌉ / sie *Sa*¹³, die Rußen nenne⌈n⌉ / es *WarKa*¹⁴. Sie nehmen / die bäuche Von denen fische⌈n⌉ / Kochen dieselbe mit wenigem / was⌈s⌉er, gießen das Fett / ab und Verwahren selbiges / besonders in Fischblasen, die ᶠ / aus geKochten bauchStüke ᵍ aber / Verwahren sie auch besonders / gleichfalls in Fischblasen, und / dieses ist die *WarKa*¹⁵. Es / wird Vor eine gros⌈s⌉e *delica- / tes⌈s⌉e* gehalte⌈n⌉. Die Rus⌈s⌉e⌈n⌉ / es⌈s⌉en selbige auch. :|ʰ
|: *WarKa*¹⁶ der *Samoj*eden inⁱ ihrer / SPrache *posa-ju*: Wirdʲ Von / Fisch bäuchen geKocht und in / blasen aufbehalte⌈n⌉ᵏ.

*Tjéo*¹⁷ ein *Samoj*edisches gerichte / bestehet aus dem Magen der Rennthiere, welcher mit allem / Unflath geräuchert, und roh / VerZehret wird. :|ˡ
Saltz wird Von dene⌈n⌉ *Sibirische*⌈n⌉ / Völkern. sehr wenig ge- / brauchet, und achten sie solches / nicht, wenn sie es auch in dene⌈n⌉ / Steppen in Saltz-Seen gantz fertig / nehmen Können. doch ist es / ihnen auch nicht Zu wieder, wenn / man ihnen Von unser⌈en⌉ SPeisen, / die mit Saltz gewürtzet sind, / Zu es⌈s⌉en giebet. Ja einige / die viel mit Rus⌈s⌉en umge- / gangen, sind so gar Liebhaber / davon.

ᵃ *von* Tataren eßen u. Trinke₎ *bis* rohe speisen. *rechts marginal* ᵇ ₈₈s *verbessert aus* [.] ᶜ ᴅʳₑₖ *verbessert aus* [.] ᵈ gefüllete, *über der Zeile* ᵉ ₑᵢₙ *verbessert aus* [.] ᶠ ᵢₑ *verbessert aus* as ᵍ ᵦₐᵤ𝒸ₕₛₜüₖₑ *verbessert aus* [.] ʰ *von* Die Samojeden nehmen *bis* selbige auch. *rechts marginal* ⁱ iₙ *verbessert aus* [.] ʲ Wᵢᵣd *verbessert aus* F ᵏ ₐᵤfᵦₑₕₐₗₜₑ) *verbessert aus* [.] ˡ *von* WarKa der Samojeden *bis* VerZehret wird. *auf Bl.* 154v *rechts marginal*

Mehl suchen sich alle Völker, / die selber Keinen akerbau / haben, wo es die Gelegenheit giebt[a] Von denen Russen an- / Zuschaffen. Baken aber da- / Von Kein brod, sondern[b] Kochen / es Zum brey, oder in den Suppen / mit Fleisch[c] oder Fischen Zusammen. / Sie vermischen es mit Gestossener / Fichten Rinde und[d] *Sarana* / und anderen Vorbesagten / wurtzeln. /152r/
Die *Jakuten* machen[e] Eine besondere *delicatesse*[f] / aus einem brey[g] der Von / blut, mehl, Fichten Rinde und / *Sarana* geKocht wird.
|: *Tatar*en giessen das blut in Gedarme / Kochen es ein wenig und eßen es, ohne / daß sie sonst was dazu thun. / Sie giessen es auch in einen Keßel / und thut etwas butter oder ander / Geschmoltzen fett daZu und rosten / es Zur SPeise. :|[h]
Das Fett Von Vieh, oder wild, auch / Von denen Zahmen[i] Rennthieren, / welche inwendig sehr Viel bauchfett / Zu haben pflegen, dienet[j] ihnen / gleichfalls in allen SPeisen.
Die *Conservierung* Von Fleisch und / Fisch auf den winter hat etwas / besonders. Es sind[k] die / *Tungus*en, *Jakut*en,[l] / und die aller Nordlichsten / Völker, welche dieses am meisten[m] thun[n] / Fleisch, wovon sie im Sommer einen / Uberfluß haben, es mag wild / oder Zahm seyn, wird halb gar / geKochet, hernach in Kleine Stükgen / geschnitten, und auf einem / Gitter Von Schindeln oder Rost[o], / welches inwendig im Gipffel der Jurte / Gerade über dem Feuer Heerde / befestiget ist getroknet, und / hiernächst in Ledernen Säken[p] Zum Genuß aufbehalten.
Die *Tungus*en nennen dergleichen / getroknetes, Klein geschnitten / Fleisch: *UliKta*[18]. und dieser / Nahme ist in dem gantzen Ostlichen / Theile Von *Sibiri*en nemlich in der gantzen / *IrKuzKischen Provinz*[[K]][19] auch Von anderen Heidnischen / Volkern ja selbst Von denen Russen angenommen.
|: *UliKta* auf *Tatar*isch *Bordsja*[20] eben also / nennen sie auch die getrokneten und / Klein geriebenen fische (попса[21]) / *Ulikta* wird im Frühlinge und Sommer[q] gemacht, wenn / sie übrig fleisch haben. Im winter Verwahren / sie das Fleisch in der Kälte. Das Fleisch / Zur *UliKta* wird entweder Vorher etwas geKocht /

---

[a] wo es die Gelegenheit giebt *über der Zeile*   [b] sondern *verbessert aus* [..]   [c] F_Leisch *verbessert aus* [.]
[d] und *verbessert aus* [...]   [e] Die Jakuten mach) *über der Zeile*   [f] *nach* delicatesse *gestr.* machen / sie
[g] brey *verbessert aus* [..]   [h] *von* Tataren giessen das blut *bis* es Zur SPeise. *auf Bl.* 153v *rechts marginal*   [i] Z_ahmen *verbessert aus* [.]   [j] die net *verbessert aus* s   [k] *nach* sind *gestr.* nur   [l] *nach* Jakut), *gestr.* Ostiak)   [m] am meiste) *über der Zeile*   [n] *nach* thun *gestr.* / Die Tataren, Mongole), Brazki, / wissen davon nichts.   [o] oder Rost *über der Zeile*   [p] in Lederne) Säken *über der Zeile*   [q] und Sommer *über der Zeile*

oder über dem Feuer ein wenig gebraten / darauf Klein geschnitte⌈n⌉, und in der Jurte / über dem Feuerheerde oder in der Sonne getroknet
Die *BrazKi* machen auch / *UliKta* (in ihrer SPrache / *Churgássun*²²) wenn[a] ihnen / im Sommer Viel Vieh stirbt / daß sie das Fleisch nicht alles / VerZehren Können, und Ver- / wahren es bis⌈s⌉ auf den winter.
*Ostiak*en machen Keine / *UliKta*, weil sie im Sommer / sich blos⌈s⌉ von Fischen nähre⌈n⌉
Die *Jukagiri* trocknen Rennthiers / Fleisch im Sommer und Herbst[b], / wenn sie Viel fange⌈n⌉, an der / Sonnen, schneiden es in Kleine / Stüken und hängen es an / Fäden auf.
UliKta auf *Samoj⌈edisch⌉ Júie*²³. *Mangas⌈eisch⌉ Dui*²⁴.[c] / Die *Samojeden*[d] Kochen nur das / dike Lenden Fleisch, ehe sie *UliKta* / davon machen, daß dünne Ribben / fleisch[e] wird nicht geKocht, sonder⌈n⌉ / roh getroknet. : |[f] /152v/
Die Fische werden auf unterschie- / dene Art getroknet und also / gleichfalls verwahret.
Porssa ist ein aus dem Tatarische⌈n⌉ / im Rus⌈s⌉ischen angenommenes / Wort, und Bedeutet Klein ge- / stos⌈s⌉ene Fische, die Vorher / an Steken am Feuer gebrate⌈n⌉ / oder Vielmehr gedörret / werden. Dazu werden nur / die Kleinsten Fische genomme⌈n⌉.
Größere Fische werden nach / der Lange gesPalten und / in der Lufft und Sonne / getroknet und also aufbe- / halt⌈en⌉. Solche getroknete / Fische heis⌈s⌉en mit dem / Tatarische⌈n⌉ worte[g] auf / Rußisch: *JuKola*.

|: *Porssa*	auf *Samoj⌈edisch⌉*	*Pòdsja*²⁵
Jukola		*Póchi* od⌈er⌉[h] *Páchy*²⁶
Porsa	auf *PumpoK⌈olisch⌉*	*háddung*
Jukkolo [sic!]	-	*Sacháting*
Porssa	auf *Ostiak⌈isch⌉* am / *Jenisei*[i]²⁷	*Döür*[j]
Jukola	-	*Ítten*. :|[k]

Die *Tungus*en wis⌈s⌉en nichts / Von *JuKola* und haben nur / die[l] *Porssa*, welche sie / auf *Tungus*isch *Ollami*²⁸ nenne⌈n⌉. / Die Fische dazu werden bey / ihnen, nachdem sie vorher etwas / am Feuer gebrate⌈n⌉, oben in / der Jurte auf das Gegitter / Von Schindeln geleget, da- / mit sie daselbst Völlig aus / dörren möge⌈n⌉ und hiernächst / Klein gerieben[m] und Zerstos⌈s⌉e⌈n⌉.

---

[a] we_nn *verbessert aus* [..] [b] H_erbst *verbessert aus* [.] [c] Mangas. Dui. *über der Zeile* [d] Sam_ojeden *verbessert aus* [...] [e] Ribb_enfleisch *verbessert aus* [....] [f] *von UliKta auf Tatarisch bis roh getroknet. rechts marginal* [g] w_Orte *verbessert aus* [.] [h] Póchi od⌉ *über der Zeile* [i] Jenisei *unter der Zeile* [j] Döür *verbessert aus* [.] [k] *von Porssa auf Samoj. bis Ítten. auf Bl. 152r oben rechts marginal* [l] _die *verbessert aus* [.] [m] gerie b_en *verbessert aus* [.].

|: *JuKola* wird bey denen *Samoje-* / den gemacht, wie sonst, nemlich / daß der Fisch nach der Länge / Von einander gesPalten, die gräten / herausgenommen, hiernachst / offters eingeKerbet und in / der Lufft getroknet wird. / Die[a] *Samoje*den brauchen die / Graten nicht, sondern Ver- / schenken oder VerKauffen / sie denen Russen Zum Futter / Vor die Hunde. desswegen / pflegen sie die graten sehr / sParsam auszunehmen, dass / Kein Fleisch daran[b] bleibet / dagegen die Russen und / diejenige Volker so Hunde / halten, nicht so sParsam da- / mit umgehen. Die *Samoje*den / füttern ihre Kleine Hunde / mit dergleichen SPeisen als / sie selber essen. / *JuKola* wird gemacht Von / *Muxun*en[29], *Tschiri*, *Omuli*[30], / *Peled*[31], Stöhren, Sterletten[c], Hechten[32]. Außer[d] der gemeinen *JuKola* / die im Winde getroknet wird / haben die *Samoje*den noch eine / andere Art die oben in den / Jurten über dem Feuer / herde[e] lange gerauchert wird / biß sie auswendig gantz schwartz / das innere Fleisch aber roth ist / Die dortigen Rußen nennen / diese Art von geräucherten :|[f] /153r/ |: Fischen *Pawlennaja Ryba*[33] / die *Samoje*den selbst aber / nennen es: *Siggori-páchy* / das ist *Jukola* die über dem / Feuer gebraten oder geräu- / chert ist.

Porssa bey den *Samoje*den eben[g] / wie[h] Bey anderen Völkern / daß der Fisch vorher über / dem Feuer auf einem[i] *Labass*[34]. / getroknet[j], darauf Klein / gerieben oder mit einem / beil (*obuchom*[35]) Zermalmet wird / Man machet daselbst[k] *Porssa* Von allen / / Fischen wovon die *JuKola* / gemachet wird ausser Vom / Stöhr und[l] Sterled nicht / weil selbige Zu fett sind / und sich nicht gut Zermal- / men lassen.

Nalym[36] wird weder zu *Ju-* / *Kola* noch *Porssa* gebrauchet / weil er in denen untersten / Gegenden[m] sehr ungeschmakt / ist.

Porssa wird in Säken Von / Fischhauten Verwahret.[n] leder- / ne Säke sind nicht so bequem / weil sie Vom Fisch fett leicht / Verdorben werden. :|[o] Es ist Keine *Nation* die mehr Fische / fänget, als die *JaKut*en in der / Unteren Gegend des *Lena* flusses. Sie / Leben auch fast eintzig und allein davon, / weil sie Keine VieZucht haben, und wenig / auf die Jagd gehen. Daselbst / nun und fürnemlich Zu *Schigani*[37], allwo / der beste Fischfang ist, geschiehet / die *Praeparation* und *Conservirung* / der Fische folgender Gestalt:

---

[a] D$_{ie}$ *verbessert aus* [.]   [b] $_{dar}$a$_n$ *verbessert aus* [.]   [c] Sterlette$_)$ *über der Zeile*   [d] $_{Auße}$r *verbessert aus* [....]
[e] $_{Feuerhe}$r$_{de}$ *verbessert aus* [.]   [f] *von* JuKola wird bey dene$_)$ Samoje- / den *bis von* geräucherte$_)$ *rechts marginal*   [g] eb$_{en}$ *verbessert aus* [..]   [h] w$_{ie}$ *verbessert aus* [.]   [i] *einem über der Zeile*   [j] $_{getrok}$n$_{et}$ *verbessert aus* [.]   [k] daselbst *über der Zeile*   [l] und *verbessert aus* [...]   [m] Ge$_{gende)}$ *verbessert aus* s
[n] *nach* Verwahret. *gestr.* in   [o] *von* Fischen Pawlennaja Ryba *bis* Verdorb$_)$ werde$_)$ *rechts marginal*

Jukola auf *JaKuti*sch: *Dschukola*[38] / wird Von *Muxun*en[39] gemacht, welcher / Fisch Bloß im *Lena* und *Ob*[40] gefangen / wird. Man schneidet den Fisch nach / der Länge Voneinander, nimmt / die Gräten heraus und troknet / ihn in der Sonne. Man machet / auch Zuweilen *Jukola* Von dem Fische / *Nelma*[41], jene Von *Muxune*[n][42] aber ist / die beste.

Am *Kolyma* und *IndigirKa* machen[a] / die dortige *JaKute*[n] *JuKola* Von / dem Fische *Tschira*, welcher diesen / Nordliche[n] Gegenden eigen ist, und / aus dem Eißmeer in die Flüs[s]e / tritt. Die *Tschiri* werden in dene[n] / Jurte[n] über dem FeuerHeerde / Getroknet und etwas geräuchert. / Diese *Jukola* ist die allerbeste / und schmakhaffteste. denn der / *Tschira* ist sehr fett. Er findet / sich Zwar auch Zu *Schigan*[43] in der / *Lena*, wird aber daselbst[b] an- / ders *praepariret*, wie unten folgen wird.

| : Die *Tschiri* sind auf ¾ *Arsch*[in] / bis[s] 1 *Arschin* Lang. Sie Komme[n] / den *Lena* nicht weiter aufwerts / als biß an die Mündung des *Wilui*[44]. / In den *Wilui*[45] aber gehen sie / biß *Seredne WiluisKoe*[46] ja / Zuweile[n] biß *Werchno*[c] *Wiluiskoe* / *Simowie*[47]. : |[d] /153v/

| : Die *Ostiak*en machen *Porssa* / bloß aus Klein[en] Fische[n] als / *Jelzi*[48], *Tuguni*[49], barschen[50] / *Caras*[s]e[n][51] p[erge]/ p[erge]/ aus gros[s]e[n] / Fische[n] wird *Jukola* gemacht. : |[e]

Porssa auf *JaKuti*sch *Bartschjà*[52] / wird Zu *Schigani*[53] Von dene[n] Fische[n] / *Tschira* und *Nelma*[54] gemacht. / Die Fische werden an Steken am / Feuer gebrate[n] und getroknet, her- / nach die Gräte[n] darausgenommen, / und das[f] Fleisch mit Händen Zer- / rieben oder in Mulden und Trögen / Zerstos[s]en, darauf auf Baum / Rinden in die Sonne gesetzet und / Vollends getroknet. Die / *Porssa* von *Nelma*[55] ist weiß, die / Von *Tschira* gelblicht.

Am *Wilui*[56] und Um *JaKuzK*[57] herum / machen die *JaKute*[n] *Porssa* Von / *Carassen*[58] dieselbe aber ist / Viel schlechter.

Am *Jana*, *IndigirKa* und *Kolyma* / wird die *Porssa* Von ebendenselb[en] / Fischen als Zu *Schigani*[59] gemacht. / wiewohl arme *Jakute*[n] die an / Seen wohnen, oder[g] die große[n] / Fluß Fische nicht fangen Könne[n], / auch Von Kleiner[en] und schlechter[en] / mache[n].

Chach[60] ist noch eine Art Von / getroknete[n] Fischen die Zu / *Schigan*[61] folgender Maas[s]en / gemacht wird. Man nimmt / daZu[h] die fettesten Fische als[i] / *Tschiri*, *Nelmi*[62] / und[j] *Omuli*[63], welche letztere / hieselbst weit grös[s]er als im / See *Baical*[64] sind, schneidet die / [[die]] Fische nach der Länge mitten / Von

---

[a] machen *verbessert aus* t [b] *nach* daselbst *gestr.* Zu [c] W_erchno *verbessert aus* [.] [d] *von* Die Tschiri sind *bis* Werchno Wiluiskoe Simowie. *rechts marginal* [e] *von* Die Ostiaken machen *bis* Jukola gemacht. *rechts marginal* [f] _das_ *verbessert aus* [.] [g] o_der *verbessert aus* [.] [h] *nach* daZu *gestr.* entweder [i] die fettesten Fische als *über der Zeile* [j] und *verbessert aus* [...]

einander, und sPaltet eine /154r/ jede Hälffte wiederum nach der / Länge in zwey Theile, davon ein / Theil an der Haut, der andere / an den Gräte⌐n⌐ bleibet. Der / Theil, an[a] welchem die Haut ist, wird / Zu derselbe⌐n⌐ Zeit, wenn diese Fische / gefangen[b] werden, welches mitten / im Sommer geschiehet, erstlich in / der Sonne und darauf in[c] der / Jurte auf einem Roste über dem / Feuer Heerde getroknet, und solches / wird auf *Jakuti*sch *Chach*[65] ge- / nannt. Man is⌐s⌐et den / *Chach*[66] ungeKocht; Er ist dem / geräucherten Lachse ähnlich, sehr / fett und gut Von Geschmak / Man machet auch *Chach*[67] Von / großen *Sterlett*en und Stöhren.
Der übrige Theil dieser Fische, / der an den Gräten bleibet, / wird in Kleine Stüken Zerhakt, / und in einem Gefäs⌐s⌐e 1 oder / 2 Tage lang in die Sonne ge- / setzet, als denn Kochen sie in / Kes⌐s⌐eln das Fett oder Fisch- / thran daraus, welches[d] Gleichfalls / Zur Speise aufgehoben wird. / Mit dene⌐n⌐ Grate⌐n⌐ und Fleisch, so / nach dem Kochen übrig bleibet, / werden die Hunde gefüttert, welche / als denn das Beste Leben haben, / und davon sehr fett werden. / Fisch Fett auf *JaKuti*sch: *Se*[68]. /154v/ Zu *Ust Jana*[69] wird das Fett / aus gantzen Fischen, nachdem / man sie Vorher sauren las⌐s⌐e⌐n⌐, / in Höltzernen Gefäße⌐n⌐ mit / dahinein geworffene⌐n⌐ glüende⌐n⌐ / Steinen geKochet.
|: Die *JaKute*⌐n⌐ und alle übrige Nordl⌐i⌐che / Völker Von *Sibirie*⌐n⌐ im *JaKuzKische*⌐n⌐[e], *Mangasei*sche⌐n⌐ / und *Beresowi*sch⌐en⌐ Gebiethe[70] Las⌐s⌐e⌐n⌐ / auch die Fische so sie im Herbste / fangen gefrieren und *conservir*e⌐n⌐ / sie also auf den winter. Eßen sie / auch gefroren und ohngeKocht, / dergestalt daß sie Von dem Ge- / frorenen mit einem Meßer[f] etwas abschrappe⌐n⌐ / welches aber gegeße⌐n⌐ / werde⌐n⌐ muß, ehe es in der Wärme / aufthauet: hier- / nächst muß man nach dem Eßen ent- / weder in einer warmen Stube oder / Jurte seyn oder sich Bey einem / großen Feuer wärme⌐n⌐, weil es / eine gros⌐s⌐e Kälte im Magen / Verursachet. Sonst halten sie / es für sehr gesund, und für / ein *Specificum*[71] wieder den / *Scorbut*[72].
Die *Tungus*en eßen Keine / Gefrorene Fische. :|[g]
Argys[73] ist noch eine Besondere / *praeparation* Von Fischen, die allein / Zu *Schigani*[74] gebräuchlich ist, und Zu Anfange *Sept⌐em⌐br⌐is⌐* geschiehet.[h] Man / nimmt daZu mehrentheils *Muxuns*[75], / auch Zuweilen *Nelmi*[76], schneidet / sie Von einander, nimmt die Gräte⌐n⌐ / heraus, Leget das Fleisch in gros⌐s⌐e / Gefäs⌐s⌐e, die Von Lerchen oder / Tannen Rinden gemacht werden / und Vergräbet selbige Gefäs⌐s⌐e / neben denen Jurten in die Erde. / In eine Grube Kommen Zu 2 biß / 3 Gefas⌐s⌐e Voll Fische. Die Grube⌐n⌐ / werden darauf wohl

---

[a] *über der Zeile* [b] ₍gefangen₎ *verbessert aus* [.] [c] in *verbessert aus* [..] [d] ₍Welches₎ *verbessert aus* [.]
[e] Jakuzkische₍₎ *über der Zeile* [f] mit einem Meßer *über der Zeile* [g] *von* Die JaKute₍₎ und alle übrige *bis* Gefrorene Fische. *rechts marginal* [h] und Zu Anfange Septbr. geschiehet. *über der Zeile*

Zugedekt. / Da denn die Fische in der Erde / sauren, und biß auf den winter / ja biß auf den folgende[n] Sommer, / darnach als es die NothwendigKeit / erfordert, also Liegen bleiben. / Dieses *Argys*[77] ist das gemeinste Ge- / richte der *Schigani*sche[n][78] *Jakute*[n]. / Die Rußen es[s]en es auch mit, und / sagen es Könne Zur Noth geges[s]e[n] / werden.

Die *Jukola, Porssa*[a] und *Chach*[79] / dahingegen es[s]en die dortige / *Jakute*[n] nicht sosehr selber, als / daß sie Vielmehr die an sie / abgeschikte *Tributs*Einnehmer /155r/ damit unterhalte[n], und den Uber- / rest Verkauffen. wie denn die *Schigani*sche[80] *Jukola, Porssa* / und *Chach*[81] auch nach *Jakuzk*[82] / Zum VerKaufe Gebracht werden.

Die Gräten Von der *JuKola, Porssa* / und *Argys*[83] werden getroknet / und auf den winter Zum Futter / Vor die Hunde aufgehobe[n].

Sterlette, Stöhre, Hechte[84], *Taimeni*[85] p[erge] p[erge][b] fangen / die *JaKute*[n] nicht so hauffig, als / die Vorbesagte[n] Fische, und es[s]en / selbige mehrentheils frisch. / wenn sie aber einen Uberfluß / haben, so machen sie auch *Jukola* / davon.

|: Die *BrazKi* haben eine SPeise die / sie *Tataschi*[86] nennen. Sie rösten / Roken[87] in eisernen Kes[s]eln oder in / ihren flachen Schüs[s]eln Von *Tschugun*[88], / stoßen selbigen darauf in einem / Höltzernen Mörser Zu Mehl, nehme[n] / Klein geschnitten Fleisch, das Von / denen Knoche[n] abgesondert ist, / und Kochen selbiges mit Vorbe- / sagtem Mehle Zu einem Brey oder / *Kascha*[89]. :|[c]

Die *Sarana* wird Bey den[en] / *Tungus*en VorhergeKochet, und / darauf getroknet, und Zu / Mehl Zerstos[s]en.

|: Die *Ostiak*en machen Keine[n] / Vorrath Von der *Sarana*[d] / sonder[n] es[s]en dieselbe / bloß frisch. :|[e]

Die Fichten-Rinde Zerstos[s]en die / *Jakut*en in Mörsern, die Von / Kuhmist und etwas darunter / gemischten Leimen gemacht sind. / Der Stempel ist Von Holtz. Sie / sind dabey nicht ekelhafft / wenn sich auch etwas Von dem / Morser abstos[s]et, und mit / dem Fichten Meel Vermischet.[90]

|: Diese Mörser dienen nur im / Winter, wenn der Kühdrek[f] / Gefroren[g] ist. In Sommer / Verwandelt sich der Morser / wieder in eine[n] Kuhflade[n] :|[h]

Die *Tungus*en Zerstos[s]en und Zer- / Klopffen die Fichten Rinde und[i] / *Porssa*[j] in ihren bett deken. /155v/

---

[a] Po*r*ssa *verbessert aus* [.]   [b] Taimeni pp *über der Zeile*   [c] *von* Die BrazKi haben eine *bis* Brey oder Kascha *rechts marginal*   [d] S*arana* *verbessert aus* [.]   [e] *von* Die Ostiaken *bis* bloß frisch. *rechts marginal*   [f] Kühd*r*ek *verbessert aus* [.]   [g] G*efroren* *verbessert aus* V   [h] *von* Diese Mörser *bis* Kuhflade) *rechts marginal*   [i] un*d* *verbessert aus* [..]   [j] P*ors*S*a* *verbessert aus* [.]

Milch wird Von dene⌈n⌉ Völker⌈n⌉ in / *Sibiri*en nicht anders als ge- / Kocht gege⌈s⌉⌈s⌉e⌈n⌉. Sie Könne⌈n⌉ᵃ / rohe Milch, so wenig frisch als sauer, / nicht vertragen, und beKommen / davon brechen und bauchgrimme⌈n⌉. Die *Mongol*en, *BrazKi* und *Ner-* / *tschinsKi*sche *Tungus*en Kochen / die frische Milch mit Thee, thun / noch etwas Mehl, butter und / Saltz hinein. Solches nennen / sie *Saturàn*⁹¹. Anstatt des Saltzes / brauchen einige *Solonzi*⁹² oder / Saltzblumen die in den Steppe⌈n⌉ / sich auf der Oberfläche der Erde / hervorThun, und mit Erde Vermischet / sind. Einige Thun auch etwas / Asche darunter. Dieser *Sa-* / *turan*⁹³ ist ihre Vornehmste Nahrung / Der Keßel stehet den gantzen / Tag auf dem Feuer, und ein / jeder trinkt oder i⌈s⌉⌈s⌉et davon / so offt er will. Die Ru⌈s⌉⌈s⌉en / Zu *SelenginsK*, *NertschinsK*⁹⁴ / *IrKuzK*⁹⁵, bedienen sich auch / dieses *Saturans*⁹⁶ Täglich Zum / Früstük, und einige sind so / daran gewöhnet, daß sie auch / darüber des Fastenhaltens / Verge⌈s⌉⌈s⌉en.

|: Von dem *Mongoli*sche⌈n⌉ und *Brazki*sche⌈n⌉ / Gerichte *Tulunuchù correctiones*⁹⁷ / über die aus ErZehlung gemachte obige / beschreibung.⁹⁸ Wir sahen es d⌈en⌉ 7. Aug⌈ust⌉ 1737ᵇ⁹⁹ beyᶜ *Balagansk*¹⁰⁰ / und machte der aus *Irkuzk*¹⁰¹ mitge- / nommene dollmetsch auf mein be- / fehl das Gerichte, weil die dortige *Braz-* / *ki* es nicht Zu mache⌈n⌉ pflege⌈n⌉, sonder⌈n⌉ bloß / die jenseits dem *Baical*¹⁰² wohn⌈en⌉. Er nahm / ein jährigesᵈ Ziegenlamm, nahm es Zwische⌈n⌉ die beineᵉ und drehete ihm etliche / Mahl den Kopff um, biß es todt war, dann / Lößte er ihm die Haut ab daß Keine wunde / darein Kam. Er fing von den Hinterfü⌈s⌉⌈s⌉e⌈n⌉ / an und fuhre fort mit der Arbeit biß / an den Kopff ohne den Bauch auf- / Zuschneiden, wie er den auch den / Kopff in der Haut Ließ, nur daß erᶠ / <ihn> biß anᵍ das wirbelbeinʰ davon ablösete. Er / Ließ auch an der Haut allenthalbe⌈n⌉ / eines halben Finger dikes Fleisch; das / übrige herausgenommene Fleisch und / Knochen aber wurde nach denen Ge- / Lenken in viele Kleine Stüken Zer- / schnitte⌈n⌉, Netz¹⁰³, Leber und *Sternum*¹⁰⁴ / besonders geleget, mitlerweile / Kiesel Steine auf einem Feuer / hei⌈s⌉⌈s⌉ gemacht, doch nicht daß sie ge- / glüet hätte⌈n⌉. Darauf wurde dieⁱ / Haut mit der unter⌈en⌉ Öffnung / wodurch das Fleisch herausgenomme⌈n⌉ʲ / war als ein Sakᵏ in die Hohe / gehalt⌈en⌉, ein großer kalter Kiesel / Zuerst hineingeworffe⌈n⌉ und das Fell / hart an demselb⌈en⌉ fest Zugeschnüret / damit durch den Kopff keine wärmeˡ / heraus gehe⌈n⌉ möge. Als denn go⌈s⌉⌈s⌉e er / ein paar Schaalen Kalt waßer in / das Fell, warff darauf hei⌈s⌉⌈s⌉e Steine / hinein, darauf etliche Stüke⌈n⌉ Fleisch / und wieder Steine, welches er wechsels / weise so lange *continuirt*e biß die / Haut mehr als halb voll

---

ᵃ *nach* Könne) *gestr. es*   ᵇ 1737 *über der Zeile*   ᶜ b_ey *verbessert aus* [.]   ᵈ jähriges *über der Zeile*
ᵉ nahm es Zwische) die beine *über der Zeile*   ᶠ _er *verbessert aus* [.]   ᵍ biß an *über der Zeile*   ʰ w_irbelbein *verbessert aus* [.]   ⁱ _die *verbessert aus als*   ʲ h_erausgenomme) *verbessert aus* [.]   ᵏ _Sak *verbessert aus* [.]
ˡ _wärme *verbessert aus* [.]

war / denn wurde die Haut bey der hinter[en] / Öffnung fest Zugeschnüret, auf die / flache Erde geleget und hin und^a her / geZogen und Von einer Seite Zur ander[en] : |^b |: gewelltzet. Es brennte aber bald / ein loch durch, welches der Koch^c seiner / Unerfahrenheit Zuschriebe, daß er etwan / daselbst^d zu^e wenig fleisch an der / Haut gelas[s]en, indem es nicht / so geschwind hätte durchbrenne[n] soll[en]. / Man hielte inmittelst das loch mit / Steinen Zu, so gut man Konnte und / Continuirte^f das weltzen und hinund / herZiehen noch eine weile, biß die haare / gelb Zu werden und sich von der Haut / abZusonder[n] anfienge[n]. Der Koch sagte / wenn die Haut nicht so geschwind durch / gebrannt wäre, so würde nachmahls / wenn das Fleisch inwendig gar ge- / Kocht, die Haut geborsten und dabey / ein gros[s]er Knall entstande[n] seyn / welches das eigentliche *tempo*^{105} sey / da das Gerichte^g gar^h würde. Es war / aber auch so gar. Die Haare wurden / Von der Haut ohne^i Mühe ausge- / rauffet, die Haut aufgeschnitte[n], / da denn^j das Fleisch welches halb / geKocht und halb gebrat[en] war / in einer diklicht[en] Brühe schwum / und mit der Brühe^k auch Zu- / gleich das Fell verZehret wurde. / Der Kopff wurde weggeworffe[n], / weil er nicht gar war, und sich / niemand ihn noch Zu Koche[n] die Mühe / geb[en] wollte. Wahrend allem diese[n] / wurde^l auch das ubrig / gebliebene Fleisch, weil nicht alles / in der^m Haut Platz gefund[en], nebst / dem Eingeweyde geKocht, *Sternum*^{106} und / Leber aber an Steken gebrat[en], hier- / nächst die Leber^n in Kleine Stüke ge- / schnitte[n], und je Zwey^o oder 3 Stüke / Zusammen in Kleine abgeschnitte- / ne Stüken des Netzes^{107} eingewikelt / und Von neuem gebrat[en], darauf / alles VerZehret. Das großeste Lekerbis[s]e[n] / ist das *Sternum*^{108} u[nd] die also gebratene / Leber. :|^p

|: Alle *Tatar*en machen große *Provision*^{109} von / Ceder-Nüßen^{110} und haben davon starke / Nahrung. Sie troknen und räuchern / dieselbe über dem Feuer Heerde auf einem / Rost der oben in der Jurte auf 4 Stange[n]^q befestiget / wird, Schäälen sie ab, welches mit / großer behändigKeit geschieht, indem / Sie^r Zu^s 10^t Mehr Nüs[s]e auf ein brett / hinstreuen und mit einem hölzerne[n] / glatten SPatel von hartem birken Holtze / darauf schlagen, das[s] die Schalen Los[s] / werde[n], wer in dieser Arbeit nicht geübet / ist der schlaget sich dabey offters auf die / Finger weil es sehr geschwinde geschiehet. / hiernächst reinigen sie die

---

^{a} u$_{nd}$ *verbessert aus* [.] ^{b} *von* Von dem Mongolische$_)$ und Brazkische$_)$ *bis* Zur ander$_)$ *rechts marginal* ^{c} $_{Ko}$ch *verbessert aus* g ^{d} daselbst *über der Zeile* ^{e} *vor* zu *gestr.* [..] gradwo ^{f} Co$_{ntinuirte}$ *verbessert aus* [..] ^{g} *nach* Gerichte *gestr.* fertig ^{h} gar *über der Zeile* ^{i} ohn$_e$ *verbessert aus* [..] ^{j} $_{d}$en$_n$ *verbessert aus* [.] ^{k} B$_{rühe}$ *verbessert aus* F ^{l} *vor* wurde *gestr.* Kochten eine ^{m} $_{de}$r *verbessert aus* [.] ^{n} Leb$_{er}$ *verbessert aus* [.] ^{o} Z$_{wey}$ *verbessert aus* [.] ^{p} *von* gewetzet. Es brennte aber bald *bis* gebratene Leber. *auf Bl.* 156r *rechts marginal* ^{q} auf 4 Stange$_)$ *über der Zeile* ^{r} S$_{ie}$ *verbessert aus* [.] ^{s} Z$_u$ *verbessert aus* [.] ^{t} 1$_0$ *verbessert aus* [.]

Nüs⌈s⌉e gäntzlich / Von allen Schaalen Verwahren die gantze / Nütze besonders, und beschenk⌈en⌉ damit offters / die Fremde, und die entzwey geschlagen / Kerne wieder besonders Zu ihrem eige- / nen Gebrauche. Wenn sie dieselbe / es⌈s⌉en wollen so stoßen sie solche in ei- / nem holtzerne⌈n⌉ Morser Zu einem / Brey, und Verzehren selbige⌈n⌉. Die Rus⌈s⌉e⌈n⌉ / so diesen Brey bey ihnen offters geKostet / und geges⌈s⌉en, sagen er schmeke / Zwar angenehm, aber man werde / des⌈s⌉elb⌈en⌉ nach etlichen Loffeln Voll bald / überdrüs⌈s⌉ig und Konne nicht Viel / davon eßen. Die *Tatar*en aber sind / daran gewohnt u⌈nd⌉ es⌈s⌉en gute *portion⌈en⌉* / Am meisten es⌈s⌉en sie diese⌈n⌉ Brey^a, wenn / sie von der Jagd zurükKomm⌈en⌉, und große⌈n⌉ / Hunger gelitten habe⌈n⌉ da er ihne⌈n⌉ denn / Zu einer Trefflichte⌈n⌉ Nahrung dienet. Zuweile⌈n⌉ / oder sehr offters geschiehet es das⌈s⌉ ein *Tatar* / Von der Zobel Jagd zuhause Kommt und / an^b seinem Leibe vor^c Hunger so abgeZehret / ist daß nichts als Haut und Knoch⌈en⌉ / an ihm Zu seh⌈en⌉ sind. In Zeit Von 6 bis⌈s⌉ 8 / Tagen aber bringet ihn der Nus⌈s⌉brey / so Zu rechte, daß er wieder bey Volligem / Fleische ist. Dergl⌈eichen⌉ Leute dorff⌈en⌉ die erste / 2 oder drey Nächte nicht schlaff⌈en⌉ sonder⌈n⌉ / müßen sich bey dieser Nahrafft⌈en⌉ SPeise be- / ständig *occupir⌈en⌉* weil sie sonst davon ihrer Meinung / nach in große Krankheit⌈en⌉ fall⌈en⌉ oder sterb⌈en⌉ würd⌈en⌉. :|^d
Ein Berauschendes Getränke / Bey dene⌈n⌉ Tataren, *Mungale⌈n⌉* / *Chalmüke⌈n⌉*, *NertschinsKische⌈n⌉* /156r/ *Tunguse⌈n⌉*, *BrazKi* und *JaKut⌈en⌉* / wird aus Pferde-Milch gemacht / und heis⌈s⌉et auf *Tatar*isch *Kumiss*[111] / auf *Mongol*isch *aireK*[112], welcher / Benennung sich auch die *NertschinsKisch⌈en⌉* / *Tunguse⌈n⌉* bediene⌈n⌉, auf *BrazKi*sch / *Kurungù*[113], auf *Jakut*isch *Kümyss*[114] / Die Pferde Milch wird, so frisch / als sie von der Stutte Kommt, in / ein *Express*[115] daZu gemachtes Le- / dernes Gefäs⌈s⌉, welches einen / weiten Bauch und engen Hals / hat, gethan, etwas warm^e Was⌈s⌉er / und Hefen^f Von altem *Kumyss* / darZu gegos⌈s⌉en und mit / einem holtzernen^g SPatel offt umgerührt / daß es Zur Gehrung Kommt. / was sich dabey^h nach dem fleis⌈s⌉ig⌈en⌉ / Umrühren oben auf der Milch / ansetzet, solches wird abgenom- / men, und dienet anstatt butter / Die Milch selbst aber sobald / sie ein oder 2 Tage gejähretⁱ[116] / hat, wird *Kumyss* genannt / und ist alsdenn Zum Trink⌈en⌉ / fertig. Sie las⌈s⌉en auch den *Kumyss* / wohl 8 oder 14 Tage in der / Jährung[117] stehe⌈n⌉, und gies⌈s⌉en alleZeit /^j /156v/ frische Milch daZu, so offt gemolke⌈n⌉ / wird, und wenn das Gefäß Voll / ist, so gies⌈s⌉en sie Von dem fertig⌈en⌉ / *Kumyss*^k so Viel ab, in ein / ander Gefäß^l Zum

---

^a B_{rey} *verbessert aus* [.]   ^b an *verbessert aus* [..]   ^c vor *verbessert aus* [...]   ^d *von* Alle Tataren machen große Provision *bis* sterb₎ würd₎ *auf Bl.* 156v *rechts marginal*   ^e warm *über der Zeile*   ^f H_{efen} *verbessert aus* [.]   ^g holtzernen *über der Zeile*   ^h _{da}bey *verbessert aus* [...]   ⁱ _{ge}jähret *verbessert aus* g   ^j *folgt* frische   ^k *nach* Kumyss *gestr.* , [Komma]   ^l G_{efäß} *verbessert aus* [.].

Künfftige⌐n⌐ / Genuß. Bey Vornehmen und / Reichen, die Viel ViehZucht hab⌐en⌐, / wird dieser *Kumyss* das gantze / Jahr hindurch gemacht. Bey Ar- / men aber nur im Frühling / wenn die Stutten werffen, da / denn die Hefen, um die^a Milch / in die Jährung¹¹⁸ Zu bringen / Von denen Reichen erbete⌐n⌐ werde⌐n⌐. / Sie Las⌐s⌐en Zu solchem Ende die / Füllen an denen Stutten nicht sauge⌐n⌐ / sondern binden dieselbe an / an einem Bey dene⌐n⌐ Jurten / aufgesPannt⌐em⌐ Langen *Arcan*¹¹⁹ oder^b Strik^c / Von Pferde Haare⌐n⌐. Die Stutten / aber Gehen in der Weide, und / wenn sie die Milch drüket, / so Kommen sie Von selbst nach / denen Füllens Zu der Jurte, / und werden gemolke⌐n⌐. Die / *JaKut*en nennen des⌐s⌐wegen / wie obbemeldet, den *April* Monath / *Kulun-tutar-uia*¹²⁰ d⌐as⌐ i⌐st⌐ denjenig⌐en⌐ / Monath, in welchem die jungen^d Füllen / angebunden werde⌐n⌐, um Milch Zum^e *Kumyss* / Zu sammlen. /157r/ Man machet auch Zuweilen *Ku-* / *myss* Von Kuh-Milch, derselbe / aber ist nicht so stark, auch bey / diesen Völker⌐n⌐ nicht von so angenehme⌐n⌐ / Geschmak, als der welcher Von / Pferde Milch gemacht wird. Die heidnische Tatare⌐n⌐, Chalmük⌐en⌐, / Mongale⌐n⌐, *NertschinsKi*sche *Tungu-* / *s*en und *BrazKi* dieß- und / jenseits dem See *Baical*¹²¹ gebrauch⌐en⌐ / den *Kumyss* nicht^f nur / so bloß Zu trinke⌐n⌐, sonder⌐n⌐ sie / *destillire*⌐n⌐ davon auch brandtwein / welche⌐n⌐ sie *AraKi*¹²² nennen. Solches / Zu thun, bediene⌐n⌐ sie sich ihrer platte⌐n⌐ / Kes⌐s⌐el Von *Tschugun*¹²³, setzen / darauf einen höltzerne⌐n⌐ aufsatz / in welchem eine Röhre ist, aus / welcher der brandtwein in ein / darunter gesetzet höltzernes / Gefäß Läufft^g. Bey dene⌐n⌐ / *Tatar*en Zu *Kusnezk*¹²⁴ und / *Krasnojarsk* ist der holtzerne / aufsatz^h gantz flach und nur / ein wenig in eine Rundungⁱ erhaben, als wie ein / Dekel, und bestehet aus Zwey / Theilen, die so wohl unter sich / selbst als an dem unter⌐en⌐ Kes⌐s⌐el^j / Verschmieret werde⌐n⌐. In diesem / Dekel sind 2 Runde Löcher in /^k /157v/ deren einem die Röhre *adpliciret*¹²⁵ / wird, welche als ein Krum Holtz / gestaltet, und nach der Länge / aus Zweyen ausgehöhlten bretter⌐n⌐ / Zusammengesetzet ist, welche mit / bast¹²⁶ und birkenRinde fest Verbun- / den sind. Das^l andere Loch dageg⌐en⌐ / dienet bloß daZu, daß man / dadurch in den *Destilli*er Kes⌐s⌐el / hineinsehen Kann, um Zu^m wis⌐s⌐e⌐n⌐ / wannⁿ der *Kumyss* Kochet, da- / mit man das Feuer darnach *mo-* / *derire*⌐n⌐¹²⁷ möge. Es hat einen SPund / welcher fest einschlies⌐s⌐et, und nach- / dem der brandtwein im Lauffen / ist Zugemachet, und sowohl als / die *embouchure*^o¹²⁸ der Röhre / Verschmieret wird. |: Laufft der brandtwein Zu geschwind / so nätzen¹²⁹ und

---

^a ₍d₎ie *verbessert aus* [.]   ^b Arcan oder *über der Zeile*   ^c ₍Stri₎k *verbessert aus* [.]   ^d jungen *über der Zeile*   ^e Milch zum *über der Zeile*   ^f *nach* nicht *gestr.* so sehr   ^g L₍äufft₎ *verbessert aus* [.]   ^h ₍aufsatz₎ *verbessert aus* ₍aufsatz₎[.]   ⁱ in eine Rundung *über der Zeile*   ^j ₍Ke₎ss₍el₎ *verbessert aus* [.]   ^k *folgt* deren   ^l D₍as₎ *verbessert aus* [.]   ^m Zu *verbessert aus* [..]   ⁿ ₍wa₎nn *verbessert aus* [.]   ^o ₍emb₎o₍uchure₎ *verbessert aus* [.]

Kühlen[a] sie den Dekel / und die Röhre mit einem / in Kalt Wasſser eingetunkten / Tuche. :|[b] Bey denen / Mungalen und *Nertschinski*schen / *Tungu*sen ist der Aufsatz des / *Destilli*er Kesſels bisſ auf halben / Mannes höhe als ein *conus* / *detruncatus*[130] gestaltet, und / bestehet aus Schindeln und / birkenRinde, inwendig in der / Mitte dieses Aufsatzes ist ein / Langes und schmahles brettgen / mit eingeschnitten Furchen etwas / schräge eingesetzet, Mit[c] welchem / die Röhre *connectir*et[131], welche / als ein Renne oben offen, und / etwas Krum ist. Auf der[d] obern / Fläche dieses Aufsatzes stehet ein / flacher[e] Keßel mit Kaltem waßer. /158r/ Der brandtwein ist sehr schwach / und[f] schwächer als der gemeine / oder einfache Kornbrandtwein / hat dabey einen uns[g] unangenehmen[h] / Geruch. Wir haben ausdrüklich / in unserer Gegenwart *Kumyss* / Von KuhMilch machen, und denselben / Zu brandtwein *destillier*en Lasſen[132] / derselbe aber war noch schwächer / und die heiden sagen, dasſ solches / alleZeit so sey. Es ist jedoch / ein Unterscheid in der Stärke / des Milch-brandtweins nach der / Unterschiedenen Jahres Zeit. Von / der ersten Frühlings Milch ist / er am besten, im winter am / schlechtesten. Man mögte noch / sagen, wenn man den *Kumyss* / nach *Europäi*scher Art[i] / mit einem[j] Kühlfaße[k] / und durch fest verschlosſene / Röhren, und in eine Vorlage / mit[l] engem[m] Halse, damit / nicht so viel *evaporir*en[133] Könne, / *destillier*en sollte, daß er / weit stärker seyn mögte, wie / ich denn mehrmahlen Versucht, denen / Völkern[n] unsere *manier*en Zu er- / Klären, allein sie sind darauf / nicht begierig, und sagen ihre Vor- / Eltern haben es so gemacht, desſwegen / wollen sie auch Keine Neuerungen / anfangen. Die *Jakut*en *destillir*en / Keinen brandtwein.
|: Von dem *Kumyss*machen und / *destillir*en des brandtweines / Siehe weiter die *Observationes* / des herrn D*oktor* Gmelins in histor*iam* / *Natural*em[134] :|[o] /158v/ Butter auf *Tatari*sch: Kajàk[135] / auf *BrazKi*sch: Tohùn[136], auf / *Mongoli*sch: Tassùn[137], auf *Ja*- / *Kuti*sch[p]: Chajàch[138], wird Von denen / Muhammedanischen Tataren nach / Rusſischer art gemacht. Die / heidnische *Tatar*en aber, wie / im gleichen die Mungalen, *BrazKi*, / und[q] *NertschinsKi*sche

---

[a] und Kühlen *über der Zeile* [b] *von* Laufft der brandtwein *bis* Tuche. *rechts marginal* [c] Mi$_t$ *verbessert aus* [..] [d] der *über der Zeile* [e] f$_{lacher}$ *verbessert aus* [.] [f] u$_{nd}$ *verbessert aus* [.] [g] uns *über der Zeile* [h] un a$_{ngenehme}$) *verbessert aus* [.] [i] *nach* Art *gestr.* ja einen [j] einem *verbessert aus* r; *nach* einem *gestr.* Vorlage Zum AbKühlen [k] Kühlfaße *über der Zeile* [l] *nach* mit *gestr.* schmahlen [m] engem *über der Zeile* [n] v$_{ölkern}$ *verbessert aus* [.] [o] *von* Von dem Kumyssmach$_)$ *bis* histor. Natural. *rechts marginal* [p] Jak u$_{tisch}$ *verbessert aus* [.] [q] und *über der Zeile*

Tunguse[n]ᵃ / haben Keine andere butter / alsᵇ dieᶜ sich beym *Kumyss*-mache[n]ᵈ
|: ist nicht so. siehe obe[n]¹³⁹ Von den Tatar[en]. : |ᵉ durch das offtere umrühren in / dem *Kumyss* von selbst *generir*et¹⁴⁰ / und herausgenommen und Ver- / wahret wird.
|: Die *Mongol*en Verwahren diese / butter in Schaaff Magen
Die *Brazki* dies[s]eits der See / Machen auch Butter nach Rus[s]ischer / Manier. : |ᶠ
Die *JaKut*en / machen ihre Butter folgender / Gestalt: Sie Kochen Zuforderst / die Kuhmilch auf einem gelinden / Feuer; Las[s]en sie hiernächst Kalt / werden, und Nehmen die obere / Haut, so sich nach dem Kochen auf / der Milch ansetzet, daVon ab, und / Thun dieselbe in ein besonder / Gefäß. Solches Geschiehet alle / Tage so offt gemolken wird. / Selbige Haut oder Schmanteᵍ / nun wird offters umgerührt / und weil sie mit Vieler Milch / vermischet ist, so fanget sie bald /159r/ an Zu sauren. Davon wird sie dik / und solches ist die *Jakuti*sche butter / Sie siehet einerʰ diken Schmante / ähnlich, ist aber sehr ekelhafft, / weil sie mit Vielen UnreinigKeit[en] / Vermischet ist. Wenn man sie schmeltzet / so ist sie Zwar der Rus- / sisch[en] butter ähnlich, behält / aber einen starken *Ja-* / *KuzKi*sch[en] Geruch, welcher / Von der UnreinigKeit der / Gefäße herrühret.ⁱ
Diese Butter ist / derʲ *Jakute*[n]ᵏ Vornehmstes gerichte / Wenn sie nichts anders haben, soˡ / *dilui*renᵐ¹⁴¹ sieⁿ dieselbe mit Was[s]er / und davon werden sie satt. Dieses gerichte nennen / sie *ümdàn*ᵒ¹⁴² Sie / Kochen selbige auch mit Mehl und / Was[s]er Zu einem Brey. Die ge- / stos[s]ene Fichten-Rinde, *Sarana*ᵖ / und andere wurtzeln wieder / gleichfalls mit dieser butter / Vermischet und geges[s]en.
Die GeKochte KuhMilch, wenn die / Butter abgenomme[n] ist, Las[s]en / sie sauren, und rühren dieselbe / offters Um, daß sie dünneᵍ / Bleibet, Solches nennen sie *Sor*¹⁴³. Dieses ist ihr Vornehmstes tägliches / Getränke,ʳ und wird daVor / im Sommerˢ ein solcher Vorrath gesammlet / daß sie auch den gantze[n] / winter / daran genug hab[en]. Beym trinke[n] / pflege[n] sie was[s]er darZu Zu gies[s]e[n] / um die brühe Zu verlänger[n].
Die *BrazKi* haben auch ebenderg[l]eichen] / saure Milch die auf dieselbe weise / gemacht und getrunken wird, solche / nennen sie *TaràK*¹⁴⁴.

ᵃ *nach* Tunguse₎ *gestr. und /* Jak   ᵇ *nach* als *gestr. daß*   ᶜ *die über der Zeile*   ᵈ *nach* Kumyss-mache₎ *gestr.* den Schmand, welcher sich auf / denselbe₎ ansetzet, sammlen   ᵉ ist nicht so. siehe obe₎ Von den Tatar₎. *rechts marginal von* Die heidnische Tataren *bis* Kumyss-mache₎ *vor geschweiften Klammern*   ᶠ *von* Die Mongolen Verwahren *bis* Russischer Manier. *rechts marginal*   ᵍ Schmaⁿₜₑ *verbessert aus* r   ʰ einer *verbessert aus* [.]   ⁱ *von* Wenn man sie schmeltzet *bis* Gefäße herrühret. *rechts marginal*   ʲ der *über der Zeile*   ᵏ *vor* Jakute₎ *gestr.* alle   ˡ *nach* so *gestr.* Ver- / mische₎   ᵐ diluiren *über der Zeile*   ⁿ sie *verbessert aus* [.]   ᵒ Dieses gerichte nennen sie ümdàn *rechts marginal*   ᵖ Saraₙₐ *verbessert aus* [.]   ᵍ dünne *verbessert aus* [.]   ʳ *nach* Getränke, *gestr.* Bey   ˢ im Sommer *über der Zeile*

|: Saure Kuh-milch so Zum Trinken / Gebrauchet wird bey dene⌐n⌐ *Tatar⌐en⌐* / *Airèn*¹⁴⁵. Plunder Milch¹⁴⁶: <u>*Dsord.*</u> :|ᵃ /159v/
Indem beymᵇ brandtwein *destillire⌐n⌐*ᶜ derᵈ / *Kumyss*ᵉ soᶠ im Kes⌐s⌐el Zurükbleibet, / Vom Kochen gerinnt und hart / wird, so dienet solches dene⌐n⌐ / *Tatar*en, *Brazki, Mongol*en / und *NertschinsKi*sche⌐n⌐ *Tunguse⌐n⌐* / gleichfalls Zur SPeise. Sie / troknen selbiges an der Sonne / auf Kuh- oder Pferde-Häuten, oder / auf Teppichen, so sieᵍ Von gesPonnenen Kuh-Haar-garn web⌐en⌐ / und auf Rus⌐s⌐isch *Koschma*¹⁴⁷ / genennet werden,ʰ und / Verwahren es in Lederne⌐n⌐ Säke⌐n⌐ / auf den winter Zum Vorrath. / Die Rus⌐s⌐en Vergleiche⌐n⌐ⁱ diese Speise / mit ihrem Käse. Die *Mongol⌐en⌐* / und *NertschinsKi*sche *Tunguse⌐n⌐* / nennen es *Arzà*¹⁴⁸. Die *Jaku*ten weil sie Keinen brandt- / wein *destillir⌐en⌐* haben dergl⌐ei⌐chen Käse / nicht. Sie haben aber etwas / ahnliches an denen Hefen / so sich Vom *Kumyss*ʲ und Von / der *Sor*¹⁴⁹ oderᵏ Sauren Milch auf / dem Grunde ansetzen, und wie / unsere dikeˡ Milch anZusehenᵐ sind. Erstere / nennen sie *Kümyss-choiutà*¹⁵⁰ / die andere *Edschegè*¹⁵¹. Beyde / werden getroknet und wie Käse / geges⌐s⌐en. *Kümyss-choiutà*¹⁵² wird / im Rus⌐s⌐isch⌐en⌐ ubersetzet: *Kumissie / Chuschtsche*¹⁵³. /160r/
Wenn die *Krasnoj⌐arskischen⌐ Tatar*en Keinen Sinesisch⌐en⌐ / *Tobak*¹⁵⁴ Zum rauche⌐n⌐ beKommen Konne⌐n⌐ so / nehmen sie auch wohl *TscherKassi*schen¹⁵⁵ / damit aber derselbe im Halse nicht / so sehr brenne⌐n⌐ möge so misch⌐en⌐ sie etwas / Klein geschabte Holtz SPäne darunter / und benätzen¹⁵⁶ ihn mit geschmoltzenen / Rinderfett oder Butter, davon soll / der Geschmak angenehmer werde⌐n⌐.

---

¹ lat. – ohne Unterschied
² „[barabinz.] Kokoùr eine lederne Flasche mit einem langen gerad⌐t⌐ hals u. weite⌐n⌐ bauch, worin sie ihre⌐n⌐ brantewein verwahren." (J. E. Fischer in: AAW F. 21, Op. 5, D. 50, Bl. 41v); chakass. „когор" bzw. „köröp" – Beutel aus Kuhleder für Flüssigkeiten (*Funk/Tomilov* 2006, S. 574)
³ katschinsk. u. kotowz. „KaiaK" – Butter, Öl (J. E. Fischer in: AAW R. III, Op. 1, D. 135, Bl. 51v); tatar. (*Kuzneck*) „Sarỳ-Jak" – Butter (G. F. Müller in: AAW F. 21, Op. 5, D. 143, Bl. 41r); katschinsk.,

---

ᵃ *von* Saure Kuh-milch *bis* Milch: Dsord. *rechts marginal*   ᵇ *nach* beym *gestr.* Kumyss Machen   ᶜ brandtwein destillire₁ *über der Zeile*   ᵈ ₐer *verbessert aus* [..]   ᵉ Kumyss *über der Zeile*   ᶠ *vor* so *gestr.* S[....]   ᵍ *nach* sie *gestr.* Von Pferde / Haaren Zu flechten wißen   ʰ *von* Von gesPonnenen Kuh-Haar-garn *bis* genennet werden, *über der Zeile und rechts marginal*   ⁱ V_{ergleiche} *verbessert aus* [.]
ʲ ₖu_{myss} *verbessert aus* [.]   ᵏ od_{er} *verbessert aus* [.]   ˡ _{di}k_{e} *verbessert aus* [.]   ᵐ anZusehen *über der Zeile*

arinz., kotowz. u. kamass. „Kajàk" – Butter, Öl (a. a. O., Bl. 66v/67r); turk. „қajaқ" – Butter (Radloff 1963, Bd. 2, Sp. 90); telengit., schor. u. tschulym. „каймак" – Rahm von abgekochter Milch zur Buttergewinnung (Funk/Tomilov 2006, S. 518, S. 279 bzw. S. 155)

[4] chakass. „п!ч!pö" – trockener Käse (Funk/Tomilov 2006, S. 575); chakass. „пічіpö" – trockener Käse (Subrakova 2006, S. 370)

[5] russ. barda; burjat. „бозо" – Bodensatz (Rückstand) bei der (Milch-)Branntweinbereitung (Anikin 2000, S. 131f.; Anikin 2003, S. 85; Čeremisov 1973, S. 98); mongol. „боз" – Bodensatz (Rückstand) bei der (Milch-)Branntweinbereitung (Luvsandėndėv 2001–2002, Bd. 1, S. 254)

[6] barabinz. „Bódsa" – geronnene Milch (J. G. Gmelin in: AAW F. 21, Op. 5, D. 73, Bl. 277v); vgl. „Wenn nun die Araka ausgelofen so wird der drang [„TRANK, ... schwed. drank treber, branntweinspülicht, -hefe, schlempe, ... nd. drang ..." (Grimm 1991, Bd. 21, Sp. 1189ff.] [burjatisch] Bodso ausgehoben und in ein Sak geschütt und das Waßer ausgedrükt die Käse Arze welche überbleibt wird auch gehoben ..." (J. J. Lindenau in: RGADA F. 199, Op. 2, Portf. 511, Č. 1, D. 6, Bl. 8v)

[7] Enisej

[8] russ. sigi (Ez. sig); „Salmo Lavaretus ... Schnäpel=Aesche. Siek=Aesche. Schnäpel. R. Sig ..." (Georgi 1797–1802, Theil 3, S. 1941); „Salmo Lavaretus. ... Rossis Sigh ..." (Pallas 1811–1831, Vol. III, S. 395–398)

[9] russ. jaz' bzw. ez (Mz. jazi bzw. ezi); „24. Cyprinus Idus ... Spitzflosser=Karpfe. Kühling. ... R. Jas. ..." (Georgi 1797–1802, Theil 3, S. 1960–1961); „222. Cyprinus Idus. ... Rossice Jass. majores Petropoli Ruskoi Carp i. e. Carpio rossicus; minores Podjasi ..." (Pallas 1811–1831, Vol. III, S. 316)

[10] russ. okuni (Ez. okun'); „Perca fluviatilis ... Fluß=Barsch. R. Okun. ..." (Georgi 1797–1802, Theil 3, S. 1924); „Perca fluviatilis. ... Rossice Okun ..." (Pallas 1811–1831, Vol. III, S. 248–249)

[11] G. F. Müller und J. G. Gmelin hielten sich vom 6. Juni bis Anfang Juli 1739 in Mangazeja auf (Gmelin 1751–1752, 3. Theil, S. 200ff.).

[12] vgl. samojed. „kedere" – wildes Rentier (Kapitel 18, Bl. 124v) u. samojed. „Magen, Jur. ... ťiu (der unreine Theil); ..." (Schiefner 1855, S. 250)

[13] siehe „sā'' unter russ. soba – ‚Fischeingeweide' (Anikin 2000, S. 498) sowie russ. sába – Rückstand nach dem Auskochen des Fetts (bei Fischen) (a. a. O., S. 469); „Als Delikatessen tauchen wohl auch wurstartige Fischhäute auf, gefüllt mit fetten Bauch- und Rückenstücken der Lächse[4]) ... 4) Wárka der russischen Ansiedler; s'ōbo der Assja[-Samojeden]." (Middendorff 1874–1875, S. 1454)

[14] russ. varka; „Das Bauch= und Rückenfleisch [der Fische bei den Ostjaken], welches am fettesten ist, wird auch von der Gräte genommen, etwas windtrocken gemacht, darnach aber in einem Kessel überm Feuer so lange gerührt, bis es bräunlich wird; worauf alles in Gefäßen von Birkenrinden oder in getrocknete Rennthiermagen fest eingepackt und unter dem Namen Warka zum Winter aufgehoben wird. ... Gewöhnlicher ist im Winter eine Suppe von Warka, oder auch von Fischgräten, die in Wasser gekocht, siedend mit Mehl, welches sie von den Russen bekommen, angerührt, und aus grossen Kellen (Keeul) verschluckt wird." (Pallas 1778, S. 38f.); s. auch Anikin 2000, S. 152f. sowie Anikin 2003, S. 120 u. S. 769

[15] s. Anm. 14

[16] s. Anm. 14

[17] s. Anm. 12; „Die Samojeden haben ein Gerichte, welches sie Tjeò nennen. Dasselbe bestehet aus dem Magen der Rennthiere, welcher mit allem darin be-

findlichen Unrathe geräuchert, und roh verzehret wird. Das ist bey ihnen eine überaus herrliche Speise." (Müller 1759a, Sp. 1542)

[18] tungus. (ewenk.) „уликта" – getrocknetes Fleisch (s. auch Glossar: Ulikta) (*Myreeva* 2004, S. 673); tungus. (lamut.?) „Ulikta" – getrocknetes Fleisch (J. J. Lindenau in: AAW F. 934, Op. 1, D. 89, Bl. 434r, Kopie aus dem Archiv RGADA)

[19] Provinz von *Irkuck*

[20] vgl. kamass. „borschtschä" – russ. *ulikta* (Helimski 1987, S. 80, nach G. F. Müller)

[21] russ. *porsa*; s. Glossar: Porsa

[22] vgl. mongol. „хуурай" – trocken, getrocknet (*Luvsandėndėv* 2001–2002, Bd. 4, S. 177) u. mongol. „хуурга" – Gericht aus gebratenem Fleisch (a. a. O., S. 178)

[23] vgl. *Enisej*-samojed. „jû', ... Ch. ... Fett." (Schiefner 1855, S. 84)

[24] vgl. *Enisej*-samojed. „tû, G. ... Rennthiertalg." (Schiefner 1855, S. 89)

[25] samojed. „*porså" – russ. *porsa* (Helimski 1987, S. 81)

[26] „Die allgemein sogenannte Jukola, die bei den Assja[-Samojeden] Fāggö heisst." (Middendorff 1874–1875, S. 1454); samojed. (nganasan.) „фака" – russ. *jukola* (*Gemuev* 2005, S. 591)

[27] *Enisej*

[28] vgl. tungus. (ewenk.) „олло", „олдо" bzw. „олдро" – Fisch (*Myreeva* 2004, S. 462); tungus. (ewenk.) „оллоңи" bzw. „оллоды" – (adj.) Fisch- (*Boldyrev* 1994, S. 383); tungus. (ewenk.) „олдомӣ" bzw. „олломӣ" – alter Fisch (Helimski 2003, S. 239)

[29] russ. *muksuny* (Ez. *muksun*); „Salmo Lavaretus latior ... Breite Schnäpel=Aesche. ... Ost. und Russ. Muxun. ..." (Georgi 1797–1802, Theil 3, S. 1941f.); „273. Salmo Muksún ... S. Coregonus corpore lato, ... Rossis in Sibiria Muksûn. ..." (Pallas 1811–1831, Vol. III, S. 398f.)

[30] russ. *omuli* (Ez. *omul'*); „Salmo migratorius ... Wander=Aesche. Wanderlachs. R. Omul. ..." (Georgi 1797–1802, Theil 3, S. 1940–1941); „Salmo Omul. ... Salmo migratorius ... Rossice Archangelopolitis et in Sibiria Omul ... „(Pallas 1811–1831, Vol. III, S. 406–409)

[31] russ. *peled'* bzw. *peljad'*; „Salmo Peled ... Blaue=Aesche. R. Peled. ..." (Georgi 1797–1802, Theil 3, S. 1943); „282. Salmo Pelet. ... Mangasaea et Archangelopoli Rossis Peled. ..." (Pallas 1811–1831, Vol. III, S. 412f.)

[32] russ. *ščuki* (Ez. *ščuka*); „Esox Lucius. ... Rossice Schtschûka. ..." (Pallas 1811–1831, Vol. III, S. 336–337); „Esox Lucius ... Gemeiner Hecht. R. Tschuk. ..." (Georgi 1797–1802, Theil 3, S. 1945–1946)

[33] russ. *pavlennaja ryba*

[34] russ. *labaz* (Mz. *labazy*) – bei verschiedenen sibirischen Völkern hölzernes Gestell bzw. Gerüst zur Aufbahrung der Toten, aber auch Vorratskammer oder kleiner Holzbau im Wald zur Aufbewahrung der Jagdbeute oder von Jagdgeräten (s. *Anikin* 2000, S. 346–347 u. *Anikin* 2003, S. 326–327)

[35] russ. *obuchom* – mit dem Beilrücken; russ. *obuch* – Beilrücken; vgl. auch *Anikin* 2003, S. 412

[36] russ. *nalim*; „Gadus Lota ... Quappen=Drosch. Quappe. R. Nalim. ..." (Georgi 1797–1802, Theil 3, S. 1914–1915); „Gadus Lota. ... Rossice Nalym ..." (Pallas 1811–1831, Vol. III, S. 201–202)

[37] *Žigany* bzw. *Žiganskoe zimov'e*

[38] jakut. „џӯкӓlӓ", „џӯкаlа (дjӯкаlа)" bzw. „џуохаlа (џӯхаlа)" – russ. *jukola*, an der Luft getrockneter Fisch (*Pekarskij* 1958–1959, Bd. I, Sp. 869); s. Glossar: Jukola

[39] s. Anm. 29

[40] *Ob'*

[41] russ. *nel'ma* (Mz. *nel'my*); „Salmo Nelma ... Silber=Forelle. Nelm=Lachs. R. Nelmo. ... Tat. Ak Balik (Weißfisch). ..." (Georgi 1797–1802, Theil 3, S. 1937);

„Salmo Leucichthys. ... Salmo Nelma ... Rossis ad Volgam Bjelaja Rybiza (i. e. piscis albus superlative); in Sibiria Nelma. Tataris casaniensibus Ak-balyk (albus piscis) ..." (Pallas 1811–1831, Vol. III, S. 392–395)

42 s. Anm. 29
43 *Žigany* bzw. *Žiganskoe zimov'e*
44 *Viljuj*
45 *Viljuj*
46 *Serednee Viljujskoe zimov'e*, *Serednoe Viljujskoe zimov'e* bzw. *Serednoviljujskoe zimov'e*
47 *Verchnoviljujskoe zimov'e*, *Verchoviljujskoe zimov'e* bzw. *Verchoviljujsk*
48 russ. *el'cy* (Ez. *elec*); „Cyprinus Leuciscus ... Weißfisch=Karpfe. Lauben=Karpfe. Lauben. ... Weißling. Bläuling. R. Jelez ..." (Georgi 1797–1802, Theil 3, S. 1958–1959); „Cyprinus Leuciscus. ... Rossis Jelez ..." (Pallas 1811–1831, Vol. III, S. 318–319)
49 russ. *tuguni* (Ez. *tugun*); „284. Salmo Tugún. ... S. Coregonus digitalis, ... Jenisea rossis Tughùn dicitur. ... In Sibiria vulgo siccati, sub titulo Tuguni Jeniseiskye divenduntur et inter cupedias apponuntur pro excitanda siti. ..." (Pallas 1811–1831, Vol. III, S. 414–415)
50 s. Anm. 10
51 russ. *karasi* (Ez. *karas'*); „Cyprinus Carassius ... Karauschen=Karpfe. Karausche. ... R. Karas. ..." (Georgi 1797–1802, Theil 3, S. 1954–1955); „Cyprinus Carassius ... Rossice Karass. ..." (Pallas 1811–1831, Vol. III, S. 297–298)
52 jakut. „барча" – kleine gekochte und ca. 10 Tage geräucherte Fische; russ. *porsa* (Pekarskij 1958–1959, Bd. I, Sp. 379)
53 *Žigany* bzw. *Žiganskoe zimov'e*
54 s. Anm. 41
55 s. Anm. 41
56 *Viljuj*
57 *Jakuck*
58 s. Anm. 51
59 *Žigany* bzw. *Žiganskoe zimov'e*
60 jakut. „хāха" – eine Sorte von *jukola* (Pekarskij 1958–1959, Bd. III, Sp. 3414);

s. Glossar: Jukola u. *Anikin* 2000, S. 615); „Die Jakuten welche an dem Aldan zu Schigan und Wilui sich aufhalte) mache) von den Fischen Niemisken [russ. *muksun* – J. J. Lindenau: am gleichen Ort, Bl. 189r] und Tut-Ballik [russ. *nel'ma* – J. J. Lindenau: am gleichen Ort, Bl. 189r] den Chach Ruß правесная [russ. *pravesnaja*] auch прутавая [russ. *prutavaja*] darzu werde) nur die Ruken Stüke gebraucht von den Köpfe) aber wird der Argyss verfertiget Der Argyss wird folgender Gestallt gemacht sie nehmen die große) Knochen aus machen eine Grube in der Erde und belege) dieselbe mit Rinde) von Lerchen Bäumen und werfe) die Köpfe darin, mache) die Grube zu, und laßen so lange liege) bis zum gebrauch" (J. J. Lindenau in: AAW F. 934, Op. 1, D. 89, Bl. 190r, Kopie aus dem Archiv RGADA)

61 *Žigany* bzw. *Žiganskoe zimov'e*
62 s. Anm. 41
63 s. Anm. 30
64 *Bajkal*
65 s. Anm. 60
66 s. Anm. 60
67 s. Anm. 60
68 jakut. „сыа" – Fett (*Pekarskij* 1958–1959, Bd. II, Sp. 2421; Middendorff 1851, Theil 2, S. 161)
69 d. h. an der Mündung (russ. *ust'e*) des Flusses *Jana* bzw. *Ust'jansk* o. *Ust'janskoe zimov'e*
70 Gebiete von *Jakuck*, *Mangazeja* und *Berezov*
71 „Specificum, s. Specifische Arzneimittel unter Specifisch. ..." (Pierer 1857–65, Bd. 16, S. 511); „Specifisch (Specificus), ... 2) was zur Hervorbringung einer gewissen Wirkung an ihr ganz allein geschickt ist. So vorzüglich Specifische Arzneimittel (Specifica), Mittel, welche bei einer Krankheit sichere Heilung bewirken, wie z. B. China (Chinin) bei Wechselfiebern, ..." (a. a. O., S. 511)
72 „Scorbut (Scharbock), den Alten unbekannte Krankheit, in höhern Graden nur

bei Seeleuten u. langen Seereisen vorkommend ... Der S. besteht in einer allgemein abnormen Reproduction u. davon abhängenden fehlerhaften Vegetation, welche sich bes. in dem venösen Systeme ausspricht. ... Der S. auf Schiffen (Seescorbut) verläuft am raschesten, der auf dem Lande (Landscorbut) weit langsamer u. erreicht selten die höhern Grade; letzterer charakterisirt sich namentlich durch das eigenthümliche Leiden der Mund= u. Rachenhöhle, ohne die Constitution so allgemein zu ergreifen, wie der erstere, durch Blutfleckenkrankheit, Geschwüre in den weichen Theilen, Mundfäule ... Die Ursachen des S=s sind verdorbene animalisirte Luft in den eingeschlossenen Schiffsräumen, Mangel an frischem Wasser, frischen bes. vegetabilischen Nahrungsmitteln, ununterbrochener Genuß stark gesalzener u. geräucherter Fleischspeisen, eines verdorbenen Wassers, Mangel an körperlicher Bewegung, niederdrückende Gemüthsaffecten. ..." (Pierer 1857–65, Bd. 15, S. 704f.)

[73] jakut. „аргыс" (*Pekarskij* 1958–1959, Bd. I, Sp. 146); „Die Jakuten haben eben diese Manier; graben tiefe Gruben in die gefrorne Erde, etliche Arschinen tief, legen Fische hinein, die sie entweder mit Asche bestreuen, oder vorher einige Stunden in einer scharfen alcalinischen Lauge maceriren, bedecken sie darauf mit Laub und Erde, daß sie den ganzen Sommer und Winter über gut bleiben. Diese Invention ist weit besser, und bleiben die Fische ohne allen Geruch, nur daß sie alleine von dem alcalinischen Salze etwas bitter werden und austrocknen, und an Geschmack fast dem Tolokno oder Habermehl nahe kommen. In Kamtschatka aber gehet diese Invention wegen des nassen und aufgethaueten Erdreichs halber, keinesweges an. Die Jakuten nennen diese präparirten Fische in ihrer Sprache ärgühs." (Steller 1774, S. 169); „Die Erhaltung der Fische in Erdgruben ist bey mehrern Sibirischen Nomaden gebräuchlich. Die im Herbste gefangene Fische legen sie in nicht tiefe mit Grase ausgepolsterte Gruben, bedecken sie mit Gras und Erde und lassen sie einfrieren. ... Diese Grubenfische nennen die russen Kisli Ribi [russ. *kislaja ryba* – saurer Fisch] (gesäuerte Fische), die Kamtschadalen Gurgut, die Jakuten Arguhs. ... Fische, die in sehr verschiedenem Zustande, aber immer im Stande der Gährung, die sich der Fäulniß weniger oder mehr nähert, angetroffen werden. Auch die in der Erde gefrornen (die theils roh gegessen werden) sind in diesem Zustande, sobald sie aufthauen, und beym Frühlinge gehen sie in volle Fäulniß; bis dahin sind sie unanständige Kost. Die Jakuten, die Tungusen und Russen bey Ochozk sträuen, die Fäulniß aufzuhalten und zu verringern, etwas Holz= oder Krautasche von Strandkräutern zwischen die Fische. (Georgi 1797–1802, Theil 3, S. 1901)." s. auch Anm. 60 und die Beschreibung des ‚Argys' im Reisejournal von G. W. Steller in: Hintzsche 2000, S. 153f.

[74] *Žigany* bzw. *Žiganskoe zimov'e*
[75] s. Anm. 29
[76] s. Anm. 41
[77] s. Anm. 73
[78] d. h. der von *Žigany* bzw. *Žiganskoe zimov'e*
[79] s. Anm. 60
[80] d. h. die von *Žigany* bzw. *Žiganskoe zimov'e*
[81] s. Anm. 60
[82] *Jakuck*
[83] s. Anm. 73
[84] s. Anm. 32
[85] russ. *tajmeni* (Ez. *tajmen'*); „Salmo Taimen ... Fett=Forelle. Taimen. ..." (Georgi 1797–1802, Theil 3, S. 1936–1937); „Salmo fluviatilis. ... Salmo Taimén ... Rossis in Sibiria Talmeen, vel Taimeen ..." (Pallas 1811–1831, Vol. III, S. 359–362)
[86] nach *Anikin* 2000, S. 540, burjat. „таташи(н)" – kleingehacktes Fleisch,

Wurst aus kleingehacktem Fleisch; russ./sib. (Trans*bajkal*) *tatašin* – Suppe aus kleingeschnittenem bzw. zerriebenem Rindfleisch (*Dal'* 1880–1882, T. IV, S. 392); „Tatatschi ein [burjatisches] Fleisch Gerücht es werden Därme mit Blut unter ein ander gekocht, so lange bis daraus ein Brey wird." (J. J. Lindenau in: RGADA F. 199, Op. 2, Portf. 511, Č. 1, D. 6, Bl. 8r)

87 „ROGGEN, ... rocken ... roken ..." (Grimm 1991, Bd. 14, Sp. 1111)

88 russ. *čugun* – Gußeisen

89 russ. *kaša* – aus Grütze (geschälte, grobgemahlene Getreidekörner) mit Wasser oder Milch zubereiteter Brei

90 „Diese Rinden werden in Mörsern verschiedener Art (p. 1558) [dort eine Beschreibung und Abbildungen] gestampft und beim Einrühren [für das Rindengericht] kommt es sehr auf fleissiges Quirlen an." (Middendorff 1874–1875, S. 1565)

91 mongol. „зутан" – dünne Suppe, dünner Brei, Brei aus Mehl (*Luvsandėndėv* 2001–2002, Bd. 2, S. 240); burjat. „зутараан" bzw. „замба" – geröstetes Mehl (zur Zugabe zum Tee) (*Čeremisov* 1973, S. 264 u. S. 248); tungus. (ewenk.) „затуран" – russ. *kaša* (Brei) (*Anikin* 2000, S. 210); „In der Jurte brannte ein Feuer, worüber ein eiserner großer Kessel stund, der wohl auf 50. Pfund Wasser hielt, und mit zubereitetem Thee, der auf Bratskisch Saturan genannt wird, angefüllt war. Sie kochen Wasser, Milch, Kirpitschnoi Tschai zusammen, und werfen noch etwas Butter darzu, ... Der Mischmasch siehet beynahe wie Chocolade aus." (Gmelin 1751–1752, 3. Theil, S. 439); „Ihr [d. h. der Burjaten] Kurantalchan auch Saturan ist der Kurmatsch der Tataren. Sie rösten Getraide bräunlich, und rühren es mit Sane oder Fett über Feuer an, wenn sie beim Zerstossen die Hülsen vorher durch ein Sieb geschieden." (Georgi 1775, S. 303); „... sind unter dem Namen Kurmatsch eine noch recht modische Speise. Es ist braun gerösteter Weitzen, Rocken, Gersten oder türkischer Weitzen (Zea Mays L.), den sie [d. h. die Tataren] zerstoßen roh oder als Brey oder Suppe mit Wasser oder Milch gekocht essen." (Georgi 1776–1780, S. 100); s. auch *Anikin* 2000, S. 210 u. S. 489 sowie *Anikin* 2003, S. 213f. u. S. 771 unter *zaturan* bzw. *saturan*

92 russ. *soloncy* – Salzböden mit den darauf wachsenden Pflanzen (*Slovar'* 2002, S. 136f.); „Man siehet in denen Steppen sehr offters gantz weiße Oerter in ebenem Felde, wo das Erdreich mit Saltz=Blumen, die im Rußischen Solonzi genennet werden, bedeket ist." (G. F. Müller in: AAW F. 21, Op. 5, D. 19, Bl. 15v)

93 s. Anm. 91

94 *Nerčinsk*

95 *Irkuck*

96 s. Anm. 91

97 lat. – Berichtigungen, Verbesserungen

98 s. Kapitel 22, Bl. 146v; vgl. burjat. „тулум" – Lederbeutel – russ. *tulun*, unzerschnittenes Tierfell (*Anikin* 2000, S. 562f.), russ. *tulunit'* – ein Tierfell als Ganzes abziehen (*Anikin* 2000, S. 563) u. mongol. „туламнах" – etwas in einen Lederbeutel packen (*Luvsandėndėv* 2001–2002, Bd. 3, S. 251); Die folgende Beschreibung der Zubereitung von Tulunuchu durch G. F. Müller findet sich sinngemäß auch in der Reisebeschreibung von J. G. Gmelin für den 7. August 1738 (Gmelin 1751–1752, 3. Theil, S. 74–77). Dieser fügt hinzu „Die Russen in den Gegenden, da dieses Braten im Gebrauche ist, nennen es Tulunit. Dann Tulun heißt das Fell eines solchen Thieres, wo mir recht ist, in der Tatarischen Sprache, aus welcher es in die Russische aufgenommen ist, Tulunit aber ist die Russische Endigung eines daraus gemachten Zeitworts." (a. a. O., S. 76f.).

99 müßte heißen ‚1738'

100 Vom 2.–25. August 1738 reisten G. F. Müller und J. G. Gmelin von *Irkuck* auf dem Wasserweg nach *Enisejsk*. Vom 4.–

7. August hielten sie sich dabei in *Balaganskoj ostrog* auf (s. Gmelin 1751–1752, 3. Theil, S. 35 u. S. 65–122 sowie die „Beschreibung des Wasserwegs von der Stadt *Irkuck* die Flüsse *Angara, Tunguska* und *Enisej* abwärts bis zur Stadt *Enisejsk* aus dem Jahr 1738" von *Il'ja Jachontov* in: Hintzsche 2009, S. 211–291).

[101] *Irkuck*

[102] *Bajkal*

[103] „Netze (Omenta), häufig, wiewohl unrichtig, auch als Netz (Omentum) bezeichnet, taschenähnliche Verlängerungen der Bauchhaut, welche, indem der Magen, die Leber, die Milz u. der Grimmdarm damit als einer äußeren Haut umkleidet werden, sich in zwei durchscheinenden Blättern, von der vorderen u. hinteren Fläche dieser Eingeweide aus, fortziehen, ..." (Pierer 1857–65, Bd. 11, S. 803f.)

[104] „Brustbein (Brustknochen, Brustblatt, Sternum), ..." (Pierer 1857–65, Bd. 3, S. 380)

[105] ital. – Zeit(maß)

[106] s. Anm. 104

[107] s. Anm. 103

[108] s. Anm. 104

[109] „Provision ... (... frz. provision ‚Vorrat, Versorgung'?) Provision ‚Lebensunterhalt, Lebensmittel, Vorrat' (bis ins 18. Jh. vor allem für ‚Kriegsvorrat' gebräuchlich). ..." (Pfeifer 1995, S. 1053)

[110] russ. *kedr*; „Pinus foliis quinis, cono erecto, nucleo eduli" (Gmelin 1747–1769, Theil 1, S. 179–181); „Pinus Cembra ... Germanis Zürbel, Zürlinbaum ... Rossis Кедръ (Kedr), sylva Cembris composita Кедровникъ (Kedrovnik) ..." (Pallas 1784, S. 3ff.); „Pinus Cembra ... Ceder=Fichte, Sibirische Ceder, Zurbel ... Die Fruchtkegel sind reif meistens oval, bis einer Faust groß, mit vielen den Pinien ähnlichen, weißen braunhülsigen, sehr ölreichen Kernen, die sich in den Fruchtzapfen ziemlich lange frisch erhalten, außer denselbenaber bald ranzig werden. ... Die Wogulen essen die noch grünen Zapfen geröstet. Die Zapfen bringen erst im andern Jahr reife Nüsse (Kedrowoi Orechi), und fallen dann ab. Sie sind ein allgemein beliebtes und gangbares Naschwerk Sibiriens und des östlichen Rußlands, werden aber, wie schon bemerkt, bald ranzig. Auch das gelbliche gepreßte Oel, welches sie häufig geben, und frisch das schönste Baumöl übertrifft, wird bald ranzig. Viele ansehnliche Cedern werden blos der Nüsse wegen umgehauen. Der häufige Genuß der besonders nicht ganz frischen Nüsse bewirkt eine dauernde unangenehme Heiserkeit der Stimme und übelriechenden Athem. ..." (Georgi 1797–1802, Theil 3, S. 1312f.)

[111] tatar. „кымыз" – russ. *kumys* (s. Glossar: Kumyss) (*Ganiev* 1984, S. 240); chakass. „хымыс" – russ. *kumys* (*Funk/Tomilov* 2006, S. 574); turk. „кымыс" bzw. „кымыз" – russ. *kumys* (Radloff 1963, Bd. 2, Sp. 853 bzw. Sp. 854)

[112] mongol. „айрар" – russ. *kumys* (s. Glossar: Kumyss) (*Luvsandėndėv* 2001–2002, Bd. 1, S. 68)

[113] burjat. „хүрэнгэ" bzw. „курунга" – Milchgetränk in der Art von *kumys* (s. Glossar: Kumyss) (*Čeremisov* 1973, S. 629; *Abaeva* 2004, S. 174); „Araka ist Brandtwein und wird von Fermentirte Pferde und Kühe Milch gemacht diesen machen sie [d. h. die Burjaten] also: wenn sie ein Theil Milch gesammlet haben so wirde alles in ein Längl(hölzer) oder leder) darzu gemachtes Geschirr den sie Torcho nenne) gegoße) und kern [„KERNEN, verbum ... 3) buttern. ..." (Grimm 1991, Bd. 11, Sp. 604f.)] die Milch so lang bis sich oben ein Schaum setzt nach diesem wird es zu gedekt zu Saure) woraus nach der Saure der Kurungu wird. ..." (J. J. Lindenau in: RGADA F. 199, Op. 2, Portf. 511, Č. 1, D. 6, Bl. 8r–8v);

[114] jakut. „кымыс" – russ. *kumys* (s. Glossar: Kumyss) (*Pekarskij* 1958–1959, Bd. II, Sp. 1394); jakut. „кымыс" – „Kymyss, ein aus Milch bereitetes berauschendes

Getränk" (Middendorff 1851, Theil 2, S. 64)
[115] frz. exprès – ausdrücklich
[116] „JÄHREN, verb. für gären geschrieben; ..." (Grimm 1991, Bd. 10, Sp. 2239)
[117] s. Anm. 116
[118] s. Anm. 116
[119] russ. *arkan* – Fangstrick, Wurfschlinge; turk. „орҕан" bzw. „öркäн" – Strick, Seil (Radloff 1963, Bd. 1, Sp. 1061 bzw. Sp. 1227)
[120] jakut. „кулун тутар" bzw. „кулун тутар ыı" – März-April; Monat, in dem die Fohlen angebunden werden, damit die Stuten gemolken werden können (*Pekarskij* 1958–1959, Bd. I, Sp. 1210); jakut. „Кулун тутар" – „März (der Monat, da man die Füllen am Tage einfängt und nicht zu den Stuten lässt, damit diese gemelkt werden können)" (Middendorff 1851, Theil 2, S. 72); jakut. „кулун" – Fohlen im ersten Jahr (Frühling, Sommer) (*Pekarskij* 1958–1959, Bd. I, Sp. 1210; Middendorff 1851, Theil 2, S. 71); jakut. „тут" – halten, festhalten (*Pekarskij* 1958–1959, Bd. III, Sp. 2864–2865; Middendorff 1851, Theil 2, S. 106–107); jakut. „ыı" – Mond, Monat (*Pekarskij* 1958–1959, Bd. III, Sp. 3760–3762; Middendorff 1851, Theil 2, S. 29)
[121] *Bajkal*
[122] tatar. „аракы" – Branntwein (*Slovar'* 1966, S. 38); kalmyk. (Ölötisch in der Dsungarei) „araki" – Branntwein (Klaproth 1831, S. 276); kalmyk. (Ölötisch am Fluß *Volga*) „arki" –Branntwein (a. a. O., S. 276); mongol. (an der Chinesischen Mauer) „ariki" – Branntwein (a. a. O., S. 276); mongol. (Chalcha-Mongolisch) „arakì" (a. a. O., S. 276); tungus. (*Nerčinsk*) „araki, 1) Branntwein, 2) Kumyss ..." (Schiefner 1856, S. 71); burjat. „arakì" – Branntwein (Klaproth 1831, S. 276); burjat. „arke, arke NU., arki T., araki Ch., araxi, araxe S., 1) Branntwein, 2) Kumyss; ..." (Schiefner 1857, S. 89); burjat. „архи" – Branntwein (*Čeremisov* 1973, S. 60); „Araka ist Brandtwein und wird von / Fermentirte Pferde und Kühe Milch gemacht / diesen machen sie [d. h. die Burjaten] also: wenn sie ein Theil Milch / gesammlet haben so wirde alles in ein Längl(/ höltzer) oder leder) darzu gemachtes Geschirr / den sie Torcho nenne) gegoße) und kern [„KERNEN, verbum ... 3) buttern. ..." (Grimm 1991, Bd. 11, Sp. 604f.)] / die Milch so lang bis sich oben ein Schaum / setzt nach diesem wird es zu gedekt zu / Saure) woraus nach der Saure der Kurun= / gu wird. Dieses giese) Sie in einer distilir / Pfane Tschirimtogòn diese iszt von Eys) / wie die Schwedische Grapen der helm ist / von holtz in 2 Theilen ..." (J. J. Lindenau in: RGADA F. 199, Op. 2, Portf. 511, Č. 1, D. 6, Bl. 8r–8v); „Ihren Milchbrandtwein destilliren sie [d. h. die Burjaten] nach kalmükischer und baschkirischer Weise, von gesäuerter Milch aus einem mit einer Schüssel bedeckten Grapen, in die Deckelschüssel ist eine gebogene hölzerne Röhre gesezt, die die Geister in ein vorgesezt Gefäß sammlet. Die Fugen der Schüssel werden mit einem Gemische von frischen Kuhfladen und Thon verschmieret. Sie trinken den Brandtwein, den Kalmüken gleich, gerne warm." (Georgi 1776–1780, S. 429)
[123] russ. *čugun* – Gußeisen
[124] *Kuzneck*
[125] <lat.> – wird [daran] angebracht; wird verbunden mit
[126] „Der Bast, ... 1. Die innere zarte Rinde an den Bäumen, zwischen dem Holze und der äußern groben Rinde. ..." (Adelung 1793–1801, 1. Bd., S. 744f.)
[127] <lat.> – mäßigen, verringern
[128] frz. – Ansatz, Mundloch, Mündung
[129] „netzen Vb. ‚befeuchten, nass machen', ..." (Pfeifer 1995, S. 920); lokal (u. a. rheinisch, pfälzisch) auch „nätzen"
[130] lat. – abgestumpfter Kegel
[131] <lat.> – verbunden
[132] G. F. Müller und J. G. Gmelin ließen sich am 29. Juli 1735 von Tungusen im Trans*bajkal*gebiet in der Nähe des Flus-

ses *Argun'* die Destillation demonstrieren (Gmelin 1751–1752, 2. Theil, S. 99–100). J. G. Gmelin bemerkt dabei „Sie destilliren diesen Brandtwein nicht nur aus Pferde= sondern auch aus Kühemilch, und beyder soll von gleichen Kräften seyn. Wir haben wirklich gesehen, daß derjenige, den sie in unserer Gegenwart aus Kühemilch destillirt hatten, so stark war, daß er sich anzünden ließ." (a. a. O., S. 100)

[133] <lat.> – verdampfen

[134] lat. – Beobachtungen ... zur Naturgeschichte; Punkt LVI. „Ratio Tattarorum Kusneziensium, Spiritum ardentem e lacte parandi.", Bl. 34r–35r des Manuskripts von J. G. Gmelin mit den Punkten XXII. bis LXIII. der „Observationes in historiam naturalem." (AAW R. I, Op. 105, D. 7, Bl. 1r–44r); Das Manuskript wurde zusammen mit anderen Schriften von G. F. Müller und J. G. Gmelin am 2. Januar 1735 aus *Enisejsk* an den Senat in Sankt Petersburg geschickt (AAW F. 21, Op. 2, D. 52, Bl. 109v). Die vorige Arbeit wird ergänzt durch Punkt LXXVI. „Additiones ad Observ. LVI.", Bl. 18r–19r des Manuskripts von J. G. Gmelin mit den Punkten LXIV. bis CLXIV. der „Observationes in historiam naturalem." (AAW R. I, Op. 105, D. 8, Bl. 1r–48v); Ein Manuskript mit den Punkten LXIV. bis CCXI. der „Observationes in historiam naturalem." wurde zusammen mit anderen Schriften von G. F. Müller und J. G. Gmelin am 9. Dezember 1735 aus *Irkuck* an den Senat in Sankt Petersburg geschickt (AAW F. 21, Op. 2, D. 24, Bl. 235v).

[135] s. Anm. 3

[136] burjat. „Butter, tohoŋ NU., tohoŋ(n) T., toso S." (Schiefner 1857, S. 189); burjat. „тоho(н)" – Butter (*Čeremisov* 1973, S. 432)

[137] mongol. „тос(он)" – Butter, ausgelassenes Fett (*Luvsandėndėv* 2001–2002, Bd. 3, S. 231); mongol. „tassù" – Butter (G. F. Müller in: AAW F. 21, Op. 5, D. 143, Bl. 93v); „Die Kalmückische Art Butter zu machen ist folgende. – Man läst eine hinlängliche Quantität frischer Kuh= oder Schaafmilch im Kessel eine geraume Zeit kochen, thut etwas von dem Schmant gesäuerter Milch (Arijän) darein und stellt sie zum versäuern hin, wozu weniger als ein Tag hinlänglich ist. Alsdenn wird diese Milch mit einer Art von Butterstock geschlagen und in einen Trog oder Schaale ausgegossen, da sich denn die loßgegangne Butter oben sezt, welche in lederne Geschirre oder trockne Thiermägen geschöpft und also aufgehoben wird. Scheint die Milch noch nicht alle Fettigkeit verloren zu haben, so kocht man selbige abermals und verfährt wie vorhin. Und diese Butter heist in ihrer Sprache Tossun, bey den Mongolen aber Oerömö." (Pallas 1779, S. 209f.); „,... Butter (Oeröma), bereiten sie [d. h. die Mongolen] durch Querlen der sane von Kuhmilch in ledernen Schläuchen, ..." (Georgi 1776–1780, S. 448); kalmyk. „тohoн" – Butter (*Iliškin* 1964, S. 231); mongol. „өрөм" – dicke Sahne, Schmant (*Luvsandėndėv* 2001–2002, Bd. 3, S. 41)

[138] jakut. „xajax" bzw. „xaјax" – jakutische Butter verschiedenartiger Zubereitung; rohe Butter, vermischt mit Wasser und süßer oder saurer Milch (*Pekarskij* 1958–1959, Bd. III, Sp. 3245f.); jakut. „xajax" – „Jakutische Butter, Butter mit saurer Milch vermischt, ... Butter" (Middendorff 1851, Theil 2, S. 80); „[jakut.] Kainjaek oder Chanjaek ist Butter und wird / von der Haut des Urumaes gemacht man legt / dieselbe in ein Tujas [russ. *tujas* – runder Korb aus Birkenrinde mit Deckel; jakut. „тӯjac" – Korb aus Birkenrinde (*Pekarskij* 1958/59, Bd. III, Sp. 2796)] und hängt sie auf zu / saure₎ wenn ein Theil gesammelt ist wird / sie in ein besonderes Gefäß gethan geschlag₎ / oder so wie sie ist aufgehobe₎. (J. J. Lindenau in: AAW F. 934, Op. 1, D. 89, Bl. 194r, Kopie aus dem Archiv RGADA); „[jakut.] Ürumae wird von Kühe Milch gemacht man / giest süß Milch in einer eherne₎ Pfanne /

und setzt solche auf gluende Kohlen bis all= / gemählich die Butter sich oben wie eine / Haut gezogen" (a. a. O., Bl. 193r u. Bl. 194r)

[139] s. Bl. 151r in diesem Kapitel
[140] <frz.> – gebildet
[141] <lat.> – verdünnen
[142] jakut. „ундан", „умдан" bzw. „умнан" – ein aus gesäuerter Milch durch Quirlen mit kaltem Wasser zubereitetes Getränk (*Pekarskij* 1958–1959, Bd. III, Sp. 3009); „[jakut.] Umdan wird von rein [jakut.] Sorat gemacht, man / nimmt ein theil und giest darzu kalt / waßer hernach wird es stark mit / ein Wischell [„WISCHEL, s. wischlein ..." (Grimm 1991, Bd. 30, Sp. 712); „WISCHLEIN, ... kleines büschel, bündlein von stroh, heu u. dgl. ..." (a. a. O., Sp. 727] gerührt so wird daraus / eine getränk welche man auf weite₍ / Reise₎ gebraucht." (J. J. Lindenau in: AAW F. 934, Op. 1, D. 89, Bl. 195r, Kopie aus dem Archiv RGADA); „[jakut.] Sorat wird von der Milch was von dem Uruma / überbleibt gemacht, erst wird die Milch vo₍ / dem Ürumae abgekühlt und aufgehobe₍ Zweyte₍ / laße₍ sie milch sauer werde₍ und hebe₍ den / Schmand ab solche₍ hänge₍ sie in rauch zu / saure₍ drittens wird Suß Milch aufge / kocht und abgekühlt und der im rauch / saurender Schmand mit unter vermengt / darnach wird nach einer etmal [„Etmal (Seew.), 1) die Zeit von 24 Stunden, ..." (Pierer 1857–65, Bd. 5, S. 929)] ein Mooß [„MOOS, n. und m. palus und muscus. ... dän. mos, moos, mose moor, sumpf; ..." (Grimm 1991, Bd. 12, Sp. 2518ff.)] / zu diesem giest man die Milch von dem / Ürumae also ist der Sorat fertig." (a. a. O., Bl. 194r); s. auch unter russ. *undan* in: *Anikin* 2000, S. 584f.
[143] jakut. „suorat" – saure Milch, gewonnen aus entrahmter Kuhmilch; Hauptspeise der Jakuten im Sommer (*Anikin* 2000, S. 506 unter russ. *sora*); jakut. „суорат" – saure Milch (*Pekarskij* 1958–1959, Bd. II, Sp. 2347; Middendorff 1851, Theil 2, S. 169); s. auch Anm. 142
[144] burjat. „тарак" – saure Milch (*Čeremisov* 1973, S. 414); „[burjat.] Tarak eine Milch Speise wird folgender Gestallt gemacht Sie nehmen Suß Milch hunk und koche₍ ihn hernach laßen sie etwas abkühlen und legen hierzu Saur Schmand ... wird nur im Sommer gegeßen." (J. J. Lindenau in: RGADA F. 199, Op. 2, Portf. 511, Č. 1, D. 6, Bl. 7v–8r); burjat. „hγ(н)" – Milch (*Čeremisov* 1973, S. 696)
[145] tatar. „эйрəн" – Airen, Airan (russ. *ajran* – Getränk aus saurer Milch unter Hinzufügung von kaltem Wasser) (*Slovar'* 1966, S. 728); katschinz. „Ajeren", tschatzk. „Airàn" – der wäßrige Teil der geronnenen Kuhmilch (J. G. Gmelin in: AAW F. 21, Op. 5, D. 73, Bl. 293v/294r); turk. „аиран" – Getränk aus gegorener Kuhmilch (Radloff 1963, Bd. 1, Sp. 25); „Ihre [d. h. der Teleuten] Getränke sind außer Wasser Fleisch= und Fischbrühen, gesäuerte Milch (Airen), ..." (Georgi 1776–1780, S. 245); „Die gesäuerte Milch von Kühen und Schaafen nennen sie [d. h. die Baschkiren] Airen; die von Pferden Kumiß. Um Airen zu erhalten, wird das erstemal die Milch aufgekocht und mit von selbst sauergewordener gemischt, nachher aber nur von Zeit zu Zeit die frische Milch in den Airenschlauch dazu gegossen und durchgequerlet. ..." (a. a. O., S. 180); s. auch *Anikin* 2000, S. 78f.
[146] „PLUNDERMILCH, f.: zu dem gewöhnlichen verkäuflichen oder selbstgemachten kleinen käse nimmt man bekanntlich die abgerahmte milch, welche plunder-, schlicker-, schlotter- oder saure milch genannt wird." (Grimm 1991, Bd. 13, Sp. 1948)
[147] russ. *košma* (Mz. *košmy*) – Filzstück, Filz; s. Glossar: Woilok
[148] mongol. „аарц" – russ. *arc* bzw. *arca* (Rückstand der Milchbranntweinherstellung bzw. bei der Zubereitung von *kumys*, trockener Käse), Quark, quarkartige Mas-

se (*Luvsandėndėv* 2001–2002, Bd. 1, S. 9); tungus. (ewenk.) „арчā" – Quark (Rückstand der Milchbranntweinherstellung) (*Myreeva* 2004, S. 56); tungus. (*Nerčinsk*) „ârca" – „Bodensatz der Milch bei der Kumyssbereitung" (Schiefner 1856, S. 71); s. auch *Anikin* 2000, S. 98 u. S. 99 unter russ. *arsa* bzw. *arca*

[149] s. Anm. 143

[150] jakut. „köjȳ кымыс" – starker *kumys*, abgestandener *kumys* (*Pekarskij* 1958–1959, Bd. II, Sp. 1394); jakut. „xojȳ" – „dick (von Flüssigkeiten)" (Middendorff 1851, Theil 2, S. 87); s. Anm. 114

[151] jakut. „iäŋäräi" bzw. „iäŋiräi" – aus saurer Milch und kochendem Wasser gewonnener Quark (*Pekarskij* 1958–1959, Bd. I, Sp. 891)

[152] s. Anm. 150

[153] russ. *kumys'ja gušča* – *Kumys*-Bodensatz, -Hefe

[154] russ./sib. *šar* – Tabak; „Der Tscherkaßische Tabak gehöret mit unter diejenigen Waaren, welche in Sibirien grossen Abgang finden; obgleich dabey auch nicht zu leugnen, daß die in der Jakuzkischen Provinz wohnhafte Völker den Chinesischen Toback, welcher Schar genennet wird, dem Tscherkaßischen vorziehen. ..." (Müller 1760, S. 488); „Ich habe zwoer Chinesischen Waaren, des Tobaks, welcher unter dem Nahmen Schar in Sibirien grossen Abgang hat, und der Rhabarber ... keine Erwehnung gethan; weil Privatkaufleuten damit zu handeln untersaget ist. ..." (a. a. O., S. 597); „Nicotiana L. Tabak. ... Verschiedene alte Nationalen rauchen auch, aber nur selten Tabak, meistens anderes, eigenes oder fremdes Krautwerk; in Daurien z. B. Chinesischen Schaar, theils mit ollmigem Holz vermischt ..." (Georgi 1797–1802, Theil 3, S. 784ff.); „Wie alle Tataren sind sie [d. h. die Kirgisen] unmäßige Liebhaber des Tobacks; ... und geben dem starken gemeinen oder tscherkeßischen vor gelinden Toback und besonders vor dem chinesischen Schar den Vorzug." (Georgi 1776–1780, S. 214f.)

[155] „Ihr [d. h. der Ostjaken am Fluß *Irtyš*] vornehmstes labsal ist der czerkassische Tabak, nicht der mit grossen gelblichten Blättern, (deñ dieser ist ihnen zu schwach) sondern der braune kleinblättrichte, welchen man Bakun nennet. ..." (J. E. Fischer in: AAW F. 21, Op. 5, D. 41, Bl. 29v); „7. Die Machorka, auch Tscherkasskischer Tabak in Sibirien genannt, ist ein Blättertabak, ... er ist so stark und narkotisch, dass er nur aus ganz kleinen Pfeifen, die nur einige wenige Züge gestatten, geraucht wird und auch so nicht unvermischt gebraucht werden kann. Man sieht daher bei dem gemeinen Mann unter dem Tabaksbeutel stets ein Stück Espenbork hängen, wovon er mit seinem Messer sich einige Späne abschabt und dieselben zu gleichen Theilen mit dem Tabak vermischt, ehe er seine Pfeife stopft. ..." (Maydell 1893, S. 477); s. auch Anm. 154

[156] s. Anm. 129

Kapitel 24

/161r/ᵃ

Von Handwerkern, Künste[n], und anderer Arbeit der Völker

Zubereitung des Leders geschiehet / Bey dene[n] *JaKut[en]* auf unterschie- / dene weise nach dem unterschiedene[n] / Gebrauche woZu es bestimmt ist.
Leder Zu Gefäßen, worin Nas[s]e / Sachen als *Kumyss*, Milch, Schmante, / aufgehobe[n] werde[n], wird folgender / Gestalt Zubereitet. Sie nehmen / von einer Kuh-Haut[b] den Rüken / etwan 1 oder 1½ *Arschin* Breit / saubern selbigen Von dene[n] Haare[n] / und Von dem inwendigen Theile der / Haut, so sie *Bachterma*¹ nenne[n]. / Hiernächst sPannen sie die Haut / stark aus Vor dem *Camine* in ihre[n] / Winter Jurte[n], und Beschmieren / dieselbe Wechsels weise mit Blut / und Pferde Fett, je nachdem ein jedes / sich in die Haut hineingeZogen / und die Haut vor dem Feuer / troken worde[n]. Solches *continuire*[n] / sie auf 8 oder 10 Tage Lang / Darauf hängen sie noch das / Leder in den Rauch, wie dasjenige / so sie Zu den Stiefeln gebrauche[n]. / und damit ist es fertig. Sie sagen /161v/ Ochsen Häute nehmen das Blut nicht / so wohl an, als Kuh-Häute wenn / man ein solcher Gestalt *praepa- / rirt*es Leder Von einander schnei- / det, so glänzet es inwendig Von / dem Blute, das sich hineingeZoge[n]. / Es ist sehr fest und Läs[s]et Keine / Näs[s]e durch. Die Rus[s]ische Ein- / wohner Zu *JaKuzK*², welche sich auch / dergleiche[n] Gefäs[s]e mache[n], nehmen / anstatt des Pferde Fettes Rinder / Fett, welches fast eben so gut seyn / soll. Wenn ein *JaKut*e oder / dortiger Rus[s]e überland reiset, / so pfleget er allezeit[c] einen Klei- / nen *Simir*³ Von diesem also Zu- / bereite[n] Leder mit sich am Sattel / auf dem Pferde Zu führen, worin / Milch oder *Kumyss*, oder Schmante / oder *JaKuzki*sche butter ist.
Das Leder Zu den Stiefeln der / *Jakut[en]*, welche sie *Sari*⁴ nennen, / wird folgender Gestalt *praepa- / rir*et.
Sie nehmen Von einer Pferde- / Haut den hinterste[n] Theil ein / Viertel *Arschin* über dem Schwantze / mit dene[n] Hinterfüs[s]en, sPalte[n] / diese Haut mit einem feinen Mes[s]er / *subtil* Von einander, doch so, daß / diejenige Hälffte, woran die Haare / sind, nicht so dik als die andere / genommen wird. Dieselbe ist auch / Zu nichts nütze, und wird weg geworffen. /162r/ Die andere Hälffte wird im

---

ᵃ *Bl.* 160v *leer* ᵇ K_{uh-Haut} *verbessert aus* [.] ᶜ _{alle}Z_{eit} *verbessert aus* [.]

Frühlinge / in die Lufft gehangen, daß sie stark / austroknet. Hernach stos⌈s⌉en sie / Kohlen Zu Pulver, Vermischen dieselbe / mit Schmante, und beschmieren die / Haut damit auf der aus⌈s⌉er⌈en⌉ Seite, / welche glätter als die innere ist, / und in Stiefeln auswendig getrag⌈en⌉ / wird. Die innere Seite wird bloß / mit Schmante beschmieret. Davon / wird die Haut weich und schwartz / gefärbet. Damit sie aber noch / weicher werden möge, so haben / sie ein *Scelet*ᵃ Von einem Pferde / Kopffe mit dene⌈n⌉ Zähnen und / aufgesPerrete⌈m⌉ Maule. Dahinein / Thun sie die Haut, drüken dieselbe / mit einem eingeKerbte⌈n⌉ Holtze / eine geraume Zeit hin und her / worauf sie dieselbe in den Rauch / hängen und 8 Tage räucher⌈n⌉ Las⌈s⌉en. / da denn die Haut fertig ist. Das / Räucher⌈n⌉ giebet dem Leder eine / solche FestigKeit, daß Kein Naßes / durch Kann, und man rühmet dergleich⌈en⌉ / also preparirtes und geräuchertes / Leder im tragen ungemein gut / ja bes⌈s⌉er als Jufften⁵ oder ander / nach *Europai*scher *Mani*er Zubereitetes / Leder Zu seyn. Das räuchern geschiehet indem sie / eine Grube, halben Mannes hoch / und eines Fadens im *Diameter* in / die Erde graben, dieselbe mit faulem / Holtze und Miste anfüllen, dar- / auf mit der Erde in gleicher Höhe / ein plattes Verdek machen, welches /162v/ mit frischem Kuh-Mist überTünchet / wird, jedoch so daß Zu einer Seite / in dem Verdek ein Loch bleibet, / durch welches das Holtz und der Mist / Konne⌈n⌉ angeZündet werden / und der Rauch aufsteigen Kann. / Hiernächst ist aber dieses eine / runde oben ZugesPitzte Hütte / eines Mannes Hoch oder niedriger / gebauet, welche so wie die *Jakuz*- / *Ki*sche⌈n⌉ Jurten aus bretter⌈n⌉ oder / Stangen Bestehet, und mit Leimen, / der mit Küh Mist Vermischet, über / schmieret ist. In dieser Hütte / wird das Leder, so man räucher⌈n⌉ / will, aufgehangen, und die Hütte, / welche eine Kleine Thür hat, wird, / nachdem das Feuer angeZündet wor- / den, wohl Vermachet. Das platte / Verdek, in der Mitten Zwischen / dem Leder und dem Feuer, dienet / daZu, damit nicht allzugroße / Hitze von dem Feuer an das Leder / Kommen möge.
|: *Tata*ren im *Krasnoj⌈arskischen⌉* Gebiethe / *praeparir*⌈en⌉ das Leder Zu den / Gefäße⌈n⌉ worin sie *Kumyss* / u⌈nd⌉ butter mache⌈n⌉ folgender / Gestalt. Sie nehmen eine / rohe Ochsen haut, Schabe⌈n⌉ / die Haare davon ab, Laße⌈n⌉ / sie im angehende⌈n⌉ winter / gefrieren und so gefrore⌈n⌉ / wie sie ist, schneiden sie solche / Zu, Zu denen Gefäßen / Laßen sie aufthaue⌈n⌉ und / Nähen darauf die Gefäße / hangen hiernächst selbige / Zu Oberst in der Jurte / in den Rauch und Las⌈s⌉en / selbige den gantzen winter / hängen. Sind sie davon noch / nicht genug durchgerauchert / so machen sie im erste⌈n⌉ Frühlinge / noch eine Kleine Rauchhütte / nach art der *JaKut*⌈en⌉, über / einer Grube worin das / Feuer Zum

---

ᵃ Sc*e*let *verbessert aus* l

Rauche angeleget / wird, und hängen die Gefas⌈s⌉e / darin auf, biß sie fertig werd⌈en⌉. :|ᵃ
Eisen schmeltzen geschiehet im *Kusnez-* / *Ki*schen Gebiethe⁶ Von dene⌈n⌉ *Tata-* / *r*en in der Untern Gegend des / inᵇ den *Tom*⁷ fallenden flußes / *Condoma*⁸. Bey Erbauung der / Stadt *Kusnezk*⁹ wohnten der- / gleiche⌈n⌉ *Tatari*sche Schmiede auch / am *Tom*¹⁰ flus⌈s⌉e, da wo man die / Stadt angeleget hat, und die Stadt / empfieng davon den Nahmen *Kus-* / *nezK*¹¹. Im *JaKuzKische*⌈n⌉ Gebiethe¹² /163r/ Zunächst ober- und Unterhalb der / Stadt *Jakuzk*¹³ und an dem Fluße / *Wilui*ᶜ ¹⁴ wird auch Von dene⌈n⌉ *JaKut*⌈en⌉ / Viel Eisen geschmoltzen.
Von / dem Eisen Schmeltze⌈n⌉ der Tatar⌈en⌉ / S⌈iehe⌉ des h⌈errn⌉ *D*⌈oktor⌉ *Gmelins Observ*⌈*ationes*⌉ *in hist*⌈*oriam*⌉ *nat*⌈*uralem*⌉¹⁵
|: Vor anKunfft der Rus⌈s⌉e⌈n⌉ mög⌈en⌉ / auch die *Tunguse*⌈n⌉ *Ostiak*⌈en⌉ *p*⌈*erge*⌉ / geschmoltzen habe⌈n⌉ jetzo aber / Kauffen sie Lieber das fertige / Eise⌈n⌉ Von den Rus⌈s⌉en, und / schmieden daraus ihre Pfeile<.> / Beilen Mes⌈s⌉er *p*⌈*erge*⌉ Können / die waldVolker nicht schmiede⌈n⌉ :|ᵈ
|: *Ostiak*en Kauffen das / Eis⌈s⌉en von den Rus⌈s⌉en⌉ / und schmieden selbst / ihre Pfeile. Mehr / aber Verstehen sie / nicht Von der Schmiede / arbeit. und nicht / ein jeder Kann Schmie- / den.
*Samoj*eden haben unter sich / auch Schmiedeᵉ die Pfeile und / *Rogatini* schmieden.
*Tatar*en im *Krasnoj*⌈*arskischen*⌉ᶠ Kennen nicht die geringste / Schmiede arbeit. Die *Krasnoj*⌈*arskischen*⌉ Wald- / Volker sonderlich die *CamasinZi* mache⌈n⌉ / sich selber Pfeile, Mes⌈s⌉er *p*⌈*erge*⌉ fliken / ihre Keßel. :|ᵍ
Die *Jaku*ten haben grös⌈s⌉ere Ofen / als Bey dene⌈n⌉ *Tatar*en im Gebrauch / sind, wie denn auch ihre Kritzen¹⁶ / weit größer sind. Ihre blaßbälge / aber sind schlechter als die *Tatari*sch⌈en⌉ / und Bestehen bloß aus 2 ledernen / Säken die in der Mitten weit und / oben und unte⌈n⌉ 2 enge hälse habe⌈n⌉ / wovon das Unterersteʰ Ende an / einer eisernen Röhre befestiget / wird, welche an das Feuer Zu Liege⌈n⌉ / Kommt. Das obere *orificium*¹⁷ / oder Mundloch aber dienet um / die Lufft hineinⁱ Zu las⌈s⌉en. Zu / Solchem Ende sind an demselben / 2 Runde Höltzer angehefftet / welche der Schmidt mit dem Dau- / men und Fingern, wenn erʲ den / Sak aufhebt Von einander / hält, da alsdenn die lufft hin- / ein Tritt, und eben diese Höltzer / wieder Zusammen Kneiffet, wenn / er den blas⌈s⌉balg oder Sak ein / druket, da denn die lufft Zu / dem Unter⌈en⌉ *Orificio*¹⁸ heraus gehet, / und auf

---

ᵃ *von Tataren im Krasnoj. Gebiethe bis* fertig werd)*. rechts marginal* ᵇ *vor in gestr.* fa ᶜ ᵂⁱlui *verbessert aus* [.] ᵈ *von Vor anKunfft der bis* nicht schmiede) *auf Bl.* 162v *rechts marginal* ᵉ ˢchmiede *verbessert aus* [.] ᶠ im Krasnoj. *über der Zeile* ᵍ *von* Ostiaken Kauffen das *bis* ihre Keßel. *rechts marginal* ʰ ᵁⁿᵗᵉrste *verbessert aus* [.] ⁱ ʰⁱⁿeiⁿ *verbessert aus* [..] ʲ er *verbessert aus* d[.].

solche weise hebet er bald / mit der recht[en]ᵃ bald Linken Hand / die Beyden Blas[s]ᵇ bälge wechsels / weise /163v/ auf und nieder, und schmeltzet / das Eisen. Eben diese *JaKut*en, welche / das Eisen schmeltzen, wis[s]en auch / daraus allerley Schmiede / Arbeit Zu Verfertig[en], als / Mes[s]er, Beilen, Pfeile,ᶜ / Feuerstahle, und was sie sonst / noch Von Eisernem Haus und / Jagd Geräthe gebrauchen. Es / giebt auch *Jakuzki*sche Schmiede / dieᵈ dasᵉ Eisen nicht selbst / schmeltze[n], sonder[n] daßelbe / fertig Kauffe[n]. Und ihre ar- / Beit ist inᶠ so großem Uber- / fluß, daß auch damit die / übrigen weit entlegene / Völker, als *JuKagiri* / *Lamuti*, *Koriaken* / *TschuKtschi*, und *Kamtsche-* / *dalen* Versehe[n] werde[n].

Am *Wilui*¹⁹ in der gegend / Von *Serednoe*ᵍ *Wiluiskoe* / *Simowie*²⁰ Beschlagen die / *Jakut*en *Cofres*²¹ / und Kasten mit VerZinnten / Eisernen Bände<r>n, das[s] / es der Rus[s]ische[n] Arbeit wenig / Nachgiebt. /164r/
Die *BrazKi* dies[s]eits dem See / *Baical*²² sind auch gute Schmiede / und sind viele unter ihnen / welche sich Von der Schmiede / Arbeit ernehren. Aus[s]erdem / daß sie allerley Nothwendig- / Keite[n] zum gemeine[n] Hausgebrauche / mache[n], so wis[s]en sie auch / dasʰ Eisen mit Silber / Zu überZiehen oder einZulege[n]. / Zu welchem Ende sie das Silber / Zu gantz dünnen Blättlein / hämmer[n], oder daßelbeⁱ Zu / Drath Ziehen, hiernächst das / Eisen oder die Eiserne Plat[en] / mit Meis[s]eln einhaken / und rauh mache[n], darauf die / Silbernen Blättleinʲ / oder den Silberdrath darauf / Legen und einhämmern. Die / Blätlein überZiehe[n] die gantze / Plate mit Silber. Derᵏ Drath / aber machet nur gewis[s]e / *figur*en so wie man ihn auf / der Platte anleget. Sättel / Zäumeˡ Gürtel<,> bogen und PfeilKöcherᵐ sindⁿ / Bey dene[n] *BrazKi* mit diese[n] / also übersilbert[en] Plat[en] / verZieret. |: Siehe von dieser Arbeit / weiter des h[errn] D[oktor] Gmelins / Observ[ationes] in Hist[oriam] nat[uralem]²³. :|ᵒ
Es giebt auch / Rus[s]en Zu *Itanzinskoi Ostrog*²⁴ /164v/ am *Selenga* fluß[e], / welche / eben dergleiche[n] arbeit mache[n] / Die *NertschinsKi*sche[n] *Tungus*en / Kauffen dieselbeᵖ am meiste[n] / und Manᑫ siehetʳ Bey ihnen / gar selten jemand, der nicht / seine gantze *Equipage*²⁵ damit / ausstaffiretˢ hätte.
Leder sowohl semisch, als Zu / Peltzen Zu gerben ist auch eine / gemeine Arbeit unter allen / heidnischen Völker[n] in *Sibirie*[n]. / Semisch Leder ist entweder / Von RennThieren oder Von Elende[n]. / jenes wird auf Rus[s]isch *Rowdugi* /

ᵃ r_{echt)} *verbessert aus* [.]   ᵇ ₐᵢₐₛₛ *verbessert aus* ä   ᶜ *nach* Pfeile, *gestr. und*   ᵈ *nach* die *gestr.* Kein
ᵉ das *über der Zeile*   ᶠ ᵢn *verbessert aus* [.]   ᵍ ₛₑᵣₑdₙoe *verbessert aus* [..]   ʰ ₐₐs *verbessert aus* ß   ⁱ ₐₐßelbe *verbessert aus* [.]   ʲ *nach* Blättlein *gestr.* d[....]   ᵏ ᴅer *verbessert aus* [..]   ˡ *nach* Zäume *gestr. und*
ᵐ bogen und PfeilKöcher *über der Zeile*   ⁿ ₛᵢₙd *verbessert aus* [.]   ᵒ *von* Siehe von *bis* Hist. nat. *rechts marginal*   ᵖ ₐᵢeselbe *verbessert aus* [.]   ᑫ 1 *über* Man   ʳ 2 *über* siehet   ˢ ₐᵤₛstaffiret *verbessert aus* [.]

dieses *PolowinKi* genannt, wo- / Von Letzterer Nahme die Ursache / hat, weil eine Elendshaut[a] alle- / Zeit nach der Länge in Zwey gleiche / Theile Zerschnitten und also ver- / arbeitet und verbrauchet wird. / Elendshäute werden wegen ihrer / Langen[b] groben und starken Haare nim- / mer Zu Peltzen gebrauchet / sondern allezeit Semisch geger- / bet. Es sey denn, dass man junge / Elende fället, die erst den / Vorigen Frühling geworffen / worden, und wegen ihrer nie- / drigen feinen Haare noch / Zu Peltzen dienlich sind.[c] RennThiers Häute dagegen[d] von denen / Rennthieren, so man im winter / erjaget, woran die Haare fest und / dicht sind, dienen alleZeit zu Pel- / tzen, und es werden nur die Häute / Von RennThieren, so schon abZuhaaren[e] / anfangen, Zu *Rowdugi* gemacht.

|: *Tatar*en Zu *Krasnojarsk* machen die *PolowinKi* / mit Mark Fett, so sie aus Klein gestoßenen / Rinder Knochen Kochen.
Reh Felle beschmieren sie mit Rinder / oder Schafs-Leber die Vorher etwas / geKocht und mit ein wenig waßer / Zum brey Zerstossen und in der wärme / oben in der Jurte über dem Feuerheerde / gesauret wird. Reiben es hernach[f] etwas mit / Mehl. / Die *Camasinzi* nehmen faule Holtz / Späne an statt des Mehls, und / gebrauchen Reh-Leber
Pferde Leber ist nicht gut weil das / Leder davon schwärtzlich wird.
Peltze da das rauhe inwendig getragen / wird, werden geraucht, damit / sie von der Nasse nicht einschrumpffen :|[g] /165r/
Die *Jaku*ten gerben auch Küh- / häute und die Haute Von[h] ein- und / 2 Jährigen Füllens Theils Zu Peltzen / Theils zu Staffirungen. Die *BrazKi* / und Tataren Schaaf- und Reh- / Felle, wie aus dem *Capit*el Von / denen Kleidungen der Völker[26] erhellet.
|: Reh-Felle von Rehen, die im / Sommer erleget sind, werden / Zu *Rowdugi* gegerbet. Hirsch / Felle[i] Zu *PolowinKi*.
Die *Ostiak*en am *Jenisei*[27] / machen *Rowdugi* auch *Postelli* / *Olennie*[28] und *odindri*
PolowinKi Können sie nicht / weich arbeiten. :|[j]
Dieses gerben nun geschiehet nach / eines jeden Volkes Vermögen, und / nach denen HülffsMitteln und / BequemlichKeiten, so sie in[k] ihrer / Armuth darzu[l] haben. Uberhaupt Kann / man sagen, daß ein von diesen / Volkern gegerbtes

---

[a] $_{Elen}$ds$_{haut}$ *verbessert aus [..]*   [b] Langen *über der Zeile*   [c] *von* Es sey denn, *bis* dienlich sind. *rechts marginal*   [d] dagegen *über der Zeile*   [e] ab$_{Zuhaaren}$ *über der Zeile*   [f] h$_{ernach}$ *verbessert aus [.]*   [g] *von* Tataren Zu Krasnoj. *bis* einschrumpffe) *auf Bl.* 163r *rechts marginal*   [h] Von *über der Zeile*   [i] Fel$_{le}$ *verbessert aus [...]*   [j] *von* Reh-Felle von *bis* weich arbeite) *rechts marginal*   [k] in *verbessert aus [..]*   [l] darzu *über der Zeile*

Fell nimmer / so weich und geschmeidig ist, als / was durch Russ[s]en
Verarbeitet / word[en]. Und indem sie dasjenige / Rauchwerk[29], so ihn[en] auf der /
Jagd Zu Theil wird,[a] als Füchse / Wolffe, Luchse, Zobeln u[nd] s[o] w[eiter] / auch
mehrenTheils Bald nach[b] dem / Fange Zu gerb[en] pfleg[en], so[c] thut man wohl,[d]
wenn / man selbiges[e] Zu unserm Gebrauch / noch einmahl umarbeit[en] Läs[s]et.
Ich will die Manier Zu gerben[f] derer / *Tungus*en Beschreiben, woraus / man auf
alle andere Völker[g] gleich- / falls den Schluß machen Kann.
Um *PolowinKi* oder *Rowdugi* Zu / machen, wird Zuförderst das Haar /165v/ Von
der rohen Haut mit Mes[s]er[n] / abgeschabt. Alsdenn werden rund / um An den
Extremitäte[n][h] hin und / wieder Löcher durchgestoch[en], durch / deren Hülffe die
Haut in freyer / Lufft ausgesPannt, und also ge- / Troknet wird. Die getroknete /
Haut wird[i] mit einem Eisen, das / zwey Handheben[30] und ohngefehr / die Gestalt
desjenigen Eisens / hat, des[s]en sich die Rus[s]ische[n] Zim- / merleute anstatt
eines Hobels Be- / dien[en], und auf[j] Rus[s]isch *Skobel*[31] / genennet wird, auf
beyden Seit[en] / abgeschabt, welches gemeiniglich / innerhalb einem Tage
geschiehet. Als- / denn wird die Haut wieder ange- / feuchtet, die innere[k] Seite
derselb[en] / mit dem Hirn eines RennThieres / Beschmieret, anstatt des[s]en die /
*Tatar*en, *BrazKi* und *Jakut[en]* / Schmante oder[l] frische ohngeschmol- / Tzene
Butter nehmen, und auf- / gehangen, Bey Kalt[en] Tagen / in der Jurte, Bey
warmen unter / freyem Himmel, und ein paar / TageLang darunter geräuchert. /
Endlich wird die geräuchert Haut, / damit sie glatt und weich wird, / mit einem
Eisen, das wie eine Säge / aussiehet, aber eines Stroh-Halms / dike ist, und gantz
stumpffe[m] Zähne / hat, auf beyden Seit[en] ohngefehr /166r/ eine[n] Tag lang
gerieben, und damit / ist das Leder gegerbet.
Die *Jakut*[en] Bereiten auf dieselbe / weise auch Ochsen- und Küh-Häute /
woraus Säke Zum *Transport* des / *Proviants* und anderer Nothwen- / digKeiten
von *JakuzK*[32] nach *OchozK*[33], / die man auf Pferde Ladet, und / *Peremetnie
Summi*[34] nennet, genähet / werd[en].
Das gerben der Felle, die Zu Peltzen / Bestimmet sind, geschiehet auf die- / selbe
Weise, nur daß die gantze / *Operation* Blos[s] an der inner[en] / Kahlen Seite
geschiehet, Und[n] die / Haare ohnbeschädigt gelas[s]en[o] / werden.

---

[a] *nach* wird, *gestr.* auf [b] n$_{ach}$ *verbessert aus* [.] [c] *nach* so *gestr.* muß [d] thut man wohl, *über der Zeile* [e] $_{selbige}$s *verbessert aus* [.] [f] $_{ger}$ben *verbessert aus* [.] [g] V$_{ölker}$ *verbessert aus* [.] [h] Extr$_{emitäte)}$ *verbessert aus* [....] [i] w$_{ird}$ *verbessert aus* [.] [j] a$_{uf}$ *verbessert aus* [.] [k] $_{i}$nn$_{ere}$ *verbessert aus* [..] [l] o$_{der}$ *verbessert aus* [.] [m] $_{stu}$m$_{pffe}$ *verbessert aus* [.] [n] Un$_{d}$ *verbessert aus* [..] [o] g$_{el}$a$_{ssen}$ *verbessert aus* [.]el[.]ssen

Fein Rauchwerk[35], an welchem die bälge / oder Felle nicht aufgeschnitten / werden, wird nicht ausgesPannt / auch blos[s] mit den Händen / ohne[a] Beyhülffe des geZähnten / Eisens weich gerieben. Die Färberey ist auch eine Kunst / welche bey einigen Völker[n] Be- / Liebt ist. Die *Tungus*en und / *Jakute*[n] färben ihre *PolowinKi* / und *Rowdugi*, so sie Zur Kleidung / gebrauchen wollen, wie auch Zuweilen[b] / ihre / Peltze, da das rauhe inwendig geKehret / wird, auf der äußern Seite Braun- /[c] /166v/ roth. Solches geschiehet mit der / äußern Rinde des Erlen Bau- / mes[36] | *Olcha*[37] | welche sie, nachdem / sie selbige getroknet, in einen / Kes[s]el oder Troge[d] mit Lauge ansPrengen, / die Bey dene[n] *Jakut*en vorher / mit etwas Rinder-Galle Ver- / mischet wird.

|: Die *JuKagiri*, *Tschuktschi* / und *Koriäk*en sollen auf / dieselbe weise ihr[e] Leder / färben : |[f]

|: Die *BrazKi* färben auch mit / *Olcha*[38] die *PolowinKi* und / *Rowdugi* so sie Zu Kleider[n] / gebrauche[n].

Die *Samoj*eden benetzen / die *Olcha*[39] mit blos[s]em / Was[s]er, die dortige[n] Rus[s]en / mit Quaß[40], Laßen / es ein *SutKi*[41] stehe[n], und / Kochen es ein wenig über / einem gelinden Feuer, hier- / nächst *procedire*[n][42] sie mit / der Rinde wie sonst. : |[g]

Die *Jakute*[n] gies[s]e[n] / nur sowenig Lauge daran, daß / die Rinde nur eben durchhin / Naß wird. Alsdenn nehmen sie / die Naße Rinde, reiben damit / das Elends- oder RennThiers- / Leder, so sie färben wollen, wel- / ches hiernächst getroknet wird, / und fertig ist. Die *Tunguse*[n] / dagegen gies[s]en an die Erlen- / Rinde[43] nach und nach so viel / Lauge, rühren es Von Zeit Zu / Zeit, Laßen es stehen, und / gießen wieder Lauge nach, / welches[h] so lange und offters / geschiehet, bis[s] die Farbe aus der / Erlen-Rinde[i][44] in die Läuge aus / geZogen ist, welche alsdenn wie / ein röthlicher dünner Brey aus- / siehet, und damit wird das Leder / bestrichen und gefärbet. Je / stärker die Farbe genommen / wird, je dunkeler wird das Leder / gerbet. Eine Leichte und /167r/ dünne Lauge[j], von der ErlenRinde[45] / farbet gelb roth.

|: *Ostiak*en am *Ket*[46] f[l]uß / machen ein *Infusum*[47] / Von *Olcha*[48]<,> Von / Bir- / kenRinden und die / Rinde Vom *Kurosljäp- / niK*[49]. Damit bestrei- / chen sie die Stöhr / und SterledS-Häute / welche sie Zur Kleidung / Gebrauche[n], das[s] sie /

---

[a] ohn_e *verbessert aus* [...] [b] Zuweilen *über der Zeile* [c] *folgt* roth [d] oder Troge *über der Zeile* [e] ihr *verbessert aus* ihre [f] *von* Die JuKagiri *bis* Leder färben *auf Bl.* 166r *rechts marginal* [g] *von* Die BrazKi färben auch bis Rinde wie sonst *rechts marginal* [h] *vor* welches *gestr.* Biß [i] Erlen-Rinde *verbessert aus* [.....] [j] Laug_e *verbessert aus* [....]

roth werden, auch nicht / soleicht Nas⌈s⌉ werde⌈n⌉ / und Kein was⌈s⌉er durch / laßen.
Sonderlich / farben sie die[a] Haute / Zu Stiefeln und / *ScherKi*[50]. :|[b]
Ich habe oben (im *Capit*el von den wohnung⌈en⌉) / Von denen Jurten derer
JuKagiri / gesagt, daß dieselbe Zuweilen / Zum Zierrath aus Streiffenweise /
Zusammengenähet⌈en⌉ roth und schwartz / gefärbt⌈en⌉ *Rowdugi* besteh⌈en⌉[51]. Das /
schwartz-färbe⌈n⌉ nun Bey diesen Völ- / ker⌈n⌉ geschiehet mit schwartzer / Kreyde,
so in dortige⌈n⌉ Gegenden / gefunde⌈n⌉ wird, und im Rus⌈s⌉isch⌈en⌉ / *tschornoi Wap*[52]
genennet wird.
Die *Tungus*en färben auch mit / rother Kreyde (*Krasnoi wap*[53]) / diejenige
Lederne Riemen, so hin und / wieder[c] an ihren Kleidung⌈en⌉ als / VerZierungen
angenähet sind. Der / Rothstein[54] wird auf einem Hand- / schleiffstein grieb⌈en⌉,
mitlerweile / daß man Fisch Leim[d55] im Munde / hält, und Von dem davon[e]
Klebrich ge- / macht⌈en⌉ SPeichel Von Zeit zu Zeit / auf den Schleiffstein
aussPukt / der also mit Speichel[f] eingeriebene Röthel[56] wird / darauf[g] auf das
Leder gestrichen / und nachdem es wieder troken wor- / den wird es noch mit
Lerchen Hartz / gerieben und geglänzet.
|: Rothe Kreyde[57] wird auch bey[h] / den⌈en⌉ *Samoj*ed⌈en⌉ gebrauchet / um Leder
und Kleider / Streyffen weise damit Zu / färb⌈en⌉. Sie machen die Streyffe⌈n⌉ / an
den Sommer Kleider⌈n⌉ / Längst den Rändern :|[i]
Die *JaKut*en sollen auch die rothe / Kreyde[58] Gebrauchen, und nennen dieselbe /
sowohl rothe als schwartze mit ge- /167v/ gemeinschafftl⌈ichem⌉ Nahmen *Soso*[59].
/ Sie sollen Zuweilen Zum betrug / von den *Schigani*sch⌈en⌉[60] Füchsen, / die
blas⌈s⌉er als die übrigen / sind, mit *Wap*[j61] roth färben / diese Farbe aber gehet
leicht / wieder ab, und der betrug ist / Leicht Zu erKenne⌈n⌉, weil es ab- / färbet.
Die roth gefärbte Stränge Von[k] Pferde Haaren, so die *Tunguse*⌈n⌉, / *Jukagiri* und
Koriake⌈n⌉ Zur / Zierde an ihren Kleider⌈n⌉ Trage⌈n⌉,[l] / werden Von ihnen mit einer
wur- / tzel gefärbt, welche h⌈err⌉ D⌈oktor⌉ *Gmelin*[62] / Vor die Wurtzel der
Molluginis / Quadrifoliae[63] erKannt hat. Die / *Tungus*en nenne⌈n⌉ diese Wurtzel /
UljäK[64], und die Rußen am *Lena* / flus⌈s⌉e, welche dieselbe auch ge- / Brauche⌈n⌉,
um eine Art Von Tuch, / so sie selber machen, Zu färb⌈en⌉, / nennen selbige
Marjöna Koren[65]. / Die Wurtzel wird getroknet, / und in Kleine Stüklein Zer- /
schnitten, worauf man Haare / und Wurtzel Zusammen in einen / Kes⌈s⌉el leget,
und mit was⌈s⌉er / so lange Kochet, bis⌈s⌉ die Haare / roth sind, welche alsdenn
aus- / genomme⌈n⌉ und getroknet wer- / den.

---

[a] die *verbessert aus* [..] [b] *von* Ostiaken am Ket *bis* und ScherKi. *rechts marginal* [c] w_{ieder} *verbessert aus* [.] [d] L_{eim} *verbessert aus* [.] [e] davon *über der Zeile* [f] mit SPeichel *über der Zeile* [g] d_{arauf} *verbessert aus* [.] [h] _{b}ey *verbessert aus* [..] [i] *von* Rothe Kreide wird *bis* den Rändern *rechts marginal* [j] W_{ap} *verbessert aus* [.] [k] roth gefärbte Stränge Von *über der Zeile* [l] *nach* Trage), *gestr.* sind

|: *Samoj*eden brauche⌈n⌉ die *Mariöna*⁶⁶ / nicht Vermuthlich weil sie / die *virtutem*⁶⁷ nicht wis⌈s⌉⌈en⌉ / denn sonst ist Zu Vermuthe⌈n⌉ / daß sie wohl auch daselbst / wachsen möchte. Sie farbe⌈n⌉ / gelbeᵃ Streyffen mit / der Wurtzel Von Sauer- / ampfer⁶⁸ aufᵇ ihren Kley- / dern und Stiefeln, wechsels / weise mit *Wap*⁶⁹. Die Haare aus dem / Baarte der RennThiere / womit sie ihre Kleider / Mützenᶜ und Stiefeln / Zur Zierde Stike⌈n⌉ᵈ, werde⌈n⌉ / bloß im Rauche gehalt⌈en⌉ / daß sie davon gelb werde⌈n⌉ :|ᵉ /168r/

Weil die meiste Völker zu ihrem / Haus- und Jagd-Gebrauch als fürnemlich / unten an denen Schnee Schuhen oder / *Lischi* die *Camassi* von Elenden / oder Rennthiere⌈n⌉ Zu Befestigen / Leim Nöthigᶠ haben, so wißen / sie auch denselb⌈en⌉ selbst zu verfer- / tigen. Was *Scheffer*⁷⁰ von dem / Leim der *Lappen* schreibet, das / Kommt einigerMaas⌈s⌉⌈en⌉ mit / dem Leim-Mache⌈n⌉ derer wald*Tun* / guse⌈n⌉ überein. Diese nehmen / die Haute Von den⌈en⌉ Fische⌈n⌉ *LenKi*⁷¹ / und *Taimeni*⁷² und Koche⌈n⌉ daraus / ihren Leim. Die Finnen solle⌈n⌉ / gleichfalls so wie die Lappe⌈n⌉ / ihren Leim aus Fisch-Schuppe⌈n⌉ / Koche⌈n⌉. Die *JuKagiri* Kochen / Leim aus der Haut, so dieᵍ / Rennthiere auf der Stirne / habe⌈n⌉, welche ihnen sonst Zu Kei- / nem ander⌈en⌉ Gebrauche dien⌈en⌉ / Kann. Die *BrazKi*, *JaKut*⌈en⌉ / und *Tatar*⌈en⌉ bediene⌈n⌉ sich des / gewöhnliche⌈n⌉ Fischleims⁷³, welcher / aus der blase Von Stöhren / und Sterlett⌈en⌉ geKochtʰ wird.

|: *Samoj*eden habe⌈n⌉ auch / Fischleym⁷⁴. Auch die / *Ostiake*⌈n⌉. Die *Tawgi* / so auf der *Tundra* wohn⌈en⌉ / Kauffen den Fischleim⁷⁵ Von / dene⌈n⌉ ubrige⌈n⌉ *Samoj*ede⌈n⌉. :|ⁱ /168v/

Alle Schneider- und Schuster-Arbeit / wird inʲ einer jeden Familie Ver- / richtet, und solches ist die beschäff- / Tigung des weiber Volkes / Ihr Nähen hat Vor dem unsr⌈en⌉ / dieses besonders das⌈s⌉ sie daZu / anstatt des Zwirns dieᵏ Sehne⌈n⌉ / der Thiere gebrauche⌈n⌉, die sie / aus dem Rüken und Füße⌈n⌉ / nehmen. Man troknet und / Klopffet die Sehne⌈n⌉, Bis⌈s⌉ sie / so weich als Flachs⁷⁶ werde⌈n⌉, / alsdann Las⌈s⌉en sie sich sPalt⌈en⌉ / so dünn man sie habe⌈n⌉ will.

|: Jetzo gebrauch⌈en⌉ auch / Viele den / gemein⌈en⌉ Rus⌈s⌉ische⌈n⌉ Zwirn. Allein / was mit Sehnen genahet ist, / ist stärker, denn die Sehne⌈n⌉ / Verfaulen nimmer. Son- / derlich sind sie schon Peltzwerke / damit Zu nähenˡ

ᵃ ₉ₑlᵦₑ *verbessert aus* [.]   ᵇ aᵤf *verbessert aus* [.]   ᶜ Mᵤtzeₙ *verbessert aus* [.]ü[...]n   ᵈ Stᵢₖₑ₎ *verbessert aus* [..]   ᵉ *von Samojeden brauche₍ bis gelb werde₎ rechts marginal*   ᶠ Nöₜₕᵢg *verbessert aus* g[..]   ᵍ ₔᵢₑ *verbessert aus* ₑₙₑ₎   ʰ ₉ₑKoₒₕₜ *verbessert aus* [..]   ⁱ *von Samojeden habe₍ bis ubrige₎ Samojede₎ rechts marginal*   ʲ in *verbessert aus* [..]   ᵏ ₔᵢₑ *verbessert aus* [.]   ˡ ₙäₕen *verbessert aus* ₙ[.]ₕ[..]

Nadeln hat sich vordem / ein jedes Volk selbst sehr / grob gemacht. Jetzo sind / überall Rus[s]ische Nadeln / im Gebrauch. : |[a]
Die *Tungus*en Bereit[en] die Haute / Von Fisch[en], als Quabb[en][77], *Taimeni*[78], / *LenKi*[79], und mach[en] daraus die / beutel, so Sie am Gürtel Zur / Seit[en] trag[en] und *chaptuà*[80] nenn[en].
Einige wis[s]en auch dergleich[en] / Beutel sehr artig Von Pferde / Haaren Siebweise Zu flecht[en].
Siebe werden Von *JaKut*en Viel / gemacht, und an die Rus[s][en] / Verkaufft.
Koschmà[81] auf *BrazKi*sch *Tar*.[b][82] ist Bey den[en] / *BrazKi* / und Mongalen ein diker gewebter[c] / Teppich[d] Von[e] gesPonnen[en] Kuh- /169r/ Haaren, worauf sie ihren Käse / oder *Arza*[83] Zu trokn[en] pfleg[en] / Die Rus[s]en pfleg[en] sich Zuweil[en] / dieser *Koschmi*[f][84] zu Mehl-Sake[n] / Zu bedien[en]. Sie sind ungemein / daurhafft[g], und so enge und dichte / daß fast[h] Kein Mehl durchstieb[en] / Kann.
Filtze oder *Woilok*[en] Zu mach[en] / ist ein Gemeines Handwerk[i] / Bey den[en] *BrazKi*, Mungale[n] / und *NertschinsKi*sch[en] *Tunguse*[n]. / Sie machen aber dieselbe Blos[s] / Von Schaafswolle, und wis[s][en] / daZu nach[j] Rus[s]ischer Art / die Haare Von Rind Vieh nicht / Zu Nutzen.
Die Birken Rinde,[k] welche die[l] / *Tunguse*[n], *JaKut*[en][m] p[erge] Zu ihr[en] Jurt[en] und / Lotgens gebrauchen wird erst / durch Kochen erweichet, und / hiernächst Zusammen genähet / woZu sie am Liebst[en] woll[en][en] / Faden gebrauch[en], den sie Von den[en] / Rus[s]en erhandeln oder wenn / sie Schaaf-wolle BeKomm[en] / Konnen, ihn selber sPinn[en].
|: Die *Samoj*eden am *Jenisei*[85] / machen Strike Von Weiden / Rind[en][86] (лыкъ[87]) deren man / sich in dortigen Gegenden / an den[en] Fisch Netzen bedie- / net, und bringen dieselbe / Zum VerKauff nach *Man-* / *gasei*[88].
Die *Tawgi*sch[en] *Samoj*eden / am *Pjasida* und *Cheta* / machen Fisch-Netze Von / Riemen, die sie aus Ungegerbt[en] / aber Vorher abgeschabten / RennThiersLeder | карлушина[89] | / sehr fein Zu schneiden wis[s]en / dieses sind netze, so[n] man / im winter unter dem Eyse / aufstellet, und heis[s]et / auff Rus[s]isch пущалницы[90]. : |[o]

---

[a] *von* Jetzo gebrauch, *bis* im Gebrauch. *rechts marginal* [b] auf BrazKisch Tar *über der Zeile* [c] geWebter *verbessert aus* [.] [d] *vor* Teppich *gestr.* flochtener [e] *nach* Von *gestr.* Pferde [f] Koschmi *verbessert aus* [.] [g] daurhafft *verbessert aus* [...] [h] fast *verbessert aus* [.] [i] Handwerk *verbessert aus* [.] [j] nach *verbessert aus* [.] [k] *nach* Rinde, *gestr.* womit Bey [l] welche die *über der Zeile* [m] JaKute, *über der Zeile* [n] so *verbessert aus* d [o] *von* Die Samojeden am Jenisei *bis* пущалницы. *rechts marginal*

|: *Ostiak*en am *Ket*[91] machen / Leinwand[92] aus Nesseln[93] / sie haben daZu eben so ein / Gestell, als womit man / Siebe machet. Netze / werden gleichfalls aus Nesseln[94] / gemacht.
Sie machen *PolowinKi* / *Rowdugi*, Fisch haute / auch Sohlen leder, / welches letztere oben / in den Jurten geräu- / chert wird.
*Samoj*eden machen Keine / Netze Von Nesseln[95] die Russen / auch nicht. Alle Kauffen / das Garn was Von *Jeniseisk*[96] / zu Kauffe Gebracht wird, / und verfertigen die Netze / selber. 6 *Motty prjädini*[97] / für einen *Pesez*, wenn / es wohlfeil ist. Zuweilen / auch nur 3 oder 4.
Am *Chatanga* und Bey / denen *Tawgi* machen die *Ja-* / *Kuten* und diese *Tawgi* Netze / (*Setti*) von rohen Rennthiers / Häuten, wovon die Haare / abgeschabet sind. Dergleichen / Rennthiers Häute heissen / daselbst *Karluschini*[98]. Die Häu- / te werden eingenätzet[99] Zusam- / men gewikelt und in der / wärme gehalten, biß das Haar[a] / abfaulet: Alsdenn wird es :|[b] |: mit Knochen die Zuge- / sPitzet sind abgeschabet / die *Karluschina*[c][100] in die / Kälte getragen[d], frieren / Lassen und gefroren / Zu feinen Riemen geschnitten / und so roh Zu *Setti* ge- / Knüpffet.
Rowdugi werden Von der / *Karluschina*[101] gemacht. Sie / nehmen das Mark aus dem Rük= / grad der Rennthiere, oder wenn / sie dessen nicht gnug haben, Von dem / Hirn der Rennthiere, ZerKlopffen / und Zerlaßen es in wasser dass / es Zu einem dünnen brey wird / weichen die *Karluschina*[102] darin / ein, und lassen es etliche tage[e] / stehen, nehmen die Haut heraus, / wringen das waßer heraus, / troknen die Haut über dem / Feuer Heerde[f] oder in freyer / Lufft, reiben sie mit den[g] Händen / und mit einem Stumpffen Eysen / bis sie weich wird, und damit / ist die *Rowdug* fertig. Die *Tawgi* / hängen die fertige *Rowdugi* Zur / Frühlings Zeit noch einige / wochen in den wind, und weil / die Winde in dortigen Gegenden / sehr hefftig sind, so werden / die *Rowdugi* von dem hin und / her wehen und aneinander schlagen / noch mehr erweichet. Daher / werden die sogenannte[h] *Awamski*sche *Rowdugi*[i][103] / für die besten gehalten, weil / sie Von den *Tawgi* Kommen. :|[j]
|: Die *Odindri* und *Postelli Olennie*[104] / werden bey denen *Samoj*eden / also gemacht, daß sie die innere / Seite bloss mit etwas fisch- / Fett besPrützen, troknen / lassen, und weich reiben so wie / die *Rowdugi*. Sohlen Leder / haben sie Kein anderes als / daß[k] sie daZu das Leder Von / den Stirnen und Baken

---

[a] Haar *verbessert aus* [..]   [b] *von* Ostiaken am Ket machen Leinwand *bis* Alsdenn wird es *auf Bl.* 161r *rechts marginal*   [c] K$_{arluschina}$ *verbessert aus* H   [d] get$_{rage)}$ *verbessert aus* [.]   [e] ta$_{ge}$ *verbessert aus* [.]   [f] H$_{eerde}$ *verbessert aus* [.]   [g] de$_n$ *verbessert aus* m   [h] sogenannte *über der Zeile*   [i] $_{Row}$d$_{ugi}$ *verbessert aus* g   [j] *von* mit Knochen die Zuge- / sPitzet *bis* Tawgi Komme$_)$ *auf Bl.* 161v *rechts marginal*   [k] d$_{aß}$ *verbessert aus* f

der / RennThiere, weil es etwas / diker ist, fürnehmlich aber / das unter den Hufe⌈n⌉ der / Rennthiere, so die Rus⌈s⌉en *Schet- / Ki*[105] nenne⌈n⌉, nehmen: Letzteres / ist nicht nur sehr dik, sonder⌈n⌉ / hält[a] auch warm, und wird / Meistens nur an den winter / Stiefeln gebrauchet. Sie / räuchern Zwar auch das / Sohlen Leder für die / Sommer Stiefeln ein wenig / wis⌈s⌉en aber die rechte Vor- / theile nicht, daher ihre[b] / Stiefeln Leicht was⌈s⌉er Zieh⌈en⌉.
*Ostiak*en am *Jenisei*[106] Verar- / beit⌈en⌉ die Nes⌈s⌉eln[107] Zu Fisch- / Netzen, mache⌈n⌉ aber auch / Von Hanffgarn, welches / sie Von dene⌈n⌉ Rus⌈s⌉e⌈n⌉ Kauffe⌈n⌉. :|[c]
/170r/[d]

[108]

---

[a] hält *verbessert aus* [.]   [b] i_hre *verbessert aus* [.]   [c] *von* Die Odindri und Postelli Olennie *bis* Russe₎ Kauffe₎ *auf Bl.* 162r *rechts marginal*   [d] *Bl.* 169v *leer*

[1] jakut. „baxtyarma"? – Form der Haut (*Anikin* 2003, S. 768); zur Etymologie des Worts (u. a. innerer Teil/Innenseite der Haut) siehe *Anikin* 2000, S. 123f. u. *Anikin* 2003, S. 768

[2] *Jakuck*

[3] jakut. „сімір" – Lederschlauch (zur Zubereitung von *kumys*) (*Pekarskij* 1958–1959, Bd. II, Sp. 2227; Middendorff 1851, Theil 2, S. 168); „Der Butterschlauch ([jakut.] S'imirj) wird aus halbgegorbenen, geräucherten Fellen zusammengenäht und ist sakkartig geformt. Die weite Mundöffnung dieses Sakkes wird durch zwei Stökke geschlossen gleich einem Portemonnaie. Indem beide Stökke aneinandergeklappt über einen dritten Stokk gerollt, und nun zusammengebunden werden, erzielt der Jakute einen vollkommen dichten Verschluss. ..." (Middendorff 1874–1875, S. 1557)

[4] jakut. „сӓры" – Leder aus dem Pferderücken, Stiefel aus Pferdeleder (*Pekarskij* 1958–1959, Bd. II, Sp. 2111; Middendorff 1851, Theil 2, S. 156)

[5] Juften, Juchten (Ez. Juft, Jucht) – mit Eichen= oder Weidenrinde gegerbtes Rindsleder, das mit Birkenteeröl gefettet ist; „Unter allen, in Rußland fallenden Waaren wird keine so häufig nach Sibirien geführt, als die rothen und schwarzen Ochsen= und Küh=Häute, die man Juften nennt. ... Man muß aber hieraus nicht schliessen, als wenn in Sibirien nicht auch Juften gemachet würden. ..." (Müller 1760, S. 480)

[6] Gebiet von *Kuzneck*

[7] *Tom'*

[8] *Kondoma*

[9] *Kuzneck*

[10] *Tom'*

[11] *Kuzneck*; russ. *kuznec* – Schmied

[12] Gebiet von *Jakuck*

[13] *Jakuck*

[14] *Viljuj*

[15] lat. – Beobachtungen zur Naturgeschichte; Punkt LVII. „De ratione, ferrum e venis excoquendi, in Tomiensibus et Kusnetziensibus terris usitata.", Bl. 35r–36r des Manuskripts von J. G. Gmelin mit den Punkten XXII. bis LXIII. der „Observationes in historiam naturalem." (AAW R. I, Op. 105, D. 7, Bl. 1r–44r); Das Manuskript wurde zusammen mit anderen Schriften von G. F. Müller und J. G. Gmelin am 2. Januar 1735 aus *Enisejsk* an den Senat in Sankt Petersburg geschickt (AAW F. 21, Op. 2, D. 52, Bl. 109v).

[16] russ. *krica* (Mz. *kricy*) – Luppe, Luppeneisen (beim Ausschmelzen aus Eisenerz gewonnene schlackenhaltige rohe Eisenklumpen)

[17] lat. – Mündung, Öffnung

[18] lat. *orificium* – Mündung, Öffnung

[19] *Viljuj*

[20] *Serednoe Viljujskoe zimov'e*, *Serednee Viljujskoe zimov'e* bzw. *Serednoviljujskoe zimov'e*

[21] frz. *coffres* – Kästen, Reisekästen, Truhen

[22] *Bajkal*

[23] lat. – Beobachtungen zur Naturgeschichte; Punkt LXXV. „De ratione, qva gens Buraetica utitur, ad ferrum argento obducendem.", Bl. 17r–18r des Manuskripts von J. G. Gmelin mit den Punkten LXIV. bis CLXIV. der „Observationes in historiam naturalem." (AAW R. I, Op. 105, D. 8, Bl. 1r–48v); Ein Manuskript mit den Punkten LXIV. bis CCXI. der „Observationes in historiam naturalem." wurde zusammen mit anderen Schriften von G. F. Müller und J. G. Gmelin am 9. Dezember 1735 aus *Irkuck* an den Senat in Sankt Petersburg geschickt (AAW F. 21, Op. 2, D. 24, Bl. 235v). J. G. Gmelin und G. F. Müller liessen sich bei ihrer Durchreise durch *Balaganskoj ostrog* am Fluß *Angara* im März 1735 diese Technik von ortsansässigen burjatischen Schmieden demonstrieren (Gmelin 1751–1752, 1. Theil, S. 407–410). „Sie haben recht geschickte Schmiede ([burjat.] Darchon), aber keine andere Handwerker unter sich. ... Ihr mit Silber ausgelegtes Eisenwerk, ist unter dem Namen der bratskischen

Arbeit (bratskaja Rabotta) durch ganz Rußland berühmt. Sie schlagen das feinste chinesische oder sogenannte chanische Silber (Bur. Mongut mungu) zu sehr feinen Blech und schneiden nach Mustern von Birkenbast Vögel, Thiere, Blumen, gedoppelte Adler und allerley Bilderchen daraus. Wenn sie die eisernen Beschläge der Zäume, Sättel, Köcher, Feuerzeuge etc. damit zieren wollen, machen sie das Eisenblech halbglühend, legen die Silberfigur darauf und klopfen mit Hämmern, deren Bart rauh einer feinen Feile gleich ist darauf, wodurch das Silber gleichsam mit dem Eisen zusammen geschmiedet wird und nie abfällt. Sie lassen dann die Arbeit im Feuer blau anlaufen und poliren sie mit todten Kolen. ..." (Georgi 1776–1780, S. 425). „Die Buräten bekamen ihr silber durch den handel mit den Mongalen, und diese hinwiederum von den schinesischen untertanen. Die Buräten zieren sich nach art einiger andern orientalischen völker ihre köcher, sättel und zäume mit silber aus. Es wird zu ganz dünnem blech geschlagen, auf kreuzweis eingekerbte eiserne platten gelegt, und alsdann in das rauhe eisen eingehämmert, wovon solches das ansehen des silbers bekomt." (Fischer 1768, S. 484–485). Weitere Beschreibungen dieser Handwerkstechnik finden sich u. a. bei J. E. Fischer (AAW F. 21, Op. 5, D. 52, Bl. 25r, publiziert als Dokument 10 in: Hintzsche 2009, S. 453–455) und J. G. Georgi (Georgi 1775, S. 308).

24 *Itancynskoj ostrog*
25 frz. équipage – Reise-, Kriegs-, Jagdgerät, Aufzug (Kleidung)
26 s. Kapitel 7
27 *Enisej*
28 russ. *olenie posteli* (Ez. *olen'ja postel'*); s. Glossar: Ren; russ. *postel'* – Bett, Bettzeug, Lager; „Оленые постели] sind rohe Rennthierhäute von alten Thieren, die im Winter gefället worden, und deswegen diesen Namen führen, weil in den nordlichen Gegenden von Sibirien fast alle Heidnische Völker, ja auch die Russen, wenn sie auf der Reise sind, sich derselben zu Polstern bedienen, um darauf zu schlafen. Die Güte bestehet darin, daß sie ihre vollkommene Größe haben, und daß die Haare nicht nur lang und dick sind, sondern auch dabey fest sitzen, daß sie nicht leicht können ausgeraufet werden; wogegen an den Häuten der Rennthiere, die im Nachwinter gefället worden, die Haare leicht ausfallen, welches sie zu erwehntem Gebrauche untauglich machet. ..." (Müller 1760, S. 554)
29 „RAUCHWERK, ... 1) pelzwerk ..." (Grimm 1991, Bd. 14, Sp. 254)
30 „HANDHEBE ... nebenform zu handhabe, ..." (Grimm 1991, Bd. 10, Sp. 398); „HANDHABE ... griff, heft, henkel an einem gegenstande, womit es an der hand gehalten werden kann ..." (a. a. O., Sp. 393)
31 russ. *skobel'* – Schabmesser, Schabhobel, Speichenhobel
32 *Jakuck*
33 *Ochock*
34 russ. *peremetnaja suma* (Mz. *peremetnye sumy*) – zwei zusammengebunde, über den Sattel gelegte Packtaschen; russ. *suma* (Mz. *sumy*) – Packtasche, Tasche, Quersack; von? *peremetat'* – überwerfen, hinüberwerfen; s. *Anikin* 2003, S. 442f.
35 s. Anm. 29
36 russ. *ol'cha*; „Alnus rotundifolia, glutinosa, viridis, C. B. P. 428. Alnus vulgaris I. B. 1.151. ... Erlen oder Elster=Baum. ..." (Rupp 1726, S. 265); „3. Betula Alnus ... Erlen=Birke. Erle. Schwarze Erle. ... Das Erlenholz ist Nutzholz für Schreiner und giebt unsern Pulverwerken die Kohlen zum Schießpulver. Mit der Rinde und den Blättern färben einige. Die Kalmücken kochen die zerkleinte Erlenrinde in eisernen Grapen mit Wasser; diese Brühe färbt dann das Leder braun. Getrocknete und zerpulverte Erlenrinde mit Zusatz von Alaun in Wasser gekocht, giebt eine Brühe, mit welcher die Landleute an der

Wolga gelblichroth färben. ... Schwarz färbt die Brühe, wenn sie mit Hammerschlag einige Tage steht. ..." (Georgi 1797–1802, Theil 3, S. 1291–1292); vgl. auch „4. Betula incana ... Graue Erlenbirke. Graue Erle. Weiße= oder Spitzerle. Mit grauer Rinde und bestaubten Blättern; in Sibirien Kamenaja Olcha (Stein-Erle). ... Ihre Benutzung ist die der vorigen. [s. vorher: 3. Betula Alnus] ... Die Tungusen und Jakuten färben mit einer Brühe aus Erlenrinde und etwas Asche weiße Pferdehaare für ihre Stickerey roth; Leder aber wird vom Ueberstreichen mit dieser Brühe bräunlich, wie Semisch, und dunkler, wenn sie beym Sieden ein Messer oder anderes Eisen in den Kessel legen. ..." (a. a. O., S. 1292–1293)

[37] russ. *ol'cha*; s. Anm. 36
[38] russ. *ol'cha*; s. Anm. 36
[39] russ. *ol'cha*; s. Anm. 36
[40] russ. *kvas*; „Quas bedeutet gemeiniglich einen etwas säuerlichen Trank aus Meel, so man mit Wasser einrührt, und gähren läßt, oder auch aus ungesäuertem Brodte wozu Wasser gegossen wird, das durch eine gelinde Wärme in Gährung kommt. Auch ein ganz dünnes Bier, wann man nämlich über den Treber, der vom Bier nachgeblieben ist, noch Wasser gießt, und dasselbe eine Weile darüber stehen und gähren läßt, dienet öfters statt des Quases." (Gmelin 1751–1752, 1. Theil, S. 57); „... Qvas allein gesprochen, ist ein gemeiner Tranck von Rocken=Mehl und Maltz ohne Hopffen gemacht, und wird an statt dünne Bier oder Covent getruncken." (Strahlenberg 1730, S. 401)
[41] russ. *sutki* – vierundzwanzig Stunden, Tag und Nacht
[42] <lat.> – verfahren, fortschreiten
[43] s. Anm. 36
[44] s. Anm. 36
[45] s. Anm. 36
[46] d. h. die pumpokolischen Ostjaken am Fluß Ket' (s. auch Kap. 25, Bl. 10v)
[47] „Infusum, 1) Aufguß; ..." (Pierer 1857–65, Bd. 8, S. 908)
[48] russ. *ol'cha*; s. Anm. 36
[49] russ. *kuroslepnik*; „2. Cornus sanguinea L., ... Rother Hartriegel. R. Kuro Slepnik. ... Die röthliche Rinde der Ruthen macht, wenn die Erde mit Schnee bedeckt ist, ganze Strecken rothscheinend. ... 4. Cornus alba L. ... Weißer Hartriegel. W. Weißer Kernel. R. Sibirskoe Kuroslepnik und krasnoe Derewo. (Rothes Holz.) Pall. Flor. Ross. T. 34. ... Ein 1 bis 2 Faden hoher Strauch, dem rothen sehr ähnlich, der er mir auch am Baikal zu seyn schien, vom Ritter Pallas aber (Flor. Ross.) als eine eigene Art befunden ist. Wie derselbe hat er rothe Ruthen und weißes Holz, aber keine schwarzen, sondern weiße Beeren. ..." (Georgi 1797–1802, Theil 3, S. 740); „Cornus sanguinea. C. arborea, cymis nudis, ramis rectis. ... Gmelin Fl. Sib. III. p. 163. n. 32. II. ... Germanis Hartriegel, Hartröthern, Hundsbeerstrauch. Rossis Слепокурникъ [russ. *slepokurnik*] (Sljepokurnik) vel Курослепникъ [russ. *kuroslepnik*] (Kurosljepnik). ...Cornus alba. ... C. arborea, cymis nudis, ramis recurvatis. ... Gmelin Flor. sib. III. p. 163. n. 32. I. ... Rossis in Sibiria Курослепникъ [russ. *kuroslepnik*] (Kurosljepnik), in Dauuria Красное дерево ([russ.] Krasnoe derevo i. e. frutex ruber). ..." (Pallas 1784, S. 50–51)
[50] russ./sib. *čarki* bzw. *čerki* – leichte Lederschuhe mit Stoffverbrämung (*Slovar'* 1991, S. 167 u. S. 169); s. auch *Anikin* 2000, S. 645 u. *Anikin* 2003, S. 670
[51] s. Kapitel 11, Bl. 100v–101r
[52] russ. *čornoj vap* bzw. *černoj vap*; russ. *černoj*, *černyj* bzw. *čornoj* – schwarz; *čornoj vap* – Creta nigra (schwarze Kreide) (J. G. Gmelin in: AAW F. 21, Op. 5, D. 73, Bl. 291v); „Schwarze Kreide, ein kohlenreicher, schwarzer, sehr weicher Schieferthon, er ist zerreiblich u. färbt ab, so daß man damit schreiben u. zeichnen kann. ..." (Pierer 1857–65, Bd. 15, S. 525); „IV. De Creta. Est terra durior, emplastica & candida, non sebacea neque

pinguis, & quod ad linguam promtè haeret. ... Cretas diversimodè coloratas enumerat expertissimus Kentmannus, ... 5. Nigram mollem & duram, argenteis maculis nitentem. ..." (lat. – Von der Kreide. Es ist eine ziemlich harte, verstopfende und weiße Erde, weder talgig noch fett, und sie haftet sofort an der Zunge. ... Der erfahrene Kentmann zählt verschiedenartig gefärbte Kreiden auf, ... 5. Weiche und harte schwarze, die vor silbernen Flecken glänzt.) (Dale 1693, S. 48–50); „Wapp oder Zeug (Krassik), gelben, grauen, braunrothen und schwarzen, nennet man hier die sehr dürre lettige, bald reine, bald etwas sandige, auch wohl kalkige Erde, welche Nester und Adern ganz oder zum Theil füllet, und auch in Geschütten nicht selten gefunden wird. Die röthliche und besonders die dunkle, ist so eisenschüßig, daß man sie für armen Eisenocher halten kan. Wapp ist die Basis des gilbigen oder mulmigen Erzes." (Georgi 1775, S. 390)

[53] russ. *krasnoj vap*; russ. *krasnyj* bzw. *krasnoj* – rot; *krasnoj vap* – Rubrica fabrilis off. (J. G. Gmelin in: AAW F. 21, Op. 5, D. 73, Bl. 291v); „Röthel, Röthelstein, Rötel, Rötelstein, Rothstein, ... Rothe Kreide, Lateinisch Rubrica, Rubrica fobrilis ... Rothe Kreide, ist eine Art Kreide oder rothe Erde, ... Die Handwercks=Leute brauchen sie zum Reissen und Linienzühen, und die Mahler zu ihren Zeichnungen. ..." (Zedler 1732–50, Bd. 32, Sp. 476ff.); „A. 1. Rubrica Fabrilis Offic. Red Oker. Est substantia terrea, ponderola, intense rubra, saporis astringentis. ..." (Dale 1693, S. 47–48); „Röthel, Rothstein, rothe Kreide, Schreibebolus, ... Ochra rubrica ... R. Krasnii Karandasch. ..." (Georgi 1797–1802, Theil 3, S. 206); s. auch Anm. 52

[54] s. Anm. 53

[55] russ. *rybij klej* – Hausenblase, Fischleim; „Hausenblase (Ichthyocolla, Colla piscium, Fischleim), wird aus der Schwimmblase der Störe, bes. des Hausen ... gewonnen ..." (Pierer 1857–65, Bd. 8, S. 98f.); „Hausblase (Kley), machen sie auf zweyerley Art. Die beste heist Karluktschetoi Kley. Die unversehrt aus dem Stör genommene Leimhaut (Pereponka) legen sie eine kurze Zeit in heiß Wasser, ritzen sie denn der Länge nach auf, und schneidenden Leim mit einem Messer behutsam von der äussern Haut, ... Die schlechtere Art heist Schanischnoi Kley. ... Beyde Arten werden hier zum Leimen, Lakieren hölzerner Gefässe und Klarmachen des Meeths gebraucht." (Georgi 1775, S. 177)

[56] s. Anm. 53

[57] s. Anm. 53

[58] s. Anm. 53

[59] jakut. „coco" – weicher farbiger Stein, der sich als Kreide gebrauchen lässt; Farbstein roter Farbe; roter oder farbiger Ocker; Farbstoff (*Pekarskij* 1958–1959, Bd. II, Sp. 2289f.); jakut. „coco" – „ein weicher farbiger Stein, der sich als Kreide gebrauchen lässt." (Middendorff 1851, Theil 2, S. 161)

[60] d. h. die von *Žigany* bzw. *Žiganskoe zimov'e*

[61] s. Anm. 53

[62] Johann Georg Gmelin

[63] „171. Mollugo montana quadrifolia &c. Raj. Syn. Russ. марїона коренъ. [russ. *mariona koren*] ..." (J. G. Gmelin „Index plantarum ad Lenam fluvium nascentium ...": AAW R. I, Op. 105, D. 10, Bl. 14v)

[64] „Das Rothfärben der Haare [bei den Tungusen] zu Frangen an Kleidern &c. geschieht auf folgende Weise. Sie kochen frische oder getroknete Wurzeln von Asperula tinctoria (Ulok) mit ohnfehr eben so schwer Lerchenschwamm (Algatscha) eine Stunde. Alsdenn legen sie weisse Pferde= oder Ziegenhaare dazu, und lassen sie gelinde so lange sieden, bis sie roth genug sind. ..." (Georgi 1775, S. 262); „4. Asperula tinctoria ... Färbender Waldmeister. ..." (Georgi 1797–1802, Theil 3, S. 728); „ ‚Herba tinctoria pumila, qua pilos caprinos inficiunt'

[tungus.] Úlock ‚Rotfärberwurz' " (Messerschmidt 1962–1977, Teil 2, S. 95); tungus. (Nerčinsk) „ulâkim" – ‚roth machen, färben." (Schiefner 1856, S. 76); s. auch Anm. 63 u. Anm. 65

[65] nach G. W. Steller „Mollugo montana Marjenne Korennie ..." (lat. – Berg-Mollugo, *marennoe koren'e* bzw. *marennyj koren'*) (AAW F. 21, Op. 5, D. 113, Bl. 101v); *marena* oder *mariona koren'* – Galium rubioides, Rubia tinctorum, krautartige Pflanze mit einer Wurzel von roter Farbe und Verwendung als Färbemittel und in der Medizin (*Slovar'* 2001, S. 68); *marena* – verschiedene Species von Rubia, Asperula u. Galium (*Dal'* 1880–1882, T. II, S. 299; Pawlowski 1952, S. 658); russ. *koren', koren'e* – Wurzel, Wurzelwerk; „mollúgo (Galium) <Wiesen-Labkraut>: Artepitheton vorlinn. als Gallium album latifolium , vel Mollugo montana angustifolia. C. Bauhin, Pinax 334, bzw. Mollugo montana latifolia, ramosa, C. Bauhin, ebd. = Rubia sylvatica laevis, J. Bauhin III 36,716 (meinen vielleicht Galium album oder G. pycnotrichum); ..." (Genaust 2005, S. 390); G. W. Steller in der „Flora Irkutiensis" (AAW R. I, Op. 104, D. 4, Bl. 23v) „48. Gallium album vulgare Tournef. I. R. H. spec. 2 Mollugo montana angustifolia vel Gallium album latifolium C. B. P. 334. ..." (lat. – 48. Weißblühendes gewöhnliches Gallium des Tournefort, ‚Institutiones rei herbariae', 2. Species; Schmalblättrige Berg-Mollugo oder Weißblühendes breitblättriges Gallium des Caspar Bauhin, ‚Pinax', [Seite] 334); „Gallium L., Labkraut. ... 5. Galium tinctorium L., ... Färbendes Labkraut. ... 11. Galium Mollugo L. ... Weißes Labkraut. ... Die Wurzeln der Waldmeister= (Asperula) und Labkrautarten (Galium) sind zaserigt, roth und rothfärbend, nur wegen verschiedener Größe und Färbekraft verschieden. Sie sind ein fast allgemeines Material für Hausfärberey auf roth, besonders für Wolle, und Russen, Polen, Tatarn, Finnen und überhaupt alle ansässige Nationen nicht nur, sondern auch viele der nomadisirenden in Rußland und Sibirien verwenden sie zur Rothfärberey. ... Die Tungusen und Jakuten färben die meisten Pferdehaare für die Stickereyen und Befranzung ihrer ledernen Kleider mit einer Farbebrühe aus den Wurzeln dortiger Lab= und anderer Pflanzen und Lerchenschwämmen (Boletus laricis L.) schön und dauerhaft. ..." (Georgi 1797–1802, Theil 3, S. 729ff.); vgl. auch „Rubia L., Röthe. W. 1. Rubia tinctorum L. ... Färberröthe. ..." (a. a. O., S. 734ff.)

[66] s. Anm. 63 u. Anm. 65

[67] lat. – Heilkraft

[68] „Rumex acetosa Linné 1753 Sauerampfer ... acetosa, ..." (Marzell 1943–1977, Bd. 3, Sp. 1488ff.); „Rumex L., Ampfer. ... 2. Rumex sanguineus L. ... Blutadriger Ampfer. ... Die Wurzeln dieser und einiger anderer Ampferarten färben Wolle, in Brühe von plattem Kolbenmoos (Lycop. complanatum) oder mit Alaun gebeizt, gelb, weiß gegerbt Leder aber braun, welches vorzüglich bey den Kirgisen vorkömmt. ... 8. Rumex acutus L. ... Spitzblättriger Ampfer. ... Die Wurzel färbt gelb und auch blaugrün. Die Kirgisen färben mit derselben und mit Birkenrinde ihr sämisches Leder braun. ... 14. Rumex Acetosa ... Gemeiner Ampfer. ..." (Georgi 1797–1802, Theil 3, S. 918ff.)

[69] s. Anm. 53

[70] Johannes Gerhard Scheffer; Scheffer 1673, S. 245 (Kapitel 20 „De Armis atque instrumentis ad venationem fere pertinentibus", S. 244–252) „Gluten illud Lappones hoc modo praeparant. Percas pisces recens captas excoriant, pelles reponunt in aqua calida tamdiu, donec à squamis possint purgari: post cum pauxillo aquae coquunt bene despumatas, bacilloque frequenter vertunt, tundunt, & comminuunt, donec pultis speciem accipiant. Hoc effusum siccant, & in usus necessarios reponunt. Si glutinandum quid occurrit,

aqua pauca maceratum usurpant, sicut caetera glutinis genera solent."; Scheffer 1675, S. 277f. (Kapitel 20 „Von dem Gewehr und Werckzeugen so die Lappen auff ihrer Jagd gebrauchen", S. 276–285) „Diesen Leim richten die Lappen also zu. Sie nehmen die Fische so man Bersche nennet / wann sie frisch gefangen / ziehen sie ab / halten die Haut so lange / im warmen Wasser / bis man die Schuppen davon kriegen kan: hernach kochen Sie dieselbe / schäumen sie wol ab / rühren sie mit einem stecken herum / stossen sie / und klopfen sie so lange / bis sie als ein Brey wird. Giessen solches hernach auß / lassen es trocknen und setzen es zum Gebrauche weg. Wann sie etwas damit leimen wollen / erweichen sie es mit ein wenig Wasser / wie man es mit anderen Leim machet."

[71] russ. *lenki* (Ez. *lenok*); „Salmo Lenok ... Sibirische Goldforelle. Lenock=Lachs. R. Lenok ..." (Georgi 1797–1802, Theil 3, S. 1937); „Salmo coregonoides. ... Salmo Lenok ... Rossis in Sibiria vulgo Lenok ..." (Pallas 1811–1831, Vol. III, S. 362–364)

[72] russ. *tajmeni* (Ez. *tajmen'*); „Salmo Taimen ... Fett=Forelle. Taimen. ..." (Georgi 1797–1802, Theil 3, S. 1936–1937); „Salmo fluviatilis. ... Salmo Taimén ... Rossis in Sibiria Talmeen, vel Taimeen ..." (Pallas 1811–1831, Vol. III, S. 359–362)

[73] s. Anm. 55

[74] s. Anm. 55

[75] s. Anm. 55

[76] „1. Linum usitatissimum L., ... Gemeiner Flachs. W. Gemeiner Lein. R. Len. [russ. *len*] ..." (Georgi 1797–1802, Theil 3, S. 872ff.)

[77] „QUAPPE, QUABBE, f., aus dem gleichbedeutenden niederd. quappe, quabbe. ..." (Grimm 1991, Bd. 13, Sp. 2315); russ. *nalim*; „Gadus Lota ... Quappen=Drosch. Quappe. R. Nalim. ..." (Georgi 1797–1802, Theil 3, S. 1914–1915); „Gadus Lota. ... Rossice Nalym ..." (Pallas 1811–1831, Vol. III, S. 201–202)

[78] s. Anm. 72

[79] s. Anm. 71

[80] tungus. (ewenk.) „каптурга" – Beutel, Tabaksbeutel (*Boldyrev* 2000, Teil 1, S. 279); tungus. (ewenk.) „хаптурга" – Futteral für Tabakspfeifen (a. a. O., Teil 2, S. 252); tungus. (ewenk.) „каптугай" – Beutel (*Myreeva* 2004, S. 275); tungus. (ewenk.) „каптук" – kleiner Beutel (a. a. O., S. 275)

[81] russ. *košma* (Mz. *košmy*) – Filzstück, Filz; s. Glossar: Woilok

[82] burjat. „таар" – grobes Gewebe aus Haaren bzw. ein Beutel aus diesem Material (*Čeremisov* 1973, S. 406); „Woiloksak ([burjat.] Tar)" (Georgi 1775, S. 303); s. Glossar: Woilok; vgl. aber burjat. „hэеы" – кошма (*košma*) (*Cydendambaev/Imechenov* 1962, S. 208)

[83] burjat. „аарса(н)" – russ. *arsa*, Quark, Käse, Rückstand der Milchbranntweinherstellung, aber auch Sauermilchgetränk (*Čeremisov* 1973, S. 18; *Slovar'* 1999a, S. 33; *Abaeva* 2004, S. 171)

[84] s. Anm. 81

[85] *Enisej*

[86] „Salix L., Weide. ..." (Georgi 1797–1802, Theil 3, S. 1326ff.)

[87] russ. *lyk* bzw. *lyko* – innerer Teil der Rinde junger Laubbäume, Bast (*Slovar'* 2000, S. 252)

[88] *Mangazeja*

[89] russ. *karlušina* (Mz. *karlušiny*)

[90] *puščalnicy*; russ. *puščal'nicy* (Ez. *puščal'nica*) – lange Fischernetze, Stellnetze

[91] d. h. die pumpokolischen Ostjaken am Fluß *Ket'* (s. auch Kap. 25, Bl. 10v)

[92] „Leinwand, 1) Gewebe von flächsenem od. hanfenem Garn, bei welchem Kette u. Einschlag sich einfach in rechten Winkeln durchkreuzen. ..." (Pierer 1857–65, Bd. 10, S. 248ff.); „1. Linum usitatissimum L., ... Gemeiner Flachs. W. Gemeiner Lein. R. Len. [russ. *len*] ... Der einheimische Verbrauch des Flachses zu

Leinwand ist bey der großen Anzahl Einwohner zwar sehr beträchtlich, doch minder, als man es vermuthen sollte. ... Viele Nationen Rußlands behelfen sich ohne alle Leinwand, oder schränken sich auf die von ihnen von Nesseln und wildem Hanf bereitete ein. ..." (Georgi 1797–1802, Theil 3, S. 872ff.); s. auch Glossar: Hanf

93 russ. *krapiva* bzw. *kropiva*; „Urtica L., Nessel. R. Kropiwa. ... 3. Urtica dioica ... Gemeine Nessel. ... Die abgestandenen Stängel werden von Baschkiren, Koibalen und andern Sibiriaken als Hanf benutzt. Sie setzen die Stängel einige Wochen der Witterung aus, trocknen sie dann stark und scheiden die Rinde durch Klopfen zwischen Steinen oder in Trögen, reinigen die Bastfäden durch Schwingen – und spinnen sie auf Spindeln zu Garn für Seile, Netze, Gewebe, welches wenig über eine Spanne breit, sehr grob, aber dicht oder fest und sehr stark ist. ..." (Georgi 1797–1802, Theil 3, S. 1294ff.)

94 s. Anm. 93
95 s. Anm. 93
96 *Enisejsk*
97 russ. *motki prjadiny* – Rollen gesponnenen Garns
98 russ. *karlušiny* (Ez. *karlušina*)
99 „netzen Vb. ‚befeuchten, naß machen', ..." (Pfeifer 1995, S. 920); lokal (u. a. rheinisch, pfälzisch) auch „nätzen"
100 russ. *karlušina* (Mz. *karlušiny*)
101 russ. *karlušina* (Mz. *karlušiny*)
102 russ. *karlušina* (Mz. *karlušiny*)
103 russ. *Avamskie rovdugi*; s. Glossar: Rowdugi
104 s. Anm. 28
105 russ. *ščetki*; russ. *ščetka* – Teil des Pferdefusses über dem Hufgelenk (*Dal'* 1880–1882, Bd. IV, S. 656); s. auch *Anikin* 2003, S. 720, unter russ. *ščetka*
106 *Enisej*
107 s. Anm. 93
108 Der Text ist in osmanischer Sprache und handelt vom ‚Prophetensiegel', einem Muttermal zwischen den Schultern des Propheten Mohammed, das als Legitimation für diesen diente (Mitteilung von Dr. Hanne Schönig, Halle). In einem als Vorarbeit für die vorliegende Arbeit zu betrachtenden Manuskript (RGADA F. 199, Op. 2, Portf. 509, D. 3, Bl. 1r–178v – Publikation in Vorbereitung; s. die Einleitung zu diesem Band und Helimski 2003) findet sich auf Bl. 159r u. a. auch Helimski 2003, S. 172) u. a. „Mahomed hat auf der Schulter ein MutterMahl gehabt, wovon man sagt, Gott habe es als ein Siegel auf ihn geleget, Von dieser figur [es folgt im Manuskript eine Skizze des Muttermals] (dergl. Muttermahle heißen auf Tatarisch Chal.) Die Mahomedaner mahlen es auf ein Papier und Tragen es in ihren Kleinen Mütze) (Araktschin,) eingenehet, als ein Amulet, wieder allerley Unglük, Feuerschaden, Krankheit) u. s. w. ..."; vgl. turk. „кӓl" – Grind (Krankheit der Kopfhaut), Kahlköpfigkeit infolge von Grind (Radloff 1963, Bd. 2, Sp. 1108f.)

Kapitel 25[1]

/2r/[2]

Von der Jagd.

Einige Völker, welche VorangeZeig- / ter Maas⌈s⌉e⌈n⌉ sich fast eintzig und / allein Von der Jagd nähren, sind / anZusehen, als wenn sie beständig / damit beschäfftiget seyen. Solcher / Gestalt Ziehet Zum ex⌈empel⌉ eine / *Tungusi*sche *Famili*e alleZeit / Von einem Orte Zum ander⌈en⌉ in dene⌈n⌉ Wildnus⌈s⌉en herum, und Verändert ihre WohnPlätze nach- / dem sie Zu einem Gute⌈n⌉[a] Wildfange / in diesen[b] oder jene⌈n⌉ Gegend⌈en⌉ / Hoffnung haben. Andere / Volker aber als Z⌈um⌉ e⌈xempel⌉ *Brazki* / *Tatar*⌈en⌉, *Jakut*⌈en⌉, p⌈erge⌉ p⌈erge⌉ gehen / der Jagd hauptsächlich nur / Zur Herbst-Zeit nach.

Vor AnKunfft der Rus⌈s⌉e⌈n⌉ war / Keinem Volke eine andere art / Von Schieß-Gewehr[c] als Pfeile / und Bogen beKannt. Jetzo aber / sind auch sehr viele als sonder- / Lich die Tatare⌈n⌉, und[d] *Brazki* / an geZogene Rohre[3] gewehnet / und es würde fast jederman[e] / den Gebrauch der alte⌈n⌉ waffen / Verges⌈s⌉en, wenn Pulver und bley / in gnugsamer Menge Zu beKomme⌈n⌉, /2v/ [u]nd Das⌈s⌉elbe[f] nicht so scharff / An die Heidnische Volker Von / Sibirie⌈n⌉ Zu Verkauffe⌈n⌉ Verbothe⌈n⌉ / wäre. Die Ursache dieses / Verbothes ist, damit sich dieselbe / nicht dereinst des *Europäi*sche⌈n⌉ / Schies⌈s⌉gewehrs in einem Aufstande / Gegen die Rus⌈s⌉e⌈n⌉ Bediene⌈n⌉ möge⌈n⌉. / Und aus eben dieser Ursache ist es / auch so scharff über die Gräntze / an die Mongole⌈n⌉, Chalmük⌈en⌉ p⌈erge⌉ Zu verKauffen Verboth⌈en⌉. Allein / wegen[g] dieser[h] Letzten[i] Völker[j] / möchte gegenwärtig sothanes / Verboth fast überflüs⌈s⌉ig seyn / denn die Mongolen beKomme⌈n⌉ / ihr Pulver aus *China*, und die / *Chalmüken* habe⌈n⌉ sowohl Von / Gefangenen Sinese⌈r⌉n als Rus⌈s⌉e⌈n⌉ / die Kunst Pulver Zu mach⌈en⌉ / selber gelernet, und[k] man / Versichert daß im verwichene⌈n⌉ / 1737te⌈n⌉ Jahr an der *Urga*[4] / des *Galdanzerins*[5] das Pud / Pulver nicht höher als gege⌈n⌉ / das *Equivalent* Von 3 Rub⌈el⌉ / VerKaufft worde⌈n⌉, doch sagt man / auch, daß es nicht so gut und weit / gröber als unser *Europ*⌈äisches⌉ Schieß / Pulver seyn soll. das Sinesische /3r/ Schies⌈s⌉Pulver aber giebt dem / Unsrige⌈n⌉ an Güte und Feine nichts / nach. So haben imgleiche⌈n⌉ die Chalmüke⌈n⌉

---

[a] G⌈ute⌉ *verbessert aus* [.] [b] diesen *verbessert aus* r [c] Schieß-Gewehr *verbessert aus* [.] [d] und *verbessert aus* [.] [e] jederman *verbessert aus* [.] [f] dasselbe *verbessert aus* [.] [g] wegen *über der Zeile* [h] vor dieser *gestr.* Bey [i] Letzten *verbessert aus* r) [j] Völker *verbessert aus* r) [k] und *verbessert aus* [...]

selbst in ihrem Lande / Bley^a Genug, als welches sie / aus einem, in gros[s]er Menge bey / ihnen fallenden Ertze schmeltzen.
Die *Casatschi orda* hat gleich- / falls Pulver und Bley in ihrem / eigenem Lande, und Bedienet sich / der GeZogene[n] Rohre[6] Von Alters / her, nur^b das[s] sie an denselb[en] / Keine Schlös[s]er haben, sonder[n] / selbige mit Lunten anZunde[n] / mus[s]en. solche Rohre werde[n] *TurKi*[7] genannt.

|: Tataren im *Krasnoj[arskischen]* Gebiethe am / *Ijus* u[nd] oberhalb am *Jenis*[*ei*[8] haben] / fast ein jeder Schießgewehr[e] / und Lauren damit am meisten / auf die Elende^c, wenn selbige nach denen *Solonzi*[9] Komme[n]
bey der Jagd zu Pferde sind Bogen / und Pfeile weit bequemer
Die *Krasnoj[arskischen]* Tataren beKomm[en] / ihre bogen und Pfeile mehrentheils / Von dene[n] *Camasinzi* u[nd] *Kotowzi*
Sie loben aber am meisten die / *Brazki*sche[n] u[nd] *Mongoli*sche[n] bog[en] / welche Letztere sie Vordem offters / Von dene[n] *Soieti* eingetauschet.
Leztere sind auf der^d inner[en] Seite^e mit / Hörnern Vom *Argali*[10] *Mong[olisch]* *Tekè*[11] / beleget. Man soll so große Horner / daselbst in^f der *Mongoley* finden / das[s] die Fuchse darin ihre Nester Mache[n] / Sie machen die Hörner in heis[s]en / waßer gerade.
Die unter den Tataren Bogen mache[n] / Belegen dieselbe Von der^g inner[en]^h / Seite mit Ochsen oder Schaaff / Hörner[n]. Die auswendige Seite / ist von birkenholtz
Die *Camasinzi* nehmen birken / Holtz und Inwendig Tannen / Holtz, leimen es Zusamme[n], wie / sonst die Hörner u[nd] das birken / Holtz Zusamme[n]geleimet werd[en] / Uber solches beleimen sie die^i / auswendige Seite noch mit Sehnen^j Vo[n]^k / Elenden, Die Tataren mit Pferde / Sehnen, welche aus den füßen genom- / men Zu fäden Zertheilet, und neben / einander nach der Lange aufgeleimet / werde[n]. Solches ist Zu mehrerer Festig- / Keit. Darüber wird der glätte / wege[n] feine birken Rinde geleimet. :|[1]
Die Bogen deren sich die Völker / Zum Abschies[s]en der Pfeile be- / dienen, sind insgemein Von der / Länge, als die *Statur* derer- / jenigen ist, die sich derselb[en] Be- / diene[n] wolle[n]^m. Sie haben des[s]wege[n] / das Maaß im Gebrauch, so weit / sie mit ausgestrekt[en] Armen / reiche[n] Könne[n]. Die Gestalt ist folgende

---

^a ₆Bley *verbessert aus* [.]   ^b *nach* nur *gestr.* , [*Komma*]   ^c ₆Elende *verbessert aus* [.]   ^d ₆der *verbessert aus* m; *nach* der *gestr.* Rüken   ^e inner₎ Seite *über der Zeile*   ^f i_n *verbessert aus* [.]   ^g *nach* der *gestr.* auswen / dige   ^h inner₎ *über der Zeile*   ^i die *verbessert aus* ₆₁₆selbe   ^j auswendige Seite noch mit Sehnen *über der Zeile*   ^k *vor* Von *gestr.* Noch um u. um mit Adern   ^l *von* Tataren im Krasnoj. Gebiethe *bis* birken Rinde geleimet. *rechts marginal*   ^m ₆wol₆le) *verbessert aus* [.]

Man hält ihn mit der[a] Linken[b] / hand Per*pendicular* in die Höhe, / daß der Rüken des Bogens Vor- / werts geKehret ist, Ziehet die / Sehne Mit[c] der[d] Rechten[e] Zu sich gegen /3v/ das Gesichte, und indem man Zu- / gleicher Zeit den Pfeil mit der / hintern Extremität an die Sehne / hält,[f] den[g] Vorderen Theil / desselben aber auf der Linken / Hand, womit der bogen gehalten / wird, ruhen Lasset, so, sPannet / man So Lange, biß[h] auf[i] / die Hälffte des Pfeiles oder / noch weiter, Zielet mit dem / Gesichte Längst dem Pfeile nach / dem *Object*, und schiesset ab.
Die Besten[j] Bogen[k] sind, welche / sich am härtesten sPannen Lassen[l], und folglich am weitesten schiessen.[m] / wer[n] / seine Kräffte[o] Zeigen oder / rühmen will, pfleget es darin / Zu Thun, wie weit er einen dergleichen / Bogen sPannen Kann. Diese / Eigenschafft[p] des Bogens aber / rühret von der unterschiedenen Materie her, woraus der Rüken / derselben Bestehet, nachdem / man nemlich dem Rüken Viel / *Elasticität* geben Kann.
Der Rüken ist bey allen Völkern / aus Zwey Theilen der Länge / nach Zusammengeleimet. Die / auswendige Seite bestehet ge- / Meiniglich aus Birken-Holtze / und die inwendige oder diejenige / Seite gegen die Sehne Zu pfleget /4r/ Von dem festesten Lerchen Holtze / gemacht Zu seyn. Man nennt / diese Bogens im[q] Russischen *Kre- / Nowie LuKi*[12], weil nur dergleichen / Lerchen Holtz daZu genommen wird[r], was / im Russischen den[s] besonderen Nahmen / *Kren* führet. *Kren* aber / ist, wenn ein Baum *cujuscunque / generis*[13] dergestalt gewachsen / ist, daß er nach der Länge / eine Einbucht gleichsam als eine / Rinne hat, in welchem falle die / erhabenen Theile Zu Beyden seiten / der Rinne fester als das übrige / Holtz sind, und desswegen Zu denen / Bogens am meisten Beliebt / werden. Man hat die nicht sonderlich schwer Zu sPannen sind[t], aber / doch sehr weit schiessen.

---

[a] *nach der gestr.* Rechten [b] Linke) *über der Zeile* [c] Mit *verbessert aus* [...] [d] d$_{er}$ *verbessert aus* [.]; *nach der gestr.* Linken [e] Rechten *über der Zeile* [f] *nach* hält, *gestr.* und [g] $_d$en *verbessert aus* ie [h] *nach* Biß *gestr.* mehr als [i] auf *über der Zeile* [j] *nach* Besten *gestr.* Pfeile [k] Bogen *über der Zeile* [l] *nach* Lasse), *gestr.* und ein jeder pfleget darin [m] und folglich am weitesten schiess). *rechts von der Zeile* [n] wer *über der Zeile* [o] *nach* Kräffte *gestr.* Zu [p] $_{Eigenschafft}$ *verbessert aus* $_{Eigenschafft}$en [q] i$_m$ *verbessert aus* [.] [r] wird *über der Zeile* [s] $_{de}$n *verbessert aus* [.] [t] sind *über der Zeile*

|: Die *Samoj*eden habe⌐n⌐ eben dergl⌐eichen⌐ / bogen die aus BirkenHoltz und / Lerchen-*Kren* zusammen geleimt sind. Die obere[a] Hälffte von / Birkenholtz auf dem Rüken / des bogens[b] nennen sie / *Wáda* den *Kren Níre*[14]. / der *Kren* ist auf der innern / Seite des Bogens gege⌐n⌐ die Sehne. :| [c]
|: Die Ostiaken nehmen / den *Kren* Von allerley Schwartzer Holtzung[15] / den eintzige⌐n⌐ *Pichta* aus- / genomme⌐n⌐. doch wird / der *Kren* Von Lerchen / wegen seiner FestigKeit / Vor den besten gehalt⌐en⌐ / nur daß bey denen / *Ostiak*en die Lerchen / waldung nicht so hau- / ffig ist.
Camasinzi, Taiginzi, Leimen / ihre bogen aus Birken und / Tannen Holtze Zusamme⌐n⌐. / Das birkenholtz auswendig / die Sehne aus Elendshaut / Vom bauchstük wird ein roher[d] Riemen / ausgeschnitten das Haar abge- / schabet, Naß gemacht, gedrehet / und getroknet. Solches[e] ist / die Sehne. :| [f]
Auf *Kamtschatka*[16] und Bey dene⌐n⌐ / *Lamute*⌐n⌐ und *Koriake*⌐n⌐ dies⌐s⌐eits / der *PenschinsKi*sche⌐n⌐ See[17] wird / Fisch-Bein[18] an Statt des Lerchen- / Holtzes genomme⌐n⌐.
|: Die *Jukagiri* haben auch dergl⌐eichen⌐ / Bogen durch die *Koriake*⌐n⌐ / u⌐nd⌐ *Lamut*⌐en⌐ Am meisten aber sind bey ihne⌐n⌐ die Von / Lerchen Holtz im Gebrauch :| [g]
Die *Jakut*⌐en⌐ / beKommen auch dergl⌐eichen⌐ Bogen / Von *OchozK*[h19] und rühmen solche / sehr, das⌐s⌐ ohnerachtet selbige / auch nicht schwer Zu sPanne⌐n⌐, dennoch / sehr weit schies⌐s⌐en solle⌐n⌐. /4v/ Es ist nur diese *Incommoditat*[20] / dabey daß der Fischbein[21] Leicht / abschilffert[22], welchem man aber / ZuvorKommt, wenn man denselb⌐en⌐ / offters mit Fett schmieret, um / ihn geschmeidig Zu erhalte⌐n⌐. Wenn / ein Gemeiner Boge⌐n⌐ Von Lerchen- / Holtz sonst in *Sibiri*en auf 25 / 30 Bis⌐s⌐ 50 *Cop*⌐eken⌐ unter dene⌐n⌐ / Heidnische⌐n⌐ Völker⌐n⌐ Zu Kosten / pfleget, so Kostet dagege⌐n⌐ / ein Bogen Von Fischbein[23] Zu / *JaKuzK*[24] auf 1 *Rub*⌐el⌐ und / ist Vor jenen in weit grös⌐s⌐er⌐em⌐ / Ansehn. ohnerachtet man / auch von Lerchen-Holtze habe⌐n⌐ / soll die denen Von Fischbein[25] / im Schies⌐s⌐en nichts nachgeb⌐en⌐ / solle⌐n⌐.
Die Besten bogen unter alle⌐n⌐ / sind unter dene⌐n⌐ *Nertschins*- / *Ki*sche⌐n⌐ und *JaKuzKi*sche⌐n⌐ *Tunguse*⌐n⌐ / wie[i] nicht weniger / Bey dene⌐n⌐ *SelenginsKi*sch⌐en⌐ Mon- / galen und *BrazKi* im Ge- / brauch, und bestehen Längst / der inwendige⌐n⌐

---

[a] obere *über der Zeile* [b] bo$_{gens}$ *verbessert aus* [.] [c] *von* Die Samojeden *bis* die Sehne. *auf Bl.* 3v *rechts marginal* [d] roher *über der Zeile* [e] S$_{olches}$ *verbessert aus* [.] [f] *von* Die Ostiaken *bis* die Sehne *rechts marginal* [g] *von* Die Jukagiri *bis* im Gebrauch *rechts marginal* [h] *nach* OchozK *gestr.* , [Komma] [i] *vor* wie *gestr. in* Ge

Seite anstatt / des Lerchen Holtzes oder Fisch- / beins[a26] aus Ochsen Hörner[n]
/5r/ Diese werden nicht in *Sibiri*en / gemacht, sonder[n] Kommen aus / *Sina*, und
werden mehrentheils / durch die *Dauri*sch[en] Völker an / die Rus[s]ischen
Unterthane[n] Ver- / Kaufft. Die *JaKuzKi*sche[n] *Tunguse*[n] / erhandeln solche auf
ihren / Jagd-Reisen an dem UrsPrunge / des *Seja*[27] fl[usses] Von dene[n] dortig[en] /
unter Sinesischer Hoheit stehend[en] / *Tunguse*[n], und Verkauffen solche /
hinwiederum an die *JaKute*[n] / unter welche[n] ein dergl[eichen] Boge[n] / auf 3
Rub[el] am Preyse ist. / Sie schies[s]en am weiteste[n], weil / sie am schwerste[n] Zu
sPannen sind / und die grös[s]este *Elasticität* / habe[n]. Es giebt die nur / aus Zwey
Hörner[n] Zusammen / gesetzet sind, und diese sind / die Besten.
Die beyden Enden derer Boge[n] / pflegen mit Knochen beschlage[n] / Zu seyn,
damit sie sich nicht / sPalte[n].[b]
|: *Tata*ren machen die Sehne an den[en] / Bogen[c] aus Rohen Ochsen Leder /
Lieber aus denen Rüken Stüken / weil es stärker ist.
Alle *Samoj*eden im *Mangas[eischen]* Gebiethe[28] / auch die *Jurak*en, wie nicht /
weniger die *Ostiak*en / am *Jenisei*[29] fl[uß] haben / Sehnen Von Hanff. oder /
Neßeln[30]. Die[d] *Tunguse*[n] / machen Von[e] *Karlu*- / *schina*[f31] Von Elenden aus
denen bauch / stüken, weil da das Fell weicher / ist. Von Rennthier[en] ist nicht
stark genug. :|[g] /5v/
Ein bogen auf *JaKuti*sch *Sa*[32] / einer Mit[h] Ochsen-Hörner[n] oder / Fischbein[33]:
Moss-Sa[34] | denn Fischbein[35] / Hörner und Knoche[n] nenne[n] sie mit /
Gemeinschafftl[ichem] Nahmen *Moss*[36] | Ein / Bogen Von Lerchen Holtz: *Mass*- /
Sa[37]. Das Wort *Mass*[38] bedeutet / eine[n] baum. *Kren* heis[s]et sonst / auf *Jakuti*sch
Kil[39]: Sie gebrauch[en] / aber dieses Wort nicht Von Bogens.
Pfeile werden Von unterschiedener / Gattung gebrauchet. Einige sind / Von
Eisen, einige Von Knoche[n] / einige Von Holtz, und es ist nicht / nur die
Materie, welche sie un- / terscheidet, sondern es giebt auch / Von einerley
Materie, die gantz / Unterschiedene Gestalt habe[n], / und zu unterschiedenem
EndZweke / diene[n], folglich auch verschiedentliche Nahmen / haben.
|: *Krasnojarski*sche *Tata*ren habe[n]

BojewKi[40]   -   *Dschebè*[41]
breite *orgischi*   -   *ôk*[42]

---

[a] $_{Fi}$sch- / $_{beins}$ *verbessert aus* [...]   [b] *nach* sPalte$_)$ *gestr.* Die Sehnen an dene$_)$ bogen bestehe$_)$ / entweder aus Zusammengedrehet$_)$ | Z$_{usammengedrehet)}$ *verbessert aus* [.] | / Gedärmen Von Vieh oder Thiere$_)$ / oder aus wurklichen Sehnen der- / selben   [c] B$_{ogen}$ *verbessert aus* [.]   [d] *nach* Die *gestr.* Ostia   [e] *nach* Von *gestr.* Rowdugi; *darüber gestr.* Polowinc   [f] $_{Karluschin}$a *verbessert aus* [.]   [g] *von* Tataren machen die *bis* ist nicht stark genug. *rechts marginal*   [h] M$_{it}$ *verbessert aus* [.].

schmahle *orgischi* - *dschaglỳK*
MeiselPfeile[43] - *KisK-ôk*[44]
Tamari - *Sógun*[45]
Knochen Pfeile - *Sichdằ*[46]
Kossatki[47] - *Chundussatschen-* / *ôk*[48] d⌈as⌉ i⌈st⌉ / biber Pfeile / weil sie damit die bieber / Zu schies⌈s⌉e⌈n⌉ pfleg⌈en⌉. :|[a]

BoijowKi[49], Streit Pfeile auf *Tun-* / *gusi*sch: *Dschaldiwun*[50], auf *Ja-* / *Kuti*sch: *ItìK-ôK*[51]. d⌈as⌉ i⌈st⌉ Ehren-Pfeile / sind Von Eisen, der Gestalt nach / SPitzig, und schmahl[b] ohne wiederHaken[c] wie beystehende / *Figur* ausweiset.

|: *Samoj⌈edisch⌉ Tjúgu.* / *Tatar⌈isch⌉*[d] *Dschebè*[52] :|[e]
Diese werden / nur im Kriege und Bey *Duell*en / nimmer aber auf der Jagd ge- / brauchet, weil sie im Leibe eines /6r/ Thieres, da sie so schmahl sind, / nicht sonderliche⌈n⌉ Schaden thun / auch Zu tief in das Fleisch gehe⌈n⌉ / und nicht wieder abfallen / folglich nicht Zum Zweiten / Mahle wieder gebraucht werde⌈n⌉ / Könne⌈n⌉.

|: *Modori* haben nur dreyerley Eyserne[f] Pfei[le] /
боевки[53]
schmahle кибири[g54] } *chaschtàk*[55]
breite кибири[h56]
  urgòn-nei[57]
Tamari - *múngu*[58].
Knochen Pfeile - *Sichdà*[59] :|[i]

KossatKi[60], StreitPfeile[61] mit Wie- / der-Haken, so wie insgemein die / Pfeile pflegen abgebildet Zu werde⌈n⌉, / sind sonst in *Sibiri*en wenig / in Gebrauch, doch solle⌈n⌉[j] sich / die *Jukagiri* auch derselbe⌈n⌉ auf / der Jagd bediene⌈n⌉.

---

[a] *von* Krasnojarskische Tataren *bis* schiesse⌉ pfleg⌉ *rechts marginal*   [b] sc_hmahl *verbessert aus* [..]
[c] ohne wiederHaken *über der Zeile*   [d] _Tatar_r. *verbessert aus* [.]   [e] Samoj Tjúgu. / Tatar. Dschebè *rechts marginal*   [f] Eyserne *über der Zeile*   [g] *unter* кибири *gestr.* оргыши   [h] *unter* кибири *gestr.* оргыши
[i] *von* Modori haben *bis* Sichdà *rechts marginal*   [j] solle⌉ *verbessert aus* [......]

|: Ich habe auch *KossatKi*⁶² / Bey *Tungusi*sche⌈n⌉ *Amanat⌈en⌉* / Von der *Werchna Angara*⁶³ / Zu *IrKuzK*⁶⁴ gesehen; *Ostiak⌈isch⌉* am *Jenisei*⁶⁵ *Ljäganham*⁶⁶ / *Samoj⌈edisch⌉ Tähärgi-nörriKu*⁶⁷. Sie beKom⌈m⌉e⌈n⌉ / solche Von den *Ostiake⌈n⌉* :|ᵃ *Kopetschatie Streli*, RautenPfeile / sind Von Zweyerley Gattung. / Einige sind schmahl und werde⌈n⌉ / auf *Tung⌈usisch⌉ Sülè*⁶⁸ auf *JaKuti*sch: / *Sulemà*⁶⁹ genanntᵇ, andere sind / breitᶜ undᵈ heis⌈s⌉en auf *Tungusi*sch: / *Sodschi*, auf *Brazki*sch und *Mongoli*schᵉ *Chommò*⁷⁰ / Letztere Gattung ist aus⌈s⌉er dene⌈n⌉ / StreitPfeilen⁷¹ die eintZige Von / Eiserne⌈n⌉ Pfeilen derer sich die / Mongolen und *BrazKi* bedien⌈en⌉ / dagege⌈n⌉ sind dieselbe bey den⌈en⌉ / *Jakut⌈en⌉* nicht im Gebrauche.

|: *Ostiak⌈isch⌉ PumpoK⌈olisch⌉*   *Kupýddem*⁷²
-    am *Jenisei*⁷³   *Séntatschham*⁷⁴

ᵃ *von* Ich habe auch KossatKi *bis* Von den Ostiake) *rechts marginal*   ᵇ ₉ₑnannt *verbessert aus* ₉ₑmacht; ₉ₑnannt *über der Zeile*   ᶜ b_{reit} *verbessert aus* [.]   ᵈ u_{nd} *verbessert aus* [.]   ᵉ und Mongolisch *über der Zeile*

breite Rauten Pfeile
Rußisch Kibiri,
Samojedisch NörriKu⁷⁵
Tatarisch DschaglÿK
свистуни⁷⁶ Tatarisch SyrlȳK-ôK⁷⁷ heißen / Zu Krasnojarsk Kibiri an welchen unter dem Pfeile / eine runde ausgehohlte Kugel ist mit / 2 Löchern Zu beyden Seiten, damit sie beym Ab- / schießen Pfeiffen mögen. Die Elende Rehen und / Hirschen bleiben Von dem Gepfiff still stehen / hören andachtig Zu, biß ihnen der Pfeil in den / Leib dringet. :|ᵃ
Orgischi, oder *Wÿltschatie streli* / Gabel Pfeile, auf *Tungusisch Pjelagà*⁷⁸ / *JaKu*tisch: *Ôstach*⁷⁹, haben Zwey /6v/ SPitzen, und sind überdem mit ei- / nem QuerHöltzgen Versehen, damit / sie nicht Zu tief ins fleisch gehen, / und desto Leichter wieder abfallen / mögen.
|: *Ostiakisch* am *Jenisei*⁸⁰ *Chónju*⁸¹
*Tatarisch Aibüsch*⁸²

Ostiakisch PumpoKolisch / *Kándem*⁸³ die Zähne / aber bey denen Ostiakischen / gehen weiter Von einander / Zum exempel eben so bey den *Samoj*eden / *Samoj*eden nennen den *Orgisch* / *rórre*. :|ᵇ
*Dolotschatie streli*⁸⁴, Meissel-Pfeile, / *Tungusisch Daptamà*⁸⁵, *JaKu*tisch *ÔK*⁸⁶. / welches bey denen *Jakut*en ein gemein- / schafftliches Wort ist, womit sie alle / eiserne Pfeile überhaupt, und diese / insbesondere benennen, haben die / Gestalt eines Meissels.

|: *Tatarisch Dschebè*⁸⁷ sie brauchen / aber dieselbe selten

ᵃ *von* Ostiak. PumpoK. Kupýddem *bis* in den Leib dringet. *rechts marginal*   ᵇ *von* Ostiak. am Jenisei *bis* Orgisch rórre. *auf Bl.* 6r *rechts marginal*

Rußisch werden sie auch сечка⁸⁸ / genannt, weil man damit nach / aufgestellt⸢en⸣
Pfeile⸢n⸣ zu schies⸢s⸣⸢e⸣⸢n⸣ / pfleget und dieselbe damit^a mitte⸢n⸣ / durchschneidet^b. :|^c
Alle obige Arte⸢n⸣ Von Pfeilen sind / Von Eisen. Die folgende sind Theils / Von
Holtz Theils Von Knoche⸢n⸣.
Tamari, Boltzen Pfeile, *Tungu*sisch: / *LúKi*⁸⁹. *JaK⸢lutisch⸣ Onogòs*⁹⁰, *BrazKi*sch: /
*BuKù*⁹¹,^d sind^e mehrentheils Von / Holtz, zuweilen aber auch Von / Knochen,
und haben die Gestalt / und Grös⸢s⸣e eines Kleinen Hüner- / Eyes.
|: *Ostiak⸢isch⸣ Pump⸢okolisch⸣*   *Cháiacham*⁹²
  -         am *Jenisei*⁹³: *Sóhom*⁹⁴.

Das Maas⸢s⸣ der boltzen / Pfeile pfleget zu seyn / daß man die boltze / mit dem
Daumen und / Zeiger^f⁹⁵ umfas⸢s⸣⸢e⸣⸢n⸣ Kann.
*Samoj⸢edisch⸣: múgu*⁹⁶. *Tat⸢arisch⸣ Sogùn*⁹⁷
*Tungus*en und *Ostiak*en haben / boltzen Pfeile da das^g vor- / dere
*haemispherium*⁹⁸ aus / Knochen bestehet und ange / leimet ist. :|^h
Fünfekigt ZugesPitzte Boltzen Pfeile / *Tung⸢lusisch⸣ WaKarà*, *JaKut⸢isch⸣ Adùr*⁹⁹ /
*BrazK⸢lisch⸣: Alsamà*¹⁰⁰, sind mehrentheils / Von Knochen, Zuweilen auch Von /
hartem Holtze, und haben forn^i / an der Boltze 5 SPitzen, vier / im *Quadrat* und
eine in der / Mitten, welche alle mit der boltze / aus einem Stüke Holtz oder /7r/
Knochen ausgeschnitzet sind, mit / dem Unterscheide, daß bey dene⸢n⸣ / *Brazki*
und *JaKute⸢n⸣* die Mittelste / SPitze etwas Länger als die / übrige⸢n⸣, bey dene⸢n⸣
Tunguse⸢n⸣ aber / etwas Kürtzer ist.

|: *Ostiak⸢isch⸣* am *Jenisei*¹⁰¹: *Íting-Sóhom*¹⁰² / *Iting*¹⁰³ bedeutet: <u>mit
Zähnen</u>^j :|^k

---

^a damit *über der Zeile*   ^b _durch_sch_neidet_ *verbessert aus* [...]   ^c *von* Tat. Dschebè *bis* durchschneidet *rechts
marginal*   ^d *nach* BuKù, *gestr.* ist   ^e sind *über der Zeile*   ^f Z_eiger_ *verbessert aus* f   ^g _d_as *verbessert aus*
ie   ^h *von* Ostiak Pump. *bis* und angeleimet ist. *rechts marginal*   ^i forn *verbessert aus* [...]   ^j *nach*
Zähnen *gestr.* Tat Sÿgda   ^k *von* Ostiak. am Jenisei *bis* mit Zähnen *auf Bl.* 6v *rechts marginal*

|: Die Höltzer an den Pfeile⌈n⌉ / sind entweder Von Birken / oder weiden[104] Letztere werd⌈en⌉ / Vor die beste⌈n⌉ gehalt⌈en⌉ weil sie / am Leichteste⌈n⌉ und schwankeste⌈n⌉[105] / sind. :|[a]
Gabeliche boltzen-Pfeile, *Tung⌈usisch⌉* / *MumahiK*[106], *Jakuti*sch: *KustaK*[107] / sind wie gemeine boltzen Pfeile / nur daß Vorn in der boltze / die SPitze Von einem Eisernen / Gabel Pfeile befestiget ist. Die / *BrazKi* haben dergl⌈eichen⌉ Pfeile nicht.

|: *Ostiak⌈isch⌉* am *Jenisei*[108]: <u>*Eak-pass*</u>[109]. *Samoj⌈edisch⌉ Pédetu.*[b]
Auf Rus⌈s⌉isch werden diese Pfeilen / *Powodniki*[c110] genannt, weil / man damit auf dem Was⌈s⌉er / schies⌈s⌉et. Auch *SkaKusKi*[111], weil / sie auf dem was⌈s⌉er Hüpffen! :|[d]
Rautigte boltzen Pfeile, *Tungusi*sch: / *Morò*, *Brazki*sch: *Moroi*[112], werden / Von diesen Volker⌈n⌉ gebrauchet, in- / dem sie auf einem[e] / Boltzen Pfeile eine Eiserne Rau- / ten SPitze befestige⌈n⌉. Die *Jakut⌈en⌉* / haben diese Pfeile[f] nicht.

|: heis⌈s⌉et auch auf *Ostiaki*sch / am *Jenisei*[113] <u>*Eàk-pass.*</u>[114] :|[g]
SPitzigte Knochen Pfeile, *Tung⌈usisch⌉* / *Dschíran*[115], *JaK⌈utisch⌉ Bürà*[116], sind / Lang,[h] SPitzig und schmahl, an / einer Seite Rund, an der ander⌈en⌉ / ausgehöhlet. Selbige werden / sowohl als alle übrige[i] / Knochen- und boltzen-Pfeile / Von Elends-beinen gemacht.

---

[a] *von* Die Höltzer an den Pfeile, *bis* und schwankeste, sind. *rechts marginal*   [b] *nach* Pédetu. *gestr.* Ru   [c] PoWodniki *verbessert aus* d   [d] *von* Ostiak. am Jenisei *bis* wasser Hüpffen! *rechts marginal*   [e] einem *verbessert aus* n; *nach einem gestr.* Rauten Spitze   [f] P_{feile} *verbessert aus* f   [g] heisset auch auf Ostiakisch am Jenisei <u>Eàk-pass.</u> *rechts marginal*   [h] *nach* Lang, *gestr.* und   [i] *nach* übrige *gestr.* Rauten

|: Ostjak[isch] Pumpok[olisch] Kagálhat[a117] / Sie sind aber bey den /
Ostiake[n] nicht so lang / und SPitzig als wie Bey / den Tunguse[n].
Ostiak[isch] am Jenisei[118]: ÁdoK[119]
Samoj[edisch] Nádde.
Die Rus[s]en nenne[n] diese Pfeile / Kosteniza[120]. Zu Krasnoj[arsk] caнгa[121] / Die
Tataren nenne[n] selbige Sygda[122] / und mache[n] selbige auch Von / Pferde
Knoche[n]. : |[b]
Die Nordl[ichen] Völker und die auf / KamtschatKa[123] haben Vor anKunfft / der
Rus[s]en Keine andere als der- / gleichen SPitzige Knochen Pfeile gehabt /7v/
[j]etzo aber gebrauchen sie auch / mehrenTheils eiserne Pfeile, / die ihnen durch
die Rus[s]en Zum / Verkauf Zugeführet werden.
Es sind dennoch[c] unter denen heid- / nischen Völker[n] in Sibirien / die JaKute[n]
und Tungusen / noch so stark an die Knochen- / Pfeile gewehnet, daß ob sie /
gleich eiserne im Uberflus[s]e haben / oder haben Könne[n], dennoch diese / nicht
abschaffe[n].
Ein Tunguse der auf die / Jagd ausgehet, er mag einen / so weite[n] weg sich
Vorgenomm[en] / habe[n], als er will, nimmt nicht / mehr als 5 oder 6 Eiserne /
Pfeile mit sich, und bey dene[n] / Jakute[n], die auf weite Jagd / Reisen sich
begebe[n], ist die / Gesetzte Zahl von 7 eiserne[n] / Pfeilen. Uberdem aber nimt /
ein jeder sowohl Jakute als / Tunguse auf 10 Knochen Pfeile / mit sich. Die
Jakute[n] halt[en] / es Vor eine Sünde mehr Pfeile / mit sich zunehmen.
Unter allen eisernen Pfeilen /8r/ sind Bey denen JaKuten die / Gabel- und
Meis[s]el Pfeile[124] / am Meisten im Gebrauch.
|: Die Samojeden haben Verschiede- / ne[d] Arte[n] Von Pfeilen und / davor
besonderer Nahmen / 1.) Pfeile womit sie gegen / einander Zum Streit gehe[n] /
die den gemeinschaftl[ichen] Nah= / men Tjúge führen. Selbige / sind theils[e]
BojewKi[125] theils / KossatKi[126] theils Kopetschatie / Von der Kleinsten
Gattung / oder Kleine Rauten Pfeile,[f] / Theils eine besonde- / re Art Von Pfeilen
die Sonst bey / andere[n] Volker[n] nicht ist, und / wegen ihrer ahnlichkeit mit /

---

[a] K̲a̲gálhat verbessert aus [.]a[.]gálhat [b] von Ostjak. Pumpok. bis Pferde Knoche) rechts marginal
[c] den_noch über der Zeile [d] Verschiedene verbessert aus [............] [e] theils verbessert aus [.] [f] nach Pfeile, gestr. theils / Dolotschatie,

einer^a Schuster Ahle *Schiltscha- / tie*^127 genannt werden. 2.) habe⌈n⌉ / sie zweyerley Nahmen für^b eiserne Pfeile / zu der Thier-Jagd: als / *Kopetschatie* von der größeste⌈n⌉ / Sorte oder gros⌈s⌉e rauten Pfeile / und *Dollotschatie*^128 mit gemeinschafftl⌈ichem⌉ Nahmen / auf *Samojedi*sch *NorriK*^129, in der / dortigen Rus⌈s⌉ische⌈n⌉ SPrache *Ploscha- / di*^130 letztere auch *Kibiri*^c genannt: ferner *Orgischi* / oder *Wyltschatie Strjeli*, auf / *Samojed⌈isch⌉ Lórri*^131 genannt, bey / dene⌈n⌉ sich die Zähne weit Von / einander gebe⌈n⌉^132, wie^d bey den *Ostiake⌈n⌉* / 3.) Knochen Pfeile die zwar mehren- / Theils Zum Streit, Zuweilen aber / auch Zur Jagd gebraucht werden / sind drey ekigt etwan 3 Zoll lang / wie bey den *Jakute⌈n⌉* werden Von / den Knoche⌈n⌉ der Rennthiere, auch aus den / Hörner⌈n⌉ derselben gemacht, auf *Samo- / jedisch Edò-mímo*^133 d⌈as⌉ i⌈st⌉ Horn Pfeil. / 4) *Tomari* auf *Samoj⌈edisch⌉ Múgo*^134, theils / aus Holtz theils aus Knoche⌈n⌉ Theils aus beyde⌈n⌉ / Zusammen geleimet. :|^e

Die *Jukagiri* wis⌈s⌉en fast Von / nichts anders als Von dene⌈n⌉ eintzige⌈n⌉^f / Gabel-Pfeilen, doch bediene⌈n⌉ / sie sich auch der breiten Rau- / ten Pfeile.

Die *BrazKi* haben Keine andere / als breite Rauten Pfeile.

Die *Tungus*en schies⌈s⌉en am meiste⌈n⌉ / mit schmahlen Rauten Pfeilen / wiewohl sie der übrige⌈n⌉ auch / nicht entbehre⌈n⌉.

Ein *Jakut*e hingege⌈n⌉ wird sich / eines schmahlen Rauten Pfeiles / auf der Jagd nicht anders / als im höchste⌈n⌉ Nothfalle be- / diene⌈n⌉, und gebrauchet den- / selben nur Mann auf Mann / so wie die *BoijowKi*^135.

|: Die Ostiake⌈n⌉ am *Ket*^136 f[luß] / haben Keine andere Pfeile / als schmahle Rauten- / Pfeile, Gabel Pfeile / *Tomari*, und Kleine / Knochen Pfeile.

Die *Samoj*eden haben auch fünf / sPitzige^g *Tomari*, auch dergl⌈eichen⌉^h wo *orgischi* / und Kleine *LopatKi*^137 oder / *Dolotschatie*^i *streli*^138 forn einge / setzet sind. Diese heis⌈s⌉en / auf *Samoj*ed⌈isch⌉ *Bedotschè* und / werden hauptsachlich auf der / Endt⌈en⌉^139 und Gansen Jagd auf / dem was⌈s⌉er gebrauchet. Sie / hüpffen auf dem was⌈s⌉er / wenn sie nicht allZu^j schräge / abgeschos⌈s⌉en werden, und^k / Kann offters ein Pfeil in / einem Schus⌈s⌉e unter einem / gros⌈s⌉en Hauffen Gans⌈s⌉e / oder Endten^140 5 oder 6 Stüke⌈n⌉ / die Köpffe abnehmen. / weil diese Pfeile auf dem / was⌈s⌉er SPringen, so werd⌈en⌉ / sie Von den Rus⌈s⌉en *Skakuske⌈n⌉*^141 / genannt.

---

^a e_{iner} *verbessert aus* [.]   ^b Nahmen für *über der Zeile*   ^c letztere auch Kibiri *über der Zeile*   ^d _wie *verbessert aus* [..]   ^e *von* Die Samojeden haben Verschiedene *bis* Zusammen geleimet. *auf Bl.* 7v *rechts marginal*   ^f eintzige_) *über der Zeile*   ^g fünfsPitzige *ursprünglich gestr.; über* fünf_{sPitzige} *gestr.* gabelichte   ^h dergl *über der Zeile*   ^i _{Dol}O_{tschatie} *verbessert aus* [.]   ^j _{all}Zu *verbessert aus* [.]   ^k und *verbessert aus* [...]

Camasinzi Taiginzi p⌈erge⌉ haben / bloß *BojewKi*[142], *Kibiri*[a], *Orgi-* / *schi.* Keine Meis⌈s⌉el Pfeile[143] / *Tomari* sind vorn ZugesPitzt / keine *ScaKuski*[144] Knochen Pfeile / daran sind die Knochen Von / Elends Beinen auf 4 *wer-* / *schoK* Lang aber dünn und / drey Ekigt. Und werden / halb in dem Pfeile befestiget : |[b] Mit diesen erzehlte⌈n⌉[c] Gattungen Von / eisernen Pfeilen[d], wie auch / mit dene⌈n⌉ sPitzigen Knochen / Pfeilen, werden alle gros⌈s⌉e / Thiere, als Elende, RennThiere, / bären, Wölffe, Füchse, Rehen *p⌈erge⌉ p⌈erge⌉* / wie auch Auerhahnen[145], Gänse / und Schwane⌈n⌉[146] geschos⌈s⌉en. /8v/ Mit Boltzen-Pfeilen schies⌈s⌉et / man die Zobel und Eich- / hörner. Die fünfsPitzigen Boltzen Pfeile / wie auch die mit Gabel- und / Rauten[e] SPitzen dienen im / Sommer auf der Endten-Jagd / und andere was⌈s⌉er-Vögel auf / Flüs⌈s⌉en oder Seen Zu schies⌈s⌉en / Solte man daZu die eisernen / Pfeile gebrauchen, so würden solche / Bey einem FehlSchus⌈s⌉e im was⌈s⌉er / Untersinke⌈n⌉ und Verlohren gehen / Die gemeinen Boltzen Pfeile / aber, oder die sogenannte *Tamari*, sind Zu groß und schwer, als / daß sie im Sommer mit genug- / samen Nachdruk Könnte⌈n⌉ abge- / schos⌈s⌉en werde⌈n⌉. Denn der / Bogen wird im Sommer schlaff / von der Hitze[f] und im winter sPannet ihn / die Kälte, da denn die schwe- / ren Boltzen-Pfeile dienlich / sind,[g] wegen der schlaffen / Bogens aber im Sommer werden / die Boltzen an denen Vorbesag- / Ter Maas⌈s⌉en Zur was⌈s⌉er Jagd / *destinirt*en[147] Pfeilen Kleiner / und Leichter gemacht.

|: Die *Krasnoj⌈arskischen⌉ Tatar*en wo sie Adler / Nester haben da pflege⌈n⌉ sie dieselbe wohl / in Acht Zu nehmen und einer darff / dabey dem andere⌈n⌉ nicht[h] ins Gehege / Komme⌈n⌉. Sie pflegen die Jungen in dene⌈n⌉ / Neste⌈rn⌉ anZubinden, damit sie biß Zu völligem / aufwachse⌈n⌉ Von dene⌈n⌉ alte⌈n⌉ gefuttert / werde⌈n⌉, und sie selbst das Futter sPare⌈n⌉ / mögen. Ist er groß genug, so bringe⌈n⌉ / sie ihn um pflüken ihm die Federn beym / Neste aus und Verzehren ihn auch auf dem / Felde. Zu Hause dörffen sie ihn nicht bringe⌈n⌉ / weil das weibliche Geschlecht nicht werth ist / das Fleisch anZurühre⌈n⌉ oder Zu Koche⌈n⌉. Weiber / dörffen auch nicht Von adler Fleisch es⌈s⌉en / Sonderlich gehen sie auch[i] mit dene⌈n⌉ abgeflükte⌈n⌉ / Kleinen Feder⌈n⌉ behutsam um[j], und Verwahren / dieselbe in hohlen bäume⌈n⌉ oder baumRinde⌈n⌉ / damit die Hunde nicht darüber Komm⌈en⌉ / Auch ist der Feder⌈n⌉ wege⌈n⌉ eine Ursache daß sie / den Adler nicht Zu hause abpflüke⌈n⌉, / damit nemlich die Weiber nicht auf dieselbe / Trete⌈n⌉ mögen.

---

[a] K$_{ibiri}$ *verbessert aus* [.]   [b] *von* Die Ostiake$_)$ am Ket *bis* halb in dem Pfeile befestiget *rechts marginal*
[c] erzehlte$_)$ *über der Zeile*; $_{erze}$h$_{lte)}$ *verbessert aus* [.]   [d] P$_{feilen}$ *verbessert aus* S   [e] $_R$a$_{uten}$ *verbessert aus* [.]
[f] von der Hitze *über der Zeile*   [g] *nach* sind, *gestr.* bey   [h] $_{nicht}$ *verbessert aus* $_{nicht}$s   [i] auch *über der Zeile*   [j] um *über der Zeile*

Alte Adler schiessen sie / nicht gern, sie sagen es sey Sünde, und noch / größer sey die Sünde, wenn man vor- / bey schießet. Die Federn an denen Pfeilen / werden am Liebsten aus Adlers / Flügeln, in Ermangelung / derselben aber von Gänssen, auch Von[a] Auer-[148] / und Birkhanen[149] genommen. / Sie werden Zu 3 Reihen / auf ¼ *Arschin* Lang in den / dreyfach eingeschnittenenen Pfeil / eingeleimet. Die Adler und / Gänsse Federn sind die besten, weil / sie im Waßer nicht[b] bald durchnätzen[c][150] / Die Federn Von Auer[151] und birkhane[152] / Rebhünern[d][153], Schwanen[154], p*erge* hingegen / nätzen[155] geschwind durch und davon / wird der Pfeil schwer. Die *Samoj*eden / gebrauchen aber die Federn Von dem / Vogel *KanjuK*[156], sie sind aber nicht / besser als die ubrigen Letztbesagten, / *KanjuK*[157] gehöret Zu dem Geschlecht der Eulen, / ist schwartz und grau. :|[e] /9r/
|: Die Adler pflegen alle in ei / nerley Nester Zu nisten, und / merken sich die Volker selbige / Nester, und nehmen jahrlich / die Jungen heraus, wovon sie / die Federn Zu ihren Pfeilen / nehmen nachdem[f] sie dieselbe / bey sich in ihren Jurten auferZogen / nimmt man den Adler auch / Viel Jahr nach einander / seine Jungen so Kommt er / doch alle Zeit wieder in daßelbe / Nest. Ist aber ja[g] der Ort / nicht mehr bequem vor ihn / so nistet er doch in der / Nähe. Wer einmahl / im Besitz Von einem Adlers / Neste[h] ist, der läßet sich / solches Recht nicht nehmen / daher entstehen offters / StreitigKeiten und Schläge- / reyen, wenn einer dem / andern die Jungen aus- / nimmt.
Die *Tungus*en pflegen auf der / Linken hand Zu nächsten[i] ober dem Knöchel eine rund geschmie- / dete Eyserne[j] Platte in dem / Ermel zu haben, weil / wenn sie einen bogen abgeschossen / die Sehne daselbst[k] auf der / Hand stark anschläget, welches / ohne diese Plate den[l] / Arm verletzen Kann. Diese eiserne platte wird auf / Rußisch *Narutschina*[158] genannt :|[m]
Die grössesten Meister im Schiessen / sind die *Tungus*en. Sie pflegen / nicht Leicht ein Thier anders / als in die brust Zu schießen, und / wißen dabey mehrenTheils ent- / weder das Hertz oder die / Lunge mit grosser Geschik- / lichKeit Zu treffen.
wiewohl dieses ist nicht um / denen übrigen Volkern den Ruhm / im Schiessen gäntzlich abzusPrechen / Es haben alle, wenigstens zu / gewisse

---

[a] Gänssen, auch Von *über der Zeile* [b] *nach* nicht *gestr.* nass werden [c] bald durchnätzen *über der Zeile* [d] R$_{ebhüner}$) *verbessert aus* [.] [e] *von* Die Krasnoj. Tataren wo es *bis* ist schwartz und grau. rechts marginal [f] n$_{achdem}$ *verbessert aus* [.] [g] ja *über der Zeile* [h] $_{Ne}$st$_e$ *verbessert aus* [..] [i] Zu nächst) ober dem Knöchel *über der Zeile* [j] Ey$_{serne}$ *verbessert aus* [..] [k] da$_{selbst}$ *verbessert aus* [..] [l] $_d$en *verbessert aus* ie; *nach* den *gestr.* Hand [m] *von* Die Adler pflegen alle *bis* Narutschina genannt rechts marginal

Jahrs-Zeit⸢en⸣, einige^a / Beschäftigung mit der Jagd / folglich müs⸢s⸣en sie alle im Schies⸢s⸣e⸢n⸣ / geübet seyn: und daß die *Tun-* / *gus*en den Vorzug hab⸢en⸣, solches / scheinet eben daher Zu rühren / weil dieselbe das Gantze Jahr / hindurch mit der Jagd beschäfti- / get sind. Ich meine die Wald- / *Tunguse*⸢n⸣. Wiewohl man auch / denen *NertschinsKi*sche⸢n⸣ und übrig⸢en⸣ / welche ViehZucht hab⸢en⸣, insgemein^b einen / Vorzug in der GeschiklichKeit / Zu schies⸢s⸣e⸢n⸣ Zueignet.

Als währendem unserm Aufent- / halt auf dene⸢n⸣ *Koliwani*sch⸢en⸣ / Kupferwerke⸢n⸣[159] im *Altayi*sche⸢n⸣ / Gebürge[160] eine Kleine Chalmükische /9v/ *Caravane* daselbst anKame[161], / welche aus sogenannte⸢n⸣ *Uranchi*[162], / oder dergl⸢ei⸣chen Leute⸢n⸣ Bestund, die dem / Chalmükische⸢n⸣ Regent⸢en⸣ *Galdan Ze-* / *rin*[163] Schatzung[164] in Zobeln oder / ander⸢en⸣ Peltz werke⸢n⸣ bezahlen / weswegen^c sie^d folglich auch der Jagd / nachzugehe⸢n⸣ Verbunden sind; so war / ich begierig ihre GeschiklichKeit / im Schies⸢s⸣e⸢n⸣ Zu sehe⸢n⸣, und Bate / sie mir davon eine Probe Zu Zei- / gen^e. Sie schos⸢s⸣en anfänglich / nach einem aufgestekte⸢n⸣ Kleinen / Ziele, welches sie alle sehr wohl / traffen^f, Legten darauf in / geringer *distanz* drey Merk- / mahle[165] Von Birken Rinde auf der / Erden hin, setzten sich Zu Pferde / und indem sie stark *galopir*end / diese drey Merkmahle Gantz^g / nahe einer auf den andern Vor- / beyritten, so wusten sie mit sol- / cher GeschwindigKeit und behen- / digKeit nach denenselbe⸢n⸣ ihre / Pfeile abZudrüken, daß gleich- / falls sehr wenig FehlSchüs⸢s⸣e ge- / schahen. Am meisten war dabey / Zu bewunder⸢n⸣, wie sie Zwischen / denen Merkmahlen in so geringer / *distanz* mit hervorlangung des Pfeiles aus dem Pfeil Köcher, An- / Legung deßelb⸢en⸣ an den bogen /10r/ und mit der so nöthig⸢en⸣ / genauen Zielung fertig / werden Konnt⸢en⸣. Ihre Pfeile / waren mehrentheils Breite Rau- / ten Pfeile, Sie wiesen uns / aber auch StreitPfeile oder / sogenannte *BoijowKi*[166], wovon / sie sagten, daß sie selbige ohn- / Längst im Kriege mit dene⸢n⸣ / Sineser⸢n⸣ erbeutet hätte⸢n⸣.

|: Unter dene⸢n⸣ *Samoj*eden im / *Turuch⸢l⸣anskischen⸣* Gebiethe sind die / *Chantaiski*sche⸢n⸣ und *Tawgi* / im Schies⸢s⸣en die geschicktestе⸢n⸣ / und habe⸢n⸣ einen VorZug Vor / den⸢en⸣ *Jurak*en. Wie man / denn bemerket, wenn die / *Jurak*e⸢n⸣ die *ChantaisKi*sche⸢n⸣ / oder *Jurak*e⸢n⸣[167] BeKrieget / daß obgleich diese geringer / an der Zahl als jene / gewese⸢n⸣, dennoch Von jene⸢n⸣ / alleZeit die meisten er- / schos⸢s⸣en worde⸢n⸣. Die *Chan / Taiski*sche⸢n⸣ haben wieder / einen VorZug Vor den⸢en⸣ / *Tawgi*. :|^h

---

^a ein_{ige} *verbessert aus* [...]   ^b insgemein *über der Zeile*   ^c weswegen *über der Zeile*   ^d vor sie *gestr.* so
^e Z_{eigen} *verbessert aus* [.]   ^f tr_{a}ffen *verbessert aus* [.]   ^g G_{antz} *verbessert aus* [.]   ^h von Unter dene_) Samojeden *bis* vor den_) Tawgi. *auf Bl. 9v rechts marginal*

|: Die *Brazki* und *JaKuten* / haben uns auch Zu mehreren / Mahlen dergleichen⌐
Exer- / *citia*¹⁶⁸ im Schieſsſen sehen⌐ / Laſsſen, daß sie einen / Pfeil in die Erde ge-
/ steket, und in Vollem / *Galop* Vorbey reitendᵃ / denselben durch einen⌐ / Pfeil
Schuſsſ entweder / gesPalten⌐ oder quer / abgeschoſsſen⌐. :|ᵇ
Ich habe jetzo Gelegentlich des / PfeilKöchers erwehnet. Alle / Völker haben
dergleichen⌐ᶜ, wie- / wohl mit einigem Unterscheide / die so Zu Fuſsſe auf die
Jagd / gehen, als Zſumſ eſxempelſ die Wald *Tun-* / *gusen⌐*, tragenᵈ den Pfeil Köcher
/ auf dem Rüken und den Bogen⌐ / in der Linken Hand, oder unter dem Linken
armeᵉ in der / rechten aber, wiewohl nicht alle / mahl, führen sieᶠ ein Langes
Jagd-Meſsſer / dergleichen⌐ in der Ruſsſisch-Si- / birischen⌐ SPrache *Palma*
genannt / wird. Ein *Mong*ale, Chal- / müke, *BrazKi*, *NertschinsKi*scher / *Tunguse*
*et*cʃeteraʃᵍ dahingegen, welcher / nicht anders als zu Pferde Jaget, / hat den
PfeilKöcher auf der / rechten Seite am Gürtel, den / Bogen aber gleichfalls in
einem / Köcher auf der Linken Seiteʰ angeheftetⁱ. /10v/ Einigeʲ haben
gedoppelte Pfeil- / Köcher. davon einer mit Streit / Pfeilen¹⁶⁹ angefüllet ist, und
gebrau- / chet wird, wenn Mann gegen⌐ Mann / zu Felde gehet, der andere aber /
ist bloſsſ Zur Jagd *destini*ret¹⁷⁰ und / mit obangeführtſenſ Artſenſ Von Jagd /
Pfeilen nach eines jeden Volkes ge- / wohnheit ausgerüstet. Jener / wird im
Ruſsſischen⌐ *Tul Boiewoi*¹⁷¹ / dieser *Tul Swierowoi*¹⁷² genannt.
|: *Tul*¹⁷³ Bey denen⌐ *Ostiak*en / am *Jenisei*¹⁷⁴, wie bey den / *Tunguse*n⌐. sie
nennen / selbigen: *ö́t*¹⁷⁵. :|ᵏ
Die *Tungus*en nennen⌐ ihre Pfeil- / Köcher *Ömu*¹⁷⁶. Sie sind Vier- / ekigt und
platt, so Lang, daß / die Pfeile fast gantz darin Platz / haben⌐, werden wie ein
Rentzel um / die Schultern⌐ angesPannt, und hän- / gen nach der Länge den
Rüken / herab. Eben also ist auch der / PfeilKöcher und die Art selbigſenſ / Zu
tragſenſ Bey denſenſ *Jukagiri*, / *Lamutſenſ*, *Koriakſenſ pſergeſ* Beschaffen⌐.
|: Die *Ostiaken⌐* haben ebſenſ / dergſeichen Pfeil Köcher als die / *Tunguse*n⌐ und
Tragen / dieselbe auch auf dem / Rüken. Die am *Ket*¹⁷⁷ flſußſ / (*Pumpok*ſ*olischeſ*)
nennen selbige / Pfeilkocher *Chórrat*¹⁷⁸.
Die *Samoj*eden haben etwas / breitere PfeilKöcher als die / *Tunguse*n⌐, sonst aber
fast Von / einerley *facon*, als daß sie / Bey ihnen unten etwas enger / als oben
sind. Sie tragſenſ selbigen⌐ / gleichfalls auf dem Rüken⌐ / Sie nennen⌐ den Köcher
*Lýtsche*¹⁷⁹ *Mangas*ſ*eischſ Nütse*ˡ¹⁸⁰ / Außer denen Pfeilen⌐ im Köcher / pfleget ein

---

ᵃ ₍reiten₎d *verbessert aus* [.]   ᵇ *von* Die Brazki und *bis* quer abgeschosse₎ *rechts marginal*   ᶜ ₍dergˡeiche₎ *verbessert aus* [.]   ᵈ ₍t₎ra₍g₎en *verbessert aus* ₍[.]₎a[.]₍en₎   ᵉ oder unter dem Linken arme *über der Zeile*
ᶠ führen sie *über der Zeile*   ᵍ etc. *über der Zeile*   ʰ nach Seite *gestr.* Befestiget   ⁱ angeheftet *über der Zeile* ʲ Ei₍nige₎ *verbessert aus* [..]   ᵏ *von* Tul Bey dene₎ *bis* selbigen öt. *auf Bl.* 10r *rechts marginal*
ˡ Mangas. Nütse *über der Zeile*

*Samoj*ede noch eine[n] / Vorrath Von Pfeilen in ausge- / höhlte[n] Höltzerne[n] Köcher[n] bey / sich im Schlitten Zu habe[n], Zumahl / Von StreitPfeilen[181], wegen der / Unsicherheit Vor den *Jurake*[n]. :|[a]
Die *Jaku*ten, welche auf der / Jagd als *Dragon*er anZuseh[en] / sind, und bald Zu Fus[s]e als / die *Tanguse*[n], Bald Zu Pferde / wie die *Mongale*[n] jagen, habe[n] / Zweyerley arten Von Pfeil-Köcher / wenn Sie nemlich Zu Fuße sind, / so bedienen sie sich einer art /11r/ Von Köcher[n][b], die in allem / dene[n] *Tungusi*sche[n] ähnlich sind, auch / auf dieselbe weise geTrage[n], und / Von ihnen *Kaissäch*[182] genennet / werden. Zu Pferde dahin- / gege[n] haben sie Pfeil Köcher / wie die *Mongal*en, auch den / Bogen in einem Besondere[n] Köcher / Zu Beyden Seiten am Gürtel, / die Pfeile Zur Recht[en] den bog[en] / Zur Linke[n], angeheftet: dergl[eichen] / Pfeil Köcher heißen[c] sie *Sadach*[183], die / Köcher aber, worin der boge[n] ge- / führet wird, *KünjäliK*[184].
|: *Tatar*en nenne[n] den Pfeil Kocher / *Sádak*[185], Tragen denselbe[n] auf / der recht[en] Seite, den bogen / Köcher *KûrluK*[186], auf der / Linken Seite. *Dschabásche*[187] nennen sie den Uber- / Zug über den bogen, wenn es / regnet, ist Von Leder.
копье[188] auf *Tatar*isch *dschedà*[189] / sie brauche[n] solches im Kriege / auch auf der bähren Jagd. :|[d]
Neben dem *KünjaliK*[190], oder auch, / wenn ein *Jaku*te zu Fus[s]e auf die / Jagd gehet, hänget auf der Linke[n] / Seite ein Kleines JagdMes[s]er in / einer Scheide. *Sadach*[191], *KunjaliK*[192] und dieses Kleine / JagdMes[s]er oder *Palma* sind an / einem Besondere[n] Lederne[n] gürtel / Befestiget, welche[n] sie über dem / sonst gewöhnliche[n] Gürtel um den / Leib sPanne[n]. Wenn ein dergestalt *armi*rter[e][193] *Ja*K*ute* / Vom Pferde steiget und in eine / Jurte gehen will, so Leget er / alles auf einmahl ab.
|: Die *OtKassi*[194] bey dene[n] *Samojed*[en] / sind ein von denen Rus[s]en ange- / nommenes Jagd-*Instrument* / Ihr eigenthümliches ist die / *Rogatina Samoj*edische *Palmi* werden da- / selbst Von den Rus[s]en *OtKassi*[195] / Von ihnen selbst *Agahóru*[f196] *Juraki*sch[g] *Palli*[197] genannt / Von Größe und gestalt wie / bey den *Tanguse*[n]. Den Stiel / pflegen die *Samoj*eden Zur Zierde / mit Meßing ausZulege[n]. Nicht / ein jeder hat eine *OtKass*[198]. brauche[n] / selbige auch wenig. :|[h]

---

[a] *von* Die Ostiake) haben *bis* Vor den Jurake) *rechts marginal*   [b] vor Köcher) *gestr.* Pfeil   [c] heißen *über der Zeile*   [d] *von* Tataren nenne) *bis* bähren Jagd. *rechts marginal*   [e] dergestalt armirter *über der Zeile*   [f] Agahóru *verbessert aus* [.]   [g] Agahóru Jurakisch *über der Zeile*   [h] *von* Die OtKassi bey *bis* selbige auch wenig. *rechts marginal*

Die großen JagdMeßer, deren / sich die *Tungus*en bedienen, und / Von ihnen *Önnéptun*[199] genannt / werden, sind fast auf eine Elle[a][200] / Lang, und 2 gute Finger breit, /11v/ haben einen Stiel auf 1½ bis⌠s⌡ / 2 Ellen[201] Lang, deßen sie sich / Beym Gehen anstatt eines Stokes / gebrauche⌠n⌡.
Die *Jakut*en Tragen auch Zu wei- / Len eine große *Palma*, wenn / sie Zu Pferde sind. Dieselbe ist / gleichfalls mit dem Stiel[b] auf eine⌠n⌡ Faden Lang / und wird auf[c] der Linken Seite / mit denen Vorbeschriebene⌠n⌡ Pfeil / und bogen Köcher⌠n⌡ an dem[d] / Gürtel mit Riemen festgebunde⌠n⌡, / so daß die SPitze, worauf eine / Scheide ist, Vorwerts siehet: Es / sey denn daß sie sich von jemand / etwas böses Vermuthe⌠n⌡, in welchem / Fall sie die SPitze rükwerts / Kehren und den Stiel Vorn in / den Händen halte⌠n⌡, damit sie / die *Palma* desto Leichter und geschwinder[e] heraus / Ziehen, und sich damit ihrer Haut / möge⌠n⌡[f] wehre⌠n⌡ Könne⌠n⌡.
Sonst ist der Gebrauch dieser / Jagd Mes⌠s⌡er fürnemlich Zur / *Defension* in dene⌠n⌡ wildnüs⌠s⌡e⌠n⌡ / für dem Anfall grimmiger / wilder Thiere als Bären, / Wölffe, Tiger[202] u⌠nd⌡ d⌠er⌡g⌠l⌡eichen wenn / die Pfeile nicht Zulänglich sind / dieselbe Zu erlege⌠n⌡. Ein *Tun- / gus*e oder *Jakut*e scheuet sich /12r/ nicht mit einem derg⌠l⌡eiche⌠n⌡ Jagd / Mes⌠s⌡er sich mit dem grimmigs⌠t⌡e⌠n⌡ / bären in eine⌠n⌡ ZweyKampff / einzulas⌠s⌡e⌠n⌡: Allein es eräugnet / sich auch zuweile⌠n⌡, daß der Bär / die oberhand gewinnet, und / den Kühnling mit dem Lebe⌠n⌡ be- / Zahlen[g] Läs⌠s⌡et.
|: *Ostiak*en haben Keine / *Palmi*[h], sondern anstatt / derselbe⌠n⌡ *Rogatini* / (eine Art Von Spies⌠s⌡en) / wegen der bären Jagd. / Die[i] *Ostiak*e⌠n⌡ am *Ket*[203] fl⌠uß⌡ / nenne⌠n⌡ die *Rogatini Hût* / mit diese⌠n⌡ *Rogatini*[j] / erstechen sie bähren in / ihren *Berlogi*[204] oder Löchern.
Rogatini der *Samoj*eden, bey ihne⌠n⌡ / *Nórrè*[205] genannt, sind eben derg⌠l⌡eichen / Spieße. Das Eysen ist auf ¼ / *Arsch*⌠in⌡ lang, 2 bis⌠s⌡ 2½ Finger / breit, zu beyden Seite⌠n⌡ scharff / und forn sPitzig. Die *Rato- / wische*[206] oder der Stiel an diese⌠n⌡ / Spies⌠s⌡en ist auf 2 biß 2[k]½ Fade⌠n⌡ / Lang. Mit diesen *Rogatini* / erlege⌠n⌡ die *Samoj*eden die Renn- / Thiere, wenn sie im Frühling und / Herbste durch die Flüs⌠s⌡e setze⌠n⌡.
Die Rus⌠s⌡ische⌠n⌡ *Promyschleni* am / *Jenisei*[207] haben Von[l] ihnen diese Art / Von JagdSPies⌠s⌡e⌠n⌡ angenomme⌠n⌡ / und mache⌠n⌡ auch *Rogatini*,[m] daran[n] aber / das Eysen grös⌠s⌡er und der / Stiel diker, aber Kürtzer ist / ohngefehr wie Bey den

---

[a] E_{lle} *verbessert aus* [.]   [b] mit dem Stiel *über der Zeile*   [c] a_{uf} *verbessert aus* [.]   [d] dem *verbessert aus* [..]nselben[..]   [e] und geschwinder *über der Zeile*   [f] m_{öge)} *verbessert aus* [.]   [g] _{beZahle}n *verbessert aus* t   [h] _{Palm}i *verbessert aus* [.]   [i] D_{ie} *verbessert aus* [.]   [j] R_{ogatini} *verbessert aus* [.]   [k] 2 *verbessert aus* [.]   [l] Von *über der Zeile*   [m] *nach* Rogatini, *gestr.* das   [n] daran *über der Zeile*

Ostiak⌈en⌉ / damit gehen sie auf die weis⌈ss⌉e / bären²⁰⁸ Jagd. wege⌈n⌉ der
RennThiers / Jagd gebrauche⌈n⌉ sonst die Rus⌈ss⌉e⌈n⌉ ebe⌈n⌉ / dergleich⌈en⌉ *Rogatini*
als die *Samojed⌈en⌉* : |ᵃ
| : *Ostiak*en am *Jenisei*²⁰⁹ Brauchen / die JagdMes⌈ss⌉er weniger / Sie nennen
selbige: *AtKass*²¹⁰ / daher ist der Rus⌈ss⌉ische / Nahme *OtKassi*²¹¹.
Rogatina in ihrer SPrache / *Ûs*²¹² ist bey ihnen mehr / im Gebrauch. : |ᵇ
Die *JuKagiri* habe⌈n⌉ nur Kleine / JagdMes⌈ss⌉er nach dem *façon* der / *Jakute⌈n⌉*,
Von welche⌈n⌉ sie dieselbe / scheine⌈n⌉ beKomm⌈en⌉ Zu hab⌈en⌉, und / wis⌈ss⌉en nichts
Von dene⌈n⌉ gros⌈ss⌉e⌈n⌉ / An diese⌈n⌉ Kleine⌈n⌉ JagdMes⌈ss⌉er⌈n⌉ / ist das Eisen
½ *Arsch⌈in⌉* das Hefft / ein Viertel *Arschin* Lang.
Ein Neben-Gebrauch der gros⌈ss⌉e⌈n⌉ᶜ Jagd-Meßer / ist Bey dene⌈n⌉ *Tunguse⌈n⌉*, daß /
wenn sie Verhausen, das / Haupt der *Famili*e nebst dene⌈n⌉ / übrige⌈n⌉ Persone⌈n⌉
Männliche⌈n⌉ Geschlechts / in der gewöhnlich⌈en⌉ *Armatur*²¹³ / Vorausgehe⌈n⌉, und
mit dene⌈n⌉ / JagdMes⌈ss⌉er⌈n⌉ in dene⌈n⌉ wildnüs⌈ss⌉e⌈n⌉ / die Wege reinige⌈n⌉.
Ein *Tungus*e istᵈ beyᵉ seinemᶠ / Beständige⌈n⌉ hin und her Ziehen / nimmer Bey
dem Tros⌈ss⌉ derer / RennThiere, als welche mit der / *Bagage* Von dem
weiberVolke / geführet werden. Er gehet / immer Voraus, mit einem oder 2
Hunden begleitetᵍ und siehet wo ihm / unterweges etwas Zu jage⌈n⌉ aufstoßet.
/12v/ ist er müde so suchet er sich / einen Ort aus, wo er das / NachtLager halte⌈n⌉
will, und / erwartet daselbst seine *famili*e, / welche inmittelst seinen Fus⌈ss⌉- /
stapffen folget, und nach ihrer / Ankunfft die Wohnung auf- / schläget.
hat der *Tungus*e Hoffnung, / in der Gegend, wo er sein Nacht- / Lager
aufgeschlage⌈n⌉, einen / gute⌈n⌉ wildfang Zu haben, / so bleibt er einige Tage an /
demselbe⌈n⌉ Orte stehen, und *occu- / pir*et sich beständig bald gege⌈n⌉ / diese bald
jene Seite Kleine / *excursione⌈n⌉* der Jagd halber / Zu Thun. Zuweilen bleibt er /
Zwey, drey oder mehr Nächte / aus, und weil er Keine Jurte⌈n⌉ / bey sich hat, so
Verscharret er / sich Zur NachtZeitʰ des winters in dem Schnee / und deket sich
mit gesträucheni / Zu, des Sommers aber Lieget / er unter freyen Himmel. Sein /
gantzer Hausrathʲ bestehet in solchem Fallᵏ nebst / der Gewöhnliche⌈n⌉ Jagd
armatur²¹⁴ / inˡ einem Beil und Kleinenᵐ Kes⌈ss⌉el welches er Beydesⁿ am

---

ᵃ *von* Ostiaken haben Keine Palmi *bis* als die Samojed⌋ *auf Bl.* 11v *rechts marginal*   ᵇ *von* Ostiaken
am Jenisei *bis* mehr im Gebrauch *rechts marginal*   ᶜ grosse⌋ *über der Zeile*   ᵈ *nach* ist *gestr.* auf
ᵉ bey *über der Zeile*   ᶠ ₛₑᵢₙₑm *verbessert aus* [.]   ᵍ mit einem oder 2 Hunden begleitet *über der Zeile*
ʰ Zur NachtZeit *über der Zeile*   ⁱ gesträuchen *verbessert aus* [.]   ʲ *nach* Hausrath *gestr.* ist   ᵏ bestehet in
solchem Fall *über der Zeile*   ˡ in *über der Zeile*   ᵐ ₖₗₑᵢₙₑn *verbessert aus* r   ⁿ Beydes *über der Zeile*

440   Ethnographie

PfeilKöcher auf / dem Rüken trägetᵃ / Er Kochet sich auch alsdenn, wenn / er alleine ist, das Es⌈s⌉e⌈n⌉ selber, / welches sonst eineᵇ Arbeit der Weiber ist.
|: Wenn ein *Tunguse* an einem / Orte einenᶜ gute⌈n⌉ wild fang / hat, so machet er *UliKta* / bauet einen *Labas*²¹⁵, Leget / die *UliKta* darauff, deket / es wohl Zu, Und läs⌈s⌉et es / Liegen, bißᵈ er wieder an den / ort Zurük Kommt. :|ᵉ /13r/ fället der *Tungusi*sche Jäger / ein gros⌈s⌉es wild als Z⌈um⌉ e⌈xempel⌉ ein / Elend oder RennThier, so daß / ihm die beute mit sich zu schleppe⌈n⌉ / Zu schwer ist, so Nimmtᶠ er / nur soviel mit sich, als er trage⌈n⌉ / oder auf einer Kleinen Narte / Ziehe⌈n⌉ᵍ Kann. Das übrige aber / Läs⌈s⌉et er an demselb⌈en⌉ Orte / Liegen, deket es Zu mit Ge- / sträuchern, das⌈s⌉ es für denen / wilden Raubthieren sicher / Bleibet, und schiket nach sei- / ner ZurükKunfft Zu Hause / sein weiber-Volk dahin, um / es abzuhohlen. Die *Krasnoj⌈arskischen⌉* waldVölker auf / gleiche weiseʰ Man wird sich Verwundern, wie / diese an denen unwegsamen / wildnüs⌈s⌉en den weg findenⁱ / umʲ anᵏ den bestimmt⌈en⌉ ort / Zu gelangen. allein der / *Tunguse* weiß ihnen solchen / recht meisterlich Zu bemerke⌈n⌉. / Im Sommer haket er Längst / dem wege, den er machet, an / denen Baumen inˡ geringer / *distanz* mit dem beyle Merk- / mahle²¹⁶ ein, welchen die / weiber nachfolgen. Im win- / ter aber dienen Zuforderst / im Schnee die Fußstapffe⌈n⌉; /13v/ und wo Scheide- oder Quer-wege / in die eigentliche SPur ein- / schlagen, da Leget der *Tunguse* / einen abgehauenen Zweig oder / Ast von einem Baume quer über / denselben weg, Zur anZeige / daß die weiber demselbe⌈n⌉ nicht / folgen sollen.
Man bemerket hier einen Unterscheid / Von der Gewohnheit der Lappen / Bey denen, nach *Schefferi*²¹⁷ Bericht, / die weiber auf der Jagd von un- / glüklicher Vorbedeutung seyn / sollen, so gar daß mir alle / hieher gehörige Erzehlunge⌈n⌉ des / *Schefferi suspect* Vorkommen, weil / ich davon Bey Keinem *Sibiri*sch⌈en⌉ / Volke das geringste ähnliches / Gefunden habe.
|: *Samoj*edische weiber werde⌈n⌉ / nichtᵐ von den⌈en⌉ Männer⌈n⌉ geschikt / um die Jagd beute ausⁿ / denenᵒ wild- / nüs⌈s⌉en abzuhohlen. Sie / helffen auch dene⌈n⌉ Männer⌈n⌉ / im Fischfange nicht. Dageg⌈en⌉ / gehet bey den *Ostiake⌈n⌉* das weib / alleZeit mit auf den *Promysl* / und den Fischfang bestreiten / die weiber fast alleine. Zu / *InbazKoe Sim⌈owie⌉*²¹⁸ im *Mangas⌈eischen⌉* gebiethe²¹⁹ / Lebt⌈en⌉

ᵃ welches er Beydes am PfeilKöcher auf / dem Rüken träget *rechts von der Zeile*   ᵇ ei_{ne} *verbessert aus* [..]   ᶜ _{eine}n *verbessert aus* [.]   ᵈ b_{iß} *verbessert aus* [.]   ᵉ *von* Wenn ein Tunguse *bis* Zurük Kommt. *rechts marginal*   ᶠ N_{immt} *verbessert aus* [.]   ᵍ Z_{iehe)} *verbessert aus* f   ʰ Die Krasnoj. waldVölker auf / gleiche weise *später eingefügt*   ⁱ _{finde}n *verbessert aus* t   ʲ um *verbessert aus* [..]   ᵏ an *verbessert aus* [..]   ˡ in *verbessert aus* [..]   ᵐ ni_{cht} *verbessert aus* [..]   ⁿ _{a}u_{s} *verbessert aus* [.]   ᵒ *nach* denen *gestr.* wälder) oder

Zu unserer Zeit noch[220] Zwey / *Ostiaki*sche weiber, deren jede / über 100 Jahr alt war, und sich / noch Zu besinne[n] wuste[n], daß[a] sie / an dem Ufer des *Jenisei*[221] fl[usses] / den Zobelfange abgewartet / hätte[n]. :|[b]
|: Die *Samoj*eden im *Mangasei*sch[en] Gebiethe[c][222] haben etwas / ahnliches mit den Lappen. Sie nehm[en] / nimmer die Weiber mit, wenn / sie auf die Jagd gehe[n], weil sie / dieselbe für unrein halt[en], und / glauben, sie würde[n] mit ihnen Kein / glük habe[n]. Sie stechen des[s]wege[n] / dene[n] erjagte[n] wilden RennThieren / alle die Augapfel[d] aus Bevor sie solche / nach ihren wohnunge[n] bring[en], damit / ihre weiber selbige nicht sehe[n] / und[e] sie davon auf Künfftig / in der Jagd Kein Unglük habe[n] / möge[n]. / Die *Samoj*eden am *Ob*[223] fl[uß] und in / der UmLiegende[n] Gegend nehme[n] die / weiber auch nicht mit auf die Jagd. Steche[n] / aber dem wilde nicht die Augen aus / sondern Verwahren die Köpffe gantz / für dene[n] weiber[n] wie unten folgen wird[224].
Die *Camaschinzi Taiginzi* p[erge] / ob sie gleich in der SPrache / mit dene[n] *Samoj*eden einige / Gemeinschafft habe[n], wis[s]en / Von obigem aberglaub[en] nichts. / ihre weiber hohlen das erjagte / wild nach hause ohne daß Vorher / die Augen ausgestoche[n] werde[n]. :|[f]
Die *Tungus*en in der Gegend des / Sees *Baical*[225] gehen auf die Hirsch- / Jagd mit hölzternen Röhren, wor- / auf sie blasen, und die Stimme / der Hirsche, wenn sie auf der / Brunst sind Zu *imitire*[n] wis[s]e[n]. / dergestalt, daß die Hirsche / Gantz Nahe angelauffe[n] Komme[n] / und sich sowohl aus geZogen[en] / Rohren[226] als mit Bogen und / Pfeilen erlegen Las[s]e[n][227]. |: Die *Sagai*sch[en] und *Beltiri*sche *Tatar*e[n] / haben eben derg[leichen] Jagd Hörner auf / die Hirsche :|[g] Die /14r/ Stimme der Männgens wird *imitir*et / da glauben die weibgens, daß / sich ihr Theil finden werde[n] / und die Männgens Kommen gleich- / falls herZugelauffe[n], weil sie glaub[en] / es sey schon ein ander Männgen / mit einer Hindin[228] *in actu*[229], welch[en] / sie abtreibe[n] wollen. denn es / *regir*et alsdenn Zwische[n] den[en] / Männgens eine gros[s]e *Jalousie*[230] / und Kampff. Dagege[n] geb[en] / die weibgens gar Kein Gelaut / Von sich; Auch die Männgens / schreyen nur, wenn sie in der brunst / sind. Daher diese Jagd mit / dem Blas[s]-Rohr nur zu der / Zeit der brunst, nemlich *M[ense]*[231] / *Aug[ustae]* u[nd] *Sept[embris]* Zu gescheh[en][h] pfleget. / Das Rohr, worauf sie blasen / ist Von Ceder[n][232] oder Lerchen-Holtz. / Es wird aus Zweyen ausgehohlt[en] / Stüken

---

[a] d_{aß} *verbessert aus* [.]   [b] *von* Samojedische weiber *bis* abgewartet hätte) *auf Bl.* 13r *rechts marginal*
[c] im Mangaseisch) Gebiethe *über der Zeile*   [d] _{Aug}apfel *verbessert aus* en; _{Aug}apfel *über der Zeile*
[e] *vor* und *gestr.* mögen   [f] *von* Die Samojeden im Mangaseisch) Gebiethe *bis* ausgestoche) werde).
rechts marginal   [g] *von* Die Sagaische) und *bis* auf die Hirsche *rechts marginal*   [h] _{gesch}eh) *verbessert aus* h)

Zusammengesetzet, über / deren geleimete Ritzen eine / dünne[a] birken-Rinde geleimet / wird. Die Länge ist etwas / über ein *Arschin*. wo man das[s]elbe / in den Mund nimmt, da ist es gantz / enge und sPitz. Gegen die Mitte / wird es allgemach weiter, und ist / in der größeste[n] dike, die doch dem / Untern Ende näher als dem Obern / ist. auf anderthalb Zoll weit / worauf es am Ende wieder ein /14v/ wenig enger wird, und daselbst / inwendig mit Zähnen einge- / schnitten ist.

|: Die *Tunguse*[n] stellen / dem *Muscus* Thiere[233] (*Kabar-* / *ga*) nach, indem sie eine / birken-Rinde Zweyfach / Zusammengeleget[b] in den / Mund nehmen, und damit / die Stimme der Junge[n] / *Muscus* Thiere *imitir*en / Da[c] denn die alten alsobald / herZugelaufen Komm[en], und / Von ihne[n] erschos[s]e[n] werde[n]. / Wir haben in der gegend / des *Lena* flusses[ ]Zu unter- / schiedene[n] Zeite[n] sowohl *Tun-* / *guse*[n] als dortige Rus[s]ische / *Promyschleni* ausgeschikt / um junge *Moscus*[234] Thiere / Zu fange[n]. Dieselbe habe[n] sich / eben dieses Mittels bedienet / und in dene[n] Wälder[n] und / Gebürge[n] nur mit der bir- / ken Rinde gepfiffe[n], da denn / also bald sich die alte[n] Sehe[n] / Las[s]en und Bey der gelegen- / heit[d] auch die Nester ent- / deket worde[n]. :|[e]

Die *BrazKi* sowohl dieß- als / jenseits dem *Baical*[235], wie auch / die *Mongol*en und *Nertschins-* / *Ki*sche *Tungus*en habe[n][f] eine / Art der Jagd Zu Pferde in / großen Gesellschaffte[n] Von / 100 Bis[s] 500 Personen stark / da sie einen gros[s]en *Circul* / Machen und in dem sie immer / Näher Zusammen rüken, / das Wild einschlies[s]en, / und es mit Leichter Mühe / erlegen. Diese Art Zu / Jagen wird im Rus[s]ischen *Ob-* / *lawa* genannt. Sie beKommen / hirmit[g] sowohl wild Zur / SPeise nemlich Hirsche *Isubri*[h][236], Rehen, *Dseren*[237], / Hasen u[nd] s[o] w[eiter] als auch Zu / Rauchwerken[238] nemlich Wölffe, / Füchse[i] u[nd] s[o] weiter[ ] Alles wild / was Zur SPeise dienet, wird / unter alle die mit bey der / Jagd sind Zu gleiche[n] Stüken / getheilet. So[j] das wenn die / *Oblawa* nicht glüklich ist /15r/ ein jeder manchmahls nicht / Viel über ein Mund Voll / Fleisch beKommt, ist sie / aber glüklich, so haben sie / etliche Tage Lang daVon Zu / es[s]en, wie wohl sie hierin / Keinen Vorrath sParen, noch Vor / den andere[n] Tag sorgen, sonder[n] / wenn es nur immer möglich / ist, alles, was sie in einem / Tage fangen, dieselbe Nacht / VerZehren, und den folgenden / Tag wieder Von neuem Zu Jage[n] / anfangen. Auf solche weise / *continuir*en sie 8. 14 Tage / in

---

[a] dünne *verbessert aus* [.] [b] Zusammengeleget *verbessert aus* [..] [c] Da *verbessert aus* w [d] gelegenheit *verbessert aus* g [e] *von* Die Tunguse₍ stellen dem Muscus *bis* Nester entdeket word₎ *auf Bl.* 14r *rechts marginal* [f] haben *verbessert aus* [.] [g] hirmit *verbessert aus* [..] [h] Isubri *über der Zeile* [i] Füchse *verbessert aus* [.] [j] S₀ *verbessert aus* d

einem fort Zu{{^a}} Jagen nur / nicht alleZeit an{{^b}} einem Orte / sondern Ziehen währender / Jagd beständig umher. Es / mögen dike walder, / hohe berge, gähe felsen / enge Thäler, tiefe Flüs⌈s⌉e / oder was sonst noch{{^c}} für Hinder- / nüs⌈s⌉e ihnen auf dem wege / VorKommen. nichts ist ver- / mögend, einen auf der *Ob-* / *lawa* begriffenenen *BrazKi* / oder *Mongol*en aufzuhalten. /{{^d}} /15v/ Er Träget kein bedenken in Nach- / setzung eines wildes sich Von{{^e}} / erheblich⌈en⌉ Höhen mit seinem Pferde / herabZustürtzen, nimt auch offters / dabey an seinem Leibe nachdrük- / Lichen Schaden; Ja es eräugnet / sich nicht selten, daß einige / auf der Jagd gar ihr Leben / einbüs⌈s⌉en. Dieses letztere / geschiehet Zuweilen{{^f}} / bey der *Oblawa*, wenn sich der / *Circul* enge{{^g}} Zusammen schlies⌈s⌉et, / und ein jeder nur bedacht ist, / wie er das eingetriebene wild / mit Pfeilen und bogen erleg⌈en⌉ / will. denn da giebet einer auf / den andern wenige Achtung, und / wenn{{^h}} ein Pfeil das *intendirt*e / wild verfehlet, so trifft er zu- / weilen einen{{^i}} der{{^j}} gegenüber befindlich⌈en⌉ / MitJäger{{^k}}, daß derselbe an statt / des wildes Todt von dem Platze / weg getragen wird. Wo aber / ein{{^l}} solches{{^m}} Unglük auf der / Jagd sich zuträget, so haben / alle diese Völker dabey den / Aberglauben, daß sie allso fort / Zu Jagen aufhören, weil sie / sowohl denselb⌈en⌉ Tag{{^n}} als die / Gegend Zu derselb⌈en⌉ Zeit für / Unglüklich halt⌈en⌉. |: wie denn bey meiner durchreise durch / *WercholensK*[239] im Herbst des 1737 Jahres[240] / auf einer *Oblawa*, daZu ich die dortige / *BrazKi* aufmunterte, ein dergleich⌈en⌉ unglükliches{{^o}} *Exem-* / *pel* geschahe, weßweg⌈en⌉ dieselbe Jagd / nur 2 Tage währete, da sie sonst auf / 8 Tage Lang Veranstaltet war. :|{{^p}} In ein paar /16r/ Tagen aber fänget sich die / LustbahrKeit in der Nachbahrschafft{{^q}} von neuem an. |: *Tatar*en im *Krasnoj⌈arskischen⌉* Gebiethe am / *Ijus* u⌈nd⌉ *Abacan*[241] und die *Sagai*sche / und *Beltiri*sche Tataren ebenso. / Sie versamml⌈en⌉{{^r}} sich Zu 3, 400 Person⌈en⌉ / darunter sind{{^s}} auch Weiber u⌈nd⌉ Kinder, / alle zu Pferde. Diese machen zu erst / eine *lini*e daß 1 Mann von dem ander⌈en⌉ / auf 100 Fad⌈en⌉ weit stehet. Von der- / selben Linie schlagen sich die beyd⌈en⌉ / Flügel nach und nach{{^t}} im Fort- / gehen und während daß die / gantze Linie{{^u}} beständig Vor- / werts *avancir*et, Zu einen / *Circul* Zusammen. Ein / OberJagerMeister, welcher von / der gantzen Jagd Gesellschafft / erwehlet wird,{{^v}} reitet in der Mitt⌈en⌉ / Voraus, und hat noch 2 Jager / Meister unter sich, welche die flügel / *commandir*⌈en⌉.

{{^a}} zu *verbessert aus* [.]   {{^b}} a{{_n}} *verbessert aus* [.]   {{^c}} noch *über der Zeile*   {{^d}} *folgt* Er   {{^e}} V{{_on}} *verbessert aus* [.]   {{^f}} *nach* Zuweilen *gestr.* sonderlich   {{^g}} en{{_ge}} *verbessert aus* [..]   {{^h}} we{{_nn}} *verbessert aus* [.]   {{^i}} einen *über der Zeile*   {{^j}} {{_de}}r *verbessert aus* [..]   {{^k}} Mit{{_Jäger}} *über der Zeile*   {{^l}} *nach* ein *gestr.* dergleiche{{_)}}   {{^m}} solches *über der Zeile*   {{^n}} T{{_ag}} *verbessert aus* [.]   {{^o}} unglükliches *über der Zeile*   {{^p}} von wie denn bey meiner durchreise *bis* Veranstaltet war *rechts marginal*   {{^q}} in der Nachbahrschafft *über der Zeile*   {{^r}} versamm{{_len}} *verbessert aus* [..]   {{^s}} si{{_nd}} *verbessert aus* ch   {{^t}} n{{_ach}} *verbessert aus* f   {{^u}} Lin{{_ie}} *verbessert aus* [..]   {{^v}} wird, *über der Zeile*

Auch hat der Ober / JagerMeister ein Paar Jagd / bediente Zur Seit⌈en⌉ so er bald / hier bald da hin schiket / wenn er eine Unord- / nung wahrnimmt / So bald sich die Flügel geschlos⌈s⌉⌈en⌉ / hebt sich Von^a allen Seit⌈en⌉ ein / Großes Jagd Geschrey an, da / fangt das Wild an Zu lauff⌈en⌉ / Kehret^b aber Von allen Seit⌈en⌉ / wieder Zurük und ermüdet / sich sehr Inmittelst^c sind^d der / Jagd Meister nebst noch einig⌈en⌉ / gut⌈en⌉ Schützen mitten im / Crayse, und erlegen Beständig / will ja ein Wild durchsetzen :|^e|: und es trifft auf *armirte*^{242} / Person⌈en⌉ so wird es noch im / Durchsetzen erleget, weil sie / nicht weiter Von einander^f / steh⌈en⌉ als das⌈s⌉ die Pfeile einander / erreich⌈en⌉ Könn⌈en⌉. Trifft es aber / auf Solche Orte, wo weiber / oder Kinder sind, so entKommt / es gemeiniglich weil dieselbe^g nicht / *armir*et^{243} sind, und nur dien⌈en⌉ / um den *Circul* größer Zu / mach⌈en⌉ und das Geschrey Zu Vermehr⌈en⌉ / Wiewohl es doch Zuweilen ge- / schiehet das⌈s⌉ wenn auch ein Wild / aus dem Crayse gesetzet, daß / es noch Von einem ihm Nachse- / tzend⌈en⌉ Gut⌈en⌉ Schützen eingehohlet / und erleget wird. denn das / wild ist als denn von dem / Vielen hinundherlauff⌈en⌉ schon / sehr ermüdet. Sie erjagen / Zuweilen auf 100 Stük wild / in^h einem Crayse weil die / Hirsche und Rehen *Tabun*en / weise gehen Zu 50 u⌈nd⌉ mehr / in einer *Tabun*e. Zuweilen / erjagen sie auch nichts. Alsdenn / gehen sie sofort weiter nach an- / der⌈en⌉ Ort⌈en⌉. Zuweilen mach⌈en⌉ / Sie 2 Krayse in einem Tage / Zuweilen nur ein⌈en⌉. Sie gehen / bey einem Krayse auf 10 werste / Beständig Vorwerts, bevor sich / die Flügel schlies⌈s⌉⌈en⌉. Alles / wild was erleget word⌈en⌉ wird / an einem Ort Zusammengebracht / und unter alle Person⌈en⌉ gleichgetheilet / Solches währet Zuweil⌈en⌉ auf / 3 biß 4 Wochen in einen fort :|^i

|: Eine der облава^{244} ähnliche / Jagd Beschreibet *Statius* / <*Achilleidos Libri* 1> V⌈ersis⌉ 459. s⌈e⌉⌈q⌉⌈entes⌉^{245}

- *Si curuo feras indago [l]aten- / tes*
Claudit, et admotis paullatim / cassibus arctat,
Illae ignem sonitumque pauent, / defusaque^j linquunt
Auia, miranturque suum de- / crescere montem,
Inque vicem stupuere gregis, / socioque timore,
Mansuescunt simul hirtus aper, / simul vrsa, lupusque
Cogitur, et captos contemnit / cerua Leones^{246}

---

^{a} V$_{on}$ *verbessert aus* [.] ^{b} K$_{ehret}$ *verbessert aus* [.] ^{c} *nach* Inmittelst *gestr.* ist ^{d} sind *über der Zeile* ^{e} *von* Tataren im Krasnoj. Gebiethe am Ijus u. Abacan *bis* will ja ein Wild durchsetzen *auf Bl.* 14v *rechts marginal* ^{f} e$_{inander}$ *verbessert aus* [.] ^{g} di$_{eselbe}$ *verbessert aus* [..] ^{h} $_i$n *verbessert aus* [.] ^{i} *von* und es trifft auf armirte Person$_)$ so *bis* Wochen in einen fort *auf Bl.* 15r *rechts marginal* ^{j} $_d$e$_{fusaque}$ *verbessert aus* [.]

Man siehet aber auch aus dieser / Beschreibung, daß damahls / Bey der *Circul*-Jagd auch Netze / und Feuer gebrauchet worden / welches in *Sibiri*en nicht geschiehet.
Oblawa des *Tamerlans* / v[ide] *Histoire de Timur bec* / Tom[o] *II.* p[agina] 83. s[e]q[uens]²⁴⁷ : | ᵃ
Man hat mir auch Von denen / *Tungus*en am Flusse *OleneK* / erzehlet, daß dieselbe auf ᵇ gleiche ᶜ / Art ᵈ die ᵉ wilden RennThiere, welche *Tabunen*-weise gehen,ᶠ / in einen Zircul Zusammen jagen / und sie alsdenn mit ᵍ Bogen / und Pfeilen erlegen sollen.
Weil aber diese *Tungus*en nicht / Volkreich sind, so Bestehet eine / dergleichen Jagd selten aus mehr / als 20 oder 30 Personen, und / dieselbe sind alle Zu Fuss oder / gehen auf Schnee-Schuhen. So / dass es nur ʰ ein Schatten Von / der *Mongoli*schen und *Braz*- / *Ki*schen *Oblawa* ist.
| : Die *Tungus*en am *Chatanga* / haben auch die *Oblawa Camasinzi* und *Kotowzi* / haben auch die *Oblawa* / in denen kleinen Steppen und dünnenⁱ wäldern bey tiefem / Schnee mit Lyschi auf / Elende Hirscheʲ und Rehen. : | ᵏ
Die Ubrige Volker, welche / sonst auf die RennThiers Jagd / gehen ˡ, als die *Jakut*en / in der untersten gegend des / *Lena* flusses die *JuKagiri, Ko-* / *rjak*en, *TschuKtschi*, wissen / Von der *Oblawa* nichts. Sie / haben andere Manieren selbige / Zu erhaschen, die aber ᵐ bey / denen *Tungus*en gleichfalls / im Gebrauch sind. /16v/
Es ist überhaupt anzumerken, / daß alle Völker in denen Nord- / Lichsten Gegenden Von *Sibirien* nebst denen Fischen ⁿ fast / eintzig und allein von RennThieren / Leben ᵒ, weil diese / Bey ihnen ᵖ am häuffigsten sich finden, / und ander wild, das Zur SPeise / dienet, im gegentheil wenig da- / selbst angetroffen wird.
| : Wenn die *Obdori*sche *Samoj*eden / es sey im Winter oder Sommer / Von der RennThiers Jagd Zu Hause / Kehren, so Legen sie die Köpffe / Von allen denen erjagten RennThieren / Besonders auf einen Schlitten, und / Zwar auf denjenigen, worauf ihr / Götze befindlich ist, und *transpor-* / *tiren* solche Vermittelst einesᵠ beson- / deren weges in die Nachbahrschafft / ihrer Jurten.

ᵃ *von* Eine der облава ähnliche *bis* Tom: II. p. 83. sq. *auf Bl.* 15v *rechts marginal*   ᵇ *nach* auf *gestr.* dieselbe   ᶜ gleiche *über der Zeile*   ᵈ Art *über der Zeile*   ᵉ *vor* die *gestr.* Weise   ᶠ welche Tabunen-weise gehen, *rechts von der Zeile*   ᵍ m$_{it}$ *verbessert aus* [.]   ʰ n$_{ur}$ *verbessert aus* [.]   ⁱ kleinen Steppe₎ und dünnen *über der Zeile*   ʲ H$_{irsche}$ *verbessert aus* [.]   ᵏ *von* Die Tungusen am Chatanga *bis* Hirsche und Rehe₎ *rechts marginal*   ˡ $_{gehen}$ *verbessert aus* [.]   ᵐ $_a$B$_{er}$ *verbessert aus* [.]   ⁿ nebst denen Fischen *über der Zeile*   ᵒ *vor* Leben *gestr.* und Fischen   ᵖ ihne$_n$ *verbessert aus* [....]   ᵠ $_{eine}$s *verbessert aus* [.]

Wenn sie auch ohne^a / RennThiers Köpffe fahren, so muß der / Götzen Schlitten alleZeit eine⌈n⌉ besondere⌈n⌉ / weg machen^b und darff nicht Langst derselb⌈en⌉ / SPur geZogen werden, welche der Tros⌈s⌉ / gehet, Sie sagen es müs⌈s⌉e selbiger sein⌈en⌉ / eigen⌈en⌉ weg haben, der Ehre halber, / wenn es auch nur um etliche Faden / von der SPur des Troßes entfernet ist. / Die weiber dorffen nicht Zu dene⌈n⌉ Rennthiers / Kopffen Komm⌈en⌉ u⌈nd⌉ genies⌈s⌉e⌈n⌉ auch nichts / davon, das^c manns Volk Kochet sie^d / und schlachtet noch dabey ein Jahriges / Rennthiers Kalb (пешикъ^248) welches / Zugleich mit dene⌈n⌉ Kopffe⌈n⌉ Von ihnen Ver- / Zehret wird. Die Geweyhe^e werden / Von allen auf einen Hauffen geworffe⌈n⌉ / und bleibe⌈n⌉ also Liegen. wie man / denn in der *Tundra* sehr Viel der- / gleiche⌈n⌉ Hauffen Liegen siehet. Nachdem / dieses geschehen, wird derselbe Ort Ver- / Las⌈s⌉en, und sie begebe⌈n⌉ sich mit Sak / und Pak anderswohin, damit die / Weiber u⌈nd⌉ Magdgens auch nachhero nicht / den Ort, wo die Kopffe VerZehret / worde⌈n⌉, betrete⌈n⌉, noch Zu dem Geweyhe / Komm⌈en⌉ möge⌈n⌉, weil sie befürchten / daß wenn solches geschehe, diese Thiere / Von solchem unreine⌈m⌉ Geschlechte entheiligt / werde⌈n⌉ möge⌈n⌉, und sie weiter in der / Jagd kein Glük habe⌈n⌉ wurde⌈n⌉. :|^f

Im Sommer pflegen die RennThiere / durch die flüs⌈s⌉e Zu setzen, und aus / dem freyen ohnbewaldete⌈n⌉ Torff- / Lande denen Wäldern zuzueilen, / damit sie daselbst Von dene⌈n⌉ Müke⌈n⌉ / weniger geplaget werden. Alsdenn^g / paßet ihnen der Jäger an dene⌈n⌉ / Ufern der flüs⌈s⌉e mit Kleinen / Kähnen auf, deren im Capitel von / denen Reisen der Völker gedacht ist^249. / Und wie die Rennthiere gewis⌈s⌉e Örter / in denen flüs⌈s⌉en haben, an welchen / sie im Frühlinge, wenn sie nach dene⌈n⌉ / Wälder⌈n⌉ gehen, durch die flüs⌈s⌉e / setzen, und wieder andere, allwo / sie im Herbste, wenn sie wieder nach / denen Längst der See Küste be- / findliche⌈n⌉ Torff-gegende⌈n⌉ Zurük / gehen, durchpas⌈s⌉iren, so hat man / diese Örter aus der Erfahrung / Zur Gnüge bemerket, und man / Verfehlet der beute Niemahls, wenn / man nur Zu der gewöhnliche⌈n⌉ Zeit / an selbigen Örter⌈n⌉ sich einfindet. / Die RennThiere gehen in Zahlreiche⌈n⌉ / Heerden^h. Man trifft nicht selten /17r/ auf 50 bis⌈s⌉ 100 Rennthiere in einer / Heerde an. Indem^i nun dieselbe / durch die flüs⌈s⌉e schwimmen, so / Kann sie der Jager in denen / Leichten *wetKi* oder *OblaschKi*^250 Leicht / einhohlen, und dieselbe als ein / Zwar schüchternes^251 aber nicht grim- / miges Thier^j mit denen gros⌈s⌉en / JagdMes⌈s⌉ern | *Palma* | im

---

^a ohn_e *verbessert aus* [...]   ^b machen *über der Zeile*   ^c _d_a_s *verbessert aus* [.]   ^d _si_e *verbessert aus* [.]
^e G_eweyhe *verbessert aus* [.]   ^f *von* Wenn die Obdorische Samojeden *bis* kein Glük hab_) werde_). *rechts marginal*   ^g _Als_denn *verbessert aus* [.]   ^h Hee_rden *verbessert aus* [..]   ^i I_ndem *verbessert aus* [.]   ^j T_hie_r *verbessert aus* [.]_hie[.]

flus[s]e[a] ohne Mühe / erstechen, wohernächst er das / Todte Thier ans Ufer schleppet / und wenn die[b] Jagd reich ist, das / übrige Fleisch, was er nicht Ver- / Zehren Kann zum gebrauch auf / den winter in der[c] Sonne[d] / oder in der Jurte über dem Feuer- / Heerde Troknet.

Die *JaKute*[n] und *Tungus*en / an der *Lena* und dene[n] dahin / ein fallend[en] flüs[s]en erjage[n] / auf dieselbe weise auch die / Elende[e] wenn / sie etwan durch dieselbe flüs[s]e / setzen, worin man aber nicht / eine dergleiche[n] Ordnung, wie bey dene[n] / RennThieren anmerket.

|: *Camaschinzi Taiginzi* p[erge] / gehen auf die Zobel[f] Jagd / so wie die *Ostiak*en / ohne Jurten. Wo sie / ihr StandLager aufschla- / ge[n] da baue[n] sie sich Hütte[n] / Von Gestrauch[en].
Camaschinzi nehmen in / der *Taiga*[252] Von den[en] / *Taiginzi* auch RennThiere / Zur Miethe um ihren / Vorrath desto bequemer / darauf Zu *transportir*[en]. :|[g]
Bey denen *Jukagiri* ist eine be- / sondere Gewohnheit die Rennthiere im Nachwinter[h] / in AusgesPannte[n] Netzen Zu fangen. / Diese Netze sind Von[i] diken ge- / flochtene[n] Riemen, mit so großen / *Quadrat*en, daß fast ein Mensch / durchpas[s]ire[n] könnte. Die Höhe /17v/ ist Von einem Faden, und die Länge / von 40, 50, Bis[s] 100 Faden. / Sie sind ohne *Matna*[253]. Man / sPannet sie in gerader Linie / auf; an solchen Orten, wo[j] die / RennThiere hinZuKommen pflege[n]. / Doch wird so viel möglich die / Gelegenheit des Ortes derge- / stalt dabey erwehlet, daß / an demselben ein Kleiner / Hügel sey, hinter welchem / das Netz aufgestellet wird, / so daß es von der vordern Seite / des Hügels, da die Renn- / Thiere herZuKommen pflegen / nicht zu sehen ist. Von dene[n] / Beyden Flügeln des Netzes / werden im halben *Circul* / Von *distanz* Zu *distanz* Lappen / Kleider oder andere Sache[n] / an Steken aufgehangen, / damit die RennThiere sich / Vor denselbe[n] fürchte[n], und / in[k] gerader[l] Linie dem Netze / Zu lauffen mögen. Denn / so Bald sie[m] sich in derselb[en] / Gegend einfinden, so ist eine / Gesellschafft *Jukagir*ischer / Jäger fertig dieselbe dem /[n] /18r/ Netze ZuZuTreiben. Die *JuKagiri* / verfolgen sie entweder auf / ihren Zahmen RennThieren oder[o] / wenn der Schnee Zu tieff ist, daß / man mit[p] RennThiere[n] / nicht so bequem durchKommen Kann, / so Lauffen sie auch auf[q] *Lischi* / oder Schnee Schuhen hinten drein / Die RennThiere Lauffen so Lange[r] / gantz sicher, biß sie hinter den / Hügel Kommen. Daselbst / aber ist es schon enge[s], und in /

---

[a] im flusse *über der Zeile*   [b] d_{ie} *verbessert aus* [.]   [c] d_{er} *verbessert aus* [.]   [d] *nach* Sonne *gestr.* Troknet   [e] *nach* Elende *gestr.* in denen Flüssen   [f] Z_{obel} *verbessert aus* [.]   [g] *von* Camaschinzi Taiginzi *bis zu* transportir). *rechts marginal*   [h] *im* Nachwinter *rechts von der Zeile*   [i] V_{on} *verbessert aus* [.]   [j] w_o *verbessert aus* [.]   [k] in *über der Zeile*   [l] *vor* gerader *gestr.* die   [m] s_{ie} *verbessert aus* [..]   [n] *folgt* Netze   [o] o_{der} *verbessert aus* [.]   [p] *nach* mit *gestr.* Schnee-Schuhen   [q] a_{uf} *verbessert aus* [.]_u[.]   [r] L_{ange} *verbessert aus* [.]   [s] e_{nge} *verbessert aus* E

dem sie sich nirgends hinZu / wenden wis⌈s⌉en, so Verwikeln / sie sich in dem Netze. Um sich / nun in solchem Fall ihrer Zu Be- / mächtige⌈n⌉, so haben die *Jukagiri* / Zu beyden Seiten an denen / Flügeln und hinter dem / Netze ihre^a weiber Versteket / und dieselbe um und um / mit Schnee umscharret, damit / die RennThiere sich nicht vor / ihnen erschreken, noch Vor der / [[der]] Zeit Zurük Lauffe⌈n⌉ möge⌈n⌉^b / Diese weiber Lauren auf, biß / die RennThiere sich in dem Netze / Verwikelt haben; da sie denn / aus dem Schnee hervorKomme⌈n⌉, / und dieselbe mit den^c gewöhn- / Liche⌈n⌉ Jagd Mes⌈s⌉ern | *Palma* | / erstechen. Auf gleiche weise^d /18v/ Legen sich auch einige Männer / Zu beyden Seiten des nach / dem Netze Zu führenden weges / in den Schnee: Und wenn Renn- / Thiere von dem Netze Zur / Seiten aussetzen wollen, so / werden solche von ihnen mit / Pfeil und Bogen erleget / in welchem Falle die hinten / darein setzende ihnen gleich- / falls Zu Hülffe Kommen. Sol- / cher Gestallt geschiehet es gar / selten, daß ein RennThier Von / denen, so dem Netze ZugeTrie- / ben worden, ihnen entgehet / Es eräugnet sich aber auch / Zuweilen, daß sie Kein ein- / tziges, Zuweilen Nur^e eines oder / Zwey hineinjagen.

Eine Andere Art die RennThiere / Zu Jagen, ist im Nachwinter / gebräuchlich, wenn es schon ein- / mahl gethauet hat und wieder / frieret. Alsdenn gehet ein *Tun-* / *gusi*scher oder *JuKagiri*scher / Jäger auf Schnee Schuen und^f mit Hunden auf die / Jagd, u⌈nd⌉ Kommt er nur^g auf eine Renn- / Thiers SPur so verfehlet er fast / nimmer seiner Beute. Denn indeme / er dem Thiere nachsetzet, so /19r/ kann das⌈s⌉elbe denen Hunden / nicht entkommen^h. Esⁱ wird^j / von^k dem tieffen Schnee im^l Lauffe⌈n⌉ / gehindert, anstatt das⌈s⌉ die Hunde / über den gefrornen Schnee, ohne / hineinZufallen hinweg Lauffen / Können: wie denn auch der Jäger / selbst mit seinen Schnee-Schuhe⌈n⌉ / nicht einbricht.

Eben auf diese weise werden / auch Von^m denen meisten Völker⌈n⌉ / ja auch Von dene⌈n⌉ Rus⌈s⌉en in / *Sibiri*en die Elende gejaget.

|: Die *Samoj*eden gehen im ersten / winter, solange derⁿ Schnee / nicht tief ist, mit *ManschiKi* / auf die RennThiers Jagd. Sol- / ches wahret bis⌈s⌉ gege⌈n⌉ Weynacht⌈en⌉ / Von dannen bis⌈s⌉ daß der / Schnee gantz abgehet haben / sie folgende *Methode*. Sie / stellen Steken^o schräge in den Schnee^p Auf^q / halben Mannes Hohe und hänge⌈n⌉ / Gänse Flügel Von grauen Gänse⌈n⌉^{r254} oder Von

---

^a i_{hre} *verbessert aus* [.]   ^b *nach* möge) *gestr.* , [Komma]   ^c den *verbessert aus* [...]   ^d _{weis}e *verbessert aus* [.]   ^e Nur *verbessert aus* <u>aus</u>   ^f auf Schnee Schuen und *über der Zeile*   ^g nur *über der Zeile*   ^h _{ent}kommen *verbessert aus* weichen; _{ent}kommen *über der Zeile*   ⁱ *nach* Es *gestr.* fället   ^j wird *über der Zeile*   ^k von *verbessert aus* [...]   ^l im *verbessert aus* v[..]   ^m V_{on} *verbessert aus* r   ⁿ _der *verbessert aus* [..]   ^o *nach* Steken *gestr.* in die Erde   ^p schräge in den Schnee *über der Zeile*   ^q A_{uf} *verbessert aus* l   ^r Von grauen Gänse) *über der Zeile*

anderm / Wilde,ᵃ daß nicht weis[s] ist, / daran auf, und selbige Stek[en] / sind auf 10 Faden Von einan- / der in Zweyen Reihen / die *lineas divergentes*²⁵⁵ / machen. Zwischenᵇ diese / Flügelᶜ da wo / selbige am weitesten / Von einander sind, suche[n] / sie die RennThiere Zu Jage[n] / und da dieselbe sich vor / denen aufgehangene[n] Flügeln / fürcht[en], so Lauffen sie immer / Voraus, wo sie den weg offe[n] / sehe[n], daselbst aber wo / der weg enge Zu werden / anfänget, und die bey- / den Reyhen Von Flügeln / nunᵈ etwan 5 oder 6 / Faden Von einander sind / da haben sie Viele Kleineᵉ Schnee Hauffenᶠ in / halben Mannes Hohe Aufgeworffe[n]ᵍ / hinter welchen die Schützen mit aufgespannte[n] bogenʰ Ver- / borgen Liegen und wenn die / RennThiere Nahe genug sindⁱ / aufsPringen, und darauf schies[s]en :|ʲ|: Die besagte Schnee Hauffen sind / einander nicht geradeᵏ sonder[n]ˡ schräge gegen über, / damit sie sich im Schies[s]en nicht be / hinder[n] mögen, und wechsels / weise ist bald von der einen / bald andere[n] Seite ein Schnee / Hauffe[n] mit dem Schützen / dieser Jagd halbe[n] thut sich / eine Gesellschafft von 20 30 / bis[s] 50 Mann Zusammen, wovon / nur einer oder Zwey die / RennThiere Treibe[n], die Ubrig[en] / sitzen hinter dene[n] Schnee- / Hauffen und pas[s]en auf / Zuweilen werden auf einer / dergl[e]ichen Jagd auf 50 bis[s] / 100 Stük RennThiere erleget / indem jeder Jäger oder / Schütze mehrenTheils 2 / Thiereᵐ erleget.

Im *Februar.* fänget sich die / Jagd an mit Netzen,ⁿ welche / in allem mit der Manier / der *Jukagiri* überein Kommt / nur daß die Weiber da- / bey Kein *ammt* hab[en], weilᵒ / selbige oberwehnter Maas[s]en / Bey den[en] *Samoj*ede[n], so wie / bey dene[n] Lappen, Von unglüklicher / Vorbedeutung sind. Diese / Jagd wahret gleichfalls bis[s] / Zu abgange des Schnees.

Im Sommer ist die RennThiers / Jagd auf den[en] Flüs[s]en / wie sonstᵖ / Aus[s]er diesem aber wis[s]en / sie auch die RennThiere durch / List nach dene[n] Flüs[s]en und / Seen Zu treibe[n]. Sie stellen :|ᑫ|: auf gleiche weise wie in Win- / ter Zwey Reihen Von Steke[n] / die mit Flügeln behangen / sind in *lineis divergenti- / bus*²⁵⁶ aus, welche wo sie ein / ander Nahe Kommen, an / flüs[s]eʳ oder Seen ange- / führet sind und Zwar an sol- / che Orte wo ein steiles ab- / hangiges Ufer ist. Und wie / im winter die Flügel des / Schnees wege[n] schwartzlich oder / Dunkelgrau seyn müs[s]e[n] / so nehmen sie im Sommer / daZu weis[s]e Flügel,

---

ᵃ *nach* Wilde, *gestr.* nur ᵇ Zwischen *verbessert aus* [........] ᶜ *nach* Flügel *gestr.* suchen ᵈ ₙᵤn *verbessert aus* [.] ᵉ Viele Kleine *über der Zeile* ᶠ Hauff₎ *über der Zeile* ᵍ Au₍fgeWorffe₎ *verbessert aus* [..]₍fge[.]₎orff₎ ʰ mit aufgespannte₎ bogen *über der Zeile* ⁱ *nach* sind *gestr.* daß ʲ *von* Die Samojeden gehen im *bis* darauf schiesse₎ *auf Bl.* 17v *rechts marginal* ᵏ ₍ger₎a₍de₎ *verbessert aus* [.] ˡ nicht gerade sonder₎ *über der Zeile* ᵐ Th₍iere₎ *verbessert aus* [..] ⁿ *über* Netzen, *gestr.* an ᵒ w₍eil₎ *verbessert aus* K ᵖ wie sonst *über der Zeile* ᑫ *von* Die besagte Schnee Hauffen *bis* Sie stellen *auf Bl.* 18r *rechts marginal* ʳ ₍flüss₎e *verbessert aus* [.]

Von / weis⌈s⌉en Rebhüner⌈n⌉ (*KuropatKi*²⁵⁷) / und wo die Reihen einan- / der Nahe Kommen, da / richten sie noch einigeᵃ *bolwane*²⁵⁸ / Von Mos⌈s⌉ auf in Mensche⌈n⌉ / Gestalt, damit die Renn- / Thiere davon desto schüchter- / ner²⁵⁹ werde⌈n⌉ möge⌈n⌉. Die- / jenigen so sie in diese / SPur getrieb⌈en⌉, jagen / inmittelst immer hinten / drein, und die RennThiere / werden Zu letzt so schüchter⌈n⌉²⁶⁰ / das⌈s⌉ sie ohnbedenkens / dem was⌈s⌉er Zueilen und / Durchschwimme⌈n⌉ wolle⌈n⌉. Allein / da Lauren ihnen die Jager / in Kleinen *WetKi* mit ihre⌈n⌉ / gewöhnliche⌈n⌉ *Rogatini* auf / und erlege⌈n⌉ sie ohne Mühe. : |ᵇ
Die *Tungus*en, am meisten aber / die *Jukagiri*, haben auch abge- / richtete Zahme RennThiere, womit / sie auf die RennThiers Jagd / gehen, und dem wilde so nahe / Kommen Können, daß sie es ohne / Mühe mit Pfeilen erlege⌈n⌉. Ein / derg⌈l⌉eiche⌈n⌉ abgerichtetes Rennthier / wird in der Rus⌈s⌉isch-*Sibiri*sche⌈n⌉ / SPrache (Vom betriegen²⁶¹) *Manschik* / genennetᶜ. Der Jager beKleidet / sich Von Haupt bis⌈s⌉ Zu Fus⌈s⌉ mit / derg⌈l⌉eiche⌈n⌉ Rennthiers Fellen, als der / *ManschiK* von Farbe ist: führet hier- / nächst den *ManschiK* schräge / gegen die Heerde der wilden Renn- / Thiere an, und gehet bey demselbe⌈n⌉ / auf der einen Seite gebükt einher, /19v/ um von denen wilden nicht gesehe⌈n⌉ / Zu werden. Selbst aber siehet er / dem *ManschiK* über dem Rüken / hin, und hatᵈ daseᵉ wild bestän- / dig im Gesichte. Merket er / daß die wilden RennThiere mit / dem Kopffe Zur Erden nieder / gebüket gehen, um Zu fres⌈s⌉en / oder daß sie mit den Füs⌈s⌉en / im Schnee scharrenᶠ, so schütteltᵍ / er seinen *ManschiK* nur ein / wenig am Zaume, welches Zum / Zeichen dienet, dem Wilde Näher / Zu gehen. Wird aberʰ das wild vom / Geräusche des *Manschiks* stutzig / und siehetⁱ sich um, so machet / der Jager durch Zukungʲ am / Zaume ein Zeichen, wovon der / *Manschik* denselben Augenblik / stille stehet, sich mit dem Kopffe / Zur Erden büket, um Zu fres⌈s⌉en, / oder mit denen Füs⌈s⌉en im Schnee / scharret, und dadurch das / Wild wiederᵏ / dreiste²⁶² machet, das⌈s⌉ / es zu freßen fortfähret. Auf / solche weise Kommt der Jägerˡ / mit seinem *ManschiK* immer / Näher und Näher, biß er glaubt / drey Pfeile abschießen Zu Könne⌈n⌉, / Bevor das wild auseinander /20r/ Zu Lauffen vermag. Er hält / Zu solchem Ende dieᵐ drey Pfeile / Zwischen denen Fingern in der / Hand fertig,ⁿ schies⌈s⌉et mit / denselben inᵒ der

---

ᵃ einige *über der Zeile*   ᵇ *von auf gleiche weise wie bis sie ohne Mühe. auf Bl.* 18v *rechts marginal*
ᶜ ₉ₑⁿennet *verbessert aus* p   ᵈ ᵃₕaₜ *verbessert aus* [.]   ᵉ ₐas *verbessert aus* [..]   ᶠ ₛ꜀ₕₐᵣᵣₑn *verbessert aus* [.]
ᵍ ₛ꜀ₕüₗtelt *verbessert aus* l   ʰ aber *über der Zeile*   ⁱ ₛᵢₑhₑt *verbessert aus* [.]   ʲ ₂ᵤₖung *verbessert aus* [.]
ᵏ *nach* wieder *gestr.* in Sicherheit / setzet   ˡ Jäg₍ₑᵣ₎ *verbessert aus* [...]   ᵐ die *über der Zeile*   ⁿ nach fertig, *gestr.* und   ᵒ in *verbessert aus* [..]

grös⌊s⌋esten / EilfertigKeit auf drey^a unter- / schiedene Thiere, und hat offters / das^b Glük alle drey Zu er- / Legen. Man gebrauchet auch diese *Man- / schiki* im Frühlinge^c auf der Endten-^{d} / Gänse-^{e} und Schwanen^{263} Jagd
|: *ManschiKi* auf *Samojedi*sch *Minéo*^{264} / die *TuruchansKi*schen *Samoj*eden habe⌊n⌋ / jeder Zum wenigsten eines, sie / mögen so arm seyn als sie wolle⌊n⌋ / weil sie ohne solches nicht leben / Können. Reiche Leute unter / denen *JuraKi* u⌊nd⌋ *Tawgi* haben^f / auf 3, 4 biß 5 *ManschiKi* / Ein gutes *ManschiK* Kostet / daselbst auf 30 biß^g 40 *Peszi* / Ein *ChantaisKi*scher *Samoj*ede / hatte Vor einige⌊n⌋ Jahren ein / *ManschiK* gantz weiß Von Farbe / das dabey ein starker Laufer / war. Bey^h demselbe⌊n⌋ Kamen / alle drey gute *Qualität⌊en⌋* / der Rennthiere Zusammen. Ein / *JuraKKe* wolte es Von ihm han- / deln, und both 20 *Peszi*, einen / Eysernen Kes⌊s⌋el von 2 Eymer^{265} / und ein anderes gutes RennThier / davor Zu gebe⌊n⌋: allein jener / wolte es vor solche⌊n⌋ Preyß nicht / ablas⌊s⌋en, sonder⌊n⌋ forderte noch / ein Netz, womit^i die wilden Renn- / Thiere gefange⌊n⌋ werd⌊en⌋^{j}. Im win- / ter Ziehet sich der Jäger / gantz weiß an wegen des Schnees / damit er desto weniger möge / gesehe⌊n⌋ werden, im Sommer^k / mus⌊s⌋ die Klei- / dung von dunkel grauer Farbe / seyn. Er gehet mit^l einem / oder Zweyen *ManschiKi*, hat / dieselbe am Zügel mit einer / Hand, und in der ander⌊en⌋ halt / er den boge⌊n⌋ und etliche Pfeile :|^m|: Wer Zwey *ManschiKi* hat / gehet alleZeit mit beyden / Zugleich. Er hat überdem / noch Zwey Biß drey ge- / meine Rennthiere Zu beyde⌊n⌋ / Seiten um sich und hinter sich / welche mit denen Zügeln / oder^n Leit Riemen an dem / Gürtel des Jägers ange- / bunden sind. Der Jäger / selbst gehet^o oder schleichet / hinter denen *ManschiKi* / unmittelbahr einher, will / er daß sie stehen solle⌊n⌋ / so Zuket er am Zügel / will er daß sie wieder fort / gehe⌊n⌋ solle⌊n⌋, so schüttelt er / Sie Kommen Zuweilen dene⌊n⌋ / wilden RennThieren Bis⌊s⌋ auf / 2 oder 3^p Faden, und offters / werden Von einem Jäger / auf 3. wilde RennThiere / erleget. *Taiginzi Modori p⌊erge⌋* im / *Krasn⌊ojarskischen⌋* Geb⌊ieth⌋ wißen nichts / Von denen *ManschiKi*. :|^q
|: Die *BrazKi* und *Mongalen* / Bedienen sich an statt der / *ManschiKi* abgerichteter / Ochsen.

---

^{a} drey *verbessert aus* [.] ^{b} $_{da}$s *verbessert aus* [.] ^{c} im Frühlinge *über der Zeile* ^{d} *nach* Endten- *gestr.* und ^{e} *nach* Gänse- *gestr.* Jagd ^{f} hab$_{en}$ *verbessert aus* [...] ^{g} 30 biß *über der Zeile* ^{h} B$_{ey}$ *verbessert aus* d ^{i} $_{wo}$mi$_t$ *verbessert aus* [..] ^{j} $_{we}$r$_{d)}$ *verbessert aus* [.] ^{k} *nach* Sommer *gestr.* ist / es gleichViel wa ^{l} m$_{it}$ *verbessert aus* [.] ^{m} *von* ManschiKi auf Samojedisch *bis* und etliche Pfeile *auf Bl.* 19r *rechts marginal* ^{n} o$_{der}$ *verbessert aus* [.] ^{o} $_{geh}$e$_t$ *verbessert aus* [.] ^{p} 3 *verbessert aus* f ^{q} *von* Wer Zwey ManschiKi hat *bis* denen ManschiKi. *auf Bl.* 19v *rechts marginal*

Abgerichtete Falken[266] u⌈nd⌉ andere / derg⌈leichen⌉ Raubvögel sind nur / bey dene⌈n⌉ Tataren, und noch dazu / sehr selten, zu sehe⌈n⌉. :|[a]
Großes wild als Elende Hirsche[b] wölffe / Füchse, p⌈erge⌉ in Gruben[c] Zu fangen, / ist eine in dem gantzen Mit- / Tagl⌈ichen⌉ Theile[d] von Sibirien so / wohl unter denen Heidnischen / Völker⌈n⌉[e] als Rus⌈s⌉ische⌈n⌉ Einwohner⌈n⌉ / sehr übliche Gewohnheit[f]. Man / Bemerket, wo das wild seine / *Paßage*[g] Zu[h] haben pfleget, / Verzäunet[i] die Gegend[j], und / Läs⌈s⌉et nur einen Gang übrig / in[k] welchem die Grube gegra- / ben, und mit grünen Gesträuche / dunn Bedeket wird.
In der obern gegend des Irtisch[267] / f⌈l⌉usses⌉ siehet man viel derg⌈leichen⌉ VerZäu- / nungen und Gruben[l] auf denen Insuln[m] / womit die dortige[n] Einwohner die Hirsche / oder daselbst so genannte *Maralli*[268] / hauffig Zu fangen pflegen.
|: In dem Nordl⌈ichen⌉ Theile von / Sibirien, was über 60 grad / ist, Las⌈s⌉en[o] sich die Gruben, / nicht so bequem gebrauchen / weil das Erdreich so Som- / mer als winter[p] / Beständig gefroren ist.
auf Fuchse und wölffe / werden auch Gruben ge- / graben.
Im *Krasnoj⌈arskischen⌉* G⌈ebiet⌉ ist das Gruben / Grabe⌈n⌉ bey dene⌈n⌉ Heyden nicht / Gebräuchlich |[q] /20v/
Eine andere Erfindung die sonder- / Lich an dem *Lena* f⌈l⌉uß⌉ sehr / gebrauchlich ist, Bestehet darin, / daß man besonders *aptirte*[269] / Bogen hat, die in denen Wal- / dern auf Gabeln aufgestellet / und gesPannet werden, derge- / stalt, daß von der Feder ein / Faden dem Bogen[r] gegen über / an einem Baume angebunden, / und der Weg Zu diesem faden / eben wie Bey denen Gruben[s] / Zu beyden Seiten verZaunet wird / da dan das[t] wild, wenn es / Zu dem Faden Kommt, und den- / selben nur ein[u] wenig sPannet, / den Bogen Los-drüket, und / Von dem auf dem Bogen aufge- / Legten Pfeile erleget wird.
Diese Bogen werden im Rus⌈s⌉ische⌈n⌉ / *Samostrelnie luKi* genannt.
Die *Jakut*en setzen auch derg⌈leichen⌉ / bogen[v] aus auf wilde gänse.
|: *Samoj*eden haben Keine / *Samostrelnie luKi*. Die / *JaKut*en am *Chatanga* / haben. *item* die *Tun-* / *gus*en. Die *Krasnoj⌈arskischen⌉* wald- / Volker setzen selbige auf alle Thiere / auch auf Elende, auch auf FischOtter[270] Letzte / sind mit wiederhake⌈n⌉ und an einem / Strik befestiget damit die Otter nicht / nach dem

---

[a] *von* Die BrazKi *bis zu* sehe) *rechts marginal* [b] Hirsche *über der Zeile* [c] G$_{ruben}$ *verbessert aus* g [d] $_{Thei}$le *verbessert aus* [.] [e] Völ$_{ker)}$ *verbessert aus* [...] [f] $_{Ge}$Wohnheit *verbessert aus* [.] [g] p$_{aß}$age *verbessert aus* [.] [h] $_{Z}$u *verbessert aus* [.] [i] $_{Verzä}$unet *verbessert aus* [.] [j] G$_{egend}$ *verbessert aus* [.] [k] i$_n$ *verbessert aus* [.] [l] G$_{ruben}$ *verbessert aus* g [m] $_{In}$sul$_n$ *verbessert aus* [..] [n] dortige *über der Zeile* [o] $_{Lasse}$n *verbessert aus* [.] [p] *nach* winter *gestr.* nicht auf [q] *von* In dem Nordl $_l$ *bis* Gebräuchlich *rechts marginal* [r] B$_{ogen}$ *verbessert aus* f [s] $_G$ru$_{ben}$ *verbessert aus* [..] [t] $_{da}$s *verbessert aus* [.] [u] e$_{in}$ *verbessert aus* d [v] $_{bo}$g$_{en}$ *verbessert aus* [.].

Schuß sich im Waßer VerKriechen / möge. Sie werden sonderlich Bey Kleinen / Krum fließenden Flüßen und bachen auf ge- / stellet, wo man im Grase einen Pfad des / Thieres siehet Zwischen denen Krümmungen. / In denen *Dauri*schen Gegenden / sollen die *Targatschini*[271] und / übrige[a] unter *Sina* stehende / *Tungusi*sche Völker die *Samo-* / *strelnie luKi* dergestalt machen / und setzen, daß der Pfeil / Von oben nach unten loßge- / drüket und also das darunter / Vorbey gehende thier in den Naken / oder Rüken geschossen wird / Die *Sibiri*schen Völker machen / die bogen[b] also daß der Pfeil / *horizontaliter* loßgedrüket wird.

Die *Tungusen*[c] / setzen auch *Samostrel-* / *nie luKi* auf Zobeln aus / an welchen die Pfeile sehr Klein / sind, damit sie das Fell nicht / Zu stark beschädigen Gänse Endten und Schwanen[272] / werden auch viel geschossen / und[d] mit Handen gegriffen / wenn sie im[e] Sommer abfedern. / Ich habe an dem *Argun*[273] fluß / einer dergleichen Gänse Jagd bey / gewohnet: welche die dortige / *Tungus*en anstelleten[274]. : |[f]

Am meisten wird das Feder wild / so wohl Gänse und[g] Endten, als[h] / Auer-[i][275], Birk-[j][276] Hasel-[k][277] / und Rebhüner[278] in Schlingen / gefangen. /21r/
Die Russen an der *Lena* stellen / im Herbst an denen Ufern der / flüsse auf die Reb-[279] und Birk- / Hüner[280] fallen (слopzi[281])[l] auf, weil Zu selbiger / Zeit diese Vögel hauffig an die / Flüsse Zu Kommen pflegen / um einen Vorrath von Kleinen / Steinen auf den winter Zu sammlen.
Eichhörner werden sowohl Von / Russen als Heydnischen Völkern / mehrenTheils in Fallen gefangen / die Plaschk[m] (плашки[282])[n] genannt werden. / Selbige[o] bestehen aus einem / Blok Von Nassem Zähen Holtze[p], / der Von[q] einem Ende biss fast[r] / an das andere Ende nach der Länge[s] gesPalten / mit Höltzern Von einander[t] gesPer- / ret und darZwischen die LoksPei- / se geleget wird, dergestalt, dass / wenn ein Eichhorn sich dieser SPeise / Theilhafftig machen will, es die / Höltzer, womit die Falle von einander / gesPerret ist, aus ihrer Lage / heben muß, Da[u] denn der blok[v] / Vermöge seiner natürlichen *Elasti-* / *cität* sich Zusammmen schläget / und das Eichhorn Zerquetschet.

---

[a] übrige *verbessert aus* [.] [b] bogen *verbessert aus* [.] [c] *nach* Tungusen *gestr.* im JeniseisKische) / Gebiethe [d] und *verbessert aus* [..] [e] im *verbessert aus* [..] [f] *von* Samojeden haben Keine *bis* Tungusen anstellete) *rechts marginal* [g] und *über der Zeile* [h] *nach* als *gestr.* auch [i] *nach* Auer- *gestr.* und [j] *nach* Birk- *gestr.* und [k] Hasel. *verbessert aus* [.] [l] (слopzi) *über der Zeile* [m] Plaschk *verbessert aus* [...] [n] (плашкы) *über der Zeile* [o] Selbige *verbessert aus* s; *nach* Selbige *gestr.* Parti [p] Holtze *verbessert aus* ö [q] Von *verbessert aus* g [r] *nach* fast *gestr.* , [*Komma*] [s] *nach* der Länge *über der Zeile* [t] einander *verbessert aus* e [u] Da *verbessert aus* und [v] blok *verbessert aus* [.]

Dieser Fang ist fürnemlich dene⌈n⌉ / Rus⌈s⌉ische⌈n⌉ Einwohner⌈n⌉ an der *Lena* / sehr einTräglich, weil sie die diksten / Wälder, wo die Eichhörner sich sehr / Hauffig aufhalt⌈en⌉, in der Nähe haben, /21v/ und ein jeder Haus⌈s⌉wirth auf / 1000 Bis⌈s⌉ 2000 dergl⌈eichen⌉ Fallen / aufZustellen^a pfleget, welche / Taglich Besuchet werden, da denn / selten geschiehet, daß in 1000 / Fallen nicht Auf^b 30 Bis⌈s⌉ 50 Eich- / hörner jeden Tag^c sich finden / sollten.
|: die *Kamtschedal*en sollen / auch^d allerley federwild^e mit auf- / gesPannt⌈en⌉ Netzen fangen^f, die Von / Nes⌈s⌉eln²⁸³ gemacht werden. / dergleich⌈en⌉ man im Rus⌈s⌉ische⌈n⌉ / *Perewessi*²⁸⁴ nennet. dergl⌈eichen⌉ / *Perewessi*²⁸⁵ oder Vogel Netze sind / auch Bey denen *Ostiak*en und / Rus⌈s⌉en am *Ob*²⁸⁶ Flus⌈s⌉e sonder- / Lich auf denen Insuln ge- / Bräuchlich. allwo Zu solchem Ende / große Lange Gänge ausgehauen sind / in welchen man die Netze aufsPannet.
Die heidnische Völker schies⌈s⌉en / auch Viel Eichhörner mit / Pfeilen und Zwar mehren- / Theils mit *Tomari*, nemlich / so Lange im Herbste oder / Vorwinter der Schnee nicht / allZu Tief ist.
Слопци²⁸⁷ auf birk-²⁸⁸ Rebhüner²⁸⁹ *p⌈erge⌉* / werden auch in dene⌈n⌉ Wälder⌈n⌉ / aufgestellet. man leget rothe^g / beeren als *Brusniza*²⁹⁰, *Kalina*²⁹¹, / auch Rosen^h Knöpffe²⁹² (шипичникъ²⁹³) / in die Fallen, weil dieses / Federwild am meisten Von der / rothe⌈n⌉ Farbe dieser beeren an- / geloket wird. Man fangt auch / Hasen darin
Samostrelnie luKi werden im / *Krasnoj⌈arskischen⌉* geb⌈iet⌉ bloß von Tanne⌈n⌉^{i} / Holtze gemacht der Pfeil / ohnbefiedert, weil der Ort wo / das Thier durchpas⌈s⌉ir⌈en⌉ muß / wenn es in die Falle Komm⌈en⌉ / soll, Zunächst^j Vor^k der SPitze / des Pfeiles ist. Die Eiserne / SPitze ist auch Kleiner als an / gemeinen Pfeilen aber rauten- / formig. :|^l

	: Черканъ²⁹⁴	*Tat⌈arisch⌉*	*Schirgi*²⁹⁵.
пленки²⁹⁶ ⎫			
	⎬ -		*TussàK*^{m297}
слопцы²⁹⁸ ⎭			
плашки²⁹⁹	-		*BaspàK*³⁰⁰. :|^n

---

^{a} $_{auf}$Zustellen *verbessert aus* f ^{b} Au$_f$ *verbessert aus* [..] ^{c} T$_a$g *verbessert aus* [.]$_a$[.] ^{d} *nach* auch *gestr.* Vögel fangen ^{e} allerley federwild *über der Zeile* ^{f} fangen *über der Zeile* ^{g} $_{roth}$e *verbessert aus* e$_)$ ^{h} R$_{osen}$ *verbessert aus* [.] ^{i} T$_{anne)}$ *verbessert aus* [.] ^{j} *nach* Zunächst *gestr.* an ^{k} Vor *über der Zeile* ^{l} *von* die Kamtschedalen sollen *bis* rauten- / formig. *auf Bl.* 21r *rechts marginal* ^{m} $_T$u$_{ssàK}$ *verbessert aus* [.] ^{n} *von* Черканъ *bis* BaspàK. *rechts marginal*

Das Fleisch Von wilden Thieren / und Vögeln, die nicht Zur SPeise / gebrauchet werden, wird im Rus⌈s⌉ische⌈n⌉ / *Kúrenga*³⁰¹ genennet.
Von der Jagd der *Peszi* S⌈iehe⌉ des / h⌈errn⌉ D⌈oktor⌉ *Gmelins observatione⌈s⌉*³⁰²
Von^a der Zobel-Jagd S⌈iehe⌉ eine / besondere Abhandlung das Stud⌈enten⌉ / *Krascheninikows*.³⁰³
*KabKani*³⁰⁴ werden in Bächen und / Flüßen aufgestellet um / damit Biber Zu fangen.
*Ostiak*en fangen die Zobel^b / mit Netzen und Schlingen / Jene^c sind Von Hanff, diese / Von Pferde Haaren. Diese werde⌈n⌉ / Vor denen Locher⌈n⌉, in welchen / sie die Zobel aufhalt⌈en⌉ aufge- / stellet.
|: *Pasti*^d ³⁰⁵ sind fallen Von Holtz^e womit / die *Peszi* an waldigt⌈en⌉^f Orte⌈n⌉ / oder in der Nachbahrschafft / wo Holtzung ist, gefange⌈n⌉ / werden
*Kulemi*³⁰⁶ werden in der *Tundra* / Von Schnee gemacht
*Tscherkani*³⁰⁷ eine besondere art / werden Vor denen Gruben derer / *Peszi* aufgestellet
Die *Ostiak*en brauchen auch / *TscherKani*³⁰⁸ auf die / Eichhörner.
*Kulemi*³⁰⁹ auf Zobel werd⌈en⌉ / auch Von dene⌈n⌉ *Krasnoj⌈arskischen⌉* Wald- / Völker⌈n⌉ ausgesetzet
Sie haben auch *Tscherkani*³¹⁰. :|^g
*Tscherkani*³¹¹ sind im *KrasnojarsK⌈ischen⌉* u⌈nd⌉ *Tomski*sch⌈en⌉ Gebiethe am meiste⌈n⌉^h / auf den *Hermelins* fang im Gebrauche, wo in der Steppe / Kleine birken büsche (колки³¹²) sind. Doch werden sie auch in / freyer Steppe ausgesetzet, wo man des Thieres SPuren siehet / daß es offters eine⌈n⌉ weg Von einem waldLein Zum ander⌈en⌉ Zu / paßiren pfleget. /22r/
Die Rus⌈s⌉en brauchen *Sulema Merc⌈urius⌉ subl⌈imatus⌉*^i ³¹³ / und Legen solches in denen / Wälder⌈n⌉ für die Füchse aus. / In^j denen Nordl⌈ichen⌉ gegenden ist / dieses nicht so *practicab*el weil / daselbst offters Sturmwinde / sind, und die Fußstapffen / Verwehet, oder auch der Vom / *Sulema*³¹⁴ gefallene Fuchs Gantz^k / mit Schnee überworffe⌈n⌉ wird / daß man ihn nicht finden Kann.
|: Tataren setzen auch слопцы³¹⁵ / auf *Rossamake⌈n⌉* und Hase⌈n⌉ / die слопцы³¹⁶ heis⌈s⌉e⌈n⌉ Zu *Krasno*- / *jarsk* пленки³¹⁷. Die *Roßamak⌈en⌉* / sind sehr dreiste³¹⁸ u⌈nd⌉ Kommen / Leicht in diese falle⌈n⌉. Sonst ist / der Meiste Gebrauch auf feder / wild. Die плашки³¹⁹ stelle⌈n⌉ / die Tataren auf Eichhorner / und Hermeline⌈n⌉.

---

^a von *verbessert aus* [..]   ^b Zobel *verbessert aus* Zobeln   ^c J_ene *verbessert aus* [.]   ^d _paSti *verbessert aus* [.]
^e Von Holtz *über der Zeile*   ^f w_aldigt *verbessert aus* [.]   ^g von Pasti sind fallen *bis* auch Tscherkani *rechts marginal*   ^h am meiste) *über der Zeile*   ^i Merc. subl. *über der Zeile*   ^j ₁n *verbessert aus* [.]
^k G_antz *verbessert aus* [.]

Sie sind gantz / durch ausgesPalt[en] u[nd] hänge[n] / nicht an dem einen Ende Zusam[m]e[n]. :|ᵃ

*Zilibucha nuces vomicae*ᵇ³²⁰ ein gifft für die / wölffe |: auch für *Rossomake*[n] :|ᶜ auch nur bey den[en] / Rus[s]en gebräuchlich, wird / Vorher Kleingeschnitte[n] oder / Zerriebe[n] und mit Fleisch / oder Fett vermischet. wenn / die *Zilubucha*³²¹ gut ist, so / fällt der wolff sofortᵈ / Bey der LoksPeise, sonder- / Lich Bey gros[s]er Kälte / ist es aber warm wetter / so geschiehet es offters, das[s] / er davon Zu brechen anfängt / und alles wieder auswirfft / ohne wirkung.
|: Tataren brauchen so wohl *Sulema*ᵉ³²² / als *Zilibucha*³²³ wenn sie es hab[en] / Können.

Camasinzi, Taiginzi wis[s]en / Von diesem allen nichtsᶠ, so / wenig, als Vonᵍ dene[n] gewöhnlich[en] / Fallen. Sie gebrauchen nichts / als ihre Pfeile und bogen / nebst ihr[en] Hunden.

*Zilibucha*³²⁴ wird Bey den[en] Rus[s]e[n] / in Milch geKocht, das *decoctum* / *coagulatum*³²⁵ in Gedärme / gestopffet und als eine / Wurst in denen Wälder[n] / für die Thiere ausgeleget / *ex relat[ione]* Stelleri³²⁶ :|ʰ

Auf Füchse, Wölffe, *p*[*erge*] werde[n] / auch *Klepzi*ⁱ³²⁷ und *Pasti*³²⁸ aufge- / stellet. /22v/

Die *Inbazki*sche[n]ʲ *Ostiak*en am *Jenisei*³²⁹ / haben eine Kleine Pfeiffe / die aus dem *Osse femoris*³³⁰ / Von Zobeln gemacht wird, / damit pfeiffen sie imᵏ / Frühlinge denen Reb- und / Hasel Hünern³³¹, welche darauf / angeflogen Kommen, und / mit Pfeilen Von ihnen erleget / werden. Sie erwehlen die Knoche[n] / Von Zobeln wegen ihrer beson- / dern Feste und HärtigKeit Zu / diese Pfeiffe[n]: undˡ Trage[n] / dieselbe gemeiniglich an einem / Riemen womit sie ihre *Kascha-* / *ni*³³² unter demᵐ Halse Zubinde[n].

Eben diese *Ostiak*en gehen auf / die ZobelJagd wie die Rus[s]e[n]. / Sie stellen *Kulomi*³³³, *Tscher-* / *Kani*³³⁴ und *Setti* auf. Jage[n] / nicht mit Hunde[n], schies[s]en / aber auch mit *Tomaren*

*Tscherkani*³³⁵ werden auch Von / den[en] Rus[s]en im *Mangasei*sche[n] / Gebiethe³³⁶ auf die Zobel auf- / gestellet. Sonst sind die- / selbe hauptsächlich in diesen / Gegende[n] wege[n] der Hermeline[n] / im Gebrauch. Im welchem Falle sie / aber Kleiner als für Zobeln / gemacht werde[n]. /23r/

ᵃ *von* Tataren setzen auch *bis* Ende Zusamme₎ *rechts marginal*   ᵇ nuces vomicae *über der Zeile*
ᶜ auch für Rossomake₎ *rechts marginal*   ᵈ so_fort *verbessert aus* [..]   ᵉ Sulema *verbessert aus* [......]
ᶠ nichts *verbessert aus* [......]   ᵍ Vo_n *verbessert aus* [..]   ʰ *von* Tataren brauchen so *bis* ex relat. Stelleri *rechts marginal*   ⁱ ₖlₑpzi *verbessert aus* [.]   ʲ Inbazkische₎ *über der Zeile*   ᵏ im *verbessert aus* [..]   ˡ ᵤₙd *verbessert aus* [.]   ᵐ d_em *verbessert aus* [.]

Plaschki[337] sind im *Mangasei*sch[en] / Gebiethe[338] (weg[en] der Eichhörner) / nicht im Gebrauche. Sie werd[en] / alle mit *Tomaren* erschos[s]e[n]. / Kommen aber auch in die *Kulemi*[339] / und *TscherKani*[340], welche für- / nemlich die Rus[s]en ihrentweg[en] / aufstellen.

Biber auf *Tat[arisch]*	*Chundùs*[341]
кошлокъ[342]	- *balà*[343]
ярецъ[344]	- *KischKi*'

Die кошлоки[345] u[nd] ярцы[346] wohne[n] mit / denen alt[en] in einer Höhle. Im[a] / dritten Jahre sonder[n] sie sich / ab. Wenn man die biber fange[n] / will, so machet man im angehende[n] / winter, wenn das Eyß an fänget / Mensche[n] Zu halt[en] einen Zaun von / engeingeschlagen[en] Pfählen vor / der Hohle durch das[s] Eiß in das / Waßer, Läßet einige Offnunge[n] vor / welche man Korbe als FischKorbe / (морды[347]) setzet die aus Ziemlich dike[n] / Tannen Stange[n] Bestehe[n], weil wenn / selbige Von weiden-Gesträuche[n][348], als / wie die FischKorbe, geflocht[en] wäre[n], / die biber solche bald durch beis[s]en würd[en] / indem sie die weiden[349] auch selbst[en] es[s]e[n]. / in[b] die[c] Körbe steket / man deßweg[en][d] einige Weiden Strauche[350] dere[n] / SPitzen über das waßer hervor[e] / ragen damit man sehe[n] möge wenn / ein[f] biber in einem Korbe ist, (weil / er nemlich alsobald anbeyßet) damit / den Korb bald aushebe[n] Könne / Man stellet auch Netze Vor an welche[n] / man oben an der bewegung der Schwimm- |: Höltzer sehe[n] Kann wenn[g] sich ein / biber darin Verwikelt hat. Nun / gehen aber die biber nicht von / selbst aus der Hohle in die / Körbe und Netze, weil er / den gantzen winter in der Hohle / ruhet und nur heraus Kommt / vor der Hohle sein Futter[h] Zu / hohlen woZu er auf den winter / eine[n] gros[s]e[n] Vorrath Vor der / Höhle sammlet: des[s]wege[n] / grabt man Von oben durch / in die Erde biß Zu der Hohle[i] / und Jaget sie heraus da / wollen sie durch die Offnung[en] / entwische[n], Kommen aber in die / Korbe u[nd] Netze, welche man / alsdenn also fort heraus Ziehet / damit sie nicht wieder entKomm[en] / möge[n]. Das schlimste ist wenn / die biber Zwische[n] und unter dene[n] / Pfahlen[j] andere Ausgange / finden als die Vermachet / sind. denn da entgehen sie. / Man fanget Zu 1 biß 4. / biber кошлоки[351] u[nd] ярцы[352] / aus einem Netze. Man darff / nicht alle ausfange[n] wege[n] der / fortpflantzung[k]. Ist man Be- / sorget daß man Zuviel gefange[n] / so Laßet man einen wieder / ab. Wenn auch nur einer Zurük- / bleibet so bauet

---

[a] Im *verbessert aus* die   [b] vor *in gestr.* Da[...] *oder*   [c] die *verbessert aus* [.]   [d] deßwege₎ *über der Zeile*
[e] he*r*vor *verbessert aus* [.]   [f] ein *verbessert aus* d[..]   [g] wenn *verbessert aus* [..]   [h] Futter *verbessert aus* [.]
[i] Hohle *verbessert aus* [.]   [j] Pfahlen *verbessert aus* [..]   [k] fortpflantzung *verbessert aus* [.]

selbiger das / Nest wieder an denselbe⌈n⌉ orte / und suchet sich eine⌈n⌉ Gefahrt⌈en⌉. / Erfahrne Jäger wis⌈s⌉en alleZeit / wie viel biber in einem Neste / sind u⌈nd⌉ Von was für Alter. Sie / gebe⌈n⌉ Acht in der Nachbahrschafft / herum, wo sie an dene⌈n⌉ bäume⌈n⌉ / genaget und sehen an den / SPure⌈n⌉ der Zahne das Alter / der biber. : |ᵃ

[1] Beginn von Teil 2 (Č. 2) des Manuskripts RGADA F. 181, Op. 16, D. 1386
[2] zu Bl. 1r siehe Anm. 2 im Titel von Dokument 3; Bl. 1v – leer
[3] „Rohr (gezogenes) gezogene Büchse, Fr. Arquebuse rajée, nennet man eine Büchse, deren Lauff inwendig mit Reiffen ausgezogen ist. ..." (Zedler 1732–50, Bd. 32, Sp. 570)
[4] russ. *urga* – Station, Zelt(lager) (*Anikin* 2000, S. 587); kalmyk. „өrə" – Palast, Jurte eines hohen Würdenträgers (*Muniev* 1977, S. 423); mongol. „өrөө" – Zelt, Jurte eines hohen Würdenträgers (*Luvsandėndėv* 2001–2002, Bd. 3, S. 38); „... in der sogenannten Urga, oder dem Hoflager des Calmückischen Beherrschers, sey. Wie aber dasselbe nicht allemahl an einem Orte ist; indem dieser Herr ... von einem Orte zum andern über zu ziehen pfleget: so kann man nur überhaupt sagen, daß diese Urga in der Gegend des Flusses Ili sey, ..." (Müller 1760, S. 598); „Noch im Anfange dieses Jahrhunderts besassen sie [d. h. die Kalmyken] die Soongorey und da sich das Hoflager des Chans (K. Orga R. Urga) meistens am Ili und seinen Flüßen befand, so wird das ganze Volk noch jetzo von den Chinesen Ili genennet." (Falk 1786, S. 563)
[5] (russ.) *Galdan Cerin*
[6] s. Anm. 3
[7] russ. *turki* (Ez. *turka*) – kurze Schrotflinte; „Turki sind im Russischen Büchsen, deren sich die Kalmucken und die benachbarten Nationen viel bedienen, und sind von andern hauptsächlich darinnen unterschieden, daß man das Pulver mit einer Lunte anzündet, weil weder Schloß noch Feuerstein daran ist." (Gmelin 1751–1752, 1. Theil, S. 214f.); „.... Turki, eine Art von Büchsen, welche wohl dreymal so weit als eine Wintovka (Russische Büchse) reichen sollen, ..." (a. a. O., 4. Theil, S. 175)
[8] Enisej
[9] russ. *soloncy* – Salzböden mit den darauf wachsenden Pflanzen (*Slovar'* 2002, S. 136f.); „Man siehet in denen Steppen sehr offters gantz weiße Oerter in ebenem Felde, wo das Erdreich mit Saltz=Blumen, die im Rußischen Solonzi genennet werden, bedeket ist." (G. F. Müller in „Historie des Selenginskischen und Nertschinskischen Gebiethes ..." – AAW F. 21, Op. 5, D. 19, Bl. 15v)
[10] russ. *argali*; „127. Aegoceros Argali. ... Rupicapra cornibus arietinis, Gmelin. (sen.) ... Rossis Kamennoi Baràn (ovis rupestris) vel Dikoi Baràn (ovis fera). ... Mongolis Argali; ..." (Pallas 1811–1831, Vol. I, S. 231f.); „2. Ovis Ammon L. ... Wildes Schaf. R. Stepnoi, auch Kancennoi [müßte heißen: Kamennoi, russ. (adj.) *kamennoj* – Felsen-, Stein-] Baran.

ᵃ *von* Höltzer sehe) Kann wenn *bis* Alter der biber. *rechts marginal*

Mong. Argal. ... Die Hörner sind groß, geringelt, bogenförmig zurückgebogen; ... Den Kirgisen dient der Balg wegen der Seltenheit zu Feyerkleidern. Mit den Hörnern belegen sie die Bogen. Das Fleisch ist eine leckere Speise." (Georgi 1797–1802, Theil 3, S. 1637); mongol. „аргаль" – russ. *argali* bzw. *gornyj baran* (Bergschaf), *dikij baran* (wildes Schaf) (*Luvsandėndėv* 2001–2002, Bd. 1, S. 136)

[11] mongol. „тэх" – russ. *dikij gornyj kozel* (*Luvsandėndėv* 2001–2002, Bd. 3, S. 297); vermutlich „122. Aegeroceros Ibex. ... Capra Ibex, ... Rossis ad Jeniseam Tek vel Tik. Mongolo-Buraetis Takija. ..." (Pallas 1811–1831, Vol. I, S. 224–226) bzw. „3. Capra Ibex. ... Steinbock. Mong. Takie. ... Größer, als der Ziegenbock. Die Hörner fast mondförmig zurückgebogen. ..." (Georgi 1797–1802, Theil 3, S. 1622); vgl. aber mongol. „тэх гөрөөс" – russ. *kozerog, kamennyj baran* bzw. *gornyj kozel* (*Luvsandėndėv* 2001–2002, Bd. 3, S. 297); russ. *gornyj kozel* bzw. *kozerog* – Capra ibex (Steinbock) (Klemm 1973, S. 236); russ. *kamennyj baran* entspricht auch russ. *argali* (s. Anm. 10)

[12] russ. *krenovye luki* (Ez. *krenovyj luk*) – Bogen aus *kren'* (s. Glossar: Kren); *krenovyj* (adj.) zu *kren'*; russ. *luk* (Mz. *luki*) – Bogen

[13] lat. – welcher Art auch immer

[14] vgl. samojed. „hart, ... Jen. ... ne'ere, Ch.; ..." (Schiefner 1855, S. 232)

[15] „SCHWARZHOLZ, n. schwarzes, dunkles holz, besonders 1) nadelholz, nadelwald ..." (Grimm 1991, Bd. 15, Sp. 2335)

[16] *Kamčatka*

[17] *Penžinsk*er See

[18] „Fischbein, das aus den Barten des Wallfisches gewonnene Material, aus elastischen Stäben bestehend, welche zu Stöcken, zu Schirmgestellen u. anderen elastischen Fabrikaten benutzt werden. ..." (Pierer 1857–65, Bd. 6, S. 300); „Die Barden ... werden ... als Fischbein für Schneider und für Handel genutzt ... Die Sibirischen Strand= und Inselbewohner gebrauchen sie zur Verbindung und Befestigung der Theile ihrer Fahrzeuge und Kanuten und anderm Flechtwerk, zu Seilen, Netzen, Schnuren ..." (Georgi 1797–1802, Theil 3, S. 1676)

[19] *Ochock*

[20] <lat., frz.> – Unbequemlichkeit, Beschwerde

[21] s. Anm. 18

[22] „SCHILFERN, s. schülfern." (Grimm 1991, Bd. 15, Sp. 143); „SCHULFERN, verb. schülfern, abschürfen, sich in schuppen ablösen ..." (a. a. O. Sp. 1943)

[23] s. Anm. 18

[24] *Jakuck*

[25] s. Anm. 18

[26] s. Anm. 18

[27] *Zeja*

[28] Gebiet von *Mangazeja*

[29] *Enisej*

[30] russ. *krapiva* bzw. *kropiva*; „Urtica L., Nessel. R. Kropiwa. ... 3. Urtica dioica ... Gemeine Nessel. ... Die abgestandenen Stängel werden von Baschkiren, Koibalen und andern Sibiriaken als Hanf benutzt. Sie setzen die Stängel einige Wochen der Witterung aus, trocknen sie dann stark und scheiden die Rinde durch Klopfen zwischen Steinen oder in Trögen, reinigen die Bastfäden durch Schwingen – und spinnen sie auf Spindeln zu Garn für Seile, Netze, Gewebe, welches wenig über eine Spanne breit, sehr grob, aber dicht oder fest und sehr stark ist. ..." (Georgi 1797–1802, Theil 3, S. 1294ff.)

[31] russ. *karlušina* (Mz. *karlušiny*) – von Haaren befreite rohe Rentierhaut

[32] jakut. „cā" – Bogen, Schußwaffe, Flinte (*Pekarskij* 1958–1959, Bd. II, Sp. 2003–2005; Middendorff 1851, Theil 2, S. 152)

[33] s. Anm. 18

[34] jakut. „мyoc cā" – gewöhnlicher Bogen für die Jagd aus *kren'* oder Fischbein (*Pekarskij* 1958–1959, Bd. II, Sp. 1635f.); s. Glossar: Kren

[35] s. Anm. 18

[36] jakut. „муос" – Horn, Geweih, Knochen, Walroßknochen (*Pekarskij* 1958–1959, Bd. II, Sp. 1635f.); jakut. „муос" – „Horn, Geweih" (Middendorff 1851, Theil 2, S. 150)

[37] jakut. „мас" – Holz, Baum (*Pekarskij* 1958–1959, Bd. II, Sp. 1531; Middendorff 1851, Theil 2, S. 147); s. Anm. 32

[38] s. Anm. 36

[39] jakut. „кіl" – russ. *kren*' (s. Glossar: Kren) (*Pekarskij* 1958–1959, Bd. I, Sp. 1081)

[40] russ. *boevki* (Ez. *boevka*) – Streitpfeile; von russ. (adj.) *boevoj* – Kampf-, Schlacht-

[41] chakass. „чӧбе" – Pfeil, dreikantige Pfeilspitze (*Subrakova* 2006, S. 995)

[42] tatar. „ук" – Pfeil (*Ganiev* 1984, S. 611); tatar. „ŏkh" – Pfeil (J. E. Fischer in: AAW F. 21, Op. 5, D. 41, Bl. 93r); tatar. „ok" – Pfeil (J. E. Fischer in: AAW F. 21, Op. 5, D. 50, Bl. 45v); tatar. (*Kuzneck*) „ok", katschinz. „ok" – Pfeil (G. F. Müller in: AAW F. 21, Op. 5, D. 143, Bl. 40v bzw. Bl. 64v); tschulym. „ок" – Pfeil (*Funk/Tomilov* 2006, S. 143); turk. „ок" bzw. „ук" – Pfeil (Radloff 1963, Bd. 1, Sp. 988 bzw. Sp. 1606)

[43] russ. *dolotčatye streli* (Ez. *dolotčataja strela*) – Meißelpfeile; russ. (adj.) *dolotčatyj* – meißelförmig, russ. *strela* (Mz. *strely*) – Pfeil

[44] chakass. „кискі" – schaufelförmige Pfeilspitze (*Subrakova* 2006, S. 173); s. Anm. 42

[45] chakass. „соған" – Pfeil (*Subrakova* 2006, S. 485); schor. „соған" – Pfeil mit einer Spitze aus Schmiedeeisen, Holz oder Knochen (*Funk/Tomilov* 2006, S. 255)

[46] vgl. tatar. „сөяк" – Knochen (*Ganiev* 1984, S. 232); s. Anm. 59

[47] russ. *kosatki* (Ez. *kosatka*) – Streitpfeile mit Widerhaken (nach G. F. Müller, s. weiter unten)

[48] tatar. „кондыз" – Biber (s. Glossar: Biber) (*Ganiev* 1984, S. 42); katschinz., kaidin. u. tschatzk. „Kóndus s" – Biber (J. G. Gmelin in: AAW F. 21, Op. 5, D. 73, Bl. 283v/284r); barabinz. „Kúndüss" – Biber (J. E. Fischer in: AAW F. 21, Op. 5, D. 50, Bl. 40v); chakass. „хундус" – Biber (*Funk/Tomilov* 2006, S. 555); „63. Castor Fiber. ... Tataris Kundùs; ..." (Pallas 1811–1831, Vol. I, S. 142f.); turk. „кундус" bzw. „кундуз" – Biber (Radloff 1963, Bd. 2, Sp. 915); s. Anm. 42

[49] russ. *boevki* (Ez. *boevka*); von russ. (adj.) *boevoj* – Kampf-, Schlacht-

[50] vgl. tungus. (ewenk.) „чалӣ" – Pfeilspitze in der Form eines zweischneidigen Messers (für die Bärenjagd) (*Myreeva* 2004, S. 711)

[51] jakut. „ытык" – geachtet, verehrt, heilig (*Pekarskij* 1958–1959, Bd. II, Sp. 3847f.; Middendorff 1851, Theil 2, S. 30); jakut. „ох" – Pfeil mit eiserner Spitze (*Pekarskij* 1958–1959, Bd. II, Sp. 1902–1903; Middendorff 1851, Theil 2, S. 20)

[52] turk. „jäбä" – Pfeilspitze, Pfeil (Radloff 1963, Bd. 3, Sp. 386)

[53] russ. *boevki* (Ez. *boevka*) – Streitpfeile; von russ. (adj.) *boevoj* – Kampf-, Schlacht-

[54] russ. *kibiri* (s. Glossar: Kibiri)

[55] mator. „kastuk" – Pfeil mit eiserner Spitze (Nr. 439 in: Helimski 1997, S. 270); mator. „kustuk" – zweispitziger Pfeil zur Vogeljagd (a. a. O., Nr. 616, S. 296; taiginz. „chastuk", samojed. (kamass.) „chastàk" – russ. *boevki* (s. Anm. 53) (Helimski 1987, S. 82, nach G. F. Müller)

[56] russ. *kibiri* (s. Glossar: Kibiri)

[57] taiginz. „orgò", karagass. „orgò", mator. „úrga" – groß (Helimski 1987, S. 74, nach G. F. Müller; s. auch Nr. 816 in: Helimski 1997, S. 329f.); karagass. „órgo" – groß, gewaltig (Helimski 1987, S. 95, nach P. S. Pallas); mator. „opra" – groß (a. a. O., S. 74); mator. „ṅej" bzw. „nej" – Pfeil (Nr. 729 in: Helimski 1997, S. 315f.); karagass. „nei" – russ. *dolotčatye streli* (s. Anm. 43) (Helimski 1987, S. 82, nach G. F. Müller)

⁵⁸ „tamari ... [taiginz.] Múngu | : [matorisch/modorisch] idem [lat. – ebenfalls, zugleich] :| [karagass.] móngu" (G. F. Müller in: Helimski 1987, S. 120); karagass. „múhu" – Pfeil (a. a. O., S. 90, nach P. S. Pallas); mator. „muŋgu" – Klumppfeil (Nr. 704 in: Helimski 1997, S. 311); mator. „múhu" – Pfeil (a. a. O., Nr. 697, S. 309)
⁵⁹ mator. „síchdä" – Knochenpfeil (Nr. 879 in: Helimski 1997, S. 339); taiginz. „síchdä", kamass. „sichdà" – Knochenpfeile (Helimski 1987, S. 82, nach G. F. Müller)
⁶⁰ s. Anm. 47
⁶¹ s. Anm. 53
⁶² s. Anm. 47
⁶³ *Verchnaja Angara*
⁶⁴ *Irkuck*
⁶⁵ *Enisej*
⁶⁶ ostjak. „ḷäγ" – Pfeil mit scharfer Spitze (Steinitz 1966–1993, Sp. 816); *Enisej*-ostjak. „ḱâm" bzw. „ḱam" – Pfeil (Schiefner 1858, S. 170); ket. „gam" – Pfeil (Donner 1955, S. 44), ket. „qam" – zweispitziger Pfeil (a. a. O., S. 64); ostjak. (*Inbak*-Fluß) „Cham" – Pfeil, assanisch u. kotowz. „Tem" – Pfeil, arinz. „Tim" – Pfeil (Klaproth 1831, S. 177)
⁶⁷ vgl. jurak.-samojed. „ñôraku'û, erreichen, nachjagen." (Schiefner 1855, S. 21) u. samojed. (enz.) „норы" – Pfeil mit einer Spitze in Form der *rogatiny* (s. Glossar: Rogatina) (*Gemuev* 2005, S. 500)
⁶⁸ tungus. (ewenk.) „нул" – Pfeil zur Jagd auf das Moschustier (russ. *kabarga*; s. Anm. 233) (*Myreeva* 2004, S. 571); vgl. tungus. (ewenk.) „сулӣ" – gabelförmig, flach (a. a. O., S. 522)
⁶⁹ jakut. „сулумах" – einzeln, allein, kahl, bloß (*Pekarskij* 1958–1959, Bd. II, Sp. 2333); jakut. „сулумах ох" – Pfeil mit einfacher eiserner Spitze (*Pekarskij* 1958–1959, Bd. II, Sp. 2333; Middendorff 1851, Theil 2, S. 171); s. auch *Anikin* 2003, S. 781
⁷⁰ burjat. „humuŋ NU., homoŋ T., homon Ch., somô S., Pfeil; Ch., breiter Eisenpfeil; ..." (Schiefner 1857, S. 136); burjat. „homo(н)" – Pfeil (*Čeremisov* 1973, S. 683); mongol. „сум(ан)" – Pfeil (*Luvsandėndėv* 2001–2002, Bd. 3, S. 128)
⁷¹ s. Anm. 53
⁷² s. Anm. 66
⁷³ *Enisej*
⁷⁴ s. Anm. 66
⁷⁵ s. Anm. 67
⁷⁶ russ. *svistuni* (Ez. *svistun*) – pfeifende Pfeile; russ. *svistun* – der Pfeifer; „Diese Art Pfeile, welche von den Russen Swistuny, mongolisch aber Dsi genannt werde, sind schwere Pfeile mit einem rautenförmigen, auf vier Finger breiten, dünnen und sehr geschärften Eisen, unter welchen ein holer knöcherner Knopf mit einigen Oefnungen, welche die Luft fangen, befestigt ist. Wenn ein solches Pfeil abgeschossen wird, so macht es durch die Luft ein klingendes Gesause, und wo es trift breite, tödliche Wunden." (Pallas 1778, S. 163)
⁷⁷ vgl. schor. „сыгырткаш" – singender (pfeifender) Pfeil (*Funk/Tomilov* 2006, S. 255); s. Anm. 42
⁷⁸ vgl. nach Helimski 2003, S. 240, negidalisch („nordtungusisch' im Gebiet des Flusses *Amur*) „пӓлаха" – kleiner Bogen, Teil der *samostrel'nye luki* (s. Glossar: Samostrelnie luki); tungus. „ ‚telum cuspide gemino, non hamatum' Telaga ‚zweispitziger Pfeil' " (Messerschmidt 1962–1977, Teil 2, S. 97)
⁷⁹ jakut. „уостāх ох" – Pfeil, der am (stumpfen) Ende eine Einkerbung besitzt (*Pekarskij* 1958–1959, Bd. III, Sp. 3050)
⁸⁰ *Enisej*
⁸¹ vgl. *Enisej*-ostjak. „xôḷoŋs" bzw. „xôḷoŋxam" – „ästiger Pfeil" (Schiefner 1858, S. 172) u. *Enisej*-ostjak. „xôŋ" – Horn (a. a. O., S. 172); vgl. ket. „kondo" – Pfeil (Donner 1955, S. 60)
⁸² chakass. „айбыс" – Pfeilspitze mit gabelförmigem Ende (*Subrakova* 2006, S. 40)
⁸³ s. Anm. 66
⁸⁴ s. Anm. 43

[85] vgl. tungus. (ewenk.) „дапта-ми" – abplatten (*Myreeva* 2004, S. 162); s. auch Helimski 2003, S. 237

[86] jakut. „ox" – Pfeil mit eiserner Spitze, Streitpfeil (*Pekarskij* 1958–1959, Bd. II, Sp. 1902–1903); synonym verwendet zu jakut. „оноҕос"; jakut. „ox" – „Pfeil mit eiserner Spitze" (Middendorff 1851, Theil 2, S. 20); jakut. „оноҕос" bzw. „оноҕос" – Pfeil, Pfeil ohne eiserne Spitze; Streitpfeil (*Pekarskij* 1958–1959, Bd. II, Sp. 1840f.); synonym verwendet zu jakut. „ox"; jakut. „оноҕос" – „Pfeil ohne Eisen" (Middendorff 1851, Theil 2, S. 22)

[87] s. Anm. 52

[88] sečka; russ. sečka (Mz. sečki) – besonderer Typ eines Hammers mit geschärfter Spitze (*Slovar'* 1999, S. 112); russ. sečenie – das Zerschneiden

[89] tungus. (ewenk.) „луки" – hölzerner Pfeil mit verdickter stumpfer Spitze (*Boldyrev* 2000, Teil 1, S. 331); „ ‚telum clavatum' [tungus.] Lucky ‚ein Bolzenpfeil' " (Messerschmidt 1962–1977, Teil 2, S. 97); tungus. (lamut.?) „Lucki" – Bolzenpfeile (J. J. Lindenau in: AAW F. 934, Op. 1, D. 89, Bl. 390r, Kopie aus dem Archiv RGADA)

[90] s. Anm. 86

[91] von? burjat. „бухюу" – Knochen, Horn (zur Befestigung der metallischen Pfeilspitzen am Pfeilschaft) (*Čeremisov* 1973, S. 119, Helimski 2003, S. 217); vgl. aber burjat. „bulsu Ch., Klumppfeil; ..." (Schiefner 1857, S. 170); burjat. „булсуу" – Pfeilspitze (*Čeremisov* 1973, S. 111)

[92] s. Anm. 66

[93] Enisej

[94] Enisej-ostjak. „sôam" bzw. „sôĝam" – „Klumppfeil" (Schiefner 1858, S. 187); ket. „sogom" – hölzerner Pfeil mit stumpfer Spitze (Donner 1955, S. 83); ket. „суом" – Pfeil für die Jagd auf Eichhörnchen (*Gemuev* 2005, S. 654); ostjak. „sökəŋ" – mit Widerhaken (Steinitz 1966–1993, Sp. 280); s. Anm. 66

[95] „Zeiger, Zeige=Finger, ..." (Zedler 1732–50, 61. Bd., Sp. 697)

[96] Enisej-samojed. „muggeo, Ch., Klumppfeil." (Schiefner 1855, S. 97); vgl. samojed. „*muŋkə̂" – stumpfer Pfeil (Helimski 1987, S. 82); jurak.-samojed. „Mug" – Pfeil (Donner 1932, S. 42, nach J. Klaproth)

[97] s. Anm. 45

[98] griech./lat. – Halbkugel

[99] jakut. „одур" – Pfeil, Rammpfeil (*Pekarskij* 1958–1959, Bd. II, Sp. 1794); jakut. „adyr" – Pfeilspitze aus Rentierhorn oder Mammutknochen mit vier Spitzen (*Anikin* 2000, S. 75f.)

[100] von? burjat. „алса-" – auseinanderbreiten (Flügel), sträuben (Federn) (*Čeremisov* 1973, S. 44, Helimski 2003, S. 217); vgl. aber burjat. „alaka NU., alxa T., alxo Ch., S., Hammer (kleiner); ..." (Schiefner 1857, S. 88); burjat. „алха" – kleiner Hammer (*Čeremisov* 1973, S. 45)

[101] Enisej

[102] Enisej-ostjak. „î'et" bzw. „îti" – Zahn (Schiefner 1858, S. 161); s. Anm. 94

[103] s. Anm. 102

[104] „Salix L., Weide. ..." (Georgi 1797–1802, Theil 3, S. 1326ff.)

[105] „SCHWANK, adj. schwankend, sich hin und her bewegend, dünn und biegsam, schlank. ... 1) zunächst von dünnen, biegsamen pflanzen ... schwanker stamm, der sich leicht im bogen biegen läszt ..." (Grimm 1991, Bd. 15, Sp. 2246ff.)

[106] vgl. tungus. (ewenk.) „мумбумэ" – Knolle, Kugel (*Boldyrev* 2000, Teil 1, S. 364)

[107] jakut. „кустук" – Pfeil mit Knochenspitze oder eiserner Spitze (*Pekarskij* 1958–1959, Bd. I, Sp. 1260; Middendorff 1851, Theil 2, S. 72)

[108] Enisej

[109] ostjak. „wăγ", „wăχ" bzw. „wŏχ" – Metall, Eisen (Steinitz 1966–1993, Sp. 1567); vgl. ostjak. u. a. „pǫs", „pos", „pŏs" bzw. „pus" – Pfeil mit eiserner Spitze (a. a. O., Sp. 1226)

¹¹⁰ russ. *povodniki* (Ez. *povodnik*); von? russ. (Präp.) *po* – auf, über, entlang u. russ. (adj.) *vodnyj* – Wasser
¹¹¹ russ. *skakuški* (Ez. *skakuška*); von russ. *skakat'* – hüpfen, springen
¹¹² vgl. für rundliche (knollige) Dinge burjat. „морногор" – groß, kartoffelförmig; „морсогор" – aufgebläht; „морхигор" – Dickwanst; „морхогор" – bucklig (*Čeremisov* 1973, S. 300, Helimski 2003, S. 218)
¹¹³ *Enisej*
¹¹⁴ s. Anm. 109
¹¹⁵ „‚telum cuspide osseo' [tungus.] Djyrann ‚ein Knochenpfeil'" (Messerschmidt 1962–1977, Teil 2, S. 97)
¹¹⁶ jakut. „бы̄ра" bzw. „бы̄ра ох" – Pfeil mit einer gabelförmigen Spitze (*Pekarskij* 1958–1959, Bd. I, Sp. 620; Middendorff 1851, Theil 2, S. 136); jakut. „муос бы̄ра" – Pfeil mit einer knöchernen, gabelförmigen Spitze (*Pekarskij* 1958–1959, Bd. I, Sp. 620; zu jakut. „муос" s. Anm. 36
¹¹⁷ vgl. kotowz. „xagal", „xakal" bzw. „k̇agal" – Knochen (Schiefner 1858, S. 244)
¹¹⁸ *Enisej*
¹¹⁹ vgl. *Enisej*-ostjak. „at" bzw. „âdeŋ" (Mz.) – Knochen (Schiefner 1858, S. 158); ket. „ade" – Knochen-, knöchern (Donner 1955, S. 15)
¹²⁰ russ. *kostjanica* (Mz. *kostjanicy*) – Knochenpfeil bzw. nach G. F. Müller (RGADA F. 199, Op. 2, Portf. 509, D. 3, Bl. 136v u. Bl. 144v) auch russ. *kostjanka* (Mz. *kostjanki*); von russ. *kostjanyj* bzw. *kostjanoj* – Knochen-
¹²¹ russ. *saiga*; vgl. russ. *sajga* in Anm. 233 sowie russ. *sajga* – flinker, gewandter Mensch u. *sajgovat'* – das Jagen von Rehen (s. Glossar: Reh) unter *sajga* in *Anikin* 2000, S. 475
¹²² s. Anm. 59
¹²³ *Kamčatka*
¹²⁴ s. Anm. 43

¹²⁵ russ. *boevki* (Ez. *boevka*) – Streitpfeile; von russ. (adj.) *boevoj* – Kampf-, Schlacht-
¹²⁶ s. Anm. 47
¹²⁷ russ. *šil'čatye strely* (Ez. *šil'čataja strela*); *šil'ce* – Ahle, Pfrieme; russ. *strela* (Mz. *strely*) – Pfeil
¹²⁸ s. Anm. 43
¹²⁹ s. Anm. 67
¹³⁰ russ. *ploščadi*?
¹³¹ samojed. (nganasan.) „лары" – Gabelpfeile (s. Glossar: Orgisch) (*Gemuev* 2005, S. 561)
¹³² vgl. „GEBEN, ... den begriff des bewegens überhaupt, auch abgesehen von der hand, s. besonders sich geben gleich sich begeben ..." (Grimm 1991, Bd. 4, Sp. 1665ff.)
¹³³ *Enisej*-samojed. „eddo, Ch., 1) Horn, ..." (Schiefner 1855, S. 77); *Enisej*-samojed. „mimo, eiserner Pfeil." (a. a. O., S. 97)
¹³⁴ s. Anm. 96
¹³⁵ russ. *boevki* (Ez. *boevka*) – Streitpfeile; von russ. (adj.) *boevoj* – Kampf-, Schlacht-
¹³⁶ d. h. die pumpokolischen Ostjaken am Fluß *Ket'* (s. auch Kap. 25, Bl. 10v)
¹³⁷ russ. *lopatki* (Ez. *lopatka*) – Schulterblätter, auch kleine Schaufeln
¹³⁸ s. Anm. 43
¹³⁹ „Von der zahmen Enten/ und allen Enten insgemein. Anas Cicur. ... Teutsch Ent/ Ant/ Antvogel ..." (Gesner 1669b, S. 75ff.); „Anas L. Enten= und Gänsearten, erstere mit kurzem, die Gänse mit langem Hälsen." (Georgi 1797–1802, Theil 3, S. 1723–1747)
¹⁴⁰ s. Anm. 139
¹⁴¹ russ. *skakuški* (Ez. *skakuška*); von russ. *skakat'* – hüpfen, springen
¹⁴² russ. *boevki* (Ez. *boevka*) – Streitpfeile; von russ. (adj.) *boevoj* – Kampf-, Schlacht-
¹⁴³ s. Anm. 43
¹⁴⁴ russ. *skakuški* (Ez. *skakuška*); von russ. *skakat'* – hüpfen, springen
¹⁴⁵ russ. *gluchoj teterev* bzw. *gluchar'*; „Von dem Vrhan. Vrogallus. ..." (Gesner

1669b, S. 214–215); „Urogallus, Tetrao major Aldrov. Germanis Orhun ..." (Willughby 1676, S. 123f.); „218. Tetrao Urogallus. ... Rossis Gluchoi Téter (: Surdus Tetrao :) vel Gluchar (: Surdaster :) ..." (Pallas 1811–1831, Vol. II, S. 56–59); „1. Tetrao Urogallus. ... Großes Waldhuhn. Auer=Waldhuhn. Auerhahn. R. Gluchar ..." (Georgi 1797–1802, Theil 3, S. 1808f.)

[146] russ. *lebed'*; „De Cygno. ..." (Willughby 1676, S. 271–273); „LII. Cygni. .." (Pallas 1811–1831, Vol. II, S. 210–217); „1. Anas Cygnus ... Schwanengans. Wilder Schwan. ..." (Georgi 1797–1802, Theil 3, S. 1723)

[147] <frz.> – bestimmten

[148] s. Anm. 145

[149] russ. *teterev*; „Tetrao seu Urogallus minor Aldrov. ..." (Willughby 1676, S. 124f.); „219. Tetrao Tetrix. ... Tetrao seu Urogallus et Grygallus minor ... Rossis Teterew ..." (Pallas 1811–1831, Vol. II, S. 59–63); „2. Tetrao Tetrix ... Birk=Waldhuhn, Birkhuhn und Birkhahn R. Tetereco ..." (Georgi 1797–1802, Theil 3, S. 1809)

[150] „netzen Vb. ‚befeuchten, naß machen', ..." (Pfeifer 1995, S. 920); lokal (u. a. rheinisch, pfälzisch) auch „nätzen"

[151] s. Anm. 145

[152] s. Anm. 149

[153] russ. *seraja kuropatka* (Mz. *serye kuropatki*); „Von dem Rebhuhn ... Perdix" (Gesner 1669c, S. 8–15); „Perdix cinerea Aldrov. ..." (Willughby 1676, S. 118f.); „226. Tetrao Perdix. ... Perdix cinerea ... Rossis Sjeraja Kuropatka ..." (Pallas 1811–1831, Vol. II, S. 77–79); „11. Tetrao Perdix ... Gemeines Feldhuhn. Rephuhn. R. Seraja Kuropatka. ..." (Georgi 1797–1802, Theil 3, S. 1813f.)

[154] s. Anm. 146

[155] s. Anm. 150

[156] russ. *kanjuk* – Strix scops (Pawlowski 1952, S. 530); „4. Stryx Scops. ... Rossice (Kan Ekz). ..." (Pallas 1811–1831, Vol. I, S. 310–312); „8. Strix scops L. ... Braune Eule. ..." (Georgi 1797–1802, Theil 3, S. 1704)

[157] s. Anm. 156

[158] russ. *naručina* (nach G. F. Müller in: RGADA F. 199, Op. 2, Portf. 509, D. 3, Bl. 145r u. Bl. 170r), auch russ. *naruči* u. *naručniki* (*Slovar'* 2004, S. 29); „Als unumgängliches Attribut gehört zum Bogen ein Schutz wider das Zurückschnellen der Sehne gegen die spannende Hand. Dieser Prellschutz (Narútschka der Russen) hat bald die Gestalt eines metallenen Schildchens, das vermittelst eines Riemens um das Handgelenk befestigt wird und die Pulsgegend dekkt, bald die Gestalt eines Ringes der bald aus Metall angefertigt, bald nur ein fingerhutartiger Abschnitt eines Röhrenknochens ist, auf den Daumen gesetzt wird und den Rükkschlag der Bogensehne auffängt." (Middendorff 1874–1875, S. 1375)

[159] G. F. Müller und J. G. Gmelin hielten sich vom 19. August bis zum 29. August 1734 bei den *Kolyvano-Voskresenskie zavody* (*Bogatye mednye zavody* des *Demidov*) auf (*Materialy* 1885–1900, Bd. 6, S. 358; Gmelin 1751–1752, 1. Theil, S. 249ff.)

[160] *Altaj*-Gebirge

[161] J. G. Gmelin berichtete über die Karawane: „Diesen Abend [des 20. Augustes 1734] langte hier eine kleine Caravane von Urungai=Kalmucken an. Das Wort Urungai bedeutet so viel als Jasaschnoi, und sie sind Kalmuckische Bauren, die in dem Kriege nicht dienen. Sie haben einen kleinen Fürsten über sich, den sie Omba nennen, und waren ehemals in diesen Gegenden wohnhaft gewesen; ... Sie wohnen jetzo an dem Ursprunge des Tscharüsch=Flusses, ohngefähr 3 Tagereisen von hier. ... Wir ließen diese Kalmucken den folgenden Morgen zu uns kommen. ... Nachdem wir eine Weile mit ihnen gesprochen hatten, so ließen wir sie mit ihren Pfeilen, welche ziemlich breit und stumpf waren, nach einem Ziele schießen. Sie trafen alle in einer Weite von 7 bis 8

Faden. Darauf wurden allerhand Ziele auf der Erde gemacht, welche sie, so schnell als die Pferde laufen konnten, vorbeyreiten, und im Reiten einen Pfeil nach einem jeden Ziele schießen sollten. Es war zu bewundern, mit was für einer Fertigkeit sie dieses verrichteten. Man sahe nicht leicht, daß einer fehl geschossen hatte, da sie doch bloße Bauren sind, ..." (Gmelin 1751–1752, 1. Theil, S. 249ff.)

¹⁶² „Die südlichsten Samojeden sind die Urian_gchai oder Sojoten [russ. *sojoty*]. Sie stehen grösstentheils unter Chinesischer Oberherrschaft und bewohnen die Gegend zwischen dem Sajanischen Gebirge, welches die Gränze von Sibirien macht, und den Gebirgen Cha̱ngai und Altai, dem Flusse Teš, der nach Westen in den See Ubsa fliesst, und dem Башkuš, der durch den See Altan oder Telezkoi geht, und den Ob bildet. ..." (Klaproth 1831, S. 146); „So wie Ansehen, Sprache und Lebensart die Verwandschaft der Sojeten mit den Samojeden beweisen, gehören sie auch wahrscheinlich zu den Tubinern, bey welchen sich zur Zeit der Eroberung Sibiriens ein tapferer Fürst (Knäsetz) namens Soit befand, durch den oder dessen Nachkommen sie tiefer ins Gebürge geführet sein und von ihren Heerführer den Namen der Sojeten angenommen haben können." (Georgi 1776–1780, S. 287)

¹⁶³ (russ.) *Galdan Cerin*

¹⁶⁴ „SCHATZUNG, SCHÄTZUNG, ... 3) die auferlegung von abgaben und dieser tribut selbst, ... schatzung, ..." (Grimm 1991, Bd. 14, Sp. 2289f.)

¹⁶⁵ „Mêrkmahl ... ein Mahl, d. i. Zeichen, woran man eine Sache entdecket, ihre Gegenwart oder Annäherung erkennet, sich derselben erinnert, ..." (Adelung 1793–1801, 3. Bd., S. 183)

¹⁶⁶ russ. *boevki* (Ez. *boevka*); von russ. (adj.) *boevoj* – Kampf-, Schlacht-

¹⁶⁷ müßte heißen „Tawgi"

¹⁶⁸ lat. – Übungen

¹⁶⁹ s. Anm. 53

¹⁷⁰ <frz.> – bestimmt

¹⁷¹ russ. *tul boevoj* – Pfeilköcher für den Kampf; russ. *tul* – Köcher; russ. (adj.) *boevoj* – Kampf-, Schlacht-

¹⁷² russ. *tul zverovoj* – Pfeilköcher für die Jagd; russ. *tul* – Köcher; russ. (adj.) *zverovoj* – (wildes) Tier-

¹⁷³ s. Anm. 171

¹⁷⁴ *Enisej*

¹⁷⁵ vgl. tungus. (ewenk.) „эт" – Krieg (*Myreeva* 2004, S. 788); *Enisej*-ostjak. „ëät" – Köcher (Schiefner 1858, S. 161); ket. „ət" – Köcher (Donner 1955, S. 43)

¹⁷⁶ tungus. (ewenk.) „ōму" – (mit Pferdehaar verzierter) Pfeilköcher (*Boldyrev* 2000, Teil 1, S. 465); „... der Pfeil-Köcher [der Tungusen] Om auch Oem wird wie Bey den Lamute₁ gemacht." (J. J. Lindenau in: AAW F. 934, Op. 1, D. 89, Bl. 434r, Kopie aus dem Archiv RGADA); „Ihre [d. h. der Tungusen] Köcher (Omo) sind nur einer starken Hand breit, mit Rennthierfell zierlich bedekt, und halten etwan 30. Pfeilen." (Georgi 1775, S. 259)

¹⁷⁷ *Ket'*

¹⁷⁸ ostjak. „kuri̱" – Trog (Steinitz 1966–1993, Sp. 549); ostjak. „ńaʌ-kuri̱" – Köcher (a. a. O., Sp. 550); ostjak. „ńal" bzw. „ńaʌ" – Pfeil (a. a. O., Sp. 1040)

¹⁷⁹ *Enisej*-samojed. „lite, ... Ch., Köcher." (Schiefner 1855, S. 85)

¹⁸⁰ *Enisej*-samojed. „note', ... B., Köcher." (Schiefner 1855, S. 87); vgl. samojed. (nganasan.) „нгуса" – Pfeilköcher (*Gemuev* 2005, S. 561)

¹⁸¹ s. Anm. 53

¹⁸² jakut. „кäсäх" – Pfeilköcher (*Pekarskij* 1958–1959, Bd. I, Sp. 1061); jakut. „кäсäх" – „Köcher" (Middendorff 1851, Theil 2, S. 56)

¹⁸³ jakut. „сāдах" – Pfeilköcher, Bogen, Bogen und Pfeile (*Pekarskij* 1958–1959, Bd. II, Sp. 2022); vgl. jakut. „сāдах" – „Bogenüberzug" (Middendorff 1851, Theil 2, S. 154); vgl. auch russ. *sajdak* – Pfeilköcher, Bogen mit Bogenköcher

¹⁸⁴ jakut. „кунjалык" – Behälter für Pfeile, Pfeilköcher (*Pekarskij* 1958–1959, Bd. I, Sp. 1217–1218)

[185] tatar. „садак" – Pfeilköcher (*Ganiev* 1984, S. 222); tatar. „Satàk" – Köcher (J. E. Fischer in: AAW F. 21, Op. 5, D. 50, Bl. 45v); tatar. „Sadack" – Köcher (D. G. Messerschmidt in: AAW F. 98, Op. 1, D. 35, Bl. 7v); schor. „саадак" – Pfeilköcher (*Funk/Tomilov* 2006, S. 255); turk. „садак" – Köcher (Radloff 1963, Bd. 4, Sp. 383); vgl. auch russ. *sajdak* – Pfeilköcher, Bogen mit Bogenköcher
[186] turk. „курлук" – Bogenfutteral, Köcher (Radloff 1963, Bd. 2, Sp. 944)
[187] vgl. tatar. „dsha" – Bogen (J. E. Fischer in: AAW F. 21, Op. 5, D. 41, Bl. 93r); tatar. „жәя" – Bogen (*Ganiev* 1984, S. 252); katschinz. „ćа", teleut. „ja" bzw. „czay", tatar. (*Tomsk* u. *Tobol'sk*) „jay" u. tatar. (*Kazan'*) „ćay" – Bogen (J. E. Fischer in: AAW R. III, Op. 1, D. 135, Bl. 54v/55r); tatar. (*Kuzneck*) „Dscha", teleut. „Jah", katschinsk. „dscha" – Bogen (G. F. Müller in: AAW F. 21, Op. 5, D. 143, Bl. 40v bzw. Bl. 64v); chakass. „чаа" – Bogen (*Subrakova* 2006, S. 910)
[188] russ. *kop'e* – Lanze, Spieß
[189] vgl. tatar. „Dsÿtai" – kupferner Schamanendolch (D. G. Messerschmidt in: AAW F. 98, Op. 1, D. 35, Bl. 10v), tatar. (*Kuzneck*) „гита" – Jagdspieß (nach *V. N. Tatiščev* in: AAW F. 21, Op. 5, D. 152, Bl. 149v), tschulym. „сыда" bzw. „чыда" – Stichwaffe (*Funk/Tomilov* 2006, S. 147) u. kalmyk. „Dschidda" – Lanze (Georgi 1776–1780, S. 403f.); chakass. „чыда" – Spieß (*Subrakova* 2006, S. 1015)
[190] s. Anm. 184
[191] s. Anm. 183
[192] s. Anm. 184
[193] <lat.> – bewaffneter
[194] russ. *otkas* bzw. *otkaz* (Mz. *otkasy* bzw. *otkazy*) – großes Jagdmesser
[195] s. Anm. 194
[196] samojed. „*kə̂ru" – Messer (Helimski 1987, S. 65)
[197] jurak.-samojed. „paly, Degen, Schwert." (Schiefner 1855, S. 34)
[198] s. Anm. 194
[199] tungus. (ewenk.) „оноптун" – Jagdspieß (für die Bärenjagd) (*Boldyrev* 2000, Teil 1, S. 470)
[200] „2. Die Armslänge oder Elle (Ulna, Brachium), von der Achsel bis zur Spitze des mittlern Fingers, zwei bis drittehalb Fuß." (Bischoff 1822, S. 5)
[201] s. Anm. 200
[202] russ. *babr* bzw. *tigr*; „1. Felis Tygris. ... Tiger, ... Rossice Babr. ..." (Pallas 1811–1831, Vol. I, S. 15–17)
[203] d. h. die pumpokolischen Ostjaken am Fluß *Ket'* (s. auch Kap. 25, Bl. 10v)
[204] russ. *berlogi* (Ez. *berloga*) – Bärenhöhlen, Bärenlager
[205] samojed. „Speer, Jur. narea, ..." (Schiefner 1855, S. 282); s. Anm. 67
[206] russ. *ratovišče* – Lanzenschaft
[207] *Enisej*
[208] „2. Ursus maritimus ... Eisbär. ... Meerbär. Weißer Bär. ... Das Fett, dessen einer an 100 Pfund hat, ist zum Speisen und Geleuchte besser als Wallfischthtran, und das Fleisch wird gegessen." (Georgi 1797–1802, Theil 3, S. 1544–1546)
[209] *Enisej*
[210] vgl. *Enisej*-ostjak. „attâs" – Tungusenschwert (Schiefner 1858, S. 158); ket. „adtəs" – Speer (Donner 1955, S. 16)
[211] s. Anm. 194
[212] *Enisej*-ostjak. „us" – Speer (Schiefner 1858, S. 166); ket. „yc' " – Jagdspieß, russ. *pal'ma* (s. Glossar: Palma) (*Gemuev* 2005, S. 652)
[213] <lat.> – Bewaffnung, Ausrüstung
[214] <lat.> – Bewaffnung, Ausrüstung
[215] russ. *labaz* (Mz. *labazy*) – bei verschiedenen sibirischen Völkern hölzernes Gestell bzw. Gerüst zur Aufbahrung der Toten, aber auch Vorratskammer oder kleiner Holzbau im Wald zur Aufbewahrung der Jagdbeute oder von Jagdgeräten (s. *Anikin* 2000, S. 346–347 u. *Anikin* 2003, S. 326–327)
[216] s. Anm. 165
[217] Scheffer 1673, S. 227 (Kapitel 19 „De Lapponum Venationibus", S. 226–244) „... de Lapponibus est certum, quod in

tantum a venatione omni arceant mulieres, ut & ad instrumenta sua venatoria non admittant, ea janua non exerceant venatum; neque intrent in tugurium, qua ipsae solent, ac ne feram quidem à se captam sinant tangere suis manibus, ut mox singula uberius ostendam. Caeterum in venatione omni multa solent observare, pro sua superstitione."; Scheffer 1675, S. 257 (Kapitel 19 „Von den Jagden der Lappen", S. 256–276) „... so ist es doch gewiß / daß die Lappen so sehr alle Weibespersohnen von der Jagd abhalten / daß sie auch nicht einmahl ihr Jäger=Geräthe von ihnen anrühren / nicht durch die Thüre durchgehen / oder auff die Jagd ziehen durch welche ein Weib gegangen / ja nicht ein Stück Wild so sie gefangen von Ihnen betasten lassen. Sonsten nehmen sie als aberglaubische Leute / vielerley bey ihrem Jagen in acht."

[218] *Inbackoe zimov'e*
[219] Gebiet von *Mangazeja*
[220] G. F. Müller und J. G. Gmelin passierten während ihrer Reise nach *Mangazeja* auf der Hinreise am 2.–3. Juni 1739 und der Rückreise am 11.–13. Juli 1739 *Novoe Inbackoe zimov'e* und *Staroe Inbackoe zimov'e* am Fluß *Enisej* (Gmelin 1751–1752, 3. Theil, S. 297–198 u. S. 231).
[221] *Enisej*
[222] Gebiet von *Mangazeja*
[223] *Ob'*
[224] Bl. 16v
[225] *Bajkal*
[226] s. Anm. 3
[227] „Im Bereiche der Hirsche ahmt der Tunguse den lauten Ruf des brunftenden Hirsches nach, indem er das heisere, weit über Berg und Thal hinüberschallende, Brüllen desselben vermittelst des nebenstehenden abgebildeten Instrumentes [Abbildung eines tungusischen ‚Hirsch-Rufers'] hervorruft. Es soll welche geben aus einer grossen spindelförmigen Meeresmuschel gefertigt, deren Spitze so weit abgeschnitten ist, dass sie von einer kleinen Oeffnung durchbohrt erscheint. Auch Elenne sollen herangerufen werden können. ... Rehböcke und Moschusböcke werden angefiept. Letztere mit einer dem Hauboit-Mundstükke ähnlich geformten Lokke aus Birken-Bork, die 1" lang und halb so breit ist. ..." (Middendorff 1874–1875, S. 1390)
[228] „HINDIN, f. cerva, erweiterte form von hinde ..." (Grimm 1991, Bd. 10, Sp. 1412); „HINDE, f. 1) hirschkuh; ..." (a. a. O., Sp. 1407)
[229] lat. – bei der geschlechtlichen Vereinigung
[230] frz. – Eifersucht, Mißgunst, Neid
[231] lat. – (im) Monat
[232] russ. *kedr*; „Pinus Cembra ... Ceder=Fichte, Sibirische Ceder, Zurbel ..." (Georgi 1797–1802, Theil 3, S. 1312f.); „Pinus foliis quinis, cono erecto, nucleo eduli" (Gmelin 1747–1769, Theil 1, S. 179–181); „Pinus Cembra ... Germanis Zürbel, Zürlinbaum ... Rossis Кедръ (Kedr), sylva Cembris composita Кедровникъ (Kedrovnik) ..." (Pallas 1784, S. 3ff.)
[233] russ. *kabarga*; „117. Moschus moschiferus. ... Animal moschiferum ... Rossis in Sibiria ad Jeniseam Kabarghà, in orientalibus Saiga [russ. *sajga*]. ..." (Pallas 1811–1831, Vol. I, S. 198f.); „Moschus L., Bisamthier. Moschusthier. 1. Moschus moschiferus ... Gemeines Moschusthier. ... R. Kabarga und Saiza. ..." (Georgi 1797–1802, Theil 3, S. 1606); „Vom Bisemthier Moschi Capreolus. ..." (Gesner 1669a, S. 50–57); zum Handel mit dem Moschusbeutel dieses Tiers s. Müller 1760, S. 560–561
[234] s. Anm. 233
[235] *Bajkal*
[236] russ. *izjubri* (Ez. *izjubr'*); s. Glossar: Hirsch
[237] „133. Antilope gutturosa. ... A. cornibus lyratis, scopis genuum nullis, corpore fulvescente subuni colore. ... Rossis mongolico nomine Dseeren. Mongolis Dsérén; ..." (Pallas 1811–1831, Vol. I, S. 251f.); „3. Antilope gutturosa L. ... Mongolische

Antilope. R. und Mong. Dsheren. ..."
(Georgi 1797–1802, Theil 3, S. 1617f.);
mongol. „зээр(эн)" – Antilope gutturosa,
russ. *dzeren* (*Luvsandėndėv* 2001–2002,
Bd. 2, S. 257); s. auch *Anikin* 2000,
S. 186

[238] „RAUCHWERK, ... 1) pelzwerk ..."
(Grimm 1991, Bd. 14, Sp. 254)

[239] *Vercholensk*

[240] G. F. Müller hielt sich bei seiner Reise
von *Kirenskoj ostrog* nach *Irkuck* vom
15.–26. November 1737 in *Vercholensk*
auf (AAW F. 21, Op. 5, D. 117, Bl. 158v
u. AAW F. 21, Op. 2, D. 25, Bl. 108r).

[241] *Abakan*

[242] <lat.> – bewaffnete

[243] <lat.> – bewaffnet

[244] russ. *oblava* (s. Glossar: Oblawa)

[245] lat. – Statius, Achilleidos, Buch 1,
Vers 459 und die folgenden

[246] „Sic curva feras indago latentes / Claudit,
& admotis paulatim caßibus arctat. / Illae
ignem, sonitumque pavent, diffusaque
linquunt / Avia, miranturque suum de-
crescere montem, / ... / Inque vicem stupuere greges, socioque timore / Mansuescunt. simul hirtus aper, simul ursa,
lupusque / Cogitur, & captos contemnit
cerva leones." (lat. – So schließt die
Treibjagd das versteckte Wild im Bogen
ein und treibt es mit allmählich nachrü-
ckenden Netzen in die Enge. Die Tiere
ängstigen sich vor dem Feuer, dem Lärm
und verlassen die weit sich hinziehenden
Deckungen. Sie werden sich wohl wundern, daß ihr Refugium, das Gebirge,
immer kleiner wird ... Schreckensstarr
waren die Rudel. Furcht hält sie beisam-
men, macht sie zeitweise auch zutraulich.
Das Wildschwein wird genauso in den
Tod getrieben wie die Bärin und der
Wolf. Die gefangenen Löwen verachtet
die Hirschkuh.) (Statius 1671, S. 841)

[247] lat. – Band II, Seite 83 (und) die folgende
(Seite); „Timur ordonna une chasse gene-
rale ...: les Tavachis firent publier aux
Emirs ..., qu'ils eussent à envoyer des
Soldats pour former le Gerké (a), ainsi ils
entourerent une grande étendue de pays
où ils chasserent un nombre infini de bêtes & d'oiseaux ... (a) Gerké, cercle pour
la chasse.", (frz. – Timur ordnete eine
allgemeine Jagd ... an: Die Tawashi [Eu-
nuchen] ließen den Emiren ... bekanntge-
ben, daß sie Soldaten schicken sollen, um
einen Gerké zu formieren. Auf diese
Weise umstellten sie ein großes Stück
Land, auf dem sie eine unendliche Anzahl
an Wildtieren und Vögeln erjagten ... a –
Gerké ist ein Kreis für die Jagd) (Sharaf
al-Dīn 1722, S. 83f.)

[248] *pešik*, russ. *pyžik* bzw. *peška* –
Rentierkalb; s. auch *Anikin* 2000, S. 447
u. S. 461 sowie *Anikin* 2003, S. 498

[249] s. Kapitel 21, Bl. 142r und Bl. 143v–144r

[250] russ. *oblaski* (Ez. *oblasok*) – Boote aus
ausgehöhlten Baumstämmen

[251] „SCHÜCHTERN, adj. timidus, ... die
bedeutungsentfaltung ähnelt der von
scheu adj. und subst. 1) furchtsam, zaghaft. α) in älterer sprache durchweg von
starke furcht vor gefahr bezogen, ..."
(Grimm 1991, Bd. 15, Sp. 1824ff.)

[252] russ./sib. *tajga* (Mz. *tajgi*) – Taiga (s.
Dal' 1880–1882, T. IV, S. 386 u. *Anikin*
2003, S. 595f.); „.... ist eine beständige
Waldung mit vielen Morästen und Bergen, dergleichen in diesen Gegenden
[d. h. zwischen *Krasnojarsk* u. *Tomsk*]
mit dem Tatarischen Worte Taiga benennet werden." (G. F. Müller in: AAW
F. 21, Op. 5, D. 27, Bl. 61v); „Mit Taiga
wird [in Jakutien] einfach die Wildniss
bezeichnet, sie mag aussehen wie sie will;
ob Gebirge, ob sumpfige Ebene, ist ganz
gleichgültig, das Wort bezeichnet nur das
Fehlen der menschlichen Einwirkung auf
die wilde Natur. ..." (Maydell 1896,
S. 258f.); „Taiga: Landschaftstyp des →
borealen Nadelwaldbioms im → borealen
Klima ... welcher der borealen Florenpro-
vinz angehört und überwiegend urwalda-
tige Nadelwaldformationen aus Lärche,
Zirbelkiefer, Tanne, Fichte und Kiefer
umfaßt, und der in verschiedenen räum-
lich sehr ausgedehnten Varianten – wie

der Sumpftaiga – auftritt. ..." (Leser 1997, S. 862f.)

[253] russ. *matnja* – Netzbeutel, konusförmiger Beutel in der Mitte eines (Fischer-)Netzes (s. *Anikin* 2003, S. 355)

[254] russ. *seryj gus'* bzw. *seroj gus'* – graue Gans, Graugans; vgl. auch „Graugans f. jagdb. – Anser anser L., Fam. Anatid., Av. гусь м. серый, охот." (Klemm 1973, S. 50); s. Glossar: Gans

[255] nlat. – auseinandergehenden Linien

[256] nlat. – auseinandergehenden Linien

[257] russ. – *kuropatki* (Ez. *kuropatka*); „220. Tetrao Lagopus. ... Rosis Kuropatka; in Sibiria Bjeloi Teter (Tetrax alba) ..." (Pallas 1811–1831, Vol. II, S. 63–70); „4. Tetrao Lagopus L. ... Schnee=Waldhuhn. Schneehuhn. R. Seraja Kuropatka. ... Des Winters schneeweiß, beständig mit befiederten Füßen." (Georgi 1797–1802, Theil 3, S. 1809–1810)

[258] russ. *bolvany* (Ez. *bolvan*) – Götzenbilder; „aufgerichtete Steine mit Menschengesichtern (Bolwani)" (Pallas 1771, S. 223); auch „Bolwan. Ein hölzerner Lockvogel, der an einer langen Stange angemacht ist." (Gmelin 1751–1752, 1. Theil, S. 293); s. *Anikin* 2003, S. 102

[259] s. Anm. 251

[260] s. Anm. 251

[261] vgl. russ. *mancerit'* bzw. *mancyrit'* – betrügen (Pawlowski 1952, S. 657)

[262] „DREIST, ... adv. dreiste. 1. kühn hervortretend, zuversichtlich, beherzt, nicht schüchtern, nicht zurückhaltend, ..." (Grimm 1991, Bd. 2, Sp. 1394f.)

[263] s. Anm. 146

[264] vgl. jurak.-samojed. „mineu, tragen, führen." (Schiefner 1855, S. 42)

[265] Eimer (Eymer): russ. *vedro* – Hohlmaß, Flüssigkeitsmaß; 1 *vedro* = 12,2989 l

[266] *sokol* (Mz. *sokoly*) – Falke, Falco (Pawlowski 1952, S. 1520); „Falco L. Falken.* |* Man unterscheidet in den teutschen Benennungen a) Adler, langhalsige Falken mit kurzen, starken Füßen; b) Falken, mit kurzem Halse und langen Füßen, und c) Weihen, ... | ... 22. Falco barbarus L. ... Tatarischer Falk. Barbar=Falk. R. Sokol. ..." (Georgi 1797–1802, Theil 3, S. 1690ff.)

[267] *Irtyš*

[268] s. Glossar: Hirsch

[269] <lat.> – angepaßte

[270] russ. *vydra* (Mz. *vydry*); „22. Viverra Lutra. ... Mustela Lutra ... Otter ..." (Pallas 1811–1831, Vol. I, S. 76ff.); „Mustela L., Otter. Marder. Wiesel. A. Otterarten. Lutra. ... 2. Mustela Lutra ... Fisch=Otter. Fluß=Otter. ..." (Georgi 1797–1802, Theil 3, S. 1526ff.); zum Handel mit Otterfellen s. Müller 1760, S. 531

[271] russ. *targačiny*; „... Targatschinen, welches ein Geschlecht Daurischer Tungusen sind, die in der Gegend des Flußes Naun wohnen, ..." (G. F. Müller in: AAW AAW F. 21, Op. 5, D. 19, Bl. 74v); vgl. „Die meisten übrigen [tungusischen] Stämme, wie die Dauren und die ihnen stammverwandten Targusinen, Mandshu, Ilan-Chala, Koelka-Tatseu treiben sowohl Viehzucht als Ackerbau; einige geben sich auch mit Handel und Bergbau ab. ..." (Schiefner 1857a, S. 33)

[272] s. Anm. 146

[273] *Argun'*

[274] G. F. Müller und J. G. Gmelin hielten sich in der zweiten Julihälfte 1735 am Fluß *Argun'* und in dessen Nähe auf (siehe u. a. Gmelin 1751–1752, 2. Theil, S. 66ff. u. S. 93ff.).

[275] s. Anm. 145

[276] s. Anm. 149

[277] russ. – *rjabčik* bzw. *rjabok* (Mz. *rjabčiki* bzw. *rjabki*); „Von dem Haselhun. Attagen, Gallina corylorum. ..." (Gesner 1669b, S. 307–309); „Attagen Aldrovandi Francolino Italorum ..." (Willughby 1676, S. 125f.); „221. Tetrao Bonasia. ... Gallina corylorum antiquioribus, ... Rossis Raebtschik et Raebok (i. e. tessulata seu variegata.) ..." (Pallas 1811–1831, Vol. II, S. 70–72); „5. Tetrao Bonasia ... Hasel=Waldhuhn. Haselhuhn. R. Riäbtsch und Riabok. ..." (Georgi 1797–1802, Theil 3, S. 1810–1812)

[278] s. Anm. 153
[279] s. Anm. 153
[280] s. Anm. 149
[281] russ. *slopcy* (Ez. *slopec*); „Um ein Slopez anzulegen werden zwey schräge Wände von über einander liegenden Birkenstangen, etwan drey Spannen hoch und anderthalb Faden lang an einer ofnen Stelle des Waldes befestigt. Von der Oefnung, welche man zwischen den Wänden recht im Winkel läßt, werden abwärts zwey parallele Reihen Birkenstöcke, von eben der Höhe wie der vordere Zaun eingeschlagen, in der Oefnung selbst aber zwey höhere, welche man oben durch ein Querholz verbindet. Zwischen diese zwey Reihen Pfähle wird ein aus drey oder mehr gespaltenen jungen Tannen verbundener Fallbalken eingepast, so daß er den ganzen Zwischenraum der Pfähle einnimmt, und am vordern Ende mit einen Ring von Bast oder Zweigen versehen. Wenn man die Falle aufstellt, so wird der Fallbalken an diesem Ring, mittelst eines langen Stocks, (Motir) der die Stelle eines Hebels vertritt und schräg über das Querholz der vordersten Pfähle zu liegen kommt, aufgehoben, das andere Ende des Hebels aber mittelst eines durch einen Faden damit verbundenen eingekerbten Hölzleins an ein mitten unter dem Fallbalken zwerch liegendes und bewegliches Querholz, gegen welches von beyden Seiten dünne Stöckergen (Storoschi) schräg angelehnt werden, befestigt. Zwischen dieses Querholz und durch den ganzen Gang unter dem Fallbalken, wie auch vor dem Eingange werden allerley Beeren, welche die Schnee= und Birkhüner lieben gestreut. Sobald ein solches, oder mehrere unter den Fallbalken kommen und mit den Füßen die auf der Erde liegende schräge Stöcklein in Unordnung bringen, so geht das Kerbhölzchen von seinem Halter loß, der Hebel schlägt in die Höhe und läßt den Fallbalken fallen, welcher also alles was sich darunter befindet erdrückt. ..." (Pallas 1773, S. 226–227, und eine Abbildung auf Tab. VII)

[282] *plašky*; russ. *plaška* (Mz. *plaški*); „Die Art, deren sie sich bey ihrem Fange bedienen, ist nicht mühsam. Es geschiehet durch eine Falle, die sie Plaschka nennen. Zwey schwere Bretter von gleicher Größe werden aufeinander gelegt, und an einem Ende so zusammen gefügt, daß das obere von dem untern an dem andern Ende nach Belieben in die Höhe gehoben werden kann. Zwischen diesen zweyen Brettern wird an dem Ende, da die Bretter von einander gehen, ein dünnes Hölzlein von etwa 4. Zollen hoch gesetzt; dieses Hölzlein hat ohngefähr in der Mitte einen Einschnitt, und zwischen diesem Einschnitt, und dem unteren Brett, wird ein anderes kürzeres Hölzlein zu mehrerer Empfindlichkeit gesetzt. Dieses Hölzlein hat wieder seinen Einschnitt, und auf demselben ruhet ein anderes dünnes Holz, welches nach der Länge des Brettes geleget ist, und sein anderes Ende ohngefähr in der Mitte des Brettes hat. An dieses Ende wird ein Stückgen eines gedörrten Fisches zur Lockspeise gebunden, denn weder Fleisch noch frischer Fisch dienet dazu. So wird die Falle auf einen Baum gesetzt, und der Eichhorn wird, wenn er an den Bissen kommt, von dem oberen Brette todt geschlagen. ..." (Gmelin 1751–1752, 2. Theil, S. 232f.)

[283] s. Anm. 30

[284] russ. *perevesi* (Ez. *pereves*); „Perewes. So nennen die Russen die grossen Schlag= Netze, welche sie im Herbst aufstellen, des Nachts damit die wilden Gänße und Enten zu fahen. vid. oben ein mehrers unter dem Titel: Enten." (Strahlenberg 1730, S. 414); „Enten, wilde Enten. ... Nicht ferne der Stadt Tobolski ... wird zwischen 2. kleinen Ströhmen, die nicht weit von einander liegen und in den Obi fallen, ... von einen Ströhmlein zum andern durchgehauen. Weil nun die Enten nicht so sehr in dem grossen Strohm, als in denen kleinen ihre Nahrung suchen,

gewöhnen sie sich vom Frühjahr an, durch diese ausgehauene Bahn von einem Strohm zum andern gerade durchzufliegen. Wenn sie nun im Herbst ihre jungen gehecket, und es bald zum Abmarsch gehet, denn werden in dieser Bahn des Nachts Fall=Netze mit einem kleinen Feuer aufgesetzet, womit solche zu 3. biß 400. manchesmahl in einer Nacht gefangen werden, ..." (a. a. O., S. 352)

[285] s. Anm. 284
[286] *Ob'*
[287] *slopci*; russ. *slopcy* (Ez. *slopec*); s. Anm. 281
[288] s. Anm. 149
[289] s. Anm. 153
[290] russ. *brusnica* bzw. *brusnika*; „4. Vaccinium Vitis idaea L., ... Preußel=Heidelbeerstrauch. Preußelbeere. R. Brusniza. ..." (Georgi 1797–1802, Theil 3, S. 931–933); „... rothe Heydelbeeren, Brussniza, das Kraut aber, und die Blätter sind mehr als die Helfte kleiner, als in Rußland, ob gleich die Beeren eben so gros sind: Die Cosaken kochen das Kraut und trinken das Wasser statt Thee boy. ..." (Steller 1774, S. 77)
[291] G. W. Steller in der „Flora Irkutiensis" (AAW R. I, Op. 104, D. 4, Bl. 180r) „1100. Opulus Ruellii Tourn. I. R. H. spec. 1. Sambucus aquatica flore simplici C. B. P. Ubivis in sylvis Russis audit Калѝна." (lat. – 1100. Opulus des Ruellius des Tournefort, ‚Institutiones rei herbariae', 1. Species; Wasser-Sambucus mit einfacher Blüte des Caspar Bauhin, ‚Pinax'; überall in den Wäldern; bei den Russen nennt man die Pflanze *kalina*.); „Opulus. Obier. ... [species 1] Opulus Ruelli 281. Sambucus aquatica, flore simplici C. B. Pin. 564. [müßte heißen: 456] ..." (Tournefort 1700, S. 607); „Opulus Ruelli p. 281. ... Hirsch=Holder. ..." (Rupp 1726, S. 33); „16. VIBURNVM foliis lobatis, petiolis glandulosis, LIN. Spec. 384. n. 7. ... Sambucus aquatica flore simplici, C. B. Pin. 456. Opulus Ruellii, TOVRN. I. R. H. 607. ..." (Gmelin 1747–1769, Bd. III, S. 145–147); „4. Viburnum Opulus ... Gemeiner Schneeball. W. Faulbaum. Wasserflieder. R. Dikaja Kalina. ... Die Beeren werden in den nördlichen Gegenden nach erlittenem Frost, der sie milde macht, gegessen; auch zu Fruchtwein werden die Beeren verwendet. ... Man macht aus Mehl von Getreide und Malz mit den aufgethaueten und zerquetschten Schneeballbeeren einen Teig und bäckt aus demselben in Töpfen Kuchen. Die Rinde des Strauchs giebt einen brauchbaren Vogelleim." (Georgi 1797–1802, Theil 3, S. 863f.)
[292] „ROSENKNOPF, m. 1) rosenknospe, ..." (Grimm 1991, Bd. 14, Sp. 1204)
[293] russ. *šipičnik* bzw. *šipovnik* – Rosa canina (*Dal'* 1880–1882, Bd. IV, S. 633); „8. Rosa canina L. ... Hundsrose, Heckrose. R. Schipownik; ... „ (Georgi 1797–1802, Theil 3, S. 1026)
[294] russ. *čerkan* (Mz. *čerkany*); „Eine andere Falle welche auf Kleinzeug: Eichhörnchen, Hermeline, Iltisse u. d. m. gerichtet ist, die uns trefliche Dienste beim Fange der Lemminge und Mäuse leistete und mit Recht für Zieselfang empfohlen wird, beruht auf Anwendung des Bogens zum Quetschen. Es ist das der Tschirkan, dessen Aufstellungsweise aus der Zeichnung sich ergibt. Das Thier wird zwischengeklemmt, wenn es an den Köder geht und das Trittholz (c) hinabdrükkt." (Middendorff 1874–1875, S. 1387–1388 u. die Abbildung auf S. 1388); J. E. Fischer beschreibt mit Skizzen die aus fünf Teilen (Gabel bzw. *čerkan*, Pfeil, Bogen, einer Schnur und einer Wippe) bestehende Falle: „... Ein solcher черканъ [russ. *čerkan*] wird für das loch eines hermelins oder eichhorns gestellet ... , daß das Tierlein nohtwendig durch den aufgesPaňt₁ черканъ [russ. *čerkan*] durch muß, aber auch nohtwendig darin umkoḿt: deň es kan nicht umhin etwas umZureisse₁, daß die machine zuschnappen macht, u. also ist das arme Tierlein gefang₁." (AAW F. 21, Op. 5, D. 41, Bl. 91r–91v)

[295] schor. „шергей", teleut. „черги", tschulym. „серго" – russ. *čerkany* (s. Anm. 294) (*Funk/Tomilov* 2006, S. 255, S. 189 bzw. S. 147); turk. „шäпрäi" – Falle für kleine Tiere (Radloff 1963, Bd. 4, Sp. 1008)

[296] russ. *plenki* (Ez. *plenka*) – Schlingen aus dünnem Draht, Faden oder Pferdehaar zum Fangen von Vögeln oder Kleintieren (*Slovar'* 2002, S. 249); bei *Krasnojarsk* Bezeichnung für die *slopcy* (s. weiter unten u. Anm. 281)

[297] schor., teleut. u. tschulym. „тузак" – Schlinge (*Funk/Tomilov* 2006, S. 256, S. 189 bzw. S. 147); turk. „тузак" – Schlinge, Falle (Radloff 1963, Bd. 3, Sp. 1504)

[298] russ. *slopcy* (Ez. *slopec*); s. Anm. 281

[299] *plašky*; russ. *plaški* (Ez. *plaška*); s. Anm. 282

[300] schor. „басмак" bzw. „пасмак", teleut. „паспак", tschulym. „паспах" – russ. *plaški* (s. Anm. 282) (*Funk/Tomilov* 2006, S. 255, S. 189 bzw. S. 147); turk. „пасмак" bzw. „паспағаш" – Falle für Hermeline, Falle für kleine Tiere (Radloff 1963, Bd. 4, Sp. 1193 bzw. Sp. 1192); chakass. „паспах" – Falle für kleine Tiere (*Subrakova* 2006, S. 349)

[301] russ. *kurenga* bzw. *kuren'ga* – abgezogenes u. ausgeweidetes Tier (Pawlowski 1952, S. 608; *Anikin* 2000, S. 327f. und *Anikin* 2003, S. 321)

[302] Es handelt sich vielleicht um den Teil „3. Isatis. Russis песецъ. [russ. *pesec*; s. Glossar: Peszi]", Bl. 2v–10r des Manuskripts von J. G. Gmelin mit 48 Punkten „Observationes in historiam naturalem. Monitum de ponderibus et mensuris, quibus in observationibus ab anno 1736 factis usus sum et in posterum utar." (AAW R. I, Op. 105, D. 5, Bl. 1r–64v), das von J. G. Gmelin am 15. Februar 1739 aus *Enisejsk* an den Senat in Sankt Petersburg geschickt wurde (AAW F. 21, Op. 2, D. 25, Bl. 334v). Der obige Teil des Manuskripts wurde als Teil des Artikels „Animalium quorundam quadrupedum descriptio" (als „IX. Isatis. Russis песецъ." in: Gmelin 1760, S. 358–372) publiziert. Das von J. G. Gmelin am 11. Mai 1747 im Archiv der Akademie der Wissenschaften abgegebene Manuskript „5. Von dem Fange der Pieszi, Bieber, Fisch=Otter, Hasen und Hermelinen. 5 Bogen." (Angabe nach AAW F. 3, Op. 1, D. 813, Bl. 282v), das vermutlich identisch ist mit einem von Jacob Böger kopierten Manuskript von J. G. Gmelin ,8. Beschreibung des *Pescy-promysl'* auf 5 Bogen (Angabe auf Bl. 177v in einem Rapport von J. Böger vom 23. März 1747: AAW F. 3, Op. 1, D. 813, Bl. 177r–178r) konnte bisher nicht nachgewiesen werden.

[303] Stepan Petrovič Krašeninnikov ,*O sobolinom promysle'* (russ. – Über den Zobel*promysl'*; AAW F. 21, Op. 5, D. 170, Bl. 1r–16v, publiziert in: *Krašeninnikov* 1949, S. 671–687)

[304] russ. *kapkany* (Ez. *kapkan*) – Fuchs-, Fuß-, Teller-, Tritt-, Wolfseisen (Pawlowski 1952, S. 608; s. *Anikin* 2000, S. 258f. u. *Anikin* 2003, S. 242; „Kabkany, Tellereisen, die vorzugsweise für Wölfe gestellt werden ..." (Schmidt 1872, S. 38)

[305] russ. *pasti* (Ez. *past'*) – Fallen für den Fang von Vögeln, Kleintieren, aber auch von Bären (*Slovar'* 2002, S. 181, *Anikin* 2003, S. 437f.); „Die Fallen in denen die Eisfüchse gefangen werden, sind Quetschfallen, in der Art der nachstehend abgebildeten Hasenfalle [Abbildung auf S. 1387]; nur kräftiger und gewöhnlich mit zwei Quetschbalken beschwert. Die Falle [russ. *past'*] wird seitlich durch Stökke begränzt, welche in die Erde gestekkt werden. Das Ende des Quetschbalkens bildet ... eine geschlossene Gabel, in welche von der Seite her der Stützstokk (c) eingreift, der auf einen der seitlichen Stökke sich lehnend, durch den Springstokk (d) und den Abzugsklöppel (a) gehalten wird, so lange letzterer vermittelst des Schösslings (b) und dessen

ringförmig zu einem Kranze geflochtenen Endästen gegen einen der seitlichen Stökke festgehalten wird. Statt des Schösslings der dem Hasen hier zum Durchnagen geboten wird, reicht man dem Eisfuchse ein Stükk Fleisch seines in die Falle geratenen Vorgängers. Diese Quetschfalle wiederholt sich in den verschiedensten Dimensionen, bis zu solchen die dem Bären angepasst sind. ..." (Middendorff 1874–1875, S. 1386f.)

[306] russ. *kulemy* (Ez. *kulema*) – Fallen für den Fang von Vögeln sowie von kleineren Tieren bis zu Bären; auch umzäunte Räume mit einer Falle am Eingang (*Slovar'* 2001a, S. 172; Pawlowski 1952, S. 605; *Anikin* 2000, S. 316f. und *Anikin* 2003, S. 316); „Kulema und Пасть [russ. *past'*, s. Anm. 305] ein Fall ist einerley, nur daß bei der vorige bey den Seiten verzäunet wird." (J. J. Lindenau in: AAW F. 934, Op. 1, D. 89, Bl. 389r, Kopie aus dem Archiv RGADA); „Eine Bärenfalle (Kuloma), ... Man bauet an einer kleinen jähen Anhöhe einen Dreyeck von liegenden Balken, etwan 5. Fuß und im Lichten 3. Fuß weit. Eine Seite, die gegen die Anhöhe gerichtet ist, bleibt zur halben Höhe offen. Gegen dieselbe wird eine Brücke von Bäumen so gelegt, daß sie am einen Ende auf der Anhöhe ruhet, an der Falle aber liegt sie auf einer Querstange, und diese mit einem Ende auf der Anhöhe. An der andern Seite wird die Stange, oder Brücke mittelst eines über ein stehendes Brettchen gelegten Stockes gehoben. Damit sie in dieser Stellung bleibe, setzet man das Ende des Hebestocks in das Loch eines Brettchens, welches man mit dem untern Ende an einen Nagel der hintern Wand des Fangkastens ganz genau hängt. An diesem Brettchen wird der Köder, oft ein ganzes Reh, gebunden. Die ganze Anstalt wird mit Strauch, alten Holz und die Brücke durch aufgelegte Steine einer wilden Höhle ähnlich gemacht. Wenn nun ein Raubthier den Köder wittert, will es unter der Brücke über die Brust des Fangekastens springen, weil der aber enge ist, bleibt der Hinterleib heraus. Wenn es den Köder anfaßt, zieht es das Stellbrett vom untern Nagel und die niederfallende Brücke klemmt es auf die Brust oder halbe Wand ohne Verletzung des Balges. So werden alle Arten von Raubthieren, oft aber auch Hunde gefangen. ..." (Georgi 1775, S. 135f.)

[307] s. Anm. 294

[308] s. Anm. 294

[309] s. Anm. 306

[310] s. Anm. 294

[311] s. Anm. 294

[312] russ. *kolka* (Mz. *kolki*) – kleines Birkenwäldchen im freien Gelände (*Slovar'* 2001a, S. 89)

[313] Mercurius sublimatus (corrosivus) – Quecksilber(II)-chlorid, Sublimat, russ. *sulema*; „Sublimat, ist ein, durch die Säure des Saltzes, Salpeter und Vitriols, vermittelst der Sublimation zu einem dichtern und crystallinischen Cörper gebrachtes Quecksilber, an Gestalt weiß, und schwer vom Gewichte, von ätzender und fressender Krafft, daher auch schlechtweg Corrosiv gennennet, und von Wundärtzten zur Beitzung des wilden Fleisches gebraucht wird. Innerlich ist er ein Gift, und daher zufliehen." (Zedler 1732–50, Bd. 40, Sp. 1557); „Wölfen und Füchsen suchen sie [d. h. die Wogulen] ein Gift beyzubringen, welches in Sublimat mit Butter vermischt besteht, womit sie Fleisch bestreichen.* | : * Auf einen Wolf oder Fuchs wird ein Szolotnik (½ Loth) Sublimat, wenn er gut ist, gerechnet. Weil aber diese Thiere einen überaus feinen Geruch haben, so suchen sie die Witterung der angebrachten Mischung von Butter und Sublimat auf alle mögliche Art zu dämpfen. Sie machen aus der Mischung kleine Kügelchen, laßen sie gefrieren, und bedecken sie mit neuen Schichten von frischen Fleisch. : |" (Lepechin 1783, S. 19)

[314] s. Anm. 313

[315] russ. *slopcy* (Ez. *slopec*); s. Anm. 281

[316] russ. *slopcy* (Ez. *slopec*); s. Anm. 281
[317] russ. *plenki* (Ez. *plenka*); s. Anm. 296
[318] s. Anm. 262
[319] russ. *plaški* (Ez. *plaška*); s. Anm. 282
[320] russ. *celibucha* bzw. *čilibucha* – Brechnuß, Brechnußbaum; „Krähenaugen (Nuces vomicae, 1) runde, plattgedrückte, einem Knopf ähnliche, in der Mitte vertiefte, mit weichen, glänzenden, grünlich= od. weißgrauen Härchen besetzte, innen weiße, hornartig feste, sehr bittere Samen von Strychnos nux vomica, Baum auf Ceylon, Malabar u. Cochinchina; ... wegen des in ihnen enthaltenen Strychnins ... in großer Gabe den Menschen Gift u. bewirken Erbrechen, Convulsionen, Schwindel; heilsam in kleinen Gaben bei Wechselfiebern, Hypochondrie, ... Landwirthe brauchen sie als Vertilgungsmittel der Mäuse, auch der Krähen auf den Saatfeldern; ..." (Pierer 1857–65, Bd. 9, S. 755); „Verstopfungen genesen sie [d. h. die Ostjaken] mit grossen Kellen Fischfett, oder nehmen in gefährlichen Fällen Krähenaugen (Tschilibucha) ein. Beydes pflegt als eine Brech= und Purgierarzney zu würken." (Pallas 1778, S. 44); „Es ist jedermann bekannt, daß die Krähenaugen (nux vomica) unter die vornehmsten und stärksten Gifte gerechnet werden. Man macht sie zu Pulver, thut daßelbe in Milch, und läßt es einen hungerigen Hund oder anderes Thier saufen, dieses wird hernach, wenn es verrecket ist, in den Wald zum Köder hingeworfen; und man versichert, wenn irgend ein Wild nur etwas, es sey noch so wenig, davon gefreßen habe, so müße es unvermeidlich davon sterben." (Lepechin 1783, S. 19)
[321] s. Anm. 320
[322] s. Anm. 313
[323] s. Anm. 320
[324] s. Anm. 320
[325] lat. – (das) geronnene Dekokt; „47. Dekokt. Mit diesem Namen wurde ein durch Kochen erhaltener Absud animalischer oder pflanzlicher Stoffe genannt." (Gessmann 1899, S. 39)
[326] lat. – nach Stellers Bericht; G. W. Steller berichtet in seinem Reisejournal am 15. Mai 1738 aus *Novo-Usol'e* bei *Solikamsk*: „... ich gieng auf den markt u. observirte Nuces vomicas so sie Kitschilipuga neñ) in einer Boutique u. koch) sie selbige in Milch, oder full) sie in ein) Darm die wölffe damit zu tödt), u. wiß) die Russsen ih) iñerlich gebrauch), wozu sie es aber amploire) habe bis dato noch nicht umständlich erfahr) kön) ..." (AAW R. I, Op. 81, D. 23, Bl. 67r); s. Anm. 320
[327] russ. *klepcy* bzw. *kljapcy*; „Die Schnellerfallen oder Selbstschüsse (Kljäpzy) werden auf Füchse oder Haasen gestellet, und sind nichts anders als ein ausgeborter Klotz oder Stück Holz, so nicht über eine halbe Arschine lang ist. Dieses Stück Holz heißet W'juschka. Mitten in dasselbe hinein wird eine Vertiefung oder Aushölung bis ganz auf das Bohrloch ausgehauen, wo die auf beyden Seiten durchgesteckten Bogenschnuren angezogen werden. An das Ende eines eine halbe Arschine langen Pflocks wird an der Seite ein hölzerner kleiner Nagel und unten ein kleiner eiserner Spies angemacht. Unter dem Bohrloch des Klotzes wird ein queerdurchgehendes Loch ausgehölt; in dieses wird auf der einen Seite ein kleiner Bogen, der etwas länger ist, als der Pflock, und auf der andern Seite ein Grif eingesteckt und festgemacht. Der Pflock an der Sehne wird nach dem Grif zu rückwärts gebogen, und bey dem an dem Knebel befindlichen hölzernen Nagel durch eine hölzerne Zunge angezogen. Das Ende der Zunge paßt in einen Einschnitt des Stellers, welcher mit einer Schleife an den Grif angeschlungen wird. An den Steller wird ein Bindfaden oder Haar angebunden, dessen anderes Ende an ein Steckchen festgemacht ist, welches in der Mitte des Bogens eingesetzet ist. Wenn nun der Haase oder Fuchs auf seine Ferte, in welche die Falle gestellet und mit

Schnee beschüttet wird, läuft: so tritt er auf das Haar, davon geht der Steller los und der Pflock schnellt vermöge der Spannung der Bogensehnen so schnell gegen die Mitte des Bogens, daß sich kein Thier ausdrehen und davon kommen kann." (Lepechin 1774, S. 21); s. auch Glossar: Samostrelnie luki

[328] s. Anm. 305
[329] *Enisej*
[330] lat. os femoris – Oberschenkelknochen
[331] s. Anm. 277
[332] russ./sib. *kažani* bzw. *kožani* (Ez. *kažan* bzw. *kožan*) – Art von Lederoberbekleidung; s. auch *Anikin* 2003, S. 275
[333] s. Anm. 306
[334] s. Anm. 284
[335] s. Anm. 284
[336] Gebiet von *Mangazeja*
[337] s. Anm. 282
[338] Gebiet von *Mangazeja*
[339] s. Anm. 306
[340] s. Anm. 284
[341] s. Anm. 48
[342] russ. *košlok* (Mz. *košloki*); „... dabey werden sie unterschieden in бобры [russ. *bobry*] d. i. eigentliche grosse alte Bieber, ярцы [russ. *jarcy*] d. i. jährige Bieber und кошлоки [russ. *košloki*] d. i. junge Bieber. Indem der Bieberfang im Herbste kurz vor Zufrierung der Flüsse geschiehet, so nennet man diejenigen junge Bieber, (кошлоки) welche den Frühling vorher gebohren worden. ... Dagegen werden ярцы diejenige genannt, welche den zweyten Herbst darauf, nach dem sie gebohren, gefangen werden. ..." (Müller 1760, S. 527)
[343] vgl. tatar. „бала" – (Tier-)Junges (*Slovar'* 1966, S. 54f.); turk. „бала" – Tierjunges (Radloff 1963, Bd. 4, Sp. 1491)
[344] russ. *jarec* (Mz. *jarcy*); s. Anm. 342
[345] russ. *košloki*; s. Anm. 342
[346] russ. *jarcy*; s. Anm. 342
[347] russ. *mordy* (Ez. *morda*) – Fischreuse (s. Glossar: Mordi)
[348] „Salix L., Weide. ..." (Georgi 1797–1802, Theil 3, S. 1326ff.)
[349] „Salix L., Weide. ..." (Georgi 1797–1802, Theil 3, S. 1326ff.)
[350] „Salix L., Weide. ..." (Georgi 1797–1802, Theil 3, S. 1326ff.)
[351] russ. *košloki*; s. Anm. 342
[352] russ. *jarcy*; s. Anm. 342

Kapitel 26

/24r/ᵃ

Vom Fischen

Nicht alle Völker in Sibirien / wollen sich mit dem Fische⌈n⌉ bemühe⌈n⌉ / Sie glauben es nicht alle nöthig / Zu haben, und einige sind über / dem Von Fische⌈n⌉ Keine Liebhaber
Unter diese Letzte sind die *BrazKi* |: *Krasnoj⌈arskischen⌉ Tat*aren auchᵇ *Sagai*sche / u⌈nd⌉ *Beltiri*sche *Tatar*en / im *Kusnez⌈kischen⌉* Gebiethe¹ : |ᶜ / *Mongal*e⌈n⌉ u⌈nd⌉ *NertschinsKi*sche / *Tungus*en Zu rechne⌈n⌉. Fische Zur SPeise / Zu gebrauche⌈n⌉, ist Bey ihnen sehr nie- / derträchtig²: und sie schätzen sich glük- / Lich von ihrer starken ViehZucht so viel / Nahrung Zu haben, daß sie einer derg⌈leichen⌉ / SPeise entbehren Können.
Die *Tat*aren halten die Mittel- / stras⌈s⌉e, undᵈ so wie sie in alleⁿ Stüken / denen *Europaei*schen *Nation*en am / Nächsten Kommen, also nehmen sie, / gleich diesen, denᶠ Fisch Fang ihrem / übrigen Lebens Unterhalt Zu Hülffe.
Ein gleiches ist Von denen jenige⌈n⌉ / *Jakut*en Zu sagen, die Viehzucht / haben. Diejenigen Geschlechter / aber aus diesem Volke, welche / entweder wegen Armuth aller / ViehZucht entbehren müs⌈s⌉en, oder / wegen ihrer sehr Nordl⌈ichen⌉ rauhen / Wohnsitze Kein Vieh halten Kön- / nen, sind mit dem Fisch fange / um so viel mehr beschäfftiget.
Selbst in der Nachbahrschafft von / *Jakutzk*ᵍ³ wohnen des⌈s⌉wegen viele / arme *Jakut*en an fischreichen Seen /24v/ um davon ihren unterhalt Zu haben.
Eine schöne Art von Fisch-Netzen / ist Bey denen *Jakut*en gebräuch / Lich, welche aus Pferde Haaren / gemacht werden. Die Noth scheinet sie wohlʰ Zu erst einge- / führet Zu haben weil in diesen / Nordl⌈ichen⌉ Gegende⌈n⌉ Kein Hanff oder / Flachs⁴ wächset: dagegen eine an- / sehnliche Viehzucht ist. Allein sie / haben auch gros⌈s⌉e Vortheileⁱ Sie verfaulen / nicht Leicht, und was das Beste ist, / so Kann man sie auch im sPätesten / Herbste und im Winter gebrauche⌈n⌉ / da Netze die von Hanff gemacht / sind, so Bald sie Nas⌈s⌉ werden / steiff gefrieren, diese aber alle / Zeit gelenkig bleiben. Die / Rus⌈s⌉ischen Einwohner Zu *JaKuzK*⁵ / Bedienen sich dieser Vortheile wege⌈n⌉ / auch alle dieser Netze.
|: derg⌈leichen⌉ Haarene Netze haben / auch die *JaKut*e⌈n⌉ am *Chatanga* / und BeKommen solche aus / dem *JaKuzKi*sche⌈n⌉ Gebiethe⁶ : |ʲ

ᵃ *Bl. 23v leer*   ᵇ a_{uch} *verbessert aus* [.]   ᶜ *von* Krasnoj. Tataren *bis* Kusnez. Gebiethe *rechts marginal*
ᵈ *und* über der Zeile   ᵉ _{al}len *verbessert aus* [.]   ᶠ _{de}n *verbessert aus* [.]   ᵍ _{Jakut}zk *verbessert aus* [..]
ʰ wohl *über der Zeile*   ⁱ *von* Die Noth scheinet sie wohl *bis* auch grosse Vortheile *rechts marginal*
ʲ *von* dergl(Haarene *bis* Gebiethe *rechts marginal*

Man fischet mit diesen Pferdehaarene⌈n⌉ / Netzen auch^a in^b Kleinen Seen im winter / unter dem Eise. Und ich habe / selbst gesehen da ich in der Nachbahr- / schafft Von *JaKuzK*[7] einem dergl⌈eichen⌉ / Fischfange beygewohnet[8], daß / man in einem Zuge auf 300 / und Mehr gros⌈s⌉e fette Caras⌈s⌉e⌈n⌉[9] / und ebensoviel Von denen Kleine⌈n⌉ schmakhaffte⌈n⌉^c / Fische⌈n⌉ die im Rus⌈s⌉ische⌈n⌉ *Munda*[10] / genannt werde⌈n⌉ unter dem / Eise hervorgehohlet. Es waren / Zu solchem Ende Von *Distanz* Zu / *Distanz* Löcher in das Eys⌈s⌉ gehaket, / Vermittelst welchen die am Netze / Befestigte Strike mit Langen^d / Stangen unter dem Eyse durch- / geZogen, und endlich Von beyden / Flügeln in einem gros⌈s⌉en Loche / Zusammen gebracht wurden, allwo / man das Netz herausgeZogen.

|: Im *TuruchansKi*sch⌈en⌉ Gebiethe habe⌈n⌉ / die *Samoj*eden am *Jenisei*[11] fl⌈uß⌉ / auch einige *Jurak*en *Newodi* / *Samoj*edisch: <u>*Púga*</u>[12] ein general-wort. / Von Hanff woZu sie das / Garn Von den Rus⌈s⌉en Kauffe⌈n⌉ / Sie nennen selbige <u>*Koresséo*</u> / <u>*pugà*</u>[13]. Die *Jurak*en haben / auch Netze (*Setti*) von weiden / Bast[14] die im fluss⌈e⌉ aufgestellet / werden um Stöhre / Zu fange⌈n⌉. an diese⌈n⌉ / sind die *Quadr*ate nach *Propor-* / *tion* der Stöhre. man fänget / auch gros⌈s⌉e Hechte[15], *Tschiri, Taimeni*[16], und *Biela rybiza*[17] da- / rin. Die Rus⌈s⌉en nennen diese / Netze *Póplani*[18], die *Jurak*e⌈n⌉^e / aber <u>*Bayúdsche-pugà*</u>[19]. / Die *Tawgi* haben eine andere / art von *Setti*, die Von sehr / dünn geschnittene⌈n⌉ Riemen ge- / Knüpffet werden. Sie gebrauche⌈n⌉ / dazu rohe Rennthiers Haute :|^f

|: nachdem die Haare davon abge- / schaben sind, Las⌈s⌉en selbige stark / frieren, und schneiden^g alsdenn / die Riemen darauf, welche so fein / sind als^h HanffGarn. Der- / gleiche⌈n⌉ *Setti* nennen sie <u>*onnè-*</u> / <u>*pugà*</u>[20], d⌈as⌉ i⌈st⌉ unsere Netze^j. Die Rus⌈s⌉en nennen selbige / mit dem gemeinschafftliche⌈n⌉ / Nahmen *Puschtschalnizi*[21]. / Die *Puschtschalnizi* werd⌈en⌉ / mehr in Seen gebrauchet *Peremeti*[22] *Samoj*edisch   *Njúwo*[23]
Morda   -   *Koie*[24]. :|^k
Puschtsalniza[25] *Samoj*edisch: *DjätsuK púga*[26] / d⌈as⌉ i⌈st⌉ dünnes Netz. /25r/
Ein starker Fischfang ist an der / Mündung des fl⌈u⌉sses *Aldan* Zum / *Lena*, allwo Zu solchem Ende im Som- / mer und sonderlich im Herbste eine / Menge armer *Jakut*en auf das / gantze Jahr Vorrath samlen, und / davon im winter nach *JaKuzK*[27] Zum / Verkauffen Bringen.

---

^a *auch über der Zeile*   ^b in *verbessert aus* [..]   ^c schmakhaffte) *rechts von der Zeile*   ^d Lan_{gen} *verbessert aus* [...]   ^e Ju_{rake)} *verbessert aus* [..]   ^f *von* Im TuruchansKisch) Gebiethe *bis* Rennthiers Haute *rechts marginal*   ^g _{sch}ne_{iden} *verbessert aus* [..]   ^h als *verbessert aus* [...]   ⁱ onnè-pugà *verbessert aus* [.]   ^j d. i. unsere Netze *über der Zeile*   ^k *von* nachdem die Haare *bis* Koie *auf Bl.* 25r *rechts marginal*

Am allervortheilhafftesten aber / findet man den Fischfang Bey *Schi-* / *gani*²⁸, woselbstᵃ im *Lena* fluß eine / grosse Sand-Bank ist, auf welcher / man dieᵇ bestenᶜ und grössesten / Fische dergestalt im Uberflusse / fänget, daß sie deßwegen im / Russischen den Nahmen *Krasnoi Pe-* / *sok*²⁹ erhalten. Die *JaKuten* ausᵈ / der Gegend Von *JaKuzK*³⁰ sogar / pflegen im Herbste, wenn die Fische aus / der See den *Lena* aufwerts / steigen,ᵉ Biss dahin auf das / Fischen ausZugehen, und weil / der *Lena* fluß in denenᶠ Untern / Gegenden sehr stürmisch ist, daß / sie sich mitᵍ ihrenʰ Lotgens Von Birken / Rinde soweit nicht wagen / dörffen, so haben sie daZu Von / denen Russen diejenige Art / Von Fahrzeugen welche *Schitiki*³¹ / genannt werden angenommen.

|: Der *Jenisei*³² in denen untern Gegenden / [[Gegenden]] im gantzen *TuruchansKi*schen / Gebiethe ist auch sehr fischreich / *Jeniseisk*³³ unterhalt sich fast von / dortigen Fischen :|ⁱ

|: Der *Ob*³⁴ ist fischreich Biss in das / *Tomski*sche Gebiethe. Wir haben / einem Fischfange Beygewohnet³⁵ / Bey *Bogorodskoe Sielo*³⁶, im *Novem-* / *ber* Monath, wo nach einer halben Stun- / de, da man die *Setti* und *Mordi* / unterʲ das Eyß ins waßer / Gelassen, eine so grosse *quantität* / *Muxune*³⁷ herausgeZogen wurden / daß es Zu Verwundern war.

Der *Irtisch*³⁸ ist fischreich so weit / sich das *Tari*sche gebiethe³⁹ erstreket. / Oberhalb bey denen Festungen sind / wenig Fische mehr, doch leidenᵏ / die Festungen *OmsKaia*⁴⁰ und *Schelesenskaia*⁴¹ noch Keinen / Mangel. Fischfang in dem flusse / *Schelesenka*⁴² auf unserer Reise⁴³. :|ˡ

Die Zu *Schigani*⁴⁴ und weiter / Unten an der *Lena* wohnhaffteᵐ / *JaKut*en / haben Fisch Netze Von / Bast⁴⁵ Von schwartzen Weiden bäumen⁴⁶: / und Man sagt daß dieser Bast⁴⁷ / demⁿ Hanffe an Stärke nichts / Nachgeben soll. Zu derjenigen /25v/ Art von Netzen aber, die im Russischen / *Setti* genannt werden, ist der / Bast⁴⁸ nicht Tauglich, weil die Fäden / davon Zu dik sind. Man gebrauchet / deßwegen daselbst *Setti* von Pferde / Haaren und Hanff, welche Von / *Jakuzk*⁴⁹ Zugeführet werden, wie / im gleichen Von Neßeln⁵⁰, die da- / selbst wachsen, dergleichen auch / Bey denen *Jakut*en an der Mündung / des *Wilui*⁵¹ flusses Zum *Lena* gebräuch- / Lich sind.

An denen in das Eyßmeer fal- / Lenden flüssen *Jana, Indigir-* / *Ka, Alaseia*⁵², *Kolyma*, hat / Man überall so wohl *Newodi*ᵒ Netze als / *Setti* von Pferde Haaren.

ᵃ wosel*b*ₛₜ *verbessert aus* [.]   ᵇ *nach die gestr.* schönsten   ᶜ besten *über der Zeile*   ᵈ aᵤₛ *verbessert aus* [.]   ᵉ im Herbste, wenn die Fische aus / der See den Lena aufwerts / steigen, *rechts marginal*   ᶠ d_{enen} *verbessert aus* [.]   ᵍ mit *über der Zeile*   ʰ ihreₙ *verbessert aus* [.]   ⁱ *von* Der Jenisei *bis* dortige) Fischen *rechts marginal*   ʲ unₜₑᵣ *verbessert aus* [..]   ᵏ leideₙ *verbessert aus* t   ˡ *von* Der Ob ist fischreich *bis* auf unserer Reise. *rechts marginal*   ᵐ wohn_{haffte} *verbessert aus* [....]   ⁿ d_{e}m *verbessert aus* [.]   ᵒ Newodi *über der Zeile*

Wo / in den Untern Gegenden dieser / Flüsse Keine viehZucht ist, da / werden die Pferde Haare aus / denen Obern Gegenden Zum / Verkauffe hingebracht. Die / schwartzen weiden Bäume[53], davon / man Zu *Schigani*[54] den Bast[55] Ge- / brauchet[a], wachsen daselbst nicht.

In gantz *KamtschatKa*[56] werden / sowohl *Newodi* als *Setti* Von / Neßeln[57] gemacht.

|: *Ostiak*en am *Ket*[58] fluß fischen / mit Netzen *Setti, Mordi* / und *Sakki*[59]. Netze und[b] / *Setti* sind Theils von / Russischem Hanffgarn / Theils von Neßeln[60], die / sie selbst SPinnen. *Mordi* / flechten sie selbst Von / Langen Fichten oder Tannen / Reisern, welche mit *Tsche-* / *römchá*[61] Verbunden / werden. *SaKKi*[62] sind / Hamme[63], damit schöpffen / sie Zur Winters Zeit die / Fische durch *Prolubi*[64] hervor / an solchen Orten, wo frische / Quellen sind, weil alsdenn / die Fische wegen des ungesun- / den wassers im flusse / sich Zu solchen Quellen / *retiriren*[65]. Die Unge- / sundheit des wassers im / *Ket*[66] fluß Zur winters- / Zeit rühret daher weil / er an[c] etlichen orten Biß / auf den Grund ausfrieret / und folglich Keinen abfluss / hat[d]. Man Kan das wasser / nicht trinken. Sauer[e] und / bitter mit *Rschawschina*[67] / Die Fische stehen den gantzen / winter an den Quellen / so bald sie[f] sich in den :|[g]: fluss wagen oder durch / die Fischer Von der Quelle / Vertrieben werden so sterben / sie. Ein Mann Kan / an[h] einer *Prolub*[68] man- / nichmahl an einem / Tage ein gantz Fuder / Fische erhaschen Dieses nennen sie der Fluß ruhet aus[69] / Diese *SaKKi*[70] heissen in der / Ostiakisch *Pumpokolischen* SPrache / *Aípin*[71]. *Mordi* *Bok*[72] / *Setti pung*[73] *Newodi* / *aipung, ai*[74] bedeutet / dik[i] weil nemlich die / *Newodi* aus dikerm Garn / als die *Setti* bestehen. :|[j]

Ádera[75] ist ein Eisen das aus / Zwey einwerts geKrümmten / Hakens Bestehet und einen / Langen Stiel hat. Damit / pflegen die *Tungus*en und / Russische Einwohner an dem /26r/ *Tungusca*[76] flusse in der Gegend / wo der *Ilim* fluß einfällt / und weiter unten Biss[l] an / das *JeniseisKi*sche Gebiethe[77] im / Winter die Fische unter dem / Eyse hervorZuhohlen. Man hat / dortiger Gegenden in dem / *Tungusca*[78] fluß von Langen Jahren / her *observir*et,[k] wo[l] Besonders / *considerable* Tiefen sind / dass daselbst Zur[m] HerbstZeit[n] / die Fische sich hauffen weise[o] Zu Versammlen / pflegen und den gantzen winter / über an dergleichen Orten still / stehen. Wo man nun dergleichen / Tiefe örter

---

[a] G_{ebrauchet} *verbessert aus* [.] [b] u_{nd} *verbessert aus* [.] [c] _{a}n *verbessert aus* m [d] h_{at} *verbessert aus* [.]
[e] S_{a}u_{er} *verbessert aus* [.] [f] sie *verbessert aus* [...] [g] *von* Ostiaken am Ket fl. *bis* sie sich in den *rechts marginal* [h] a_{n} *verbessert aus* [.] [i] *nach* dik *gestr.* , [*Komma*] [j] *von* fluss wagen oder durch *bis* Setti besteh_{) } *auf Bl.* 26r *rechts marginal* [k] *nach* observiret, *gestr.* daß [l] wo *über der Zeile* [m] Zu_{r} *verbessert aus* [..] [n] He_{rbstZeit} *verbessert aus* [.] [o] hauffen weise *über der Zeile*

Kennet, da haket / man Zur Herbstzeit Löcher[a] / in das Neue Eys⌈s⌉, und hält / dieselbe[b] beständig offen, solange / dieser[c] Fischfang währet. / Man hohlet durch diese Löcher / die[d] Fische mit der *Adera*[e,79] in gros⌈s⌉er Menge einen nach dem andern her- / Vor, ohne daß sie sich / davon Zu Verlauffen[80] pflege⌈n⌉.[f]: und[g] es sind son- / derlich Stöhre und Sterlette⌈n⌉ / welche sich auf solche weise / am Liebsten fangen las⌈s⌉en / weil man von ihnen wahrnimmt / das⌈s⌉ sie mehrenTheils hauffen- / weise[h] gehen.[i]

|: Der gantze *Tungusca*[81] Von / *RibensKoi ostrog*[82] an biß *Braz-* / *Koi ostrog*[83] ist noch Ziemlich / fischreich sonderlich von Stöhre⌈n⌉ / und Sterlette⌈n⌉. Oberhalb *Braz-* / *Koi*[84] sind diese Fische in der *Angara* / nicht, wohl aber steigen sie / in die *Occa*[85], allwo Bey dem / Dorffe *Tulun*[86] an der *KrasnojarsKische⌈n⌉* / Landstraße[j] ein schöner Fisch- / fang Zu seyn pfleget :|[k] /26v/ *Ostrogà*[87] ist eine Art Kleiner / Harpunen, mit welchen die / Rus⌈s⌉en an der *Lena* Zu / *WitimsKa Sloboda*[88] und wei- / ter unterhalb, ja Auch[l] Viele / *JaKut*en, zur Nachts-Zeit / Wenn die Fische an[m] denen[n] Ufern der / Flüße und Seen stille stehen, / dieselbe, durch Hülffe eines / am[o] VorderTheile[p] ihrer Kleinen / Kähne auf eisernen[q] Gabeln angelegten / hellen Schindel-Feuers, anstechen / und aus dem was⌈s⌉er hervor- / Ziehen. Die Rus⌈s⌉en nennen / diesen Fischfang *Lutschit*[89] oder / Leuchten.[90] Er soll gleichfalls / in Rus⌈s⌉land nicht ungewohnlich / seyn.

|: *Camasinzi, TaiginZi,* / haben *newodi, Setti, Mordi,* / *Ostroga*[91], weiter nichts / Zum Fische⌈n⌉, sogar / Keine Kleine Angel. :|[r]

Noch ist eine Art Fische Zu fang⌈en⌉ / Zur SPaten Herbst Zeit, wenn / die Flü⌈s⌉se sich mit Eyse setze⌈n⌉, / gewohnlich[s], daß man auf dem / gantz dünnen Eyse bevor[t] / noch Schnee[u] gefallen ist, zur Nachts-Zeit[v] ein / helles Schindel Feuer anleget / und durch das Eyß derg⌈l⌉eiche⌈n⌉ / Orter bemerket, wo Fische / am Ufer, um Nacht Ruhe Zu halte⌈n⌉, / sich gelagert habe⌈n⌉. Daselbst / wird alsdenn mit großen Steken / oder Scheiter⌈n⌉ Holtz[92] auf das Eys⌈s⌉ /27r/ geschlagen, wovon die darunter / stehende Fische betöset werden / und durch die in das Eys⌈s⌉ gemachte / Löcher in ihrer Taumelung an / den Tag Kommen. Diese Art / Fische

---

[a] L_öcher *verbessert aus* [.]   [b] _die_selbe *über der Zeile*   [c] dieser *verbessert aus* [...]   [d] d_ie *verbessert aus* [.]
[e] mit der Adera *über der Zeile*   [f] *von einen nach dem andern bis Verlauffen* pflege)*. rechts marginal*
[g] vor *und* gestr. hervor   [h] h_auffenweise *verbessert aus* [.]   [i] *nach* gehen. gestr. wie ich den selben / eines mahls mit Verwunderung / erfahren habe, dass da ich auf eines /   [j] an der KrasnojarsKische) / Landstraße *unter der Zeile*   [k] *von* Der gantze Tungusca *bis* Zu seyn pleget *rechts marginal*   [l] A_uch *verbessert aus* [..]   [m] _a_n *verbessert aus* [.]   [n] denen *über der Zeile*; den_en *verbessert aus* [...]   [o] am *verbessert aus* [..]   [p] V_orderTheile *verbessert aus* [.]   [q] eisernen *über der Zeile*   [r] *von* Camasinzi, TaiginZi, *bis* Kleine Angel *rechts marginal*   [s] ge_wohnlich *verbessert aus* [.]   [t] be_vor *verbessert aus* [..]
[u] S_chnee *verbessert aus* [.]   [v] zur Nachts-Zeit *über der Zeile*

Zu fangen habe ich / Zu *Kirenskoi Ostrog*[93] an der / *Lena* Bey unserm 1737 daselbst / gehaltenen Herbst Lager ge- / sehen[94].
Die Russen nennen es лучит[95].
Die *Tungus*en fischen bloss mit / Harpunen остроги[a][96] Zur Nachts Zeit[b] / mit kleinen Handangeln. / Die *Ostiak*en am *Jenisei*[97] mit / *Newodi, Setti, Ostrogi,*[c][98] *peremeti*[d][99] / mit *Mordi*.
<u>TestiKi</u>[100] auf *Ostiaki*sch: *aĭfheng*[101] / sind Netze mit gantz engen *quadrat*[en] / womit die allerKleinste[n] Fische ge- / fangen werde[n].
<u>Newodi</u> *Ostiak*[isch]: *Tschángifeng*[102] sind / die eigentliche gross e Fischnetze
<u>Setti</u> *Ostiak*[isch]: *Únfeng*[103]. alle diese / drey arte[n] werden Von Hanff und / Nesseln[104] gemacht.

<u>Peremeti</u>[e][105] auf[f] *Ostiak*[isch]:	*Dûb*[106]
Mórda	-	*bok*[107]
Ostroga[108]	-	*eäle*[109]

Die *Ostiak*en angeln auch Fische, so / wie die Russen, mit Kleinen Von / Knochen oder Zinn gemachte[n] Fische[n] / welche Zur winterszeit durch *Prolubi*[g][110] / ins wasser gelassen werden.
Dieses ist sonderlich Bey denen *Tunguse*[n] / welche[h] dergl[eichen] KnochenFische кандачъ[111] / nennen
[: кривда[112] ein Art von пуща[лъ]- / ницы[113] zu *Mangaseia*[114] wird / in dene[n] Seen und an den Ufer[n] / der flüss e, wo Kein Schneller / Strohm ist aufgestellet. Die / Länge des Netzes *parallel* mit / dem Ufer. Die Fische, welche Vom / Ufer zurük in den Fluß wolle[n] / Verwikeln sich in diesem Netze.

figur der кривда[115]

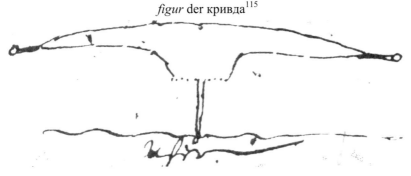

---

[a] остроги *über der Zeile* [b] *nach* Zeit *gestr.* und [...] [c] *nach* Ostrogi, *gestr.* mit Angeln [d] peremeti *über der Zeile* [e] Peremeti *über der Zeile* [f] vor auf *gestr.* Angeln [g] Prolubi *verbessert aus* [.] [h] welche *verbessert aus* [.]

Die *Samoj*eden bedien⌈en⌉ sich / auch dieser Art Von Netzen / und benenn⌈en⌉ dieselbe mit / dem Rus⌈s⌉ische⌈n⌉ Nahm⌈en⌉.

Ostroga[116] ist im *Mangasei*sch⌈en⌉ / Gebiethe[117] nicht im Gebrauche / so wenig bey Rus⌈s⌉en als / *Samoj*ede⌈n⌉.

блезня[118] in Rus⌈s⌉land ⎫
⎬ ist ein
дорóга[119] in *Sibiri*en ⎭

Eiserner Haken mit einem Kleine⌈n⌉ / Wiederhaken,[a] deßen[b] Stiel[c] / plat ist, in der Gestalt eines Kleine⌈n⌉ / weis⌈s⌉fisches[120], mit Zinn UberZoge⌈n⌉ / an dem Schwantze dieses geKünstel- / te⌈n⌉ Fisches ist der Strik befestiget / woran man den Hake⌈n⌉ ins was- / ser läßet. An dem Haken selbst / ist ein rothes läpgen festgebun- / den welches Zuweilen mit weiße⌈n⌉ / Pferde oder Rennthiershaaren / ausgeZieret ist damit es im / was⌈s⌉er desto bes⌈s⌉er[d] / blietzen möge. Die Rus⌈s⌉en / und *Ostiak*en am *Jenisei*[121] / fischen damit eben als mit / Angeln, doch ohne Würmer / oder anderer LokSPeise, an den / Haken Zu steke⌈n⌉. Sie gehen mit :|[e] /27v/ Kleinen Lotgens ohnweit dem Ufer / на поплаве[122], und werffen den / Strik mit dem Haken fische ins / was⌈s⌉er. Das andere Ende aber des⌈s⌉elb⌈en⌉ / Strikes behalten sie im Lotgen / An demselben[f] Ende[g] ist ein Kleiner / Klotz befestiget auf den Fall / wenn ein gros⌈s⌉er Hecht[123] oder *Taimen*[h][124] / anbeis⌈s⌉et, der Zu stark ist als daß / er sich solte sogleich ins Lotgen / Ziehen Las⌈s⌉en, und Zu befürchte⌈n⌉ / ist, daß er gar das Lotgen um- / reis⌈s⌉en möge, alsdenn werffen / sie den Klotz ins was⌈s⌉er, und / warten bis⌈s⌉ der Fisch[i] sich abgemattet hat[j] / da sie denn dem Klotze / Zurudern, und an demselben / den Strik mit dem Fische finde⌈n⌉ / und heraus[k] in / das Lotgen oder ans Land / Ziehe⌈n⌉.

---

[1] Gebiet von *Kuzneck*
[2] „NIEDERTRÄCHTIG, ... dem inneren ansehen, dem werte, der macht und eigenschaft nach ... gering geschätzt, verworfen, verächtlich ..." (Grimm 1991, Bd. 13, Sp. 805ff.)
[3] *Jakuck*
[4] „1. Linum usitatissimum L., ... Gemeiner Flachs. W. Gemeiner Lein. R. Len. [russ. *len*] ..." (Georgi 1797–1802, Theil 3, S. 872ff.)
[5] *Jakuck*
[6] Gebiet von *Jakuck*
[7] *Jakuck*

---

[a] *nach* Wiederhaken, *gestr. der* [b] deßen *verbessert aus* [.] [c] Stiel *verbessert aus* Stiele [d] *nach* besser *gestr.* im Waßer [e] *von* кривда ein Art von пущаницы *bis* Sie gehen mit *rechts marginal* [f] demselben *über der Zeile* [g] *vor* Ende *gestr.* andern [h] T aimen *verbessert aus* [.] [i] *nach* Fisch *gestr.* ermudet / ist [j] sich abgemattet hat *rechts von der Zeile* [k] *nach* heraus *gestr.* Ziehe) oder

⁸ Eine Beschreibung dieses Fischfangs im Dezember 1736 von J. G. Gmelin findet sich in: Gmelin 1751–1752, 2. Theil, S. 516–517.

⁹ russ. *karasi* (Ez. *karas*'); „Cyprinus Carassius ... Karauschen=Karpfe. Karausche. ... R. Karas. ..." (Georgi 1797–1802, Theil 3, S. 1954–1955); „Cyprinus Carassius ... Rossice Karass. ..." (Pallas 1811–1831, Vol. III, S. 297–298)

¹⁰ russ. *munda* (Mz. *mundy*); „Cyprinus Perenurus. ... Phoxinus squamosus lacustris, Steller. obs. MS. Rossis ad Lenam Munda, Munduschka. ..." (Pallas 1811–1831, Vol. III, S. 299–300); „XI. Descriptio Mundae Jacutorum Phoxinus vetus Aristotelis. Phoxinus Rosiere Rondel. Phoxinus squamosus lacustris mihi, Jacutis et Russis Jacutiae audit мунда мундушка Munda Munduschka. ..." (G. W. Steller in: AAW R. I, Op. 13, D. 46, Bl. 28v–31r); „Von dem schuppichten Erlitzen. Phoxinus squamosus maior & minor. ..." (Gesner 1670, S. 158)

¹¹ Enisej

¹² samojed. „Netz, Jur. ... poŋa; ... Jen. ... foga, Ch.; ... fuga, B. [ostjak-samojedisch] ... poŋ, MO.; poŋa, K., NP.; poŋo, Tsch., ..." (Schiefner 1855, S. 256); samojed. (Tundra-enz.) „фогга" – Netz u. samojed. (Wald-enz.) „погга" – Netz (*Gemuev* 2005, S. 501)

¹³ samojed. „Netz, ... Jen. kuoʰese', ... Ch.; kuorese, ... B. ..." (Schiefner 1855, S. 256); s. Anm. 12

¹⁴ „Salix L., Weide. ..." (Georgi 1797–1802, Theil 3, S. 1326ff.); „Der Bast, ... 1. Die innere zarte Rinde an den Bäumen, zwischen dem Holze und der äußern groben Rinde. ..." (Adelung 1793–1801, 1. Bd., S. 744f.)

¹⁵ russ. *ščuki* (Ez. *ščuka*); „Esox Lucius ... Gemeiner Hecht. R. Tschuk. ..." (Georgi 1797–1802, Theil 3, S. 1945–1946); „Esox Lucius. ... Rossice Schtschûka. ..." (Pallas 1811–1831, Vol. III, S. 336–337)

¹⁶ russ. *tajmeni* (Ez. *tajmen*'); „Salmo Taimen ... Fett=Forelle. Taimen. ..." (Georgi 1797–1802, Theil 3, S. 1936–1937); „Salmo fluviatilis. ... Salmo Taimén ... Rossis in Sibiria Talmeen, vel Taimeen ..." (Pallas 1811–1831, Vol. III, S. 359–362)

¹⁷ russ. *belorybica* bzw. *nel'ma*; „Salmo Nelma ... Silber=Forelle. Nelm=Lachs. R. Nelmo. ... Tat. Ak Balik (Weißfisch). ..." (Georgi 1797–1802, Theil 3, S. 1937); „Salmo Leucichthys. ... Salmo Nelma ... Rossis ad Volgam Bjelaja Rybiza (i. e. piscis albus superlative); in Sibiria Nelma. Tataris casaniensibus Ak-balyk (albus piscis) ..." (Pallas 1811–1831, Vol. III, S. 392–395)

¹⁸ russ. *poplany*; vermutlich von russ. *poplavnja* bzw. *poplaven*' – grobmaschiges Netz zum Fischfang mit drei hohen Flächen (Wänden) (*Slovar*' 2002, S. 391; Pawlowski 1952, S. 1180)

¹⁹ vgl. jurak.-samojed. „paju, paiju, schwarze Weide, ..." (Schiefner 1855, S. 34); s. Anm. 12

²⁰ „In der Bedeutung eines Possessivs wird besonders im Ostjak-Samojedischen das Reflexivpronomen oneŋ gebraucht, ..." (Schiefner 1854, S. 357); s. Anm. 12

²¹ russ. *puščal'nicy* (Ez. *puščal'nica*) – lange Fischernetze, Stellnetze

²² russ. *peremet* (Mz. *peremety*) – Setzangel, über einen Fluß gezogene Schnur mit Angeln; „4) переметной промысл [russ. *peremetnoj promysl*] ... 4) die Fischerei mit angeln ... es werd₍ 20. 30. 40. od⁾ so viel man will, angeln, welche mit Köd⁾ verseh₍ an eine lange schnur gebund₍ so daß sie an der schnur etwa ¼ arsch. herunter hang₎, jed⁾ vom andern in d⁾ distanz von 1 oder ½ Fad₍. Und so wird diese angelschnur längs dem strom aus [...] gelassen: oben an eine₎ pfal befestigt, oder auch an einem stein in grund gelasse₎, unt₍ aber an ein stükk holz gebund₍, damit man sie wied⁾ find₍ kañ" (J. E. Fischer in: AAW F. 21, Op. 5, D. 41, Bl. 94r–94v)

[23] jurak.-samojed. „ňibo, ňibu, Schleppangel." (Schiefner 1855, S. 22)
[24] vgl. samojed. (selkup.) „kūja"– russ. *sak* (*Gemuev* 2005, S. 321); russ. *sak* (Mz. *saki*) – Kescher, Netzsäcke (bei Fischern); samojed. „*kôjår*" – Fischreuse (Helimski 1987, S. 83)
[25] s. Anm. 21
[26] vgl. *Enisej*-samojed. „tîja, eng." (Schiefner 1855, S. 89); s. Anm. 12
[27] *Jakuck*
[28] *Žigany* bzw. *Žiganskoe zimov'e*
[29] *Krasnoj pesok*; russ. *krasnoj pesok* – roter Sand
[30] *Jakuck*
[31] russ. *šitiki* (Ez. *šitik*); „... einen Schitik, d. h. ein Boot, dessen Seitenwände nur aus Brettern bestehen, die vermittelst Riemen oder Baumwurzeln und Aesten zusammengehalten werden und deshalb leicht auseinander genommen und wieder zusammengefügt werden können, ..." (Baer 1872, S. 288); „... war eine Art von Böthen, daran die Bretter mit Riemen an einander befestiget, und gleichsam zusammen genähet, sind, aufgekommen, die wegen dieser Bauart den Nahmen Schitiki führen. Sie pflegen 5 Faden lang, 2 breit, mit einem Verdeck, platbodigt und mit Mooß calfatert zu seyn, und werden eigentlich nur auf Flüssen, und zwischen denselben längst den Seeküsten gebrauchet. Die Seegel bestehen aus weich gegerbten Rennthiersfellen, an statt der Taue brauchet man Riemen von Elendshäuten, und die Anker sind von Holze, woran grosse Steine befestiget sind." (Müller 1758, S. 40)
[32] *Enisej*
[33] *Enisejsk*
[34] *Ob'*
[35] J. G. Gmelin beschreibt in seinem Reisejournal den Fischfang am Fluß *Ob'* bei *Bogorodskoe selo*, dem er mit G. F. Müller am 1. November 1734 beiwohnte: Gmelin 1751–1752, 1. Theil, S. 317–318.
[36] *Bogorodskoe selo*; russ. *selo* (Mz. *sela*) – „Selo heist ein Ort, wo eine Kirche und die dahin gehörige Kirchenhäußer befindlich. ... Es giebt besondere Selo so privat besitzern imgleichen den Klöstern gehören ..." (AAW R. II, Op. 1, D. 206, Bl. 43v–44r; etwa 1727)
[37] russ. *muksuny* (Ez. *muksun*); „Salmo Lavaretus latior ... Breite Schnäpel=Aesche. ... Russ. Muxun. ..." (Georgi 1797–1802, Theil 3, S. 1941f.); „273. Salmo Muksûn ... S. Coregonus corpore lato, ... Rossis in Sibiria Muksûn. ..." (Pallas 1811–1831, Vol. III, S. 398f.)
[38] *Irtyš*
[39] Gebiet von *Tara*
[40] *Omskaja krepost'*; zu *krepost'* s. Glossar: *ostrog*
[41] *Železnskaja krepost'*; zu *krepost'* s. Glossar: *ostrog*
[42] *Železenka*
[43] „Den 5ten [d. h. am 5. Juli 1734] vormittags giengen wir [d. h. J. G. Gmelin u. G. F. Müller] Schelesinka retschka [russ. *Železenka rečka*] vorbey, und es ist von der Festung bis hieher gerades Weges 30 Werste. Es hat die Schelesinskaja Krepost [russ. *Železenskaja krepost'* am Fluß *Irtyš*] ohne Zweifel hievon den Namen, ... Es wurde uns in Schelesinskaja Krepost erzählet, daß in diesem Bache sehr viele Fische wären. Deswegen schickten wir Leute an die Mündung und ließen das Netz werfen. Man zog zweymahl, und wir bekamen einen ganzen Kahn voller Fische, Hechte, Barsche, Kaulbarsche. Es waren Hechte anderthalb Russische Ellen lang darunter. ..." (Gmelin 1751–1752, 1. Theil, S. 187–118)
[44] *Žigany* bzw. *Žiganskoe zimov'e*
[45] s. Anm. 14
[46] „Salix L., Weide. ... 3. Salix pentandra ... Fünfkolbige Weide, Wasser=, Lorbeer= auch Fieber=Weide, R. Tschernoi Talnik [russ. *černoj tal'nik* – schwarze Weide], Gm. Sib. I. T. 34. f. 1." (Georgi 1797–1802, Theil 3, S. 1326ff.); „Salix pentandra. Salix foliis serratis glabris, floribus pentandris. ... Gmelin. Flor. sib. I. p. 153. tab. 34. f. 1. Rossice Tschernotal

(Черноталь [russ. *černotal'*]) ..." (Pallas 1788, S. 83)
⁴⁷ s. Anm. 14
⁴⁸ s. Anm. 14
⁴⁹ *Jakuck*
⁵⁰ russ. *krapiva* bzw. *kropiva*; „Urtica L., Nessel. R. Kropiwa. ... 3. Urtica dioica ... Gemeine Nessel. ... Die abgestandenen Stängel werden von Baschkiren, Koibalen und andern Sibiriaken als Hanf benutzt. Sie setzen die Stängel einige Wochen der Witterung aus, trocknen sie dann stark und scheiden die Rinde durch Klopfen zwischen Steinen oder in Trögen, reinigen die Bastfäden durch Schwingen – und spinnen sie auf Spindeln zu Garn für Seile, Netze, Gewebe, welches wenig über eine Spanne breit, sehr grob, aber dicht oder fest und sehr stark ist. ..." (Georgi 1797–1802, Theil 3, S. 1294ff.)
⁵¹ *Viljuj*
⁵² *Alazeja*
⁵³ s. Anm. 46
⁵⁴ *Žigany* bzw. *Žiganskoe zimov'e*
⁵⁵ s. Anm. 14
⁵⁶ *Kamčatka*
⁵⁷ s. Anm. 50
⁵⁸ d. h. die pumpokolischen Ostjaken am Fluß *Ket'* (s. auch Kap. 25, Bl. 10v)
⁵⁹ russ. *saki* (Ez. *sak*) – Kescher, Netzsäcke (bei Fischern)
⁶⁰ s. Anm. 50
⁶¹ russ. – *čeremcha* bzw. *čeremucha*; „Cerasus. Cerisier. ...[species 18] Cerasus racemosa, sylvestris, fructu non eduli C. B. Pin. 451. Cerasus racemosa quibusdam aliis Padus J. B. 1. 228. ..." (Tournefort 1700, S. 625ff.); „1. Prunus Padus ... Gemeine Traubenkirsche. Elzbeerbaum. R. Tscheremucha. ..." (Georgi 1797–1802, Theil 3, S. 1001); „pádus (Prunus) <Traubenkirsche>: Name von L. und so vorlinn. als Cerasus racemosa quibusdam, aliis Padus, J. Bauhin I 2,228 = Cerasus racemosa sylvestris, fructu non eduli, C. Bauhin, Pinax 451 (bezogen auf die traubigen Blütenstände und die bittersüßen Früchte). ..." (Genaust 2005, S. 450)
⁶² s. Anm. 59
⁶³ „HAME, HAMEN, ... hame drückt aus: 1) ein beutelförmiges netz mit einem stiele zum fischfange, ähnlich wie ein käscher ..." (Grimm 1991, Bd. 10, Sp. 306)
⁶⁴ russ. *prolubi* bzw. *prorubi* (Ez. *prolub'* bzw. *prorub'*) – ausgehauene Eislöcher; s. *Anikin* 2003, S. 488
⁶⁵ <frz.> – zurückziehen
⁶⁶ *Ket'*
⁶⁷ russ. *ržavčina* – Rost
⁶⁸ s. Anm. 64
⁶⁹ s. Kapitel 4, Bl. 31v
⁷⁰ s. Anm. 59
⁷¹ vgl. ket. „at-pyn" – Fischhamen (Donner 1955, S. 19)
⁷² *Enisej*-ostjak. „boḱ" – Reuse (Schiefner 1858, S. 190); ket. „bok" – Fischhamen, Reuse für Aale (Donner 1955, S. 24); ket. „бок" – Reuse (s. Glossar: Mordi) (*Gemuev* 2005, S. 650)
⁷³ ket. „fan" bzw. „fun" – Netz (*Gemuev* 2005, S. 650); vgl. Anm. 12
⁷⁴ vgl. *Enisej*-ostjak. „ai" – Sack u. „aŋ" – Strick, Riemen, Schnur (Schiefner 1858, S. 157); ket. „aj" – Sack u. „āŋ" bzw. „aŋ" – Schnur, Strick (Donner 1955, S. 16 bzw. S. 18)
⁷⁵ russ. *adur* – ‚Fischgabel' (*Slovar'* 1999a, S. 25); s. auch *Anikin* 2000, S. 75f.; „Die Fische werden eigentlich nicht gefangen, sondern todt gestossen. Man bedient sich dazu einer langen hölzernen Stange, von 5 bis 6 Faden, an deren unterem Ende ein Eisen fest gemacht wird, welches Aderá genennet wird. Die zwey krumme Arme oder Klammern an diesem Eisen sind rundlich und etwa eines Fingers dick, und stehen in der grösten Weite, welche oben ist, ungefähr einen halben Schuh von einander; ihre Höhe aber pflegt man um ein paar Zolle länger zu machen. Ihre zwey Enden sind spitzig. Zwischen ihnen ragt von unten ein Eisen hervor, welches an seinem Ende ein paar Messerrücken breit ist, und nicht weit von dem unteren Ende

noch einen spitzigen Zacken in Gestalt eines Nagels hat, welche zu Befestigung der Schnur zu dienen scheint, womit dieses ganze mittlere Eisen, um die Stange destomehr zu befestigen, umwunden wird. ..." (Gmelin 1751–1752, 2. Theil, S. 198f. und die Abbildung nach S. 198)

[76] *Tunguska*
[77] Gebiet von *Enisejsk*
[78] *Tunguska*
[79] s. Anm. 75
[80] „VERLAUFEN, ... 1) hinweglaufen, laufend verschwinden. ..." (Grimm 1991, Bd. 25, Sp. 739ff.)
[81] *Tunguska*
[82] *Rybenskoj ostrog* bzw. *Rybinskoj ostrog*
[83] *Brackoj ostrog*
[84] *Brackoj ostrog*
[85] *Oka*
[86] *Tulun* bzw. *Tulunskaja*
[87] russ. *ostroga* (Mz. *ostrogi*) – Fischgabel; „... mit dreyzackigen Fischgabeln ... Fischgabel (Ostroga)" (Georgi 1775, S. 354)
[88] *Vitimskaja sloboda*; *sloboda* (Mz. *slobody*) – von einem *prikaščik* geleitete Ansiedlung mit einer großen Anzahl von Bauernhöfen, die weitgehend von Steuern und Arbeitsverpflichtungen befreit war; auch Vorstadt bzw. nahe bei einer Stadt gelegenes Dorf
[89] russ. *lučit'* (*rybu*) – Fische beim Kienspanfeuer fangen (Pawlowski 1952, S. 642), von russ. *luč* – Bündel Kienspäne, Kienfackel zum Fischen (a. a. O., S. 641); russ. *ryba* – Fisch
[90] „... waren die Arbeiter [in der Gegend der Flüsse *Vitim* und *Lena*] beschäftiget Fische zu fangen. Sie hatten zu diesem Ende eine dreyzackichte eiserne Gabel mit sich genommen, an welcher jeder Zacke auf 5. Zoll lang, und an seinem Ende spitzig war, und daselbst einen Wiederhaken hatte. Er war an einer paar Faden langer Stange befestiget, welche an ihrem Ende als eine Gabel gespalten war, und den mittleren Zacken der eisernen Gabel in sich faßte, an welchen er mit einer Schnur fest gebunden war, deren Ende gegen den obern Theil der Gabel um die Stange zu mehrerer Befestigung ungewunden worden. Mit dieser Gabel laurten sie auf dem Fahrzeuge auf einen vorbeygehenden Fisch; ... welches jedoch mehrentheils nur des Nachts geschicht. ... Vorne auf die Kahne setzt man eine Art eisernen Rost auf welchem Holz brennt, oder in Ermanglung dieses Rostes steckt man eine brennende Birkenrinde auf, ... Man hat größere und kleinere Gabeln, nachdem die Fische sind, die man fangen will. Auch wird die Stange kürzer oder länger gemacht, ... Diese Art die Fische zu fangen heißt Rybulutschit, und ist den Lenischen Einwohnern nicht besonders eigen; denn sie wird auch jenseits dem See Baikal, und wie ich höre, auch in Rußland ausgeübet." (Gmelin 1751–1752, 2. Theil, S. 319ff.); s. auch Anm. 87 u. Anm. 89
[91] s. auch Anm. 87 u. Anm. 89
[92] „SCHEIT, n. lignum fissum, ... im nhd. mit doppeltem plural, scheite und scheiter. ... scheiter und scheite scheiden sich uns gewöhnlich dem sinne nach, insofern scheite die absichtlich gespaltenen, zu bestimmten zwecken hergestellten holzstücke bezeichnet, scheiter die gewaltsam zersplitterten trümmer ..." (Grimm 1991, Bd. 14, Sp. 2472ff.)
[93] *Kirenskoj ostrog*
[94] Bei der Rückreise von *Jakuck* nach *Irkuck* im Jahr 1737 trafen G. F. Müller und J. G. Gmelin am 3. September in *Kirenskoj ostrog* ein (Gmelin 1751–1752, 2. Theil, S. 591). G. F. Müller verließ den Ort am 6. September 1737 (a. a. O., S. 638), während J. G. Gmelin bis zum 1. März 1738 blieb (a. a. O., 3. Theil, S. 3).
[95] *lučit*; s. Anm. 89
[96] russ. *ostrogi*; s. auch Anm. 87 u. Anm. 89
[97] *Enisej*
[98] s. auch Anm. 87 u. Anm. 89
[99] s. Anm. 22
[100] russ. *testiki*

[101] *Enisej*-ostjak. „ai-faŋ", „ai-jaŋ" bzw. „ajaŋ" – feines Netz (Schiefner 1858, S. 157); *Enisej*-ostjak. „faŋ" – Netz, Zugnetz (a. a. O., S. 191); ostjak. „hëäŋ" – Netz, Zugnetz (a. a. O., S. 174); ket. „həŋ" – Netz (Donner 1955, S. 47); s. Anm. 74

[102] vgl. *Enisej*-ostjak. „t̂âŋfaŋ" – Netz, Zugnetz (Schiefner 1858, S. 178); s. Anm. 101

[103] s. Anm. 101

[104] s. Anm. 50

[105] s. Anm. 22

[106] *Enisej*-ostjak. „dup" – Angelhaken (Schiefner 1858, S. 185); *Enisej*-ostjak. „dupta" – großes, viereckiges Netz (a. a. O., S. 185 u. S. 218); ket. „du'p" – eiserner Angelhaken (Donner 1955, S. 39); ket. „dupte" – Angelleine, Grundschnur (a. a. O., S. 39); ket. „дуп" – Angel (*Gemuev* 2005, S. 651); ket. „дуптэ" – Angelleine (a. a. O., S. 651)

[107] s. Anm. 72

[108] s. auch Anm. 87 u. Anm. 89

[109] ket. „эл' " – Fischgabel, russ. *ostroga* (*Gemuev* 2005, S. 650)

[110] s. Anm. 64

[111] russ. *kandač*; russ. *kandačit'* – einen Fisch durch Hochziehen und Herablassen des Köders (Zinnfisch) anlocken (*Slovar'* 2001a, S. 30)

[112] russ. *krivda* – sackartiges Fischernetz (meist) mit dreieckigem Rahmen; s. *Slovar'* 2001a, S. 151 u. *Anikin* 2003, S. 306f.

[113] russ. *puščal'nicy* (Ez. *puščal'nica*) – lange Fischernetze, Stellnetze

[114] *Mangazeja*

[115] russ. *krivda*; s. Anm. 112

[116] s. auch Anm. 87 u. Anm. 89

[117] Gebiet von *Mangazeja*

[118] *bleznja*; russ. *blesna* – Köder (Zinnfisch) an der Angel (Pawlowski 1952, S. 62)

[119] russ. *doroga* – große Angel zum Fangen von Hechten (Pawlowski 1952, S. 327)

[120] s. Anm. 17

[121] *Enisej*

[122] *na poplave*; russ. *na poplavu* – während des Schwimmens

[123] s. Anm. 15

[124] s. Anm. 16

Kapitel 27

/28r/

Von SPielen und Exercitien[1]

Die *Music* ist hier Zuvorderst[a] / in Betrachtung Zu Ziehen / allein Man findet davon / so wenig SPuren, daß es / Manchem unglaublich Vorkom- / men möchte.
Ich habe Bey Keinem Volke als / eintzig und allein Bey denen / Muhammedanische[n] *Tatar*en / Zu *TobolsK*[2] *Musicali*sche / *Instrument*e angetroffen. / Eines war ein Rohr worin / einige Löcher waren nach / der *form* einer Schal- / mey[3], doch mit dem Unterscheide / daß das obere Ende gantz / in den Mund genommen wurde / Das andere war ein / Topff mit einem überge- / sPannte[n][b] Leder, auf welchem / mit Zwey Steken nach Trom- / meln und Pauken-art ge- / schlagen wurde. Ich habe[c] / dabey[d] bewundert[e], daß so / schlecht diese *Music* war, dennoch / die dortigen *Tatar*en davon / gerühret wurden. Sie hatten / unter andern ein Stükgen /28v/ mit einem Texte der gesungen wurde, / uber die Von *Jermak*[4] geschehene / *Conqu*ete[5] Von *Sibir*ien[6], welches sie vor / sehr kläglich hielten, und uns / des[s]wege[n] erinnerte[n] darauf Acht / Zu haben. wir Konnten aber / sehr wenigen *Affect* darin sPüren.
|: *Samoj*eden im *Turuch[anskischen]* gebiethe / haben Keine *Musicali*sche *Instru*- / *menta* noch das geringste / das[s] selbige[n] ahnlich wäre / Sie singen aber Lieder[f] in Lu- / stigen Gesellschaffte[n] und tantze[n] / daZu. Die *Jurak*en / haben ordentliche[g] *elaborirt*e[7] / *Gesänge*[h], die mehrenTheils / über Krieges *Materi*en / *roulliren*[8]. die übrige *Samoj*ede[n] / singe[i]n über allerley *Materie[n]* / was einem jeden in den Sinn / Kommt, und nach *melodey*e[n] / die sie *ex*[j] *tempore*[k9] machen / Z[um] e[xempel] Von ihrem Reichthum / der AnZahl der RennThiere / Von der Jagd, von dene[n] / Vielen Freyer[n] die ein / Magdge[n] hat p[erge] Ein / jeder sowohl Manns / als weibs Persone[n] singen / und Tantzen, doch alte / Leute schlies[s]en sich aus. / Im Tantzen stehen gemeiniglich / je Zwey und Zwey gegen ein / ander halten sich an den hande[n] / und stoßen Bey jedem SPrunge / mit dene[n] Beinen Zusammen / und auf solche weise / machet die Gesellschafft einen / *Circul*, und jedes[l] Paar / sPringet in einer

---

[a] Zuv_{orderst} *verbessert aus* [...]   [b] überg_{e}sPannte) *verbessert aus* [.]   [c] *nach* habe *gestr.* mich   [d] da_{b}ey *verbessert aus* [.]   [e] b_{ewundert} *verbessert aus* g   [f] Lie_{d}er *verbessert aus* [.]   [g] o_{r}dentliche *verbessert aus* [.]
[h] Gesäng_{e} *verbessert aus* [.]   [i] sing_{e}n *verbessert aus* [.]   [j] e_{x} *verbessert aus* [.]   [k] t_{empore} *verbessert aus* [.]
[l] j_{edes} *verbessert aus* [.]

Rundungᵃ / herum und hat sich mit denen / nächste⸢n⸣ Paaren mitᵇ den Arme⸢n⸣ umfas⸢s⸣et. :|ᶜ
|: Die Weiber und Mägdgens / Tantzen bey LustbahrKeite⸢n⸣ / dergestalt daß sie einen / runden Kreyß *formir*en / sich an den armenᵈ umfas⸢ss⸣e⸢n⸣ / und also in einem beständige⸢n⸣ / runden Reihen oder Creys⸢s⸣ / herumsPringen. Dochᵉ / geschiehet dieses Tantzen ohne / starke Bewegung des Leibes / Sie singen auch daZu: aber / Keine Vernehmliche Lieder. Zu- / weilen *imitir*en sie im Singen / die Stimmen der Vögel. :|ᶠ
Läs⸢s⸣et man dagegen denen *Sibiri*sch⸢en⸣ / Volker⸢n⸣ Von Unserer noch so wohl / *componirte⸢n⸣ Music*ᵍ etwas hören / so sind sieʰ dabey gantz unempfindlich / Jaⁱ es scheinet als wenn denen mei- / sten solches Zuwieder wäre, wel- / ches man fürnemlich Von denen / *Kamtschedal*en versichert.
Ich rechne das Jagdhorn derer *Tun-* / *gus*en, des⸢s⸣en sie sich auf der Hirsch / Jagd bedienen, nicht hieher, weil sie / es nicht Zur Lust, sondern Bloß / Zu erwehntem Gebrauche anwenden
|: *Gusli*¹⁰ der *Tatar*en und / *Damra*ʲ¹¹ der *Ostjak*en :|ᵏ
Und auf gleiche weise sind dieˡ / *Musicali*sche *Instrument*a derer / *Mongali*schen Geistliche⸢n⸣, womit / sie das Volk Zu ihrem Götzen- / diensteᵐ aufmuntern, nicht da- / hin Zu Zehlen, so wenig als / ihre *Vocal Music*, wenn sie ihren / Götzen Lob-Lieder singen. denn der / Gemeine Mann weis⸢s⸣ von diesem / allen nichts. Und es sind abermahls / unter allen Völker⸢n⸣ dieⁿ / Tatare⸢n⸣ die eintzige, bey / denen⁰ man Von einer *vocal Mu-* / *sic* gantz geringe SPuren findet.
|: Das obige Lied über die / *Jermaki*sche *Conque*te¹² Von / *Sibiri*enᵖ¹³ gehöret hieher: Und / als ich während unserm aufenthalte / Zu *Krasnojarsk* eine Lustfarth / den *Katscha*¹⁴ aufwerts thatᵗ¹⁵, um / die dortige Tataren in ihrer Hey- / math Zuᑫ sehen, so wurden wir / Von einer Gesellschafft *Tatari*scher / Weiber, die bey einem Rus⸢s⸣ischen Amt- / Mann Versammlet war, im Vorbeyfahrenʳ besungen.
Bey denen übrigen Völkern singe⸢n⸣ / Zwar auch die weiber bey Lust- / BahrKeiten: allein alles ihr Sin- / gen ist wie ein Rus⸢s⸣isches *Dunai / Dunai*¹⁶, ohne daß die Wörter / einige bedeutung, noch die / Thone eine erhebliche Verände- / rungˢ haben. :|ᵗ /29r/

ᵃ ᴿᵘⁿᵈung꜀ *verbessert aus* [..]   ᵇ mᵢₜ *verbessert aus* [.]   ᶜ *von* Samojeden im Turuch. gebiethe *bis* Arme) umfasset. *auf Bl.* 28r *rechts marginal*   ᵈ ₐrmₑₙ *verbessert aus* [..]   ᵉ *nach* Doch *gestr.* diese   ᶠ *von* Die Weiber und Mägdgens *bis* Stimmen der Vögel. *rechts marginal*   ᵍ ᴹᵘˢᵢc *verbessert aus* [.]   ʰ sie *über der Zeile*   ⁱ Ja *verbessert aus* d   ʲ Damra *verbessert aus* [.....]   ᵏ Gusli der Tataren und Damra der Ostjaken *rechts marginal*   ˡ ᵈᵢₑ *verbessert aus* [.]   ᵐ ᴳöᵗᶻₑⁿdienste *verbessert aus* [.]   ⁿ *nach* die *gestr.* Muhamme- / danische)   ᵒ dₑₙₑₙ *verbessert aus* [.]   ᵖ ˢᵢᵇᵢrien *verbessert aus* g   ᑫ ᶻᵤ *verbessert aus* f   ʳ im Vorbeyfahren *über der Zeile*   ˢ ᵥₑᵣänderung *verbessert aus* st   ᵗ *von* Das obige Lied über *bis* Veränderung haben. *rechts marginal*

|: Tantzen der *Samoj*edische⌈n⌉ / Weiber im Kreise wie / wir es Zu *Mangase* geseh⌈en⌉¹⁷ / brummen darZu gantz entsetzlich :|ᵃ
Glüks-SPiele sind Keine üblich, / als die sie etwan aus dem / Umgange mit denen Rus⌈s⌉⌈e⌉⌈n⌉ / gelernet haben:
In denen entfernten *Simowie*⌈n⌉ und *Ostroge*⌈n⌉ᵇ / des *Jakuzki*schen Gebiethes¹⁸ und sonderlich auf / *Kamtschatka*ᶜ¹⁹ / habenᵈ die von *Jakuzk*²⁰ geschikteᵉ / *contributions* Einnehmer Vor / Vielen Jahren her ihres Eigen Nutzes halberᶠ das *Cart*en / SPiel eingeführet. Da ist nicht / Leicht ein angesehner *Jakut*e / *Tungus*e, *Jukagir* oder / *Kamtschedal*e, der nicht das / gemeine Rus⌈s⌉ische SPiel *na tri* / oder *na semi listach*²¹ sPiele⌈n⌉ / Könnte denn er mus⌈s⌉ sich da- / durchᵍ denen *Contributions* Ein- / nehmern gefällig machen, / daß er, ohne daß es den Schein / eines Geschenkes hat, seine / HabseelichKeit mit ihnen Theilet.
|: Anstatt des Geldes werden / daselbst Zobeln, Füchse, / *Peszi*, RennThiers-Häute, *p⌈er⌉ge*⌉ / auf das SPiel gesetzet. :|ʰ
In *Kamtschatka*²², wo manⁱ offters / an Papirenen *Cart*en einen / Mangel gehabt hat, sind des⌈s⌉- / wege⌈n⌉ die Rus⌈s⌉ischen Einwoh- / ner auf die Erfindung Verfallen, / *Cart*en Von *Morsch*-Zähnen²³ Zu / mache⌈n⌉.
Das Schach-SPiel soll in eben be- / sagten weit entfernte⌈n⌉ *Simowi*en / und *Ostrog*en auch Unter denen *Ama- / nat*en üblich seyn, als welches sie / Vor die Lange weile Von de ne⌈n⌉ / Rus⌈s⌉ische⌈n⌉ *Cosak*en Lernen.
|: einige *Samoj*eden sPielen auch / im Schach; auch in Carten. :|ʲ /29v/
Wettlauffen Zu Pferde ist / Bey denen *Tatar*en, *Chal- / mük*en, *Mongol*en, *BrazK*i, / *Nertschinski*sche⌈n⌉ *Tungus*e⌈n⌉ und / *Jakut*en ein sehr gewöhnliches / *Exercitium*²⁴. Sie pflegen / auch dabey offters im Vorbey- / Rennen nach einem aufge- / stekten Ziel mit Pfeil und / Bogen zu schies⌈s⌉⌈en⌉, worin sie / allesamt sonderlich geübt sind: / wie ich denn von einer Gesellschafft / *Chalmük*en Bey denen *Koliwa- / ni*schen Kupfferwerke⌈n⌉ᵏ²⁵ im *Al- / tayi*sche⌈n⌉ Gebürge²⁶ mit Ver- / wunderung Bemerket habe, daß / sie so gar 3 unterschiedene / Ziele in geringem Abstande / aufgesteket, in welche sie / alle, in vollem *Galop* Vor- / bey reitende, geschikt Zu Treffe⌈n⌉ / gewust²⁷.
Noch ist Bey dene⌈n⌉ *Jakut*e⌈n⌉ / *Brazk*i, *Mongol*en, *Chal- / mük*en, auch das Ringen / eine gewöhnliche Lust-Übung. / *Conf*⌈er⌉²⁸ Beschreibungˡ Von

---

ᵃ *von* Tantzen der *bis* gantz entsetzlich *rechts marginal* ᵇ und Ostroge) *rechts von der Zeile* ᶜ und sonderlich auf Kamtschatka *rechts von der Zeile* ᵈ *vor* haben *gestr.* als Zu Schigan ᵉ von Jakuzk geschikte *rechts von der Zeile* ᶠ her ihres Eigen Nutzes halber *über der Zeile* ᵍ d_{adurch} *verbessert aus* [.] ʰ *von* Anstatt des *bis* SPiel gesetzet. *rechts marginal* ⁱ man *über der Zeile* ʲ einige Samojeden sPielen auch im Schach; auch in Carten. *rechts marginal* ᵏ Kupfferwerken *verbessert aus* [.] ˡ B_{eschreibung} *verbessert aus* [.]

Installi- / *rung* des neuen *Kutuchta*²⁹. Sie / Ziehen sich biß auf die Hosenᵃ gantz naket aus,ᵇ / Treten mit den Köpffen Nahe / Zusammen, umfaßen sich Zuforderst /30r/ am OberLeibe, hiernächstᶜ / an denᵈ / Hoseⁿᵉ schlagen Zuweile⌐n⌐ / die Beine unter und ringen / solange, biß derjenige, der / die meiste Kräffte hat, seinen / ermüdet⌐en⌐ Gegenpart Zu boden / werffen Kann.
|: Die *Samoj*eden ringen / auf gleiche weise wie / die *BrazKi*, nur / weil solches am meist⌐en⌐ / Zur Winters Zeit geschiehet / so legen sieᶠ nur die OberKleiderᵍ / dabeyʰ ab. Die / Grös⌐s⌐este LustbahrKeit⌐en⌐ / wenn sie sich Zur Winters- / Zeit Bey dene⌐n⌐ *Jasaschni* / *Simovie*⌐n⌐³⁰ einfinde⌐n⌐, um sich / als denn solche Unangenehme / Zeit Zu Versüs⌐s⌐en, weil sie / Zuweilen lange aufgehalte⌐n⌐ / werde⌐n⌐. Im Sommer lebe⌐n⌐ sie / Zerstreuet und gehe⌐n⌐ dem Fischfang / und *olennoi*³¹ *promysl* nach / Könne⌐n⌐ sich folglich nicht so gut / *divertir*⌐en⌐³². :| ⁱ
|: *Praemia.*   der *Mongole*⌐n⌐ / beym Ringen und Schies⌐s⌐en
  -           der Tataren beym / Pferde-lauffe⌐n⌐.
*Tatar*en ringen wie die / *JaKut*en, stellen wettlauffe / Zu Pferde an, schießen / nach aufgestekt⌐en⌐ Pfeilen / im Vorbey renne⌐n⌐, die / weiber Tantzen und singe⌐n⌐ / mit dene⌐n⌐ Mägdgens. :| ʲ
Die *Jakut*en haben auch eine Leibes- / und Lust-übung welche im SPringe⌐n⌐ / Bestehet. Sie meßen einen / Strich weges mit bogen aus, / und Legen alle Zwey oder / drey Bogen ein Zeichen auf / die Erde, worauf die SPringer, / welche alle Baarfuß und am / OberLeibe gleichfalls nakend / sind, nach Vorher genommenem / Anlauffe, Längst dem aus- / gemeßenen und mit Zeichens / belegtem wege ihre Geschiklich- / Keit im SPringen dergestaltᵏ Beweisen, daß / sie nur Bey denen Niedergelegt⌐en⌐ / Zeichens mit denen Füs⌐s⌐en / die Erde berühren, undˡ mehrentheilsᵐ / auf 5 biß 6 Zeichen / erreichen, Zuweilen auch biß / über das 10ᵗᵉ hinweg sPringe⌐n⌐. / Dieses Springenⁿ geschiehetᵒ sowohlᵖ / auf einemᑫ alsʳ auf beyd⌐en⌐ / Füs⌐s⌐en. Es giebt auch Zu *Jakuzk*³³ / Rus⌐s⌐ische *Sluschiwi*³⁴, welche sehr / darin geübt sind. /30v/ Eineˢ ErgötzlichKeit der Wald / *Tungus*en ist, daß sie über Zu- / sammen gelegte HoltzHauffen / sPringen, auch mit Bogen nach / dem Ziel schies⌐s⌐en, und mit / höltzernen, *expres*³⁵ daZu gemacht⌐en⌐, / Jagd-Mes⌐s⌐ern, schertzweise sich / schlagen.

ᵃ biß auf die Hosen *über der Zeile*   ᵇ *nach* aus, *gestr.* [....]   ᶜ *nach* hiernächst *gestr.* halten / sie sich einer   ᵈ ₑₙ *verbessert aus* [.]; *nach* den *gestr.* andern   ᵉ *nach* Hosen *gestr.* feste,   ᶠ *nach* sie *gestr.* die   ᵍ nur die Ober_Kleider_ *über der Zeile*   ʰ *nach* dabey *gestr.* nicht   ⁱ *von* Die Samojeden ringen *bis* so gut divertir₎ *auf Bl.* 29v *rechts marginal*   ʲ *von* Praemia. der Mongole₎ *bis* dene₎ Mägdgens. *rechts marginal*   ᵏ dergestalt *über der Zeile*   ˡ *nach* und *gestr.* Zu- / weilen   ᵐ mehrentheils *über der Zeile*   ⁿ S_pringen_ *verbessert aus* [.]   ᵒ *nach* geschiehet *gestr.* entwe- / der   ᵖ sowohl *über der Zeile*   ᑫ *nach* einem *gestr.* oder   ʳ als *über der Zeile*   ˢ *vor* Eine *gestr.* Die Wald-Völker haben dergl₍ Lust / Ubungen und ErgötzlichKeite₎ nicht / so regulmäßig.

Man Könnte auch Zuᵃ denen / Ergötzungenᵇ und Lustbahr- / Keiten rechnen,ᶜ wennᵈ sie einer dem / andern Bey Musſsligen Stunden / die Zeit mit ErZehlungen̅ aller- / Ley Mährgen Zu VerKürtzen / suchen. Der einfaltige *Genie* / der Völker Leuchtet aus dergleichen̅ / Mahrgen noch mehr herVor / deswegenᵉ will ich eines von / denen̅ Wald-*Tungus*en hieher setzen̅: / Drey brüder gehen aus der Jurte / nach einer Bähren höhle. Unter / ihnen ist der Jüngste etwas / Närrisch: und als er in der höhle / einen Bähren erblikt, so laufft / erᶠ davon, und bleibt / plotzlich auf dem Wege bey einem / aufrecht stehenden Krummen ein- / gefrornen holtze sitzen, derge- / stalt, daß sein unterer Kinn- / baken geradeᵍ auf dem / Holtze zu ruhen Kommt. wovon / er noch mehr Verrükt wird und /32r/³⁶ gantz erstarret. Inmittelst erlegen̅ / die 2 ubrige brüder den bären / Wie es ihnen aber Zu schwehr ist, den- / selben̅ alleine nach Hause Zu Tragen̅ / so schneiden sie nur ein Stüklein / Fett aus seinem Leibe, und Laufen̅ / damit Nach ihrem Narrischen bruder / welchen̅ sie in Vorbesagter erstarrten̅ / *Positur* ohne alle bewegung / finden. Sie brechen ihm den Mund / auf, und steken das Bähren Fett / hinein. Alsofort fängt er wie- / der an Zu leben, friſset das / Fett, und rühmt, daß es sehr / süſse sey. Wo fragt er, habt ihr / dieses Gerichte her. Sie sagen / Von dem bären, den sie erleget / haben, und der noch im Walde / Liege. Eyʰ, Versetzt er, laßt / uns eilen und den Bähren nach / der Jurte tragen. Sie / Lauffen Zusammen nach dem / Bähren, und wollen ihn ge- / meinschafftlich Tragen, Können̅ / aber nicht. Der Narr sagt: / Ihr hindert mich nur: ich will / ihn alleine tragen; Nimmt / ihn sofort auf die Schulternⁱ, und / trägt ihn nach der Jurte. Die / Andere sagen ihm als denn, man / müſse Gäste Laden. Er ant- / wortet, das sey ohnnöthig. Er / wolle ihn mit Haut, Haaren und / Knochen allein VerZehren: welches / er auch Zu derselben̅ Stunde be- / werkstelligetʲ. /31r/³⁷

*Tschatzki*sch³⁸

Dieser Tact wird nur / im Anfang des Lieds / gesungen und bey den / folgenden Gesetzen³⁹ nicht / *repetirt*⁴⁰.

ᵃ Zu *verbessert aus* [..]   ᵇ ₑᵣ𝓰öₜzungen *verbessert aus* lichkeiten; ₑᵣ𝓰öₜzungen *über der Zeile*   ᶜ *nach* rechnen, *gestr.* daß   ᵈ wenn *über der Zeile*   ᵉ ₐₑsᵥₑ𝓰ₑₙ *verbessert aus* [..]   ᶠ *nach* er *gestr.* letz   ᵍ *nach* gerade *gestr.* über   ʰ ₑy *verbessert aus* [..]   ⁱ sₒₕᵤₗₜₑᵣₙ *verbessert aus* [..]   ʲ ᵦₑwₑᵣkₛₜₑₗₗᵢ𝓰ₑₜ *verbessert aus* [..]

1. *Ai ösől Ösől Ösöl em me ösölchari Kùsime le*⁺
Аи⁺ у Осïола♂   смотрю жестоко глазами⁴¹

2. *Kusim bile*⁺ *an*⁺*chaschem ne da*⁺ *ösoche ge*⁺*alderden*
Глаза (и) брови   Озохе! тебе от[д]ал[⚥] ⁴²

3. *Kus-schún utschér usá chada torna túscher tú schaka*
воронѣ⚥ (я) улечю далеко (дабы смотри[т]) журавлъ♀ не садили[сь] въ плïо[н]ке⁴³

4. *Orús borát dschja-á seda*⁺ *oi gáKire tschetschéder*
(Ме[ж]) рускими и Бра[т]скими воина въ паде въ ни[з] колютъ⁴⁴

5. *Oi neschbolgan dschjan amna da*⁺ *íbgaleb nánsandaK.*
Игра[л] бы^a (ежели) ты прито[м] была [с] сердце! (съ тобою) то[т]ча[с], взя[л] бы^b (тебя) въ юрты и домо[и] бы^c поше[л]⁴⁵

+ *le, bile, an, da, ge* sind Syl= / ben Zu *completirung* / der *melodey*.
≠ Ist ein Eingangs=Ton.
♂ Nahme des Vaters, deßen / Tochter sich der Liebhaber wünscht.
⚥ Nahme des Mägdgens, nach / welcher getrachtet wird.
⚥ Nahme des Liebhabers
♀ Der Liebhaber *alludirt*⁴⁶ auff / das Mägdgen, die er mit / einem Kranich vergleicht.^d

Anmerkung.

Dieses Lied hat ein Kerl gemacht, der nach einem gewißen Mägdgen sehr / getrachtet, die ihm aber der Vater Esel nicht hat geben wollen. Übrigens / fehlt hin und wieder eine Sylbe, statt welcher entweder die nächste länger / gezogen oder im Singen eine *note* außengelaßen wird, wovor man die nächste / länger aushält⁴⁷.

---

^a бы *über der Zeile*   ^b бы *über der Zeile*   ^c бы *über der Zeile*   ^d *von* + le, bile, an, da *bis* Kranich vergleicht. *rechts neben dem Liedtext*

/31v/

Sagaisch

1. *Agatem dschilne berchutschak Zonai du**
у бѣлого коня грива одна беременна[48]

2. *Agarla⁺ suga sal Kisten-* - -
течетъ рѣка плотъ рублю[49]

3. *Öl ber salna Kessbesem* - -
(Буде) тотъ плотъ не сплочню[50]

4. *Baschémog⁺ bárgai chóllutschen* - -
головою поиду въ холопство[51]

5. *Attékla bëne tíngnelkeng* - -
Конъ (и) кобыла по обеимъ сторонамъ возили[≠52]

6. *Al Kem néngda⁺ Kótschire* - -
Отъ тои рѣки   Солонцы[53]

7. *Agáber túngma dérbetken* - -
Болшой братъ (и) меншои братъ ходятъ задъ и впередъ[54]

8. *Al bot béngneng⧧ eschege*
Къ воеводскимъ дверямъ[55]

* *Zonáidu* ist ein Freuden Geschrey so wie das / Rußische дунаи[56].
+ *la og* und *da* sind Sylben Zur *completi-* / *rung* der *melod*ey eingeschoben
≠ sind Zu beiden Seiten mit Säcken oder / *Summi*[57] beladen gewesen.
⧧ So wohl *Albet*[58] als *Bengneng* bedeuten / einen *Woewoden*.

Anmerkung

Dieses Lied solle ein Mägdgen gemacht / haben, bey Gelegenheit einer Zusam⌐m⌐en- / kunfft mit ihrem Liebhaber bey den / *Solonzi*[59]. Das Pferd, darauff sie / geritten, solle auff der einen Seite / eine sehr große *Mine*[60] gehabt haben. / Man muthmaßt, daß der Liebhaber / weiter unten am Fluße gewohnt, Zu wel= / chem Zu kom⌐m⌐en der Floß hat dienen / sollen. Allein die eigentliche Erklärung / aller Ausdruckungen und ihren Zusam- / menhang kann ich auff keinerley Weise / herausbringen. Übrigens fehlt öffters / in dem Lied eine Sylbe, in welchem Falle / diejenige, nach welcher der Mangel ist, auff / 2 noten geschleifft wird.[a61]

---

[1] <lat.> – Beschäftigungen, Übungen

[2] *Tobol'sk*

[3] „Schallmey, ist ein teutsches berohrtes Blas=Instrument; ingleichen ein Orgel=Register von acht und vier Fuß=Tonen. Jenes ist eine Pfeife, so von den Hautbois unterschieden, daß sie kein Daumen=Loch hat, und stärcker zu blasen ist, daher auch einen stärckern Laut giebet. ..." (Zedler 1732–50, Bd. 34, Sp. 839)

[4] Die Eroberung Sibiriens begann etwa Ende der siebziger Jahre des 16. Jahrhunderts, als sich der wegen Räuberei geächtete Kosakenataman *Ermak Timofeevič* und etwa 2000 seiner Anhänger auf der Flucht nach Osten mit der Kaufherrenfamilie *Stroganov* verbündeten, um den Einfluß des Tatarenkhans Kutschum (russ. *Kučum*) zu brechen, dessen Reich *Sibir'* mit der Hauptstadt *Isker* sich seit Mitte des 16. Jahrhunderts über die Gebiete der Flüsse *Irtyš* und *Tobol* südlich und östlich des Uralgebirges erstreckte. Kutschum wurde 1582 durch *Ermak Timofeevič* aus *Isker* vertrieben. Die Kämpfe mit den Tataren setzten sich zwar noch etwa 20 Jahre fort, der entscheidende Widerstand war jedoch gebrochen, so daß der Expansion der Russen nach Osten kein ebenbürtiger Gegner mehr entgegenstand, wodurch der Weg zur weiteren Eroberung Sibiriens geebnet wurde (s. dazu Müller 1761–1762 u. Fischer 1768).

[5] frz. conquête – Eroberung

[6] Die Auseinandersetzungen der Tataren mit *Ermak Timofeevič* fanden verschiedentlich Eingang in ihre Lieder (siehe u. a. Müller 1761–1762, S. 375f. u. Radloff 1968, Bd. 1, S. 156ff.). G. F. Müller führt z. B. an: „Anfang eines Tatarische₍n₎ Liedes über die Eroberung Von Sibirien. Karazà jigenèK bün mamùsch soKùsch chále türŭpte" (RGADA F. 199, Op. 2, Portf. 509, D. 3, Bl. 157v)

[7] <lat.> – ausgearbeitete, durchgebildete

[8] „Rouliren (v. fr.), 1) umlaufen; gangbar sein; 2) von einer Hand in die andere gehen, ..." (Pierer 1857–65, Bd. 14, S. 406)

[9] lat. – aus dem Stegreif

[10] russ. *gusli*; tatar. „гөслə" – russ. *gusli* (Ganiev 1984, S. 120); „Die Tataren haben ein musicalisch Instrument, welches die Russen Gusli nennen, und einer Harfe ziemlich gleich siehet. Es sind 18. Darmsaiten darauf gespannt, welche über einen niedrigen Steg gehen, gleich darhinter

---

[a] *von* * Zonáidu *ist ein bis* 2 noten geschleifft wird. *rechts neben dem Liedtext*

aber fest gemacht sind. Die Zapfen, um welche die Saiten gewickelt sind, und mit welchen gestimmt wird, sind auf der andern Seite des Instruments. Sie sind aber in dieser Ordnung gestimmt. Die erste und zweyte Saite sind eine Quinte voneinander, die dritte ist einen halben Thon höher, als die andere, die vierte macht mit der andern eine Tertie aus, so wie auch die fünfte mit der vierten. Die sechste ist wieder einen halben Thon höher als die fünfte, und die übrigen biß zur achtzehnten sind alle um einen Thon von einander unterschieden. Wenn der Musicant spielen will, setzt er sich nieder und gebraucht beyde Hände, die rechte zu dem Baß, die lincke zu dem Discant." (Gmelin 1751–1752, 1. Theil, S. 88f.)

[11] russ. *domra* bzw. *dombra* (*Slovar'* 1991a, S. 209); chant. „тампа" – russ. *domra* (*Gemuev* 2005, S. 192); vgl. ostjak. u. a. „tămrз", „tŏmrз", „tŏmra", „tumra" bzw. „tămra" – Musikinstrument, Maultrommel (Steinitz 1966–1993, Sp. 1442); „Thumbra auch Dombra und Dernobor sind ihnen [d. h. den Ostjaken] eigene Instrumente, beyde mit Darmseiten, simpel, aber wohlklingend." (Georgi 1776–1780, S. 79); „Die musikalische Instrumente der Ostjaken sind die sogenannte Dombra, (*) welche dem von mir im zweyten Theil dieser Reise beschriebnen wogulischen Saitenspiel, in der kahnförmigen Gestalt und Zahl der Saiten, völlig gleich ist; ... | : * Dombra ist der unterhalb Beresof unter den Ostjaken gewöhnliche Name dieses Instruments, dessen sich auch die Russen bedienen. Die obern Ostjaken nennen es Narisjuch, und die Wogulen Sanneltup oder Schangiltop. : |" (Pallas 1778, S. 68f.); „Das gewöhnliche musikalische Instrument, dessen sie [d. h. die Wogulen] sich hiebey bedienen, ist einer Art von Harfe Schongurt genannt, in der Gestalt eines kleinen Kahns, der mit dem Resonanzboden bedeckt ist, auf welchem über einen Steg sechs Darmseiten gespannt sind, die an einem Ende um ein rundes Querhölzgen geschlungen und vermittelst kleiner Knebelhölzer angespannt und gestimmt werden. Dieses Instrument nimmt der Spieler vor sich auf die Knie, und schlägt mit der linken Hand den Baß, indem die rechte die Töne angiebt." (Pallas 1773, S. 259f.)

[12] frz. conquête – Eroberung
[13] s. Anm. 4 u. Anm. 6
[14] *Kača*
[15] Von *Krasnojarsk* aus besuchten G. F. Müller und J. G. Gmelin am 6. Februar 1735 Tataren am Fluß *Kača* (Gmelin 1751–1752, 1. Theil, S. 380–382).
[16] russ. *Dunaj*, *Dunaj* – russische musikalische Weise (Gesang) mit der Bezeichnung *Dunaj*; s. *Anikin* 2003, S. 184 u. S. 770
[17] G. F. Müller und J. G. Gmelin hielten sich vom 6. Juni bis Anfang Juli 1739 in *Mangazeja* auf, wo G. F. Müller Nachrichten über u. a. Tawgy-Samojeden (s. Glossar: Samojeden) einholte (Gmelin 1751–1752, 3. Theil, S. 200ff.).
[18] Gebiet von *Jakuck*
[19] *Kamčatka*
[20] *Jakuck*
[21] russ. – auf drei (oder) auf sieben Blättern; über Kartenspiele bei den Jakuten siehe Middendorff 1874–1875, S. 1555
[22] *Kamčatka*
[23] russ. *morž* (Mz. *morži*); „141. Rosmarus arcticus ... Walross, ... Trichechus Rosmarus ... Rossis Morsh ..." (Pallas 1811–1831, Vol. I, S. 269–271) „1. Trichechus Rosmarus ... Gemeiner Wallroß. Wallroß. ... Russ. Morsch ... Wallroßzähne oder Elfenbein (R. Kliuki). Außer einer kleinen Markhöhle bestehen die beyden Hundszähne aus derben Knochen oder Elfenbein. Man findet und sammelt sie in Sibirien, auch oft ziemlich weit von den Meerufern, ..." (Georgi 1797–1802, Theil 3, S. 1488–1490)
[24] lat. – Beschäftigung, Übung
[25] *Kolyvano-Voskresenskie zavody* (*Bogatye mednye zavody* des *Demidov*)
[26] *Altaj*-Gebirge

²⁷ s. die Beschreibung der Begegnung mit den Kalmyken in Kapitel 25 (Bl. 9r–10r) am 20. August 1734
²⁸ lat. – vergleiche
²⁹ mongol. „хутагт" – Kutuchta (hoher Rang der buddhistischen Geistlichkeit) (*Luvsandėndėv* 2001–2002, Bd. 4, S. 174); siehe „Kurze Beschreibung derjenigen Gebräuche, welche 1729 vom 22 Jun. bis den 12 Jul. in dem Flecken Urga am Fluß Elbina bey Kundthuung der Wiedergeburt des Kutuchta, eines der vornehmsten Götzenpriester in der Mongoley, beobachtet worden ..." in: NNB 1781, S. 314–324; „... die Ringer, 268 an der Zahl, ... wurden von Ost und West gegen einander auf den Kampfplatz gelassen. Von diesen in zwey Haufen vertheilten Ringern blieben nur 35 als Sieger übrig, ... Den 27 ward das Ringen wiederholt; ... Vom 28 Junius bis zum 2 Julius wurden alle Tage die Ringer aufgestellt. ... Hierauf [d. h. nach dem 7. Juli] wurden noch die fünf und dreißig Ringer ... wieder auf den Kampfplatz gestellt, und nachdem sie genug gerungen hatten, blieben von beyden Seiten nur sieben Hauptringer übrig, ... Hierauf [am 9. Juli] traten wieder die vornehmsten Ringer in zween Haufen auf, und rungen mit einander ... da denn einer als Ueberwinder blieb, der ... den Ehrennamen Babai Jike=Sang (der feste große Elephant) erhielt. ... Der stärkste Ringer bekam ein Rohr, einen Panzer, funfzehn Stück Hornvieh, funfzehn Pferde, hundert Schafe, ein Kamel, hundert Päckchen Thee, etliche Stück Damast, Ottern und rothe Fuchsbälge, und die übrigen Geschenke nach Proportion. ..." (a. a. O., S. 319, S. 320f. u. S. 323f.); „Der Dalai Lama ist in der Mongolischen Religion, der Papst in der Catholischen ist. Er hat das geistliche und weltliche Regiment zugleich. Nur hat er noch einen Gehülfen, welcher in der Mongolischen Sprache Kutuchta heißet, doch aber bisher ihm unterwürfig gewesen ist. Man könnte ihn für einen Unterpapst halten." (Gmelin 1751–1752, 1. Theil, S. 437); „... in Gegenwart dreyer Kutuchten oder Oberpriester ..." (Pallas 1771, S. 330)

³⁰ russ. *jasašnye zimov'ja* bzw. *jasačnye zimov'ja* (Ez. *jasašnoe zimov'e* bzw. *jasačnoe uzimov'e*) – zur *Jasak*einnahme zeitweilig genutzte *zimov'ja* in abgelegenen Gegenden Sibiriens

³¹ s. Glossar: Ren
³² <frz.> – ergötzen
³³ *Jakuck*
³⁴ *služivye* (Ez. *služivoj*; offiziell: *služilye*, Ez. *služilyj*, *služiloj*) – vorwiegend Militärdienst (u. a. als Strelitzen und Kosaken) leistende Bauern und *posadskie* (gesellschaftliche Schicht von Handwerkern und Kaufleuten) mit dem Recht auf Soldgeld und/oder Verpflegungsdeputat sowie der Befreiung von staatlichen Steuern; eine von zwei Hauptgruppen der sich im Staatsdienst befindlichen freien Personen (russ. *služilye ljudi*), die nicht wie die zweite Gruppe (Adlige mit höheren Funktionen in der Armee, der Administration und am Hof) über die Abstammung definiert wurde; umgangssprachliche Bezeichnung für Soldaten

³⁵ frz. exprès – ausdrücklich
³⁶ Entsprechend der inhaltlichen Abfolge wurde Bl. 32r hier nach Bl. 30v eingeordnet (s. Anm. 37).
³⁷ Der Text auf Bl. 31r und Bl. 31v ist in der Handschrift von J. G. Gmelin und wurde offensichtlich von diesem verfaßt. Entsprechend der fortlaufenden alten Blattnumerierung (Bl. 29r – alt: Bl. 27, Bl. 30r – alt: Bl. 28, Bl. 31r – alt: Bl. 29, Bl. 32r – alt: Bl. 30, ... wurde Bl. 31 nicht erst in neuerer Zeit (sondern vermutlich bereits von G. F. Müller) in das Manuskript eingefügt.
³⁸ Nachdem J. G. Gmelin am 21. August 1740 von einer Exkursion, die ihn ab dem 6. August 1740 zum Fluß *Mana* und dessen Umgebung führte (Gmelin 1751–1752, 3. Theil, S. 451–511), nach *Krasnojarsk* zurückgekehrt war, berichtete er

über die beiden folgenden Lieder in seinem Reisejournal: „Als ich von meiner Manischen Reise nach Krasnojarsk zurück kam, so hatte sich mein Tatarischer Dollmetscher, den ich schon oben gerühmt habe, noch mehrere Lieder der Tatarischen Völker bekannt gemacht, womit er spornstreichs zu mir kam, und sie mir vorsang. Unter diesen waren besonders zwey, die ich vor andern fassen und musicalisch aufzeichnen konnte, von denen mir auch der Dollmetscher selbst sagte, daß diese Völker besonders darin verliebt wären, und sie ganze Stunden singen und darnach tanzen könnten. Ich theile sie also hiebey mit, um die Sammlung vollständiger zu machen. Die Melodey davon folgt auf einem besondern Kupferblättlein. [die Noten a. a. O. auf der Abbildung nach S. 474]" (a. a. O., S. 522)

39 „GESETZ, ... eines reimgedichts. α) strophe, in bezug auf text und melodie ..." (Grimm 1991, Bd. 5, Sp. 4070ff.)

40 <lat.> – wiederholt

41 russ. – Ai! beim *Osiol* ... sehe ich mit strengen Augen; „† : † Ist ein Wörtlein, das bloß eine Aufmerksamkeit erwecken soll, deswegen wird es auch nicht bey ieder Strophe wiederhohlt. :| Ai, Oesöl, †† |: †† Der Name des Vaters von dem Mägdgen. :| Oesöl, Oesöl, emme ösölchari ku si mele ††† |: ††† Le, bile, da, an, bedeuten nichts. ... :| [-] (Bey) dem Oesöl = = gebe ich mit den Augen scharf acht," (Gmelin 1751–1752, 3. Theil, S. 525)

42 russ. – Augen und Augenbrauen, ... *Ozoche*!, habe ich Dir gegeben; „Kusimbile anchaschemne da Oesoche †††† |: †††† Name des Liebhabers, und weil dieser Name einen Raben bedeutet, so muß seine Schöne zum Kranich werden. ... :| gealder den [-] Die Augen (und) Augenbraun habe ich Oesoche dir abgegeben." (Gmelin 1751–1752, 3. Theil, S. 525f.)

43 russ. – ich, der Rabe, fliege weit, um zu sehen, ob der Kranich in die Falle gegangen ist; „Kuschun utscher usche chada torna tuscher tuschaka, [-] (Ich) Rabe will weit fliegen (um zu sehen) ob der Kranich nicht ins Netz fällt" (Gmelin 1751–1752, 3. Theil, S. 526)

44 russ. – zwischen Russen und Burjaten herrscht Krieg, in der Schlucht stechen sie einander nieder; „Orus borat dschja-a seda oi gakire tschetscheder [-] (Zwischen) den Russen und Buräten ist Krieg, In dem Thale stechen sie unterwärts," (Gmelin 1751–1752, 3. Theil, S. 526)

45 russ. – ich würde mit Dir spielen, wenn es herzlich wäre, (und) Dich sogleich nehmen und in die Jurte (und) nach Hause gehen; „Oi neschbolgan dschjan amna da ibga leb nansandak. [-] Ich würde (mit dir) spielen, wenn du mein Herz (dabey wärest) ohne Verzug, und nähme (dich) in die Jurte und gienge nach Hause." (Gmelin 1751–1752, 3. Theil, S. 526)

46 <lat.> – spielt an

47 „Dieses Lied soll ein Kerl gemacht haben, der nach einem gewissen Mägdgen sehr stark getrachtet, vom Vater des Mägdgens aber schlecht angesehen worden, indessen aber doch in diesem Liede seine Leidenschaft stark zu erkennen gegeben hatte. Augen und Augenbrauen einander verschreiben ist bey verliebten Tatarischen Seelen das gröste Unterpfand der Liebe. Die poetische Uebersetzung dieses Liedes ist diese: Ju! Bey Oesell, bey Oesell, bey Oesell, will ich scharf Achtung geben, / Osocha, dein sind meine Augen und Augbraunen, ja mein Leben / Ich fliege, wie ein Rab, den Kranich dort in dem Netz zu sehen, / Laß Russen und Bratzki im Thale sich stechen und in Tod gehen. / Dich mein Herz! nähme ich spielend in die Jurte, und entliefe!" (Gmelin 1751–1752, 3. Theil, S. 526–527)

48 russ. – nur die Mähne des weißen Pferdes ist schwanger; „Agatem dschilne berchu tschak, Zona idu † |: † Zonai du soll ein Freudengeschrey sein, als wie bey dem Pöbel in Deutschland: Ju. :| [-] Bey dem

weißen Pferde ist eine Mähne schwanger (Gmelin 1751–1752, 3. Theil, S. 522)

[49] russ. – es fließt der Fluß, ich zimmere ein Floß; „Agar † |: † La, og, da haben sich unsere Sagaische Poeten, als Hülfssyllben vorbehalten, wenn ihnen etwa irgendwo eine Syllbe fehlen mögte. Es muß aber vermuthlich die Zusetzung einer solchen Syllbe in einigen Fällen für eine Schönheit gehalten werden. Denn es fehlten doch noch hin und wieder Sylben, da man gar leicht eine von diesen dafür hätte setzen können, wenn es nur einzig und allein hierauf ankäme. :| la suga sálkisten, Zona idu [-] Es fließet ein Bach, ein Floß will ich machen" (Gmelin 1751–1752, 3. Theil, S. 523)

[50] russ. – wenn ich jenes Floß nicht zusammenfüge; „Ol ber salna Kess besem [-] (Wenn) ich diesen Floß nicht zusammenfügen werde" (Gmelin 1751–1752, 3. Theil, S. 523)

[51] russ. – gehe ich mit dem Kopf in die Knechtschaft; „Baschem † [zu † s. Anm. 49] og bargai chollutschen. [-] Mit dem Kopfe gehe ich in die Leibeigenschaft" (Gmelin 1751–1752, 3. Theil, S. 523)

[52] russ. – auf beiden Seiten (beladen), transportierten das Pferd und die Stute (etwas); „Attek la bene tingnet Keng [-] Der Hengst (und) die Stute haben auf beyden Seiten geführt" (Gmelin 1751–1752, 3. Theil, S. 523)

[53] russ. – neben dem Fluß (sind) *soloncy*; „Al kem neng da † [zu † s. Anm. 49] Kotschire [-] Von diesem Flusse Salzblumen" (Gmelin 1751–1752, 3. Theil, S. 523); russ. *soloncy* – Salzböden mit den darauf wachsenden Pflanzen (*Slovar'* 2002, S. 136f.); „Man siehet in denen Steppen sehr offters gantz weiße Oerter in ebenem Felde, wo das Erdreich mit Saltz=Blumen, die im Rußischen Solonzi genennet werden, bedeket ist." (G. F. Müller in „Historie des Selenginskischen und Nertschinskischen Gebiethes ..." – AAW F. 21, Op. 5, D. 19, Bl. 15v)

[54] russ. – der ältere Bruder und der jüngere Bruder laufen hin und her; „Agaber, tungma derbetken [-] Der große und kleine Bruder gehen hin und her" (Gmelin 1751–1752, 3. Theil, S. 523)

[55] russ. – zu den Türen des Wojewoden; „Al bot bengneng éschege. [-] Zu des Woiwoden Thüren." (Gmelin 1751–1752, 3. Theil, S. 523)

[56] s. Anm. 16

[57] russ. *suma* (Mz. *sumy*) – Packtasche, Tasche, Quersack; russ. *peremetnaja suma* (Mz. *peremetnye sumy*) – zwei zusammengebundene, über den Sattel gelegte Packtaschen, von? *peremetat'* – überwerfen, hinüberwerfen; s. *Anikin* 2003, S. 442f.

[58] chakass. „албут" – Wojewode (*Subrakova* 2006, S. 52)

[59] s. Anm. 53

[60] d. h. Mähne

[61] „... sagte er [d. h. der Dolmetscher] mir dabey, daß dieses Lied von einem Mägdgen verfertiget wäre, welches mit ihrem Liebhaber eine Zusammenkunft bey einem Orte, da die Erde gesalzen zu seyn pflegt, verabredet, und auch vollzogen hätte. Das Pferd, worauf dieses Mägdgen geritten wäre, hätte auf der einen Seite eine erstaunlich große Mähne gehabt. Aber alles dieses war mir nicht genug um den Verstand aller Wörter, und einen Zusammenhang darunter zu finden. ... Uebersetzung des Sagaischen Liedes, poetisch verfaßt. Seht des Schimmels schwangre Mähne, Zona idu! / Und der Fluß fließt. Freudentöne! Zona idu! / Ich will einen Floß ergründen, Zona Idu! / Kann ich diesen nicht verbinden, Zona idu! / Will ich lieber Sklavin werden, Zona idu! / Hengst und Stutte unter Pferden Zona idu! / Schleppeten auf jeder Seite Zona idu! / Salzblüth, die der Fluß verleihte, Zona idu! / Groß und kleine Brüder schellen Zona idu! / Um des Woiwoden Zellen. Zona idu!" (Gmelin 1751–1752, 3. Theil, S. 524f.)

Kapitel 28

/33r/ᵃ

Von der Krieges-Zucht der Völker

*Zingis-Chans*¹ Einrichtung der / Tatarischen Krieges Zucht / aus *Abulgasi*² und *Petit de la / Croix*³.
Die wald*Tungus*enᵇ haben offters mit / einander Schlägereyen. Er / schläget einer den andern, so nimt / das gantze Geschlechte, woZu / der Erschlagene gehöret, sich des⌈s⌉el- / ben an, rüstet sich Zum Kriege, / und fordert *Satisfaction*⁴ ErKennet sich der Beschuldigte / Theil vor schuldig undᶜ / willᵈ *Sa- / tisfaction* geben, so wird um / die *Golowschina accordi*ret⁵, welche / in einem oder Zwey Mägdgens / und einige⌈n⌉ RennThieren Zu Be- / stehen pfleget. Wonicht, so / kommtᵉ es Zum würklichen / Kriege. Das gantze Ge- / schlechte des Beschuldigten, / derᶠ sich vor unschuldig / ausgiebt, nimt sich seiner / gleichfalls an: und Zuweile⌈n⌉ / geschiehet es, das jeder Theil / noch andere Benachbahrte *Tun- / gusi*sche Geschlechter Zu Hülffe / ruffet. Ihre *armatur*⁶ ist / Zuforderst Pfeil und Bogen: Hier- /33v/ nächst aber Tragen sie auch Pantzer / welche die gantze Linke / Seite, in soweit dieselbe dem / Schus⌈s⌉e *exponiret*ᵍ ist, sowohl / hinten als Vorn Bis⌈s⌉ auf die / Knie Bedeken. Diese Pantzer / sind ausʰ Vielen auf Leder an- / geheffteten dünnen eiserne⌈n⌉ / Blechlein Zusammensetzet / deren jedes auf ein Paar *WerschoK*⁷ / Lang und nur auf ein Viertel / *WerschoK*⁸ breit ist.ⁱ Sie werdenʲ / Reih-weise mit Riemen unter / einander VerKnüpffet,ᵏ / daß sieˡ ihrerᵐ Länge nach / am Leibe herabhangen.ⁿ / Eineᵒ Reihe wird über der / andern befestiget, und / Bedeket der untern Reihe / obersten Rand. wie denn Zur / BequemlichKeit des Anhefftens / und der Verbindungen / die Blechlein anᵖ jedem / Rande Zur Seiten mit / 3 Löchern oben und unten / Versehen sind. Durch diesen / halben Pantzer wird der / Linke Arm hindurch gesteket, / Zurᑫ Sicherheit aber Vor den- / selben Befestigen sie an der /34r/ Schulter ein holtzernes Bret / welches den Arm biß an den / Ellenbogen Bedeket, und wie / ein Flügel *mobil* ist, so / daß die bewegung des arms / davon nicht gehindert wird / Wie sie denn imgleichen den / Naken und die Schultern / mit

---

ᵃ *Bl.* 32v *leer*   ᵇ wald_Tungusen *über der Zeile*   ᶜ u_nd *verbessert aus* [.]; ErKennet sich der Beschuldigte / Theil vor schuldig und *rechts marginal*   ᵈ *nach* will *gestr.* der schuldige Theil   ᵉ k_ommt *verbessert aus* [.]   ᶠ *vor der gestr.* wesen   ᵍ _expo_ni_ret *verbessert aus* r   ʰ aus *verbessert aus* [...]   ⁱ *nach* ist. *gestr.* , und welche   ʲ Sie werden *über der Zeile*   ᵏ *nach* VerKnüpffet *gestr.* werde)   ˡ s_ie *verbessert aus* d   ᵐ ih_rer *verbessert aus* [..]   ⁿ *nach* herabhangen. *gestr.* , und   ᵒ E_ine *verbessert aus* e   ᵖ a_n *verbessert aus* [.]   ᑫ Z_ur *verbessert aus* [.].

holtzerne⌐n⌐ Brettern / Versehen, welche am Harnisch / und Halse Befestiget⌐a⌐ werden. / Auf dem Kopffe tragen sie / eine runde etwas ZugesPitzte / Mütze, die eben, wie der Pantzer, / mit Kleinen eisernen blechlein⌐b⌐ / Bedeket ist. Einige / haben auch gantze Pantzer / die den gantzen Leib umgebe⌐n⌐ / und nach Art der Vorigen / gemacht sind. Nur das⌐s⌐ / sie selbige, damit sie nicht / Zu schwer werden, etwas / Kürtzer machen.
Wenn es nun Zum Anfalle / Kommt, so Ziehet eine *Tun-* / *gusi*sche Parthey gege⌐n⌐ die / andere in Schlacht Ordnung / an.[c] Sie[d] Komme⌐n⌐[e] aber[f] einander / nicht leicht näher als auf / einen Bogen Schus⌐s⌐, und schie⌐s⌐⌐s⌐e⌐n⌐ /34v/ Bloß mit Pfeilen, ohne daß[g] / sie in Handgemenge gerathen. / Das[h] Schie⌐s⌐sen aber ist / sehr hitzig, und pfleget Von / dem[i] Beleidigten Theile nicht / eher nachgelas⌐s⌐en Zu werden, / Bis⌐s⌐ die gegenseitige Parthey / sich Zum Vertrage *accommo-* / *diret*[j]9. Zum[k] Zeichen[l] deßen[m] / schie⌐s⌐⌐s⌐et die den Vertrag *of-* / *feri*rende Parthey einige / Boltzen Pfeile ab, und sobald / man derselben auf der andere⌐n⌐ Seite[n] ansichtig / wird, so hat der waffen Still- / stand seine RichtigKeit, und / werden die *Tracta*ten Vor / die Hand genommen: welche / eben[o] auf dieselbe weise / als wenn es ohne Krieg ge- / schehen wäre, die *Golow-* / *schina* festsetzen.
Die *Tungus*en Brauchen / im Streite untereinander / mehrentheils Meis⌐s⌐el Pfeile10
Die *TschuKtschi* und *Olutori*schen[p] *Koriake*⌐n⌐ / haben Pantzer[q] die aus wechsels / weise Zusammengesetzte⌐n⌐ *lamellis*11 / Von *Morsch*12 Zahnen und Fisch-bein13 /[r] /35r/ Bestehen. Die Krieges Art dieser / Völker aber ist darin Von[s] der / Vorbeschriebenen *Tungusi*sche⌐n⌐ Unter- / schieden, das⌐s⌐ sie nicht in ordent- / Licher SchlachtOrdnung gege⌐n⌐ ihre / Feinde anrüken, Viel weniger de- / nenselbe⌐n⌐ Zeit las⌐s⌐en, sich Zur wohl- / gefaßten Gegenwehr Zu rüsten. / Sie Liegen sowohl mit denen Rus⌐s⌐en / als unter Rus⌐s⌐ischem Gehorsam / stehende⌐n⌐ übrige⌐n⌐ *Koriake*n in Be- / ständige⌐m⌐ Kriege: Ihre überfälle / aber sind alleZeit[t] gantz unVer- / muthet, und was sie in der / Eyle ermorden oder in die / Gefangenschafft wegführe⌐n⌐ Und / An[u] wohnungen nach Vorher / geraubter HaabseelichKeit in / den brand steken Können, das / thun sie in aller geschwindigKeit / und Ziehen darauf wieder Zurük. / Man sagt Von ihnen, sie haben diesen / ihrem GegenTheil sehr vortheilhaffte⌐n⌐ / Gebrauch, daß wo sie einmahl / auf einem HeerZuge blut Vergos⌐s⌐e⌐n⌐ / sie alsdenn ihren *March*14

---

[a] B⌐efestiget⌐ *verbessert aus* [.]   [b] ⌐ble⌐ch⌐le⌐in *verbessert aus* ⌐ble⌐[..]⌐le⌐[..]   [c] *nach* an. *gestr.* doch   [d] Sie *über der Zeile*   [e] *nach* Kommen *gestr.* sie   [f] *aber über der Zeile*   [g] d⌐aß⌐ *verbessert aus* [.]   [h] D⌐as⌐ *verbessert aus* ß   [i] d⌐em⌐ *verbessert aus* [.]   [j] ac⌐c⌐omodiret *verbessert aus* [.]   [k] Zum *über der Zeile*   [l] *vor* Zeichen *gestr.* Ein   [m] de⌐ß⌐en *verbessert aus* [.]   [n] auf der ander⌐)⌐ Seite *über der Zeile*   [o] *vor* eben *gestr.* sich   [p] Olutorischen *über der Zeile*   [q] p⌐a⌐ntzer *verbessert aus* [.]   [r] *folgt* bestehe⌐)⌐   [s] V⌐on⌐ *verbessert aus* [.]   [t] all⌐eZeit⌐ *verbessert aus* ga   [u] A⌐n⌐ *verbessert aus* [.]

nicht wei- / ter fortsetzen^a, und meinet man / es würden *Anadirskoi Ostrog*[15] und^b die drey *Ostrog*e am / fl[uß] *Kolyma*[16] Längst Von ihne[n] *demo- / lir*et seyn, wenn Besagter ihr / Aberglaube[n] sie nicht davon ab- / gehalte[n] hätte.

|: *Samoj*eden (*Jurak*en) / mit andere[n] *Samoj*edische[n] / Geschlechter[n] haben offters / Krieg, Ziehen aber nicht / Von beiden Theilen gegen- / einander Zu Felde, sonder[n] / Thun^c nur schleunige / Anfälle und machen / sich wieder aus dem / Staube.

Sie schies[s]en mehrenTheils / die Pfeile in die Höhe / das[s] sie einen bogen mache[n] / müs[s]en bevor sie das / *object* Treffen: und Ver- / fehlen^d dabey selt[en]. : |^e /35v/

Exempel einer *Olutor*ische[n] / Festung an dem *Bolschoi Posad* / die^f der^g *Jakuzki*sche^h *Dworianin*[17] / *Petrow* erobert[18].

*Kamtschedali*sche *Ostrog*e

Vom Krieges wesen der *Chalmük*en / s[iehe] *Witsen* p[agina] 294 s[equens][19] und p[agina] 306.[20]

Standarte[n] von Kuh-Schwäntze[n] / *ibid[em]*[21] p[agina] 342ⁱ.[22]

Fertigkeit der *Cosatschi*-Horda / in wendungen Bey Scharmützeln / daß sie denen^j Pfeilen dadurch / entgehen. Ihre GrausamKeit / indem sie alles was ihnen Zu / Gefangenen nicht dienlich ist / ermorden, als erwachsene / Manns Persone[n]; alte weiber / und gantz junge unmündige / Kinder. denn junge weiber / Magdgens und Knaben nehmen / sie alleZeit Zu Gefangene[n].

Sie pflegen gegen die Rus[s]en die / Erndte-Zeit in Acht Zu nehmen / um dieselbe auf dene[n] Wiesen / und Aker[n] Zu überrumpeln.

Dagegen hat man ihnen alleZeit / im Nachwinter den grös[s]este[n] Ab- / bruch gethan, weil alsdenn /36r/ ihre Pferde entKräfftet sind / und sie selbst nicht so viel Nahrungs / Mittel als im Sommer haben.

Wenn die *Tungus*en am *Nischna*[23] / und *PodKamenna Tungusca*[24] / gegen einander Zu Felde gehen / so Legen sie in einer *distanz* / von 20 bis[s] 30 Faden Zwey gros[s]e / Feuer an, so sie *Golùn*[25] nenne[n], / Zwischen diesen Feuern Treten / Zwey *Schamans* Von beyden Theilen / in der Mitten auf, und verrichte[n] / ihre gewohnliche *Schamanerey* mit / bubbenschlagen[26] und anruffung / derer Teufel, um durch derselb[en] / Hülffe den^k Sieg davon Zu trage[n] / Diese *Schamans* griffen währen- / der *Schamanerey* wenn sie in / ihrem stärksten *furore*[27] sind einer / den andere[n] an, und ringen mit / einander, da denn diejenige Parthey / deren *Schaman* seinen GegenParth / Zu boden geleget, dadurch

---

^a f_{ortsetzen} *verbessert aus* v ^b Anadirskoi Ostrog und *über der Zeile* ^c T_{hun} *verbessert aus* [.] ^d V_{er}f_{ehlen} *verbessert aus* v ^e von Samojeden (Juraken) *bis* dabey selt) *rechts marginal* ^f d_{ie} *verbessert aus* a ^g d_{er} *verbessert aus* [.] ^h Ja_{kuzkische} *verbessert aus* [..] ⁱ 242 ^j d_{enen} *verbessert aus* [..] ^k d_{en} *verbessert aus* [.]

animiret[28] / wird, und fest glaubet, daß ihnen / der Sieg nicht enTstehen werde. / Sobald diese *Schamaner*ey Zu Ende / so gehet es an das Treffen, wobey / jede Parthey hinter ihrem Feuer / bleibet, und bloss mit Bogen- / schiessen ohne HandGemenge / einander erlegen.

[1] Dschingis Khan

[2] s. Teil III, S. 156–350, „Qui comprend l'Histoire du Regne de Zingis-Chan depuis sa naissance jusquà sa mort.", insbesondere Kapitel 2 „De quelques evenements des premiers années de Regne de Zingis-Chan." (S. 164–172), in: Abulgasi 1726

[3] z. B. „Il la [d. h. l'armée] partagea en plusieurs Tomans (Ce sont des corps de dix mille hommes), et à la tête de chacun il mit un Chef, auquel étoient soûmis dix Officiers qui commandoient chacun un Hezaré (Regiment de mille hommes), et chacun de ces dix Officiers en avoit dix autres sous lui. Ceux-ci avoient autant de Sedé (Compagnie de cent hommes), et le Centenier avoit encore sous lui dix petits Officiers, dont chacun commandoit un Dehé (Un petit corps de dix hommes). Les Chefs de tous ces corps devoient agir sous les ordres de quelqu'un des fils du Grand Can.", frz. – Er teilte sie in mehrere Tomans (dies sind Einheiten von zehntausend Personen) und setzte an die Spitze eines jeden [Toman] einen Befehlshaber, dem zehn Offiziere untergeordnet waren, von denen jeder ein Hezaré (Regiment von eintausend Personen) befehligte. Jedem dieser zehn Offiziere unterstanden zehn weitere [Offiziere]. Jene hatten ebensoviele Sedé (Kompanie von einhundert Personen) unter sich. Der Centurio hatte noch zehn rangniedrigere Offiziere unter sich, von denen jeder ein Dehé (eine kleine Einheit von zehn Personen) befehligte. Die Befehlshaber aller dieser Einheiten mußten gemäß den Befehlen eines der Söhne des Großen Khan handeln. (Pétis de la Croix 1710, S. 97)

[4] „Satisfaciren (v. lat.), ... Satisfaction, 1) Genugthuung bes. durch Abbitte u. Ehrenerklärung, od. im Duell ..." (Pierer 1857–65, Bd. 14, S. 942)

[5] <lat.> accordieren – bewilligen, übereinkommen

[6] <lat.> – Bewaffnung, Ausrüstung

[7] s. Glossar: Arschin

[8] s. Glossar: Arschin

[9] <frz.> accommodieren – anbequemen, (sich) fügen

[10] russ. *dolotčatye streli* (Ez. *dolotčataja strela*) – Meißelpfeile; russ. (adj.) *dolotčatyj* – meißelförmig, russ. *strela* (Mz. *strely*) – Pfeil

[11] lat. – Plättchen

[12] russ. *morž* (Mz. *morži*); „141. Rosmarus arcticus ... Walross, ... Trichechus Rosmarus ... Rossis Morsh ..." (Pallas 1811–1831, Vol. I, S. 269–271) „1. Trichechus Rosmarus ... Gemeiner Wallroß. Wallroß. ... Russ. Morsch ... Wallroßzähne oder Elfenbein (R. Kliuki). Außer einer kleinen Markhöhle bestehen die beyden Hundszähne aus derben Knochen oder Elfenbein. Man findet und sammelt sie in Sibirien, auch oft ziemlich weit von den Meerufern, ..." (Georgi 1797–1802, Theil 3, S. 1488–1490)

[13] „Fischbein, das aus den Barten des Wallfisches gewonnene Material, aus elastischen Stäben bestehend, welche zu Stöcken, zu Schirmgestellen u. anderen elastischen Fabrikaten benutzt werden. ..." (Pierer 1857–65, Bd. 6, S. 300); „Die Barden ... werden ... als Fischbein für Schneider und für Handel genutzt ... Die

Sibirischen Strand= und Inselbewohner gebrauchen sie zur Verbindung und Befestigung der Theile ihrer Fahrzeuge und Kanuten und anderm Flechtwerk, zu Seilen, Netzen, Schnuren ..." (Georgi 1797–1802, Theil 3, S. 1676)

14 „MARSCH, m. soldatischer zug ... ende des 16. jahrh. ... ist das wort ... wie andere aus dem französischem aufgenommene militärische wörter, bereits verbreitet, noch längere zeit in französischer oder ihr naher schreibung, als marche, march, ..." (Grimm 1991, Bd. 12, Sp. 1671f.)

15 *Anadyrskoj ostrog*

16 *Verchnej Kolymskoj ostrog, Serednej Kolymskoj ostrog* und *Nižnej Kolymskoj ostrog*

17 russ. *dvorjanin* (Mz. *dvorjane*); „Dworjanin ... ist eine Art von Adel, die den Patricie<r>n in Teutschland beykommt. In Rußland und Sibirien schreiben sie sich von den Städten, darin sie Dworjanins sind ... Sie bezahlen an die Krone keine Abgaben, sondern empfangen gemeiniglich einen Sold von derselben, sind aber verbunden sich zu Verschickungen in Gesandtschaften, und zu allerley bürgerlichen Bedienungen, als bey den Zöllen, als Amtleute, als Woiwoden gebrauchen zu lassen. ..." (Gmelin 1751–1752, 2. Theil, S. 140–141)

18 Im Jahr 1714 wurde der *Jakuck*er *syn bojarskoj Afonasej Petrov* mit Kosaken und u. a. jukagirischen Hilfstruppen zur Erzwingung von *Jasak*zahlungen zu den Olutoren (olutorischen Korjaken) am Fluß *Oljutora* im Nordosten von *Kamčatka* gesandt. Nach längerer Belagerung wurde die befestigte Ansiedlung *Bol'šoj posad* erobert und die Bewohner getötet. *A. Petrov* legte in der Nähe die russische Befestigung *Oljutorskoj ostrog* an und begab sich darauf auf den Rückweg nach *Anadyrskoj* ostrog. Bedrückungen der Jukagiren und die Ablehnung des Teilens der gewonnenen Beute durch *A. Petrov* führten dazu, daß die Jukagiren sich auf dem Rückweg gegen *A. Petrov* erhoben und diesen sowie viele der Kosaken töteten (J. E. Fischer in: AAW F. 21, Op. 5, D. 60, Bl. 101r–104r; *Kraśeninnikov* 1949, S. 138 u. S. 488f.). „In der Historie des Landes kommt von einem sehr stark befestigten korjäckischen Ostroge ohnweit dem Flusse Olutora vor, der denen Russen viel Mühe und Blut gekostet, und ein Muster der dortigen heidnischen Kriegesklugheit abgiebt. ..." (Müller 1737, S. 25)

19 lat. – Seite 294 (und) die folgende (Seite); „Dit volk verschynt wel gewapent ten kryg. Het draegt Stormhoeden en geschobde Harnassen: gebruikt Spiessen en Pylen; als ook korte Zwaerden, die niet krom, en Salemas by hen genoemt zijn. Voor hun ander geweer, gebruiken zy Pyl, Boog, lange Messen, Zabels, en eenen Spiesser, die met een spits yzer, van een elle lang, beslagen is: hebben daer en boven, om hun middel een dik touw, waer aen, op het einde, een strik is: dat zelve touw weten zy hunnen vyanden, in den ren, om den hals te werpen, en hen alzoo van de Paerden te rukken: ..." (nl. – Dieses Volk zieht gut bewaffnet in den Krieg. Man trägt Sturmhüte und Schuppenharnische, benutzt Spieße und Pfeile wie auch Kurzschwerter, die nicht gekrümmt sind und von ihnen Salemas genannt werden. Als weitere Waffen benutzen sie Pfeile, Bogen, lange Messer, Säbel und einen Speer, der mit einer Spitze von Eisen, etwa eine Elle lang, beschlagen ist. Darüber hinaus umschlingt ihr Körper ein dickes Tau mit einem Strick am Ende. Dieses Tau werfen sie während des Reitens ihren Feinden um den Hals und reißen sie auf diese Art von ihren Pferden. ...) (Witsen 1705, S. 294); Auf S. 295 (Witsen 1705) wird nicht über das Kriegswesen der Kalmyken berichtet.

20 „Zy gebruiken ten kryge gansch geen of zeer weinig Geschut; Roers, of Pistolen zeer zelden; maer Pyl en Boog, voeren ook geschubde Harnassen, Zeep-messen, Lancen en Storm-hoeden. ..." (nl. – Sie

[d. h. die Kalmyken] benutzen im Krieg keine oder sehr wenige Geschütze, Flinten oder Pistolen nur sehr selten, jedoch Pfeil und Bogen. Sie tragen Schuppenharnische, Stockdegen [engl. swordstick, von den Holländern Seifenmesser genannt; „Stock=Degen ... ist ein Stoß=Degen, welchen man verborgen in einen Stock machen lässet, ..." – Zedler 1732–50, Bd. 40, Sp. 227], Speere und Sturmhüte. ...) (Witsen 1705, S. 306)

[21] lat. – ebenda

[22] „In Tibet vallen Koeyen en Stieren, die geheel wit zijn; en hebben staerten van een uitmuntende schoonheid, die, tot Indostan en in 't Mogols Land, zeer duur verkoft worden, en waer mede zy de Oliphanten aen hunne ooren optooyen: gelijk men zulke staerten mede, in de Heirtochten, voor Standaerden, aen lange rieten gebonden, gebruikt: daer de zelve, als zy in de Aerde geplant staen, zoo als hunne wyze is, wanneer het Leger rust, als paruiken, by neer hangen." (nl. – In Tibet gibt es Kühe und Stiere, die völlig weiß sind und Schwänze besitzen, die von solch herausragender Schönheit sind, daß sie sehr teuer bis nach Indostan [Hindustan, Indien] und in die Mongolei verkauft werden. Mit diesen [Schwänzen] schmücken sie die Ohren ihrer Elefanten. Während der Kriegszüge werden diese Schwänze, an langes Schilfrohr gebunden, als Standarte benutzt. Ebenso werden diese, wenn das Heer ruht, in die Erde gesteckt und hängen dann wie Perücken herab.) (Witsen 1705, S. 342)

[23] *Nižnaja Tunguska*

[24] *Podkamennaja Tunguska*

[25] tungus. (ewenk.) „гулувун" – Lagerfeuer, brennender Holzstoß (*Boldyrev* 2000, Teil 2, S. 124); tungus. (*Nerčinsk*) „golumta" – Feuerstelle (Schiefner 1856, S. 82)

[26] russ. *buben* – Schellentrommel, Schamanentrommel; „Das vornehmste Schamanengeräth ist die Trommel (Tung. Ningendi, Teleut. Tur etc.). Sie ist eyförmig, bis 3 Fuß lang, kaum einer Spanne hoch, der Rand von Weidenholz, nur an einer Seite mit einem Fell bespannet, an der andern offen, mit einem Querholze zur Handhabe. Das Fell ist voller Figuren. Von Götzen, Thieren und Hieroglyphen, inwendig aber hangen Götzen und Klimperwerk. Es ist nur ein Schlägel nöthig und dieser etwas gebogen und des dumpfigen Schalles wegen mit Haasen= oder andern Fell überzogen, auch wohl durch ein paar Zinken, Hörnern ähnlich schrecklich gemacht. ..." (Georgi 1776–1780, S. 378)

[27] lat. – Raserei

[28] <lat> – ermuntert

Kapitel 29

/37r/ᵃ

Vom Ehestande

Die Ehen werden fast bey allen / Volkern in *Sibiri*en durch die / Eltern oder in Ermangelungᵇ der- / selben durch die Nächsten anVer- / wandten, die an der Elter[n] Statt sind, / geschlos[s]en. So suchet ein Vater / seinem Sohne oder der altere / Bruder seinem jünger[en] Bruder / oder der Oheim¹ seinem *neveu*² / eine Brautᶜ aus, und dieser / muß mit der wahl Zu frieden / seyn.
Zuförderst ist ein grundsatz, das[s] / nicht nurᵈ beyᵉ denenjenigen Völker[n] / die die Muhammedanische Religion / Verehren, sonder[n] auch Bey denen / die der *Tanguti*sche[n] Religion / Zugethanᶠ sind, als auch Bey / allen Heyden, erlaubet ist; / mehr als eine Frau Zu gleicher Zeit / Zur Ehe Zu hab[en]. Doch mit dem / Unterscheide, daß in der Muham- / medanische[n] Religion die Zahl / bis[s] auf Vier festgesetzet ist, / welche nach dene[n] Reguln nicht / soll überschritte[n] werd[en], unter / dene[n] übrige[n] Völker[n] aber *inde- / terminir*et³ geblieb[en].
/37v/ Jedoch pfleget Kein Volk Leicht / in der Zahl der weiber Biß / auf Viere Zu Kommen. Ich / habe nur ein eintziges *Exempel* / unter dene[n] *Casani*sche[n] Tatare[n] / gesehen, daß ein Mann 4. Traue[n] / gehabt: und auch in *JaKuzK*⁴ / gehöret, daß ohnlängst ein / *JaKut*e soviel gehabt hab[en] soll. / Sonst ist 2 Bis[s] drey das höchste / und die Meisten haben nicht mehr / als eine. Denn es ist schonᵍ ein Zeiche[n] / eines sehr reichen Mannesʰ Zwey biß / drey weiber Zu haben Im Muhammedanischen Gesetze / soll es allemahl mit Einwilli- / gung der ersten Frau gescheh[en] / wenn der Mann noch die Zweyte / oder dritte sich beylegen will / jedoch wird solchem nicht alle- / mahl nachgelebet.
|: Von der anwerbung durch *pre- / sentir*ung einerⁱ Pfei- / ffe Tobak, bey dene[n] Tatare[n] / und *Ostiake*[n], *ex relatione Stelleri*⁵.
Camaschinzi, Taiginzi, p[erge] hab[en] / jetzo wegen armuth nicht mehr / als eine Frau. Vordem hab[en] / sie mehr gehabt.
Der Vater oder nächste anverwandte / des brautigams thut die Anwerbung. / Wenn er nicht gleich Zum ersten Mahle / abschlägige Antwort erhält, son- / dern man sagt, man will sich bedenke[n] / oder man machet ihm schon Hoffnung / so gehet er Zum Zweyte[n] Mahle hin / nimmt etwas Fleisch, *Sarana* / Tobak oder was er sonst hat mit / sich, presentiretʲ solches der braut / Vater oder dem der an

---

ᵃ *Bl.* 36v *leer* ᵇ E_{rmangelung} *verbessert aus* d ᶜ B_{raut} *verbessert aus* [.] ᵈ nicht nur *über der Zeile* ᵉ *vor* bey *gestr.* sowohl ᶠ *nach* Zugethan *gestr.* ist ᵍ schon *über der Zeile* ʰ Mannes *über der Zeile* ⁱ *nach einer gestr.* Tobaks ʲ _{prese}n_{tiret} *verbessert aus* [.]

des[s|e[n] Statt / ist. Nimmt solcher diese Geschenke / oder etwas davon, oder die ein- / gefüllte[a] und angeZündete / Tobaks Pfeiffe, ißet Von dem / Fleische oder rauchet Von dem / Tobak, so ist solches so gut als / das Ja wort, und man *accor-* / *dir*et[6] hiernächst nur noch weg[en] / der *Kalum*. Die *Kalüm* bestehet / mehrenTheils aus gefällt[en] wilde[n] / Thieren Elende[n] Hirsche[n] Rehen / Baaren p[erge] mit Haut u[nd] Fleisch / Bey denen *Taiginzi* werden auch / Zahme Rennthiere gegeb[en] wer solche hat[b] Zu / 5 biß 10 Stük RennThiere / oder andere gefällete Thiere / für eine gute braut bey der / Hochzeit Keine *Ceremonie*[n]. Nur / werden Bey der Einhohlung dem / Brautvater wieder Geschenke gebracht :|[c]|: halten beyschlaff mit der braut / Vor der Ehe so bald die Verlobung / geschehe[n] und von der *Kalum* etwas / beZahlet word[en]. wird sie aber schwan- / ger, so gehet die Heyrath geschwind / Vonstatten. Es ist eine Schande / wenn die braut in des Vaters Jurte / gebähre[n] sollte. Beym[d] ersten Bey- / schlafe wird Von des brautigams / seite Keine Gewalt gebrauchet / witwer heyrathen auf dieselbe / weise. Die braut Bedarff / nicht mit Gewalt Zum bräutigam / abgehohlet Zu werde[n]. Sie vermeide[n] / Viele Verwandschaffte[n] die sonst / nicht Vermiede[n] werde[n]. Z[um] e[xempel] heyrath[en] / die Stiefmütter nicht, nicht der Mutter / Schwester, nicht Zwey brüder Zwey / Schweste[rn] p[erge] brautschatz bestehet / in Kleidung,[e] birken Rinde / Zu einer Jurte, Keßeln, u[nd] übrigem / Hausgeräthe.
Anwerbung der *Tatar*e[n] im *Kras-* / *noj*[arskischen] Gebiethe geschiehet auf gleiche / weise wie bey den[en] *Camasinzi* / sie nehmen auch Brandwein mit / sich nebst dem Tobak, Fleisch, *Sara-* / *na* Zum brautVater, und der / brautigam nebst des[s]en Vater / und nächste[m] Anverwandt[en] pfleget[f] / Bey der Letzt[en] *Solenne*[n][7] anwer- / bung mit Zugege[n] zu seyn :|[g]
Wenn ich Vorher gesagt, daß die[h] / Elter[n][i] oder[j] die nächsten Anverwand- / Ten die Ehen schlies[s]en, so ist / solches Nur Von der ersten Ehe / Zu verstehe[n]. Sobald der Sohn / Verheyrathet ist, so stehet er / nicht mehr unter Väterlicher / Gewalt, und Kann in denen übrig[en] / Ehen nach eigenem WillKühr / handeln.
/38r/
Unter denen *Jakut*en geschiehet es / Zuweilen das[s] die Elter[n][k] sonderlich alte Leute ihre[l] / Kinder, wenn sie auch gleich noch Un- / mundig sind, Verheyrathe[n]. Sie / pflegen selbige alsdenn, bis[s] sie / Zu Manbahren Jahren

---

[a] e_ingefüllte *verbessert aus* [.]   [b] wer solche hat *über der Zeile*   [c] *von* Von der anwerbung durch *bis* wieder Geschenke gebracht *auf Bl.* 37r *rechts marginal*   [d] B_eym *verbessert aus* [.]   [e] *nach* Kleidung, *gestr.* Jurte von   [f] p_fleget *verbessert aus* [.]   [g] *von* halten beyschlaff mit der braut *bis* mit Zugege) zu seyn *rechts marginal*   [h] die *verbessert aus* er   [i] Elter) *über der Zeile*   [j] *vor* oder *gestr.* Vater   [k] *nach* Elter) *gestr.* ihre Kinder   [l] sonderlich alte Leute ihre *über der Zeile*

anwachse⌈n⌉, / Bey sich in ihren wohnunge⌈n⌉ Zu / behalt⌈en⌉, um von dem Jungen / Paar Zeit Vertreib und Trost / im Alter Zu habe⌈n⌉. Dieses aber / habe ich sonst bey Keinem Volke / gehört. Die Verlobung geschiehet zwar Zuweilen^a / auch bey denen übrigen Völ- / kern, wenn beyde Theile noch / [[noch]] unmündig sind. Ja es / sollen Zuweilen die Eltern / bevor die Kinder noch gebohre⌈n⌉ / sind, Zu einem Künfftig^b / Zu schlies⌈s⌉enden Ehe Verbünd- / nüs⌈s⌉ die Abrede nehmen. Zu / der würklichen *consummation*^{8} / der Ehe aber ist^c die *Pubertas*^{d9} überall / das eigentliche Ziel, unter^e welchem / Keine Heyrath vor sich gehet / und mehrenTheils wartet man / noch so lange^f biß beyde Theile / sowohl an Leibes Kräffte⌈n⌉ als / Erfahrung durch die^g Jahre / mehreren Zuwachs beKomme⌈n⌉ / daß sie der Haus⌈s⌉haltung mit / Nutzen Vorstehe⌈n⌉ Können. Denn die GeschiklichKeit in allerley / Haußarbeit ist eine Nöthige / *Qualität* einer Frau. auf / Schönheit wird Zwar auch, aber / nicht so stark, *reflectir*et.^{h10}
|: Bey dene⌈n⌉ *Inbazki*sche⌈n⌉ *Ostiake*⌈n⌉ / am *Jenisei*^{11} geschiehet es offters / daß magdgens von 5 <,> 7 biß / 10 Jahren sowohl an Knaben / Von selbigem alter als auch an / altere ausgegebe⌈n⌉ werden. Man / giebt auch Zuweilen einem Kleinen / Knaben ein weib Von 15 bis⌈s⌉ 20 Jahre⌈n⌉. / Ich habe ein *Exempel* gesehe⌈n⌉ Von einem / Knaben Von 16 Jahre⌈n⌉ mit einem^i Weibe^j / Von 7 Jahren. der auch mit ihr schon etliche / mahl den beyschlaff gehalte⌈n⌉. :|^k
Es ist durch gantz *Sibiri*en, ja fast / durch gantz *Asi*en allgemein, / daß der Bräutigam seine / braut gleichsam erhandeln mus⌈s⌉ / der Preyß, welcher für die braut / Bezahlet wird, wird in der *Ta-* / *tari*sche⌈n⌉ SPrache *Kalün* oder *Kalüm*^{12} genannt, und dieses ist auch / das^l Wort, des⌈s⌉en man sich für diese Sache / im^m Rus⌈s⌉ische⌈n⌉ Bedienet.
|: *Shaw Voyages de la Barbarie* / *et du Levant* erZehlet / dieses auch Von dem *Algierer*⌈n⌉ / bey den⌈en⌉ die *Kalün Saddock* / genennet wird. *Tom*⌈o⌉ 1. *p*⌈agina⌉ 393 / *edit*⌈ione⌉ *gall*⌈ica⌉^{13} :|^n /38v/
Die *Tungus*en nennen die *Kalün* / in ihrer SPrache: *Tari-maraù*^{14} |: am *Nischna Tunguska*⌉^{15} *Awdú*^{16} der Braut- / schatz. :|^o

Die *BrazKi*	*Adussùn*^{17}
Die *Jakute*⌈n⌉	*Atỳ*^{18} und *Sulù*
Die *Samoj*ede⌈n⌉	*Miródeda*^{19}

---

^{a} Zuweilen *über der Zeile* ^{b} Künfftig *verbessert aus* Zu_{Künfftig} ^{c} *von* Die Verlobung geschiehet zwar *bis* der Ehe aber ist *rechts marginal* ^{d} *nach* Pubertas *gestr.* ist ^{e} _{un}ter *verbessert aus* d ^{f} _{lan}ge *verbesset aus* [.] ^{g} _die *verbessert aus* [..] ^{h} *von* die Geschiklichkeit in allerley *bis* so stark reflectiret. *rechts marginal* ^{i} *nach einem gestr.* Magdge₎ ^{j} Weibe *über der Zeile* ^{k} *von* Bey dene₎ Inbazkische₎ *bis* beyschlaff gehalte₎ *rechts marginal* ^{l} _{da}s *verbessert aus* [.] ^{m} *vor im gestr.* in gantz Sibirie₎ ^{n} *von* Shaw Voyages de la *bis* p. 393 edit. gall. *rechts marginal* ^{o} am Nischna Tung. Awdú der Brautschatz. *rechts marginal*

Die *Ostiake⌈n⌉ am Jenisei*[20]   *Fónkuxe*[21]
-          am *Ket*[22]   ...
-   -   am *Ob*[23]   ...[24]

Die *Arinzi*   ...
Die *Kotowzi*   ...
Die *Camaschinzi*   ...[25]

⌈: *C'etoit avec de pareilles especes / qu'on achetoit des Epouses. Iphi- / damas donna pour avoir la / fille du Roy de Thrace cent / Boeufs comptant, et promit / mille tant Chevres*[a] *que Brebis. / Cet achat etoit le prix de la / virginité Les anciens Germains / faisoient quelque chose de pareil*[b] */ a en juger par l'etymologie / du mot des noces qui s'appellent / dans leurs dialectes,* <u>Brudkaup</u> */ ou* <u>achat de la fiancée</u>*.*
Nouvelle Biblioth⌈èque⌉[c] *Germanique / Tom⌈o⌉ 1. p⌈agina⌉ 11.*[26] *ex Wacheri / Archae<o>logia Nummaria.*[27] :⌋[d]

Bey denen *Muhammed*anischen *Tatare⌈n⌉ /* im *TobolsKi*sche⌈n⌉ *Tumeni*sche⌈n⌉ und / *TomsKi*sche⌈n⌉ Gebiethe[28] wird die / *Kalün* nach dem Werth an Gelde / bedungen, aber an allerley ander⌈en⌉ / Sachen Bezahlet, wie man *accordire⌈n⌉*[29] / Kann. Eben so Bey dene⌈n⌉ *Ostiak*en / als bey welchen sich dieselbe / ihrer Armuth wegen nicht Leicht[e] / hoher als auf 5 Bis⌈s⌉ 10 Rub⌈el⌉ / Beläufft, anstatt das⌈s⌉ Bey den⌈en⌉ / *Tat*aren Vor eine schöne und / reiche Braut Von ansehnlichem / Geschlechte auf 30 Biß 50 Rub⌈el⌉ / werth BeZahlet wird.

⌈: Die *Ostiak*en am *Jenisei*[30] BeZahlen / seith der Taufe nur eine geringe / *Kalüm* an Kleidung von *Kitaika* / oder *Catun*[f31] Zu Hemden so sie[g] der braut / Elter⌈n⌉ verehre⌈n⌉. :⌋[h]

Die wald[i]*Tungus*en BeZahlen die / *Kalüm* an RennThieren Zu / 10 Biß 20 RennThiere für eine / Braut /39r/
Die *Samoj*eden, *JuKagiri, Ko- / rjäk*en und *TschuKtschi* / BeZahlen gleichfals die *Kalüm* / an RennThiere⌈n⌉, und je reicher / ein Volk an RennThieren ist / je hoher steiget auch Bey ihnen die / *Kalüm*.

⌈: *Samoj*eden Zu 10 bis⌈s⌉ / 30 auch bey dene⌈n⌉ *Ju- / rak*en bis⌈s⌉ auf 50 / und 100 Rennthiere.

---

[a] C$_{hevres}$ *verbessert aus* [.]   [b] $_{par}$e$_{il}$ *verbessert aus* [.]   [c] $_{Biblio}$th. *verbessert aus* [.]   [d] *von* C'etoit avec de pareilles *bis* Archaelogia Nummaria. *rechts marginal*   [e] Le$_{icht}$ *verbessert aus* [..]   [f] Catun *über der Zeile*   [g] S$_{ie}$ *verbessert aus* d   [h] *von* Die Ostiaken am *bis* Elter$_)$ verehre$_)$ *rechts marginal*   [i] wald$_{Tungusen}$ *über der Zeile*

wenn die *Kalum* 10 ist / so ist die Rükgabe oder / *Pridan*³² 3 RennThiere / Von
20, 6. Von 30, 10. / u⌈nd⌉ s⌈o⌉ w⌈eiter⌉ dieses heis⌈s⌉et / auff *Samoj⌈edisch⌉
Ngénnudúnna*³³. : |ᵃ
Die *BrazKi*, Mongale⌈n⌉, Calmüke⌈n⌉ / und *JaKut⌈en⌉* auch die *Krasno-* /
*jarsKi*sche⌈n⌉ und *KusnezKi*sche⌈n⌉ᵇ in Steppen wohnende / *Ta*taren beZahlen die
Kalum / an Pferden RindVieh und Schafen / gleichfalls nach *proportion* ihres /
ReichThums.
|: Tataren heyrath⌈en⌉ und geben / ihre Tochter aus Vor *Kalum* / auch ohne
Kalum (*Chalüng*³⁴) / In Letztern Falle, wenn der / Mann mit seiner Frau nicht /
Zufrieden ist, so Kann er / sie nicht verKauffe⌈n⌉, son- / dern mit allem
brautschatze / abZieh⌈en⌉ laße⌈n⌉ u⌈nd⌉ sie gehet / wieder Zu ihre⌈n⌉ Anverwandt⌈en⌉ /
Die Kinder aber behält / er vor sich. Die höchste / *Kalüm* ist Zuᶜ 30 St⌈ük⌉ Vieh /
die Hälffte Pferde, die Halffte / RindVieh. darunter muß / unter 10 Stük Pferde⌈n⌉
ein Haupt / Pferd³⁵ seyn, die ubrige⌈n⌉ sind Hengste / Stutten, Wallache⌈n⌉,
Füllen, / Von allerley Güte und alter / Eine trächtige Stutte wird / fürᵈ 2 Stük
gerechnet. Schaa- / fe paßiren auch zuweilen / mit unter und zwar 2 / für ein Stük
Vieh. Der / Brautschatz (*Entschi*³⁶) ist Zu- / weilen die Hälffte der *Kalüm* /
Zuweile⌈n⌉ weniger Zuweile⌈n⌉ mehr / Nachden einer Reich ist, viel Kin- / der hat
und seine Tochter Liebet :|ᵉ
Wenn ein Vater Vor seinen Sohn / die *Kalüm* Bezahlet, so ist solches / die
Aussteuer des⌈s⌉elb⌈en⌉, und Be- / Kommt er weiter nichts Zur mit- / gabe. Alles
was Zur Haus / haltung gehöret, mus⌈s⌉ die braut / mit bringen, wenn anders
der- / selben Elter⌈n⌉ vermögend sind / und eine ansehnliche *Kalüm* / Vor dieselbe
bezahlet word⌈en⌉
Der Braut wird auch allerley Vieh / oder Rennthiere nach eines jede⌈n⌉ / Volkes
Vermöge⌈n⌉ und Beschaffenheit / mitgegeb⌈en⌉ᶠ.
Gemeiniglich ist die brautgabe ein / *aequivalent* der halbe⌈n⌉ *Kalüm* /ᵍ /39v/
Zuweilen aberʰ, wenn ein Vater / seine Tochter sehr liebet / oderⁱ Keine Söhne
Zu Ver- / sorgen und sonst selbst sein ausKommenʲ hat, so giebet er auch / wohl
Zum Brautschatze / so Viel am werthe mit, daß / die gantze *Kalüm* damit wie- /
der erstattet, auch wohl gar / noch überstiegen wird. Gar / selten geschiehet, daß
die / Braut ohneᵏ *proportionirte⌈n⌉*ˡ Brautschatz dem / Brautigam solte Zugeführet
werd⌈en⌉. / Wo aber solches ist, so ist solches / ein Zeichen entweder der /
äus⌈s⌉erste⌈n⌉ Armuth oder eines / aus⌈s⌉erordentliche⌈n⌉ Geitzes.

ᵃ *von* Samojeden Zu 10 *bis* Ngénnudúnna. *rechts marginal* ᵇ und KusnezKische₎ *über der Zeile* ᶜ Z_u *verbessert aus* [.] ᵈ f_ür *verbessert aus* Z ᵉ *von* Tataren heyrath₎ und *bis* Tochter Liebet *rechts marginal* ᶠ mitgegeb₎ *verbessert aus* [.] ᵍ *folgt* Zuweile₎ ʰ aber *über der Zeile* ⁱ *nach* oder *gestr.* er ʲ und sonst selbst sein ausKommen *über der Zeile* ᵏ ohn_e *verbessert aus* [...] ˡ proportionirte₎ *über der Zeile*

Soviel hat ein jeder^a BrautVater / nach überall hergebrachter Ge- / wohnheit Recht Vor sich, daß / er Zu Keiner *determinirt*en[b][37] Mitgabe Kann / geZwungen werden. Es stehet / einem jeden frey seiner Tochter / mitZugeb⸢en⸣ so viel oder wenig / er will, ohne *egard*[38] auf / die *Kalüm*; wenn auch die- / selbe sich noch so hoch am Werthe / Belauffen sollte. Denn sie / sehen die ausstattung einer / braut[c] würklich[d] als einen / Handel an, und halte⸢n⸣ davor, /40r/ der Bräutigam beKomme, / in der Person seiner Braut / ein gnugsames *aequivalent* / vor die *Kalüm*. Daher denn / auch arme Leute sich weit / glüklicher schätzen, wenn / sie Viel Töchter, als wenn sie / Viel Söhne habe⸢n⸣; weil sie / durch die Verhandelung jener / noch etwas gewinnen Können / von[e] diesen aber, indem sie selbige / Verheyrathen wollen, noch selbst[f] in Un- / Kosten gesetzet werden. Es ist aber jedoch nicht alle- / mahl nöthig, daß die *Kalüm* / *in natura* Vor eine braut / beZahlet werde. wenn Zwey / *famili*en die unter einan- / der eine Heyraths-Verbindung[g] / Zu treffen willens sind[h], so- / wohl Söhne. als Töchter habe⸢n⸣, / so pflegen sie anstatt der / *Kalüm* eine solche abrede / Zu mache⸢n⸣, das⸢s⸣[i] braut[j] gege⸢n⸣ / braut[k] aus[l] einer *famili*e / in die andere ohne Entrichtung / einiger *Kalüm* ausgewechselt / werden. So[m] stattet[n] Z⸢um⸣ e⸢xempel⸣ / ein Vater seine Tochter / gegen die braut seines Sohnes / an derselbe⸢n⸣ bruder aus: oder /[o] /40v/ ein Bruder giebet seine Schwester / aus, und empfänget dagegen / die Schwester seines neuen Schwa- / gers Zur Ehe. welche art Von *Kalum* sonderlich Unter[p] dene⸢n⸣ *Tungu-* / *s*en stark im Schwange ist.[q]
Bey denen *Kamtschedal*en und / *Kuril*en ist ein Besonderer Ge- / brauch, daß sie an statt der / *Kalüm* einige Jahre Lang / um die braut, welche sie Ver- / Langen, dienen müs⸢s⸣en. Der / Brautigam *offer*iret seine dienste / dem Vater oder denen nächste⸢n⸣ / anVerwandte⸢n⸣ seiner erwünschte⸢n⸣ / Braut, ohne Zu sagen, daß / es in einer dergl⸢eichen⸣ Absicht / geschehe: und wird er auf- / genommen, so ist mehrenTheils / die Sache schon richtig. Er suchet / sich alsdenn[r] / Bey seinen

---

[a] je_{der} *verbessert aus* [..]   [b] *determinirten über der Zeile*   [c] braut *über der Zeile*   [d] *vor* würklich *gestr.* Tochter; _{würk}lich *verbessert aus* [.]   [e] von *über der Zeile*   [f] noch selbst *über der Zeile*   [g] Heyraths-Verbindung *verbessert aus* _{Heyraths-}alliance; _{Heyraths-}Verbindung *über der Zeile*   [h] s_{ind} *verbessert aus* p   [i] *nach* dass *gestr.* Tochter   [j] braut *über der Zeile*   [k] braut *über der Zeile*   [l] *vor* aus *gestr.* Tochter   [m] *nach* So *gestr.* wechselt   [n] stattet *über der Zeile*   [o] *folgt* ein; *vor* ein *gestr.* Zwey   [p] U_{nter} *verbessert aus* b   [q] Kalum sonderlich Unter dene₎ Tungu- / sen stark im Schwange ist. *rechts marginal*   [r] *nach* alsdenn *gestr.* durch fleißige / Dienste

ZuKünfftig⌈en⌉ / SchwiegerEltern und Bey / seiner Geliebte⌈n⌉ durch[a] fleis⌈s⌉ige / Dienste beliebt Zu mache⌈n⌉[b]
|: Die braut aber träget beständig ein / starkes und fest geschnürtes Rieme⌈n⌉- / Gebünde[c] um den Unterleib, und den / Ort der Schaam, welches der brautigam / bey ersehener Gelegenheit Zerreißen / und die braut am heimliche⌈n⌉ Orte berühre⌈n⌉ / muß bevor sie ihm Zu Theile werde⌈n⌉ / Kann. S⌈iehe⌉ *Kraschenin⌈nikovii⌉ Observ⌈ationes⌉*[39] : |[d]
Etwas ähnliches von diesem ist auch / Bey dene⌈n⌉ *Ostiak*en und *Wogul*en im / Gebrauche. Verheyrathete Frauen und / Mannbahre Magdgens tragen alle / die Schaam mit einem Riemen Verbunde⌈n⌉ / und mit geschabter Baumrinde / Von weyden[40] oder *Tscheromcha*[41], dergleich⌈en⌉ / sie sich an statt der HandTücher bedien⌈en⌉, / in *form* eines *pessi*[42] Verstopffet, und / dieses nennen die *Ostiak*en *Wórop*[43] / die *Wogul*en *Éket*[44]. Ein gürtel / Von покромка[45] umgiebt zuforderst / den UnterLeib. Von diesem gehet / ein Riemen Vorn zwischen denen beine⌈n⌉[e] / durch, und ist hinten wieder an / demselb⌈en⌉ Gürtel[f] befestiget. Solcher / Riemen bestehet entweder aus[g] Fisch- / Haut, Von Sterletten, oder auch / Von gemeinem Leder. Er ist inwendig / an dem Leibe mit dünner Birken / Rinde ausgefuttert[h]. Darauf / ruhet der von *wötlep*[i46] gemachte / *pessus*[47], damit er nicht heraus falle⌈n⌉ / möge. Wenn auch ein Magdgen / noch Vor ihre⌈n⌉ Mannbahre⌈n⌉ Jahren / wie es bey diese⌈n⌉ Volker⌈n⌉ offters geschie- / het Verheyrathet wird, so wird ihr / gleich[j] Bey der Hochzeit der *Worop*[48] / angeleget.[k] Sonst / aber ist die Monathl⌈iche⌉ Reinigung der / *Termin* Bey UnVerheyrathet⌈en⌉ Frauens Person⌈en⌉[l]
/41r/ Daraus ist Zu schlies⌈s⌉en, daß einesTheils[m] / die Absicht dieses *worop*[49] auch mit / Zur *defension* der GeburthsGlie- / der für allem gewalttathigem / Uberfalle sey. Andern Theils aber / setzen sie auch eine Zucht und Scham- / hafftigkeit darin, auf solche weise / ihre Schaam Verschlos⌈s⌉en Zu halt⌈en⌉ / und nehmen es ander⌈en⌉ Volker⌈n⌉ sehr / übel,[n] daß sie den Zu- / gang, wie sie reden, alleZeit offen / halte⌈n⌉[o]
Auch diejenige Völker die aus / dem HeydenThum durch die Tauffe / den Christl⌈ichen⌉ Nahmen angenomm⌈en⌉ / habe⌈n⌉, behalten noch allezeit ob- /

---

[a] d_{urch} *verbessert aus* [.]   [b] *nach* mache) *gestr. und findet auch* |: *auch über der Zeile* :| *nach und nach* / Gelegenheit einige Früchte / der Liebe Von seiner braut / Zum Voraus Zu Koste): worauf / denn, wenn der Schwieger Vater / glaubet, gnug dienste Von dem / brautigam Vor seine Tochter / gehabt Zu habe), und ihm übrigens /41r/ deßelbe) Auffuhrung anstän- / dig ist, die Ehe geschlossen / werd.
[c] *nach* Rieme)-Gebünde *gestr.* , [*Komma*]   [d] *von* Die braut aber träget *bis* Kraschenin. Observ. *rechts marginal*   [e] beine) *verbessert aus* [.]   [f] Gürtel *verbessert aus* [......]   [g] _{auS} *verbessert aus* f   [h] a_{ausgefuttert} *verbessert aus* [.]   [i] _{wöt}lep *verbessert aus* [.]   [j] _{gleich} *verbessert aus* [.]   [k] *nach* angeleget *gestr.* ist   [l] *von* Etwas ähnliches von diesem ist auch Bey *bis* Frauens Person) *rechts marginal*   [m] einesTh_{e}ils *verbessert aus* [.]   [n] *nach* übel, *gestr.* sonderlich   [o] *von* Daraus ist Zu *bis* offen halt) *rechts marginal*

besagten Gebrauch, daß bey ihn[en] / die braut gleich denen ander[en] / gegen Erlegung eines bedunge- / nen Preyses erKauffet werd[en] / muß. Z[um] e[xempel] alle *ostiaki*sche[a] / Völker am *Irtisch*[50], ob[51], *Ket*[52], *Jeni-* / *sei*[53] die *Woguliz*en[b] und die *Tschulimi*sche[n] *Tatar*e[n]. / Die Geistlichkeit erlaubet ihnen / diese weltliche *Ceremonie*, weil / sie in das ChristenThum Keinen Ein- / flus[s] hat: und wenn man es / auch abbringen wolte, so möchten / diese Völker sehr schwer daZu / Zu *persuadir*e[n][54] seyn, weil sie / nichts der billigKeit so sehr gemäs[s] / Zu seyn glauben, als daß ein / Vater Vor seine Tochter die er / mit[c] mühe und Koste[n] / erZogen[d] und bis[s] / Zu Mannbahren Jahren unterhalt[en] hat, / wenn dieselbe aus seinem Ge- / schlechte in ein anderes Versetzet wird, / und er weiter Von ihr nicht die / geringste Dienste oder andenke[n] / Zu hoffen[e] hat, einige Ver- / geltung empfange. /41v/
Wenn ich gesagt das[s] die Braut / in ein fremdes Geschlechte / Versetzet wird, und ihr Vater / weder Dienste noch Andenke[n] / mehr Von ihr Zu[f] gewart[en] hat, / so gründet sich solches auf die / Meinung aller Sibirische[n] Völker, / die[g] sich in gewiße[h] Geschlechter einTheilen, / daß die blutsVerwandschafft[i] bloß / nach diesen geschlechter[n] Zu rechnen / sey. Die Braut wird Bey allen[j] / aus einem fremden Geschlechte / genommen, und sobald sie[k] / dem neuen Geschlechte *incorpo-* / *rir*et[55] worden, so höret die / Bluts-Verwandtschafft mit / ihrem Vorigen Geschlechte / auf. Sie ist weiterhin ihren / ehemahlige[n][l] blutsVerwandte[n][m] in / Keinem Stüke Verpflichtet.
|: Sie sind darin so *religieus*[56] / daß Keiner eine Frau aus / dem Geschlechte woZu er sich / Zehlet heyrathe[n] wird, das / Geschlecht mag auch noch so / weitläuffig seyn.[n] / Ja wenn es auch aus 3, 400 *famili*en bestehet und[o] auf 1000 / oder mehr werste Zerstreu- / et wohnet, und Keiner / sich Zu entsinnen weiß, noch / sagen Kann, daß er je ge- / höret hätte, wie sie unter / einander Verwandt seyen / so ist ihnen doch solches alles / gleichgültig, und blos[s]er / Geschlechts Nahme ist bey / ihnen von weit größerm / Nachdruk, als die nächste / Verwandtschafft, die Vor auge[n] / ist. :|[p]
Auf erwehntem Grunde beruhet / auch ihre gantze Lehre Von / Verbottenen graden die in / die Ehe müßen Vermieden / werden. Ist die Braut nur / aus einem andern Geschlechte, / sie mag auch wegen Vorherge- / schehner Heyrathe[n]

---

[a] O_{stiakische} *verbessert aus* [.]   [b] die Wogulizen *über der Zeile*   [c] *vor* mit *gestr.* erzogen, und   [d] *nach* erZogen *gestr.* unterhalte)   [e] _{hoffen} *verbessert aus* Ver_{hoffen}   [f] Z_u *verbessert aus* [.]   [g] *nach* die *gestr.* in   [h] sich in gewiße *über der Zeile*   [i] bluts_{Verwandschafft} *über der Zeile*   [j] _{allen} *verbessert aus* [.]   [k] *nach* sie *gestr.* in   [l] ehemalige) *über der Zeile*   [m] *vor* blutsVerwandten *gestr.* Vorigen   [n] *nach* seyn. *gestr.* und wenn   [o] aus 3, 400 familien bestehet und *über der Zeile*   [p] *von* Sie sind darin so *bis* Vor auge) ist. *rechts marginal*

nochᵃ so nahe / mit ihrem Bräutigam Verschwä- /42r/ gert oder Verwandt seyn, so wird / darauf nicht geachtet, Z⌈um⌉ e⌈xempel⌉ / es hindert nichts, daß die / braut des bräutigams Mutter- / Schwester ist, daß sie beyde / geschwister Kinder sind, daß / der bräutigam der braut Mu- / tter bruder istᵇ Zwey Leiblicheᶜ brüder / dorffen Zwey Leibliche Schwester⌈n⌉ / heyrathe⌈n⌉, ja es istᵈ erlaubt / daß einᵉ Mannᶠ Zwey Leibliche / Schwestern nicht nur nach einan- / der sonder⌈n⌉ so gar Zu gleicher / Zeit Zur Ehe habe.
|: auch Vater und Sohn / heyrathe⌈n⌉ Zwey Schwester⌈n⌉ / oder der Vater heyrathet die / Mutter, derᵍ Sohn die Tochter :|ʰ
Wundert man sich über eine un- / sern Gebräuchen so wiedrige / Gewohnheit, so muß ich noch / Zu mehrerer beKräfftigung / sagen, daß wie mich solches / gleichfalls anfänglichⁱ nicht wenigerʲ be- / fremdet, ichᵏ mit desto mehrererˡ / AufmerksamKeit mich überallᵐ darnach / erKundiget, und die Sache con- / stant befundenⁿ habe. Nur / sind die Volker von Muhame- / danischer Religion, und die, / welche das ChristenThum angenom- / men habe⌈n⌉, davon ausZuschlies⌈s⌉e⌈n⌉ᵒ, als / welche Von ihren Lehrer⌈n⌉ angehalt⌈en⌉ werd⌈en⌉, / die in einem jeden Gesetze Verbothene /42v/ Stuffen der Verwandtschafft / Bey EheVerbündnüs⌈s⌉en in Acht / Zu nehme⌈n⌉.
Noch andere verwandtschaffts / Stuffen die uns ebensosehr / Befremden möge⌈n⌉, daß selbige / im HeydenThum Vor erlaubt ge- / halt⌈en⌉ werden, bestehenᵖ / darin, daß eine witwe / gemeiniglichq ihren allernächste⌈n⌉ / Anverwandte⌈n⌉ in der Zweyten / Ehe Zu Theile wird. Vermuthlich / ist das *Leviti*sche Gesetz, daß / derʳ jungere Bruder seines alte⌈n⌉ / bruders hinterlas⌈s⌉ene ohnbeerbteˢ ⁵⁷ / Wittwe heyrathenᵗ solle, um dem- / selbe⌈n⌉ Saamen Zu erweken⁵⁸ / aus⌈s⌉ einem schon damahls all- / gemeinen *Orientali*sche⌈n⌉ Gebrauche / entstandenᵘ. Denn in der Mu- / hammedanische⌈n⌉ Religionᵛ wird / solches gleichfalls erfordert / und obgleich die Sibirischen / Heyden solches nicht für eine / ohnumgängliche NothwendigKeit / halten, so pfleget es doch / Bey ihnen auch sehr offters Zu / geschehen: und ist der Fall nicht / bloß auf die wittwe des altere⌈n⌉ / bruders *restringir*et⁵⁹, sonder⌈n⌉ / es kann der Altere so gut des /43r/ jüngere⌈n⌉ als der

---

ᵃ noch *verbessert aus* [....]   ᵇ ist *verbessert aus* [...]   ᶜ Leibliche *über der Zeile*   ᵈ i_st *verbessert aus* [.]   ᵉ *nach* ein *gestr.* [...]   ᶠ Mann *über der Zeile*   ᵍ _de_r *verbessert aus* n   ʰ *von* auch Vater und Sohn *bis* die Tochter *rechts marginal*   ⁱ *nach* anfänglich *gestr.* sehr   ʲ nicht weniger *über der Zeile*   ᵏ *nach* ich *gestr.* uberall mit   ˡ mit desto mehrerer *über der Zeile*   ᵐ überall *über der Zeile*   ⁿ befunde_n *verbessert aus* [.]   ᵒ _aus_Zu_schliesse_) *über der Zeile*   ᵖ *nach* bestehen *gestr.* in folgen / dem   q gemeiniglich *verbessert aus* [.]   ʳ _d_er *verbessert aus* ie   ˢ o_h_nbeerbte *verbessert aus* [.]   ᵗ h_eyrathen_ *verbessert aus* [.]   ᵘ entst_a_nden *verbessert aus* [.]   ᵛ *nach* Religion *gestr.* ist

jüngere des / alter⌈en⌉ bruders wittwe heyrath⌈en⌉ / Vielweniger wird darauf gesehe⌈n⌉ / ob dieselbe beerbet⁶⁰ sey.
Eine Grund-Regul ist, daß / die Wittwe in allen Stüken / Von dem willen derer Nächste⌈n⌉ / anVerwandte⌈n⌉ ihres Verstorben⌈en⌉ / Mannes *dependiret*⁶¹. Sie er- / bet nicht, sondern die Nächste / anVerwandten^a erben die Ver- / las⌈s⌉enschafft, und Zugleich die / Witwe, weil, wie sie sagen, / selbige durch die beZahlte *Ka- / lum* ihrem Geschlechte eigen ge- / worden sey. Nun Können / sie dieselbe Zwar wieder / an andere die ihnen nicht Ver- / wandt sind, Verehligen, und / sich davor wiederum *Kalüm* / beZahlen Las⌈s⌉e⌈n⌉, welches auch / offters geschiehet; Zumahl / wenn sie ihrer auffuhrung / oder GeschiklichKeit halber / unter denen nächste⌈n⌉ anVer- / wandten Kein Gutes lob hat: / Ist sie aber beliebt und / als eine gute Haus⌈s⌉frau be- / Kannt, so geschiehet solches selt⌈en⌉ / und ist der Nächste anverwandte /43v/ auch der nächste Erbe und / Nachfolger im Ehebette.
Auf solche weise geschiehet es / offters daß außer dem Vorberührte⌈n⌉ / *Exempel* Von brüder⌈n⌉ / und Schwiegerinne⌈n⌉, auch^b / der Vater seine / SchwiegerTochter, der Sohn / seine StieffMutter, der StieffVater seine StieffTochter^c der / Oheim⁶² seine Nichte, und / der *neveu*⁶³ seine *Tante* / heyrathet. Ich habe daVon Ver- / schiedentliche *Exempel* gesehe⌈n⌉ / und was ich nicht^d selbst gesehe⌈n⌉ / davon sind mir die Umstände / durch glaubwürdige ErZehlung⌈en⌉ / bekannt worde⌈n⌉. Siehe das folgende / blat auf der an- / dere⌈n⌉ Seite⁶⁴.
|: Vor wenig Jahre⌈n⌉ war unter / dene⌈n⌉ *Krasnoj⌈arskischen⌉ Tatare⌈n⌉* ein *Exem- / pel* daß der Vater seine / Verwittwete SchwiegerTochter / geheyrathet hat. Die Elter⌈n⌉ / der^e Wittwe^f wollt⌈en⌉ / es nicht erlaube⌈n⌉, sagt⌈en⌉ / es sey eine große Sünde / allein der Liebhaber drung / durch die mit geschenken bey / dem befehlshaber der Stadt / daß dieser einige alte / *Tatare⌈n⌉* Zusammen rufe⌈n⌉ / und darüber befrage⌈n⌉ Lies⌈s⌉, / welche denn aussagt⌈en⌉, das⌈s⌉ / sie Von *Exemp*eln gehoret / wie auch Vordem zuweile⌈n⌉^g / solches geschehe⌈n⌉. Es halff / nichts daß dagege⌈n⌉ *excipi- / ret*⁶⁵ würde, wenn es auch / Vordem geschehe⌈n⌉ sey, so sey / es doch unerlaubt und / werde bey ihne⌈n⌉ Von alters / her für eine gros⌈s⌉e / Sünde^h gehalt⌈en⌉. Solcher / Punct wurde übergang⌈en⌉ / und die Erlaubnüß ertheilt / daß der Liebhaber seine / SchwiegerTochter heyrathe⌈n⌉ / dürffte. Ich habe dieses

---

^a anV_erwandten *verbessert aus* [.]   ^b außer dem Vorberührte) / Exempel Von brüder) / und Schwiegerinne), auch *rechts marginal*   ^c der StieffVater seine StieffTochter *rechts marginal*   ^d n_icht *verbessert aus* s   ^e *nach der gestr.* Schwiegertochter   ^f Wittwe *über der Zeile*   ^g _zuW_eile) *verbessert aus* s   ^h S_ü_n_de *verbessert aus* [.]

Paar / Zu *Krasnojarsk* gesehe⌈n⌉. Es / war ein sehr alter Mann[a] / Nahmens *MaireK*. Die Frau / noch sehr Jung u⌈nd⌉ war mit / ihm übel[66] Zufriede⌈n⌉. :|[b]
|: *Inbazki*sche *Ostiak*en haben Vor der / Tauffe die StieffMutter nicht ge- / heyrathet. sonder⌈n⌉ es Vor Sünde gehalte⌈n⌉ / Die *Surguti*sche *Ostiaken* im *Mang⌈aseischen⌉* Gebiethe[67] / haben es geThan. :|[c]
|: Die *Tungus*en heyrathe⌈n⌉ nur / die Stieffmutter, wenn sie / Keine Kinder hat. Bey des / bruders wittwe aber wird dar- / auf nicht gesehe⌈n⌉.[d] / bey denen *JaKut*en wird es / Vor eine Sünde gehalten die / SchwiegerTochter oder des jün- / gern[e] bruders witwe Zu heyrathe⌈n⌉. / Es geschiehet aber doch Zuweilen / und man urtheilet, die Straffe / folge auf dem Fuße[f] nach, und / ein solcher Mensch habe große / Krankheiten und Unglük aus / Zustehen. Man will *observi*ret / haben daß derg⌈leichen⌉ Leute gemeinig⌈lich⌉ / Krum gebüket und puklicht / werden, und nicht gerade / einher gehe⌈n⌉ Könne⌈n⌉. :|[g]
Man stellet diesen Völkern die / AbscheulichKeit ihrer Blut- / schande Vergeblich Vor. Sie sage⌈n⌉ / der Todt hebe die Verwandt- / schafft auf, und eine Witwe sey / anZusehen, als wenn sie wieder / Zu ihrem Vorige⌈n⌉ Geschlechte gehöre. / Die einmahl Vor dieselbe be- / Zahlte *Kalüm determinire*[68] sie / nur, dieselbe in besitz Zu behalt⌈en⌉, / auf gleiche weise wie man eine⌈n⌉ / erKaufft⌈en⌉ fruchtbahre⌈n⌉ Aker / nicht ohnbrauchbahr pflege / Liegen Zu las⌈s⌉e⌈n⌉,[h] noch[i] wenn / man ihn selber Zu nutzen lust / habe, an andere Zu verkauffe⌈n⌉ / Gemeiniglich wird die Stieffmutter dem / Ältesten Sohne Zu Theile, weiß es aber der- / selbe, daß sie sich schon vorher mit einem / derer Jüngern allzustark *familiarisir*et[j] / hat, und besorget daß er solches auch ins- / Künfftige nicht werde Verhinder⌈n⌉ könne⌈n⌉ / so läßet er sie demselbige⌈n⌉ uber[k] /44r/
Nur besagte Ursache Von der / durch den wittwen Stand Zurük / *roulliren*den[69] Verwandtschafft / hat noch diese[l] Wirkung, daß / wenn die Anverwandt⌈en⌉ des Ver- / storbenen Mannes die wittwe / wieder an Fremde ausgeb⌈en⌉ / wollen, Keiner von dem UrsPrüng- / Liche⌈n⌉ Geschlechte der wittwe / er mag auch noch[m] so weitläuffig mit ihr / Verwandt seyn, einen[n] Pretendent⌈en⌉[70] / bey ihr

---

[a] Ma n_n *verbessert aus* [.]   [b] *von* Vor wenig Jahre) war *bis* übel Zufriede). *auf Bl.* 44v *rechts marginal*
[c] *von* Inbazkische Ostiaken *bis* haben es geThan. *rechts marginal*   [d] *nach* gesehe) *gestr.* Zusammen / gebrachte |: *vor* Zusammen / gebrachte *gestr.* dagegen werden :| Kinder die mit ein / ander in einer Familie erzogen sind, werden, |: werden *über der Zeile* :| nicht verheyrathet / bleibet |: blei_{bet} *verbessert aus* [....] :| aber das eine Kind / Z. e. was die Mutter in der erste) / Ehe gebohren in dem vorigen / Geschlechte ihres erst Verstorbene) / Mannes so   [e] _{jünge}rn *verbessert aus* [..]   [f] F_{uße} *verbessert aus* [.]   [g] *von* Die Tungusen heyrathe) nur *bis* gehe) Könne). *rechts marginal*   [h] *nach* lasse) *gestr.* oder   [i] *noch über der Zeile*   [j] _{familia}r_{isir}et *verbessert aus* [.]   [k] *von* Gemeiniglich wird die Stieffmutter *bis* demselbige) über *rechts marginal*   [l] die_{se} *verbessert aus* [...]   [m] *auch noch über der Zeile*   [n] eine_n *verbessert aus* [....]

abgiebt. Sie muß ent- / weder in dem Geschlechte ihres / Verstorben⸢en⸣ Mannes oder^a in einem / dritten geschlechte angebracht^b / werden. hat sie mit ihrem Verstor- / benen Manne Kinder er- / Zeuget so werden ihr die- / selbe nicht mitgegeben / sonder⸢n⸣ die Nächsten an Ver- / wandten des Verstorbene⸢n⸣ / Mannes Behalten dieselbe. / Man^c weiß dahero nichts / Von Zusammengebrachten / Kinder⸢n⸣$^{d\,71}$. doch wenn der Mann / mit einer bereits Verstorbene⸢n⸣ / oder einer ander⸢en⸣^{e} noch lebenden Frau / bereits Kinder hat, und / die gewesene wittwe, so er / in der Zweyten Ehe heyrathet / hat in ihrer Vorige *Famili*e / auch^f Kinder Zurükgelas⸢s⸣en / so ist es erlaubt, wenn / anders die Väter dieser / Kinder nur Zu unterschieden⸢en⸣ / Geschlechter⸢n⸣ gehör⸢en⸣, daß / sich dieselbe heyrathe⸢n⸣ Könn⸢en⸣. / Ein eintziger Fall, da nicht bloß^g / auf den Unterscheid der Geschlech- / Ter Acht gegeben wird, ist dieser / wenn nemlich eine witwe in / ihrer Vorige⸢n⸣ Familie Kinder Zu- / rükgelaßen, und durch die Zweyte / Ehe in ein neues Geschlecht / VersetZet wird, in welchem sie / wiederum Kinder gebiehret / daß nemlich diese Verschiedene / Kinder, ob sie gleich nach ihren / Väter⸢n⸣ Zu gantz Verschiedene⸢n⸣ / Geschlechter⸢n⸣ gehören, dennoch / weil sie Von einer Mutter geboh- / ren sind, sich nicht heyrathe⸢n⸣ / Könn⸢en⸣.^{h}
Ich mus⸢s⸣ hierbey noch etwas / Von der *Kalüm* anmerke⸢n⸣ / nemlich daß dieselbe für eine / Witwe nicht so hoch, als für / ein Mägdge⸢n⸣ Zu seyn pfleget. / Die abgeblühete Jungferschafft / das anwachsende Alter, und / der aberglauben, als wenn Kein / Glük^i mit^j ihr sey, sind davon^k / die bewegungs-gründe. Und / auf gleiche weise Verheyrathet / ein Vater nicht leicht eine Tochter, / die er lieb hat, an einen witwer, / weil^l er besorget, sie möge^m / dem *Exempel* der erste⸢n⸣ Fraue⸢n⸣^{n} im / Tode folgen. Waget er es aber, /44v/ so Läßet er sich wenigstens / eine höhere *Kalüm* beZahlen, und giebet dajegen seiner / Tochter weniger am Braut / schatze mit,^{o} / um das Bevorstehende Un- / glük dadurch einiger Maas⸢s⸣e⸢n⸣ / Zu *recompensire*⸢n⸣^{72}. Ja es / ist unter einigen Völker⸢n⸣ / als sonderlich^p bey einige⸢n⸣^{q} *Tat*aren / Viel im^r Gebrauch^s, daß ein Wittwer / seine Braut Zu^t stehlen^u geZwungen ist^v / und nachdem er dieselbe all- / bereits bey sich hat, alsdenn / erst wegen der *Kalüm* / mit seinem SchwiegerVater / einen

---

^{a} od$_{er}$ *verbessert aus* [..] ^{b} $_{angebracht}$ *verbessert aus* $_{angebracht}$[.] ^{c} Man *verbessert aus* [...] ^{d} $_{Kind}$er$_)$ *verbessert aus* [..] ^{e} ander$_)$ *über der Zeile* ^{f} auch *über der Zeile* ^{g} bloß *über der Zeile* ^{h} von hat sie mit ihrem Verstor- / benen Manne Kinder *bis* heyrathe$_)$ Könn$_)$ *rechts marginal* ^{i} *nach* Glük *gestr.* Bey ^{j} mit *über der Zeile* ^{k} $_{da}$Von *verbessert aus* [.] ^{l} $_{W}$eil *verbessert aus* [.] ^{m} *nach* möge *gestr.* auch ^{n} F$_{raue}$ *verbessert aus* [..] ^{o} und giebet dajegen seiner / Tochter weniger am Braut / schatze mit, *rechts marginal* ^{p} *nach* sonderlich *gestr.* denen ^{q} bey einige *über der Zeile* ^{r} Viel im *über der Zeile* ^{s} *vor* Gebrauch *gestr.* ein ^{t} Zu *über der Zeile* ^{u} *nach* stehlen *gestr.* muß ^{v} geZwungen ist *über der Zeile*

*Accord*⁷³ Trifft: *N⌈ota⌉B⌈ene⌉*⁷⁴ Die *Krasnoj⌈arskischen⌉* / *Tatar⌈en⌉* wißen hiervon nichts. Außer diesem aber wird auch / Zuweilen die braut entführet / wenn der brautigam oder des⌈s⌉elb⌈en⌉ / Elter⌈n⌉ und nächste anverwand- / ten nicht Bey Vermögen sind / daß sie die *Kalüm*ᵃ so gleich / entrichten Können oder / die braut ist mit der wahl ihrer Elter⌈n⌉ nicht Zufrieden, undᵇ hat, aus⌈s⌉er dem / ihrᶜ bestim- / Ten bräutigam, mit einem / ander⌈en⌉ ein heimliches Liebes / Verständnüs⌈s⌉ gestifftetᵈ, mit welchem sie / abredeᵉ nimmt, daß derselbe / sie entführen muß. In beyden /45r/ Fällen rüstet sich der Liebhaber / mit einigen seiner besten Freun- / de und nächsten AnVerwandt⌈en⌉ / Zum Streit, und ist beständig / auf seiner Huth, wenn die / AnVerwandten der braut, oder / der eigentliche *legitime* bräu- / tigam mit einer Zusammen gebrachten Jungen Mannschafftᶠ ihm die Beute wiederᵍ / abjagen wollen. Es gehen dabey / die grös⌈s⌉esten Schlägereyen / Vor, und bey denen *Tunguse⌈n⌉* / geschiehet offters Mord und / Todtschlag; weil dieselbe / mit Pfeil und bogen aufein- / ander Los⌈s⌉Ziehen, anstatt / daß die übrig⌈en⌉ Völker sich / bloß mit Steken *armir*en⁷⁵. / Wer nun in dieser Schläge- / reyen und Scharmützeln / den Sieg behält, dem bleibet / auch die braut zum Theile, / doch daß alleZeit die *Kalüm* / muß beZahlet werden, wenn / auch solches erst etliche Jahreʰ / Nachⁱ der Vollbrachten Ehe / geschiehet.

Esʲ wirdᵏ auch sonst nicht unum- /gänglich erfordertˡ, daß ebenᵐ die / *Kalum* auf einem *Termin* in / unZertheilter *Summa*⁷⁶ entrichtet /45v/ werden müste. Ein Jederⁿ handelt / hierin nach seinem Vermögen. Hat / er so viel, das⌈s⌉ er das *accor-* / *dirte*⁷⁷ auf einmahl bezahlen / Kann, so Thut er es. wo nicht / soᵒ trägetᵖ er alle Jahr etwas ab, / und Zuweilen währet es auf / 10 Jahr, Bis⌈s⌉ die *Kalum* gäntzlich / BeZahlet wird.

Inmittelst und Bis⌈s⌉ Zu völligem / Abtrage der *Kalüm*, behältq / ein Vater seine Tochter alleZeit / bey sich, und *profitir*et Von denen- / jenigen Dienst⌈en⌉, soʳ sie ihm in / der Haußhaltung Leisten / Kann. Sie ist in Keinem Stük dem / brautigam einigen Gehorsam / oder Dienste Zu erweisen schuldigˢ / Jedoch ist Bey denen / Meisten Völkern während sel / Bigerᵗ Zeit und so bald nur in beZahlung, derᵘ *Kalüm* ein Anfang gemacht word⌈en⌉ᵛ dem brautigam / nicht versaget, außer

---
ᵃ *nach* Kalüm *gestr.* , [*Komma*] ᵇ ist mit der wahl ihrer Elter₍ nicht Zufrieden, und *über der Zeile* ᶜ *vor* ihr *gestr.* Von ihren Elter₍ ᵈ gestifftet *über der Zeile* ᵉ ₐᵦrₑde *verbessert aus* [.] ᶠ mit einer Zusammen gebrachten Jungen Mannschafft *über der Zeile* ᵍ w_{ieder} *verbessert aus* [.] ʰ jₐhre *verbessert aus* [.] ⁱ N_{ach} *verbessert aus* [.] ʲ *nach* Es *gestr.* ist ᵏ wird *über der Zeile* ˡ erforder_t *verbessert aus* [.] ᵐ eben *über der Zeile* ⁿ J_{eder} *verbessert aus* L ᵒ *nach* so *gestr.* beZahlet ᵖ träget *über der Zeile* q b_{ehält} *verbessert aus* [.] ʳ s_o *verbessert aus* [.] ˢ *von* Sie ist in Keinem *bis* erweisen schuldig *rechts marginal* ᵗ sel_{Biger} *verbessert aus* [.] ᵘ d_{er} *verbessert aus* [.] ᵛ und so bald nur in beZahlung, der Kalüm ein Anfang gemacht word₍ *über der Zeile*

denen Gewöhnlichen Tages *visite*[n], auch[a] Zur NachtsZeit / seine braut durch würkliche / Beywohnung[b] seiner Liebe / Zu[c] Versicher[n]. Die Muham- / medanische Tataren räumen / Zu solchem Ende einer braut / sofort nach der Verlobung / auf ihren breiten bänken / eine Besondere Schlaffstelle / ein, und umgeben dieselbe mit / einem Vorhange[d]: Allwo des / Nachts der Brautigam, wenn Vater / und Mutter sich zur Ruhe begebe[n] / nachdem er sich *quasi* heimlich in / das Hauß und die Stube geschliche[n], /46r/ seinen Platz bey ihr einnimmt. /
|: *N[ota]B[ene]*[78] Bey dene[n] *Tunguse[n]* / nicht Leicht, Zum wenig- / sten nicht mit der Elter[n] / *Consens*[79]. Es ist auch sol- / ches bey dene[n] wald *Tunguse*n[e] wege[n] ihres beständigen / herumstreiffens in dene[n] / Wälder[n] nicht so *practicab*el :|[f]
Ein *Burjäti*scher[g] *Darga*[80] / Zu *UdinsKoi Ostrog*[81] führete / mir auf mein Verlangen seine / Tochter Zu, die schon einige Zeit Verlobt war[h] weil ich den Unter- / scheid der Kleidung Zwischen / Verheyrathete[n] und unverheyrathete[n] / weibs Personen an ihr bemerken / wolte; und als sich dieselbe / eben damahls in einem hohen / Grade schwanger befande / so[i] berichtete der Vater[j] das[s] es / bey[k] ihnen nichts unge- / wöhnliches sey, Vor der Ehe / Kinder Zu haben, wenn nur / eine würkliche Verlobung Vor- / her gegangen.
Zuweilen geschiehet[l] es, daß / die Ehe Vor der *Consumma- / tion*[m 82] wieder Rükgängig wird: / nemlich, wenn der bräutigam / oder des[s]elb[en] Elter[n] mit dene[n] / Elter[n] der braut in Streitig- / Keiten Verfallen, oder dem[n] / brautigam die braut nicht / anstehet, oder die braut, aus / Mis[s]vergnügen gege[n] den ihr / bestimmten brautigam sich, / wie obbemeldet, durch einen / Ander[en] entführen Läs[s]et / diese[o] fälle habe[n][p] wegen / der Vor der Ehe erZeugten Kin- / der, und der bereits abgeTragene[n] /46v/ *Kalum* einen Unterschied. Wenn / der Bräutigam oder des[s]elb[en] / Elter[n] nicht wollen, daß die[q] / Ehe vor sich gehen soll[r], so ist / alle Bezahlte *Kalüm* Verlohre[n] / ja der braut Vater behält die / Kinder, welche der brautigam / Mit seiner Tochter erZeuget / hat.[s] Es geschiehet aber von des brau- / Tigams Seite eine derg[leichen] *declara- / tion* sehr selte[n], weil sie sich mit / Mehrerem Vortheile durch List helffe[n] / Könne[n]. Der bräutigam

---
[a] außer denen Gewöhnlichen Tages visite)*,* auch *über der Zeile* [b] Beywohnung *verbessert aus* Beywohnunge) [c] Zu *verbessert aus* [..] [d] Vorhange *verbessert aus* g [e] bey dene) wald Tungusen *über der Zeile* [f] von NB. Bey dene) Tunguse) bis so practicabel *rechts marginal* [g] Burjätischer *verbessert aus* [.] [h] die schon einige Zeit Verlobt war *über der Zeile* [i] nach so *gestr.* wurde ich [j] der Vater *über der Zeile* [k] vor bey *gestr.* solches [l] geschiehet *verbessert aus* [.] [m] Consummation *verbessert aus* r [n] dem *verbessert aus* [.] [o] vor diese *gestr.* In; diese *verbessert aus* diesen [p] haben *verbessert aus* [.....] [q] die *verbessert aus* [.] [r] soll *verbessert aus* sollen [s] *nach* hat *gestr.* dagegen wenn

nemlich[a] stellet / sich nach wie Vor, als wenn er / Zwar die braut Verlange, es sey ihm / aber noch nicht gelege[n] das übrige / Von der *Kalüm* Zu beZahlen. Er / nimmt indes[s] eine andere Frau, / und wenn[b] der erste SchwiegerVater / nach einige[n] Jahren siehet, das[s] aus / der Heyrath nichts wird, und seine / Tochter ohne Mann bleibet, über- / dem die braut nicht ohne Schmer- / tzen empfindet, daß ihr eine / andere[c] Vorgezogen worden[d], / so Bricht endlich die Ungedult Zur / Rache aus, und wenn sich alsdenn / ein anderer um die braut bewirbet, / so giebt man sie demselb[en]. Gleichwie / aber der erste brautigam nichts / mehr als dieses wünschet, so be- / dienet er sich hier der Gelegenheit, / gehet Zu dem *pretendirte*[n][83] Schwie- / gerVater, stellet ihm sein Un- / recht Vor, daß er gegen den / *Accord*[84] gehandelt, und fordert / die *Kalüm* Zurük, welche ihm / auch als denn,[e] eben[f] als wenn[g] die Hin- / dernüs[s]en an der braut oder[h] / derselb[en] Elter[n] Seite[i] sind,[j] / sowohl[k] als / die bereits erZeugte Kinder / wenn welche vorhanden[l] *restituire*t[m][85], und[n] / abgetrete[n] werden müs[s]e[n][o]. Nur wird / ausgenomme[n], wenn Z[um] e[xempel] die Ka- / lüm wie bey dene[n] *Mongol*en / *Brazki*, *Calmük*en, *Jacute*[n] / und waldvölker[n][p] an RennThieren[q] Cameelen Pferde[n] RindVieh / oder Schaafe[n][r] / beZahlet ist, und es haben mit / Lerweile Bis[s] Zur Entzweyung / solches Vieh oder Cameele oder / RennThiere sich Vermehret, daß / das Junge Vieh dem brautVater / Zum EigenThum verbleibet. Auch / wird dasjenige was Von der[s] / *Kalüm* bey dem brautVater / wärender Zeit gefallen / oder gestohlen oder sonst Verun- / glüket ist, von ihm nicht gefor- / dert. Hieraus entstehen offters / gros[s]e *chican*en und weitläuffige / GerichtsHändel, daß der Braut- / Vater fälschlich Vorgiebt, es seye[n] / ihm von der *Kalum* so viel Stuk /47r/ Vieh gefallen oder entwendet / worden, welches alsdenn durch / Zeugen untersuchet wird.

Ein Fall ist noch übrig,[t] wenn[u] die / Ehe ohne StreitigKeiten und mit / *Consens*[86] beyderseits Elter[n] Zu- / rük gehet. Alsdenn wird die / *Kalüm* alleZeit dem Brautigam[v] / wieder gegebe[n]. Nur Läs[s]et / man dem BrautVater das beste /

---

[a] nemlich *über der Zeile*   [b] w_enn *verbessert aus* [..]   [c] _ander_e *verbessert aus* [.]   [d] _worde_n *verbessert aus* [.]   [e] *nach* als denn *gestr.* gleich   [f] eben *über der Zeile*   [g] *von* Es geschiehet aber von des brau- / Tigams Seite eine *bis* eben als wenn *rechts marginal*   [h] _od_er *verbessert aus* [..]   [i] S_eite_ *verbessert aus* [.]   [j] *nach* sind, *gestr.* so / muße_)_   [k] _so_w_ohl_ *verbessert aus* [.]; *nach* sowohl *gestr.* die Kalüm   [l] wenn welche vorhanden *über der Zeile*   [m] *vor* restituiret *gestr.* den brautigam   [n] u_nd_ *verbessert aus* [.]   [o] müsse_)_ *über der Zeile*   [p] und waldvölker_)_ *über der Zeile*   [q] *nach* RennThieren *gestr.* oder Vieh p   [r] Cameelen Pferde_)_ RindVieh / oder Schaafe_)_ *rechts von der Zeile*   [s] _d_e_r verbessert aus_ [.]   [t] *nach* übrig, *gestr.* daß   [u] wenn *über der Zeile*   [v] _Br_a_utigam verbessert aus_ [.]

Pferd oder Cameel, und den / besten Ochsen, oder bey denen wald Volker⌈n⌉ᵃ das Beste / Rennthier zu seinem Troste. Ist es nun so weit geKommen, das⌈s⌉ / die *Kalum* völlig entrichtet, und / Beyde Theile darauf beharren / daß dieᵇ Ehe Vor sich gehen soll, / so wird durch gemeinschaffli⌈che⌉ Ein- / willigung der Tagᶜ Zur HochZeitᵈ ange- / setzet. Hierbey hat nach der / Muhammedanischen Religion / als Bey denen *TobolsKi*schen / *Tumeni*sche⌈n⌉, *Tari*sche⌈n⌉ und *Tomski*sch⌈en⌉ / *Tatar*en die GeistlichKeit einige / Verrichtung, welche darin Beste- / het, daß in Gegenwart derselb⌈en⌉ / Brautigam und Braut noch ein- / mahl feyerlich BeKennen müs⌈s⌉⌈en⌉ / das⌈s⌉ sie einander ehrlich Verlange⌈n⌉ / daß der Vornehmste Geistliche in / der Gesellschafft dem Brautigam / die Gesetze Vorsagetᵉ, nach welchen /47v/ er sich im Ehestande Zu achte⌈n⌉ / habe, und darauf den Seegen / sPricht. |: wieᶠ es aberᵍ in der Muham- / medanische⌈n⌉ Religion, welchesʰ / an seinem Orte VorKomme⌈n⌉ / wird, Verschiedene Stuffe⌈n⌉ / der GeistlichKeit giebt: Al- / so Beruhet es auf dem brau- / Tigam und dene⌈n⌉ Umstände⌈n⌉ / des Orts, was Vor Geistliche / dieⁱ Trauung Verrichte⌈n⌉ / Bey Leuten Vonʲ Vornehmenᵏ Stande / wird ein *Achun*, wo einer / in der Nachbahrschafft befind- / lich ist, *invitir*et⁸⁷, Bey Leut⌈en⌉ / Von Mitlern Stande Thut es / ein *Mollàh*⁸⁸, und bey ge- / meine⌈n⌉ Kann es auch ein *Abyss*⁸⁹ Verrichte⌈n⌉. :|ˡ

|: Die *Nasamons*⁹⁰ wie <u>*Hero-* / *dotus in Melpom⌈ene⌉*</u> §. 172⁹¹ / erZehlet gelobete⌈n⌉ einander / dadurch die eheliche Treue / daß sie einer dem ander⌈en⌉ / aus der Hand Trunke⌈n⌉, / welches auch noch die eintzige / HochZeitLiche *ceremonie* / Bey den⌈en⌉ *Algirer⌈n⌉*⁹² seyn / soll.
<u>*Shaw Voyages* / *en Barbarie Tom⌈o⌉* 1. / *p⌈agina⌉* 393.⁹³</u> :|ᵐ
Ich habe einer dergl⌈eichen⌉ HochZeit Beygewohnet, die / d⌈en⌉ 15. *Marti⌈i⌉* 1734 Zu *SabanaK* / *aul*⁹⁴, einem *Tatari*sche⌈n⌉ dorffe / 14. werste oberhalb *TobolsK*⁹⁵ / am *Irtisch*⁹⁶ gelegen *celebrir*et / wurde.⁹⁷ Sie wurde des⌈s⌉wege⌈n⌉ / in diesem dorffe gehalten / weil die Braut allhier wohn- / hafft war. Der Brautigam / dagege⌈n⌉ war aus *Tumeen*⁹⁸ ge- / bürtig. Nachdem wir des / Morgens gegen 9 Uhr, so / wie man uns beschieden hatte, / in dem dorffe angeKommen / waren, so traffen wir Be- / reits alles in Lustbahr- / Keiten

---

ᵃ bey denen wald Volker⌈)⌉ *über der Zeile* ᵇ d_{ie} *verbessert aus* s ᶜ *nach* Tag *gestr.* daZu ᵈ Zur HochZeit *über der Zeile* ᵉ _{Vor}saget *verbessert aus* lieset; _{Vor}saget *über der Zeile* ᶠ *vor wie gestr.* und ᵍ aber *über der Zeile*; a_{ber} *verbessert aus* e_{ben} ʰ w_{el}_{ches} *verbessert aus* [..] ⁱ d_{ie} *verbessert aus* [.] ʲ Von *über der Zeile* ᵏ _{Vornehm}en *verbessert aus* [..] ˡ von wie es aber in der *bis* ein Abyss Verricht⌈)⌉ *rechts marginal* ᵐ von Die Nasamons *bis* p. 393. *auf Bl.* 47r *rechts marginal*

begriffen.ᵃ Zwey Häuser waren auf / einem Hofe, in dereⁿ̄ᵇ einem / sichᶜ dieᵈ brautᵉ befandeᶠ mit / allem FrauenZimmer, das / Zur HochZeit geladen war, / und mit ihren anVerwandt͞enˡ / In dem ander͞enˡ aberᵍ hielte sich der / bräutigam auf mit seineⁿ̄ / AnVerwandteⁿ̄ʰ, und mit deneⁿ̄ / Gästen, so er Von seiner Seite / geladen hatte. Dieser Unter- / scheid ist nur, wenn der bräu- / tigam anⁱ demselbeⁿ̄ Orte nicht / seine eigene Wohnung hat. / Gehöret er mitʲ der braut / in einer Stadt oder dorffe / Zu hause, so bleibet er mit / seinen Gästen in seinem eigenen / Hause, so lange bis͞sˡ die / Trauungsᵏ Ceremonie, wie un / Ten folgen wird, ihren anfang / nimmtˡ

Eine jede / Gesellschafft sowohl Bey der braut als brautigamᵐ hatte eine / Music Von Schalmeyen⁹⁹ / und schlechten Violinen mit einer noch schlechter͞enˡ vocal musicⁿ / außer welchenᵒ Auf dem Hofe noch eine art / Von Kleinen Pauken gerühret / wurde, dergl͞eichenˡ oben in dem Capitel /48r/ Von der Music beschrieben sind¹⁰⁰. / So schlecht die Music war / so hatte sie doch Viel Zuhörer / und war ein gros͞sˡes Gedrän- / ge. Bey allen Tatarisch͞enˡ / Solennität͞enˡ¹⁰¹ wird ein Wett- / Lauff Aufᵖ Pferden ange- / stellet, und gewis͞sˡe prae- / mia ausgesetztet, die denen- / jenigen Zu Theile werden, / welcheᵍ imʳ Lauff͞enˡ Zu erst das / Ziel erreichen.ˢ / Es waren / auf 30ᵗ bis͞sˡ 40ᵘ Pferde Von deneⁿ̄ besteⁿ̄ Lauffer͞nˡᵛ / in TobolsK¹⁰² daZu ausgesuchet / welche von Kleinen Knaben geritten wurdeⁿ̄ undʷ Von dem Ufer des / Irtisch¹⁰³ fl͞ussesˡ in der Gegend / der Tatarisch͞enˡ Slobode¹⁰⁴ / oder, da wo Zunächstˣ unter / den Berge der bach Kur- / djumKa einfällt¹⁰⁵, Morgens / um 10 Uhr alle Zugleichʸ ablauffen mustenˡ / Die ersten davon Kamen / um 11 Uhr Zu SabanaK / aul¹⁰⁶ an. Man hatte uns / und die Übrige HochZeits-Gäste / erinnert, daß diese Lustbahr- / Keitᶻ Vor sich gehen sollte, deß- / wegen war alles auf dem Hofe /48v/ Versammlet, allwoᵃᵃ Zwey Reyhen / Von Preysen, die eine Von dem / Bräutigam, die andere Von der / Braut Seiteᵇᵇ aufgestellet / waren. Die Preyse Von des / Brautigams Seite waren ein Stuk / rother Damast, ein Fuchsbalgᶜᶜ / ein

---

ᵃ nach begriffen gestr. Das / Manns Volk war mit dem brautigam |: mit dem brautigam über der Zeile :| in einer |: einer verbessert aus einem :| Besonder₍ grossen Stube |: Stube über gestr. Zimmer :| / und das FrauenZimmer / bey der braut |: bey der braut über der Zeile :| auch Besonders. ᵇ dere₍ verbessert aus n[..] ᶜ 1 über sich ᵈ 2 über die ᵉ 3 über braut ᶠ 4 über befande ᵍ aber über der Zeile ʰ A₍ₙVerwandte₎ verbessert aus [.] ⁱ a₍ₙ verbessert aus [.] ʲ m₍ᵢₜ verbessert aus [.] ᵏ Trauung₍s verbessert aus [.] ˡ von Zwey Häuser waren auf / einem Hofe, bis anfang / nimmt rechts marginal ᵐ sowohl Bey der braut als brautigam über der Zeile ⁿ mit einer noch schlechter₍ vocal music über der Zeile ᵒ außer welchen über der Zeile ᵖ Auf verbessert aus [...] ᵍ welche über der Zeile ʳ vor im gestr. die ˢ nach erreichen. gestr. Solches ge- / schahe auch hier. ᵗ 3₍₀ verbessert aus 2 ᵘ 4₍₀ verbessert aus 3 ᵛ Von dene₍ beste₍ Lauffer₍ über der Zeile ʷ von Kleinen Knaben geritten wurde₍ und über der Zeile ˣ Z₍ᵤn₎ächst verbessert aus [.] ʸ alle Zugleich über der Zeile ᶻ Lustba₍ₕᵣKeit verbessert aus [......] ᵃᵃ allwo verbessert aus [.] ᵇᵇ Se₍ᵢₜₑ verbessert aus [..] ᶜᶜ ₍Fuchs₎ba₍lg verbessert aus Fuchs[..]i[.]

stük grüner *Cham*[107], ein / Stük *Tschaldar*[108] und eine roth / gegerbte[109] Pferde-
Haut. Von der / Braut Seiten waren dagegen / ausgesetzet ein Stük *violet* /
Damast, ein Stük roth und / weiß gestreifft *Darei*[110], ein Otter- / Fell[111], ein Stük
roth *KitaiKa* / und eine roth gegerbte[112] Pferde / Haut. So daß ins gesammt 10
Preyse waren[a] Alles war an hohen / Steken aufgehänget[b] die *Perpendicular*[c] / in
die Erde gepflanzet waren. / Als nun die WettLauffer / anKamen[d], so wurden
ihnen / Von Besonders[e] daZu Bestellten / Richtern, die Preyse aus beyden
Reihen[f] ausge- / Theilet in der Ordnung wie / die waaren nach einander / im[g]
Werthe[h] abfielen. Die / ersten drey Knaben welche fast Zu gleicher Zeit
anKamen[i] beKamen / die Zwey Stüke *Damast* und / das Stük *Darei*[113]. Eine gute
/49r/ weile darauf Kamen drey / andere an, welchen das otter- / Fell[114], der rothe
KitaiKa und der / Fuchsbalg gegeben wurde / diejenige so nächst diesen /
anKamen, erhielten den grünen / *Cham*, das Stük *Tschaldar*[115] / und die[j] rothe
Pferde / Häute worauf die übrige / so[k] zu sPäth Kamen[l], und / ohne Preyse
ausgiengen / Verlachet und durch Klatschen / und Pfeiffen Beschämet wurden.
Die Knaben / oder Reuter waren Theils / Von *Tatar*ischer Theils Rus[s]i- / scher
Nation. Alle waren / sehr dünn beKleidet in weiten bein[m] Kleidern Von
Leinwand[116],[n] ohner- / achtet selbigen Tag die Kälte / nicht gelinde war: und
hatten / sich doch Von dem starken / *galopir*en ziemlich erhitzet. / Beym
AusTheilen der Preyse / hörte man[o] Zuweilen[p] Zank und / Klagen,[q] das[s] dabey /
Partheyisch Verfahren wurde
Bald nach dieser LustbahrKeit[r] fieng sich die eigenTliche / HochZeits
Ceremonie / um die Mittags Zeit / folgender Mas[s]en an:[s] /49v/ Der Bräutigam
mit seinen / Gästen sollten nunmehro / Zu der *Copulation*[117] nach / der braut-
Hause abge- / führet werden. Zu solchem / Ende wurde er Von[t] Zweyen
Anwerbern / oder nach Rus[s]ischem *Stilo DruschKi*[118] / begleitet,[u] welche ihm
meistens[v] / Zu beyden Seiten,[w] / Zuweilen Vor ihm hergiengen[x], und der / übrige
Schwarm der Gäste[y] folgte hin- / Ten nach. Man gieng dreymahl / im Hofe
herum, ohnweit dem / GeZäune, und paßirte jedes- / mahl die Fenster

---

[a] So daß ins gesammt 10 Preyse war, *über der Zeile*   [b] aufgehänget *über der Zeile*   [c] pe$_{\text{rpendicular}}$ *verbessert aus* [.]   [d] $_{\text{anKam}}$en *verbessert aus* [..]   [e] B$_{\text{esonders}}$ *verbessert aus* d   [f] aus beyden Reihen *über der Zeile*   [g] nach im *gestr.* Preyse   [h] Werthe *über der Zeile*   [i] welche fast Zu gleicher Zeit anKame, *über der Zeile*   [j] nach die *gestr.* Zwey   [k] nach so *gestr.* die letzte, ware,   [l] zu sPäth Kame, *über der Zeile*   [m] b$_{\text{ein}}$ *verbessert aus* [.]   [n] in weiten bein Kleidern Von Leinwand, *über der Zeile*   [o] hörte man *über der Zeile*   [p] vor Zuweilen *gestr.* war   [q] nach Klagen, *gestr.* Zu hören   [r] nach LustbahrKeit *gestr.* wurde von dem Brautigam / und seiner Bey sich habenden /49v/ Gesellschafft eine Procession / durch den Hoff Vorgenommen / wobey folgende Umstände Merk- / wurdig waren.   [s] von fieng sich die *bis* Massen an: *rechts marginal*   [t] von Der Bräutigam mit *bis* wurde er Von *rechts marginal*   [u] begleitet, *verbessert aus* $_{\text{begleitet}}$e); *nach* begleitet, *gestr.* den Brautigam   [v] m$_{\text{eis}}$$_{\text{tens}}$ *verbessert aus* [...]; welche ihm meistens *über der Zeile*   [w] nach Seiten, *gestr.* giengen auch   [x] $_{\text{her}}$giengen *über der Zeile*   [y] der Gäste *über der Zeile*

desjenige⌈n⌉ᵃ / Zimmers, in welchem sich die / Braut befand. Als dieses / Zum ersten Mahle geschahe / so wurden aus den Fenster⌈n⌉ / des⌈s⌉elbig⌈en⌉ Zimmers Viele Kleine / Stükgen und Lappen Von / Seidenen und Baumwollene⌈n⌉ / Zeuge⌈n⌉ unter das Volk, welches / der *ceremonie* Zusahe, aus- / geworffe⌈n⌉, und mit gros⌈s⌉em / Gedränge aufgeraffet.

Inmittelst hatte sich die Geist- / LichKeit welche aus einem *Achun* und Zwey *Abysse*n¹¹⁹ Bestundeᵇ mit denen AnVer- / wandte⌈n⌉ der braut, in der / Braut-Hause in einem beson- / dern Zimmer Versamlet. Sie / saas⌈s⌉en auf denen Breiten Bänke⌈n⌉ /50r/ an der Wand herum, und / zwarᶜ derᵈ *Achun* in dem Vor- / nehmsten winkel¹²⁰ der Stube, die / Zwey *Abysse*¹²¹ neben ihm Zur / Seiten, und die übrige⌈n⌉ Gäste / und anwesende nach Standes / Gebühr. Die an der Wand / Keinen Platz bekommeneᵉ hatte⌈n⌉ᶠ, saße⌈n⌉ᵍ / Vorʰ denen ersten in einer / Zweyten und dritten Reyhe.

Als nun der brautigam seine / *Procession* auf dem Hofe ge- / endiget, wurde er in der / Braut Hauß geführet. Er / Kam aber nicht gerade in / die HochZeits Stube, sonder⌈n⌉ / muste im VorHause warten, / bis⌈s⌉ seine Zwey Anwerber / Bey dem *Achun* angefraget / undⁱ Zur antwort erhalte⌈n⌉ʲ / hatte⌈n⌉, daß die *ceremo- / nie* würklich vor sichᵏ gehe⌈n⌉ solle. / Die Anwerberˡ Legten daraufᵐ nach Ein- / Tritt des Bräutigamsⁿ / ihre Anwerbung noch einmahl / *publice*¹²² und *in forma*¹²³ ab. / Indem aber weder die Braut / noch sonst ein anderes Frauen- / Zimmer in derselb⌈en⌉ᵒ Stubeᵖ / Zugege⌈n⌉ᵠ war, so schikte der /50v/ *Achun* hin, um das Ja-wort / einZunehmen,ʳ welchesˢ / bald anKam, woraufᵗ / der *Achun* eine Kurtze Er- / mahnung hielte, wie der bräu- / tigam mit seiner ZuKünftig⌈en⌉ᵘ / Frau friedlich und Liebreich / Leben,ᵛ undʷ ohne / derselben Einwilligung Zu / Keiner Zweyte⌈n⌉ Ehe schreite⌈n⌉ / solle. Der brautigam schien / dabey sehr bestürtzt oder / schamhafft Zu seyn. Er / wurde Von dem *Achun* gefragt / ob er VersPreche, solchen Ehe- / stands-Pflichtenˣ in allen Stüke⌈n⌉ / nach Zu Kommen: allein es / war Kein Wort vonʸ ihm Zu / hören. Er hatte seine Augen / Zur Erden niedergeschlage⌈n⌉ / und seine Freywerberᶻ¹²⁴ / thatenᵃᵃ anᵇᵇ seiner Statt / dieᶜᶜ Angelobung. / Hiernächst segnete der *Achun* / den Bräutigam

---

ᵃ ₀ₑSjenige) *verbessert aus* [.]   ᵇ welche aus einem Achun und Zwey Abyssen Bestunde *über der Zeile*
ᶜ *nach* zwar *gestr.* d[..]   ᵈ der *über der Zeile*   ᵉ ₀ₑₖommen *verbessert aus* [.....]   ᶠ hatte) *über der Zeile*
ᵍ ₛaß_ₑ) *verbessert aus* [..]   ʰ vor Vor *gestr.* sich   ⁱ *nach* und *gestr.* ihm die Nachricht Zurükge- / Bracht   ʲ Zur antwort erhalte) *über der Zeile*   ᵏ sich *verbessert aus* [...]   ˡ *nach* Anwerber *gestr.*
fragten   ᵐ Legten darauf *über der Zeile*   ⁿ *nach* Bräutigams *gestr.* [...]   ᵒ ₀ₑᵣselb) *verbessert aus* [.]
ᵖ Stube *verbessert aus* [.....]   ᵠ Z_ᵤgege) *verbessert aus* [.]   ʳ *nach* einZunehmen, *gestr.* dieses geschahe
ˢ welches *über der Zeile*   ᵗ *nach* worauf *gestr.* denn   ᵘ Z_ᵤKünfftig) *verbessert aus* [.]   ᵛ L_ₑben *verbessert aus* [.]; *nach* Leben, *gestr.* solle   ʷ *nach* und *gestr.* wie er   ˣ ₀ₑEhestands-Pflᵢchten *verbessert aus* [.]   ʸ v_ₒn *verbessert aus* [.]   ᶻ F_ᵣeywerber *verbessert aus* [..]   ᵃᵃ thaten *über der Zeile*   ᵇᵇ *vor* an *gestr.* führten
ᶜᶜ*vor* die *gestr.* das Wort

mit der / abwesenden braut Zur / Ehe ein und wünschte ihnen / Glük; Verrichtete es[a] aber mit / einer solchen *Mine* die[b] wenig[c] / Andacht bliken Ließ. Er lachete /51r/ selber daZu: und alle An- / wesende führten ein gleiches / Gelächter. Was inmittelst / in der braut Zimmer Vor- / gegangen, weiß ich nicht. So / Viel ist gewiß, das[s] Bey Kei- / ner Muhammedanische[n][d] Tatarisch[en][e] Trauungs- oder / HochZeits-*Ceremonie* die braut / oder sonst ein FrauenZimmer / sich[f] sehen[g] Läs[s]et. Es ist sol- / ches Bey diesen Tataren / Bloß eine *Affectation*[125] und / Nachahmung anderer *Orien- / Tali*sche[n] Völker als Türk[en] / und Perser, mit welch[en] sie / einerley Religion beKenne[n] / denn sonst[h] ist bey ihnen[i] das FrauenZimmer[j] Zu Hause / im Gemeinen Umgange[k] / nicht so Zärtlich gewöhnet / daß es vor fremden Manns / Persone[n] sich nicht sollte sehe[n] / Las[s]en.
Sofort nach geendigter / Trauung wurden einige Hüthe / Zuker[l] in Stüken Zerschlage[n], / Vermuthlich um die Annehm- / LichKeit des Ehestandes dadurch / abzubilden, und auf Teller[n] / Zuerst der GeistlichKeit, hier- / nächst allen anwesenden Gäste[n] / *presenti*ret. Ein jeder nahm / ein Stük und aß es. doch /51v/ war in der Grös[s]e der Stükgen / Zuker die denen Geistlichen / Presentiret wurden, einiger / Unterschied für dene[n] übrige[n] / wahrZunehmen.
Nach diesem begab sich der / brautigam mit allen Hoch- / Zeits-Gäste[n] in eine andere / Stube, allwo auf denen / Breiten Bänken allerley / SPeisen nach ihrer Art *servi- / ret* wurden. Da gieng es / an ein Schmausen, Bis[s] in / die SPäthe Nacht,[m] und biß[n] man / den[o] bräutigam mit seiner / braut[p] Zu bette / begleitete. Wir warteten[q] / aber solches nicht ab, son- / dern fuhren Nachmittags wie- / der nach *TobolsK*[126] Zurük: / und hörete[n] nachgehends, daß / diese Freude noch den fol- / genden und dritten Tag / *continui*ret worden. Worauf / der[r] Junge Ehe- / mann mit seiner Jungen / Frau, und mit einem reiche[n] / brautschatze seine Rük- / reise nach *Tumeen*[127] Vorgenomme[n].
| : Bey dene[n] Heidnische[n] Tatare[n] im / *Krasnoj[arskischen]* Gebiethe pfleget aus[s]er / der *Kalum* noch Vielmahl der / brautigam, wenn er die braut / besuchet, geschlachtetes Vieh brandwein / *Kumyss*, mit Zu nehm[en] u[nd] den Schwieger- / Vater und die braut damit Zu *tractir[en]*[128] / dabey hat er gemeiniglich die Freyheit, wie / wohl nicht offentlich sonder[n] heimlich der / braut

---

[a] es *über der Zeile* [b] *nach* die *gestr.* Keine [c] wenig *über der Zeile* [d] Muhammedanische) *über der Zeile* [e] Tatarisch) *gestr. und punktiert unterstrichen* [f] sich *über der Zeile* [g] *vor* sehen *gestr.* Zu; *nach* sehen *gestr. ist* [h] *nach* sonst *gestr.* sind sie [i] *nach* ihnen *gestr. ist* [j] ist bey ihnen das FrauenZimmer *über der Zeile* [k] *nach* Umgange *gestr.* Bey ihne) [l] zuker *verbessert aus* ü [m] *nach* Nacht, *gestr.* da [n] und biß *über der Zeile* [o] d[en] *verbessert aus* [.] [p] *vor* braut *gestr.* brau[.] Zu [q] warteten *verbessert aus* [...] [r] d[er] *verbessert aus* D; *nach* der *gestr.* brautigam

connivendo[a][129] ehelich[b] beyZuwohn[en] / wenn der[c] Tag Zur Hochzeit bestimmet / ist so gehet der brautigam mit einig[en][d] / seiner Nächst[en] Anverwandt[en] und ein / paar weiber[n] als свахы[130] begleitet / um die braut abZuhohle[n], welche hinwie- / derum Von ihrer Seite von einigen / Wenig[en] ihrer brüder oder nachst[en] anVer- / wandt[en] nebst ein paar *Swach*en[131] be- / gleitet wird. Sie wird alsdenn in die / jenige Jurte geführet, welche für den / brautigam neu aufgebauet ist, und / übernachtet darin mit[e] ihren *Swache*[n][f][132] und alle[n] / Magdgens aus der Nachbahrschafft[g] bis[s] Zur HochZeit. Dieselbe / erfolget 2 oder 3 Tage hernach, und / hohlet der brautigam mit einigem Ge- / folge seine SchwiegerElter[n] daZu ab. / Sobald die angeKomme[n] gehet ans Eße[n] / und Trinke[n] Die Beyden Vater des / EhePaares mit dem brautigam und / allen anVerwandt[en] und weiber[n] es[s]en / unter freyem Himmel, die braut mit / ihren Mägdgens es[s]en in der Jurte alleine / darauf müs[s]en die Magdgens abgehe[n] / und einige weiber, worunter die *Swachi*[133] / die Vornehmsten sind, begebe[n] sich Zur Braut, / flechte[n] ihr die Haare in 2 HaarZöpffe / Legen ihr das *Schigedek*[134] an, und führe[n] / sie darauff hin Zu des brautigams Vater. / Sie Lehnet sich währendem gehen gebükt / auf den Rüken einer Von ihre[n] *Swache*[n][135] / und hat noch daZu den Kopff mit / einem Tuche bedekt, damit der Schwieger / Vater sie nicht sehe[n] möge. Wenn sie Vor / des Schwieger Vaters Jurte Kommt, so ist / daselbst auswendig ein *WoiloK* Vor der / Thur ausgebreitet, auf demselb[en] büket / sie sich nebst der *Swache*[136] dreymahl gege[n] / Sonne[n]aufgang. und wenn sie Vor den / Schwieger Vater Kommt, so büket sie sich / Vor demselb[en] wieder 3 Mahl und eben / so Vor der Schwieger Mutter. Der Schwieger- / Vater, wünschet ihr Glük, ermahnet sie / Zu allem Gut[en] u[nd] beschenket sie[h] mit einem Stük Vieh :|[i] /52r/ |: hat der SchwiegerVater einen Vater / oder einen älter[en] bruder oder der / brautigam hat einen älter[en] bruder / so gehet sie Zu selbig[en] gleichfalls / und da wird alles obige wiederhohlet / so gehet sie auch Zuweile[n] Zu ander[en] / Nahen anverwandt[en], wenn welche daselbst / wohne[n], aber nicht so Verhüllet,[j] / es sey denn, daß von erster[en] jemand / mit Zugege[n] sey. Sie wird aller / Ort[en] beschenket damit Kommt die / Nacht herbey und man führet den / brautigam mit der braut Zu- / samme[n] in die erstere Jurte / allwo sie mit einander übernacht[en] / findet der brautigam die braut / nicht Jungfer und ist selber am / *anticipato concubitu*[137] unschuldig, / so wirfft er solches den folgende[n] / Morgen dem SchwiegerVater nach- / drüklich

---

[a] *nach* connivendo *gestr.* heimlich   [b] ehelich *über der Zeile*   [c] [d]er *verbessert aus* [..]   [d] ein[i]g) *verbessert aus* [.]   [e] *nach mit gestr.* weiber)   [f] ihren Swache) *über der Zeile*   [g] aus der Nachbahrschafft *über der Zeile*   [h] sie *über der Zeile*   [i] *von* Bey dene) Heidnische) Tatare) *bis* mit einem Stük Vieh *rechts marginal*   [j] *nach* Verhüllet, *gestr.* als

Vor und anstatt daß die / LustbahrKeit[en] sollt[en] *continuir*et / werde[n], werde[n] solche davon Zuweile[n]ᵃ / gar auf einmahl abgebroche[n], und / die braut tuchtig abgeprugelt / bis[s] sie bekennt wer ihr ZuVorge- / Komm[en], an dem man hernach sein[en] / *Regress*¹³⁸ suchet. Sonst aber währ[en] / die LustbahrKeit[en] noch Gemeiniglich / den ander[en] u[nd] 3te[n] Tag in einen / Schmause fort. Die Braut leget / die Hose[n] selber ab, und brauchet / nicht Von dem bräutigam daZu mit / Gewalt genöthiget Zu werde[n]. :|ᵇ
Nach der *Mungali*sche[n] und / *Chalmüki*sche[n] oder *Dalai- / Lami*schen Religion¹³⁹ wird / gleichfalls Keine HochZeit / ohne Priesterliche Einsegnung / VollZoge[n]. Gemeiniglich Thut / solches ein *Gezül*¹⁴⁰ unter / *Assistenz* anderer Geistliche[n] / Niedriger[en] Standes, und / *dependir*et¹⁴¹ es von dem Bräu- / Tigam, wie viel Geistliche und / von was für Stande er Zur / Hochzeit laden will. Die / *Dalailami*sche Religion ist / Voll von Vielem aberglaube[n] / wegen glüklicher und un- / glüklicher Tage. Die Geistlich- / Keit hat daZu besondere bücher / und Ausrechnunge[n], wie an / seinem Orte soll gesagt werd[en]. / Soll nun eine Hochzeit vor sich / gehe[n] so bittet der bräutigam / oder des[s]elbe[n] Vater einen / *Gezül*¹⁴² oder ander[en] von der Geist- / LichKeit, daß er ihm den Tag / daZu bestimmenᶜ möge. Dieser / Läs[s]et sich Zu solchem Ende das / Jahr und den Tag, anᵈ welchem Zuforderstᵉ / die brautᶠ / hernächst aber auchᵍ der / bräutigam gebohren ist, sage[n] / und nach diesen Geburths-Tagen / befinden sich ihrem Vorgeben nachʰ in einem jeden derer /52v/ folgenden Jahre sowohl für den / die braut als den bräutigam / Zwey Tage, die für andern / glüklich sind, um an denselb[en] / die Heyrath zu VollZiehen. / Einige Tage dagegen halten / sie nach dem *Horoscopo* Von / sehr unglüklicher Vorbedeutung / Zuweilen soll es sich Zu tragen, / das[s] die glükliche Tage der / Braut und des Brautigams / mit einander eintreffenⁱ, und / da ist die Vorbedeutung um / so Viel glüklicher.ʲ Man richtet sich am Meiste[n] / nach dene[n] glücklichen Tage[n] / die der *Horoscopus* der / braut anZeiget: Sogar / daß wenn es sich Trifft,ᵏ / daß der Vor die / Braut Glükliche Tag nach / dem *Horoscopo* des Brautigams / für denselbe[n] Von unglüklicher / Vorbedeutung ist, darauf nicht / gesehe[n] wird. Sind aber die / glükliche Tage sowohl der braut / als des brautigams in dem- / selbe[n] Jahre schon Verflos[s]en / so wird die HochZeit bis[s] auf / das folgende Jahr aufgescho- / ben.

ᵃ Z_{uweile)} *verbessert aus* d   ᵇ *von* hat der SchwiegerVater einen *bis* genöthiget Zu werde). *rechts marginal*   ᶜ bestimmen *verbessert aus* [.]   ᵈ an *verbessert aus* [..]   ᵉ Zuforderst *rechts von der Zeile*
ᶠ *nach* braut *gestr.* gebohren ist, sagen   ᵍ *nach* auch *gestr.* da   ʰ ihrem Vorgeben nach *über der Zeile*
ⁱ ein_{treffen} *verbessert aus* [...]   ʲ *nach* glüklicher *gestr.* Trifft / es sich aber   ᵏ *von* Man richtet sich am Meiste) *bis* wenn es sich Trifft, *rechts marginal*

An dem Zur Hochzeit Bestimmte͡n / Tage muß der bräutigam die braut / nach seiner Wohnung abhohle͡n / Er begiebt sich Zu solchem Ende / im Geleite seiner Nächsten An- / Verwandte͡n Zu ihr hin: und die /53r/ Braut wird wieder Von ihren / Elter͡n und AnVerwandte͡n / nach der Wohnung des bräu- / Tigams begleitet. Ist die / Wohnung des^a bräutigams / Von der braut Heymath weit / entlege͡n, so muß die Reise / so eingerichtet werde͡n, daß sie / genau an dem bestimmte͡n Tage / in des bräutigams Behau- / sung einTreffe͡n.
Sobald sie angeKommen ist / die Geistlichkeit fertig mit räu- / chern[143], um alle Unsaubere / Geister Zu Vertreibe͡n. Hiernächst / werden die Gottheite͡n, nach ihrer / Redens Art aus denen Zehn Ge- / gende͡n der Welt Zusammen / geruffe͡n. Man Lieset Gebethe / Klinget daZu mit einem Glöklein, / und während diesen Gebethe͡n wird / was͡ser, das^b mit Milch vermischet / ist, eingeweihet, womit der bräu- / Tigam und die braut nach Vollen- / dung des Gebethes ihre Gesichter / wasche͡n. Darauf Leget der / *Lama*[144] denen Neu Verlobte͡n / ein Buch auf den Kopff Zur / Einsegnung, und endiget die / *Ceremonie* mit einem Glukwünsche / daß sie in^c ihrer Ehe^d / an LeibesFrüchte͡n^e und^f andere͡n glük- /^g /53v/ seelichKeite͡n die Fulle habe͡n möge͡n.
Nachdem solches geschehe͡n fänget / sich das Gast=Geboth^h[145] an, wobey / so Geist- als Weltliche sich Belu- / stigen. Der eintzige Brautigam / mit der Braut dörffen nicht / eher daran Theil nehmen, Bis͡s / sie die Ehe durch *solenne*[146] Bey- / Wohnung Bestätiget. Zu solchem / Ende führt man sie in eine / Besondere *Jurt*e, die der Brautigam / Vorher daZu *aptir*en[147] Las͡sen: / und wenn auch dieses vollbracht / so findet^i sich das Junge Paar^j gleichfalls / Zum Schmausen ein, womit / Bey Begüterte͡n Leuten auf 5 / Bis͡s 10 Tage Zugebracht: Auch / dabey aus͡ser denen gewöhnliche͡n / LustbahrKeite͡n, die in Singen / SPielen und Tantze͡n Bestehe͡n, / Täglich Verschiedene Kämpffer / Zum Ringen aufgeführet werde͡n.
Diese Hochzeits-*Ceremonie* ist^k / was *Sibir*ien betrifft, Bloß^l auf / diejenige Mungalen und *BrazKi* / *restringir*et[148], welche in der Nach- / bahrschafft Von *SelenginsK* wohne͡n / und der *Dalailami*sche͡n Religion / Zugethan sind. Durch die gantze /54r/ *Mongol*ey soll selbige auf gleiche / weise eingeführet seyn. Und welche Von / ihren Geistliche͡n^m aus *Tangut* ge- / bürtig^n seyn, / dieselbige sagen, daß auch ihre^o / Landes-Gewohnheite͡n in allen Stüke͡n / damit überein

---

^a _de_s *verbessert aus* [.]   ^b _da_s *verbessert aus* [.]   ^c _i_n *verbessert aus* ch   ^d *nach* Ehe *gestr.* sowohl   ^e *nach* LeibesFrüchte_)_ *gestr.* als   ^f *und über der Zeile*   ^g *folgt* seelichKeit_)_   ^h _Gast=_G_eboth_ *verbessert aus* [.]   ^i *nach* findet *gestr.* er   ^j *das* Junge Paar *über der Zeile*   ^k *nach* ist *gestr.* für   ^l _Bl_oß *verbessert aus* [..]   ^m *nach* Geistlichen *gestr.* die   ^n *nach* gebürtig *gestr.* oder daselbst gewese_)_   ^o ih_re_ *verbessert aus* [..]

Komm[en]. Ich / muthmas[s]e daher, daß einige / Umstände gar mit der Religion^a aus *Tangut* / ihren UrsPrung habe[n] müs[s]en / als sonderlich die *solenne*$^{b\,149}$ eheliche Beywohnung,^{c} / dergleichen Bey denen übrigen *Brazki* / um *IrKuzK*^{150}, *WercholensK*^{151}, p[erge] / nicht üblich ist.

Diese, weil sie ohne GeistlichKeit und / Religion sind, Bestimmen den / Tag der HochZeit selber, nach dene[n] / Umständen ihres Vermögens, auf / eine solche Zeit, daß sie sich mit / allen NothwendigKeite[n] daZu anschike[n] / Könne[n]. Der Bräutigam hohlet / seine braut ab, wie bey dene[n] *Mon-* / *gol*en, nur^d wird er^e nicht alleZeit / Von seinen AnVerwandt[en] Beglei- / Tet. Meistens^f hat er nur / einen Freywerber^{152} Bey sich, der / für ihn das wort führet. Zuweile[n] / ist er auch gantz allein: weil^g / er glaubt, es Brauche Keiner / *Complimente*, wo man schon so / nahe in bekandtschafft stehet. /54v/ Inmittelst haben sich sowohl / Bey der Braut als des Brautigams / Elter[n] die HochZeits-Gäste, so- / wohl verwandte^h als andere / gute Freunde eingefunden. Es / ist nicht nöthig, daß man alle dar- / Zu ladet: solches geschiehet nur / Bey denen die weit entfernet wohne[n], / um ihnen die anbestimmte Zeit / Bekandt Zu machen. Alle übrige / stellen sich Von freyen Stüken ein. / Es ist auch gebräuchlich, daß^i die / HochZeits-Gäste etwas Zum / Geschenke mit bringen; welches / Bey der Braut mehrenTheils in / Geschlachtetem Viehe und Butter / Bey dem bräutigam in *Kumyss* / und Brandtwein bestehet.

Die Braut wird Von ihren Eltern^j / und allen AnVerwandt[en] Männl[ichen] / und Weibl[ichen] Geschlechtes, wie^k nicht / Weniger Von dene[n] übrige[n] Bey ihr / Versammlet[en] HochZeits gäste[n] Begleitet: / und ist der *Train*^{153} Zuweilen auf / 50 biß 100 Person[en] stark, / welche alle Zu Pferde reiten. Sind / sie Bis[s] etwan auf den halben / Weg Zu des brautigams wohnunge[n] / geKomm[en], oder nachdem die *Di-* / *stantz* ist, bis[s] ohngefähr noch 10 / werste übrig sind, so reitet der /55r/ bräutigam Voraus, um seinen Elter[n] / und AnVerwandt[en] Von der An- / Kunfft der Braut Nachricht Zu gebe[n]. / welche sofort der braut ent- / gege[n] reite[n], und in Ledernen / Gefäs[s]en, als oben^{154} unter dem Nahme[n] / *KuKur*^{155} angemerkt sind, Brandt- / wein und *Kumyss*, auch etwas / Fleisch mit sich führen, womit / sie den *Train*^{156} der braut unterwegs / Bis[s] Zu ihren Wohnunge[n] bewirth[en].

Das Geschlachtete Vieh und der / Vorrath Von Butter, so der Braut / Zum HochZeitsGeschenke gebracht / worden, und was ihre Elter[n] / Von dem ihrigen noch daZu Thun, / wird auf Pferden oder Schlitte[n] / mitgeführet Wenn Beyde /

---

^{a} gar mit der Religion *über der Zeile* ^{b} solenne *über der Zeile* ^{c} *nach* Beywohnung, *die folgende Zeile gestr. während daß die HochZeits Gaste* ^{d} *nach* nur *gestr. ist* ^{e} wird er *über der Zeile* ^{f} Meist$_{ens}$ *verbessert aus* d[....] ^{g} weil *verbessert aus* [...] ^{h} $_{ver}$W$_{andte}$ *verbessert aus* [.] ^{i} $_{da}$ß *verbessert aus* [.] ^{j} $_{El}$tern *verbessert aus* [.] ^{k} w$_{ie}$ *verbessert aus* b[.].

*Famili*en reich und Vornehm sind, / oder wenn nur das Geschlechte / der Braut Zahlreich ist, so / Beläuffet sich die Menge des Ge- / schlachteten Viehes Zuweilen auf / 40, 50 bis 60 Stük; darunter / pflegen auf 10 Füllens im Zweyten / Jahr | *gunàn*¹⁵⁷ | und auf 10 Ochsen- / Kälber, gleichfalls im Zweyten / Jahr | *KatdschiriK*¹⁵⁸ | das übrige / aber Hammels und Schafe Zu / seyn. Der Vorrath Vonᵃ Butter aber belaufft sich / bey Vornehmen HochZeiten auf 20 /55v/ Bis 30 Pud.

Auch wird ein Theil des Braut-Schatzes / Mitᵇ in demselben *Train*¹⁵⁹ geführet: / nemlich alle Kleider, ein Bette / mit Deke und Küssen¹⁶⁰, ein oder / Zwey Kessel, eine grosse flache / Schüssel Von *Tschugun*ᶜ¹⁶¹, ein dreyfuss, / und was sonst noch Zur Hauß- / haltung und HaussArbeit fürᵈ / Gefasse *Instrument*e und Vorrath / gehören. Reiche Leute geben auch ihren / Töchtern eine *Jurt*e Von *Woi*- / *lok*en mit, welche sonst unter / denen *BrazKi* diesseits dem / See *Baical*¹⁶² nicht üblich sind.ᵉ Nur ist der BrautSchatz / an Vieh nicht mit darunter Begriffenᶠ / als welchen der Schwieger Vater / dem Brautigam entweder noch Vor / oder nach der HochZeit Zuschikt.ᵍ

Sobald die braut Bey denen / Wohnungen des Bräutigams an- / geKommen ist, wird sie in eine / *Jurt*e geführet, welche Vorʰ den Bräu- / Tigam Zubereitetⁱ ist. Die Schwie- / ger-Töchter haben für ihren Schwie- / ger-Vätern und allen die an der- / selben Statt sind, auch für denen / alteren brüdern des Mannes eine / besondere Ehrfurcht oder angenommene SchamhafftigKeitʲ. / Daher geschiehet /56r/ es dass die braut, sowenig Un- / Terwegs wenn sie Von des Brautigams / *familie* eingeholet wird, als nach- / gehends in des brautigams Jurte / sich für selbigen öffentlichᵏ sehen Lässet, / sondern sich alleZeit hinter andern / Frauen Volker Zu Versteken Bemühet.

Es gehet darauf ohne VerZug an / ein wohlLebenˡ die Anstalten werden / Von des brautigams Seite gemacht. / Manᵐ schlachtetⁿ einige Stük Von dem fettesten RindVieh, / Auch junge Hengste Undᵒ Schafe, / nach eines jeden Vermögen, und nachdem man Viel oder wenig Hoch- / Zeits-Gäste erwartet. Brandtwein / und *Kumyss* wird wird auch inᵖ des / Brautigams *familie* einige Zeit lang darauf gesParet, da- / mit ein gnugsamer Vorrathᵠ Vorhanden / sey, welcherʳ Vorbesagter Maassen / Nochˢ Von denen Hochzeits-Gästen / Verstärket

---

ᵃ Der Vorrath Von *über der Zeile*   ᵇ M_{it} *verbessert aus* [.]   ᶜ ₜS_{chugun} *verbessert aus* [.]   ᵈ f_{ür} *verbessert aus* [.]   ᵉ *von* Reiche Leute *bis* üblich sind *zur Einordnung hinter Klammern mit 1 gekennzeichnet*   ᶠ B_{egriffe)} *verbessert aus* [.]   ᵍ *von* Nur ist der BrautSchatz *bis* HochZeit Zuschikt. *zur Einordnung hinter Klammern mit 2 gekennzeichnet*   ʰ Vor *über der Zeile*   ⁱ Z_{ubereitet} *verbessert aus* [.]   ʲ *oder* angenommene SchamhafftigKeit *über der Zeile*   ᵏ öffentlich *über der Zeile*   ˡ *nach* wohlLebe_{)} *gestr.*, woZu   ᵐ *vor* Man *gestr.* sind.   ⁿ *nach* schlachtet *gestr.* daZu   ᵒ U_{nd} *verbessert aus* [.]   ᵖ in *verbessert aus* [..]   ᵠ Vorrath *über der Zeile*   ʳ _{welche}r *verbessert aus* [.]   ˢ No_{ch} *verbessert aus* [..]

wird. Von der / braut mitgebrachtem Vieh und butter / aber wird während[a] dem Hoch- / Zeits Fest in nichts Verbrauchet[b] / Solcher Vorrath dienet dem Neuen / Ehe Paare auf das[c] erste Jahr / Zu ihrem Unterhalt, und wird das / Fleisch Zu solchem Ende damit es nicht Verfaulen möge[d] Zu *UliKta* getroknet, und die Butter in die / Erde Vergrabe⌈n⌉ /56v/
Das Vornehmste HochZeits-Gerichte / ist derjenige Fleisch-Brey, welchen / sie *Tataschi*[163] nenne⌈n⌉. Doch wird / auch aus⌈s⌉er demselb⌈en⌉[e] auch[f] ge- / mein geKocht[g] und[h] gebraten[i] / Fleisch aufgesetzt. Man is⌈s⌉et / und Trinket Bis⌈s⌉ in die Nacht,[j] / Das Weiber-Volk singet und Tantzet, das Manns-Volk sPrin- / get, ringet und stellet wettläuffe / Zu Pferde an. Der Bräutigam / und die Braut sind dabey Be- / ständig Zugegen. Auch übernachteten[k] sie[l] dieselbe / erste Nacht noch[m] nicht Zusammen. / sondern die braut schläfft mit / ihren AnVerwandte⌈n⌉ in des Bräuti- / gams Jurte, der Bräutigam / aber in seines Vaters Jurte.
Den folgenden Morgen hohlet / der bräutigam seine braut ab, / und[n] gehet[o] mit derselbe⌈n⌉ in Be- / gleitung Vieler Weibs Persohnen Von / seiner und der braut-Seite, ohne / Gefolg Von Manns-Persone⌈n⌉, Zu des / Vaters Jurte. Er führet die / Braut an der Linken Hand.[p] / wenn er bis⌈s⌉ an den Eingang der / Jurte Kommt, so gehet er mit[q] ihr / rund[r] um die *Jurt*e Von /57r/ der rechten Seite herum, tritt / hiernächst in die Thür, und em- / pfängt Vom Vater und Mutter / oder demjenige⌈n⌉ der an des Vaters / Statt ist, den Seegen und Glük- / wunsch Zur Ehe und damit / Bey diesem *Actu* die braut sich / gleichfalls Vor ihrem SchwiegerVa- / ter und des Bräutigams altere⌈n⌉ / Bruder⌈n⌉ Verbergen möge, so träget / sie alsdenn das Gesichte mit einem / Um den Kopff gebundenen / Tuche Verhüllet.
Nach Empfang des Seegens gehet / der bräutigam mit der braut / und dem gantzen Gefolge wieder / nach seiner *Jurt*e, allwo den- / selbe⌈n⌉ Tag wieder *Tractir*et[164] / wird, worauf das junge Paar / die folgende Nacht den erste⌈n⌉ / ehlichen Beyschlafff *celebrir*et. / Auf die Zeichen der Jungfrau- / schafft wird dabey wenig geachtet. / Es Kann auch damit nicht leicht / richtig seyn, weil gemeiniglich / *anticipati concubitus*[165] Vorhergeh⌈en⌉. / Ist aber dieses nicht gewesen, / und der bräutigam hat doch / Argwohn, so setzet er so Lange / der braut Zu, bis⌈s⌉ sie ihm ent- / deket, wer die erste⌈n⌉ Früchte der /57v/ Liebe bey

---

[a] während *verbessert aus* B[.]   [b] Ver~brauchet~ *verbessert aus* ge; Ver~brauchet~ *über der Zeile*   [c] ~das~ *verbessert aus* [.]   [d] damit es nicht Verfaulen möge *über der Zeile*   [e] *nach* demselb) *gestr.* sowohl   [f] auch *über der Zeile*   [g] *nach* geKocht *gestr.* als   [h] und *über der Zeile*   [i] *nach* gebraten *gestr.* ~Gast~   [j] *nach* Nacht, *gestr.* / wobey sowohl der brautigam als / die braut Beständig Zugegen sind.   [k] ~übernachten~ *verbessert aus* [.]   [l] *vor* sie *gestr.* der bräutigam   [m] noch *über der Zeile*   [n] *nach* und *gestr.* Kommet   [o] gehet *über der Zeile*   [p] *nach* Hand. *gestr.* , und   [q] m~it~ *verbessert aus* [.]   [r] *vor* rund *gestr.* derselbe)

ihr genos⌈s⌉en: da er sich / denn Von selbigem^a den gethane⌈n⌉ / Eintrag mit einem oder Zwey / Ochsen beZahlen Läs⌈s⌉et.
Bey Keinem Volke sind die Hochzeits / *Solennität⌈en⌉*^{166} so sParsam Zugeschnitte⌈n⌉ / als Bey den⌈en⌉ Wald*Tunguse⌈n⌉*. Ihre / LebensArt Bringet solches Mit sich / weil sie allZu Zerstreuet wohnen / und nimmer über gros⌈s⌉en Vorrath / um Viel Gaste Zu bewirthen / haben Können. Es sind daher / Bey einer hochZeit nicht leicht / mehr als die Zwey *famili*en / die sich durch dieselbe Heyrath / unter einander VerKnüpffe⌈n⌉ / Zugegen. Trifft es sich aber / daß auch noch andere in der / Nähe sind, und^b sie haben so Viel / Fleisch in Vorrath, daß sie sich selbige Zu bewirthe⌈n⌉ getrauen / so gehet^c man sie dennoch nicht / Vorbey.
Sehr offters wird eine HochZeit / ohne alle Gasterey⌈en⌉ gehalte⌈n⌉ / Ist es aber so müs⌈s⌉en sich bey / derseits Elter⌈n⌉ in die Koste⌈n⌉ Theile⌈n⌉ / den ersten Tag ist es bey der /58r/ braut, den ander⌈en⌉ bey dem bräu- / Tigam. Der bräutigam / schläfft auch die erste Nacht / Bey der Braut in seines SchwiegerVaters Jurte, und nimmt sie erst den folgend⌈en⌉ Tag mit / sich nach^d hause.
Etwas besonders Bey ihnen / ist, das⌈s⌉ die Braut nicht anders / als mit Gewalt Zum erste⌈n⌉ Bey- / schlaffe Zu bringen ist. Sie / Leget ihre Hosen nicht selber / ab: sonder⌈n⌉ der brautigam / mus⌈s⌉ ihr dieselbe mit Gewalt / Vom Leibe reis⌈s⌉en. Einige Mägd- / gens sollen noch die HochzeitsHose / mit mehr Riemen als wie / sonst ZuKnüpffen, damit sie / dem Brautigam die Arbeit desto / saurer machen Sie setzen / eine besondere Ehre und Keuschheit^e darein, wenn / die braut sich Tapffer Zur Wehre / setzet. Und ist der bräutigam / nicht an Kräffte⌈n⌉ überlege⌈n⌉, so / gehen offters^f Viele Nächte Vorbey, Bis⌈s⌉ / die Sache Zum Völlige⌈n⌉ *Accord*^{167} / Kommt. Ja auch währender Ehe / und im Alter mus⌈s⌉ der Mann / dem Weibe^g die Hosen auflösen / und abZiehen; weil sie es für /58v/ eine^h Schande halten, / wenn die Frau solches selbst / Verrichten sollte. Welches auch / Bey denen übrigen Völker⌈n⌉ / guten Theils^i im Gebrauche ist, die aber in der / ersten Hochzeits-Nacht nicht so / Viel^j / Wiederstand finden.
Bey denen *JaKut*en sind folgende / Heyraths Gebräuche: Sie haben / Zuforderst eine Zweyfache Art / Von *Kalüm,*^{k} deren / eine sie in ihrer SPrache *Atỳ*^{168}, die andere^l *Sulù* nenne⌈n⌉. / Jene ist, wie die bey^m anderen Völkern gebräuchliche gemeine / *Kalüm*, da man wegen der Braut *accordir*et^{169}, dieselbe gleich^n einem

---

^{a} ₛₑₗbigem *verbessert aus* [.] ^{b} uₙd *verbessert aus* s ^{c} gₑhet *verbessert aus* [.]ₑ[...] ^{d} *nach* über *der Zeile*
^{e} und Keuschheit *über der Zeile* ^{f} offters *über der Zeile* ^{g} *nach* Weibe *gestr.* , [*Komma*] ^{h} *nach* eine *gestr.* große ^{i} guten Theils *über der Zeile* ^{j} *nach* Viel *gestr.* ceremonie gebrauchend[.] ^{k} *nach* Kalüm, *gestr.* da man wege ^{l} ₐnderₑ *verbessert aus* [..]; *nach* andere *gestr.* aber ^{m} bey *verbessert aus* [...] ^{n} gleich *verbessert aus* [......]

an- / dern^a *bono*^{b} *mobile*^{170}, Zu Kauffe⌈n⌉; / wie denn auch das wort nichts anderes als einen Kauff Bedeu- / tet: Und dieser Kauff beläuffet / sich nach denen Umständen der *Fa-* / *mili*en, Von 3 bis⌈s⌉ auf 20 Stük / Vieh, nachdem man *accordir*en^{171} / Kann. Unter der AnZahl des / Viehes aber werden Ochsen, Kühe, / Stutten, Wallachen, ohne Unter- / scheid angenommen. Und die *Jaku-* / *t*en, welche Keine Vieh-Zucht habe⌈n⌉, / beZahlen anstatt des Viehes an Hund- /^{c} /59r/ den, Peltzwerk, Fischen p⌈erge⌉l gleich- / falls wie sich Vereinigen Könne⌈n⌉ / Dabey ist der BrautVater^d, eben wie / Bey ander⌈en⌉ Völker⌈n⌉ Zu nichts / Verbunden, der braut Zur / Mitgifft ZurükZugebe⌈n⌉, sondern / er schenket derselbe⌈n⌉ Bey der Aus- / stattung, so viel er selber will. Indem aber diese Art Von *Kalüm* / unter denen *Jakut*en einiger / Maas⌈s⌉en in Verachtung ist, und / ansehnliche Leute nicht den / Nahmen haben wollen, sonder⌈n⌉ / es sich für eine Schande halten, / ihre Töchter oder nächste An- / Verwandtinnen Zu VerKauffen, Überdem auch einer der seine / Frau durch *Aty*^{172} beKommen, / dieselbe, wenn sie ihm nicht Länger anstehet,^{e} / nach eigenem Belieben / an jemand^f anderes Verkauffe⌈n⌉ / Kann, welches die Schwieger- / Eltern^g nicht gern Zu sehen / pflegen,^{h} / so ist des⌈s⌉wegen die andere / Art,^{i} *Sulù* genennet / wird, Bey ihnen eingeführet. Nur ist eine ausnahme in Ausstatt- / tung der wittwen. denn eine wittwe / mag so vornehm Von Geschlechte seyn / als sie will, so wird sie nimmer in / der Zweyte⌈n⌉ und dritten Ehe durch *Sulù* / sonder⌈n⌉ alleZeit durch *Aty*^{173} wieder an / einen Mann gebracht: wiewohl bey / Vornehmen auch der Gebrauch ist in diesem / Falle gege⌈n⌉ die *Aty*^{174} einige Gegen-Geschen= / ke^j Zu gebe⌈n⌉, damit es nicht das Völlige / Ansehn eines Kauffes^k hab⌈en⌉ möge. Bey / Unserer Anwesenheit Zu *Jakuzk*^{175} gaben / die *Masarini*sche *Knjäszi*^{176} der *Kangalas-* / *si*schen^l *Ulusse*^{177} eine Wittwe an einen /^{m} |: Kniäsez der *Baturussi*sche⌈n⌉ *Ulusse*^{178} / an, welcher davor 100 Stuk / Vieh beZahlete. Eine so hohe / *Aty*^{179} hatte bloß den Vornehme⌈n⌉ / Stand beyder Geschlechter Zu grunde / denn sonst wird bey dene⌈n⌉ *Jakut*e⌈n⌉ / so wie bey alle⌈n⌉ übrige⌈n⌉ Völker⌈n⌉ / für eine wittwe alleZeit we- / niger als für ein Mägdge⌈n⌉ / beZahlet. :|^n

---

^{a} $_{\text{ander}}$n *verbessert aus* [.] ^{b} $_{\text{bon}}$o *verbessert aus* um ^{c} *folgt* den ^{d} $_{\text{Braut}}$Vater *über der Zeile* ^{e} *nach* anstehet, *gestr.* Verkauffen / Kann ^{f} jem$_{\text{and}}$ *verbessert aus* [...] ^{g} $_{\text{Schwieger}}$El$_{\text{tern}}$ *verbessert aus* [..] ^{h} *von* Überdem auch einer der *bis* Zu sehen pflegen, *rechts marginal* ^{i} *nach* Art, *gestr.* welche ^{j} $_{\text{Gege}}$n$_{\text{-Geschenke}}$ *verbessert aus* [..] ^{k} $_{\text{Kauffes}}$ *verbessert aus* Ver$_{\text{Kauffes}}$ ^{l} $_{\text{Kangalassi}}$S$_{\text{chen}}$ *verbessert aus* [.] ^{m} *folgt* Knjäsez ^{n} *von* Kniäsez der Baturussische) *bis* Mägdge) beZahlet. *auf Bl.* 59v *rechts marginal*

Die Haupt Sache bey der *Sulù*[a] Kommt darauf / an daß[b] der / braut Vater fast eben so viel, / oder Zuweilen[c], wenn er seine / Tochter recht Lieb hat[d], und Von[e] / dem[f] Schwieger-Sohne gute / Hoffnung[g] besitzet[h], noch mehr als / derselbe[i] an[j] *Kalüm* beZahlet[k] / wieder Zurükgiebt. / wesswegen sie solches nicht als / einen Verkauff, sondern[n] als Ge- / schenke, die sich beydePartheyen /[l] /59v/ einander machen, ansehen wollen[m].

Bey dieser *Sulu* wird Von einer- / jeden derer Viererley Gattungen[n] / Vieh, als Ochsen, Kuhe, Stutten[n], / Wallachen, eine gewisse / AnZahl verabredet. Bey armen / ist das geringste Von jeder Gattung / Zu 2 Stük, Bey Reichen das / Höchste Zu 8 Stük. Es wird / aber nicht allemahl so genau[n] darauff / gesehen[n], dass[s] nicht eine Kuhe / Vor einen Ochsen, oder ein / Wallache für eine Stutte *pas-* / *sir*en sollte. Es hat nur den / Nahmen Von jeder Sorte eine / gewisse AnZahl, hernach / *accordir*et[180] man so gut man / Kann. Doch wird Vor ein Pferd / Kein Rind-Vieh genommen, / weil diese geringer an Werthe / sind. Was der braut-Vater dagegen[n] / geben muss[s], daß heißet bey / ihnen *Ennè*. Diese *Ennè* / Bestehet aus dem halben[n] Theile / der *Sulù*, nemlich wenn die / Zahlen derselben[n] gerade[o] sind. / Zum exempel[l] die *Sulu* Bestehet aus / 8 Wallachen, 8 Stutten, 8 / Ochsen[n], 8[p] Kühen, so ist die *Ennè* / 4 Wallachen[n], 4 Stutten, und[n] so[o] weiter[l] /[q] /60r/ sind aber die Zahlen[r] in[s] der / *Sulù*[t] ungerade Zum exempel[l] 5 Wal- / lachen, 5 Stutten, und[n] so[o] weiter[l] / so Kommt solches dem braut- / Vater[u] Zu gute, und giebet er / nur Zu 2 Stük an *Ennè* Zurük. / Geitzige *Jaku*ten, die ihre Töchter / ausgeben[n], pflegen desswegen / sehr darauff Zu sehen, dass[s] die / Zahlen in der *Sulu* unge- / rade seyn mögen, weil sie / dabey Vortheil haben. Es richtet sich übrigens, wie Bey / andren Völkern, nach beschaf- / fenheit eines jeden Vermögens, / ob die *Sulu* auf einmahl oder / nach und nach beZahlet wird. Und / die Abtragung der *Ennè* / richtet[v] sich hinwiederum / nach dem in der *Sulu* geeilet / oder geZaudert wird. Der / braut-Vater giebt auch Zur / *Ennè* nicht alleZeit von seinem / eigenem Viehe[w] es sey / denn daß[x] beyde Partheyen[y] gantz nahe bey / einander wohnen. Sind[z] / des bräutigams wohnungen[n] weit / entlegen, so besiehet der Braut- / Vater bey demselben[n] die *Sulù*, / Lieset davon diejenige Stük / aus, so er behalten will, und / Läßet die übrigen Zur *Ennè* /[aa] /60v/ Zurük.

---

[a] bey der Sulù *über der Zeile*   [b] *nach* daß *gestr.* Bey der Sulù   [c] zu_weilen *verbessert aus* [.]   [d] hat *über der Zeile*   [e] *nach* Von *gestr.* sei-   [f] d_em *verbessert aus* [.]   [g] *nach* Hoffnung *gestr.* habe   [h] besitzet *über der Zeile*   [i] derselbe *über der Zeile*   [j] *vor an gestr.* er   [k] *nach* beZahlet *gestr.* be- / Kömmt,   [l] *folgt* einander   [m] w_olle *verbessert aus* [.]   [n] so genau *über der Zeile*   [o] gerade *verbessert aus* [.]   [p] 8 *verbessert aus* 6   [q] *folgt* Sind aber; *nach* Sind *gestr.* Ist   [r] *nach* Zahlen *gestr.* Bey   [s] in *über der Zeile*   [t] Sulù *verbessert aus* [.]   [u] b_ra_ut-Vater *verbessert aus* [..]   [v] *vor* richtet *gestr.* aber   [w] *nach* Viehe *gestr.* Zurük   [x] *nach* daß *gestr.* sie   [y] beyde Partheyen *über der Zeile*   [z] *nach* Sind *gestr.* aber   [aa] *folgt* Zurük

Ich habe in dem *Capit*el / Von der Vieh-Zucht gesagt, dass / Hengste, die *Tabun*en führen, so- / wohl bey denen *Jakut*en als *Bu-* / *rjät*en eingeweihet und[a] für heilig gehalten werden[181]. / Aus[b] dieser Ursache Kommen / dieselbe weder[c] in die *Kalüm* noch / *Ennè*. DergLeichen Hengste aber / die sie als *Supranumerarios*[182] Bey / denen *Tabun*en halten, und Ver- / schneiden wollen, *passir*en für / *Wallach*en.

Hiernächst ist noch eine andere art Von / Geschenken, welche Von dem bräutigam / der Braut Vater nebst der *Sulù* / gegeben werden, und mit Zur / *Kalüm* gehören. Sie nennen selbige / auf[d] *Jakut*isch *Kurùm*; / und es ist alles geschlachtet Vieh, / mehrenTheils 3 Jährige Füllens und / Ochsen, was Zur *Kurum* dem Braut- / Vater Zu Theile wird. Die An- / Zahl des geschlachteten Viehes muß / alleZeit das gedoppelte Von ei- / nem Theil[e] der *Sulu* seyn. Zum *exempel* / bestehet die *Sulu* aus 6 Stück Ochsen, / 6 Kühen, 6 Wallachen, 6 Stutten, / so ist die *Kurum* 12 Stük geschlach- / Tet Vieh, und unterdemselben sind / etwa[f] 2 bis 3 Füllens, das übrige[g] Rind-Vieh.

Die *Kurum* wird auch so wie *Sulù*[h] / nach und nach abgegeben[i], mehrenTheils /[j] /61r/ Zu eintzelnen Stüken, und selten mehr als Zwey Stük auf einmahl. Solches soll so viel / Bedeuten, daß der Vater mit / diesem Fleische seine Tochter bis / Zur Hochzeit wohl ausfüttern / soll. Die Meiste Zeit über- / bringt der bräutigam die *Kurum* / selber. Er lässet die Gelegen- / heit nicht gern Vorbey, so[k] er[l] / dadurch beKommt, mit der braut / Vertraulich umZugehen: Maassen / bey der dritten *Kurùm* ihm so / gar eine *legitime* Beywohnung / mit derselben Verstattet wird.

Der braut-Vater beschenket / dagegen für die *Sulù* und *Kurùm* / den brautigams Vater und Mutter / mit allerley Kleydern, welche / gemeiniglich am Werthe so Viel / betragen, als er an *Sulu* über- / kommen. Wenn Zum *exempel* die *Sulù* / aus je Vieren bestanden, so werden / folgende Kleidungen gegeben[m]: / ein *Sangiach* von wolffs- / Peltz, eine Luchs-Mütze mit / einer Silbernen Plate, ein / Unter-Peltz Von *Rowdugi*, ein / *Tagalai*[n], und Frauen Mütze / nebst denen gewöhnlichen Haupt- / Hals-[o] und Ohr-Zierrathen: / wie auch für beyde sowohl[p] *Suturi* / als[q] *Torbassi*[r][183], dergleichen Leute Von / Mitlern Stande Zu tragen pflegen. /[s] /61v/ Bey der hochsten *Sulù* ist es ein / *Sangiach* Von Luchs und Zwey / Wolffs-*Sangiach*en nebst / dem übrigen nach *proportion* / Und dieses alles muss vor der Hoch- / Zeit entrichtet werden.

---

[a] eingeweihet und *über der Zeile* [b] *vor* Aus *gestr.* Und [c] $_w$ed$_{er}$ *verbessert aus* [..] [d] *vor* auf *gestr.* Kurùm [e] $_{Theil}$ *verbessert aus* $_{Theil}$[.] [f] *etwa* *verbessert aus* $_{etwa}$n [g] $_{übrige}$ *verbessert aus* [.] [h] $S_{ulù}$ *verbessert aus* [.] [i] $_{abge}$g$_{eb)}$ *verbessert aus* b [j] *folgt* Zu [k] S_o *verbessert aus* d [l] $_{er}$ *verbessert aus* $_{er}$[.] [m] $_{ge}$g$_{eb)}$ *verbessert aus* l [n] *vor* Tagalai *gestr.* [.] [o] *vor* Hals- *gestr.* Ziehrathe) [p] sowohl *über der Zeile* [q] als *über der Zeile* [r] *vor* Torbassi *gestr.* und [s] *folgt* Bey

Der Hochzeits-Tag wird Von dem / Bräutigam oder des⌈s⌉elben Elter⌈n⌉ / Bestimmt, und wird dem braut[a] / Vater angeKündiget, wenn er / sich mit der Braut einfinden / soll. Gemeiniglich richtet der / Bräutigam es so ein, daß er / bey[b] Abtragung[c] der Letzten / *Kurum* sich so lange bey der[d] / braut[e] aufhält[f], bis⌈s⌉ alles[g] / fertig ist, daß er[h] dieselbe mit sich Zu Hause neh- / men Kann. Er pfleget außer / diesem Fall dieselbe nicht ab- / Zuhohlen noch Zu begleiten. / Reitet oder gehet ihr auch nicht / entgegen, es sey denn daß / er eine gar Zärtliche Liebe / gegen sie gefas⌈s⌉et, welche durch / die Zügel des hergebrachten / wohlstandes[184] sich nicht will / einhalten las⌈s⌉e⌈n⌉.

Bey dieser Zuführung ist unter Reichen[i] noch eine[j] / Art von Geschenken[k] gebräuchlich, / welche *Uii*[185] genennet wird. Selbige / bestehen in Zobeln und Füchsen / welche der Braut-Vater Bey dem / bräutigam Zuforderst[l] im[m] Hofe, an[n] einem[o] /[p] /62r/ Pfahle, wo die Pferde angebunden / werden, hiernächst im Vorhause / oder Eingange Zur[q] Jurte / und Zuletzt in der Jurte selber / an einem Strike, der Zuöberst / Längst durch dieselbe GeZog⌈en⌉ / ist, Zerstreuet aufhänget, und / welche hiernächst der bräutigams / Vater aufsammlet und Ver- / wahret. Solches geschiehet / Bey HochZeiten, wo Zu 5 / Bis⌈s⌉ 8 Stük Vieh an *Sulù* / beZahlet worden. Bey geringe- / rer *Sulù* ist es selten[r] / gebräuchlich. Die höchste *Uii*[186] / beträget[s] Bis⌈s⌉ auf 25 Stük / Vor [[Vor]] nahmhafft gemacht⌈em⌉ Peltzwerk[t].

Ein Gegen-Geschenke welches / der Bräutigams-Vater dem / Braut-Vater bey[u] der Hoch- / Zeit Zu machen pfleget, Bestehet / in Vieh, als Ochsen, Kühen / gros⌈s⌉en Kälbern und Füllens, / nur allein gros⌈s⌉e Pferde ausgenommen, wovon die AnZahl / nach dem Werthe der überbracht⌈en⌉[v] / Zobel und Füchse *reguliret* / wird, damit es ohngefehr ein / *Aequivalent* davor seyn / möge. Dieses Geschenke wird / *Charamdschi*[187] genennet. /[w] /62v/

Sonst sind Bey der HochZeit / weder Von AnVerwandte⌈n⌉ / noch Fremden Geschenke üblich[x] / ohnerachtet gemeiniglich eine / gros⌈s⌉e Menge Theils geladener[y] / Theils ungeladener[z] Gäste sich einfinden,[aa] die[bb] alle Von / dem Brautigams Vater[cc] Bewirthet / werden, als welcher die UnKosten / Bey der Hochzeit gantz alleine / bestreitet. Und währet die / Herrlichkeit Zuweilen Zwey,

---

[a] ₍braut₎ *verbessert aus* [..]   [b] bey *über der Zeile*   [c] *vor* Abtragung *gestr.* nach   [d] ₍der₎ *verbessert aus* m
[e] braut *über der Zeile*   [f] *vor* aufhält *gestr.* Schwieger-Vater   [g] alle₍s₎ *verbessert aus* [....]   [h] fertig ist, daß er *über der Zeile*   [i] unter Reichen *über der Zeile*   [j] ₍eine₎ *verbessert aus* eine[.]   [k] G₍eschenken₎ *verbessert aus* h   [l] Z₍uforderst₎ *über der Zeile*   [m] im *verbessert aus* [..]   [n] nach an *gestr.* dem   [o] einem *über der Zeile*   [p] *folgt* Pfahle   [q] Zur *verbessert aus* der   [r] *nach* selten *gestr.* i[.]   [s] beträ₍get₎ *verbessert aus* [.....]
[t] Pel₍tzwerk₎ *verbessert aus* [...]   [u] be₍y₎ *verbessert aus* [..]   [v] über₍bracht₎ *verbessert aus* ge₍bracht)₎; über₍bracht₎ *über der Zeile*   [w] *folgt* Sonst   [x] üblich *verbessert aus* [....]; *nach* üblich *gestr.* , [*Komma*]   [y] gel₍a₎dener *verbessert aus* [.]   [z] ungel₍a₎dener *verbessert aus* [.]   [aa] *nach* einfinden, *gestr.* welche   [bb] die *über der Zeile*   [cc] Vater *über der Zeile*

sel- / ten aber 3 Tage. Vielmehr muß der bräutigam^a den Tag nach / der HochZeit seine Schwieger-Eltern und^b der^c Junge[n] / Frauen nächste Oheims^188 und äl- / teste brüder noch mit Pferde[n] / und RindVieh beschenken, welches / den Gemeinschafftl[ichen] Nahmen / *Billjäch*^189 führet, und wofür / nachmahls die gegen Pre- / sente erfolge[n].^d
Der brautschatz, auf *JaKuti*sch *Setì*^190,^e welchen die braut / Von ihrem Vater BeKommt^f, Bestehet / Theils in Kleidungen, Theils / in Vieh, Theils in Hausgeräthe / und einer Sommer-Jurte / Von diesem allen aber wird Bey der / Hochzeit ihr nichts mehr als die / Kleidung mitgegeb[en], damit man / Vorher sehen möge, wie der bräu- / Tigam sich mit ihr betrage und / haushalte, als wornach die^g / FreygebigKeit des SchwiegerVaters sich^h richtet^i / Die Braut muß das übrige / einige Zeit nach der Hochzeit / selbst abhohlen. Es hat aber / nicht den Nahmen, als wenn / sie^j wegen^k des^l Brautschatzes^m / Käme^n, sonder[n]^o bloß um die / Sommer Jurte abZuhohlen. /63r/ Hiernächst pfleget die Junge Frau / Ein Jahr oder länger nach der / Hochzeit^p ihre Eltern und anVer- / wandten noch ein mahl^q en^r *ceremonie*^191 Zu / Besuchen. Sie nimmt als / denn für einen jeden ein ge- / schlachtetes Stük Vieh, entweder / Kälber, oder Füllens, oder / auch gros[s] RindVieh, Zum Ge- / schenke mit sich, und Vergis[s]et / nicht Bey allen^s denenjenigen^t einZuKehren, / welche den Tag nach der Hoch- / Zeit mit der *Billjäch*^192 *rega-* / *Lir*et^193 worden. denn hier / folget das vor-erwehnte^u Gegen-Geschenke / welches sie *TörKüt*^194 nenne[n], / und welches aus allerley Vieh / Bestehet, des[s]en AnZahl die / obige übertreffen muß
|: *Tschigili*^195 der Tatare[n] ist eben / die Kleidung wie das *Digili*^196 / und *Tagalai* der *Burät*[en] und^v / *JaKut*[en]. es ist auch dieselbe / Gewohnheit damit VerKnüpffet / Die *Camasinzi* habe[n] etwas / ähnliches, daß nemlich die *Neweska*^197 / für ihrem *Test*^198 u[nd] *bolschoi dewer*^199 / sich nicht mit entblos[s]ete[m] Haupte / darff sehe[n] Las[s]en. :|^w
In dem *Capit*el Von der Kleidung / habe ich eines *Ceremoni*en-Ha- / bits Verheyretheter Frauens-Per- / sonen^x erwehnet^200, welcher bey / allen Völker[n],

---

^a *nach* bräutigam *gestr.* sein   ^b *nach* und *gestr.* Frauen   ^c *der über der Zeile*   ^d *von* Vielmehr muß der bräutigam *bis* Pre- / sente erfolge). *rechts marginal*   ^e *auf* JaKutisch Setì *über der Zeile*   ^f B_{eKommt} *verbessert aus* [.]   ^g _{d}ie *verbessert aus* er   ^h FreygebigKeit des SchwiegerVaters sich *über der Zeile*   ^i *vor* richtet *gestr.* brautschatz; *nach* richtet *gestr.* wird.   ^j *nach* sie *gestr.* Käme   ^k wegen *über der Zeile*   ^l _{de}s *verbessert aus* n   ^m _{Brautschatze}s *verbessert aus* [.]; *nach* brautschatzes *gestr.* [..]   ^n Käme *über der Zeile*   ^o *vor* sonder) *gestr.* Zu hohlen   ^p *nach* Hochzeit *gestr.* pfleget die Junge / Frau   ^q noch ein mahl *über der Zeile*   ^r en *verbessert aus* [...]   ^s allen *über der Zeile*   ^t _{denen}jenigen *unter der Zeile*   ^u vor-erwehnte *über der Zeile*   ^v _{u}n_{d} *verbessert aus* [.]   ^w *von* Tschigili der Tatare) *bis* darff sehe) Lass). *auf Bl.* 62v *rechts marginal*   ^x *von* In dem Capitel Von der *bis* Frauens-Personen *gestr. und punktiert unterstrichen* die Von Tata- / rischer und Mongolischer Ab- / Kunfft sind, Gebräuchlich[a] ist. Der- / selbe Habit wird der Braut / bevor sie nach dem Brautigam Zu- / geführet wird angeleget: und / sie darff sich ohne denselbe⌈n⌉ / auch nach der HochZeit für ihrem / SchwiegerVater, und altesten Schwä- / gern nicht sehen Laße⌈n⌉. Es ist eine / Besondere Ehrfurcht hiemit Ver- / Knüpffet, welche Bey denen *Jakute*⌈n⌉ / noch stärker als Bey denen *Ta- / tar*en, *Mongol*en[b] und *Burjäte*⌈n⌉[c] / ist[d]. Die[e] Schwieger-Tochter darff / in des SchwiegerVaters Jurte / nicht von der Seite des *Camins* / Herumgehe⌈n⌉, wo des Schwieger- / Vaters Bette ist. Ja Von außen / darff sie sich derselbe⌈n⌉ Seite / welches Vom Eingange die Linke / ist, nicht nahen. Sondern wenn / sie Von der Linken Seite nach / derselbe⌈n⌉ Jurte Zu gehen hat, / so nimmt sie alleZeit[f] einen / Umweg, und gehet hinten herum, / daß sie Von der rechten Seite / Zur Thür Kommt. Uberdem / hat sie in Gesellschafft mit dem / Schwieger Vater und ältesten / Schwäger⌈n⌉[g] beständig[h] das Gesichte / Verhüllet. Sind aber weder / SchwiegerVater noch älterer Schwä- / ger Vorhanden, so ist ein anderer / Naher AnVerwandter in der *Fami- / li*e, für welchen der Mann *respe- / ctum parentelae*[201] hat, das *Object* dieser Ehrfurcht[i],[j] /[k] |: Ein allgemeiner Gebrauch Bey allen / Völkern ist, daß sie beym ersten beyschlafe[l], auf die Zeichen der / Jungfrauschafft acht habe⌈n⌉. Sie nehmen dabey Keine *Physical*ische noch / *Medicinal*ische *Remonstration*e⌈n⌉[202] / an, sondern glauben berechtiget[m] / Zu seyn, auf Zeichen die Zum Arg- / wohne Anlaß geben, die Braut[n] oder / Junge Frau Zum geständnüs⌈s⌉ Zu / Zwingen, daß sie offenbahren muß[o] wem sie die ersten Früchte / ihrer Liebe habe Kosten Laßen. da / denn der Mann an dem Thäter / seinen *Regress*[203] nimmt, wie im / [[im]] *Capit*el Von der Rechts Pfle- / gung[204] gesagt ist.

In Verheyrathung der witwen ist Kein / *Termin* Bestimmet, wie Lange solches / nach des ersten Mannes Tode ge- / schehen solle. Jedoch pfleget man / gemeiniglich des wohlstandes[205] wegen auf[p] / 6 wochen[q] biß[r] 2 Monathe damit / anZustehen. Vor der Ehe mit / der Stieffmutter oder Schwie- / gerin geschiehet Auch[s] mehrentheils / eine *Schaman*erey, um die / Jurte Von dem Unglük des / Verstorbenen Vaters oder / bruders Zu reinigen, und die / Teufel Zu Versöhne⌈n⌉, damit / sie von dem neuen EhePaar / niemand anTaste⌈n⌉ mögen / Dabey wird

---

[a] G$_{ebrauchlich}$ *verbessert aus* [.]   [b] Mo$_{ngolen}$ *verbessert aus* [..]   [c] B$_{urjäte)}$ *verbessert aus* [.]   [d] *nach* ist *gestr.* , [*Komma*]   [e] Die *verbessert aus* [...]   [f] a$_l$l$_{eZeit}$ *verbessert aus* [.]¦[.]$_{eZeit}$ [g] *nach* Schwäger$_)$ *gestr.* alleZeit   [h] beständig *über der Zeile*   [i] $_{Ehrfu}$r$_{cht}$ *verbessert aus* [.]   [j] *von* In dem Capitel Von der Kleidung habe ich *bis* Object dieser Ehrfurcht. *rechts marginal*   [k] *folgt* Ein allge- $_{beyschl}$a$_{fe}$ *verbessert aus* ä   [m] berechtig$_e$t *verbessert aus* [.]   [n] B$_{raut}$ *verbessert aus* [.]   [o] daß sie offenbahren muß *über der Zeile*   [p] auf *über der Zeile*   [q] *nach* wochen *gestr.* oder   [r] biß *über der Zeile*   [s] A$_{uch}$ *verbessert aus* [.]

auch Zuweilen / so wie bey ander⸢en⸣ *Schama-* / *n*ereyen ein Stük Vieh ge- / schlachtet^a. :|^b

Man sagt sonst Von denenjenigen^c / Völkern die^d Leibeigene / haben, daß sie unter denselb⸢en⸣ auch Sclavin⸢n⸣e⸢n⸣^e Zu^f *concubin⸢en⸣*²⁰⁶ / halten sollen: worüber Zwischen / Mann und Frau gros⸢s⸣er Zank / in der Ehe und öfftere Schlägereye⸢n⸣ / entstehen. Andere Völker die / Keine^g Leibeigene^h haben, sind Von / diesem laster frey. Die wilden / *TschuKtschi* und *Koriäk*en, welche / mit ihren Nachbahren Beständigen / Krieg führen, und offters Sclaven / und Sclavinne⸢n⸣ erbeuten, wis⸢s⸣enⁱ /^j /63v/ so gar Zwischen diesen und ihren / rechtmäs⸢s⸣ig erhandelten weiber⸢n⸣ / Von Keinen Unterscheide. Sie Lebe⸢n⸣ / mit denen einen, wie mit dene⸢n⸣ / ander⸢en⸣, und halten es Vor gleich- / Gültig^k, ob sie diese waare *jure* / *belli* oder *pacis*²⁰⁷ *acquirir*et habe⸢n⸣.

Wenn Zuweilen Rus⸢s⸣ische Partheye⸢n⸣ / Von *Anadirskoi Ostrog*²⁰⁸ gegen / erwehnte wilde Heyden Zu Felde / gegangen, und das Glük gehabt, / Gefangene Von ihnen aufzu- / fangen, so haben selbige Von / denen *Tschuktschi*schen und *Koriä-* / *ki*schen Sclavinnen, wo sie an- / ders selbst Zu denen Ehestandes- / Pflichten sich nicht gleich entschlies⸢s⸣e⸢n⸣ / wollen, alleZeit gros⸢s⸣e *Sollici-* / *Tation*en^l²⁰⁹ auszustehen ge- / habt. In dem^m FeldZuge des / *Cap⸢it⸣ains⸣* Pawlozki von 1730²¹⁰, da man / gleichfalls Viele *Tschuktschi*sche / Sclavinnen erbeutetⁿ, aber Zu- / gleich scharffe *ordres* gestellet, / daß sich niemand mit ihnen / fleischlich Vermischen dörffen, solle⸢n⸣ / dieselbe sowohl weiber als / Mägdgens in eine solche *despe-* / *ration*²¹¹ geKommen seyn, daß / sie die Rus⸢s⸣ische⸢n⸣ Soldat⸢en⸣ und / Casaken mit dene⸢n⸣ Verächtlichste⸢n⸣ / worte⸢n⸣ angefahre⸢n⸣, und gesagt / habe⸢n⸣, es müs⸢s⸣e ihnen an der Mann- / heit fehlen, das⸢s⸣ sie so wenig ihre / Gäste /64r/ Zu bewirthe⸢n⸣ wüsten.^o Dortige Einwohner haben^p / auch aus Langer Erfahrung / das⸢s⸣ wenn eine^q Scla- / Vin Von diesen Völker⸢n⸣^r nicht ihrem Verlangen nach / Vergnüget wird, sie entweder / alle^s Gelegenheit / zu entlauffen suchet, oder wenn solches nicht gelingen will, doch / wenigstens ihrem Herrn^t nicht / mit gehöriger Treue und Fleis⸢s⸣e / in der Hausarbeit Zugethan ist. / Dagegen wo ihr der Herr fleisch- / lich Beygewohnet, so hält sie sich / für

---

^a _{geschlachtet} *verbessert aus* v   ^b *von* Ein allgemeiner Gebrauch *bis* Vieh geschlachtet *auf Bl.* 63v *rechts marginal*   ^c _{denen}jenigen *unter der Zeile; nach* denen_{jenigen} *gestr.* Jakut₎, / daß sie unter ihren   ^d Völkern die *über der Zeile; die verbessert aus* [...]   ^e haben, daß sie unter denselb₎ auch Sclavi_{e)} *über der Zeile*   ^f *vor* Zu *gestr.* Sclavinnen einige   ^g *nach* Keine *gestr.* Sclavinnen   ^h Leibeigene *über der Zeile*   ⁱ _{von} Man sagt sonst Von denenjenigen *bis* erbeuten, wissen *auf Bl.* 63r *links*   ^j *folgt so gar*   ^k _{gleich}Gültig *verbessert aus* [.]   ^l *nach* SolliciTationen *gestr.* erfahren   ^m *nach dem gestr.* letz   ⁿ _erbeutet *verbessert aus* [.]   ^o *nach* wüsten. *gestr.* Man hat   ^p Dortige Einwohner haben *rechts von der Zeile*   ^q *nach* eine *gestr.* dortige   ^r Von diesen Völker⸢n⸣ *über der Zeile*   ^s *vor* alle *gestr.* sich entweder   ^t _{Herr}n *verbessert aus* [.]

seine Frau, und nimmt^a / seine^b Sachen mit solcher Treue / als ihre^c eigene⌈n⌉ in^d acht. welches / man gleichfalls Bey denen *Kam-* / *tschatKi*schen Sclavinnen / Beständig will *observi*ret habe⌈n⌉. Es ist auch würklich Zwischen einer / Sclavin und Frau Bey denen sämtliche⌈n⌉^e / *Sibiri*schen^f Völker⌈n⌉^g Kein großer / Unterscheid. Der Mann ist Herr / und die Frau ist Magd: nur Verursachet zuweilen die Zärtlichkeit / der Ehlichen Liebe, das⌈s⌉ die Scla- / Verey der einen für der andere⌈n⌉ / erträglicher ist. Die Rus⌈s⌉ische⌈n⌉ / Einwohner auf *Kamtschatka*[212] / welche sich allesammt, aus Mangel / Rus⌈s⌉ischer weibsPersone⌈n⌉, an / dortige SclaVinnen Verheyrathet / habe⌈n⌉, Las⌈s⌉en sich^h diese *Maxims*^i / gleichfalls sehr^j wohl be- / Kommen, und räumen ihren weiber⌈n⌉ /^k /64v/ nicht mehr ein, als sich dieselbe / Bey ihren eigenen Nations-Verwand- / Ten VersPrechen Könnte⌈n⌉. Die Frau / muß alle Hauß-arbeit alleine / Verrichte⌈n⌉, den Mann an- Und aus- / Kleiden, Vor dem Tische aufwarte⌈n⌉ / u⌈nd⌉ s⌈o⌉ w⌈eiter⌉ Daß aber der Mann / hinwiederum der Frau in etwas / behülflich seyn, oder dieselbe / Beym Eßen^l neben sich sollte / Zu Tische sitzen Las⌈s⌉en, solches / ist eine daselbst unerhörte Sache.
|: Die *Oriental*ische⌈n⌉ Volker / *Mocquir*en[213] sich gemeiniglich / über uns *Europä*er, wenn / <sie> wahrnehmen oder hören / wie wir gege⌈n⌉ das Frauen- / Zimmer so übrige *compli-* / *Sance*[214] Gebrauche⌈n⌉, und / Meine⌈n⌉ das⌈s⌉ wir dadurch / das Gesetz der Natur / umKehre⌈n⌉. *Shaw Voyages.* / *en Barbarie Tom*⌈o⌉ *I.* / *p*⌈*agina*⌉ 394[215] :|^m
Auß dieser Ursache, da die Weiber / in so starker *Devotion*^n[216] gehalte⌈n⌉ werden, ist^o in der Ehe / dieser^p Völker wenig Unei- / nigKeit Zu bemerken es sey / denn, das⌈s⌉ dieselbe Vorbesagter Maßen^q aus einer / *Jalousie*[217] herrühret, als welcher / Punkt ihnen so ans Hertz ge- / wachsen, daß sie sich darin nicht / übermeistern Können. Vor Ungehorsam und WiedersPenstigKeit / hat der Mann nicht^r / Zu^s sorgen^t: denn das weib Kennet / ihre^u Von der Natur geschenkte / Kräffte nicht, welche bey *civi-* / *lisir*ten Nationen das FrauenZim⌈m⌉er^v bald^w / aus der Sclaverey heraus geris⌈s⌉e⌈n⌉. / Es sind aber^x andere^y weibliche / Untugenden, welche dem^z Manne / einen Verdruß erweken, und das / Vergnügen der Ehe stören, ja^aa / gar gäntzlich aufheben^bb / und das Ehliche band zerreis⌈s⌉en /

---

^a *nach* nimmt *gestr.* sich / ihrer   ^b seine *über der Zeile*   ^c ihre *verbessert aus* ihrer   ^d in *über der Zeile*   ^e sämtliche⌉ *rechts von der Zeile*   ^f Sibirischen *über der Zeile*   ^g *vor* Völker⌉ *gestr.* Heidnischen   ^h sich *über der Zeile*   ^i *nach* Maxims *gestr.* auch / Bey ihrem Christenthum sich   ^j gleichfalls sehr *über der Zeile*   ^k *folgt* nicht   ^l _E_ßen *verbessert aus* [..]   ^m *von* Die Orientalische⌉ Volker *bis* p. 394 *auf Bl.* 64r *rechts marginal*   ^n _De_V_otion_ *verbessert aus* [.]   ^o *nach* ist *gestr.* auch   ^p *vor* dieser *gestr.* nicht   ^q Vorbesagter Maßen *über der Zeile*   ^r *nach* nicht *gestr.* bange   ^s *nach* Zu *gestr.* seyn   ^t sorgen *über der Zeile*   ^u ihre *verbessert aus* [.]   ^v das FrauenZim⌈m⌉er *über der Zeile*   ^w *vor* bald *gestr.* s[..]   ^x *nach* aber *gestr.* dennoch   ^y andere *über der Zeile*   ^z d_em_ *verbessert aus* [.]   ^aa ⌈j⌉a *verbessert aus* ä   ^bb *nach* aufheben *gestr.* Kön- / nen

Können. /ᵃ /65r/ Hieher gehören Zuförderst die / Ausschweiffungen in der Liebe / welche, wie solche ein Weib an dem / Manne nicht dulden will, also / ein Mann an seinem Weibe noch weniger Zu ertragen Ursache hat. / Nun ist Zwar dieses Laster / Bey denen *Sibiri*schen Völker⌈n⌉ nicht / sonderlichᵇ stark im / Schwange,ᶜ weil Viele Gelegen- / heiten ihnen benommen sind, die / bey uns Zur UppigKeit und / Wollust Anlas⌈s⌉ und Reitzung gebe⌈n⌉. / Es ist aber doch die Menschliche Na- / tur auch hier nicht so gar Von / allen Fehler⌈n⌉ frey, daß nicht Zuweilen dergleichen Vorgehe⌈n⌉ / sollte.

Was vor der Ehe geschehen, wenn / nemlich der bräutigam bey seiner braut / oder derᵈ Mann Beyᵉ seiner Jungenᶠ / Ehe-Frau nicht alle Jungfräu- / Liche KennZeichen wahrgenommen, solches gehöret nicht hieher,ᵍ weil, wie oben bemeldet, der / Mann darüber nicht weiter *en-* / *trir*et²¹⁸, Alsʰ daß er sich Von dem- / jenigen, der ihmⁱ ZuVorgeKom- / men, den angethanen Schimpff / Bezahlen läs⌈s⌉et. Man hatʲ Zwar Von Wald*Tungus*en, die et- / was *Scrupul*en*s*er als die übrige / Völker sind, einige und noch sehr selteneᵏ Exempel, sonst / aber Von Keiner andern *Nation*,ˡ / daß ein Mann des⌈s⌉wegen⌉ / seine Frau nicht Lieben, oder die- / selbe aus dieser Ursache wieder / Von sich las⌈s⌉en sollte. |: *Camasinzi* huren nicht / mit der Stiefmutter, aber / wohl mit des älter⌈en⌉ Bruders / Frau. :| ᵐ wenn es auch geschiehet, daß der / Mannⁿ anᵒ seiner Frau mitᵖ / seinen Söhnen ersterer Ehe oder / seinen jüngern brüdern, einen / unerlaubten Umgang vermerket, /ᑫ /65v/ wie denn solches sehr selten aus- / bleibet, so ist solches noch nicht / Von der WichtigKeit, daß er / darüber Zu *Extremität*e⌈n⌉ schreit⌈en⌉ / sollte. Sie sagen, es bleibe in der / Freundschafft, und nach des Vaters / Todeʳ würde doch die Stieffmutter / denen Stieff-Söhnen oder Schwiegerin denen jüngern Schwägernˢ Zu Theil. doch / unterläs⌈s⌉et er deßwegen nicht / Beyde schuldige Theils durch / würkliche Bestraffungen Von / so schlüpffrigenᵗ wegen abzuhalt⌈en⌉

ᵃ *folgt* Hieher ᵇ *vor* sonderlich *gestr.* so sehr ᶜ *nach* Schwange, *gestr.* all ᵈ bräutigam bey seiner braut / oder der *rechts marginal* ᵉ Bey *über der Zeile* ᶠ ⌄Jung⌄en *verbessert aus* [.] ᵍ *nach* hieher, *gestr.* und ʰ Alₛ *verbessert aus* [..] ⁱ *nach* ihm *gestr.* Bey ʲ *nach* hat *gestr.* Keine / Exempel, ᵏ ⌄selte⌄nₑ *verbessert aus* [.] ˡ *von* Zwar Von WaldTungusen, die *bis* Keiner andern Nation *rechts marginal* ᵐ *von* Camasinzi huren *bis* Bruders Frau. *auf Bl.* 65r *rechts marginal* ⁿ *nach* Mann *gestr.* Zwischen ᵒ an *über der Zeile* ᵖ mit *verbessert aus* [...] ᑫ *folgt* wie denn ʳ T⌄ode⌄ *verbessert aus* [.] ˢ oder Schwiegerin denen jüngern Schwägern *über der Zeile* ᵗ schlüpffrigen *verbessert aus* [............]

Man hält dieses allererst Vor einen würklichen Ehebruch,[a] / wenn[b] Die[c] / Beleidigung[d] Von einem Fremden, der nicht so nahe in / der *famili*e verwandt ist,[e] herrühret, und[f] da / muß die fremde Manns Per- / son dem beleidigten Manne / den Schimpff beZahlen oder / es Kommt Zu weitläuffigen[n] / Händeln und Schlägereyen / Die Frau aber wird[g] Von dem / Manne nachdrüklich bestrafet / und wenn sie noch[h] etliche[i] Mahl im Vorigen Verbrechen / ertappet wird, und der Mann / Keine Hoffnung Vor sich siehet / dieselbe auf bes[s]ere Wege / Zu bringen, so erKennet er / sie nicht mehr Vor seine Frau giebt sie entweder dem Schwieger Vater / gegen Erlegung der *Kalum* Zurük / oder[j] / Verkauffet sie[k] an / jemand anders, oder[l] wenn er /[m] /66r/ mehr weiber hat, so giebt er / sie einer derer übrigen so er am / Liebsten hat, als[n] eine SclaVin / Zur Bedienung Zu, oder er heyra- / thet eine andere und da muß / die Vorige gleichfalls bey der / selben ihre Unkeuschheit in / einer Beständigen[n] Dienstschafft / büs[s]en.

Eine andere Ehliche unTugend, / die Von eben so gros[s]er wichtig- / Keit ist, bestehet darin[o] wenn / die Frau entweder aus Un- / KündigKeit oder Faulheit sich / der Haus[s]haltung nicht annimmt, in allerley weiblicher Hand- / Arbeit Keine gnugsame Er- / fahrung besitzet,[p] / dem[q] Manne sein Gütgen / Verschleudert, daß er ihr nichts / Vertrauen darff, und Keine / rechtschaffene Dienste Von ihr / Zu gewarten[n] hat. Ein solcher / Umstand pfleget eben so leicht / als der Vorige Zu einer Trennung / in der Ehe Anlas[s] Zu geben / und[r] die frau wird wie im / Vorigen falle *employ*ret[219].

Die UnfruchtbarKeit in der Ehe / Kann[s] Zwar auch etwas / Beytragen, daß die Frau Bey dem / Manne nicht in[t] erwünschtem / *Credit*e ist, weil ein jeder[u] / der Natur gemäs[s] eine NachKom- / menschafft Von sich Zu sehen / Verlanget[v]. Ist sie[w] aber[x] / bey diesem Unglüke nur / Verständig und Von guter Auffführung, /[y] /66v/ so weiß der Mann wohl, das[s] / die Menschheit allerley Gebrechen[n] / Unterworffen ist, welche Zu Ver / bes[s]ern oder Zu[z] hemmen nicht / allemahl in unserer Macht / stehet, giebet sich also darein, / und suchet den Schaden dadurch / Zu ersetzen daß, wenn er so Viel / im Vermögen hat, er Noch eine / andere

---

[a] würklichen Ehebruch *rechts von der Zeile*   [b] *vor* wenn *gestr.* Im Gegentheil   [c] Di$_e$ *verbessert aus* ein   [d] *vor* Beleidigung *gestr.* solche; B$_{eleidigung}$ *verbessert aus* [.]   [e] *nach* ist, *gestr.* an / gethan wird   [f] $_u$nd *verbessert aus* [..]   [g] $_{wi}$r$_d$ *verbessert aus* [.]   [h] noch *verbessert aus* [....]   [i] etl$_{iche}$ *verbessert aus* [...]   [j] *von* giebt sie entweder dem *bis* Zurük *oder rechts marginal*   [k] *nach* sie *gestr.* entweder   [l] *nach* oder *gestr.* gie   [m] *folgt* mehr   [n] al$_s$ *verbessert aus* [..]   [o] d$_{arin}$ *verbessert aus* [.]   [p] *von* in allerley weiblicher *bis* Erfahrung besitzet *rechts marginal*   [q] *vor* dem *gestr.* und   [r] *nach* und *gestr.* wird   [s] *vor* Kann *gestr.* ist noch   [t] in *verbessert aus* [..]   [u] *nach* jeder *gestr.* Mann   [v] *vor* Verlanget *gestr.* wünschet   [w] sie *über der Zeile*   [x] *nach* aber *gestr.* die / Frau   [y] *folgt* so weiß   [z] Z$_u$ *verbessert aus* [.]

heyrathet^a, ohne jedoch / der ersten seine Liebe und ehliche / Beywohnung Zu entziehen. Die Vielheit der weiber ist^b / Bey denenjenigen *Scri-* / *ben*ten^{220}, so gegen die Verthey- / diger derselben^c geschrie- / ben, in einem so üblen Ruff, / als wenn die größeste / Verwirrung, *Jalousie*^{221} und / ZwiesPalt in der Ehe daraus / unausbleiblich^d erfolgen mü- / s⌈s⌉en. Allein man Bemerket / Bey denenjenigen Völker⌈n⌉, Bey / welchen dieselbe eingeführet ist, / das GegenTheil, welches von / ihrer Einrichtung und guten / Ordnung herrühret.
Bey denen Muhammedanisch⌈en⌉ / Tataren, als welchen das Gesetz / ohne der ersten Frauen Erlaub- / nüs⌈s⌉, die Zweyte,^{e} dritte /^{f} /67r/ und Vierte Zu heyrathe⌈n⌉ Verboth⌈en⌉ / hat, ist eine starke *subor-* / *dination*^{222} der Weiber, daß / nemlich die erste und älteste / Frau gleichsam eine Hoff- / meisterin und Befehlshaberin / über die übrigen ist, diese / aber derselben in allen Stüke⌈n⌉ / *Respect* und Gehorsam Schul- / dig sind. Es hindert solches / nicht, daß nicht der Mann / auch unter denen Jüngeren^g eine denen^h übrige⌈n⌉ Vorziehe⌈n⌉ / und ihr mit mehrerer Liebe / Zugethan seyn Könnte: Nur / muß diese darauf nicht trotze⌈n⌉ / noch sich des⌈s⌉wegen über die / andere erhebe⌈n⌉ wollen, welches / der Mann ihnen selbst als / eine Grund-*Maxime* der / Ehlichen wohlfahrt beyZu / bringen suchet.
Auf unserer HinReise nach / *Sibiri*en Traffen wir im *Casa-* / *ni*schen Gebiethe^{223} auf einem Dorffe / ein^i *Exempel* Von / Vier^j weibern in einem Hause / an, die, ohnerachtet der Mann, / welcher Handlung führete, ver- / reiset war, dennoch aus^k allem / ihrem Thun die beste ordnung und / Eintracht^l bliken^m Lies⌈s⌉e⌈n⌉.^{224} /^{n} /67v/ Die^o Ältere hatte Bey denen / Jüngeren einen solchen *Re-* / *spect*, daß diese auf derselbe⌈n⌉ / Anweisung und Befehl / alle Hauß-Arbeit alleine / Verrichtete⌈n⌉. Inmittelst *Distin-* / *guirte*^{225} sich doch unter dene⌈n⌉ / Jüngern eine Vor allen / übrigen, dadurch, das⌈s⌉ sie ei- / nen Ring in einem Nase-loche / Trug, und Auf^p mündliches Befrage⌈n⌉ / Zu verstehen gab,^{q} wie^r sie Bey dem / Manne am meisten gelte. Ich fragte / sie, ob ihr denn daher für denen / übrigen Kein VorZug zustünde / und erhielt Zur antwort. die / Liebe ihres Mannes sey ihr Vorzuges / genug, sie wolle sich aus⌈s⌉er der- / selbe⌈n⌉ nichts weiter anmaße⌈n⌉, / Zumahl

---

^{a} h$_{eyrathet}$ *verbessert aus* [.] ^{b} *nach* ist *gestr.* Bey / unter in einem solchen uns Euro- / päern ^{c} *nach* derselben *gestr.* daVon ^{d} $_{un}$a$_{usbleiblich}$ *verbessert aus* [.] ^{e} *nach* Zweyte, *gestr.* und ^{f} *folgt* und ^{g} Jüngere$_n$ *verbessert aus* Jüngere ^{h} den_en *verbessert aus* de[.]e[..] ^{i} *vor* ein *gestr.* wo neu VorsPan sollte gegebe$_)$ / werden, ^{j} Vie$_r$ *verbessert aus* [.] ^{k} $_a$u$_s$ *verbessert aus* [.] ^{l} *nach* Eintracht *gestr.* hervor Leuchtete ^{m} bliken *über der Zeile* ^{n} *folgt* Wir nahmen ^{o} *vor* Die *gestr.* Wir nahmen daselbst Gelegenheit / die Ehliche Einrichtung der / Tataren Besonders Zu bemerke$_)$ ^{p} Au$_f$ *verbessert aus* [..] ^{q} *nach* gab *gestr.* daß ^{r} wie *über der Zeile*

sie selbst an ihrem Manne / sehe, daß derselbe die älteren / Frauen mehr als sie
Zu ehren / pflege.
Man siehet aus diesem eine / Besondere Klugheit, dergleichen / man sich Bey[a]
so *uncivi- / lisirte*[n] Völker[n] nicht Vorstelle[n] sollte. Meinet man eine Zer- /
Theilte Liebe Könne nicht[b] Voll- / Kommen seyn; so beweisen alle / Sibirische
/68r/ Völker das gegentheil. Ein Mann / der 3 oder 4 Frauen hat,[c] Liebet / eine
jede derselben[d] nicht anders, / als[e] ein anderer der nur / eine hat. Und ein jedes
weib / Begnüget sich an demjenigen Theil[f] / der Liebe, welchen ihr der Mann /
Zuwendet. Es ist sogar Bey / dieser Zertheilten Liebe noch ein / vorZug, welcher
darin Bestehet, das[s] / eine jede Frau mit denen andere[n] / sich in die Wette
Bemühet, dem / Manne mehr GefälligKeit[en] Zu er- / weisen, um Von ihm
mehrere / Liebe Zu genies[s]e[n].
Eine Pflicht hat der Mann Bey / diesem allen Zu beobachten: / nemlich, daß
wenn er gleich der / einen Frauen für der andern / mit mehrerer Liebe Zugethan /
ist, er dennoch derselbe[n] nicht / mehr als denen andern ehlich / beywohnen
darff. Solches ist / ein grund-Gesetz Bey allen Völker[n], / welche die[g]
Vielweiberey unter / sich eingeführet haben. Eine jede / Frau[h] hat[i] über den
Leib / des Mannes gleiches Recht / : und[j] wenn ihr der Mann / solches Recht
entZiehen will, / so entstehet daraus ein beständiger / Zank, ja unter dene[n]
weiber[n] / offters[k] Schlägereyen, die der Mann / durch seine *Autorität* nicht
hinder[n] / Kann. /68v/ Zu solchem Ende schläfet eine jede / Frau Besonders, und
der Mann / mus[s] wechsels-weise Bey ihnen / übernachten. Unter[l] denen /
Mongolen, *Calmüke*[n], *Bu- / rjät*en, *Jakut*en, *KusnezKi*sche[n] / und
*KrasnojarsKi*schen Tatare[n], / Wohnet[m] mehrentheils, im fall der Mann / so Viel
im Ver- / Mögen hat,[n] eine jede / Frau in einer[o] Besonderen Jurte oder GeZelte,
hat ihre Beson- / dere Haußhaltung,[p] Vieh- / Zucht, und[q] eigene aufwartung, /
Der Mann aber hat Keine besondere wohnung noch Viehzucht / sondern[r] / gehet
wechselswei- / se Bald Bey der einen Bald andern Frau[s] Zu / Gaste, und führet
über alles die Ober- / Aufsicht.
|: Bey denen *Krasnoſarskischen Tatar*en[t] / selten, wenn sie auch noch so / reich
sind. Sie halten 2 auch / 3 Frauen / bey sich in / einer Jurte / Jede Frau aber hat
ihr beson- / deres bette, wenn 2 sind, / Zu beyden Seit[en] der Jurte, wenn /

---

[a] *nach* Bey *gestr.* dergleichen [b] n$_{icht}$ *verbessert aus* z [c] hat, *über der Zeile* [d] *nach* derselben *gestr.* , [Komma] [e] *nach* als *gestr.* wenn [f] $_{Theil}$e *verbessert aus* $_{Theil}$e [g] d$_{ie}$ *verbessert aus* [.] [h] *nach* Frau *gestr.* vermeinet [i] hat *über der Zeile* [j] *vor* : und *gestr.* Zu haben [k] $_{offter}$s *verbessert aus* [.] [l] Un$_{ter}$ *verbessert aus* [..] [m] *vor* Wohnet *gestr.* die soViel im Vermögen haben, daß sie / und ubrigen unter GeZelten / Lebenden [n] mehrentheils im *über der Zeile*; im fall der Mann / so Viel im Ver- / mögen hat, *rechts marginal* [o] einer *über der Zeile* [p] *nach* Haußhaltung, *gestr.* und [q] und *verbessert aus* [...] [r] hat Keine besondere *über der Zeile*; wohnung noch Viehzucht / sondern *rechts marginal* [s] Frau *über der Zeile* [t] $_{Tatare}$n *verbessert aus* [.]

3 sind, eine in der Mitten / der Thür gegen über, und die / 2 übrige⌐n⌐ zu beyde⌐n⌐ Seit⌐en⌐. :|ᵃ

Es scheinet wohlᵇ das⌐s⌐ diese Letzte Gewohn- / heit eingeführet ist, um noch mehr / allemᶜ Verdruß undᵈ Zanke un- / Ter dene⌐n⌐ Weibern ZuvorzuKommen. / Sie hat aber auch noch eine Neben- / Ursache, welche darin Bestehet, das⌐s⌐ / weilᵉ derᶠ Brautschatz derer / Weiber ungleich Zu seyn pfleget, / diejenige,ᵍ welche Von ihren El- / tern und anVerwandten eine star- / ke Viehzucht mit- und Zum Ge- / schenke beKommenʰ, nicht gerne / andere, die nicht so gut ausgestat- / Tet sind, davon wollen *participi-* / *ren*²²⁶ Las⌐s⌐e⌐n⌐. Solchem nachⁱ hat eine / jede Frau Vornehmlich nur so Viel / Vieh als sie dem Manne Zuge- / Bracht hat:ʲ und wenn / Von des Mannes EigenThum nach /ᵏ /69r/ beZahlung der *Kalüm* noch was übrig / ist, so pfleget er solches unter / alle Weiber in gleiche Theile / Zu Zertheilen.

Eben auf solche weise ist auch diese / Gewohnheit Bey etlichen reichen / Wald-Tungusenˡ / die gros⌐s⌐e *Tabun*en von Renn- / Thieren haben eingeführetᵐ. Da hat gleich- / falls jede Frau ihre besondere / *Tabune*, und Zuweilen auch / ihre eigene Jurte. Andere dergleichenⁿ Völ- / ker aber, sonderlich die Nord- / Lichen, als *Samoj*eden, *Juka-* / *giri*ᵒ, *Tschuktschi*, *Koriäk*en, / ohnerachtet dieselbe an Renn- / Thieren noch reicher als die *Tungusen*ᵖ sind, wißenᵠ Von sol- / chenʳ Zertrennten Haushaltunge⌐n⌐ / nichts: weil Bey ihnen so gar / drey, Vier, Bißˢ fünf unterschiedeneᵗ *Fami-* / *L*ien in einer Jurte Zusam⌐m⌐en / Zu wohnenᵘ pflegen.

|: Beyᵛ unserm auffenThalt Zu *Man-* / *gasei*²²⁷ Bemerkte ich an etlichen / *Samoj*eden daß sie so wie ihre Wei- / ber in denen Haaren Zu beyden / Seitenʷ des Gesichtes Flechten Tra- / gen, und erhielt darüber die Er- / Läuterung, daß wenn ein *Samo* / *jede*ˣ seine Frau recht *contentire*²²⁸, / oder er einer für die andern / mehr beywohne, so pflege ihm die- / selbe Zur DankbarKeit die Haa / re also Zu flechten, und noch über- / dem den gantzen Kopff mit / Fisch- oder RennThiers Fett Zu be- / schmieren. :|ʸ

Was der Mann den Tag über an / Wilde erjaget, das Vertheilet / er unter alle seine weiber Zu / gleichen Theilen, es sey denn, daß / eine für der andern Mehr

---

ᵃ *von* Bey denen Krasnoj. Tataren *bis* zu beyde⌐⌐ Seit⌐⌐. *rechts marginal*   ᵇ w_ohl *verbessert aus* [.]   ᶜ _allem *verbessert aus* [.]   ᵈ u_nd *verbessert aus* [.]   ᵉ weil *über der Zeile*   ᶠ *vor der gestr.* mannichmahl   ᵍ *vor* diejenige, *gestr. und*   ʰ _Bekomm_e_n *verbessert aus* [.]   ⁱ n_ach *verbessert aus* [.]   ʲ *nach* hat: *gestr.* Der Mann   ᵏ *folgt* beZahlung   ˡ *nach* Wald-Tungusen *gestr.* eingefuehret und |: und *über der Zeile* :| Samojede⌐⌐ unt[..]   ᵐ eingeführet *über der Zeile*   ⁿ dergleichen *über der Zeile*   ᵒ Samojeden, Jukagiri *gestr. und punktiert unterstrichen*   ᵖ als die Tungusen *über der Zeile*   ᵠ wißen *über der Zeile*   ʳ sol_chen *verbessert aus* [...]   ˢ Biß *verbessert aus* [.]   ᵗ unterschiedene *über der Zeile*   ᵘ w_ohnen *verbessert aus* p   ᵛ Be_y *verbessert aus* [..]   ʷ _Seite_n *verbessert aus* [.]   ˣ S_amojede *verbessert aus* [.]   ʸ *von* Bey unserm auffenThalt *bis* Zu beschmieren *rechts marginal*

Kinder / und gesinde hätte, welche alsdenn / auch mehr Vorrath Von Wilde beKommt. / Der Mann gehet Von einem weibe / Zum andern ab und Zu, und wie / er Bey allen wechselsweise ubernachte[n]^a / muß, so ist auch darin eine Ordnung, daß er Bey einer jeden seine gewis[s]e /^{b} /69v/ MahlZeiten hält:^{c} bey denen Wald-Tungusen / die auf beständige[n] Jagd- / Reisen sind, und^d die / Weiber immer mit sich führe[n], / ist folgende^e Ordnung^f Wenn^g ein Mann^h Zwey Wei- / ber hat^i und^j er^k Z[um] e[xempel]^l eine^m Nacht / bey der Ältesten übernachtet, so / sPeiset er^n den folgende[n]^o Mittag^p Bey der Jüng- / sten, Zu abend wieder Bey der Äl= / Testen, und^q Besuchet darauff wieder die / Jüngste, um bey derselbe[n] das Nachtlager Zu halte[n]^r

Eine jede Frau Bemühet sich, ihn / auf das Beste bewirthen: ja er / muß noch Bey derjenigen, Bey / welcher er übernachtet, auch etwas / Weniges Vorher eßen^s, daher er / sich Bey der erstern nimmer Zu Abend / gantz satt is[s]et, damit er dadurch / Keine *Jalousie*^{229} Verursachen möge, / weil die Weiber untereinander / solches sehr übel empfinden.

Bey^t andern Völkern als Mongo- / len, *Buriäte*[n], *JaKut*en, u[nd] s[o] w[eiter]^u die / wegen^v der^w ViehZucht ihre wei- / ber nicht in der Nähe haben / Können, und wo offters eine / Frau^x Von der andern eine / Tage-Reise entfernet wohnet, / begiebt sich der Mann, so bald / er das Bette der einen Frau / Verlas[s]en hat, und^y nachdem er Kaum / ein wenig gefrühstüket, auf / den Weg, um die andere Zu besuch[en]. / Ist der weg so weit, daß er auf / den Mittag nicht EinKommen / Kann, so nimmt er nur^z so Viel Vor- / rath an SPeisen mit auf den /^{aa} /70r/ weg als er gebrauchet um sich^{bb} des^{cc} Hungers Zu^{dd} er- / wehren. da denn^{ee} die^{ff} Frau^{gg} / die gewöhnliche Zeit seiner anKunfft schon weiß, / und^{hh} die Mahlzeit fertig hält. / wohernächst er bis[s] auf den fol- / genden Morgen Bey ihr bleibet. Es^{ii} Verstehet sich alles obige Bey einer / solchen Beschaffenheit derer Um- / stände des Mannes, da er Keine / andere Geschäffte hat, als nur / seiner Weiber wohlgefallen / Zu erfüllen, und Zugleich denen / Haußhaltungs

---

^{a} ubern$_a$chten *verbessert aus* ä ^{b} *folgt* Mahl- ^{c} *nach* hält: *gestr.* Ich will das Exem- / pel setzen ^{d} *nach* und *gestr.* folglich ^{e} f$_{olgende}$ *verbessert aus* d ^{f} *von* bey denen Wald-Tungusen *bis* folgende Ordnung *rechts marginal* ^{g} Wenn *über der Zeile* ^{h} *nach* Mann *gestr.* hat ^{i} *nach* hat *gestr.* [..]t ^{j} und *über der Zeile* ^{k} *nach* er *gestr.* nun ^{l} *nach* e. *gestr.* diese ^{m} eine *über der Zeile* ^{n} *nach* er *gestr.* zu ^{o} den folgenden *über der Zeile* ^{p} $_{Mittag}$ *verbessert aus* $_{Mittag}$s ^{q} *nach* und *gestr.* übernachtet darauf die / folgende Nacht Bey der Jüngsten ^{r} Besuchet darauff wieder die / Jüngsten, um bey derselbe) das Nachtlager Zu halte) *über der Zeile* ^{s} e$_{ßen}$ *verbessert aus* [.] ^{t} *vor* Bey *gestr.* Im Falle daß die wohnun ^{u} u. s. w. *über der Zeile* ^{v} *nach* wegen *gestr.* ihrer ^{w} der *über der Zeile* ^{x} F$_{rau}$ *verbessert aus* [.] ^{y} und *über der Zeile* ^{z} nur *über der Zeile* ^{aa} *folgt* weg ^{bb} weg als er gebrauchet um sich *über der Zeile* ^{cc} *vor* des *gestr.* daß er sich nur ^{dd} Zu *über der Zeile* ^{ee} *da denn über der Zeile* ^{ff} *vor* die *gestr.* Kann ^{gg} *nach* Frau *gestr.* weiß ^{hh} *nach* und *gestr.* hält ^{ii} *vor* Es *gestr.* Indem aber nun der Mann offters / Von einer Frau abwesend ist, die- / selbe aber nicht |: nicht *über der Zeile* :| [....]

Angelegenheit⌈en⌉ / Bey ihnen NachZusehen. Will / der Mann eine Reise Thun, andere / Freunde und beKandte zu Besuche⌈n⌉, / oder er gehet auf die Jagd, / oder Verreiset in ander⌈en⌉ Geschäfft⌈en⌉ / so richtet sich^a seine^b Pflicht gegen / die Weiber nach obigem Vorgesetzt⌈en⌉ / EndZweke, doch daß er Vorher / Bey einer^c jeden sich beurlaubet^d / Kommt er aber^e wieder Zu Hause, So / fänget er seine Besuche wieder^f in derjenig⌈en⌉ / Ordnung an, als er Beym Ab- / schiede damit aufgehöret.
Eine *Inconvenienz* ist nur Bey / dieser sonst nicht übel eingerichtete⌈n⌉ / Haus⌈s⌉haltunge⌈n⌉, nemlich,^{g} daß, weil die / Weiber Von dem Manne so offters / alleine gelaßen werden, dieselbe / dadurch Gelegenheit ÜberKommen, /^{h} /70v/ mit^i ihren StieffSöhnen und Schwägern / desto freyer den gewöhnlichen / Unerlaubt⌈en⌉ Umgang Zu unterhalte⌈n⌉. / Ubernachtet der Mann Bey der einen / Frau, so Kommt der Sohn oder / Bruder Zu der andern. Und man / Trifft nicht selten dergleichen Nahe / Verwandte auf einem Bette an / woraus eben so wenig etwas ge- / macht wird, als wenn ein bru- / der Zu einer Leibliche⌈n⌉ Schwester / Zu Gaste Kommt, welche gleich- / falls auf einem Bette, wie- / wohl, so Viel man weiß, ohne Un- / Zucht, übernachte⌈n⌉.
Die *Positur*, in welcher Mann und / Frau Beyeinander^j schlaffen^k, ist bey / denen Wald-*Tungus*en Besonders. / Sie Liegen beyde auf der Seiten^l mit denen Köpffen nach / Unterschiedenen *Plagis*^{230}: und^m / ein Theil nimmt^n des Andern Füs⌈s⌉e in den / Schoß. Dabey deken sie sich mit / einer deke Zu, wovon das obere / und untere Ende einem jeden / Theile die Achseln Bedeket. Sind / sie müde auf einer Seite Zu Liege⌈n⌉ / so drehen sie sich beyde Zugleich / um, auf die andere Seite: welches sonderlich Zur Winters Zeit offters / geschiehet, weil sie alsdenn Bestän- / dig Vor dem feuer Heerde Liegen, / und^o Von dem^p starken Froste^q in ihre⌈n⌉ / Kalten Jurten,^{r} mehr / an das Umdrehen ermahnet werde⌈n⌉. Bey denen übrigen Volker⌈n⌉ ist diese /^{s} /71r/ Gewohnheit nicht, mas⌈s⌉⌈en⌉ dieselbe / nach dem Gebrauche der *Europä*ische⌈n⌉ / *Nation*en bey einander schlaffe⌈n⌉. |: Die *Samoj*eden schlaffe⌈n⌉ bey ein- / ander dergestalt daß die Frau / den Hintern dem Neben^t ihr / auf der Seite Liegenden Man- / ne in den Schooß leget, und / in dieser *positur* Verrichte⌈n⌉ / sie auch den Ehliche⌈n⌉ Beyschlaff. / Die

---

^{a} *nach* sich *gestr.* die ^{b} seine *über der Zeile* ^{c} $_{\text{eine}}$r *verbessert aus* [.] ^{d} *nach* beurlaubet *gestr.* und ^{e} aber *über der Zeile* ^{f} wieder *über der Zeile* ^{g} nemlich, *über der Zeile* ^{h} *folgt* Vorbe- ^{i} *vor* mit *gestr.* Vorbesagter Maaßen ^{j} *nach* Beyeinander *gestr.* Liegen ^{k} schlaffen *über der Zeile* ^{l} beyde auf der Seiten *über der Zeile* ^{m} *nach* und *gestr.* nimt ^{n} nimmt *über der Zeile* ^{o} *nach* und *gestr.* wegen ^{p} Von dem *über der Zeile* ^{q} $_{\text{Froste}}$ *verbessert aus* $_{\text{Froste}}$[.] ^{r} *nach* Jurten, *gestr.* das Umdreh ^{s} *folgt* Gewohnheit ^{t} Neb$_{\text{en}}$ *verbessert aus* [...]

Camasinzi Taiginzi ebenso / aus⌈s⌉er wenn es sehr Kalt ist. / alsdenn Liegen sie wie die *Tun-* / *guse*⌈n⌉. :|ᵃ
wenn ich mich nicht befürchteteᵇ gegenᶜ / den Wohlstand²³¹ Zuᵈ sündigen,ᵉ / Könnte ichᶠ noch einige geheime / Umstände des Ehestandes berühre⌈n⌉. / Dieᵍ Monathliche Reinigung / derer weiber gehöret dahin, wo- / Von man sich Leicht wird vorstellen / Können, daßʰ es damit wege⌈n⌉ / der übrige⌈n⌉ *sordid*en²³² Lebens Art, / auch sehr *sordide* Beschaffen seyn / müs⌈s⌉e. Daß weib schläffet zwar / Zu derselbe⌈n⌉ Zeit mit dem Manne / auf einem bette, sie Ziehet aber / ihre mit Läppgensⁱ von Leder / und Peltzwerkʲ Blättern, Graßᵏ / Heu ausgefüllte Hosen nimmer / aus: Und wenn der Mann mehr / als eine Frau hat, so ist es ihme / alsdennˡ ohne wiedersPruch erlaubt, / bloß denenjenigen, die in reinen / Umständen sind, Nächtlich beyZu- / wohnen.
|: Nach Verlauf der Reinigung gehen / die weiber Bey den⌈en⌉ *Katschinzi*sch⌈en⌉ / *Tatar*e⌈n⌉ im *Krasnojarsk*⌈ischen⌉ Gebiethe / 3mahl über das Feuer in / welches sie Vorher *Irben*²³³ streue⌈n⌉ / um dadurch Von der UnsauberKeit / gantzlich gereiniget Zu werd⌈en⌉. :|ᵐ
Währender Schwangerschafft ist / gleichfalls Bey allen Völkernⁿ eine ein- / stimmige Enthaltung derer / Ehestandes-Pflichte⌈n⌉ eingeführet: / esᵒ sey denn, daß jemand aus Beson- / derer Geilheit dagegen Zu sündige⌈n⌉ / Veranlaßet würde. Sie rechnen / aber den *Termin* Von der Zeit an, / da die Mutter durch Bewegung / des Kindes die erstenᵖ unZweifelshafftenᑫ Zei- / chen davon VersPüret. Denn was / die Vorhergehende übrige Zeichen / betrifft,ʳ dadurch wollen /ˢ /71v/ sich so wenig Mann als weib ab- / halten las⌈s⌉en, weil sie wis⌈s⌉e⌈n⌉ / das⌈s⌉ᵗ dieselbeᵘ fehl / schlagen Können. Die meisten Völker und sonderlichᵛ die *Jakut*e⌈n⌉ / glauben, aus⌈s⌉erdem daß es / eine Sünde sey, einer schwan- / gern Frau ehlich BeyZuwohnenʷ, die / Geburth Könne auch davon / Schaden Leyden. Hierˣ gereichetʸ die Viel- / weiberey ihnen wiederum Zu ei- / ner großen BequemlichKeit. / Ist gleich eineᶻ Frau Schwanger, so sind / noch andere da, mit welchen der / Mann die Zeit angenehm Ver- / Treiben Kann.

ᵃ *von* Die Samojeden schlaffe) *bis* wie die Tunguse)*. auf Bl.* 70v *rechts marginal*   ᵇ wenn ich mich nicht befürchtete *über der Zeile*   ᶜ *vor* gegen *gestr.* Ich weiß nicht, ob |: ₒb *verbessert aus* [.] :| man nicht   ᵈ Zu *über der Zeile*   ᵉ *nach* sündigen, *gestr.* möchte, / wenn man   ᶠ Könnte ich *über der Zeile*   ᵍ *vor* Die *gestr.* sollte.   ʰ *nach* daß *gestr.* selbige   ⁱ *vor* Läppgens *gestr.* und   ʲ Läppgens von Leder und Peltzwerk *rechts marginal*   ᵏ G_{raß} *verbessert aus* [.]; *nach* Graß *gestr.* und   ˡ ₐₗₛdₑnₙ *verbessert aus* [.]   ᵐ *von* Nach Verlauf der *bis* gereiniget Zu werd) *rechts marginal*   ⁿ Völkern *über der Zeile*   ᵒ ₑs *verbessert aus* [.]   ᵖ *nach* ersten *gestr.* gewissen   ᑫ unZweifelshafften *über der Zeile*   ʳ *nach* betrifft, *gestr.* als die   ˢ *folgt* sich so   ᵗ *nach* dass *gestr.* dergleichen Zeichen   ᵘ dieselbe *über der Zeile*   ᵛ Die meisten Völker und sonderlich *über der Zeile*   ʷ ₗₑyZu_{wohnen} *über der Zeile*   ˣ *nach* Hier *gestr.* ist   ʸ gereichet *über der Zeile*   ᶻ eine *über der Zeile*

Ein *Tungus*e pfleget sich auch Zu / der Zeit, da er der Jagd / mit fleis⌈s⌉e abwartet, des[a] Eheliche⌈n⌉ / Beyschlafes Zu enthalte⌈n⌉. Sie meine⌈n⌉ / es Könne Bey der Jagd Kein Gluke seyn, / wo sich Einer[b] mit weiber⌈n⌉ be- / fleke. Uberhaupt wird das weibliche Geschlecht / Von allen Völker⌈n⌉ für unrein gehalt⌈en⌉, / welches wohl am meisten Von denen / unreinen Umständen ihrer Monathliche⌈n⌉ / Reinigung herrühret. Ein *Krasno-* / *jarski*scher Tatare Von denenjenige⌈n⌉ / so unter dem gemeinschafftliche⌈n⌉ Nahmen / derer *Katschinzi* Begriffen werde⌈n⌉, / pfleget daher nach dem Beyschlaff / sich durch das Feuer Zu reinigen. / indem er dreymahl uber daßelbe / schreitet[c] nachdem er Vorher[d] etwas wermuth / von derjenigen *Specie*, so Bey ihnen /72r/ *Irbèn*[234] genennet wird, hinein geworffen, / wovon sie Zu solchem Ende alleZeit einen guten Vorrath[e] getroknet aufbehalte⌈n⌉. Es wird / in dem *Capit*el Von der *Religion*[235] / VorKommen, das⌈s⌉ diese Tatare⌈n⌉ / in sehr Vielen Stüken[f] eine mehrere / Feinheit und LauterKeit als andere / Völker[g] *affectir*e⌈n⌉[236]. Sie / werden[h] auch nimmer / Strümpffe[i] oder / Stiefeln, so jemahls eine weibs Person / getragen, anZiehen. Andere / *Tatar*en aber[j] und alle übrige / Völker[k] / machen sich daraus Keine⌈n⌉ *Scru-* / *pel*.

---

[1] „Oheim, 1) Bruder des Vaters od. der Mutter; ..." (Pierer 1857–65, Bd. 12, S. 234)

[2] frz. – Neffe

[3] <lat.> – unbestimmt

[4] *Jakuck*

[5] lat. – nach Stellers Bericht; G. W. Steller berichtet in seinem Reisejournal am 4. Dezember 1738 auf dem Weg von *Tomsk* nach *Enisejsk* über die dort lebenden Tataren: „... weñ jemand heyrath⌣ wolte so ... suchte / sich einen Swadnik oder Freywerber aus, diese⌐ schikte / er ab mit Scharr [russ./sib. *šar* – Tabak], u. einer Gansa [russ./sib. *ganza* bzw. *gamza* – Tabakspfeife (*Anikin* 2000, S. 162)] in der Brautvatter / Jurt, kam̃ er da an so hielte er eine kleine Anrede, wie es / ihre Grosvätter u. Vätter vor gut erkañt, daß sich Persohn⌐ / so einand⌐ Liebt⌐ Zusam̃⌐ Verehlicht⌐ so hätte er auch die Com̃is / sion von diese⌐ N. N. anfrage um seine Tochter zu Thun / darauf stopft er eine pfeiffe Tobak u. uberreicht sie den vatter ... nach 1. od⌐ 2 Stund⌐ Verlauff kom̃t der Swad / nik wieder u. siehet sich so gleich um nach der pfeiffe praesentirt sie den / vatter von / der bank zum / andern mahl / nim̃t er sie an so ist es schon so gut als das Jawort. darauf stopft / er der Añka od⌐ BrautMutter auch eine, nim̃t darauf abschied / gehet zu den bräutigam zuruk u. referirt wie die antwort / gefall⌐ u. der antrag aufgenom̃ word⌐, ist der tobak / ō

---

[a] ₍deS₎ *verbessert aus* [.]   [b] Ei₍ner₎ *verbessert aus* [..]   [c] ₍schrei₎t₍et₎ *verbessert aus* [.]   [d] Vorher *über der Zeile*   [e] einen guten Vorrath *rechts marginal*   [f] *nach* Stüken *gestr.* , [*Komma*]   [g] *nach* Völker *gestr.* pretendi   [h] *nach* werden *gestr.* dessswegen   [i] *vor* Strümpffe *gestr.* bein Kleider   [j] a₍ber₎ *verbessert aus* d   [k] *nach* Völker *gestr.* wißen davon nichts.

acceptirt word(so geschiehet ferner keine Anfrage / ist er acceptirt word(, so gehet alsdeñ der brautigam / wieder mit Tobak u. pfeiffe Verseh‿ zusam̃t den / Swadnik Zur braut vatter kom̃) sie an so heist sie / der wirth niedersetzen darauf uberreicht der bräuti= / Gam̃ den brautvatter u. dieser wieder jene) eine / pfeiffe Tobak u. rauch‿ sie also Verwechselt aus, darauf / geschiehet solche Tobaks Verbruderung auch mit d) / Frau Mama ..." (AAW R. I, Op. 81, D. 23, Bl. 130r–130v)

6 <lat.> accordieren – übereinkommen, (hier:) verhandeln
7 <lat> – feierlichen, festlichen
8 <lat.> – Vollzug
9 lat. – Geschlechtsreife, Mündigkeit
10 <lat.> reflektieren – bedenken, das Augenmerk richten auf
11 Enisej
12 tatar. „калым" – russ. kalym (s. Glossar: Kalüm) (Ganiev 1984, S. 208); tatar. „qalyn" – russ. kalym (Anikin 2000, S. 243); turk. „калың", „калын", „калым" „калін" bzw. „халын"– russ. kalym (Radloff 1963, Bd. 2, Sp. 242, Sp. 244, Sp. 247, Sp. 248 bzw. Sp. 1676); chakass. „халым" bzw. „халың" – russ. kalym (Subrakova 2006, S. 793 bzw. S. 794)
13 „... le contrat [de mariage] se concerte auparavant par les peres et meres des jeunes gens, où l'on fait expressement mention du Saddock, c'est-à-dire de la somme d'argent que le marié assure à la mariée, comme aussi des robes de rechange, des joyaux et du nombre des esclaves que l'épouse doit avoir en entrant chez son époux." (Shaw 1743, S. 393f.), (übers. in Shaw 1765, S. 209f „... der [Heirats-]Contract wird vorher unter den Aeltern geschlossen, worinnen nicht allein der Saddock, wie sie die besondere Summe Geld nennen, welche der Bräutigam der Braut ausmachet, sondern auch ... die verschiedenen Kleidungsstücke, die Menge der Juwelen, und die Anzahl der Sclavinnen bestimmt wird, welche die Braut begleiten müssen, wenn sie zuerst dem Bräutigame die Aufwartung machet")
14 tungus. (ewenk.) „tōrī" – russ. kalym (s. Glossar: Kalüm) (Boldyrev 2000, Teil 2, S. 112); tungus. (ewenk.) „tōrīma-" – für die Braut kalym bezahlen (a. a. O., S. 112); nach Helimski 2003, S. 240, tungus. (ewenk.) „tōrīмарав" – wir haben den kalym bezahlt; „... Bei den Reiche) [von den Tungusen] welche den Kalim oder sogenannten Torri gleich erlegen. Die aber das Vermögen nicht haben müßen mit dem Heyrathe) länger warten, bis Sie ein Torri von sich gebracht. ..." (J. J. Lindenau in: AAW F. 934, Op. 1, D. 89, Bl. 391r, Kopie aus dem Archiv RGADA); „Arme Tungusen entrichten statt des Brautpreises (Schurum auch Torrimoran) für ihr Mädchen, nachdem accordiret worden, den Tribut für den Schwiegervater 1. bis 3. Jahr. ..." (Georgi 1775, S. 264)
15 Nižnaja Tunguska
16 tungus. (ewenk.) „авду" – Vermögen, Hab und Gut, (aber auch) Vieh (Boldyrev 2000, Teil 1, S. 15)
17 burjat. „Brautgeld, adûhu baɤeka NU., adû baɤulxa T., mal baɤgûlaxo Ch., S." (Schiefner 1857, S. 188); burjat. „адуу(н)" – russ. kalym (Čeremisov 1973, S. 32); s. Glossar: Kalüm; „Der Brautpreis [bei den Burjaten] wird nach Stücken Vieh verschiedener Art festgesezt, und daher Aduhun auch Ado Bailcho, d. i. was man von der Heerde giebt, genennet. Ein Mädchen kostet von 5 bis 100, und bey reichen Leuten 2, 3 bis 400 Stück (Tologoi) aus etwan 100 Pferden, 20 Kameelen, 50 Rindern, 200 Schaafen, 30 Ziegen, oder in einem andern Verhältniß." (Georgi 1776–1780, S. 431)
18 jakut. „аты" – Ware, Preis, Tausch, Verkauf, Handel (Pekarskij 1958–1959, Bd. I, Sp. 198); jakut. „аты" – „Waare. ... Handel, ..." (Middendorff 1851, Theil 2, S. 4); jakut. „сулӯ-аты" – Summe, die für

die Braut zu zahlen ist (*Pekarskij* 1958–1959, Bd. II, Sp. 2331–2332)
[19] vgl. samojed. „Preis, Jur. mir. O. mer, N.; mir, K., Jel., B., Tas., Kar.; mire, NP.; ..." (Schiefner 1855, S. 260); vgl. samojed. (nenz.) „не'-мир" – Bezahlung für eine Frau (*kalym*; s. Glossar: Kalüm) (*Gemuev* 2005, S. 453); samojed. (Tundra-enz.) „miroðo" – Preis (Helimski 1987, S. 79)
[20] *Enisej*
[21] vgl. ket. „hun" – Tochter, Mädchen (Donner 1955, S. 49); ket. „k'agsəbət" – kaufen (a. a. O., S. 71); *Enisej*-ostjak. „fun" – Tochter (Schiefner 1858, S. 192); *Enisej*-ostjak. „keaksebät" – kaufen (a. a. O., S. 166)
[22] d. h. die pumpokolischen Ostjaken am Fluß *Ket'* (s. auch Kap. 25, Bl. 10v)
[23] *Ob'*
[24] ostjak. (*Berezov*) „evi-tin" – russ. *kalym* (Steinitz 1966–1993, Sp. 37); ostjak. (u. a. am Fluß *Ob'*) „tån", „tan" bzw. „tin" – russ. *kalym* (a. a. O., Sp. 1442f.)
[25] kamass. „mir" – russ. *kalym* (G. F. Müller in: Helimski 1987, S. 119)
[26] „C'étoit avec de pareilles espèces qu'on achetoit des Epouses. Iphidamas donna pour avoir la Fille du Roi de Thrace cent Boeufs comptant, et promit mille tant Chèvres que Brebis. Cet achat étoit le prix de la Virginité. Les Anciens Germains faisoient quelque chose de pareil, à en juger par l'Etymologie du mot de Nôces, qui s'appellent dans leurs Dialectes, Brudkaup, ou achat de la Fiancée." (frz. – In gleicher Weise kaufte man Ehefrauen. Iphidamas übergab, um die Tochter des Königs von Thrakien zu bekommen, hundert Rinder sofort und versprach tausend Ziegen und Schafe. Dieser Kauf war der Preis der Jungfräulichkeit. Die alten Germanen machten es ebenso, wenn man nach der Etymologie des Wortes Hochzeit urteilt. Hochzeit nennen sie in ihren Dialekten Brudkaup oder Brautkauf.) (NBG 1746, S. 11)
[27] „Quo pretio Rex Thraciae Cisseus filiam suam Iphidamanti nepoti suo desponderit, ex donis a sponso nuptiarum causa datis et promissis perspicuum est. Multum autem dedit, inqvit Homerus |: Il. Lib. 11 :|, primum centum boves dedit, deinde mille capras et oves promisit. Cui vero dederit, filiae an parenti? illiquidum. Sponsae dedisse, plerisque placet. ... Alii tamen ... parenti dedisse putant. Qvos inter Pausanias |: Paus. Lib. 4. cap. ult. :|) ita scribit: Testatum etiam in Iliade reliquit Homerus, Iphidamantem Antenoris filium boves centum sponsalitium munus socero suo dedisse. Cur socero? Nisi quia uxores emere, et pretium virginitatis parentibus aut proximis cognatis offerre, prisci temporis consuetudo fuisse creditur. Hoc quidam ... ex moribus et legibus veterum Germanorum confirmare nituntur. Quibus addere potuissent Linguam, quia nuptiae etiamnum aliqua Germanorum Dialecto Brudkaup, h. e. emptio sponsae vocantur, ..." (lat. – Um welchen Preis der thrakische Königs Cisseus seine Tochter mit Iphidamas, einem Verwandten, verlobt hat, wird aus den vom Bräutigam anläßlich der Hochzeit überreichten und versprochenen Geschenken ersichtlich. Homer (Ilias, Buch 11) sagt: Er machte große Geschenke: Hundert Rinder schenkt' er zuerst, und gelobte darauf noch tausend Ziegen und Schaf'. Wem aber hat er die Geschenke gemacht, der Tochter oder dem Vater? Das bleibt unklar. Die meisten meinen, daß er sie der Braut gegeben hat. ... Doch andere ... glauben, daß sie für den Vater bestimmt waren, darunter Pausanias, |: Pausanias, Buch 4, letztes Kapitel) :| der folgendes schreibt: Auch Homer erwähnte in der Ilias unter den Brautgeschenken die hundert Rinder, welche Iphidamas, Antenors Sohn, seinem Schwiegervater gab. Wieso dem Schwiegervater? Der Grund ist, daß man glaubt, es wäre die Gewohnheit alter Zeiten gewesen, Ehefrauen zu kaufen und den Gegenwert der Jungfräulichkeit Eltern oder nah Verwandten darzubringen.

Manche bemühen sich, dies ... aus den Sitten und Gesetzen der alten Germanen zu beweisen. Dazu tritt noch die Sprache, denn Hochzeit heißt in einem der germanischen Dialekte noch heute Brudkaup, was Brautkauf bedeutet ...) (Wachter 1740, S. 11f.)

28 Gebiete von *Tobol'sk*, *Tjumen'* und *Tomsk*

29 <lat.> accordieren – übereinkommen

30 *Enisej*

31 „Kattun, aus ungefärbtem baumwollenem Garne gewöhnlich leinwandartig gewebtes, selten geköpertes ... Zeug, meist etwas steif u. glänzend appretirt. ..." (Pierer 1857–65, Bd. 9, S. 383)

32 russ. *pridan* bzw. *pridanoe* – Aussteuer, Mitgift, aber auch Geschenke der Eltern des Bräutigams an die Braut (*Slovar'* 2002, S. 458; Helimski 2003, S. 214); „Die придан [russ. *pridan*] Was die braut dem Manne Zubringet ..." (G. F. Müller in: RGADA F. 199, Op. 2, Portf. 509, D. 3, Bl. 174r)

33 samojed. (nenz.) „нединзэй" – russ. *pridan* (s. Anm. 32) (*Gemuev* 2005, S. 453)

34 s. Anm. 12

35 vgl. „HOTT, ... zuruf an thiere, ... weil bei dem zweigespann der zuruf hott an das hauptpferd, das rechts gehende sattelpferd am meisten gerichtet wurde ..." (Grimm 1991, Bd. 10, Sp. 1844f.)

36 turk. „ӓнчи" – Mitgift, Erbschaft (Radloff 1963, Bd. 1, Sp. 745)

37 <lat.> – bestimmten

38 frz. égard – Rücksicht, Beachtung

39 lat. – Beobachtungen des *Krašeninnikov*; Die Angaben sind enthalten im Abschnitt ‚Über die Hochzeiten' (Bl. 255r–256v) des (russischen) Manuskripts von *S. Krašeninnikov* ‚Beschreibung des Volkes von *Kamčatka*' (AAW F. 21, Op. 5, D. 34, Bl. 250r–258v; publiziert in: *Krašeninnikov* 1949, S. 691–697; dort unter Angabe der alten Archivseitennumerierungen)

40 „Salix L., Weide. ..." (Georgi 1797–1802, Theil 3, S. 1326ff.)

41 russ. – *čeremcha* bzw. *čeremucha*; „Cerasus. Cerisier. ...[species 18] Cerasus racemosa, sylvestris, fructu non eduli C. B. Pin. 451. Cerasus racemosa quibusdam aliis Padus J. B. 1. 228. ..." (Tournefort 1700, S. 625ff.); „1. Prunus Padus ... Gemeine Traubenkirsche. Elzbeerbaum. R. Tscheremucha. ..." (Georgi 1797–1802, Theil 3, S. 1001); „pádus (Prunus) <Traubenkirsche>: Name von L. und so vorlinn. als Cerasus racemosa quibudam, aliis Padus, J. Bauhin I 2,228 = Cerasus racemosa sylvestris, fructu non eduli, C. Bauhin, Pinax 451 (bezogen auf die traubigen Blütenstände und die bittersüßen Früchte). ..." (Genaust 2005, S. 450)

42 „Mutter=Zäpfflein, Pessarium, Pessulus, Pessus. Ist eine Forme eines äusserlichen Medicaments, ohngefähr 3 oder 4 qver Finger lang in die Mutter=Scheide zu stecken, und wider mancherley Zufälle zu gebrauchen: ... Es können aber auch die Mutter= Zäpfflein entweder aus Seide, oder gedreheter Leinewand, oder aus Gurck, oder einem andern leichten und weichen Holtze, oder aus Gold und Silber bereitet werden, ..." (Zedler 1732–50, Bd. 22, Sp. 1661f.)

43 chant. „wǫrəp" – Frauengürtel zur Bedeckung der Geschlechtsorgane (*Anikin* 2000, S. 159); ostjak. u. a. „wŏrəp", „urəp" bzw. „orəp" – Unterhosen, Schamgürtel der Frauen (Steinitz 1966–1993, Sp. 1624); chant. „урп" bzw. „вороп" – Leibgürtel bzw. –binde (*Sokolova* 2009, S. 372); ostjak. „Worop" – Binden um die Oberschenkel (G. W. Steller in: AAW R. I, Op. 81, D. 23, Bl. 102v); „Sie [d. h. die ostjakischen Frauen] tragen nemlich in der Schaam beständig eine zusammengedrehte Wieke von geschabten, weichen Weidenbast, (Otlep) welche sie so tief sie können hineinstecken, wenn sie harnen wollen herausnehmen, und auch der Reinlichkeit wegen oft abwechseln. Weil aber diese Ausfüllung bey einer jeden Bewegung

aus ihrer Lage kommen, und auf die Erde fallen würde, wenn sie durch nichts an der rechten Stelle erhalten würde, so haben die Ostjakischen Weiber einen Gürtel, (Worop) ausgesonnen, der fast wie die von der Eifersucht südlicher Europäer erfundene Keuschheitsgürtel gestaltet ist; von demselben nemlich geht eine Binde zwischen den Beinen durch, die vermöge einer besonders gestalteten Platte von Birkenrinde, welche daran fest genäht ist, die heimlichen Theile bedeckt. Diese Erfindung kommt ihnen sonderlich zur Zeit der monathlichen Unpäßlichkeit wohl zu statten, weil sie zu solcher Zeit in Ermangelung der Beinkleider, die sie nicht tragen, alles besudeln würden." (Pallas 1778, S. 31)

44 vgl. ostjak. „uχ-ket" – Gürtel (Steinitz 1966–1993, Sp. 612)

45 russ. *pokromka* – Frauenleibgürtel aus Sahlband bzw. Sahlleiste, dem Randstreifen bei gewebtem Tuch (*Dal'* 1880–1882, Bd. III, S. 246)

46 s. Anm. 43; ostjak. „utləp", „otləp", „votlip" bzw. „ūtlip" – abgeschabte Holzwolle, die als Wischlappen verwendet wird (Steinitz 1966–1993, Sp. 1556); chant. „wǫtləp" – „abgeschabte Holzwolle, die als Wischlappen verwendet wird" (Helimski 2003, S. 233); chant. „вотлип" bzw. „утлап" – aus verschiedenen Baumarten zubereitete Späne (Holzwolle) (*Sokolova* 2009, S. 372); s. auch unter russ. *votlip* in: *Anikin* 2000, S. 159

47 s. Anm. 42
48 s. Anm. 43
49 s. Anm. 43
50 *Irtyš*
51 *Ob'*
52 *Ket'*
53 *Enisej*
54 <lat.> – überzeugen
55 <lat.> – einverleibt
56 frz. religieux – gewissenhaft
57 „BEERBEN, ... beerbt sein heiszt leibliche erben haben, unbeerbt sterben, keine solchen erben hinterlassen. ..." (Grimm 1991, Bd. 1, Sp. 1242f.)

58 Unter den levitischen Gesetzen werden im allgemeinen die im 3. Buch Mose (Levitikus) enthaltenen Vorschriften zu Opfern, heiliger Lebensweise usw. verstanden. Das hier angegebene Gebot findet sich im 5. Buch Mose, Kapitel 25 „5. Wenn Brüder beieinander wohnen und einer stirbt ohne Kinder, so soll des Verstorbenen Weib nicht einen fremden Mann draußen nehmen, sondern ihr Schwager soll sich zu ihr tun und sie zum Weibe nehmen und sie ehelichen." (Bibel 1916, S. 190)

59 <lat.> – beschränkt
60 s. Anm. 57
61 <lat.> – abhängt
62 „Oheim, 1) Bruder des Vaters od. der Mutter; ..." (Pierer 1857–65, Bd. 12, S. 234)
63 frz. – Neffe
64 d. h. auf Bl. 44v, der Rückseite von Bl. 44, entsprechend der hier folgenden Textstelle „Vor wenig Jahren war ..." von Bl. 44 (dort rechts marginal); zu ‚anderen' vgl. „ANDER, ... Fest auch haftete ander, wenn ein ebenbild, ein gegenstück von nur als zwein gedachten dingen, ausgedrückt werden soll ..." (Grimm 1991, Bd. 1, Sp. 305ff.)

65 <lat.> – eingewandt
66 „ÜBEL, ... darnach wäre die grundbedeutung ‚das über das maasz, die norm hinausgehende'. ..." (Grimm 1991, Bd. 23, Sp. 6ff.)
67 Gebiet von *Mangazeja*
68 <lat.> determinieren – bestimmen
69 „Rouliren (v. fr.), 1) umlaufen; gangbar sein; 2) von einer Hand in die andere gehen, ..." (Pierer 1857–65, Bd. 14, S. 406)
70 <frz.> – Bewerber, Person, die Ansprüche erhebt
71 „Geschwister, ... Gar nicht in geschwisterlichem Verhältniß stehen daher diejenigen Kinder aus früheren Ehen, deren Eltern sich später geheirathet haben, sogenannte zusammengebrachte Kinder, auch

Stief=G. genannt, obwohl man diesen Ausdruck auch auf halbbürtige G. anwendet. ..." (Pierer 1857–65, Bd. 7, S. 275f.)

[72] <frz.> entschädigen, ausgleichen
[73] <lat.> – Übereinkunft
[74] lat. – Merke wohl!
[75] <lat.> – bewaffnen
[76] lat. – Gesamtheit
[77] <lat.> accordieren – bewilligen, übereinkommen
[78] lat. – Merke wohl!
[79] <lat.> – Einwilligung, Erlaubnis
[80] s. Glossar: Schulenga
[81] *Udinskoj ostrog*
[82] <lat.> – Vollzug
[83] <frz.> – verlangten; auf den Anspruch erhoben wird
[84] <lat.> – Übereinkunft
[85] <lat.> – zurückgegeben, ersetzt
[86] <lat.> – Einwilligung, Erlaubnis
[87] <lat.> – eingeladen
[88] russ. *mulla* bzw. *molla* – mohammedanischer Geistlicher (*Slovar'* 2003, S. 73); „Ihre [d. h. der Tataren] Geistlichkeit besteht aus Oberpriester (T. Agun), ... Pristern (Mula) Schulmeistern (Abyß) und Küstern (Mu=aszyn). Die Geistlichen haben keine Besoldungen, bekommen aber etwas für Amtsverrichtungen, doch müssen des Auskommens wegen die gemeinen Mulas Handthierung treiben, Handeln, etc." (Georgi 1776–1780, S. 108); „Ein Mulla ist ein ordentlicher Priester, von denen ein jedweder eine eigenen Metschet hat, seine Verrichtung ist in derselben zu bethen, aus dem Koran Stellen vorzulesen, der Beschneidung der Kinder beyzuwohnen, und denselben Nahmen zu geben, die Hochzeits=Ceremonien und die Beerdigung zu besorgen." (Gmelin 1774, S. 130)
[89] russ. *abyz* bzw. *abys* – mohammedanischer, insbesondere tatarischer Geistlicher u. Lehrer (s. Anikin 2000, S. 73 u. Glossar: Achun); turk. „абыс" – (russischer) Geistlicher bzw. turk. „абыз" – (russischer) Geistlicher, Gelehrter (Radloff 1963, Bd. 1, Sp. 629); „Fast in allen Dörfern giebt es wenigstens geistliche Schulmeister oder Abyssen, welche die Jugend unterrichten und in Gebeten üben." (Pallas 1773, S. 7); „Die Abys sind Küster, diese laden von den Thürmern der Metscheten zum öffentlichen Gebeth ein, lesen auch wohl von denselben etwas aus dem Koran vor, und leisten den Mullas in den Kirchen hülfliche Dienste." (Gmelin 1774, S. 130)
[90] „Nasomoner oder Nassamoner, Nasomones, Nassamones, eine gewisse alte Africanische Nation, deren Herodotus, Strabo, Plinius, Quintus Curtius und andere, wiewol auf unterschiedene Art, gedencken. Denn es fanden sich deren sowol in Lybien an dem Atlantischen Meere, als auch an Mar di Marmora, wie auch an dem Golfo von Sidra, (Syrthis magna) ..." (Zedler 1732–50, Bd. 23, Sp. 823)
[91] Melpomene – das 4. Buch der ‚Historien' von Herodot; „[Νασάμωνες] πίστισι δὲ τοίησι χρέωνται ἐκ τῆς χειρὸς διδοῖ πιεῖν, καὶ αὐτὸς ἐκ τῆς τοῦ ἑτέρου πίνει." (Herodotus 1679, S. 280), übers. in Herodotus 1756, S. 367 „Wenn sie [die Nasamonen] einen Vertrag oder Bündniß mit jemand aufrichten, giebt der eine dem andern aus seiner Hand zu trinken, und er trinkt dagegen aus des andern Hand."
[92] d. h. Algierer bzw. Algerier
[93] „L'ancienne coûtume des Nasamons, de boire de la main l'un de l'autre en se donnant leur foi, est encore aujourd'hui la seule cérémonie qu'on observe dans les mariages parmi les Algeriens ..." (Shaw 1743, S. 393), (übers. in Shaw 1765, S. 209 „Die Gewohnheit der Nasamones, sich einander ihre Treue zu verpflichten, indem sie einander aus den Händen tranken, ist heute zu Tage noch die einzige Cärimonie, deren sich die Algierer bey ihren Heurathen bedienen."
[94] russ. *Sabanakovye jurty*; „Bey dieser Gelegenheit muß ich auch melden, daß ich die längst dem Irtisch vorhandene Tatarische und Russische Dörfer durch Aul

und Derewna [russ. *derevnja*] unterscheide; dann Aul heißt auf Tatarisch ein Dorf. Die Russen nennen alle Tatarische Dörfer mit dem Zunahmen Jurti, welches zwar ein Tatarisches Wort ist, aber nichts anders als ein Haus bedeutet." (Gmelin 1751–1752, 1. Theil, S. 174f.); tatar. (*Tomsk, Tobol'sk* u. *Kazan'*) „aul" – Dorf (J. E. Fischer in: AAW R. III, Op. 1, D. 135, Bl. 53v/54r); tatar. (*Kazan'*) „Aùl" – Dorf (Müller 1759b, S. 392); tatar. „йорт" – Haus (*Ganiev* 1984, S. 138); tatar. (*Kazan'*) „Dsiurt" – Haus (Müller 1759b, S. 392); zu ‚Aul' siehe *Anikin* 2000, S. 77

[95] *Tobol'sk*

[96] *Irtyš*

[97] Auf Einladung eines Achun aus *Tobol'sk* reisten G. F. Müller und J. G. Gmelin am 15. März 1734 aus *Tobol'sk* zur Teilnahme an dieser Hochzeit nach *Sabanakovye jurty* (*Materialy* 1885–1900, Bd. 6, S. 346; s. auch die Beschreibung dieser Hochzeit in: Gmelin 1751–1752, 1. Theil, S. 136–142)

[98] *Tjumen'*

[99] „Schallmey, ist ein teutsches berohrtes Blas=Instrument; ingleichen ein Orgel=Register von acht und vier Fuß=Tonen. Jenes ist eine Pfeife, so von den Hautbois unterschieden, daß sie kein Daumen=Loch hat, und stärcker zu blasen ist, daher auch einen stärckern Laut giebet. ..." (Zedler 1732–50, Bd. 34, Sp. 839)

[100] s. Kapitel 27, Bl. 28r–28v

[101] <lat> – Feierlichkeiten, Festlichkeiten

[102] *Tobol'sk*

[103] *Irtyš*

[104] *Tatarskaja sloboda*; *sloboda* (Mz. *slobody*) – von einem *prikaščik* geleitete Ansiedlung mit einer großen Anzahl von Bauernhöfen, die weitgehend von Steuern und Arbeitsverpflichtungen befreit war; auch Vorstadt bzw. nahe bei einer Stadt gelegenes Dorf

[105] „... will ich noch etwas von der Stadt Tobolsk und ihren Einwohnern melden. ... Sie ist in die obere und untere Stadt getheilet. Die obere Stadt liegt auf dem hohen östlichen Ufer des Irtisch=Flusses, und die untere auf dem Felde, welches zwischen dem hohen Ufer und dem Irtisch ist. ..." (Gmelin 1751–1752, 1. Theil, S. 151f.); „... liegen die Tatarische / und Bucharische Häußer alle beysam̃en in einer ge= / doppelten Reyhe längst dem Irtisch von der Mündung / des Kurdumka an biß fast an das Snamenskische Klo= / ster. ... Imgleichen / liegen die Häußer der Jamschtschiken auch beysam̃en, / und zwar an dem Ende der untern Stadt zu oberst / am Irtisch. Mann neñet daher jene die Tatarische- / und diese die Jamskoi Slobode." (G. F. Müller in: Hintzsche/Nickol 1997, S. 92)

[106] s. Anm. 94

[107] russ. *cham* (s. *Anikin* 2003, S. 647); „Cham, eine andere Art baumwollenen Zeuges, wird in Bucharischer und Calmückischer Sprache mit eben demselben Nahmen benennet, und ist ... von verschiedener Gattung und Größe. Die schlechtesten von 8½ bis 9¼ Arschin heissen sonst auch Однопартищные [russ. *odnopartiščnye*]. ... Sie sind entweder schwarz, blau, grün, oder Rosenfarbe. Двойные [russ. *dvojnye*] oder шанские хамы [russ. *šanskie chamy*], auf Bucharisch Orda=Cham, sind grösser und feiner als die vorigen. Man hat von 12 bis 13, auch von 15 bis 16 Arschin, und nur von drey Farben, nemlich grün, roth und gelb. ..." (Müller 1760, S. 601–602)

[108] russ. *čaldar* (s. *Anikin* 2000, S. 638); „Tschaldar, auf Bucharisch und Calmückisch eben so, ist ein baumwollener Zeug, der nicht gefärbet wird, sondern weiß bleibet, aber wohl gewaschen und geglättet ist. Davon sind dreyerlei Gattungen. Die erste und schlechteste, welche ohne Zusatz blosserdings Tschaldar genennet wird, ist 8 Arschin lang, ... Die zweyte Gattung, auf Bucharisch Cham= Tschaldar, zu 9 Arschin lang, ist feiner, als die vorige, ... Schan=Tschaldar, Rus-

sisch шанскїе чалдары [russ. *šanskie čaldary*], als die dritte und beste Gattung, ist 13 Arschin lang, ..." (Müller 1760, S. 602f.)

[109] „ROTGERBER, m. ein gerber, der rotes leder bereitet: rotgerber, sive lohgerber, ... im gegensatz des weiszgerbers, weil sein leder röthlich. ..." (Grimm 1991, Bd. 14, Sp. 1308)

[110] „Ich habe nur von zweyerley seidenen Zeugen gehöret, die von den Bucharen zu Jerken und Kaschkar verfertiget werden. Ein Zeug heisset auf Bucharisch Darai, und ist mehrentheils ganz glatt, selten gestreift, oder wie Chagrin (байберекъ [russ. *bajberek*]) getüpfelt, und niemahls geblühmt, weil sie solches nicht verstehen. Die Breite ist von ¾ Arschin. Die Länge aber ist unterschieden. Einige Stücke sind von 7, andere von 9 Arschin: Jene werden deswegen малая рука [russ. *malaja ruka*], diese бол<'>шая рука [russ. *bol'šaja ruka*], d. i. kleinere und grössere, genannt. Bey ersteren ist die Seide schlechter und rauher, als bey den letztern. Jede Gattung ist noch unter sich selbst an Güte der Seide und Festigkeit des Zeuges unterschieden, wornach denn gleichfalls die Preise sich richten. ..." (Müller 1760, S. 606)

[111] russ. *vydra* (Mz. *vydry*); „22. Viverra Lutra. ... Mustela Lutra ... Otter ..." (Pallas 1811–1831, Vol. I, S. 76ff.); „Mustela L., Otter. Marder. Wiesel. A. Otterarten. Lutra. ... 2. Mustela Lutra ... Fisch=Otter. Fluß=Otter. ..." (Georgi 1797–1802, Theil 3, S. 1526ff.); zum Handel mit Otterfellen s. Müller 1760, S. 531

[112] s. Anm. 109
[113] s. Anm. 110
[114] s. Anm. 111
[115] s. Anm. 108
[116] „Leinwand, 1) Gewebe von flächsenem od. hanfenem Garn, bei welchem Kette u. Einschlag sich einfach in rechten Winkeln durchkreuzen. ..." (Pierer 1857–65, Bd. 10, S. 248ff.); „1. Linum usitatissimum L., ... Gemeiner Flachs. W. Gemeiner Lein. R. Len. [russ. *len*] ..." (Georgi 1797–1802, Theil 3, S. 872ff.); s. auch Glossar: Hanf

[117] „Copulation (v. lat. Copulatio), 1) die eheliche Verbindung durch die kirchliche Trauung; ..." (Pierer 1857–65, Bd. 4, S. 432)

[118] russ. *družki* (Ez. *družka*) – Bräutigamsführer, Brautdiener (Pawlowski 1952, S. 338); „... ich bin zuweilen von den herumreitenden Einladern auf der Straße zur Hochzeit eingeladen worden. Die Gewohnheit bringt es so mit sich, daß wenn der Bräutigam gute Mittel hat, der Einlader (Druschka) alles einladet, was er nur finden kann. ..." (Gmelin 1751–1752, 1. Theil, S. 321f.)

[119] s. Anm. 89
[120] „WINKEL, ... bei körperlichen gebilden bezeichnet winkel die stelle, wo zwei flächen kantenmäszig aufeinanderstoszen; ... heute allgemein durch ecke verdrängt ..." (Grimm 1991, Bd. 30, Sp. 342ff.)
[121] s. Anm. 89
[122] lat. – öffentlich
[123] lat. – förmlich
[124] „Der Freywêrber, ... derjenige, welcher eine Person zu verheirathen sucht, ihr eine Braut, oder einen Bräutigam zu verschaffen bemühet ist; ein Brautwerber, ... Frey stammet in dieser Bedeutung unmittelbar von freyen, heirathen, ab, ..." (Adelung 1793–1801, 2. Bd., S. 302)
[125] <lat.> – gezwungenes, geziertes Betragen, gemachtes Wesen, Verstellung
[126] *Tobol'sk*
[127] *Tjumen*
[128] <lat.> – bewirten
[129] lat. – aus Nachsicht, geduldet
[130] *svachy*; russ. *svacha* (Mz. *svachi*) – Brautwerberin, Freiwerberin
[131] russ. *svacha* (Mz. *svachi*) – Brautwerberin, Freiwerberin
[132] russ. *svacha* (Mz. *svachi*) – Brautwerberin, Freiwerberin
[133] russ. *svacha* (Mz. *svachi*) – Brautwerberin, Freiwerberin

[134] chakass. „сигедек", telengit. „чегедек" – ärmellose Kleidung der verheirateten Frauen (*Funk/Tomilov* 2006, S. 563 bzw. S. 519); „чӓӈӓдӓк" bzw. „чӓгiдӓк" – Oberkleid der verheirateten Frauen (Radloff 1963, Bd. 3, Sp. 1958)
[135] russ. *svacha* (Mz. *svachi*) – Brautwerberin, Freiwerberin
[136] russ. *svacha* (Mz. *svachi*) – Brautwerberin, Freiwerberin
[137] lat. – vorgenossenen Beischlaf
[138] <lat.> – Ersatzanspruch, Rückforderung
[139] s. Glossar: Mongolen, Kalmyken u. Lamaismus
[140] mongol. „гэцэл" – Mönch, Novize (*Luvsandėndėv* 2001–2002, Bd. 1, S. 485); kalmyk. „гецл" – Geistlicher, Mönch (*Muniev* 1977, S. 141); „Bey denen Calmücken sind 6 Claßen von Geistlichen Personen: 1.) Lama, ein Bischoff. 2.) Zordzy, ein Archimandrit. 3.) Chabzu, ein Abt. 4.) Gelün, ein Priester. 5.) Gezül, ein Diaconus. 6.) Mandszy, ein Unter= Diaconus." (Gaubil 1734, S. 343)
[141] <lat.> – hängt ab
[142] s. Anm. 140
[143] vgl. „Die Tataren an dem Jenisei, die Tungusen und Buräten jenseits des Baikals, bedienen sich einer Art von Stabwurz, die sie ins Feuer werfen, um entweder den Teufeln ein Rauchopfer zu bringen, oder die Ohnmachten, die der Zauberer von der Teufel Herannäherung zu bekommen vorgiebt, ... zu vertreiben." (Gmelin 1751–1752, 3. Theil, 8. unpaginierte Seite der Vorrede)
[144] mongol. „лам" – Lama, buddhistischer Mönch (*Luvsandėndėv* 2001–2002, Bd. 2, S. 300); kalmyk. „лам" – Lama, buddhistischer Mönch (*Muniev* 1977, S. 334); burjat. „Priester, laba NU., lama T., Ch." (Schiefner 1857, S. 208); burjat. „лама" – Lama, buddhistischer Mönch (*Anikin* 2000, S. 350); „Das höchste Oberhaupt der Geistlichkeit [der Kalmyken] ist der Dalai Lama ... Bey der Horde hat fast jeder Fürst einen vom Dalai Lama und der rußischen Regierung bestätigten Lama, der in seinen Ulussen [s. Glossar: Ulus] den Dalai Lama ins kleinen macht, Priester weyhet, Sünden vergiebt, segnet, Sterbenden Amulete ertheilt, u. d. gl. ..." (Georgi 1776–1780, S. 415); s. auch Anm. 140
[145] „GASTGEBOT, n. gasterei, schmaus ..." (Grimm 1991, Bd. 4, Sp. 1478)
[146] <lat.> – feierliche, festliche
[147] <lat.> – anpassen
[148] <lat.> – beschränkt
[149] <lat.> – feierliche, festliche
[150] *Irkuck*
[151] *Vercholensk*
[152] s. Anm. 124
[153] frz. – Zug, Gefolge
[154] s. Kapitel 12, Bl. 107r
[155] burjat. „хухуур" – Schlauch für Flüssigkeiten (*Čeremisov* 1973, S. 635)
[156] frz. – Zug, Gefolge
[157] burjat. „Gunan" – Fohlen im 3. Frühling nach der Geburt (J. J. Lindenau in: RGADA F. 199, Op. 2, Portf. 511, Č. 1, D. 6, Bl. 9v); burjat. „гунан" – dreijähriges Tier (Männchen der größeren Haustiere) (*Čeremisov* 1973, S. 160)
[158] burjat. „Kattscherik" – Kalb im 3. Frühling (J. J. Lindenau in: RGADA F. 199, Op. 2, Portf. 511, Č. 1, D. 6, Bl. 9v); burjat. „хашapaр" – zweijähriges Bullenkalb (Ochsenkalb) (*Čeremisov* 1973, S. 565)
[159] frz. – Zug, Gefolge
[160] „KISSEN, KÜSSEN, n. culcita, pulvinar, die zweite schreibung ist die geschichtlich richtige, bis ins 18. jh. in vorwiegender geltung ..." (Grimm 1991, Bd. 11, Sp. 852ff.)
[161] russ. *čugun* – Gußeisen
[162] *Bajkal*
[163] burjat. „таташи(н)" – kleingehacktes Fleisch, Wurst aus kleingehacktem Fleisch (*Anikin* 2000, S. 540); russ./sib. (Trans*bajkal*) *tatašin* – Suppe aus kleingeschnittenem bzw. zerriebenem Rindfleisch (*Dal'* 1880–1882, T. IV, S. 392); „Tatatschi ein [burjatisches] Fleisch Gerücht es werden Därme mit Blut unter ein

ander gekocht, so lange bis daraus ein Brey wird." (J. J. Lindenau in: RGADA F. 199, Op. 2, Portf. 511, Č. 1, D. 6, Bl. 8r)
[164] <lat.> – bewirtet
[165] lat. – vorgenossene geschlechtliche Vereinigungen d. h. vorehelicher Verkehr
[166] <lat> – Feierlichkeiten, Festlichkeiten
[167] <lat.> – Übereinkunft
[168] s. Anm. 18
[169] <lat.> accordieren – bewilligen, übereinkommen
[170] lat. – bewegliches Gut
[171] <lat.> accordieren – übereinkommen, (hier:) verhandeln
[172] s. Anm. 18
[173] s. Anm. 18
[174] s. Anm. 18
[175] G. F. Müller traf am 31. August 1736 in *Jakuck* ein, J. G. Gmelin traf etwas später (am 11. September) ein (Gmelin 1751–1752, 2. Theil, S. 394). Beide verließen am 9. Juli 1737 *Jakuck* wieder (a. a. O., S. 555).
[176] die jakutische Fürstenfamilie *Mazarin*
[177] jakut. „Ханалас" – eine der sieben Hauptgruppen des jakutischen Volks (*Samsonov* 1989, S. 29, Middendorff 1851, Theil 2, S. 75); „Die kangalaiskische Uluß enthält zehen Wolosten, die alle Kangalai heißen, drey chorinskische, drey nerukteische, zwey nacharskische, zwey scherkowskische, die schamkonskische, zwey chasikazkische und fünf maschegarskische Wolosten." (Georgi 1776–1780, S. 262); s. auch Glossar: Ulus
[178] „Die baturuskische Uluß besteht aus 25 Wolosten ..." (Georgi 1776–1780, S. 262); „in die Jasak Bücher waren ehedeßen nur / diese Haupt-Stämme in Sechs Classen ein= / getheilt als die Woloste) Namskoi, Kanga= / laskoi, Borogonskoi, Meginskoi, Baja= / gantaiskoi und Baturuskoi" (J. J. Lindenau in: AAW F. 934, Op. 1, D. 89, Bl. 155r, Kopie aus dem Archiv RGADA)
[179] s. Anm. 18
[180] <lat.> accordieren – bewilligen, übereinkommen
[181] In Kapitel 17 (Von der Viehzucht der Völker) kommt diese Angabe nicht vor.
[182] lat. – Überzählige
[183] russ. *torbasy* – weiche Winterstiefel in Ostsibirien (s. *Anikin* 2000, S. 555)
[184] „WOHLSTAND, ... in älterer sprache auch für ‚seelisches-leibliches wohlbefinden, wohlergehen, gesundheit' ... was wohl ansteht, der sitte entspricht, synonym mit anstand; ... der inbegriff der regeln der feinern höflichkeit ..." (Grimm 1991, Bd. 30, Sp. 1181ff.)
[185] jakut. „ыjы̄" – Hochzeitsgeschenk (*Pekarskij* 1958–1959, Bd. III, Sp. 3769)
[186] s. Anm. 185
[187] jakut. „харамцы" bzw. „харамнjы"– Geschenk (an Pferden) vom Vater des Bräutigams an den Vater der Braut (*Pekarskij* 1958–1959, Bd. III, Sp. 3338)
[188] „Oheim, 1) Bruder des Vaters od. der Mutter; ..." (Pierer 1857–65, Bd. 12, S. 234)
[189] jakut. „бӓлӓх" – Geschenk, Hochzeitsgeschenk (*Pekarskij* 1958–1959, Bd. I, Sp. 428; Middendorff 1851, Theil 2, S. 133); russ. *beljak* – Abgabe zusätzlich zum *jasak* (*Anikin* 2000, S. 127)
[190] jakut. „сӓтī" – Mitgift, Aussteuer, gleichbedeutend mit jakut. „ӓнjӓ" (s. Glossar: Ennè) (*Pekarskij* 1958–1959, Bd. II, Sp. 2180)
[191] frz. en cérémonie – mit feierlichem Gepränge
[192] s. Anm. 189
[193] <frz.> – köstlich bewirtet
[194] jakut. „тöркӱт" – Hochzeitsgegenschenk (*Pekarskij* 1958–1959, Bd. III, Sp. 2778)
[195] turk. „дӓрӓлӓ" – eine Art kurzen Oberkleides (Radloff 1963, Bd. 3, Sp. 1659)
[196] burjat. „дэглы" – (Pelz als) ärmelloser Überwurf (der Frauen) (*Čeremisov* 1973, S. 214); burjat. „дэгэл" – Pelz (a. a. O., S. 215); vgl. auch burjat. „degel Nu., T., Ch., dêl S., Pelz; ..." (Schiefner 1857, S. 153); „Die weibliche Kleidung [der

Burjatinnen] ... Ueber den Männerrock tragen sie, wenn sie sich putzen, eine kurze Weste ohne Ermel von Tuch, Kitaik oder Seide, oft von vielen Farben, und so zierlich, wie es ihnen möglich, benähet. Sie heist Degele." (Georgi 1775, S. 302); „Der [Burjaten] Männer Kleyder ist ein LangPeltz Digil mit KitaiKa But, auch Goli Torgon, überzoge), vorne ist er 2 Finger breit Roth Tuch und vor demselbe) ein Bräm von Biber auf der linke) Seit mit einem Schlitz und wird unter dem Arm zu geknöpfet ein solche) Digil Trage) Männer und Weiber" (J. J. Lindenau in: RGADA F. 199, Op. 2, Portf. 511, Č. 1, D. 6, Bl. 6r)

[197] russ. *nevestka* – Schwiegertochter
[198] russ. *test'* – Schwiegervater, Vater der Frau; müßte eigentlich russ. *svekor* – Vater des Mannes heißen
[199] russ. *bol'šoj dever'* – älterer Bruder des Manns
[200] siehe die Ausführungen über Tagalai, Schigedek und Digili in Kapitel 7, Bl. 58r–59r
[201] lat. – der Verwandtschaft gehörige Ehrerbietung
[202] <lat.> – Einwendungen, Gegenvorstellungen
[203] <lat.> – Ersatzanspruch, Rückforderung
[204] s. Kapitel 9, Bl. 84r
[205] s. Anm. 184
[206] „Konkubine f. ,ohne gesetzliche Eheschließung mit einem Manne zusammen lebende Frau, Geliebte, Mätresse' ... lat. concubīna. ..." (Pfeifer 1995, S. 707)
[207] lat. – nach Kriegs- (oder) Friedensrecht
[208] *Anadyrskoj ostrog*
[209] <lat.> – Gesuche, Anmahnungen
[210] Nachdem der *kazač'ja golova Afanasij Šestakov* Anfang 1730 nahe des Flusses *Penžina* bei einem Feldzug gegen die rebellischen Tschuktschen getötet wurde, brach der Hauptmann *Dmitrej Ivanovič Pavluckoj* Anfang 1731 von *Anadyrskoj ostrog* aus zu einem weiteren Feldzug gegen die Tschuktschen auf. Im Laufe des Juni und Juli 1731 (Die Angabe 1730 im Manuskript von G. F. Müller ist vermutlich fehlerhaft.) kam es zu drei Schlachten, die mit großen Verlusten für die Tschuktschen endeten. In den folgenden Jahren führte *Pavluckoj* weitere Strafexpeditionen gegen Tschuktschen und Korjaken an (s. Müller 1758, S. 134–137, Müller 1996, S. 65–66, und Golder 1960, S. 163–164).
[211] <lat.> – Verzweiflung
[212] *Kamčatka*
[213] frz. moquer – sich lustig machen, spotten über
[214] frz. – Gefälligkeit, Willfährigkeit
[215] „On traite ici d'extravagances les égards que les Nations polies de l'Europe ont pour les femmes, et l'on prétend que nos déférences pour le beau sexe sont autant d'infractions pour le beau faisons à la loi naturelle ..." (Shaw 1743, S. 394), (übers. in Shaw 1765, S. 210 „Die Achtung und Höflichkeit, die wir Europäer dem andern Geschlechte erzeigen, werden hier als Ausschweifungen, und als Eingriffe in das Gesetz der Natur angesehen ...")
[216] frz. dévotion – Ehrfurcht, Verehrung
[217] frz. – Eifersucht, Mißgunst, Neid
[218] <frz.> – darauf eingeht, sich einläßt
[219] <frz.> – versorgt
[220] „SKRIBENT, ... scribent, author. ... schriftsteller, schreiber ..." (Grimm 1991, Bd. 16, Sp. 1331f.)
[221] frz. – Eifersucht, Mißgunst, Neid
[222] <frz./lat.> – Unterordnung, Dienstgehorsam
[223] Gebiet von *Kazan'*
[224] J. G. Gmelin berichtet über diese Begegnung im Dorf Kursa bei *Kazan'* am 13. Dezember 1733: „Wir hatten unter diesen Tataren Gelegenheit vieles, das uns neu vorkam, zu sehen. Sie sind Muhammedanischer Religion, und haben folglich ein jeder so viele Weiber, als sein Vermögen zureicht. In Kursa hatte unser Wirth deren vier. Ihre Tracht kommt mit der Russischen überein; die Männer aber haben geschorne Köpfe, und sehr viele unter ihnen Spitzbärte. Der Wirth war e-

ben in Moscau, und desto leichter konnten wir die Weiber zu sehen bekommen. Sie kamen eine nach der andern zu uns, und bezeugten sich sehr freundlich. Sie wollten sehr gerne mit uns reden; wir konnten aber einander nicht verstehen, weil wir nicht allezeit den Dollmetscher bey der Hand hatten. ... Eine davon war in ihrem vollen Schmucke, welcher in einer mit alten Copeken und Korallen besetzten Haube, die fast den ganzen Kopf bedeckte, und einem an dem rechten Naseläppgen hangenden Ringe bestund. Die übrige Tracht war Russisch. ..." (Gmelin 1751–1752, 1. Theil, S. 85f.)

[225] <lat.> – unterschied, zeichnete (sich) aus
[226] <lat.> – teilhaben
[227] G. F. Müller und J. G. Gmelin hielten sich vom 6. Juni bis Anfang Juli 1739 in *Mangazeja* auf, wo G. F. Müller Nachrichten über u. a. Tawgy-Samojeden (s. Glossar: Samojeden) einholte (Gmelin 1751–1752, 3. Theil, S. 200ff.).
[228] <frz.> – befriedigt, zufriedenstellt
[229] frz. – Eifersucht, Mißgunst, Neid
[230] lat. – Richtungen; „Plaga (lat.), Himmelsgegend, Richtung" (Pierer 1857–65, Bd. 13, S. 175)
[231] s. Anm. 184
[232] <lat.> – schmutzigen
[233] chakass. „ирбен" – russ. *bogorodskaja trava*, russ. *čabrec*, Thymus serpillum (*Subrakova* 2006, S. 130; Pawlowski 1952, S. 68; *Dal'* 1880–1882, T. IV, S. 580); „Artemisia L., Artemisie. Beifuß. ... 10. Artemisia tanacetifolia ... Reinfarnblättrige Artemisie. Katschinsk. Irwan. Gm. Sib. 2. T. 56. et 58. ... Den Katschinzen am Tom ist das Kraut heilig und von abergläubischen Anwenduungen. ..." (Georgi 1797–1802, Theil 3, S. 1231ff.); „Dasselbe [d. h. ein zur Weihe vorgesehenes Pferd bei den Katschinzen] wird um das Opferfeuer geführt, mit dem Kraute Irwen, welches ein kleiner wohlriechender Wermuth (*) ist, geräuchert, ... * Es ist eine Spielart von Artemisia tanacetifolia, die auf trocknen Bergen wächst." (Pallas 1773, S. 682); „107. Artemisia radice perenni, foliis pinnatis, pinnis pinnatifidis, incisis, serratis, calicibus subrotundis, viridibus, nutantibus. ... II. Laciniis latioribus rachi foliorum media dentata. Tab. LVI. Fig. 2. ... II^{da} varietas Tataris Krasnoiarensibus Irben dicitur, eiusque ramulos tempore sacrificiorum aut potius praestigiarum carbonibus inspergunt, ad deorum diabolorumque, quos sibi fingunt, fauorem sibi conciliandum. ..." (lat. – 107. Artemisia mit mehrjähriger Wurzel, mit gefiederten Blättern, mit Fiedern, die fiederspaltig sind, eingeschnitten, gesägt, mit rundlichen, grünen, nickenden Kelchen ... II. mit breiteren Zipfeln an der Spindel der Blätter, in der Mitte gezähnt. Tafel LVI. Abbildung 2 ... 2. Varietät, die von den *Krasnojarsk*er Tataren Irben genannt wird und deren Zweige streuen sie zur Zeit der Opfer (Blendwerke) auf die Kohlen streuen, um sich die von ihnen eingebildeten Götter oder Teufel geneigt zu machen.) (Gmelin 1747–1769, Theil 2, S. 222ff.)
[234] s. Anm. 233
[235] Nach dem Entwurf einer Kapitelübersicht für das vorliegende Manskript (s. Bl. 3r–9r vor Kapitel 1) hatte G. F. Müller zwei (nicht realisierte) Kapitel über Religion vorgesehen. Materialien zur Religion finden sich wie für die anderen Kapitel in einem als Vorarbeit für die vorliegende Arbeit zu betrachtenden Manuskript (RGADA F. 199, Op. 2, Portf. 509, D. 3, Bl. 1r–178v – Publikation in Vorbereitung; s. die Einleitung zu diesem Band und Helimski 2003).
[236] lat. affectare – (übertrieben) erstreben, nach etwas trachten

Kapitel 30

/73r/ᵃ

Von der Geburth und Erziehung der Kinder.

Wennᵇ ein Kaltes und reines *Clima*, / gesunde und starke Gliedmas⌈s⌉en, / eine nuchterne *diaet*, undᶜ *regul-* / mäs⌈s⌉ige *Continenz*¹ in der Ehe Zu / der Fortpflanzung des Menschlichen / Geschlechts etwas beytragen, so sollte / man Von denen Meisten *Sibiri*schen / Völkern Vermuthen, das⌈s⌉ dieselbe / in der FruchtbarKeit für andere eine⌈n⌉ / VorZug besitzen müsten. Alleinᵈ gleichwie die Natur in / allen Sachen nicht allemahl nach einerley / *Reguln* wirket, also bemerket man / auch nicht, daß hier der Erfolgᵉ / beständig mit denenᶠ dazu helffendenᵍ Ur- / sachen einstimmig sey. Man siehet / weder einen VorZug, noch höret man / daß diese Völker in der FruchtbahrKeit / Von ander⌈en⌉ überTroffen werden. Es / giebtʰ Unfruchtbare Ehen über / all, es giebt auch, die besonders / Gesegnet sind. Die Vielweiberey / alleine ist ein Umstand, welcher / die *Famili*en in Ansehung der Väter aber nicht in Ansehung der Müt- / Ter Zahlreicher Zu machen pfleget.

Die *Mongol*en und Chalmüken / haben in ihren Steppen den Natürliche⌈n⌉ / Vortheil derer warmen Bäder², und / wie ihre GeistlichKeit in der Artzney- / Kunst Ziemliche Erfahrung hat, also / pflegen sich unfruchtbahre EheLeute / nach Vorschrifft derselbe⌈n⌉ Geistlichen /ⁱ /73v/ dieser *Cur* offters nicht ohne Nutzen / Zu Bedienen. Die *BrazKi*, welche / der gemeinen Heidnischen Religion / Zugethan sind, Bekommen Von / ihren *Schamans* gewis⌈s⌉e *Amu-* / *leta*, die Von Eisen, Mes⌈s⌉ing, / Knochen und Klauen Vonʲ Thieren / und Viehᵏ nach menschlichen und ander⌈en⌉ / *Figuren* gebildet sind, undˡ / Tragen dieselbige am Halse / oder auf dem Kopffe in den / Haaren, um durch dieᵐ geheimeⁿ Krafft dieser Bilder mit Leibes / Frucht gesegnet Zu werden.

Wenn eine Frau Bey denen *Jakut⌈en⌉* / Unfruchtbar ist, oder daß ihr / die Kinder frühzeitig absterben, so / suchen die *Schamans*, deren Hülffe / man *implorir*et³, einen birken- / baum, der sich in der SPitze in Viele / Äste ausbreitet, graben denselb⌈en⌉ aus oder haken ihn Zunachst an / der Wurtzel ab, füllen die Kro- / ne

---

ᵃ *Bl. 72v leer* ᵇ *vor* Wenn *gestr.* Man hat nicht Bemerket, daß die Si- / birischen Völker für andern an Frucht- / barKeit einen VorZug haben, noch darin / Von diesen sollten übertroffen werden. ᶜ *nach* und *gestr.* eine ᵈ *nach* Allein *gestr.* die Na- / tur muß hier ᵉ *nach* Erfolg *gestr.* mit ᶠ *nach* denen *gestr.* wirkenden ᵍ dazu helffenden *über der Zeile* ʰ *nach* giebt *gestr.* auch ⁱ *folgt* dieser ʲ V⌈on⌉ *verbessert aus* [.] ᵏ Vieh *über der Zeile* ˡ *nach* und *gestr.* hängen ᵐ *nach* die *gestr.* wirkende ⁿ geheime *über der Zeile*

inwendig mit Haaren aus / den Mähnen geweihter Hengste[4] / in Gestalt eines Vogel-Nestes / aus, Binden hiernächst die Äste / Zunächst über dem Neste Zusam- / men, und flechten dieselbe mit / denen Zweigen[a] in eine Flechte. / Worauff sie den Baum in der Jurte / an der Wand der Thür gegen Über / Zum Haupte des Unfruchtbahren / Ehebettes aufrichten, und die Flechte /[b] /74r/ Von Ästen Zu oberst quer durch die / Jurte den Feuer-Heerd Vorbey / gegen die[c] Thür Zu fest binden, und / also stehen Las⸢s⸣en. Sie geben we- / gen des[d] Nestes in der Krone / des baumes zur Erklärung / an, das⸢s⸣ sich darin die Seelen / (*JaK⸢l⸣utisch*⸣ *Kut*[5]) deren Künfftig Zu / gebährenden Kindern sammlen / oder Zeugen, und daß die *Mat*erie / dazu Langst der Flechte Von / Ästen Zur Thür herein Komme. |: Tataren wis⸢s⸣en hiervon / nichts :|[e]
Noch sollen sie ein Mittel für die / UnfruchtbahrKeit der weiber habe⸢n⸣, / welches nicht in *Schaman*erey, son- / dern in einer Sache bestehet, die ein / jeder in denen wälder⸢n⸣ an bäume⸢n⸣ / sammlen Kann, woVon ich aber erst / nach meiner Abreise Von *JakuzK*[6] / gehöret, und die eigentliche Um- / stände nicht habe erfragen Könne⸢n⸣.
Man will insgemein Von denen *Sibiri*sche⸢n⸣ / und andern dergleiche⸢n⸣ Völkern / Versichern, als wenn Bey ihnen die / Geburth nicht so schmertzhafft / als Bey unsern *Europäi*schen / FrauenZimmer sey. Ist[f] solches / also, so muß man es ihrer Harte⸢n⸣ / LebensArt Zuschreiben, woZu sie / Von Kindes Beinen an gewehnet / werden. Ich habe aber doch auch / gehöret, das⸢s⸣ Zuweilen Weiber in der Geburth sterben sollen

Bey Keinem Volke sind eigentliche / darVor erKannte Heb-Ammen / bestellet. Ein jedes Weib die an /[g] /74v/ Alter und Erfahrung einen VorZug hat, Kann dieses Ammt Vertrete⸢n⸣,[h] / und[i] man pfle- / get dieselbe nicht weit Zu suche⸢n⸣ / sondern[j] die erste die Beste / so in der Nachbahrschafft befindlich / ist, wird[k] beliebet und herZu / geruffen. Gemeiniglich ist es die Mutter / des Mannes oder der Fraue⸢n⸣ / Und Bey denen Wald-*Tunguse*⸢n⸣ / Kann es nicht Leicht eine andere / Als Von denen Nächsten AnVerwandte⸢n⸣ / seyn, weil dieselbe Zu einZelnen / *Famili*en[l] die meiste Zeit ihres / Lebens hinbringe⸢n⸣.[m] Dem ohngeachtet soll / es so geschikte Weiber in der / Heb-ammen Kunst geben, daß sie / auch denen schwehrsten Geburthe⸢n⸣ / *assistir*en und durch UmKehrung /

---

[a] zWeigen *verbessert aus* [.]   [b] *folgt* Von   [c] die *über der Zeile*   [d] *nach* des *gestr.* Vogel   [e] Tataren wissen hiervon / nichts *auf Bl.* 73v *rechts marginal*   [f] I_{st} *verbessert aus* [.]   [g] *folgt* Alter   [h] Kann dieses Ammt Vertrete), *rechts von der Zeile*   [i] *vor und gestr.* wird dazu beliebet,   [j] *nach* sondern *gestr.* ist   [k] *nach* wird *gestr.* dazu   [l] *nach* Familien *gestr.* ihr   [m] *von* Gemeiniglich ist es die Mutter *bis* Lebens hinbringe) *rechts marginal*

unrecht[a] *situirt*er[b][7] Kinder diejenige Hülffe Leisten / Können, welche man Bey uns nur / Von denen[c] Besten[d] Heb- / Ammen und *Operateurs* erwar- / tet. In dem *Capit*el Von der Religion[8] / wird VorKommen, was für[e] eine / *Veneration*[9] die meisten Völker / für dem Feuer hab⌈en⌉. Es Kann / deßwegen Keine Geburth ohne / Bey dem Feuer geschehen: Und / sind Von diesem gebrauche Bloß / die Muhammedanische *Tatar*en / und die *Christl*⌈*ichen*⌉ *Ostjak*en und / Wogulen ausgenommen, als / welche nach Verlaßung des Hey- / denthums eine so aberglaubische / Gewohnheit abzuschaffen Von ihren / Lehrern ermahnet werden.

⌊: Tataren sagen das Feuer sey / nicht ohnumgänglich Nothig / der Geburth wege⌈n⌉, sonder⌈n⌉ nur / wegen der Neben Umstände / als wenn es Kalt ist, Zur[f] Nachts / Zeit wenn es finster ist, und um / Waßer Zu warme⌈n⌉. Die *Samoj*eden im *Mangas*⌈*eischen*⌉ Gebiethe[10] / sagen, sie haben das Feuer Bey der / Geburth im Winter[g] blos⌈s⌉ wegen / der wärme, und im Sommer, / um durch den Rauch die[h] Müken / Zu vertreiben. warum sie es aber / im Frühling haben da weder Kälte / noch Müken *regir*en solches wis⌈s⌉⌈en⌉ / sie nicht. :⌋[i]
Ein Heidnisch *Tatari*sches weib / gebiehret Hurkend[11] in der WohnJurte Zur Linke⌈n⌉ / Seite des Feuerheerdes, allwo man ihr[j] ein Fell unterleget / und darauf Heu oder Stroh Leget. sie faßet mit Beyde⌈n⌉ / Hände⌈n⌉[k] die Stange an, worauf der obere *Circul* der Jurte / ruhet, und die Hebamme sitzet hinter ihr, druket ihr den / bauch bis⌈s⌉ das Kind Zum Vorscheine Kommt, und auf das / Stroh oder Heu fället, wie auch die Nachgeburth. Das[l] Kind / ist alsdenn noch im Hautlein solches schneidet die Hebamme / auf, nimt das Kind heraus, schneidet ihm die Nabelschnur / ab, Vergrabt die Nachgeburth ohnweit der Jurte / in die Erde, waschet das Kind mit warme⌈m⌉ / was⌈s⌉er, worin Saltz Zerlas⌈s⌉⌈en⌉, waschet den / dritten Tag darauf die Kindbetterin Vom / Haupt biß Zu fus⌈s⌉e mit warm⌈em⌉ was⌈s⌉er / worin *Irben*[12] geKocht ist, und selber[m] wäscht / sie sich mit selbigem was⌈s⌉er die Hände und / das Gesichte worauf beyde über das Feuer / dreymahl gehe⌈n⌉, in welches sie Vorher etwas / *Irben*[13] werff⌈en⌉. Biß dahin pfleget der Man / abwesend Zu seyn und sich in ander⌈en⌉ Jurt⌈en⌉ / aufzuhalt⌈en⌉. Einige Kommen nicht eher / als den 10ten Tag wieder in die Jurte / als an welchem Tage, nemlich 7 Tage nach / der ersten Reinigung, die 2te Reinigung / geschiehet, dadurch das⌈s⌉ die Kindbetterin / und Hebamme wieder 3 Mahl über / das Feuer gehe⌈n⌉ und

---

[a] unrecht *über der Zeile* [b] *vor* situirter *gestr.* nicht wohl; *nach* situirter *gestr.* geburthen [c] *nach* denen *gestr.* geschiktesten [d] Besten *über der Zeile* [e] fü̱r *verbessert aus* [..] [f] Ẕur *verbessert aus* [.] [g] W̱inter *verbessert aus* [.] [h] ḏie *verbessert aus* [.] [i] *von* Tataren sagen das Feuer *bis* wisse₍ sie nicht. *rechts marginal* [j] ihr *über der Zeile* [k] Hände₍ *über der Zeile* [l] ̱Das *verbessert aus* [.] [m] selbe̱r *verbessert aus* [.]

sich mit *Irben*[14] rauchern. / wohernächst Mann und Frau wieder Zusamen / auf einem bette schlaffen[a] /75r/

Ein *Brazki*sches oder *Mongoli*sches / Weib gebiehret Vor dem gewohn- / Lichen Ehebette auf der Erde / Vor dem Feuer[b] in der Hurke[15] / sitzend: bloß in Gesellschafft Von weibern/ ohne daß eine Manns Person Zugegen / seyn darff. Es sey denn daß / der Vater des Kindes dabey / Zu seyn Verlangte, welchem / es nicht abgeschlagen wird[c] So[d] lange sie Unrein / ist, bleibet sie an demselbem Orte / Liegen, Zu welchem Ende man / ihr daselbst etwas altes BetteZeug / Unterleget, der mann aber schläfft / indess auf seinem gewöhnlichen bette. / Dieses währet etwan[e] 8 Tage lang / oder solange der Kindbetterin die / *Lochia*[16] fliessen. Den dritten Tag nach / der Geburth wäschet sie sich, Vom Nabel / biß auf die Füße, und sPringet / Zu mehrerer Reinigung[f] über das Feuer in der Jurte wel- / ches sie den 8ten Tag[g] bevor[h] sie sich wieder / Zum Manne in das Bette Leget wie- / derhohlet. Währendem Wochen Bette werden Von denen nächsten AnVerwandten / und Freunden der[i] Kindbetterin / oder Vielmehr dem Kinde Kleine / Geschenke gebracht. Ist es ein / Sohn, so bringet man gemeinig- / Lich Pfeile[j], einer Tochter / aber einige Copeken Geld. / Und dieses wird alles durch / Weiber[k] *present*iret, maassen / es denen Männern nicht er- / Laubet ist, eine dergleichen Jurte / wo eine[l] Kindbetterin Lieget, Zu / betreten.[m]

Wenn Bey denen *Jaku*ten einer Frauen / die Wehen anKommen, so wird solches / gleich in der gantzen Nachbahrschafft / Kund gemacht, da denn alles Manns- / und weiber-Volk Von Befreundten[17] / und[n] BeKannten, ja gar / die[o] Mägdgens nicht ausgeschlossen, / sich Bey der Kindbetterin Versamm- / Len. Diese leget sich mit dem / Bauche über eine *horizontal*- / Stange, welche ein *Arschin* Von / der Erde auf 2 Steken Befestiget / ist. Vor ihr aber ist es Verdeket / und die Heb-Amme hebet hinter / der deke das Kind herVor die / Ubrigen Umstände sind wie Bey / denen *Burjäten*. Und wird Bey ihnen gleichfalls das Kind mit allerley Kleinig- / Keiten, auch Von Reichen AnVerwandten / Zuweilen mit jungen füllens be- / schenket[p].[q] /75v/

So wie die *Tungus*en in allen Stüken / eine grössere DaurhafftigKeit / als andere Völker[r] Von[s] sich VersPü- / ren Lassen, also hat auch die Ge- / burth bey ihren

---

[a] *von* ab, Vergrabt die Nachgeburth ohnweit der Jurte *bis* bette schlaffe₎ *rechts marginal* [b] F_{euer} *verbessert aus* [.] [c] *von* bloß in Gesellschafft Von weibern *bis* abgeschlage₎ wird *rechts marginal* [d] S_o *verbessert aus* [.]; *vor* So *gestr.* und [e] e_{twan} *verbessert aus* [.] [f] Zu mehrerer Reinigung *über der Zeile* [g] *nach* Tag *gestr.* da [h] bevor *über der Zeile* [i] _d_e_r *verbessert aus* [.] [j] *vor* Pfeile *gestr.* Kleine [k] *nach* Weiber *gestr.* Volk [l] e_{ine} *verbessert aus* [.] [m] *von* Von denen nächste₎ AnVerwandt₎ und *bis* Zu betrete₎ *rechts marginal* [n] *nach* und *gestr.* guten [o] die *über der Zeile* [p] beSchenket *verbessert aus* [.] [q] *von* gleichfalls das Kind mit *bis* beschenket. *rechts marginal* [r] *nach* Völker *gestr.* bey [s] Von *über der Zeile*

weibern[a] darin / etwas besonderes. Ist ein *Tunguse* mit seiner *Familie* auf der / Reise, (wie sie denn Zufolge dem- / jenigen, was Von der Jagd und / denen Reisen der Völker gesagt / ist, ihre gantze LebensZeit also Zu- / bringen,) und der Frau Kommen / auf dem Wege die Wehe an be- / Vor man noch den bestimmte[n][b] Ort des Nacht / Lagers erreichet hat, so machet / solches wenig änderung oder Auffenthalt. Die Frau[c] steiget ab / Von ihrem RennThier, gehet mit / einer oder etlichen ihrer herZu- / geruffenen befreundtinnen[d][18] ein / wenig[e] Vom Wege auf die Seite, / und gebieret. Es mag winter oder Sommer seyn / solches[f] ist[g] einerley. In der größeste[n] / Kälte, Schnee[h], wind,[i] oder Regen gebieh- / ret sie unter freyem Himmel. Und[j] Sofort nach der / Geburth[k] nachdem[l] sie ihr Kind / in Lumpen[m] gewikelt[n], es in die / Vorher / schön Zubereitete wiege[o] geleget[p], / und[q] solche auf einem RennThiere feste, / gebunden[r] setzet sie sich selbst wieder auf, / und Vollführet[s] die Reise, als / wenn ihr nichts wiederfahren / wäre. Sie haben dabey diesen / Aberglauben, das[s] der weg, welchen / eine Frau Kurtz nach der Geburth / machet, für andere Persone[n], so denselb[en] / ohngefehr betreten möchten, un- / glüklich sey. des[s]wegen mus[s] die / Kindbetterin von dem übrigen Tros[s] / etwas Zur Seiten reite[n], und solte /76r/ dem Manne oder einem andern / von der Gesellschafft auch das / schonste Wild jenseits dem Wege, / welchen die Kindbetterin machet, / aufstoßen, so unterstehet sich niemand durch uberschreitung sol- / ches weges demselb[en] nachZusetze[n].

Geschiehet auch die Geburth an einem / Orte, wo sie stille Liegen, so darff / dennoch solches nicht in der Jurte / geschehe[n]. Sie meinen es würde / selbige durch eine so unreine Sache / allZu sehr entweyhet werden. / Man leget[t] Zu dem Ende[u] aus[s]erhalb / der Jurte ein Feuer an, welches / im Sommer, blos[s] der *ceremonie* / wegen, nur sehr Klein, im Winter / aber, weil es alsdenn auch wärme / geben[v] muß[w], sehr groß zu[x] seyn[y] pfleget. / Vor[z] demselb[en] Feuer gebiehret / die Frau in den Knien oder in / der Hurke[19] sitzend, und die Heb- / Amme Verrichtet ihre Dienste, daß sie / der Kindbetterin Von hinten um den / Bauch fas[s]et, und drüket, Bis[s] das / Kind Zum Vorscheine Kommt. Ja die- / ses ist noch nicht genug, Die Frau / muß auch[aa] noch so lange ohne / Tach[20] bleiben, bis[s] ihr die Nachge- / burth abgegangen, sollte es auch / 5 Tage oder

---

[a] *nach* weibern *gestr.* dieses   [b] bestimmte) *über der Zeile*   [c] Frau *über der Zeile*   [d] befreundtin$_n$en *verbessert aus* [.]   [e] w$_{enig}$ *verbessert aus* [.]   [f] $_{solch}$es *verbessert aus* [..]   [g] ist *verbessert aus* [...]   [h] Sch$_n$ee *verbessert aus* [.]   [i] wind, *über der Zeile*   [j] *von* Es mag winter oder Sommer *bis* Himmel. Und *rechts marginal*   [k] *nach* Geburth *gestr.* wikelt   [l] nachdem *über der Zeile*   [m] *nach* Lumpen *gestr.* , Leget   [n] gewikelt *über der Zeile*   [o] *nach* wiege *gestr.* Bindet   [p] geleget *über der Zeile*   [q] und *über der Zeile*   [r] gebunden *über der Zeile*   [s] V$_{ollführet}$ *verbessert aus* [.]   [t] *nach* leget *gestr.* desswegen   [u] Zu dem Ende *über der Zeile*   [v] *nach* geben *gestr.* soll   [w] muß *über der Zeile*   [x] zu *über der Zeile*   [y] sey$_n$ *verbessert aus* [...]   [z] *vor* Vor *gestr.* Bey   [aa] au$_{ch}$ *verbessert aus* [..]

länger[a] in der strengsten Kälte seyn, / worauf nicht gesehen wird, um / dem alten hergebrachte[n] Gebrauche / nicht Zuwieder Zu handeln. |: Einige, die ihre Frauen Besonders Lieb hab[en], / machen ihnen Zur WintersZeit eine Kleine / Hutte Von Gesträuchen, unter welcher die Geburth Vor sich gehet. :|[b] Sofort nach der Geburth wäschet die /[c] /76v/ Kindbetterin sich und das Kind mit / warmem was[s]er. SPringet aber / weder alsdenn, noch nachmahls, über / ein Feuer; Sondern, wenn das Wochen- / Bette aus ist, welches einen Monath- / Lang Zu[d] dauern pfleget, so wäschet / sie sich Zum Zweyten Mahle, und / alsdenn wird sie wieder Vor rein / gehalten. Währendem wochen bette / träget sie besondere gantz schlechte / Kleider, die sie Vor der Geburth an- / Ziehet, und nach dem Wochen bette / im Walde an Bäumen aufhänget, / allwo selbige Verfaulen müs[s]en. / Sie hat auch, so lange sie unrein ist, / in der Jurte einen abgesondert[en] / Ort, wo sie schläfet und sitzet. Der / Mann setzet sich in solchen Umständen[e] nicht nahe Zu ihr. / Es pfleget Zwischen Beyden ein / Scheiter Holtz[21] in der Mitten Zu / Liegen.

|: Der gemeine Mann in *Sibi*rien trägt sich / Mit[f] einem Mährgen herum, als wenn / die *Tungus*en sofort nach der Geburth. / das Kind im winter in den Schnee Ver- / graben sollt[en] und es also einige Stunde[n] Liege[n] / Las[s]en damit es desto bes[s]er ausGehärtet würde. / Ich habe solches Von Vielen leuten gehöret, als ich aber des[s]- / wegen die *Tunguse*[n] selbst befraget, so haben mir solche / das Gegentheil beZeuget :|[g]

Die Nabelschnur wird bey denen[h] / *Tungus*en durch die Hebamme oder / ein anderes weib entweder mit / Wollen garn oder mit Haupt Haar / Von der[i] Kindbetterin Ver- / bunden. Die erste wiege, welche von denen weibern aus birken Rinde / nur gantz schlecht gemacht wird, / Kann nicht länger als währendem / Wochenbette diene[n]. Nach Verflies[s]ung / solcher Zeit leget man das Kind / in eine Neue wiege, die[j] inmittelst[k] / der Vater Von Holtze gemacht[l] hat[m]. / Sie unterschieden diese Zwey Gattunge[n] / Von wiegen in der benennung blos[s] / dadurch daß sie die erste eine / birken-wiege (*Nannept-omka*[n]). / die andere eine gemeine Wiege / (*ómKa*[22]) nennen.[o]

|: Tatarische erste wiege ist Von birken / rinde schlecht Von dene[n] weiber[n] Zusam- / men gebog[en]. Nach der Zweyt[en] Reinigung / wird das Kind in eine neue Wiege / geleget so durch den Vater Von / dünne[n] bretter[n] Zusamm[en]

---

[a] oder länger *über der Zeile* [b] *von* Einige, die ihre *bis* Geburth Vor sich gehet. *rechts marginal*
[c] *folgt* Kind- [d] Zu *über der Zeile* [e] in solchen Umständen *über der Zeile* [f] Mit *verbessert aus* [.]
[g] *von* Der gemeine Mann in Sibirien *bis* Gegentheil beZeuget *rechts marginal* [h] den[en] *verbessert aus* [...]; *nach* denen *gestr.* Völker, [i] [de]r *verbessert aus* m; *nach der gestr.* Kopffe [j] *nach* die *gestr.* durch
[k] inmittelst *über der Zeile* [l] *nach* gemacht *gestr.* sind [m] hat *über der Zeile* [n] N[annept-omka] *verbessert aus* d [o] *von* denen weibern aus birken Rinde *bis* (ómKa) nennen. *rechts marginal*

geschlag⌈en⌉ / ist. Dabey wird der Nahme dem / Kinde gegebe⌈n⌉, und pfleget auch / Bey Reichen Zugleich ein *tractament*²³ / Zu seyn : |ᵃ
|: Bey der Geburth einer *Katschinzi*sch Tatarische⌈n⌉ / Frau sind weder Manns Persone⌈n⌉ / noch Mägdgens gegenwärtig / Weiber aber so Viele in der / Nachbahrschafft sind Biß / Zur Zweyte⌈n⌉ Reinigung es⌈s⌉e⌈n⌉ / dieᵇ Kindbetterin u⌈nd⌉ Hebamme / Besonders aus Besondere⌈n⌉ Kes⌈s⌉eln / und Gefäs⌈s⌉en, weil es ander⌈en⌉|ᶜ / Persone⌈n⌉ eine Sünde wäre Von / der UnreinigKeit durch Theilhafftig / machung der SPeise⌈n⌉ Zu *participir⌈en⌉*²⁴. / Nach der Zweyte⌈n⌉ Reinigung wird / die Frau wieder Vor rein gehalt⌈en⌉ / Kindbetterin u⌈nd⌉ Kind werd⌈en⌉ / beschenket. Sie haben Zur / Geburth Keine besondere Jurt⌈en⌉ / Nahmen werden dem Kinde / Nach der Zweyt⌈en⌉ Reinigung gegeb⌈en⌉ / wenn man die Hebamme ablas⌈s⌉et / und wird gemeiniglich der Hebam- / me solches aufgetrage⌈n⌉ Ist aber / ein fremder Zugegen so thut es / derselbe, oder die Hebamme / nennet das Kind mit des / Fremd⌈en⌉ Nahm⌈en⌉. Sie geb⌈en⌉ / auch Viel Rus⌈s⌉ische Nahm⌈en⌉. / Kleider so die Kindbetterin / wahrendem wochenbetteᵈ / Träget, werden Von ihr auchᵉ / Nachgehends getrage⌈n⌉. Nabel / schnurᶠ wird Von der Hebamm⌈en⌉ / mehrentheils mit Rus⌈s⌉isch⌈em⌉ / Zwirn abgebund⌈en⌉, weil / solcher sich fester binde⌈n⌉ Las⌈s⌉et / als ihre Sehnader⌈n⌉²⁵. Nahmen / UnVeränderlich. : |ᵍ
|: Eine *Camasinzi*scheʰ Frau / gebieret in den Knie⌈en⌉ sitzend / undⁱ mit dene⌈n⌉ Armen / sich auff die arme²⁶ stützend / eine Frau stehet hint⌈en⌉ um- / fas⌈s⌉et sie u⌈nd⌉ drüket den / bauch. Eine andere sitzet / Vorn u⌈nd⌉ empfängt das / Kind. Im Winter geschiehet / es in der WohnJurte Zwische⌈n⌉ / der Thür u⌈nd⌉ dem Feuer / Im Sommer baue⌈n⌉ sie des⌈s⌉we- / ge⌈n⌉ eine Kleine besondere Jurte ohne Feuer. Man Leget / der Gebährerin alte Lumpe⌈n⌉ / oder Graß Heu baumblätterʲ unter, / damit / der Ort in der WohnJurte nicht / Moge besudelt werd⌈en⌉. Drey / Tage nach der Geburth gehet / die Kindbetterin dreymahl / über das Feuer Zur Reinigung / nemlich so, daß wenn sie ein- / mahl darüberᵏ geschritt⌈en⌉, sie / Zurük an den Vorige⌈n⌉ Ort gehet, / und Zum Zweyt⌈en⌉, und eben / so Zum dritten Mahle überschreitet. / Geschiehet die Geburth in einer be- / sondern Jurte so geschiehet auch / in derselb⌈en⌉ die Reinigung. Nach der- / selb⌈en⌉ beZiehet sie wieder die Wohn- / Jurte. Wenn auch die Geburth in der / WohnJurte geschiehet, so Lieget sieˡ / ohnweit dem GeburthsOrte auf / der weiber Seite besonders. /

ᵃ *von* Tatarische erste wiege *bis* tractament Zu seyn *rechts marginal* ᵇ d_{ie} *verbessert aus* s ᶜ a_{nder)} *verbessert aus* [.] ᵈ w_{ochenbette} *verbessert aus* [.] ᵉ _{auch} *verbessert aus* [.] ᶠ Na_{belschnur} *verbesssert aus* [..] ᵍ *von* Bey der Geburth einer Katschinzisch *bis* Nahmen UnVeränderlich. *auf Bl. 75v rechts marginal* ʰ _{Camasinzische} *verbessert aus* _{Camas}[.]_{inzische} ⁱ un_{d} *verbessert aus* [..] ʲ Heu baumblätter *über der Zeile* ᵏ _{dar}üb_{er} *verbessert aus* [..] ˡ s_{ie} *verbessert aus* d

Nach der Reinigung darff sie / wieder mit dem Manne auf einem / bette schlaffe⸢n⸣. :|ᵃ

|: So lange die Nachgeburth / noch nicht abgegange⸢n⸣ und sie / sich nach der Geburth das erste / Mahl noch nicht gewasche⸢n⸣ hat, / darff sieᵇ / ihrer UnreinigKeit wegenᶜ nichts an- / rühren, auchᵈ nicht aus dene⸢n⸣ᵉ / Gefäßen es⸢s⸣en, aus welchen der / Mann mit der übrige⸢n⸣ *Famili*e / Zu es⸢s⸣en pflege⸢n⸣. Sobald sie / aber wieder in die Jurte Kommt / und während dem gantzen Wochen- / bette Verrichtet sieᶠ ihre Haus⸢s⸣arbeit / wie Vordem, und is⸢s⸣et mit dem / Manne aus einer Schü⸢s⸣sel :|ᵍ

|: Die Hebammen Bey dene⸢n⸣ *Ca- / maschinzi* müßen gleichfalls / 3mahl Zur Reinigung über / das Feuer gehe⸢n⸣. Solches geschieht / Zu gleicher Zeit nach der Kindbette / rin. Sie eßen bis⸢s⸣ dahin mit / der Kindbettern besonders / aus Besondern Gefäße⸢n⸣, welche / darauff gleichfalls über dem Feuer gereiniget werde⸢n⸣. / Den Nabel Bindet die Heb- / Amme mit dergl⸢e⸣ichen / Sehnen als womit sie / nähen. Der Vater allein / darff währender Geburth in / der Jurte seyn, sonst Keine / andere MannsPersone⸢n⸣. auch / pflegen Keine andere weiber / als die Hebamme⸢n⸣ Vielweniger / Magdgens Zugege⸢n⸣ Zu seyn. / Keine Geschenke. Verände- / rung der Wiege so wie Bey / dene⸢n⸣ *Tanguse*⸢n⸣. Der Nahme / wird gegebe⸢n⸣ Tages nach der / Reinigung, solches geschieht gemei- / niglich Von alten ansehnliche⸢n⸣ Leuten, wenn / welche Zugege⸢n⸣, sonst auch Von allen fremde⸢n⸣ / Auch Von der Hebamme, auch Von dene⸢n⸣ / Elter⸢n⸣. Die Nahmen nicht Von Verstorbene⸢n⸣ / Von allerley Umständenʰ der Geburth oder / des Kindes, Viele auch ohne bedeutung. / Mehrentheils giebt auch ein fremder / dem kinde seinen eigene⸢n⸣ Nahmen. / Wenn es trifft daß sie Zur Zeit der Geburth / oder in dene⸢n⸣ ersten Tagen ein WildThier / erlegen so geben sie dem Kinde auch den / Nahmen von einem solche⸢n⸣ Thier. :|ⁱ

Die *Samoj*eden im *Mangasei*schen / Gebietheʲ²⁷ Kommenᵏ darin mitˡ denen *Tanguse*⸢n⸣ / überein, daß sie ihren weiber⸢n⸣ gleich- / falls nicht erlauben in der Jurte / Zu Gebähren. Allein sie gebährenᵐ dennoch / nimmerⁿ unterᵒ freyem Himmel, sondernᵖ / man bauetᵠ einer Kindbetterinʳ Zu solchem EndZweke alle Zeit / eine besondere Kleine Jurte in der / Nähe bey denen übrigen, In welche /

ᵃ *von* Eine Camasinzische Frau gebieret *bis* einem bette schlaffe). *auf Bl.* 76r *rechts marginal*   ᵇ *nach* sie *gestr.* nichts anrühren   ᶜ wegen *über der Zeile*   ᵈ ₐᵤch *verbessert aus* [..]   ᵉ ₔₑₙe) *verbessert aus* e[.]   ᶠ sie *über der Zeile*   ᵍ *von* So lange die Nachgeburth *bis* aus einer Schüssel *rechts marginal*   ʰ ᵤₘₛₜäₙᵈₑₙ *verbessert aus* [.]   ⁱ *von* Die Hebammen Bey dene₍ Camaschinzi *bis* von einem solche₎ Thier. *auf Bl.* 77r *rechts marginal*   ʲ *nach* Gebiethe *gestr.* sind   ᵏ Kommen *über der Zeile*   ˡ mit *über der Zeile*   ᵐ gebähren *verbessert aus* ₉ₑᵦ[.]ₕᵣₑ[.]   ⁿ nimmer *über der Zeile*   ᵒ *vor* unter *gestr.* nicht   ᵖ ₛₒₙᵈₑᵣn *verbessert aus* [.]   ᵠ *nach* bauet *gestr.* ihnen   ʳ eine Kindbetterin *über der Zeile* sie sobald ihr^a die Wehen anKommen, Von /^b /77r/ ihren Befreundtinnen^{c28} geführet wird, / unter welchen die älteste die Stelle / der Hebamme Vertritt. Dergleichen / Geburths Jurten, oder vielmehr / die Felle^d, womit dieselbe bedeket / werden pflegen besonders aufbehalten / Zu werden, damit sie Künfftig / Zu dergleichen Gebrauche wieder / dienen^e Können: Und wie die / *Samoj*eden Zu 4 bis 5 *Familien* / stark in einer wohnJurte beysammen^f / Zu wohnen pflegen, so haben / selbige *Famili*en auch eine solche / Geburths Jurte unter sich^g gemeinschafftlich. / Stirbt die Kindbetterin in der / Geburth, so wird dieselbe Jurte / sowohl Felle als Stangen mit / ihr in die Erde Verscharret. Stirbt / aber das Kind allein, so begräbt^h / man mit demselben bloß die / Kleidung und wiege, so Vor / dasselbe gemachet worden.

Die Kindbetterin gebiehret Knie- / end, und stützet sich mit den / Händen auf der Erde an, daß / Bey nahem der Leib in *horizontale* / *positur* Kommt. Die Hebamme / bindet ihr einen Strik Zunächst / am Nabel um den Leib, und je / näher die Geburth ist, je mehr / wird der Strik gesPannet, damit die Mutter desto eher möge / befreyet werden. Man nimmt daZu gemeiniglich / den Leit-Strik (поводокъ²⁹) womit / die RennThiere, wenn sie im Schlitten / Gehen regiret werdenⁱ Es pfleget / dabey niemand ausser besagten / weibern Zu assistiren. Und der / Vater des Kindes Verlanget selbst / nicht darbey Zu seyn, weil er sich /^j /77v/ ihrer Meinung nach, dadurch / Verunreinigen würde.

Wenn den 3ten oder 4ten Tag nach / der Geburth dem Kinde der Na- / Bel abfället, so ist solches der *Ter-* / *min*, da die Kindbetterin wieder / in die WohnJurte *admittir*et³⁰ wird.

|: Diejenige *Samoj*eden, so mir Zu / *Mangase*³¹ Von ihrer Lebens art / und Gebräuchen Nachricht gaben, / nannten die Nabelschnur im^k Russischen паганое^l мѣсто³². / Als wenn darin Bey dem Kin- / de der Sitz der UnreinigKeit sey. :|^m

Doch mußⁿ die Kindbetterin^o Vorher sowohl^p sich als^q das^r Kind in der Kleinen GeburthsJurte^s waschen. / ausser welchem noch die Reinigung über das Feuer gleichfalls geschiehet / und Zwar Zu dreyen Mahlen erstlich / in der Geburths-Jurte,^t / wenn sie dieselbe Verläßet, hiernächst / über einem ausdrüklich daZu an- / gelegtem Kleinen Feuer Vor der / WohnJurte, und Zuletzt in der WohnJurte

---

^a ihr *über der Zeile*   ^b *folgt* ihren   ^c Befreundtin_nen *verbessert aus* [.]   ^d F_{elle} *verbessert aus* S   ^e die_nen *verbessert aus* [.]   ^f b_{eysamme}) *verbessert aus* [.]   ^g unter sich *über der Zeile*   ^h b_{egr}äbt *verbessert aus* [...]   ⁱ *von* Man nimmt daZu gemeiniglich *bis* regiret werde) *rechts marginal*   ^j *folgt* ihrer   ^k _im *verbessert aus* [.]   ^l *über* _{nara}H_{oe} *gestr.* н   ^m *von* Diejenige Samojeden *bis* UnreinigKeit sey. *rechts marginal*   ⁿ nach muß *gestr.* sie   ^o die Kindbetterin *über der Zeile*   ^p sowohl *über der Zeile*   ^q als *verbessert aus* [...]   ^r d_{as} *verbessert aus* [.]   ^s Geburths_{Jurte} *über der Zeile*   ^t *nach* Geburths-Jurte *gestr.* hiernächst

selber,ª bey dem / EinTritte in dieselbe. wobey Sie / das Kind in den Armen träget, / und sehr Langsam über das / Dreyfache^b Feuer hinweg gehet / daß ihr die Sohlen an denen Stiefeln / davon anbrennen, und die Fran- / gen³³-Haare Zu unterst^c an ihren Kleidern / in etwas Versenget werden.
Nach diesem schläfet die Frau wie- / der mit dem Manne auf einem / Bette, und wird nicht mehr für / unrein gehalten; ohne jedoch das⌈s⌉ / ihr der Mann die ersten 2 biß / 3 Wochen ehlich Beywohnet^d. Die Frau Kündiget es dem Manne / selbsten an, wenn sie sich daZu im / Stande befindet. /^e /78r/
Die Nahmen werden dene⌈n⌉ Kinder⌈n⌉ / nicht Bey allen Völker⌈n⌉ Zu gleicher / Zeit gegeben. Die Muhammeda- /nische sowohl als heidnische Tata- / ren geben solche so fort bey der Geburth. / Die *Jaku*ten als *Tatari*sche Abstäm- / Linge Thun ein gleiches. Die *Mon- / gol*en, Chalmüken und *Buriä- / t*en VersParen es biß auf den / dritten Tag, da die Mutter sich / das erste mahl wäschet und über / dem Feuer reiniget. Die *Samoj*ede⌈n⌉ / biß^f dahin da die / Kind Betterin wiederum die Wohn- / Jurte BeZiehet. Die *Tungus*en / sind die eintzige, welche sich hier- / in nicht an gewiße Tage oder / Zeiten binden. Sie meinen man habe / sich^g nicht Zu übereile⌈n⌉. Ein^h Kind / Könne dochⁱ im ersten Jahre seinen / Nahmen nicht unterscheiden Lerne⌈n⌉, / und es sey Zeit genug, wenn man / es aufschiebe, bis⌈s⌉ es^j Zu^k geh⌈en⌉ / und Zu stehen, und Zähne Zu be- / Kommen anfange: weil alsdenn / erst der Nutzen davon^l Zu sehen sey.
|: Nahmen bey dene⌈n⌉ *Camaschinzi* unVerän- / derlich biß in den Todt. :|^m
Bey allenⁿ Völker⌈n⌉ ist der / Gebrauch, daß es die Elter⌈n⌉ dem / willkühr fremder Leute über- / Laßen°, wie sie das Kind nen- / nen wollen. Sie ehren dadurch / ihre Gäste, wenn sie ihnen dieses / Amt auftragen. Und der erste /^p /78v/ welcher nach der Geburth oder / am Tage der ersten Reinigung Zu / ihnen in die Jurte Kommt, der / wird dazu beliebet. Sind Viel / Persone⌈n⌉ Zu gleicher Zeit Zugegen, / so Bittet man die älteste⌈n⌉ und / Vornehmsten daZu. Und Bey dene⌈n⌉ / *Tungus*en sind es alleZeit alte / Leute, welche nach^q gehaltener Be- / rathschlagung dem Kinde den / Nahmen geben. Ist gar^r nie- / mand Von Fremden zugege⌈n⌉, so / erwehlet man jemand Von / denen Nächste⌈n⌉ AnVerwandt⌈en⌉. Es^s ist allenthalben gleich, / ob^t man^u eine⌈n⌉ Mann, Frau, Mägdge⌈n⌉ / oder Knabe⌈n⌉^v daZu nimmt. / und es^w wird auch auf das Geschlecht /

---

^a *nach* selber, *gestr.* sobald   ^b D_{reyfache} *verbessert aus* F   ^c Zu unterst *über der Zeile*   ^d Be_{ywohnet} *verbessert aus* [..]   ^e *folgt* Die   ^f *vor* biß *gestr.* gleichfalls   ^g *nach* sich *gestr.* darin   ^h Ein *verbessert aus* d[..]   ⁱ d_{och} *verbessert aus* [.]   ^j es *über der Zeile*   ^k *vor* Zu *gestr.* das Kind   ^l *nach* davon *gestr.* , dadurch / daß das Kind   ^m Nahmen bey dene) Camaschinzi unVerän- / derlich biß in den Todt. *rechts marginal*   ⁿ all_{en} *verbessert aus* [...]; *nach* allen *gestr.* meisten   ° _{überLaßen} *verbessert aus* _{überLäßet}   ^p *folgt* welcher   ^q nach *über der Zeile*   ^r gar *verbessert aus* [...]   ^s *vor* Es *gestr.* Und   ^t *nach* ob *gestr.* es   ^u man *über der Zeile*   ^v *nach* Knabe) *gestr.* sey   ^w es *über der Zeile*

des Kindes, ob es ein Knabe oder / Mägdgen sey, in Erwehlung der / selbe⌈n⌉ Person⌈en⌉, nicht acht gegeb⌈en⌉ / man^a Könnte^b dieses / für^c eine Art Von / Gevatterschaffte⌈n⌉ halten. / Nur^d sind^e / im^f ChristenThum dieselbe durch / mehrere *Ceremoni*en in Ansehn / gebracht worden^g, und bleiben / daher auch im erwachsenen / Alter im Andenke⌈n⌉, welches / Bey diesen heidnischen Völker⌈n⌉ / nicht^h in Acht genomm⌈en⌉ wird.
|: Bey denen *Krasnoj⌈arskischen⌉ Tatar*en / giebt gemeiniglich die Heb- / Amme dem Kinde seine⌈n⌉ / Nahmen Es sey denn das⌈s⌉ / Fremde Zugege⌈n⌉ wären, so / die Elter⌈n⌉ dadurch ehre⌈n⌉ wolle⌈n⌉. :|ⁱ /79r/
Bey einigen Völker⌈n⌉ wird der Nahme / offters Nach^j Zufälligen Eigenschaffte⌈n⌉, / so man Bey der Geburth oder / in denen ersten Tagen^k an dem / Kinde wahrnimmt, eingerichtet. / Bey einigen aber sind die Nahme⌈n⌉ / ohne^l Bedeutung. Man trifft / auch offters unter dene⌈n⌉ Heyden / Rus⌈s⌉ische Nahmen an, welche ihne⌈n⌉ / bey der Geburth Von Rußischen / *Cosak*en, die eben damahls Zugege⌈n⌉ / gewese⌈n⌉, gegeben worde⌈n⌉. Und hier / geschiehet es Zuweilen aus Schertz, / daß dergleichen Cosaken denen Kna- / ben weibliche und dene⌈n⌉ Mägdgens / Männliche Nahmen geben, welches / ein einfältiger Heyde entweder / gar nicht merket, oder wenn er / es gleich weis⌈s⌉, dennoch nicht Vor / wichtig genug^m hält, deßwege⌈n⌉ eine Än- / derung im Nahmen VorZunehme⌈n⌉. Bey dene⌈n⌉ *Jakut*en werden die Nahm⌈en⌉ / Zuweilen aus einer andere⌈n⌉ Ursache / Verändert. Sie glauben nemlich, / daßⁿ der Teuffel, welcher nach / der Meinung aller Heidnischen *Na- / tion*en über Todt und Leben Voll- / Kommene Gewalt hat, Von allen / denen Kindern Bey der Geburth gege- / bene⌈n⌉ Nahmen ein genaues Regi- / ster halte, und nach demselb⌈en⌉ /^o /79v/ Register bald diesem oder jenem das / Todes-Urtheil fälle. Um nun den / Teufel Zu betriegen, so nehmen einige / bey^p erwachsenem Alter Andere / Nahmen an, damit der Teufel sie / nicht so Leicht finden möge. Andern werden Von ihren guten / Freunden nach allerley um- / ständen ihres Lebens beyNah- / men gegeben, die nach^q / und nach eben so gültig werde⌈n⌉, / als die ersten Nahmen, so man / ihnen in der Kindheit beyge- / Leget hat, dergestalt das⌈s⌉ / diese fast dadurch in Ver- / geßenheit Komme⌈n⌉.^r

---

^a *vor* man *gestr.* Ich weiß nicht, ob   ^b Könnte *über der Zeile*   ^c *vor* für *gestr.* nicht   ^d *vor* Nur *gestr.* sollte.   ^e *nach* sind *gestr.* durch / das   ^f im *über der Zeile*   ^g _wor_{den} *verbessert aus* [..]   ^h *nach* nicht *gestr.* ist   ⁱ *von* Bey denen Krasnoj. *bis* ehre) wolle) *rechts marginal*   ^j Na_{ch} *verbessert aus* [..]   ^k Tage_n *verbessert aus* [.]   ^l *nach* ohne *gestr.* alle   ^m genug *über der Zeile*   ⁿ _{da}ß *verbessert aus* [.]   ^o *folgt* Register   ^p *vor* bey *gestr.* sie   ^q *nach verbessert aus* _{nach}gehends   ^r *von* Andern werden Von ihren guten Freunden *bis* Vergeßenheit Komme) *rechts marginal*

Aus einem eben dergleichen *Principio* / pfleget ein *Jakut*e, dem die / Kinder frühzeitig absterbe⌈n⌉, denen- / selben allerley heßliche Nahmen / geben Zu las⌈s⌉e⌈n⌉,ᵃ umᵇ dem Teufelᶜ / der die Kinder Tödtet, und nach / ihrer Meinung VerZehret, dardurch / einen Ekelᵈ Zu erweken.ᵉ Ja bey Veränderung der Nahme⌈n⌉ / erKiesen³⁴ einigeᶠ des⌈s⌉wegen / auch heßliche Nahmen, da- / mit der Teufel, wenn er / sie ja finden möchte, in An- / sehungᵍ solcherʰ hes⌈s⌉liche⌈n⌉ Nahme⌈n⌉ / ausⁱ Furcht und Abscheu / sie verschone⌈n⌉ʲ möge.ᵏ
Ich will Von eben diesen *Jakut*en / Bey welchen ichˡ in / allen Stüken mehr *Satisfaction*³⁵ / als Bey ander⌈en⌉ Völker⌈n⌉ gefunden / habe, einige Exempel geben: Nahmen / die Verschiedene Zufällige Eigen- / schafften der Kinder Zum Grunde / haben, und Zuweilen blos⌈s⌉ Von / der Hebamme Bey der Geburth / gegeb⌈en⌉ werdenᵐ sind Z⌈um⌉ e⌈xempel⌉ *Obutschà*³⁶ / ein Schreyer, *Mogoltschók*³⁷ <r>und / *Orossù*³⁸, der noch nicht gantz fertig ist, / *Kotùn*³⁹, der mit fleiße gemacht / ist, *Ajanit*⁴⁰, der auf dem wegeⁿ / gebohren ist. oder sie nehmen davon / Gelegenheit, wenn das Kind bey der / Geburth sich Zusammenschrumpffet / oder ausdehnet, oder einen *nota-* /ᵒ /80r/ <b>*len* Mangel am Leibe hat, und Be- / nennen es mit einem solchen Nahmen, / der denselb⌈en⌉ Umstand ausdrüket Andere *Jakuti*sche Nahmen die Bedeu- / tung haben, sind Z⌈um⌉ e⌈xempel⌉ *Tüssünèk*⁴¹, / beständig, *Kunèck*⁴² ein Sonnenᵖ Kind / d⌈as⌉ i⌈st⌉ ehrlich oder getreuᵠ. *Emeè*⁴³ / die brüste an der Mutter, ist ein Lieb- / Kosungs Nahme, *übàch*⁴⁴ der Von / Hunden Zerris⌈s⌉en ist, welches an / der Person des Kindes *notable*⁴⁵ / fehler Zum Grunde setzet. *Komyss*⁴⁶ / Silber, *Sobò*⁴⁷ eine *C*aras⌈s⌉eʳ⁴⁸, *Chal- / bà*⁴⁹, eine art Von Endten sind / *Jakuzki*sche weiber Nahmen. *Tschi- / tschach*⁵⁰, welches so wie das Rußische / пташка⁵¹, allerley Kleine Vögel / bedeutet, wird sowohl Knaben als / Mägdgens beygeleget, Und esˢ / sollen mehr dergleichen Nahmen / seyn, die beyden Geschlechter⌈n⌉ / Gemein sind.
Exempel von heßlichen nahmen / sind: *Ütschagà*⁵² Hunde-Koth, *Ta- / ragai*⁵³ Grind, *Iktè*⁵⁴ ein Pißer, / *Sachsÿt*⁵⁵. ein Scheis⌈s⌉er, *Pachai*⁵⁶ / heßlich, stinkend, *Mogoi*⁵⁷ eine / Schlange
Von Veränderung der Nahmen will / [[will]] ich aus der *Masarini*schen / *Familie*⁵⁸ derer *Kangalassi*sche⌈n⌉⁵⁹ / Kniäsen, welche Von alters her für /ˢ /80v/ die Vornehmsten unter denen *Jakute*⌈n⌉ / gehalten worden, einige *Exempel* /

ᵃ *nach* lasse), *gestr.* damit   ᵇ um *über der Zeile*   ᶜ T_{eufel} *verbessert aus* [.]   ᵈ *nach* Ekel *gestr.* Bekommen möge   ᵉ Zu erweken *über der Zeile*   ᶠ ei_{nige} *verbessert aus* [..]   ᵍ *nach* Ansehung *gestr.* der   ʰ solcher *über der Zeile*   ⁱ a_{us} *verbessert aus* [.]   ʲ versch_{O}ne) *verbessert aus* ö   ᵏ *von* Ja bey Veränderung der *bis* sie verschone) möge. *rechts marginal*   ˡ *nach* ich *gestr.* mich mit fleiß   ᵐ w_{erden} *verbessert aus* s   ⁿ we_{ge} *verbessert aus* [..]   ᵒ *folgt* blen   ᵖ S_{onnen} *verbessert aus* [.]   ᵠ getre_{u} *verbessert aus* [.]   ʳ C_{arasse} *verbessert aus* [.]   ˢ *folgt* die

geben. Der jetzige *Knjäsez öölgò*[60] / heis⌈s⌉et auch *Bosogò*[61] und *aiachàn*[62] / welcher Letzterer Nahme so viel bedeu- / Tet als der Viel redet[a]. Sein Bru- / der *Siràn*[63] heis⌈s⌉et auch *Mogòi*[64], ⌈das⌉ ⌈ist⌉ / schlange. der 3te bruder *Kiljàn*[65] / heis⌈s⌉et auch *Sabartỳ*[b][66]. der 4te / Bruder *Ajannit*[67] heis⌈s⌉et auch / *Ürǜ*[68], / (der krank ist) weil er würk- / Lich seith Langen Jahren Krank / Lieget.
Bey denen Mongolen, *Buriäte*⌈n⌉ / und Chalmüken finden sich / alle dergleiche⌈n⌉ Umstände nicht / Exempel von *Burjati*sche⌈n⌉ Männer / Nahmen sind: *Ajuschachan, Bó-* / *byloi, Bagandai, Bagai*; p⌈erge⌉ p⌈erge⌉ / Weiber Nahmen dagegen: *Bissichan,* / *Habogù, Chalùn, bolichòn, ha-* / *basin* p⌈erge⌉ Und diese alle sind ohne / Bedeutung ausgenommen *Chalùn*[69], / welches einen выдра[70] (⌈das⌉ ⌈ist⌉ Fisch-Otter[71]) / Bedeutet
*Tungusi*sche Männer Nahmen sind: / *Utschágda, dogdoùl*[c]*, TiraKàn,* / *Seríntscha, Njóhong, Dúling, Bal-* / *Tako, Dátschinga, Nemtúnga* p⌈erge⌉ / Weiber nahmen: *Molàk, Tárgik,* /[d] /81r/ *KóiuliK, Tőrgulak*[e]*, AgnáhiK* / *LöKörmiK, Zőik*. u⌈nd⌉ s⌈o⌉ w⌈eiter⌉ Von / welchen allen ich Keine Bedeutung / habe erfragen Können. Nur[f] hat / man mir Von dem Nahmen *Tira-* / *Kan* gesagt, daß selbiger ein / LiebKosungs Nahme, nach unserer / Art ein *Diminutivum*[72] sey: welches / dadurch *confirmir*et[73] wird, daß / die *Tungus*en Vielen Kleinen Flüs⌈s⌉che⌈n⌉ / und bächen, um dieselbe Von andere⌈n⌉ / gleiches Nahmens Zu Unterscheide⌈n⌉ / die *Termination*[74] *Kan* hinZusetze⌈n⌉.
Unter[g] dene⌈n⌉ *Samoj*eden ist gleich- / falls nicht gebräuchlich, daß die / Nahmen eine Bedeutung haben / solte⌈n⌉. *Samoj*edische Männer Nahmen im *Mangaseiski*sch⌈en⌉ / Gebiethe[75] sind:[h] *Lemeì*[i]*, MáhoKu,* / *Sédditsche, Kőttitä*[j]*, PéoKu,* / *SolKò, Sittogò, Núgagge, Ngà-* / *anne* p⌈erge⌉ weiber Nahmen: *Síini,* / *Baddoíne, Nássane* / *büllä, óttico, Bódune, Málecú-* / *ne* p⌈erge⌉ p⌈erge⌉. Sie pflegen gern dergl⌈eichen⌉ Nahmen Zu / geben, Von Leuten aus ihrem Geschlechte[k], die ohnlängst / mit Tode abgegangen, um / dadurch das Andenke⌈n⌉ derselbe⌈n⌉ / Zu *continuir*en.[l] Eben diese *Samoj*ede⌈n⌉ / habe⌈m⌉ dieses in[n] denen Nahmen / Besonders, daß wenn man einen Mann / nach weiber-Nahmen fraget, er / sich derselbe⌈n⌉ schwerlich besinnen / Kann.[o] Ein Mann Kann / sogar den Nahmen seiner eigene⌈n⌉ / Frau Verges⌈s⌉e⌈n⌉. denn sie pflege⌈n⌉ / das weibliche

---

[a] *nach* redet *gestr.* , [*Komma*]   [b] *nach* Sabartỳ *gestr.* , [*Komma*]   [c] dogdOùl *verbessert aus* [.]   [d] *folgt* Koi-   [e] Tőrgulak *verbessert aus* k   [f] Nur *verbessert aus* [.]   [g] Unter *verbessert aus* b   [h] im Mangaseiskisch) Gebiethe sind: *rechts marginal*   [i] *vor* Lemeì *gestr.* men sind   [j] Kőttitä *verbessert aus* dd   [k] aus ihrem Geschlechte *über der Zeile*   [l] *von* Sie pflegen gern dergl. Nahmen *bis* Zu continuiren. *rechts marginal*   [m] *nach* haben *gestr.* auch   [n] in *verbessert aus* [..]   [o] *nach* Kann. *gestr.* Sie pflegen

Geschlechte nicht / bey denen nahmen Zu rufen; sonder⌈n⌉ /ᵃ /81v/ wer seine Frauᵇ rufen will, der / sagt *ménsjä*⁷⁶, auf *Chantai*ki̱s̱c̱ʰᶜ: / *Ménnassi*⁷⁷; *Juraki*sch: *pútjau*⁷⁸. / d⌈as⌉ i̱s̱ṯ weib; wer ein Mägdgen ruffe⌈n⌉ / will, der sagt *nítschu*, *Chan-* / *Taiki*sch: Né*reKetschu*, *Juraki*sch: / *néelKu*⁷⁹ d⌈as⌉ i̱s̱ṯ Mägdgen |: Bey der Geburth und Nahmen-Gebung / der Kinder ist nicht gebräuchlich, daß / die Eltern Gäste laden und *tra-* / *ctiren*ᵈ⁸⁰ solten. Wer aber alsdenn / / ohngefehr Zugegen ist, der wird / wie in andern gemeinen Gelegenheite⌈n⌉ / bewirthet. Ein *Jakut*e schlachtet / wohl gar einᵉ Klein Stük Vieh. / Ein *Tung*use tractiret⁸¹ nur Zu / der Zeit, wenn erᶠ auf die Jagd / in Erlegung eines Elendes / oder RennThiers glüklich gewese⌈n⌉. :|ᵍ
In denen ersten Jahren der Kindheit / ist es Bey denen *Sibiri*schen Völker⌈n⌉ / eben wie Bey uns gebräuchlich, die / Kindern in Wiegen Zu halten, und / durch eine gelinde Bewegung einZu- / schläfern. Die wiegen derer *Braz-* / *Ki* sind Von Brettern Zusammen / geschlagen,ʰ und werde⌈n⌉ / Von einer Seite Zur ander⌈en⌉ Bewe- / get. Die *Jakuti*sche wiegen sind / aus einem Stük holtze, wie ein / Trog ausgehöhlet, und werden / gleichfallsⁱ Von einer Seite Zur / andern beweget. Die *Tungu-* / *si*sche und *Samoj*edische wiege⌈n⌉ / haben dieses Besonders, daß sie / nicht wie andere wiegen nach ei- / ner *horizontal*en Linie, sonder⌈n⌉ / mit einem in etwas stumpffe⌈n⌉ / Winkel aus dünnen brettern / oder Schindeln Zusammen geschla- / <gen> sind, und Von oben nach Unten / Zu beweget werden. Sie Kom- / men in derselb⌈en⌉ *Structur* mit / dene⌈n⌉ wiege⌈n⌉ der Lappen überein, /ʲ /82r/ welche beym *Scheffero*⁸² beschriebe⌈n⌉ sind. / So daß Vermuthlich die übrige⌈n⌉ Nordisch⌈en⌉ / Völker welche ich nicht gesehen / als die *Jukagiri*, *Koriake*⌈n⌉ und / *Tschuktschi* eben dergl⌈eichen⌉ wiegen habe⌈n⌉ / mögen. Ich habe eine *Samoje-* / *di*sche Wiege Zeichnen la⌈ss⌉en. Uber / dem Kopffe des Kindes sind einige / Reiffe⌈n⌉ aufgesPannet, welche sich / rükwerts hinunter schlagen / Laßen. Zu beyden Seiten sind / inwendig in der Wiege Me⌈ss⌉in- / gene Ringe, Vermittelstᵏ welche⌈r⌉ / das Kind in der Wiege mit einem Riemenˡ fest / geschnüret wird. Und wenn es fest / geschnüret ist, so wird ein an / Vorbesagtenᵐ Reiffen be- / festigter Strik oder Riemen, / Vermittelst welchen die Reiffen / auf und angezogen werden, an / dem erster⌈en⌉ Riemen, womit das / Kind Zugeschnüretⁿ ist, befestiget, / damit dieselbe Reiffen nicht / Zurük fallen mögen. Der / Nutzen Von diesen Reiffen ist, daß / sie über dieselbe im winter /

ᵃ *folgt* wer ᵇ *nach* Frau *gestr. Z. e.* ᶜ ₍Chantai₎kisch *verbessert aus* [.] ᵈ ₍tracti₎rₑₙ *verbessert aus* [.] ᵉ ei_n *verbessert aus* [..] ᶠ e_r *verbessert aus* [.] ᵍ *von* Bey der Geburth *und bis* glüklich gewese₎ *rechts marginal* ʰ *nach* Zusammengeschlagen, *gestr.* und werden ⁱ g₍leichfalls₎ *verbessert aus* [.] ʲ *folgt* welche ᵏ Ver_mittelst *verbessert aus* [.] ˡ mit einem Riemen *über der Zeile* ᵐ *vor* Vorbesagten *gestr.* denen ⁿ Z₍ugeschnüret *verbessert aus* [.]

wegen der Kälte, und im Sommer / wegen der Müken, das Kind / Zudeken. Uberdem ist an dem / Vordern Reiffen ein Glöklein Be- / festiget, welches wenn die wiege / beweget wird, oder[a] wenn sie auf / der Reise begriffen sind Vom Schütteln / auf dem Wege, beständig ange- / läutet wird. /82v/ Man siehet bey Keinem Volke, daß sie / die Kinder, so wie es bey uns Zu geschehen / pfleget, fest einwindeln solten. Ein / Hasen[b] Fell, oder ein Stük Von dünne[m] / *Rowdugi* dienet gemeiniglich Zum / Windel Tuche und mit diesen leget / man das Kind in die Wiege. Das / Zuschnüren der Kinder in denen[c] Wie- / gen welches bey denen *Tungus*en / und *Samoj*eden gebräuchlich / ist, möchte Vielleicht für eine / AhnlichKeit Von unser[en] windeln Können gehalten werden. Allein sol- / ches ist fürnemlich nur wegen des / *Transport*es auf der Reise bey / ihnen eingeführet, damit das Kind / nicht Vom Schütteln[d] aus der Wiege fallen möge. / Wenn des[s]wegen bey uns geglaubet / wird, das feste einwindeln der Kinder diene daZu, daß die Glieder / sich desto gerader *formir*en möchten / so Könnte dieser Umstand Bey den[en] / *Sibiri*sche[n] Völker[n] darin eine[n] Zwei- / fel erweke[n], maas[s]en ich in dem / *Capit*el Von der Leibes Gestalt an- / gemerket habe, daß es bey ihnen / weit weniger Ungestalte, Krum- / me und Puklichte als unter / dene[n] *Europäi*sche[n] Natione[n] giebt[83]. / Die eintzige *Jakut*en pflegen noch / Zuweilen ihre Kinder,[e] nachdem[f] sie selbige / in Hasenfell, oder in Fell Von jungen / Füllens, das weich Von Haare[n] ist, einge- / wikelt habe[n], um den Leib, Füs[s]e / und arme mit einem dünne[n] Strik /[g] /83r/ Von Pferde Haare[n][h] einiger Maaßen einZuschnüren[i] / Und ich stelle dahin ob sie nicht solches / in denen neuer[en] Zeiten Von den Rus[s]e[n] / angenommen habe[n]. denn das[s] das Win- / deln der Kinder auch bey[j] diesen[k] / Kein alter Gebrauch sey, solches erhellet / darauss[s], das[s] noch gegenwärtig Viele / unter[l] dem gemeinen Volke sol- / ches nicht angenommen haben.

Die Kinder werden Bey allen Völker[n] / Von denen Müttern selber gesäuget. / Es giebt Keine Säug-Ammen. Und ich / habe[m] nicht gehöret, daß es je- / mahls einer Kindbetterin an Milch / Gebreche, so daß sie daher ihr Kind / durch fremde säugen zu las[s]en, sollte / GeZwungen werden. Eine[n] *Samoj*edin[o] pfleget / auch ihr Kind niemahls einer andern / saugenden Frauen nicht auf einen / Augenblik Zu säugen anZuVertraue[n]. / Die Kinder werden dadurch so gewöhnet, / daß wenn man sie nachmahls auch / mit Gewalt einer Fremden Frauen / an die brust leget, sie dennoch dieselbe / nimmer saugen werden, wovon ich selber Zu

---

[a] O_{der} *verbessert aus* [.]   [b] _{Hase}n *verbessert aus* [.]   [c] _den_{en} *verbessert aus* [..]   [d] Vom Schütteln *über der Zeile*   [e] *nach* Kinder, *gestr.* wenn   [f] nachdem *über der Zeile*   [g] *folgt* Von   [h] *nach* Haare₎ *gestr.* fest   [i] einiger Maaßen ein_{Zuschnüren} *über der Zeile*   [j] *nach* bey *gestr.* dene₎ Russen   [k] diesen *über der Zeile*   [l] *vor* unter *gestr.* Leute   [m] *nach* habe *gestr.* sogar   [n] *nach* Eine *gestr.* Frau; *über der Zeile gestr.* Mutter   [o] Samojedin *über der Zeile*

Mangasea[84] die[a] / Proben gesehen habe. Das Säugen / währet 2, 3, biß 4 Jahre, so / Lange bey der Mutter Milch Vorhan- / den ist. Außer der Mutter Milch pflegen / diejenige Völker, so Vieh-Zucht / haben, die Kinder nach und nach auch / an[b] die Kuh-Milch Zu gewöhnen, welche / sie vorher Kochen, und Vermittelst Kleiner / Schläuche Von Leder in Gestalt der / Kuh-Zitze ihnen einflös[s]en. Die[c] /83v/ *Jakut*en Befestigen an denen Ledernen / Zitzen einen Sak Von dergleichen Leder / wohinein auf 2 *bouteillen*[85] Milch / Gehen, füllen denselben etwan halb / Voll, und Binden ihn oben fest Zu, / Legen ihn hiernächst dem Kinde / auf die brust, den Zipffel aber / steken sie dem Kinde in den Mund, / woran es beständig sauget. Und weil die Milch geKochet ist, so sau- / ert sie nicht so leicht.

Die *Tungus*en, *Jukagiri*, *Korjake*[n], / und *Tschuktschi* füttern ihre Kin- / der mit RennThiers-Milch, als welche / sie blos[s] Zu demselben Ende melken / Die *Samoj*eden, welche nicht wißen / daß man die RennThiere Melken Kann, / machen für die Kinder einen Mehl-brey, / geben ihnen auch im 2ten Jahre schon[d] Renn- / Thiers Fett und weiche Klein geschnit- / Tene Fische, um sie dadurch[e] / bey Zeiten an ihre rohe SPeisen / Zu gewehnen. Und die *Ostjak*en, / als welche weder Vieh-Zucht noch / RennThiere haben, SPeisen ihre Kin- / der sofort mit denenselben SPeise[n] / so sie selbst Zu es[s]e[n] pflege[n].

Was *Scheffer*[86] Von denen Lappen sagt / daß die Kinder bereits in der Jugend / ein EigenThum an RennThieren / BeKommen, solches habe in *Sibiri*en nicht / nur Bey denenjenigen Völker[n], so / RennThiere halten, sondern auch bey / denen so Vieh-Zucht haben, Be- /[f] /84r/ stätiget gefunden. Aus[s]erdem was / Anverwandte einem neugebohrnen / Kinde schenken, so pfleget noch der / Vater Von seiner Zucht einem Kinde, / das er Lieb hat, es Mag ein Knabe / oder Magdgen seyn, ein Pferd, oder / Kuh, oder RennThier Zu geben / und die Fullen so Von einer Stutte, / Von einer Kuh[g] oder[h] RennThier aber / die Kälber, so inmittelst biß Zur / Ausstattung des Sohnes oder der / Tochter[i] erZielet werden / gehören dem Kinde gleichfalls / eigen, und werden dem Kinde Bey / der Ausstattung ohne[j] Zu[k] der[l] / Zahl Erbschafft oder des[m] / brautschatzes gerechnet Zu werde[n], / mitgegebe[n]. Ein *Tungusi*sches / Kind Von begüterten Elter[n][n] reitet gemeiniglich[o] bey der Verhausung auf[p] / seinem Eigenen RennThiere. Ein

---

[a] Zu Mangasea die *rechts von der Zeile*   [b] an *über der Zeile*   [c] *folgt* Ja- / Kuten   [d] schon *über der Zeile*   [e] *nach* dadurch *gestr.* nach und / nach   [f] *folgt* stätiget   [g] *nach* Kuh *gestr.* und   [h] oder *über der Zeile*   [i] *nach* Tochter *gestr.* geworffen   [j] o_hne *verbessert aus* [.]   [k] Zu *verbessert aus* i   [l] d_er *verbessert aus* [.]   [m] d_es *verbessert aus* [.]   [n] Von begüterten Elter₁ *über der Zeile*   [o] *nach* gemeiniglich *gestr.* auf   [p] der Verhausung auf *rechts von der Zeile*

*Tat*arischer[a], / *Brazki*scher oder *Jakuti*scher / Knabe hat gemeiniglich sein eigen Pferd Zu Dienste.
Den Unterricht, welchen die Kinder / in der Jugend Von ihrenEltern em- / pfangen, musſs] man sich nach denen̑] / Umständen ihrer eigenen Geschik- / LichKeit und Lebensart Vorstellen. / Ich habe in dem *Capit*el Von denen̑] / wisſs]enschafften der Völker ge- / sagt, daß Die[b] Muhammedanischen̑] / Tataren[c] sowohl als[d] die *Mongol*en und / *Burjät*en̑], welche der *Dalai-lami*schen̑] / Religion Zugethan sind, Schulen / haben, in welchen die Jugend durch / ihre GeistlichKeit unterrichtet wird[87]. /[e] /84v/ Solches ist aber nur Von einigen wenigen̑] / Zu Verstehen, und Zwar hauptsächlich / nur Von derjenigen Jugend, welche / Zum Geistlichen Stande gewidmet / ist: ausſs]er daß Von denen̑] Zu / *Tobolsk*[88], *Tumèn*[89] und] *Tomsk* ange- / sesſs]enen[f] *Buchar*en auch einige / die sich der Kauffmannschafft er- / geben im Lesen und Schreiben un- / Terrichten̑] Lasſs]en̑].
Diejenige *Tatar*en, so Akerbau / haben, gewöhnen ihre Kinder nach / dem *Exempel* der Rusſs]en gleich / Von erster Jugend Zu allerley / Hausſs] und Feldarbeit[g] an. Kömmt[h] ein / Sohn Zu Männlichen̑] Jahren, so be- / Kümmert sich der Vater nicht / Viel Mehr um die arbeit, weil / der Sohn ihn ernehren musſs]. In- / mittelst, da[i] eben[j] diese *Tatar*en̑] / Zugleich der Jagd nachgehen, / so unterlasſs]en sie auch nicht / ihre Kinder bey Zeiten daZu an- / Zuführen.
Bey allen übrigen Völkern̑] ist / die Jagd fast das eintzige / worin die Jugend geübet wird, / aber nicht in gleichem Grade / der VollKommenheit.[k] / Viele *Mongol*en, *Burjät*en[l] / und Chalmüken sind wegen / ihrer Viehzucht, wovon sie für- / nemlich sich ernehren, dergestalt / Von der Jagd abgewohnet, daß / auch ihre Kinder meistens[m] die / Zeit im Müsſs]iggange Zubringen̑] / Bisſs] Sie Zu denenjenigen Jahren̑] / Kommen, da sie der sogenannten̑] /[n] /85r/ *Oblawa* mit beywohnen Können̑]. / Die *Nertschinski*schen̑] *Tungus*en / haben noch dieses Gute an sich / dasſs] sie ohnerachtet ihrer Reichen / Vieh-Zucht dennoch ihre Kinder / stark Zum Bogen Schiesſs]en / anhalten. als welches auch / Bey denen̑] *Jakut*en geschieht / am meisten aber[o] *distingui-* / *ren*[90] sich hierin die wald- / *Tungu-* / s]en, und übrige Volker, welche / sich bloß Von der Jagd ernehren̑]. Einem Kinde Von 5 Jahren / machet der Vater schon Pfeile / und bogen[p], Nach *proportion* seiner / Grösſs]e und Kräffte, setzet / ihm ein Ziel, und Zeiget wie[q] /

---

[a] Tatarischer, *rechts von der Zeile*   [b] D_{ie} *verbessert aus* [.]   [c] *nach* Tataren *gestr.* , *und*   [d] *sowohl als über der Zeile*   [e] *folgt* Solches   [f] _{an}g_{esessenen} *verbessert aus* [.]   [g] *und* Feld-_{arbeit} *über der Zeile*   [h] K_{ömmt} *verbessert aus* [.]   [i] *nach* da *gestr.* auch   [j] *eben über der Zeile*   [k] *nach* VollKommenheit *gestr.* Die   [l] B_{urjäten} *verbessert aus* [.]   [m] _{mei}stens *verbessert aus* [.]   [n] *folgt* Oblawa   [o] *nach* aber *gestr.* sind   [p] _{bogen} *verbessert aus* [.]   [q] _{w}ie *verbessert aus* [.]

man den Pfeil geschikt nach / dem Ziele abdrüken müs⌈s⌉e. das / Kind Lernet[a] das Bogen- / Schies⌈s⌉en SPiel-weise, und sind / viel Kinder beysammen, so be- / stehet ihr SPielen gemeiniglich darin, / das⌈s⌉ sie im Schies⌈s⌉en einen wett- / streit halten. Ich habe in Unter- / schiedenen Städten, als sonderlich / zu *JakuzK*[91] *IrKuzK*[92] und *Man- / gasea*[93] Viel Freude mit *Tungu- / si*sche⌈n⌉ *amanat*en gehabt, die offters / noch sehr jung sind, wenn ich die- / selbe auffgemuntert, ihre Geschik- / LichKeit im Schies⌈s⌉en Zu weisen, / worin sie offters erwachsene Leute /[b] /85v/ Von andern Volkern Übertroffen haben.

Die Unterrichtung der Töchter geschiehet / Zwar nicht so frühzeitig: doch wird / auch selbige, sobald ein Mägdgen / Zu solchen Jahren Kommt, das⌈s⌉ sie der / Mutter in Der Haus⌈s⌉-arbeit[c] *assi- / sti*ren Kann, nicht aus der Acht gelas⌈s⌉e⌈n⌉. / Nähen, stiken, Peltz-werk und[d] Leder-Gerben,[e] dar- / aus Allerley[f] Kleidung Zu bereiten, / der ViehZucht abzuwarte⌈n⌉,[g] / denen RennThieren nachzugehen, / solches sind Sachen die ein Mägdgen / wis⌈s⌉en muß, und woZu sie des⌈s⌉wege⌈n⌉ / Von der Mutter angehalte⌈n⌉ wird.

Bey denen *Ostiak*en sowohl am *Ob*[94] / als *Jenisei*[95] werden die Kinder / Von Beyderley Geschlechte Von erster / Jugend an Zum NartenZiehen / gewehnet. Ein Knabe Von 6 / und ein Mägdgen Von 7 oder / 8 Jahren muß[h] schon an seinem / eigenen Joche[96] Zu Ziehen anfange⌈n⌉ / man machet ihnen *Lischi* und / Narten nach *proportion* ihrer / Grös⌈s⌉e und Kräffte, und leget / anfänglich nur eine sehr geringe / Last auf, die[i] mit Zunehmen- / den Jahren und Kräffte⌈n⌉ be- / ständig Vermehret wird.[j]

Die Väter beKümmern sich wenig um / die ErZiehung der Töchter, und / die Mütter[k] eben so wenig um die / Erziehung der Söhne. Man Möch- / Te hieraus schlies⌈s⌉en, die Zärtlichkeit / müs⌈s⌉e[l] Von beyden Theilen / Zertheilet seyn. Allein[m] solches / ist nicht Zu bemerken[n]. Ein Vater / Liebet die Tochter so hefftig, als den / Sohn, und ein Sohn die Mutter in / nicht[o] geringerm Grade als den Vater. / MehrenTheils ist die Liebe der Kinder / gegen die Mutter noch stärker als / gegen den Vater. Ich habe Ver- / schiedene Exempel Von dene⌈n⌉[p] *Jakut*en / gehöret, daß wenn der Vater / seine erste[q] Frau aus einigem gegen / dieselbe Gefas⌈s⌉ete⌈n⌉ Wiederwillen Ver- / Las⌈s⌉en, oder[r] mit Hindansetzung / derselbe⌈n⌉ eine andere Frau heyrathe⌈n⌉ / wollen, die Söhne Von derselbe⌈n⌉ /[s]

---

[a] *nach* Lernet *gestr. also* [b] *folgt* Von [c] *nach* Hauss-arbeit *gestr.* , [*Komma*] [d] Peltz-werk und *über der Zeile* [e] *nach* Leder-Gerben, *gestr.* und [f] Al_lerley *verbessert aus* [..] [g] *nach* abzuwarte) *gestr.* und [h] muß *verbessert aus* [...] [i] *nach* die *gestr.* aber [j] *von* Bey denen Ostiaken *bis* Vermehret wird. *rechts marginal* [k] Mü_tter *verbessert aus* [..] [l] *vor* müsse *gestr.* gegen beyde [m] Al_lein *verbessert aus* [..] [n] _bemerke_n *verbessert aus* t [o] nicht *über der Zeile* [p] dene) *über der Zeile* [q] e_r_ste *verbessert aus* [.] [r] ode_r *verbessert aus* [.] [s] *folgt* erste)

/86r/ ersten Frauen es nicht Zulas[s]en wolle[n], / und offters des[s]wege[n] mit dem Vater / in HandGemenge gerathe[n]. Dieser Letztere Umstand hat einen Man- / gel der ErZiehung Zum Grunde, wel- / cher fast allen *Sibiri*schen[a] Völker[n] gemein ist. / Die Kinder werden nicht mit gnugsamer / Schärffe erZogen, das[s] ihnen der- / jenige *Respect*, welchen man den / Eltern schuldig ist, beKannt würde. / Man hat sehr seltene Exempel / von[b] Eltern[c] die[d] ihre Kinder mit Schläge[n] / bestraffen.[e] Die Jugend / wächset auf in einer rohen wild- / heit, und wenn sie Zu Männliche[n] / Jahren Kommet[f], so machen sie sich Kein / Gewis[s]en, mit einem Vater, Von / dem sie[g] Beleidiget Zu seyn glau- / ben, eben wie mit Fremden umZu- / gehen. Unter denen hitzigen[h] *Tuguse*[n] ist / es daher nichts ungewohnliches / das[s] ein Sohn seinen Vater Zum / *Duel* herausfordert,[i] auch[j] das[s] / der[k] Vater erscheinet, um / dem Sohne *Satisfaction*[97] Zu gebe[n]. / Die Untreue so ein Sohn an seinem / Vater durch Verbottene Liebe / mit der Stieffmutter begehet, / hat eine gleiche Ursache. Geschiehet es, das[s] ein Vater Keinen See- / gen mit Kindern hat, das[s] ihm ent- / weder gar Keine gebohren werden, / oder ihm selbige frühzeitig absterbe[n], / so ist in diesem Falle[l] unter[m] allen Völker[n] /[n] /86v/ Bey begüterten Leuten auch / eine *Ado*- / *ption* gebräuchlich. Ja einige *adoptir*en auch / wenn sie gleich selber Kinder / habe[n][o] Man nimmt / sowohl[p] Knaben[q] als Mägdgens / Von Armen Leuten, oder[r] die früh Ver / wayset sind[s], an / statt eigener an, gebrauchet dieselbe, / Bis[s] sie aufwachsen, Zur Bedienung / und[t] Haus[s]arbeit, und Versorget / sie davor in der Ausstattung[98] wie / seine eigene Kinder. Erwartet auch davor in seinem Alter / Von ihnen Pflege und unterhalt.[u] Nur pfleget / ein angenommener Sohn an der / Erbschafft Keinen Theil Zu nehmen / wo Keine Leibliche Söhne sind da / greiffen die Nächsten AnVerwandt[en] / Zu. Es sey denn daß der Vater / Vor seinem Ende es ausdrüklich be- / fohlen habe: wiewohl auch diesem / nicht allemahl nachgelebet / wird.

---

[a] Sibirischen *über der Zeile*   [b] von *über der Zeile*   [c] *vor* Eltern *gestr.* daß   [d] die *über der Zeile*
[e] *nach* bestraffen. *gestr.* sollten   [f] Kommet *verbessert aus* n   [g] *nach* sie *gestr.* sich   [h] hitzigen *über der Zeile*   [i] *nach* herausfordert *gestr.* und   [j] auch *über der Zeile*   [k] *vor* der *gestr.* auch   [l] *nach* Falle *gestr.* bey   [m] unter *über der Zeile*   [n] *folgt* bey *und gestr.* [..]ster   [o] *von* Ja einige adoptiren *bis* Kinder habe) *rechts marginal*   [p] Sowohl *verbessert aus* S   [q] Knaben *verbessert aus* [.]   [r] *nach* oder *gestr.* denen die / Eltern frühzeitig abgestorbe)   [s] die früh Ver / wayset sind *über der Zeile*   [t] und *verbessert aus* [.]
[u] *von* Erwartet auch davor *bis* und unterhalt *rechts marginal*

[1] <lat.> – Enthaltsamkeit

[2] s. dazu „Warme Quellen und Bäder." in: Georgi 1797–1802, Theil 3, S. 73–83; „... dass sie [d. h. die Mongolen] sich seit Alters in drei Hauptzweige theilten: 1) in die eigentlichen Mongolen im Südosten des Baikal in der Umgebung des obern Amur-Flusssystems; 2) in die Kalmücken und 3) in die Buräten." (Krebel 1858, S. 50); „Ausser vielen auf Aberglauben basirten Mitteln gebrauchen sie [d. h. die Kalmyken] als Heilmittel natürliche warme Mineralquellen im Altai und der Tongarei, am Baikal." (a. a. O., S. 54); „Die Kalmücken haben große Ehrfurcht für heiße Quellen und nennen sie Arschan, d. i. heilig Wasser. Sie haben auch in medizinischer Absicht viel Vertrauen zu denselben, und gebrauchen sie unter der Aufsicht des Lamas wider alle Krankheiten." (Georgi 1797–1802, Theil 3, S. 77); „Heiße Quellen im Gouvernement Irkuzk. Am See Baikal. ... am Fuße des Berges Dunda und der Mündung des Flüßchens Kotelnikowa an der Westseite des Baikals, ... Sie sind lange bekannt und bei Burätten, Mongolen und Tungusen lange und zimlich in Gebrauch, wovon schon Messerschmidt 1724 hörte. ... Die Bargusinischen heißen Quellen. ... Diese Quellen und Bäder sind den Mongolen, Burätten und Tungusen seit Alters bekannt, ... In dem schwach bewohnten Daurien wird dieses Bad meistens nur von Burätten und Mongolen genutzt. ... Die Kranken baden nicht nur täglich, sondern trinken auch viel Wasser, ..." (a. a. O., S. 77ff.)

[3] <lat.> – anruft, ersucht um

[4] „Alle diese [sibirischen] Völker, wann sie Viehzucht haben, haben im Gebrauch, besonders von Pferden eines oder des andern männlichen Geschlechts, ich weiß nicht, wem, zu widmen, durch eine kleine Ceremonie dieses zu verstehen zu geben, dasselbige Pferd von selbiger Zeit an zu keiner Arbeit zu gebrauchen, auch nicht einmahl darauf zu reiten. Wenn aber der Herr des Pferdes stirbt, so muß es geschlachtet, und der nächsten Freundschaft zu einer Leichenmahlzeit gegeben werden. Die weiße Farbe der Pferde wird hiebey am meisten beliebt. Man glaubt insgemein, sie führe etwas Heiligkeit bey sich...." (Gmelin 1751–1752, 3. Theil, 10. unpaginierte Seite der Vorrede); zur Weihe von Pferden bei den Katschinzen und den mongolischen Völkern siehe Pallas 1773, S. 682, bzw. Pallas 1801, S. 322ff.

[5] jakut. „кут" – Seele von Lebewesen (*Pekarskij* 1958–1959, Bd. I, Sp. 1261)

[6] *Jakuck*

[7] „SITUIERT, ... im eigentlichen sinne von gelegen, ..." (Grimm 1991, Bd. 16, Sp. 1276)

[8] Nach dem Entwurf einer Kapitelübersicht für das vorliegende Manskript (s. Bl. 3r–9r vor Kapitel 1) hatte G. F. Müller zwei (nicht realisierte) Kapitel über Religion vorgesehen. Materialien zur Religion finden sich wie für die anderen Kapitel in einem als Vorarbeit für die vorliegende Arbeit zu betrachtenden Manuskript (RGADA F. 199, Op. 2, Portf. 509, D. 3, Bl. 1r–178v – Publikation in Vorbereitung; s. die Einleitung zu diesem Band und Helimski 2003).

[9] <lat> – Verehrung, Ehrerbietung

[10] Gebiet von *Mangazeja*

[11] nd. u. nl. hurken – hocken

[12] chakass. „ирбен" – russ. *bogorodskaja trava*, russ. *čabrec*, Thymus serpillum (*Subrakova* 2006, S. 130; Pawlowski 1952, S. 68; Dal' 1880–1882, T. IV, S. 580); „Artemisia L., Artemisie. Beifuß. ... 10. Artemisia tanacetifolia ... Reinfarnblättrige Artemisie. Katschinsk. Irwan. Gm. Sib. 2. T. 56. et 58. ... Den Katschinzen am Tom ist das Kraut heilig und von abergläubischen Anwendungen. ..." (Georgi 1797–1802, Theil 3, S. 1231ff.); „Dasselbe [d. h. ein zur Weihe vorgesehenes Pferd bei den Katschinzen] wird um das Opferfeuer geführt, mit dem Kraute Irwen, welches ein kleiner

wohlriechender Wermuth (*) ist, geräuchert, ... * Es ist eine Spielart von Artemisia tanacetifolia, die auf trocknen Bergen wächst." (Pallas 1773, S. 682);
„107. Artemisia radice perenni, foliis pinnatis, pinnis pinnatifidis, incisis, serratis, calicibus subrotundis, viridibus, nutantibus. ... II. Laciniis latioribus rachi foliorum media dentata. Tab. LVI. Fig. 2. ... II^{da} varietas Tataris Krasnoiarensibus Irben dicitur, eiusque ramulos tempore sacrificiorum aut potius praestigiarum carbonibus inspergunt, ad deorum diabolorumque, quos sibi fingunt, fauorem sibi conciliandum. ..." (lat. − 107. Artemisia mit mehrjähriger Wurzel, mit gefiederten Blättern, mit Fiedern, die fiederspaltig sind, eingeschnitten, gesägt, mit rundlichen, grünen, nickenden Kelchen ... II. mit breiteren Zipfeln an der Spindel der Blätter, in der Mitte gezähnt. Tafel LVI. Abbildung 2 ... 2. Varietät, die von den *Krasnojarsk*er Tataren Irben genannt wird und deren Zweige streuen sie zur Zeit der Opfer (Blendwerke) auf die Kohlen streuen, um sich die von ihnen eingebildeten Götter oder Teufel geneigt zu machen.) (Gmelin 1747–1769, Theil 2, S. 222ff.)

[13] s. Anm. 12
[14] s. Anm. 12
[15] nd. u. nl. hurken – hocken
[16] „Geburts=Reinigung, Sauberung nach der Geburt, Reinigung nach der Geburt, Lochia, ist nichts anders als der Ausfluß des Bluts der Kindbetterinn, welches sich Zeit während der Schwängerung in der Gebär=Mutter gesammlet und verhalten hat. Diese Reinigung ist von der monathlichen wenig unterschieden, angesehen sie beyde natürlich, und einerley Gebrechen und Zufällen unterworffen sind, so findet man sie nicht bey Kindbetterinnen, und das abflüssende Blut quillet auch aus einer andern Quelle als die Monath=Zeit. ..." (Zedler 1732–50, Bd. 10, Sp. 539ff.)
[17] „BEFREUNDE, ... propinquus, ..." (Grimm 1991, Bd. 1, Sp. 1271); lat. propinquus – Verwandter, Nahestehender; „Befreunden, ... Sich mit jemanden befreunden, in Blutsfreundschaft mit ihm treten. Mit einem befreundet seyn, verwandt. ... Anm. Befreunden, ... wird im Hochdeutschen nur von der Freundschaft des Blutes, im Oberdeutschen aber auch von der Freundschaft des Gemüthes gebraucht. ..." (Adelung 1793–1801, 1. Bd., S. 794f.)
[18] „BEFREUNDIN, f. propinqua ..." (Grimm 1991, Bd. 1, Sp. 1272); lat. propinqua – Verwandte, Nahestehende; s. Anm. 17
[19] nd. u. nl. hurken – hocken
[20] „TACH, n. und zusammensetzungen, s. dach, dach- ..." (Grimm 1991, Bd. 21, Sp. 8)
[21] „SCHEIT, n. lignum fissum, ... im nhd. mit doppeltem plural, scheite und scheiter. ... scheiter und scheite scheiden sich uns gewöhnlich dem sinne nach, insofern scheite die absichtlich gespaltenen, zu bestimmten zwecken hergestellten holzstücke bezeichnet, scheiter die gewaltsam zersplitterten trümmer ..." (Grimm 1991, Bd. 14, Sp. 2472ff.)
[22] tungus. (ewenk.) „эмкэ" – Wiege (*Boldyrev* 2000, Teil 2, S. 379); tungus. (lamut.?) „Oemka" – Wiege (J. J. Lindenau in: AAW F. 934, Op. 1, D. 89, Bl. 434r, Kopie aus dem Archiv RGADA); „Die Wiegen [der Waldtungusen] (Omko) sind offene Schachteln von Birkenrinde, fast einer Spanne hoch, mit Leder überzogen; sie machen einen stumpfen Winkel, einem Lehnstuhl gleich, daher das eingeschnürte Kind gleichsam angelehnt sitzet. Damit sich der Kopf nicht drücke, ist ein Loch in den Boden geschnitten. Unter dem Kopfe werden kleine Blechgötzen als Schutzengel aufgehangen. ..." (Georgi 1776–1780, S. 317f.)
[23] <lat.> – Bewirtung
[24] <lat.> – teilhaben
[25] „SEHNADER, ... das wort kann in der schwankenden terminologie früherer zeit

ader, nerv, sehne, band bezeichnen; ..."
(Grimm 1991, Bd. 16, Sp. 148)

[26] müßte heißen ‚Erde'; s. auch Bl. 77r

[27] Gebiet von *Mangazeja*

[28] s. Anm. 18

[29] russ. *povodok* (Mz. *povodki*) – ein Riemen oder eine Leine als Teil des Hundebzw. Rentiergeschirrs (s. *Anikin* 2003, S. 457)

[30] <lat.> – zugelassen, der Zutritt gestattet

[31] G. F. Müller und J. G. Gmelin hielten sich vom 6. Juni bis Anfang Juli 1739 in Mangazeja auf, wo G. F. Müller Nachrichten über u. a. Tawgy-Samojeden (s. Glossar: Samojeden) einholte (Gmelin 1751–1752, 3. Theil, S. 200ff.).

[32] *paganoe mesto* (russ. *poganoe mesto*); russ. *poganyj* – unrein; russ. *mesto* – Ort, Stelle

[33] <frz.> – Fransen

[34] „ERKIESEN, eligere ... ausersehen, auslesen, erwählen ..." (Grimm 1991, Bd. 3, Sp. 872ff.)

[35] „Satisfaciren (v. lat.), ... Satisfaction, 1) Genugthuung bes. durch Abbitte u. Ehrenerklärung, od. im Duell ..." (Pierer 1857–65, Bd. 14, S. 942)

[36] vgl. den jakutischen Beinamen „Öбÿчÿк" (*Pekarskij* 1958–1959, Bd. II, Sp. 1910)

[37] jakut. „мöҥölчöк" – rund, kugelförmig, rundköpfig (*Pekarskij* 1958–1959, Bd. II, Sp. 1600; Helimski 2003, S. 225)

[38] jakut. „opocy" – spät, verspätet, später geboren (*Pekarskij* 1958–1959, Bd. II, Sp. 1873)

[39] vgl. jakut. „кöтÿн" – vergeblich, nutzlos (*Pekarskij* 1958–1959, Bd. I, Sp. 1179; Helimski 2003, S. 224)

[40] vgl. jakut. „аjан" – Reise (*Pekarskij* 1958–1959, Bd. I, Sp. 44; Middendorff 1851, Theil 2, S. 7); jakut. „аjаnjыт" – Reisender (*Pekarskij* 1958–1959, Bd. I, Sp. 44)

[41] vgl. jakut. „тÿсÿн" – (etwas für) sich einrichten (*Pekarskij* 1958–1959, Bd. III, Sp. 2926)

[42] „Кÿннäс" – jakutischer Name (*Pekarskij* 1958–1959, Bd. II, Sp. 1302); jakut. „кÿн" – Sonne, Tag (*Pekarskij* 1958–1959, Bd. II, Sp. 1295, Middendorff 1851, Theil 2, S. 73)

[43] jakut. „äмii" – Brust (*Pekarskij* 1958–1959, Bd. I, Sp. 255; Middendorff 1851, Theil 2, S. 15)

[44] jakut. „убахтā" – (von wilden Tieren) zerreißen (*Pekarskij* 1958–1959, Bd. III, Sp. 2969)

[45] <lat./frz.> bemerkenswerte

[46] jakut. „кöмÿс" – Silber (*Pekarskij* 1958–1959, Bd. I, Sp. 1142; Middendorff 1851, Theil 2, S. 58)

[47] jakut. „собо" – Karausche (*Pekarskij* 1958–1959, Bd. II, Sp. 2225; Middendorff 1851, Theil 2, S. 160)

[48] russ. *karas'* (Mz. *karasi*); „Cyprinus Carassius ... Karauschen=Karpfe. Karausche. ... R. Karas. ..." (Georgi 1797–1802, Theil 3, S. 1954–1955); „Cyprinus Carassius ... Rossice Karass. ..." (Pallas 1811–1831, Vol. III, S. 297–298)

[49] jakut. „халба" – Anas clypeata (*Pekarskij* 1958–1959, Bd. III, Sp. 3260); jakut. „халба" – „eine Art Ente" (Middendorff 1851, Theil 2, S. 83); „20. Anas clypeata L. ... Löffel=Ente, Schild=Ente. ..." (Georgi 1797–1802, Theil 3, S. 1736)

[50] jakut. „чыччāх" – Vögelchen (*Pekarskij* 1958–1959, Bd. III, Sp. 3731ff.); jakut. „чычах" – Vögelchen (Middendorff 1851, Theil 2, S. 121)

[51] russ. *ptaška* (Mz. *ptaški*) – Vögelchen, kleiner Vogel

[52] jakut. „ыт" – Hund (*Pekarskij* 1958–1959, Bd. III, Sp. 3889; Middendorff 1851, Theil 2, S. 30); vgl. jakut. „сāх" – Kot (*Pekarskij* 1958–1959, Bd. II, Sp. 2134; Middendorff 1851, Theil 2, S. 152)

[53] jakut. „тараҥаi" – kahlköpfig (*Pekarskij* 1958–1959, Bd. III, Sp. 2564); mongol. „taraxai" – grindig (*Anikin* 2000, S. 533)

[54] jakut. „ı̄ктā" bzw. „ı̄ктiä" – urinieren, harnen (*Pekarskij* 1958–1959, Bd. I, Sp. 911; Middendorff 1851, Theil 2, S. 34)

⁵⁵ jakut. „сӓхсыт" – Abtrittreiniger (als Schimpfwort) (*Pekarskij* 1958–1959, Bd. II, Sp. 2139); s. Anm. 52

⁵⁶ jakut. „паxаi" – häßlich, Abscheulichkeit, Garstigkeit (*Pekarskij* 1958–1959, Bd. II, Sp. 1993)

⁵⁷ jakut. „моҕоi" – Schlange (*Pekarskij* 1958–1959, Bd. II, Sp. 1575–1576; Middendorff 1851, Theil 2, S. 149)

⁵⁸ die jakutische Fürstenfamilie *Mazarin*

⁵⁹ jakut. „Хаҥалас" – eine der sieben Hauptgruppen des jakutischen Volks (*Samsonov* 1989, S. 29, Middendorff 1851, Theil 2, S. 75); „Die kangalaiskische Uluß enthält zehen Wolosten, die alle Kangalai heißen, drey chorinskische, drey nerukteische, zwey nacharskische, zwey scherkowskische, die schamkonskische, zwey chasikazkische und fünf maschegarskische Wolosten." (Georgi 1776–1780, S. 262)

⁶⁰ vgl. jakut. „үүөлэн оҕо" – ausgewachsenes Kind (Helimski 2003, S. 225); jakut. „уол оҕо" – Knabe, Sohn (*Pekarskij* 1958–1959, Bd. II, Sp. 1779; Middendorff 1851, Theil 2, S. 40)

⁶¹ vgl. den jakutischen Beinamen „Босōх" (*Pekarskij* 1958–1959, Bd. I, Sp. 507); „Der Kuinnak hat gleichfalls 4 Söhne nachgelaßen als den Ajagan oder Bosogo, Siran, Kiliaen und Ajagnit" (J. J. Lindenau in: AAW F. 934, Op. 1, D. 89, Bl. 159r, Kopie aus dem Archiv RGADA)

⁶² vgl. jakut. „айаҕалан-" – viel reden, prahlen (*Slepcov* 1972, S. 33) u. jakut. „аjāр" – schreien (*Pekarskij* 1958–1959, Bd. I, Sp. 45); s. Anm. 61

⁶³ vgl. die jakutischen Beinamen „Сырāна", „Сырāнда" u. „Сырāнаi" (*Pekarskij* 1958–1959, Bd. II, Sp. 2479); s. Anm. 61

⁶⁴ s. Anm. 57

⁶⁵ jakut. „ҡiliä" – Glanz (*Pekarskij* 1958–1959, Bd. I, Sp. 1086; Helimski 2003, S. 223); s. Anm. 61

⁶⁶ vgl. den jakutischen Beinamen „Сабарта" (*Pekarskij* 1958–1959, Bd. II, Sp. 2009)

⁶⁷ s. Anm. 40 u. Anm. 61

⁶⁸ jakut. „ыары" – krank, Krankheit (*Pekarskij* 1958–1959, Bd. III, Sp. 3746; Middendorff 1851, Theil 2, S. 29)

⁶⁹ burjat. „Otter, kałuŋ NU., xałuŋ(n) T., Ch., xałû S." (Schiefner 1857, S. 206); burjat. „халюун – Otter, Fischotter (*Čeremisov* 1973, S. 541)

⁷⁰ russ. *vydra*

⁷¹ russ. *vydra* (Mz. *vydry*); „22. Viverra Lutra. ... Mustela Lutra ... Otter ..." (Pallas 1811–1831, Vol. I, S. 76ff.); „Mustela L., Otter. Marder. Wiesel. A. Otterarten. Lutra. ... 2. Mustela Lutra ... Fisch=Otter. Fluß=Otter. ..." (Georgi 1797–1802, Theil 3, S. 1526ff.); zum Handel mit Otterfellen s. Müller 1760, S. 531

⁷² „Diminutivum (Verkleinerungswort), ..." (Pierer 1857–65, Bd. 5, S. 157)

⁷³ <lat.> – bestätigt

⁷⁴ <lat.> – Endung

⁷⁵ Gebiet von *Mangazeja*

⁷⁶ vgl. samojed. „Alte (eine), ... Jen. meнu'o, ... Ch.; meнise, ... B. ..." (Schiefner 1855, S. 197); samojed. (enz.) „mense" – alte Frau (*Gemuev* 2005, S. 523)

⁷⁷ samojed. „*menɔ̂sä" – Ehefrau, alte Frau (Helimski 1987, S. 60)

⁷⁸ vgl. samojed. „Alte (eine), Jur. puhy, puhułea, puhucea." (Schiefner 1855, S. 197); samojed. (nenz.) „пюды" – ältere Ehefrau (*Gemuev* 2005, S. 453)

⁷⁹ vgl. samojed. (selkup.) „ ‚puella' Neélocup ‚Mägdlein' " (Messerschmidt 1962–1977, Teil 2, S. 67)

⁸⁰ <lat.> – bewirten

⁸¹ <lat.> – bewirtet

⁸² Scheffer 1673, S. 303 (Kapitel 26 „De puerperio & Educatione Liberorum", S. 295-307) „Infantes suos collocant in corbibus è ligno excavato, quas inducunt corio, quae admodum & supra caput infantis operimentum faciunt ex corio. In has corbes religant infantes suos loro & loco vestium linearum adhibent in imo corbis muscum rubrum colore: mollem, delicatum, quem aestate arefaciunt, bonaque copia reperiunt in Lapponia,

eumque renovant toties, quoties infantem eximunt. ..."; „De caetero cum non gestandus, verum agitandus infans, cunas suspendunt loro ad tectum tugurii, impulsis cunis, eum ultro citroque jactatum incitant ad somnum. ... Quando somnum conciliare liberis, aut agitare ipsos cunis volunt, corbem supradictum loro suspendunt revinctam ad tectum tugurii, & sic huc illuc eos agitant. Solent & crepundiis quibusdam oblectare infantes suos; nam ad cunas religant annulos orichalceos, qui strepitum sonumque faciant." (a. a. O., S. 304); Scheffer 1675, S. 343 (Kapitel 26 „Von dem Kindbette und Aufferziehung der Kinder", S. 333–348) „Sie legen ihre Kinder in ausgehölete hölzerne Körbe / so sie mit Leder überziehen / wie sie dann auch über des Kindes Haubt einen Schirm oder Decke von Leder stellen. In diesen Körben binden sie die Kinder mit einem Riemen an ... Sonsten wann das Kind sol gewieget werden / so hängen sie die Wiege mit einem Riemen oder Strick an das Dach ihrer Katen und werffen sie so lange hin un her biss es schläffet. ..."; „Sie pflegen auch die Kinder mit einigem Klapperwerck zu belustigen: Dann sie hängen an die Wiege etliche messinge Ringe / welche einen Klang und Geräusche von sich geben." (a. a. O., S. 344)

83 s. Kapitel 6, Bl. 42r
84 *Mangazeja*; s. Anm. 31
85 frz. bouteille – Flasche; „Bouteille ... 2) Maß in Amsterdam, so v. w. Mengel." (Pierer 1857–65, Bd. 3, S. 153); „Mengel (Mingel), Flüssigkeitsmaß 1) in Bremen, 1 M. = 0,2 Litres ... 3) in Amsterdam, 1 M. = 1,25 Litre; ..." (a. a. O., Bd. 11, S. 128)
86 Scheffer 1673, S. 306 (Kapitel 26 „De puerperio & Educatione Liberorum", S. 295–307) „Hoc est: Cum nascitur puella, statim postquam baptizata est, parentes ei donant vitulum rangiferinum, sexus feminini, cujus cornibus insculpunt signum puellae illius."; Scheffer 1675, S. 347 (26. Kapitel „Von dem Kindbette und Aufferziehung der Kinder", S. 333–348) „Das ist: Wann ein Mägdlein gebohren wird / verehren ihme die Eltern so bald es getauffet / ein Reenthierkalb / weibliches Geschlechtes an dessen Hörner sie das Merck selben Mägdleins stechen."
87 s. Kapitel 4, Bl. 23v
88 *Tobol'sk*
89 *Tjumen'*
90 <lat.> – unterscheiden, auszeichnen
91 *Jakuck*
92 *Irkuck*
93 *Mangazeja*
94 *Ob'*
95 *Enisej*
96 „Joch, 1) Vorrichtung zum Tragen od. Ziehen; 2) hölzernes Geschirr zum Anspannen der Zugochsen; ..." (Pierer 1857–65, Bd. 8, S. 959)
97 s. Anm. 35
98 „AUSSTATTEN, ... 2) besonders, die kinder zur heirat ausstatten, dotieren ..." (Grimm 1991, Bd. 1, Sp. 983)

Textanhang 1[1]

/1r/
Iacobi Ulefeld Senatoris Regni Daniae hodoeporicum / Ruthenum Francof[urti]
  1627. 4.[2]
Danielis Prinz a Buchow vel Bucchau Moscouiae ortus / et progressus, De
  ducibus Moschicis eorumque incrementis / de initiis belli Livonici, de
  religione Ruthenorum, qua ratione / legati excipiantur[a] *et habeantur, de*
  vera[b] *significatione voca- / buli Czar, de matrimonio, de legibus, de*
  moribus et ratione / victus, de moneta, de artibus mechanicis, de
  agricultura[c]. */ Hubenae 1680. 12.*[3]
Andreae Wengerscii Libri IV Sclavoniae reformatae, continentes / historiam
  Ecclesiasticam Ecclesiarum Sclavonicarum nempe / Polonicarum,
  Bohemicarum, Lithuanicarum, Russicarum, Prus- / sicarum,
  Morauicarum p[erge] ab Apostolorum aeno ad nostra vsque / tempora,
  cum appendice variorum monumentorum / ad res Ecclesiasticas
  Slavoniae pertinentium: Nimirum / Epist[ola] Ioannis Smerae ad Regem
  Russorum Vladimirum. p[erge] p[erge][d] */ Amstel[odami] 1679. 4.*[4]
Io[annis] Herbinii Kyovia[e] *subterranea Ienae 1675*[f] *8.*[5]
Ad[olphus] Lysek, Relatio eorum quae circa S[acrae] Caes[areae] Maj[estatis] ad
  magnum / Moschorum Czarum ablegatos Annibalem Franciscum de /
  Bottoni S[acri] R[omani] I[mperii] Equitem et Ioannem Carolum Terlin- /
  gerenum Gusman A 1675 gesta sunt strictim recen- / sita per Adolphum
  Lysek dictae Legationis Secretarium. / Salisburgi 1676. 8[vo].[6]
Ioann[is] Scani Aeditui Arhus[ii] Dani, Geographia Historica Orienta- / lis, seu
  descriptio morum, fidei, legum, p[erge] p[erge] Orientalium. / Arhusii
  1641 *in* 4.[7]
Io[annis] Jani, Alani, Professoris] Hafn[iae] Dissertatio de gentium quarundem /
  ortu et migrationibus donec in hisce oris | Daricis | per- / sederint.
  Hafn[iae] 1628. 4.[8]
Pauli Cypraei, de origine Saxonum, Cimbrorum, Iutarum et / Anglorum.
  Haf[niae] 1637. 4.[9]
Petri Claudii vera descriptio Noruegiae et vicinarum[g] *Insularum / Hafn[iae]*
  1632. 4.[10]

---

[a] e$_{xcipiantu}$r *verbessert aus* [.]$_{xcipiantu}$s   [b] $_{ver}$a *verbessert aus* [.]   [c] a$_{gricultura}$ *verbessert aus* [.]   [d] pp. *unter der Zeile*   [e] $_{Kyo}$v$_{ia}$ *verbessert aus* [.]   [f] $_{167}$5 *verbessert aus* [.]   [g] $_{vi}$c$_{inarum}$ *verbessert aus* [.]

Thom[ae] Bangii Diss[ertatio] de ortu tot in orbe Linguar[um] Hafniae 1634 4[11]
/1v/
De origine Vandalorum[12] hat *Messerschmidt* folgende *Observation* / dem
  *Strahlenbergi*sche[n] buche p[agina] 194[13] Beygeschrieb[en]:
  Wändalen und *Wänden* dorffte Vielleicht einerley seyn. denn / *Wänd*[14] heis[s]et
  im *Estländi*sche[n] Bruder, Freund und *Alliirt*er[a], *alaine* / oder *Laine*[15] aber ein
  Volk oder *Nation*, welches die *historia* Viel- / Leicht durch *Alanos* haben
  Verstehe[n] wolle[n] oder solle[n]. Da hier *Wändalaine* / soViel als *alliirt*e Völker,
  bundesgenos[s]e[n] bedeutet, und wohl / gar *collective* die *Soômalaine* und
  Roodzalaine d[as] i[st] *Finn*en / und Schweden mag begriffe[n] habe[n] *Conf[er]*
  p[agina][16] 170.[17]
Io[annis] Frid[erici] Weidleri Historia Astronomiae in 4. 1741. / Darin kommen
  Vor C[apites] *VIII. IX. X. de Astronomia Arabum, Persarum /*
  Tatarorum, Mogolensium, Sinesium p[erge][18]
Mag[istri] Schütze *Dissertatio*[b] *de Cruentis Germanorum / Gentilium victimis*
  humanis 1741.[19]
Ejusdem[20] *de superstitiosa Germanorum Gentilium reve- / rentia lucis*
  consecratis exhibita. 1741.[21]
Patrik Delany aufrichtige Untersuchung der Offenbahrung / welche dem
  Menschl[ichen] Geschlecht Von der Schopffung an gegeb[en] / aus dem
  Engl[ischen] ubersetzt Von Heinrich Christ[ian] Lemker / 2 Theile Lemgo
  1741.[22] Darin ist Vieles enthalt[en]. / Vom Blut Eßen, welches für
  unerlaubt gehalt[en] wird.[23] / h[errn] Lemkers Zusätze enthalt[en] unter
  ander[em] N[umme]r 4. Von der ReinlichKeit der *Aegypti*er[24]
Canzii Excercitationes Historico Philosophicae de immor- / talitate animae
  1740.[25] enthalt Viel Von denen / Meinung[en] der alt[en] *Philosoph*[en]
  und *Orientali*sch[en] / Volker über diesen Lehrpunkt.[26]
Von der Opfferung der Tochter *Iephthae*[27] Siehe *Calmets / bibli*sche
  Untersuchunge[n] mit *Mosheims* anmerkung[en] / 3ter Theil 1740.[28] /2r/[c]
Schich Saadi Persischer Rosenthal[29] herausgegeb[en] Von / *Ad[amo] Oleario.*[30]
  Demselbe[n] ist eine *Dissertatio Epistolica* / Von *Jo[hann] Reinboth*
  Hollst[einischer] *Gen[eral] Superint[endent] praemittiret*[31] / worin einiges
  Von der Religion der Alte[n] Perser, / wie sie die Sonne Verehret,
  Mensche[n] geopffert / das Feuer heilig gehalt[en], u[nd] s[o] w[eiter][32]

---

[a] Alliirter *verbessert aus* [...] [b] Dissertatio *verbessert aus* [.] [c] *Bl. 2v leer*

Eben daselbst wird vom Ursprunge des *Manichaeismi*[33] / gehalte[n],
wodurch der Ursprung der *Dalailami*sch[en] / Religion Kann erKläret
werden.[34]
Von einem falschen *Seid* S[iehe] Pers[ischer] Rosenthal *L[ibro]* 1. *Cap[ite]* 35.[35]
Von denen *Calendar* und *Abdalla*[36] S[iehe] Pers[ischer] Rosenth[al] *L[ibro]* 8. /
C[apite] 69 in d[er] Anmerkung[37]
Petri Zornii Dissertatio de superstitiosa plagarum coeli / antiquitus apud varias
gentes observatione in sepeli- / endis mortuis.
 extat in Miscellaneis Lipsiensibus novis Tomo III. Parte IV^{ta} 1745.[38] /
und handelt fürnehmlich Von denen Himmels gegenden, welche / die
Athenienser, Hebräer, MahometaNer, ersten Christe[n] und / auch die
Lateinische[n] in begrabung ihrer Todt[en] beobachtet hab[en].
Paganinus Gaudentius de Pythagor[aea] animarum trans- / migratione[39]
Von der Seelen wanderung finden sich artige Gedanken / Beym *Salustio*
Philosopho de Deo et Mundo C[apite] XX.[40] / S[iehe] Allgem[eines]
Magazin der Natur, Kunst u[nd] Wis[s]enschafft[en] / Tom[o] I. p[agina]
220.[41]

---

[1] Der Textanhang 1 befindet sich in Teil 1 des Manuskripts (Bl. 1r–2r) vor dem Entwurf einer Kapitelübersicht von G. F. Müller und Kapitel 1. Da jedoch kein unmittelbarer Zusammenhang mit dem darauf folgenden Text besteht, wurde er hier eingeordnet.

[2] Ulfeld, Jakob: Nobiliss. et strenvissimi equvitis Dani, Iacobi Vlfeldii, domini in Visfeldtzholm et Selsovia &c. regii Danorum consiliarij, Legatio Moscovitica siue Hodoeporicon Ruthenicum : in qvo de Rvssorvm, Moschorvm et Tatarorvm, regionibus, moribus, religione, gubernatione, & aula Imperatoria quo potuit compendio & eleganter exseqvitur. Accesserunt Claudii Christophori Lyschandri, praepositi Herfolgensis, epistolae de auctore huius opusculi: nec non figurae variae in aes incisae à Joh. Theodore de Bry. omnia simvl edita ex bibliotheca et stvdio viri nobiliss. & clariss. Melchioris Goldasti Heiminsfeldii, &c.. Francofurti : Matthäus Merian (der Ältere), 1627

[3] Eine Ausgabe des Buchs in Guben konnte für 1680 nicht nachgewiesen werden, es gab jedoch Ausgaben von 1679 und 1681; Printz, Daniel: Moscoviae ortus, et progressus. Authore Daniele Printz â Bucchau ... Gubenae : Christoph Gruber, 1681; „Caput Primum De Ducibus Moscoviae, eorumque incrementis: item de initiis belli Livonici." (Printz 1681, S. 1–110); „Caput Secundum. De Religione Ruthenorum." (a. a. O., S. 110–164); „Caput Tertium. Quâ ratione Legati excipiantur et habeantur." (a. a. O., S. 164–201); „Caput Quartum. De verâ significatione vocabuli Czar." (a. a. O., S. 202–216); „Caput Qvintum De Matrimonio." (a. a. O., S. 216–225); „Caput Sextum De Legibus." (a. a. O., S. 225–231); „Caput Septimum De moribus et ratione victus." (a. a. O., S. 231–241); „Caput Octavum. De Moneta." (a. a. O., S. 241–245); „Caput Nonum De artibus Mechanicis et agricultura." (a. a. O., S. 245–252)

[4] Wengierski, Andrzej: Andreae Wengerscii Libri quatuor Slavoniae reformatae, continentes historiam ecclesiasticam ecclesiarum Slavonicarum, imprimis Polonicarum, Bohemicarum, Lithuanicarum, Russicarum, Prussicarum, Moravicarum &c. ab apostolor tempore usque ad nostras tempora. Quibus additur Appendix ... monumentorum ad res ecclesiasticas Slavoniae ... Amstelodami : Janssonius van Waesberge, 1679

[5] Herbinius, Johannes: Religiosae Kijovienses cryptae, sive Kijovia subterranea: in quibus labyrinthus sub terra, et in eo emortua, à sexcentis annis, divorum atque heroum Graeco-Ruthenorum, & nec dum corrupta, corpora, ex nomine atque ad oculum, è Pateriko Sclavonica detegit ... Jenae : Martin Hallervord, 1675.

[6] Lyseck, Adolph: Relatio eorum quae circa Sac. Caesarea Maiest. ad magnum Moscorum Czarum ablegatos Annibalem Franciscum de Bottoni, Sacri Romani Imp. equitem, ... et Joann, Carolum Terlingerenum de Guzman, Sacrae Caesareae Majestatis consiliarium, Anno Aerae Christiana 1675, gesta sunt, strictim recensita per Adolphum Lyseck, dictae legationis secretarium. Salzburg : Johann Baptist Mayr, 1676.

[7] Skonning, Hans Hansen: Geographia historica orientalis, det er atskillige Østerske Landis oc Øers, met dess Folckis Beskriffkvelse: Nemligen, Tyrckers, Jøders, Graekers, Aegypters, Indianers, oc andre flere Landskabers underlige saeder, tro, religion, lower oc selsom Lands Maneer. Aff betrode oc fornemme geographicis auctoribus med Flid tilhobe samlit oc i Dansken publicerit ... Århus, 1641

[8] Alanus, Johannes Jani: Dissertatio de gentium quarundam ortu, primatu, praecipue de Cimbrorum ortu et migrationibus, donec in hisce oris persederint. Hafniae, 1628

[9] Cypraeus, Paul: De origine nomine, priscis sedibus, lingua prisca, moribus antiquissimis, rebus gestis et migrationibus Saxonum, Cimbrorum, Vitarum et Anglorum Ἀποσπασμάτιον, e bibliotheca Pauli Cypraei ... depromptum, inque publicum editum opera et studio. Hieronymi Cypraei ... . Hafnia : Georg Hansch, 1632; Eine Ausgabe des Werks von 1637 konnte nicht nachgewiesen werden.

[10] Claussøn, Peder: Norriges oc omliggende øers sandfärdige bescriffuelse: indholdendis huis värt er at vide baade om landsens oc indbyggernis leilighed oc vilkor, saa vel i fordum tid som nu i vore dage ... Kopenhagen : Melchior Martzan, 1632

[11] vermutlich „Problema II. Quaenam sit causa tot in mundo linguarum longè diversissimarum." (lat. – Was denn der Grund für so viele und sehr von einander verschiedene Sprachen auf der Welt ist.), § XXI–XXXIII in: Dissertationes didacticae, Teil 1,12: Exercitatio glottologica quâ pentas problematum candidatis laurae primae Ph. XXXIV. publicè defendenda proponitur in Regiâ Hauniensi Academia ... 10. Maij praeside Thoma Bangio. Kopenhagen (Hafniae) : Salomon Sartorius, 1634; „Bangii (Thoma) Exercitatio glottologica de ortu tot in orbe linguarum, Ebraeae praestantia, in 4°. Hafniae 1634." (Lelong 1723, S. 1165); vgl. aber „165 *Bangius, Ge.: Theses philol. de ortu tot in Orbe linguarum, deque hebraeae praestantia. 8. Hafn. 1634." (Steinschneider 1859, S. 18) u. „Bangii (Georgii) Theses philologicae de lingua Hebraea, in 4°, Hafniae 1703." (Lelong 1723, S. 1165)

[12] lat. – Über den Ursprung der Vandalen

[13] vgl. „Der Warager Nahme ist ein Appellativum, womit gewisse Völcker am Baltischen Meere und diejenigen, so in denen Insuln daselbst gewohnet, zugenannt worden, welche vorzeiten große See=Räubereyen getrieben haben, ... Gleich wie nun hieraus zu ersehen, es müssen die Warager nicht allein auf dieser, sondern auch jener Seite des Meeres (als etwa in Finnland, oder gar in Schwe-

den) gesuchet werden; so setzet dahero im Text bemeldter Autor Claude Durett nicht ohne Ursache, es wären die Waragi, von welchen Rurich hergekommen, Wandaler gewesen, welche aber wiederum andere Wenden nennen. ..." (Strahlenberg 1730, S. 193f., Anm. d)

14 estn. vend – Bruder; estn. „wend, der bruder" (J. E. Fischer in: AAW R. III, Op. 1, D. 135, Bl. 11r)

15 „Es ist ... noch zu bemerken, dass gewöhnlich die Völkernamen im Finnländischen mit den Endsylben laine ... gebildet werden. ... und wie die Finnländer ihr laine, so brauchen die Esten ihr lanne (ode lane), ..." (Lehrberg 1816, S. 148, Anm. 4)

16 lat. – vergleiche auf Seite

17 „XIII. Zum sechsten ist noch übrig der Nahme Roxolania, oder Roxolani, diesen erkennen die Russen nicht als ein Sclavonisch Wort, sondern sie sagen, die alten Einwohner hätten die letzern Einkömmlinge oder Sclavonier also geheissen. Ich lasse dahin gestellt seyn, was unterschiedliche Scribenten bey diesem letztern Nahmen für unterschiedliche Meynungen hegen; habe aber nur dieses bey diesem erwehnen wollen, weil die alten Einwohner gleichwohl ein Theil Finnischer Abkunft gewesen, und die Finnen noch heutiges Tages einen Teutschen Saxalain, einen Schweden Ruod-Zalain, (*) einen Liefländer Wiralain, und einen Sclavonier Waennalain heissen; diese letztere oder neue Einwohner aber auch zugleich mit denen Raitzen oder Rätzen eines Herkommens und Ursprungs sind, daß die alten Einwohner eben also auch selbige Raitzalain, Roitzalain, Rossalain und Rassalain haben nennen können, welches andere, als Ptolemaeus und Plinius Roxolani pronunciret, zumahl da s und x literae ejusdem organi sind. (*) vid. Epit. Comment. Moys. Arm. Asses. Henr. Bren. p. 87 mit welcher Meynung, daß die Finnen, dem Schwedischen Reiche den Nahmen von Rodslagen gegeben, (wie denn das Schwedische Wort Rodare, zu Teutsch, einen Ruderer bemercket, und die Finnen anstatt u fast allezeit ou setzen) Thomas Hiarne in seiner Est=Lyf= und Lettländischen Historie einstimmet; daher die Finnen einen Schweden Ruadsalain nenneten." (Strahlenberg 1730, S. 169f.)

18 Weidler, Johann Friedrich: Io. Friderici Weidleri Historia Astronomiae siue De ortv et progressv astronomiae liber singuvlaris. Vitemberga: Gottlieb Heinrich Schwartz, 1741; „Caput VIII. De Astronomia Arabum" (Weidler 1741, S. 203–224); „Caput IX. De Astronomia Persarum et Tartarorum" (a. a. O., S. 225–243); „Caput X. De Astronomia reliquorum Populorum orientalium, Mogolensium, Siamensium, Sinensium, item de Notitia Rerum Coelestium apud Americanos" (a. a. O., S. 243–261)

19 Schütze, Gottfried: De cruentis Germanorum gentilium victimis humanis ... praefatus. parenti ... Eustasio Friderico Schütze ... De die natali ... gratulatur magister Godofredus Schütze. ... Lipsiae : Johann Christian Langenheim, 1741

20 lat. – desselben

21 Schütze, Gottfried: De superstitiosa Germanorum gentilium reverentia lucis consecratis exhibita commentatio breuis ... a Magistro Godofredo Schvtze. ... Hamburg : Conrad König, 1741

22 Delany, Patrik: Aufrichtige Untersuchung der Offenbarung, welche dem menschlichen Geschlechte von der Schöpfung an gegeben, ehedem in englischer Sprache, unter dem Titul, Revelation examin'd with Candour heraus gegeben von D. Patrik Delany, nunmehro aber nach der andern englischen Ausgabe ins Teutsche übersetzet und mit den Zugaben der dritten Auflage vermehret auch mit einem Vorberichte, Anmerkungen, Zusätzen und Registern versehen von He[i]nrich Christian Lemker. 1. Teil – Lüneburg 1736, 2. Teil – Lemgo : Johann Heinrich Meyer, 1741

²³ „Die erste Abhandlung. Von der Erlaubnis / welche dem Noah nach der Sündfluht gegeben, daß er das Fleisch der Thiere essen könne. ... Einschrenkung dieser Erlaubnis in Ansehung des Bluts." (Delany 1741, S. 1–40); „Die andere Abhandlung. Fortsetzung der angefangenen Materie vom Blut=Essen." (a. a. O., S. 41–93)

²⁴ „Von der Beschneidung. ... Die Egyptier ... suchten ... zu behaubten, daß sie diesen Gebrauch um keiner anderen Ursach willen verrichteten, als um der Reinigkeit." (Delany 1741, S. 207); „Von der Reinlichkeit der Egyptier." (a. a. O., S. 371–428), Lemker, Heinrich Christian – Zusätze Zu Herrn Patrik Delany Untersuchung Der Offenbarung Zweiten Theil. (in: Delany 1741, S. 382–384)

²⁵ Canz, Israel Gottlieb: Exercitationes historico-philosophicae de immortalitate animae, auctore Israel Gottlieb Canzio ... Tübingen : Anton Heinrich Röbel, 1740

²⁶ „Dicaearchi error, immortalitatem animae negantis." (Canz 1740, S. 2–4); „Sexti Empirici argutatio." (a. a. O., S. 4–6); „dubia veterum Romanorum." (a. a. O., S. 6–14); „Ethnici minus consentanea docuerunt, negantes immortalitatem." (a. a. O., S. 14f.); „Indorum et Chaldaeorum sententia." (a. a. O., S. 42); „Trismegisti sententia." (a. a. O., S. 43); „Magorum sententia." (a. a. O., S. 43f.); „Aegyptiorum opinio examinatur." (a. a. O., S. 45f.); „Thaletis opinio reiicitur." (a. a. O., S. 46f.); „Stoicorum sententia tangitur." (a. a. O., S. 47); „Pythagorae placitum." (a. a. O., S. 48–50); „Empedoclis sententia investigatur." (a. a. O., S. 50–52); „accessus ad Platonis sententiam." (a. a. O., S. 52–57); „Cyri apud Xenophontem sententia." (a. a. O., S. 58); „Plotini sententia expenditur." (a. a. O., S. 59); „Aristotelis sententia." (a. a. O., S. 60f.); „aliorum Graecorum sententiae." (a. a. O., S. 61f.); „Romanorum sententia." (a. a. O., S. 63–67)

²⁷ „Jephta (Jephtah), natürlicher Sohn Gileads; ... von den Gileaditen zu einem Zuge gegen die Ammoniter als Feldherr gewählt. Bei dem Aufbruche in den Krieg hatte er ein Gelübde gethan, wenn er siegte, das zu opfern, was ihm bei der Rückkehr zuerst aus seinem Hause begegnen würde. Er besiegte die Ammoniter, u. als er nach Mipza zurückkehrte, kam ihm seine einzige Tochter mit Pauken u. Cymbeln entgegen, ihn als Sieger zu begrüßen, u. er opferte sie nach Einigen wirklich, nach Andern weihte er sie zu ewiger Jungfrauschaft. ..." (Pierer 1857–65, Bd. 8, S. 788)

²⁸ Calmet, Augustin: Augustin Calmets, ... Biblische Untersuchungen oder Abhandlungen verschiedener wichtiger Stücke, die zum Verständnis der heil. Schrift dienen : Aus dem Französischen übersetzt. Mit Anmerkungen und einer Vorrede versehen von Johann Lorenz Mosheim. I-II. Theil. ... Bremen : Nathanael Saurmann, 1740; „Die XXIV Untersuchung, Von dem Gelübde des Jephtha." (Calmet 1740, S. 347–386)

²⁹ „Rosenthal, ein Persianisches Sittenbuch, siehe Gulistan ..." (Zedler 1732–50, Bd. 32, Sp. 933); „Gulistan oder Giulistan, ist ein Persisches Wort und bedeutet einen Rosen=Garten. Es wird mit diesem Namen ein persisches Buch belegt, ... Der Auctor davon heist Soadi. ..." (a. a. O., Bd. 11, Sp. 1367f.)

³⁰ Sadi: Persianischer Rosenthal. In welchem viel lustige Historien/ scharffsinnige Reden und nützliche Regeln. Vor 400. Jahren von einem sinnreichen Poeten Schich Saadi in Persischer Sprach beschrieben. jetzo aber von Adamo Oleario, mit zuziehung eines alten Persianers Nahmens Hakwirdi übersetzt/ in Hochdeutscher Sprache heraus gegeben/ und mit vielen Kupfferstücken gezieret ... Schleßwig In der Fürstl. Druckerey gedruckt durch Johann Holwein. Hamburg: Johann Nauman, 1654

[31] <lat.> – vorausgeschickt, (hier:) mit einem Vorwort versehen

[32] Reinboth, Johann (unpaginiert in Sadi 1654): ‚Dem Edlen ... Adamo Oleario‘
„... so haben sie [die Perser] doch ... die Herrligkeit des unvergänglichen Gottes in ein Bilde der Creatur / und Gottes Warheit in die Lügen verwandelt / und haben geehret und gedienet dem Geschöpffe mehr als dem Schöpffer ... und haben anfangs sonderlich die Sonne ... geehret / und denselben ihre Pferde und hernach Männer und Weiber ... geopffert. ... In nachfolgenden Zeiten haben sie das Fewr Göttlich geehret ...“

[33] „Manichäismus, 1) die religionsphilosophischen Ansichten der Manichäer, ...“ (Pierer 1857–65, Bd. 10, S. 830); „Manichäer, ... Der Manichäismus ist eine Art Theosophie, in der, wie in der Gnosis, die Probleme des Werdens und Vergehens der Welt, der Theodizee, der Erlösung mit Hilfe uralter mythol. Begriffe und in der Form eines mythischen Dramas behandelt werden. Die Grundlage ist ein schroffer Dualismus: zwei gleich ewige Grundwesen stehen ewig einander gegenüber, das Gute oder das Licht und das Böse oder die Finsternis, beide von ungezählten Äonen oder Grundkräften umgeben. ...“ (Brockhaus 1928–1935, Bd. 12, S. 78f.)

[34] „Unter diesen Schabur Dulactaf hat Persien mit einer newen Religion verunehret / Manes ...“ (J. Reinboth in Sadi 1654, s. Anm. 32)

[35] „Es hatte einmahls ein Betrieger seine Haare / gleich als wenn er des Aalii / der Perser grossen Heiligen Nachkommen wäre / auffgeflochten ...“ (Sadi 1654, S. 34); „Solcher Leutte haben wir etliche in Persien gesehen / werden Seid genandt ...“ (a. a. O., S. 35, Anm. a)

[36] „Abdalla, ist in Persien eine gewisse Art Muhammedanischer Mönche, welche in sehr schlechten und geflickten Kleidern, oder gar in einer rauhen Haut gehen, ... Sie predigen von denen Wundern ihrer Heiligen auf denen Gassen ... und sprechen nach vollendeter Predigt die Zuhörer um ein Almosen an, welches sie aber bald wiederum durch die Gurgel jagen, und dahero Calenderan genennet werden, weil sie ein sehr übel Leben führen, und die Reisenden offtmals plündern, ...“ (Zedler 1732–50, Bd. 1, Sp. 75f.)

[37] „... ein Abdal aber [ißt] / so lange er noch raum im Magen hat / und so lange was in der Schüssel ist.“ (Sadi 1654, S. 163); „Diese nennet er [d. h. Sadi] ... Kalenderan. ... weil sie alles verschwenden und durch den Bauch jagen. Es seynd aber selbige Abdallen eine sonderliche art Leute in Persien ... / fast wie Münche / man köndte sie Marckt und Lügen Prediger nennen ...“ (a. a. O., S. 163, Anm. a)

[38] Zorn, Peter: Petri Zornii Dissertatio de superstitiosa plagarum coeli antiquitus apud varias gentes observatione in sepeliendis mortuis. S. 616–649, in: Miscellanea Lipsiensia nova, ad incrementum scientiarum ... Voluminis tertii pars qvarta ... Lipsiae : Johann Friedrich Gleditsch Erben, 1745

[39] Gaudentius, Paganinus: De Pythagoraea animarum transmigratione ... accedunt de Aristoteleo veterum contemptu, de Iuliani Imperat. philosophia, de aperipato Iul. Cæs. Scaligeri; exercitationes cum Italica excursione, inscripta: Redintegrazione de'poeti opposta à Platone ... Pisis : Massa ; Landis, 1641

[40] Sallustius Philosophus: Σαλλουστίου Φιλοσόφου περὶ Θεῶν καὶ Κόσμου. In: Opuscula Mythologica Physica et Ethica ..., S. 237–280. Amstelaedami : Johann Heinrich Wettstein, 1688; „Κεφάλαιον εἰκοστόν. Περὶ Μετεμψυχώσεως· καὶ πῶς εἰς ἄλογα λέγονται φέρεσθαι.“ (Sallust 1688, S. 278)

[41] Sallustius Philosophus: Des Weltweisen Sallust, Abhandlung von den Göttern und der Welt. In: Allgemeines Magazin der Natur, Kunst und Wissenschaften. Erster

Theil, S. 189–221. Leipzig : Gleditsch, 1753; „Das XX Hauptstück. Von der Seelenwanderung, und in welchem Verstande man sagt, die Seelen führen in unvernünftige Thiere." (a. a. O., S. 220)

Textanhang 2

/87r/
Relation abregée d'un voyage fait dans l'interieur de / l'amerique Septentrionale p[erge] par M[onsieu]r de la Condamine / a Paris 14 Bogen nebst einer Charte[1]
Davon ist in den[en] Hamburgisch[en] freyen Urtheile[n] und Nachricht[en] / Zum Aufnehm[en] der Wis[s]enschafften und Historie überhaupt / 1746. im 79ten Stük p[agina] 625 s[e]q[uentes][2] ein Kurtzer auszug enthalt[en] / woraus folgendes Zu der Völker=Historie[a] gehöriges anmerke:
Herr *Condamine*[3] erwehnet, das[s] in der SPrache gewis[s]er *American*er / das Wort *Poetterrarocincourace* die Zahl drey andeutet / Man wird sich daraus Keinen Vortheilhaffte[n] Begriff Von der *Arithmetic* / dieser Völker mache[n], und ob die *Brasilian*er gleich nicht so ungesittet / als dieselb[en] sind, so haben sie doch ebenfalls die Zahlen, so über drey / sind, ausZudrüken Keine Wörter, als die sie aus dem *Portugisi*sch[en] / erborge[n].
Das Wildschies[s]en dieser Völker Vermittelst Langer blas[s]-Röhre / mit Pfeilen, die so stark Vergifftet sind, das[s] das Thier in der / Minute darauf stirbt; gleichwohl Kann es dem ohngeachtet gegeß[en] / werden, weil das Gifft nur schadet, wenn es mit dem blute / Vermischet wird.
Von den *Americani*sche[n] *Amazon[en]* hat h[err] *Condamine*[b4] sorgfältige / Untersuchunge[n] angestellet. Es ist beKannt, das[s] man sie für / 200 Jahren für gewis[s] gehalt[en], und so gar eine[n] Fluß nach / ihren Nahmen Benennet hat. Jetzo sind sie da nicht mehr Zu / finden, wo sie VorZeit[en] sollen gewese[n] seyn. Herr *Condamine*[5] / hat Zu *Coari* mit einem *Indian*er geredet, der ohngefehr 70 / Jahre alt geschien[en]. Dieser hat Versichert, daß sein GroßVater / diese Weiber fortZiehe[n] sehe[n], und mit Vieren unter ihn[en] gesProche[n], / Von dene[n] eine ein säugend Kind gehabt. Die Nachricht[en], so / die *Indian*er Von ihnen geb[en], stimm[en] überhaupt überein, ob sie / wohl in NebenUmständ[en] bis[s]weilen unwahrscheinlich u[nd] Verschieden / sind. Die *Indian*er hab[en] gewis[s]e grüne Steine, so ihre Vorfahre[n] / sollen Von den Weiber[n] ohne Männer beKomm[en] hab[en], in der[en] / Lande sie hauffig Zu finde[n] wären. Es wird auch die Gegend angegeb[en] / wo sie sich jetzo aufhalt[en] solle[n], Zwar Verschiedentlich, aber doch so,[c] /87v/ das[s] in den Nachricht[en] was übereinstimmendes ist. Herr *Condamine*[6] / ist geneigt Zu glaube[n], das[s] dergl[eichen] Weiber-*Republic* wirklich ein- / mahl gewese[n], ob sie gleich jetzo Könnt[en] ihre vorige

---

[a] Völker=Historie *verbessert aus* [.] [b] Condamine *verbessert aus* [.] [c] *folgt* daß

Sitte[n] geändert hab[en]. / Die ersten *Europä*er, so nach *West-Ind*ien geKomme[n], haben davon rede[n] / hören, u[nd] die *Indian*er Konnt[en] doch wohl Von den *Asiat*ische[n] und *Afri-* / *can*ische[n] *Amazon*[en] Keine Nachricht[en] hab[en], diese ErZehlunge[n] nachZu- / ahmen. Es ist auch nirgends Leichter möglich, das[s] so eine *Republic* / entstande[n] seyn Könnte als in *America*, wo die Weiber mit den / *Männer*[n] Beständig herum Zieh[en], und in der[a] äußerst[en] Unterwürffigkeit / Leben müs[s]en. Es Könnte ihnen also eben so Leicht eingefalle[n] seyn / sich Von ihrer Sclaverey Zu Befreyen, als den schwartzen Leibeigene[n] / die Vielmahls ebenfalls Hauffenweise aus den *Colon*ien nach wüste[n] / Gegenden entlauffe[n].

In *Para* hat h[err] *Condamine*[7] bemerket, das[s] die Kinder Poke[n][8] den / NeubeKehrte[n] *Indianer*[n], die noch Nakend gehe[n], Viel gefährlicher sind, / als den[en], die schon Längst unter den[en] *Portug*iese[n] gewohnet / u[nd] Kleider getragen. Vermuthlich ist der erste[n] ihre Haut, durch / ihre Lebensart, da sie solche Beständig der Lufft u[nd] dem Was[s]er frey / aussetzen, so dike geworde[n], das[s] die Poken[9] nicht Zum Durchbruche / Komm[en] Könn[en], woZu noch kommt, das[s] sie sich die Oeffnung der Haut / durch die Oele Verstopffen, womit sie sich Zu reib[en] gewöhnt sind. /88r/

<u>*Keyslers*</u> Reisen *Tom.* 1.[10] p[agina] 774.

Ehemals Und[b] Vor[c] denen Zeiten des gros[s]en *Czar*en / *Petri*[11] macht[en] sich die Rus[s]e[n] ein Gewis[s]en, *Taub*en / Zu es[s]en weil d[er] h[eilige] Geist in Gestalt einer Taube / erschiene[n] wäre[12]. Hierüber hat man nicht Ursache / sich Viel Zu Verwunder[n], wenn man in Erwegung / Ziehet, das[s] das *Jus canonicum*[13] aus *Respect* / Vor den h[eiligen] *Christum*, welcher mit dem Osterlamme / Verglich[en] wird, denenjenig[en] Mannern, welche ihr[en] / weiber[n] die Ehliche Pflicht geleistet haben, Ver- / Bietet des[s]elbig[en] Tages Lamm-Fleisch[d] Zu es[s]en. / Die Vollständige Worte werden[e] eben daselbst / angeführet[14] /88v/ In denen *Miscellaneis Lipsiensib[us] nouis Tom*[o] *IV. Parte IV.* / ist inseriret <u>*Petri Zornii* dissertatio de Christo Servatore / quatenus apud Muhammedanos verbum Dei et filius / Dei appellatur*</u>[15]. Der Verfas[s]er Zeiget, das[s] man Keinesweges / daraus, das[s] die *Mahom*etaner *Christum* Gottes Sohn nenn[en], / ihnen Beweisen Konne, das[s] er also mit Gott dem Vater gleich / ewig u[nd] gleiches wesens sey. Denn sie woll[en] mit diese[n] / Wort[en] nicht anZeig[en], das[s] er aus dem wese[n] des Vaters / Von EwigKeit sey geZeuget worde[n], sonder[n] sie geb[en] ihm / nun des[s]weg[en] diesen Nahm[en], weil sie glaub[en],

---

[a] _{de}r *verbessert aus* [.]   [b] Und *verbessert aus* [...]   [c] Vo_r *verbessert aus* [..]   [d] Lam_{m-Fleisch} *verbessert aus* [...]   [e] _{werd}en *verbessert aus* [.]

das[s] er ohne[a] / Vater auf eine aus[s]erordentliche u[nd] wunderbahre weise / Nach Gottes Kräfftigem Geheis[s] Vermittelst der Uber- / schattung des Engels *Gabriel* sey geZeuget worde[n].[16] /89r/
Etwas, was denen *Tradition[en]* der *Kamtschedal*en *de origine* / *Mundi*[17] ähnlich ist, wird in der 2[ten] *Continuation* der Nachricht / der Evangelische[n] *Coloni*en die sich in *America*[b] niedergelas[s]e[n] / hab[en], beschrieben, nehmlich das[s] die Häupter Vieler *american*isch[er] / *Nation[en] A[nno]* 1735[c] denen *deputirt[en]* der *Eng[l]ischen*[d] Nation / mündlich erZehlet: Die Erde habe sich geg[en] Abend aufgethan / da seyen die *Cussitaws* aus dem Munde der Erde[n] / hervorgeKomme[n], und hätt[en] sich dabey niedergelas[s]e[n]. / Die Erde sey Zornig geworden, und habe ihre Kinder / aufgefres[s]e[n], des[s]weg[en] sie weiter geg[en] abend gegang[en]. / Des folgende[n] Tages haben sie ihre Reise fortgesetzet, / und seyen an einen rothen blutig[en] Flus[s] geKomme[n]. / Wie sie nach dieses Flus[s]es Ende gegang[en], hätten sie / ein donnerndes Geräusch Gehöret. Sie seyen immer / Näher gegang[en], um Zu sehe[n], woher das Geräusch Komme. / Da sie denn Zuerst einen rothe[n] Rauch entdekt, und / Bald hernach einen Berg, welcher gedonnert, auf dem / Berge sey ein singendes Geräusch Zu höre[n] gewese[n]. / Sie hätt[en] dahin geschikt, Zu sehe[n], was es wäre, und / es sey ein gros[s]es Feuer gewese[n], welches gerade in / die Höhe gebrannt, und das singende Geräusch Ver- / ursachet. Diesen Berg hab[en] sie den König der Berge / genannt. Er donnere[e] noch Bis[s] auf den heutig[en] Tag / und man fürchte ihn sehr.[18] /89v/
Vom[f] UrsPrunge des Götzen Dienstes. *Tschakwitz* / Neueste Historie *T[omo] II. P[arte] XIX et XX*[19]
Als sich die SPanier bey ihrer ersten Eindringung / in West Indien mit denen *Americ*aner[n] / Vermischt[en], hielt[en] dieses einfältige Volk / die weis[s]en papiere oder briefe, welche / die SPanier einander ZuZusende[n] pflegt[en] / Vor gewis[s]e *Spiritus familiares*[20]. unter / ander[em] wurde ein junger *Indian*er Von / einem *Mexican*ische[n] Kaufmann mit einem / Korb Vol Feige[n] und einem briefe an einen / Hauptmann gesendet. Dem junge[n] *Indian*er / Kam Unterwegs ein Appetit an, einige Von / den Feige[n] Zu VerZehren; und d[er] Hauptmann / fragte ihn nach DurchLesung des briefs, wo / die ubrige[n] Gebliebe[n] wären? worüber der / *Indian*er gantz erstaunend da stunde. und / als er Kurtz darnach[g] mit einem ander[en] Korbe an / eben diesen Herr[en] geschikt wurde, fieng[en][h] seine / Zähne wieder an nach den Feige[n] Zu wäs[s]er[n]. / Da nahm er den brief u[nd] Legte ihn

---

[a] *nach ohne gestr.* Nahmen [b] [A]me[rica] *verbessert aus* [..] [c] [1]735 *verbessert aus* [..] [d] [Eng]l. *verbessert aus* [.] [e] Er donnere *verbessert aus* Erdonnere [f] V[om] *verbessert aus* [.] [g] [da]r[n]ach *verbessert aus* [..] [h] fi[eng(] *verbessert aus* [..]

mit gros⌈s⌉er / Sorgfallt solange unter eine⌈n⌉ gros⌈s⌉en Stein / setzte sich darauff, u⌈nd⌉ schnabelierte ohne Sorge⌈n⌉ / der gewis⌈s⌉e⌈n⌉ Meinung nun Konne ihn der Geist im / Briefe nicht entdeke⌈n⌉ noch Verrath⌈en⌉. /90r/
*Shaw Voyage*ᵃ *de la Barbarie*ᵇ *Tom⌈o⌉* 1. *p⌈agina⌉* 396 *s⌈e⌉q⌈uens⌉*²¹
*Il n'y a point de peuple au monde si superstitieux / que les Arabes ou que les Mahometans en general / Ils pendent au col de leurs enfants la figure d'une / main ouverte*²² *p⌈erge⌉ p⌈erge⌉*

> *Not⌈a⌉ C'est une coutume fort ancienne de porter / quelque chose au col, pour prevenir les maladies / ou toute forte de facheux accidens.* <u>Varron</u> *de / Ling⌈ua⌉ lat⌈ina⌉ Lib⌈ro⌉ VI. in fine Praebia a praebendo / ut sit tutum: quod sint remedia in collo pueris. / fascinum, collis nempe puerorum suspensum. / Infantium custodem*ᶜ *appellat Plinius L⌈ibro⌉ XXIIX / Cap⌈ite⌉ 4. La Bulla servoit au meme usage / comme nous l'apprenons*ᵈ *de* <u>Macrobe</u> */ Saturn⌈aliis⌉ L⌈ibro⌉ 1. Bulla gestamen erat trium- / phantium inclusis intra eam remediis, quae / crederent adversum invidiam valentissima.*²³

p⌈agina⌉ 397.
Les personnes faites portent toujours sur elles / quelque passage de leur alcoran qu'ils mettent / comme les Juifs | *Exod⌈us⌉ XIII. 16. Num⌈erus⌉ XV.* 38 | */ font leurs Phylacteres, sur la poitrine ou sous / leur*ᵉ *bonnets, pour empescher par la toute fascination / et sortilege et pour se garentir de facheux accidents / ou de maladies Ils sont si persuadez que la vertu / de ces charmes ou rouleaux de parchemin s'etend sur / toutes choses qu'ils en mettent*ᶠ *aussi au col de leurs / chevaux, de leu<r>s betes de charge, et generalement de tout / leur betail.*²⁴
/90v/
p⌈agina⌉ 397. *not⌈a⌉* b.
On pretend dans ce pais-ci | *a Alger*²⁵ | *eprouver tous les / jours le pouvoir des Sorciers,* [frz. le pouvoir des sorciers – die Macht der Zauberer] *particulierement*ᵍ *par / raport a ce que nous appellons* <u>nouer l'eguillette</u> */ en latin:* <u>maleficium ligaminis</u> *ou* <u>vinculum veneris</u>. */ Il semble meme, que cette superstition etoit deja / fort en vogue du tems de l'Empereur Auguste*ʰ */ ainsi qu'on le voit dans ces vers de Virgile Eclog⌈a⌉ VIII. / V⌈ersus⌉* 77. 78.
Necte tribus nodis ternos, Amarylli, colores
*Necte, Amarylli, modo, et, Veneris, dic, vincula necto.*²⁶

ᵃ V_oyage *verbessert aus* W   ᵇ _Barba_r_ie *verbessert aus* t   ᶜ _c_u_stodem *verbessert aus* [.]   ᵈ _l'app_r_enons *verbessert aus* [.]   ᵉ _leu_r *verbessert aus* [.]   ᶠ _m_ettent *verbessert aus* [.]   ᵍ _particulier_e_ment *verbessert aus* i   ʰ A_uguste *verbessert aus* [.]

p[agina] 398.
Ils croyent fortement aux Magiciens et sorciers / tout comme faisoient leurs anciens voisins,*)

>   *) les Egyptiens. On peut voir la dessus <u>Ausone</u> / Ep[istula] XIX. et <u>Genes[e]</u> XLIV. ou il est parlé / du gobelet par lequel Joseph devinoit infail- / liblement. Les Moabites n'y etoient pas / moins^a adonnez car <u>Nombre</u> XXIV. 1. il est / dit de Balaam, qu'il n'alla point comme les / autres fois, pour rencontrer^b des enchantements.^{27}

et dans certaines occasions extraordinaires particulierement. / dans des maladies de langueur, ils font plusieurs ceremonies / superstitieuses, en sacrifiant un coq, un mouton, ou une chevre. / ou bien ils enterrent tout^c le corps, et boivent du sang / de la pretendue victime, ou enfin ils <u>en</u> brulent ou / dispersent les plumes, la laine ou le poil. C'est une opinion / reçue dans tout le pais, que la plus part des maladies / viennent de ce, qu'on a offensé d'une maniere ou d'autre /91r/ les <u>Jenounes</u>, espece de creatures qui suivant les / Mahomedans, tiennent le milieu entre les anges / et les demons. Ces Etres imaginaires, qui ne / repondent pas mal aux Fees de nos ancetres, / se plaisent, dit on, a l'ombre des bois et auprez / des fontaines, et prennent la figure des crapauds^d / des vers, et d'autres petits insectes, qu'on^e / trouve toujours sous ses pieds; de sorte qu'on / court risque a tout moment, de les fouler, blesser / ou ecraser. Ainsi quand quelquun^f tombe malade / ou qu'il recoit quelque blessure, dont il demeure estropié / il ne manque pas de s'imaginer, qu'il a offense / quelquune de ces Jenounes, et la dessus on / fait venir d'abord des femmes expertes, qui, semblables / aux anciennes Enchanteresses, entendent fort bien / leur metier, et s'en vont un beau me\<r\>credi avec^g / de l'encens pur et d'autres parfums a quelque / source du voisinage, et y sacrifient, comme je / viens^h de dire, une poule, ou un coq, une brebis / ou un belier p[erge] suivant le sexe ou la qualité / du malade, et la nature de la maladie.^{28}

>   * not[a] C'est a dire, qu'on sacrifie un male / quand c'est pour une fille ou / femme malade, et une femelle / quand c'est pour un homme.^{29}

ib[idem] not[a] d^{30}.
Le Chapelet des Mahometans est communement de nonante / neuf grains. en touchant chaque grain ils disent AlKamdillah / ou Allah Kibeer, ou Staffour Allah. c'est a dire: / Le Seigneur soit louè, le Seigneur est grand, Dieu me pardonne.^{31} /91v/

---

^{a} $_{moi}$n$_s$ *verbessert aus* [.] ^{b} $_{renco}$n$_{trer}$ *verbessert aus* m ^{c} $_{to}$u$_t$ *verbessert aus* [.] ^{d} $_{crapau}$d$_s$ *verbessert aus* [.] ^{e} *nach* qu'on *gestr.* trouve ^{f} $_{qu}$el$_{quun}$ *verbessert aus* [...] ^{g} $_{ave}$c *verbessert aus* [.] ^{h} $_{vien}$s *verbessert aus* [.]

p⌈agina⌉ 399. Les Mahometans ont une grande vene- / ration pour leurs Marabbuts, qui sont en general / des Gens d'une vie fort austere toujours / occupez a dire leurs chapelets ou a la priere / ou a la meditation. Cette sainteté est hereditaire / et l'on rend au fils le^a meme respect et les memes / honneurs qu'au Pere, pourveu qu'il observe / le decorum, et qu'il sçache prendre certain / air de gravite, qui en impose. Il y en a / parmi eux qui tout comme leur prophete ont / la reputation d'avoir des visions, et de / converser avec la divinitè; d'autres vont plus / loin encore, et pretendent pouvoir faire des / miracles; privilege dont Mahomet lui meme / ne s'est^b jamais vantè.³² Hier folget / eine ErZehlung Von einigen betrügereyen / und falsche⌈n⌉ miraceln solcher Marabbuts.³³
p⌈agina⌉ 400. Ces peuples ne sont pas moins^c extra- / vagants et ridicules par rapport a ce / qu'ils appellent Jaffar-eah c'est a dire / la connoissance qu'ils pretendent posseder / de l'avenir, et de tout ce qui doit arriver. / Il est vray qu'ils ne sont pas encore d'accord. / entre eux sur la maniere dont ils parviennent. / a avoir ces revelations: mais en general / leurs pretendues predictions sont tousjours /92r/ conçues en des termes si vagues, elles sont ordi- / nairement si fausses, ou tout au plus si equi- / voques et si peu circonstanciees quil ne / vaut guere la peine de rechercher serieusement / les moyens dont ils se servent pour cela. / Je n'ai cependant jamais rencontré personne / qui osat se vanter, quoi que le nombre des / Enthousiastes soit extremement grand / dans ce païs et qu'il y ait ici. beaucoup / des gens qui se disent inspirez du ciel en toute / autre occasion, que cette science leur vient / de Dieu meme. Quelques uns l'attribuent / au Magar-eah ainsi qu'ils apellent^d le sorti- / lege et l'enchantement; d'autres a l'Astro- / logie ou a la connoissance des astres. / Mais leurs Thalebs soutiennent, qu'ils / ont des Propheties d'Aly, gendre de leur / Prophete, dans les quelles ils pretendent, / qu'il leur a laissè un detail chronologique / des evenements les plus remarquables, qui / sont arrivez dans le monde depuis son tems^e / et qui doivent arriver dans les siecles / a venir.³⁴
p⌈agina⌉ 401 s⌈e⌉q⌈uens⌉/³⁵
Il seroit trop ennuyeux de parler de toutes / leurs pretendues propheties, dont la faussete /92v/ a sauté^f aux yeux en ce que l'evenement a dementi / la prediction, et fait voir que ce n'estoit / tout au plus que des divinations fort in- / certaines ou des coniectures probables
p⌈agina⌉ 402. Je ne puis cependent en omettre une, dont / le tems et l'avenir decouvrira la verité / et qui est fort remarquable en ce quelle / promet aux

---

^{a} ₗₑs verbessert aus ₗₑS ^{b} nach s'est gestr. pas servi ^{c} ₘₒiₙₛ verbessert aus [.] ^{d} ₐₚeₗₗₑₙₜ verbessert aus [.]
^{e} ₜₑmₛ verbessert aus [.] ^{f} ₛₐuₜₑ verbessert aus [.]

*Chretiens le retablissement / de leur religion dans tous*ᵃ *ces royaumes / qui leur ont etè enlevez autrefois par les / Sarrasins et les Turcs. Ce qu'il y a de / plus particulier c'est que cette prediction / est universellement reçue dans tous les etats / Mahometans, et que pour cette raison ils / ferment soigneusement les portes de leurs / villes tous les vendredis depuis dix heures du / Matin jusqu'a midi, qui est, disent ils, le tems / Marquè pour cette catastrophe.*³⁶

---

¹ Condamine, Charles-Marie de la: Relation abrégée d'un voyage fait dans l'interieur de l'Amérique Méridionale, depuis la côte de la Mer du Sud, jusqu'aux côtes du Brésil & de la Guiane, en descendant la rivière des Amazones, ... Avec une carte du Maragnon, ou de la riviere des Amazones, ... Paris : Witwe Pissot, 1745

² lat. – Seite 625 (und) die folgenden (Seiten); „Bey der Witwe Pissot ist herausgekommen: Relation abregée d'un Voiage fait dans l'interieur de l'Amerique Septentrionale & c. par. M. de la Condamine. 14 Bogen nebst einer Charte ... So erwähnt Herr Condamine, daß in der Sprache gewisser Amerikaner das Wort: Poettarrarocincourace die Zahl drey andeutet. Man wird sich hieraus keinen vortheilhaften Begriff von der Arithmetik dieser Völker machen, und ob die Brasilianer gleich nicht so ungesittet als dieselben sind, so haben sie doch ebenfalls die Zahlen, so über drey sind, auszudrücken keine Wörter, als die sie aus dem Portugiesischen erborgen. Das Wildschiessen dieser Völker, vermittelst langer Blasröhre mit Pfeilen, die so stark vergiftet sind, daß das Thier in der Minute darauf stirbt; gleichwohl kann es dem ohngeachtet gegessen werden, weil das Gift nur schadet, wenn es mit dem Blute vermischet wird. Von den amerikanischen Amazonen hat Herr Condamine sorgfältige Untersuchungen angestellt. Es ist bekannt, daß man sie vor 200 Jahren für gewiß gehalten, und sogar einen Fluß nach ihren Namen benennet hat. Jetzo sind sie da nicht mehr zu finden, wo sie vorzeiten sollen gewesen seyn. Herr Condamine hat zu Coari mit einem Indianer geredet, so ohngefehr 70 Jahr alt geschienen. Dieser hat versichert, daß sein Großvater diese Weiber fortziehen sehen, und mit vieren unter ihnen gesprochen, von denen eine ein säugend Kind gehabt. Die Nachrichten, so die Indianer von ihnen geben, stimmen überhaupt überein, ob sie wohl in Nebenumständen bisweilen unwahrscheinlich und verschieden sind. Die Indianer haben gewisse grüne Steine, so ihre Vorfahren sollen von den Weibern ohne Männer bekommen haben, in deren Lande sie häufig zu finden wären. Es wird auch die Gegend angegeben, wo sie sich jetzo aufhalten sollen, zwar verschiedentlich, aber doch so, daß in den Nachrichten was übereinstimmendes ist. Herr Condamine ist geneigt zu glauben, daß dergleichen Weiberrepublick wirklich einmahl gewesen, ob sie gleich vielleicht jetzo könnten ihre vorigen Sitten geändert haben. Die ersten Europäer, so nach Westindien gekommen, haben davon reden hören, und die Indianer konnten doch wohl von den Asiatischen und Afrikanischen Amazonen keine Nachrichten haben, diese

---

ᵃ ₜₒuₛ *verbessert aus* [..]u[.]

Erzählungen nachzuahmen. Es ist auch nirgends leichter möglich, daß so eine Republick entstanden seyn könnte, als in Amerika, wo die Weiber mit den Männern beständig herumziehen, und in der äussersten Unterwürfigkeit leben müssen. Es könnte ihnen also eben so leicht eingefallen seyn, sich von ihrer Sclaverey zu befreyen, als den schwarzen Leibeigenen, die vielmahls ebenfalls haufenweise aus den Colonien nach wüsten Gegenden entlaufen. Zu Para hat Herr Condamine bemerkt, daß die Kinderpocken den neubekehrten Indianern, die noch nackend gehen, viel gefährlicher sind, als denen, so schon längst unter den Portugiesen gewohnt, und Kleider getragen. Vermuthlich ist der ersten ihre Haut, durch ihre Lebensart, da sie solche beständig der Luft und dem Wasser frey aussetzen, so dicke geworden, daß die Pocken nicht zum Durchbruche kommen können, wozu noch kommt, daß sie sich die Oeffnung der Haut durch die Oele verstopfen, mit dem sie sich zu reiben gewohnt sind." (Nachrichten 1746, S. 625–627)

3   Charles-Marie de la Condamine
4   Charles-Marie de la Condamine
5   Charles-Marie de la Condamine
6   Charles-Marie de la Condamine
7   Charles-Marie de la Condamine
8   „Blattern, Pocken, Kinder=Pocken, Lateinisch Variolae und Varioli, ..." (Zedler 1732–50, Bd. 4, Sp. 95ff.); „Pocken, 1) (Menschenpocken, Variolae), eine ... ansteckende Hautkrankheit, welche seit ihrer Entstehung mehr als kaum eine andere Verheerungen unter allen Völkern angerichtet hat. ... Die Menschenpocke od. Menschenblatter ist eine fieberhafte Hautausschlagskrankheit, welche mit mäßigem Fieber, mit gastrischen Zufällen, ziehenden Schmerzen im Körper, wohl auch mit Nervenzufällen ... u. mit einem dem modernden Brode ähnlichen Geruche des Athems u. der Hautausdünstung, allmälig sich steigernd, eintritt. Endlich bricht der Ausschlag unter Augenschmerzen, Thränen der Augen, Hautbeschwerden u. Hautbrennen durch ..." (Pierer 1857–65, Bd. 13, S. 225f.)
9   s. Anm. 8
10 Keyssler, Johann Georg: Joh. Georg Keyßlers Mitglieds der Königl. Groß-Britann. Societät Neüeste Reise durch Teütschland, Böhmen, Ungarn, die Schweitz, Italien, und Lothringen : worin der Zustand und das merckwürdigste dieser Länder beschrieben und vermittelst der Natürl: Gelehrten, und Politischen Geschichte, der Mechanick, Mahler-, Bau und Bildhauer-Kunst, Müntzen, und Alterthümer erläutert wird; mit Kupffern. Theil 1, Hannover : Nicolai Förster und Sohns Erben, 1740
11 *Petr I. Alekseevič*
12 „Tauben. In ganz Rußland fliegen sie wild in allen städten und dörfern herum, deñ die Russen essen keine Taub(Tuhn ihnen auch kein leid, weil d) h. geist sich ehemals unter der gestalt einer Taube presentiret habe) soll. jedoch gestatten sie den fremd(durchreisend(solche Todt Zu schiessen, weil sie ihnen viel schad(in ihren scheunen Tuhn: denn gleichwie sie von der moralität einer sache nicht viel zu sagen wissen, also glauben sie, daß, weñ es ja eine sünde seie Taub(zu Tödten, so könne ihnen doch nichts Zugerechnet werd(, weñ sie nur selber keine hand anlegen." (J. E. Fischer in: AAW F. 21, Op. 5, D. 46, Bl.4r)
13 lat. – kanonisches (geistliches) Recht
14 „Ehemals und vor den Zeiten des grossen Czaren Petri machten sich die Russen ein Gewissen, Tauben zu essen, weil der heilige Geist in Gestalt einer Taube erschienen wäre. Hierüber hat man nicht Ursache, sich viel zu verwundern, wenn man in Erwägung ziehet, daß das Jus Canonicum aus Respect vor den Herrn Christum, welcher mit dem Osterlamme verglichen wird, denenjenigen Männern, so ihren Weibern die eheliche Pflicht geleistet haben, verbietet, desselben Tages Lammfleisch zu essen. Die vollständige Worte,

wie solche c I. sciatis 33. q. 4. stehen, sind folgende: Sciatis Fratres charissimi, quoniam quicunque uxori debitum reddit, vacare non potest orationi, nec de carnibus agni comedere debet. Si panes propositionis non poterant ab iis, qui uxores suas tetigerant, comedi, quanto magis panis ille, qui de coelo descendit, non potest ab his, qui conjugalibus paulo ante haesere complexibus, violari atque contingi? non quod nuptias condemnemus (hoc enim non dicimus) sed quod eo tempore, quo carnes agni manducaturi sumus, vacare operibus carnis non debeamus.", lat. – Ihr sollt wissen, liebste Brüder, daß jemand, der mit seinem Weib der ehelichen Pflicht nachkommt, sich nicht dem Gebet widmen kann und nicht vom Fleisch des Lamms essen darf. Wenn die Schaubrote nicht von jenen, die ihre Weiber berührt hatten, gegessen werden durften, um wieviel weniger darf Brot, das vom Himmel kommt, von jenen, die kurz zuvor in die Arme ihrer Weiber gebannt waren, entweiht und berührt werden? Nicht daß wir den Beischlaf verurteilten (das wollen wir durchaus nicht), unserer Verurteilung aber fiele anheim, daß, wenn wir vom Fleisch des Lamms zu essen beabsichtigen, wir uns gleichzeitig fleischlicher Handlungen nicht zu enthalten brauchten. (Keyssler 1740, S. 774, Anm. a)

[15] s. Zorn 1746

[16] „Denique nullo plane iure contra Muhammedanos probari potest, Christum Deo Patri esse coaeternum, & eiusdem cum illo essentiae, quia ab illis nonnunquam ... Filius Dei, vocatur. Neque enim hisce verbis innuere volunt, illum ab aeterno ex ipsa Patris essentia genitum esse (19), sed ideo tantummodo illum hoc nomine insigniunt, quia credunt, illum, sine Patre, modo plane extraordinario & miraculoso, iussu Dei efficace, mediante afflatu Angeli Gabrielis, progenitum esse (20). ..." (Zorn 1746, S. 616)

[17] lat. – über die Erschaffung (den Ursprung) der Welt

[18] „Was der Kayser der Upper und Lower Creeks Chekilli in einer Rede zu Savannah anno 1735 eröffnete ... lautet von Wort zu Wort wie folget: ... Daß sich gegen Abend die Erde aufgethan, das ist der Mund der Erden, daß sich die Erde aufgethan, und die Cussitaws kamen aus dem Munde der Erden, und liessen sich dabey nieder; die Erde ward aber zornig, und aß ihre Kinder auf, deswegen gingen sie weiter nach Abend: allein ein Theil von denen Cussitaws kehrete wieder um, und kam an denselbigen Ort und ließ sich daselbst wieder nieder; der grössere Haufe aber war zurück, in der Meynung, es möchte für sie so am besten seyn. Daß ihre Kinder dennoch von der Erde aufgefressen wurden, deswegen gingen sie voller Unmuth weg nach der Sonnen Aufgang. Daß sie zu einem dicken, muddig und schlammigten Fluß kamen, daselbst kamen, daselbst campirten, ausruheten und eine Nacht verhareten. Des folgenden Tages setzten sie ihre Reisen fort, und kamen in einem Tag an einen rothen blutigen Fluß, sie lebten bey dem Flusse, und assen von den Fischen zwey Jahr; allein, es waren niedrige Quellen an diesem Ort, und es gefiel ihnen nicht, daselbst zu verbleiben. Daß sie nach dem Ende dieses blutigen Flusses gingen, und höreten ein donnerndes Geräusch; sie gingen immer näher, um zu sehen, woher das Geräusch käme. Zuerst entdeckten sie einen rothen Rauch, und bald hernach einen Berg, welcher donnerte, und auf dem Berge war ein singendes Geräusch: Sie schickten dahin, zu sehen was es wäre, und es war ein grosses Feuer, welches gerade in die Höhe brannte, und das singende Geräusch verursachte. Sie nenneten diesen Berg den König der Berge; er donnert noch bis auf diesen Tag, und man fürchtet ihn sehr. ..." (Urlsperger 1739, S. 868f.); „Cussitaw bedeutet Sonne; die Sonne wolte haben, daß sie also heissen solten." (a. a. O., S. 868, Anm.)

[19] „... wer wolte aber zweiffeln, daß nicht gleich anfangs welche gwesen wären, die sich um die Verehrung oder den Modum cultus erga Numen bekümmert ... Sie haben ... ein gewiß Zeichen aufgerichtet, vor welchem der ausgesonnene Cultus verrichtet ward, nicht als ob dieses Zeichen Gott selbst vorstelle, sondern nur daß es eine Erinnerung wäre ... Sothane Zeichen also sind der Anfang der Götter=Bildungen gewesen, welche ... die nacherigen Zeiten gar sehr gemißbrauchet haben. Denn als die... Priester ... sahen, wie dergleichen Zeichen zum Betrug und Verführung ... gar sehr dienen könten, haben sie selbigen eine Gegenwart der Gottheit angedichtet ..." (Zschackwitz 1735, S. 1041–1043); „Ob nun aber die Menschen schon wusten, daß ein Gott sey, so konten sie doch nicht recht begreiffen, wo dieses Wesen seinen Auffenthalt habe, daher, und weil sie die Würckung der Sonnen, des Mondes und der Gestirne sich nicht behörig vorzustellen vermochten, dichteten sie, ob wären dieses Behältniße oder Aufenthalte der Gottheit ..., woraus aber endlich die Thorheit entstanden, daß man die Gestirne selber vor Götter gehalten." (a. a. O., S. 1043f.); „... diejenigen, die über andere eine Oberherrschafft haben wolten, fanden vor sehr dienlich, selbigen weiß zu machen, als ob sie weit edler und vortreflicher wären, als andere, ja, daß sie so gar was Göttliches an sich hätten. ... Die Fürsten ... liessen ihr Bildniß verfertigen, und selbiges civiliter anbethen ... Weil nun der einfältige Mann glaubete, daß ein solcher, der vor andern Menschen so hoch begabet gewesen, und der so viele göttliche Eigenschafften an sich gehabt, müsse, wenn er verstürbe, nothwendig auch zur Gottheit kommen, und selbige sich seiner gebrauchen, als erachtete er allerdings billig zu seyn, eines sothanen Verstorbenen sein hinterlassenes Bild annoch zu verehren ... Die Uberbleibenden oder die Nachkommen ... erhielten ihn nicht nur darinne, sondern es wusten auch die Priester, die ihren Nutzen, Ehre und Ansehen ebenfalls darbey fanden, selbige noch mehrers zu vergrößern. Daher dieses der Ursprung ist, daß man große Herren oder andere wohl verdiente Menschen, sie mochten nun männlichen oder weiblichen Geschlechts seyn, zu Göttern gemacht ..." (a. a. O., S. 1044f.)

[20] lat. – Hausgeister, Geheimgeister; „SPIRITUS FAMILIARIS, ist ein Geist, den einer deshalb annimmt, daß er in einer gewissen Sache fertig seyn und gutes Glück haben will. Es werden viel Dinge durch Betrügereyen vor Spiritus familiares ausgegeben, die solchen Nahmen am wenigsten verdienen, ... Sie sollen sich in Gestalt einer Wespe, Fliege oder anderer kleinen Thiere um den Menschen aufhalten, ..." (Zedler 1732–50, Bd. 39, Sp. 163)

[21] lat. – Band I, Seite 396 (und) die folgende (Seite)

[22] „Il n'y a point de peuple au monde si superstitieux que les Arabes, ou que les Mahometans en général. Ils pendent au col de leurs enfans la figure d'une main ouverte ..." (Shaw 1743, S. 396f.), dt. in Shaw 1765, S. 212 „Keine Nation in der Welt ist dem Aberglauben so ergeben, als die Araber, oder auch die Mahometaner überhaupt. Sie hängen ihren Kindern die Figur einer offenen, meistens der rechten, Hand an den Hals. ..."

[23] „C'est une coûtume fort ancienne de porter quelque chose au col pour prévenir les maladies ou toute forte de fâcheux accidens. Varron, de Ling. Lat. Lib. 6. in fine: Praebia, à praebendo, ut sit tutum: quòd sint remedia in collo pueris. Fascinum, collis nempe puerorum suspensum, Infantium custodem appellat Plinius, Lib. XXVIII. Cap. 4. ... La Bulla servoit au même usage, comme nous l'apprenons de Macrobe, Saturn. Lib. I. Bulla gestamen erat triumphantium, inclusis intra eam remediis, quae crederent adversùm

invidiam valentissima." (frz./lat. – Es ist eine sehr alte Gewohnheit, zum Schutz gegen Krankheiten oder ganz besonders gegen Unglücksfälle, etwas am Hals zu tragen. Varro schreibt am Ende des sechsten Buchs von „De Lingua latina": Zu den Brandmalen, den Amuletten, die, um Sicherheit zu verleihen, vorgezeigt werden: Auf daß sie den Kindern am Hals ein Schutzmittel seien. Plinius führt im 4. Kapitel des 28. Buches [der „Historia Naturalis"] Fascinus, den Beschützer der Kinder an, der den Kindern um den Hals gehängt wird. ... Die Bulla dient, wie uns Macrobius im ersten Buch der „Saturnalien" erzählt, demselben Zweck: So war die Bulla die Zierde der Triumphierenden. Sie trugen sie beim Triumph mit den in sie eingeschlossenen Schutzmitteln, die sie für äußerst wirksam gegen Mißgunst hielten, vor sich her.) (Shaw 1743, S. 396, Anm. g); vgl. „In Stigmatia, Praebia à praebendo, ut sit tutum: quòd sint remedia in collo puereis." (lat. – Zu den Brandmalen, den Amuletten, die, um Sicherheit zu verleihen, vorgezeigt werden: Auf daß sie den Kindern am Hals ein Schutzmittel seien.) (Marcus Terentius Varro „De Lingua Latina" in Varro 1623, S. 82), „... Fascinus ... infantium custos ..." (lat. – ... Fascinus ... ist der Beschützer der Kinder ...) (Plinius 1723, Bd. 2, S. 450) und „... Tarquinius ... Priscus ... filium suum annos quatuordecim natum, quod hostem manu percusserat, et concione laudavit, et bulla aurea praetextaque donavit ...; ita bulla gestamen erat triumphantium, quam in triumpho prae se gerebant, inclusis intra eam remediis quae crederent adversus invidiam valentissima." (lat. – ... Tarquinius Priscus ... hat seinen 14jährigen Sohn, weil er den Feind eigenhändig geschlagen hat, vor der Volksversammlung gelobt und ihm eine verzierte goldene Bulla geschenkt ... So war die Bulla die Zierde der Triumphierenden. Sie trugen sie beim Triumph mit den in sie eingeschlossenen Schutzmitteln, die sie für äußerst wirksam gegen Mißgunst hielten, vor sich her.) (Macrobius 1694, S. 146)

[24] „Les personnes faites portent toûjours sur elles quelque passage de leur Alcoran, qu'ils mettent, comme les Juifs font leurs Phylactères, (Voyez Exode XIII. 16. et Nombres XV. 38.) sur la poitrine ou sous leurs bonnets, pour empêcher par-là toute fascination et sortilège, et pour se garantir de fâcheux accidens ou de maladies. Ils sont si persuadés que la vertu des ces charmes ou rouleaux de parchemin s'étend sur toutes choses, qu'ils en mettent aussi au col de leur chevaux, de leurs bêtes de charge et généralement de tout leur bétail." (Shaw 1743, S. 397), dt. in Shaw 1765, S. 212 „Personen von etwas mehr Jahren führen einige Stellen aus ihrem Koran bey sich, die, (wie die Juden ihre Phylacteria, 2. B. Mos. XIII, 16. 4. B. Mos. XV, 38.) auf ihrer Brust tragen, oder in ihre Mützen nähen, um Hexereyen und Zaubereyen zu verhüten, und sich vor Krankheiten und anderen Unglücksfällen in Sicherheit zu setzen. Sie halten die Kraft dieser Zettelchen für so allgemein, daß sie dieselben auch an den Hals ihres Viehes, ihrer Pferde, und anderer Lastthiere, hängen."; vgl. 2. Buch Mose, Kapitel 13 „16. Und das soll dir ein Zeichen in deiner Hand sein und ein Denkmal vor deinen Augen; denn der Herr hat uns mit mächtiger Hand aus Ägypten geführt." (Bibel 1916, S. 68) und 4. Buch Mose, Kapitel 15 „38. Rede mit den Kindern Israel und sprich zu ihnen, daß sie sich Quasten machen an den Zipfeln ihrer Kleider samt allen ihren Nachkommen und blaue Schnuren auf die Quasten an die Zipfel tun; 39. Und sollen euch die Quasten dazu dienen, daß ihr sie ansehet und gedenket aller Gebote des Herrn und tut sie, daß ihr nicht von eures Herzens Dünken noch von euren Augen euch umtreiben lasset und abgöttisch werdet." (Bibel 1916, S. 143)

[25] frz. – in Algerien

26 „On prétend dans ces païs-ci éprouver tous les jours le pouvoir de quelqu'un de ces gens-là, particulierement par rapport à ce que nous appellons nouer l'éguillette, en Latin, Maleficium Ligaminis, ou Vinculum Veneris. Il semble même que cette superstition étoit déja fort en vogue du tems de l'Empereur Auguste, ainsi qu'on le voit dans ces vers de Virgile, Eclog. VIII. v. 77. 78. Necte tribus nodis ternos, Amarilli, colores; / Necte, Amarilli, modo, et, Veneris, dic, vincula necto." (Shaw 1743, S. 397, Anm. b), (dt. in Shaw 1765, S. 212, Anm. c „Sie behaupten auch, daß sie in diesen Ländern tägliche Exempel hätten, daß man den Einfluß des maleficium ligaminis oder vinculum Veneris bewirken, und verhüten könne, das zu den Zeiten des Augustus sehr gut bekannt gewesen seyn mag. Necte tribus nodis ternos, Amarilli, colores; / Necte, Amarilli, modo, et, Veneris, dic, vincula necto."); „Necte tribus nodis ternos, Amarylli, colores. / Necte, Amarylli, modo, et, Veneris, dic, vincula necto." (Vergilius 1694, S. 37), (dt. in Vergilius 1995, S. 69 „Durch drei Knoten knüpfe der Farbe drei, Amaryllis, / knüpf nur und sprich, Amaryllis: ‚Ich knüpfe die Fesseln der Venus.' ")

27 „Sçavoir les Egyptiens. On peut voir là-dessus Ausone, Epist. 19. et Genese XLIV. 5. où il est parlé du Gobelet par lequel Joseph devinoit infailliblement. Les Moabites n'y étoient pas moins adonnés, car Nombres XXIV. 1. il est dit de Balaam, qu'il n'alla point, comme les autres fois, pour rencontrer des enchantemens." (Shaw 1743, S. 398, Anm. a) (frz. – Das sind die Ägypter. Man kann das Vorstehende nachlesen bei Ausonius, Brief 19 und im ersten Buch Mose 44,5, wo von dem Becher gesprochen wird, mit dem Joseph unfehlbar voraussagt. Die Moabiter waren dem nicht weniger erlegen, denn im vierten Buch Mose 24,1 ist die Rede von Balaam, daß er nicht, wie die anderen Male, ausging, um Zauber zu finden.); vgl. „Europamque Asiamque duo vel maxima terrae / Membra. Quibus Libyam dubie Sallustius addit, / Europae adjunctam: possit quum tertia dici: / Regnatas multis, quos fama obliterat: et quos / Barbara Romanae non tradunt nomina linguae, / ... / Quique Magos docuit mysteria vana Necepsus: / ..." (lat. – Europa und Asien, diese zwei Kontinente stellen einen bedeutenden Teil der Erde dar. Zu ihnen stellt, zweifelnd zwar, Sallustius das Europa angegliederte Afrika, obwohl man den Erdkreis als dreiteilig ansehen kann. Er wird regiert von vielen Königen, deren Ruhm der Vergessenheit anheimgegeben wird und deren fremdartige Namen ihn dem Lateinisch Sprechenden nicht künden, ... wie Necepsus, der die Magier nichtige Geheimnisse gelehrt hat ...) (Ausonius 1730, S. 493), 1. Buch Mose, Kapitel 44 „5. Ist's nicht das, [d. h. der silberne Becher] daraus mein Herr trinkt und damit er weissagt? Ihr habt übel getan." (Bibel 1916, S. 49) und 4. Buch Mose, Kapitel 24 „1. Da nun Bileam sah, daß es dem Herrn gefiel, daß er Israel segnete, ging er nicht aus, wie vormals, nach Zauberei, sondern richtete sein Angesicht stracks zu der Wüste, ..." (Bibel 1916, S. 152)

28 „Ils croyent fortement aux Magiciens et Sorciers, tout comme faisoient leurs anciens voisins; et dans certaines occasions extraordinaires, particulierement dans des maladies de langueur, ils font plusieurs cérémonies superstitieuses, en sacrifiant un coq, un mouton, ou une chevre, ou bien ils enterrent tout le corps, et boivent du sang de la prétendue victime, ou enfin ils en brûlent ou dispersent les plumes, la laine ou le poil. C'est une opinion reçuë dans tout le païs, que la plupart des maladies viennent de ce qu'on a offensé d'une manière ou d'autre les Jenoune, espece de créatures qui, suivant les Mahometans, tiennent le milieu entre les Anges et les Démons. Ces êtres imaginaires, qui ne répondent pas mal aux Fées de nos ancê-

tres, se plaisent, dit on, à l'ombre des bois et auprès des fontaines, et prennent la figure de crapauds, de vers et d'autres petits insectes qu'on trouve toûjours sous ses pieds; de sorte qu'on court risque à tout moment de les fouler, blesser ou écraser. Ainsi, quand quelqu'un tombe malade, ou qu'il reçoit quelque blessure dont il demeure estropié, il ne manque pas de s'imaginer qu'il a offensé, quelqu'une de ces Jenoune; et là-dessus on fait venir d'abord des femmes expertes, qui, semblables aux anciennes Enchanteresses, entendent fort bien leur métier, et s'en vont un beau Mercredi avec de l'encens pur et d'autres parfums ... quelque source du voisinage, et y sacrifient, comme je viens de dire, une poule ou un coq, une brebis ou un belier etcetera, suivant le sexe ou la qualité du malade, et la nature de la maladie." (Shaw 1743, S. 397f.) (dt. in Shaw 1765, S. 212f. „Sie haben ein großes Vertrauen auf Hexenmeister und Zauberer gesetzt, wie die Aegyptier und Moabiter, die vor Alters ihre Nachbarn waren. Bey außerordentlichen Gelegenheiten, besonders bey einer langsamen Krankheit, haben sie verschiedene abergläubische Cärimonien: sie opfern einen Hahn, ein Schaf oder eine Ziege, indem sie den ganzen Körper unter die Erde begraben; sie trinken einen Theil des Blutes, oder verbrennen und zerstreuen die Federn. Es ist eine durch das ganze Land herrschende Meynung bey ihnen, daß alle Krankheiten daher kommen, weil man die Jenoune beleidiget hat; dieß sind eine Art von Wesen, die sie zwischen Engel und Teufel setzen. Man glaubet, wie unsere Vorältern es von ihren Hexen glaubten, sie besuchten die Schatten und Quellen, nähmen den Körper einer Kröte, Schlange oder eines andern kleinen Thierchens, an, die, weil sie uns beständig in Weg kommen, leicht von uns beschädiget werden können. Wenn jemand also lahm oder krank wird, so bildet er sich ein, eins von diesen Wesen beleidiget zu haben. Die Weiber, welche gleich den alten veneficis in diesen Cärimonien sehr geschickt sind, werden augenblicklich geholt, und gehen, wie ich selbsten gesehen habe, an einer Mittwoche mit Weihrauche und anderem Räucherwerke, zu einer benachbarten Quelle, wo sie eine Henne, oder einen Hahn, ein Mutterschaf, oder einen Ziegenbock, nach dem Geschlechte, und dem Range des Patienten, und der Natur der Krankheit opfern.")

29 „C'est-à-dire qu'on sacrifie un mâle, quand c'est pour une fille ou femine malade, et une femelle, quand c'est pour un homme." (frz. – Das heißt, man opfert ein männliches [Tier], wenn es für ein krankes Mädchen oder eine kranke Frau ist, ein weibliches aber, wenn es für einen Mann ist.) (Shaw 1743, S. 398, Anm. c)

30 lat. – ebenda, Anmerkung d

31 „Ce Chapelet est communement de nonante-neuf grains: en touchant chaque grain ils disent Alhamdillah, ou allah Kibeer, ou bien ... Staffour Allah, c'est-à-dire: Le Seigneur soit loüé, le Seigneur est grand, Dieu me pardonne." (Shaw 1743, S. 398f., Anm. d), (dt. in Shaw 1765, S. 213, Anm. f „Indem sie jedes Knöpfchen an ihrem Rosenkranze, das aus neun und neunzig derselben gemeiniglich besteht, überzählen, sagen sie entweder Alhamdillah, Gott sey gelobet; Allah Kibir, das ist, Gott ist groß, oder Staffour Allah, Gott vergib mir.")

32 „Les Mahometans ont une grande venération pour leurs Marabbuts, qui sont en général des gens d'une vie fort austère, toûjours occupés à dire leurs chapelets, ou à la priere et à la meditation. Cette sainteté est héréditaire, et l'on rend au fils le même respect et les mêmes honneurs qu'au pere, pourvû qu'il observe le decorum, et qu'il sçache prendre certain air de gravit, qui en impose. Il y en a parmi eux qui, tout comme leur Prophete, ont la reputation d'avoir des visions, et de converser avec la Divinité: d'autres vont plus loin encore, et prétendent pouvoir faire

des miracles; privilège dont Mahomet lui-même ne s'est jamais vanté." (Shaw 1743, S. 398f.) (dt. in Shaw 1765, S. 213 „Die Mahometaner haben eine große Ehrerbiethung für ihre Marabbutten, Leute von einer strengen und traurigen Lebensart, die sich beständig beschäftigen, die Knöpfchen an ihrem Rosenkranze zu überzählen, oder sich dem Gebethe und den Betrachtungen zu überlassen. Diese Heiligkeit ist erblich. Dem Sohne wird mit eben der Ehrfurcht und Hochachtung begegnet, als dem Vater, wenn er sich nur in eben dem Anstande und der Ernsthaftigkeit erhalten kann. Viele von ihnen genießen auch den Ruhm ihres Propheten, daß sie Gesichter sähen, und mit der Gottheit vertraut wären. Andere hingegen, die vorgeben, sie könnten Wunder thun, haben solche Gaben, worauf Mahomet selbst keinen Anspruch machen durfte."); „Marăbu, 1) eine muhammedanische Secte in Nordwestafrika, ... 2) bei den Berbern eine priesterliche Person, welche mit Wunderkraft u. Prophetie begabt ist u. den Dienst bei Moscheen u. Grabkapellen versieht, sie stehen bei den Laien in großem Ansehen u. ihre Würde ist erblich; ..." (Pierer 1857–65, Bd. 10, S. 849)

[33] „.... Seedy Mustafa ... me raconta ..., qu'un Marabbutt ..., nommé Seedy Ben Mukha-lah, avoit une barre de fer massif, qui, toutes les fois qu'il le lui commandoit, faisoit le même bruit & le même effet qu'un canon ... à ce qu'il ... il y auroit beaucoup d'honneur pour lui de convaincre un Chrétien de la vérité du fait: ... le rusé Marabutt eut trop d'esprit pour s'exposer devant moi. Je fut plus heureux dans le tems que j'étois près de Seteef, avec Seedy Ashoure ..., fameux ... par la reputation qu'il avoit de vomir du feu. Je lui vis faire plusieurs fois ce prétendu miracle ..." (Shaw 1743, S. 399) (dt. in Shaw 1765, S. 213f. „... Sidy Mustaffa ... erzählte ... mir ... daß Sidy Ben Mukhalah, ein Marabbutt ... einen starken eisernen Ringel hätte, welcher auf seinen Befehl das Getöse und die Wirkung einer Kanone zuwege brächte ... ungeachtet ich ihm bewies, wie groß das Verdienst seyn würde, einen Christen von der Wahrheit dieses Wunders zu überzeugen ... hatte Sidy Ben Mukhalah doch zu viel Politik, als daß er erscheinen, und seinen Ruhm hätte in Gefahr setzen sollen. Aber bey Setif war ich mit Sidy Ashoure ... glücklicher. Er war ... wegen seines Feuerspeyens berühmt. Dieses Wunderwerk sah ich zu verschiedenen malen.")

[34] „Ces peuples ne sont pas moins extravagans et ridicules par rapport à ce qu'ils appellent Jaffar-eah, c'est-à-dire la connoissance qi'ils prétendent posseder de l'avenir et de tout ce qui doit arriver. Il est vrai qu'ils ne sont pas encore d'accord entr'eux sur la manière dont ils parviennent à avoir ces révélations; mais en général leurs prétendues prédictions sont toutes conçuës en des termes si vagues, elles sont ordinairement si fausses, ou tout au plus si équivoques et si peu circonstanciées, qu'il ne vaut gueres la peine de rechercher sérieusement les moyens dont ils se servent pour cela. Je n'ai cependant jamais rencontré personne qui ôsat se vanter, quoique le nombre des Enthousiastes soit extrêmement grand dans ce païs, et qu'il y ait ici beaucoup de gens qui se disent inspirés du Ciel en toute autre occasion, que cette science leur vient de Dieu même. Quelques-uns l'attribuent au Magar-eah, ainsi qi'ils appellent le sortilège et l'enchantement; d'autres à l'Astrologie ou à la connoissance des astres: mais leur Thalebs soutiennent, qu'ils ont des propheties d'Aly, gendre de leur Prophete, dans lesquelles ils prétendent qu'il leur a laissé un detail chronologique des évenemens les plus remarquables qui sont arrivés dans le monde depuis son tems, et qui doivent arriver dans les siécles à venir." (Shaw 1743, S. 400) (dt. in Shaw 1765, S. 214 „Eben so ausschweifend und närrisch sind sie bey

ihren Jaffar=eah, oder ihrem Vorgeben, künftige Begebenheiten vorher zu sagen. Sie sind zwar bisher noch nicht einig, durch was für außerordentliche Mittel sie zu diesen Offenbarungen kommen, obgleich die Entdeckungen in solchen allgemeinen Ausdrücken abgefaßt, meistens so falsch, oder doch zweifelhaft, und niemals genau nach allen Umständen bestimmt sind, daß es kaum der Achtsamkeit werth ist, nach ihrem Ursprunge zu fragen. Indessen geben sie doch niemals vor, daß sie von Gott unmittelbar eingegeben wären, ob es gleich eine Menge Enthusiasten in dieser Religion giebt, die sich einer göttlichen Begeisterung bey andern Gelegenheiten rühmen. Einige schreiben es der Magareah oder Zauberkunst, andere der Astrologie oder Sterndeutung zu. Ihre Thalebe hingegen behaupten, daß sie ihre Prophezeyungen von Ali, dem Schwiegersohne Mahomets, erhalten hätten, und sie geben vor, daß er ihnen eine allgemeine und chronologische Nachricht von den merkwürdigsten Begebenheiten hinterlassen hätte, die seit seiner Zeit sich in der Welt zugetragen, oder in künftigen Zeiten noch geschehen sollten.")

[35] lat. – Seite 401 (und) die folgende (Seite)
[36] „Il seroit trop ennuyeux de parler de toutes leurs autres prétendues Propheties, dont la fausseté a sauté aux yeux, en ce que l'évenement a démenti la prédiction, et fait voir que se n'étoit tout au plus que des divinations fort incertaines, ou des conjectures probables. Je ne puis cependant en omettre une, dont le tems et l'avenir decouvrira la vérité, et qui est fort remarquable, en ce qu'elle promet aux Chrétiens le retablissement de leur Religion dans tous ces Royaumes qui leur ont été enlevés autrefois par les Sarrasins et par les Turcs. Ce qu'il y a de plus particulier, c'est que cette prédiction, comme je l'ai déja observé ailleurs, est universellement reçue dans tous les Etats Mahometans, et que pour cette raison ils ferment soigneusement les portes de leurs villes tous les Vendredis, depuis dix heures du matin jusqu'à midi, qui est, disent-ils, le tems marqué pour cette catastrophe." (Shaw 1743, S. 401f.) (dt. in Shaw 1765, S. 215 „Es würde zu verdrüßlich fallen, wenn ich noch mehrere von ihren vorgegebenen Prophezeyungen erzählen wollte. Einige zeigten ihre Falschheit durch den Erfolg sehr deutlich, und andere waren bloße Muthmaßungen. Wir müssen also warten, bis die Zeit die merkwürdigste unter allen wahr macht, die den Christen eine Wiederherstellung aller der Königreiche verspricht, die sie vor Zeiten an die Türken und Saracenen verloren haben. Dieß muß ich noch anmerken, daß in allen, auch den entferntesten Gegenden des mahometanischen Reiches, diese Sage allgemein geglaubt wird; und daß sie deswegen die Thore ihrer Städte jeden Freytag, den Tag ihrer Versammlung, von morgens zehn bis zwölf Uhr sorgfältig verschließen, weil dieses der zu dieser großen Veränderung bestimmte Tag, und dieß die dazu angesetzte Zeit ist.")

Anhang:

Glossar
Personenregister
Register der geographischen Namen
Sachregister
Ethnographische Karte

GLOSSAR

Achun: russ. *achun*; turk. „акун" – „Ober-Mulla" (Radloff 1963, Bd. 1, Sp. 109); russ. *mulla* bzw. *molla* – mohammedanischer Geistlicher (*Slovar'* 2003, S. 73); „Achun und abiss, das sind die vornehmsten personen geistlichen standes unter den sibirischen tataren und bucharen. Sie sind auch zugleich in nicht wichtigen sachen die rechtspfleger, wie die kadileskier unter den türken." (*Materialy* 1885–1900, Bd. 6, S. 346); s. auch *Tatiščev* 1996, T. VIII, S. 173

Adler: „De Aquila in genere. ..." (Willughby 1676, S. 26f.); „Von dem Adler ins gemein/ und zwar erstlichen von dem rechten Adler und seiner Gestalt. Aqvila. ..." (Gesner 1669b, S. 1ff.); nach J. G. Gmelin (AAW R. I, Op. 105, D. 7, Bl. 21r): „Aquilae tria genera – орелъ белохвостой, сизой и чорный.", lat. – drei Gattungen (Species) von Adlern (Aquilae) – *belochvostoj* (weißschwänziger), *sizoj* (blaugrauer) und *čornoj* (schwarzer) *orel*; „III. Aquilae. ..." (Pallas 1811–1831, Vol. I, S. 337ff.)

Amanat (Amanaten): russ./tatar. *amanat* (Mz. *amanaty*) – Geisel; „... Dieses ist nach Art der übrigen Völker in Sibirien zu verstehen, deren erste Unterwerfung meistens dadurch geschehen, daß man einige derselben aufgefangen, und zum Unterpfande der Treue der übrigen, oder, wie man in Sibirien redet, als Amanaten, gehalten hat." (Müller 1758, S. 53–54); zum System der Geiselname s. Forsyth 1992, S. 41

ander(e): „ANDER, ... nach dem bestimmten artikel hat ander noch den sinn von alter, ... Im 16. 17 jh. aber galt es noch zu zählen: der erste, der ander, der dritte ... und nicht der zweite; ..." (Grimm 1991, Bd. 1, Sp. 305ff.)

Arinzen (Ara; Ariner; Arinzi; Arinzische Tataren): russ. *arincy*; Die ausgestorbenen, nomadisch lebenden eigenständigen Arinzen lebten westlich des Flusses *Enisej* in der Gegend des Flusses *Kača* und standen zeitweise unter der Herrschaft von ↑Tataren und ↑Kirgisen. Sie ernährten sich vorwiegend von der Jagd und waren für ihre kunstfertigen Schmiedearbeiten bekannt. Die arinzische Sprache (auch als Arinzisch-Tatarisch bezeichnet) ist eng verwandt mit den ketischen Sprachen (z. B. *Enisej*-Ostjakisch; ↑Ostjaken). Auf Grund ihres gemeinsamen Siedlungsgebiets und ihrer engen Wechselbeziehungen mit den *Krasnojarsk*er ↑Tataren (insbesondere mit den ↑Katschinzen) wurden die Arinzen früher diesen zugeordnet wurde, heute werden sie zu den ↑Chakassen gezählt.

(*Funk/Tomilov* 2006, S. 533ff.;
Georgi 1776–1780, S. 296–298;
Klaproth 1831, S. 167–168; Müller 1999, S. 535; Müller 2000,
S. 666, S. 669f. u. S. 672;
Schiefner 1857a , S. 87; Strahlenberg 1730, S. 85–86)

Arschin (russ. *aršin*): Längenmaß,
1 *aršin* = 16 *veršok* (Werschok) =
0,71119 m (Festlegung nach ↑*ukaz* vom 11.10.1835, s. Schwabe
1871, S. 421)

Assanen (Assani; Assanische Tataren): russ. *asany* bzw. *assany*;
Die ausgestorbenen, nomadisch
lebenden eigenständigen Assanen
(Eigenname wie der der ↑Kotowzen: Kottuen) mit Siedlungsgebiet an den Flüssen *Usolka* und
Taseeva haben enge Verbindungen zu den ↑Arinzen und sind
von ↑Tataren und ↑Burjaten
beinflußt. Früher wurden sie den
*Krasnojarsk*er ↑Tataren zugeordnet. Ihre Sprache (Assanisch,
Assanisch–Tatarisch) ist eng
verwandt mit den ketischen
Sprachen (z. B. *Enisej*-Ostjakisch; ↑Ostjaken). Diese und die
kotowzische (kottische) Sprache
können als Dialekte einer gemeinsamen Sprache angesehen
werden. (*Chelimskij* 2006,
S. 201–203; Georgi 1776–1780,
S. 299; Klaproth 1831, S. 169;
Müller 2000, S. 56 u. S. 669,
G. F. Müller in: AAW F. 21,
Op. 5, D. 143, Bl. 57r u. Bl. 60v;
Schiefner 1857a, S. 87)

Bär (Baar; Bäär; Bähr; Bahr;
Beer): russ. *medved'* (Mz. *medvedi*); „17. Ursus Arctos. ...
Rossis Mjedwed (mellivorus). ..."
(Pallas 1811–1831, Vol. I, S. 64–69); „1. Ursus Arctos ... Gemeiner Bär. Landbär. Russisch
Medwed. ..." (Georgi 1797–1802, Theil 3, S. 1542–1544);
zum Handel mit Bärenfellen s.
Müller 1760, S. 550–551

Barabinzische Tataren (Barabinzen): ↑Tataren

Bati (Baty): russ. *baty* (Ez. *bat*):
kleine Boote aus ausgehöhlten
Baumstämmen (s. *Anikin* 2003,
S. 88 u. S. 768)

Biber (Bieber): russ. *bobr* (Mz.
bobry); „1. Castor fiber ... Gemeiner Biber. Biber R. Bobr. ...
Man verfolgt den Biber wegen
seines Balges zu Pelzwerk, Bebrähmungen – und des sogenannten Bibergeils (Castoreum) welches beyde Geschlechter unter
dem Schwanze neben den Zeugungsgliedern in zwey Beuteln
besitzen. ..." (Georgi 1797–1802,
Theil 3, S. 1555ff.); s. auch die
Abhandlungen über Biber in
Brandt 1855; zum Handel mit
Biberfellen und Bibergeil s. Müller 1760, S. 527–529 u. S. 559–560

Birke: russ. *bereza*; „Betula L.,
Birke. 1. Betula alba ... Weiße
Birke. Gemeine Birke. Maye. R.
Beresa. ... So allgemein und häufig die Birke in Rußland und Sibirien ist, so groß und mannich-

faltig ist auch ihre häusliche und technische Benutzung. Den Birkensaft nutzen die Baschkiren im Ural und andere Nomaden im Frühlinge, ehe sie von ihren Heerden hinreichend Milch erhalten können, als nährendes und wohlschmeckendes Getränk. ... Russen und andere ansäßige Einwohner bohren die Stämme an, und sammeln den auslaufenden Saft mittelst eingesetzter kleiner Röhren. ... Der für sich behutsam eingetrocknete Birkensaft giebt eine Art Manna. Auch giebt der Saft guten Essig. ... Das Holz stockt zu bald an offner Witterung, als daß es zum Bauen brauchbar seyn kann. Zu allerley Acker= und Hausgeräth, Pflügen, Schlitten, Wagen, Schaufeln, Mulden, Löffeln und mannigfaltiger Stellmacher=, Schreiner= und Drechslerarbeit ist es unter den übrigen Holzarten das gebräuchlichste. Viele Birkenwurzeln haben Masurauswüchse, aus welchen Schalen, Schüsseln, Becher, Dosen – geschnitzet oder gedrechselt werden ... Die Rinde junger Birken ist sehr zähe und läßt sich durch Einweichen in heißes Wasser wie Leinewand ausbreiten, an einander nähen und aufrollen ... Die alte Birkenrinde dient theils zum Decken der Hüttendächer, mehr aber noch zur Gärberlohe. Eine Rußland eigenthümliche Anwendung der alten Birkenrinde, auch der schon faulenden Bäume von Windbruch ist zur Bereitung des Birkentheers (R. Doggot) zur Juchtengärberey, auch zum Schmieren der Wagen und sich reibender Maschinen. ... In den Tonnen ist nach völligem Erkalten der obere Theer gelbbraun und flüssiger, als der untere schwarze. Man nennt diesen feinen Theer Wetotschnoi Dogt und füllet ihn zum Theil in einer Spanne langen Gedärme, in welcher Wurstform er als Hausarzney für Menschen und Vieh, theuer verkauft wird. ... Auch die Hausfärberey nutzt die Birke. ... Junges Birkenlaub ist überall ein vorzügliches Material der Gelbfärberey mit Alaun und plattem Kolbenmoos gebeizten Wolle. ..." (Georgi 1797–1802, Theil 3, S. 1287–1291). In der russischen Volksmedizin fand die Birke (Saft, Aufguß der Knospen, Blätter, Rinde, Teer) eine breite Anwendung (Demitsch 1889, S. 185–187).

Boltzenpfeile (Bolzenpfeile): ↑Tomari

Brautschatz: „Brautschatz, 1) so v. w. Dos, ..." (Pierer 1857–65, Bd. 3, S. 250); „Dos ... 1) Alles, was um der Frau willen in das Vermögen des Ehemannes zur Bestreitung der ehelichen Lasten übertragen wird, wozu jede Sache, welche einigen Vermögenswerth hat, gebraucht werden kann. ..." (a. a. O., Bd. 5, S. 275f.)

Bucharen (Sibirische Bucharen): russ. *bucharcy* bzw. *buchary*; Bereits ab dem 16. Jahrhundert siedelten vorwiegend Kaufleute aus dem zentralasiatischen Khanat Buchara mit einer ethnisch sehr gemischten Bevölkerung in verschiedenen Gegenden Sibiriens und bildeten später Kolonien u. a. in den Städten *Tobol'sk*, *Tara*, *Tjumen'* und *Tomsk*. Von der ethnischen Herkunft sind die Bucharen mit islamischer Religion vorwiegend dem Turkvolk der Usbeken zuzuordnen, unterscheiden sich aber wenig von den ↑Tataren ihrer Siedlungsgebiete. Ihre Sprache (Bucharisch) ist dem Tatarischen sehr nahestehend und enthält zahlreiche Lehnwörter aus dem Türkischen, Persischen und Arabischen. (Falk 1786, S. 496–516; Georgi 1776–1780, S. 144–156; Helimski 2003, S. 219; Klaproth 1831, S. 239–254)

Burjaten (Burjäten; Buriäten; Brazki; Brazki um Irkuzk und Wercholensk; Brazki auf der Insul Olchon; Brazki diesseits und jenseits dem See Baical; russ. *burjaty*, *bracki*, *brackie*, *bratski*, *bratskie*, *braty*): Das Volk der Burjaten ist wie das der ↑Kalmyken mongolischer Abstammung (↑Mongolen) und entstand durch die Vermischung (bzw. Unterwerfung) mit den mongolischen Stämmen Bugalat, Chora, Echirit und Chongodor sowie anderen zentral- bzw. nordasiatischen Völkergruppen. Mit dem Vordringen der Russen bis zum *Bajkal*gebiet geriet es seit Beginn des 17. Jahrhunderts unter russischen Einfluß, wobei mit den chinesisch-russischen Verträgen von *Nerčinsk* (1689) und 1727/28 am Grenzfluß *Bura* bzw. am Fluß *Kjachta* auch eine territoriale Abgrenzung erfolgte. Die Lebensweise der Burjaten war ursprünglich nomadisch mit umfangreicher Viehzucht. Unter russischem Einfluß entwickelte sich insbesondere bei den westlicher lebenden Gruppen Ackerbau, der zu einer seßhaften bzw. halbseßhaften Lebensweise führte. Bekannt waren die Burjaten bereits im 18. Jahrhundert durch eine lange Tradition kunstvoller Schmiedearbeiten.

Die Burjaten waren in zahlreiche, z. T. kleine Stämme (z. B. *bulagat*, auch als ↑Geschlecht Bologat bezeichnet, *chongodor*, *chori*, *èchirit*) unterteilt, die wiederum aus vielen Geschlechtern bestanden, wobei die Benennungen oft nach dem jeweiligen Siedlungsgebiet erfolgten.

Ihre Siedlungsgebiete auf russischem Territorium lagen westlich und nordwestlich vom See *Bajkal* bis zum Fluß *Enisej*, nördlich und östlich vom See *Bajkal* bis zum Oberlauf des Flusses *Lena*, um den See *Bajkal* und südlich bzw. südöstlich des Sees *Bajkal*

bis zur heutigen mongolischen Grenze.
Die burjatische Sprache (Brattisch) wird eingeordnet als Teil der altaischen Sprachfamilie als Nord-Mongolisch unter die mongolischen Sprachen. Man kann zahlreiche Dialekte unterscheiden, von denen z. B. Matthias Alexander Castrén in seinem Wortverzeichnis (Schiefner 1857) zahlreiche Beispiele für die zwei cis-*bajakal*ischen Dialekte („nishneudinscher und tunkinscher Dialekt") und zwei trans-*bajkal*ische Dialekte („chorinscher und selenginscher Dialekt") angibt.
Die Burjaten waren ursprünglich Anhänger animistischer bzw. schamanistischer Naturreligionen. Seit etwa Anfang des 17. Jahrhunderts kam es zu einer Verbreitung der buddhistisch-lamaististischen Religion (↑Lamaismus), durch die Russen wurde intensiv versucht, die Burjaten wie auch die anderen sibirischen Völker zum orthodoxen Glauben zu bekehren. (*Abaeva* 2004; Archiv 1843; Archiv 1860; *Brokgauz/Efron* 1991, Bd. 9, S. 59–64; Forsyth 1992, S. 84–92, S. 95–100 u. S. 168–174; Georgi 1776–1780, S. 420–433; Klaproth 1831, S. 270 u. S. 276–284; Pallas 1776; Pallas 1801; Schiefner 1857a, S. 43)

Camaschinzi (Camasinzi): ↑Samojeden

Camassi (Kamassi): russ. *kamasy* (Ez. *kamas*; auch *kamus* bzw. *kamys*); „Оленые камасы [russ. *olenye kamasy*; ↑Ren], oder кисы оленьи [russ. *kisy olen'i*], wovon letzterer Nahme zu Beresow und andern Orten der Tobolskischen Provinz, der erste aber zu Jeniseisk, Mangasea, Jakuzk u. s. w. am gebräuchlichsten ist, nennet man die Füsse von Rennthieren, oder vielmehr die Felle, so von den Füssen abgenommen, und nicht an den Rennthierhäuten gelassen, sondern besonders verkauft werden. Der Gebrauch ist zu warmen Reisestiefeln, da das Rauche auswerts gekehret wird. ... Man hat auch Kamaßi von Elenden [↑Elen] und ↑Hirschen, welche aber wegen Dicke des Felles nicht so brauchbar sind." (Müller 1760, S. 556f.); s. auch *Anikin* 2000, S. 245

Cameel: ↑Kamel

Casake: ↑Kosake

Casatschi orda: ↑Kirgisen

Chakassen: russ. *chakasy*; Anfang des 20. Jahrhunderts wurden eine Reihe von turksprachigen Völkern (Tataren), die am Mittellauf des Flusses *Enisej*, im Sajangebirge (*Sajanskoj chrebet*) und um *Krasnojark* lebten zum Volk (zur Völkergruppe) der Chakassen zusammengefaßt (Sprache: Chakassisch). Dazu gehörten u. a. viele der *Krasnojarsk*er und *Kuzneck*er ↑Tataren u. a. mit den

↑Katschinzen, den ↑Koibalen, den Sagaischen ↑Tataren (Sagai), den Beltiren (Beltirische ↑Tataren) und den ↑Schoren (russ. *šorcy*) einschließlich der Abinzen (russ. *abincy*) und Birjussen (russ. *birjusincy* o. *birjusy*) (*Funk/Tomilov* 2006, S. 533ff.).

Chan (Khan): russ. *chan* bzw. *kan*; „Khan (tatar., Fürst, Regent); 1) der Titel der mongolischen od. tatarischen Herrscher, welchen seit Dschingis=Khan alle mongolischen u. türkischen Häuptlinge außer der Tatarei annehmen. ... Daher Khanat, Fürstenthum, Fürstenwürde; ..." (Pierer 1857–65, Bd. 9, S. 458); mongol. „хан" bzw. „хаан" – Fürst, Herrschertitel (*Luvsandèndèv* 2001–2002, Bd. 4, S. 36 bzw. S. 2); kalmyk. „хан" – russ. *chan*, Fürst (*Iliškin* 1964, S. 755); s. *Anikin* 2000, S. 253f. unter russ. *kan*

Circuljagd: ↑Oblawa

Copeke: ↑Kopeke

Corallen: ↑Korallen

Cosake (Casake): ↑Kosake

Dahle: ↑Dohle

Damast: russ. *kamka*; „Damast, 1) seidenes, auch halbseidenes, wollenes od. leinenes zeug, mit glattem Atlasgrund, worauf Blumen od. andere Figuren ein wenig erhaben gewebt sind. ..." (Pierer 1857–65, Bd. 4, S. 661)

Dauren (Manschjuren): russ. *daury*; Die Dauren, die heute als Dahuren eine nationale Minderheit Chinas sind, waren eine am Oberlauf des Flusses *Amur* und am Fluß *Vitim* lebende, oft den Burjaten zugeordnete, aber als Untergruppe der Mandschuren (russ. *man'čžury*) anzusehende Volksgruppe mit einer zur mongolischen Sprachgruppe der altaischen Sprachfamilie gehörenden Sprache. Die Lebensweise der daurischen Mandschuren war teilnomadisch bis seßhaft, sie lebten vorwiegend von Ackerbau, Viehzucht und Bergbau, ihre Religion war schamanistisch. Die Mandschuren sind eng mit den ↑Tungusen verwandt. Ihre Sprache gehört zur mandschutungusischen Sprachgruppe der altaischen Sprachfamilie, die mandschurische Schrift wurde im 17. Jahrhunder aus der mongolischen Schrift abgeleitet. „Die Mandshuren besaßen vor Ankunft der Russen im Anfange des 17ten Jahrhunderts ganz Daurien oder das ostliche Sibirien vom Baikal bis an das mongolische Gebürge, nebst der ganzen Gegend des Amurs, seiner Stammflüsse (der Schilka und Argun) sowol als der Seitenflüsse Sega, Schingal, Naun &c. ... Am Selengafluß und am obern Amur stand damals der Stamm der Dauren, zwischen dem Argun und der Schilka die Dutscheri, am mittlern Amur und der an beiden Seiten einfallenden Flüsse Sega, Naum &c. der Stamm der Atscharen, ..." (Georgi 1776–

1780, S. 302); (*Abaeva* 2004, S. 44; *Brokgauz/Efron* 1991, Bd. 36, S. 583; Guter 2004, S. 83–84 u. S. 314–315; Klaproth 1831, S. 290ff.)

Daurien: ↑Dauren

Distrikt (District): ↑Provinz

Dohle (Dahle): russ. *galka* (Mz. *galki*); „DAHLE, f. dohle, monedula, ..." (Grimm 1991, Bd. 2, Sp. 695f.); „Monedula sive Lupus Aldrov. ... The Jack-daw. ..." (Willughby 1676, S. 85–86); „46. Corvus Monedula. ..." (Pallas 1811–1831, Vol. I, S. 385–386); „6. Corvus Monedula ... Dolen=Krähe. Gemeine Dole. ..." (Georgi 1797–1802, Theil 3, S. 1712)

Eichhorn: russ. *belka* (Mz. *belki*); „XXII. Sciuri. ... 110. Sciurus Varius. ... Sciurus vulgaris ... Rossice Bjelka ..." (Pallas 1811–1831, Vol. I, S. 183–191); „Sciurus Linn., Eichhorn. ... 1. Sciurus vulgaris ... Gemeines Eichhorn. Eichhörnchen. R. Bielka. ..." (Georgi 1797–1802, Theil 3, S. 1584–1590); „Grauwerck. Werden genannt die Felle von Eichhörnern und die davon gemachten Peltzwercke. Die Siberischen dunckel=grauen haben längere Haare, grössere und festere Häute. Die übrigen aus andern Provintzen welche licht= grau fallen, sind etwas wohlfeiler. man theilet dieses kleinen Thierleins Haut in 4. Theile, als 1. der Rücken entzwey geschnitten, wovon der unterste Theil das beste. 2. Der Oberste Theil vom Rücken. 3. Der Bauch, so gantz weiß, oder rauten weisse mit grau meliret. 4. Die Köpfe und Ohren. Dieses letztere ist das schlechteste unter allen. Die Eichhörner welche im Sommer gesammlet werden, haben rothe und dünne Haare und undauerhafte Häute." (Strahlenberg 1730, S. 359); zum Handel mit Eichhörnchenfellen s. Müller 1760, S. 517–524

Elen: russ. *los'* (Mz. *losi*), russ./sib. *sochatyj, sochatoj*; russ. (adj.) *losinyj, losinoj* – Elen-; „118. Cervus Alce. ... Russis Loss ..." (Pallas 1811–1831, Vol. I, S. 201–206); „Cervus Alces ... Elg=Hirsch. Elg. Elend=Hirsch. Elend=Thier. Elend. R. und Poln. Los. Sibir. Sochat. ..." (Georgi 1797–1802, Theil 3, S. 1607–1609); zum Handel mit Elenfellen s. Müller 1760, S. 552–553

Ennè: jakut. „änjä" bzw. „äнңä" – Aussteuer (*Pekarskij* 1958–1959, Bd. I, Sp. 266; Middendorff 1851, Theil 2, S. 15)

Ermel: „ERMEL, m. manica = Ärmel ..." (Grimm 1991, Bd. 3, Sp. 914)

Faden (Klafter): Längenmaß; 1 Faden = 6 ↑Fuß ≈ 1,8831 m (preußisch) ≈ 1,7512 m (bayrisch); als französisches nautisches Maß 1 Faden (frz. brasse) = 5 alte Pariser ↑Fuß (pieds) = 1,6242 m (Schwabe 1871,

S. 404); russ. ↑*sažen'* (meist synonym gebraucht) Fichte: Im zeitgenössischen deutschen Sprachgebrauch (siehe z. B. Gmelin 1751–1752) wird die Fichte (heute: Picea abies; russ. *el'*) meist als „Tanne", während die Kiefer (Pinus sylvestris, russ. *sosna*) meist als „Fichte" bezeichnet wird; vgl. Georgi 1797–1802, Theil 3, S. 1317f. „5. Pinus Abies ... Rothtannen=Fichte. Rothtanne. Gemeine Tanne. Pechtanne ... R. Jel, (Tannenwaldung, Jelnik). ..."; „Pinus Abies ... Germanis Rothe Tanne, ... Rossis Ель [russ. *el'*] (Jel), sylva abiegna Ельник [russ. *el'nik*] (Jelnik). ..." (Pallas 1784, S. 6f.); russ. *pichta* – Tanne; „4. Pinus Picea ... Weißthannen=Fichte. Weißtanne. Silbertanne. Edle Tanne. R. Pichta, (Weißfichtenwaldung, Pichtowik). ... Die Sirjanen in Permien, Wologda – nehmen die Rinde zu Nothbrod." (Georgi 1797–1802, Theil 3, S. 1316); „Pinus Picea ... Germanis Weiss-Kreuz- Silber oder Edle Tanne. Rossis Пихта [russ. *pichta*] (Pichta), composita ex iis sylva Пихтовникъ [russ. *pichtovnik*] (Pichtovnik). ..." (Pallas 1784, S. 7); „.... man hat mir gesagt, daß die armen Bergtataren in Hungersnoth ihre Zuflucht auch wohl zu der Rinde der weissen Tannen [als Nahrung] ... nehmen." (Pallas 1778, S. 264); „Pinus L., Fichte. Kiefer. ...

1. Pinus sylvestris ... Gemeine Fichte. Gemeine Kiefer. Fuhre, Föhre, Kienbaum ... R. Sosna. (der Fichten=Wald Sosniak, ein gemischter Fichten=Wald Bor.) ... Die Rinde der alten Stämme und alten Zweige ... dient ... bey Miserndten und Getreidemangel hie und da zur Verlängerung auch wohl zum Ersatz des Getreides zu Brodmehl. Man schabt oder schälet die Rinde von wachsenden Bäumen, auf welchen sie sich, wenn der Stamm vom Baste bedeckt bleibt, wieder ersetzt, trocknet und mahlet sie für sich oder mit noch vorhandenem Getreide zu grobem Mehl, mischt sie mit $^2/_3$, der Hälfte, $^1/_4$, so wie mans kann, mit Getreidemehl, Spreu, Kaf oder Kleyen, oder nimmt sie auch bey größerm Mangel für sich, sucht sie in 24 Stunden mit Sauerteig zu säuern, und bäckt denn aus diesem Teige dünne Fladen. Alte, daran gewöhnte Leute kommen mit dieser Nahrung ziemlich gut zurechte, Kinder aber werden von diesem Nothbrod gedunsen und von sehr steiffen, fast unbiegsamen Gliedern. ..." (Georgi 1797–1802, Theil 3, S. 1307–1311); „Pinus Sylvestris ... Germanis Föhre, Kiefer, Fichte, Kienbaum, in Livonia Tanne. Rossis Сосна [russ. *sosna*] (Sosna), Pinetum Сосняк [russ. *sosnjak*] (Sosnäk); et frondosis arboribus mixtum Боръ

[russ. *bor*] (Bor); ..." (Pallas 1784, S. 5f.)

Filz: ↑Woilok

Finger: Längenmaß, lat. digitus; „Digitus ein ↑Zoll, Pollex ..." (Zedler 1732–50, Bd. 7, Sp. 906ff.)

Flügel: „Flügel bey der Jägerey, ein durch ein Holtz gehauener und mit Ziffern an den nebenstehenden Bäumen gezeichneter Weg. Wenn er nicht gar durch ein Holtz gehet, und mit Buchstaben bemerckt ist, so heist er ein Stell=Flügel, gehen aber zwey Stell=Wege quer= oder Creutz=weise übereinander, so heissen sie Creutz=Flügel. Einen Abjagens=Flügel nennet man, welcher nach dem Lauff zugehet. Ein rechter Flügel heist der, so von dem Lauffe zur rechten Hand ins jagen gehet, und auf dergleichen Art ist hinwieder der lincke Flügel zu verstehen. Ein Quer= Flügel wird ein durchgehauener Weg, recht in= und vor dem jagen genennet. Ein beflügelter Wald ist ein Wald, der mit denen zur Jagd dienenden gehauenen Flügeln versehen ist." (Zedler 1732–50; Bd. 9, Sp. 1355)

Fuchs: russ. *lisica* (Mz. *lisicy*); „14. Canis Vulpes. ... Rossice Lissitza, ..." (Pallas 1811–1831, Vol. I, S. 45–51); „6. Canis Vulpes ... Gemeiner Fuchs. Birkenfuchs. R. Lisiza ..." (Georgi 1797–1802, Theil 3, S. 1511–1514)

für: An verschiedenen Stellen der Texte ist die Präposition „für" im Sinne von „vor" (u. a. auch zeitlich u. als „gegen" bzw. „gegenüber") zu verstehen (s. dazu Grimm 1991, Bd. 4, Sp. 617–655).

funt: ↑Pfund

Fuß (Schuh; russ. *fut*): Längenmaß; 1 französischer Fuß = 0,3248394 m; 1 rheinländischer Fuß = 0,31385 m; 1 *fut* = 1 englischer Fuß = 30,479 cm (Schwabe 1871, S. 421)

Gabelpfeil: ↑Orgisch

Gagari: russ. *gagary* (Ez. *gagara*); allgemein russ. *gagara* – Taucher (Pawlowski 1952, S. 228), „Colymbus L., Taucher. R. Gagar." (Georgi 1797–1802, Theil 3, S. 1760), aber auch „Colymbus cornutus. ... Colymbus cristatus, Lin. ... Rossis Gagâra. ..." (Pallas 1811–1831, Vol. II, S. 353–355) bzw. „10. Colymbus cristatus L. ... Haubentaucher. Russ. Gagar. ..." (Georgi 1797–1802, Theil 3, S. 1762f.)

Galki: ↑Dohle

Gans: russ. *gus'* bzw. *dikoj gus'* (Mz. *gusi* bzw. *dikie gusi*); „§. I. De Ansere domestico. ... §. II. Anser ferus. ..." (Willughby 1676, S. 273–274); „320. Anser vulgaris. ... Anser ferus vulgaris ... Rossice Gús, sponatanea Dikii Gús ..." (Pallas 1811–1831, Vol. II, S. 222–225); „12. Anas Anser ... a) Anser ferus. Wilde Gans R. Dikoi Gus. ... b) Anser domesticus. Hausgans. Zahme Gans. ..." (Georgi 1797–1802, Theil 3, S. 1729–1731)

Gebiet (russ. *oblast'*): territoriale Verwaltungseinheit des Russischen Reichs, ab 1775 einem ↑Gouvernement, vorher einer ↑Provinz entsprechend; Der Begriff 'Gebiet' wurde oft synonym gebraucht mit ↑Kreis (GOSU 2001, S. 196).

Geschlecht (als ethnische Einheit): In nicht einheitlicher Weise wurden Gruppen verwandter Personen sibirischer Völker zu einem Geschlecht (russ. *rod*, sib./russ. *ajmak* bzw. Aimak, s. dazu *Slovar'* 1984, S. 33), auch ↑Wolost (russ. *volost'*), zusammengefaßt, das in weitere Untergruppierungen aufgespalten war. Die meist in gleicher Bedeutung gebrauchten ethnischen Einheiten ↑Ulus (auch als administrative Einheit), Stamm bzw. Horde (russ. *ulus*, *plemja* bzw. *pokolenie* u. *orda*) waren dem Geschlecht übergeordnet. Einheitliche administrative Regelungen (auch für den Sprachgebrauch) wurden erst 1822 geschaffen (GOSU 2001a, S. 268–270). „Ich gedenke das Wort Geschlecht (russ. *ród*) für die Unterabteilung einer Völkerschaft der sibirischen Eingeborenen beizubehalten, deren Familienverwandtschaft untereinander als eine nähere angenommen werden muss. Das Wort Stamm ist ein weiterer Begriff, entsprechend dem russischen ordá, und somit gleichbedeutend mit Horde.* | * Die Verwaltung hatte zu meiner Zeit sich eine künstliche unwandelbare Gränze geschaffen durch die Feststellung dass ein Völkchen von mehr als 100 männlichen Seelen ordá, bei geringerer Zahl aber ród zu nennen sei. | " (Middendorff 1874–1875, S. 1398); „Die Jakuten halten sich sorgfältig nach Stämmen und Geschlechtern zusammen ... Die Regierung theilet die Geschlechter (Wolosten) [↑Wolost] nach den Kreisen jeden Tributortes ein, ... Ein solcher Tributdistrict wird Uluß [↑Ulus] und die dazu gehörigen Geschlechter Wolosten genennet. ..." (Georgi 1776–1780, S. 261)

Giljaken: russ. *giljaki* (Eigenname: Niwchen, russ. *nivchi*); Die zur Gruppe der Paläoasiaten gehörenden Giljaken sind ein vorwiegend von Fischfang und der Jagd lebendes halbnomadisches Volk mit vorwiegend schamanistischer Naturreligion auf der Insel *Sachalin* und im Mündungsgebiet des Flusses *Amur*. Die giljakische Sprache (Giljak; Niwchisch) ist eine isolierte Sprache und gehört zu den paläosibirischen Sprachen. (*Brokgauz/Efron* 1991, Bd. 16, S. 686–688; Forsyth 1992, S. 207–211; Georgi 1776–1780, S. 302–305; Klaproth 1831, S. 301)

Golowschina: russ. *golovščina*; für Totschlag oder Mord vorwiegend in Naturalien (meist Vieh) zu zahlende Strafe

Gouvernement: Bei der Einteilung des Russischen Reichs in 8 Gouvernements (höchste territoriale Verwaltungseinheiten mit jeweils einem Gouverneur an der Spitze) im Jahr 1708 wurde das Gouvernement Sibirien gebildet, das die östlichen Gebiete bis zum Stillen Ozean umfaßte und von der Stadt *Tobol'sk* aus verwaltet wurde. Dieses Gouvernement wurde 1719 in die drei ↑Provinzen *Vjatsk*, *Solikamsk* und *Tobol'sk* geteilt, von denen die beiden ersteren 1727 dem Gouvernement *Kazan'* zugeordnet wurden. Aus der Provinz *Tobol'sk* wurden 1724 noch die beiden Provinzen *Enisejsk* und *Irkuck* abgeteilt (*Okladnikov* 1968–1969, Bd. 2, S. 137 u. S. 308). Bis 1731 (bis 1726 oder 1727 nach Gmelin 1751–1752, 2. Theil, S. 9f.) wurde *Irkuck* von ↑Wojewoden geleitet, im Jahr 1731 wurde ein Vizegouverneur eingesetzt, der dem Gouverneur in *Tobol'sk* unterstellt war. Ab 1737 (nach Amburger 1966, S. 404 im Jahr 1736) wurde ein Vizegouverneur für Ostsibirien eingesetzt, der direkt dem *Sibirskoj prikaz*, der zentralen Behörde für die Verwaltung Sibiriens in *Moskva*, unterstellt war. „Die Stadt Irkutzk hat einen Unterstatthalter [Vizegouverneur], welchem die ganze ↑Provinz unterworfen ist. Unter ihm stehen die ↑Woewoden von Selenginsk, Nertschinsk, Ilimsk, Jakutzk, und die Befehlshaber von Ochotzk und Kamtschatka. ..." (Gmelin 1751–1752, 2. Theil, S. 163)

Handbreit(e): „7. Die Handbreite (Palmus), die Breite der Hand, ohne den Daumen; 3 ↑Zoll." (Bischoff 1822, S. 5)

Hanf (Hanff): russ. *konoplja*; „1. Cannabis sativa ... Gemeiner Hanf. ... Den mehrsten Gebrauch machen die Baschkiren, Krasnojarsschen und andere wandernde Tatarn und Bürätten von demselben. ... Die bey weitem beträchtlichste Benutzung des Hanfes ist der Bast oder eigentliche Hanf (Konoplia) und dessen Veredlungen in Gespinst, zu Seilen, Garn, Zwirn, Schnüren und Linnen, Raventuch, Segeltuch, Sacklinnen, gestreiftem Kanafas. ..." (Georgi 1797–1802, Theil 3, S. 1344ff.)

Hase (Haase): „XIV. Lepores. ... 65. Lepus variabilis ... Rossis Saëtz [russ. *zaec* bzw. *zajac* (Mz. *zajcy*)] ... 66. Lepus timidus. ..." (Pallas 1811–1831, Vol. I, S. 145ff.); „Lepus L., Hase. 1. Lepus timidus ... Gemeiner Hase. Grauer Hase. Feldhase. ... 2. Lepus variabilis ... Weißer Hase. Farbeändernder Hase. Beyde haben im Ansehen, Aufenthalt, Sitten, Lebensart, Vermehrung,

Nahrung, Größe – so viel Aehnlichkeit, daß der Ritter von Linné sie noch in der 12ten Ausgabe seines Natursystems als Abarten ein und derselben Art nahm; der Ritter Pallas aber, Schreber u. a. fanden Verschiedenheiten genug, sie als zwey Arten zu charakterisieren, ..." (Georgi 1797–1802, Theil 3, S. 1594ff.); zum Handel mit Hasenfellen s. Müller 1760, S. 525–526

Heidentum: „Heydenthum. Man pfleget die unterschiedenen Arten des GOttesdienstes, welche wir in der Welt antreffen, gemeiniglich in vier Haupt=Classen, nemlich in die Christliche, Jüdische, Mohammetanische und Heydnische einzutheilen. ... Das Wesen der letztern hingegen bestehet darinnen, daß sie die Ehre, welche sie dem Schöpffer zu leisten schuldig ist, andern Dingen, welche weder Gott sind, noch seyn können, beyleget. ... Das Heydenthum an sich selbst ist nichts anders als ein abergläubischer Irrthum ... in welchen, aus gerechten Gerichte GOttes, diejenigen verfallen, welche sich durch sündliche Absichten von dem rechten Gebrauche ihrer Vernunft abhalten oder zu derselben Mißbrauch verleiten lassen. ..." (Zedler 1732–50, Bd. 12, Sp. 1998ff.)

Hermelin: russ. *gornostaj* (Mz. *gornostai*); „31. Mustela Ermineum ... Mustela Erminea ... Ermine et Roselet ... Ermineum Rossice Gornostaï. ..." (Pallas 1811–1831, Vol. I, S. 90–94); „10. Mustela Erminea ... Hermelin=Wiesel. Hermelin. ... R. Gornostai. ..." (Georgi 1797–1802, Theil 3, S. 1539–1541); zum Handel mit Hermelinfellen s. Müller 1760, S. 516–517

Hirsch: „Cervus Elaphus. ... Rossis ... ad Irtin Maràl; ad Jeniseam Synin; ad Baicalem Isubr ..." (Pallas 1811–1831, Vol. I, S. 216–219); „Cervus Elaphus ... Edler Hirsch. Kron=Hirsch. Gemeiner Hirsch. R. Isuber und Maral. [russ. *izjubr'* (Mz. *izjubri*); russ. *maral* (Mz. *marali*] ..." (Georgi 1797–1802, Theil 3, S. 1609)

Indianer (indianisch): „INDIANISCH, adj. aus Indien ... stammend; noch bis in voriges jahrhundert auf beide Indien bezogen, bis sich, erst spät, für die herkunft von Ostindien das adjectiv indisch bildet ..." (Grimm 1991, Bd. 10, Sp. 2111)

Isubri: russ. *izjubri* (Ez. *izjubr'*); ↑Hirsch

Itelmenen: ↑Kamtschadalen

item: lat. – ebenso, gleichfalls, ebenfalls, auch

Jakuten (Jacuten): russ. *jakuty*; Die Jakuten (Eigenname: Sacha) sind ein halbnomadisches Turkvolk (turktatarisches Volk), das ursprünglich vermutlich am Nordwesten des Sees *Bajkal* in der Nachbarschaft von ↑Burjaten und ↑Mongolen siedelte und später entlang des Flusses *Lena* nach Nordosten wanderte. Das Siedlungsgebiet der Jakuten umfaßt vor allem weite Bereiche am Mittel- und Unterlauf des Flusses *Lena* bis zum Nordlichen Eismeer sowie die Einzugsgebiete der Flüsse *Jana, Indigirka* und *Kolyma*. Ihre Haupterwerbszweige sind Pferde- und Rinderzucht, die Jagd und der Fischfang sowie eine reiche Handwerkstradition (Schmiedekunst). Die jakutische Sprache wird in die altaische Sprachfamilie unter die Gruppe der Turksprachen meist als Nordostturkisch eingeordnet. Die ursprüngliche Religion der Jakuten ist schamanistisch. (*Brokgauz/Efron* 1991, Bd. 82, S. 631–634; Forsyth 1992, S. 55–57 u. S. 163–168; Georgi 1776–1780, S. 260–271; Hintzsche/Nickol 1996, S. 193–195; Klaproth 1831, S. 230–231)

jasak: durch die russische Administration von den Völkern Sibiriens erhobene Abgabe (Steuer) in Naturalien, vorwiegend in Form von Pelzen z. T. auch als Vieh oder Fisch, später in Geldform; s. auch *Anikin* 2000, S. 730

Jukagiren (Jukagiri): russ. *jukagiry*; zur Gruppe der Paläoasiaten gehörendes, vorwiegend von Jagd und Fischfang lebendes sibirisches Volk mit unklarem Ursprung; Die Jukagiren lebten im Einzugsgebiet der Flüsse *Jana, Indigirka* und *Kolyma* (Nordostsibirien) und besaßen zum Teil eine nomadische Lebensweise: Ihre Religion war animistisch-schamanistisch, die Sprache wird zur Gruppe der paläosibirischen Sprachen gezählt. (*Brokgauz/Efron* 1991, Bd. 81, S. 328–329; Forsyth 1992, S. 74–80; Georgi 1776–1780, S. 328–329; Klaproth 1831, S. 315–317)

Jukola: russ. *jukola* – getrockneter Fisch; „Die dritte vornehmste Art der Zubereitung, bestehet darinnen, daß man die Fische der Länge nach entzwey schneidet, in vier Theile oder längliche Riemen, davon die Graten ausgenommen werden, und solche an der Luft unter den Balaganen an der Mündung trocknet, damit sie nicht vom Regen und beständigen Thau naß werden, und verfaulen. ..." (Steller 1774, S. 170); „Juchalla, auch Jukala, ist eine am Ob, Jenisei, an der Lena und im ganzen nordöstlichen Sibirien und Kamtschatka bey Nomaden und Ansässigen übliche Form getrockneter Fische. Man enthäutet Lachse und andere große Fische, theilt sie der Länge nach in 4 bis 6 Striemen und trocknet sie im Schatten so, daß sie sich aufbewahren lassen. Sie sind eine gute Speise, vorzüglich von fetten Fischen. In feuchter Witterung aber ziehen sie Nässe an, werden stinkend und so von kleinen Maden bedeckt, daß sie wie bepudert aussehen." (Georgi 1797–1802, Theil 3, S. 1899f.); s. auch *Anikin* 2000, S. 716–717 u. *Anikin* 2003, S. 723–724

Juraken (jurakische Samojeden; jurakkische Samojeden): ↑Samojeden

Jurte (Mz. Jurten): russ. *jurta* (Mz. *jurty*); Siedlung, Nomadenlager turk- und mongolischsprachiger Völker Sibiriens, Nomadenzelt, -hütte

Kaidinische Tataren (Kaidini; Kaidinzen): ↑Tataren

Kalmyken (Calmaken; Calmucken; Calmücken; Calmüken; Chalmücken; Chalmüken; Kalmacki; Kalmakken; Kalmucken; Kalmücken; Kalmüken): russ. *kalmyki*; Das aus vier Hauptstämmen (Choschoten, russ. *chošoty* bzw. *chošouty*, Soongoren, russ. *džungary*, *čžungary*, *zjungary* bzw. *zungary*; Derbeten, russ. *durboty*, *durbjuty* bzw. *derbety*, und Torgoten, russ. *turguty* bzw. *torgouty*) bestehende, nomadisch lebende Volk der Kalmyken gehört zur Völkergruppe der Westmongolen. „Die sogenannte östliche oder eigentliche Calmückey gräntzet gegen Norden an Sibirien, gegen Osten an die Mungaley, gegen Süden an Tangut [↑Tanguten], und gegen Westen mit der Kasatschi=Horda." (Unkowsky 1733, S. 138). Ein Teil der Kalmyken wanderte im 17./18. Jahrhundert über den Ural nach Südwesten, siedelte auf dem Gebiet östlich des Unterlaufs des Flusses *Volga* und unterwarf sich dem russischen Zaren. Eine Teilgruppe kehrte Ende des 18. Jahrhunderts wieder in chinesisches Gebiet zurück. Die Haupterwerbszweige der Kalmyken sind in erster Linie die Viehzucht und in geringerem Maße die Jagd. „Die Calmücken trieben Handlung gegen Norden mit denen Rußen in Siberien, gegen Osten mit denen Mungalen und Chinesen, gegen Süden mit denen Tanguten, auch reisen viele von ihren Kauff=Leuten selbst nach Indien hinein." (Unkowsky 1733, S. 140) Ihre Religion ist lamaistisch (↑Lamaismus). Die kalmykische Sprache gehört zur Gruppe der mongolischen Sprachen (↑Mongolen). (*Brokgauz/Efron* 1991, Bd. 27, S. 57–64; Falk 1786, S. 563–582; Georgi 1776–1780, S. 399–419; Klaproth 1812, S. 156–162; Klaproth 1831, S. 270–272; Pallas 1776; Pallas 1779; Pallas 1801; Schnitscher 1760; Schorkowitz 1992; Unkowsky 1733; Unkowsky 1733a; *Zlatkin* 1964)

Kalüm (Kalün; Kalum; Kalym; Kulum): russ. *kalym* – Brautpreis, Brautgeld (bei den meisten sibirischen Völkern, insbesondere den Tataren); s. *Anikin* 2000, S. 243 u. *Anikin* 2003, S. 235; „Kalün* ... *Ist eine Gabe, womit der Bräutigam oder seine Eltern die Eltern der Braut beschenken müssen; dergleichen auch bey allen heydnischen Nationen Sibiriens gebräuchlich ist, nur daß sie bey denenselben nicht in Gelde, sondern in Pferden, Schaafen, Rindvieh, Rennthieren, Peltzwercken u. d. g. bestehet. Diese Gabe ist auch nicht gleich. Nachdem das Mädchen für schön gehalten wird, oder die Eltern bemittelt sind, nachdem wird die Gabe gesteigert oder gemindert. Von dem Zurückgeben höret man selten. ..." (Gmelin 1751–1752, 1. Theil, S. 87)

Kamaschinzi (Kamasinzi): ↑Samojeden

Kamassi: ↑Camassi

Kamel (Cameel): russ. *verbljud* (Mz. *verbljudy*); „Camelus L., Kameel. Camelus Dromedarius L. ... Einbuckliches Kameel. Gemeines Kameel. Dromedar. Russ. Werbliud. ... Zweybuckliches Kameel. Türkisches Kameel. R. Werbliud. ... Beyde Arten sind sich ungemein gleich in Isabellfarbe, nur in der Größe und den Buckeln weichen sie von einander ab. Der Dromedar hat außer der Auszeichnung des einzelnen Buckels um 5½ ↑Fuß Höhe. ..." (Georgi 1797–1802, Theil 3, S. 1602–1606)

Kamtschadalen (Itelmenen; Kamtschedalen): russ. *kamčadaly*; Eigenname: Itelmenen, russ. *i-tel'meny*; Die Kamtschadalen sind ein zur Gruppe der Nordost-Paläoasiaten gehörendes, mit den ↑Korjaken und ↑Tschuktschen verwandtes Volk auf der Halbinsel *Kamčatka* mit schamanistischem Glauben. Ihre Hauptwerbszweige sind der Fischfang und die Jagd auf Land- und Seetiere. Die kamtschadalische (itelmenische) Sprache gehört zur tschuktscho-kamtschadalischen Gruppe der paläosibirischen Sprachen. (*Brokgauz/Efron* 1991, Bd. 27, S. 224–225; Forsyth 1992, S. 136–138 u. S. 138–143; Georgi 1776–1780, S. 330–344, Hintzsche/Nickol 1996, S. 228–232; Klaproth 1831, S. 320–322; *Krašeninnikov* 1949; *Orlova* 1999; Steller 1774)

Karagassen (Karagassi): ↑Samojeden

Katschinzen (Katschinzi; Katschinzische Tataren): ↑Tataren

Kibiri: ↑Rautenpfeile

Kirgisen (Casatschi orda; Chasatschi Orda; Cosatschi-Horda; Kürgisen; Kyrgysen; Kyrgisische Casaken): Das turktatarische Nomadenvolk der Kirgisen besteht aus zwei Hauptgruppen, den Karakirgisen mit Siedlungsgebieten vorwiegend im Tienschan- und im Pamirgebirge und den Kasakkirgisen (Kirgis-Kaissaken), die etwa ab dem 16. Jahrhundert weite Gebiete zwischen dem Kaspischen Meer und der russisch-chinesischen Grenze beherrschten. Die letzteren, auch als *kazač'ja orda* bezeichnet, teilten sich im

17. Jahrhundert in drei ‚Horden'. Ihre Haupterwerbszweige waren Viehzucht und Jagd, ihre Religion der Islam. Die kirgisische Sprache gehört zu den Turksprachen. „Die Kirgisen. Die kirgisischen Horden, die auch unter dem Namen der Kasakenhorde (Kasatschie Orda) nachtheilig bekannt sind, nennen sich selbst Sara Kaisaki (Steppenkasaken) auch Kirgisi, nicht von dem tatarischen Worte Kirgis, schlechter Kerl sondern nach ihrem vermuthlichen Stammvater. ... Seit undenklichen Zeiten haben sich die Kirgisen, aus unbekannten Ursachen in drey Horden oder Haufen getheilt, welche die Große, Mittel und Kleine Horde genennet werden. ... [Es] werden die Kirgisen das kirgis kasakische Kriegsvolk (Kirgis kaisazkoi Woiskowoi) genannt. ..." (Georgi 1776–1780, S. 197ff.); s. auch Klaproth 1831, S. 231–236

Kitaika: russ. *kitajka* – Nanking; „Nankin (Nanking), 1) ursprünglich chinesischer (in der Stadt Nankin gewebter) od. ostindischer, baumwollener, wie Leinwand gewebter, dichter u. fester Kattun von erbsgelber ... bis braungelber Farbe. ... die vorzüglichen darunter sind die Compagnienankins. In Rußland heißen diese Sorten N=s Kitaika. ..." (Pierer 1857–65, Bd. 11, S. 663f.); „... von dem dunkelblauen, oder schwarzen, baumwollenen, Chinesischen Zeuge, das Kitaika genennet wird, ..." (Müller 1760, S. 503); s. auch *Anikin* 2000, S. 293

Klafter (Klaffter): ↑Faden

Knjasez (Knjäsez, Kniasez, Kniäsez; Mz. Knjaszi, Knjäszi, Kniaszi, Kniäszi, Kniäzi): russ. *knjazec* (Mz. *knjazcy*) – kleiner Fürst; Verkleinerungsform von Kniäs, russ. *knjaz'* (Mz. *knjazi*) – Fürst; „Der Führer oder Häuptling eines Stammes (↑Ulus) trägt herkömmlich den Titel eines Fürstleins (Knjäsétz)." (Middendorff 1874–1875, S. 1398)

Köss: jakut. „köc" (*Pekarskij* 1958–1959, Bd. I, Sp. 1170) – *dnišče*, Entfernung einer Tagesreise, 7–10, auch 12–14 Werst; russ./sib. *dnišče* – Entfernung, die man an einem Tag zurücklegen kann; „köc, eine Jakutische Meile = 10 Werst, ... сiäläp ат köcö ‚die Meile eines trabenden Pferdes, 13 bis 14 Werst', ..." (Middendorff 1851, Bd. III, Theil 2, S. 60); „Die gemeinen Jakutische Tagereisen sind mit lasttragenden Pferden zu verstehen, womit sie gemeiniglich in einem Tage zwey bis drey Jakutische Koß zurücklegen. Eine Koß aber ist vermutlich kein genau bestimmtes Maaß, etwa wie die deutsche Stunden, die bald groß, bald klein sind. Es wird aber ohngefähr 10 Werste ausmachen. ..." (Gmelin 1751–1752, 2. Theil, S. 378); „Ein Koß macht ungefähr zwölf Werste. ..." (a. a. O., S. 459); „Coss, ... It is a notable circumstance that, according to Wrangell, the Yakuts of N. Siberia reckon distance by kiosses (a word which, considering the Russian way of writing Turkish and Persian words, must be identical with kos). With them this measure is ‚indicated by the time necessary to cook a piece of meat.' Kioss is = to about 5 versts, or $1^{2}/_{3}$ miles, in hilly or marshy country, but on plain ground to 7 versts, or $2^{1}/_{3}$ miles. The Yakuts are a Turk people, and their language is a Turki dialect. The suggestion arises whether the form kos may not have come with the Mongols into India, and modified the previous krośa? But this is met by the existence of the word kos in Pali, ..." (Yule 1996, S. 261f.); vgl. auch „Er [d. h. der Jakute] rechnet nach Köss; Köss heisst aber ein Kochtopf, und es soll diese seltsame Zusammenschweissung zweier an sich nicht homogener Dinge, wie Wegemaass und Küchengeräth, darin ihren Grund haben, dass der Jakut mit einer Köss eine Entfernung bezeichnet, die er zwischen zwei Mahlzeiten oder zwei Haltepunkten zurücklegt, ..." (Maydell 1893, S. 62)

Koibalen (Kaibalen; Koibali):
↑Samojeden

Kopeke (Mz. Kopeken; Copeken): russ. *kopejka* (Mz. *kopejki*); russ. Währungseinheit, Münze; ↑Rubel

Kopetschatie Streli (Kopetschatie): ↑Rautenpfeile

Korallen (Corallen): „II. De Musco marino lapideo, seu Corallina. Corallina J. B. R. H. p. 65. Anglica Ger. Muscus maritimus, sive Corallina Officinarum C. B. Marinus, sive Corallina alba Officinarum Park. Sea=Coralline, White Worm=Seed. ..." (Dale 1693, S. 112); „Korallinen, 1) Corallineae, ... Familie der Korallthiere ... Viele davon werden ... für nicht animalisch gehalten. ..." (Pierer 1857–65, Bd. 9, S. 716); „Pflanzenthiere. Zoophyta. A. In steinernen Gehäusen. Korallen. Lithophyta L." (Georgi 1797–1802, Theil 3, S. 2217); „KORALLE, ... 2) Bedeutung. ... c) meistens steht der pl. von kügelchen aus korallen gedreht ... d) von ähnlichen angereihten kügelchen überhaupt, zunächst als halsband zum frauenschmuck, ..." (Grimm 1991, Bd. 11, Sp. 1795); „Gläserne Strang=Corallen, sowohl grosse als kleine, waren vor Alters eine einträgliche Waare, die so gar auch bis China gieng. ... Im Jakuzkischen Gebiete und in Kamtschatka sind sie noch am besten abzusetzen. Man bedienet sich aber daselbst vornehmlich nur der kleinen, welche auf Rußisch Biser genannt werden, und nur von drey Farben, als weiß, blau und schwarz. Dagegen sind rothe bey den Tataren und grüne bey den ↑Tungusen am beliebtesten." (Müller 1760, S. 490–500)

Korjaken (Koraki; Koriaki, Olennie und Sidjatschie, russ. *olennye korjaki* bzw. *sidjačie korjaki*; Koriaken; Koriäken; Korjäki; Koriäcken; Olutorische Koriaken): russ. *korjaki*; Die Korjaken sind ein zur Gruppe der Nordost-Paläoasiaten gehörendes, mit den Itelmenen (↑Kamtschadalen) und ↑Tschuktschen verwandtes Volk mit Siedlungsgebieten im Norden der Halbinsel *Kamčatka* und nördlich der *Penžinsk*er See (*Penžinsk*er Meerbusen). Man unterscheidet die Gruppe der vorwiegend am Fluß *Anadyr'* nomadisierenden Rentierkorjaken (russ. *olennye korjaki*) mit Rentierzucht von den seßhaften Korjaken (russ. *sidjačie korjaki*), die hauptsächlich von Fischfang und der Jagd auf Land- und Seetiere leben. Die korjakische Sprache gehört zur tschuktscho-kamtschadalischen Gruppe der paläosibirischen Sprachen. Die Korjaken haben eine schamanistische Religion. (*Brokgauz/Efron* 1991, Bd. 31, S. 364–365; Forsyth 1992, S. 72–74 u. S. 146–149; Georgi 1776–1780, S. 345–349, *Gorbačeva* 2004; Hintzsche/ Nickol 1996, S. 239–241; *Iochel'son* 1997; Klaproth 1831, S. 317–320; *Krašeninnikov* 1949; Maydell 1893, S. 627–680; Steller 1774)

Kosake (Casake, Cosake): russ. *kazak* (Mz. *kazaki*); zum Kosakenstand gehörende Person; Im 18. Jahrhundert leistete die Schicht (Gemeinschaft) der Kosaken Militärdienst und erhielt dafür u. a. das Recht zur abgabenfreien Landnutzung. Kosaken wurden in Sibirien zur Sicherung der Grenzen und Ansiedlungen eingesetzt. Der Begriff Kosake wurde oft synonym gebraucht mit Soldat oder *služivoj* (Mz. *služivye*).

Kotowzen (Kotowzi; Kotten; Kanische Tataren; russ. *kotovcy*, *kotty*, *kanskie tatary*): Die (ausgestorbenen bzw. assimilierten) nomadisch lebenden eigenständigen Kotowzen (Eigenname wie der der ↑Assanen: Kottuen) mit Siedlungsgebiet östlich des Flusses *Enisej* zwischen *Abakanskoj ostrog* und *Kanskoj ostrog* haben enge Verbindungen zu den ↑Assanen, aber auch zu den ↑Arinzen und sind von ↑Tataren und ↑Burjaten beeinflußt. Die Kotowzen wurden früher auch den *Krasnojarsk*er Tataren zugeordnet, heute betrachtet man sie den ↑Chakassen zugehörig. Ihre Sprache (Kotowzisch, Kotowzisch-Tatarisch, Kottisch) ist eng verwandt mit den ketischen Sprachen (z. B. *Enisej*-Ostjakisch; ↑Ostjaken). Die kotowzische und die assanische Sprache können als Dialekte einer gemeinsamen Sprache angesehen werden. (*Brokgauz/Efron* 1991, Bd. 31, S. 448; *Chelimskij* 2006, S. 201–203; Georgi 1776–1780, S. 300–301; Klaproth 1831, S. 169, Müller 2000, S. 676–677; G. F. Müller in: AAW F. 21, Op. 5, D. 143, Bl. 60v) und Schiefner 1857a, S. 87)

Kreis (russ. *uezd*): territoriale Verwaltungseinheit mit ca. 40.000 bis 60.000 Bewohnern, oft synonym gebraucht mit ↑Gebiet (russ. *oblast'*) (*Èlert* 1996, S. 39) und unterteilt in *volosti* (Ez. *volost'*; ↑Wolost); Teil einer ↑Provinz, später eines ↑Gouvernements (GOSU 2001, S. 250–251); Die ↑Provinz *Enisejsk* umfaßte z. B. die Kreise (Gebiete) *Enisejsk*, *Krasnojarsk* und *Mangazeja* (bzw. *Turuchansk*), der Kreis (bzw. das Gebiet) *Tomsk* gehörte zur Provinz *Tobol'sk*.

Kren: russ. *kren'*; feinschichtiges, hartes, gelbliches Lärchenholz, gebildet durch eine unregelmäßige Lage der Holzfasern, verwendet u. a. für Bogen u. Schneeschuhe; gekrümmter Lärchenstamm; Holz mit schraubenförmig gewundenen Fasern; von? russ. *kreml'* – Holz mit dichten, harzigen Fasern (*Pekarskij* 1958–1959, Bd. I, Sp. 1081; *Slovar'* 2001a, S. 148; *Slovar'* 1981, S. 29)

Kumyss (Kümiss): russ. *kumys*; aus gesäuerter Pferde- oder Kuhmilch durch Gärung gewonnenes, leicht alkoholische Getränk verschiedener sibirischer Völker mit Anwendung auch in der Volksmedizin (*Anikin* 2000, S. 322; Krebel 1858, S. 163)

Kurilen: russ. *kurily*; Das seßhafte bis teilnomadische Volk der Kurilen mit Siedlungsgebieten auf der zwischen der Halbinsel *Kamčatka* und Japan liegenden Inselkette der Kurilen und zu einem kleinen Teil im Süden von *Kamčatka* wird meist als Teil (Stamm) des in Japan ansäßigen Volkes der Ainu (russ. *ajnu*) angesehen. Die Haupterwerbszweige der Kurilen sind der Fischfang und die Jagd auf Land- und Seetiere. Ihre Religion ist schamanistisch. Die kurilische Sprache (Ainu) ist eine zu den paläosibirischen Sprachen gezählte isolierte Sprache. (*Brokgauz/Efron* 1991, Bd. 1, S. 245–246; Georgi 1776–1780, S. 354–356; Gubler 1931–1932; Klaproth 1831, S. 300–315)

Kurum (Kurùm): jakut. „курум" – russ. *kalym*, nichtrückzahlbarer Teil des *kalym* (↑Kalüm; Brautpreis), bestehend aus bis zu 15 Stück geschlachtetes oder lebendes Vieh (*Pekarskij* 1958–1959, Bd. I, Sp. 1253)

Lärche (Lerche): russ. – *listvenica* bzw. *listvennica*; „Pinus Laryx. ... Germanis Lärichen s. Lärchenbaum Rossice ... Лиственица [russ. *listvenica*], ..." (Pallas 1784, S. 1); „Pinus Larix ... Lerchen=Fichte. Lerchenbaum. Lerche. ... Das Holz ist röthlich, fest, schwer, sehr harzig, stockt im Wasser und unter der Erde sehr langsam, ... Die Rinde des Lerchenbaums gerbt, und ist auch Material der Hausfärberey. Sie und auch das äußere Holz oder die jüngern Jahrringe sind so harzig, daß das Harz aus der verwundeten Rinde häufig hervorquillt, und als ein feiner Terpentin (Venedischer Terpentin) gesammlet werden kann, ..." (Georgi 1797–1802, Theil 3, S. 1313–1316); „Auch Lärchenrinde oder vielmehr der Splint dieses Baumes wird ... [von Jakuten] zu Mehl verarbeitet." (Middendorff 1874–1875, S. 1565); zur Verwendung von Lärchenharz in der russischen Volksmedizin s. Henrici 1894, S. 49

Lamaismus: „Lāmaïsmus ... Bezeichnung für die Abart des sog. nördl. →Buddhismus, die in den Himalajaländern, in Tibet, in der Mongolei und an einigen Stellen Chinas bis weit ins westl. Zentralasien (unter Kalmücken und Kirgisen) zur herrschenden Religion geworden ist. Im L. lassen sich drei Hauptteile seines Wesens und seiner Geschichte aussondern: die Lehre Buddhas in der Form des Mahajana ..., die einheimische vorbuddhistische Landesreligion, die sog. Bon=Religion, und das Wirken bedeutender Einzelpersönlichkeiten, ... Nach sagenhaften Berichten soll um 632 n. Chr. der Buddhismus in Tibet eingeführt worden sein. ... Die Form des neueingeführten Glaubens war ein mit Bestandteilen des Schiwaismus und des Tantrismus stark durchsetzter Mahajana= Buddhismus, der Beschwörung, Mystizismus und Zauberei enthielt ..." (Brockhaus 1928–1935, Bd. 11, S. 48f.). Charakteristisch für den Lamaismus ist die Tradition der Orden und Klöster u. a. mit den sogenannten ‚Rotmützen' und ‚Gelbmützen'. Der letztere Orden wurde im 14. Jahrhundert gegründet, sein Oberhaupt und gleichzeitig das Oberhaupt des theokratischen Staates ist der Dalai Lama (*Luvsandèndèv* 2001–2002, Bd. 2, S. 24: mongol. „Далай лам" – Dalai Lama). (Archiv 1860; Brockhaus 1928–1935, Bd. 11, S. 48–49; *Brokgauz/Efron* 1991, Bd. 33, S. 280–287; Falk 1786, S. 569–571; Georgi 1776–1780, S. 413–416; Hackmann 1783; Klaproth 1812, S. 163–256; Köppen 1859; Pallas 1801; Pierer 1857–65, Bd. 10, S. 43–50; Schmidt 1824)

Lamuten: ↑Tungusen

Lappen: russ. *lopari* bzw. *laplandcy*; Die Lappen bzw. Samen (Eigenname: Saam, Sabme, Same,

Samek, Sāmi, Samit bzw. Some) sind ein halbnomadisches Volk unklarer Herkunft mit Siedlungsgebieten in Schweden, Norwegen, Finnland und Nordostrußland (vorwiegend auf der Halbinsel *Kola*) mit ursprünglich schamanistischer Religion. Die Haupterwerbszweige der Lappen sind Rentierzucht, Jagd und Fischfang. Historisch wurden sie bereits im 1. Jh. u. Z. von Tacitus erwähnt. Die lappische Sprache gehört zum westlichen Zweig der finno-ugrischen Sprachfamilie. (*Brokgauz/Efron* 1991, Bd. 35, S. 1–2; Georgi 1776–1780, S. 3–14; Hajdú/Domokos 1987, S. 140–156; Scheffer 1675)

Leimen (Leime): „LEIM, LEIMEN, m. argilla, lutum, die oberdeutsche form von ... lehm, ..." (Grimm 1991, Bd. 12, Sp. 697f.)

Lerche: ↑Lärche

Li: chinesisches Längenmaß; „Li, ... 2) chinesische ↑Meile, 200 auf 1 Äquatorialgrad, 1 Li = 0,575 Kilomètre." (Pierer 1857–65, Bd. 10, S. 334); „... nach Chinesischem Meilen=Maasse von 200 Li, deren 220 auf einen Grad gehen. (***) ... (***) Eine Li enthält 360 Bu, oder ↑Klafter, ein Bu 5 Tschi, Ellen, oder Schuhe, ..." (Müller 1760a, S. 495); „Früher kannte man für beachtliche Strecken auch das Längenmaß Li, das 576,496 Meter betrug, im Nachbarland Korea aber nur mit 403 Metern berechnet wurde ..." (Guter 2004, S. 323)

Lischi (Lyschi): russ. *lyži* (Ez. *lyža*) – Schneeschuhe

Lotgen (Lotka): russ. *lodka* (Mz. *lodki*) – Kahn, Nachen, Ruderboot verschiedener Bauart, oft Begleitboot für einen *doščanik* (großes flachbödiges Lastschiff der sibirischen Flüsse mit Rudern und einem Segel, das an Bug und Heck zugespitzt war), aber auch Lastboot

Luchs: russ. *rys'* (Mz. *rysi*); „7. Felis Lynx. ... Luchs ..." (Pallas 1811–1831, Vol. I, S. 28–31); „7. Felis Lynx ... Luchs= Katze. Luchs. ..." (Georgi 1797–1802, Theil 3, S. 1524f.); zum Handel mit Luchsfellen s. Müller 1760, S. 548–549

Lyschi: ↑Lischi

Mandschuren (Manschjuren): ↑Dauren

Manschiki (Ez. Manschik): russ. *manščiki* (Ez. *manščik*); bei der Jagd auf Rentiere zahme Tiere als Locktiere; auch ausgestopfte, nachgebildete oder zahme Vögel bei der Vogeljagd; s. *Anikin* 2003, S. 351

Mansen (Mansi): ↑Ostjaken

maral (Mz. *marali*; Maralli): ↑Hirsch

Matoren: ↑Samojeden

Maus (Mause, Mäusse): russ. *myš'* (Mz. *myši*); siehe „Mus L., Maus. Ratte. Ratze. ..." (Georgi 1797–1802, Theil 3, S. 1557ff.)

Meile: Wegemaß; „Meile, Frantz. Lieuve, lat. Leuga, Leuca, ... hat den Nahmen von Mille, oder tausend Schritten, daher auch der Nahme Milliare, ... Bey uns werden insgemein 150. Ruthen, jede zu 8. Ellen, auf eine Deutsche Meile gerechnet, ... Es ist aber eine Meile eigentlich nichts anders, als ein gewisser abgemessener Raum, dadurch die Länge der Strassen, und Entfernung der Oerter angedeutet werden. Sie sind aber nach dem Unterschied der Länder gar sehr von einander unterschieden. ... die Russen messen ihre Strassen durch Wersten [↑Werst], davon eine aus 800. Schritten bestehet, und ihrer fünffe machen eine Deutsche oder Pohlnische Meile aus. ... eine Deutsche [Meile hält] 4000 [Schritte], ... eine Englische 1250, ... Sonst werden auch die Meilen=Längen, eine gegen die andere gerechnet, folgendergestalt eingetheilet: ... 11. Englische machen 3. Deutsche Meilen, ... 19. Holländische 15. Deutsche, ... 16. Rußische Werste machen 3. Deutsche Meilen. ... Die Erdmesser sind zwar auch nicht einerley Meynung, was vor eine Länge eine Deutsche Meile eigentlich halte; Sintemahln die Meilen in Deutschland gar ungleich, bald groß, bald klein, bald mittelmäßig gefunden werden. Insgemein aber rechnet man eine grosse Deutsche Meile auf 40. Stadia, oder 5000. Schritte, eine mittelmäßige auf 36. Stadia und 4500. Schritte, eine kleine auf 32. Stadia oder 4000. Schritte. ... daß zu einer Geographischen Deutschen Meile, deren XV. auf einen Grad gerechnet werden, ..." (Zedler 1732–50, Bd. 20, Sp. 306ff.)

Modoren (Modori): ↑Samojeden

Mongolen (Mongalen; Selenginskische Mongolen; Mungalen): Als Mongolen bezeichnet man eine vorwiegend nomadisch lebende Völkergruppe Zentralasiens, deren Sprachen zur Familie der altaischen Sprachen gehören. Man unterteilt sie in Ostmongolen oder eigentliche Mongolen (Sprache: Mongolisch), Nordmongolen mit den vorwiegend um den See *Bajkal* lebenden ↑Burjaten (Sprache: Burjatisch) und die Westmongolen mit vorwiegend ↑Kalmyken (Sprache: Kalmykisch). Ihre Haupterwerbszweige sind Viehzucht (Pferde, Schafe, Kamele) und die Jagd, ihre Religion lamaistisch (↑Lamaismus). „Die Mongolen sind der Rest des Hauptstammes der mongolischen Völkerschaften, deren Oberherren sie waren. Nach der Zerstöhrung ihrer Monarchie und der in der Mitte des vierzehnten Jahrhunderts erfolgten Vertreibung der Mongolen aus China besitzen sie die Gegenden von der Grenze des chinesischen ↑Dauriens und

den Flüssen Naun und Scharamurin bis in die soongorische Wüste, bis an Tangut [↑Tanguten] und die sibirische Grenze, welches jezt alles unter dem Namen der Mongoley begriffen wird. Als Sibirien zu Anfange des 17ten Jahrhunderts durch rußische Waffen erobert ward, waren die Mongolen eine freyes, mannstarkes Volk, ... unter welchen auch einige siberische Nationen standen. Sie unterwarfen sich Rußland anfänglich, kehrten aber bald wieder um und unterstützten die Widersetzlichkeit einiger sibirischen Völker. ... Mit China hatten sie oft blutige Kriege, verlohren aber doch endlich und geriethen wegen ihrer Lage an die Grenze unter diese Monarchie, ..." (Georgi 1776–1780, S. 434);
(Georgi 1776–1780, S. 434–450; Klaproth 1831, S. 204–209 u. S. 255–286; Pallas 1776; Pallas 1801; Schiefner 1857a, S. 33–53; Schorkowitz 1992)

Mordi (Ez. Morda): russ. *morda* (Mz. *mordy*) – Fischreuse; „6) морда [russ. *morda*] ein fischkorb, ... Man leget große körbe ins wasser, mit dem munde den strom abwerts: ein solcher Korb wird angebund(an 2. pfäle) zu beid(seite(, daß er nicht weichen kañ, auf beid(seite(sind flügel oder wände von schmal(, düñen stökken: denn der fisch, so da aufwerts schwiḿet, weñ er sihet, daß er ṇie an d(wänd(kañ fortkoḿe) sucht anderwerts eine öffnung, u. koḿt an den korb, wo er das loch anTrifft, da meint er deñ eine öffnung gefund(Zu hab(, u. gehet hinein in die ... falle, von waṇe) er nicht wieder kan Zurükk kehren." (J. E. Fischer in: AAW F. 21, Op. 5, D. 41, Bl. 94v)

Motoren: ↑Samojeden

Moxa: „Moxa (Chineser) ... Artemisia Chinensis, cujus Mollugo, Moxa dicitur, ... Diese ist ein bunt=graues wollichtes Medicament, welches vor etwan vierzig Jahren aus Ost=Indien, mit länglichten und schwartzen Stenglein, eines kleinen Stroh= Halmens dick, in Teutschland gebracht worden, ..." (Zedler 1732–50, Bd. 21, Sp. 2013ff.); „Moxa (... Brenncylinder), kleine aus Baumwolle, Schwamm, Löschpapier od. anderen dergleichen leicht brennbaren Stoffen gefertigte ... Cylinder od. Kegel, welche auf die Haut gesetzt u. dort verbrannt werden, um bei chronischem Rheumatismus, Gicht &c. eine Ableitung von tiefer liegenden Theilen nach der äußeren Haut zu bewirken. Daher Moxibustion, Anwendung der Moxa." (Pierer 1857–65, Bd. 11, S. 493); „Seine [d. h. die eines Lama am Fluß *Onon* im Trans*bajkal*gebiet] meisten Curen bestehen in Schröpfen und Brennen; ... Das Brennen geschieht mit eben so großer Marter. Zuerst wird der Schröpfkopf aufgesetzt, und so dann ein von der Wolle der Artemisia fest zusammengedrehetes und gewalktes cylindrisches dünnes und kurzes Zäpflein aufgelegt, welches an dem oberen Ende mit Zunder angesteckt wird; und dieses läßt man auf einer Stelle ganz zu Asche verbrennen. Mit diesen zweyen Mitteln vertreibt er alle innerliche Krankheiten. ..." (Gmelin 1751–1752, 2. Theil, S. 115f.)

Narte: russ. *narta* (Mz. *narty*) – Hunde- oder Rentierschlitten, Hundegespann mit vier Hunden (s. die Beschreibung von Hundeschlitten in: Maydell 1893, S. 568ff.)

Newodi: russ. *nevody* (Ez. *nevod*) – Fischernetz; „Sacknetze Nebot genannt, ..." (Steller 1774, S. 142); ↑Setti

Oblawa: russ. *oblava* – Circuljagd, Treibjagd; „Dergleichen Kepperjagden, welche die ↑Mongolen Ablachu und die Russen mit einiger Verdrehung Oblawa nennen, sind eine Hauptergötzlichkeit der ↑Mongolen und daurischen Steppentungusen. ... Es thun sich hauptsächlich im Herbst, wenn die Pferde bey Kräften sind, Gesellschaften von funfzig, hundert oder zweyhundert Mann zusammen, die wohl beritten und noch mit Handpferden versehen, auch alle mit Bogen und Jagdpfeilen bewafnet sind und deren jeder einen abgerichteten Hund mit sich hat. Sie wählen sich einen Anführer, der die Jagd einrichtet und führt, so viel Tage nacheinander selbige dauert. Wo die Jagd vor sich gehn soll, dahin werden früh morgens drey oder vier Mann, die mit guten Augen begabt sind, vorausgeschickt, die sich von bestimmten Höhen und Bergen nach Wild umsehen und, wo sie dasselbe Heerdenweise erblicken, auf den Höhen halten, bis der ganze Trup nachkömmt, welchem sie durch Wendungen mit dem Pferde und andre Zeichen andeuten, an welcher Seite das Wild weydet, und wohin sie sich vertheilen müssen. Nach diesen Zeichen zerstreut sich der Haufe in kleine Partheyen und endlich einzeln, dergestalt daß alle zusammen einen grossen Bogen formiren und ein Mann vom andern nicht über sechzig bis achzig Faden entfernt ist. Die Flügel dieses fortrückenden Bogens nähern sich dem Ort, wo das Wild angezeigt worden, von beyden Seiten und suchen sich so lange hinter Höhen zu verbergen, bis das Wild meist umzingelt ist und eingeschlossen werden kann. Indessen zieht sich auch der ganze Zirkel näher zusammen, und sobald dass Wild die Jäger ansichtig geworden und sich auf die Flucht begiebt, so stirmt man von allen Seiten in gröstem Galop darauf ein, treibt einander das Wild zu, macht es durch schreyen und pfeifende Jagdpfeile stutzig und erlegt, so viel man kann; ..." (Pallas 1778; S. 162f.)

Odindri: russ. *odyndry* bzw. *odindri* (Ez. *odyndra* bzw. *odindra*); „Одиндри [russ. *odindri*] werden die Felle von alten und mittelmäßigen Rennthieren genannt, welche im Herbste erleget sind. Die Haare müssen zwar dick, dabey aber kurz und glatt seyn. Denn ihr Gebrauch ist zu Oberpelzen, da das Rauche auswerts gekehret wird. Man hat ganz schneeweisse, die für die schönsten gehalten werden. ... Man hat hiernächst scheckichte, ... endlich auch dunkelbraune, ..." (Müller 1760, S. 554–555); s. auch *Anikin* 2000, S. 419

Orgisch (Mz. Orgischi): russ. *orgyš* (Mz. *orgyši*) – Gabelpfeil, auch russ. *vil'čatye strely* (Ez. *vil'čataja strela*); russ. (adj.) *vil'čatyj* – gabelförmig; russ. *strela* (Mz. *strely*) – Pfeil; s. auch unter *orgyš* u. *argiši* in: *Anikin* 2000, S. 427 u. S. 95f.

Ostjaken (Ostiacken; Ostiaken): russ. *ostjaki*; Das halbnomadische Volk der Ostjaken (russ. *chanty*) wird zusammen mit dem nahe verwandten Volk der ↑Wogulen (nach dem Fluß *Vogulka*; auch Wogulizen, russ. *voguly, voguliči*, Eigenname Mansi, Mansen, russ. *mansi*) zur Gruppe der ob-ugrischen Völker gezählt. Die Haupterwerbszweige beider Völker sind die Jagd, der Fischfang und in den nördlichen Gebieten auch die Rentierzucht. Trotz einer weitgehenden Christianisierung im 17. Jahrhundert waren bis mindestens ins 18. Jahrhundert hinein viele Ostjaken und Wogulen Anhänger ihrer ursprünglichen schamanistischen Religion. Ihr Siedlungsgebiet liegt östlich des Uralgebirges vorwiegend im Becken des Flusses *Ob'*, früher auch westlich des Urals, wobei die Wogulen größtenteils linksseitig der Flüsse *Irtyš* und *Ob'* leben. Die Unterscheidung der verschiedenen Untergruppen dieser Völker und ihrer Sprachen (bzw. Dialekte) erfolgte meist nach den Flüssen oder Orten, an denen sie siedelten. Die ostjakische (Chantisch) und die wogulische Sprache (Mansisch) gehören zur ob-ugrischen Untergruppe der finno-ugrischen Sprachfamilie. Die ostjakische Sprache wird oft in drei Dialektgruppen unterteilt. Dies sind die Norddialekte, die u. a. um *Obdorsk* (Obdorische Ostiaken; russ. *obdorskie ostjaki*), *Berezov* (Ostiaken im Beresowischen Gebiet; russ. *berezovskie ostjaki*) und am Fluß *Kazym* (Kasimische Ostiaken; russ. *kazymskie ostjaki*) gesprochen werden, die südlichen (z. T. bereits

ausgestorbenen) Dialekte vorwiegend am Unterlauf und um die Mündung des Flusses *Irtyš* sowie die östlichen Dialekte östlich von der Mündung des Flusses *Irtyš* und an den Nebenflüssen des Mittellaufs des Flusses *Ob'* (u. a. Surgutische Ostiaken am Fluß *Surgut* bzw. im zur Stadt *Surgut* gehörenden Gebiet und die ‚Ostiaken am Ob'; russ. *surgutskie ostjaki* bzw. *obskie ostjaki*).
Bis ins 20. Jahrhundert hinein wurden drei verschiedene Völkergruppen als Ostjaken bezeichnet. Zum ersten waren dies die Chanten (s. o.). Die zweite Gruppe waren die als Ostjak-Samojeden (Sprache: Ostjak-Samojedisch) bezeichneten Selkupen (heute den ↑Samojeden zugeordnet), zu denen u. a. die ‚Narimischen Ostjaken' (im Gebiet der Stadt *Narym*; russ. *narymskie ostjaki*) und die ‚Tomskischen Ostjaken' (russ. *tomskie ostjaki*) gehörten. Im Gebiet *Mangazeja/Turuchansk* lebten Selkupen, die sich teilweise mit den in der Folge angegebenen Keten vermischten.
Zur dritten Gruppe gehören Völker nichturalischer Herkunft mit Sprachen der paläoasiatischen bzw. paläosibirischen Sprachfamilie. Zu diesen gehören u. a. die *Enisej*-Ostjaken (Jeniseiskische Ostiaken; russ. *enisejskie ostjaki*), die vermutlich durch Assimilation von ↑Samojeden mit ursprünglich am Mittellauf des Flusses *Enisej* ansässigen Völkern entstanden, die Inbazkischen Ostiaken (am *Enisej*-Nebenfluß *Inbak* bzw. *Imbak*) und die ‚Pumpokolschen Ostiaken' (bzw. Pumpokolskischen Ostjaken, russ. *pumpokol'skie ostjaki*, am Fluß *Ket'*; Sprache: Pumpokolskisch bzw. Pumpokolisch). Seit Anfang des 20. Jahrhundert werden diese Völker zusammenfassend als Keten (russ. *kety*; Sprache: Ketisch) bezeichnet. Verwandt (insbesondere sprachlich) mit diesen sind auch die früher den *Krasnojarsk*er ↑Tataren zugeordneten ↑Kotowzen (Kotten), ↑Arinzen und ↑Assanen.
Charakteristisch für alle diese Völker ist es, daß durch das Zusammenleben und die Nachbarschaft mit anderen Völkern einschließlich der Russen eine gegenseitige Beeinflussung erfolgte, die sich in ihren Sprachen (zahlreiche Lehnwörter) und den Lebensgewohnheiten widerspiegelt. (*Brokgauz/Efron* 1991, Bd. 43, S. 368–370; Forsyth 1992, S. 10–16; Gemuev 2005, S. 57–385 u. S. 629–732; Georgi 1776–1780, S. 65–84; Hajdú/Domokos 1987, S. 47–66; Klaproth 1831, S. 162–164, S. 166ff. u. S. 190–201; Schiefner 1857a, S. 106–129; *Sokolova* 2009)

ostrog (Mz. *ostrogi*): ursprünglich durch behauene Holzstämme oder Balken geschützte hölzerne Festung mit einer Garnison in den Randgebieten des Russischen Reichs und in Sibirien, später auch der gesamte Bereich einer Ansiedlung mit Steinbauten und meist regelmäßigem Grundriß, aus dem sich größere Städte entwickelten; „Ein Ostrog bestehet aus stehenden Balken, und ist hin und wieder mit Schießthürmen versehen. Eine Festung [russ. *krepost'*] bestehet aus liegenden Balken, meistentheils aus zween Reihen, und ist mit Schießthürmen, zuweilen auch Bastionen, Ravelinen und d. g. versehen." (Gmelin 1751–1752, 4. Theil, S. 13)

Palma (Palmi): russ. *pal'ma* (Mz. *pal'my*); in Sibirien eiserner Jagdspieß mit Holzgriff, vorwiegend für die Jagd auf Bären, auch Dolch; s. *Anikin* 2000, S. 438

Parki: russ. *parki* (Ez. *parka*); Form von Pelzoberbekleidung der nördlichen und nordöstlichen Völker Sibiriens in verschiedenen Varianten, vorwiegend als Winterbekleidung aus Renfellen mit der rauhen Seite außen (s. *Slovar'* 1991, S. 101, *Anikin* 2000, S. 441 u. *Anikin* 2003, S. 434f.)

perge, perge: lat. – fahre fort, fahre fort! (d. h. und so weiter)

Peszi (Ez. Pesez): russ. *pescy* (Ez. *pesec*); „Canis Lagopus ... Steinfuchs. ... Arktischer Fuchs. R. Pessez (Pl. Peszi). ..." (Georgi 1797–1802, Theil 3, S. 1516–1518); „Canis Lagopus ... Rossice Pessez (i. e. Canicula) ..." (Pallas 1811–1831, Vol. I, S. 51–57); „Steinfüchse, Rußisch песцы [russ. *pescy*], sind in der äusserlichen Leibesgestalt und Grösse den Füchsen ähnlich. Daher zahlet man sie auch in andern Europäischen Reichen mit unter die Füchse, und leget ihnen nur zum Unterscheide den Nahmen von Steinfüchsen bey, ... Wenn man sie aber in Rußland mit einem besondern Nahmen Peszi nennet, so geschiehet solches auch nicht ohne Grund. Denn Peß bedeutet einen Hund. Ihr Kopf ist den Hunden am ähnlichsten, und sie bellen auch als Hunde. Was die Beschaffenheit der Haare, und insonderheit ihre Farbe, anlanget, da fället der Unterscheid zwischen ihnen und den Füchsen gar sehr in die Augen. ... und da die Peszi von zweyerley Farben sind, als nehmlich blaulichte und weisse, so darf man nur einen weissen Fuchs, wofern man dergleichen zu sehen Gelegenheit hat, gegen einen weissen Pesez halten, um von dem Unterscheide desto deutlicher überzeuget zu werden. ..." (Müller 1760, S. 539ff.)

Pfund (℔): Handelsgewicht; lat. libra; frz. livre; russ. *funt*; 1 *funt* = 409,516 g (Festlegung nach

↑*ukaz* vom 11.10.1835, s. Schwabe 1871, S. 423); 1 Pfund (preußisch, bis 1858) = 467,711 g, 1 Pfund (Frankfurt a. Main, bis 1858) = 505,128 g (*Brokgauz/Efron* 1991, Bd. 72, S. 881); 1 Pfund (französisch, bis ca. 1839) = 489,506 g (Schwabe 1871, S. 405)

Pichta: ↑Fichte

Polowinki: russ. *polovinki* (Ez. *polovinka*) – gegerbte Elen-, aber auch Renfelle, von russ. *polovina* – Hälfte; „Elende, Elendthiere, ... Man hat auch halbe Häute, oder so genannt Polowinki, sonderlich an denenjenigen Orten, wo ↑Tungusen wohnen. Denn dieses Volk pfleget, wegen der Bequemlichkeit im Gerben, die Häute nach der Länge in zwey gleiche Theile zu zerschneiden." (Müller 1760, S. 552f.)

Porsa (Porscha; Porssa): russ. *porsa*; „Die Porsa der Ostiaken, Tschulymer, Samojeden etc. bestehet aus ungesalzenen stark getrockneten kleinen Fischen verschiedener Art, die sie in hölzernen Mörseln oder Trögen zu Pulver stampfen und zur Winterspeise, so wie Mehl, zu Suppen, Brey und Backwerk verbrauchen." (Georgi 1797–1802, Theil 3, S. 1899); „Borsa bereiten die Kamtschadalen auf folgende Weise: Sie heizen eine Jurte, wie eine Badstube, hangen in derselben allerlei Fische, so viel nur Raum haben, auf und verschließen sie dann. Nach dem Erkalten hängen die Fische in ihren Häuten, wie in Mänteln, und das Fleisch läßt sich von den Gräten und Eingeweiden leicht absondern. Das Fleisch wird zwischen den Händen zerrieben und in Schilfsäcken aufbewahret. ..." (a. a. O., S. 1900); s. auch *Anikin* 2000, S. 454–455 sowie *Anikin* 2003, S. 475–476 u. S. 778

Promyschleni (Promüschlenie): russ. *promyšlenniki* (*promyšlennye ljudi*; Ez. *promyšlennik*): freie Personen, die sich auf eigene Rechnung mit der Jagd auf Pelztiere, dem Fischfang u. ä. m. (russ./sib. – *promysel, promysl*; Promis, Promuisl) beschäftigten (Vb. russ. *promyšljat'*), gelegentlich auch für bestimmte Aufgaben in relativ unzugänglichen Gebieten vom Staat beauftragt und besoldet wurden

Proportion: frz. – Verhältnis, Gleichmaß, Ebenmaß; frz. à proportion – im Verhältnis (zu), nach Maßgabe

Provinz: territoriale Verwaltungseinheit des Russischen Reichs unterhalb eines ↑Gouvernements; Eine Provinz war unterteilt in Distrikte, ab 1726 in *uezdy* – ↑Kreise (GOSU 2001, S. 433–434).

pud: Handelsgewicht, 1 *pud* = 16,3806 kg = 40 ↑*funt*

Rabe (großer Rabe): russ. *voron* (Mz. *vorony*); „Von dem Raben. Corvus. ..." (Gesner 1669c,

S. 17ff.); „XIV. De Corvo. A. Corvus Offic. Schrod. Aldrov. Gesn. Jons. R. Ornith. pag. 82. The Raven ..." (Dale 1693, S. 590); „VI. Corvi. ... 42. Corvus Corax. ... Rossice Wòron. Tataris Kosgòn vel Kusgùn; ..." (Pallas 1811–1831, Vol. I, S. 379ff.); „Cap. II. Corvini generis aves. §. I. Corvus, the Raven. ..." (Willughby 1676, S. 82ff.); „1. Corvus Corax L. ... Gemeiner Rabe. Schwarzer Rabe. R. Woron. ..." (Georgi 1797–1802, Theil 3, S. 1710)

Rautenpfeile (Kopetschatie Streli): russ. *kopejčatie strely* (Ez. *kopejčataja strela*) – Pfeile mit rautenförmiger Spitze; russ. (adj.) *kopejčatyj* – in der Form einer Lanzenspitze (rautenförmig); russ. *kop'e* – Lanze, Spieß; russ. *strela* (Mz. *strely*) – Pfeil; Zu den Rautenpfeilen gehören u. a. die Kibiri: russ. *kibiri* (Ez. *kibir'*) – Pfeile mit eiserner, lanzenförmiger Spitze (*Slovar'* 1980, S. 118) bzw. breite Rautenpfeile (s. auch *Anikin* 2000, S. 286).

Reh: russ. *dikaja koza*; „121. Cervus Capreolus. ... Rossice Dikaja Kosa (Capra fera), in Sibiria Saiga et Kosul ..." (Pallas 1811–1831, Vol. I, S. 219–224); „6. Cervus Capreolus ... Reh= Hirsch. Rehbock. Rehziege. Reh. R. Kosa dicaja. ..." (Georgi 1797–1802, Theil 3, S. 1615f.); „Rehe, Capreolus, Chevreuil, ist eine Gattung wilder Ziegen, wovon das Männlein der Rehebock, Rehbock, Capreus, Chevreil, das Weiblein die Reheziege, oder Ricke ... genennet wird. ..." (Zedler 1732–50; Bd. 30, Sp. 1926)

Ren (Rennthier; Renntier): Ren (Mz. Rene), Rentier; russ. *olen'* (Mz. *oleni*); russ. (adj.) *olenij*, *olennyj* – Ren-; „RENN ... für rennhirsch, rennthier ..." (Grimm 1991, Bd. 14, Sp. 806); „119. Cervus Tarandus. ... Rangifer ... Renne ... Rossis proprie Oleen ..." (Pallas 1811–1831, Vol. I, S. 206–216); „4. Cervus Tarandus ... Cervus Rangifer ... Rennhirsch. Rennthierhirsch. Rennthier. ... R. Olen. ..." (Georgi 1797–1802, Theil 3, S. 1610–1614); zum Handel mit Rentierfellen s. Müller 1760, S. 553–558

Rogatina (Mz. Rogatini): russ. *rogatina* (Mz. *rogatiny*); zweischneidiger Spieß, Jagdspieß (besonders für die Bärenjagd); s. *Anikin* 2003, S. 508

Rossamak (Rossomak, Roßamak): ↑Vielfraß

Rowdugi: russ. *rovduga, rolduga* (Mz. *rovdugi, roldugi*) – gegerbte Ren- oder Elenfelle (*Slovar'* 1997, S. 170 u. S. 211); „Ровдуги [russ. *rovdugi*], oder ролдуги [russ. *roldugi*], sind semisch gegerbte Rennthierfelle, welche von den Heydnischen Völkern, die theils selber zahme Rennthiere halten, theils von der wilden Rennthierjagd sich am meisten nähren, häufig zu Kaufe gebracht werden. Die allerbesten kommen von den Tawgischen Samojeden, und werden Авамскіе ровдуги [russ. *Avamskie rovdugi*] genannt, von Awamskoe Simowie [*Avamskoe zimov'e*] am Jenisei Flusse im Mangaseischen Gebiete, wohin diese Samojeden ihren Tribut bezahlen. Sie sind ungemein zart und weich, weil kein Volk das Gerben der Felle so gut verstehet, als diese Samojeden. ..." (Müller 1760, S. 557f.); s. auch *Anikin* 2000, S. 465

Rubel: russ. *rubl'*; russ. Währungseinheit, Münze, 1 Rubel = 100 ↑Kopeken

Sämischleder (Semisch Leder): „Sämisch, wird dasjenige Leder genennet, welches aus Schaaf= Ziegen= und Kalbsfellen, wie auch aus Ochsen= ↑Hirsch= ↑Reh= Gemsen= und Elendhäuten [↑Elen] also zubereitet wird, daß es auf der rauhen oder lincken Seite sich mit guter Dauerhafftigkeit tragen, und zu mancherley Nothdürfftigkeiten mit gutem Nutzen gebrauchen lässet. Die Weißgärber richten es auf unterschiedene Manier zu: Das gelbe oder sogenannte weißsämische Leder ... bereiten sie mit Fischtrahn; das übrige aber gemeiniglich ohne dergleichen mit Mehl, Alaun und Weinstein, und pfleget man dieses schwartz gefärbt zu Schuhen und Handschuen zu gebrauchen. Das Sämische und weisse Leder, Frantzösisch du Chamois, ist eine sehr nützliche, und wegen ihrer Dauerhafftigkeit sehr courante Waare. ..." (Zedler 1732–50, Bd. 33, Sp. 474)

Sagaische Tataren (Sagai): ↑Tataren

Saissan (Mz. Saisani, Saissani, Saissane): russ. *zajsan* – Befehlshaber eines Geschlechts bei ↑Mongolen, ↑Kalmyken und anderen sibirischen Völkern (z. B. ↑Burjaten u. ↑Tungusen), nach der Unterwerfung durch die Russen als Titel auch von der russischen Administration übernommen (*Anikin* 2000, S. 208; GOSU 2005, Teil 1, S. 337f.); mongol. „зайсан" – Befehlshaber (eines Geschlechts) (*Luvsandèndèv* 2001–2002, Bd. 2, S. 201); burjat. „зайһан" bzw. „зайсан" – russ. *zajsan* (*Čeremisov* 1973, S. 245f.); kalmyk. „зәәсн" – russ. *zajsan* (*Muniev* 1977, S. 483); „Die [kalmykischen] Haufen, über welchen sich die Herrschaft eines solchen Nojons erstreckt, wird eine Uluß genannt, und ist in kleinere nicht weit von einander campirende Haufen oder Aimaks abgetheilet, über welche gewisse Edle, deren Titul Saissang ist, gebieten." (Pallas 1771, S. 328); „Zu Unterhaltung der Ordnung bey dem, der Viehzucht wegen, zerstreut herum wohnenden Volk, wird eine Ulus oder fürstliches Antheil in verschiedenen Abtheilungen und Unterabtheilungen durch sogenannte Saissane, welche gleichsam den Adel unter den mongolischen Völkern vorstellen ... im Zaum gehalten ..." (Pallas 1779, S. 285) Samojeden: russ. *samoedy*; Unter dem Begriff Samojeden werden verschiedene nomadische oder halbnomadische Völker, die der samojedischen Sprachgruppe der uralischen Sprachfamilie angehören und sich vorwiegend von Rentierzucht, Fischfang und Jagd ernähren, zusammengefaßt. Trotz umfangreicher Christianisierungsversuche der Russen (seit Ende des 17. Jahrhunderts) blieb ihre schamanistische Naturreligion teilweise erhalten. Ihr ursprüngliches Siedlungsgebiet ist vermutlich in Südsibiren zu suchen (*Altaj*-Gebirge, Quellgebiete der Flüsse *Irtyš* und *Ob'*). Die Nordgruppe der Samojeden mit nordsamojedischen Sprachen besteht im wesentlichen aus drei Völkern. Dazu gehören die Juraken (jurakische Samojeden, seit dem 20. Jahrhundert als Nenzen bezeichnet, russ. *nency*, Untergruppen: Tundra-Nenzen und Wald-Nenzen) mit Siedlungsgebieten an der Eismeerküste vom Fluß *Dvina* ostwärts über das Mündungsgebiet des Flusses *Ob'* bis zum Unterlauf des Flusses *Enisej*.

Die zweite Gruppe sind die *Enisej*-Samojeden (Jenisej-Samojeden, Jenissei-Samojeden, seit dem 20. Jahrhundert als Enzen bezeichnet, russ. *ėncy*, Ez. *enėc*, Untergruppen: Tundra-Enzen und Wald-Enzen, von den Russen nach dem Ort der *Jasak*zahlung *Chantajskoe zimov'e* als Chantaiskische Samojeden, russ. *chantajskie samoedy*, genannt) mit Siedlungsgebieten am Unterlauf des Flusses *Enisej*.
Die dritte Gruppe sind die Tawgy (Tawgi, tawgische Samojeden, Tawgy-Samojeden, russ. *tavgi*; seit dem 20. Jahrhundert als Nganasanen bezeichnet, russ. *nganasany*, Ez. *nganasan*, Assja-Samojeden, russ. *samoedy-asi*) mit den östlichsten Siedlungsgebieten auf der *Tajmyr*-Halbinsel. Eine synonyme Bezeichnung bzw. ein Stamm der Tawgy sind die Avamen (awamische Samojeden, russ. *avamskie samoedy*), benannt nach dem Fluß *Avam*. Von G. F. Müller wurde zur Charakterisierung der Samojeden oft nur ihr Siedlungsgebiet angegeben (z. B. an den Flüssen *Dvina*, *Enisej* oder *Ob'*, bei *Archangel'sk*, *Berezov*, *Mangazeja*, *Obdorsk* oder *Turuchansk*).
Der Südgruppe der Samojeden (mit den im Vergleich zu den nordsamojedischen Sprachen weniger homogenen südsamojedischen Sprachen) können mehrere Völker zugeordnet werden.

Dazu gehören zum einen die früher den ↑Ostjaken zugeordneten Ostjak-Samojeden (seit dem 20. Jahrhundert als Selkupen bzw. Sölkupen bezeichnet, russ. *sel'kupy*, Ez. *sel'kup*; Sprache: Ostjak-Samojedisch bzw. Selkupisch) u. a. mit den ‚Narimischen Ostjaken' (im Gebiet der Stadt *Narym*; russ. *narymskie ostjaki*), die ‚Tomskischen Ostjaken' (russ. *tomskie ostjaki*) und die ‚Ketischen Ostjaken' (am Fluß *Ket'* und um *Ketskoj ostrog*; russ. *ketskie ostjaki*), die ursprünglich im Bereich des Mittellaufes des Flusses *Ob'* sowie an dessen Nebenflüssen siedelten und sich ab dem 17. Jahrhundert in einzelnen Gruppen nach Norden und Nordosten ausbreiteten. Die zweite, bereits ausgestorbene (bzw. völlig assimilierte) Völkergruppe mit südsamojedischer Sprache besteht aus den Kamassen und den Koibalen. Die vermutlich nach ihrem ursprünglichen Siedlungsgebiet zwischen den Flüssen *Kan* und *Mana* benannten Kamassen (Camaschinzi; Camasinzi; Kamaschen; Kamaschinzi; Kamasinzi; Kamatschinzen; russ. *kamasincy*, *kamašincy* bzw. *kamazyncy*) mit kamassischer bzw. kamassinischer Sprache (Kamasinzisch) siedelten später bei *Abakansk* und *Kansk* und wurden wie die Koibalen auf Grund der Vermischungen ihrer Sprache (und Lebensweise) mit der im gleichen Gebiet lebender Tataren oft auch dieser Völkergruppe zugeordnet (Kamatschinskische Tataren). Die Koibalen (Kaibalen, Koibali, auch: Koibalischen Tataren, russ. *kojbaly*; Sprache: Koibalisch) siedelten an den Flüssen *Enisej* und *Abakan* und werden von manchen Autoren als Untergruppe der Kamassen angesehen, heute werden sie den ↑Chakassen zugerechnet.

Zur dritten Völkergruppe mit ebenfalls ausgestorbener südsamojedischer Sprache gehören die Matoren, die Taiginzen und die Karagassen, die ebenfalls oft den ↑Tataren (*Krasnojarsk*er Tataren) zugeordnet wurden. Die Matoren (Modoren, Modori, Motoren; russ. *matory* bzw. *motory*) und die Taiginzen (Taiginzi; russ. *tajgincy*), von denen die letzteren meist als Untergruppe (Stamm) der ersteren angesehen werden, lebten in der Nähe des Sajanischen Gebirges (*Sajanskoj chrebet*) auf der rechten Seite des Flusses *Enisej* in der Gegend um *Abakanskoj ostrog*. Sie wurden in ihrer Geschichte von verschiedenen Völkern ihrer Umgebung (u. a. den ↑Kirgisen) beherrscht, die ihre Sprache und ihre Lebensweise wesentlich beinflußt haben. Das Siedlungsgebiet der den vorigen Völkern ähnlichen, heute meist als Tofalaren (russ. *tofalary*) bezeichneten Karagassen (Karagassi, Karakassen, russ. *ka-*

ragasy) lag vorwiegend am Fluß *Taseeva*, einem Nebenfluß des Flusses *Tunguska*. Die karagassische Sprache wird wie die taiginzische meist auch als Untergruppe der matorischen (modorischen) Sprache angesehen. Nach E. Helimski ist Matorisch-Taiginzisch-Karagassisch (MTK) eine sajansamojedische Sprache bzw. vielmehr eine Gruppe eng verwandter Dialekte (Helimski 1987, S. 49). Samojedischen Ursprungs waren auch die später bei den ↑Tataren einzuordnenden Tubinzen (Tubiner, russ. *tubincy*, heute *tubalary*) und die ihnen oft zugeordneten Sojoten (Sojeten, russ. *sojoty* bzw. *sajaty*). (*Brokgauz/Efron* 1991, Bd. 27, S. 135; a. a. O., Bd. 56, S. 244; Forsyth 1992, S. 16–21; *Funk/Tomilov* 2006, S. 491–493, S. 544–546; *Gemuev* 2005, S. 304–628; Georgi 1776–1780, S. 273–292; Hajdú/Domokos 1987, S. 157–178; Klaproth 1831, S. 138–166, S. 228–229; Müller 2000, S. 677f.; Pallas 1778, S. 279ff.; Schiefner 1854, S. Vff.; Schiefner 1855, S. Vff.; Schiefner 1857a, S. 79–87)

Samostrelnie luki (Samostrelnie Bogen): russ. *samostrel'nye luki* (Ez. *samostrel'nyj luk*) – selbstschießende Bogen; russ. (adj.) *samostrel'nyj* – selbstschießend; russ. *luk* (Mz. *luki*) – Bogen; Bei den von verschiedenen Nomadenvölkern benutzten Selbstschußanlagen wird ein horizontal oder vertikal ausgerichteter Bogen (mit Pfeil) aufgestellt, der durch die Bewegung des zu jagenden Tieres ausgelöst wird. „... Diese letzteren [d. h. die tungusischen Selbstschüsse] verdienen eine nähere Betrachtung, da sie zu den kunstgemässesten Fangmethoden der Nomaden gerechnet werden müssen. Der Bogen wird kunstlos aus harziger Lärchenwurzel gearbeitet ... Er wird in einen Spalt eines Baumstumpfes eingeklemmt, und durch einen etwa einen halben Fuss vor ihm eingesenkten Pfahl davor geschützt dass das Thier ihn verrükken könnte; aber auch durch Aeste maskiert. ... Auf dem Bogen ruht der unbefiederte Pfeil der, sonderbarer Weise, ganz verschiedene Benennungen erhält, je nachdem dessen Spitze aus Knochen oder aus Eisen ist, einfache Widerhaken (für ↑Zobel) besitzt, oder harpunenartig gestaltete. Letzterer ist für ↑Zobel, hauptsächlich jedoch für Fischottern, bestimmt. ... Der senkrechte Selbstschuss gilt also für alles kleinere Gelichter, mit Ausnahme des Elennes [↑Elen], Rennthieres [↑Ren], des ↑Bären und des ↑Wolfes. Vorzugsweise münzt man mit ihm auf den ↑Zobel, ..." (Middendorff 1874–1875, S. 1383–1385, und die Abbildung auf S. 1382); s. auch die Beschreibung von J. G. Gmelin

in: Gmelin 1751–1752, 2. Theil, S. 242–246, einschließlich der Abbildung nach S. 244
Sangiach: jakut. „саңыјах", „саҕыјах", „саңынјах" bzw. „саҕынјах" – Pelz mit nach außen getragenenen Haaren; Festtagspelz der Frau aus ↑Fuchs, ↑Biber oder ↑Luchs (*Pekarskij* 1958–1959, Bd. II, Sp. 2086f.); jakut. „саңыјах" – „Pelz mit nach aussen gekehrtem Haare, der aber über dem сон [↑Son] getragen wird" (Middendorff 1851, Theil 2, S. 153); „Bei Winterreisen tragen die Jakuten, eben so wie die Ostjaken und Samojeden, einen Pelzrock, der die Haare nach aussen kehrt. Auch hier besteht dieser meistens aus Rennthierfellen, doch gebrauchen Ärmere zu demselben Zwecke auch die Häute von geschlachteten Pferden und Rindern. ... er wird rings an den Säumen mit schwarzem Pelzwerk besetzt und auf dem Rücken mit Zierrathen aus demselben Stoffe kunstvoll gestickt. Man nennt ihn Sanajàch und denselben Namen führt auch das Oberkleid der Frauen, welches sich von dem männlichen nur durch eine etwas grössere Länge unterscheidet, übrigens aber eben so, hinten aufgeschlitzt und zum Reiten geschickt ist. ..." (Erman 1838, S. 275f.)

Sarana: russ. *sarana* (s. *Anikin* 2000, S. 484); zu den verschiedenen, als Sarana bezeichneten Pflanzenspecies siehe Ståhlberg 2006; „325) Lilium minii colore cruentum D. D. Gmelini index plant Len. ..." (G. W. Steller „Catalogus plantarum anni 1740", AAW R. I, Op. 104, D. 25, Bl. 25v); „443. Lilium minij colore cruentum. ... Russis Сарана [russ. *sarana*], ..." (J. G. Gmelin „Index Vegetabilium ad Lenam fluvium nascentium, Annis MDCCXXXVI. MDCCXXXVII observatorum", AAW R. I, Op. 13, D. 42, Bl. 87r–88r); „Lilium bulbiferum L. ... Feuer-Lilie ... l. cruentum ..." (Marzell 1943–1977, Bd. 2, Sp. 1290ff.) „Lilium L., Lilie. ... 1. Lilium bulbiferum ... Feuer=Lilie. ... Sie ist ziemlich reichlich vorhanden und ihre Zwiebeln werden wie die übrigen Lilienarten unter dem Namen Sarona gesammlet und von Russen, Jakuten, Tatarn, Buraten, Tungusen – roh, doch gewöhnlich in Wasser oder Milch, mit und ohne Fleisch und Fische gegessen; eine Speise, an welche man sich, besonders wo wenig Wahl statt hat, leicht gewöhnt und sie gut findet." (Georgi 1797–1802, Theil 3, S. 898–900); Es wird zwischen weißer Sarana (‚Lilium bulbo albo', russ. *belaja sarana*) und gelber Sarana (‚Lilium bulbo flavo', russ. *želtaja sarana*) unterschieden (J. G. Gmelin in: AAW F. 21, Op. 5, D. 73, Bl. 296v).

sažen': Längenmaß; 1 *sažen'* = 7 *fut* = 7 englische ↑Fuß = 3 ↑*aršin* = 2,13357 m (Festlegung nach ↑*ukaz* vom 11.10.1835, s. Schwabe 1871, S. 421); synonym gebraucht zu ↑Faden (Klafter)

Schaf (Schaaf): „1. Ovis Aries L. ... Gemeines Schaf. Haus=Schaf. Widder. Bock, Schaf. Mutterschaf, Hammel. Schöps. Lamm. ..." (Georgi 1797–1802, Theil 3, S. 1623–1636)

Schaman (Schamanismus): „Schamanen (Schamanäer, v. sanskr., eigentlich die Mitleidigen, auf sich selbst Aufmerksamen), 1) die Priester u. Zauberer unter den Buddhisten in der Tatarei, Mongolei, Sibirien, Kamtschatka u. einen Theil China's, welche sich durch Zaubergesänge Einfluß auf Natur u. Götter zuschreiben u. daher Geisterbeschwörer, Ärzte etc. sind. Nach der Lehre der S. (Schamanismus) gibt es eine große Zahl Götter u. Geister, welche aber nur Diener des obersten Gottes sind; nach dem Tode lebt die Seele in einem unverändert traurigen Zustande fort; der Gottesdienst besteht in Opfern, Gebeten u. Gesängen; die von den Laien dargebrachten Opfer u. Geschenke bilden die Besoldung der S. ..." (Pierer 1857–65, Bd. 15, S. 87); „Die zahlreichen heidnischen Völker des rußischen Reichs sind theils von der schamanischen theils von der lamaischen ... Secte. Die schamanische hat die meisten Anhänger; zu derselben gehört der Irrglaube der heidnischen Finnen, Tataren, Samojeden, Ostiaken, krasnojarischen, mandshurischen und ostlichsten sibirischen Völker und Insulaner des Ostmeers auch der Burätten. ..." (Georgi 1776–1780, S. 375); „Der schamanische Irrglauben räumt den Satanen große Macht in den Erscheinungen der Natur und Schicksalen der Menschen ein, lässet die bösen Geister überall in der Welt herumschwärmen, alles beobachten und zu Schaden bemühet seyn. Die Priester und Zauberer rühmen sich der Bekanntschaft mit der Geisterwelt, des nähern Umgangs mit den Satanen, der Herrschaft über dieselben und des Besitzes der Mittel alles von ihnen erfragen, sie besänftigen und wohl auch Gutes durch sie erlangen zu können. ..." (a. a. O., S. 392); „Bey aller Dunkelheit und Verwirrung im schamanischen Heidenthum und besonders in der eigentlichen Götterlehre derselben kann man die allgemeinen Begriffe der natürlichen Religion und verschiedenes aus der mosaischen nicht verkennen; die Opferfeuer, Opferungen und Darstellungen der Opfer, die Anbetungen, ..." (a. a. O., S. 395)

Schindel (Schindelfeuer): „Schindel, 1) keilförmige, in Richtung der Spiegel aus Klötzen gespaltete Holzstückchen von 1–3 Fuß Länge, 3–6 Zoll Breite, ¼–1 Zoll Stärke; gewöhnlich aus Fichten=, Tannen=, Lärchenholz; ..." (Pierer 1857–65, Bd. 15, S. 192); „SCHINDELHOLZ, n. holz, welches zu schindeln verwendbar ist; schinde- sive spanholz, lignum scissile ..." (Grimm 1991, Bd. 15, Sp. 188); s. auch „SCHINDELFACKEL, ..." (a. a. O., Sp. 188)

Schmant (Schmand, Schmandt, Schmante): „SCHMANT, m. milchrahm, sahne. ... bair. schmand dicke milch, rahm ..." (Grimm 1991, Bd. 15, Sp. 934ff.)

Schoren: ↑Tataren

Schulenga: russ. *šulenga* – Befehlshaber bzw. Ältester eines Geschlechts oder Stamms bei verschiedenen Völkern Sibiriens (↑Mongolen, ↑Kalmyken, ↑Burjaten, ↑Tungusen) (*Anikin* 2000, S. 708f.); mongol. „шүүлэнгэ" – Ältester eines Geschlechts (*Luvsandèndèv* 2001–2002, Bd. 4, S. 386); kalmyk. „šülŋgǝ" – ein Beamter, Steuereintreiber (Ramstedt 1935, S. 372); burjat. „шүүлингэ" – Stammesältester, Anführer eines Geschlechts (*Čeremisov* 1973, S. 739); „... ein Brazkischer шуленга [russ. *šulenga*], der nach ihrer sPrach Dargò oder Dargù heißet." (J. E. Fischer in: AAW F. 21, Op. 5, D. 48, Bl. 9v; s. Hintzsche 2009, S. 406); burjat. „darga NU., T. dargo S., Fürst ..." (Schiefner 1857, S. 153), burjat. „дарга" – Leiter, Anführer (*Čeremisov* 1973, S. 188); „Die unteren Eintheilungen [bei den ↑Burjaten] richten sich nach ihrer Väter Weise ein. Ein Chotton besteht aus 10 bis 12 Familien und gleicht einem Dörfchen. Der Aelteste im Chotton heißt Saßul. ... Vier bis sechs Chottons haben einen gemeinschaftlichen Schulenga oder Schulzen, wozu von ihnen ein Ehrenmann erwehlet wird, den die Gouvernementsregierung, so wie alle ihre höhern Vorgesetzten, bestätigt. Mehrere Schulengas machen mit ihren Dörfern ein Geschlecht oder einen Stamm von mehreren Geschlechtern (Tabin oder Kolbonda) aus, ..." (Georgi 1776–1780, S. 435)

Schwammzunder: ↑Zunder

schweren (Schwerender; Schwehrender): „SCHWÖREN, ... die schreibung schweren ist bis das 18. jahrh. hinein durchaus die übliche, ..." (Grimm 1991, Bd. 15, Sp. 2733ff.)

scrotum (lat.): Hodensack

semisch: ↑Sämischleder

Setti: russ. *seti* (Ez. *set'*) – Netze, Fischernetze; „Ihr einziges Fischerzeug [am See *Bajkal*] besteht in Zugnetzen. Die kleinen, welche 40. bis 100. ↑Klafter lang und 1. ↑Klafter breit sind, nennen sie Set, und die grossen, welche 300. auch 350. ↑Klafter überspannen, Newod. Sie sind 2. ↑Klafter breit. ... Die Netze stricken sie alle so weit, daß die Fische von Heeringsgrösse entwischen können, weil sie sie nicht verlangen. ..." (Georgi 1775, S. 154); „... Man heißt dieses den Fischfang mit weitlöcherichten Netzen. Diese Netze werden zum Unterscheide der gewöhnlichen Netze, welche Newodi heißen, im Russischen Sieti genannt. Sie sind von einer Russischen Elle bis ein, zween und mehr ↑Faden breit, und auf 10. bis 40. ↑Faden lang. In ihrer ganzen Länge, sowohl oben als unten ist ein Strick angenehet; an dem oberen wird seiner ganzen Länge nach von Elle zu Elle oder von zwoen zu zwoen Ellen etwas leichtes angebunden; an dem untern aber wird diesen Stellen gegen über ein kleiner Stein an einem großen hölzernen Ringe befestigt, damit diese Steine sich nicht im Netze verwickeln mögen. ..." (Gmelin 1751–1752, 2. Theil, S. 515ff.)

Simowie: ↑*zimov'e*

Sineser (sinesisch): „Sineser, Sinenser, oder Chineser, Lat. Sina, Sinenses, Chinenses, ist eine Heydnische Nation in Asien, welche das grosse Reich Sina oder China bewohnen ..." (Zedler 1732–50, Bd. 37, Sp. 1613)

Sojeten (Soieti; Sojeti): ↑Tataren

Sokui: russ. *sokuj*; über den Kopf angezogene Oberkleidung aus Wolfs- oder Rentierfell bei den Samojeden und verschiedenen anderen östlichen sibirischen Völkern (*Slovar'* 2002a, S. 125; *Anikin* 2000, S. 502 sowie *Anikin* 2003, S. 558 u. S. 781); samojed. „sokuote" (*Slovar'* 2002a, S. 125); jurak.-samojed. „sauk" – oberer Pelz, (Schiefner 1855, S. 258); samojed. „soku'ote" – grober Oberpelz (a. a. O., S. 258); samojed. „sok" – Pelz (a. a. O., S. 258); aus rohem (grobem) Fell samojed. (enz.) „soku'ote" u. aus *pyžik* (s. Kapitel 7, Anm. 188) samojed. (enz.) „nari", „nadi" (*Gemuev* 2005, S. 510)

Son (Mz. Soni): jakut. „сон" – Oberbekleidung, Kaftan, kurzer Pelz, Pelzoberbekleidung (mit Pelz auf der Innenseite) (*Pekarskij* 1958–1959, Bd. II, Sp. 2277f.); jakut. „сон" – „Pelz" (Middendorff 1851, Theil 2, S. 160)

Staffierung (Stafirung, Staffirung): „STAFFIEREN, verb. mit dem nötigen zubehör versehen, ausrüsten, ausschmücken. ... ,bei den schneidern bedeutet es zweierley: einmahl, ein kleid mit einem stoffe von anderer art oder farbe besetzen: ferner auch, am saum der kleider von gewissen, dünnen stoffen, die leicht ausfasern, sowol das überzeug als das futter umschlagen, und also zusammen fest nähen' ..." (Grimm 1991, Bd. 17, Sp. 530ff.)

Sterlet (Sterled; Sterlett): russ. *sterljad'* bzw. *sterled'* (Mz. *sterljadi* bzw. *sterledi*); „Acipenser ruthenus ... Sterlet=Stöhr. Sterlet. R. Stirlet. ..." (Georgi 1797–1802, Theil 3, S. 1971–1972); „Acipenser pygmaeus. ... Acipenser ruthenus ... Sterlet ... Rossis vulgo Sterled ..." (Pallas 1811–1831, Vol. III, S. 102–107)

Stör (Stöhr): russ. *osetr* (Mz. *osetry*); „Acipenser Sturio. ... Sturio ... Rossis Ossètr, varietas junior asperior Kosterà ..." (Pallas 1811–1831, Vol. III, S. 91–97); „Acipenser Sturio ... Gemeiner Stöhr. ... R. Ossetr ..." (Georgi 1797–1802, Theil 3, S. 1969–1971)

Sulu (sulù): jakut. „сулӯ" – russ. *kalym* (↑Kalüm), Preis für die Braut, Teil des *kalym*, der mit Geld zu bezahlen ist, aber auch: Teil des *kalym*, der mit lebendem Vieh (bis zu 100 Stück) bezahlt wird (*Pekarskij* 1958–1959, Bd. II, Sp. 2331–2332); jakut. „сулӯ" – „der Kaufpreis einer Braut" (Middendorff 1851, Theil 2, S. 171)

Suturi: russ. *sutury*; jakut. „сутурyо" – Beinkleider, die unten die Beine bis zu den Füßen bedecken und oben mit kleinen Riemen an den Hosen (jakut. сыалыja) befestigt sind (*Pekarskij* 1958–1959, Bd. II, Sp. 2375); jakut. „сутурyо" – „eine Beinbekleidung, die gerade nur das Bein bedeckt und oben an die kurzen Hosen ([jakut.] сыалыja) befestigt wird" (Middendorff 1851, Theil 2, S. 170); s. auch *Anikin* 2000, S. 514f.

Tabun: russ. *tabun* – Herde (s. *Anikin* 2000, S. 519f. u. *Anikin* 2003, S. 592f.)

Tagalai: jakut. „таӈалаі" bzw. „таӈалаі" – alte jakutische lange Festkleidung der Frauen mit Ärmellöchern, Gürtel und Stickereien und mit Mustern versehen; Oberkleidung aus Rentier- oder Elenleder mit kurzen Ärmeln; Hochzeitspelz (*Pekarskij* 1958–1959, Bd. III, Sp. 2549f.); jakut. „таӈалаі" – „eine alte Jakutische Frauentracht" (Middendorff 1851, Theil 2, S. 90)

Taiginzen (Taiginzi): ↑Samojeden

Taischa: russ. *tajša*; mongol. „тайшаа" – Herrscher (*Luvsandėndėv* 2001–2002, Bd. 3, S. 181); kalmyk. „тээж" – Fürst (*Muniev* 1977, S. 483); burjat. „тайжа" – Fürst (*Čeremisov* 1973, S. 410); Den Titel Taischa führten neben mongolischen bzw. kalmykischen Fürsten auch Vertreter herrschender Schichten anderer Völker (u. a. ↑Burjaten, ↑Tataren u. ↑Tungusen). Nach Unterwerfung der entsprechenden Völkergruppen durch die Russen wurde der Titel von der russischen Administration übernommen, erlebte jedoch mehrfach einen Funktionswandel (*Anikin* 2000, S. 526; Georgi 1776–1780, S. 255; Gmelin 1751–

1752, 2. Theil, S. 129; GOSU 2005, Teil 2, S. 370f.; s. auch russ. *tajdzi* u. russ. *tajči* in: *Anikin* 2000, S. 525 bzw. S. 526). „Bey den Kalmücken [↑Kalmyken] sowohl, als ↑Mongolen, wird ein Fürst der einen abgesonderten Haufen Volks (Ulus) eigenthümlich und als der Aelteste von seinem Stam regiert, Taidshi genannt; alle übrige männliche Erben, sie mögen unmittelbar von der fürstlichen Familie und Brüder des regierenden Fürsten, oder von Nebenlinien die in entfernterem Grade mit der Fürstlichen verbrüdert sind, entsprossen seyn, führen bloß den Ehrentitul Nojonn (Herr). ... Ein Taidshi oder Nojon hat über seine Unterthanen (Albatu) eine unumschränkte Gewalt; er kann sie nach Willkühr verschenken und vermachen, mit schweren Leibesstrafen belegen, ihnen Nasen und Ohren abschneiden oder Gliedmassen abhauen lassen; nur nicht öffentlich tödten; ..." (Pallas 1779, S. 278ff.)

Tamari: ↑Tomari

Tanguten: russ. *tanguty*; Die Tanguten waren ein den Tibetern verwandtes (und oft mit ihnen gleichgesetztes), vorwiegend nomadisch lebendes Volk im Nordwesten Chinas (Tibet), das vom 10. bis zum 13. Jahrhundert über ein eigenes Reich herrschte. Ihre Haupterwerbszweige waren die Viehzucht (vorwiegend Schafe, aber auch Pferde und Rinder) sowie der Karawanenhandel. Die Religion der Tanguten war lamaistisch (↑Lamaismus) mit starken Wechselbeziehungen zur tibetischen Religion. Die ausgestorbene tangutische Sprache mit eigener Schrift gehört zur Sprachfamilie des Sinotibetischen. Die in tangutischer Sprache verfaßten religiösen Schriften übten großen Einfluß auf die ↑Mongolen, ↑Kalmyken und ↑Burjaten aus. „Die andere Schrift der Mungalen ist die Tangutische: dies ist die gelehrte Schrift[9]. Die Lhamen oder Priester bedienen sich dieser Schrift und Sprache überall in den Götzentempeln: auch die Aerzte, wenn sie Recepte verschreiben, drucken damit die in den Materia Medica vorkommenden Sachen aus. ... 9 Das Tangutische hat mit dem Mongalischen weder in der Sprache noch in der Schrift das geringste gemein. ... Allein daß auch das Tangutische unter den Mungalischen Völkern gang und gebe ist, damit hat es eben die Bewandtniß, wie mit dem Latein unter den Römisch=Katholischen Christen. ..." (Laxmann 1769, S. 18ff.)

„Bey den Mongolen bezeichnet Tangut und Többet oder Tybbet und Tebudun einerley Land; dessen tangutischer Name ist Begedu." (Pallas 1781, S. 202); „Die Hauptstadt des tangutischen

Reichs ist Llassa oder Dsassa. ..."
(a. a. O., S. 205)
(Bayer 1732; Bayer 1735a;
Brokgauz/Efron 1991, Bd. 64,
S. 595; Klaproth 1831, S. 213;
Müller 1747)
Tanne: ↑Fichte
Tataren: russ. *tatary*; Sammelbegriff für eine Reihe von verwandten seßhaften Völkern ('Türkisierte Mongolen') einer Sprachgruppe, jedoch mit unterschiedlichen Siedlungsgebieten; Ursprünglich wurden unter Tataren alle Völker verstanden, die ihren Ursprung in den Steppen Zentralasiens hatten. Die Wirtschaft der Tataren beruht vorwiegend auf Ackerbau; Viehzucht spielte in früheren Zeiten eine größere Rolle. Bekannt sind sie durch ihre Lederarbeiten, durch Webereierzeugnisse und Kunstschmiedearbeiten. In ihren Lebensgewohnheiten finden sich Reste einer nomadischen Lebensweise. Zu den Hauptgruppen gehören die *Volga*-Tataren (wegen ihrer ehemaligen Zugehörigkeit zum Khanat von *Kazan'* auch *Kazan'*er Tataren oder Casanische Tataren genannt), die Krimtataren, die Aserbaidshaner (früher als Tataren bezeichnet) und eine Reihe von sibirischen Tatarenstämmen, die getrennt voneinander in verschiedenen Gebieten Westsibiriens siedeln und heute in drei Untergruppen, die *Tomsk*er Tataren, die barabinzischen Tataren und die *Tobol-Irtyš*-Tataren unterteilt werden. Etwa seit dem 14. Jahrhundert sind die Tataren vorwiegend Anhänger des Islam, G. F. Müller unterscheidet jedoch noch zwischen 'heidnischen' und 'muhammedanischen' Tataren. Tatarisch gehört zur Gruppe der Turksprachen und stellt die bedeutendste Sprache der turkotatarischen Sprachgruppe dar. Entsprechend den weiter unten angegebenen Untergruppen der Tataren müssen zahlreiche Dialekte oder Sprachuntergruppen unterschieden werden.
Zu den verschiedenen Tatarengruppierungen, die oft entsprechend ihrem Siedlungsgebiet an einem Fluß oder einer Stadt einen entsprechenden Beinamen besitzen oder von G. F. Müller eine entsprechende Zuordnung erhielten, zählen u. a.:
- die Barabinzen (Barabinzische Tataren; Eigenname: Baraminzi; russ. *barabincy, barabinskie tatary*; Sprache: Barabinzisch), die nach ihrer Siedlungsgegend in der Barabinzischen Steppe (russ. *Barabinskaja step'*) zwischen den Flüssen *Ob'* und *Irtyš* benannt wurden; „Sie [d. h. die Barabinzen] sind ein so herumschweifendes Volk, als die übrigen Heyden in Sibirien, ... Sie sind meistentheils Heyden, und haben deswegen ihre gewöhnliche Zauberer. Ihren Un-

terhalt bekommen sie von ihrer Viehzucht, von den vielen Fischen, so sie in den Seen, die auf der Baraba häufig sind, fangen können, auch von allerley Wildpret und Federvieh, ..." (Gmelin 1751–1752, 4. Theil, S. 132)
- die Beltiren (Beltiri; Beltirische Tataren; russ. *bel'tiry*; Sprache: Beltirisch) des *Kuznecker* Gebiets mit Siedlungsräumen am Fluß *Abakan* und im nördlichen Sajangebirge mit vermutlich mongolischer Herkunft und kirgisischen Einflüssen, die heute meist den ↑Chakassen zugeordnet werden;
- die nach dem Fluß *Čulym* als Tschulymische Tataren bezeichneten Völkergruppen (*Čulym*skische Tataren, Tschulimische Tataren; russ. *čulymcy, čulymskie tatary*; Sprache: Tschulymisch) mit Siedlungsgebieten zwischen den Flüssen *Ob'* und *Enisej*, die heute meist den ↑Chakassen zugeordnet werden;
- die Tataren am Fluß *Irtyš*;
- die zwischen *Sajanskoj ostrog* und *Abakanskoj ostrog* in der Umgebung des Flusses *Tuba* siedelnden Kaidinischen Tataren (Kaidini, Kaidinzen, russ. *kajdiny, kajdincy, kajdyncy*, Sprache: Kaidinisch), die bisweilen auch als ↑Geschlecht der ↑Arinzen betrachtet wurden und heute zu den ↑Chakassen gezählt werden;

- die nach dem Fluß *Kača* als Katschinzen (Katschinzi; Katschinzische Tataren; russ. *kačinskie tatary, kačinskie* bzw. *kačincy*; Eigenname: Kaschtar o. Katschar; Sprache: Katschinzisch) bezeichnete Gruppe, die vorwiegend am Fluß *Enisej* in den Gegenden zwischen den Flüssen *Abakan* und *Kača* siedelte, früher auch den *Krasnojarsk*er Tataren zugeordnet wurden und heute als den ↑Chakassen zugehörig betrachtet werden;
- die am Fluß *Tom'* bei *Kuzneck* siedelnden Kistimschen Tataren (Kyschtimische Tataren; russ. *kyštymy*), die große Ähnlichkeiten mit den Teleuten aufweisen; s. auch Kapitel 3, Anm. 35;
- die früher als *Krasnojarsk*er Tataren (Krasnojarskische Tataren) bezeichneten Tatarengruppen bzw. -stämme, die im Gebiet von *Krasnojarsk* siedelten und heute größtenteils den ↑Chakassen zugeordent werden; „Wegen einer großen Gleichheit der Verfassung und Lebensart werden einige, in der krasnojarischen Provinz vorhandene Ueberreste der ehemaligen ↑Koibalen, ↑Kotowzen, ↑Motoren, ↑Arinzen und andere [z. B. ↑Assanen u. ↑Kamaschinzi (Kamassen)] im gemeinen Leben unter den krasnojarischen Tataren mit begriffen, die aber wie Sprachen und andere Unterscheidungszeichen beweisen, zu ganz

andern Völkern gehören, ..."
(Georgi 1776–1780, S. 224);
- die früher als *Kuzneck*er Tataren bezeichneten Völkergruppen in der Umgebung von *Kuzneck* und am Oberlauf des Flusses *Tom'* mit u. a. den Abinzen (russ. *abincy*) und den Birjussen (Birjussische Tataren; russ. *birjusinskie tatary*, *birjusincy* o. *birjusy*), die seit Anfang des 20. Jahrhunderts als Schoren (russ. *šorcy*; Sprache: Schorisch) bezeichnet und meist den ↑Chakassen zugeordnet werden;
- die Kysilischen Tataren (russ. *kizil'cy*, *kizylskie tatary* bzw. *kizyly*), die im *Tomsk*er Gebiet siedelten, vermutlich kalmykischer Abstammung waren und später in die Völkergruppe der ↑Chakassen eingingen;
- die nomadisch oder halbnomadisch lebenden Nogajer (Nogaier; Nogaizi; Nogajische Horden; russ. *nogajcy*, *nagai* bzw. *nagajcy*), die vorwiegend im Kaukasusgebiet leben; Nogajer siedeln u. a. auch im Gebiet von *Astrachan'* und des Flusses *Volga* und werden in die Gruppe der *Astrachan'*er Tataren eingeordnet.
- die Sagaischen Tataren (Sagai; Sagaiische Tataren; russ. *sagaj*, *sagajcy*; Sprache: Sagaisch), die ihren Namen von ihrer Wohngegend, der Sagaiskischen Steppe (russ. *Sagajskaja step'*) bzw. dem Saigaischen Land (russ. *Sagajskaja zemlica*) in der Nähe von *Abakansk* erhalten haben, früher den *Kuznecker* Tataren zugeordnet wurden und heute zu den ↑Chakassen gezählt werden;
- die im Sajangebirge (*Sajanskoj chrebet*) auf russischem und chinesischem Gebiet sowie um *Tunkinskoj ostrog* südwestlich vom See *Bajkal* siedelnden Sojeten (Sojoten; russ. *sojoty* bzw. *sajaty*), die samojedische Urprünge haben, mit den Tubinzen verwandt sind und wie diese weitgehend in die turkstämmigen Tuwiner (Tuwinzen; russ. *tuvincy*) eingingen;
- die Tataren in der Umgebung von *Tara*;
- das nach ihrem ursprünglichen Siedlungsgebiet am See *Telengud* bzw. *Telengut* im *Altaj*-Gebirge als Teleuten (Telenguten; Teleutische Tataren; Weiße Kalmyken; russ. *telenguty*, *teleuty*) benannte Volk; Es stand ursprünglich unter dem Einfluß von ↑Kalmyken und ↑Kirgisen und siedelte später in den Gegenden um *Tomsk* und *Kuzneck*. Die Sprache (Teleutisch) wird meist der Familie der altaischen Sprachen zugeordnet. Die früher u. a. zusammen mit den Teleuten als eine Gruppe betrachteten Telengiten (russ. *telengity*; Sprache: Telengitisch) werden erst seit Ende des 20. Jahrhunderts in der Ethnologie als eigenständige Volksgruppe der Altaier (russ. *altajcy*; frü-

her als Oiroten bezeichnet) betrachtet.
- die Tataren in der Umgebung von *Tjumen'*;
- die Tataren in der Umgebung von *Tobol'sk*;
- die Tataren in der Umgebung von *Tomsk*;
- die an der Mündung des Flusses *Tom'* in den Fluß *Ob'* (bei *Čatskij gorodok* bzw. *Čatskij ostrog*) siedelnden Tschatzkischen Tataren (Tschatskische Tataren; Tschazische Tataren; russ. *čaty, čatskie tatary*) mit tschatzkischer (tschatzkisch-tatarischer; tschazischer) Sprache, die zur Gruppe der *Tomsk*er Tataren gehören;
- die Tubinzen (Tubiner; Tubinzer; russ. *tubincy* bzw. *tubinskie tatary*, heute russ. *tubalary*; Schwarzwald-Tataren nach Radloff 1968, 1. Band, S. 212f.); „Tubalar, Russisch Tubinzi, erhielten diesen Namen vom Flusse Tuba. Sie sind ursprünglich Samojeden, haben aber ihre Sprache vergessen und sind so zu Türken geworden. Sie haben die Gegenden des Flusses Abakan mit Качинzen [Katschinzen] gemischt inne." (Klaproth 1831, S. 228) (Archiv 1847–1848; *Brokgauz/ Efron* 1991, Bd. 64, S. 671–672; Forsyth 1992, S. 119–123; *Funk/Tomilov* 2006; Georgi 1776–1780, S. 85–271; Gmelin 1751–1752, 1. Theil, S. 267–277; Klaproth 1831, S. 202ff. u.

S. 255ff.; Müller 1999, S. 501; Pallas 1778, S. 260ff.; Strahlenberg 1730, S. 321–322)

Tawgy (Tawgi): ↑Samojeden

Teleuten (Telenguten): ↑Tataren

testiculus: lat. – Hoden

Tomari (Tamari, Boltzenpfeile): russ. *tomary, tamary* (Ez. *tomar, tamar, tamara*); „BOLZ, ... 1) ein vornen zugespitzter, hinten gefiederter pfeil, wie er von der armbrust geschossen wird ... 2) ein starker runder nagel ... an verschiedenen werkzeugen, ..." (Grimm 1991, Bd. 2, Sp. 234f.); „Bolzen, ... 6) rundes, vorn mit Eisen beschlagenes, hinten zuweilen mit Flugfedern versehenes Stück Holz, welches mit Armbrüsten abgeschossen wird, hat derselbe statt einer Spitze eine eiserne gezackte Krone, so daß er den getroffenen Gegenstand nur erschüttert, nicht durchbohrt, so nennt man ihn Kron=B.; ..." (Pierer 1857–65, Bd. 3, S. 56); s. auch unter *tomar* u. *tamar* in: *Anikin* 2000, S. 552 sowie *Anikin* 2003, S. 597 u. S. 782

Tschir (Tschira; Mz. Tschiri): russ. *čir* (Mz. *čiry*); „Salmo Nasus ... Dickköpfige Aesche. ..." (Georgi 1797–1802, Theil 3, S. 1942); „275. Salmo Nasutus. ... Salmo Nasus ... Rossis in Sibiria Tschiir. ..." (Pallas 1811–1831, Vol. III, S. 401–403)

Tschuktschen (Tschuktschi; Sidiätschie-Tschuktschi): russ. *čukči*; Die Tschuktschen sind ein zur Gruppe der Nordost-Paläoasiaten gehörendes, mit den ↑Korjaken und Itelmenen (↑Kamtschadalen) verwandtes sibirisches Volk im äußersten Nordosten Sibirens (vorwiegend auf der Tschuktschenhalbinsel) mit schamanistischem Glauben. Man kann es in zwei Hauptgruppen (Stämme) einteilen, die vorwiegend von Rentierzucht lebenden nomadisierenden Rentier-Tschuktschen (russ. *olennye čukči*) und die an den Küsten lebenden sitzenden, d. h. nicht nomadisierenden, Tschuktschen (Stand-Tschuktschen; russ. *sidjačie čukči*), die vorwiegend vom Fischfang bzw. der Meerestierjagd leben. Die tschuktschische Sprache gehört zur tschuktscho-kamtschadalischen Gruppe der paläosibirischen Sprachen. (Archiv 1843a; Archiv 1855; Archiv 1860a; *Brokgauz/Efron* 1991, Bd. 77, S. 28–31; Forsyth 1992, S. 71–75 u. S. 143–151; Georgi 1776–1780, S. 350–353, Hintzsche/Nickol 1996, S. 243; Klaproth 1831, S. 317–318; Radloff 1861)

Tschulimische Tataren (*Čulym*skische Tataren; Tschulymische Tataren): ↑Tataren

Tuch: „TUCH ... 1) ... abgegrenztes, meist viereckiges stück gewebe beliebiger grösze und aus beliebigem material, ... 2) ... stoff, der aus verschiedenem fadenmaterial, in erster linie aus wolle hergestellt und noch nicht für einen bestimmten zweck zugerichtet ist ... ein gewebe von wollenem garn, das von dem tuchmacher gewebt, gewalkt, gerauhet, geschoren, gefärbet und nachher zubereitet wird ...“ (Grimm 1991, Bd. 22, Sp. 1448ff.)

Tundra: „Die Tundra endlich ist ein Gebilde des Nordens und kommt südlich des Werchojanskischen Gebirges nicht vor. Grundbedingung bei Gebrauch dieses Wortes ist immer das Vorhandensein jenes weissen Mooses, von welchem sich das Rennthier im Winter nährt; ... Die eigentliche Tundra ist daher der mit harten Carices und weissem Moos bewachsene Morast. Sie hat ihre unbestrittene Herrschaft an der Küste des Eismeeres, ...“ (Maydell 1896, S. 261); „Tundra: baumfreie bis baumarme niedrige Vegetation der Subpolargebiete, von Moosen, Flechten, Grasfluren, → Zwergsträuchern und z. T. echten Sträuchern gebildet. ...“ (Leser 1997, S. 911f.); s. auch unter russ. *tundra* in: *Anikin* 2000, S. 567f. und *Anikin* 2003, S. 621f.

Tungusen (Olennie, Konnie und Sabatschie Tungusen, russ. *olennye tungusy* – Rentiertungusen, ↑Ren, *konnye tungusy* – Pferdetungusen, von russ. *kon'* – Pferd bzw. *sobač'ie tungusy* – Hundetungusen, von russ. *sobaka* –

Hund; Tungusen im Nertschinskischen Gebieth; Waldtungusen, russ. *lesnye tungusy*, von russ. *les* – Wald; Jakuzkische Tungusen; Tungusen am Nischna Tunguska; Mangaseische Tungusen am Nischna Tungusca; Tungusen am *Chatanga*; Ochozkische und Udskische Tungusen; Tungusen am Lena; Olennie und Sidiatschie Lamuti, russ. *olennye lamuty* bzw. *sidjačie lamuty* – sitzende, d. h. nicht nomadisierende, Lamuten, von russ. *sidet'* – sitzen): russ. *tungusy*; Als Tungusen bezeichnet man eine Gruppe von ostsibirischen Völkern mit halbnomadischer Lebensweise und schamanistischer Religion, die von Jagd, Rentierzucht und Fischfang lebten. Die tungusischen Sprachen werden im allgemeinen in die altaische Sprachfamilie eingeordnet. Man unterscheidet mit den entsprechenden Völkergruppen meist drei Sprachgruppen – Nord-Tungusisch, u. a. mit Ewenisch (Lamutisch) und Ewenkisch, Südost-Tungusisch sowie Südwest-Tungusisch u. a. mit Mandschurisch (↑Mandschuren). Zu den Tungusen gehören u. a. die auch als Lamuten (russ. *lamuty*) bezeichneten Ewenen (russ. *èveny*; Sprache: Ewenisch bzw. Lamutisch) mit Siedlungsgebiet am *Ochock*ischen Meer und die Ewenken (russ. *èvenki*; Sprache: Ewenkisch), die früher als die eigentlichen Tungusen bezeichnet wurden. Ursprünglich siedelten die letzteren im *Bajkal*gebiet, von dem aus sie ihre Siedlungsgebiete über weite Gebiete Ostsibiriens vom Trans*bajkal*- und *Bajkal*gebiet bis zum Unterlauf der Flüsse *Enisej* und *Lena* sowie den Gebieten zwischen diesen beiden Flüssen ausdehnten. „In Russland theilte man sonst die Tungusen nach ihrer Lebensart in Pferde-Tungusen, Rennthier-Tungusen, Hunde-Tungusen und zu Fusse gehende [russ. *pešie tungusy*] Tungusen. Am Jeniseï wohnen keine Pferde-Tungusen, sondern nur, und zwar ostwärts, wilde Tungusen, die Rennthiere und Hunde halten. Ausser ↑Daurien ... kennt man im Russischen Reiche keine Pferde-Tungusen, ... Die Chinesischen Tungusen am Amur und dem Gebirge Chingan sind alle Rennthier-Tungusen, und überhaupt ist der Unterschied zwischen Hunde-, Rennthier- und Fussgänger-Tungusen nur in ihrer grösseren oder geringen Armuth begründet." (Klaproth 1831, S. 289); (*Brokgauz/Efron* 1991, Bd. 33, S. 308–309 u. Bd. 67, S. 65–68; Forsyth 1992, S. 48–55 u. S. 61–66; Georgi 1776–1780, S. 306–325; Hiekisch 1879; Hintzsche/Nickol 1996, S. 196–198; Klaproth 1831, S. 286–300; Schiefner 1857a, S. 21–33) *ukaz* (Mz. *ukazy*): schriftlicher Befehl (Verordnung) an eine Institution oder Person untergeordneten Ranges, meist im Namen des Zaren bzw. der Zarin; namentlicher *ukaz* (russ. *imennoj ukaz*) – eigenhändig vom Herrscher unterzeichneter *ukaz* (im Gegensatz zu den *ukazy*, die von bevollmächtigten Personen oder Institutionen im Namen des Herrschers erlassenen wurden)

Ulikta: russ. *ulikta* – in kleine Stücke geschnittenes, getrocknetes Rentier- oder Elenfleisch (*Anikin* 2000, S. 583)

Ulus (Uluss, Uluß): russ. *ulus* (Mz. *ulusy*); a) Siedlung, Nomadenlager sibirischer Völker als administrative Einheit; b) als ethnische Einheit die Zusammenfassung mehrerer Geschlechter (↑Geschlecht) (s. GOSU 2001a, S. 268–270)

Ust: russ. *ust'e*: (Fluß)-Mündung; „*Ust'*–" oft Bestandteil eines Ortsnamens (*Murzaev* 1984, S. 583f.)

verhausen (Verhausung): „VERHAUSEN, verb. eine wohnung aufgeben ... in ein anderes haus ziehen, ..." (Grimm 1991, Bd. 25, Sp. 541f.); „VERHAUSUNG, ... übergang aus einem hause in das andere ..." (a. a. O., Sp. 542)

Vielfraß (Rossamak, Rossomak, Roßamak): russ. *rosomacha* bzw. *rossomak* (Mz. *rosomachi* bzw. *rossomaki*); „20. Meles Gulo, ... Mustela Gulo, ... Ursus Gulo, ... Rossice Rossomak. ..." (Pallas 1811–1831, Vol. I, S. 73–75); „4. Ursus Gulo. ... Mustela Gulo ... Järfbär. Vielfras. R. Rossomacha. ..." (Georgi 1797–1802, Theil 3, S. 1547f.); zum Handel mit Vielfraßfellen s. Müller 1760, S. 549–550

Wallach: „Wallach ... heisset ein gelegtes oder verschnittenes Hengstpferd. ... Pferde werden gewallachet, damit man die Füllen unter den Stutten ungehindert könne weiden lassen, und daß sie bey andern Pferden nicht toben, sondern ruhig seyn, ... Die Wallachen sind in Wagen, sonderlich auf Reisen und bey Armeen besser, als Hengste zu gebrauchen, nehmen mit einem schlechtern Futter vorlieb, und können, weil sie bey andern Pferden nicht toben, sondern ruhig seyn, ihrer viel in einen Stall gebracht, ..." (Zedler 1732–50, Bd. 52, Sp. 1617)

Werschok (*veršok*): ↑Arschin

Werst: russ. *versta*; Längenmaß, Wegemaß; 1 Werst = 500 ↑*sažen'* = 1066,78 m (Festlegung nach ↑*ukaz* vom 11.10.1835, s. Schwabe 1871, S. 421); Die zeitweilig getroffene Festlegung 1 (alte) Werst = 1000 ↑*sažen'* wurde im 18. Jahrhundert wieder aufgehoben (*Tatiščev* 1996, T. VIII, S. 209), fand aber noch weiter Verwendung.

Wetki: russ./sib. *vetki* (Ez. *vetka*); kleine Boote, vorwiegend aus Birkenrinde (s. *Anikin* 2000, S. 155 u. *Anikin* 2003, S. 769)

Wogulen (Wogulizen): ↑Ostjaken

Woilok: russ. *vojlok* – Filz; „FILZ, ... 3) filz ist hauptsächlich die gekrempte, gekrempelte wolle der schafe oder auch das haar anderer thiere, ..." (Grimm 1991, Bd. 3, Sp. 1631 ff.); „Woelock ist ein ein Viertel, einen halben oder ganzen Finger dickes Tuch, das eine jede Hausmutter in Rußland auf den Dörfern aus Kühehaaren zuzubereiten weiß. Die Heyden aber in Sibirien, welche Kameele aufziehen, machen sie auch aus Cameelhaaren. Man macht davon Stücken auf zwo biß dritthalb Ellen ins Gevierte, auch kleiner und länglich viereckigt, und bedient sich gemeiniglich derselben in Rußland bey strenger Kälte die Böden damit zu belegen, und der gemeine Mann schläft darauf; die Heyden aber bedecken des Winters damit ihre Hütten." (Gmelin 1751–1752, 2. Theil, S. 12); s. auch *Anikin* 2000, S. 158

Wojewode (Woewode): russ. *voevoda*; Leiter der Administration eines ↑Kreises, der einem ↑Gouvernement bzw. einer ↑Provinz untergeordneten Verwaltungseinheit, mit weitreichenden juristischen, polizeilichen, wirtschaftlichen und verwaltungsmäßigen Vollmachten

Wolf: russ. *volk* (Mz. *volki*); „10. Canis Lupus. ... Wolf ..." (Pallas 1811–1831, Vol. I, S. 36–39); „2. Canis Lupus ... Gemeiner Wolf. R. Wolk ..." (Georgi 1797–1802, Theil 3, S. 1506–1509); zum Handel mit Wolfsfellen s. Müller 1760, S. 546–548

Wolost: russ. *volost'* (Mz. *volosti*); „Das Wort Wolost wird sonst in Rußland für eine gegend von Dörffern gebrauchet, die ihr eigenes Amt oder gerichte ausmachen, ... In Sibirien aber wird es in einem besondern verstande Bey Eintheilung derer ursprünglichen Völker des Landes, als ↑Tataren, Ostiaken [↑Ostjaken] ↑Wogulen u. s. w. gebrauchet, und bedeutet auf ähnliche Weise eine gewisse gegend von dörffern dieser Völker, oder besondern geschlechter [↑Geschlecht], nach welchen sie sich eintheilen, die Zusammenhalten, und in denen Contributions Registern unter einem Titul aufgezeichnet stehen. ..." (G. F. Müller in: AAW F. 21, Op. 2, D. 1, Bl. 48v–49r; s. auch GOSU 1996, S. 111; ↑Kreis)

Wyltschatie streli (Wyltschatie strjeli): ↑Orgisch

Zeug: „ZEUG ... gilt z. für den kleiderstoff allgemein; z-e sind bes. schmale stoffe; es gibt leinene, baumwollene, seidene, wollene z-e; die letzten unterscheiden sich vom ↑tuch auszer durch die gröszere schmalheit der stoffbahn noch dadurch, dasz sie

glatt, wenig oder gar nicht gewalkt sind und grobe wolle haben ..." (Grimm 1991, Bd. 31, Sp. 825ff.)
zimov'e (Mz. *zimov'ja*; Simovie; Simowie): vorwiegend durch ↑Promyschleni (*promyšlenniki*) während der Jagd im Winter und beim Fischfang genutzte Hütte oder Behausung einfachster Bauart; die *zimov'ja* dienten auch Reisenden zur Rast und zur Fütterung der Pferde
Zobel: russ. *sobol'* (Mz. *soboli*); „6. Mustela Zibellina ... Zobel=Marder. Zobel. ..." (Georgi 1797–1802, Theil 3, S. 1532–1536); „25. Mustela Zibellina. ..." (Pallas 1811–1831, Vol. I, S. 83–85); zum Handel mit Zobelfellen s. Müller 1760, S. 495–515
Zoll: Längenmaß; russ. *djujm*; lat. pollex; nach dem Dezimalsystem (Festlegung nach ↑*ukaz* vom 11.10.1835, s. Schwabe 1871, S. 421): 1 Zoll (*djujm*) = 2,5399 cm, 12 Zoll = 1 *fut* = 1 englischer ↑Fuß = 30,479 cm; „8. Die Daumenbreite (Pollex, Uncia), oder die Länge des ersten Gliedes am Daumen; ein Zoll.)" (Bischoff 1822, S. 5)
Zunder: „ZUNDER, ... eine lockere, pulverige masse aus pflanzlichen stoffen, welche durch den am stein geschlagenen funken zum glimmen gebracht wird. seit alter zeit wird dieser zunder aus gewissen baumschwämmen, polyporus, siehe zundelschwamm, zunderschwamm durch kochen in lauge, dann auch aus verkohlter leinwand hergestellt. noch älter aber, und bis heute bei einfachen völkern üblich, ist dafür die verwendung von mulmigem holze, ..." (Grimm 1991, Bd. 32, Sp. 556ff.); „Biltz, Schwamm, Erdschwamm, ... Pültz, Lateinisch Fungus, ... 11) Die Feuer=Schwämme, oder Zunder=Schwämme, fungi ignarii genannt, mit welchen man Feuer anzündet, wenn sie dürre sind; sie wachsen an denen Buchen, Nuß= und andern Bäumen. Einige wissen gemeldete Schwämme wohl zu bereiten, daß sie gar bald Feuer fangen, kochen und sieden sie in Lauge, lassen sie truknen, dann klopffen sie dieselbigen weich, und sieden sie alsobald noch einmal in Salpeter=Wasser, alsdenn werden sie desto geschickter, Feuer zu fangen. ..." (Zedler 1732–50, 3. Bd., Sp. 1852ff.); „Zunderschwamm, so v. w. Feuerschwamm." (Pierer 1857–65, Bd. 19, S. 728); „Feuerschwamm, der rohe Baum= od. Buchenschwamm. Er wächst an den Eichen u. Buchen als Löcherschwamm (Boletus igniarius u. B. fomentarius L.); ... Man schneidet od. stößt den Schwamm von den Stämmen der Bäume ab, beseitigt Holz u. Rinde, schlägt ihn mit Holzschlägeln recht weich, kocht ihn in Ätzlauge,

trocknet u. klopft ihn noch einmal. ... Der F. wird auch zum Blutstillen gebraucht" (a. a. O., 6. Bd., S. 245)

PERSONENREGISTER

Abaeva, Liubov' Lubsanovna (geb. 1949): XL, 112A, 113A, 114A, 115A, 124A, 190A, 267A, 369A, 397A, 419A, 614, 616

Abraham: biblische Gestalt, Prophet – 70, 98A

Absalom (Absalon): biblische Gestalt, Sohn Davids – 141, 143A

Abu'l Fazl (Abu'l-Fazl ibn Mubarak) (1551–1602): Chronist, Wesir des Mogulenherrschers Akbar – 138A

Abulgasi, Bayadur Chan (Abulgazi; Abu'l Ghasi Behadur) (1603–1663): Khan von Chiwa – XL, 5, 9A, 50A, 500, 503A

Achmerov, K. Z.: XL, 20A, 191A

Adelung, Friedrich von (1768–1843): Jurist, Philosoph – X–XIII, XL

Adelung, Johann Christoph (1732–1806): Historiker – XI, XII, XL, 280A, 302A, 375A, 398A, 465A, 483A, 556A, 581A

Aelinianus, Claudius (ca. 170 – ca. 222): Rhetoriker, Schriftsteller – 187A

Aethicus, Hister (Aethicus, Ister) (5. o. 6. Jh.): Schriftsteller – 300A

Afanas'ev, Petr Savvič: Linguist – XL, 48A, 131A

Aiachàn (Ajagan): s. Öölgò

Ajagnit (Ajannìt; Ürü): jakutischer *knjazec* aus der Familie der *Mazarin*, Sohn von Kuinnak – 573, 583A

Ajuka (1647–1724?): kalmykischer Khan – 21A, 91A, 103A, 207A, 208A, 341A

Akbar, Jalaluddin Muhammad (1542–1605): Großmogul von Indien – 138A

Alanus, Johannes Jani (1563–1631): Rektor, Professor für Rhetorik – 585, 588A

Aldrovandi, Ulisse (Aldrovandus, Ulysse) (1522–1605): Arzt, Botaniker, Zoologe – XL, 111A, 362A, 464A, 468A, 616, 638

Aleksej Michajlovič (Alexei Michailowitsch) (1629–1676): russischer Zar von 1645 bis 1676 – 40A, 197, 210A

Alexander III. (ca. 1199 o. 1105 – 1181): Papst – 301A

Alexander III., der Große (Alexander Magnus) (356–323 v. u. Z.): König von Makedonien – 47, 52A

Ali (Aali; Ali ibn Abi Talib; Aly) (ca. 598 – 661): Schwiegersohn des Propheten Mohammed, 4. Kalif – 96A, 591A, 598, 606A, 607A

Alksnis, Jakob (Alksnis, Jekabs) (1870–1957): Arzt – XL, 124A, 129A

Amaryllis: mythologische Gestalt, Name einer Schäferin – 596, 604A

Ambrosinus, Bartholomaeus (17. Jh.): Arzt – XL

Amburger, Erik (1907–2001): Historiker – XL, 620

Amman, Johannes (1707–1741):
Botaniker –365A, 366A, 369A
Andreev, Aleksandr Ignat'evič
(1887–1959): Historiker – XVIII,
XX–XXII, XXIV, XXIX, XLI,
XLII, 10A
Anfert'eva, Antonina Nikolaevna
(geb. 1950): Archivarin – XXXII
Anikin, Aleksandr Evgen'evič (geb.
1952): Philologe – XLI, 40A,
51A, 61A, 62A, 63A, 64A,
102A, 104A, 106A, 130A, 135A,
136A, 185A, 186A, 187A, 188A,
189A, 190A, 191A, 193A, 221A,
231A, 253A, 254A, 255A, 265A,
266A, 267A, 268A, 283A, 312A,
313A, 314A, 340A, 342A, 343A,
344A, 345A, 347A, 348A, 362A,
364A, 367A, 372A, 392A, 393A,
394A, 395A, 396A, 400A, 401A,
414A, 415A, 416A, 420A, 458A,
462A, 463A, 466A, 468A, 468A,
472A, 473A, 475A, 485A, 487A,
496A, 499A, 549A, 550A, 552A,
553A, 554A, 555A, 557A, 558A,
582A, 611, 614, 615, 622, 623,
625, 628, 630, 634, 636–639,
643, 645–648, 652, 653, 655, 656
Anna Ioannovna (1693–1740):
russische Zarin von 1730 bis
1740 – XIV
Antenor: mythologische Gestalt,
Trojaner – 551A
Anville: s. Bourguignon d'Anville
Apelt, Otto (1845–1932): Philologe – LXI
Archipova, Tat'jana Grigor'evna:
XLIX

Aristoteles (384 – 322 v. u. Z.):
Philosoph, Naturforscher –
483A, 590A, 591A
Arkstee, Johann Caspar (18. Jh.):
Verleger – LII
Ascelin, Nicolas (13. Jh.): Gesandtschaftsreisender, Dominikanermönch – XLII, LXI
Ashoure (18. Jh.): Name eines
Berbers; ein Marabut – 606A
Augustus (Auguste) (63 v. u. Z. –
14 u. Z.): römischer Kaiser –
596, 604A
Ausonius, Decimus Magnus (ca.
310 – ca. 395): Dichter – XLI,
597, 604A
Awdejewa, K. (*Avdeeva, Ekaterina
Alekseevna*): Schriftstellerin,
Ethnologin – XLI, 274A
Azarùt-Lamà: lamaistischer Geistlicher – 86
Baer, Karl Ernst von (1792–1876):
Anatom, Zoologe – XXVIII,
XLI, XLII, 56A, 178A, 345A,
484A
Bagai: burjatischer *šulenga* – 182
Bailliar, Ernestus Claudius
(18. Jh.): Verleger – LXIII
Baklanova, Natalija Apollinar'evna: Historikerin – XX,
XLII
Balaam (Bileam): biblische Gestalt, Prophet – 597, 604A
Banasjukevič, V. D.: XLVIII
Bang, Georg (Bangius Georgius):
588A
Bang, Thomas Jensen (Bangius)
(1600–1661): Orientalist, Theologe – 586, 588A

Baranov, Nikolaj Nikolaevič (geb. 1961): Historiker – XLIV

Barbarus, Hermolaus (Barbaro, Ermolao) (1454–1493): Scholastiker, Dichter – 300A

Barbier, Antoine-Alexandre (1765–1825): Bibliothekar, Bibliograph – XLII, 9A

Barrois l'aîné, Louis François (1748 – nach 1835): Buchhändler, Verleger – XLII

Baschtuchan (Galdan Boshigt Khan; Galdan Boshugtu Khan; Buschuchtu–Khan) (1644?–1697): kalmykischer Herrscher – LXVIII

Basse, Gottfried (1778–1825): Buchhändler, Verleger – LXX

Batalova, Raisa Michajlovna: Linguistin – XLII, 26A

Bauhin, Caspar (Bauhin, Gaspard; Bauhin, Kaspar) (1560–1624): Arzt, Botaniker – 123A, 129A, 189A, 345A, 347A, 357, 362A, 367A, 368A, 369A, 371A, 372A, 373A, 415A, 418A, 471A, 485A, 552A, 626

Bauhin, Johann (1541–1612): Arzt, Botaniker – 123A, 129A, 189A, 295A, 347A, 367A, 415A, 418A, 485A, 552A, 626

Bayer, Gottlieb (Theophilus) Siegfried (1694–1738): Orientalist – XLII, 81, 121A, 649

Beck, Carl Heinrich (1767–1834): Verleger – LIV

Beer, Robert: Verlagsbuchhändler – XLIX

Belluacensis, Vincentius (Beauvais, Vincent de) (ca. 1190 – ca. 1264): Dominikanermönch, Gelehrter – 253A

Ben Mukhalah (Ben Mukha-lah) (18. Jh.): Name eines Berbers – 606A

Benjamin de Tudèle (Benjamin von Tudela) (gest. ca. 1173): jüdischer Reisender – XLII

Bentinck: holländischer o. schwedischer Offizier – 9A

Berckhan, Johann Christian (1709–1751): Maler – 296A, 374A

Berger, Johann Andreas (18. Jh.): Buchhändler, Verleger – XLV

Bergeron, Pierre (ca. 1580 – 1637): Geograph – XLII, XLIII, LXI–LXIII

Bering, Vitus Jonassen (1681–1741): Kapitänkommandeur – IX, XIII, XIV, LIII, LXIX, 112A, 339, 348A

Bernard, Jean Frederic: Verleger (Name vermutlich fiktiv) – LII

Bernia, Marco Antonio (17. Jh.): Drucker, Verleger – XL

Bernoulli, Daniel (Bernoullius) (1700–1782): Physiker, Anatom – XV

Bertrand, François Marie (1807–1881): Orientalist, Theologe – XLIII, 97A

Besser, Wilhelm (1808–1848): Buchhändler, Verleger – XLV

Bilaine, Louis (Bilaine) (gest. 1681): Verleger – 144A

Bileam: s. Balaam

Binder, Wilhelm Christian (1810–1876): Theologe – LXIX

Bischoff, Gottlieb Wilhelm (1797–1854): Botaniker – XLIII, 135A, 252A, 466A, 620, 657

Black, Joseph Lawrence (geb. 1937): Historiker – XX, XLIII

Boccone, Paolo Silvio (1633–1704): Arzt, Botaniker – 368A

Bock, Hieronymus (Tragus) (1498–1554): Arzt, Botaniker – 123A

Bode, Johann Elert (1747–1826): Astronom – 37A, 101A

Boedner, Jakob (18. Jh.): Buchhändler, Verleger – XLV

Böger, Jacob: Kopist der Akademie der Wissenschaften – 472A

Böhlau (1826–1900): Verlagsbuchhändler, Drucker – LII

Böthlingk, Otto (1815–1904): Indologe – LV, 108A

Bohn, Johann Carl (1712–1773): Verleger, Buchhändler – XLIV

Boldyrev, Boris Vasil'evič: Philologe – XLIII, 116A, 117A, 182A, 183A, 190A, 191A, 192A, 193A, 277A, 311A, 312A, 365A, 370A, 393A, 419A, 462A, 465A, 466A, 505A, 550A, 581A

Bosogò (Bosogo): s. Öölgò

Bottoni, Hannibal Franz von (Bottoni, Annibale Francesco) (17. Jh.): Gesandter des Kaisers Leopold I. – XLIII, 585, 588A

Bourguignon d'Anville, Jean Baptiste (1697–1782): Geograph – XLIII, 135, 138A, 139A

Boutesteyn, Cornelius (Boutesteyn, Cornelis): Buchhändler, Drucker, Verleger – XLVII

Brand, Adam (vor 1692 – 1746): Kaufmann, Reisender – XI, LII

Brand, Johann Arnold von (1647–1691): Jurist – 5, 8A

Brandt, Johann Friedrich von (1802–1879): Arzt, Naturforscher – XLIII, 129A, 611

Breitkopf: Verlegerfamilie – XL

Breitkopf, Bernhard Christoph (1695–1777): Drucker, Verleger – LXVI, LXIX

Breitkopf, Johann Gottlob Immanuel (1719–1794): Drucker, Verleger, Sohn von B. C. Breitkopf – LXVI

Brenner, Henry (1669–1732): Bibliothekar, Reisender – 589A

Brill, Evert Jan (geb. 1812): Verleger – XL

Brockhaus, Friedrich Arnold (*Brokgauz*) (1772–1823): Verleger – XLIII, LXII, LXIX, 23A, 25A, 94A, 96A, 97A, 98A, 180A, 210A, 253A, 295A, 591A, 614, 616, 619, 622–624, 627–630, 635, 637, 642, 649, 652–654

Brodersen, Kai (geb. 1958): Historiker – LV

Bruijn, Cornelis de (Bruin, Cornelis de) (ca. 1652 – 1726 o. 1727): Reisender, Maler – 5, 8A

Bry, Johann Theodor de (1561–1623): Verleger, Kupferstecher – 587A

Buddha (6. Jh. v. u. Z.): Religionsgründer – LIII, 629

Burjät (Buriat): mythologische Gestalt, Bruder von Ölöt – 44

Burchard II. von Veltheim (ca. 1028 – 1088): Bischof von Halberstadt – 301A
Burnell, Arthur Coke (1840–1882): Orientalist – LXX
Buske, Helmut: Verleger – L
Caesar, Gaius Julius (100–44 v. u. Z.): römischer Staatsmann – IX
Calmet, Augustin (1672–1757): Mönch, Theologe, Philosoph – XLIII, 586, 590A
Camerarius, Rudolf Jacob (1665–1721): Physiker, Botaniker – 129A
Campe, Julius (1792–1867): Verleger – LIII
Canz, Israel Gottlieb (1690–1753): Philosoph, Theologe – XLIII, 586, 590A
Carolus IV: s. Karl IV.
Carpin: s. Plan Carpin, Jean de
Carl der Große: s. Karl der Große
Castrén, Matthias Alexander (1813–1852): Linguist, Ethnologe – LXIV, 27A, 106A, 614
Catafago, Joseph (geb. ca. 1822): Diplomat, Orientalist – XLIV, 99A, 100A, 101A
Čekin, Nikifor Mikitič: Geodät – XIX
Čeremisov, Konstantin Michajlovič (1899–1982): XLIV, 55A, 62A, 63A, 64A, 107A, 108A, 112A, 113A, 114A, 115A, 117A, 118A, 124A, 136A, 183A, 185A, 190A, 220A, 231A, 253A, 254A, 264A, 266A, 267A, 275A, 277A, 297A, 299A, 345A, 364A, 365A, 368A, 369A, 392A, 396A, 397A, 398A, 399A, 400A, 419A, 461A, 462A, 463A, 550A, 557A, 558A, 583A, 639, 645, 647
Čerkasskij, Fürst *Petr Achamašukovič*: Wojewode von *Berezov* – 233A
Chacón, Pedro (Ciacconius, Petrus) (1527–1581): Archäologe, Theologe – 300A
Charitonov, Luka Nikoforovič: Linguist – XL
Chekilli (18. Jh.): Häuptling der Vereinigung der Creek-Indianer – 601A
Chelimskij, Evgenij Arnol'dovič: s. Helimski, Eugen
Cherefeddin Ali: s. Sharaf al-Dīn 'Alī Yazdī
Chouët, Jacob (17. Jh.): Buchhändler, Verleger – LXI
Christus: Religionsgründer – LXXI, 266A, 594, 600A, 601A
Ciacconius, Petrus: s. Chacón, Pedro
Cicero, Marcus Tullius (106–43 v. u. Z.): römischer Staatsmann, Schriftsteller, Philosoph – XLIV, 157, 184A, 225, 231A
Čirikov, Aleksej Il'ič (1703–1748): Kapitän – XIV
Cisseus: mythologische Gestalt, thrakischer König – 551A
Claussøn, Peder (Claudius, Petrus; Claussen; Friis, Peder Claussøn) (1545–1614): Pfarrer – 585, 588A
Clusius, Carolus (De l'Ecluse, Charles) (1526–1609): Botaniker – 123A, 128A
Cnobloch, Carl (1778–1834): Buchhändler, Verleger – LXV

Collins, Samuel (1619–1670): Arzt – 144A

Condamine, Charles-Marie de la (1701–1774): Mathematiker, Astronom, Reisender – 593, 594, 599A, 600A

Constantinus Porphyrogenitus (Konstantin VII.; Konstantin Porphyrogenitus; Konstantin Porphyrogennetos) (905–959): byzantinischer Kaiser – 23A

Contarini, Ambrogio (Contarini, Ambroise; Contarini, Ambrosio) (gest. 1499): venezianischer Gesandter – XLII

Cordier, Henri (1849–1925): Orientalist – LXII

Cornelius Tacitus, Publius (Cornelius Tacitus, Gaius) (nach 50 – nach 116): Historiker – IX, 49A, 182A, 293, 301A, 630

Coustelier, Antoine-Urbain (gest. vor 1729): Drucker, Verleger – LXI

Crownhart-Vaughan, Elizabeth A. P.: Historikerin – LIII

Curtius Rufus, Quintus (Curtius) (ca. 50 o. Mitte 2. Jh.): Historiker – 52A, 554A

Cuvier, Georges (1769–1832): Anatom, Zoologe – 41A

Cydendambaev, Cybikžan Boboevič (1915–1983): Philologe – XLIV, 253A, 267A, 419A

Cypraeus, Hieronymus (gest. ca. 1642): Jurist, Sohn von Paul C. – 588A

Cypraeus, Paul (1536–1609): Jurist, Gesandter – 585, 588A

Cyrus: s. Kyros der Jüngere

Dahlmann, Dittmar (geb. 1949): Osteuropahistoriker – II

Dal', Vladimir Ivanovič (1801–1872): Schriftsteller, Lexikograph – XLIV, 111A, 124A, 125A, 233A, 252A, 295A, 339A, 361A, 396A, 418A, 420A, 468A, 471A, 553A, 557A, 560A, 580A

Dale, Samuel (ca. 1659 – 1739): Naturforscher, Arzt, Altertumsforscher – XLIV, 373A, 417A, 626, 638

De l'Isle de la Croyère, Louis (vor 1688–1741): Astronom – XV, XVI, XX, 9A

Deichert, Andreas (1823–1888): Verleger – LXII

Delany, Patrick (Delany, Patrik) (1685 o. 1686 – 1768): Pfarrer, Schriftsteller – XLV, 586, 589A, 590A

Delisle, Guillaume (1675–1726): Geograph, Kartograph, Bruder von L. De l'Isle de la Croyère – 178A

Delisle, Joseph Nicolas (1688–1768): Astronom, Geograph, Bruder von L. De l'Isle de la Croyère – XV

Demidov, Akinfej Nikitič (1678–1745): Unternehmer – 464A, 496A

Demitsch, Wassily (*Demič, Vasilij Fedorovič*) (1858 – nach 1920): Militärarzt – XLV, 42A, 123A, 125A, 126A, 128A, 129A, 130A, 367A, 612

Deshayes, Antonin: Buchhändler, Verleger – LXV

Didot (17.–19. Jh.): Drucker-, Verlegerfamilie – XLVI
Diercke, Carl Friedrich Wilhelm (1842–1913): Kartograph, Pädagoge – LIV
Dieterich, Johann Christian (1712–1800): Drucker, Verleger – XLIX, LIV
Dionysius (Alexandrinus) (gest. 265): Bischof von Alexandrien – XLV, 150, 180A
Dodoens, Rembert (Dodonaeus) (1517–1585): Arzt, Botaniker – 123A, 312A
Doerfer, Gerhard (1920–2003): Turkologe – XLV, 116A, 117A, 347A
Domokos, Péter (geb. 1936): Finnougrist – L, 21A, 23A, 24A, 25A, 26A, 27A, 211A, 255A, 630, 635, 642
Donner, Kai (Donner, Karl Reinhold) (1888–1935): Finnougrist, Ethnologe – XLV, 56A, 57A, 62A, 65A, 108A, 110A, 111A, 118A, 119A, 124A, 125A, 184A, 188A, 189A, 194A, 230A, 268A, 277A, 313A, 342A, 344A, 345A, 346A, 365A, 461A, 462A, 463A, 465A, 466A, 485A, 487A, 551A
Donnert, Erich (geb. 1928): Historiker – LII
Dorschi Irki Achai (17. Jh.): mongolischer *tajša* – 220A
Drechsler, Friedrich (1763–1817); Drucker, Verleger – XL
Dreyer, Johann Carl Heinrich (1723–1802): Jurist, Politiker – XXIII, XLV, 228, 234A

Dring, Thomas (der Jüngere?): Buchhändler, Verleger – LIV
Dschingis Khan (Genghizcan; Zingis-Chan) (ca. 1155 – 1227): mongolischer Herrscher – LX, 24A, 50A, 500, 503A, 615
Dsjab Erdeni Zoktum (17. Jh.): mongolischer *tajša* – 220A
Duden, Konrad AlexanderFriedrich (1829–1911): Philologe, Lexikograph – XXXI
Duncker, Carl Friedrich Wilhelm (1781–1869): Buchhändler, Verleger – L
Dunin-Gorkavič, Aleksandr Aleksandrovič (gest. 1927): Ethnologe, Forstwissenschaftler – 124A, 342A
Duret, Claude (Durett) (ca. 1570 – 1611): Jurist, Botaniker – 589A
Duvernoi, Johann Georg (Du Vernoi) (1691–1759): Anatom – XV, 265A
Efron, Il'ja Abramovič (1847–1917): Verleger – XLIII, 23A, 25A, 180A, 210A, 253A, 614, 616, 619, 622–624, 627–630, 635, 637, 642, 649, 652–654
Eggers (19. Jh.): Buchhändler, Verleger – XL, XLII, LXII, LXIV
Einhard (Eginhard; Eginhartus; Einhart) (ca. 770 – 840): Berater von Karl dem Großen – XLV, 78, 115A
Elden Achai (Jelden Achai) (17. Jh.): mongolischer *tajša* – 220A
Èlert, Aleksandr Christianovič (geb. 1954): Historiker – II–V,

XX, XXII, XXIX, XLV, 37A, 65A, 628
Elias (9. Jh. v. u. Z.): biblische Gestalt, Prophet – 71, 99A
Elzevier (17./18. Jh.): Verlegerfamilie – 135, 137A
Elzevier (I.), Abraham (1592–1652): Drucker, Buchhändler – LIII
Empedokles (Empedoclis; Empedoklis) (gest. ca. 434 v. u. Z.): Philosoph, Arzt, Dichter – 590A
Endter, Wolfgang Moritz (1653–1723): Drucker, Buchhändler, Verleger – LXVII
Erdeni Batur (Irdini Batur) (17. Jh.): mongolischer *tajša* – 220A
Erdeni Zuructu (Erdeni Suruqtu Ba'atur Qungtayiji; Tsewangrabtan) (1643–1727): kalmykischer Herrscher – LXVIII
Ermak Timofeevič (Jermak) (ca. 1540 – 1584): Kosakenataman – 50A, 488, 489, 495A
Erman, Georg Adolph (1806–1877): Physiker, Geologe – XLVI, 123A, 129A, 184A, 186A, 643
Erythropel, Johann Just (Erythrophilus): Buchhändler, Verleger – LXIX
Eustathius Thessalonicensis (Eustatius) (ca. 1115 – ca. 1194): Erzbischof von Thessaloniki – XLV, XLVI, 150, 180A
Fal(c)k, Johann Peter (1732-1774): Botaniker, Forschungsreisender – XLVI, 20A, 21A, 47A, 91A, 93A, 94A, 96A, 97A, 98A, 99A, 100A, 101A, 103A, 123A, 130A, 283A, 458A, 613, 623, 629
Fascinus: römischer Gott, Schutzgott der Kinder und der Feldherren – 602A, 603A
Fedotov, Michail Romanovič: Linguist – XLVI, 23A
Felginer, Sophia (Felginers Witwe) (gest. 1742): Verlegerin, Buchhändlerin – XLIV
Felginer, Theodor Christoph (1686–1726): Verleger, Buchhändler – XLIV
Festus, Sextus Pompeius (3./2. Jh. v. u. Z.): römischer Grammatiker u. Antiquar – XLVI, 225, 231A
Fischer, Johann Eberhard (1697–1771): Adjunkt, Historiker – V, XVIII, XIX, XXVII, XXIX, XLVI, LI, 7, 10A, 24A, 25A, 49A, 50A, 57A, 62A, 64A, 65A, 92A, 93A, 94A, 101A, 102A, 103A, 104A, 105A, 106A, 107A, 112A, 119A, 120A, 121A, 125A, 131A, 132A, 144A, 179A, 186A, 187A, 190A, 192A, 212A, 213A, 251A, 264A, 266A, 268A, 297A, 298A, 299A, 300A, 315A, 344A, 347A, 374A, 375A, 391A, 401A, 415A, 460A, 466A, 471A, 483A, 495A, 504A, 555A, 589A, 600A, 632, 645
Flaccus, Marcus Verrius (1. Jh. v. u. Z.): Grammatiker, Lehrer – XLVI, 231A
Fleischer, Johann Georg (1723–1796): Verleger, Buchhändler – LIX, LXVIII
Förster, Nicolai: Verleger – LIII, 600A

Forsyth, James (geb. 1928): Historiker – XLVI, 610, 614, 619, 622, 624, 627, 635, 642, 652–654
Freeman, William: Verleger – LII
Friedrich II. (Friedrich der Große) (1712–1786): preußischer König – 302A
Fritsch, Thomas (1666–1726): Verleger – LII, 9A
Frolov, Andrej: 250, 255A,
Funk, Dmitrij Anatol'evič (geb. 1962): Ethnologe – XXXII, XLVI, 20A, 62A, 63A, 64A, 93A, 94A, 96A, 97A, 98A, 99A, 100A, 101A, 102A, 103A, 185A, 186A, 187A, 190A, 194A, 252A, 266A, 268A, 300A, 344A, 361A, 374A, 391A, 392A, 397A, 460A, 461A, 466A, 472A, 557A, 611, 615, 642, 652
Gabriel (*Gavriil*): Erzengel – 348A, 595, 601A
Galdan Cerin (Galdan Zerin; Galdanzerin) (gest. 1745 o. 1746): kalmykischer Khan von 1727 bis 1745?; Sohn des Kontaischa *Cėvan-Rabdan* – 421, 458A, 465A
Ganiev, Fuat Ašrafovič (geb. 1930): XLVI, 39A, 61A, 63A, 64A, 91A, 93A, 94A, 101A, 102A, 119A, 120A, 125A, 131A, 181A, 187A, 190A, 252A, 268A, 283A, 298A, 299A, 300A, 344A, 362A, 374A, 375A, 397A, 460A, 466A, 495A, 550A, 555A
Gatterer, Johann Christoph (1727–1799): Historiker – X

Gaubil, Antoine (1689–1759): Jesuitenmissionar – XLVI, 127A, 557A
Gaudenzi, Paganino (Gaudentius, Paganinus) (1595 o. 1596 – 1649): Theologe – 587, 591A
Gellius, Aulus (geb. ca. 130): römischer Schriftsteller – XLVII, 225, 231A
Gemuev, Izmail Nuchovič (1942–2005): Historiker, Ethnologe – XLVII, 62A, 65A, 118A, 122A, 182A, 183A, 184A, 186A, 187A, 188A, 189A, 194A, 221A, 231A, 255A, 267A, 268A, 177A, 311A, 312A, 345A, 346A, 365A, 393A, 461A, 462A, 463A, 465A, 466A, 483A, 484A, 485A, 487A, 496A, 551A, 552A, 583A, 635, 642, 646
Genaust, Helmut: Botaniker – XLVII, 42A, 128A, 283A, 347A, 362A, 366A, 368A, 369A, 370A, 418A, 485A, 552A
Georges, Karl Ernst (1806–1895): Lexikograph – XLVII, 128A, 233A
Georgi, Johann Gottlieb (1729–1802): Apotheker, Chemiker, Forschungsreisender – XXVIII, XLVII, 20A, 21A, 22A, 23A, 25A, 26A, 40A, 42A, 48A, 49A, 51A, 61A, 62A, 64A, 65A, 95A, 105A, 108A, 111A, 112A, 113A, 114A, 115A, 116A, 117A, 119A, 123A, 124A, 125A, 126A, 127A, 128A, 129A, 130A, 131A, 181A, 183A, 185A, 186A, 187A, 188A, 189A, 190A, 191A, 192A, 193A, 211A, 212A, 253A, 255A, 264A,

265A, 266A, 267A, 268A, 269A,
274A, 275A, 283A, 294A, 312A,
313A, 340A, 344A, 345A, 346A,
347A, 348A, 360A, 361A, 362A,
363A, 364A, 365A, 366A, 367A,
369A, 370A, 371A, 372A, 373A,
374A, 375A, 376A, 392A, 393A,
394A, 395A, 396A, 397A, 398A,
399A, 400A, 401A, 415A, 416A,
417A, 418A, 419A, 420A, 459A,
462A, 463A, 464A, 465A, 466A,
467A, 468A, 468A, 471A, 473A,
475A, 482A, 483A, 484A, 485A,
486A, 496A, 503A, 504A, 505A,
550A, 552A, 554A, 556A, 557A,
558A, 559A, 560A, 580A, 581A,
582A, 583A, 611–630, 632, 635–
638, 642–647, 650, 652–657

Gerstfeldt, Georg: Naturforscher –
117A

Gešel', A.: Drucker – XLVIII

Gesner, Conrad (Gesnerus) (1516–
1565): Humanist, Naturforscher
– XLVII, 111A, 368A, 375A,
463A, 464A, 467A, 468A, 483A,
610, 637, 638

Gessmann, Gustav Wilhelm
(1860–1924): Schriftsteller –
XLVIII, 126A, 474A

Gilead: biblische Gestalt, Vater
von Jephtha – 590A

Gleditsch, Johann Friedrich (1653–
1716): Verlagsbuchhändler –
LVIII, 591A, 592A

Gmelin, Johann Georg (1709–
1755): Arzt, Chemiker, Naturforscher – XV–XX, XXVI, XLVIII,
6, 9A, 10A, 20A, 31, 48A, 49A,
56A, 91A, 93A, 94A, 102A,
104A, 105A, 111A, 122A, 123A,
125A, 126A, 127A, 129A, 130A,
144A, 179A, 187A, 189A, 190A,
191A, 192A, 193A, 210A, 211A,
212A, 214A, 224, 230A, 232A,
233A, 265A, 267A, 268A, 269A,
270A, 283A, 294A, 296A, 297A,
298A, 299A, 300A, 314A, 315A,
345A, 347A, 348A, 356, 357,
361A, 362A, 364A, 365A, 366A,
367A, 368A, 369A, 370A, 371A,
372A, 373A, 374A, 375A, 389,
392A, 396A, 397A, 398A, 399A,
400A, 404, 405, 409, 414A,
416A, 417A, 455, 458A, 460A,
464A, 465A, 467A, 468A, 470A,
471A, 472A, 483A, 484A, 486A,
496A, 497A, 499A, 504A, 555A,
556A, 557A, 558A, 559A, 560A,
580A, 581A, 582A, 610, 617,
620, 624, 625, 633, 636, 642,
643, 646, 647, 650, 652, 656

Gmelin, Samuel Gottlieb (1744–
1774): Arzt, Botaniker, Naturforscher – XLVIII, 95A, 96A, 97A,
98A, 554A

Gnučeva, Vera Fedorovna (1890–
1942): Historikerin – XX,
XLVIII

Götte, Johannes: Philologe – LXIX

Götte, Maria: Philologin – LXIX

Godefroy, Jacques (Gothofredus,
Jacobus) (1587–1652): Jurist –
LXI

Goldast, Melchior (von Haiminsfeld) (1578–1635): Gelehrter,
Historiker, Jurist – 587A

Golder, Frank Alfred (1877–1929):
Historiker – XLVIII, 181A,
209A, 559A

Goldhagen, Johann Eustachius (1701–1772): Philologe, Lehrer – LI

Golicyn, Fürst *Nikolaj Vladimirovič* (1874–1942): Archivar – XXVII, XLVIII

Golius, Jacobus (Gool, Jacob) (1596–1667): Orientalist, Mathematiker – 51A, 181A,

Golovin, Fedor Alekseevič (Golowin, Fedor Alexiewitsch; Golowin, Fedor Alexiewiz) (gest. 1706): Diplomat, Gesandter – 215, 220A

Golovin, Petr Petrovič (Golowin, Peter Petrowitsch): Wojewode von *Jakuck* von 1641 bis 1646 – 227, 233A

Goltz, Hermann (geb. 1946): Theologe, Kirchenhistoriker – XXXII

Golubcov, Ivan Ivanovič (Golubcew) (1715–1759): Übersetzer – XXIV, XXV, XXVI, 3

Gontschi Tschinsab (17. Jh.): mongolischer *tajša* – 220A

Gorbačeva, Valentina Vladimirovna: Ethnologin – XLVIII, 627

Gottsched, Johann Christoph (1700–1766): Schriftsteller, Literaturtheoretiker – XLIV

Grattenauer, Ernst Christoph (1744–1815): Buchhändler, Verleger – LIV

Grau, Conrad (1932–2000): Osteuropahistoriker – XVIII, XLIX

Grimm, Jacob (1785–1863): Jurist, Philologe – XLIX, 22A, 27A, 37A, 38A, 41A, 42A, 43A, 63A, 64A, 100A, 105A, 107A, 111A, 121A, 126A, 130A, 137A, 143A, 144A, 178A, 179A, 182A, 183A, 184A, 185A, 187A, 192A, 193A, 211A, 212A, 213A, 214A, 221A, 231A, 233A, 251A, 252A, 253A, 254A, 264A, 265A, 274A, 280A, 296A, 297A, 300A, 312A, 313A, 314A, 319A, 321A, 340A, 341A, 342A, 360A, 362A, 363A, 364A, 392A, 396A, 397A, 398A, 400A, 415A, 419A, 459A, 462A, 463A, 465A, 467A, 468A, 471A, 482A, 485A, 486A, 498A, 504A, 552A, 553A, 556A, 557A, 558A, 559A, 580A, 581A, 582A, 584A, 610, 616, 618, 621, 626, 630, 638, 645, 646, 652, 653, 655–657

Grimm, Wilhelm (1786–1859): Philologe – XLIX, 27A, 37A, 38A, 41A, 42A, 43A, 63A, 64A, 100A, 105A, 107A, 111A, 121A, 126A, 130A, 137A, 143A, 144A, 178A, 179A, 182A, 183A, 184A, 185A, 187A, 192A, 193A, 211A, 212A, 213A, 214A, 221A, 231A, 233A, 251A, 252A, 253A, 254A, 264A, 265A, 274A, 280A, 296A, 297A, 300A, 312A, 313A, 314A, 319A, 321A, 340A, 341A, 342A, 360A, 362A, 363A, 364A, 392A, 396A, 397A, 398A, 400A, 415A, 419A, 459A, 462A, 463A, 465A, 467A, 468A, 471A, 482A, 485A, 486A, 498A, 504A, 552A, 553A, 556A, 557A, 558A, 559A, 580A, 581A, 582A, 584A, 610, 616, 618, 621, 626, 630, 638, 645, 646, 652, 653, 655–657

Gronov, Jakob (Gronovius, Jacobus) (1645–1716): Historiker, Geograph, Philologe – 300A
Gronovius, Abraham (1695–1775): Philologe – 300A
Grosse: Verleger – XL, XLV, LI
Grover, James (gest. 1700): Drukker – LI
Gruber, Christoph (17. Jh.): Drukker, Verleger – LXII, 587A
Gruber, Johann (1623–1680): Jesuit, Missionar – 43A
Grumbach, Lutz (geb. 1941): Graphiker – IV, XXXIII
Grund, Georg Christian (1695–1758): Drucker, Verleger – L
Gubler, Arnold: XLIX, 628
Guerin, Jacques (18. Jh.): Drucker, Buchhändler – XLI
Gundling, Nicolaus Hieronymus (1671–1729): Jurist – XLIX, 152, 182A
Guter, Josef (geb. 1929): Publizist – XLIX, 178A, 616, 630
Guthi: mythologische Gestalt, Vater von Tielvar II – 49A
Gyarmathi, Samuel von (1750–1830): Finnougrist – XLIX, 255A
Haase, Felix (1882–1965): Kirchenhistoriker – XLIX, 99A
Ha(a)se, Johann Matthias (Hasius) (1684–1742): Mathematiker, Astronom, Kartograph – 15, 23A
Hack (Hackius) (17. Jh.): Buchhändler-, Verlegerfamilie – LXVIII
Hackmann, Johann Friedrich (1756–1812) Historiker, Pädagoge – L, 629

Härtel, Gottfried Christoph (1763–1827): Drucker, Verleger – XL
Hagar: biblische Gestalt, Sklavin – 98A
Hahn, Heinrich Wilhelm (1760–1831): Buchhändler, Verleger – XLVII
Haiton (Hayton; Hethum von Korkyros) (ca. 1230 – nach 1309): Prämonstratensermönch, Geschichtsschreiber – XLII
Hajdú, Péter (1923–2002): Finnougrist – L, 21A, 23A, 24A, 25A, 26A, 27A, 211A, 255A, 630, 635, 642
Hakwirdi (Taufname: Friedrich Christian) (gest. 1650): persischer Gelehrter – LXIII, 590A
Haller, Albrecht von (1708–1777): Arzt, Naturforscher – XLVIII, 362A, 369A
Hallervorden, Martin (Hallervord) (17. Jh.): Buchhändler, Verleger – LXIV, 588A
Halma, François (1653–1722): Buchhändler – LXX, 8A
Hamel, Hendrick (Hamel van Gorcum, Hendrick) (1630–1692): Schiffsbuchhalter der Holländischen Ostindien-Gesellschaft – L, 121A
Hansch, Georg (17. Jh.): Verleger – 588A
Hanway, Jonas (1712–1786): Reisender, Kaufmann – L, 138A
Harper, Charles: Verleger, Buchhändler – LIV
Harrassowitz, Otto (1845–1920): Verleger – XLV

Heideloff, Karl (geb. 1800): Verleger – LIII
Heinrich XII. der Löwe (Henricus Leo) (ca. 1129 – 1195): Herzog von Bayern u. Sachsen – 293, 301A
Heinsius, Theodor (1770–1849): Gymnasialprofessor, Lexikograph – L, 211A
Heklau, Heike (geb. 1964): Botanikerin – III, IV, LI
Helimski, Eugen (*Chelimskij, Evgenij Arnol'dovič*; Helimski, Eugene) (1950–2007): Linguist – XXI, XXII, XXXII, XLIV, L, LI, LXX, 20A, 23A, 26A, 64A, 65A, 104A, 105A, 106A, 107A, 108A, 110A, 111A, 116A, 117A, 118A, 122A, 131A, 185A, 190A, 191A, 192A, 193A, 232A, 233A, 268A, 269A, 273A, 277A, 280A, 313A, 315A, 342A, 346A, 361A, 365A, 368A, 393A, 420A, 460A, 461A, 462A, 463A, 466A, 484A, 550A, 551A, 552A, 553A, 560A, 580A, 582A, 583A, 611, 613, 628, 642
Helmersen, Gregor von (1803–1885): Geologe, Forschungsreisender – XLI, XLII
Henkel, Gerda: V
Henrici, Anton Alfred von: LI, 124A, 125A, 126A, 128A, 129A, 179A, 180A, 629
Herbelot de Molainville, Barthélemy d' (1625–1695): Orientalist – 254A
Herbinius, Johannes (1633–1676): Prediger, Schulrektor – 585, 588A

Hermann, Christian: Kopist der Akademie der Wissenschaften – XXV
Hermes Trimegistus (ca. 1400 v. u. Z.): mythologische Gestalt, ägyptischer Priester u. Philosoph – 590A
Hernandez, Francisco (1514–1578): Arzt, Naturforscher – LI, 263, 269A
Herodot (Herodotos; Herodotus) (ca. 484 – ca. 425 v. u. Z.): Historiker – IX, LI, 48A, 521, 554A
Hesche, Wolfram: Linguist – XLV
Hiärne, Thomas (Hiärn; Hiarne; Hjärne))1638–1678): Geschichtsschreiber – 589A
Hiekisch, Carl Wilhelm (Hiekisch, Carl Osipovič) (1840–1901): Geologe, Ethnologe – LI, 116A, 117A, 654
Hintzsche, Wieland (*Chintcše, Viland*) (geb. 1948): Wissenschaftshistoriker, Chemiker – II–V, XV, XVII, XIX–XXI, XXIX, XXXIII, XLV, LI, LII, LVIII, 9A, 10A, 20A, 27A, 37A, 49A, 64A, 112A, 113A, 114A, 115A, 125A, 136A, 179A, 192A, 214A, 232A, 348A, 373A, 376A, 395A, 397A, 415A, 555A, 622, 624, 627, 645, 653, 654
Hiob (Job): biblische Gestalt – 265A
Hirzel, Salomon (1804–1877): Verleger – LIV
Hochereau, Charles Estienne (1687?–1725): Buchhändler, Verleger – 8A, 27A

Höhn, André (geb. 1977): Philologe – XXXII
Hoffmann, Carl (1802–1883): Buchhändler, Verleger – LXIX
Hof(f)mann, Johann Adolph (1676–1731): Philosoph – XLIV, 225, 231A
Hoffmann, Peter (geb. 1924): Historiker – XIV, XX, LII
Holle, Adam Heinrich (1710 – vor 1767): Drucker, Verleger – L
Holwein, Johann (17. Jh.): Drucker – LIX, 590A
Homann, Johann Christoph (1703–1730): Kartograph, Verleger, Sohn des Verlagsgründers Johann Baptist Homann (1663–1724) – 23A
Homer (ca. 8. Jh. v. u. Z.): Dichter – 551A
Honorius, Julius (4./5. Jh.): Schriftsteller – 300A
Hopkins, David (gest. 1814): Chirurg – LXII
Horstius, Georg (1626–1661): Anatom – XLVII
Horton, E.: Drucker – LI
Huguetan: Verlegerfamilie – XLVI
Huittastienna (Vitstjärna): mythologische Gestalt, Schwiegertochter von Tielvar II. – 49A
Humblot, Peter (1779–1828): Buchhändler, Verleger – L
Hundt, Michael: Historiker – XI, LII
Hussein (Husain ibn Ali; Hussain) (626–680): Sohn des Ali, Enkel des Propheten Mohammed – 96A
Iliškin, Ivan Kuznecovič (1908–1983): Linguist – LII, 62A, 64A, 103A, 104A, 121A, 253A, 267A, 399A, 615
Imechenov, Matvej Nikolaevič: Linguist – XLIV, 253A, 267A, 419A
Innocent IV. (gest. 1254): Papst von 1243–1254 – LXI, 302A
Iphidamas: mythologische Gestalt, Sohn des Antenor – 509, 551A
Irdeni Kontaria (17. Jh.): mongolischer *tajša* – 220A
Irdini Batur: s. Erdeni Batur
Irki Kontaria (Irkikontaria) (17. Jh.): mongolischer *tajša* – 220A
Isaak: biblische Gestalt, Sohn Abrahams von Sara – 98A
Isbrand Ides, Eberhard (Isbrants Ides, Everard; Isbrandt; Ißbrants Ides, E.; Ysbrants Ides, Evert) (1657 – 1708 o. 1709): Kaufmann, Diplomat – XI, LII, 5, 8A, 9A, 141, 143A, 146A, 179A, 180A, 222, 229A, 230A, 318, 319A, 320, 321A, 325, 341A
Ismael (Ismail): biblische Gestalt, Sohn Abrahams von Hagar – 70
Ivanov, Aleksandr (gest. 1738): Geodät – 232A
Jachontov, Il'ja Petrovič (gest. 1739): Übersetzer – 397A
Jalba Dois (17. Jh.): kalmykischer *tajša* – 41A
Janssonius, Johannes (Jansson, Jean) (ca. 1588 – 1664): Verleger – LXIX
Janssonius van Waesberge (17./18. Jh.): Drucker-, Verlegerfamilie – 588A
Jelden Achai: s. Elden Achai

Jephtha (Iephtha; Jephta; Jephtah): biblische Gestalt, Sohn des Gilead – 586, 590A

Jermak: s. *Ermak Timofeevič*

Jochelson, Waldemar (*Iochel'son, Vladimir Il'ič*) (1855–1937): Anthropologe, Ethnologe – LII, 627

Johannes: biblische Gestalt, Prophet – 293, 301A

Johannes VIII. (gest. 1882): Papst von 872–882 – 302A

Johnstone, John (1603–1675): Arzt, Naturforscher – 638

Joki, Aulis Johannes (1913–1989): Finnougrist – XLV

Jombert, Jean (gest. 1706): Verleger – LXI

Jordanes (Jornandes; Jornandis) (6. Jh.): römischer Geschichtsschreiber – 15, 22A

Joseph: biblische Gestalt, Stammvater der Israeliten – 597, 604A

Josias (Josia) (ca. 647 – 609 v. u. Z.): König von Juda – 293, 301A

Julianus, Flavius Claudius (Julianus Apostata; Julianus Imperator) (ca. 331 – 363): römischer Kaiser von 361 bis 363 – 591A

Jupiter: oberste römische Gottheit – 225, 231A, 301A

Kämpfer, Engelbert (1651–1716): Arzt, Naturforscher, Diplomat, Japanreisender – 295A

Kahrs, Ulrike (geb. 1973): Finnougristin – L

Kallewier, Abraham: Verleger – XL, 9A

Kamenskij, Aleksandr Borisovič: Historiker – LVII

Kankarov, Jakov: Dolmetscher – 250, 255A

Karl IV. (Carolus IV.) (1316–1378): König von Böhmen, römisch-deutscher Kaiser – 302A

Karl der Große (Carl der Große; Carolus Magnus) (747 o. 748 – 814): König des Fränkischen Reichs, römischer Kaiser – XLV, 78, 115A

Karpeev, Ėngel Petrovič (geb. 1925): Historiker – XXVII, LIII

Katharina II. (Catharina II.; Catharina die Große; *Ekaterina* II.; Katharina die Große) (1729–1796): russische Zarin – XL, LX

Katz, Hartmut (1943–1996): Philologe, Finnougrist – LI

Kentmann, Johannes (Kentmannus) (1518–1574): Arzt, Naturforscher – 417A

Keyssler, Johann Georg (Keysler; Keÿßler) (1693–1743): Archäologe, Schriftsteller – LIII, 150, 180A, 594, 600A, 601A

Kiliaen (Kiljäᴐn; Sabartẏ): jakutischer *knjazec* aus der Familie der *Mazarin*, Sohn von Kuinnat – 573, 583A

Kirilov, Ivan Kirillovič (Kirilow) (1689–1737): Kartograph, Obersekretär des Senats – XVIII, 23A

Klaproth, Heinrich Julius (1783–1835): Sinologe, Orientalist, Forschungsreisender – LIII, 20A, 21A, 24A, 25A, 26A, 48A, 64A, 65A, 108A, 110A, 111A, 184A, 188A, 255A, 267A, 277A, 313A, 345A, 398A, 461A, 462A, 465A, 611, 613, 614, 616, 619, 622–

625, 627–629, 632, 635, 642, 649, 652–654
Klemm, Michael (geb. 1896): Diplom-Landwirt – LIII, 459A, 468A
Klepikov, Sokrat Aleksandrovič (1895–1978): Historiker – LIII, 7A, 20A, 37A
Kobert, Rudolf (1854–1918): Pharmakologe, Medizinhistoriker – XL, XLV, LI
König, Conrad: Verleger – 589A
Köppen, Karl Friedrich (1808–1863): Pädagoge, Journalist – LIII, 629
Kösel, Joseph (1759–1825): Buchdrucker – LXIII
Kopaneva, Natal'ja Pavlovna: Historikerin – LXX
Korn, Johann Friedrich (der Ältere) (1736–1802): Buchhändler, Verleger – LVIII
Krafft, Georg Wolffgang (1701–1754): Mathematiker, Physiker – XV
Krašeninnikov, Stepan Petrovič (Krascheninikow) (1713?–1755): Student, Botaniker – XVI, XVIII, XIX, LI, LIII, 6, 210A, 213A, 311A, 347A, 455, 472A, 504A, 512, 552A, 624, 627
Kray, Karl (1773–1832): Drucker, Verleger – LXV
Krebel, Rudolph (geb. 1802): Arzt – LIII, 126A, 128A, 180A, 580A, 628
Krivoščekova-Gantman, Antonina Semenovna: Linguistin – XLII

Krupeckoj, Sarzin (Krupezkoi, Arsin; K., Sarzinka): syn bojarskoj von Jakuck – 97, 210A
Kučum (Kutschum) (gest. ca. 1605): sibirischer Tatarenkhan – 46, 50A, 495A
Küntzel-Witt, Kristina (geb. 1969): Osteuropahistorikerin – XXXII
Kuinnak: jakutischer knjazec – 583A
Kurilov, Gavril Nikolaevič: LIII, 189A, 193A, 311A, 343A, 347A
Kushnarev, Evgenii Grigor'evich (Kušnarev, Evgenij Grigor'evič) (gest. 1986): Marinehistoriker – XIII, LIII
Kyros der Jüngere (ca. 423 – 401 v. u. Z.): persischer Prinz der Achämenidendynastie – 590A
Ladislaus Posthumus (Vladislaus posthumus) (1440–1457): König von Ungarn u. von Böhmen – 293, 302A
Laet, Johannes de (Laet, Joannes de; Latius, Ioannes) (1581–1649): Geograph, Direktor der Holländischen Westindiengesellschaft – LIII, 137A
Lafitau, Joseph-François (Lafiteau) (1681–1740): Missionar, Historiker – 5, 8A, 18, 27A
Lanckisch, Friedrich (der Ältere) (gest. 1731)?: Drucker – LXXI
Landis, Laurentius de (Landi, Lorenzo) (17. Jh.): Drucker – 591A
Lang, Peter: Verleger – LII, LXV
Lange, Gottlieb August (Lange, Gottlob August) (1754–1794): Verleger – LXVIII

Lange, Lorenz (Lang, Lorentz) (gest. 1752): Agent, Vizegouverneur in Irkuck von 1740 bis 1752 – LIII, 288, 296A

Langenheim, Johann Christian: Verleger – 589A

Laptev, Dmitrej Jakovlevič (gest. nach 1762): Marineleutnant – 112A

Laurentius von Rom (Saint Laurens; Saint Laurent; Sankt Laurentis) (gest. 258): christlicher Märtyrer, Diakon – 255A, 256A

Laxmann, Erik (Laxmann, Erich) (1737–1796): Pfarrer, Naturforscher – LIII, 648

Lehrberg, Aron Christian (Lehrberg, August Christian) (1770–1813): Historiker – LIV, 589A

Leibniz, Gottfried Wilhelm (Leibnitz) (1646–1716): Philosoph, Mathematiker, Historiker – XI, XII, 51A

Lelong, Jacques (Le Long) (1665–1721): Bibliograph – LIV, 588A

Lemker, Heinrich Christian (1703–1779): Pfarrer – 586, 589A, 590A

Lentz, Samuel (Lenz) (1686–1760): Hofmeister, Beamter – LIV, 294, 301A, 302A

Lepechin, Ivan Ivanovič (Lepechin, Iwan) (1740–1802): Botaniker, Forschungsreisender – LIV, 25A, 126A, 473A, 474A, 475A

Leser, Hartmut (geb. 1939): Geograph – LIV, 468A, 653

Lewis, Bernard (geb. 1916): Historiker – LIV, 120A

Liliulka: tungusischer *knjazec* – 143A

Lindenau, Jacob Johann (1710?–1795): Übersetzer – XVIII, 48A, 62A, 112A, 113A, 114A, 115A, 116A, 117A, 136A, 182A, 183A 185A, 188A, 190A, 191A, 192A, 193A, 211A, 231A, 232A, 254A, 264A, 267A, 297A, 299A, 311A, 312A, 315A, 346A, 347A, 364A, 365A, 368A, 369A, 371A, 392A, 393A, 394A, 396A, 397A, 398A, 399A, 400A, 462A, 465A, 473A, 550A, 557A, 558A, 559A, 581A, 583A

Linné, Carl von (1707–1778): Botaniker, Zoologe, Forschungsreisender – XXXII, XXXV, 129A, 361A, 364A, 366A, 418A, 471A, 621

Lissner, G.: Drucker – XLVIII

Lobelius (Obel, Matthias de l') (1538–1616): Botaniker – 130A, 367A

Logan, Johann Zacharias (geb. 1754): Verleger, Buchhändler – L, LVIII, LXIII

Lomonosov, Michail Vasil'evič (1711–1765): Dichter, Chemiker, Physiker – LIII

Lopsan (18. Jh.): mongolischer *tajša* – 91A

Louis IX. (Ludwig IX. der Heilige; Saint Louis) (1214–1270): König von Frankreich von 1226 bis 1270 – LXIII

Lowe, Ferdinand?: XLI

Luchtmans, Samuel (1685–1757): Buchhändler, Verleger – LV, 300A

Lütke, Friedrich Benjamin (*Litke, Fedor Petrovič*) (1797–1882): Admiral, Forschungsreisender – XLI
Lukina, Tat'jana Arkad'evna (1917–1998): Historikerin – LIV, 127A
Luther, Martin (1483–1546): Theologe, Reformator – XLIII
Luvsandėndėv, Amgaagijn (1927–1997): Linguist – LIV, 43A, 51A, 52A, 55A, 62A, 63A, 64A, 65A, 66A, 91A, 92A, 95A, 96A, 104A, 121A, 135A, 187A, 190A, 220A, 253A, 264A, 267A, 275A, 364A, 365A, 368A, 392A, 393A, 396A, 397A, 399A, 401A, 458A, 459A, 461A, 468A, 497A, 557A, 615, 629, 639, 645, 647
Lyschander, Claus Christophersen: 587A
Lyseck, Adolph (Lysek, Adolphus) (17. Jh.): Gesandtschaftssekretär – 585, 588A
Macrobius, Ambrosius Theodosius (5. Jh. v. u. Z.): Schriftsteller – LIV, 596, 602A, 603A
Märtin, Gerhard: Verleger – XLIX
Maffei, Francesco Scipio (1675–1755): Schriftsteller, Historiker – LIV, 53, 55A
Magnus, Johannes (Magni) (1488–1544): Geschichtsschreiber – 22A
Magurius (quinti filius Fabia tribu Ferox), Quintus: Vorfechter – 55A
Mairek: Tatar – 516
Maksimov, Sergej Anatol'evič: Linguist – LVIII, 24A, 25A

Mal'cev, Fedor Gavrilovič (1847 o. 1848): Selkupe? – L
Mandeville, Jean de (Mandeville, John) (14. Jh.): Reiseschriftsteller – XLII
Mani (Manes; Manichäus) (216 – ca. 274): Religionsstifter – 591A
Mannert, Konrad (1756–1834): Historiker, Geograph – LIV, 136A, 137A
Marco Polo: s. Polo, Marco
Martin, John (Martyn, Joannis) (gest. 1680): Drucker, Verleger – LXX
Martzan, Melchior (gest. 1654): Drucker – 49A, 588A
Marzell, Heinrich (1885–1970): Botaniker – LIV, 188A, 366A, 418A, 643
Mascardi, Vitalis (17. Jh.): Drukker, Verleger – LI, 269A
Masinissa (Massinissa) (ca. 238 – 149 v. u. Z.): Herrscher von Numidien – 157, 184A
Massa, Amator (17. Jh.): Drucker – 591A
Mattioli, Pietro Andrea (Matthiolus) (1501–1577): Arzt, Botaniker – 123A, 312A
Maydell, (Baron) Gerhard (Maydell-Stenhusen) (1835–1894): Beamter, Forschungsreisender – LV, 181A, 209A, 212A, 213A, 401A, 468A, 626, 627, 633, 653
Mayr, Johann Baptist (Mayr von Mayregg) (1634–1708): Drucker, Buchhändler, Verleger – 588A
Mazarin (Masarinische Familie): jakutische Fürstenfamilie – 558A, 572, 583A

Meiner, Felix (1883–1965): Verleger – LXI
Mela, Pomponius (1. Jh. v. u. Z.): römischer Geograph – LV, 293, 300A, 301A
Mergen Achai (17. Jh.): mongolischer *tajša* – 220A
Merian, Matthäus (der Ältere) (1593–1650): Kupferstecher, Verleger – 587A
Merkus, Henricus (18. Jh.): Verleger – LII
Meščerjakov, Ivan (Mischtschärikow, Iwan): *služivoj*, Dolmetscher – 250, 255A
Messerschmidt, Daniel Gottlieb (Messerschmid) (1685–1735): Arzt, Naturforscher, Forschungsreisender – XII, XIII, XV, XVI, LV, 46, 47, 49A, 51A, 53, 54, 56A, 62A, 92A, 93A, 94A, 105A, 112A, 113A, 114A, 115A, 128A, 129A, 149, 179A, 182A, 191A, 192A, 194A, 252A, 268A, 313A, 344A, 360A, 365A, 366A, 369A, 370A, 418A, 461A, 462A, 463A, 466A, 580A, 583A, 586
Meurs, Jacob van (Mörs, Jacob): Buchhändler, Verleger – LVIII
Meyer, Johann Heinrich (Meyer, Johann Henrich) (1702–1754): Drucker, Verleger – XLV, LI, 589A
Middendorff, Alexander Theodor von (1815–1894): Ethnologe, Anthropologe – LV, 48A, 56A, 62A, 63A, 64A, 107A, 108A, 109A, 110A, 115A, 117A, 118A, 122A, 123A, 131A, 136A, 137A, 183A, 184A, 185A, 186A, 230A, 233A, 253A, 254A, 264A, 265A, 297A, 298A, 299A, 311A, 318A, 321A, 344A, 346A, 347A, 365A, 371A, 375A, 392A, 393A, 394A, 396A, 398A, 399A, 400A, 401A, 414A, 417A, 459A, 460A, 461A, 462A, 463A, 464A, 465A, 467A, 471A, 473A, 496A, 550A, 558A, 582A, 583A, 616, 619, 625, 629, 642, 643, 646, 647
Mieth, Heike: LV, 181A
Minellius, Johannes (Min-Ellius) (1625–1683): Pädagoge, Philologe – LXIX
Mirkhond (Muhammed bin Khavendshah bin Mahmud Mirkhwand) (1432–1498): Historiker – 265A, 340A
Mjasnikov, Vladimir Stepanovič (geb. 1931): Historiker – LV, 90A
Möller, Lenelotte: Übersetzerin, Pädagogin – LXI
Møller, Peter Ulf (*Meller, Peter Ul'f*) (geb. 1941): Historiker, Slawist – II, XIV, XVII, LVIII, 49A
Mogòi: s. Siran
Mohammed (Mahomed; Mahomet; Muhamed; Muhammed) (570 o. 571 – 632): Religionsstifter – 96A, 420A, 598, 606A, 607A
Molodin, Vjačeslav Ivanovič: Ethnologe – XLVII
Montalant, François (1677–1754): Buchhändler – LIV
Mortier, Pieter (Mortier, Pieter) (1661–1711): Verleger – LVIII

Mose (Moses): biblische Gestalt –
553A, 603A, 604A
Mosheim, Johann Lorenz (1693 o.
1694 – 1755): Theologe, Kirchenhistoriker – 586, 590A
Mühlpfordt, Günter (geb. 1921):
Osteuropahistoriker – LII
Müller, Andreas (Müller Greiffenhagen, Andreas) (1630–1694)
Orientalist – 51A
Müller, Carl Friedrich Wilhelm
(1830–1903): Philologe – XLVI
Müller, Carl Wilhelm (18. Jh.):
Verleger – XLVII
Müller, Gerhard Friedrich (*Miller,
Gerard Frederik*; Müllerus)
(1705–1783): Historiker, Forschungsreisender – I, III–V, VII,
IX, X, XII–XXIX, XLII–XLV,
XLVIII, LI, LII, LVI, LVII, LXI,
LXII, LXX, 1, 3, 7A, 9A, 10A,
11, 13, 20A, 22A, 23A, 25A,
26A, 27A, 29, 31, 40A, 43A,
48A, 49A, 50A, 52A, 55A, 56A,
57A, 61A, 62A, 63A, 64A, 65A,
90A, 91A, 92A, 93A, 94A, 95A,
96A, 102A, 102A, 104A, 105A,
108A, 110A, 111A, 112A, 119A,
120A, 121A, 122A, 125A, 127A,
130A, 131A, 132A, 136A, 144A,
181A, 184A, 186A, 187A, 188A,
190A, 191A, 193A, 209A, 210A,
211A, 212A, 213A, 214A, 220A,
230A, 232A, 233A, 253A, 254A,
268A, 269A, 280A, 296A, 297A,
298A, 299A, 300A, 311A, 312A,
313A, 314A, 315A, 346A, 347A,
361A, 363A, 364A, 368A, 373A,
374A, 375A, 376A, 391A, 392A,
393A, 396A, 398A, 399A, 401A,
414A, 415A, 458A, 460A, 461A,
463A, 464A, 466A, 467A, 468A,
475A, 484A, 486A, 495A, 496A,
497A, 499A, 504A, 551A, 552A,
555A, 556A, 558A, 559A, 560A,
580A, 582A, 583A, 587A, 610,
611, 614, 616, 621, 625–628,
630, 634, 636–640, 642, 649,
652, 655–657
Müller, Johann Bernhard (18. Jh.):
schwedischer Offizier – XI, LVI,
5, 8A, 279A, 280A, 326, 327,
341A, 342A
Müller-Bahlke, Thomas (geb.
1959): Historiker – II
Muguet, François (gest. 1702):
Drucker, Verleger, Buchhändler
– LXIII
Muniev, Bembe Džalykovič: Linguist – LVII, 21A, 47A, 51A,
52A, 63A, 103A, 104A, 121A,
458A, 557A, 639, 647
Murzaev, Ėduard Makarovič
(1908–1998): Geograph – LVII,
50A, 313A, 655
Mustaffa (Mustafa) (18. Jh.): Kalif
der Westprovinz in Algerien –
606A
Myreeva, Anna Nikolaevna: LVII,
62A, 64A, 116A, 136A, 190A,
191A, 192A, 193A, 230A, 254A,
267A, 273A, 277A, 311A,312A,
313A, 315A, 316A, 346A, 370A,
375A, 393A, 401A, 419A, 460A,
461A, 462A, 465A
Naarden, Bruno (geb. 1940): Historiker – LXX, 265A, 340A
Nadir Kuli (Kuli Chan; Kuli Khan;
Nadir Kuli Khan) (1688–1747):
Schah von Persien – L

Namak: ostjakischer *knjazec* – 65A
Namsaraeva, Sayana: Mongolistin – XXXII
Nasibullin, Rif Šakrislamovič (geb. 1936): Linguist – LVIII, 24A, 25A
Naumann, Johann (1614–1668): Buchhändler, Verleger – LXIII, 590A
Neaulme, Jean (1694–1780): Verleger – XLIII, LXVI
Necepsus (Nechepsus) (7. Jh. v. u. Z.): ägyptischer König von (vermutlich) 688–672 v. u. Z.; Astrologe, Mathematiker – 604A
Nelkenbrecher, Johann Christian (gest. 1760): Schriftsteller, Mathematiker – LXV
Nencke, Karl Christoph (1752–1811): Kriegsrat, preußischer Kammerdirektor – LVIII, 302A
Nestor (ca. 1056 – ca. 1114) russischer Mönch, Autor der Nestor-Chronik – 23A
Neuhof: s. Nieuhof, Joan
Nicolai, Christoph Gottlieb (gest. 1758): Buchhändler, Verleger – LVI, 8A
Nicolovius, Friedrich (1768–1836): Verleger, Buchhändler – XLVII
Nickol, Thomas (geb. 1956): Medizinhistoriker – II, XVII, XXXII, LII, 20A, 348A, 376A, 555A, 622, 624, 627, 653, 654
Niebuhr, Carsten (1733–1815): Mathematiker, Forschungsreisender – X

Nieuhof, Joan (Neuhof, Johan) (1618–1672): Reisender – LVIII, 133, 136A
Noah (Noa): biblische Gestalt – 96A, 97A, 590A
Novochatko, Ol'ga Vladimirovna (geb. 1959): Historikerin – II
Numa Pompilius (7./8. Jh. v. u. Z.): mythologische Gestalt, 2. König von Rom – 109A
Ochotina-Lind, Natal'ja (geb. 1961): Historikerin – XIV, XVII, LVIII
Odoacer (Odoaker) (ca. 433 – 493): König von Italien von 476–493 – 182A
Ölöt: mythologische Gestalt, Bruder von Burjät – 44
Öölgò (Aiachàn; Ajagan; Bosogo; Bosogò): jakutischer *knjazec* aus der Familie der *Mazarin*, Sohn von Kuinnak – 573, 583A
Ösöl (Oesell; Osiol): tschatzkischer Tatar (in einem Lied) – 493, 498A
Ösoche (Osocha; Ozoche): Tochter von Ösol (in einem Lied) – 493, 498A
Okladnikov, Aleksej Pavlovič (1908–1981): Archäologe, Historiker, Ethnologe – LVIII, 213A, 620
Olearius, Adam (Oelschläger) (1603?–1671): Bibliothekar, Mathematiker – XI, LVIII, LIX, LXIII, 5, 8A, 15, 22A, 586, 590A, 591A
Olivarius, Petrus Joannis (Oliver, Pedro Juan) (16. Jh.): Philosoph, Philologe – 300A

Oporin, Johann (Oporin, Johannes) (1507–1568): Drucker – XLV
Orlova, Elizaveta Porfil'evna (1899–1976): Ethnologin – LIX, 624
Osipov, Jurij Sergeevič (geb. 1936): Präsident der Russischen Akademie der Wissenschaften (ab 1991) – XXVII, LIX
Ostermann, Graf Heinrich Johann Friedrich (1686–1747): Minister, Reichsvizekanzler, ab 1740 Großadmiral – XX
Pallas, Peter Simon (1741–1811): Arzt, Naturforscher – XII, L, LVIII, LIX, LX, LXIII, 24A, 26A, 52A, 62A, 63A, 64A, 65A, 66A, 91A, 92A, 93A, 94A, 104A, 105A, 108A, 110A, 111A, 119A, 121A, 122A, 123A, 124A, 125A, 126A, 130A, 135A, 179A, 181A, 187A, 188A, 190A, 193A, 208A, 231A, 253A, 254A, 255A, 266A, 274A, 284A, 313A, 315A, 316A, 341A, 345A, 346A, 347A, 360A, 361A, 362A, 363A, 364A, 366A, 367A, 368A, 369A, 374A, 375A, 376A, 392A, 393A, 394A, 395A, 397A, 399A, 416A, 419A, 458A, 459A, 460A, 461A, 464A, 466A, 467A, 468A, 470A, 474A, 483A, 484A, 485A, 496A, 497A, 503A, 553A, 554A, 556A, 560A, 580A, 581A, 582A, 583A, 610, 611, 614, 616–618, 620, 621, 623, 629, 630, 632, 634, 636, 638–640, 642, 647, 648, 652, 655–657
Panin, Leonid Grigor'evič: Linguist – LXVI

Parey, Theodor Wilhelm Paul (1842–1900): Verleger – LIII
Parkinson, John (1567–1650): Arzt, Botaniker – 626
Pausanias (ca. 115 – ca. 180): Schriftsteller, Geograph – 551A
Pavluckoj, Dmitrej Ivanovič (Pawlozki; Pawluzki) (gest. 1747): Hauptmann, Major – 181A, 196, 209A, 539, 559A
Pawlowski, Iwan Jakowlewitsch (*Pavlovskij, Ivan Jakovlevič*) (1800–1869): Linguist, Pädagoge – LX, 40A, 124A, 125A, 129A, 180A, 187A, 190A, 233A, 294A, 295A, 312A, 342A, 361A, 363A, 365A, 366A, 367A, 368A, 372A, 418A, 464A, 468A, 472A, 473A, 483A, 486A, 487A, 556A, 560A, 580A, 618
Pekarskij, Ėduard Karlovič (1858–1934): Linguist – XVI, LX, 48A, 56A, 62A, 63A, 64A, 107A, 108A, 109A, 110A, 111A, 122A, 123A, 131A, 136A, 137A, 183A, 184A, 185A, 186A, 187A, 190A, 233A, 253A, 254A, 264A, 265A, 297A, 298A, 299A, 344A, 346A, 364A, 365A, 370A, 371A, 373A, 393A, 394A, 395A, 397A, 398A, 399A, 400A, 401A, 414A, 417A, 459A, 460A, 461A, 462A, 463A, 465A, 550A, 551A, 558A, 580A, 582A, 583A, 616, 625, 628, 643, 646, 647
Pekarskij, Petr Petrovič (1827–1872): Historiker – XX, LX
Perthes, Johann Georg Justus (1749–1816): Verleger – LII

Pétis de la Croix, François (der Vater) (Petit de la Croix) (1622–1695): Diplomat, Orientalist – LX, 24A, 50A, 500, 503A

Pétis de la Croix, François (1653–1713): Orientalist – LXV

Petr I. *Alekseevič* (Peter I.; Peter der Große; Petrus I.) (1672–1725): russischer Zar von 1682 bis 1725 – XI–XIII, XL, XLII, 233A, 265A, 594, 600A

Petrov, Afonasej Petrov (Petrow): *Jakuck*er *syn bojarskoj* – 213A, 502, 504A

Petrus, Heinrich (16. Jh.): Drucker, Verleger – LXI

Pfeifer, Wolfgang (geb. 1922): Germanist, Linguist – LXI, 41A, 231A, 397A, 398A, 420A, 464A, 559A

Philippe VI. de Valois (Philippus Valesius) (1293–1350): König von Frankreich – 293, 302A

Philostorgius (ca. 368 – ca. 433): Kirchenhistoriker – LXI, 53, 55A

Photius (ca. 820 – ca. 886): Patriarch von Konstantinopel – LXI, 53, 55A

Pierer, Heinrich August (1793–1850): Major, Verlagsbuchhändler – X, LXI, 22A, 24A, 37A, 38A, 41A, 42A, 43A, 49A, 51A, 90A, 92A, 96A, 99A, 101A, 103A, 108A, 118A, 121A, 122A, 124A, 125A, 128A, 131A, 135A, 137A, 138A, 177A, 180A, 182A, 185A, 210A, 214A, 229A, 254A, 295A, 313A, 346A, 348A, 366A, 394A, 395A, 397A, 400A, 416A, 417A, 419A, 459A, 474A, 495A, 503A, 549A, 552A, 553A, 554A, 556A, 558A, 560A, 582A, 583A, 584A, 590A, 591A, 600A, 606A, 612, 615, 625, 626, 629, 630, 632, 644, 645, 652, 657

Pigafetta, Antonio (ca. 1480 – ca. 1534): Entdeckungsreisender, Schriftsteller – XII

Pintianus, Fredenandus Nonius (Núñez de Guzmán, Fernando; Nuñez de Vallalodid, Fernandez; Pincianus) (1471–1552): Philologe – 300A

Pissot, Noël (gest. vor 1728): Buchhändler, Verleger – 599

Plan Carpin, Jean de (Carpin; Piano dei Carpino, Giovanni dal; Plano Carpin) (ca. 1182 – 1252): Franziskanermönch, Gesandtschaftsreisender – IX, XLII, LXI, 14, 20A, 21A

Platon (Plato) (428 o. 427 – 348 o. 347 v. u. U.): Philosph – LXI, 53, 55A, 590A, 591A

Plinius, Gaius Secundus der Ältere (23 o. 24 – 79): Staatsmann, Gelehrter – LXI, 16, 23A, 24A, 46, 49A, 50A, 51A, 182A, 187A, 589A, 596, 602A, 603A

Plotin (Plotinos) (ca. 205 – ca. 270): Philosoph – 590A

Pokrovskij, Nikolaj Nikolaevič (geb. 1930): Historiker – II, XLV, LXI, LXII, 37A, 40A, 233A

Polo, Marco (Paul Venitien, Marc; Paulus Markus; Paulus Venetius, Marcus) (1253 o. 1254 – 1324): Kaufmann, Forschungsreisender

– IX, XLII, LXII, 43A, 196, 208A, 209A
Printz von Buchau, Daniel (Prinz von Buchau) (1546–1608): Appellationsrat, Gesandtschaftsreisender – LXII, 585, 587A
Ptolemäus, Claudius (ca. 100 – ca. 160): Kartograph, Geograph, Astronom – 49A, 182A, 589A
Puškin, Vasilej Nikitič (Puschkin, Wasile) (gest. 1649): Wojewode von *Jakuck* von 1644 (Dienstantritt: 1646) bis 1649 – 34, 40A
Pythagoras von Samos (ca. 570 – ca. 490 v. u. Z.): Philosoph, Mathematiker – 587, 590A, 591A
Pytheas von Massilia (4. Jh. v. u. Z.): Handelsreisender, Geograph – 49A, 182A
Quaritch, Bernard (1819–1899): Buchhändler; Verleger – XLIV
Raabe, Paul (geb. 1927): Germanist, Literaturhistoriker – II
Radloff, Friedrich Wilhelm (*Radlov, Vasilij Vasil'evič*) (1837–1918): Turkologe, Ethnologe – XXXVII, LXII, 49A, 51A, 52A, 61A, 62A, 63A, 64A, 91A, 93A, 98A, 102A, 103A, 119A, 120A, 125A, 130A, 131A, 132A, 137A, 178A, 184A, 185A, 186A, 187A, 190A, 234A, 252A, 266A, 268A, 269A, 275A, 283A, 297A, 298A, 299A, 300A, 344A, 361A, 362A, 364A, 368A, 374A, 375A, 392A, 397A, 398A, 400A, 420A, 460A, 466A, 472A, 475A, 495A, 550A, 552A, 554A, 557A, 558A, 610, 652

Radloff, Leopold Karl Friedrich (*Radlov, Leopol'd Feodorovič*) (1818–1865): Pädagoge, Schriftsteller – LXII, 311A, 312A, 347A, 653
Ramstedt, Gustav John (1873–1950): Finnougrist, Mongolist – LXII, 63A, 645
Raumer, Karl Georg von (1783–1865): Geologe, Geograph – LXII, 99A
Ray, John (Rajus, Ioannis) (1627–1705): Botaniker, Zoologe – LXX, 417A
Razumovskij, Graf *Kiril(l) Grigor'evič* (1728–1803): Präsident der Akademie der Wissenschaften von 1746 bis 1798 – XXVII
Recchi, Nardo Antonio (1540–1595): Arzt – 269A
Reimer, Georg Andreas (1776–1842): Verleger, Buchhändler – XLI, XLVI, LXV
Reinboth, Johann (1609–1673): Pfarrer, Generalsuperintendent – 586, 591A
Renger, Johann Gottfried (gest. 1718): Buchhändler, Verleger – XLIX
Renneville, René Augustin Constantin de (1650–1723): Schriftsteller – LXII, 255A
Rey, Marc Michel: Buchhändler, Verleger – LIII
Rheen, Samuel: "ehemals Lappischer Predigers in Pithalappland" – 343A
Richardson, John (1741–1812): Orientalist – LXII, 94A, 95A, 99A, 100A, 101A

Richter (17./18.Jh.): Drucker- und Buchhändlerfamilie – LIV
Riha, Ortrun (geb. 1959): Medizinhistorikerin – II
Risch, Friedrich (geb. 1859): Orientalist – LXII
Rivington, Charles (1754–1831): Verleger – LXII
Rivington, Francis (1745–1822): Verleger – LXII
Rivinus, August Quirinus (Bachmann) (1652–1722): Arzt, Botaniker – 123A
Röbel, Anton Heinrich: Verleger – XLIII, 590A
Roger, Estienne: Buchhändler, Verleger – LXII
Romberg, Heinrich (1833–1902): Nautiker – XLI
Romulus (7. Jh. v. u. Z.): sagenhafter Gründer Roms (mit Remus; römischer König von 753 bis 715 v. u. Z. – 109A
Rondelet, Guillaume (Rondeletius) (1507–1566): Naturforscher – 483A
Routledge, George (1812–1888): Buchhändler, Verleger – XLVIII
Royen, Adriaan van (1704–1779): Botaniker – XXXVI, 130A, 367A
Rubruquis, William of (Rubrouck; Rubruck; Rubruk, Wilhelm von; Rubruquis, Guillaume de; Ruysbroeck) (ca. 1215 – ca. 1270): Franziskanermönch, Missionsreisender – IX, XLII, LXII, LXIII, 14, 20A, 21A, 23A
Ruellius, Johannes (Ruel, Jean) (1474–1537): Arzt – 471A
Rupp, Heinrich Bernhard (Ruppius) (1688–1719): Botaniker – LXIII, 123A, 128A, 129A, 189A, 345A, 372A, 415A, 471A
Rurik (Rurich) (ca. 830 – ca. 879): Warägerfürst, Gründer Rußlands – 589A
Ryčalovskij, Evgenij Evgen'evič (geb. 1960): Archivar – XXXII
Šabalina, Irina Danilovna: LXV, 255A
Sabartỳ: s. Kiliaen
Sadi (Schich Saadi; Schich-Sady; Soadi) (ca. 1213 – 1292): persischer Dichter – LXIII, 586, 590A, 591A
Šafirov, Petr Pavlovič (1669–1739): russischer Vizekanzler – XII
Sallustius Philosophus (Salustius; Sallust) (4. Jh.): Philosoph – LXIII, 587, 591A, 604A
Salvianus (Massiliensis) (ca. 400 – ca. 495): Priester, Mönch – LXIII, 152, 182A
Sames, Bernhard (geb. 1971): Slawist – IV, XXXIII
Samsonov, Nikolaj Georgievič (geb. 1925): Philologe – LXIII, 558A, 583A
Samuel: biblische Gestalt, Prophet – 141, 143A
Šangin, Petr Ivanovič (Schangin, Peter Iwanowitsch) (1741–1816): Botaniker – LXIII, 368A
Sara: biblische Gestalt, Frau von Abraham – 98A
Sartorius, Salomon: Buchdrucker – 588A

Šastina, Nina Pavlovna (1898–1980): Mongolistin – LXIII, 220A
Saß, Johann (gest. 1748): Drucker – 8A
Saurmann, Nathanael: Verleger – XLIII, 590A
Saxo Grammaticus (ca. 1150 – ca. 1220): dänischer Geschichtsschreiber – 27A
Scaliger, Julius Caesar (1484–1558): Humanist, Naturforscher – 295A, 591A
Schabur Dulactaf (Schabur II.; Schapur II.) (309–379): Sassanidenherrscher – 591A
Schäffer, Hennrich Otto: Unterchirurg – XIX
Scheffer, Johannes Gerhard (Scheffer, Johann; Schefferus) (1621–1679): Philologe, Archäologe – XI, LXIII, 5, 8A, 17, 26A, 308, 313A, 314A, 331, 333, 343A, 344A, 410, 418A, 419A, 440, 466A, 467A, 574, 576, 583A, 584A, 630
Scheinhardt, Hartwig: Linguist – XLV
Schiefner, Franz Anton (*Šifner*, *Anton Antonovič*) (1817–1879): Linguist – XXXIV–XXXVII, LXIV, 21A, 22A, 23A, 25A, 26A, 27A, 55A, 56A, 57A, 62A, 65A, 106A, 107A, 108A, 110A, 112A, 113A, 114A, 115A, 117A, 118A, 119A, 122A, 124A, 126A, 127A, 131A, 136A, 178A, 182A, 184A, 185A, 186A, 187A, 188A, 189A, 190A, 194A, 221A, 230A, 231A, 233A, 253A, 255A, 266A, 267A, 268A, 269A, 273A, 275A, 277A, 297A, 299A, 311A, 312A, 313A, 314A, 315A, 316A, 342A, 344A, 345A, 346A, 364A, 365A, 366A, 368A, 375A, 392A, 393A, 398A, 399A, 401A, 418A, 459A, 461A, 462A, 463A, 465A, 466A, 468A, 483A, 484A, 485A, 487A, 505A, 550A, 551A, 557A, 558A, 583A, 611, 614, 628, 632, 635, 642, 645, 646, 654

Schlözer, August Ludwig (1735–1809): Historiker – IX, LIV
Schlüter, Ernst Christoph (1718–1788): Drucker – XLVII, XLVIII
Schmidt, Friedrich Karl (1832–1908): Geologe, Paläontologe, Botaniker – LXV, 472A
Schmidt, Isaak Jakob (1779–1847): Missionar, Mongolist, Tibetologe – LXV, 472A, 629
Schmidt, Samuel: Buchhändler – LXII
Schneider, Ferdinand: Buchhändler, Verleger LIII
Schnitscher, Johann Christian (1682–1744): Offizier, Forschungsreisender – LXV, 21A, 91A, 103A, 208A, 341A, 623
Schnoor, Johann Karl (Schnoor, Johann Carl) (1738–1812): Drucker, Verleger – LX
Schönig, Hanne (geb. 1953): Orientwissenschaftlerin – 420A
Schorkowitz, Dittmar (geb. 1956): Historiker – LXV, 623, 632
Schottus, Andreas (Schott, André) (1552–1629): Philologe – 300A

Schrag, Johann Leonhard (1783–1858): Buchhändler, Verleger – XLIII

Schreber, Johann Christian Daniel von (1739–1810): Arzt, Naturforscher – 621

Schreck, Johann (Terrentius, Johann) (1576–1630): Jesuitenmissionar, Botaniker, Astronom – 269A

Schrenk, Alexander Gustav von (1816–1876): Botaniker, Naturforscher – 124A, 125A, 189A

Schrenk, Leopold von (Schrenck): Zoologe, Geograph, Ethnologe – 115A

Schröder, Johann (Schroder) (1600–1664): Arzt – 638

Schütze, Eustasius Friedrich (Schütze, Eustasius Fridericus) (1688–1758): Theologe, Rektor – 589A

Schütze, Gottfried (Schutze, Godofredus) (1719–1784): Theologe, Rektor – 586, 589A

Schwabe, Hermann (1830–1874): Statistiker – LXV, 611, 616, 618, 637, 644, 655, 657

Schwartz, Gottlieb Heinrich (19. Jh.): Verleger – LXIX, 589A

Sensinow, Michail S.: XLI

Serebrennikov, Boris Aleksandrovič (1915–1989): Linguist – LXV, 22A, 24A

Serensab Bantuchai: s. Sseren Sabbai Tuchai

Šeškin, Petr Efimovič: LXV, 255A

Šestakov, Afanasij Feodotovič (gest. 1730): *kazač'ja golova* – 181A, 209A, 559A

Šetilov, Vasilej Ageevič: Geodät – XIX

Severin von Noricum (Severinus) (ca. 410 – 482): Missionar, katholischer Heiliger – 182A

Sharaf al-Dīn 'Alī Yazdī (Cherefeddin Ali) (gest. 1454): persischer Historiker – LXV, 468A

Shaw, Thomas (1694–1751): Theologe, Reisender – LXV, LXVI, 150, 181A, 258, 264A, 508, 521, 540, 550A, 554A, 559A, 596, 602A, 603A, 604A, 605A, 606A, 607A

Siran (Mogòi; Siràn): jakutischer *knjazec* aus der Familie der *Mazarin*, Sohn von Kuinnat – 573, 583A

Šišigina, Anna Nikolaevna: Historikerin – LXVI, 297A

Skobel'cyn, Petr Nikiforovič: Geodät – XIX

Skonning, Hans Hans(s)en (Scanus, Ioannes) (1579–1651): Naturforscher, Drucker – 585, 588A

Slepcov, Petr Alekseevič: Philologe – LXVI, 131A, 297A, 342A, 364A, 365A, 583A

Slesarčuk, Galina Ivanovna (geb. 1926): Orientwissenschaftlerin – LXVI, 220A

Smer, Johannes (Smera) (10. Jh.): Arzt – 585

Smith, Peter: Verleger – XLVIII

Smith, Samuel (gest. 1703): Verleger, Drucker – XLIV

Sobolev, Vladimir Semenovič (geb. 1948): Archivar, Historiker – II

Soit: tubinzischer *knjazec* – 465A

Sokolova, Zoja Petrovna:
Ethnologin – XLVII, LXVII,
552A, 553A, 635
Spangberg, Martin (etwa 1695 –
1761): Seeoffizier, Kapitän –
XIV, 112A
Sseren Sabbai Tuchai (Serensab
Bantuchai; Sserelsjab Bintuchai)
(17. Jh.): mongolischer *tajša* –
220A
Ståhlberg, Sabira (geb. 1969):
Asienwissenschaftlerin – LXVII,
365A, 371A, 643
Statius, Publius Papinius (ca. 45 –
96 u. Z.): Dichter – LXVII, 444,
468A
Stavenhagen, Johann Lorenz
(1728–1784): Übersetzer der
Akademie der Wissenschaften –
XXV
Steiner, Franz (1892–1967): Verleger – LII, LIV
Steingass, Francis Joseph (1825–
1903): Orientalist – LXVIII,
94A, 95A, 99A, 100A, 101A
Steinitz, Wolfgang (*Štejnic*)
(1905–1967): Linguist, Ostjakologe – XLIV, XLVIII, 124A,
255A, 268A, 313A, 461A, 462A,
465A, 496A, 551A, 552A, 553A
Steinschneider, Moritz (1816–
1907): Orientalist, Bibliograph –
XLVIII, 588A
Steller, Georg Wilhelm (*Šteller*,
Ioann Georg; Steller, Johann
Georg; Stellerus) (1709–1746):
Arzt, Naturforscher, Forschungsreisender – XVI, XVIII, XIX, LI,
LII, LIV, LVI, LXVIII, 6, 10A,
86, 112A, 113A, 114A, 115A,
122A, 125A, 126A, 127A, 128A,
129A, 210A, 232A, 347A, 362A,
366A, 367A, 368A, 371A, 373A,
374A, 376A, 395A, 418A, 471A,
474A, 483A, 549A, 552A, 622,
624, 627, 633, 643
Stichter, Johannes (1637–1705?):
Buchhändler, Verleger – L
Strabo (Strabon) (ca. 63 v. u. Z. –
ca. 24 u. Z.): Geograph, Geschichtsschreiber – 554A
Strahlenberg, Philipp Johann
(Tabbert) von (Sthralenberg)
(1676–1747): Offizier, Forschungsreisender – XIII, LXVIII,
5, 9A, 15, 16, 22A, 23A, 24A,
25A, 44, 46, 47, 49A, 50A, 51A,
54, 56A, 110A, 128A, 144A,
149, 179A, 180A, 181A, 233A,
242, 254A, 265A, 295A, 297A,
416A, 470A, 586, 589A, 611,
616, 652
Strelow, Hans Nielssøn (1587–
1656): Superintendent, Chronist
– 49A
Stroganov: Kaufherrenfamilie –
495A
Subrakova, O. V.: Linguistin –
LXVIII, 91A, 93A, 94A, 101A,
102A, 103A, 125A, 129A, 130A,
132A, 137A, 191A, 269A, 275A,
297A, 298A, 299A, 315A, 361A,
364A, 365A, 374A, 375A, 392A,
460A, 461A, 466A, 472A, 499A,
550A, 560A, 580A
Svanberg, Ingvar (geb. 1953):
Ethnologe – LXVII
Tacitus: s. Cornelius Tacitus,
Publius
Tamerlan: s. Timur-Beg

Tarquinius Priscus, Lucius (gest. 578 v. u. Z.): römischer König – 293, 301A, 603A
Tatiščev, Vasilij Nikitič (1686–1750): Staatsrat, Ökonom, Historiker – XVIII, XLIX, LXVIII, 64A, 94A, 95A, 96A, 97A, 98A, 99A, 100A, 101A, 106A, 111A, 119A, 120A, 121A, 186A, 220A, 231A, 466A, 610, 655
Tausch: Verleger – XL, XLV, LI
Tebaldini, Nicolo (17. Jh.): Drukker, Verleger – XL
Teplov, Grigorij Nikolaevič (1725–1779): Assessor – XXVII
Terlinger von Guzman(n), Johann Carl (17. Jh.): Gesandter des Kaisers Leopold I. – 585, 588A
Terrentius, Johann: s. Schreck, Johann
Thales von Milet (Thales Milesius) (ca. 624 – ca. 546 v. u. Z.): Philosph, Mathematiker, Astronom – 590A
Theophrast (372–288 v. u. Z.): Philosoph, Naturforscher – 362A
Tielvar II. (Tjelvar): mythologische Gestalt, Entdecker der Insel Gotland, Sohn von Guthi – 49A
Timur Beg (Tamerlan; Timur Bec; Timur Leng) (1336–1405): mongolischer Herrscher, Gründer der Timuridendynastie – LXV, 445, 468A
Tomilov, Nikolaj Arkad'evič (geb. 1941): Ethnologe – XLVI, 62A, 63A, 64A, 93A, 94A, 96A, 97A, 98A, 99A, 100A, 102A, 103A, 185A, 186A, 187A, 190A, 194A, 252A, 266A, 268A, 300A, 344A, 361A, 374A, 391A, 392A, 397A, 460A, 461A, 466A, 472A, 557A, 611, 615, 642, 652
Tournefort, Joseph Pitton de (1656–1708): Botaniker – LXVIII, 128A, 129A, 312A, 313A, 347A, 368A, 372A, 373A, 418A, 471A, 485A, 552A
Tragus: s. Bock, Hieronymus
Trigaut, Nikolas (Trigautius, Trigaultius) (1577–1628): Jesuit, Missionar – 196, 209A
Trimegistus: s. Hermes Trimegistus
Tschakwitz: s. Zschackwitz, Johann Ehrenfried
Tschin Irden (Tschin Irdeni) (17. Jh.): mongolischer *tajša* – 220A
Tunkina, Irina Vladimirovna (geb. 1960): Archivarin, Historikerin – II
Turaev, Vadim Anatol'evič: Ethnologe – LXVIII, 116A
Ürü: s. Ajagnit
Ulfeld, Jakob (Ulefeld, Iacobus; Ulfeld, Jacob Knudsen; Ulefeldt, Jacob) (1535–1593): Diplomat – 585, 587A
Unkovskij, Ivan Stepanovič (Unkowski, Johann; Unkowsky, Johann): Artilleriehauptmann, Oberkriegskommissar – XIV, LXVIII, 208A, 341A, 352, 363A, 623
Urlsperger Samuel (1685–1772): Theologe, Pfarrer – LXIX, 601A
Urnuk: ostjakischer *knjazec* – 65A
Ušakov, Moisej (gest. 1742): Geodät – XIX
Vaksel', Sven: s. Waxell, Sven

Vandenhoeck, Anna (1709–1787): Verlegerin, Witwe von Abraham Vandenhoeck – XLVIII
Varro, Marcus Terentius (116–27 v. u. Z.): Politiker, Historiker – LXIX, 596, 602A, 603A
Vasilevič, Glafira Makar'evna (1895–1971): Ethnologin, Linguistin – LXIX, 62A, 64A, 191A, 192A, 312A, 313A, 315A
Vasilij Ivanovič Šujskij (*Vasilij Ioannovič Šujskij*) (1552–1612): russischer Zar von 1606 bis 1610 – 233A
Veenhusen, Johannes (Veenhusen, Joannes) (1643–1676): Philologe – LXVIII
Vergilius Maro, Publius (Virgil) (70–19 v. u. Z.): Dichter – LXIX, 293, 300A, 596, 604A
Vermeulen, Han F. (Vermeulen, Hendrik Frederik) (geb. 1952): Ethnologe – X, XII, XXXII, LXIX
Vignon, Eustache (Vignon, Eustace; Vignon, Eustathius) (1530–1588): Drucker, Verleger, Buchhändler – XLIV
Vincentius Lerinensis (Vinzenz von Lérins) (gest. nach 434): Mönch, Kirchenvater, katholischer Heiliger – LXIII, 182A
Vivié, Johannis de (ca. 1678 – 1728): Verleger, Buchhändler – XLVII
Vladimir Svjatoslavič (Wladimir I. der Heilige) (gest. 1015): Großfürst von *Kiev* – 585
Vladislaus Posthumus: s. Ladislaus Posthumus

Vladislavič-Raguzinskij, Graf *Savva Lukič* (Sawa) (1669–1738): russischer Botschafter in China – 67, 90A
Vladykina, Valentina Arkad'evna: XLIX
Vlas'ev, Vasilej (Wlassiew, Wasilei) (17 Jh.): *syn bojarskoj* von *Enisejsk* – 228, 233A
Vogel, Friedrich Christian Wilhelm (geb. 1776): Buchhändler, Verleger – LXVIII
Vogel, Manuel (geb. 1964): Theologe – LXI
Vollmer, Wilhelm: LXIX, 22A
Voss, David Leopold (1793–1868): Buchhändler, Verleger – XL, LXII
Vossius, Isaac (1618–1689): Bibliothekar, Gelehrter – 300
Vries, Marten Gerrits de (Vries, Maarten Gerritszoon de; Vries, Marten Gerritszoon van; Vries, Martin Geritsen) (17. Jh.): holländischer Seefahrer, Kartograph – 178A
Wachter, Johann Georg (1663–1757): Philologe, Schriftsteller – LXIX, 509, 552A
Walford, Benjamin (gest. 1709): Verleger, Drucker – XLIV
Wander, Karl Friedrich Wilhelm (1803–1879): Pädagoge – LXIX, 212A
Warner, Levinus (1619–1665): Gelehrter, holländischer Gesandter in Konstantinopel – 266A
Water, Wilhelm van de (Water, Willem van de): Verleger – XLV

Waxell, Sven (*Vaksel'*, *Sven*) (1701–1762): Seeoffizier, Leutnant – XVII, LXIX
Weber, Friedrich Christian (gest. 1739?): Diplomat – LVI, LXIX, 296A
Weidler, Johann Friedrich (1691–1755): Astronom, Physiker – LXIX, 586, 589A
Weigel, Theodor Oswald (1812–1881): Buchhändler, Verleger – XL
Weiß, Wisso (1904–1991): Papierhistoriker – LXIX, 20A
Weitbrecht, Johann Jakob (1744–1803): Verleger, Buchhändler – LX
Wengierski, Andrzej (Regenvolscius, Adrian) (1600–1649): Prediger, Schulrektor – 585A, 588A
Wesel, Jacob von (18. Jh.): Buchhändler, Verleger – 8A
Westermann, George (1810–1879): Verleger – LIV
Wettstein, Johann Heinrich (1649–1726): Buchdrucker, Buchhändler – LXIII, 591A
Wheler, George (1651–1724): Pfarrer, Naturforscher, Schriftsteller – LXX, 34, 41A
Wilkins, Charles (1749–1836): Orientalist – LXII
Willughby, Francis (1635–1672): Zoologe – LXX, 104A, 105A, 111A, 193A, 360A, 364A, 375A, 464A, 468A, 610, 616, 618, 638
Winter, Christian Friedrich (1773–1858): Verleger – LIII
Witsen, Nicolaas (Nicolaes Witsen) (1641–1717): Geograph, Bürgermeister von Amsterdam – XI, XII, XIV, LXX, 33–36, 38A, 39A, 40A, 41A, 42A, 43A, 46, 50A, 74, 78, 82, 89, 106A, 121A, 122A, 132A, 135, 138A, 143, 144A, 150, 156, 182A, 184A, 196, 208A, 209A, 216, 221A, 228, 234A, 249, 255A, 260, 266A, 273, 274A, 286, 294A, 295A, 319A, 323, 325, 340A, 341A, 502, 504A, 505A
Wolff, Christian (17. Jh.): Drucker, Verleger – LXIII, 8A
Wolters, Jean (17. Jh.): Buchhändler, Verleger – LXX
Wrangell, Ferdinand Friedrich Georg Ludwig Baron von (Wrangel) (1796–1870): Geograph, Forschungsreisender, Beamter – 626
Xenophon (Xenophontus) (ca. 426 – ca. 355 v. u. Z.): Schriftsteller, Geschichtsschreiber – 590A
Xerxes I. (519–465 v. u. Z.): persischer König (aus der Dynastie der Achämeniden) von 486 bis 465 v. u. Z. – 293, 301A
Yule, Henry (1820–1889): Orientalist – LXII, LXX, 137A, 138A, 626
Zagrebin, *Aleksej E.* (Zagrebin, Alexey): XX, LXX
Zedler, Johann Heinrich (1706–1763): Lexikograph, Buchhändler – LXX, 8A, 23A, 24A, 38A, 40A, 42A, 43A, 50A, 63A, 99A, 100A, 109A, 120A, 122A, 123A, 124A, 127A, 130A, 132A, 135A, 136A, 137A, 179A, 189A, 193A, 207A, 208A, 210A, 220A,

232A, 233A, 252A, 267A, 269A, 274A, 280A, 312A, 361A, 362A, 363A, 368A, 417A, 458A, 462A, 473A, 495A, 505A, 552A, 554A, 555A, 581A, 590A, 591A, 600A, 602A, 618, 621, 631, 632, 638, 639, 646, 655, 657

Ziemann, Adolf (1807–1842): Philologe – LXX, 342A

Zingis-Chan: s. Dschingis Khan

Zlatkin, Il'ja Jakovlevič (1898–1990): LXXI, 623

Zorn, Peter (1682–1746): Philologe, Rektor – LXXI, 587, 591A, 594, 601A

Zschackwitz, Johann Ehrenfried (Tschakwitz) (1669–1744): Jurist, Publizist – LXXI, 595, 602A

REGISTER GEOGRAPHISCHER NAMEN

Abakan (Abacan): Fluß – 148, 157, 178A, 184A, 361A, 443, 468A, 641, 650, 652
Abakansk (Abacansk; *Abakanskoj ostrog*): XVI, 358, 375A, 627, 641, 650, 651
Adsjarai (Adscharai): Schamanenfelsen am Fluß *Lena* – 232A
Ägypten (Egyptes): LXVI, 603A
Afrika (Africa; Nordwestafrika): IX, 258, 293, 300A, 363A, 604A, 606A
Agan (Agan-jogon): Fluß – 307
Ajechu-tscholon (1): Schamanenstein (*Šamanskoj kamen'*) bei *Kačeg* (*Kačega*) – 231A
Ajechu-tscholon (2) (*Šamanskoj kamen'*; Schamanskoi Kamen): Schamanenstein am See *Bajkal* – 225, 231A
Aklan: Fluß – 347A
Aklanskoj ostrog (Aklanskoi ostrog): 205, 213A
Alaska: II, V, XLV, LI, LII, LVIII
Alatyr' (Alater): Stadt – 15, 23A
Alazeja (Alasea; Alaseia): Fluß – 304, 312A, 332, 343A, 478, 485A
Aldan (Ust Aldan): Fluß – 61, 257, 286, 287, 336, 345A, 359, 394A, 477
Algerien (Alger): LXV, 596, 601A
Altaj (Altai; Altaisches Gebürge; Altayisches Gebürge): Gebirge – LXIII, 300A, 435, 464A, 465A, 490, 496A, 580A, 640, 651
Altan: s. *Teleckoe*
Altenburg: Stadt – LIV, LXI
Altin: Landschaft, Königreich – LXX
Amazonas (Maragnon; rivière des Amazones): Fluß – 599A
Amerika (America; Amérique Méridionale; Amerique Septentrionale; Nordamerika): IX, XI, XIII, XIV, LVI, 5, 18, 181A, 182A, 249, 348A, 593-595, 599A, 600A
Amga (Anga): Nebenfluß des Flusses *Aldan* – 287, 359, 371A
Amsterdam (Amstelaedamum; Amstelodamum): Stadt – XI, XLVI, LII, LIII, LVIII, LXII, LXIII, LXIX, LXX, 8A, 121A, 265A, 313A, 340A, 584A, 585, 588A, 591A
Amur: Fluß – 115A, 117A, 142, 178A, 198, 317, 319A, 324, 461A, 580A, 615, 619, 654
Amyl-Upsa: Fluß – 357
Anadyr' (Anadir): Fluß – 332, 339, 343A, 347A, 376A, 627
Anadyrsk (Anadirsk; Anadirskoi ostrog; *Anadyrskoj ostrog*): 164, 181A, 186A, 196, 203, 209A, 213A, 312A, 502, 504A, 539, 559A
Anadyrskoj ostrog, Distrikt (Anadirskischer District; District von Anadirskoi Ostrog): 304, 306, 308, 313A
Anatolien (Anatolia): Landschaft – 187A
Andalusien: Landschaft – XLVI

Andrusov: Dorf – 210A
Anga: s. *Amga*
Angara: Fluß – 44, 191A, 212A, 225, 231A, 282, 320, 397A, 414A, 480
Angola: 363A
Aponus: Fluß – 55A
Arabien (Arabie petrée; Steiniges Arabien): Landschaft – X, LXVI
Archangel'sk (Archangel; Archangelopolis): Stadt – XIV, 8A, 16, 20A, 26A, 51A, 312A, 393A, 640
Archangel'sk, Gouvernement: 14
Archangel'sk: s. Gebiet von *Archangel'sk*
Argun' (Argun): Fluß – 320, 321A, 325, 341A, 399A, 453, 469A, 615
Argunskoj ostrog (*Argunsk*): Stadt – XVI
Århus (Arhusium): Stadt – 585, 588A
Arima: Land der Aramäer – 16, 24A
Armenien: L, 301A
Arzamas (Arsamas): Stadt – 15, 23A
Asien (Asia; Asie; Asie Septentrionale; Hochasien; Mittelasien; Nordasien; Zentralasien): IX, XI–XIV, XVIII, XLII, XLVI, LIII, LV, LIX, LX, LXV, LXVIII, LXIX, LXX, 9A, 56A, 138A, 143, 144A, 178A, 181A, 182A, 348A, 508, 604A, 629, 631, 646, 649
Astakkia: Landschaft (Wohngebiet der Ostjaken) – LXX

Astrachan' (Astracan; Astrachan): Stadt – XLVIII, 20A, 98A, 295A, 651
Astrachan': s. Gebiet von *Astrachan'*
Astrachan', Gouvernement (Astrachanisches Gouvernement): 14, 20A
Atlantischer Ozean (Atlantisches Meer): 554A
Avača: (Awatscha): Fluß u. Meerbusen (Bucht) – 376A
Avam: Fluß – 640
Avamskoe zimov'e (Awamskoe Simowie): 639
Bajkal (Baical; Baikal): See – XII, XVI, 53, 55A, 133, 136A, 145, 156, 177A, 178A, 183A, 199, 211A, 225, 231A, 237, 239, 240, 245, 252A, 253, 254A, 273, 274A, 285, 287, 288, 294A, 296A, 323, 325, 340A, 341A, 353, 356, 360, 364A, 367A, 368A, 370A, 376A, 382, 385, 388, 394A, 397A, 405, 414A, 416A, 441, 442, 467A, 486A, 530, 557A, 580A, 613, 615, 621, 631, 645, 651, 654
Balagansk, Distrikt (Balaganskischer District): 282
Balaganskoj ostrog (*Balagansk*): 191A, 282, 320, 336, 385, 397A, 414A
Baltisches Meer: s. Ostsee
Barabinskaja step' (Baraba; Barabinische Steppe; Barabinzische Steppe): 143A, 235, 252A, 649, 650
Barguzinskoj ostrog (Bargusin; Barguzin): 116A, 286, 295A

Barnaul: Stadt – LIV
Baschkus (*Baškaus*; Башкуš):
  Fluß – 465A
Basel (Basilea): Stadt – XLV, LXI,
  150, 180A
Batavia: Stadt – L
Bauntovskoj ostrog: 213A
Begedu: s. Tibet
Belaja (*Bela*; Biela): Nebenfluß
  des Flusses *Angara* – 225, 232A,
  282, 283A
Bel'skoj ostrog (Bielskoi Ostrog):
  225, 232A
Bengalen (Bengal): Landschaft –
  137A
Berezov (Beresof; Beresova;
  Beresow): Stadt – XVI, XXII,
  XXIV, 119A, 232A, 233A,
  496A, 551A, 614, 634, 640
Berezov: s. Gebiet von *Berezov*
Beringstraße: Seestraße – XIII,
  348A
Berlin: Stadt – XL, XLI, XLIII,
  XLV, XLVI, XLIX, L, LIII, LV,
  LVI, LXV, LXVIII, 8A
Biarmija (Biarmia; Bjarmaland): s.
  Permien
Bija: Fluß – 300A
Böhmen: LIII, 600A
Boganida: Fluß – 346A
Bogorodskoe selo (Bogorodskoe
  Sielo): Dorf – 478, 484A
Bol'šaja (*reka*) (Bolschajareka;
  Großer Fluß): Fluß – 373A
Bologna (Bononia): Stadt – XL
Bol'šoj posad (Bolschoi Posad):
  Ansiedlung – 213A, 502, 504A
Bonn: Stadt – II
Bononia: s. Bologna

Brackoj ostrog (*Bratskoj ostrog*;
  Brazkoi Ostrog): 212A, 480,
  486A
Brasilien (Brésil): 599A
Braunschweig: Stadt – LIV
Bremen: Stadt – XLIII, 313A,
  584A, 590A
Breslau (Bresslau): Stadt – XLIX,
  LVIII, 294, 302A
Bucharei (Buchara; Bucharey):
  Khanat – 68, 278, 294A, 613
Buchau (Bucchau): Stadt – 585,
  587A
Bulgar (Byliros; Boleros; Bulgahn;
  Bulgàn): Ruinenstadt – 253A
Bura: Fluß – 90A, 613
Butal'skoe zimov'e (Butalskoe
  Simowie): 286, 296A
Čaja (Tschaja): Fluß – XXXVII
Calcutta (Kalkutta): Stadt – 137A
Cambalick: s. Peking
Cambridge (Mass.): Stadt – XLVI
Camul (Cabul; Kamul): Landschaft
  – 196, 208A, 209A
Capschac: Königreich, Landschaft
  – LXI
Caricyn (Zarizin): Stadt – 14, 21A
Čaryš (Tscharüsch): Fluß – 464A
Casan: s. *Kazan'*
Caschemir: s. Kaschmir
Catay: s. China
Čatskij gorodok (*Čatskij ostrog*):
  652
Čeboksary: Stadt – XLVI
Čerdyn' (Tscherdin): Stadt – 16,
  25A
Čerkask (Tscherkask): Stadt –
  XLVIII
Ceylon: 474A
Chalmükey: s. Kalmykei

Changai: Gebirge – 465A
Chantajskoe zimov'e: 640
Chariuzova (Chariusovka): Fluß –
376A
Chatanga: Fluß – 206, 224, 412,
445, 452, 476, 654
Cheta: Fluß – 411
China (Catay; Chine; Katay; Nordchina; Sina; Sinesische Gräntze):
XI, XII, XIV, XVI, XLIX, L,
LII, LIII, LVI, LVIII, LXIII, 8A,
9A, 43A, 50A, 62A, 84, 90A,
133, 145, 177A, 208A, 265A,
278, 280A, 285, 288, 294A,
295A, 296A, 320, 321A, 340A,
421, 425, 453, 615, 623, 626,
629, 631, 632, 644, 646, 648
Chinesische Mauer: 398
Chingan: Gebirge – 654
Čikoj: Fluß – 90A
Coari: Stadt – 593, 599A
Cochinchina: 294A, 295A, 474A
Condoma: s. Kondoma
Čukotka (Tschuktschenhalbinsel):
XIV, 313A, 348A, 653
Čulym (Czulim; Tschulim): Fluß –
XXXVII, 87, 129A, 144A, 282,
283A, 286, 294A, 650
Dänemark (Dania; Dennemark):
17, 47, 49A, 585, 587A
Dalmatien (Dalmatie): LXX, 41A
Darmstadt: Stadt – LV, LXIX
Daurien (Daour; Daur; Dauria;
Daurische Gegenden; Dauuria):
Landschaft – LII, LXX, 8A, 196,
208A, 211A, 268A, 341A, 401A,
416A, 453, 580A, 615, 631, 654
Deutschland (Allemagne; Deutsche Demokratische Republik;
Teütschland; Teutschland): L,
LIII, LXIV, 157, 210A, 233A,
256A, 498A, 504A, 600A, 631,
632
Don (Tanais): Fluß – LXX, 130A
Dorpat: Stadt – XL, XLV, LI
Dsungarei (Songarei; Soongarei;
Soongorey; Tongarei):
Landschaft – 398A, 458A, 580A
Dubčeskaja sloboda (Vorochova
sloboda; Worochowa): 354,
364A
Düsseldorf: Stadt – V
Duisburg: Stadt – 8A
Dunda: Berg – 580A
Dvina (Dwina): Fluß – 46, 51A,
640
Eis-Kap (Ys-kaep): 181A, 182A
Eismeer (Eyßmeer; Nördlicher
Ozean; Nördlicher Ocean): XLI,
XLVI, LVI, 16, 213A, 246, 304,
326, 352, 358, 374A, 382, 478,
622, 640, 653
Ekaterinburg: Stadt – XVI, XLIV,
LXII
Elbina: Fluß – 497A
Elutorische Einbucht und SeeBusen: s. Oljutorskaja guba
Enisej (Jenesej; Jenisea; Jenisei;
Jeniseï; Jenissei): Fluß – XVI,
LXV, 25A, 44–46, 48A, 49A,
57A, 58, 62A, 65A, 85, 86, 88,
119A, 124A, 125A, 126A, 127A,
131A, 141, 143A, 144A, 146,
148, 153, 177, 178A, 182A,
194A, 200, 211A, 224, 230A,
232A, 245, 254A, 262, 268A,
271, 273A, 276, 277A, 279,
281A, 284A, 334, 338, 344A,
346A, 347A, 351, 352, 354–356,
359, 363A, 364A, 365A, 367A,

Register geographischer Namen

370A, 374A, 375A, 377, 380,
392A, 393A, 394A, 397A, 406,
411–413, 415A, 419A, 420A,
422, 425, 427–431, 436, 438,
439, 441, 456, 458A, 459A,
461A, 462A, 463A, 465A, 466A,
467A, 475A, 477, 478, 481, 482,
483A, 484A, 486A, 487A, 508,
509, 513, 550A, 551A, 552A,
553A, 557A, 578, 584A, 610,
613, 614, 621, 622, 627, 635,
639–641, 650, 654
Enisejsk (Jeniseisk): Stadt – XII,
XVI, XIX, 5A, 112A, 127A, 257,
264A, 287, 296A, 325, 340A,
396A, 397A, 399A, 414A, 420A,
472A, 478, 484A, 549A, 614
Enisejsk: s. Gebiet von *Enisejsk*
Enisejsk, Provinz: 620, 628
Eravninskoj ostrog (Jerawna): 286,
288, 295A, 296A
Europa (Europe; Osteuropa;
Westeuropa): XI–XIII, XL, LII,
LV, LIX, LX, LXV, LXVIII–
LXXI, 9A, 18, 48A, 56A, 122A,
137A, 559A, 604A, 636
Fedoseeva (Theodosii Saymka):
Dorf, *zaimka* – 373A
Finnland: 588A, 630
Frankfurt (am Main) (Francofurtum): Stadt – XLVII, XLVIII,
LII, LIX, LXIII, LXV, LXVIII,
8A, 9A, 585, 587A, 637
Frankreich (France; Franckreich):
136A, 139A, 293, 302A
Fretum Nassovium (Meerenge von
Vajgač; Straße von Nassau; Weigats) Meerenge – 8A
Ganges: Fluß – 137A
Gebiet (s. Glossar: Kreis) von

- *Archangel'sk* (Archangelisches
 Gebieth; Archangelskisches Gebieth): 46, 51A, 303, 311A
- *Astrachan'*: 651
- *Berezov* (Beresowisches Gebieth): 241, 253A, 279, 280A, 303,
 306, 307, 311A, 312A, 313A,
 383, 394A, 634
- *Enisejsk* (Jeniseiskisches Gebieth) – 45, 49A, 149, 179A, 285,
 287, 294A, 296A, 303, 304,
 311A, 312A, 479, 486A, 628
- *Ilimsk* (Ilimskisches Gebieth):
 149, 175, 179A, 287, 296A, 303,
 311A
- *Irkuck* (Irkuzkisches Gebieth):
 54, 56A, 149, 179A, 282, 283A,
 285, 294A, 303, 311A
- *Jakuck* (Jakuzkisches Gebieth):
 LV, 149, 159, 165, 179A, 184A,
 187A, 241, 253A, 278, 279,
 280A, 286, 295A, 303, 311A,
 324, 336, 339, 340A, 345A,
 347A, 358, 374A, 383, 394A,
 404, 414A, 476, 482A, 490,
 496A, 626
- *Kazan'* (Casanisches Gebieth):
 150, 182A, 272, 274A, 543,
 559A
- *Krasnojarsk* (Krasnojarskische
 Gegenden; Krasnojarskisches
 Gebiet): 44, 45, 59, 85, 145, 157,
 177A, 204, 218, 226, 227, 235,
 241, 282, 283, 285, 286, 320,
 325, 338, 356, 403, 404, 422,
 443, 451, 452, 454, 455, 507,
 525, 548, 628, 650
- *Kungur* (Kungurisches Gebieth):
 14, 15

- *Kuzneck* (Kusnezkische Gegenden; Kusnezkisches Gebieth; Kusnetziensium terra; Gebiet der 'Kusnetzker'): 46, 50A, 58, 59, 61A, 64A, 86, 127A, 145, 177A, 235, 237, 241, 252A, 253A, 282, 283A, 320, 321A, 322, 356, 404, 414A, 476, 482A, 650
- *Mangazeja* (Mangaseisches Gebieth; Mangaseischkisches Gebieth): 149, 153, 174, 176, 179A, 182A, 193A, 194A, 203, 212A, 216, 221A, 241, 253A, 257, 264A, 279, 280A, 287, 296A, 303, 309, 311A, 312A, 314A, 317, 318A, 325, 340A, 354, 355, 364A, 365A, 383, 394A, 425, 440, 441, 456, 457, 459A, 467A, 475A, 482, 487A, 516, 553A, 563, 568, 573, 580A, 582A, 628, 635, 639
- *Nerčinsk* (Nertschinsker Kreis; Nertschinskisches Gebieth): XLI, 54, 56A, 59, 64A, 86, 127A, 140, 143A, 145, 147, 177A, 178A, 204, 213A, 222, 229A, 288, 296A, 320, 321A, 458A, 499A, 653
- *Selenginsk* (Selenginskisches Gebieth): 288, 296A, 320, 458A, 499A
- *Surgut* (Surgutisches Gebieth; Surgutzkisches Gebieth): 176, 194A, 307, 635
- *Tara* (Tarisches Gebieth): 272, 274A, 478, 484A
- *Tjumen'* (Tumenisches Gebieth): 272, 274A, 509, 552A
- *Tobol'sk* (Tobolskisches Gebieth): 272, 274A, 287, 296A, 509, 552A
- *Tomsk* (Tomiensium terra; Gebiet der 'Tomsker'; Tomskisches Gebieth): 46, 59, 87, 225, 235, 241, 282, 283A, 322, 414A, 455, 478, 509, 552A, 628, 651
- *Turuchansk* (Turuchanskisches Gebieth): 79, 134, 141, 142, 146, 219, 223, 329, 336, 355, 435, 477, 478, 488, 628, 635
- *Vercholensk* (Wercholenskisches Gebieth): 134, 142, 144A, 309, 314A
- *Vitimsk* (Witimskisches Gebieth): 206, 214A

Genf: Stadt – XLIV, LXI
Georgien (Georgia): Landschaft – LIII, LXX
Gloucester: Stadt – XLVIII
Göttingen: Stadt – II, IX, XXXII, XLVIII, XLIX, LIV
Gotha: Stadt – LII, LIV
Gotland (Guthiland): Insel – 46, 49A
Graz: Stadt – XLVIII
Griechenland (Grece): XLVI, LXX, 41A, 293, 301A
Grönland (Gronland): 212A, 336
Groot Tartaryen (Great Tartary; Grosse Tartarey; Grosse Tatarey; Tattaria Magna): LII, 8A, 9A
Groot Ustiga: s. *Velikij Ustjug*
Große Landecke: s. Ostkap
Große Syrte (Golfo von Sidra, Syrthis Magna): Meeresbucht – 554A

Groß-Naugardien: Gegend um
(Groß-)*Novgorod* (*Velikij Novgorod*) – 8A
Groß-Ungarn (Gross-Ungarn):
Land der Baschkiren – 21A
Guben (Hubena; Gubena): Stadt –
LXII, 585, 587A
Gütersloh: Stadt – XLIX
Gusel'nye gory (Guselnie gori;
Gusselni gori; Gusselnie Gori;
Ogljung-kaja; Ogljungkaja):
Berge – 44, 48A
Guyana (Guiane): 599A
Haag (den Haag, La Haye): Stadt –
XLIII, LXVI
Hafnia: s. Kopenhagen
Halberstadt: Stadt – 301A,
Halle: Stadt – II–V, XXXII, XL,
XLV, XLIX, LI–LIV, LXIX,
LXX, 294, 420A
Hamburg: Stadt – XXXII, XLIV,
XLVII, L, LI, LVIII, LXIII,
589A, 590A
Hannover: Stadt – XLVII, LIII,
LXIX, 600A
Heidelberg: Stadt – LIII
Helsinki: Stadt – XLV, L, LXII
Herford: Stadt – XIII
Himalaja: Gebirge – 629
Hispaniola: Insel – 263, 269A
Holland: L, 20A, 136A
Holstein (Hollstein): Herzogtum –
228, 234A
Ijus (Iius): Fluß – 218, 283, 323,
338, 347A, 422, 443
Ili: Fluß – 458A
Ilim: Fluß – 198, 479
Ilimsk (*Ilimskoj ostrog*): 175,
193A, 198, 210A, 325, 620
Ilimsk: s. Gebiet von *Ilimsk*

Imperium Romanum: s. Römisches
Reich
Inbackoe zimov'e (Inbazkoe Simowie): 440, 467A
Inbak (*Imbak*): Fluß – 118A,
119A, 461A, 635
Indien (Hindustan; Inde; Indes
Orientales; India; Indie; Indische
Gräntze; Indostan; Magni
Mogolis Imperium; Ostindien;
Ost-Indien): XLIII, LIII, 8A,
41A, 97A, 135, 137A, 138A,
196, 251, 255A, 505A, 621, 623,
626, 632
Indigirka: Fluß – 157, 246, 249,
257, 287, 304, 332, 336, 359,
382, 478, 622
Indus: Fluß – 138A
Irkuck (Irkutia; Irkutzk; Irkuzk):
Stadt – XII, XVI, XXXI, 112A,
193A, 201, 210A, 211A, 212A,
220A, 225, 230A, 232A, 240,
253A, 314A, 366A, 367A, 385,
396A, 397A, 399A, 414A, 427,
461A, 468A, 486A, 529, 557A,
578, 584A, 613, 620
Irkuck: s. Gebiet von *Irkuck*
Irkuck, Gouvernement (Gouvernement Irkuzk): 580A
Irkuck, Provinz (Irkuzkische
Provinz): 226, 232A, 379, 393A,
620
Irkut: Fluß – 225
Irtyš (Irtisch): Fluß – XIII, XVI,
46, 50A, 170, 190A, 201, 212A,
268A, 296A, 401A, 452, 469A,
478, 484A, 495A, 513, 521, 522,
553A, 554A, 555A, 621, 634,
635, 640, 649, 650
Isker: Stadt – 50A, 495A

Israel: 604A
Issedon (Succuir): Stadt – 50A
Italien (Italia; Italie): LIII, 41A, 182A, 600A
Itancynskoj ostrog (Itanzinskoi Ostrog): 405, 415A
Itonda: Ort – 137A
Iževsk: Stadt – LVIII
Jaickoj gorodok: Stadt – 188A
Jaik (Jagag; Jajac; *Ural*): Fluß – 20A, 188A
Jakorok: Fluß – 232A
Jakuck (Jacutia; Jakutzk; Jakuzk): Stadt – XVI, XVII, XIX, XXII, LVI, LXIII, LXVI, 6, 10A, 40A, 44, 48A, 61, 66A, 75, 82, 108A, 112A, 142, 144A, 164, 165, 186A, 193A, 197, 198, 206, 210A, 211A, 213A, 214A, 227, 232A, 233A, 246, 254A, 278, 280A, 287, 289, 296A, 297A, 314A, 324, 326, 340A, 341A, 353, 358, 362A, 364A, 365A, 372A, 374A, 382, 384, 394A, 395A, 402, 404, 407, 414A, 415A, 424, 459A, 476–478, 482A, 484A, 485A, 486A, 490, 491, 578, 496A, 497A, 506, 533, 549A, 558A, 562, 580A, 584A, 614, 620
Jakuck, Provinz (Jakuzkische Provinz): 211A, 268A, 401A
Jakutija (Jakutien; *Sacha*): LXVI, 468A
Jamskaja sloboda (Jamskoi Slobode): Teil von *Tobol'sk* – 555A
Jana: Fluß – 157, 227, 246, 249, 257, 287, 304, 326, 332, 336, 341A, 357, 359, 374A, 382, 394A, 478, 622

Japan (Japon; Regnum Japanicum): XIV, L, LVI, 121A, 148, 178A, 373A, 628
Jarensk: Stadt – 16
Jaroslav': Stadt – XLIII
Jaxartes (Syr-Darja): Fluß – 24A, 51A
Jena (Iena): Stadt – LXIII, 585, 588A
Jenisei (Jenisea): s. *Enisej*
Jeniseisk: s. *Enisejsk*
Jerawna: s. *Eravninskoj ostrog*
Jerken: Stadt – 556A
Jeso (Jedso; Jesoische Insuln; Jesso): Land, Insel – LXX, 148, 178A
Juda: Königreich, Landschaft – 293, 301A
Jütland (Dschütlandim; Jütlandia): 54, 56A
Jugra: Landschaft – XLIV
Kača (Katscha): Fluß – 44, 45, 49A, 489, 496A, 610, 650
Kačeg (*Kačega*; Katschega): Dorf – 231A
Kadišskaja volost' (Kadischkaja Wolost): 65A
Kalmykei (Astrachanische Calmückey; Calmückey; Chalmükey; Kalmakkia; Oestliche Calmückey): XLVII, LXVIII, LXX, 265A, 278, 623
Kama: Fluß – 15, 16, 20A, 25A
Kamčatka (Kamtschatka): Fluß – 373A, 376A
Kamčatka (Kamtschatka; West*kamčatka*): Halbinsel – V, IX, XI, XIII–XXI, XXIV, XXVII, XLII, XLIV, LI, LIII, LVI, LVIII, LXVI, LXVIII,

LXIX, 9, 34, 41A, 141, 143A,
148, 164, 178A, 186A, 197, 203,
209A, 210A, 213A, 260, 266A,
311A, 317, 318A, 330, 336, 339,
343A, 345A, 347A, 359, 360,
367A, 370A, 373A, 376A, 424,
431, 459A, 463A, 479, 485A,
490, 496A, 504A, 540, 552A,
559A, 620, 622, 624, 626–628,
644
Kamtschazkische See: 359
Kamul: s. Camul
Kan: Fluß – 227, 358, 641
Kanskoj ostrog (*Kansk*): 627, 641
Kap *Dežnev*: s. Ostkap
Kargalinskaja sloboda: 179A
Kas: Fluß – 111A
Kaschkar (Kaschgar; *Kašgar*;
Kaškar; Kleine Bucharei): Stadt,
Khanat – 556A
Kaschmir (Caschemir; Kachemire): Landschaft – 196, 209A
Kasimov: Stadt – 20A
Kaspisches Meer (Caspische See;
Kaspische Zee; *Kaspijskoe
more*): XVIII, L, LXX, 624
Katay: s. China
Katschega: s. *Kačeg*
Kaukasus: Gebirge – LIII, 43A,
651
Kazačej lug pogost: 49A
Kazan' (Casan): Stadt – XVI, XX,
LVI, 3, 6, 14, 15, 20A, 22A,
62A, 86, 93A, 94A, 101A, 102A,
103A, 119A, 120A, 121A, 127A,
131A, 187A, 190A, 285, 294A,
299A, 315A, 374A, 375A, 466A,
555A, 559A, 649
Kazan': s. Gebiet von *Kazan'*

Kazan', Gouvernement
(Casanisches Gouvernement;
Kazanskaja gubernija): XX,
XXVII, XLIV, LVII, LXX, 10A,
13, 14, 19, 22A, 27A, 620
Kazym: Fluß – 634
Ket' (Ket; Keta): Fluß – XII, 53,
55A, 60, 65A, 74, 76, 85, 108A,
110A, 111A, 119A, 124A, 133,
135A, 153, 182A, 194A, 223,
231A, 262, 267A, 268A, 277,
277A, 279, 281A, 317, 318A,
326, 334, 337, 341A, 344A,
346A, 351, 355, 359, 362A,
365A, 367A, 375A, 408, 412,
416A, 419A, 432, 436, 438,
463A, 465A, 466A, 479, 485A,
509, 513, 551A, 553A, 635, 641
Ketskoj ostrog (*Keckoj ostrog*;
Kezkoi): 65A, 641
Kiel: Stadt – 228
Kiev (Kijovia): Stadt – 588A
Kingston: Stadt – XLIII
Kirenga: Fluß – 198, 199, 224
Kirenskoj ostrog (Kirenga;
Kirensk; Kirenskoi Ostrog): XVI,
199, 211A, 230A, 309, 314A,
354, 364A, 468A, 481, 486A
Kitoj (Kitoi): Fluß – 225, 232A
Kjachta: Fluß – 90A, 613
Kjachta (Kiachta): Ort, Handels*s-
loboda* – 201, 212A, 324, 340A
Kleinrußland (Kleinrussland;
Ukraine): 126A
Köln (Cöln): Stadt – LII, 293,
301A
Königsberg: Stadt – XLVII
Kola: Halbinsel – 630
Kolyma: Fluß – 157, 246, 249,
257, 287, 304, 311A, 312A, 332,

336, 339, 347A, 359, 382, 478, 502, 622
Kolyvano-Voskresenskie zavody (*Bogatye mednye zavody* des *Demidov*; Koliwanische Kupferwerke; Kolywanischen Bergwerke): Kupfer- und Silberhütten – LIV, 435, 464A, 490, 496A
Kondoma (Condoma): Fluß – 282, 283A, 404, 414A
Konstantinopel: Stadt – 266A
Kopenhagen (Hafnia): Stadt – II, LXIX, 49A, 585, 586, 588A
Korea: 82, 121A, 630
Kotel'nikova (Kotelnikowa): Fluß – 580A
Koz'modem'jansk (Kusma Demiansk): Stadt – 15, 23A
Krasnoe selo: Dorf – 7A, 37A
Krasnoj pesok (Krasnoi Pesok): Sandbank im Fluß *Lena* – 478, 484A
Krasnojarsk (Crasnojahr): Stadt – XII, XVI, XVIII, 44, 144A, 148, 162, 245, 269A, 283A, 354, 388, 406, 428, 431, 455, 468A, 472A, 489, 496A, 497A, 498A, 516, 614
Krasnojarsk: s. Gebiet von *Krasnojarsk*
Krasnojarskische Landstraße: 480
Krasnosel'skaja Verchnaja (*Dudergofskaja fabrika*, *Krasnosel'skaja*): Papiermühle – 7A, 27A
Krim (Crim; *Krym*): Halbinsel, Landschaft – LXX
Kuda: Fluß – 142
Kungur: Stadt – 14

Kungur: s. Gebiet von *Kungur*
Kurdjumka (Kurdumka): Fluß – 522, 555A
Kurejskaja (Kureiska; *Šelagina*): Dorf – 206, 214A, 267A
Kurilen: Inselgruppe – XLIX, 178A, 628
Kurland (Churland): 8A
Kursa: Dorf – 559A
Kusnezkisches Gebürge (Gebirge von *Kuzneck*): 361A
Kuzneck (Kusnezk): Stadt – 62A, 92A, 93A, 94A, 102A, 103A, 131A, 132A, 187A, 190A, 236, 252A, 282, 283A, 297A, 298A, 300A, 315A, 339A, 374A, 388, 391A, 398A, 404, 414A, 460A, 466A, 650, 651
Kuzneck: s. Gebiet von *Kuzneck*
Kykčik (Kykschik): Fluß – 376A
La Haye: s. Haag
Lappland (Lappia; Lapponia; lapp. Sameandna; lapp. Sameladde): XI, LXIII, 8A, 17, 26A, 27A, 313A, 314A, 583A
Leaoting: Landschaft – 341A
Leiden (Leyde; Lugdunum Batavorum): Stadt – XL, XLVII, LIII, LV, LXVIII, LXIX, 9A, 265A, 266A, 300A
Leipzig (Lipsia): Stadt – II, XIII, XL, XLIII, L, LII–LIV, LVIII–LXIV, LXVI, LXVIII–LXXI, 589A, 591A, 592A
Lemgo: Stadt – XLV, LI, 586, 589A
Lena: Fluß – XVI, 44, 48A, 88, 150, 157, 181A, 206, 225, 232A, 246, 262, 287, 305, 308, 309, 317, 326, 337, 338, 341A, 346A,

354, 357–359, 362A, 372A,
373A, 374A, 381, 382, 409,
417A, 442, 445, 447, 452–454,
477, 478, 480, 481, 483A, 486A,
613, 622, 643, 654
Leningrad: s. Sankt Petersburg
Levante (Levant): LXV, LXVI,
LXX, 150, 258, 508
Lhasa (Dsassa, Llassa): Stadt –
649
Libyen (Libya; Lybien): 293,
300A, 554A, 604A
Lissa (Isa): Insel – 41A
Livland (Liefland; Liffland;
Livonia): LIX, 8A, 617
Lomov (Lommow): Stadt – 23A
London: Stadt – X, XLIV, L–LII,
LIV, LXII, LXVIII, LXX
Lothringen: Herzogtum – LIII,
600A
Lozva (Loswa): Stadt – XXIV
Lübeck (Lübek): Stadt – XXXII,
228
Lüneburg: Stadt – 589A
Lugdunum Batavorum: s. Leiden
Madagaskar (Ilha de San Louren-
ço; Madagascar; Sankt Laurent;
Sankt Laurentius): Insel – 251,
255A, 256A
Majskaja pristan': 112A
Majskoe zimov'e (Maiskoe Simo-
wie): 205, 213A
Malabar: Landschaft – 474A
Mana: Fluß – 497A, 641
Mandschurei (Mandshurei): Land-
schaft – 178A
Mangazeja (Mangasaea; Mangase;
Mangasea; Mangasei; Man-
gaseia; Mangazeskoy): Stadt –
XVI, XXII, 51A, 170, 175,

187A, 188A, 190A, 193A, 224,
226, 231A, 232A, 277A, 345A,
355, 358, 365A, 366A, 374A,
392A, 393A, 411, 419A, 467A,
481, 487A, 490, 496A, 545,
560A, 569, 576, 578, 582A,
583A, 584A, 614, 640
Mangazeja: s. Gebiet von *Manga-
zeja*
Maragnon: s. Amazonas
Mar di Marmora (Marmarameer):
s. Propontides
Mark Brandenburg (Marck Bran-
denburg): Markgrafschaft – 8A
Massachusetts: Staat der U.S.A. –
XXXV, XLVIII
Matsmai: Insel – 178A
Medien (Meden): Landschaft –
LIX
Mer du Sud: s. Südmeer
Mingrelien (Mengrelia; Mengreli-
en): Landschaft – LXX
Mipza: Stadt in Judäa – 590A
Mokša (Mokscha): Fluß – 23A
Mongolei (Moegalia; Mogolistan;
Mogols Land; Mongoley; Mon-
golische Gräntze; Mongolische
Steppen; Mungaley): LXI, LXX,
41A, 54, 196, 215, 237, 258, 320,
422, 505A, 528, 614, 623, 629,
632, 644
Montreal: Stadt – XLIII
Mordia: Land der Mordwinen –
23A
Moskva (Moscau; Moscou;
Moscouia; Moscovien; Moscow;
Moskau; Moskou; Moskovie): II,
XI, XXIV, XXVI, XXVIII,
XXIX, XXXII, XXXVI, XL–
XLII, XLIV–XLIX, LII–LV,

LVII, LVIII, LXII, LXIII, LXV–
LXIX, LXXI, 8A, 20A, 34, 40A,
41A, 125A, 560A, 585, 587A,
620
München: Stadt – LIV, LV, LXI,
LXIII
Nankin: Stadt – 625
Narym (Narim): Stadt – 106A,
111A, 128A, 144A, 231A, 635,
641
Natskaja volost' (*Nackaja volost'*;
Nazkaia Wolost): 65A
Natsko-Pumpokol'skaja volost'
(Natkaia Pumpokolskaia): 65A
Naun (Naum): Fluß – 469A, 615,
632
Naundorf: Ort – XXXII
Neapel (Neapolis): Stadt – 302A
Nerčinsk (*Nerčinskoj ostrog*;
Nertschinsk): Stadt – XVI, 6, 9A,
117A, 126A, 175, 288, 296A,
311A, 316A, 338, 346A, 368A,
385, 396A, 398A, 401A, 418A,
505A, 613, 620
Nerčinsk: s. Gebiet von *Nerčinsk*
Nerčinsk, Kreis: s. Gebiet von
Nerčinsk
New York: Stadt – X, LXII
Niederlande (País-Bas; Vereinigte
Niederländer): LVIII, LXII
Niuche: Landschaft, Königreich,
chinesische Provinz – LXX
Nižnaja Tunguska (Nischna Tungusca; Nischna Tunguska;
Nischnaja Tunguska): Fluß –
134, 136A, 166, 171, 172, 174,
179A, 187A, 190A, 193A, 206,
214A, 224, 230A, 231A, 306,
313A, 354, 364A, 365A, 366A,
502, 505A, 508, 550A, 654

Nižnej Kamčatskoj ostrog: 213A
Nižnej Kolymskoj ostrog: 504A
Nördlicher Ozean (Nördlicher
Ocean): s. Eismeer
Norwegen (Noruegia): 585, 630
Nova Hispania (Mexico; Neu-Spanien): 269A
Novgorod: Stadt – XVI
Novoe Inbackoe zimov'e: 467A
Novoselova (Nowoselowa): Dorf –
283, 284A
Novosibirsk: Stadt – II, V, XLI,
XLIII, XLV, LIII, LVII, LXI,
LXVI–LXVIII
Novo-Usol'e: Ort – 474A
Nürnberg (Norimberga): Stadt –
XLIII, LIV, LXVII, 23A
Ob' (Ob; Obi; Oby): Fluß – XIII,
XVI, XIX, XX, XXXVI, LXX,
10A, 26A, 46, 50A, 51A, 85, 87,
125A, 129A, 144A, 225, 231A,
317, 318A, 326, 339, 341A,
347A, 359, 375A, 382, 393A,
441, 454, 465A, 467A, 470A,
471A, 478, 484A, 509, 513,
551A, 553A, 578, 584A, 622,
634, 635, 640, 641, 649, 650, 652
Obdorsk: Ort – 634, 640
Oceanus Orientalis: s. Ostmeer
Ochock (*Ochockoj ostrog*,
Ochotzk; Ochozk): Stadt – 112A,
204, 213A, 338, 347A, 359,
370A, 375A, 395A, 407, 415A,
424, 459A, 620
*Ochock*isches Meer (*Ochock*er
Meer; Ochozker Meer; Ochozkische See; Penschinskische See;
*Penžinsk*er Meerbusen; *Penžinsk*er See): XIX, XLVI, 44, 48A,

115A, 312A, 336, 345A, 360, 376A, 424, 459A, 627, 654
Ogljung-Kaja (Ogljungkaja): s. *Gusel'nye gory*
Oka (Occa): Fluß – 23A, 480, 486A
Ol'chon (Olchon): Insel im See Bajkal – 240, 253A, 613
Olekma (Olecma): Fluß – 44, 48A, 287, 296A
Olekminskoj ostrog (Olecma): 44, 48A, 144A, 287, 296A
Olenek: Fluß – 339, 445
Oljutora (Olutora): Fluß – 213Á, 359, 376A, 504A
Oljutorskaja guba (Elutorische Einbucht und See-Busen): 376A
Oljutorskoj ostrog: 213A, 504A
Omskaja krepost' (Festung Omskaia): 478, 484A
Onon: Fluß – 86, 127A, 320, 632
Oosterhout: Stadt – LXII
Orchon: Fluß – 220A
Oregon: Bundesstaat der U.S.A. – LIII
Orenburg: Stadt – XVIII
Orenburg, Gouvernement: 179A
Orient: LXIII, 258, 301A
Osa (Ossa): Fluß – 225, 232A
Osa (Oßa): Stadt – 20A
Ostindien (Indes Orientales; Ost-Indien): s. Indien
Ostindisches Meer (Indische-Ooster Zee): LXX
Ostkap (Große Landecke; Kap *Dežnev*): 348A
Ostmeer (Oceanus Orientalis; Pacific; Stiller Ozean): XLVIII, LVI, 360, 375A, 620, 644

Ostsee (Baltisches Meer): 49A, 182A, 588A
Ozeanien: IX
Pacific: s. Ostmeer
Pamir: Gebirge – 624
Pankara (Pankora): Fluß – 376A
Para (Belem): Stadt – 594, 600A
Paris (Pariss; Parys): Stadt – X, XLI–XLIII, XLVI, LIII, LIV, LXI, LXIII, LXV, LXVIII, 8A, 27A, 135, 144A, 302A, 593, 599A
Parma: Stadt – 301A
Patna (Patanah): Stadt – 137A
Patoma: Fluß – 44, 48A
Pavia: Stadt – 302A
Peking (Cambalick; Pecking): Stadt – XLVII, LII, 51A, 178A
Pelym (Pelim; Pelun): Stadt – XXIV, 47, 51A, 52A
Penza (Pensa; Pensche): Stadt – 15, 23A
Penžina: Fluß – 181A, 209A, 559A
*Penžinsk*er See (Penschinskische See): s. *Ochock*isches Meer
Permien (Biarmia; *Biarmija*; Bjarmaland; Permia): Landschaft – LII, 8A, 14, 16, 20A, 25A, 50A, 617
Permisch-Wiatkische Provinz: 25A
Persien (Noorder Persie; Perse; Persie): XI, XLVIII, L, LIX, LXX, 8A, 94A, 97A, 301A, 591A
Pim: s. *Pym*
Pisa: Stadt – 302A, 591A
Pjasida (*Pjasina*): Fluß – 411

Pleßcovien (Pleskovia; Pleskowia; Pleskowien): Gegend um *Pskov* (Pleskau) – 8A
Pod"emnoe selo (Podjemnoi Sielo): 45, 49A
Podkamennaja Tunguska (Podkamenna Tungusca): Fluß – 502, 505A
Podporožnaja: Dorf – 49A
Polen: 210A
Polus arcticus (Nordpol) – 8A
Portland: Stadt – LIII
Preußen (Preussen): 8A, 294, 302A
Propontides (Mar die Marmara; Mar di Marmora; Marmarameer; Propontis): Binnenmeer – 150, 180A, 554A
Pumpokol'skaja volost' (Pumpokolskaia Wolost): 65A
Pustozersk (Pusto Osero; *Pusto ozero*): Stadt – 250, 255A, 313A
Pym (Pim): Fluß – 307, 313A
Quedlinburg: Stadt – LXX
Quelpaert (Cheju; Quelpaerts; Quelpart): Insel – 121A
Ravensburg: Stadt – LV
Rescht: Stadt – 138A
Riga: Stadt – LXII
Rinteln: Stadt – XIII
Rodslagen: s. Schweden
Römisches Reich (Imperium Romanum): 585, 588A
Rom: Stadt – LI
Romanov: Stadt – 20A
Rostock: Stadt – XLV, 228
Rotterdam: Stadt – L
Royston: Stadt – 104A, 105A, 360A

Rußland (Imperium Russicum; Russisches Kaiserthumb, Russisches Reich; Rußisches Gebieth): X–XIV, XX, XXIV, XXVI, XXVIII, XL–XLIII, XLVI–LVII, LIX–LXI, LXIX, 5, 8A, 9A, 10A, 13, 14, 16–18, 22A, 23A, 24A, 27A, 59, 67, 90A, 123A, 125A, 128A, 130A, 142, 145, 180A, 186A, 191A, 220A, 221A, 265A, 278, 279, 288, 295A, 324, 366A, 397A, 414A, 415A, 418A, 420A, 471A, 480, 482, 486A, 504A, 600A, 611, 612, 619, 620, 625, 630, 632, 636, 637, 644, 654, 656
Rybenskoj ostrog (Ribenskoi Ostrog; *Rybinskoj ostrog*): 480, 486A
Sabanakovye jurty (Sabanak aul): Dorf – 521, 522, 554A, 555A
Sacha: s. *Jakutija*
Sachalin: Insel – 178A, 619
Sachsen: 252A, 585
Sagajskaja step' (Sagaiskische Steppe): 651
Sagajskaja zemlica (Saigaisches Land): 651
Saint Denis (Saint Denys): Stadt – 302A
Sajanskaja step' (Sayanische Steppe): 285, 294A
Sajanskoj chrebet (Sajangebirge; Sajanisches Gebirge): 465A, 614, 641, 650, 651
Sajanskoj ostrog: 650
Salzburg (Salisburgum): Stadt – 585, 588A
Šamanskoj kamen') (Schamanenstein) (1): s. Ajechu-tscholon (1)

Šamanskoj kamen' (Schamanskoi Kamen) (2): s. Ajechu-tscholon (2)
Šamanskoj kamen' (Schamansky Kamen) (3): Schamanenstein am Ausfluß des Flusses *Angara* aus dem See *Bajkal* – 231A
Šamanskoj kamen' (Schamanen-Felsen; Schamanskoi Kamen) (4): bei *Tunkinskoj ostrog* – 232A
Šamanskoj kamen' (Schamanenstein) (5): s. Adsjarai
Samarkand: Stadt – 43A
Samarovskoj jam: Ort – XIII
Sameandna (Sameladde): s. Lappland
Samojedia (Samojedien): Landschaft – LXX
Sankt Laurent: s. Madagaskar
Sankt Petersburg (*Leningrad*; Petropolis; Saint-Pétersbourg): Stadt – II, IV, V, IX, XIII–XXIII, XXVI, XXVIII, XXXII, XXXIV, XL–XLIV, XLVI–XLVIII, L–LX, LXII–LXIX, 9A, 10A, 20A, 27A, 142, 233A, 265A, 392A, 399A, 414A, 472A
Saratov (Saratow): Stadt – 14, 21A
Saschiwerskoi Ostrog: s. *Zašiverskoj ostrog*
Savannah: Stadt – 601A
Scharamurin (Gelber Fluß; Schara-Murin): Fluß – 632
Schelesenka: s. *Železenka*
Schelesenskaia: s. *Železenskaja krepost'*
Schigan (Schigani): s. *Žigany*
Schingal: s. *Šingal*
Schlesien: 252A

Schleswig (Schleßwig): Stadt – LIX, 590A
Schwarzes Meer (Zwarte Zee): LXX
Schweden (Rodslagen; Schwedisches Reich): 17, 47, 129A, 588A, 589A, 630
Schweidnitzer Tor: in Breslau – 302A
Schweiz (Schweitz): LIII, 600A
Scythien (Scythie; Scythische Lande): XII, 50A
Sega (Seja): s. *Zeja*
Šelagina: s. *Kurejskaja*
Selenga: Fluß – 220A, 405, 615
Selenginsk: Stadt – 59, 90A, 201, 212A, 385, 528, 620
Selenginsk: s. Gebiet von *Selenginsk*
Selsovia: 587A
Serednee Viljujskoe zimov'e (Seredne Wiluiskoe; *Serednoe Viljujskoe zimov'e*; Serednoe Wiluiskoe Simowie; *Serednoviljujskoe zimov'e*): 382, 394A, 405, 414A
Serednej Kolymskoj ostrog: 504A
Sétif (Seteef; Setif): Stadt – 606A
Sibir': Tatarenreich – 50A, 495A
Sibirien (Ostsibirien; Siberia; Siberien; Sibiria): II, V, IX, XI–XV, XVII, XVIII, XX, XXI, XXIII–XXVII, XLI, XLII, XLV–XLVIII, LI, LII, LIV–LVIII, LXI, LXII, LXVI, LXVII, LXX, 5–7, 8A, 9A, 10A, 13, 14, 16, 18, 19, 20A, 46, 47, 50A, 51A, 59, 64A, 84, 89, 119A, 123A, 125A, 126A, 127A, 128A, 130A, 140–142, 143A, 144A, 147, 153, 156,

165, 168, 179A, 180A, 181A,
186A, 189A, 193A, 195, 200–
202, 204, 206, 210A, 211A,
212A, 213A, 233A, 253A, 255A,
260, 262, 265A, 266A, 268A,
278, 283A, 287–289, 295A, 304,
307, 311A, 316A, 317, 318,
318A, 321A, 322, 324, 325, 334,
339, 350, 352, 354–356, 358,
362A, 363A, 364A, 365A, 367A,
370A, 373A, 379, 383, 385,
393A, 394A, 395A, 397A, 401A,
405, 414A, 415A, 416A, 418A,
419A, 421, 424–426, 431, 445,
448, 452, 465A, 467A, 469A,
476, 482, 483A, 484A, 488, 489,
495A, 497A, 503A, 504A, 506,
508, 528, 543, 558A, 566, 576,
610, 611, 613, 615, 620, 622–
624, 626, 627, 632, 636, 638,
640, 644, 645, 649, 652–654, 656

Sigva (Sigwa): Fluß – 307, 313A

Siktak (*Siktakcija zimov'ja*): 287

Šilka (Schilka): Fluß – 615

Sina: s. China

Sinbirsk (*Simbirsk*): Stadt – 15, 23A

Šingal (Schingal): Fluß – 615

Sirianien (Siriania; *Zyrjany*): Landschaft; Wohngebiet der Syrjänen – LII, 8A

Sojus Sovetskich Socialističeskich Respublik: s. Sowjetunion

Solikamsk (Solkamska): Stadt – XIII, 16, 25A, 474A

Solikamsk, Provinz: 620

Sol'vyčegodsk (Solwytschegodzka): Stadt – 16, 25A

Soongorey: s. Dsungarei

Soongorische Wüste: 632

Sos'va (Soswa): Fluß – 307, 313A

Sowjetunion (*Sojus Sovetskich Socialističeskich Respublik*; Union der Sozialistischen Sowjetrepubliken): XXXVI, XLVIII, LX, 26A, 211A

Spanien: 136A

Staroe Inbackoe zimov'e: 467A

Stiller Ozean: s. Ostmeer

Stockholm: Stadt – LXVIII, 9A, 56A

Stuttgart: Stadt – LII, LXIX

Suchona: Fluß – 25A

Succuir: s. Issedon

Südmeer (Mer du Sud): 599A

Sura: Fluß – 10A, 15, 23A

Surgut: Fluß – 635

Surgut: Stadt – XX, XXIV, 10A, 318, 318A, 635

Surgut: s. Gebiet von *Surgut*

Svijaga: Fluß – 10A, 23A

Sym: Fluß – 118A, 119A

Syrien (Syrie): LXVI

Syrthis Magna: s. Große Syrte

Szeged: Stadt – L

Taiwan (Tayowan): Insel: L

Tajmyr: Halbinsel – 640

Tamgay: Stadt – 51A

Tanais: s. *Don*

Tanbov (*Tambov*; Tanbow): Stadt – 23A

Tangut: s. Tibet

Tara: Stadt – XXIV, 64A, 93A, 94A, 143A, 145, 155, 235, 285, 288, 296A, 613, 651

Taseeva: Fluß – 611, 642

Tata (Tatta): Fluß – 287, 359

Tatarien (Noord Tartarye; Oost Tartarye; Tartarei; Tartarie; Tartarie Occidentale; Tartarie Orien-

tale; Tartarien; Tartarye; Tatarei; Tataria): XI, XIV, L, LIX, LXI, LXIII, LXX, 23A, 43A, 294A, 615, 644
Tatarskaja sloboda (Tatarische Slobode): Teil von *Tobol'sk* – 522, 555A
Tayowan: s. Taiwan
Tazovskaja guba (*Tasovskaja guba*; Tassischer Meerbusen): 257, 264A
Teleckoe (Altan; *Altyn*; Telezkoi): See – 465A
Telenbinskoj ostrog (*Telenbinsk*; *Telembinsk*): 143A, 146, 286
Telengud (*Telengut*): See – 651
Tés (Tess): Fluß – 465A
Teutschland: s. Deutschland
Theodosii Saymka: s. *Fedoseeva*
Thrakien (Thrace; Thracia): 509, 551A
Tibet (Begedu; Tangut; Tebet; Tebudun; Többet; Tybbet; Tybet): L, LIX, LXX, 41A, 196, 208A, 209A, 505A, 528, 529, 623, 629, 632, 648
Tienschan: Gebirge – 624
Tigil': Fluß – 347A
Tingoesia (Tungusien): Landschaft (Wohngebiet der Tungusen) – LXX
Tirol: Landschaft – 150
Tjumen' (Tümen; Tumeen; Tumen; Tumèn): Stadt – XVI, XXIV, 145, 155, 177A, 183A, 235, 251A, 285, 294A, 521, 525, 555A, 556A, 577, 584A, 613, 652
Tjumen': s. Gebiet von *Tjumen'*

Tobol: Fluß – 50A, 128A, 495A, 649
Tobol'sk (Tobolsk; Tobolski): Stadt – XII, XIII, XVI, XX, XXIV, XXVIII, XLVI, LII, 10A, 27A, 93A, 94A, 96A, 97A, 98A, 99A, 100A, 101A, 102A, 103A, 105A, 119A, 120A, 131A, 132A, 142, 143A, 145, 148, 155, 177A, 178A, 183A, 187A, 190A, 200, 212A, 235, 251A, 285, 288, 294A, 296A, 297A, 299A, 300A, 315A, 374A, 375A, 466A, 470A, 488, 495A, 521, 522, 525, 555A, 556A, 577, 584A, 613, 620, 652
Tobol'sk, Provinz (Tobolskische Provinz): 322, 614, 620, 628
Tobol'sk: s. Gebiet von *Tobol'sk*
Tolstoj nos (Tolstoi Nos): 287, 296A
Tom' (Tom): Fluß – 46, 50A, 282, 283A, 285, 294A, 357, 373A, 404, 414A, 560A, 580A, 650– 652
Tomsk: Stadt – XVI, 49A, 62A, 64A, 68–71, 93A, 94A, 101A, 102A, 103A, 105A, 119A, 120A, 121A, 128A, 129A, 131A, 132A, 186A, 187A, 190A, 285, 286, 297A, 298A, 299A, 300A, 315A, 374A, 375A, 466A, 468A, 549A, 555A, 577, 613, 651, 652
Tomsk: s. Gebiet von *Tomsk*
Tongarei: s. Dsungarei
Torom(*-jugan*): Fluß – 307
Trans*bajkal*gebiet: 65A, 127A, 396A, 398A, 557A, 632, 654
Tscharüsch: s. *Čaryš*
Tscherdin s. *Čerdyn'*
Tscherkask: s. *Čerkask*

Tscherkassien (Cirkassia): Landschaft – LXX
Tschuktschenhalbinsel: s. *Čukotka*
Tschulim: s. *Čulym*
Tuba: Fluß – 650, 652
Tübingen: Stadt – XLIII, 590A
Türkei (Türkey): L
Tulun (*Tulunskaja*): Dorf – 480, 486A
Tulva: Fluß – 20A
Tumana: Fluß – 347A
Tumen (Tumeen): s. *Tjumen'*
Tunguska (Tungusca): Fluß – 397A, 479, 480, 486A, 642
Tunis: Stadt – LXVI
Tunkinskoj ostrog (*Tunkinsk*; Tunkinskoi Ostrog): 225, 232A, 320, 321A, 651
Turinsk: Stadt – XVI
Turkestan (Turquestan): Landschaft – LXI, LXX
Turuchansk (Truchamskoy): Stadt – 51A, 82, 152, 184A, 188A, 206, 250, 251, 277A, 287, 329, 345A, 366A, 371A, 640
Turuchansk: s. Gebiet von Turuchansk
Tuturskaja sloboda (Tutura; Tuturska Sloboda): 225, 232A
Twerien (Tweerien): Gegend um Tver', (ehemals) Fürstentum – 8A
Tym: Fluß – 111A
Ubsa: See – 465A
Ubusa (Ubussa): Fluß – 225, 232A
Ud' (Ud): Fluß zum *Ochock*ischen Meer – 360, 376A
Udinskoj ostrog (1) (*Udinsk*; Udinskoi ostrog; *Verchneudinsk*): Stadt – 288, 296A, 519, 554A

Udinskoj ostrog (2) (*Nižneudinsk*; *Udinsk*; Udinskoi Ostrog): 227, 233A, 282, 283A, 285
Udskoj ostrog (Udskoi Ostrog): 116A, 117A, 312A, 346A, 360, 376A
Ufa (Ufaische Provinz; Uffa): Stadt – 14, 20A
Ungarn: LIII, 600A
Union der Sozialistischen Sowjetrepubliken: s. Sowjetunion
Ural (Uralisches Gebürge): Gebirge – XIII, XVI, XVIII, 14, 20A, 26A, 191A, 495A, 612, 623, 634
Urga: Ort – 497A
Usbekistan (Usbek): Landschaft – LXX
Usolka: Fluß – 611
Ussuri: Fluß – 178A
Ust Aldan: s. *Aldan*
Ust'-Ilga (Ust Ilga, *Ust'ilginskaja*, *Ust'-Ilginskaja sloboda*; *Ust'-Ilginskoj ostrog*): Dorf, *sloboda* – 287, 296A
Ust'jansk (Ust Jana; *Ust'janskoe zimov'e*): 341A, 358, 374A, 383, 394A
Ustjug: s. *Velikij Ustjug*
Ust'kutsk (Ustkut; *Ust'kutskoj ostrog*): 175, 193A, 354, 364A
Ust'-Viljujsk (*Ust'viljujsk*; *Ust'-Viljujskoe zimov'e*; *Ust'viljujskoe zimov'e*; Ust-Wilui): 336, 345A
Utrecht: Stadt – XLV
Velikij Ustjug (Great Ustiga; Groot Ustiga; Groß Ustiga; *Ustjug*): Stadt – LII, 8A, 25A

Verchnaja Angara (Werchna Angara): Fluß – 199, 204, 211A, 213A, 427, 461A
Verchnej Kolymskoj ostrog: 504A
Verchnoviljujskoe zimov'e (*Verchoviljujsk*; *Verchoviljujskoe zimov'e*; Werchno Wiluiskoe Simowie; Werchowilui; Werchowiluiskoe Simowie): 286, 287, 295A, 296A, 382, 394A
Verchojansk (Wercho Jansk; Werchojansk): 257, 264A, 287, 296A, 353, 357, 364A, 373A, 374A, 653
Vercholensk (*Vercholenskoj ostrog*; Wercholensk; Wercholenskoi ostrog): 199, 203, 211A, 212A, 225, 232A, 443, 468A, 529, 557A, 613
Vercholensk, Distrikt (Wercholenskischer District): 331, 343A
Vercholensk: s. Gebiet von *Vercholensk*
Verchotur'e: Stadt – XVI
Verchoviljujskoe zimov'e: s. *Verchnoviljujskoe zimov'e*
Verona: Stadt – LIV
Viljuj (Wilui): Fluß – 286, 287, 295A, 296A, 324, 326, 340A, 341A, 382, 394A, 404, 405, 414A, 478, 485A
Viljujsk: Ort – 371A
Visfeldtzholm: 587A
Vitim (Witim): Fluß – 44, 48A, 206, 214A, 486A, 615
Vitimsk (*Vitimskaja sloboda*; Witimsk; Witimska Sloboda): 287, 296A, 480, 486A
Vitimsk: s. Gebiet von *Vitimsk*

Vjatka (Wiatka): Fluß – 15, 16, 23A, 127A
Vjatsk, Provinz: 620
Vogulka: Fluß – 634
Volga (Wolga): Fluß – 5, 10A, 14–16, 20A, 21A, 22A, 23A, 56A, 62A, 119A, 128A, 129A, 189A, 253A, 267A, 348A, 394A, 398A, 416A, 483A, 623, 649, 651
Vologda (Wologda): Gouvernement, Stadt – 617
Vorochova sloboda (Worochowa): s. *Dubčeskaja sloboda*
Vorovskaja (Worouskaia): Fluß – 347A, 376A
Vyčegda (Wytschegda): Fluß – 16, 25A
Ware: Stadt – LXX
Weichsel: Fluß – 49A, 182A
Weimar: Stadt – LII
Weißes Meer (Weisses Meer): 26A
Werchna Angara: s. *Verchnaja Angara*
Werchojansk: s. *Verchojansk*
Wercholensk: s. *Vercholensk*
Werchowiluiskoe Simowie (Werchno Wiluiskoe Simowie; Werchowilui): s. *Verchnoviljujskoe zimov'e*
Wesel: Stadt – 8A
Westfalen: Landschaft, Herzogtum – XIII
West-Indien (West Indien; Westindien): 594, 595, 599A
Wiatka: s. *Vjatka*
Wien: Stadt – LII
Wiesbaden: Stadt – XLV, XLIX, LXI
Wilui: s. *Viljuj*
Wismar: Stadt – XLV

Witim: s. *Vitim*
Wittenberg (Vitemberga): Stadt – LXIX, 589A
Wolfenbüttel: Stadt – II
Wolga: s. *Volga*
Wologda: s. *Vologda*
Worochowa: s. *Vorochova sloboda*
Worouskaia: s. *Vorovskaja*
Voronež: Stadt – 20
Voronež, Gouvernement: 20A
Yugurestan: Landschaft – LXI
Zapleskina: Fluß – 232A
Zašiverskoj ostrog (Saschiwerskoi Ostrog): 287, 296A
Zeja (Sega; Seja): Fluß – 198, 211A, 324, 340A, 425, 459A, 615

Železenka (Schelesenka; Schelesinka): Fluß – 478, 484A
Železenskaja krepost' (Festung Schelesenskaia; Schelesinskaja Krepost): 478, 484A
Žigany (Schigan; Schigani; *Žiganskoe zimov'e*): 157, 184A, 287, 296A, 317, 318A, 336, 341A, 345A, 381–383, 393A, 394A, 395A, 417A, 478, 479, 484A, 485A
Znamenskij monastyr' (Snamenskisches Kloster): Kloster in *Tobol'sk* – 555A
Zürich: Stadt – XLIX

SACHREGISTER

Aal: 485A
Aberglauben: XLI, 4, 6, 82, 87, 223, 225, 272, 441, 443, 527, 560A, 565, 580A, 586, 587, 589A, 591A, 596, 602A
Abführmittel: 126A
Abgabe (Contribution; *jasak*; Steuer; Tribut): XVII, 37A, 40A, 47, 59–61, 64A, 90A, 106A, 143A, 197, 199, 202–205, 211A, 213A, 215, 217, 218, 221A, 232A, 278, 279, 304, 323, 324, 384, 465A, 486A, 490, 497A, 504A, 550A, 555A, 558A, 622, 639, 640, 645, 656
Abinzen: s. Völker, Tataren
Abortus: 351, 352, 363A
abyz (Abiss; *abys*): 521, 524, 554A, 610
Accipiter: 364A
Acetosa: 365A, 418A
achun: 521, 524, 554A, 555A, 610
Acipenser: 119A, 647
Ackerbau (Acker; Ackerbauer; Landwirtschaft): VII, 10A, 21A, 22A, 23A, 52A, 128A, 282, 283, 284A, 379, 469A, 502, 577, 585, 587A, 613, 615, 649
Ackernuß: 361A
Aconitum: 123A
Acorus: 126A, 368A, 370A
Adjunkt: XIII, XVI, XIX, 6, 7
Adler: 40A, 74, 80, 106A, 118A, 191A, 350–352, 354, 358, 361A, 363A, 354A, 375A, 415A, 433, 434, 469A, 610

Adoption (adoptio): 35, 41A, 579
adur (Adera): 479, 480, 485A
Aegeroceros: 459A
Aegoceros: 187A, 458A
Ägypter: s. Völker
Aequinoctium: 71, 99A
Äsche: 393A, 652
Affe: 68, 92A, 94A, 95A, 103A
Agaricus albus: 126A
Agaricus betulinus: 124A
Agaricus officinalis: 126A
Agnus scythicus: 294A, 295A
Ahle: 432, 463A
Ainu (*ajnu*): s. Völker
ajmak (Aimak): 64A, 619, 639
ajran (Airan; Airen): 400A
Akademie der Wissenschaften: s. Kanzleien, Institutionen und Behörden
alak (Mz. *alaki*; *alik*; *aljak*; *alok*; *alyk*): 328, 329, 342A
Alaun: 128A, 188A, 189A, 274A, 367A, 415A, 418A, 612, 639
Algerier: s. Völker
Alkohol (Alcohol): 181A
Allium: 367A, 368A
alman (*alban*): 64A
Alnus: 189A, 415A
Altaier (*altajcy*): s. Völker
Altaisch: s. Sprache
amanat (Amanaten; Mz. *amanaty*): 170, 203–205, 213A, 427, 490, 578, 610
Amazone: 593, 594, 599A
Amerikaner: s. Völker
Ammoniter. s. Völker
Ampfer: 189A, 366A, 418A
Anas: 193A, 364A, 463A, 464A, 582A, 618
Anchovis (Anschovis): 41A

Andromeda: Botanik – 126A
Angel (Angelhaken; Angelleine; Angeln; Setzangel; Schleppangel): 80, 119A, 480–482, 483A, 484A, 487A
Angelica (Angelik): 36, 42A
Anker: 56A, 346A, 484A
Anser: 469A, 618
Anserina: 371A
Antilope: 467A, 468A
Antimon (Antimonium; Antimonsulfür): 150, 180A, 181A
Apis bombinatrix: 111A
Apotheke: 123A
Aquarius: 101A
Aquila: 361A, 375A, 610
Araber: s. Völker
Aramäer (Aramaei): s. Völker
arc (*arč*; *arca*; Artsch; Artsh): 129A, 130A, 400A, 401A
Arche: 96A, 97A
Archiv: II, V, XV, XVIII, XX–XXV, XXVII–XXIX, XXXII, XXXIV, XXXVI, XLI, XLII, XLV, LI, LII, LVIII, 7A, 34, 37A, 40A, 62A, 116A, 117A, 136A, 183A, 191A, 192A, 193A, 211A, 213A, 220A, 233A, 265A, 267A, 311A, 312A, 315A, 325, 346A, 347A, 364A, 365A, 371A, 393A, 394A, 399A, 400A, 462A, 465A, 472A, 473A, 550A, 552A, 558A, 581A, 583A
Arctomys: 363A, 364A
argali: 422, 458A, 459A
Argilla: 630
Aries: 99A
Arinzen: s. Völker
Arinzisch: s. Sprache
arkan (Arcan): 45, 49A, 388, 398A

Arktos: 101A
Arquebuse: 132A, 232A, 458A
ars (*arsa*): 129A, 401A, 419A
Arsenik (Arsen): 178A, 179A, 374A
Artemisia (Artemisie): 84, 86, 123A, 127A, 560A, 580A, 581A, 632, 633
Arundo: 274A
Arzt (Medicus; Roßarzt; Vieharzt; Wundartzt): XII, 47, 52A, 81–83, 121A, 122A, 178A, 181A, 295A, 473A, 644, 648
Arzneimittel (Hausmittel; Heilmittel; Medicament; Medizin; Remedium; Volksheilmittel): 35, 36, 41A, 52A, 81, 83, 85, 86, 88, 121A, 126A, 127A, 128A, 129A, 130A, 131A, 178A, 188A, 210A, 371A, 394A, 552A, 580A, 612, 632
Aserbaidschaner (Aserbaidshaner): s. Völker
Asperula: 417A, 418A
Aspidium Baromez: 294A, 295A
Assanen: s. Völker
assanisch: s. Sprache
Astrologie (Astrologe): 81, 121A, 606A, 607A
Ataman: 50A, 61A, 62A, 495A
Athener: s. Völker
Atscharen: s. Völker
Attagen: 469A
Auerhahn (Auer-Waldhuhn; Großes Waldhuhn; Orhun; Vrhan): 111A, 433, 434, 453, 463A, 464A
Augenkrankheit: 85, 131A
Auripigment: 149, 178A, 179A

Ausnähen (ausnehen): 32, 88, 149, 179A, 185A
Axungia castorei: 129A
babr: 91A, 466A
baduj (Baddui; Badui; *badun*): 355, 358, 365A, 366A, 371A, 374A
Bäder, warme: 88, 561, 580A
Bär (Bäär; Bahr; Beer; Eisbär; Meerbär; Weisser Bär): 40A, 83, 85, 86, 113A, 123A, 204, 212A, 223–225, 227–229, 231A, 233A, 244, 318, 319A, 330, 331, 352, 354, 363A, 433, 437–439, 444, 460A, 466A, 468A, 472A, 473A, 492, 507, 611, 636, 638, 642
Bärenklau: LXVIII, 367A, 373A
Bärenlauch: 367A
Bärlapp (Bärlappmoos): 295A
bagul'nik (Bagulnik): 86, 125A, 126A
bajberek: 556A
bajdara (Baidaren; Mz. *bajdary*): 339, 347A
Bakun: 268A, 401A
Balaena: 376A
balagan (Mz. *balagany*): 253A, 622
Banane: 256A
Barabinzen: s. Völker, Tataren
Barabinzisch: s. Sprache
baran (*dikij baran*; Dikoi Baran; *gornyj baran*; Kamennoi Baran; *kamennyj baran*): 295A, 458A, 459A
barda: 377, 392A
baromec (*baranec*; Baromez; Boramez; Boranits; Boronietz): 286, 294A, 295A

Barsch (Bersch): 377, 382, 392A, 419A, 484A
barsuk (Mz. *barsuki*): 353, 364A
Bart (Spitzbart; Stutzbart): 31, 32, 38A, 141, 143A, 146, 148, 167, 171, 177A, 178A, 192A, 410, 415A, 559A
Baschkiren: s. Völker
Baschkirisch: s. Sprache
bašlyk (Mz. *bašlyki*): 61A
Bast: 41A, 116A, 191A, 265A, 274A, 358, 361A, 375A, 388, 398A, 415A, 420A, 459A, 470A, 477–479, 483A, 485A, 552A, 617, 620
bat (Mz. *baty*): s. Boot
Batenie: 368A
batog (Badoggen; Mz. *batogi*): 198, 211A, 215, 220A
Bauer (Bauernhof): 221A, 232A, 318A, 319A, 464A, 465A, 486A, 497A, 555A
Baumöl: 397A
Baumrinde (Birkenrinde; Rinde): 33, 35, 75, 82–85, 87, 186A, 189A, 223, 231A, 235, 236, 238–242, 246, 251, 253A, 254A, 260–262, 265A, 266A, 267A, 269A, 331, 337, 338, 343A, 345A, 346A, 350, 358, 359, 367A, 371A, 375A, 379, 382–384, 388–390, 392A, 394A, 396A, 398A, 399A, 408, 411, 414A, 415A, 416A, 418A, 419A, 422, 433, 435, 442, 478, 483A, 486A, 507, 512, 553A, 566, 581A, 612, 617, 629, 656, 657
Baumwolle: 156, 632
bečevoj (*bičevoj*): 133, 135A
Beduinen (Begouins): 258, 264A

Beeré: 79, 116A, 125A, 355, 366A, 367A, 416A, 454, 470A, 471A
Befehl: s. *ukaz*
Begräbnis (Beerdigung): XVII, 8A, 35, 36, 554A
Behemoth: 265A
Beifuß (Beyfuet; Beyfuß): 123A, 560A, 580A
Beil: 33, 178A, 219, 227, 260, 261, 272, 331, 381, 393A, 404, 405, 439
Beinkleider: s. Hose
beljak: 558A
belka (Mz. *belki*; Bjelka): 616
belorybica (Biela Rybiza; Bjelaja Rybiza): 119A, 394A, 177, 483A
Beltirisch: s. Sprache
beluga (Mz. *belugi*; Bieluga; Bjelugi): 307, 313A, 351, 360, 363A
Berber: s. Völker
Berberis (Barbaris; Berberize): 366A
bereza: 611
Berghuhn: 114A
Bergwerk (Bergbau): XVI, LIV, 324, 469A, 615
berloga (Mz. *berlogi*): 438, 466A
bess (Beß): 350, 361A
Betel: 370A
Bett: 32, 530, 538
Betula: 189A, 415A, 416A, 611
Betula Alnus: 189A
bezčestie (*besčestie*; *beščestie*): 215–219, 220A
Biarmen (Besarmier): s. Völker, Permjaken u. Syränen
Biber (Bibergeil; Bibermilch; Bieber; Seebieber): 128A, 129A, 156, 159, 161, 170, 184A, 185A, 204, 307, 313A, 352, 367A, 426, 455, 457, 458, 460A, 472A, 475A, 559A, 611, 643
Bibernell (Biebernell): 372A
Biene: 20A, 49A
Bier: 125A, 416A
Binse: 124A
Birjussen: s. Völker, Tataren
Birke (Bircke; Birkenbaum; Birkensaft; Birkensafft; Birkenteer; Maye): 33, 82–85, 87, 88, 124A, 191A, 223, 228, 231A, 235, 236, 238–242, 246, 251, 253A, 254A, 257, 259, 261, 262, 265A, 266A, 267A, 269A, 327, 330, 331, 337, 338, 343A, 346A, 350, 359, 386, 388, 389, 392A, 399A, 408, 411, 414A, 415A, 418A, 422–424, 430, 435, 442, 455, 467A, 470A, 473A, 478, 486A, 507, 512, 553A, 561, 566, 581A, 611, 612, 656
Birkenschwamm (Birkenknorz; Birkenlöcherschwamm): 84, 85, 88, 124A
Birkenteer: 186A, 612
Birkhuhn (Birkhahn; Birk-Waldhuhn): 77, 111A, 434, 453, 454, 464A, 470A
Bisamthier: 467A
Bischof (Episcopus; Erz-Bischoff; Bischoff): 127A, 150, 180A, 293, 301A, 302A, 557A
Biser: 626
Bistorta: 356, 357, 369A, 370A, 371A, 372A
Bjeloi Teter: 469A
Bläuling: 394A
Blattern: s. Pocken
Blaubeere: 366A

Blei (Bley): 179A, 181A, 421, 422
blesna (*bleznja*): 482, 487A
Blitz: 38A, 99A
Blut: 39A, 83, 122A, 123A, 196, 205, 207A, 222–225, 229A, 230A, 234A, 264A, 289, 295A, 351, 376A, 378, 379, 396A, 402, 504A, 557A, 581A, 586, 590A, 593, 597, 599A, 604A, 605A, 657
Blutkraut: 372A
bobr (Mz. *bobry*): 475A, 611
Böhmen: s. Völker
boevka (Mz. *boevki*; Boijowki; Bojewki): 425, 426, 431–433, 435, 460A, 463A, 465A
Bogen (Bogenschütze; Samostrelnie Bogen): 22A, 34, 40A, 72, 89, 101A, 132A, 169, 206, 218, 219, 331, 405, 421–425, 433, 434, 436, 437, 441, 443, 445, 448, 449, 452, 453, 456, 459A, 461A, 464A, 465A, 466A, 471A, 474A, 475A, 490, 491, 500–503, 504A, 505A, 518, 577, 578, 628, 633, 642
bogorodskaja trava: 560A, 580A
Bohne: 129A
Boletus: 124A, 126A, 418A, 657
Bolgaren (Bulgaren): s. Völker
bol'šoj dever' (Bolschoi Dewer): 537, 559A
bol'šoj orel: 361A
bolvan (Mz. *bolvany*; Bolwan): 450, 469A
Boot (*bat*; Bati; Mz. *baty*; Both; Kahn; Kanuten; Lastschiff; *lodka*; Mz. *lodki*; Lotgen; Lotka; Lottgen; Nachen; Schiff): 33, 41A, 45, 56A, 121A, 178A, 219, 267A, 323, 335–339, 340A, 345A, 346A, 347A, 348A, 395A, 411, 446, 459A, 468A, 478, 480, 482, 484A, 486A, 496A, 504A, 611, 630, 655
bor: 617, 618
boršč (Borsch; Borschtsch): 356, 357, 367A, 373A
boška: 63A
Botanik (Botanic; Botaniker): X, XIII, LXVII, 87
Branntwein (Brandtwein; Milchbrantewein): 33, 39A, 78, 261, 266A, 267A, 373A, 377, 388, 389, 391, 391A, 392A, 397A, 398A, 399A, 400A, 401A, 419A, 507, 525, 529, 530
Brasilianer: s. Völker
Brautschatz: 507, 508, 510, 517, 525, 530, 537, 545, 576, 612
Brecharzney: 126A, 474A
Brechnuß: 474A
Brokat: 182A
Brombeere: 366A
Brot (Brod; Brodt; Nothbrod): 33, 39A, 42A, 129A, 131A, 169, 226, 264A, 266A, 283A, 312A, 350, 358, 379, 416A, 600A, 601A, 617
brov' (*brovi*; Browi): 163
Brunnenkraut: 312A
brusnica (*brusnika*; Brusniza; Brussniza): 85, 124A, 355, 366A, 454, 471A
Brustlappen (Brusttuch): 153, 154, 171–173, 176, 183A, 191A
buben (Bubben): s. Trommel
Bucharen: s. Völker
Bucharisch: s. Sprache
Buchbinder: 179A

Buche (Büchen): 124A, 657
Buchhalter (Schiffsbuchhalter): 121A
Buchweizen (Buchweitzen): 263, 269A, 283, 283A, 284A
Buddhismus (Buddhist): 629, 644
Burjaten: s. Völker
Burjatisch: s. Sprache
burunduk: 73, 77, 78, 80, 105A, 111A, 119A
Butomus: 371A, 372A
Butter: 33, 225, 246, 261, 265A, 307, 374A, 377, 379, 385, 389–391, 391A, 392A, 396A, 399A, 400A, 402, 403, 407, 414A, 473A, 529–531
byta: 371A
čabrec: 560A, 580A
čaga (*berezovaja gubka*; Mz. *čagi*; Tschagi): 84, 85, 88, 124A
čajka (Mz. *čajki*; *morskaja čajka*; Tschaiki): 350–352, 361A, 363A
čaldar (Tschaldar): 523, 555A, 556A
Calmus (Calamus): 86, 356, 370A
Caltha: 125A
Camassi: s. *kamasy*
Camin: s. Kamin
Cancer: 100A
Canis: 618, 636, 656
Cannabis: 620
Capra: 187A, 459A, 638
Caprea: 187A
Capreolus (Chevreuil): 638
Capricornus: 101A
Carex: 653
čarki (*čerki*; Scherki): 176, 193A, 409, 416A
Carpey: 84, 87, 123A

carskoj skipetr (Zarskoi Skipetr): 128A
Castor: 129A, 460A, 611
Castoreum: 129A
Castricom: Schiffsname – 178A
Cataier: s. Völker, Chinesen
Ceder (Ceder-Fichte; Ceder-Nuß; Sibirische Ceder): 335, 345A, 386, 397A, 441, 467A
Centaurea: 128A
Cerasus (Cerisier): 347A, 485A, 552A
čeremcha (*čeremucha*; Tscherömcha; Tscheromcha): 338, 347A, 479, 485A, 512, 552A
čeremša (Tscheremscha): 355–357, 367A, 373A
čerenkovoj reven' (Tscherenkowoi Rewen): 188A
čerkan (Mz. *čerkany*; Tschirkan): 454–457, 471A, 472A
černogolovnik (*černogolovka*; Tscherno Golowka): 371A, 372A
černoj tal'nik (*černotal'*; Tschernotal): 484A, 485A
Cervus (Cerva): 115A, 313A, 315A, 467A, 616, 621, 638
Chagrin: 556A
Chakassen: s. Völker, Tataren
Chakassisch: s. Sprache
cham: 523, 555A
Chamaerrhododendros: 126A
Chan: s. Khan
Chantaikisch: s. Sprachen, samojedische
Chantisch: s. Sprache, ostjakische
charius (Mz. *chariusy*): 117A
Chinesen: s. Völker
Chinin (China): 394A
Chiromantie: 36, 43A

chorej (Goré): 330, 342A
chorek (Chiurka; *chor*; Choriók; *chorka*; Mz. *chor'ki*; *choriok*; Gorki): 351, 352, 354, 362A
Christen (Christenthum; Christianisierung): 120A, 153, 301A, 513, 514, 571, 587, 599, 606A, 607A, 634, 640, 648
Cibotium: 295A
čilibucha (*celibucha*; Tschilibucha; Zilibucha; Zilubucha): 456, 474A
Cimbrer: s. Völker
čina: 350, 361A
čir (Mz. *čiry*; Tschira; Tschiri): 381, 382, 477, 652
Cirsium: 86, 127A, 130A, 269A
Cladonia: 313A
Clanga: 375A
Colla piscium: 125A, 417A
Collyrium: 181A
Colymbus: 618
Conops: 269A
Contaischa (Chontaischa; Chuntaidshi; *chuntajdži*; Kontaischa; *kontajša*): LXVIII, 21A, 208A, 220A, 341A
Contract: s. Vertrag
Contribution: s. Abgabe
Coralle: s. Koralle
Coregonus: 393A, 394A
Cornix: 104A, 105A, 360A
čornoj vap (*černoj vap*; Tschornoi Wap): 409, 410, 416A, 417A
Cornus: 416A
Corvus: 105A, 360A, 616, 637, 638
Cos (Cosse): s. Kosa
Cottus: 363A
Covent: 416A
Creta: 416A

čual (Mz. *čualy*): 251A
Cuculus: 111A, 375A
čugun (Tschugun): 258, 264A, 384, 388, 396A, 398A, 530, 557A
čulan (Schulan; *šulan*): 244, 246, 254A
Culex: 111A
čum (Mz. *čumy*; Tschumi): 241, 248, 249, 253A, 254A, 255A
čuman (Mz. *čumany*; Tschuman): 225, 231A, 261, 262, 267A
Cussitaw: 595, 601A
Cyclus duodenarius (Cyclus sexagenarius): s. Tierkreis
Cygnus: 193A, 364A, 464A
Cyprinus carassius: 108A, 394A, 483A, 582A
Cyprinus idus: 392A
Cyprinus leuciscus: 394A
Cyprinus perenurus: 483A
dacha: 170
Dachs (Dachs-Bär): 364A
Dalai-Lama: 63A, 86, 127A, 208A, 341A, 497A, 557A, 629
Dalailamische Religion: s. Lama
Damast: 156, 157, 161, 168, 278, 497A, 522, 523, 615
Dattelpalme: 295A
Dauren: s. Völker
Degen: 40A, 223, 226, 228, 234A, 302A, 466A, 504A, 505A
Delphinus leucas (Delphin): 313A, 363A
Dens canis: 357, 361A, 373A
desjatnik: 63A
Deutsch: s. Sprache
Deutsche: s. Völker
Diarrhoe: 372A, 374A

Diebstahl (Dieb; Diebeshändel):
32, 200, 206, 215, 216, 218,
220A, 276, 277A
dikoj česnok: 368A
dikuša (Dikuscha): 269A, 283A
docha (*dacha*; Mz. *dachi*; Mz.
dochi): 190A, 191A
Dohle (Dahle; Dole; Dolen-
Krähe): 79, 354, 358, 615, 616,
618
Dolmetscher (Dollmetsch): XV,
XVII, 3, 6, 72, 197, 206, 215,
224, 230A, 250, 385, 498A,
499A, 560A
dolotčataja strela (Mz. *dolotčatye
streli*; Dollotschatie; Dolotschatie
Streli): 428, 432, 460A, 503A
domra (Damra; *dombra*; Thumbra): 489, 496A
Donner: 31, 36, 38A, 81, 82, 99A
Donnerkeil: 99A
doroga: 482, 487A
Dorsch: 376A
doščanik (Mz. *doščaniki*;
Doschtschenik): 54, 56A, 262,
267A, 339, 348A, 630
Drache: 43A, 67, 81, 82, 91A,
93A, 103A, 121A, 122A
Dromedar: 320, 624
družka (Druschka; Mz. *družki*):
523, 556A
Dura mater: 82, 122A
duški: 157, 184A
Dutscheri: s. Völker
dvorjanin (Dworjanin): 210A,
233A, 502, 504A
Dysenterie: 372A
dzeren (Dseeren; Dseren; Dsheren): 442, 467A, 468A
Efeu (Epheu): 124A

Ehe (Ehebruch): VIII, 32, 35, 152,
198, 209A, 217, 218, 506–508,
513–515, 517–521, 524, 525,
528, 531, 532, 538–543, 548,
553A, 559A, 561, 564
Ei: 75, 76, 80, 112A, 179A, 361A,
429
Eiche: 124A, 186A, 414A, 657
Eichhorn: 105A, 114A, 117A,
118A, 119A, 156–161, 174,
184A, 352, 433, 453–455, 457,
462A, 470A, 471A, 616
Eid (Eyd; Meineyd): VII, 199, 218,
222–229, 229A, 231A, 234A
Eidechse (Eydexe): 103A
Eimer (Eymer): 101A, 266A, 451
469A
Eisbär: s. Bär
Eisen (Eisenblech; Eisenerz;
Eisenschmeltze; Eysen;
Gußeisen): 34, 40A, 69, 95A,
147, 152, 174, 179A, 180A,
189A, 191A, 192A, 255A, 258,
260, 261, 264A, 292, 304, 341A,
396A, 398A, 404, 405, 407, 408,
412, 414A, 415A, 416A, 425,
426, 429, 438, 439, 460A, 461A,
462A, 479, 485A, 486A, 504A,
557A, 561, 642, 652
Eisenocher: 417A
Eiter (Eyter): 122A, 123A
Eklipse (Eclipsis): 82, 122A
el' (Jel; Jelnik): 617
elec (Mz. *el'cy*; Jelez): 382, 394A
Elen (Elg; Elg-Hirsch; Elend;
Elenn): 56A, 71, 77–79, 86,
111A, 153, 154, 159–161, 165,
169, 174, 184A, 186A, 187A,
240, 241, 247, 248, 253A, 310,
311, 315A, 316A, 332, 334,

343A, 345A, 405, 406, 408, 410, 422, 424, 425, 428, 430, 433, 440, 445, 447, 448, 452, 467A, 484A, 507, 574, 614, 616, 637–639, 642, 647, 655
Elephant (Elefant): 41A, 265A, 497A, 505A
Elfenbein: 181A, 255A, 266A, 496A, 503A
Elster (Alster): 350, 351, 354, 358, 360A
Elster-Baum: 189A, 415A
Elzbeerbaum: 347A, 485A, 552A
Emir: 468A
Empetrum: 366A, 367A
Engel: 97A, 581A, 595, 597, 601A, 604A, 605A
Engelwurz: 42A
Engländer: s. Völker
Englisch: s. Sprache
Ente (Ant; Antvogel; Endte; Ent): 432, 433, 451, 453, 463A, 470A, 572, 582A
Enzian: 125A
Enzisch: s. Sprache, samojedische
Erbse: 166
Erdbeben: 38A
Erdeichel: 361A
Erdnuß (Erdmaus): 358, 362A
Erle (Erlen-Birke): 189A, 408, 415A, 416A
Erlitze: 483A
Ermineum (Ermine): 621
erš (Mz. *erši*; Jersch; Jörsch): 363A
Erythronium: 361A, 373A
esaul: 63A
Esel: 212A, 321A, 493
Esox lucius: 119A, 393A, 483A

Espe (Aespe; Aspen): 124A, 338, 345A, 401A
Essig: 612
Esten (Estländer): s. Völker
Estnisch (Estländisch): s. Sprache
Ethnographie (Ethnologie; Historia gentium; Völkerbeschreibung): III, V, VII, IX, X, XII, XIII, XV, XVII–XXIX, XLII, XLV, XLVII, L, LI, LVIII, LXV, LXIX, LXX, 1, 3–7, 7A, 9A, 10A, 11, 13, 17–19, 19A, 20A, 27A, 29, 31, 37A, 210A, 552A, 593, 651
Etymologie (Etymologe): XII, XLI, XLVII, LXI, LXVIII, 25A, 26A, 200, 211A, 253A, 268A, 414A, 509, 551A
Eule (Eul; Grab-Eule; Kirch-Eule; Nacht-Eule; Ohr-Eule; Schleyer-Eule, Stein-Eule): 350, 361A, 434, 464A
Eunuch: 468A
evraška (Awraschka; Mz. *evraški*; Jewraschka): 353, 364A
Ewenen: s. Völker, Lamuten
Ewenisch: s. Sprache, tungusische
Ewenkisch: s. Sprache, tungusische
Expeditionen:
Arabienexpedition, Deutsch-Dänische – X
an den *Enisej* – LXV
1. *Kamčatka*expedition – XI, XIII, XIV, LIII, 348A
2. *Kamčatka*expedition (Große Nordische Expedition) – V, IX, XI, XIII–XXII, XXIV, XXVI, XXVII, XLII, XLIV, LI, LII,

LVIII, LXVI, LXIX, 9A, 10A,
13, 27A, 136A, 296A
Orenburgische – XVIII
ez (Mz. *ezi*): 392A
Färben (Färberey; Hausfärberey):
34, 128A, 180A, 188A, 189A,
408, 409, 415A, 416A, 417A,
418A, 612, 629
Fagopyrum: 283A
Fahne (Standarte): 41A, 502, 505A
Falco (Barbar-Falk; Falcke; Falke;
Tatarischer Falk): 34, 40A, 354,
361A, 363A, 364A, 365A, 375A,
452, 469A
Falle: 34, 40A, 362A, 453, 454,
456, 470A, 471A, 472A, 473A,
474A
Farn: 295A
Fasten (Fastenmonat): 70, 97A,
98A, 385
Faulbaum: 471A
Feder: 87, 265A, 272, 352, 433,
434, 452, 462A, 605A, 652
Federmoos: 313A
Feige: 595
Feldhuhn: 464A
Feldlilie: 355
Felis: 630
Felis tigris (Felis tygris): 91A,
95A, 466A
Fell: s. Pelz
Felsen: 48A, 225, 226, 231A,
232A, 266A, 283A, 312A, 443,
458A
Festuca: 294A
Fett: 34, 39A, 83, 85, 149, 289,
294A, 305, 352, 359, 363A,
367A, 374A, 375A, 378, 379,
381, 383, 391, 392A, 393A,
394A, 396A, 399A, 402, 406,
412, 424, 456, 466A, 474A, 492,
545, 576
Feuerschwamm: 123A, 124A,
130A, 269A, 657
Feuerzeug (Feuerstein; Feuerstahl): XLVI, 33, 155, 164, 169,
173, 185A, 190A, 191A, 405,
415A, 458A
Fichte (Fichtenrinde; Fichtensaft):
75, 76, 83, 108A, 109A, 123A,
124A, 126A, 254A, 336, 348A,
350, 358, 359, 375A, 379, 384,
390, 468A, 479, 617, 637, 645,
649
Fieber (Wechselfieber): 35, 126A,
130A, 131A, 368A, 394A, 474A,
600A
Filz: 41A, 187A, 188A, 238,
253A, 267A, 294A, 400A, 411,
419A, 618, 656
Fingerhut: 155
Finnen: s. Völker
Finnfisch: 376A
Finnisch: s. Sprache
Fisch (Fischblase; Fischen;
Fischer; Fischerey; Fischfang;
Fischgabel; Fischgalle;
Fischkorb; Fischreuse): VII,
XVII, XLVII, 10A, 22A, 23A,
32–34, 39A, 41A, 72, 74–78, 80,
81, 85, 86, 93A, 101A, 107A,
108A, 119A, 149, 175, 176,
179A, 184A, 212A, 262, 280A,
323, 336, 345A, 350, 352, 359,
360, 366A, 367A, 370A, 374A,
376A, 377–384, 392A, 393A,
394A, 395A, 410–413, 418A,
419A, 440, 445, 457, 470A,
474A, 475A, 476–482, 483A,
484A, 485A, 486A, 487A, 491,

512, 533, 545, 576, 601A, 619,
622, 624, 627, 628, 630, 632,
634, 637, 639, 640, 643, 646,
653, 654, 657
Fischbein: 339, 345A, 347A,
348A, 424, 425, 459A, 501,
503A
Fischleim: s. Leim
Fischotter: s. Otter
Flachs: 410, 419A, 476, 482A,
556A
Flechte (Rentierflechte; Strauch-
flechte): 312A, 313A, 653
Fliege: 269A, 602A
Flinte: 40A, 226, 459A, 504A,
505A
Flockenblume: 128A
Floß: 44, 335–337, 345A
Foetus: 352
Fontanelle (Fonticulus): 85, 124A
Forelle (Fett-Forelle; Goldforelle;
Silber-Forelle): 119A, 193A,
393A, 395A, 419A, 483A
Francolino: 469A
Franken: s. Völker
Frantzosen (Franzosen): s. Syphilis
Freiwerber (Freiwerberin; Frey-
werber): 293, 302A, 524, 529,
549A, 556A, 557A
Frosch: 87, 129A
Fuchs (Birkenfuchs; Eisfuchs;
Steinfuchs): 77, 78, 111A, 155,
157–159, 161, 184A, 260, 278,
318, 318A, 319A, 351, 352, 354,
407, 409, 422, 433, 442, 452,
455, 456, 472A, 473A, 474A,
490, 497A, 522, 523, 536, 618,
636, 643
Fürst (Chur-Fürst; Fürstin;
Großfürst; Knezets; Kniaäsez;

Kniäs; Knjäsez; *knjaz'*; *knjazec*):
41A, 58, 60, 62A, 63A, 64A,
65A, 66A, 82, 127A, 143A, 198,
201, 208A, 210A, 211A, 215–
219, 220A, 272, 293, 295A,
341A, 464A, 465A, 533, 557A,
558A, 572, 573, 583A, 602A,
615, 625, 645, 647, 648
Fuhre (Föhre): 617
Fuhrmann: 175, 325, 327–330,
342A
Fuhrwerk: s. Wagen
Fungus: 126A, 362A, 657
Gabel: 75, 452, 480, 486A, 487A
gača (Mz. *gači*; Gatschi): 164,
186A
Gadus: 193A, 375A, 393A, 419A
Gänserich: Botanik – 371A, 372A
gagara (Gagari; Mz. *gagary*): 175,
350, 351, 354, 618
Galium (Gallium): 418A
galka (Mz. *galki*): 350, 351, 354,
616, 618
Gallina: 94A, 469A
Gans (Graugans): 193A, 432–434,
448, 451–453, 463A, 469A,
470A, 618, 619
ganza (*gamza*; Gansa): 549A
Gebirge (Scheidegebürge): 20A,
26A
Geburt (Geburthsglied): VIII, 35,
96A, 142, 188A, 196, 199, 207A,
289, 291, 307, 308, 314A, 351,
363A, 512, 548, 557A, 561–572,
574, 581A
Gefangenschaft (Gefangener): 8A,
502
Geilen: s. Hoden
Geistlicher (Geistlichkeit; Ober-
Priester; Pfaffe; Prediger;

Priester): LIII, 67–69, 71, 81, 86, 98A, 127A, 135A, 182A, 351, 489, 497A, 521, 524, 525, 527–529, 554A, 557A, 561, 577, 591A, 602A, 610, 644
Geld (Münze): 43A, 64A, 98A, 202, 217, 220A, 278, 279, 280A, 296A, 509, 550A, 564, 585, 587A, 600A, 622, 624, 626, 639, 647
Gelenk: 115A, 133, 135A, 186A
Gemse: 639
Gentiana: 125A
Gerber (Gärber; Gerben; Weißgärber): 125A, 556A, 578, 612, 637, 639
Gering: 48A
Gerste: 39A, 138A, 266A, 283A, 396A
Gesandtschaft (Ambassade; Gesandter): X, XI, LII, LVIII, LIX, LXI, LXIII, 52A, 266A, 504A, 585, 587A, 588A
Geschichte (Geschichtsbuch; Historie; Historiker): II, V, IX, X, XII–XV, XVII–XX, XXIII, XXIV, XXVI–XXVIII, XL, XLII, XLV, XLVI, XLIX–LII, LIV, LV, LVII–LXII, LXV, LXIX, 3, 7, 9A, 13, 15–17, 24A, 25A, 48A, 50A, 53, 55A, 67, 144A, 227, 233A, 263, 302A, 326, 445, 458A, 499A, 503A, 504A, 554A, 585, 586, 588A, 589A, 590A, 593, 595, 600A, 641
Geschirr: s. Hausgerät
Geschlecht (Horde; Stamm): 20A, 21A, 24A, 42A, 47A, 48A, 50A, 51A, 59–61, 61A, 62A, 63A, 64A, 65A, 67, 91A, 127A, 143A, 144A, 200, 203, 204, 208A, 211A, 216–219, 221A, 231A, 297A, 323, 324, 341A, 434, 469A, 476, 500, 513, 515–517, 530, 533, 573, 613, 615, 619, 628, 639, 641, 645, 648, 650, 653, 655, 656
Geschütz: 40A, 504A, 505A
Getreide (Korn): 47, 52A, 71, 282, 283, 283A, 304, 308, 340A, 396A, 471A, 617
Gewehr: s. Waffe
Gicht: 129A, 632
Gichtrose: 368A
Gileaditen: s. Völker
Giljaken: s. Völker
Giljakisch: s. Sprache
Ginseng (Gensing; Ginszeng): 357, 373A
Giraffe: 95A
Glas: 147
Glocke (Glöcklein; Gloke; Klocklein; Schelle): 32, 155, 161, 174, 304, 308, 528, 575
gluchoj teterev (*gluchar'*; Gluchoi teter): 111A, 463A, 464A
Glycyrrhiza: 366A
Gobius: 363A
Götze (Götzendienst; Gotze): LXXI, 36, 43A, 54, 55, 56A, 226, 227, 232A, 233A, 445, 446, 469A, 489, 497A, 505A, 581A, 595, 648
Gold (Goldschmied): 47, 52A, 179A, 210A, 232A, 373A, 552A
Goldhaar: 313A
Golizi: s. Schneeschuh
golovščina (Golowschina): 216, 218, 219, 500, 501, 620

golubica (*golubika*; Golubiza): 355, 366A
Gonorrhoe: 370A
gornaja kuropatka: 114A
gornostaj (Mz. *gornostai*): 621
Goten: s. Völker
Gotisch: s. Sprache
Gott (Gottesdienst; Gottheit): XII, 4, 7A, 8A, 25A, 36, 42A, 43A, 50A, 51A, 55, 82, 97A, 99A, 106A, 183A, 224, 225, 230A, 231A, 232A, 251A, 276, 277A, 293, 300A, 301A, 420A, 528, 560A, 581A, 591A, 594, 595, 597, 598, 602A, 605A, 606A, 607A, 621, 644
Gouverneur: 221A, 620
Graf: 90A
Grapen: 189A, 264A, 398A, 415A
Gras (Graß): 72, 75, 79, 109A, 110A, 113A, 114A, 123A, 125A, 130A, 166, 177, 269A, 272, 283A, 286, 289, 305, 339A, 395A, 453, 548, 567, 653
Grauwerk (Grauwerck): 116A, 616
grečicha-gorlec (*grečicha živorodjaščaja*): 369A
Grenzvertrag: s. Vertrag
Griechen: s. Völker
Griechisch: s. Sprache
Grind: 420A
Grönländer: s. Völker
Großer Bär (Bähr; Kleiner Bär): Astronomie – 31, 37A, 72, 74, 101A, 107A, 108A
Grütze: 263, 266A, 269A, 283A, 284A, 368A, 375A, 396A
Grygallus: 111A, 464A
Gürtel (Leibbinde; Leibgurt): 32, 155, 162, 164, 169, 172, 173, 177, 185A, 186A, 190A, 191A, 405, 411, 436–438, 451, 512, 552A, 553A, 647
Gurek: 210A
gus' (Mz. *gusi*): 469A, 618
gusli: 48A, 489, 495A
Haar (Hahr): 31–33, 36, 45, 83, 140–142, 143A, 145–148, 151, 160, 167–169, 171, 172, 174, 176, 177, 177A, 178A, 179A, 186A, 188A, 189A, 190A, 194A, 228, 261, 264A, 266A, 309, 314A, 317, 319A, 334, 386, 388, 391, 402, 403, 406, 407, 409–412, 415A, 416A, 417A, 418A, 419A, 424, 455, 459A, 465A, 472A, 474A, 475A, 476, 477–479, 482, 492, 526, 545, 561, 562, 566, 570, 575, 591A, 616, 634, 636, 643, 656
Haarmoos: 313A
Habicht (Taubenhabicht): 354, 365A
Hafer (Haber): 395A
Haferwurz (Haferwurtz): 122A
Hahnenkopf: 374A
Hame (Hamen; Hanne): 479, 485A
Hammerschlag: 189A, 416A
Handel (Handlung): VII, X, XIV, XVII, XVIII, XX, XXV, XLI, L, LII, LVI, 8A, 10A, 34, 90A, 143A, 190A, 191A, 192A, 227, 233A, 278, 279, 295A, 341A, 348A, 363A, 415A, 459A, 467A, 469A, 503A, 511, 550A, 556A, 583A, 611, 616, 621, 623, 630, 638, 648, 655–657
Handschuh: 32, 172, 184A, 188A, 192A, 314A, 639

Handwerker (Gewerbe; Handwerk): VII, XV, LXI, 4, 10A, 27A, 143A, 149, 191A, 192A, 198, 213A, 233A, 289, 402, 411, 414A, 415A, 417A, 497A, 622
Hanf (Hanff): 413, 420A, 425, 455, 459A, 476–479, 481, 485A, 556A, 620
Harn: 122A, 130A
Hartriegel (Hartröthern): 416A
Harz (Hartz): 337, 338, 346A, 409, 629
Hase (Feldhase; Grauer Hase; Haase; Steppenhase; Weißer Hase): 67, 68, 74, 91A, 92A, 93A, 95A, 103A, 108A, 158, 161, 176, 442, 454, 455, 472A, 473A, 474A, 505A, 575, 620
Haselhuhn (Hasel-Waldhuhn): 453, 456, 469A
Haselnuß: 180A, 362A
Haus: s. Wohnung
Hausen (Hausblase; Hausenblase): 125A, 417A
Hausgerät (Geschirr; Haushaltsgerät; Hausrath; Haußrath; Küchengerät; Küchengeschirr): VII, XVII, 33, 219, 253A, 257, 262, 263, 266A, 267A, 322, 331, 337, 345A, 405, 439, 507, 530, 537, 612, 626
Hautbois: 555A
Hebamme: 35, 289, 562–569, 571, 572
Hebräer: s. Völker
Hebräisch: s. Sprache
Hecht: 80, 85, 119A, 124A, 381, 384, 393A, 477, 482, 483A, 484A, 487A
Heckrose: 471A

Hedysarum (Hetysarum): 355, 358, 365A, 373A, 374A
Heidelbeere (Heydelbeere): 124A, 366A, 367A, 471A
Heiligenbild: s. Ikone
Heiliges Kraut: 263, 269A
Heilkraut: 129A, 367A, 372A
Heilkunst: s. Medizin
Heilmittel: s. Arzneimittel
Heirat (Heurath, Hochzeit; Mariage): XVII, 35, 46, 140, 240, 302A, 507–509, 511, 513, 520–532, 535–538, 550A, 551A, 552A, 554A, 555A, 556A, 558A, 584A, 647
Heister: 360A
Hemd (Hemder): 32, 155, 160, 171, 176, 184A, 189A, 265A, 509
Hepatica saxatilis: 312A
Heracleum: 367A, 372A, 373A
Herba tinctoria: 417A
Herd (Feuerheerd; Heerd): 21A, 32, 47A, 236, 237, 241, 248, 249, 259, 380–383, 406, 412, 447, 547, 562, 563
Hering (Häring): 41A, 646
Hermelin (Hermelin-Wiesel): 158, 159, 350–352, 354, 358, 455, 456, 471A, 472A, 621
Herz: 54, 56A, 126A, 274A, 434
Heu: 22A, 563
Hindi: s. Sprache
Hirsch (Kron-Hirsch): 78, 115A, 313A, 360, 406, 428, 441, 442, 444, 445, 452, 467A, 468A, 469A, 489, 507, 614, 621, 630, 639
Hirsch-Holder: 471A
Hirse: 39A, 52A, 283A

Hirte: 293, 300A
Hobel: 407, 415A
Hochzeit: s. Heirat
Hoden (Geilen): 128A, 129A, 300A, 313A, 319A, 645, 652
Holländer: s. Völker
Holländische Ostindien-Gesellschaft: 121A
Honig: 22A
Hopfen (Hopffen): 128A, 416A
Horde: s. Geschlecht
Hornisse (Horniß; Hornüße): 44, 45, 48A, 49A
Hose (Beinkleider; Hosen; Oberhose; Unterhose): 32, 39A, 153–155, 159, 164–166, 169, 171–174, 177, 182A, 183A, 184A, 186A, 192A, 260, 491, 527, 532, 548, 552A, 553A, 647
Hütte: s. Wohnung
Hütten-Rauch: 178A
Hüttenwerk (Sawodde; *zavod*): XVI, 180A, 324, 339, 348A
Huflattich (Huflattig): 127A
Huhn (Hahn): 68, 92A, 93A, 94A, 95A, 103A, 429, 597, 604A, 605A
Huhu: 361A
Hummel: 77, 111A
Hund: VII, 33, 34, 39A, 68, 80, 92A, 93A, 94A, 95A, 103A, 141, 144A, 156, 168, 189A, 212A, 213A, 222–225, 229A, 230A, 234A, 255A, 276, 293, 294A, 300A, 317, 318, 318A, 319A, 324–331, 333, 340A, 341A, 342A, 352, 360, 363A, 377, 381, 383, 384, 433, 439, 448, 456, 473A, 474A, 533, 572, 582A, 633, 636, 653, 654

Hund (Großer Hund; Hundsgestirn; Hundsstern; Kleiner Hund): Astronomie – 31, 37A, 75, 108A
Hundsbeerstrauch: 416A
Hundsrose: 471A
Hundszahn (Hundszahnkraut; Hundszahnwurzel): 361A, 373A
Hunnen: s. Völker
Hurerei (Hurerey): 32, 197, 218, 219
Hyacinthe: 100A
Hypericum: 125A
Hyssopus: 125A
Ichthyocolla: 125A, 417A
Igorka: 362A
Ikone (Heiligenbild): 57A, 226, 227, 231A, 363A
Ilan-Chala: s. Völker, Tungusen
Iltis: 362A, 471A
Imam: 96A
Iman: 190A
Inder (Indianer): s. Völker
Indigo (Indig): 179A
Indio: 263, 269A
Insekt (Insect): 77, 111A
Instruktion: 5, 7, 90A, 233A
   für J. E. Fischer – V, XIX, XX, XXIX, 7, 10A
   für Geodäten – XIX
   für die 2. *Kamčatka*expedition – XV, 9A, 27A
   für *S. P. Krašeninnikov* – XIX
   für G. W. Steller – XIX
ir: 126A, 356, 370A
Iris: 31, 141, 143A
Isatis: 472A
Islam: 20A, 23A, 96A, 231A, 625, 649
Italiener: s. Völker

Itelmenen (Itälmenen): s. Völker, Kamtschadalen
Itelmenisch: s. Sprachen, kamtschadalische
izubr' (Isuber; Isubri; *izjubr'*; Mz. *izjubri* bzw. *izubri*): 115A, 442, 467A, 621
Jack-daw: 616
Jacea (Jacaea): 86, 127A, 128A
Jagd (Circuljagd; Jäger; Jägerey; Jagen; Jagt; Treibjagd): VII, XVII, 10A, 22A, 23A, 33, 34, 36, 40A, 44, 74, 77, 78, 106A, 115A, 158, 175, 193A, 199, 203, 204, 210A, 213A, 219, 221A, 230A, 253A, 272, 276, 317, 318, 319A, 323, 329, 331, 333, 336, 339, 343A, 345A, 352, 360, 363A, 377, 381, 387, 393A, 405, 410, 415A, 418A, 419A, 421, 422, 425, 426, 431–433, 435–451, 455, 456, 458, 459A, 460A, 461A, 462A, 463A, 465A, 466A, 467A, 468A, 488, 489, 491, 546, 547, 549, 565, 574, 577, 610, 618, 619, 622–628, 630, 631, 633, 634, 636–640, 654, 657
jagel': 312A
Jakuten: s. Volk
Jakutisch: s. Sprache
Japaner: s. Völker
jarec (Mz. *jarcy*): 457, 475A
jasak: s. Abgabe
jastreb: 364A, 365A
jaz' (Jas; Jasi; Jass; Mz. *jazi*): 377
Jenoun: 597, 604A, 605A
Jesuit: 5, 196
Johannisbeere: 355
Jüten: s. Völker

Juften (Jucht; Juchten; Juft; Jufften): 125A, 164, 165, 186A, 403, 414A, 612
Jukagiren (Jukagern): s. Völker
Jukagirisch: s. Sprache
jukola (Jukkolo): 380–382, 384, 393A, 394A, 622
juksa: 334, 343A
Jungfrau: 100A
Juniperus (Iuniperus): 129A, 130A
Juraken: s. Völker, Samojeden
Jurakisch: s. Sprache, samojedische
Jurte (*jurta*): s. Wohnung
Justizkollegium: s. Kanzleien, Institutionen und Behörden
kabarga (Kabargha): 442, 461A, 467A
Kabylen: s. Völker
Kadileskier: 610
Käfer: 71, 100A
Käse: 33, 36, 261, 266A, 267A, 308, 377, 391, 392A, 400A, 411, 419A
Kahn: s. Boot
Kaidini (Kaidinzen): s. Völker, Tataren
Kaidinisch: s. Sprache
Kaiser (Empereur; Kayser): LVIII, LX, LXV, 23A, 51A, 208A, 596, 601A
Kajak: 345A
kajuk (Cajukki; Mz. *kajuki*): 339, 346A, 348A
Kalender (Calender): 71, 96A, 97A, 98A, 109A, 112A, 116A, 233A
kalina: 454, 471A
Kalk (Calx; Kalch; Kalck; Kalck-Öfen): 149, 178A, 179A

Kalmus: 126A, 370A
Kalmyken: s. Völker
Kalmykisch: s. Sprache
kalym (Kalüm; Kalün; Kalum; Kalym; Kulum): 35, 61, 200, 219, 221A, 507–511, 515–521, 525, 532–535, 542, 545, 551A, 623, 628, 647
Kamassen (Camaschinzi; Kamatschinzen): s. Völker
Kamassisch: s. Sprache
kamasy (Camassi; Ez. *kamas*; *kamus*; *kamys*; Korowie Kamassi; Koslinnie Camassi; Loschadinnie Camassi; Lossinie Camassi; Olennie Cammassi; *olenye kamasy*; Sochatinnie Camassi): 158, 165, 166, 172, 173, 192A, 244, 262, 330, 331, 333–335, 410, 614, 624
Kamel (Cameel; Kameel; Kamelhirte): VII, 39A, 47, 52A, 186A, 215, 216, 320, 321A, 339A, 340A, 497A, 520, 521, 550A, 614, 624, 631, 656,
Kamin (Camin): 235, 236, 242, 243, 245, 251A, 257, 288, 296A, 402, 538
kamka: 615
Kamtschadalen (Kamtschedalen): s. Völker
Kamtschadalisch: s. Sprachen
kamyš (Kamysch): 274A
Kanafas: 620
kandač: 481, 487A
kandyk (Kandik): 350, 361A
kanjuk: 434, 464A
Kannibale: 26A, 211A
Kanuten: s. Boot

Kanzleien, Institutionen und Behörden:
Akademie der Wissenschaften, von Sankt Petersburg – II, IX, XI, XIII–XV, XVIII, XIX, XXI, XXIII–XXVIII, XXXII, XXXIV, XXXVI, XLII, XLIII, XLVI–XLVIII, LI, LIV–LVII, LIX, LX, LXII, LXIV, LXV, LXVIII, LXIX, 3, 6, 9A, 233A, 472A
Justizkollegium – 221A
Kabinett – XXIV
Kollegium (Ministerium) für Auswärtige Angelegenheiten – XXIV, XXVII–XXIX
Kommerzkollegium (*komerc kolegii*) – 7A, 10A
Senat, Dirigierender – XX, XXI, XXIII, 9A, 19, 27A, 399A, 414A, 472A
Sibirskoj prikaz (Sibirische Prikas) – 125A, 620
Kapitän (Capitain): Offizier – 8A, 339, 539
kapkan (Kabkani; Mz. *kapkany*): 455, 472A
Karagassen: s. Völker
Karagassisch: s. Sprache
Karaiten (Caraïts): 50A
karas' (Carassen; Caraße; Mz. *karasi*; Karausche; Karauschen-Karpfe): 75, 108A, 382, 394A, 477, 483A, 572, 582A
kargin (Kargini; Mz. *karginy*): 306, 313A
Karluktschetoi Kley: 125A, 417A
karlušina (Karluschini; Mz. *karlušiny*): 411, 412, 419A, 420A, 425, 459A
Karren: s. Wagen

Kartenspiel: 34, 490, 496A
kaša: 384, 396A
Kastanie (Castanie): 374A
Kastration: 33
Katschinzen: s. Völker, Tataren
Katschinzisch: s. Sprache
Kattun: 509, 552A, 625
Katze: 212A
Kaufmann (Händler; Kaufherr; Kaufleute): XVII, 4, 138A, 143A, 201, 212A, 213A, 268A, 278, 401A, 495A, 497A, 577, 595, 613, 623
Kaulbarsch (Kuhlbarsch; Kulbarsch): 352, 363A, 484A
Kaulkopf (Kaulkopf-Groppe): 363A
Kautz: 361A
kazackaja možžucha (Casazkaja Moshucha): 130A
kazač'ja golova: 181A, 209A, 559A
kažan (Kadschan; Kaschani; Mz. *kažani*; *kožan*; Mz. *kožani*): 176, 193A, 456, 475A
kedr' (*kedrovnik*): 345A, 397A, 467A
Kerbholz (Kerbstock): 279, 280A, 403
Kernel: 416A
Kessel (Keßel; Kochkessel): 39A, 86, 149, 179A, 189A, 235, 236, 249, 252A, 257–262, 264A, 331, 351, 377, 379, 383–385, 388, 389, 391, 392A, 396A, 399A, 404, 408, 409, 416A, 439, 451, 507, 530, 567
Ketisch: s. Sprachen, ostjakische
Keuchhusten: 126A

Khan (Cham; Chan; Großkhan; *kan*; Khanat): LVIII, 9A, 21A, 46, 50A, 51A, 62A, 63A, 91A, 103A, 200, 201, 207A, 208A, 209A, 253A, 341A, 458A, 495A, 503A, 615, 649
kibir' (Mz. *kibiri*): 426, 428, 432, 433, 460A, 624, 638
Kicher: 362A
Kiefer (Kiefernrinde; Kinebaum; Zirbelkiefer): 108A, 109A, 375A, 468A, 617
Kiesel (Kieselstein): 225, 231A, 385
Kirche (Tempel): 49A, 97A, 293, 301A, 484A, 554A
Kirgisen (Kyrgisische Casaken): s. Volk
Kirgisisch: s. Sprache
kirka (Mz. *kirki*): 261, 266A, 282, 283A
Kirpitschnoi Tschai: 396A
kislaja ryba (Kisli Ribi): 395A
kislica (Kisliza): 355, 366A
kitajka (Kitaik; Kitaika): 156, 157, 161–163, 168, 169, 173, 177, 185A, 190A, 272, 278, 509, 523, 559A, 625
Kleidung (Habit; Kleider; Oberkleider; Rock; Rok; Tracht; Unterkleider): VII, XVII, XIX, XX, XLVII, LXI, 8A, 10A, 25A, 27A, 32, 34, 145, 153, 155, 157–164, 167, 168, 170–177, 183A, 184A, 185A, 186A, 188A, 189A, 190A, 191A, 192A, 193A, 194A, 209A, 210A, 212A, 219, 253A, 254A, 255A, 256A, 317, 318, 331, 343A, 406, 408–410, 415A, 417A, 418A, 447, 451, 459A,

475A, 491, 507, 509, 519, 523,
530, 535, 537, 538, 550A, 557A,
558A, 559A, 560A, 566, 567,
569, 570, 578, 591A, 594, 600A,
603A, 636, 643, 646, 647, 656
klej (Kley; *rybij klej*): 125A, 417A
klepcy (Kljäpzy; *kljapcy*): 456,
474A
klopovnik (Klopownik): 125A
Kloster: 49A, 63A, 484A, 555A,
629
knjaz' (Kniäs): s. Fürst
Knoblauch: 356, 367A, 368A
Knochen: 34, 41A, 85, 88, 123A,
181A, 182A, 255A, 259, 265A,
266A, 309, 330, 353, 384, 385,
387, 394A, 397A, 406, 412, 425,
429, 431–433, 456, 460A, 462A,
463A, 464A, 481, 492, 496A,
503A, 561, 642
Knöterich: 269A, 283A, 369A,
370A
koč (Mz. *koči*): 257, 264A
Köcher (Bogenköcher;
Pfeilköcher): 169, 189A, 191A,
293, 300A, 405, 415A, 435–438,
440, 465A, 466A
Koelka-Tatseu: s. Völker, Tungusen
König (Königreich; Roi): LIX,
LXIII, LXV, 8A, 52A, 58, 62A,
182A, 208A, 293, 294, 301A,
302A, 341A, 509, 551A, 595,
599, 604A, 607A
Königskerze: 128A
Königsrose: 368A
Kohle (Kole): 189A, 192A, 212A,
400A, 403, 415A
Kohl (Kohlkraut): 366A, 367A,
373A

Koibalen: s. Völker, Tataren
Koibalisch: s. Sprache
kokošnik (Kokoschniki; Mz.
kokošniki; Kokuschkin;
kokuškin): 155, 183A, 313A
Kolbenmoos: 418A, 612
Kolik (Colic): 373A
kolka (Mz. *kolki*): 455, 473A
kolomenka (Colominki; Mz. *kolomenki*; Kolominki): 339, 348A
kolonok (Golonki; Kalonok; Mz.
kolonki; *kolonok*; Kulonnòk):
351, 362A
komar (Camara; Kamar; Mz. *komary*). 77, 111A
Komi: s. Völker
Kommerzkollegium (*komerc kolegii*): s. Kanzleien, Institutionen
und Behörden
Kommissar (Grenzkommissar):
90A, 91A
Kompass (Compas; Kompaß): 88,
131A
konoplja (Konoplia): 620
kop'e: 437, 466A, 638
kopejčataja strela (Mz. *kopejčatie
strely*; Kopetschatie): 427, 431,
432, 626, 638
Koralle (Coralle): 32, 147, 151,
152, 158, 161, 162, 164–166,
171, 174, 176, 177, 200, 357,
560A, 615, 626
Koran (Alcoran): 225, 231A,
554A, 596, 603A
Korb: 267A, 347A, 457, 583A,
584A, 595, 632
Koreaner: s. Völker
koren' china: 373A
Korjaken: s. Völker
Korjakisch: s. Sprache

Korn: s. Getreide
Kosa (Cos; Coss; Cosse; kos; koss; krośa): 134, 135, 137A, 138A, 139A, 625, 626
Kosake (Casake; Cosake; Cosakenkinder; *kazak*; Mz. *kazaki*): L, 50A, 63A, 105A, 125A, 130A, 203, 205, 210A, 213A, 215, 216, 260, 279, 304, 360A, 366A, 367A, 471A, 490, 495A, 497A, 504A, 539, 571, 614, 615, 627
kosatka (Mz. *kosatki*; Kossatki): 426, 427, 431, 460A
košlok (Mz. *košloki*): 457, 475A
košma (Koschma; Koschmy; Mz. *košmy*): 34, 41A, 261, 267A, 391, 400A, 411, 419A
kostjanica (Mz. *kostjanicy*): 431, 463A
Kotowzen (Kotten): s. Völker
Kotowzisch: s. Sprache
kozel (*dikij gornyj kozel*; *gornyj kozel*; Kosul; *koza*; *kozerog*): 187A, 459A, 638
Krähe (Krahe; Nebelkrähe): 79, 104A, 105A, 116A, 350, 351, 354, 358, 360A, 474A
Krähenauge: Botanik – 474A
Kräuter (Kraut): s. Pflanze
Kranich: 493, 498A
Krankheit (Erkrankung; Kranker): XVI, XIX, 10A, 35, 36, 42A, 81, 88, 90, 123A, 126A, 127A, 130A, 131A, 217, 251, 309, 350, 370A, 387, 394A, 395A, 420A, 516, 580A, 583A, 596, 597, 600A, 602A, 603A, 604A, 605A, 633
krapiva (*kropiva*; Kropiwa): 420A, 459A, 485A

Krasnii Karandasch: 417A
krasnoe derevo (Krasnoe Derewo): 416A
krasnoj vap (Krasnoi Wap): 409, 410, 417A
Krassik: 417A
Kraut: s. Pflanze
Krebs: 39A, 100A, 108A
Kreide: 113A, 179A, 409, 416A, 417A
kren' (Kren): 423–425, 459A, 460A, 628
krenovyj luk (Mz. *krenovye luki*): 423, 459A
Kreuz: 54, 55, 56A, 57A
Krieg: VII, XVIII, 9A, 34, 40A, 41A, 44, 46, 48A, 61, 197, 200, 202, 210A, 211A, 397A, 415A, 426, 435, 437, 464A, 465A, 488, 498A, 500–502, 504A, 505A, 539, 559A, 585, 587A, 590A, 625, 632
krivda: 481, 487A
Kröte: 597, 605A
Krokodil (Crocodil): 68, 93A, 95A
Kuchen: 264A, 471A
Kuckuck (Cuckow; Guckguck; Kukuk; *kukuška*; Mz. *kukški*): 76–78, 110A, 111A, 114A, 358, 375A
Küchengeschirr: s. Hausgerät
Kühling: 392A
Kuh: s. Rind
kukljanka: 189A, 190A
Kukuksflachs: 313A
kukuška (Mz. *kukuški*): 375A
kukuškin len': 313A
kulema (Mz. *kulemy*; Kuloma; Kulomi): 34, 40A, 455–457, 473A

Kumandinzen: s. Völker
Kumandinzisch: s. Sprache
kumys (Kümyss; Kumyss): 33, 36, 75, 78, 258, 261, 264A, 265A, 266A, 361A, 377, 387–391, 397A, 398A, 400A, 401A, 402, 403, 414A, 525, 529, 530, 628
Kunstkammer: XVII, XX, 142
Kupfer: 224, 232A, 260
Kupferstich (Kupferblatt; Kupferstück; Kupffer): 8A, 9A, 222, 229A, 498A, 590A, 600A
Kupferwerke: 435, 490, 496A
kurenga (*kuren'ga*): 455, 472A
Kurilen: s. Völker
Kurilisch (Ainu): s. Sprache
kuropatka (Mz. *kuropatki*): 450, 464A, 469A
kuroslepnik: 408, 416A
kušak (Mz. *kušaki*; Kuschaki): 164, 169, 186A
Kutuchta: 491, 497A
kvas (Quaß; Qvas): 408, 416A
labaz (Labass; Mz. *labazy*): 381, 393A, 440, 466A
Labkraut: 418A
Lachs (Nelm-Lachs; Wanderlachs): 117A, 383, 392A, 393A, 622
Lactes castoris: 87, 128A
Lärche (Lärchenbaum; Läriche; Lerche; Lerchenbaum; Lerchen-Fichte): 126A, 127A, 254A, 358, 359, 375A, 383, 394A, 409, 423–425, 441, 468A, 628, 629, 630, 642, 645
Lärchenschwamm (Lerchen-Löcherschwamm; Lerchenschwamm): 86, 126A, 417A, 418A

Lakritze (Lakritzenholz): 366A
Lama (Dalailamische Religion; Lamaismus): XLI, LIX, 86, 91A, 127A, 148, 178A, 231A, 528, 557A, 577, 580A, 587, 614, 623, 629, 631, 632, 644, 648
Lamm: s. Schaf
Lamuten: s. Völker
Lamutisch: s. Sprache, tungusische
Landkarte (geographische Karte; Karte): XI, XX, XXVI, XXVII, XXXIII, XLIII, LVII, LXI, LXIII, LXVI, 8A, 9A, 15, 23A, 135, 138A, 178A, 599A
Lappen (Lappländer): s. Völker
Lappisch: s. Sprache
Larus: 361A, 363A
Lathyrus: 361A, 362A
Lauben (Lauben-Karpfe): 394A
Laus: 126A
lebed': 193A, 364A, 464A
Leber: 85, 312A, 385, 386, 397A, 406
Lebermoos (Leber-Mooß): 312A
Leder: 34, 37A, 84, 143A, 153, 154, 158–161, 164–169, 173, 176, 177, 182A, 183A, 186A, 187A, 188A, 189A, 193A, 194A, 241, 247, 253A, 254A, 258, 261, 262, 264A, 265A, 266A, 267A, 307, 339A, 345A, 364A, 379, 387, 391, 391A, 396A, 402, 403, 405–409, 411–413, 414A, 415A, 416A, 418A, 425, 437, 475A, 500, 512, 548, 556A, 576, 578, 581A, 583A, 584A, 639, 645, 649
Ledum: 125A, 126A
Lehm (Leimen): 121A, 122A, 241–243, 246, 257, 384, 403, 630

Leibeigener. s. Sklave
Leibesgestalt: 31
Leim (Fischleim): 34, 85, 125A, 254A, 409, 410, 417A, 418A, 419A, 471A, 630
Leinwand (Lein; Leinen; Leinewand): 123A, 193A, 210A, 343A, 412, 419A, 420A, 523, 552A, 556A, 612, 625, 657
Lemming: 471A
len: 419A, 482A, 556A
lenok (Mz. *lenki*; Lenock-Lachs): 410, 411, 419A
Leo: 100A
Leopard: 95A
Lepus: 91A, 620
Leutnant (Lieutenant): 64A
Leviticus: 553A
Lichen: 305, 312A
Liefländer: s. Völker
Lilium (Feuer-Lilie; Lilie; Türkische Bundlilie): 355, 365A, 366A, 370A, 371A, 374A, 643
Linum: 419A, 482A, 556A
Lischi (Lyschi; *lyži*): s. Schneeschuh
lisica (Mz. *lisicy*): 618
listvenica (*listvennica*): 628, 629
Litauer (Litthauwer): s. Völker
Lithophyta: 626
ljamka: 330, 331, 342A
ljapasy (Ljapassi): 168, 189A
lodka (Lotgen; Lotka): s. Boot
Lochia: 196, 207A, 564, 581A
Löffel (Loffel): 169, 173, 259, 331, 387, 612
Löwe: 71, 100A, 444, 468A
Lohe (Gärberlohe; Lohgerber): 125A, 556A, 612
lopatka (Mz. *lopatki*): 432, 463A

los' (Mz. *losi*; Loss): 616
Luchs (Luchs-Katze): 143A, 156, 158, 159, 163, 165, 184A, 407, 535, 630
lučit' rybu (Lutschit; Rybolutschit): 480, 481, 486A
Lupus: Ornithologie – 616
Lutik: 123A
Lutra: 191A, 556A, 583A
Lycopodium: 295A, 418A
machalka: 175, 193A
Magnet (Magnetnadel): 131A
makaršino koren'e (*makarša*; Makarschino Koren): 369A, 370A, 371A
Maler (Mahler): XV, 179A, 417A
Malmuken: 212A
Malz (Maltz): 416A, 471A
Mammut (Mammont; Momotowa Kosti): LXV, 259, 265A, 462A
Mandarin: 196, 208A
Mandschuren (Manschjuren): s. Völker
Mandschurisch: s. Sprache
Manichäismus: 587, 591A
Manna: 612
Manschik (*manščik*; Mz. *manščiki*): 34, 448, 450, 451, 630
Mansen: s. Völker, Wogulen
Mansisch: s. Sprache, wogulische
Marabut (Marabbut; Maräbu): 598, 605A, 606A
maral (Maràl; Mz. *marali*; Maralli): 115A, 452, 621, 630
Marder: 191A, 362A, 363A, 469A, 556A, 583A
Mare (Mara, Märe): 15, 22A
marin' koren' (Mariana Koren; Mariana Korenie; Marienwurzel; Mariöna; *mariona koren'*;

Marjenne Korennie; Marjöna Koren): 356, 358, 367A, 368A, 409, 410, 417A, 418A
Marmotta (Marmotte): 363A, 364A
Mast (Mastbaum): 54, 56A
Mastblume: 368A
matnja (Matna): 447, 469A
Matoren (Motoren; Modoren): s. Völker
Matorisch (Modorisch; Motorisch): s. Sprache
Maulbeere: 366A
Maultrommel: 496A
Maus (Erdmaus; Mauß; Steppenmaus): 67, 68, 91A, 92A, 93A, 94A, 103A, 128A, 351, 352, 356–358, 362A, 363A, 369A, 370A, 371A, 372A, 374A, 471A, 474A, 630
Mechanik (Mechanick): 179A
Medizin (Artzneykunst; Heilkunst; Volksmedizin): XIII, XIX, XL, XLIV, XLV, XLVIII, LI, LIII, LIV, 4, 42A, 122A, 123A, 124A, 125A, 127A, 128A, 129A, 180A, 295A, 418A, 561, 612, 628, 629
medved' (Mz. *medvedi*): 611
Meerkatze: 103A
Mehl (Meel; Mehlspeise; Nothmehl): 108A, 109A, 126A, 129A, 262, 263, 278, 282, 350, 357, 358, 370A, 371A, 372A, 375A, 379, 384, 385, 390, 392A, 395A, 396A, 406, 411, 416A, 471A, 576, 617, 629, 637, 639
Meile: VII, 133–135, 135A, 136A, 137A, 138A, 139A, 256A, 302A, 625, 630, 631
Meissel: 428

Meles: 364A, 655
Mengel: 584A
Menyanthes: 125A
Mercurius sublimatus: 455, 473A
merluška (Merluschki; Mz. *merluški*): 168, 170, 189A, 190A, 295A
Messer (Couteau; Meßer; Scheermesser): 32, 40A, 125A, 145, 148, 155, 164, 169, 173, 177A, 178A, 180A, 185A, 189A, 219, 221A, 222, 223, 226, 227, 229A, 230A, 234A, 260, 272, 280A, 331, 383, 401A, 402, 404, 405, 407, 415A, 416A, 417A, 436–439, 446, 448, 460A, 466A, 485A, 491, 504A, 505A
Messing (Meßing): 32, 147, 150–152, 174, 304, 437, 561
Met (Meeth): 125A, 417A
Metall (Metallgiesser): 8A, 147, 179A, 180A, 185A, 462A, 464A
Meteora: 31, 38A
Metschet (Medsched): 97A, 554A
Mexikaner: s. Völker
Milch (Sauermilch; Stutenmilch): 33, 39A, 75, 109A, 113A, 246, 254A, 258, 261, 264A, 266A, 267A, 289, 296A, 298A, 307, 308, 350, 361A, 369A, 370A, 371A, 372A, 374A, 375A, 377, 385, 387–391, 392A, 396A, 397A, 398A, 399A, 400A, 401A, 402, 419A, 456, 474A, 528, 575, 576, 612, 628, 643, 645
Milchstern: 372A
Mineral (Mineralien): XXXII, 86, 580A
Mißgeburt: 31, 142, 144A
Moabiter: s. Völker

Möwe (Meer-Möwe; Mewe; Schwarze Möwe): 232A, 361A, 363A
Mohammedaner (Mahomedaner; Mahometaner): 225, 256A, 420A, 587, 594, 596, 598, 601A, 602A, 605A, 606A
Mollugo: 409, 417A, 418A, 632
Mond (Neumond; Mondfinsternis; Mondjahr; Vollmond): 31, 71, 73–75, 82, 96A, 97A, 99A, 102A, 103A, 104A, 106A, 108A, 109A, 110A, 112A, 118A, 121A, 122A, 602A
Monedula: 616
Mongolen: s. Völker
Mongolisch: s. Sprache
Moos (Isländisches Moos; Moß; Rentiermoos): 42A, 56A, 240, 305, 306, 312A, 313A, 336, 345A, 400A, 450, 484A, 653
Mord: 32, 44, 201, 204, 215, 216, 518, 620
morda (Mordi; Mz. *mordy*): 75, 457, 475A, 477–481, 632
Mordwinen: s. Völker
Mordwinisch: s. Sprache
moroška (Maroschka; Moroschka): 355, 366A
Morphnos: 375A
morž (Morsch; Morsh; Mz. *morži*): 181A, 254A, 260, 266A, 490, 496A, 501, 503A
Moschus (Moschustier; Moscus Thier; Muscus Thier): 442, 461A, 467A
moška (Moschka; Mz. Moschki; Mz. *moški*): 77, 111A
Moxa: 36, 84–88, 123A, 124A, 127A, 128A, 632

možževel'nik (Moshevelnik): 129A, 130A
Mücke (Müke): 33, 111A, 269A, 446, 563, 575
Mühle (Mühlstein; Papiermühle): 37A, 284A, 341A
Münze: s. Geld
Mütze: 32, 155, 156–159, 171, 172, 174–176, 183A, 184A, 189A, 192A, 271, 278, 410, 420A, 501, 535, 596, 603A
muksun (Mz. *muksuny*; Muxun): 381–383, 393A, 394A, 478, 484A
mulla (*molla*; Ober-Mulla): 521, 554A, 610
munda (Munduschka; Mz. *mundy*): 477, 483A
Murmeltier (Murmelthier) 353, 363A, 364A, 369A
Mus: 362A, 374A, 630
Muscus: 36, 42A, 313A, 400A, 626
Museum (Musäum): 265A
Musik (Music; musicalische Instrumente; Musicant): 34, 488, 489, 495A, 496A, 522
Mustela: 191A, 362A, 363A, 469A, 556A, 583A, 621, 655, 657
Mustela Lutra: 190A, 191A, 363A, 469A, 556A, 583A
myš' (Mz. *myši*): 630
myš'jak (Myschjak; *mytovoe koren'*): 358, 372A, 374A
Nachen: s. Boot
Nachtrapp: 361A
Nadel (Nähnadel): 149, 155, 179A, 180A, 411

Nahrung (Essen; Esswaren; Eßvorrath; Futter; Gericht; Lebensmittel; Lokspeise; Mahlzeit; Proviant; Speise; Speyse; Verpflegung; Victualien): VII, XVI, XIX, XX, LVI, 10A, 27A, 33, 75, 98A, 112A, 122A, 169, 177, 195, 201, 208A, 209A, 213A, 217, 225, 241, 242, 246, 257, 262, 265A, 266A, 267A, 272, 276, 287, 289, 300A, 301A, 302A, 304–306, 308, 312A, 317, 322, 331, 332, 346A, 350, 353, 355–358, 361A, 362A, 367A, 368A, 369A, 370A, 371A, 372A, 373A, 374A, 375A, 377–379, 381, 383–387, 390, 391, 393A, 395A, 396A, 397A, 407, 433, 440, 442, 445, 453, 455–457, 459A, 466A, 470A, 476, 482, 492, 497A, 502, 525, 531, 546, 557A, 567, 576, 617, 622, 626, 637, 643, 655
Naimanni (Naimans; Noi; Nomaei): s. Völker, Aramäer
nalim (Nalym): 193A, 381, 393A, 419A
Nanking: 625
Napellus: 123A
Narte: s. Schlitten
naručina (*naruči*; *naručniki*; Narutschka): 434, 464A
Nasomoner: s. Völker
Natter: s. Schlange
Natterwurz: 370A, 371A, 375A
Naturgeschichte (Historia naturalis): X, XV–XVII, XIX, XLIII, XLVII, L, LVIII, LXI, LXIII, 6, 9A, 295A, 389, 399A, 404, 405, 414A, 472A, 602A, 603A

Naturreligion: s. Religion
Nebenmond: 38A
Nebensonne: 38A
neezžalyj olen' (Mz. *neezžalye oleni*; Nejeschalie Olenni): 306, 313A
nel'ma (Nelma; Nelm-Lachs; Nelmo; Mz. *nel'my*; Njelma): 80, 119A, 382, 383, 393A, 394A, 483A
Nenzisch: s. Sprache, samojdische
nerpa (Nerp; Mz. *nerpy*): XXX, 348A, 363A
Nessel (Neßel): 412, 413, 420A, 425, 454, 459A, 478, 479, 481, 485A
Nest: 78, 114A, 204, 433, 434, 442, 458, 562
Netz (Fischnetz; Zugnetz): 34, 119A, 129A, 336, 348A, 363A, 411–413, 419A, 420A, 444, 445, 447–449, 451, 454, 455, 457, 459A, 468A, 469A, 470A, 471A, 476–482, 483A, 484A, 485A, 487A, 498A, 504A, 633, 645, 646
Neuri: s. Volk
nevestka (Neweska): 537, 559A
nevod (Mz. *nevody*; Newodi): 74, 107A, 477–481, 633, 646
Nicotiana: 123A, 212A, 263, 268A, 269A, 401A
Niederdeutsch: s. Sprache, deutsche
Niemisken: 394A
Niesen: 272
Nieucher: s. Völker, Chinesen
Ninzin: 373A
nivchi (Niwchen): s. Völker, Giljaken

njuk (Mz. *njuki*; Nuki; Nukki): 219, 221A, 249, 250, 255A, 305, 312A
nogi: 325, 340A
Nomaden (Nomadisieren): 46, 51A, 136A, 253A, 311A, 318A, 321A, 362A, 395A, 612, 622, 624, 642, 649, 655
Nuß: 129A, 386, 387, 397A
Nußbaum: 124A, 657
Nux vomica: 456, 474A
oblašok (Oblaschki; Mz. *oblaški*): 337–339, 346A, 347A, 446, 468A
oblava (Oblawa): 34, 78, 115A, 442–445, 468A, 577, 615, 633
Obligation: 89, 132A, 279
Ochra (Ocker): 417A
Ochse: s. Rind
odindra (Mz. *odindri*; Odindrianie; *odyndra*; Mz. *odyndri*): 167, 171, 188A, 219, 250, 251, 278, 280, 314A, 406, 412, 634
Öl: 126A, 130A, 391A, 392A, 397A, 414A, 594, 600A
Österreicher: s. Völker
Oestrus: 111A
Ofen (Backofen; Öfen): 235, 251A, 264A, 284A, 404
Offizier (Seeoffizier; Unteroffizier): IX, XIV, XV, 9A, 63A, 503A
Ohrenklingen (Ohrschallen): 272, 274A
Oiroten: s. Völker, Altaier
okun' (Mz. *okuni*): 392A
ol'cha (Kamenaja Olcha; Olcha): 168, 189A, 408, 415A, 416A
olen' (Mz. *oleni*): 638

olen'ja postel' (Mz. *olenie posteli*; Postelli Olennie): 406, 412, 415A
Olutoren: s. Völker, Korjaken
omul' (Mz. *omuli*): 381, 382, 393A
Operment (Orpiment; Orpin): 178A, 179A
Opfer (Opfferung): 43A, 98A, 553A, 557A, 560A, 580A, 581A, 586, 644
Opium: 33
Opulus (Obier): 471A
opuška (Opusca): 317, 318A
orel: 610
orgyš (Orgisch; Mz. *orgyši*): 425, 426, 428, 432, 433, 463A, 618, 634, 656
Ornithogalum: 357, 372A
Os femoris: 456, 475A
osetr (Mz. *osetry*; Ossètr): 119A, 647
osinnik (*osina*; Ossinnnik). 335, 338, 339, 345A, 347A
Osmanisch: s. Sprache
Ostjaken: s. Völker
Ostjakisch: s. Sprache
ostroga (Mz. *ostrogi*): 480–482, 486A, 487A
otkas (Otkass, Mz. *otkasy*; *otkaz*; Mz. *otkazy*): 219, 221A, 223, 226, 227, 230A, 437, 439, 466A
otpiska: 34, 40A
Otter (Fischotter; Fluß-Otter): 170, 190A, 191A, 352, 363A, 452, 469A, 472A, 497A, 523, 556A, 573, 583A, 642
Ovis: 294A, 458A, 644
ovod: 111A
ozernoe kušanie (Osernoje Kuschenie): 357, 372A
Packtasche: 265A, 267A

Padus: 347A, 485A, 552A
Paeonia (Päonie; Peonien; Pionen; Pivoine; Poeonia): 356, 367A, 368A
Pali: s. Sprache
Palkan (Palkàn): 226, 227, 232A
pal'ma (Palma; Palmi; Mz. *pal'my*): 223, 230A, 331, 436–438, 446, 448, 466A, 636
Panther: 95A, 103A
Papier: XXV, XXIX, LIII, 7A, 20A, 37A, 89, 132A, 420A, 632
Papst: 301A, 302A, 497A
Parder: 103A
parka (Mz. *parki*): 163, 167, 168, 170, 175, 188A, 189A, 192A, 194A, 219, 636
Pascatir: s. Völker, Baschkiren
past' (Mz. *past*; Pasti): 455, 456, 472A, 473A
paut (Mz. *pauty*): 77, 111A
pavlennaja ryba: 381, 393A
pegaja orda (Pegaia Orda; Pjegaia Orda; Pjegie; Pjegoi Knajasez): 36, 42A, 142, 143A, 144A, 198
peled' (Peled; *peljad'*): 381, 393A
Pelz (Fell; Rauchwerk): 32, 38A, 56A, 83, 106A, 117A, 144A, 152, 153, 155, 156, 158, 160–165, 167–177, 183A, 184A, 185A, 186A, 187A, 188A, 189A, 190A, 191A, 192A, 194A, 212A, 243, 248, 249, 253A, 254A, 255A, 265A, 279, 280, 280A, 295A, 312A, 314A, 317, 318, 331, 339, 343A, 345A, 347A, 348A, 350, 362A, 363A, 364A, 385, 386, 396A, 405–408, 410, 414A, 415A, 425, 435, 442, 450, 453, 465A, 468A, 469A, 484A,
505A, 523, 533, 535, 536, 548, 556A, 558A, 559A, 563, 569, 575, 578, 583A, 611, 614, 616, 621, 622, 624, 630, 634, 636, 638, 639, 643, 646, 647, 655–657
Pentaphylloides: 357, 372A
Perca: 363A, 392A, 418A
Perdix: 464A
peredovščik (Mz. *peredovščiki*; Peredowschik; Peredowtschik): 329, 342A
peremet (Peremeti; Mz. *peremety*): 477, 481, 483A
peremetnaja suma(Mz. *peremetnye sumy*; *suma*): 258, 265A, 407, 415A, 494, 499A
pereves (Mz. *perevesi*; Perewes; Perewessi): 454, 470A
Permjaken (Permier): s. Völker
Permjakisch: s. Sprache
Perser: s. Volk
Persicaria: 369A
Persisch: s. Sprache
pesec (Mz. *pescy*; Peszi; Pieszi): 159, 167, 184A, 219, 278–280, 352, 412, 451, 455, 472A, 490, 636
peška: s. *pyžik*
Pessus (Pessarium; Pessulus): 197, 210A, 552A
Petum: 263, 269A
Peziza: 124A
Pfaffe: s. Geistlicher
Pfeife: s. Tabakspfeife
Pfeil (Biberpfeil; Boltzenpfeil; Gabelpfeil; Jagdpfeil; Klumppfeil; Knochenpfeil; Meiselpfeil; Meißelpfeil; Pfeilköcher; Pfeilspitze; Rautenpfeil; Streitpfeil): 34, 40A, 83, 89,

99A, 101A, 169, 206, 218, 219, 225, 260, 272, 331, 404, 405, 421–423, 425–438, 441, 443–445, 448, 450–454, 456, 460A, 461A, 462A, 463A, 464A, 465A, 471A, 490, 491, 500–502, 503A, 504A, 505A, 518, 564, 577, 578, 593, 599A, 612, 618, 624, 626, 633, 634, 638, 642, 652
Pferd (Füllen; Hengst; Pferdeherde; Pferdehirt; Pferdehüter; Ross; Schimmel; Stute; Stutte; Zelter): LIV, 33–36, 39A, 44, 45, 47, 52A, 68, 75, 87, 89, 91A, 92A, 94A, 95A, 103A, 108A, 112A, 134, 136A, 138A, 144A, 146, 147, 158–161, 163, 165–167, 169, 171, 172, 176, 185A, 186A, 189A, 212A, 215–217, 219, 222, 233A, 245, 246, 272, 282, 285–294, 296A, 297A, 298A, 299A, 301A, 302A, 309, 319A, 320, 322, 325, 326, 335, 336, 339A, 341A, 350, 351, 353, 354, 360A, 364A, 387, 388, 391, 397A, 398A, 399A, 400A, 402, 403, 406, 407, 409, 411, 414A, 416A, 417A, 418A, 420A, 422, 431, 435–438, 442, 443, 455, 465A, 472A, 476–479, 482, 490, 491, 494, 495, 497A, 498A, 499A, 502, 504A, 510, 520–523, 529–531, 533–537, 550A, 552A, 557A, 558A, 560A, 562, 564, 575–577, 580A, 591A, 596, 603A, 622, 624, 625, 628, 631, 633, 643, 653, 655, 657
Pfingstrose: 367A, 368A
Pflanze (Gewächs; Kraut; Wurzel): X, XXXII, XLV, XLVII,

XLVIII, LIV, LIX, LX, LXIII, LXVIII, 33, 42A, 83, 86, 87, 122A, 123A, 125A, 126A, 127A, 128A, 130A, 167, 188A, 212A, 263, 264, 268A, 269A, 270A, 294A, 295A, 305, 312A, 350, 355–358, 361A, 362A, 365A, 366A, 367A, 369A, 370A, 371A, 372A, 373A, 374A, 379, 390, 395A, 396A, 401A, 409, 410, 417A, 418A, 458A, 471A, 499A, 560A, 580A, 643
Pflug: 282, 612
Phasianus Gallinaceus: 94A
Phoca: 363A
Phoenix: 295A
Phoxinus: 483A
Phylacterium: 596, 603A
Pica: 360A
Picea: 617
pichta (*pichtovnik*; Pichtowik): 359, 424, 617, 637
Pilz (Biltz; Erdschwamm; Pültz; Schwamm): 84, 85, 124A, 126A, 264, 305, 350, 362A, 632, 657
Pimpinella (Pimpernell): 357, 371A, 372A
pimy (*pimi*): 166, 187A
Pinie: 397A
Pinus: 345A, 397A, 467A, 617, 628
Pinus Cembra: 345A, 467A
Pinus Larix: 126A, 628
Pinus sylvestris: 108A
Pisces: 101A, 119A
Pistole: 40A, 504A, 505A
pizda (Pisda): 352, 363A
plaška (Plaschka; Mz. *plaški*): 453–455, 457, 470A, 472A, 474A

Platterbse: 362A
Plejaden: s. Siebengestirn
plenka (Mz. *plenki*): 454, 455, 472A, 474A
ploščadi[?] (Ploschadi): 432, 463A
Pocken (Blattern; Kinderpocken; Menschenpocken; Poken; Variolae): 35, 42A, 88, 130A, 131A, 594, 600
Podjasi: 392A
podnik (Mz. *podniki*): 272, 274A
podvodok (Mz. *podvodki*): 569, 582A
podvolok (*podvoloka*; Mz. *podvoloki*): 335, 343A
pokromka: 512, 553A
Polen: s. Völker
polovinka (Mz. *polovinki*; Polowinki): 153, 160, 165–167, 169, 172, 173, 176, 184A, 240, 247, 278, 406–408, 412, 637
Poltergeister: 15
Polygonum: 269A, 283A, 369A, 370A, 371A, 375A
Polypodium: 294A
Polyporus: 126A, 657
Polysporus igniarius: 124A
Polytrichum: 313A
poplany (Poplani): 477, 483A
Populus: 347A
Populus alba: 347A
Populus tremula: 345A
porom (*parom*; Mz. *paroma*; Mz. *paromy*; Mz. *poroma*; Poromi): 336, 338, 345A
porsa (Borsa; Porscha; Porssa): 34, 379–382, 384, 393A, 394A, 637
Porst (Porsch; Post): 126A
portišče (Partisch; Partißtsche): 200, 212A

Portugiesen: s. Völker
posadskoj (*posad*; *posadskij*; Mz. *posadskie*; Posadzkoi): 142, 143A, 213A, 497A
Posaune: 121A, 122A
Potentilla: 357, 370A, 372A
potjag (Potjak): 327–329, 342A
povodnik (Mz. *povodniki*; Powodniki): 430, 463A
povodok (Mz. *povodki*; Powodki): 329, 330, 342A
Preußelbeere (Preußel-Heidelbeere): 124A, 366A, 471A
pridan (*pridanoe*): 510, 552A
Priester: s. Geistlicher
prikaščik (Prikaschik; Mz. *prikaščiki*): 218, 221A, 232A, 486A, 555A
Primula (Primel): 295A
Prinz: 41A, 63A
promyšlennik (Promyschleni; Promysel; *promyšlenniki*): 34, 40A, 73, 204, 326, 328, 329, 333, 335, 342A, 438, 440, 442, 472A, 483A, 491, 637, 657
Prophet: 71, 96A, 420A
Proviant: s. Nahrung
Prunus Padus: 347A, 485A, 552A
ptaška (Mz. *ptaški*): 572, 582A
pučki snitkovye: 357, 372A
Pudel: 294A
Pumpokolisch: s. Sprache, ostjakische
puščal'nica (Mz. *puščal'nicy*): 411, 419A, 477, 481, 483A, 487A
Putorius: 362A
Pycielt. 263, 269A

pyžik (*peška*; Pyschowie; *pyž*; *pyži*): 167, 188A, 310, 314A, 446, 468A, 646
Quappe (Quabbe; Quappen-Drosch): 176, 193A, 393A, 411, 419A
Quark: 267A, 400A, 401A, 419A
Quecksilber: 473A
Quing-Dynastie: 178A
Rabe (Seerabe; Raven): 73, 105A, 116A, 350–352, 354, 358, 498A, 637, 638
rajna (Raini; Mz. *rajny*): 325, 340A
Rangifer: 313A, 638
rapontik: 188A
Rattenpulver: 178A
Ratze (Ratte): 351, 352, 354, 362A, 363A, 364A, 630
Rauchtopf (Schmauchtopf): 33, 263, 269A
Rauchwerk: s. Pelz
Rauschbeere: 367A
Rebhuhn (Rephuhn): 434, 450, 453, 454, 456, 464A
Rechtswesen (Gerichtspflegung; Jus canonicum; Recht; Rechtspflegung; Rechtssachen): VII, X, LX, 8A, 31, 59, 215, 216, 218, 219, 280A, 538, 559A, 585, 587A, 594, 600A
Red Oker: 417A
Reh (Reh-Hirsch): 78, 114A, 115A, 153, 166, 168–170, 177, 192A, 236, 263, 273, 358, 360, 406, 428, 433, 442, 444, 445, 463A, 467A, 473A, 507, 638, 639
Reis: 39A, 256A

Reisebeschreibung (Reisebericht; Reisebeschreiber; Reisejournal): IX–XI, XIII, XVI, XVII, XX, XXII, XL–XLIII, XLV–XLVIII, L–LVI, LVIII, LIX, LXI–LXIII, LXV, LXVI, LXVIII, LXX, 4, 5, 8A, 9A, 18, 34, 43A, 121A, 127A, 133, 135, 135A, 136A, 144A, 146, 150, 214A, 222, 230A, 232A, 251, 258, 288, 296A, 339, 348A, 373A, 395A, 396A, 474A, 484A, 498A, 508, 521, 540, 549A, 585, 587A, 593, 594, 596, 599A, 600A
Religion (Naturreligion): XII, XIX, XX, XXII, XLIII, XLVII, L, LIII, LXI, 8A, 10A, 20A, 21A, 22A, 23A, 27A, 36, 42A, 67, 86, 128A, 148, 152, 155, 174, 179A, 191A, 193A, 226, 231A, 232A, 256A, 352, 354, 497A, 506, 514, 521, 525, 527–529, 549, 559A, 560A, 561, 563, 580A, 585–587, 587A, 591A, 598, 606A, 607A, 613–615, 619, 622, 623, 625, 627–631, 634, 640, 644, 648, 654
Remedium: s. Arzneimttel
Ren (Rennthier; Renntier): VII, 33–36, 39A, 40A, 56A, 74, 79, 83, 84, 89, 116A, 118A, 134, 136A, 144A, 149, 153, 154, 156, 158–161, 163, 164, 166–169, 171–176, 184A, 186A, 187A, 188A, 189A, 191A, 194A, 206, 219, 221A, 222, 241, 247, 248, 253A, 254A, 255A, 262, 265A, 272, 279, 280, 286, 303–310, 311A, 312A, 313A, 314A, 315A, 324, 330–332, 334, 336, 339, 341A, 342A, 343A, 345A, 351,

352, 378–380, 392A, 393A, 405–
408, 410–413, 415A, 425, 432,
433, 438–441, 445–451, 459A,
462A, 465A, 468A, 477, 482,
484A, 488, 490, 497A, 500, 507,
509, 510, 520, 521, 545, 565,
569, 574, 576, 578, 582A, 584A,
614, 624, 627, 630, 633, 634,
636–640, 642, 643, 646, 647,
653–655
reven' (Rewen; Rewenn): 167,
188A
Rhabarber: 188A, 212A, 268A,
401A
Rheum: 188A
Rheumatismus: 632
Rhododendron: 126A
Richter: 63A, 208A, 216
Rind (Bulle; Hornvieh; Kalb; Kuh;
Kuhhirte; Ochse; Stier): 33, 34,
39A, 41A, 47, 52A, 67, 68, 71,
76, 83, 89, 91A, 92A, 93A, 95A,
99A, 103A, 110A, 133, 137A,
163, 165, 166, 186A, 215–218,
222, 241–246, 254A, 258, 261,
264A, 266A, 272, 282, 285–293,
296A, 297A, 298A, 299A, 300A,
306, 307, 315A, 321A, 324–326,
335, 337, 340A, 345A, 350, 351,
354, 364A, 377, 384, 388–391,
391A, 396A, 397A, 398A, 399A,
400A, 402, 403, 406–408, 411,
414A, 422, 425, 451, 497A, 502,
505A, 509, 510, 520, 521, 530,
532–537, 550A, 551A, 557A,
576, 584A, 622, 624, 628, 639,
643, 648, 656
Ringen (Ringer): 34, 490, 491,
497A, 528, 531

rjabok (*rjabčik*; Mz. *rjabčiki*; Mz.
rjabki): 469A
Robbe: 363A
Rock: s. Kleidung
Römer: s. Volk
Röthelstein (Rötel; Rötelstein;
Röthel; Rothstein): 409, 417A
rogatina (Rogatini; Mz. *rogatiny*):
404, 437–439, 450, 461A, 638
Rogen: 107A, 108A, 112A
Roggen (Rocken; Rogken; Roken):
266A, 278, 280A, 283A, 368A,
384, 396A, 416A
rogoža (Rogoschen; Mz. *rogoži*):
34, 41A, 272, 274A
rogul'ki: 87, 129A
Rohr, gezogenes: 90, 132A, 226,
232A, 421, 422, 441, 458A
Rose (Rosa): 183A, 471A, 590A
Rosenknopf (Rosenknopff): 454,
471A
Rosenkranz: 597, 598, 605A, 606A
Rosmarus: 181A, 254A, 266A,
496A, 503A
rosomacha (Mz. *rosomachi*; Rossamak; *rossomak*; Mz. *rossomaki*; Roßamak): 156–159,
278, 352, 455, 456, 638, 655
rospuski (Rospuska): 324, 340A
Roßhuf: Botanik – 127A
Rotfärberwurz: 418A
Rotgerber (Rothgerber): 556A
Rotwild (Rothwild): s. Wild
rovduga (*rolduga*; Mz. *roldugi*;
Mz. *rovdugi*; Rowdugi): 153,
156, 160, 162, 163, 165–169,
172, 173, 176, 182A, 183A,
184A, 192A, 193A, 246–248,
250, 251, 278, 280, 405–409,
412, 420A, 535, 575, 638, 639

Roxolani (Roxolania): s. Völker
Royston-crow: 104A, 105A, 360A
Rubia: 418A
Rubrica: 417A
Rubus: 366A
Rübe: 188A, 355
Rübendistel: 188A
Ruhr: 295A
Rumex: 188A, 189A, 366A, 418A
Runen: 67, 90A
Rupicapra: 458A
Russen: s. Völker
Ruß (Russ): 149, 179A, 180A
rybij klej: 125A
rys' (Mz. *rysi*): 630
Sabbath (Sabbat): 81, 120A
Sabina: 129A, 130A
Sachsen: s. Völker
Sadebaum (Sadebaum-Wachholder; Sadelbaum): 130A
Säbel: 40A, 226, 228, 504A
Säge: 407
Safran (Saffran): 179A
Sagai (Sagaische Tataren): s. Völker, Tataren
Sagaisch: s. Sprache
Sagittarius: 101A
saiga (*sajga*): Pfeil – 431, 463A
sajdak: 465A, 466A
sajga (Saiga; Saiza): Zoologie – 467A, 638
sak (Mz. *saki*): 479, 484A, 485A
šalaš (Mz. *šalaši*): s. Schlitten
Salbe: 149
Salix: 269A, 419A, 462A, 475A, 483A, 484A, 552A
Salmo coregonoides (Salmo coregonus): 419A, 484A
Salmo fluviatilis: 193A, 395A, 419A, 483A

Salmo lavaretus: 392A, 393A, 484A
Salmo Lenok: 419A
Salmo leucichthys: 119A
Salmo Mukaûn: 393A
Salmo leucichthys: 394A, 483A
Salmo migratorius: 393A
Salmo Muksûn: 484A
Salmo Nasus (Salmo Nasutus): 652
Salmo Nelma: 119A, 393A, 394A, 483A
Salmo Omul: 393A
Salmo Peled (Salmo Pelet): 393A
Salmo Taimen: 193A, 395A, 419A, 483A
Salmo thymallus: 117A
Salmo Tugun: 394A
Salpeter: 124A, 473A, 657
Salz (Saltz): 33, 53, 55A, 113A, 320, 350, 358, 378, 385, 395A, 396A, 458A, 473A, 499A, 563
Sambucus: 471A
Sammlung Russischer Geschichte: XIV, XXI, XLVII, LVI, LVII, LXV, LXVII, LXVIII, LXIX, 7
Samojeden: s. Völker
Samojedisch: s. Sprache
samostrel'nyj luk (Samostrelnie Luki; Mz. *samostrel'nye luki*): 452–454, 461A, 475A, 642
Sandstein: 232A
Sanguisorba: 369A, 371A, 372A
sanka (Mz. *sanki*): s. Schlitten
šar (Schaar; Schar; Scharr): 211A, 212A, 268A, 401A, 549A
sarana (Sanarà; Sarona): LXVII, 72, 73, 105A, 263, 350, 355–358, 365A, 369A, 370A, 371A, 374A, 379, 384, 390, 506, 507, 643

sardana: 357, 373A
Sardelle (Sardine): 34, 41A
Sarmaten: s. Völker
Sattel: 33, 265A, 272, 274A, 331, 343A, 402, 405, 415A, 499A
saturan: 385
Sauerampfer (Saurampfer): 355, 366A, 410, 418A
Sauerdorn: 366A
ščetka (*ščetki*; Schetki): 166, 187A, 286, 289, 294A, 297A, 413, 420A
Schaarbocks-Beere: 366A
Schach: 490
Schaf (Fettschwanzschaf; Hammel; Lamm; Mutterschaf; Schaaf; Schöps; Widder): 33, 68, 71, 72, 91A, 92A, 94A, 95A, 98A, 99A, 102A, 103A, 112A, 123A, 168, 169, 189A, 190A, 191A, 215, 216, 222, 238, 245, 272, 285–287, 289, 290, 293, 294A, 295A, 296A, 300A, 345A, 351, 353, 369A, 390, 399A, 400A, 406, 411, 422, 458A, 459A, 497A, 509, 510, 520, 530, 550A, 551A, 594, 597, 600A, 601A, 604A, 605A, 624, 631, 639, 644, 648, 656
Schafschwingel (Schwingel): 294A
Schalmei (Schallmey; Schalmey): 488, 495, 522, 555A
Schaman (Schamanengeräth; Schamanerey; Schamanin; Schamanismus): XXI, XXIX, 10A, 21A, 22A, 23A, 36, 56A, 89, 122A, 128A, 148, 188A, 224, 250, 255A, 269A, 466A, 502, 503, 505A, 538, 539, 561, 562, 615, 619, 622, 624, 627, 628, 630, 634, 640, 644, 653, 654
Schanischnoi Kley: 125A, 417A
Schartendistel (Schardistel; Scharte): 127A, 128A, 130A, 269A
Schatullenfarn: 295A
Schatz (Schatzmeister): 51A, 106A
Schere: 89, 145
Schiff: s. Boot
Schiffbruch: 121A
Schildfarn: 295A
Schilf: 41A, 272, 274A, 505A
Schiwaismus: 629
Schlange (Natter): 39A, 45, 46, 48A, 49A, 67, 68, 91A, 93A, 94A, 95A, 103A, 121A, 122A, 123A, 572, 573, 583A, 597, 605A
Schlauch: 261, 262, 266A, 361A, 399A, 400A, 414A, 557A, 576
Schleifstein: 179A, 409
Schlitten (*narta*; Narte; Mz. *narty*; *šalaš*; Mz. *šalaši*; *sanka*; Mz. *sanki*; Schalaschi): 33, 133, 175, 304, 305, 309, 312A, 314A, 317, 318, 319A, 322–333, 340A, 341A, 342A, 343A, 437, 440, 445, 446, 529, 569, 578, 612, 633
Schlittschuh: 343A
Schlucken: 272, 274A
Schlüsselblume: 295A
Schmetterling (Zweyfalter): 71, 100A
Schmied (Schmiedearbeit; Schmiedekunst): 34, 191A, 404, 405, 414A, 610, 613, 622, 649
Schnäpel (Schnäpel-Aesche): 392A, 393A, 484A

Schnee: 38A, 76, 77, 79, 116A, 117A, 118A, 241, 255A, 285–287, 298A, 305, 323, 325, 327, 332, 333, 340A, 341A, 416A, 439, 440, 445, 447–451, 454, 455, 475A, 480, 565, 566
Schneeball: Botanik – 471A
Schneehuhn: 469A, 470A
Schneeschuh (*golicy*; Golizi; Lischi; Lyschi; *lyža*; Mz. *lyži*; Ski): 33, 74, 106A, 133, 332–335, 343A, 410, 445, 447, 448, 578, 628, 630
Schneider: 34, 348A, 410, 459A, 503A, 646
Schoren: s. Völker, Tataren
Schorisch: s. Sprache
Schreibebolus: 417A
Schreiner: 189A, 415A, 612
Schütze: 101A, 444, 449
Schuhe: 176, 186A, 187A, 193A, 343A, 416A, 639
Schule: 67, 577
Schupannen: s. *župany*
Schuster: 34, 410, 432
Schwamm: s. Pilz
Schwan (Schwanengans): 63A, 175, 193A, 354, 364A, 433, 434, 451, 453, 464A
Schwangerschaft: 35, 548
Schwarzstube: 57A
Schweden: s. Völker
Schwedisch: s. Sprache
Schwefel: 173, 179A, 180A
Schwein (Wildschwein): 68, 92A, 93A, 94A, 95A, 103A, 234A, 354, 444, 468A
Schwert (Schwerdt): 40A, 178A, 234A, 466A, 504A

Schwur (Schweren): 32, 223, 224, 228, 230A, 231A, 645
šči (Schti; Schtschi): 355, 367A
Scirpus: 84, 123A
Sciurus: 105A, 111A, 119A, 616
Scorzonera: 122A
Scrophulose: 126A
Scrotum: 292, 306, 307, 318, 645
ščuka (Schtschuka; Mz. *ščuki*; Tschuk): 119A, 393A, 483A
sečka (Mz. *sečki*): 429, 462A
Seehund (Seekalb): XXX, 339, 345A, 346A, 347A, 348A, 352, 363A, 374A
Seekuh: 212A
Seele: 56A, 185A, 562, 580A, 587, 592A, 619, 644
Seerose: 371A
Segel (Seegel): 56A, 267A, 325, 340A, 345A, 346A, 348A, 484A, 620, 630
Seide: 156, 157, 170, 183A, 184A, 185A, 210A, 294A, 367A, 552A, 556A, 559A
Seife: 126A
Selkupen: s. Völker
Selkupisch: s. Sprache
selo (Mz. *sela*): 49A
Senat, Dirigierender: s. Kanzleien, Institutionen und Behörden
šert': 228
seryj gus' (*seroj gus'*): 469A
set' (Mz. *seti*; Setti; Sieti): 75, 412, 456, 477–481, 633, 645, 646
Seuche: 286, 287, 309
Sibirische Prikas: s. Kanzleien, Institutionen und Behörden
Sieb: 411, 412
Siebengestirn (Plejaden): 68, 74, 92A, 102A, 107A

Siegel (Siegelverwahrer; Stempel): 47, 51A, 52A, 420A
Siek-Aesche: 392A
sig (Sigh; Mz. *sigi*): 377, 392A
šikša: s. *ssicha*
Silber (Silberring; Silberschmied): 34, 47, 52A, 147, 150, 151, 164, 166, 169, 172, 191A, 192A, 210A, 232A, 257, 278, 280A, 405, 414A, 415A, 552A, 572, 582A
Silberpappel: 347A
šil'čataja strela (Schiltschatie; Mz. *šil'čatye strely*): 432, 463A
Sintflut (Sündfluth): 97A
šipičnik (Schipownik; *šipovnik*): 454, 471A
Sirjänen: s. Völker, Syrjänen
Sirjänisch: s. Sprache, syrjänische
šitik (Schitik; Mz. *šitiki*): 54, 56A, 336, 339, 345A, 346A, 478, 484A
Sittenlehre (Moeurs; Sitten): XX, XXI, XXIV–XXVI, L, LIX, LX, 3–6, 8A, 10A, 17, 18, 27A, 256A, 551A, 552A, 590A, 594, 599A, 620
skakuška (Scakuski; Mz. *skakuški*; Skakuski): 430, 432, 433, 463A
Sklave (Leibeigener; Sclave; Sclaverey): 31, 61, 196, 197, 219, 499A, 539, 540, 542, 550A, 594, 600A
skobel': 407, 415A
Skorbut (Schaarbock; Scharbock; Scorbut): 367A, 383, 394A, 395A
Skorpion (Scorpio; Scorpion): 72, 101A
Skythen (Scythen): s. Volk

sladkaja trava (Sladkaja Trawa; Slatka Trawa): 372A, 373A
Slawen: s. Völker
slepokurnik: 416A
slopec (Slopez; Mz. *slopcy*): 453–455, 470A, 471A, 472A, 473A, 474A
šnurok (Schnurok): 372A
soba: 392A
Sodomie (Sodomia, Sodomismus; Sodomiterey): 32, 38A, 197, 210A
Sojeten: s. Völker
sokol (Mz. *sokoly*): 40A, 365A, 469A
sokuj (Sokui): 156, 168, 219, 646
solodkij koren' (*sladkij koren'*; Slatkoi Koren): 355, 366A
soloncy (Solonzi): 385, 396A, 422, 458A, 494, 495, 499A
Solstitium: 71, 72, 100A
Sonne (Sonnenfinsternis; Sonnenjahr): 31, 38A, 48A, 71, 82, 96A, 97A, 98A, 99A, 100A, 102A, 103A, 112A, 117A, 122A, 131A, 132A, 140, 142, 152, 225, 228, 236, 242, 292, 293, 301A, 380, 382, 383, 391, 447, 526, 572, 582A, 586, 591A, 601A, 602A
sora: 400A
soroka (Mz. *soroki*): 360A
sosna (Sosniak; *sosnjak*): 108A, 359, 617
Spanier: s. Völker
Speise: s. Nahrung
Sperber: 365A
Sperwer: Schiffsname – 121A
Sphondylium (Spondylium): LXVIII, 373A

Spiele: VII, 34, 209A, 488, 490, 528
Spieß (Speer; Spies): 40A, 438, 466A, 474A, 504A, 505A, 636, 638
Spießglanz (Spießglanzkönig; Spießglanzmetall): 180A
Spinne: 123A
Spitzflosser-Karpfe: 392A
Sprache: V, VII, X–XIII, XVII–XX, XXIV, XXVII, XXVIII, XXXII, XL, XLII, L, LII, LV, LX, LXII, 3, 4, 9A, 10A, 27A, 31, 51A, 53, 54, 65A, 68, 94A, 180A, 182A, 208A, 209A, 252A, 319A, 331, 365A, 366A, 441, 551A, 552A, 586, 588A, 593, 596, 599A, 602A, 603A, 611, 613, 617, 619, 622, 628, 630, 634, 635, 640, 641, 648–650, 652, 653
  altaische (Altaisch) – 365A, 615, 622, 631, 651, 654
  arabische (Arabisch) – XXXIV, XLIV, LXII, LXVIII, 71, 96A, 97A, 98A, 99A, 100A, 101A, 181A, 231A, 266A, 613
  arinzische (Arinzisch; Arinzisch-Tatarisch) – XXXIV, 45, 46, 102A, 111A, 364A, 368A, 392A, 610
  assanische (Assanisch; Assanisch-Tatarisch) – 267A, 461A, 611, 628
  barabinzische (Barabinzisch) – XXXIV, 49A, 93A, 94A, 101A, 102A, 186A, 187A, 190A, 266A, 268A, 298A, 299A, 374A, 375A, 391A, 392A, 460A, 649

  baschkirische (Baschkirisch) – XXXIV, XL, 191A
  beltirische (Beltirisch) – XXXIV, 187A, 650
  bucharische (Bucharisch) – XXXIV, 80, 81, 91A, 93A, 94A, 105A, 119A, 120A, 121A, 262, 555A, 556A, 613
  burjatische (Brattisch; Brazkisch; Buraetisch; Burjatisch) – XXXIV, XXXVI, XXXVII, XLIV, LXIV, 53, 55A, 58, 59, 62A, 63A, 64A, 74, 78, 79, 84, 107A, 108A, 112A, 113A, 114A, 115A, 117A, 118A, 124A, 136A, 154, 164, 167, 169, 183A, 185A, 187A, 190A, 216, 220A, 231A, 253A, 254A, 258, 261, 264A, 266A, 267A, 275A, 277A, 290, 291, 297A, 299A, 345A, 355, 364A, 365A, 368A, 369A, 370A, 387, 389, 392A, 395A, 396A, 397A, 398A, 399A, 400A, 411, 414A, 415A, 419A, 427, 429, 430, 461A, 462A, 463A, 550A, 557A, 558A, 583A, 614, 631, 639, 645, 647
  chakassische (Chakassisch) – XXXIV, LXVIII, 62A, 63A, 91A, 93A, 94A, 101A, 102A, 103A, 125A, 129A, 130A, 132A, 137A, 185A, 186A, 187A, 190A, 191A, 194A, 252A, 266A, 268A, 269A, 275A, 297A, 298A, 299A, 315A, 343A, 361A, 364A, 365A, 374A, 375A, 391A, 392A, 397A, 460A, 461A, 466A, 472A, 499A, 550A, 557A, 560A, 580A, 614
  deutsche (Deutsch; Niederdeutsch) – XX, XXI, XXIII,

Sachregister

XXIV, XXVIII, XXIX, XXXIV,
XXXV, XL, XLVII, L, LX, LXI,
LXX, 8A, 10A, 120A, 122A,
345A, 346A, 467A, 589A, 590A,
617, 628
englische (Englisch) – XXXIV,
XLIV, LXII, LXIII, LXVI,
LXVIII, LXX, 222, 586, 589A
estnische (Estländisch; Estnisch)
– 586, 589A
finnische (Finnisch; Finnländisch) – XLIX, 25A, 26A, 589A
Finno-Ugrisch – 10A, 21A, 22A,
128A, 191A, 634
giljakische (Giljak; Giljakisch;
Niwchisch) – 619
gotische (Gotisch; Gothisch) –
48A
griechische (Griechisch) –
XXXV, LI, 118A, 258, 264A,
462A
hebräische (Hebräisch) – 588A
hindustanische (Hindi) – 137A,
138A
jakutische (Jakutisch) – XXXV,
XL, LX, LXVI, 48A, 53, 56A,
58, 60, 62A, 63A, 64A, 74, 76,
88, 107A, 108A, 109A, 110A,
122A, 123A, 131A, 134, 135,
136A, 137A, 154, 159, 160, 163,
169, 183A, 184A, 185A, 186A,
190A, 233A, 253A, 254A, 264A,
265A, 290, 291, 297A, 298A,
299A, 337, 342A, 343A, 346A,
355, 364A, 365A, 370A, 371A,
373A, 374A, 382, 383, 387, 389,
393A, 394A, 395A, 397A, 398A,
399A, 400A, 401A, 414A, 417A,
425–430, 459A, 460A, 461A,
462A, 463A, 465A, 535, 537,
550A, 558A, 562, 580A, 582A,
583A, 616, 622, 625, 628, 643,
646, 647
jukagirische (Jukagirisch) –
XXXV, LIII, 175, 189A, 193A,
303, 311A, 343A, 347A
kaidinische (Kaidinisch) –
XXXV, 102A, 297A, 298A,
299A, 362A, 367A, 368A, 374A,
460A, 650
kalmykische (Kalmuckisch;
Kalmykisch; Ölötisch) – XXXV,
LII, LVII, LXII, 9A, 21A, 47A,
51A, 52A, 58, 59, 62A, 63A,
64A, 81, 103A, 104A, 115A,
121A, 253A, 267A, 363A, 398A,
399A, 458A, 466A, 555A, 557A,
615, 623, 631, 639, 645, 647
kamassische (Kamassinisch;
Kamassisch) – XXXV, 64A,
102A, 110A, 194A, 263, 267A,
269A, 300A, 315A, 333, 343A,
361A, 362A, 364A, 365A, 392A,
393A, 460A, 551A
kamtschadalische (Itelmenisch;
Kamtschatalisch) – XXXV,
347A, 372A, 376A, 624
karagassische (Karagassisch) –
XXXV, L, 64A, 104A, 105A,
122A, 268A, 315A, 367A, 460A,
461A. 642
katschinzische (Katschinzisch) –
XXXV, 49A, 61A, 62A, 91A,
93A, 94A, 101A, 102A, 103A,
105A, 125A, 129A, 130A, 132A,
187A, 190A, 266A, 268A, 269A,
283A, 297A, 298A, 299A, 300A,
315A, 361A, 362A, 364A, 367A,
368A, 374A, 375A, 391A, 400A,
460A, 466A, 560A, 580A, 650

kirgisische (Kirgisisch) – 625
koibalisch (Koibalisch) – XXXV,
110A, 268A, 641
korjakische (Korjakisch) –
XXXV, LXII, 303, 311A, 312A,
347A, 376A, 627
kotowzische (Kotowzisch; Kotowzisch-Tatarisch; Kottisch) –
XXXV, LXIV, 94A, 105A,
110A, 127A, 267A, 268A, 300A,
357, 391A, 392A, 461A, 463A,
611, 627
kumandinzische (Kumandinzisch) – 300A
kurilische (Ainu; Kurilisch) –
628
lappische (Lappisch; Lappländisch) – XXXV, 630
mandschurische (Mandschurisch)
– 654
matorische (Matorisch; Modorisch; Motorisch) – XXXV, L,
59, 64A, 104A, 105A, 122A,
268A, 310, 315A, 361A, 362A,
368A, 460A, 461A, 642
mongolische (Chalcha-Mongolisch; Mongolisch) – XIII,
XXXV, XLII, LIV, 21A, 43A,
47, 51A, 52A, 53, 54, 55A, 58,
60, 62A, 63A, 64A, 65A, 66A,
81, 91A, 92A, 95A, 96A, 104A,
121A, 135A, 154, 167, 187A,
190A, 216, 220A, 253A, 258,
262, 264A, 267A, 275A, 353,
355, 356, 363A, 364A, 365A,
368A, 369A, 387, 389, 392A,
393A, 396A, 397A, 398A, 399A,
400A, 422, 427, 458A, 459A,
461A, 468A, 497A, 557A, 582A,
614, 615, 623, 629, 631, 639,
645, 647, 648
mordwinische (Mordwa, Mordwinisch) – 22A
osmanische (Osmanisch) – 420A
ostjakische (Chantisch; *Enisej*-Ostjakisch; Ketisch; Ostiakisch;
Ostjakisch; Pumpokolisch) –
XXXIV–XXXVI, XLV, LXIV,
LXVIII, 53, 56A, 57A, 62A,
65A, 80, 85, 89, 108A, 110A,
111A, 118A, 119A, 124A, 126A,
176, 194A, 230A, 250, 255A,
268A, 313A, 343A, 346A, 355,
356, 365A, 380, 393A, 427–431,
461A, 462A, 463A, 465A, 466A,
479, 481, 485A, 487A, 496A,
551A, 552A, 553A, 610, 611,
627, 634, 635
Pali – 137A, 626
permjakische (Permjakisch) –
XXXVI, XLII
persische (Persisch; Tadsik;
Tadsîk; Tādschīkī) – XXXVI,
LXII, LXV, LXVIII, 51A, 69,
71, 94A, 95A, 96A, 99A, 100A,
101A, 137A, 265A, 340A, 590A,
613, 626
portugiesische (Portugiesisch) –
593, 599A
sagaische (Sagaisch) – 266A,
494, 499A, 651
samojedische (Chantaikisch;
Enisej-Samojedisch; Enzisch;
Jurakisch; Nenzisch; Nganasanisch; Ostjak-Samojedisch;
Samojedisch; Tawgy-Samojedisch) – XXXIV–
XXXVII, XLV, LXIV, 56A, 60,
62A, 65A, 79, 84, 89, 106A,

107A, 111A, 118A, 122A, 124A,
125A, 131A, 152, 154, 164, 166,
182A, 183A, 184A, 186A, 187A,
188A, 189A, 219, 221A, 231A,
233A, 249, 255A, 267A, 268A,
273A, 277A, 303, 305, 310,
311A, 312A, 313A, 314A, 315A,
330, 342A, 343A, 345A, 355,
365A, 366A, 375A, 380, 392A,
393A, 426–432, 437, 451, 459A,
460A, 461A, 462A, 463A, 465A,
466A, 469A, 477, 483A, 484A,
510, 551A, 552A, 574, 583A,
635, 640, 641, 642, 646
schorische (Schorisch): XXXVI,
186A, 187A, 268A, 392A, 460A,
461A, 466A, 472A, 651
schwedische (Schwedisch) – 17,
26A, 27A, 48A, 392A
selkupische (Selkupisch; s. auch
Ostjak-Samojedisch) – XXXVI,
L, 106A, 107A, 231A, 641
syrjänische (Sirjänisch; Syrjänisch) – XXXVI, 50A
taiginzische (Taiginzisch) –
XXXVII, L, 64A, 104A, 105A,
122A, 267A, 268A, 300A, 315A,
368A, 460A, 461A, 642
tangutische (Tangutisch) –
XXXVII, XLII, LVI, 68, 92A,
93A, 121A, 648
tatarische (Tatarisch) – XVIII,
XXXVII, XLVI, LXVI, 9A, 15,
21A, 33, 39A, 46, 47A, 49A,
50A, 53, 54, 56A, 58–60, 61A,
62A, 63A, 64A, 70, 72, 80, 81,
85, 87, 89, 91A, 92A, 93A, 94A,
96A, 97A, 98A, 99A, 100A,
101A, 102A, 103A, 105A, 119A,
120A, 121A, 125A, 126A, 129A,

130A, 131A, 132A, 148, 164,
181A, 186A, 187A, 190A, 211A,
242, 252A, 263, 266A, 268A,
269A, 283A, 290, 291, 293,
295A, 297A, 298A, 299A, 300A,
311, 315A, 333, 343A, 350, 355–
357, 359, 360A, 362A, 368A,
370A, 374A, 375A, 377, 379,
380, 387, 389, 391A, 393A,
396A, 397A, 398A, 400A, 420A,
426, 428, 429, 437, 454, 457,
460A, 466A, 468A, 475A, 483A,
495A, 508, 550A, 555A, 610,
613, 638
telengitische (Telengitisch) –
XXXVII, 185A, 186A, 252A,
392A, 557A, 651
teleutische (Teleutisch) –
XXXVII, 49A, 62A, 64A, 91A,
92A, 93A, 94A, 101A, 102A,
103A, 105A, 131A, 132A, 187A,
190A, 252A, 297A, 298A, 299A,
300A, 315A, 343A, 374A, 375A,
466A, 472A, 505A, 651
tschazkische (Tschatzkisch;
Tschazkisch) – XXXVII, 49A,
93A, 94A, 105A, 125A, 268A,
283A, 298A, 300A, 361A, 365A,
367A, 400A, 460A, 492, 652
tscheremissische (Marisch;
Tscheremissisch) – LXV, 10A,
21A, 128A
tschuktschische (Tschuktschisch)
– 653
tschulymische (Tschulymisch) –
XXXVII, 93A, 94A, 103A,
268A, 298A, 299A, 343A, 392A,
460A, 466A, 472A, 650
tschuwaschische (Tschuwa-
schisch) – XLVI, 10A, 23A

tungusische (Ewenisch,
Ewenkisch; Lamutisch; Negidalisch; Tungusisch) – XXXIV,
XXXV, XXXVII, XLIII, XLV,
LVII, LXIV, LXIX, 53, 54, 60,
62A, 64A, 79, 116A, 117A, 134,
136A, 150, 169, 173, 182A,
183A, 190A, 191A, 192A, 193A,
230A, 248, 254A, 262, 267A,
273A, 277A, 303, 305, 310,
311A, 312A, 313A, 315A, 316A,
346A, 347A, 355, 356, 365A,
368A, 370A, 371A, 275A, 380,
393A, 396A, 398A, 401A, 418A,
419A, 426–430, 460A, 461A,
462A, 463A, 465A, 466A, 505A,
508, 550A, 581A, 654
turksprachig (Turksprachen) –
XXXVII, LXII, LXVI, 10A,
23A, 49A, 51A, 52A, 61A, 62A,
63A, 64A, 91A, 93A, 98A,
102A, 103A, 119A, 120A, 125A,
129A, 130A, 131A, 132A, 137A,
178A, 184A, 186A, 187A, 190A,
191A, 234A, 252A, 266A, 268A,
269A, 275A, 283A, 297A, 298A,
299A, 300A, 343A, 361A, 362A,
364A, 368A, 374A, 375A, 392A,
397A, 398A, 400A, 420A, 460A,
466A, 472A, 475A, 550A, 552A,
554A, 558A, 610, 622, 625, 626,
649
ungarische (Ungarisch) – 25A
wogulische (Mansisch; Wogulisch) – XXXV, XXXVII, LXV,
25A, 250, 255A
wotjakische (Udmurtisch;
Wotisch; Wotjakisch) –
XXXVII, LVIII, 10A, 16, 21A,
24A, 25A, 128A

ssicha (Schikscha; *šikša*): 355,
367A
Stabwurz: 557A
Stachel-Nuß: 129A
Stamm: s. Geschlecht
Standarte: s. Fahne
Steinbock: 100A, 101A, 459A
Steinhuhn: 114A
stepnoj zveroboj: 128A
Steppe: 46, 102A, 143A, 148, 175,
205, 245, 285, 288, 320, 325,
340A, 353, 369A, 378, 385,
396A, 445, 455, 458A, 499A,
510, 561, 649, 651
Steppen-Johanniskraut: 128A
sterljad' (Sterled; *sterled'*; Mz.
sterledi; Sterlet, Sterlett; Mz.
sterljadi; Stirlet): 176, 381, 383,
384, 408, 410, 480, 512, 647
Stern (Abendstern; Gestirn; Polarstern; Sternbild): 37A, 38A, 74,
92A, 99A, 101A, 107A, 108A,
112A, 602A
Stibium: 181A
Stiefel (Stieffel): 32, 34, 155, 164–
167, 172–174, 176, 177, 183A,
186A, 187A, 188A, 192A, 254A,
314A, 402, 403, 409, 410, 413,
414A, 549, 558A, 570, 614
Stirnbinde (Stirnband): 152, 182A,
330
Stör (Stöhr): 80, 119A, 125A, 176,
381, 383, 384, 408, 410, 417A,
477, 480, 647
Strafe: 198, 209A, 215, 216, 220A,
223, 228, 516, 620, 648
Strickbeere: 125A
Strichnin (Strychnin): 474A
Strix (Stryx): 361A, 464A

Strumpf (Socke): 32, 165, 166, 172, 183A, 186A, 187A, 188A, 192A, 254A, 262, 549
Strychnos: 474A
Student: XVI, 6, 455
Sturio: 119A
šuba (Schuba): 160, 184A
Sublimat: 473A
Süßholz (Süßwurz): 366A
Süßklee: 374A
sulema: 455, 456, 473A
šulenga (Schulenga): 60, 63A, 215, 217, 218, 282, 554A, 645
suma: s. *peremetnaja suma*
Sumpf-Post (Sumpf-Kühnrost): 125A
Surdus tetrao: 111A
sur'ma (Surma; Surmé): 150, 180A, 181A
surok (Mz. *surki*): 363A
suslik: 364A
svacha (Mz. *svachi*; Swachen): 526, 556A, 557A
svara (Mz. *svary*; Swari): 328, 342A
svekor: 185A, 559A
svistun (Mz. *svistuni*; Swistuny): 428, 461A
Svjatoj Gavriil (Sankt Gabriel): Schiffsname – 348A
syn bojarskoj (Mz. *deti bojarskie*): 197, 210A, 213A, 228, 233A, 504A
Synin: 621
Syphilis (Frantzosen; Franzosen; Morbus gallicus): 35, 42A, 126A
Syrer: s. Völker
Syrjänen (Sirianen; Syrjanen): s. Völker
Syrjänisch: s. Sprache, syrjänische

Tabak (Schnupftobak; Tabaksbeutel; Toback; Tobak): 33, 83, 123A, 124A, 155, 164, 169, 173, 186A, 190A, 200, 202, 211A, 212A, 262, 263, 268A, 269A, 391, 401A, 419A, 506, 507, 549A, 550A
Tabakspfeife (Pfeife; Tobakspfeife): 33, 155, 164, 169, 173, 190A, 262, 263, 267A, 268A, 269A, 401A, 419A, 506, 507, 549A, 550A
Tabanus: 111A
Tadsik: s. Sprache, persische
Taiginzen: s. Völker
Taiginzisch: s. Sprache
Ta-jen: 258, 264A
tajmen' (Taimeen; Taimen; Taimeni; Taimenne; Mz. *tajmeni*; Talmeen): 176, 193A, 384, 395A, 410, 411, 419A, 477, 482, 483A
Taischa (*tajša*): 41A, 60, 63A, 215, 220A, 647
Tanguten: s. Völker
Tangutisch: s. Sprache
Tanne (Danne): 249, 338, 343A, 371A, 383, 422, 424, 454, 457, 468A, 470A, 479, 617, 645, 649
Tannenmoos (Tangelmoos): 295A
Tantrismus: 629
Tanz (Tantzen): 34, 488–491, 498A, 528, 531
tarbagan (Mz. *tarbagany*): 363A, 364A
targačiny (Targatschini): s. Völker, Tungusen
Tataren: s. Völker
Tatarisch: s. Sprache

tatašin (Tataschi): 396A, 531, 557A
Taube: 594, 600A
Taucher (Haubentaucher): 618
Taufe (Tauffe; Taufung): 210A, 351, 509, 512, 516
Taurus: 99A
Tawashi: 468A
Taxus: Zoologie – 364A
Tee (Thee; Ziegelthee): 126A, 252A, 356, 368A, 369A, 385, 396A, 497A
Teganon: 258, 264A
Tek (Tik): 459A
Telengiten: s. Völker, Tataren
Telengitisch: s. Sprache
Teleutisch: s. Sprache
Tempel: s. Kirche
Terpentin (Venedischer Terpentin): 629
Testiculus: 87, 292, 306, 307, 318, 652
test' (Test): 537, 559A
testiki: 481, 486A
teterev (Teter; *teterja*): 77, 111A, 464A
Tetrao (Tetrax): 111A, 164A, 464A, 469A
Teufel (Teuffel): 36, 88, 90, 209A, 274A, 276, 502, 538, 557A, 560A, 571, 572, 581A, 597, 604A, 605A
Theeboy: 125A, 366A, 471A
Thraker: s. Völker
Thymus serpillum: 560A, 580A
Tier (Raubthier; Thier; Thierlein; Wildtier): X, XXXII, XLIII, XLVII, LIII, LV, LX, 32–34, 39A, 40A, 85, 103A, 106A, 114A, 128A, 149, 156, 158, 187A, 191A, 212A, 227, 230A, 233A, 265A, 291, 294A, 295A, 297A, 299A, 312A, 313A, 314A, 317, 318A, 320, 321A, 331, 339A, 352–355, 358, 360, 363A, 364A, 410, 415A, 426, 432–434, 438, 440, 444, 446–448, 451–456, 465A, 467A, 468A, 471A, 472A, 473A, 474A, 475A, 505A, 507, 552A, 557A, 561, 568, 582A, 590A, 592A, 593, 596, 597, 599A, 602A, 605A, 616, 624, 627, 628, 630, 637, 642, 653, 656
Tierkreis (Cyclus duodenarius; Cyclus sexagenarius): 43A, 67–71, 73, 81, 91A, 92A, 93A, 94A, 95A, 96A, 99A, 100A, 101A, 103A, 121A
Tiger (Tigerkatze; *tigr*): 67, 68, 91A, 92A, 93A, 95A, 438, 466A
Tinte (Dinte): 7A, 19A, 20A, 37A, 180A
Tjulén (Tiulen): 363A
Tod (Todt): XXII, XXVIII, 35, 36, 82, 96A, 122A, 131A, 198, 208A, 223, 225, 276, 277A, 288, 341A, 498A, 516, 517, 570, 571, 573, 587, 644
Tofalaren: s. Völker, Karagassen
Tolokno: 395A
tomar (*tamar*; *tamara*; Tamari; Mz. *tamary*; Mz. *tomary*): 426, 429, 432, 433, 454, 456, 457, 461A, 612, 648, 652
Tomka (Mz. Tomki): 352
Ton (Thon): Mineral – 121A, 122A, 258, 264A, 398A, 416A

Topf (Topff): 86, 257, 263, 264A, 265A, 269A, 371A, 375A, 471A, 488
topol' (Topolnik; *topol'nik*): 339, 347A
torbasy (Torbasà; Torbassi): 165, 186A, 535, 558A
Torf (Torff): 248, 304, 305, 330, 358, 367A, 446
Trapa natans: 129A
Traubenkirsche: 347A, 485A, 552A
Tribuloides: 87, 129A
Tribulus. 129A
Tribut: s. Abgabe
Trichechus Rosmarus: 181A, 254A, 266A, 496A, 503A
Trommel (Bubben; *buben*; Handtrommel; Zaubertrommel): 89, 121A, 122A, 255A, 488, 502, 505A
Trunkelbeere: 366A
Tschazkisch (Tschatzkisch): s. Sprache
Tscheremissen: s. Völker
Tscheremissisch: s. Sprache
Tschuktschen: s. Völker
Tschuktschisch: s. Sprache
Tschulymisch: s. Sprache
Tschumi: s. *čum*
Tschupan: s. *župany*
Tschuwaschen: s. Völker
Tschuwaschisch: s. Sprache
Tubinzen (Tubiner): s. Völker, Tataren
Tuch: 123A, 156, 161, 166, 170, 175, 184A, 185A, 190A, 272, 409, 531, 553A, 559A, 575, 620, 653, 656
Türken: s. Völker

tugun (Tughùn; Mz. *tuguni*): 382, 394A
tujas: 399A
tul (*tul boevoj*; *tul zverovoj*): 436, 465A
tulun: 364A
tulup (Mz. *tulupy*): 190A, 191A
Tundra: 249, 309, 410, 446, 455, 653
Tungusen: s. Völker
Tungusisch: s. Sprache
turka (Mz. *turki*): 422, 458A
Turksprachen: s. Sprache
Tuscier: s. Völker
Tussilago: 86, 127A
Tuwiner (Tuwinzen): s. Völker
Udmurtisch: s. Sprache, wotjakische
udod: 114A
Übersetzung (Übersetzer): XVIII, XXIV–XXXI, XXXVIII, XLIII, 3, 8A, 9A, 37A, 127A, 222
ukaz (Befehl; Ordre; Ukas): XIV, XVI, XVII, XXIII, XXIV, 6, 9A, 18, 21A, 91A, 97A, 103A, 125A, 196, 201, 215, 233A, 265A, 539, 611, 637, 644, 654, 655, 657
ulikta: 263, 379, 380, 393A, 440, 531, 655
ulus (Uluss; Uluß): 44, 45, 62A, 64A, 65A, 66A, 127A, 197, 198, 211A, 217, 218, 533, 557A, 558A, 619, 625, 639, 640, 648, 655
Ungarisch: s. Sprache
Ungarn: s. Völker
Uranchi: s. Völker, Sojeten
urga: 421, 458A
Urogallus (Vrogallus): 111A, 463A, 464A

Ursus arctos: 611
Ursus Gulo: 655
Ursus maritimus: 123A, 363A, 466A
Ursus meles: 364A
Urtica: 420A, 459A, 485A
Usbeken: s. Völker
Uterusmittel (Uterus): 130A, 289
Vaccinium Vitis idaea: 124A, 125A, 366A, 471A
Vaccinium uliginosum: 366A
vachnja (Wachna; Wachnja): 359, 375A, 376A
Vandalen: s. Völker
Variolae (Varioli): 130A, 600A
varka (Warka): 378, 392A
vedro: 266A, 469A
Venus: 107A, 112A
Verbascum: 87, 127A, 128A
verbljud (Mz. *verbljudy*): 624
veresk (*veres*; Weresk): 130A
Vertrag (Contract; Contrat; Grenzvertrag; Tractat): XXVII, LV, 90A, 220A, 227, 280A, 501, 550A, 554A, 613
Vespa crabro: 49A
vetka (Mz. *vetki*; Wetki): 219, 335, 336, 338, 339, 346A, 347A, 446, 450, 655
Viburnum: 471A
Viehbremse: 111A
Viehzucht (Vieh; Viehseuche): VII, 20A, 22A, 33–35, 38A, 39A, 44, 48A, 76, 85, 112A, 126A, 134, 140, 188A, 191A, 197, 201, 202, 205, 210A, 216–218, 220A, 230A, 238, 241, 242, 245, 254A, 272, 273, 276, 278, 282, 285–288, 291–293, 300A, 303, 320, 322, 323, 325, 326,
340A, 343A, 350, 351, 360, 379–381, 388, 435, 469A, 476, 479, 510, 520, 525, 526, 529–531, 533–537, 539, 544–546, 550A, 558A, 561, 574, 576–578, 580A, 603A, 612, 613, 615, 620, 622, 623, 625, 628, 631, 639, 647–650
Vielfraß: 184A, 352, 354, 638, 655
vil'čataja strela (Mz. *vil'čatye strely*; Wÿltschatie Streli): 428, 432, 634, 656
Viola (Viole): 124A
Violine: 522
Virgo: 100A
Vitriol: 473A
Viverra: 190A, 362A, 363A, 469A, 556A, 583A
vodjanica (Wodaeniza): 366A
Völker:
Ägypter (Aegyptier; Egyptier) – 586, 588A, 590A, 597, 604A, 605A
Ainu (*ajnu*) – 628
Algerier (Algirer) – 521, 554A
Altaier (*altajcy*; Oiroten) – 300A, 651
Amerikaner – 27A, 150, 181A, 182A, 197, 255A, 589A, 593, 595, 599A
Ammoniter – 590A
Araber – 71, 99A, 264A, 586, 589A, 596
Aramäer (Aram; Aramaei; Aramaeos; Aram-suri; Naimanni; Naimans; Noi, Nomaei; Sacer) – 16, 23A, 24A, 46, 50A, 51A
Arinzen (Ara; Arinci; *arincy*; Ariner; Arinzi; Arr) – XXXIV, 25A, 44, 45, 48A, 49A, 54, 509, 610, 611, 627, 635, 650

Aserbaidschaner (Aserbaidshaner) – 649
Assanen (Assani; *asany*; *assany*) – 54, 267A, 285, 611, 627, 635, 650
Athener – 587
Atscharen – 615
Baschkiren (Baschart; Pascatir) – 14, 20A, 21A, 123A, 126A, 170, 191A, 400A, 420A, 459A, 485A, 612, 620
Berber – 606A
Böhmen – 302A, 588A
Bolgaren (Bulgaren; Bulgarer; *Volga*-Bulgaren – 10A, 23A, 253A
Brasilianer – 263, 269A, 593, 599A
Bucharen (*bucharcy*; *buchary*) – 155, 556A, 577, 610, 613
Burjaten (*bracki*; *brackie*; *bratski*; *bratskie*; *braty*; Brazki; Büratten; Buräten; Buraten; *burjaty*) – XIII, XL, XLI, 44, 48A, 53, 54, 59, 60, 64A, 65A, 78, 83, 86, 87, 89, 112A, 122A, 123A, 132A, 133, 142, 145, 147, 148, 150–157, 162, 164, 166, 168–170, 172, 173, 175, 183A, 188A, 190A, 192A, 197, 201, 202, 212A, 215–218, 225–227, 231A, 232A, 237, 238, 240, 243–246, 253A, 258, 261, 264A, 266A, 272, 273, 275A, 278, 279, 282, 285, 287, 288, 292, 320, 323–326, 335, 336, 350, 352–354, 356, 360, 366A, 368A, 369A, 370A, 377, 380, 384, 385, 387–391, 396A, 397A, 398A, 405–408, 410, 411, 414A, 415A, 421, 424, 427, 429, 430, 432, 436, 442, 443, 451, 459A, 476, 490, 491, 493, 498A, 508, 510, 520, 528–530, 535, 537, 538, 544, 546, 550A, 557A, 559A, 561, 564, 570, 573, 574, 577, 580A, 611, 613–615, 620, 621, 627, 631, 639, 643–645, 647, 648
Chinesen (Cataier; Chineser, Nieucher; Sinenser; Sineser) – 9A, 60, 65A, 69, 81, 84, 88, 133, 135A, 136A, 145, 148, 178A, 320, 340A, 341A, 352, 363A, 373A, 421, 435, 458A, 586, 589A, 623, 632, 646
Cimbrer – 24A, 585, 588A
Dauren (Dahuren, *daury*; s. auch Mandschuren) – 142, 145, 178A, 285, 286, 368A, 469A, 615, 616, 630
Deutsche (Germanen; Saxalain; Teutsche) – 272, 301A, 416A, 509, 551A, 552A, 586, 589A
Dutscheri – 615
Engländer – 585, 588A, 595
Esten (Estländer) – 5, 589A
Finnen (Finnländer) – 17, 25A, 27A, 410, 418A, 586, 589A, 644
Franken – 115A
Gileaditen – 590A
Giljaken (Gilaitski; Giliaki; *giljaki*; *nivchi*; Niwchen) – XIX, 318, 319A, 619
Goten (Gothen; Gothōnes; Guttŏnes; Gythōnes) – 46, 49A, 152, 182A
Griechen – LIV, 18, 53, 253A, 301A, 588A, 590A
Grönländer – 345A
Hebräer – 587

Holländer – 82
Hunnen – 15, 22A
Inder (Indianer) – 137A, 138A, 139A, 370A, 588A, 621
Indianer (in Amerika) – 593–595, 599A, 600A
Italiener (Italiäner) – 180A, 469A
Jakuten (Baturuskische Uluß; Jacuten; *volosti*: Bajagantaiskoi, Baturuskoi, Borogonskoi, Chasikazkische, Chorinskische, Kangalaskoi, Maschegarskische, Meginskoi, Nacharskische, Namskoi, Nerukteische, Schamkonskische, Scherkowskische) – XIII, XXI, XXIX, XLVI, LV, 34, 40A, 44, 48A, 53, 54, 58, 60, 61, 74–76, 81–85, 87, 88, 109A, 122A, 134, 140, 142, 144A, 146, 147, 151, 154, 157–159, 161–166, 168–170, 172, 173, 175, 184A, 186A, 189A, 197, 199, 201–203, 206, 207, 211A, 216, 217, 225–228, 241–244, 246, 251, 254A, 257–261, 265A, 271, 272, 276, 278, 279, 286, 287, 289–292, 296A, 317, 323, 326–329, 333–338, 346A, 350–354, 356–359, 362A, 364A, 365A, 369A, 370A, 371A, 372A, 374A, 375A, 379, 381–384, 387–391, 394A, 395A, 400A, 402–412, 414A, 416A, 418A, 421, 424, 425, 427, 428–432, 436–439, 445, 447, 452, 476–478, 480, 483A, 490, 491, 496A, 506–508, 510, 516, 520, 532–535, 537, 538, 544, 546, 548, 558A, 561, 564, 570–572, 574–578, 583A, 619, 621, 622, 626, 629, 643

Japaner (Japoneser) – 84, 88
Jüten (Dschütae; Jütae) – 54, 56A, 585, 588A
Jukagiren (Jukagern; Jukagiri; *jukagiry*) – XXI, 144A, 147, 165, 166, 173, 175, 197, 203, 205, 213A, 241, 246–249, 272, 303–305, 307, 308, 330, 332–334, 339, 352, 358, 359, 380, 405, 408–410, 424, 426, 432, 436, 439, 445, 447–450, 490, 504A, 509, 545, 574, 576, 622
Kabylen – 264A
Kalmyken (Calmaken; Calmucken; Calmücken; Calmüken; Chalmücken; Chalmüken; Elet; Eolut; Kalmacki; Kalmakken; Kalmucken; Kalmücken; Kalmüken; Ölöt; Syngor; Uiret) – XIII, XIV, L, LXV, 14, 21A, 34, 35, 38A, 39A, 40A, 41A, 44, 46, 47A, 48A, 51A, 58, 60, 62A, 64A, 65A, 73, 74, 78, 81, 82, 91A, 103A, 104A, 127A, 129A, 130A, 135A, 140, 143, 144A, 145, 148, 155, 156, 183A, 189A, 208A, 228, 234A, 236, 238, 260, 265A, 272, 273, 274A, 323, 325, 335, 336, 339A, 341A, 352, 354, 363A, 387, 388, 398A, 415A, 421, 436, 458A, 464A, 490, 497A, 502, 504A, 505A, 510, 520, 544, 557A, 561, 570, 573, 577, 580A, 613, 623, 629, 631, 639, 645, 648, 651
Ajukische (Aijukische; Törgötische; Torgout; Torgouten; Wolgische) – LXV, 14, 21A,

62A, 91A, 103A, 207A, 208A, 341A, 623
Soongoren (Chontaische; Contaische; *čžungary*; *džungary*; Sengorzi; Soongoren; Süngorzi; *zjungary*; *zungary*) – 21A, 47A, 196, 208A, 326, 341A, 623
Kamassen (Camaschinzi; Camasinzen; Camasinzi; Kamaschen; Kamaschinzen; Kamaschinzi; *kamasincy*; *kamašincy*; Kamasinzi; Kamatschinzen; *kamazincy*) – XXI, 54, 59, 61, 64A, 90, 151, 164, 177, 227, 236, 240, 244, 263, 264, 273, 285, 317, 324, 333, 338, 350, 404, 406, 422, 424, 433, 441, 445, 447, 456, 480, 506, 507, 509, 537, 541, 548, 567, 568, 570, 614, 624, 641, 650
Kamtschadalen (Itälmenen; Itelmenen; *itel'meny*; *kamčadaly*; Kamtschedalen) – XIII, XIX, LIX, LXVIII, 166, 189A, 190A, 197, 203, 210A, 213A, 243, 249, 261, 278, 317, 339, 360, 367A, 370A, 395A, 405, 454, 489, 490, 511, 595, 621, 624, 627, 637, 653
Karagassen (Karagassi; *karagasy*; Karakassen; Tofalaren; *tofalary*) – 303, 324, 338, 624, 641
Kirgisen (Casatschi Orda; Cosatschi-Horda; *kazač'ja orda*; Kyrgisische Casaken; Kürgisen; Kyrgisen) – 51A, 64A, 130A, 188A, 200, 212A, 268A, 336, 354, 401A, 418A, 422, 459A, 502, 610, 614, 623–625, 629, 641, 651
Arginzi – 51A

Karakirgisen – 624
Kasakkirgisen (Kirgis-Kaissaken) – 624, 625
Kiptschak – 51A
Naimani – 51A
Uwak Gereiz – 51A
Komi – 25A, XLII
Koreaner – 82
Korjaken (Koraken; Koraki; Koriäken; Koriaken; Koriaki; Korjäki; *korjaki*) – XIII, XIX, XLVIII, LII, 39A, 54, 144A, 147, 166, 181A, 190A, 197, 203, 209A, 241, 261, 303, 304, 308, 311A, 332, 336, 339, 346A, 347A, 359, 360, 405, 408, 409, 424, 436, 445, 501, 509, 539, 545, 559A, 574, 576, 624, 653
olennye (Olennie; Rentierkorjaken) – 33, 39A, 347A, 627
Olutoren (olutorische Korjaken) – 213A, 501, 504A, 627
sidjačie (Sidjataschie; sitzende Korjaken) – 33, 39A, 243, 311A, 627
Kotowzen (Kanische Tataren; *kanskie tatary*; *kotovcy*; Kotowzi; Kotten; *kotty*) – XXXV, 54, 59, 61, 64A, 164, 177, 227, 240, 244, 273, 285, 422, 445, 509, 627, 635, 650
Kumandinzen (*kumandincy*; Qumandy) – 300A
Kurilen (Kurillen; *kurily*) – XIX, 141, 148, 166, 203, 243, 317, 339, 374A, 511, 628
Lamuten (Ewenen; Lamuti; *lamuty*) – XIX, 115A, 116A, 166, 249, 267A, 332, 338, 346A, 360, 405, 424, 436, 465A, 629, 654

olennye (Olennie Lamuten) – 33, 40A, 654

sidjačie (Sidiatschie Lamuten) – 33, 40A, 654

Lappen (*laplandcy*; Lapp; Lappländer; Lappu; *lopari*; Loppari; Samen) – XI, LXIII, 5, 8A, 17, 26A, 33, 34, 36, 42A, 46, 303, 308, 313A, 314A, 331, 333, 334, 343A, 410, 418A, 419A, 440, 441, 449, 466A, 467A, 574, 576, 629

Liefländer (Wiralain) – 5, 589A

Litauer (Litthauwer) – 8A, 588A

Mandschuren (*man'čžury*; Manschjuren; Mandshu; s. auch Dauren) – 145, 178A, 285, 469A, 615, 630, 644, 654

Matoren (*matory*; Modoren; Modori; Motoren; *motory*) – 73, 303, 324, 338, 426, 451, 630–632, 641, 650

Mexikaner – 263, 269A

Moabiter – 597, 604A, 605A

Mongolen (Mogols; Mongalen; Mungalen) – XIII, LIX, LX, LXII, LXV, 21A, 24A, 36, 43A, 44, 46, 48A, 50A, 51A, 53, 58–60, 62A, 65A, 67, 69, 73, 74, 81–84, 88, 89, 90A, 121A, 133, 135A, 140, 145–148, 155, 156, 175, 192A, 197, 201, 215, 216, 219, 237, 238, 240, 243, 247, 257, 258, 272, 273, 278, 285, 320, 323–325, 335, 340A, 341A, 350, 353, 354, 360, 363A, 368A, 385, 387–391, 399A, 411, 415A, 421, 424, 427, 436, 437, 442, 443, 451, 459A, 467A, 476, 490, 491, 510, 520, 528, 529, 538, 544, 546, 557A, 561, 570, 573, 577, 580A, 586, 589A, 613, 622, 623, 626, 631, 632, 633, 639, 645, 648, 649

Zongolisches Geschlecht (*congol*; Zongolen) – 67, 90A, 91A

Mordwinen (Ersa; Ersanen; Merdas; Merduas; Mochschiani; *mokšan*; Mokscha; Mokschanen; Mokschianos; Mordens; Morduanen; *mordva*; *mordviny*; Mordwa; Moschiani; Moxel) – 15, 22A, 23A

Nasomoner (Nassamones; Nassamoner; Nasomones; Nasomons) – 521, 554A

Neuri – 49A

Österreicher – 302A

Oiroten: s. Altaier

Ostjaken (Ass-Jachen; Chanten; *chanty*; Keten; *kety*; Ostiacken; Ostiaken; *ostjaki*) – XI, XIII, XIX, XXI, XXII, XXXIV–XXXVI, XLVII, LVI, LXVII, 5, 8A, 24A, 35, 36, 43A, 46, 47, 50A, 53, 54, 57A, 58, 60, 65A, 74, 76, 85, 87, 106A, 118A, 119A, 124A, 127A, 128A, 129A, 133, 140, 145, 147, 148, 153–155, 176, 177, 186A, 204, 218, 223–225, 235, 240, 251, 259, 262, 268A, 271, 276, 277, 279, 307, 317, 318, 323, 326, 327, 334, 337, 339, 341A, 342A, 351, 358, 359, 367A, 370A, 372A, 377, 382, 384, 392A, 401A, 404, 408, 410, 412, 424, 427, 429, 431, 432, 436, 438–441, 447, 454–456, 474A, 479, 481, 489, 496A, 506, 509, 512, 513, 516,

563, 576, 578, 610, 611, 627,
630, 634, 635, 637, 641, 643,
644, 656
Enisej-Ostjaken (*enisejskie ostjaki*; Jeniseiskische Ostiaken) – 80,
85, 86, 141, 146, 153, 224, 230A,
279, 334, 338, 351, 356, 359,
377, 406, 413, 425, 436, 439,
481, 482, 509, 578, 635
Inbazkische – 55, 119A, 508,
516, 635
Kasimische (*kazymskie ostjaki*) –
307, 634
Narimische (*narymskie ostjaki*) –
74, 106A, 144A, 635, 641
Obdorische (*obdorskie ostjaki*) –
307, 634
Pumpokolskische (Pumpokolsche; *pumpokol'skie ostjaki*) – 55, 55A, 60, 65A, 83,
108A, 110A, 119A, 124A, 135A,
177, 182A, 194A, 230A, 267A,
268A, 277A, 281A, 318A, 341A,
343A, 346A, 362A, 365A, 375A,
416A, 419A, 436, 463A, 466A,
485A, 551A, 635
Permjaken (Biarmen; Besarmier;
Komi-Permjaken; *komipermjaki*; Permier; *permjaki*) –
16, 25A
Perser (Persianer) – L, LXIII,
23A, 24A, 50A, 51A, 97A, 98A,
293, 301A, 525, 586, 589A,
590A, 591A
Polen (Polake) – 197, 418A,
588A
Portugiesen – 208A, 255A,
256A, 594, 600A
Römer – LIV, 18, 75, 152, 182A,
225, 269A, 301A, 590A

Roxolani (Roxolania) – 589A
Russen (Rußen) – XVIII, 16,
22A, 23A, 24A, 27A, 34, 45, 46,
48A, 54, 60, 61, 64A, 65A, 76,
80, 83, 85–89, 111A, 123A,
127A, 128A, 130A, 149, 155,
159, 160, 163–165, 167, 168,
171, 173–176, 184A, 186A, 195–
198, 200, 202–205, 210A, 213A,
215, 216, 224–227, 230A, 231A,
232A, 236, 241, 249, 257, 260,
261, 271, 272, 278, 279, 282,
285–289, 304, 307, 313A, 317,
318, 324–327, 329, 336, 338,
339, 340A, 350–352, 355, 357,
358, 361A, 362A, 363A, 365A,
366A, 367A, 370A, 371A, 373A,
375A, 376A, 378, 379, 381, 384,
385, 387, 391, 392A, 393A,
394A, 395A, 396A, 402, 404,
405, 407, 409, 411–413, 415A,
416A, 418A, 419A, 421, 431,
437, 439, 448, 453–456, 459A,
464A, 467A, 469A, 470A, 471A,
472A, 474A, 476–482, 483A,
484A, 490, 493, 495A, 496A,
498A, 501, 502, 504A, 523, 540,
555A, 575, 577, 585, 587A,
588A, 589A, 594, 600A, 612–
615, 618, 621, 623, 631, 633,
635, 639, 640, 643, 647, 652
Sachsen – 585, 588A
Samojeden (*ėncy*; *Enisej*-Samojeden; Enzen; samodij;
Samoedin; *samoedy*; Samojad';
Samojäd; Samojedi; Tsamojeda)
– XIII, XIX, XXI, XXII,
XXXIV, XXXV, XXXVI,
XXXVII, XLVII, 5, 8A, 16, 17,
26A, 46, 47, 51A, 55, 58, 61, 79–

83, 85, 88, 106A, 134, 140–142, 146, 147, 152, 153, 155, 156, 164, 166–168, 170, 175, 190A, 199, 200, 211A, 213A, 219, 223, 226, 227, 232A, 249, 251, 257, 261, 262, 271, 272, 276–279, 303–307, 317, 318, 329, 330, 335, 352, 354, 355, 357–359, 363A, 365A, 366A, 377, 378, 380, 381, 392A, 404, 408–412, 424, 425, 428, 431, 432, 434–439, 441, 445, 448, 449, 451, 452, 465A, 477, 482, 488, 490, 491, 496A, 502, 508, 509, 545, 547, 560A, 563, 568–570, 573, 575, 576, 582A, 614, 623, 624, 626, 630–632, 635, 637, 639, 640, 643, 644, 646, 647, 652, Awamische (*avamskie samoedy*) – 152, 640
Beresofskische – 50A
Chantaiskische (*chantajskie samoedy*) – 152, 200, 435, 451, 640
Juraken (jurakische Samojeden; *nency*; Nenzen) – XLVII, 26A, 61, 118A, 141, 152, 168, 200, 203, 204, 249, 257, 303, 304, 306, 329, 330, 425, 435, 437, 451, 477, 488, 502, 509, 623, 640
Ostjak-Samojeden (s. auch Selkupen) – 106A, 118A, 635, 641
Pustosersische – 50A
Tawgische (Assja-Samojeden; Nganasanen; *nganasany*; *samoedy-asi*; *tavgy*; Tawgi; Tawgy) – XLVII, 200, 304, 329, 330, 393A, 410, 411, 412, 435, 451, 465A, 477, 496A, 560A, 582A, 639, 640, 652

Sarmaten (Sarmatae; Sarmater) – 16, 24A
Schweden (Ruadsalain; Ruod-Zalain) – 27A, 586, 589A
Selkupen (*sel'kupy*; Sölkupen, s. auch Ostjak-Samojeden) – XLVII, 635, 641
Sirjänen (Sirjanen) – s. Syrjänen
Skythen (Scythen) – 23A, 24A, 46, 47, 50A, 51A, 52A, 54, 56A
Slawen (Waennalain) – 25A, 588A, 589A
Sojeten (*sajaty*; Soieti; Sojeti; Sojoten; *sojoty*; Uranchi; Uriangchai) –54, 422, 435, 465A, 642, 646, 651
Spanier – 263, 269A, 595
Syrer – 46, 51A
Syrjänen (Biarmen; Besarmier; Komi-Syrjänen, Sirianen; Sirjänen; Sirjanen; *syrjane*; Syrjanen) – 16, 25A, 26A, 50A, 617
Taiginzen (Taiginzi; *tajgincy*) – XXI, 303, 324, 338, 424, 433, 441, 447, 451, 456, 480, 506, 507, 548, 641, 647
Tanguten (*tanguty*) – 623, 632, 648
Tataren (Tartaren; Tartern; Tatarn; *tatary*) – XXI, XXII, XXXIV–XXXVII, XL, XLII, L, LX, LXI, LXV, 8A, 9A, 14–16, 20A, 21A, 22A, 24A, 25A, 46, 47A, 50A, 51A, 53, 58, 59, 62A, 64A, 67, 68, 70, 71, 74, 80–82, 85–87, 89, 93A, 96A, 97A, 98A, 99A, 105A, 123A, 125A, 127A, 130A, 134, 140, 145–148, 150, 151, 155, 157, 164, 166, 170, 177, 179A, 199, 201, 202, 212A,

Sachregister

218, 219, 228, 235, 237, 238, 241, 243–245, 253A, 257, 258, 261, 262, 264, 266A, 268A, 269A, 272, 273, 277–279, 282, 283, 283A, 285, 286, 288, 289, 292, 294A, 296A, 297A, 315A, 317, 320, 322, 324–326, 335, 338, 350, 351, 354, 357, 358, 360A, 361A, 362A, 365A, 368A, 373A, 374A, 375A, 377, 379, 386–391, 396A, 399A, 401A, 404, 406, 407, 410, 418A, 421, 422, 425, 431, 437, 443, 452, 455, 456, 460A, 476, 483A, 488–491, 495A, 496A, 498A, 506, 509, 510, 515, 517, 519, 521, 523, 525, 537, 538, 543, 544, 549, 549A, 554A, 557A, 559A, 562, 563, 570, 577, 586, 587A, 589A, 610, 611, 613, 614, 617, 620, 623, 624, 627, 639, 641–647, 649–653, 656

Abinzen (*abincy*) – 615, 651
aul'nye tatary – 20A
Barabinzen (*barabincy*; *barabinskie tatary*; barabinzische) – 361A, 366A, 611, 649
Beltirische (Beltiren; Beltiri; *bel'tiry*) – 86, 237, 238, 283A, 285, 320, 361A, 374A, 441, 443, 476, 615, 650
Birjussen (Biriussen; *birjusincy*; *birjusy*) – 266A, 283A, 615, 651
Chakassen (*chakasy*) – XXXIV, 610, 614, 627, 641, 650, 651
*Čulym*skische (*čulymcy*; *čulymskie tatary*;Tschulimische; Tschulymer) – 127A, 282, 370A, 375A, 513, 637, 650, 653
jurtovskie tatary – 14, 20A

Kaidinzen (Kaidini; *kajdincy*; *kajdiny*; *kajdyncy*) – 623, 650
Kasimowische – 14, 20A
Katschinzen (*kačincy*; *kačinskie tatary*; Katschinzi) – XXI, 45, 61A, 284A, 285, 361A, 368A, 548, 549, 560A, 567, 580A, 610, 615, 624, 650, 652
Kazan'er (Casanische Tataren) – 20A, 25A, 94A, 119A, 127A, 145, 394A, 649
Kistimische (Kyschtimische Tataren; *kyštymy*) – 144A, 650
kočevye tatary (Zelttataren) – 20A
Koibalen (Kaibalen; Koibali; *kojbaly*) – 64A, 237, 238, 283A, 285, 338, 364A, 420A, 459A, 485A, 615, 626, 641, 650
*Krasnojarsk*ische – 44, 58, 72, 86, 87, 145, 148, 162, 228, 237, 273, 285, 323, 368A, 373A, 388, 403, 404, 406, 422, 425, 433, 476, 507, 510, 515, 518, 525, 544, 549, 560A, 571, 581A, 610, 611, 614, 620, 627, 635, 641, 650
Kysilische (*kizil'cy*, *kizylskie tatary*; *kizyly*) – 651
Nogaizi (*nagai*; *nagajcy*; Nogaier, *nogajcy*; Nogajer; Nogajische Horden; Steppentataren) – 14, 651
Romanowische – 14, 20A
Sagaische (Sagai; *sagaj*; *sagajcy*; Sageier) – 285, 320, 358, 361A, 374A, 441, 443, 476, 499A, 615, 639, 651
Schoren (*šorcy*) – 615, 645, 651
Telengiten (*telengity*) – 651

Teleutische (Telenguten; Teleuten; *telenguty*; *teleuty*; Weiße Kalmyken) – 46, 61A, 64A, 236, 238, 343A, 400A, 650, 651, 652
Tschazische (*čatskie tatary*; *čaty*; Tschatzkische) – 46, 68–70, 652
Tubinzen (Schwarzwald-Tataren; Tubiner; Tubinzer; *tubincy*; *tubinskie tatary*; *tubalary*) – 465A, 642, 651, 652
Tulwinische (Tulkinische?) – 14, 20A
Thraker – 150, 180A
Tscheremissen (Ceremissen; *čeremisy*; Czeremissi; Mari; Märe; More; *lugovye čeremisy*; Lugowie Tscheremissi; Nagornie Tscheremissi; *nagornye čeremisy*; Scheremiessi) – XIX, XX, XXVI, XXVII, XLIV, LVI, LVII, LXX, 8A, 10A, 15, 21A, 22A, 27A, 127A, 128A
Tschuktschen (*čukči*; Tschuktschi) – XIII, XLI, LXII, 54, 61, 150, 166, 181A, 190A, 195, 196, 199, 203, 205, 209A, 241, 243, 249, 260, 261, 273, 303, 306, 339, 347A, 348A, 405, 408, 445, 501, 509, 539, 545, 559A, 574, 576, 624, 627, 652
Tschuwaschen (*čuvaši*; Czuwaschen) – XIX, XX, XXVI, XXVII, XLIV, LVI, LVII, LXX, 10A, 15, 23A, 27A
Türken (Türcken) – 41A, 97A, 98A, 149, 150, 179A, 525, 588A, 599, 607A, 652
Tungusen (*èveny*; Ewenen; Ewenken; *èvenki*; Fischtungusen; Ilan-Chala; Koelka-Tatseu; Tajen; *tungusy*) – XIII, XIX, XXI, LI, LXVIII, 35, 44, 48A, 54, 58, 59, 61, 78, 83, 84, 86–88, 115A, 116A, 117A, 123A, 128A, 134, 136A, 140, 141, 145–149, 152–157, 166, 171–176, 177A, 179A, 180A, 183A, 189A, 192A, 198–201, 204–207, 211A, 212A, 213A, 214A, 219, 222–224, 230A, 231A, 235, 237, 238, 242, 246, 247, 251, 258, 259, 262, 263, 264A, 267A, 269A, 271–273, 276, 278, 279, 285, 286, 288, 304, 306–310, 312A, 315A, 318, 320, 323–325, 331–333, 335–339, 346A, 350, 352–354, 356, 359, 360, 365A, 366A, 369A, 370A, 377, 379, 380, 383–385, 387–391, 395A, 398A, 404, 405, 407–409, 411, 416A, 417A, 418A, 424, 425, 429, 431, 432, 434–442, 445, 447, 450, 452, 453, 465A, 466A, 467A, 469A, 476, 479, 481, 489, 490, 500–502, 511, 516, 518, 519, 545, 548, 549, 550A, 557A, 562, 564–566, 568, 570, 573–577, 579, 580A, 615, 627, 629, 633, 637, 639, 643, 645, 647, 653, 654
konnye tungusy (Konnie; Pferdetungusen) – 33, 39A, 653, 654
olennye tungusy (Olennie; Rennthiertungusen) – 33, 39A, 653, 654
sobač'ie tungusy (Hundetungusen; Sabatschie) – 33, 39A, 653, 654
targačiny (Targatschini; Targusinen) – 453, 469A

Waldtungusen (*lesnye tungusy*) –
146, 149, 171–173, 205, 218,
222, 240, 262, 303, 331, 333,
346A, 350, 410, 435, 436, 491,
492, 500, 509, 519, 532, 541,
545, 546, 547, 577, 581A, 654
Turkaken (Turkaks) – 50A
Tuscier – 301A
Tuwiner (*tuvincy*;Tuwinzen) –
651
Ungarn – 21A, 302A
Unguten (Unguts) – 50A
Usbeken – 613
Vandalen (Wändalen; Wänden;
Wandaler; Wenden) – 586,
588A, 589A
Volga-Bulgaren – s. Bolgaren
Waräger (Warager) – 588A,
589A
Wiatkier (*vjatiči*) – 15, 23A
Wikinger – 25A
Wogulen (Mansen; *mansi*;
Wogulitzen; Wogulizen) –
XXVI, XLVII, LXVII, 47, 127A,
307, 397A, 473A, 496A, 512,
513, 563, 630, 634, 650, 656
Wotjaken (Udmurten; Ut-murt;
votjaki; Woten; Woti; Wotiaken)
– XIX, XX, XXVII, XLIV, LVI,
LVII, LXX, 10A, 15, 16, 21A,
24A, 25A, 27A, 127A, 128A
Völkerbeschreibung: s. Ethnographie
Vogel (Raubvogel; Zugvogel):
XLVII, LXX, 32, 33, 40A, 71,
95A, 102A, 175, 191A, 212A,
280A, 291, 299A, 322, 350–352,
354, 361A, 415A, 433, 452–455,
460A, 468A, 472A, 473A, 489,
562, 572, 582A, 630

Vogelmilch: 372A
vojlok (Woilok): 34, 41A, 83, 238–
240, 242, 244, 267A, 272, 273,
400A, 411, 419A, 526, 530, 618,
656
Vokabular (Tabula polyglotta;
Wortverzeichnis): XI–XIII,
XVII, XVIII, XX, XXII, XXV,
XLI, XLV, LX, LXII, LXIV,
10A, 16, 81, 121A, 614
volč'ij koren' (*volč'e koren'e*;
volč'ej koren'; Woltschei Koren;
Woltschoi Koren): 83, 85, 122A,
123A, 125A
Volga-Bulgaren: s. Völker, Bolgaren
Volksmedizin: s. Medizin
volost' (Wolost): 62A, 65A, 211A,
217, 558A, 619, 628, 656
voron (Mz. *vorony*; Wòron): 493,
637, 638
vorona (Mz. *vorony*; Worona):
104A, 105A, 360A
vospa (*ospa*; Wospa): 88, 130A
vydra (Mz. *vydry*): 190A, 363A,
469A, 556A, 573, 583A
Wacholder: 130A
Waffe (Gewehr; Schießgewehr;
Waffenstillstand): XVII, 40A,
204, 210A, 218, 293, 300A,
343A, 418A, 419A, 421, 422,
459A, 504A, 632
Wagen (Fuhrwerk; Karren): 33,
136A, 288, 301A, 317, 318,
319A, 322, 324–326, 329, 340A,
341A, 612, 655
Wahrsager: s. Zauberer
Wal (Wallfisch): LVI, 212A,
347A, 360, 363A, 376A, 459A,
466A, 503A

Waldhuhn (Großes Waldhuhn; Schnee-Waldhuhn): 464A, 469A
Waldmeister: 417A, 418A
Walroß (Wallroß): 150, 181A, 212A, 249, 254A, 260, 266A, 460A, 496A, 503A
Wanze: 126A
Wanzenkraut: 125A
Wap: s. *čornoj vap* u. *krasnoj vap*
Wappen (Wapen): 293, 301A
Waräger (Warager): s. Völker
Wasserfall: 45, 49A
Wasserflieder: 471A
Wasserliesch: 372A
Wassermann: 101A
Wassernuß: 129A
Weber (Weberei): 193A, 649
Weide (Fieber-Weide; Lorbeer-Weide; Wasser-Weide): 186A, 263, 269A, 411, 414A, 419A, 430, 457, 462A, 475A, 477–479, 483A, 484A, 505A, 512, 552A
Wein: 302A, 471A
Weinstein: 639
Weißfisch: 119A, 313A, 363A, 393A, 483A
Weißfisch-Karpfe: 394A, 482
Weißgerber (Weiszgerber): 556A
Weißkohl: 367A
Weißling: 394A
Weißpappel (Weissalberbaum; Weiss-Pappel; Weiße Espe; Weiße Pappel): 347A
Weizen (Waizen): 266A, 283A, 361A, 396A
Wermut (Wermuth): 549, 560A, 581A
Wespe (Horniß-Wespe): 49A, 602A
Wiatkier (*vjatiči*): s. Völker

Widder: s. Schaf
Widerton (Wiederthon): 313A
Wiedehopf: 114A
Wiege: 35, 265A, 565, 566, 568, 574, 575, 581A, 584A
Wiesel: 191A, 362A, 363A, 469A, 556A, 583A
Wiesen-Flockenblume: 128A
Wiesenknopf: 371A, 372A
Wiesen-Labkraut: 418A
Wikinger: s. Völker
Wild (Rothwild): 22A, 106A, 116A, 212A, 323, 329, 331–333, 360, 421, 439–445, 449, 450, 452–455, 467A, 468A, 474A, 545, 546, 565, 568, 593, 599A, 633, 634, 650
Wissenschaften (Gelehrter; Wissenschaftler): V, VII, IX–XIV, XX, XXIV, XXV, XLIX, LV, LVII, LVIII, LXI, LXX, 3–5, 7A, 10A, 18, 27A, 31, 42A, 67, 91A, 554A, 577, 587, 591A, 593, 600A
Witwe (Wittwer): 32, 151, 198, 514–517, 533, 538
Wogulen: s. Volk
Wogulisch: s. Sprache
Wohnung (Gurte; Haus; Hütte; Jurte; *jurta*; Wohnstätte): VII, XIX, XLVII, 8A, 10A, 20A, 22A, 25A, 32, 34, 36, 45, 57A, 109A, 129A, 134, 136A, 162, 195, 202, 203, 215, 219, 221A, 223, 230A, 235, 236, 238–251, 251A, 252A, 253A, 254A, 255A, 256A, 259–261, 272, 273, 288, 290, 291, 293, 296A, 300A, 301A, 304, 305, 308, 309, 312A, 317, 322–324, 331, 332, 334,

337, 338, 340A, 343A, 377–383,
386, 388, 396A, 402, 403, 406,
407, 409, 411, 412, 434, 437,
439, 441, 445, 447, 458A, 492,
493, 498A, 501, 507, 508, 522,
526, 528–532, 536–538, 544,
545, 547, 549A, 555A, 562–570,
612, 623, 637, 655, 657
Woilok: s. *vojlok*
Wojewode (*voevoda*; Waiwod;
   Woewode): 34, 40A, 51A, 58,
   60, 125A, 201, 218, 221A, 227,
   229A, 233A, 325, 494, 499A,
   504A, 620, 656
Wolf (*volk*; Wolff; Wolk): 85,
   125A, 156, 158, 159, 163–165,
   167, 190A, 204, 213A, 278, 285,
   286, 352, 354, 407, 433, 438,
   442, 444, 452, 456, 468A, 472A,
   473A, 474A, 535, 642, 646, 656
Wolfswurz (Wolffs-Wurtz; Wolfs-
   Sturmhut): 123A, 125A
Wolle: 123A, 127A, 128A, 138A,
   274A, 294A, 353, 411, 418A,
   566, 612, 633, 656
Wotjaken (Wotiaken): s. Völker
Wotjakisch: s. Sprache
Wurzel: s. Pflanze
Yelt: 263, 269A
zaec (Saëtz; *zajac*; Mz. *zajcy*): 620
Zahn: 31, 85, 124A, 150, 181A,
   223, 254A, 255A, 260, 265A,
   266A, 306, 319A, 365A, 403,
   407, 428, 429, 432, 442, 458,
   462A, 490, 496A, 501, 503A,
   595
zajsan (Saisan): 60, 63A, 65A,
   215, 218, 639
Zange: 148
zapor (Mz. *zapory*): 74, 107A

Zar (Czar; Zarin): XI, XII, XIV,
   LIX, 40A, 62A, 197, 233A, 585,
   587A, 588A, 594, 600A, 623,
   655
zasul: 63A
Zauberer (Wahrsager; Wahrsagerey; Zauberey; Zauberkunst):
   49A, 210A, 255A, 293, 300A,
   301A, 557A, 596–598, 603A,
   604A, 605A, 606A, 607A, 629,
   644, 649
Zea Mays: 396A
Zeitrechnung: 67, 70, 96A
Zelt: 39A, 252A, 253A, 254A,
   255A, 293, 300A, 340A, 343A,
   544, 623
Zeremonie (Cärimonie; Ceremonie): XX, LXVIII, 6, 8A, 10A,
   27A, 35, 36, 162, 201, 212A,
   223, 224, 271, 274A, 292, 507,
   513, 521–525, 528, 537, 554A,
   558A, 565, 571, 580A, 597,
   604A, 605A
Zeug: Stoffart – 32, 170, 177,
   183A, 184A, 185A, 189A, 261,
   524, 552A, 555A, 556A, 615,
   625, 656
Ziege (Geiß; Geißbock; Ziegenbock): 72, 101A, 114A, 115A,
   171, 187A, 188A, 190A, 353,
   385, 417A, 459A, 509, 550A,
   551A, 597, 604A, 605A, 638,
   639
Ziesel (Ziesel-Marmotte; Zieselmaus; Zieselratze): 364A, 471A
Zilibucha: s. *čilibucha*
Zinn: 32, 147, 151, 174, 481, 482,
   487A
zipun (Mz. *zipuny*): 170, 191A
Zitter-Pappel (Zitter-Espe): 345A

Zobel (Zobel-Marder): 40A, 43A, 73, 104A, 113A, 116A, 117A, 157, 158, 228, 260, 278, 345A, 352, 367A, 387, 407, 433, 435, 441, 447, 453, 455, 456, 472A, 490, 536, 642, 657
Zoolith: 265A
Zoophyten: 626
Zucker: 39A, 180A, 181A, 373A, 525
Zunder (Schwammzunder; Zunderkraut): 83–85, 87, 88, 123A, 124A, 128A, 130A, 155, 164, 173, 263, 264, 269A, 356, 633, 645, 657
župany (Schupannen; Tschupan): 197, 209A, 210A
žuravl: 493
Zurbel (Zürbel; Zürlinbaum): 345A, 397A, 467A
zveroboj: 85, 125A
Zwillinge: 100A, 108A
Zyatheazeen: 295A

ARABISCHE WÖRTER IN DER TRANSKRIPTION NACH BROCKHAUS 1928–1935, CATAFAGO 1858, GMELIN 1774A, MIETH 2008, G. F. MÜLLER (DOKUMENT 3), RICHARDSON 1810, SHARAF AL-DĪN 1722, SHAW 1743 UND SHAW 1765

ᵋakrab; ẓaḵrab: 101A
akreb; ak-reb: 72
alhamdillah; alkamdillah: 597, 605A
alkahol; al ka=hol; (alkuhūl): 150, 181A
al-kuhl: 181A

Allah kibeer; Allah kibir: 597, 605A
aṣad; asäd: 71, 100A
aschuur: 96A
asd: 100A
burj: 99A
burj addalū: 101A
burj ajjawzā: 100A
burj ajjidī: 101A
burj al ᵋakrab: 101A
burj al assad: 100A
burj al hamal: 99A
burj al hūt: 101A
burj al kaws: 101A
burj al mīzān: 100A
burj assartān: 100A
burj assawr: 99A
burj assumbulat: 100A
dállu: 72
dalū; dalw: 101A
dhilhidscha: 98A
dhilka'da: 98A
dsauusà: 71
dschumādha el a'cher: 97A
dschumādha el awwel: 97A
dsjáddi: 72
hammèl: 71
hegira; hedschra: 96A
hôut; ḥūṭ: 72, 101A
jaffar-eah: 598, 606A, 607A,
juᵋal: 100A
káuus: 72
kaws: 101A
ḵaẓhalaṭ: 101A
magar-eah; magareah: 598, 606A, 607A
misān: 71
muharrem: 96A
rabī' el a'cher: 96A
rabī' el awwel: 96A

radschab: 97A
ramadān: 97A
saddock[?]: 508, 550A
safar: 96A
salˁatān: 100A
saretân: 71
sartān: 100A
saur: 71
sawr; ṣawr: 99A
schaban: 97A
schawwal: 98A
staffour Allah: 597, 605A
sümbülä: 71
tavachi; tawashi: 468A
thaleb: 598, 606A, 607A
žumlaj: 100A

ARINZISCHE WÖRTER IN DER TRANSKRIPTION NACH J. G. GMELIN (AAW F. 21, OP. 5, D. 73), G. F. MÜLLER (DOKUMENT 3 UND AAW F. 21, OP. 5, D. 143), KLAPROTH 1831, PALLAS 1811–1831 UND STRAHLENBERG 1730
ara; arr: 48A
kajàk: 392A
kútscha: 102A
lapje; láppje: 111A
örge: 364A
schéngnae: 368A
ssussaì: 45
tim: 461A

ASSANISCHE WÖRTER: SIEHE KOTOWZISCHE (KOTTISCHE) WÖRTER)

BASCHKIRISCHE WÖRTER IN DER TRANSKRIPTION NACH ERMAN 1860, FALK 1786, Georgi 1776–1780, KLAPROTH 1831 UND G. F. MÜLLER (DOKUMENT 2 UND DOKUMENT 3)
airen: 400A
basch; баш: 20A
baschkur; baschkurt; basch kurt; баш-kurt: 14, 20A
kou: 123A
kumiß: 400A
kurt: 20A
tulupi: 170

BASCHKIRISCHE WÖRTER IN DER TRANSKRIPTION NACH ACHMEROV 1964
баш: 20A
башкорттар: 20A
толоп: 191A
эшсе ҡорт: 20A

BUCHARISCHE WÖRTER IN DER TRANSKRIPTION NACH J. E. FISCHER (AAW R. III, OP. 1, D. 135), MATERIALY 1885-1900, MÜLLER 1760 UND G. F. MÜLLER (DOKUMENT 3, AAW F. 21, OP. 5, D. 134 UND AAW F. 21, OP. 5, D. 143)
abiss, abys: 521, 524, 610
achun: 521, 524, 610
bars: 93A
cham: 555A
cham-tschaldar: 555A
darai; darei: 523, 556A
djuschambì; dju-szambi: 81, 120A
dschjuma; dsjuma; dsjúma: 80, 119A
jakschambì; jak-szambi: 81, 120A
jił: 93A
jölbars: 91A
juma: 80

karga: 105A
kojan: 93A
kuzgun: 105A
orda-cham: 555A
schambi; schambì; szambi: 81, 120A
schan-tschaldar: 555A
schar: 262
tonguś: 94A
tooszkan: 93A
tschaldar: 555A

BUCHARISCHE WÖRTER IN DER TRANSKRIPTION NACH V. N. TATIŠČEV (AAW F. 21, OP. 5, D. 149)
джумма: 119A
дюшенби: 120A
екшенби: 120A
итъ юма: 119A
шамба: 120A

BURJATISCHE WÖRTER IN DER TRANSKRIPTION NACH J. E. FISCHER (AAW F. 21, OP. 5, D. 48 UND AAW R. III, OP. 1, D. 135), GEORGI 1775, GEORGI 1776–1780, GMELIN 1751–1752, KLAPROTH 1831, J. J. LINDENAU (RGADA F. 199, OP. 2, PORTF. 511, Č. 1, D. 6), MESSERSCHMIDT 1962– 1977, G. F. MÜLLER (DOKUMENT 3, AAW F. 21, OP. 5, D. 143 UND RGADA F. 199, OP. 2, PORTF. 511), PALLAS 1811–1831, SCHIEFNER 1856, SCHIEFNER 1857, STÅHLBERG 2006 UND G. W. STELLER (AAW F. 21, OP. 5, D. 113, BL. 112v)

ado bailcho; adû baɍulxa; adûhu baɍeka: 550A
aduhun; adussùn: 508, 550A
aiàr mendù: 273
aiechu-tscholòn; ajechu-tscholon; ajechu tscholón: 225, 231A
ajechu butu: 231A
Ajuschachan: 573
alaka: 462A
albà: 59
albon: 64A
alsamà: 429
alxa; alxo: 462A
ansu: 216
araka; araki; arakì; arakì; araxi; araxe; arke; arke; arki: 388, 392A, 397A, 398A
arsa; arza; arze: 261, 266A, 392A, 411
arschìm: 154
baga: 113A
bagà-burchàn-hara; bagà-burgàn-hara: 78
baga burgun: 112A, 113A
Bagai: 573
Bagandai: 573
bago hara: 115A
balgâhan; balgaso: 253A
basgin burgan hara: 113A
bâxan: 113A
behe: 185A
besegeŋ; besegin: 113A
besegin burgan: 113A
bićîxaŋ; biśèkaŋ; biśikaŋ(n); biśîxan: 113A
Bissichan: 573
bissichinyrúrchara: 113A
bitzigán-burgán-harà: 113A
Bóbyloi: 573
bodso: 392A

böhö: 185A
bogo; bugo; bugu; buguh: 115A
boguh-hara: 115A
bolgahan: 253A
Bolichòn: 573
Bologat: 613
buchuh chara: 115A
bügè: 164, 169
buga-hara: 114A, 115A
bugu-hara: 78, 115A
buhe; bu̯hu̯: 185A
bukù: 429
bulagat: 613
bulgahn: 239
bulsu: 462A
burchan: 113A
burchàn-harà; burgan hara; burgan-harà; burghúnchara: 78, 113A
Burjät; Buriat: 44
buroh, burù: 291, 299A
bu̯se: 185A
but: 185A, 559A
chabùr: 79
chalùn; Chalùn: 573
chani: 78
chàni-harà: 78
chaptuga: 169
chara; chora: 78, 112A
charanì-gazàr: 133
chatùn: 58
chobe: 113A
chodscher: 113A
chodschor: 113A
choir-chàni-harà: 78
choir-charanì-gazàr: 134
chommò: 427
chongodor: 613
chori: 613
chormoktschi: 169
chotton: 645

chudultschì: 276
chudun; chudùn: 356, 369A
chulutschì: 276
churgássun: 380
chusa: 112A
ćolû: 231A
dabahan(ŋ); dabahaŋ; dabaso: 55A
dabuhun: 53
dachi; dachu: 169, 190A
dagan; dágan: 290, 297A
darchon: 191A, 414A
darga; dargo; dargò; dargù: 519, 645
dchörgotòi morìn: 290
degel; degele; dêl: 185A, 558A, 559A
digil; digili; digilì: 162, 163, 169, 185A, 537, 559A
dönün ukür: 291
dolòn-bogùt: 74
dolôn(ŋ): 107A
doloŋ-öbögöt; doloŋ-öbu̯göt; dolon-öbögöt: 107A
dorgo; dorgòn; dorgong; dorgon(ŋ); dorogoŋ: 353, 364A
dschogotoi: 297A
dschüdülukù: 290
dünùn: 299A
ebel: 118A
èchirit: 613
gane; gani: 113A
gani-hara: 113A
gansa: 267A, 269A
gazar; gazer; gaʒer: 136A
ger; gir: 253A
godohoŋ(n); godohon; gotohoŋ; gotol: 187A, 188A
gorang: 114A
goráng-hara: 114A
gossi hara: 113A

guhran hara; guranchara; guràn-hara; guràn-harà: 78, 114A
gunan; gunàn: 290, 297A, 299A, 530, 557A
gurâ; guraŋ(n); guruŋ: 114A
guruhum: 114A
guruŋ-hara: 114A
gussa-sarà: 78
gutul: 187A
haba; habà: 261, 266A
Habasin: 573
Habogù: 573
hara; harà; haràh: 78, 112A
haraana; harâna: 365A
homon; homoŋ; humuŋ: 461A
hunk: 254A, 400A
hussa hara: 112A
ike; jeksche; jike; jixe: 113A
iki-burgan-hara: 78
jälà: 216
jamaŋ: 190A
jeksche burgan: 113A
jike burgun; jixe burgun: 112A, 113A
kabar: 117A
kaetae: 190A
kałuŋ: 583A
kaptagai: 190A
katdschirik; kattscherik: 291, 299A, 530, 557A
kermiśe-hara: 114A
kisjálan: 290
kokaeíchara: 114A
kolbonda: 645
kotza-hara: 112A
ku: 114A
küssah charah; kusa-hara: 112A
kug hara; kugh-harà; kûk hara; kûk-hara; kûk-harà: 78, 114A
kuhk; kuk: 114A

kukur; kukùr: 261, 529
kung; kųn(ŋ); kųŋ: 114A, 277A
kurantalchan: 396A
kurungu; kurungù: 387, 397A, 398A
laba; lama: 557A
maekaerhun: 369A
mal baᵣgûlaxo: 550A
mangehun; mankehun: 368A
mangehun tschenachun: 368A
mangihòn: 368A
mangussùn: 356
maŋehaŋ; maŋehuŋ(n); maŋehun: 368A
meke; mexe: 277A
meker; mekèr; mikir: 356, 369A, 370A
meketè-ochotoì-kung: 276
mende; mendö: 275A
mendu; mendù: 273, 275A
miće; mići; miśit; miśiŋ: 107A
mikirhun: 370A
mongut mungu: 191A, 415A
moᵣe; môᵣeŋ; moriŋ: 297A
moroì: 430
mukà[?]: 356
namar; namùr: 79, 118A
naschir; naźer: 79, 118A
negen; nigen: 136A
negèn-charanì-gazàr: 134
odo; odon; odoŋ: 108A
odùn: 74
öbel; öbµl; ögöl: 118A
öbogöŋ(n); öbµgöŋ: 107A
öldschì-harà: 78
ölöt; (oelöt): 44, 48A
öwùl: 79
oltscha: 114A
oltschin: 114A
oŋoco; oŋoso; ongossò: 336, 345A

otuhùn; otussun: 167
saba: 266A
sagaŋ-hara: 114A
saissan: 59, 218, 640
sara: 112A
saranà: 355, 356
saßul: 645
saturan; saturàn: 385, 396A
schirim[?]: 258
schirìm togò: 258
schüddu: 369A
schulenga: 59, 217, 218, 282, 645
soiólon: 290
somô: 461A
śuluŋ; śuluŋ(n): 231A
sun: 79
tabin: 645
tabutai; tabutài: 291, 297A, 299A
tabutài morìn: 290
taischa: 59, 647
takija: 459A
tar: 261, 267A, 411, 419A
tarak; taràk: 246, 254A, 390, 400A
tarbagan; tarbagàn: 353
tarschìg: 79
tataschi; tatatschi: 384, 396A, 531, 557A
tőna: 84
togò; togòn: 258
togol: 299A
tohon: 264A
tohoŋ; tohoŋ(n); tohùn: 389, 399A
tologoi: 550A
torcho: 397A, 398A
torgon: 185A, 559A
toso: 399A
tschiduluk: 297A
tschirimtogòn: 398A
tschurgunàk: 154
tugul; tugùl: 291, 299A

tulunuchù: 353, 385, 396A
ųbųl: 118A
ümüdùn: 154
uker: 299A
ula: 114A
úla; ûla: 84, 124A
ulân; ulaŋ; ulâŋ; ulaŋ(n): 113A
ulandshadung-harà: 113A
ulandsudu: 113A
ulánsutú; ulàn-sutùn-harà: 78, 113A
ulan-zudun: 115A
ulan zuduŋ-hara: 112A
ulara: 114A
ularà-hara; ularò-harà; uleri-hara; ulura hara: 78, 114A
ularúchara: 114A
ulasodom hara: 113A
ųle; ųleŋ; ųleŋ(n); ûlen: 114A
ulsin hara: 114A
umundo: 183A
unaga; unagan; unagàn; unagaŋ(n); unogoŋ; unuguŋ: 290, 297A
unàn ukür: 291
ûr; ųr: 114A
ura hara; ųre-hara: 114A
uri; ųri: 114A,
úrichará; uríhara; urì-harà: 78, 114A
uxer; uxur: 299A
wirki; wirkì: 216, 218
xabar: 117A
xałû; xałuŋ(n): 583A
xobi: 113A
xojer; xojir: 113A, 136A
xormoi: 190A
xuca; xusa: 112A
xûrai: 114A
xųŋ: 277A
zudaŋ; zudeŋ: 113A

zug-metschìn: 74
ʒuŋ: 118A

BURJATISCHE WÖRTER IN DER TRANSKRIPTION NACH *ABAEVA* 2004, *ANIKIN* 2000, *ANIKIN* 2003, *ČEREMISOV* 1973, *CYDENDAMBAEV/ IMECHENOV* 1962, *HELIMSKI* 2003 UND *SLOVAR'* 1999A

аарса(н): 267A, 419A
адуу(н): 550A
айдуу: 231A
айха: 231A
алба(н): 64A
алса-: 462A
алха: 462A
архи: 398A
аяар: 275A
бага: 113A
бага бурган: 113A
базгин бурган: 113A
бозо: 392A
бошхо: 63A
буга: 115A
буга hapa: 115A
булгааhа(н): 253A
булсуу: 462A
бурган: 113A
буруу: 299A
бүhэ; бэhэ: 185A
бухюу: 462A
газар: 136A
ган: 113A
ганза: 267A
гани: 113A
гани(г): 113A
госси hapa: 113A
гунан: 297A, 299A, 557A
гунан ухер: 299A
гуран: 114A, 115A

гуран hapa: 115A
гэр: 253A
дабhа(н): 55A
даага(н): 297A
дарга: 645
даха: 190A
дэглы; дэгэл: 185A, 558A
долоон: 107A
долоон үбгэд: 107A
доргон: 364A
дүнэн: 299A
ехэ: 113A
ехэ бурган: 113A
зайhан; зайсан: 639
замба: 396A
заhуул: 63A
зудан: 113A
зун: 118A
зургаатай: 297A
зутараан: 396A
курунга: 397A
лама: 557A
мангир; мандиhа(н): 368A
мори(н): 297A
морногор: 463A
морсогор: 463A
морхигор: 463A
морхогор: 463A
мүшэ(н): 107A
мэндэ: 275A
мэхэтэ: 277A
мэхээр: 369A
нажар: 118A
намар: 118A
нэгэ: 136A
одо(н): 108A
онгосо: 345A
өөлжин: 114A
суг: 107A
суг мүшэн: 107A

таар: 266A, 419A
табатай: 297A, 299A
табиха: 124A
тайжа: 647
тараг: 254A, 400A
тарбага(н): 364A
таташи(н): 395A, 557A
тогоо(н): 264A
тоhо(н): 399A
тоон табиха: 124A
тоонэ: 124A
тугал: 299A
тулум: 364A, 396A
убөльжин; убөөлжин: 114A
улаан: 113A, 369A
улаан зудан: 113A
улаан мэхээр: 369A
улар: 114A
уулзан: 114A
унага(н): 297A
уур: 114A
ухер: 299A
үбгэн: 107A
үбэл: 118A
үмдэ(н): 183A
үүлэ(н): 114A
үүлэрхүү: 114A
хабар: 117A
халюун: 583A
хаптага; хаптарга: 190A
хараа(н): 136A
хараанай газар: 136A
хатан: 62A
хашараг: 299A, 557A
хизаалан(г): 297A
хоёр: 113A, 136A
хормой: 190A
хуби: 113A
хуг: 114A
худалша(н): 277A

хулууша: 277A
хүн: 277A
хүрэнгэ: 397A
хуса: 369A
хуса мэхээр: 369A
хүхүүр: 266A, 557A
хүхы: 114A
хүхын дуун: 114A
хухын дууни hapa: 114A
шулу(н): 231A
шүүлингэ: 645
шэрэм: 264A
haба: 266A
hapa: 112A
hapaaна: 365A
hoёолон(г): 297A
homo(н): 461A
hyдэн: 369A
hү(н): 254A, 400A
hэеы: 267A, 419A
яла: 220A

CHINESISCHE WÖRTER IN DER TRANSKRIPTION NACH FALK 1786, MÜLLER 1760A, G. F. MÜLLER (DOKUMENT 3), NIEUHOF 1665, NIEUHOF 1669 UND PIERER 1857–65

berè[?]: 133
bu: 630
ili: 458A
li; ly: 133, 135A, 136A, 630
tschi: 630

ESTNISCHE WÖRTER IN DER TRANSKRIPTION NACH J. E. FISCHER (AAW R. III, OP. 1, D. 135) UND G. F. MÜLLER (DOKUMENT 3)

alaine: 586

laine: 586
vend; wänd; wend: 586, 589A

EWENISCHE WÖRTER: SIEHE
TUNGUSISCHE WÖRTER

JAKUTISCHE WÖRTER IN DER
TRANSKRIPTION NACH *ANIKIN*
2000, *ANIKIN* 2003, ERMAN 1838,
ERMAN 1860, GEORGI 1797-1802,
GMELIN 1747-1769, GMELIN 1751–
1752, J. G. GMELIN (AAW R. I,
OP. 105, D. 10), HELIMSKI 2003,
J. J. LINDENAU (AAW F. 934,
OP. 1, D. 89), MAYDELL 1893,
MIDDENDORFF 1851, MIDDEN-
DORFF 1874–1875, G. F. MÜLLER
(DOKUMENT 3 UND RGADA
F. 199, OP. 2, PORTF. 509, D. 3),
PEKARSKIJ 1958–1959, STÅHLBERG
2006, STELLER 1774, G. W.
STELLER (AAW F. 1, OP. 3, D. 31,
AAW R. I, OP. 104, D. 25, AAW
R. I, OP. 13, D. 46, AAW F. 21,
OP. 5, D. 113 UND AAW F. 21,
OP. 5, D. 114) UND YULE 1996
achsinni-uï: 76
adùr: 429
adýl: 109A, 375A
adyr: 462A
Aiachàn: 573
Ajanìt; Ajannìt: 572
al: 54
alak: 328, 329
allinni-uï: 76
arangàs-sulùs: 74
argà: 89
ărgühs; arguhs; argys; argyss: 383, 384, 394A, 395A
assilàch: 355

assilàch etìn seebetàm: 354
atirdschach-uïa: 75
at-kössò̀: 134
aty; atỳ: 508, 532, 533
atyr; atỳr; atỳr: 291
bachterma: 402
bagàch: 54
bagarach: 258
balagàn; balagang: 75, 241, 242
balagang-kirer-uïa: 75
ballỳk-öömà: 75
bartschjà: 383
baxtyarma: 414A
bergésa; bergessè: 158, 184A
bes inni-uï: 76
bes-uïa: 75, 76
billjäch: 537
bor-urassà: 246
bürà: 430
bürpjächi: 165
bulumak: 371A
burgunàs: 291
bus: 75
bus-ustar-uïa: 75
butugas': 375A
chach: 382-384, 394A
chaiisàr: 334
chajàch: 389
chalbà; Chalbà: 572
chanjaek: 399A
chapchà: 169
charà-kül: 227
charamdschi: 536
chatùn: 58
dschebakà: 157
dschéndeki: 88
dschil: 76
dschukola: 382
edschegè: 391
edschi: 88

Emeè: 572
emüjach; emüjack: 371A, 372A
ennè: 534, 535, 558A, 616
erkisì tangasà: 159
erkissì-seliatà: 154
et; etìn: 355
eterbàs; eterbèss: 165, 186A
iktè; Iktè: 572
ïmïjach: 371A
irbì: 163, 164
irgjach; irgjàch: 291
irgjach-tys-sagas: 291
itìk-ôk: 426
jechtar-kisì-tangasà: 159
jechtarkissi-seliatà: 154
jechtar-sonò: 161
jörä: 109A, 375A
kainjaek: 399A
kaissäch: 437
katentschi; katentschì; kétentschi: 165, 186A
ke: 123A
khorun: 365A
kil: 425
kioss: 626
kirer: 75
kjöl as'á; kjölassa; kjöl-assa; kjöl-àssa; koel-assa: 356, 357, 371A
kö: 84, 123A
kögör; kögòr: 258, 264A
köjeng-ess; köjeng-eß; kojeng-ess: 356, 357, 371A
köss: 134, 135, 136A, 625, 626
köss sattỳ-kössö̀: 134
koieg-ess: 371A
komyss; Komyss: 572
korun; korùn: 355, 365A
Kotùn: 572
koß: 625
kümyss: 258, 387

kümyss-choiutà: 391
künjälik; künjalik; kunjalik: 437
kün-ölbüt: 82
kün-ortò: 89
küssìn: 76
küsün: 76
kulùn: 160, 290
kulùn-son: 160
kulun-tutar-uia; kulun-tutar; kulùn-tutàr-üïà: 75, 388
kunàn: 291
Kunèck: 572
kur: 164
kurum; kurùm: 535, 536, 628
kustak: 430
kut: 562
kyssyngì-son: 160
kÿtÿlÿ̀r: 290
maekersin: 371A
mass: 425
mass-sa: 425
mjäka-arschin; mjäkà-arschin; mjaka arschen: 356, 369A, 371A, 372A
mogoi; Mogoi; mogòi: 572
Mogoltschók: 572
moss: 425
moss-sa: 425
munda; munduschka: 483A
niemisken: 394A
nirè: 291
nirè-torbos: 291
Obutschà: 572
öl: 48A, 122A
öngörömör; öngörömòr: 291
olünnjù-ui: 76
Ogljung-kaja; Ogljungkaja: s. *Gusel'nye gory* im Register geographischer Namen
oiogò: 291

ôk: 428
omùk: 60
ondschula: 356, 371A
onogòs: 429
Orossù: 572
ôstach: 428
otossùt: 82, 83, 85
ot-uïa: 75
pachai; Pachai: 572
potjak: 327-329
sa: 425
sacha: 621
sachsÿt; Sachsÿt: 572
sadach: 437
saiïn: 76
saiingi-son: 160
samalyk: 160
samalÿktach-son; samalyktach(-son): 160
sanajàch; sangiach: 163, 164, 169, 535, 643
sardana; sardanà: 357, 373A, 374A
sari: 165, 402
sâss: 76
sattỳ-kössò: 134
se: 383
selià: 154
setì: 537
settinni-uï: 76
sidschàn sylgì: 290
simir; simìr; s'imirj: 258, 261, 264A, 265A, 402, 414A
sobò; Sobò: 572
son: 160, 161, 163, 164, 186A, 643
sor: 390, 391
sorat: 400A
sosò: 409
ssyl; ssÿl: 76
sulemà: 427
sulu; sulù: 508, 532-536, 647

suorat: 400A
surjach; surjàch: 54
surjachtach: 54
suturi; suturì: 164, 165, 535, 647
swari: 328
tagalai: 161-163, 535, 537, 559A, 647
tangàs: 159
taragai; Taragai: 572
tissì: 291
tochsünnjù-uï: 76
toi: 346A
töjòn: 58
tördünü-uï: 75
törküt: 537
togòch: 159
togossò: 291
togossò-torbossò: 291
torbos; torbòss; torbujàch: 291
tos-dsche: 242
tschitschach; Tschitschach: 572
tünjä 160
tünjä-son: 160
tün-ortò: 89
Tüssünèk: 572
tüsülük: 154
tujas: 399A
tut: 334
tut-ballik: 394A
ty: 290
tyssagas; tyssagàs: 291
tyssengà: 290, 291
ubassà: 161, 290
ubassà-son: 161
Übàch: 572
ümdàn: 390
ümüjach: 356-358
ünnakà-ot-perer: 76
üntschülu: 371A
ürgè: 353

ürgèl: 74
ürù; Ürù: 573
ürumae: 399A, 400A
ütschagà; Ütschagà: 572
uïï: 536
umdan: 400A
umujaech: 371A
undschula; undshulá: 371A, 375A
urassà-dsche: 242
urgae; urkae: 364A
uruga: 364A
uruma; urumaes: 399A, 400A
ustar: 75
xappar: 190A

JAKUTISCHE WÖRTER IN DER
TRANSKRIPTION NACH *AFANAS'EV*
1968, *ANIKIN* 2003, GMELIN 1747–
1769, HELIMSKI 2003, MIDDEN-
DORFF 1851, *PEKARSKIJ* 1958–
1959, *SAMSONOV* 1989, *SLEPCOV*
1972 UND G. W. STELLER (AAW
R. I, OP. 13, D. 46)
аалыык: 342A
айаҕалан: 583A
а̄л: 56A
алынjы; алынңы; алтынjы;
 алтынңы: 110A
алтыс: 110A
араң(ғ)ас сулус; араңас сулус:
 107A
аргыс: 395A
арҕа; арҕа̄: 131A
аhыы: 365A
аhыылаах: 365A
аhыылаах этин сиэбетим: 365A
аjан: 582A
аjаңjыт: 582A
аjа̄р: 583A
аса̄: 371A

ат: 136A
ат кӧс: 136A
аты̄: 550A
аты̄р: 299A
атырцах: 109A
атырцах ыjа: 109A
ахсынjы; ахсынңы: 110A
ахсыс: 110A
äцii: 131A
äмii: 582A
äнjä; äннä: 558A, 616
äр кiсi: 183A
äт: 365A
äтäрбäс: 186A
äттäн: 365A
баҕалчах: 264A
баҕарах: 264A
баҕах: 56A
балаҕан: 109A, 253A
балаҕаңңа кiрäр ыi: 109A
балык: 108A
балык ыi; балык ы̄р: 108A
барча: 394A
бäлäх: 558A
бäргäсä: 184A
бäс: 108A, 109A
бäс ыjа: 108A
бäсiн'i; бäсiнji: 109A
бäсiс: 109A
бiäр: 110A
боруоску: 298A
Босо̄х: 583A
буор: 254A
буор ураса: 254A
буотак; буошаак; буочак;
 буочах: 342A
бургунас: 299A
бӯс: 108A
бӯс устар ыi: 108A
бӱрпäх: 186A

бы̄ра; бы̄ра ох: 463A
быта[?]: 371A
диэки; діäкі: 131A
дјабака: 184A
дјахтар: 183A
дјӯкала: 393A
дјыл: 110A
дьиэҕэ: 131A
дьиэҥ диэки: 131A
џабака; џабакка: 184A
џахтар: 183A
џахтар кісі: 183A
џахтар соно: 185A
џіä: 254A
џӯкäлä; џӯкала; џуохала; џӯхала: 393A
џыл: 110A
iäџäгäі; iäџігäі: 401A
ı̄ктӓ̄; ı̄ктіä: 582A
ı̄рбäҥјік: 185A
іргäх: 299A
јахтар: 183A
кäігäс; кäјігäс: 370A
кäсäх: 465A
кäт: 186A
кäтіңчі: 186A
кіl: 460A
кіlіä: 583A
кінäс; кінӓ̆с: 62A
кı̄р: 109A
кісі: 183A
кісі äрä: 183A
кöҕÿöр: 264A
кöјӯ кымыс: 401A
кöмÿс: 582A
кöс: 625
кöтÿн: 582A
кулун: 108A, 185A, 297A, 398A
кулун тутар; кулун тутар ыі: 108A, 398A

кунан: 299A
кунјалык: 465A
кур: 185A
курум: 628
кустук: 462A
кут: 580A
кÿн: 122A, 131A, 582A
Кÿннäс: 582A
кÿн орто: 131A
кÿöl: 371A
кÿöl аса: 371A
кÿсÿн: 110A
кыа: 123A
кы̄л: 233A
кымыс: 397A
кысын: 110A, 185A
кытылыр; кыты̄лы̄р: 297A
макӑршын; мäкӑрсін: 371A
мас: 460A
моҕоі: 583A
мöҕölчöк: 582A
мунда; мундушка: 483A
муос: 460A, 463A
муос бы̄ра: 463A
муос сā: 459A
ніräі: 298A
ніräі торбос: 298A
одур: 462A
ојох: 299A,
олунју; олунҥу: 110A
омук: 64A
оноҕос; оңоҕос: 461A
онунҥу: 110A
онус: 110A
оросу: 582A
орто: 131A
от: 109A, 110A
от ыја: 109A
отосут: 122A
ох: 460A, 461A

Öбӱчӱк: 582A
öлбӱт: 122A
öӈörömör; öӈӱrӱmär: 299A
örgö; ӨргӨ: 364A
ӨлӨрӱӱ: 48A
пахаі: 583A
пуошаак; пуочаак: 342A
сā: 459A
Сабарта: 583A
сāдах: 465A
саі; сајын: 110A, 185A
самалык: 184A
саӈыјах; саӈыјах; саӈынјах; саҕынјах: 643
сардана; сардаӈа: 373A, 374A
сāры: 186A, 414A
сāс: 110A
сатыˉ: 137A
сатыˉ köс: 137A
сāх: 582A
сāхсыт: 583A
сäтī: 558A
сäтіӈјі; сäттіӈјі; сäттіӈгі: 110A
сäттіс: 110A
свары: 342A
сіäläр ат köсö: 136A, 625
сіміr: 265A, 414A
сиэ-: 365A
собо: 582A
сон: 643, 646
сосо: 417A
сулӯ: 647
сулӯ-атыˉ: 550A
сулумах: 461A
сулумах ох: 461A
сулус: 107A
суорат: 400A
сутуруо: 647
сӱräх: 56A
сӱräхтäˉх: 56A

сыа: 394A
сыалыја: 183A, 647
сыдьаан: 297A
сыл: 110A
сылгы: 297A
Сырāна: 583A
Сырāнаі: 583A
Сырāнда: 583A
таҕалаі; таӈалаі: 647
таӈас: 184A
таӈас саб: 184A
тараҕаі: 582A
тоҕосо: 298A
тоҕосо торбос: 298A
тоі: 346A
тојон: 62A
торбос: 298A
торбујах: 298A
тохсунју; тохсунӈу: 110A
тохсус: 109A, 110A
тöрдӱнјӱ; тöрдӱнӈӱ: 109A
тöрдӱс: 109A
тöркӱˉт: 558A
тыˉ: 346A
тыі: 297A
тысаҕас: 298A
тысы: 299A
тісäҕä; тісаӈä; тісаӈä: 297A
тӱˉн: 131A, 184A
тӱˉн орто: 131A
тӱнä: 184A
тӱсӱлӱк: 183A
тӱсӱн: 582A
тӯјас: 399A
тут: 108A, 398A
тӯт: 343A
тӯт хајысар: 343A
тӯк: 343A
туос: 254A
туос џіä: 254A

убаса: 185A, 297A
убахтā: 582A
ундан; умдан; умнан: 400A
унjӯла: 371A
уол оҕо: 583A
уостāх ох: 461A
ураса: 254A
ураса џiä: 254A
устабын: 108A
устар: 108A
усун: 108A
ӱргäл: 107A
ӱүѳлэн оҕо: 583A
хаjа: 48A
хаjах; хаɉах: 399A
хаɉысар: 343A
халба: 582A
хаңалас: 558A,
хаппар: 190A
хара: 233A
хара кы̄л: 233A
харамнjы; харамџы: 558A
хатын: 63A
хāха: 394A
хоjӯ: 401A
хотун: 63A
эт: 365A
чычах; чы̄чāх: 582A
ыа: 108A
ыам ыjа: 108A
ыары̄: 583A
ыi: 108A, 109A, 110A, 398A
ыjы̄: 558A
ымыjах: 371A
ынах: 110A
ыт: 582A
ытык: 460A

JUKAGIRISCHE WÖRTER IN DER
TRANSKRIPTION NACH G. F.
MÜLLER (DOKUMENT 3 UND
RGADA F. 199, OP. 2,
PORTF. 513, D. 13)
áatsche: 303, 311A
ílwe: 303, 311A
kuklänki[?]: 167
légouf: 303, 311A
nalýma: 330
óldsche: 339

JUKAGIRISCHE WÖRTER IN DER
TRANSKRIPTION NACH *KURILOV*
2001
илэ(н): 311A
кукльаанкэ: 189A
лалимэ(н): 343A
маҕил: 193A
ѳлдьэ: 347A

KALMYKISCHE WÖRTER IN DER
TRANSKRIPTION NACH FALK 1786,
J. E. FISCHER (AAW R. III, OP. 1,
D. 135), GAUBIL 1734, GEORGI
1776-1780, GEORGI 1797–1802,
GMELIN 1751–1752, KLAPROTH
1831, MÜLLER 1760, G. F. MÜLLER
(DOKUMENT 2 UND DOKUMENT 3),
PALLAS 1771, PALLAS 1776,
PALLAS 1779, RAMSTEDT 1935,
SCHNITSCHER 1760, STRAHLEN-
BERG 1730 UND WITSEN 1705
alban: 64A
albatu: 648
alda: 135A
alman; almàn: 59, 64A
arakì; arakı̀; arki: 388, 398A
arijän: 399A
arschan: 580A
baga burchan sara: 105A, 106A
baha (burchan sara): 105A, 106A

bar sara: 103A
bars: 103A
beree: 135A
boegoe sara: 105A, 106A
boschka; boško: 58, 59, 63A
buhu sara: 105A, 106A
cagàn: 104A
chabürün-turn-sara: 104A
chabzu: 557A
cham: 555A
chan: 58, 341A, 458A
chatùn: 58
choga sara: 103A
choluguna: 91A, 103A
choni: 91A, 103A
chontaischa; chuntaidshi;
    contaischa; kontaischa: 58, 63A
dalai lama: 63A, 127A, 207A,
    208A, 341A, 557A
dörbön oröt: 21A, 47A
dschidda: 466A
dsongar: 21A, 208A, 341A
dulan sara: 105A, 106A
edztzin sara: 105A, 106A
em: 81
gärr: 253A
gaghai: 103A
gatza: 51A
gelün: 557A
gezül: 527, 557A
gochoi sara: 103A
goera sara: 105A, 106A
golochon: 133, 135A
gulgana sara: 103A
hucza sara: 105A, 106A
jeki burchan sara: 105A, 106A
jihy (burchan sara): 105A, 106A
kalmak[?]; kalmük; kalmuk[?]:
    21A, 47A, 48A
katun: 62A

kocuc (sara): 105A, 106A
kodztier sara: 105A, 106A
koejoeby sara: 105A, 106A
kokoek sara: 105A, 106A
kuran sara: 105A
kuubi (sara): 105A, 106A
lama: 127A, 557A
lu: 81, 82
luch: 103A
luch sara: 103A
lut: 103A
magoi sara: 103A
mandszy: 557A
mendu: 274A
metschen sara: 103A
metzin: 103A
mogoi: 103A
mori: 103A
morin sara: 103A
nemocho: 135A
nochoi: 103A
nochoi sara: 103A
nojon; nojòn; nojonn: 58, 62A,
    274A, 639, 648
oelan sara: 105A, 106A
ölöt; oelöt ulöth: 14, 21A, 44, 47A
Omba: 464A
orga: 458A
ouker: 103A
ousken sara: 105A, 106A
saissan; saissang: 58, 639, 640
salemas: 40A, 504A
sara; sarà: 103A, 104A
sasul: 58, 59
schulenga: 58
songar: 21A, 208A, 341A
šülŋgə: 645
taidshi; taischa: 41A, 58, 648
taka: 103A
takai sara: 103A

tamgatsch; tamagatschi: 47, 51A
tarbogan: 363A
tochoi: 135A
törgöt; torgöt; torgout: 14, 21A, 208A, 341A
tolai: 103A
toloi sara: 103A
tossun: 399A
tschaldar: 555A
uirut: 21A, 47A
ukir sara: 103A
urungai: 464A
ushier (sara): 105A, 106A
utar (sara): 105A, 106A
zachan-sara; zagan-sara; zagàn-sarà: 73, 104A
zordzy: 557A

Kalmykische Wörter in der Transkription nach *Anikin* 2000, *Iliškin* 1964 und *Muniev* 1977

адун: 52A
адуч: 52A
алвн: 64A
алтн: 52A
алтч: 52A
барс: 103A
бар сар: 103A
гер: 253A
гецл: 557A
зәәсӊ: 639
һанз: 267A
һаха: 103A
һаха сар: 103A
лам: 557A
лу: 103A, 121A
лу сар: 103A
моһа: 103A
моһа сар: 103A
мөңги: 52A
мөрн: 103A
мөрн сар: 103A
мөчн: 103A
мөчн сар: 103A
нойн: 62A
ноха: 103A
ноха сар: 103A
ойрат: 21A, 47A
өргә: 458A
сар: 104A
така: 103A
така сар: 103A
тамһ: 51A
тамһч: 52A
тәәж: 647
тәрән: 52A
тәрәч: 52A
темән: 52A
темәч: 52A
тоһон: 399A
торһуд: 21A
туула: 103A
туула сар: 103A
үкр: 52A, 103A
үкр сар: 103A
үкч: 52A
хан: 615
хатн: 62A
хөн: 103A
хөн сар: 103A
хулһн: 103A
хулһн сар: 103A
хун: 63A
хунтәж: 63A
хун тәәж: 63A
цаһан: 104A
цаһан сар: 104A
эм: 52A, 121A
эмч: 52A, 121A

KAMASSISCHE WÖRTER: SIEHE
SAMOJEDISCHE WÖRTER

KAMTSCHADALISCHE
(ITELMENISCHE) WÖRTER IN DER
TRANSKRIPTION NACH GEORGI
1797-1802, G. F. MÜLLER
(DOKUMENT 3) PALLAS 1811–
1831, STELLER 1769 UND STELLER
1774
gurgut: 395A
katsch: 373A
kungtsch: 373A
tahàtim: 339
uàckal; üākāl: 376A
utschkar: 373A

KAMTSCHADALISCHE
(ITELMENISCHE) WÖRTER IN DER
TRANSKRIPTION NACH
KRAŠENINNIKOV 1949 UND PALLAS
1789
тáгатымь; татхам; тахтама;
тахтым; тохьхатымь: 347A

KARAGASSISCHE WÖRTER: SIEHE
MATORISCHE WÖRTER

KORJAKISCHE WÖRTER IN DER
TRANSKRIPTION NACH FISCHER
1768, KRAŠENINNIKOV 1949, G. F.
MÜLLER (DOKUMENT 3 UND AAW
F. 21, OP. 5, D. 96), PALLAS 1811–
1831, RADLOFF 1861 UND STELLER
1774
aetäl: 144A
agwuat: 347A
alúgulu: 311A, 312A
atoat; atwat; atywat; attewat;
  áttvut; átwut; attwut: 339, 347A

chojánga: 303, 311A
jawakal; jawákul: 311A
kamgugui: 312A
karngúgui: 303, 311A
koianga; kojánga: 311A
liigaki: 312A
lúgaki: 311A
öllewet; öllewet: 303, 312A
ujacàn: 376A
xojanga; xojanja: 311A

KORJAKISCHE WÖRTER IN DER
TRANSKRIPTION NACH
KRAŠENINNIKOV 1949 UND PALLAS
1789
агвать; аттаать; аттвут; аттуать:
  347A

KOTOWZISCHE (KOTTISCHE;
EINSCHLIESSLICH ASSANISCHER)
WÖRTER IN DER TRANSKRIPTION
NACH J. E. FISCHER (AAW R. III,
OP. 1, D. 135), J. G. GMELIN
(AAW F. 21, OP. 5, D. 73),
KLAPROTH 1831, G. F. MÜLLER
(AAW F. 21, OP. 5, D. 143) UND
SCHIEFNER 1858
ham: 267A
hama: 267A
k̓agal: 463A
kaiak; kajàk: 391A, 392A
kandìk: 357
kanśa: 268A
karága: 105A
kói: 300A
kottuen: 611, 627
kuregàn: 300A
kukûka: 110A
śêt: 126A
tem: 461A

xagal; xakal: 463A

KURILISCHE WÖRTER IN DER
TRANSKRIPTION NACH G. F.
MÜLLER (DOKUMENT 3) UND
STELLER 1774
mitui: 374A
tahàtim: 339

LAMUTISCHE WÖRTER: SIEHE
TUNGUSISCHE WÖRTER

LAPPISCHE WÖRTER IN DER
TRANSKRIPTION NACH GEORGI
1776–1780, Hajdú/Domokos 1987,
G. F. MÜLLER (DOKUMENT 2),
SCHEFFER 1673 UND SCHEFFER
1675
kattaigiar: 314A
peurach: 314A
saam; same; sáme; samek; sabme;
  sábmi; sāmi; samit; some: 17,
  26A, 629
Sameandna; Sameladde: s. Lappland im Register geographischer
  Namen
tobbis: 343A

MATORISCHE (MODORISCHE),
TAIGINZISCHE UND
KARAGASSISCHE WÖRTER IN DER
TRANSKRIPTION NACH J. G.
GMELIN (AAW F. 21, OP. 5,
D. 73), HELIMSKI 1987, HELIMSKI
1997 UND G. F. MÜLLER
(DOKUMENT 3)
berèi-kistìtn: 73
bérroe; bere: 104A
bes: 361A
börre: 104A

čarịm; čer: 104A
chaàsigaani: 122A
chaï; cháia; chája; chàje: 122A
chaimàk: 310
chal kistitn: 73
chansa: 268A
chàrgodschin kistitn: 73
chaschtàk: 426
chássa: 64A
chastuk: 460A
danah: 105A
dángamúa: 105A
dángsa: 268A
dêkte; dîkte: 104A
dschére; dschéren; dschire: 104A
dugùl: 105A
enā: 64A
enä kasa: 64A
ennèn-chassà: 59
gaaradaschìn: 105A
gögumúa: 104A
gòhu: 104A
harədə-: 105A
ka?bər: 104A
käl(ə)-: 105A
kálubúde: 310
kasa; kāsa: 64A
kastuk: 460A
ki; kî: 73, 104A
kírmnässe: 315A
kischtin; kíschtin: 104A
kisìr-kistìtn: 73
kistit; kistitt: 104A
kistitn: 104A
kők dsjirrä: 73
kürbǜng kistitn: 73
kúgu: 104A
kúo: 104A
kurágan: 300A
kustuk: 460A

kyschchatòsch: 310
meinde; méinde; mejənde: 310,
   315A
méschkö: 362A
meüinde: 315A
móngu: 461A
muŋgu: 461A
múhu: 461A
múngu: 426, 461A
mÿinde: 315A
nei: 460A
nej; ńej: 460A
orgò; órgo: 104A, 460A
orob; órob: 105A
orom; órom; órum: 105A
orùm kistitn: 73
schéngnae; schignà: 367A, 368A
schíru; schírru; sjurù: 105A
schirrù kistitn: 73
sichdà; síchdä: 426, 461A
sirüh; söruh; sührüh: 105A
támacho; tamaki; támako: 268A
tan dschirä kistitn: 73
tánga: 105A
tiíkte: 104A
togulnarmu kistitn: 73
tŭuchtä: 104A
túgul: 105A
ùdjumbuï; udschŭmbui;
   ŭdschümbui: 104A
uire: 310
úrga: 104A, 460A
urgòn-nei: 426
urgù-dóukte: 73
utschúngbu dóukte: 73

MATORISCHE (MODORISCHE)
WÖRTER IN DER TRANSKRIPTION
NACH HELIMSKI 1987 UND PALLAS
1786/87

каза: 64A
киштять: 104A
орга: 104A, 460A
сиppy: 105A

MONGOLISCHE WÖRTER IN DER
TRANSKRIPTION NACH *ANIKIN*
2000, GEORGI 1776-1780, GEORGI
1797-1802, GMELIN 1751–1752,
HELIMSKI 2003, KLAPROTH 1831,
G. F. MÜLLER (DOKUMENT 3,
F. 21, OP. 5, D. 19 UND AAW
F. 21, OP. 5, D. 143), NNB 1781,
PALLAS 1776, PALLAS 1778,
PALLAS 1779, PALLAS 1801,
PALLAS 1811-1831, PÉTIS DE LA
CROIX 1710 UND STRAHLENBERG
1730
ablachu: 633
adachotschi: 47
aiàr mendù: 273
aimak; aimàk: 21A, 47A, 60, 65A
airek: 387
albatu: 648
alda; aldà: 133, 135A
altatschi 47
ansu: 216
arakì; arakì; ariki: 388, 398A
argal; argali: 458A, 459A
arschìm: 154
arzà: 391
babai jike-sang: 497A
bár, barr: 67, 91A
bars: 91A
berè; beree: 133, 135A
bitschi: 68
boschka: 58, 59, 63A
bugalat: 613
burjät: 65A
burjath-aimak: 60

chan: 58, 63A, 208A, 341A
chansa: 262
charà: 69, 95A
chara-schoro-tolai: 70
chatùn: 58
choin: 92A
chommò: 427
chongodor: 613
chonì: 68
chontaischa: 58, 220A
chora: 613
chullugunah; chulugunà: 67, 91A
chuntaidshi: 63A
dabussù: 55A
dabussun: 53
dalai lama: 629
dehé: 503A
dséren; dsheren: 467A, 468A
dsi: 461A
echirit: 613
em: 81
emtschi; émtschi: 47, 81, 121A
gachai: 68, 92A
gärr: 253A
gal; gall: 69, 95A
gezül: 527
gir: 239
gol: 21A, 47A
golochon; golochòn: 133, 134, 135A
gutùl: 187A
gyr: 253A
hezaré: 503A
jälà: 216
ketöt-aimak: 60
ketòt: 65A
kökö̀: 69
kukǔ: 96A
kutuchta: 491, 497A
lu: 36, 67, 81, 82, 91A

mangir; mangìr: 355, 368A
mendù: 273
metschin: 68, 92A
mochòi: 67
modò: 95A
modun: 69
mogoi: 91A
mongol; mongòl: 65A
mongol-aimak: 60
morì: 92A
morin; morìn: 68, 91A
mungutschi: 47
naimanni: 24A
nemocho; nemochò: 133, 135A
nochoi; nochòi: 68, 92A
nogó; nogòn; nogòn: 69, 95A
noi: 24A
noïng: 62A
nojon; nojòn; nojonn: 58, 62A, 639, 648
ölöt: 48A, 65A
ölöth-aimak: 60
oeröma; oerömö: 399A
oross: 65A
oross-aimak: 60
otòk: 60
otùl: 167
saissan; saißan: 58, 59, 62A, 640
saranà: 355
sasul; saßul: 58, 59, 62A
saturan; saturàn: 385
scharà: 69, 95A
schirim: 258
schirìm togò: 258
schorò: 69
schüddu: 369A
schulenga; schulengo: 58, 59, 62A
sedé: 503A
ssarà: 104A
taemæ̀: 47

taemtschi: 47
taidshi; taischa: 58, 59, 62A, 91A, 220A, 647, 648
takia; takja: 68, 92A
takie; takija: 459A
tamachà: 47
tamachatsch: 47
tamachatschi; tamagatschi: 47
tara: 47
taratschi: 47
taraxai: 582A
tarbagàn; tarbaghàn; tarbogan: 353, 363A
tassù; tassùn: 389, 399A
tekè: 422
temür: 69
tochoi; tochoï: 133, 135A
togò; togòn: 258
tólai; toolai: 67, 91A
toman: 503A
tsuracháitschi: 81
tulum: 364A
tulun: 353
tulunuchù: 353, 385, 396A
tumür: 95A
ukir; ukïr: 52A, 67, 91A
ukirtschi: 47
ukkyr: 52A, 91A
ulàn; ulàn: 69, 95A
ulus; uluss: 60, 66A
ussù: 95A
ussun: 69
wirki: 216
xormaγči: 190A
zagàn: 69, 95A
zagan-sara; zagàn-sarà: 73

MONGOLISCHE WÖRTER IN DER TRANSKRIPTION NACH *ANIKIN* 2000, *LUVSANDÈNDÈV* 2001–2002 UND STÅHLBERG 2006

аарц: 400A
адуу(н): 52A
адууч: 52A
аймаг: 65A
айраг: 397A
алд: 135A
алт(ан): 52A
алтач: 52A
анз: 220A
аргаль: 459A
аяр: 275A
бар: 91A
бич(ин): 92A
боз: 392A
бошго: 63A
буриад: 65A,
бээр: 135A
ваа: 220A
гаанс(ан): 267A
гал: 95A
гахай: 92A
гутал: 187A
гэр: 253A
гэцэл: 557A
давс(ан): 55A
далай лам: 629
зайсан: 639
засуул: 63A
зурхайч: 121A
зутан: 396A
зээр(эн): 468A
лам: 557A
луу(н): 43A, 91A, 121A
мангир: 368A
мичид: 92A
мич(ин): 92A
могой: 91A
мод(он): 95A

монгол: 65A
морин; морь: 91A
мөнгө(н): 52A
мөнгөч: 52A
мэнд: 275A
ногоон: 95A
ноён: 62A
нохой: 92A
ойрд: 65A
орос: 65A
отог: 64A
өргөө: 458A
өрөм: 399A
сар: 104A
сараана: 365A
сум(ан): 461A
тайшаа: 647
тамга: 51A
тамгат: 52A
тарвага(н): 364A
тариаланч: 52A
тариа(н): 52A
тахиа(н): 92A
тогоо(н): 264A
тос(он): 399A
тохой: 135A
төмөр: 95A
тулам: 364A
туламнах: 364A, 396A
туулай: 91A
тэмээ(н): 52A
тэмээч(ин): 52A
тэх: 459A
тэх гөрөөс: 459A
улаан: 95A
улс: 66A
ус(ан): 95A
үхэр: 52A, 91A
үхэрчин: 52A
хаан; хан: 615

хар: 95A
хатан: 62A
хонин; хонь: 92A
хормогч: 190A
хөх: 96A
хулгана: 91A
хун: 63A
хунтайж: 63A
хутагт: 497A
хуурай: 393A
хуурга: 393A
хятад: 65A
цагаан: 95A, 104A
цагаан сар: 104A
шар: 95A
ширэм: 264A
шороо(н): 95A
шүүлэнгэ: 645
эм: 52A, 121A
эмч: 52A, 121A
ял: 220A

Mordwinische Wörter in der Transkription nach Georgi 1776-1780, Hajdú/Domokos 1987, G. F. Müller (Dokument 2) und Müller 1759b)
erse; erźa: 15, 23A
mokscha; mokša: 15, 23A
wiedke; wjedke: 15, 23A

Ostjakische Wörter (einschliesslich chantischer, *Enisej*-ostjakischer, ketischer und pumpokolischer Wörter) in der Transkription nach *Anikin* 2000, *Chelimskij* 1986, Donner 1955, J. E. Fischer (AAW R. III, Op. 1, D. 135, Bl. 1v), *Gemuev* 2005, Georgi

1776-1780, GEORGI 1797–1802,
J. G. GMELIN (AAW F. 21, OP. 5,
D. 73), HELIMSKI 2003, KLAPROTH
1831, G. F. MÜLLER (DOKUMENT
3, AAW F. 21, OP. 5, D. 73 UND
AAW F. 21, Op. 5, D. 143),
PALLAS 1778, PALLAS 1811–1831,
SCHIEFNER 1858, STEINITZ 1966–
1993 UND G. W. STELLER (AAW
R. I, OP. 81, D. 23)
ade: 463A
âdeŋ (Mz.): 463A
ádok: 431
adtəs: 466A
aŋ; āŋ: 485A
ai; ai: 479, 485A
ai-faŋ; aífheng; ai-jaŋ: 481, 487A
aípin: 479
aipung: 479
aj: 485A
ajaŋ: 487A
ánnungto: 133
áschil: 334
âsił; asl; asł: 343A
at: 463A
atkass: 439
at-pyn: 485A
attâs: 466A
bádpalla: 89
baŋ: 118A
baŋbyl: 124A
baŋ-teägal-ġîp; baŋ-têger-xîp;
 bȧŋ_təˠâlʳ: 118A
bałbäs: 57A
balbes: 55
balbes-ijus: 55
bang-tyr: 80
bêl: 80
bêl-eesì-wang-chaip: 80
bok; boḱ: 479, 481, 485A

bolba; bołba; bulba: 85, 124A
bolbə: 124A
bongdabátat: 276
but; butt: 74, 108A
butin: 74
butìn-grindo: 74
chaap; cháap: 80
chadu-tui; chádu-tui: 77, 78
chagàn: 89
cháiacham: 429
cháju: 111A
cham: 461A
chárba: 355
chat: 177
chatu: 262
chatun: 77
chatunang-tui: 77
chog: 355
chónju: 428
chórrat: 436
chúdiwel; chúdibel: 80
chúudsha: 119A
chyttibals: 76
chyttibals-tui: 76, 77
daginjeng; dáginjèng: 86, 356
đaŋ: 65A
damra: 489
dernobor: 496A
díap: 80
di'e: 118A
di'e gip; dî'e-ġîp; ḍiè-ρip: 118A
dîn: 111A
din-tui: 77
d'it: 111A
djeŋ: 65A
dombra: 496A
döür: 380
dûb: 481
dude: 74
dugar; dugàr: 262, 268A

dugar-daps; dugàr-daps: 262, 268A
dup; du'p; dûfen (Mz.): 119A, 487A
dupta: 487A
dupte: 487A
duwenhep: 80
éäle: 481
èät: 465A
eak-pass; eàk-pass: 430
eess; eéss; es: 80, 119A
es; ês; ēs; eês: 224, 230A
êjäŋaf; êjänġaf: 118A
evi-tin: 551A
ət: 465A
fan; faŋ: 119A, 485A, 487A
fállatam: 176
fóïhi: 359
follat: 194A
foltam: 194A
fónkuxe: 509
fun: 485A, 551A
gam: 461A
gebèng-ai: 65A
gebèn-gin: 60
gin: 60
grindo: 74
guan: 224
háddung: 380
hâltam: 194A
hálu: 334
hèäŋ; həŋ: 487A
hírochon: 334
hun: 551A
hût: 438
iaŋeaġap: 118A
î'et: 462A
īgus: 57A
ijús: 57A
ijùss: 57A
ilja: 225

imtun: 77
imtunang-tui; ìmtunang-tui: 77
îti: 462A
iting: 429
íting-sóhom: 429
ítten: 380
jachani: 124A
jangasinbetè: 276
ka: 355
kagálhat: 431
k'agsəbət: 551A
kaken; káken: 74, 108A
kakenja: 74
kam: 262
ḱam; ḱâm: 461A
kanč(e); kandsà; kansa: 262, 268A
kándem: 428
ḱât; ḱâtti: 194A
kchúnde: 119A
ḱeaġap; ḱêäġap: 118A
ḱêä: 118A
keaksebät: 551A
keeul: 392A
ket; kêt; kiet: 65A
ki; kŷ; kyj: 58, 62A
ḱîp; ḱip: 118A
kit: 60, 65A
kitar: 55
koafenep-ḱîp; kofenep-xîp; kôfenep xîp: 118A, 119A
kodebəl-gip: 119A
kodju: 119A
kogn-ap: 80
kokuk-tui; kokùk-tui: 76, 77, 111A
kondo: 461A
kondolat: 277
konzi: 89
kop; koop; koafen (Mz.); kôfen (Mz.): 119A
kopdat: 277

korga: 225
kuellen pürmä: 74
kui: 62A
kupýddem: 427
kur̯i: 465A
l̯äɣ: 461A
laihem: 177
lapin: 77
lapin-tui: 77, 78
limpige: 74
ljäganham: 427
lóga: 111A
logon-tui; lógon-tui: 77, 78
lopa: 77
lopain-tui: 77
mansi: 634
masin-mándsche: 74
matschírsa: 74
muxun: 393A
ńal; ńaʌ: 465A
ńaʌ-kur̯i: 465A
narisjuch: 496A
núon mokóte: 74
o̥č: 124A
örra-irede: 74
oes: 119A
öt: 436
ohonúlli: 86
orəp: 552A
otlep; otləp: 552A, 553A
otpol: 85
paltyš[?]: 233A
plel: 74
plel-dúde: 74
pol: 359
pos; po̥s; pŏs: 462A
pülèl: 176
pung: 479
pus: 462A
qād; qat: 194A

qam: 461A
qīp; qip: 118A
qo; qō: 365A
qokkun: 110A
sacháting: 380
säneəɣ: 124A
sar; šar: 262, 268A
säs; seäs: 126A
séntatschham: 427
sêsdabólba: 86
sôam: 462A
sökəŋ: 462A
sôĝam: 462A
sogom: 462A
sóhom: 429
sul; suol: 119A
sulássan-chaip: 80
suleŋbaŋ-k̑îp; suleŋ tâŋ-ġîp: 119A
tâbalap-k̑îp; talbelep xîp: 118A
tai: 118A
tággi-irede: 74
tâŋ faŋ; tâŋfaŋ: 119A, 487A
tămra; tămrɜ: 496A
tan; tȧn; tin: 551A
thumbra: 496A
tî; tī: 346A
tinsjä; tinsjan; tĭńśaŋ: 307, 313A
tom; thom: 111A
tom-óntoro-tui; tom-ontóro tui: 77
tŏmra; tŏmrɜ: 496A
tom-ulchádung-tui: 77
ton: 250
tɔn-: 255A
tschábelgat: 80
tschángifeng: 481
túgas: 89
tui; túï: 110A
tumra: 496A
tyg; tŷg: 337, 338, 346A
űenengóxe: 334

ütsche gotserme/gotscherme: 74
ütu-i̇́rede: 74
uχ-ket: 553A
úieng-cháap: 80
úlbecka: 55
ulbij: 56A
únfeng: 481
urəp: 552A
us; ûs: 439, 466A
ūtlip̣; ūtlip̣; utləp: 553A
utschagandaka irede: 74
votlip̣: 553A
wăγ; wăχ; wŏχ: 462A
wötlep; wǫtlə̣p: 512, 553A
worop; wórop; wǫrəp; wŏrəp: 512, 552A, 553A
wuargagandaka: 74
wuargo gótscherme: 74
xad; xat: 194A
xâġâf: 118A
xip; xîp: 118A
xôŋ: 461A
xôɬoŋs; xôɬoŋxam: 461A
xōx: 108A
xōxna: 108A
xûđ: 119A
xûđebel; xûđebel xîp: 119A
zidop; zidòp: 55
zidòp-kitar: 55
zi̇́ning: 85

OSTJAKISCHE WÖRTER (EIN-SCHLIESSLICH CHANTISCHER, KETISCHER UND PUMPOKOLISCHER WÖRTER) IN DER TRANSKRIPTION NACH *GEMUEV* 2005, *MURZAEV* 1984, PALLAS 1786/87, PALLAS 1789 UND *SOKOLOVA* 2009
бок: 485A
вороп: 552A

вотлип: 553A
дуп: 487A
дуптэ: 487A
дэŋ: 65A
ка́кень: 108A
каньча: 268A
кат: 194A
кет; кэт: 65A
китъ: 65A
ко: 365A
суом: 462A
тамра: 496A
ти: 346A
томь: 111A
ту́и: 110A
тыгь: 346A
урп: 552A
ус': 466A
утлап: 553A
эл': 487A
юган: 313A

PERMJAKISCHE WÖRTER IN DER TRANSKRIPTION NACH KLAPROTH 1831, G. F. MÜLLER (DOKUMENT 2) UND SCHIEFNER 1857A
jarang: 26A
komi-mart; komy-mort: 16, 25A
mart: 16

PERMJAKISCHE (KOMI-PERMJAKISCHE) WÖRTER IN DER TRANSKRIPTION NACH *BATALOVA* 1985
ко́ми: 26A

PERSISCHE WÖRTER (EINSCHLIESS-LICH TADSCHIKISCHER? WÖRTER) IN DER TRANSKRIPTION NACH BERTRAND 1848, GEORGI

1797–1802, GMELIN 1774A,
HANWAY 1754, G. F. MÜLLER
(DOKUMENT 3), PIERER 1857–65,
PLINIUS 2007, RICHARDSON 1810,
SADI 1654, SCHIEFNER 1857A,
STEINGASS 1892, STRAHLENBERG
1730; WITSEN 1705, YULE 1996
UND ZEDLER 1732-50
abdal; abdalla: 587, 591A
akreb; ak-reb: 72
'aqrab: 101A
asad; asäd: 71, 100A
asb; as̱b; asp; as̱p: 69, 95A
aschuur: 96A
babr: 95A
bairam kurbaan: 98A
bakar; bak̠rah̠; baqar 69, 95A
barat: 97A
calendar; calenderan: 587, 591A
chargosch: 69
chûk: 69
cos: 137A
dállu: 72
dalw; dol: 101A
dsauusà: 71
dsjáddi: 72
gaz; gäze; gaj; gos: 135, 137A, 138A
gaza: 51A
gospènd; gōṣpand; gōṣfand: 69, 95A
guj; guz: 138A
gulistan; giulistan: 590A
ḥamal: 99A
ḥamdūna: 95A
hammèl: 71
hemdunằ: 69
hôut: 72
ḫūt: 101A
jady: 101A

jauzā': 100A
kalenderan: s. calendar
káuus: 72
k̠har-gosh; khargōsh: 95A
k̠hok; k̠hūk; khūk: 95A
mar; mār: 69, 95A
märd: 22A
misān: 71
mīzān: 100A
muharrem: 96A
murg; murgh; murg̠h: 69, 95A
musck; mūsh: 69, 94A
nahang; nah̠ang; nähằng; nihang: 69, 95A
palang: 69, 95A
palangīn: 95A
palen; paleng: 95A
qaus: 101A
qusband: 95A
romasaan: 97A
sacer: 24A
sag; ṣag: 95A
saraṭ ān: 100A
saretân: 71
saur: 71
schaaboon: 97A
schaban: 97A
schab-i-barat: 97A
schawal: 98A
seid: 587, 591A
sihr: 99A
sjäk: 69
sülhadscheh: 98A
sümbülä: 71
suṃbul; suṃbulat; suṃbula: 100A
zumulj: 100A

PERSISCHE WÖRTER IN DER
TRANSKRIPTION NACH

V. N. TATIŠČEV (AAW F. 21, Op. 5, D. 149)
асеб: 95A
марь: 95A,
мурегь: 95A
муш: 94A
харгушт: 95A
хук: 95A

SAMOJEDISCHE WÖRTER (EINSCHLIESSLICH *ENISEJ*-SAMOJEDISCHER, ENZISCHER, JURAKISCHER, KAMASSISCHER, KOIBALISCHER, OSTJAK-SAMOJEDISCHER, SELKUPISCHER UND TAWGY-SAMOJEDISCHER WÖRTER) IN DER TRANSKRIPTION NACH AAW F. 21, Op. 5, D. 134, *ANIKIN* 2000, DONNER 1932, J. E. FISCHER (AAW F. 21, Op. 5, D. 41), *GEMUEV* 2005, GEORGI 1776–1780; GMELIN 1747–1769, GMELIN 1751–1752, J. G. GMELIN (AAW F. 21, Op. 5, D. 73), HELIMSKI 1987, HELIMSKI 2003, KLAPROTH 1831, MESSERSCHMIDT 1962–1977, MIDDENDORFF 1874–1875, MÜLLER 1759A, G. F. MÜLLER (DOKUMENT 2, DOKUMENT 3, AAW F. 21, Op. 5, D. 143 UND RGADA F. 199, Op. 2, PORTF. 509, D. 3), PALLAS 1776A, PALLAS 1778, PALLAS 1811–1831, SCHIEFNER 1854, SCHIEFNER 1855, SCHIEFNER 1858, *SLOVAR'* 2002A, STÅHLBERG 2006 UND STRAHLENBERG 1730
äre: 118A
aete: 255A
agahóru: 437

âle'; âle'g: 194A
alman: 64A
ara; ärä: 107A
as; aʒ́a; ässe: 277A
äwűmaridi; awajodschi: 219
awétschega: 276
Baddoíne: 573
badu; baddu; badü; badük; badüka; badui: 355, 365A, 366A
baddù-mèdsche: 89
bayúdsche-pugà: 477
bedotschè: 432
bémo: 58
béwo: 84
bíamo; biómo: 58, 62A
Bódune: 573
borschtschä: 393A
Bűllä: 573
bulàn: 315A
chaià-chábi: 82
chami jõõsse: 359
chansa: 267A
chasoa: 17
chasowa; chas̄owo: 26A
chastàk: 460A
chatimiroro: 219
choddò: 305
chosowo: 26A
déredecke: 232A
deroδogo: 233A
dewe: 262
djätsuk púga: 477
dje: 249
djóhadde: 310
djówo: 277A
dui: 380
edde-djowo: 277
eddo: 463A
êde: 255A
edò-mímo: 432

ellik: 177
era; erá: 106A, 107A, 118A
èrra: 107A
es; ès; ése; ese; ésjä: 277A
esde-sago: 277
ête: 255A
ewjä: 277A
faede: 182A, 221A
fagge; fágge: 188A
fäggö: 393A
fê: 187A
fea; feija: 182A, 221A
fe'e: 124A
fóde': 342A
foga: 483A
fóre': 342A
fuga: 483A
hâbaei: 122A
haijer; hajar; hâjer: 122A
hâsawa: 26A
hèr: 118A
hor; hôr: 267A
hûrup: 106A
hyr: 315A
ilča; ildá; ildakka: 231A
ilʒá: 231A
immü: 89
ire; ireä; iɦio; irri: 106A, 118A
iroggo; iɦoggo: 312A
irrega; irréga: 305
îte: 255A
jadiro: 60
jàrra: 305
je: 249
jede: 255A
jénʒidėj; jésire: 85, 125A
jirî; jirie; jiry; jirŷ: 118A
jô: 375A
johodi; jóhori: 315A
jôso': 375A

jû': 393A
júie: 380
junetta; júnetta: 226, 232A
junna; juna; junta: 233A
kâdo': 277A
kä: 106A
kaha: 56A
kaija; *kåjå: 122A
kajàk: 392A
kalan-ireäd: 106A
kalan-myptel-ired: 106A
kámero-nio: 276
kanca; kanʒ́a; kaŋza; kanza; kanzza; kansa: 267A, 268A
kâro': 277A
káte'e; káte'o: 315A
kati: 221A
káttè: 310
ke; kè': 106A
kéde: 311A
kedeɦ: 311A
kedere: 303, 392A
kedero tè: 378
kého-táue: 55
*kôjår: 484A
*kôru: 466A
kiho: 56A
kii: 110A
koća: 107A
koddo: 312A
kódshja: 102A
Kőttitä: 573
koie: 477
korai-âti: 315A
kóreo: 330
koresséo pugà: 477
korg; korga; kórgo; kuorgo: 231A
korio; kori'o; koɦi'o: 342A, 343A
kórraku: 310
koʒa: 107A

kota; kotca; kotća: 107A
kueʒ: 107A
kuel; kuele: 107A
kuelet-tiril-ireäd: 107A
kuerg; kuerga; kuerge: 231A
kuïi: 110A
kūja: 484A
kuorese; kuoƀese': 483A
kura; kuƀa: 315A
kuragàn: 300A
kyrlyk[?]: 284A
lemb; lèmba; lèmbä; limb; limba; lymb: 106A
limbi-ireäd; limbil-ireäd: 106A
Lemeì: 573
lîte: 465A
lóbbe: 335
lóga; logá: 111A
lom: 106A
lórri: 432
lümbü-ired: 106A
lýtsche: 436
ma': 255A
mä: 249
mär: 221A
Máhoku: 573
mal'čä; mâlice; mâlicea; mâliłea; mâlite; máljzä: 189A
Málecúne: 573
malti: 168
maśek; mâzeŋ: 107A
masin-mándsche: 74
mea': 255A
meap: 106A
mede: 131A
ménnassi; *menôsä; meɦise; mense; ménsjä; meɦu'o: 574, 583A
mer: 221A, 551A
mêrce: 131A

méschkö: 362A
mese: 131A
mimo: 463A
miɦeu: 469A
minéo: 451
mipel: 106A
mir; mire: 221A, 551A
miródeda: 508
miroðo: 551A
modi: 273A
modi marutéo: 271
mog; mogèr; mogo; mogol; mogor; mok; mokal; mokar; mokka; mokkol: 106A
mu: 134
muerge: 106A
mug: 462A
muggeo; múgo; múgu: 429, 432, 462A
*muŋkə̂: 462A
múo: 134
nádde: 431
nadi; nadiku: 314A, 646
nádoku: 310
nara: 313A,
*nårå: 118A
nâraei; nareo; naƀeo: 118A
narea: 466A
nari: 646
nárre: 79
nárre-iri: 79
Nássane: 573
neä: 221A
néelku; neélocup: 574, 583A
ne'ere: 459A
nemiroro: 219
nenetsch: 26A
néreketschu: 574
Ngáanne: 573
ngénnudúnna: 510

ngúdo: 249
ɲi; nieijo; ɲieijo; nieja; nióje; niojo: 164, 186A
ɲibo; ɲibu: 484A
nieda; nio: 277A
níitschu: 574
ník: 361A
ninetz: 26A
níre: 424
njúwo: 477
no'd; no'n: 269A
nörriku: 428
nop; nom; nome: 106A
ɲôraku'û: 461A
nórrè: 438
norrik: 432
nòt: 269A
note': 465A
nǔgunä: 359
nütse: 436
Núgagge: 573
nup: 106A
oddu; oddù; oddú: 335, 345A
örge: 364A
öt: 107A
oneŋ: 345A, 483A
onne: 335
onnè oddu: 335
onnè-pugà: 477
Óttico: 573
otùr-irì: 79
otúra: 79
oturuo: 118A
páchy: 380
paede: 182A, 221A
päläŋ; pälek: 106A
páge; pagge; págge: 167, 168, 188A
paiju; paju: 483A
pálla: 357

palli: 437
paly: 466A
pe: 166
peajea: 182A
peamea: 124A
peana: 182A, 187A
pédetu: 430
pédu: 89
pédu-ímmü: 89
peija: 182A, 221A
peläŋ; peleŋ: 106A
pelmä: 263
pelmä-not: 263
pêm; pême; pîme: 187A
pémä; pème: 84, 124A
Péoku: 573
pétmae; phê'mä; phétmae: 269A
pié: 154
pilaŋ: 106A
pjäda; pjáda: 152, 219
póchi: 380
póde: 330
pòdsja: 380
póiad: 152
pol: 375A
*porså: 393A
posa-ju: 378
poŋ; poŋa; poŋo: 483A
puajea: 182A
púga: 477
puhucea; puhutea; puhy; pútjau: 574, 583A
róbba: 335
rórre: 428
sa; sā': 378, 392A
sâ: 342A
sago; ságo; ságu: 277A
sar; sâr; saru; saru: 262, 268A
sauk: 646
schar: 262

schurù: 333
sear: 268A
Sédditsche: 573
sedo: 330
sedo': 342A
segódde: 134
sèr: 118A
sichdà: 461A
siggoretérre: 84
siggori-páchy: 381
Síini: 573
sira; sîra; siʰa; sirä; sire; sîre; sirrà: 79, 118A
sirriku: 310
síru̧: 118A
Sittogò: 573
so: 330, 342A
s'ōbo: 392A
sok: 646
sokui: 167, 168, 219
sokuote; soku'ote: 646
Solkò: 573
suriki: 262
śürü: 343A
suʰoka: 267A
sûram; sûrem; sûrèm; sûrm; sûrum; sûrup: 106A
syr; syrre: 118A
syr; sŷr: 315A
ta': 118A
tâ: 311A
tảba; tảbe: 268A
tâdebe; tadibe; tâdibea: 250, 255A
tadi; tadiku: 314A
tadyb: 255A
tae: 267A
tähärgi-nörriku: 427
tärém: 107A
tag; tagi; tagge; tâŋ; taî: 107A
tagu´; tágu: 310, 314A

taŋes-sûril-ireäd; taŋet-suri-ireäd: 106A
tai; tâji: 156, 184A
târebe: 255A
tárro: 154
tawa: 268A
tawor: 365A
te; tê: 267A
teans; teanz: 65A
tehéri: 261
terám; terap; term: 107A
tia; tïa: 311A
tído: 65A
tie: 267A
tîja: 484A
tinde'; tinsjä; tinsjan: 307, 313A
tirem; tirep; tyrem; tyrep: 107A
tiso: 65A
tiu: 392A
tjä: 310
tjäs: 60
tjéo: 378, 392A
tjúge; tjúgu: 426, 431
to; tô: 79, 118A
tô; tö: 267A
todi; tôdi: 187A
told; tolde; toldö: 106A
tori; tôri; torri; tórri: 166, 187A
tû: 393A
tudo; tudu: 335, 343A
túdobsi: 84
tüe; tüe: 267A
tufóre; túhore: 355
tugùl; t'ukul: 365A
turo; túro: 335, 343A
twe: 267A
týa: 303
tŷnde'; tynse; tŷnse': 313A
tzui: 110A
üće; üćeʒ́e: 106A

ürge: 364A
üt: 107A
ütelgueʒ́el–ireäd: 107A
umu: 131A
˜u; ˜û; ˜udo: 255A
˜u̯tu̯'a: 118A
v̋dsh-kar-ired: 106A
v̋dsh-kotschibyl-ired: 107A
wáda: 424
warg; warga: 106A
worg-kar-ired: 106A
worg kotschibyl-ired: 107A
wuerg: 106A
xăŕĕj; χarei̯: 343A
yrka: 364A

SAMOJEDISCHE WÖRTER
(EINSCHLIESSLICH NENZISCHER,
OSTJAK-SAMOJEDISCHER UND
SELKUPISCHER WÖRTER) IN DER
TRANSKRIPTION NACH DONNER
1932, GEMUEV 2005, HELIMSKI
2001, HELIMSKI 2003, PALLAS
1789 UND V. N. TATIŠČEV (AAW
F. 21, OP. 5, D. 152)
бáдду: 366A
биомо: 62A
ессе: 277A
ирий; иры: 118A
ирог: 312A
иреды: 106A
иря: 106A
кадя; кася: 122A
корга: 231A
лары: 463A
линби-иря: 106A
лога: 111A
ма: 255A
мальця: 189A
мокаль: 106A
мэ; мя: 255A
нара: 118A
нгуса: 465A
нгучи: 255A
нединзэй: 552A
не'-мир: 221A, 551A
ни: 186A
норы: 461A
оддо: 345A
паггэ: 188A
пии: 183A
погга: 483A
подеръ: 342A
пэ: 187A
пэяд': 182A
пюды: 583A
са: 342A
суруко: 267A
сырэй: 118A
тагыдь-чонды-иря: 107A
тадабе; тадебя: 255A
таи: 184A
таро: 183A
тэнз: 65A
тỳдоко: 124A
фака: 393A
фогга: 483A
фэ: 187A
хаер': 122A
юнéта: 233A

SYRJÄNISCHE WÖRTER IN DER
TRANSKRIPTION NACH
HAJDÚ/DOMOKOS 1987, G. F.
MÜLLER (DOKUMENT 2, MÜLLER
1759B UND AAW F. 21, OP. 5,
D. 143) UND SCHIEFNER 1857A
jarang; jaràng: 17, 26A,
komi-mart; komy-murt; komi-jas:
   16, 25A

mart: 16
mort: 26A

TAIGINZISCHE WÖRTER:
S. MATORISCHE WÖRTER

TANGUTISCHE WÖRTER IN DER
TRANSKRIPTION NACH J. E.
FISCHER (AAW R. III, OP. 1,
D. 135), D. G. MESSERSCHMIDT
(AAW F. 98, OP. 1, D. 36), G. F.
MÜLLER (DOKUMENT 3 UND AAW
F. 21, OP. 5, D. 143), PALLAS 1779
UND PALLAS 1801
bréu; brü: 68, 92A
brül: 68
bruk; buruk: 68, 93A
burul: 93A
da: 68, 92A
dak: 68, 92A
dscha; dschja; dsha: 68, 93A
dscheoà; dsheoà: 68, 92A
em: 121A
glanggiloh: 92A
jébu: 68, 92A
jolwyloh: 92A
kschyloh: 93A
lan: 92A
lang: 68
lang-wu: 92A
lu: 92A
luggiloh: 92A
luk; luuk: 68, 92A
paggiloh: 93A
pak: 68, 93A
rtah'loh: 92A
schuwa: 92A
sbrylgiloh: 92A
sdaggiloh: 92A
shaa: 93A

swrul'loh: 93A
tà; tha: 92A
thzy: 93A
tschi: 68, 93A
ui: 92A
wscha: 92A
wsche: 93A
wschiwyloh: 92A
wschyloh: 93A

TATARISCHE WÖRTER
(EINSCHLIESSLICH ALTAISCHER,
BARABINZISCHER, BELTIRISCHER,
KAIDINISCHER, KATSCHINZISCHER,
KIRGISISCHER, SAGAISCHER,
TELEUTISCHER, TSCHATZKISCHER
UND TSCHULYMISCHER WÖRTER)
IN DER TRANSKRIPTION NACH
ANIKIN 2000, BROCKHAUS 1928–
1935, *CHELIMSKIJ* 2006, ERMAN
1860, FALK 1785, FALK 1786, J. E.
FISCHER (AAW F. 21, OP. 5, D. 41,
AAW F. 21, OP. 5, D. 47, AAW
F. 21, OP. 5, D. 49, AAW F. 21,
OP. 5, D. 50 UND R. III, OP. 1,
D. 135), GEORGI 1775, GEORGI
1776–1780, GEORGI 1797–1802,
GMELIN 1751–1752, GMELIN
1747–1769, GMELIN 1774, J. G.
GMELIN (AAW F. 21, OP. 5,
D. 73), HAJDÚ/DOMOKOS 1987,
KLAPROTH 1831, *MATERIALY* 1885–
1900, MESSERSCHMIDT 1962–
1977, D. G. MESSERSCHMIDT
(AAW F. 98, OP. 1, D. 8, AAW
F. 98, OP. 1, D. 21 UND AAW
F. 98, OP. 1, D. 35), MÜLLER
1759B, MÜLLER 1761–1762,
MÜLLER 1763, G. F. MÜLLER
(DOKUMENT 2, DOKUMENT 3,

Sachregister

AAW F. 21, Op. 5, D. 27, AAW
F. 21, Op. 5, D. 143, AAW F. 21,
Op. 5, D. 164 UND RGADA F. 199,
Op. 2, Portf. 509, D. 3), Pallas
1773, Pallas 1778, Pallas 1788,
Pallas 1811–1831, Sharaf al-
Dīn 1722, Staat 1720,
Ståhlberg 2006 und
Strahlenberg 1730 sowie
turksprachige Wörter nach
Radloff 1963 und *Slovar'* 1969
abatúga: 228
abiss; abyss; abyß: 521, 524, 554A, 610
achun: 521, 524, 610
adna; adná; adnà: 80, 119A
agaber, tungma ...: 494, 499A
agar la suga ...: 494, 499A
agatem dschilne ...: 494, 498A
agun: 554A
ai; ay: 102A
ai ösól Ösól ...: 493, 498A
aibüsch: 428
aimak; aimàk: 21A, 47A, 60, 61A, 64A
airàn; airen; airèn; ajeren: 391, 400A
airkun: 97A
ait ai: 70
ak: 358, 374A
ak balik; ak-balyk: 119A, 393A, 394A, 483A
akrab: 100A
akreb; ak-reb: 72
akschänbe; akschánbè; ak-szänbe: 81, 120A
akschep; ak-schip; ak-schìp: 358, 374A
aktschep-ai: 374A
al bot bengneng ...: 494, 499A

al-ai: 72
alátschik: 238
alátschik-ep: 238
albet: 494
al kem neng ...: 494, 499A
alman; almàn: 59, 64A
álta; altè; áltö; altỳ: 298A
altý-lyg: 290
ar; ari: 16, 25A
arà: 44, 45
arà: 70
arakì: 388
araktschin[?]: 420A
are: 49A
arinar: 49A
árre: 49A
artesch-agatsch: 130A
artschae: 130A
artschangae; artschengǽh: 87, 129A
artschangul: 129A
artschèn; ártschen; artschyn: 87, 129A, 130A
áru: 49A
ary: 49A
arzén: 129A
asäd: 71
aschura: 96A
asdnja: 80
at; att: 68, 94A
at-aì: 72
atn'a; atnià: 119A
attek la bene ...: 494, 499A
aul; aùl: 20A, 554A, 555A
azna: 119A
balà: 457
bar; bár: 67, 91A
baraminzi: 649
baranetz; barometz; baromitz; baromtz: 295A

barat; baràt: 70
bars: 68
basch: 61A, 238
baschem og bargai ...: 494, 499A
baschkurt: 20A
baschlik; baschlyk: 58, 61A, 62A
baschtar: 238
baschtìk: 58
baspàk: 454
beg; bek: 58
bengneng: 494
beraael: 97A
bes; bês; bess; beß: 357, 358, 361A, 373A
besch: 298A
besschélych: 292
bes-schélyg: 290
bess-ai: 361A
betsìn: 68
bi: 58, 62A
bir: 268A
bíre-ode: 125A
bisch: 298A
bitschi: 68
bizÿn: 94A
bódsa: 392A
bodschè: 377
bőre; börü: 125A
bösch: 298A
bordsja: 379
bosòn; bosou: 299A
bür; bürr: 263, 268A
bȗr-ot: 85
bür-támka: 263
büsùch: 72
büzülör: 377
bulan; bulàn; bulan': 311, 315A, 316A
busa; busau; busaù; buso; busó; busò; busou; bússān: 299A

busù; búsu: 291, 299A
bÿch: 62A
byr: 268A
byran: 96A
ća; ćay: 466A
chabo; chabò: 87, 263
chabo odò; chabò-ot; chabôt: 87, 263
chagiàch: 333
chaiàk: 377
chal: 21A, 47A, 420A
chalimäk: 21A, 47A
chalmak: 21A, 47A
chalüng: 510
changsà: 263
charà-kongoròi: 72
charakusch; chara-kusch: 358
charamỳk: 311
charatsch: 239
chargà: 73
chasirà: 291
chatandschǎ: 170
chatùn: 58
choi; chói: 94A, 293, 300A
chông: 72
choni: 68
chot: 101A
chulùn: 290
chulugunà: 67
chundùs: 457
chundussatschen-ôk: 426
chutschè: 239
chyrindýse: 359
ćila; ćilyg: 102A
cyckan: 93A
czay: 466A
cziczkan'; cžyczkan: 93A
cžilan: 93A
dǎllu: 72
dalu: 101A

Sachregister

dámmachu; dámmagu: 268A
diu-szenbi; djuschambè: 81, 121A
djaudu: 101A
djawsa: 99A
djört; dört: 298A
djumabiat auwal: 96A
dongus; dóngus: 94A
dortschélych: 292
dsauusà: 71
dscha: 466A
dschabagà: 290
dschabásche: 437
dschärsch-ai: 73
dschaglỳk; dschaglÿk: 426, 428
dschebè: 425, 426, 428
dschedà: 437
dschélgo: 298A
dschilàn: 93A
dschilgà: 290
dschilỳg: 102A
dschütae: 54, 56A
Dschütlandim: s. Jütland im Register geographischer Namen
dschu madylt achyv: 97A
dsha: 466A
dsiurt: 555A
dsjắddi: 72
dsjärsch-ai: 73
dsjasch pálasse: 311
dsord: 391
dsÿtai: 466A
duschanbe; duschắnbe; du-szänbe: 81, 121A
dzummadiel-aachìr: 70
dzümmädìel-auuel: 70
entschì: 510
ep: 238
eßet: 100A
et: 94A
gabagae: 297A

gachai: 68
gerké[?]: 468A
ghürra: 96A
gilan: 93A
gusli: 489
haidifiter: 97A
hamel: 99A
hammèl: 71
haschura: 96A
h'kargàh: 105A, 360A
hôut: 72
ikilych: 293
iltìk; iltick: 177, 194A
ir: 126A, 370A
irben; irbèn; irwan; irwen: 548, 549, 560A, 563, 564, 580A, 581A
it; ìt: 68, 94A
ituk; itÿk: 187A
iütsch: 298A
ja; jah: 466A
jange: 96A
jaßak: 64A
jay: 466A
jeckschenbè; jekschambè; jekschem-bö; jekschenbè; jekszembe; jek-szenbi: 81, 120A
jelān: 93A
jessaoul; jessaul: 59, 63A
jił: 93A
jilan: 93A
jilka; jilká: 298A
jilu; jily; julu: 102A
jolbàrs; julbars: 68, 91A
jumà: 119A
jurti: 555A
kaák; kaàk; kak: 103A
kábo: 130A, 269A
kaddym: 62A
kaiak; kajàk: 389, 391A

kálba: 367A
kalüm; kalǜn; kalün: 508
kandik; kandyk; kantik: 357,
    361A, 373A
kara; karà: 102A, 103A, 375A
karagusch: 375A
karazà jigenèk ...: 495A
karga; kárga; kargàh: 105A, 360A
kaschtar; katschar: 650
katin; katun: 62A
katy; katý: 62A
kaw: 123A
kawus: 101A
kaŋza: 268A
káuus: 72
kedschegè: 148
kíchtsche: 361A
kicžig; kicžkina; kicžu; kicžyk:
    101A
kiktsche: 361A
kirgis: 625
kirgisi: 625
kirka; kirki[?]: 266A, 282, 283A
kirlik: 269A, 283A
kischkì: 457
kisk-ôk: 426
kitschig: 102A
kitschilipuga[?]: 474A
kitschkynà; kitschù: 102A
kitschkinà-kuragàn: 300A
kitzìk-schìlker: 72
kitzik-sôg-ai: 72
kökö-kôm-ai: 72
kömmega: 251A, 252A
kösch: 134
kogor; kogur: 261, 377
koi; kói; koy: 68, 94A, 300A
koiàn: 68, 93A
kojan; kojòn: 93A
kokoùr: 266A, 391A

kônduss: 460A
kông: 72
korrogàn: 300A
koschkàr: 72
kosgòn: 638
kúdscha; kútscha: 102A
kün-kírpari: 89
kün-schíggebodde: 89
kürgèn; kürgèn-ai: 72
kütschüg: 101A
kujan: 93A
kulon: 362A
kulù; kulùn; kulun'; kulunczak:
    297A
kumiss: 387
kúndüss; kundùs: 460A
kur: 164, 186A
kuragàn: 293
kurban: 70
kurbàn-aït: 70
kurban bairam; kurban bayran:
    98A
kûrluk: 437
kurmatsch: 396A
kurogan'; kurogàn: 300A
kuschkulak: 366A
kuschun utscher ...: 493, 498A
kusgùn: 73, 105A, 638
kusimbile anchaschemne ...: 493,
    498A
kuskun: 105A
kyштym: 64A
kychtschi: 361A
kyci: 101A
kyckscha; kykscha: 358
kyrlyk: 283, 283A, 284A
kÿschtÿm; kyschtymi: 59, 64A
kyīstim: 64A
lu: 67, 68
maimàk: 166

mangarsỳn: 368A
manlyr bayran: 96A
mendíbisen: 273
meschkè: 350
méschkö: 362A
metschin: 68
mindu: 273
misân: 71
mochòi: 67
morìn: 68
móschkoe: 362A
mu-aszyn: 554A
mükásen: 358
muhärrèm; muharam; muharrem: 70, 96A
mukasen: 375A
mula: 554A
mysau: 100A
naimanni: 24A
naurus: 99A
nochoi: 68
noi: 24A
numù: 64A
örge: 364A
Oesöl, Oesöl, emme ...: 498A
ötsch; ötz: 298A
ofi: 33
oi neschbolgan ...: 493, 498A
ok; ôk; õkh: 425, 460A
öl (ol) ber salna ...: 494, 499A
orgù: 311
orus borat ...: 493, 498A
ôt; ott: 125A, 130A, 269A
qalyn: 550A
rabbiail-anchìr: 70
rabbiail-auuel: 70
rabiat achyr: 96A,
rabiel auwal: 96A
rädzjǎp: 70
radjab; radschap: 97A

radri ratscha; radyr: 97A
rahaip: 97A
ramasan; rämäsan: 70, 97A, 98A
ramasan bayran; ramasan beyran: 97A
sadack; sádak: 437, 466A
safar: 96A
sara; sára: 374A
sara kaisaki: 625
sara-schip: 374A
saratan: 100A
saretân: 71
sargai; sargài; sargaj: 355, 365A
saru; sarù; sary; saryg; sarỳg: 358, 374A
saryg-schip; sary schep: 358, 374A
sarỳ-jak: 391A
satàk: 466A
saur: 71
sawy: 99A
schaabàn: 70
schabin; schabon: 97A
schänbà; schambè; schanba; schem-bö; schenbè: 81, 120A
schana; schanà: 333, 343A
schauuâl: 70
schawat: 97A
schengnae; schéngnae: 368A
schigedek; schigedèk; schigidek: 162, 526, 559A
schignä: 358
schip: 358, 374A
schirgì: 454
schirìm togò[?]: 258
sephǟr: 70
sichdà: 426
sijir: 68
silân: 68
silitidga: 98A
silkahada; sil-ka`dä: 98A

sir; ssir: 93A
sizkan: 68
sjawwal: 98A
sógun; sogùn: 426, 429
sok; sôk; souk: 101A, 102A
ssúr: 93A
suak; suàk; sûk; suuk; sũuk; suùk; suwok: 101A, 102A
sümbele: 100A
sümbülä: 71
sür: 93A
sulhydja: 98A
sulkanda: 98A
sygda: 431
sygir: 93A
syp: 290
syr: 93A
syrlỳk-ôk: 428
szänbe; szembe; szenbi: 120A
ta-aúck: 94A
tagak: 94A
taiga: 468A
taischa: 647
tajàk: 343A
takja: 68
tamáke; támke; tamki; tammegu: 262, 268A
tamɣa: 51A
tamɣačï: 52A
tan: 89
targa: 105A, 360A
tauk; taùk: 94A
tauuk: 68
tauuskàn: 68
tere-ton; tere-tôn; terè-tôn; tir-tôn: 190A
termè: 238
termè-ep: 238
tjün; tjun: 131A
tjusch; tjusz: 132A

tör-orondòk: 251A
tört: 298A
tört-schélyg: 290
togunèk: 292
toiàk: 333
tólai; toloi: 67, 91A
ton; tôn; tonum: 170, 190A
tongus: 68
tonus: 94A
torsuk; torsùk; torsuq: 261, 266A
tsamojeda: 211A
tsitschàn: 93A
tschangga: 343A
tschat: 50A
tschaz: 46
tschegna; tschenjä̀: 356, 368A
tschigili: 537
tschina; tschinà: 358, 361A, 362A
tschin-karagusch: 361A
tschitschkàn; tsitschàn: 93A
tskan: 93A
tsótscha: 94A
tümbürdschak: 263
tün: 87
tüsch: 89
tüschenbè; tüsch-schem-bö; tyszembe: 81, 120A
tulun: 396A
tur: 505A
tursyq: 266A
tussàk: 454
tyn; t'yn: 131A
t'ysz: 132A
tzaiàn: 72
udjùk; üdjùk; ütjùk; utjuk; ütuk: 187A
üb: 252A
üduk: 166
ürgè: 353
üsch: 298A

üschélyg: 290
üsül-haidzǟh: 70
üsůl-kaadäh: 70
ütsch: 298A
ujuk; uk; ûk; ukk: 166, 187A
ukir: 67
ula-ádna: 119A
ulu; ulù: 102A
ulug; ulùg: 102A
uluk-schilker: 72
uluk-sôg-ai: 72
ûngot: 289
urè: 368A
urusa aire: 98A
usch: 298A
zilä; zillä: 71, 72,
zona idu; zonai du; zonáidu: 494, 498A, 499A

TATARISCHE WÖRTER (EIN-
SCHLIESSLICH BELTIRISCHER,
CHAKASSISCHER, KUMANDIN-
ZISCHER, SCHORISCHER,
TELENGITISCHER, TELEUTISCHER
UND TSCHULYMISCHER WÖRTER)
IN DER TRANSKRIPTION NACH
ANIKIN 2000, FUNK/TOMILOV 2006,
GANIEV 1984, PALLAS 1789,
SLOVAR' 1966, SUBRAKOVA 2006
UND V. N. TATIŠČEV (AAW F. 21,
OP. 5, D. 152 UND AAW F. 21,
OP. 5, D. 153) SOWIE TURK-
SPRACHIGE WÖRTER NACH
RADLOFF 1963
абыс; абыз: 554А
адна: 119А
адунчі: 52А
азна: 119А
ай: 101А
айбыс: 461А

аймак: 64А
аімак: 64А
аіран: 400А
аіт: 98А
аіт аjы: 98А
ак; аҥ: 374А
акрял: 100А
акун: 610
алай: 102А
аланчик; аланчык; алачык: 252А
албут: 499А
алман: 64А
алты: 298А
алты еллык: 298А
алтылы: 298А
алтын: 52А
алтындачи; алтынцы; аlтунчі: 52А
äбäд: 234А
äм: 52А
äмäчи: 52А
äнчі: 552А
äп: 252А
ар: 25А
āр; ара; ары: 49А
ара: 25А
ара аi: 98А
аракы: 398А
ардыц; арчын: 129А
арчан от: 129А
асет: 100А
ат: 94А
атна: 119А
бала: 475А
басмак: 472А
баш: 61А, 252А
башлык: 61А
бäг: 62А
бäш: 298А
бег: 62А

бес: 298А
би; бī: 62А
биш: 298А
бишьеллык: 298А
бозау: 299А
börі; börÿ: 125А
бузау: 299А
бÿр: 268А
бүре: 125А
гакрэб: 101А
гамаль: 99А
гита: 466А
гөслә: 495А
далю: 101А
даус: 101А
дägälä: 558А
джади: 101А
джемадиель ауоль: 96А
джемадиель ахирь: 97А
джумади-ль-авваль: 96А
джумади-ль-ахыр: 97А
дзауза: 99А
дöрт: 298А
ду шämбä: 120А
дуңгыз: 94А
дурт: 298А
дурт еллык: 298А
дэлу: 101А
дюшембе; дюшенби; дүшәмбе: 120А, 121А
еб: 252А
екшенби: 120А
ел: 93А
елан: 93А
елан елы: 93А
елкы (ат) елы: 94А
есаул: 63А
жылы: 102А
жәя: 466А
жэди: 101А

жэуза: 100А
зилькада: 98А
зильгедза: 98А
зіl-һіџä: 98А
зуль-када: 98А
зуль-хиджа: 98А
иб: 252А
ирбен: 560А, 580А
итек: 187А
!лт!к: 194А
йорт: 555А
ікі; іккі; ігі: 300А
ікіlік; ігіlīк: 300А
јабаһа: 297А
јасаул: 63А
јäбä: 460А
јäк шämбä: 120А
јума: 119А
јылђы: 298А
кабō: 130А, 269А
кавэс: 101А
кäl: 420А
казыра: 299А
каймак: 392А
кајак: 392А
как: 103А
кāк: 103А
калым; калың; калын; калін: 550А
кандык: 361А
каңза: 268А
кара: 102А, 375А
каракош; кара куш: 375А
каракчы: 252А
катын: 62А
кäчä: 178А
кечкенә: 101А
кирка: 283А
кіскі; кірђі: 283А, 460А
кичкер: 102А

кічіг соох: 102A
когор; көгөр; көкүр; көккөр;
  күгäр: 266A, 391A
кoi: 300A
кондыз: 460A
кошкар; кочкар: 102A
көс: 137A
көш: 137A
куй: 94A, 300A
куй елы: 94A
кулун: 297A
кундус; кундуз: 460A
кур; куур: 186A
курағaн: 300A
курбан: 98A
курбан аіты: 98A
курбан баірам: 98A
курлук: 466A
куян: 93A
куян елы: 93A
күн: 131A, 132A
күн батыс: 132A
күн кирче: 132A
күн сыхча: 132A
күн түштүк jан: 132A
күн чыңыс: 131A
күрген: 102A
күчүгäн: 361A
күчүгүт: 361A
кымыз; кымыс: 397A
кыр: 283A
кырлык: 283A
кәйлә: 283A
лу: 91A
маймах; маімак: 187A
мäндi: 275A
мäшкä: 362A
мизан: 100A
мінді: 275A
моғай: 91A

мöңүн: 52A
мухаррам: 96A
мәшкә: 362A
öд!к: 187A
oeк: 187A
oк: 460A
орғы: 315A,
орђан; өркäн: 49A, 398A
öргä; öрке; öркö: 364A
oт: 125A, 130A, 269A
пала: 315A
парс: 93A
парс елы: 93A
пасмак: 472A
паспађаш: 472A
паспак; паспах: 472A
паштык: 62A
пис: 361A
пицен (маймыл) елы: 94A
пічірö; п!ч!рö: 392A
пöзіг; пöз!г: 102A
раби-уль-авваль: 96A
раби-уль-ахыр: 96A
раджаб: 97A
рамазан; рамезанъ: 97A
ребиоль ауоль: 96A
ребиоль ахирь: 96A
редзеп: 97A
саадак; садак: 466A
сана: 343A
саратон: 100A
сарғай: 365A
сары: 374A
сарығ: 374A
саур: 99A
сафар: 96A
серго: 472A
сигедек: 185A, 557A
силкер: 102A
сип: 374A

сіңірчі; сыңырцы: 52A
соган; соған: 460A
сонбелэ: 100A
сунбула: 100A
сӯрук: 343A
суық: 101A
сыгырткаш: 461A
сыңыр: 93A
сыда: 466A
сыер: 93A
сыер елы: 93A
сып; сыпа: 298A
сыын палазы: 315A
сэвер: 99A
сэрэтан: 100A
сөрмэ: 181A
сөяк: 460A
тавык: 94A
тавык елы: 94A
тагáк: 92A
тајак: 343A
такá: 92A
тамаку; тамкы; тӓмӓкӓ: 268A
тамңа: 51A
тамңачы; тамңацы: 52A
таңах: 94A
таңах чылы: 94A
тарāн; тары: 52A
тарыкчы: 52A
таяк: 343A
текмэ: 252A
тирме: 252A
тирмэ: 252A
тоңолок: 184A
тојака: 343A
толонек: 300A
тон: 190A
торсук; торсых: 266A
төрт: 298A
төн; төн: 131A

төньяк: 131A
төн јаңы: 131A
тузак: 472A
тун: 190A
тунгын елы: 94A
турсык: 266A
тӱс; тӱш: 132A
тычкан: 93A
тэмэке: 268A
уң; ук: 187A
удук; ӱдӱк; ӱтӱк: 187A
ук: 460A
улу; улук; улӯг: 102A
улуг ай: 102A
улуг ізіг: 102A
улуг соох: 102A
утт: 101A
ӱркӓ; ӱрке: 364A
ӱч: 298A
хаанг; хааң: 102A
хаанг-хоонг: 102A
хабо: 130A, 269A
хазыра: 299A
халбырах: 343A
халым; халың; халын: 550A
хандых: 361A
ханза: 268A
хара: 103A, 375A
хараачи: 252A
хатанчы: 191A
хатын; хатун; хотун: 62A, 63A
хозан чылы: 93A
хой: 94A
хой чылы: 94A
хосхар: 102A
хулғуна: 91A
хундус: 460A
хур: 186A
хут: 101A
хымыс: 397A

хырлас: 102A
хэмэл: 99A
цыцкан елы: 93A
чаа: 466A
чабаға: 297A
чазоол: 63A
чана: 343A
чаңгы: 343A
чарыс айы: 103A
чат: 50A
чаян: 101A
чӓҕӓдӓк; чӓгідӓк; чегедек: 185A, 557A
чӓінӓ: 368A
черги: 472A
чил: 101A
чил айы: 101A
чӧбе: 460A
чыда: 466A
чыл: 191A
чыл сырты: 101A
чылан чылы: 94A
чылгы: 298A
цума: 119A, 120A
шабан: 97A
шамбе; шӓмбӓ; шенба; шимбə: 120A
шана: 343A
шауал: 98A
шӓргӓі; шергей: 472A
эсад: 100A
эт: 94A
эт елы: 94A
юлбарыс: 91A
якшəмбе: 120A
əйрəн: 400A
эфьюн: 39A
өч: 298A
өч еллык: 298A

TSCHEREMISSISCHE WÖRTER IN DER TRANSKRIPTION NACH GEORGI 1776–1780, G. F. MÜLLER (DOKUMENT 2), SCHIEFNER 1857A UND STRAHLENBERG 1730
kurk mari: 23A
märe: 22A
mara; mari; mári: 10A, 15, 22A, 128A
more: 22A
oda; odo; odo-mari: 16, 24A,

TSCHEREMISSISCHE WÖRTER IN DER TRANSKRIPTION NACH *SEREBRENNIKOV* 1956
марий: 22A
одо-марий: 24A

TSCHUWASCHISCHE WÖRTER IN DER TRANSKRIPTION NACH GEORGI 1776–1780 UND G. F. MÜLLER (DOKUMENT 2)
tschuwasch: 15, 23A

TSCHUWASCHISCHE WÖRTER IN DER TRANSKRIPTION NACH *FEDOTOV* 1996
чӑваш: 23A

TUNGUSISCHE WÖRTER (EINSCHLIESSLICH LAMUTISCHER/ EWENISCHER WÖRTER) IN DER TRANSKRIPTION NACH DOERFER 1980, J. E. FISCHER (AAW R. III, OP. 1, D. 135), GEORGI 1775, GEORGI 1776–1780, GMELIN 1747–1769, GMELIN 1751–1752, S. *KRAŠENINNIKOV* (AAW R. I, OP. 13, D. 10), J. J. LINDENAU (AAW F. 934, OP. 1, D. 89),

MESSERSCHMIDT 1962–1977, G. F.
MÜLLER (DOKUMENT 3 UND AAW
F. 21, OP. 5, D. 143), SCHIEFNER
1856 UND RGADA F. 199, OP. 2,
KN. 513, D. 27
aa-un: 192A
Agnáhik: 573
airek: 387
algatscha: 417A
amarkan: 315A
amarkánna: 310
anam: 315A
angani; ángani; aŋaɳi: 79, 117A
anu: 183A
araki; arakì: 388, 398A
aramusch: 183A
ârca; arzà: 391, 401A
ármus: 172
aun; awun: 172, 192A
awdú: 508
Baltako: 573
bilän: 115A
bola; bolani; boloni; boloɳi;
  bóloni; balaɳi: 79, 117A
búgö: 172
bukru: 115A
buniltiki schurukól: 276
chaptua: 169A, 411
chöwökde: 276
chólmi: 172
dako: 183A
daode; daóde: 174
daptamà: 428
Dátschinga: 573
diaew: 346A
diugani: 117A
djyrann: 463A
Dogdoùl: 573
dschakfun bä: 115A
dschaldiwun: 426

dscháwe: 338
dscherga; dschergà: 173, 174
dschíran: 430
dschuan bä: 115A
dsjóani: 79
dukkun: 79
Dúling: 573
éhalwa etschéldireb: 271
ӡugaɳi: 117A
enekan; ewkan: 315A
erki: 182A
gankatschan; gankitschan: 311,
  315A
gansa: 267A, 269A
géraon: 79
geraun: 116A
giluka: 315A
giraun: 117A
golumta: 505A
golùn: 502
gorbì: 60
gorbiägan: 115A
gruptu: 183A
gussi: 115A
halmy: 191A
hérrke: 182A
höktenkera: 79
hokdárpe: 79
holtulani; holtuláni: 174
horki; hörki: 153, 183A
hówori: 172
hukterbi: 116A
hundishal: 149, 180A
ića: 115A
ićân; ićan: 115A, 116A
iggan: 79
iktánna: 310
iláwol iskàl: 271
ilkun: 79, 116A
illaga: 116A

ínmok: 262
iren: 116A
irin: 79, 116A
irkin: 79, 115A, 116A
itanae: 315A
jau: 346A
jewa: 117A
juani angani: 117A
kochálla; kokolo: 172, 192A
Kóiulik: 573
kulmi: 173
kumù: 171, 174
kungu; kúngu: 172, 174, 175
lalbocha; lállbocha: 313A
lalbuka: 306
laukta; lauktà; lawikta; lawiktà: 305, 306, 312A
lelükta: 305
lockámi; lökomi: 172, 192A
Lökörmik: 573
lucki; lucky; lúki: 429, 462A
mangìhun; maŋehun: 368A
me ićân: 115A
me-mirö: 115A
mir; mı̄r; mîrä: 116A, 117A
mira: 79, 117A
mirö: 115A
Molàk: 573
momi; momì; mómi; mōmī: 338, 347A
mong-o: 346A
morò: 430
mottu: 315A
mumahik: 430
muka; mukà: 356, 369A
multun; muttun: 315A
nadan bä: 115A
nälki; nälkini: 117A
nannept-omka: 566
nelkini: 117A

Nemtúnga: 573
nergutschan: 315A
ngi gorbi: 60
ngöwiltiki schurukól: 276
ngyra: 115A
niaemi: 315A
nilkeni: 117A
ningendi: 505A
nioorkan: 315A
niunga: 62A
njämi: 310
njänang: 311
njöl: 154, 173
njőngnjäni: 79
njogerkánna: 310
Njóhong: 573
njugun bä: 115A
noeleken; noelekoen: 183A, 191A
nölki; nälki: 117A
noija: 62A
nongi: 117A
nűlge; nűlge: 134
nülgí[ren]: 134
nűngga: 58
nulge: 136A
odiniami; odinjami; odínjami: 171, 172, 174
oem: 465A
oemka; ómka: 566, 581A
ómu: 436
öngnakan; oengnikan: 310, 315A
önnéptun: 438
öt: 436
oetki; (ötki): 79, 116A
öttöp: 310
öwkan: 310
óha; ohal: 173, 193A
oktenkirae: 116A
okti: 116A
okton kira: 117A

oldromorin: 115A
olimni; olímni: 224, 230A
ollamì: 380
om; omo: 465A
ómka; omko: 566, 581A
orokto: 115A
oron; óron; oròn: 303, 310, 311A, 315A
pánno; pannòh: 356, 370A
pjelagà: 428
poikenko: 115A
saturan; saturàn: 385
schenicta; schenika; scheníkta: 356, 365A, 366A
schína búga dschipígin: 276
schirìm togò[?]: 258
schókdscho: 303, 311A
schonekan: 116A
schonka: 116A
schonkàn: 79
schuhn; schun: 171, 191A
schurum: 550A
schútikan: 311
Seríntscha: 573
siudiaekan: 315A
sodschi: 427
sonnaja: 115A
sülè: 427
taischa: 647
tarbagàn: 353
Tárgik: 573
tarì-maraù: 508
telaga: 461A
tiglan: 116A
Tirakan; Tirakàn: 573
Tőrgulak: 573
toki; tóki; tôki: 311, 315A, 316A
tóoni: 79
tor-an: 79
torri: 550A

torrimoran: 550A
tschakitsch: 371A
tschirap: 315A
tschöre: 359
tschum: 248
tua: 117A
tuchala: 370A
tu̯gäni; tu̯gäni: 117A
tugumu: 117A
tukalà: 355
tukkur: 365A
tukun: 116A
tura: 116A
turan: 116A
ugdarpu; ukdarpu: 116A
ugun: 116A
ujengatschan: 311
ulâkim: 418A
ulikta: 379, 380, 393A
uljäk; úlock; ulok: 409, 417A, 418A
unta: 183A
uruptu; uruptun; urúptun: 171, 172, 174, 175, 191A
Utschágda: 573
uwun: 79
wakarà: 429
xella: 115A
xou: 115A
xujun bä: 115A
xunda: 115A
Zőïk: 573

TUNGUSISCHE (EWENKISCHE) WÖRTER (EINSCHLIESSLICH LAMUTISCHER? U. NEGIDALISCHER WÖRTER) IN DER TRANSKRIPTION NACH *ANIKIN* 2000, *BOLDYREV* 1994, *BOLDYREV* 2000, HELIMSKI

2003, *MYREEVA* 2004 UND
VASILEVIČ 1958
āбун; āвун; āун: 192A
авду: 550A
амаркāн: 315A
анңанӣ: 117A
арамус; арамӯс; арамухи;
   арамуши; аримӯс; армуш;
   арумус: 192A
арчā: 401A
болонӣ: 117A
буга: 277A
буһэ; бӯсэ; бухэ; бушэ: 191A
бунӣ: 277A
бунӣлтуки шурокол: 277A
гераун: 117A
гэрбӣ: 64A
гиравун: 117A
гулувун: 505A
дапта-ми: 462A
депиглэ-ми: 277A
дуды: 193A
дукун: 116A
дюганӣ: 117A
дяб; дяв: 346A
дярга: 193A
ēлашавал искал: 273A
ӡатуран: 396A
иктэ̄нэ: 315A
илкун: 116A
инмэк; иммэк: 267A
ирӣн: 116A
иркин: 116A
ичэлды-ми: 273A
каптугай; каптук; каптурга:
   190A, 419A
коколдё; коколло; коколро:
   192A
кулми: 192A
кумма: 191A

кунггу; кунгту: 192A
лабикта; лавикта; лавукта;
   лалбикта; лалбуха; лāлбукā;
   лāлбукта; лалбэкā; лāлбэкā;
   лелукта; ловукта; лолукта;
   лэвуктэ; лэлуктэ: 312A, 313A
локомӣ; лэкэмӣ: 192A
лукӣ: 462A
мӣрэ: 116A
мумбумэ: 462A
нгēвилтикӣ шурокол: 277A
нгӣ: 64A
нгӣ гэрбӣс: 64A
неңненӣ: 117A
нёгаркан; нёркана: 315A
нӣнāн: 315A
ноён: 62A
нулги: 136A
нулги-ми: 136A
нунгэемэ; нюнгэемэ: 62A
нынāн: 315A
нэл: 183A
нэлкинӣ: 117A
нямӣ: 315A
ңаркан: 315A
нēви: 277A
одинна; одында; одынна: 191A
олдо; олдомӣ; олдро; олло;
   оллоды; олломӣ; оллоџи: 393A
ōму: 465A
оноптун: 466A
орон: 311A
ōса; ōһа; ōха; ōша: 192A, 193A
откӣ: 116A
пāнē: 370A
пēлаха: 461A
согдё: 311A
сōнкāн: 116A
сулӣ: 461A
сӯн: 191A

сэлли; сэлмӣ: 191A
һул: 461A
һӯн: 191A
һэбэрӣ; һэвэрӣ: 192A
һэлмӣ: 191A
тōкӣ: 316A
тōрӣ: 550A
тōрӣма: 550A
тōрӣмарав: 550A
тугэнӣ: 117A
тукала: 365A
туран: 116A
увун: 116A
угун: 116A
уликта: 393A
уруптӯн: 191A
хаптурга: 190A, 419A
ховорӣ; хэвэрӣ: 192A
хōгдарпе; хōгдарпӣ: 116A
хултукта: 193A
хэлмӣ: 191A
хэрки: 182A
чалӣ: 460A
чӯм: 254A
чэӈэктэ; чэнгэктэ: 370A
чэ̄рэ: 375A
шина буга депигин: 277A
шун: 191A
шуонкāн: 116A
шуру-ми: 277A
э̄вкāн: 315A
эвэрӣ: 192A
эктэнкӣрэ̄: 117A
элэмэ: 230A
эмкэ: 581A
эннэкэ̄н; энгнэкэн; эӈнэкэ̄н;
  эмиэкэ̄н; эмнэкэ̄н: 315A
э̄са; э̄һa: 273A
эт: 465A
эткӣ: 116A

эхāлва ичэлдырэп: 273A
э̄ша: 273A

WOGULISCHE WÖRTER IN DER
TRANSKRIPTION NACH GYARMATHI
1799, HAJDÚ/DOMOKOS 1987,
KLAPROTH 1831, G. F. MÜLLER
(DOKUMENT 3), PALLAS 1773 UND
PALLAS 1778

éket: 512
kum: 255A
liling pupin kum: 250
lilling: 255A
sanneltup: 496A
schangiltop: 496A
schongurt: 496A
χum: 25A, 255A

WOGULISCHE (MANSISCHE)
WÖRTER IN DER TRANSKRIPTION
NACH GEMUEV 2005 UND
ŠEŠKIN/ŠABALINA 1998

лилинг: 255A
пупыг: 255A

WOTJAKISCHE (UDMURTISCHE)
WÖRTER IN DER TRANSKRIPTION
NACH J. E. FISCHER (AAW R. III,
OP. 1, D. 135), HAJDÚ/DOMOKOS
1987, KLAPROTH 1831, MÜLLER
(DOKUMENT 2 UND DOKUMENT 3),
PALLAS 1776A UND STRAHLEN-
BERG 1730

arr: 16, 24A
arima: 16, 24A
biger; bigér: 16, 24A, 25A
bygeer-murd: 25A
djutsch-murt: 16, 24A
dshüs: 24A
ʥüүч-murd: 24A

jüs: 24A
kumi̯: 25A
ma: 16, 24A
mort: 26A
murd; murt: 16, 24A
musjém: 16, 25A
ud-murt; udmurt; uhd-murd; ut-murt; vd-murt: 10A, 16, 24A, 128A
uhd; ud: 16, 24A

WOTJAKISCHE (UDMURTISCHE) WÖRTER IN DER TRANSKRIPTION NACH *NASIBULLIN/MAKSIMOV* 1995
бигер: 25A
ӟуч; ӟуч пиосмурт: 24A
музъем: 25A
мурт: 16, 24A
удмурт: 24A

Publikationen zur Geschichte Rußlands und Sibiriens
aus den Franckeschen Stiftungen zu Halle

QUELLEN ZUR GESCHICHTE SIBIRIENS UND ALASKAS
AUS RUSSISCHEN ARCHIVEN

herausgegeben von Wieland Hintzsche im Auftrag der Franckeschen Stiftungen zu Halle und des Archivs der Russischen Akademie der Wissenschaften, Zweigstelle Sankt Petersburg

Band I
Georg Wilhelm Steller – Briefe und Dokumente 1740

bearb. von W. Hintzsche, T. Nickol und O. V. Novochatko. Halle: Verlag der Franckeschen Stiftungen Halle, 2000, XXXVI, 387 S., ISBN 978-3-447-06308-1

Band II
Georg Wilhelm Steller / Stepan Krašeninnikov / Johann Eberhard Fischer
Reisetagebücher 1735 bis 1743

bearb. von W. Hintzsche unter Mitarbeit von T. Nickol, O. V. Novochatko und D. Schulze. Halle: Verlag der Franckeschen Stiftungen, 2000, XXIX, 627 S., 1 Karte, ISBN 978-3-447-06309-8

Band III
Georg Wilhelm Steller – Briefe und Dokumente 1739

bearb. von W. Hintzsche unter Mitarbeit von T. Nickol, O. V. Novochatko und D. Schulze. Halle: Verlag der Franckeschen Stiftungen, 2001, XLII, 535 S., 1 Karte, ISBN 978-3-447-06310-4

Band IV, 2
Dokumente zur 2. Kamčatkaexpedition 1730–1733 – Akademiegruppe

bearb. von W. Hintzsche in Zusammenarbeit mit N. Ochotina Lind u. P. U. Møller; unter Mitarbeit von H. Heklau, K. Küntzel und B. Meister. Halle: Verlag der Franckeschen Stiftungen, 2004, LVIII, 960 S., 2 Karten, ISBN 978-3-447-06311-1

Zu beziehen über den Buchhandel oder den
Verlag der Franckeschen Stiftungen zu Halle
Franckeplatz 1, Haus 37, 06110 Halle
Telefon: 0345 / 2127-499, Telefax: 0345 / 2127-433, e-mail: verlag@francke-halle.de

Publikationen zur Geschichte Rußlands und Sibiriens aus den Franckeschen Stiftungen zu Halle

Band V
Dokumente zur 2. Kamčatkaexpedition Januar – Juni 1734 – Akademiegruppe
bearb. von W. Hintzsche unter Mitarbeit von H. Heklau, K. Küntzel, B. Meister und O. V. Novochatko. Halle: Verlag der Franckeschen Stiftungen, 2006, XLVIII, 485 S., 1 Karte, ISBN 978-3-447-06312-8

Band VII
Georg Wilhelm Steller · Johann Eberhard Fischer – Reisetagebücher 1738 bis 1745
bearb. von W. Hintzsche unter Mitarbeit von H. Heklau. Halle: Verlag der Franckeschen Stiftungen, 2009, XLI, 601 S., 1 Karte, ISBN 978-3-447-06313-5

Band VIII
Gerhard Friedrich Müller – Ethnographische Schriften I
bearb. von W. Hintzsche und A. Ch. Èlert unter Mitarbeit von H. Heklau. Halle: Verlag der Franckeschen Stiftungen, 2010, LXXI, 817 S., 1 Karte, ISBN 978-3-447-06402-6

RUSSISCHE AUSGABE
(zu beziehen nur über den Buchhandel)

Band I
Georg Vil'gelm Šteller – Pis'ma i dokumenty 1740
bearb. von W. Hintzsche, T. Nickol und O. V. Novochatko. Moskau : Pamjatniki Istoričeskoj Mysli, 1998, 430 S., ISBN 5-88451-064-0

Band IV, 1
Vtoraja Kamčatskaja Èkspedicija – Dokumenty 1730–1733
Čast' 1 – Morskie Otrjady
bearb. von N. Ochotina-Lind und P. U. Møller. Moskau : Pamjatniki Istoričeskoj Mysli, 1998, 640 S., 14 Abb., ISBN 5-88451-102-7

Zu beziehen über den Buchhandel oder den
Verlag der Franckeschen Stiftungen zu Halle
Franckeplatz 1, Haus 37, 06110 Halle
Telefon: 0345 / 2127-499, Telefax: 0345 / 2127-433, e-mail: verlag@francke-halle.de

*Publikationen zur Geschichte Rußlands und Sibiriens
aus den Franckeschen Stiftungen zu Halle*

**Band VI
Vtoraja Kamčatskaja Ėkspedicija – Dokumenty 1734–1736
Morskie Otrjady**

bearb. von N. Ochotina-Lind und P. U. Møller. Sankt Petersburg : Nestor Istorija, 2009, 933 S., 30 Abb., ISBN 978-5-9818-7315-7

**Band VIII
Gerard Fridrich Miller – Opisanie sibirskich narodov**

bearb. von A. Ch. Ėlert und W. Hintzsche. Moskau : Pamjatniki Istoričeskoj mysli, 2009, 453 S., 17 Abb., ISBN 978-5-88451-258-0

**Die Große Nordische Expedition
Georg Wilhelm Steller (1709–1746)
Ein Lutheraner erforscht Sibirien und Alaska**

herausgegeben von W. Hintzsche und T. Nickol. Gotha: Justus Perthes Verlag, 1996, XII, 360 S., 400 farb. Abb., ISBN 3-623-00300-X; vergriffen
Der reich illustrierte Katalog zur Ausstellung von 1996 enthält neben Erstveröffentlichungen von Manuskripten, Zeichnungen, Druckgraphiken und Landkarten Beiträge von über dreißig Autoren zur Geschichte der Entdeckung und Erforschung Sibiriens und Alaskas.

Monumenta Sibiriae

herausgegeben von W. Hintzsche und T. Nickol. Gotha: Justus Perthes Verlag, 1996, Kartenmappe mit 19 farbigen Reproduktionen und Erläuterungsheft (68 S., deutsch und englisch), ISBN 3-623-00480-4
Karten, Stadtansichten und Stadtpläne von Sibirien aus der ersten Hälfte des 18. Jahrhunderts

Terra incognita Sibirien

Halle: Verlag der Franckeschen Stiftungen, 1999, 52 S., 154 Abb. (russisch/deutsch – vergriffen; englisch/deutsch)
Katalog der gleichnamigen Wanderausstellung zur Geschichte der Erforschung Sibiriens vom 18. Jahrhundert bis zum Anfang des 19. Jahrhunderts

Zu beziehen über den Buchhandel oder den
Verlag der Franckeschen Stiftungen zu Halle
Franckeplatz 1, Haus 37, 06110 Halle
Telefon: 0345 / 2127-499, Telefax: 0345 / 2127-433, e-mail: verlag@francke-halle.de

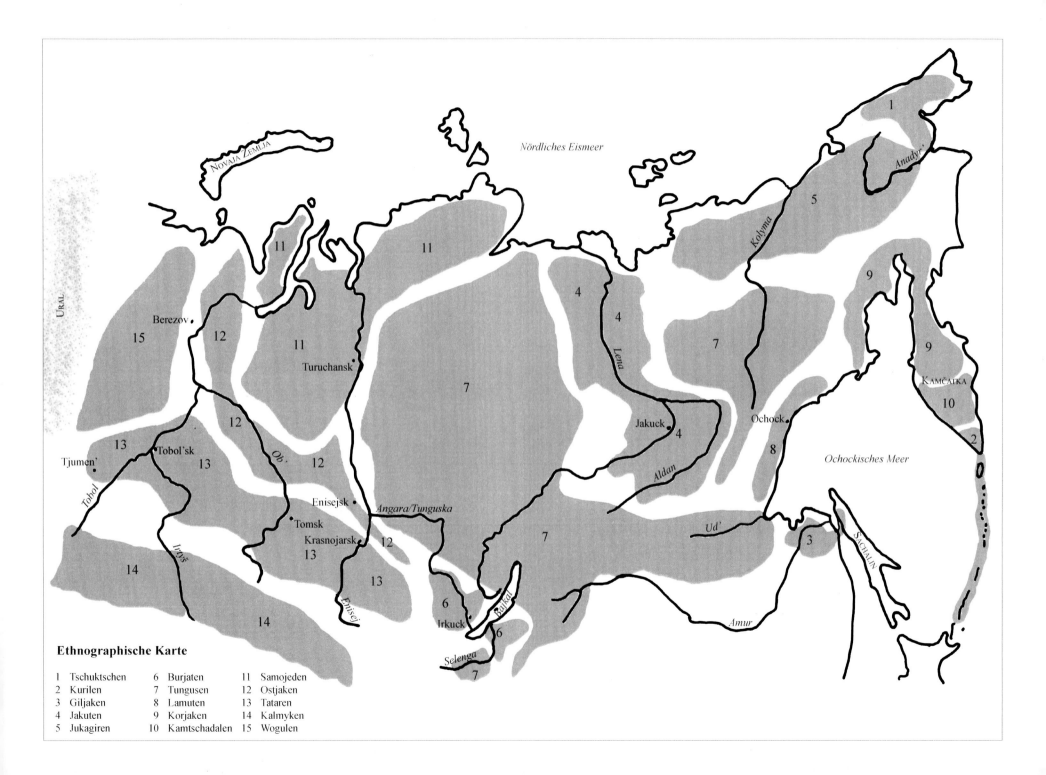